RÉPERTOIRE GÉNÉRAL.

TOME DIXIÈME.

P — Q

Paris.—Imprimerie de Cosse et J. Dumaine, rue Christine, 2.

JOURNAL DU PALAIS.

RÉPERTOIRE GÉNÉRAL

CONTENANT

LA JURISPRUDENCE DE 1791 A 1857,

L'HISTOIRE DU DROIT,

LA LÉGISLATION ET LA DOCTRINE DES AUTEURS;

PAR

UNE SOCIÉTÉ DE JURISCONSULTES ET DE MAGISTRATS.

Édition complétée jusqu'en 1857 par un Supplément.

TOME DIXIÈME.

P — Q

PARIS

BUREAUX DE L'ADMINISTRATION, RUE DE SAVOIE, 6.

1858

RÉPERTOIRE GÉNÉRAL.

P

PACAGE.

1. — Le pacage est le droit de mener paître des bestiaux sur certains fonds. On désigne aussi par ce mot le lieu où paissent les bestiaux.

2. — Selon la manière dont il s'exerce, le pacage peut constituer ou un droit de parcours ou de vaine pâture, ou un droit dit de pâturage, ou bien encore l'un des usages dans les bois dont s'occupe le Code forestier.

V. PARCOURS ET VAINE PATURE, PATURAGE, USAGE DANS LES FORÊTS.

PACOTILLE.

1. — On désigne ainsi les marchandises que les gens de mer embarquent à titre de *port permis,* c'est-à-dire sans en payer le fret, et que des tiers leur ont confiées pour vendre ou échanger. — V. ÉQUIPAGE (gens d'), nos 204 et suiv.

2. — Cette convention s'appelle *contrat de pacotille;* on nomme le propriétaire des marchandises *donneur,* et celui qui se charge de les vendre *preneur à pacotille.* — Pardessus, t. 3, n° 702; Boulay-Paty, t. 2, p. 490.

3. — Le contrat de pacotille se prouve de la même manière que tout autre engagement de commerce. — Mêmes auteurs; Goujet et Merger, *Dict. de droit commerc.,* v° *Pacotille,* n° 2.

4. — Les stipulations entre le donneur et le preneur peuvent varier comme bon leur semble. — Le plus souvent, les pacotilles se donnent à vendre soit à moitié profit, le capital prélevé; soit avec une part quelconque dans les bénéfices provenant de la vente. — Le preneur est en outre ordinairement autorisé à faire des *retours,* c'est-à-dire à acheter dans le lieu même de la vente et avec le prix provenant des marchandises vendues, d'autres marchandises en remplacement de celles-ci; dans ce cas, il lui est le plus souvent attribué une part dans la valeur de ces retours. — Enfin quelquefois au lieu d'une part dans le prix de la vente ou la valeur des retours, le preneur a un salaire ou droit de commission proportionnel; et ce salaire est tantôt subordonné à l'existence des bénéfices, tantôt stipulé payable lors même qu'il n'existerait aucun bénéfice. — Pardessus, *ibid.;* Boulay-Paty, *ibid.;* Goujet et Merger, *eod. verb.,* n° 4.

5. — Les obligations respectives des parties sont réglées soit d'après les principes du contrat de commission, soit d'après ceux du contrat de société. — V. COMMISSIONNAIRES, SOCIÉTÉ. — Toutefois, et dans l'absence des conventions toutes spéciales, on peut dire que celles du preneur varient selon qu'il s'agit de marchandises de pacotille à lui confiées par le donneur, ou de celles qu'il a lui-même achetées pour le retour. — Goujet et Merger, *ibid.*

6. — Relativement aux objets de pacotille, le preneur est principalement tenu de les vendre, s'il se peut, en totalité, et de ne rapporter que celles dont la vente lui est absolument impossible. Il doit faire la vente aux conditions les plus avantageuses et en se conformant aux instructions du donneur; cependant, s'il n'y a pas moyen de mieux faire, il peut vendre au dessous des prix indiqués par le donneur, à moins que celui-ci ne lui ait expressément défendu. — Mêmes auteurs.

7. — Si la nécessité où il aura été de vendre à

crédit ne lui permet pas de faire avant son départ le recouvrement du prix, il doit en remettre le soin à quelque personne solvable du lieu pour qu'elle fasse les retours. — Pardessus, t. 3, n° 702.

8. — Enfin, à son arrivée, il doit rendre compte au donneur de ses négociations, des sommes qu'il a reçues et des mesures par lui prises pour les recouvremens qu'il n'a pu faire. — Pardessus, *ibid.;* Boulay-Paty, *ibid.*

9. — Quant aux *retours,* le preneur doit les faire en marchandises convenues et les expédier par le même navire, ou, en cas d'impossibilité, par le premier navire qui fait voile. — Pardessus, Boulay-Paty, *ibid.;* Goujet et Merger, *eod. verb.,* n° 7.

10. — En cas de perte soit sur la vente au lieu de destination, soit sur les retours, le donneur ne peut demander de supplément au preneur, à moins qu'il ne prouve que ce sont l'inhabileté ou les malversations de celui-ci qui sont cause du déficit. — Mêmes auteurs; Goujet et Merger, *eod. verb.,* n° 8.

11. — Celui qui donne une pacotille à vendre à moitié profit est, en général, présumé vouloir ne payer aucun fret ni pour l'aller, ni pour le retour; mais si le preneur n'ayant pas de port permis pour la valeur des objets vendus, est obligé de payer le fret à l'armateur, est-il fondé à exiger le remboursement du donneur?

12. — Il faut distinguer : ou le preneur a déclaré avoir un port permis suffisant pour la pacotille; et alors il est tenu de supporter le fret personnellement sur sa part dans les profits, et même sur les biens propres, parce qu'il a trompé le donneur; ou bien le contrat a été passé sans qu'il ait été fait mention d'un permis, et dans ce cas, le donneur doit supporter le fret de manière qu'il soit d'abord prélevé seulement sur les profits s'il y en a, et subsidiairement sur le capital. En effet, la marchandise est de plein droit redevable du fret; et le donneur n'ayant pas eu la précaution de faire déclarer au preneur s'il avait ou non l'exemption du fret, doit en être responsable. — Pardessus, n° 703; Boulay-Paty, p. 492; Goujet et Merger, *eod. verb.,* n° 9.

13. — Si, en accordant une portion des profits sur le capital prélevé, le donneur s'est réservé la faculté de faire assurer ce capital, il a droit de joindre à son capital le coût de l'assurance et de prélever le tout sur le produit de la vente, comme ne formant que qu'un même capital. Mais s'il n'a point stipulé une pareille réserve, l'assurance qu'il a faite est pour son compte particulier. — Pardessus, n° 703; Goujet et Merger, *eod. verb.,* n° 10.

14. — L'assurance du chargement et le prêt à la grosse sur facultés comprennent la pacotille, si elle n'en est pas exceptée. — Emerigon, t. 1er, p. 303; Dageville, t. 3, p. 109.

V. ASSURANCE MARITIME, n° 14; PRÊT A LA GROSSE.

PACTE.

1. — C'est, en général, une convention, un accord. — V. CONVENTION.

2. — Dans le droit romain, on distinguait les pactes des contrats. — V. CONTRAT, n° 5 et suiv.; CONVENTION, nos 7 et suiv.

3. — Les principes du droit romain sur les

pactes ne sont pas admis dans le droit français; il n'y a point de *pacte nu,* c'est-à-dire de pacte ne produisant aucune action; et toutes les conventions doivent produire leur effet, sauf dans quelques cas exceptionnels où la loi prescrit des formalités spéciales. — V. CONVENTION, n° 10 et suiv.

4. — Les pactes se divisent en réels et personnels (L. 7, § 8, D.. *De pactis*). Les premiers ne concernent que la personne des contractans, tandis que les seconds passent à leurs héritiers. — V. OBLIGATIONS PERSONNELLE ET RÉELLE.

5. — Tout pacte obscur ou ambigu s'interprète contre le vendeur (C. civ., art. 1602. — V. VENTE), et, en général, contre le stipulant en faveur du promettant.—L. 38, § 18, et L. 99 D. *De reb. sign.;* L. 26 D. *De reb. dubiis.* — V. aussi INTERPRÉTATION DES CONVENTIONS, n° 69 et suiv.

PACTE COMMISSOIRE.

1. — Le pacte commissoire (dans le contrat de vente) est une clause par laquelle les parties conviennent que le contrat sera résolu, si l'acheteur ne paie pas le prix dans un temps limité.

2.—En droit romain le pacte commissoire était censé avoir opéré *de plein droit* la résolution du contrat de vente, à défaut de paiement par l'acheteur dans le temps convenu, en sorte que l'acheteur ne pouvait pas même, par des offres réelles faites depuis l'expiration de ce temps, empêcher la résolution; alors, d'ailleurs, 1° que le vendeur n'avait apporté aucun empêchement au paiement (L. 8, ff., *De lege commiss.;* L. 40, § 1er, *De rescind. vend.*), 2° que le vendeur voulait user du pacte.

3. — Dans l'ancien droit français, le pacte commissoire n'emportait pas la résolution de plein droit. Il donnait seulement au vendeur non payé le droit de demander la résolution, et, jusqu'à la sentence rendue, bien qu'après l'expiration du terme, d'empêcher par des offres la résolution du contrat. — Pothier, *Vente,* n° 460.

4. — Aujourd'hui, si l'acquéreur se laisse prévenir par une sommation, le droit résultant du pacte commissoire (clause résolutoire), expresse et de plein droit) est acquis au vendeur.—C. civ., art. 1656.—V., au surplus, RÉSOLUTION, VENTE.

5.—Les principes du droit romain, d'après lesquels le vendeur, à défaut de stipulation du pacte commissoire, n'avait que l'action personnelle contre l'acquéreur à qui il avait accordé des termes pour le paiement du prix, étaient-ils applicables au cas de vente de choses fiscales?—(Disc. non rés.).— L. 49, ff., *De contra. empt.,* lib. 18, tit. 1er.; LL. 1, 4, 7, ff., *De lege comm.,* lib. 18, tit. 3; L. 5, ff., *De jure fisci,* lib. 49, tit. 44 ; *Inst.,* lib. 2, tit. 1er, § 41 ; L. 3, Code, *De pactis,* lib. 4, tit. 54. — *Colmar,* 8 juill. 1841 (t. 1er 1842, p. 533), Commune de Herbitzheim c. Mathis.

6. — Dans le contrat de nantissement, le pacte commissoire était une clause par laquelle le débiteur, en donnant un meuble à gage ou en hypothèque à ce que celui-ci demeurât propriétaire incommutable du meuble ou de l'immeuble, à défaut du paiement de sa créance dans le délai convenu.

7. — Cette clause, tolérée dans l'ancien droit romain, fut ensuite proscrite dans les der-

4

nière au Code *De pactis pignorum* (Merlin, *Rép.*, v°
Pacte commissoire, § 2), et la prohibition a été re-
nouvelée par le Code civ., art. 2078, 2088. — V.
GAGE, ANTICHRÈSE. — V. aussi VENTE.

8. — Jugé que la clause d'un bail à cens consenti sous l'ancienne jurisprudence portant que
le défaut de paiement de la redevance entraînerait de plein droit la résolution du contrat, a pu,
d'après l'intention des parties, la jurisprudence
de l'époque et l'usage local, être interprétée en
ce sens, que le paiement, survenu même après
l'expiration du terme convenu et la sommation
de payer, devait empêcher la résolution, alors
d'ailleurs que ce paiement avait lieu avant le
jugement. — *Cass.* 17 fév. 1845 (t. 2 1845, p. 539),
comtesse d'Escars c. Goliez. — V. BAIL A CENS.

9. — Lorsqu'en vertu du pacte commissoire le
bail à rente est résolu faute de paiement du prix,
le domaine rentre dans les mains du bailleur,
franc et quitte de toutes charges du fait du preneur. — *Rouen*, 4 juill. 1815, Morel c. Baroulle; 13
juill. 1815, Coignet c. Legris.

10. — Mais, jusqu'à la reprise de possession,
les créanciers personnels du preneur peuvent arrêter l'effet de la résolution en désintéressant le
bailleur. — Même arrêt. — V. RENTE FONCIÈRE.

PACTE CONSTITUTÆ PECU-
NIÆ.

1. — On appelait ainsi, en droit romain, une
convention faite pour corroborer la première et
par laquelle on promettait de l'acquitter dans un
temps donné. C'était un pacte simple qui érigeait
en obligation civile l'obligation résultant d'un autre pacte simple. — Toullier, *Dr. civ.*, t. 6, n° 396.

2. — Quoique la seconde promesse fût faite par
un pacte simple non revêtu de la stipulation,
les préteurs, par un retour à l'équité naturelle,
donnaient une action de bonne foi au débiteur d'assez
mauvaise foi pour manquer à une obligation
ainsi rétérée. — L. 1, *De constit. pecun.*, 11, 5;
Toullier, *ibid.*

3. — Aujourd'hui que toutes les actions sont
de bonne foi et que les pactes simples sont obligatoires, le pacte *constitutæ pecunia* est sans utilité et hors d'usage, lorsque le terme pour acquitter l'obligation est déterminé. D'un autre
côté, une obligation nulle, faute d'une formalité
prescrite par la loi civile, ne serait point corro-
borée par une seconde qui contiendrait les mêmes vices. — Toullier, *ibid.*

PACTE DE FAMILLE.

C'est en général tout traité qui intervient entre
les membres d'une famille pour le règlement de
leurs intérêts. — V. DÉMISSION DE BIENS, DONA-
TION DÉGUISÉE, DONATION ENTRE-VIFS, DONATION
ONÉREUSE, DOUBLE ÉCRIT, ÉMIGRÉS, PARTAGE D'AS-
CENDANT.

PACTE DE PRÉFÉRENCE.

1. — On appelle *pacte de préférence* celui par lequel il est stipulé qu'un individu sera préféré à
un autre dans l'acquisition d'une chose, et que le
propriétaire sera tenu de la lui vendre, dans le
cas où il viendrait à l'aliéner.

2. — Ce pacte paraît contraire au droit commun, suivant lequel chacun peut disposer de sa
propriété comme il lui plaît. Néanmoins, dans
l'ancienne jurisprudence, ce pacte n'était pas
nul en soi, et les jurisconsultes distinguaient,
quant à ses effets, s'il était l'objet d'une convention simple, ou s'il était contenu dans un acte de
vente, d'échange ou de partage d'un fonds commun. Dans cette dernière hypothèse, il était valable, parce qu'on présumait qu'il avait été pris en
considération dans la détermination du prix de
l'objet vendu ou échangé, ou dans les conditions
du partage. Il était admis qu'il affectait la chose
qu'on y avait en vue, et qu'il devait recevoir son
exécution. Telle est, à cet égard, la doctrine de
Cujas, *consult.* 8; celle de Dumoulin, liv. 4 du
Code, tit. *Rescind. vend.*, et celle de Despeisse,
part. 1re, tit. 1er, sect. 5e, n°s 1er, 2 et 3. Cette doctrine est fondée sur les dispositions de la loi 48,
ff., *De pactis*, qui s'exprime en ces termes : « *In
« traditionibus rerum, quodcumque pactum sit, id
« valere manifestissimum est;* » sur celle de la loi 9,
C., *De pact. inter empt. et vendit.* où on lit : « *Si
« quis illa pacisuntur in venditionis vel alienationis
« contractu....., sancimus, licet hoc apud veteres dubi-
« tabatur, tale pactum ex nostra lege esse servandum,
« et immutilatum permanere;* » et sur la loi 123, 3,
De verb. oblig. Les arrêts y étaient conformes, et
il en est rapporté qui l'ont ainsi jugé par May-

nard,(*Notables et singulières questions de droit écrit,*
liv. 1, chap. 10 et 11) et par Cambolas (*Décisions
notables du droit*, liv. 1er, chap. 24). — V. aussi le
Journal du parlement de Toulouse, par de Juin, t. 3,
p. 444, n° 3. — Lorsque ce pacte faisait l'objet
d'une convention simple, il ne donnait aucun
droit réel, *jus in re*, à celui au profit duquel il
était stipulé : il se résolvait toujours en dommages-intérêts contre celui qui l'avait stipulé.

3. — Il ne semble pas que la stipulation du
pacte de préférence soit prohibée sous le Code
civil, bien que ce Code ne renferme aucune disposition qui l'autorise formellement, car il
n'existe non plus aucun texte qui le défende. Or
l'art. 1134 C. civ. porte que les conventions légalement faites, et qu'elles doivent être exécutées de
bonne foi. — Duvergier, t. 2, n° 13.

4. — Seulement ce pacte ne doit pas être confondu avec la promesse de vente *qui vaut vente*.
Il ne renferme qu'une obligation de faire et une
obligation de ne pas faire, qui doit toujours et
dans tous les cas, aux termes de l'art. 1142, se résoudre en dommages-intérêts, et donner ouverture seulement à une action personnelle contre
celui qui s'y est soumis. — Duvergier, t. 2, n° 12.

5. — Il ne donne pas à celui au profit duquel il
est stipulé un droit réel sur la chose. — Toulouse, 15 juill. 1818, Prat c. Roussi.

6. — L'acquéreur sous pacte de réméré, auquel
le contrat accorde un droit de préférence pour
le cas de revente par le vendeur, après l'exercice
du réméré, n'a point une action réelle qui lui
donne le droit de revendiquer la chose ; il n'a
qu'une action personnelle, qui se résout en
dommages-intérêts contre celui qui avait accordé le droit de préférence. — *Toulouse*, 16 nov.
1825, Imbert c. Gil.

7. — La Cour de cassation a aussi décidé que
la clause d'un acte de vente portant que si le
vendeur se décide à aliéner il ne pourra le faire
qu'au profit de l'acquéreur, ne renferme pas une
promesse de vente, encore que les parties fussent
d'accord sur la chose et sur le prix. — Elle ne
constitue qu'un pacte de préférence dont l'exécution ne donne lieu à aucune action réelle
contre le nouvel acquéreur au profit de qui la
vente a eu lieu, et non à une action en dommages-intérêts contre le vendeur. — *Grenoble*, 23 mai
1829, Commandeur c. Pélisson ; *Cass.*, 9 juill. 1834,
mêmes parties.

8. — Il a, du reste, été jugé que si le pacte de
préférence stipulé dans un acte passé avant le
Code civ., donnait un droit réel sur l'immeuble
qui en était l'objet, il n'était que dans le cas
où il était stipulé en faveur du vendeur ou d'un
communiste. Mais lorsque le pacte de préférence
était stipulé entre deux coacquéreurs, même
solidaires ; en ce cas, l'inexécution de la convention de la part de l'un des acquéreurs, ne donnait à son coacquéreur qu'une action personnelle en dommages-intérêts mais il ne lui ouvrait
non une action en revendication de l'immeuble contre le tiers détenteur. — *Grenoble*, 11 mai 1827,
Eynard c. Allard.

9. — La réserve faite par le vendeur du droit
de reprendre l'immeuble vendu moyennant un
prix déterminé, dans le cas où l'acquéreur voudrait en défaire, n'équivaut pas à une clause
de réméré et ne lui donne pas le droit, en cas
de vente à un tiers, de poursuivre ce tiers en
déguerpissement ; elle peut seulement donner
ouverture à une action en dommages-intérêts
contre l'acquéreur qui n'a pas respecté le pacte
de préférence. — *Colmar*, 6 fruct. an XIII, Rool
c. Arth.

10. — Celui qui achète un immeuble sous la
réserve du réméré, et sous la condition d'avoir
la préférence en cas de vente définitive, ne peut
refuser l'offre réelle d'un tiers exerçant la faculté de rachat au nom du vendeur. L'offre faite
par ce tiers à l'acheteur, avec déclaration qu'il
entend acquérir ses droits contre le vendeur au
moyen du paiement qu'il fait de ses propres deniers à la décharge de celui-ci, ne peut être considérée comme la demande en subrogation dont
parle l'art. 1236 C. civ., et d'être rejetée comme
conditionnelle et insuffisante. L'acte par lequel
le débiteur, dans le cas ci-dessus, consent à ce
que le tiers qui a payé à sa décharge retienne à
titre d'antichrèse l'immeuble racheté, ne peut
être considéré comme une aliénation et donner
ouverture au droit de préférence. — *Nîmes*, 11
fév. 1819, Aussct c. Canonge.

PACTE DE QUOTA LITIS.

1. — Convention par laquelle le propriétaire
d'une créance en promet une portion à quelqu'un qui se charge de lui en procurer le paiement.

2. — Cette convention, valable lorsqu'elle est
faite en faveur de quelqu'un qui se borne à avancer son argent pour la poursuite d'un procès, a
toujours été considérée comme illicite ou immorale, lorsqu'elle était faite au profit du juge, de
l'avocat ou du procureur du créancier. — Merlin,
Rép., v° *Pacte de quota litis*; L. 1, § 12, ff., *De ex-
traordinariis cognitionibus*; L. 53, ff., *De pactis.*
— V. AVOCAT, AVOUÉ, DISCIPLINE, DROITS LITIGIEUX,
n°s 47 et suiv., HONORAIRES, n°s 46 et suiv.

3. — Jugé même que bien qu'une partie seulement d'une créance litigieuse soit cédée à un
avocat et à un avoué, et que la cession ne soit
pas faite moyennant un prix, mais à la charge
d'en opérer le recouvrement par les soins et
démarches de ceux-ci, cette cession n'en est pas
moins nulle, aux termes de l'art. 1597. — *Nancy*,
1er juin 1840 (t. 2 1846, p. 168), Plauté c. Hallot.

4. — Toutefois, la nullité d'une pareille convention ne peut être invoquée que par les parties contractantes l'une contre l'autre (Duvergier, *Vente*,
t. 1er, n° 201), et non par le débiteur cédé, puisque l'instance est poursuivie par le créancier et
que dès lors l'annulation du pacte n'aurait aucune conséquence pour lui.

5. — Ce pacte ne doit pas absolument être confondu avec la cession de droits litigieux (*vente
ou cession moyennant un prix déterminé*, bien
qu'il en ait les inconvéniens. En effet, celui à
qui une part de l'affaire a été promise n'est pas
saisi de la chose, et la propriété n'en continue
pas moins à résider dans la personne du créancier, et c'est à la requête de ce créancier seul que
les poursuites ont lieu.

PACTE DE RACHAT.

Convention par laquelle le vendeur stipule
la faculté de réméré. — V. VENTE A RÉMÉRÉ.

PACTE DE SUCCÉDER ou SUR
UNE SUCCESSION FUTURE.
V. SUCCESSION FUTURE.

PAIEMENT.

Table alphabétique.

Exception, 37, 276, 292.
Exécutoire, 280 s.
Exigibilité, 167 s., 194.
Fabrique, 178.
Faillite, 14 s., 61, 119.
Faute, 101, 109.
Faux, 93.
Femme, 11, 58 s., 68.
Frais, 32, 228 s. — d'acte, 263 s.
Fraude, 211.
Gestion d'affaires, 35, 85.
Grosse, 252 s., 280 s.
Héritier, 22, 41 s., 88, 94, 128, 153. — apparent, 94, 96. — bénéficiaire, 299.
Hospices, 178.
Huissiers, 73 s.
Hypothèque, 170 s., 266.
Impenses, 65.
Indivisibilité, 159, 267.
Indivision, 43.
Inscription hypothécaire, 210.
Inscription sur le grand livre, 126 s., 129.
Interdit, 13, 49, 68.
Intérêts, 148, 168, 172, 207, 258.
Jugement, 185 s. — par défaut, 32.
Legs, 25.
Lettre de change, 91, 197, 248, 271.
Libération, 206 s.
Lieu du paiement, 212 s
Lingots, 132.
Louage, 85, 99.
Maître de poste, 227.
Mandat, 24, 67 s., 51, 83 s., 86 s., 93, 272 s. — (faux), 87.—tacite, 72 s.
Mari, 40, 59 s., 68.
Meubles, 20.
Mineur, 12, 49, 51, 68, 70. —émancipé, 52 s.
Mise en demeure, 181.
Monnaie, 133 s.
Mort civile, 56.
Notaire, 78 s., 263 s.
Novation, 2, 269 s.
Nullité, 293.
Numéraire, 130 s., 136, 138.
Obligation alternative, Obligation de donner, 107 s., 111.
Obligation facultative, 113 s., 151.
Obligation de faire, 30, 31, 111 s.
Office, 126, 175, 177.
Offres réelles, 28 s.
Option, 116.
Paiement anticipé, 173 s., 176 s., 300 s.
Paiement forcé,, 103 s., 123, 125 s.
Paiement partiel, 146 s.
Partage, 92, 97,
Passe de sac, 140, 237.

Perte de la chose, 108, 122.
Porteur de titre, 73 s., 76,
Possesseur de la créance, 90 s.
Possession du titre sous seing privé, 250.
Pouvoir des tribunaux, 242.
Prescription, 37.
Présomption, 245 s., 262.
Prêt, 132.
Preuve, 100, 238 s.
Profit, 55.
Propriété, 5 s., 275 s. — des valeurs remises, 9.
Qualité, 66, 278.
Quittance, 62 s., 141, 231, 254, 259 s. — conditionnelle, 240. — finale. 256. — indéterminée, 240. — pour solde de tout compte, 257.
Ratification, 22, 64, 88.
Receveur des domaines, 61, 63.
Receveur public, 137.
Reconnaissance, 277.
Recours, 33, 36, 298.
Refus, 30, 34.
Remboursement, 168 s., 178, 180.
Remise de titres, 245 s., 279 s.
Remploi, 165 s.
Rente, 38, 75, 215, 264, 259.
Répétition, 12, 39, 284.
Résolution, 33.
Restitution, 285.
Revendication, 20.
Sac, 237.
Saisie-arrêt, 210, 286 s.
Saisie-exécution, 210.
Salaire, 130.
Séquestre, 95, 210. — judiciaire, 40, 61.
Simulation, 243.
Somme d'argent, 18, 107, 123, 141.
Subrogation, 23 s., 269, 276.
Succession, 92, 95.
Surséance, 184, 206.
Surxis, 182 s.
Syndic de faillite, 40, 61.
Termes, 167 s. — antérieurs, 255 s.
Tiers, 4, 23 s., 272, 286 s. —indiqué, 69.
Timbre, 229 s., 233.
Tradition, 7.
Transfert, 125 s., 129.
Transport de créances, 23 s., 269.
Trésor, 93. — public, 287 s.
Trésorier de la marine, 62.
Tuteur, 12, 40, 49 s., 66, 69.
Usufruitier, 45.
Vente, 83, 224. — de marchandises, 225.

PAIEMENT.—1.—Le paiement est la délivrance, remise ou tradition de ce qui est dû, la prestation réelle de la chose, ou l'accomplissement du fait qui est l'objet de l'obligation.

2.—Dans un sens général, le mot *paiement* indique la libération du débiteur et l'extinction de la dette opérée d'une manière quelconque. Alors il comprend la novation, la compensation, etc. — Duranton, *Dr. franç.*, t. 12, n° 7; Toullier, *Dr. civ.*, t. 7, n° 5.

3.—C'est du paiement considéré sous le premier point de vue que nous nous occupons ici.

SECT. 1re. — *Par qui le paiement peut être fait* (n° 4).

§ 1er. — *Qualité et capacité de la personne qui paie* (n° 4).

§ 2. — *Du paiement fait par un tiers* (n° 23).

SECT. 2e. — *A qui le paiement doit être fait* (n° 40).

Sect. 1re. — *Par qui le paiement peut être fait.*

§ 1er. — *Qualité et capacité de la personne qui paie.*

4. — Une obligation peut être acquittée soit par le débiteur, soit par toute personne qui y est intéressée, telle qu'un coobligé ou une caution. Elle peut même l'être par un tiers qui n'y est point intéressé. — C. civ., 1236.

5. — Pour payer valablement, dit l'art. 1238 du Code civil, il faut être propriétaire de la chose donnée en paiement, et capable de l'aliéner. — Néanmoins, le paiement d'une somme d'argent ou autre chose qui se consomme par l'usage, ne peut être répété contre le créancier qui l'a consommée de bonne foi, quoique le paiement en ait été fait par celui qui n'en était pas propriétaire, ou qui n'était pas capable de l'aliéner.

6. — D'après ces dispositions, prises de Pothier (*Oblig.*, n° 458 et suiv.), qui les a lui-même empruntées au droit romain, le paiement doit avoir pour objet de faire acquérir la chose au créancier, afin qu'il puisse en disposer comme bon lui semblera. — D'où il suit que si, par erreur, le créancier reçoit sa propre chose pour celle qui lui est due, le paiement ne sera pas valable. — L. 167, ff., *De reg. juris.*

7. — Aujourd'hui ces dispositions ne doivent être adoptées qu'avec restriction. Chez nous, la propriété est transmise non pas par le paiement, mais par le seul consentement (C. civ., art, 711, 1138 et 1583). Il s'ensuit que dans les obligations de corps certains appartenant au débiteur, celui-ci a dû sans doute être propriétaire au moment du contrat pour transmettre la propriété au créancier, mais il ne l'était plus au moment du paiement. Ce paiement n'est donc plus que l'exécution du contrat, la délivrance de la possession d'une chose dont la propriété appartenait déjà au créancier. Il ne saurait être considéré comme une aliénation.—Toullier, t. 7, n° 6; Delvincourt, t. 2, p. 539; Rolland de Villargues, *Rép.*, v° *Paiement*, n° 2. — A plus forte raison en est-il de même dans le cas de simple restitution d'une chose prêtée, louée, etc. Et cependant dans ce cas les restitutions sont comprises sous le nom de *paiement.*—Duranton, t. 12, n° 26.

8. — Mais l'art. 1238 reçoit son entière application quand il s'agit de livrer des choses qui ne sont déterminées que par leur espèce, telles qu'une maison ou un champ en général. Car c'est au moment seulement de la livraison que s'effectue la transmission de propriété.— Rolland de Villargues, *Rép.*, v° *Paiement*, n° 12.

9. — Celui qui paie, même au nom et en l'acquit d'un tiers, est réputé propriétaire des deniers ou valeurs qu'il a ainsi versés, jusqu'à preuve contraire. — *Paris*, 14 janv. 1843 (t. 44e 1843, p. 253), Crochard c. Sébastiani.

10. — D'un autre côté, la disposition qui veut que, pour payer valablement, il faille être capable

d'aliéner la chose donnée en paiement, ne saurait être suivie si l'on considère les autres dispositions et l'esprit du Code. En effet, quand la dette est réellement et exigible, et qu'il n'y a aucune exception à opposer à l'action du créancier, qu'importe que celui qui paie soit ou non capable d'aliéner la chose donnée en paiement? En pareil cas, le paiement est valable, même fait par un incapable. D'ailleurs celui qui s'est procuré la libération d'une obligation valable, ne peut être considéré comme ayant fait un acte nul. — Toullier, t. 7, n° 7; Duranton, t. 12, n° 27.

11. — Par exemple, si une femme non autorisée payait une somme légitimement due par son mari, ou livrait une chose par lui vendue, le paiement ou la tradition seraient valides pourvu qu'ils ne fussent pas faits avant le terme convenu. — Toullier, t. 7; Rolland de Villargues, *Rép.*, v° *Paiement*, n°s 7 et 8.

12. — Il faut en dire autant d'une dette légitime et exigible payée par un mineur sans l'autorité de son tuteur. — Toullier, t. 7, n° 7; Rolland de Villargues, *Rép.*, v° *Paiement*, n° 4. — Toutefois le paiement n'aura pas tous les effets de celui qui serait fait par un individu capable d'aliéner. Ainsi, il ne pourrait être considéré comme ratification d'une obligation nulle ou rescindable. Il y aurait lieu à répétition s'il y avait eu lésion ou si le mineur n'avait pas invoqué la prescription acquise, etc.— Delvincourt, t. 2, p. 539, note; Duranton, t. 12, n° 29.

13. — Ce que nous venons de dire pour le mineur, il y a lieu de l'appliquer à l'interdit et à l'individu pourvu d'un conseil judiciaire. — Rolland de Villargues, *Rép.*, v° *Paiement*, n°s 5 et 6.

14. — Les paiemens faits par un failli ne sont pas valables ; car il ne peut changer que son sort les droits de ses créanciers, fixés irrévocablement à l'ouverture de la faillite. — Toullier, t. 7, n° 44 ; Delvincourt, t. 2, p. 309.

15. — Sont nuls relativement à la masse des créanciers du failli lorsqu'ils ont été faits par le débiteur depuis l'époque fixée pour l'ouverture de la faillite, ou dans les dix jours qui ont précédé, tous paiemens soit en espèces, soit par transport, vente, compensation ou autrement pour dettes non échues et pour dettes échues, tous paiemens faits autrement qu'en espèces ou effets de commerce. — C. comm., art. 446.

16. — Tous autres paiemens faits par le débiteur pour dettes échues et tous autres actes à titre onéreux par lui passés après la cessation de ses paiemens et avant le jugement déclaratif de faillite, pourront être annulés, si de la part de ceux qui ont reçu du débiteur ou qui ont traité avec lui, ils ont lieu avec connaissance de la cessation de ses paiemens. — C. comm., art. 447. — V., au surplus, **FAILLITE.**

17. — Mais les paiemens faits par un homme en déconfiture, c'est-à-dire par un non-commerçant insolvable, sont valables, sauf le cas de fraude. — Domat, *Lois civ.*, liv. 4, tit. 5, n°s 1er et 2; Denisart, *Rép.*, v° *Paiement*, n° 32; Toullier, t. 7, n° 45.

18. — Nous avons vu que quand le paiement consiste dans une somme d'argent ou une chose fongible, il ne peut être répété contre le créancier qui l'a consommée de bonne foi, quoique ce paiement ait été fait par un individu non propriétaire et non capable d'aliéner. — C. civ., art. 1238. — Cette exception ne peut être adoptée d'une manière absolue, et en pareil cas, le paiement fait par un incapable n'est point valable à son égard, s'il lui porte préjudice.— Duranton, t. 12, n° 29.

19. — Quand une chose est-elle réputée consommée? En matière de denrées il y a consommation naturelle par l'usage qu'on en fait, et consommation civile quand les denrées ont été aliénées ou même prêtées. L'argent monnayé est consommé naturellement par la fonte ou toute autre manière qui enlève aux pièces leur forme et le caractère légal, civilement quand les espèces comptées à une personne ont été tellement mêlées aux siennes propres qu'elles n'en peuvent plus être distinguées; ou bien encore quand elles ont été données en paiement, ou même prêtées. — L. 19, ff., *De rebus creditis*; Vinnius, § 2, *Instit. tit. quib. alien. licet vel non* ; Godefroy sur L. 4, § 2, ff., *De auct. tut.* — Toutefois, M. Duranton (t. 12, n° 33) pense que chez nous on ne saurait considérer du numéraire comme consommé par cela seul qu'il a été mêlé avec d'autre de même espèce dans un sac ou dans une caisse.

20. — La maxime qu'en fait de meuble possession vaut titre est applicable en cas de paiement. Ainsi, dans le cas même du paiement d'une chose mobilière non fongible qui a été fait par le non-propriétaire, la revendication n'a pas lieu contre le créancier de bonne foi, sauf les cas de perte ou de vol de la chose ; et dans ces cas-là même, elle n'a lieu que sous certaines distinctions et conditions. — Duranton, t. 12, n° 30 ; Delvincourt, t. 2, p. 540 ; Rolland de Villargues, *Rép.*, v° *Paiement*, n° 104.

21. — Lorsque le créancier qui a reçu en paiement la chose d'autrui n'en peut plus être évincé, il n'est pas fondé lui-même à dire que le paiement est nul, et qu'il doit lui en être fait un autre à la charge par lui de restituer ce qu'il a reçu. — Duranton, t. 12, n° 31.

22. — Dans tous les cas, si le tiers propriétaire ratifie le paiement, ou devient l'unique héritier de celui qui l'a fait et *vice versâ*, ou bien encore si l'objet payé a cessé d'exister par force majeure ou par la faute du créancier, celui-ci ne peut plus critiquer le paiement, et l'obligation est définitivement éteinte. — Duranton, t. 12, n° 32 ; Rolland de Villargues, *Rép.*, v° *Paiement*, n° 15.

§ 2. — *Du paiement fait par un tiers.*

23. — Lorsque l'obligation est acquittée par un tiers qui n'y est point intéressé, il faut que ce tiers agisse au nom et en l'acquit du débiteur, ou que s'il agit en son propre nom, il ne soit pas subrogé aux droits du créancier (C. civ., art. 1236) ; autrement, il y aurait seulement substitution d'un nouveau créancier à l'ancien ; l'obligation ne serait pas éteinte. — Toullier, t. 7, n° 9 ; Duranton, t. 12, nos 14 et 15.

24. — Bien que le tiers qui acquitte l'obligation doive agir au nom du débiteur, l'art. 1236 ne suppose pas que ce tiers ait mandat à cet effet ; car alors ce serait le débiteur qui serait censé payer par le ministère du mandataire. Il s'agit ici d'une simple gestion d'affaires ; tel est le cas du paiement par intervention d'une lettre de change. — C. comm., art. 158 et 159. — Duranton, t. 12, n° 15.

25. — Des légataires particuliers ne peuvent demander la nullité du paiement de leur legs à eux fait en assignats par un tiers, au nom et en l'acquit du légataire universel. — *Paris*, 25 mars 1829, Champgrand c. Sauzet.

26. — Lorsque le tiers intéressé paie en son propre nom, l'art. 1236 exige qu'il ne soit pas subrogé aux droits du créancier. D'un autre côté, l'art. 1250, § 1er, autorise d'une manière générale le créancier qui reçoit son paiement d'un tiers à le subroger dans tous ses droits contre le débiteur. Il suit de là qu'il faut entendre l'art. 1236 en ce sens que le créancier n'est point obligé de consentir à la subrogation dans ses droits en faveur du tiers qui acquitte l'obligation, parce que de cette manière, un tiers pourrait se procurer les moyens de vexer le débiteur, et devenir pour lui un créancier beaucoup plus fâcheux. — Duranton, t. 12, n° 15.

27. — Le créancier ne peut refuser le paiement qui lui est offert par un tiers qui veut payer sans subrogation ; car il lui est indifférent par qui la chose due soit payée, pourvu qu'elle le soit effectivement. — Poujol, *Tr. des oblig.*, t. 2, sous l'art. 1236, n° 11. — Mais le tiers ne pourrait payer la dette par voie de compensation. — *L.* 18, § 1er, ff., *De compensat.* — Rolland de Villargues, *Rép.*, v° *Paiement*, nos 22 et 27. — Toutefois, si le tiers faisait transport de sa créance au débiteur, celui-ci pourrait, pour éteindre sa dette, opposer la compensation. — Duranton, t. 12, n° 17.

28. — Si le créancier refuse le paiement que le tiers veut lui faire sans subrogation, celui-ci peut faire des offres et consigner. Ces offres et cette consignation opéreront la libération du débiteur comme si elles émanaient de lui. — L. 72, § 2, ff., *De solut.* — Duranton, t. 12, n° 16 ; Rolland de Villargues, *Rép.*, v° *Paiement*, nos 23 et 24. — D'autres auteurs pensent que si le paiement offert ne procurait aucun avantage au débiteur, et s'il n'avait d'autre effet que de lui faire changer de créancier, les offres pourraient être refusées, car il n'y aurait alors qu'un transport, et on ne peut y forcer le créancier. — Pothier, *Oblig.*, n° 464 ; Toullier, t. 7, n° 11 ; Delvincourt, t. 2, p. 151, n. 2 ; Zachariæ, t. 3, p. 182. — Il nous semble, avec M. Duranton, que cette dernière opinion ne doit pas être suivie, car l'art. 1236 est formel. Ce serait en restreindre l'application ; et du moment que la loi reconnaît dans un individu qualité pour faire le paiement, elle lui reconnaît par cela même qualité pour faire ce qui en tient lieu. — V., en ce sens, Marcadé, *Elém. de dr. civ.*, art. 1236, n° 3.

29. — Jugé, dans ce sens, qu'un étranger qui n'a aucun intérêt personnel à l'acquittement de la dette peut obliger le créancier à recevoir le paiement qu'il lui offre au nom du débiteur. Les offres réelles que fait en pareil cas l'étranger pour arrêter les poursuites commencées sont valables et constituent le créancier en demeure. — *Paris*, 11 août 1806, Bourdon de Septenville c. Baisnée.

30. — L'obligation peut être acquittée par un tiers, malgré le créancier, soit qu'il s'agisse de l'obligation de donner, soit qu'il s'agisse de l'obligation de faire. Toutefois il y a exception pour l'obligation de faire, quand le créancier a intérêt à ce que l'obligation soit remplie par le débiteur lui-même (C. civ., art. 1237). — Toullier, t. 7, n° 13 ; Duranton, t. 12, n° 20. — Il y a également exception pour une obligation de faire qui pourrait être indifféremment exécutée par un autre, comme le fait de creuser un fossé, si la convention l'interdisait. — L. du 31, ff., *De solut.* — Toullier, *ibid.*; Rolland de Villargues, *Rép.*, v° *Paiement*, n° 26.

31. — La caution même ne pourrait, contre le gré du créancier, exécuter l'obligation de faire, si celui-ci avait intérêt à ce qu'elle fût remplie par le débiteur. Malgré ses offres d'exécuter, elle resterait donc responsable des dommages encourus par le débiteur à raison de l'inexécution. — Duranton, t. 12, n° 21.

32. — Le créancier ne peut être contraint à recevoir son paiement de la main d'un tiers, dans le cas où sa créance se rattache à un autre droit qui serait perdu pour lui, si le paiement lui était fait par un autre que le débiteur lui-même. Spécialement, un tiers ne peut, en offrant de payer les frais d'un jugement par défaut faute de comparoir, mettre la partie qui l'a obtenu dans l'impossibilité d'exécuter ce jugement et d'éviter la péremption. — *Paris*, 13 mai 1814, Bouilly de Doré c. Roullin.

33. — Le créancier qui a reçu le paiement de ce qui lui était dû d'un autre que de son débiteur ne perd pas son recours contre ce dernier, lorsqu'il n'est pas dessaisi de sa créance par un transport régulier. — *Douai*, 31 janvier 1839 (t. 2 1841, p. 268), Derolde c. Chassaing. — La solution de cet arrêt nous paraît contestable ; car, du moment où il y a eu paiement complet, il semble que la dette est éteinte, en ce qui concerne le créancier ; que par conséquent celui-ci n'a plus de recours à exercer.

34. — Le tiers peut payer à l'insu et contre le gré du débiteur. — L. 53, ff., *De solut.* — Car on peut à l'insu d'une personne, et même contre son gré, rendre sa condition meilleure. — Toullier, t. 7, n° 10 ; Poujol, *Tr. oblig.*, t. 2, sous l'art. 1237, n° 11 ; Rolland de Villargues, *Rép.*, v° *Paiement*, n° 21. — La règle *Beneficium invito non datur* ne s'entend que des libéralités qu'on voudrait faire directement ; elle n'est point applicable au paiement, qui est ici l'acte principal et direct. — Duranton, t. 12, n° 18.

35. — Lorsqu'un tiers a payé pour le débiteur, il a contre celui-ci l'action *negotiorum gestorum*, pourvu que la dette soit légitime, exigible et non contestée. — L. 43, ff., *De negot. gest.*; C. civ., art. 1375. — Toullier, t. 7, n° 12 ; Rolland de Villargues, *Rép.*, v° *Paiement*, n° 28. — V. GESTION D'AFFAIRES, QUASI-CONTRAT.

36. — Le tiers qui a payé la dette sans mandat du débiteur doit l'en prévenir de suite ; car si celui-ci payait de son côté, le tiers n'aurait plus de recours que contre le créancier de mauvaise foi. — Duranton, t. 12, n° 24 ; Poujol, t. 2, art. 1236, n° 14.

37. — Le débiteur peut opposer à celui qui a payé sa dette à son insu, mais dans un temps où elle n'était pas prescrite, la même exception de prescription qu'il pourrait faire valoir contre le créancier primitif lui-même. — *Cass.*, 18 oct. 1809, Enreg. c. Bodet.

38. — Lorsque le propriétaire d'une rente créée pour prix d'une vente d'immeuble l'a cédée avec garantie sans l'intervention de son débiteur, et l'a remboursée à son cessionnaire, qui lui a remis une quittance dans laquelle le débiteur n'a pas non plus été partie, il est rentré dans l'exercice de la propriété de la rente et des droits en dépendant ; dès lors, il a le droit de demander la résolution de la vente, à défaut par l'acquéreur de payer les arrérages de la rente. — *Cass.*, 4 mars 1818, Bernon.

39. — Quelques auteurs enseignent que si un tiers avait payé malgré le débiteur et contre sa défense, il n'aurait aucune action pour répéter ce qu'il aurait payé. — L. 8, § 3, ff., *De negot. gest.* — Car l'obligation qui résulte du quasi-contrat est fondée sur le consentement tacite ou présumé du débiteur. En pareil cas, le tiers qui paie est censé vouloir gratifier le débiteur. — Toullier, t. 7, n° 12 ; Rolland de Villargues, *Rép.*, v° *Paiement*, n° 29. — M. Duranton (t. 12, n° 19) pense avec raison, ce nous semble, que la répétition doit être admise ou refusée suivant les circonstances, par exemple, si le tiers a payé malgré le débiteur pour prévenir un procès fâcheux entre ce dernier ou le créancier, ou bien pour se créer un moyen de vexer le débiteur et de le poursuivre. — V. aussi Poujol, t. 2, art. 1236, n° 11.

Sect. 2e. — *A qui le paiement doit être fait.*

§ 1er. — *Du paiement fait au créancier ou à ses représentans légaux.*

40. — Le paiement doit être fait au créancier capable de le recevoir ou à quelqu'un ayant pouvoir de lui, ou qui soit autorisé par la justice ou par la loi à recevoir pour lui. — C. civ., art. 1239. — Par la loi, comme le tuteur, le mari, les administrateurs des établissemens publics ; par la justice, comme le séquestre nommé par un tribunal, les syndics d'une faillite. — Toullier, t. 7, n° 14.

41. — Par *créancier*, on entend non-seulement la personne avec laquelle le débiteur a contracté, mais encore ses héritiers soit testamentaires, soit intestat. — Poujol, *Oblig.*, t. 2, art. 1239, n° 3. — Le paiement serait valablement fait à l'héritier grevé de restitution, même sans la présence du tuteur nommé à la disposition. — Duranton, t. 12, n° 34.

42. — Si le créancier laisse plusieurs héritiers, le paiement ne doit être fait à chacun d'eux qu'en proportion de sa part héréditaire (C. civ., art. 1220), à moins que l'un d'eux n'ait reçu pouvoir de toucher pour tous, ou ne soit cessionnaire de leurs droits. — Pothier, *Oblig.*, n° 502 ; Duranton, t. 12, n° 35 ; Toullier, t. 7, n° 17 ; Rolland de Villargues, *Rép.*, v° *Paiement*, n° 39 ; Poujol, *loc. cit.*

43. — Ainsi le remboursement d'une créance immobilière due à une succession indivise doit, pour être valable, être fait à *tous* les héritiers. — *Poitiers*, 21 prairial an X, Paturaut c. N...

44. — Jugé cependant que jusqu'au partage consommé, les paiemens des arrérages d'une rente sont valablement faits par le débiteur à l'un des héritiers du créancier originaire. — *Riom*, 29 déc. 1819, Gerle c. Fournet.

45. — Comme l'usufruitier tient la place du propriétaire, il peut recevoir seul le remboursement des capitaux. — Proudhon, *De l'usufruit*, n° 1044 ; Rolland de Villargues, *Rép.*, v° *Paiement*, n° 38.

46. — Quand le créancier a transporté sa créance et que le transport a été signifié au débiteur ou accepté par lui, le paiement ne peut plus être fait qu'au cessionnaire. — Rolland de Villargues, *Rép.*, v° *Paiement*, n° 36.

47. — S'il y a eu transport d'une portion seulement de la créance, le débiteur peut exiger que le créancier et le subrogé se réunissent pour recevoir la totalité de la dette. — Toullier, t. 7, n° 120, note ; Rolland de Villargues, *Rép.*, v° *Paiement*, n° 37.

48. — Pour que le paiement fait au créancier soit valable, il faut que ce créancier soit capable de le recevoir, à moins que le débiteur ne prouve que la chose payée a tourné au profit du créancier. — C. civ., art. 1241. — Pour être capable de recevoir, il faut être capable d'administrer. — L. 12, ff., *De solut.* — Pothier, *Oblig.*, n° 468 ; Toullier, t. 7, n° 14 ; Rolland de Villargues, *Rép.*, v° *Paiement*, n° 40.

49. — On ne peut payer à un créancier mineur non émancipé, ni à un interdit, aucune espèce de dette ; le paiement doit être fait au tuteur. — C. civ., art. 450 et 509. — Duranton, t. 12, n° 40 ; Toullier, t. 7, n° 14.

50. — Les tuteurs reçoivent valablement pour les mineurs ou les interdits et peuvent donner quittance, quand même il seraient alors insolvables. — C. civ., art. 450, 509 et 1259. — Mais les parens même les plus proches ne pourraient recevoir à leur place. Il en est de même du subrogé tuteur, en cas de vacances de la tutelle, ou bien du protuteur ou du tuteur honoraire. — Duranton, t. 12, n° 44.

51. — Dans le ci-devant Piémont, sous l'empire du droit romain, tout paiement d'une dette hypothécaire fait au mineur, même assisté de son curateur, mais sans l'intervention de justice était nul, et le mineur pouvait exiger un second paiement sans être tenu de discuter préalablement son curateur et les cautions de celui-ci. — *Turin*, 22 déc. 1807, Donadio.

52. — Le mineur émancipé peut recevoir seul, et sans espoir du bénéfice de la restitution, le paiemens de ses loyers et fermages, des arrérages de rentes et intérêts, en un mot de toute espèce de revenu. — C. civ., art. 481. — C'est la conséquence de la capacité qu'il a de passer seul des baux, et d'administrer ses biens. — Mais il ne peut, sans l'assistance de son curateur, recevoir valablement ses capitaux, même mobiliers. — C. civ., art. 482. — Duranton, t. 12, n° 41 ; Poujol, t. 2, art. 1239, n° 6 ; Rolland de Villargues, *Rép.*, v° *Paiement*, nos 42 et 43.

53. — Le curateur du mineur émancipé n'a pas le droit de recevoir pour lui ; il ne peut que l'assister. — Duranton, t. 12, n° 55. — Le curateur à une succession vacante n'a pas non plus le droit de recevoir les paiemens et d'en donner décharge. Les versemens devant se faire à la caisse des consignations, c'est le receveur qui donne le reçu et le curateur y met son visa. — Duranton, *ibid.*, n° 56, et t. 8, n° 69.

54. —Les individus pourvus d'un conseil judiciaire ont besoin de l'assistance de ce conseil pour recevoir un capital mobilier et en donner décharge (C. civ., art. 499 et 513) ; mais ils peuvent recevoir seuls des revenus, comme les mineurs émancipés. — Duranton, t. 12, n° 42 ; Poujol, *loc. cit.* ; Rolland de Villargues, *Rép.*, v° *Paiement*, n° 45.

55. — Le paiement fait à un accusé avant sa condamnation est valable. Autrement, ce serait ôter aux innocens les moyens de faire les dépenses nécessaires pour établir leur justification. — L. 41, ff., *De solut.* — Toullier, t. 7, n° 16. — Si le créancier est contumace, le paiement doit être fait au séquestre (C. inst. crim., 471), tant que la mort civile n'est pas encourue. — Duranton, t. 12, n° 39.

56. — On ne peut payer au mort civilement les créances qu'il avait avant la mort civile, bien qu'il soit rentré dans la vie civile, et que depuis ce moment seulement se sont accomplies les conditions sous lesquelles les créances avaient été contractées. — C. civ., art. 25, 1179 ; Duranton, t. 12, n° 37. — Toullier (t. 6, n° 15) pense que le paiement fait au mort civilement peut cependant être déclaré valable : 1° Si le débiteur prouve qu'il était de bonne foi et qu'il a ignoré le jugement de condamnation ; 2° ou si le paiement a tourné au profit non pas de la personne du créancier, mais de sa succession.

57. — A l'égard des condamnés aux travaux forcés à temps ou à la réclusion, le paiement doit être fait au curateur qui leur est nommé. — C. pén., 29. — Cependant, si le paiement avait été fait au condamné lui-même, celui-ci serait non recevable à en demander un nouveau, soit par lui, soit par son curateur ; car il ne peut tirer profit *ex delicto suo*. Si l'art. 31 C. pén. défend de remettre aucune somme au condamné pendant la durée de sa peine, cette défense ne concerne que le tuteur et n'empêcherait pas le débiteur poursuivi d'invoquer l'exception *doli mali*. — Duranton, t. 12, n° 38 ; Poujol, t. 2, art. 1239, n° 7.

58. — La capacité des femmes mariées pour recevoir valablement un paiement dépend du régime sous lequel le mariage a été passé et de la nature de créances. — V. CONTRAT DE MARIAGE. —V. aussi Duranton, t. 12, n° 43 ; Rolland de Villargues, *Rép.*, v° *Paiement*, nos 45 et suiv.

59. — Le mari peut en général recevoir pour sa femme commune en biens les choses mobilières. Il en est autrement quand il s'agit d'immeubles, et toutes les fois que la femme a le pouvoir d'administrer. — Duranton, t. 12, n° 57 ; Delvincourt, *Cours de C. civ.*, t. 2, p. 155, note 4.

60. — Toutefois, il est à remarquer que, dans les cas où le paiement doit être fait à la femme, le mari ne peut, sans son consentement, le recevoir valablement. — L. 11, C. *De solut.* ; Pothier, *Oblig.*, n° 479 ; Duranton, t. 12, n° 43 ; Rolland de Villargues, *Rép.*, v° *Paiement*, n° 49.

61. — Les syndics et agens d'une faillite ont droit de recevoir ; il en est de même des séquestres judiciaires, des envoyés en possession des biens d'un absent et des receveurs des domaines pour les sommes dues aux condamnés par contumace. — Duranton, t. 12, n° 58 et 59 ; Rolland de Villargues, *Rép.*, v° *Indication de paiement*, nos 64 et suiv.

62. — Les paiemens à-compte faits par des armateurs sur une simple quittance du trésorier de la marine sont valables. — Il n'est pas nécessaire, à peine de nullité, que la quittance ait été transcrite sur les registres du contrôleur de la marine et visée par lui. — *Cass.*, 2 niv. an X, le Commissaire principal de la marine de Nantes c. armat. du corsaire *l'Hydre*.

63. — Un paiement de fermage est libératoire quand il a été fait en la forme ordinaire, de bonne foi, à la caisse du receveur des domaines, entre les mains des employés de son bureau, ne fussent-ils même que surnuméraires, s'ils recevaient et s'ils délivraient journellement des quittances pour lui. — *Cass.*, 19 janv. 1807, Enreg. c. Lemoine.

64. — Le paiement fait à un incapable est validé par la ratification du créancier devenu capable. — Duranton, t. 12, n° 44. — Ou bien encore par la ratification donnée par celui à qui le paiement devait être fait. — Duranton, t. 12, n° 46.

65. — Il en est de même si, comme nous l'avons vu, le débiteur prouve que la chose payée a tourné au profit du créancier. C'est l'exception *de in rem verso*, fondée sur ce qu'on ne doit pas s'enrichir injustement aux dépens d'autrui. Il suffit que le paiement ait été utile au moment où il a été fait, et encore bien que la chose à laquelle il a été employé ait ensuite péri par cas fortuit ou par force majeure : il en serait autrement d'une impense purement voluptuaire. — Pothier, *Oblig.*, n° 504 ; Toullier, t. 7, n° 14 ; Rolland de Villargues, *Rép.*, v° *Paiement*, nos 55 et 56 ; Marcadé, sous l'art. 1245.

66. — Quand la qualité en vertu de laquelle un individu avait le droit de toucher vient à cesser, ce droit cesse également. Tel est le cas du paiement fait à celui qui a cessé d'être tuteur. Cependant les paiemens faits de bonne foi à l'ancien tuteur ne peuvent être critiqués quand ils ont eu lieu avant que les comptes aient été rendus, et que la tutelle a fini par une de ces causes que les débiteurs ne pouvaient facilement prévoir. — Duranton, t. 12, n° 54.

§ 2. — *Du paiement fait au mandataire ou à un tiers indiqué.*

67. — Le paiement fait à celui qui a pouvoir du créancier est aussi valable que s'il était fait à ce dernier en personne. — C. civ., art. 1239. — Car il est réputé fait au créancier lui-même. — L. 180, ff., *De reg. jur.* — Toullier, t. 7, n° 18.

68. — Dès lors peu importe que le mandataire soit capable ou non de recevoir pour lui-même, tel qu'un mineur, un interdit, une femme mariée. — C. civ., art. 1990 ; L. 4, *De solut.* — Pothier, *Oblig.*, n° 507 ; Toullier, t. 7, n° 18 ; Delvincourt, *Cours de C. c.*, t. 2, p. 155, note 4 ; Duranton, t. 12, n° 47 ; Poujol, t. 2, art. 1239, n° 9. — Il en serait de même si, lorsque le mandat contient pouvoir de substituer, le paiement a été fait au substitué frappé d'incapacité. — Rolland de Villargues, *Rép.*, v° *Paiement*, n° 67.

69. — Le paiement peut encore être fait au mandataire de la personne qui tient de la loi ou de la justice le pouvoir de recevoir pour le créancier. Tel est le paiement fait au mandataire du tuteur ou du mari de la créance due au mineur ou à la femme mariée. — L. 96, ff., *De solut.* — Toullier, t. 7, n° 18 ; Duranton, t. 12, n° 47 ; Rolland de Villargues, *Rép.*, v° *Paiement*, nos 60 et suiv.

70. — Si le créancier, tel qu'un mineur, était incapable de recevoir le paiement, son mandataire le serait également, encore bien que celui-ci fût capable de recevoir pour lui-même. — Duranton, t. 12, n° 47 ; Rolland de Villargues, *Rép.*, v° *Paiement*, n° 68.

71. — Le mandat pour recevoir paiement n'a pas besoin d'être spécial, il peut résulter d'un mandat général d'administrer les affaires du gérant. — L. 12, ff., *De solut.* — Toullier, t. 7, n° 20 ; Duranton, t. 12, n° 47 ; Rolland de Villargues, *Rép.*, v° *Paiement*, n° 73.

72. — Le mandat peut encore résulter de la nature du titre et de la qualité de celui qui demande le paiement de la créance.

73. — Ainsi, le titre exécutoire dont est porteur l'huissier qui va de la part du créancier pour le mettre à exécution, vaut nécessairement pouvoir de recevoir la dette énoncée en ce titre, et d'en donner quittance. — Toullier, t. 7, n° 20 ; Duranton, t. 12, n° 50 ; Rolland de Villargues, *Rép.*, v° *Paiement*, n° 74. — On l'a même jugé ainsi à l'égard d'un titre qui n'était pas exécutoire, tel qu'un billet. — Arr. parlem. Rouen, 8 août 1749. — Denisart, v° *Paiement*, n° 30 ; Toullier semble partager cette opinion. — *Contrà*, Duranton, *ibid.*

74. — Jugé également que l'huissier à qui le créancier remet le titre exécutoire de sa créance a qualité pour en recevoir le paiement ; mais il ne peut, sans excéder ses pouvoirs, recevoir en effets de commerce un paiement qui, aux termes du titre, ne peut avoir lieu qu'en espèces métalliques. — *Cass.*, 3 août 1840 (t. 2 1840, p. 458), Fougeyrouse c. Houeix. — V. Poujol, t. 2, art. 1240, n° 11.

75. — Le débiteur d'une rente quérable peut valablement se libérer des arrérages entre les mains de l'huissier, porteur du titre. — *Cass.*, 3 déc. 1838 (t. 1er 1839, p. 307), Cornier.

76. — Le débiteur n'est pas valablement libéré, lorsqu'il paie entre les mains d'un simple particulier, quoique porteur de pièces, surtout si l'acte qui lui a été remis n'est qu'une simple expédition. — *Bourges*, 31 août 1808, Bureau c. Boucher.

77. — L'élection de domicile dans un commandement de payer ne confère pas à celui chez qui elle est faite le droit de recevoir et de donner quittance. — *Cass.*, 6 frim. an XIII, Mallien c. Faret-Fournès. — Merlin, *Rép.*, v° *Domicile élu*, § 1er, n° 4 ; Toullier, t. 7, n° 22.

78. — Est nul un paiement fait chez le notaire qui a reçu l'obligation, alors que celui-ci n'avait pas le pouvoir de recevoir, et que l'acte portait que le paiement serait fait au créancier. — *Cass.*, 17 août 1831, Mignot c. Fenon.

79. — La clause portant que le prix d'un immeuble sera payé en l'étude du notaire qui a procédé à l'adjudication n'autorise pas ce notaire à recevoir le prix et à en donner quittance. — *Cass.*, 23 nov. 1830, Hottot et Ménard c. Palureaud ; 21 nov. 1836 (t. 1er 1837, p. 87), Préaulx c. Drouard.

80. — ... Encore bien que le vendeur ait fait élection de domicile dans l'étude du notaire pour l'exécution de l'acte. — *Cass.*, 23 nov. 1830, Hottot et Menard c. Palureaud.

81. — La procuration donnée au procureur *ad lites* ou à l'avoué pour poursuivre le débiteur, ne renferme pas le pouvoir de recevoir le paiement ; il ne peut pas non plus toucher après le le jugement obtenu. — L. 86, ff., *De solut.* ; Pothier, *Oblig.*, n° 513 ; Toullier, t. 7, n° 21 ; Rolland de Villargues, *Rép.*, v° *Paiement*, n° 76. — Il en est de même, à plus forte raison, quand il n'y a eu qu'une simple remise de pièces. — Duranton, t. 12, n° 49.

82. — L'avoué qui a été chargé par un créancier d'obtenir, soit un jugement de condamnation, soit un bordereau de collocation, n'est pas, par cela seul, son mandataire pour recevoir la somme adjugée ou allouée, en donner quittance au débiteur et lui remettre le jugement ou le bordereau. — *Cass.*, 23 juillet 1828, Dupuy-Montbrun c. Eymard.

83. — Le pouvoir de vendre renferme-t-il celui de recevoir le prix ? Pothier (*Oblig.*, n° 513) adopte la négative, à moins, dit-il, que l'intention contraire ne résulte des circonstances. Toullier (t. 7, n° 23) et Delvincourt (*Cours de C. civ.*, t. 2, p. 541) pensent que si le pouvoir de vendre autorise à donner terme pour le paiement, il ne renferme pas celui de recevoir le prix ; car alors vendre et recevoir sont deux actes séparés qui doivent être faits dans des temps différens. Dans le cas contraire, le mandataire étant obligé de vendre argent comptant, peut nécessairement recevoir le prix ; telles sont les personnes chargées des ventes publiques de meubles, les vendeurs à la toilette. M. Duranton (t. 12, n° 51) distingue entre les ventes mobilières et immobilières. Pour les premières, le pouvoir de vendre, même à terme, renferme celui de recevoir le prix, si les circonstances n'indiquent une prétention contraire. Quant aux ventes immobilières, le pouvoir de vendre ne comprend pas celui de recevoir le prix, à moins qu'il n'y ait mandat de vendre positivement au comptant.

84. — Le paiement intégral du prix de l'adjudication fait par l'adjudicataire au mandataire chargé de vendre la totalité de l'immeuble, mais de recevoir seulement une portion du prix, est nul pour l'excédant, encore que l'adjudication, mentionnant le pouvoir de vendre, ne fasse pas connaître de restriction apportée au pouvoir de toucher. — *Cass.*, 21 nov. 1836 (t. 1er 1837, p. 87), Préaulx c. Drouard.

85. — Le pouvoir de louer ou d'affermer ne renferme pas le pouvoir de recevoir les loyers ou les fermages. — Toullier, t. 7, n° 23. — Sauf toutefois le cas d'un mandat d'administration des affaires du mandant, ou celui de gestion de la chose louée ou affermée. — Duranton, t. 12, n° 51.

86. — Le paiement fait au mandataire n'est valable qu'autant que son pouvoir durait encore lors du paiement. En cas de révocation du mandat, le paiement est valablement fait au mandataire, tant que celui-ci n'a pas eu connaissance de la révocation. — C. civ., art. 2005. — De plus, le mandat finit par la mort naturelle ou civile du mandant ou par son changement d'état ; toutefois, la bonne foi du mandataire qui a ignoré bilité de la dette. — Duranton, t. 12, n° 107. — Au surplus, V. ENREGISTREMENT.

235. — Les frais de mesurage des denrées dont le débiteur fait la délivrance sont à sa charge, et ceux d'enlèvement sont à celle du créancier : sauf stipulation contraire. — Arg. C. civ., art, 1608. — Duranton, t. 12, n° 105.

236. — C'est l'acheteur qui est tenu de payer le droit dû sur les boissons qu'il a achetées et au moment de l'enlèvement. Mais le droit est à la charge des propriétaires dans le cas où le transport se fait pour leur compte hors de la commune où les boissons ont été inventoriées. — L. 5 vent. an XII, art. 58 et 59 ; L. 24 avril 1806, art. 22 et 23. — Toullier, t. 7, n° 96 ; Duranton, t. 12, n° 106.

237. — Aux termes du décret du 1er juillet 1809, dans les paiemens de 500 fr. et au-dessus faits en argent, le débiteur doit fournir le sac et la ficelle, et peut retenir 15 c. par sac de 1,000 fr., de manière à ne pas faire payer plus de sacs qu'il n'y a de fois 1,000 fr., sauf un de plus pour un excédant de 500 fr.

Sect. 5e. — *Preuve du paiement.*

238. — Pour être libératoire, le paiement doit être prouvé (V. PREUVE DES OBLIGATIONS). — Il se prouve encore ou se présume le plus souvent par la remise du titre.

239. — C'est au débiteur dont la dette est certaine à fournir la preuve de sa libération ; de telle sorte que, quand le *post-scriptum* de la quittance qui lui a été remise par son créancier laisse du doute sur la réalité d'un paiement postérieur, rendu vraisemblable par ce *post-scriptum*, c'est à lui à établir que ce second paiement a réellement eu lieu. — *Douai*, 24 déc. 1840 (t. 1er 1841, p. 176), Odoux c. Bulleau-Delbarre.

240. — Le débiteur ne peut demander à son créancier qu'une quittance pleinement libératoire, sans pouvoir exiger que dans son intérêt l'énoncé de cette quittance soit soumis à des conditions plus rigoureuses pour ce créancier. — Ainsi l'usager dans une forêt qui offre un reçu énonçant le nombre des arbres à lui délivrés et la grosseur au pied de chacun de ces arbres, sans faire aucune réserve pour un supplément de délivrance, satisfait au vœu de l'art. 1315, sans qu'on puisse exiger qu'il mentionne dans ce reçu (d'ailleurs conforme à l'usage en pareille matière) le cubage des bois. — *Cass.*, 18 févr. 1845 (t. 2 1845, p. 563), Domaine privé c. Petit. — V. anal., *Cass.*, 3 janv. 1842 (t. 1er 1842, p. 649).

241. — Une quittance sans désignation qui constate le reçu d'une somme quelconque de la personne qui aurait payé cette somme, la cause, l'imputation et la date du paiement, n'a aucun caractère de titre de libération et ne peut être produite dans un compte. — *Paris*, 20 juill. 1810, Reynier c. Petit.

242. — L'appréciation de la portée des termes d'une quittance est dans les attributions exclusives des juges du fond. — *Cass.*, 15 juill. 1834, Justin c. hospices de Rouen.

243. — L'énonciation contenue dans un acte authentique qu'un paiement a eu lieu en présence des notaires fait foi, jusqu'à inscription de faux, de la quotité de la somme payée, quand même il serait allégué que le paiement, du moins pour une certaine partie, n'a été que simulé. — *Agen*, 3 mars 1846 (t. 1er 1849, p. 287), Lafrené c. Geysselli.

244. — L'arrêt interlocutoire qui admet la preuve d'un fait comme ayant dû produire la libération du débiteur, quoique en droit ce fait ne soit pas de nature à opérer libération, viole par cela même la loi en préjugeant le fond dans le sens de la libération, et encourt la censure de la Cour de cassation. — *Cass.*, 15 avril 1828, Sarret c. Tauriac.

245. — L'art. 1282 du C. civ. porte que la remise volontaire du titre original sous signature privée, par le créancier au débiteur, fait preuve de la libération ; et l'art. 1283 ajoute que la remise volontaire de la grosse du titre fait présumer la remise ou le paiement sans préjudice de la preuve contraire.

246. — On peut voir (v° REMISE DE LA DETTE) le résumé de la doctrine des auteurs sur ces deux articles, et l'application qu'en a faite la jurisprudence. Nous indiquerons seulement ici quelques-unes des décisions qui concernent uniquement la présomption de paiement.

247. — A défaut de quittance, la preuve de la libération peut résulter des présomptions de paiement et des énonciations contenues dans des actes anciens, bien que ces actes soient étrangers au créancier qui soutient n'avoir rien reçu. — *Paris*, 7 germ. an XII, Duval c. Dusaillant.

248. — Une lettre de change causée *pour solde de toutes créances*, qui a été remise et payée à un mandataire, qui l'a revêtue d'un acquit sans réserve, ne fait pas preuve complète de la libération du débiteur. Les tribunaux peuvent, sans violer la loi, ne la considérer que comme le paiement d'un à-compte. — *Cass.*, 6 juillet 1820, Rey c. Duval.

249. — De ce qu'au dos d'un billet resté entre les mains du créancier, on lit la mention émanée de la main de celui-ci et depuis raturée, qu'il a reçu le montant de ce billet, il n'en résulte pas nécessairement la libération du débiteur. Dès lors, si un débiteur soutient, contre les héritiers de son créancier, que la quittance mise par ce dernier au bas du titre prouve sa libération, bien qu'elle soit raturée et qu'elle soit restée entre les mains du créancier, les juges ne peuvent point, s'il s'agit de plus de 150 fr., et si la rature n'est point attaquée comme faite frauduleusement par les héritiers, se fonder sur de simples présomptions pour déclarer cette rature sans effet et le débiteur libéré. — *Cass.*, 23 déc. 1828, Bouquainville c. Grillat.

250. — L'existence entre les mains du débiteur du titre original d'une créance sous seing privé, ne fait pas nécessairement preuve qu'il lui ait été remis volontairement, et que par suite cette remise entraîne sa libération. Les juges peuvent décider, d'après de simples présomptions, que la remise n'a été que le résultat d'une méprise qui ne pouvait être constatée par écrit, et que dès lors elle n'a été ni volontaire, ni libératrice. — *Cass.*, 5 mars 1835, Saint-Brice c. Botherel.

251. — La présomption du paiement ou de la remise de la dette ne saurait s'induire du fait seul de la détention de la grosse entre les mains du débiteur ; elle ne résulte que de la remise volontaire que le créancier a faite de cette grosse. La preuve que la remise n'a pas été volontaire, et que par suite elle ne saurait faire présumer la libération, peut résulter de présomptions graves, précises et concordantes, même puisées dans les papiers domestiques du créancier, alors d'ailleurs que le débiteur n'est porteur que des grosses de titres nouvels, tandis que les grosses des titres primordiaux sont entre les mains du créancier. — *Cass.*, 28 août 1844 (t. 2 1844, p. 636), l'Huillier c. d'Effiat. — Pothier, *Oblig.*, n° 573 ; Toullier, *Dr. civ.*, t. 7, n° 326.

252. — L'existence de la grosse d'une obligation entre les mains du débiteur, ne forme qu'une présomption de paiement, qui disparaît lorsque le détenteur de la grosse avait qualité pour se la faire délivrer, par exemple, comme garantie d'un cautionnement par lui donné pour le créancier. — *Cass.*, 12 juill. 1827, Hachin c. Gausseaume.

253. — La disposition de l'art. 1283 du C. civ. qui attache à la remise volontaire de la grosse du titre la présomption du paiement, jusqu'à preuve contraire, n'est pas applicable au cas où l'avoué a reçu le montant d'un bordereau de collocation, sans un pouvoir spécial du créancier. — *Cass.*, 23 juill. 1828, Dupuy-Montbrun c. Eymard.

254. — Lorsqu'un créancier a donné quittance de plusieurs termes d'arrérages d'une rente, ces quittances sont autant de présomptions qui peuvent aider le juge à décider si le créancier a été payé des arrérages antérieurs. — Toullier, *Dr. civ.*, t. 6, n° 745, et t. 7, nos 338 et 339 ; Rolland de Villargues, *Rép.*, v° *Remise de la dette*, n° 60. — Sous le droit romain, la représentation des quittances de trois années consécutives faisait présumer le paiement des années précédentes. — L. 3, C. *de apoch. public.*, 10, 22. — Rolland de Villargues, *Rép.*, v° *Paiement*, n° 220.

255. — Ainsi jugé qu'il y a présomption que les termes antérieurs du prix d'une vente ont été payés, lorsque le débiteur représente une quittance du dernier terme, qui ne contient aucune réserve et que le créancier ou ses héritiers sont restés pendant plusieurs années dans l'inaction. — *Colmar*, 22 mai 1812, Leysser c. N...

256. — La quittance finale fait preuve d'une libération complète, et le créancier ne peut obliger le débiteur à représenter les quittances partielles et antérieures. — *Grenoble*, 21 mai 1809, Rousselle c. Gresse.

257. — Une quittance donnée pour solde de tout compte et sans réserve des créances antérieures établit une présomption de la libération de ces mêmes créances. — *Angers*, 27 juill. 1816, Camproger et Hoffman c. Girard.

258. — La quittance du capital et d'une somme pour intérêts, sans réserve d'autres intérêts, emporte preuve complète du paiement de tous les intérêts qui pouvaient être dus, et opère dès lors libération entière du débiteur. — *Cass.*, 3 janv. 1842 (t. 1er 1842, p. 649), Felip c. Bonet.

259. — L'arrêt déclarant que le débiteur d'une rente doit être présumé avoir payé des annuités antérieures à celles dont il représente les quittances renferme une appréciation de présomptions à l'abri de la cassation. — *Cass.*, 8 mars 1837 (t. 1er 1837, p. 368), Ravinet c. Richard.

260. — Les quittances pendant dix années consécutives du paiement d'une rente peuvent-elles faire présumer le titre de la rente ? — Non ; il faut que l'une d'elles remonte au moins à trente ans. — C. civ. 1337. — Toullier, t. 9 nos 100 et suiv. ; *Dict. not. ibid.*, n° 24 ; Rolland de Villargues, *ibid.*, n° 38.

261. — Lorsque le contrat de mariage contient l'évaluation en numéraire des droits dans une succession mobilière apportés en dot par la femme et mentionne l'acceptation de cette évaluation par le mari, celui-ci peut, nonobstant un long silence gardé par lui postérieurement au mariage, opposer à la présomption légale du paiement de la dot la preuve contraire résultant des énonciations mêmes du contrat de mariage. — *Douai*, 27 mai 1841 (t. 2 1841, p. 263), Jaclin c. Odoux.

262. — Lorsqu'une dette est établie par des jugemens et arrêts définitifs, les juges ne peuvent, s'il n'y a point de commencement de preuve par écrit, ou si aucun fait de dol ou de fraude n'est constaté, faire résulter la libération du débiteur de simples présomptions tirées de l'appréciation des faits et des circonstances de la cause. — *Cass.*, 30 mars 1836, Teyssèdre c. Romain.

263. — La quittance donnée par un notaire pour des frais d'acte reçus par lui fait présumer le paiement d'actes antérieurs. — *Bordeaux*, 8 déc. 1835, Coutard c. Dubreuilh-Brachet.

264. — Sur les présomptions qui naissent contre le notaire qui réclame des frais d'acte de la délivrance d'expéditions sans réserve, V. *Cass.*, 18 mars 1813, Deloche c. Derigny,

Sect. 6e. — *Effet du paiement.*

§ 1er. — *Effet du paiement entre le créancier et le débiteur.*

265. — L'effet propre du paiement est d'anéantir la dette et d'opérer la libération du débiteur, toutes les fois qu'il a été reçu sans réserve de la part du créancier. — Toullier, *Dr. civ.*, t. 7, n° 5 ; Delvincourt, *Cours de C. civ.*, t. 2, p. 161.

266. — Le paiement éteint non-seulement l'obligation principale, mais encore les obligations accessoires, telles que le cautionnement, l'hypothèque, etc. — L. 43, ff., *De solut.* — Toullier, t. 7, n° 5 ; Rolland de Villargues, *Rép.*, v° *Paiement*, n° 205.

267. — Mais lorsque l'obligation principale n'est acquittée qu'en partie, l'obligation accessoire subsiste, pour le surplus, sur la totalité des biens engagés ou hypothéqués ; car l'hypothèque étant indivisible, le droit du créancier ne se divise point. — Toullier, t. 7, n° 5 ; Rolland de Villargues, *Rép.*, v° *Paiement*, n° 206.

268. — Quelquefois le paiement peut éteindre plusieurs obligations, ce qui a lieu quand la chose donnée en paiement d'une obligation est la chose même qui était l'objet d'une autre obligation. Tel est le cas où je vous vends en paiement de la somme que vous m'avez prêtée la chose que je vous avais donnée en gage. — L. 44, ff., *De solut.* — Pothier, *Oblig.*, n° 516 ; Rolland de Villargues, *Rép.*, v° *Paiement*, n° 207 et suiv.

269. — Le paiement fait par un tiers peut ne pas éteindre l'obligation du débiteur et n'opérer qu'un changement dans la personne du créancier dont les droits sont transmis à celui qui l'a payé. C'est ce qui arrive dans le cas de la subrogation et du transport. — V. SUBROGATION, TRANSPORT.

270. — Le règlement d'une fourniture ni ses propres effets ne libèrent le débiteur, qu'autant que ces effets sont acquittés à leur échéance. — *Rouen*, 1er mars 1827, Mattard c. Taupin-Poitevin. — V. NOVATION.

271. — Si au lieu de toucher les fonds remis chez son banquier par le débiteur, pour le paiement de la dette, le créancier a consenti à recevoir une lettre de change de ce banquier, le débiteur a pu, par suite de l'appréciation qu'une Cour d'appel a faite de cet arrangement, être déclaré libéré envers son créancier, bien que, par suite de la faillite du banquier, avant l'échéance de la traite reçue, le créancier n'ait pas été payé.—*Cass.*, 30 nov. 1829, Delafaye c. Bonet.

272. — Le paiement fait à un tiers pour le créancier ne libère le débiteur envers celui-ci qu'autant qu'il y a eu mandat régulier ou ratification.

273. — Ainsi le paiement d'un bordereau de collocation que le débiteur a fait à l'avoué, qui n'avait pas de pouvoir de son client pour toucher, ne le libère envers le créancier, qu'autant que celui-ci aurait ratifié le paiement ou en aurait profité. — *Cass.*, 23 juill. 1828, Dupuy-Montbrun c. Eymard.

274. — Lorsqu'un père a reçu, sans pouvoir, une somme due à ses enfans majeurs, il est par là même garant envers le débiteur de la validité de ce paiement. — *Cass.*, 5 janv. 1815, Lacoste c. Barinques.

275. — Un autre effet du paiement est de transporter au créancier la propriété de la chose due et livrée. — L. 167, ff., *De reg. jur.* — Rolland de Villargues, *Rép.*, v° *Paiement*, n° 211. — Quand cette chose est un immeuble, la transmission de propriété est, le plus souvent, régie par les règles en matière de vente. — V. VENTE.

276. — L'immeuble donné en paiement d'une créance n'est point subrogé de plein droit à cette créance.—Ainsi, les enfans auxquels leur mère a fait, par son contrat de mariage, donation de tous ses biens *présens*, ne peuvent revendiquer comme tel un immeuble à elle abandonné postérieurement à la donation, en paiement d'une créance qui existait au jour du mariage. — Dans ce cas, les enfans donataires n'ont sur l'immeuble qu'un simple droit d'hypothèque. — *Bordeaux*, 26 mai 1830, Rivière c. Goudable.

277. — Enfin le paiement peut constituer de la part de celui qui l'a fait ou de celui qui l'a reçu, la reconnaissance d'un fait ou d'une qualité qu'il est ensuite non recevable à constater.

278. — Ainsi, lorsque le débiteur a fait soit par lui-même, soit par ses mandataires, plusieurs paiemens aux enfans du créancier primitif, et qu'il les a ainsi reconnus pour ses créanciers légitimes, il est non recevable à contester ultérieurement leur qualité. — *Bruxelles*, 3 nov. 1810, de Schuytener c. Browet.

279. — Puisque le paiement éteint la dette et libère le débiteur, celui-ci a le droit d'exiger que le créancier lui remette, indépendamment d'une quittance, les titres constitutifs ou récognitifs de la dette, qui se trouvent entre ses mains. Car ces titres n'ont plus aucune valeur pour le créancier, et il est de l'intérêt du débiteur de les retirer ; il peut perdre sa quittance, et se trouver par suite dans l'impossibilité d'arrêter des poursuites exercées contre lui.

280. — Ainsi, un débiteur qui a acquitté le montant d'une obligation en vertu de laquelle il était poursuivi, peut exiger la remise de la grosse exécutoire de l'huissier qui agissait contre lui, plus de deux ans après la cessation des poursuites. — *Paris*, 20 déc. 1825, Brision c. Peisan.

281. — De même, lorsqu'un avoué a obtenu un exécutoire de dépens, et que l'avoué de la partie condamnée consent à les payer, la grosse de l'exécutoire doit être remise à ce dernier. — Il ne suffit pas d'offrir de lui donner quittance. — *Nîmes*, 24 nov. 1825, Poviel c. Moudon.

282. — Cependant la partie qui a perdu son procès ne peut, en offrant les dépens, exiger de l'avoué qui en obtient la distraction, la remise de toutes les procédures qui ont été taxées et sur lesquelles il a été décerné exécutoire. L'avoué n'est tenu de remettre que la grosse de l'exécutoire, le commandement et les autres actes de poursuites postérieures; mais toutes les procédures doivent rester dans ses mains ou dans celles de sa partie, pour le cas où l'arrêt serait attaqué par la requête civile ou par toute autre voie légale. — *Paris*, 12 déc. 1820, Deschamps c. Lemoine.

283.—Jugé également que la partie qui, après s'être désistée de l'appel d'un jugement, paie le montant de l'exécutoire de dépens qui a été délivré contre elle, n'a pas le droit d'exiger, outre la remise de l'exécutoire, celle des pièces de la procédure. — *Paris*, 26 janv. 1825, Fourmentin c. Josset.

284. — Tout paiement suppose une dette; ce qui a été payé sans être dû est donc sujet à répétition.—C. civ., art. 1235.—V. RÉPÉTITION.

285. — Si le créancier a reçu par erreur autre chose que ce qui lui était dû, il peut demander la chose due, en offrant de restituer celle qu'il a reçue. — L. 50, ff., *De solut.* — Duranton, t. 12, n° 72; Rolland de Villargues, n° 131.

§ 2. — *Effet du paiement à l'égard des tiers.*

286. — Le paiement fait par le débiteur au créancier doit, pour être valable, ne point préjudicier aux droits d'un tiers légalement connu. Ainsi n'est pas valable, à l'égard des saisissans, le paiement fait au préjudice d'une saisie-arrêt ou opposition entre ses mains; le débiteur peut être contraint à payer une seconde fois, sauf son recours contre le créancier — C. civ., art. 1242.— V. SAISIE-ARRÊT.

287.—Avant la loi du 9 juill. 1836, le paiement fait par le payeur d'un département au préjudice d'une opposition formée entre les mains du ministre des finances, sur une créance due par l'Etat, n'était point valable à l'égard de l'opposant, et ne libérait pas le trésor. — *Cass.*, 8 (et non 18) mai 1833, Trésor c. Fonds; *Paris*, 4 déc. 1833, Chartrey. — Roger, *Saisie-arrêt*, n° 414.

288. — Alors, comme les oppositions faites au trésor public, à Paris, produisaient leur effet pour toute la France, sans préjudice de la faculté d'opposition entre les mains des payeurs de départemens, si un payeur de département avait payé pour le compte du trésor, à Paris, avant le visa par le ministre des finances de l'ordonnance de paiement délivrée au titulaire saisi, l'Etat n'était point libéré, et était tenu de payer une seconde fois le créancier opposant.—*Cass.*, 21 déc. 1835, Trésor c. Chartrey.

289. — Aujourd'hui l'art. 13 de la loi du 9 juill. 1836 porte que toutes saisies-arrêts ou oppositions sur les sommes dues par l'Etat, et toutes signification de cession ou transport, doivent, à peine de nullité, être faites entre les mains des payeurs, agens ou préposés sur la caisse desquels les ordonnances ou mandats seront délivrés. Néanmoins à Paris et pour les paiemens à effectuer à la caisse du payeur central au trésor public, les oppositions ou significations doivent être faites exclusivement entre les mains du conservateur des oppositions au ministère des finances.

290. — Le préposé de la caisse des consignations qui a payé en vertu d'un jugement, même exécutoire nonobstant appel, donnant mainlevée d'une saisie-arrêt, mais malgré un appel interjeté (et de lui connu), peut être contraint à payer une seconde fois, en cas de réformation du jugement au profit du saisissant. — *Cass.*, 25 mai 1841 (t. 2 1841, p. 37), Caisse des consignations c. Blanc.

291. — Le souscripteur d'un billet à ordre qui en a payé le montant en exécution d'un jugement prononçant la validité d'une saisie-arrêt faite entre ses mains par un créancier de celui en faveur de qui le billet avait été souscrit, n'est pas libéré envers le porteur auquel le billet a été transmis par le saisi au moyen d'un endossement. — *Cass.*, 5 avril 1826, Avias c. Plancher.

292. — Toutefois l'application de l'article 1242 suppose que la créance a pu être saisie au moins par celui qui a formé la saisie, et que cette saisie a été régulièrement faite. Le débiteur serait fondé à se prévaloir de la nullité, soit pour défaut de cause, soit pour vices de forme.—Duranton, t. 12, n° 61 et 62; Toullier, t. 7, n° 32 et note; Poujol, t. 2, art. 1242, n° 4. — V., au surplus, SAISIE-ARRÊT.

293. — Le paiement fait par un tiers saisi, au préjudice d'une opposition formée entre ses mains, n'est pas nul de plein droit : il engage seulement la responsabilité du tiers saisi en le soumettant à l'obligation de justifier que le paiement aurait été nécessaire, soit pour satisfaire un créancier privilégié, soit pour conserver le gage des opposans. — *Paris*, 15 mars 1826, Lesage c. Amiot ; *Cass.*, 18 nov. 1829, mêmes parties.

294. — La disposition de l'art. 1242 est également applicable aux saisies-arrêts pratiquées par les propres créanciers du débiteur.—Toullier, t. 7, n° 33; Rolland de Villargues, *Rép.*, v° *Paiement*, n° 215.

295. — Les créanciers saisissans ne pouvant contraindre le débiteur à payer de nouveau que *selon leurs droits*, il s'ensuit qu'ils ne peuvent exiger que la part pour laquelle le paiement leur a porté préjudice. Dès lors, si la créance des saisissans est inférieure à la somme payée par le débiteur, ils ne peuvent réclamer que ce qui est nécessaire pour les désintéresser.— Delvincourt, t. 2, p. 156, note 2.—Si elle est supérieure, les saisissans ne peuvent réclamer qu'une part proportionnelle. La renonciation que quelques-uns d'entre eux feraient dans l'intérêt du saisi ne profiterait pas aux autres ; il en serait autrement si la créance de quelques-uns se trouvait précédemment éteinte de plein droit. — Duranton, t, 12, n° 63.

296. — Quand il y a plusieurs saisissans, le débiteur qui paie l'un d'eux a droit de retenir ensuite, lors de la distribution, la somme qui aurait été attribuée au saisissant payé; car il ne résulte de là aucun préjudice pour les autres. Si le paiement fait par le débiteur à l'un des saisissans n'a été que partiel, la somme payée sera imputée sur celle qui devait revenir au créancier dans la distribution ; et si elle excédait, le débiteur serait tenu de payer de nouveau l'excédant aux autres saisissans. — Duranton, t, 12, nos 64 et 65.

297.— Si le débiteur avait disposé de quelques-un des objets saisis en faveur de l'un de ses créanciers, les autres pourraient contraindre celui-ci à rapporter à la masse l'argent ou les effets, sauf à faire juger s'il existe en sa faveur un droit de préférence. En vain celui-ci prétendrait-il n'avoir fait que recevoir un corps certain dont il était propriétaire ; il faudrait distinguer entre les immeubles et les meubles. La propriété des immeubles est transmise par la convention seule, sauf l'exercice du droit hypothécaire. Mais pour les meubles, la tradition réelle est nécessaire pour la transmission de propriété à l'égard des tiers ; jusqu'à la délivrance, la saisie peut donc en être faite au préjudice de l'acquéreur.—Toullier, t. 7, nos 33, 34 et suiv.

298. — Lorsque le débiteur qui a payé au préjudice d'une saisie-arrêt n'est point poursuivi par les saisissans, il n'a aucun recours à exercer contre le créancier. — Delvincourt, t. 2, p. 156, note 3.

299. — L'héritier bénéficiaire peut, lorsqu'il n'existe pas d'opposition de la part des créanciers du défunt, payer ceux qui se présentent les premiers (C. civ., art. 808). Mais s'il existe des opposans, il ne peut payer au préjudice de leur opposition. Le paiement est nul à leur égard; seulement l'héritier est subrogé dans les droits du créancier qu'il a payé. — Toullier, t. 4, nos 372 et suiv.; et t. 7, n° 43.

300. — Nous avons vu (n° 178) que si les paiemens anticipés doivent produire leur effet entre le débiteur et le créancier, ils sont quelquefois nuls et sans effet à l'égard des créanciers du créancier. — V. FAILLITE, LOUAGE. — On ne peut également opposer à ces créanciers des quittances ou autres actes qui n'auraient point de date certaine. — V. PREUVE LITTÉRALE.

301. — Les paiemens de fermages faits par anticipation aux communautés religieuses supprimées dans les neuf départemens de la Belgique n'ont pu, depuis la loi du 15 fruct. an IV, être opposés à la nation. — *Cass.*, 14 juill. 1808, Enregistr. c. O....

V. ACTE AUTHENTIQUE, ACTE SOUS SEING PRIVÉ, ASSURANCES MARITIMES, ASSURANCES TERRESTRES, AVEU, AYANT CAUSE, CAUTIONNEMENT, COMMENCEMENT DE PREUVE PAR ÉCRIT, PAPIERS DOMESTIQUES, PRÉSOMPTION, PREUVE, PREUVE TESTIMONIALE, RÉPÉTITION, SERMENT JUDICIAIRE ET EXTRAJUDICIAIRE.

PAIEMENT PAR INTERVENTION.

V. INTERVENTION A PROTÊT et PROTÊT.

PAILLASSONS (Fabricans de).

Patentables de 8e classe. — Droit fixe basé sur la population; droit proportionnel du 40e de la valeur locative de tous les locaux qu'ils occupent, mais seulement dans les communes de 20,000 âmes et au-dessus. — V. PATENTE.

PAILLE, PAILLE TEINTE (Fabricans de).

1. — Fabricans de tissus pour les chapeaux de paille, pour leur compte. — Patentables de 6e classe. — Droit fixe basé sur la population, droit proportionnel du 20e de la valeur locative de l'habitation et des lieux servant à l'exercice de la profession.

2. — Fabricans de tissus pour les chapeaux de paille à façon; fabricans de tresses, cordonnets, etc., en paille. — Patentables de 7e classe. — Même droit fixe que les précédens, sauf la différence de classe; droit proportionnel du 40e de la valeur locative de tous les locaux qu'ils occupent, mais seulement dans les communes de 20,000 âmes et au-dessus.

3. — Fabricans et marchands de paille teinte

— Patentables de 7e classe. — Mêmes droits fixe et proportionnel que les précédens. — V. PATENTE.

PAILLES.

V. BAIL.

PAILLETTES ET PAILLONS.

1. — Fabricans de paillettes et paillons pour leur compte. — Patentables de 6e classe. — Droit fixe basé sur la population, droit proportionnel du 20e de la valeur locative de l'habitation et de lieux servant à l'exercice de la profession.

2. — Les fabricans à façon sont patentables de 8e classe et imposés au même droit fixe que les précédens, sauf la différence de classe, et à un droit proportionnel du 40e de la valeur locative de tous les locaux qu'ils occupent, mais seulement dans les communes de 20,000 âmes et au-dessus. — V. PATENTE.

PAIN.

1. — Nous avons expliqué (vo BOULANGER) tout ce qui concerne les pouvoirs de l'autorité municipale en matière de fabrication et de vente du pain, ainsi que les obligations et les droits des boulangers.

2. — Aux arrêts cités sous cet article, il faut joindre les suivans rendus depuis : Jugé 1o que le boulanger prévenu d'avoir fabriqué des pains d'un poids inférieur à celui prescrit par un arrêté municipal ne peut être renvoyé des poursuites dirigées contre lui sous prétexte que ces pains avaient été fabriqués non pour être livrés au public, mais pour le compte d'un individu nommément désigné, et par suite d'une convention arrêtée avec lui. — *Cass.*, 3 juill. 1847 (t. 2 1847, p. 572), Leix. — V. BOULANGER, nos 64, 109.

3. — ... 2o Que l'arrêté municipal qui déclare que le pain se vendra dans telle commune moyennant tel prix, entraîne implicitement l'obligation pour les boulangers de vendre à toute réquisition le pain par eux fabriqué ; qu'en conséquence, le refus, par un boulanger, de vendre, même moyennant paiement comptant, le pain par lui fabriqué et existant dans sa boutique, refus fondé sur ce que la taxe ne serait pas assez élevée, ne peut être excusé, et que le contrevenant encourt la peine prévue par l'art. 471, no 15 C. pén. — *Cass.*, 20 juin 1846 (t. 1er 1849, p. 521), Courraud.

4. — ... 3o Que le boulanger qui, ayant du pain dans sa boutique, refuse d'en vendre à la taxe, encourt la peine prononcée par l'art. 479, n. 6, C. pén. — Peu importe à cet égard, l'absence ou l'existence d'un règlement local sur la boulangerie. — *Cass.*, 13 août 1847 (t. 1er 1848, p. 67), Mengus.

5. — ... 4o Que le boulanger prévenu d'avoir fabriqué des pains d'un poids inférieur à celui fixé par le règlement municipal ne peut être relaxé des poursuites dirigées contre lui sur le motif tiré d'un usage admettant un déchet de tolérance vingt-quatre heures après la cuisson, lorsqu'il n'existe aucune disposition réglementaire qui admette ce déchet soit à raison de la cuisson, soit à raison du dessèchement, et, qu'en outre, rien n'établit l'existence de l'usage invoqué. — Qu'il ne peut non plus, en l'absence d'une permission spéciale, être relaxé sous le prétexte que la vérification du poids du pain n'aurait eu lieu qu'après que le pain aurait essuyé des frottemens et des déperditions par le laps de quelques jours et le transport dans un voyage de quelques kilomètres. — *Cass.*, 14 août 1847 (t. 1er 1848, p. 340), Lesca. — V. BOULANGER, nos 50, 56 et suiv., 66 et suiv.

6. — ... 5o Que les règlemens qui prévoient la fabrication et fixent le poids et le prix de certaines qualités déterminées de pain emportent virtuellement la prohibition de fabriquer et de vendre toutes sortes de pains de fantaisie. — Qu'ainsi le boulanger qui, malgré l'existence d'un pareil règlement, vend un pain présentant un déficit dans le poids, ne peut être excusé sous prétexte que ce pain est un pain de fantaisie dont la fabrication est autorisée par l'usage local, qui ne se vend ni au poids ni à un prix déterminé, et qui ne rentre nullement dans les prévisions du règlement. — *Cass.*, 13 nov. 1847 (t. 1er 1848, p. 180), Poulain. — V. BOULANGER, nos 155 et suiv.

7. — ... 6o Qu'il y a contravention aux règlemens qui défendent d'exercer la profession de boulanger sans autorisation, dès que, sans permission de l'autorité compétente, on fabrique du pain pour le compte d'autrui et qu'on le vend au poids. Peu importe que, par des conventions particulières, le nombre des acheteurs se trouve limité aux membres d'une association toute spéciale (par exemple aux sociétaires d'un club), alors que le nombre de ces membres est de sa nature variable et qu'il s'agit d'ailleurs d'une agrégation de personnes ne vivant pas en commun. — *Cass.*, 28 juill. 1848 (t. 2 1848, p. 300), Lavaud. — V. BOULANGER, nos 14 et suiv.

8. — ... 7o Que lorsqu'une ordonnance du gouvernement, contenant règlement sur l'exercice de la boulangerie dans une ville admet les boulangers et les débitans forains à vendre ou faire vendre leur pain, concurremment avec les marchands de la ville, sur les marchés et lieux publics qui seront désignés par le maire, et qu'un arrêté municipal a déterminé ces lieux, le marchand forain surpris portant du pain à domicile ne peut être relaxé des poursuites dirigées contre lui à raison de ce fait, sous le prétexte que ces pains avaient été achetés chez lui, et n'étaient portés qu'à ses pratiques. — *Cass.*, 20 mai 1848 (t. 1er 1849, p. 317), Bellocq et Castagnous. — V. BOULANGER, nos 85 et suiv.

9. — ... 8o Que le fait, par un boulanger, adjudicataire de la fourniture de pain aux prisonniers militaires, de passage dans sa localité, de délivrer des pains d'un poids inférieur à celui déterminé par l'art. 404 du règlement du 1er sept. 1827, sur les subsistances militaires, ne constitue pas, en l'absence de tout règlement de police déterminant le poids du pain à livrer aux militaires, une contravention de police. Ce règlement ne concerne, en effet, que les obligations que le gouvernement s'impose pour la fourniture des troupes, et reste sans application à l'égard des simples citoyens. — Il n'y a donc dans le fait de ce boulanger qu'une inexécution du marché de fournitures fait entre lui et l'administration, et ne pouvant donner lieu qu'à une action purement civile. — *Cass.*, 25 juill. 1846 (t. 1er 1849, p. 403), Belais. — V. MARCHÉS DE FOURNITURES.

10. — ... 9o Que le boulanger acquitté de la prévention d'avoir, contrairement à un arrêté municipal, vendu à l'une de ses pratiques un pain pesant moins que le poids voulu, peut, sans qu'il en résulte une violation de la maxime *non bis in idem*, et bien que, lors de la première poursuite, aucune réserve n'ait été faite par le ministère public, être de nouveau poursuivi pour avoir exposé en vente, le même jour, d'autres pains présentant également un déficit dans le poids. — *Cass.*, 4 mars 1848 (t. 1er 1849, p. 572), Dautant.

11. — Marchands de pain en boutique. — Patentables de 7e classe. — Droit fixe basé sur la population ; — droit proportionnel du 40e de la valeur locative de tous les locaux qu'ils occupent, mais seulement dans les communes de 20,000 âmes et au-dessous.

PAIN A CACHETER.

Fabricans et marchands de pain à cacheter et à chanter. — Patentables de 6e classe. — Droit fixe basé sur la population, — droit proportionnel du 20e de la valeur locative de l'habitation et des lieux servant à l'exercice de la profession. — V. PATENTE.

PAIN D'ÉPICE.

Fabricans ou marchands de pain d'épice. — Patentables de 6e classe. — Droit fixe basé sur la population, — droit proportionnel du 20e de la valeur locative de l'habitation et des lieux servant à l'exercice de la profession. — V. PATENTE.

PAIRS.

1. — Ce mot (du latin *par, paris*) signifie égal.

2. — Sous le régime féodal, on donnait la qualification de pair à tous les possesseurs de fiefs qui relevaient au même titre d'un même suzerain.

3. — Chaque pair ne pouvait être jugé que par les pairs réunis en une cour que présidait le seigneur dont il tenait immédiatement un fief.

4. — Les différens pairs prenaient le nom de la province dans laquelle étaient situés leurs fiefs. Ainsi, on distinguait les pairs de Bourgogne, les pairs de Normandie, etc.

5. — La dénomination de pair de France était réservée aux grands feudataires qui relevaient directement de la couronne.

6. — Vers la fin du XVe siècle, l'institution de la pairie subit une importante modification. Les pairs ne furent plus considérés comme possédant, en vertu de leur qualité de propriétaire de fiefs, le pouvoir de juger ; ils devinrent des officiers institués par le roi, avec cette seule différence entre eux et les membres du parlement que leur institution était collective pour eux et leurs descendans, tandis que celle des simples conseillers était individuelle.

7. — A compter de cette époque, la pairie proprement dite n'existe plus. Les pairs ne furent plus que des juges héréditaires jouissant du privilége de n'être justiciables que du parlement garni d'au moins douze pairs, et de figurer à côté des rois dans la cérémonie de leur sacre.

8. — En 1814, Louis XVIII renouvela l'institution de la pairie, en lui donnant des bases complétement différentes.

9. — La Charte créa en effet une Chambre des pairs, à laquelle elle confia une portion essentielle de la puissance législative, et qui formait un des trois pouvoirs de l'État. Les deux autres pouvoirs furent le roi et la Chambre des députés.

10. — La pairie est tombée avec la monarchie ; elle a été supprimée par un décret du Gouvernement provisoire, du 24-29 fév. 1848, qui statue en ces termes : « Il est interdit aux membres de l'ex-Chambre des pairs de se réunir. »

11. — Tout ce qui concerne cette institution ne présente donc plus qu'un intérêt historique, et se trouve suffisamment traité vis CHAMBRE DES PAIRS et COUR DES PAIRS. — Nous nous bornerons à ajouter, relativement aux prérogatives des anciens pairs, que ces fonctions n'étaient incompatibles avec aucune sorte d'emploi. Il résultait de cette possibilité d'exercer d'autres fonctions publiques et permanentes que, bien que le siége de la Chambre des pairs fût à Paris, la dignité de pair n'était pas exclusive d'un domicile politique dans un autre département que celui de la Seine. — Un pair de France n'était donc tenu d'y exercer ses droits électoraux qu'autant qu'il y avait fait élection de domicile politique. — *Grenoble*, 29 déc. 1829, et *Cass.*, 16 juin 1830, Perret c. Thomas. — Duvergier, t. 21, p. 87, note 1re ; de Cormenin, t. 2, p. 162. — V. DOMICILE, no 640.

12. — Nous avons dit (vo CHAMBRE DES PAIRS, no 87) que, conformément à l'art. 29 de la Charte de 1830, aucun pair ne pouvait être arrêté que de l'autorité de la Chambre et jugé que par elle en matière criminelle. Depuis la réduction de ce mot, la question s'est élevée, à l'occasion d'un procès célèbre, de savoir si cette règle devait recevoir exception, pour les pairs comme pour les députés, dans le cas de flagrant délit. — Le doute naissait de ce que l'exception pour le cas de flagrant délit, faite par l'art. 44 de la Charte de 1830, quand il s'agissait d'un député, n'était pas reproduite dans l'art. 29, qui parle de l'arrestation des pairs. Mais la raison de décider se trouvait dans l'art. 131 du C. pén., qui autorise implicitement l'arrestation pour le cas de flagrant délit. — Cette interprétation de l'art. 29 de la Charte, faite immédiatement par le président de la Chambre des pairs, fut confirmée par la Chambre elle-même le 21 août 1847.

13. — En tant que portion de la puissance législative, la Chambre des pairs n'a point été rétablie. La Constitution de 1848 a confié le pouvoir législatif à une assemblée unique et permanente. — Art. 20, 31 et 32 Const. 1848.

14. — Comme Cour de justice, elle a été remplacée par la Haute Cour de justice, devant laquelle doivent être jugées les accusations portées par l'Assemblée nationale contre les ministres et même contre le Président de la République, et elle peut, en outre, être saisie de tous les crimes, attentats ou complots contre la sûreté intérieure ou extérieure de l'État. — Const. 1848, art. 91. — V. aussi TRIBUNAUX EXTRAORDINAIRES.

PAISSANCE.

Pâturage des bestiaux.

V. DÉLIT RURAL, FORÊTS, GLANDÉE, PAISSON, PARCOURS ET VAINE PATURE, PATURAGE, USAGES DANS LES FORÊTS.

PAISSON.

On entend par ce mot tout ce qui sert de nourriture aux bestiaux dans les bois et forêts. Cette expression s'entend aussi du droit de faire pâturer les porcs dans une forêt à l'époque de la glandée.

V. FORÊTS, USAGES DANS LES FORÊTS.

PAIX (Traité de).

On appelle ainsi toute convention diplomatique qui a pour objet de terminer une guerre et d'en prévenir le retour. — V. TRAITÉS DIPLOMATIQUES.

V. aussi AMNISTIE.

PANAGE.

Le panage est le droit de faire pâturer des porcs dans une forêt.

V. FORÊTS, USAGES DANS LES FORÊTS.

PANDECTES.

V. DIGESTE.

PANONCEAUX.

1. — Ecussons aux armes de France placés à la porte ou l'entrée d'une maison pour marquer que ce lieu est sous la sauvegarde ou protection du gouvernement.

2. — Suivant lettres patentes du mois d'avril 1411, le roi Charles VI ordonna au prévôt de Paris de faire placer à la porte des notaires de cette ville des panonceaux aux armes de France. — Rolland de Villargues, *Rép. du not.*, v° *Panonceaux.*

3. — Tous les notaires de France ont été depuis autorisés à mettre de semblables panonceaux à leurs portes. On leur en a même fait une obligation. — Déc. minist. just., juin 1805.

4. — L'apposition des panonceaux à la porte des notaires leur suffisamment connaître leur demeure et leur condition, défense leur est faite de mettre aucune autre inscription. — Stat. not. de Paris, 31 mai 1681 et 8 juillet 1812.

5. — Les panonceaux ne peuvent être apposés qu'aux portes, soit extérieures, soit intérieures, des maisons ou études des notaires, et sur les grilles garnissant les fenêtres des études, lorsqu'elles se trouvent au rez-de-chaussée. Leur nombre, pour chaque étude, doit être de deux au moins et de quatre au plus. — Stat. not., 8 juill. 1812.

6. — D'autres fonctionnaires avaient pensé qu'il leur était aussi permis de mettre de semblables panonceaux à leurs portes; mais l'autorité les leur a fait ôter, parce que l'on ne peut se couvrir des marques publiques de la protection du chef du gouvernement qu'autant que celui-ci en a donné l'ordre ou la permission. — Massé, *Parf. notaire*, liv. 1er, chap. 7; Rolland de Villargues, *loc. cit.*

PANORAMA.

Directeurs de panorama, diorama, néorama, géorama. — Patentables de 2e classe. — Droit fixe basé sur la population; droit proportionnel du 20e sur le séjour d'habitation seulement.

V. PATENTE.

PAPE.

V. ARCHEVÊQUE, CARDINAL, CONCILE, CONCORDAT, ÉVÊQUE.

PAPETERIES, PAPETIERS, PAPIERS.

1. — Les papeteries à la mécanique donnent lieu à l'imposition de la patente : droit fixe de 150 fr. pour la première machine, et pour les autres, de 50 fr. par machine, jusqu'au maximum de 400 fr.; — droit proportionnel du 20e de la valeur locative de l'habitation et des magasins de vente complètement séparés de l'établissement, et du 40e sur l'établissement industriel.

2. — Les papeteries à la cuve ne sont imposées qu'à un droit fixe de 15 fr. par cuve jusqu'au maximum de 100 fr. — Le droit proportionnel est le même que pour les précédentes.

3. — Le droit fixe doit être réduit de moitié pour les papeteries à la cuve qui sont forcées par manque ou par crue d'eau de chômer pendant une partie de l'année équivalente au moins à quatre mois.

4. — Marchands papetiers en gros; — patentables de 1re classe; droit fixe basé sur la population; — droit proportionnel du 15e de la valeur locative de l'habitation et des lieux servant à l'exercice de la profession.

5. — Marchands papetiers en détail; — patentables de 4e classe; même droit fixe que les précédens, sauf la différence de classe; — droit pro-

portionnel du 20e de la valeur locative de l'habitation et des lieux servant à l'exercice de la profession.

6. — Fabricans de papiers de fantaisie pour leur compte; — patentables de 6e classe; même droit fixe que les précédens, sauf la différence de classe; — même droit proportionnel.

7. — Fabricans de papiers de fantaisie à façon; — patentables de 7e classe; même droit fixe que les précédens, sauf la différence de classe; — droit proportionnel du 40e de la valeur locative de tous les locaux qu'ils occupent, mais seulement dans les communes de 20,000 âmes et au-dessus.

8. — Les fabriques de papiers peints pour tentures donnent également lieu à la patente; — droit fixe de 40 fr. pour quinze tables, et au dessous, et de 3 fr. par table en sus, jusqu'au maximum de 300 fr. : un cylindre est compté pour 25 tables. — Droit proportionnel comme les papeteries à la cuve et à la mécanique. — V. *supra* n°s 1 et 2.

9. — Marchands de papiers peints pour tentures; — patentables de 5e classe ; droit fixe basé sur la population ; — droit proportionnel du 20e de la valeur locative de l'habitation et des lieux servant à l'exercice de la profession.

10. — Fabricans de papiers verrés ou émerisés; — patentables de 8e classe; droit fixe basé sur la population; — même droit proportionnel que les fabricans de papiers de fantaisie à façon. — V. *supra* n° 7. — V. PATENTE.

11. — Les fabriques de papiers font partie de la 2e classe des établissemens insalubres.

12. — Les fabriques de papiers peints et de papiers marbrés sont rangées dans la 3e classe seulement. — V. ÉTABLISSEMENS INSALUBRES (Nomenclature).

PAPIER.

Ce mot est souvent, dans l'usage, employé comme synonyme d'effets de commerce. — V. ce mot.

PAPIERS DE BORD.

V. PIÈCES DE BORD.

PAPIERS DOMESTIQUES.

Table alphabétique.

PAPIERS DOMESTIQUES. — **1.** — Ce sont les écrits, tels que livres, journaux, cahiers, tablettes, dont une personne a coutume de se servir pour se rendre compte de ses revenus et de ses dépenses, de ses dettes actives et passives, et pour constater en général tout ce qui peut intéresser, elle, sa famille ou les gens de sa maison.

2. — La loi mettant sur la même ligne les *registres et papiers domestiques*, les règles et décisions concernant les uns s'appliquent nécessairement aux autres.

3. — A Rome, tous les citoyens avaient coutume de tenir des livres domestiques, des livres de compte où ils écrivaient toutes leurs affaires, l'argent qu'ils recevaient, celui qu'ils dépensaient,

tabulas accepti et expensi. — Pour plus de détails à ce sujet, V. LIVRES DE COMMERCE.

4. — Dans l'expression de *registres et papiers domestiques* ne sont pas compris les feuilles volantes et papiers signés ou non signés, trouvés à la mort du défunt et qui n'ont point la même stabilité que les livres ou registres destinés à écrire ses affaires domestiques. — Pothier, *Oblig.*, n° 759 et 760; Toullier, *Dr. civ.*, t. 8, n° 399. — A ce sujet, V. ÉCRITURE (acte), FEUILLE VOLANTE.

5. — Les registres et papiers domestiques peuvent avoir été écrits soit par le créancier ou le débiteur lui-même, soit par un tiers en son nom.

§ 1er. — *Registres ou papiers écrits par le créancier ou le débiteur lui-même (n° 6).*

§ 2. — *Registres et papiers écrits par un tiers au nom du créancier ou du débiteur (n° 31).*

---

§ 1er. — *Registres et papiers écrits par le créancier ou le débiteur lui-même.*

6. — Les registres et papiers domestiques ne sont point un titre pour celui qui les a écrits (C. civ., art. 1331), ni pour ses héritiers; car on ne peut se faire un titre à soi-même. *Nemo sibi adscribit.* — L. 7. C. *De probat.* — Boileau, *Comment.* sur l'art. 34 de l'ordonnance de Moulins, part. 2, chap. 8, n° 14; Pothier, *Oblig.*, n° 758; Toullier, *Droit civ.*, t. 9, n° 400.

7. — Ainsi, ils ne peuvent être invoqués, à l'effet d'interrompre la prescription d'une rente foncière, par les héritiers du créancier qui les a écrits, encore bien qu'ils constatent un paiement d'arrérages fait par le débiteur. — Cass., 11 mai 1812 (t. 2 1812, p. 345), Macaire de Rougemont c. d'Hautefort.

8. — Jugé cependant que les papiers et registres domestiques peuvent constituer un titre en faveur de celui de qui ils émanent, s'il ne s'agit pas de prouver qu'une rente a été constituée, mais seulement que le droit qui en résultait au profit du crédirentier n'a pas été éteint par une cessation de paiement des arrérages pendant trente ans, et surtout si parmi les annotations il s'en trouve qui ont été faites, *tempore non suspecto*, par des personnes actuellement décédées. — *Bruxelles*, 9 juill. 1832, N...

9. — Jugé même que les annotations de paiement des arrérages d'une rente faites par le crédirentier sur son livre de raison, peuvent faire foi en sa faveur pour repousser la prescription. — *Bruxelles*, 18 oct. 1831, Depape. — Mais une pareille décision ne saurait être approuvée, à moins qu'il ne s'agit d'affaires commerciales. — V. LIVRES DE COMMERCE.

10. — En admettant que des livres et papiers domestiques puissent être assimilés à un aveu judiciaire, ils peuvent bien, s'ils ont rapport à l'objet de la demande, établir les libérations de la partie contre qui une demande est formée; mais ils ne sauraient à eux seuls faire foi de créance en sa faveur, sous le prétexte que ces registres sont indivisibles comme l'aveu. — *Cass.*, 16 déc. 1833, Raquillet c. Gaudriot.

11. — Le principe que les registres et papiers domestiques ne font pas preuve en faveur de celui qui les a écrits, souffre-t-il exception pour les notes portées sur les registres d'un maître, et relatives à la quotité des gages de ses domestiques, ou aux paiemens qui leur ont été faits? — L'affirmative paraît résulter de l'art. 1781 C. civ., qui veut qu'à cet égard, le maître soit cru sur son affirmation. — Delvincourt, t. 2, p. 617, note 9.

12. — Il n'en est pas de même des registres et papiers domestiques émanés des père et mère, à l'effet d'obliger leurs enfans à rapporter les sommes ou les effets qui seraient dits leur avoir été remis. — Quelque respectable que soit ce témoignage, il ne paraît pas qu'on puisse l'admettre comme une preuve légale contre les enfans. — Toullier, n° 401; Rolland de Villargues, *Rép. du not.*, v° *Papiers domestiques*, n° 5.

13. — Quant à faire foi contre ceux qui les ont écrits, ou contre leurs héritiers, le législateur n'a pas adopté l'affirmative d'une manière générale, comme il l'a fait pour les livres de commerce. — C. civ., art. 1330. — L'art. 1331 ne leur accorde foi contre celui qui a les écrits que dans deux cas : 1° lorsqu'ils énoncent formellement un paiement reçu ; 2° lorsqu'ils contiennent la mention expresse que la note a été faite pour suppléer le défaut de titre en faveur de celui au profit duquel ils énoncent une obligation.

14. — Peu importe, dans ces deux cas, que les registres et papiers domestiques ne soient ni datés ni signés, l'art. 1331 n'exige pas cette condition. — Pothier, *Oblig.*, n° 759; Toullier, t. 8, n° 402; Duranton, t. 13, n° 204.

15. — Mais si l'écriture n'était pas de la main de la partie contre laquelle on l'invoque, ou de la main d'une personne habituellement employée à écrire sur ses registres, elle ne ferait pas toujours preuve complète, à cause des dangers de la fraude. — Duranton, t. 13, nos 205, 208; Rolland de Villargues, *ibid.*, n° 16.

16. — Ainsi, il n'y a pas preuve suffisante de libération, lorsque c'est le débiteur lui-même qui a écrit la mention d'un paiement d'à-compte au dos d'un effet, ainsi que sur le journal domestique du créancier. — *Colmar*, 6 mars 1816, Ulrich c. Fischer.

17. — Par ces mots : *paiement reçu*, employés dans l'art. 1331, n° 1er, C. civ., on doit entendre ce qui a été touché d'un débiteur, et non une somme reçue à titre de prêt; on ne reçoit en effet *paiement* que de ce qui nous est dû. — Toullier, n° 402; Rolland de Villargues, n° 14.

18. — Si l'écriture énonçant un paiement reçu était biffée de manière cependant à pouvoir encore être lue, elle n'en devrait pas moins faire foi; car il n'a pas dû dépendre du créancier, ou de ses héritiers, en rayant l'écriture qu'il avait mise sur son registre, d'anéantir cette preuve de libération dont le débiteur a pu se contenter. — Duranton, t. 13, n° 208.

19. — Quant à la mention que la note a été faite pour suppléer le défaut de titre en faveur de celui au profit duquel elle énonce l'obligation, elle doit être expresse. — Ainsi, il ne suffirait pas d'avoir dit, *emprunté telle somme à X...*; il faut avoir dit de plus, *cette note est faite pour servir de titre*, ou autre phrase équivalente, de laquelle il résulterait que telle a été en effet l'intention de l'auteur de la note en l'écrivant. — Pothier, *Oblig.*, n° 759; Delvincourt, t. 2, p. 617, note 11; Rolland de Villargues, *ibid.*, n° 10; Duranton, t. 13, n° 206.

20. — Jugé cependant qu'avant le C. civ., les énonciations consignées dans les papiers domestiques ont pu faire preuve de l'obligation en faveur du créancier qui n'avait point de titre, et encore bien que rien n'indiquât que la note était faite pour suppléer au titre. — *Cass.*, 26 mai 1806, Maymat c. Courel.

21. — L'on s'est demandé si la *mention* exigée par l'art. 1331, n° 2, est nécessaire, même lorsque la note est datée et signée par celui qui l'a écrite. — La négative était adoptée sous l'ancien droit par Boiceau, part. 2, ch. 8, n° 14, et par Pothier, *ibid.*, n° 759.

22. — Jugé, en ce sens, qu'une note datée et signée, trouvée chez un débiteur après sa mort, suffit pour constater qu'il est débiteur d'une somme à titre de prêt. — *Rennes*, 31 mai 1813, Leserre c. N... — V. ÉCRITURE (acte).

23. — Mais cette dernière décision ne nous paraît pas admissible en présence de l'art. 1331, n° 2, qui exige formellement la mention que la note a été écrite pour servir de reconnaissance au créancier. L'orateur du gouvernement s'est expliqué d'une manière formelle sur l'intention des rédacteurs du Code de déroger en ce point à l'ancien droit, et de *ne pas accorder, quand il s'agit d'un titre, la même faveur qu'ils donnaient à la libération.* — Delvincourt, *loc. cit.*; Duranton, t. 13, n° 206; Rolland de Villargues, *ibid.*, n° 11; Bonnier, *Tr. des preuves*, n° 206.

24. — Les juges pourront toutefois tirer de cette note, jointe à d'autres indices, la preuve d'une obligation, suivant les circonstances. — C. civ., art. 1347, 1353. — Delvincourt, Duranton, Bonnier, *loc. cit.*; Toullier, n° 403.

25. — Ainsi jugé que les registres et papiers domestiques ne font pas foi contre celui qui les a écrits, lorsqu'ils énoncent une dette sans ajouter la mention expresse que la note est faite pour suppléer le défaut de titre en faveur du créancier, à moins qu'il n'y ait d'autre élément de preuve ou des présomptions graves, précises et concordantes. — *Cass.*, 27 avril 1831, Lebrun de Virloy c. Boudrot.

26. — Lorsque la note portée sur ses registres ou papiers domestiques par un débiteur pour servir de titre à son créancier, se trouve biffée, elle ne fait plus preuve en faveur de ce dernier. — Pothier, *Oblig.*, n° 759; Delvincourt, t. 2, p. 617, note 11; Duranton, t. 13, n° 207; Rolland de Villargues, *ibid.*, n° 12.

27. — La déclaration trouvée dans les papiers d'un défunt, portant qu'il n'est que dépositaire de tels ou tels objets faisant partie de son mobilier, opère en faveur du déposant un titre de propriété, même à l'égard des créanciers du défunt. — *Paris*, 21 therm. an XI, Trésor c. de Crillon.

28. — Le débiteur qui peut invoquer les registres domestiques de son créancier, peut-il forcer celui-ci à les représenter? — A Rome, les livres domestiques étaient considérés comme n'étant pas faits seulement en faveur du créancier, mais encore en faveur du débiteur, parce qu'ils contenaient ce qu'on recevait et ce qu'on payait. Aussi les lois imposaient au créancier demandeur l'obligation de représenter son livre, quoiqu'il ne voulût, quoiqu'il ne pût même pas s'en aider pour établir sa demande. S'il en refusait la représentation, sa demande était rejetée comme si, par ce refus, il eût commis un dol envers le défendeur. — L. 1re, 5 et 8, *C. De edendo.* — Toullier, t. 8, n° 404.

29. — A la différence du Code de commerce qui contient à cet égard une disposition expresse (art. 15 et 17), le Code civil ne consacre aucune action en faveur du débiteur. En ce cas les auteurs pensent que les tribunaux ont un pouvoir discrétionnaire pour ordonner la représentation des registres. Par exemple, s'il est prouvé que le créancier a des registres, qu'il en convienne lui-même, et que le refus de les représenter au défendeur soit accompagné de circonstances qui rendent sa bonne foi suspecte. — Toullier, t. 8, n° 404; Duranton, t. 13, nos 209, 210, 211; Rolland de Villargues, *ibid.*, nos 17, 18, 19, 20.

30. — La représentation pourrait encore être ordonnée en faveur d'un créancier qui, après la mort de son débiteur, aurait requis la levée des scellés, ou qui y serait intervenu, ou qui aurait formé opposition à leur levée (C. civ., art. 820, 821). Il suffirait dans ce cas de faire constater l'existence des écritures qui sont à son profit, lors de la levée des scellés, dans l'inventaire, opérations auxquelles il a droit d'assister. — Les débiteurs qui prétendraient devoir trouver la preuve de leur libération dans les papiers et registres domestiques du défunt, auraient aussi le même droit. — Toullier, t. 8, n° 404; Duranton, t. 13, n° 211; Rolland de Villargues, *ibid.*, n° 21.

§ 2. — *Registres et papiers écrits par un tiers au nom du créancier ou du débiteur.*

31. — Les registres et papiers domestiques sont écrits par un tiers au nom du créancier ou du débiteur 1° lorsque les mentions qui s'y trouvent émanent en tout ou en partie d'une main étrangère, par exemple, de sa femme ou d'un commis; — 2° lorsque le créancier ou le débiteur constituant un être moral, tel que l'Etat, les hospices, les fabriques, etc., et en général toutes les administrations, ces registres et papiers sont l'œuvres d'un comptable qui les écrit sous sa responsabilité.

32. — Dans le premier cas, la difficulté ne peut être sérieuse en droit. Ce que le préposé a écrit en vertu d'un mandat exprès ou tacite, doit être réputé écrit par le mandant lui-même, et par conséquent entraîne les mêmes effets. Toute la difficulté ne peut concerner que le fait. Y a-t-il eu mandat? En l'absence d'un mandat qui est rarement exprès en pareil cas, n'y a-t-il pas eu de la part du créancier ou du débiteur des actes de vérification qui doivent faire appliquer la maxime *ratihabitio mandato comparatur*? C'est aux juges à décider d'après les circonstances si le créancier ou le débiteur s'est approprié ce qu'on a écrit en son nom. — V., à cet égard, LIVRES DE COMMERCE.

33. — Quant aux registres et papiers écrits par les agens des administrations, quelques auteurs pensaient, sous l'ancien droit, et d'anciens arrêts avaient consacré cette doctrine, que, par exception à la règle que nul ne peut se faire un titre à soi-même, les registres des fabriques, des églises, des communautés religieuses, etc., pouvaient servir à constater les paiemens d'arrérages à l'effet d'interrompre la prescription d'une rente, et servir de commencement de preuve par écrit du titre prescrit ou non représenté. — Duparc-Poullain, *Princip. du droit*, t. 9, p. 312 et 315, et les notes du même auteur sur la Cout., t. 2, p. 224, note *a*; Dunod, *Prescript.*, p. 171 et 172; Merlin, *Rép.*, v° *Interruption de prescription*; Troplong, *Prescript.*, n° 621.

34. — Jugé, en ce sens, qu'on ne doit point assimiler aux papiers domestiques qui, d'après l'art. 1331 C. civ., ne font point un titre pour celui qui les a écrits, les registres de l'administration des hospices tenus par les trésoriers qui n'agissaient pas pour leur compte, et se sont déclarés eux-mêmes comptables dans des actes apurés par l'autorité administrative. — *Nîmes*, 13 août 1823, hospice de Pont-Saint-Esprit c. Denanes.

35. — .... Que les registres de l'administration des domaines forment preuve suffisante du paiement d'une rente due à un hospice, et empêchent la prescription du capital. — *Toulouse*, 18 juin 1819, hospice Saint-Louis de l'île d'Albi c. Marty.

36. — .... Que la mention sur les registres de l'hospice auquel est due une rente foncière, que les arrérages en ont été payés, forme preuve de la réalité de ce paiement, et suffit, dès lors, pour interrompre la prescription contre les débiteurs. — *Limoges*, 29 août 1839 (t. 1er 1840, p. 58), Maumy, Doussinaud et Huguet c. les administrateurs de l'hospice de Limoges.

37. — .... Que sous l'empire de la cout. de Normandie, des paiemens faits entre les mains du receveur de l'hospice auquel une rente est due, sont suffisamment constatés par les notes et émargemens que ledit receveur a écrits sur l'acte de transport. — *Cass.*, 23 mai 1832, Postel d'Orveaux c. hospice de Conches.

38. — Cette jurisprudence a été généralement repoussée, et c'est avec raison; car rien, dans la loi ne motive en faveur des communautés religieuses, des administrations ou des établissemens publics, l'exception qu'on veut introduire à cette règle de tous les temps, que nul ne peut se faire un titre à soi-même. Vainement on dirait que presque toujours les receveurs employés dans les communautés, administrations ou établissemens publics n'ont aucun intérêt dans les rentes dont ils font la recette. On connaît en effet le zèle ardent qu'ils portent aux intérêts dont ils sont chargés. Il serait à craindre qu'ils ne se fissent point scrupule de faire revivre des rentes prescrites, dans le but de décharger la conscience des débiteurs. D'ailleurs, si cette raison, mise en avant sous l'ancien droit, était suffisante, il faudrait faire la même exception relativement aux comptes rendus par les receveurs et les régisseurs des grands propriétaires, par les tuteurs, par tous les administrateurs des biens d'autrui. Où s'arrêterait l'exception? — Toullier, t. 9, n° 103; Vazeille, *Prescript.*, n° 215; Fœlix, *Des rentes foncières*, p. 440; Troplong, *Prescript.*, n° 621.

39. — Jugé, en conséquence, que les registres-journaux servant autrefois à la perception des rentes dues au domaine, bien que revêtus de la forme exécutoire, ne peuvent tenir lieu du titre constitutif de ces rentes. — *Paris*, 2 déc. 1836 (t. 1er 1837, p. 276), Comp. du Cotentin c. Duparc.

40. — .... Que les registres des receveurs des domaines et du receveur des hospices constatant le paiement des arrérages d'une rente ne font pas foi, à l'égard du débiteur, à l'effet d'interrompre la prescription. — *Bourges*, 20 janv. 1835, hospice de la Châtre c. Gaudefroy; 26 mai 1835, hospice de Châteauroux c. Pénigault.

41. — Les registres des receveurs des hospices ne peuvent faire foi contre les débiteurs d'une rente, ni de l'identité de la personne qui paie, ni du paiement d'arrérages qu'ils constatent, et ils ne peuvent conséquemment servir à constater l'interruption de la prescription. — *Bourges*, 26 août 1839 (t. 1er 1841, p. 146), Piat c. Hosp. de la Châtre, et sous *Cass.*, 4 janv. 1842 (t. 1er 1842, p. 474).

42. — Jugé, que quand les registres d'une fabrique ne contiennent rien du fait de son adversaire, ils ne sauraient constituer un commencement de preuve par écrit, à l'effet d'admettre la preuve par témoins qu'une rente n'a point été prescrite. — *Rouen*, 13 juin 1827, Ligois c. Fabrique de Pavilly.

43. — Toutefois, on sent que foi devrait être ajoutée aux énonciations portées sur de pareils registres, si la partie adverse avait déclaré s'en rapporter à ce qu'ils peuvent mentionner, et encore qu'on pourrait arguer du refus qu'on ferait de les produire quand il est constant qu'ils existent.

44. — Ainsi : la partie qui a invoqué, à l'appui de sa demande, les registres tenus par une administration, n'est point recevable à en décliner l'autorité. — *Cass.*, 15 juill. 1834, Justin c. Hosp. de Rouen.

45. — Dans une demande en maintenue de droits d'usage formée par une commune contre l'Etat, le refus de celui-ci de produire les registres des agens forestiers peut autoriser le tribunal à reconnaître l'existence d'actes de délivrance. —

Cass., 20 août 1833, Préfet de l'Ain c. Commune de Nayrolles.

V. aussi ACTES DE L'ÉTAT CIVIL, AVEU, SERMENT JUDICIAIRE ET EXTRAJUDICIAIRE.

PAPIERS DE L'ÉTAT.

1. — Les fonctionnaires publics, surtout ceux d'un ordre élevé, se trouvent détenteurs, par la nature même de leurs fonctions, de pièces, titres et papiers appartenant à l'État, ou sur lesquels l'État peut avoir des droits, il y a lieu, en cas de décès, de prendre des mesures pour que ces papiers ne soient pas divertis ou perdus, ou rentrent en la possession de leur légitime propriétaire.

2. — C'est dans ce but que l'État fait apposer les scellés chez les fonctionnaires qu'il soupçonne être, lors de leur décès, en possession de papiers lui appartenant.

3. — Déjà un arrêté du 13 niv. an XII l'avait formellement investi de ce droit, en ce qui concerne les officiers généraux et autres officiers supérieurs militaires; l'art. 1er de cet arrêté est ainsi conçu: « Les scellés seront apposés par le juge de paix, en présence du maire du lieu, ou de son adjoint, sur les papiers, plans, cartes et mémoires des officiers généraux, des inspecteurs aux revues, des officiers de santé en chef des armées, des officiers supérieurs de toute arme, retirés ou en activité de service aussitôt leur décès, excepté cependant sur les plans, cartes et mémoires dont le décédé serait l'auteur; — et seront tenus les juges de paix et maires, respectivement, d'en instruire de suite le général commandant la division, et le ministre de la guerre. »

4. — Cet arrêté, comme on le voit, est spécial pour les officiers supérieurs militaires, et ne s'occupe nullement des fonctionnaires de l'ordre civil; aussi n'a-t-on contesté à l'État, en ce qui concerne ces derniers, le droit de faire apposer les scellés; mais ce droit a été reconnu par la Cour de Paris lors du décès de l'ancien membre du Directoire Barras. — V. arrêt du 5 mai 1829, Barras c. préfet de la Seine. — Et cette doctrine est rapportée sans controverse par les auteurs qui l'ont signalée. — Rolland de Villargues, *Rép. du notariat*, v° *Scellés*, n° 19; Bioche, *Dict. de procéd.*, v° *Scellés*, n° 30.

5. — La Cour de Paris s'appuyait, non sur l'arrêté du 13 niv. an XII, mais sur l'art. 909, § 2, C. procéd., qui donne à tous les créanciers le droit de faire apposer les scellés, combiné avec l'art. 939, portant que s'il est trouvé, lors de la levée des scellés, des objets et papiers étrangers à la succession et réclamés par des tiers, ils seront remis à qui il appartiendra; or, en présence de ces dispositions, la nature des fonctions exercées antérieurement par l'ex-directeur Barras conférait à l'État, selon les termes mêmes de l'arrêt de Paris, un titre apparent pour faire rechercher et placer dans les archives publiques les papiers qui lui appartiendraient.

6. — M. Chauveau sur Carré (*L. de la procéd.*, quest. 3078e *bis*), en rapportant cette décision, l'approuve pleinement. « Peut-être, dit-il, cette interprétation du texte de l'art. 909, § 2, passera-t-elle pour trop subtile. Nous n'en pensons pas moins que les motifs qui ont dicté le § 3 de l'art. 911 (relatif aux dispositions publiques) s'appliquent à plus forte raison au cas actuel, et qu'il est tels papiers dont il importe tout autant à l'État de s'assurer la conservation que celle des objets qui composent un dépôt public. — Il s'agit d'ailleurs ici d'une simple mesure de précaution qui ne blesse aucun intérêt. »

7. — Cet auteur cite encore (*ibid.*) à l'appui de la même opinion un arrêt de la Cour de Gand du 12 déc. 1834 qui a jugé décidé que l'État peut requérir l'apposition des scellés lors même que les papiers sont passés entre les mains des tiers, par suite du partage de la succession, pourvu qu'ils soient d'ailleurs bien reconnaissables. — V. SCELLÉS.

8. — L'art. 81 du Code pénal prononce la peine de mort contre tout fonctionnaire public, tout préposé du gouvernement, chargé, à raison de ses fonctions, du dépôt des plans de fortifications, arsenaux, ports ou rades, qui aura livré ces plans ou l'un de ces plans à l'ennemi ou aux agens de l'ennemi. — La peine est de la détention seulement si les plans sont été livrés aux agens d'une puissance étrangère neutre ou alliée.

V. CRIMES CONTRE LA SÛRETÉ DE L'ÉTAT, n° 56 et suiv.

PAPIER-MONNAIE.

Table alphabétique.

PAPIER-MONNAIE. — 1. — Effet créé par le gouvernement pour suppléer au numéraire.

Sect. 1re. — *Historique et dispositions générales.*

2. — Le papier-monnaie étant une monnaie conventionnelle, ou plutôt n'étant que la représentation de la monnaie, il importe qu'il ne soit pas frappé de discrédit; sinon, comme sa valeur ne consiste que dans l'opinion, sa dépréciation va toujours croissante et peut entraîner la ruine publique.

3. — On sait les épouvantables conséquences qu'entraîna après lui le papier créé par Law; le gage sur lequel il était assuré était chimérique, et cette spéculation aboutit à une immense banqueroute.

4. — Au moment de la révolution de 1789, la rareté du numéraire en circulation et l'énormité des dépenses auxquelles on avait à parer, firent recourir à l'établissement d'un papier-monnaie.

5. — A cet effet on créa un papier-monnaie auquel on donna le nom d'*assignats*, lesquels étaient affectés sur les domaines nationaux. — Décr. 19-21 déc. 1789 et 16-17 avril 1790.

6. — Ces assignats eurent cours depuis 1790 jusqu'à l'an IV, époque à laquelle ils furent remplacés par les *mandats territoriaux*. — L. 28 vent. an IV.

7. — Les mandats territoriaux furent eux-mêmes supprimés par la loi du 16 pluv. an V.

8. — Enfin, c'est au 1er germinal an V que les assignats et mandats furent retirés de la circulation. — Décr. min. 23 fruct. an X.

9. — Si les lois rendues dans un but de mesures financières n'offrent plus aucun intérêt, il en est autrement de celles qui ont eu pour objet de régler le sort des transactions entre particuliers. Nous en donnerons donc le tableau chronologique, en renvoyant dans la section suivante pour la solution des questions judiciaires qui se sont présentées dans l'application de ces lois. Nous rappellerons au besoin quelques-unes des dispositions nécessaires pour l'intelligence de ces décisions, et principalement, celles qui peuvent être encore invoquées aujourd'hui dans certains cas, par exemple à l'occasion des conventions matrimoniales.

10. — Les dépréciations successives des assignats et des mandats territoriaux donnèrent lieu à un nombre considérable de lois, principalement en ce qui concernait les mesures financières, et ensuite relativement aux transactions des particuliers intervenues pendant leur durée. Après la disparition du papier-monnaie, le législateur reconnut que sa dépréciation arrivée graduellement avait dû être d'une grande influence dans certaines conventions, et qu'il ne serait pas juste d'en forcer le paiement en numéraire sans réduction. De là encore de nombreuses dispositions à cet égard.

11. — Décrets 16-17 avril 1790 et 12-18 sept. 1790 relatifs à la création et au cours des assignats.— V. *infrà*, nos 47-54.

12. — Décret du 25 messidor an III qui suspend provisoirement les remboursemens de toutes les rentes créées avant le 1er janvier 1792, et d'après lequel aucun créancier ne peut être contraint de recevoir le remboursement de ce qui lui est dû avant le terme porté au titre de la créance. — V. *infrà*, nos 54-72.

13. — Décret du 18 thermidor an III qui excepte les créanciers des successions bénéficiaires, des faillites, etc., de la défense d'anticiper les paiemens.

14. — Décret du 3 fructidor an III d'après lequel tout dépositaire doit rétablir les effets de même espèce et de même nature.

15. — Loi du 12 frimaire an IV qui autorise le refus de remboursement des capitaux dus par obligations antérieures au 1er vendémiaire an IV, autres que les effets de commerce. — V. *infrà*, nos 73-75.

16. — Loi du 15 germinal an IV qui lève la suspension des remboursemens et détermine le mode de paiement des obligations des loyers et des fermages.

17. — Loi du 29 messidor an IV qui rapporte les art. 2 et 3 de la loi du 15 germinal précédent.

18. — Loi du 5 thermidor an IV, d'après laquelle les obligations souscrites devront être exécutées dans les termes et valeurs stipulées, et nul ne pourra refuser son paiement en mandats au cours du jour et du lieu où le paiement sera effectué.

19. — Loi du 15 pluviôse an V, qui détermine le mode de paiement des arrérages de rentes et pensions entre particuliers.

20. — Loi du 16 pluviôse an V, portant que les mandats n'auront plus cours forcé de monnaie entre particuliers.

21. — Loi du 30 pluviôse an V, portant que les sommes versées dans les caisses des receveurs des consignations, seront restituées en mêmes espèces.

22. — Loi du 5 messidor an V, statuant que, pour les cas où il y aura lieu à réduction dans dans les transactions passées entre particuliers pendant la durée du papier-monnaie, il sera fait, dans chaque département, un tableau de la dépréciation progressive. — V. *infrà*, nos 76 et 77.

23. — La loi du 9 fructidor an V contient de nombreuses dispositions relatives à la liquidation et au paiement des fermages pour l'an III, l'an IV et années antérieures. — V. *infrà*, nos 78 et 79.

24. — Loi du 14 fructidor an V, d'après laquelle devaient être acquittées en numéraire et sans réduction, les obligations contractées après le 1er janvier 1791, si le titre indiquait que la créance était antérieure. — A défaut d'indication, la preuve pouvait résulter d'autres écrits émanés du débiteur ou de son interrogatoire sur faits et articles. — V. *infrà*, no 80.

25. — Loi du 15 fructidor an V, qui détermine le mode de remboursement des obligations entre particuliers d'une date antérieure au 1er janvier 1791, ou à l'introduction du papier monnaie.

26. — Loi du 4 vendémiaire an VI, modifiant la loi du 9 fructidor an V, relativement au paiement des fermages.

27. — Loi du 26 brumaire an VI, relative au mode de paiement des arrérages des rentes et pensions et des intérêts. — V. *infrà*, nos 81-86.

28. — Loi du 11 frimaire an VI, qui fixe le mode de remboursement des obligations contractées pendant la dépréciation du papier-monnaie. — Cette loi est complétée par la loi additionnelle du 16 nivôse suivant.— V. *infrà*, nos 87 et suiv.

29. — Loi du 16 nivôse an VI (bull. no 1651), concernant : 1o les aliénations d'immeubles, 2o les licitations et partages, 3o les dots et avantages

matrimoniaux, 4o les rapports dans les successions des légitimes et des donations répudiées, 5o enfin, les engagemens et liquidations de commerce. Toutes lesdites opérations effectuées pendant la dépréciation du papier-monnaie. — V. *infrà*, nos 145 et suiv.

30. — Loi du 13 pluviôse an VI, relative aux rentes viagères créées pendant la durée de la dépréciation du papier-monnaie. — V. *infrà*, nos 205 et suiv.

31. — Loi du 6 floréal an VI, rectifiant plusieurs articles de celles des 11 frimaire et 16 nivôse concernant les transactions entre particuliers.

32. — Autre loi du même jour, 6 floréal an VI, relative aux rentes viagères créées moyennant un capital fourni en mandats.

33. — Loi du 8 floréal an VI, relative aux formalités à observer pour la présentation des effets négociables à longs termes. — V. *infrà*, nos 215 et suiv.

34. — Loi du 9 floréal an VI, portant prorogation du délai pour l'option relativement aux obligations à longs termes. — V. *infrà*, no 218.

35. — L. 19 flor. an VI, relative à l'action en rescision, pour cause de lésion, contre les ventes d'immeubles faites pendant la dépréciation du papier-monnaie. — V. *infrà*, nos 223 et suiv.

36. — L. 21 flor. an VI, relative aux traités et transactions faits entre particuliers sur des droits litigieux ouverts avant et pendant la dépréciation du papier-monnaie.

37. — L. 26 prair. an VI, contenant prorogation du délai accordé par celle du 13 pluv. pour la réduction des rentes viagères. — V. *infrà*, nos 205 et suiv.

38. — Autre loi du même jour, 26 prair. an VI, relative aux obligations entre particuliers contractées dans les départemens réunis par la loi du 9 vend. an IV.

39. — L. 6 messid. an VI, additionnelle à celle du 9 fruct. an V, concernant la liquidation et le paiement des fermages.

40. — L. 9 messid. an VI, relative aux marchés faits avec des entrepreneurs de bâtimens pendant le cours du papier-monnaie. — V. *infrà*, nos 228 et suiv.

41. — L. 17 messid. an VI relative au cas et au mode de réduction du prix et de résiliation des baux à ferme passés pendant la dépréciation du papier-monnaie.

42. — L. 2 therm. an VI relative aux baux à cheptel. — V. *infrà*, nos 230 et suiv.

43. — L. 27 therm. an VI contenant des dispositions additionnelles à celle du 16 nivôse précédent.

44. — L. 24 niv. an VII qui déclare l'art. 11 de celle du 15 germ. an IV sur la remise des dépôts, applicable aux syndics ou directeurs de créanciers unis.

45. — L. 2 prair. an VII sur l'action en rescision pour lésion dans les actes de partage. — V. *infrà*, nos 232 et suiv.

46. — Avant la révolution de fév. 1848, les billets de la Banque n'étaient que des billets de confiance. — Avis du Conseil d'Etat, 12 fruc. an XIV. — V. BANQUE DE FRANCE, no 90. — D'après un décret du Gouvernement provisoire, du 15 mars 1848, les billets de la Banque de France ont été déclarés monnaie légale; et suivant un autre décret, du 25 mars suivant, les billets des banques départementales ont été également déclarés monnaie légale dans la circonscription du département où chacune de ces banques avait son siége.

Sect. 2e. — *Décisions judiciaires.*

§ 1er. — *Lois antérieures à celle du 11 frim. an VI.*

47. — 1o *Lois des 16-17 av., 12-18 sept.* 1790 (V. *suprà*, no 5). — Le décret du 16-17 av. 1798 porte : — « Art. 4. Les assignats créés par les décrets des 19 et 21 déc. 1789 auront cours de monnaie entre toutes personnes dans toute l'étendue du royaume, et seront reçus comme espèces sonnantes dans toutes les caisses publiques et particulières. »

48. — Le décret du 12-18 sept. 1790 porte : — « Art. 4. En exécution du décret des 16-17 av. dernier, toutes sommes stipulées par actes payables en espèces, pourront être payées en assignats ou promesses d'assignats, nonobstant toutes clauses et dispositions à ce contraires. »

49. — Ainsi, le débiteur d'une somme en espèces a pu se libérer en assignats. — *Cass.*, 22 vent. an II, Lebel; 6 germ. an II, Charpellier.

50. — Une lettre de change a pu être remboursée en assignats, quoiqu'elle eût été stipulée payable en espèces et dans un pays où les assignats n'avaient point cours. — *Cass.*, 5 oct. 1793, Dupuis-Lejosne c. Desmarteaux.

51. — Durant le cours du papier-monnaie, un effet de commerce pouvait être acquitté en assignats sans qu'on pût condamner le débiteur à payer en numéraire, ou à suppléer en assignats, la perte que le papier éprouvait sur la place. — *Cass.*, 5 frim. an II, Dathis c. Boursier; 22 vent. Lebel; 6 germ. an II, Charpellier.

52. — Le débiteur d'un prêtre inscrit sur la liste des émigrés s'est libéré valablement en papier-monnaie, dans les caisses nationales, des sommes qu'il lui devait, nonobstant toute clause prohibitive de remboursement en papier-monnaie, et la stipulation que le paiement aurait lieu en pays étranger. — *Cons. d'Etat*, 22 oct. 1817, Grasset c. Montagut.

53. — Lorsqu'un individu a reçu un remboursement en assignats à une époque où le papier-monnaie avait cours forcé, il est non recevable à prétendre que c'est par violence qu'il a été contraint de consentir à ce remboursement. — *Colmar*, 10 nov. 1809, Grivel c. Parmentier.

54. — 2o *Loi du 25 messid. an III* (V. *suprà*, no 12). — Une rente constituée dans la province de Belgique, avant sa réunion à la France, a été valablement remboursée en assignats, à l'époque du 8 vent. an III. — *Cass.*, 29 messid. an XI, Ameels c. Campenaere. — Merlin, *Quest.*, vo *Papier-monnaie.*

55. — La loi du 25 messid. an III est applicable aux rentes créées depuis le 1er janvier 1792. — *Cass.*, 1er mars 1814, Beaulier c. Pierre.

56. — Est valable le remboursement fait aux agens du domaine public par le débiteur d'un bureau de bienfaisance, dans l'intervalle du 25 messidor an III au 16 vendémiaire an V. — Bureau de bienfaisance de Rhodez c. Albène.

57. — De plus : la loi du 25 messidor an III déclarait ne point préjudicier aux remboursemens qui étaient volontairement acceptés, pourvu qu'il fût stipulé dans l'acte constatant le remboursement que celui qui l'avait accepté avait connaissance de cette loi. — Art. 5.

58. — Cette loi, du 25 messidor an III, avait pour principal objet de suspendre l'obligation de recevoir les remboursemens en assignats. Celui qui recevait un semblable remboursement devait déclarer, à peine de nullité de la quittance, qu'il avait connaissance de la loi. — *Cass.*, 3 mess. an X, Carteley; 3 vent. an X, Leblanc; 24 mess. an XI, Bogard; *Nîmes*, 2 mess. an XIII, Boyer.

59. — ... Et cela, quoiqu'il employât les fonds à sa libération. — *Cass.*, 1er mars 1814, Beaulier c. Pierre.

60. — A plus forte raison, si, loin de déclarer dans la quittance qu'il avait connaissance de la loi, le créancier avait entendu se réserver le bénéfice de toutes les lois favorables qui pouvaient lui donner le droit de revenir sur ce remboursement. — *Cass.*, 14 germ. an XII, Dubousquet c. Barrain.

61. — Peu importait qu'il s'agît des prix de biens nationaux, cas auquel le vendeur lui-même pouvait se libérer en assignats vis-à-vis du trésor (*Cass.*, 24 mess. an XI, Bogard), puisque le paiement, dans tous les cas, était nul pour défaut d'énonciation que le créancier avait connaissance de la loi du 25 messidor, alors même que le prix par lui touché aurait servi à sa libération. — *Cass.*, 21, 28 fév. et 1er mars 1814, Jully, Labbé, Beaulier.

62. — Il en était ainsi, alors même qu'il s'agissait de débiteurs qui, par le titre constitutif de leur dette, avaient la faculté de se libérer dans un temps donné. — *Cass.*, 3 vent. an X, Leblanc; 7 déc. 1809, Bellon. — Et même avant le terme convenu. — Même arrêt de 1809.

63. — Mais le remboursement était valable alors même que le créancier n'avait pas déclaré dans la quittance qu'il avait connaissance de la loi, s'il avait provoqué ce remboursement. — *Cass.*, 12 mess. an X, Stoflet; *Metz*, 28 mai 1813, de Fourolles; *Cass.*, 20 nov. 1816, Lenig; *Metz*, 21 mai 1818, de Fourolles.

64. — .... Ou s'il s'agissait d'une créance exigible, alors, par exemple, que le créancier a accordé, dans le titre, un terme indéfini : en se réservant le droit de poursuivre quand bon lui semblerait. — *Cass.*, 3 mars 1819, Saint-Hubert c. Leufant.

65. — Mais le paiement fait par un acquéreur d'immeubles à son vendeur d'une somme laissée entre ses mains pour acquitter un douaire, n'a pas privé l'héritier douairier de son recours sur l'immeuble aliéné. — *Paris*, 18 pluv. an X, Enfantin c. Lecarpentier; *Cass.*, 9 vent. an XII, mêmes parties.

66. — Ce paiement, alors même qu'il a eu lieu après la loi du 25 mess. an III, suspensive des remboursemens, a dû être considéré comme une véritable délégation faite à la charge et au péril du délégataire et qui n'avait rien de contraire à cette loi. — Même arrêt.

67. — La loi du 25 messidor étant applicable aux remboursemens faits depuis la promulgation comme à ceux faits avant, a dû être considéré comme remboursement par anticipation celui fait par le débiteur avant l'expiration de l'année dans le courant de laquelle il avait été stipulé qu'il devait se libérer. — *Cass.* 2 mess. an XI, Pairon c. Gobert.

68. — Cette loi du 25 messidor a été exécutoire du jour de son émission, même pour les dettes créées depuis le papier-monnaie, et à quelque distance de Paris que se soit opéré le remboursement. — *Cass.*, 3 nov. 1813, Bome.

69. — Jugé cependant qu'elle ne s'applique pas aux remboursemens faits le jour même, *avant* l'instant de l'émission de la loi. — *Cass.*, 22 avr. 1806, Royer c. Plouvié.

70. — La loi du 25 messidor an III accordait une action en supplément au créancier qui, depuis sa publication, avait reçu en assignats le remboursement de sa créance non échue. Cette action se prescrivait-elle par dix ans ou par trente ans? Quelques arrêts ont reconnu la prescription de dix ans. — *Metz*, 6 juill. et 10 août 1814, Besseret et Berquin; 2 mai 1817, Menal.

71.—Mais la Cour de cassation a constamment appliqué la prescription de trente ans. — *Cass.*, 7 déc. 1809, N... et Bellon; 3 déc. 1817, Blanc; 7 avr. 1818, Labbé; 23 août 1819, Berquin; 30 août 1820, Menal. —Merlin, *Quest.*, vo *Papier-monnaie*, § 1er. — La cour de Metz elle-même avait commencé par adopter cette opinion. — *Metz*, 28 mai 1813, de Fourolles.

72.—De plus, le créancier peut réclamer, avec ce qui reste dû sur son capital, les intérêts qui auraient couru par l'effet d'une stipulation expresse dans le titre de créance. —*Cass.*, 7 déc. 1809, N... et Bellon.

73. — 3o *Loi* 12 *frim. an IV* (V. *suprà* no 15). — Une charte partie n'est pas un effet de commerce, et, dès lors, l'indemnité due par suite de son inexécution n'a pu être considérée comme comprise dans l'exception contenue, à l'égard de ces effets, dans la loi du 12 frim. an IV, portant suspension des remboursemens.—*Cass.*, 19 germ. an VII, Hornbostet c. Rabaud.

74. — Le créancier qui, d'après la loi du 12 frim. an IV, refusait les offres réelles que son débiteur lui faisait en assignats, n'était pas tenu de motiver son refus. — *Cass.*, 21 niv. an IX, Pulvignon c. Decan.

75. — Une consignation faite avant la loi du 12 frim. an IV était nulle quoique faite en vertu d'un jugement, si ce jugement se trouvait frappé d'appel lors de la publication de cette loi.—*Cass.*, 15 brum. an XIII, Sicart c. Villar.

76. — 4o *Loi* 5 *mess. an V* (V. *suprà* no 22). — Lorsqu'il y a eu lieu de réduire en numéraire métallique la valeur nominale d'une obligation, la réduction a dû être faite d'après l'échelle de dépréciation du département où l'obligation avait été contractée et devait être réalisée. — *Cass.*, 28 mess. an XIII, Rossigneux c. Bellot.

77. — Une obligation contractée en papier-monnaie doit être réduite à l'époque où elle a été contractée et non à celle de son exigibilité. — *Rennes*, 14 juillet 1813, Espivent.

78. — 5o *Loi* 9 *fructid. an V* (V. *suprà* no 23). — Les loyers des maisons servant uniquement à l'habitation, échus pendant le cours du papier-monnaie, ont été payables en assignats, bien que le prix du bail eût été fixé dans un contrat antérieur aux assignats. — *Cass.*, 11 niv. an XII, Molinier c. Pié.

79. — Jugé qu'en matière de fermages de biens non nationaux, et suivant la deuxième loi du 9 fructid. an V, toutes les fois qu'il y a lieu à liquider des à-compte, payés ou fournis sur des fermages, les juges ont à faire deux opérations distinctes; l'une pour déterminer quel est en numéraire le prix réel et effectif du bail; l'autre pour connaître à quelle somme le fermage s'élevait, aussi en numéraire, aux époques de paiement des à-compte, et de quelle portion de ce fermage les à-compte ont opéré libération; mais ensuite, et pour un tout autre objet, cette portion ne fournit plus qu'un terme de comparaison pour fixer la portion semblable du prix réel et effectif du bail, que le fermier est réputé avoir payée, et, par conséquent, ce qui lui reste à payer de ce prix, réel et effectif, en numéraire

sans réduction. — *Cass.*, 17 fév. 1807, Jouenne c. Lecœur.

80. — 6o *Loi* 14 *fructid. an V* (V. *suprà* no 24). — Le vendeur, moyennant un prix en assignats, d'une rente créée en numéraire, n'a dû, en cas de garantie, être obligé de rembourser qu'en assignats au taux de l'échelle de dépréciation, à l'époque de la vente. — *Cass.*, 4 fruct. an XII, Hennet.

81. — 7o *Loi* 26 *brum. an VI* (V. *suprà* no 27). — Les arrérages de rentes qui ont couru depuis le 1er janv. 1791 jusqu'à la publication de la loi du 29 messid. an IV ont été sujets à réduction, quand bien même ils eussent été stipulés payables en numéraire. — *Cass.*, 29 brum. an XI, Veran-Broulet.

82. — De même, les intérêts d'un legs fait pour tenir lieu de légitime à un enfant, courus dans le même intervalle, sont, comme ceux des pensions, soumis à la retenue d'après le tableau de dépréciation. — *Cass.*, 13 fév. 1833, Albarel.

83. —Les intérêts qui ont couru pendant la circulation du papier-monnaie doivent être réduits conformément aux tableaux de dépréciation. — *Agen*, 11 juin 1809, Lavignan; *Cass.*, 17 mars 1824, Belin c. Valès.

84. —Il en est de même des arrérages d'une rente dont le capital a été employé au paiement du prix d'un immeuble avec subrogation aux droits du vendeur. — *Paris*, 7 fruct. an XII, Dumoutier c. Dorcy.

85.—Lorsqu'il a été payé des à-compte sur les arrérages d'une rente échue pendant et depuis le cours du papier-monnaie, et qu'il n'a été fait aucune imputation, le débiteur peut demander que cette imputation soit faite sur les arrérages qu'il était obligé d'acquitter en numéraire. — *Cass.*, 2 germ. an IX, Sengenwald c. Euth.

86. — La loi du 26 brum. an VI, suivant laquelle les arrérages qui avaient couru depuis le 12 niv. an III jusqu'à la publication de la loi du 29 messid. an IV, devaient être payés moitié en grain et moitié en assignats, est seule applicable aux arrérages de douaires préfix constitués avant l'émission du papier-monnaie, et il n'y a pas lieu d'appliquer celle du 16 niv. suivant qui, en disposant que les douaires préfix, ainsi que tous les avantages matrimoniaux, seraient acquittés en numéraire métallique, n'a eu en vue que les douaires établis pendant le cours du papier-monnaie. — *Cass.*, 31 mars 1824, de Gouy d'Arsy c. Franconville.

§ 2. — *Loi du 11 frimaire an VI.*

87. — Après avoir dit, dans son art. 1er, que toute suspension de paiement était levée à l'égard des obligations dont elle parle et survenues durant la dépréciation du papier-monnaie, la loi du 11 frim. an VI porte art. 2: « Les obligations contractées pour simple prêt, en dette à jour ou autrement, depuis le 1er janv. 1791 jusqu'à la publication de la loi du 29 messid. an IV, seront censées consenties valeur nominale du papier monnaie ayant cours lorsque le contraire ne sera pas prouvé par le titre même, et, à ce défaut, par des écrits émanés des débiteurs ou par leur interrogatoire sur faits et articles. »

88. — Le montant de ces obligations devra être, sauf certaines conditions ci-après, et pour toutes les sommes qui y ont donné lieu, réduit en numéraire métallique, suivant le tableau de dépréciation ordonné par la loi (art. 4).

89. — Les mots *valeur fixe* dans un billet à ordre, pendant le cours du papier-monnaie, ne signifiaient pas valeur en numéraire; dès lors il y avait lieu à réduction. — *Cass.*, 17 frim. an VII, Olivier. — Vincens, *Expos. de la législ. comm.*, t. 2, p. 290.

90. —Est susceptible de réduction, d'après l'échelle de dépréciation, l'obligation souscrite depuis le 1er janv. 1791, quand bien même elle aurait pour cause un engagement antérieur, mais consenti par un débiteur différent. — *Paris*, 23 niv. an X, Duval c. Courtois.

91. — Celui qui a fait un emprunt en assignats, et qui s'est obligé de servir à un tiers une rente constituée en numéraire, est déchargé de la rente en remboursant au prêteur la valeur réelle, d'après l'échelle de dépréciation. — *Cass.*, 14 flor. an IX, Bourgoin c. Bureau.

92. — Mais un prêt fait en assignats, sous la condition qu'il sera remboursé en or ou en argent dans le cas où, à l'époque de l'échéance, les assignats n'auraient plus cours de monnaie, n'a pas été, ce dernier cas échéant, soumis à la réduction ordonnée par la loi du 11 frim. an VI. — *Cass.*, 1er therm. an X, Carboué c. Duchatel; 15

flor. an XII, mêmes parties; *Rennes*, 15 juin 1819, Bonté. — Merlin, *Quest.*, vo *Papier-monnaie*, § 5.

93. — Si cependant il avait remboursé en assignats et d'après l'échelle de dépréciation une plus forte somme nominale, il ne pourrait répéter cet excédant, attendu qu'il n'a fait en cela que remplir une obligation naturelle. — *Grenoble*, 25 août 1809, Merueil c. Rosset.

94. — En cas de contestation sur le remboursement d'un prêt fait en papier-monnaie et susceptible de réduction, un tribunal n'a pu refuser d'ordonner l'interrogatoire sur faits et articles sollicité avant le jugement par l'une des parties comme tendant à établir que l'obligation dérivait d'un prêt plus ancien que l'époque y indiquée et, conséquemment, que la réduction devait avoir lieu eu égard aux valeurs réellement fournies. — *Cass.*, 1er vent. an VII, Damilleville c. Roussel.

95. — Un tribunal violait les dispositions des lois sur le remboursement des sommes dues en papier-monnaie, en approuvant, en l'an VII, des offres faites en même nature de papier et non d'après la valeur de ce papier fourni et accepté pour rachat d'une rente en messid. an IV. — *Cass.*, 11 vendém. an X, Brigaud c. hospice de Paray.

96. — Celui qui pendant le papier-monnaie a accepté l'obligation d'acquitter une créance en numéraire ne peut demander qu'elle soit réduite d'après l'échelle de dépréciation. — *Cass.*, 8 brum. an XII, Blanc c. Jourdan.

97. — De même, lorsqu'un débiteur a été condamné, par un jugement en dernier ressort, à payer sa dette en numéraire; on ne peut ensuite, sans violer la chose jugée, l'autoriser à payer en assignats, d'après l'échelle de dépréciation. — *Cass.*, 23 niv. an 7, Hubert c. Lorrin.

98. — Lorque, durant le cours du papier-monnaie, le tireur d'une lettre de change a retiré la provision des mains du tiré, et qu'un jugement passé en force de chose jugée l'a condamné à payer au porteur la valeur représentative du montant du compte de retour dressé par suite du protêt, ce porteur ne peut plus prétendre que le tireur lui doit compte de la valeur des fonds à l'époque où ils ont été retirés des mains du tiré, et que, par conséquent, il doit lui être fait raison de la différence existant entre les deux valeurs. — *Cass.*, 27 frim. an XIV, Coypel c. Féline.

99. — Le débiteur d'une rente renonce à la faculté d'en demander la réduction suivant l'échelle de dépréciation, en se chargeant, dans les comptes qu'il a rendus, de plusieurs années de ses arrérages, et en n'excipant point de cette réduction, lorsqu'il a été appelé en justice pour payer. — *Rennes*, 21 janvier 1813, Olive c. Levesque.

100.—Celui qui a reçu en assignats le remboursement d'une rente dont il a été jugé plus tard n'être pas propriétaire, n'est tenu de restituer que la valeur des assignats d'après l'échelle de dépréciation encore bien qu'il se soit obligé, par l'acte de remboursement, à tenir le débiteur quitte et déchargé de la rente. — *Paris*, 15 avril 1811, Ledhuy c. Fourchy.

101. — La loi du 11 frim. an VI, relative au remboursement des obligations contractées pendant la dépréciation du papier-monnaie, n'est pas applicable à celles qui ont pour cause une vente d'immeubles, et son effet doit être restreint aux obligations des emprunteurs envers les prêteurs. — *Cass.*, 15 nivôse an VIII, Bateste c. Drouet.

102. — Lorsque l'obligation avait été passée à plus de deux ans de terme au delà de l'époque du 29 mess. an IV, le débiteur n'était admis à demander la réduction en numéraire métallique qu'autant qu'il avait légalement notifié au créancier, dans les deux mois de la loi du 11 brum., pour tout délai à peine de déchéance, la renonciation aux termes à échoir: avec offre de rembourser le capital réduit dans le délai d'une année, sans préjudice néanmoins de la prorogation autorisée par l'art. 18. —L. 11 frim. an VI, art. 5.

103. — Le débiteur d'une obligation constituée en valeur de papier-monnaie, et dont l'échéance était éventuelle et indéterminée, peut demander la réduction de cette obligation, bien qu'il n'ait pas fait au créancier la notification prescrite par l'art. 5 L. 11 frim. an VI: cet article étant inapplicable à une pareille obligation. — *Cass.*, 25 juin (et non 23) 1833, Joubert c. Caffin.

104. — Cela tient à ce que la clause insérée dans un contrat de vente portant que l'acquéreur pourra rembourser le prix à sa volonté, à la charge d'en servir les intérêts à un taux déterminé, équivaut à une constitution de rente. En conséquence celui qui a acquis, en ces termes, un immeuble pendant le cours du papier-monnaie, a été déchu de la faculté de demander la réduction de son prix, s'il n'a pas notifié son intention dans les deux mois de la publication de la loi additionnelle du 16 niv. an VI. — *Cass.*, 28 vend. an XI, Bremare c. Langlois.

105. — Toutefois le délai ne devait courir, à l'égard des billets au porteur ou des billets à ordre à longs termes, que du jour de leur présentation. — L. 11 frim. an VI, art. 6.

106. — Un billet à ordre consenti à long terme en brum. an IV, est censé avoir été fait en assignats et est payable, seulement selon l'échelle de dépréciation, d'après la loi du 11 frim. an VI, s'il ne résulte du billet à ordre que la valeur a été fournie en numéraire. — Même arrêt.

107. — Les réductions requises et ordonnées en exécution des art. 4 et 5 ne peuvent l'être qu'à la charge par le débiteur de payer au taux de 5 p. 0/0 les intérêts échus ou à échoir du capital réduit, et en suivant le mode de paiement établi par la loi du 26 brum. dernier; ce qui devait avoir lieu quand même, en considération des termes ou autrement, les intérêts du capital fourni en papier-monnaie auraient été stipulés à des taux inférieurs, ou même qu'il n'en aurait été stipulé aucun. — L. 11 frim. an VI, art. 7; L. 6 flor. an VI, art. 1er.

108. — La condition imposée par l'art. 7, L. 11 frim. an VI, de payer les intérêts du capital réduit d'une créance contractée en papier-monnaie, est commune à toutes les créances réduites, tant celles à longs termes qu'autrement. — *Cass.*, 27 mai 1818, François c. Lassiège.

109. — Les conditions prescrites par les art. 5 et 7 de la loi du 11 frim. aux débiteurs à long terme, étaient communes aux débiteurs par contrat de constitution de rente ayant pour cause un capital fourni en papier-monnaie. — L. 9 flor. an VI, art. 1er.

110. — Ce n'est qu'autant qu'il a légalement notifié au créancier, dans les deux mois de la publication de la loi du 11 frim. an VI, sa renonciation aux termes à échoir, avec offre de rembourser le capital dans l'année, que le débiteur d'une obligation à long terme peut en demander la réduction en numéraire métallique. On ne saurait dire qu'une obligation n'est pas à longs termes, par cela qu'ayant été stipulée payable dans douze ans, qui ne commenceraient à courir qu'après un avertissement préalable, cet avertissement n'a pas eu lieu en réalité. La mention de la créance, même réduite, énoncée dans l'inventaire fait après le décès du défunt, ne saurait suppléer à la notification imposée au débiteur par la loi du 11 frim. an VI, surtout quand cette loi n'existait pas encore à cette époque. — *Cass.*, 20 mai 1811, Jannesson c. Arnold.

111. — Le délai de deux mois dans lequel les lois des 11 frim. et 16 niv. an VI autorisaient les débiteurs d'obligations contractées pendant la dépréciation du papier-monnaie, à demander la réduction de leur dette, sous l'offre d'effectuer dans l'année le remboursement du capital réduit, a couru contre les émigrés débiteurs, représentés par l'État, comme contre tous autres débiteurs. Dès lors, à défaut de réclamation dans les deux mois fixés, il y a eu déchéance acquise contre eux, sans qu'ils puissent invoquer la maxime : *Contrà non valentem agere non currit præscriptio.* — *Cass.*, 13 déc. 1831, Desson c. Geoffroy.

112. — De même : la qualité d'émigré à l'époque de la loi du 16 niv. an VI n'a pu dispenser le débiteur d'une rente constituée en assignats, de faire dans le délai voulu par cette loi, pour obtenir la réduction de sa dette d'après l'échelle de dépréciation du papier-monnaie, la soumission d'effectuer sur-le-champ le remboursement de la rente; la déchéance est acquise et irrévocable. — *Cass.*, 10 mai 1820, Joviac c. Romain.

113. — Pour rendre légale la réduction en numéraire métallique de rentes constituées en papier-monnaie, il n'est pas nécessaire de faire les notifications prescrites par la loi du 16 niv. an VI, lorsque le créancier et le débiteur sont déjà convenus de cette réduction, et en ont réglé les bases. — *Toulouse*, 19 mai 1819, Barrafite c. Delos.

114. — Néanmoins, les débiteurs par contrats de constitution de rente qui auraient fait leur option de la manière ci-dessus, devaient jouir d'un délai de deux années à dater de la publication de la loi du 11 frim. pour le remboursement par moitié, à l'expiration de chaque année, du capital réduit d'après l'échelle, si les créanciers ne préféraient en recevoir la totalité à la dernière échéance, sans préjudice des provisions qui pouvaient être accordées à leur réquisition. — L. 16 niv. an VI, art. 2.

115. — Quand le débiteur avait emprunté une somme en papier-monnaie pour se libérer envers un ancien créancier, le capital ainsi prêté était soumis à l'échelle de réduction, du jour de la nouvelle obligation, sans que le nouveau créancier qui en avait fourni le montant pût se prévaloir, quant à ce, de la subrogation aux droits ainsi qu'à l'hypothèque ou au privilége de l'ancien créancier qui avait été remboursé de ses deniers. — Il en devait être usé de même à l'égard du coobligé qui s'était fait subroger aux droits d'un créancier commun en payant la part d'un autre codébiteur. — L. 11 frim. an VI, art. 10.

116. — Celui qui, pour libérer la succession de l'auteur commun de diverses rentes dont elle était grevée, a, de leur consentement exprès, chargé les acquéreurs auxquels il a vendu un de ses biens propres, moyennant un prix payable en assignats, d'employer une partie de son prix à les amortir, est censé, dès cette époque, avoir payé la dette commune et doit, dès lors, dans son recours contre ses coobligés, subir l'application de l'art. 10 L. 11 frim. an VI. — En conséquence, il ne peut exiger d'eux le remboursement du capital des rentes amorties que suivant la valeur des assignats, au moment de la vente, alors même que l'amortissement aurait eu lieu moyennant un paiement en numéraire. — *Cass.*, 7 janv. 1836, de Kergorlay c. Faudoas.

117. — Le débiteur d'une rente foncière qui l'a rachetée en papier-monnaie ne peut, vis-à-vis de son codébiteur, se refuser à la réduction et exercer rigoureusement tous les droits du créancier payé. — *Cass.*, 7 nov. 1809, Champagnac.

118. — Le cohéritier qui a remboursé en assignats une dette de la succession antérieure à l'émission du papier-monnaie, et s'est fait subroger aux droits et hypothèques de l'ancien créancier, ne peut exiger de ses cohéritiers le paiement intégral et sans réduction de leur part afférente dans la dette. — *Paris*, 7 therm. an X, Bourbon-Chavauger c. Jacobé; *Paris*, 5 avr. 1808, Bellanger; *Cass.*, 21 mars 1810, mêmes parties. — Merlin, *Rép.*, vo *Subrogation de personne*, sect. 2, § 1er, et *Quest.*, vo *Subrogation*, § 1er; Favard, *Rép.*, vo *Subrogation*; Toullier, *Droit civ.*, t. 7, no 123.

119. — L'adjudicataire d'un bien national qui, à défaut de l'acquéreur auquel il a revendu, a payé lui-même à la nation, pendant le temps du papier-monnaie, la somme qu'il avait chargé ce dernier de payer en son acquit, n'a pu exiger son remboursement que suivant le cours du papier-monnaie au moment du paiement, et non d'après celui existant au moment de la vente. — *Cass.*, 12 therm. an XII, Vassieux c. Tessier.

120. — Le codébiteur d'une rente qui en a remboursé le capital en papier-monnaie, et s'est fait subroger aux droits du créancier, ne peut exiger de son codébiteur solidaire le remboursement de sa part en numéraire métallique et sans réduction. — *Cass.*, 7 nov. 1809, Champagnac c. N...

121. — La réduction n'était pas applicable 1o aux simples cessions et transports de dettes; 2o aux endossemens d'effets négociables; 3o aux délégations et indications de paiemens, même aux délégations acceptées. Dans tous ces cas et sauf les exceptions légales, les cessionnaires ou délégataires pouvaient faire valoir en entier les droits des cédans ou déléguans contre les débiteurs cédés ou délégués. — L. 11 frim. an VI, art. 11.

122. — Il n'y a pas indication de paiement dans le sens de l'art. 11 L. 11 frim. an VI, et par suite non-recevabilité à demander la réduction, lorsqu'on s'est obligé de payer à une personne, et à son gendre après décès, une certaine somme provenant d'une vente durant le cours du papier-monnaie. — *Cass.*, 14 vent. an IX, Drevon c. Villot.

123. — Tous dépositaires et séquestres volontaires ou judiciaires étaient valablement libérés en remettant en même nature les sommes qu'ils avaient reçues aux susdits titres, de quelque cause qu'elles provinssent, ou leur valeur représentative en d'autre papier-monnaie, lorsqu'elle avait été échangée en conformité des lois. Toutefois, étaient exceptés ceux qui avaient été mis en demeure de restituer lesdites valeurs, et les dépositaires qui s'étaient soumis à en payer l'intérêt. Dans ces cas les capitaux légitimement dus devaient être remboursés en numéraire métallique, néanmoins d'après l'échelle de dépréciation, eu égard aux époques soit de la demeure, soit de la stipulation d'intérêt. — L. du 11 frim. an VI, art. 12.

124. — Sous l'empire des lois des 23 sept. 1793 et 11 frim. an VI, un dépositaire de valeurs en papier-monnaie n'a pas été tenu de les verser à la caisse de la trésorerie nationale, s'il n'a été mis en demeure de le faire. Il n'a pas dû être réputé mis en demeure par cela seul qu'il existait des oppositions entre ses mains. En conséquence, il a pu valablement se libérer par la remise en nature des valeurs du dépôt. — *Paris*, 23 pr. an XII, Salms-Kirsbourg c. Jalouzot; *Cass.*, 4 therm. an XIII, mêmes parties.

125. — Lorsqu'un individu a reçu le remboursement d'une somme en assignats, tant pour lui que pour ses cohéritiers, et à charge de ratification par ces derniers, ce n'est qu'à titre de dépositaire qu'il est tenu, en cas de refus de ses cohéritiers, de restituer ce qui excède sa part dans la somme reçue. Ainsi il n'est tenu qu'à la restitution des assignats eux-mêmes, sans l'être de leur valeur représentative, d'après l'échelle de dépréciation. — *Cass.*, 11 janv. 1808 Van Wyndekans c. Van Outrive.

126. — L'adjudicataire entre les mains duquel des créanciers avaient, pendant l'existence du papier-monnaie, consenti à laisser une partie du prix de la vente, était resté débiteur d'un prix d'immeuble et non simple prêteur ou dépositaire. Dès lors il ne pouvait, lors du paiement, invoquer la loi du 11 frim. an VI et le bénéfice de la réduction d'après l'échelle de dépréciation. — *Cass.*, 30 germ. an X, Sanegon c. Meulan; 29 flor. an XI, même affaire; 5 flor. an XII, Perrot.

127. — Était payable en numéraire métallique, sans réduction, le prix des ventes des matières d'or et d'argent, marchandises et autres choses mobilières, ou pour fournitures de grains et denrées, si mieux n'aimait l'acheteur en payer l'estimation au temps du contrat. — L. 11 frim. an VI, art. 15.

128. — Lorsque, en paiement de marchandises, l'acheteur a remis, par un endossement causé *valeur à lui appartenant*, une lettre de change causée elle-même *valeur reçue comptant*, il y a présomption que cet effet a été consenti valeur nominale du papier monnaie ayant cours. Dès lors l'endosseur ne saurait être condamné à payer en numéraire métallique. — *Cass.*, 11 prair. an IX, Borelly c. Ricord.

129. — Le mari qui a touché la dot de sa femme en assignats n'est tenu de la restituer que d'après leur valeur aux époques de chaque paiement, et non à l'époque d'exigibilité. — *Cass.*, 20 janv. 1807, Delorme c. Dangereux; 1er vent. an X, Pommier; *Bordeaux*, 23 pluv. an X, N...; 16 mars 1812, de Corbie; *Nîmes*, 2 mars 1819, Nadal. — Dupont-Lavillette. *Quest. de dr.*, t. 3, p. 98; Tessier, *Traité de la dot*, no 1065.

130. — L'opinion contraire a été adoptée par plusieurs arrêts. — *Bourges*, 23 messid. an X, Heurtaut; *Paris*, 6 floréal an XIII, Bussy; 5 fruct. même année, Delorme : arrêt cassé par celui du 20 janv. 1807 précité. — Elle est enseignée par Benoit, *Traité de la dot*, t. 2, no 135.

131. — Le paiement fait en assignats d'une dot constituée en avancement d'hoirie par le père à l'un de ses enfans, ne donne pas lieu à répéter contre la succession la différence de valeur lors du calcul des intérêts à rapporter : parce que le père était maître de limiter la dot qu'il faisait en avancement d'hoirie à son fils. — *Riom*, 20 févr. 1815, Triozon.

132. — L'estimation donnée par contrat de mariage, pendant le cours du papier-monnaie, au trousseau et aux effets mobiliers de la future, équivaut, à moins de déclaration contraire, à une vente faite au mari, et le montant de cette estimation doit être restitué en numéraire sans réduction. — *Grenoble*, 22 juill. 1825, Allier c. N...; *Cass.*, 13 juill. 1826, mêmes parties; 29 mai 1827, Brisson c. Normand; *Bordeaux*, 11 fév. 1835, Baigneau c. Labat.

133. — Le cohéritier qui a laissé faire la consignation en assignats du capital d'une rente foncière qu'il avait reçue en avancement d'hoirie, et qui a ensuite retiré la somme consignée, doit rapporter à la succession la valeur des assignats au moment de la consignation. — *Riom*, 20 févr. 1815, Triozon.

134. — L'héritier tenu de rapporter à la succession la dot qui lui a été constituée et payée à l'époque du papier monnaie, ne doit le faire que d'après la valeur réelle du papier monnaie, dans les limites réglées par l'échelle de dépréciation, et non d'après sa valeur nominale, alors même que le paiement n'aurait eu lieu que par compensation. — *Toulouse*, 22 janv. 1840 (t. 1er 1840, p. 474), Imbert c. Puech.

135. — Les tuteurs ou curateurs devaient rendre aux mineurs, en numéraire métallique : 1° les capitaux qu'ils avaient reçus en même nature durant leur administration, et dont ils n'avaient pas fait emploi ; 2° le prix estimatif des valeurs mobilières inventoriées avant le 1er janv. 1791. — Quant aux capitaux par eux reçus en papier-monnaie et au prix estimatif des valeurs mobilières inventoriées depuis le 1er janv. 1791, ou au prix provenant de leur vente, la restitution n'en était due, à défaut d'emploi, que d'après l'échelle de réduction : si mieux n'aimaient les mineurs se prévaloir des meubles encore existans. — L. 11 frim. an VI, art. 16.

136. — Le tuteur qui avait reçu purement et simplement, sans en garantir la validité, le remboursement fait en papier-monnaie, ne pouvait, en cas de contestation sur ce remboursement, être tenu de restituer que ce qu'il avait touché suivant l'échelle de dépréciation. — *Besançon*, 23 nov. 1808, Devaux ; 14 avr. 1809, N... ; 9 fév. 1810, Nachon.

137. — Un tuteur est fondé à payer en numéraire, suivant l'échelle de dépréciation, le montant d'une créance exigible qu'il a touchée en assignats le 29 vendém. an IV, après une sommation et des poursuites judiciaires essuyées pour recevoir le remboursement. — *Rennes*, 13 janv. 1820, Peron.

138. — Le tuteur qui a rendu son compte au mineur émancipé et lui en a soldé le reliquat en papier-monnaie n'a pu, dans le cas où ce compte était déclaré nul faute de communication de pièces justificatives et où un nouveau compte était ordonné, être obligé de subir la réduction d'après le taux de l'échelle de dépréciation des sommes par lui comptées. — *Cass.*, 23 vendém. an XIV, Plou c. Manteau.

139. — Le curateur à une succession vacante, qui a reçu en assignats le prix des meubles qu'il a fait vendre, n'est tenu, lorsqu'il n'a pas été mis en demeure, que de remettre en nature les valeurs touchées. — Il n'est pas, comme les tuteurs et curateurs des mineurs, tenu de rembourser au taux de l'échelle de dépréciation. — Domaine c. Moreau.

140. — Les sommes, rentes et pensions dues à titre de pure libéralité, par des actes entre-vifs ou à cause de mort, quand même elles étaient affectées sur des successions ouvertes depuis la dépréciation du papier-monnaie, devaient être acquittées en numéraire métallique, sauf la réductibilité des dettes, sommes, rentes ou pensions, dans les cas seulement où elle était autorisée par la loi du 17 nivôse an II. — L. 11 frim. an VI, art. 17.

141. — La loi du 11 frim. an VI n'a point dérogé à la loi du 26 brum. précédent, relativement à la réduction des arrérages de pensions courus jusqu'à la loi du du 29 messid. an IV. — *Cass.*, 24 messid. an IX, Mayffren c. Laugier.

142. — Tout ce qui avait été prescrit par les art. 8, 9 et 10 de la loi du 15 fruct. an V, devait être observé, quant au délai qui pouvait être accordé aux débiteurs dont les dettes étaient échues et aux provisions qui pouvaient être requises par les créanciers. — L. 11 frim. an VI, art. 18.

143. — La compensation ne s'est pas opérée de plein droit entre deux dettes qui se sont trouvées exigibles à la même époque, pendant le cours du papier-monnaie, et qui appartenaient l'une à la classe de celles que la loi du 11 frim. an VI a depuis déclarées payables en numéraire, l'autre à la classe de celles que la même loi a soumises à la réduction d'après l'échelle de proportion. — *Cass.*, 21 vent. an XII, Barety c. Jouve. — Merlin, *Quest.*, v° *Papier monnaie*, § 4.

144. — La partie qui, en première instance, a opposé la compensation à une demande en paiement d'arrérages d'une rente remboursée en conformité de la loi du 18 déc. 1790, peut, sur l'appel, renoncer à cette compensation et offrir de payer le montant de la demande en valeur réduite. — *Cass.*, 7 nov. 1809, Champagnac.

§ 3. — *Loi du 16 nivôse an VI.*

145. — Cette loi (V. *suprà*, n° 29) a été complétée par la loi additionnelle du 27 therm. an VI. — V. *suprà*, n° 43.

146. — 1° *Aliénations d'immeubles.* — Les sommes dues à raison de ventes d'immeubles faites, soit en propriété, soit en usufruit, depuis le 1er janv. 1791 jusqu'à la publication de la loi du 29 mess. an IV, devaient être acquittées en espèces métalliques, néanmoins d'après la réduction et liquidation qui en devaient être faites, si l'acquéreur ne préférait s'en tenir aux clauses du contrat : ce qu'il était tenu de notifier au vendeur, dans le délai de trois mois. — L. 16 nivôse an VI, art. 2.

147. — La loi du 27 therm. an VI augmenta d'un mois le délai de l'option, et porta que l'option faite par l'acquéreur de s'en tenir aux clauses du contrat de vente en renonçant à l'expertise l'obligeait à payer le prix ou restant de prix, aux termes convenus, en numéraire métallique et sans réduction. — Art. 1 et 2.

148. — Pour déterminer la réduction lorsqu'elle devait avoir lieu, soit sur la totalité du prix, si elle était encore due, soit sur la portion restante, les parties étaient, en cas de non-conciliation, renvoyées à des experts qui vérifiaient et estimaient la valeur réelle que l'immeuble vendu pouvait avoir en numéraire métallique au temps du contrat, eu égard à son état à la même époque, et d'après la valeur ordinaire des immeubles de même nature dans la contrée. — L. 16 nivôse an VI, art. 3.

149. — La loi du 16 niv. an VI s'applique aux ventes faites sans termes, comme aux ventes faites à termes. — *Cass.*, 2 juill. 1828, Duplantier c. de Poudens.

150. — La condition imposée à un acquéreur d'immeubles dans l'intervalle du 1er janv. 1791 à la loi du 29 mess. an IV, de ne pouvoir payer son prix avant le terme fixé, ne lui impose pas l'obligation de payer en numéraire, sans réduction. — *Riom*, 30 niv. an XII, Beille c. Armand.

151. — Celui qui, pendant le cours du papier monnaie, a acquis une maison moyennant un prix payable, par termes, *en espèces sonnantes* ou en bons effets ayant cours et non autrement, a dû être tenu de payer en numéraire métallique et sans réduction les termes échus postérieurement à la disparition des assignats. — *Cass.*, 1er therm. an X, Philippe c. Michelin.

152. — Le débiteur à longs termes du prix d'un immeuble acquis pendant le cours du papier-monnaie n'a pu être admis au bénéfice de la réduction qu'autant qu'il a fait, dans le délai prescrit par la loi du 16 nivôse an VI (art. 2), ou au moins dans le délai de prorogation accordé par la loi du 27 thermidor suivant, la déclaration qu'il renonçait aux termes stipulés, et sa soumission de payer au taux de 5 % les intérêts des sommes dues. — Ce délai était fatal et prescrit à peine de déchéance. — Même arrêt.

153. — La simple déclaration de la part de l'acquéreur qu'il entendait jouir du bénéfice de la réduction, faisant toutes réserves pour l'expertise, en cas de difficulté, par rapport à la réduction, suivant l'échelle de dépréciation, n'a pas dû être considérée comme remplissant suffisamment le vœu de la loi. — *Cass.*, 25 prair. an X, Periac c. Valton.

154. — Les prix ou restans de prix de ventes d'immeubles faites depuis le 1er janvier 1791 jusqu'à la loi du 29 messidor an IV, doivent être réduits d'après estimation ; à moins que l'acquéreur n'ait déclaré, dans le délai, s'en tenir aux clauses de son contrat. — *Cass.*, 18 (et non 19) vendém. an XII, Dubost c. Saint-Romain.

155. — Il en est de même quand l'acquéreur, loin d'avoir déclaré, dans le délai prescrit par la loi du 16 nivôse an VI, qu'il préférait payer en numéraire et sans réduction, avait manifesté une intention toute contraire. — *Cass.*, 7 flor. an XI, Davez c. Guichard.

156. — Lorsque, durant le cours du papier-monnaie, une rente foncière a été reconnue comme telle par les acquéreurs successifs de l'immeuble sur lequel elle était assise, il n'y a pas eu lieu à la réduction de son capital d'après l'art. 2 de la loi du 16 nivôse an V. — *Cass.*, 18 frim. an XII, Le Prieur c. Duclieu.

157. — Les intérêts du reliquat d'un prix de ventes d'immeubles ne couraient que sur la portion du prix réduite d'après l'échelle de dépréciation. — *Rennes*, 24 janv. 1812, Oudard de Lucy c. Deschiens.

158. — Le délai de trois mois était-il un délai fatal ? La Cour de cassation avait d'abord jugé l'affirmative (*Cass.*, 25 prair., Périac c. Valton ; messid. an X, Despiney c. Mulin). — Mais elle est revenue depuis à l'opinion contraire (*Cass.*, 18 vend. an XII, Dubost c. Saint-Romain ; 6 germ. an XIII, Dumany, et l'arrêt précité du 22 nov. 1809, Pauchaud). — Dans les deux arrêts où la Cour de cassation avait adopté l'opinion sur laquelle elle est revenue, les organes du ministère public avaient conclu contre la déchéance. — Merlin, *Quest.*, v° *Papier-monnaie*, § 6.

159. — La question de savoir si le contrat contient, dans les termes de la loi du 28 thermid. an VI, obligation personnelle de la part de l'acquéreur, est laissée à l'appréciation souveraine des juges du fond. — Cet acquéreur n'a pu être déclaré non recevable à profiter du bénéfice de la réduction, pour n'avoir pas fait faire au vendeur, dans les trois mois de la loi du 16 nivôse an VI, la déclaration qu'il renonçait aux termes stipulés et qu'il se soumettait à payer au taux de 5 % les intérêts des sommes dues. — *Cass.*, 22 nov. 1809, Pauchaud c. Tourton.

160. — Alors même que, par le contrat, l'acquéreur s'est obligé à garder son prix entre ses mains, pour servir un douaire à la charge des vendeurs, il n'a pas, par cela seul, contracté envers le douairier un engagement direct et personnel qui le mette dans l'obligation de payer le douaire en monnaie métallique. — *Cass.*, 21 fructid. an X, Bellanger ; *Nîmes*, 2 messid. an XIII, Boyer ; 10 niv. an XIV, Trancard ; *Cass.*, 22 nov. 1809, Pauchaud.

161. — Si l'acquéreur n'a pas fait sa déclaration d'option en temps utile, il est irrévocablement déchu du bénéfice de cette option et il demeure débiteur en numéraire de l'intégralité du prix dont il est reliquataire. — *Paris*, 15 mars 1820, Brion de Marolles c. Narge.

162. — Lorsque le vendeur d'un immeuble, au lieu de demander l'estimation, a opté pour la fixation du prix d'après l'échelle de dépréciation du papier-monnaie, il est non recevable à se plaindre de ce que l'estimation de cet immeuble n'a pas été ordonnée. — *Cass.*, 24 août 1809, Bertaut c. Fanceau.

163. — Lorsque le vendeur, créancier du prix d'un immeuble vendu pendant le cours des assignats, usant de l'option qui lui est laissée par la loi du 16 nivôse an VI, d'exiger le prix énoncé au contrat, d'après l'échelle de dépréciation, ou de provoquer une expertise, a choisi ce dernier parti, les experts ont pu estimer les biens au-dessous de la valeur que donnait le prix primitif réduit d'après l'échelle. — *Paris*, 19 avr. 1815, Gagnage c. Renard.

164. — Dans le cas d'une vente d'immeubles faite pendant le cours du papier-monnaie, les juges n'étaient pas tenus, pour fixer la réduction en numéraire, de s'en rapporter à l'expertise qu'ils avaient ordonnée ; ils pouvaient, même après cette expertise, faire d'office la fixation. — *Cass.*, 14 déc. 1808, Palin.

165. — L'acquéreur ne pouvait, au surplus, demander la réduction autorisée par les art. 2 et 3, qu'aux conditions suivantes : 1° de payer, au taux de 5 %, et selon le mode établi par la loi du 26 brum. an VI, pour le paiement des intérêts dus en vertu d'aliénation d'immeubles, les arrérages d'intérêts du prix réductible, dont il se trouvait débiteur ; 2° de renoncer, le cas échéant, aux termes stipulés par le contrat de vente, qui auraient été portés à plus de trois ans au delà de la publication de la loi du 29 messid. an IV. — L. 16 niv. an VI, art. 6 ; L. 6 flor. an VI, art. 2.

166. — L'art. 6 de la loi du 16 nivôse an VI, qui soumettait le débiteur demandeur en réduction à payer les intérêts du capital réduit au taux de 5 %, n'a pas dû être entendu en ce sens que ces intérêts fussent payables à partir du jour du contrat, même lorsque le contrat n'en stipulait aucun. Dans ce cas ils n'ont couru que du jour de la demande. — *Cass.*, 20 flor. an XI, Constiat. c. Cante.

167. — Lorsque le vendeur s'était réservé, par clause expresse, la jouissance de l'immeuble vendu pendant un certain nombre d'années, moyennant un prix de location correspondant à l'intérêt légal du prix de la vente stipulé en papier-monnaie, le montant de la location, même pour les arrérages qui en étaient dus, était réductible, à dire d'experts, dans la même proportion et de la même manière que l'était le principal du prix aux cas prévus par les art. 2 et 3. — L. 16 niv. an VI, art. 9.

168. — Ce n'est que conformément aux art. 8 et 9 de la loi du 16 nivôse an VI, que, durant le cours du papier-monnaie, devait avoir lieu la réduction du loyer d'une maison. — Dès lors, on n'a pu changer ces bases et prendre en considération, pour la fixation de ce loyer, une rente à laquelle la maison était affectée et que le locataire originairement vendeur s'était obligé de rembourser. — *Cass.*, 10 prair. an XII, Millin c. Bonnardot.

169. — Toutes délégations et indications de paiemens, résultant de contrats de vente passés pendant le cours du papier-monnaie, obligeaient l'acquéreur à rapporter au vendeur les quittances des créanciers délégués, aux droits desquels il demeurait réciproquement subrogé, lorsqu'ils avaient été remboursés de ses deniers.—Dans le cas ci-dessus prévu, l'acquéreur avait la faculté de résilier, s'il se croyait lésé, et tout ce qu'il avait payé au vendeur ou à sa décharge devait lui être remboursé d'après l'échelle de dépréciation selon les époques de chaque paiement. — L. 16 niv. an VI, art. 10.

170. — L'acquéreur avec indication de paiement, qui, dès avant la loi du 16 nivôse an VI, avait offert au vendeur la résiliation du marché, n'a pas été tenu, pour pouvoir profiter du bénéfice de l'art. 10 de cette loi, de faire de nouvelles offres dans les trois mois de sa publication. — *Cass.*, 29 flor. an X, Duviquet c. Forestier.

171. — Il y avait indication de paiement lorsque l'acquéreur était chargé de payer des rentes foncières dues par l'immeuble vendu, si le vendeur était obligé au paiement de ces rentes hypothécairement sur tous ses autres biens. Dans ce cas, l'acquéreur a pu demander la résiliation de la vente passée pendant le cours du papier-monnaie. — *Cass.*, 13 germ. an IX, Oricult c. Baillehache ; 18 vent. an XI, Hure c. Langlois.

172. — L'acquéreur a pu jouir de la faculté de résilier, alors même que le créancier indiqué était intervenu à l'acte pour accepter l'indication et en donner décharge au revendeur. — *Cass.*, 22 thermid. an XI, Barbé c. Boiries.

173. — L'acquéreur d'un immeuble pendant le papier-monnaie chargé de payer en l'acquit de son vendeur une portion du prix à un créancier qui avait le droit d'exiger le montant de sa créance en numéraire sans réduction, et qui s'est en effet libéré vis-à-vis de lui de cette manière, n'a pas eu le droit d'imputer le numéraire payé au créancier sur le total du prix réduit d'après la loi. — *Cass.*, 10 vendém. an XII, Lotzbutk c. Meyer.

174. — L'erreur sur la personne du créancier indiqué ne rend pas la délégation nulle ; et durant le cours du papier-monnaie l'acquéreur n'a pu, sous ce prétexte, s'affranchir de l'obligation expresse d'acquitter telle dette du vendeur, en lui offrant la portion du prix délégué d'après l'estimation de l'immeuble à l'époque du contrat. — *Paris*, 10 fructid. an XII, Sannegon c. Jeanson.

175. — A supposer qu'il y ait dans l'obligation imposée à l'acquéreur de servir, à titre de prix, une rente au vendeur primitif, une indication de paiement de nature à lui donner le droit de résilier la vente, il n'en résulte pas que cet acquéreur puisse, sans avoir fait prononcer la résiliation contre son vendeur, être déchargé du paiement de la rente vis-à-vis du vendeur primitif. — *Cass.*, 16 fructid. an VII, Goermans c. Chavet.

176. — Lorsqu'un jugement passé en force de chose jugée a ordonné que le vendeur d'un immeuble apporterait à l'acquéreur une quittance des créanciers inscrits, à peine de garantie de l'action hypothécaire que pourraient intenter ceux-ci et dont l'effet serait de forcer cet acquéreur à payer en numéraire, un second jugement ne peut dispenser ce même acquéreur de rapporter la quittance ni l'autoriser de se libérer en assignats envers le vendeur, lors même qu'une loi rendue depuis le premier jugement permettrait ce mode de libération. — *Cass.*, 4 messid. an VIII, Hartmann c. Wurmser.

177. — Lorsqu'un acquéreur de biens nationaux, les ayant revendus à la charge par les acquéreurs d'en payer le prix à l'Etat, a cependant, par anticipation, fait en l'acquit de ceux-ci des versemens en assignats au trésor, il ne peut réclamer que la somme qu'il a versée, eu égard à la valeur des assignats d'après l'échelle de dépréciation à l'époque des paiemens. — *Cass.*, 21 frim. an XIII, Vassieux c. Ferroul.

178. — Celui qui, ayant été appelé à une succession par l'effet rétroactif de la loi du 17 niv. an II, a reçu, pour sa part héréditaire, une somme d'assignats qu'il a été tenu de rembourser plus tard à l'héritier rappelé, par suite de la loi du 3 vend. an IV, qui a rapporté l'effet rétroactif, a été obligé de faire cette restitution d'après la valeur des assignats à l'époque où il les avait reçus. — *Cass.*, 4 flor. an XI, Lagrange c. Regnault.

179. — Les acquéreurs d'un immeuble qui ont chargé l'un d'entre eux de payer les vendeurs ne peuvent, s'il s'est libéré envers ceux-ci en assignats, répéter contre lui la différence existant entre les assignats et le numéraire. — *Cass.*, 11 pluv. an VIII, Devérité c. Delahaye.

180. — Il n'a point été dérogé, ni par la loi du 16 niv. an VI, ni par celle du 27 therm., aux clauses résolutoires ni aux clauses prohibitives expressément apposées dans les contrats d'aliénation d'immeubles pendant la dépréciation du papier-monnaie. — L. 27 therm. an VI, art. 14.

181. — Par conséquent doit être exécutée la clause prohibitive et résolutoire insérée antérieurement aux lois des 16 niv. et 27 therm. an VI, dans un contrat d'aliénation d'immeubles passé durant la dépréciation du papier-monnaie. — *Cass.*, 7 fructidor an X, Armand c. Chanet.

182. — Ne saurait être considérée comme une renonciation à l'effet de cette clause la sommation faite par le vendeur à l'acquéreur de payer les termes échus, si mieux il n'aime résilier la vente et remettre les biens vendus. — Même arrêt.

183. — La clause prohibitive insérée dans un contrat de vente passé pendant le cours du papier-monnaie, de rembourser une partie du prix avant une certaine époque, n'emportait pas nécessairement pour l'acquéreur l'obligation de l'acquitter en monnaie métallique. — *Cass.*, 21 vent. an X, Moinat c. Saint-Denis ; 21 fruct. an X, Bellanger c. Imbert ; 21 vend. an XI, Beaurepaire c. Latremblaie ; 30 vendém. an XIV, Armand c. Beille. — Merlin, *Quest.*, vo *Papier-monnaie*, § 2.

184. — Mais il était libre aux juges de décider, d'après les circonstances de la cause et l'interprétation du contrat, si l'intention des parties avait été ou non de stipuler en numéraire. — Mêmes arrêts.

185. — La convention, dans un bail à rente, que l'acquéreur ne pourrait racheter qu'après une certaine époque n'équivalait pas à une stipulation en numéraire ; par conséquent il y avait lieu à réduction. — *Cass.*, 9 therm. an X, Philippe c. Crampon.

186. — La clause de non-anticipation de terme pour le paiement du prix porté dans un contrat de vente doit être exécutée à la rigueur. En conséquence, le vendeur ne peut être contraint à recevoir ce qui lui est dû avant l'époque indiquée. — Il en doit être ainsi alors même que le prix a été, dans le contrat de vente, l'objet de délégations. — *Cass.*, 15 niv. an VIII, Baicste c. Drouet.

187. — 2o *Licitations et partages.* — Les dispositions relatives aux aliénations d'immeubles avaient leur effet à l'égard des sommes dues pour prix de licitation d'immeubles, ou pour soulte et retour dans les partages entre cohéritiers ou communistes, sans qu'à raison de ce le débiteur pût rappeler les autres intéressés à partage, à moins qu'il n'y eût eu lésion du tiers au quart dans les premiers actes intervenus entre eux. — L. 16 niv. an VI, art. 12.

188. — 3o *Dots et avantages matrimoniaux.* — L'article 13 de la même loi du 6 nivôse an VI porte : Les constitutions de dot en avancement d'hoirie, de même que celles qui ont été faites pour tenir lieu d'un droit acquis, seront acquittées en numéraire métallique, sans réduction. Il en sera de même des constitutions faites postérieurement à la loi du 17 nivôse an II, à moins qu'elles n'excèdent le montant d'une portion cohéréditaire sur les biens du constituant, eu égard à l'état de sa fortune au temps du contrat, auquel cas seulement elles pourront être réduites par les tribunaux jusqu'à concurrence de ladite portion. — Cette réduction ne pourra néanmoins avoir lieu, lorsque, pour le paiement de la somme constituée, il aura été remis, par clause expresse, en nantissement, un immeuble dont les fruits sont compensables sur les intérêts du capital promis. — Jugé que le père qui a constitué une dot à sa fille pendant le cours du papier-monnaie, sous l'empire de la loi du 17 nivôse an II, ne peut pas en demander la réduction. — *Paris*, 6 flor. an XIII, Bussy c. Chantemesle.

189. — Les douaires préfix, l'augment et contre-augment, ainsi que tous les autres avantages matrimoniaux stipulés, seront pareillement acquittés en numéraire métallique et sans autre réduction ni limitation que celles dont la dot elle-même sera susceptible, lorsque lesdits avantages ont été fixés en proportion d'icelle, et sauf l'exécution de ce qui est prescrit par la loi du 17 nivôse an II pour la conversion, le cas échéant, desdits avantages en usufruit de moitié sur les biens du constituant. — L. 16 niv. an VI, art. 14.

190. — Les restitutions des dots et autres reprises matrimoniales seront faites par les maris ou par leurs héritiers, en numéraire métallique, pour tout ce qu'ils en auront reçu ou dû recevoir de la même manière, et en valeurs réduites d'après le tableau de dépréciation, pour tout ce qu'ils en auront reçu en papier-monnaie, en partant des époques des paiemens, à moins que les maris n'en aient fait un emploi ou remploi, dans les pays et seulement dans les cas où ils y étaient soumis ; et en ce dernier cas, le bénéfice de l'emploi ou remploi appartiendra à la femme. — Art. 15.

191. — Si le mari a payé des dettes communes avec du papier-monnaie, il doit lui en être tenu compte suivant le cours du jour des paiemens, et non suivant celui du jour du décès de la femme. — *Paris*, 1er juill. 1814, Bormans c. Cotelle.

192. — Les conventions matrimoniales faites pendant la durée du papier-monnaie doivent être réduites à l'échelle de dépréciation. — *Paris*, 1er juin 1811, Cerveau c. Larue.

193. — La réduction peut avoir lieu quand la rente provient de reprises matrimoniales antérieures au papier-monnaie. — *Rennes*, 21 janv. 1813, Olive c. Levesque.

194. — La mention dans un contrat de vente passé pendant le cours du papier-monnaie, que cette vente a été faite moyennant *tant de livres ou florins payés comptans*, ne suffit pas pour détruire la présomption que le prix a été soldé en assignats et non en numéraire. Dès lors, s'il s'agit du prix de biens propres à la femme, dont il n'ait pas été fait remploi pendant le mariage, la récompense n'en est due qu'eu égard à l'échelle de dépréciation du papier-monnaie. — *Douai*, 14 fév. 1832, Lefebvre.

195. — Quand par suite d'une renonciation de la femme à la communauté ou de la dissolution de ladite communauté par le divorce, par la séparation de biens ou par la mort de l'un des époux, il écherra de liquider les reprises de la femme en exécution de l'art. 15 de la loi du 16 nivôse (no 1651), le mari, à défaut d'emploi de la dot et des créances mobilières, ne devra à la femme ou à ses héritiers que les valeurs qu'il a reçues, selon l'échelle de dépréciation aux époques de chaque paiement et remboursement ; et s'il en a fait emploi, même au nom de la communauté, la femme ou ses héritiers seront tenus de l'accepter pour leur tenir lieu des créances ainsi remboursées pendant le cours du papier-monnaie. — L. 27 therm. an VI, art. 25.

196. — Des paiemens de deniers faits par le mari seul, en son nom, durant le cours de la communauté, sans déclaration d'origine, n'ont pu être regardés comme un emploi suffisant de la dot de sa femme. — *Paris*, 5 fruct. an XIII, Delorme c. Dangereux.

197. — Il en sera de même à l'égard des remplois qui auront été faits par le mari, des deniers provenus soit de l'aliénation des propres, soit du remboursement des capitaux de rentes constituées dans les pays où elles sont réputées immeubles ; le tout néanmoins pourvu qu'il y ait eu de sa part déclaration d'emploi et acceptation de remploi par la femme pendant la communauté. — L. 27 therm. an VI, art. 26.

198. — *Engagemens et liquidations de commerce.* — Les art. 18, 19 et 20 de la loi du 16 nivôse an VI contiennent diverses dispositions relativement aux liquidations de commerce, dissolutions et liquidations de sociétés.

199. — Jugé que les dispositions de l'art. 18 de la loi du 16 nivôse an VI sont applicables à la liquidation d'une société, relativement à des effets souscrits pendant l'existence du papier-monnaie. — *Cass.*, 20 fév. 1809, Jougla c. Boillet.

200. — Tout débiteur par compte-courant dont le solde était payable en papier monnaie, était valablement libéré en rendant en même nature ce qu'il avait reçu, ou sa valeur d'après l'échelle de dépréciation au temps de la suppression du papier-monnaie, à la charge cependant de justifier par sa correspondance ou autrement, qu'aussitôt après la réception des mêmes fonds il les avait tenus à la disposition de son créancier. — Dans le cas contraire il était présumé rétentionnaire par son propre fait, et il en devait payer la valeur réduite d'après l'échelle de dépréciation à l'époque où le compte aurait dû être arrêté et soldé. — L. 16 niv. an VI, art. 22.

201. — Le débiteur par suite d'un compte-courant d'un solde payable en papier-monnaie, a dû se libérer suivant la valeur du papier-monnaie à l'époque où il a réellement cessé de tenir les fonds à la disposition de son créancier. — *Cass.*, 2 therm. an X, Rossigneux c. Belot.

202. — Le fait de l'émigration du débiteur et du séquestre apposé sur ses biens, étant étranger à son créancier, n'a pu autoriser les juges à décider qu'il n'avait été rétentionnaire par son fait que du jour de sa mise en liberté, pour ne fixer la dette que suivant la valeur du papier-monnaie à cette dernière époque. — Même arrêt. — Merlin, *Quest.*, vo *Compte-courant*, § 1er.

203. — Le débiteur par compte courant qui a averti son commettant par correspondance qu'il en tenait le solde à sa disposition et qui en a fait le dépôt conformément à la loi du 18 messidor an II, ne peut être considéré comme en étant rétentionnaire. — *Cass.*, 8 germ. an XI, Vanoverstraeten c. Tourton. — V. aussi Noblet, *Compte-courant*, n° 217.

204. — Le débiteur par compte-courant qui a contracté envers son commettant l'engagement d'employer ses fonds au mieux de ses intérêts, ne peut se libérer par la remise des assignats provenus de ces fonds, et se faire considérer comme les ayant toujours tenus à la disposition de son correspondant. — *Cass.*, 8 mars 1806, Dewinck c. de Pestre.

§ 4. — *Lois postérieures à celle du 16 nivôse an VI.*

205. — 1° *Lois 13 pluviôse an VI* (V. *suprà*, n° 30) *et 26 prairial an VI* (V. *suprà*, n° 31). — Une rente viagère créée pendant le cours des assignats est payable avec réduction, encore bien que le créancier l'ait déléguée pour le service d'une autre rente qu'il avait à payer en numéraire. — *Cass.*, 3 frim. an IX, Duchesne c. Vallot.

206. — ... Ou qu'elle ait été stipulée payable *sans retenue ni réduction quelconque, prévue ou imprévue.* — Pour qu'il en soit autrement, il faudrait que le changement des espèces ait été prévu expressément. — *Cass.*, 3 prair. an II, Pillé.

207. — Mais jugé que la rente viagère créée depuis le 1er janvier 1792, pour prix de la résiliation d'un contrat de société, n'est pas sujette à la réduction. — *Cass.*, 6 vend. an XI, Goyer c. Daubré.

208. — Pour opérer la réduction d'après la loi du 13 pluv. an VI, on ne doit pas considérer comme constituée intégralement sur deux têtes une rente viagère qui, payable en totalité durant la vie de deux personnes, est stipulée réductible à une certaine quotité au décès de l'une d'elles. — *Cass.*, 13 niv. an XI, Deherte c. Léger.

209. — C'est au tarif de dépréciation du jour de la création d'une rente viagère, et non à celui du jour où a été contractée la dette transformée depuis en cette rente, qu'il faut se reporter pour opérer la réduction autorisée par la loi du 11 frim. an VI. — *Cass.*, 24 therm. an IX, Lanes c. Lamartinie.

210. — L'obligation que les lois de pluviôse et prairial an VI imposent aux débiteurs d'une rente viagère d'en requérir la réduction dans un certain délai, sous peine d'en continuer le paiement au taux et à la valeur nominale, s'applique même au débiteur qui a toujours soutenu ne rien devoir. — *Cass.*, 23 therm. an IX, Poulin c. Cottu-Millon.

211. — N'étaient pas remboursables au gré des débiteurs, même mineurs, les rentes viagères créées pour des capitaux fournis en assignats, encore bien qu'elles fussent susceptibles de réduction. — *Cass.*, 22 flor. an IX, Mathevot c. Brachet.

212. — Lorsque le créancier a laissé expirer un mois à partir de la publication de la loi du 9 flor. ou, en tout cas, de celle du 26 prair. an VI, il a été déchu de la faculté de demander la réduction du capital d'une rente viagère créée par son débiteur durant le cours du papier-monnaie. — *Cass.*, 21 vent. an XIII, Labarre c. Chevillon.

213. — Le délai accordé par la loi du 13 pluv. an VI aux débiteurs de rentes viagères, pour la réduction de ces rentes, n'a couru, à l'égard du créancier desdits débiteurs, que du jour où il a eu connaissance de l'existence de la rente. — *Paris*, 28 vent. an XI, Labarre c. Delaunay.

214. — Le délai de deux mois que donnait la loi du 13 pluv. an VI, et ensuite celui d'un mois accordé par la loi du 26 prair. suivant aux débiteurs de rentes viagères, ont couru du jour de la publication de chacune de ces lois, et non du jour de la présentation du titre par le créancier. — *Cass.*, 19 germ. an XII, Viale c. Savalette.

215. — 2° *Loi du 8 floréal an VI* (V. *Suprà*, n° 33). D'après les loi des 11 frim. et 8 flor. an VI, le créancier porteur de billets à ordre à longs termes, souscrits pendant la circulation du papier-monnaie, ne pouvait se prévaloir de la renonciation du débiteur aux termes convenus, qu'autant qu'il y avait eu présentation des billets dans les formes prescrites. — Ces formes ne pouvaient être suppléées par des actes équivalens, d'où l'on eût présumé la renonciation du débiteur au bénéfice de la loi. — *Cass.*, 3 brum. an IX, 21 germ. an X, Jallerat c. Marquet.

216. — Le débiteur d'un billet à ordre, valeur réputée assignat, payable à long terme, peut obtenir la réduction, bien qu'une notification ait été faite par le créancier, lorsque cette notification a été faite après trois mois de publication de la loi du 8 flor. an VI, et quand cette notification ne contient pas la transcription du titre et des endossemens. — *Agen*, 14 déc. 1809. Larroque c. Duprat.

217. — Lorsque le créancier d'un billet à ordre à long terme, souscrit pendant le papier-monnaie, n'avait pas présenté son titre dans les trois mois fixés par la loi du 8 flor. an VI, le débiteur n'était pas tenu, pour profiter de la réduction, de faire au greffe sa déclaration dans le délai prescrit. — *Cass.*, 6 niv. an XII, Bouteiller c. Gosset.

218. — 3° *Loi du 9 flor. an VI* (V. *suprà*, n° 34). — La loi du 9 flor. an VI, qui proroge d'un mois le délai accordé par celle du 11 frim. précédent, pour demander la réduction des obligations à long terme contractées en assignats, n'est exécutoire que du jour de sa publication, par affiches ou autrement, dans la commune du débiteur. — *Riom*, 19 fév. 1809, Blanchon c. Buissonnière.

219. — Les délais accordés aux débiteurs par les lois des 11 frim. et 9 flor. an VI, pour demander la réduction des sommes dues en papier-monnaie, n'ont pas été suspendus à l'égard des inscrits sur la liste des émigrés pendant le temps qu'a duré leur inscription. — *Cass.*, 10 janv. 1806, Teyssier c. Deyllins.

220. — 4° *Loi du 19 flor. an VI* (V. *suprà*, n° 35). — L'action en rescision de ventes d'immeubles dont le prix a été stipulé en papier-monnaie n'étant admise par les lois des 16 niv. et 19 flor. an VI que dans les *cas de droit*, c'est-à-dire dans les cas où les lois anciennes l'autorisaient, une pareille action ne peut plus être exercée quand, par un acte postérieur au contrat de vente, le vendeur a reçu un supplément de prix. — *Cass.*, 15 mess. an XII, Chateil c. Plaignol; 15 mess. an XIII, mêmes parties.

221. — L'art. 1er de la loi du 19 flor. an VI, qui prescrivait aux experts nommés pour examiner s'il y avait lésion dans les ventes faites en papier-monnaie, de procéder à leur estimation, *eu égard au produit* et à l'état de l'immeuble, au temps du contrat et à la *valeur comparative* des immeubles de même nature dans le quartier ou dans les lieux les plus voisins, n'exigeait pas, à peine de nullité de leur opération, qu'ils fissent, dans leur rapport, mention de ce produit et des exemples par eux appréciés à titre de comparaison. — Il suffisait qu'ils déclarassent y avoir eu égard conformément au vœu de la loi. — *Cass.*, 13 pluv. an XI, Cinget c. Dubout; 21 therm. an XI, Huré; 24 niv. an XIII, Cheyron.

222. — Mais la nullité pouvait être prononcée si les experts n'avaient indiqué ni explicitement, ni implicitement qu'ils se fussent conformés à chacune des bases prescrites. — *Cass.*, 11 flor. an XIII, Jaillac.

223. — La loi du 19 flor. an VI, relative à l'action en rescision pour cause de lésion contre les ventes d'immeubles faites pendant la dépréciation du papier-monnaie, a dérogé à toute autre jurisprudence établie en matière de lésion et notamment à celle de la ci-devant province de Franche-Comté, qui, en cas de lésion *énormissime*, c'est-à-dire des trois quarts, réputait la vente radicalement nulle, sans laisser à l'acquéreur la faculté de suppléer le juste prix. — *Cass.*, 27 flor. an XI, Lambert c. Audrey.

224. — En conséquence, sous l'empire de cette loi, la résiliation d'une vente d'immeubles situés en Franche-Comté n'a pu, même audit cas de lésion *énormissime*, être prononcée qu'avec faculté pour l'acquéreur de rester propriétaire en suppléant le juste prix. — Même arrêt.

225. — Pour décider s'il y a lésion dans une vente faite en papier-monnaie entre particuliers, les juges peuvent suppléer à l'insuffisance du rapport des experts par leurs connaissances personnelles et par les inductions tirées des documens mis sous leurs yeux. Ainsi, par exemple, ils peuvent, s'il y a eu plusieurs expertises successives, prendre un terme moyen entre les diverses estimations des experts, bien que, dans leur rapport, ces experts eussent déclaré n'avoir pu asseoir leur estimation, conformément à l'art. 1er de la loi du 19 flor. an VI, sur la comparaison de la vente attaquée avec d'autres ventes faites dans les lieux voisins et à la même époque. — *Cass.*, 2 janv. 1828, Gauthier c. Brivassac.

226. — Lorsque l'année, accordée par l'art. 7 de la loi du 19 flor. an VI, pour l'action en rescision, s'était écoulée, entre la citation au bureau de paix et l'assignation devant le tribunal, cette assignation était prescrite. — *Cass.*, 22 mess. an XI, Corneau c. Dupuy.

227. — En pareille matière, comme aucune loi ne dispose que la péremption d'instance est acquise de plein droit par la discontinuation des poursuites pendant une année, quoique l'action soit amiable, les juges ne peuvent prononcer qu'une telle présomption est acquise. — *Cass.*, 22 janv. 1816, Thenadey c. Massy.

228. — 5° *Loi du 9 messidor an VI* (V. *suprà* n° 40). — D'après l'art. 1er de cette loi, les sommes restant dues aux entrepreneurs de bâtimens à raison de prix-faits passés pendant le cours du papier-monnaie ont été soumises à l'échelle de dépréciation en partant de la date du prix fait.

229. — Jugé dès lors que, quand des constructions et fournitures ont été faites pendant le cours du papier-monnaie, on a dû, pour opérer la réduction en numéraire métallique, se reporter, non à l'époque du règlement de compte, mais à celle des fournitures et des constructions. — *Cass.*, 12 vent. an X, Doyen c. Pezé.

230. — 6° *Loi du 2 thermidor an VI* (V. *suprà* n° 42). — Le preneur à cheptel qui s'est engagé à laisser, à sa sortie de la ferme, des chevaux, charrues, etc., pour une somme déterminée, suivant l'estimation qui en serait faite au jour de sa sortie et suivant la valeur du cours pour lors, n'a pu être autorisé à payer, pour la restitution des objets en cheptel, la somme stipulée, valeur du papier-monnaie, à l'époque du contrat. — *Cass.*, 6 prair. an VII, Jourdan c. Tixier.

231. — La question de savoir si le prix du remplacement d'un cheptel fixé par arrêté de l'administration devait être payé en numéraire ou en papier-monnaie était de la compétence exclusive de l'autorité administrative. — *Cass.*, 11 vent. an XI, Enreg. c. Léonard de Reix.

232. — 7° *Loi du 2 prairial an VII* (V. *suprà* n° 45). — La loi du 2 prair. an VII qui déclare inapplicable aux ventes de biens d'origine nationale l'action en lésion consacrée par la loi du 19 flor. an VI pour les ventes faites en papier-monnaie n'a pas agi rétroactivement sur la validité des transactions intervenues sous l'empire de la loi qui laissait la question indécise. — *Cass.*, 10 prair. an XII, Bouchot.

233. — La déchéance prononcée par la loi du 2 prair. an VII pour les cas où la demande en rescision pour cause de lésion des actes de partage ou équipollens à partage dont le prix a été stipulé en papier-monnaie n'aurait pas été formée dans l'année est applicable à un traité fait en assignats sur des droits légitimaires. — Cette prescription ou déchéance peut être proposée en tout état de cause. — *Cass.*, 8 déc. 1812, Bied-Charreton c. Saureplane.

234. — Les ventes et reventes de biens nationaux ne peuvent être attaquées en rescision pour cause de lésion, en quelque valeur que le prix en ait été stipulé. — L. 2 prair. an VII, art. 3. — V. BIENS NATIONAUX, nos 58 et suiv.

V. aussi COMPENSATION, DÉPRÉCIATION, DOT, ENREGISTREMENT, FAUSSE MONNAIE.

PAPIERS PEINTS.

V. PROPRIÉTÉ ARTISTIQUE.

PAPIERS TERRIERS.

1. — Nom qu'on donnait autrefois, sous le régime féodal, aux déclarations, titres nouvels ou reconnaissances que donnaient à leurs seigneurs les tenanciers d'héritages tenus en censive. — Pothier, *Oblig.*, n° 717. — V. au surplus FIEF, nos 256 et suiv.

2. — Dans un sens plus étendu, on donnait encore le nom de papiers terriers aux actes où étaient décrits les contrats d'acquisition, de vente ou d'échange d'immeubles ainsi que le détail des immunités appartenant à des communautés. — V. CARTULAIRE, CUEILLERETS.

3. — Sur les anciens renouvellemens des terriers, en général, V. ordonn. de Blois, art. 54 ; ordonn. de Melun, art. 26 ; La Poix de Freminville, *Pratique universelle pour la rénovation des terriers*, t. 1er, chap. 3; et, en ce qui concerne particulièrement l'Alsace, un arrêt du conseil souverain de cette province, donné à la ville neuve de Brisach le 15 avr. 1690, *portant défense de faire des renouvellemens sans lettres royaux.* — Arr. notables du cons. souv. d'Alsace, t. 1er, p. 194.

4. — Jugé spécialement, sur ce dernier point, qu'un acte qualifié de renouvellement de rente ne constitue qu'un acte informe, privé de tout caractère d'authenticité, en un mot un acte sans force ni valeur lorsque rien n'établit que l'autorisation de procéder à ce renouvellement ait été accordée par lettres de terrier délivrées en chancellerie et qui investissaient un commissaire de ce droit, ni que l'opération, commencée par un procès-verbal d'ouverture, s'est terminée par un procès-verbal de clôture, signés du commissaire, de son greffier et des indicateurs.—Peu importe, par suite, que ce prétendu renouvellement porte la signature du père de l'un des possesseurs actuels de l'immeuble recherché. — *Colmar*, 22 janvier 1845 (t. 2 1845, p. 245), Teutsch c. Feder.

PAPIER TIMBRÉ.
V. TIMBRE.

PAQUEBOT.

1. — On appelle ainsi des navires destinés par le gouvernement au transport des dépêches sur les points importans où l'on peut étendre le service administratif de la correspondance.—Beaussant, *Code maritime*, t. 2, p. 496.

2. — Les paquebots de la Méditerranée, pour la correspondance du Levant, ont été créés par la loi du 2 juill. 1835. — L'organisation entière de ce service se trouve dans l'ordonnance du 23 fév. 1839.

3. — Postérieurement, la loi du 16 juill. 1840 a établi plusieurs lignes de bâtimens à vapeur pour le service de correspondance entre la France et l'Amérique.

4. — Enfin une loi du 14 juin 1841 a établi deux nouveaux services de paquebots à vapeur sur la Méditerranée : l'un pour communiquer entre Marseille et Alexandrie, et l'autre entre Marseille et la Corse.

5. — Les paquebots doivent être construits de manière à porter au besoin de l'artillerie et à recevoir des marchandises quand ils ne feront d'autre service que celui de paquebots. Dans ce dernier cas le gouvernement peut les faire commander soit par des officiers de la marine nationale, soit par des capitaines au long cours. — L. 16 juill. 1840 et 14 juin 1841, art. 3.

6. — Les paquebots ne peuvent transporter que des marchandises ayant une grande valeur pour un petit volume. — L. 14 juin 1841, art. 4.

7. — Lorsque le commandement est exercé par des officiers de la marine nationale, il est placé à bord de chacun des bâtimens un agent commissionné par l'administration et spécialement chargé de tous les détails du service en ce qui concerne le transport des passagers, des marchandises, des matières d'or et d'argent et des correspondances. — L. 16 juill. 1840, art. 4 ; 24 juin 1841, art. 5.

8. — D'après l'art. 5 de la loi du 16 juill. 1840 : les art. du titre 4, liv. 2, C. comm., qui règlent et leurs ayans cause sont exclusivement applicables à l'agent commissionné.

9. — L'art. 6 de la loi du 14 juin 1841 est en d'autres termes que les dispositions du C. de commerce et des lois maritimes qui règlent la responsabilité des armateurs et des capitaines de navires envers des chargeurs et leurs ayans cause ne sont pas applicables à l'État et à ses agons. — L. 16 juill. 1840.

10. — Les paquebots sont assimilés aux bâtimens de la marine nationale, et le service fait à bord de ces navires est considéré comme fait pour l'État. — L. 2 juill. 1835, art. 3 ; 16 juill. 1840, art. 7 ; 14 juin 1841, art. 8.

11. — Par un décret du 12 avril 1848, le ministre de la marine a été autorisé à s'emparer des paquebots transatlantiques : sous toutes réserves des droits de l'État et des tiers.

12. — En ce qui concerne la patente à laquelle donnent lieu les paquebots à vapeur. — V. BATEAUX A VAPEUR.

PAQUETS CACHETÉS.
V. INVENTAIRE ; POSTES.

PARAGE.
V. FIEF, PRISE MARITIME.

PARAPET (Fortific.).

1. — C'est l'élévation de terre d'environ deux mètres et demi de hauteur servant à préserver du feu de l'ennemi les soldats qui sont dans le chemin couvert, et à garantir le rempart contre l'artillerie de l'assiégeant.

2. — La crête du parapet est la ligne d'intersection du parapet et du glacis. — V. GLACIS.

3. — La crête intérieure du parapet sert, dans

certains cas, à déterminer le point de départ des zones des servitudes militaires. — V. SERVITUDES MILITAIRES.

4. — Les parapets dépendant de fortifications font partie du domaine public et sont rangés dans le domaine militaire. — L. 8-10 juill. 1791, tit. 1er, art. 13. — V. DOMAINE PUBLIC, nos 9 et 49. — V. AUSSI PLACES DE GUERRE.

PARAPHE.

1. — Marque faite d'un ou de plusieurs traits de plume qu'on met ordinairement après son nom, quand on signe quelque acte.

2. — Quelquefois le paraphe sert à marquer des pièces, afin de les reconnaître et pour en constater le nombre. — V. COTE DE PIÈCES, COUR D'ASSISES, FAUX INCIDENT.

3. — D'autres fois il est ajouté à l'indication de la série des feuilles d'un registre, d'un répertoire, d'un acte. — V. ACTES DE L'ÉTAT CIVIL, EXPÉDITION, LIVRES DE COMMERCE, RÉPERTOIRE.

4. — Les notaires sont tenus, avant d'entrer en fonctions, de faire le dépôt de leurs signature et paraphe dans les greffes des tribunaux de leur ressort. Ils ne peuvent, dans l'exercice de leurs fonctions, employer d'autres signatures et paraphes que ceux qu'ils ont ainsi déposés. — L. 25 vent. an XI, art. 45 et 46. — V. ACTE NOTARIÉ.

5. — Les renvois et apostilles mis dans les actes notariés doivent être paraphés, tant par les notaires et les témoins que par les autres signataires. Il en est de même de l'approbation des mots rayés. — L. 25 vent. an XI, art. 15 et 16. — V. ACTE NOTARIÉ.

6. — Il en faut dire autant relativement aux renvois et aux mots rayés dans tous les actes en général. — V. RATURE, RENVOI.

7. — Le paraphe peut, dans certains cas, être considéré comme l'équivalent de la signature elle-même. — V. LETTRE DE CHANGE, n° 384.

8. — Jugé également que le paraphe de l'agent d'une compagnie de chemin de fer sur un bulletin d'expédition est réputé l'équivalent de la signature même, alors qu'il s'agit de contravention aux lois sur le timbre. — *Cass.*, 5 mai 1846 (t. 2 1846, p. 60 [dans ses motifs]), Chemin de fer de Paris à Rouen c. Enregistr.

9. — En tout cas, le paraphe pourrait constituer un commencement de preuve par écrit. — V. COMMENCEMENT DE PREUVE PAR ÉCRIT, n° 138.

PARAPHERNAUX.

Table alphabétique.

PARAPHERNAUX. — **1.** — Ce mot (du grec παρα φερνα) signifie *extradotal*. — Dans le droit romain et dans les provinces du droit écrit, on appelait *biens paraphernaux* ou simplement *paraphernaux* les biens que la femme n'avait pas compris dans la constitution de dot. — Le Code civil désigne sous le nom de *paraphernaux* tous les biens de la femme, qui, sous le régime dotal, n'ont pas été constitués en dot. — C. civ., art. 1574.

SECT. 1re. — *Historique* (n° 2).

SECT. 2e. — *Quels biens sont paraphernaux* (n° 9).

SECT. 3e. — *Administration des biens paraphernaux* (n° 46).
§ 1er. — *Administration par la femme* (n° 46).
§ 2. — *Administration par le mari* (n° 83).

SECT. 4e. — *Droits de la femme pour la répétition de ses paraphernaux et autres reprises* (n° 118).

Sect. 1re. — *Historique.*

2. — Dans le droit romain les femmes mariées pouvaient avoir des biens de trois espèces : des biens dotaux, des biens paraphernaux et des biens *receptitia*.

3. — Les premiers étaient ceux que la femme apportait à son mari pour subvenir aux charges du mariage, et dont la propriété passait au mari, quoique imparfaitement depuis le règne d'Auguste. — V. DOT.

4. — Les paraphernaux étaient les biens de la femme dont le mari n'avait de droit que la simple détention, sans pouvoir les administrer à moins d'autorisation donnée par la femme. — L. 9, § 3, ff., *De jure dotium*.

5. — Les biens *receptitia* étaient ceux dont le mari n'avait ni la propriété ni la détention, et que la femme gardait à part. — Aulu-Gelle, liv. 17, chap. 7. — Merlin, *Rép.*, v° *Paraphernal*, § 1er.

6. — Dans les pays de droit écrit on ne reconnaissait pas cette troisième espèce de biens, et on ne distinguait les biens de la femme qu'en dotaux et paraphernaux. — Guyot, *Rép. de jurisp.*, v° *Paraphernal*, t. 1er, § 1er.

7. — Les biens paraphernaux étaient de deux sories : 1° ceux que la femme s'était réservés, soit expressément, soit tacitement, par son contrat de mariage ; 2° tous ceux advenant à la femme pendant le mariage, par donation, succession ou toute autre voie légitime. — Coutumes d'Auvergne, coutumes 44, art. 1er ; de la Marche, art. 297 et 305. — Guyot, *ibid.*

8. — Dans la coutume de Normandie on entendait par *paraphernaux* « les meubles servant à l'usage de la femme, comme lits, robes, linges et autres de pareille nature. » Art. 395 de cette coutume.

Sect. 2e. — *Quels biens sont paraphernaux.*

9. — Tous les biens que la femme ne s'est pas constitués en dot et tous ceux qui ne lui ont pas été donnés par contrat de mariage sont paraphernaux. — C. civ., art. 1541 et 1574 combinés. — Rolland de Villargues, *Rép. du notariat*, v° *Paraphernal*, n° 1er.

10. — Il en était ainsi dans notre ancien droit. — Guyot, *Rép.*, v° *Paraph.*, sect. 1re, § 2; Merlin, *Rép.*, vis *Dol*, § 2, n° 14, et *Paraph.*, sect. 1re, § 2, n° 2. — Telle était la jurisprudence des parlemens de Toulouse, Bordeaux, Aix et Grenoble, *ibid.* — Toutefois, suivant Denizart (*Collect. de jurisp.*, v° *Paraphernal*), il y avait un usage contraire dans les pays de droit écrit qui ressortissaient au parlement de Paris. A l'appui de cette proposition, il cite un arrêt de la Cour des aides, du 13 mars 1739, par lequel il aurait été jugé que les biens d'une femme mariée en Beaujolois sans contrat de mariage étaient réputés dotaux et non paraphernaux. — Mais Guyot (*loc. cit*) fait observer que cet arrêt n'a point jugé cette question en principe et que dans le ressort du parlement de Paris on suivait la jurisprudence des autres parlemens.

11. — Jugé ainsi qu'à défaut de mariage en pays de droit écrit, tous les biens de la femme étaient paraphernaux et pouvaient être aliénés avec l'autorisation de son mari. — *Poitiers*, 30 flor. an XI, Duguy c. Mocquay; *Bordeaux*, 19 janv. 1842 (t. 2 1842, p. 441), de Lamberterie c. Lidonne.

12. — Lorsque néanmoins le mari et la femme avaient stipulé ensemble, et qu'il était exprimé dans l'acte qu'ils avaient reçu conjointement une somme paraphernale, cette somme était censée être restée en entier dans les mains du mari et la femme avait action contre lui pour la répéter. — *Bordeaux*, 19 janv. 1842 (t. 2 1842, p. 441) de Lamberterie c. Lidonne.

13. — Il en eût été autrement si le mari n'était intervenu dans l'acte que pour autoriser son épouse et si la somme avait été payée entre les mains de celle-ci, qui, seule, aurait donné quittance. — Même arrêt.

14. — Toutefois ces principes n'avaient pas d'application dans la coutume de Bordeaux, qui, relativement aux biens paraphernaux, contenait des dispositions autres que celles des pays de pur droit écrit. Ainsi, suivant cette coutume, le mari avait l'usufruit des paraphernaux, et lorsqu'il assistait à la réception d'une somme paraphernale, et qu'il autorisait son épouse pour donner quittance, cette somme tombait dans son usufruit, et il en était déclaré débiteur et responsable. — Même arrêt.

15. — Dans les provinces de la Marche et de l'Auvergne on réputait biens dotaux « tous les biens que la femme avait au temps de ses fiançailles, s'il n'y avait dot particulière constituée en traitant de mariage. » — Cout. de la Marche, art. 304; Cout. d'Auvergne, ch. 14, art. 8.

16. — De ce qui précède, il suit que malgré l'adoption expresse du régime dotal, si les époux n'ont pas stipulé une constitution de dot, tous les biens de la femme sont paraphernaux. — Toullier, *Dr. civ.*, t. 14, p. 58; Rolland de Villargues, *Rép. du not.*, v° *Paraphernaux*, n° 3.

17. — Puisque les biens qui ne sont pas dotaux sont paraphernaux, il faut avant tout discerner quand les biens sont frappés de dotalité.

18. — Sous l'empire du C. civ., pour que les biens deviennent dotaux, il faut : 1° que les époux stipulent leurs conventions matrimoniales dans un contrat de mariage authentique; 2° qu'ils y déclarent formellement se soumettre au régime dotal; 3° qu'il y ait une constitution de dot. — Ces trois conditions sont essentielles pour rendre les biens de la femme dotaux et inaliénables. — V. Benoît, *Des biens paraphernaux*, p. 4 et suiv. — V. DOT.

19. — Ainsi, sans constitution de dot, il n'y aurait pas de dotalité, alors même que les époux auraient déclaré se marier sous le régime dotal. — Toullier, t. 14, p. 58. — Mais cette déclaration, dit le même auteur, produirait l'effet d'une séparation de biens contractuelle et rendrait paraphernaux tous les biens de la femme.

20. — M. Benoît (*Traité de la dot*, t. 1er, p. 6), tout en admettant la première proposition de Toullier, rejette entièrement la seconde : ainsi, d'après lui, point de dotalité sans constitution de dot; mais, pour établir une séparation de biens entre époux, il faut une stipulation expresse, sans quoi ils retomberaient sous le régime de la communauté.

21. — M. Bellot des Minières (*Contr. de mariage*, t. 4, p. 16) pense que dans ce cas les biens de la femme sont dotaux. — Cette solution ne saurait être admise en présence de l'art. 1392 C. civ., qui exige une déclaration expresse de soumission au régime dotal, pour que les biens y soient soumis, rapproché de l'art. 1541 qui ne reconnaît comme dotaux que les biens que la femme s'est constitués ou qui lui ont été donnés en contrat de mariage. — L'art. 1575 suppose d'ailleurs que tous les biens de la femme peuvent être paraphernaux.

22. — Il suit de là que les biens de la femme sont tous paraphernaux quand elle ne s'est rien constitué en dot. — L. 9, § 2, ff., *De jure dotium*; L. 1, C. *De dotis promissione*. — Fabre, *Cod.* lib. 5, tit. 7, défin. 18; Perez, *Ad Codicem*, tit. *De dotis promissione*; Duranton, *Dr. franç.*, t. 15, n° 336. — *Limoges*, 4 août 1827, Samie; *Cass.*, 9 juin 1829, mêmes parties. — V., au surplus, DOT.

23. — Si, après s'être soumise expressément au régime dotal, la femme a dit qu'elle apportait au mari tel immeuble, telle somme, pour l'aider à supporter les charges du mariage, nul doute qu'elle n'ait valablement constitué cet immeuble, cette somme, avec le caractère dotal. — Duranton, t. 15, n° 338.

24. — Si, sous le régime dotal, la femme a déclaré inaliénables ses biens paraphernaux, quel sera le caractère de ces biens, resteront-ils paraphernaux ou seront-ils dotaux? — Rolland de Villargues (n° 7) et M. Benoît (p. 18) pensent qu'ils seront dotaux, parce qu'alors tous les caractères de la dotalité seront réunis relativement à ces biens.

25. — Nous ne saurions partager cette manière de voir, parce que l'unique motif sur lequel elle se fonde ne nous paraît point exact. En effet, l'immeuble dotal, par cela seul qu'il est inaliénable, est imprescriptible; or on ne saurait soutenir que la déclaration d'inaliénabilité pour tout ce qui n'est pas dotal, proprement dit, entraîne l'imprescriptibilité, puisqu'on violerait par là l'art. 2226, qui ne déclare imprescriptibles que les choses hors du commerce; en outre, la restitution de la dot est soumise à des règles spéciales qui ne s'appliquent pas aux biens qui ne sont pas dotaux; enfin, en troisième lieu, le partage des fruits de l'immeuble dotal dans l'année de la dissolution est encore soumis à des règles spéciales qui ne sont pas applicables à tous autres biens. Il suit de là que, malgré l'inaliénabilité des biens paraphernaux, *tous les caractères de la dotalité n'étant pas réunis*, on a tort de les déclarer dotaux, puisqu'il n'y a de dotaux que les biens que la femme s'est constitués ou qui lui ont été donnés par contrat de mariage. — V., au surplus, DOT.

26. — Ajoutons que la Cour suprême a jugé que l'inaliénabilité n'est pas de l'essence du régime dotal, et que, stipulée dans un contrat de mariage, elle ne suffit pas seule pour rendre dotaux les biens qui en ont été l'objet. — *Cass.*, 9 nov. 1826, Duroux c. Chaumeil.

27. — La stipulation, dans un contrat de mariage, qu'il y aura remploi des biens paraphernaux, n'imprime pas à ces biens le caractère de dotalité. — *Cass.*, 7 juin 1836, Dechavanne c. Perrault; *Lyon*, 3 janv. 1838, mêmes parties.

28. — Du reste, une telle clause de remploi est parfaitement valable. — *Limoges*, 28 mars 1838 (t. 2 1838, p. 505), Mauriel-Parot c. Nivet.

29. — La femme ne peut stipuler qu'elle pourra reprendre l'administration des biens qu'elle s'est constitués en dot, et que, dans ce cas, ils deviendraient paraphernaux. *Dotis causa perpetua est, et cum voto ejus qui dat, ita contrahitur, ut semper apud maritum sit.* — L. 1, ff., *De jur. dot.* — Benoît, p. 21.

30. — Les biens que la femme acquiert pendant le mariage sont-ils paraphernaux? Il faut distinguer : si la femme s'est fait une constitution générale des biens présens et à venir, tout ce qu'elle acquiert pendant le mariage est censé provenir des deniers du mari. — Quintus Mutius ff., *De donat. inter vir. et uxor.*, et la L. 6, C., *eod.* — Benoît, *De la dot*, t. 1er, p. 279; Roussilhe, *De la dot*, ch. 8, art. 2, quest. 2.

31. — Jugé dans le même sens. — *Riom*, 2 fév. 1809, Perrin; *Grenoble*, 22 juill. 1811, Boussod c. Chaffauge; *Toulouse*, 2 août 1825, Valette.

32. — Conformément à ce principe, il a été jugé, en 1675, par le parlement de Grenoble, que ce qu'une femme gagnait en nourrissant un enfant dont elle n'était pas la mère appartenait au mari, et que ses créanciers avaient pu faire saisir-arrêter les sommes dues pour le nourrissage, sans que la femme pût s'y opposer. — Benoît, *Des paraphernaux*, p. 27 et suiv.

33. — Il en serait autrement si la femme avait fait une réserve de paraphernaux; dès lors la loi romaine ne serait plus applicable.

34. — Ainsi, lorsque des époux mariés sous le régime paraphernal font le commerce en commun et acquièrent ensemble un immeuble qui est déclaré avoir été payé de leurs deniers communs, la femme doit en être réputée copropriétaire sans qu'elle soit tenue de prouver l'origine des deniers qu'elle a fournis. — *Grenoble*, 30 juin 1827, Delnsa c. Briant.

35. — Ainsi, encore, à défaut de stipulation, soit expresse, soit équipollente, dans le contrat de mariage, sur les biens à venir de la future épouse, l'ancienne jurisprudence, en pays de droit écrit, les considérait comme paraphernaux. La procuration générale donnée à l'époux pour les recherche, régie et acquittement des droits de la future épouse, dans un contrat de mariage, ne détruit pas cette disposition de l'ancien droit. — *Grenoble*, 25 mai 1832, Sylvain c. Carré.

36. — Jugé aussi que les acquisitions faites pendant le mariage par la femme dotale ne sont point présumées faites des deniers du mari, s'il n'y a pas constitution de dot générale. — *Grenoble*, 1er fév. 1812, Joubert c. Perrin-Taillet.

37. — ... Et qu'une seconde femme à laquelle son mari, ayant des enfans d'un premier lit, a souscrit des obligations pour sommes reçues est tenue de prouver l'origine des deniers dont la remise est constatée par la reconnaissance du mari. — *Grenoble*, 29 août 1826, Guttin c. Ravel et Groubier.

38. — Toutefois, jugé que quand une femme ne s'est constitué en dot qu'une somme d'argent, les autres biens qui lui adviennent sont libres entre ses mains; elle peut les vendre et en toucher le prix sans que l'acquéreur soit fondé à exiger qu'elle en fasse emploi. Et cela, encore que ces biens proviendraient de la succession de son père dans laquelle elle aurait fait le rapport de la somme qu'elle avait soumise au régime dotal. — *Bordeaux*, 30 juill. 1833, Deschamps c. Binaud.

39. — La réserve faite en vertu de l'art. 1549 par la femme d'une portion du revenu de ses biens rend-elle cette part dotale ou paraphernale? il faut distinguer si cette réserve conserve à la femme le droit de disposer à sa guise de ces revenus, ou bien si elle doit en user pour ses besoins personnels. Dans le premier cas, il est paraphernal, dans le second il est dotal, car les besoins de la femme font partie des charges du ménage. — Benoît, n° 15; Rolland de Villargues, n° 19.

40. — On peut imposer à la donation ou au legs fait à la femme mariée qui s'est constitué en dot tous ses biens présens et à venir, la condition qu'elle jouira des biens donnés à titre de biens libres et paraphernaux. Une telle clause n'est contraire ni à l'ordre public ni aux bonnes mœurs, et ne modifie en rien les droits respectifs des époux résultant de leur contrat de mariage. — *Aix*, 16 juill. 1846 (t. 2 1846, p. 553), Tardieu. — Duranton, t. 5, n° 490; Bellot, t. 4, p. 40; Tessier, *Dot*, t. 1er, p. 48. — *Contrà*, *Nîmes*, 18 janv. (et non juill.) 1830, Brigadet.

41. — Par conséquent, bien que le père de la future ait été partie dans le contrat de mariage par lequel celle-ci s'est constitué dotaux tous ses biens présens et à venir, il a pu néanmoins lui donner ou léguer ultérieurement des biens avec condition de paraphernalité jusqu'à concurrence de la quotité disponible. — *Cass.*, 16 mars 1846 (t. 1er 1847, p. 226), Roger-Ducos.

42. — Les parties peuvent convenir que tous les biens présens et à venir de la femme seront paraphernaux; mais dans ce cas, si les époux n'ont pas ajouté la clause d'inaliénabilité, ils seront, suivant Bellot (*Contrat de mariage*, t. 4, p. 13 et 293) et Rolland de Villargues (n° 17), mariés sous le régime de séparation de biens.

43. — Toutefois, les parties ne pourraient pas convenir que la femme conservera à elle seule tous ses revenus. — Cette clause n'empêcherait pas le mari de la contraindre à contribuer aux charges du mariage pour le tiers de ses revenus. — C. civ., art. 1575. — Bellot, *ibid.*

44. — L'art. 1408 C. civ. est applicable au cas de régime dotal relativement aux biens paraphernaux. — *En d'autres termes*, lorsque le mari devient seul, et en son nom personnel, acquéreur d'un immeuble appartenant par indivis à la femme comme bien paraphernal, la femme doit être autorisée, si elle le veut, à garder la portion acquise par son mari, en tenant compte à la succession de celui-ci du prix et des loyaux coûts de cette vente. — *Toulouse*, 24 janv. 1835, Poulvière c. Cathala.

45. — Lorsqu'il n'a été constitué en dot à la femme qu'une somme d'argent non encore payée, l'expropriation d'un immeuble extradotal poursuivie contre elle et contre son mari ne rend pas ce dernier partie saisie : de telle sorte qu'il ne soit pas recevable à enchérir et à se rendre adjudicataire. — *Aix*, 27 av. 1809, Bonna.

Sect. 3e. — *Administration des biens paraphernaux.*

§ 1er. — *Administration par la femme.*

46. — Aux termes de l'art. 1576 C. civ., la femme a l'administration et la jouissance de ses biens paraphernaux ; mais elle ne peut les aliéner, ni paraître en jugement, sans l'autorisation du mari, ou, à son refus, sans la permission du juge.

47. — Sous l'empire du droit romain, au contraire, la femme avait sur ses biens paraphernaux les droits les plus étendus ; elle pouvait, sans le concours et l'administration de son mari, les administrer, exercer les actions qui leur étaient relatives, en disposer soit à titre gratuit, soit à titre onéreux. — L. 8, C., *De pact. convent.*; L. 6, C., *De revocand. donat.*; *nullo modo muliere prohibente, virum in paraphernis se volumus immiscere*; D. l. 8 *in fine*.

48. — Ces principes furent adoptés par notre ancienne jurisprudence : Toulouse, Aix, Bordeaux, Grenoble les avaient adoptés ; et c'est à tort que Bretonnier et, après lui, Toullier ont soutenu que la jurisprudence du Parlement de Paris était contraire à celle de ces Parlemens, et qu'on y décidait que les femmes mariées ne pouvaient contracter ni ester en jugement sans l'autorité du mari, même à raison des biens paraphernaux, soit adventifs ou autres. On trouve dans Papon (liv. 7, tit. 1er, no 75) un arrêt du 28 mars 1528 et dans Merlin (*Quest. de droit*, vo *Paraphernal*, nos 7, 8 et 9) deux arrêts qui prouvent le contraire. Les seuls Parlemens de Pau et de Dijon exigeaient l'autorisation du mari ou de la justice pour l'aliénation des biens paraphernaux, ou pour ester en jugement à raison de ces mêmes biens. — Revel, *Statuts des provinces de Bresse, Bugey*, etc., p. 289 ; Collet, mêmes statuts ; Merlin, *Rép.* et *Quest. de droit*, vo *Paraphernal*; Benoît, *Des paraphernaux*, p. 35.

49. — De l'art. 1576 C. civ., dont nous rapportons plus haut les termes, il résulte que la femme pourrait, sans autorisation, faire valoir ses fonds en les plaçant dans des maisons de banque ou chez des particuliers. — Benoît, *Biens paraphernaux*, no 20 ; Rolland de Villargues, *Rép. du notar.*, vo *Paraphernal*, no 24.

50. — Elle pourrait même faire des actes conservatoires, un protêt, par exemple, car le protêt n'est pas introductif d'instance. — Benoît, *ibid.*

51. — Mais pourrait-elle exiger ses capitaux et consentir la radiation des hypothèques ? Bellot et Rolland de Villargues (no 25) se prononcent pour l'affirmative.

52. — Jugé, dans ce sens, que la femme dont les biens sont paraphernaux peut, sans autorisation de son mari ni de justice, recevoir ses capitaux et consentir à la radiation des inscriptions hypothécaires. — *Turin*, 19 janv. 1810, Stroppo.

53. — Mais Pothier (*Tr. de la puissance maritale*, 1re part., sect. 3, § 1er), Chavannes (*sur la cout. de Bourgogne*, tit. 4, art. 1er), qui rapporte un arrêt contraire du Parlement de Dijon, du 5 mars 1603, et Merlin (*Rép.*, vo *Autorisation maritale*, sect. 7) se prononcent pour la négative, par le motif que de tels actes ne sauraient être considérés comme étant de pure administration. — V. aussi Benoît, no 20.

54. — Jugé que la femme ne peut, sans autorisation, excéder ses revenus actuels, ni engager ses revenus à venir. — *Aix*, 25 juin 1824, Charve c. Vigne.

55. — La femme paraphernale peut cultiver ou faire cultiver les biens paraphernaux, elle peut même les affermer à un tiers. — Bellot, *Contrat de mariage*, t. 4, p. 300, et Benoît, *Des paraphernaux*, p. 63, no 22.

56. — Elle ne pourrait pas passer valablement des baux à longues années, car ces sortes de baux excèdent les bornes de l'administration simple. Dans le cas où elle aurait fait un bail de plus de 9 ans, il serait réductible à ce terme. — Bellot, t. 4, p. 300 ; Rolland de Villargues, no 31 ; Benoît, no 23.

57. — Toutes réparations et reconstructions *partielles* utiles peuvent être faites par la femme seule. Pour les constructions entières et les embellissemens, l'autorisation du mari nous paraît indispensable. Toutes les fois cependant que les revenus ne seront pas dépassés, la femme pourra faire seule de tels actes. — Benoît, no 24 ; Rolland de Villargues, no 30.

58. — La femme mariée a qualité pour poursuivre en son nom, de concert avec son mari, qui l'assiste à l'effet de l'autoriser, le recouvrement de ses créances paraphernales. — *Lyon*, 16 janv. 1834, Crussy c. Vauge.

59. — Si les biens paraphernaux consistent en un fonds de commerce, la femme pourra s'obliger, pour ce qui concerne son négoce, sans l'autorisation du mari. — C. civ., art. 220 ; C. de comm., art. 5.

60. — Mais pourra-t-elle s'obliger valablement pour un acte de commerce étranger à son négoce habituel ? Non ; parce que ce n'est que pour ce qui concerne son négoce qu'elle est réputée marchande publique. Pour tous actes étrangers à ce négoce, elle rentre dans la règle ordinaire. — Duranton, t. 2, no 479.

61. — La femme paraphernale ne peut, sans le consentement du mari, accepter une donation : car la qualité de ses biens ne saurait la soustraire à la loi commune, qui ne permet pas à la femme mariée d'accepter une donation sans l'autorisation maritale. — C. civ., art. 934. — Il en serait de même quoique le donateur imposât la condition que les biens donnés seraient paraphernaux. — Merlin, *Quest. de droit*, vo *Paraphernal*; Benoît, no 28. — Bellot (*loc. cit.*) paraît être d'une opinion contraire. — V. *suprà*.

62. — L'art. 1576 interdit expressément à la femme, et sans distinction entre les meubles et les immeubles, la possibilité d'aliéner ses biens paraphernaux sans le concours du mari, ou à son défaut sans l'autorisation de justice. Il suit de là qu'à la différence de ce qui a lieu sous le régime de séparation de biens, la femme ne pourrait pas même aliéner seule ses meubles paraphernaux. — Benoît, no 21 ; Rolland de Villargues, no 26.

63. — Dans les pays de droit écrit, les femmes pouvaient aliéner leurs biens paraphernaux sans l'autorisation de leurs maris. Mais une telle aliénation, faite par une femme mariée avant la mise en vigueur de la disposition de l'art. 1576, qui prohibe une telle aliénation, serait-elle valable ? Nul doute que l'aliénation faite avant la promulgation de l'art. 1576 ne fût valable par application de l'art. 2 du C. civ. — Rolland de Villargues, vo *Paraphernaux*, no 36 ; Bellot, t. 4, no 302.

64. — Mais il en serait autrement de l'aliénation postérieure à la promulgation du C. civ. — La femme ne pourrait pas dire dans ce cas que contester une telle aliénation c'est lui enlever un droit acquis ; le tiers acquéreur ne pourrait pas se plaindre davantage, parce qu'étant censé connaître la loi il doit s'imputer d'avoir traité sans le concours du mari. — Mêmes auteurs.

65. — Jugé ainsi que l'art. 1576 du C. civ., qui défend à la femme d'aliéner ses biens paraphernaux sans l'autorisation de son mari, est un statut personnel et d'ordre public qui doit être suivi, bien qu'elle soit mariée sous l'empire d'une loi qui l'affranchissait de cette autorisation. — *Limoges*, 22 juin 1828, Reyjolas.

66. — La femme qui, dans son contrat de mariage, s'est réservé ses biens immeubles *libres et paraphernaux, pour pouvoir les vendre et échanger, à la charge néanmoins par son mari d'en recevoir le prix en cas de vente, et d'en faire l'emploi de suite en fonds de bonne éviction*, a pu valablement souscrire des obligations hypothécaires sur ces biens. — Les créanciers porteurs de ces obligations peuvent, nonobstant la clause du contrat de mariage, poursuivre l'expropriation forcée des biens ainsi hypothéqués. — *Nîmes*, 25 janv. 1822, Razoux c. Grelleau et Darlhac.

67. — Mais lorsque la femme mariée sous le régime dotal s'est réservé la faculté d'aliéner ses biens paraphernaux, sans être tenue de faire emploi, les premiers juges qui, à défaut du mari, lui accordent l'autorisation de vendre ces biens pour acquitter certaines dettes, ne peuvent ordonner que, les dettes payées, il sera fait emploi de l'excédant du prix. — Il en doit être ainsi encore qu'un gain de survie réciproque ait été stipulé par les époux dans leur contrat de mariage. — Dans les circonstances ci-dessus, le mari n'est pas responsable du défaut d'emploi. — *Bordeaux*, 24 août 1830, Marquié.

68. — L'effet de l'autorisation donnée par le mari à l'aliénation des biens paraphernaux est de valider une pareille aliénation. — C. civ., art. 1576.

69. — Mais le mari est-il tenu du remploi du prix des paraphernaux dont il a consenti l'aliénation ? Oui (Bellot [t. 4, p. 301] et Rolland de de Villargues [vo *Paraphernaux*, no 37]), parce que la femme se trouve, quant à ces biens à l'égard de son mari, dans la même position qu'alors qu'il y a séparation entre eux. — *Besançon*, 27 fév. 1811, Thomas ; *Limoges*, 22 juin 1828, Reyjolas ; *Bordeaux*, 11 mai 1833, Lafitte.

70. — Nous ne saurions adopter une telle solution, par le motif que les paraphernaux ne sont pas dans la même position que les biens d'une femme séparée soit par contrat, soit judiciairement.

71. — Aussi sommes-nous d'avis que l'art. 1450, qui impose la garantie du remploi pour les biens immeubles de la femme séparée de biens, ne peut s'étendre au delà du régime de la communauté, sous le chapitre duquel il se trouve. — Benoît, no 233.

72. — Jugé également que la responsabilité imposée au mari, à défaut d'emploi des sommes que sa femme commune en biens a reçues et quittancées avec son concours dans l'acte, ne s'applique pas au cas où la femme dotale a perçu des deniers paraphernaux : alors surtout qu'il est constant que le mari n'en a pas profité. — *Toulouse*, 27 mars 1840 (t. 2 1843, p. 429), Pechverty.

73. — ... Que le mari ne peut, sous le régime dotal, être considéré comme garant ou débiteur des sommes paraphernales de la femme, à moins qu'on ne prouve qu'elles lui ont été remises. — Et l'on ne pourrait faire résulter cette preuve de la déclaration insérée au contrat de mariage, que la femme avait ces sommes en portefeuille et qu'elles seraient prélevées avant la société d'acquêts, ni de l'acquisition d'immeubles faite par le mari pendant le mariage, lorsque rien n'indique que les deniers de la femme aient été employés à les payer. — *Angers*, 4 fév. 1842 (t. 1er 1844, p. 788), Malaure.

74. — ... Que sous le Code civil, où la femme a l'administration de ses paraphernaux, le mari qui intervient dans la quittance, seulement pour autoriser son épouse, ne devient pas responsable de la somme reçue. — *Bordeaux*, 19 janv. 1842 (t. 2 1842, p. 441), de Lamberterie c. Lidonne.

75. — Les acquisitions que la femme fait avec ses biens paraphernaux ne sont valables qu'autant que le mari y donne son consentement. — C. civ., art. 217. — Bellot, *loc. cit.*; Rolland de Villargues, no 39. — A moins toutefois que ces acquisitions n'excèdent pas les bornes de l'administration, notamment s'il s'agit d'achat de semences et autres choses semblables. — Rolland de Villargues, *ibid.*

76. — Jugé que lorsque le mari a autorisé sa femme à soutenir un procès relatif à ses biens paraphernaux, les dépens obtenus contre la femme dans ce procès peuvent être répétés sur les biens dotaux pendant le mariage. — *Nîmes*, 20 brum. an XIII, Guérin c. Lombard.

77. — La femme qui a vendu conjointement et solidairement avec son mari un bien dotal, n'est pas garante sur ses paraphernaux de la nullité de la vente. Une pareille obligation de garantie rendrait inefficace le droit accordé à la femme de faire révoquer l'aliénation de ses biens dotaux. — *Riom*, 12 août 1844 (t. 1er 1846, p. 63), Clavières c. Girard ; *Cass.*, 23 juin 1846 (t. 2 1846, p. 13), mêmes parties. — V., au surplus, DOT, nos 841 et suiv.

78. — Si tous les biens de la femme sont paraphernaux et s'il n'y a pas de conventions dans le contrat de mariage pour lui faire supporter une portion des charges du mariage, la femme y contribue jusqu'à concurrence du tiers de ses revenus. — C. civ., art. 1575.

79. — Cet article ne statue que pour le cas où les époux n'auraient pas fait de convention spéciale sur la part contributoire de la femme. Et même en l'absence de convention spéciale il ne doit être appliqué à la lettre qu'autant que le tiers des revenus de la femme suffit pour les besoins du ménage. Si le mari ne pouvait pas supporter les deux tiers des dépenses nécessitées par ces besoins, la contribution de la femme pourrait être augmentée jusqu'à concurrence même de la totalité s'il ne restait rien au mari. — C. civ., arg. de l'art. 1448. — Bellot, t. 4, p. 299 ; Benoît, no 56 ; Rolland de Villargues, no 44 ; Delvincourt, *Cours de droit civil*, t. 3, p. 45.

80. — Dans le cas où les biens dotaux sont suffisans pour l'entretien du ménage quand ils sont réunis à ceux du mari, les biens paraphernaux sont affranchis de toute contribution. — Benoît, no 57 ; Rolland de Villargues, no 45.

81. — Si les revenus des biens des époux sont insuffisans pour faire face aux dépenses du ménage et qu'une aliénation soit nécessaire, celle des biens paraphernaux doit précéder celle des biens dotaux, car ces derniers ne peuvent être vendus qu'autant qu'il y a nécessité pour fournir des alimens à la famille. — V. DOT.

82. — Du reste, cette solution ne nous paraît vraie qu'autant que les époux n'ont pas déclaré l'aliénabilité du fonds dotal. — V. DOT.

§ 2. — *Administration par le mari.*

83. — Le mari peut jouir des biens paraphernaux de la femme de trois manières : 1° en vertu d'un mandat; 2° sans mandat, mais sans opposition de sa part; 3° sans mandat et malgré l'opposition de la femme. Ses droits et ses obligations varient en conséquence.

84. — 1° *Administration avec mandat.* — Si le mandat donné au mari ne fixe pas d'une manière positive ses droits et ses obligations, c'est à l'art. 1577 qu'il faut avoir recours. Dans ce cas, le mari sera tenu comme tout mandataire. — C. civ., 1984, 1993; C. proc., 527. — V. MANDAT.

85. — Rien n'empêche la femme de donner mandat à un étranger comme à son mari (L. ult., C. *De pact. conv.*; Malleville, sur l'art. 1577). —Elle pourrait même le laisser jouir sans mandat, mais alors il ne profiterait pas de l'avantage posé dans l'art. 1578 du Code civil. Il serait tenu de la restitution de tous les fruits consommés et existans sans distinction aucune.

86. — L'art. 1577 suppose un mandat donné avec charge de rendre compte des fruits. *Quid*, si le mandat ne faisait pas mention de cette clause? Le mari n'est point tenu de rendre compte. — Toullier (t. 14, p. 435); Bretonnier (*Quest. de droit*, vo *Paraphernaux*, p. 207), qui dit : *Fructus rerum paraphernalium cedunt lucro viri, si uxor, tacitè vel expressè, concesserit viro administrationem*; Buisson (liv. 5, t. 14), Boniface, Loyseau (*Du dégrèvement*), Fromental partagent la même opinion.

87. — Si la procuration a été donnée par contrat de mariage, elle est irrévocable comme toute autre convention matrimoniale (C. civ., 1395). — *Nîmes*, 2 mai 1807, Foriel c. Dubesset.

88. — Mais si le mari mettait la fortune de sa femme en péril par sa mauvaise administration, elle pourrait demander la séparation de biens.— Benoît, no 136.

89. — Le mandat qui n'est pas donné par contrat de mariage est révocable, sans qu'il soit besoin, pour cette révocation, que la femme soit autorisée du mari ou de justice. — *Caen*, 15 juill. 1824, Heuzebrocq.

90. — Le mandat donné en termes généraux n'embrasse que les actes d'administration. Le mari ne peut alors ni transiger, ni aliéner, ni hypothéquer qu'en vertu d'un mandat spécial. — L. 63, *eod.*; C. civ., 1988.

91. — Mais une procuration contenant un pouvoir général et spécial pour tous les actes d'administration, est suffisante pour autoriser le mandataire à passer bail d'une succession qui ne s'est ouverte au profit du mandant que postérieurement à la procuration donnée. — *Cass.*, 8 août 1821, de Repentigny c. Jolly.

92. — Le mari ne peut rien faire au delà de ce qui serait porté dans son mandat (L. 5, *in. prim.*, D. ff., *mandat.*), et il est obligé de prendre le même soin des affaires qui lui sont confiées que s'il s'agissait des siennes propres. Il est responsable de sa négligence. — L. ult., C. *De pact. conv.*

93. — 2° *Administration sans mandat et sans opposition.* — Quels sont les droits et les obligations du mari à l'égard des biens paraphernaux, lorsqu'il en jouit sans mandat, et néanmoins sans opposition de la part de la femme? Par quelle règle ces droits sont-ils régis? Cette question est controversée. — Roussilhe, Salvial, Favard de Langlade, Bellot, enfin Proudhon assimilent ces droits à ceux de l'usufruitier; Benoît (p. 300) partage la même opinion. Néanmoins, Toullier professe une opinion contraire (t. 14, p. 390 et 392).

94. — L'art. 1578 dit que le mari fait les fruits siens par la consommation et qu'il n'est tenu, à la dissolution du mariage ou à la première demande de la femme, qu'à la représentation des *fruits existans*. — Par *fruits existans* on doit entendre les fruits des immeubles ou les créances mises à intérêt entre les mains des tiers, mais non des sommes dues par le mari.

95. — Jugé ainsi que le principe d'après lequel le mari qui a joui des biens paraphernaux est tenu, à la dissolution du mariage, à la représentation des fruits existans, doit s'entendre des fruits des immeubles ou des créances mises à intérêt entre les mains des tiers, et non des sommes dues par le mari, et à raison desquelles il n'y a pas eu stipulation d'intérêts. — *Toulouse*, 9 déc. 1833, Blanc.

96. — Lorsqu'il est constant en fait que les biens du mari et ceux paraphernaux de la femme étaient à peu près égaux en valeur, et que leurs produits étaient les mêmes; que ces produits avaient été recueillis par le mari et placés dans les mêmes locaux, sans distinction de ce qui provenait des biens de l'un ou de l'autre : l'arrêt qui ordonne que ces produits seront partagés par moitié entre la femme et les héritiers du mari ne peut être réputé soumettre les héritiers à la représentation d'autres fruits que ceux existans lors du décès, et, dès lors, ne viole pas l'art. 1578 C. civ. — *Cass.*, 21 août 1837 (t. 2 1837, p. 218), Poujol.

97. — Le mari qui jouit des biens paraphernaux de sa femme sans opposition de sa part n'est comptable, à la dissolution du mariage, que des fruits existans, même à l'égard des enfans que la femme avait eus d'un premier lit, et sans que ceux-ci puissent faire considérer la jouissance du mari comme un avantage indirect prohibé par les art. 1098, 1099 et 1388 C. civ. — *Cass.*, 19 déc. 1842 (t. 1er 1843, p. 209), Corbin-Desmannetaux.

98. — Le mari qui a cultivé les biens paraphernaux n'a droit à aucune indemnité sur les fruits; en conséquence, les récoltes provenant de ces biens ne peuvent être saisies par ses créanciers. — *Grenoble*, 18 avr. 1831, Tignel c. Duc-Rapatel. — Duranton, no 585; Bellot, t. 4, p. 311.

99. — Il n'y a pas lieu à déduire sur les fruits revenant à la femme aux termes de l'art. 1578 C. civ. les frais de l'ensemencement et autres qui peuvent avoir été avancés par le mari, lorsqu'il est constant, en fait, que ces fruits sont le produit net des biens et que tous les frais de culture ont été acquittés avec les fruits consommés. — *Cass.*, 21 août 1837 (t. 2 1837, p. 218), Poujol.

100. — La femme qui laisse jouir son mari des biens paraphernaux qu'elle s'est constitués par son contrat de mariage, ne renonce pas à ses droits sur ces biens; les fruits qui en proviennent ne peuvent être saisis par les créanciers de son mari. — *Grenoble*, 21 fév. 1832, Trapet c. Brunard.

101. — Le mari qui jouit des biens paraphernaux est tenu de toutes les obligations de l'usufruitier (C. civ., art. 1580). Par conséquent : le mari est soumis à toutes les réparations d'entretien (C. civ., art. 605), les autres étant à la charge de la femme.

102. — Mais le mari qui a joui, du consentement de sa femme, des biens paraphernaux de celle-ci a, nonobstant cette jouissance, le droit de répéter contre sa femme le montant des constructions ou améliorations qu'il a faites sur ces biens. — *Toulouse*, 24 janv. 1835, Poulvrière c. Cathala. — Ici ne s'applique pas l'art. 599 C. civ., par cette raison que les époux ne doivent pas être l'un vis-à-vis de l'autre dans des rapports aussi rigoureux que ceux qui existent entre un usufruitier et un nu propriétaire. — Benoît, no 187.

103. — Par réciprocité nous dirions que si le mari s'est enrichi personnellement avec les fruits des paraphernaux, la femme a droit à une indemnité. On le décidait ainsi dans l'ancien droit. Rolland de Villargues, no 60.—V., toutefois, Toullier, *Dr. civ.*, no 14, p. 441; Benoît, no 177.

104. — Mais il n'est pas obligé de donner caution, les lois 1 et 2 *Cod. de fidej. vel mand. dot.* et l'art. 1360 en dispensent le mari à l'égard des biens dotaux; et il en doit être de même pour le mari qui jouit des paraphernaux. — Benoît, p. 341; Bellot, t. 4, p. 316.

105. — Il n'est pas tenu non plus de faire faire inventaire comme un usufruitier ordinaire, sauf à la femme à établir la consistance du mobilier au moment où le mari en a pris l'administration. — C. civ., art. 1415 et 1504. — Rolland de Villargues, no 63; Benoît, no 193.

106. — 3° *Administration malgré l'opposition de la femme.* — Si le mari jouit des biens paraphernaux malgré l'*opposition constatée* de la femme, il est comptable envers elle de tous les fruits existans et consommés. — C. civ., art. 1579.

107. — Quel est le sens de ces mots : *opposition constatée*? Suivant Delvincourt (t. 3, p. 120), M. Benoît (no 225) et Rolland de Villargues, il faut entendre la loi en ce sens qu'en se servant du mot *constatée* au lieu de celui de *notifiée* elle a voulu admettre tous les genres de preuves. Cette opinion est plus conforme, suivant ces auteurs, et aux intérêts de la femme, et à la nécessité d'éviter un trouble grave dans les relations des deux époux.

108. — Suivant MM. de Malleville (sur notre article), Bellot (t. 4, p. 310) et Toullier (t. 4, no 441), il faut, au contraire, entendre le mot *constatée* comme synonyme de *notifiée par huissier*. Cette opinion nous paraît préférable; car nous ne voyons pas quelle nécessité il y avait à dire que l'opposition devait être dûment *constatée*, si on voulait considérer toute opposition comme valable. Il allait sans dire que la femme ne pourrait jamais prétendre réclamer contre son mari comme ayant joui malgré son opposition, si elle n'établissait pas cette opposition.

109. — Jugé, dans ce sens, que la femme ne peut s'opposer à ce que son mari jouisse de ses biens paraphernaux et le rendre comptable des fruits de ces biens, que par un acte d'opposition signifié dans la forme extrajudiciaire. — *Toulouse*, 14 mai 1836, Esquilac.

110. — Le mari qui a joui des biens paraphernaux de sa femme malgré son opposition constatée, ne sera tenu que de restituer les 2/3 des revenus si tous les biens de la femme sont frappés de paraphernalité; dans ce cas l'autre tiers est censé fourni pour frais de ménage, mais dans tous les autres cas il serait tenu de restituer la totalité. — Benoît, no 370. — Cette solution résulte de ce que, si tous les biens de la femme sont paraphernaux, elle ne peut pas s'empêcher d'abandonner au mari le tiers de ses revenus, ce qui n'a pas lieu dans le cas contraire.

111. — Mais, dans la restitution des fruits, le mari devrait être écouté dans la demande qu'il ferait des frais de culture. — C. civ., art. 548. — L. 1, C. *De fructibus*; L. 36, § ult. *De hæred. pet.*; L. 38, ff., *eod.*

112. — Si, après son opposition constatée, la femme laissait jouir son mari et gardait le silence, pourrait-elle exiger, à la dissolution du mariage, tous les fruits existans et consommés depuis l'opposition? Toullier (t. 14, p. 47) pense qu'il serait tenu de la restitution de tous les fruits. — Si cependant ce silence était tel qu'on pût le considérer comme une renonciation à son opposition, il n'en saurait être ainsi et nous rentrerions alors dans les principes développés au 2°. — Benoît, *loc. cit.*

113. — Si, après la mort du mari jouissant des biens paraphernaux malgré l'opposition de la femme, l'héritier du mari continue pendant un certain temps à jouir des paraphernaux, il ne peut se soustraire à la restitution des fruits envers la femme en alléguant sa bonne foi personnelle. — L. 2, C. *De fructib. et lit. expens.* — *Caen*, 25 juill. 1826, Haize c. Esseline.

114. — Le mari est dans ce cas soumis à toutes les obligations de l'usufruitier; et même plus rigoureusement qu'au cas précédent, à cause de sa mauvaise foi. — Benoît, no 233.

115. — Est nulle la vente faite par le mari des paraphernaux de sa femme, lors même que l'aliénation a eu pour objet d'acquitter les dettes de cette dernière. — Néanmoins l'acquéreur ne doit la restitution des fruits qu'à compter du jour de la demande en nullité, encore bien qu'il n'ait point ignoré la qualité des biens vendus. — *Nîmes*, 25 vent. an XI, Martin c. Boulet.—Benoît, *Des paraph.*, no 237; Rolland de Villargues, no 68.

116. — Jugé également que lorsque les époux sont mariés sous le régime dotal la cession faite par le mari des droits paraphernaux de la femme sans le pouvoir ou le consentement de celle-ci, est radicalement nulle. — Cependant il résulte d'un pareil acte une reconnaissance des droits de la femme, qui peut être opposée au cessionnaire s'il invoque la prescription. — *Grenoble*, 20 juin 1827, Rigodin c. Gachet.

117. — Les fruits des biens paraphernaux, bien que confondus dans la maison commune avec les fruits dotaux, ne peuvent être saisis par les créanciers du mari.— *Agen*, 14 mars 1833, Floirac c. Besse.

Sect. 4e. — *Droits de la femme pour la répétition de ses paraphernaux et autres reprises.*

118. — La femme a contre son mari une action hypothécaire pour la répétition de ses paraphernaux aliénés par son mari ou qu'il a appliqués à son profit, alors qu'ils consistaient en sommes d'argent. — C., tit. *De pactis conventis*. — V. HYPOTHÈQUE LÉGALE.

119. — Cette action appartient également à la femme pour ses autres reprises.

120. — En pays de droit écrit, le privilége de la femme n'existait sur les meubles de son mari que pour ses reprises dotales et son augment et non pour le prix de ses paraphernaux aliénés durant le mariage. — *Lyon*, 21 août 1832, Hordier c. de Maconnex.

121. — Jugé que le mari qui a reçu le prix d'un immeuble paraphernal de sa femme, vendu par lui conjointement avec elle, est réputé en avoir profité lorsque, peu de temps après, il a acheté une maison en son nom, et acquitté une obligation par lui souscrite; en conséquence, il est responsable de ce prix envers sa femme. Mais le mari n'est pas responsable des sommes que sa femme a reçues, lorsqu'il n'a paru dans l'acte que pour autoriser sa femme, et que rien ne prouve qu'il ait profité des sommes. — *Agen*, 11 mars 1824, Triclet.

122. — Les intérêts des reprises paraphernales de la femme ne lui sont dus qu'à compter du jour de la dissolution du mariage, comme les intérêts et fruits de la dot. — *Limoges*, 24 déc. 1834, Lefebvre c. Chardin.

123. — De même : les intérêts des sommes paraphernales dues par le mari ne courent contre sa succession qu'à dater du jour de la demande, et non à partir de la dissolution du mariage. — *Toulouse*, 27 juin 1846, Douvrier c. d'Avisard.

124. — Bien qu'en principe la femme ne puisse réclamer de son mari la restitution des intérêts de ses créances paraphernales qu'elle l'a autorisé à percevoir, néanmoins le mari en doit compte, s'il est établi qu'il les a employés non aux besoins du ménage, mais à l'extinction de ses dettes. — *Toulouse*, 24 juin 1846, Dournel c. Bonnet.

125. — La femme a contre les tiers auxquels le mari aurait vendu les paraphernaux sans le consentement de sa femme, l'action en revendication qui appartient à tout propriétaire contre l'acquéreur *à non domino* : sauf à cet acquéreur à se prévaloir de la prescription dans les cas où il y a lieu. — C. civ., art. 1599.

126. — La femme dotale ne peut, au préjudice des créanciers inscrits sur ses biens paraphernaux, prendre sur ses biens les sommes dotales mobilières qu'elle a diverties. — *Limoges*, 22 juill. 1835, Grandcolin c. Bonnet.

127. — Sous le régime dotal, l'acquisition faite par le mari de portion d'un immeuble appartenant par indivis à la femme est censée faite pour le compte de celle-ci : encore bien qu'il s'agît que d'un bien paraphernal. — *Toulouse*, 19 janv. 1835, Sarraute c. Lacombe.

V. aussi AUTORISATION DE FEMME MARIÉE, COMMUNAUTÉ, CONTRAT DE MARIAGE, DOT, HYPOTHÈQUE LÉGALE.

PARAPLUIES (Fabricans et Marchands de).

Patentables de 6e classe. — Droit fixe basé sur la population; — droit proportionnel du 20e de la valeur locative de l'habitation et des lieux servant à l'exercice de la profession. — V. PATENTE.

PARATITLES.

1. — En général, on entend par le mot *paratitles* les sommaires qui, dans un ouvrage de jurisprudence, renferment l'explication des titres et des solutions les plus importantes.

2. — Plus spécialement, ce mot qui du reste a vieilli s'applique aux sommaires que Justinien, tout en proibant les commentaires sur ses œuvres, avait permis de faire sur le Code et sur le Digeste. — L. 1, C. *de vet. jur.*

PARC AUX CHARRETTES.

Individus tenant un parc aux charrettes. — Patentables. — Droit fixe de 5 fr.; — droit proportionnel du 20e de la valeur locative de l'habitation, et du 40e des locaux servant à l'exercice de la profession. — V. PATENTE.

PARCS ET CABANES.

V. DESTRUCTION D'INSTRUMENS D'AGRICULTURE, PARCS ET CABANES.

PARC ET FORÊT.

V. FORÊTS. — V. aussi CHASSE, PÊCHE, VOL.

PARCHEMIN.

1. — Autrefois, les grosses ou expéditions de certains actes, jugemens, ordonnances ou exploits ne pouvaient être délivrées que sur parchemin timbré. — Déclar. 14 juin 1691 et 16 juill.

1697, arrêts du conseil 22 décemb. 1771 et 16 fév. 1772.

2. — Ces règlemens sont abrogés, et aujourd'hui il n'y a plus d'obligatoire, dans les cas déterminés par les lois, que l'usage du papier timbré. — Merlin, *Rép.*, v° *Parchemin.*

3. — Quant au parchemin, les notaires et les administrations publiques peuvent s'en servir pour la rédaction des actes : à la condition toutefois de le faire préalablement timbrer. — L. 13 brum. an VII, art. 7 et 18. — V. TIMBRE.

PARCHEMINIERS.

1. — Parcheminiers pour leur compte. — Patentables de 6e classe. — Droit fixe basé sur la population; — droit proportionnel du 20e de la valeur locative de l'habitation et des lieux servant à l'exercice de la profession.

2. — Parcheminiers à façon. — Patentables de 8e classe. — Même droit fixe que les précédens, sauf la différence de classe; — droit proportionnel du 40e de la valeur locative de tous les locaux qu'ils occupent, mais seulement dans les communes de 20,000 âmes et au-dessus. — V. PATENTE.

3. — Les établissemens des parcheminiers sont rangés dans la 2e classe des ateliers insalubres. — V. ÉTABLISSEMENS INSALUBRES (nomenclature).

PARCOURS, ENTRECOURS.

1. — A l'époque où la féodalité fractionnait le royaume en une multitude de souverainetés à peu près indépendantes; quand un homme ou une femme, de condition franche, transféraient leur domicile dans une autre seigneurie dans une autre soumise à la servitude personnelle, ils y devenaient serfs. — Guyot, *Rép.*, v° *Parcours;* Rossi, *Encyclop. du droit*, v° *Aubaine*, n° 4.

2. — Dans certaines localités, il fallait, pour tomber ainsi en servitude, avoir séjourné pendant un an et jour dans la nouvelle seigneurie. — Guyot, *loc. cit.;* Rossi, *loc. cit.*

3. — Ceux qui venaient ainsi se fixer dans une seigneurie à laquelle ils étaient étrangers, formaient une classe d'aubains. — V. AUBAIN, AUBAINE.

4. — Pour faciliter entre les divers pays des communications que ces rigueurs rendaient presque impossibles, les seigneurs firent entre eux des traités de *parcours* et d'*entrecours* par lesquels ils autorisaient leurs sujets *francs* et *nobles* à parcourir et entrecourir, c'est-à-dire à changer réciproquement leur domicile sans être exposés à la servitude de corps, et le plus souvent moyennant un droit à payer au seigneur de la terre dans laquelle ils devaient s'établir. — Guyot, *Rép.*, v° *Parcours;* Rossi, *Encyclop. du droit*, v° *Aubaine*, n° 4.

PARCOURS ET VAINE PATURE.

Table alphabétique.

PARCOURS ET VAINE PATURE. — **1.** — Le parcours est un droit en vertu duquel deux ou plusieurs communes voisines envoient *réciproquement* leurs bestiaux paître sur leurs territoires respectifs à certaines époques de l'année. Dans quelques pays, ce droit se nomme *entrecours* ou *entremeschage* ou *entrecours.* — V. Coutume de la Marche, art. 360; Coutume d'Auvergne, chap. 8, art. 2; Fournel, *Traité du voisinage*, v° *Parcours*, t. 2, p. 358.

2. — Lorsqu'au lieu de s'exercer de commune à commune, le parcours s'exerce entre simples particuliers de la même commune, il prend le nom de *vaine pâture.* La vaine pâture suppose donc entre les habitans de la même commune une association par laquelle chaque associé se soumet à subir sur ses propriétés l'exercice du droit dont il veut jouir sur les propriétés des autres.

§ 1er. — *De la nature des droits de parcours et de vaine pâture. — Historique et législation* (n° 3).

§ 2. — *De l'exercice des droits de parcours et de vaine pâture* (n° 52).

§ 3. — *Comment les deux droits prennent fin* (n° 104).

§ 1er. — *De la nature des droits de parcours et de vaine pâture. — Historique et législation.*

3. — Ce qui distingue le *parcours*, dit Bost (*Organ. et attribut. des corps munic.*), c'est la réunion des trois circonstances suivantes : 1° il appartient toujours à une commune; 2° il s'exerce toujours sur le territoire d'une commune autre que celle qui en jouit; 3° il contient toujours une obligation réciproque, c'est-à-dire que la commune qui en jouit est soumise à l'obligation de souffrir que, sur son territoire, l'autre commune jouisse d'un pareil avantage.

4. — Par suite du principe que la *réciprocité* est de l'essence du parcours, on a déclaré légal et obligatoire l'arrêté de l'autorité municipale, approuvé par le préfet, qui exclut du terrain de parcours sur un terrain communal les habitans d'une commune voisine qui, ayant aliéné des communaux, *ne peut elle-même fournir la réciprocité de ce droit.* — *Cass.*, 1er juin 1838 (t. 2 1838, p. 365), Lombard et Gardera; 11 fév. 1839 (t. 2 1839, p. 45), même affaire.

5. — Le parcours était admis par la coutume d'Auvergne, chap. 2, art. 2; par celle de Montargis, chap. 4, art. 2; par celle d'Auxerre, art. 260; par celle de Meaux, art. 179; par celle de Sens, art. 146; par celle de Melun, art. 303; par celle de l'Orléanais, art. 145. — *Cass.*, 13 fruct. an XII, Dupuy c. commune de St-Martin. — Il était aussi autorisé par les coutumes du Vermandois. — *Cass.*, 29 mai 1846 (t. 1er 1849, p. 551), Bocquet et Oudet c. Michelet. — De Normandie, art. 82; et de Poitou, t. 1er, art. 193. — Freminville, *Pratique des terriers*, t. 3, p. 486.

6. — On classe quelquefois le droit de parcours parmi les servitudes légales établies pour l'utilité communale et dont parlent les art. 649 et 652 du C. civ., mais il est difficile de le considérer comme constituant une servitude proprement dite. — Il est constant, dans tous les cas, que, si les propriétés de l'une des communes sont livrées au parcours, ce n'est pas par l'effet d'un droit de servitude qui s'exercerait au profit des propriétés situées sur l'autre commune : car ceux qui ne possèdent aucune propriété dans les deux communes peuvent envoyer des bestiaux au parcours, pourvu qu'ils soient domiciliés dans l'une d'elles. — V. *infrà* l'art. 14, sect. 4 du tit. 1er L. 28 sept. 1791, n° 73.

7. — Plusieurs anciennes coutumes qui avaient consacré explicitement le droit de vaine pâture et celui de parcours, ne les considéraient pas du reste comme de simples servitudes. — V. Coutumes de la Marche, art. 362; de l'Orléanais, art. 155; de la terre de Gorze, t. 16, art. 14. — Merlin, *Rép.*, v° *Vaine pâture*, n° 2; Denizart, *id.*; Cappeau, *Législat. rur.*, t. 1er, p. 45. — Nous croyons qu'on devrait plutôt voir dans le parcours un droit d'usage s'exerçant activement et passivement tout à la fois, puisque la réciprocité est de son essence. Sous ce rapport, il participe aussi de la nature des sociétés. — Proudhon, *Usufruit*, t. 8, nos 3656 et 3667. — Quoi qu'il en soit, la plupart des auteurs et la majorité des arrêts appliquent à ce droit les principes des servitudes sous plusieurs rapports.

8. — Si le parcours appartenait à l'une des communes, sans réciprocité pour l'autre, ce serait alors un droit *sui generis* qui ne pourrait résulter que d'un titre. — Curasson sur Proudhon, *Traité du droit d'usage*, t. 1er, n° 349.

9. — Les bouchers de Paris avaient autrefois le droit d'envoyer leurs animaux paître sur les terres en jachères de la banlieue de Paris. Depuis la promulgation du Code rural de 1791, ils ont demandé à rentrer dans ce privilége, que l'administration leur contestait, mais leur réclamation a été repoussée par un avis du Conseil d'Etat du 30 frim. an XII, qui se fonde, entre autres considérations, sur ce que la ville de Paris n'offrant pas aux communes environnantes une réciprocité de parcours, pour faire compensation à celui que demandaient les bouchers, les prétentions de ceux-ci étaient inconciliables avec les règles propres au droit dont ils arguaient.

10. — La vaine pâture s'exerce sur les terres lorsque les récoltes ont été coupées et qu'elles ne portent ni semence ni fruit; sur les prairies naturelles, après leur seconde faux, quant à celles qui produisent deux herbes, ou au moins depuis le 15 octobre jusqu'au 15 mars; sur les terres vacantes non labourées ni cultivées, les landes, les chemins, haies et buissons; enfin sur tout champ qui n'a ni fossé, haie ou muraille, ni apparence de clôture ou de défense. — Cout. d'Auxerrois, art. 263; de Barrois, art. 208; de Bassigny, art. 129; de Châlons-sur-Marne, art. 266; de Chaumont en Bassigny, art. 104; de Lorraine, tit. 15, art. 3; de Montargis, ch. 4, art. 2; d'Orléanais, art. 145 et 147; de Melun, art. 302; de Metz, art. 3, tit. 14; de Saint-Mihiel, art. 3, tit. 13; de Sedan, art. 303; de Troyes, art. 170; de Verdun, tit. 11, art. 1er; de Vitry-le-Français, art. 122. — Arg. L. 28 sept., 6 oct. 1791, art. 5 et 6, sect. 4. — Rolland de Villargues, *Rép. du not.*, v° *Parcours et vaine pâture*, n° 13.

11. — Dans quelques coutumes, envoyer des bestiaux à la vaine pâture s'appelait *champoyer*. Dans la coutume de Normandie, la faculté de participer au même avantage s'appelait *banon*.

12. — Il suffit que les landes produisent un revenu qui ne soit pas à négliger et que leur terrain soit l'objet d'un genre de culture conforme à l'usage local, approprié à la nature du sol et de ses produits, pour que le pacage exercé sur elles ne doive pas être considéré comme étant une vaine pâture. — *Cass.*, 20 nov. 1837 (t. 2 1839, p. 190), Balguerie, c. section de commune d'Andernos; 1er juill. 1839 (t. 2 1839, p. 192), Lamey c. commune de Saint-Magne.

13. — On peut envoyer pacager les bestiaux en toutes saisons sur les friches, landes et chemins. — Vaudoré, *Droit rural français*, t. 1er, n° 317.

14. — Tous les habitans d'une commune ont droit à la vaine pâture. — *Paris*, 27 août 1812, Duclos c. commune de Boissire-le-Bertrand.

15. — Il est des pays où la vaine pâture a lieu sur les prés, après leur première coupe; alors les propriétaires ne peuvent mettre les prés en réserve pour en tirer du regain, si ce n'est du consentement des deux communautés. — Arr. Parlem. Dijon, 2 mars 1747, rapporté par Denisart, v° *Parcours*. — Fournel, t. 2, p. 363; Merlin, *Rép.*, v° *Parcours*, n° 6; Rolland de Villargues, n° 14 (sauf le droit, pour le propriétaire, de s'affranchir par la clôture). — V. *infrà*, nos 105 et suiv.

16. — Il a été décidé par la Cour de Poitiers que l'usage de la seconde herbe dans les prairies qui, après la récolte de la première herbe, sont abandonnées aux bestiaux, n'est admis qu'avec la qualification et le caractère de vaine pâture et ne peut constituer une véritable servitude, au profit de celui qui l'exerce, sur la propriété d'autrui, qu'autant qu'il y en a titre ou que la propriété est en état de clôture. — *Poitiers*, 18 juin 1835, Mondor c. Rapot et Martin. — V. cependant, sur la circonstance de clôture, Curasson sur Proudhon, *Droit d'usage*, t. 1er, n° 359.

17. — Mais la Cour de cassation juge en principe que la jouissance des secondes herbes d'un pré au profit d'une commune peut d'après les circonstances de fait dont l'appréciation appartient souverainement aux tribunaux, constituer un droit de copropriété et non pas seulement un simple droit de vaine pâture ou d'usage. — *Cass.*, 22 nov. 1841 (t. 1er 1842, p. 457), Boudoul c. commune du Bouchet-Saint-Nicolas. — Curasson sur Proudhon, *Droit d'usage*, t. 1er, n° 357.

18. — En Dauphiné le droit de paquérage ou de faire paître les bestiaux après la fauchaison des premières herbes, est un simple droit de vaine pâture. — *Cass.*, 8 mai 1828, commune de Fressins c. Pravaz.

19. — N'est pas sujet à cassation l'arrêt qui décide que, sous la coutume de Bourgogne, il n'était pas nécessaire que celui qui prétendait avoir droit à la vaine pâture fût tout à la fois de la même seigneurie et de la même paroisse que le propriétaire du fonds assujetti. — *Cass.*, 24 déc. 1828, commune de Charge c. commune de Créot.

20. — Il résulte, de ce qui précède, que si deux communes entre lesquelles existait un droit de parcours étaient réunies en une seule, le droit se transformerait immédiatement en un droit de vaine pâture. — Bost, t. 1er, p. 403.

21. — Et si une commune sur le territoire de laquelle la vaine pâture s'exerçait était réunie à une autre commune qui ne reconnût pas ce droit, les habitans de cette dernière seraient libres de soustraire leurs terres à la vaine pâture. — Bost, *ibid.*

22. — Le parcours et la vaine pâture emportent avec eux l'usage de ce qui est nécessaire pour s'y livrer. Ainsi, le gardien des troupeaux peut être logé dans une cabane mobile. — Vaudoré, t. 1er, n° 316.

23. — Il n'y a pas d'action possessoire en matière de vaine pâture. Cette action n'est ouverte qu'à celui qui exerce un droit de vive pâture. On considère, en effet, la vaine pâture comme une servitude discontinue, qui ne peut s'acquérir par la prescription. — Ferrière, *Dict. de proc.*, v° *Pâturage*; Denizart, v° *Vaine pâture*; Curasson sur Proudhon, *Traité des droits d'usage*, t. 1er, n° 349.

24. — Indépendamment du parcours, qui n'existe qu'à charge de réciprocité entre des communes, et de la vaine pâture, qui n'existe qu'à charge de réciprocité entre des particuliers d'une même commune, il peut exister un troisième droit, celui d'envoyer ses troupeaux au pâturage sur le terrain d'autrui. C'est le droit de *vive pâture* ou de *pâturage*, qui n'admet pas de réciprocité. L'exercice en est réglé par le titre qui le constitue. On l'appelle quelquefois droit de pacage. — V. PATURAGE.

25. — Les conseils municipaux des communes ont le droit de régler, par des arrêtés, de quelle manière les habitans pourront envoyer leurs bestiaux sur les terres et prairies qui appartiennent à la commune. — L. 18 juill. 1837, art. 17, n° 3. — Le pâturage, dans ce cas, ne peut être confondu avec le parcours ou la vaine pâture, et on ne doit y voir qu'un des modes autorisés par l'administration municipale pour la jouissance des biens communaux. — V. PATURAGE.

26. — Le parcours et la vaine pâture n'ont pas lieu dans les bois. En effet, l'introduction des bestiaux à ce titre, dans un bois, pourrait causer de grands dommages à la personne à laquelle il appartient : une surveillance incessante étant presque impossible de la part de cette dernière. Par la nature même des choses, l'abus du droit serait plus préjudiciable pour le maître d'une forêt que pour un propriétaire de domaine rural. Il faut ajouter que le pâturage dans les bois a lieu toute l'année, tandis que le parcours et la vaine pâture ne s'exercent qu'à certaines époques. Enfin, il serait presque toujours impossible aux communes et aux particuliers de se mettre dans des rapports de réciprocité quant à la pâture avec les propriétaires de forêts. — Cappeau, t. 1er, p. 83; Proudhon et Curasson, *Droit d'usage*, t. 2, n° 334.

27. — Cependant la coutume de Nivernais admettait la vaine pâture dans les bois (chap. *Des droits de blairie*, art. 5), mais c'était là une disposition tout exceptionnelle. — Denizart, v° *Parcours*; Henrion de Pansey, *Comp. des just. de paix*, chap. 43, § 5, p. 384.

28. — La Cour de cassation a reconnu ce principe en décidant que le droit de pâturage dans les bois constitue toujours un droit de *vive pâture*, qui ne peut être établi que par titre. — *Cass.*, 12 nov. 1828, Commune de Chémilly c. Varange.

29. — Le droit de pâturage dans les forêts est l'un des usages en bois dont s'occupent les articles 61 et suiv. du C. forest., — V. USAGES DANS LES FORÊTS.

30. — Quant au délit de pâturage dans les forêts, c'est-à-dire celui qui consiste à y introduire des bestiaux ou d'autres animaux qui les dégradent, V. l'art. 199 C. forest. et FORÊTS, nos 2517 et suiv.

31. — Le parcours et la vaine pâture, tels qu'ils étaient mis en pratique dans une grande partie de la France, étaient funestes à l'agriculture. Ils mettaient des obstacles insurmontables à la destruction des jachères, ils s'opposaient à la formation des prairies artificielles, ils empêchaient d'obtenir des regains dans les prairies naturelles, et ils contribuaient à propager les épizooties en transportant les miasmes délétères d'une commune à une autre. Aussi le parcours avait-il été aboli dans plusieurs provinces, notamment dans la Champagne, le Barrois, le Béarn, la Franche-Comté, la Lorraine, les Trois Evêchés et dans le ressort du parlement de Flandres, par des édits de mars et août 1769, fév. 1770 et 1771. — Vaudoré, *Dr. rur. franç.*, t. 1er, n° 303; Fournel *Traité du voisinage*, t. 1er, p. 364 et 380; Rolland de Villargues, *Rép. du notarial*, v° *Parcours et vaine pâture*, n° 99; Merlin, v° *Parcours*, n° 10; Curasson sur Proudhon, *Traité du droit d'usage*, t. 1er, nos 346 et suiv.

32. — En 1791, l'Assemblée constituante s'est occupée du parcours et de la vaine pâture; elle y a consacré la section 4 du tit. 2 du Code rural du 28 sept.-6 oct. 1791. Ce Code maintient provisoirement ces deux modes de pâturage, en diminuant, sous plusieurs rapports leurs inconvéniens. Depuis cette époque des tentatives ont été faites pour les faire supprimer l'un et l'autre. En 1808, Chaptal, ministre de l'intérieur, fut chargé par le chef du gouvernement de lui présenter un nouveau projet de Code rural qui assurât à l'agriculture toute la prospérité dont elle est susceptible. Ce projet fut dressé : il renfermait 280 articles. Il abolissait le parcours et la vaine pâture non fondés en titre, et il déclarait rachetables ceux qui résultaient d'un titre. Un décret donné à Bayonne, le 19 mai 1808, avait ordonné qu'avant la discussion au Conseil d'Etat, ce projet serait communiqué à des commissions consultatives formées dans le chef-lieu de chaque Cour d'appel; mais ce décret n'a pas reçu d'exécution et le projet a été abandonné. Depuis il a été repris avec quelques modifications, et un rapport a même été lu le 17 juin 1836 par M. Gillon à la Chambre des députés sur un nouveau projet qui réalisait la même suppression. Quoi qu'il en soit, ces tentatives n'ont amené aucun résultat; et encore maintenant le Code rural de 1791 est la loi de la matière, et c'est là que nous devons chercher les principes qui la régissent.

33. — Nous ferons seulement remarquer que s'il est désirable que d'anciens usages préjudiciables à la culture soient supprimés, cette mesure ne réunirait cependant tous les suffrages qu'autant qu'en même temps on prendrait quelques dispositions pour donner aux pauvres les moyens de nourrir leurs bestiaux sur le territoire de chaque commune.

34. — Cette loi du 28 septembre 1791 ne reconnaît le parcours et la vaine pâture comme régulièrement constitués qu'à certaines conditions. L'art. 2 de la section 4 du titre 2 porte : « La servitude réciproque de paroisse à paroisse, connue sous le nom de parcours et qui entraîne avec elle le droit de vaine pâture, continuera provisoirement d'avoir lieu avec les restrictions déterminées à la présente section, lorsque cette servitude sera fondée sur un titre ou sur une possession autorisée par les lois et les coutumes : à tous autres égards elle est abolie. »

35.—Aux termes de l'art. 3 : le droit de vaine pâture dans une paroisse ne peut exister que dans les lieux où il est fondé sur un titre particulier, ou autorisé par la loi, ou par un usage local immémorial, et à la charge que la vaine pâture n'y sera exercée que conformément aux règles et usages locaux qui ne contrarieront pas les réserves portées dans la même section.

36. — En restreignant le droit de parcours et de vaine pâture, la loi de 1791 a constitué un véritable fait du prince ou du législateur, dont l'application n'a pu créer aucun droit de garantie au profit de la commune dépouillée de ses droits contre la commune propriétaire du fonds grevé, alors même que l'association au parcours coutumier de commune à commune n'aurait eu lieu qu'à titre onéreux ; il n'y a pas même lieu, dans ce cas, à la restitution par la commune qui bénéficie de la disposition légale, de ce qu'elle avait reçu en échange de l'association. — *Cass.*, 19 fév. 1839 (t. 1er 1839, p. 186), Commune de Guillon c. Magnin.

37. — Le parcours et la vaine pâture n'existent donc actuellement qu'autant qu'ils sont fondés 1° *ou sur un titre*, 2° ou sur quelques dispositions des anciennes lois ou coutumes, 3° ou sur un usage local immémorial dès l'année 1791. Mais des faits de jouissance acquis depuis le C. civ. ne pourraient devenir le principe d'une prescription. — Arg. *Cass.*, 28 nov. 1827, commune de Fravoz. — Troplong, *Prescrip.*, n° 387. — Et, par suite, l'action possessoire ne serait pas recevable. — *Cass.*, 22 nov. 1830, commune de Rieux. — V. ACTION POSSESSOIRE, nos 352 et suiv. — V., en outre, PRESCRIPTION.

38. — On ne peut considérer comme constituant des titres récognitifs du droit de vaine pâture les transactions ou délibérations émanées soit de la commune qui prétend à l'exercice de ce droit, soit des personnes qui n'étaient pas les auteurs de celui contre qui le droit est invoqué. — *Cass.*, 27 avr. 1846 (t. 2 1846, p. 24), Faure c. commune de Saint-Symphorien.

39. — Mais on devrait considérer comme établi sur un titre un droit de vaine pâture à l'occasion duquel aurait été stipulée une redevance alors qu'il résulte des circonstances que cette redevance n'était pas le prix de la servitude conventionnelle de vaine pâture, mais celui de la renonciation à un droit féodal. — *Cass.*, 1er juill. 1840, (t. 2 1840, p. 746), Commune de Saviangi c. Galin.

40. — En Sologne, le droit de vaine pâture ne peut résulter que d'un titre conventionnel. — *Orléans*, 19 août 1847 (t. 2 1847, p. 507), Pierre c. Scottow.

41. — Le droit de parcours réciproque de paroisse à paroisse a été aboli pour la province de Bigorre par l'édit de 1771 (art. 5). — Ce droit, ainsi aboli, n'a pu être maintenu au profit d'une commune située dans cette province et qui n'avait d'autre titre qu'une transaction constatant une coutume locale. — *Cass.*, 25 mars 1844 (t. 1er 1844, p. 519), Commune d'Artagnan c. Ville de Vic.

42.— Un arrêté municipal ne peut prohiber le droit de vaine pâture dans les communes où il existe en vertu de la coutume confirmée par des règlemens et arrêts. — *Cass.*, 7 sept. 1844 (t. 2 1845, p. 476), Litelle-Dehaye.

43.—Jugé que le droit de vaine pâture, accompagné ou non de la servitude de parcours, continue de subsister dans les lieux où il est fondé sur un titre particulier ou autorisé par la loi ou par un usage immémorial, spécialement dans les pays originaux régis par les coutumes du Vermandois. — *Cass.*, 29 mai 1846 (t. 1er 1849, p. 551), Bocquet.

44. — La coutume de Troyes n'admettait en Champagne que deux moyens pour prouver le droit de parcours réciproque de commune à commune, savoir : un titre, et le paiement d'une redevance par temps suffisant pour acquérir la prescription ; aussi, ce parcours, aboli d'ailleurs par l'édit de mai 1769 et la loi du 6 oct. 1791, ne peut résulter de la possession, même immémoriale, qu'il s'agisse de terrains clos ou non clos. — *Cass.*, 18 févr. 1840 (t. 1er 1840, p. 640), Michau et Feignet c. Commune de Lantage. — Loisel, *Instit. coutum.*, l. 2, tit. 2, règle 20, t. 1er, n° 247 (édit. Dupin et Laboulaye).

45. — Sous les coutumes d'Orléans et de Montargis, auxquelles il n'est pas dérogé par la loi du 28 sept. 1791, les habitans des communes soumises au parcours et à la vaine pâture, pouvaient faire pacager les bêtes aumailles et les moutons de boucher dans les prairies naturelles, après l'enlèvement de la première herbe de chaque partie de pré, sans attendre la dépouille de la récolte entière de ces prairies. — En conséquence, le jugement qui constate en fait que, depuis un temps immémorial, certaines communes jouissent de ce droit de pacage, sans qu'aucun règlement municipal local le leur ait enlevé, ne viole aucune loi, en renvoyant de toute poursuite l'habitant qui a usé de la faculté que lui accordaient les coutumes précitées. — *Cass.*, 17 déc. 1841 (t. 2 1842, p. 485), Mangin et Martin.

46. — Le bail que le propriétaire de landes aurait consenti aux habitans d'une commune ne peut être considéré, de la part de ces habitans, comme une renonciation aux droits de pacage, qu'ils auraient acquis sur ces landes par une possession immémoriale antérieure au Code. — *Cass.*, 20 nov. 1837, (t. 2 1839, p. 190), Balguerie c. Section de commune d'Andernos.

47. — Dans les pays de droit écrit, la vaine pâture existait communément, mais elle n'avait que le caractère d'un fait de pure tolérance. Il est évident que dans ces pays elle n'a encore aujourd'hui que le même caractère et que la loi du 28 sept. 1791 ne lui a donné aucune force nouvelle. — Proudhon et Curasson, *Traité du droit d'usage*, t. 1er, nos 331 et 349.

48. — Le droit au parcours ou à la vaine pâture étant attaché à l'exploitation des terres, ce droit est incessible de la part de celui à qui il appartient. L'art. 15 de la loi de 1791 dispose ainsi quant aux propriétaires ou fermiers exploitant des terres sur les communes sujettes au parcours et à la vaine pâture, et dans lesquelles ils ne sont pas domiciliés. Ces propriétaires ou fermiers ne peuvent céder leur droit à d'autres.

49. — Vaudoré (*Droit rural français*, t. 1er, n° 340) et Rolland de Villargues (*Jurisprud. du not.*, art. 44) ont conclu de la rédaction de cet art. 15, que la cession du droit au parcours n'était interdite qu'aux cultivateurs non domiciliés dans la commune, mais qu'une pareille transmission était régulière lorsqu'elle émane de ceux qui y ont leur domicile.

50. — Mais cette distinction a été repoussée par la Cour de cassation, qui décide que l'exercice du droit de parcours est indivisible et inséparable de l'exploitation des terres pour lesquelles le droit a été conféré ; que dès lors il ne peut être cédé par un individu habitant ou non la commune à un autre qui n'a pas cette exploitation. — *Cass.*, 24 fév. 1833, Blot et Dabou ; 17 août 1833, Patriot ; 16 juin 1848 (t. 2 1848, p. 341), Pignolet.

51. — La réunion des troupeaux de deux fermiers non domiciliés dans une commune, mais qui y exploitent des terres, pour les faire pâturer en commun sur les terres de l'un d'eux, ne constitue pas par elle-même une cession réciproque et prohibée du droit de vaine pâture appartenant individuellement à chacun de ces fermiers, tant que la simulation et la fraude ne sont pas prouvées. — *Cass.*, 8 mai 1838 (t. 2 1838, p. 295), Daniel c. Delacourt et Nantier.

§ 2. — *De l'exercice des droits de parcours et de vaine pâture.*

52. — La loi du 28 septembre 1791 donnait au maire et au conseil général de chaque commune (aujourd'hui le conseil municipal) la mission de prendre des arrêtés pour régler l'exercice du parcours et de la vaine pâture. Ces pouvoirs ont été confirmés par l'art. 15 de la loi du 8 pluviôse an VIII, et ils ont été exercés par les administrations municipales dans toute leur plénitude jusqu'à la loi du 18 juillet 1837.

53. — Il était de jurisprudence avant la loi du 18 juillet 1837, que les règlemens faits par les administrations municipales sur l'exercice du droit de parcours ou de vaine pâture dans les pays où ce droit était établi, avaient le caractère de règlemens de police obligatoires tant qu'ils n'avaient pas été réformés par l'autorité supérieure. — *Cass.*, 5 juill. 1821, Saussier ; 14 juin 1822, Bourgeois ; 4 juill. 1824, Masson ; 21 avril 1827, Hugot ; 15 fév. 1828, Laurent ; 10 sept. 1831, Lartigues ; 16 sept. 1833, Dongevin ; 19 fév. 1835, Lalesne ; 18 mars 1836, Payssan ; 31 mars 1836, Quesnel, Ferret et Nouvel.

54. — Jugé aussi que l'arrêté par lequel un maire défendait aux propriétaires d'oies de les envoyer paître dans les champs sujets au droit de parcours, rentrait dans les attributions de l'autorité municipale et devait être exécuté tant qu'il n'avait pas été rapporté par l'autorité supérieure. — *Cass.*, 11 oct. 1821, Charton.

55. — Jugé, d'un autre côté, que l'arrêté par lequel le maire d'une commune déclarait une prairie affranchie du droit de parcours et défendait d'y conduire du bétail, ne pouvait sous aucun rapport être considéré comme un acte administratif à l'égard des habitans d'une autre commune qui y exerçaient un droit de parcours et dont les autorités n'avaient donné à cet arrêté ni leur concours ni leur approbation. — *Cass.*, 20 nov. 1823, Maquart c. Tauffin.

56. — La loi de 1837 (art. 19, n° 8) classe le parcours et la vaine pâture parmi les objets sur lesquels le conseil municipal est appelé à délibérer. Mais, aux termes de l'art. 20 de cette loi, les délibérations prises par le conseil municipal sont adressées au sous-préfet, et elles ne sont exécutoires que sur l'approbation du préfet. — Fournel, t. 2, p. 374.

57. — Conformément à ces deux dispositions, la Cour de cassation a jugé que la délibération d'un conseil municipal qui réglemente l'exercice de la vaine pâture, n'est exécutoire qu'après avoir été approuvée par le préfet ; et qu'en conséquence ne sont point punissables, par application de l'art. 471, n° 15, du Code pénal, les faits de vaine pâture contraires aux prohibitions contenues dans une pareille délibération, lorsqu'ils ont eu lieu avant l'approbation du préfet. — *Cass.*, 15 juin 1844 (t. 2 1844, p. 277), Roth.

58. — Il a été jugé que l'autorité municipale peut, dans l'absence même d'un fait constaté de maladie et sur de simples appréhensions qui lui paraissent exiger des mesures préventives, prendre des arrêtés pour prévenir les fléaux calamiteux et spécialement les épizooties, sauf recours de tout individu qui se croirait lésé à l'autorité administrative supérieure. Et la réclamation faite par le particulier dont le troupeau aurait été l'objet d'un semblable arrêté n'empêcherait pas cet arrêté d'être exécutoire. — *Cass.*, 1er fév. 1822, Dejames. — Cette décision, bien qu'antérieure à la loi de 1837, est encore applicable sous l'empire de cette loi, car son art. 10, n° 1er, conserve au maire le droit d'exercer la police rurale. D'ailleurs, la salubrité publique est ici intéressée. — L. 1791, sect. 4, art. 20. — V. DÉLIT RURAL, n° 54 ; ÉPIZOOTIE, n° 72.

59. — Le droit de parcours sur un terrain communal reconnu par arrêté municipal au profit des *habitans seuls* de la commune ne peut être réclamé et exercé par un habitant d'une commune voisine, quoiqu'il possède des biens et qu'il réside quelquefois dans la première. — *Cass.*, 11 févr. 1839 (t. 2 1839, p. 445), Lombard.

60. — Est légal et *immédiatement* obligatoire l'arrêté d'un maire 1° qui nomme en conseil municipal un pâtre commun pour la commune ; 2° qui porte défense de faire conduire les bestiaux au parcours sous la garde d'un pâtre autre que le pâtre commun ; 3° enfin, qui contient règlement pour l'exercice de la vaine pâture sur le territoire de la commune, lorsqu'en ceci l'arrêté ne fait que se référer à un arrêté antérieur portant règlement sur la même matière. — *Cass.*, 2 déc. 1841 (t. 1er 1842, p. 592), Chaumont.

61. — Lorsqu'un arrêté municipal a fixé le nombre de moutons que chaque propriétaire pourrait envoyer à la vaine pâture, il ne peut être dérogé par des conventions particulières faites entre propriétaires de la même commune aux dispositions limitatives de cet arrêté. — *Cass.*, 15 oct. 1846 (t. 2 1849, p. 44), Thibault.

62. — L'arrêté municipal qui a divisé le territoire d'une commune en deux cantons pour l'exercice de la vaine pâture, et qui a nommé un pâtre commun pour chaque canton, avec défense aux pâtres de conduire leurs bestiaux dans le canton l'un de l'autre, ne met pas obstacle à ce que l'habitant d'un canton fasse conduire ses bestiaux par un pâtre particulier sur un terrain mis en prairie artificielle, et dès lors affranchi de la vaine pâture, qu'il possède dans l'autre canton, alors d'ailleurs que pour arriver à ce terrain le pâtre particulier et les bestiaux n'ont passé sur aucune terre soumise à la vaine pâture, mais ont suivi la voie publique. — *Cass.*, 15 juill. 1843 (t. 2 1843, p. 590), Lefèvre et Lorin.

63. — Les habitans d'une section de commune peuvent légalement mener paître leurs troupeaux sur une autre section, tant que ce fait n'est pas interdit par l'acte administratif portant règlement du droit de vaine pâture. — Il n'y a pas lieu, dans ce cas, de recourir à l'autorité administrative, alors qu'aucune difficulté relative à la vaine pâture ne s'est élevée entre les diverses sections de la commune. — *Cass.*, 28 avril 1848 (t. 2 1848, p. 513), Godet et Lesage.

64. — Lorsqu'aucun règlement du conseil municipal n'a réglé l'exercice de la vaine pâture on ne peut condamner un propriétaire de bestiaux ou son pâtre comme coupable d'infraction aux dispositions de la sect. 4e du tit. 1er de la loi de 1791, qui ne prononcent aucune pénalité. — *Cass.*, 8 juin 1821, Hamot; 1er déc. 1826, Cueillet. — S'il y avait une délibération du conseil autorisée par le préfet, l'infraction serait punissable par l'art. 471 du Code pénal, no 14, lors même que le Code rural ne contiendrait aucune pénalité pour le fait reproché. — V. en outre sur le droit de l'autorité municipale en matière de règlement de l'exercice du parcours et de la vaine pâture, *suprà*, nos 4 et suiv.

65. — Dans les pays où la vaine pâture est admise, il faut un règlement public pour mettre les prés en réserve pour obtenir des regains. Autrefois ces règlemens étaient faits par les parlemens. Un arrêté du comité de salut public du 25 thermidor an III avait d'abord décidé que l'usage de la vaine pâture dans les prés, quoique non clos, serait suspendu provisoirement jusqu'à la seconde faux et à la levée des regains. Par décision du ministre de l'intérieur du 23 thermidor an IV, les administrations centrales ont été autorisées à exécuter provisoirement cet arrêté. Actuellement les préfets rendent continuellement des arrêtés qui, suivant les besoins du département en général ou de certaines localités en particulier, interdisent la vaine pâture jusqu'à la récolte des regains. — Curasson sur Proudhon, *Traité du droit d'usage*, t. 1er, no 356.

66. — Nous avons dit que le parcours et la vaine pâture avaient été soumis par le Code rural du 28 septembre 1791 à des conditions d'exercice destinées à en prévenir l'abus, et que la section 4 du titre 1er contenait à cet égard des prescriptions qui ont conservé toute leur force et que, dès lors, il importe de connaître.

67. — Il faut remarquer d'abord que le parcours et la vaine pâture ne peuvent s'exercer qu'au profit de l'agriculture et qu'ils n'ont pas lieu pour les bestiaux dont on fait commerce ou que l'on tient d'autrui à loyer pour les élever, nourrir et engraisser. — Cappeau, t. 1er, p. 72; Denizart, vo *Pâturage;* Fournel, t. 2, p. 362 et 379; Vaudoré, t. 1er, no 334; Magnitot et Delamarre, *Dict. de droit admin.*, vo *Parcours.*

68. — La quantité de bétail, porte l'art. 13 de la loi de 1791, proportionnellement à l'étendue du terrain, sera fixée dans chaque paroisse à tant de bêtes par arpent, d'après les règlemens et usages locaux; et à défaut de documens positifs à cet égard, il y sera pourvu par le conseil général de la commune (maintenant le conseil municipal).

69. — S'il n'y avait ni usage local reconnu ni règlement du conseil municipal fixant le nombre de bêtes que chaque propriétaire peut envoyer à la vaine pâture, les habitans pourraient en envoyer tel nombre que bon leur semblerait. — *Cass.*, 24 janv. 1846 (t. 2 1846, p. 121), Fiche et Saillard.

70. — La fixation du nombre des animaux se fait non en raison de tous les biens qu'on possède dans la commune, mais en prenant pour base ceux-là seulement qui sont susceptibles de parcours. On excepte, par conséquent, les bois, les vignes les prairies artificielles et les terrains clos. — Merlin, *loc. cit.*

71. — D'après l'usage le plus généralement adopté, on envoie au parcours une bête à laine par arpent. — Arrêt du parlement de Rouen du 26 oct. 1790; arrêté du parlement de Paris du 13 août 1661 pour les habitans d'Argenteuil, de Cormeilles et de Sartrouville (Seine-et-Oise); du 23 juill. 1761 pour Nogent-sur-Seine; arrêt du règlement du siége de Tours de sept. 1777; coutumes du Maine et d'Anjou. — Denisart, vo *Pâturage;* Vaudoré, t. 1er, no 332; Merlin, *Rép.*, vo *Banon;* Cappeau, t. 1er, p. 67; Fournel, t. 2, p. 374.

72. — L'arrêté par lequel un conseil municipal fixe le nombre de bêtes qui pourront être envoyées au parcours par chaque habitant, est obligatoire même pour les habitans d'une autre commune qui ont un droit de parcours réciproque, s'il a été homologué par le préfet, encore bien que cette commune n'ait été ni entendue ni appelée lors de l'homologation. — *Cass.*, 5 juill. 1821, Saussier.

73. — Le droit qui appartient aux conseils municipaux de fixer le nombre de têtes de bétail par arpent qui seront envoyées au parcours, comprend virtuellement celui de cantonner les diverses espèces de bétail sur les diverses parties du territoire, et le bétail de chaque habitant sur telles et telles propriétés. — *Cass.*, 14 nov. 1834, Guénebaud et Raillard. — Curasson sur Proudhon, *Traité du droit d'usage*, t. 1er, no 305 et 366. — Sauf approbation par le préfet des arrêtés qu'ils prendraient à cet égard. — L. 18 juill. 1837, art. 19, § 8. — V. aussi sur le cantonnement, *Paris*, 27 août 1812, Duclos c. commune de Boissire-le-Bertrand, et l'arrêt *Cass.*, 1er fév. 1821, Dejames, cité plus haut.

74. — Et lorsque le terroir a été divisé en tout ou en partie, celui qui conduirait ses bestiaux sur le cantonnement attribué à un autre se rendrait passible des peines portées par l'art. 24, tit. 2 de la loi de 1791 contre ceux qui mènent des bestiaux sur le terrain d'autrui. — *Cass.*, 20 août 1824 (règl. de juges), Aliage. — Curasson sur Proudhon, *Traité du droit d'usage*, t. 1er, no 366.

75. — Celui qui a envoyé à la vaine pâture une quantité de têtes de bétail supérieure à celle qu'il avait le droit d'y mettre, ne peut pas être acquitté sous le prétexte que le nombre total des bêtes envoyées par les divers habitans n'excédait pas celui déterminé par le règlement. — *Cass.*, 12 juin 1828, Bianvin.

76. — « Néanmoins, porte l'art. 14, par exception à l'art. 13, tout chef de famille domicilié qui ne sera ni propriétaire ni fermier d'aucun des terrains sujets au parcours ou à la vaine pâture, et le propriétaire ou le fermier à qui la modicité de son exploitation n'assurerait pas l'avantage qui va être déterminé, pourront mettre sur lesdits terrains soit par troupeau séparé, soit en troupeau en commun, jusqu'au nombre de six bêtes à laine, et d'une vache avec son veau, sans préjudice aux droits desdites personnes sur les terres communales, s'il y en a dans la paroisse, et sans entendre rien innover aux lois, coutumes ou usages locaux et de temps immémorial qui leur accorderaient un plus grand avantage. — Art. 14.

77. — On n'admet généralement pas à la vaine pâture les oies, les chèvres, les porcs, ou du moins on ne les tolère que sur les jachères et sur les terres en friche, mais non sur les prés. Ces animaux étaient l'objet de dispositions spéciales dans les coutumes de Normandie, art. 84; d'Orléanais, art. 155; de Sens, art. 150; de Melun, art. 305. Une ordonnance de l'intendant de Champagne du 7 oct. 1733 les excluait du parcours. — Vaudoré, t. 1er, no 314; Loisel, *Instit. cout.*, liv. 2, tit. 2, règle 19, t. 1er, no 246 (édit. Dupin et Laboulaye).

78. — L'art. 18 du titre 2 du Code rural de 1791 porte : « Dans les pays qui ne sont sujets ni au parcours ni à la vaine pâture, pour toute chèvre qui sera trouvée sur l'héritage d'autrui contre le gré du propriétaire de l'héritage, il sera payé une amende de la valeur d'une journée de travail (trois journées, L. 16 therm. an IV) par le propriétaire de la chèvre. Dans les pays de parcours ou de vaine pâture où les chèvres ne sont pas rassemblées et conduites en troupeau commun, celui qui aura des animaux de cette espèce ne pourra les mener aux champs qu'attachés, sous peine d'une amende de la valeur d'une journée (trois journées) de travail par tête d'animal. En quelque circonstance que ce soit, lorsqu'elles auront fait du dommage aux arbres fruitiers ou autres, haies, vignes, jardins, l'amende sera double sans préjudice du dédommagement dû au propriétaire. — V. ANIMAUX, no 92; CHÈVRES, no 11.

79. — Les propriétaires ou fermiers exploitant des terres sur les paroisses sujettes au parcours ou à la vaine pâture, et dans lesquelles ils ne seraient pas domiciliés, ont le droit de mettre dans le troupeau commun, ou de faire garder par troupeau séparé une quantité de têtes de bétail proportionnée à l'étendue de leur exploitation, suivant les dispositions de l'art. 13. — L. 1791, art. 15.

80. — L'usage du troupeau en commun ayant pu s'établir par la durée et la volonté des habitans aussi bien que par l'autorité d'une disposition de la coutume, on ne saurait se prévaloir du silence de cette coutume pour contester en point de fait l'existence arguée d'un pareil usage. — *Cass.*, 20 juill. 1839 (t. 2 1839, p. 446), Lallemand.

81. — Il ressort tout à la fois de l'esprit de la loi de 1791 et de la nature même des choses qu'on peut participer au parcours ou à la vaine pâture soit en réunissant ses bestiaux au troupeau commun, soit en formant un troupeau séparé (art. 12 de ladite loi), mais qu'on ne pourrait établir dans une commune deux ou plusieurs troupeaux communs.

82. — Aussi est-il de jurisprudence que les propriétaires ou fermiers ne peuvent user du droit de parcours et de vaine pâture qu'individuellement ou en mettant leur bétail dans le troupeau commun du territoire; mais qu'il n'est pas permis à deux ou plusieurs particuliers de placer les animaux qui leur appartiennent sous la conduite d'un berger choisi par eux. — *Cass.*, 9 fév. 1838 (t. 1er 1840, p. 351), Commune de Courcelles; 20 juill. 1839 (t. 2 1839, p. 446) Lallemant; 2 déc. 1841 (t. 1er 1842, p. 592, 593), Chaumont et Rozé (deux arrêts).

83. — Les propriétaires qui font paître leurs troupeaux séparément ne sont pas obligés de contribuer aux frais de garde du troupeau commun. — *Cass.*, 4 juill. 1821, Creuse et Billot. — Lepasquier, *Législat. de la vaine pâture*, p. 147; Rolland de Villargues, no 57.

84. — Les dégâts que commettrait le troupeau commun envoyé au parcours n'entraîneraient aucune responsabilité pour chacun des propriétaires auxquels les bestiaux appartiendraient. Le pâtre commun serait seul responsable correctionnellement. — *Cass.*, 14 frim. an XIV, Dollin c. Richy. — Cappeau, t. 1er, p. 84; Henrion de Pansey, *Comp. des just. de paix*, p. 168.

85. — La Cour de cassation a décidé que, dans ce cas, les communes sont responsables des amendes encourues par le pâtre du troupeau communal, sauf à être fait administrativement une répartition ultérieure desdites amendes entre les propriétaires des bestiaux trouvés en délit. — *Cass.*, 22 fév. 1811, Commune de Rollingen.

86. — Dans aucun cas et dans aucun temps le droit de parcours ni celui de vaine pâture ne peuvent s'exercer sur les prairies artificielles, et ne peuvent avoir lieu sur aucune terre ensemencée ou couverte de quelques productions que ce soit qu'après la récolte. — Loi de 1791, art. 9.

87. — On entend par prairies artificielles celles qui sont cultivées en trèfles, sainfoins, luzernes, ou de tout autre mode qui soit dû à l'industrie de l'homme.

88. — L'exercice du parcours et de la vaine pâture étant interdit d'une manière absolue sur les prairies artificielles, ne peut être admis lors même qu'il serait fondé sur un titre ou sur un usage immémorial. — *Cass.*, 4 juillet 1817, Bareiller. — Curasson sur Proudhon, *Traité du droit d'usage*, t. 1er, no 355.

89. — Néanmoins Fournel fait observer avec raison (t. 2, p. 372) que si l'on changeait une prairie naturelle en prairie artificielle pour s'affranchir d'une vaine pâture établie par convention entre particuliers, ce ne serait que sauf indemnité. — L. 1791, art. 8, nos 129 et suiv.

90. — L'art. 24, tit. 2 de la loi du 28 sept. 1791, punissait celui qui avait conduit des bestiaux dans une prairie artificielle appartenant à autrui d'une amende équivalant au dédommagement dû au propriétaire; l'amende était du double si le dommage avait été fait dans un enclos rural. Il pouvait y avoir lieu à détention, suivant les circonstances. — Cette disposition a été remplacée par une autre incriminant les mêmes faits, et qui forme le no 10 de l'art. 479 du C. pénal, lequel a été ajouté audit article par la loi du 21 avril 1832. — V. ANIMAUX, nos 62 et suiv.; DÉLIT RURAL, nos 55 et suiv.

91. — L'accès d'un champ ensemencé ne serait interdit au troupeau envoyé au parcours qu'autant que l'ensemencement serait véritable et sérieux. Il ne suffirait pas que quelques grains de semence eussent été jetés sur le champ, pour empêcher le troupeau d'y entrer.

92. — D'après l'art. 22 du tit. 2 de la loi de 1791, dans les lieux de parcours ou de vaine pâture, comme dans ceux où ces usages ne sont pas établis, les pâtres et les bergers ne peuvent mener les troupeaux d'aucune espèce dans les champs moissonnés et ouverts que deux jours après la récolte entière, sous peine d'une amende d'une journée de travail (la loi du 16 therm. an IV a élevé la peine à trois journées de travail); l'amende est portée au double si les bestiaux d'autrui ont pénétré dans un enclos rural. — *Cass.*, 19 brum. an VIII, Habitans de Gondreville. — V. DÉLIT RURAL, nos 10 et suiv., 21 et suiv., et 52.

93. — La disposition de cet art. 22 s'applique aussi bien au propriétaire du champ soumis à l'exercice de ce droit qu'à tout autre individu. — *Cass.*, 28 nov. 1844 (t. 1er 1845, p. 778), Clain.

94. — Mais le propriétaire ou fermier qui envoie pacager dans son pré, la veille du jour fixé pour l'ouverture du parcours, des bestiaux qui en sont exclus par les réglemens ou par la coutume, ne se rend point coupable de contravention à ces réglemens. — *Cass.*, 12 déc. 1844 (t. 1er 1845, p. 338), Milliard. — En effet, le droit du propriétaire sur la chose ne peut être restreint que dans les limites mêmes déterminées par l'autorité municipale, et il peut en user d'une manière absolue jusqu'au jour où commencent les prohibitions.

95. — Partout, porte l'art. 10, où les prairies naturelles sont sujettes au parcours ou à la vaine pâture, ils n'auront lieu provisoirement que dans le temps autorisé par les lois et coutumes, et jamais tant que la première herbe ne sera pas récoltée (art. 10).

96. — Jugé que les prairies naturelles étant, par leur nature, en état de production permanente, il appartient essentiellement à l'administration locale de fixer, suivant l'usage ancien, l'époque où y commencera et cessera chaque année l'exercice des droits de parcours et vaine pâture. Dès lors l'arrêté rendu pour cet objet par un maire, en vertu d'une délibération du conseil municipal et dûment approuvé, est obligatoire. — *Cass.*, 16 déc. 1841 (t. 2 1842, p. 9), Christ-Joder; 17 déc. 1841 (t. 2 1842, p. 485), Mangin et Martin.

97. — Le propriétaire ou le fermier de terres non closes soumises au droit de parcours et de vaine pâture est tenu, comme les simples usagers, de se conformer aux arrêtés qui en règlent l'exercice. — *Cass.*, 16 déc. 1841 (t. 2 1842, p. 9), Christ-Joder; 30 déc. 1841 (t. 2 1842, p. 190), Mulot. — V., aussi, *Cass.*, 30 brum. an XIII, Mulot.

98. — En conséquence, lorsqu'un conseil municipal, se fondant sur une disposition de l'ancienne coutume et sur la jurisprudence du parlement de la province, a défendu indistinctement à tous propriétaires et gardiens de moutons de les introduire et faire paître dans les prairies naturelles de son territoire, celui qui a contrevenu à cette prohibition ne peut être relaxé, sur le motif qu'il serait fermier des prés sur lesquels il a introduit ses moutons. — *Cass.*, 31 mars 1836, Quesnel, Fairet et Nouvel. — Même arrêt du 30 brum. an XIII.

99. — Décidé encore que l'arrêté municipal qui détermine le mode et la durée de l'exercice de la vaine pâture à laquelle sont soumis les héritages situés sur le territoire d'une commune est obligatoire pour tous les habitans, qu'ils soient ou non propriétaires de ces héritages. Qu'en conséquence l'individu qui exerce la vaine pâture avant l'époque fixée administrativement pour son ouverture ne peut être renvoyé de la plainte sous prétexte qu'il est propriétaire des terrains sur lesquels ses bestiaux ont été trouvés, et que l'exécution d'un semblable arrêté est illégale et impossible. — *Cass.*, 15 juill. 1843 (t. 1er 1844, p. 33), Villemez. — Rolland de Villargues, v° *Vaine pâture*, nos 4 et suiv.; Longchampt, *Police rurale*, nos 191, 192.

100. — L'habitant qui conduit sur une terre non close un nombre de bêtes dépassant celui que la délibération du conseil municipal lui avait fixé, ne peut être renvoyé de la poursuite sur le motif qu'il est fermier de cette pièce et que son troupeau y est arrivé sans traverser d'autres héritages. — *Cass.*, 30 déc. 1841 (t. 2 1842, p. 490), Mulot.

101. — Celui qui a fait pâturer des bestiaux dans une prairie à lui appartenant, non close et conséquemment sujette à vaine pâture, avant l'époque fixée par un règlement du conseil municipal, ne peut être renvoyé des poursuites sous prétexte qu'il a pu penser que cette prairie n'était pas soumise à la vaine pâture. — *Cass.*, 9 janv. 1835, Pernelet-Jennesson. — Curasson sur Proudhon, t. 1er, n° 365.

102. — Plusieurs règlemens statuent que la vaine pâture sera suspendue pendant quelques jours après les pluies, et cela dans le but d'empêcher que le pied du bétail n'endommage les prés. — Curasson sur Proudhon, n° 365.

103. — Les pouvoirs que les conseils municipaux ont reçu des lois sur la matière, se bornent au droit de régler par leurs délibérations, et sauf approbation du préfet, l'exercice du parcours et de la vaine pâture. Il est manifeste que la délibération du conseil municipal et l'arrêté homologatif du préfet qui interdiraient l'un de ces deux droits dans une localité où il serait fondé sur la loi de 1791, seraient illégaux. Il résulte cependant des principes qui régissent la compétence administrative et le pouvoir judiciaire que les tribunaux de police ne pourraient se dispenser de réprimer les infractions qui seraient faites à de semblables arrêtés, tant qu'ils n'auraient pas été réformés par l'autorité supérieure. — Curasson sur Proudhon, t. 1er, n° 363. — V. COMPÉTENCE ADMINISTRATIVE, nos 477 et suiv.

§ 3. — *Comment les deux droits prennent fin.*

104. — Outre les causes d'extinction des droits de parcours et de vaine pâture qui peuvent être puisées dans le droit commun, la loi spéciale en a prévu plusieurs. Ces causes sont : 1° la clôture du fonds grevé; 2° le cantonnement; 3° le rachat; 4° la renonciation par l'une des communes usagères dans un cas déterminé.

105. — Le Code rural de 1791 a consacré un principe que réclamait l'intérêt de l'agriculture, en donnant aux propriétaires ruraux le droit de clore leurs héritages même dans les pays de parcours et de vaine pâture. « Le droit de clore et de déclore ses héritages, porte l'art. 4 de la section 4 du titre 1er, résulte essentiellement de celui de propriété, et ne peut être contesté à aucun propriétaire. L'Assemblée nationale abroge toutes lois et coutumes qui peuvent contrarier ce droit. »

106. — Le droit de parcours et le droit simple de vaine pâture, porte l'art. 5, ne pourront, en aucun cas, empêcher les propriétaires de clore leurs héritages; et tout le temps qu'un héritage sera clos de la manière qui sera déterminée par l'article suivant (art. 6), il ne pourra être assujetti ni à l'un ni à l'autre.

107. — L'héritage, dit l'art. 6, sera réputé clos lorsqu'il sera entouré d'un mur de quatre pieds de hauteur, avec barrière ou porte, ou lorsqu'il sera exactement fermé et entouré de palissades ou de treillages, ou d'une haie vive, ou d'une haie sèche faite avec des pieux ou cordelée avec des branches, ou de toute autre manière de faire les haies en usage dans chaque localité, ou enfin d'un fossé de quatre pieds de large au moins à l'ouverture, et deux pieds de profondeur (art. 6).

108. — La clôture, ajoute l'art. 7, affranchira de même du droit de vaine pâture réciproque ou non réciproque entre particuliers, si ce droit n'est pas fondé sur un titre. Toutes lois et tous usages contraires sont abolis. — Art. 7.

109. — On ne peut considérer comme une clôture susceptible de soustraire un pré à l'exercice du droit de vaine pâture, un cordon d'herbe non coupée que le propriétaire aurait laissé autour de ce pré, après en avoir fauché l'intérieur. — *Cass.*, 29 mars 1841 (t. 2 1841, p. 150), Maire de Villemoiron et Bruley c. Dumet.

110. — Si la clôture était tellement ruinée qu'elle n'offrît plus d'obstacle au passage des bestiaux, la vaine pâture pourrait avoir lieu malgré son existence. — Proudhon et Curasson, t. 1er, n° 340. — S'il n'y avait que quelques ouvertures dans le barrage, le propriétaire ne pourrait se plaindre de l'introduction spontanée de quelques bestiaux; mais l'introduction volontaire de ces bestiaux par leur maître serait réputée illicite (Curasson, *loc. cit.*). — Du reste, la question de savoir si la clôture est suffisante pour être exclusive de la vaine pâture est une question de fait dont l'appréciation appartient aux juges.

111. — Quand un propriétaire d'un pays de parcours ou de vaine pâture a clos une partie de sa propriété, le nombre de têtes de bétail qu'il peut continuer d'envoyer dans le troupeau commun, ou par troupeau séparé, sur les terres particulières des habitans de la communauté, est restreint proportionnellement. — Art. 16.

112. — Le même principe a été rappelé depuis par l'art. 682 du Code civil, qui porte : « Le propriétaire qui veut se clore perd son droit au parcours et à la vaine pâture en proportion du terrain qu'il y soustrait. »

113. — Les dispositions qui précèdent ont été plusieurs fois appliquées par la jurisprudence, qui décide 1° que le droit de parcours ou de vaine pâture dans les prairies ne peut être modifié ou anéanti par la clôture que dans le cas où il n'est pas fondé sur un titre de propriété. — *Cass.*, 20 nov. 1823, Maquart c. Pauffin.

114. — ... 2° Que le droit de parcours ne pouvant s'exercer sur une prairie artificielle, aux termes de la loi du 6 oct. 1791, la conversion d'une prairie naturelle en prairie artificielle équivaut à une clôture. — *Cass.*, 24 mai 1842 (t. 1er 1842, p. 729), Commune de Chalesme c. Commune de Bief-des-Maisons.

115. — ... 3° Que dans les coutumes qui ne permettaient pas aux propriétaires de soustraire leurs prairies à la vaine pâture, ainsi que cela avait lieu sous l'empire de l'usance de Saintonge, l'usage ne constituait pas une servitude mais un simple droit coutumier, qui, depuis la loi du 6 octobre 1791, ne peut s'exercer au préjudice des propriétaires qui se sont clos. — *Poitiers*, 18 juin 1835, Mondor c. Rapot et Martin.

116. — Les dispositions du Code rural qui proclament, au profit de tout propriétaire, le droit d'affranchir sa propriété de la vaine pâture en la faisant clore, et qui restreignent l'exercice du droit de vaine pâture au cas où il est fondé sur un titre, régissent toute la France sans en excepter les provinces (telles que le Dauphiné), où le droit de vaine pâture s'acquérait, à défaut de titre, par la possession immémoriale. — *Cass.*, 27 avr. 1846 (t. 1er 1846, p. 24), Faure c. Commune de Saint-Symphorien.

117. — L'art. 7 de la section 4 du tit. 1er de la loi du 6 octobre 1791, suivant lequel la clôture n'affranchit du droit de vaine pâture entre particuliers qu'autant que ce droit n'est pas fondé sur un titre, n'est applicable qu'aux servitudes de parcours fondées sur titres entre particuliers et non au cas d'une association à un simple droit de parcours coutumier stipulé même par transaction de commune à commune. Dans ce cas, et malgré l'existence du titre, l'association à un tel droit de commune à commune a subi l'influence des dispositions de la loi de 1791, qui libèrent du droit de parcours et de vaine pâture les terrains clos ou cultivés en prairies artificielles. — *Cass.*, 19 fév. 1839 (t. 1er 1839, p. 186), Commune de Guillon c. Magnin.

118. — L'individu propriétaire de terres dans une commune où le droit de vaine pâture existe en vertu d'anciennes coutumes n'est passible d'aucune peine pour avoir fait passer son troupeau sur une terre vide en chaume non close, et qui n'est pas en défens. — *Cass.*, 24 janv. 1846 (t. 2 1846, p. 121), Piche et Saillard.

119. — Aux termes de l'art. 17 de la loi de 1791, la commune dont le droit de parcours sur une paroisse voisine est restreint par des clôtures faites de la manière déterminée à l'art. 6 de cette section ne peut prétendre à cet égard à aucune espèce d'indemnité, même dans le cas où son droit serait fondé sur un titre; mais cette communauté a le droit de renoncer à la faculté réciproque qui résultait de celui du parcours entre elle et la paroisse voisine; ce qui a également lieu si le droit de parcours s'exerçait sur la propriété d'un particulier.

120. — Jugé que cet art. 17 n'a pas prononcé la suppression du droit de parcours réciproque pour le cas où l'exercice de ce droit serait restreint au préjudice de l'une des communes; il s'est borné à accorder alors à la commune lésée la faculté de renoncer au parcours. Mais cette faculté ne peut être exercée que dans le délai fixé par la loi générale sur les prescriptions pour agir, c'est-à-dire dans le délai de trente ans. — *Besançon*, 28 janv. 1848 (t. 2 1848, p. 453), Commune de Châtillon c. commune de Colloudon.

121. — Le même article 17 statuant que la communauté dont le droit de parcours sur une paroisse voisine aura été restreint par des clôtures établies de la manière déterminée par l'art. 6 de la même section aura le droit de renoncer à la faculté réciproque ne doit s'entendre que du cas où c'est le propriétaire lui-même qui a mis en clôture, défriché ou cultivé le terrain soustrait à ce parcours; et non de celui où la soustraction de terrain est le résultat d'anticipations commises au détriment du propriétaire. — Même arrêt.

122. — Le droit dont jouit tout propriétaire de clore ses héritages a lieu même par rapport aux prairies dans les paroisses où, sans titre de propriété et seulement par l'usage, elles deviennent communes à tous les habitans, soit immédiatement après la récolte de la première herbe, soit dans tout autre temps déterminé (art. 11). — *Cass.*, 19 juill. 1837 (t. 2 1837, p. 621), Commune de Grièges c. Gudin.

123. — Il faut remarquer que l'art. 11 parle de titre de propriété et non pas seulement de titre établissant une servitude d'usage ou de vaine pâture. C'est qu'en effet dans un grand nombre de communes en France, le droit de la commune aux seconds fruits des prés de son territoire était considéré comme un droit de copropriété. — Curasson sur Proudhon, t. 1er, n° 357. — Mais, à défaut de titre formel attribuant à la commune la propriété des seconds fruits, les habitans ne pourraient invoquer la prescription pour s'opposer à la clôture. — *Cass.*, 8 mai 1828, Commune de Frissins c. Fravaz.

124. — Dans quelques provinces, on ne pouvait se clore qu'en laissant le passage pour aller sur les terrains ouverts à la pâture et ce sans indemnité.—V. l'édit de 1769 pour la province de Champagne (Fournel, t. 2, p. 381) et celui de 1770 pour la province du Béarn (Merlin, v° *Parcours*). — Maintenant un pareil passage ne pourrait être reclamé que s'il y avait enclave et sauf indemnité. — C. civ., art. 682. — V. SERVITUDE.

125. — On a vu que l'art. 7 ne permet pas au propriétaire d'un héritage grevé d'une servitude de vaine pâture *entre particuliers* de s'affranchir de cette charge par la clôture du fonds. On s'est demandé ce qu'il faudrait décider dans le cas où il s'agirait d'une vaine pâture constituée par titre au profit d'une commune. — Proudhon (*Traité du droit d'usage*, t. 1er, n° 336) décide que, dans cette dernière hypothèse, la clôture est absolument interdite, et deux arrêts de la Cour de cassation paraissent favorables à cette opinion. — *Cass.*, 18 fructid. an IX, Dupuy c. commune de Saint-Martin; 15 déc. 1808, Commune de Revonnas et de Ceyzeriat c. Las et Vessin. — V. aussi Troplong, *Presc.*, t. 1er, n° 387; Pardessus, *Serv.*, n° 134; Duranton, t. 5, n° 265; Favard de Langlade, v° *Servitude*, sect. 2e, § 3, n° 4; Lepasquier, *Législat. de la vaine pâture*, p. 139 et suiv. — Cependant Merlin (*Quest. de droit*, v° *Vaine pâture*, § 1er et 2) et Curasson sur Proudhon (*loc. cit.*, n° 350) sont d'avis qu'on peut s'affranchir par la clôture d'un parcours exercé par une commune en vertu d'un titre. Il faut reconnaître qu'on trouve de fortes raisons pour admettre la doctrine de ces derniers auteurs dans la combinaison des art. 2, 3, 4, 5, 7, 8 et 11 de la loi de 1791, et surtout dans le texte de l'art. 17, qui paraît supposer que plusieurs habitans d'une commune se sont clos légitimement, nonobstant un parcours exercé par une commune voisine en vertu d'un titre.

126. — On voit par un arrêt de règlement du parlement de Flandre du mois d'août 1771, que dans cette province on pouvait, par un simple signe convenu, mettre les terres en défense contre la vaine pâture.

127. — Le rachat des droits de parcours et de vaine pâture et le cantonnement sont régis par l'art. 8, qui porte: «Entre particuliers, tout droit de vaine pâture fondé sur un titre, même dans les bois, est rachetable, à dire d'experts, suivant l'avantage que pourrait en retirer celui qui avait ce droit, s'il n'était pas réciproque, ou eu égard au désavantage qu'un des propriétaires aurait à perdre la réciprocité, si elle existait; le tout sans préjudice au droit de cantonnement, tant pour les particuliers que pour les communautés, confirmé par l'art. 8 du décret des 17, 19 et 20 sept. 1790. — L. 1791, art. 8.

128. — Le propriétaire d'un fonds soumis par titre à un droit de vaine pâture pourrait demander le rachat même quand ce fonds aurait été clos avant le Code rural de 1791 et au moment de la concession du droit. — *Cass.*, 26 janv. 1813, Ferlray c. Chantcloup.

129. — Il faut remarquer que l'art. 8 L. 1791 n'autorise le rachat qu'entre particuliers. — Ce droit ne pourrait être invoqué par un particulier sur les terres duquel une commune aurait un droit de vaine pâture fondé en titre. De commune à particulier cette disposition n'autorise que le cantonnement, ainsi que l'a reconnu la Cour de cassation.— *Cass.*, 27 janv. 1829, Commune de Villard c. Cortot.

130. — Le cantonnement réservé au profit des propriétaires de prés, marais et terres vaines et vagues, par la loi du 20 sept. 1790, est l'opération par laquelle le propriétaire des biens grevés d'un usage en abandonne une partie en toute propriété à l'usager pour libérer le surplus. Il a lieu le plus souvent pour les bois et forêts. — V. AFFECTATION, nos 78 et suiv.

131. — Le parcours et la vaine pâture s'éteignent par le non-usage pendant trente ans. — C. civ., art. 706 et 707. — Et ce nonobstant les dispositions contraires les plus expresses. — Proudhon, t. 8, n° 3674.

132. — Mais il suffirait d'avoir exercé une fois dans l'année le droit de vaine pâture de particulier à particulier pour que le droit fût conservé — Vazeille, *Prescription*, n° 436.

133.— Le propriétaire d'un fonds sur lequel une commune exerce un droit de parcours ne pourrait se soustraire à l'exercice du droit d'un des habitans qui n'y aurait pas participé pendant trente ans en invoquant la prescription contre lui, car le droit de ce dernier aurait été conservé par la jouissance des autres habitans.— Cappeau, t. 1er, p. 93.

134. — La commune elle-même ne pourrait non plus prétendre contre l'un des habitans qui pendant trente ans n'aurait pas envoyé de bestiaux au parcours sur une commune voisine, que le droit est éteint par prescription. — Cappeau, t. 1er, p. 92. — V., de même, en matière de pâturage, PATURAGE.

135. — Toutes les contestations sur le droit de parcours entre communes ou entre communes et particuliers, ainsi que les contestations sur les droits de vaine pâture entre particuliers sont de la compétence exclusive des tribunaux ordinaires. — *Cons. d'Etat* 25 fév. 1815, Commune de Replonge, 22 juill. 1818, Castan.

136. — Mais s'il s'agit de modifications ou de changemens à faire dans l'exercice de la vaine pâture, le gouvernement peut seul les ordonner dans les formes prescrites par le décret du 9 brum. an XIII et l'avis du Conseil d'Etat du 7 mai 1808. — *Cons. d'Etat*, 22 juill. 1818, Castan. — Rolland de Villargues, n° 54. — V. BIENS COMMUNAUX, COMMUNE. — ... Lors même que ces modifications ou changemens seraient le résultat d'une transaction, cette transaction ne pouvant avoir lieu qu'avec l'autorisation du gouvernement. — C. civ., art. 2045. — Même décision.

137.— L'action en dommages-intérêts intentée par les habitans d'une commune pour exercice illégal du droit de vaine pâture est purement mobilière, et par suite doit être portée devant le juge de paix si elle n'excède le taux de sa compétence. — *Cass.*, 8 mai 1838 (t. 2 1838, p. 295), Daniel c. Delacour. — Lerat de Magnitot et Delamarre, *Dict. dr. adm.* v° *Parcours et vaine pâture*, t. 2, p. 323.

138. — Lorsque celui qui est inculpé d'avoir exercé un droit de parcours sur une prairie malgré sa clôture soutient que son droit est établi sur un titre qu'il produit, cette défense élève une question préjudicielle de la compétence du tribunal civil. — *Cass.*, 20 nov. 1823, Maquart c. Pauffin.

139. — Dans la contestation entre communes, le maire a seul qualité pour revendiquer le droit de parcours et pour représenter la commune usagère tant en demandant qu'en défendant. — V. COMMUNE, nos 502 et suiv. — V., au reste, quant aux actions exercées par des habitans relativement au pâturage et à la vaine pâture, COMMUNE, nos 623 et suiv.

140. — Les habitans d'une commune qui, après avoir réclamé individuellement l'exercice d'un droit de parcours commun à tous les habitans, ont appelé en cause le maire de la commune et ont procédé avec lui en première instance et en appel sont non recevables à se pourvoir seuls en cassation, bien qu'ils aient été personnellement condamnés. — *Cass.*, 2 janv. 1811, Maire de Medeyrolle et Bonnabaud c. Villaguit.

141. — Quant à tout ce qui concerne la constatation des délits qui seraient commis en matière de parcours et de vaine pâture, les poursuites tendant à leur répression, la juridiction qui en connaît, les peines à appliquer et la prescription, V. DÉLIT RURAL, nos 101 et suiv., 118 et suiv., 127 et suiv.

142. — Le tribunal de police saisi d'une contravention en matière de parcours ne peut déclarer l'existence de la réciprocité, lorsque cette réciprocité est niée par les autorités municipales compétentes et intéressées.— *Cass.*, 11 fév. 1839 (t. 2 1839, p. 445), Lombard.

V., en outre, BIENS COMMUNAUX, COMMUNE, DÉLIT RURAL, FORÊTS, PATURAGE, SERVITUDE, USAGE (droits d').

PAREATIS.

1. — Du latin *pareâtis*, obéissez. — Ordonnance par laquelle les tribunaux rendent exécutoires en France des jugemens ou des actes émanant d'une juridiction étrangère.

2. — Autrefois, ce mot désignait encore la permission accordée par le grand sceau ou par les tribunaux du royaume d'exécuter les arrêts, jugemens et contrats hors du ressort de la juridiction dont ils émanaient. — V. EXÉCUTION DES ACTES ET JUGEMENS, nos 39 et suiv.

3. — On comprend quel inconvénient il y avait à restreindre ainsi la force exécutoire d'un titre à un certain rayon, et quels conflits il pouvait en résulter dans un pays semé de justices hautes, moyennes et basses, ecclésiastiques et séculières, seigneuriales et royales.

4. — Aussi le législateur moderne s'est-il empressé de proclamer que les jugemens rendus et les actes passés en France seraient exécutoires dans tout le royaume, *sans visa ni paréatis*, encore bien que l'exécution ait lieu hors du ressort du tribunal par lequel les jugemens ont été rendus, ou dans le territoire duquel les actes ont été passés. — C. proc. civ., art. 547.

5. — La seule condition exigée est que les actes et les jugemens soient revêtus de la formule exécutoire. — V. EXÉCUTION DES ACTES ET JUGEMENS, nos 233 et suiv., FORMULE EXÉCUTOIRE.

6. — Mais s'il était sage d'aplanir tous les obstacles qui s'opposaient pour ainsi dire au libre cours de la justice nationale, il eût été bien imprudent de ne pas soumettre à une révision les jugemens ou les actes des juridictions étrangères, avant d'en autoriser l'exécution en France. L'indépendance mutuelle des nations le commandait hautement, sauf dans les cas où des traités diplomatiques interviendraient et régleraient les conditions d'une libre exécution.

7. — Nous avons exposé (vis ÉTRANGER, nos 533, 642 et suiv., et EXÉCUTION DES ACTES ET JUGEMENS, nos 228 et suiv.) les principes qui régissent cette matière.

PARENT, PARENTÉ.

1. — La parenté consiste, dit Toullier (t. 4, n° 155), dans la descendance d'un même auteur, d'un tronc commun, d'une souche ou racine commune d'où sortent toutes les branches de parenté, tous les individus qui sont unis par les liens du sang ou de la parenté que l'on définit : « *Vinculum personarum ab eâdem stipite descendentium.* »

2. — On comprend quelquefois sous le terme de parenté l'*alliance* ou l'*affinité*; mais l'alliance *n'est qu'une parenté indirecte.* — V. ALLIANCE.

3. — On distingue trois sortes de parens: les *ascendans*, les *descendans*, les *collatéraux*. — Les *ascendans* sont le père et la mère et les auteurs plus éloignés, jusqu'à l'infini; les *descendans* sont les enfans, petits-enfans, arrière-petits-enfans à l'infini; enfin, on désigne sous le terme *collatéraux* tous ceux qui ne procèdent pas les uns des autres, mais qui ont un auteur commun : tels que les frères, oncles, neveux, cousins. — V. COLLATÉRAL.

4. — Les parens sont *paternels* ou *maternels*, suivant qu'ils sont du côté du père ou de la mère, quand deux personnes descendent du même père et de la même mère, du même aïeul et de la même aïeule, et ainsi en remontant aux bisaïeuls et trisaïeuls, alors le lien du sang et de la parenté qui les unit est double : il y a double lien; lien du côté du père, lien du côté de la mère.

5. — Il est possible aussi que ces personnes soient descendues du même père, du même aïeul, etc., etc., mais de mère ou d'aïeule différentes, ou bien, au contraire, de la même mère, de la même aïeule et de pères ou d'aïeuls différens, comme il arrive lorsqu'un homme ou une femme contractent successivement deux ou plusieurs mariages d'où il naît des enfans. — En ce cas il n'existe de lien ou de parenté entre ces enfans que d'un seul côté, du côté du père ou du côté de la mère.

6. — On distingue la parenté *germaine*, *consanguine* ou *utérine*, suivant que les liens qui unissent les individus sont à la fois *paternel et maternel*, ou bien seulement *paternel* ou *maternel*. — V. CONSANGUIN, FRÈRE, GERMAIN, SOEUR, UTÉRIN. — V. aussi Toullier, n° 157.

7. — Il arrive souvent, dit Toullier (n° 157), dans le cas de fraternité purement consanguine ou utérine, que le frère de mon frère n'est pas mon parent : par exemple j'ai un frère consanguin, lequel a un frère utérin; ce frère de mon frère n'est pas mon parent.

8. — Il peut aussi arriver que les relations de la parenté se croisent et se confondent de telle manière que deux individus soient parens utérins quoique issus de mères et d'aïeules différentes, ou parens consanguins quoique issus de pères et d'aïeuls différens; ou bien, enfin, le premier parent consanguin du second, et le second parent utérin du premier, comme il arrive lorsque deux veuves épousent les enfans l'une de l'autre issus de leur premier mariage. Par exemple, dit Toullier (*loc. cit.*), *Prima* (*ve de Primus*) a un fils, Paul : elle épouse Jacques, fils de *Secunda* (*ve de Secundus*) : elle en a un fils, Charles. — De son côté, *Secunda* épouse Paul fils de *Prima*; et de ce mariage naît un fils, Adrien. — Charles est en même temps frère utérin de Paul et oncle paternel d'Adrien et néanmoins parent utérin de ce dernier, puisqu'ils ne sont pas issus du même père ni du même aïeul. Ils ne sont pas non plus issus de la même mère, puisque Charles est fils de *Prima* et Adrien de *Secunda*; mais *Secunda* est aïeule d'Adrien et mère de Charles. Ainsi tous les deux ont des femmes pour tronc commun. — Adrien, à son tour, quoique frère utérin de Jacques, est oncle paternel de Charles.

9. — La parenté s'établit par les actes de l'état civil, ou, à défaut d'actes, par d'autres moyens indiqués par la loi. — V. ACTES DE L'ÉTAT CIVIL, LÉGITIMITÉ. — Quant au degré de parenté, qui présente, non une question d'état, mais une simple question de généalogie, il peut s'établir par d'autres voies. — V. GÉNÉALOGIE.

10. — La proximité de parenté s'établit par le nombre de générations; chaque génération s'appelle un degré. — V. GÉNÉRATION.

11. — La série des degrés ou des générations forme ce qu'on appelle la *ligne*; la ligne est de deux espèces : *directe* ou *collatérale*. V. LIGNE (parenté).

12. — Les filles sont-elles comprises sous la dénomination de *fils*? Rolland de Villargues (vº *Fils, fille*) enseigne que le plus généralement le mot *fils* comprend les *filles* (L. 116 et 122 *D.*, *De verb. sign.*; L. 45 et 48, § 2, *D.*, *De leg.* 2º), mais que le mot *fille* ne comprend jamais les *fils*. — Même loi 45. — Il ajoute que souvent le mot *fils* comprend tous les enfans (L. 84 *D.*, *De verb. sign.*), c'est-à-dire quand des raisons de faveur ou d'humanité l'exigent (Pothier, *Pand*, sur la même loi), et qu'à plus forte raison les posthumes sont compris sous le même mot; qu'enfin la dénomination de *fille* renferme la fille posthume. — L. 164 *D.*, *De verb. signif.*

13. — Les sœurs sont-elles comprises sous la dénomination de *frères*? — V. FRÈRE, SOEUR. — V., en outre, ENFANT.

14. — Les personnes du même sang formant un corps de parenté constituent ce qu'on appelle une famille. — V. FAMILLE. — Chaque enfant qui se marie et qui procrée des enfans forme une nouvelle famille dont il est l'auteur ou le tronc commun, sans cependant cesser, ni lui ni ses enfans, de se rattacher à celle dont il est membre. — Il y a donc autant de familles que de troncs communs. — V., en ce qui concerne le nom de famille, NOM.

15. — Dans le sens ordinaire comme dans l'ordre de la nature, les femmes sont de la famille; elles perpétuent les deux familles de leur père et de leur mère auxquelles elles appartiennent. — Ainsi l'arrière-petit-fils est dans la famille de son bisaïeul maternel, quoiqu'il en soit descendu par les femmes. Ainsi chaque individu appartient à autant de familles qu'il a d'ascendans. — Toullier, nº 164 *in fine*.

16. — À côté de la parenté légitime viennent se placer la parenté *naturelle* et la *parenté adoptive*. — Rolland de Villargues (*Rép. du not.*, vº *Parenté*, nºs 15 et suiv.) pense que, la qualité de parent se reconnaissant soit d'après la capacité de succéder, soit d'après la prohibition du mariage (C. civ., art. 161 et suiv., 351 et suiv.), on doit dire qu'il y a *parenté naturelle* : 1º entre les ascendans et descendans à tous les degrés et leurs conjoints; 2º entre les frères et sœurs et leurs alliés au même degré; 3º entre les oncles et neveux, tantes et nièces. Le même auteur pense que ce qui vient d'être dit s'applique aussi aux individus nés d'un commerce adultérin ou incestueux, pourvu néanmoins que, naturel, adultérin ou incestueux, il ait été reconnu ou déclaré tel dans les formes voulues par la loi. — V. ENFANT ADULTÉRIN ET INCESTUEUX, ENFANT NATUREL.

17. — Au surplus, le même auteur fait remarquer que cette parenté naturelle ne produit pas les droits de famille que donne la légitimité. — V. ENFANT NATUREL, SUCCESSION. — V. aussi FAMILLE.

18. — La parenté *adoptive* existe entre l'adoptant, l'adopté et ses descendans; entre les enfans adoptifs du même individu; entre l'adopté et les enfans qui pourraient survenir à l'adoptant; enfin entre l'adopté et le conjoint de l'adoptant, et réciproquement entre l'adoptant et le conjoint de l'adopté. — Mais l'adoption ne confère ni parenté ni alliance entre l'adopté et tous les parens de l'adoptant, non plus qu'entre l'adoptant et tous les parens de l'adopté. — V. ADOPTION, MARIAGE, SUCCESSION.

19. — Par suite du jugement que la parenté se reconnait à la prohibition de mariage ou au droit réciproque de successibilité, Rolland de Villargues (nº 23) conclut qu'il n'y a pas parenté entre les enfans du fils adoptif d'un individu et les enfans légitimes de celui-ci.

20. — La parenté, soit légitime, soit naturelle, soit adoptive, produit entre ceux qu'elle unit certaines obligations et certaines prohibitions. Ainsi les descendans et ascendans se doivent respectivement des alimens quand ils sont dans le besoin. — V. ALIMENS.

21. — L'effet principal de la parenté c'est d'emporter le droit de succéder. — V. SUCCESSION. — La loi réserve même aux descendans et aux ascendans une partie des biens de leurs parens, dont ceux-ci ne peuvent pas disposer en faveur d'étrangers. — V. QUOTITÉ DISPONIBLE.

22. — Les époux contractent par le seul fait du mariage l'obligation de nourrir et d'élever leurs enfans. — V. MARIAGE. — Ils ont réciproquement un droit d'usufruit sur les biens personnels de leurs enfans, et jouissent en outre d'une puissance assez étendue sur leur personne jusqu'à leur majorité. — V. PUISSANCE PATERNELLE, USUFRUIT LÉGAL.

23. — Les parens d'un mineur sont appelés à former son *conseil de famille* (V. ce mot), et à remplir près de lui la fonction de tuteur et de subrogé tuteur. — V. TUTELLE.

24. — La parenté existant entre deux personnes forme dans certains cas entre elles un empêchement au mariage. — V. MARIAGE.

25. — Elle est aussi un obstacle à ce que l'on puisse être témoin dans une enquête. — V. ENQUÊTE.

26. — Les parens à un certain degré ne peuvent pas non plus, à moins d'une dispense du gouvernement, faire partie d'un même tribunal. — V. TRIBUNAUX.

27. — Mais aucune loi ne défend à deux parens de faire partie du même jury; de même, la parenté entre les jurés et les membres de la Cour d'assises ou entre un juré et un accusé n'est pas une cause de nullité. — V. JURY, nºs 313 et suiv., 320 et suiv.

28. — Quelquefois des parens sont réputés par la loi personnes interposées les unes vis-à-vis des autres et, par suite, deviennent incapables de recevoir des libéralités de personnes auxquelles il est interdit de disposer non pas directement à leur profit, mais en faveur de leurs parens. — V. DISPOSITIONS ENTRE-VIFS, PERSONNE INTERPOSÉE.

29. — Dans la confection des actes notariés, il faut aussi prévoir certaines hypothèses : telles que 1º la parenté des notaires avec les parties, 2º celle des notaires entre eux, 3º celle des témoins avec le notaire et les parties, 4º la parenté des témoins entre eux. — V., à cet égard, Vis ACTE NOTARIÉ, NOTAIRE.

30. — Rolland de Villargues (vº *Parenté*, nº 121) émet l'opinion que si les membres d'une chambre de notaires peuvent être parens entre eux, néanmoins, lorsqu'un membre de la chambre est parent ou allié en ligne directe, à quelque degré que ce soit, et en collatérale jusqu'au degré d'oncle ou de neveu exclusivement, de la partie plaignante ou inculpée, il ne peut prendre part à la délibération. — En ce sens, *Ord. régl. du not.* du 4 janv. 1843, art. 19. — V. NOTAIRE.

31. — Les juges et officiers du ministère public peuvent défendre devant les tribunaux les causes de leurs femmes, parens et alliés en ligne directe. — Code proc., art. 86. — V. DÉFENSE, DÉFENSEUR, nºs 44 et suiv.

32. — La quotité des droits d'enregistrement pour les dispositions à titre gratuit et les mutations par décès diffère, à raison du degré de parenté du donataire ou de l'héritier avec le donateur ou l'auteur de la succession. — V. ENREGISTREMENT.

33. — On peut encore, quant aux droits, aux obligations et aux incapacités résultant de la parenté, consulter les mots CONTRAINTE PAR CORPS, CONSEIL MUNICIPAL, DISPOSITIONS A TITRE GRATUIT, DONATION DÉGUISÉE, nºs 286 et 307; DONATION ENTRE ÉPOUX, nº 188; DONATION ENTRE-VIFS, nº 629; ÉLECTION, GARDE NATIONALE, HUISSIER, INTERDICTION, RÉCUSATION, TÉMOIN, TESTAMENT.

PARÈRE.

1. — Espèce de certificat ou d'acte de notoriété délivré par des autorités étrangères, par des jurisconsultes ou par des commerçans notables, soit sur un point de droit étranger, soit sur un usage commercial. — V. ACTE DE NOTORIÉTÉ, CERTIFICAT DE COUTUME.

2. — En matière commerciale, l'usage des parères, venu d'Italie, s'était conservé dans presque toutes les places de France, et surtout à Lyon. Les parères tenaient lieu d'actes de notoriété, lorsqu'ils avaient été donnés par une consultation particulière sur un différend entre les parties relativement à une opération de commerce. — V. Savary, *Traité des parères*.

3. — De nos jours les parères sont moins usités; parce que les consultations sur les affaires commerciales sont faites presque tout entières par les avocats, auxquels la connaissance des lois est plus familière. Du reste, les consultations ou avis de ces jurisconsultes n'ont que l'autorité que leur donne leur mérite intrinsèque et ne sont point ce qu'étaient les anciens parères. — V. *Dict. du comm.*, de Monbrion, vº *Parère*; Guyot et Merlin, *Rép.*, vº *Parère*.

PARFUMEURS.

1. — Les marchands en gros sont rangés dans la 1re classe des patentables. — Droit fixe, basé sur la population; — droit proportionnel du 15e de la valeur locative de l'habitation et des lieux servant à l'exercice de la profession.

2. — Les marchands en détail ne font partie que de la 5e classe. — Même droit fixe que les précédens, sauf la différence de classe. — Droit proportionnel du 20e sur la valeur locative des lieux servant à l'habitation et à l'exercice de la profession. — V. PATENTE.

PARI OU GAGEURE.

1. — Convention par laquelle deux ou plusieurs personnes s'engagent l'une envers l'autre à payer une certaine somme ou à faire une chose déterminée, suivant que tel fait, telle circonstance ou tel événement dont l'existence ou la possibilité sont débattues, inconnues ou incertaines entre les parties, sera reconnu exister ou se sera réalisé.

2. — Le pari est donc un contrat aléatoire. Il est de plus synallagmatique et à titre onéreux. — Cependant Toullier le qualifie de donation; mais M. Duvergier, son annotateur, fait remarquer, sur ce point, l'erreur de Toullier.

3. — Bien que souvent il soit accompagné du dépôt d'un gage, cependant ce dépôt n'est pas nécessaire à sa validité.

4. — L'ancienne jurisprudence n'avait rien de fixé sur les gageures. En général, on tenait pour principe que ce traité aléatoire n'était valable et ne donnait une action en justice que quand son objet était honnête; mais l'appréciation de l'objet étant abandonnée à l'arbitraire des juges, il en est résulté quelques décisions fort bizarres : ainsi, un curé et un laboureur comptant les gerbes dont le curé devait percevoir la dîme, le curé en trouva quarante et le laboureur trente seulement. Avant de recompter ils mirent en pari, le curé toute sa dîme et le laboureur toute sa récolte. Le curé perdit, et fut condamné, en 1668, par le Parlement de Toulouse, à perdre toute sa dîme. — Catellan, liv. 5, ch. 61; Chardon, *Dol et fraude*, t. 3, nº 566.

5. — Nous avons vu que la paume, le mail, les échecs, les armes, les courses à pied et à cheval, etc., rentrent dans ce que la loi considère comme jeux d'adresse; mais que le billard, les quilles, la boule, etc., ne pouvaient être considérés comme tels. — V. JEUX, nºs 2, 12 et suiv.

6. — Aujourd'hui le pari n'est licite, comme le jeu, que sous les deux conditions : 1º qu'il ait pour objet de disposer à l'adresse et à l'exercice du corps, soit par les procédés qui ont cette destination dans l'usage, soit par toute autre récréation imaginée par les parieurs; — 2º que la perte à laquelle ils s'exposent puisse être facilement supportée par le moins riche d'entre eux (Chardon, *Dol et fraude*, t. 3, nº 566). — Car alors le pari rentre dans le jeu.

7. — L'art. 1965 n'accordant aucune action pour le paiement d'un pari sans faire de distinction, il s'ensuit que la disposition s'applique même au cas où le pari a pour objet des jeux propres à l'exercice du corps de la part d'un tiers. C'est alors un jeu de hasard pour les parties qui sont étrangères à ces jeux.

8. — D'après les distinctions qui viennent d'être faites, on devrait déclarer valable, comme l'a décidé le Parlement de Bordeaux en mars 1609, la gageure d'un tonneau de vin au profit de celui qui irait à la nage jusqu'à un endroit convenu. — Brillon, *Dict. des arrêts*, vº *Gageure*; Chardon, *Dol et fraude*, t. 3, nº 566.

9. — Mais le pari de se marier dans un délai déterminé est illicite et contre les bonnes mœurs. — *Grenoble*, 20 fév. 1808, Magnat c. Revol; *Angers*, 22 fév. 1809, G... c. L. V... et P...

10. — Par conséquent, le gagnant n'a point d'action pour se faire payer. — Même arrêt.

11. — Le Prêtre (centurie 4, ch. 19) rapporte qu'un arrêt du Parlement de Paris a déclaré valable une convention entre trois jeunes gens que le premier marié paierait aux deux autres un habillement complet de satin. — Il y a lieu de douter qu'on décidât de même aujourd'hui. — Pothier, *Traité du jeu*, nºs 53 et 54; Merlin, *Rép.*, vº *Jeu*.

12. — La convention par laquelle l'héritier naturel et un tiers légataire présumé du défunt s'obligent réciproquement, après que la succession est ouverte, à se payer une certaine somme, savoir, le légataire présumé, s'il existe un testament en sa faveur, et l'héritier, s'il n'existe pas de testament, n'est point un engagement illicite que l'on puisse considérer comme un jeu ou comme un pari. — Cette convention n'est, au contraire, qu'un contrat aléatoire qui doit recevoir son exécution. — *Bordeaux*, 4 fév. 1833, Lepelletier c. Ducongé.

13. — Est également valable, soit comme contrat aléatoire, soit comme donation déguisée, l'acte par lequel un héritier légitime abandonne une partie de la succession qui lui est dévolue par la loi, à un individu qui de son côté renonce à se prévaloir du testament que le défunt peut avoir fait à son profit. — *Rennes*, 8 mars 1833, Leroux.

14. — Des ventes de marchandises à livrer sont nulles toutes les fois qu'elles ne constituent qu'un pari sur la hausse et la baisse des prix. — V. MARCHÉ A TERME.

15. — Il en est de même des opérations non sérieuses sur les fonds publics, actions industrielles, etc. — Troplong, *Contr. aléat.*, n° 98. — V. AGENT DE CHANGE, EFFETS PUBLICS, JEUX DE BOURSE.

16. — Le fait par le vendeur de demander la résiliation d'un acte de vente à terme, au lieu d'en demander la nullité, constitue un acte d'exécution volontaire, qui le rend non recevable à opposer que cette vente n'était qu'un pari. — *Montpellier*, 29 déc. 1827, Caum... et Carb... c. Crozals.

17. — De ce qu'aucune action n'est accordée pour le paiement d'un pari, il suit que les obligations souscrites pour une semblable dette sont nulles. — Delvincourt, *Cours de dr. civ.*, t. 3, p. 418. — Si une autre cause s'y trouve exprimée on peut, comme en matière de jeu, être admis à prouver la simulation, même par témoins. — *Bordeaux*, 24 août 1835, Tastavin c. Sauvage; *Amiens*, 15 juin 1837 (t. 2 1837, p. 388), Labbé-Maillard c. Jacob-Grossemy.

18. — Une obligation qui a pour cause un pari illicite, par exemple de se marier dans un temps donné, est nulle, quoique déguisée sous la forme d'un effet de commerce, passé au profit d'un tiers. — *Angers*, 22 fév. 1809, G... c. L... V...

19. — Le droit romain autorisait la répétition des sommes payées pour dettes de jeu ou gageures, et il allait même jusqu'à subroger les villes dans une répétition négligée par le perdant ou ses ayans cause. — L. 4. ff., § 3, *De aleat.*; L. 3, *De cond. ob turpem causam*; L. 1, 2, 3, 4, *De aleat.* — Voët (*De aleat.*, 6) et Pothier (*Jeu et pari*, n° 53) estiment au contraire qu'il n'y a pas lieu à répétition, toutes les fois qu'aucunes tricheries, dol et fraude ne sont pas prouvés: *In pari causâ, melior est causa possidentis.* C'est ce système qu'a formellement adopté notre C. civ. — Troplong, *Contr. aléat.*, n° 190. — Il y a donc obligation naturelle de la part du perdant. — Toullier, t. 6, n° 382; Delvincourt, t. 3, p. 418.

20. — *Quid* à l'égard d'un tiers dépositaire d'argent ou de valeurs? — M. Troplong pense qu'aucune action judiciaire ne pourrait être intentée contre lui par le gagnant (*Contr. aléat.*, n°s 202 et 203), mais MM. Zachariæ et Duranton (*ubi suprà*) croient l'action légitime: parce que suivant eux ce serait une action procédant d'un contrat équivalent à dépôt, et non l'action de jeu. — Mais nous doutons, avec M. Troplong, de la parfaite juridicité de cette solution, et nous serions dès lors disposés à refuser toute action aussi bien contre le tiers détenteur que contre le perdant lui-même.

V. AGENT DE CHANGE, JEU, JEUX DE BOURSE, MARCHÉS A TERME.

PARIS (Ville de).

Nous devions placer sous ce mot tout ce qui concerne la ville de Paris, qui, à raison de son importance tout exceptionnelle, a dû être soumise à des règles spéciales; mais les changemens notables que la législation et les règlemens qui la concernent paraissent devoir subir par suite de la révolution de février, et l'espoir que ces changemens seront réalisés avant que nous ayons atteint le terme de cet ouvrage nous déterminent à renvoyer tout ce que nous aurions à dire à cet égard au mot VILLE DE PARIS.

PARISIS.

1. — Se disait autrefois, par opposition au mot *tournois*, du prix de la monnaie qui se frappait à Paris et qui valait un quart de plus que celle qui se frappait à Tours. — V. MONNAIE.

2. — Par suite on donnait, dans quelques endroits, le nom de parisis à la crue en matière de prisée de meubles, et qui était du quart de la valeur de ces meubles. — Toullier, t. 2, n° 1202. — V. CRUE.

PARJURE.

1. — C'est le crime de celui qui, sciemment, fait un faux serment en justice. — On donne aussi le nom de *parjure* au coupable qui s'est parjuré.

2. — Les lois romaines ont prononcé différentes peines contre les parjures. Les unes voulaient qu'ils fussent condamnés au fouet, d'autres au bannissement, d'autres à l'infamie; quelques-unes ordonnaient que le parjure ne pourrait plus être reçu au serment, ni être entendu comme témoin, ni agir en demandant.

3. — Quant à la L. 2 *De rebus creditis*, elle posait en principe que ce n'est point à l'homme mais à Dieu de venger le parjure: *Jurisjurandi contempta religio satis Deum habet ultorem.*

4. — Il a existé en France différentes lois contre le parjure. — V. capitul. Charlemagne et de Louis-le-Débonnaire; ordonn. de saint Louis de 1254; ordonn. Charles VII; Coutum. Bretagne, n° 538; Cout. Bourbonnais, n° 362; Arr. 9 mars 1682, rapp. au *Journ. des audiences.* — Merlin, *Rép.*, v° *Parjure.* — V. FAUX TÉMOIGNAGE.

5. — Le parjure commis par une personne constituée, par un tuteur, un curateur, un associé, était puni plus sévèrement que celui d'un simple particulier. — On avait aussi égard, pour la répression de ces crimes, aux effets qui avaient pu en résulter.

6. — Aujourd'hui, le parjure n'est puni que dans les cas où il constitue un faux serment ou un faux témoignage. — V. FAUX TÉMOIGNAGE, SERMENT.

PARLANT A.

V. EXPLOIT.

PARLEMENT.

1. — Nom donné aux Cours souveraines établies autrefois en France pour rendre la justice en dernier ressort, au nom du roi, en vertu de son autorité, et comme s'il y était présent.

2. — Il y avait treize Parlemens, qui étaient ceux de Paris, Toulouse, Rouen, Grenoble, Bordeaux, Dijon, Aix, Rennes, Pau, Metz, Besançon, Douai, Nancy.

3. — Quand on dit ou disait *le Parlement*, simplement, on entendait et on entend encore celui de Paris, qui était le Parlement le plus important et le plus ancien de tous, celui à l'instar duquel les autres avaient été créés.

4. — Le Parlement de Paris n'était autre, dans l'origine, que la *Cour de justice du roi*, autrement *Cour de France* ou *Cour des pairs.* — Ce n'est que par la suite, et en devenant régulier, qu'on lui donna le nom qu'il conserva de *Parlement.*

5. — On n'est pas fixé sur l'époque de l'institution première du Parlement. — Suivant les uns, la création en serait due à Charles Martel; selon d'autres, à Pépin-le-Bref: il en est qui en attribuent l'érection à S. Louis, quelques uns même, mais c'est évidemment une erreur, ne remontent pas au delà de Philippe-le-Bel. Une opinion assez accréditée tire son origine, aussi vieille que la monarchie, des assemblées de la nation connues sous les noms de *champ de mars*, puis, de *champ de mai*, appelées aussi quelquefois *colloquium, concilium, judicium Francorum*, que les historiens ont, par la suite, nommées *Parlemens généraux*, et qui paraissent avoir pour la première fois, sous Pépin-le-Bref, reçu le nom de *Parlemens*, à cause, sans doute, de l'objet pour lequel elles avaient lieu, et qui était de *parler*, de traiter des affaires importantes intéressant la nation. — V. *Encyclopédie méthodique* (partie de jurisprudence), v° *Parlement.*

6. — Les assemblées générales se composaient d'abord de toutes les personnes libres ou Francs, on y admit les ecclésiastiques dès le temps de Clovis, non comme *tels*, mais comme seigneurs (Fleury, 3e *Disc. sur l'hist. ecclésiast.*); mais, la nation s'accroissant sans cesse par le mélange des vaincus avec les vainqueurs, on commença à s'assembler dans chaque canton, et les assemblées générales ne comptèrent plus que ceux qui marquaient ou tenaient un rang dans l'Etat: dès la fin de la seconde race, elles étaient réduites aux seuls barons ou vassaux immédiats de la couronne et aux grands prélats ou autres personnes choisies. — Ces assemblées générales formaient le conseil public de nos rois; on y traitait de la police publique, de la paix et de la guerre, de la réforme des lois et autres affaires d'Etat, des procès criminels des grands et autres causes majeures. — *Encyclopédie méthodique, ibid.*

7. — Mais, outre ce conseil public, les rois des deux premières races avaient leur cour ou conseil particulier composé de grands du royaume, principaux officiers de la couronne et prélats. — Cette assemblée formait le conseil ordinaire du prince, sa justice capitale pour les affaires les plus urgentes ou qui demandaient du secret, enfin préparait les matières qui devaient être portées à l'assemblée générale.

8. — Or, les Parlemens généraux étant réduits ainsi que nous l'avons vu aux seuls barons ou vassaux de la couronne, aux grands prélats et autres personnes choisies, et ces personnes étant à peu près les mêmes que celles qui composaient la *cour du roi*, ces deux assemblées finirent insensiblement par être confondues, et ne formèrent plus qu'une seule et même assemblée qui, sous le nom de *cour du roi* ou *conseil*, connut de toutes les affaires soumises auparavant aux assemblées générales et au conseil particulier du roi. — C'est environ dans les trois premiers siècles de la troisième race que fut consommée cette réunion. C'est vers la même époque que le conseil du roi commença à être désigné sous le nom de Parlement, qui ne tarda pas à être le seul usité.

9. — La composition du conseil du roi ou Parlement variait suivant qu'il s'agissait d'une cause ordinaire ou des causes des pairs de France, ou même, et à plus forte raison, des affaires de l'Etat. — En ce qui concerne les affaires ordinaires, les hauts dignitaires, outre leur peu d'idonéité, avaient généralement peu de goût et montraient peu d'empressement à user de leur droit de juger: aussi l'intérêt de la justice avait-il parfois à souffrir soit de leur inexactitude, soit même de leur inexpérience et de leur inhabileté. — Cet état de choses ne tarda pas à faire sentir l'utilité, du reste parfaitement comprise et acceptée, d'associer à cette magistrature première, trop exclusivement militaire, des hommes plus familiers avec l'administration civile et l'étude des lois, qui, chargés d'abord d'aider, de diriger les premiers dans leurs fonctions, finirent par se substituer à eux. — Merlin, *Rép.*, v° *Justice*, § 2.

10. — Ce fut donc par suite d'une espèce de nécessité qu'insensiblement, sans exclusion aucune, le service de l'administration de la justice se trouva concentré entre un certain nombre de personnes choisies, toujours les mêmes, et auxquelles on donna le nom de maîtres de la cour du roi, clercs et chevaliers du roi, et qui, plus tard, devinrent les conseillers du Parlement. — Klimrath, *Trav. sur l'hist. du droit*, t. 2, p. 104 et suiv.

11. — On admet généralement (V. notamment Laroche-Flavin) que le Parlement était originairement ambulatoire et qu'il suivait le roi partout où il plaisait à celui-ci de fixer momentanément sa résidence. Ses réunions, loin d'être permanentes, n'étaient même point périodiques.

12. — De graves inconvéniens résultaient pour les justiciables de cette mobilité et de l'irrégularité des tenues de la cour du roi; et c'est, dit-on encore, pour y remédier que, par son ordonnance générale du 23 mars 1302, Philippe-le-Bel ordonna (art. 62) que le Parlement siégerait à l'avenir à Paris, et se tiendrait régulièrement deux fois par an.

13. — Cependant Klimrath (*Travaux sur l'histoire du droit français*, t. 2, p. 87) émet des doutes sur la réalité de cet état de choses, selon lui incompatible avec l'importance qu'on a attachée de tout temps à ce que les plaids, à tous les degrés de la hiérarchie judiciaire, eussent lieu aux temps et aux lieux accoutumés. — V. notamment à cet égard l'art. 22 d'une ordonn. de 1254. — Tout, au contraire, lui paraît prouver que pour la cour du roi comme pour toutes les autres cours de justice les temps et les lieux de leur réunion ont pu varier et ont varié en effet, mais qu'une certaine régularité n'a cessé de présider à ces variations mêmes.

14. — Ainsi ce jurisconsulte cherche à établir que l'usage introduit par Charlemagne, dès 769, de réunir dans chaque comté d'abord deux, puis trois plaids généraux annuels s'était étendu à la cour du roi, qui se réunissait dès lors tous les quatre mois, sans doute au chef-lieu du duché de France, du comté de Paris, dont mouvaient tous les fiefs que le roi avait dans sa dépendance immédiate.

15. — Il cite même le testament de Philippe-Auguste, ou plutôt l'ordonnance pour le gouvernement du royaume pendant la croisade, ordonnance par laquelle ce roi prescrivit, en 1190, à la reine sa mère et à son oncle, archevêque de Reims, qu'il chargeait de la régence, de tenir *tous les quatre mois* un jour de justice à Paris, pour y entendre les plaintes des hommes de son royaume et les juger. Là devaient aussi comparaître tous les baillis tenant les assises inférieures, afin qu'ils rendissent compte de leur administration.

16. — Toutefois, la régularité des réunions du Parlement n'était pas absolue. Quoique toujours périodiques, elles variaient assez fréquemment en nombre. Ainsi, jusqu'à la mort de saint Louis, il y eut trois ou même quatre réunions solennelles par an, fixées d'ordinaire, et probablement par la convocation du roi, au jour, à l'octave ou au lendemain de quelque grande fête. — Plus tard, il n'y eut plus que deux parlemens par an : l'un d'été, l'autre d'hiver; à la Pentecôte et à la Toussaint. Enfin, il n'y en eut plus qu'un seul, commençant ordinairement à la Toussaint.

17. — Quant au lieu de ces réunions solennelles, il était toujours et ne pouvait être qu'à Paris. Les olim ne fournissent, pour l'espace de soixante années qu'ils embrassent, qu'un seul exemple de Parlement tenu ailleurs, à Melun, en 1257. — Klimrath, *ibid.* — Cependant, dans le cours des XIVe, XVe et XVIe siècles, il fut, dans différentes occasions, convoqué ou transféré dans d'autres villes : notamment à Pontoise, en avril 1315; à Poitiers, le 21 sept. 1418; à Montargis et à Vendôme, en 1456; à Tours, en 1589, etc.; mais ces réunions, nécessitées le plus souvent par les guerres et les malheurs du temps ou par des circonstances extraordinaires, étaient tout accidentelles, et ne contredisent en rien, si même elles ne le confirment pas, ce fait que le Parlement se réunissait et siégeait ordinairement à Paris, centre et chef-lieu du royaume.

18. — L'accumulation croissante des affaires prolongeait de plus en plus la durée des Parlemens, qui ne tardèrent pas à devenir permanens.

19. — Le Parlement siégeant habituellement à Paris, ainsi que nous l'avons vu, était d'abord unique, et son ressort s'étendait à la France entière. Mais le nom de *Parlement de Paris* n'était pas alors usité; il n'a été vraisemblablement employé qu'après la réunion des grands fiefs à la couronne.

20. — Ainsi le Languedoc eut aussi, à Toulouse, son Parlement particulier et aussi souverain que celui de Paris, bien qu'il ait subi de nombreuses vicissitudes, qu'il ait été fréquemment transféré dans d'autres villes, et ait même, à plusieurs reprises, été réuni à celui de Paris. — Il en fut de même de la Normandie, dont l'échiquier, transformé en Parlement, fut fixé à Rouen, par Louis XII, en 1499. Quant au Parlement de Paris, sa juridiction s'étendait non-seulement sur l'Ile de France, la Picardie, la Flandre, qui en étaient plus ou moins rapprochées, mais encore sur des provinces fort éloignées, telles que l'Anjou, le Poitou, l'Auvergne, le Berri, le Lyonnais. — Merlin, *loc. cit.*

21. — Puis au fur et à mesure que de nouvelles provinces venaient s'ajouter au royaume, d'autres Parlemens furent créés ou confirmés pour y rendre au nom du roi la justice souveraine. C'est ainsi que se trouvèrent successivement établis les Parlemens de Grenoble pour le Dauphiné, qui fut établi en 1451 par Louis XI, alors dauphin de Viennois, et confirmé par Charles VII, suivant édit du 4 août 1455.

22.—.... De Bordeaux, pour la Guienne, dont l'érection devrait être attribuée à Philippe-le-Bel, en 1306, et à Charles VII, en 1444, selon Fontanon; à Charles VII, en 1451, selon Lecaron, Frerot, Duhaillan, Guenois, Joly et Nicolas Gilles; en 1460, d'après Ducange; à Louis XI, en 1462, suivant Hainaut, Chopin, le chancelier de l'Hospital et Laroche-Flavin; enfin, à Louis XII seulement, si l'on en croit le président Boyer.

23.—.... De Dijon, pour la Bourgogne, dont la création remonte au mois de mai 1477, et qui, établi d'abord à Beaune, fut transféré à Dijon par édit du 10 août 1480.

24.—... D'Aix, pour la Provence, dont l'origine remonte à un édit de Louis XII du mois de juillet 1501, confirmé en juillet 1502.

25.—... De Rennes, pour la Bretagne, dont l'institution, en Cour absolument souveraine, ne remonte qu'à l'édit de Henri II du mois de mars 1553.

26.—... De Pau, pour la Navarre et le Béarn, établi par le roi Louis XIII en 1620.

27.—.... De Metz, pour les trois évêchés, Toul, Metz, Verdun, qui a été créé en 1633 par Louis XIII.

28.—... De Besançon, pour le comté de Bourgogne (Franche-Comté), connu anciennement sous le nom de Parlement de Dôle ou Parlement de Salins, parce qu'il avait siégé pendant quelque temps dans l'une et l'autre de ces villes, et qui tire son origine de l'ancienne Cour ou Parlement des comtes de Bourgogne qui fut substitué aux baillis généraux de la province. — C'est le 17 juin 1674, après la réunion définitive de la Franche-Comté à la France, que le Parlement fut confirmé à Dôle par Louis XIV. — Des lettres patentes du 22 août 1676 le transférèrent à Besançon, où il est toujours demeuré depuis.

29.—.... De Douai, pour la Flandre; la chancellerie qui est près de ce Parlement fut créée au mois de décembre 1680.

30. — Enfin, de Nancy, pour la Lorraine et le Barrois, qui a été confirmé comme juridiction souveraine au mois de septembre 1775.

31. — Toutefois, nous devons faire remarquer que la plupart de ces Parlemens existaient déjà comme cours souveraines, et sous d'autres noms ou même sous le nom de Parlemens, avant la réunion au royaume des provinces qui formaient leur juridiction; leur origine peut donc, si on remontait aux sources premières, être considérée comme beaucoup plus ancienne que celle que nous avons indiquée, mais nous avons dû nous borner à constater seulement le moment où ils ont commencé à compter comme cours souveraines du royaume.

32. — Nous ne dirons rien non plus de la composition et de la compétence spéciale de chacun des Parlemens du royaume, ce seraient des détails aujourd'hui sans intérêt; cependant nous ne pouvons nous dispenser de donner quelques explications sommaires sur le Parlement de Paris, qui, par son importance et le rôle qu'il a longtemps rempli, mérite une attention toute spéciale.

33. — Il est impossible d'énumérer toutes les ordonnances, les édits, lettres, portant créations ou suppressions des présidens, conseillers et autres officiers du Parlement de Paris; il nous suffira d'indiquer les personnes qui, en dernier lieu, le composaient.

34. — C'était d'abord le roi qui venait quand il le jugeait à propos, soit pour y tenir son lit de justice, soit, avec moins d'appareil, pour y rendre lui-même la justice, ou pour entendre les avis de son parlement sur les affaires qui y étaient proposées.

35. — Puis le chancelier pouvait venir présider quand bon lui semblait; un premier président, neuf autres présidens à mortier, les princes du sang, qui tous y avaient séance par leur naissance, et y entraient dès l'âge de 14 ans, sans prêter serment.

36. — Venaient ensuite les six pairs ecclésiastiques dont trois ducs et trois comtes, les pairs laïques, les conseillers d'honneur, les maîtres des requêtes, qui y avaient séance, au nombre de quatre, les conseillers tant clercs que laïques, trois avocats du roi, désignés ordinairement sous le nom d'avocats généraux, un procureur général et plusieurs substituts.

37.—Enfin on comptait parmi les membres du Parlement le greffier en chef civil, le greffier en chef criminel, celui des présentations; les quatre notaires et secrétaires de la cour, plusieurs autres officiers des greffes pour le service des chambres et autres fonctions, un premier huissier, vingt-deux autres huissiers ordinaires et plusieurs autres officiers d'un ordre tout à fait inférieur.

38. — La *grand'chambre* du Parlement était ainsi nommée soit parce qu'on y traitait les plus grandes affaires, soit parce qu'elle était composée des plus grands personnages, et aussi pour la distinguer des chambres des enquêtes et des requêtes. — On l'appelait aussi *chambre des plaids* ou *du plaidoyé*, parce que c'était la seule chambre du Parlement où on plaidât. — On lui a donné aussi le nom de la *grand'voûte;* enfin on la désigne quelquefois sous celui de la *chambre dorée* depuis que le roi Louis XII l'eut fait réparer. — Les membres de la grand'chambre faisaient alternativement et par moitié le service de la grand'chambre et de la tournelle; quand ils étaient tous réunis, cela s'appelait les *Grand'chambre et tournelle assemblées.*

39. — On nommait *tournelle criminelle* ou simplement *tournelle* une des chambres du Parlement chargée de juger les affaires criminelles. Son service était fait, ainsi que nous l'avons dit, alternativement par moitié des membres de la grand'chambre réunis à un nombre égal de conseillers des enquêtes et des requêtes. Elle tirait son nom, suivant les uns, de ce que les conseillers de la grand'chambre et des enquêtes y passaient chacun à leur tour; il paraît plus probable que ce nom venait de ce que les membres composant cette chambre tenaient séance dans une tour du palais que l'on appelait Tournelle.

40. — De temps en temps, lorsque la grand'chambre ne suffisait pas à l'expédition de son rôle, on établissait, pour l'expédition des affaires d'audience, une chambre auxiliaire que l'on appelait *tournelle civile*, mais sa durée n'avait rien de fixe et dépendait sans doute de l'épuisement plus ou moins accompli du rôle.

41. — Les *chambres des enquêtes* étaient celles où l'on jugeait les procès par écrit, c'est-à-dire ceux qui avaient déjà été appointés en droit, à écrire, produire et contredire devant les premiers juges, à la différence des causes qui avaient été jugées à l'audience en première instance, et dont l'appel était porté à la grand'chambre.

42. — Il y avait plusieurs chambres des enquêtes, leur nombre était augmenté ou diminué selon l'abondance des affaires; on les appelait ainsi de ce que, anciennement, au Parlement, lorsqu'on avait ordonné la preuve de quelque fait soit par titres ou témoins, les enquêtes qui avaient été faites sur les lieux, et les pièces qui avaient été représentées étaient rapportées au Parlement, qui les renvoyait à des commissaires pour les examiner. Plus tard on commit des conseillers pour procéder aux enquêtes et en faire le rapport, et d'autres pour les juger. Les uns furent appelés les conseillers *jugeurs des enquêtes* ou *regardeurs des enquêtes*, et les autres conseillers *enquêteurs* ou *rapporteurs d'enquêtes*. C'est alors qu'on leur assigna une chambre particulière pour s'assembler, qu'on appela les *enquêtes*, c'est-à-dire la *chambre des enquêtes*.

43. — Tous les ans pendant le temps des vacations ou vacances d'automne du Parlement, le roi établissait par lettres patentes une chambre particulière pour juger les affaires civiles provisoires et toutes les affaires criminelles. On donnait à cette chambre le nom de *chambre des vacations*.

44. — Enfin, les *requêtes du palais* étaient des chambres établies pour juger les causes de ceux qui avaient droit de *committimus*. Les requêtes du palais faisaient partie du Parlement et jouissaient des mêmes priviléges; les présidens et conseillers aux requêtes assistaient aux assemblées des chambres et aux réceptions. Outre ceux qui avaient droit de *committimus* au grand et au petit sceau, ils étaient juges des causes personnelles, possessoires et simples.

45. — Le Parlement était la Cour suprême du royaume, et il a toujours connu des affaires les plus importantes. Il connaissait seul des causes concernant l'Etat et la personne des pairs; devant lui seul pouvaient être portées les matières de régale dans toute l'étendue du royaume. Il connaissait en premier et en dernier ressort de certaines affaires qui lui étaient réservées à l'exclusion de tous autres juges. C'était en outre devant lui qu'étaient portés les appels des jugemens rendus dans toutes les justices royales, inférieures et locales, et dans les justices sujettes du roi. Enfin, il avait par droit de ressort les appels de défauts de droit ou de faux jugement contre tous les barons du royaume possédant des justices souveraines. — Klimrath, *ibid.*, p. 122; *Encyclopédie méthodique* (article de M. Boucher d'Argis), v° *Parlement*.

46. — Outre l'administration de la justice et certaines autres attributions qu'il serait trop long d'énumérer, le Parlement était encore chargé de procéder à l'enregistrement des ordonnances, édits, déclarations et lettres patentes qui lui étaient adressés, et il devait le faire sans retard et toutes affaires cessantes.

47. — Cependant, si en faisant cet enregistrement il trouvait qu'il y eût lieu pour le bien du service et dans l'intérêt public de faire au roi des représentations ou remontrances sur les dispositions qu'ils contenaient; il pouvait faire ces représentations avant d'enregistrer, sans toutefois que le service ordinaire pût en souffrir. — Les remontrances ou représentations devaient, en pareil cas, et aux termes d'un édit de novembre 1774, être présentées dans le mois au plus tard, à compter du jour où l'édit, ordonnance, etc., qui y donnait lieu lui avait été remis par les gens du roi; ce délai ne pouvait être prorogé que par une permission spéciale de S. M.

48. — Ce droit d'enregistrement et de remontrance, qui lui venait sans doute par tradition de l'époque où le Parlement n'était autre que le conseil du roi et même, plus anciennement encore, l'assemblée de la nation, était celui auquel cette assemblée tenait le plus et dont elle se montrait le plus jalouse. L'histoire est pleine d'exemples de refus d'enregistrement, de représentations énergiques, de luttes même, devant lesquelles le parlement ne recula point et dont il fut plus d'une fois la victime.

49. — Sans rappeler à cet égard des faits qui rentrent mieux dans le domaine de l'histoire que dans notre cadre, nous signalerons cependant la résistance des Parlemens à l'édit du mois de décembre 1770, qui circonscrivait leurs attributions par rapport à l'enregistrement des lois; cette résistance fut telle, que pour la briser le gouvernement eut recours aux mesures les plus extrêmes; il en supprima quelques-uns, en démembra d'autres; mais Louis XVI à son avénement au trône les rétablit sur l'ancien pied. — Merlin, *ibid.*

50. — Les choses restèrent en cet état jusqu'à leur suppression définitive, qui fut prononcée en même temps que celle de toutes les juridictions, tant ordinaires que d'exception, par la loi du 7-12 sept. 1790, pour faire place aux institutions judiciaires modernes, dont les premiers degrés, les juges de paix et les tribunaux de commerce, avaient déjà été créés par la loi du 24 août précédent.

PARLEMENTAIRE.

1. — On désigne ainsi le héraut d'armes, officier militaire ou individu quelconque, qui, en temps de guerre, est chargé par l'une des puissances ennemies des pouvoirs nécessaires pour faire des propositions de paix, de trêve ou de suspension soit même pour convenir de certains faits que la loyauté ne doit pas laisser ignorés. — Magniteot et Delamarre, *Dict. de dr. admin.*, vº *Parlementaire.*

2. — Les parlementaires ont droit à toute espèce d'égards, leur personne est sacrée.—Magnitot et Delamarre, *ibid.*

3. — C'est ainsi qu'il a été jugé, comme on l'a vu (vº AGENT DIPLOMATIQUE, nº 166), qu'on ne pouvait arrêter, dans un port français, le capitaine d'un vaisseau parlementaire, sous le prétexte d'une contravention aux lois sur les douanes. — *Cass.*, 29 therm. an VIII, Douanes c. Davidson.— Merlin, *Quest.*, vº *Parlementaire (Vaisseau).*

PARLIER.

Nom que l'on donnait autrefois aux avocats (*Parlarii*). — V. AVOCAT, nº 2. — V. aussi AMPARLIER, AVANT-PARLIER, EMPARLIER.

PAROISSE.

Ce mot s'entend d'un arrondissement territorial régi spirituellement par un curé. — On donne aussi le même nom à l'église qui est desservie par le curé.—Quelquefois enfin le mot paroisse signifie commune. — V. COMMUNE, CULTE, CURE, CURÉ, FABRIQUE D'ÉGLISE, PARCOURS ET VAINE PATURE.

PARQUET.

1. — Lieu où les officiers du ministère public reçoivent les communications qui doivent leur être faites, les plaintes qui leur sont adressées, et les significations qui leur sont remises.

2. — En d'autres termes, le *parquet* est le domicile légal des procureurs généraux et des procureurs de la République pour tous les actes de leurs fonctions.

3. — Le mot *parquet* sert aussi fréquemment à désigner les magistrats mêmes qui remplissent les fonctions du ministère public. On dit dans ce sens les *officiers du parquet*, les poursuites dirigées *par le parquet.* — V. EXPLOIT, MINISTÈRE PUBLIC.

PARQUETEURS (Menuisiers).

Patentable de 6ᵉ classe. — Droit fixe basé sur la population, — droit proportionnel du 20ᵉ de la valeur locative de l'habitation et des lieux servant à l'exercice de la profession. — V. PATENTE.

PARRICIDE.

Table alphabétique.

PARRICIDE. — I. —Est qualifié *parricide* le meurtre des pères ou mères légitimes, naturels ou adoptifs, ou de tout autre ascendant légitime (C. pén., 299). — L'agent de ce crime est également qualifié parricide. — Enfin, autrefois on appelait aussi *parricide* le fait (qualifié depuis *régicide*) d'attenter à la vie du souverain.

§ 1ᵉʳ. — *Caractères du parricide* (nº 2).

§ 2. — *Pénalité* (nº 41).

---

§ 1ᵉʳ. — *Caractères du parricide.*

2. — Le parricide n'est, d'après l'art. 299 du Code pénal, qu'un *meurtre* qui s'empreint d'un caractère plus grave en raison de la *qualité* de la victime.

3. —De ce que le parricide n'est qu'un meurtre, il résulte qu'il doit réunir les élémens de ce crime: c'est-à-dire le fait matériel et la volonté criminelle.—*Cass.*, 14 sept. 1806, Valzania.—Merlin, *Rép.*, vº *Crime*, § 1ᵉʳ, nº 2 s.—V. MEURTRE.

4. — Anciennement, la volonté de tuer n'était même pas nécessaire pour constituer un parricide; il suffisait que la mort eût été donnée méchamment (ff., L. 4, *ad leg.* Pompeïam, *De parricidiis*). — Les simples actes préparatoires étaient atteints. Ainsi, le fils achetant du poison pour son père, ou donnant de l'argent pour le tuer, encourait la peine du parricide, bien que le poison n'eût pu être donné ni aucune attaque formée. — ff., *ibid.*, L. 7.

5. —Plus tard, et dans notre ancien droit, l'homicide du père dut avoir été commis volontairement. — L'art. 8, tit. 2, part. 2 du Code pénal de 1791 exigeait la même circonstance.

6. — D'où la conséquence que si la mort résultait de blessures et coups faits ou portés par un fils à son père sans intention de le donner, il n'y aurait point parricide, mais seulement le crime prévu par l'art. 312 du Code pénal (V. BLESSURES ET COUPS).— Chauveau et Hélie, *Th. C. pén.*, t. 5, p. 173.

7. — Il résulte aussi de là que le parricide est également coupable, et que le crime est le même, soit qu'il ait été commis avec les circonstances de la préméditation ou du guet-apens, soit qu'il procède d'une volonté subite. — *Cass.*, 14 sept. 1806, Valzania; 29 avr. 1827, Dupré (dans ses motifs).

8. —Mais faut-il considérer la qualité de la victime comme une circonstance *aggravante*, ou comme une circonstance *constitutive* du parricide? — La Cour de cassation juge constamment que cette qualité est une circonstance *constitutive*, et que dès lors il n'est pas nécessaire de poser au jury deux questions distinctes: l'une sur le fait principal de meurtre, l'autre sur la circonstance de paternité; une seule question suffit. — *Cass.*, 5 avril 1838 (t. 4ᵉʳ 1840, p. 262), Durand; 16 avril 1840 (t. 1ᵉʳ 1841, p. 615), Bergonnier; 16 juill. 1842 (t. 2 1842, p. 724-725), Baurain et Berger, deux arrêts; 19 avril 1844 (t. 1ᵉʳ 1844, p. 636), Thouvenin; 2 juill. 1847 (t. 2 1847, p. 609), Lepasset—France.— V. aussi Morin, *Dict. dr. crim.*, vº *Parricide.*

9. —Cette jurisprudence nous paraît susceptible d'une critique sérieuse: car, de ce que la loi a des dispositions spéciales à l'homicide commis par un fils sur son père, de ce que ce crime a reçu une dénomination particulière, il ne s'ensuit pas nécessairement que le parricide soit un crime distinct de l'homicide, puisque ces dispositions spéciales ont été portées non pas à raison du *crime* mais à raison de la qualité du *criminel.* C'est parce qu'il est fils de la victime qu'il sera puni de mort, quoiqu'il n'ait pas prémédité son crime, et qu'il ne peut invoquer la provocation comme excuse. L'expression *parricide* est complexe, elle suppose l'existence d'un fait principal et d'une circonstance d'un crime et d'une qualité particulière dans le criminel. Il faut donc détacher du fait la circonstance qui seule a motivé sa qualification et les dispositions exceptionnelles de la loi, et rechercher la nature du crime que ce fait peut constituer; or, ce crime ne peut être autre que l'homicide, puisque le parricide suppose la mort donnée volontairement. — Si le système de la Cour de cassation était exact, il faudrait aller jusqu'à dire que le vol domestique est un crime distinct du vol, puisque la loi a, pour ce cas, des dispositions spéciales déterminées, comme dans celui de parricide, par la qualité de l'accusé.

10. — Or, si le parricide est un *meurtre*, un homicide, le crime existe par cela seul qu'il y a eu mort volontairement donnée; la circonstance que le meurtrier est fils de la victime ne peut done être qu'aggravante du crime. — Il en est de ce cas comme de celui de préméditation, dont l'admission substitue à la qualification de meurtre celle d'assassinat: on pourrait dire de même que la circonstance de paternité substitue la qualification de parricide à celle de meurtre. Il est d'ailleurs facile de se convaincre que cette circonstance n'est pas constitutive. — Qu'est-ce, en effet, qu'une circonstance constitutive? — C'est celle, ainsi que l'indique l'expression même, qui constitue le crime, qui en est un des élémens nécessaires, *celle sans laquelle il n'y a pas de crime.* Ainsi, par exemple, dans une accusation de tentative de vol, la circonstance du commencement d'exécution est constitutive du crime, parce que, sans elle, la tentative manque d'un des caractères qui le rendent punissable. En est-il de même de la circonstance que le meurtre ou l'assassinat aurait été commis par un fils sur son père? Évidemment non: car, cette circonstance disparaissant, reste le meurtre ou l'assassinat, qui sont des crimes prévus et punis par la loi. Le système de la Cour de cassation conduirait nécessairement à des conséquences qui à elles seules en démontrent le vice.—Si l'on prétend cette Cour, la circonstance qui transforme l'homicide en parricide est constitutive du crime, la circonstance du crime écartée, l'accusé doit être absous; aucune peine ne peut lui être appliquée. Ainsi un individu paraît devant la Cour d'assises, accusé d'avoir commis un parricide; l'homicide est prouvé, constant, avoué; l'accusé se borne à discuter la circonstance, et il établit que celui qu'il a tué n'était pas son père, qu'il ignorait les liens du sang qui l'unissaient à sa victime; si, dans ce cas, une seule question comprenant le fait principal et la circonstance est soumise au jury, le jury répondra non, comme il doit le faire toutes les fois qu'une solution négative intervient de sa part sur une des branches d'une question complexe qu'il a à résoudre, et la Cour d'assises prononcera l'acquittement. Si deux questions distinctes ont été posées, l'une sur le fait, l'autre sur la circonstance, le jury devra répondre affirmativement à la première et négativement à la seconde. Dans ce cas, la Cour d'assises déclarera l'accusé absous, la circonstance constitutive, l'un des élémens indispensables du crime, n'existant pas. Ainsi, un fait qualifié crime par la loi aura été commis, son existence sera admise par le jury, et cependant il y aura impunité pour le coupable. Telle est, nous le répétons, la conséquence logique, nécessaire, du système que nous combattons, et qui, nous l'espérons, n'est pas sur cette question le dernier mot de la Cour suprême.

11. — Au surplus, la Cour de cassation ellemême a jugé que la circonstance que le crime d'*empoisonnement* a été commis par une fille sur sa mère est aggravante, et non constitutive, et qu'elle doit dès lors faire l'objet d'une question spéciale et distincte de celle relative au fait principal. — *Cass.*, 19 sept. 1839 (t. 1ᵉʳ 1841, p. 739), Prayer.— Or, à moins de soutenir que l'empoisonnement d'une mère par sa fille n'est pas un parricide, on ne voit pas comment il serait possible de considérer la circonstance de paternité comme constitutive lorsque le crime aurait été commis par voie de meurtre (proprement dit), et comme aggravante lorsqu'il aurait été commis par voie d'empoisonnement. La nuance qui distinguerait les divers arrêts rendus par la Cour suprême échappe donc.

12. — Dans tous les cas, il a été jugé qu'il ne pouvait résulter aucune nullité de ce que, dans une accusation de parricide, la Cour d'assises aurait soumis au jury *deux questions principales: l'une sur le fait d'homicide volontaire, l'autre sur le fait de paternité.* — *Cass.*, 22 sept. 1842 (t. 2 1842, p. 700).

13. — Mais jugé aussi qu'il y a nullité lorsque la qualité de la victime est soumise aux jurés comme *circonstance aggravante* dans une question distincte de celle relative au meurtre. — *Cass.*, 19 avr. 1844 (t. 1er 1844, p. 636), Thouvenin.

14. — Les personnes dont la qualité entre comme élément dans le crime de parricide n'ont pas toujours été restreintes aux père et mère du coupable.—A Rome d'abord, le mot parricide exprimait le meurtre, non du père mais de toute personne, *non a patris sed a paris cæde dicitur:* ce qui avait fait donner aux questeurs chargés d'instruire les crimes capitaux le nom de *quæstores parricidii.*

15. — La loi des douze tables restreignait la qualification de parricide au meurtre des parens, *parentum.* — Puis la loi Pompeia, *De parricidiis*, désigna les personnes que comprenait ce mot de *parentes*, et l'appliqua aux père et mère, ascendans, oncles et tantes, frères et sœurs, cousins et cousines, ainsi qu'au conjoint, gendre, beau-père, beau-fils, patron, du coupable. —Dig., l. 1, *Ad leg. Pomp., De parricidiis.*

16. — Plus tard, les jurisconsultes divisèrent le parricide en 2 classes : 1° celui commis sur les ascendans ou descendans ; 2° celui commis sur les autres personnes ci-dessus énumérées. — Le premier, *parricidium proprium,* encourait seul la peine du parricide ; le second, *parricidium improprium*, la peine de l'homicide simple. — Farinacius, quæst. 12 ; Jul. clarus, § *homicidium;* Menochius, casu 356.

17. — D'après Muyart de Vouglans (*Lois crim.*, p. 176) et Jousse (t. 4, p. 1re), la jurisprudence seule, dans notre droit français, réglait cette matière et ne considérait comme parricide que le meurtre des ascendans. — Chauveau et Hélie, *ibid.*, p. 175.

18. — Le Code pénal de 1791, art. 10, tit. 2, définit le parricide « le meurtre commis dans la personne du père ou de la mère légitimes ou naturels, ou de tous autres ascendans légitimes du coupable. »—On voit que le Code de 1810 a ajouté à cette énumération les père et mère *adoptifs.*

19. — Mais comme il ne parle pas du conjoint il en résulte que la disposition portant que le condamné sera conduit au lieu de l'exécution ayant le visage voilé n'est point applicable au mari qui a tué sa femme.—*Cass.*, 7 germ. an VII, Pagès.

20. — L'art. 86 du Code pén. assimile au parricide l'attentat contre la vie ou la personne du roi.—V. ATTENTAT CONTRE LE ROI ET SA FAMILLE.

21. — Aucune difficulté ne s'élève sur le meurtre des père et mère ou ascendans légitimes. Mais on s'est demandé si la peine du parricide pouvait être appliquée au meurtre de leurs alliés, notamment des beaux-pères et belles-mères par leur gendre ou belle-fille. — La Cour de cassation a constamment et avec raison décidé la négative. — *Cass.*, 26 mars 1812, Robinet ; 15 déc. 1814, Lalyre ; 27 avril 1815, Balitout ; 16 juill. 1835, Henry. — Chauveau et Hélie, v° *Parricide*, p. 180 ; Merlin, *Rép.*, *ibid.*, n° 2 ; Carnot, *C. pén.*, art. 299 ; Bourguignon, *ibid.*

22. — Mais cette solution ne doit être admise qu'autant que le gendre ou la belle-fille a agi seul et sans la participation de l'enfant ; car, s'ils ont commis le crime *conjointement* avec la fille ou le fils, ils doivent être considérés comme parricides. — *Cass.*, 15 déc. 1814, Lalyre ; 27 avr. 1815, Balitout ; 16 juill. 1835, Henry.

23. — Au reste, il a été reconnu que même un étranger qui se rendrait complice du parricide serait passible de la même peine que l'auteur principal. — *Cass.*, 20 avril 1827, Dupré ; 20 sept. 1827, Biron. — L. 6, *Dig. ad leg. Pomp., De parricidiis ;* Farinacius, quest. n° 139. — V. COMPLICITÉ, n° 252.

24. — En pareil cas, la Cour de cassation considère les deux coupables comme respectivement complices l'un de l'autre ; et c'est pour cela qu'elle n'admet l'aggravation de peine que dans le cas où le gendre a exécuté son crime *conjointement* avec la fille de l'homicidé, et dans celui où la fille y a *concouru* par l'un des *faits matériels* spécifiés dans les art. 59 et suivans du Code pénal. — Il suit de ces expressions limitatives que l'aggravation de peine n'aurait pas lieu si, le gendre ou un tiers étant auteur du crime, l'enfant ne s'en était rendu complice que par provocation à l'aide de dons ou promesses, etc. ; car l'aggravation qui descend de l'auteur au complice ne remonte pas du complice à l'auteur. — *Cass.*, 27 avril 1815, Balitout.

25. — Jugé, d'après les principes posés plus haut, que le coauteur d'un crime, aidant nécessairement l'auteur coupable dans les faits qui consomment l'action, devenant par la force des choses légalement son complice, le coauteur d'un parricide est, comme le serait le complice, passible de la peine de ce crime, quoique n'étant pas fils de la victime. — *Cass.*, 9 juin 1848 (t. 2 1848, p. 316), Igueux.

26. — ... Et cela, alors même que, par suite de l'admission de circonstances atténuantes, la peine du parricide n'aurait pas été appliquée à l'auteur principal. — Même arrêt. — Sous ce dernier rapport cet arrêt n'est que l'approbation du principe que le complice peut être condamné plus rigoureusement que l'auteur principal. — V. COMPLICITÉ n°s 221 et suiv.

27. — Mais la jurisprudence susénoncée de la Cour de cassation paraît d'une rigueur excessive, car, ainsi que le font remarquer les auteurs de la *Théor. du Code pénal* (*ibid.*, p. 181), le tiers qui s'associe à ce crime ne trahit pas son devoir de fils, et ne peut devenir parricide par cela seul qu'il enfreint ses devoirs d'homme. — V., à cet égard, COMPLICITÉ, n°s 252 et suiv.

28. — L'aggravation de l'homicide commis sur les père et mère naturels ne reçoit d'application que lorsqu'il s'agit de ceux qui ont reconnu leurs enfans. — Chauveau et Hélie, *Théor. du Code pénal*, t. 5, p. 182.

29. — Si l'enfant naturel n'avait pas été reconnu dans la forme légale, le meurtre dont il se serait rendu coupable envers son père putatif n'imprimerait pas à son crime le caractère du parricide. — Carnot, *Code pénal*, art. 299, n° 10.

30. — Néanmoins, on en pourrait étendre l'application à ceux qui sans être reconnus de leur mère auraient constamment joui auprès d'elle de la possession d'état suffisante pour les autoriser à se faire reconnaître comme ses enfans. — Bien entendu que pareille solution ne pourrait avoir lieu à l'égard du père, puisque toute recherche de la paternité est rigoureusement interdite. — Carnot, *Code pénal*, art. 299, n° 12 ; Chauveau et Hélie, *loc. cit.*

31. — La reconnaissance forcée prononcée contre le père dans le cas exceptionnel prévu par l'art. 340 du Code civil (V. ENFANT NATUREL) équivaudrait à une reconnaissance volontaire.

32. — Sous l'ancienne jurisprudence cette question était controversée. — Quelques auteurs refusaient d'appliquer à ce cas une aggravation de peine, d'autres le confondaient complétement avec le parricide. — Ménochius (cas. 156, n° 15) admettait un terme moyen et mitigeait la peine du parricide sans néanmoins descendre jusqu'à celle du meurtre. — Chauveau et Hélie, *loc. cit.*

33. — Dans tous les cas, il est constant qu'en principe la peine du parricide ne pourrait être appliquée à l'enfant *incestueux* ou *adultérin.* — Carnot, *Code pénal*, art. 299, n° 12. — Il est vrai que Bourguignon cite un arrêt de la Cour de cassation du 7 janv. 1813 qui aurait décidé que l'enfant adultérin peut être parricide. Mais Chauveau et Hélie (*Jur. du Code crim.*, art. 299, C. pén.) ont raison de dire, en présence du principe que la reconnaissance de pareils enfans est interdite, que cet arrêt ne devrait pas être suivi comme règle absolue. Il est un cas cependant où la peine du parricide semblerait pouvoir être appliquée même à l'enfant incestueux ou adultérin : ce serait celui où la filiation incestueuse ou adultérine se trouverait, comme la loi suppose que cela peut avoir lieu, établie par la force même des choses, sans recherche de paternité et sans reconnaissance volontaire. — V. ENFANS ADULTÉRINS ET INCESTUEUX, n°s 30 et suiv.

34. — Qui sera juge du point de savoir si la victime est ou non l'ascendant de l'agent ? — A cet égard, il faut distinguer : la question de parenté étant *constitutive* et se trouvant comprise dans la question relative au meurtre (V. *suprà*), il est évident que le jury résout les deux questions par une seule et même réponse. — Mais s'il s'élevait quelques difficultés et que, d'après les conclusions des parties, il y eût place pour une question d'Etat, cette question devrait être résolue par la Cour d'assises. — V., au surplus, ATTENTAT A LA PUDEUR, n°s 93 et suiv. ; COUR D'ASSISES, n°s 2584 et suiv., 2618 et suiv. — V. aussi *infrà* n° 38.

35. — L'aggravation de l'homicide s'arrête ici aux père et mère, et ne peut être étendue aux ascendans naturels ; c'est ce qui résulte bien clairement des termes de l'art. 299, qui ne parle que des ascendans légitimes. — Rauter, *Dr. crim.*, t. 2, n° 447.

36. — La loi romaine ne mentionnait point le père ou la mère adoptifs parmi les personnes dont le meurtre pouvait constituer un parricide *propre* ou *impropre*, et les auteurs ne les considéraient également point comme tels. — L. 1, ff., *ad leg. Pompeiam, De parricidiis.*—Menochius, cas. 356, n° 26 ; Farinacius, quæst. 120, n° 163. — L'opinion contraire était professée par Mathæus, *De crim., ad leg.* 48, ff., tit. 6. — V. Chauveau et Hélie, *Th. du Code pén.*, t. 5, p. 176.

37. — C'est le Code pénal de 1810 qui le premier a qualifié de parricide le meurtre du père adoptif. — Cette addition au Code de 1791 n'a point passé dans la loi nouvelle sans opposition, et est critiquée par quelques auteurs.—Chauveau et Hélie, *ibid.*, p. 177 ; Destrivaux, *Essais sur le Code pénal*, p. 117. — En effet, on ne peut se refuser à reconnaître que le meurtre du père adoptif, plus coupable que le meurtre ordinaire, l'est cependant moins que celui du père légitime : il y a donc quelque chose d'irrationnel à placer le premier sur la même ligne que celui-ci ; et cela est sensible, surtout, quand l'adoption est purement rémunératoire et n'a lieu, par exemple, qu'après que l'adopté a sauvé la vie à l'adoptant. — C. civ., art. 345.

38. — Dans tous les cas, il faut que la qualité d'enfant adoptif attribuée au coupable soit régulièrement établie ; et, s'il la conteste, la cour d'assises est compétente pour statuer sur l'existence de cette qualité et apprécier soit les actes, soit les faits de possession d'état sur lesquels la fonde l'acte d'accusation. — *Cass.*, 27 nov. 1812, Pajetto. — Merlin, *Rép.*, v° *Parricide*, n° 3 ; Chauveau et Hélie, *ibid.*, p. 179 ; Morin, *Dict. de droit crim.*, v° *Parricide ;* Bourguignon, *Jur. du Code crim.*, t. 3, art. 299 ; Carnot, *Code pénal*, art. 299, n° 9. — V. *suprà* n° 34.

39. — Le meurtre deviendrait un parricide alors même que l'adoption aurait été faite en Italie sous l'empire des lois romaines. — Même arrêt. — Merlin, *Rép.*, v° *Parricide*, § 3.

40. — Ici, de même que pour les père et mère naturels, l'aggravation se restreint aux père et mère adoptifs et ne remonte point aux ascendans. — Chauveau et Hélie, *ibid.*, p. 182 ; Rauter, *Droit crim.*, t. 2, n° 447.

§ 2. — *Pénalité.*

41. — Dans l'ancienne Grèce, il n'existait pas de peine spéciale contre le parricide. — Solon, interrogé pourquoi il n'avait pas prononcé de peine contre les parricides, répondit qu'il n'avait pas cru qu'il pût se trouver quelqu'un capable de commettre un crime aussi énorme. — La loi de Moïse le frappait de mort.—Il paraît qu'à Rome une loi attribuée à Romulus vouait aux dieux les enfans qui avaient frappé leurs parens. Par suite, ils devenaient infâmes et chacun pouvait les tuer.

42. — Plus tard, les décemvirs ordonnèrent que le coupable serait cousu dans un sac de cuir, la tête voilée, et précipité dans les eaux. — Depuis, on ajouta encore à cette peine déjà si terrible ; le parricide devait être frappé de verges jusqu'au sang, enfermé dans un sac avec un chien, un coq, une vipère et un singe, puis jeté à la mer.—L. 9, ff., *ad leg. Pompeiam, De parricidiis ;* L. Unic. C., *De his qui parent.* —Instit., *De public. judic.* — Merlin, *Rép.*, v° *Parricide.* — Si la mer était trop éloignée, le coupable était livré aux bêtes (Constit. d'Adrien) ou brûlé vif. — Paul, *Sentent.*, t. 24.—Toutefois, cette peine n'était appliquée qu'autant que le coupable avouait son crime. — Cujacius, *ad. lib.* 9, tit. 17 Cod.

43. — Quelquefois la non-révélation elle-même d'un projet de parricide était punie. — L. 2, ff., *ad leg. Pompeiam, De parricidiis.*—Carnot, *Code pénal*, art. 299, n° 2.

44. — De plus, le parricide n'était prescriptible par aucun laps de temps. — On pouvait toujours le poursuivre. — L. 10, ff., *eod. tit.*

45. — En France, la loi était muette sur ce crime ; mais les Parlemens usaient à l'égard des coupables de leur pouvoir d'aggraver les peines, et la jurisprudence la plus commune les condamnait à faire amende honorable, à avoir le poing coupé, à être rompus vifs, puis brûlés et leurs cendres dispersées.—Muyart de Vouglans, p. 176 ; Jousse, t. 4, p. 20 ; Imbert, liv. 3, chap. 22 ; Merlin, *Rép.*, v° *Parricide.* — Arr. du Parlement de Paris du 16 déc. 1767. — Et la fille coupable du même crime était pendue ou condamnée au feu, car l'usage exemptait les femmes du supplice de la roue. — Chauveau et Hélie, t. 5, p. 186.

46. — On appliquait même la peine du parricide aux gendres, brus ou beaux-fils qui attentaient à la vie de leurs beaux-pères ou belles-mères; aux époux, aux frères pour le meurtre de leurs frères et époux.—Morin, *Dict. de droit crim.*, v° *Parricide.*

47. — Le Code de 1791 ne prononçait que la peine de mort; seulement le parricide devait avoir la tête et le visage voilés d'une étoffe noire, qu'on ne lui retirait qu'au moment de l'exécution. — L. 25 sept.-6 oct. 1791, partie 1re, tit. 1er, art. 4, et partie 2, tit. 2, art. 10.

48. — Le Code de 1810 ajouta à cette rigueur; son art. 13 porte que «le coupable sera conduit sur le lieu de l'exécution en chemise, nu-pieds et la tête couverte d'un voile noir; il sera exposé sur l'échafaud pendant qu'un huissier fera au peuple lecture de l'arrêt de condamnation; il aura ensuite le poing droit coupé et sera immédiatement exécuté à mort. »

49.—En 1832, la mutilation du poing a été supprimée. — MM. Chauveau et Hélie regrettent qu'on n'en ait pas fait autant des autres, du moins de la peine capitale (*ibid.*, p. 187); toutefois, on ne doit pas considérer comme inutiles des formalités qui, par leur appareil même, sont de nature à inspirer contre un si grand crime et contre ses auteurs une horreur plus profonde.

50. — Jugé que le complice d'un parricide doit être condamné au supplice des parricides comme l'auteur principal du crime. — *Cass.*, 3 déc. 1812, Baillet; 20 sept. 1827, Biron. —V., en sens contraire, Chauveau et Hélie, *Théorie du Code pén.*, t. 2, p. 426, et Legraverend, t. 1er, chap. 3, p. 137.—Mais l'opinion de ce dernier auteur est combattue par Duvergier, son annotateur, V. *ibid.*, p. 138, note 1er.

51. — Alors surtout que ce complice s'est rendu coauteur du crime. — *Cass.*, 20 avril 1827, Dupré.—V. **COMPLICITÉ.**

52. — Le parricide n'est jamais excusable: c'est ce que décide formellement l'art. 323 du Code pénal, après l'art. 40, tit. 2, part. 2 du Code de 1791. — V. **EXCUSE.**

53. — Toutefois, il faut se garder de confondre la simple excuse, qui ne fait que descendre la peine, avec les causes de justification qui la font disparaître complètement: telles que la légitime défense, la démence. Dans ce dernier cas, il n'y a même plus de crime. On décidait de même dans l'ancien droit : « *In filio occidenti patrem ad sui defensionem homicidium hoc impunibile est.* — Farinacius, quest. 120, n° 186. — V. **DÉMENCE, LÉGITIME DÉFENSE,** n° 38.

54. — Mais cet art. 323 ne ferait point obstacle à l'admission résultant de l'âge, et admise, en faveur des mineurs de 16 ans reconnus avoir agi avec discernement, par l'art. 67 du Code pénal. Cette excuse est générale et ne peut pas susceptible d'exception. — Chauveau et Hélie, *Th. Cod. pén.*, t. 6, p. 23.—V. **DISCERNEMENT,** n° 75.— Quant à la provocation, V. **PROVOCATION.**

55. — Quant aux circonstances atténuantes, elles peuvent être déclarées en faveur du crime de parricide. — L'art. 463 est général et ne fait aucune distinction. — La proposition que fut un député en 1832, d'admettre une exception pour le parricide, fut même rejetée sans discussion (Chauveau, *Cod. pén. progressif,* p. 94). — En effet, quel que soit l'abus que l'on ait pu faire, des circonstances atténuantes, on ne peut nier qu'il n'y ait dans ce crime des degrés divers d'atrocité, tirés soit de relations antérieures, soit de la provocation, etc., et, par conséquent, on ne pouvait appliquer tout moyen de pondérer les peines en conséquence. La même proposition fut reproduite plus tard par M. Taillandier, lors de la discussion du projet de loi sur la réforme du C. d'instr. criminelle (projet qui fut repoussé par la Chambre des pairs, après avoir été adopté par la Chambre des députés); mais à la Chambre refusa de cette occasion; attendu qu'il s'agissait d'une réforme du C. d'instr. crim. et non de celle du C. pénal.

56.—Le crime de parricide n'est plus, comme sous la loi romaine, imprescriptible. — La poursuite en doit avoir lieu dans les délais fixés par le Code d'instruction criminelle, qui ne fait à cet égard, non plus qu'en ce qui concerne la peine, aucune exception aux règles du droit commun. — V. **PRESCRIPTION CRIMINELLE.**

V. aussi **INCENDIE, PROVOCATION.**

PART (Portion).

1. — Portion de quelque chose qui se divise entre plusieurs. — V. **PORTION.**

2. — Entre les différentes applications du mot *part*, on distingue les locutions suivantes :

3. — 1° La *part avantageuse*, qui se disait principalement autrefois de la portion que l'aîné avait dans les fiefs et qui était plus avantageuse que celle des puînés. — V. **PRÉCIPUT.**

4. — 2° La *part d'enfant*: la part d'enfant le moins prenant est la portion de la succession du père ou de la mère qui revient à l'enfant le moins avantagé. — V. **NOCES** (secondes), **QUOTITÉ DISPONIBLE.**

5. — 3° La *part héréditaire* ou ce qu'un individu prend à titre d'héritier dans une succession. — V. **QUOTITÉ DISPONIBLE, SUCCESSION.**

6. — 4° La *part personnelle* : c'est celle dont un cohéritier, colégataire ou codonataire, autre propriétaire, est tenu personnellement dans une chose, abstraction faite de l'action hypothécaire dont il peut être tenu de souffrir au delà de cette part et sur la totalité de cette chose. — Rolland de Villargues, *Rép. du not.*, v° *Part personnelle.* — V. aussi **PARTAGE, SUCCESSION.**

7. — 5° La *part virile.* — V. **PORTION VIRILE.**

PART (Exposition de..... Supposition de....).

V. **ENFANT** (Crimes et délits contre l').

PART DE PRISES.

V. **PRISES MARITIMES.**

PARTAGE.

Table alphabétique.

PARTAGE. — 1. — C'est le contrat par lequel les copropriétaires d'une chose commune la divisent entre eux, ou échangent leur droit indivis sur la totalité pour un droit exclusif sur une portion de cette chose.

2. — Une chose peut être commune à différens titres, par exemple à titre de succession, de communauté conjugale, de société, de choses particulières indivises.—Rolland de Villargues, *Rép. du not., v° Partage,* n° 3.

3. — Le partage d'une succession est la division qui a lieu entre les héritiers donataires ou légataires des biens et des droits d'une personne décédée.

4. — Relativement aux communautés conjugales, le Code civil, au titre *Du contrat de mariage* (art. 1467 à 1491), contient sur le partage de ces communautés un assez grand nombre de règles spéciales. Toutefois les règles établies au titre *Des successions* lui sont applicables pour tout ce qui concerne les immeubles, la licitation des immeubles quand il y a lieu, les effets du partage, la garantie des lots et des soultes (art. 1476).—V. COMMUNAUTÉ.

5.—Quant aux sociétés, l'art. 1872 C. civ. porte que les dispositions concernant le partage des successions, la forme de ce partage, et les obligations qui en résultent entre les cohéritiers, s'appliquent aux partages entre associés. — V. SOCIÉTÉ.

6. — Enfin, en ce qui concerne les choses particulières indivises, bien que leur partage ne

soit l'objet d'aucune règle spéciale dans le Code civil, il est hors de doute que la plupart de ses dispositions concernant le partage des successions, et à plus forte raison celles qui concernent le partage en général, doivent s'y appliquer.—Loié, § 11, *De comm. dividendo.*—Rolland de Villargues, n° 6. — V. INDIVISION.

7. — Les règles sur le partage des successions étant les règles communes, nous nous occuperons ici principalement de cette espèce de partage. Quant aux dispositions spéciales qui peuvent être propres à chacune des autres espèces de partages, on les trouvera sous chacun des mots précédemment indiqués.

———

CHAPITRE Ier. — *Choses susceptibles de partage.*

8. — Comme l'indivision met des entraves à l'exercice du droit de propriété et n'est, le plus souvent, qu'une source de querelles qu'il est de l'intérêt public de prévenir (L. 77, § 20, D. *De legat.*, 2e) surtout entre parens (Chabot *Success.*, art. 815, n° 1er), le Code civ. a proclamé comme principe que nul ne peut être contraint à demeurer dans l'indivision. — C. civ. 815.

9. — Cependant toutes espèces de choses ne sont pas susceptibles de division ou partage. — Cette impossibilité vient : 1° ou de la nature des choses; 2° ou de la loi; 3° ou de la convention, dans certains cas.

10. — 1° *Impossibilité résultant de la nature des choses.* — Le partage est naturellement impossible toutes les fois qu'il aurait pour résultat de rendre des objets inhabiles à remplir leur destination, et que la nature condamne par conséquent à rester dans l'état d'indivision; tels sont les escaliers, murs, fosses d'aisances communs à plusieurs maisons, etc., etc. — V., à cet égard, INDIVISION, n° 54 et suiv.

11. — Mais il faut que l'impossibilité soit absolue; sinon il faut rentrer dans les dispositions du droit commun et appliquer le principe de l'art. 815 C. civ.

12. — Ainsi : lorsque des cohéritiers ne peuvent se mettre d'accord sur la division entre eux des portraits de famille recueillis dans la succession, il y a lieu d'en ordonner le partage égal. — *Paris*, 3 nov. 1846 (t. 1 1843, p. 716), Devilliers c. Landeois. — Autrefois, les auteurs étaient d'avis que les portraits de famille, les armes du père ou des ancêtres, les livres notés de la main du père, devaient appartenir à l'aîné. — Lebrun, *Success.*, liv. 4, chap. 1er, n° 45; Bourjon. t. 1er, p. 887; Rolland de Villargues, *Rép. du not.*, v° *Partage*, n° 284.

13. — Le droit à une place d'honneur dans une église protestante, concédé pour prix d'une donation, ne pouvait pas être considéré comme un privilège honorifique qui passeau propriétaire de l'immeuble (V. BANCS D'ÉGLISE, n° 44 et suiv.), fait partie de la succession du concessionnaire, et est soumis, dès lors, aux règles générales du Code civil sur les successions *ab intestat* et les partages entre cohéritiers. — *Colmar*, 16 nov. 1846 (t. 1er 1847, p. 641), Litt.

14. — L'achalandage d'une entreprise commerciale (d'une entreprise de messageries) constitue une valeur appréciable, à partager, dès lors, entre les diverses personnes appelées à la succession dont elle fait partie. — *Aix*, 9 déc. 1843 et 15 avr. 1845 (t. 2 1845, p. 215), Ricard c. Paban.

15. — Dans les étangs de l'ancienne Bresse, l'*évolage* et l'*assec* constituent pour ceux qui en jouissent distinctement une propriété indivise à laquelle peut être appliqué l'art. 815 C. civ. — *Cass.*, 5 juill. 1848 (t. 2 1848, p. 178), Damon c. Jaquenin.

16. — Le droit accordé à une commune de cultiver un terrain, d'ensemencer et récolter chaque troisième année, sauf, au profit du concédant, la perception d'une quote-part des fruits produits pendant cette troisième année, constitue au profit de cette commune non un simple droit d'usage, mais un droit de copropriété, qui peut faire, dès lors, de la part du concédant, la base d'une action en partage. — *Cass.*, 31 janv. 1838 (t. 1er 1838, p. 366), Commune de Laperrière c. de Magnoncourt.

17. — Quoiqu'une partie des biens d'une succession ne puisse être actuellement liquidée, le partage des autres biens peut cependant être provoqué. — *Bordeaux*, 16 août 1827, de Bethmann.

18. — Toutefois l'acquéreur d'une portion indivise dans un immeuble déterminé de la succession, ne serait pas recevable à provoquer le partage de cet immeuble avant que le partage total de la succession ait eu lieu. — *Bruxelles*, 2 déc. 1817, Wandels c. Lutiens.

19. — Le nu-propriétaire et l'usufruitier d'un immeuble possédant chacun une chose distincte et dont il peut disposer pleinement sans le concours de l'autre, il n'existe point entre eux d'indivision. Ainsi, lorsque l'époux survivant se trouve tout à la fois propriétaire, de son chef, de la moitié d'un immeuble conquêt de communauté, et usufruitier de l'autre moitié, en vertu de son contrat de mariage, l'héritier de son conjoint ne peut provoquer le partage qu'en ce qui concerne la nue propriété, qui seule est indivise. — *Douai*, 23 nov. 1847 (t. 2 1848, p. 509), Michel c. Bigot.

20. — Tant qu'il n'y a pas eu liquidation et partage, un cohéritier est non recevable à revendiquer contre un tiers sa part indivise dans un immeuble qu'il prétend dépendre de la succession. — *Bourges*, 14 janvier 1834, Poissonnet c. Guillerand.

21. — 2° *Impossibilité résultant de la loi.* — Cette impossibilité a lieu lorsque la loi prohibe de faire toutes conventions au sujet des biens dont on voudrait faire l'objet d'une liquidation ou d'un partage. Tels sont les biens dépendans d'une succession future, d'une communauté conjugale non légalement dissoute, etc.

22. — Ainsi : la liquidation et le partage de la communauté faits entre le mari et la femme avant que cette communauté ait été dissoute pour l'une des causes déterminées par la loi, sont nuls comme ayant pour objet d'opérer une séparation de biens volontaire. — On ne saurait prétendre qu'il n'y a pas eu partage, mais simplement liquidation des droits et reprises de la femme pour les répéter ultérieurement contre son mari, alors que chacune des parties a été déclarée mise en possession des biens qui lui ont été départis pour en disposer ainsi que de droit. — *Bordeaux*, 18 août 1845 (t. 1er 1846, p. 396), Lascoux c. Villaíe et Couste. — V. COMMUNAUTÉ, n° 1428.

23. — Cependant il est quelques cas où ces liquidation et partage sont permis, c'est lorsqu'ils n'ont qu'un caractère transitoire pour arriver à un autre acte que la loi permet : par exemple en matière de partage d'ascendant. — V. ce mot.

24. — 3° *Impossibilité résultant de la convention.* — Quelque avantage qu'il y ait pour les copropriétaires de sortir de l'indivision, il est cependant quelquefois de leur intérêt commun de ne point procéder actuellement au partage. Aussi; après avoir posé en principe général la faculté de sortir d'indivision, l'art. 815 ajoute-t-il : « On peut cependant convenir de suspendre le partage pendant un temps limité : cette convention ne peut être obligatoire au delà de cinq ans; mais elle peut être renouvelée. »

25. — Pour faire une pareille convention, il faut être maître de ses droits et avoir les mêmes capacités ou autorisations que pour faire le partage. — Toullier, t. 5, n° 408; Rolland de Villargues, *Rép. du not.*, v° *Partage*, n° 29.

26. — La convention doit être faite par écrit, du moins elle ne pourrait être prouvée par témoins. — Chabot, *Success.*, art. 815, n° 7.

27. — Comme toutes les autres conventions, elle n'oblige que ceux qui y sont intervenus.

28. — Ainsi les héritiers qui n'y ont point pris part peuvent provoquer le partage, et leur accord n'anéantit que les effets de la convention, même à l'égard des autres. — Chabot, art. 815, n° 4. t. 7, n° 63; Poujol, art. 815, n° 4.

29. — Ainsi encore les créanciers personnels d'un héritier pourraient intenter l'action en partage, aux termes de l'art. 2905 du Code civil, nonobstant la convention suspensive intervenue avec leur débiteur. Chabot, art. 815, n° 9; Duranton, t. 7, n° 83; Poujol, art. 815, n° 5. — Toutefois, s'ils n'étaient devenus créanciers de l'héritier que depuis la convention de suspension, ils devraient la respecter comme le débiteur lui-même. — Duranton, *loc. cit.*

30. — De même si la convention n'a été faite qu'entre les héritiers légitimes, le partage peut être provoqué par les héritiers institués ou légataires universels, et par les enfans naturels reconnus, pour la quote-part des biens à laquelle ils ont droit. — Chabot, art. 815, n° 9; Poujol, art. 815, n° 6.

31. — Si l'on était convenu que la suspension durera au delà de cinq ans, elle serait réductible à ce laps de temps. — Toullier, t. 5, n° 406; Duranton, t. 7, n° 84; Rolland de Villargues n° 44.

32. — Mais cette décision nous semble trop absolue. La loi ayant permis aux cohéritiers ou communistes de convenir que le partage sera suspendu pendant cinq ans, nous ne voyons pas pourquoi le testateur ne pourrait pas imposer une suspension de même durée, comme condition de l'institution. — V., en ce sens, Delvincourt, t. 2, notes, p. 344; Duranton, t. 7, n° 80; Delaporte, *Pandect. franc.*, t. 3, p. 224; Malleville, t. 2, p. 290; Poujol, art. 815, n° 2. — Toutefois Merlin (*Rép.*, v° *Partage*, § 1) combat cette doctrine avec beaucoup de force. — V., au surplus, CONDITION, n° 204 et suiv.; INDIVISION, n° 48 et suiv.

33. — Le principe général consacré par l'art. 815 s'applique à toute espèce de communauté, soit qu'elle dérive d'un contrat de mariage ou d'une société, d'une donation ou d'un legs faits à plusieurs personnes, ou enfin de l'ouverture d'une succession. — Duranton, t. 7, n° 77.

CHAPITRE II. — *Action en partage ou licitation.*

Sect. 1re. — *Action en partage.* — *Exception.* — *Prescription.*

34. — Lorsque les parties ne se trouvent pas dans l'un des cas qui, comme on l'a vu dans le chapitre précédent, les obligent de rester dans l'indivision, elles peuvent toujours provoquer le partage, nonobstant toutes conventions contraires. — C. civ., art. 815.

35. — L'arrêté d'un préfet qui fixe la part afférente à un républicain dans une succession indivise entre celui-ci et la nation représentant un émigré, ne fait pas cesser l'indivision s'il n'est pas suivi d'un partage réel. — *Paris*, an XIII, Rohan-Guéménée.

36. — La cession de droits successifs faite par des enfans naturels aux droits des enfans légitimes ne peut être considérée comme un partage. Dès lors l'indivision continuant à subsister entre les enfans légitimes, il y a lieu d'ordonner la liquidation et le partage de la succession. — *Paris*, 26 déc. 1846 (t. 1er 1847, p. 135), Huran.

37. — Le droit de demander le partage est inhérent à l'état d'indivision, et, dès lors, il subsiste tant que dure l'indivision elle-même.

38. — La prescription contre l'action en partage ne peut courir, tant que les copropriétaires jouissent indivisément. — *Cass.*, 9 mai 1827, Burde c. Françon. — Malleville, sur l'art. 816; Poujol, art. 815, n° 3.

39. — Lors même que la jouissance a été léguée à des tiers, les héritiers légitimes ont le droit de provoquer le partage, afin de pouvoir aliéner ou hypothéquer la part qui leur revient dans les immeubles de la succession, à la charge de l'usufruit dont ils sont grevés. — *Cass.*, art. 815, n° 5; Duranton, t. 7, n° 85; Poujol, art. 815, n° 7.

40. — Réciproquement, ceux qui n'ont en commun que l'usufruit d'une chose, peuvent demander le partage de leur jouissance; car la loi embrasse, dans la généralité de ses termes, toute espèce d'indivision. — Duranton, t. 7, n° 86.

41. — L'abandon fait à la mère par ses enfans de la jouissance des biens composant la succession de leur père, n'est point un obstacle à ce qu'il soit formé par l'un d'eux une demande en partage de ces mêmes biens. — *Paris*, 21 nivôse an XIII, Voguet.

42. — Le partage peut être demandé, même quand l'un des cohéritiers aurait joui séparément de partie des biens de la succession, s'il n'y a eu ni acte de partage, ou possession suffisante pour acquérir la prescription. — C. civ., 816.

43. — Cette prescription ne s'acquiert que par le délai de trente ans, conformément à l'art. 2262; en effet, on ne prescrit par dix et vingt ans qu'en vertu d'un titre : or nous supposons qu'il n'y a point eu d'acte de partage, et qu'ainsi l'héritier a possédé sans titre. — Chabot, art. 816, n° 2; Duranton, n° 93.

44. — De même, lorsque, sous la coutume de Valenciennes, l'un des héritiers avait eu, seul et en son propre et privé nom, la jouissance trentenaire, soit de la totalité des biens de la succession, soit d'une part plus grande que celle qui lui revenait, il a pu écarter par la prescription la demande en partage ultérieurement formée par ses cohéritiers. — *Bruxelles*, 30 nov. 1814, Dujardin.

45. — L'action en partage d'une succession ne se prescrit que par trente ans. Toutefois, si l'héritier demande que l'on comprenne dans le partage des immeubles vendus par le défunt à ses cohéritiers, sous prétexte que cette vente n'était qu'une donation déguisée, cette autre demande constituant une action en nullité de donation serait prescriptible par dix ans, d'après la coutume de Normandie. — *Rouen*, 26 juin 1822, Fumière c. Langlois.

46. — Si l'héritier avait vendu à un tiers la portion dont il jouissait divisément, l'acquéreur, ayant un titre, pourrait, s'il était de bonne foi, prescrire par dix ou vingt ans. — Chabot, n° 2; Duranton, t. 7, n° 94; Rolland de Villargues, v° *Partage*, n° 51.

47. — Toutefois, cette prescription ne serait possible qu'autant que la vente aurait eu pour objet certains biens déterminés; si l'héritier n'avait vendu que *ses droits successifs*, l'acquéreur se trouvant, par l'effet de cette vente, purement et simplement mis aux lieu et place de l'héritier, ne pourrait, comme ce dernier, échapper à l'action en partage qu'en jouissant divisément pendant 30 ans. — Chabot, n° 2; Duranton, t. 7, n° 95; Rolland de Villargues, n° 52.

48. — Pour que l'héritier puisse opposer à l'action en partage la prescription trentenaire, il faut qu'il ait possédé *pro suo*; car, s'il n'avait joui qu'à titre précaire, si, par exemple, il avait fait envers ses cohéritiers acte de reconnaissance qu'il ne jouissait que comme copropriétaire, cette possession ne pourrait servir de base à la prescription. — Duranton, n° 88.

49. — De même, si les héritiers avaient fait entre eux un partage déclaré provisionnel par l'acte lui-même; cet acte constituant de la part de chacun d'eux une reconnaissance de la propriété de ses cohéritiers, empêcherait que la prescription pût s'accomplir quel que fût, d'ailleurs, le laps de temps qu'eût duré la possession. — Duranton, n° 89.

50. — L'héritier qui oppose à l'action en partage sa jouissance partielle continuée pendant trente ans, ne peut demander une portion plus considérable que celle dont il a joui; car, pour répondre à sa demande, il faudrait faire un partage dans lequel devraient être compris tous les biens dont il a joui divisément, même depuis plus de trente ans. — Chabot, n° 3; Duranton, n° 90.

51. — Si l'un des cohéritiers avait joui en son nom, *pro suo*, de toute l'hérédité pendant le temps nécessaire pour acquérir par la prescription les parts des autres, la demande en partage ne pourrait plus être intentée contre lui; car elle ne serait autre chose qu'une pétition d'hérédité éteinte également par la prescription. — Duranton, n° 92.

52. — Et il en serait de même, par l'effet du même principe, si plusieurs des cohéritiers, par exemple ceux d'une ligne, d'une souche, d'une branche, avaient joui en leur nom, *pro suo*, de toute l'hérédité, exclusivement à ceux de l'autre ligne, de l'autre souche, de l'autre branche. Ceux qui n'auraient pas joui, ni réclamé, auraient perdu leurs droits, qu'auraient acquis ceux qui auraient joui et prescrit : sauf ensuite à ces derniers à les partager entre eux. — Duranton, *loc. cit.*

53. — Comme sous la coutume de Normandie on a pu considérer comme partage l'acte par lequel on a assigné à chaque branche d'héritiers les biens qui lui sont dévolus; un pareil acte a suffi pour faire courir la prescription sous cette même coutume, qui ne permettait pas à des cohéritiers de prescrire les uns contre les autres avant le partage. — Cout. Normandie, art. 529. — *Cass.*, 5 janv. 1814, Rollin c. Rioult; 18 juin 1818, mêmes parties.

54. — Le défendeur à une demande en partage d'un immeuble peut, après avoir vainement invoqué la prescription, opposer un acte de vente, qui lui a transmis la propriété exclusive du domaine litigieux. — Le jugement qui a repoussé la première exception n'a pas l'autorité de la chose jugée à l'égard de la seconde. — *Cass.*, 6 déc. 1837 (t. 2 1837, p. 556), de Lamberterie c. de Mainzac.

55. — Lorsqu'un partage est annulé, l'action en partage est régie, quant à la prescription, par la loi en vigueur au moment de l'ouverture de la succession et non par la loi en vigueur au moment où l'acte de partage a été annulé. — *Rouen*, 5 mars 1829, Chabout c. Soret-Dufilleul.

56. — Avant le Code civil, l'opinion la plus générale des auteurs était qu'une jouissance séparée de dix ans entre majeurs ne suffisait pas pour faire présumer le partage et le confirmer. — *Limoges*, 10 fév. 1813, Péricaud c. Lafond. — Lebrun, *Success.*, liv. IV, ch. 1er; Lacombe, sect. 1re, n° 2.

57. — Jugé, au contraire, qu'avant le Code civil, la jouissance séparée des biens d'une succession, prolongée entre héritiers pendant dix ans, faisait présumer un partage commun et s'opposait à une nouvelle action en partage. — *Amiens*, 18 janv. 1823, Flamand c. Desjardins. — Despeisses, t. 1er, p. 141 et suiv.; Ferrières, sur la quest. 289 de Guipape; Bœrius, dec. 58, n° 4; Lapeyrières, lettre P, n° 4; Coquille, *Cout. du Nivernais*, chap. 25, art. 1er.

58. — Ainsi, en supposant que, d'après l'art. 816 C. civ., l'action en partage ne puisse être prescrite que par une jouissance séparée de trente ans; il n'en saurait être de même, lorsque la possession qui divise des cohéritiers a commencé avant la promulgation du Code. — Même arrêt.

59. — Ce qui résulte de cette divergence, c'est que, dans l'ancienne jurisprudence, les auteurs étaient partagés sur la question. — Mais, sous l'empire du Code civil, nous n'hésitons point à repousser cette présomption de partage fondée sur une jouissance divise continuée pendant dix ans. En effet, pour que la présomption de dix et vingt ans soit admissible, il faut deux conditions essentielles : le *titre* et la bonne foi. L'un ou l'autre manquant, on ne peut plus invoquer que la prescription de trente ans. — Poujol, art. 816, n° 3; Chabot, art. 816, nos 1er et 2. — V. cependant Malleville, sur le même article.

60. — Lorsqu'il a été fait un partage valable, on ne peut en provoquer un autre, encore bien que les héritiers aient continué de jouir indivisément, à moins toutefois que le premier ne soit nul, ou qu'il n'ait été révoqué, ou qu'il ne se trouve éteint par la prescription. — Chabot, art. 816, n° 4; Poujol, art. 816, n° 2.

61. — L'héritier qui, en qualité de légataire et par suite d'un partage fait avec ses colégataires, a reçu une portion de la succession moins considérable que celle qui lui revenait comme héritier naturel, ne peut, en cas d'annulation du testament, être actionné en partage de la portion qu'il détient par un cohéritier qui n'a réclamé qu'après avoir, par sa faute, laissé consolider, au moyen de la prescription, entre les mains des colégataires non héritiers, la propriété des valeurs héréditaires dont ils ont été mis indûment en possession. — L'art 816 ne reçoit pas son application dans ce cas. — *Cass.*, 16 mars 1842 (t. 1er 1843, p. 77), Vallet c. Ferry-Amoreux.

62. — Une demande à fin de partage, dans laquelle on conteste la qualité de l'individu qui se prétend héritier, peut être cumulée avec l'action en pétition d'hérédité. — *Paris*, 2 mars 1814, Petitjean c. Lagille.

63. — Le cohéritier qui devient, par suite du partage de la succession, seul propriétaire d'un immeuble qui en dépend, étant censé (art. 883 C. civ.) avoir succédé directement au défunt, ne peut se prévaloir, pour repousser la prescription libératoire qui lui est opposée au sujet d'un droit inhérent à cet immeuble, des causes de suspension (telles que la minorité) personnelles à l'un de ces cohéritiers. — Ce n'est pas le cas d'appliquer la maxime : *In individuis minor relevat majorem*. — *Cass.*, 2 déc. 1845 (t. 1er 1846, p. 53), Anquet et Normand c. Dumoulin.

64. — L'action en partage ne serait pas admise s'il s'agissait simplement d'un ou plusieurs objets qui auraient été omis dans un partage précédent. Dans ce cas il y aurait lieu seulement à un supplément à l'acte de partage. — C. civ., art. 887.

65. — La clause par laquelle les parties se réservent expressément de réclamer un supplément de partage pour tout article qui aurait été omis dans la liquidation d'une succession ne permet pas qu'on leur oppose une renonciation tacite. — *Aix*, 9 déc. 1843 (t. 2 1845, p. 215), Ricard c. Paban.

66. — Le jugement qui admet une demande en supplément de partage relativement à un immeuble, et nomme des experts pour procéder à la vérification, estimation et partage de cet immeuble, et qui d'ailleurs n'a eu à prononcer que sur deux exceptions tirées de la non-recevabilité et de la prescription de la demande, ne fait pas obstacle à ce qu'un second jugement décide qu'il n'y a pas lieu à procéder au supplément de partage, par le motif que l'immeuble qui serait à partager a été compris dans un partage antérieur; on ne peut considérer ce second jugement comme violant l'autorité de la chose jugée par le premier. — *Cass.*, 28 nov. 1843 (t. 1er 1844, p. 237), Cassé c. Clavier.

67. — Bien qu'une statue soit fixée à perpétuelle demeure à une chapelle comprise dans un partage, il n'en résulte pas comme conséquence nécessaire qu'elle soit devenue, en l'absence de toute stipulation expresse, la propriété de celui des cohéritiers dans le lot duquel la chapelle est entrée, alors d'ailleurs que les faits et circonstances indiquent que cette statue a été omise dans le partage, à raison de l'opinion où l'on était que sa destination religieuse la mettait hors du commerce. — En conséquence, l'arrêt qui, en pareil cas, ordonne, conformément à l'art. 887 C. civ., un partage supplémentaire quant à cette statue, échappe à la censure de la Cour de cassation. — *Cass.*, 22 mars 1843 (t. 2 1843, p. 59), de Boisgelin.

68. — L'offre d'un supplément de légitime emporte renonciation à la prescription contre l'action en partage. — *Riom*, 18 août 1810, Bonhours c. Delfraissy.

Sect. 2e. — *Vente ou licitation.*

69. — Chacun des héritiers peut demander sa part en nature des meubles et immeubles de la succession; néanmoins, s'il y a des créanciers saisissans ou opposans, ou si la majorité des cohéritiers juge la vente nécessaire pour l'acquit des dettes et charges de la succession, les meubles sont vendus publiquement en la forme ordinaire. — C. civ., art. 826.

70. — La clause par laquelle des cohéritiers accordent à chacun d'eux individuellement le droit de demander la vente ou le partage d'arbres restés en commun a pour effet de subordonner l'exercice de ce droit à la seule volonté de l'un d'eux : de telle sorte qu'il n'y a point lieu, en pareil cas, de faire application de l'art. 826 C. civ., lequel attribue cette faculté à la majorité des héritiers. — *Douai*, 15 mai 1841 (t. 2 1841, p. 429), Citerne c. Grebert.

71. — Les meubles ne doivent être vendus que jusqu'à concurrence des dettes et des charges, à moins que tous les héritiers ne consentent à la vente de la totalité. — Chabot, art. 826, n° 5.

72. — Dans le cas où la majorité des héritiers a décidé que la vente aurait lieu pour l'acquit des dettes et charges, la minorité peut exiger que les effets périssables et les moins précieux soient vendus par préférence. — Chabot, art. 826, n° 5.

73. — Si les immeubles ne peuvent pas se partager commodément, il y a lieu de procéder à la vente. — C. civ., art. 827 et 1686. — V. LICITATION, nos 5 et suiv.; VENTE.

74. — Ainsi, il y a lieu à licitation lorsque le partage en nature ne peut pas s'effectuer commodément entre tous les copartageans. — *Bordeaux*, 30 juill. 1838 (t. 1er 1839, p. 15), Romat c. Bernardeau.

75. — Mais l'art. 827 C. civ. n'exige la vente ou licitation que lorsque les immeubles d'une succession doivent être partagés et ne peuvent l'être commodément. — *Cass.*, 6 juin 1834, Priel c. Cambronne et Jorand.

76. — Lorsqu'une succession est composée d'immeubles susceptibles d'être partagés, une partie des héritiers ne peut malgré l'autre, qui demande le partage en nature, provoquer la licitation et la vente judiciaire des biens sous prétexte qu'il en doit résulter un plus grand avantage pour tous. — *Paris*, 24 pluv. an XII, Bourdon c. Meunier.

77. — Il appartient aux juges de décider, sans expertise préalable, et à l'aide des documens qui leur ont été fournis, si les immeubles d'une succession sont partageables en nature. — *Cass.*, 12 avril 1831, Lary-Latour. — Cette décision, parfaitement en harmonie avec le nouvel art. 970 C. proc., ne nous paraît pas concorder aussi bien avec l'ancien art. 969 même Code, sous l'empire duquel il a été rendu.

78. — Jugé, au contraire, qu'en matière de partage, la nécessité d'une vente par licitation ne peut résulter que de l'opération des experts; et cette vente ne doit être ordonnée que lorsque leur procès-verbal a indiqué que l'objet estimé ne peut pas se partager commodément. — *Rennes*, 11 août 1812, N... — Chabot, *Comm. sur les successions*, t. 3, art. 824, n° 1er; Toullier, *Droit civil*, t. 4, n° 417; Vazeille, *Des successions*, art. 824. — Cette décision, bonne avant la loi du 2 juin 1841, serait aujourd'hui en contradiction avec le nouvel art. 970.

79. — Il n'est pas dans les attributions de la Cour de cassation de porter atteinte à un arrêt qui décide d'après un rapport d'experts qu'un immeuble indivis peut être commodément partagé. — *Cass.*, 9 mai 1827, Burde c. Françon.

80. — Une simple inégalité dans les lots, et même la nécessité d'établir une servitude sur l'un en faveur de l'autre, ne suffiraient pas pour faire ordonner la vente, si d'ailleurs le partage pouvait se faire commodément. Mais si l'inégalité des lots était telle que l'un des héritiers dût avoir la presque totalité des immeubles, ou que les servitudes à établir fussent trop onéreuses, si enfin le partage ne pouvait être fait *sine cujusquam injuriâ*, la vente devrait être ordonnée. — Chabot, art. 827, nº 2.

81. — Toutefois, si tous les héritiers étaient majeurs et présens, ils pourraient convenir de procéder au partage, quoiqu'il ne pût être fait commodément, et ils pourraient aussi convenir de vendre, quoique le partage n'entraînât aucun inconvénient; mais, dans l'un et l'autre cas, il faudrait qu'ils fussent tous d'accord.—Chabot, art. 827, nº 3.

82.—Lors au contraire qu'il y a parmi les héritiers des mineurs même émancipés, des interdits, des absens, ou même des non présens : si le partage peut être fait commodément, il doit toujours y être procédé; dans le cas contraire, il doit toujours être procédé à la vente. — Chabot, art. 827, nº 4.

83. — Lorsque la situation des immeubles aura exigé plusieurs expertises distinctes, et que chaque immeuble aura été déclaré impartageable, il n'y aura cependant pas lieu à licitation, s'il résulte du rapprochement des rapports que la totalité des immeubles peut se partager commodément. — C. proc. civ., art. 974.

84. — Jugé, en conséquence, que dans un partage de succession il n'y a lieu d'ordonner la licitation d'un immeuble que lorsqu'il ne s'en trouve pas d'autres qui avec cet immeuble peuvent composer des lots égaux. Ainsi : la licitation ne doit pas être ordonnée s'il se trouve un domaine divisible et une maison qui ne l'est pas, mais que cette maison jointe à des terres du domaine puisse former un lot égal.—*Nîmes*, 13 fév. 1833, Boyer c. Terras.

85. — Lorsque trois cohéritiers, dont l'un réunit à cette qualité celle de légataire du quart, par préciput et hors part, sont appelés à recueillir une succession dans laquelle il n'y a à partager qu'un seul immeuble que les experts ont déclaré ne pouvoir être divisé en quatre lots, mais en deux seulement, on ne doit pas diviser cet immeuble en deux portions, dont l'une sera attribuée à celui des héritiers qui a droit à une moitié, en sa double qualité, et l'autre à ses cohéritiers, sauf à ceux-ci à subdiviser entre eux cette seconde moitié, ou à la liciter si la subdivision en est impraticable. Au contraire, dans ce cas, le tribunal doit déclarer que l'immeuble ne peut être commodément partagé, et il doit en ordonner la licitation. — *Cass.*, 10 mai 1826, Turquis.

86. — De même, lorsqu'un immeuble indivis entre quatre copropriétaires est partageable en deux lots, mais ne peut être commodément divisé en quatre lots, les juges doivent, sur la demande d'une seule des parties, ordonner la vente et licitation de cet immeuble. — *Rennes*, 19 févr. 1835, Rialan c. Thubé.

87. — De même encore, quoique le partage d'une succession dévolue à des collatéraux puisse se faire facilement entre les deux lignes paternelle et maternelle, la licitation doit être ordonnée si l'un des deux lots ne peut ensuite se subdiviser entre les représentans de l'une ou de l'autre ligne.—*Bordeaux*, 30 juill. 1838 (t. 1er 1839, p. 15), Romat c. Bernardeau.

88. — Lorsque tous les héritiers sont majeurs, non interdits et présens, ils peuvent, à l'amiable, vendre les immeubles, soit à l'un ou plusieurs d'entre eux, soit à des étrangers. — Chabot, art. 827, nº 7.

89. — Ils peuvent aussi convenir, s'ils sont tous d'accord, que la vente sera faite par licitation, c'est-à-dire aux enchères, et qu'elle sera faite ou devant un tribunal, ou devant un notaire.—Chabot, art. 827, nº 7. — L'art. 827 C. civ., 2e alin., accorde aux parties, lorsqu'elles sont majeures et maîtresses de leurs droits, la faculté de s'accorder sur le choix du notaire. La nouvelle loi n'a pas entendu déroger à cette disposition. — Chauveau sur Carré, quest. 2504 *quatuordeciès*.

90. — Lorsqu'au nombre des héritiers se trouvent des mineurs même émancipés, des interdits, des absens, ou même des non présens, la vente des immeubles doit, aux termes de l'art. 827 C. civ., être faite devant le tribunal. — Chabot, art. 827, nº 7.

91. — L'art. 839 C. civ. dispose de même que, dans le cas où parmi les cohéritiers se trouvent des mineurs même émancipés, des interdits, des absens, ou des non présens; s'il y a lieu à licitation, elle ne peut être faite qu'en justice avec les formalités prescrites pour l'aliénation des biens des mineurs. Les étrangers y sont toujours admis. — V. LICITATION.

CHAPITRE III. — *Par qui et contre qui peut être exercée l'action en partage.*

92. — L'action en partage peut être intentée par chacun des copropriétaires ou cohéritiers. — Arg. C. civ. 815.

93. — Le cohéritier qui a cédé ses droits à un tiers conserve néanmoins vis-à-vis des autres cohéritiers, et tant que le cessionnaire ne se prévaut pas de la cession, qualité pour réclamer le partage de la succession. Les cohéritiers sont, en ce cas, non recevables à exciper de l'existence de la cession. — *Bourges*, 24 août 1831, Maillot c. Blandin.

94. — A plus forte raison, un héritier qui a vendu ses droits successifs avec la stipulation que la liquidation et le partage seraient à ses risques et périls, ne peut être écarté par ses cohéritiers de cette double opération, sous prétexte qu'il y est devenu étranger au moyen de la cession qu'il a faite.—*Bourges*, 23 août 1831, Grillot c. Robin.

95. — A défaut de diligences de la part des héritiers légitimes, l'action en partage appartient aux enfans naturels reconnus. —*Paris*, 4 germin. an XIII, Papillon de La Ferté c. de Mursault.

96. — Lorsque la portion indivise d'une chose se trouve grevée d'usufruit : l'usufruitier a le droit d'intenter l'action en partage, car l'usufruit est une copropriété de la chose; mais il est nécessaire alors que le nu propriétaire de cette même portion indivise soit mis en cause, sans quoi le partage ne serait que provisionnel. — Proudhon, *Usufruit*, nº 1245; Rolland de Villargues, *Rép.*, vº *Partage*, nº 118.

97. — Celui qui a un droit de superficie peut également provoquer le partage. — Proudhon, *Usufruit*, nº 3719; Rolland de Villargues, nº 119.

98.—Il en est de même de l'emphytéote; mais, pour que le partage soit définitif, il faut que le propriétaire foncier y intervienne. —Rolland de Villargues, nº 120.

99. — Jugé que le créancier d'une succession ou de l'un des héritiers a droit, non-seulement d'intervenir au partage, mais encore de le provoquer. Toutefois, cette poursuite ne peut lui être dévolue qu'en cas de fraude ou négligence du copartageant. — *Paris*, 28 janv. 1808, Lesné c. Godin. — Toullier, t. 6, nº 376; Rolland de Villargues, nº 122.

100. — Lorsqu'au nombre des cohéritiers se trouvent des mineurs ou des interdits, l'action en partage peut être exercée en leur nom par leurs tuteurs spécialement autorisés par un conseil de famille. — C. civ., 817.

101. — Il n'est pas nécessaire que cette délibération soit homologuée, la loi ne l'exige point; et cette formalité était effectivement inutile, puisqu'il doit y avoir une estimation préalable des biens. — Pigeau, t. 2, p. 673; Rolland de Villargues, nº 64.

102. — L'autorisation du conseil de famille est nécessaire soit qu'il s'agisse d'un partage d'immeubles, soit qu'il s'agisse d'un partage purement mobilier; car l'article 817 et l'article 465 s'expriment d'une manière générale, et ne font, à cet égard, aucune distinction. — Chabot, art. 17, nº 2; Duranton, t. 7, nº 104; Poujol, art. 817, nº 2; Rolland de Villargues, nº 65.

103. — Mais le tuteur peut, sans l'autorisation du conseil de famille, répondre à une demande en partage dirigée contre le mineur (C. civ., 465). — En effet, dans ce cas, le tuteur étant obligé de répondre, l'autorisation est superflue, d'après la maxime : *Ejus est velle qui potest nolle.* — Duranton, t. 7, nº 102; Poujol, art. 817, nº 1.

104. — S'il y a plusieurs mineurs qui aient des intérêts opposés dans le partage, il doit leur être donné à chacun un tuteur spécial et particulier (C. civ., 838). — La même disposition doit s'appliquer également aux interdits. — Chabot, art. 838, nº 7.

105. — Les mineurs doivent être considérés comme ayant des intérêts opposés lorsqu'ils ont des préciputs à exercer, ou que les legs qui leur ont été faits ne doivent pas s'exercer de la même manière; comme si les uns portent sur les meubles et les autres sur les immeubles, ou, lorsqu'étant de deux lits différens, les uns ont des reprises à exercer, tandis que les autres n'en ont pas. — Pigeau, t. 2, p. 673; Carré, sur l'art. 968; Rolland de Villargues, nº 69.

106. — Le tuteur spécial doit être nommé suivant les règles contenues au Code de procédure sous le titre *Des avis de parens* (C. proc., art. 968), c'est-à-dire par le conseil de famille. — Carré, quest. 2504 *sexiès*; Thomines-Desmazures, t. 2, p. 608; Persil fils, *Comm.*, p. 477, nº 574.

107. — Il n'y a pas lieu à l'application de l'art. 838 du Code civil, par cela seul que des mineurs sont en instance de partage, il faut qu'ils aient des intérêts opposés. — *Rennes*, 27 août 1812, Vernon. — Carré, quest. 2504 *quinquiès*; Maleville, t. 2, p. 302; Pigeau, t. 2, p. 673; Chabot, sur l'art. 838 du Code civil; Thomines-Desmazures, t. 2, p. 608.

108. — Il ne doit être donné un subrogé-tuteur qu'à celui-là seul des mineurs qui a des intérêts différens des autres. Ces derniers continuent d'être représentés collectivement par leur tuteur principal, sans qu'il soit besoin de le remplacer par un tuteur spécial. Ce serait multiplier inutilement les embarras et les frais du partage. — Thomines-Desmazures, t. 2, p. 608; Carré et Chauveau, quest. 2504 *quinquiès*.

109. — Une assignation en partage signifiée à des mineurs n'est pas nulle, quoique le demandeur ne les ait pas fait préalablement pourvoir de tuteurs spéciaux.—*Rennes*, 17 juin 1812, Gouet c. Canneva. — Le tuteur étant le défenseur commun de tous les mineurs, c'est à lui que le poursuivant doit adresser sa demande : sauf à ce tuteur principal à poursuivre s'il y a lieu la nomination d'un tuteur spécial. — Carré, quest. 2504 *septiès*; Thomines, t. 2, p. 608; Pigeau, *Comm.*, t. 2, p. 679, et Persil fils, *Comm.*, p. 478, nº 575.

110. — Le mineur héritier pour partie de son tuteur ne peut, après avoir formé contre ses cohéritiers une demande en partage, intenter contre eux une action directe et principale en reddition de compte, il doit former cette dernière action incidemment à la demande en partage; et les cohéritiers peuvent demander devant la Cour d'appel que le mineur soit renvoyé à se pourvoir dans l'instance en partage, bien qu'ils n'aient pas opposé cette exception en première instance. — *Lyon*, 2 avril 1830, Duon.

111. — Quant au mineur émancipé, il n'a pas besoin, pour intenter l'action en partage, de l'autorisation du conseil de famille; il lui suffit de l'assistance de son curateur. Cela résulte clairement des termes de l'art. 840 C. civ. — *Bordeaux*, 25 janv. 1826, Pidoux c. Ducou; *Paris*, 8 mai 1848 (t. 2 1848, p. 665), Tolain c. Guillemin. — Maleville, t. 2, p. 305; Favard de Langlade, vº *Partage*; Poujol, art. 817, nº 3; Duranton, t. 3, nº 691, et Chabot. —*Contrà*, Toullier, t. 2, nº 1298; *Pandectes franç.*, sur l'art. 840, et Magnin, *Des tutelles*, nº 775.

112. — Ceux qui sont placés sous l'assistance d'un conseil judiciaire ne pouvant plaider sans l'assistance de ce conseil, il en résulte qu'elle leur est nécessaire soit pour provoquer un partage, soit pour défendre à une demande en partage. — Duranton, t. 7, nº 107; Poujol, art. 817, nº 3.

113. — A défaut d'administrateur provisoire nommé à une personne non interdite placée dans un établissement d'aliénés, le président du tribunal, à la requête de la partie la plus diligente, commet un notaire pour représenter cette personne dans les comptes, partages et liquidations dans lesquels elle est intéressée. — L. 30 juin 1838, art. 36. — V. ALIÉNÉS, nºs 238 et suiv.

114. — A l'égard des cohéritiers absens, deux hypothèses peuvent se présenter.—La succession peut être ouverte soit antérieurement à l'absence ou du moins aux dernières nouvelles de l'absent, soit seulement depuis l'époque où l'existence de l'absent était certaine.

115. — Dans ce dernier cas, aucun droit ne peut être exercé sur cette succession du chef de l'absent. En effet, aux termes de l'art. 725 C. civ., pour succéder il faut nécessairement exister lors de l'ouverture de la succession, et, aux termes de l'art. 136, s'il s'ouvre une succession à laquelle soit appelé un individu dont l'existence ne soit pas reconnue, elle doit être dévolue exclusivement à ceux avec lesquels il aurait eu le droit de concourir, ou à ceux qui l'auraient recueillie à son défaut. — Chabot, art. 817, nº 5; Duranton, t. 7, nº 109; Poujol, art. 817, nº 4.

116. — Si la succession s'est ouverte avant la disparition ou les dernières nouvelles de l'absent, comme cette succession fait partie de ses biens, du moins pour la part qui lui revient, l'action en partage appartient, d'après l'art 817, aux parens envoyés en possession. — Duranton, t. 7, n° 109; Poujol, art. 817, n° 4.

117. — Mais il peut se faire que l'absence n'ait pas encore été déclarée, et qu'ainsi il n'y pas encore eu d'envoi en possession. — Dans ce cas, si l'absent a laissé un procureur fondé, c'est à ce dernier qu'il appartient soit de provoquer le partage, soit d'y défendre. — S'il n'y a point de procureur fondé, le tribunal doit (C. civ., art. 813), à la requête de la partie la plus diligente, commettre un notaire pour représenter le présumé absent dans les partages et liquidations où il pourrait être intéressé.

118. — S'il y avait plusieurs non présens : il devrait leur être nommé à chacun un notaire pour les représenter en cas d'intérêts opposés, et alors les opérations de la succession ne pourraient être renvoyées devant ni l'un ni l'autre de ces notaires. — Duranton, n° 112.

119. — Les fonctions du notaire commis se bornent purement et simplement à représenter l'absent dans les opérations des liquidations et partages régulièrement provoqués; mais il est sans qualité pour exercer lui-même l'action ou pour y défendre. — *Bruxelles*, 8 avr. 1813, Mayensous c. Pieters. — Merlin, *Rép.*, t. 16, p. 4; Biret, *Traité de l'absence*, p. 14; Chabot, art. 817, n° 8; Duranton, t. 1er, n° 395, et t. 7, n° 111; Poujol, art. 817, n° 5. — V., cependant, Delvincourt, t. 1er, p. 257.

120. — S'il devenait nécessaire, dans l'intérêt de l'absent, soit d'intenter l'action en partage, soit d'y défendre, le tribunal pourrait, comme dans l'ancien droit, nommer un curateur, lequel procéderait sous la surveillance et l'autorité du ministère public, ce qui n'empêcherait pas le notaire commis de représenter le présumé absent dans les actes spécifiés en l'art. 113. — Duranton, t. 1er, n° 400, et t. 7, n° 111; Chabot, art. 817, n° 8; Poujol, art. 817, n° 5.

121. — Quant à ceux qui ne sont point présens, à la vérité, lors du partage, mais dont l'existence est certaine, ils peuvent bien être représentés dans les partages par un curateur, mais ce ne doit être qu'en défendant, jamais en demandant. — Duranton, t. 7, n° 111.

122. — Dans le cas d'absence déclarée, si l'époux commun en biens a opté pour la continuation de la communauté, il a le droit de demander le partage ou de procéder sur la demande des cohéritiers, et il n'est point obligé d'y appeler les héritiers présomptifs de son époux absent. Toutefois ces derniers ont le droit d'y intervenir pour la conservation de leurs droits. — Chabot, art. 817, n° 8; Poujol, art. 817, n° 6; Delvincourt, t. 2, p. 130.

123. — Quant au partage des biens échus à une femme mariée, l'exercice de l'action n'est pas, dans tous les cas, soumis à des règles identiques.

124. — Et d'abord, lorsque les époux sont mariés sous le régime de la communauté, si les biens à partager, meubles ou immeubles, tombent dans la communauté, c'est au mari qu'il appartient de procéder, seul et sans le concours de sa femme, au partage soit judiciaire, soit conventionnel. — C. civ., art. 818. — Chabot, sur cet article, n° 2; Duranton, t. 7, nos 115 et suiv.; Poujol, art. 818, n° 1er; Rolland de Villargues, *Rép.*, v° *Partage*, n° 802.

125. — Il en doit être ainsi lors même qu'il aurait été stipulé, dans le contrat de mariage, que la femme pourrait, en renonçant à la communauté, reprendre tous ceux de ses biens personnels qui y seraient tombés ou en vertu de la loi ou en vertu d'une convention particulière. En effet, cette clause ne restreint nullement les pouvoirs du mari sur l'actif de la communauté; elle ne donne lieu qu'à une simple indemnité contre le mari ou ses héritiers, si les biens que la femme renonçante a le droit de reprendre ont été aliénés pendant la durée de la communauté. — Chabot, n° 2; Duranton, t. 7, n° 120; Poujol, art. 818, n° 1er; Rolland de Villargues, n° 83.

126. — Lorsque les objets échus à la femme ne tombent pas dans la communauté, le mari ne peut en provoquer le partage sans le concours de sa femme. — C. civ., art. 818. — Il n'y a pas de distinction à faire à cet égard entre les meubles et les immeubles. — Chabot, n° 3; Duranton, t. 7, n° 121; Rolland de Villargues, n° 84; Toullier, t. 4, n° 408.

127. — La même disposition doit être appliquée soit au cas où les époux se sont mariés sans communauté, soit au cas où ils sont séparés de biens, soit enfin au cas où ils se sont mariés sous le régime dotal. En effet, ces expressions de l'art. 818, « à l'égard des objets qui ne tombent pas en communauté, » sont générales; et d'ailleurs, dans les divers cas que nous venons d'énumérer, le mari n'est pas le maître des biens meubles ou immeubles qui appartiennent à sa femme. — Chabot, n° 4; Malpel, *Success.*, p. 501; Pigeau, t. 2, n° 673.

128. — Ainsi : jugé que le mari ne peut seul et sans le concours de sa femme, demander en justice le partage des biens dotaux de celle-ci. — *Agen*, 24 fév. 1809, Breuil c. N... — L. *ult.*, C., *De fund. dot.*; L. 78, ff., *De jure dot.*; L. 18, § 2, *Castrens. pecul.* — Roussilhe, *De la légitime*, t. 2, p. 168 et 218; *ibid.*, *De la dot*, t. 1er, p. 256 et 470; Lacombe, v° *Partage*, sect. 1re; Despeisses, t. 1er, p. 143, n° 3; Toullier, t. 14, nos 156, 157 et 215; Malpel, n° 244; Bellot des Minières, t. 4, p. 137 et 442; Merlin, *Rép.*, v° *Successions*, ch. 6, sect. 2, art. 2, n° 13; Pigeau, t. 2, p. 705; *Pandectes franç.*, t. 3, p. 230; Vazeille, *Des successions*, p. 268, n° 3; Duranton, t. 7, n° 125; Proudhon, *De l'usufruit*, t. 3, n° 1245; Tessier, *De la dot*, t. 2, n° 838.

129. — Jugé de même que le mari n'a pas le droit de consentir seul et sans participation de sa femme, un partage définitif des biens dotaux échus à celle-ci. — Ce partage, qui doit être considéré uniquement comme provisionnel, ne fait pas obstacle à ce que, même durant le mariage, un partage définitif soit demandé. — *Nîmes*, 12 mars 1835, Boyer c. Motte.

130. — Jugé également, avant le Code civil, que lorsque les époux étaient mariés sous le régime dotal avec constitution de tous les biens de la femme, les cohéritiers de celle-ci qui voulaient obtenir un partage définitif ne pouvaient y parvenir qu'en mettant en cause le mari et la femme. En conséquence la femme pouvait, même avant la dissolution du mariage, demander la nullité du compromis souscrit par le mari seul au sujet des légitimes à prendre sur le fonds dotal. — *Toulouse*, 1er pluv. an X, Record c. Valette.

131. — Jugé, au contraire, que c'est au mari seul qu'appartient le droit de demander le partage des biens dotaux de la femme. — *Aix*, 9 janv. 1810, Michel c. N..., et 30 avril 1841 (t. 2 1841, p. 459), Roux c. Deydier. — Delvincourt, t. 2, p. 140, et t. 3, p. 103; Benoît, *Traité de la dot*, t. 1er, n° 117.

132. — C'est aux juges du fait à apprécier si un premier acte intervenu entre cohéritiers constitue un partage ou n'est réellement qu'un acte de cession. — Dans ce dernier cas le mari, à qui son contrat de mariage conférait le pouvoir de gérer, administrer, vendre et liciter les biens dotaux, a pu dès lors céder valablement sans le concours de sa femme les droits échus à celle-ci dans une succession mobilière. — *Cass.*, 1er août 1835, Royannez c. Gil.

133. — Le mari et la femme mariés sous le régime dotal peuvent, conjointement, soit provoquer le partage des immeubles dotaux, soit défendre à l'action intentée par les cohéritiers de la femme. Mais nous ne pensons pas qu'ils puissent, même conjointement, procéder au partage extrajudiciaire. En effet, le partage, nonobstant la fiction de l'art. 883 C. civ., constitue en réalité une véritable aliénation; or les biens dotaux ne peuvent être aliénés volontairement, ils ne peuvent l'être que dans certains cas et *avec permission de justice* : d'où on peut conclure que dans le cas de l'art. 845, où l'aliénation a une cause légitime, elle ne peut cependant avoir lieu que judiciairement. — Duranton, t. 7, n° 127.

134. — Jugé conformément à ces principes que la licitation d'un immeuble entre cohéritiers, au nombre desquels se trouve une femme qui s'est constitué en dot ses biens à venir, n'est pas affranchie des formalités prescrites pour l'aliénation des immeubles dotaux, sous prétexte qu'elle ne peut être assimilée à une vente, d'après l'art. 883 C. civ., portant que le cohéritier est censé avoir succédé seul et immédiatement à tous les effets à lui échus sur licitation. — *Cass.*, 23 (et non 25) août 1830, Thibaudier c. Bourgeois.

135. — Jugé cependant que le partage considéré dans ses effets ne constitue pas, à proprement parler, une aliénation; qu'en conséquence, la femme mariée sous le régime dotal peut valablement procéder à un partage amiable des biens indivis qu'elle s'est constitués en dot. — *Bordeaux*, 11 févr. 1836, Rebeyrol.

136. — Que la femme mariée sous le régime dotal peut valablement procéder, avec l'autorisation de son mari, au partage, même amiable, d'une succession qui lui est échue et dans laquelle se trouvent des biens dotaux. Dès lors le mari qui demande soit en son nom personnel, soit au nom de sa femme, la nullité ou la rescision de ce partage plus de dix ans après qu'il a été terminé, doit être déclaré non recevable. — *Rouen*, 23 juin 1843 (t. 2 1843, p. 279), Damonville c. Duval.

137. — En matière de partage de succession, lorsque tous les biens dotaux donnés en avancement d'hoirie se trouvent confondus dans la masse héréditaire par le rapport qu'en a fait le donataire à la succession, lorsqu'en outre un jugement passé en force de chose jugée a résolu les difficultés relatives à la consistance des biens et au droit de chaque copartageant, la femme peut valablement renoncer vis-à-vis de ses cohéritiers au droit d'attaquer le partage à faire par les experts auxquels le tribunal a confié la mission de faire une simple opération divisoire d'après les bases posées par le jugement, et par conséquent elle ne peut plus engager aucune question de dotalité. — *Cass.*, 21 févr. 1843 (t. 1er 1843, p. 695), Bedry c. Joulia.

138. — Lorsqu'une femme veuve, obligée de rapporter à la succession de son mari certains biens, a le droit ou de les laisser en nature ou d'en rapporter le prix, elle est réputée avoir renoncé à cette option par le fait de l'autorisation qu'elle a donnée à des experts d'opérer le partage de la succession d'après une consistance de biens comprenant ceux à l'égard desquels elle avait le droit d'option. — Même arrêt.

139. — Lorsque le contrat de mariage contient une clause d'ameublissement des immeubles futurs de la femme, trois hypothèses peuvent se présenter : ou l'ameublissement est général et s'applique à tous les immeubles; dans ce cas, le mari peut, seul et sans le concours de sa femme, provoquer le partage ou y défendre; — ou il ne comprend qu'une partie des immeubles, et alors si la succession échue à la femme contient des immeubles, comme, à raison de ces immeubles, elle a dans le partage un intérêt distinct de l'intérêt de la communauté, il est nécessaire qu'elle soit mise en cause; — ou bien, enfin, l'ameublissement est indéterminé et est fait seulement jusqu'à concurrence d'une certaine somme; dans ce cas, la communauté ne devenant pas propriétaire des immeubles échus à la femme, il s'ensuit que le mari ne pourrait, sans le concours de sa femme, provoquer un partage définitif. — Duranton, t. 7, n° 119.

140. — Bien qu'à l'égard des biens qui n'entrent pas en communauté le mari ne puisse, sans le concours de sa femme, provoquer le partage définitif des biens échus à celle-ci, il peut, s'il a le droit de jouir de ces biens, demander le partage provisionnel. — C. civ., art. 818. — Chabot, sur cet article, n° 5; Duranton, t. 7, nos 126 et 127; Malpel, p. 501.

141. — Ainsi il peut, sans le concours de sa femme, demander le partage provisionnel : — 1° des biens échus à la femme commune, bien qu'ils ne tombent pas dans la communauté, à moins toutefois que la jouissance n'en ait été réservée à la femme par une clause du contrat de mariage; — 2° des biens échus à la femme non commune; — 3° des biens dotaux échus à la femme mariée sous le régime dotal. — Chabot, sur l'art. 818, n° 5; Duranton, t. 7, nos 126 et 127.

142. — Mais il ne peut demander le partage provisionnel des biens échus à la femme séparée de biens, non plus que des biens paraphernaux échus à la femme mariée sous le régime dotal, car il n'a le droit de jouir ni des uns ni des autres. — Chabot, n° 5. — M. Duranton (t. 7, n° 129) va même plus loin; il prétend que, dans ces deux cas, le mari n'a aucune qualité pour intervenir au partage, et qu'à la femme seule il appartient soit de provoquer le partage, soit d'y défendre. Il reconnaît bien, toutefois, que les termes de l'art. 818 semblent attribuer, dans tous les cas, au mari l'exercice de l'action en partage des biens de la femme : mais ce n'est là, dit-il, qu'une erreur de rédaction.

143. — Lorsque le mari demande le partage provisionnel, les cohéritiers ou copropriétaires de la femme peuvent demander la mise en cause de celle-ci, à l'effet de procéder de suite au partage définitif, car ils ont intérêt à éviter les frais d'un double partage. — Chabot, *ibid.*, n° 6; Duranton, n° 130.

144. — Le mari qui, sans le concours de sa femme, a intenté une demande en partage d'immeubles qui sont propres à cette dernière, ne peut régulariser son action en se réduisant à la demande d'un partage provisionnel. La fin de non-recevoir tirée du défaut de concours de la femme peut être opposée pour la première fois en appel. — *Bruxelles*, 13 messid. an XIII, Malingreau c. Guchez (solut. implic.); 23 brum. an XIV, N...

145. — Les cohéritiers de la femme, dit l'art. 818, dernier alinéa, ne peuvent provoquer le partage définitif qu'en mettant en cause le mari et la femme.

146. — Mais cette disposition doit être restreinte au cas où le mari ne pourrait seul et sans le concours de sa femme intenter l'action en partage. S'il s'agissait de biens tombant dans la communauté, les cohéritiers pourraient mettre la femme en cause; mais ils n'y seraient point obligés. — Chabot, *ibid.*, n° 7.

147. — Jugé que la disposition de l'art. 818 du Code civil, portant que les cohéritiers ne pourront provoquer le partage définitif qu'en mettant en cause le mari et la femme, n'oblige pas le mari à concourir à la demande en partage formée par la femme, lorsque les biens à partager ne sont pas dotaux. — *Toulouse*, 2 juill. 1807, Lamothe.

148. — Les cohéritiers de la femme qui provoquent le partage définitif doivent mettre en cause le mari et la femme, lors même qu'il n'existe point de partage provisionnel. — *Bruxelles*, 19 mars 1814, B... c. de V...

149. — La femme, incapable, aux termes de l'art. 215 du Code civil, d'ester en jugement sans l'autorisation de son mari, quand même elle serait marchande publique, ou non commune, ou séparée de biens, ne peut, par conséquent, jamais provoquer, sans le concours ou l'autorisation de son mari, le partage des biens qui lui sont échus personnellement. Elle ne le peut pas même pour ses paraphernaux, aux termes de l'art. 1576. — Chabot, *ibid.*, n° 8; Duranton, n° 128.

150. — Elle ne pourrait, dans les mêmes cas, défendre à une action en partage sans l'autorisation de son mari. — Chabot, *ibid.*, n° 8; Duranton, n° 128.

151. — Mais si son mari refusait de l'autoriser soit à intenter l'action, soit à y défendre, il pourrait y être suppléé, aux termes de l'art. 218, par l'autorisation de justice. — Chabot, *ibid.*, n° 8; Duranton, n° 128.

152. — La femme mariée ne peut pas plus, sans l'autorisation de son mari ou de justice, procéder au partage conventionnel qu'au partage judiciaire de ses biens personnels : que ces biens soient, d'ailleurs, exclus de la communauté, dotaux ou paraphernaux. — Chabot, *ibid.*, n° 9; Duranton, n° 128.

153. — Toutefois, la femme séparée de biens, ayant la libre disposition de ses biens meubles, pourrait procéder seule et sans autorisation à un partage conventionnel de son mobilier; mais elle ne le pourrait pas à l'égard de ses immeubles. — Chabot, *ibid.*, n° 9; Duranton, n° 128; Toullier, t. 4, n° 408; Delvincourt, t. 2, p. 43.

154. — Lors même que la femme serait mineure, comme elle est émancipée par le mariage, et que son mari, s'il est majeur, lui tient lieu de curateur en l'assistant dans l'instance, elle n'a pas besoin, d'après ce qui a été dit *suprà*, nos 100 et suiv., d'être autorisée par un conseil de famille. — Duranton, n° 131.

155. — Si le mari était également mineur, ou si, étant majeur, il refusait de procéder avec sa femme, on devrait nommer à celle-ci un curateur pour l'assister dans le partage. — Duranton, n° 131.

156. — La femme peut, durant le mariage, demander la nullité d'un partage fait sans l'observation des formalités prescrites par la loi. — *Pau*, 26 mars 1836, Laforgue c. Faure.

CHAPITRE IV. — *Formes du partage.*

157. — Le partage peut être fait de deux manières : à l'amiable ou en justice.

158. — Lorsque les héritiers sont tous majeurs, jouissant de leurs droits civils, et présens ou dûment représentés, ils peuvent procéder au partage dans telle forme et par tel acte qu'ils jugent convenable; et lors même que le partage a été commencé judiciairement, ils peuvent, en tout état de cause, abandonner cette voie pour en revenir au partage conventionnel. — C. proc., 985; Chabot, art. 823, n° 4.

159. — Celui qui est pourvu d'un conseil judiciaire peut procéder à l'amiable à un partage définitif avec l'assistance de son conseil. En effet, il n'est point interdit; dès lors, les art. 838 et 840 du Code civil ne sont point applicables. — Duranton, t. 7, n° 407; Poujol, art. 817, n° 3; Carré, sur l'art. 985; Rolland de Villargues, v° *Partage*, n° 79.

160. — Lorsqu'il y a parmi les cohéritiers un grevé de substitution ou restitution, le partage ne peut être fait à l'amiable encore bien que le grevé, ainsi que tous les autres intéressés, soit majeur. En effet, le grevé n'a point la libre disposition de l'objet à partager. La présence du tuteur à la restitution, ou l'âge de majorité des appelés, ne changerait rien à la nécessité de faire le partage en justice, attendu que la restitution est au profit des enfans nés et à naître et qu'il faut conserver leurs droits. — Pigeau, t. 2, p. 707; Carré, sur l'art. 985; Rolland de Villargues, v° *Partage de successions*, n° 80.

161. — Pour qu'une partie non présente soit *dûment représentée*, il faut qu'elle le soit par un fondé de pouvoir spécial. — Mais le notaire commis par le tribunal pour représenter un présumé absent, ne le *représente* point *dûment* à l'effet de procéder à un partage amiable; il ne peut le représenter que dans un partage judiciaire. — Pigeau, t. 2, p. 671; Carré, sur l'art. 985; Rolland de Villargues, v° *Partage*, n° 81.

162. — Sous la coutume de Paris, il n'était pas nécessaire à peine de nullité, comme sous l'empire du droit romain, que l'estimation des immeubles indivis précédât le partage entre majeurs. — L. 52, § ult., ff., *De famil. ercisc.*; L. 3, C., *De commun. divid.* — *Paris*, 13 pluv. an X, Lamarre c. Caoueray. — Denisart, *Collect. de jurispr.*, v° *Partage*.

163. — Le partage amiable peut avoir lieu soit par acte devant notaire, soit par acte sous seing privé. — Rolland de Villargues, v° *Partage*, n° 85.

164. — Mais pour qu'un tel partage soit définitif et irrévocable, il faut que tous les cohéritiers y aient librement concouru.

165. — Ainsi : un acte de partage sous seing privé, non signé de toutes les parties, et à l'exécution duquel quelques-unes d'entre elles se refusent, est nul même à l'égard de ceux qui l'ont signé. — *Bruxelles*, 20 mai 1807, Claus; *Riom*, 14 août 1820, Chelle. — Toullier, t. 8, n° 348.

166. — Un partage n'est valable et définitif qu'autant qu'il a été constaté par écrit. — *Bastia*, 29 novembre 1830, Poletti c. Orratelli, et 9 janv. 1833, le Trésor c. Emanuelli; *Cass.*, 6 juill. 1836, Flotta c. Greder; *Toulouse*, 30 août 1837 (t. 1er 1838, p. 229), Pomian; *Orléans*, 16 juill. 1842 (t. 2 1842, p. 120), Robin c. Bougreau, et 16 déc. 1842 (t. 1er 1843, p. 146), Rolpot c. Thillou. — V. aussi Chabot, art. 816, n° 1. — Un partage verbal ne serait que provisoire. — *Bastia*, même arrêt.

167. — En conséquence, tant qu'il n'existe pas d'acte écrit, ou que la prescription n'est pas acquise, le partage peut être demandé : quoique chacun des héritiers ait joui séparément d'une portion de biens égale à ses droits héréditaires. — *Orléans*, 16 juill. 1842 (t. 2 1842, p. 120), Robin c. Bougreau.

168. — Ainsi encore, si, sur la demande en partage formée par les créanciers d'un cohéritier, les cohéritiers allèguent qu'un partage définitif a déjà été fait entre eux verbalement, ils ne peuvent être admis à en faire la preuve par témoins. — *Bastia*, 9 janv. 1833, le Trésor c. Emanuelli.

169. — De même, un partage ne peut être prouvé que par acte quelque fortes que soient les présomptions attestant que depuis longtemps il a été fait verbalement; il peut toujours être demandé s'il n'y a prescription acquise. — *Bourges*, 3 mars 1823, Armanjeon c. Chevereau.

170. — De même, l'action en partage d'une succession est ouverte tant qu'il n'y a pas d'acte écrit constatant la division antérieure des biens et la composition de ceux échus à chaque copartageant. Il en est ainsi même lorsque, spontanément, ou par suite de la délation du serment, le demandeur en partage reconnaît l'existence d'une division antérieure et définitive, mais verbale. — *Toulouse*, 30 août 1837 (t. 1er 1838, p. 229), Pomian.

171. — On ne peut opposer à une demande en partage un acte de partage demeuré imparfait faute de la signature de l'une des parties, alors même que la partie qui n'a pas signé cet acte se serait mise en possession des biens qu'il lui attribuait. — *Cass.*, 6 juill. 1836, Flotta c. Greder.

172. — Jugé au contraire que l'existence d'un partage peut résulter, même entre cohéritiers, non-seulement d'un acte de partage, mais encore des circonstances et des présomptions, si ces présomptions ont le caractère voulu par la loi pour être admissibles. — *Bourges*, 19 avr. 1839 (t. 2 1839, p. 95), Jouhanneau.

173. — La disposition de l'art. 816 C. civ., qui porte que l'existence d'un partage doit être prouvée par écrit, ne s'applique pas au cas où des tiers acquéreurs, assignés en délaissement d'immeubles qui leur ont été vendus par quelques-uns des cohéritiers, soutiennent qu'il y a eu un partage, lequel a attribué à leurs vendeurs la propriété des immeubles en question. — *Bourges*, 29 août 1825, Decogné c. Darchis.

174. — Un tribunal a pu, en l'absence d'un acte de partage, déclarer que le partage a eu lieu, s'il existe à cet égard un commencement de preuve par écrit, et surtout si la demande en partage paraît entachée de dol et de fraude. — *Cass.*, 27 avr. 1836, Falèze.

175. — Dans les espèces qui ont donné lieu aux deux arrêts qui précèdent, la question d'existence d'un partage s'agitait avec des tiers. Or on conçoit l'influence que cette circonstance devait exercer dans la cause. En effet, si les tiers ne pouvaient, comme les cohéritiers entre eux, être admis à établir le fait de partage autrement que par un acte, il en résulterait qu'ils seraient exposés à devenir victimes de la fraude des cohéritiers de mauvaise foi, qui, après avoir partagé par acte sous signature privée, feraient disparaître cet acte et, refusant de reconnaître le partage, en demanderaient un nouveau.

176. — En admettant que la preuve d'un partage ne doive pas toujours être faite par écrit, la preuve d'un partage verbal ayant pour objet des choses dont la valeur excède 150 fr. ne pourrait être faite à l'aide de témoins ou de présomptions qu'autant qu'il existerait un commencement de preuve par écrit. — *Toulouse*, 25 nov. 1843 (t. 2, 1844, p. 215), Marquier.

177. — L'acte sous seing privé par des arbitres amiables, et constatant qu'un partage a été effectué par eux, doit, bien que non signé des copartageans, être maintenu comme acte de partage, si les dispositions de cet acte ont reçu une exécution complète et non interrompue pendant longues années, et alors surtout que la partie qui réclame un nouveau partage est donataire de la portion de biens attribuée à l'un des copartageans. — *Cass.*, 21 juin 1842 (t. 2 1842, p. 293), Rougagnon c. Niel.

178. — Suivant Delvincourt, lorsque la succession était purement mobilière, et que l'on ne produit pas d'acte de partage, on doit aisément présumer qu'il y a eu partage à l'amiable et sans écrit; et comme, en fait de meubles, possession vaut titre, il s'ensuit que l'action en partage ne pourra plus être intentée. — Mais Duranton (t. 7, n° 95) pense que cela dépendra beaucoup des circonstances du fait; et il ajoute que cette présomption aura rarement effet contre les mineurs et les interdits, si ce n'est du moins après un certain temps : attendu que les partages dans lesquels ils sont intéressés doivent être faits d'après des formalités qui excluent la supposition d'un partage dont il n'y aurait pas eu d'acte pour le constater. — V., aussi, sur cette question, Poujol, art. 816, n° 7.

179. — Jugé que l'action en partage du mobilier d'une succession peut être rejetée s'il résulte de présomptions appuyées d'un commencement de preuve par écrit que ce mobilier, de peu de valeur, et qui n'existe plus, a été abandonné par le demandeur à son cohéritier. — *Cass.*, 12 juin 1844 (t. 2 1844, p. 613), Levier c. Graffin.

180. — Lorsqu'un acte de partage, dont l'existence est reconnue entre les parties, a été perdu ou adiré, les tribunaux peuvent se fonder, pour constater l'attribution des lots, sur les circonstances de la cause et sur la possession exclusive de chacun des copartageans; une telle décision ne donne point ouverture à cassation. — Ils peuvent même, dans ce cas, écarter les termes d'un acte postérieur, tel qu'une donation faite par l'un des copartageans à ses enfans, si les immeubles qui y sont indiqués comme provenant du partage ne sont désignés que d'une manière générale, sans préciser celui qu'un autre copartageant soutient avoir été attribué à son lot. — Ils peuvent encore rejeter l'offre que fait une partie de prouver qu'elle a possédé un immeuble pendant plus de dix ans à compter du partage, lorsqu'il résulte des faits et circonstances que cet immeuble était entré dans le lot d'un autre copartageant. — *Cass.*, 20 janv. 1841 (t. 2 1841, p. 138), Berthonnier c. Masson.

181. — Sous la coutume de Normandie, on a pu considérer comme partage l'acte par lequel on a assigné à chaque branche d'héritiers les biens qui lui sont dévolus. — *Cass.*, 5 janv. 1814 et 18 juin 1818, Pollin c. Rioult.

182. — Si tous les cohéritiers ne sont pas présens, ou s'il y a parmi eux des interdits ou des mineurs, même émancipés, le partage doit être fait en justice, conformément aux règles prescrites par les art. 819 à 837. — C. civ., art. 838.

183. — C'est d'après les lois en vigueur au moment où il a lieu que doit être fait le partage d'une succession, sans égard aux lois existantes à l'époque de l'ouverture de cette succession. — *Cass.*, 27 fév. 1838 (t. 1er 1838, p. 504), de Chauvelin c. Boullongne; *Caen*, 3 mars 1838 (t. 2 1838, p. 353), Goubert c. Yver.

184. — Ainsi le partage ordonné avant le Code civ. et commencé depuis sa promulgation doit être fait dans les formes qu'il établit. — *Besançon*, 29 août 1810, Picot c. Juilleret. — Proudhon, *Des personnes*, t. 1er, p. 19.

185. — La forme et le mode de partage des successions établis par le chap. 6, tit. 1er, liv. 3, C. civ., sont obligatoires pour les tribunaux, qui ne peuvent s'en écarter dans la pratique. — *Cass.*, 10 mai 1826, Turquis.

186. — La nécessité du partage judiciaire, dans les cas prévus par l'art. 838, s'applique aux successions purement mobilières comme à celles dans lesquelles il y a des immeubles. — Chabot, art. 838, no 6.

187. — Lors même que tous les héritiers sont présens et majeurs, si l'un des héritiers refuse de consentir au partage, ou s'il s'élève des contestations, soit sur le mode d'y procéder, soit sur la manière de le terminer, l'intervention de la justice est également nécessaire. — Le tribunal, dans ce cas, prononce comme en matière sommaire. — C. civ. 823.

188. — Il résulte des termes de cette disposition qu'elle s'applique, non pas à toutes les contestations qui peuvent s'élever à l'occasion du partage, mais seulement à celles qui s'élèvent entre les héritiers soit sur le refus que fait l'un d'eux de consentir au partage, soit sur la manière dont ce partage doit être fait. — Chabot, art. 823, no 1er.

189. — Ainsi, lorsqu'une contestation s'élève entre plusieurs personnes sur le point de savoir qui a le droit de succéder; cette contestation ne rentre pas dans les termes de l'art. 823 C. civ., et ne peut dès lors être jugée sommairement. — Chabot, *ibid.*

190. — Il en est de même lorsque la contestation a pour objet de savoir si le partage doit comprendre tel ou tel bien que l'un des héritiers prétend s'attribuer exclusivement, soit comme en étant personnellement propriétaire, soit comme n'étant pas tenu d'en faire le rapport, etc. — Chabot, *ibid.*

CHAPITRE V. — *Opérations du partage.*

191. — Des diverses opérations dont se compose le partage en général, les unes sont également communes au partage amiable et au partage judiciaire. Mais il en est d'autres exclusivement relatives à ce dernier mode de partage. Nous commencerons donc par exposer ce qui concerne le partage amiable, en faisant remarquer qu'on devra s'y reporter pour tous les cas du partage judiciaire non prévus par une disposition spéciale de la loi.

Sect. 1re. — *Partage amiable.*

Art. 1er. — *Comptes et liquidation.*

192. — Avant d'en venir à la division des biens de la succession, qui est l'objet direct et principal du partage, il est indispensable de rechercher et de réunir ces biens, de déterminer d'une manière précise les droits de chacun des copartageans. Tel est l'objet de la liquidation.

193. — Toutefois, les dispositions du Code civil et du Code de procédure relatives au partage n'ont pour objet que de régler ce qui se pratique ordinairement dans les partages et liquidations; et dès lors aucune de ces dispositions ne s'oppose à ce que, quand l'intérêt des parties l'exige, il soit, avant la liquidation, procédé à un partage définitif partiel par le tirage au sort des immeubles dépendans de cette succession, si d'ailleurs il est certain que les immeubles demeureront à la succession, qu'ils sont partageables en nature, et que les droits des héritiers sont parfaitement liquides et constatés. — *Paris*, 3 juill. 1848 (t. 2 1848, p. 247), Combarel de Leyval c. Aubertot de Coulanges.

194. — Pour arriver à liquidation, on commence par exposer dans des observations préliminaires les faits qui sont de nature à faciliter l'intelligence des opérations. — Rolland de Villargues, *Rép. du notarial*, vo *Partage*, no 166.

195. — Quelquefois aussi ces observations préliminaires comprennent des opérations particulières dont les résultats doivent entrer dans l'opération proprement dite du partage. Tels sont les cas où il y a un compte de gestion à rendre par l'un des cohéritiers ou bien encore lorsque quelques-uns d'entre eux se sont rendus adjudicataires de tout ou partie du mobilier, etc. — Massé, *Parf. notaire*, liv. 10, chap. 23; Rolland de Villargues, no 167.

196. — Vient ensuite l'indication du plan des opérations que l'on se propose de suivre, et qui varient nécessairement suivant les circonstances particulières de chaque espèce. — Nous ne retracerons que celles qui se présentent habituellement.

197. — Ces opérations ont pour objet : 1o la masse active de la succession; 2o la masse passive; 3o la balance des deux masses et la division du reliquat; 4o la liquidation des donations; 5o enfin la récapitulation des droits des parties et les abandonnemens qui leur sont faits. — Rolland de Villargues, vo *Partage*, no 174.

198. — Toutefois, il est à remarquer que, s'il y a une communauté et une succession ou plusieurs successions ou communautés à liquider et partager, toutes les opérations ci-dessus devront être faites, pour chacune d'elles, séparément. Cela est même d'autant plus indispensable que, presque toujours, ces opérations procèdent les unes des autres.

199. — Ainsi jugé que lorsque la communauté de deux époux décédés se trouve à partager entre leurs enfans en même temps que leurs successions, on doit d'abord établir la masse active et la masse passive de la communauté telles qu'elles se trouvaient composées au moment de sa dissolution. L'actif de la masse générale, diminué du passif, doit ensuite être divisé en deux parts, attribuées : l'une à la succession paternelle, l'autre à la succession maternelle; pour que chacune supporte séparément les imputations qui doivent la frapper. — *Cass.*, 22 mars 1847 (t. 2 1847, p. 133), Mérian Bourcard c. Touvet.

200. — ... Que le partage de la communauté qui a existé entre deux époux, et celui de leur succession, doivent avoir lieu distinctement, et que les biens qui les composent ne peuvent être réunis et confondus dans une seule masse quoique les mêmes héritiers soient appelés à y prendre part. — Qu'en conséquence, le rapport des sommes dues par un héritier à l'un des époux doit être fait à la succession de cet époux, et non à la masse de la communauté, quoique cet héritier vienne participer au partage de la communauté du chef de l'époux son créancier. — *Cass.*, 31 mars 1846 (t. 1er 1846, p. 616), Michel c. Tallet.

201. — Le jugement qui ordonne la liquidation et le partage de la communauté et des successions simultanément, par un seul et même procès-verbal, ne préjuge rien sur le mode de partage, et dès lors, quoique déclaré commun avec le créancier intervenant de l'un des héritiers, il ne met pas obstacle à ce que ce créancier demande que le partage ait lieu distinctement pour la communauté et pour chacune des successions. — Même arrêt.

§ 1er. — *Masse active.*

202. — Cette masse comprend toutes les valeurs actives de la succession.

203. — Elle doit, en général et alors que l'intérêt de l'un ou de plusieurs des copartageans l'exige, être divisée en deux colonnes : 1o l'une des fonds ou capitaux, c'est-à-dire des valeurs, soit capitaux ou fruits, trouvés ou échus au jour du décès; 2o l'autre des fruits ou revenus courus depuis le décès jusqu'au jour fixé pour l'entrée en jouissance des copartageans. — Cette division a pour objet de distinguer, pour les copartageans intéressés, les biens de la succession qui doivent leur rester propres d'avec les fruits qui tombent dans la communauté ou qui sont destinés à supporter les charges du mariage. — Massé, *Parf. Notaire*, liv. 1er, chap. 23.

204. — Quelquefois même une troisième colonne est nécessaire encore à cause des fruits; c'est quand, dans l'intérêt de certains héritiers, les fruits doivent avoir une destination particulière : comme si ces héritiers sont des mineurs au-dessous de l'âge de dix-huit ans et que les fruits qu'ils doivent recueillir, jusqu'à cet âge, doivent appartenir à leur père ou mère, en vertu de la puissance paternelle. — Rolland de Villargues, no 177.

205. — Cependant il est des cas où il est plus convenable d'établir sous la forme d'un état distinct le montant des revenus postérieurs à l'ouverture de la succession : tel est le cas, par exemple, où l'opération exige beaucoup d'explications et de calculs inutiles pour le partage des capitaux; ou bien encore quand il s'est écoulé un long temps depuis le décès, et que la masse des revenus est considérable. — Massé, *ibid.*; Rolland de Villargues, no 178.

206. — Quand le partage se rapproche assez du décès pour qu'on puisse se dispenser d'y comprendre les fruits postérieurs, il faut, pour conserver l'égalité entre les copartageans, comprendre dans chaque lot une valeur égale d'objets produisant des fruits depuis le décès; et alors il est fait abandonnement à chaque copartageant de la jouissance des objets compris dans son lot à compter du jour du décès. — Rolland de Villargues, no 179.

207. — Pour mettre dans l'opération autant d'ordre que possible, on dresse la masse par dépouillement de l'inventaire : c'est-à-dire qu'on analyse, successivement, sous des articles distincts, les diverses cotes de papiers qu'il renferme. — Plus souvent encore, au lieu de rappeler la cote et les titres au commencement de chaque article, on énonce l'objet même; et on énonce en vertu de quels titres cet objet appartenait au défunt, en indiquant sous quelle cote l'objet ou plutôt le titre a été inventorié. — Massé, l. 10, ch. 23; Rolland de Villargues, nos 180 et 181.

208. — Les objets qui doivent entrer dans la masse active sont : 1o le mobilier ou son prix, les deniers comptans, les sommes que l'un ou plusieurs des copartageans peuvent devoir par suite d'un compte de gestion, les autres biens et valeurs qui ressortent du dépouillement des papiers, de l'inventaire ou des titres et renseignemens qui sont remis au notaire. — Rolland de Villargues, no 182.

209. — En général, chacun des héritiers doit tenir compte aux autres de toutes les sommes qu'il a perçues, pour la masse, des fermiers, locataires ou autres débiteurs de la succession. Il doit, de plus, leur faire part de tous les bénéfices qu'il a pu faire à raison de la succession. — L. 19, ff., *famil. ercisc.* — Chabot, art. 828, no 6.

210. — Le jugement qui, après une première décision ordonnant un partage de succession, prescrit au détenteur des valeurs héréditaires de rendre compte, et le condamne en même temps à payer une somme déterminée à l'un des héritiers, à titre de provision, peut, bien que le chiffre des sommes détenues ne soit pas encore connu, ordonner l'exécution provisoire de cette dernière condamnation. — *Cass.*, 5 juill. 1847 (t. 2 1848, p. 476), Renaudeau c. Duveau.

211. — Toutefois, si ce que l'héritier a reçu sur une créance de la succession n'excède pas sa portion virile dans cette créance, comme il avait le droit de la recevoir en son nom et pour son propre compte, il n'est pas tenu d'en faire le rapport; en sorte que, si ensuite le débiteur devient insolvable, la perte retombe sur ses cohéritiers seuls, qui ne peuvent répéter contre lui aucune partie de ce qu'il a reçu : à moins toutefois qu'il n'ait donné quittance au nom de la succession, car alors il ne peut prétendre qu'il a reçu en son nom personnel. — Chabot, art. 828, no 6.

212. — L'héritier débiteur de la succession ne peut rien prendre sur son émolument qu'autant qu'il s'est libéré, vis-à-vis du corps héréditaire, soit avec ses propres ressources, soit avec sa part dans les valeurs communes. Cette règle s'applique au partage de la communauté aussi bien qu'au partage d'une succession; en conséquence le rapport dû par un cohéritier à la communauté doit se faire à la masse, et non pas divisément, bien que la liquidation de cette communauté se complique de celle des successions des deux époux, et les autres héritiers ont un recours privilégié sur les valeurs de la communauté pour le paiement des dettes personnelles de ce cohéritier envers ladite communauté. — *Paris*, 1er juin 1843 (t. 2 1843, p. 138), Michel c. Tallet.

213. — Lorsqu'un héritier a formé une action, exercé un droit ou fait un traité sur une chose qui appartient à la succession, le bénéfice qui en résulte doit, en général, profiter à tous les héritiers. Ainsi, s'il est devenu cessionnaire, avec remise, d'une créance sur la succession, il est censé avoir agi au nom de tous, et tous doivent avoir part au bénéfice. — Chabot, art. 828, no 7.

214. — Mais si la cession ou remise ne lui avait été faite que pour une part de la dette n'excédant pas sa portion virile, et qu'il eût été stipulé qu'elle n'était faite qu'à lui seul, le bénéfice lui appartiendrait à l'exclusion de ses cohéritiers. — Chabot, art. 828, no 7.

215. — Sous l'empire de la jurisprudence du parlement de Bordeaux, le rapport des fruits et jouissance d'une succession ouverte en ligne collatérale n'était dû qu'à compter du jour de la demande. — *Limoges*, 5 juill. 1838 (t. 1er 1839, p. 93), André c. Sicard.

216. — L'héritier qui, soit par sa faute, soit par sa négligence, cause du préjudice à la succession, est tenu de l'en indemniser. Ainsi, par exemple, s'il a laissé prescrire une créance dont il s'était chargé de faire le recouvrement, il en est responsable vis-à-vis de ses cohéritiers. — Chabot, art. 828, n° 9.

217. — Mais il n'est tenu de donner aux choses dont il s'est chargé que les soins d'un bon père de famille, et dès lors il ne répond pas de ses fautes très-légères. — Chabot, art. 828, n° 9.

218. — ... 2° Les sommes dues par les copartageans ou par des tiers, les prix de vente d'immeubles s'il en est dû, les immeubles eux-mêmes produisant des intérêts ou des revenus, qui doivent être portés dans la colonne des revenus pour eux courus depuis le décès. — Rolland de Villargues, n° 183.

219. — Lorsque, sur la mise en vente d'un immeuble héréditaire considéré comme impartageable, et dont le prix doit être distribué entre les cohéritiers, selon leurs droits, cet immeuble a été adjugé indivisément à quelques uns des cohéritiers, les juges ont pu décider, d'après les circonstances de la cause, que, dans l'intention des parties, l'adjudication n'a pas eu lieu à titre de licitation emportant partage, et qu'elle n'a été qu'une vente ordinaire. — Par suite la valeur de cet immeuble ne doit plus figurer dans la masse immobilière de la succession, et les cohéritiers adjudicataires sont seulement tenus de rapporter le prix de leur adjudication. — *Cass.*, 10 juin 1845 (t. 1er 1845, p. 212), de Pennautier.

220. — Dans le cas où l'un des copartageans a dissipé le mobilier de la succession, les autres peuvent exiger qu'il leur soit attribué des immeubles comme représentant la valeur de ce mobilier. — *Montpellier*, 1er fév. 1836, Bousquet.

221. — Lorsque, après avoir été en possession des immeubles à partager, l'un des héritiers n'a pas le moyen de payer en argent les dégradations par lui commises sur ces immeubles, ses copartageans peuvent exiger qu'il leur soit départi des immeubles jusqu'à due concurrence. — Même arrêt.

222. — ... 3° Enfin les rapports que chaque cohéritier doit à la masse des dons qui lui ont été faits ou des sommes dont il est débiteur. — C. civ., art. 829. — V., à ce sujet, RAPPORT A SUCCESSION.

223. — Lorsque l'héritier débiteur envers la succession de sommes d'argent, ou d'objets mobiliers, en a remis leur part aux autres héritiers, avant le partage, il n'y a plus lieu d'en faire le rapport effectif à la masse; toutefois il doit en être fait mention dans l'acte de partage, afin que cet acte constate dans son intégrité la part qui a été attribuée à chaque héritier. — Chabot, art. 829, n° 3.

224. — Cette constatation est nécessaire surtout à l'égard des mineurs, des interdits, des absens ou des non présens, afin que, lors du compte qui devra leur être rendu, on ne puisse leur soustraire aucun effet de la succession. — Chabot, art. 829, n° 3.

225. — Il en doit être de même à l'égard de l'héritier bénéficiaire. — Chabot, art. 829, n° 3.

226. — Relativement aux rapports des dots constituées à quelques-uns des copartageans, il y a deux manières d'égaler les autres héritiers. L'une consiste à joindre à la masse le rapport de chaque dot et à comprendre ce rapport dans les abandonnemens qu'on a faits à chaque héritier qui le doit. Mais cela ne peut avoir lieu que lorsque les lots ne sont point tirés au sort, et qu'on détermine à l'amiable les objets qui doivent remplir chaque héritier de ses droits. L'autre manière, toujours à employer quand il y a tirage des lots au sort et quand l'héritier peut et ne veut rapporter qu'en moins prenant, consiste à prélever sur la masse, en faveur de chacun des autres héritiers, une somme ou des biens de valeur égale aux rapports dus. — Massé, *Parf. not.*, liv. 10, ch. 23.

227. — Quelquefois on laisse dans la masse active des biens en commun; par exemple, ceux qui ne peuvent pas être commodément partagés, et que les héritiers ne veulent pas mettre dans un seul lot, sauf à en faire la vente par licitation après le partage; les rentes et créances dont le recouvrement paraît douteux; les objets qu'on destine au paiement des dettes, etc. — Rolland de Villargues, n° 188.

228. — Tout ce qui n'est pas expressément désigné dans un partage reste en commun. — *Rennes*, 15 fév. 1819, Durengues c. N...

229. — La masse active établie en diverses colonnes, on réunit les totaux soit de capitaux, soit de revenus qu'elles présentent, pour connaître l'importance de la masse totale. — Rolland de Villargues, n° 189.

§ 2. — *Masse passive.*

230. — C'est l'état des dettes et prélèvemens dont la déduction doit être faite sur la masse active, pour déterminer le chiffre net de la succession.

231. — Pour établir la masse passive on suit la même marche que pour la masse active. Ainsi, on la divise également en deux colonnes dont l'une comprend les dettes et prélèvemens à la charge des capitaux et l'autre les dettes et prélèvemens à la charge des revenus. Puis l'on suit, autant que possible, l'ordre des papiers combiné avec celui observé dans la masse active. — Rolland de Villargues, v° *Partage*, n° 191.

232. — Les objets qui doivent entrer dans la masse passive sont : 1° les frais d'inventaire, ceux de testament, les frais funéraires et de dernière maladie, les gages des domestiques, les loyers ou fermages dus au propriétaire, les frais de réparation, les contributions, les droits de mutation à la charge des copartageans, etc.

233. — Parmi ces dettes, il en est, telles que les gages des domestiques, les frais de réparation, les contributions, qui doivent être portées à la charge des capitaux pour ce qui en était dû au moment du décès et à la charge des fruits pour ce qui n'en est dû que depuis. — Rolland de Villargues, n° 193.

234. — On doit également comprendre dans la masse passive les dettes qu'on a payées depuis le décès, si l'on a porté dans la masse active les deniers ou autres objets qui ont servi à les payer ou si le paiement en a été avancé des deniers personnels d'un des copartageans. — Rolland de Villargues, n° 194.

235. — ... 2° Les dettes à la charge du défunt à tous autres titres que ceux précédemment énoncés.

236. — ... 3° Le douaire de la veuve, s'il s'agit d'un mariage contracté anciennement; ce douaire doit entrer dans la masse passive pour le capital et les revenus courus depuis le décès. — Massé, *Parf. not.*, liv. 10, chap. 23. — V. DOUAIRE.

237. — ... 4° Le deuil accordé à la veuve par l'ancien et par le nouveau droit. — C. civ., art. 1481. — V. DEUIL.

238. — ... 5° Les dettes et charges de la succession, c'est-à-dire les legs particuliers faits par le défunt. — Delvincourt, t. 2, p. 145; Vazeille, sur l'art. 130.

239. — Quand la succession est grevée de rentes viagères, on les laisse indivisément à la charge des copartageans, pour que chacun acquitte sa part, ou bien l'on emploie un fonds avec lequel elles devront être acquittées. — Rolland de Villargues, n° 197.

240. — Les cohéritiers contribuent entre eux au paiement des dettes et charges de la succession, chacun dans la proportion de ce qu'il y prend. — C. civ. 870. — V. OBLIGATIONS DIVISIBLE ET INDIVISIBLE.

241. — Le même principe est applicable pour la contribution de chacun des propriétaires dans les dépenses faites pour la chose commune.

242. — Ainsi : lorsqu'il a été jugé nécessaire de faire des réparations à un immeuble possédé en commun par deux propriétaires dont les biens de l'un sont saisis, les syndics de ses créanciers unis ne peuvent être condamnés personnellement à payer, pour le prix des réparations faites, une somme excédant la proportion de la portion de l'immeuble saisi. — *Paris*, 14 nov. 1809, Dupont c. R....

243. — Le légataire à titre universel contribue avec les héritiers au prorata de son émolument; mais le légataire particulier n'est pas tenu des dettes et charges, sauf toutefois l'action hypothécaire sur l'immeuble légué. — C. civ. 871. — V. LEGS.

244. — Lorsque des immeubles d'une succession sont grevés de rentes par hypothèque spéciale, chacun des cohéritiers peut exiger que les rentes soient remboursées, et les immeubles rendus libres, avant qu'il soit procédé à la formation des lots. Si les cohéritiers partagent la succession dans l'état où elle se trouve, l'immeuble grevé doit être estimé au même taux que les autres immeubles; il est fait déduction du capital de la rente sur le prix total. L'héritier dans le lot duquel tombe cet immeuble demeure seul chargé du service de la rente, et il doit en garantir ses cohéritiers. — C. civ., art. 872.

245. — Lors même que tous les immeubles d'une succession sont commodément partageables, chacun des cohéritiers peut exiger la vente d'un ou de plusieurs de ces immeubles grevés de rente par hypothèque spéciale pour affranchir, avec le prix à en provenir, les autres immeubles également grevés de rentes par hypothèque spéciale. — La disposition de l'art. 872 C. civ. est applicable, lorsque des immeubles sont possédés en commun, à tout autre titre qu'à titre de succession. — *Liége*, 4 août 1812, de Looz c. de Lannoy. — Delvincourt, t. 2, p. 378; Chabot, t. 3, art. 872; Toullier, t. 4, nos 508 et suiv.; Vazeille, art. 872.

246. — Les héritiers sont tenus des dettes et charges de la succession, personnellement pour leur part et portion virile, et hypothécairement pour le tout, sauf leur recours, soit contre leurs cohéritiers, soit contre les légataires universels, à raison de la part pour laquelle ils doivent y contribuer. — C. civ., art. 873.

247. — Le cohéritier ou successeur à titre universel, qui, par l'effet de l'hypothèque, a payé au delà de sa part de la dette commune, n'a de recours contre les autres cohéritiers ou successeurs à titre universel, que pour la part que chacun d'eux doit personnellement en supporter, même dans le cas où le cohéritier qui a payé la dette se serait fait subroger aux droits des créanciers; sans préjudice néanmoins des droits d'un cohéritier qui, par l'effet du bénéfice d'inventaire, aurait conservé la faculté de réclamer le paiement de sa créance personnelle, comme tout autre créancier. — C. civ., art. 875.

248. — En cas d'insolvabilité d'un des cohéritiers ou successeurs à titre universel, sa part dans la dette hypothécaire est répartie sur tous les autres au marc le franc. — C. civ., art. 876.

249. — Viennent ensuite les prélèvemens que plusieurs des copartageans peuvent avoir à exercer, c'est-à-dire les objets qu'ils ont le droit de prélever avant le partage.

250. — Ainsi ont droit à des prélèvemens : 1° ceux des copartageans qui ont des différences à réclamer sur la valeur du mobilier partagé. — Rolland de Villargues, n° 200.

251. — Le cohéritier à qui, par l'effet du partage, il est dû une restitution de fruits, ne peut pas se les faire adjuger en biens héréditaires, ou il ne saurait être préféré aux créanciers du copartageant, débiteur de ces fruits, sur la part de biens revenant à ce dernier. — Au contraire une simple restitution de fruits résultant d'une jouissance consentie ou tolérée par un héritier en faveur de son cohéritier, ne forme qu'une créance chirographaire, qui ne peut autoriser ni un prélèvement en immeubles sur la portion du cohéritier débiteur, ni un privilége sur le prix. — *Grenoble*, 21 juill. 1826, Belluard c. Perrichon.

252. — ... 2° Ceux qui ont fait des avances dans l'intérêt de la succession. — Rolland de Villargues, n° 201.

253. — La simple énonciation, dans un acte de partage de sommes payées ou dues par les copartageans à des tiers ou par ceux-ci aux copartageans, ne peut, sans l'intervention actuelle ou ultérieure de ces tiers, constituer, à leur égard, ni obligation ni libération. — *Cass.*, 16 mars 1825, Enreg. c. Chaudeau.

254. — L'héritier qui a fait pour la succession des dépenses utiles ou nécessaires doit en être indemnisé par ses cohéritiers, chacun pour sa part et portion. — Si ces dépenses étaient utiles et nécessaires au moment où elles ont été faites, peu importe que, par l'effet d'un événement ultérieur, la succession n'en ait pas profité; l'héritier qui les a faites n'en a pas moins droit au remboursement. — Chabot, art. 828, n° 8.

255. — Les dépenses qui étaient nécessaires doivent être remboursées intégralement. — Celles qui étaient simplement utiles ne doivent être remboursées que jusqu'à concurrence de la plus-value qu'elles ont donnée au fonds au moment où elles ont été faites. — Chabot, *ibid.*

256. — Quant aux dépenses purement voluptuaires, l'héritier qui les a faites n'a pas le droit d'en demander le remboursement; seulement il peut enlever les objets accessoires qui ont été joints au fonds par l'effet de ces réparations, pourvu toutefois qu'il le fasse sans dommage pour le fonds et qu'il rétablisse les choses dans leur état primitif. — Chabot, *ibid.*

257. — Dans le cas même où les dépenses étaient utiles ou nécessaires, le remboursement ne doit point excéder ce qu'elles ont dû coûter à l'héritier. Si par sa faute ou son inexpérience il a dépensé plus qu'un père de famille prudent et éclairé ne l'eût fait, cet excédant de dépense doit rester à sa charge. — Chabot, *ibid.*

258. — Lorsque, pour prévenir ou arrêter des poursuites, un héritier a payé des dettes de la succession, il doit en être remboursé. — Chabot, *ibid.*

259. — Dans tous les cas où l'héritier doit être remboursé de ses avances, il a droit aux intérêts à partir des paiemens régulièrement justifiés. — Chabot, *ibid.*

260. — ... 3° Ceux à qui il a été fait des dons ou legs par préciput. — Pigeau, t. 2, p. 707; Massé, liv. 10, ch. 23.

261. — ... 4° Ceux qui n'ayant point reçu de dots ou autres avantages, ou n'en ayant reçu que dans une proportion inférieure aux dots des autres héritiers, ont à réclamer le complément nécessaire pour rétablir l'égalité, lorsque d'ailleurs les autres héritiers n'ont pas fait le rapport de leurs dots à la masse et ne le font qu'en moins prenant. — Rolland de Villargues, n° 203.

262. — A l'égard de cette dernière sorte de prélèvemens, les héritiers qui y ont droit, non plus que ceux contre lesquels ils sont exercés, ne peuvent les faire porter, contre le gré les uns des autres, sur les biens qui sont le plus à leur convenance. Ils doivent suivre l'ordre établi par la loi, s'ils ne sont pas d'accord entre eux pour en adopter un autre. — C. civ., art. 830. — Vazeille, sur cet article, n° 1er.

263. — ... 5° Enfin ceux qui, en vertu de quelques lois ou coutumes locales, se trouveraient exclus d'une partie des biens de la succession situés en pays étranger.

264. — Avant la loi du 14 juill. 1819, un des cohéritiers ne pouvait demander sur les biens de la succession situés en France aucune indemnité à raison de la portion des biens situés en pays étranger dont il était privé par les lois étrangères. — *Grenoble*, 12 juill. 1833, Genou c. Trouillet.

265. — Mais, depuis la loi du 14 juillet 1819 (art. 2), en cas de partage d'une même succession entre cohéritiers étrangers et français, ceux-ci doivent prélever sur les biens situés en France une portion égale à la valeur des biens situés en pays étrangers dont ils seraient exclus à quelque titre que ce soit, en vertu des lois et coutumes locales. — V., au surplus, AUBAINE (droit d'), nos 95 et suiv.

266. — Ainsi jugé qu'en cas de partage entre cohéritiers tous Français, aussi bien que dans le cas où les cohéritiers sont les uns Français, les autres étrangers, ceux d'entre eux qui sont exclus à quelque titre que ce soit des biens ou de partie des biens situés à l'étranger, ont droit de prélever sur les biens de France une portion égale à la valeur des biens dont ils sont exclus. — *Bastia*, 25 mars 1833, Palmieri c. Marcantoni.

267. — L'art. 2 de la loi du 14 juillet 1819 s'applique même au cas où la succession en France ne se compose que de valeurs mobilières, et cela sans distinction du cas où l'exclusion proviendrait de la loi étrangère et de celui où elle résulterait d'un testament du défunt. — Trib. *Paris*, 14 mai 1835 (rapporté avec *Paris*, 1er fév. 1836), Imbert c. Dubois de Chamant.

268. — Enfin la masse passive se termine par l'indication des frais et honoraires du partage. En général on en fixe le montant, et il le faut toujours dans les partages judiciaires. Quelquefois ces frais ne sont mentionnés que *pour ordre*, sans détermination de quotité, sauf aux parties à les acquitter ultérieurement, chacune en proportion de sa part héréditaire. — Rolland de Villargues, n° 205.

269. — Mais ne sont point à la charge de la succession, les frais occasionnés par la position personnelle de chaque copartageant; tels sont les avis de parens des mineurs, les procurations des héritiers, les honoraires des conseils dont quelques-unes des parties se font assister. — Rolland de Villargues, n° 206.

270. — Les totaux de la masse passive en capitaux et revenus doivent, comme ceux de la masse active, être réunis pour connaître le montant général de cette masse.

§ 3. — *Balance des deux masses et division du reliquat.*

271. — La masse active et la masse passive, toujours en distinguant les capitaux et les fruits, sont balancées pour connaître l'actif net. — Rolland de Villargues, n° 208.

272. — Puis on divise le reliquat de cet actif entre les copartageans, de sorte que l'on sait ce qui doit revenir à chacun, pour sa part, en capitaux, en revenus et en totalité. — Rolland de Villargues, n° 209.

273. — Dans l'usage la distinction en capitaux et en revenus s'arrête là, parce qu'on pense que, poussée plus loin, elle n'aurait plus d'objet. Mais, suivant Rolland de Villargues (n° 210), cette opinion prête à la critique.

274. — Toutefois, la division du reliquat est souvent subordonnée à d'autres opérations : telles que la liquidation des donations qui peuvent avoir été faites par le défunt; ou la composition des lots, lorsqu'ils doivent être tirés au sort.

§ 4. — *Liquidation des donations et legs.*

275. — Si le défunt a donné ou légué la quotité disponible, le montant s'en calcule après avoir fait la balance des masses active et passive divisées en capitaux et revenus. Alors, au reliquat à partager, on réunit fictivement, toujours en observant la même division, soit les choses données à des copartageans qui n'auraient pas déjà été portées dans la masse active, soit celles données à des tiers (C. civ. 922). — Rolland de Villargues, n° 212. — V. QUOTITÉ DISPONIBLE.

276. — On y réunit même, s'il s'agit de liquider une donation de part d'enfant, la moitié du préciput que le donataire a prélevé sur la masse de la communauté, et qui, en cas d'existence d'enfans d'un premier lit, n'a point le caractère d'une libéralité; toujours, d'ailleurs, en ajoutant aux capitaux les revenus courus depuis le décès (C. civ. 1098). — Rolland de Villargues, n° 213.

277. — Puis, après avoir totalisé ces diverses valeurs, soit en capitaux, soit en revenus, on en distrait la portion disponible, dont on a alors le chiffre également en capital et en revenus. Le surplus forme ce qui revient aux héritiers réservataires, et la division en est de suite indiquée proportionnellement à leurs droits. — Rolland de Villargues, n° 214.

278. — Lorsque, pour arriver à l'attribution d'un legs préciputaire, un arrêt, adoptant l'interprétation d'un jugement passé en force de chose jugée, décide qu'il sera fait deux masses, l'une immobilière, l'autre mobilière, dans chacune desquelles le légataire prendra séparément ce qui lui revient sur son préciput, une pareille décision ne peut tomber sous la censure de la Cour de cassation, nonobstant les termes de l'art. 922 C. civ., qui prescrivent de former la masse héréditaire de la totalité des biens tant meubles qu'immeubles. — *Cass.*, 7 mars 1843 (t. 1er 1843, p. 670), de l'Ecluse et d'Aubigny c. de Lacroix de Laval.

§ 5. — *Récapitulation des droits des parties. — Abandonnemens.*

279. — Cette récapitulation est la détermination pour chacune des parties des sommes ou valeurs auxquelles elle aura droit, et qui devront donner lieu, en sa faveur, à des abandonnemens ou à un lotissement. — Rolland de Villargues, n° 215.

280. — Ainsi chacun des copartageans a droit à des sommes ou valeurs représentant les objets suivans : 1° Les prélèvemens constatés à son profit dans la masse passive; 2° les dettes qu'on le charge d'acquitter; 3° enfin sa portion dans les biens restant à partager, c'est-à-dire dans le reliquat net de la balance. — Rolland de Villargues, n° 216.

281. — Toutes ces valeurs sont la base des abandonnemens ou du lotissement à faire à l'héritier, toutefois cela suppose des abandonnemens ou lotissemens amiables; il en est autrement quand les lots doivent être tirés au sort, opération à laquelle les parties peuvent ou doivent en général désirer d'arriver. — Rolland de Villargues, nos 217 et 218.

282. — Dans ce cas, pour pouvoir arriver à un tirage au sort, il est nécessaire de régler préalablement ce qui concerne et les prélèvemens dus à l'une ou à l'autre des parties, et la contribution aux dettes ou leur acquittement. — Rolland de Villargues, n° 223.

283. — A cet effet, il faut 1° déterminer quels objets serviront à acquitter les prélèvemens dus à l'une ou à quelques-unes des parties, puis retrancher ces objets de la masse active; 2° ôter encore de la masse active ce qui doit servir à payer les dettes dont on ne charge pas tels ou tels lots. — Massé, *Parf. not.*, liv. 10, chap. 23.

284. — Les objets prélevés par la double opération qui précède, on détermine le montant des biens à partager et la part qui en revient à chacun. — Massé, *ibid.*

ART. 2. — *Composition et tirage des lots.*

285. — Le partage doit se faire en autant de portions ou lots qu'il y a de cohéritiers venant de leur chef ou de souches formées par ceux d'entre eux qui sont décédés ou morts civilement. — C. civ., 743.

286. — En formant les lots, on doit éviter, autant que possible, de morceler les héritages et de diviser les exploitations; et l'on fait entrer dans chaque lot, s'il se peut, la même quantité de meubles, d'immeubles, de droits et de créances de même nature et valeur. — C. civ., 832.

287. — Lorsque les lots sont composés, ils doivent être tirés au sort. — C. civ., 834.

288. — Telles sont, en général, les règles que prescrit la loi pour maintenir la plus grande égalité possible entre les copartageans. Cependant elle ne prescrit pas l'observation de ces règles d'une manière absolue. Elle ne le fait qu'autant qu'il se trouve parmi les copartageans un ou plusieurs incapables dont elle doit particulièrement surveiller les intérêts.

289. — Mais quand tous les copartageans sont majeurs et maîtres de leurs droits, il leur est permis de composer les lots comme bon leur semble et de se les attribuer ensuite sans les tirer au sort (Arg. C. proc. 985); pourvu que l'égalité ait été conservée dans le montant total des lots, ils ne peuvent plus se plaindre d'une inégale répartition des meubles, immeubles ou créances, ou du défaut de tirage au sort. Les attributions sont réputées avoir été faites à chacun dans un intérêt personnel de commodité ou d'affection.

290. — Cependant, comme les règles posées par la loi sont fondées sur la plus stricte équité; les parties sont présumées vouloir les suivre, toutes les fois qu'elles ne manifestent pas expressément une volonté contraire.

291. — Il y aurait donc lieu de présenter ici les dispositions du Code civil et du Code de procédure sur la composition et le tirage des lots. Mais, comme cette exposition ferait double emploi avec les détails plus explicites à donner sur le même objet dans le partage judiciaire, il faut se reporter à ce qui est dit sur ce point *infrà* nos 410 et suiv., 494 et suiv.

ART. 3. — *Charges et conditions du partage.*

292. — Les copartageans peuvent stipuler toutes espèces de charges et conditions, pourvu qu'elles ne soient pas contraires aux lois (V. CONDITION) ou à la nature même du partage.

293. — Ainsi, est nulle la clause d'un partage par laquelle les parties s'engagent à ne pas se donner respectivement congé. — *Rennes*, 23 janv. 1817, Sidaner c. N....

294. — Mais, bien qu'il soit de principe général et d'ordre public que la propriété ne reste pas incertaine, on ne peut considérer comme illicite la clause par laquelle, dans un partage, l'une des parties se réserve le droit, en cas d'éviction de tout ou partie des immeubles compris dans son lot, de s'emparer de ceux advenus à son copartageant, de sa simple volonté et sans aucune formalité de justice. — Une pareille clause doit être exécutée même à l'égard des tiers. — *Nîmes*, 27 juill. 1841 (t. 2 1841, p. 442), Angoni c. Sinegre.

295. — Il y a même des charges et conditions qui sont supposées exister de droit entre les copartageans, bien qu'il n'y ait eu aucune stipulation particulière à cet égard.

296. — Ainsi les abandonnemens, soit par désignation amiable, soit par lots tirés au sort, sont faits sous la garantie de droit entre les copartageans.

297. — Les copartageans sont tenus d'acquitter les contributions et autres charges dues sur leurs immeubles respectifs, à compter du jour fixé par l'acte et qui est de droit celui de l'entrée en jouissance. — Rolland de Villargues, n° 253.

298. — Chacun d'eux prend les biens à lui abandonnés dans l'état où ils se trouvent et supporte les servitudes passives qui peuvent les grever, sauf à profiter de celles actives s'il en existe, sans recours l'un contre l'autre à cet égard. — Rolland de Villargues, n° 254.

299. — Toutefois, les dégradations causées par un orage postérieurement au rapport des experts portant attribution de lots, mais avant son homologation, doivent être supportées par tous les cohéritiers et non par celui-là seul auquel les immeubles dévastés doivent être attribués. — *Riom*, 5 fév. 1819, Dupic c. Dufour.

300. — Les copartageans sont tenus d'entretenir les baux et locations qui peuvent exister de tout ou partie de ces biens, de manière que chacun d'eux ne soit point inquiété ni recherché à ce sujet. — Rolland de Villargues, n° 255.

Sect. 2e, — *Partage judiciaire.*

Art. 1er. — *Tribunal compétent.*

301. — L'action en partage et les contestations qui s'élèvent dans le cours des opérations, sont soumises au tribunal du lieu de l'ouverture de la succession. — C'est devant ce tribunal qu'il est procédé aux licitations, et que doivent être portées les demandes relatives à la garantie des lots entre copartageans, et celles en rescision du partage. — C. civ., art. 822.

302. — De la combinaison de cet article avec l'art. 59 du Code procédure civile il résulte : 1° Que toutes les actions intentées avant le partage, soit entre héritiers ou successeurs, soit par des créanciers et tous autres ayans droit sur ou contre la succession, doivent être portées, sans exception, au tribunal du lieu où la succession est ouverte ; — 2° Que celles qui ne sont exercées qu'après le partage restent en général soumises aux règles ordinaires sur la compétence des tribunaux ; — 3° Que, toutefois, par exception à la règle qui précède, les demandes relatives à la garantie des lots entre copartageans, les demandes en rescision du partage et les demandes relatives à l'exécution des dispositions à cause de mort doivent être portées, comme celles qui précèdent le partage, devant le tribunal de l'ouverture de la succession. — Chabot, art. 822, n° 1er.

303. — M. Duranton (t. 7, n° 136) établit, à l'égard de l'action en garantie ou en rescision, une distinction qui lui semble résulter de la combinaison des art. 822 du Code civil et 59 du Code de procédure. Cette action, suivant lui, ne doit être portée devant le tribunal de l'ouverture de la succession qu'autant que le partage a été fait en justice. S'il a été fait extrajudiciairement, l'art. 822 n'est plus applicable ; et l'on rentre sous l'empire des règles générales posées par l'art. 59 du Code de procédure, qui n'attribue au tribunal de l'ouverture de la succession la connaissance des demandes entre héritiers que jusqu'au partage inclusivement. — Toutefois, il ajoute que si celui qui demande la rescision d'un partage amiable demandait par le même exploit un nouveau partage, il serait obligé de porter cette double action devant le tribunal de l'ouverture de la succession, seul compétent pour connaître de l'action en partage. — Mais cette distinction entre les partages judiciaires et les partages amiables est repoussée par M. Poujol sur l'art. 822, n° 2.

304. — Lorsque des héritiers à réserve ont saisi le tribunal du domicile du légataire universel d'une action intentée contre ce dernier, en paiement d'une certaine somme, pour une prétendue soustraction d'effets de la succession, et que, de son côté, le légataire a positivement formé contre les héritiers légitimes une demande en délivrance de son legs devant le tribunal de l'ouverture de la succession, c'est à ce dernier tribunal à statuer sur l'action des héritiers légitimes, laquelle n'est qu'un incident de l'action en délivrance ou en partage dirigée contre eux. — *Cass.*, 6 août 1823, Coudreux c. Marche.

305. — L'action en licitation des immeubles dépendans d'une succession doit, comme l'action en partage proprement dit, être portée devant le tribunal du lieu de l'ouverture de la succession. — C. civ., art. 822. — Chabot, n° 2 ; Duranton, t. 7, n° 135.

306. — Cette demande doit être portée devant le tribunal de la situation des biens ; s'ils sont situés dans divers arrondissemens, devant celui du chef-lieu de l'exploitation ; et à défaut de chef-lieu, devant le tribunal du lieu où sont situés les immeubles qui présentent le plus de revenu sur la matrice du rôle. — Carré et Chauveau, *Lois de la proc. civ.*, quest. 262 et 2504 ; Thomines-Desmazures, t. 2, p. 606.

307. — Il en devrait être de même dans le cas où, après un partage de succession, des héritiers demanderaient contre leurs cohéritiers le partage de quelques immeubles laissés indivis. — L. 20, § 4, ff., *Famil. erciscund.* — Chabot, art. 818, n° 3 ; Duranton, t. 7, n° 137, note.

308. — Les art. 822 du Code civil et 59 du Code de procédure civile, ne dérogent point aux règles qui attribuent la poursuite des expropriations aux tribunaux de la situation des biens. — Ainsi, bien que les héritiers aient commencé, devant le tribunal de l'ouverture de la succession, les procédures nécessaires pour arriver aux partage et licitation d'un immeuble dépendant de ladite succession, le créancier hypothécaire peut néanmoins poursuivre l'expropriation de cet immeuble devant le tribunal de sa situation. — *Cass.*, 29 oct. 1807, Daguilard c. Debon. — V. aussi Chabot, art. 822, n° 4 ; Duranton, t. 7, n° 138 ; Poujol, art. 822, n° 5.

309. — L'action en rescision d'un partage doit nécessairement être portée devant le tribunal de l'ouverture de la succession. — Lorsqu'une contestation de ce genre est portée devant un tribunal autre que celui du lieu où la succession s'est ouverte, l'incompétence qui en résulte n'est pas absolue ; elle est simplement relative, et elle doit être proposée *in limine litis*. — *Metz*, 29 août 1818, de Wendel.

310. — Mais, lorsqu'une demande en partage dirigée contre des mineurs a été portée devant un tribunal autre que celui où la succession s'est ouverte, l'incompétence n'est point couverte par les défenses au fond, et le tuteur est recevable à proposer cette incompétence en tout état de cause et sur l'appel. — *Bordeaux*, 20 avril 1831, Lynch c. Saint-Guirons.

311. — Lorsque deux successions s'ouvrent dans le ressort de deux tribunaux différens, au profit des mêmes intéressés, il ne peut être régulièrement procédé au partage sur une seule action portée devant celui des tribunaux qu'il aura plu au demandeur de choisir. Il faut au contraire deux actions séparées portées chacune devant le tribunal du lieu où s'est ouverte la succession qui en est l'objet. — Même arrêt.

312. — Si l'un des cohéritiers, décédé pendant l'instance en partage, laisse d'autres biens que sa part dans les biens partagés, le partage de sa succession doit être demandé devant le tribunal de son domicile, même quant à sa portion dans les biens au sujet desquels il y avait déjà une instance en partage ouverte devant un autre tribunal, et bien que, relativement à cette portion, les copartageans aient d'abord consenti à procéder devant ce dernier tribunal. En pareil cas, il ne doit y avoir qu'un partage de toute la succession du cohéritier décédé ; et elle doit, même dans un intérêt d'ordre public, avoir lieu devant le tribunal de son domicile. — *Bordeaux*, 19 mai 1835, Savy-Binlou c. Durif de Cressac.

313. — La demande en rescision d'une vente de droits successifs faite à un étranger peut être portée devant le tribunal du domicile du défendeur, lors même que celui-ci serait en instance devant le tribunal du lieu de l'ouverture de la succession sur une action en partage et sur une demande en subrogation à ses droits. — *Cass.*, 13 mess. an XIII, Cochin c. Devalles et Guéry. — Poujol, art. 822, n° 7.

314. — La demande en partage d'une succession ouverte en pays étranger, dirigée par un cohéritier étranger, peut être portée devant les tribunaux français, alors même que les biens de la succession situés en France ne consistent qu'en effets mobiliers. — *Paris*, 17 nov. 1834, Imbert c. Dubois de Chemant. — Merlin, *Rép.*, v° *Héritier*, art. 6, § 3, n° 3.

315. — Lorsqu'un Français naturalisé en pays étranger décède en France, y laissant des biens immeubles, ainsi qu'en pays étranger, les tribunaux français ne peuvent ordonner le partage que des biens situés en France ; ils ne doivent pas accueillir l'action des héritiers français en partage de la totalité de la succession, alors surtout qu'il existe devant les tribunaux étrangers une instance en partage des biens à l'étranger. — *Bordeaux*, 12 fév. 1830, Piston.

316. — Il n'a pas été formellement dérogé à l'art. 3 C. civ. par l'art. 3 de la convention intervenue entre la France et la Suisse, le 18 juill. 1828. En conséquence, malgré les termes de ce dernier article, c'est devant les tribunaux français que doit être portée la demande en partage des immeubles dépendans de la succession d'un Suisse, lorsque ces immeubles sont situés en France. — *Orléans*, 12 mars 1842 (t. 1er 1842, p. 626), Bouin c. Stchudi.

317. — En matière de partage, l'exécution de l'arrêt infirmatif n'appartient pas à la Cour qui l'a rendu, mais au tribunal devant lequel l'action est portée, et auquel, pour ce cas spécial, la loi attribue juridiction. — *Cass.*, 12 juin 1806, Chaverot c. Desmigreux ; *Besançon*, 24 juill. 1844 (t. 1er 1845, p. 774), Monnot c. Fertay ; *Bordeaux*, 6 fév. 1829, Labrousse c. Fournier ; 2 juin 1831, Pinet c. Penaud ; *Limoges*, 20 mai 1833, Brugnières c. Bourdarie ; *Cass.*, 17 nov. 1840 (t. 2 1841, p. 145), Paunis c. Laporte ; *Bordeaux*, 3 août 1841 (t. 2 1841, p. 636), Audière c. Faure. — Chauveau sur Carré, quest. 1699 *bis* ; Boitard, 2e édit., t. 2, n° 237 *in fine*, p. 303 ; Pigeau, *Procéd. civ.*, liv. 2, part. 1re, ch. 1er, sect. 3, n° 2 ; Thomines-Desmazures, t. 1er, p. 715 ; Tallandier, p. 473.

318. — De même, bien que le jugement qui déclare des cohéritiers non recevables dans leur demande en réparation d'erreurs ou d'omissions, dans un compte de liquidation, ait été infirmé sur l'appel, c'est devant le tribunal qui a rendu ce jugement et qui a connu, dans l'origine, des difficultés élevées sur le compte que la Cour doit renvoyer pour procéder au fond. — *Lyon*, 15 juin 1848 (t. 2 1848, p. 267), Grobon c. Carré.

319. — Jugé, au contraire, que lorsqu'une Cour a, par arrêt infirmatif, ordonné un rapport d'experts et renvoyé au tribunal dont elle a infirmé le jugement, pour la nomination d'un juge-commissaire aux opérations des experts, c'est à elle seule, et non à ce tribunal, à connaître des contestations que ces opérations font naître. — *Grenoble*, 13 août 1830, Chappuis c. Prompsal.

320. — Et que la demande en partage de biens litigieux et dans lesquels la Cour d'appel a, par infirmation, fixé la quotité des droits des parties, doit être portée devant cette Cour et non devant le tribunal dont la décision a été réformée. — *Liége*, 27 juill. 1808, Seps c. Elens.

321. — Lorsqu'un arrêt *infirmatif* a ordonné la réduction d'une donation et déterminé les droits des héritiers réservataires, la demande en liquidation et partage de la portion de biens indisponibles, formée ensuite par ces derniers, constitue non une question d'exécution ou d'interprétation de cet arrêt qui doive, dès lors, appartenir à la Cour d'appel qui l'a rendu, mais une nouvelle demande principale de la compétence du tribunal de l'ouverture de la succession. — *Cass.*, 20 déc. 1841 (t. 2 1842, p. 471), Prudhomme c. Dessain.

Art. 2. — *Poursuite et jugement qui ordonne le partage. — Nomination d'un notaire.*

322. — Dans les cas des art. 823 et 838 C. civ., lorsque le partage doit être fait en justice, c'est à la partie la plus diligente à se pourvoir. — C. proc., art. 966.

323. — Lors de l'élaboration de la loi du 2 juin 1841, qui a modifié sur plusieurs points les dispositions du C. de proc. en matière de partage, on avait proposé d'ajouter à l'art. 966 un paragraphe ainsi conçu : « Néanmoins les parties, même lorsqu'il y aura parmi elles des mineurs, pourront s'entendre et présenter une requête collective au tribunal pour demander le partage ou la licitation. » — Mais cette disposition, qui eût eu l'avantage de simplifier la procédure et de la rendre moins coûteuse, n'a point passé dans la loi ; d'où il suit que, sous la nouvelle législation comme sous l'ancienne, l'action en partage ne peut être intentée que par voie d'assignation, et que chaque copartageant a le droit de se faire représenter par un avoué particulier. — Chauveau et Carré, sur l'art. 966 C. pr.

324. — Il a été jugé cependant, sous l'ancienne législation, que la demande en partage de biens dépendans d'une succession dans laquelle des mineurs sont intéressés doit, lorsqu'il n'y a aucune opposition au partage de la part des cohéritiers majeurs, être portée devant le tribunal par voie de simple requête. — *Rouen*, 21 fév. 1837 (t. 1er 1841, p. 301), Rayer. — Mais le contraire a été jugé par la même Cour, le 2 janv. 1841 (t. 1er 1841, p. 301), Bénard.

325. — A la différence de l'action en pétition d'hérédité, l'action en partage est une action personnelle, qui n'est pas susceptible de division à l'égard des défendeurs. Dès lors une demande en partage ne peut pas être valablement dirigée contre un seul des cohéritiers. — *Rennes*, 19 juill. 1845 (t. 2 1845, p. 547), Mailles c. Bellanger.

326. — Les demandes en partage sont sujettes au préliminaire de conciliation, à moins toutefois qu'elles ne rentrent dans l'une des exceptions de l'art. 49 C. proc., que, par exemple, elles ne soient formées contre plus de deux parties, ou que parmi les copartageans il n'y ait des mineurs, etc. — Carré, quest. 2504 *bis* ; Toullier, t. 4, p. 398 ; Thomines-Desmazures, t. 2, p. 606, Persil fils, *Comment.*, p. 476, n° 572.

327. — L'art. 64 C. proc., qui exige qu'en matière réelle ou mixte la demande contienne l'énonciation de la nature de l'héritage, sa situation, et au moins deux des tenans et aboutissans, ne s'applique point aux demandes en partage. —

Orléans, 16 déc. 1842 (t. 1er 1843, p. 146), Rolpot c. Thillou. — V., au surplus, EXPLOIT (mat. civ.), nos 527 et suiv.

328. — Entre deux demandeurs, la poursuite appartient à celui qui a fait viser le premier l'original de son exploit par le greffier du tribunal; ce visa doit être daté du jour et de l'heure (C. proc., art. 967). Ainsi jugé que c'est uniquement à la date du visa qu'on doit s'attacher pour savoir à qui appartient la poursuite, sans qu'il y ait lieu de rechercher quel est celui qui, le premièr, a assigné ou demandé la permission d'assigner. — *Bordeaux*, 25 mai 1841 (t. 2 1841, p. 202), Desaybats. — Carré, *Lois de la proc.*, quest. 2504 *ter*.

329. — Si la partie la plus diligente et qui la première a fait viser son exploit, conformément à l'art. 967 C. proc., cessait ensuite ses poursuites, l'autre partie pourrait se faire subroger en son lieu et place. — Carré, *Lois de la procéd*, quest. 2504 *quater*; *Praticien français*, t. 5, p. 385; Pigeau, t. 2, p. 678; Thomines-Desmazures, t. 2, p. 607.

330. — Lorsque, de plusieurs demandeurs en partage, aucun n'a fait viser l'original de son exploit par le greffier du tribunal, l'antériorité de la poursuite se détermine par la date des exploits. Le visa d'une requête tendant à faire ordonner le partage ne saurait suppléer au visa de l'exploit. — *Cass.*, 28 fév. 1849 (t. 1er 1849, p. 584), Lacavalerie c. Gassot.

331. — La seule qualité de copropriétaire de biens à partager donne droit de participation aux revenus de ces biens, et l'on est fondé, pendant les débats sur la liquidation et le partage, à demander, à titre de provision, une portion de ces revenus, quel que soit, d'ailleurs, l'état de sa fortune. C'est là non une provision proprement dite, mais l'exercice d'un droit de copropriété. — *Bourges*, 1er fév. 1831, Crépy c. Desnoyers.

332. — Le jugement qui prononce sur la demande en partage commet, s'il y a lieu, pour les opérations de partage, un juge sur le rapport duquel il décide les contestations, et en même temps un notaire. — C. civ., art. 823; C. proc., art. 969.

333. — Cette nomination simultanée du juge commissaire et du notaire est une innovation de la loi du 2 juin 1841. Sous l'empire de la législation antérieure à cette loi, le jugement qui prononçait sur la demande en partage devait contenir seulement la nomination du juge, en sorte qu'il fallait faire les frais d'un second jugement pour désigner le notaire chargé de prés der aux opérations de partage. — Chauveau sur Carré, art. 969 et 970.

334. — Ainsi, jugé, avant la nouvelle loi, que lorsqu'il y avait contestation sur le mode de partage d'une succession, le tribunal ne pouvait nommer de suite un notaire pour faire procéder à l'évaluation des biens indivis. Il devait d'abord renvoyer devant un juge-commissaire, pour que celui-ci présidât aux opérations. — *Bruxelles*, 4 déc. 1816, Schepens.

335. — ... Que les juges n'étaient tenus de renvoyer les parties devant un notaire que lorsqu'ils avaient déjà fixé les bases du partage, et que les biens avaient été estimés par les experts. — *Cass.*, 23 avr. 1839 (t. 2 1843, p. 410), Bataillé c. Dutil.

336. — Au reste, il résulte des termes mêmes des art. 823 C. civ., et 969 C. proc., et notamment de ces mots *s'il y a lieu* qui s'y trouvent répétés, que le jugement rendu sur la demande en partage ne doit pas nécessairement nommer un juge-commissaire. « Si le tribunal, dit M. Persil fils (*Comment.*, p. 478, no 577), croit la demande en partage fondée, il peut fixer le mode de partage et statuer immédiatement sur les contestations qui peuvent s'élever. — Si le tribunal pense que d'autres contestations surgiront plus tard, il peut commettre un juge pour assister aux opérations du partage. » — V. également Chauveau sur Carré, quest. 2504 *octiès*.

337. — Si dans le cours des opérations, le juge ou le notaire est empêché, le président du tribunal pourvoit au remplacement par une ordonnance sur requête, laquelle n'est susceptible ni d'opposition ni d'appel. — C. proc., art. 969.

338. — En prononçant sur la demande en partage, le tribunal doit ordonner par le même jugement le partage, s'il peut avoir lieu, ou la vente par licitation, qui sera faite devant un membre du tribunal ou devant un notaire, conformément à l'art. 955 du C. de proc. civ. — C. proc., art. 970.

339. — Le notaire qui, d'après l'art. 970, peut être commis pour la vente, n'est pas nécessairement le même que celui dont la nomination est prescrite par l'art. 969. Ce dernier est celui qui doit procéder au partage, c'est-à-dire régler les comptes, etc., former les lots, les tirer au sort. Celui dont parle l'art. 970 doit seulement procéder à la vente par licitation; il peut être choisi dans le lieu de la situation des biens : il peut même en être commis plusieurs, si les biens sont situés en divers lieux. — Chauveau sur Carré quest. 2504 *quindeciès*.

340. — Avant les modifications introduites par la loi du 2 juin 1841, le jugement qui prononçait sur la demande en partage devait toujours, aux termes de l'art. 969, ordonner que les immeubles, s'il y en avait, fussent estimés par experts de la manière prescrite en l'art. 824 du C. civ. — Mais, d'après le nouvel art. 970, le tribunal peut, soit qu'il ordonne le partage, soit qu'il ordonne la licitation, déclarer qu'il y sera immédiatement procédé sans expertise préalable, même lorsqu'il y a des mineurs en cause. Dans le cas de licitation, le tribunal détermine la mise à prix, conformément à l'art. 955 C. proc. — C. proc., art. 970.

341. — Le jugement qui prononce sur la demande en partage est susceptible d'opposition et d'appel; en effet, lorsque la loi a entendu prohiber les voies de recours autorisées par le droit commun, elle a eu soin de s'en expliquer formellement, comme on peut le voir notamment par les art. 969 et 973 § 4 : or elle a gardé le silence à l'égard du jugement dont il s'agit. — Chauveau sur Carré, quest. 2504 *tredeciès*.

342. — On ne peut appeler du jugement qui ordonne un partage, si on a concouru à la nomination de l'expert chargé de cette opération. Il en est de même lorsque la nomination de l'expert a été faite par les avoués des parties, si aucun désaveu n'a été exercé contre eux. — *Nîmes*, 1er juin 1819, Mazandier c. Martin Rouveire.

343. — La mission du juge-commissaire se borne à diriger les opérations sur lesquelles les parties sont d'accord, et, lorsque des difficultés s'élèvent, à entendre les observations des parties et à essayer de les concilier. S'il n'y peut parvenir, il doit renvoyer les contestations devant le tribunal pour y être statué sur son rapport. — Chabot, art. 823, no 3.

344. — Ainsi, jugé que le juge-commissaire nommé pour procéder à des opérations de partage doit se borner à consigner les dires et déclarations des parties et à leur en décerner acte. S'il s'élève entre elles des contestations il est tenu de les renvoyer devant le tribunal, qui les décide sur son rapport. — *Rennes*, 28 juin 1811, Thébaut c. Guichard.

345. — Le juge commis à un partage peut en recevoir les actes en son hôtel, du consentement de toutes les parties intéressées comparantes et majeures. L'absence du greffier pour signer les actes n'est pas une cause de nullité. — *Orléans*, 16 août 1809, N...

346. — Lorsqu'une Cour d'appel a commis un de ses membres dans le cas prévu par l'art. 823 C. civ., pour recevoir le serment des experts, et procéder au tirage au sort des lots, et, *au besoin*, aux *autres opérations du partage*, une partie ne peut se faire un moyen de cassation de ce que les contestations relatives à ce partage n'ont pas été résolues sur le rapport du conseiller commis, quand elle n'a pas réclamé la présence de ce magistrat lors des opérations autres que le serment des experts et le tirage des lots. — *Cass.*, 7 mars 1843 (t. 1er 1843, p. 670), de l'Ecluse c. de Lacroix.

347. — Les juges ne peuvent procéder eux-mêmes à la formation de la masse, à la composition des lots, et à leur attribution entre les copartageans. — *Toulouse*, 18 janv. 1832, Jammes. — Carré et Chauveau, sur l'art. 976, C. proc.; Paignon, t. 2, no 284; Bioche et Goujet, *Dict. de procéd.*, vo *Partage*, no 51; Conflans, *Jur. des succ.*, p. 313, no 2; Delvincourt, t. 2, p. 332, no 10; Chabot, sur l'art. 828 C. civ.; Favard, vo *Partage*, sect. 1re, no 6; Vazeille, art. 828, no 1er. — V., toutefois, Thomines-Desmazures, t. 2, p. 619.

348. — De même, lorsqu'un expert a décidé qu'un immeuble était partageable, le tribunal doit renvoyer les parties pour procéder à la formation des lots, et non y procéder lui-même. — *Metz*, 27 juin 1826, Hanus.

349. — De même encore, le renvoi devant notaire, pour être procédé à un partage ordonné en justice, est obligé, et non facultatif. — *Cass.*, 19 juill. 1838 (t. 2 1838, p. 363), Becq c. Pétrigille; *Bordeaux*, 1er juill. 1841 (t. 2 1841, p. 307), Perrot c. Hériau.

350. — Toutefois la partie qui a conclu à ce que le tribunal fît la liquidation de ses droits n'est point recevable à se plaindre de ce que le tribunal s'est occupé de cet objet. — Même arrêt.

351. — Toutefois encore, lorsqu'il n'existe aucune contestation entre les copartageans d'une succession, le juge-commissaire désigné pour les opérations de compte et liquidation peut, même dans le cas prévu par l'art. 976, C. proc., et quoiqu'il y ait des mineurs intéressés au partage, ne pas renvoyer les parties devant un notaire, et fixer lui-même ce qui revient à chacune d'elles dans la succession. — *Bordeaux*, 5 mars 1836, Rodier c. Beysselance.

352. — Enfin l'art. 828 C. civ., qui porte que le juge-commissaire renverra devant un notaire pour les opérations du partage d'une succession n'est pas exclusif et ne met pas obstacle à ce que le juge renvoie devant un expert. — *Cass.*, 26 avril 1808, Savouroux c. Faure. — Nous ferons observer sur cette décision comme sur celle qui précède, que d'après le nouvel art. 976, les parties ne sont plus appelées devant le juge-commissaire pour être par lui renvoyées devant le notaire, mais que cet officier public étant commis dès l'origine par ce tribunal, les copartageans comparaissent directement devant lui.

353. — Bien que la liquidation et le partage d'une succession poursuivis en justice aient été opérés non par un notaire, conformément à l'art. 976, C. procéd., mais par le juge-commissaire, l'adjudicataire sur licitation d'un immeuble de cette succession ne peut refuser de payer son prix à celui des copartageans auquel il a été attribué, sous prétexte qu'un partage ainsi opéré ne peut être considéré que comme provisoire. — *Bordeaux*, 5 mars 1836, Rodier c. Beysselance.

354. — En cas d'empêchement du notaire commis, il peut en être désigné un autre par un second jugement, sans que l'on puisse reprocher à cette nouvelle décision d'avoir violé l'autorité de la chose précédemment jugée. — *Cass.*, 19 juillet 1838 (t. 2 1838, p. 363), Becq c. Pétrigille.

355. — Dans un partage où les mineurs sont intéressés, un tribunal ne peut diviser les opérations et renvoyer devant un notaire pour certains biens, tandis qu'il retient les autres par devers lui. — *Paris*, 17 août 1810, Notramy. — En effet, le partage est un acte unique; c'est la division de tous les biens qui composent la masse de l'hérédité, quels qu'ils soient. Il n'y a pas autant de partages qu'il y a de différentes natures de biens : il ne peut se faire qu'un seul partage qui comprend tous les biens héréditaires. En conséquence, le partage est indivisible; il ne peut y être procédé que par le même officier ou le même tribunal. — Avis Cons. d'Etat, 22 fév. 1806. — Carré, sur l'art. 976; Berriat, *Procéd. civ.*, p. 713; Rolland de Villargues, *Rép. du notariat*, vo *Partage*, no 134; Chabot, art. 828, no 4.

356. — Lorsque, après un jugement qui a statué sur des contestations relatives au partage d'une succession et renvoyé les parties à faire compte devant un notaire pour terminer l'acte de liquidation, une des parties vient de nouveau se plaindre que le notaire a outre-passé la mission qui lui a été confiée s'il intervient un second jugement qui ordonne une révision des opérations de la liquidation et du partage devant le même notaire, sauf à revenir devant le tribunal s'il s'élève de nouvelles contestations; cette nouvelle sentence n'est qu'un avant faire droit préparatoire dont l'appel n'est pas recevable. En conséquence, les parties doivent retourner devant le notaire commis. — *Orléans*, 11 août 1813, Janson c. Gallet.

ART. 3. — *Expertise.*

357. — Le tribunal peut, en ordonnant le partage, déclarer qu'il y sera immédiatement procédé sans expertise préalable, même lorsqu'il y a des mineurs en cause. — C. procéd., art. 970.

358. — Lorsque le tribunal ordonnera l'expertise, il pourra commettre un ou trois experts qui prêteront serment comme il est dit en l'art. 956 C. procéd. — Les nominations et rapports d'experts seront faits suivant les formalités prescrites au titre *Des rapports d'experts.* — C. procéd., art. 971.

359. — Des termes de cette disposition il résulte que le tribunal qui veut ordonner une expertise peut, sans avoir besoin du consentement des parties, la confier à un seul expert au lieu de trois. — Chauveau sur Carré, quest. 2504 *tredeciès*.

360. — Cette faculté accordée au tribunal de commettre un seul expert au lieu de trois, et cela sans distinguer si toutes les parties sont majeures ou s'il y a parmi elles des mineurs, si elles y consentent ou non, est une innovation introduite par la loi du 2 juin 1841. En effet, l'ancienne rédaction de l'art. 971 C. procéd. n'attribuait ce droit au tribunal qu'autant que toutes les parties étaient majeures et qu'elles y consentaient.

361. — Jugé, sous l'empire de cette disposition, que l'expertise ordonnée à fin de procéder au partage ou à la licitation d'un immeuble appartenant par indivis à un mineur et à un majeur doit être faite, à peine de nullité, par trois experts; la faculté de ne nommer qu'un expert, accordée aux juges par l'art. 955 C. procéd., n'est pas ici applicable. — Dans ce cas, la nullité de l'expertise peut être proposée pour la première fois en cause d'appel. — *Colmar*, 18 août 1834, Hattstadt c. Bloch (rés. impl.).

362. — Quant à la nomination des experts, elle peut, aux termes de l'art. 305, C. procéd., être faite par les parties elles-mêmes. Mais ce ne peut être qu'en les supposant toutes capables et maîtresses de leurs droits. Un tuteur ne pourrait, au nom de son pupille, concourir à une telle nomination. Il faudrait alors qu'elle fût faite par le tribunal. — Chauveau sur Carré, quest. 2505 *bis*; Thomines-Desmazures, t. 2, p. 612.

363. — Les experts chargés de procéder à l'estimation des biens d'une succession doivent toujours être nommés d'office par le tribunal lorsque des mineurs sont intéressés au partage. — *Douai*, 12 mai 1827, Broutin. — Vazeille, art. 824, et Delaporte, *Pand. franç.*, t. 3, p. 239.

364. — De même, dans un partage où des mineurs sont intéressés, les experts doivent être nommés d'office par les tribunaux; mais cette nomination d'office peut porter sur des experts que les parties auraient indiqués. — *Poitiers*, 19 août 1806, Ayrault.

365. — Avant que les experts commencent leurs opérations, il doit être préalablement statué sur toutes les demandes en rapport à la succession ou en prélèvement d'immeubles en nature, ainsi que sur la validité des dons ou legs, en immeubles, qui peuvent avoir été faits par le défunt; car c'est seulement après qu'il a été jugé quelles sont les attributions qui doivent être faites, et quels sont les immeubles qui doivent être partagés ou vendus, que les experts peuvent apprécier si le partage peut être fait commodément. — Chabot, art. 227, n° 5.

366. — Le rapport des experts doit présenter sommairement les bases de l'estimation, sans toutefois entrer dans le détail descriptif des biens à partager ou à liciter. — Il doit indiquer si l'objet peut être commodément partagé, de quelle manière; fixer enfin, en cas de division, chacune des parts qu'on peut en former et leur valeur. — C. civ., art. 824; C. procéd., civ., art. 971.

367. — Le jugement qui ordonne la liquidation et le partage d'une succession ne doit pas nécessairement porter que les experts seront tenus d'indiquer dans leur rapport les bases de l'estimation, et de former des lots de vente dans le cas où ils reconnaîtraient l'impossibilité d'un partage en nature : ces obligations rentrent dans les prévisions de la loi, que les experts sont censés connaître. — On ne peut plus attaquer ce jugement par le motif qu'il n'aurait pas prononcé sur la demande qui était faite d'ordonner le prélèvement des reprises de la femme sur la masse de la succession alors qu'il réserve expressément les droits des parties. — *Bordeaux*, 26 mars 1841 (t. 2 1841, p. 664), Dartiguevielle.

368. — Les juges ne pouvant, en matière de partage, substituer une forme arbitraire de procédure à celle prescrite par la loi, un tribunal n'a pu donner aux experts la mission de procéder de suite au partage en lots égaux d'après l'état que leur donneraient les parties. — *Nîmes*, 4 fév. 1806, Boissin.

369. — Toutefois, la disposition d'un jugement qui, dans une affaire de partage, ordonne que les experts formeront les lots n'a rien de définitif et n'est point contraire aux prescriptions de l'art. 828 C. civ. — *Bordeaux*, 26 mars 1841 (t. 2 1841, p. 664), Dartiguevielle.

370. — De même, dans un partage entre cohéritiers, il est permis aux juges d'imposer à des experts la charge de réunir, dans l'intérêt commun des copartageans, tous les élémens propres à fixer la consistance réelle de la masse, sauf ensuite aux parties à contester les opérations des experts. — Ainsi, les juges ont pu donner à ces experts la mission de rechercher et d'évaluer d'après les renseignemens qu'ils pourraient se procurer divers objets mobiliers pouvant faire partie de la succession. — *Cass.*, 23 avr. 1839 (t. 2 1843, p. 410), Bataillé c. Dutil.

371. — Le jugement qui, sur une demande en partage, mais sans qu'il y ait eu contestation réelle sur le mode de procéder à ce partage, nomme des experts à l'effet de rechercher si les biens sont partageables en nature, et, en cas d'affirmative, pour opérer le partage par attribution de lots, ne renferme qu'une décision interlocutoire, et ne met pas obstacle à ce qu'une partie se plaigne ultérieurement de ce que le partage aurait eu lieu par voie d'attribution, et non par les voies ordinaires. — *Cass.*, 19 mars 1844 (t. 1er 1844, p. 723), Dulac.

372. — Les experts nommés conformément à l'art. 824 C. civ., doivent se borner seulement à estimer les biens, à déclarer s'ils peuvent être commodément partagés, et à indiquer les lots qui pourraient en être faits ou s'il doit y avoir lieu à licitation. — Est nul le procès-verbal par lequel les experts forment eux-mêmes les lots et les attribuent à tel ou tel héritier. — *Riom*, 17 juin 1829, Mazuer.

373. — Dans les partages où des mineurs sont intéressés, les dispositions des art. 466 C. civ., et 975 C. proc. doivent être appliquées non-seulement au partage d'un objet isolé, mais encore au partage d'une ou plusieurs successions, quand les droits des copartageans sont liquides. — En conséquence, les experts nommés par le jugement qui ordonne le partage de successions dans lesquelles il y a des mineurs, doivent ne pas se borner à estimer les biens conformément à l'art. 824 C. civ., et à donner leur avis sur la commodité du partage; ils doivent composer eux-mêmes des lots d'attribution, eu égard aux portions afférentes à chacun des cohéritiers. — *Riom*, 14 août 1829, Porte c. Hardy.

374. — Dans un partage d'immeubles dépendans d'une succession entre majeurs, et lorsque les droits des intéressés ne sont point liquides, le tribunal ne peut, en renvoyant devant les experts pour la formation de la masse générale, ordonner qu'il sera, par les mêmes experts, procédé aux prélèvemens à faire et à la composition des lots. — *Montpellier*, 5 août 1811, Cadras c. Raymond. — Chabot, art. 824, n° 2.

375. — De même : les experts désignés pour estimer des biens à partager ne doivent s'occuper de la formation des lots qu'autant que les droits que les parties peuvent y avoir sont certains et déterminés quant à leur qualité, et qu'il n'existe qu'un ou plusieurs immeubles à partager; dans le cas contraire ils doivent se borner à faire l'estimation, en laissant pour le surplus les coïntéressés se pourvoir pour faire régler leurs prétentions et former les lots conformément aux règles établies. — *Besançon*, 20 juin 1818, N...

376. — Lorsque la demande en partage n'a pour objet que la division d'un ou plusieurs immeubles sur lesquels les droits des intéressés sont déjà liquidés, les experts, en procédant à l'estimation, doivent composer les lots ainsi qu'il est prescrit par l'art. 466 du Code civil. — C. proc., art. 975.

377. — Le procès-verbal des experts ne doit pas contenir une estimation séparée de chaque pièce de terre. Il ne suffirait pas non plus qu'il estimât en masse la totalité des immeubles. Mais il doit être fait une estimation particulière pour chaque corps de domaine formant un objet distinct et indépendant. — Chabot, art. 824, n° 6.

378. — Les objets doivent être estimés suivant leur valeur actuelle et non pas suivant la valeur qu'ils pouvaient avoir lors de l'ouverture de la succession. — Chabot, *ibid.*, n° 7.

379. — Lorsque le procès-verbal d'estimation ne présente pas les bases sur lesquelles les experts ont procédé, l'un des copartageans peut, de son chef, provoquer une seconde expertise en offrant d'en avancer les frais. — *Nîmes*, 15 juill. 1829, Gély. — Carré, *Lois de la procéd.*, quest. 1214; Delaporte, t. 1er, p. 108, et Demiau, p. 234. — *Contrà*, Pigeau, *Procéd.*, t. 1er, p. 381, n° 2.

380. — Quoique la division d'un immeuble en autant de parties qu'il y a de copropriétaires soit physiquement praticable, les experts doivent, avant de former des lots, déclarer si la division n'entraînerait pas quelque inconvénient. — *Paris*, 19 janv. (et non fév.) 1808, Cornisset c. de Berulle.

381. — Pour éviter, autant que possible, les soultes ou retours, il peut être enjoint aux experts de compenser l'inégalité des valeurs des lots par une plus grande étendue superficielle. — Même arrêt.

382. — Le poursuivant demande l'entérinement du rapport par un simple acte d'avoué à avoué. — C. proc., art. 971, alin. dernier.

383. — Les parties intéressées à contredire le rapport peuvent répondre au simple acte par lequel l'entérinement est demandé, et proposer, pour empêcher cet entérinement, tous les moyens qu'elles jugent convenables : soit dans la forme, soit au fond. — Chauveau sur Carré, quest. 2505; Paignon, t. 2, n° 266.

384. — Quant aux meubles : s'il n'y a pas eu de prisée faite dans un inventaire régulier, leur estimation doit être faite par gens à ce connaissant, à juste prix et sans crue. — C. civ., art. 825. — V. CRUE, PRISÉE.

385. — La nomination de ces gens à ce connaissant doit être faite comme celle des experts pour l'estimation des immeubles. — Chabot, art. 825, n° 3.

386. — L'héritier qui a conclu d'une manière générale au partage d'une succession ne peut prétendre que les experts ont été chargés à tort d'estimer les meubles, alors surtout qu'il ne rapporte pas la preuve qu'il ait déjà été procédé au partage de ces meubles. — *Bordeaux*, 26 mars 1841 (t. 2 1841, p. 664), Dartiguevielle.

387. — Lorsque des cohéritiers ont consenti à la confusion en une masse des biens de deux successions, et qu'ils ont conclu à l'homologation du rapport d'experts qui a opéré d'après ce mode, ils ne peuvent attaquer ensuite comme vicieux ce même mode auquel ils ont adhéré. Ces diverses circonstances ont donné naissance à un contrat judiciaire qui élève contre eux une fin de non-recevoir, sans qu'ils puissent se prévaloir du principe de l'art. 815. — *Cass.*, 20 janv. 1836, Laulanié c. Bidou.

388. — Le copartageant qui, n'ayant pas été présent non plus que son avoué au procès-verbal de prestation de serment des experts, n'a point reçu de sommation d'assister aux opérations et par suite n'y a pas assisté, peut, lors de la demande en homologation du rapport, réclamer qu'il soit procédé de nouveau aux opérations du partage, surtout s'il offre d'en avancer les frais. — *Riom*, 23 déc. 1816, Besseyre. — Berriat, *Procéd.*, t. 1er, p. 304, note 22.

389. — L'acquiescement donné au jugement qui nomme des experts à l'effet de vérifier si les immeubles d'une succession peuvent se partager commodément dans la proportion des droits des parties, n'empêche pas chaque copartageant de conclure plus tard contrairement à l'avis des experts. — *Bordeaux*, 30 juill. 1838 (t. 1er 1839, p. 15), Romat c. Bernardeau.

ART. 4. — *Comparution devant le notaire. — Mode de procéder.*

390. — Quand les parties sont d'accord, elles se rendent volontairement en l'étude du notaire commis par le tribunal. — Pigeau, t. 2, p. 682; Massé, *Parf. not.*, l. 10, ch. 24; Bioche et Goujet, v° *Partage*, n° 52.

391. — Si elles ne sont pas d'accord, le poursuivant fait sommer les copartageans de comparaître devant le notaire, au jour et à l'heure qu'il indique, à l'effet de procéder aux opérations du partage. — C. proc. 976.

392. — La sommation doit être faite à personne ou domicile, et non par acte d'avoué à avoué. En effet, le ministère des officiers n'est pas admis devant le notaire. — Rolland de Villargues, v° *Partage judiciaire*, n° 99.

393. — Jugé au contraire que, lorsque, dans une instance en partage, une partie est représentée par un avoué, il suffit, pour la validité du procès-verbal du notaire, que cette partie ait été sommée de comparaître devant lui par un simple acte d'avoué à avoué. — *Toulouse*, 20 mars 1840 (t. 1er 1840, p. 610), Michel c. Dumailh. — Pigeau, p. 682; Bioche et Goujet, n° 52.

394. — Le notaire commis procède seul et sans l'assistance d'un second notaire ou de témoins. — C. proc. 977. — En effet, il n'agit alors que comme le délégué du tribunal; l'acte qu'il dresse n'est point un contrat, ce n'est qu'un élément destiné à régler les intérêts de ceux qui refusent de contracter. — Carré, sur l'art. 977.

395. — Si les parties se font assister d'un conseil auprès du notaire, les honoraires de ce conseil n'entrent point dans les frais de partage, et sont à leur charge. — C. proc. 977. — Carré, *ibid.*

396. — Le notaire chargé par le tribunal, dans une instance en partage, de procéder aux compte et formation de lots, peut légalement continuer ses opérations malgré la cessation de fonctions de l'avoué d'une des parties, survenue depuis qu'elles sont commencées, et sans qu'il soit utile d'assigner la partie non représentée en constitution de nouvel avoué. — *Riom*, 14 janv. 1842 (t. 2 1842, p. 408), Capelle c. Coudert.

397. — Le notaire doit se faire représenter,

RÉP. GÉN. — X. 7

outre le jugement qui ordonne le partage et les sommations faites aux parties, toutes les pièces relatives à l'opération. Puis il dresse, tel est du moins l'usage le plus général, un procès-verbal, qu'il intitule procès-verbal des opérations. — Rolland de Villargues, *ibid.*, n° 107.

398. — Jugé que, dans ce cas, le travail de la liquidation peut être fait par le notaire seul sans le concours des parties. L'action de procéder devant lui consiste uniquement, pour les parties, dans la production des pièces et documens nécessaires pour établir la liquidation, sauf à critiquer ensuite l'acte de liquidation, si elles le jugent convenable, sur le procès-verbal ouvert à cet effet devant le notaire. Dès lors, le notaire a pu refuser d'insérer dans son procès-verbal le plan dressé pour base de l'opération par l'un des successibles. — *Amiens*, 21 déc. 1830, Levavasseur c. Lagrené.

399. — Si quelques-unes des parties ne comparaissent pas sur la sommation à elles faite, le notaire doit donner défaut contre elles et procéder comme si elles avaient comparu. Le défaut ne se donne ordinairement qu'après avoir attendu trois heures. — Rolland de Villargues, *ibid*, n° 109.

400. — Le procès-verbal d'ouverture constate la réquisition adressée par les parties au notaire de procéder aux opérations. Puis cet officier déclare les opérations ouvertes, pour être par lui procédé, en l'absence des parties, au travail que ces opérations nécessitent. Il les ajourne pour prendre connaissance du travail, l'approuver ou le critiquer s'il y a lieu. — Rolland de Villargues, *ibid.*, n° 110.

401. — Le travail du notaire a pour objet de constater le résultat des opérations dont il va être parlé dans les paragraphes suivans.

§ 1er. — *Comptes et liquidation.*

402. — De même que le partage amiable, le partage judiciaire ne peut avoir lieu qu'autant que les parties ont préalablement réglé les comptes qu'elles se doivent et liquidé leurs droits respectifs.

403. — Ainsi jugé qu'en matière de partage de succession il ne peut être procédé à la formation des lots qu'après la liquidation par les notaires. — *Dijon* (et non *Bordeaux*), 10 août 1837 (t. 2 1839, p. 462), Latrassé c. Grange.

404. — Et comme les règles pour le partage des successions sont applicables aux partages des sociétés, un associé est mal fondé à demander le partage d'un objet particulier de la société avant que la consistance de l'actif social ait été établie, et qu'il ait été procédé à la liquidation de la société et au règlement des comptes des associés. — *Bordeaux*, 25 août 1831, Domecq c. Guichon.

405. — Par la même raison, un jugement qui ordonne un partage prescrit par cela même des comptes, une liquidation, des rapports et des indemnités pour ce qui peut avoir amélioré la chose commune. — *Cass.*, 31 janvier 1844 (t. 2 1844, p. 629), Hamard c. Barbotte.

406. — En ordonnant qu'il sera procédé à la fixation de la consistance et de l'émolument, ainsi qu'à la liquidation de la succession de l'héritier, le dispositif comprend nécessairement la liquidation des droits paternels et maternels de cet héritier, puisque ces droits font partie de sa succession. — *Cass.*, 16 fév. 1842 (t. 1er 1842, p. 485), Grand de Bellussière c. de Bernardières.

407. — Dans un partage, il doit être sursis à l'envoi en possession des lots jusqu'à ce qu'il ait été procédé au compte des rapports et prélèvemens à faire entre les copartageans. — *Riom*, 10 août 1814, Rodier.

408. — Toutefois, les comptes à régler pour des causes antérieures à l'ouverture du partage ne sont pas un motif de surseoir à la composition de la masse et à la formation des lots pour procéder simultanément au règlement des autres comptes fondés sur des causes postérieures. — *Rennes*, 21 fév. 1834, des Nétumières.

409. — La masse tant active que passive du partage, les rapports et prélèvemens à faire par chacune des parties intéressées doivent être établis par le notaire, suivant les art. 829, 830 et 831 du Code civil. — C. procéd. civ., art. 978. — V., à cet égard, ce que nous avons dit *suprà* nos 192 et suiv., 202 et suiv., sur la liquidation précédant le partage amiable.

§ 2. — *Composition des lots.*

410. — Après les prélèvemens, il est procédé, sur ce qui reste dans la masse, à la composition

d'autant de lots égaux qu'il y a d'héritiers copartageans, ou de souches copartageantes. — C. civ., art. 831.

411. — L'assignation d'un lot privatif à chacun est de l'essence de tout partage. — *Rennes*, 20 mars 1826, Guillon.

412. — Le partage se fait par lots lorsqu'il n'y a que des héritiers venant de leur chef, et par souches lorsqu'il y a des héritiers qui ne viennent que par représentation.

413. — Lorsqu'un des immeubles de la succession est grevé d'usufruit au profit de l'un des héritiers, on doit fixer la valeur de l'usufruit, et ne comprendre l'immeuble dans le partage que sous déduction de cette valeur. — *Bordeaux*, 20 avril 1831, Lynch c. Saint-Guirons.

414. — Jugé qu'on doit ordonner nécessairement, en matière de partage, la formation d'autant de lots qu'il existe de copartageans, toutes les fois qu'il n'est pas appris que cette division soit impraticable, et il ne peut y être substitué un autre mode de partage. — *Rennes*, 20 mars 1826, Guillon.

415. — Lorsque les héritiers succèdent tous de leur chef, mais pour des portions inégales, on ne peut en général faire un nombre de lots égal au nombre des héritiers, car alors le tirage au sort, qui est une formalité nécessaire, se trouverait impossible. Ainsi, si le défunt a laissé pour héritiers son père et deux frères mineurs, le premier ayant droit au quart, et les deux frères chacun à la moitié de ce qui reste, on ne peut faire trois lots égaux, ni même trois lots inégaux, savoir : l'un de un quart, et les deux autres de trois huitièmes chacun ; on doit faire d'abord quatre lots égaux et tirer au sort sur ces quatre lots le quart qui revient au père, puis des trois autres quarts faire deux lots et tirer ces deux lots au sort entre les deux frères. — Chabot, art. 831, n° 4.

416. — Dans la formation et la composition des lots, on doit éviter, autant que possible, de morceler les héritages et de diviser les exploitations ; et il convient de faire entrer dans chaque lot, s'il se peut, la même quantité de meubles, d'immeubles, de droits ou de créances de même nature et valeur. — C. civ., art. 832.

417. — L'inégalité des lots en nature se compense par un retour, soit en rente, soit en argent. — C. civ., art. 833. — Ce retour se nomme *soulte de partage*.

418. — Les intérêts d'une somme due pour retour de lot sont légitimement dus. — *Rennes*, 10 fév. 1818, Dondart c. Huet.

419. — Une soulte de partage produit de plein droit des intérêts du jour où elle est exigible. — *Bruxelles*, 13 juin 1821, Vandevoorde c. Deren.

420. — Les lots qui ont le plus de biens en nature peuvent aussi être chargés, à titre de retour, de supporter une part plus considérable des dettes de la succession. — Chabot, art. 833, n° 3.

421. — L'art. 834 C. civ. disposait que les lots seraient faits par l'un des cohéritiers, s'ils pouvaient convenir entre eux sur le choix, et si celui qu'ils avaient choisi acceptait la commission ; que, dans le cas contraire, les lots seraient faits par un expert que le juge-commissaire désignerait. — Cette disposition a été modifiée par l'art. 978 C. proc. D'après cet article, c'est seulement lorsque tous les cohéritiers sont majeurs que les lots peuvent être faits par l'un d'eux, s'ils s'accordent sur le choix, et si celui qu'ils ont choisi accepte la commission ; dans le cas contraire, le notaire, sans qu'il soit besoin d'aucune autre procédure, doit renvoyer les parties devant le juge-commissaire et celui-ci nommer un expert.

422. — La même disposition doit s'appliquer également au cas où il y a, parmi les cohéritiers, des interdits, des absens ou des non présens. — Chabot, art. 834, n° 2 ; Carré et Chauveau, quest. 2507 ; Thomines-Desmazures, t. 2, p. 620 ; Paignon, t. 2, p. 119, n° 226.

423. — Toutes les parties doivent être appelées à la nomination de l'expert, afin de faire valoir, s'il y a lieu, leurs moyens de récusation. Celui qui poursuit le partage présente donc requête au commissaire pour avoir permission de faire citer ses copartageans devant lui, afin d'être présens à la nomination. Cette nomination faite contradictoirement, l'expert prête serment devant le juge-commissaire, puis procède à l'opération dont il est chargé. — Carré et Chauveau, quest. 2507 *bis* ; Pigeau, t. 2, 680 et 687 ; Delaporte, t. 2, p. 469 ; Favard de Langlade, t. 4, p. 437 ; Thomines-Desmazures, t. 2, p. 621 ; Paignon, t. 2, n° 226.

424. — Le cohéritier choisi par les parties, ou l'expert nommé pour la formation des lots, doit en établir la composition par un rapport qui est

reçu et rédigé par le notaire à la suite des opérations précédentes. — C. proc. civ., art 979.

425. — Les lots, formés comme il vient d'être expliqué, doivent ensuite être tirés au sort. — C. civ., art. 466 et 834 ; C. proc. civ., 982. — Ce tirage au sort a pour objet de garantir l'égalité dans les partages, en rendant chaque cohéritier intéressé à ce qu'elle soit exactement observée.

426. — Ainsi qu'on l'a déjà vu (*suprà*, n° 185) : la forme et le mode de partage des successions établis par le chap. 6, tit. 1er, liv. 3 du Code civil sont obligatoires pour les tribunaux, qui ne peuvent s'en écarter dans la pratique. — *Cass.*, 10 mai 1826, Turquis.

427. — Ainsi jugé que le partage d'une succession doit se faire par lots tirés au sort, et non par des lots d'attribution eu égard aux droits des parties. — *Limoges*, 19 juin 1838 (t. 1er 1839, p. 93), Eyrignoux ; 5 juill. 1838 (t. 1er 1839, p. 93), André c. Sicard ; 30 août 1838 (t. 1er 1839, p. 94), Theillac c. Marcinot. — V. Toullier, *Droit civ.*, t. 4, n° 428 ; Delaporte, *Pand. franç.*, art. 834 ; Vazeille, *Success.*, t. 1er, p. 305, n° 3 ; Malpel, *Success.*, n° 259.

428. — Cette disposition est applicable aux partages faits depuis le Code civil de successions ouvertes antérieurement. — *Limoges*, 19 juin 1838 (t. 1er 1839, p. 93), Eyrignoux ; 5 juill. 1838 (t. 1er 1839, p. 93), André c. Sicard.

429. — Jugé de même que, toutes les fois que les circonstances ne le rendent pas impraticable, il faut suivre le mode de partage par formation de lots et leur tirage au sort ; et une inégalité du tiers aux deux tiers ne serait pas un motif pour s'en écarter. — *Paris*, 19 janv. (et non fév.) 1808, Cornisset c. de Berulle.

430. — ... Que les experts ne peuvent composer des lots d'attribution, lors même que le tirage au sort devrait rendre le partage plus difficile et plus incommode. — *Toulouse*, 16 fév. 1815, Pénavayre c. Fadeuilhe.

431. — ... Que le partage d'une succession ne peut se faire par lots d'attribution qu'autant que tous les cohéritiers majeurs et maîtres de leurs droits consentent à ce mode de partage. Autrement le partage doit avoir lieu par voie de tirage des lots au sort, ou, en cas d'impossibilité de division en nature, par voie de licitation. — *Cass.*, 19 mars 1844 (t. 1er 1844, p. 723), Dulac ; 26 avril 1847 (t. 1er 1847, p. 687), Vermelinger c. Noblat.

432. — ... Que dans tout partage fait en justice, l'attribution des lots doit avoir lieu par la voie du sort. La règle générale posée par l'art. 834 du Code civil ne reçoit pas exception au cas où les droits des copartageans à la chose indivise seraient inégaux. Même dans ce cas, il n'appartient ni aux juges ni aux experts de procéder eux-mêmes à une attribution de lots proportionnée aux droits de chacune des parties. — *Cass.*, 27 fév. 1838 (t. 1er 1838, p. 504), de Chauvelin c. Boullogne.

433. — Il en est ainsi alors même qu'une certaine masse d'immeubles se trouvant dévolue à plusieurs successions dans lesquelles les droits ne sont pas les mêmes, et où il y a lieu d'opérer une première division, et ensuite une ou plusieurs subdivisions, le partage de ces successions est poursuivi simultanément. — *Cass.*, 26 avril 1847 (t. 1er 1847, p. 687), Vermelinger c. Noblat.

434. — Par la même raison, le donataire d'un bien indivis avec plusieurs autres immeubles entre le donateur et des tiers ne peut demander que ce bien soit placé par attribution dans le lot du donateur. — Dans le cas où, par suite du tirage au sort, le bien donné ne s'est pas trouvé dans le lot du donateur, le donataire peut être réputé avoir droit à obtenir de lui une indemnité ou une récompense. — *Caen*, 3 mars 1838 (t. 2 1838, p. 353), Goubert c. Yver.

435. — Du moment où il n'est plus possible de composer un lot pour être délaissé à la succession par voie d'attribution, suivant le vœu qu'en aurait émis un jugement, il y a nécessité de revenir au mode légal, c'est-à-dire au tirage au sort. — *Bordeaux*, 26 mars 1841 (t. 2 1841, p. 668), Larrisson c. de Grailly.

436. — Les partages dans lesquels des mineurs sont intéressés ne peuvent se faire par attribution, et il faut nécessairement que les lots soient tirés au sort. — *Colmar*, 3 août 1832, Wilhem c. Parmentier ; *Cass.*, 25 nov. 1834, Martiallet c. Frugier ; *Nancy*, 6 juill. 1837 (t. 1er 1839, p. 431), Leclerc c. Harcher ; *Paris*, 23 juill. 1840 (t. 2 1840, p. 689), Racine c. Bourgeois.

437. — L'omission de cette formalité ne rendrait le partage que provisionnel, lors même que l'égalité des lots constatée par une expertise régulière serait en outre reconnue par les parties majeures, ayant même intérêt que les mineurs, et que portion des immeubles à partager se trouverait en la possession des tiers acquéreurs. — *Colmar*, 3 août 1832, Wilhem c. Parmentier.

438. — Cependant, s'il s'agissait de partager les mêmes biens appartenant aux parties dans plusieurs successions directes et collatérales successivement ouvertes; les juges pourraient, au lieu d'ordonner autant de partages et de tirages au sort qu'il y a de successions, n'ordonner qu'une seule formation de lots, eu égard aux droits des parties ramenés à une base commune par la réduction des fractions au même dénominateur. — *Cass.*, 25 nov. 1834, Martiallet c. Frugier.

439. — Bien plus : le cohéritier qui, avant le partage, a élevé des constructions sur un immeuble de la succession, ne peut, à raison de cette circonstance, exiger que l'immeuble amélioré lui soit attribué sans tirage au sort. — *Toulouse*, 30 août 1837 (t. 1er 1838, p. 229), Jean Pomian.

440. — De ce que l'un des cohéritiers aurait, avant partage, aliéné un bien de la succession indivise, il n'en résulte pas que ce bien doive être placé dans son lot; il doit, au contraire, comme les autres, entrer dans le tirage au sort. — *Toulouse*, 15 janv. 1830, Saint-Paul c. Estoup.

441. — Jugé au contraire qu'un tuteur pourrait, en observant les formalités prescrites par l'art. 467 du Code civil, pour les transactions concernant les mineurs, convenir, au nom de ses pupilles, que le partage sera fait par voie d'attribution. — *Cass.*, 30 août 1815, de Vaudreuil c. Sallonieil. — V. aussi Chabot, art. 831, no 4, et 834, no 5.

442. — ... Que quand les parties ont des droits inégaux dans une succession, les experts chargés de procéder au partage peuvent faire des lots d'attribution. — *Riom*, 23 janv. 1811, Viallefont c. Dufournier.

443. — ... Que les tribunaux peuvent, d'après les circonstances, et lorsque les copartageans ont des droits inégaux, ordonner que le partage en nature d'immeubles indivis sera opéré par lots d'attribution. — *Caen*, 13 nov. 1845 (t. 1er 1846, p. 380), Pestel c. Launay; 20 août 1847 (t. 1er 1848, p. 72), Giffard c. Choisne (solut. impl.).

444. — Dans ce cas il n'y aurait lieu de procéder nécessairement à la licitation qu'autant que les lots d'attribution ne pourraient être formés sans perte. — *Caen*, 13 nov. 1845 (t. 1er 1846, p. 380), Pestel c. Launay.

445. — De même encore, si la composition des lots dans le partage d'une succession entraîne des inconvéniens tels que l'intérêt de l'un ou plusieurs des copartageans en soit lésé; l'expert peut procéder par mode d'attribution, en assignant des biens à chacun d'eux pour les remplir de leur droit à cette succession. Cette opération par attribution n'est point contraire aux art. 831 et 834 C. civ., et les tribunaux ne doivent pas en refuser l'homologation. — *Toulouse*, 23 nov. 1832 Robert c. Pradel.

446. — L'art. 834 C. civ., qui ordonne le tirage au sort, est subordonné à l'existence d'une égalité parfaite dans les portions et dans les chances des copartageans, dès lors il n'est pas applicable quand l'un des copropriétaires a bâti sur le sol indivis; et, dans ce cas, la partie du sol sur laquelle les constructions ont été faites, peut, au lieu d'être tirée au sort, être comprise dans le lot de celui qui les a bâties. — *Cass.*, 11 août 1808, Chastel. — Chabot, art. 834, no 5.

447. — De même : si l'un des héritiers avait vendu un bien de la succession, avant partage; lui ou ses acquéreurs pourraient obtenir, si d'ailleurs il n'y avait aucune présomption de fraude, que le lot dans lequel serait compris ce bien, lui fût attribué. — Chabot, art. 824, no 5.

448. — Lorsqu'un des cohéritiers a successivement vendu ou hypothéqué plusieurs immeubles dépendans de la succession indivise, et qu'ensuite, du consentement des autres cohéritiers, le partage se fait par attribution, on doit composer son lot préférablement avec les immeubles vendus ou hypothéqués, en suivant la date des aliénations et des hypothèques, de telle sorte que l'éviction qui peut résulter du partage retombe sur l'acquéreur ou le créancier le plus récent, plutôt que sur le plus ancien. — *Bordeaux*, 29 août 1832, Boy c. Eymond.

449. — Sous l'empire de la loi du 17 niv. an II, un partage dans lequel un mineur était intéressé pouvait être valable lors même que les lots n'avaient pas été tirés au sort. — *Cass.*, 3 therm. an IX, Lescure c. Sirey et Fournier.

450. — Avant de procéder au tirage des lots, chaque copartageant est admis à proposer des réclamations contre leur formation. — C. civ., art. 835.

451. — Au reste, les règles établies pour la composition des lots et le tirage au sort ne sont pas obligatoires lorsque tous les copartageans sont majeurs, non interdits et présens, et qu'ils sont tous d'accord. Ils peuvent procéder comme il leur convient. — Chabot, art. 831, no 5.

452. — Ainsi jugé que, dans un partage entre majeurs, les lots faits par l'expert désigné peuvent être par lui attribués à chacun des copartageans, au lieu d'être tirés au sort, lorsque telle a été la convention des parties. — *Cass.*, 8 mai 1827, Barde c. Françon.

453. — Lorsque les parties présentes et majeures peuvent conférer aux experts le droit de procéder par lots d'attribution, il n'y a pas lieu d'assujettir les experts aux formalités des compromis et des arbitrages. — *Cass.*, 21 fév. 1843 (t. 1er 1843, p. 695), Bedry c. Joulia.

454. — Les règles établies pour la division des masses à partager sont également observées dans la subdivision à faire entre les souches copartageantes. — C. civ., art. 836.

455. — Lorsque la portion de biens échue à une souche ou à une branche ne peut être subdivisée commodément, la licitation doit en être faite entre les membres de cette souche ou de cette branche; mais l'impossibilité ou la difficulté de la subdivision ne doit pas mettre obstacle au partage principal, lorsqu'il peut y être procédé commodément. — Chabot, art. 836, no 5.

456. — Dans le cas où le partage doit être fait en justice parce qu'au nombre des héritiers se trouvent des mineurs ou des interdits, les frais de ce partage doivent être supportés, non pas par ceux des héritiers dont la qualité nécessite les formes judiciaires, mais par la masse de la succession. — Chabot, art. 838, no 4.

457. — Il en doit être de même : soit au cas d'absence ou de non-présence de quelqu'un des héritiers, soit au cas où, tous étant majeurs, non interdits ou présens, l'un d'eux refuse de consentir au partage amiable. En effet, il a droit de réclamer l'intervention de la justice pour prévenir les fraudes dont il pourrait être victime. — Chabot, no 5.

458. — Il n'y a lieu de mettre à la charge des héritiers individuellement que les frais des contestations mal fondées qu'ils élèvent dans le cours des opérations. — Chabot, *ibid.*

§ 3. — *Difficultés.* — *Clôture du partage.*

459. — Il s'agit ici moins des difficultés en elles-mêmes, que de la manière de les constater et de les résoudre.

460. — Si, dans les opérations renvoyées devant le notaire, il s'élève des contestations, le notaire rédige en un procès-verbal séparé les difficultés et dires des parties, et renvoie les parties devant le juge-commissaire. — C. civ., art. 837; C. proc., art. 977.

461. — Toutefois, il est à remarquer que les dispositions des art. 828 C. civ. et 976 C. proc. civ., qui attribuent au notaire commis aux fins du partage le règlement des comptes, prélèvemens, etc., entre les copartageans, ne font point obstacle à ce que les tribunaux prononcent, avant comme après le rapport du notaire, sur les difficultés qui lui sont soumises par les conclusions des parties à mesure qu'elles se présentent. — *Cass.*, 25 juill. 1838 (t. 2 1838, p. 503), de Vendomois c. d'Icard de Pontaud.

462. — Ainsi, lorsqu'il s'agit de faire fixer le montant de la succession du conjoint survivant, l'héritier de l'époux prédécédé n'est pas tenu, pour faire rectifier les erreurs commises à son préjudice dans la liquidation de la communauté qui avait existé entre les époux, de demander cette rectification par action principale; il peut le faire incidemment aux contestations survenues à l'occasion de la liquidation de la succession du dernier mourant. — *Orléans*, 15 déc. 1846 (t. 1er 1847, p. 405), Menou c. Lepelletier et Donlévy.

463. — Le procès-verbal que dresse le notaire pour constater les difficultés doit être l'objet d'un acte séparé (C. proc., art. 977); il est signé des parties contractantes, sinon il y est fait mention de leur refus ou de leur impossibilité de signer. — Arg. C. proc., art. 980. — Massé, liv. 10, chap. 23 et 24.

464. — Ce procès-verbal est par le notaire remis au greffe et y est retenu (C. pr., art. 977). Il est remis en minute (Pigeau, t. 2, p. 694; Carré sur l'art. 981). Le greffier dresse acte de dépôt, et cet acte est signé par le notaire. — Rolland de Villargues, vo *Partage judiciaire*, no 155.

465. — Au moyen de ce dépôt, les parties étant à même de prendre connaissance du procès-verbal, il n'y a pas de nécessité qu'il soit expédié ni signifié. C'est ce qui a toujours été décidé par le tribunal de la Seine. — Rolland de Villargues, no 156. — *Orléans*, 28 mars 1843 (t. 1er 1843, p. 480), Rousseau Saint-Léger c. Langelle.

466. — On ne doit pas non plus reproduire dans des requêtes ou des conclusions motivées les contestations consignées sur ce procès-verbal. Les actes faits en contravention à ces prohibitions sont frustratoires et doivent être mis à la charge des officiers ministériels qui les ont faits. — Même arrêt.

467. — Le juge-commissaire doit essayer de concilier les parties, mais il n'a pas le droit de prononcer lui-même sur les difficultés; il doit toujours renvoyer à l'audience. — Chabot, art. 837, no 1er; Bioche, no 61. — *Contrà*, Toullier, t. 4, no 424.

468. — Lorsque le juge-commissaire renvoie les parties à l'audience, l'indication du jour où elles devront comparaître leur tient lieu d'ajournement. — Il ne doit être fait aucune sommation pour comparaître, soit devant le juge, soit à l'audience. — C. proc., art. 977, alin. 3 et 4.

469. — Déjà il avait été décidé que quand les opérations d'un partage avaient eu lieu en présence des parties, il ne devait leur être fait aucune sommation. — *Orléans*, 16 août 1809, N...

470. — Néanmoins, Pigeau (t. 2 p. 688) pensait qu'il fallait sommer les parties qui n'avaient pas comparu : parce que, disait-il, elles peuvent avoir des pièces à communiquer au commissaire, qui doit faire son rapport sur celles qui lui sont remises; et que, d'ailleurs, ces parties ont droit d'adresser au tribunal des observations sur ce rapport. — Mais cette opinion doit être rejetée comme contraire au texte précis de l'art. 977. — Berriat Saint-Prix, p. 714, note 18; Hautefeuille, p. 570; Carré et Chauveau, quest. 2506 *septiès*.

471. — Quoique le tribunal n'ait été saisi que des difficultés soulevées devant le notaire commis par la liquidation, il peut statuer sur toutes les nouvelles réclamations élevées à l'audience. — Rolland de Villargues, no 160.

472. — Jugé, en ce sens, que le notaire désigné pour procéder à une liquidation étant un simple délégué de la justice, dont la mission se borne à constater les réclamations des parties, il n'y a lieu ni à déchéance, ni à un nouveau renvoi devant lui, lorsque des réclamations d'abord omises sont ensuite élevées devant le tribunal. En pareil cas le tribunal peut prononcer sur tous les points litigieux, et même sur des chefs dont l'une des parties voudrait faire l'objet d'un débat ultérieur. — *Douai*, 24 août 1839 (t. 2 1839, p. 659), Delalleau.

473. — Lorsque les lots ont été fixés et que les contestations sur leur formation, s'il y en a eu, ont été jugées, le poursuivant fait sommer les copartageans à l'effet de se trouver, à jour indiqué, en l'étude du notaire, pour assister à la clôture de son procès-verbal, en entendre lecture et le signer avec lui, s'ils le peuvent et le veulent. — C. proc. civ., art. 980.

474. — La sommation exigée par cet article n'est nécessaire que lorsque les parties ne s'accordent pas pour se rendre chez le notaire afin de concourir à la clôture du procès-verbal. — Carré et Chauveau, quest. 2507 *ter*.

475. — Lorsque, sur la sommation qui leur a été faite, les parties ne se présentent pas, ou refusent de signer le procès-verbal, le notaire constate le défaut de comparaître ou le refus de signer, et les causes de ce refus, et la partie la plus diligente poursuit l'homologation, ainsi qu'il est dit dans l'art. 981 C. proc. En effet, il ne s'agit pas ici d'un contrat, et dès lors le concours volontaire des parties n'est pas absolument nécessaire. — Carré et Chauveau, quest. 2507 *quater*; Lepage, *Questions*, p. 637; Pigeau, *Comm.*, t. 2, p. 689.

ART. 5. — *Homologation du partage.*

476. — Le notaire doit remettre l'expédition du procès-verbal de partage à la partie la plus diligente pour en poursuivre l'homologation par le tribunal. — C. proc., art. 981.

477. — Cette nécessité de l'homologation est, en général, imposée pour toute espèce d'opération de compte et liquidation que le notaire est chargé de faire comme délégué par le tribunal.

478. — Ainsi : l'opération par laquelle un notaire délégué par le tribunal liquide les reprises d'une femme mariée, constitue une opération de compte, liquidation et partage, sujette à l'homologation. — *Paris*, 7 nov. 1847 (t. 2 1848, p. 551), Daulnay c. Noché.

479. — Il n'est pas nécessaire de déposer au greffe l'expédition du procès-verbal de partage dressé par un notaire commis, laquelle a été délivrée à la partie la plus diligente pour en poursuivre l'homologation. — *Paris*, 8 janv. 1814, Thossy; *Riom*, 23 avril 1834, Arnaud c. Béraud.

480. — Sur le rapport du juge-commissaire, le tribunal homologue le partage, s'il y a lieu, les parties présentes ou appelées, si toutes n'ont pas comparu à la clôture du procès-verbal; et sur les conclusions du procureur de la République, dans le cas où la qualité des parties requiert son ministère. — C. proc. civ., art. 981.

481. — De ces expressions de l'art. 981, «les parties présentes ou dûment appelées, *si toutes n'ont pas comparu à la clôture du procès-verbal*,» il suit qu'il suffit qu'une seule d'entre elles ne se soit pas présentée à cette clôture, pour que toutes doivent être assignées sur la demande en homologation; et, en effet, elles ont intérêt à connaître et à contester les motifs d'opposition qui pourraient être allégués par ceux qui n'ont pas comparu. — Carré et Chauveau, quest. 2507 *septiès*; Pigeau, *Comm.*, t. 2, p. 690; Thomines-Desmazures, t. 2, p. 622; Paignon, t. 2, n° 297.

482. — Lorsqu'une partie dont l'avoué est décédé depuis le commencement des opérations n'a pas comparu à la clôture du procès-verbal par le notaire, l'homologation de ce procès-verbal ne peut être poursuivie sans que cette partie ait été mise en demeure de constituer un nouvel avoué. — *Riom*, 14 janv. 1842 (t. 2 1842, p. 408), Capelle c. Coudert.

483. — Un copartageant qui, malgré plusieurs sommations, ne s'est pas présenté devant le notaire chargé de procéder au partage d'une succession, n'est pas pour cela non recevable à contester, sur la poursuite en homologation devant le tribunal, la liquidation faite par le notaire, s'il justifie des causes qui l'ont empêché de contester sur le procès-verbal de la liquidation. — *Paris*, 20 fév. 1832, Buissy.

484. — Le jugement d'homologation ordonne le tirage des lots, soit devant le juge-commissaire, soit devant le notaire. — C. proc. civ., art. 982.

485. — Lorsque tous les intéressés ont été appelés devant le tribunal et devant le notaire commis, le jugement d'homologation qui intervient à la requête de la partie la plus diligente n'est point susceptible d'opposition de la part même de celles qui n'ont formulé aucun dire devant le notaire ni pris de conclusions devant le tribunal. — *Paris*, 22 déc. 1838 (t. 1er 1839, p. 110), Bouly c. Lacher; 30 déc. 1846 (t. 1er 1847, p. 115), Lemonnier c. Gérard.

486. — Et même les jugemens d'homologation de compte, liquidation et partage, ne sont pas susceptibles d'opposition, lors même que toutes les parties ne se seraient pas présentées soit devant le notaire, soit devant le tribunal. Et il suffit que ces parties aient été régulièrement appelées pour que ces jugemens soient à leur égard réputés contradictoires. — *Paris*, 21 juin 1838 (t. 2 1838, p. 387), Durécu c. Drouard; 27 nov. 1847 (t. 2 1848, p. 551), Daulnay c. Noché.

487. — La partie qui a consenti à l'homologation d'un rapport d'expert en matière de partage, et au tirage des lots au sort, ne peut appeler du jugement qui prononce cette homologation. — *Grenoble*, 16 fév. 1816, Merviel c. Reytinat. — La non-recevabilité de son appel peut être invoquée en tout état de cause. — *Grenoble*, 30 déc. 1817, Marcieux c. Guichard.

488. — De même le copartageant qui procède au tirage au sort des lots fixé par un jugement, acquiesce à ce jugement et ne peut plus en interjeter appel; il en est de même s'il aliène tout ou partie de ces lots. — *Agen*, 12 avril 1821, Lartet, c. Lanna.

489. — Jugé, au contraire, que les jugemens homologatifs d'homologation sont, alors même qu'ils ont été rendus sans contestation, sujets à l'appel, et que dès lors ils ne peuvent être exécutés vis-à-vis des tiers avant d'avoir été signifiés. — *Paris*, 10 août 1838 (t. 2 1838, p. 126), Banque de France c. Lechanteur. — Cet arrêt est critiqué par MM. Bioche et Goujet, v° *Partage*, n° 411.

490. — ... Qu'un jugement d'homologation rendu en matière de partage, sur requête présentée en la chambre du conseil par une partie majeure, est susceptible d'appel de la part du tuteur d'un copartageant mineur. — *Paris*, 23 nov. 1825, Robillard c. André.

491. — Par suite, le tuteur peut demander, sur l'appel, la réformation du partage pour cause d'omissions, erreurs et faux emplois, alors même qu'il aurait acquiescé à l'homologation, mais sous toutes réserves, surtout s'il s'agit d'omissions ou faux emplois découverts depuis la signature de l'acte et le jugement d'homologation. — Même arrêt.

492. — Quoi qu'il en soit relativement au droit d'interjeter appel en cas d'erreurs ou d'omissions commises dans une liquidation de succession, les cohéritiers qui croient avoir à s'en plaindre peuvent toujours en demander la réparation sans qu'on puisse leur opposer ni le jugement d'homologation du procès-verbal de liquidation générale, ni le traité définitif volontairement consenti par eux sur le règlement de la succession, ni l'exécution donnée à ce même traité. — *Lyon*, 15 juin 1848 (t. 2 1848, p. 267), Grobon c. Carré.

493. — Le jugement d'homologation donne au partage judiciaire la même force qu'aurait eue un partage volontaire entre personnes capables de contracter; mais il ne fait pas obstacle à ce que des cohéritiers exercent la reprise des biens qui, par erreur, auraient été compris dans le partage, quoique leur appartenant à un autre titre que celui d'héritiers dans la succession partagée. — Dès lors la voie de la tierce opposition n'est pas nécessaire contre le jugement d'homologation. — *Caen*, 23 nov. 1844 (t. 1er 1845, p. 468), Durand c. Fert.

ART. 6. — *Tirage et délivrance des lots. — Remise des titres.*

494. — En règle générale, les lots doivent, comme on l'a vu, être tirés au sort. — C. civ., art. 466 et 834; C. proc., art. 978.

495. — Cependant cette règle peut cesser d'être observée lorsque tous les héritiers sont majeurs et capables; ils peuvent faire entre eux des lots d'attribution, lors même qu'il s'agit d'un partage judiciaire. — Arg. C. civ., art. 819. — Chabot sur l'art. 834, n° 4; Toullier, t. 4, n° 428; Malpel, n° 259; Vazeille sur l'art. 834, n° 2.

496. — Le tirage au sort des lots a lieu en vertu du jugement d'homologation soit devant le juge-commissaire, soit devant le notaire. — C. proc., art. 982.

497. — De même lorsque les lots d'immeubles sur lesquels les droits des intéressés étaient liquidés ont été composés par les experts, et après que leur rapport a été entériné, ces lots doivent être tirés au sort soit devant le juge-commissaire, soit devant le notaire déjà commis par le tribunal, aux termes de l'art. 969. — C. proc., art. 975.

498. — Lorsque le tirage doit se faire devant le juge-commissaire, toutes les parties se présentent devant lui, assistées de leurs avoués, à un jour convenu avec l'avoué poursuivant. Si toutes les parties ne sont pas d'accord ou si l'on peut prévoir que quelques-unes d'entre elles ne comparaîtront pas, on présente au juge-commissaire une requête tendante à ce qu'il lui plaise indiquer un jour pour le tirage, et permettre de faire sommer les copartageans de se trouver au jour ou à l'heure indiqués. — Pigeau, t. 2, p. 695.

499. — Si le tirage a lieu devant notaire, la signification du jugement a dû ou pu contenir sommation aux copartageans de se trouver devant cet officier. — Pigeau, *ibid.*

500. — Le procès-verbal qui contient le tirage n'est pas susceptible d'entérinement. Il reste au notaire, qui en délivre des expéditions ou extraits. — Rolland de Villargues, v° *Partage judiciaire*, n° 222.

501. — Le tirage des lots terminé, le juge-commissaire ou le notaire devant lequel il y a été procédé fait délivrance à chacun des copartageans du lot qui lui est échu. — C. civ., 982.

502. — En quoi consiste cette délivrance? Pigeau (t. 2, p. 695), rappelle à cet égard les dispositions des art. 842 et 1605 C. civ., dont les unes concernent la remise des titres aux héritiers et les autres règlent le mode de délivrance des objets mobiliers ou immobiliers en matière de vente. Mais, suivant Rolland de Villargues, c'est là étendre la mission soit du juge-commissaire, soit du notaire, au delà de ses véritables limites. Le juge-commissaire ou le notaire, pas plus que le tribunal, ne sauraient faire la tradition réelle des objets. Ils doivent se borner, le juge à déclarer et le notaire à faire délivrance à chacun des copartageans du lot qui lui est échu.

503. — Après le partage, remise doit être faite à chacun des copartageans des titres particuliers aux objets qui lui seront échus. — Les titres d'une propriété divisée restent à celui qui a la plus grande part; à la charge d'en aider ceux de ses copartageans qui y auront intérêt, quand il en sera requis. — Les titres communs à toute l'hérédité seront remis à celui que tous les héritiers ont choisi pour en être le dépositaire, à la charge d'en aider les copartageans à toute réquisition. — S'il y a difficulté sur ce choix, il est réglé par le juge. — C. civ., 842.

504. — Par ces mots *le juge*, il faut entendre, non pas le juge-commissaire, qui, comme nous l'avons déjà vu, n'a aucun pouvoir pour statuer sur les difficultés qui s'élèvent entre les héritiers, mais le tribunal lui-même. — Chabot, art. 842, n° 2.

505. — Le dépositaire qui refusera à un héritier communication des titres dont il a besoin, peut y être condamné par les tribunaux; s'il refuse d'obtempérer, les titres dont il y a minute doivent être levés à ses frais: dans tous les cas, il est passible de dommages-intérêts, s'il y a lieu, envers son cohéritier. — Chabot, art. 842, n° 3; Toullier, t. 4, n° 432; Duranton, t. 7, n° 171.

506. — Soit le greffier, soit le notaire sont tenus de délivrer tels extraits, en tout ou en partie, du procès-verbal de partage que les parties intéressées requièrent. — C. proc., 983.

507. — Les auteurs ne sont pas d'accord sur la manière dont il faut entendre cette disposition. Suivant l'interprétation qui nous paraît la plus rationnelle, le greffier délivre, même avant l'homologation du partage, des extraits du procès-verbal des dires et contestations dont la minute est déposée à son greffe, conformément à l'art. 977; et, après l'homologation, il délivre, concurremment avec le notaire, les extraits du procès-verbal dont l'expédition, sur laquelle l'homologation est intervenue, lui est restée pour faire partie de ses minutes. — Carré et Chauveau, quest. 2507 *deciès*; Thomines-Desmazures, t. 2, p. 623; Paignon, t. 2, n° 307. — V., toutefois, Delaporte, t. 2, p. 470; Pigeau, *Comm.*, t. 2, p. 692.

CHAPITRE VI. — *Effets du partage.*

508. — Il résulte de la définition du partage, que, dans cet acte, chaque cohéritier reçoit de ses cohéritiers leur droit indivis sur la portion qui lui est attribuée et leur transfère de son côté son droit indivis sur les objets qui tombent dans leur lot. Or, comme on ne peut transférer à un autre plus de droits qu'on n'en a soi-même, on devrait conclure de là que si, avant le partage, l'un des cohéritiers a constitué une hypothèque sur sa part indivise dans les immeubles de la succession, cette hypothèque continue de subsister après le partage sur chacun des lots échus aux divers héritiers. — Il en était effectivement ainsi dans le droit romain, comme on peut le voir dans la loi 6, § 8, ff., *Communi divid.*

509. — Mais comme de là naissaient une foule d'actions en garantie le plus souvent illusoires, notre droit coutumier, pour prévenir ce grave inconvénient, avait admis une fiction de droit d'après laquelle les partages n'étaient pas considérés comme des ventes, mais comme des actes purement déclaratifs des parts et portions que chaque héritier avait recueillies du défunt, en sorte que chaque héritier était censé avoir succédé seul et immédiatement à tous les effets compris dans son lot, et n'avoir jamais eu aucun droit sur les autres effets de la succession. — Dumoulin, *Cout. de Paris*, art. 33, glose 1re, n° 70; Lebrun, *Succ.*, part. 4, chap. 1er, nos 21 et 33; Pothier, *Succ.*, chap. 4, art. 5; Merlin, *Rép.*, vis *Licitation*, § 3, et *Partage*, § 6, n° 2; Malleville, *Analyse du Code civil*, sur l'art. 883.

510. — De même, suivant le droit antérieur au Code civil, dans la ci-devant Belgique, les hypothèques conférées par un des cohéritiers, sur un des immeubles indivis, se restreignaient de plein droit à sa portion telle qu'elle était déterminée par le partage. — *Bruxelles*, 3 déc. 1807, Demiddeler c. Simon; 21 déc. 1807, Mondet c. Duflot.

511. — La même fiction a passé dans le Code civil. — Ainsi, aux termes de l'art. 883, chaque héritier est censé avoir succédé seul et immédiatement à tous les effets compris dans son lot, ou à lui échus sur licitation, et n'avoir jamais eu la propriété des autres effets de la succession. — C'est ce qu'on exprime en disant que, dans notre droit, le partage est simplement déclaratif et non pas attributif de propriété.

512. — L'art. 883 C. civ., en matière de succession reçoit son application au cas de partage d'un immeuble appartenant en commun à plusieurs personnes. En conséquence, celui des communistes qui reste propriétaire de l'immeuble est censé en avoir eu la propriété du jour où la communion a commencé. — *Grenoble*, 28 août 1847 (t. 1er 1848, p. 688), Planel.

513. — Toutefois cette fiction de l'art. 883 du Code civil n'est admise que dans le droit civil proprement dit; elle ne l'est pas, ou du moins elle n'est admise qu'avec de grandes restrictions dans le droit fiscal. — V. ENREGISTREMENT, nos 3284 et suiv.

514. — Il résulte de la disposition de l'art. 883 C. civ. que les immeubles échus à chacun des copartageans sont libres de toutes charges et hypothèques qui auraient pu être constituées par ses cohéritiers ou copropriétaires pendant la durée de l'indivision. — Chabot, art. 883, no 1er.

515. — Quant aux immeubles échus à celui qui a constitué les hypothèques, pour savoir s'ils en sont grevés, il faut faire quelques distinctions. — Et d'abord l'hypothèque légale et l'hypothèque judiciaire étant générales et embrassant tous les biens présens et futurs de celui qui les subit, atteignent par conséquent les immeubles qui lui sont attribués, par l'effet du partage, au moment même où ils deviennent sa propriété. — De même, s'il a constitué une hypothèque conventionnelle sur chacun des immeubles de la succession nominativement; ceux de ces immeubles qui lui adviennent par le partage sont nécessairement soumis à cette hypothèque, tandis que les autres en sont affranchis. — Mais, s'il a constitué une hypothèque conventionnelle sur quelques-uns seulement des immeubles indivis, et que ces immeubles ne tombent pas dans son lot, l'hypothèque restera alors sans effet; seulement le créancier pourra, en vertu de l'art. 2131, ou poursuivre son remboursement immédiat, ou obtenir un supplément d'hypothèque. — Enfin l'hypothèque, soit légale, soit judiciaire, soit conventionnelle, ne produirait aucun effet si tous les immeubles de la succession étaient attribués aux cohéritiers du débiteur et que son lot ne consistât qu'en mobilier. — Chabot, art. 883, no 2.

516. — Ainsi, jugé que le copropriétaire d'une chose indivise peut vendre sa part avant le partage; mais la vente ne produit effet que si la chose ou une part de cette chose tombe dans son lot. — *Nancy*, 8 fév. 1833, Robert c. Foller. — Troplong, *Vente*, t. 1er, no 176 (qui cite Ulpien, ff., L. 13, § 17, *De act. empt.*).

517. — Jugé également que l'effet de l'inscription prise sur des biens indivis est restreint de droit, par le partage, à la portion échue au débiteur. — *Bruxelles*, 20 fév. 1811, Redelborgt c. Despriez.

518. — La disposition de l'art. 883 C. civ. s'applique sans distinction à tous les effets héréditaires. En conséquence, si une créance primitivement divisible a été comprise en entier au lot de l'un des héritiers; elle forme sa propriété *ab initio*, et la saisie-arrêt qui en a été faite, avant le partage, par le créancier personnel d'un autre cohéritier, ne peut plus produire aucun effet. — *Cass.*, 24 janv. 1837 (t. 1er 1837, p. 124), Loustau c. Lordon.

519. — La disposition de l'art. 883 est également applicable aux créances hypothécaires. Par conséquent, et par suite encore de l'indivisibilité de l'hypothèque, on doit réputer nulle et non avenue, relativement à une créance hypothécaire attribuée par le partage à l'un des héritiers, la mainlevée de l'inscription consentie antérieurement par les autres cohéritiers. En supposant d'ailleurs que ces cohéritiers eussent pu, pendant l'indivision, recevoir leurs parts du capital, et en donner quittance; ils n'auraient pu même alors réduire proportionnellement l'hypothèque, laquelle aurait continué de subsister en entier pour le surplus de la créance. — *Cass.*, 20 déc. 1848 (t. 1er 1849, p. 343), Bonnet c. de Gentil.

520. — Par la même raison : le cohéritier à qui les immeubles de la succession ont été abandonnés par licitation étant censé y avoir succédé seul et immédiatement, il s'ensuit que l'hypothèque qu'il a conférée depuis l'ouverture de la succession sur la part des immeubles qui lui reviendrait dans cette succession s'applique, du jour même de sa constitution, à la totalité des immeubles abandonnés à ce cohéritier. — Dès lors, les autres colicitans, déchus de leur privilége pour n'avoir requis inscription qu'après les soixante jours, ne sont pas fondés à prétendre que l'hypothèque inscrite du créancier de leur cohéritier ne peut frapper que la part virile de ce dernier dans les immeubles de la succession, sous prétexte que leurs inscriptions à eux ont été prises avant toutes autres depuis le jour de la licitation. — *Bordeaux*, 22 fév. 1845 (t. 2 1845, p. 195), Berthomieux c. Montouroy.

521. — Lorsque le père du mari a touché la dot de la femme, et, pour sûreté du remboursement, a consenti une hypothèque, le mari peut, même après le partage des biens de la succession de son père, agir par voie d'action hypothécaire sur les immeubles tombés dans le lot de son cohéritier, qui lui étaient affectés pour sa part contributive dans les dettes de la succession. — *Toulouse*, 2 août 1833, Laserre c. Ch...

522. — Le cohéritier qui, intervenant dans un acte de prêt passé par son cohéritier, consent à ce que ce dernier hypothèque à sa dette personnelle la totalité de l'immeuble indivis entre eux, ne s'oblige pas personnellement, mais seulement hypothécairement. — En conséquence, si, par suite d'un partage, l'immeuble est tombé dans son lot, cet immeuble n'est point affranchi par là de la charge hypothécaire dont il avait consenti à le grever; mais c'est sur lui, comme tiers détenteur, (et non sur le débiteur direct, que le créancier peut en poursuivre l'expropriation. — *Orléans*, 9 janv. 1849 (t. 1er 1849, p. 133), Vérité et Gosset c. Moisson.

523. — L'art. 883 s'applique aussi bien aux créances mobilières qu'aux immeubles. — En conséquence : le créancier de l'un des héritiers, qui est en même temps débiteur de la succession, ne peut compenser ce qu'il doit à la succession avec ce qui lui est dû par cet héritier, au préjudice de l'attribution faite à un autre héritier de la somme due par lui. — *Orléans*, 22 juill. 1842 (t. 2 1842, p. 539), Joubert-Rousseau c. Bourdin. — *Contrà*, Duranton, t. 7, nos 163, 429 et 519; Demante, *Programme du cours de droit civil français*, t. 2, p. 99.

524. — Avant le Code, tout premier acte qui avait pour objet de faire cesser l'indivision entre cohéritiers, encore bien qu'il fût qualifié de vente ou cession, devait être considéré comme partage et avait pour effet d'affranchir les immeubles des hypothèques des créanciers des cédans. — *Bordeaux*, 25 pluviôse an X, Come c. Cappé.

525. — Jugé de même, sous l'empire du Code civil, que tout acte, quelle que soit la dénomination qu'on lui ait donnée, qui fait cesser l'indivision, soit entre cohéritiers, soit entre coassociés ou communistes, doit être considéré comme partage et en produire tous les effets. — *Lyon*, 8 fév. 1833, Girerd c. Massard.

526. — L'article 883 du Code civ., suivant lequel chaque cohéritier est censé avoir succédé seul et immédiatement à tous les effets compris dans son lot ou à lui échus sur licitation, ne reçoit son application qu'au cas où l'acte qui intervient a pour conséquence de faire cesser l'indivision entre *tous* les héritiers, et non lorsque l'indivision n'a cessé qu'à l'égard de quelques-uns des héritiers seulement. — Dans ce cas, on ne peut pas dire qu'il y ait eu réellement partage dans le sens déterminé par la loi. — *Cass.*, 13 août 1838 (t. 2 1838, p. 350), Coulon c. Choisy; 3 déc. 1839 (t. 2 1839, p. 608), mêmes parties; 19 janv. 1841 (t. 1er 1841, p. 530), Daugny c. d'Eckmulh.

527. — Ainsi, lorsqu'un immeuble, indivis entre plusieurs cohéritiers, est adjugé indivisément à quelques uns d'entre eux; la licitation qui a lieu, dans ce cas, n'empêche pas les créanciers des autres cohéritiers d'exercer leurs actions hypothécaires (par exemple, un mineur, son droit d'hypothèque légale), sur la portion attribuée à ceux-ci dans le prix de l'adjudication. — Mêmes arrêts.

528. — Ainsi encore, la disposition de l'art. 883 ne peut recevoir son application dans le cas d'une cession de droits successifs faite, pendant l'instance en partage, par un cohéritier à l'un de ses cohéritiers. — Un tel acte, ne faisant pas cesser l'indivision, n'a pas le caractère de partage, et ne met pas obstacle à ce que les créanciers du cédant exercent le droit d'intervention qui leur est ouvert par l'art. 882 C. civ. et demandent à être subrogés à leur débiteur pour obtenir la réalisation de leur hypothèque sur le lot à échoir à ce dernier. — *Cass.*, 19 janv. 1841 (t. 1er 1841, p. 530), Daugny c. d'Eckmuhl.

529. — La vente de droits successifs faite par un cohéritier à son cohéritier ne peut être assimilée à un partage, et, par suite, donner lieu à la fiction de l'art. 883 C. civ., qu'autant qu'elle a pour effet de faire cesser l'indivision entre tous les cohéritiers, et non pas seulement entre le cédant et le cessionnaire. — V. DROITS SUCCESSIFS, nos 20 et suiv. — En conséquence, l'hypothèque légale de la femme du cédant continue à subsister sur les immeubles cédés. — *Toulouse*, 16 mai 1846 (t. 2 1846, p. 722), Duchampt c. Rabaudy.

530. — Egalement : la fiction d'après laquelle chaque cohéritier est réputé propriétaire, depuis le jour de l'ouverture de la succession, des effets compris dans son lot ou à lui échus sur licitation, ne s'étend pas aux actes qui se bornent à écarter du partage quelques-uns des cohéritiers sans faire cesser l'indivision à l'égard de tous. — D'après cela, le cohéritier adjudicataire, sur licitation, d'immeubles de la succession, peut, en cas de retard dans le paiement de son prix, être poursuivi par voie de folle enchère. — Il doit en être ainsi surtout en matière de succession bénéficiaire. — *Cass.*, 27 (et non 25) mai 1835, Ricard c. Delopès.

531. — De même, on doit considérer comme une vente, et non comme un partage, la licitation faite entre quelques uns des copropriétaires seulement. — En conséquence, le copropriétaire qui s'est rendu adjudicataire sur licitation doit, dans ce cas, comme un acquéreur ordinaire, souffrir l'action hypothécaire des créanciers de celui dont il a acquis la portion. — *Cass.*, 18 mars 1829, Mermet c. Vuillermoz.

532. — De même : l'acte de vente consenti par un cohéritier à l'un de ses cohéritiers de sa part indivise dans la succession, ne peut être assimilé à un acte de partage d'après lequel le cohéritier vendeur serait censé n'avoir jamais été propriétaire de cette part; dès lors, un tel acte ne peut empêcher le créancier, au profit duquel le cohéritier vendeur a consenti une hypothèque sur sa part dans la succession, d'exercer son droit d'hypothèque. Pour valoir comme partage, il faut un acte passé entre tous les cohéritiers et dans leur intérêt commun. — *Lyon*, 21 déc. 1831, Joanon c. Genoud.

533. — Jugé de même que la vente faite par un cohéritier à des cohéritiers de sa part dans un immeuble indivis entre eux ne fait pas cesser l'effet des hypothèques du chef du vendeur. — *Cass.*, 16 mai 1832, Enreg. c. Desabes.

534. — Jugé enfin que l'acte par lequel un cohéritier cède la totalité de ses droits successifs à un ou plusieurs de ses cohéritiers ne peut être assimilé à un partage ayant pour effet de priver les créanciers du cédant des hypothèques à eux conférées sur sa part qu'autant que cet acte fait cesser entièrement l'indivision entre les cohéritiers. — *Cass.*, 6 nov. 1832, Enregistrement c. Buchère.

535. — Jugé au contraire que l'abandon de tous ses droits héréditaires fait par un héritier à ses cohéritiers tient lieu de partage et en produit les effets, quand c'est le premier acte qui fasse cesser l'indivision. — *Cass.*, 3 mars 1807, Lacatay c. Pelcot. — Rolland de Villargues, *Rép. du notariat*, vo *Licitation*, nos 10 et suiv.; Duvergier, *Vente*, t. 2, no 147

536. — ... Que, lors même qu'il y a plus de deux cohéritiers, la cession de tous ses droits successifs indivis faite par un cohéritier à l'un de ses cohéritiers est, relativement au cédant, un véritable partage, de telle sorte qu'il est censé n'avoir jamais été propriétaire des biens de la succession. — En conséquence : le créancier inscrit avant la cession, en vertu d'une obligation hypothécaire que lui a consentie le cédant sur sa part, ne peut réclamer contre les effets de cette cession, s'il n'a pas formé antérieurement opposition au partage. — *Montpellier*, 19 juill. 1838, Senegas c. Lacaux.

537. — ... Que la renonciation faite par un héritier au profit des autres de sa part héréditaire, moyennant une rente annuelle, doit être réputée partage, alors même que l'indivision ne cesserait pas à l'égard de tous les autres biens. — *Montpellier*, 10 juin 1839 (t. 2 1839, p. 328), Reboul c. Champredon.

538. — De même : l'acte par lequel un héritier abandonne à ses cohéritiers, moyennant une somme, tous ses droits dans la succession commune indivise, est réputé un partage simplement déclaratif de propriété à l'égard des cessionnaires. — En conséquence, la portion cédée ne reste point soumise aux hypothèques que des tiers auraient pu acquérir contre le cédant. — *Paris*, 11 janv. 1808, Anneau c. Gibon; *Cass.*, 25 janv. 1809, Mêmes parties.

539. — Doit être considérée comme partage, relativement aux créanciers, la cession de droits successifs, faite à prix d'argent, par un cohéritier à son cohéritier; en conséquence : les créanciers hypothécaires du cédant, antérieurs à la cession, ne peuvent considérer le cessionnaire comme un tiers détenteur, et le poursuivre hypothécairement. — *Riom*, 25 mars 1830, Roussille c. Loussert.

540. — Jugé enfin que lorsqu'un immeuble indivis entre plusieurs cohéritiers est mis en vente et acquis en commun par une partie de ces héritiers il y a là un véritable partage, qui fait cesser l'indivision, et, par conséquent, il y a lieu d'appliquer la fiction du droit d'après laquelle chaque cohéritier est réputé propriétaire, depuis l'ouverture de la succession, des effets compris dans son lot, ou à lui échus sur licitation. — *Paris*, 24 avril 1837 (t. 1er 1837, p. 526), Choisy c. Coulon.

541. — Un légataire d'usufruit n'étant pas un cohéritier dans le sens de l'art. 883 C. civ., le partage qui intervient entre l'usufruitier et les héritiers peut n'être pas simplement déclaratif. — *Spécialement*, si avant la liquidation de la succession il a été pris par les créanciers de l'usufruitier une inscription hypothécaire sur les immeubles affectés à l'usufruit : l'inscription est valable et frappe utilement, bien que, par le résultat de la liquidation ultérieure, le légataire se trouve débiteur des héritiers; et que l'usufruit soit déclaré éteint au profit de ces héritiers, par compensation avec la dette du légataire. — *Cass.*, 3 août 1829, Dusaillant c. Léa.

542. — L'acte par lequel un cohéritier cède à un autre les droits qu'il avait sur une propriété indivise, et dont il a, en vertu d'un partage verbal, joui particulièrement et divisément jusqu'alors, ne peut, bien que qualifié partage, et par l'effet rétroactif de l'art. 883 C. civ., être opposé au tiers auquel ce cohéritier aurait antérieurement vendu ses droits, — alors surtout que le cessionnaire n'ignorait pas, lors de la cession, la vente déjà opérée par le cédant. — *Cass.*, 29 janv. 1840 (t. 1er 1840, p. 576), Manin c. Henrion.

543. — L'aliénation consentie par l'un des cohéritiers d'un immeuble de la succession, subordonnée qu'elle est à l'événement du partage, ne peut donner lieu à l'action en délaissement au profit d'un autre cohéritier avant que ce partage ne soit effectué. — *Toulouse*, 2 avril 1835, Barbe c. Rouzaud.

544. — L'acte par lequel l'héritier unique et le légataire de la quotité disponible ont réglé leurs droits à la succession, peut être considéré comme partage encore bien que le légataire soit soumis à la demande en délivrance. — *Cass.*, 23 déc. 1823, Broussard c. Fadot.

545. — L'acte qui attribue à chacun des copropriétaires de divers immeubles indivis des contenances fixes et des quotités déterminées, avec les confrontations par nord, midi, levant et couchant, est un véritable partage qui fait cesser l'indivision, quoique l'entrée en jouissance réelle des ayans droit ne puisse avoir lieu qu'après arpentage des pièces de terre. — *Bordeaux*, 14 mars 1841 (t. 2, 1841, p. 581), Baritaud.

546. — De ce qu'aux termes de l'art. 883 C. civ. le partage est simplement déclaratif et non pas translatif de propriété, il résulte que cet acte n'est pas, comme la vente, résoluble faute d'exécution des engagemens qui y sont pris.

547. — Ainsi, le cohéritier auquel une soulte est due par son cohéritier ne peut, à défaut de paiement, demander la résolution du partage. — *Metz*, 23 mars 1820, Martin.

548. — Les copartageans qui, par suite de la liquidation d'une succession, ont fait l'abandon à l'un d'entre eux d'un immeuble reconnu impartageable, à la charge et avec pouvoir de le vendre, deviennent alors de simples portionnaires de créances, sans qualité pour exercer l'action résolutoire en leur nom. — *Dijon*, 19 août 1833 (sous *Cass.*, 9 juill. 1834), Désessarts c. Capitain.

549. — La vente entre communistes doit être réputée *partage* lorsqu'elle a pour effet de faire cesser l'indivision; dans ce cas, elle n'est pas soumise à l'action en résolution pour défaut de paiement du prix. — *Nancy*, 27 juill. 1838 (t. 2 1838, p. 409), Vairelle c. Richard.

550. — L'action en résolution n'est pas admise contre le partage de biens immeubles entre cohéritiers ou communistes faute de paiement de la somme revenant à celui auquel l'immeuble partagé n'est pas échu. — Il en est ainsi alors même que la résolution a été formellement stipulée dans l'acte de partage pour le cas où la somme convenue ne serait pas payée. — Une pareille stipulation est contraire à la nature de cet acte, et doit être considérée comme non écrite. — *Rouen*, 10 juin 1841 (t. 2 1841, p. 5), Lefebvre c. Bringeon.

551. — Jugé au contraire que la stipulation, dans un contrat de partage entre cohéritiers majeurs et maîtres de leurs droits, d'une clause résolutoire à défaut d'accomplissement des conditions insérées audit acte, n'est en rien contraire à la nature du partage ni à la fiction de l'art. 883 C. civ. — *Cass.*, 6 janv. 1846 (t. 1er 1846, p. 310), Lefebvre c. Bringeon.

552. —...Que l'existence, la validité et les effets d'un partage peuvent être subordonnés à l'accomplissement d'une condition déterminée sans porter atteinte à la fiction de l'art. 883 C. civ., qui ne concerne que les partages définitifs. Dès lors, quand une transmission de droits successifs entre cohéritiers a été subordonnée à la condition expresse ou tacite du paiement d'un prix déterminé, l'inaccomplissement de cette condition doit entraîner la résolution de l'acte, que cet acte d'ailleurs soit considéré comme partage ou comme vente de droits successifs. — *Montpellier*, 12 mai 1847 (t. 2 1847, p. 336), Cance c. Boudène.

553. — Le partage dont la résolution éventuelle est subordonnée à une faculté de rachat des immeubles cédés par l'un des copartageans à l'autre n'est point résoluble entre majeurs lorsqu'il résulte des circonstances que cet acte de partage est sérieux. — *Cass.*, 18 juin 1833, Gleizes.

554. — Lorsque, dans un acte antérieur au C. civ., des copartageans, en cédant leurs droits immobiliers à l'un de leurs cohéritiers, moyennant une certaine somme, se sont réservé le droit de reprendre leurs portions respectives en cas de non-paiement, une pareille clause n'est pas un pacte commissoire proprement dit, de telle sorte que, pour avoir reçu des à-compte, les copartageans ne puissent rentrer dans leur propriété. C'est là une condition résolutoire dont l'inaccomplissement, en tout ou en partie, donne lieu à l'anéantissement de l'acte. Le droit des copartageans n'est pas éteint par la transcription de l'acte de vente faite à un tiers à la charge de payer la somme due. Toutefois, la résolution ne doit être prononcée contre le tiers acquéreur que pour le cas où il ne paierait pas ce qui reste dû aux copartageans et, à cet égard, l'option doit lui être laissée. — *Metz*, 31 janv. 1811, Tinaut c. Hinderer.

555. — La vente par un héritier à l'un de ses cohéritiers de sa part dans une succession indivise doit, lorsqu'elle ne fait pas cesser immédiatement l'indivision entre tous les cohéritiers, être considérée comme une vente de droits successifs, et non comme une licitation équivalant à partage, alors même que l'acquéreur aurait depuis acquis successivement les parts de ses autres cohéritiers. — En conséquence le vendeur peut demander la résolution d'une semblable vente pour défaut du paiement du prix. — *Rennes*, 25 janv. 1847 (t. 1er 1847, p. 410), Poncet c. Pelletier-Mary.

CHAPITRE VII. — *Garantie des lots.*

556. — Les cohéritiers demeurent respectivement garans, les uns envers les autres, des troubles et évictions seulement qui procèdent d'une cause antérieure au partage. — C. civil, 884.

557. — Le seul trouble qui puisse donner lieu à la garantie est le trouble de droit, c'est-à-dire celui qui a pour principe un droit réel prétendu sur la chose. Quant au trouble qui ne consiste qu'en simples voies de fait sans aucune prétention de droit de la part de son auteur, c'est à celui des héritiers qui en souffre à en poursuivre la répression; il ne peut à cet égard rien réclamer de ses cohéritiers. — Chabot, art. 884, no 1er.

558. — Toutefois, dans les partages, les héritiers sont généralement tenus, indépendamment de la cession, de se garantir mutuellement la délivrance de la totalité des objets compris dans leurs lots. — *Cass.*, 8 nov. 1826, Croy-Chanel c. de Montmort.

559. — Ainsi, lorsque, pour remplir un cohéritier de son lot dans un partage, il est abandonné une pièce de terre d'un nombre de mesures déterminé, s'il arrive qu'il y ait erreur à son préjudice dans la contenance de la pièce, il peut recourir en garantie contre ses cohéritiers, encore bien que la lésion ne soit pas du quart. — En pareil cas, il s'agit, non d'une action en rescision pour lésion, mais d'une action en garantie ou d'un simple redressement d'erreur. — *Bordeaux*, 16 mars 1829, Raymond-Lafourcade c. Dutoya. — Solon, *Des nullités*, t. 1er, no 268, et Conflans, *Jurisp. des success.*, p. 627.

560. — De même, lorsque, sur le partage, il a été assigné à l'un des héritiers, pour le remplir de la somme à laquelle s'élève sa part héréditaire, une pièce de terre ou de bois, dite contenir une quantité déterminée d'hectares, estimés à tant l'hectare, et qu'ensuite il est reconnu que la quantité réelle est inférieure à celle déclarée, cet héritier peut agir en garantie contre ses cohéritiers et leur demander un supplément, encore bien que la lésion que lui fait éprouver l'erreur sur la contenance soit moindre du quart. — *Cass.*, 8 nov. 1826, Croy-Chanel c. de Montmort.

561. — Lors même qu'il y a eu éviction ou trouble de droit, l'obligation de garantie souffre plusieurs exceptions; et d'abord il n'y a pas lieu à garantie lorsque l'éviction ou le trouble de droit provient d'une cause postérieure au partage; en effet, à dater du partage les objets échus à chacun des cohéritiers sont à ses risques et périls; il doit en supporter les pertes comme il en a les profits. — Chabot, art. 884, no 4. — V. aussi Domat, *Lois civ.*, 2e partie, liv. 1er, tit. 4, sect. 3, no 7; Lebrun, *Traité des successions*, liv. 4, chap. 1er, no 77.

562. — Ainsi il n'est pas dû garantie à raison de l'expropriation pour cause d'utilité publique prononcée depuis le partage, lors même qu'il n'y aurait pas d'indemnité ou qu'elle serait insuffisante. — Chabot, art. 884, no 4.

563. — De même, la garantie générale, réciproquement stipulée, entre cohéritiers, dans un acte de partage, ne s'applique pas aux pertes que l'un des copartageans peut éprouver par faits du prince, postérieurs au partage : par exemple, par la suppression, sans indemnité, de rentes seigneuriales. — *Bordeaux*, 23 janv. 1826, Désarnaud.

564. — Mais lorsque, postérieurement à la loi du 17 juillet 1793, une rente supprimée par cette loi a été, par partage, comprise dans le lot de l'un des cohéritiers, avec cette clause qu'il serait indemnisé par les autres, en cas d'éviction, celui à qui cet héritier a vendu l'immeuble activement chargé de la rente, sans lui en garantir personnellement la prestation, mais en même temps avec tous les droits résultant du partage, peut exercer l'action en garantie contre les copartageans, sans que ceux-ci soient fondés à exciper contre lui des lois abolitives de la féodalité. — *Cass.*, 25 janv. 1820, Levasseur c. Poullet de Mathan. — Delvincourt, *Cours de Code civil*, t. 1er, p. 362, no 5; Duranton, *Droit français*, t. 7, no 525; Vazeille, *Successions*, art. 884, no 1er.

565. — La garantie n'est pas due non plus, si l'espèce d'éviction soufferte a été exceptée par une clause particulière et expresse de l'acte de de partage : c'est-à-dire si elle a été formellement mise aux risques et périls de l'héritier qui l'a soufferte. — C. civ. 884.

566. — Mais pour que la clause de non-garantie produisît son effet, il faudrait qu'elle fût expresse et *particulière;* on ne pourrait convenir *d'une manière générale*, qu'il ne sera dû aucune garantie à raison des troubles ou évictions quelconques qui pourront survenir. — Chabot, art. 884, no 5.

567. — Réciproquement, les cohéritiers peuvent étendre par une convention expresse la garantie légale restreinte aux troubles et évictions qui ont une cause antérieure au partage. — Spécialement ils peuvent fixer à deux années la garantie mutuelle de la solvabilité des débiteurs des créances échues dans leur lot. — Un cohéritier a pu renouveler avec prorogation de terme l'une de ces créances sans perdre les avantages de cette garantie. — *Grenoble*, 16 décembre 1843 (t. 2 1845, p. 635), Pillieron.

568. — Enfin : l'héritier qui a souffert l'éviction par sa faute ne peut exercer contre ses cohéritiers le recours en garantie, encore bien que cette éviction procède d'une cause antérieure au partage. — C. civ., art. 884, *in fine*. — Chabot, sur cet article, no 6.

569. — Ainsi par exemple si l'héritier, pouvant repousser l'éviction en opposant une prescription, a omis de le faire, il ne peut demander la garantie à ses cohéritiers, à moins toutefois que ceux-ci n'aient été mis en cause par lui, et qu'ainsi la faute ne puisse leur être imputée aussi bien qu'à lui. — Chabot, *ibid.*

570. — Ainsi encore, si le cohéritier a laissé acquérir prescription contre la propriété d'un bien compris dans son lot; comme il souffre par sa faute l'éviction de ce bien, il n'a pas droit à la garantie. — Chabot, *ibid.*

571. — Toutefois si la prescription, commencée antérieurement au partage, s'était accomplie peu de temps après et que l'héritier qui en souffre n'eût pas eu les moyens de l'interrompre, la garantie pourrait être admise. C'est du reste, en cas pareil, aux juges qu'il appartient de décider d'après les circonstances et l'équité. — Chabot, *ibid.*

572. — L'héritier qui aurait connu, lors du partage, que la chose était sujette à éviction, n'aurait pas moins pour cela le droit de demander la garantie, encore bien que, dans l'estimation de la chose, on eût eu égard à cette possibilité d'éviction; car il résulte des termes de l'art. 884 que, pour qu'il n'y ait pas lieu à garantie, il faut qu'elle ait été exceptée par une clause particulière et expresse. — Chabot, *ibid.*, n° 7; Duranton, t. 7, n° 535; Delvincourt, t. 2, notes, p. 364; Vazeille, art. 884, n° 9; Rolland de Villargues, v° *Eviction*, nos 54, 55. — Les auteurs anciens admettaient au contraire que l'héritier qui avait *connu* la cause d'éviction n'avait pas droit à la garantie. — V. Lebrun, liv. 4, ch. 1er, n° 73; d'Argentré sur la coutume de Bretagne, art. 149; Lacombe, v° *Partage*. — V. aussi LL. 18, 27, *De evict.*, § 7, C., *Comm. utr. jud.*

573. — Jugé toutefois que la garantie établie entre copartageans par l'art. 884 C. civ. ne s'applique pas au cas où l'un des copartageans est censé connaître la valeur légale des biens à lui attribués. — Ainsi, lorsque, dans un partage passé entre l'Etat et un particulier, celui-ci n'a reçu des affectations de coupes de bois que grevées de la chance de révocabilité inhérente à leur caractère légal, l'Etat ne peut être garant de la révocation de ces affectations prononcée conformément à l'art. 58 du C. forestier. — Dès lors aussi l'Etat, qui exerce le droit de révocation concédé par cet article, ne peut être repoussé par la maxime : *Quem de evictione tenet actio, eumdem agentem repellit exceptio.* — *Cass.*, 18 nov. 1840 (t. 1er 1841, p. 151), d'Hausen c. Préfet de la Moselle. — En pareil cas, ce qui a paru devoir lever toute difficulté, c'est que le danger d'éviction provenait du *caractère légal* de l'objet compris au partage. Or, dans l'espèce de l'arrêt, non-seulement l'héritier avait dû connaître ce caractère, mais encore c'était nécessairement avec les chances qui pouvaient en résulter qu'il avait dû accepter l'objet compris ainsi en son lot, et la composition elle-même de ce lot.

574. — L'action en garantie contre les cohéritiers se prescrit par le laps de trente ans à partir du moment où a eu lieu le trouble ou l'éviction. — C. civ., art. 2257 et 2262. — Chabot, art. 884, n° 8.

575. — Au reste, la garantie peut être exercée, soit que les partages aient été faits en justice, soit qu'ils aient été faits à l'amiable, à l'égard des mineurs comme à l'égard des majeurs. Elle peut l'être même lorsque le défunt a fait lui-même le partage de ses biens entre ses descendans. Il n'y a aucune raison pour distinguer entre ces divers cas. — Chabot, art. 884, n° 9.

576. — Suivant Pothier (*Vente*, n° 633), les cohéritiers actionnés en garantie doivent indemniser l'héritier évincé suivant la valeur qu'avait l'objet au moment du partage. Mais cette doctrine ne nous semble pas admissible aujourd'hui. En effet, il résulte de l'art. 885 que l'indemnité doit être égale à la perte causée par l'éviction; or l'étendue de cette perte se mesure sur la valeur qu'avait la chose au moment de l'éviction : c'est donc d'après cette valeur que doit être fixé le montant de l'indemnité. Et cette décision nous paraît plus conforme à l'équité que celle de Pothier; en effet, la chose se trouvant, à dater du partage, aux risques et périls de l'héritier, il doit profiter des améliorations comme aussi supporter les détériorations. — Chabot, *ibid.*, n° 10.

577. — Chacun des cohéritiers est personnellement obligé de contribuer, en proportion de sa part héréditaire, à l'indemnité due au cohéritier évincé. Ce dernier doit lui-même en supporter sa part. Ainsi : supposons que la perte résultant de l'éviction s'élève à 10,000 fr., et qu'il y ait cinq héritiers; l'évincé aura le droit de demander 2,000 fr. à chacun de ses quatre cohéritiers, et les 2,000 fr. restans seront à sa charge personnelle. — C. civ., 885. — Chabot sur cet article, n° 1.

578. — Si l'un des cohéritiers se trouve insolvable, la portion dont il est tenu doit être également répartie entre le garanti et tous les cohéritiers solvables. — En effet, il serait inique que les conséquences de cette insolvabilité retombassent uniquement sur l'héritier évincé. — C. civ., art. 885. — Chabot, *ibid.*, n° 2.

579. — Dans l'ancien droit, l'héritier dans le lot duquel se trouvait une rente pouvait toujours exercer l'action en garantie contre ses cohéritiers, à raison de l'insolvabilité du débiteur, lors même que cette insolvabilité était survenue longtemps après le partage, pourvu qu'il n'eût négligé aucune des poursuites, aucun des actes conservatoires qui pouvaient prévenir la caducité de la rente. C'est qu'on considérait les rentes comme des valeurs composées de parties se succédant les unes aux autres indéfiniment jusqu'au rachat qui peut en être fait, en sorte que, à quelque époque que survînt l'insolvabilité du débiteur de la rente, l'héritier était censé n'avoir pas eu la chose entière et pouvait dès lors exercer contre ses cohéritiers l'action en garantie. — Pothier, *Success.*, ch. 4, art. 5, § 3.

580. — Le Code civil n'a point admis cette doctrine, qui reposait sur une pure subtilité. Ainsi, aux termes de l'art. 886, il n'y a pas lieu à garantie à raison de l'insolvabilité du débiteur d'une rente, quand elle n'est survenue que depuis le partage consommé.

581. — Dans le cas même où l'insolvabilité remonte à une époque antérieure au partage, la garantie ne peut être exercée que dans les cinq ans qui suivent le partage. — C. civ., art. 886. — Ce délai a été jugé suffisant pour donner à l'héritier le temps de vérifier la solvabilité du débiteur, et de se pourvoir, s'il y a lieu, en garantie contre ses cohéritiers.

582. — Un arrêt a pu décider que sous l'ancienne jurisprudence, où la question était controversée, l'insolvabilité du débiteur d'une rente tombée dans le lot d'un héritier ne donnait pas lieu à la garantie, quand elle était postérieure au partage. — Le délai de cinq ans, fixé par l'art. 886 C. civ., doit être appliqué à l'égard d'une rente ancienne, lorsque l'éviction est postérieure au Code. — *Cass.*, 21 nov. 1816, Rue c. Sartin.

583. — Au surplus, les règles contenues aux art. 884, 885 et 886, sur la garantie que les cohéritiers se doivent réciproquement en matière de partage, sont applicables aux successeurs à titre universel comme aux héritiers. — Chabot, art. 886, n° 3.

584. — Les cohéritiers ont privilége, sur les immeubles de la succession, pour la garantie des partages faits entre eux et des soultes ou retour de lots. — C. civ., art. 2103, n° 3. — V. PRIVILÉGE.

CHAPITRE VIII. — *Rescision du partage.*

Sect. 1re. — *Rescision pour dol ou violence.*

585. — Le partage est un contrat, et, dès lors, il est, comme tous les autres, sujet à rescision lorsqu'il se trouve entaché de violence ou de dol. — C. civ., art. 887.

586. — Le dol ou la violence ne suffiraient point par eux-mêmes pour entraîner la rescision du partage, il faut en outre que, par leur effet, le cohéritier qui se plaint ait éprouvé une lésion quelconque; car, s'il n'a pas été lésé, il n'a pas d'intérêt à demander la rescision. — Chabot, art. 887, n° 2.

587. — Le dol qui consisterait uniquement dans le silence gardé par un cohéritier sur la situation par lui bien connue des forces de la succession, envers un autre cohéritier, avec lequel il traitait, n'est pas une cause de rescision de l'acte. — *Toulouse*, 30 août 1837 (t. 2 1837, p. 562), Bécus c. Marty.

588. — Le cohéritier qui a aliéné son lot en tout ou en partie n'est plus recevable à intenter l'action en rescision pour dol ou violence, si l'aliénation qu'il a faite est postérieure à la découverte du dol ou à la cessation de la violence. — C. civ., art. 892. — Dans ce cas, en effet, l'héritier, en disposant, comme propriétaire définitif, des biens que le partage lui a attribués, l'exécute volontairement. — Chabot, art. 892, n° 1er.

589. — Le créancier d'un copartageant qui ne s'est point opposé au partage peut, comme exerçant les droits de son débiteur (C. civ., art. 1166), l'attaquer pour cause de dol ou de violence. — *Orléans*, 28 juill. 1843 (t. 1er 1844, p. 659), Chesneau c. Prévost.

Sect. 2e. — *Rescision pour cause de lésion.*

590. — En l'absence même du dol ou de la violence, il peut y avoir lieu à rescision lorsqu'un des cohéritiers établit, à son préjudice, une lésion de plus du quart de la juste portion qu'il aurait dû avoir. — C. civ., art. 887.

591. — Cette disposition n'est pas nouvelle dans notre droit. Ainsi, avant le Code civil, tout premier acte autre qu'une transaction entre cohéritiers pouvait être attaqué pour cause de lésion. *Besançon*, 5 déc. 1808, Lanchamp. c. Bressand.

592. — D'après l'ancien droit, comme d'après le Code civil, l'action en restitution était admise contre un acte de partage lorsque la lésion était du tiers au quart, c'est-à-dire de plus d'un quart, — *Pau*, 17 avr. 1837 (t. 2 1837 p. 515), Dupleich c. Soulé.

593. — Nous allons voir : 1° que les actes sont sujets à la rescision pour lésion ; 2° qui peut former l'action en rescision; 3° quelles fins de non-recevoir s'élèvent contre cette action; 4° comment peut se prouver et doit se calculer la lésion, qu'on peut empêcher un nouveau partage par l'offre d'un supplément; 5° quels sont les effets de l'admission de cette offre d'un supplément ou bien de l'action en rescision; 6° enfin quelle est la prescription de l'action.

ART. 1er. — *Actes sujets à rescision pour lésion.*

594. — L'action en rescision est admise contre tout acte qui a pour objet de faire cesser l'indivision entre cohéritiers, encore qu'il fût qualifié de vente, d'échange et de transaction, ou de toute autre manière. — C. civ., art. 888. — Cette disposition a pour objet d'empêcher qu'on ne puisse éluder les règles du partage, notamment celles relatives à la rescision, en donnant à cet acte l'apparence et le nom d'un autre contrat. — Chabot, art. 888, n° 1.

595. — D'après la jurisprudence du Parlement de Toulouse : le partage fait par l'héritier avec un simple légitimaire pouvait être attaqué par le premier, pour cause de lésion. — *Pau*, 12 janv. 1826, Paucis c. Pelleport.

596. — Sous l'empire des lois romaines, et dans le ressort du Parlement de Toulouse, l'héritier pouvait attaquer, pour cause de lésion, l'acte par lequel il avait délivré sa légitime à l'un des puînés, alors même que l'acte avait été passé avec celui-ci en l'absence des autres légitimaires. — *Pau*, 17 avril 1837 (t. 2 1837, p. 515), Dupleich c. Soulé.

597. — Dans le ressort du même Parlement, on considérait comme partage, et par conséquent comme sujet à la rescision pour plus du quart, tout premier acte entre cohéritiers, qui avait pour objet de régler leurs droits, quelle que fût d'ailleurs sa dénomination, qu'il fût qualifié de transaction ou de vente à forfait. — *Cass.*, 14 janv. 1818, Romiguières.

598. — L'action en rescision est admise contre tout acte ayant pour objet de faire cesser l'indivision entre cohéritiers, quand bien même cet acte serait qualifié de transaction, et qu'il aurait pour objet de mettre fin à un procès existant relativement au partage. — *Nîmes*, 19 flor. an XIII, Pradel c. Labastide.

599. — Quand par le partage deux cohéritiers sont convenus de laisser indivis entre eux un immeuble de la succession, la vente faite ultérieurement par l'un d'eux de ses droits dans cet immeuble à l'époux de son cohéritier peut être rescindée, pour cause de lésion de plus du quart, lorsqu'en définitive l'époux cohéritier devra recueillir plus tard l'immeuble comme propre. — *Colmar*, 2 juill. 1814, Bontems c. Verlin.

600. — Un traité intervenu entre cohéritiers dans le cours d'une instance en partage doit être considéré comme un acte tendant à faire cesser l'indivision, et, comme tel, sujet à rescision. — L'action en rescision d'un pareil acte est recevable en appel. — *Rennes*, 16 juin 1814, Saffré c. Soliman.

601. — Lorsque, par contrat de mariage et par testament, le père commun a fait au profit de l'un de ses enfans une institution universelle, à la charge de payer une somme déterminée à ses autres enfans pour leurs légitimes, la transaction ultérieure par laquelle les légitimaires abandonnent l'action par eux formée à fin de délivrance des légitimes en corps héréditaires, pour s'en tenir à leurs légitimes en argent, mais sans recevoir aucun supplément, constitue seule le premier acte ayant pour objet de faire cesser l'indivision entre cohéritiers, et, comme telle, peut être déclarée rescindable. — *Cass.*, 16 fév. 1842 (t. 1er 1842, p. 485), Grand de Bellussière c. de Bernardières.

602. — Il ne faudrait pas conclure des termes de l'art. 888 que le Code civil a entendu refuser d'une manière absolue le caractère et les effets d'une transaction à tout acte ainsi qualifié, par cela seul qu'il est intervenu à l'occasion d'un partage. Cet article a seulement voulu qu'on ne pût déguiser un véritable partage sous le nom et les apparences d'une transaction, afin d'éluder l'application des règles relatives à la rescision. — Ainsi, s'il s'élève des discussions entre les héritiers, sur les formes, la possibilité du partage, sur l'estimation des biens ou la composition des lots, l'acte qui termine ces discussions en faisant cesser l'indivision, n'ayant pour objet que d'arriver à la division des biens, est réellement un partage et ne peut être considéré comme une transaction. — Mais s'il s'élève des contestations sérieuses soit sur les qualités de l'un ou de plu-

 PARTAGE, ch. 8, sect. 2e, art. 1er. PARTAGE, ch. 8, sect. 2e, art. 1er.

sieurs des héritiers, soit sur la quotité de la portion qui doit appartenir à chacun, sur la validité des dons ou legs, sur l'obligation ou la dispense du rapport, et qu'au lieu de procéder au partage par lots, les héritiers, pour terminer leurs débats, conviennent que chacun d'eux aura tels ou tels biens, l'acte, dans ce cas, contient une véritable transaction, et dès lors n'est pas soumis à la rescision pour cause de lésion. — Chabot, art. 888, n° 4. — V. aussi Toullier, t. 5, n° 580; Duranton, t. 7, n° 580; Rolland de Villargues, *Rép. du not.*, vis *Lésion*, n° 90, et *Partage*, n° 74; Solon, *Nullités*, t. 1er, n° 265.

603. — Jugé, conformément à cette distinction, que le principe que tout premier acte entre cohéritiers est réputé partage, et comme tel rescindable pour lésion de plus du quart, ne s'applique pas au cas où l'on a traité sur le seul point de savoir si tel immeuble appartient à la succession, ou en particulier à l'un des successibles. — L'acte qui intervient dans cette circonstance entre les héritiers est une véritable transaction qui ne peut être attaquée que pour dol. — *Grenoble*, 15 avril 1807, Raynaud c. de Vourey.

604. — De même, si, lors du partage, il s'élève des difficultés entre les cohéritiers sur la quotité des droits revenant à quelques-uns d'entre eux, la transaction survenue à la suite de ces difficultés, n'est pas rescindable pour cause de lésion. — *Toulouse*, 22 mars 1808, Cabrol c. Guibaut.

605. — De même encore : le premier acte que, avant le Code civil, des héritiers ont, sous le nom de transaction, passé entre eux, pour régler leurs droits respectifs, ne peut être réputé partage, et par suite être rescindable pour cause de lésion, qu'autant qu'il ne serait pas une véritable transaction. — Si, dans le même acte, il y avait transaction et partage, il faudrait distinguer les deux parties de l'acte et ne soumettre à la rescision que celle qui concerne le partage. — *Cass.*, 7 fév. 1809, de Reynaud c. Vourey.

606. — Jugé toutefois que, lorsqu'un partage a été effectué non par un acte qui n'aurait que le nom de transaction, mais par une transaction réelle sur procès, il est néanmoins susceptible de l'action en rescision. — *Pau*, 12 janv. 1826, Paucis c. Pelleport.

607. — Lorsque, dans un même acte, des cohéritiers transigent sur des contestations relatives à la validité de donations faites à l'un d'eux, et ensuite règlent la part héréditaire de chacun, l'action en rescision pour cause de lésion n'est admissible contre cet acte que dans la partie qui contient le règlement des parts héréditaires, et non dans celle qui contient transaction sur les donations. — *Nîmes*, 30 juin 1819, Tendil.

608. — Lorsqu'au moment du partage il s'élève des difficultés sérieuses, entre les prétendans à la succession, sur la nature et la quotité des droits de certains d'entre eux, la transaction qui les termine n'est pas sujette à rescision, pour cause de lésion, encore bien qu'elle soit faite par le même acte que le partage. — *Amiens*, 10 mars 1821, Jourdan c. de Neufgermain.

609. — La transaction par laquelle les héritiers, sans se faire aucun abandonnement des biens dépendans de la succession qui leur est dévolue et qu'ils laissent en commun, se bornent, pour faciliter le partage au moment où ils voudront le consommer, à fixer leurs qualités et leurs droits dans ladite succession, ne doit point être considérée comme ayant pour objet de faire cesser l'indivision, et conséquemment comme rescindable pour cause de lésion, aux termes de l'art. 888 du Code civil. — *Cass.*, 3 déc. 1833, de Durat c. de Montdragon.

610. — De même : on ne peut attaquer pour cause de lésion la transaction entre cohéritiers, ayant pour but et pour résultat de prévenir et de résoudre les difficultés qui devaient arrêter la liquidation, et le partage, de telle sorte que l'indivision a continué de subsister après cet acte — *Cass.*, 14 mars 1832, la Junquière c. Bonneval.

611. — Lorsque les contestations ne se sont élevées que postérieurement au partage, et que les héritiers transigent sur ces contestations; cette transaction n'ayant pas pour objet de faire cesser l'indivision, puisqu'elle avait pris fin auparavant, ne rentre pas dans les termes de l'art. 888, et par conséquent n'est pas soumise à la rescision pour cause de lésion. — Toutefois, pour qu'il en soit ainsi, il faut que les contestations aient été *réelles*, car on ne pourrait, en feignant des difficultés imaginaires, amener un héritier à renoncer par une prétendue transaction, et sans motifs légitimes, à l'action rescisoire contre le partage. — C. civ., art. 888, 2e al. — Chabot, sur cet art., n° 5.

612. — Tout premier acte de partage entre cohéritiers et communistes est rescindable pour cause de lésion, encore qu'il ait été fait sous la forme d'une transaction intervenue à la suite des difficultés graves et réelles que présentait le partage et des jugemens qui avaient statué sur ces difficultés. — La transaction faite après le premier acte de partage et sur les difficultés réelles que cet acte présentait, est seule à l'abri de l'action en rescision pour cause de lésion. — *Cass.*, 12 août 1829, Ramonet.

613. — C'est aux juges du fait qu'il appartient exclusivement de décider si un règlement de droits successifs, qualifié de transaction, est un partage déguisé ou une véritable transaction non rescindable pour cause de lésion. — *Cass.*, 7 fév. 1809, de Reynaud c. Vourey; 27 août 1835, Blocq c. Berr.

614. — De même : lorsqu'un traité entre cohéritiers est un acte mixte, participant du caractère propre au partage et de celui qui est propre à la vente de droits successifs; l'arrêt qui apprécie le caractère dominant de ce traité, pour décider si l'action en rescision pour cause de lésion est ou non admissible, ne peut être soumis à la censure de la Cour de cassation. — *Cass.*, 22 août 1831, Sivignon c. Fabre.

615. — Lorsqu'un arrêt a décidé, en fait, qu'un acte passé entre un parent collatéral légataire et l'enfant du testateur contient non un partage, mais une restitution de la part du parent collatéral en faveur de l'héritier légitime, et a écarté ainsi l'action en rescision dirigée contre cet acte pour cause de lésion, cet arrêt ne peut être annulé comme violant l'art. 888 du Code civil, d'après lequel on doit considérer comme partage, et conséquemment comme susceptible de l'action en rescision, tout acte faisant cesser l'indivision entre cohéritiers. — *Cass.*, 13 janv. 1825, Tissèdre c. Dumax.

616. — Pour que les tribunaux soient en état d'apprécier le véritable caractère de l'acte et décider s'il contient une transaction ou seulement un partage, il est nécessaire que, dans cet acte même, les contestations et difficultés sur lesquelles on transige se trouvent clairement énoncées. — Chabot, art. 888, n° 4.

617. — Lorsqu'une vente de droits successifs ne constitue en réalité qu'un partage, elle peut, comme telle, être rescindée pour lésion de plus du quart au préjudice d'un des cohéritiers. — *Cass.*, 29 juin 1847 (t. 1er 1848, p. 681), Gastel c. Lemerle. — V., à cet égard, DROITS SUCCESSIFS, nos 24 et suiv.

618. — Mais quand la vente de droits successifs ne constitue-t-elle en réalité qu'un partage? Là est la difficulté, et commence la diversité des décisions judiciaires.

619. — Ainsi qu'on l'a vu (vo DROITS SUCCESSIFS, nos 39 et suiv.), une cession de droits successifs, faite par un héritier à son cohéritier, ne doit pas être considérée comme un partage susceptible par conséquent de rescision pour lésion de plus du quart; mais comme une véritable vente, résoluble, à ce titre, pour défaut de paiement du prix. — *Limoges*, 4 mars 1812, Massias c. Jean-Baptiste; *Pau*, 14 juin 1834, Mayet c. Hourquet.

620. — Jugé de même qu'on ne saurait considérer comme partage et sujette par conséquent à rescision pour lésion de plus du quart une vente de droits successifs faite avant tout partage, et qui a pour objet d'attribuer à l'un des héritiers la totalité de la succession. — En tout cas, l'acquéreur serait non recevable à se plaindre s'il faisait résulter la lésion de la disproportion entre l'actif et le passif de la succession. — *Turin*, 4 août 1810, Villone c. Stéveringo.

621. — On doit considérer comme partage, et déclarer rescindable pour lésion de plus du quart, la cession de droits successifs ou tout autre acte faisant cesser l'indivision non pas seulement à l'égard de tous les cohéritiers, mais même à l'égard d'un seul. — *Toulouse*, 6 déc. 1834, Bayonne c. Dufaut. — Chabot, art. 888, n° 1er.

622. — De même, pour qu'il y ait ouverture, dans les termes des art. 887 et 888 C. civ., à l'action en rescision pour cause de lésion, il n'est pas nécessaire que l'acte qui tient lieu de partage ait fait cesser l'indivision entre tous les cohéritiers. — Ainsi, le traité passé entre deux cohéritiers peut être attaqué pour cause de lésion. — *Toulouse*, 30 août 1837 (t. 2 1837, p. 562), Bécus c. Marty.

623. — Jugé au contraire que la vente de droits successifs indivis consentie par un cohéritier à son cohéritier n'est susceptible d'être rescindée pour cause de lésion que lorsqu'elle fait cesser réellement l'indivision entre tous les cohéritiers, et cache ainsi un véritable partage. — *Cass.*, 15 déc. 1832, Reig c. Monié. — C'est surtout en matière d'enregistrement que de nombreux arrêts ont été rendus en ce sens. — V. ENREGISTREMENT, nos 3282 et suiv.

624. — Quoi qu'il en soit, l'action n'est pas admise contre une vente de droits successifs faite sans fraude à l'un des cohéritiers, à ses risques et périls, par les autres cohéritiers ou par l'un d'eux. — C. civ., art. 889. — Dans ce cas en effet le contrat est aléatoire. — V. DROITS SUCCESSIFS, nos 60 et suiv.

625. — Bien que l'art. 888 C. civ. répute partage l'acte, même qualifié vente, qui a fait cesser l'indivision entre cohéritiers; cependant on doit considérer comme vente et non comme partage la vente de droits successifs qu'un cohéritier a faite à un de ses cohéritiers, aux risques et périls de ce dernier. — Par suite, la rescision de la vente ne peut être demandée pour lésion de plus du quart. — *Bordeaux*, 25 juin 1827, Carbonnière c. Landat.

626. — Mais il faut que la vente ait été faite sans fraude, c'est-à-dire que l'acquéreur, connaissant les affaires de la succession, n'ait pas abusé de l'ignorance du vendeur pour obtenir frauduleusement une cession sans aucun risque. — Chabot, art. 889, n° 2. — V. DROITS SUCCESSIFS, nos 63 et suiv.

627. — L'acte par lequel les héritiers du mari cèdent à la veuve commune en biens, à titre de transaction et à forfait, toutes les valeurs mobilières composant la communauté et la succession, à la condition par elle de supporter toutes les dettes et charges présentes et à venir desdites succession et communauté, renferme une véritable vente de droits successifs faite à ses risques et périls au cessionnaire, et ayant dès lors le caractère aléatoire dont parle l'art. 889 C. civ. — Par conséquent l'arrêt qui, en reconnaissant à l'acte ce caractère, repousse l'action en rescision pour cause de lésion de plus du quart qui serait dirigée contre lui, fait une juste application dudit art. 889. — *Cass.*, 7 déc. 1847 (t. 2 1847, p. 644), Bailly.

628. — L'acte par lequel des cohéritiers cèdent à leur cohéritière, représentée par son mari, ou au mari, stipulant dans un intérêt commun avec sa femme, une portion de droits successifs, à la charge d'acquitter les dettes de la succession, peut être rescindé pour cause de lésion de plus du quart, bien qu'il renferme une clause de forfait, et qu'il y soit dit que la cession a lieu aux risques et périls des cessionnaires, s'il est constant en fait (ce que les juges ont plein pouvoir pour apprécier) que le cessionnaire n'a couru aucun risque. — *Cass.*, 29 juin 1847 (t. 1er 1848, p. 681), Gastel c. Lemerle.

629. — L'acte qualifié cession de droits successifs passé entre deux cohéritiers a pu être considéré non comme un contrat aléatoire, mais comme un véritable partage, susceptible de l'action en rescision, sans que l'arrêt qui, par appréciation de l'acte, le décide ainsi, puisse donner ouverture à cassation. — *Cass.*, 8 fév. 1841 (t. 1er 1841, p. 652), Florand c. Nadaud.

630. — La vente de la nue propriété de droits mobiliers grevés d'un usufruit peut être affranchie de l'action en rescision pour cause de lésion : attendu qu'une vente de cette nature a un caractère essentiellement aléatoire, la valeur des droits cédés dépendant d'un événement incertain (l'époque du décès de l'usufruitier). — *Cass.*, 15 déc. 1832, Reig c. Monié.

631. — La simple division des lots par les experts ne donne pas, comme le partage consommé, lieu à l'application de l'art. 887 C. civ. — *Cass.*, 13 janvier 1836, Egret c. Mosnier.

632. — Il y a lieu à rescision pour cause de lésion de plus du quart, dans le cas même où le partage a été fait régulièrement en justice; en effet, l'art. 887 ne fait à cet égard aucune distinction. — Chabot, art. 888, n° 3.

633. — La lésion dont parlent les art. 887 et 888 C. civ. n'est point une lésion de quotité, mais de quantité; ainsi, il n'y a pas lésion, dans le sens de ces articles, si l'on attribue à l'un des cohéritiers une quotité plus faible que celle qui devait lui revenir. — *Agen*, 15 mars 1824, Lavardac.

634. — Comme le partage de succession, le partage de la communauté peut être rescindé pour lésion de plus du quart. — *Paris*, 21 mai 1813, Oudry; *Bourges*, 29 mai 1830, Gabrier c. Roblin. — Pothier, *Traité de la comm.*, n° 725; Delvincourt, *Cours de Code civil*, t. 3, p. 35, note 6e; Toullier, *Droit civil*, t. 13, n° 209, et Rolland de Villargues, *Rép. du not.*, vo *Lésion*, n° 78.

635. — De même : l'acte par lequel deux époux, à la suite de leur divorce ou de leur séparation de corps, règlent leurs droits dans la communauté et renoncent respectivement à toute action en reprise ou emploi, est, comme un partage ordinaire, susceptible de rescision pour cause de lésion. — *Poitiers*, 12 flor. an XII, Guérin c. Jollinier.

636. — La licitation n'étant qu'un mode de partage, il s'ensuit que, lorsqu'il y a été procédé, même en justice, entre les cohéritiers, les adjudicataires peuvent être attaqués par les autres héritiers pour cause de lésion de plus du quart. — Chabot, art. 888, n° 2.

637. — L'action en rescision pour lésion du tiers au quart dans un partage avec soulte fait entre propriétaires indivis, à autre titre que de succession, n'a pas été comprise dans l'abolition prononcée par la loi du 14 fructid. an III, sur le fondement que ce partage serait un acte équipollent à vente. — *Paris*, 6 avril 1807, Fleuriot c. Tarin.

ART. 2. — *Qui peut former l'action en rescision.*

638. — L'action en rescision d'un partage, pour cause de lésion, n'est ouverte qu'au profit des cohéritiers entre eux. C'est là une action inhérente à la qualité de copartageant. — *Aix*, 25 mai 1840 (t. 2 1840, p. 87), Goyrand c. Gauffret.

639. — Spécialement, celui qui prête des fonds à un cohéritier pour payer ceux dont il achète les droits successifs, et qui est déclaré, conformément à l'art. 1250, n° 2, C. civ., subrogé aux droits et privilèges des cohéritiers vendeurs, et, en outre, à toutes actions rescindantes et rescisoires, n'a pas le droit d'exercer l'action en rescision pour cause de lésion du partage à l'occasion duquel le prêt a eu lieu. — Même arrêt.

640. — Jugé, au contraire, que l'acquéreur de tout ou partie du lot d'un copartageant est recevable, du chef de son vendeur, à demander la rescision du partage, pour cause de lésion. — *Toulouse*, 24 nov. 1832, Bez c. Gros.

641. — ... Que les créanciers d'un cohéritier, et spécialement l'acquéreur, à qui il doit garantie, par suite d'éviction, d'un immeuble héréditaire, peuvent, au nom de ce cohéritier, demander la rescision du partage pour lésion de plus du quart. — *Nîmes*, 5 juillet 1848 (t. 2 1848, p. 571), Giran c. Berrus.

642. — Bien que les créanciers soient autorisés, par l'art. 1167 C. civ., à attaquer en leur nom personnel les actes faits par leurs débiteurs en fraude de leurs droits, ils ne peuvent, sous prétexte de lésion de plus du quart, et sans avoir préalablement formé l'opposition prescrite par l'art. 882 même Code, attaquer un partage consommé en leur absence entre une veuve et ses enfans. — *Angers*, 22 mai 1827, Leveau c. Delahaye.

643. — Mais il n'en devrait plus être ainsi si les créanciers agissaient en vertu de l'art. 1166 C. civ., c'est-à-dire comme exerçant les droits mêmes de leur débiteur. — Delvincourt, t. 2, p. 372, note 2; Delaporte, *Pandectes françaises*, t. 8, p. 392; Duranton, t. 7, nos 509 et 510; Vazeille, *Successions*, art. 882, n° 61. — Les droits conférés aux créanciers par l'art. 882, dit Chabot, et ceux conférés par l'art. 1166 sont différens.

644. — Ainsi, jugé, dans ce dernier sens, que le créancier qui n'a point formé opposition au partage fait avec son débiteur peut, comme exerçant les droits de celui-ci, attaquer ce partage pour cause de lésion. — *Aix*, 30 nov. 1831, Firminy c. Isnard; *Orléans*, 28 juill. 1843 (t. 1er 1844, p. 659), Chesneau c. Prévost.

ART. 3. — *Exercice de l'action. — Fins de non-recevoir.*

645. — La demande en rescision d'un partage pour cause de lésion ne peut être valablement formée que contre tous les copartageans. — Dès lors l'héritier lésé est non recevable à conclure à la rescision du partage, incidemment à un procès existant entre lui et un de ses cohéritiers, sans mettre en cause les autres cohéritiers. — *Nîmes*, 5 juill. 1848 (t. 2 1848, p. 571), Giran c. Berrus.

646. — Le copartageant peut être repoussé dans son action en rescision, pour cause de lésion, s'il est constant qu'il a, avec connaissance de cause, approuvé le partage tel qu'il a été fait, ou bien encore s'il n'a pas formé sa demande en temps utile. — Sur ce dernier point, V., *infrà*, nos 696 et suiv.

647. — Dans l'ancien droit, l'héritier qui avait vendu des biens provenant de la succession, postérieurement à l'acte par lequel il avait délivré sa légitime à l'un des puînés, ne se rendait pas par cela même non recevable à attaquer cet acte pour cause de lésion. — *Pau*, 17 avr. 1837 (t. 2 1837, p. 515), Dupleich c. Soulé.

648. — L'exécution volontaire d'un acte équivalant à partage ne met pas obstacle à l'action en rescision pour cause de lésion de plus du quart. — *Cass.*, 8 fév. 1841 (t. 1er 1841, p. 652), Florand c. Nadaud.

649. — De même, l'exécution immédiate d'un acte de partage ne peut être considérée comme une renonciation tacite à l'exercice de l'action en rescision pour lésion. — *Grenoble*, 8 mai 1835, Dorey.

650. — L'acceptation et la ratification d'un acte de partage n'est pas une transaction qui puisse être opposée à l'action en rescision, surtout quand les difficultés qui auraient divisé les parties n'y sont pas indiquées. L'exécution ne peut, en cette matière, faire obstacle à l'action rescisoire. — *Rennes*, 6 juill. 1847 (t. 2 1847, p. 494), Levavasseur.

651. — L'action en rescision, pour cause de lésion, d'un acte contenant une vente et un partage opérés sous forme de transaction, peut être exercée même par le copartageant et vendeur qui a déclaré y renoncer expressément. — *Pau*, 12 janv. 1826, Paucis c. Pelleport.

652. — Un cohéritier peut exercer l'action en rescision pour lésion, quoiqu'il ait aliéné tout ou partie de son lot. Ce n'est point le cas d'appliquer l'art. 892 C. civ., d'après lequel le cohéritier, qui a vendu tout ou partie de son lot, est non recevable à attaquer le partage pour dol et violence. — *Nîmes*, 19 flor. an XIII, Pradel c. Labastide; *Paris*, 6 avr. 1807, Fleuriot c. Tarin; *Bourges*, 25 avr. 1826, Arnoux c. Delage; *Bordeaux*, 6 juill. 1826, Garagnon; 29 mai 1829, Nicouleau c. Dumas; 26 juill. 1838 (t. 1er 1839, p. 35), Labrousse c. Dartenset; *Nîmes*, 15 janv. 1839 (t. 1er 1839, p. 206), Aymard; 10 mars 1847 (t. 2 1848, p. 153), Garnier c. Chamboredon. — Merlin, *Rép.*, v° *Lésion*, § 4, n° 6; Toullier, t. 4, n° 583; Duranton, t. 7, n° 589; Rolland de Villargues, *Rép. du not.*, v° *Lésion*, n° 99; Conflans, *Jurisp. des success.*, p. 669.

653. — A cet égard, l'action en nullité de partage pour cause de lésion est régie, quant à la fin de non-recevoir qui peut également résulter contre elle de l'aliénation du lot échu en partage, par les dispositions générales de l'art. 1338 du même Code. — *Limoges*, 30 juill. 1838 (t. 2 1838, p. 644), Negrier; *Nîmes*, 10 mars 1847 (t. 2 1848, p. 153), Garnier c. Chamboredon.

654. — De même que pour l'aliénation à titre onéreux, quand l'héritier a donné l'immeuble à lui échu, la donation ne peut être considérée comme une approbation ou ratification du partage qui rende l'héritier non recevable à attaquer ce partage pour cause de lésion. — *Bourges*, 25 avr. 1826, Arnoux c. Delage.

655. — Jugé au contraire que l'aliénation faite par un cohéritier de tout ou partie de son lot, postérieurement au partage, le rend non recevable à intenter contre ce partage l'action en rescision pour cause de lésion. — *Colmar*, 7 nov. 1812, Offner c. Dietrich; *Grenoble*, 3 juill. 1822, Curtyl; *Cass.*, 17 fév. 1830, Lavau; *Poitiers*, 10 juin 1830, Pressat c. Dousset; *Grenoble*, 17 juin 1831, Détroyat c. Brizard. — Delvincour, t. 2, p. 367, note 10; Chabot, art. 892, n° 2; Malpel, *Succ.*, n° 316.

656. — Dans tous les cas, le cohéritier est non recevable dans sa demande en rescision pour cause de lésion, lorsque l'aliénation est postérieure à cette demande et a été faite au mépris du contrat judiciaire qui lie ainsi envers ses cohéritiers. — *Cass.*, 17 févr. 1830, Lavau.

657. — De même le cohéritier qui, avant et, à plus forte raison, depuis sa demande en restitution contre un partage, pour cause de lésion, a hypothéqué et aliéné plusieurs immeubles dépendant de son lot, doit être déclaré non recevable dans son action. — *Rennes*, 14 avr. 1829, Boudet c. de Quela.

658. — L'action en nullité d'un partage n'est plus recevable de la part de celui qui a aliéné, ou dont le tuteur a légalement aliéné, les objets compris dans son lot. — *Bordeaux*, 3 déc. 1840 (t. 1er 1841, p. 317), Juilliard c. Marvaud.

659. — Mais le cohéritier qui a vendu une portion quelconque de son lot n'est pas pour cela non recevable à demander la rescision du partage, pour cause de lésion, lorsque d'ailleurs il n'est pas établi qu'au moment de l'aliénation il eût connaissance de la lésion. — Il n'y a point lieu d'appliquer à ce cohéritier la disposition de l'art. 892, qui refuse l'action en rescision, pour dol ou violence, au cohéritier qui a aliéné tout ou partie de son lot postérieurement à la découverte du dol ou à la cessation de la violence. — *Cass.*, 24 janv. 1833, Bérenger.

660. — De même l'action en rescision d'un partage de société peut être intentée par l'associé qui a aliéné son lot, si rien ne prouve qu'au moment de la vente il ait connu la lésion dont il se plaint. — *Bordeaux*, 29 mai 1829, Nicouleau c. Dumas.

661. — Par la même raison, le cohéritier qui a aliéné le lot à lui échu dans un partage n'est plus recevable à intenter l'action en rescision, pour cause de lésion, lorsqu'à l'époque de l'aliénation il avait connaissance des vices du partage — *Nîmes*, 10 mars 1847 (t. 2 1848, p. 153), Garnier c. Chamboredon.

662. — Le cohéritier qui, après le décès de son père, a reçu sans protestation, en en donnant quittance, la somme qui lui avait été allouée par ce dernier dans un partage de présuccession opéré sous la forme d'une donation entre-vifs, est non recevable à demander plus tard la rescision du partage, pour cause de lésion, si, à l'époque de la réception des fonds et de la quittance, la lésion était connue de lui. — *Limoges*, 30 juill. 1838 (t. 2 1838, p. 644), Négrier.

663. — La quittance d'une somme que reçoit un cohéritier, en vertu d'un acte de partage opéré par l'auteur commun durant sa vie, n'emporte pas de la part de cet héritier une ratification tacite qui le rende non recevable à former une demande en rescision du partage, pour cause de lésion. — *Cass.*, 27 oct. 1814, Vericel.

664. — L'approbation donnée, dans un acte de partage, par un cohéritier à un partage précédent, dans lequel il n'a pas été partie, ne peut être considérée comme une transaction, sur ce partage, dans le sens de l'art. 888 C. civ. En conséquence il est, malgré cette approbation, recevable à attaquer ces partages, pour cause de lésion. — *Bordeaux*, 6 juill. 1826, Garagnon.

665. — Lorsque la lésion sur laquelle se fonde l'action en rescision d'un partage est présentée comme le résultat non d'erreurs dans les opérations matérielles du partage ou dans la formation et l'estimation des lots, mais d'erreurs sur les bases réglementaires des droits des parties, sanctionnées par jugement ayant acquis l'autorité de chose jugée, cette action doit être repoussée comme une atteinte indirecte à cette chose jugée. — *Lyon*, 26 janv. 1841 (t. 1er 1842, p. 398), Litaud c. Desplaces.

666. — Sous l'empire du droit écrit : lorsque le jugement qui homologuait le rapport des experts et en ordonnait l'exécution avait acquis l'autorité de la chose jugée, un partage fait en justice ne pouvait plus être attaqué pour lésion du tiers au quart. — *Agen*, 9 août 1808, Lacaze-Duthiers c. Lacaze.

667. — Une action en rescision de partage, pour cause de lésion, est une affaire ordinaire, qui ne peut être jugée pendant les vacances. — *Rennes*, 6 juill. 1847 (t. 2 1847, p. 494), Levavasseur.

ART. 4. — *Preuves et calcul de la lésion. — Offres d'un supplément.*

668. — Quel que soit l'objet de la rescision réclamée contre un partage, pour cause de lésion, il est dans les attributions des Cours d'appel de décider, d'après les documens qui leur sont fournis, s'il y a lieu d'admettre la preuve de la lésion alléguée. Par suite une Cour d'appel a pu, sans violer aucune loi, d'après les circonstances de la cause, rejeter une demande en rescision d'un partage, pour cause de lésion, par le motif que l'articulation de la lésion non-seulement n'était pas accompagnée de preuve, mais manquait même de vraisemblance. — *Cass.*, 16 déc. 1846 (t. 1er 1849, p. 26), Bugeaud de la Bastide c. Delaret de Feix.

669. — Jugé également que c'est aux juges du fait qu'il appartient de décider qu'un partage est lésif et contraire aux bonnes mœurs. — *Cass.*, 11 niv. an IX, Collin.

670. — L'action en rescision d'un partage, motivée sur la lésion, n'est pas soumise, pour les preuves de la lésion, aux dispositions de l'art. 1677 C. civ., concernant la vente. — *Bordeaux*, 29 mai 1829, Nicouleau c. Dumas; *Montpellier*, 10 fév. 1841 (t. 2 1841, p. 421), Gayda.

671. — Conséquemment, la preuve de cette lésion peut être admise, même en l'absence des présomptions graves et précises exigées seulement pour la lésion en matière de vente. — *Montpellier*, 10 fév. 1841 (t. 2 1841, p. 421), Gayda.

RÉP. GÉN. — X. 8

672. — Jugé, au contraire, que la preuve de la lésion en matière de partage est soumise, quant à son admission, aux mêmes conditions que celles exigées pour la preuve de la lésion en matière de vente, c'est-à-dire que la preuve de la lésion n'est admissible que dans le cas seulement où les faits articulés seraient assez vraisemblables et assez graves pour faire présumer cette lésion. — *Montpellier*, 28 juill. 1830, Combes.

673. —... Que, pour constater la lésion en matière de partage, il faut suivre les formes tracées pour la lésion en matière de vente, et les frais doivent être avancés par le demandeur en rescision. — *Nîmes*, 19 flor. an XIII, Pradel c. Labastide.

674. — Les juges ayant la plus grande latitude dans leurs moyens d'appréciation, peuvent, pour prononcer la rescision, prendre pour base une expertise que la justice avait ordonnée contradictoirement peu de temps auparavant, pour estimer les biens de la succession. — *Cass.*, 18 mai 1831, André c. Debrais.

675. — Par la même raison ils peuvent, sur le vu seul des pièces du procès, et sans ordonner d'expertise, prononcer que la lésion dans l'acte de partage articulée par le demandeur n'existe pas, surtout si dans l'articulation de lésion il n'est précisé aucun fait tendant à l'établir. — *Cass.*, 3 déc. 1833, de Durat c. de Montdragon.

676. — De même les juges saisis d'une action en rescision de partage pour cause de lésion de plus du quart ne sont pas obligés de recourir à l'expertise prescrite par l'art. 1678 C. civ. en cas de rescision de vente, pour cause de lésion; ils peuvent choisir comme ils l'estiment convenable les preuves de la lésion. — *Cass.*, 29 juin 1847 (t. 1er 1848, p. 681), Gastel c. Lemerle.

677. — Bien plus : ils peuvent suppléer au silence des experts sur la valeur du mobilier, et fixer eux-mêmes cette valeur eu égard aux circonstances; ainsi, lorsqu'une nouvelle expertise a constaté qu'au temps du partage les immeubles avaient été évalués à un tiers au-dessous de leur valeur, les juges peuvent supposer que les meubles ont été dépréciés d'une manière semblable, et élever également d'un tiers l'évaluation qui en avait été faite. — *Cass.*, 29 mai 1843 (t. 2 1843, p. 394), Bourdon c. Lacombe.

678. — Avant le C. civil, il n'y avait point lésion par cela seul que le mineur n'aurait obtenu dans son lot qu'un fonds de commerce, et de l'argent, au lieu d'une part dans les immeubles héréditaires. — *Cass.*, 4 vend. an X, Maillier.

679. — La simple omission d'un objet de la succession ne donne pas ouverture à l'action en rescision, mais seulement à un supplément à l'acte de partage. — C. civ., art. 887.

680. — Ainsi, pour juger s'il y a eu lésion en matière de partage, on ne doit avoir égard qu'à ce qui a été réellement l'objet du partage, sans comprendre dans l'évaluation ceux des immeubles de la succession qui sont restés indivis. — *Nîmes*, 30 messid. an XIII, Pradel c. Labastide.

681. — De même : l'omission de rapport d'un des cohéritiers n'est point une cause suffisante de résolution, et donne lieu seulement à une demande en supplément de partage. — *Cass.*, 18 juin 1833, Gleizes.

682. — Un cohéritier n'est ni recevable ni fondé à demander la rescision, pour cause de lésion, d'un acte de partage, en faisant abstraction des partages partiels auxquels la succession de l'auteur a donné lieu précédemment. La lésion ne peut être calculée et appréciée qu'en rapprochant et combinant tous les actes de partage d'une même hérédité. — *Cass.*, 26 avril 1841 (t. 1er 1841, p. 679), Bourgois c. Thibaudier.

683. — Bien que dans un acte de partage de succession il n'ait point été question du rapport des dots antérieurement constituées aux copartageans, si l'un d'eux vient à former l'action en rescision pour cause de lésion de plus du quart, cette lésion doit se calculer sur la totalité de la succession, c'est-à-dire eu égard non-seulement aux biens compris dans le partage, mais encore à la valeur des dots reçues par les cohéritiers. — *Paris*, 18 mai 1839 (t. 1er 1839, p. 610), Quilliard c. Truchy; *Cass.*, 19 avril 1842 (t. 2 1842, p. 234), mêmes parties.

684. — Du moins on ne peut considérer comme ayant violé aucune loi l'arrêt qui décide qu'il en doit être ainsi, en se fondant sur ce qu'il résulte des circonstances de la cause et des allégations de quelques-unes des parties, non contredites par les autres, qu'il a été arrêté lors du partage que les dots reçues seraient ajoutées au lot de chacun. — *Cass.*, 19 avril 1842 (t. 2 1842, p. 234), Quilliard c. Truchy.

685. — Pour juger s'il y a eu lésion, on estime les objets suivant leur valeur à l'époque du partage. — C. civ., art. 890. — Ainsi les augmentations ou diminutions qui ont pu survenir depuis le partage dans le prix et la valeur des biens, ne doivent être aucunement considérées.

686. — Le défendeur à la demande en rescision peut en arrêter le cours et empêcher un nouveau partage, en offrant et en fournissant au demandeur le supplément de sa portion héréditaire, soit en numéraire, soit en nature. — C. civ.. art. 891.

687. — La faculté accordée par l'art. 891 au défendeur à l'action en rescision, d'empêcher un nouveau partage, en offrant au demandeur le supplément de sa portion en numéraire, est une pure faveur, puisqu'en droit strict chaque héritier a le droit de réclamer sa part en nature de tous les biens de la succession; dès lors elle doit être restreinte au cas de simple lésion. Elle ne saurait donc s'appliquer au cas où la demande est fondée sur le dol ou la violence. — Chabot, art. 891, no 4. — La même doctrine était également consacrée par l'ancienne jurisprudence. — V. Lebrun, *Success.*, liv. 4, ch. 1er, nos 62 et 63; Dumoulin, art. 22 de la coutume de Paris.

ART. 5. — *Admission de l'offre d'un supplément ou de l'action en rescision.*

688. — Dans la vente comme dans le partage, lorsque l'action en rescision pour cause de lésion a été admise, l'acquéreur et le copartageant peuvent conserver la chose en offrant au demandeur un supplément de prix. Mais si dans le premier cas l'acquéreur est autorisé par l'art. 1681 à déduire sur ce supplément de prix et à conserver le dixième du prix total, il n'en est pas de même pour le défendeur en matière de rescision du partage; dans ce cas, celui-ci est tenu de fournir au cohéritier lésé le supplément intégral de sa portion héréditaire. La raison de cette différence c'est qu'en matière de partage l'égalité doit être pleinement établie, tandis qu'elle n'est pas aussi rigoureusement requise en matière de vente entre étrangers. — *Paris*, 21 mai 1813, Oudry c. Labite. — Chabot, art. 891, no 2; Rolland de Villargues, vo *Lésion*, no 109.

689. — Dans le cas où les héritiers fournissent le supplément en numéraire, ils en doivent les intérêts; mais seulement à compter du jour de la demande, car ils sont censés avoir joui de bonne foi jusqu'à cette demande. — Chabot, *ibid.*

690. — De même, lorsqu'ils fournissent le supplément en nature, ils doivent les fruits des biens à compter du jour de la demande. — Chabot, art. 891, no 3.

691. — Dans ce dernier cas, les biens fournis en supplément devant être estimés, suivant l'art. 890, d'après leur valeur à l'époque du partage, les héritiers qui les ont possédés depuis cette époque ont droit aux impenses qu'ils ont faites, eu égard à l'augmentation de valeur existant au moment de la restitution, et *vice versâ* ils doivent tenir compte des dégradations et détériorations commises sur ces biens depuis le partage. — Chabot, *ibid.*

692. — Lorsque la rescision d'un partage a été prononcée, chacun des cohéritiers est tenu de rapporter à la masse tous les biens meubles et immeubles qui se trouvaient compris dans son lot, pour qu'il soit procédé à un nouveau partage. Toutes les aliénations, toutes les charges et hypothèques qu'il pouvait avoir consenties sur ces biens depuis le partage se trouvent résolues de plein droit. Cela résulte explicitement ou implicitement des art. 1183, 1681 et 2125 du Code civil. — Chabot, art. 887, no 5.

693. — Jugé qu'en cas de lésion dans un partage, les fruits perçus doivent être rapportés. — *Rennes*, 6 janv. 1816, N.....

694. — Lorsqu'un partage est rescindé pour cause de lésion, le cohéritier qui avait une part trop forte ne doit être condamné à restituer les fruits par lui perçus depuis le partage qu'autant qu'il est reconnu avoir possédé de mauvaise foi. Si la mauvaise foi n'est pas prouvée, le cohéritier doit être condamné seulement à la restitution des fruits perçus depuis la demande en rescision. En conséquence : doit être cassé l'arrêt qui, en prononçant la rescision du partage pour lésion, condamne le cohéritier détenteur d'une part trop forte à restituer les fruits perçus depuis le partage, sans déclarer si la possession était de mauvaise foi. — *Cass.*, 8 fév. 1830, Magnin-Faysot c. Pergaud. — Merlin, *Rép.*, vo *Hérédité*, no 8, et Toullier, *Droit civil*, t. 4, no 552. — V. également *Dijon*, 7 janv. 1817, Baudot.

695. — De même, en cas de rescision d'un acte de partage pour cause de lésion de plus du quart, le cohéritier obligé de rapporter son lot à la masse de la succession ne doit la restitution des fruits que du jour de la demande en rescision, à moins qu'il ne soit constitué en mauvaise foi. Dans ce cas, il ne suffit pas, pour le constituer en mauvaise foi, de prouver qu'il savait que son lot était plus fort que ceux de ses cohéritiers; il faut encore établir qu'il connaissait le vice légal du partage : c'est-à-dire qu'il savait que son avantage excédait le quart, au delà duquel seulement le partage était rescindable. — *Orléans*, 19 janv. 1839 (t. 1er 1839, p. 233), de Kermelec c. de Velard.

ART. 6. — *Prescription de l'action en rescision pour lésion.*

696. — Le Code civil ne contient aucune disposition spéciale relativement au délai dans lequel doit être intentée l'action en rescision du partage; il y a lieu dès lors d'appliquer l'art. 1304, suivant lequel l'action en rescision d'une convention dure dix ans lorsqu'elle n'est pas limitée à un moindre temps par une loi particulière. — Chabot, art. 888, no 6.

697. — Ainsi jugé en ce sens que l'action en rescision pour lésion n'est point soumise quant aux délais, aux dispositions de l'art. 1676 C. civ. sur la vente. — *Bordeaux*, 29 mai 1829, Nicouleau c. Dumas.

698. — ... Et que cette action se prescrit par dix ans. — *Colmar*, 7 nov. 1812, Offner c. Dietrich.

699. — De même, l'action en rescision pour cause de lésion n'est pas recevable de la part de l'héritier qui a laissé passer dix ans depuis sa majorité sans réclamer. — *Bordeaux*, 3 déc. 1840 (t. 1er 1841, p. 317), Juilliard c. Marvaud.

700. — Dans le cas où deux actes de même nature (par exemple deux actes de cession de droits successifs) intervenus entre les mêmes parties, à des époques différentes, sont indivisibles, la prescription de l'action en nullité ou en rescision contre le premier de ces actes ne court que de la date du second : pourvu qu'à cette date la prescription ne soit pas encore acquise. — *Cass.*, 8 février 1841 (t. 1er 1841, p. 652), Florand c. Nadaud. — Les juges du fond ont un pouvoir souverain pour apprécier si deux actes sont liés entre eux d'une manière indivisible. — Ainsi l'arrêt qui décide qu'une cession faite, par un frère à un autre, de ses droits dans la succession d'un troisième frère, moyennant un prix unique qui est stipulé tant pour cette cession que pour la ratification d'une précédente cession, faite par le cédant, de ses droits dans les successions de ses père et mère, est indivisible avec cette première cession et ne forme avec elle qu'un même tout, échappe, comme statuant en fait, à la censure de la Cour de cassation. — Même arrêt.

701. — Quant aux causes qui interrompent ou suspendent la prescription, il faut se reporter vo PRESCRIPTION. — Nous rapporterons seulement ici quelques décisions en ce qui concerne l'action en rescision du partage pour cause de lésion.

702. — La prescription de l'action en rescision pour lésion n'est pas interrompue par la demande en partage de divers biens parmi lesquels se trouve l'immeuble qui donne lieu à cette action — *Cass.*, 5 déc. 1842 (t. 1er 1843, p. 179), Fornel de Mainzac c. de Lamberterie.

703. — De simples réserves dans un exploit de demande en nullité sont insuffisantes pour interrompre la prescription de l'action en rescision pour cause de lésion. — *Bordeaux*, 3 déc. 1840 (t. 1er 1841, p. 317), Juillard c. Marvaud.

704. — La prescription de dix ans contre l'action en rescision d'un acte de partage, pour cause de lésion, a été interrompue par la citation donnée en exécution de la loi du 24 août 1790, à l'effet de former un tribunal de famille. — *Riom*, 14 juin 1810, Coudert.

705. — Ce n'est que dans les choses indivisibles (par exemple, en matière de servitudes) que le mineur relève le majeur. Il n'en est pas de même en fait de partage. — *Cass.*, 28 mars 1820, Adenot.

706. — Avant le Code civil, la prescription de l'action en rescision de partage pour lésion n'était pas interrompue par la minorité de l'héritier du majeur contre lequel elle avait commencé à courir. — *Cass.*, 6 vendém. an XI, Després. — Il est à remarquer toutefois que cet arrêt n'a pas décidé la question en principe, et semble avoir cherché seulement à respecter la doctrine généralement suivie en Normandie. On sait, en effet, que sous la coutume de cette province, comme sous celles de Bretagne, de Lorraine et quelques autres, la minorité n'était pas une cause de suspension de la prescription. — V. les observations de Merlin sur cet arrêt, *Rép.*, vº *Rescision*. — V. aussi Toullier, t. 7, nº 615; Duranton, t. 12, nº 548.

Sect. 3e. — *Rescision pour cause d'erreur.*

707. — Le Code civil ne mentionne pas l'erreur au nombre des causes de rescision du partage. Faut-il en conclure qu'elle soit sans influence sur sa validité? — Nous examinerons, à cet égard, diverses hypothèses.

708. — Ou l'erreur tombe sur la valeur des objets compris dans le lot de l'un des cohéritiers; dans ce cas elle ne donne lieu à rescision qu'autant qu'il en résulte une lésion de plus du quart, et se confond ainsi avec la lésion elle-même. — Chabot, art. 887, nº 4; Favard de Langlade, vº *Partage de succession*, sect. 4, nº 1er; Duranton, t. 7, nº 552; Vazeille, art. 887, nº 1er; Malleville, sur l'art. 887; Marcadé, *Explication du C. civ.*, art. 887.

709. — Ou l'erreur porte sur la quotité de la part à laquelle un cohéritier avait droit. Dans ce cas encore, Chabot (*loc. cit.*) pense que l'erreur n'est pas par elle-même une cause de rescision: que si elle a été produite par les manœuvres criminelles des autres héritiers, elle se confond avec le dol; que s'il n'a point été pratiqué de manœuvres, elle ne donne ouverture à rescision qu'autant qu'il en est résulté une lésion de plus du quart. — Mais d'autres auteurs rejettent cette doctrine, comme étendant l'action en rescision à un cas pour lequel elle n'a point été faite, et enseignent qu'alors le partage peut être attaqué, encore bien qu'il ne soit pas résulté de l'erreur une lésion du quart. — V., à cet égard, Duranton, t. 7, nº 553; Marcadé sur l'art. 887. — V. également Pothier, *Succes.*, ch. 4, art. 6.

710. — Ainsi jugé que, lorsqu'un des héritiers a omis de faire valoir un acte qui lui donnait la qualité de donataire à titre de préciput, il peut demander la rescision du partage pour cause d'erreur. — *Toulouse*, 19 janv. 1824, Genieys. — Toullier, *Dr. civ.*, t. 6, nºs 61 et suiv.; Rolland de Villargues, *Rép. du not.*, vº *Partage de success.*, nº 295; Conflans, *Success.*, p. 630.

711. — Ou l'erreur consiste dans l'admission au partage, à titre de cohéritier, d'un étranger qui n'avait aucun droit à la succession. Dans ce cas M. Duranton enseigne (t. 7, nºs 554 et suiv.) que l'attribution indûment faite à ce prétendu héritier d'une part des biens héréditaires ne lui confère aucun droit, et qu'ainsi les véritables héritiers sans recourir à l'action en rescision, qui ne dure que dix ans, peuvent exercer, pendant trente ans soit la *condictio indebiti*, soit l'action en revendication. — V. également le professeur de Louvain, *Recitationes ad pandect.*, tit. *Familiæ ercisc.*, nº 5.

712. — Jugé, toutefois, qu'on ne peut point qualifier, soit de *pétition d'hérédité*, soit d'action *condictio indebiti*, la demande en restitution de biens formée contre une personne qu'on prétend avoir été mal à propos admise dans un partage. — C'est là, nécessairement, une action en rescision du partage, pour cause d'erreur; laquelle action ne dure que dix ans. — *Cass.*, 20 août 1829, Demersseman c. Vankempen.

713. — Lorsque l'erreur consiste dans l'omission d'effets qui devaient tre compris dans le partage, il n'y a pas lieu à rescision; seulement il doit être procédé, entre tous les héritiers, à un partage supplémentaire des objets omis. — C. civ., art. 887.

714. — Dans les diverses hypothèses que nous venons d'examiner, il ne s'agissait que d'erreurs de fait. Quant à l'erreur de droit, il faut distinguer: si elle était particulière à celui qui attaque le partage, ou si, au contraire, c'était une erreur générale. — Dans le premier cas elle donne lieu à la rescision.

715. — Ainsi, jugé que l'erreur de droit, aussi bien que l'erreur de fait, est une cause de nullité d'un partage. — En conséquence, est susceptible d'être annulé, pour cause d'erreur, le partage fait entre la tante du défunt et les cousins de celui-ci: dans la pensée que ces cousins étaient appelés à jouir du bénéfice de la représentation. — *Besançon*, 1er mars 1827, Petel c. Cardot; *Colmar*, 6 mai 1829, Klein. — V., au surplus, ERREUR, nºs 89 et suiv.

716. — Lors, au contraire, que l'erreur de droit qui a servi de base au partage était générale, la rescision ne peut être demandée.

717. — Ainsi, jugé que la reconnaissance faite dans un acte de partage du droit d'un cohéritier par l'héritier plus proche est irrévocable si elle provient d'une erreur générale sur le véritable sens de la loi qui règle la succession. — *Cass.*, 13 germ. an XII, Leblanc-Duplessis c. Ecoulin.

718. — De même: l'erreur fondée sur une jurisprudence ultérieurement reconnue contraire à la loi, ne peut être une cause de rescision d'un partage. — *Rennes*, 18 juill. 1820, Dussault c. Houet.

719. — De même: l'erreur de droit n'est pas une cause de rescision, dans le cas où, les opinions des jurisconsultes et la jurisprudence des tribunaux présentant une grande division et une controverse établie, les parties auxquelles cette diversité de sentimens n'a pu être inconnue ont adopté librement et de bonne foi l'un des deux systèmes entre lesquels les jurisconsultes étaient divisés. — *Particulièrement*, un partage fait conformément au système de la *refente*, à une époque où ce système semblait prédominer, quoique depuis il ait été proscrit, ne peut point aujourd'hui être attaqué pour cause d'erreur de droit. — *Cass.*, 20 août 1829, Demersseman c. Vankempen.

720. — La déchéance établie par l'art. 892 C. civ. contre le cohéritier qui a aliéné son lot, en tout ou en partie, postérieurement à la découverte du *dol* ou à la cessation de la *violence* ne s'étend pas à la demande en nullité du partage, pour cause d'*erreur de droit*. — *Colmar*, 6 mai 1829, Klein.

721. — Jugé, toutefois, que lorsqu'un partage a été volontairement exécuté par tous les héritiers, la rescision n'en peut être demandée pour erreur de droit. — Spécialement, celui qui a laissé opérer le partage par souche n'est pas recevable à demander qu'il soit refait par tête. — *Agen*, 15 mars 1824, Lavardac.

722. — Lorsque l'action en rescision d'un partage n'est intentée qu'après le délai ordinaire de dix ans, à partir du contrat, sous prétexte que l'erreur sur laquelle elle est fondée n'a été découverte que postérieurement, c'est au demandeur en rescision à prouver qu'il s'est écoulé moins de dix ans depuis la découverte de l'erreur et non au défendeur à fournir la preuve contraire. — *Cass.*, 26 juill. 1825, Revel c. Demersseman.

723. — De même, c'est à celui qui allègue une erreur de droit sur laquelle il se fonde pour faire annuler un acte (par exemple, un partage) à prouver l'époque à laquelle cette erreur a été découverte. — *Besançon*, 1er mars 1827, Petit c. Cardot.

CHAPITRE IX. — *Droit des créanciers d'intervenir au partage ou de le faire annuler.*

724. — Il pourrait arriver que l'un des copartageans s'entendît avec ses cohéritiers pour frustrer ses créanciers, que, par exemple, il se fît attribuer un lot exclusivement composé de valeurs mobilières qu'il pût facilement soustraire à leur action.

725. — Pour prévenir, autant que possible, de pareilles collisions, l'art. 882 C. civ. permet aux créanciers d'un copartageant de s'opposer à ce qu'il soit procédé au partage hors de leur présence; et les autorise même à y intervenir, mais à leurs frais.

726. — Ils peuvent donc attaquer le partage et le faire annuler, s'il a été fait sans eux ou sans qu'ils aient été légalement appelés, lorsqu'ils eussent formé opposition à ce qu'il y fût procédé hors de leur présence, ou qu'ils étaient légalement intervenus dans l'instance en partage. — C. civ., art. 882. — Chabot, sur cet article, nº 1er.

727. — Mais ils n'ont que le droit de s'opposer au partage. — Dès lors, le créancier d'un cohéritier ne peut, avant partage, jeter une saisie soit sur le fonds, soit sur les fruits d'une partie des biens indivis. — *Paris*, 3 janv. 1829, Trélat c. Mouillard; *Montpellier*, 27 mars 1839 (t. 2 1839, p. 129), Bergounhous c. Bancarel. — V., au surplus, SAISIE-ARRÊT, SAISIE IMMOBILIÈRE.

728. — Ce terme de *créanciers*, dont se sert l'art. 882 C. civ., doit être pris dans son sens le plus absolu, c'est-à-dire pour tous ceux qui ont des droits à exercer contre le copartageant.

729. — Ainsi la femme dont la dot a été reçue par le défunt et par son mari a droit, en qualité de créancière de ce dernier, d'intervenir au partage de la succession du premier, dans lequel son mari figure en qualité d'héritier. — *Turin*, 9 janv. 1811, Aschero c. Pierra.

730. — Ainsi encore, lorsqu'un cohéritier a vendu à un tiers certains objets dépendans de la succession de l'auteur commun; ce tiers peut être autorisé à intervenir, à ses frais, au partage, pour éviter qu'il soit fait fraude à ses droits. — *Bordeaux*, 29 août 1832, Boy c. Eymond. *Cass.*, 14 août 1840 (t. 2 1840, p. 228), d'Aurelle c. Peydière; — Chabot, art. 882, nº 6; Delvincourt, *Cours de Code civil*, t. 2, p. 371; Duranton, t. 7, nº 520.

731. — De même, l'art. 882 C. civ. est applicable aux tiers détenteurs d'immeubles de la succession. — *Nîmes*, 5 juill. 1848 (t. 2 1848, p. 571), Giran c. Berrus.

732. — ... Il l'est également aux tiers acquéreurs, à titre singulier des droits successifs de l'un des cohéritiers. — *Nîmes*, 26 déc. 1806, Lavie c. Caumette.

733. — Par conséquent, le tiers acquéreur poursuivi en délaissement d'un immeuble héréditaire par l'héritier à qui cet immeuble a été attribué ne peut demander la nullité du partage comme fait en fraude de ses droits, s'il n'est point intervenu à ce partage ou s'il ne s'est point opposé à ce qu'il y fût procédé hors de sa présence. — *Nîmes*, 5 juill. 1848 (t. 2 1848, p. 571), Giran c. Berrus.

734. — Comme la vente faite par le mari sans le concours ni le consentement de sa femme, d'un immeuble dépendant d'une succession encore indivise entre celle-ci et ses cohéritiers, est nulle comme vente de la chose d'autrui, et que la nullité d'une telle vente ne serait pas couverte alors même que par l'événement du partage l'immeuble tomberait dans le lot de la femme; l'acquéreur qui, par suite de cette vente, se trouve seulement créancier du mari, n'a nullement qualité pour intervenir au partage. — *Cass.*, 10 janv. 1844 (t. 1er 1844, p. 320), Matthieu c. Cassarel.

735. — L'art. 882 C. civ. est applicable à toute espèce de partage.

736. — Ainsi, il est applicable aux partages amiables comme aux partages judiciaires. — *Montpellier*, 10 juin 1839 (t. 2 1839, p. 328), Reboul c. Champredon.

737. — L'acte de liquidation par lequel un père abandonne à ses enfans, des biens, pour les remplir de leurs droits dans la succession de leur mère, doit être assimilé à un acte de partage. Dès lors, les dispositions de l'art. 882 C. civ., relatives à la faculté qu'ont les créanciers d'attaquer les partages faits en fraude de leurs droits, lui sont applicables. Plus spécialement: des créanciers dont la demande repose sur un titre n'ayant aucune date certaine antérieurement à l'acte d'abandon fait par le père à ses enfans, ne peuvent pas se prévaloir des dispositions de l'article 882 C. civ. et attaquer cet acte comme fait en fraude de leurs droits. — *Bourges*, 8 juill. 1828, Labruère c. Dandon.

738. — L'art. 882 C. civ. s'applique même à un acte improprement qualifié liquidation et partage de la communauté entre deux époux en ce qu'un pareil acte aurait été fait avant que la communauté eût été réellement dissoute par l'une des causes déterminées par la loi. — *Bordeaux*, 18 août 1845 (t. 1er 1846, p. 396), Lascoux c. Villate.

739. — Aucune loi n'imposant aux copartageans l'obligation de faire le partage par attribution, les créanciers de l'un d'eux ne peuvent attaquer le partage fait par la voie du sort, lorsqu'ils n'ont pas usé de la faculté d'intervenir qui leur est accordée par l'art. 882 C. civ. — *Grenoble*, 12 fév. 1830, Rostaing c. Eyme.

740. — Un partage partiel entre héritiers majeurs et maîtres de leurs droits, mais définitif quant aux points qu'il renferme, est réputé consommé dans le sens légal, bien qu'il n'ait pas été procédé immédiatement à la liquidation définitive de l'hérédité. — *Paris*, 4 fév. 1837, Bureaux c. Garnot.

741. — Mais les jugemens qui, sur une demande en licitation, ordonnent l'expertise et la vente de l'immeuble, n'ont point le caractère de partage définitif; en telle sorte qu'ils ne peuvent être attaqués que par ceux des créanciers qui, ayant formé opposition au partage, n'y auraient point été appelés. — *Paris*, 24 mars 1834, Royer c. d'Hubert.

742. — Les créanciers peuvent demander à intervenir au partage, tant que le partage n'a pas été légalement consommé. — C. civ., art. 882.

743. — Il suit de là que, tant qu'il n'est pas intervenu de décision définitive sur les contestations élevées contre un partage, les créanciers personnels de l'un des cohéritiers sont recevables à intervenir dans l'instance, même en cause d'appel. — *Orléans*, 29 mai 1845 (t. 2 1845, p. 477), Pélissot-Croué c. Courtois

744. — ... Que, lorsque le partage a été fait par acte sous seing privé, l'opposition peut être formée tant qu'il n'a pas acquis date certaine, conformément à l'art. 1328 C. civ.; autrement les héritiers pourraient toujours rendre les oppositions inutiles en antidatant le partage sous seing privé. — Chabot, art. 882, n° 4.

745. — Mais l'opposition à partage de la part d'un créancier est tardive, quel que soit le délai dans lequel elle est faite, si déjà il y a eu partage entre les héritiers, non simulé ni frauduleux. — *Paris*, 4 fév. 1837 (t. 2 1840, p. 38), Bureaux c. Garnot.

746. — L'opposition doit être formée au nom du créancier. Dès lors, le créancier d'un copartageant qui n'a point formé opposition au partage ne peut se prévaloir de l'opposition signifiée au nom d'un autre créancier; autrement, ce serait exciper du droit des tiers. — *Bordeaux*, 3 mai 1833, Lesparre-Duroc c. Mandavy.

747. — L'opposition du créancier doit être légalement constatée par un acte notifié aux héritiers; mais il n'est pas nécessaire qu'elle soit faite dans un acte distinct, elle peut l'être dans l'acte d'opposition à la levée des scellés. — Chabot, art. 882, n° 2.

748. — Mais la saisie-arrêt formée entre les mains du débiteur d'une succession par un créancier personnel d'un des cohéritiers ne peut pas avoir l'effet d'une opposition faite suivant l'art. 882 C. civ. au partage de cette succession. — *Cass.*, 21 janv. 1837 (t. 1er 1837, p. 124), Loustau c. Lordon; 19 nov. 1838 (t. 1er 1839, p. 268), Delatour de Saint-Igest c. de Villaines.

749. — Bien que le créancier d'un cohéritier qui a cédé ses droits à la succession n'ait point formé opposition à cette cession, il a toujours le droit d'intervenir dans le partage des biens de cette succession lorsque antérieurement à la cession il a pratiqué une saisie immobilière sur ces mêmes biens. — *Toulouse*, 11 juill. 1829, Jourde c. Aussenac.

750. — L'opposition du créancier doit contenir l'articulation de griefs précis. — Dès lors le créancier d'un copartageant qui a seulement fait des protestations et des réserves générales contre les opérations d'un partage auquel il a été sommé d'être présent, n'a pas pour cela le droit d'attaquer le partage consommé malgré ces réserves. — *Bourges*, 18 déc. 1836, Bergerioux c. Jouffin.

751. — L'opposition n'est valable qu'autant qu'elle a été signifiée à tous les héritiers, sans exception. — *Bordeaux*, 30 novembre 1840 (t. 1er 1841, p. 321), Lachaise et Chambart c. Micouleau. — En effet, elle ne pourrait être opposée à ceux qui n'en auraient pas reçu notification; dès lors le partage serait irrévocable à leur égard, et, comme c'est un acte indivisible, il serait également irrévocable à l'égard de tous. — V. Chabot, art. 882, n° 2; Duranton, t. 7, n° 506; Delvincourt, t. 2, p. 372, n° 2; Poujol, *Successions*, art. 882, n° 1er.

752. — En conséquence: lorsque le créancier de l'un des copartageans n'a pas fait signifier à son débiteur son opposition à partage, la liquidation intervenue hors de sa présence, nonobstant cette opposition, est définitive et valable. — En tout cas, le créancier opposant, qui, sommé de prendre connaissance du projet de liquidation dressé hors de sa présence et de le contredire, a gardé le silence, ne peut plus ensuite demander un nouveau partage. — *Bordeaux*, 30 nov. 1840 (t. 1er 1841, p. 321), Lachaise c. Micouleau.

753. — Une saisie-arrêt formée entre les mains du débiteur d'une succession, par le créancier de l'un des copartageans, ne peut pas tenir lieu d'une opposition au partage, lorsqu'elle n'a pas été dénoncée à tous les cohéritiers; et elle reste sans effet, quand, par suite du partage, la créance saisie n'est pas tombée dans le lot du cohéritier débiteur. — *Bourges*, 10 fév. 1826, Duprat c. Delamarre.

754. — L'intervention doit être également notifiée à tous les héritiers, dans les formes prescrites par le Code de procédure civile. — Chabot, art. 882, n° 2. — V. INTERVENTION.

755. — Le créancier d'un cohéritier qui a provoqué le partage ne peut être écarté par les autres cohéritiers, quoique depuis l'action en partage le cohéritier débiteur soit devenu étranger à la succession par la vente de ses droits successifs. — *Aix*, 9 janv. 1832, Gonet c. Porte.

756. — De même lorsque le créancier d'un des héritiers a formé opposition à ce qu'il soit procédé au partage de la succession hors de sa présence, la cession que fait ensuite cet héritier à ses cohéritiers de ses droits immobiliers est comme non avenue à l'égard du créancier. — Toutefois, les cohéritiers peuvent, nonobstant cette opposition, faire une transaction uniquement relative à la fixation de l'actif mobilier. — *Metz*, 20 fév. 1836. Faynot c. Lépargneur.

757. — Le créancier qui n'a formé ni opposition ni intervention n'est pas recevable, une fois le partage consommé, à se plaindre qu'il y ait été procédé hors de sa présence, et à en demander en conséquence la révocation — C. civ., art. 882. — Chabot, sur cet article, n° 3.

758. — Ainsi, jugé que les créanciers d'un copartageant ne peuvent point attaquer un partage consommé, lorsqu'ils n'ont pas usé de la faculté que leur accorde l'art. 882 C. civ., de s'opposer à ce qu'il soit procédé au partage hors de leur présence. — *Colmar*, 31 mai 1820, Cadel c. Chenay; *Riom*, 11 fév. 1830, Brousse c. Cayron; *Bordeaux*, 3 mai 1833, Lesparre-Duroc c. Mandary; *Orléans*, 28 juill. 1843 (t. 1er 1844, p. 659), Chesneau c. Prévost.

759. — De même, les créanciers du père, qui n'ont point formé opposition au partage qui a eu lieu entre lui et ses enfans, ne sont pas recevables à attaquer ce partage lorsqu'il est consommé. — Ce partage doit être considéré comme définitif, à leur égard, nonobstant la minorité d'un des copartageans, qui n'est pas leur débiteur. — *Paris*, 4 août 1809, Pezier c. Drouin.

760. — Jugé au contraire que le créancier de l'un des copartageans est recevable à arguer de nullité, comme fait en fraude de ses droits, un partage consommé, quoiqu'il n'ait point usé du droit d'opposition qui lui était ouvert par l'art. 882 C. civ. — *Bordeaux*, 11 juill. 1834. Laborde c. Dubourg. — Mais cette décision nous paraît en contradiction avec les termes de l'art. 882 C. civ.

761. — Un créancier ne peut point attaquer le partage dans lequel a figuré son débiteur, si ce partage a été fait avant qu'il eût formé opposition à ce qu'on y procédât en son absence et même avant qu'il eût acquis la qualité de créancier. — *Bourges*, 13 mai 1831, Seplier c. Anceau.

762. — Lorsqu'un partage a été fait et que les lots ont été tirés au sort suivant les formalités prescrites par la loi, le créancier d'un des copartageans qui a été sommé *inutilement* d'intervenir dans ces opérations, peut être ensuite déclaré non recevable dans une demande ultérieure qui aurait pour résultat de faire prévaloir et maintenir un partage de la même succession, qu'il prétendrait avoir été antérieurement fait. — *Cass.*, 23 janv. 1839 (t. 1er 1839, p. 158), Loyson c. Fessard.

763. — Le créancier d'un héritier ne peut former opposition à un partage consommé du consentement de son débiteur, et postérieurement acquiescé, ratifié et exécuté par celui-ci. — Quand ce débiteur a vendu à l'un de ses cohéritiers le lot qui lui était échu, il ne peut plus provoquer un nouveau partage qui exposerait ce dernier à une éviction. — *Rennes*, 22 juill. 1845 (t. 2 1845, p. 511), Beaugrand.

764. — La liquidation et le partage de la communauté entre deux époux, puis ceux de chacune de leurs successions devant être faits par des opérations distinctes et successives, le créancier de l'un des cohéritiers peut intervenir au partage pour critiquer la liquidation qui ne serait point établie sur ces bases, et qui, par la confusion qu'elle ferait des droits des cohéritiers dans les deux masses, aurait pour résultat d'anéantir ses droits propres sur la part indivise de son débiteur dans l'une des deux successions. — Mais lorsqu'il n'a attaqué ni le jugement prescrivant la liquidation par confusion des deux masses, ni ce mode de partage, auquel il a acquiescé, il est non recevable à demander plus tard une division du lot de son débiteur en deux parts: l'une pour la succession paternelle, l'autre pour la succession maternelle. — *Cass.*, 22 mars 1847 (t. 2 1847, p. 133), Mériand-Bourcard c. Touvet.

765. — Mais si les créanciers ne peuvent attaquer le partage une fois consommé, il en est autrement quand il y a été procédé sans eux et au préjudice de leur opposition. — C. civ., art. 882.

766. — Le partage doit être considéré comme fait hors de la présence et au mépris de l'opposition des créanciers, bien que ceux-ci y aient été appelés, lorsqu'ils ont été forcés de se retirer par suite du refus des copartageans de faire connaître les bases du partage, et par leur insistance à ce que le notaire à qui ils remettaient un projet de partage préparé à l'avance le minutât immédiatement en acte public. — *Bordeaux*, 18 août 1845 (t. 1er 1846, p. 396), Lascoux c. Villate et Couste.

767. — L'art. 882 C. civ., aux termes duquel le créancier qui n'a pas formé opposition au partage ne peut l'attaquer une fois qu'il est consommé, n'est pas applicable au cas où le partage est attaqué par un créancier non opposant pour cause de dol, de fraude et de simulation. — *Metz*, 5 janv. 1820, Jacquinot c. Bertrand; *Agen*, 19 mai 1823, Touron c. Lacombe; 24 fév. 1824, Vignaux c. Pouydebat; *Grenoble*, 15 mai 1824, Lombard c. Eyraud et Lagier; *Toulouse*, 21 mai 1827, Berluc c. Sartor; *Paris*, 8 déc. 1830, Muront c. Brossier; *Bourges*, 18 juill. 1832, Bourdarioux c. Lagarde; *Bordeaux*, 25 nov. 1834, Bloy c. Faure; *Bastia*, 8 déc. 1834, Simonetty; *Montpellier*, 10 juin 1839 (t. 2 1839, p. 328), Reboul c. Champredon; 10 juin 1839 (t. 2 1839, p. 328), Bouton c. Crispon; *Paris*, 10 juill. 1839 (t. 2 1839, p. 20), Dromigny c. Bay. — Delvincourt, t. 2, p. 372, note 2; Delaporte, *Pandectes françaises*, t. 3, p. 392; Duranton, t. 7, nos 509 et 510; Vazeille, *Successions*, art. 882, n° 61; Chabot, art. 882; Conflans, *Jurispr. des success.*, p. 605.

768. — Tel serait le cas, par exemple, où l'on aurait fait figurer dans le partage de prétendus copartageans n'ayant aucun droit à la succession. — *Cass.*, 27 nov. 1844 (t. 1er 1845, p. 200), de Brouquens c. Darrieux.

769. — De même: l'art. 882 C. civ., qui défend aux créanciers non opposans d'attaquer un partage consommé, ne s'applique pas aux actes qui en tiennent lieu, lorsque ces actes sont attaqués pour cause de dol et de fraude. — *Aix*, 30 nov. 1833, Firminy c. Isnard.

770. — De même l'exception par laquelle l'art. 882 C. civ. repousse le créancier qui n'a point fait opposition à un partage ne s'applique qu'aux partages réguliers, mais non à une convention sous forme de partage à laquelle toutes les parties ont frauduleusement concouru pour frustrer de ses droits un créancier légitime. — *Amiens*, 11 nov. 1840 (t. 2 1842, p. 205), David c. Letellier.

771. — De même encore: le créancier qui n'a point formé opposition au partage ni demandé d'y intervenir peut néanmoins attaquer le partage consommé, comme frauduleux de la part de tous les copartageans. — L'art. 882 ne s'applique qu'au cas où, dans le partage, le débiteur seul a usé de fraude envers ses créanciers. — *Toulouse*, 8 déc. 1830, Massol.

772. — Lorsqu'un partage a été fait dans le but de frauder les tiers acquéreurs qui avaient traité avec l'un des copartageans, il peut être attaqué même par ceux des tiers acquéreurs qui n'y auraient pas formé opposition ou qui n'y seraient pas intervenus. — *Toulouse*, 25 fév. 1818, Barbe c. Dubernat.

773. — Il suit de ce qui précède que la femme séparée de biens et créancière de son mari pour sa dot et ses reprises matrimoniales, n'est point recevable à provoquer un nouveau partage lorsqu'elle ne prouve point que le premier soit nul pour dol ou fraude. — *Cass.*, 18 juin 1833, Gleizes.

774. — Un arrêt ne viole aucune loi en décidant qu'un créancier qui n'a point formé d'opposition au partage est déclaré non recevable à l'attaquer, quoiqu'il allègue la fraude, si cette allégation ne se trouve que vaguement dans son exploit introductif d'instance, sans qu'il ait, soit en première instance, soit en appel, articulé aucun fait précis de dol et de fraude, ni demandé à en faire la preuve, ni pris aucune conclusion qui mît les juges en mesure d'examiner si les faits étaient pertinens et admissibles. — *Cass.*, 23 déc. 1823, Broussard c. Fadot.

775. — Jugé, au contraire, que le créancier de l'un des copartageans qui a laissé consommer le partage sans opposition ni intervention de sa part n'est plus recevable à l'attaquer de son chef, même pour cause de dol ou de fraude pratiqués envers lui. — *Pau*, 28 mai 1834, Picard c. Guilhembernard; *Riom*, 23 juill. 1838 (t. 1er 1839, p. 592), Gardez c. Saurat; *Paris*, 26 juin 1847 (t. 2 1847, p. 165), Corbé c. Baron.

776. — Alors même que le créancier ne peut de son chef attaquer le partage, il peut, en vertu du principe général posé par l'art. 1166 du Code civil, l'attaquer du chef de son débiteur dans tous les cas où ce débiteur pourrait l'attaquer lui-même. — *Orléans*, 28 juill. 1843 (t. 1er 1844, p. 659), Chesneau c. Prévost. — Chabot, art. 882, n° 3; Delvincourt, t. 2, p. 372, note 2; Delaporte, *Pand. franç.*, t. 3, p. 392; Duranton, t. 7, nos 509 et 510; Vazeille, *Success.*, art. 882, n° 61.

777. — Le créancier d'un cohéritier qui est intervenu au partage a qualité pour interjeter appel en son nom personnel du jugement rendu sur les contestations auxquelles ce partage donne lieu. — *Orléans*, 29 mai 1845 (t. 2 1845, p. 477), Pélissot-Croué c. Courtois.

778. — Le créancier peut-il être admis à former tierce opposition au jugement rendu par l'instance en partage? Non, attendu que dans l'instance il a été représenté par son débiteur.

— *Riom*, 11 fév. 1830, Brousse c. Cayron ; *Cass.*, 19 nov. 1838 (t. 1er 1839, p. 268), Delatour de Saint-Igest c. de Villaines.

779. — Jugé, au contraire, que, tant qu'un partage entre héritiers n'est pas consommé, le créancier d'un copartageant peut former tierce opposition au jugement qui en a déterminé les bases en fixant la quote-part de chacun des copartageans, comme il pourrait intervenir au partage lui-même. — Cette tierce opposition peut être formée par requête incidente devant le tribunal de première instance, encore bien que le jugement ait été acquiescé par le débiteur. — *Cass.*, 4 déc 1834, Ducluzeau c. Vergne.

780. — ... Que l'acquéreur d'un des immeubles d'une succession indivise vendu par l'un des cohéritiers a droit de former tierce opposition à un jugement qui aurait fixé les bases du partage d'une manière préjudiciable à ses droits. — *Bordeaux*, 29 août 1832, Boy c. Eymond. — Belost-Jolimont, *Observations sur les Success.* de Chabot, t. 2, p. 653.

781. — En tout cas : l'arrêt qui refuse d'admettre une tierce opposition fondée sur une prétendue collusion entre le débiteur et ses coïntéressés, par le motif qu'une telle allégation est repoussée par toutes les circonstances de la cause, contient une appréciation de fait qui appartient souverainement aux juges du fond, et qui ne peut dès lors constituer un moyen de cassation. — *Cass.*, 19 nov. 1838 (t. 1er 1839, p. 268), Delatour de Saint-Igest c. de Villaines.

782. — L'opposition à partage signifiée à tous les copartageans a pour effet d'empêcher tout transport, même au profit d'un tiers, par l'héritier contre lequel elle est formée, tant que les droits de chacun dans l'hérédité n'ont pas été réglés par une liquidation définitive. — *Paris*, 19 janv. 1843 (t. 1er 1843, p. 344), Carrier c. Curtille.

783. — Mais le droit que la loi accorde aux créanciers d'un copartageant de s'opposer à ce que le partage ait lieu hors de leur présence, ou même de provoquer le partage, ne va pas jusqu'à détruire l'effet de l'art. 827 du Code civil, c'est-à-dire jusqu'à leur permettre d'empêcher que la licitation des biens reconnus d'ailleurs impartageables en nature n'ait lieu, devant le notaire choisi par tous les héritiers majeurs, alors que cette licitation était déjà consentie et que les opérations en étaient commencées au moment où la demande en partage a été formée. — Dans ce cas, les créanciers ne peuvent attaquer le partage qu'autant qu'il aurait eu lieu hors de leur présence, et sans les appeler, et qu'il aurait été fait en fraude de leurs droits. — *Cass.*, 30 janv. 1843 (t. 2 1843, p. 58), Ghirbrechts c. Tierce.

784. — Quant à la demande en partage formée par le créancier personnel de l'un des héritiers, elle a pour effet, comme l'opposition à partage, de frapper d'indisponibilité la part héréditaire du cohéritier débiteur. — *Orléans*, 29 mai 1845 (t. 2 1845, p. 477), Pelissot-Croué c. Courtois.

785. — Mais si l'art. 882 accorde aux créanciers d'un copartageant le droit d'intervenir au partage, ce n'est qu'à la condition de le faire à leurs frais.

786. — Cette disposition doit être entendue dans ce sens : que l'intervenant doit supporter non-seulement les frais de son intervention, mais encore ceux des contestations qu'il a élevées seul ou conjointement avec le cohéritier de son débiteur. — *Orléans*, 28 mars 1843 (t. 1er 1843, p. 480), Rousseau St-Léger c. Langellé.

787. — Les frais de contestations élevées par des créanciers intervenus dans un partage doivent être mis à leur charge, sauf leur recours, s'il y a lieu, contre leur débiteur. — *Bordeaux*, 17 janv. 1831, Dupuy c. Blacquière.

CHAPITRE X. — *Partages provisionnels.*

788. — Les partages faits conformément aux règles ci-dessus prescrites, soit par les tuteurs avec l'autorisation d'un conseil de famille, soit par les mineurs émancipés, assistés de leurs curateurs, soit au nom des absens ou non présens, sont définitifs, c'est-à-dire rendent chaque héritier propriétaire incommutable de la portion de biens comprise dans son lot; si les règles prescrites n'ont pas été observées, ils ne sont que provisionnels : c'est-à-dire qu'ils ne confèrent à chaque héritier que le droit de jouir des biens qui lui sont échus, et laissent la propriété indivise jusqu'à ce qu'il soit intervenu un partage définitif. — C. civ., art. 840. — Chabot, sur cet article, nos 1er et 2.

789. — Avant le Code civ. le partage fait par le tuteur était absolument nul, s'il n'avait été précédé des formalités de justice. — *Limoges*, 10 fév. 1813, Péricaud c. Lafond.

790. — Jugé, d'autre part, qu'avant le C. civ. un partage provoqué contre un mineur assisté de son curateur n'était point nul parce que le procès-verbal d'estimation des immeubles n'aurait point été entériné par jugement ni soumis aux conclusions du ministère public. — *Cass.*, 4 vendémiaire an X, Maillier.

791. — Bien que l'art. 840, qui, pour rendre le partage définitif à l'égard du mineur, exige l'autorisation du conseil de famille, ne fasse point de distinction à cet égard; l'art. 465 C. civ. dispensant le tuteur de cette autorisation lorsqu'il s'agit, non pas de provoquer, mais simplement de répondre à une demande en partage dirigée contre le mineur, il en résulte que, dans ce cas, le défaut d'autorisation n'empêche pas le partage d'être définitif. — Chabot, art. 840, no 3.

792. — Quant au mineur émancipé : pour qu'à son égard le partage soit définitif, il faut qu'il ait été assisté de son curateur; mais il n'est nullement nécessaire qu'il ait obtenu l'autorisation du conseil de famille, lors même que le partage a été provoqué par lui. — Chabot, *ibid.*, no 4.

793. — Il résulte de l'art. 840 que même lorsqu'au nombre des héritiers se trouvent des mineurs, des interdits, des absens ou des non présens, les partages provisionnels ne sont pas soumis aux règles prescrites par les art. 819 et suiv., et qu'ainsi ils peuvent être faits soit par les tuteurs sans autorisation du conseil de famille, soit par les mineurs émancipés non assistés de leurs curateurs; enfin par les uns et les autres sans estimation par experts, intervention de justice, etc.... En effet, le partage provisionnel n'est qu'un acte d'administration; or le tuteur a qualité pour administrer les revenus du mineur ou de l'interdit, sauf à répondre de sa gestion : de même le mineur émancipé peut sans assistance faire tous actes d'administration. — Chabot, no 6.

794. — Lorsque parmi les héritiers il y en a d'absens, il peut néanmoins être procédé à un partage provisionnel. — *Cass.*, 14 juin 1813, Roggiero c. Marsemo.

795. — Lorsqu'il n'a été fait qu'un partage provisionnel avec le mineur : celui-ci peut, même avant sa majorité, en provoquer la rescision, sans être tenu d'alléguer de lésion. — *Aix*, 22 frim. an XIV, Dauthier c. Deprats.

796. — De même, les partages faits avec des mineurs sans l'accomplissement des formalités prescrites par la loi ne sont que provisionnels à l'égard des mineurs et peuvent être attaqués par ceux-ci lors de leur majorité. Toutefois, si l'un des copartageans majeurs a vendu ou échangé depuis des objets à lui échus par ce partage; on doit, l rs du partage définitif, faire des lots d'attribut on, de manière que les immeubles vendus soient attribués au vendeur : à moins qu'il n'y ait eu de sa part mauvaise foi évidente. — *Riom*, 10 janv. 1816, Montanat.

797. — Un partage dans lequel un mineur est intéressé ne cesse pas d'être provisionnel, pour n'avoir point été fait en justice ; par cela que le mineur est devenu héritier pour partie de son tuteur, lequel s'était porté fort pour lui et s'était obligé de le faire ratifier. — *Bourges*, 23 nov. 1818, Lavalette c. Girard.

798. — Un partage fait entre des majeurs et des mineurs sans observer les formalités prescrites par la loi, n'est provisionnel qu'à l'égard de ces derniers, il est définitif à l'égard des majeurs. — *Lyon*, 4 avril 1810, Chardon ; 16 juillet 1812, Delay c. Perraud et Point; *Cass.*, 30 août 1815, de Vaudreuil c. Sallonieil ; *Colmar*, 28 nov. 1816, Pfeiffer c. Schuster, *Bruxelles*, 20 janv. 1818, Luyckx ; *Agen*, 12 nov. 1823, Loygun c. Coste et Vidan ; *Colmar*, 13 avril 1835, Feistel c. Lewy ; *Cass.*, 24 juill. 1835, Mar-Saint-Maurice c. Boscary. — Chabot, art. 840, no 7 ; Merlin, vo *Partage provisionnel ;* Favard, *Rép.*, t. 4, p. 114 ; Berriat, *Procéd.*, t. 2, p. 710, note 4 ; Malpel, *Successions*, no 318 ; Rolland de Villargues, vo *Partage provisionnel*, no 23 ; Conflans, *Des succes.*, sur l'art. 840 C. civ.

799. De même : la restitution qui est accordée au mineur ne profite pas au majeur, alors que les biens à partager ne sont pas indivisibles. — *Cass.*, 16 fév. 1814, Meardi.

800. — De même encore : le partage fait, sans formalités de justice, entre des cohéritiers majeurs dont l'un est absent, n'est provisionnel qu'à l'égard de ce dernier ; il est valable à l'égard des cohéritiers présens. — *Bordeaux*, 16 mai 1834, Denoix c. Burlion.

801. — Le partage opéré entre quelques-uns des cohéritiers seulement doit être considéré comme définitif pour ceux qui y ont concouru, en ce sens qu'ils ne peuvent vis-à-vis les uns des autres se prévaloir de ce que tous les héritiers n'y ont pas figuré. — *Toulouse*, 13 avril 1831, Ladrir c. Mességné.

802. — Celui qui, connaissant le partage provisionnel, a acquis de l'un des copartageans l'immeuble qui lui est échu, ne peut demander la nullité de la vente : sur le motif qu'il court le risque d'être évincé par suite du nouveau partage que le mineur pourrait provoquer. — *Lyon*, 16 juill. 1812, Delay c. Perraud.

803. — Jugé, au contraire, que les partages faits sans l'observation des règles prescrites, sont provisionnels aussi bien à l'égard des majeurs qu'à l'égard des mineurs. Dans tous les cas, on doit le décider ainsi lorsque les parties ont expressément déclaré dans l'acte qu'elles ne faisaient qu'un partage provisoire. — *Toulouse*, 7 avril 1834, Couderc.

804. — De même, le partage entre majeurs et mineurs sans les formalités exigées par la loi étant purement provisionnel, une action est ouverte à chacune des parties pour arriver à un partage définitif. Cette action est non recevable de la part du copartageant majeur, lorsqu'il est évident que les parties ont voulu que l'acte, quoique affranchi des formalités, eût un caractère définitif. — *Cass.*, 24 juin 1839 (t. 2 1839, p. 29), Désaphix ; 9 mars 1846 (t. 2 1846, p. 524), Muel c. Doublat. — Merlin, *Rép.*, vo *Partage provisionnel ;* Chabot, art. 840, no 7 ; Favard, *Rép.*, t. 4, p. 414 ; Berriat, *Proc.*, t. 2, p. 710, note 4 ; Malpel, *Success.*, no 318 ; Duranton, t. 7, nos 179 et 180 ; Rolland de Villargues, vo *Partage provisionnel*, no 23.

805. — Le majeur a ce droit lors même que le partage aurait eu lieu avec le mineur lui-même, l'art. 1125 C. civ., qui ne permet pas au majeur de se prévaloir de l'incapacité du mineur, ne s'appliquant qu'aux actes que ce dernier est incapable de faire seul ; et non à un partage provisoire, auquel le mineur peut concourir sans autorisation. — *Cass.*, 9 mars 1846 (t. 2 1846, p. 524), Muel c. Doublat.

806. — Un partage qui a été exécuté pendant plus de vingt-cinq ans, et à la suite duquel plusieurs des copartageans ont aliéné leur portion, au vu et su des autres copartageans, et sans réclamation de leur part, doit être considéré comme définitif bien que, lors de sa confection, les parties se soient réservé de procéder à une plus exacte estimation des lots, et de rétablir l'égalité, s'il y avait lieu, par des indemnités proportionnelles. — Il y a lieu seulement d'examiner, suivant cette réserve, si des indemnités supplémentaires de la valeur de leurs lots sont dues à quelques-uns des copartageans. — *Lyon*, 10 août 1838 (t. 1er 1839, p. 531), Joly.

807. — Un mineur devenu majeur peut demander un nouveau partage d'une succession ouverte durant sa minorité, sans réclamer préalablement la nullité d'un premier partage non revêtu des formes légales. — Il en serait de même quoique le tuteur eût exécuté ce premier partage, et qu'après le décès de celui-ci le mineur, devenu son héritier, se soit mis en possession d'une partie de son lot. — *Nancy*, 11 déc. 1837 (t. 1er 1838, p. 320), Ronfort. — Magnin, *Traité des minorités*, t. 2, p. 60, no 978.

808. — Les cohéritiers d'un mineur qui ont fait avec lui un partage provisionnel peuvent, à sa majorité, et sans attendre l'expiration des dix ans que la loi lui accorde pour former l'action en rescision, le contraindre à déclarer s'il entend ratifier le partage, à défaut de quoi les cohéritiers peuvent en provoquer un nouveau. — *Limoges*, 27 janv. 1824, Porcher c. Brunet.

809. — Lorsqu'un arrêt passé en force de chose jugée a prononcé l'annulation d'un partage fait sans observation des formalités légales, celle des parties qui a obtenu cet arrêt ne peut, par un désistement, en anéantir les effets sans le consentement de l'autre partie. — Et les créanciers de celui contre qui le partage a été annulé ne peuvent, en intervenant au partage nouveau, accepter contre le gré de leur débiteur un pareil désistement, le droit qui leur est réservé par l'art. 1166 ne s'appliquant qu'au cas où il s'agit de droits dont le débiteur refuse ou néglige l'exercice ; mais ne pouvant aller jusqu'à créer, en ressuscitant un partage désormais sans existence légale, une convention qui dépend de la volonté du débiteur, et ne peut être consentie que par lui. — *Cass.* 11 mai 1846 (t. 1er 1846, p. 767), Deuzy c. de Beaumont.

810. — Le partage provisionnel a, aussi bien que le partage définitif, l'effet de faire cesser l'indivision. — En conséquence : le créancier personnel d'un des copartageans majeurs peut faire saisir les immeubles échus à son débiteur, sans observer les formalités préalables prescrites par l'art. 2205 du Code civil.—*Colmar*, 13 juin 1821, Lévy c. Sœder.

811.—Le partage originairement provisionnel, comme fait au nom d'un mineur par son tuteur sans l'accomplissement des formalités requises, devient définitif si le mineur devenu majeur ne l'attaque pas dans les dix ans de sa majorité, ou le rend nul par des actes d'exécution. La ratification peut résulter de ce que le partage a été invoqué par le mineur, comme établissant ses droits, dans une action par lui intentée contre le fermier d'une métairie comprise dans ce partage. — *Cass.*, 18 déc. 1837 (t. 1er 1838, p. 64), Fournier.

812—Lorsqu'il n'y a eu qu'un partage provisionnel, l'action en partage définitif peut toujours être exercée tant qu'elle ne s'est pas éteinte, conformément à l'art. 816, par une possession suffisante pour acquérir la prescription; c'est-à-dire que le laps de trente ans depuis le partage provisionnel, en y ajoutant tout le temps pendant lequel le cours de la prescription a été suspendu ou interrompu.—*Chabot, art. 840, n° 5.*

813.—Ainsi jugé qu'un acte de partage provisionnel devient définitif après le laps de trente ans.— *Rennes*, 23 janv. 1817, Sidaner c. N...

814.—Jugé de même qu'un partage provisionnel peut servir de base à la prescription trentenaire lorsqu'il a attribué aux parties le droit de vendre les biens pour se procurer le moyen d'acquitter leur part contributoire dans les dettes, et qu'il a eu seulement un vue de réserver à ces parties le droit de faire plus tard une liquidation définitive : action prescriptible elle-même par trente ans. — *Cass.*, 2 août 1841 (t. 2 1841, p. 245), de la Villegonouau c. Talhouet.

815.—Le mari qui exécute le partage fait avec sa femme non assistée ni autorisée de lui, et qui s'est mis en possession du lot attribué à celle-ci, ne peut attaquer ce partage après plusieurs années de jouissance. — *Colmar*, 28 nov. 1816, Pfeiffer c. Schuster.

816.— Le mineur, qui veut faire réformer le partage provisionnel fait avec lui, n'est pas soumis aux règles et aux délais de l'action en rescision. — *Paris*, 3 fév. 1812, de Morangiès c. de Saint-Aignan.

V. aussi ABSENCE, AFFOUAGE, AINESSE (droit d'), BAIL A CHEPTEL, BAIL A CONVENANT, BIENS COMMUNAUX, COMPÉTENCE ADMINISTRATIVE, DEMANDE NOUVELLE, DONATION PAR CONTRAT DE MARIAGE, DOT, ÉMIGRÉS, ENREGISTREMENT, EXPERTISE, FORÊTS, HYPOTHÈQUE LÉGALE, LÉGITIME, LEGS, LICITATION, PREUVE TESTIMONIALE.

PARTAGE ANTICIPÉ.

On appelle ainsi les partages que les père et mère ou autres ascendans font de leur vivant entre leurs enfans ou descendans. — V. PARTAGE D'ASCENDANT.

PARTAGE D'ASCENDANT.

Table alphabétique.

PARTAGE D'ASCENDANT. — 1. — C'est l'acte par lequel le père, mère ou autres ascendans font entre leurs enfans ou descendans la distribution et le partage de leurs biens.

Sect. 1re. — *Historique.*

2.—En droit romain, les ascendans pouvaient faire, de leur vivant, le partage de leurs biens entre leurs descendans.

3. — Ils pouvaient également faire ce partage par un testament inférieur privilégié *inter liberos*, qui était dispensé des formes ordinaires des testamens. Il suffisait que le testament fût fait par écrit et de la main du père de famille. Il n'était pas nécessaire qu'il renfermât une institution d'héritier, et les enfans n'auraient pu, par cause d'omission, l'attaquer par la plainte d'inofficiosité. —*L.L. 21 et 26 C. De testam. incisc.*; L. 21, § 1 C. *De testam.*; L. 20, § 3 ff., *De famil. erisc.*; Nov. 18 et 107. — Furgole, *Des testam.*, chap. 2, sect. 1re, n°s 30 et suiv.

4.— Le droit du père de famille, dans ce cas, dérivait de la puissance paternelle. — V. cependant Furgole, *Des testam.*, ch. 8, sect. 1re, n° 152.

5.— Par extension du droit civil, on accorda à la mère et aux ascendans paternels ou maternels des deux lignes le droit de faire le partage de leurs biens entre leurs descendans.

6.— En France et dans les pays de droit écrit, les partages devaient être faits par un acte ordinaire devant notaire ou par testament olographe (ord. 1735, art. 45 et suiv.). Du reste, ils étaient toujours réputés dispositions, à cause de mort révocables, nonobstant le consentement et la signature des enfans, à moins qu'ils n'eussent été faits par contrat de mariage.—Furgole, chap. 8, sect. 1re, n° 151; Lebrun, *Success.*, liv. 4, chap. 4er, n° 42.

7.— Ce mode de partage ne pouvait être attaqué pour cause de prétérition. L'inégalité des parts n'était pas non plus une cause de nullité; seulement l'enfant prétérit ou qui aurait été appelé à une part moins forte aurait droit de réclamer sa légitime ou au moins de la faire compléter. — Merlin, *Rép.* v° *Partage d'ascendant*; Furgole, *Testam.*, ch. 8, sect. 1re, n°s 47, 449, 450, 463. — C'était ainsi un moyen d'encourager des enfans au préjudice des autres.

8.— Dans les pays coutumiers, ce n'était qu'exceptionnellement, et par une disposition expresse de la coutume, que les partages d'ascendant étaient admis. — Cout. du Bourbonnais; cout. de Bordeaux, art. 63.

9. — Parmi les coutumes qui admettaient ces sortes de partages, les unes conféraient ce droit à tous les ascendans, et même à des collatéraux, tandis que d'autres le restreignaient aux pères et mères.

10. — Certaines coutumes exigeaient, pour la validité de la disposition, qu'il se fût écoulé un intervalle de quarante ou de vingt jours entre l'acte de partage et le décès du père de famille.

11. — Du reste on devait comprendre tous les biens de l'ascendant dans le partage, et la prétérition d'un seul enfant aurait suffi pour le faire annuler. — Furgole, *ibid*, n° 161.

12. — Quant à l'égalité, en général, dans les coutumes qui admettaient ce genre de partage, les enfans ne pouvaient attaquer sous ce rapport la distribution faite par leurs ascendans qu'autant qu'ils auraient éprouvé une lésion considérable. Quelques coutumes fixaient cette lésion à un sixième. — Argou, t. 1er, p. 482.

13. — Lorsqu'il y avait égalité dans le partage, les juges allaient même jusqu'à reconnaître cette espèce de partage sous l'empire des coutumes qui n'avaient point de disposition à cet égard. — Denisart, v° *Partage*, n° 69.

14. — La loi du 17 niv. an XI n'avait point interdit au père de famille la faculté de faire le partage de sa succession entre ses enfans, pourvu que le partage fût égal. — *Cass.*, 11 déc. 1816, Crozier; 11 juin 1835, Hartmann c. Lutter.

Sect. 2e. — *Caractères du partage d'ascendant.*

15. — L'art. 1075 C. civ. porte : « Les père et mère et autres ascendans pourront faire entre leurs enfans et descendans la distribution et le partage de leurs biens. »

16. — L'art. 1076 ajoute : « Ces partages peuvent être faits par actes entre-vifs ou testamentaires, avec les formalités, conditions et règles prescrites pour les donations entre-vifs et les testamens. »

17. — Les partages d'ascendant ont pour but de prévenir les discussions qui pourraient naître entre les enfans, et d'éviter les lenteurs, les frais et les difficultés d'un partage judiciaire toujours nécessaire lorsque l'un des cohéritiers est mineur, absent ou interdit. — Delvincourt, t. 2, p. 50; Toullier, t. 4, p. 563, t. 5, p. 723; Favard, v° *Partage d'ascendant*; Duranton, t. 9, p. 658; Merlin, v° *Partage d'ascendant*, n° 8; Grenier, t. 1er, n° 402.

18. — Jugé, en ce sens, que les dispositions du Code civil sur les partages d'ascendant forment une législation spéciale et exceptionnelle ayant pour but de faciliter les arrangemens domestiques, de prévenir les contestations, et d'assurer la paix et l'union des familles. — *Cass.*, 4 févr. 1845 (t. 2 1845, p. 396), de Meillonas c. de Kolly.

19. — Le but de ce genre de partage est l'*égalité* entre les appelés. — Grenier, *Donat.*, n° 393; Toullier, t. 5, nos 803, 808.

20. — Quand un acte doit-il être réputé partage d'ascendant? C'est lorsque, dans ses dispositions et dans sa forme, il renferme les élémens essentiels prévus par les art. 1075 et 1076 C. civ.

21. — Un acte par lequel des père et mère donnent tous leurs biens à leurs enfans, et où ceux-ci déclarent qu'ils transigent sur leurs droits, n'est point une donation entre-vifs proprement dite, mais bien un partage d'ascendant. — *Agen*, 6 juill. 1824, Capin c. Vincent.

22. — L'acte qualifié *donation entre-vifs*, dans lequel un père a manifesté la volonté, mais sans en faire une condition, que ses biens fussent partagés entre ses enfans, cumulativement avec ceux de leur mère, et qui ne contient aucune division de biens, ne peut être considéré comme un partage. — *Rennes*, 20 mars 1826, Guillou.

23. — L'acte par lequel un ascendant distribue à quelques uns de ses enfans ses biens immeubles, à la charge de payer ses dettes et de lui servir une rente viagère, peut être considéré comme un partage anticipé, alors même qu'il se compliquerait de comptes et de compensations et que les gendres de l'ascendant y auraient été appelés, s'il est établi qu'ils n'y ont figuré que comme maris, et non en leur nom principal et de leur propre chef. — Dans ce cas, la rente viagère ne peut pas être exceptée des autres conventions de l'acte de partage et lui survivre; considérée comme stipulation accessoire, elle doit suivre le sort du principal et rester sans effet. Ce n'est pas le cas d'appliquer l'art. 918 C. civ., relatif aux aliénations faites à des successibles, à charge de rente viagère, et qui sont réputées dons gratuits imputables sur la portion disponible. — *Cass.*, 20 juin 1837 (t. 2 1837, p. 52), Moreau c. Freslon.

24. — Un acte qualifié de vente ou bail, par lequel un père cède ses biens à ses enfans, moyennant un prix déterminé, peut être déclaré ne contenir qu'un véritable partage anticipé dans une forme illégale. — *Cass.*, 14 nov. 1816, Jaumier c. Penin.

25. — De même, l'abandon de ses biens, fait à titre de partage anticipé, par un ascendant à ses enfans, ne perd pas son caractère de libéralité pour prendre celui de contrat à titre onéreux, par cela que le donateur a imposé aux donataires l'obligation de lui servir une rente viagère et de payer un capital au jour de son décès, quelque élevées que soient d'ailleurs ces charges comparativement aux biens donnés. — *Cass.*, 9 août 1848 (t. 1er 1849, p. 260), Cessac c. Enregistrement.

26. — L'acte par lequel un père, après avoir déclaré faire donation entre-vifs de ses biens à ses enfans, procède au partage entre eux, forme les lots de chacun, et attribue à l'un d'eux, de son consentement et de celui de ses codonataires, la majeure partie de ses immeubles, reconnue impartageable, à la charge par celui-ci de payer aux autres enfans une soulte en argent, dont le montant a été réglé par le père et d'un commun accord, a le caractère de partage d'ascendant et doit en produire tous les effets. — On ne saurait voir dans cet acte, sans en dénaturer le caractère, deux contrats distincts, indépendans, dont l'un, donation du père aux enfans, aurait saisi immédiatement ceux-ci de la propriété indivise des biens donnés, et l'autre, étranger au donateur, exclusivement personnel aux donataires, aurait eu pour objet le partage de ces biens. — *Cass.*, 4 juin 1849 (t. 1er 1849, p. 353), Gandon c. Paris.

27. — En sens inverse, une cour d'appel a pu décider, sans que son arrêt donne ouverture à cassation, que l'acte par lequel un père abandonne tous ses biens à ses enfans, moyennant une pension viagère, constituait un contrat à titre onéreux. — *Cass.*, 28 mars 1820, Adenot. — Duranton, , t. 8, n° 657; Rolland de Villargues, v° *Partage d'ascendant*, n° 74.

28. — Une disposition testamentaire ainsi conçue : *Je donne et lègue à N..., mon petit-fils, par préciput et sans charge de rapport, les immeubles ci-après désignés...; quant à mes autres immeubles, je les donne et lègue, également par préciput et hors part, par moitié à N..., mon fils, et à N..., ma petite-fille*, constitue non un simple legs, mais un véritable partage d'ascendant. — *Cass.*, 6 juin 1834, Priel c. Cambronne et Jorand.

29. — L'acte par lequel une mère dispose entre-vifs, en faveur de sa fille, d'une portion de ses biens présens, portion que celle-ci rétrocède immédiatement à son frère, par voie d'échange, ne peut être considéré comme un traité sur la succession future de la donatrice. Ce n'est là qu'un règlement de famille, un partage de présuccession fait par un ascendant entre ses enfans. — *Montpellier*, 27 mai 1846 (t. 2 1846, p. 212), Ducup c. Christol.

30. — Le testament par lequel une mère donne à l'un de ses enfans une terre pour sa part héréditaire, sans rien assigner à ses autres enfans, ne peut être considéré comme un partage fait en conformité de l'art. 1075 C. civ., mais simplement comme un legs réductible à la quotité disponible. — *Rennes*, 11 janv. 1814, Levoyer.

31. — Comme le caractère définitif d'un acte ne saurait dépendre des qualifications qui se trouvent dans son préambule; un acte peut être considéré comme renfermant en réalité un partage d'ascendant, bien que son intitulé exprime qu'il a été fait en vue d'éviter une instance en partage. On ne saurait conclure de cet intitulé qu'il constitue nécessairement une transaction. — *Cass.*, 4 mai 1846 (t. 2 1846, p. 78), Jeanjean.

32. — Comme les partages d'ascendant jouissent d'une modération de droits, en matière d'enregistrement, c'est principalement avec la régie qu'ont dû s'agiter les questions de savoir quand un acte devait être considéré ou non comme partage d'ascendant. Pour éviter des redites à ce sujet, voyez ce que nous avons dit v° ENREGISTREMENT, nos 2593 et suiv.

33. — Bien que quelquefois, dans le langage judiciaire, l'expression *démission de biens* soit employée comme synonyme de *partage d'ascendant* (V. notamment *Cass.*, 12 août 1840 [t. 1er 1841, p. 460], Leroux c. Quinzac); néanmoins il est nécessaire de ne pas confondre ces deux espèces de dispositions gratuites, qui, malgré leurs nombreuses analogies, ont des différences essentielles. — V. DÉMISSION DE BIENS, nos 3 et suiv.

34. — Un acte de partage d'ascendant peut contenir en même temps un don ou une libéralité faits par préciput à l'un des enfans. — Toullier, t. 6, n° 810.

Sect. 3e. — *Entre qui peut avoir lieu le partage d'ascendant.*

35. — D'après l'art. 1075 C. civ., les partages d'ascendant doivent avoir lieu entre les père et mère et autres ascendans d'une part et leurs enfans ou descendans d'autre part.

36. — De ce que la loi ne parle du partage qu'entre ascendans et descendans s'ensuit-il qu'il ne puisse avoir lieu entre des parens collatéraux, et qu'ainsi un oncle ou tel autre parent collatéral ne puisse faire le partage de ses biens entre ses neveux ou autres héritiers présomptifs?

37. — Suivant Grenier (n° 393), le partage ne saurait avoir lieu. — Suivant d'autres auteurs, au contraire, le parent collatéral peut faire le partage anticipé de ses biens, et, pour cela, il est astreint aux mêmes formalités, conditions et règles que pour les donations ou les testamens (C. civ., art. 1076). Mais l'acte ne suivrait pas les règles du partage d'ascendant : ainsi il ne serait pas nul parce qu'un des neveux y aurait été omis; il ne serait pas rescindable pour lésion du quart, et n'aurait aucun des autres effets du partage. — Duranton, t. 9, n° 618; Vazeille, art. 1079, n° 7; Rolland de Villargues, v° *Partage d'ascendant*, n° 12. — Delvincourt (t. 2, p. 149) pense au contraire qu'un pareil acte est sujet à rescision, pour lésion, quand l'intention de faire un partage est évidente.

38. — Jugé, en ce dernier sens, que les dispositions du Code civil qui permettent aux ascendans de faire entre leurs descendans le partage anticipé de leurs biens, ne sont nullement interdites à toute autre personne à l'égard de ses héritiers présomptifs. — *Caen*, 2 déc. 1847 (t. 1er 1848, p. 546), Soynard et Hamon c. Lebastard.

39. — Nul doute non plus que deux époux, le père et la mère, peuvent se réunir pour faire le partage de leurs biens entre leurs enfans. — Rolland de Villargues, *ibid.*, n° 15.

40. — Par suite il a été jugé que deux époux qui, dans la vue de partager plus facilement leurs biens entre leurs enfans, commencent par se diviser entre eux les immeubles de leur communauté, font un acte licite susceptible de ratification par le survivant. — *Douai*, 10 fév. 1828, Barbier c. Cailliers. — *Dictionn. du not.*, v° *Partage d'ascendant*, n° 46. — V. aussi C. civ., art. 1595.

41. — ... Que des époux peuvent, pour parvenir au partage testamentaire de leurs biens entre leurs enfans, faire, durant le mariage, le partage provisionnel des biens de leur communauté, lequel partage devient définitif à la dissolution de la communauté par la ratification ou l'exécution des parties intéressées. — *Douai*, 3 août 1846 (t. 2 1846, p. 450 et 712), Lefebvre c. Bouthors.

42. — L'ascendant doit avoir la capacité de disposer à titre gratuit. — C. civ., art. 906. — V. DISPOSITIONS A TITRE GRATUIT, nos 106 et suiv., 112 et suiv. — A quoi nous ajouterons :

43. — Dans un partage d'ascendant fait par deux époux, la femme n'a pas besoin d'une autorisation expresse de son mari; il suffit du concours de celui-ci dans l'acte. — *Douai*, 3 août 1846 (t. 2 1846, p. 712), Lefebvre c. Bouthors.

44. — L'exception introduite par l'art. 1556 C. civ., qui permet la dation des biens dotaux pour l'établissement des enfans communs, ne peut pas s'étendre au partage qu'une femme mariée sous le régime dotal voudrait faire entre-vifs de ses biens, même avec l'autorisation du mari. — *Dict. du not.*, v° *Partage d'ascendant*, n° 16.

45. — Les descendans doivent avoir la capacité de recevoir à titre gratuit. — C. civ., art. 906. — V. DISPOSITIONS A TITRE GRATUIT, nos 106 et suiv., 352 et suiv. — A quoi nous ajouterons :

46. — Les partages d'ascendant étant soumis à des règles spéciales, on ne saurait faire dépendre la validité d'un pareil acte, dans lequel figure un mineur ou un interdit, de l'accomplissement des formalités prescrites par l'art. 466 C. civ. — *Cass.*, 4 mai 1846 (t. 2 1846, p. 78), Jeanjean.

47. Par la même raison, le père tuteur n'a pas besoin d'être autorisé par le conseil de famille pour accepter un partage d'ascendant au nom de ses enfans mineurs. — *Nîmes*, 10 avril 1847 (t. 1er 1848, p. 221), Agniel.

48. — Il suffit, pour la validité d'un partage d'ascendant fait par actes entre-vifs en faveur de mineurs, que l'acceptation ait lieu dans l'intérêt de ceux-ci, et pour eux tous, par leur tuteur, autorisé par le conseil de famille, alors même qu'ils auraient des intérêts opposés. Il n'y a pas lieu d'appliquer à ce cas la règle des partages ordinaires, suivant laquelle, en cas d'opposition d'intérêts des mineurs, un tuteur *ad hoc* doit être donné à chacun d'eux. — *Besançon*, 16 janv. 1846 (t. 1er 1847, p. 737), Bidot c. Sauthier.

49. — Le tuteur des mineurs assignés en nullité ou en rescision d'un partage d'ascendant n'a pas, pour avoir fait défaut en première instance, besoin d'une autorisation du conseil de famille pour conclure en appel à la nullité ou à la rescision de ce partage. — *Nîmes*, même arrêt.

50. — Est nulle, comme emportant aliénation du fonds dotal, la ratification par la femme dotale à un partage testamentaire dont elle avait droit de demander la rescision pour défaut de qualité dans les biens attribués à son lot. — *Nîmes* 14 juin 1846 (sous *Cass.*, 10 nov. 1847 (t. 1er 1849, p. 74)), Mazoyer c. Daudé.

51. — Comme le partage d'ascendant a le caractère d'une succession anticipée, il s'ensuit qu'il ne peut intervenir qu'entre les enfans ou descendans qui sont appelés directement et immédiatement à la succession de l'ascendant. — Ainsi : quand les enfans du premier degré sont encore vivans, il ne peut y avoir un partage d'ascendant dans la donation faite à eux et à leurs enfans ou petits-enfans. — Rolland de Villargues, n° 16.

52. — Jugé, en ce sens, que le partage d'ascendant doit être fait entre les successibles seulement. — *Cass.*, 22 mai 1838 (t. 2 1838, p. 158), Huck c. Préfet du Bas-Rhin.

53. — Ainsi jugé, également, en matière d'enregistrement, qu'on ne peut considérer comme partage d'ascendant, et faire profiter à ce titre de la modération de droits établie par l'art. 3 de la loi du 16 juin 1824, 1° le partage fait par un ascendant entre sa fille unique et les trois enfans de celle-ci, auxquels il fait don de la quotité disponible. — *Cass.*, 5 juin 1848 (t. 2 1848, p. 105), Duport. c. Enreg.

54. — ... 2° La donation entre-vifs faite par un père : 1° à sa fille unique, de ses biens mobiliers et immobiliers, partie en toute propriété, partie en usufruit ; 2° et à son petit-fils enfant de la donataire, de la nue propriété de quelques-uns des objets donnés à cette dernière. — *Cass.*, 4 janv. 1847 (t. 1er 1847, p. 395), Enreg. c. Meunier-Quinzac.

55. — ... 3° La donation entre-vifs avec partage faite par un père, 1° des 11/12es de ses immeubles à sa fille unique ; 2° et de l'autre douzième de ces biens à son petit-fils enfant de la donataire, et, par conséquent, du vivant de celle-ci non héritier présomptif du donateur. — *Cass.*, 26 janv. 1848 (t. 1er 1848, p. 147), Gilles c. Enreg.

56. — Si le partage n'est pas fait entre tous les enfans qui existeront à l'époque du décès et les descendans de ceux prédécédés, le partage sera nul pour le tout. — C. civ., art. 1078.

57. — Jugé, en conséquence, que le partage en forme de donation entre-vifs est nul lorsqu'il n'a pas compris tous les enfans. — *Riom*, 12 mai 1819, Raymond ; *Nancy*, 22 janv. 1838 (t. 2 1843, p. 326), André c. Masson ; *Cass.*, 22 mai 1838 (t. 2 1838, p. 158), Huck c. Préfet du Bas-Rhin.

58. — Une donation universelle de tous les biens présens faite par un père à l'un de ses enfans, à la charge par le donataire de payer une somme déterminée à chacun de ses frères et sœurs, devant être considérée comme un partage par acte entre-vifs, cette donation est nulle si elle n'est pas faite avec le concours de tous les enfans du donateur. — *Montpellier*, 3 janv. 1827, Laportalière c. Dejean.

59. — Du moment qu'un acte de distribution de ses biens fait par un ascendant à quelques uns de ses enfans, à la charge de payer ses dettes, et même avec complication de comptes et compensations, est réputé partage d'ascendant, il est nul s'il n'a pas été fait entre tous les héritiers. — *Cass.*, 20 janv. 1837 (t. 2 1837, p. 52), Moreau c. Freslon.

60. — L'enfant naturel n'étant pas héritier, son omission ne saurait entraîner la nullité du partage : sauf, toutefois, la réserve de ses droits. — Duranton, n° 635.

61. — Il en serait de même de l'omission d'un enfant mort civilement. — Duranton, t. 9, n° 638.

62. — Lorsque le partage d'ascendant est nul pour n'avoir pas été fait entre tous les enfans, il peut être provoqué un nouveau partage dans la forme légale, soit par les enfans ou descendans qui n'y auront reçu aucune part, soit même par ceux entre qui le partage aurait été fait. — C. civ., art. 1078.

63. — On accorde à ces derniers le droit de provoquer un nouveau partage, parcequ'ils sont intéressés à faire cesser l'indivision ou l'incertitude de leur possession. — Duranton, n° 636.

64. — Comme la nullité résultant de l'omission d'un enfant est une nullité de droit, il n'est pas nécessaire de la faire prononcer en justice avant de demander un nouveau partage. — Duranton, t. 9, n° 643.

65. — Lorsqu'un partage d'ascendant ne comprend pas tous les enfans existant au jour du décès du donateur, et qu'un nouveau partage est provoqué ; il n'y a lieu de rapporter que fictivement les biens donnés pour remplir de ses droits l'enfant non compris dans la donation. — *Angers*, 16 juill. 1847 (t. 2 1847, p. 583), Brulé c. Sorin.

66. — L'action dure trente ans ; et il ne peut y avoir lieu d'appliquer à l'enfant omis, qui, par conséquent, n'a pas été appelé à donner son consentement, les dispositions de l'art. 1304 C. civ. qui limitent à dix ans l'action en nullité ou en rescision des conventions. — Duranton, t. 9, n° 643.

Sect. 4e. — *Formes du partage d'ascendant.*

67. — La forme des partages d'ascendant varie selon qu'ils sont faits par actes entre-vifs ou par actes testamentaires. — C. civ., art. 1079.

68. — 1° *Partages par actes entre-vifs.* — Les partages d'ascendant par actes entre-vifs doivent être faits avec les formalités, conditions et règles prescrites pour les donations entre-vifs. — C. civ., art. 1079. — V. DONATION ENTRE-VIFS.

69. — L'acte par lequel les père et mère font entre-vifs démission et partage de leurs biens en faveur de leurs enfans est nul s'il a été fait sous signatures privées, et non dans la forme voulue pour les donations entre-vifs. — *Cass.*, 5 janv. 1846 (t. 1er 1846, p. 312), Redand.

70. — Cette nullité ne peut être couverte par aucune ratification, ni expresse, ni tacite, du vivant des père et mère. Une pareille ratification ne serait, en effet, autre chose qu'un pacte sur une succession future, lequel est formellement prohibé par la loi. — Même arrêt.

71. — Jugé cependant que l'acte par lequel une veuve cède et abandonne tous ses biens à ses enfans sous la condition qu'ils lui feront une pension doit, alors même qu'il contient un avantage au profit des enfans, être regardé non comme une donation sujette aux règles qui lui sont propres, mais comme un simple arrangement de famille pour lequel il n'est besoin d'aucune formalité. — *Cass.*, 2 mars 1808, Dumouchet.

72. — L'art. 932 C. civ. s'applique au partage d'ascendant ; en conséquence, il faut que le partage soit accepté en termes exprès.

73. — Jugé, en conséquence, qu'un acte de partage fait par un père ou une mère entre tous ses enfans, dans la forme de donation entre-vifs, n'est point valable s'il n'est accepté par tous les enfans. La persévérance du père dans sa disposition, l'acceptation de tous les autres enfans ne peuvent empêcher de prononcer la nullité résultant du refus d'acceptation de la part d'un des enfans donataires. Un pareil acte doit surtout être annulé s'il paraît par les circonstances qu'il a été préparé à l'effet de paralyser des poursuites en expropriation, dirigées contre le père ou la mère, disposant, pour parvenir au paiement de l'avancement d'hoirie donné à leur enfant par contrat de mariage. — *Riom*, 11 août 1821, Bouiges c. Heygonie.

74. — ... Que cette espèce de donation est nulle pour le tout si elle n'est acceptée que par quelques uns des donataires. — *Cass.*, 27 mars 1839 (t. 1er 1839, p. 335), Martel.

75. — ... Que la donation qui contient une donation universelle, au profit de plusieurs personnes, et un partage d'ascendant, n'est valable qu'autant qu'elle est acceptée par tous les donataires. — *Cass.*, 21 nov. 1833, Roux c. Polhié.

76. — Jugé cependant qu'un partage d'ascendant, fait dans la forme d'une donation entre-vifs, est valable quoique l'acceptation des enfans donataires ne soit pas en termes exprès, s'ils ont déclaré se soumettre à exécuter le partage suivant sa forme et teneur. — *Metz*, 2 juill. 1824, Briancourt.

77. — L'ascendant donateur ne peut accepter pour les enfans mineurs.

78. — Dans le cas de partage fait à la fois par le père et par la mère, le père accepterait valablement le partage en ce qui concerne la mère. — Mais la mère pourrait-elle accepter pour ce qui concerne le père ? Quelques auteurs l'admettent, mais en conseillant cependant par prudence l'intervention d'un autre ascendant ou d'un tuteur *ad hoc*. — Duranton, t. 9, n° 623 ; *Dict. du not.*, v° *Partage d'ascendant*, n° 24.

79. — Jugé même que la clause dans une donation entre-vifs et partage de sa succession par une mère à ses enfans, du tiers en préciput et hors part en faveur de l'un d'eux, au cas où l'autre se refuserait au partage y énoncé, n'est pas caduque : sous prétexte que la donation n'ayant point été acceptée par celui-ci, la nullité qui en résulte entraîne celle du préciput. — *Bordeaux*, 14 mars 1832, Roux c. Polhié et Vidal.

80. — Lorsque le partage d'ascendant comprend des effets mobiliers, il ne sera valable que pour les effets dont un état estimatif, signé du donateur et du donataire, ou de ceux qui acceptent pour lui, aura été annexé à la minute de la donation. — C. civ., art. 948. — Grenier, n° 525 ; Duranton, n° 624. — V. DONATION ENTRE-VIFS, nos 444 et suiv.

81. — Si le partage comprend des biens susceptibles d'hypothèques, la transcription des actes de donation et d'acceptation doit être faite. — C. civ., art. 939. — Grenier, n° 403 ; Duranton, n° 625 ; Delvincourt, t. 2, p. 151. — V. TRANSCRIPTION DE DONATIONS.

82. — Toutefois, jugé que le défaut de transcription d'une donation contenue dans un partage anticipé ne met pas obstacle à ce que le donataire soit, quant à l'exercice des droits électoraux et vis-à-vis de l'administration, considéré comme investi de l'objet donné. — *Grenoble*, 9, 19 et 29 juin 1830, Morin c. Préfet de la Drôme. — Conf., même cour (trois arrêts).

83. — Si du défaut de transcription il résultait une éviction au préjudice du donataire, celui-ci, fût-il même mineur, supporterait la perte qui en résulterait, sauf recours contre qui de droit, et ne pourrait fonder sur cette éviction une action en rescision pour cause de lésion. — Duranton, n° 624.

84. — 2° *Partages par actes testamentaires.* — Les partages d'ascendant par actes testamentaires doivent être faits avec les formalités, conditions et règles prescrites pour les testamens. — C. civ., art. 1076. — V. TESTAMENT.

85. — Dans le ci-devant pays de Liége, les testamens faits par les père et mère entre leurs enfans étaient valables : pourvu qu'ils fussent signés par les testateurs et que la signature fût reconnue ou non contestée. — *Liége*, 19 avril 1809, Ghysels c. Rosen.

86. — L'intervention des enfans dans le testament, inutile pour accepter le partage, ne le vicie cependant pas (Duranton, t. 9, n° 622), pourvu qu'ils n'y figurent pas comme témoins instrumentaires.

87. — L'ordonn. de 1735 (art. 77), qui défendait les testamens conjonctifs ou mutuels, même entre époux, exceptait cependant les testamens des père et mère contenant partage de leurs biens entre leurs enfans.

88. — Aujourd'hui les termes absolus de l'art. 968, qui porte qu'un testament ne pourra être fait *dans le même acte* par deux ou plusieurs personnes, soit au profit d'un tiers, soit à titre de disposition réciproque et mutuelle, ne permettent pas d'appliquer au partage d'ascendant l'exception admise par l'ordonn. de 1735. — Duranton, n° 622 ; Grenier, n° 402 ; Toullier, t. 5, n° 815 ; Delvincourt, t. 2, p. 358 ; Favard, v° *Partage d'ascendant*, n° 1er ; *Dictionn. du not.*, v° *Partage d'ascendant*, n° 45. — *Contrà*, Maleville sur l'art. 1075.

Sect. 5e. — *Biens qu'il peut comprendre.*

89. — Si le partage est fait par acte entre-vifs, il ne peut avoir pour objet que les biens présens (C. civ., art. 943, 1076). En effet, on ne peut donner autre chose que ce qu'on a.

90. — De plus, il faut qu'à l'égard des biens donnés, l'ascendant ne soit pas entravé par l'effet de dispositions à titre gratuit qu'il aurait faites précédemment au profit d'un ou de plusieurs de ses enfans. — V. DISPOSITIONS A TITRE GRATUIT, nos 601 et suiv. ; DONATION PAR CONTRAT DE MARIAGE, nos 262 et suiv. ; DONATION ENTRE-VIFS, nos 502 et suiv. ; QUOTITÉ DISPONIBLE.

91. — Un père qui a institué ses enfans pour ses héritiers contractuels dans l'intégralité de ses biens, conserve cependant la faculté de faire le partage de ces mêmes biens entre eux. — *Riom*, 22 juill. 1825, Riberolles c. Rudel; *Cass.*, 24 juill. 1828, mêmes parties.

92. — De même : le père qui, en mariant ses enfans, leur a promis l'égalité, ne peut la détruire par un partage testamentaire; et la disposition de cette nature, qui blesserait l'égalité d'une manière notable, devrait être rescindée. — *Limoges*, 29 fév. 1832, Jeannot.

93. — De même encore si la promesse d'égalité faite par le père dans une institution contractuelle en faveur de ses enfans l'empêche ensuite de gratifier les uns au préjudice des autres, elle ne lui ôte cependant pas le droit, entièrement distinct, de faire ultérieurement entre eux un partage d'ascendant : pourvu que l'égalité promise y soit observée. — *Cass.*, 26 mars 1845 (t. 1er 1848, p. 597), Chantegrellet c. Breschet.

94. — Le principe de l'irrévocabilité des conventions matrimoniales, introduit en faveur des époux et des enfans du mariage, ne fait point obstacle à l'exercice du droit attribué aux père et mère par l'art. 1075 C. civ., surtout alors que l'exercice de ce droit, loin de porter atteinte à la donation faite en avancement d'hoirie par le contrat de mariage, en réalise au contraire les effets par un rapport suivi de l'attribution définitive d'une part plus étendue dans l'hoirie elle-même. — Que, dès lors, si la donation faite par le père à son fils dans le contrat de mariage contient stipulation d'un droit de retour dans les termes de l'art. 951, et que, plus tard, les père et mère fassent un partage de tous leurs biens entre leurs enfans en les obligeant au rapport, soit en nature, soit fictif, des objets contenus dans la donation, le droit de retour ne continue pas à subsister. — *Cass.*, 19 janv. 1836, Pons. — V. aussi Plasman, *Contre-lettres*, 3e partie, § 40.

95. — Lorsqu'un ascendant a fait don à l'un de ses enfans d'une quote-part de ses biens par préciput, et qu'un jugement passé en force de chose jugée a déterminé d'une manière spéciale les biens qui doivent composer ce préciput ; l'ascendant ne peut plus comprendre ces mêmes biens dans un partage qu'il ferait ensuite de sa succession entre ses enfans, et les attribuer à un autre qu'au donataire précipuaire. — *Cass.*, 12 avr. 1831, Lary-Latour.

96. — Une constitution dotale faite par contrat de mariage par une mère à l'un de ses enfans, à titre d'avancement d'hoirie, pouvant être considérée comme une donation révocable, la mère donatrice peut comprendre cette constitution dotale dans un partage testamentaire, par elle fait, de ses biens entre ses divers enfans. — *Cass.*, 9 juill. 1840 (t. 2 1840, p. 500), Mendes c. Abiet.

97. — Tous les biens que possède l'ascendant peuvent n'être pas compris dans le partage. Le doute pourrait venir de ce qu'un tel partage n'a d'autre faveur que la considération du repos de la famille, considération qui cesse quand le tout n'est pas partagé. — Auroux-Despommiers, sur l'art. 216 Cout. Bourbonnais. — Aujourd'hui il n'y a plus lieu de faire une pareille distinction. Le partage doit toujours être exécuté, quoiqu'il ne porte pas sur tous les biens, quoiqu'il soit limité à certains objets, même à un seul; il suffit qu'on reconnaisse l'intention d'un partage. — Arg. C. civ., art. 1077. — Grenier, n° 396; Delvincourt, t. 2, p. 131; Rolland de Villargues, n° 35.

98. — Il suit de là que le père qui n'a partagé qu'une partie de ses biens peut faire un nouveau partage et même un troisième ou un quatrième, suivant qu'il lui surviendra de nouveaux biens ou qu'il aura négligé de faire porter les partages antérieurs sur toute sa fortune. — Grenier, *ibid.*; Rolland de Villargues, n° 34.

99. — Lorsque, dans un partage d'ascendant, il n'a pas été fait mention expresse des droits d'usage d'inégale étendue attachés aux immeubles formant le lot de chacun des enfans, et qu'un cantonnement a transformé ces droits d'usage en des portions de pleine propriété d'inégales valeurs ; il y a lieu de procéder entre tous les enfans à un supplément de partage sur les cantonnemens, sans qu'on puisse attribuer à chacun d'eux la portion correspondant aux droits d'usage de son immeuble. — *Angers*, 22 juin 1843 (t. 1er 1844, p. 249), Faucheux c. Vaslin.

100. — Les biens rapportables à la succession de l'ascendant peuvent être compris dans un partage testamentaire. — C. civ., art. 843, 845, 1082, 1083.

101. — Un partage d'ascendant ne cesse pas d'avoir ce caractère par cela que les donataires y comprennent des biens étrangers à ceux donnés par l'ascendant. — Délib. de la régie 29 janv. 1825; Rolland de Villargues, n° 39. — Toutefois, il est généralement de jurisprudence que le droit de soulte peut être dû. — V. ENREGISTREMENT, n° 2654.

102. — Les biens objet du partage d'ascendant sont ordinairement désignés dans l'acte. Cependant le défaut de désignation détaillée n'entraînerait pas la nullité du partage, s'il pouvait y être suppléé d'une manière qui ne laissât aucun doute sur la volonté de l'ascendant donateur.

103. — Ainsi : est valable le partage testamentaire fait par un ascendant et contenant l'indication des objets donnés, bien que, pour la désignation détaillée des immeubles compris dans chaque lot, le testateur se soit référé à un acte notarié qu'il a fait dresser à cette fin. — *Orléans* 20 juin 1845 (t. 2 1845, p. 329), Bouvard c. Frot. *Cass.*, 7 avril 1847 (t. 2 1847, p. 182), mêmes parties.

Sect. 6e. — *Règles à suivre dans le partage d'ascendant.*

104. — Avant qu'on en puisse venir à un partage quelconque entre les descendans, il est indispensable qu'il n'y ait aucun doute sur la propriété des biens donnés; et par conséquent que l'ascendant ait procédé ou qu'il ait été procédé de son chef au partage préalable avec son copropriétaire indivis.

105. — Ainsi nous avons vu (*suprà* nos 37, 40 et 41) qu'il était permis aux époux qui voulaient faire entre deux descendans le partage testamentaire de leurs biens, de procéder à un partage provisionnel de leur communauté. — Rolland de Villargues, n° 60.

106. — La disposition par laquelle un père de famille, en faisant entre ses enfans le partage testamentaire de sa succession, opère provisionnellement, pour faciliter et compléter ce partage, la division entre lui et sa femme des biens de la communauté, et compense ses reprises avec celles que la femme aura à exercer lors de la dissolution de la communauté, doit être réputée valable et produire effet lorsque ledit partage est accepté et ratifié par la femme au décès du mari sauf expertise des biens, ainsi partagés, pour arriver à déterminer si, dans l'exercice qu'il a fait du droit de disposer et dans les appréciations auxquelles il s'est livré, le testateur n'a pas excédé les bornes de la quotité disponible. — *Amiens* 9 déc. 1847 (t. 1er 1848, p. 699), Dodé c. Dupont.

107. — Un tel partage n'est pas nul comme contraire aux règles essentielles à la nature du partage, 1° en ce que le père de famille aurait commencé par partager les conquêts de la communauté avant de faire la liquidation de cette communauté pour fixer sa part et celle de sa femme ; 2° en ce qu'il n'aurait pas établi la masse mobilière sur laquelle les prélèvemens de la femme doivent s'exercer avant ceux du mari. — Même arrêt.

108. — La principale des règles à suivre dans les partages d'ascendans est de garder l'égalité entre les copartageans. Mais une autre non moins importante est de respecter la volonté du donateur, tant que les copartageans ne sont pas blessés dans les droits que la loi leur a réservés.

109. — Dans le doute cependant ce serait en faveur de la première de ces règles qu'il faudrait pencher; car le partage d'ascendant doit être plutôt considéré comme un partage de succession que comme une donation. — Grenier, n° 393 et 399; Toullier, t. 5, nos 803 et 808.

110. — Les partages faits par les ascendans entre leurs enfans et descendans, soit par actes entre-vifs, soit par actes testamentaires, ne sont pas affranchis des règles qui sont de l'essence des partages en général, et nommément de celles qui veulent que chaque lot contienne une quantité égale de meubles et d'immeubles, et que chaque cohéritier puisse en demander sa part en nature. — *Riom*, 12 mai 1819, Raymond; *Cass.*, 16 août 1826, Chabert c. Girard-Vinay; 12 avril 1831, Lary-Latour; 11 mai 1847 (t. 2 1847, p. 96), Dumaine c. Raynaud; *Lyon*, 30 août 1848 (t. 1er 1849, p. 78), Miraud c. Houdaille. — Merlin, *Rép.*, v° *Partage d'ascendant*, n° 12; Grenier, n° 399, Malleville, sur l'art. 1078; Toullier, t. 5, n° 806; Favard de Langlade, *Rép.*, v° *Partage d'ascendant;* Duranton, t. 9, n° 659; Vazeille, sur l'art. 1079, n° 9; Conflans, *Jurisp. des success.*, p. 304; Rolland de Villargues, nos 72 et suiv.

111. — Ainsi : il ne peut être attribué à l'un des enfans la totalité des meubles et la presque totalité des immeubles, et aux autres quelques immeubles seulement et une soulte en argent. — *Limoges*, 5 août 1836, Coussedière c. Miramont.

112. — Ainsi encore : est nul le partage d'ascendant par lequel tous les immeubles et la presque totalité du mobilier ont été attribués à l'un des enfans, à la charge de payer aux autres une somme d'argent. — *Cass.*, 11 mai 1847 (t. 2 1847, p. 96), Dumaine c. Raynaud.

113. —... Le partage par lequel un père attribue tous ses biens en nature à l'un de ses enfans, à la charge par celui-ci de payer à l'autre une somme d'argent pour son lot. — *Lyon*, 30 août 1848 (t. 1er 1849, p. 78), Miraud c. Houdaille.

114. — De même, est nul, comme contraire aux dispositions des art. 1075, 826 et 832 C. civ., un partage d'ascendant par acte entre-vifs dans lequel tous les biens meubles et immeubles sont attribués en nature à l'un des copartageans chargé de payer à l'autre une soulte en argent. Un partage ainsi fait n'échappe pas à la nullité en ce que, d'une part, il contiendrait accessoirement des stipulations de rentes viagères et des réserves d'usufruit, et que, d'autre part, il pourrait être réputé satisfaire, à raison de circonstances particulières, aux intérêts de l'enfant qui se prétend lésé. — *Cass*, 18 déc. 1848 (t. 1er 1849, p. 303), Gladieux c. Dezeaux.

115. — Un partage qui ne contient pas une égale quantité de meubles et d'immeubles est nul bien qu'il ait été fait sous la forme d'une donation entre-vifs et accepté formellement par tous les héritiers. — *Cass.*, 11 mai 1847 (t. 2 1847, p. 96), Dumaine c. Raynaud; *Lyon*, 30 août 1848 (t. 1er 1849, p. 78), Miraud c. Houdaille. — *Contrà*, *Nîmes*, 10 avril 1847 (t. 1er 1848, p. 221), Agniel.

116. — Jugé au contraire que la nécessité, pour le père, de respecter, dans ce partage, les règles qui tiennent essentiellement à la nature des partages, ne l'astreint nullement à se soumettre indistinctement à toutes celles qui régissent les partages ordinaires. — *Grenoble*, 14 août 1820, Giraud c. Vernay; *Nîmes*, 11 fév. 1823, Coulondre; *Grenoble*, 25 nov. 1824, Satre c. Guelle; 19 fév. 1829, Marcé c. Guichard; *Lyon*, 20 janv. 1837 (t. 2 1837, p. 159), Blein; *Cass.*, 26 mars 1845 (t. 1er 1848, p. 597), Chantegrellet c. Breschet.

117. — Ainsi les ascendans peuvent attribuer à l'un de leurs enfans tous les immeubles et à l'autre tous les meubles. — *Grenoble*, 14 août 1820, Giraud.

118. — Ainsi encore, nonobstant la règle qui veut la juste et égale distribution des biens dans chaque lot, selon leur qualité, quantité et valeur (C. civ. 826, 832, 833), il est toujours au pouvoir du père, en ne réduisant aucun de ses enfans à une condition moins avantageuse que celle des autres, de combiner et modifier cette distribution elle-même de manière à satisfaire le mieux possible à leurs intérêts, convenances et situations respectives, et à assurer par là la paix et la stabilité de la famille. — *Cass.*, arrêt cité n° 116.

119. — Il y a exception toutefois pour la portion indisponible, qui ne peut être dénaturée. — *Lyon*, 20 janv. 1837 (t. 2 1837, p. 159), Blein. — V. aussi *Rouen*, 14 juin 1836, Seplavaux.

120. — Jugé, dans le même sens, que les père et mère qui veulent faire le partage de leurs biens, conformément à l'art. 1075 C. civ., peuvent ne faire qu'une masse de leurs deux patrimoines, et les distribuer à leurs enfans, de telle sorte que la totalité des biens du père soit attribuée à certains enfans, et tous les biens de la mère à certains autres. — *Liége*, 8 mars 1832, Grégoire.

121. —... Qu'on doit considérer comme un partage d'ascendans l'acte par lequel des père et mère donnent tous leurs biens à l'un de leurs enfans, à la charge de se régler avec les autres pour leur réserve légale, si cet acte, passé entre tous les successibles, contient en même temps le règlement des parts qui leur reviennent; Que ce partage ne peut être attaqué, s'il attribue tous les immeubles à l'un des héritiers et n'adjuge aux autres qu'une somme d'argent; Qu'enfin, en supposant qu'en thèse générale le partage ainsi fait puisse être critiqué par les successibles qui n'ont qu'une part en argent, il est inattaquable dans le cas particulier où les ascendans donateurs ont chargé l'enfant, donataire des immeubles, de leur payer une rente viagère, et en outre d'acquitter toutes leurs dettes. — *Montpellier*, 3 janv. 1827, Laportalière c. Dejean; *Grenoble*, 19 fév. 1829, Marcé c. Guichard.

122. — Entre ces deux systèmes, d'autres auteurs adoptent un terme moyen et pensent que les juges doivent se déterminer d'après les circonstances, et maintenir la distribution du père de famille, lorsqu'il sera reconnu que le partage en nature aurait eu de graves inconvéniens et que l'ascendant a voulu les éviter. — Favard de Langlade, v° *Partage d'ascendant*, n° 2; Duranton, n° 659. — Cette opinion a été consacrée par les décisions suivantes:

123. — Le partage ne doit pas être annulé, par cela seul que la presque totalité des immeubles serait attribuée à quelques-uns des enfans tandis que les autres auraient une soulte considérable en argent, si d'ailleurs il ne présente pas d'avantage indirect, et si la nature des immeubles et la commodité des exploitations rendaient convenable un tel mode de division. — *Riom*, 22 juillet 1825, Riberolles c. Rudel-Dumirail.

124. — Bien que les partages d'ascendant doivent, autant que possible, être faits suivant les dispositions des art. 826 et 832 C. civ., c'est-à-dire de manière que chacun des enfans ait un lot composé de meubles et d'immeubles, cependant cette règle peut recevoir exception suivant les circonstances: tel est, par exemple, le cas où quelques-uns des enfans ont reçu en argent une partie de leur réserve légale, le père peut ne leur attribuer des immeubles que pour le complément de leurs droits. — *Agen*, 10 mai 1838 (t. 2 1838, p. 425), Lapeyrère c. Lasserre.

125. — ... Tel est encore le cas où les meubles et les immeubles ne seraient pas commodément partageables en nature. Le père peut n'attribuer à l'un que des meubles, et à l'autre que des immeubles. — Mais la déclaration du père sur cette impossibilité de partage en nature n'enchaîne pas les tribunaux, qui ont le droit de s'en assurer par une vérification. — *Caen*, 15 juin 1835, Jourdan c. Davy; *Lyon*, 20 janv. 1837 (t. 2 1837, p. 159), Blein.

126. — Bien que les partages d'ascendant soient soumis à la règle qui veut que les lots entre cohéritiers soient composés d'objets de même nature, cependant il n'y a pas pour les juges obligation d'annuler un partage par cela seul qu'il aurait mis toutes les rentes et créances dans un même lot; si d'ailleurs le capital de ces rentes et créances est peu considérable relativement à la masse héréditaire. — De même, l'inégalité matérielle et l'inégalité de convenance de ce lot n'emportent pas nécessairement l'annulation du partage. Les juges peuvent se borner, d'après les circonstances, à imposer aux autres lots l'obligation de fournir une compensation en biens de nature à faire disparaître l'inégalité. — *Cass.*, 12 août 1840 (t. 2 1840, p. 394), de la Frémondière c. de Médine.

127. — Jugé, enfin, que le cohéritier dans le lot duquel se trouve une portion de chaque nature de biens de la succession n'a pas le droit de demander la nullité du partage par le motif que les biens de même nature auraient été inégalement répartis entre les cohéritiers. — *Grenoble*, 8 mai 1835, Dorey.

Sect. 7e. — *Conditions qui peuvent y être apposées.*

128. — En général, on laisse à l'ascendant une grande latitude relativement aux conditions qu'il juge à propos d'apposer à ses libéralités.

129. — Ainsi l'ascendant a le droit de protéger par une clause pénale l'exécution de ses dispositions. — Furgole, *Testam.*, ch. 2, nos 141 et suiv.; Grenier, n° 309; Merlin, *Rép.*, v° *Peine testamentaire*, nos 5 et 6; Duranton, t. 8, n° 149. — V., au surplus, CONDITION, nos 245 et suiv.

130. — Spécialement, est licite et doit recevoir son exécution la clause par laquelle un père, en faisant entre ses enfans le partage de ses biens, déclare réduire à sa réserve légale celui qui attaquerait le partage et disposer de la quotité disponible au profit des autres enfans. — *Lyon*, 6 mars 1829, Legnat c. Veyle; *Cass.*, 1er mars 1830, mêmes parties; *Besançon*, 16 janv. 1846 (t. 1er 1847, p. 737), Bidot c. Sauthier; *Caen*, 31 janv. 1848 (t. 2, 1848, p. 588), Lemaître c. Gauthier.

131. — De même, autrefois, sous la coutume d'Artois, le père pouvait priver son fils aîné de toute part dans ses biens libres, pour le cas où il voudrait exercer son droit d'aînesse. — *Cass.*, 12 germinal an IX, Topart.

132. — Une pareille clause, qui ne renferme qu'une simple option accordée aux enfans, doit recevoir son exécution, même contre celui qui, lors du partage, était encore mineur. — *Besançon*, 16 janv. 1846 (t. 1er 1847, p. 737), Bidot c. Sauthier.

133. — Les conditions imposées à l'un des enfans d'une réserve d'usufruit sur certains biens, ou du droit de reprendre les biens donnés en cas d'inexécution des charges imposées, n'empêchent pas que les autres qui n'en sont pas grevés n'aient un droit actuel et immédiat sur les objets qui leur sont attribués par le partage. — *Bordeaux*, 23 déc. 1845 (t. 1er 1846, p. 358), Jucquand c. Figeroux.

134. — Est valable la clause par laquelle un ascendant, faisant le partage de ses biens, ordonne que, dans le cas où l'un de ses donataires voudrait aliéner tel objet compris dans son lot, il soit tenu de l'échanger contre tel autre objet attribué à l'un de ses codonataires. — *Limoges*, 1er juill. 1840 (t. 2 1840, P. 753), Gouyon c. Malterre.

135. — Cette clause n'emporte point un droit réel conditionnel au profit de celui en faveur de qui elle a été écrite, en sorte que le donataire qui y est assujetti ne puisse pas aliéner valablement au profit d'un autre; mais elle constitue simplement une obligation de faire, qui, à défaut d'exécution, se résout en dommages-intérêts. — Même arrêt.

136. — Si le donataire soumis à cette condition, après avoir aliéné l'objet, en est redevenu propriétaire à un titre quelconque, il peut échapper à l'obligation de l'abandonner en se soumettant à des dommages-intérêts. — Même arrêt.

137. — Comme autres exemples de conditions emportant restriction pour les donataires du droit d'agir ou de disposer, V. CONDITION, nos 201 et 226.

138. — Toutefois, de ce que le partage d'ascendant est soumis aux conditions et règles des donations entre-vifs: lorsqu'il a lieu dans cette forme, il suit qu'un partage entre-vifs dans lequel l'ascendant se réserverait la faculté de disposer des biens partagés, quoique ce fût à titre onéreux, n'aurait plus le caractère qu'il doit avoir; il devrait être réputé nul par la combinaison de l'art. 1076 avec l'art. 944. — Duranton, t. 9, n° 628; Rolland de Villargues, v° *Partage d'ascendant*, n° 82.

139. — Mais, par application de l'art. 949, il est permis à l'ascendant donateur de faire la réserve à son profit de la jouissance ou de l'usufruit des biens meubles ou immeubles donnés. Cette réserve peut être implicite. — Duranton, t. 9, n° 627.

140. — Le partage est nul s'il est fait sous des conditions dont l'exécution dépend de la seule volonté du donateur. — C. civ., art. 944.

141. — Il est pareillement nul s'il a été fait sous la condition d'acquitter d'autres dettes ou charges que celles qui existaient à l'époque de la donation. — C. civ., art. 945.

142. — Jugé, en conséquence, et afin de maintenir le partage, que la charge de payer les dettes du donateur insérée dans un partage d'ascendant ne doit s'entendre que des dettes actuelles et non des dettes à venir. — *Metz*, 2 juill. 1824, Briancourt. — V., au surplus, DONATION ENTRE-VIFS, nos 682 et suiv.

143. — Toutefois le donataire à titre universel est, comme le légataire universel, tenu des dettes du donateur antérieures à la donation (V. DONATION ENTRE-VIFS, nos 695 et suiv.): lorsque, dans un acte de partage entre ses enfans, un père donne à l'un de ses enfans diverses propriétés désignées, en déclarant que ce sont les *seuls biens qui lui restent*, mais sans dire expressément que les biens donnés comprenaient tous ceux dont il était propriétaire, l'acte comprend une universalité, surtout s'il n'est pas articulé que le père eût d'autres biens; en conséquence, le donataire doit être considéré comme donataire à titre universel, et même comme seul donataire, lorsqu'en lui donnant ses biens le père le charge de payer aux autres une somme pour tenir lieu de légitime. — *Limoges*, 29 avr. 1817, Boutot.

144. — Les dettes de l'ascendant donateur imposées au donataire doivent être exprimées soit dans l'acte de donation, soit dans l'état qui doit y être annexé. — C. civ., art. 945.

145. — Jugé cependant qu'il n'est pas nécessaire à peine de nullité, d'annexer à l'acte de donation un état des dettes existant à cette époque. — *Grenoble*, 8 mai 1835, Dorey. — En effet, la loi ne prescrit pas ici cet état comme elle le fait quand il s'agit d'une donation de biens présens et à venir. — C. civ., art. 1084. — Rolland de Villargues, n° 108.

Sect. 8e. — *Effets du partage d'ascendant.*

146. — Les effets du partage d'ascendant diffèrent suivant qu'il est fait par acte entre-vifs ou par acte testamentaire.

147. — 1° *Partages par actes entre-vifs.* — Les effets du partage d'ascendant par acte entre-vifs sont les mêmes que ceux de la donation entre-vifs. — C. civ., art. 1076. — V. DONATION ENTRE-VIFS, nos 639 et suiv.

148. — Les partages de biens présens faits par des ascendans entre leurs enfans constituent, non des donations, mais des pactes de famille irrévocables, qui ont pour effet, à moins de stipulations contraires, de dépouiller immédiatement et à toujours l'ascendant des biens compris dans ces partages. — *Angers*, 25 avr. 1846 (t. 2 1846, p. 371), Pasquier c. Guittière.

149. — A moins de stipulations contraires, le partage d'ascendant entre-vifs dessaisit l'ascendant et investit les descendans copartagés immédiatement, intégralement et irrévocablement des biens donnés. — *Cass.*, 4 févr. 1845 (t. 2 1845, p. 396), de Meillonas c. de Kolly.

150. — La propriété des biens est fixée de la même manière sur la tête des descendans, même à l'égard de la réserve et de la portion disponible qui leur correspondent. — Même arrêt.

151. — Comme le partage d'ascendant saisit chaque part-prenant actuellement et irrévocablement des droits qui lui sont attribués, comme si le partage était fait entre les cohéritiers au décès de l'auteur commun, il s'ensuit que, dès le jour du partage, chaque copartageant a le droit d'exercer toutes les actions qui en dérivent, comme aussi il est passible de toutes les prescriptions auxquelles ces actions sont soumises. — *Bordeaux*, 23 déc. 1845 (t. 1er 1846, p. 358), Jucquand c. Figeroux.

152. — Dès lors le partage fait par le père et la mère en faveur de leurs enfans rend ceux-ci non recevables à revendiquer contre des tiers les biens propres de leur mère aliénés par le mari seul, soit parce qu'ils se trouveraient soumis à l'application de la maxime: *Quem de evictione tenet actio, eumdem agentem repellit exceptio*; soit parce que la réunion sur leur tête de la qualité de créancier du chef de la mère et de débiteur du chef du père, aurait éteint l'action par confusion. — *Cass.*, 12 août 1840 (t. 1er 1841, p. 460), Leroux c. Quinzac.

153. — Au décès de l'ascendant, la succession consiste uniquement dans les biens qu'il possède alors. — *Cass.*, 4 févr. 1845 (t. 2 1845, p. 396), de Meillonas c. de Kolly.

154. — Si l'ascendant s'était réservé la faculté de disposer d'un ou de plusieurs objets et qu'il n'en ait point disposé de son vivant, ces objets, n'étant point censés compris dans le partage, font partie de sa succession. — C. civ., art. 946 et 1076. — Rolland de Villargues, n° 83.

155. — Lorsque l'ascendant ne s'est pas exprimé relativement aux dettes, les enfans sont-ils tenus des dettes actuelles?

156. — Il n'y a pas de difficulté possible s'il s'agit d'une donation de biens particuliers: les donataires ne seraient tenus, dans ce cas, que de l'action hypothécaire, sauf recours contre l'ascendant donateur. — Arg. C. civ., art. 871.

157. — M. Duranton (t. 8, n° 472) fait remarquer qu'il n'y aurait plus même lieu d'admettre l'exception reçue autrefois, à l'égard de la rente foncière; cette rente ne conférant plus aujourd'hui au créancier qu'un droit personnel contre le débiteur (C. civ., art. 529 et 530), ce créancier ne pourrait agir contre les descendans donataires qu'à l'aide d'une inscription hypothécaire.

158. — Mais si la disposition est universelle ou à titre universel, la question de savoir si les enfans sont tenus des dettes, très-controversée sous l'ancienne jurisprudence, n'a pas cessé de l'être sous la nouvelle. Les auteurs qui l'ont examinée ne se prononcent pas sans hésitation dans un sens ou dans un autre; c'est souvent avec beaucoup de restrictions qu'ils émettent une opinion qui ne se présente pas toujours très-nettement.

159. — Suivant Toullier (t. 5, nos 815 et suiv.), les biens partagés entre les enfans ne seraient assujettis aux dettes de l'ascendant qu'autant que la donation faite par ce dernier serait faite en termes *universels*, soit pour une quote-part, c'est-à-dire sans spécification ou énonciation détaillée de ses biens. — Mais il en serait autrement, si la donation, au lieu d'une quotité de tous les biens, ne comprenait qu'une espèce de biens, par exemple, tous les *immeubles*, la moitié des *immeubles*; parce que ces expressions *tous mes immeubles*, la *moitié de tous mes immeubles*, ne supposent plus, par elles-mêmes, la volonté de déduire les dettes, comme le suppose l'expression de *tous mes biens*, la *moitié des biens*. Enfin l'auteur cite les plus graves autorités à l'appui de son opinion, et notamment Ricard (*Donat.*, part. 3, n° 1522).

160. — M. Coin-Delisle (*Donat. et test.*), sur l'art. 945 (n° 11), bien qu'en principe il conteste la quatification de donation universelle ou à titre universel attribuée à la donation de tous biens présens ou d'une quotité de biens présens (*ibid.*, no 8), met les dettes à la charge des descendans, mais par interprétation de la volonté des parties: « La volonté, dit-il, de soumettre le donataire au paiement des dettes est facilement présumée dans la donation de tous biens présens faite par un père à ses enfans; car ces libéralités ont presque toujours pour cause le désir qu'éprouvent les parens de se débarrasser du poids des affaires en abandonnant tous leurs biens à leurs enfans, et par conséquent l'intention commune est que les donataires soient chargés d'acquitter les dettes. — V. aussi Troplong, *De la vente*, nos 450 et suiv., *Des privil. et hypot.*, no 842; Favard de Langlade, vo *Partage d'ascendant*, no 3; Pothier, *Des donations entre-vifs*, sect. 3, art. 1er, § 2; Furgole, sur l'ordonnance de 1731; Grenier, *Donations*, t. 1er, nos 86 et suiv.; Merlin, *Rép.*, vo *Tiers détenteur*, no 8; Duranton, t. 8, nos 472 et suiv.; t. 9, no 630; Delvincourt, t. 2, p. 359 et 490; Chabot, sur l'art. 871, no 9.

161. — La plupart des arrêts mettent les dettes à la charge des descendans. — Ainsi jugé: que lorsque, sous la forme d'une donation entre-vifs, l'ascendant a fait le partage de ses biens présens entre ses enfans, ceux-ci sont obligés personnellement au paiement des dettes de l'ascendant. — *Riom*, 2 déc. 1809, Mazein c. Bonnet; *Nîmes*, 11 déc. 1809, Mazein c. Bardel; *Riom*, 10 juin 1815, Cournier c. Lieurade; *Limoges*, 29 avr. 1817, Boutot; *Toulouse*, 13 avril 1821, Roques c. Bonnet; *Cass.*, 19 févr. 1824, Mitantier c. Corrard (confirmatif de l'arrêt de *Paris*, 24 août 1822); 28 mars 1827, de Briançon c. Bacalan; *Nîmes*, 3 avril 1827, Domergue c. Mazot; *Agen*, 14 juin 1837 (t. 1er 1837, p. 278), Bayle.

162. — Plusieurs arrêts, il est vrai, et surtout dans le dernier état de la jurisprudence, ont décidé qu'en thèse générale le donataire universel, ou à titre universel, n'est tenu d'aucune partie des dettes du donateur, à moins qu'il n'en ait été chargé expressément. — V., dans ce sens, *Cass.*, 21 vendém. an X, Dubarry c. Lonjon; *Riom*, 14 juin 1809, Fabre de Saint-Mende c. Doradour; *Montpellier*, 3 avr. 1833, Robert; *Toulouse*, 29 juin 1836 (t. 1er 1837, p. 183), Laurent c. Vernhettes; 13 juill. 1839 (t. 1er 1840, p. 278), Fages; *Cass.*, 2 mars 1840 (t. 1er 1840, p. 280), Laurent c. Vernhettes. — Mais on a vu qu'une raison spéciale au partage d'ascendant doit porter à décider autrement à l'égard des descendans donataires.

163. — Jugé cependant que les enfans entre lesquels un ascendant fait le partage de tous ses biens présens ne sont tenus des dettes de cet ascendant qu'autant qu'ils en ont été expressément chargés par le titre de donation, sauf aux créanciers, si l'acte a été fait en fraude de leurs droits, le recours qui leur est accordé par l'art. 1167 C. civ. — *Douai*, 12 fév. 1840 (t. 2 1841, p. 749), Petit c. Delahaie. — Mais cet arrêt isolé ne nous paraît pas devoir faire appliquer aux enfans donataires par suite de partage d'ascendant le principe que plusieurs auteurs adoptent à l'égard des donataires universels en général. — V. DONATION ENTRE-VIFS, nos 682 et suiv.

164. — Dans tous les cas, quant aux dettes postérieures au partage, les descendans donataires ne sauraient en être tenus que comme héritiers, et ce n'est qu'à l'ouverture de l'hérédité qu'ils pourront prendre qualité. — Grenier, no 395; Delvincourt, p. 359.

165. — Le partage anticipé fait sous forme de donation entre-vifs est régi, au cas de prédécès de l'un des copartageans, par les règles des donations et non par celles des testamens. Dès lors la part de l'enfant prédécédé sans postérité n'accroît pas à celle des autres copartageans, mais elle fait retour à l'ascendant donateur. — *Lyon*, 2 avr. 1840 (t. 1er 1843, p. 461), Naville c. Cortey. — V. RETOUR LÉGAL.

166. — Si le prédécédé avait laissé des descendans, ceux-ci recueilleraient sa part par droit de transmission. — Duranton, t. 9, no 641; Grenier, no 398; Toullier, no 814; Favard, vo *Partage d'ascendant*, no 5.

167. — Le partage d'ascendant par acte entre-vifs est révoqué pour cause de survenance d'enfant au donateur (C. civ. 953 et 960). — *Caen*, 4 fév. 1843 (t. 2 1843, p. 808), Marie c. Bauquet; *Douai*, 30 déc. 1843 (t. 1er 1844, p. 211).

168. — Mais c'est là une nullité seulement relative, elle ne frappe que le partage sans frapper la donation; elle ne fait pas rentrer les biens dans le patrimoine de l'ascendant et donne lieu seulement à une action, à un nouveau partage entre tous les enfans. Les règles posées par les art. 960 et suiv. C. civ. sont ici inapplicables. — *Douai*, 30 déc. 1843 (t. 1er 1844, p. 211), Ducastel.

169. — Jugé au contraire qu'en pareil cas les biens rentrent dans le patrimoine du donateur. — *Caen*, 4 févr. 1843 (t. 2 1843, p. 808), Marie c. Bauquet.

170. — Les partages de présuccession faits par les ascendans entre leurs enfans étant soumis aux règles des donations entre vifs, sont conséquemment révocables pour cause d'inexécution des conditions sous lesquelles ils ont été opérés. Le droit de révocation, après le décès de l'ascendant donateur, peut être exercé par ses héritiers. — *Limoges*, 21 juin 1836, Baignol c. Cayron.

171. — Jugé que l'acte par lequel un père ayant quatre enfans avait vendu tous ses biens à deux d'entre eux, moyennant un prix qui, au décès du vendeur, devait être partagé entre les quatre enfans, avait le caractère d'un partage, révocable même par le père, malgré l'acceptation faite, de son vivant, par tous les enfans, s'il avait eu lieu sous l'empire d'une coutume qui autorisât cette révocation. — *Bourges*, 24 déc. 1821, Rolland c. Saclier. — V., au surplus, DÉMISSION DE BIENS.

172. — *Partages par actes testamentaires.* — Les effets du partage d'ascendant par acte testamentaire sont les mêmes que ceux du testament en général. — C. civ. 1076. — V. TESTAMENT.

173. — Les enfans et descendans sont tenus indistinctement de toutes les dettes quelconques, s'ils acceptent la succession, sans la précaution du bénéfice d'inventaire, en consentant à l'exécution du partage. L'existence d'un partage testamentaire et son exécution ne détruisent point la qualité d'héritier et n'apportent aucun changement aux obligations que cette qualité impose. — Grenier, no 395; Rolland de Villargues, no 105.

174. — En cas de décès, avant l'ascendant, d'un des copartagés, s'il laisse des enfans et que le partage soit testamentaire; ces enfans recueillent sa part par représentation, à moins que le testateur n'en eût autrement disposé. — Duranton, t. 9, no 641; Grenier, no 398; Toullier, no 814; Favard, vo *Partage d'ascendant*, no 5.

175. — Jugé, en ce sens, que le partage testamentaire fait par un père entre tous ses enfans ne devient pas caduc par le prédécès de l'un d'eux. — *Limoges*, 29 fév. 1832, Jeannot.

176. — ... Qu'il en est de même quand l'enfant prédécédé laisse lui-même des enfans qui le représentent, et alors surtout que le partage n'est que la distribution des biens telle qu'elle avait été irrévocablement fixée par un acte entre-vifs préexistant. — *Riom*, 26 nov. 1828, Peynet.

177. — Si l'un des enfans prédécède sans postérité, la disposition de sa portion est caduque, et si, au décès de l'ascendant, elle se trouve dans ses biens, elle donne lieu à un supplément de partage sans qu'il soit nécessaire de refaire les autres lots. — C. civ., art. 1077. — V. auteurs cités no 174.

178. — Jugé, au contraire, que le partage testamentaire fait par le père ou la mère entre leurs enfans est frappé de caducité par le décès de l'un de ceux-ci avant le testateur, encore bien que l'enfant décédé laisse des descendans qui le représentent. — *Bordeaux*, 2 mars 1832, Lapeyre c. Latour; *Agen*, 23 déc. 1847 (t. 1er 1848, p. 290), Dunoyer.

179. — Toutefois cette caducité frappe seulement les dispositions relatives à l'enfant prédécédé, sans attaquer les avantages faits aux autres enfans et dont le maintien est indépendant de la nullité du partage. — *Bordeaux*, même arrêt.

180. — Dans le cas où l'ascendant, après avoir fait dans son testament le partage de ses immeubles entre ses enfans, a aliéné quelques parcelles comprises au lot de l'un d'eux, le consentement des héritiers à l'exécution du partage testamentaire a pour effet d'attribuer à l'héritier évincé le prix non encore payé des parcelles aliénées. — *Bordeaux*, 8 août 1838 (t. 2 1838, p. 670), Lacroix.

181. — Dans les pays de droit écrit, le testament *inter liberos* soit solennel, soit olographe, n'était révoqué par un testament postérieur régulier qu'autant que ce dernier en énonçait la révocation en termes exprès et formels. — *Cass.*, 2 mess. an XI, Carrion-Nizas c. Spinola.

182. — Tandis que dans les pays coutumiers, un testament de cette espèce pouvait être révoqué par la simple manifestation écrite de la part du testateur de la volonté de révoquer. — Furgole, ch. 11, no 91; Pothier, ch. 6, sect. 2, § 1er; Grenier, t. 1er, no 342; Toullier, t. 5, no 615; Duranton, t. 9, no 435.

183. — 3o *Dispositions communes.* — Si tous les biens que l'ascendant laisse au jour de son décès n'ont pas été compris dans le partage, ceux de ces biens qui n'y ont pas été compris doivent être partagés conformément à la loi. — C. civ., art. 1077.

184. — Les règles générales de la garantie et du supplément de partage s'appliquent au partage d'ascendant. — *Lyon*, 22 juin 1825, Solichon. — V. aussi Duranton, no 633; Grenier, nos 394 à 403; Toullier, no 807. — V., au surplus, PARTAGE.

185. — En cas de soulte, le copartageant auquel elle est due a un privilége sur les biens compris dans l'acte, à la charge de le faire inscrire dans les soixante jours. — C. civ., art. 2109. — Grenier, *Hypothèq.*, no 407; Rolland de Villargues, no 107. — Arg. *Limoges*, 8 janv. 1847 (t. 2 1847, p. 316), Espezolles c. Juge. — V. PRIVILÉGE.

186. — Le cohéritier qui a été établi par tous les partprenans gérant ou séquestre des biens indivis, ne doit pas un compte particulier à chacun d'eux des fruits produits par le lot qui lui est échu; il ne doit qu'un compte général à tous les intéressés. — *Bordeaux*, 8 août 1838 (t. 2 1838, p. 670), Lacroix.

Sect. 9e. — *Nullité et rescision du partage d'ascendant.*

§ 1er. — *Nullité et rescision en général.*

187. — Le partage d'ascendant peut être frappé de nullité pour des causes antérieures, concomitantes ou postérieures à l'acte.

188. — Il y a nullité pour une cause antérieure à l'acte lorsque, par exemple, le partage d'ascendant a pour objet des biens qui n'appartenaient pas à l'ascendant ou dont il n'avait pas le droit de disposer.

189. — Lorsqu'après un partage entre-vifs fait, conjointement par deux époux entre leurs enfans, des biens de la communauté, la femme vient à renoncer à la communauté, la donation contenue audit partage est annulée et les donataires sont tenus d'en rapporter le montant en nature à la succession du mari. — *Paris*, 1er juin 1836, Manchin.

190. — Lorsqu'un partage d'ascendant est annulé comme comprenant des biens dotaux de la mère, cette annulation n'entraîne pas la nullité de la vente qu'un des donataires a faite de son lot, alors que ce lot était exclusivement composé de biens paternels. — *Cass.*, 5 janv. 1846 (t. 1er 1847, p. 221), Guérard c. Petit.

191. — Bien que l'acte par lequel une mère, après le décès du père, a partagé sans distinction entre ses enfans ses biens et ceux de celui-ci, soit nul, en ce qui concerne la fortune du père, et que la confusion des biens rende nécessaire un second partage des biens de la mère, cependant les libéralités insérées légalement par la mère dans le premier partage n'en conservent pas moins leur force. — *Besançon*, 16 janv. 1846 (t. 1er 1847, p. 737), Bidot c. Sauthier.

192. — Il y a nullité du partage d'ascendant pour une cause concomitante à l'acte lorsque ce partage n'est pas fait suivant les conditions, règles et formalités prescrites par la loi.

193. — Ainsi est nul le partage d'ascendant qui n'a pas été fait entre tous les enfans ou descendans de l'ascendant. — C. civ., 1078. — V. *suprà*, no 56.

194. — ... Le partage qui, effectué en forme de donation entre-vifs, ne contiendrait pas un dessaisissement actuel à l'égard de chacun des enfans. — V. *suprà*, no 148.

195. — ... Le partage d'ascendant entre-vifs, qui a été fait par acte sous seing privé. — *Cass.*, 5 janv. 1846 (t. 1er 1846, p. 312), Redand. — V. *suprà*, no 69.

196. — Cette dernière nullité ne pouvant être couverte par aucune ratification, l'existence du partage ne met pas obstacle à ce qu'après le décès du donateur l'un des enfans demande un partage nouveau, alors même qu'il aurait joui de son lot, si d'ailleurs cette jouissance n'a pas duré trente ans à partir du décès, et alors encore qu'il en aurait aliéné une portion, si cette aliénation a eu lieu du vivant de l'ascendant. — Même arrêt.

197. — Le fait de cette aliénation n'élève pas, aux termes de l'art. 892 du Code de procédure civile, une fin de non-recevoir contre l'action en nullité de partage, cet article disposant exclusivement pour le cas où le partage serait attaqué pour dol ou violence. — Même arrêt.

198. — La nullité d'un partage d'ascendant ne saurait être fondée sur l'irrégularité et l'insuffisance du pouvoir donné à un tiers par le père donateur, en ce que ce mandat ne contiendrait pas le détail des biens et la formation des lots.— *Toulouse*, 10 mars 1843 (t. 1er 1845, p. 335), Anouilh.

199. — Un acte qualifié de *vente* ou *bail*, par lequel un père cède ses biens à ses enfans, moyennant un prix déterminé, peut être annulé comme ne contenant qu'une démission de biens ou partage anticipé dans une forme illégale.—*Cass.*, 14 nov. 1816, Jaumier c. Penin.

200. — En pareil cas, l'héritier qui a fait des améliorations aux immeubles qui lui avaient été cédés, doit être remboursé seulement jusqu'à concurrence de la plus-value des immeubles et non d'après le prix que ces améliorations lui ont coûté. — Il est réputé avoir connu le vice qui affectait en droit l'acte de partage. —Même arrêt.

201.—Le partage d'ascendant fait en la forme de donations entre-vifs peut être attaqué comme fait en fraude des droits des créanciers. — C. civ., art. 1167. — *Riom*, 11 août 1821, Bouiges c. Heygonie.—V., en outre, Toullier, nº 818; Pothier, *Introd. à la cout. d'Orléans*, sect. 4, nº 65; Delvincourt, t. 2, p. 276; Grenier, t. 1er, nº 93.

202. — Il y a nullité de partage d'ascendant pour une cause postérieure à l'acte lorsque, par exemple, le partage ayant été fait sous la forme d'une donation entre-vifs, il y a révocation ultérieure de cette donation pour cause de survenance d'enfans (V. *suprà* nº 167), ou pour inexécution par les donataires des conditions de la donation (V. *suprà* nº 170). — Dans ce cas, l'action en nullité se confond avec l'action en résolution ou en rescision.

203. — Indépendamment des actions en nullité, le partage de l'ascendant est sujet à rescision, soit pour cause de lésion de plus du quart (V. *infrà* nºs 222 et suiv.), soit pour atteinte à la réserve légale des enfans. — C. civ., art. 1079. — V. *infrà* nºs 262 et suiv.

204. — Les partages d'ascendant peuvent être attaqués par cette double action. — *Caen*, 26 juin 1846 (t. 2 1847, p. 16), Chevallier c. de Romilly; *Montpellier*, 23 déc. 1846 (t. 2 1847, p. 113), Tixador.

205. — Jugé au contraire qu'un partage d'ascendant doit être considéré, non comme une donation en avancement d'hoirie susceptible de réduction, mais bien comme un véritable partage de succession, à l'égard duquel la loi ne donne que l'action en rescision pour lésion de plus du quart. — *Grenoble*, 30 juill. 1839 (t. 2 1842, p. 562), Robert.

206. — De plus, le partage d'ascendant est sujet à rescision lorsqu'il n'a pas distribué convenablement, selon le vœu de la loi, ses biens de diverses natures dans les lots qu'il a composés. — Vazeille, art. 1079, nº 11; Rolland de Villargues, nº 112.

207. — Jugé cependant que le cohéritier dans le lot duquel se trouve une portion de chaque nature de biens de la succession, n'a pas le droit de demander la nullité du partage d'ascendant, par le motif que les biens de même nature auraient été inégalement répartis entre les cohéritiers. — *Grenoble*, 8 mai 1835, Dorey.

208. — Toutefois, comme les partages d'ascendant sont soumis aux règles ordinaires en matière de partage, ils ne peuvent donner lieu entre les copartageans à l'action résolutoire, à défaut de paiement du prix. — *Limoges*, 8 janv. 1847 (t. 2 1847, p. 316), Espezolles c. Juge.

209. — La faculté d'arrêter le cours de l'action en rescision d'un partage d'ascendant par l'offre d'un complément en argent ne peut avoir lieu que dans le cas où le partage est attaqué seulement pour cause de lésion, et non pas dans le cas où il l'est pour composition illégale des lots. — *Lyon*, 30 août 1848 (t. 1er 1849, p. 78), Miraud c. Houdaille.

210. — Dans ce dernier cas, la prescription contre l'action en rescision ne court qu'à partir du décès de l'ascendant. — Même arrêt.

211. — Il en est de même quand le partage est argué de simulation ou de fraude.—Même arrêt.

212. — La prescription contre la demande en nullité d'un acte consenti en faveur d'un cohéritier par l'auteur commun, ne peut commencer à courir à l'égard des autres héritiers avant l'ouverture de la succession. — *Metz*, 22 mai 1817, Risse.

213. — La femme mariée sous le régime dotal pouvant, avec l'assistance de son mari, traiter amiablement du partage de ses biens dotaux, la prescription de l'action en rescision contre un partage d'ascendant où cette femme a été partie court pendant le mariage.—Il en est ainsi à plus forte raison quand c'est avant le mariage même, et par conséquent avant la constitution dotale qu'a eu lieu le partage d'ascendant. — *Nîmes*, 10 avr. 1847 (t. 1er 1848, p. 221), Agniel.

214. — La demande soit en nullité, soit en rescision, du partage d'ascendant peut, dans certains cas, être repoussée par des fins de non-recevoir résultant d'actes d'approbation émanés de ceux qui intentent l'action.

215. — Ainsi, lorsque les copartageans eux-mêmes ont concouru à la formation du partage d'ascendant entre-vifs, qu'ils l'ont accepté et exécuté, ce partage est alors un pacte sacré de famille auquel aucun d'eux ne peut plus porter atteinte. — *Cass.*, 4 fév. 1845 (t. 2 1845, p. 396), de Meillonas c. de Kolly.

216. — De même, quand un partage a été fait cumulativement par deux ascendans avec confusion des biens de tous deux en une seule masse, le copartageant qui exécute ce partage après le décès de l'un des donateurs se rend par là non recevable à l'attaquer par la suite.—*Cass.*, 18 août 1847 (t. 1er 1848, p. 168), Lefranc c. Leroux.

217. — Le cohéritier qui a vendu tout ou partie des objets tombés dans son lot n'est pas pour cela non-recevable à demander la rescision du partage pour lésion de plus du quart à son préjudice, ou pour un avantage plus grand que la loi ne le permet au profit d'un autre cohéritier. — *Agen*, 21 janv. 1836, Delbez. — V. PARTAGE.

218. — De même, le cohéritier qui, après un partage d'ascendant, a aliéné tout ou partie de son lot, n'est plus recevable à former une action en rescision pour cause de lésion, alors surtout qu'il résulte des circonstances qu'il a dû connaître, avant l'aliénation, la valeur des biens partagés. — *Agen*, 6 juin 1833, Verdolin c. Vilette. — V. au surplus PARTAGE, nº 661.

219. — L'exécution du partage peut résulter de l'acquisition par le copartageant d'un immeuble compris dans le lot de l'un de ses copartageans, encore bien qu'il ait fait cette acquisition en minorité, si depuis sa majorité il en a payé le prix. — Même arrêt.

220. — Sont non recevables à demander plus tard la rescision d'un partage d'ascendant les copartageans qui, assignés en nullité ou en rescision de ce partage, ont conclu d'abord soit au maintien du partage, soit à leur mise hors de cause, ou s'en sont rapportés à la sagesse du tribunal, ou enfin n'ont adhéré à la demande qu'après l'expiration des dix ans accordés pour l'exercice de l'action rescisoire. — *Nîmes*, 10 avr. 1847 (t. 1er 1848, p. 221), Agniel.

221. — A l'égard des faits postérieurs à la demande en partage nouveau que l'on voudrait faire considérer comme un abandon de cette demande, l'appréciation à laquelle se livrent les juges du fond est souveraine et échappe à la censure de la Cour de cassation. — *Cass.*, 5 janv. 1846 (t. 1er 1846, p. 312), Redand.

§ 2. — *Rescision pour cause de lésion.*

222. — Le partage fait par l'ascendant peut être attaqué pour cause de *lésion de plus du quart*. — C. civ., art. 1079; L. 8, C., *De inoffic. testam.*

223. — Toutefois, si la différence de plus du quart portait sur le partage d'une somme d'argent, ce ne serait point là un véritable partage soumis à la rescision pour cause de lésion, et il faudrait considérer ces dispositions comme dispositions ordinaires, soumises, en conséquence, au rapport, à moins qu'elles n'en eussent été dispensées. — Duranton, nº 657.

224. — La rescision peut avoir lieu, bien que chacun des enfans ait une part équivalente à la réserve.

225. — L'action en rescision pour cause de lésion dirigée contre un partage d'ascendant est inadmissible lorsque l'inégalité introduite entre les copartagés résulte, non de la répartition ou de l'attribution des lots, mais d'une libéralité expressément et régulièrement faite dans l'acte de partage à l'un des héritiers.—Dans ce dernier cas, l'attaque dirigée contre l'acte de partage ne doit avoir pour effet que de faire réduire cette libéralité aux proportions du disponible.—*Cass.*, 20 déc. 1847 (t. 1er 1848, p. 388), Ferret.

226. — La disposition de l'art. 918 C. civ. doit être restreinte au cas où le père ou la mère vend et donne à titre de rente viagère ou à fonds perdu, ou avec réserve d'usufruit, une partie de ses biens à l'un de ses successibles en ligne directe, et n'est point applicable au cas d'un partage d'ascendant. En conséquence, le partage fait par cet ascendant peut être attaqué pour lésion, quelles que soient les réserves faites par lui en rente viagère ou en usufruit. — *Grenoble*, 8 mai 1835, Dorey; *Toulouse*, 5 déc. 1844 (t. 1er 1845, p. 307), Roques c. Pailhas.

227. — Lorsque, soit par l'acte portant démission et partage de ses biens par un ascendant entre ses enfans, avec don précipuaire de la quotité disponible au profit de l'un d'eux, soit par acte passé immédiatement après avec concours de l'ascendant, un des autres enfans a fait cession à son cohéritier de ses droits dans les biens donnés, il suffit d'une simple lésion, même inférieure au quart, au préjudice du cédant, pour entraîner la nullité de la cession. Il n'en est pas de ce cas comme de celui d'un partage ordinaire. — *Limoges*, 9 mars 1843, Buffière c. Lafarge.

228.— On ne pourrait demander la rescision du partage pour une simple erreur, même matérielle dont le préjudice n'irait pas jusqu'au quart. — *Amiens*, 11 nov. 1831 (sous *Cass.*, 26 nov. 1833), Michaux c. Chrétien.

229. — Toutefois, s'il était constant que le partage contient une erreur matérielle, on pourrait demander la rectification de cette erreur.— *Cass.*, 26 nov. 1833, Michaux c. Chrétien.

230. — La demande en rescision du partage d'ascendant, pour cause de lésion, peut être repoussée par différentes fins de non-recevoir, tirées entre autres circonstances de ce qu'elle n'aurait pas été formée en temps utile ou de ce qu'il y aurait eu ratification expresse ou tacite du partage de la part du demandeur.

231. — L'action en rescision pour cause de lésion contre un partage d'ascendant est soumise à la prescription de dix ans comme pour les partages ordinaires. — *Nîmes*, 12 juill. 1842 (t. 2 1842, p. 238), Roche c. Martin; *Bordeaux*, 23 déc. 1845 (t. 1er 1846, p. 358), Jucquand c. Figeroux. — Duranton, nº 646.

232. — Mais, à partir de quelle époque cette prescription court-elle, est-ce du jour même du partage, ou seulement du jour du décès du donateur?

233. — En faveur de la première opinion, on dit que, la rescision ayant pour effet de remettre la succession dans l'indivision, les copartageans se trouveraient obligés de rapporter ce qu'ils auraient reçu; qu'alors les aliénations et les hypothèques consenties par quelques-uns des cohéritiers seraient résolues (C. civ., art. 1183 et 2125). — Chabot, *Des successions*, t. 3, sur l'art. 887. — Et qu'ainsi ce serait rendre la propriété incertaine, ce serait jeter le plus grand trouble dans les transactions relatives aux immeubles. — Duranton, t. 9, nºs 644 et suiv.; Vazeille, sur l'art. 1080, nº 2; Zachariæ, t. 2, § 337, note 23; Rolland de Villargues, vº *Partage d'ascendant*, nº 129.

234. — Aussi la jurisprudence la plus généralement suivie décide-t-elle que l'action en rescision pour cause de lésion se prescrit par dix ans à compter du jour où le partage s'est effectué, et non à partir du décès des donateurs. — *Limoges*, 24 déc. 1835, Dumas-Rambaud c. Fillioux; *Cass.*, 12 (et non 13 juillet) 1836, mêmes parties; *Toulouse*, 15 mai 1838 (t. 2 1838, p. 599), Roux c. Latapie; *Grenoble*, 30 juill. 1839 (t. 2 1842, p. 562), Robert; *Toulouse*, 3 janv. 1840 (t. 2 1842, p. 563), Combes c. Daures; *Grenoble*, 6 mai 1842 (t. 2 1842, p. 563), Chatain c. Bruno-Robert; *Nîmes*, 12 juill. 1842 (t. 2 1842, p. 238), Roche c. Martin; 12 juill. 1843 (t. 1er 1845, p. 494), N...; *Toulouse*, 5 déc. 1844 (t. 1er 1845, p. 307), Rocques c. Pailhac; *Cass.*, 4 fév. 1845 (t. 2 1845, p. 396), de Meillonas c. de Kolly; *Bordeaux*, 23 déc. 1845 (t. 1er 1846, p. 358), Jucquand c. Figeroux; *Douai*, 24 janv. 1846 (t. 1er 1846, p. 391), Bruneau c. Duquesnoy; *Bordeaux*, 28 mai 1846 (t. 2 1847, p. 116), Veau; *Montpellier*, 27 mai 1846 (t. 2 1846, p. 212), Ducup c. Christol; 23 déc. 1846 (t. 2 1847, p. 113), Tixador.

235. — Toutefois, il en serait autrement si l'exécution du partage fait par acte entre-vifs était renvoyée au décès de l'ascendant (Vazeille, *Prescript.*, nº 563). — Et s'il s'agissait d'un partage testamentaire, le délai ne devrait courir que du jour de la découverte du testament.— Duranton, nº 646.

236. — L'exécution du partage ne saurait être considérée comme un obstacle à l'exercice de l'action en rescision pour lésion. — *Toulouse*, 5 déc. 1844 (t. 1er 1845, p. 307), Rocques c. Pailhac.

237. — L'application du principe, relativement au point de départ de la prescription, ne saurait être modifiée par cette circonstance que, indépendamment du partage, l'acte contient un don par préciput au profit de l'un des enfans, lorsque, la donation et le partage se réunissant pour ne former qu'un seul lot, qu'un seul tout indivisible, il est de toute impossibilité de distinguer quelle portion de ce lot aurait été attribuée par la donation, et serait par conséquent restée soumise à la réduction, et quelle serait la portion qui, attribuée par le partage, eût pu être attaquée par la rescision. — *Bordeaux*, 23 déc. 1845 (t. 1er 1846, p. 358), Jucquand c. Figeroux.

238. — La suspension de la prescription ne pourrait avoir lieu non plus par cette autre considération que l'ascendant se serait réservé l'usufruit de certains biens compris dans un lot, ou le droit de reprendre les biens en cas d'inexécution des charges imposées au copartageant auquel ce lot est attribué; ni enfin parce que l'héritier avantagé aurait été chargé de payer aux autres une certaine somme après le décès de l'ascendant. — Même arrêt.

239. — Mais le délai de la prescription ne court à l'égard des mineurs et des interdits que du jour de la majorité ou de la mainlevée de l'interdiction. — C. civ., art. 1304. — Duranton, t. 9, n° 646.

240. — Pour la seconde opinion, on dit qu'une action en rescision pour cause de lésion ne saurait être intentée par le donataire *du vivant du donateur;* qu'en effet il s'agit d'une simple libéralité qu'il était libre au donateur de faire ou de ne pas faire, dont il pouvait avantager l'un à l'exclusion de l'autre, que les donataires doivent accepter et acceptent *passivement*, et qu'il serait aussi contraire aux lois de la morale qu'à celles de la loi de voir un enfant attaquer sous les yeux du donateur la libéralité qu'il en a reçue et l'accuser d'injustice dans la distribution de ses bienfaits. — Solon, *Nullités*, t. 2, n° 490.

241. — Il a donc été jugé, en ce sens, qu'un partage d'ascendant ne peut être attaqué pour cause de lésion qu'après le décès de l'ascendant. — *Nîmes*, 17 mars 1841 (t. 2 1841, p. 52), Jalaguier.

242. — Ainsi, un acte par lequel des père et mère donnent tous leurs biens à leurs enfans, et où ceux-ci déclarent qu'ils transigent sur leurs droits, ne peut être attaqué pour cause de lésion qu'après le décès des ascendans. — *Agen*, 6 (et non 8) juillet 1824, Copin c. Vincent.

243. — ... Que l'action en rescision, pour cause de lésion, du partage anticipé qu'un père fait de ses biens entre ses enfans, en s'en réservant l'usufruit, n'est ouverte qu'à la cessation de cet usufruit. — *Bordeaux*, 26 juill. 1838 (t. 1er 1839, p. 35), Labrousse c. Dartenset.

244. — ... Et même que le partage fait par des ascendans de leurs biens entre leurs enfans ne peut être attaqué par l'un de ces derniers pour cause de lésion pendant la vie de l'un ou de l'autre desdits ascendans. — *Bordeaux*, 4 janv. 1827, Ardouin c. Boutelau. — Solon, n° 491.

245. — Par conséquent que le délai pour la prescription de l'action en rescision ne court que du jour du décès de l'ascendant. — *Caen*, 15 juin 1835, Jourdan c. Davy; *Nîmes*, 17 mars 1841 (t. 2 1841, p. 52), Jalaguier; *Aix*, 7 juill. 1842 (t. 2 1844, p. 140), Berenger c. Fombavel; *Cass.*, 2 août 1848 (t. 2 1848, p. 185), Viguier.

246. — Est non recevable l'action en rescision, pour cause de lésion, d'un partage d'ascendant, que l'enfant qui se prétend lésé a exécuté par l'aliénation des biens à lui attribués. — *Montpellier*, 27 mai 1846 (t. 2 1846, p. 212), Ducup et Christol. — Duranton, t. 9, n° 645.

247. — Et l'on ne peut considérer comme exécution d'un partage d'ascendant, emportant ratification de ce partage, et, par suite, excluant l'action en rescision, l'apport, par l'enfant lésé, de son lot dans son contrat de mariage, non plus que l'abatage de bois qu'il a fait, sur les immeubles de ce lot, pour une faible valeur. — *Caen*, 31 janv. 1848 (t. 2 1848, p. 588), Lemaître c. Gautier.

248. — Jugé, au contraire, que l'exécution du partage pendant la vie de l'ascendant ne peut empêcher les enfans d'attaquer ce partage, pour cause de lésion, après sa mort. — *Caen*, 15 juin 1835, Jourdan c. Davy.

249. — Le copartageant qui demande la rescision du partage pour lésion, et vend ensuite tout ou partie de son lot, mais en se réservant la faculté de racheter les objets vendus pour le cas où, par l'effet d'un nouveau partage provoqué par lui contre ses cohéritiers, ces biens ne tomberaient pas dans son lot, est encore recevable à intenter l'action en rescision pour cause de lésion. — *Grenoble*, 8 mai 1835, Dorey.

250. — La vente par suite d'expropriation forcée des immeubles compris dans le lot d'un copartageant n'est point un obstacle à l'action en rescision quand l'expropriation est poursuivie à la requête des parties contre lesquelles la demande en rescision a été formée. — Même arrêt.

251. — Une lésion pouvant survenir ultérieurement, l'acceptation du partage ne pourrait être opposée, comme fin de non-recevoir, à l'action en rescision résultant de cette lésion. — Delvincourt, t. 2, p. 359.

252. — Comme l'ascendant peut faire plusieurs partages successifs (V. *suprà*, n° 98), il faudra, pour déterminer s'il y a lésion dans ces partages, non les considérer isolément, mais en examiner en bloc les résultats et les considérer tous comme ne faisant qu'un seul et unique partage. — Rolland de Villargues, n° 134.

253. — Dans le cas d'une demande en rescision pour cause de lésion, le défendeur peut empêcher un nouveau partage, en offrant au demandeur le supplément de sa portion héréditaire, soit en nature, soit en argent. — *Grenoble*, 25 nov. 1824, Saire c. Guelle; *Lyon*, 22 juin 1825, Solichon; *Cass.*, 24 juill. 1828, confirm. de *Riom*, 22 juill. 1825, Riberolles c. Rudel; *Cass.*, 6 juin 1834, Priel c. Cambronne; *Toulouse*, 11 juin 1836, Ville. — Car le partage d'ascendant est tout au moins aussi favorable que le partage ordinaire. — Duranton, t. 9, n° 561; Grenier, *Donat.*, n° 400; Toullier, t. 5, n° 804; Favard; *Rép.*, v° *Partage d'ascendant*, nos 5 et 6. — *Contrà*, *Toulouse*, 21 août 1833, Sarrau c. Auzeries.

254. — Toutefois, le supplément doit être non en argent, mais en biens rapportables, quand l'enfant a été avantagé sous clause de préciput; car, dans ce cas, le don fait partie de la masse partageable. — Duranton, n° 652.

255. — Mais la faculté conférée par l'art. 891 C. civ. d'arrêter le cours d'une action en rescision de partage, par l'offre d'un supplément de portion héréditaire, ne peut être exercée dans le cas où un partage d'ascendant est attaqué, non pas pour défaut de *quantité* dans le lot d'un des copartageans, mais pour défaut de *qualité* des biens qui le composent, en ce que ces biens n'ont pas été également distribués selon leur nature. — *Cass.*, 10 nov. 1847 (t. 1er 1849, p. 74), Mazoyer c. Daudé; 21 août 1848 (t. 1er 1849, p. 74), Vrac.

256. — La faculté accordée au cohéritier défendeur d'offrir le supplément de la portion héréditaire, soit en nature, soit en argent, peut être exercée en tout état de cause et même en appel pour la première fois. — *Nîmes*, 31 mars 1841 (t. 2 1841, p. 452), de Ramel c. de Pèlerin.

257. — Mais, dès que le cohéritier a opté pour le supplément en nature, le défendeur ne peut, sur l'appel du jugement qui, en déclarant non satisfactoire l'offre par lui faite de certains objets, l'a condamné à en abandonner d'autres jusqu'à concurrence d'une valeur déterminée, se rétracter, et faire offre de fournir ce supplément en argent, alors surtout qu'il n'a fait aucune réserve pour le cas où ses offres ne seraient pas jugées suffisantes. — L'option laissée au défendeur de fournir le supplément en nature ne va pas jusqu'à l'autoriser à faire des offres dérisoires et non acceptables. — Même arrêt.

258. — Lorsque, par suite de la rescision d'un partage d'ascendant, pour cause de lésion, un nouveau partage a été ordonné, il n'y a lieu d'y procéder qu'après l'expiration du délai accordé au défendeur pour parfaire en argent ou en nature la portion du demandeur. — *Nîmes*, 10 avr. 1847 (t. 1er 1848, p. 221), Agniel.

259. — Si un partage contenant en même temps un don par préciput, au profit de l'un des enfans, était rescindé pour cause de lésion, le don par préciput n'en subsisterait pas moins jusqu'à concurrence de la portion disponible. — Toullier, t. 5, n° 812; Grenier, *Donat.*, t. 1er, p. 667.

260. — L'enfant qui attaque le partage fait par l'ascendant doit faire l'avance des frais de l'estimation. — C. civ., art. 1080.

261. — Si la demande de l'enfant qui attaque le partage n'est pas fondée, il supporte personnellement les frais de l'estimation, ainsi que les dépens de la contestation (C. civ., art. 1080), sans pouvoir obtenir la compensation des dépens. — C. proc., art. 131. — Duranton, n° 660.

§ 3. — *Rescision pour atteinte à la réserve légale.*

262. — Le partage d'ascendant peut encore être attaqué dans le cas où il résulterait du partage et des dispositions faites par préciput que l'un des copartagés aurait un avantage plus grand que la loi ne le permet. — C. civ., art. 1079.

263. — L'action en rescision ouverte pour lésion par l'art. 1079 C. civ. est introduite surtout en faveur de l'héritier réservataire.

264. — Les enfans non avantagés peuvent seuls réclamer le bénéfice de la seconde partie de l'art. 1079 contre les avantages excessifs faits à un de leurs cohéritiers. — *Caen*, 21 mars 1838 (t. 2 1838, p. 645), Letulle.

265. — Un acte de partage entre-vifs fait par un père entre ses enfans, qui l'ont accepté, avec stipulation d'une rente viagère au profit du père, peut être rescindé pour cause d'atteinte à la réserve légale. Il n'y a pas lieu, dans ce cas, d'ordonner une expertise, si la lésion résulte des dispositions mêmes de l'acte de partage. — *Toulouse*, 23 décembre 1835, Marty.

266. — Lorsque, dans son testament, un père, après avoir donné par préciput à l'un de ses enfans la portion disponible, fait ensuite entre eux le partage de tous ses biens, ce partage ne doit pas être annulé s'il contient une lésion de plus d'un quart au préjudice des enfans non avantagés. Il est simplement réductible à la quotité dont la loi permet au père de disposer. — *Riom*, 25 avr. 1848, Montel.

267. — De même, un partage d'ascendant n'est pas nul, par cela seul que l'un des enfans n'a pas son entière réserve légale; il y a lieu seulement de réduire les lots des autres enfans, pour compléter cette réserve, et l'impossibilité dans laquelle se serait mis l'enfant lésé de demander la rescision, pour cause de lésion, de ce partage ne fait pas obstacle à ce qu'il réclame sa réserve. — *Caen*, 31 janv. 1848 (t. 2 1848, p. 588), Lemaître c. Gautier.

268. — Pour que l'action en réduction soit admise, il n'est pas nécessaire que l'un des copartagés ait au delà de ce que permet la loi : cette condition de l'art. 1079 ne concernant que l'action en rescision. — *Caen*, 26 juin 1846 (t. 2 1847, p. 16), Chevallier c. de Romilly.

269. — Le successible à réserve, qui est donataire par préciput de la quotité disponible, ne peut faire rescinder le partage du père, qu'autant qu'il démontre qu'il a été lésé de plus du quart sur l'immeuble de la réserve et la quotité disponible. — *Grenoble*, 8 mai 1835, Dorey.

270. — Le partage d'ascendant ne peut être attaqué par l'enfant donataire par préciput, qu'autant qu'il en résulte pour lui une lésion de plus du quart sur la réserve. — Ce quart doit être calculé en dehors de la portion disponible. — *Caen*, 21 mars 1838 (t. 2 1838, p. 645), Letulle.

271. — Un partage d'ascendant, même accepté par l'un des copartageans, peut être attaqué par celui-ci, pour cause de simulation et de fraude, en ce qu'il aurait pour objet de porter atteinte à sa réserve légale. — *Lyon*, 30 août 1848 (t. 1er 1849, p. 78), Miraud c. Houdaille.

272. — De même que l'action en rescision pour cause de lésion, l'action en rescision pour atteinte à la réserve légale peut être repoussée par des fins de non-recevoir tirées de ce que la demande ne serait pas formée en temps utile; ou bien de ce qu'il y aurait eu ratification expresse ou tacite du partage de la part du demandeur.

273. — Relativement au délai de la prescription, jugé que l'action en réduction pour atteinte portée à la réserve légale se prescrit par dix ans. — *Cass.*, 4 fév. 1845 (t. 2 1845, p. 396), de Meillonas c. de Kolly; *Bordeaux*, 23 mai 1846 (t. 2 1847, p. 116), Veau; *Cass.*, 2 août 1848 (t. 2 1848, p. 185), Viguier; *Lyon*, 30 août 1848 (t. 1er 1849, p. 78), Miraud c. Houdaille.

274. — Jugé au contraire que l'action en réduction ne se prescrit que par trente ans. — *Montpellier*, 23 déc. 1846 (t. 2 1847, p. 113), Tixador.

275. — La prescription de l'action en réduction ne commence à courir que du jour du décès de l'ascendant. — *Caen*, 15 mai 1835, Jourdan c. David; 26 juin 1846 (t. 2 1847, p. 16), Chevallier c. de Romilly; *Montpellier*, 23 déc. 1846 (t. 2 1847, p. 113), Tixador; *Cass.* (après part.), 30 juin 1847 (t. 2 1847, p. 5), Selva c. Casemayor; 2 août 1848 (t. 2 1848, p. 185), Viguier; *Lyon*, 30 août 1848 (t. 1er 1849, p. 78), Miraud c. Houdaille.

276. — ... Et cela aussi bien lorsque le partage a été fait par acte entre-vifs que lorsqu'il l'a été par acte testamentaire. — *Cass.*, 2 août 1848 (t. 2 1848, p. 185), Viguier.

277. — Jugé au contraire que la prescription court du jour où l'acte a été fait. — *Cass.*, 4 févr. 1845 (t. 2 1845, p. 396), de Meillonas c. de Kolly; *Bordeaux*, 23 mai 1846 (t. 2 1847, p. 116), Veau.

278. — L'action en rescision, pour cause de lésion, d'un partage d'ascendant ne peut porter que sur la masse des biens, objet du partage, abstraction faite des biens légués à titre particulier, à l'égard desquels l'action en réduction est seule admissible en cas d'excès de la quotité disponible. — *Caen*, 31 janv. 1848 (t. 2 1848, p. 588), Lemaître c. Gautier.

279. — On ne peut tirer de fin de non-recevoir contre l'action résultant d'un partage d'ascendant, ni de la rétrocession faite au copartageant avantagé par les autres copartageans, ni de la réception du prix de cette rétrocession, si cette rétrocession n'a été que l'accomplissement d'une condition imposée par l'acte de partage, et surtout si cette rétrocession et cette réception du prix ont eu lieu durant la vie de l'ascendant donateur, puisqu'une donation ne peut être valablement ratifiée par ceux qui ont droit de l'attaquer qu'après le décès du donateur. — *Montpellier*, 23 déc. 1846 (t. 2 1847, p. 113), Tixador.

280. — Un partage d'ascendant, fait sous la réserve de l'usufruit de certains biens donnés à l'un des enfans ne peut être assimilé à la vente à fonds perdu ou sous réserve d'usufruit dont parle l'art. 918 C. civ. Ainsi les autres copartageans ne peuvent être déclarés non recevables dans l'action en réduction, qu'ils formeraient contre l'enfant avantagé, par le seul motif qu'ils ont consenti au partage. — Même arrêt.

281. — L'autorisation que les copartageans auraient donnée à l'ascendant donateur de distribuer par actes entre-vifs les biens tant paternels que maternels, ne constitue pas un pacte de famille répulsif de l'action en réduction intentée par l'un d'eux; cette autorisation ne valant que pour un partage, conformément aux règles prescrites par la loi. — *Caen*, 26 juin 1846 (t. 2 1847, p. 16), Chevallier c. de Romilly.

282. — Lors même que quelques-uns des enfans auraient formellement annoncé la volonté de garder les lots à eux départis par le père commun, il n'en résulterait pas de leur part renonciation à exiger le supplément auquel ils auraient droit, en sus de ces mêmes lots, pour compléter la réserve légale. — *Caen*, 31 janv. 1848 (t. 2 1848, p. 588), Lemaitre c. Gautier.

283. — L'action en rescision pour excédant de la quotité disponible, formée contre un partage d'ascendant peut, de même qu'en matière de partage ordinaire, être arrêtée par l'offre du cohéritier défendeur de fournir au demandeur le supplément de sa portion héréditaire, soit en numéraire, soit en nature. La faculté de faire cette offre peut être exercée en tout état de cause, même en appel pour la première fois. — *Toulouse*, 10 mai 1844 (t. 2 1844, p. 391), Lambert (résol. implic.).

284. — Jugé même que le défendeur peut fournir le supplément de légitime en argent, sans être tenu de le fournir en nature. — *Riom*, 25 avr. 1818, Montel.

285. — Lorsqu'un acte de partage, contenant un préciput, vient à être annulé, le don par préciput peut être maintenu malgré la nullité du partage. — Grenier, nº 400; Duranton, nº 650; Toullier, nº 81; Favard, vº *Partage d'ascendant*, nº 8.

286. — Jugé, en général, que, lorsqu'un père a partagé, par testament, ses biens entre ses enfans les avantages *hors part* qu'il a faits à quelques-uns d'eux doivent être maintenus, bien qu'au décès du père le partage testamentaire ne puisse recevoir son exécution. — *Orléans*, 3 mars 1815, Boyer c. Archambault.

287. — Les dispositions concernant les frais relativement à l'enfant qui attaque le partage pour cause de lésion, sont communes à celui qui l'attaque pour atteinte à la réserve légale. — C. civ., art. 1080. — V. *suprà* nºs 260 et suiv.

V. aussi DÉMISSION DE BIENS, DONATION ENTRE-VIFS.

PARTAGE DE COMMUNAUTÉ.

V. PARTAGE. — V. aussi COMMUNAUTÉ.

PARTAGE PAR FEUX

V. FORÊTS, USAGE (droits d').

PARTAGE D'OPINIONS.

Division des avis des juges appelés à prononcer sur une contestation, en deux ou plusieurs sentimens dont aucun ne réunit la majorité des voix. — V. ARBITRAGE, JUGEMENT.

PARTAGE DE PRÉSUCCESSION.

V. ÉMIGRÉ.

PARTAGE PROVISIONNEL.

C'est celui qui est fait en attendant le partage définitif. — V. PARTAGE, nºs 788 et suiv.

PARTAGE DE SUCCESSION.

V. PARTAGE.

PARTIAIRE (Colon).

V. BAIL A COLONAGE PARTIAIRE.

PARTICULES CONJONCTIVE ET DISJONCTIVE.

1. — La particule conjontive est celle qui sert à lier un mot à un autre, ou une proposition à une autre proposition: telle est la particule *et*.

2. — La particule disjonctive est celle qui, tout en joignant les parties d'un discours, sépare les choses qu'on dit, et n'en affirme qu'une indéterminément: telle est la particule *ou*.

3. — Il est des cas, en droit, où la particule conjonctive *et* s'emploie pour la disjonctive *ou*, et réciproquement. — L. 13, D., *De verb. signif.*; L. 4, C., *De rerum et verb. signific.* — Merlin, *Rép.*, vis *Conjonctive*, *Disjonctive*.

4. — Ainsi, enchérir pour soi *et* son ami à nommer, c'est enchérir pour soi *ou* son ami, les particules ont ici le même sens. — Merlin, *Rép.*, vº *Vente*, § 3; Rolland de Villargues, *Rép. du not.*, vº *Particule conjonctive et disjonctive*, nº 4.

5. — Lorsque, par une disposition, il est donné telle chose à Pierre *ou* à Paul, Paul est appelé conjointement avec Pierre; ils sont codonataires. — L. *Cum quidam*, C. *De verb. signif.* — Merlin, *Quest.*, vº *Vente*; Rolland de Villargues, nº 5.

6. — De grandes dissertations ont eu lieu entre les docteurs sur les cas où les deux particules doivent être réputées employées l'une pour l'autre. A cet égard il faut se décider soit d'après l'esprit du législateur et l'ensemble de ses dispositions, s'il s'agit d'une loi; soit d'après l'intention des parties et les circonstances, s'il s'agit d'une convention. — Ricard, *Disposit. condit.*, nºs 385 et suiv.; Furgole, chap. 8, sect. 5 et 6; Merlin, *Quest. dr.* vº *Subst. fidei*, § 3; Toullier, nº 507.

7. — Jugé que, dans les contrats et même dans les lois, la particule *et* est souvent équivoque, et il peut y avoir incertitude si elle est conjonctive ou disjonctive. — *Cass.*, 24 déc. 1828, Commune de Change c. Commune de Créot.

8. — ... Que c'est d'après les circonstances, l'esprit du législateur et les usages, que cette incertitude doit être levée relativement aux lois et surtout relativement aux coutumes, qui ne sont que des conventions d'usages entre les habitans d'une partie du territoire de l'Etat rédigées sous le bon plaisir et avec le consentement des souverains. — Même arrêt.

V., au surplus, CONDITION, nºs 290 et suiv.; COUR D'ASSISES, nº 2062; INTERPRÉTATION DES CONVENTIONS, LEGS, nºs 90, 100 et suiv.; LOIS, nºs 259 et suiv.

PARTIE CIVILE.

C'est le nom donné au plaignant qui a intenté l'action civile, soit par voie principale, soit par adjonction aux poursuites du ministère public. — V ACTION CIVILE. — V. aussi ACQUITTEMENT, APPEL, CHAMBRE DU CONSEIL, CHAMBRE DES MISES EN ACCUSATION, CASSATION, COUR D'ASSISES, DOMMAGES-INTÉRÊTS, EXPLOIT (mat. crimin.), JUGEMENT (mat. crimin.), INSTRUCTION CRIMINELLE, TRIBUNAL CORRECTIONNEL, TRIBUNAUX DE SIMPLE POLICE.

PARTIE PUBLIQUE.

1. — C'est l'organe des intérêts généraux, l'avocat de la république ou de la société; en un mot, le ministère public. — V. ACTION PUBLIQUE, MINISTÈRE PUBLIC.

2. — La partie publique agit comme *partie principale* ou comme *partie jointe*, selon qu'elle procède par voie de réquisition, saisissant elle-même les tribunaux civils ou criminels d'une action dans laquelle elle se porte demanderesse, ou qu'elle se borne à donner ses conclusions, ou son avis, dans une instance pendante entre deux ou plusieurs parties. — V. MINISTÈRE PUBLIC.

PASSAGE.

V. SERVITUDE.

PASSAGE SUR LE TERRAIN D'AUTRUI.

1. — En règle générale, nul ne peut passer sur le terrain d'autrui sans le consentement du propriétaire. — C'est une conséquence du principe que le droit de propriété est sacré. — Néanmoins, cette règle subit quelques exceptions dans certains cas déterminés par la loi. — V. CHEMIN IMPRATICABLE, SERVITUDE.

2. — L'art. 471, nº 13 du Code pén. dispose que ceux qui n'étant ni propriétaires, ni usufruitiers, ni locataires, ni fermiers, ni jouissant d'un terrain ou d'un droit de passage, ou qui n'étant agens ni préposés d'aucune de ces personnes, seront entrés et auront passé sur ce terrain ou sur partie de ce terrain, s'il est préparé ou ensemencé, seront punis d'une amende de 1 à 5 fr.

3. — Quant à celui qui est entré dans un champ ensemencé, ou préparé (C. pén., art. 471, nº 13), du consentement du propriétaire, ou qui est son agent, il ne peut pas être condamné à l'amende à raison de ce fait. — *Cass.*, 27 vendém. an IX, Pancy.

4. — Jugé que si le fait, par le propriétaire d'un *terrain enclavé*, d'avoir passé, pour la culture et l'enlèvement de ses récoltes, sur des terrains ensemencés, peut donner lieu à une action civile en réparation du dommage causé, il ne constitue pas la contravention prévue et punie par les nºs 9 et 10 de l'art. 475 C. pén. — *Cass.*, 25 avr. 1846 (t. 1er 1847, p. 562), de Sacy et Vasseur.

5. — Jugé cependant qu'aucune loi ni coutume n'autorisant à se faire justice à soi-même, quelque droit que l'on réclame, celui qui a passé sur le terrain d'autrui ne peut être acquitté sous le prétexte que sa propriété est enclavée et que la loi l'autorise à se faire livrer un accès par un des propriétaires voisins. — *Cass.*, 3 thermid. an X, Vancaillie. — V. SERVITUDE.

6. — Comme on le voit, l'art. 471 ne punit que le fait d'avoir passé sur un terrain *préparé* ou *ensemencé*. — Si le terrain n'était ni préparé, ni ensemencé, le fait du passage pourrait donner lieu contre son auteur à des dommages-intérêts, mais non à l'application de la loi pénale. — *Cass.*, 29 messid. an VIII, Duchalet.

7. — Jugé que les prairies naturelles, étant dans un état de production permanente, doivent être considérées en tout temps comme des terrains préparés ou ensemencés, et qu'en conséquence le fait de s'y introduire sans droit constitue la contravention prévue et punie par l'art. 471 Code pén. (nº 13), encore bien que l'herbe fût alors récoltée et qu'aucun dommage n'ait été causé. — *Cass.*, 26 mai 1836, Gontier; 4 déc. 1847 (t. 1er 1848, p. 54), Borguet. — ... Alors même que la clôture protégeant ces prairies serait en mauvais état. — Même arrêt du 4 déc. 1847. — On peut, au surplus, consulter sur cette question les diverses décisions rapportées. — V. ANIMAUX, nºs 52 et suiv., 62 et suiv., et CHASSE, nºs 409 et suiv.

8. — Toutefois, même dans le cas où le terrain n'est ni préparé ni ensemencé, si le passage a eu lieu en violant une clôture, le voyageur qui s'est ainsi ouvert une route à travers le champ d'autrui doit être condamné à payer le dommage fait au propriétaire, et de plus une amende de la valeur de trois journées de travail; à moins que le juge de paix ne décide que le chemin public était impraticable, et alors les dommages et les frais de clôture sont à la charge de la communauté. — Art. 41, tit. 2 de la loi du 6 oct. 1791. — V. CHEMIN IMPRATICABLE.

9. — Au reste, la loi de 1791 n'est applicable qu'au cas où le terrain n'est ni préparé ni ensemencé; car le fait d'avoir franchi un mur de clôture, et traversé une vigne appartenant à autrui, dont la récolte est pendante, constitue la contravention prévue et punie par l'article 475 (nº 9) C. pén. — *Cass.*, 25 oct. 1827 (règlem. de juges), Dromont.

10. — Si le passage a lieu sur un terrain chargé de grains en tuyau, de raisins ou d'autres fruits mûrs, ou voisins de la maturité, le contrevenant, qui n'est ici ni propriétaire ni usufruitier ni jouissant d'un droit de passage, doit être puni d'une amende, de 6 francs à 10 francs inclusivement, en vertu de l'art. 475 (nº 9) C. pén.

11. — Cette disposition doit être appliquée aux terrains ouverts et aux passans qui tracent des sentiers ou qui suivent des sentiers déjà tracés. C'est ce qui se trouve clairement expliqué dans le procès-verbal du Conseil d'Etat (séance du 21 janvier 1809. — Bourguignon, *Jurispr. des Codes crim.*, t. 3, p. 534.

12. — Les art. 471 (nº 14) et 475 (nº 10) prévoient le cas où le passage sur le terrain d'autrui a eu lieu avec bestiaux, bêtes de trait (ce qui comprend les voitures), de charge et de monture. — V., à cet égard, vº ANIMAUX, nºs 41 et suiv.

13. — L'arrêté qui déclare la chasse ouverte ne lève pas les prohibitions prononcées par les articles ci-dessus cités; et si le propriétaire du terrain préparé ou ensemencé sur lequel des chasseurs ont passé ne juge pas à propos de les poursuivre pour délit de chasse, le ministère public a toujours le droit d'exercer son action contre eux à raison de la contravention de passage qu'ils ont commise. — *Cass.*, 31 mars 1832, Boissard.

14. — Mais le droit conféré par le cahier des charges à l'adjudicataire de l'entretien d'une route de ramasser des cailloux sur les champs voisins emporte nécessairement le droit de passer avec des voitures sur les champs même ensemencés, pour opérer l'extraction et l'enlèvement des cailloux. Dès lors, un pareil fait ne saurait constituer une contravention justiciable des tribunaux de police. — *Cass.*, 3 août 1837 (t. 1er 1838, p. 560), Grevin. — V., cependant, 27 janv. 1838 (t. 1er 1840, p. 204), même affaire. — V. TRAVAUX PUBLICS.

15. — Le fait prévu par les art. 471 (no 14) et 475 (no 10) C. pén. constitue, comme on le voit, une simple contravention, il est donc punissable indépendamment de toute intention criminelle de la part de l'agent; s'il y avait intention coupable, méchanceté, le fait pourrait constituer, suivant les circonstances, le délit prévu par l'art. 444 C. pén. — V. ARBRES ET PLANTS, no 13; DESTRUCTION ET DÉVASTATION DE RÉCOLTES.

V., au surplus, ANIMAUX, CHAMPS ENSEMENCÉS, CHASSE, CHEMINS IMPRATICABLES, MINES, SERVITUDE, TRAVAUX PUBLICS.

PASSAGER.

1. — Voyageur qu'un navire transporte d'un lieu dans un autre.

2. — Pour être reçus à bord, les passagers doivent justifier : 1o d'un passe-port visé par l'autorité civile du lieu de l'embarquement et du commissaire de la marine. — Lettre minist. 25 mars 1817. — 2o D'un bulletin de santé dans les cas prévus par les lois et ordonnances relatives à la police sanitaire.

3. — Ils doivent être inscrits sur le rôle d'équipage, même pour les bateaux à vapeur. — Déc. min. 23 janv. 1837. — Toutefois, cette mesure ne s'exécute pas pour les petits trajets sur le littoral, tels, par exemple, que de La Rochelle à l'île de Ré. — Beaussant, *Code maritime*, t. 1er, no 166. — V., au surplus, CAPITAINE DE NAVIRE, nos 163 et suiv.

4. — Les passagers doivent, à moins de conventions contraires, se pourvoir des vivres nécessaires pour la traversée. Le plus souvent, le capitaine se charge de fournir la nourriture; et alors les usages locaux suppléent aux clauses qui auraient été omises : comme, par exemple, de nourrir les passagers, dans le cas non prévu d'une relâche. — Goujet et Merger, *Dict. de droit comm.*, vo *Passager*, nos 7 et suiv.

5. — Le capitaine qui reçoit des passagers à son bord et qui se charge, moyennant une somme convenue, de les transporter à une destination déterminée et de les nourrir pendant la traversée, est censé, à défaut de convention contraire, assumer sur lui, à l'égard des passagers, tous les événemens, même ceux de force majeure, qui peuvent accroître les dépenses ordinaires. — En conséquence, il est tenu, en cas de relâche forcée dans un port intermédiaire, de prendre à sa charge les frais de nourriture et de logement à terre des passagers pendant tout le temps de la relâche. — *Poitiers*, 30 avril 1828, Lemeur c. Vives.

6. — Le capitaine doit, à raison de ces divers chefs, être condamné personnellement et par corps au profit des passagers. — Même arrêt.

7. — Si un passager s'était chargé de se nourrir lui-même et que la traversée se prolongeât, il serait fondé à réclamer du capitaine la nourriture donnée aux autres passagers en la payant suivant une taxe raisonnable. — Pardessus, *Dr. commerc.*, t. 3, no 753.

8. — Le capitaine qui a traité avec des passagers peut, ainsi qu'on l'a vu vo CAPITAINE DE NAVIRE, no 143, être contraint à leur faire disposer des logemens convenables. — Trib. du *Havre*, 18 oct. 1827, Pasquet. — Beaussant, t. 1er, p. 215.

9. — Les effets des voyageurs et leurs vivres doivent être placés de manière qu'ils ne soient pas exposés à être perdus ou avariés. — Beaussant, t. 1er, no 172.

10. — Quand le navire a pris ses expéditions, et que le capitaine a annoncé le jour du départ, tous les passagers doivent être prêts à se rendre à bord au premier avertissement, qui s'annonce ordinairement par un coup de canon. S'ils manquent le navire, ils sont non recevables à réclamer des dommages-intérêts envers l'armateur. — Goujet et Merger, no 14.

11. — Jugé, en ce sens, que lorsqu'un navire est prêt à mettre à la voile, le capitaine a rempli toutes ses obligations en prévenant du jour du départ les personnes qui doivent s'embarquer à son bord ; et il peut partir sans les attendre si elles sont en retard. — Trib. de *Marseille*, 27 oct. 1819, Mathey (*Journ. Mars.*, 1, 1, 32).

12. — Dès que le navire est prêt à mettre à la voile, il n'est plus permis aux passagers d'aller à terre, même momentanément, sans l'agrément du capitaine. — Goujet et Merger, no 13.

13. — Ils ne peuvent ni exiger que le navire fasse relâche dans les ports autres que ceux de sa destination, ni s'opposer aux relâches nécessitées par le genre d'expédition ou les circonstances. — Goujet et Merger, no 16.

14. — Lorsque des ordres supérieurs suspendent la continuation du voyage d'un navire, le passager qui a voulu débarquer, sans attendre la cessation de cet obstacle, ne peut répéter de l'armateur partie de la somme convenue et payée par lui d'avance en entier pour son passage et sa nourriture à bord pendant le voyage projeté. — Trib. de *Marseille*, 16 nov. 1827, Giordan (*Journ. Mars.*, 10, 1, 61).

15. — Les passagers peuvent faire prononcer la résiliation de la convention relative au passage, et obtenir le remboursement soit de leurs frais de nourriture et de logement jusqu'alors, soit des sommes qu'ils ont payées à compte du prix du passage, s'il est prouvé qu'à l'époque du départ le navire était en mauvais état et incapable de supporter la traversée. — *Poitiers*, 30 avril 1828, Lemeur c. Vives.

16. — Les passagers sont, comme les gens d'équipage, placés sous l'autorité du capitaine et soumis, quoique sous des rapports différens, à la discipline du bord. — V. à ce sujet CAPITAINE DE NAVIRE, nos 223 et suiv. — Toutefois nous ferons remarquer que les peines de la bouline, de la cale et des coups ont été abolies par le décret du Gouvernement provisoire du 12 mars 1848. — V. BOULINE (peine de la), CALE (peine de la).

17. — Les vols et altérations de vivres ou marchandises commis à bord par les passagers sont punis de la réclusion. — L. 10 avril 1825, art. 15 ; C. pén., art. 386 et 387.

18. — Celui qui traite avec un capitaine pour le passage d'un ou de plusieurs individus d'un pays dans un autre, n'est pas responsable des actes de révolte et de violence exercés par les passagers pendant le cours de la navigation. — Trib. de *Marseille*, 5 mai 1824, Giordan (*Journ. Mars.*, 5, 1, 203).

19. — De son côté, le capitaine qui maltraiterait un passager serait, indépendamment des dommages-intérêts, passible des peines prononcées par la loi pour violences et voies de fait. — Goujet et Merger, no 27.

20. — S'il ordonnait l'incarcération hors des cas où elle est permise, il y aurait non pas détention arbitraire, puisqu'elle émanerait d'une personne ayant qualité pour prescrire cette mesure, mais abus de pouvoir donnant lieu à des dommages-intérêts. — Beaussant, t. 1er, no 146.

21. — A l'arrivée du navire dans un port français, les passagers sont soumis aux interrogatoires que peuvent leur faire subir les autorités sanitaires sur tous les renseignemens venus à leur connaissance et qui sont de nature à intéresser la santé publique. — Ord. 7 août 1822.

22. — De plus, ils sont tenus de faire à la douane la déclaration en détail de ce qu'ils ont apporté avec eux. — Beaussant, t. 2, no 943.

23. — Bien que le fret ou prix de transport soit le plus souvent payé d'avance, ou tout au moins en partie, il n'est dû cependant qu'autant que la traversée a eu lieu. Si donc le voyage est rompu par suite d'impossibilité pour le capitaine de radouber son navire et d'en louer un autre, le fret n'est acquis à l'armateur qu'à proportion de ce que le voyage est avancé. — C. comm. 296. — Beaussant, t. 2, no 997. — V. au surplus FRET, nos 174 et suiv.

24. — L'art. 288 C. comm., aux termes duquel l'affréteur qui rompt le voyage avant le départ, sans avoir rien chargé, est tenu de payer la moitié du fret à titre d'indemnité, est applicable au cas où l'affréteur qui s'est obligé à faire embarquer des passagers n'a pas satisfait à cette obligation. — Dans ce cas, la moitié du prix convenu est due au capitaine. — Trib. de *Bordeaux*, 25 fév. 1837, Sprenger. — *Jurispr. comm. de Bord.*, 4, 1, 46.

25. — Si un passager s'était introduit dans un navire sans convention préexistante, on pourrait exiger de lui le plus haut prix que paient les autres passagers pour un semblable voyage. — Arg. C. comm. 292. — Pardessus, no 732.

26. Dans les cas ordinaires, le prix du passage et les autres conditions se règlent de gré à gré et se prouvent par les mêmes moyens que la charte partie (V. ce mot). — Mais il est des circonstances où les capitaines sont obligés de recevoir des passagers que le gouvernement juge à propos de leur confier ou que les consuls et autres autorités les chargent de conduire. — Goujet et Merger, no 48.

27. — D'après les ordonnances des 16 nov. 1715 et 15 nov. 1728, conformes à une ordonnance du 19 fév. 1698, chaque armateur d'un navire en expédition pour les colonies d'Amérique devait porter : dans les bâtimens de 60 tonneaux et au-dessous, trois passagers; quatre dans ceux de 60 à 100 tonneaux, six dans ceux de 100 tonneaux et plus. — Goujet et Merger, no 50.

28. — Un arrêté du 27 prair. an X imposa aux armateurs de navires en expédition pour les îles et colonies françaises, l'obligation de fournir au gouvernement des places de passagers à raison de deux places par 100 tonneaux. L'État se chargeait seulement de délivrer, avant le départ, pour la nourriture de chacun des passagers, 45 rations si l'expédition était pour les îles ou pour le continent d'Amérique, 105 pour les îles de France et de la Réunion, 135 pour les côtes de Malabar ou de Coromandel, 150 pour le Bengale. — Goujet et Merger, no 51.

29. — Le prix du passage des personnes employées, soit dans le militaire, soit dans le civil, et embarquées au compte de l'État sur les bâtimens de commerce, fut réglé et successivement modifié par un arrêté du 14 vent. an XI et deux ordonnances des 9 janv. 1818 et 1er mars 1831. — Goujet et Merger, no 52.

30. — Enfin, d'après une ordonnance du 22 janv. 1837, les autorités maritimes sont tenues de faire pour chaque voyage des conventions avec les capitaines. — Beaussant, t. 2, no 1004.

V., au surplus, ASSURANCE MARITIME, AVARIES, BATEAUX A VAPEUR, CAISSE DES INVALIDES DE LA MARINE, CAPITAINE DE NAVIRE, CONNAISSEMENT, CONSUL, FRET, TESTAMENT.

PASSALIS.

Sorte de *pertuis*. — V. ce mot.

PASSAVANT.

1. — Expédition délivrée par l'administration des contributions indirectes pour légaliser le transport des boissons exemples du droit de circulation. — L. 28 avr. 1816, art. 6.

2. — Les passavans sont délivrés pour les vins, cidres et poirés, soit lorsqu'un propriétaire les fait conduire de son pressoir ou d'un pressoir public dans ses caves ou celliers, soit lorsqu'un colon partiaire, fermier ou preneur à bail emphytéotique à rente, les remet au propriétaire ou les reçoit de lui en vertu de baux authentiques ou d'un usage notoire (L. 28 avr. 1816, art. 3), soit quand un propriétaire, colon partiaire ou fermier les fait transporter des caves et celliers où sa récolte a été déposée dans un autre de ses caves ou celliers situé dans l'étendue du même département; et hors du département, dans l'arrondissement ou dans les arrondissemens limitrophes de celui où la récolte a été faite. — L. 17 juill. 1819, art. 3.

3. — Les propriétaires, fermiers ou négocians, qui font transporter des vins, cidres ou poirés, dans les cas qui précèdent, ne sont tenus de se munir que d'un passavant dont le coût est de 25 cent., droit de timbre compris. — L. 28 avr. 1816, art. 7.

4. — Un débitant même propriétaire de vignes peut faire arriver chez lui par passavant le vin de sa récolte. — *Solut. de la régie* du 8 nov. 1821.

5. — Les buralistes sont également autorisés à délivrer des passavans pour toute espèce de boissons quand, étant accompagnées de congés ou passavans, il y a nécessité de diviser le chargement en cours de voyage, ou quand elles sont expédiées par des débitans à de simples consommateurs en quantités moindres qu'un hectolitre, à moins, en ce qui concerne les eaux-de-vie, esprits et liqueurs, que les débitans n'obtiennent décharge au portatif desdites quantités en payant le droit de circulation à l'enlèvement.

6. — Il n'est délivré de passavant que sur déclarations énonçant les quantités, espèces et qualités des boissons, les lieux d'enlèvement et de destination, les noms, prénoms, demeures et professions des expéditeurs, voituriers et acheteurs ou destinataires; elles doivent, en outre, contenir la mention que l'expéditeur est réellement propriétaire, fermier ou colon partiaire récoltant, et non marchand en gros ni débitant, et que les boissons expédiées proviennent de sa récolte. — L. 28 avr. 1816, art. 40.

7. — A défaut de bureau de la régie dans le lieu même de leur résidence, les propriétaires, les récoltans et les marchands en gros de boissons qui ont à en expédier à quelque destination que ce soit sont autorisés à se délivrer des *laissez-passer* jusqu'au premier bureau de passage. A cet effet, la régie doit leur remettre des formules imprimées dont ils sont tenus de justifier l'emploi. — Lorsque les expéditeurs de boissons veulent se dispenser de déclarer le nom des destinataires, ils sont admis à ne faire désigner sur les expéditions que le lieu de destination à charge d'y faire compléter la déclaration au bureau de la régie avant que les conducteurs puissent décharger les voitures ou introduire des boissons chez le destinataire. — L. des recettes du 20 avr. 1832, art. 43.

8. — Toutes boissons circulant avec un laissez-passer au delà du bureau où il aurait dû être échangé sont considérées comme n'étant accompagnées d'aucune expédition et passibles de saisie. — L. 28 avr. 1816, art. 42, § 3.

9. — En disant que les passavans sont délivrés sur la déclaration des propriétaires ou fermiers, et en exigeant la mention de leur qualité réelle, l'art. 40 de la loi du 28 avril 1816 laisse cette mention à la charge et sous la responsabilité des déclarans. Mais ni cet article ni aucun autre ne contiennent pour les receveurs soit l'obligation ou le droit de subordonner la délivrance des passavans à une justification préalable de la qualité déclarée. — *Cass.*, 12 déc. 1843 (L. 1er 1844, p. 92), Contributions Indirectes v. Coursimault.

10. — L'art. 10 précité n'exige qu'une chose : c'est la déclaration de l'expéditeur. Sur cette déclaration le passavant doit être délivré, sauf à l'administration à recourir plus tard contre le déclarant s'il est né à même de prouver que sa déclaration a été mensongère. C'est en ce sens que depuis la loi de 1816 l'administration a elle-même compris et exécuté l'art. 40 de cette loi ; mais, par une instruction du 9 août 1840, elle a enjoint à ses employés d'exiger, en sus de la déclaration, la preuve de la sincérité de cette déclaration et, suivant elle, cette preuve devait résulter pour les locataires ou fermiers soit de l'exhibition préalable d'un bail authentique ou sous seing privé, soit d'un certificat du maire constatant la qualité effective de fermier ou de locataire. — Cette instruction ajoutait évidemment au texte de la loi ; aussi est-ce avec raison que le jugement qui proscrivait le système de l'administration a été maintenu par l'arrêt que nous venons de citer.

11. — Les buralistes qui ont délivré des passavans dans des cas autres que ceux prévus, ou ont négligé les formalités que l'administration leur a prescrites, peuvent être forcés en recette du montant des droits dont la perte aurait pu être la conséquence de leur négligence.

12. — D'après une circulaire du 46 oct. 1816, les passavans délivrés aux colporteurs doivent indiquer une destination unique et le délai strictement nécessaire pour atteindre cette destination.

PASSE DE SAC.

1. — Retenue qui s'opère pour le prix des sacs dans les paiemens faits en espèces.

2. — Le décret du 1er juill. 1809 contient, à cet égard, les dispositions suivantes : « Art. 1er. Le prélèvement qui sera fait par le débiteur, sous le nom de *passe de sac*, en remboursement de l'avance faite par lui des sacs contenant les espèces qu'il donne en paiement, ne pourra avoir lieu que dans les cas et aux taux exprimés dans les articles suivans. — Art. 2.

3. — « Dans les paiemens en pièces d'argent de sommes de 500 fr. et au-dessus, le débiteur est tenu de fournir le sac et la ficelle. — Les sacs seront d'une dimension à contenir au moins 4,000 fr. chacun ; ils seront en bon état et faits avec la toile propre à cet usage. » — Art. 2.

4. — « La valeur des sacs sera payée par celui qui reçoit, ou la retenue en sera exercée par celui qui paie, sur le pied de 13 c. par sac. » — Art. 3.

5. — « Le mode de paiement en sacs et au poids ne prive pas celui qui reçoit de la faculté d'ouvrir les sacs, de vérifier et de compter les espèces en présence du payeur. » — Art. 4.

6. — La retenue autorisée par le décret pour la passe de sac empêche-t-elle le créancier de fournir lui-même les sacs pour s'affranchir de la retenue? Oui : Toullier (t. 7, no 55), qui cite l'usage conforme des banquiers de Rennes. Non,

Favard (*Rép.*, vo *Passe de sac*), par le motif que le décret ne fait aucune distinction. — A quoi il faut ajouter, à l'appui de cette seconde opinion, qui paraît la mieux fondée, que la dépense en question tient autant à la délivrance qu'à l'enlèvement. — Rolland de Villargues, *Rép. du not.*, vo *Passe de sac*, no 2.

PASSE-DEBOUT.

1. — Nom donné à l'expédition ou au permis délivrés au conducteur de boissons qui voulant leur faire traverser un lieu sujet aux droits d'entrée, ou les y laisser séjourner moins de vingt-quatre heures, sans payer ces droits, en a fait la consignation ou s'est fait cautionner du montant à l'octroi. — L. 28 av. 1816, art. 28.

2. — La somme consignée est restituée ou la caution libérée au départ ou à la sortie des boissons du lieu assujetti, et après que cette sortie a été justifiée. — Même loi, *ibid.*

3. — Lorsqu'il est possible de faire escorter les chargemens, le conducteur est dispensé de consigner ou de faire cautionner les droits. — *Ibid.*

4. — Les boissons conduites à un marché dans un lieu sujet aux droits d'entrée sont soumises aux formalités du passe-debout. — *Ibid.*, art. 29.

5. — En cas de séjour des boissons au delà de vingt-quatre heures, le conducteur doit faire dans ce délai et avant le déchargement une déclaration de transit, avec indication du lieu où les boissons doivent être déposées, et obligation de les représenter aux employés à toute réquisition ; — la consignation ou le cautionnement subsistent pendant toute la durée du séjour. — V. L. 28 août 1816, art. 30.

6. — Le droit serait acquis à la régie si les boissons introduites avaient été déchargées sans déclaration préalable, alors même que ce déchargement n'aurait eu lieu que pour remplacer des cordages usés ou rompus. — *Cass.*, 24 juill. 1809, Tournemine c. Sennejean ; 7 déc. 1810, Garrelon. — Merlin, *Rép.*, vo *Congé.*

7. — A défaut de représentation des boissons ou du certificat de sortie, le transitaire n'encourt pas de confiscation ni d'amende ; seulement les droits consignés ou cautionnés sont définitivement acquis à la régie. — C'est du moins ce qui semblerait résulter d'un arrêt de la Cour de cassation, du 28 mars 1818, Brelheau-Berneron.

8. — Aux termes d'une solution de la régie, du 24 juin 1821, les transitaires sont tenus au paiement du droit de 10 p.-% en sus de ceux d'entrée et d'octroi sur les boissons introduites dans les lieux sujets au droit d'entrée, et la sortie desquelles ils ne justifient pas.

9. — Cependant l'employé supérieur de la régie, dans les lieux sujets aux droits d'entrée, peut, au besoin, pour éviter aux particuliers des déclarations de transit, fixer un délai plus long que celui du passe-debout ordinaire pour la sortie des boissons amenées à des fêtes dont la durée excéderait vingt-quatre heures.—V. d'Agar, *Manuel alphabétique des contrib. indir.*, vo *Passe-debout.*

10. — L'escorte des boissons jusqu'à la sortie ne dispense pas d'enregistrer leur entrée et de délivrer le passe-debout, qui doit alors être rapporté revêtu du certificat de sortie par les préposés qui ont accompagné ces boissons.—D'Agar, *ibid.*

11. — Le certificat de sortie est la seule preuve admise par la loi pour établir que les marchandises dont le passage sur passe-debout à travers une ville a été autorisé, ont été expédiées à l'extérieur. — On ne saurait suppléer à ce mode de preuve par la décharge de l'acquit-à-caution émané des employés de la ville indique comme lieu de destination. — En conséquence, celui qui s'est engagé par le passe-debout à la totalité de la sortie des marchandises dans un délai déterminé, sous peine de payer les droits d'entrée et d'octroi, est tenu, à défaut de représentation de certificat de sortie, du paiement de ces droits ; et, s'il s'agit d'une ville rédimée moyennant une taxe unique, du paiement de la totalité de cette taxe, qui comprend nécessairement le droit de consommation comme celui d'entrée. — *Cass.*, 29 août 1843 (I. 2 1843, p. 387), Contribut. indir. c. Dupuy. — V. aussi *Cass.*, 30 janv. 1838 (t. 1er 1838, p. 627), Dehée-Cayet.

12. — Le conducteur qui réclame le passe-debout doit représenter au bureau d'entrée les congés ou passavans dont il est porteur. — Ces expéditions sont visées après vérification et enregistrement. — Instruct. de la régie.

13. — Les déclarations de passe-debout doivent toujours être présentées à la signature des per-

sonnes qui les ont faites. — Instr. de la régie, annexée au registre no 18 des passe-debout.

14. — Si le chargement doit passer la nuit dans le lieu, ou s'y arrêter quelques heures, le conducteur doit indiquer l'auberge ou la maison où il se rend, afin de faciliter la surveillance des employés. — *Ibid.*

15. — Ces dispositions sont communes au passe-debout réclamés en matière d'octroi. — V., à cet égard, l'ordonn. du 9 déc. 1814, art. 37 et 38. — V., au surplus, boissons, octroi.

PASSEMENTIERS.

1. — Marchands passementiers. — Patentables de 5e classe ; — droit fixe basé sur la population, droit proportionnel du 20e de la valeur locative de l'habitation et des lieux servant à l'exercice de la profession.

2. — Fabricans passementiers, pour leur compte ; — fabricans à façon. — Patentables : les premiers de 7e classe, et les seconds de 8e. — Droit fixe basé sur la population ; droit proportionnel du 40e de la valeur locative de tous les locaux qu'ils occupent, mais seulement dans les communes de 20,000 âmes et au-dessus. — V. PATENTE.

PASSE-PORT.

Table alphabétique.

1. — PASSE-PORT. — La liberté individuelle est soumise en France, quant au déplacement que chacun peut faire de sa personne, à la condition de se munir d'un *passe-port*. Le passe-port est un acte de police publique qui enjoint de laisser aller et venir librement d'un lieu dans un autre celui qui en est porteur.

§ 1er. — *Notions générales* (no 2).

§ 2. — *Passe-ports à l'intérieur ou pour l'étranger* (no 9).

§ 3. — *Passe-ports étrangers* (no 59).

§ 4. — *Des faux commis dans les passe-ports* (no 66).

§ 5. — *De la délivrance irrégulière des passe-ports.* — *Pénalité* (no 99).

§ 1er. — *Notions générales.*

2. — Avant la révolution de 1789 l'usage des passe-ports existait mais seulement pour certaines classes d'individus. De plus, le mot passe-port s'appliquait à la fois aux personnes et aux choses : on accordait un passe-port aux personnes qui voulaient voyager à l'intérieur du royaume ou en sortir; on en accordait également à celles qui voulaient exporter ou importer certains objets de commerce.—Aboli, comme attentatoire à la liberté individuelle, par le titre 1er de la Constitution du 3-4 sept. 1791, l'usage des passe-ports fut d'abord rétabli et généralisé par le décret du 28 mars 1792, puis supprimé de nouveau par deux autres décrets des 8 et 19 sept. 1792. — Survinrent enfin la loi du 6 février 1793, qui remit en vigueur celle du 28 mars 1792, et le décret du 10 vend. an IV, dont les principales dispositions forment encore aujourd'hui la base de la législation sur les passe-ports.

3. — Il est à remarquer que la loi du 28 mars 1792, celle du 26 fév. 1793 et enfin la loi du 10 vend. an IV n'assignaient aux dispositions législatives relatives à la police des passe-ports qu'un effet purement transitoire, temporaire, et seulement « jusqu'à ce qu'il en ait été autrement ordonné. » Aussi a-t-on souvent depuis réclamé l'abrogation de ces dispositions, comme contraires aux principes de la liberté individuelle. Mais ces réclamations n'ont été suivies d'aucun résultat, et la législation sur les passe-ports a continué d'être en vigueur.

4. — Cette législation est, au reste, confirmée, au moins dans son principe, par la loi des recettes (budget de 1841), qui comprend expressément dans ses dispositions le produit des passe-ports.

5. — L'administration de l'enregistrement est chargée de fournir les passe-ports conformes aux modèles arrêtés par le gouvernement. Ils sont uniformes et timbrés à Paris pour toute la France. Ils sont à talon ou à souche et reliés en registre. — Décret 11 juill. 1810, art. 1er. — La feuille du passe-port forme deux parties : la première se détache de la seconde par une coupure ondulée, elle est remise au requérant et constitue le passe-port; la seconde partie, qui est la souche ou talon, reste au registre et forme la minute du passe-port, elle contient les mêmes désignations. — Décret 18 sept. 1807, art. 2.

6. — L'administration de l'enregistrement adresse au directeur, dans chaque département, les registres nécessaires au service, sur les ordres du ministre de l'intérieur (déc. 11 juill. 1810, art. 4); le directeur, sur les ordres du préfet, renvoie les registres de passe-ports aux receveurs ou percepteurs des contributions de chaque commune (art. 5). La recette du prix des passe-ports est versée chaque mois à la caisse du receveur des contributions, avec indication du nombre des passe-ports délivrés dans le mois. Les receveurs d'arrondissement envoient, chaque mois, au directeur de l'enregistrement, le bordereau indicatif du nombre des passe-ports et de la recette (art. 6). La régie de l'enregistrement peut, lorsqu'elle le juge utile, faire vérifier par des préposés l'état des registres de passe-ports (art. 7).

7. — Les passe-ports ne sont valables que pour un an, du jour de leur délivrance. — Art. 8.

8. — Les passe-ports sont pris pour l'intérieur de la France ou pour l'étranger ; les passe-ports étrangers sont eux-mêmes soumis à certaines mesures de police. — Il sera traité séparément de ces deux espèces de passe-ports ; et, en outre, nous examinerons les dispositions pénales relatives soit à la délivrance irrégulière des passe-ports, soit aux faux commis dans les passe-ports.

§ 2. — *Passe-ports à l'intérieur ou pour l'étranger.*

9. — Nul ne peut quitter le canton de son domicile sans être muni d'un passe-port délivré par la municipalité du canton, si c'est pour l'intérieur, ou par le préfet du département, si c'est pour l'étranger (à Paris et pour les deux cas, par le préfet de police). — L. 28 mars 1792, art. 1er ; L. 10 vend. an IV (2 oct. 1795), art. 1er et 2 ; arrêté du gouvernement du 12 messid. an VIII (1er juill. 1800), art. 3.

10. — La délivrance des passe-ports est une mesure purement administrative, complétement étrangère à l'autorité judiciaire. — Aucun acte émané de cette autorité ne peut donc en tenir lieu. — Et il a été jugé que le jugement d'un tribunal correctionnel qui, en acquittant un prévenu de vagabondage, ordonne qu'il lui sera délivré un extrait du jugement *pour lui servir de passe-port*, contient un excès de pouvoir et doit être cassé. — *Cass.*, 23 juillet 1836 (t. 1er 1837, p. 179), Fauconnier.

11. — La règle générale, qui attribue aux maires la délivrance des passe-ports à l'intérieur, et aux préfets celle des passe-ports à l'étranger, subit exception dans les cas suivans : — Ainsi, les présidens, et, en leur absence, les officiers des chambres législatives, jouissent de la prérogative de délivrer des passe-ports aux membres des chambres auxquels ils appartiennent. Ces passe-ports peuvent comprendre leurs femmes, leurs enfans et les domestiques du titulaire. — Décr. 27 mars 1792; circ. min., 20 août 1816. — En outre, les ministres et les directeurs généraux délivrent des passe-ports aux fonctionnaires et gens attachés à leurs départemens respectifs qui se rendent à leur poste ou sont chargés de missions particulières. — *Ibid.*

12. — Le livret des ouvriers français ne peut pas suppléer le passe-port. — Bost, *Org. municip.*, t. 2, p. 99. — En ce qui concerne les étrangers V. *infrà*, no 64.

13. — Mais les feuilles de route remplacent les passe-ports pour les militaires. — L. 28 mars 1792, art. 7 ; règl. 20 août 1816.

14. — Tout passe-port doit indiquer les noms, prénoms, âge, profession, pays de naissance, domicile et signalement du requérant, et l'indication du lieu où il dit se rendre. — L. 17 nov. 1797, art. 1er.

15. — Un passe-port ne peut être rédigé et délivré qu'en présence du titulaire et avec sa coopération ; il ne doit pas être délivré pour une personne absente, encore bien que cette personne ait fait remplir par un tiers toutes les conditions prescrites. — Bost, *Org. municip.*, t. 2, p. 97.

16. — Chaque passe-port doit être *individuel* : toutefois, on peut comprendre dans le même passe-port le mari et la femme et même les enfans *au-dessous de* 15 *ans*. — On peut aussi y comprendre deux frères ou deux sœurs, si l'un est en bas âge et sous la surveillance de l'autre — Instr. minist. 6 août 1827. — Mais Bost (t. 2, p. 97) pense que cette tolérance ne peut s'étendre aux domestiques, lesquels doivent se munir de passe-ports séparés.

17. — A Paris, celui qui veut un passe-port se présente au commissaire de police de son quartier pour obtenir le certificat sur le vu duquel le passe-port est délivré à la préfecture. Indépendamment des deux témoins qu'il doit produire, s'il n'est pas personnellement connu du fonctionnaire, une instruction du préfet de police veut qu'il représente sa carte de sûreté ou son permis de séjour, ou un ancien passe-port; sa patente, s'il est marchand ; le consentement de ses parens, tuteur ou maître, s'il est mineur, étudiant, femme mariée ou domestique; la permission de son chef, s'il est employé ou comptable; son livret, s'il est ouvrier; son congé, s'il est libéré du service, ou son certificat de libération, s'il a été appelé au recrutement; le récépissé de la médaille, de l'autorité dont il l'a reçue, s'il est ouvrier sujet à médaille. — Instr. préf. pol. 30 mai 1816. — Si le requérant n'a aucun papier, il doit en faire connaître le motif; s'il les a perdus, il doit déclarer quels ils étaient, par qui et à quelle époque ils lui avaient été délivrés, et quand il les a perdus. — Le commissaire de police fait mention de la position où se trouve le requérant et des papiers de sûreté dont il est porteur. — Même instruction.

18. — On peut hésiter à penser que cette instruction doive être suivie avec une rigueur absolue; surtout en ce qui concerne les commis et les domestiques, lorsque d'ailleurs ils sont majeurs. Il faut néanmoins reconnaître que, même en ce qui concerne ces individus, l'instruction est sage, et que le devoir de l'autorité est, au moins, de donner préalablement avis aux personnes chez lesquelles ils sont employés.

19. — Lorsqu'un individu demande à faire comprendre dans son passe-port une femme ou demoiselle, qu'il dit être sa femme ou sa parente, le commissaire de police avant de délivrer le certificat doit s'assurer de la vérité du fait, à l'effet de prévenir les enlèvemens de mineures. — Même instruction.

20. — La même instruction défend de donner des passe-ports : 1o aux jeunes soldats qui ont à se pourvoir de feuilles de route; 2o aux individus placés sous la surveillance de la haute police.

21. — L'officier qui désire voyager avec un passe-port civil doit être muni de la permission du ministre de la guerre; l'officier subalterne doit avoir celle de son officier supérieur, indépendamment de celle de l'état-major. — Quant aux officiers de marine, ils doivent préalablement faire viser leurs papiers au ministère de la marine. — Même instruction.

22. — Une instruction du ministre de la guerre, en date du 16 nov. 1833, a décidé que les maires ne doivent, sous aucun prétexte, délivrer des passe-ports aux hommes de la réserve, s'ils n'en ont préalablement obtenu l'autorisation de l'autorité militaire. — En outre, une circulaire ministérielle, du 21 mai 1821, porte que les maires n'ont pas la faculté de délivrer des passe-ports ou feuilles de route aux officiers en non-activité; à moins de l'autorisation du préfet pour les passe-ports, et du commandant de la division militaire pour les feuilles de route.

23. — La faculté de voyager étant de droit commun, il en résulte que les passe-ports ne peuvent être refusés à ceux qui ne sont pas l'objet de poursuites judiciaires. — Cependant, en matières commerciales, on doit s'abstenir de délivrer un passe-port lorsqu'une tierce personne s'y oppose, en vertu d'un jugement qu'elle aurait obtenu et qui emporterait contrainte par corps contre son débiteur. — Lettre du min. intér. au préf. de pol. 10 avril 1820 sur les oppositions à la délivrance des passe-ports. — Elois et Trébuchet, *Nouv. dict. de police*, vo *Passe-port*. — De même toute opposition à la délivrance d'un passe-port, résultant de jugement ou d'ordonnance du président, en matière civile, doit empêcher cette délivrance. — Jugement du trib. de la Seine du 2 fév. 1827.

24. — L'art. 6 de la loi du 28-29 juillet 1792 attribue aux administrateurs de département (aujourd'hui les préfets) la décision des difficultés qui peuvent s'élever sur la validité des passe-ports ou sur le refus d'en délivrer.

25. — Jugé que l'arrêté d'un préfet qui renvoie un individu devant le maire de son domicile à l'effet d'y obtenir un passe-port ne peut être déféré au Conseil d'Etat par la voie contentieuse. — *Cons. d'Etat*, 23 août 1836, Bureau de la Butzardière. — Anal. 2 août 1836, Nacendorff.

26. — La loi du 28 vendémiaire an VI soumettait ceux qui voulaient se rendre dans un lieu autre que celui d'abord indiqué à l'obligation de prendre un nouveau passe-port. Mais le décret du 18 septembre 1807 a substitué à cette formalité celle du *visa*. — Le visa est donné par les fonctionnaires ayant qualité pour délivrer les passe-ports, et doit, comme les passe-ports eux-mêmes, indiquer une destination précise.

27. — Si de deux ou plusieurs personnes comprises dans le même passe-port les unes veulent rester, les autres partir; le commissaire de police doit donner à chacune de celles qui restent un certificat motivé pour obtenir un permis de séjour, et laisser aux autres le passe-port, s'il est en leur nom, pour obtenir un visa de départ. Si le passe-port est au nom de la personne qui veut rester, il faut à l'autre personne qui veut partir un certificat pour obtenir un nouveau passe-port. — Instr. préf. pol. 30 mai 1816.

28. — Une ordonnance du préfet de police du 8 avril 1808 défendait aux maîtres de postes, aux entrepreneurs de messageries, de diligence et de coche d'eau du ressort de la préfecture de police, de donner des chevaux et des places à des voyageurs qui ne justifiaient pas de passe-ports réguliers. — Ces dispositions ne s'appliquent pas aux militaires porteurs de feuilles de route bien en règle. — Cette ordonnance ne reçoit pas d'application usuelle dans la pratique.

29. — Quant à l'obligation des aubergistes, en ce qui concerne la représentation des passe-ports par les voyageurs, V. HOTEL, HOTELIER.

30. — Les préfets sont autorisés à délivrer des passe-ports à l'étranger sans l'autorisation préalable du ministre de l'intérieur ; il leur suffit de lui en donner avis, en lui adressant un état indicatif des noms, prénoms, âge, domicile, profession et destination des demandeurs. Ils doivent toutefois exiger : 1o des mineurs, le consentement de leurs parens ou tuteurs ; 2o des femmes en puissance de mari, le consentement de leurs époux ; 3o des comptables et dépositaires des deniers publics une permission de leurs chefs respectifs. — Les militaires en activité et en disponibilité doivent justifier d'un congé du ministre de la guerre, ou de l'officier supérieur commandant la division dans laquelle ils résident.

31. — Si des étrangers au département réclament des passe-ports pour l'étranger, les préfets peuvent s'adresser, pour avoir des renseignemens, au préfet du département où ils déclarent avoir leur domicile; ou même faire droit sans délai à leur demande sur l'attestation de deux administrés offrant les garanties désirables. — Circul. min. int. 14 mars 1828.

32. — Les étrangers qui veulent avoir un passe-port s'adressent à l'ambassadeur de leur nation, près duquel ils se font reconnaître. Si l'étranger est dépourvu de tous papiers, le commissaire de police de son domicile doit recevoir sa déclaration et le renvoyer au préfet de police. — Instr. 30 mai 1816. — La circulaire précitée du 14 mars 1828 porte que si les étrangers non naturalisés ou qui ne justifient pas d'une autorisation légale de résider en France ne peuvent se faire reconnaître de l'agent consulaire ou diplomatique de leur nation, ou si, se trouvant dans une localité où il n'y a pas d'agens, ils voulaient éviter les retards et les frais d'un déplacement, les préfets ont la faculté de leur délivrer des passe-ports sur formules à l'intérieur sur l'attestation de deux témoins biens connus. — Eloin et Trébuchet, *loc. cit.*

33. — Si le requérant semble, par l'indication de son pays natal, être étranger à la France et s'il persiste cependant à obtenir un passe-port comme Français, il doit représenter ses lettres de naturalisation ou l'acte de naissance de son père : le certificat à délivrer par le commissaire de police pour l'obtention du passe-port doit faire connaître que le requérant est naturalisé, ou qu'il est né à l'étranger de parens français. Il en est ainsi pour une femme née en pays étranger, ou pour une étrangère qui a épousé un Français. — Même instruction.

34. — En ce qui concerne les passe-ports des agens diplomatiques, V. AGENS DIPLOMATIQUES, nos 33 et suiv., 272.

35. — Les passe-ports pour les colonies françaises sont délivrés par les préfets sur des formules de passe-ports à l'intérieur; ils sont soumis ordinairement à la formalité du visa d'embarquement, qui est apposé soit par le ministre de la marine, en certain cas, soit par les administrateurs des ports. — Circul. minist. intér. aux préfets du 15 déc. 1819. — L'ordre de départ tient lieu de passe-port à ceux qui passent dans les colonies comme fonctionnaires publics ou employés. — Arrêté gouvernem. 19 vendém. an VIII.

36. — Certaines puissances étrangères exigent que les passe-ports délivrés par les autorités françaises soient de plus visés par les agens diplomatiques ou consulaires qui résident dans les pays de départ. Faute de ce visa, les voyageurs s'exposeraient à être arrêtés aux frontières. — L'autorité doit donc donner tous avertissemens aux personnes auxquelles des passe-ports sont délivrés pour ces pays. — V. circul. minist. du 24 juin 1839. — Lerat de Magnitot, *Dict. de droit admin.*, t. 2, p. 326.

37. — L'art. 2 d'une ordonnance du 25 octobre-12 nov. 1833 veut que tout Français arrivant en pays étranger présente son passe-port au visa du consul, qui l'accorde si ce passe-port est régulier.

38. — Une circul. minist. intér. du 10 sept. 1838 a déclaré que les passe-ports pour l'Algérie pouvaient être délivrés par les autorités qui, en France, ont le droit de les délivrer à l'intérieur, et par celles qui, à l'étranger, ont le droit de les délivrer pour la France et ses colonies. — La même circulaire détermine les personnes auxquelles les passe-ports pour l'Algérie pourront être refusés, et celles qui auront droit au passage gratuit. C'est le ministre de la guerre qui statue sur les demandes de passage gratuit. — Les dispositions de cette circulaire ont pour but d'empêcher le départ soit des enfans, soit des vieillards qui ne voyageraient pas avec leurs ascendans ou leurs descendans, soit des vagabonds ou repris de justice, soit enfin des gens sans profession ou sans moyens d'existence. Elles ont aussi pour but de favoriser le passage des individus, ouvriers ou autres, qui veulent fonder en Algérie des exploitations industrielles, ouvrières et agricoles. — V. aussi circul. minist. de la guerre du 10 mai 1839.

39. — Le prix des passe-ports est fixé, savoir : pour ceux à l'intérieur de la France, 2 fr.; pour ceux à l'étranger, 10 fr.; le tout y compris le papier, timbre et expédition; les prix sont imprimés sur les passe-ports. — Art. 9 déc., 11 juill. 1810. — Mais les visas de passe-ports sont gratuits. — Décret de 1807, art. 5.

40. — Des passe-ports gratuits sont accordés aux personnes véritablement indigentes et reconnues hors d'état d'en acquitter le prix. — Avis du Conseil d'Etat, 22 déc. 1811. — Les personnes qui réclament un passe-port gratuit doivent justifier de leur indigence par un certificat du commissaire de police de leur domicile. — Ordonn. du préfet de police 25 avr. 1812, art. 1er et 2. — Si un individu non domicilié réclame un passe-port gratuit sans justifier du passe-port du maire de la commune de son domicile, ou sans donner un répondant domicilié, conformément à la loi du 28 mars 1792, art. 9, on prend des renseignemens auprès du maire de sa commune; et s'il en résulte qu'il est véritablement indigent, on lui délivre un passe-port gratuit.

41. — Les mendians étrangers à la commune de Paris qui sont arrêtés à Paris reçoivent un passe-port gratuit, d'après le procès-verbal ou rapport des causes de leur arrestation. — Art. 4 de l'ordonn. 25 avr. 1812. — Les mendians ou vagabonds qui sont renvoyés dans leurs communes après une détention au dépôt de mendicité de Villers-Cotterets ou au dépôt de Saint-Denis, reçoivent un passe-port gratuit, en justifiant d'un certificat de l'agent en chef desdits dépôts, que les détenus ne se sont occupés d'aucun travail lucratif ou que, sur le produit de ce travail, il ne leur reste pas assez pour acquitter le prix du passe-port. — Art. 5 de l'ordonn.

42. — Les condamnés libérés doivent payer le prix des passe-ports quand il est reconnu qu'ils en ont les moyens. — Circul. minist. intér. 5 fév. 1835.

43. — Ceux qui ont besoin d'un passe-port et du secours de 15 centimes par lieue, accordé par l'art. 7 de la loi du 13 juin 1790, ne reçoivent pas de feuille de route distincte du passe-port qui leur est délivré; le secours qu'ils reçoivent et la route qu'ils doivent tenir sont mentionnés au dos du passe-port. — Art. 6 de l'ordonnance. — Ils doivent se fournir d'un certificat du commissaire de police de leur quartier, comme pour les passe-ports gratuits.

44. — On ne doit considérer comme ayant droit aux passe-ports avec secours de route que les *mendians* auxquels la loi a voulu procurer les moyens de regagner leurs foyers; les *indigens* regnicoles, qui, se trouvant éloignés de leur domicile, demandent à y retourner; et les gens sans aveu, étrangers à la France, qui doivent quitter le territoire français. — Nul indigent ne peut, dans aucun cas, prétendre aux secours de route pour entreprendre un voyage hors de la commune où il est domicilié. — L'ouvrier qui a quitté le lieu de son domicile pour chercher au loin du travail, n'y a droit, non plus, que par exception et lorsque son état de dénûment est authentiquement constaté; dans le cas contraire, et lorsque, toutefois, sa position l'exige, on doit se borner à lui délivrer un certificat pour l'obtention d'un passe-port gratuit sans secours. — Eloin et Trébuchet, *loc. cit.*

45. — Tout individu qui se présente comme indigent pour obtenir le passe-port ou le secours de route, est tenu de justifier : 1° qu'il est dépourvu actuellement de toute ressource; 2° que la commune où il désire se rendre est bien celle du lieu de sa naissance ou celui de son domicile.

46. — Quant aux moyens de transport, la loi n'autorise pas ces dépenses extraordinaires.

47. — Une source d'abus qu'il importe de faire disparaître, c'est l'admission aux secours de route de familles entières qui spéculent sur le nombre d'enfans qu'elle présentent pour accroître d'autant leur part d'indemnité; la règle, en conséquence, est que le père et la mère et un seul enfant ont, en pareil cas, droit aux secours de route. — Circ. min. int. 25 déc. 1833; circ. préf. de police, 1er déc. 1833.

48. — C'est aux préfets seuls qu'appartient la délivrance des passe-ports gratuits avec secours de route, tout acte de cette nature délivré par une autre autorité ne serait pas valable. — Circ. min. int. 22 nov. 1825 et 25 oct. 1833.

49. — Indépendamment des signalement et profession, qui doivent être clairement spécifiés sur le passe-port, soit individuel, soit collectif, ce passe-port doit, en outre, contenir l'indication des motifs qui le lui ont fait accorder, et tracer l'itinéraire obligé du voyageur. — *Ibid.*

50. — Le voyageur avec secours de route ne peut séjourner dans un lieu quelconque qu'après avoir présenté son passe-port au maire et en avoir obtenu un permis de séjour, qui lui sert au besoin de justification ultérieure pour le retard qu'il a mis dans son voyage. — S'il s'écarte de l'itinéraire qui lui a été tracé, s'il est trouvé porteur d'un passe-port irrégulier, il est immédiatement conduit devant l'autorité compétente, qui lui délivre gratis un passe port ordinaire pour continuer sa route; à moins qu'il ne soit prévenu d'un délit. — Circ. min. int. 25 oct. 1833. — Arrivé au lieu de sa destination, le voyageur avec secours est tenu de déposer son passe-port entre les mains du maire de la commune, qui l'annule, et en donne aussitôt avis au préfet qui l'a délivré. — *Ibid.*

51. — Les frais de route indûment payés aux individus qui s'écarteraient de leur itinéraire, ou dont les passe-ports ne seraient pas réguliers, restent à la charge des communes. — Circ. min. int. 22 nov. 1825 et 25 oct. 1833.

52. — La loi du 1er fév.-28 mars 1792 donne aux gendarmes, gardes nationales et troupes de ligne le droit d'exiger la représentation du passe-port des voyageurs. — Art. 8. — Le décret du 29 juillet 1792 donne le même droit aux préposés des douanes, et, en général, à tous les agens de l'autorité publique. — V. GENDARME, no 194.

53. — Tout individu voyageant sans passe-port est arrêté et détenu jusqu'à justification de son domicile, et réclamation par des citoyens connus et domiciliés, et jusqu'à ce qu'il se soit mis en règle. A défaut de pouvoir remplir ces formalités dans les vingt jours, il est réputé vagabond et poursuivi comme tel. — L. 10 vend. an IV, tit. 3, art. 6 et 7. — V., à cet égard, ARRESTATION, nos 27 et suiv.

54. — Cette législation rigoureuse se ressent du temps où elle a été rendue, aussi doit-elle être appliquée avec réserve; c'est ce que recommande une circulaire ministérielle du 22 juin 1823, laquelle porte que la police, protectrice des honnêtes gens, ne doit inspirer de crainte qu'aux malfaiteurs ou aux ennemis de l'ordre et de la société.

55. — De même, les militaires qui ne seraient pas porteurs de feuilles de route ou de congés en bonne forme peuvent être arrêtés par les agens de la force publique. — Ord. 21 oct. 1821, art. 172. — Il faut en dire autant des condamnés libérés.

56. — Si, lors de l'examen d'un passe-port, l'autorité municipale avait de graves raisons de penser qu'il a été fabriqué ou falsifié, ou bien encore que le porteur de ce titre y a pris un nom supposé, elle devrait dénoncer immédiatement les faits au ministère public et, en attendant, ordonner l'arrestation du prévenu. — Bost, t. 2, p. 106.

57. — Celui qui a perdu son passe-port, ou son permis de séjour, en fait la déclaration à sa municipalité, et, à Paris, au commissaire de police de son domicile, assisté de deux témoins qui attestent sa moralité. Sur le vu de cette déclaration il lui est délivré, par l'autorité compétente, soit un nouveau passe-port, soit un duplicata de son permis de séjour. — Arr. préf. de police, 12 messidor an VIII.

58. — La loi a établi certaines mesures spéciales relatives aux réfugiés étrangers. — V. RÉFUGIÉS.

§ 3. — *Passe-ports étrangers.*

59. — Tout Français qui se trouve en France avec un passe-port étranger ne peut y continuer son séjour sans une permission expresse du ministre de l'intérieur. — Arrêté du gouv. 13 août 1800. — Tout étranger, à son arrivée en France, dans un port de mer ou dans une ville frontière, dépose, à la municipalité ou à la préfecture ou sous-préfecture, son passe-port, qui est envoyé de suite au ministre de l'intérieur. Il lui est donné, en échange de son passe-port, une carte de sûreté provisoire, et il demeure en surveillance jusqu'à la décision du ministre. — L. 23 messid. an III (11 juill. 1795), art. 9; arr. du gouv. 24 déc. 1796. — La loi précitée de 1795 (art. 11) exempte de ces dispositions les courriers extraordinaires et les chargés de missions auprès du gouvernement.

60. — Les étrangers qui résident en France obtiennent de l'autorité locale de leur résidence, et, à Paris, du préfet de police, une carte portant leur signalement et ces mots : *Hospitalité, sûreté.* — Même loi, art. 7.

61. — Les négocians des pays alliés ou neutres peuvent obtenir de l'autorité locale du lieu de France où ils arrivent l'autorisation de continuer leur route en France, et copie collationnée de leur passe-port est envoyée au ministre de l'intérieur avec indication de la route qu'ils se proposent de suivre. — Même loi, art. 10.

62. — Tout étranger voyageant dans l'intérieur de la France, ou y résidant, sans une mission avouée par le gouvernement français, ou sans y avoir acquis le titre de citoyen, est sous la surveillance du gouvernement. Son passe-port peut lui être retiré avec ordre de sortir de France, si sa présence peut troubler l'ordre ou la tranquillité publique. — L. 19 oct. 1797, art. 7.

63. — Les membres du corps diplomatique étrangers délivrent des passe-ports aux sujets de leurs souverains respectifs, qui, se trouvant à Paris, désirent voyager dans l'intérieur de la France ou retourner dans leur pays.—Mais ces passe-ports, pour être considérés comme authentiques par les autorités françaises, ont besoin d'être revêtus du visa du ministre de l'intérieur. — Circ. min. int. 20 août 1816, art. 29. — D'après le même principe, les passe-ports délivrés par les consuls étrangers établis dans les différentes parties de la France doivent être visés par l'autorité administrative du chef-lieu de leur résidence. — Ce visa est valable pour un an. — Même circulaire, art. 30.

64.— Les lettres de compagnonnage des étrangers sont considérées comme passe-ports ; mais l'autorité peut, suivant les circonstances, exiger le cautionnement de deux personnes domiciliées. — Bost. t. 2, p. 99.

65.—En ce qui concerne le droit pour les consuls français et étrangers de délivrer des passe-ports, V. CONSULS, nos 302 et suiv. et 427.

§ 4. — *Des faux commis dans les passe-ports.*

66. — La loi du 1er fév.-28 mars 1792 (art. 17) punissait de peines correctionnelles (emprisonnement de trois mois à un an) celui qui prenait un nom supposé dans un passe-port. — La loi du 17 vent. an IV étendit cette pénalité : 1° aux membres des administrations chargés de la délivrance des passe-ports, qui les délivreraient sans connaître personnellement les citoyens ou sans faire attester leur identité par deux témoins. — 2° Aux citoyens qui attesteraient un nom supposé dans un passe-port. — 3° Aux logeurs, aubergistes ou maîtres de maisons garnies qui inséreraient sur leurs registres des noms qu'ils sauraient n'être pas ceux des individus logés.— 4° Enfin, aux citoyens qui certifieraient ces déclarations devant les autorités constituées.

67. — Ces dispositions, comme on le voit, laissaient en dehors la fabrication du faux passe-port, l'usage du passe-port fabriqué ou falsifié, enfin la complicité de l'officier public qui délivre cet acte sous un nom supposé. — Aussi, sous leur empire, la Cour de cassation, considérant les lois des 1er fév.,-28 mars 1792 et 27 vent. an IV comme exceptionnelles, décida-t-elle qu'à ce titre elles devaient être renfermées dans leurs termes, et que, dès lors, les différentes altérations commises dans les passe-ports, non prévues par ces lois, rentraient dans la classe générale des faux en écriture punis par le Code pénal de 1791.

68. — Ainsi : jugé, antérieurement au Code pénal, que les altérations faites sur un passe-port constituaient le crime de faux, lorsqu'elles étaient de nature à nuire à autrui ou déconcerter des mesures de haute police ou d'ordre public. — *Cass.*, 14 août 1806, Marrès et Biasco ; 26 mars 1807, Taffin.—*Contrà*, *Cass.*, 16 mess. an XII, Bonparent.

69. — Jugé également que celui qui, pour se soustraire aux lois de la conscription, fait sciemment usage d'un passe-port falsifié, commet le crime de faux. — *Cass.*, 16 août 1806, Floriant ; 21 août 1806, Desmazes ; 27 août 1807, Maturin Fraisse. — Merlin, *Rép.*, v° *Conscription*, § 8.

70. — Que celui qui se fait délivrer un passe-port sous le nom d'autrui, signe ce passe-port de faux noms et prénoms, qu'il a pris, et en fait usage, connaissant sa fausseté, commet le crime de faux, s'il agit dans l'intention d'accréditer, de consolider la prise de ce faux nom, et de faire inscrire à l'état civil des enfans comme issus de la personne dont il usurpe le nom. — *Cass.*, 28 déc. 1809, Franchot.

71. — Que la fabrication d'un faux passe-port pour procurer à un prévenu évadé des prisons les moyens de se soustraire aux poursuites de la justice, constitue le crime de faux. — *Cass.*, 10 sept. 1897, Cornillac et Mamillot.

72. — Jugé enfin que celui qui, dans le dessein de se soustraire à la surveillance de l'autorité, et de se ménager par là les moyens de commettre impunément les délits dont il s'est ensuite rendu coupable, a apposé sur un passe-port véritable un faux visa du maire et un faux visa du général commandant la division militaire de sa résidence, est coupable du crime de faux. — *Cass.*, 2 mars 1809, Poussart.

73.—Cependant, d'un autre côté, il a été décidé que l'usage d'un passe-port qui n'est argué de faux ni dans sa disposition essentielle, ni dans les signatures qui y sont apposées, mais seulement dans des énonciations d'âge, de signalement ou de profession, n'est qu'un délit de police correctionnelle. — *Cass.*, 22 mai 1806, Corberon.

74. — Jugé aussi que celui qui se fait délivrer un passe-port sous un faux nom, et qui le signe de ce faux nom, ne peut pas être poursuivi comme coupable de faux. — *Cass.*, 22 flor. an XII, Barthélemy Thouré.

75.—Et que l'obtention d'un passe-port sous un faux nom, et l'usage de ce passe-port pour mendier, ne constituent point un crime de faux, c'est un simple délit de police correctionnelle.—*Cass.*, 16 mess. an XII, Nicolas Cadas.

76. — Sous la loi du 23 flor. an X, les faux commis sur des passe-ports étaient de la compétence des tribunaux spéciaux. — *Cass.*, 17 niv. an XII, Martin Laloge.

77. — Mais les cours spéciales étaient incompétentes pour connaître d'un procès relatif à un passe-port qui n'était pas argué de faux. — *Cass.*, 26 fév. 1807, Chanet.

78. — L'art. 153 du C. pén., modifiant les lois de 1792 et de l'an IV, porte que celui qui fabrique un faux passe-port ou falsifie un passe-port originairement véritable, ou fait usage d'un passe-port fabriqué ou falsifié, est puni d'un emprisonnement d'une année au moins ou de cinq ans au plus. — Comme on le voit, l'art. 153 comprend toutes les altérations dont un passe-port peut être l'objet, toutes les falsifications qui peuvent en modifier la substance. — Il s'agit bien, il est vrai, dans les faits qu'il prévoit, de faux réels ; mais ces faux, ne portant nul préjudice aux tiers, et n'ayant pour but que de déconcerter des mesures de police et de surveillance, ne supposent pas chez leurs auteurs de perversité profonde : aussi une peine correctionnelle seulement leur est-elle appliquée. — Dès lors, quelle que puisse être l'intention de l'agent, et quels que soient les faits qu'il veuille cacher au moyen de la fabrication de faux passe-ports, c'est toujours l'art. 153 qui est applicable, et les distinctions établies par les arrêts précités antérieurs au C. pén. disparaissent.

79. — Le fait de la falsification d'un passe-port suffit, quel que soit le but de ce fait, pour motiver l'application de l'art. 153 du C. pén. — Ce que la Cour de cassation a jugé le 11 oct. 1834 (Niel).

80. — MM. Chauveau et Hélie (*Théor. Cod. pén.*, t. 4, p. 11 et suiv.) critiquent cette décision. Ils pensent qu'en matière de faux passe-port, comme en tout autre faux, le crime ou le délit n'existe que si à l'altération matérielle se joignent l'intention de nuire et la possibilité d'un préjudice quelconque. Et ils ajoutent qu'en pareille matière l'intention de nuire consiste dans la volonté de tromper la surveillance de l'autorité publique, et le préjudice dans le résultat possible de cette volonté.

81. — Même en admettant en principe le système présenté par ces auteurs, il est douteux que l'application pût en être faite à l'espèce jugée par l'arrêt du 11 octobre 1834. En effet, il s'agissait alors d'un ecclésiastique qui, voyageant avec une concubine, avait, pour cacher sa honte, substitué sur le passe-port le mot *habitant* à celui *desservant*. Or, il est évident que le but de l'auteur du faux avait été de tromper l'autorité sur sa qualité et de dérouter ainsi sa surveillance : le fait présentait donc bien l'intention criminelle que lesdits auteurs jugent nécessaire pour constituer le délit prévu par l'art. 153.

82. — La fabrication et la falsification d'un passe-port est punissable indépendamment de l'usage du passe-port faux ou falsifié. — Chauveau et Hélie, *Théor. du Cod. pén.*, t. 4, p. 13.

83. — En outre la fabrication ou l'usage d'un faux passe-port constitue le délit déterminé par l'art. 153, bien que l'acte ne contienne pas toutes les formes nécessaires.—Chauveau et Hélie, *Théor. du Cod. pén*, t. 4, p. 13 ; Carnot, *Cod. pén.*, t. 1er, p. 490, n° 6. — Mais, ajoutent Chauveau et Hélie, il est nécessaire que cet acte soit pourvu des formes essentielles sans lesquelles il ne pourrait produire aucun effet. « Ainsi, s'il ne portait pas la signature du fonctionnaire compétent pour le délivrer, si les noms du porteur étaient omis, si la date était en blanc, le défaut de ces formalités devrait enlever à l'altération sa criminalité, parce qu'il ôterait au passe-port sa valeur légale : ce ne serait plus qu'une pièce insignifiante dont la falsification ne présenterait aucun péril. »

84. — Le *port* d'un faux passe-port n'équivaut pas à l'*usage* de ce passe-port. — Sauf, s'il y a lieu, l'inculpation relative à la fabrication ou à l'altération. — Carnot, *Cod. pén.*, t. 1er, p. 493, n° 5 ; Chauveau et Hélie, p. 14. — Il est vrai que l'art. 281 du même Code, qui fait de la circonstance de faux passe-ports une circonstance aggravante du délit de mendicité ou de vagabondage, se sert des mots *porteurs* de faux passe-ports. — Mais MM. Chauveau et Hélie (p. 14) pensent qu'il n'y a rien à induire de l'art. 281, lequel au contraire, pour son application, doit se combiner avec l'art. 153 qui suppose non le simple *port* mais aussi l'*usage*. — V. MENDICITÉ, VAGABONDAGE.

85. — L'usage d'un faux passe-port consiste dans son exhibition aux officiers de police et aux logeurs. — Chauveau et Hélie, *Théor. du Cod. pén.*, t. 4, p. 13.

86. — L'art. 154 du Code pénal dispose que celui qui prend dans un passe-port un nom supposé ou concourt comme témoin à faire délivrer le passe-port sous le nom supposé, est puni d'un emprisonnement de trois mois à un an.

87. — Jugé que l'usage d'un faux nom dans des passe-ports, feuilles de route, certificats, ne suffit pas pour caractériser le crime de faux en écriture. — *Cass*, 12 avril 1810, Bernier.

88. — L'art. 154 ne punit que la supposition de nom, et n'est pas applicable à celui qui a indiqué d'autres *prénoms* que ceux qui lui appartiennent. — Chauveau et Hélie, *Théor. du Cod. pén.*, t. 4, p. 16 ; Carnot, *Cod. pén.*, t. 1er, p. 491, n° 2.

89. — L'usurpation d'une fausse qualité ou d'un titre nobiliaire ne constitue pas non plus le délit prévu par l'art. 154 du Code pénal. — Carnot, *Cod. pén.*, t. 1er, p. 491, n° 2 ; Chauveau et Hélie, *Théor. du Cod. pén.*, t. 4, p. 16 et 17 : qui citent la discussion du Conseil d'Etat du 5 nov. 1806. — Sauf, bien entendu, le cas où cette usurpation couvrirait un autre délit, par exemple celui d'escroquerie ; mais alors ce serait le délit commis par ce moyen qui serait punissable.

90. — Jugé, en ce sens, que l'art. 154 du Code pénal, qui prévoit le cas où l'on a pris un passe-port sous un nom supposé, n'est point applicable à l'individu qui y a donné une qualité fausse, par exemple celle de son épouse, à une personne désignée, d'ailleurs, sous son nom véritable. — *Bordeaux*, 10 déc. 1834, Pline-Faurie.

91. — L'individu qui a réclamé la délivrance du passe-port pour lui et pour une seconde personne désignée sous un faux nom, doit-il être rangé dans la classe des *témoins* punissables suivant l'art. 154 pour avoir concouru à la délivrance d'un pareil passe-port? — MM. Chauveau et Hélie (p. 18) considèrent cette question comme résolue négativement par l'arrêt précité de Bordeaux, du 10 déc. 1834 ; et toutefois, comme en réalité il ne s'agissait pas dans l'espèce d'un passe-port pris sous un faux nom, mais bien sous une fausse qualité (ce qui ne constitue pas un délit), l'arrêt ne fournit pas sur la question spéciale posée par les auteurs un argument décisif. — Pour nous, il nous semblerait difficile de ne pas appliquer l'art. 154 à celui qui aurait concouru à la délivrance d'un faux passe-port, comme *demandeur en délivrance*, lorsqu'il aurait subi l'application de cet article s'il n'eût été que simple *témoin*.

92. — Celui qui, dans le passe-port à lui délivré par un consul belge en pays étranger, prend un nom supposé, se rend passible des peines portées en l'art. 154 du Code pénal. — *Bruxelles*, 6 sept. 1836, N...

93.—L'art. 154 C. pén., qui punit le fait d'avoir pris dans un passe-port un nom supposé, ni aucun autre article, n'exige point, pour le rendre punissable, la constatation explicite d'une intention frauduleuse. Dès lors le mot *coupable* dont se servent les juges en déclarant le fait constant suffit pour en établir le caractère moral.—*Cass.*, 9 fév. 1844 (t. 1er 1844, p. 661), Deruelle.

94. — L'usage d'un passe-port d'ailleurs sincère mais applicable à une autre personne, et cela par la simple exhibition de la pièce dont il se fait tacitement une application mensongère, peut être réputé ne pas rentrer dans les termes de l'art. 154 C. pén.—*Cass.*, 9 juill. 1840 (t. 2 1840, p. 165), N... — V. aussi *Cass.*, 26 vend. an XIV, Latour.

95.—Jugé également qu'on ne peut poursuivre comme coupable de faux celui qui n'a pris que verbalement le nom exprimé dans un passe-port (d'ailleurs véritable) dont il était porteur et qui ne lui appartenait pas. — *Cass.*, 16 germ. an XII, Signorel.

96. — Aux termes de l'art. 154, § 2 : les logeurs et aubergistes qui sciemment inscrivent sur leurs registres sous des noms faux ou supposés les personnes logées chez eux, sont punis d'un emprisonnement de six jours au moins et d'un mois au plus. — C. pén., art. 154. — V. HÔTEL, HÔTELIER, nos 122 et suiv. — V. aussi mêmes mots n° 95 et suiv., 108 et suiv.

97. — En ce qui concerne la falsification des feuilles de route ou l'usage des feuilles de route falsifiées, V. FEUILLE DE ROUTE.

98.—Aux termes de l'art. 281 C. pén., les peines établies contre les porteurs de faux passe-ports sont élevées au maximum lorsqu'elles sont appliquées à des vagabonds ou des mendians. — V. MENDICITÉ, VAGABONDAGE.

§ 5. — *De la délivrance irrégulière des passe-ports.* — *Pénalité.*

99. — Le fonctionnaire public qui délivre le passe-port doit, si le requérant ne lui est pas connu personnellement, exiger l'assistance de deux témoins, connus et domiciliés, dont les noms sont désignés dans le passe-port, ainsi que leur profession et demeure, et qui le signent; s'ils ne peuvent ou ne savent signer, mention est faite de l'empêchement. — L. 7 mars 1796, art. 1er.

100. — Les officiers publics qui délivrent un passe-port à une personne qu'ils ne connaissent pas personnellement sans avoir fait attester ses noms et qualités par deux citoyens à eux connus, sont punis d'un emprisonnement d'un an à six mois. — C. pén., art. 155.

101. — S'il y a eu, de la part du requérant, supposition de *nom*, et que l'officier public, instruit de cette supposition, ait néanmoins délivré le passe-port sous le nom supposé, la peine est celle du bannissement (même article). — Il s'agit là, en effet, d'une véritable prévarication.

102. — Il faut remarquer, disent MM. Chauveau et Hélie (t. 4, p. 34), que l'art. 155, § 2, ne punit que la supposition de *nom*. — Ainsi : l'officier public qui délivrerait le passe-port avec des qualités qu'il aurait supposées, ne pourrait être inculpé qu'à raison de la négligence qu'il aurait mise à se faire attester ces qualités.

V., en outre, AGENT DIPLOMATIQUE, ALIÉNÉS, CIRCONSTANCES AGGRAVANTES, FEUILLE DE ROUTE, HÔTEL, HÔTELIER.

PASSIF.

Ensemble des dettes à la charge d'un particulier, d'une succession, d'une communauté, d'une société, d'une faillite, etc. — Ce mot est pris par opposition à celui d'*actif*. Il est usité principalement en matière de faillite et de compte. — V. COMMUNAUTÉ, COMPTE, FAILLITE, REDDITION DE COMPTE, SOCIÉTÉ, SUCCESSION, etc.

PASSIONS ET FAIBLESSES DES MINEURS.

V. ABUS DES PASSIONS, BESOINS ET FAIBLESSES DES MINEURS.

PASTEL (Marchands de).

1. — Marchands en gros; patentables de 1re classe; droit fixe basé sur la population; droit proportionnel du 15e de la valeur locative de l'habitation et des lieux servant à l'exercice de la profession.

2. — Marchands en détail; patentables de 4e classe; même droit fixe que les précédents, sauf la différence de classe; droit proportionnel du 20e de la valeur locative des locaux d'habitation, et servant à l'exercice de la profession. — V. PATENTE.

PASTEUR PROTESTANT.

Tout ce qui concerne les pasteurs de la religion réformée a été expliqué, Vo CONSISTOIRES PROTESTANS. — V. aussi APPEL COMME D'ABUS.

PATACHIERS.

Patentables de 7e classe. Droit fixe basé sur la population ; droit proportionnel du 40e de la valeur locative de tous les locaux qu'ils occupent, mais seulement dans les communes de 20,000 âmes et au-dessus.

PATENTE.

Table alphabétique.

PATENTE.— 1. — Impôt de quotité destiné à atteindre les revenus produits par le commerce et par l'industrie. — On se sert aussi du mot patente pour désigner le titre qui constate l'acquittement des droits exigés des patentables.

2. — La matière imposable pour la contribution des patentes, c'est l'intérêt des capitaux mobiliers mis en valeur par le commerce. — Exposé des motifs de la loi du 1er brum. an VII.

—

Sect. 1re. — Notions générales.

3.—Cette sorte particulière d'impôt n'est nouvelle qu'en ce qui touche à son mode d'établissement. Longtemps avant la régénération de notre système financier, on avait justement pensé que les revenus produits par le commerce et par l'industrie devaient être particulièrement appelés à contribuer aux charges publiques.

4. — Dans la déclaration de 1776 on voit qu'au nombre des élémens dont se composait la taxe personnelle figuraient les bénéfices de l'industrie: soit le dixième, soit le vingtième du prix des journées de la profession exercée par chaque contribuable. — Déclar. du roi de 1776, art. 7.

5. — Il y avait en outre les droits de jurande et de maîtrise, que les artisans et les marchands étaient spécialement obligés de payer : soit comme condition de leur établissement, soit comme prix du maintien des privilèges que la législation accordait alors aux diverses corporations.

6. — Organisé par la loi du 2-17 mars 1791, qui rendit en même temps entièrement libres tous les commerces comme toutes les industries, l'impôt des patentes a été un moment aboli par un décret du 21 mars 1793 ; mais il fut rétabli par la loi du 4 therm. an III. Et depuis il a été successivement réglé par les lois des 6 fruct. an IV, 9 frim. et 9 pluv. an V, 7 brum. an VI et 1er et 22 mars 1831. — Il a été complètement réorganisé à nouveau par la loi du 25 avril 1844.

7. — Un arrêté municipal ne pourrait imposer l'obligation de la patente aux particuliers appelés pour peser dans les maisons des habitans. — En conséquence a été point punissable le fait, par un particulier, d'avoir, sans patente, pesé des denrées dans l'intérieur d'une ville, mais hors de l'enceinte des marchés, halles et ports, et alors qu'il n'y avait point de contestation entre l'acheteur et le vendeur. — Cass., 29 juin 1844 (t. 2 1844, p. 274), Brunet.

8. — La patente est due par tout individu, Français ou étranger, qui a exercé en France un commerce, une industrie, une profession non comprise dans les exceptions déterminées par la loi. —L. 25 avril 1844, art. 1er.

9. — Il importe de remarquer dès à présent que les droits sont dus dès qu'ils trouvent une industrie, un commerce, une profession sur lesquels ils peuvent frapper, mais sans rien préjuger à l'égard du droit du contribuable d'exercer ce commerce, cette industrie, cette profession, comme sans qu'il puisse s'y soustraire, sous le prétexte que les conditions qui peuvent être exigées pour assurer sa position n'auraient pas encore été remplies.

10. — Ainsi, de ce qu'un individu exercerait illégalement une profession à laquelle la loi a attaché certaines conditions d'aptitude ou de garantie il ne s'ensuit pas que cet individu ne doive pas être assujetti à la patente à raison de cette profession.

11. — Un pharmacien, par exemple, doit être assujetti à la patente, lors même qu'il l'exerce avant d'avoir été reçu par le jury médical. — Cons. d'Etat, 30 juill. 1839, Morlet.

12. — De même un cabaretier, ou un cafetier, ne pourrait être déchargé de la patente à laquelle on l'aurait imposé, sur le motif qu'il ne serait pas encore pourvu d'une licence. — Cons. d'Etat, 42 avril 1844, Brajeon; 19 avril 1844, Cabanon; 23 mai 1844, Boricel.

13. — Il a été jugé toutefois que les individus qui se livrent illégalement aux opérations attri-

buées aux agens de change et aux courtiers ne doivent pas pour cela être patentés comme agens de change ou comme courtiers. — *Cons. d'Etat*, 14 fév. 1838, Deriencourt-Pié.

14. — Mais rien n'empêchant d'ailleurs de les imposer comme agens d'affaires, ou comme commissionnaires en marchandises, selon la nature et l'objet de leurs opérations, le but de la loi ne s'en trouverait pas moins atteint. — *Ibid.*

15. — L'impôt des patentes se compose de deux droits : d'un droit fixe et d'un droit proportionnel. — L. 25 avril 1844, art. 2. — Le but de cette combinaison a été d'établir autant que possible l'égalité entre les divers patentables. — On a considéré à ce sujet que le droit fixe, sans le droit proportionnel, serait injuste, en frappant de la même taxe tous les patentables de la même classe quelle que fût l'importance de leurs affaires; et que, d'un autre côté, le droit proportionnel, sans le droit fixe, aurait des résultats non moins injustes : des professions très-lucratives pouvant s'exercer dans un local très-restreint, tandis que d'autres, qui ne procurent que de minces profits, exigent de vastes locaux. — *Exposé des motifs de la loi précitée.*

Sect. 2e. — *Droit fixe.*

§ 1er. — *Tarifs et classement général.*

16. — Le droit fixe est réglé aujourd'hui par des tarifs qui sont annexés à la loi du 25 avril 1844 et qui sont réglés tout à la fois en raison de l'importance et de la nature des professions auxquelles ils s'appliquent et en raison de la population des lieux où s'exercent ces professions. Ces tarifs sont au nombre de trois.

17. — Le premier, qui forme l'objet d'un tableau désigné à la loi du 25 avril 1844 sous la lettre A, est un tarif général qui comprend huit classes de patentables et huit degrés de population. Le droit différent auquel chaque classe est soumise, en raison de l'importance présumée des divers genres d'industrie qu'elle comprend, varie donc encore entre les divers patentables, en raison de l'importance de la population des lieux où ils sont établis.

18. — Ce tableau est ainsi conçu :

TABLEAU A. — TARIF général des Professions imposées eu égard à la population.

CLASSES	De 100,000 âmes et au-dessus	De 50,000 âmes à 100,000	De 30,000 âmes à 50,000	De 20,000 âmes à 30,000	De 10,000 âmes à 20,000	De 5,000 âmes à 10,000	De 2,000 âmes à 5,000	De 2,000 âmes et au-dessous
Ire.	300 fr.	240 fr.	180 fr.	120 fr.	80 fr.	60 fr.	45 fr.	35 fr.
IIe.	150	120	90	60	45	40	30	25
IIIe.	100	80	60	40	30	25	22	18
IVe.	75	60	45	30	25	50	18	12
Ve.	50	40	30	20	15	12	9	7
VIe.	40	32	24	16	10	8	6	4
VIIe.	20	16	12	8	*8	*5	*4	*3
VIIIe.	12	10	8	6	*5	*4	*3	*2

Le signe * veut dire exemption du droit proportionnel.

19. — Dans les mêmes commerces, la taxe varie d'ailleurs en raison de la manière dont ils s'exercent. Ainsi, la loi distingue aujourd'hui trois espèces de marchands : les marchands en gros, les marchands en demi-gros, les marchands en détail, qui sont passibles chacun d'un droit fixe différent. — C'est ce qui est formellement expliqué à la suite du tableau A ci-dessus.

20. — Les marchands en gros sont ceux qui vendent habituellement aux marchands en demi-gros et aux marchands en détail. — *Ibid.*

21. — Jugé qu'il faut ranger dans la classe des marchands en gros, et non pas seulement dans celle des marchands en demi-gros, le marchand de tissus qui vend habituellement aux marchands détaillans et accidentellement seulement aux consommateurs. — *Cons. d'Etat*, 25 juill. 1846, Lacordaire-Delyrer.

22. — Les marchands en demi-gros sont ceux qui vendent habituellement aux détaillans et aux consommateurs. — *Ibid.*

23. — Les marchands en détail sont ceux qui ne vendent habituellement qu'aux consommateurs. — *Ibid.*

24. — C'est la nature *habituelle* des ventes qui doit déterminer la qualification de marchands en gros, en demi-gros ou en détail. Un marchand en gros qui vendrait accidentellement à des particuliers n'en devrait pas moins être imposé comme marchand en gros; de même un marchand en détail qui vendrait accidentellement à un autre marchand en détail, ne devrait pas, pour ce fait, être considéré comme marchand en demi-gros. — Circ. de la dir. génér., du 14 août 1844.

25. — D'après l'ancienne législation, tous les marchands en gros, sauf les marchands de grains, étaient assujettis au droit fixe de 1re classe. La loi nouvelle range dans des classes inférieures les marchands en gros de plusieurs autres marchandises. — *Ibid.*

26. — Ainsi sont aujourd'hui rangés sous la deuxième classe seulement les marchands en gros de charbon de terre épuré ou non. — *Ibid.*

27. — Sont rangés dans la 3e classe : les marchands en gros d'ardoises, de bimbeloteries, bouchons, broderies, chocolat, cidre, cuirs en vert du pays, encre à écrire, éponges, houblon, lattes, marbres, sarraux ou blouses, soude végétale indigène, tourteaux. — *Ibid.*

28. — Sont rangés dans la 4e classe : les marchands en gros de boissellerie, couverts en fer battu ou étamé par procédés ordinaires, farines, fromages de pâte grasse, grains, légumes secs, moutarde, pruneaux et prunes sèches, sabots, tourbe. — *Ibid.*

29. — Le tableau A est, du reste, suivi d'une nomenclature de toutes les professions soumises à la patente, nomenclature dans laquelle le législateur range par ordre alphabétique, et suivant la classe à laquelle elle doit appartenir, chacune de ces professions.

30. — L'obligation à laquelle sont soumis les commerçans et les officiers ministériels de représenter ou mentionner la patente dans certains cas déterminés (V. *infrà* nos 369 et suiv.) nous faisait un devoir de reproduire la nomenclature annexée à la loi; mais nous avons pensé que sa transcription pure et simple laisserait, eu égard surtout aux nombreuses exceptions introduites par les tableaux B et C, beaucoup à désirer au point de vue de la clarté, et nous avons préféré indiquer, dans le cours du répertoire et à son ordre alphabétique, le nom de chaque patentable avec la mention de la classe dans laquelle il est rangé et des droits qui le frappent. — Ce travail, qui a pour but de rendre pour tous les recherches plus promptes et plus faciles, rend complétement inutile, on le comprend, la reproduction soit de la nomenclature qui accompagne le tableau A., soit des tableaux B et C eux-mêmes, puisque dans notre travail nous avons toujours tenu compte de la règle et des exceptions.

31. — Quoique, d'après la loi nouvelle, les fabricans soient généralement placés dans le tableau C, dont nous indiquerons tout à l'heure l'objet, le tableau A contient néanmoins certains marchands qui fabriquent eux-mêmes les objets qu'ils vendent aux particuliers; par le motif que la population des lieux où ils sont établis est la principale cause et le meilleur indice de l'étendue de leurs affaires.

32. — Le second tableau, désigné par la loi sous la lettre B, contient un tarif exceptionnel qui est bien gradué aussi d'après la population, mais qui, en raison de l'importance et de la nature des professions auxquelles il s'applique, est plus élevé que le tarif général. Ce second tarif s'applique principalement aux agens de change, banquiers, commissionnaires, courtiers, entrepreneurs d'éclairage, fabricans de gaz, directeur des monnaies, négocians, concessionnaires de péages, entrepreneurs de roulage, etc.

33. — Ce même tableau B distingue, pour certaines professions, les villes d'une population inférieure à 30,000 âmes, qui ont un entrepôt réel, de celles qui n'en ont pas. Dans les premières, le droit fixe doit être réglé, non d'après leur population propre, mais d'après la population des villes placées dans la catégorie immédiatement supérieure. — Circ. de la dir. génér. du 14 août 1844. — Les mêmes motifs qui nous ont paru rendre inutile la reproduction de la nomenclature jointe au tableau A (V. *suprà* no 30) nous dispensent de transcrire ici le tableau B.

34. — Les villes au-dessous de 30,000 âmes dans lesquelles il existe un entrepôt réel, sont : Abbeville (Somme), Agde (Hérault), Arles (Bouches-du-Rhône), Bayonne (Basses-Pyrénées), Boulogne (Pas-de-Calais), Calais (Pas-de-Calais), Cette (Hérault), Cherbourg (Manche), Dieppe (Seine-Inférieure), Dunkerque (Nord), Granville (Manche), Honfleur (Calvados), La Rochelle (Charente-Inférieure), le Havre (Seine-Inférieure), le Légué [Plérin] (Côtes-du-Nord), Lorient (Morbihan), Morlaix (Finistère), Mulhouse (Haut-Rhin), Port-Vendres (Pyrénées-Orientales), Saint-Malo (Ille-et-Vilaine), Saint-Martin-de-Ré (Charente-Inférieure), Saint-Servan (Ille-et-Vilaine), Saint-Valery-sur-Somme (Somme). — Circ. préc. de la dir. générale.

35. — Le troisième tarif, tableau C de la même loi, concerne les fabriques, les manufactures et tous les établissemens industriels dont le droit fixe est réglé sans égard à la population, par la raison que la population des lieux où sont situés ces établissemens est sans influence sur leurs bénéfices. — Nous ne croyons pas devoir reproduire le tableau C plus que le tableau B et la nomenclature du tableau A; nous en avons expliqué la raison *suprà*, no 30.

36. — Les professions qui composent cette troisième catégorie sont notamment celles des armateurs, banques de France et dans les départemens, bateaux à vapeur, canaux, entreprises de coches, compagnies de défrichement, fournisseurs, magasins consacrés à plusieurs espèces de marchandises et occupant habituellement plus de vingt-cinq personnes, etc.

37. — Les armateurs, qui sont rangés dans ce tableau, paient, comme on peut le remarquer, un droit fixe, qui est réglé par tonnage, et qui varie suivant la nature de leurs armemens. Ceci demande des explications sur la manière d'appliquer les droits, lorsque l'armateur se livre à plusieurs sortes d'armemens.

38. — Ainsi, si le même individu est à la fois armateur pour le long cours et armateur pour le grand et le petit cabotage, la pêche de la baleine ou de la morue; les contrôleurs chargés de préparer l'établissement de la taxe doivent indiquer séparément le tonnage des bâtimens ordinairement employés au long cours et celui des bâtimens ordinairement employés au cabotage, à la pêche de la baleine ou à celle de la morue, afin que le directeur puisse appliquer le droit de 40 cent. pour les uns et le droit de 25 cent. pour les autres, le tout jusqu'au maximum de 400 fr. — Circ. dir. gén. 14 août 1844.

39. — On ne doit pas, du reste, considérer comme armateurs les copropriétaires d'un navire qui ne prennent part ni à l'armement de ce navire ni à la gestion des affaires. — Circ. dir. gén. — *Cons. d'Etat*, 26 août 1846, Brejeon.

40. — Par *banques dans les départemens*, imposées à un droit fixe de 1,000 fr., la loi du 25 av. 1844 (tableau C) n'a entendu désigner que les banques privilégiées établies en vertu de lois spéciales, conformément à l'art. 8 de la loi du 30 juin 1840. Toutes autres entreprises particulières de banques doivent être seulement assujetties au droit fixe établi par la même loi (tableau B) en raison de la population. — *Cons. d'Etat*, 29 nov. 1848, Quantin.

41. — A l'égard des patentables du tableau C, dont le droit fixe est réglé d'après le nombre d'ouvriers, de broches, fours, chaudières, cuves, forges, hauts fourneaux, cylindres, meules, tavelles, bobines, etc.; le nombre total de ces élémens doit servir à l'établissement du droit, sans toutefois que le maximum puisse être dépassé. — Circ. dir. génér., 14 août 1844.

42. — Pour tous les établissemens dont le droit fixe se règle en raison du nombre des ouvriers, on ne doit tenir compte que des ouvriers employés, soit à la préparation des matières, soit à leur mise en œuvre, et nullement des journaliers occupés de travaux indépendans de la fabrication. — Circ. dir. génér., 14 août 1844.

43. — Mais il a été jugé que dans le nombre

des employés, on doit comprendre les surnuméraires de même que les employés rétribués. — *Cons. d'Etat*, 30 nov. 1848, Arnould.

44. — On doit d'ailleurs, pour l'établissement du droit, indiquer le nombre des ouvriers employés en moyenne, et sans égard aux variations en plus ou en moins qui peuvent avoir lieu à certaines époques de l'année. — Circ. dir. génér.

45. — Il résulte du même tableau C que le droit fixe de certaines fabriques qui chôment par manque ou par crue d'eau, pendant quatre mois au moins de l'année, doit être réduit de moitié. Ces fabriques et usines sont les suivantes : fabriques d'acier fondu ou acier de cémentation ; bocard, patouillet ou lavoir de minerai ; fabrique de cartonnage ; forges dites catalanes ; forges à un ou deux marteaux ; usines à pulvériser le kaolin ; martinets ; moulins à blé, à huile, à garance, à tan, etc. ; papeteries à la cuve ; acieries mécaniques.

46. — Il importe d'observer que cette réduction s'applique aux fabriques et usines qui, par leur position, éprouvent tous les ans des chômages, et non à celles pour lesquelles le chômage n'est qu'un accident rare et imprévu. — Circ. dir. génér., 14 août 1844.

47. — Du reste, il n'est pas nécessaire, pour avoir droit au bénéfice de la loi, que le chômage dure quatre mois consécutifs ; il suffit qu'il soit établi par la notoriété, que les différens chômages éprouvés dans le cours de l'année équivalent à quatre mois. — *Ibid.*

48. — Mais, pour qu'il y ait lieu à la réduction, il faut que le chômage ait été complet, en ce sens que l'usine se soit trouvée pendant ce laps de temps dans l'impossibilité absolue de marcher. Le propriétaire d'un moulin à deux meules, qui, alternativement, sont susceptibles de chômer, n'a pas droit à la réduction si le chômage des deux meules n'a pas lieu simultanément, de manière à empêcher l'usine de fonctionner. — *Cons. d'Etat*, 14 juin 1847, Freyermuth ; 2 juill. 1847, Muller ; 5 août 1848, Vivent.

49. — Les tuileries et briqueteries ne doivent pas être considérées comme étant au nombre des usines auxquelles la loi accorde une réduction de droit fixe, pour cause de chômage, pendant quatre mois, par manque ou crue d'eau. — *Cons. d'Etat*, 5 août 1848, Marbeau.

50. — ... Non plus que les fabriques de noir animal. — *Cons. d'Etat*, 24 mars 1849, Liebbe.

51. — Jugé toutefois que des meuniers qui exploitent alternativement dans le cours de l'année des moulins qu'ils possèdent en commun, sans avoir entre eux aucune association, doivent jouir de la réduction accordée aux usiniers dont les établissemens chôment une partie de l'année ; c'est-à-dire que, soumis chacun personnellement à la patente, ils ne doivent payer que le demi-droit, par considération du défaut de jouissance résultant pour eux de l'exploitation par leurs copropriétaires. — *Cons. d'Etat*, 19 déc. 1848, Léger et Robin.

52. — Du reste, la réduction de moitié ne porte pas sur le droit proportionnel. — *Cons. d'Etat*, 14 juin 1847, Capelle-Luplaine.

53. — Pour les professions dont le droit fixe varie en raison de la population du lieu où elles sont exercées, les tarifs doivent être appliqués d'après la population qui est déterminée par le dernier acte officiel de dénombrement. — L. 25 avril 1844, art. 5.

54. — Néanmoins, lorsque ce dénombrement fait passer une commune dans une catégorie supérieure à celle dont elle faisait précédemment partie, l'augmentation du droit fixe ne doit être appliquée que pour moitié pendant les cinq premières années. — *Ibid.*

55. — Dans les communes dont la population totale est de 5,000 âmes et au-dessus les patentables exerçant dans la banlieue des professions imposées eu égard à la population, doivent le droit fixe seulement d'après le tarif applicable à la population non agglomérée. — Mais les patentables qui exercent les mêmes professions dans la partie agglomérée doivent le droit fixe d'après le tarif applicable à la population totale. — L. 25 avril 1844, art. 6.

56. — Pour rendre cette disposition plus sensible par un exemple, que l'on suppose une ville dont la population totale soit de 20,447 habitans, mais dont la population agglomérée ne soit que de 17,068, la différence, qui est de 3,379, constitue ce qu'on appelle la population de la banlieue. — Dans ce cas, les patentables qui habitent la ville doivent le droit fixe d'après le tarif applicable aux communes de 20,000 à 30,000 âmes ; les patentables de la banlieue ne doivent le droit que d'après le tarif applicable aux communes de 2,000 à 5,000 âmes. — Circul. préc. de la direct. générale.

§ 2. — *Application des tarifs.*

57. — *Banquiers.* — La jurisprudence considère comme banquier.... celui qui outre un commerce en gros de vins et eaux-de-vie tient une maison où l'on trouve, en tout temps, et pour telle somme que l'on désire, du papier sur les principales places de l'intérieur et de l'étranger. — *Cons. d'Etat*, 14 janv. 1824, Faure. — V. aussi *Cons. d'Etat*, 8 avril 1831, Arnould Senart ; 8 avril 1847, Lagelouse ; 27 mai 1847, Lehirigoyen.

58. — ... Celui qui fait des opérations de banque l'objet habituel et principal de ses spéculations, alors même que ses opérations se bornent à l'intérieur de la France sans s'étendre à l'étranger. — *Cons. d'Etat*, 11 juill. 1834, Teste Lebeau

59. — ... Celui, par exemple, qui, faisant à la fois la banque et le commerce des eaux-de-vie, est reconnu n'acheter ou ne vendre que pour 300,000 fr. d'eaux-de-vie, tandis que ses opérations d'argent s'élèvent à plus de cinq millions. — *Cons. d'Etat*, 20 déc. 1836, Descombes.

60. — *Escompteurs.* — Est seulement imposable à la patente d'escompteur (1re classe), et non à celle hors classe de banquier, l'individu qui se borne à escompter et à recouvrer des effets de commerce, alors même qu'il étendrait ses opérations à des villes autres que celle de sa résidence. — *Cons. d'Etat*, 25 juill. 1848, Chiquand. — V. aussi *Cons. d'Etat*, 22 nov. 1836, Perret ; 30 déc. 1843, Petrynieff ; 9 févr. 1844, Dubosc ; 20 juin 1844, Bolle.

61. — Mais n'est pas imposable en qualité d'escompteur l'individu qui se borne chaque année à faire à un agent de remplacement militaire des prêts d'argent, sur dépôt des titres et mandats souscrits par les pères de famille assurés. — *Cons. d'Etat*, 25 juill. 1848, Léobon Parant.

62. — *Commissionnaire en marchandises.* — Est passible de la patente de commissionnaire en marchandises l'individu domicilié en France qui y fait habituellement des achats de marchandises pour les expédier à une maison de commerce établie à l'étranger, dont il est le représentant. — *Cons. d'Etat*, 10 sept. 1845, Miège.

63. — ... Celui qui expédie par commission pour la Hollande, l'Allemagne, etc., des pendules, bronzes, candélabres, lampes, etc., et qui a caisse, bureau, magasins, avec des commis. — *Cons. d'Etat*, 16 nov. 1835, Halley.

64. — On doit aussi considérer comme commissionnaires en bestiaux des particuliers qui achètent et revendent habituellement des bestiaux pour le compte d'un seul et même marchand. — *Cons. d'Etat*, 12 avril 1838, Beaussieux.

65. — Mais il a été aussi jugé qu'un tonnelier qui sert d'intermédiaire entre les marchands de vins et les propriétaires pour la vente de leurs récoltes, et qui fait même parfois des achats pour le compte des marchands de vins, ne doit pas être, par cela seul, considéré comme marchand de vins en gros ou comme commissionnaire. — *Cons. d'Etat*, 20 juin 1844, Naudier. — V. encore *infrà* nos 243 et suiv., 249.

66. — *Entrepositaire.* — L'entrepositaire de marchandises, exploitant ou dirigeant soit un dock, soit un entrepôt réel ou fictif, doit être assimilé, pour la patente, à un commissionnaire. — *Cons. d'Etat*, 10 sept. 1845, Magnevas.

67. — *Négociant.* — On doit imposer à la patente de négociant tous ceux dont le commerce ne se borne pas à l'achat et à la vente d'une seule espèce de marchandises, mais dont les spéculations embrassent à la fois plusieurs genres de commerce exploités en grand. — Circ. précit. dir. gén.

68. — ... Celui, par exemple, dont les spéculations portent à la fois sur les vins, les bois de construction, les madriers, les planches et les sardines pressées. — *Cons. d'Etat*, 11 oct. 1836, Desaintes.

69. — ... Des particuliers qui sont associés pour le commerce de la quincaillerie et de la mercerie en gros, et dont les spéculations s'étendent sur une grande échelle dans l'intérieur de la France et à l'étranger. — Décis. minist. 9 déc. 1843.

70. — ... Celui qui spécule en gros sur les grains et sur les sels. — *Cons. d'Etat*, 1er juill. 1839, Colin. — V., aussi, *Cons. d'Etat*, 22 janv. 1840, Maze.

71. — *Concessionnaires de ponts.* — Les concessionnaires de ponts sont imposables à la patente, lors même qu'ils sont constitués en société anonyme, qu'ils n'exécutent pas les travaux à leurs risques et périls, et qu'ils se bornent à recevoir le péage pour rentrer dans les fonds dont ils ont fait l'avance. — *Cons. d'Etat*, 27 fév. 1835, Roussel ; 19 août 1835, concessionnaires du pont de Saint-Andéol.

72. — *Entrepreneurs de roulage.* — On doit imposer comme entrepreneur de roulage, et non pas seulement comme voiturier, l'individu qui possède des voitures qu'il fait conduire par des personnes à gages, et au moyen desquelles il transporte des marchandises d'un lieu à un autre. — *Cons. d'Etat*, 20 juin 1844, Gendron.

73. — *Entrepreneurs de fournitures.* — Est passible de la patente de marchand de bois de marine, et non pas seulement de celle d'avironnier, l'individu qui ne se borne pas à confectionner lui-même les avirons qu'il vend, mais qui fait façonner en avirons, par de nombreux ouvriers, les produits de toute une forêt, et qui passe des marchés considérables soit avec la marine marchande, soit avec la marine militaire, pour l'approvisionnement de divers ports de mer. — *Cons. d'Etat*, 21 mai 1847, Tardeau.

74. — Doit également être imposé à la première classe, comme marchand de bois de marine et de construction, celui qui a une cour et d'autres locaux dans lesquels il forme de grands approvisionnemens de bois de construction, qu'il revend aux particuliers menuisiers et charpentiers par centaines de planches ou de soliveaux. — *Cons. d'Etat*, 24 avril 1837, Rafine.

75. — *Agens d'affaires.* — On doit imposer comme agent d'affaires celui qui se charge de recouvremens, ventes, acquisitions, locations, etc., en provoquant à bureau ouvert les pouvoirs de ceux qui lui accordent leur confiance. — Décis. minist.

76. — ... Celui qui n'étant ni avocat, ni avoué, ni notaire se charge de suivre les affaires des particuliers devant les tribunaux et dans les études des notaires, où il sert de conseil aux parties. — *Cons. d'Etat*, 25 avr. 1834, Thiboulet.

77. — ... Un ancien notaire qui se charge de défendre ses cliens devant la justice de paix, qui suit devant les tribunaux et administrations les affaires qui lui sont confiées, qui accepte des procurations, se charge de liquidations de successions, de comptes de tutelle et autres, moyennant rétribution. — *Cons. d'Etat*, 13 août 1840, Brissot. — V. aussi *Cons. d'Etat*, 13 avr. 1836, Meunier ; 20 juin 1844, Hazard-Hennequin ; 23 juin 1846, Pepin-Barbut ; 26 avr. 1847, Salomon.

78. — ... Celui qui, soit pour son compte, soit en qualité de mandataire, s'occupe habituellement de l'achat et de la revente d'immeubles. — *Cons. d'Etat*, 26 mai, Marc-Samuel, et 4 juill. 1845, Hancenot.

79. — ... Celui qui entretient une correspondance suivie avec un bureau ou agence d'affaires établie dans une autre localité, et se charge pour cette agence de différentes opérations. — *Cons. d'Etat*, 21 déc. 1825, Marconnot.

80. — ... Les agens de remplacemens militaires. — *Cons. d'Etat*, 9 fév. 1844, Balmefrézols ; 14 juin 1847, Liard.

81. — ... De même que ceux qui assurent personnellement à forfait contre les chances du tirage. — *Cons. d'Etat*, 18 mai 1846, Duverger.

82. — ... Un individu qui fait profession de régir des biens pour le compte de plusieurs propriétaires ayant des intérêts distincts. — *Cons. d'Etat*, 30 déc. 1843, Cadel ; 25 juill. 1848, Regnaud-Tabur ; 30 nov. 1848, Hubail.

83. — Mais on ne doit pas imposer comme agent d'affaires un individu qui n'a pas un cabinet d'affaires ouvert au public et qui s'occupe uniquement de la gestion des biens de quelques personnes dont il est le régisseur. — *Cons. d'Etat*, 15 juill. 1844, Lebouteillier ; 9 fév. 1844, Vaillant.

84. — *Gargotiers, cabaretiers, aubergistes, maîtres d'hôtel garni.* — Doit être considéré comme cabaretier, et non pas seulement comme gargotier, celui qui donnant à manger à des ouvriers leur donne aussi du vin à boire, surtout si, à raison de ce dernier commerce, il en paie les droits à l'administration des contributions indirectes. — *Cons. d'Etat*, 12 janv. 1844, Gallet et Mallarte.

85. — ... Lors même qu'il ne vend que le vin de sa récolte. — *Cons. d'Etat*, 24 juin 1840, Prost.

86. — ... Celui qui vend du vin à la petite mesure et à la bouteille. — *Cons. d'Etat*, 25 janv. 1838, Trucy ; 3 mai 1844, Giboulet ; 29 juin 1844, Vigier.

87. — Mais doit être imposé comme marchand de vins en détail, et non pas seulement en qualité de cabaretier, l'individu qui vend habituellement, pour être consommés hors de chez lui, des vins en panier ou à la bouteille. — *Cons. d'Etat*, 10 déc. 1846, Champmas.

88.—On doit imposer comme aubergiste, et non pas seulement comme cabaretier, celui qui reçoit, loge et nourrit des voyageurs. — *Cons. d'Etat*, 30 juin 1835, Audrand, 6 juin 1844, Teissier.

89.—On ne doit imposer comme maîtres d'hôtel garni que ceux qui tiennent habituellement des chambres et des appartemens meublés à la disposition des voyageurs et des étrangers qui font un séjour plus ou moins long dans les villes d'une certaine importance. — *Cons. d'Etat*, 19 nov. 1837, Dubié.

90. — Les autres individus dont la profession consiste à recevoir, loger et nourrir des voyageurs qui passent, sont imposables comme aubergistes. — *Cons. d'Etat*, 19 nov. 1837, Dubié.

91. — *Professions diverses.* — On doit imposer simplement comme armurier, et non comme fabricant, celui dont l'industrie consiste à acheter en gros toutes confectionnées les différentes pièces qui entrent dans la composition des armes à feu, à faire assembler les pièces dans son atelier, et à les faire ajuster de manière à en faire des armes complètes pour livrer au commerce. — *Cons. d'Etat*, 22 août 1844, Flachat-Perron.

92. — Est imposable à la patente de dégraisseur seulement et non à celle de teinturier-dégraisseur, celui qui, n'ayant pas de teinturerie à lui, se borne à dégraisser les étoffes qui lui sont confiées et les donne ensuite à des teinturiers pour les mettre en couleur. — *Cons. d'Etat*, 26 avril 1847, Bertrand.

93. — On doit considérer comme fabricant à métier, et non comme simple contre-maître, celui dont l'industrie consiste à recevoir de plusieurs maisons de commerce et à faire fabriquer à ses risques et périls et par des ouvriers à son choix et payés directement par lui les matières premières préparées pour la confection des tissus. — *Cons. d'Etat*, 2 mai 1845, Littière; 5 juin 1845, Nouliet-Proisy; 12 août 1845, Littière.

94. — Sont imposables à la patente de fabricans et non pas seulement à celle de marchands de fromages secs en gros ceux qui se livrent à la préparation des fromages de Roquefort. — *Cons. d'Etat*, 20 avril 1847, Rigal.

95. —Est passible de la patente d'entrepreneur de maçonnerie, et non de celle de maçon seulement, l'individu qui occupe plusieurs ouvriers et se charge, en général, non-seulement de la main d'œuvre, mais de la fourniture des matériaux. — *Cons. d'Etat*, 21 mai 1847, Mahérault.

96. — Est passible de la patente de bottier en chambre seulement, et non de marchand bottier, l'individu qui, bien qu'ayant une boutique, ne travaille que sur commande et ne tient pas magasin de chaussures.—*Cons. d'Etat.*, 19 mars 1847, Renaud; 8 avril 1847, Marc; 21 mai 1847, Maupoint, 8 juin 1847, Masselin; 14 juin 1847, Andrand; 30 août 1847, Salins; 15 sept. 1847, Baur; 25 juill. 1848, Durlez.

97. — L'individu qui ne vend pas d'autres vinaigres que ceux qu'il fabrique lui-même ne doit pas être imposé à la patente de marchand de vinaigres en gros, mais seulement, par assimilation, à celle de fabricant d'esprit ou d'eau-de-vie. —*Cons. d'Etat*, 20 janv. 1837, Aubin.

98.— Un peintre en bâtimens qui s'est associé avec des entrepreneurs pour l'achat et la reconstruction d'anciennes maisons doit lui-même être imposé comme entrepreneur de bâtimens, et cela alors même que les nouvelles constructions n'auraient pas été revendues. Vainement dirait-il qu'il n'a eu en vue dans cette association que les travaux de son art.— *Cons. d'Etat*, 2 fév. 1844, Clair.

99. — Jugé, sous l'empire de la loi du 1er brumaire an VII, qu'il n'y a aucune distinction à faire, quant à la fixation des droits de patente dus par les mouliniers en soie, entre les mouliniers qui travaillent à façon et ceux qui travaillent pour leur propre compte. — *Cons. d'Etat*, 20 juin 1844, Bauthène. — La loi du 25 avril 1844 établissant indistinctement pour l'industrie dont il s'agit un droit invariable de 10 fr. par 100 tavelles jusqu'au maximum de 200 fr., la décision ci-dessus serait encore applicable.

§ 3. — *Classemens par analogie.*

100. — Les commerces, industries et professions qui ne sont pas dénommés dans les tableaux dont nous venons de parler n'en sont pas moins assujettis à la patente. Le droit fixe auquel ils doivent être soumis est réglé d'après l'analogie des opérations ou des objets de commerce qu'ils embrassent, avec les opérations ou les objets de commerce des professions classées. — L. 25 avr. 1844, art. 4.

101. — Ce droit est réglé par un arrêté spécial du préfet, rendu sur la proposition du directeur des contributions directes et après avoir pris l'avis du maire. — *Ibid.*

102. — Pour assurer autant que possible l'uniformité de l'impôt et l'unité de jurisprudence dans ces classemens par analogie, l'administration a prescrit les dispositions suivantes: Lorsque l'avis du maire sur l'assimilation proposée par les agens des contributions est donné, le directeur des contributions dans le département doit préalablement demander à l'administration centrale si la nouvelle profession n'a pas été déjà classée dans d'autres départemens. Selon la réponse, il fait son rapport au préfet; et c'est alors seulement que ce fonctionnaire, par un arrêté spécial, règle le droit fixe auquel le commerce, l'industrie ou la profession doit être assujetti. Le préfet adresse immédiatement cet arrêté à l'administration centrale. — Circul. de la direct. génér. du 14 août 1844.

103. — Tous les cinq ans des tableaux additionnels préparés par les soins de l'administration générale des contributions directes, et contenant la nomenclature des commerces, industries et professions, classés par voie d'assimilation, depuis trois années au moins, sont soumis à la sanction législative, qui assure ainsi les mêmes garanties à tous les patentables. — Art. 4 précité de la loi du 25 avr. 1844.

104. — Dans les classemens par analogie, on ne doit pas perdre de vue les professions classées par les tarifs. Il ne faut pas que l'on puisse établir arbitrairement des tarifs nouveaux que la loi n'autoriserait point d'une manière évidente.

105. — Ainsi la profession de plâtrier entrepreneur n'étant pas classée dans le tarif, et n'y ayant point d'analogue, un conseil de préfecture ne saurait, à ce titre, élever à la quatrième classe, sous le prétexte de l'importance des affaires du patentable, la patente de plâtrier-maçon (6e classe) à laquelle seulement il est soumis. — *Cons. d'Etat*, 30 oct. 1848, Vernadet.

106. — Doit être imposé, par analogie, à la patente de directeur de bureaux d'affaires, le particulier qui exerce la profession d'assureur maritime. Il n'y a pas que les compagnies d'assurance qui soient soumises à ce droit. — *Cons. d'Etat*, 9 juillet 1846, Clapier.

§ 4. — *Où est dû le droit fixe.*

107. — Le patentable qui exerce plusieurs commerces, industries ou professions, même dans plusieurs communes différentes, ne peut être soumis qu'à un seul droit fixe. — L. 25 avr. 1844, art. 7.

108. — Ce droit est toujours le plus élevé de ceux qu'il aurait à payer s'il était assujetti à autant de droits fixes qu'il exerce de professions. —*Ibid.*

109. — On voit par la relation qui existe entre les deux dispositions ci-dessus, que la loi ne tient aucun compte, quant à l'imposition de la patente, du domicile réel du contribuable. Du moment qu'il a plusieurs établissemens dans des communes différentes, il doit être imposé dans celle de ces communes où le droit est le plus élevé. Que doit-on entendre, en un tel cas, par établissement susceptible de motiver l'imposition de la patente, là où le contribuable ne réside pas?

110. — Il a été jugé, à cet égard, qu'un marchand de bois, qui a son habitation dans une ville, et son chantier dans une commune voisine, d'une population inférieure, doit être considéré comme ayant des établissemens dans des communes différentes, et être imposé dans la commune où le droit fixe est le plus élevé. — *Cons. d'Etat*, 14 juill. 1841, Job; 9 mai 1845, Martin.

111. — Il a été également jugé que l'on doit considérer comme ayant deux établissemens, et comme devant payer en conséquence le droit fixe dans le lieu où ce droit est le plus élevé, le marchand de chevaux qui, indépendamment de son établissement principal au lieu de son domicile, a, dans une autre ville, une écurie qu'il loue à l'année, et dans laquelle il tient presque constamment des chevaux destinés à être vendus soit par lui-même, soit par un préposé à son compte. — *Cons. d'Etat*, 12 mai 1847, Carbonnel.

112. — Mais il a été aussi décidé qu'on ne doit pas considérer comme un double établissement, donnant lieu à imposer le patentable dans le lieu où le droit de patente est le plus élevé, l'industrie d'un loueur de voitures qui transporte des voyageurs du lieu de son domicile dans une autre ville, alors qu'il ne fait dans cette dernière ville qu'un séjour de quelques heures, et qu'il n'y a ni logement, ni écurie, ni remise, ni bureau, ni aucun établissement quelconque. — *Cons. d'Etat*, 30 mars 1846, Feydin et Borrot.

113. — La disposition ci-dessus qui pose en principe que les patentables ne peuvent jamais être soumis qu'à un seul droit fixe n'est du reste point parfaitement exacte, en ce sens, du moins, que, pour les professions dont le droit fixe est réglé d'après les tarifs, en raison des élémens d'activité qu'elles possèdent, ou en raison du nombre d'ouvriers qu'elles emploient, ce droit fixe se trouve, de fait, s'étendre aux divers établissemens que le même contribuable peut posséder, même dans des lieux différens.

114. — Ainsi, un maître de forges qui exploite un haut fourneau au coke (250 fr.) dans une commune; une forge avec laminoir (200 fr.) dans une autre commune, et une forge à deux marteaux (50 fr.) dans une troisième commune, devra également payer, sur l'ensemble de ces trois établissemens, 500 fr., au lieu de son domicile.— Circ. préc. direct. gén.

115. — Ainsi encore, un fabricant de tuiles qui exploite trois tuileries situées dans trois communes différentes, et dont la première occupe cinq ouvriers, la seconde sept et la troisième dix, sera imposé, au lieu de son domicile, à raison de vingt-deux ouvriers. — *Ibid.*

116. — Le Conseil d'Etat a d'ailleurs jugé aussi que la compagnie qui est concessionnaire de plusieurs ponts à péage, doit être assujettie à un droit fixe de patente pour chacun de ces ponts. — *Cons. d'Etat*, 21 mai 1847, Hubert.

Sect. 3e. — *Droit proportionnel.*

§ 1er. — *En quoi consiste le droit proportionnel.*

117. — Le droit proportionnel de patente consiste en une taxe, qui, à l'instar de celle établie pour la contribution mobilière, porte sur la valeur locative des locaux ou emplacemens occupés par les patentables.

118. — Le droit proportionnel est, en général, fixé au vingtième de la valeur locative pour toutes les professions imposables. — L. 25 avril 1844, art. 8.

119. — Mais de nombreuses exceptions, qui sont déterminées par la loi même qui a réglementé l'impôt des patentes, ont été faites à ce principe. Elles sont indiquées dans le tableau D, annexé à la loi du 25 avril 1844, et que nous sommes dispensés de reproduire, ainsi que nous l'avons expliqué *suprà* (no 30).

120.—Il résulte de ce tableau que, relativement au droit proportionnel, il y a, en réalité, six grandes catégories de patentables, qui paient ce droit d'une manière différente, au 15e, au 20e, au 25e, au 30e, au 40e et même au 50e de la valeur locative, et dont les taxes portent, d'ailleurs, tantôt sur la totalité des locaux occupés par les patentables, sans aucune distinction entre les locaux destinés au commerce, et ceux affectés à l'habitation; tantôt, au contraire, soit seulement sur l'habitation, soit seulement sur les locaux destinés à l'exercice de la profession: il est d'ailleurs un grand nombre de patentables qui paient des droits différens pour les locaux consacrés à l'exercice de leur profession, et pour ceux consacrés à leur habitation.

121.—Enfin, l'on voit par le tableau D, annexé à la loi précitée, qu'il y a exemption de tout droit proportionnel: 1o pour les patentables des septième et huitième classes du tableau A, résidant dans les communes d'une population inférieure à 20,000 âmes; 2o pour les fabricans à métier qui ont moins de dix métiers et ne travaillent qu'à façon.

122. — Dans les communes dont la population est inférieure à 20,000 âmes, mais qui, en vertu d'un nouveau dénombrement, passent dans la catégorie des communes de 20,000 âmes et au-dessus, les patentables des septième et huitième classes ne sont soumis au droit proportionnel que dans le cas où un second dénombrement aurait maintenu les dites communes dans cette catégorie.—L. 25 avril 1844, art. 12.

123. — En ce qui concerne les établissemens industriels, on doit aussi remarquer que la loi établit, pour les magasins de vente complétement séparés de l'établissement, une proportion différente de celle des locaux servant à l'industrie. — Pour les magasins de vente le droit proportionnel doit toujours être calculé sur le pied du 20e au lieu du 25e, du 40e ou du 50e; le législateur n'ayant pas voulu que l'industriel qui ajoute aux bénéfices du fabricant les bénéfices du marchand, fût traité plus favorablement que le marchand auquel il fait concurrence. — Circul. de la dir. gén. du 14 août 1844.

124. — Il est bien entendu que le taux du 20e ne s'applique pas aux locaux nécessaires à l'emmagasinage des objets fabriqués, mais uniquement aux magasins indépendans de la fabrique ou manufacture et spécialement affectés à la vente. — *Ibid.*

125. — Jugé d'ailleurs que la réduction du droit proportionnel (du 20e au 40e) accordée par la loi du 25 avr. 1844 aux imprimeurs typographes qui emploient des presses mécaniques, ne peut leur être refusée par cela seul qu'ils possèdent également des presses ordinaires. — *Cons. d'Et.*, 31 mai 1848, Dufaure.

§ 2. — *Fixation du droit proportionnel.*

126. — Le droit proportionnel est établi sur la valeur locative, tant de la maison d'habitation que des magasins, boutiques, usines, ateliers, hangars, remises, chantiers et autres locaux servant à l'exercice des professions imposables. — L. 25 avr. 1844, art. 9.

127. — Mais on ne doit pas faire entrer dans la valeur locative servant de base au droit proportionnel, les chantiers établis temporairement par les entrepreneurs auprès des édifices dont ils dirigent la construction. — *Cons. d'Etat*, 27 juin 1838, Louise.

128. — Il a été également jugé qu'il n'y a pas lieu de soumettre au droit proportionnel de patente le bâtiment que les courtiers d'une ville, au cas d'insuffisance des bâtimens de la bourse, louent en commun pour servir aux séances de leur syndicat, aux assemblées de la compagnie et aux ventes publiques autorisées par le tribunal de commerce. Un tel local doit être considéré comme un lieu public exempt du droit proportionnel. — *Cons. d'Etat*, 7 déc. 1847, courtiers de Marseille.

129. — La valeur locative réelle qui sert de base au droit proportionnel ne peut être réduite sur le fondement du peu d'importance du commerce du patentable. — *Cons. d'Etat*, 6 juin 1844, Guers.

130. — Le droit proportionnel de patente est dû pour tous les locaux qui sont consacrés à l'industrie, au moment de l'ouverture de l'exercice; même alors qu'une partie de ces locaux aurait reçu postérieurement à cette époque une autre destination. — *Cons. d'État*, 10 sept. 1845, Magneval.

131. — Dans la valeur locative qui sert à déterminer le droit proportionnel d'un patentable, on ne doit pas faire entrer la valeur d'un appartement qu'il loue en garni; cet appartement ne peut être dès lors considéré comme servant à l'habitation personnelle. — *Cons. d'Etat*, 10 janv. 1845, Fleury.

132. — Le droit à imposer aux établissemens d'eaux minérales et thermales doit être réglé non d'après le produit des bains ou de la vente des sources exploitées en boissons, mais d'après la valeur locative des bâtimens, maisons d'habitation, cabinets, séchoirs, magasins, dépôts, galeries couvertes, baignoires; en un mot, de toutes les dépendances de l'établissement et de tout le mobilier d'exploitation. — *Cons. d'Etat*, 20 mars 1838, Navau.

133. — Le droit proportionnel est dû lors même que le logement et les locaux occupés sont concédés à titre gratuit. — L. 25 avr. 1844, art. 9.

134. — Ainsi, par exemple, lorsque des patentables sont logés gratuitement dans des bâtimens appartenant à l'Etat, aux départemens, communes, hospices, etc., le contrôleur qui est chargé de préparer l'établissement de la taxe doit reconnaître les parties de ces bâtimens que ces patentables occupent, tant pour leur habitation que pour l'exercice de leur profession, commerce ou industrie, et il en estime la valeur locative par comparaison avec celle d'autres locaux dont le loyer aura été régulièrement fixé ainsi qu'il sera dit tout à l'heure. — Circul. direct. gén. 14 août 1844.

135. — La valeur locative est déterminée soit au moyen de baux authentiques, soit par comparaison avec d'autres locaux dont le loyer est régulièrement constaté ou est notoirement connu; et à défaut de ces bases, par voie d'appréciation. — *Ibid.*

136. — On ne doit entendre ici que les baux qui sont dans des conditions normales et régu-

lières. Quant aux baux, même authentiques, qui, par suite de circonstances particulières, présenteraient des prix exagérés, ou atténués, ils ne doivent être employés, d'une manière absolue, ni pour établir la valeur locative des patentables qui occuperaient les locaux affermés, ni comme termes de comparaison. — Circ. direct. gén. 14 août 1844.

137. — Le droit proportionnel pour les usines et les établissemens industriels est calculé sur la valeur locative de ces établissemens pris dans leur ensemble et munis de tous leurs moyens matériels de production. — *Ib.*

138. — Cette disposition, qui a mis un terme aux inégalités qu'on reprochait justement à la législation antérieure, fait indistinctement entrer dans la valeur locative de tous les établissemens industriels les bâtimens, le moteur et l'outillage.

139. — Un maître de forges qui possède plusieurs usines ne doit point le droit proportionnel pour celles qui ne sont pas en cours d'exploitation. — *Cons. d'Etat*, 23 juill. 1840, Bazile.

140. — Jugé également que l'on doit imposer à raison d'un franc seulement, et non à raison de deux francs, le maître verrier qui, bien qu'il possède deux fours en vue d'un accident possible, n'en emploie qu'un pour l'exploitation de sa verrerie. — *Cons. d'Etat*, 8 avril 1847, de Girancourt.

141. Dans la fixation de la valeur locative d'un établissement industriel, on doit tenir compte du moteur hydraulique de l'établissement. — *Cons. d'Etat*, 31 mars 1847, Seillière.

142. — Les machines à vapeur doivent être évaluées à l'état de repos, c'est-à-dire non compris le combustible. — Décis. minist. 30 mai 1844.

143. — Jugé d'ailleurs que les moteurs hydrauliques et à vapeur, dans les établissemens industriels, doivent être imposés non pour toute la force qu'ils sont susceptibles de produire, mais seulement pour la force qui est réellement employée dans la fabrication. — *Cons. d'Etat*, 22 juill. 1848, Merlion.

144. — Quant à l'outillage, on comprend qu'en général, pour en déterminer la valeur locative, il n'y a pas à en faire l'estimation pièce par pièce. C'est dans leur ensemble et tels que les établissemens se comportent au moment de fonctionner, que le prix total de location qu'on pourrait en obtenir, s'ils étaient à louer, doit être apprécié. — Circul. direct. génér. 14 août 1844.

145. — La valeur locative des ustensiles de ménage ne doit pas être comptée. — Décis. minist. 30 mai 1844.

§ 3. — *Où est dû le droit proportionnel.*

146. — A la différence du droit fixe, qui ne se paie qu'une fois, et dans un seul endroit, le droit proportionnel est payé dans toutes les communes où sont situés les magasins, boutiques, usines, ateliers, hangars, remises, chantiers et autres locaux servant à l'exercice des professions imposables. — L. 25 avril 1844, art. 10.

147. — Lorsqu'une même usine est située sur le territoire de deux communes, le droit proportionnel doit être établi dans chacune des deux communes à raison des parties de l'usine qui dépendent de leur territoire respectif. — *Cons. d'Etat*, 10 janv. 1845, Trugrou.

148. — L'entrepreneur de la construction d'un pont est imposable au droit proportionnel dans la ville où se trouve le siége de ses travaux et dans celle où il a son domicile réel et sa principale habitation. — *Cons. d'Etat*, 7 fév. 1837, Gourville.

149. — Si, indépendamment de la maison où il fait sa résidence habituelle et principale, et qui, dans tous les cas, sauf l'exception ci-après, doit être soumise au droit proportionnel, le patentable possède, soit dans la même commune, soit dans des communes différentes, une ou plusieurs maisons d'habitation, il ne paie le droit proportionnel que pour celles de ces maisons qui servent à l'exercice de sa profession. — L. 25 avril 1844, art. 10 précité.

150. — Si l'industrie pour laquelle il est assujetti à la patente ne constitue pas sa profession principale, et s'il ne l'exerce pas par lui-même; il ne paie le droit proportionnel que sur la maison d'habitation de l'agent préposé à l'exploitation. — *Ibid.*

151. — Lorsque l'évaluation faite pour la fixation du droit proportionnel dû par un meunier comprend, avec le moulin, un logement y attenant et destiné à l'habitation du meunier, on ne doit pas y comprendre encore une maison située à quelque distance et servant à l'habitation personnelle de l'exploitant. — *Cons. d'Etat*, 8 mars 1844, Hauduc.

152. — Le patentable qui exerce dans un même local, ou dans des locaux non distincts, plusieurs industries ou professions passibles d'un droit proportionnel différent, paie ce droit d'après le taux applicable à la profession pour laquelle est assujetti un droit fixe. — L. 25 avril 1844., art. 11.

153. — Dans le cas où les locaux sont distincts, il ne paie pour chaque local que le droit proportionnel attribué à l'industrie ou à la profession qui y est spécialement exercée. — *Ibid.*

154. — Toutefois, dans ce dernier cas, le droit proportionnel n'en demeure pas moins établi sur la maison d'habitation, d'après le taux applicable à la profession pour laquelle le patentable est imposé au droit fixe. — *Ibid.*

155. — Ainsi, par exemple, le changeur de monnaies (1re classe) doit payer le droit proportionnel au taux du 15e, et le marchand bijoutier (3e classe) au taux du 20e. Un patentable qui exercerait ces deux professions dans le même local ou dans des locaux non distincts devrait payer le droit proportionnel sur la valeur locative de tous les locaux et de l'habitation personnelle, à raison du 15e. Si, au contraire, le bureau de change était distinct du magasin de bijouterie, ce droit proportionnel serait établi au 15e pour le premier local et au 20e pour le second; mais le droit proportionnel sur l'habitation devrait être calculé à raison du 15e. — Circ. préc. direct. gén., 14 août 1844.

Sect. 4e. — *Exemptions.*

§ 1er. — *Fonctionnaires.*

156. — L'art. 13 de la loi du 25 avril 1844 exempte de la patente un certain nombre de personnes dont il énumère les titres, professions et qualités.

157. — Cette exemption comprend : 1° les fonctionnaires et employés salariés, soit par l'Etat, soit par les administrations départementales ou communales.

158. — Elle ne peut, on le comprend, s'appliquer aux fonctionnaires qu'en ce qui concerne seulement l'exercice de leurs fonctions, et c'est, du reste, ce que dit formellement la disposition précitée. Si le fonctionnaire ou employé exerce en dehors de ses fonctions une profession imposable, il doit être soumis à la patente. Ainsi, par exemple, le maître de poste qui est entrepreneur de diligences ou de relais; le débitant de tabac qui vend des articles de mercerie, quincaillerie, épicerie; l'employé d'une administration départementale, ou communale, qui est en même temps libraire, papetier, arpenteur, etc., etc., doivent être atteints par les droits de patente. — Circ. préc. direct. gén.

159. — Jugé, dans ce sens, qu'un militaire en congé illimité, qui exerce une profession imposable, ne peut prétendre à l'exemption, sur le motif qu'il est à la disposition du gouvernement. — *Cons. d'Etat*, 1er août 1837, Renard.

160. — Jugé également que le concierge d'une maison de justice ou d'une prison militaire qui vend aux prisonniers du vin, de l'eau-de-vie et autres boissons, est passible de la patente de revendeur de vin. — *Cons. d'Etat*, 29 janv. 1847, Cordeil; 29 juill. 1847, Escats.

161. — ... Et, dans ce cas, le patentable est également soumis au droit proportionnel, bien que le logement qu'il occupe lui soit fourni gratuitement par l'Etat. — *Cons. d'Etat*, 29 juillet 1847, Escats.

162. — Jugé aussi qu'il y a lieu de soumettre à la patente de loueur de chevaux le maître de poste qui conduit des diligences hors du parcours qu'il a le droit de suivre comme maître de poste. — *Cons. d'Etat*, 14 juin 1847, Bonneville.

163. — Dans ce cas, le maître de poste doit nécessairement le droit proportionnel dans tous les endroits où il occupe des locaux destinés à l'exercice de sa profession de loueur de chevaux. — *Ibid.*

164. — Néanmoins : il ne doit pas être soumis au droit proportionnel dans le lieu même où est établi le relai de poste, si d'ailleurs, dans ce lieu, il n'y a aucun local spécialement destiné à l'exercice de la profession de loueur de chevaux. — *Ibid.*

165. — Le Conseil d'Etat a d'ailleurs décidé qu'un ingénieur des ponts et chaussées qui a été désigné par le ministre pour diriger des travaux exécutés au compte d'une ville n'est pas pour cela passible de la patente, encore qu'il reçoive, à raison de ce fait, des émolumens en dehors de son traitement. — *Cons. d'Etat*, 27 nov. 1844, de Montricher.

§ 2. — *Officiers ministériels.*

166. — Cette exemption comprend nominativement les notaires, les avoués, les avocats au conseil, les greffiers, les commissaires-priseurs, les huissiers.

167. — L'observation que nous avons faite tout à l'heure, à l'égard des fonctionnaires qui exercent des professions ou industries imposables en dehors de leurs fonctions, s'applique nécessairement aux officiers ministériels. Si, en dehors de leur ministère, ils exercent une profession sujette à patente, ils doivent donc être imposés. — Circ. préc. direct. génér.

168. — Jugé, toutefois, qu'un notaire qui administre, pour le compte de personnes étrangères, des propriétés situées dans sa commune, et qui en perçoit les revenus, n'est pas passible de la patente. — *Cons. d'Etat*, 18 nov. 1847, Huon.

169. — Mais jugé aussi qu'un ancien avoué qui, après avoir vendu sa charge, s'occupe d'affaires particulières, telles que liquidations, achat et vente de domaines, est passible de la patente, lors même que ces affaires auraient été commencées pendant qu'il était en exercice. — *Cons. d'Etat*, 5 sept. 1840, Longchamp.

170. — En Algérie, d'après l'arrêté local du 26 novembre 1842, les huissiers doivent être assujettis à la patente. — *Cons. d'Etat*, 29 nov. 1848, Galliani.

171. — D'après un avis du comité des finances du Conseil d'Etat, et une décision ministérielle, les agréés près les tribunaux de commerce devraient, par assimilation, être imposés à la patente d'agens d'affaires. — Avis com. des fin. du Cons. d'Etat, déc. min. fin. 19 fév. 1845.

172. — Mais le Conseil d'Etat a plus tard jugé que les agréés ne sont pas passibles de la patente, du moins lorsqu'ils se renferment exclusivement dans l'exercice de leurs fonctions d'agréés. — *Cons. d'Etat*, 5 janv. 1847, Walker; 31 mars 1847, Julienne; 20 avril 1847, Tayac; 2 juill. 1847, Delacroix; 24 juill. 1847, Bassonville; 30 août 1847, Leprevôt; 20 déc. 1848, Record.

173. — Le Conseil d'Etat a également jugé qu'il n'y a pas lieu non plus à imposer à la patente d'agent d'affaires les particuliers qui, inscrits sur un tableau spécial du tribunal de commerce, comme investis de la confiance de ce tribunal, sont habituellement désignés par le président pour remplir, moyennant salaires, les fonctions de syndics dans les faillites, alors, d'ailleurs, qu'ils se renferment exclusivement dans ces fonctions. — *Cons. d'Etat*, 5 août 1848, Lescan; 24 mars 1849, Maimbourg.

§ 3. — *Professions libérales.*

174. — L'exemption des professions libérales comprend : 1° les avocats. — Aux termes de l'art. 2 d'un projet de loi présenté le 21 nov. 1849 la profession d'avocat est ajoutée à la nomenclature des professions imposables, dans la 4e classe du tableau A.

175. — ... 2° les docteurs en médecine ou en chirurgie, les officiers de santé, les sages-femmes et les vétérinaires.

176. — Mais, de même que dans les différens cas ci-dessus, il ne faut pas qu'à l'exercice de la profession qui est l'objet de l'exemption, se joigne aucune circonstance qui puisse faire considérer cette profession comme industrielle. — Ainsi, une sage-femme qui tient une maison d'accouchement, un architecte qui entreprend des constructions, soit à forfait, soit autrement, deviennent patentables. — Circ. dir. gén.

177. — Jugé, toutefois, qu'il n'y a pas lieu de soumettre à la patente de pharmacien, le médecin qui, sans tenir dans sa commune une officine de pharmacien, se borne à fournir des médicamens à ses malades. — *Cons. d'Etat*, 9 juill. 1846, Davat.

178. — Un pharmacien ne peut d'ailleurs réclamer l'exemption de la patente, sur le motif qu'il est bachelier ès lettres ou qu'il exerce des fonctions dans les hôpitaux. — *Cons. d'Etat* 22 juin 1848, Edeline et Magnes.

179. — ... 3° Les peintres, sculpteurs, graveurs et dessinateurs considérés comme artistes, et ne vendant que le produit de leur art.

180. — Doit être considéré comme artiste ne vendant que les produits de son art, le sculpteur qui vend aux particuliers des copies, exécutées en marbre ou en bois, des statues exécutées par d'autres. — *Cons. d'Etat*, 17 déc. 1847, Olive.

181. — Pareillement, un peintre sur vitraux ne doit pas cesser d'être considéré comme artiste ne vendant que le produit de son art, et exempt à ce titre de la patente, par cela seul qu'il s'est associé avec un tiers pour la mise en œuvre et l'exploitation de son procédé de peinture sur verre. — *Cons. d'Etat*, 27 mai 1846, Maréchal et Guynon.

182. — Le tiers associé ne doit pas non plus, en pareil cas, être soumis à la patente comme fabricant de vitraux. — *Ibid.*

183. — ... 4° Les architectes considérés comme artistes, ne se livrant pas, même accidentellement, à des entreprises de construction.

184. — ... 5° Les professeurs de belles-lettres, sciences et arts d'agrément; les chefs d'institution, les maîtres de pension, les instituteurs primaires.

185. — ... 6° Les éditeurs de feuilles périodiques.

186. — ... 7° Les artistes dramatiques.

187. — Un projet de loi présenté le 13 oct. 1849 soumet à la patente les professions libérales, qui jusqu'ici en ont été exemptées.

§ 4. — *Laboureurs, cultivateurs, concessionnaires de mines et de sources d'eaux salées, propriétaires de maisons, pêcheurs.*

188. — Sont exempts ..., d'abord ... les laboureurs et cultivateurs, seulement pour la vente et la manipulation des récoltes et fruits provenant des terrains qui leur appartiennent ou par eux exploités, et pour le bétail qu'ils y élèvent, qu'ils y entretiennent ou qu'ils y engraissent. — Cette exemption s'étend ... aux laboureurs et cultivateurs qui vendent les récoltes et fruits provenant de leur exploitation, lors même que la vente est effectuée loin de leur domicile ou de la situation des terrains par eux exploités.

189. — ... Aux propriétaires ou fermiers qui ne vendent que le bétail élevé, entretenu ou engraissé sur les terrains qui leur appartiennent ou qu'ils exploitent eux-mêmes. — Instr. de la dir. gén. — *Cons. d'Et.*, 28 fév. 1846, Souhard; 24 juill. 1847, Charton; 31 mai 1848, Salley; 24 mars 1849, Legat.

190. — ... Même aux herbagers qui achètent des bestiaux maigres pour les revendre après les avoir engraissés sur leurs pâturages. — *Cons. d'Et.*. 18 mars 1843, Laigle; 6 juin 1844, Decharme-Brevignon.

191. — ... Aux propriétaires qui exploitent et vendent leurs bois, même débités en planches ou convertis en charbon. — Instr. de la dir. gén.

192. — ... Aux propriétaires qui ne filent que les cocons provenant de leurs récoltes. — *Ib.* — *Cons. d'Et.*, 14 juill. 1838, Plagnol.

193. — ... A ceux qui convertissent leurs vins ou cidres en eaux-de-vie. — Instr. de la dir. gén.

194. — Jugé également que le propriétaire qui se borne à débiter les jours de foire les vins et denrées provenant de ses récoltes ne doit pas être soumis à la patente de cabaretier. — *Cons., d'Et.*, 26 fév. 1846, Mége.

195. — Mais l'exemption ne doit pas être accordée : ... Au laboureur et cultivateur qui vend plus de grain qu'il n'en a récolté. — Instr. préc.

196. — ... Spécialement au cultivateur qui ne se borne pas à vendre le produit de ses récoltes, et qui achète des blés étrangers pour les revendre. — *Cons. d'Et.*, 12 mai 1847, Bouveret.

197. — ... Au propriétaire ou fermier qui vend des bestiaux autres que ceux élevés, entretenus ou engraissés sur son exploitation; ni à l'engraisseur qui n'exploite aucun terrain. — Instr. min. préc.

198. — ... Notamment au marchand de moutons qui ne possède aucune propriété et qui n'exploite aucun terrain à quelque titre que ce soit. — *Cons. d'Et.*, 1er juill. 1840, Fonton-Esquillot.

199. — .... Au particulier qui vend des fromages par lui fabriqués avec le lait d'un troupeau qu'il entretient non sur ses propres fonds, mais sur des fonds cultivés par autrui et au moyen de fourrages qu'il achète. — *Cons. d'Etat*, 5 août 1848, Vinson.

200. — .... A celui qui, indépendamment des raisins, des pommes, olives et autres fruits provenant de ses récoltes, en achète d'autres, qu'il manipule pour vendre les produits de cette manipulation. — Instr. min. préc.

201. — ... Par exemple aux individus qui achètent des vins dans les années abondantes et qui gardent ces vins pour les revendre quand le moment est favorable. — *Cons d'Etat*, 11 août 1838, Puypaoux.

202. — .... Et ces individus doivent même être imposés non-seulement au moment de la vente, mais à partir de l'époque où ils font leurs achats. — *Cons. d'Etat*, 31 oct. 1838, Melchior Salabert.

203. — ... A celui qui vend le vin qui lui est confié par un propriétaire. — *Cons. d'Etat*, 20 août 1840, Brisset.

204. — ... Au fabricant de sucre de betteraves qui ne se borne pas à manipuler les produits de sa récolte, et qui fait entrer dans sa fabrication des betteraves achetées à des tiers. — Décis. min. 2 nov. 1810. — *Cons. d'Etat*, 18 fév. 1839, Jacquemard-Joly.

205. — ... Au propriétaire qui avec le produit de ses bois, la pierre calcaire extraite de ses carrières, ou la terre prise sur son fonds, fabrique de la chaux, des tuiles ou des briques pour les livrer au commerce. — Instr. min. précit.

206. — ... Au particulier qui après avoir acquis, en commun avec d'autres personnes, une forêt pour l'exploiter et la défricher, a cédé la propriété du sol à ses coassociés pour ne conserver que la superficie des parties de la forêt encore à défricher. — *Cons. d'Etat*, 9 juill. 1846, Vitu-Sellier.

207. — ... A celui qui, ayant acheté divers lots de bois, provenant d'affouages communaux, en a revendu des portions à des maîtres de forges et à d'autres individus. — *Cons. d'Etat*, 7 déc. 1843, Mairot.

208. — ... Au particulier qui s'est rendu adjudicataire du droit d'extraire les résines d'une certaine quantité de pins d'une forêt domaniale. — Cet individu doit, en pareil cas, être patenté comme fabricant de résine. — *Cons. d'Etat*, 30 oct. 1848, Demande.

209. — ... Aux jardiniers fleuristes et pépiniéristes qui ne se bornent pas à vendre les produits de leurs jardins ou pépinières. — *Cons. d'Etat*, 27 avril 1841, Gaujard.

210. — .... A l'éducateur de vers à soie qui achète des cocons et en vend la soie après les avoir filés. — Instr. min. préc.

211. — Jugé toutefois qu'un cultivateur qui possède un pressoir, pour le service de son exploitation, ne doit pas être assujetti à la patente de maître de pressoir par cela seul qu'il en concèderait quelquefois l'usage à des particuliers, même moyennant indemnité, si cette concession n'est qu'accidentelle. — *Cons. d'Etat*, 31 mai 1848, Begnin.

212. — La jurisprudence constante du Conseil d'Etat refuse également d'admettre à l'exemption ceux qui exploitent des carrières, et cela sans distinction entre ceux qui font cette exploitation sur leurs propres fonds et ceux qui exploitent le terrain d'autrui. — *Cons. d'Etat*, 30 mars 1846, Ducaule; 7 déc. 1847, de Galaup; 23 juin 1848, Aussant; 25 juill. 1848, Moreau.

213. — Toutefois le Conseil d'Etat décide également que des cultivateurs qui se bornent, en certains temps, à extraire la pierre de leurs fonds pour la vendre, ne doivent pas être considérés comme exerçant l'industrie de carriers et ne sont pas assujettis à la patente. — *Cons. d'Etat*, 6 déc. 1844, Retailleaud-Chatelier; 9 mai 1845, Babinax; 13 juin 1845, Queré; 30 oct. 1848, Chancelle.

214. — Jugé encore qu'il y a lieu de soumettre à la patente de carrier le propriétaire qui dans un but de spéculation exploite des carrières ouvertes sur ses fonds. — *Cons. d'Etat*, 29 janv. 1847, Quélé et Preiseil.

215. — ... Mais que cette patente n'est pas due par le propriétaire qui se borne à vendre la pierre extraite de son fonds, dans le but d'améliorer sa propriété. — *Cons. d'Etat*, 29 janv. 1847, Delbos.

216. — L'exemption n'est pas non plus applicable au propriétaire d'une carrière de plâtre pour la fabrication et la vente de ce produit. — *Cons. d'Etat*, 3 sept. 1844, Jouve; 17 sept. 1844, Issery.

217. — ... Ni à un fabricant marchand de chaux, par cela seul qu'il fabrique avec de la pierre à chaux provenant de son terrain. — *Cons. d'Etat*, 6 déc. 1844, Bridier.

218. — ... Même lorsque, pour cette fabrication, il n'emploierait que du bois provenant de ses forêts. — *Cons. d'Etat*, 1er juill. 1839, Olivier.

219. — L'exemption ne peut non plus s'appliquer à une compagnie anonyme qui fabrique elle-même des ardoises avec les pierres brutes qu'elle extrait d'une ardoisière lui appartenant, pour les livrer ensuite au commerce. — *Cons. d'Et*, 9 déc. 1845, Comp. du moulin de Sainte-Anne.

220. — ... Les concessionnaires de mines, pour le seul fait de l'extraction et de la vente des matières par eux extraites. — Loi du 25 avril 1845, art. 13.

221. — Mais le concessionnaire qui se livre à des manipulations autres que celles nécessaires pour la première mise dans le commerce des matières extraites, doit être imposé comme fabricant des produits résultant de ces manipulations. — Instr. min. préc.

222. — Jugé néanmoins qu'on ne doit pas assujettir à la patente la compagnie formée pour l'exploitation de mines de charbon, qui se borne à convertir en coke les charbons tirés de ses mines. Ce n'est là qu'un mode d'exploitation. — *Cons. d'Etat*, 21 janv. 1847, Mines de Chaney.

223. — Il y a lieu de soumettre à la patente d'exploitant de minières non concessibles l'individu qui fait extraire habituellement d'un domaine dont il est fermier du minerai de fer qu'il vend ensuite aux maîtres de forges.—*Cons. d'Etat*, 25 juill. 1848, Martonnaud.

224. — Mais a droit à l'exemption le propriétaire qui se borne à extraire, laver et vendre le minerai provenant de terres à mines qui lui appartiennent. — *Cons. d'Etat*, 26 avril 1847, Morris.

225. — L'exemption dont il s'agit ici est, au surplus, comme celle accordée aux cultivateurs, applicable en quelque lieu que les concessionnaires effectuent la vente de leurs produits. — Instr. min. préc.

226. — ... Les propriétaires ou fermiers de marais salans.

227. — Les concessionnaires de sources d'eaux salées, qui ont été assimilés aux concessionnaires de mines par la loi du 17 juin 1840, doivent jouir de l'exemption de patente accordée à ces derniers, lorsque d'ailleurs ils se bornent à l'exploitation des sources à eux concédées. — *Cons. d'Etat*, 20 août 1847, Boisot.

228. — ... Ou seulement à dégager et solidifier le sel au moyen de l'évaporation, avant de le livrer au commerce. — *Cons. d'Etat*, 2 mars 1849, Minjonnet.

229. — Jugé également qu'il y a lieu d'accorder l'exemption au propriétaire de marais salans qui, bien qu'il ne vende pas le sel tel qu'il sort de la saline, se borne à le faire pulvériser au moyen d'un moulin, sans autrement l'affiner. — *Cons. d'Etat*, 31 mars 1847, Agard.

230. — ... Les propriétaires ou locataires louant accidentellement une partie de leur habitation personnelle:

231. — Cette disposition doit être entendue uniquement en ce sens : que les seuls propriétaires ou locataires auxquels s'applique l'exemption sont ceux qui se restreignent dans leur habitation personnelle pour en louer une partie pendant un temps de courte durée, soit pour le temps des eaux, soit pour le temps des foires, soit par suite d'autres circonstances. — Instr. min. préc.

232. — Elle ne s'applique pas à ceux qui, ailleurs, louent, toute l'année, tantôt à une personne, tantôt à une autre, une partie de leur maison garnie. — *Ibid.*

233. — ... Ni à ceux qui, dans des villes de garnison, louent habituellement des chambres aux officiers. — *Ibid.*

234. — ... Ni au propriétaire qui loue habituellement, au mois, dans sa maison, des appartemens garnis, outre les gros meubles, de tous les objets accessoires, et qui fournit, d'ailleurs, au besoin, le service de domesticité. — *Cons. d'Etat*, 11 juin 1847, Lebeaupin.

235. — ... Ni à ceux qui, dans les lieux où il existe des établissemens de bains ou d'eaux thermales, garnissent de meubles, pour les louer, soit des maisons entières, soit des appartemens indépendans de leur habitation personnelle. — *Cons. d'Etat*, 7 janv. 1842, Ferras ; 23 mai 1844, Taverne; 24 janv. 1845, hab. de Bagnères de Luchon; 12 juin 1845, Azémar; 17 déc. 1847, Lavenèze; 5 août 1848, Dumoret; 22 janv. 1849, Filhastre.

236. — Dans ces divers cas, les particuliers qui font ainsi une spéculation habituelle de leurs maisons ou de leurs logemens doivent être considérés comme logeurs en garni et imposés comme tels. — Instr. min. préc.

237. — ... Les pêcheurs même, lorsque la barque qu'ils montent leur appartient.

§ 5. — *Associés en commandite, etc.*

238. — Sont encore exempts, les associés en commandite, les caisses d'épargne et de prévoyance administrées gratuitement, les assurances mutuelles régulièrement organisées.

§ 6. — *Agens et préposés particuliers. — Professions diverses.*

239. — 6° Sont encore exempts, les capitaines de navire de commerce ne naviguant pas pour leur compte.

240. — ... Les cantiniers attachés à l'armée.

241. — ... Les écrivains publics.

242. — ... Les commis et toutes les personnes travaillant à gages, à façon et à la journée dans les maisons, ateliers et boutiques des personnes de leur profession, ainsi que les ouvriers travaillant chez eux ou chez les particuliers, sans compagnons, apprentis, enseigne ni boutique.

243. — La question de savoir ce qu'il faut entendre par commis, dans le sens de la disposition ci-dessus, a été bien souvent agitée. — On peut poser, en règle générale, d'après la jurisprudence du Conseil d'Etat, que l'on doit considérer comme commissionnaire, et non comme simple commis, tout individu qui fait habituellement des achats et des ventes pour le compte de plusieurs maisons de commerce, qu'il ait ou non des magasins, que les marchandises lui passent par les mains ou soient expédiées directement sans son intermédiaire, qu'il agisse ou non en vertu d'une procuration, à ses risques et périls, ou aux risques du mandant.

244. — ... Qu'il reçoive des appointemens fixes ou qu'il prélève un droit de commission.— *Cons. d'Etat*, 26 juin, 7 août, 16 nov. 1835, Tuffier, Bucelle, Halley; 6 mai 1836, Bucelle; 18 mars 1842, Mouton ; 1er fév. 1844, Wateau; 5 juin 1845, Hegoulet ; 26 nov. 1846, Sabatier; 12 mars 1847, Lezat; 2 juill. 1847, Duprat; 24 mars 1849, Yvonnet-Fenouillet.

245. — Jugé encore qu'on ne peut considérer comme simple commis, et que l'on doit imposer comme commissionnaire en marchandises, l'individu qui n'ayant ni comptoir ni magasin, dans la ville où il réside, fait, sur échantillons, la vente en gros et le placement de marchandises pour le compte de diverses maisons de commerce établies dans d'autres villes que celle de sa résidence. — *Cons. d'Etat*, 12 mars 1846, Carrère.

246. — ... Celui qui, attaché à une maison de commerce, va dans d'autres villes que celle où est établie cette maison, faire les achats et ventes qui lui sont confiés et diriger toutes les affaires qui peuvent en être la suite. — *Cons. d'Etat*, 16 mai 1834, Ponsin.

247. — ... L'individu qui vend en magasin, moyennant un bénéfice sur chaque ouvrage, des livres à lui confiés par plusieurs maisons de librairie. — *Cons. d'Etat*, 9 févr. 1844, Brenon.

248. — ... Le particulier qui, moyennant un droit de commission, vend à Paris des meules pour un marchand habitant dans un département. — *Cons. d'Etat*, 22 févr. 1838, Bourgoin.

249. — Mais on doit considérer comme simple commis, exempt à ce titre de la patente, l'individu qui se borne, moyennant des appointemens fixes, à vendre des marchandises dans le lieu de sa résidence pour le compte et au nom d'une maison de commerce (commerce de vins en gros) établie dans une autre ville. — *Cons. d'Etat*, 5 sept. 1846, Soupir.

250. — ... Celui dont l'industrie consiste à solliciter, dans le lieu de sa résidence, des commandes de sucre pour une maison dont il reçoit des appointemens fixes. — *Cons. d'Etat*, 26 mai 1845, Collet.

251. — ... Celui qui suivant dans une ville des opérations de commerce pour le compte d'un mandant domicilié dans une autre localité, en vertu d'une procuration générale et spéciale, demeure dans une maison louée au nom de son mandant. — *Cons. d'Etat*, 30 juin 1842, Plessis ; 21 mai 1847, Daumus ; 21 août 1847, Morin ; 31 mai 1848, Barthélemy.

252. — ... Alors même qu'outre des appointemens fixes il aurait une remise proportionnelle ou commission sur les affaires par lui traitées. — *Cons. d'Etat*, 29 nov. 1848, Boquet.

253. — ... Si d'ailleurs il ne contribue pas aux pertes, s'il n'y a avec lui aucun acte de société.— *Cons. d'Etat*, 27 févr. 1836, Gilly.

254. — Jugé encore que l'on doit considérer comme simple commis, et non comme marchand ou commissionnaire en marchandises, l'individu qui se borne à faire dans les campagnes des achats de grains pour le compte et d'après les ordres d'un marchand de grains patenté. — *Cons. d'Etat*, 30 juin 1842, Charbault.

255. — ... Celui qui réside, il est vrai, dans une autre ville que celle où est située une maison de consignation à laquelle il se prétend attaché, mais qui ne prend en réalité, par lui-même, livraison d'aucune marchandise, qui ne reçoit aucune consignation et ne fait aucune expédition de marchandises, et dont toutes les opérations consistent à solliciter pour la maison dont il reçoit des appointemens fixes, indépendans de toute chance de pertes ou de gains, des consignations de marchandises dirigées sur cette maison par les fabricans eux-mêmes. — *Cons. d'Etat*, 22 fév. 1838, Bourgoin ; 18 juill. 1838, Florens ; 16 mai 1844, Ponsin ; 26 mai 1845, Collet.

256. — Les agens des compagnies d'assurances ne sont pas soumis à la patente. — *Cons. d'Etat*, 4 nov. 1835, Debussac.

257. — On a vu que l'exemption dont il s'agit ici s'étend aux ouvriers travaillant seuls chez eux, ou chez les particuliers, sans compagnons, apprentis, enseigne ni boutique. — La loi ajoute qu'on ne doit pas considérer comme compagnons ou apprentis la femme travaillant avec son mari, ni les enfans non mariés travaillant avec leurs père et mère, ni le simple manœuvre dont le concours est indispensable à l'exercice de la profession.

258. — Ainsi, un ouvrier tisseur est exempt s'il travaille seul, ou s'il ne travaille qu'avec sa femme et ses enfans non mariés, pour le compte d'un fabricant qui lui fournit les matières premières : soit que les métiers lui appartiennent, soit qu'ils appartiennent au fabricant qui l'emploie. — Déc. min.

259. — Le fils qui gère un établissement pour le compte de son père n'est pas passible des droits de patente, lorsque le père est déjà muni de la patente. — *Cons. d'Etat*, 24 avr. 1837, Flament; 7 avr. 1846, Jourdan.

260. — .... Les personnes qui vendent en ambulance, dans les rues, dans les lieux de passage, et dans les marchés, soit des fleurs, de l'amadou, des balais, des statues et figures en plâtre, soit des fruits, des légumes, des poissons, du beurre, des œufs, du fromage et autres menus comestibles.

261. — Il a été jugé que l'exemption accordée à ceux qui vendent en ambulance, dans les rues, lieux de passage et marchés, du beurre, des œufs et autres menus comestibles, ne doit être appliquée qu'à ceux qui exercent ce genre de commerce dans le lieu de leur résidence, et non à ceux qui exportent et vendent les mêmes objets de consommation dans les marchés voisins. — *Cons. d'Etat*, 18 nov. 1847, Potel.

262. — ... Les savetiers, les chiffonniers au crochet, les porteurs d'eau à la bretelle ou avec voiture à bras, les rémouleurs ambulans, les garde-malades.

263. — Mais tous ceux qui vendent en ambulance des objets non compris dans la disposition qui précède, et tous marchands sous échoppe, ou en étalage, sont passibles de la moitié des droits que paient les marchands qui vendent les mêmes objets en boutique. — L. 25 avr. 1844, art. 14.

264. — Toutefois, cette disposition n'est pas applicable aux bouchers, épiciers et autres marchands ayant un étal permanent ou occupant des places fixes dans les halles et marchés. — *Ibid.*

265. — Cette dernière disposition doit recevoir son application même lorsque les marchés ne seraient ouverts que certains jours de la semaine, la loi ne faisant aucune distinction à cet égard. — Circ. préc. dir. gén.

Sect. 5e. — *Cas particuliers d'imposition.*

§ 1er. — *Mari et femme séparés. — Associations diverses.*

266. — Les mari et femme séparés de biens ne doivent qu'une patente ; à moins qu'ils n'aient des établissemens distincts, auquel cas chacun d'eux doit avoir sa patente et payer séparément les droits fixe et proportionnel.—L. 25 avr. 1844, art. 15.

267. — Jugé qu'une femme commerçante qui habite en commun le même appartement avec son mari non commerçant, n'a pas droit à demander, en conséquence, diminution dans la fixation de son droit proportionnel de patente. — *Cons. d'Etat*, 3 mai 1845, Lefébure.

268. — Les patentes sont personnelles et ne peuvent servir qu'à ceux à qui elles sont délivrées. — L. 25 av. 1844, art. 16.

269. — En conséquence, les associés en nom

collectif sont tous assujettis à la patente. — *Ibid.*

270. — Toutefois, l'associé principal paie seul le droit fixe en entier : les autres associés ne sont imposés qu'à la moitié de ce droit, même quand ils ne résident pas tous dans la même commune que l'associé principal.

271. — Ceci doit être entendu en ce sens que le demi-droit dû par ces associés est toujours la moitié de celui payé par l'associé principal. — Ainsi, par exemple, si ce dernier est établi à Paris, c'est la moitié du droit fixe payé par lui à Paris que doivent payer les autres associés dans quelque lieu qu'ils habitent. — Si, au contraire, l'établissement est situé dans une petite commune; comme c'est d'après le tarif applicable à cette commune que l'associé principal est imposé, les autres associés, fussent-ils domiciliés à Paris, ne doivent chacun que la moitié du droit fixe dû au siége de l'établissement. — Circ. préc. dir. génér.

272. — Le droit proportionnel, en ce cas, est établi sur la maison d'habitation de l'associé principal, et sur les locaux qui servent à la société pour l'exercice de son industrie. — L. 25 avr. 1844, art. 16 préc.

273. — La maison d'habitation de chacun des autres associés est affranchie du droit proportionnel, à moins qu'elle ne serve à l'exercice de l'industrie sociale. — *Ibid.*

274. — On doit considérer comme associé principal le premier en nom dans l'acte de société, s'il a la gestion des affaires; et dans le cas contraire, celui qui a la plus forte mise de fonds. — Circ. dir. gén. du 14 août 1844.

275. — Il ne faut, du reste, pas perdre de vue que les règles qui précèdent ne sont applicables qu'aux associés tels qu'ils sont définis par le Code de commerce, et non aux personnes qui, sans exercer la profession de commerçant, se seraient associées pour des affaires en participation. Ces personnes doivent, comme les associés en commandite dont nous allons parler tout à l'heure, être exemptées de la patente. — Circ. de la dir. gén. du 14 août 1844.

276. — On ne peut pas imposer comme associé celui qui ne prend aucune part aux affaires commerciales de la maison, dont le nom ne figure pas dans les baux, factures et effets de commerce, qui ne participe point aux bénéfices, et à l'égard duquel il n'existe point d'acte de société. — *Cons. d'Etat*, 7 fév. 1837, Coblence. — Il en est ainsi, par conséquent, des membres commanditaires d'une société.

277. — Un fils qui a placé des fonds dans la maison de commerce de son père et qui donne des soins à la gestion de cette maison, ne doit pas être pour cela seul, et alors qu'une véritable association n'est pas établie, imposé comme associé de son père. — *Cons. d'Etat*, 8 mars 1844, Deshonnets.

278. — Mais jugé qu'un individu peut être considéré comme associé de son frère commerçant, lorsqu'il souscrit avec lui des traites, signe des factures, et prend part aux affaires de la maison de commerce. — *Cons. d'Etat*, 6 juin 1844, Renault.

279. — Les sociétés ou compagnies anonymes qui ont pour but une entreprise industrielle ou commerciale, sont imposées à un seul droit fixe, sous la désignation de l'objet de l'entreprise, sans préjudice du droit proportionnel. — L. 25 avr. 1844, art. 17.

280. — La patente assignée à ces sociétés ou compagnies ne dispense aucun des sociétaires ou actionnaires du paiement des droits de patente auxquels ils pourraient être personnellement assujettis pour l'exercice d'une industrie particulière. — *Ibid.*

§ 2. — *Marchands forains. — Commis voyageurs. — Etrangers.*

281. — Tout individu transportant des marchandises de commune en commune, lors même qu'il vend pour le compte de marchands ou fabricans, est tenu d'avoir une patente personnelle, qui est, selon les cas, celle de colporteur avec balle, avec bêtes de somme ou avec voiture. — L. 25 avr. 1844, art. 18.

282. — Ainsi, est passible de cette patente celui qui aura vendu dans des communes voisines de son domicile des marchandises qu'il transporte sur une voiture, lors même qu'il n'expose ses marchandises sur aucune place, sur aucun marché, et qu'il rentre chaque soir à son domicile. — *Cons. d'Etat*, 25 nov. 1843, Montgreville.

283. — Ainsi encore le commis d'un fabricant, ou marchand, qui, au lieu de se borner à voyager avec des échantillons, transporte et vend des marchandises, doit être personnellement assujetti à la patente. — Circ. dir. gén. du 14 août 1844.

284. — Il en est de même du commis qu'un marchand colporteur détacherait pour aller vendre d'un côté, tandis que lui-même vendrait de l'autre. — *Ibid.*

285. — Jugé également qu'il faut assujettir personnellement à la patente de marchand forain avec voiture, le fils qui exerce cette industrie pour le compte de son père. — *Cons. d'Etat*, 21 mai 1847, Fayon.

286. — On doit imposer comme marchand forain avec voiture, celui qui transporte sur voiture et qui vend ses marchandises dans d'autres communes que celle de sa résidence. — *Cons. d'Etat*, 4 déc. 1835, Ligeon.

287. — ... Le marchand forain qui transporte ses marchandises de ville en ville, soit par voiture d'occasion, soit par voiture de roulage, soit par les diligences. — *Cons. d'Etat*, 20 fév. 1846, Medan. — V. aussi *Cons. d'Etat*, 30 oct. 1848, Prévost.

288. — Un marchand forain avec voiture, qui fait vendre ses marchandises à la criée, n'est pas imposable comme directeur de ventes à l'encan, s'il se borne à vendre ses propres marchandises. — *Cons. d'Etat*, 1er nov. 1838, Astruc.

289. — Le marchand forain qui n'a pas de domicile fixe doit être imposé à la patente dans la commune où il réside le plus habituellement. — *Cons. d'Etat*, 30 oct. 1848, Prévost.

290. — Mais il n'est pas passible du droit proportionnel dans les villes où il ne fait que séjourner momentanément et où il n'a aucune location permanente soit pour l'exercice de sa profession, soit pour son habitation personnelle. *Cons. d'Etat*, 1er nov. 1838, Astruc.

291. — Lorsque le commerce sédentaire d'un patentable est plus important que celui qu'il fait au dehors, il y a lieu de l'imposer en qualité de marchand sédentaire et non en qualité de marchand forain. — *Cons. d'Etat*, 22 juin 1848, Haynet.

292. — Les commis voyageurs des nations étrangères sont traités, relativement à la patente, sur le même pied que les commis voyageurs français chez ces mêmes nations. — L. 25 avril 1844, art. 19.

Sect. 6e. — *Formation des rôles de patente et recouvrement.*

§ 1er. — *Etablissement des rôles.*

293. — Voici comment les rôles des patentes sont établis : les contrôleurs des contributions directes procèdent annuellement au recensement des imposables et à la formation des matrices de patentes. — L. 25 avril 1844, art. 20.

294. — Le maire est prévenu de l'époque de l'opération du recensement; il peut assister le contrôleur dans cette opération, ou se faire représenter, à cet effet, par un délégué. — *Ibid.*

295. — L'avis de l'époque à laquelle le contrôleur doit se rendre dans une commune doit être donné par lui au maire huit jours à l'avance. — Circ. dir. génér. du 14 août 1844.

296. — En cas de dissentiment entre les contrôleurs et les maires ou leurs délégués, les observations contradictoires de ces derniers sont consignées dans une colonne spéciale. — L. 25 avril 1844, art. 20.

297. — La matrice, dressée par le contrôleur, est déposée, pendant dix jours, au secrétariat de la mairie, afin que les intéressés puissent en prendre connaissance et remettre au maire leurs observations. — *Ibid.*

298. — A l'expiration d'un second délai de dix jours, le maire, après avoir consigné ses observations sur la matrice, l'adresse au sous-préfet. — *Ibid.*

299. — Le sous-préfet porte également ses observations sur la matrice et la transmet au directeur des contributions directes, qui établit les taxes conformément à la loi pour tous les articles non contestés. — *Ibid.*

300. — A l'égard des articles sur lesquels le maire ou le sous-préfet n'est pas d'accord avec le contrôleur; le directeur soumet les contestations au préfet, avec son avis motivé. — *Ibid.*

301. — Si le préfet ne croit pas devoir adopter les propositions du directeur, il en est référé au ministre des finances.

302. — Le préfet arrête les rôles et les rend exécutoires. — *Ibid.*

303. — A Paris, l'examen de la matrice des patentes a lieu, pour chaque arrondissement municipal, par le maire, assisté soit de l'un des membres de la commission des contributions, soit de l'un des agens attachés à cette commission, délégué à cet effet par le préfet. — *Ibid.*

§ 2. — *Réclamations.*

304. — Les patentés qui réclament contre la fixation de leurs taxes doivent être admis à prouver la justice de leurs réclamations par la représentation d'actes de société légalement publiés, de journaux et livres de commerce régulièrement tenus et par tous autres documens. — L. 25 avril 1844, art. 21.

305. — Cette disposition ne donne pas aux agens des contributions directes le droit d'exiger la représentation des actes de société, journaux et livres. — Circ. dir. génér. du 14 août 1844.

306. — Mais tout individu qui se prétend indûment imposé, ou mal imposé, et qui refuse de faire les justifications indiquées ci-dessus, peut être considéré, par cela même, comme mal fondé dans sa réclamation. — *Ibid.*

307. — Jugé, dans ce sens, qu'un patenté qui prétend n'être pas imposable, qui refuse de produire l'acte d'après lequel seul on pourrait établir sa véritable qualité, doit être maintenu au rôle. — *Cons. d'Etat*, 21 juin 1839, Decroix et Roques.

308. — Jugé encore que le patentable qui, en réclamant contre le classement de sa profession, refuse de communiquer aux agens des contributions directes ceux de ses livres qui pourraient faire connaître exactement la nature de son commerce, peut, à raison de ce fait, être rejeté dans sa réclamation. — *Cons. d'Etat*, 14 mars 1845, Oulmann; 23 mars 1845, David; 25 avril 1845, Lainé; 3 mai 1845, Hennequin; 26 mai 1845, Senès.

309. — Les réclamations en décharge ou réduction et les demandes en remise ou modération doivent être communiquées aux maires. — L. 25 avril 1844, art. 22.

310. — Elles sont, d'ailleurs, présentées, instruites et jugées dans les formes et délais prescrits pour les autres contributions directes. — *Ibid.*

311. — Toutefois, il faut remarquer qu'en aucun cas les réclamations en matière de patentes ne sont communiquées aux répartiteurs; si ce n'est à Paris, où la commission de répartition est chargée, en ce qui concerne les contributions directes, des opérations attribuées aux maires dans les autres communes. — Circ. dir. génér. 14 août 1844.

312. — Toute justification produite par un patentable pour se faire dégrever de ses droits de patente, ne peut être admise par le conseil de préfecture qu'autant qu'elle a été préalablement communiquée au directeur des contributions directes; à peine de nullité de l'arrêté qui prononcerait le dégrèvement — *Cons. d'Etat*, 28 mai 1840, Chapelle.

313. — Mais, pareillement, il faut de même, à peine de nullité, que l'avis du directeur, lorsqu'il est contraire aux réclamans, leur soit communiqué, afin qu'ils soient à même de fournir les nouvelles observations auxquelles, en pareil cas, la loi les autorise. — *Cons. d'Etat*, 23 janv. 1837, Devernieux.

314. — Quant aux motifs qui peuvent servir de base aux réclamations, ils sont les mêmes que pour les autres contributions directes; c'est-à-dire que les réclamations par la voie contentieuse ne sont admissibles qu'autant qu'elles reposent sur le droit et sur les élémens imposables d'après lesquels la cote a été fixée : toutes autres réclamations ne pouvant être suivies que par la voie gracieuse.

315. — Ainsi, par exemple, un patentable n'est pas fondé à réclamer une réduction en raison de la modicité de ses bénéfices; il peut seulement, pour ce motif, demander par la voie gracieuse, une remise ou une modération. — *Cons. d'Etat*, 24 avril 1837, Esbrayat.

316. — Un contribuable est sans qualité pour demander décharge de la patente à laquelle a été imposé nominativement un individu qu'il prétend être son commis préposé par lui à la direction d'un établissement dépendant de son établissement principal. — *Cons. d'Etat*, 2 mai 1845, Boissage.

317. — Jugé, dans le même sens, que le propriétaire d'un moulin n'a pas qualité pour réclamer contre le droit de patente auquel a été soumis un fermier ou domestique chargé par lui de l'exploitation du moulin. — *Cons. d'Etat*, 10 sept. 1845, Garat.

§ 3. — *Imposition annale de la patente.*

318. — La contribution des patentes est due pour l'année entière par tous les individus exerçant au mois de janvier une profession imposable. — L. 25 avril 1844, art. 23.

319. — L'individu qui exerce au mois de janvier une profession sujette à patente, ne peut donc ultérieurement demander sa décharge sous prétexte qu'il aurait cessé l'exercice de cette profession, par exemple, au mois de février. — Il ne peut plus, en pareil cas, demander qu'une remise ou une modération, par la voie gracieuse, au préfet.

320. — La jurisprudence du Conseil d'Etat a du reste interprété la disposition dans un sens assez rigoureux pour les marchands et fabricans qui, cessant à la fin d'une année leur commerce ou leur industrie, ont une suite d'affaires à terminer, et décidé constamment qu'en pareil cas ces marchands et fabricans doivent continuer d'être maintenus au rôle des patentes jusqu'à la clôture définitive des opérations. Cette jurisprudence a été notamment applicable dans les cas suivans, savoir :

321. — ... Au marchand qui, bien qu'en liquidation et n'achetant plus de marchandises, continue de vendre celles qui sont en magasin. — *Cons. d'Etat*, 18 fév. 1839, Agenon.

322. — ... A un fabricant de toiles qui, sans fabriquer de nouvelles toiles, continue à vendre celles provenant de sa fabrication des années antérieures. — *Cons. d'Etat*, 23 juin 1846, Depeyraz. — V., aussi, *Cons. d'Etat*, 20 nov. 1840, Couvreur-Lepitre.

323. — ... A un marchand d'eau-de-vie en gros qui, bien que ne se livrant à aucun acte de commerce, conserve néanmoins en magasin des eaux-de-vie provenant de son commerce et destinées à être vendues, et qui a d'ailleurs une licence de marchand d'eau-de-vie en gros. — *Cons. d'Etat*, 30 oct. 1848, Lohmeger.

324. — ... A l'adjudicataire d'une coupe de bois qui, n'ayant pu vendre dans l'année de l'adjudication tout le bois provenant de cette coupe, continue à en vendre pendant les premiers mois de l'année suivante. — *Cons. d'Etat*, 23 août 1845, Reymann.

325. — Il a été jugé aussi que tant qu'un individu reste commissionné en qualité de courtier de marchandises, il doit continuer d'être maintenu au rôle des patentes, en cette qualité, alors même qu'en fait il aurait cessé depuis longtemps d'exercer cette profession. — *Cons. d'Etat*, 9 déc. 1845, Calbrie.

326. — Jugé, néanmoins, qu'un marchand de vins en gros qui a cessé, en fait, son commerce, ne doit pas être assujetti à la patente jusqu'à l'entier écoulement des vins achetés par lui pour être vendus. — *Cons. d'Etat*, 13 juin 1845, Périer.

327. — .. Qu'une société en liquidation cesse d'être passible de la patente, lorsque les opérations de cette liquidation n'ont aucun caractère commercial. — *Cons. d'Etat*, 8 mars 1844, Coste.

328. — Jugé encore qu'on ne peut imposer un individu à la patente d'entrepreneur de travaux publics, encore bien qu'il exerçât précédemment cette profession, et qu'il n'ait pas déclaré formellement y renoncer, sur le seul motif qu'il aurait soumissionné (mais sans succès) des travaux publics mis en adjudication dans le courant de l'année même; et que, d'ailleurs, dans cette même année, sa garantie se trouve encore engagée pour des travaux antérieurs. — *Cons. d'Etat*, 19 mars 1845, Hemery.

§ 4. — *Cessation de commerce par cession, décès ou faillite.*

329. — En cas de cession de l'établissement, la patente est, sur la demande du cédant, transférée à son successeur; la mutation de cote est réglée par arrêté du préfet. — L. 25 avril 1844, art. 23.

330. — Mais le droit d'un patentable qui cède son établissement, de faire transférer sa patente au nom de son successeur, est un droit conditionnel, qui devient nul si la cote ne peut pas être utilement inscrite au nom du cessionnaire. — *Cons. d'Etat*, 21 mai 1847, Panuriaux; 15 sept. 1847, Amédée.

331. — Ainsi, lorsqu'un commerçant cède son établissement à un autre commerçant qui est déjà patenté dans une autre commune, et qui ne peut, en conséquence, être soumis à un second droit fixe, le cédant doit rester personnellement soumis, pour le temps de l'année qui reste à courir, à la patente à laquelle il a été soumis au commencement de l'exercice. — Mêmes ordonnances.

332. — Jugé, également, que le patentable qui exerce simultanément plusieurs industries, et qui n'est assujetti pour toutes ces industries qu'à un seul droit fixe de patente, ne peut, dans le cas de cession de l'établissement consacré à une seule de ces industries, demander que sa patente soit transférée au nom de son successeur. — *Cons. d'Etat*, 30 oct. 1848, Fauvel-Périlliot; 30 nov. 1848, Godefroy.

333. — Jugé encore qu'un courtier de commerce qui quitte sa profession après le commencement de l'année n'est pas fondé à demander le dégrèvement de sa patente sur le motif que son successeur est lui-même patenté à dater de son entrée en fonctions. — *Cons. d'Etat*, 20 juin 1844, Mouton.

334. — En cas de fermeture des magasins, boutiques et ateliers par suite de décès ou de faillite déclarée, les droits ne sont dus que pour le passé et le mois courant. Sur la réclamation des parties intéressées il est accordé décharge du surplus de la taxe. — L. 25 avril 1844, art. 23.

335. — Mais il faut observer que la veuve qui continue le commerce qu'elle exerçait avec son mari décédé dans le courant de l'année, n'a pas droit à être déchargée, pour le reste de l'année, de la patente inscrite au nom de son mari. — *Cons. d'Etat*, 15 mars 1844, Bouquet.

336. — Jugé encore qu'il y a lieu de maintenir à la patente de marchand de bois en gros une femme veuve qui continue de vendre en chantier des bois que son mari avait fait exploiter. — *Cons. d'Etat*, 20 fév. 1846, Philippets.

337. — Les demandes tendant à obtenir le bénéfice des deux dispositions ci-dessus, sont instruites dans les formes accoutumées, et jugées par le conseil de préfecture. — Circul. de la dir. génér. du 14 août 1844.

338. — Elles doivent, à peine de déchéance, être formées dans les trois mois du décès du patentable. — *Cons. d'Etat*, 6 déc. 1848, Meyer; 24 mars 1849, Grillot.

§ 5. — *Patentes prises dans le cours de l'année.*

339. — Ceux qui entreprennent après le mois de janvier une profession sujette à patente, ne doivent la contribution qu'à partir du 1er du mois dans lequel ils ont commencé d'exercer; à moins que, par sa nature, la profession ne puisse pas être exercée toute l'année : dans ce cas, la contribution est due pour l'année entière quelle que soit l'époque à laquelle la profession aura été entreprise. — L. 25 avril 1844, art. 23.

340. — Ainsi, par exemple, les fileurs de cocons, les fabricans d'huile d'olive, les exploitans d'eaux thermales, de bains de mer, etc., doivent, dès qu'ils entreprennent leur profession et quelle que soit l'époque de cette entreprise, être imposés pour l'année entière. — Circul. direct. génér. du 14 août 1844.

341. — La jurisprudence excepte d'ailleurs, et avec raison, du bénéfice de la disposition, ceux qui après avoir exercé l'année précédente leur profession, qu'ils déclaraient vouloir quitter, la reprennent dans le courant de l'exercice. — *Cons. d'Etat*, 26 déc. 1839, Nicolas; 20 juin 1844, Martueix; 29 juin 1844, Thiré; 18 mai 1846, Gumbar.

342. — Jugé, d'ailleurs, qu'un patentable qui exerçait dès le commencement de l'année et qui a été omis dans le rôle primitif, peut être repris pour l'année entière dans l'un des rôles supplémentaires qui se rédigent pour les différens trimestres de l'année. — *Cons. d'Etat*, 14 août 1838, Puyperoux.

343. — Les patentés qui, dans le cours de l'année, entreprennent une profession d'une classe supérieure à celle qu'ils exerçaient d'abord, ou qui transportent leur établissement dans une commune d'une plus forte population, sont tenus de payer au prorata un supplément de droit fixe. — L. 25 avril 1844, art. 23.

344. — Il est également dû un supplément de droit proportionnel par les patentables qui prennent des maisons ou locaux d'une valeur locative supérieure à celle des maisons ou locaux pour lesquels ils ont été primitivement imposés, et par ceux qui entreprennent une profession passible d'un droit proportionnel plus élevé. — *Ibid.*

345. — Mais il n'y a pas lieu d'établir une taxe supplémentaire, dans le courant de l'année, pour augmentation du droit proportionnel d'un patentable, toutes les fois qu'il n'est pas survenu de fait nouveau dans la consistance de l'établissement depuis la notification du rôle primitif. — *Cons. d'Etat*, 14 fév. 1839, Godart-Desmarets.

346. — Les supplémens sont dus à compter du 1er du mois dans lequel les changemens ont été opérés. — L. 25 avril 1844, art. 23.

347. — Par suite, lorsqu'un patentable devient passible d'un supplément de taxe, à raison de faits postérieurs à la confection du rôle primitif, la taxe supplémentaire qui doit lui être imposée ne doit être établie qu'à partir de l'époque à laquelle les nouveaux moyens d'exploitation ont été mis en activité. — *Cons. d'Etat*, 23 avril 1840, de Villepin.

§ 6. — *Paiement.*

348. — La contribution des patentes est payable par douzième, et le recouvrement en est poursuivi comme celui des contributions directes. — L. 25 avr. 1844, art. 24.

349. — Néanmoins, les marchands forains, les colporteurs, les directeurs de troupes ambulantes, les entrepreneurs d'amusemens et de jeux publics non sédentaires, et tous autres patentables dont la profession n'est pas exercée à demeure fixe, sont tenus d'acquitter le montant total de leur cote au moment où leur patente leur est délivrée. — *Ibid.*

350. — Cette disposition, dont l'intention et la nécessité sont faciles à saisir, ne fait que reproduire la règle déjà consacrée par la loi du 15 mai 1818. — Toutefois, il faut remarquer que, moins rigoureuse que cette loi, elle abroge implicitement d'autres dispositions qui assujettissaient à la même règle les marchands en ambulance, échoppe ou étalage, *qui ont leur domicile dans la commune*. — La cote de ces derniers, comme celles de la généralité des patentés, est donc aujourd'hui payable par douzième. — Circ. préc. de la dir. gén.

351. — Pour les voies de poursuites, de contrainte et moyens d'exécution en matière de patente, V. CONTRIBUTIONS DIRECTES.

352. — Les contraintes décernées pour le recouvrement des patentes ne sont point nulles faute d'avoir été visées par le président du tribunal civil. — *Cass.*, 12 (et non 21) fruct. an XI, Enregistrement c. Jordy.

353. Dans le cas où le rôle n'est émis que postérieurement au 1er mars, les douzièmes échus ne sont pas immédiatement exigibles : le recouvrement en est fait par portions égales, en même temps que celui des douzièmes non échus. — L. 25 avr. 1844, art. 24.

354. — Le directeur des contributions directes doit, en conséquence, lorsque le rôle n'est mis en recouvrement que postérieurement au 1er mars, énoncer, sur l'avertissement, que la cote est payable par neuvième, par huitième, etc., selon la date de la publication du rôle, et indiquer le chiffre de ce neuvième, de ce huitième, etc. — Circ. dir. gén. du 14 août 1844.

355. — En cas de déménagement hors du ressort de la perception, comme en cas de vente, volontaire ou forcée, la contribution des patentes est immédiatement exigible en totalité. — L. 25 avr. 1844, art. 25.

356. — Les propriétaires, et, à leur place, les principaux locataires, qui n'ont pas, un mois avant le terme fixé par le bail ou par les conventions verbales, donné avis au percepteur du déménagement de leurs locataires, sont responsables des sommes dues par ceux-ci pour la contribution des patentes. — *Ib.*

357. — Dans le cas de déménagemens furtifs, les propriétaires, et, à leur place, les principaux locataires, deviennent responsables de la contribution de leurs locataires; s'ils n'ont pas, dans les trois jours, donné avis du déménagement au percepteur. — *Ib.*

358. — Toutefois, la part de la contribution laissée à la charge des propriétaires ou principaux locataires doit comprendre seulement le dernier douzième échu et le douzième courant dus par le patentable. — *Ib.*

359. — Il résulte de là que les douzièmes arriérés, autres que le douzième échu et le douzième courant, restent à la charge du percepteur, si le recouvrement n'en peut être opéré. — Circ. dir. gén. du 14 août 1844.

Sect. 7e. — *Dispositions diverses.*

§ 1er. — *Délivrance des formules de patentes.*

360.—Les formules de patentes sont expédiées par les directeurs des contributions directes, sur des feuilles timbrées d'un franc vingt-cinq centimes. — L. 25 avr. 1844, art. 26.

361.— Le prix du timbre doit être acquitté en même temps que le premier douzième des droits de patente. — *Ib.*

362. — L'impôt de la patente ne consistant que dans les droits fixes ou proportionnels déterminés par les lois de finances pour chaque espèce de patentable, le coût de la feuille de papier timbré de la patente ne pouvait, lorsque la capacité électorale dépendait du paiement d'une certaine somme de contributions, être regardé comme un accessoire de la patente et comme entrant dès lors dans la composition du cens électoral. — *Cass.*, 22 mai 1843 (t. 2 1843, p. 170), préfet des Vosges c. Guérard.

363. — Les formules de patentes sont visées par le maire et revêtues du sceau de la commune. — L. 25 avr. 1844, art. 26.

364. — Chaque patentable doit recevoir la formule applicable à sa profession ou à son industrie. — Néanmoins, il ne doit pas être accordé une nouvelle formule aux patentés qui, dans le cours de l'année, deviennent passibles d'un supplément de taxes soit parce qu'ils entreprennent une profession d'une classe supérieure à celle qu'ils exerçaient d'abord, soit parce qu'ils prennent des maisons ou locaux d'une valeur locative supérieure à celle des maisons ou locaux pour lesquels ils ont été imposés dans le rôle primitif, soit enfin parce qu'ils transportent leur établissement dans une commune d'une plus forte population. — Circ. dir. gén. du 14 août 1844.

365. — Les agens des contributions directes peuvent, sur la demande qui leur en est faite, délivrer des patentes avant l'émission du rôle, après toutefois que les requérans ont acquitté, entre les mains du percepteur, les douzièmes échus, s'il s'agit d'individus domiciliés dans le ressort de la perception, ou la totalité des droits, s'il s'agit de patentables qui doivent payer leur patente en entier au moment où ils la prennent, ou d'individus étrangers au ressort de la perception. — L. 25 avr. 1844, art. 30.

366. — Le patenté qui aurait égaré sa patente, ou qui serait dans le cas d'en justifier hors de son domicile, peut se faire délivrer un certificat par le directeur ou par le contrôleur des contributions directes. — L. 25 avril 1844, art. 31.

367. — Ce certificat doit faire mention des motifs qui obligent le patenté à le réclamer, et doit être sur papier timbré. — *Ibid.*

368. —Le certificat doit du reste être délivré gratuitement et sur une simple feuille de papier à 35 centimes, laquelle est fournie par le requérant. — Circ. dir. gén. 14 août 1844.

§ 2. — *Représentation de la patente.*

369. — Tout patentable est tenu d'exhiber sa patente lorsqu'il en est requis par les maires, adjoints, juges de paix et tous autres officiers ou agens de police judiciaire. —L. 25 avril 1844, art. 27.

370. — Les marchandises mises en vente par des individus non munis de patentes et vendant hors de leur domicile, sont saisies ou séquestrées aux frais du vendeur; à moins qu'il ne donne caution suffisante jusqu'à la représentation de la patente ou la production de la preuve que la patente a été délivrée. — L. 25 avril 1844, art. 28.

371. — Si l'individu non muni de patente exerce au lieu de son domicile, il est dressé un procès-verbal qui est transmis immédiatement aux agens des contributions directes. — *Ib.*

372. — Nul ne peut former de demande, fournir aucune exception ou défense en justice, ni faire aucun acte ou signification extrajudiciaire pour tout ce qui est relatif à son commerce, sa profession ou son industrie, sans qu'il soit fait mention, en tête des actes, de sa patente, avec désignation de la date, du numéro et de la commune où elle aurait été délivrée, à peine d'une amende de 25 francs, tant contre les particuliers sujets à la patente que contre les officiers ministériels qui auraient fait et reçu lesdits actes sans mention de la patente. — L. 25 avril 1844, art. 29.

373. — Un marchand ne peut pas revendiquer des objets saisis sans présenter sa patente. — L. 1er brum. an VII, art. 30.—*Cass.*, 8 therm. an VIII, Zvinger c. Douanes.

374. — La condamnation à l'amende, dont il vient d'être parlé, est poursuivie, à la requête du procureur de la République, devant le tribunal civil de l'arrondissement. — *Ibid.*

375. — Le rapport de la patente ne peut suppléer au défaut de l'énonciation ni dispenser de l'amende prononcée. — *Ibid.*

376. — Il a été jugé, par application de ces principes, déjà posés par la loi du 1er brumaire an VII, qui, prescrivant aux marchands en gros et aux commissionnaires de se munir d'une licence, en excepte cependant les commissionnaires de roulage, qu'un individu, prévenu de contravention aux lois sur les tabacs n'avait pu, pour se soustraire aux poursuites, exciper de sa qualité de commissionnaire de roulage, s'il n'en justifiait par la représentation d'une patente. — *Cass.*, 18 juill. 1806, Droits réunis c. Chautreuil.

377. — Le défaut de représentation de patente par un commerçant partie dans un procès n'est pas, sauf l'action du ministère public, un obstacle à ce qu'il soit plaidé au fond. — *Bruxelles*, 28 mai 1808, Questrol c. Bawens.

378. — L'énonciation de la patente dans les actes concernant les commerçans n'est point une condition inhérente à leur personne. Cette énonciation n'est formellement exigée sous peine d'amende par l'article qui précède, et dont une ordonnance postérieure n'a pu étendre les termes, que dans les actes se rattachant à leur commerce, à leur profession ou à leur industrie. — Il n'y a pas lieu d'appliquer ici les présomptions de commercialité établies par les art. 632 et 638 du Code de commerce. — *Cass.*, 15 mars 1832, Depouilly; 20 août 1833, Monseau.

379. — Ainsi l'énonciation de la patente n'est pas nécessaire dans un acte notarié contenant obligation par un commerçant en faveur d'un autre commerçant, si cette obligation est simplement causée *pour prêt de pareille somme fait en espèces.* — *Cass.*, 15 mars 1832, Depouilly.

380. — Les compagnies de remplacement militaire étant réputées faire le commerce, et par conséquent patentables (V. *suprà*, n° 80), le notaire qui dans l'acte de remplacement, passé soit avec les compagnies elles-mêmes, soit avec un représentant isolé de ces compagnies, ne fait pas mention de leur patente, contrevient à la loi du 1er Brumaire an VII, et encourt l'amende prononcée par l'art. 10 de la loi du 16 juin 1824.— *Paris*, 28 mai 1842 (t. 2 1842, p. 5), Champion, Berclon et Charlot.

381. —Il en est de même du notaire qui reçoit un acte de remplacement en vertu de la procuration du directeur d'une agence de remplacement, sans y énoncer l'existence ou la non-existence de ce directeur, et cela quoique la procuration soit notariée, et que ce dernier y soit qualifié de propriétaire. — *Orléans*, 14 mai 1842 (t. 2 1842, p. 16), Chesneau.

382. — Lorsqu'un commerçant se présente devant un notaire pour souscrire un acte, celui-ci ne peut lui refuser son ministère sous prétexte qu'il n'est pas muni de la patente à laquelle il est soumis. Il suffit au notaire, pour remplir le vœu de la loi, de mentionner la non-existence de la patente. — *Aix*, 4 déc. 1835, Audoul; *Angers*, 4 avril 1838 (t. 2 1840, p. 13), Tonnelier.— V., toutefois, en sens contraire, *Orléans*, 5 avril 1836, Dubois.

383. — La mention de la date de la patente et de la commune où elle a été prise est suffisamment faite dans un acte notarié, lorsque cet acte porte : « Le sieur …. , dûment patenté sous le n° 1er du rôle supplémentaire de telle année, domicilié à … — *Cass.*, 11 mai 1831, Bosc.

384. — L'individu qui agit au nom d'une compagnie, soit comme associé, soit en qualité de commis, ne peut se dispenser de faire énoncer sa patente dans l'exploit d'assignation qu'il donne; sinon il est passible de l'amende, sauf son recours contre qui de droit. — *Cass.*, 22 juill. 1807, Enregistrement c. Guay.

385. — L'amende encourue pour le défaut de mention dans les actes judiciaires, de la patente de la partie au nom de laquelle ces actes sont faits, peut être prononcée solidairement, et contre cette partie et contre l'huissier.— *Cass.*, 9 germ. an XI, Loos.

386.— Lorsque le rôle des patentes n'est point encore émis, le négociant et l'officier ministériel ne peuvent être tenus de mentionner dans un acte de poursuite commerciale une patente qui n'existe point encore, ni même celle de l'année antérieure, il suffit qu'ils énoncent l'impossibilité où ils se trouvent de se conformer à la loi. — L. 25 avril 1844, art. 29. — L'appel formé contre le jugement qui a statué sur la contravention résultant du défaut de mention de la patente dans un acte de poursuite est recevable, bien que la condamnation requise soit inférieure au chiffre du dernier ressort. — *Nîmes*, 4 août 1847 (t. 1er 1848, p. 167), Vellaz et Causse.

387. — La partie qui veut passer un acte avant l'émission des rôles peut se faire délivrer une patente. — L. 25 avr. 1844, art. 30 précité. — On peut aussi sans contravention énoncer la patente de l'année précédente. — Bioche, *Dict. de procéd.*, v° *Patente*, n° 37.

388. — L'appel formé contre le jugement qui a statué sur la contravention résultant du défaut de mention de la patente dans un acte de poursuites est recevable, bien que la condamnation requise soit inférieure au chiffre du dernier ressort. — Même arrêt.

Sect. 8e. — *Taxes additionnelles à la contribution des patentes.*

389.—Il est ajouté au principal de la contribution des patentes 5 cent. par franc, dont le produit est destiné à couvrir les décharges, réductions, remises et modérations ainsi que les frais d'impression et d'expédition des formules des patentables. — L. 25 avril 1844, art. 32.

390. — En cas d'insuffisance des 5 cent. destinés à l'affectation qui vient d'être indiquée, le montant du déficit est prélevé sur le principal des rôles. — *Ibid.*

391.—Les lois de finances annuelles ajoutaient 5 cent. pour franc au montant de l'impôt des patentes, pour le *fonds de non-valeurs* (V. ce mot); la nouvelle loi sur les patentes n'a fait, par son art. 32, que conserver cet état de choses en ce qui concerne cette espèce d'impôt.

392. —Il est, en outre, prélevé sur ce principal huit centimes dont le produit est versé au profit de la commune dans la caisse municipale. — *Ibid.*

393. — Il faut enfin considérer encore comme imposition additionnelle à l'impôt des patentes les contributions spéciales qui sont destinées à subvenir aux dépenses des bourses et chambres de commerce, et dont la perception est autorisée par l'art. 11 de la loi du 23 juill. 1820.

394. — Ces contributions sont réparties sur les patentables des trois premières classes du tableau A, annexé à la loi du 25 avr. 1844, et sur ceux désignés dans les tableaux B et C, comme passibles d'un droit fixe égal ou supérieur à celui des mêmes classes. —L. 25 avril 1844, art. 33.

395. — Les associés des établissemens compris dans les classes et tableaux dont nous venons de parler doivent contribuer également aux frais des bourses et chambres de commerce. — *Ibid.*

PATENTE DE SANTÉ.

1. — On appelle ainsi un bulletin faisant connaître l'état sanitaire des lieux d'où vient un navire, et son propre état au moment du départ. — Beaussant, *Code maritime*, t. 1er, p. 218. — V. POLICE SANITAIRE.

2. — La patente de santé est exigée de tout navire arrivant d'un port quelconque, et quelle que soit sa destination : à l'exception, dans la Méditerranée, des bâtimens des douanes, qui ne sortent pas de l'étendue de leur direction; et dans l'Océan, des bateaux-pêcheurs, des bâtimens des douanes, et des navires qui font le cabotage d'un port français à l'autre. — Ordonn. 7 août 1822, art. 13. — Beaussant, *loc. cit.*

3.— La patente de santé est délivrée en France par les administrations sanitaires, à l'étranger par les consuls, et s'il n'y a pas de consul, par les autorités du pays; mais, dans ce dernier cas, le capitaine doit la faire certifier par le consul du premier port où il abordera. — Elle doit être, de plus, visée avant le départ, s'il a lieu plus de cinq jours après sa délivrance. Enfin elle doit être visée dans les lieux de relâche, à l'effet de constater l'état sanitaire du navire et du pays. — Ordonn. 7 août 1822, art. 15, 16 et 17.— Beaussant, t. 1er, p. 219.

PATERNA, PATERNIS; MATERNA, MATERNIS.

1. — Expressions latines employées dans l'ancien droit pour exprimer que, dans une succession, les biens provenant du côté du père du défunt devaient appartenir à ses parens paternels, et ceux provenant du côté de sa mère étaient dévolus à ses parens maternels.

2. — Cette règle a été abrogée par l'art. 62 de la loi du 17 niv. an II, et cette abrogation a été maintenue par l'art. 732 C. civ. — V. SUCCESSION.

PATERNITÉ.

1. — C'est l'état, la qualité de père.

2. — La paternité est légitime ou naturelle. — V. ENFANT NATUREL, LÉGITIMITÉ.

3. — La paternité naturelle est quelquefois adultérine ou incestueuse. — V. ENFANS ADULTÉRINS ET INCESTUEUX.

4. — La paternité peut aussi être adoptive. — V. ADOPTION.

PATES.

1. — Les fabricans de pâtes alimentaires sont soumis à la patente et imposés à un droit fixe de 25 fr. pour un nombre d'ouvriers n'excédant pas cinq, et 3 fr. par chaque ouvrier en sus jusqu'au maximum de 200 fr. — Le droit proportionnel est du 20e de la valeur locative de l'habitation, des magasins de vente complétement séparés de l'établissement industriel, et du 25e de cet établissement. — V. PATENTE.

2. — Les marchands de pâtes alimentaires font partie de la 6e classe des patentables. — Droit fixe basé sur la population ; droit proportionnel du 20e de la valeur locative de l'habitation et des lieux servant à l'exercice de la profession.

3. — Les fabricans de bijoux en pâte de rose sont rangés dans la 8e classe seulement. — Même droit fixe que les précédens, sauf la différence de classe ; droit proportionnel du 40e de la valeur locative de tous les locaux qu'ils occupent, mais seulement dans les communes de 20,000 âmes et au-dessus. — V. PATENTE.

PATISSIERS.

1. — Pâtissiers expéditeurs ; pâtissiers non-expéditeurs. — Patentables, les premiers de 3e classe et les derniers de 4e. — Droit fixe basé sur la population ; droit proportionnel du 20e de la valeur locative de l'habitation et des lieux servant à l'exercice de la profession.

2. — Pâtissiers-brioleurs. — Patentables de 7e classe.—Même droit fixe que les précédens, sauf la différence de classe ; droit proportionnel du 40e de la valeur locative de tous les locaux qu'ils occupent, mais seulement dans les communes de 20,000 âmes et au-dessus. — V. PATENTE.

PATOIS.

V. ACTE NOTARIÉ, no 244 et suiv. ; IDIOME, INTERPRÈTE, nos 5 et suiv.

PATOUILLETS.

Les maîtres de patouillets sont soumis à la patente. — V. BOCARDS (maîtres de), PATENTE.

PATRE COMMUN.

1. — Le pâtre commun est celui qui est préposé à la garde du troupeau communal envoyé en pâture soit sur les communaux, soit sur les terres de parcours, soit dans les bois et forêts.

2. — Il est nommé par le maire et agréé par le conseil municipal. L. 16 juill. 1837, art. 43. — Le maire peut le révoquer. — Même art.

3. — Il est responsable des dégâts qui seraient commis par le troupeau.

V. ANIMAUX, nos 50 et 54 ; COMMUNE, nos 470 et 491 ; DÉLIT RURAL, no 52 ; FORÊTS, nos 2557 et 2746 et suiv. ; PARCOURS ET VAINE PATURE, USAGE DANS LES FORÊTS.

PATRIMOINE.

1. — C'est proprement l'ensemble des biens que nous tenons de nos parens.

2. — On entend encore et plus ordinairement par ce mot l'universalité des biens d'un individu. — V. ACTION (droit français), no 307.

3. — Il est permis de chercher à augmenter son patrimoine ; mais c'est un devoir de le conserver. — V. la loi Si pater/fam. D., tit. De adopt. — V. BIENS, no 2.

4. — Les créanciers d'une succession peuvent demander dans tous les cas et contre tout créancier la séparation du patrimoine du défunt a-

vec le patrimoine de l'héritier. — C. civ., art. 878. — V. SÉPARATION DE PATRIMOINE.

PATRON DE NAVIRE.

V. CAPITAINE DE NAVIRE. — V. aussi BARATERIE, BARATERIE DE PATRON.

PATRONAGE, PATRONÉ.

V. ESCLAVAGE.

PATURAGE.

Table alphabétique.

1. — On appelle *pâturage* le droit que l'on a de faire paître ses bestiaux sur certains fonds autrement qu'à titre de propriétaire.

2. — Dans quelques lieux, ce droit se nomme *pacage* ou *paisson*. — Toutefois, et bien que les mots de *pâturage* et de *pacage* soient dans l'usage souvent pris l'un pour l'autre, Proudhon (*Traité de l'usuf.*, t. 6, no 32) dit que le pâturage comporte un sens, à certain égard, plus étendu. — Il consiste, dit-il, dans la faculté qu'un homme a de faire paître ses bestiaux de toute espèce sur le fonds appartenant à un autre ; c'est-à-dire qu'il ne s'applique pas seulement au pâturage des grosses bêtes, comme le droit de pacage, mais encore à la dépaissance des chèvres et des moutons. — V. aussi Saint-Yon, liv. 6, tit. 29, art. 5 et 6. — Lorsque le pâturage se rapporte particulièrement au pâturage des porcs, à l'époque où les fruits tombent, on le nomme *glandée* (V. GLANDÉE), dans un sens restrictif ; soit *panage*, si le pâturage doit s'exercer par ces animaux, non-seulement sur les glands, mais aussi sur les faînes et tous autres fruits de la forêt.

3. — On appelle aussi pâturage le terrain lui-même sur lequel s'exerce le droit. Les terres destinées à la pâture des bestiaux se nomment aussi, suivant les différens pays, *pâtureaux, pâquiers* et *pâquis*. — Fournel, *Traité du voisinage*, vo *Pâture*, t. 2, p. 449.

4. — A côté du pâturage sur les terres d'autrui (droit qui s'acquiert ainsi qu'il sera dit plus bas) se placent le pâturage sur les biens communaux et le pâturage dans les bois. — Il ne sera question dans cet article que des deux premières espèces de pâturages. — V., en ce qui concerne le pâturage dans les bois, FORÊTS, USAGE DANS LES FORÊTS.

§ 1er. — *Du pâturage sur les terres d'autrui* (no 5).

§ 2.—*Du pâturage sur les biens communaux* (no 43).

5. — On distingue le pâturage vif (ou *vive et grasse pâture*) et le pâturage vain (ou *vaine pâture*). — Le pâturage vif consiste à faire consommer par les bestiaux des herbes ou des fruits susceptibles d'être *récoltés, conservés* ou *vendus* au profit du propriétaire. — Henrion de Pansey, *Compét. des juges gardes*, ch. 43, § 5, p. 382 ; Cappeau, *Législ. rur.*, t. 1er, p. 44 ; Merlin, *Rép.*, vo *Vaine pâture*, § 5.

6. — Les marais constituent des vives pâtures (Cappeau, p. 42 ; Fournel *loc. cit.*, t. 2, p. 447). Il en est de même des bruyères. — *Orléans*, 14 déc. 1839 (t. 2 1839, p. 37), Scottow c. Section de commune d'Andernos ; 4er juill. 1839 (t. 2 1839, p. 490 et 491), Lancy c. commune Saint-Magne). Il faut en dire autant des *pâtis*, qui sont des espèces de landes ou de friches où l'herbe est rare et ne se fauche pas.

7. — Quant à la *vaine pâture*, elle ne s'exerce que sur les choses qui n'ont pas d'utilité pour le propriétaire parce qu'elles ne peuvent être ni récoltées, ni ramassées, ni emboîtelées. Ainsi, la pâture qui a lieu après la coupe des premières herbes ou des secondes (selon les pays) constitue presque toujours un pâturage vain. — V. PARCOURS ET VAINE PATURE.

8. — Nous disons *presque toujours* : parce qu'il ne suffirait pas qu'un terrain fût trop stérile ou trop dénué pour devenir l'assiette d'une pâture grasse, pour que la dépaissance qui aurait lieu sur son étendue fût une vaine pâture. Ajoutons que le droit de vaine pâture est nécessairement réciproque, il suppose que deux propriétaires envoient paître leurs bestiaux sur les terres l'un de l'autre. Une dépaissance qui s'exercerait en vertu d'un titre et sans réciprocité sur un pré après la fauchaison des secondes herbes, constituerait un droit spécial de pâturage qu'on ne pourrait qualifier avec justesse ni vive pâture ni pâturage vain.

10.—Il a été décidé que le droit de pacage dans des prés, à certaines époques fixes de l'année, exercé par une commune sur un canton de prairies spécial, indépendant et distinct du droit de vaine pâture coutumière, ne doit pas être considéré comme un droit de vaine pâture soumis aux modifications résultant de la loi du 6 oct. 1791 et constitue une véritable servitude de pâturage.—*Cass.*, 7 mai 1838 (t. 21838, p. 329), Bertrand c. commune d'Oberhoffen.

11.—Au reste, toutes les règles qui concernent le parcours et la vaine pâture ont été expliquées vo PARCOURS ET VAINE PATURE.

12. — La nature du droit de pâturage varie selon la manière dont il est constitué. Le plus souvent c'est simplement un droit établi sur un fonds pour l'avantage d'un autre fonds et, par conséquent, une servitude. Aussi l'art. 688 du Code civil classe-t-il le droit de pacage parmi les servitudes discontinues.

13. — Toutefois, et bien que par son caractère le pâturage soit rangé parmi les servitudes, il tient aussi du droit d'usage, en ce qu'il se l'exerce que dans la mesure des besoins du propriétaire du fonds dominant. Aussi plusieurs auteurs ne voient en lui que l'un de ces droits mixtes appelés *usages, servitudes réelles*. — Durandon, t. 5, no 34 ; Proudhon, *Usufruit*, t. 5, no 32 et suiv.

14. — Lorsque la servitude est limitée à un certain nombre de bestiaux, ce nombre ne peut être dépassé quel que soit le nombre des propriétaires. — Pardessus, *Servitudes*, no 84.

15. — Proudhon (no 34) enseigne que celui auquel appartient un droit de pâturage, pacage ou passage, ne peut en user que pour la nourriture des bestiaux employés à sa culture ou tenus pour les besoins de son ménage, et ne pourrait en rendre participans les animaux de son commerce. — Arg., art. 70 C. for.—V. USAGE DANS LES FORÊTS.

16. — Lorsque c'est une commune qui a un droit de pâturage, tous les habitans qui la composent sont-ils appelés indistinctement à l'exercice de ce droit ? — Rolland de Villargues (no 50) enseigne que le droit n'appartient qu'à ceux qui habitaient les maisons existantes lors de la concession ; et que si le nombre de ces maisons a été augmenté depuis, l'excédent n'est pas admis au pâturage : les choses devant être maintenues dans l'état où elles se trouvaient lors de la convention. — V. aussi Coquille, *Coutume du Nivernais*, ch. 17; Bouhier, *Coutume de Bourgogne*, ch. 62, n° 96; Merlin, *Rép.*, v° *Usage*, sect. 2, § 5, art. 1er. —V. aussi USAGE.

17. — De même, si celui auquel un droit de pâturage a été concédé quant à son habitation dans tel endroit augmente cette même habitation, le droit de pâturage est toujours restreint à l'état premier de l'habitation. — Legrand, *Coutume de Troyes*, art. 68, glose 2, nos 20 et 21; Merlin, *loc. cit.*; Rolland de Villargues, *loc. cit.*

18. — Rolland de Villargues ajoute (n° 55) que si la production du terrain excède les besoins des habitans, l'excédant appartient au propriétaire du fonds; et que, de même, le propriétaire profite des places vacantes, sans que les usagers aient entre eux le droit d'accroissement. — Cappeau, p. 77.

19. — Quant à la compétence relative aux contestations qui peuvent s'élever entre les habitans d'une commune usagère, V. COMMUNE, nos 1150 et suiv.

20. — En cas de réunion de deux communes en une seule, chacune conserve les droits d'usage; mais sans que le fait de la réunion puisse profiter à l'autre, la condition du propriétaire du fonds ne pouvant être aggravée sans son consentement. — Arg. art. 702.—Duranton, t. 4, n° 206, t. 5, n° 64; Rolland de Villargues, n° 58.

21. — Il peut même arriver que le droit de pâturage s'exerce dans des circonstances telles qu'il soit impossible de voir en lui une servitude. C'est ce qui arrive lorsque celui auquel il appartient ne possède aucun héritage. Il n'y a dans cette hypothèse qu'un droit conféré à une personne indépendamment de tout immeuble, et dès lors la pâture constitue un usage proprement dit.— V. SERVITUDES, USAGE, USAGE DANS LES FORÊTS.

22. — Au reste, servitude ou simple usage, il est constant que, d'après les principes généraux, le droit de pâturage ne peut s'acquérir que par titre. — C. civ., art. 688, 625, 628.

23. — Des faits réitérés de pâture vive ne pourraient être considérés que comme étant de pure tolérance de la part du propriétaire du fonds sur lequel ils s'exerceraient, et il n'en résulterait pas pour le maître des bestiaux une possession qui pût lui faire acquérir la prescription.

24. — Peu importerait même qu'il s'agît d'une possession immémoriale. — C. civ., art. 691. — Rolland de Villargues, v° *Pâturage*, n° 29.

25. — Aussi le propriétaire des animaux envoyés à la pâture ne pourrait-il en cas de trouble se faire maintenir par l'action possessoire dans la jouissance du pâturage. — *Cass.*, 21 oct. 1807, Joffrenot c. Marcellot; 23 nov. 1808, Chagaray c. Sallenave.—Caron, *Act. poss.*, nos 202 et suiv.

26. —V., néanmoins, en ce qui concerne l'influence des actes successifs de délivrance en matière d'usage dans les forêts, USAGE DANS LES FORÊTS.

27. —Le droit de pâture vive et grasse ne pourrait non plus résulter de la destination du père de famille. — C. civ., art. 692. — Rolland de Villargues, *Dict. du not.*, v° *Pâturage*, n° 28.

28. — Malgré ce qui vient d'être dit, l'imprescriptibilité du droit de pâturage depuis la promulgation du Code civil ne porte aucune atteinte aux droits de la même nature qui, à l'époque de cette promulgation, auraient été acquis par la possession immémoriale ou par la prescription dans les pays où le pâturage vif pouvait s'acquérir de cette manière. — *Cass.*, 28 nov. 1827, commune de Fraroz c. commune d'Arsures. — Proudhon, n° 34.

29. — Henrion de Pansey (*Comp. des juges de paix*, ch. 43, § 7, p. 391 et suiv.) pense avec raison que dans ce cas le juge de paix ne pourrait accorder l'action possessoire qu'autant que la partie plaignante se présenterait devant lui avec une preuve toute faite. Si la prescription invoquée n'était pas encore prouvée, ce n'est pas par lui que devrait être ordonnée l'enquête nécessaire pour l'établir, mais par le tribunal civil, puisqu'il s'agirait de prouver la propriété du droit.

30.—L'action possessoire serait recevable de la part de celui qui serait en possession d'une pâture vive fondée sur un titre, lors même que ce titre serait contesté. — *Cass.*, 24 juill. 1810, Carteret c. Pelleport; 6 juill. 1812, Herblin c. Hue; 17 mai 1820, Clavier c. Gontard et Jourdan c. Cabasse. — Henrion de Pansey, *loc. cit.* — V. ACTION POSSESSOIRE, nos 295 et suiv., 352 et suiv.

31. — Quand le titre constitutif du droit de pâturage a été détruit par force majeure, mais que ce titre se trouve relaté dans l'acte d'acquisition de celui contre lequel le droit est invoqué, on peut voir dans ce dernier fait un commencement de preuve par écrit qui autorise la preuve testimoniale. — Rolland de Villargues, n° 33.

32. — La faculté de faire paître des bestiaux sur un fonds pourrait aussi être accordée temporairement par le propriétaire du fonds, à titre d'usufruit, de bail ou d'usage.—V. BAIL, USAGE, USUFRUIT.

33. — Quelquefois la vive pâture s'exerce en vertu de permissions délivrées soit par le propriétaire, soit par la municipalité, sur l'avis du propriétaire, s'il en a été ordonné ainsi par l'autorité administrative. — *Cass.*, 3 niv. an XI, Estrade.

34.—Décidé que la concession d'un droit général de pâturage, sans distinction entre la vaine et la vive pâture, ne peut néanmoins s'entendre, quant aux terres arables et aux prés, que de la vaine pâture, et qu'en conséquence il ne peut s'exercer, savoir, sur les terres qu'après la récolte, et sur les prés qu'après la coupe de la première herbe. Au contraire, il peut s'exercer en tout temps et en toute saison sur les bruyères et pâtis. — *Orléans*, 19 août 1847 (t. 2 1847, p. 507), Pierre c. Scottow.

35. — Le droit de pâturage acquis en commun par plusieurs particuliers en raison de leur habitation dans tel endroit, passe aux acquéreurs de cette habitation alors même qu'il n'en aurait pas été fait mention dans le contrat de vente. —Rolland de Villargues, v° *Pâturage*, n° 39. — Et si ce droit est attaché à l'habitation dans tel endroit ou dans telle maison il se conserve ou s'acquiert par le seul fait de la résidence dans cet endroit ou dans cette maison, mais aussi il se perd par le changement de demeure. — Parlement de Paris, 22 août 1743. — Rolland de Villargues, n° 40; Henrion de Pansey, ch. 43, § 8.

36. — Jugé enfin qu'un droit de pâturage pour un certain nombre de bestiaux, avec cette condition, pourvu que les bestiaux appartiennent au propriétaire de tel domaine ou à son fermier, ne met pas, pour l'exercer, dans la nécessité d'avoir la possession *entière* du domaine indiqué dans le titre constitutif du droit, mais qu'il suffit d'avoir acquis le bâtiment formant le siége du domaine et le droit de pâturage y attaché. — *Cass.*, 20 juin 1827, Broyard c. prince de Condé; *Amiens*, 17 avril 1828, mêmes parties.

37.—Le droit de pâturage n'est pas susceptible de location ou de cession isolée de la part de celui qui l'exerce. —Cela est certain, soit qu'on considère ce droit comme *usage, servitude personnelle*, soit qu'on le considère comme *servitude réelle*. — V. BAIL, nos 70 et suiv., SERVITUDE, USAGE. —Mais il peut être loué ou cédé s'il était exercé à titre d'usufruit ou de location. — C. civ., art. 595 et 1717. — V. USUFRUIT.

38. — La faculté de rachat au profit du propriétaire du fonds soumis à la pâture n'existe pas en matière de vive et grasse pâture s'exerçant sur des biens autres que les bois et forêts.—*Orléans*, 14 déc. 1839 (t. 1er 1847, p. 37), Scottow c. Reculé, et 19 août 1847 (t. 2 1847, p. 507), Pierre c. Scottow. — Ce droit n'a été créé qu'en matière de vaine pâture par l'art. 8, sect. 4, tit. 1er du Code rural du 28 sept. 1791.

39. — Les droits de vive pâture les plus importans et les plus fréquens sont ceux qui s'exercent dans les bois ou forêts soit de l'Etat, soit des communes, soit des particuliers. Il y a entre les auteurs une grande divergence d'opinion sur leur nature. La Cour de cassation a décidé qu'ils ne constituaient pas des servitudes et qu'ils pouvaient être acquis par prescription. — *Cass.*, 19 août 1829, Montcharmont c. la Rochefoucauld.— V. USAGE DANS LES FORÊTS.

40. — C'est sous le même mot qu'il sera traité du droit de pâturage vif qui appartiendrait à une commune sur les terres d'une autre commune ou d'un particulier. Un pareil droit entre dans la classe des usages communaux. — V. aussi BIENS COMMUNAUX, n° 39.

41. — On peut mettre fin à un droit de pâture vive existant sur des prés, marais et terres vaines et vagues par une demande en cantonnement. Cette faculté, maintenue au profit du propriétaire du fonds grevé par la loi du 19 septembre 1790, art. 8, a même été étendue à l'usager lui-même par la loi du 28 août 1792, art. 5.

42. — « Les habitans d'une commune, dit Proudhon (*Traité du droit de propriété*, n° 895), peuvent avoir le droit acquis à titre de servitude de faire pâturer leurs bestiaux en certains temps de l'année sur certains fonds grevés de cette charge, comme encore de participer au produit de certaines récoltes levées sur des héritages non communaux. Cette communion de jouissance, à titre d'usagers d'une part, et de propriétaires de l'autre, cesse par la délivrance d'un cantonnement cédé en toute propriété aux usagers, à condition qu'ils n'auront plus aucun usage sur le surplus du terrain. » — V. aussi Curasson sur Proudhon, *Traité des droits d'usage*, t. 2, n° 645.

§ 2. — *Du pâturage sur les biens communaux.*

43.— Les habitans d'une commune ont le droit d'envoyer leurs bestiaux paître dans les pâturages communaux. Ce droit ne doit pas être confondu avec le parcours ou la vaine pâture, même lorsque pour se conformer à un arrêté du conseil municipal les habitans ne font paître aux bestiaux que ce qui reste après la récolte de la première ou de la seconde herbe. — Ce serait abusivement que dans cette dernière hypothèse on appellerait vaine pâture l'envoi des troupeaux au pâturage sur les terres de la commune. — V. PARCOURS ET VAINE PATURE.

44. — Les prés communs sont la propriété de la commune considérée comme être moral.— V. BIENS COMMUNAUX, n° 11. — Et les habitans, en participant au pâturage sur ces terrains exercent un simple droit d'usage sur les terres d'autrui. — Proudhon et Curasson, *Traité des droits d'usage*, t. 1er n° 7.

45.— Les bestiaux de la commune sont envoyés en pâturage sur les prés communaux sous la garde d'un pâtre désigné par le maire et agréé par le conseil municipal. — L. 18 juill. 1837, art. 13.

46. — Nous avons exposé vis BIENS COMMUNAUX, nos 64 et suiv., et COMMUNE, nos 1126 et suiv., par quelle législation avait été régie la jouissance des pâturages communaux par les habitans jusqu'à la loi du 18 juillet 1837, et nous avons dit quels pouvoirs cette loi avait conférés aux conseils municipaux pour le règlement de cette jouissance. Nous avons expliqué également, sous le second de ces deux mots, nos 1137 et suiv., à quelles conditions on peut participer à cette jouissance et de quelle manière se fait la répartition du pâturage. Nous compléterons en indiquant plusieurs décisions qui ont été rendues sur la matière.

47. — Jugé, avant la loi du 18 juill. 1837, que dans les contrées qui composaient l'ancienne province de Normandie, on ne peut envoyer paître les moutons dans les prés communs. — *Cass.*, 30 brum. an XIII, Mullot c. Delessart.

48. — La délibération d'un conseil municipal, dûment approuvée par le préfet, qui règle le mode de jouissance et de répartition des bois et pâturages communaux, est obligatoire pour les habitans; et, dès lors, les tribunaux ne peuvent se dispenser d'en assurer l'exécution, tant qu'elle n'a pas été annulée ou réformée par l'autorité administrative supérieure. — *Cass.*, 5 avr. 1845 (t. 2 1845, p. 100), Castan.

49. — Le droit de pâturage sur un terrain communal reconnu par arrêté au profit des habitans seuls d'une commune, ne peut être réclamé et exercé par un habitant d'une commune voisine, quoiqu'il possède des biens et qu'il réside quelquefois dans la première. — *Cass.*, 11 févr. 1839 (t. 2 1839, p. 445), Lombard et Gardera.

50. — Avant la loi du 18 juillet 1837, un maire pouvait défendre par arrêté de faire paître les vaches, chevaux et ânes dans un pré communal, avant que les foins en eussent été complétement enlevés. — *Cass.*, 22 déc. 1837 (t. 1er 1840, p. 126), Cardelellier. — Un maire ne pourrait prendre maintenant un semblable arrêté sans une délibération du conseil municipal.

51. — Le droit que possède un propriétaire de conduire des bestiaux au pacage sur les biens communaux indivis est un droit essentiellement variable de sa nature, soumis dans son exercice aux règlemens de l'autorité administrative; dès lors, le vendeur d'un pareil droit n'est pas garant, vis-à-vis de son acquéreur, des modifications ou diminutions qu'il subit par suite du règlement administratif. — *Nîmes*, 13 déc. 1842 (t. 1er 1843, p. 111), Palmel c. Vidal.

52. — Quant au pâturage des bestiaux des habitans d'une commune dans les bois communaux, V. FORÊTS, nos 1412 et suiv., et surtout USAGE DANS LES FORÊTS.

53. — Lorsque l'habitant d'une commune est traduit pour avoir fait paître son troupeau sur un terrain que l'on prétend appartenir à une autre commune, il est recevable à exciper du droit de sa commune au pâturage de ce terrain, s'il est appuyé par le maire, autorisé lui-même par le conseil municipal; en ce cas, la question de propriété est préjudicielle à celle du délit. — *Cass.*, 9 mars 1821, Laporte. — V., au reste, sur les pénalités attachées au fait d'envoyer ses bestiaux sur le terrain d'autrui, v° ANIMAUX, n°s 28 et suiv., et DÉLIT RURAL. — Et sur les actions en justice exercées par les communes ou leurs habitans pour la réclamation de droits communaux, V. COMMUNE, n°s 488 et suiv., 569 et suiv., 573 et suiv.

34. — En fait de pâturage communal, c'est-à-dire soit qu'il s'agisse du pâturage sur des biens communaux, ou de la jouissance d'un droit de pâturage appartenant à la commune, la prescription ne peut atteindre l'habitant qui depuis plus de trente ans aurait cessé d'envoyer ses bestiaux. Il ne s'agit pas là, en effet, d'une servitude mais d'une jouissance du fonds, laquelle ne peut se perdre que par la contradiction. — Rolland de Villargues, n° 60; Cappeau, t. 1er, p. 92. — V., de même, en matière de parcours et de vaine pâture, PARCOURS ET VAINE PATURE.

PATURE (Vaine).

V. PARCOURS ET VAINE PATURE.

PAULETTE.

1. — C'était un droit que plusieurs officiers de judicature et de finance payaient aux parties casuelles du roi avant le renouvellement de l'année, afin de conserver leurs offices à leurs héritiers.

2. — Ce droit, qui consistait dans la sixième partie du prix de la finance des offices, fut établi par Henri IV, en 1596. — Arrêt du Cons., 7 déc. 1604 et déclaration du 12 suivant. — Merlin, *Rép.*, v° *Office*, n° 1er. — V. OFFICE.

PAUVRES.

V. BUREAU DE BIENFAISANCE, ÉTABLISSEMENT DE BIENFAISANCE, INDIGENS, HOSPICES, MENDICITÉ. — V. aussi, en ce qui concerne les dispositions à titre gratuit faites au profit des indigens, v° DISPOSITION A TITRE GRATUIT, n°s 473 et suiv., 527, 529 et suiv., 547; et à l'égard de la défense gratuite des pauvres devant les tribunaux, v's AVOCAT, n°s 540, 598; AVOUÉ, n°s 675 et suiv., 760; et BUREAU DE CONSULTATIONS, CERTIFICAT D'INDIGENCE, CASSATION (mat. civ.), CASSATION (mat. crim.).

PAVAGE, PAVÉ.

1. — Chez les Romains, chaque particulier était chargé de construire et de réparer la voie publique au-devant de sa maison. *Construat autem vias publicas unusquisque secundùm propriam domum.* — L. 1re, § 9, ff., *De viâ publicâ.*

2. — Les premiers règlemens sur les pavés des villes, qui remontent au douzième siècle, n'ont pas toujours suivi la loi romaine. La charge en fut successivement imposée au seigneur haut-justicier, au censier, aux propriétaires d'une maison pour une partie et aux villes pour l'autre. Dans certaines localités c'était la ville qui fournissait les matériaux, et les propriétaires la main-d'œuvre; ailleurs on s'accommodait aux besoins et aux ressources des localités. — Merlin, *Rép.*, v° *Pavé*. — Il n'y avait rien de fixe.

3. — A Paris, un arrêt du Conseil du 30 déc. 1785 avait mis en dernier lieu à la charge des propriétaires les dépenses de premier pavage et ceux d'entretien en face de leurs édifices. — V VILLE DE PARIS.

4. — Tel était l'état des choses, lorsque la loi du 11 frim. an VII classa l'entretien du pavé parmi les dépenses communales (art. 4). — Mais cette loi ne parlait pas du premier pavage; aussi des difficultés s'élevèrent-elles à cet égard.

5. — Saisi de cette question, le Conseil d'État par avis du 25 mars 1807 estima « qu'en distinguant la partie du pavé des villes à la charge de l'État, de celle à la charge des villes, cette loi n'a point entendu régler de quelle manière cette dépense serait acquittée dans chaque ville et qu'on doit continuer de suivre à cet égard l'usage établi pour chaque localité jusqu'à ce qu'il ait été statué par un règlement général sur cette partie de la police publique. » — « En conséquence, continue le même avis, dans les villes où les revenus ordinaires ne suffisent pas à l'établissement, restauration ou entretien du pavé, les préfets peuvent autoriser la dépense à la charge des propriétaires, ainsi qu'il s'est pratiqué avant la loi du 11 frimaire an VII. »

6. — Proudhon (*Dom. publ.*, n° 348) approuve entièrement cette solution. « En effet, dit-il, partout où il n'y a pas de règlemens positifs mettant à la charge de la commune l'établissement des nouveaux pavés, c'est au propriétaire constructeur de la maison à établir le sien : attendu que ce particulier profitant du pavé des autres, il est bien juste qu'en construisant le sien il fasse aussi sa mise de fonds dans l'association communale. »

7. — On ne peut se dissimuler cependant que cet avis, comprenant tout à la fois l'établissement, la restauration et l'entretien du pavé, est, relativement à ce dernier objet, difficile à concilier avec la loi de frim. Telle est aussi l'opinion de M. Dufour, *Droit administ.*, t. 4, n° 3083.

8. — Quoi qu'il en soit, le conseil d'Etat, considérant que ledit avis a été inséré au Bulletin des lois, en a toujours tenu les dispositions comme régulières et obligatoires. — V. notamment *Conseil d'Etat*, 2 janv. 1838, Laforge.

9. — C'est donc aux anciens usages qu'il convient toujours de recourir, soit qu'il s'agisse du premier établissement de pavé. — *Cons. d'Etat*, 2 janv. 1838, Laforge; 14 fév. 1838, mêmes parties; 28 mars 1838, La Rochefontenille.

10. — ... Soit même qu'il s'agisse de son entretien. — *Cons. d'Etat*, 2 mars 1839, Vinée c. Chopelet.

11. — « Lors donc, dit M. Husson (*Des travaux publics*, t. 2, p. 498), que l'administration pense que la dépense du pavage et de l'entretien d'une rue doit être supportée par les riverains, et que le besoin des travaux est constant, elle leur enjoint d'y pourvoir. S'il y a contestation et si, d'ailleurs, l'usage invoqué n'a pas été régulièrement établi, une enquête doit être faite dans la commune afin de le constater contradictoirement. Le conseil municipal est appelé à en délibérer; et le préfet par un arrêté, puis le ministre de l'intérieur, s'il y a réclamation, déclarent l'usage. »

12. — Les tribunaux civils ne peuvent jamais connaître de ces questions. La Cour de Rennes en avait, il est vrai, jugé autrement. — *Rennes*, 9 avril 1835, Hérit. Lebreton c. comm. Pornic. — Mais le préfet du département de la Loire-Inférieure éleva contre cet arrêt un conflit qui fut validé. — *Cons. d'Etat*, 26 août 1835, Lebreton c. comm. de Pornic.

13. — Les habitans ne sont pas admis à soutenir qu'ils ne peuvent être appelés à supporter cette charge que dans le cas d'insuffisance des revenus communaux, et que par conséquent cette question d'insuffisance doit être préalablement examinée et tranchée. — *Cons. d'Etat*, 3 janv. 1834, Cognet c. ville de la Guillotière.

14. — Par application des anciens usages, et notamment de l'arrêt du conseil de 1785, l'autorité administrative a pu décider, pour la ville de Paris, que les propriétaires riverains d'une rue nouvellement ouverte qui ont été chargés du premier pavage peuvent être tenus des frais du premier relevé à bout, par suite du tassement des terres, alors que ce tassement ne provient pas de travaux exécutés par l'administration. — *Cons. d'Etat*, 18 mars 1813, Simon c. Préfet de la Seine.

15. — ... Et encore que le particulier obligé de faire le premier pavage devant sa maison, sur une rue ou place nouvellement ouverte, n'est pas exonéré de cette obligation si le pavé n'a pas été fait conformément aux règlemens de la voirie et reçu par l'autorité compétente. — *Cons. d'Etat*, 18 avril 1816, Hapré et Boutrel c. Préfet de la Seine.

16. — Le pavage ou son entretien constituent une charge réelle sur les maisons, dont les tiers détenteurs sont tenus quelle que soit l'époque de leur acquisition. — *Cons. d'Etat*, 20 fév. 1835, Vodler et Pichon. — Garnier, *Des chemins vicinaux*, n° 189; Husson, *Travaux publics*, t. 2, p. 498; Dufour, t. 4, n° 3088.

17. — Sans préjudice toutefois du recours du propriétaire apparent contre le propriétaire réel. — *Cons. d'Etat*, 3 janv. 1834, Cognet c. ville de la Guillotière.

18. — En cas de refus des propriétaires de remplir leurs obligations, l'administration, après les avoir mis en demeure, fait exécuter d'office les travaux, et la dépense en est recouvrée sur un rôle rendu exécutoire par le préfet. — Husson, *ubi suprà*.

19. — S'il y a réclamation, c'est devant le conseil de préfecture qu'elle doit être portée. Il est vrai, ainsi que le fait remarquer M. Dufour (t. 2, n° 3086), que, dans la plupart des espèces qui ont donné lieu aux décisions que nous venons de rapporter, les réclamations contre les rôles avaient été adressées d'abord au ministre de l'intérieur, et soumises au Conseil d'Etat par voie de recours contre la décision ministérielle. « Mais, dit cet auteur, le débat, dans ces diverses réclamations, n'avait point pour objet l'application des règles établies; c'était la force et l'existence même de l'usage qu'on avait entrepris de contester. »

20. — En tout cas il est certain que les tribunaux civils sont incompétens pour connaître des contestations élevées par les propriétaires riverains, relativement à la taxe mise à leur charge par le préfet pour dépenses du premier pavage d'une rue ne faisant point partie d'une grande route. — *Paris*, 17 janvier 1848 (t. 1er 1848, p. 146), De la Galissonnière c. Préfet de la Seine. — *Cons. d'Etat*, 3 janv. 1834, Cognet c. ville de la Guillotière; 2 janv. 1838, Laforge; 14 févr. 1838, mêmes parties; 2 mai 1839, Vinée c. Chopelet. — V. aussi CONSEILS DE PRÉFECTURE, n° 162.

21. — Les dispositions de la loi du 11 frimaire an VII et de l'avis du Conseil d'Etat ne concernent que les rues qui sont propriétés de la commune. En ce qui concerne les routes nationales et les rues qui leur servent de prolongement dans la traversée des villes ou autres lieux habités, les frais de premier pavage, ainsi que ceux d'entretien, sont à la charge du trésor public. — V. ROUTES.

22. — Il suit de là que si l'administration municipale juge à propos de faire paver dans la traversée d'une ville les revers de la grande route, l'administration des ponts et chaussées n'ayant fait paver que la chaussée destinée aux voitures, la dépense de ce travail doit être prise sur les fonds communaux. — *Cons. d'Etat*, 10 févr. 1821, Calvimont et Dupont c. comm. de Ténon-la-Bastide.

23. — Les propriétaires riverains ne pourraient être contraints d'y pourvoir qu'en vertu d'usages locaux, suivis depuis longtemps sans réclamation. — Même ordonn.

24. — Quant aux routes départementales, les frais de premier pavage et d'entretien demeurent à la charge des départemens. — V. ROUTES.

25. — Les entrepreneurs de pavage des villes sont rangés dans la 3e classe des patentables, et soumis comme tels à un droit fixe basé sur la population; droit proportionnel du 20e de la valeur locative de l'habitation et des lieux servant à l'exercice de la profession.

26. — Les marchands de pavés font partie de la 5e classe. — Même droit fixe que les précédens, sauf la différence de classe; même droit proportionnel.

27. — Les paveurs sont de la 6e classe seulement. — Même droit fixe, sauf la différence de classe, et même droit proportionnel que les précédens. — V. PATENTE.

PAVILLON.

1. — Espèce d'étendard qui se place sur un vaisseau ou navire et sert à en indiquer la nationalité.

2. — Ainsi qu'on l'a vu (v° NAVIRE, n° 27), les navires français doivent naviguer sous le pavillon français. — Ce pavillon est composé des trois couleurs nationales disposées en trois bandes égales, posées verticalement. — Décr. du 27 pluv. an II. — Charte de 1830, art. 67. — Ordonn. 1er août 1830. — Les trois couleurs nationales doivent être disposées en trois bandes égales : le bleu attaché à la hampe, le blanc au milieu, et le rouge flottant à l'extrémité. — Décr. 7 mars 1848, art. 2.

3. — Les pavillons doivent être faits avec des étoffes de fabrique française. — Décret du 24-31 oct. 1790.

4. — Tout navire marchand doit avoir, en outre, un pavillon particulier, qui est celui de son arrondissement maritime. Une ordonnance du 3 déc. 1817 indique les pavillons des divers arrondissemens maritimes, qu'elle divise en deux parties, et ceux des colonies orientales et occidentales. — Le pavillon d'arrondissement se met à la tête du grand mât; on doit le hisser toutes les fois qu'on arbore le pavillon national, et réciproquement. — Beaussant, *Code marit.*, t. 1er, p. 498.

5. — Les capitaines ont, en outre, la faculté de joindre au pavillon français une ou plusieurs *marques de reconnaissance spéciales* à leur navire; mais, avant de les employer, ils doivent les faire connaître au bureau de l'inscription maritime, et les faire mentionner sur le rôle d'équipage. — Beaussant, t. 1er, p. 499.

6. — Les navires français peuvent quelquefois, sans perdre leur nationalité, naviguer sous pavillon étranger. Cette faculté, qui a pour but d'éviter, en temps de guerre, la prise par les ennemis, en empruntant le pavillon d'une puissance neutre pour couvrir la marchandise, est réglée par l'art. 13 de l'arrêté du 13 prair. an XI. — Beaussant, t. 1er, p. 500.

V., en outre, ARMEMENT EN COURSE, ASSURANCE MARITIME, COMBAT, PRISES MARITIMES, TRAITE DES NOIRS, VISITE DE NAVIRE.

PAYEUR.

1. — Dans son acception la plus large, ce mot désigne toute personne chargée de faire un paiement.

2. — C'est ainsi, qu'on nomme payeur celui qui est indiqué pour acquitter un effet de commerce. — V. BILLET A ORDRE, LETTRE DE CHANGE.

3. — Toutefois, on désigne le plus ordinairement sous le nom de *payeurs* certains agens de l'administration des finances.

4. — Ces payeurs se divisent en plusieurs classes. — Il existe en effet, un *payeur central* à Paris, un *payeur par département* et des *payeurs d'armes.* — Ord. 1er nov. 1829 et 27 déc. 1823. — V. AUSSI COMPTABILITÉ GÉNÉRALE, n° 25 et suiv.; COMPTABLES PUBLICS, n° 19.

5. — Des formalités spéciales sont prescrites pour les saisies-arrêts formées entre les mains des payeurs publics. — V. SAISIE-ARRÊT.

PAYS RÉUNIS.

V. CITOYEN FRANÇAIS, FRANÇAIS, LOIS.

PÉAGE.

V. SACS ET BATEAUX, PONTS. — V. AUSSI ROUTES.

PEAUSSIERS, PEAUX.

1. — Marchands peaussiers en gros. — Patentables de 1re classe; — droit fixe basé sur la population, — droit proportionnel du 15e de la valeur locative de l'habitation et des lieux servant à l'exercice de la profession.

2. — Marchands peaussiers en détail; — marchands de peaux en vert ou crues. — Patentables de 4e classe; — droit fixe basé sur la population, — droit proportionnel du 20e de la valeur locative de l'habitation et des lieux servant à l'exercice de la profession.

3. — Marchands de peaux de lièvres et lapins, en boutique. — Patentables de 6e classe; — mêmes droits fixe, sauf la différence de classe, et proportionnel que les peaussiers. — V. PATENTE.

4. — Les dépôts de peaux fraîches et cuirs verts, les ateliers consacrés au secrétage des peaux ou poils de lièvres ou de lapins, sont rangés dans la 2e classe des établissemens insalubres. — V. ce mot (nomenclature).

PÊCHE FLUVIALE.

Table alphabétique.

Contrainte par corps 416 s.
Délit de pêche, 75 s., 86 s., 169 s., 179 s., 182 s., 194 s., 212 s., 237, 244 s., 257 s., 346. — (circonstances aggravantes), 392 s. — (complicité), 181, 321, 330 s. — (constatation), 306 s., 314 s.— (discernement), 404 s. — (poursuites), 301 s. — (poursuites au nom des fermiers), 379 s. — (poursuites au nom des particuliers), 379 s. — (poursuites-opposition à jugement), 329. — (poursuites-procédure), 348 s., 363 s., 376 s. — (poursuites-sursis), 349 s. — (prescription), 366 s. — (responsabilité), 409 s.
Dommages-intérêts, 399 s., 407 s.
Dragues, 318.
Droit de pêche, 19 s. — (adjudication), 114 s. — (adjudication-déchéance), 140 s. — (adjudication-formes), 122 s. — (adjudication - nullité), 122 s. — (adjudication-procès-verbal), 145 s.—

CHAPITRE Ier. — *Historique.*

PÊCHE FLUVIALE. — 1. — Suivant le droit romain, la pêche dans les fleuves et rivières était considérée comme l'usage d'une chose publique et n'était l'objet d'aucune prohibition.

2. — Le droit français, au contraire, a presque toujours restreint la faculté de pêcher en se fondant sur des motifs d'un haut intérêt. — « La France, dit à cet égard l'exposé des motifs, présenté à la Chambre des pairs, de la loi du 15 avril 1829 ; la France, par la situation de plusieurs de ses provinces sur le bord de la mer et par le nombre considérable des fleuves, rivières, canaux et ruisseaux qui parcourent son territoire, trouve d'abondantes ressources dans la pêche ; aussi, pour en assurer la conservation, nos rois, dans leur sollicitude paternelle pour le bien de leurs peuples, ont rendu plusieurs ordonnances qui en réglant l'exercice, tant à la mer que dans les fleuves et rivières; toutes ont eu principalement pour objet d'interdire la pêche pendant la saison où les poissons se multiplient, et de prohiber l'emploi des filets, instrumens et appâts qui sacrifient à un gain momentané les ressources et les espérances de l'avenir. »

3. — La pêche fluviale, dit le même exposé, considérée sous le point de vue politique, mérite l'attention du législateur; elle contribue, avec la pêche maritime, à former des hommes à l'art si utile et si important de la navigation; c'est en conduisant la barque du pêcheur que la plupart des matelots commencent leur apprentissage. »

4. — Enfin, comme branche de revenu public, elle ne doit pas non plus être négligée, et l'exposé des motifs ajouté : « Ce n'est pas seulement sur les grands cours d'eau qu'il faut exercer une police sévère, l'intérêt général appelle aussi la surveillance sur les petites rivières et sur les simples ruisseaux. »

5. — Ces considérations avaient servi de base aux anciennes ordonnances sur la pêche, des mois d'août 1291, juin 1326, mars 1388, septembre 1402, mars 1515, février 1550, mai 1597. Mais ces ordonnances étaient incomplètes pour la plupart incomplètes.

6. — L'ordonnance de 1669, *des eaux et forêts*, modifiant les dispositions antérieures, établit en ce qui concerne la police de la pêche, une série de dispositions spéciales, dont la principale fut celle de l'art. 41 ainsi conçu : « Déclarons la propriété de tous les fleuves et rivières portant bateaux de leur fond, sans artifice ni ouvrage de main, dans notre royaume et terres de notre obéissance, faire partie du domaine de notre couronne, nonobstant tous titres et possessions contraires, sauf les droits de pêche, moulins, bacs et autres usages, que les particuliers peuvent y avoir par titres et possessions valables, auxquels ils seront maintenus. » Ainsi, sous le régime de cette ordonnance, à part les droits que des particuliers pouvaient avoir acquis par titres, le droit de pêche dans les rivières navigables appartenait à l'Etat. — V. DROITS SEIGNEURIAUX, n° 27.

7. — Quant aux rivières non navigables, le droit d'y pêcher appartenait aux seigneurs de fief, fondés en titre, ou aux seigneurs haut-justiciers. — V. FÉODALITÉ, n° 58.

8. — Les lois des 4 août 1789, 15 mars 1790, 13 avril 1791, 25 août 1792, 5-30 juill. 1793, en abolissant la féodalité enlevèrent aux seigneurs le droit de pêche, qui fut alors réclamé par les communes. Un avis du Conseil d'Etat, en date du 27-30 pluv. an XIII, décida que l'abolition des privilèges devait profiter, non aux communes, mais aux personnes. En conséquence, il attribua le droit de pêche aux propriétaires riverains.

9. — Un décret du 8 frim. an II avait été jusqu'à déclarer la pêche libre à tout le monde, même sur les rivières navigables. Mais cette législation ne fut que transitoire.

10. — Un arrêté du Directoire exécutif, du 28 mess. an VI, ordonna que publication nouvelle serait faite de onze articles seulement de l'ordonnance de 1669, les autres n'étaient donc plus obligatoires.

11. — Plus tard intervint la loi du 14 flor. an X qui restituait formellement à l'Etat le droit de pêche sur les rivières navigables; mais cette loi était loin de contenir un ensemble de règles complètes et satisfaisantes sur la matière.

12. — D'un autre côté, on ne pouvait songer à rétablir purement et simplement les prescriptions de l'ordonnance de 1669. « On ne peut, disait M. de Bouthillier, commissaire du gouvernement, en exposant les motifs de la loi du 15 avr. 1829 devant la Chambre des pairs, révoquer en doute la nécessité de rajeunir cette législation, en la dépouillant de ce qui appartient à un ordre de choses qui n'est plus, et de l'établir d'après nos mœurs et nos besoins actuels. » C'est pour y parvenir qu'a été présentée la loi du 15 avr. 1829, qui forme maintenant en quelque sorte le code de la pêche fluviale.

13. — Aux termes de l'art. 83, § 1er de ladite loi, toutes lois, ordonnances, édits et déclarations, arrêts du conseil, arrêtés et décrets, et tous réglemens intervenus à quelque époque que ce soit sur les matières qu'elle a eu pour objet de régler en tout ce qui concerne la pêche, ont été abrogés.

14. — Mais le même art. ajoute que « les droits acquis antérieurement à la présente loi seront jugés, en cas de contestation, d'après les lois existant avant sa promulgation. »

15. — Il a été jugé qu'en maintenant les droits acquis avant sa promulgation la loi du 15 avril 1829 n'a entendu que maintenir la législation antérieure, mais sans faire revivre des droits éteints à cette époque. — *Angers*, 10 déc. 1842 (t. 2 1843, p. 163), Abrial.

16. — Jugé aussi que si ladite loi a respecté (art. 2 et 83, § 2) les droits de pêche, indépendans de la qualité de riverains, qui auraient été acquis sur les rivières navigables, par possession ou par titres, antérieurement à sa promulgation, elle n'a pas renoncé par là à en régler l'usage. — *Cass.*, 14 déc. 1837 (t. 1er 1838, p. 562), d'Espeuilles.

17. — La loi sur la pêche fluviale n'est du reste en quelque sorte qu'une application du Code forestier, dont elle ne fait que reproduire les dispositions en tout ce qui concerne l'administration et la régie de la pêche, les adjudications, les poursuites, l'application des peines et l'exécution des jugemens. Nous aurons donc peu de chose à ajouter sous ces divers rapports aux explications données sous le mot FORÊTS. — V. FORÊTS. — Ce sont les mêmes principes qui doivent être invoqués.

18. — Il a été jugé sous l'empire de la législation antérieure que la loi du 14 vent. an VII sur les domaines engagés n'est pas applicable aux droits de pêche anciennement engagés. — *Cass.*, 8 mai 1826, préfet de Seine-et-Marne c. Perrier.

CHAPITRE II. — *Du droit de pêche. — Principes généraux.*

19. — Le droit de pêche considéré en lui-même constitue un droit à part, qui dérive bien du droit de propriété, auquel il se rattache, mais qui cependant ne forme pas par lui-même un droit de propriété.

20. — C'est par droit d'accession que le maître du fonds peut être considéré comme ayant la faculté de pêcher dans l'eau courante qui se trouve sur son héritage. — Aussi n'a-t-on jamais mis en doute que la pêche des rivières non navigables ni flottables appartient aux riverains en se conformant aux règlemens. — *Cons. d'Etat*, 12 avr. 1812, Clément Reyre. — V. COURS D'EAU, n° 372.

21. — C'est par application de ce principe que l'art. 1er de la loi du 15 avr. 1829 déclare que le droit de pêche sera exercé au profit de l'Etat : 1° dans tous les fleuves, rivières, canaux et contre-fossés navigables ou flottables avec bateaux, trains ou radeaux, et dont l'entretien est à la charge de l'Etat ou de ses ayans cause. — L. du 15 avr. 1829, art. 1er, § 1er. — V. COURS D'EAU, n° 103.

22. — Le projet primitif portait : *le droit de pêche appartient à l'Etat*. Ce changement de rédaction eut lieu afin de montrer que les principes consacrés par la loi ne s'appliquent qu'au droit de pêche, et laissent intacts tous les autres droits que les particuliers pourraient réclamer. — V. BIENS, n° 331.

23. — Il existe entre la loi de 1829 et les lois ou ordonnances qui l'ont précédée une différence notable dans l'étendue du droit de pêche attribué à l'Etat.

24. — Ainsi, d'après l'ordonnance de 1669, le droit n'existait que sur les rivières réellement navigables, c'est-à-dire *portant bateaux de leur fond, sans artifice ni ouvrage de main.*

25. — De même, sous l'empire de la loi du 14 flor. an X, il était hors de doute que, quoique les rivières flottables fissent partie du domaine de l'Etat, les propriétaires riverains avaient seuls droit à la pêche dans ces sortes de rivières. — *Pau*, 11 mars 1824, Salomon c. Forêts; *Rennes*, 12 août 1824, Forêts c. Marion.

26. — ... En conséquence, le fait de pêche sans engins prohibés et hors le temps de frai (V. *infrà*) dans ces sortes de rivières n'était passible d'aucune peine. — Même arrêt.

27. — Aujourd'hui, au contraire, et en présence des termes formels de la loi, le droit de pêche dans tous les cours d'eau, non-seulement navigables, mais même simplement flottables, appartient incontestablement à l'Etat. — *Rouen*, 27 nov. 1838 (t. 2 1838, p. 582), préfet de l'Eure c. de Praslin.

28. — Toutefois, d'après la loi elle-même, il faut que le cours d'eau soit flottable avec bateaux, trains ou radeaux : donc il faut reconnaître qu'aujourd'hui comme autrefois, quel que soit du reste le droit de propriété de l'Etat, sur les cours d'eau où la flottaison n'a lieu qu'à bûches perdues le droit de pêche ne peut être exercé à son profit. — *Cass.*, 22 août 1823, Gombert.

29. — M. de Chantelauze faisait observer à la Chambre des députés que cette restriction ne suffisait pas pour maintenir les usages existans et garantir les propriétaires riverains. — « Il est, disait-il, une foule de lieux bas dans lesquels on sait que les propriétaires de bois sont dans l'usage de faire flotter leurs coupes, non pas à bûches perdues, mais sur de très-petits trains ou de très-petits radeaux. — Afin d'éviter de nombreuses contestations entre l'autorité administrative et les propriétaires qui sont dans cette position, ne faudrait-il pas une limite plus fixe entre les rivières qui sont réputées flottables et celles qui n'ont et qui ne doivent pas avoir cette qualification? Ne faut-il pas aussi prendre part à la condition malheureuse dans laquelle se trouvent placés les propriétaires de bois, et aviser à ne pas leur ravir l'avantage de pouvoir exploiter leurs forêts en profitant de leur position comme riverains? » M. de Chantelauze demandait donc qu'on déterminât, dans une nouvelle rédaction de l'article, la dimension des radeaux d'après laquelle les rivières seraient déclarées flottables, et comme telles propriétés de l'Etat. — Mais cette observation n'eut pas de suite, M. le ministre des finances ayant fait remarquer que ces mots : *dont l'entretien appartient à l'Etat* étaient de nature à ne laisser aucun doute.

30. — Quant aux canaux, déjà avant la loi de 1829 on jugeait que le droit de pêche n'appartient pas au propriétaire riverain d'un canal dépendant du domaine public. — *Cass.*, 29 juill. 1828, d'Harville c. Comp. des canaux. — V. CANAUX, n° 60.

31. — La pêche est en outre exercée au profit de l'Etat : 2° dans les bras, noues, boires et fossés qui tirent leurs eaux des fleuves et rivières navigables ou flottables dans lesquels on peut en tout temps passer ou pénétrer librement en bateau de pêcheur, et dont l'entretien est également à la charge de l'Etat. — L. 15 avril 1829, art. 1er, § 2.

32. — Ainsi, une rivière navigable et flottable n'étant pas susceptible de propriété privée, un particulier n'est pas fondé à se prétendre propriétaire du droit de pêche sur un bras de cette rivière, par suite de la propriété de ce bras qui alimenterait son moulin. — *Cons. d'Etat* 30 mai 1821, Caumia-Baïlleux.

33. — Jugé, au contraire, par application des mêmes principes, que le droit de pêche dans une *boire* qui tire ses eaux d'une rivière navigable ou flottable, mais où on ne peut en tout temps pénétrer en bateau de pêcheur, appartient exclusivement aux propriétaires riverains de cette *boire*. — *Bourges*, 3 juin 1845 (t. 1er 1849, p. 507), Decray.

34. — A plus forte raison, la disposition de cet art. 1er, § 2, demeure inapplicable au cas où la pêche a lieu dans une noue appartenant à un particulier et qui n'est alimentée par les eaux du fleuve qui l'avoisinent que lors des débordemens. — *Montpellier*, 11 avril 1837 (t. 1er 1837, p. 424), Forest c. Billa et Lartigues.

35. — Du reste la question de savoir si les eaux sur lesquelles un droit de pêche est réclamé, sont une dépendance de la rivière navigable ou flottable qui les alimente, ou si elles forment un canal particulier, est de la compétence de l'autorité judiciaire. — *Cass.*, 9 nov. 1836, Dunoyer c. Préfet du Lot.

36. — L'art. 1er, § 1er du projet, *in fine*, portait que le droit de pêche de l'Etat s'exerçait *sans préjudice des droits acquis aux tiers*. — Cette disposition, que l'on avait même proposé d'étendre au § 2, n'a pas été maintenue; que faut-il en conclure?

37. — Sans contredit, le domaine de l'Etat est inaliénable et imprescriptible et, par conséquent, nul droit ne peut être pour l'avenir consenti par l'Etat ni acquis contre lui, en ce qui concerne la pêche dans les cours d'eau, où elle ne peut s'exercer qu'en son nom. — *Cons. d'Etat* 27 avril 1825, Chavanaud.

38. — Il est évident également que les droits exclusifs de pêche dans les rivières navigables et flottables, abolis par le décret du 4 août 1789 comme droits féodaux, appartiennent à l'Etat, nonobstant tous titres anciens et possessions contraires. — *Angers*, 10 déc. 1842 (t. 2 1843, p. 163), Abrial. — *Cons. d'Etat*, 22 janv. 1823, Hébert; 27 avril 1825, Chavanaud; 30 juill. 1827, Merle.

39. — Jugé en outre que les droits exclusifs de pêche dans les rivières navigables, concédés avant la révolution par le domaine, à titre d'engagement, ont été compris dans la suppression générale des droits féodaux prononcée par les lois des 4 août 1789, 30 juillet 1793 et 8 frimaire an II (28 novembre 1793). — *Cass.*, 8 mai 1826, Forêts c. Perrier.

40. — ... Et que la loi du 14 floréal an X, qui a recréé ce droit exclusif de pêche comme moyen de finance pour l'Etat, n'a pas eu pour effet de faire revivre les droits des anciens concessionnaires ou échangistes. — Même arrêt.

41. — ... Et encore que la preuve d'un droit de pêche ainsi aboli est inadmissible, encore bien que celui qui le réclame allègue l'avoir possédé depuis la suppression du régime féodal. — *Cass.*, 29 juill. 1828, d'Harville c. Comp. des canaux. — V. FÉODALITÉ, n° 170.

42. — ... Et les anciens concessionnaires ne peuvent, par application de la loi du 14 vent. an VII, être admis à en conserver la propriété en payant le quart de leur valeur à l'Etat, à qui le droit exclusif de pêche dans des cours d'eau navigables a été attribué. — *Cons. d'Etat* 30 juill. 1817, de Boudard c. Régie des domaines.

43. — ... Que les anciens concessionnaires n'ont plus droit à être indemnisés que pour les bâtimens, ustensiles, agrès, dont l'administration des ponts et chaussées se serait emparée. Il n'y a lieu de leur accorder aucune autre indemnité pour des dépenses qui étaient des charges de leur jouissance, et pour raison d'un droit que les lois ont supprimé sans indemnité. — Même ordonnance.

44. — Des arrêtés du directoire départemental et du préfet qui en ont accordé la jouissance provisoire aux anciens concessionnaires étant illégaux, le ministre des finances a été bien fondé à la faire cesser. — Même ordonnance.

45. — Mais que décider à l'égard des droits d'une autre nature, n'ayant aucun caractère de féodalité, qui ont pu être valablement acquis sous l'empire des lois antérieures, surtout si l'on considère que le droit de pêche pour l'Etat n'existait que sur les cours d'eau navigables? — A cet égard, M. Duvergier (sous l'art. 7, § 1er, de la loi du 15 avril 1829) pense que, bien que la suppression du paragraphe précité ait été prononcée, il résulte évidemment de la discussion qui eut lieu que la Chambre des députés, en refusant d'insérer une réserve expresse des droits acquis, n'a point entendu proscrire ces droits ; elle a voulu seulement laisser aux tribunaux la faculté de prononcer sur l'existence et l'étendue de ces droits, d'après les lois sous l'empire desquelles ils se seraient formés.

46. — Jugé, toutefois, que ce n'est qu'antérieurement à l'année 1566, époque à laquelle a été consacré définitivement le principe de l'inaliénabilité du domaine, que des droits de pêche ont pu être acquis sur les rivières navigables, en vertu d'une possession légitime établie par actes, tels qu'inféodation, engagemens, contrats d'aliénation, aveux ou dénombremens rendus sans blâme. — *Cass.*, 9 nov. 1836 (t. 1er 1837, p. 20), Dunoyer c. Préfet du Lot.

47. — L'art. 1er de la loi du 15 avril 1829 contient dans son § 3 une restriction importante. « *Sont toutefois exceptés*, dit-il, les canaux et fossés existans, ou qui seraient creusés dans des propriétés particulières et entretenus aux frais des propriétaires. » Ces mots : *ou qui seraient creusés*, ont été ajoutés au projet primitif afin de ne lais-

ser aucune équivoque sur les droits des propriétaires.

48. — M. de Barante avait demandé que le paragraphe fût ainsi rédigé : « Sont toutefois exceptés les canaux et fossés creusés et entretenus aux frais des particuliers, » afin que la disposition fût applicable aux travaux de desséchement ouverts et entretenus par des particuliers et qui traversent des terrains dont ils ne sont pas propriétaires. — L'amendement fut rejeté sur l'observation faite par M. le ministre des finances que, le droit de pêche étant fondé sur la propriété du fonds, l'exception était suffisamment expliquée, et que ce serait peut-être donner lieu à des difficultés graves que de l'exprimer autrement.

49. — On repoussa également, comme addition inutile, l'addition proposée en ces termes : « ainsi que les cours d'eau qui servant de limites entre les héritages sont entretenus par les riverains. »

50. — Aux termes de l'art. 2 : dans toutes les rivières et canaux autres que ceux qui sont désignés dans l'art. 1er les propriétaires riverains ont, chacun de leur côté, le droit de pêche jusqu'au milieu du cours de l'eau, sans préjudice des droits contraires établis par possession ou titres.

51. — Ces derniers mots, *« sans préjudice des droits contraires établis par possession ou par titres, »* ne se trouvaient pas dans le projet primitif. Sur la demande de MM. d'Argout et de Peyronnet, ils ont été ajoutés pour consacrer la légalité des conventions particulières. Seulement M. de Peyronnet estimait qu'il y avait lieu de ne maintenir les droits qu'autant qu'ils résultaient de *titres réguliers*, et non de la *possession*. — Cette opinion, adoptée par la Chambre des pairs, fut rejetée par celle des députés.

52. — Jugé, avant la loi de 1829, que lorsqu'une rivière a été rendue navigable par un entrepreneur qui a traité avec les riverains du droit de creuser et canaliser, les propriétaires riverains sont réputés avoir cédé leur droit de pêche s'ils ne prouvent se l'être réservé. — *Cass.*, 28 juillet 1828, N...

53. — Bien qu'en général tout riverain d'un cours d'eau non navigable ni flottable ait le droit de pêcher comme il l'entend le long de sa propriété, un droit aussi étendu ne saurait appartenir à celui qui borde seulement un canal creusé de main d'homme pour l'utilité d'un domaine vendu depuis en plusieurs lots; canal dont la réparation et l'entretien sont à la charge de tous les propriétaires de ce domaine. Dans ce cas, la pêche appartient à tous les propriétaires, qui, supportant en commun les charges imposées par le canal, doivent également profiter de tous les avantages qu'il présente. — *Caen*, 25 juill. 1848 (t. 1er 1849, p. 493), Lebey c. Dubuisson.

54. — Le droit de pêche dans un canal fait de main d'homme et dépendant d'un moulin appartient au propriétaire du moulin, à l'exclusion des propriétaires riverains du canal. — *Cass.*, 3 mai 1830, Cottin.

55. — Les communes profitent aussi du droit de pêche dans les rivières non navigables qui baignent les terres leur appartenant, mais ce droit doit être affermé et ne peut être divisé entre les habitans. — Ord. de 1669, art. 17.

56. — Enfin, il est à remarquer que ce droit de pêche, dépendance indivisible de la propriété de terres contiguës, ne peut être aliéné isolément. — Avis du Conseil d'Etat, 19 oct. 1811.

57. — Mais ni l'art. 2, ni aucune autre disposition de la loi ne contient de prescription sur la pêche dans les étangs et réservoirs qui ne communiquent pas avec les rivières et dépendent de la propriété privée. — *Cass.*, 11 déc. 1834, Caisse hypothécaire c. Vincent.

58. — Jugé, en conséquence, que les faits de pêche dans un étang, rivière ou réservoir appartenant à autrui ne sont prévus par aucune autre disposition pénale que l'art. 388 C. pén., applicable seulement lorsqu'ils prennent le caractère de vol. — Même arrêt. — V. VOL.

59. — Mais, jugé qu'on doit considérer plutôt comme une simple contravention aux lois sur la pêche, que comme un vol qualifié, l'action de pêcher la nuit de complicité dans une rivière affermée à une commune par un particulier. — *Paris*, 22 avril 1825 (t. 19, p. 421), Jacquet.

60. — Quelle que soit l'étendue du droit du propriétaire d'un étang, il doit, en pêchant, se garder de nuire aux propriétaires voisins (C. civ., art. 564). Ce principe était expressément consacré par le titre VIII de la Coutume d'Orléans, dont l'art. 177 était ainsi conçu : « Quand les étangs sont assis au même ruisseau et cours d'eau, si l'un d'eux est prêt à pêcher, ne pourra celui de dessus lever la bonde pendant que celui du dessous est en pêche, lequel sera tenu de faire en toute diligence. — V. ÉTANG.

61. — Aux termes de l'art. 3 de la loi du 3 avril 1829 : « des ordonnances royales, insérées au Bulletin des lois, détermineront, après une enquête *de commodo et incommodo*, quelles sont les parties des fleuves et rivières et quels sont les canaux, désignés dans les deux premiers paragraphes de l'art. 1er, où le droit de pêche est exercé au profit de l'Etat. »

62. — Dans le projet primitif, il n'était point question d'*insertion au Bulletin des lois*; cette modification demandée à la Chambre des pairs, par M. de Tournon, fut appuyée par M. d'Argout, qui insista sur la nécessité de la publicité, à l'effet de mettre les tiers qui pourraient être lésés par ces ordonnances, à même de se pourvoir dans l'intérêt de la conservation de leurs droits de propriété, qu'ils estimeraient injustement atteints. M. le ministre des finances, tout en consentant à la modification proposée, faisait remarquer qu'il ne s'agissait aucunement dans l'art. 3 d'accorder au gouvernement le droit de déclarer qu'une rivière est navigable, mais seulement de déterminer dans quelles parties des cours d'eaux et canaux le droit de pêche de l'Etat devait être reconnu, et que, dès lors, aucune atteinte à la propriété ne pouvait résulter d'un acte purement administratif. Mais M. de Peyronnet fit observer que les ordonnances réglementaires à intervenir étant en quelque sorte constitutives d'une contravention et d'une peine, puisqu'elles auraient pour but de déterminer les limites au delà desquelles la pêche commencerait d'être une contravention, il était indispensable que ces ordonnances fussent portées dans les formes ordinaires à la connaissance de tous les citoyens. — La Chambre des pairs fut de cet avis.

63. — En conformité des prescriptions de l'art. 3, une ordonnance royale du 10 juillet 1835 a été rendue, contenant le tableau des fleuves, rivières ou canaux navigables sur lesquels la pêche est exercée au profit de l'Etat, et a fait cesser ainsi toute incertitude sur des points contestés, et que, du reste, la jurisprudence de la Cour de cassation avait résolus en faveur des droits de l'Etat.

64. — Jugé, avant l'ordonnance du 10 juillet 1835, que l'art. 3, L. 15 avr. 1829, qui autorise le gouvernement à déterminer les parties des rivières navigables et flottables où le droit de pêche est exercé au profit de l'Etat, ne modifie point la disposition générale de l'art. 1er qui attribue à l'Etat le droit de pêche dans ces rivières. — *Cass.*, 3 mai 1834, Forêts c. Despouys. — Du même jour, trois arrêts identiques, Lasalle, Taoules, Masourau.

65. — ... Que, dès lors, en l'absence d'ordonnances royales rendues en exécution de l'art. 3, l'Etat doit continuer à jouir exclusivement du droit de pêche dont il était en possession sur les parties des rivières reconnues navigables ou flottables avant la loi de 1829. — Même arrêt.

66. — ... Et encore que celui qui a pêché dans une partie de rivière reconnue navigable ou flottable ne peut être acquitté sur le motif que ce n'est que par abus que les lieux ont été reconnus pour tels, et qu'aucune ordonnance postérieure à la loi n'a déclaré cette partie de la rivière navigable ou flottable. — *Cass.*, 5 mars 1835, Forêts c. Ducourneau.

67. — L'art. 3, § 3, ajoute que « dans le cas où des cours d'eau seraient rendus ou déclarés navigables ou flottables, les propriétaires qui seront privés du droit de pêche auront droit à une indemnité préalable, qui sera réglée selon les formes prescrites par les art. 16, 17 et 18 de la loi du 8 mars 1810, compensation faite des avantages qu'ils pourraient retirer de la disposition prescrite par le gouvernement. » — Evidemment, aujourd'hui ce ne serait plus suivant les formes de la loi du 8 mars 1810, mais d'après les formes nouvelles en matière d'expropriation pour cause d'utilité publique, que l'indemnité devrait être réglée.

68. — Ce ne fut qu'après une longue discussion, où les opinions les plus contradictoires furent émises, et dans laquelle fut même soulevée la question si délicate de la propriété des cours d'eau non navigables ni flottables, que le paragraphe fut adopté tel qu'il existe aujourd'hui. — V., sur ce point, Duvergier, note sous l'art. 3, § 3 de la loi du 15 avr. 1829, n° 1.

69. — A l'époque de la promulgation de la loi de 1829, et en l'absence d'un travail réglementaire complet sur les cours d'eau ou canaux sur lesquels la pêche devait être exercée au profit de l'Etat, la disposition que nous venons de rapporter avait évidemment, en fait, une importance beaucoup plus grande qu'aujourd'hui, où l'ordonnance réglementaire du 10 juill. 1835 (V. *suprà* n° 63) est intervenue. — Néanmoins, l'article conserve encore son effet pour le cas où de nouveaux cours d'eau ou canaux seraient déclarés navigables et flottables.

70. — L'art. 3, § 2 de la loi de 1829 statue encore que des ordonnances royales *insérées* au *Bulletin des lois* détermineront les limites entre la pêche fluviale et la pêche maritime dans les fleuves et rivières affluant à la mer, et que ces limites seront les mêmes que celles de l'inscription maritime. — L. 15 av. 1829, art. 3, § 2. — V. INSCRIPTION MARITIME.

71. — Mais, ajoute le même article, « la pêche qui se fera au-dessus du point où les eaux cesseront d'être salées sera soumise aux règles de police et de conservation établies pour la pêche fluviale. » — L. 15 av. 1829, art. 3, § 2. — Cette disposition fut ajoutée sur les observations de M. le ministre des finances, qui craignait que les marins ne prétendissent être admis à pêcher dans les fleuves et rivières sans être soumis à aucune surveillance.

72. — Du reste, « il a été expliqué, dit M. Duvergier (sous l'art. 3, § 2), que ce n'était point l'intérêt du fisc qui faisait restreindre la portion des fleuves dévolue à la pêche maritime; mais bien la nécessité de conserver le poisson, que la pêche faite par les marins avec des filets à mailles étroites détruirait presque absolument. »

73. — Conformément à l'art. 3 de la loi du 15 avr. 1829, l'ordonnance royale réglementaire du 10 juill. 1835, en même temps qu'elle présente le tableau des parties de fleuves et rivières ou canaux navigables ou flottables, sur lesquelles la pêche est exercée au profit de l'Etat, contient aussi l'indication des limites entre la pêche maritime et la pêche fluviale.

74. — Il avait été jugé avant la publication de cette ordonnance que les rivières et cours d'eau qui, bien que compris dans les limites de l'inscription maritime, ne se jettent pas directement dans la mer, sont régis par la loi sur la pêche fluviale et non par les dispositions relatives à la pêche maritime. — *Cass.*, 17 nov. 1832, Forêts c. Rabala. — *Bordeaux*, 15 fév. 1833, Forêts c. Boursaud. — Daviel, *Traité de la législation et de la prat. des cours d'eau*, t. 1er, n° 324. — Aujourd'hui, la difficulté ne peut plus se présenter.

75. — Tout individu qui se livre à la pêche sur les fleuves et rivières navigables ou flottables, canaux, ruisseaux ou cours d'eau quelconques, sans la permission de celui à qui le droit de pêche appartient, doit être condamné à une amende de vingt francs au moins, et de cent francs au plus, indépendamment des dommages-intérêts. — L. 25 avr. 1829, art. 5, § 1er.

76. — Nous verrons (*infrà* nos 306 et suiv.) comment se constate le délit prévu par cet article et comment s'exercent les poursuites.

77. — Outre l'amende, il y a lieu à la restitution du prix du poisson pêché en délit; et la confiscation des filets et engins peut être prononcée. — L. 15 av. 1829, art. 5, § 2. — Dans le projet, la rédaction de ce paragraphe était différente en ce sens que la confiscation des filets et engins était obligatoire. C'est sur la proposition de la commission de la Chambre des députés qu'elle est facultative.

78. — Les filets non prohibés dont la confiscation aurait été prononcée en exécution de l'art. 5, seront vendus au profit du trésor. — L. 15 avr. 1829, art. 41, § 2.

79. — Jugé que les faits de jouissance plus ou moins anciens, quelque prolongés qu'ils fussent, ne pourraient constituer une possession légale du droit de pêche, et par suite faire excuser les contrevenans. — *Cass.*, 3 oct. 1828, Doudits; 5 mars 1829, Forêts c. Manchoi.

80. — La bonne foi n'est pas davantage une excuse. — Celui qui a pêché dans une rivière navigable sans être porteur d'une licence d'adjudication de la pêche, ne peut être acquitté par le motif qu'il a pu se croire autorisé à pêcher par un bail qu'il tenait d'une autre personne qui a été reconnue n'avoir aucun droit. — *Cass.*, 11 juin 1825, Rouxel.

81. — Mais l'individu porteur d'une licence à lui délivrée par le fermier de la pêche fluviale ne peut être poursuivi comme ayant pêché sans autorisation, alors même que le fermier n'aurait pas rempli les formalités à lui imposées par le cahier des charges. — *Bordeaux*, 26 août 1847 (t. 1er 1848, p. 382), Forêts c. Château.

82. — Le sous-fermier de la pêche dans une rivière navigable doit, comme le fermier ou adjudicataire principal, et sous peine d'amende, se munir d'un permis de pêche délivré par l'inspecteur des eaux et forêts.—*Cass.*, 16 juill. 1846 (t. 1er 1847, p. 188), Forêts c. Houssier.

83. — De même, l'associé d'un sous-fermier de la pêche dans une rivière navigable ou flottable doit, bien que porteur d'un acte authentique d'association, être, comme ce sous-fermier (et sous les peines prévues par l'art. 5 de la loi du 15 avr. 1829), muni d'un permis délivré par l'inspecteur général des eaux et forêts. — *Cass.*, 21 mars 1846 (t. 2 1846, p. 442), Forêts c. Pujols.

84. — Néanmoins, il est permis à tout individu de pêcher à la ligne flottante tenue à la main, dans les fleuves, rivières et canaux *désignés dans les deux premiers paragraphes de l'art. 1er de la présente loi*, le temps du frai excepté. — L. 15 avril 1829, art. 5, § 3.—Ces mots : *désignés dans les deux premiers paragraphes de l'art. 1er de la présente loi*, ont été ajoutés sur la proposition de M. d'Argout, afin de prévenir l'abus qu'on pourrait faire de la généralité des termes du projet, en prétendant qu'on peut pêcher à la ligne dans les rivières qui n'appartiennent pas à l'Etat contre le gré des propriétaires riverains.

85. — Aujourd'hui, en effet, comme avant la loi de 1810, tout fait de pêche dans un cours d'eau non navigable, sans le consentement du propriétaire, est un délit prévu par la loi. — *Cass.*, 27 déc. 1810, Pochet.

86. —Il a été jugé que lorsque le fonds affermé est traversé par un cours d'eau, le fermier n'a droit de pêche qu'autant que son bail le lui confère expressément. — *Rouen*, 13 juin 1844 (t. 2 1844, p. 464), Brunel et Chopart c. Lasne. — Troplong, *Du louage*, t. 1er, nº 165. — V., toutefois, *contrà*, Duvergier, *Du louage*, t. 1er nº 75. — V., au reste, sur le droit du fermier en ce qui concerne la pêche, soit dans les étangs, soit dans les cours d'eau, BAIL, nos 1265 et suiv.

87. — Du reste, il est incontestable qu'alors que sur le fonds affermé se trouvent des étangs, dont la pêche forme une branche de revenu, le fermier, à moins de conventions contraires, a droit à la pêche; car alors le produit des étangs constitue un fruit que les parties ont dû nécessairement avoir en vue lorsqu'elles ont fait le bail. — Duvergier, *Du louage*, t. 1er, nº 75; Troplong, *Du louage*, nº 163.

88. — De ce que le libre exercice de la pêche à la ligne flottante n'est autorisé que dans les fleuves ou rivières dans lesquels le droit de pêche est exercé au profit de l'Etat, il suit que nul, s'il n'est adjudicataire ou muni de licence, n'a le droit de pêcher à la ligne, dans les eaux et pêcheries d'une commune. — *Cass.*, 5 mars 1829, Forêts c. Manchoi; même jour, Forêts c. Alphaud. — Cette solution, rendue avant l'empire de la loi de 1829, ne peut plus aujourd'hui faire l'objet d'aucun doute. Rogron (*Code de la pêche fluviale expliqué*, p. 12) pense, il est vrai, que, par voie d'analogie, si les membres de la grande communauté de l'Etat peuvent pêcher sans permission, à la ligne flottante, dans les rivières navigables et flottables, les membres de la commune doivent avoir le même droit, sans être obligés de demander de permission, dans les rivières qui appartiennent à la commune. — L'analogie ne suffit pas, répondons-nous, pour faire admettre une dérogation à une prohibition aussi générale que celle qui vient d'être rappelée.

89. — ... Et peu importe que le prévenu, habitant de la commune, excipât de la faculté dont les habitans de cette commune auraient toujours joui, sans trouble ni empêchement, de pêcher à la ligne dans les eaux communales; cette tolérance n'aurait pu créer un droit à son profit, ni excuser son délit. — Même arrêt.

90. — Par les mêmes motifs, il est également hors de doute que le fait d'avoir pêché à la ligne flottante *dans un ruisseau traversant une forêt domaniale*, sans en avoir obtenu la permission du domaine, constitue une infraction punissable. Peu importerait, d'ailleurs, qu'un arrêté préfectoral sanctionné par ordonnance royale eût rendu générale la faculté de pêcher à la ligne flottante, que les art. 1er et 5 de la loi du 15 avril 1829 ont restreinte à certains cours d'eau. — *Cass.*, 4 juill. 1846 (t. 1er 1847, p. 187), Forêts c. Antoine.

91. — Mais, du moment qu'il s'agit des fleuves, rivières ou canaux désignés aux deux premiers paragraphes de l'art. 1er de la loi du 15 avr. 1829, la faculté de pêcher à la ligne flottante doit s'exercer d'une manière absolue et sans restriction aucune.

92. — Jugé, en ce sens, que la disposition de la loi qui permet de pêcher à la ligne flottante tenue à la main, dans les canaux et contre-fossés dont l'entretien est à la charge de l'Etat ou de ses ayans cause, est également applicable vis-à-vis des concessionnaires de ces canaux. — *Douai*, 27 sept. 1844 (t. 2 1845, p. 305), Deudon-Scheldon c. Leblond.

93. — Jugé par la cour de Liége, sous l'empire de l'ordonnance de 1669 (et il faut en dire autant chez nous sous l'empire de la loi de 1829), que la pêche à la ligne flottante peut s'exercer sur un bateau comme sur le bord. — *Liége*, 28 déc. 1835, Forêts c. Ponsart.

94.—Mais il faut que la pêche ait lieu au moyen de la ligne flottante et non autrement. Les termes de la loi du 14 flor. an X pouvaient sur ce point donner lieu à quelque équivoque, à raison de ces expressions : *à la ligne flottante et à la main*; on avait cru pouvoir conclure de là qu'il était permis de pêcher soit à la ligne flottante, soit à la main, d'autant plus que l'arrêté du 17 niv. an XII, qui avait suivi la loi du 14 flor. an X, s'expliquait catégoriquement sur la nécessité de la ligne flottante tenue à la main.

95. — Néanmoins, et nonobstant l'ambiguïté des termes de la loi du 14 flor. an X, la Cour de cassation avait jugé et avec raison sous l'empire de cette loi que le fait d'avoir pêché à la main, sans la permission du fermier, en plongeant dans une rivière navigable, constituait un délit.—*Cass.*, 7 août 1823, Montméja c. Espitalier.

96. — Aujourd'hui la loi de 1829 a fait cesser toute équivoque; la prescription de l'art. 5 est aussi formelle que celle de l'arrêté du 17 niv. an XII : la pêche n'est libre qu'*à la ligne flottante tenue à la main*.

97. — Il ne suffit même pas que la ligne flottante soit de nature à être tenue à la main; il faut encore que de fait elle soit placée dans la main du pêcheur, et non à côté de lui sur le bord.—*Bourges*, 12 oct. 1839 (t. 1er 1840, p. 312). Forêts c. Bouchard.

98. — La ligne flottante étant seule autorisée, celui qui n'est ni fermier de la pêche, ni pourvu de licence, ne peut dans une rivière navigable pêcher avec un instrument qu'il ne tient point à la main, et dont l'extrémité séjourne au fond de l'eau au moyen d'un plomb.—*Cass.*, 1er déc. 1810, Forêts c. Gabrielli.

99. — Jugé toutefois qu'une ligne flottante peut toujours être considérée comme telle, bien qu'elle soit armée de petits plombs. — *Douai*, 27 sept. 1844 (t. 2 1845, p. 305), Deudon-Scheldon c. Leblond. — Il y a là évidemment une question de fait soumise à l'appréciation des tribunaux.

100. — Avant la loi de 1829, on jugeait que c'était aux tribunaux, et non aux préfets, à connaître des questions relatives à l'interprétation des clauses de l'acte d'adjudication d'un droit de pêche. — *Cons. d'Etat*, 4 juin 1815, Labbé. — V. Décr. 18 août 1807 (duc d'Hyjar). — Cormenin, *Dr. adm.*, vis *Baux administratifs*, t. 1er, p. 266; *Cours d'eau*, t. 1er, p. 534, et appendice, *Baux*, p. 31, col. 1re; Garnier, *Rég. des eaux*, nº 626; Daviel, *Cours d'eau*, nº 490.

101. — Aujourd'hui cette solution ne peut plus être douteuse, car la loi est formelle : « Les contestations entre l'administration et les adjudicataires relatives à l'interprétation et à l'exécution des conditions des baux et adjudications, et toutes celles qui s'élèveraient entre l'administration et les ayans cause, et des tiers intéressés à raison de leurs droits ou de leurs propriétés, doivent être portées devant les tribunaux. » — L. 15 avr. 1829, art. 4.

102. — Comme explication de cette disposition, et sur l'interpellation de M. de Schonen, M. le ministre des finances a déclaré formellement « qu'il n'y a qu'un cas, celui de nullité des formes extérieures, que l'administration ne pourrait porter devant les tribunaux; tous les autres cas peuvent y être portés. »

103. — Au surplus, et même avant la loi de 1829, le Conseil d'Etat décidait déjà : C'est aux tribunaux civils et non à l'autorité administrative qu'il appartient de statuer sur les questions relatives à l'interprétation des clauses de l'adjudication d'un droit de pêche. — *Cons. d'Etat*, 18 sept. 1813, pêcheurs de Saint-Nazaire c. Trabant; 4 juin 1815, Labbé c. Dupetit. — Cormenin, *Dr. admin.*, vis *Baux administratifs*, t. 1er, p. 266, et *Cours d'eau*, t. 1er, p. 534; Garnier, *Rég. des eaux*, nº 628; Daviel, *Cours d'eau*, nº 490.

104. — Et cela lors même que par une clause du bail on aurait attribué la connaissance de la contestation à l'autorité administrative, attendu que les juridictions sont d'ordre public. — *Cons. d'Etat*, 4 nov. 1824, Chupron c. Navarre.

105. — C'est encore aux tribunaux, et non à l'autorité administrative, qu'il appartient de connaître de la contestation entre un entrepreneur de travaux publics, qui transporte par eaux les pierres nécessaires à son entreprise, et un fermier de la pêche, qui se plaint que le passage fréquent du bateau de l'entrepreneur détourne le poisson de la rivière. — *Cons. d'Etat*, 29 déc. 1812, Cachot c. Eleveniot.

106. — Lorsqu'au sujet de la pêche d'un étang situé dans le voisinage de la mer, et sur lequel un droit de pêche existe en vertu de titres anciens, la régie des domaines soutient que cet étang dépend du domaine public et que le droit de pêche est supprimé; que d'un autre côté le concessionnaire du droit de pêche prétend que la rente qu'il était tenu de payer, et pour laquelle il est poursuivi, a été supprimée comme féodale, c'est aux tribunaux seuls qu'il appartient de prononcer sur ces questions de propriété et de féodalité. — *Cons. d'Etat*, 20 juin 1816, Boussairolles c. Régie des domaines.

107. — Jugé avant la loi de 1829 que les préfets sont compétens pour ordonner la suppression des obstacles qui empêchent l'exercice de la pêche au profit de l'Etat dans les cours d'eau navigables et flottables; et que les contraventions aux arrêtés en pareilles matières sont soumises aux conseils de préfecture. — *Cons. d'Etat*, 30 mai 1821, Caumia-Bailleux c. Domaines.

108. — Jugé aussi que lorsque, pour décider si une partie de rivière a été ou non comprise dans l'adjudication de la pêche, il s'agit d'abord de savoir si la partie litigieuse de la rivière est ou non navigable, la déclaration préalable de ce fait appartient au préfet et non au conseil de préfecture.—*Cons. d'Etat*, 27 déc. 1820, Mellon c. Marchet.

109.—Mais « aujourd'hui, dit M. Garnier (*Rég. des eaux*, nº 495), la déclaration de navigabilité ou flottabilité d'une rivière ne suffirait pas pour que l'Etat y exerçât le droit de pêche; car il ne l'exerce pas dans toutes celles reconnues navigables ou flottables. Il faut, en outre, qu'une ordonnance royale ait déterminé les rivières ou portions de rivières où il pêchera (V. *suprà*). — D'où il suit que c'est au conseil d'Etat seul qu'il appartient d'apprécier et de déterminer le sens et les effets d'une ordonnance royale qui en exécution de la loi du 15 avril 1829 a fixé les limites dans lesquelles le droit de pêche doit s'exercer au nom de l'Etat dans une rivière. — *Cons. d'État*, 5 sept. 1836, de Praslin.

110.—C'est aux tribunaux à statuer sur les questions de propriété et d'indemnité fondées sur des titres anciens et sur les règles du droit commun. — Cormenin, *Dr. adm.*, vis *Baux admin.*, t. 1er, nº 266, et *Cours d'eau*, t. 1er, p. 510 et 519.

111. — Ainsi jugé spécialement pour le cas de contestation entre deux adjudicataires ou fermiers de la pêche sur l'étendue de leurs cantonnemens. — *Cons. d'État*, 6 mars 1816, Barreaux; 16 juill. 1817, Pecquet; 4 nov. 1824, Chupron c. Navarre; 16 fév. 1826, Montméja c. Dupouget.

112. — Il appartient au ministre des finances de statuer sur une demande qui a pour objet de faire modifier ou restreindre le bail d'un droit de pêche. — *Cons. d'Etat*, 22 janv. 1823, Hébert. — Cormenin, *Droit administ.*, vº *Cours d'eau*, t. 1er, p. 529.

113. — ... Comme aussi de faire cesser la jouissance provisoire qu'un préfet a indûment accordée à un particulier relativement à un droit de pêche dans une rivière navigable. — *Cons. d'Etat*, 30 juill. 1817, de Boudard c. Régie des Domaines.

CHAPITRE III. — *Administration et régie de la pêche.*

114. — La pêche au profit de l'Etat est exploitée soit par voie d'adjudication publique, soit par concessions de licence à prix d'argent. — L 15 avril 1829, art. 10, et loi du 6 juin 1840, art. 1er.

115. — L'ancien art. 10 de la loi du 15 av. 1829 faisait suivre les mots « adjudication publique » de ceux *« aux enchères et à l'extinction des feux; »* mais ces derniers mots ont été retranchés par la loi du 6 juin 1848 (nouvel art. 10), afin de laisser à l'administration la faculté de déterminer, suivant les circonstances de temps et de lieux, la forme des adjudications de baux : sans s'écarter néanmoins du principe de la publicité et de la concurrence.

116. — L'art. 20 de la loi du 6 juin 1840 a, au reste, renvoyé aux ordonnances royales le soin de déterminer les divers modes d'adjudication, en ajoutant que les adjudications auraient toujours lieu avec publicité et concurrence, et il est intervenu le 28 oct. - 17 nov. suivant une ordonnance royale ainsi conçue : « A l'avenir les adjudications du droit de pêche à exercer au profit de l'Etat dans les fleuves, rivières et cours d'eau navigables et flottables, pourront se faire par adjudication au rabais ou par adjudication aux enchères et à l'extinction des feux.—Lorsque l'adjudication publique aura été tentée sans succès, l'exercice du droit de pêche pourra être concédé par licence à prix d'argent sur l'autorisation du directeur général des forêts.

117. — La commission de la Chambre des députés avait, en 1829, pensé que des licences pourraient être accordées *gratuitement* aux pêcheurs pour exercer leur état dans les parties inférieures des fleuves et rivières affluant à la mer, même au-dessus de la marée haute, et qui auraient été déterminées par l'administration. Mais cette proposition fut rejetée.

118. — « Le mode de concession par licence ne peut être employé que lorsque l'adjudication aura été tentée sans succès. En conséquence, toutes les fois que l'adjudication d'un cantonnement de pêche n'aura pu avoir lieu, il sera fait mention dans les procès-verbaux de la séance des mesures qui auront été prises pour donner toute la publicité possible à la mise en adjudication, et des circonstances qui se seront opposées à la location.—L. 15 avril 1829, art. 10, et L. du 6 juin 1840. »

119. — M. Salverte demandait qu'une disposition formelle de la loi fixât la durée des locations par adjudication à neuf ans au plus, et restreignît celles par voie de licences à trois années au plus. — Il résulte clairement de la discussion qui eut lieu à ce sujet, et notamment des paroles formelles de M. le ministre des finances, que le gouvernement en sa qualité d'administrateur ne peut, soit par les locations, soit par les licences, faire des concessions excédant neuf années, mais qu'il est libre d'agir dans ces limites comme il le croit utile.

120. — L'adjudication publique doit être annoncée au moins quinze jours à l'avance par des affiches apposées dans le chef-lieu du département, dans les communes riveraines du cantonnement et dans les communes environnantes. — L. 15 avr. 1829, art. 11.

121. — Toute location faite autrement que par adjudication publique doit être considérée comme clandestine et déclarée nulle. Les fonctionnaires et agens qui l'auraient ordonnée ou effectuée doivent être condamnés à une amende égale au double du fermage annuel du cantonnement de pêche. — Même loi, art. 12. — Toutefois les dispositions de l'article 12 ne sont pas applicables aux concessions par voie de licence. — *Ibid.*

122. — Doit être encore annulée toute adjudication qui n'aurait point été précédée des publications et affiches prescrites par l'article 11, ou qui aurait été effectuée, dans d'autres lieux, à autres jour et *heure* que ceux indiqués par les affiches ou procès-verbaux de remise en location. — L. 15 avril 1827, art. 13. — Une différence notable est à signaler entre l'art. 19 du Code forestier et l'art. 13 de la loi sur la pêche fluviale, en ce que ce dernier article mentionne expressément, à la différence du premier, le cas où l'adjudication aurait eu lieu à une autre *heure* que celle indiquée par les affiches aux procès-verbaux.

123. — Les fonctionnaires et agens qui auraient contrevenu à ces dispositions (celles contenues en l'art. 13) doivent être condamnés solidairement à une amende égale à la valeur annuelle du cantonnement de pêche ; une amende pareille doit être prononcée contre les adjudicataires en cas de complicité. — L. 15 avr. 1829, art. 13, § 2.

124. — Il résulte de la discussion qui a eu lieu sur les deux paragraphes de l'art. 13 : 1° que la question de savoir si, pour exercer des poursuites contre les fonctionnaires, il faudra préalablement obtenir une autorisation du Conseil d'Etat, doit être résolue d'après les lois existantes ; 2° que, lorsque l'adjudication est *consommée*, les demandes en nullité, pour les causes indiquées dans les art. 12 et 13, doivent être portées non devant le tribunal correctionnel, mais devant le tribunal civil. — Duvergier, *Coll.* 1829, sur l'art. 13.

125. — Quant aux contestations qui peuvent s'élever *pendant* les opérations d'adjudication, soit sur la validité des opérations, ou sur la solvabilité de ceux qui auront fait des offres et de leurs cautions, elles sont décidées immédiatement par le fonctionnaire qui préside la séance d'adjudication.

126. — Dans la discussion qui eut lieu à la Chambre des pairs, M. d'Argout demandait que la décision ainsi rendue ne fût pas souveraine, et qu'on pût former appel devant le conseil de préfecture. M. de Martignac, commissaire du gouvernement, combattit la proposition en faisant remarquer qu'en matière d'enchère tout doit être prompt et définitif, et qu'une fois consommée l'adjudication doit être irrévocable. N'est-ce pas, d'ailleurs, le fonctionnaire qui préside qui seul peut être juge de la solvabilité de l'enchérisseur ? D'ailleurs, ajouta M. le duc de Praslin, les difficultés qui s'élèvent le plus souvent, en pareil cas, résultent de la prétention respective de deux enchérisseurs d'avoir couvert le premier l'enchère sur laquelle l'adjudication a été prononcée : « Quel autre peut être mieux le juge de ce litige, que le fonctionnaire qui préside à l'adjudication ? » — Sous le mérite de ces observations la proposition de M. d'Argout ne fut pas accueillie.

127. — La même proposition, reproduite lors de la discussion du même art. 14 (lors de la loi du 6 juin 1840), fut également repoussée, bien que, comme nous le verrons plus bas, cette loi ait eu pour résultat de supprimer la faculté de surenchère consacrée par la loi de 1829.

128. — Jugé que les formalités de publicité et d'enchères, prescrites pour les baux et adjudications de la pêche, ne sont introduites qu'en faveur de l'Etat ; dès lors, l'adjudicataire ne peut se plaindre de leur inobservation et s'en prévaloir pour faire annuler son bail. — *Agen*, 2 janv. 1834, Marronat.

129. — Jugé aussi que les tribunaux investis, par exception à la règle générale qui leur interdit la connaissance des actes administratifs, du droit de connaître des contestations entre l'administration et les fermiers de la pêche, relativement à l'interprétation et à l'exécution des clauses du bail (V. *suprà*, n° 101), ne sont pas compétens pour prononcer la nullité d'un tel bail. — Même arrêt.

130. — L'art. 15 de la loi du 15 avril 1829, reproduction exacte de l'art. 21 du Code forestier, contient l'énumération des personnes qui ne peuvent prendre part aux adjudications, ni par elles-mêmes, ni par personnes interposées, directement ou indirectement, soit comme parties principales, soit comme associées ou cautions.

131. — 1° Les agens et gardes forestiers et les gardes-pêche dans toute l'étendue de la République ; les fonctionnaires chargés de présider ou de concourir aux adjudications, et les receveurs du produit de la pêche dans toute l'étendue du territoire où ils exercent leurs fonctions. — En cas de contravention, les personnes ci-dessus désignées sont punies d'une amende qui ne peut excéder le quart ni être moindre du douzième du montant de l'adjudication, et elles demeurent en outre passibles de l'emprisonnement et de l'interdiction qui sont prononcés par l'art. 175 du Code pénal. — L. 15 avril 1829, art. 15, § 2 et 3.

132. — 2° Les parens et alliés en ligne directe, les frères et beaux-frères, oncles et neveux des agens et gardes forestiers et gardes-pêche, dans toute l'étendue du territoire pour lequel ces agens ou gardes sont commissionnés. — En cas de contravention, il y a lieu de les condamner à une amende égale à celle appliquée aux agens de l'administration. — L. 15 avr. 1829, art. 15, § 4 et 5. — Moins sévère que l'ordonnance de 1669, la loi actuelle n'a pas étendu la prohibition aux cousins germains.

133. — 3° Les conseillers de préfecture, les juges, officiers du ministère public et greffiers des tribunaux de première instance, dans tout l'arrondissement de leur ressort. — En cas de contravention, ils demeurent passibles de tous dommages et intérêts. — L. 15 avril 1829, § 5 et 6.

134. — Il résulte de la discussion : 1° que de ce qu'un fonctionnaire aurait une action dans une société en commandite, il ne saurait être considéré comme ayant pris une part indirecte à l'adjudication qu'autant qu'il y aurait fraude de sa part ; hors ce cas, ce sont les seuls gérans de la société qui peuvent être considérés comme prenant part à l'adjudication.

135. — ... 2° Qu'il en est de même du cas où un fonctionnaire achète pour ses besoins des bois provenant de l'adjudication. — Il est évident que s'il agit de bonne foi et sans collusion, avant l'adjudication, la disposition ne saurait lui être applicable, et qu'elle ne le deviendrait qu'autant qu'il y aurait fraude et qu'il serait prouvé, par exemple, que l'adjudication aurait été faite dans son intérêt, et qu'ainsi l'adjudicataire ne serait qu'une personne interposée.

136. — Toute adjudication faite en contravention aux dispositions de l'art. 15 de la loi du 15 avril 1829 doit être déclarée nulle. — Art. 15, § 9.

137. — Rien ne fait obstacle à ce que l'adjudication soit poursuivie par une réunion d'un plus ou moins grand nombre de personnes, que cette association constitue une société véritable établie par écrit, ou que ceux qui la composent se soient confiés à leurs paroles réciproques, comme, par exemple, s'il s'agissait d'une société en participation non constatée par écrit (paroles de M. Martignac à la chambre des députés sur l'art. 22 C. for.).

138. — Mais « toute *association secrète* ou *manœuvre* entre les pêcheurs ou autres, tendant à nuire aux adjudications, à les troubler, ou à obtenir les cantonnemens de pêche à plus bas prix, donne lieu à l'application des peines portées par l'art. 412 du C. pén. (V. HAUSSE ET BAISSE DES MARCHANDISES), indépendamment de tous dommages-intérêts ; et si l'adjudication a été faite au profit de l'association secrète ou des auteurs desdites manœuvres, elle doit être déclarée nulle. — L. 15 avril 1829, art. 16.

139. — « Aucune déclaration de command n'est admise, si elle n'est faite immédiatement après l'adjudication et séance tenante. » — L. 15 avril 1829, art. 17. — Du reste, et comme tous autres commands en toutes matières, le command n'est lié envers l'administration que par l'acceptation de celle-ci. — Duvergier, sur l'art. 17 de la loi du 15 avril 1829.

140. — « Faute par l'adjudicataire de fournir les cautions exigées par les cahiers des charges dans le délai prescrit, il est déclaré déchu de l'adjudication par arrêté du préfet ; et il est alors procédé dans les mêmes formes que la première fois à l'adjudication nouvelle du cantonnement de pêche, à la folle enchère de l'adjudication originaire. L'adjudicataire déchu est tenu par corps de la différence entre son prix et celui de la nouvelle adjudication ; sans pouvoir réclamer l'excédant, s'il y en a. » — L. 15 avril 1829, art. 18.

141. — Dans le but d'assurer le plus haut prix d'adjudication, l'art. 19 de la loi du 15 avril 1829 autorisait jusqu'au lendemain midi la surenchère du cinquième, sauf ensuite jusqu'au surlendemain midi le droit pour l'adjudicataire originaire et les surenchérisseurs de faire de nouvelles déclarations de simple surenchère. — L'art. 20 déférait aux conseils de préfecture le soin de statuer sur les contestations relatives à la validité des surenchères. — La loi du 6 juin 1840 a rapporté ces dispositions : dans aucun cas il n'y a lieu aujourd'hui à surenchère, l'adjudication une fois prononcée est définitive ; sauf bien entendu le cas de fraude, qui amène son annulation.

142. — Les adjudicataires sont tenus d'élire domicile dans le lieu où l'adjudication a été faite. Faute par eux de le faire, tous actes postérieurs leur sont valablement signifiés au secrétariat de la sous-préfecture. — L. 6 juin 1840 (même article rectifié). — L'ancien art. 21 portait que l'élection de domicile devait avoir lieu *au moment de l'adjudication*. — Bien que ces mots aient été retranchés dans la loi de 1840, il résulte de la discussion : que le retranchement n'a eu lieu qu'à raison de la clarté suffisante de l'article, qui ne peut admettre la supposition d'une élection de domicile faite *après l'adjudication*, et pour éviter le renvoi de la disposition à l'autre chambre.

143. — Le domicile élu dans le procès-verbal d'adjudication n'a trait qu'aux intérêts civils et nullement aux poursuites correctionnelles, qui doivent toujours, suivant le droit commun, être faites au domicile. — Décis. minist. 26 avr. 1820 sur l'art. 27 du Code forestier, dont l'art. 21 de la loi du 15 avril 1829 est la reproduction.

144. — Jugé toutefois que l'adjudicataire qui n'a pas fait élection de domicile peut être assigné devant le tribunal correctionnel, au secrétariat de la sous-préfecture : ce secrétariat remplaçant l'ancien greffe des maîtrises des eaux et forêts. — *Cass.*, 6 juill. 1828, Rollet.

145. — Tout procès-verbal d'adjudication emporte exécution parée et contrainte par corps contre les adjudicataires, leurs associés, et cautions, tant pour le paiement du prix principal que pour accessoires et frais. Les cautions sont en outre contraignables solidairement et par les mêmes voies au paiement des dommages, restitutions et amendes qu'aurait encourus l'adjudicataire. — L. 15 avril 1829, art. 22.

146. — Comme tous procès-verbaux administratifs, les procès-verbaux administratifs mentionnés en l'art. 22 font foi jusqu'à inscription de faux et sans qu'aucune preuve puisse être admise contre ni outre le contenu. — V. PROCÈS-VERBAUX.

147. — De même qu'en matière forestière, les procès-verbaux d'adjudication de cantonnement de pêche emportent hypothèque générale sur les biens de l'adjudicataire ou de sa caution. — Duvergier, sur l'art. 22 de la loi du 15 avril 1829. — — Avis Cons. d'Etat 29 oct. et 12 nov. 1811. —

V., au reste, sur le point de savoir si les décisions administratives emportent, comme les décisions des cours et tribunaux, hypothèque judiciaire, *Rouen*, 22 mai 1818, Vernier. — V. aussi HYPOTHÈQUE.

148. — Mais de même qu'en matière forestière, la contrainte par corps n'est pas encourue *ipso facto*, sans qu'un jugement ait été rendu. — Même auteur. — Coin-Delisle et Fréderich, *Comm. C. forest.*

149. — M. de Schonen avait proposé à la suite du titre 3 un article additionnel ainsi conçu : « Tout fonctionnaire public ou tout agent de la pêche prévenus d'un des délits prévus par les art. 12, 13, 15 et 19 du présent titre seront poursuivis, soit à la requête de l'administration, soit à celle du ministère public, conformément à l'art. 483 du Code d'instr. crimin. » — Cette disposition fut rejetée.

150. — Les adjudicataires ou fermiers de pêche pour un prix de 2,000 fr. et au-dessus sont patentables de 6e classe. — Droit fixe basé sur la population; droit proportionnel du 20e de la valeur locative de l'habitation et des lieux servant à l'exercice de la profession.

151. — Les adjudicataires ou fermiers pour un prix de ferme de 500 fr. à 2,000 fr., — adjudicataires ou fermiers pour un prix de ferme inférieur à 500 fr. sont patentables : les premiers de 7e classe et les derniers de 8e classe. — Droit fixe basé sur la population; droit proportionnel du 40e de la valeur locative de tous les locaux qu'ils occupent, mais seulement dans les communes de 20,000 âmes et au-dessus. — V. PATENTE.

152. — L'administration des contributions indirectes étant expressément chargée du recouvrement des droits de navigation et autres revenus des canaux, a, par cela même, le droit de poursuivre par voie de contrainte le paiement du fermage de la pêche dans les canaux comme faisant essentiellement partie de leur revenu. — *Cass.*, 25 juin 1834, Regnaüfin.

153. — De son côté l'Etat garantit à l'adjudicataire la jouissance libre et complète du droit de pêche dans le cantonnement affermé.

154. — Ainsi l'embargo qui par ordre des autorités civiles et militaires, et pour arrêter l'invasion étrangère, a frappé sur des nacelles servant à l'exploitation d'un cantonnement de pêche loué par l'Etat, a pu être déclaré un fait personnel au bailleur, et non un cas fortuit extraordinaire résultant des ravages de la guerre. Et par suite, c'est à raison des pertes qu'il a éprouvées, et non à raison du temps pendant lequel l'embargo a eu lieu, que le gouvernement est tenu d'indemniser le fermier. — *Cass.*, 30 avril 1834, Préfet de Tarn-et-Garonne c. Sabathié.

CHAPITRE IV. — *Conservation et police de la pêche.*

155. — « Nul, dit l'art. 23 de la loi du 15 avr. 1829, ne peut exercer le droit de pêche dans les fleuves et rivières navigables ou flottables, les canaux, ruisseaux ou cours d'eau quelconques, qu'en se conformant aux dispositions suivantes. Les articles 24 à 35 en contiennent l'énumération.

156. — Un pair, M. le baron de Mauville, trouvait la disposition de l'article trop générale, et demandait que l'on retranchât les mots : *cours d'eau quelconques*, dans l'intérêt de la conservation des milliers de pêcheries établies, de temps immémorial, près des usines, et que l'article 24 de la loi, s'il demeurait applicable aux cours d'eau, quels qu'ils fussent, allait faire disparaître. La proposition fut rejetée.

157. — Une discussion plus sérieuse s'engagea à l'occasion d'un amendement proposé par M. le comte de Tournon et tendant à exempter de l'application des prescriptions de la loi les cours d'eau *compris dans les parcs, jardins ou autres propriétés closes*, l'article 45 de la loi n'interdisant aux agens de la pêche que l'entrée des *maisons et habitations closes*. Concevrait-on, par exemple, disait l'honorable pair, que les agens de la pêche s'introduisissent dans une propriété close, pour vérifier si le propriétaire ne prend pas à la main quelques poissons dans un ruisseau qui lui appartient ?

158. — Mais le rapporteur de la commission et plusieurs pairs, dit M. Duvergier (sous l'art. 23), combattirent cet amendement par le motif que les exceptions demandées s'étendaient, dans leurs résultats, non-seulement à la portion des cours d'eau qui se trouverait comprise dans les propriétés closes, mais encore aux portions supérieures et inférieures des mêmes cours d'eau. Si, en effet, un barrage est établi dans un parc, la communication est interrompue entre les deux parties de la rivière; et, comme l'on sait que le poisson, pour se reproduire, aime à remonter vers les sources, la pêche de toute une rivière peut être réduite à rien par un obstacle apporté au passage du poisson, dans un endroit où le cours d'eau ne paraîtrait avoir que bien peu d'importance. — L'amendement fut écarté par la question préalable.

159. — L'attribution générale de police qui, en matière de pêche, a été dévolue à l'Etat, est indépendante des obligations dont il peut être tenu à un autre titre. — *Cass.*, 5 nov. 1847 (t. 1er 1848, p. 578), Forêts c. Peuchot.

160. — Jugé, par le même arrêt, que l'art. 23 de la loi du 15 avr. 1829, qui subordonne à cette attribution l'exercice du droit de pêche dans les fleuves, rivières navigables ou flottables, ruisseaux ou cours d'eau quelconques, ne reçoit exception que dans les cas prévus par l'art. 30 de la même loi, lesquels se rapportent limitativement soit aux étangs ou réservoirs, soit aux fossés ou canaux appartenant à des particuliers, dès que leurs eaux cessent naturellement de communiquer avec les rivières.

161. — Des ordonnances royales déterminent : 1° les temps, saisons et heures pendant lesquels la pêche sera interdite dans les rivières et cours d'eau quelconques; — 2° les procédés et modes de pêche qui, étant de nature à nuire au repeuplement des rivières, devront être prohibés; — 3° les filets, engins et instrumens de pêche qui seront défendus comme étant aussi de nature à nuire au repeuplement des rivières; — 4° les dimensions de ceux dont l'usage sera permis dans les divers départemens, pour la pêche des différentes espèces de poissons; — 5° les dimensions au-dessous desquelles les poissons de certaines espèces qui seront désignées, ne pourront être pêchés et devront être rejetés en rivière ; — 6° les espèces de poissons avec lesquelles il sera défendu d'appâter les hameçons, nasses, filets ou autres engins. — L. du 15 avr. 1829, art. 26. — Ajoutons que l'ordonnance royale détermine également que les drogues ou appâts ne peuvent être jetés dans les eaux.

162. — Il est interdit de placer dans les rivières navigables ou flottables, canaux et ruisseaux, aucun barrage, appareil ou établissement quelconque de pêcherie, ayant pour objet d'empêcher entièrement le passage du poisson. — L. 15 avr. 1829, art. 24.

163. — A la Chambre des députés, un membre, M. Jankowitz, émit la pensée que les termes trop généraux de la loi pourraient avoir pour résultat de troubler la sécurité des propriétaires des viviers, réservoirs, canaux à poissons, fossés même creusés au-dessous des étangs, et destinés à la mise en réserve du produit des pêches, lesquels sont nécessairement placés dans des eaux courantes. — M. le directeur général répondit qu'il ne comprenait pas l'objection; les seuls barrages prohibés étant ceux qui, empêchant le poisson de remonter, rendent vain le droit de pêche des propriétaires supérieurs, on ne peut avoir l'intention de défendre des barrages établis pour fermer les réservoirs placés près de la rive.

164. — Les barrages qui s'opposent à la remonte du poisson au temps du frai étant seuls prohibés, rien n'empêche encore un propriétaire de faire, en vertu du droit que lui confère l'article 644 du Code civil, usage des eaux qui bordent ou parcourent sa propriété pour l'irrigation de ses prairies : sur l'interpellation de M. le duc de Praslin, le rapporteur de la commision s'empressa de reconnaître ce droit.

165. — « Sans aucun doute encore, si un propriétaire veut faire un vivier dans son enclos, il peut y creuser un canal, le fermer par des grilles à ses extrémités, et y dériver les eaux de la rivière ou du ruisseau voisin. » — Paroles de M. le directeur général des eaux et forêts, devant la Chambre des pairs. — Duvergier, *Coll.*, vol. 1829, sur l'art. 24.

166. — Les prohibitions de l'article 24 ne sont pas non plus applicables au propriétaire qui fermerait par un barrage le cours d'une source née sur son propre fonds. M. le directeur général interpellé sur ce point par M. le comte Belliard, répondit que, la source ne devenant en quelque sorte propriété publique qu'au sortir du fonds où elle naît, le droit absolu du propriétaire ne saurait être contesté.

167. — Mais du moment où il s'agit d'une eau courante, laquelle n'a pas sa source dans le fonds, le propriétaire ne peut sous aucun prétexte intercepter par un barrage le lit même de la rivière, car alors, la remonte du poisson se trouvant arrêtée, il en résulterait un préjudice souvent notable pour les propriétaires supérieurs.

168. — Jugé que la disposition de la loi sur la pêche qui interdit tout barrage ayant pour objet d'empêcher entièrement le passage du poisson, s'applique à tous les canaux ou fossés communiquant avec une rivière : encore bien qu'ils soient établis sur des propriétés particulières, et qu'ils se perdent dans ces propriétés. — *Cass.*, 24 nov. 1832, Forets c. Schmitt.

169. — Spécialement : le canal creusé pour faciliter l'écoulement et la rentrée dans le lit d'une rivière des eaux provenant de ses débordemens, rentre dans la désignation des *canaux et cours d'eau quelconques* dont parlent les art. 23 et 24 de la loi du 15 avril 1829 sur la pêche fluviale; alors même que le cours des eaux dans ce canal pourrait être momentanément interrompu par une écluse. Cette interruption momentanée, et qui n'est point un obstacle naturel, n'empêche pas, en effet, que le cours spontané des eaux ne les ramène continuellement vers le lit de la rivière. — Dès lors, le fait d'y pêcher sans se conformer aux prescriptions desdits articles constitue un délit passible des peines édictées au § 2 de l'art. 24. — *Cass.*, 7 avr. 1848 (t. 2 1848, p. 315), Forêts c. Lauthier dit Petiton.

170. — Spécialement encore : l'établissement dans un golfe d'un barrage et de deux nasses destinés à arrêter la totalité du poisson entré dans le golfe à mesure que la baisse des eaux le ferait redescendre pour rentrer dans le lit du fleuve, constitue le délit prévu et puni par les art. 23 et 24 de la loi du 15 avril 1829 sur la pêche fluviale; alors même qu'il ne serait pas établi que ce golfe fût dans les conditions exigées pour que la pêche y appartînt à l'Etat. — *Cass.*, 5 fév. 1848 (t. 2 1848, p. 160), Forêts c. Marcellin.

171. — Jugé, avant la loi de 1829 (mais la décision devrait être la même aujourd'hui), que le seul fait de l'établissement d'un gord ou barrage pratiqué dans une rivière, de manière à forcer le poisson à aller se jeter dans les filets d'une pêcherie, suffit pour constituer une contravention punissable, sans qu'il soit besoin que les contrevenans aient été trouvés au milieu de l'exercice de la pêche à laquelle ces appareils sont destinés. — *Cass.*, 5 juill. 1828, Forêts c. Laraset; 20 sept. 1828, Forêts c. Lamuison-Lami; quatre arrêts identiques du même jour : Cadillon, Tumenin, Lamagnère, Cassaigne; 4 déc. 1828, Forêts c. Darbo.

172. — Toutefois, l'établissement d'un barrage sur les rivières et ruisseaux ne constitue le délit prévu par l'art. 24 de la loi du 15 avril 1829 qu'autant qu'il empêche entièrement le passage du poisson. — *Pau*, 24 déc. 1829, Forêts c. Laraset; *Cass.*, 14 déc. 1837 (t. 1er 1838, p. 562), d'Espeuilles; *Limoges*, 15 nov. 1843 (t. 1er 1846, p. 568), Rouvery c. Forêts.

173. — Et dans ce cas, peu importe qu'un arrêté du préfet s'écartant des termes précis de la loi du 16 avril 1829 ait fait défense de retenir le poisson ou de barrer son passage en plaçant des fascines ou amas de pierres aux passelis et digues de moulins et autres usines. — Même arrêt de Limoges.

174. — Jugé cependant que lorsqu'un règlement du préfet, homologué par une ordonnance royale, défend un mode de pêche, tel qu'un barrage confectionné de manière à détourner les eaux et à empêcher le passage du poisson, le tribunal ne peut acquitter un contrevenant, sous le prétexte qu'il n'a construit qu'un barrage partiel auquel ne s'applique pas le règlement du préfet. — *Cass.*, 31 mai 1833, Forêts c. Crocas.

175. — Jugé encore, et par application des principes que nous avons exposés plus haut, que l'on doit tenir pour prohibés non-seulement les barrages construits dans le but unique de la pêche, mais encore ceux qui, ayant été construits pour une usine, servent en même temps pour la pêche; que seulement, dans ce dernier cas, on ne peut ordonner la destruction que de la portion de travaux qui n'a d'utilité que pour la pêche, et non de celle qui sert au service de l'usine. — *Cass.*, 14 déc. 1837 (t. 1er 1838, p. 562), d'Espeuilles.

176. — ... Et cela sans considérer si le barrage servant à la pêche forme la moindre ou la majeure partie du barrage total de la rivière, et si l'empêchement à la remonte du poisson n'existe que pendant telle ou telle époque de l'année. — Même arrêt.

177. — D'ailleurs, on doit considérer comme

d'ordre public, et, dès lors, comme atteignant même les barrages existant, lors de la promulgation de la loi, en vertu de titres ou d'une possession ancienne, la prohibition de tout barrage empêchant la circulation du poisson, par suite le repeuplement des rivières. — Même arrêt.

178. — En effet, ainsi que le disait, avant la loi de 1829, la Cour de cassation dans un arrêt qui serait encore applicable aujourd'hui, la possession ne pouvant jamais établir un droit contre une prohibition qui est d'ordre public, l'ancienneté des constructions servant à un mode de pêche prohibé n'excuse pas la contravention. — *Cass.*, 20 déc. 1810, Forêts c. Labatut.

179. — La contravention aux dispositions de l'art. 24 entraîne une amende de 50 à 500 fr., et, en outre, des dommages-intérêts; les appareils ou établissemens de pêche doivent être saisis et détruits. — L. 15 avr. 1829, art. 24, § 2.

180. — Dans le projet de loi, à la suite de la disposition précitée, on lisait ces mots : *Sans préjudice de l'exécution des lois sur la police des cours d'eau.* Cette disposition a été supprimée par le motif qu'elle était inutile; que lorsque les appareils et les établissemens de pêche auront été détruits, tout sera consommé; que ces mots pourraient faire croire qu'après avoir été condamnés à l'amende et aux dommages-intérêts, ainsi qu'à la destruction de leurs appareils ou établissemens de pêche, les contrevenans seraient encore exposés à être une seconde fois poursuivis et condamnés à raison du même fait par l'autorité administrative (les conseils de préfecture) qui a la police des cours d'eau.

181. — Le propriétaire d'un barrage prohibé peut être condamné personnellement à l'amende, comme complice de son fermier, possesseur de ce barrage. — *Cass.*, 14 déc. 1837 (t. 1er 1838, p. 562), d'Espeuilles.

182. — *Drogues et appâts.* — Quiconque, dit l'art. 25, aura jeté *dans les eaux* des drogues ou appâts qui sont de nature à enivrer le poisson ou à le détruire, sera puni d'une amende de 30 francs à 300 francs et d'un emprisonnement d'un mois à trois mois.

183. — Plus explicite que la loi de 1829, l'ordonnance de 1669 (tit. 31, art. 14) énumérait les substances qui ne pouvaient être jetées dans les rivières et cours d'eaux. — « Défendons, était-il dit, à toutes personnes de jeter dans les rivières aucune chaux, noix vomique, coque du Levant, momie, et autres drogues et appâts, *à peine de punition corporelle.* »

184. — Dans l'état actuel de la législation, l'art. 25 de la loi de 1829 ne déterminant point la nature des substances auxquelles s'étend la prohibition, c'est aux tribunaux qu'il est réservé de décider, selon les circonstances, s'il y a ou non infraction à cet article. — *Cass.*, 19 mai 1837 (t. 1er 1838, p. 372), Forêts c. Heymann et Grumback.

185. — Il n'y a pas lieu, en conséquence, à la cassation d'un arrêt qui a décidé que la loi du 15 avril 1829 est inapplicable au cas où des fabricans de colle forte ont laissé couler dans une rivière les eaux provenant de leur exploitation. — Même arrêt.

186. — Les prohibitions de l'art. 25 ne s'appliquent du reste qu'aux eaux courantes définies dans l'art. 23 et non aux eaux des étangs, viviers et réservoirs, ainsi que pourrait le faire croire la généralité de cette expression *dans les eaux* dont s'est servi le législateur. — La déclaration du ministre des finances à la Chambre des pairs fut formelle sur ce point.

187. — Le fait d'empoisonner les poissons d'un étang, vivier ou réservoir particulier, constitue un délit d'une nature particulière, lequel, ainsi que le faisait remarquer le rapporteur de la Chambre des pairs, est prévu et puni de peines beaucoup plus fortes par l'art. 452 du Code pénal. — V. ANIMAUX.

188. — Sous l'empire de l'ancienne législation, de nombreux arrêts du Conseil, des 4 avril et 27 juin 1702, 14 décembre 1719, 11 septembre 1725, 26 février 1732, 6 août 1735 et 28 décembre 1756, conformes aux dispositions de plusieurs coutumes, notamment des coutumes de Normandie, art. 209; Amiens, art. 243; Hainaut, chap. 10, art. 6; Bourbonnais, art. 162, défendaient de faire rouir du chanvre ou du lin dans les rivières ou ruisseaux, parce que cela corrompt l'eau, fait mourir le poisson et occasionne en outre des maladies aux bestiaux.

189. — Le projet de loi, tel qu'il fut présenté à la Chambre des pairs, contenait, sous le n° 30, une disposition ainsi conçue : « Le rouissage du lin, du chanvre et de toute autre plante textile, dans les fleuves, rivières, canaux et dans les ruisseaux y affluant, est défendu, sous peine d'une amende de 25 francs à 100 francs. — Toutefois, dans les localités où l'on ne pourrait suppléer au rouissage dans l'eau, par un autre moyen, le préfet pourra, sous l'approbation du gouvernement, accorder les exceptions qu'il jugera nécessaires. »

190. — La prohibition du rouissage du chanvre et autres plantes textiles dans les eaux courantes, fut l'objet d'attaques très-vives dans le sein de la Chambre des pairs. « On objecta, dit M. Duvergier (sur l'art. 25 de la loi du 15 avril 1829), que si l'on prohibait le rouissage dans les fleuves et rivières, il ne resterait plus aux cultivateurs que l'eau des mares et fossés, qui se corrompt bien facilement; qu'il en résulterait de graves inconvéniens pour la santé publique; que le rouissage, malgré les plaintes nombreuses des fermiers de la pêche, n'était que peu nuisible au poisson, et que la culture du chanvre, qui a besoin d'encouragement, souffrirait beaucoup de la prohibition. »

191. — Ces observations prévalurent; le gouvernement lui-même y adhéra, et l'article disparut du projet. D'ailleurs, ainsi que le faisait remarquer dans le cours de la discussion un membre de la Chambre des pairs, en fait, depuis longtemps, les dispositions des règlemens anciens sur le rouissage du chanvre étaient tombées en désuétude.

192. — Jugé, avant la loi de 1829, et il faudrait décider de même aujourd'hui, que les dépôts de chanvre faits par des particuliers dans des rivières navigables doivent être considérés, non comme contraventions en matière de grande voirie, de la compétence des conseils de préfecture, mais comme délits de pêche, de la compétence des tribunaux correctionnels. — *Cons. d'Etat*, 16 janv. 1822, Bonnaire; même jour, Royer; 11 janv. 1826, Girardin. — *Contrà*, 4 fév. 1824, Bruard; 4 nov. 1824, Faucher. — Garnier, *Rég. des eaux*, n° 585; Cormenin, *Dr. adm.*, v° *Cours d'eau*, t. 1er, p. 534, et *Voirie*, t. 2, p. 476; Daviel, *Cours d'eau*, nos 42 et 448.

193. — ... Et encore que lorsque des procès-verbaux de gardes champêtres ont constaté un dépôt de chanvre dans une rivière navigable pour le faire rouir, et que les poursuites ont été faites par l'inspecteur des forêts comme s'agissant d'un délit de pêche, c'est aux tribunaux qu'il appartient de prononcer. — *Cons. d'Etat*, 11 janv. 1826, Girardin. — V. CHANVRE, nos 6 et suiv.

194. — *Temps, saisons et heures de la pêche.* — Quiconque se livre à la pêche pendant les temps, saisons et heures prohibés par les ordonnances, doit être puni d'une amende de trente à deux cents francs. — L. du 15 avril 1829, art. 27. — Mais quels sont les temps, saisons et heures prohibés par les ordonnances?

195. — Nous avons vu (*suprà* n° 161) que la loi actuelle (et l'art. 27 du projet primitif était conçu dans le même sens) a laissé au gouvernement le soin de déterminer les temps, saisons et heures pendant lesquels la pêche peut être interdite.

196. — En exécution de cette disposition, l'ordonnance du 15-19 novembre 1830 (art. 5) a délégué dans chaque département au préfet le soin de déterminer, sur l'avis du conseil général et après avoir consulté les agens forestiers, les temps, saisons et heures pendant lesquels la pêche pourrait être interdite dans les rivières et cours d'eau : toutefois, avant d'être exécutifs, les arrêtés (art. 8) doivent être homologués par le gouvernement.

197. — Aux termes de la même ordonnance, la pêche dans le Rhin est permise en tout temps. — Même ordonn., art. 4.

198. — L'ordonnance de 1669 (tit. 31, art. 4) contenait, en ce qui concerne les travaux de pêche les dimanches et jours fériés, les dispositions suivantes : « Défendons à tous pescheurs de pescher *aux jours de dimanche et de feste*, sous peine de quatre livres d'amende, et, pour cet effet, leur enjoignons expressément d'apporter tous les samedis et veilles de festes, incontinent après le soleil couché, au logis du maistre de communauté, tous leurs engins et harnois, lesquels ne leur seront rendus que le lendemain du dimanche ou feste après soleil levé, à peine de cinquante livres d'amende et d'interdiction de la pesche pendant un an. »

199. — Lors de la discussion qui eut lieu à l'occasion de l'art. 84 de la loi du 15 avril 1829, M. le comte de Marcellus demanda qu'on ajoutât aux prescriptions de l'ordonnance de 1669 qui devaient être provisoirement maintenues, jusqu'à la promulgation des ordonnances royales, celle contenue en l'art. 4 sur la prohibition de la pêche les jours de dimanches et fêtes. — Cette proposition fut rejetée.

200. — Mais du moins la pêche ne peut-elle être classée au nombre des travaux que la loi du 18 novembre 1814 interdit les dimanches et jours fériés? — M. Duvergier (sous l'art. 84 de la loi du 15 avril 1829) n'hésite pas à dire, et nous sommes de son avis : « Evidemment non. Car l'énumération des travaux prohibés par cette loi (celle du 18 novembre 1814) est limitative et non démonstrative. Ainsi jugé par arrêt de la Cour de cassation du 14 août 1823. » — *Cass.*, 14 août 1823, Diguet. — V. JOURS FÉRIÉS. — « Il faut même dire, ajoute cet auteur, que les ordonnances qui détermineront le temps où la pêche sera permise, devant s'occuper exclusivement de ce qui est relatif aux intérêts de la pêche et à la conservation des poissons, ne pourraient, sans sortir du cercle que la loi leur a tracé, établir une prohibition fondée sur un motif religieux ou politique. »

201. — L'article 5, titre 31, de l'ordonnance de 1669, portait : « Leur (aux pêcheurs) défendons pareillement de pescher en quelques jours et saisons que ce puisse être, à autres heures que depuis le lever du soleil *jusqu'à son coucher*, sinon aux arches des ponts, aux moulins et aux *gords* où se tendent des *dideaux*, auxquels lieux ils pourront pescher tant de nuit que de jour, pourvu que ce ne soit à jours de dimanches ou festes, ou autres défendus. »

202. — Un arrêté du gouvernement, du 28 messidor an VI, avait maintenu cette disposition. Celui donc qui pêchait la nuit se rendait par ce seul fait coupable d'un délit punissable. — *Cass.*, 29 août 1829, Forêts c. Veyrac.

203. — ... Et la même Cour décidait avec raison que la prohibition de pêcher pendant la nuit, étant d'ordre public, n'avait pu être abrogée par un usage contraire, fût-il pratiqué de temps immémorial, et sous les yeux des agens de l'administration, alors d'ailleurs qu'elle a été rappelée dans le cahier des charges de l'adjudication de la pêche. — *Cass.*, 3 oct. 1828, Forêts c. Doudits; 24 sept. 1830, Lamarque; même jour, Navarre; même jour, Lapègne; même jour, Lembeye; même jour, Castera; même jour, Marlès et Tait.

204. — Sous la loi nouvelle, la prohibition de *pêcher la nuit* n'est pas absolue. Tout dépend, à cet égard, des ordonnances, et lors de la discussion qui eut lieu le directeur général reconnaissait que, les heures où la pêche serait permise devant être fixées suivant les localités, il y aurait des départemens où elle ne serait pas défendue la nuit.

205. — Toutefois, d'après l'article 70 de cette même loi, et en l'absence de tout arrêté, la nuit demeure une circonstance aggravante du délit de pêche. — V. *infrà* nos 391 et suiv.

206. — Dans l'intérêt de la reproduction du poisson, l'art. 6, tit. 31, de l'ordonnance de 1669 portait : « Les pescheurs ne pourront pescher durant le temps de fraye, savoir : aux rivières où la truite abonde sur tous les autres poissons, depuis le 1er février jusques à la my-mars; et aux autres, depuis le 1er avril jusques au 1er de juin : à peine pour la première fois de vingt livres d'amende et d'un mois de prison, et du double de l'amende et de deux mois de prison pour la seconde, et du carcan, fouet et bannissement du ressort de la maistrise pendant cinq années pour la troisième. » — « Exceptons, toutefois, était-il dit en l'art. 7, de la prohibition contenue en l'article, la pêche aux saumons, alozes et lamproeys, qui sera continuée en la manière accoutumée. »

207. — Jugé, sous l'empire de l'ordonnance de 1669, que l'art. 7 n'apportait aucune exception à la prohibition de pêcher pendant la nuit, contenue en l'art. 5 du même titre, et ne dérogeait qu'à l'art. 6, qui prohibait d'une manière générale la pêche pendant le temps du frai, pour que la pêche aux saumons, aux aloses et aux lamproies pût avoir lieu pendant le temps du frai. — *Cass.*, 30 oct. 1828, Forêts c. Doudits.

208. — Comme la prohibition portée en l'art. 5 de l'ordonnance de 1669, celle établie par l'art. 6 a dû rester en vigueur jusqu'à la promulgation des nouvelles ordonnances rendues en exécution de l'art. 26 de la loi du 15 avr. 1829; sauf, bien entendu, l'application des nouvelles dispositions pénales aux contrevenans.

209. — Enfin, aux termes de l'art. 18, tit. 31, de l'ordonnance de 1669, défenses expresses étaient faites à toutes personnes d'aller sur les *mares, étangs et fossés* pour y pêcher en y rompant la glace et faisant des trous. Mais il faut observer que la prohibition ne s'appliquait qu'aux mares, étangs et fossés.

210. — C'est donc avec raison que la Cour de cassation jugeait que cet article 18 de l'ordonnance n'avait point trait à la rupture de la glace des fleuves et rivières, encore bien que dans le cahier des charges de l'adjudication d'une pêche il eût été fait défense au fermier de casser la glace sur une rivière. — *Cass.*, 7 avr. 1827, Forêts c. François Renard.

211. — Au contraire, le projet de loi sur la pêche fluviale (art. 27) étendait aux fleuves, rivières et canaux la prohibition de rompre les glaces. Cette prohibition, qui n'a pas été maintenue, ne pourrait résulter aujourd'hui que d'un arrêté préfectoral.

212. — *Procédés et modes de pêche, filets, appâts, engins, filets prohibés.* — En ce qui concerne les procédés et modes de pêche, l'ordonnance de 1669 contenait des dispositions précises que nous croyons devoir rapporter ici; d'autant plus qu'elles sont restées en vigueur, du moins en partie, même jusqu'après la promulgation de la loi actuelle.

213. — Faisons, est-il dit en l'art. 10 du tit. 31, « très-expresses défenses aux *maistres pescheurs* de se servir d'anciens engins et harnois prohibez par les anciennes ordonnances sur le fait de la pesche, et en outre de ceux appelez giles, tramail, furet, *espervier*, *chaslon*, et sabre, dont elles ne font point de mention, et de tous autres qui pourroient estre inventez au dépeuplement des rivières, comme aussi d'aller au barandage et mettre des bacs en rivière, à peine de cent livres d'amende pour la première fois, et de punition corporelle pour la seconde. »

214. — « Leur défendons en outre, disait l'art. 11, de *boüiller* avec *boüilles* ou rabots, tant sous les chevrins, racines, saules, oziers, terriers et arches, qu'en autres lieux, ou de mettre lignes avec eschets et amorces vives; ensemble de porter chaisnes et *clairons* en leurs batelets, et d'*aller à la fare*, ou de pescher dans les noües avec filets, et d'y boüiller pour prendre le poisson et le fray qui a pu y estre porté par le débordement des rivières, sous quelque prétexte, en quelque temps et manière que ce soit; à peine de cinquante livres d'amende contre les contrevenans, et d'estre bannis des rivières pour trois ans; et de trois cents livres contre les maistres particuliers ou leurs lieutenans *qui en auront donné la permission.* » — *Ibid.*, art. 11. — V. BOUILLER.

215. — « Ne pourront aussi (les pescheurs) mettre boires ou nasses d'ozier à bout des dideaux, pendant le temps de fraye, à peine de vingt livres d'amende, et de confiscation du harnois pour la première fois, et d'estre privez de la pesche pendant un an pour la seconde. »

216. — « Leur permettons néantmoins d'y mettre des chausses ou sacs, du moule de dix-huit lignes en quarré, et non autrement, sur les mesmes peines; mais après le temps de fraye passé, ils y pourront mettre des bires ou nasses d'ozier à jour, dont les verges seront éloignées les unes des autres de douze lignes au moins. » — Art. 9.

217. — L'art. 18 de la même ordonnance défendait, sous les peines du vol, de porter flambeaux, brandons et autres feux pour la pêche sur les mares, étangs et fossés.

218. — La loi du 14 flor. an X, qui introduisit les règles nouvelles en ce qui concerne la pêche sans droit ni licence dans les rivières navigables, n'avait dérogé en rien aux dispositions de l'ordonnance de 1669, relatives à la pêche avec des engins prohibés.

219. — On jugeait, sous l'empire de l'ordonnance, que la pêche au panier constitue un délit, comme faite avec un instrument propre au dépeuplement des rivières. — *Cass.*, 7 août 1823, Forêts c. Faivre.

220. — ... Que l'épervier à mailles étroites était un engin de pêche prohibé. — *Cass.*, 14 août 1823, Forêts c. Plohais.

221. — ... Et encore que la prohibition portée par l'art. 10, tit. 31, ord. 1669, ne s'appliquait pas seulement aux engins et harnais prohibés par les anciennes ordonnances, mais encore à tous autres qui pouvaient être inventés au dépeuplement des rivières — *Cass.*, 8 juin 1833, Bonnin.

222. — ... Que, dès lors, la pêche pratiquée au moyen de caches à poisson constituait un mode de pêche prohibé, dans le sens de l'art. 10 susdit, si les tribunaux exprimaient qu'il était nuisible au repeuplement des rivières. — Même arrêt.

223. — Le projet de loi de 1829, tel qu'il fut présenté par le gouvernement, reproduisait quelques-unes des dispositions de l'ordonnance de 1669 précitées, celle sur le bouillage et battage de l'eau par son article 28, celle sur la prohibition des bires et nasses d'osier par son article 4. — En ce qui concerne les filets en général, l'article 31, du projet, portait : « Sont prohibés les filets, ou autres instrumens de pêche, connus sous quelque dénomination que ce soit, qui sont déclarés par des ordonnances royales être de nature à nuire au repeuplement des rivières. — Des ordonnances royales détermineront également l'espèce et la forme des filets dont l'usage serait permis dans chaque département. — Et l'art. 32 ajoutait : « Sont également prohibés tous les filets, nasses et autres engins d'osier, quelle que soit leur dénomination, qui n'auraient pas les dimensions suivantes. — Les filets doivent être à mailles carrées de trente millimètres, sans accrues et non en losange. — Les verges, les nasses et autres engins de bois flexible seront pareillement écartés l'une de l'autre de trente millimètres. — Sont exceptés les filets destinés uniquement à la pêche des poissons de petite espèce, et qui seront désignés par les ordonnances royales comme il est dit en l'article précédent. — Quiconque se servira de ces derniers filets pour une autre pêche que celle pour laquelle ils sont destinés sera puni d'une amende de 30 francs au moins et cent francs au plus.

224. — En outre, l'article 27 du projet défendait, sous peine d'amende de 50 fr., la pêche à la main ; et l'art. 29 étendait à tous les cours d'eau la prohibition de la pêche au feu, que l'art. 18 de l'ordonnance de 1669 n'édictait que pour la pêche sur les mares, étangs et fossés.

225. — Ainsi que nous l'avons dit plus haut, après une longue discussion à la Chambre des pairs tout le système de la loi fut modifié. Le législateur, laissant à l'ordonnance royale le soin de déterminer les procédés ou engins de pêche qui devaient être défendus, se borne à édicter les dispositions suivantes, qui sont conformes aux articles 28 et 29 (§ 1er) de la loi.

226. — Une amende de 30 à 100 fr. doit être prononcée contre ceux qui ont fait usage, en quelque temps et quelque fleuve, rivière, canal ou ruisseau que ce soit, de l'un des procédés ou modes de pêche ou l'un des instrumens ou engins de pêche prohibés par les ordonnances. — Si le délit a eu lieu pendant le temps du frai, l'amende est de 60 à 200 fr. — L. du 15 avril 1829, art. 28. — Les mêmes peines sont prononcées contre ceux qui se sont servis pour une autre pêche de filets permis seulement pour celle du poisson de petite espèce. — L. 15 av. 1829, art. 29, § 1er.

227. — Toutefois, par mesure transitoire, et jusqu'à la publication à intervenir des ordonnances royales, l'art. 80 statua que les prescriptions des art. 8 et 10 de l'ordonnance de 1669 demeureraient en vigueur, sauf à faire application aux contrevenans des pénalités contenues en la loi nouvelle.

228. — Depuis longtemps cet article a cessé d'avoir son application ; car l'année même qui suivit la promulgation de la loi a paru l'ordonnance réglementaire du 15 novembre 1830, dont voici les dispositions en ce qui concerne les procédés ou engins de la pêche fluviale.

229. — « Sont prohibés, porte cette ordonnance, sous les peines portées par l'art. 28 de la loi du 15 avril 1829 : 1° les filets traînans ; 2° les filets dont les mailles carrées, sans accrues et non tendues, ni tirées en losanges, auraient moins de trente millimètres (quatorze lignes) de chaque côté après que le filet aura séjourné dans l'eau ; 3° les bires, nasses et autres engins dont les verges en osier seraient écartées entre elles de moins de trente millimètres. » — Ordonn. 15-19 nov. 1830, art. 1er.

230. — Sont néanmoins autorisés pour la pêche des goujons, ablettes, loches, vérons, vandoises et autres poissons de petite espèce les filets dont les mailles auront quinze millimètres (sept lignes) de largeur, et les nasses d'osier ou autres engins dont les baguettes ou verges seront écartées de quinze millimètres. Les pêcheurs auront aussi la faculté de se servir de toute espèce de nasses en jonc à jour, quel que soit l'écartement de leurs verges. — Même ord., art. 2.

231. — Quiconque se servira pour une autre pêche que celle qui est indiquée dans l'article précédent, des filets spécialement affectés à cet usage, sera puni des peines portées par l'art. 28 de la loi du 25 avril 1829. — Même ordonn., art. 3.

232. — Les préfets feront également un règlement dans lequel ils détermineront et diviseront les filets qui, d'après les règles ci-dessus prescrites, devront être interdits. — Même ordonn., art. 6.

233. — Jugé que l'impression en placards d'un arrêté préfectoral approuvé par ordonnance royale, et qui prohibe un engin pour la pêche ; son envoi au sous-préfet pour être transmis aux maires, et son insertion au *Mémorial du département*, constituent une publicité suffisante pour le rendre obligatoire, encore bien qu'il n'ait pas été affiché. — *Amiens*, 7 avril 1838 (t. 1er 1843, p. 590), Cardenier.

234. — Depuis la promulgation de l'ordonnance du 15 novembre 1830, nuls engins ne peuvent plus être tenus pour prohibés qu'autant qu'ils sont compris par l'ordonnance ou par les arrêtés des préfets rendus en exécution. — Ainsi décidé spécialement quant à la bouille. — *Pau*, 21 août 1829, Forêts c. Fontan. — Bien qu'il fût rapproché par sa date de la promulgation de la loi du 15 avril 1829, cet arrêt a été rendu à l'occasion de faits survenus depuis cette époque.

235. — Ainsi encore lorsqu'un arrêté du préfet, homologué par ordonnance royale, a autorisé l'usage d'un engin de pêche pour le petit poisson, sans déterminer la dimension des mailles ; il est réputé s'en être référé à ce qui est réglé par l'ordonnance royale du 15 novembre 1830, quoique, d'après un ancien usage du département, cet engin ait eu des mailles d'une moindre dimension. — *Grenoble*, 27 déc. 1833, Forêts c. Quoet.

236. — Les filets ayant de quinze à trente millimètres d'ouverture à la maille, étant autorisés dans le département de la Côte-d'Or par l'art. 2 de l'ordonnance du 15 novembre 1830 pour la pêche du poisson de petite espèce, ne peuvent être classés parmi les engins qui deviennent prohibés, d'après l'art. 29 de la loi du 15 avril 1829, qu'autant qu'ils sont appliqués à la pêche du poisson de grosse espèce ; dès lors c'est à la partie poursuivante à prouver contre le prévenu qu'ils ont été employés par lui à cette pêche. — *Dijon*, 4 janv. 1837 (t. 1er 1844, p. 467), Fourot ; 21 déc. 1842 (t. 1er 1844, p. 467), Forêts c. Morizot et Daujon.

237. — Aujourd'hui comme autrefois le seul emploi d'engins prohibés par les règlemens généraux et locaux dûment homologués constitue le délit prévu et puni par l'art. 28 de la loi du 15 avril 1829. — Ainsi décidé spécialement quant à la pose des nasses. — *Cass.*, 5 févr. 1848 (t. 2 1848, p. 160), Forêts c. Marcelin.

238. — Aujourd'hui comme autrefois la pêche dans les réservoirs ou étangs n'ayant aucune communication avec les eaux courantes n'est soumise à aucune entrave soit quant aux engins, soit quant au mode de pêche. — *Montpellier*, 11 avril 1837 (t. 1er 1837, p. 424), Forêts c. Billa et Lartigues.

239. — Avant la loi de 1829 on décidait que la prohibition des engins et moyens de pêche destructeurs est commune aux rivières qui sont une propriété particulière et à celles qui sont une propriété publique. — *Cass.*, 12 févr. 1808, Forêts c. Dumoulin ; 20 déc. 1810, Forêts c. Labatut ; 20 févr. 1812, Forêts c. Fresnois ; 20 août 1812, mêmes parties.

240. — ... S'agit-il d'un cours d'eau non navigable. — Mêmes arrêts des 20 févr. et 20 août 1812.

241. — ... Ou de canaux dont les eaux dérivent d'une rivière et y refluent ensuite. — *Cass.*, 20 déc. 1810, Forêts c. Labatut.

242. — L'article 28 de la loi du 15 avril 1829 étant bien plus formel encore que les anciennes ordonnances, et contenant ces expressions : *en quelque fleuve, rivière, canal ou ruisseau que ce soit*, on doit avec plus de certitude encore décider de même.

243. — En conséquence : la pêche au moyen d'engins prohibés dans une noue formant précédemment le lit d'une rivière navigable, et communiquant avec cette rivière aux époques où elle atteint la hauteur moyenne de ses eaux, constitue un délit dont la responsabilité pénale ne peut être écartée sur le fondement soit que la communication de la noue avec la rivière n'a pas lieu en tout temps, soit que son entretien n'est pas à la charge de l'État. — *Cass.*, 5 nov. 1847 (t. 1er 1847, p. 578), Forêts c. Peuchot.

244. — Sous l'empire de l'ordonn. de 1669 et de la loi du 14 flor. an X, la Cour de cassation décidait qu'il n'y avait pas lieu de distinguer si les contrevenans étaient ou non pêcheurs de profession pour savoir si les pénalités de l'ordonnance leur seraient applicables. — *Cass.*, 20 fév. 1808, Forêts c. Dumoulin ; 20 août 1812, Forêts c. Fresnois ; 21 juin 1821, Milhaud. — Si la question se présentait aujourd'hui, aucun doute ne serait possible si l'on considère surtout qu'au mot *pêcheurs*, employé par l'art. 25 de l'ordonnance, la loi nouvelle a substitué cette dénomination générale : *ceux*, etc.

245. — La loi nouvelle n'a en rien modifié ce principe reconnu sous l'ancienne législation, que la pêche avec des engins prohibés est un délit d'ordre public, et dont la répression peut être poursuivie par le ministère public, sans qu'il soit besoin de la plainte d'une partie intéressée. — *Cass.*, 21 fév. 1812, Forêts c. Choron.

246. — Par exception toute spéciale, et pas plus qu'en ce qui concerne le temps de la pêche (V. *suprà*), les pêcheurs du Rhin ne sont assujettis à aucune restriction pour l'emploi des filets et engins. — Ordonn. 15-19 nov. 1830, art. 4.

247. — Ceux qui sont trouvés porteurs ou munis, hors de leur domicile, d'engins ou instrumens de pêche prohibés, peuvent être condamnés à une amende, qui n'excédera pas 20 fr., et à la confiscation des engins ou instrumens de pêche, à moins que ces engins ou instrumens ne soient destinés à la pêche dans des étangs ou réservoirs. — L. 15 avril 1829, art. 29, § 2.

248. — Sous l'empire de l'ordonnance de 1669, l'art. 25 (tit. 31) accordait aux agens de l'Etat le droit de pénétrer à domicile pour constater la possession des engins prohibés; aujourd'hui la loi n'autorise plus ni les recherches à domicile, ni les inquisitions sur les personnes. Sur ce point donc la législation est moins sévère : il faut que le prévenu soit trouvé *hors de son domicile* et *porteur* ou *muni*.

249. — Jugé que le seul fait de posséder dans son domicile des filets et des engins de pêche prohibés ne constitue pas par lui-même, et indépendamment de toute autre circonstance prévue par des textes spéciaux, et par exemple du port extérieur de ces objets, un délit de nature à être poursuivi et puni de confiscation. — *Cass.*, 3 janv. 1846 (t. 2 1846, p. 701), Barrière.

250. — Mais aujourd'hui, comme cela a été jugé avant la loi de 1829, il faut reconnaître qu'il n'est pas nécessaire que les contrevenans aient été trouvés au milieu même de l'exercice de la pêche, pour qu'il y ait lieu à faire application des peines prévues par la loi. — *Cass.*, 5 juill. 1828, Laneset.

251. — L'art. 25, tit. 31, ord. 1669, n'était applicable qu'aux délinquans qui étaient pêcheurs de profession ou à ceux qui, en raison d'un fait particulier de pêche, pouvaient avoir accidentellement la qualité de pêcheurs et avaient été trouvés saisis de filets prohibés. — *Cass.*, 1er mars 1822, Juniot.

252. —... Et, même à l'égard d'un pêcheur, il ne suffisait pas, pour justifier la condamnation, qu'un filet prohibé eût été saisi mouillé dans son enclos, si le prévenu n'avait pas été trouvé faisant usage de ce filet, ou l'ayant sur un bateau conduit par lui ou amarré. — Même arrêt.

253. — Aujourd'hui, d'après la généralité des termes de la loi du 15 avril 1829, la pénalité prononcée par l'art. 29 est applicable soit aux pêcheurs de profession, soit à tous ceux qui, sans être pêcheurs, contreviennent aux dispositions de cet article.

254. — L'application de la pénalité prononcée par l'art. 29 de la loi du 15 avril 1829 est *facultative* aussi bien que celle de la confiscation. — M. Jacquinot-Pampelune demandait, il est vrai, que la confiscation restât toujours obligatoire. Cette proposition ne fut pas adoptée; d'où il suit que les tribunaux peuvent, en acquittant, ordonner la restitution des engins et filets.

255. — C'est aux intéressés à faire la preuve que les filets et engins saisis étaient destinés à la pêche dans des étangs et réservoirs particuliers, et qu'ils sont ainsi couverts sous l'exception prononcée par l'art. 29 dans sa disposition finale. — C'est ce qui ressort de la discussion.

256. — La peine de 20 à 50 fr. d'amende avec confiscation est prononcée contre les pêcheurs qui appâtent leurs hameçons, nasses, filets ou autres engins, avec des poissons des espèces prohibées qui sont désignées par les ordonnances. — Loi du 15 avril 1829, art. 31.

257. — *Poissons à rejeter* — Quiconque est trouvé *péchant*, colportant ou débitant des poissons n'ayant point les dimensions prescrites par les ordonnances, est puni d'une amende de 20 à 50 fr. et de la confiscation desdits poissons. — L. 15 avril 1829, art. 30, § 1er.

258. — La détermination des poissons qui doivent être rejetés rentre aujourd'hui dans les attributions des préfets, chargés, sauf l'homologation par le gouvernement, de prohiber, sur l'avis du conseil général, et après avoir consulté les agens forestiers, les procédés et modes de pêche qui peuvent être de nature à nuire au repeuplement des rivières. — Ordonn. 15-19 nov. 1830, art. 7 et 8. — En fait, du reste, les arrêtés préfectoraux ne se sont guère écartés des règles tracées par l'ordonnance de 1669.

259. — La loi du 15 avril 1829 ayant abrogé l'art. 12 de l'ordonnance de 1669, qui fixe la dimension au dessous de laquelle les poissons doivent être rejetés en rivière; s'il n'existe pas d'arrêté préfectoral homologué par ordonnance royale qui ait renouvelé la prohibition de l'ordonnance de 1669, il n'y a pas lieu de punir le fait d'avoir pris des poissons n'ayant pas la dimension fixée par cette ordonnance. — *Riom*, 28 janv. 1846 (t. 2 1846, p. 44), Forêts c. Grange-Rodet.

260. — « Sont néanmoins exceptées de la disposition contenue au § 1er de l'art. 30 les *ventes* de poisson provenant des étangs et réservoirs. » — L. 15 avril 1829, art. 30, § 2. — Le projet de loi contenait une rédaction différente : « Sont néanmoins exceptées de cette disposition, disait-il, les ventes d'alevin provenant des étangs et réservoirs et destiné à l'empoissonnement. » — Ainsi, d'après le projet, l'exception ne semblait introduite que dans l'intérêt de l'empoissonnement : la rédaction plus large de l'art. 30 consacre d'une manière absolue le droit des propriétaires des étangs et réservoirs.

261. — Mais le § 2 de l'art. 30 ne parle que de la *vente* du poisson des étangs et réservoirs, et non de la *pêche*; la pêche est-elle ou non comprise dans l'exception? — « Il n'est pas douteux, dit M. Duvergier (sous l'article 30), que l'exception ne parle que des ventes, parce que d'abord l'article ne disposait que relativement à ceux qui colporteraient ou débiteraient du poisson : en ajoutant le mot *péchera*, on n'a pas songé à placer le mot correspondant dans l'exception; mais il est évident que dans l'esprit de la disposition le fait de pêche, dans un étang ou un réservoir, de poissons au dessous de la dimension, ne soit excepté de la règle générale comme le fait de vente des mêmes poissons. »

262. — Le poisson saisi comme n'ayant pas la dimension voulue par les ordonnances est réputé poisson de rivière tant que le prévenu n'a pas établi qu'il provient d'étangs ou de réservoirs. — *Cass.*, 13 juin 1833, Soulié. — Il faut remarquer que, si, dans une cause relative à cette matière, les prévenus n'ont point proposé d'exception au moment de la saisie, ce silence de leur part élève une forte présomption, sinon de droit, du moins de fait, contre leur système de défense.

263. — Toutefois, l'individu trouvé porteur de poisson n'ayant pas la dimension déterminée par les ordonnances, et qu'il a acheté pour les besoins de sa maison, ne peut être considéré comme colporteur de poisson prohibé et n'est point passible, dès lors, des peines portées par l'art. 30 de la loi du 15 avril 1829. — *Riom*, 28 juin 1843 (t. 1er 1844, p. 586), Forêts c. Coudert.

264. — Sont considérés comme des étangs ou réservoirs les fossés et canaux appartenant à des particuliers, dès que leurs eaux cessent naturellement de communiquer avec les rivières. — Loi 15 avril 1829, art. 30, § 3.

265. — Ainsi que l'explique son auteur, cette disposition (introduite par amendement) avait pour but d'autoriser la pêche, même à la main et avec des engins prohibés, de toutes espèces de poissons dans les fossés et canaux, que les propriétaires riverains sont obligés de creuser dans les plaines exposées aux inondations fréquentes, et qui dans certain temps sont de veritables étangs sans en porter le nom. Pendant plusieurs mois de l'année, faisait remarquer l'honorable membre, les eaux de ces fossés sont communes avec la rivière, et dans ce cas on comprend la nécessité de n'y pêcher qu'en se conformant aux réglemens; mais, pendant l'été, ces fossés restant plusieurs mois à sec, il y a nécessité dans l'intérêt même de la salubrité d'autoriser, ce qui du reste dans l'usage a toujours eu lieu, les propriétaires à enlever les poissons qui, n'ayant pas suivi le cours de l'eau, demeurent dans les flaques d'eau peu profondes s'évaporant par les chaleurs, et meurent infailliblement dans peu de jours.

266. — *Marque des filets, détention des filets, visite des bateaux.* — Pour garantir l'exécution des arrêtés de l'autorité sur la nature des engins, l'art. 32 de la loi statue que les fermiers de la pêche et les porteurs de licence, leurs associés, compagnons et gens à gages ne pourront faire usage d'aucun filet ou engin quelconque qu'après qu'il aura été plombé ou marqué par les agens de l'administration de la pêche. — Les délinquans sont punis d'une amende de 20 francs pour chaque filet ou engin non plombé ou non marqué. — L. 15 avril 1829, art. 29, § 1er et 3. — Telles étaient aussi les prescriptions contenues en l'art. 13 du titre 31 de l'ordonnance de 1669.

267. — Sur la proposition de M. Reboul, et comme conséquence de la disposition qui a fixé les limites de la pêche maritime au point où s'étendent celles de l'inscription maritime, la disposition suivante a été ajoutée à l'article du projet : « La même obligation s'étendra à tous autres pêcheurs compris dans les limites de l'inscription maritime, pour les engins et filets dont ils feront usage dans les cours d'eau désignés par les § 1er et 2 de l'art. 1er de la présente loi. » — L. 15 avril 1829, art. 29, § 2.

268. — L'empreinte des fers dont les gardes-pêche font usage pour la marque des filets, doit être déposée au greffe des tribunaux de première instance. — L. 15 avril 1829, art. 9. — V. FERS (filet).

269. — Bien que l'art. 32 ne mentionne pas expressément la confiscation des filets ou engins non marqués, les dispositions générales des articles 5 et 41 de la loi ne permettent aucun doute sur la légalité de cette confiscation.

270. — Jugé, avant la loi nouvelle, et sous l'empire de l'ordonnance de 1669, que lorsqu'il était établi par un procès-verbal régulier que le fermier d'une pêche avait étendu sur la grève un engin non scellé ni marqué le tribunal ne pouvait se dispenser d'en ordonner la confiscation et de condamner le fermier à l'amende. — *Cass.*, 7 avril 1837, Forêts c. Renard.

271. — Jugé encore que celui qui avait pêché dans un rivière navigable avec un engin prohibé et non marqué par les agens de l'administration devait être condamné aux peines attachées à cette double contravention. Il y avait violation de la loi dans le jugement qui, au lieu de lui appliquer ces peines, le condamnait seulement comme ayant pêché sans autorisation. — *Cass.*, 20 août 1824, Laglace.

272. — Le fait de pêche avec un épervier ou engin prohibé et non revêtu du sceau de l'administration constitue une double contravention qui est passible de deux amendes cumulativement. — *Cass.*, 26 juill. 1828, Forêts c. Ayral.

273. — Ces solutions sont-elles équitables; peut-on annuler les amendes, alors qu'il n'y a au fond qu'un seul et même fait : ne doit-on pas, au contraire, reconnaître qu'il y a lieu d'appliquer ici les dispositions générales de l'art. 365 du Code d'instruction criminelle, sur le cumul des peines? — Cette opinion a été soutenue. — V. note sous l'arrêt précité de *Cass.* du 26 juill. 1828.

274. — En tout cas, il est certain que le cumul des peines ne devrait être appliqué qu'au cas, spécialement prévu, d'usage d'engins non autorisés et non marqués.

275. — Jugé, en effet, dans ce sens, sous l'empire de l'ordonnance de 1669 : que celui qui a pêché dans une rivière avec des engins prohibés, et sans la permission du fermier du droit de pêche, ne doit être condamné qu'à une seule amende, à raison de ce double délit. — *Metz*, 1er juin 1819, Thouret c. Gresselin. — Cette décision devrait être suivie aujourd'hui.

276. — Il faut aussi remarquer que l'art. 32 de la loi du 15 avril 1829, plus explicite en ce point que l'ordonnance de 1669, ne mentionne que les *fermiers de la pêche, porteurs de licence, leurs associés, compagnons et gens à gages*.

277. — Les contre-maîtres, les employés du balisage et les mariniers qui fréquentent les fleuves, rivières et canaux navigables ou flottables ne peuvent avoir dans leurs bateaux ou équipages aucun filet ou engin de pêche, même non prohibé, sous peine d'une amende de cinquante francs et de la confiscation des filets. — L. 15 avr. 1829, art. 33, § 1er. — L'ordonnance de 1669, tit. 31, art. 15, avait établi l'amende de cent livres.

278. — A l'effet d'assurer les prescriptions contenues en son paragraphe 1er, l'art. 33 (§ 2 et 3) veut que, sous la même peine de cinquante francs d'amende en cas de refus, les personnes ci-dessus désignées soient tenues de souffrir la visite, sur les bateaux et équipages, des agens chargés de la police de la pêche, *aux lieux où ils aborderont*.

279. — D'après le projet de loi, et tel qu'était dans l'origine rédigé l'article, portant alors le n° 39, les expressions : *aux lieux où ils aborderont*, étaient remplacées par celles-ci : *lorsqu'ils en seront requis*. M. Mestadier, rapporteur à la Chambre des députés, justifiait ainsi la rédaction nouvelle : « La commission, disait-il, n'a pas voulu désarmer l'autorité; mais elle n'a pas voulu que, sous prétexte de rechercher des délits, on pût exercer des vexations. On s'est trompé si l'on a cru que la visite était le seul moyen de constater les délits. Un garde-pêche voit jeter des filets par un marinier, il dresse procès-verbal. » Et comme un membre interrompait, en demandant : « Contre qui ? » le rapporteur continuait : « ... La plupart des bateaux sont connus ; d'ailleurs on prend des informations, car enfin un bateau aborde quelque part. Mais, dût un délinquant échapper à la punition, cela vaut beaucoup mieux que de soumettre à la visite des bateaux chargés de marchandises. »

280. — Du reste, la prohibition établie par l'art. 33 est générale, elle n'est pas restreinte aux personnes qui y sont spécialement désignées, elle s'étend à tous les individus qui n'étant ni fermiers de la pêche ni propriétaires de licence sont trouvés ayant des filets sur leurs bateaux. — *Cass.*, 6 mars 1835, Rambaud ; 16 déc. 1836, Forêts c. Lartigues, Billa et Fieuzal.

281. — ... Elle s'applique notamment aux pêcheurs de profession. — Même arrêt de *Cass.* du 16 déc. 1836. — V., toutefois, *contrà*, *Montpellier*, 11 avr. 1837 (t. 1er 1837, p. 424), Forêts c. Billa et Lartigues.

282. — ... Et elle doit être considérée à leur égard comme tellement absolue qu'un pêcheur ne peut, pour se rendre dans le cantonnement dont il est fermier, traverser avec des filets dans son bateau des cantonnemens sur lesquels il n'a aucun droit, sans se rendre passible des peines portées en l'art. 33 de la loi du 15 avril 1829. — *Cass.*, 24 nov. 1832, Forêts c. Bomey.

283. — Sous l'empire de l'ordonnance de 1669, on s'était demandé, à raison de l'ambiguïté de certaines expressions (*mariniers conduisant leurs nefs*, etc.), si la détention des filets dans les bateaux devait être restreinte aux bateaux en mouvement. — Cependant l'ancienne jurisprudence avait décidé que les injonctions de l'ordonnance avaient trait aussi bien aux bateaux amarrés qu'à ceux en mouvement.

284. — Depuis et avant la loi de 1829, la Cour de cassation avait encore par deux arrêts, dont le dernier rendu en chambres réunies, consacré cette même jurisprudence et décidé, en conséquence, que les tribunaux ne pouvaient, surtout, se dispenser de prononcer la confiscation avec amende lorsque les filets trouvés sur les bateaux amarrés étaient du nombre de ceux dont l'usage était prohibé. — *Cass.*, 26 mars 1813, Forêts c. Picard ; 29 oct. 1813, mêmes parties.

285. — La loi de 1829, conçue en termes plus positifs que l'ordonnance de 1669, puisqu'elle parle de mariniers qui *fréquentent* les fleuves, ... ne permet plus aucun doute sur cette solution, que d'ailleurs la Cour de cassation a encore confirmée par un arrêt. — *Cass.*, 6 mars 1835, Rambaut. — « Bien que, disait la Cour dans son arrêt, il s'agisse, dans la cause, d'un bateau portant un moulin et constamment amarré sur une rivière navigable, lequel n'est conséquemment pas dans le *cas de naviguer et d'aborder*, *dans l'acception ordinaire des mots...* »

286. — Toutefois, et dans un autre considérant de son arrêt, la Cour de cassation, visant en fait la circonstance que le prévenu n'avait pas son domicile sur le bateau, et s'appuyant sur cette circonstance comme un *à fortiori*, pouvait laisser à penser que peut-être sa décision n'eût pas été la même au cas contraire.

287. — Cette dernière question s'est depuis présentée devant la Cour de Paris, laquelle a décidé, et avec raison, suivant les uns, que le propriétaire d'un bateau établi sur une rivière navigable ou flottable ne peut avoir aucun filet ou engin de pêche, même non prohibé, *alors même qu'il aurait son domicile constant sur le bateau*. — *Paris*, 21 juin 1838 (t. 2 1840, p. 38), Brizand.

288. — Les fermiers de la pêche et les porteurs de licences, et tous pêcheurs en général, dans les rivières et canaux désignés par les deux premiers paragraphes de l'art. 1er de la présente loi, sont tenus d'amener leurs bateaux et de faire l'ouverture de leurs loges et hangars, bannetons, huches et autres réservoirs ou boutique à poisson, sur leurs cantonnemens, à toute réquisition des agens et préposés de l'administration de la pêche, à l'effet de constater les contraventions qui peuvent être par eux commises aux dispositions de la présente loi. — Art. 34, § 1er. — V. aussi ordonnance de 1669, tit. 31, art. 24.

289. — L'art. 34 de la loi du 15 av. 1829, qui enjoint à *tous pêcheurs* dans les rivières navigables ou flottables d'ouvrir leurs boutiques à poisson à toute réquisition des préposés de l'administration de la pêche, s'applique non-seulement à ceux qui par état se livrent à la pêche, mais aussi à ceux qui ne le font qu'accidentellement et avec l'assistance d'autrui. Or on doit ranger dans l'une de ces deux classes de pêcheurs tous ceux qui ont des boutiques à poisson établies sur les rivières navigables ou flottables. — *Amiens*, 4 décemb. 1843 (t. 1er 1844, p. 602), Forêts c. Duchêne.

290. — Mais le cas de refus d'ouverture ou d'opposition à la visite des boutiques à poisson étant seul prévu par l'art. 34 de la loi du 15 av. 1829, il a été jugé que le refus par un pêcheur d'amener sa barque pour faciliter la visite des gardes ne constitue pas le délit prévu par l'art. 34 de la loi du 15 av. 1829 lorsqu'il s'agit d'une visite qui doit porter, non sur les bateaux et sur les boutiques à poisson, mais sur les nasses. — *Besançon*, 2 mars 1846 (t. 1er 1847, p. 739), Forêts c. Sancey.

291. — Ceux qui s'opposent à la visite ou refusent l'ouverture de leurs boutiques à poisson, sont, pour ce seul fait, punis d'une amende de cinquante francs. — L. 15 avr. 1829, art. 34, § 2.

292. — Jugé, par application de cette disposition, que, lorsqu'il est établi qu'un pêcheur s'est refusé à la visite de son bateau, le tribunal ne peut, au lieu de le condamner aux peines qu'il a encourues, se borner à réserver au ministère public son action, surtout si elle doit se trouver ainsi prescrite. — *Cass.*, 24 nov. 1832, Forêts c. Bomey.

293. — *Usage des berges et chemins de halage.* — Les fermiers et porteurs de licences ne peuvent user, sur les fleuves, rivières et canaux navigables, que du chemin de halage ; sur les rivières et cours d'eau flottables, que du marchepied. Ils doivent traiter de gré à gré avec les propriétaires riverains, pour l'usage des terrains dont ils auront besoin pour retirer et assener leurs filets. — L. 15 av. 1829, art. 35. — Pour bien saisir le sens de cet article, il faut se reporter à la discussion qui eut lieu au sein de la Chambre des pairs.

294. — Dans le cours de la discussion, on avait insisté, par voie d'amendement, pour qu'on retranchât du § 2 de l'article le mot *retirer*, dont le maintien, disait-on, aurait pour effet d'imposer aux pêcheurs une condition inexécutable dans la pratique, en les privant du droit de retirer leurs filets sur le chemin de halage. Mais il fut répondu qu'évidemment la loi n'avait pas pour but de refuser aux pêcheurs la faculté dont il s'agit, en tant qu'elle se bornait à l'action même de retirer le filet, action instantanée qui ne nuit en rien à la circulation et à la propriété, et qui rentre dans l'usage du chemin de halage ; mais qu'il y aurait de l'inconvénient, surtout dans les endroits où de fait le halage n'a jamais lieu, à faire de cette faculté un droit positif, duquel on pourrait ensuite vouloir faire résulter celui d'étendre les filets ou de stationner sur le chemin au préjudice des propriétaires. — Sous le mérite de ces observations, l'amendement fut retiré.

295. — Avant la loi de 1829, le Conseil d'Etat a décidé en fait que des travaux et appareils nécessités pour la pêche à l'escave, et ne s'étendant pas au delà du chemin de halage, ne pouvaient être empêchés par le propriétaire riverain. — *Cons. d'Etat*, 20 nov. 1815, Dotezac c. Bissac. — Toutefois il convient de remarquer que le Conseil d'Etat, dans les motifs de cette ordonnance, va trop loin, en ce qu'il paraîtrait implicitement reconnaître en faveur de l'adjudicataire de la pêche un droit absolu d'exécuter tous les travaux et appareils, même fixes, sur le chemin de halage.

296. — Sur l'interpellation qui lui en fut faite, au sein de la Chambre des pairs, M. le ministre des finances déclara, en ce qui concerne les noues, boires et fossés dépendans des rivières navigables, que, bien que ces noues, etc., soient en quelque sorte incorporés, par l'art. 1er de la loi du 15 avr. 1829, aux rivières elles-mêmes, le chemin de halage n'existant que sur les cours d'eau réellement navigables, et pour l'usage de la navigation seulement, le chemin ne peut, dans aucun cas, être exigé pour des déviations qui peuvent bien être considérées, en ce qui concerne la pêche, comme dépendances de la rivière, mais sur lesquelles la navigation n'est pas et ne peut pas être établie.

297. — Une décision du ministre des finances du 19 mars 1823 porte qu'on ne peut assujettir le propriétaire d'une île située au milieu ou sur le bord d'une rivière navigable à la servitude du marchepied, et que le fermier de la pêche doit se procurer à ses frais, auprès des propriétaires riverains, la jouissance des terrains excédant l'étendue réglée par la loi. — *Traité de Beaudvilliart*, t. 3, p. 125. — Cette décision serait encore applicable aujourd'hui.

CHAPITRE V. — *Poursuites en réparation des délits.*

Sect. 1re. — *Poursuites exercées au nom de l'administration.*

298. — Le gouvernement exerce la surveillance et la police de la pêche dans l'intérêt général. — En conséquence, dit l'article 36 (§ 2) de la loi de 1829, les agens spéciaux par lui institués à cet effet, ainsi que les gardes champêtres, éclusiers des canaux et autres officiers de police judiciaire, sont tenus de constater les délits qui sont spécifiés au titre 4 de la présente loi, en quelques lieux qu'ils soient commis ; et lesdits agens spéciaux exerceront, conjointement avec les officiers du ministère public, toutes les poursuites et actions en réparation de ces délits. — V. FORÊTS, n° 1993 ; GARDE FORESTIER, n° 36.

299. — Jugé que l'administration peut poursuivre la répression des délits de pêche, qui constituent des infractions aux règlemens sur la police de la pêche, lorsqu'ils ont été commis dans des cours d'eau privés, comme lorsqu'ils l'ont été dans des rivières navigables ou flottables. — *Cass.*, 21 août 1829, Forêts c. Fontan.

300. — Par les mêmes motifs, on jugeait avant la loi de 1829 (et il faut en dire autant aujourd'hui) que les agens de l'administration ont caractère pour constater et poursuivre les délits de pêche commis dans une rivière navigable affluant à la mer, au-dessus de la limite de la pêche maritime, quoique le gouvernement ait accordé la liberté de la pêche dans cette partie de la rivière. — *Cass.*, 18 juill. 1823, Forêts c. Badaud.

301. — Le ministère public a qualité pour poursuivre d'office les délits de pêche fluviale, aussi bien ceux commis au préjudice des particuliers que ceux commis au préjudice de l'Etat. — *Cass.*, 17 oct. 1838 (t. 2 1839, p. 399), Havet.

302. — Spécialement, la pêche avec engins prohibés étant un délit d'ordre public, la répression peut en être poursuivie par le ministère public, sans qu'il soit besoin de la plainte d'une partie intéressée. — *Cass.*, 21 fév. 1812, Choron.

303. — Mais quelle est la compétence des agens de l'administration et l'étendue des pouvoirs du ministère public, alors qu'il s'agit non plus de contraventions aux lois sur la police de la pêche, mais des délits prévus par l'art. 5 de la loi, c'est-à-dire d'usurpations du droit de pêche commises soit au préjudice de l'Etat, ou pour mieux dire des adjudicataires de la pêche ou porteurs de licence, soit au préjudice des particuliers propriétaires de cours d'eau ? — V. *infrà* nos 379 et suiv.

304. — La police et la surveillance en matière de pêche est confiée spécialement par la loi, en outre des agens forestiers, à des agens spéciaux, lesquels portent le nom de *gardes-pêche*.

305. — Le caractère de ces agens et leurs attributions ont déjà fait l'objet de notre examen spécial. — V. GARDE-PÊCHE. — Nous n'avons point à revenir sur ce point, mais seulement à compléter ici par quelques explications nouvelles ce qui a trait à la poursuite et à la constation des délits de pêche ; observant en outre que les prescriptions de la loi de 1829, surtout en cette partie, n'étant guère que la reproduction de celles contenues au Code forestier, peu d'explications devront être ajoutées à celles consignées. — V. FORÊTS.

§ 1er. — *Constatation et preuve des délits.*

306. — Les agens de la pêche recherchent et constatent par procès-verbaux les délits dans l'arrondissement du tribunal près duquel ils sont assermentés. — L. du 15 avr. 1829, art. 38 ; C. forestier, art. 160.

307. — Ils ont le droit de requérir directement la force publique pour la répression des délits en matière de pêche, ainsi que pour la saisie des filets prohibés et du poisson pêché en délit. — L. du 15 avr. 1829, art. 43 ; C. forestier, art. 164.

308. — Ils écrivent eux-mêmes leurs procès-verbaux ; ils les signent et les affirment au plus tard le lendemain de la clôture desdits procès-verbaux, par-devant le juge de paix du canton ou l'un de ses suppléans, ou par-devant le maire ou l'adjoint soit de la commune de leur résidence, soit de celle où le délit a été commis ou constaté : le tout sous peine de nullité. Toutefois, si, par suite d'un empêchement quelconque, le procès-verbal est seulement signé par le garde-pêche, mais non écrit en entier de sa main, l'officier public qui en recevra l'affirmation devra lui en donner préalablement lecture et faire ensuite mention de cette formalité; le tout sous peine de nullité du procès-verbal. — L. du 15 avr. 1829, art. 44; C. forestier, art. 165. — V. JUSTICE DE PAIX, n° 804.

309. — Jugé avant la loi de 1829 (mais la solution serait la même aujourd'hui) qu'un procès-verbal de délit de pêche, quoique fait à deux intervalles, ne forme qu'un tout indivisible, dès que les deux parties ont pour objet la constatation du même délit et la reconnaissance de tous les auteurs. En conséquence, il ne peut pas être annulé pour avoir été fait à deux intervalles. — *Cass.*, 13 mai 1808, Forêts c. Charon.

310. — Les procès-verbaux dressés par les agens forestiers, les gardes généraux et les gardes à cheval, soit isolément, soit avec le concours des gardes-pêche royaux et des gardes champêtres, ne sont point soumis à l'affirmation. — L. du 15 avr. 1829, art. 45; C. forestier, art. 166.

311. — Dans le cas où le procès-verbal porte saisie, il en est fait une expédition, qui est déposée dans les vingt-quatre heures au greffe de la justice de paix, pour qu'il en puisse être donné communication à ceux qui réclameraient les objets saisis. Le délai ne court que de l'affirmation pour les procès-verbaux soumis à cette formalité. — L. du 15 avr. 1829, art. 46.

312. — Les procès-verbaux sont, sous peine de nullité, enregistrés dans les quatre jours qui suivent celui de l'affirmation ou celui de la clôture du procès-verbal, s'il n'est pas sujet à l'affirmation. L'enregistrement en est fait en débet. — L. du 15 avr. 1829, art. 47; C. forestier, art. 170.

313. — L'acte de citation doit, à peine de nullité, contenir la copie du procès-verbal et de l'acte d'affirmation. — L. du 15 avr. 1829, art. 49; C. forestier, art. 172.

314. — Les délits en matière de pêche sont prouvés soit par procès-verbaux, soit par témoins à défaut de procès-verbaux ou en cas d'insuffisance de ces actes. — L. du 15 avr. 1829, art. 52; Code forestier, art. 175.

315. — Est nul le procès-verbal dressé par un garde-pêche qui n'a pas fait enregistrer sa commission et son acte de prestation de serment au greffe du tribunal dans le ressort duquel il exerce; mais, en pareil cas, la contravention que ce procès-verbal était destiné à constater peut être établie par la preuve testimoniale. — *Amiens*, 7 avr. 1838 (t. 1er 1843, p. 590), Cardenier.

316. — La preuve testimoniale doit même être admise, fût-elle offerte subsidiairement et pour la première fois en appel. — *Cass.*, 27 déc. 1823, Leclerc.

317. — Jugé, avant la loi de 1829, et par application des mêmes principes, qu'un tribunal ne pouvait refuser d'admettre la preuve testimoniale quand elle lui était offerte pour suppléer à l'insuffisance d'un procès-verbal de délit de pêche au chalon. — *Cass.*, 1er mai 1823, Delpierre.

318. — ... Ou d'un délit de pêche à la drague. — *Cass.*, 21 nov. 1823, Lamour. — Il en serait évidemment de même aujourd'hui.

319. — Les procès-verbaux, revêtus de toutes les formalités prescrites par les art. 44 et 47 ci-dessus, et qui sont dressés et signés par deux agens ou gardes-pêche, font preuve, jusqu'à inscription de faux, des faits matériels relatifs aux délits qu'ils constatent, quelles que soient les condamnations auxquelles ces délits peuvent donner lieu. — Il n'est, en conséquence, admis aucune preuve outre ou contre le contenu de ces procès-verbaux, à moins qu'il n'existe une cause légale de récusation contre l'un des signataires. — L. 15 avril 1829, art. 53; C. forestier, art. 176.

320. — Quant aux procès-verbaux revêtus de toutes les formalités prescrites mais qui ne sont dressés et signés que par un seul agent ou garde-pêche, ils ne font preuve suffisante jusqu'à inscription de faux que lorsque le délai n'entraîne pas une condamnation de plus de 50 francs tant pour amende que pour dommages-intérêts. — L. 15 avril 1829, art. 54.

321. — L'art. 177 du Code forest. contient un second paragraphe ainsi conçu : « Lorsqu'un de ces procès-verbaux constatera à la fois contre divers individus des délits ou contraventions distincts et séparés, il n'en fera pas moins foi, aux termes du présent article, pour chaque délit ou contravention qui n'entraînerait pas une condamnation de plus de 100 francs, tant pour l'amende que pour les dommages-intérêts, quelle que soit la quotité à laquelle pourraient s'élever toutes les condamnations réunies. » — M. Duvergier (sous l'art. 54) estime que cette disposition, bien que non reproduite dans la loi nouvelle, devrait cependant être appliquée, sauf, bien entendu, à réduire de 100 à 50 francs le chiffre de la condamnation qui détermine la foi due au procès-verbal.

322. — Les procès-verbaux, qui, d'après les dispositions qui précèdent, ne font pas foi et preuve suffisante jusqu'à inscription de faux, peuvent être corroborés et combattus par toutes les preuves légales, conformément à l'art. 154 du Code d'instruction criminelle. — L. 15 avril 1829, art. 55; Code forestier, art. 178.

323. — Lorsque le procès-verbal dressé par un garde-pêche n'établit pas, d'une manière explicite, que le barrage placé dans une rivière ait eu pour effet d'empêcher entièrement le passage du poisson, les tribunaux ne peuvent y suppléer à l'aide de renseignemens extérieurs au procès-verbal. — Dans ce cas, il appartient à la Cour de cassation d'apprécier les conséquences légales qu'ils ont tirées des énonciations du procès-verbal. — *Cass.*, 22 août 1835, Voyer-d'Argenson.

324. — Jugé encore que lorsque le procès-verbal régulier d'un garde-pêche constate qu'un filet propre à prendre du petit poisson, et par conséquent prohibé, avait été placé par le prévenu au milieu de la rivière, le tribunal ne peut, sur la dénégation de ce dernier, ou sur son allégation, même vraie, que ce filet ne lui appartenait pas, refuser d'ajouter foi à un procès-verbal, non argué de faux, et de prononcer avec amende la confiscation de l'engin prohibé, sans violer les dispositions de la loi. — *Cass.*, 30 juin 1827, Laurent.

325. — De même encore, lorsqu'il est constaté par un procès-verbal régulier, non argué de faux, que le garde rédacteur a vu le prévenu placer au fond d'une rivière un engin prohibé; que cet engin était attaché au fond de l'eau avec un piquet, et qu'au dedans il y avait de la mie de pain et un petit poisson : l'ensemble de ces faits forme la preuve légale du délit et de la culpabilité du prévenu. En conséquence, un tribunal ne peut le renvoyer des poursuites sans violer la foi due au procès-verbal et, par suite, la loi qui punit le délit de pêche. — *Cass.*, 4 mai 1820, Forêts c. Dinat.

326. — Du reste : si les procès-verbaux des gardes-pêche peuvent être combattus par des preuves écrites ou testimoniales, le tribunal qui admet ces preuves doit en énoncer la nature. — *Cass.*, 1er juin 1844 (t. 1er 1845, p. 435), Forêts c. Carpentier.

327. — En conséquence il y a nullité lorsque le tribunal relaxe l'individu prévenu d'un délit de pêche, constaté par un procès-verbal régulier, sans qu'il soit mentionné que la preuve contraire à ce procès-verbal résulte soit d'un acte, soit des déclarations de témoins. — Même arrêt.

328. — Le prévenu qui veut s'inscrire en faux contre le procès-verbal, est tenu d'en faire par écrit et en personne, ou par un fondé de pouvoir spécial par acte notarié, la déclaration au greffe du tribunal avant l'audience indiquée par la citation. — Cette déclaration est reçue par le greffier du tribunal; elle est signée par le prévenu ou son fondé de pouvoir, et, dans le cas où il ne saurait ou ne pourrait signer, il en est fait mention expresse. — Au jour indiqué pour l'audience, le tribunal donne acte de la déclaration et fixe un délai, de huit jours au moins et de quinze jours au plus, pendant lequel le prévenu est tenu de faire au greffe le dépôt des moyens de faux et des noms, qualités et demeures des témoins qu'il veut faire entendre. — A l'expiration de ce délai, et sans qu'il soit besoin d'une citation nouvelle, le tribunal admet les moyens de faux, s'ils sont de nature à détruire l'effet du procès-verbal, et il est procédé sur le faux conformément aux lois. — Dans le cas contraire, et faute par le prévenu d'avoir rempli toutes les formalités ci-dessus prescrites, le tribunal déclare qu'il n'y a lieu à admettre les moyens de faux, et ordonne qu'il soit passé outre au jugement. — L. 15 avril 1829, art. 56; C. forestier, art. 179.

329. — Le prévenu contre lequel a été rendu un jugement par défaut, est encore admissible à faire sa déclaration d'inscription de faux pendant le délai qui lui est accordé par la loi pour se présenter à l'audience sur l'opposition par lui formée. — L. 15 avril 1829, art. 57; C. forestier, art. 180.

330. — Lorsqu'un procès-verbal est rédigé contre plusieurs prévenus, et qu'un ou quelques-uns d'entre eux s'inscrivent en faux; le procès-verbal continue de faire foi à l'égard des autres, à moins que le fait sur lequel porte l'inscription de faux ne soit indivisible et commun aux autres prévenus. — L. 15 avril 1829, art. 58; C. forestier, art. 181.

331. — La nullité du procès-verbal ne suffit point pour déterminer le relaxe du prévenu, lorsqu'il est produit contre lui des preuves d'une autre nature. — *Cass.*, 4 déc. 1847 (t. 2 1848, p. 259), Henri c. Villarez.

332. — En conséquence, le jugement de condamnation ne peut être annulé, en ce qu'il est fondé sur un procès-verbal irrégulier, si, en outre, il s'appuie sur la déposition faite à l'audience par le garde, rédacteur dudit procès-verbal, sous la foi du serment, sur les réponses des prévenus et sur la production d'un relief des barrages qui étaient l'objet de la prévention. — Même arrêt.

§ 2. — *Saisie des engins prohibés et du poisson pêché en délit.*

333. — Les agens de l'administration sont autorisés à saisir les filets et autres instrumens de pêche prohibés, ainsi que les poissons pêchés en délit. — L. du 15 avr. 1829, art. 39; C. for., art. 161, § 1er.

334. — Mais les gardes-pêche ne peuvent, sous aucun prétexte, s'introduire dans les maisons et enclos y attenans, pour la recherche des filets prohibés. — L. du 15 avr. 1829, art. 40.

335. — Ils ne le pourraient même avec l'assistance du juge de paix ou du maire, en cela la prohibition est absolue; il y a dans cette disposition une différence notable avec l'art. 161 du C. for.

336. — Il faut néanmoins observer que c'est seulement eu égard à la recherche de filets et engins que la prohibition est portée, elle n'existe pas s'il s'agit de la recherche et de la constatation d'autres contraventions aux lois sur la police de la pêche.

337. — Les filets et engins de pêche qui auront été saisis comme prohibés ne pourront, dans aucun cas, être remis sous caution; ils seront déposés au greffe, et y demeureront jusqu'après le jugement. — L. 15 avr. 1829, art. 41, § 1er.

338. — En cas de refus de la part des délinquans de remettre immédiatement le filet, déclaré prohibé, après la sommation du garde-pêche, ils seront condamnés à une amende de cinquante francs. — L. du 15 avr. 1829, art. 41, § 3.

339. — Jugé avant la loi de 1829 (mais la solution devrait être la même aujourd'hui) que lorsqu'il est établi qu'un individu a pêché avec un engin prohibé, dont la forme a été suffisamment reconnue, le tribunal ne peut le renvoyer des poursuites, sous le prétexte que l'engin, quoique saisi, n'aurait pas été de suite déposé au greffe. — *Cass.*, 18 avr. 1822, Devicq.

340. — ... Et que lorsque l'engin prohibé dont un prévenu s'est servi pour pêcher est représenté avant le jugement, le tribunal ne peut refuser d'admettre la preuve offerte par le ministère public, de l'identité de cet engin avec celui dont il a été fait usage, sous le prétexte qu'il n'a pas été déposé au greffe aussitôt après la saisie. — Même arrêt.

341. — Une fois le jugement rendu, les engins prohibés sont détruits. — L. 15 avr. 1829, art. 41, § 1er; ordonn. 1669, tit. 31, art. 25.

342. — « Les filets non prohibés dont la confiscation aurait été prononcée en exécution de l'art. 5, seront vendus au profit du Trésor. » — Art. 41, § 2. — V. *suprà* n° 78.

343. — Il résulte de la discussion qui a eu lieu sur ce paragraphe à la Chambre des députés et à la Chambre des pairs, dit M. Duvergier, que la confiscation des filets non prohibés ne pourra être prononcée contre ceux qui auront pêché la nuit dans les lieux où la pêche de nuit sera prohibée par les ordonnances. La confiscation est une peine très-grave, qui ne peut être appliquée par analogie; on ne peut prétendre que la faculté de prononcer la confiscation des filets contre celui qui pêche sans droit dans une rivière, aux termes de l'art. 5, comprenne la faculté de prononcer la confiscation des filets employés la nuit, là où la pêche de nuit est prohibée. Vainement dira-t-on que celui qui pêche la nuit pêche sans droit, le sens de l'art. 5 ne peut être ainsi faussé. Par cet article on punit le fait de celui qui pêche dans une rivière quelconque sans l'autorisation de celui à qui le droit de pêche appartient dans cette rivière, que ce soit l'Etat ou que ce soit un particulier; mais il est impossible de comprendre dans la disposition celui qui pêche la nuit contrairement à une disposition expresse, car le propriétaire même d'une rivière non flottable, qui a par conséquent le droit d'y pêcher, ne peut cependant y pêcher la nuit s'il y a prohibition. Ainsi, dans les cas où l'art. 5 autorise la confiscation des filets non prohibés, ne se trouve pas compris le cas de pêche nocturne. Ce que nous disons de la pêche de nuit doit s'entendre généralement de tout fait de pêche en temps prohibé.

344. — Quant au poisson saisi pour cause de délit, il doit être vendu, sans délai, dans la commune la plus voisine du lieu de la saisie, à son de trompe et aux enchères publiques, en vertu d'ordonnance du juge de paix ou de ses suppléans, si la vente a lieu dans un chef-lieu de canton, ou, dans le cas contraire, d'après l'autorisation du maire de la commune; ces ordonnances ou autorisations sont délivrées sur la requête des agens ou gardes qui ont opéré la saisie, et sur la présentation du procès-verbal régulièrement dressé et affirmé par eux. Dans tous les cas, la vente doit avoir lieu en présence du receveur des domaines; et, à défaut, du maire ou adjoint de la commune, ou du commissaire de police. — L. 15 avr. 1829, art. 42.

345. — Au profit de qui doit avoir lieu cette vente? Des hospices, disait M. le directeur général. Mais, sur quoi fonder ce droit des hospices, n'est-ce pas plutôt aux fermiers de la pêche que ce prix doit profiter, car c'est à eux que le préjudice a été causé? objectait-on dans la Chambre des députés. M. Mestadier fit remarquer qu'il peut parfaitement arriver que le prévenu soit acquitté, et, dans ce cas, il convient de lui rendre le prix du poisson. Ce qu'il y a donc à faire, c'est de procéder à la vente; quant au prix, la solution du procès fera connaître à qui il doit être attribué : du fermier ou de celui qui a pêché.

§ 3. — *Compétence. — Jugemens. — Appel. — Prescription.*

346. — Toutes les poursuites exercées en réparation de délits pour fait de pêche sont portées devant les tribunaux correctionnels. — L. 15 avr. 1829, art. 48.

347. — L'article primitif contenait le mot *contraventions* à côté de celui *délit*. M. de Peyronnet en demanda la suppression : par ce motif qu'aucun des faits prévus par la loi n'étant puni d'une amende de 15 fr. seulement, il ne pouvait y avoir de contraventions en matière de pêche. Cette suppression fut combattue par M. le directeur général des eaux et forêts, qui fit observer que, si, dans l'état actuel de la législation, tous les faits punis par le projet se trouvaient, par la nature de la pénalité, rangés dans la classe des délits, il n'était pas impossible que quelques-uns d'entre eux ne fussent plus tard considérés que comme contraventions, si une loi ultérieure venait à abaisser la quotité de l'amende qui constitue le délit. Sous ce rapport, ajoutait-il, il n'est pas sans utilité de déclarer que quelle que soit la qualité du fait, pourvu qu'il soit relatif à la pêche, c'est par les tribunaux correctionnels qu'il doit toujours être jugé. Après une discussion assez animée, le mot *contraventions* fut supprimé; étant, du reste, bien convenu, nonobstant cette suppression, que, contrairement aux règles générales de la compétence, toute infraction en matière de pêche, quelle que pût être la quotité de l'amende, serait déférée aux tribunaux correctionnels

348. — Les agens de l'administration ont le droit d'exposer l'affaire devant le tribunal, et sont entendus à l'appui de leurs conclusions. — L. 15 avr. 1829, art. 51 ; C. forestier, art. 174.

349. — Si, dans une instance en réparation de délit, le prévenu excipe d'un droit de propriété, ou de tout autre droit réel, le tribunal saisi de la plainte statue sur l'incident. — L. 15 avr. 1829, art. 59, § 1er.

350. — Lors donc qu'un individu traduit devant un tribunal à raison d'un délit de pêche, demande à prouver que le canal dans lequel il a pêché est une dépendance de sa propriété, et que son entretien dans cette partie est à sa charge, il y a nullité dans le cas où le tribunal déclare ces faits non pertinens et non admissibles et, sans admettre, en conséquence, le prévenu à les établir, le condamne à raison de la contravention qui lui est imputée. — *Cass.*, 17 août 1844 (t. 1er 1845, p. 696), Maitard.

351. — Jugé que le fait d'avoir pratiqué sur une rivière un barrage ayant pour objet d'empêcher le poisson de remonter, et de l'obliger à se jeter dans des filets, constitue un délit de pêche, de la compétence du tribunal correctionnel; et une contravention de grande voirie, de la compétence du conseil de préfecture. — *Cass.*, 26 juill. 1827, Forêts c. Dussault; 5 juill. 1828, Forêts c. Laraset.

352. — La question de savoir si un barrage a été construit dans l'objet réel d'empêcher entièrement le passage du poisson, rentre dans le domaine exclusif du juge du fond. — *Cass.*, 14 déc. 1837 (t. 1er 1838, p. 562), d'Espeuilles.

353. — Lorsqu'un prévenu de délit de pêche ayant excipé de la propriété de la nappe d'eau où il a pêché, le tribunal a sursis à statuer jusqu'au jugement de la question préjudicielle; il ne peut, s'il intervient une décision du conseil de préfecture, et que le prévenu l'attaque devant le Conseil d'Etat, être statué sur la prévention jusqu'à ce que cette dernière juridiction ait prononcé sur le recours exercé devant elle. — *Cass.*, 23 mai 1806, Besson. — Cette décision, bien que rendue sous l'empire de la législation abrogée en 1829, devrait être encore suivie aujourd'hui.

354. — Alors même que le prévenu argumente d'un droit de propriété, les tribunaux correctionnels ne sont pas tenus de surseoir sur la simple allégation du prévenu : « L'exception préjudicielle (du droit de propriété) n'est admise qu'autant qu'elle est fondée soit sur un titre apparent, soit sur des faits de possession équivalens, articulés avec précision, et si le titre produit ou les faits articulés sont de nature, dans le cas où ils seraient reconnus par l'autorité compétente, à ôter au fait qui sert de base aux poursuites tout caractère de délit. » — L. 15 avr. 1829, art. 59, § 2.

355. — Jugé que les tribunaux de répression en matière de délit de pêche ne sont tenus de surseoir qu'autant que l'exception, portant sur la propriété soit du cours d'eau, soit du droit de pêche en lui-même, est de nature à faire disparaître la prévention si elle était jugée en faveur du prévenu. Lorsqu'au contraire le délit consiste dans l'exercice du mode illégal du droit de pêche, il ne peut y avoir lieu à question préjudicielle. — *Cass.*, 14 déc. 1837 (t. 1er 1838, p. 562), d'Espeuilles. — V. QUESTION PRÉJUDICIELLE.

356. — ... Et que lorsque celui qui a pêché avec un engin prohibé, dans un canal communiquant avec une rivière, soutient avoir la propriété de ce canal, cette exception ne peut ôter au fait son caractère de délit et ne présente pas les caractères d'une question préjudicielle autorisant le renvoi à fins civiles. — *Cass.*, 14 août 1823, Forêts c. Plohais. — Cette solution rendue avant la loi de 1829 serait encore applicable aujourd'hui; elle n'est nullement en contradiction avec l'arrêt du 17 août 1844 précité, dans l'espèce duquel il n'y avait pas le délit d'emploi d'engin prohibé.

357. — Le fait de pêche dans une rivière ne pouvant constituer un délit, d'après la loi du 14 floréal an X, qu'autant que la rivière où il a eu lieu est navigable, les juges peuvent refuser d'admettre la preuve qui en est offerte s'ils déclarent que la rivière n'est pas navigable. — *Cass.*, 29 avr. 1830, Latapy.

358. — Lorsqu'en matière de pêche le procès-verbal ne s'explique point sur la question de savoir si la rivière où le fait a eu lieu est navigable ou flottable, le tribunal peut, sans violer la foi due au procès-verbal, déclarer, d'après les circonstances de la cause, que cette rivière n'était ni navigable ni flottable. Il n'est point tenu de surseoir jusqu'à ce que l'autorité administrative ait statué sur la navigabilité. — *Cass.*, 7 mai 1830, Dussan.

359. — Dans le cas de renvoi à fins civiles, le jugement fixe un bref délai dans lequel la partie qui a élevé la question préjudicielle doit saisir les juges compétens de la connaissance du litige et justifier de ses diligences; sinon, il est passé outre. — L. 15 avr. 1829, art. 59, § 3.

360. — Toutefois, ajoute le même paragraphe, en cas de condamnation il est sursis à l'exécution du jugement sous le rapport de l'emprisonnement, s'il était prononcé; et le montant des amendes, restitutions et dommages-intérêts est versé à la caisse des dépôts et consignations pour être remis à qui il est ordonné par le tribunal qui statue sur le fond du droit.

361. — M. Duvergier explique ainsi qu'il suit (sur l'art. 59, n° 3) les conséquences du système consacré par ce paragraphe de la loi : « Un individu est depuis vingt ans en possession des deux rives d'une rivière non flottable; s'il s'abstient d'exercer le droit de pêche, et qu'un prétendu propriétaire veuille le dépouiller, ce sera à celui-ci à établir son droit, à prouver qu'il est propriétaire. Le possesseur n'aura aucune diligence à faire, aucune preuve à produire; il se renfermera dans la présomption de propriété dérivant de la possession. Si, au contraire, le possesseur de la rivière y a pêché, il suffira au prétendu propriétaire de l'assigner devant le tribunal de police correctionnelle, pour le contraindre à exciper de son droit de propriété et à faire la preuve devant les tribunaux civils. »

362. — « Voici, continue le même auteur, comment il nous semble qu'on peut prévenir ces résultats singuliers. — Nous pensons que le prévenu peut exciper non-seulement du droit de propriété, mais aussi du fait de possession annale; et que le tribunal correctionnel devant lequel la possession serait ainsi invoquée ne pourrait se dispenser de renvoyer à fins civiles pour faire statuer sur la question de possession; que cette question résolue en faveur du prévenu le mettrait provisoirement à l'abri de toute peine; que le plaignant qui voudrait le faire condamner serait obligé de l'assigner devant les tribunaux civils, et d'y faire juger que lui, plaignant, est propriétaire. »

363. — Les gardes de l'administration chargés de la surveillance de la pêche peuvent, dans les actions et poursuites exercées en son nom, faire toutes citations et significations d'exploits, sans pouvoir procéder aux saisies-exécutions. — Leurs rétributions pour les actes de ce genre sont taxées comme pour les actes faits par les huissiers des juges de paix. — L. 15 avr. 1829, art. 50; C. for., art. 173.

364. — Les agens de l'administration chargés de la surveillance de la pêche peuvent, en son nom, interjeter appel des jugemens et se pourvoir contre les arrêts et jugemens en dernier ressort; mais ils ne peuvent se désister de leurs appels sans son autorisation spéciale. — L. 15 avr. 1829, art. 60; C. for., art. 183.

365. — Le droit attribué à l'administration et à ses agens de se pourvoir contre les jugemens et arrêts, par appel ou par recours en cassation, est indépendant de la même faculté qui est accordée par la loi au ministère public, lequel peut toujours en user, même lorsque l'administration ou ses agens auraient acquiescé aux jugemens et arrêts. — L. 15 avr. 1829, art. 61 ; C. for., art. 184.

366. — Avant la loi du 15 avr. 1829, les délits de pêche commis dans les eaux des particuliers étaient soumis à la prescription de trois mois établie pour les matières forestières par la loi du 15-29 sept. 1791; et non à celle d'un mois établie pour les délits de chasse par la loi du 30 avr. 1790. — *Cass.*, 8 sept. 1820, Thomas Marcelot; même jour, Tramé et Raponneau.

367. — Aujourd'hui les actions en réparation de délits en matière de pêche se prescrivent par un mois, à compter du jour où les délits ont été constatés, lorsque les prévenus sont désignés dans les procès-verbaux. Dans le cas contraire le délai de prescription est de trois mois, à compter du même jour. — L. 15 avr. 1829, art. 62. — Dans le projet de loi le délai avait été fixé à trois mois et à six mois, comme en matière forestière.

368. — Le délit de pêche se prescrit par un mois à l'égard de l'individu dénommé au procès-verbal, alors même que ce délit aurait été commis de complicité avec d'autres individus qui n'y étaient pas dénommés. En vain dirait-on que l'action durant trois mois à l'égard de ces derniers, le principe de l'indivisibilité des poursuites prolonge également jusqu'à ce délai la durée de l'action en ce qui touche le premier. — *Poitiers*, 2 avril 1845 (t. 1er 1846, p. 306), Marteau ; *Cass.*, 18 avril 1846 (t. 1er 1849, p. 447), mêmes parties.

369. — S'il est vrai que les coprévenus d'un individu qui, à raison de sa qualité, est justiciable de la Cour d'appel, doivent le suivre devant cette juridiction, il est certain également que si l'action est déclarée prescrite à l'égard de cet individu la Cour d'appel cesse d'être compétente à l'égard de ses coprévenus. — *Poitiers*, même arrêt de 1845.

370. — Une citation irrégulière interromprait-elle la prescription établie par l'art. 62 de la loi sur la pêche fluviale? — La cour de Bourges, saisie de la question, avait pensé que la prescription n'était pas dans ce cas interrompue. — *Bourges*, 31 janv. 1839 (t. 1er 1839, p. 629), Delagogué.

371. — Depuis, au contraire, la Cour de cassa

tion a jugé, et avec raison suivant nous, dans une espèce où le prévenu aurait dû comme fonctionnaire être traduit devant la Cour d'appel, qu'en matière de délit de pêche, l'administration forestière ayant caractère pour poursuivre et pour instruire sur le fait du délit considéré en lui-même, la citation donnée à sa requête devant le tribunal correctionnel suffit pour interrompre la prescription, bien que le prévenu, à raison de sa qualité de magistrat, ne pût être traduit que devant la Cour d'appel par le procureur général. — *Cass.*, 18 avr. 1846 (t. 1er 1849, p. 447), Marteau.

372. — Quoi qu'il en soit, il est certain que les règles tracées par l'art. 638 C. ins. crim., relatives à l'interruption de la prescription de l'action publique résultant des délits ordinaires, sont applicables en matière de délits de pêche quoique ces délits soient soumis par la loi à une prescription spéciale. — *Bourges*, 31 janv. 1839 (t. 1er 1839, p. 629), Delagogué.

373. — En conséquence, les poursuites exercées en temps utile contre un ou plusieurs des coauteurs d'un délit de pêche interrompent la prescription vis-à-vis des autres et en prorogent le délai jusqu'à trois ans. — Même arrêt. — V., aussi, *Cass.*, 14 déc. 1837 (t. 1er 1838, p. 502), d'Espeuilles.

374. — Cette dernière disposition de l'arrêt rappelle une discussion fort grave, qui s'éleva, dans le sein de la Chambre des députés, lors de la discussion du Code forestier. « La prescription de l'action en réparation d'un délit forestier ayant été interrompue, quel sera le délai de la nouvelle prescription? Doit-elle être du même délai que la prescription originaire de trois ou de six mois? » — M. le commissaire du gouvernement déclara que la réponse à cette question était dans l'art. 187 du Code forestier, dont la disposition est reproduite par l'art. 64 de la loi sur la pêche fluviale ; lequel article renvoie au Code d'inst. crim., pour tous les cas non prévus formellement par la loi spéciale. — Devrait-il en être ainsi? C'est un point fort délicat que celui de savoir si, alors qu'un acte a interrompu la prescription d'un délit spécial, la prescription qui recommence à recourir depuis l'acte interruptif s'accomplit non plus par le laps de temps exigé par la loi spéciale, mais par le temps déterminé par le Code d'instruction criminelle. — V. PRESCRIPTION CRIMINELLE. — V. aussi FORÊTS.

375. — Les dispositions de l'article précédent (l'art. 62) ne sont pas applicables aux délits et malversations commis par les agens, préposés ou gardes de l'administration dans l'exercice de leurs fonctions; les délais de prescription à l'égard de ces préposés et de leurs complices sont les mêmes que ceux qui sont déterminés par le Code d'instruction criminelle. — L. 15 avril 1829, art. 63.

376. — Les dispositions du Code d'instruction criminelle, sur les poursuites des délits, sur défauts, oppositions, jugemens, appels et recours en cassation, sont et demeurent applicables à la poursuite des délits spécifiés par la présente loi, sauf les modifications qui résultent du présent titre. — L. 15 av. 1829, art. 64.

377. — D'où il suit que lorsqu'en première instance l'administration forestière a borné son action à un délit de pêche dans une rivière navigable, elle ne peut, devant la Cour d'appel, l'étendre au fait d'avoir pêché en temps et avec des engins prohibés. — *Cass.*, 29 avr. 1830, Forêts c. Latapy.

378. — On peut, au reste, sur l'application des divers articles rapportés dans ce paragraphe et qui ne font que reproduire ceux du Code forestier, consulter le mot FORÊTS.

Sect. 2e. — *Poursuites exercées au nom et dans l'intérêt des fermiers de la pêche et des particuliers.*

379. — Les délits qui portent préjudice aux fermiers de la pêche, aux porteurs de licences et aux propriétaires riverains (V. art. 5), sont constatés par leurs gardes, lesquels sont assimilés aux gardes-bois des particuliers. — L. 15 avr. 1829, art. 65.

380. — Les procès-verbaux dressés par ces gardes font foi jusqu'à preuve contraire. — *Ibid.*, art. 66 ; C. forest., art. 188.

381. — Mais les gardes particuliers ne sont pas les seuls qui aient mission de constater les délits qui portent préjudice aux intérêts des particuliers. — Aux termes de l'art. 36 de la loi du 15 avril 1829, § 3 : « les agens et gardes de l'administration, les gardes champêtres, les éclusiers, les officiers de police judiciaire peuvent constater également le délit spécifié en l'art. 5, et *ils doivent transmettre leurs procès-verbaux au procureur du roi.* »

382. — Originairement, et tel qu'il était sorti de la commission de la Chambre des pairs, ce paragraphe, tout en autorisant les agens de l'administration à constater les délits prévus par l'art. 5, ne mentionnait pas l'envoi du procès-verbal au procureur du roi, mais seulement la remise aux parties intéressées. « La commission, disait le rapporteur, n'a pas cru devoir exclure de l'article (36) toute mention de l'art. 5; mais elle a rédigé un paragraphe additionnel, qui, sans faire aux agens de l'administration un devoir de constater les contraventions prévues par l'art. 5, leur en laisse néanmoins le droit à titre de simple faculté. Quant à ce qui concerne la suite à donner aux procès-verbaux qui seraient rédigés dans ce cas, l'amendement porte qu'ils seront remis par les agens de l'administration aux parties intéressées: en sorte que le ministère public ne serait pas mis à portée de poursuivre. » — Mais M. de Peyronnet, en raison de ce que l'art. 5 considère les faits qu'il prévoit comme des délits, demanda que les procès-verbaux fussent remis simultanément aux parties intéressées et au procureur du Roi, qui nécessairement doit intervenir pour l'application de la peine si une poursuite a lieu. — Après quelques explications, l'article fut renvoyé à la commission et définitivement adopté tel que nous le lisons dans la loi : c'est-à-dire que la transmission au ministère public est seule mentionnée.

383. — Quoi qu'il en soit, nonobstant la modification introduite dans la rédaction définitive de l'art. 36, aucun doute ne peut exister quant à la poursuite. — L'art. 67 porte textuellement : « Les poursuites et actions sont exercées au nom et à la diligence des parties intéressées. » — V. ACTION PUBLIQUE, no 180.

384. — Jugé que le délit de pêche dans un cantonnement affermé, en temps permis et avec engins non prohibés, peut être constaté par les agens de l'administration forestière, mais la poursuite de ce délit ne doit être exercée qu'au nom des parties intéressées. L'administration forestière n'a qualité que pour poursuivre les délits qui portent atteinte aux intérêts confiés à sa surveillance. — *Nancy*, 27 janv. 1847 (t. 1er 1847, p. 361), Forêts c. Morlain.

385. — Mangin (*Traité de l'action publique*, no 54) examine la question et la résout dans le sens de l'arrêt cité au numéro qui précède. « Le droit de poursuivre, dit-il, accordé aux agens forestiers, ne s'étend qu'aux délits qui violent les dispositions des lois et ordonnances qui règlent la police de la pêche dans l'intérêt général, et qui sont spécifiés par le titre 4 de la loi du 15 avril 1829 : tels que la pêche en temps ou avec des engins prohibés ; c'est ce qui résulte de l'art. 36 de la même loi. Quant aux délits qui ne lèsent que les droits privés des adjudicataires, la même loi dit (art. 67) : *Les poursuites et actions sont exercées au nom et à la diligence des parties intéressées* ; ce qui veut dire, ajoute le même auteur (no 159), sur leur plainte ou en vertu de la citation directe qu'elles ont le droit de donner au prévenu, en vertu de l'art. 182 du Code d'instruction criminelle. » — C'est au surplus dans le même sens que la Cour de cassation jugeait même avant la loi de 1829. — *Cass.*, 5 fév. 1807, Finve et Vinkai.

386. — Ainsi on ne pourrait aujourd'hui déclarer comme sous l'empire de l'ordonnance de 1669 (*Cass.*, 17 brum. an XIV, Forêts c. N...) que le fait de pêche commis *de nuit* dans les eaux d'un particulier constitue un délit dont la poursuite peut être exercée par le ministère public sans le concours du propriétaire voisin. — Sous la loi du 15 avril 1829, la nuit est une simple circonstance aggravante qui fait doubler la peine et qui est insuffisante pour autoriser le ministère public à poursuivre d'office lorsque le fait de pêche n'acquiert pas, par quelque autre circonstance, le caractère de délit d'ordre public.

387. — Par les mêmes motifs, et de ce que les eaux et pêcheries appartenant aux communes ne peuvent être considérées comme appartenant au domaine public, mais doivent être assimilées à des propriétés particulières, il suit que l'administration des eaux et forêts n'a pas le droit de poursuivre les délits qui ne portent atteinte qu'aux intérêts privés de ces communes. — *Cass.*, 5 mars 1829, Forêts c. Manchoi et Lunotte.

388. — Les dispositions contenues aux art. 38, 39, 40, 41, 42, 43, 44, 45, 46, 47 (§ 1er), 49, 52, 59, 62 et 64 de la loi de 1829 (V. *suprà*) sont applicables aux poursuites exercées au nom et dans l'intérêt des particuliers et des fermiers de la pêche pour les délits commis à leur préjudice. — Loi 15 avril 1829, art. 68.

389. — A la suite de l'art. 68 on lisait sous les nos 69 et 70, dans le projet les deux dispositions suivantes, reproductives la première de l'art. 190 du Code forestier et la seconde de l'art. 191 du même Code : « Il n'est rien changé aux dispositions du Code d'instruction criminelle relativement à la compétence des tribunaux pour statuer sur ces délits et contraventions. » — « Les procès-verbaux dressés par les gardes des fermiers de la pêche et des particuliers seront, dans le délai d'un mois à dater de l'affirmation, remis au procureur du roi ou au juge de paix, suivant leur compétence respective. » — M. Favard de Langlade, commissaire du gouvernement, consentit au rejet des deux articles, proposé par la commission de la Chambre des pairs, comme une conséquence nécessaire de ce que les amendes ne sont point au-dessous de vingt francs; les articles proposés devenant par là inutiles. En outre l'art. 70 fut supprimé par cette autre considération que les particuliers doivent demeurer libres dans leurs déterminations.

CHAPITRE VI. — *Des peines et condamnations.*

390. — Dans le cas de récidive, la peine sera toujours doublée. — L. 15 avr. 1829, art. 69. — M de Schonen avait proposé que l'article fût ainsi rédigé : *pourra être doublée.* — Cette proposition fut rejetée sur l'observation que fit M. Mestadier, rapporteur : que les tribunaux auraient toujours à se prononcer entre un *minimum* très-bas et un *maximum* très-élevé.

391. — Il y a récidive, lorsque, dans les douze mois précédens, il a été rendu contre le délinquant un premier jugement pour délit en matière de pêche. — L. 15 avr. 1829, art. 69, § 2.

392. — Les peines sont encore doublées, lorsque les délits ont été commis de nuit. — L. 15 avr. 1829, art. 70.

393. — Cet article donna lieu à une discussion très-vive dans le sein de la Chambre des députés. « Que fera-t-on, disait M. Pataille, si le second fait qui constitue la récidive a été commis la nuit, de manière qu'il y ait concours des deux circonstances; doublera-t-on une seule fois la peine, de manière que, si la peine simple est de vingt francs, la peine encourue par suite des deux circonstances aggravantes, la récidive et la nuit, soit de quarante francs; ou bien la peine sera-t-elle triple ; ou bien, enfin, la peine simple de vingt francs portée à quarante francs pour raison de la récidive, sera-t-elle doublée une seconde fois, c'est-à-dire, portée à quatre-vingts francs pour raison de la circonstance de la nuit? »

394. — Après cette question posée, M. Pataille proposa l'amendement suivant : « Si, néanmoins, le délit constituant la récidive a été commis la nuit, il n'y aura lieu qu'à un seul doublement de la peine. » — Cet amendement fut rejeté.

395. — « L'amendement est rejeté, dit M. Pataille, mais je crois qu'il y a toujours nécessité que la Chambre s'explique sur ce que l'on fera dans le cas où les deux circonstances concourront. Qu'on double, qu'on triple, qu'on quadruple l'amende, tout ce qu'on voudra, pourvu qu'on le dise; mais je crois qu'il serait dangereux d'envoyer devant les tribunaux une loi sur laquelle ils seront nécessairement divisés... Je propose de dire que la peine sera triple; enfin, qu'on dise quelque chose. » — M. Favard de Langlade, commissaire du gouvernement, répondit que la loi telle qu'elle était rédigée était assez claire, et que, d'ailleurs, comme il était impossible de prévoir tous les cas, il faut s'en rapporter à la sagesse des tribunaux. — Ces observations entraînèrent le vote de la Chambre, l'article du projet fut voté sans modification.

396. — Jugé, avant la loi de 1829, que le fait de pêche avec un épervier ou engin prohibé, et non revêtu du sceau de l'administration, constituait une double contravention passible de deux amendes cumulativement. — *Cass.*, 26 juill. 1828, Forêts c. Ayral. — Sous l'empire de la loi du 15 avr. 1829, ne devrait-on pas décider autrement? — V. CUMUL DE PEINES, no 51.

397. — Les peines sont évidemment personnelles, en ce sens que si plusieurs individus sont surpris simultanément en contravention aux lois sur la pêche, il y a lieu de faire application spéciale à chacun d'eux de la pénalité édictée par la loi.

398. — Aussi, lorsqu'il résulte d'un procès-verbal que trois individus ont pêché ensemble la nuit au moyen de feu et avec des filets prohibés ; ce fait constitue un délit distinct et séparé à l'égard de chacun d'eux, et, par suite, il y a lieu d'annuler le jugement qui les condamne collectivement à une amende au lieu de leur appliquer cette peine individuellement. — *Nancy,* 29 janv. 1840 (t. 1er 1843, p. 555), Forêts c. Harotte.

399. — Dans tous les cas où il y a lieu à adjuger des dommages-intérêts, ils ne peuvent être inférieurs à l'amende simple prononcée par le jugement. — L. 15 avr. 1829, art. 74 ; C. forestier, art. 202.

400. — Avant la loi du 15 avr. 1829, toute condamnation à l'amende pour délit de pêche avec engins prohibés devait être accompagnée d'une condamnation à pareille somme de restitution. L'art. 8, tit. 32, ord. 4669, contenait une disposition générale applicable à tous les délits prévus par ladite ordonnance. — *Cass.,* 28 fév. 1823, Goguillon.

401. — La disposition de l'art. 5 (titre 2) de l'ordonnance de 1669 n'a été reproduite ni dans le Code forestier, ni dans celui de la pêche fluviale. Ces codes ne prononcent de restitutions que pour des cas déterminés.

402. — Sous l'empire de l'ordonnance de 1669, les tribunaux ne pouvaient en aucune manière modérer les amendes encourues pour délit de pêche. — *Cass.,* 3 sept. 1842, Manoux.

403. — « Aujourd'hui dans tous les cas prévus par la loi de 1829, si le préjudice causé n'excède pas 25 fr., et si les circonstances paraissent atténuantes, les tribunaux sont autorisés à réduire l'emprisonnement même au-dessous de six jours et l'amende même au-dessous de 15 fr. ; ils peuvent aussi prononcer l'une ou l'autre de ces peines, sans qu'en aucun cas elle puisse être au-dessous des peines de simple police. » — L. 15 avril 1829, art. 72.

404. — Mais les lois en matière d'eaux et forêts ne contiennent aucune disposition qui autorise les tribunaux à prendre en considération l'âge et le défaut de discernement des délinquans. — *Cass.,* 3 juill. 1843, Forêts c. Triquel. — V. DISCERNEMENT.

405. — Spécialement l'individu âgé de moins de seize ans qui a pêché avec un engin prohibé ne peut être acquitté, sous prétexte qu'il a agi sans discernement. — Même arrêt.

406. — Cette décision est critiquée par MM. Chauveau et Hélie (*Théorie du Code pénal,* t. 2, n° 487). Nous ne pouvons, disent ces auteurs, donner notre assentiment à l'induction que l'on tire du silence des lois spéciales. La règle que consacre l'art. 66 C. pén. n'est point un de ces principes qui, placés dans un code, ont pour limites les limites mêmes de ce code, elle résulte de la nature des choses; elle se puise dans les lois de la nature humaine, dans l'étude des progrès de l'intelligence de l'homme. C'est une loi générale qui domine toutes les lois, une règle commune qui plane sur toutes les législations, car elle prend son origine dans un fait commun à toutes les actions de l'homme, son ignorance présumée de la criminalité de ses actes jusqu'à l'âge de seize ans accomplis.

407. — Les restitutions et dommages-intérêts appartiennent aux fermiers, porteurs de licences et propriétaires riverains, si le délit est commis à leur préjudice ; mais lorsque le délit a été commis par eux-mêmes, au détriment de l'intérêt général, ces dommages-intérêts appartiennent à l'État. — Appartiennent également à l'État toutes les amendes et confiscations. — Loi du 15 avril 1829, art. 73 ; C. forestier, art. 198.

408. — L'art. 73 de la loi du 15 avril 1829, qui prononce des restitutions et des dommages-intérêts au profit du fermier de la pêche, lorsque le délit a été commis à son préjudice, n'est applicable que dans le cas où le fermier est intervenu dans l'instance. — *Nancy,* 29 janv. 1840 (t. 1er 1843, p. 555), Forêts c. Harotte.

409. — Les maris, pères, mères, tuteurs, fermiers et porteurs de licences, ainsi que tous propriétaires, maîtres et commettans, sont civilement responsables des délits en matière de pêche commis par leurs femmes, enfans mineurs, pupilles, bateliers et compagnons, et tous autres subordonnés, sauf tout recours de droit. Cette responsabilité est réglée conformément à l'art. 1384 du Code civil. — Loi du 15 avril 1829, art. 74.

410. — Il n'existe aucune loi générale ou spéciale qui déclare les fermiers de pêche responsables des amendes encourues contre des porteurs de licences délivrées par ces fermiers. — *Cass.,* 14 juill. 1843, Nicolas Rolland. — Cette décision, bien qu'antérieure à la législation actuelle, demeure toujours applicable sous l'empire de la loi du 15 avril 1829 ; la responsabilité civile ne pourrait même être prononcée pour les frais sans une convention particulière ; car, si l'on considérait le fermier comme un *commettant,* on ne pourrait pas considérer le porteur de licence comme son *subordonné* ; et cette loi (art. 74) ne contient pas d'autre disposition dont on puisse argumenter.

411. — Mais, les dépens n'étant point des peines, ils doivent être considérés comme des dommages-intérêts, dont la responsabilité peut être prononcée contre la pêche qui s'y est soumis à l'égard des délits commis par les porteurs de ses licences. — Même arrêt.

CHAPITRE VII. — *De l'exécution des jugemens.*

412. — Tous les articles de ce titre de la loi sont la reproduction du Code forestier. Pour leur intelligence et les conséquences qu'on peut en tirer, il convient donc de se reporter à ce que nous avons dit au mot FORÊTS. — V. EXÉCUTION DES JUGEMENS CRIMINELS, n° 70 ; FORÊTS.

413. — Les jugemens rendus à la requête de l'administration chargée de la police de la pêche ou sur la poursuite du ministère public, sont signifiés par simple extrait qui doit contenir le nom des parties et le dispositif du jugement. — Cette signification fait courir le délai de l'opposition et de l'appel des jugemens par défaut. — Art. 75 ; C. forestier, art. 209.

414. — Le recouvrement de toutes les amendes pour délit de pêche est confié aux receveurs de l'enregistrement et des domaines. Ces receveurs sont également chargés du recouvrement des restitutions, frais et dommages-intérêts résultant des jugemens rendus en matière de pêche. — Art. 76 ; C. forestier, art. 210.

415. — Les jugemens portant condamnation à des amendes, restitutions, dommages-intérêts et frais sont exécutoires par la voie de la contrainte par corps, et l'exécution peut en être poursuivie cinq jours après un simple commandement fait aux condamnés. — En conséquence, et sur la demande du receveur de l'enregistrement et des domaines, le procureur de la République adresse les réquisitions nécessaires aux agens de la force publique chargés de l'exécution des mandemens de justice. — Art. 77 ; C. forestier, art. 211.

416. — Les individus contre lesquels la contrainte par corps aura été prononcée pour raison des amendes et autres condamnations et réparations pécuniaires, subissant l'effet de cette contrainte jusqu'à ce qu'ils aient payé le montant desdites condamnations ou fourni une caution admise par le receveur des domaines ou, en cas de contestation de sa part, déclarée bonne et valable par le tribunal de l'arrondissement. — Art. 78 ; C. forestier, art. 212.

417. — Néanmoins, les condamnés qui justifient de leur insolvabilité, suivant le mode prescrit par l'art. 420 du C. d'inst. crimin., sont mis en liberté après avoir subi quinze jours de détention lorsque l'amende et les autres condamnations pécuniaires n'excèdent pas 15 fr. — La détention ne cesse qu'au bout d'un mois lorsque les condamnations s'élèvent ensemble de 15 à 50 fr. — Elle ne dure que deux mois quelle que soit la quotité desdites condamnations. — En cas de récidive, la durée de la détention est double de ce qu'elle eût été sans cette circonstance. — Art. 79 ; C. forestier, art. 213.

418. — Dans tous les cas la détention employée comme moyen de contrainte, est indépendante de la peine d'emprisonnement prononcée contre les condamnés pour tous les cas où la loi l'inflige. — Art. 80 ; C. forestier, art. 214.

419. — Les jugemens contenant des condamnations en faveur des fermiers de la pêche, des porteurs de licences et des particuliers, pour réparation des délits commis à leur préjudice, sont à leur diligence signifiés et exécutés suivant les mêmes formes et voies de contrainte que les jugemens rendus à la requête de l'administration chargée de la surveillance de la pêche. Le recouvrement des amendes prononcées par les mêmes jugemens est opéré par les receveurs de l'enregistrement et des domaines. — Art. 81. — Cette prescription, application des règles générales sur l'exécution des jugemens, est la reproduction de l'art. 215 du Code forestier.

420. — Dans le projet primitif se trouvait un article supplémentaire ainsi conçu : « Toutefois les fermiers de la pêche et les propriétaires seront tenus de pourvoir à la consignation d'alimens prescrite par le Code de procédure civile, lorsque la détention aura lieu à leur requête et dans leur intérêt. — M. le comte de Peyronnet fit observer que la généralité des expressions : « *lorsque la détention aura lieu à leur requête et dans leur intérêt,* » pourrait faire croire que des alimens pourraient être dus par la partie civile pour le temps où le condamné subirait la peine de l'emprisonnement, auquel cas évidemment la nourriture du détenu est à la charge de l'État ; il ajouta que les dispositions générales du Code de procédure civile suffisaient pour atteindre le but que se proposait l'article additionnel, dont la suppression fut en conséquence votée.

421. — La mise en liberté des condamnés détenus par voie de contrainte par corps à la requête et dans l'intérêt des particuliers, ne peut être accordée, en vertu des articles 78 et 79, qu'autant que la validité des cautions ou la solvabilité des condamnés a été, en cas de contestation de la part desdits propriétaires, jugée contradictoirement entre eux. — C. forestier, art. 82 et 217.

PÊCHE MARITIME.

Table alphabétique.

PÊCHE MARITIME. — **1.** — L'ordonnance de 1681, qui est encore aujourd'hui le monument législatif le plus complet, en ce qui concerne la pêche maritime, reconnaît formellement le principe de la liberté de la pêche maritime, attendu que la mer n'appartient à personne. — Et cette liberté de la pêche se reconnaît aussi bien *sur les grèves* qu'en *pleine mer.* — Ordonn. 1681, liv. 5, tit. 1ᵉʳ, art. 1ᵉʳ.

2. — Toutefois, dans l'un et dans l'autre cas, et en ce qui concerne les grèves surtout, le principe de la liberté n'est pas incompatible avec des règlemens que peut prendre l'autorité; c'est ce que l'article de ordonnance donne lui-même à entendre par ces mots restrictifs : « *avec les filets et engins permis par la présente ordonnance.* »

3. — Au reste, les pouvoirs de l'État, en pareille matière, ne se réduisent pas à faire de prescriptions tions sur les filets ou engins. « Il est important, dit M. Beaussant (*Code maritime*, t. 2, nº 691), pour chaque peuple de maintenir l'ordre dans les pêches de ses nationaux, d'assurer la bonne qualité et la bonne réputation des produits pêchés pour être livrés au commerce, de maintenir ou de rétablir l'abondance d'une pêche exploitée par l'industrie nationale, et de s'opposer à tout ce qui pourrait réduire cette précieuse ressource. »

4. — Dès 1790, l'Assemblée constituante avait reconnu l'utilité d'un code des pêches maritimes; mais ce code n'existe pas encore: c'est donc en prenant pour point de départ le livre 5 de l'or-

donnance de la marine que nous examinerons les règlemens aujourd'hui en vigueur.

5. — Il convient de distinguer quatre sortes de pêches : 1° la grande pêche, qui se fait au loin ; cette pêche exige beaucoup de temps et des armemens souvent fort considérables ; — 2° la petite pêche à la mer, qui ne s'écarte guère des côtes ; — 3° la pêche sur le rivage ; — 4° la pêche dans les ports et étangs salés. /

CHAPITRE Iᵉʳ. — *Grandes pêches.*

6. — Les grandes pêches sont principalement destinées: 1° à la morue; 2° à la baleine et aux poissons à lard ; 3° au corail.

7. — Cependant quelquefois on peut aller par la grande pêche à la recherche d'autres poissons. « C'est ainsi, dit M. Beaussant (nº 693), qu'en 1813 un armateur désira faire la pêche du saumon dans la baie de Saint-Georges, dépendante des pêcheries françaises de Saint-Pierre et Miquelon. Il demanda l'embarquement en franchises des sels qui lui étaient nécessaires. La loi était muette; le ministre, guidé par l'analogie, autorisa l'immunité par une circulaire du 14 avril 1817. Mais le ministre n'aurait pu accorder à

cette pêche aucun des autres avantages spéciaux que nous allons voir être accordés à la grande pêche.

8. — La pêche du corail a déjà fait l'objet de notre examen. — V. CORAIL (pêche du). — Il ne nous reste plus qu'à nous occuper de la pêche de la morue et de la pêche de la baleine et autres poissons à lard.

Sect. 1ʳᵉ. — *Pêche de la morue.*

9. — La pêche de la morue qui se rencontre au banc de Terre-Neuve et parages voisins a été depuis longtemps exploitée par les armateurs français des ports de la Manche et de l'Océan.

10. — Alors que par le traité d'Utrecht la France dut céder à l'Angleterre la possession de Terre-Neuve, réserve expresse fut faite par les art. 12 et 13 de ce traité du droit de pêche pour les Français, tant sur le banc que sur les côtes ouest et une partie des côtes est de l'île, et de celui de dresser sur les grèves toutes cabanes et tous échafauds nécessaires.

11. — Les traités de 1814 ont rétabli en faveur des pêcheurs français les droits résultant du traité d'Utrecht, droits dont la guerre générale avait interrompu la jouissance sur le banc de Terre-Neuve, les côtes des îles anglaises et le golfe Saint-Laurent.

12. — Les pêcheurs français ont seuls, à l'exclusion de tous autres, le droit de pêcher la morue sur les côtes des deux petites colonies françaises de Saint-Pierre et Miquelon.

13. — Quant à la pêche, beaucoup plus restreinte, qu'exerce sur les côtes d'Islande et au Doggersbank, elle est ouverte à tous les peuples et n'a été l'objet d'aucun traité.

§ 1ᵉʳ. — *Dispositions générales.* — *Encouragemens.*

14. — La pêche de la morue ne s'effectue pas sans danger ; par conséquent il est du devoir du gouvernement de veiller à ce qu'un nombre d'hommes suffisant soit toujours embarqué à bord des bâtimens qui quittent les ports français pour se rendre au lieu où s'exerce la pêche.

15. — Aujourd'hui, le minimum d'équipage, pour les navires expédiés à la pêche de la morue sur les côtes de Terre-Neuve, a été fixé comme suit, à partir du 1ᵉʳ mars 1842, savoir : 20 hommes au moins pour les navires au-dessous de 100 tonneaux ; 30 hommes au moins pour les bâtimens de 100 à 158 tonneaux exclusivement, et 50 hommes au moins pour les navires de 158 tonneaux et au-dessus. — Ordonn. 25 févr. 1843, art. 1ᵉʳ.

16. — A partir de la même époque, les navires expédiés pour la pêche avec sécherie à Saint-Pierre et Miquelon ont été assimilés, quant au nombre d'hommes à embarquer, aux armemens pour la côte de Terre-Neuve. — Même ordonn., art. 2.

17. — Le minimum d'équipage pour la pêche sur le grand banc, avec sécherie soit à Saint-Pierre et Miquelon, soit sur la côte de Terre-Neuve, a été fixé à 30 hommes pour les navires jaugeant moins de 158 tonneaux et 50 hommes pour les navires de 158 tonneaux et au-dessus. — Même ordonn., art. 3.

18. — Dans le but de favoriser la pêche, la Chambre des députés, contrairement à l'opinion du gouvernement, a voulu en 1832 que tout marin ayant fait cinq voyages au banc de Terre-Neuve, dont les deux derniers comme officier de bord, fût admis, quoique n'étant pas capitaine au long cours, au commandement d'un navire expédié pour la pêche. — L. 22 avr. 1832, art. 11.

19. — Depuis, une loi du 21 juin 1836 a concédé par les mêmes motifs, et par tous lieux, aux maîtres de cabotage le droit de commander des bâtimens employés à la pêche de la morue.

20. — Une autre faveur en ce qui concerne la composition de l'équipage résulte encore de l'ordonnance de 1819, laquelle, non abrogée sur ce point, n'impose l'obligation d'avoir un chirurgien à bord qu'aux navires ayant plus de quarante hommes.

21. — Le principal des encouragemens accordés à la pêche de la morue consiste dans les primes établies autrefois par de nombreuses ordonnances, et qui, maintenues sous la législation nouvelle, ont été l'objet de nombreuses lois et ordonnances toutes insérées au *Bulletin des lois.*

22. — Sans entrer dans le détail de cette législation, essentiellement variable quant au taux des primes tantôt plus élevé, tantôt amoindri, suivant les circonstances du moment (V. MORUE [pêche de la]), il importe de constater, avec la loi de 1832, que les primes pour la pêche de la morue sont de deux sortes : la prime d'armement et la prime sur les produits.

23. — La prime d'armement est donnée à l'armateur au moment du départ du navire, elle est calculée sur le nombre des marins embarqués sur le bâtiment destiné à la pêche.

24. — On ne doit considérer comme marins : 1° que ceux inscrits définitivement aux matricules de l'inscription maritime, ou qui n'étant que provisoirement inscrits, attendu qu'ils n'ont pas vingt-cinq ans, laissent espérer qu'ils se livreront à la carrière maritime.—L. 22 avr. 1832, art. 4.

25.—...2° Ceux-là seuls qui font partie de l'équipage. Ne doivent donc pas y être compris, et ne peuvent, dès lors, compter pour la fixation de la prime, le chirurgien, le cuisinier, l'aumônier, s'il en existe un. — Ordonn. 26 avr. 1833, art. 2.

26. — La prime d'armement ne peut, du reste, être accordée au même navire qu'une seule fois par chaque saison de pêche, quand bien même le navire aurait fait plusieurs voyages. — L. 22 avr. 1832, art. 4. — Dans ce cas, l'armateur trouve un avantage assez notable par la multiplicité des primes sur les produits.

27. — En effet, la prime sur les produits est accordée sur les produits de la pêche proportionnellement à ces produits et sur leur importation.

28. — Peuvent seules donner lieu à la prime des produits les expéditions reconnues dans le lieu de destination propres à servir à la consommation alimentaire. — L. 22 avr. 1832, art. 8.

29. — La prime n'est accordée qu'aux morues transportées par navires français, provenant de pêche française et séchées par l'industrie française. — L. 22 avr. 1832, art. 15. — V. encore diverses ordonnances rendues en exécution de la loi du 22 avr. 1832, et portant les dates des 26 avr. 1833, 24 sept. 1836, 8 fév. 1840. — V. aussi L. 9 juill. 1836, art. 2, et Ordonn. 2 sept. 1836.

30. — La déclaration d'armement doit indiquer les noms de l'armateur du navire, du capitaine, le tonnage du bâtiment, le nombre d'hommes de l'équipage, la destination, et contenir en outre l'engagement de faire suivre à l'armement sa destination, de ne rapporter que des produits de pêche française et de payer, en cas de violation de ces conditions, le double de la prime reçue ou indûment demandée. Une expédition de ladite déclaration est délivrée à l'armateur après le départ du navire. Elle énonce la date effective du départ. — Ordonn. 26 avr. 1833, art. 2.

31. — L'armateur doit, en outre, s'il en est requis, fournir caution suffisante, reçue par le président du tribunal de commerce, et dont il est donné mainlevée, au retour du navire, par le ministre du commerce, sur la représentation, en due forme, de la déclaration du capitaine prescrite en l'art. 4.—Ordonn. 26 avr. 1833, art. 3.

32. — Au retour des navires pêcheurs, l'armateur est tenu de justifier de la destination accomplie. — Cette justification a lieu au moyen d'une déclaration qui doit être faite par le capitaine à l'arrivée du navire pêcheur. Cette déclaration indique le port et la date du départ, le nom du navire, ceux de l'armateur et du capitaine, le lieu et la durée de la pêche, la quantité de morue qui a pu être expédiée directement, du lieu de pêche, soit aux colonies françaises, soit à l'étranger, et la quantité apportée en France. Le journal de bord est produit à l'appui de cette déclaration, et, en cas de besoin, l'équipage est interrogé collectivement ou séparément pour en reconnaître l'exactitude. Une expédition de cette déclaration est délivrée au capitaine pour être adressée par ses soins ou par ceux de l'armateur, dans le délai de trois mois au plus tard, au ministre du commerce chargé de faire connaître au ministre des finances les noms des armateurs qui n'auraient pas justifié de l'accomplissement des conditions de la prime. — L'administration des douanes transmet en outre directement au ministre du commerce un duplicata des déclarations de retour reçues par ses préposés dans les différens ports.—Ordonn. 26 avril 1833, art. 4.

33. — Dans le cas où une circonstance quelconque de force majeure empêcherait un navire d'accomplir sa destination ou d'effectuer son retour en France, l'armateur est tenu d'en justifier dans le délai d'une année à dater du départ du navire. — Même ordonn., art. 5.

34. — L'ordonnance entre ensuite dans des explications détaillées sur les justifications à faire pour établir l'origine française des produits, et par conséquent sur les mesures à prendre pour l'exportation et le débarquement des produits de la pêche.

35. — Une ordonnance du 23 février 1842 veut que les navires expédiés au grand banc pour la pêche de la morue, salaison à bord, ne puissent, dans aucun cas, porter les produits de leur pêche, en partie ou en totalité, soit à Saint-Pierre et Miquelon, soit sur les côtes de Terre-Neuve, sous peine par les armateurs de payer le double de la prime reçue ou indûment demandée, sans préjudice des condamnations pour cause de contravention aux lois sur les douanes. — Ordonn. 23 fév. 1842, art. 4.

36. — La déclaration d'armement des navires expédiés au grand banc pour la pêche de la morue, salaison à bord, doit contenir, indépendamment des indications prescrites par l'art. 3 de l'ordonnance du 26 avril 1833, l'engagement de rapporter en France la totalité des produits de leur pêche. — Même ordonn., art. 5.

73.— Au retour des navires pêcheurs, dans les ports de France, l'interrogatoire de l'équipage, prescrit par l'art. 4 de l'ordonnance du 26 avril 1833, est fait par l'administration des douanes, de concert avec l'administration de la marine. — Même ordonn., art. 6.

38. — La faculté d'entrepôt des morues sèches de pêche française, accordée par l'art. 2 de la loi du 9 juillet 1836 et réglée par l'ordonnance du 2 septembre de la même année, s'exerce sous les conditions de l'entrepôt fictif des douanes. — Même ordonn., art. 7.

39. — Si l'exportation aux colonies des morues entreposées n'a pas lieu directement du port d'entrepôt, la morue ne peut être dirigée sur le port de départ qu'après avoir été emboucautée, et sous la garantie du plombage et d'un passavant. Dans ce cas, la douane du port d'escale constate, à la suite du certificat de chargement délivré au port d'entrepôt, l'identité des colis représentés, la date de leur départ pour la colonie, et, s'il y a eu transbordement, le nom du navire exportateur et celui du capitaine. Le séjour à terre des boucauts de morue non vérifiés à fond ne peut avoir lieu au port d'escale que sous la double clef de la douane et du commerce, dans un magasin fourni par ce dernier et agréé par elle. — Même ordonn., art. 8.

40. — L'expédition des morues par mutation d'entrepôt peut avoir lieu par mer, sous la garantie d'un passavant contenant les indications nécessaires pour la réduction des soumissions d'entrepôt au port de destination. — Même ord., art. 9.

41. — A partir du 1er mars 1842, les duplicata des déclarations de retour, certificats de chargemens, expéditions de morue et importations de rogues mentionnés aux art. 4, 7, 12 et 13 de l'ordonnance du 26 avril 1833, et à l'art. 5 de l'ordonnance du 2 septembre 1836, ont été remplacés par des états présentant les diverses indications contenues dans ces pièces. Ces états sont transmis par l'administration des douanes au ministre de l'agriculture et du commerce, dans les dix premiers jours de chaque mois, et comprennent les déclarations et certificats reçus ou délivrés pendant le cours du mois précédent. — Même ord., art. 10.

42. — Tandis que la morue pêchée par navires français est exempte, en France ou dans ses colonies, de tout droit d'admission, des droits élevés frappent au contraire la morue pêchée et importée par navires étrangers.— Ord. 27 juin 1814.

43. — Un dernier encouragement à la pêche de la morue résulte de la franchise accordée pour les salaisons de la morue, que les sels proviennent de l'étranger (ord. du 14 nov. 1814 et 30 oct. 1816) ou des salines françaises. — Ord. 30 oct. 1816.

44. — La même ordonnance admet également la franchise des sels pour la préparation des viandes composant l'avitaillement de l'équipage.

45. — La franchise s'étend même dans de certaines limites aux sels employés pour la préparation des appâts. — Décis. minist. 21 sept. 1836. — V., au reste, la loi du 23 nov. 1848 sur les sels destinés à la pêche de la morue, et V° SEL.

§ 2. — *Police de la pêche de la morue à l'île de Terre-Neuve.*

46. — La police de la pêche de la morue à l'île de Terre-Neuve a été de tout temps par son importance l'objet de règlemens sévères et détaillés.

47. — Un règlement, arrêté le 26 mars 1640, d'un commun accord entre les notables armateurs de Saint-Malo, homologué par le parlement de Bretagne le 31 du même mois, rendu exécutoire par arrêt du conseil du 28 avril 1671, a servi en premier lieu de base à l'ordonnance de 1681, dont le tit. 6 du liv. 5 était en entier consacré à cette pêche.

48. — Postérieurement à la Révolution, un arrêté du 15 pluviôse an XI, puis une ordonnance du 13 fév. 1815, rendue après assemblée générale des armateurs de Saint-Malo, Saint-Brieuc, Bénic, Portrieuc et Granville, réunis à Saint-Malo, avaient apporté des modifications à l'ordonnance de 1681 ;—elles furent suivies elles-mêmes de l'ordonnance du 21 nov. 1821, laquelle est restée pendant longues années le règlement définitif de la pêche dont nous nous occupons.

49. — Mais cette ordonnance a été en dernier lieu abrogée et remplacée par une ordonnance nouvelle du 24 avril 1842, qui forme aujourd'hui le règlement complet de la police de la pêche de la morue sur l'île de Terre-Neuve.

50. — *Répartition des places.* — Les havres et places avec les graves qui en dépendent, au côté de l'île de Terre-Neuve, continuent de n'être pas au choix du premier arrivé ni du premier occupant. La répartition en est faite entre les armateurs, tous les cinq ans, par la voie d'un tirage au sort et au moyen d'un état indicatif des havres situés sur la partie des côtes de ladite île où, d'après les traités, les capitaines français peuvent s'établir pour la pêche. Cet état fait connaître, suivant le plan topographique des côtes, et en commençant par le premier havre de la côte de l'ouest, les noms des havres ; les numéros et les noms des places comprises dans chaque havre; le nombre de bateaux que chacune des places peut contenir, la situation de la grave correspondant à chaque place; les limites de chaque place. La nomenclature des places est divisée sur ledit état en trois séries établies de la manière suivante, d'après le nombre de bateaux auquel chaque place peut suffire, savoir : 1re série, places pouvant contenir 15 bateaux et au-dessus; 2e série, 10 à 15 bateaux exclusivement; 3e série, 9 bateaux et au-dessous. — Ordonn. 24 avr. 1842, art. 1er.

51. — Tous les cinq ans les armateurs des différens ports du royaume qui se proposent d'envoyer des navires à la pêche sur les côtes de Terre-Neuve font, au commissaire de la marine chargé en chef du service au port de Saint-Servan, la déclaration du nombre de navires qu'ils doivent armer pour la pêche, avec l'indication du tonnage de ces navires.—Même ordonn., art. 2.

52. — Ces armateurs, ou leurs correspondans spécialement autorisés, se réunissent à Saint-Servan le 3 janvier, sous la présidence du chef du service de la marine, afin qu'il soit procédé, ainsi qu'il suit, à la répartition des places que leurs navires doivent occuper. Les déclarations faites conformément à l'art. 2 sont comprises dans un relevé général présentant, eu égard au tonnage des navires et à la force de l'équipage, le classement des navires en trois séries, savoir : 1re série, 158 tonneaux et au-dessus, 50 hommes d'équipage au moins; 2e série, de 100 à 158 tonneaux exclusivement, 30 hommes d'équipage; 3e série, au-dessous de 100 tonneaux, 20 hommes d'équipage si le navire ne doit pas armer une seine, et 25 hommes s'il doit en faire usage. Toutefois, les navires qui ont déjà concouru aux précédens tirages conservent, pour leur classement par série, les avantages qu'ils peuvent devoir à leur ancien jaugeage. Il est donné lecture de ce relevé à l'assemblée; après quoi le tirage au sort a lieu par série, en commençant par la première, et en descendant de celle-ci à la seconde, puis à la troisième, jusqu'à épuisement. A cet effet, il est disposé autant de bulletins qu'il y a de navires, dans une même série, et chacun des bulletins porte le nom des navires. Ces bulletins sont ensuite mis dans une urne, d'où ils sont successivement tirés en présence de tous les armateurs réunis. Au fur et à mesure qu'un bulletin sort, l'armateur du navire désigné par le bulletin choisit une place dans la série à laquelle ce bâtiment appartient. Si la série des places se trouve épuisée avant la série correspondante des navires, les bâtimens excédans sont réunis à ceux de la série inférieure. Après le choix fait par les armateurs des navires compris dans la première série, les places qui s'y trouvent encore disponibles peuvent être choisies par les armateurs de la deuxième série concurremment avec les places appartenant à cette série. Les armateurs de la troisième série ont également la faculté de faire choix des places vacantes dans les deux séries supérieures. L'opération du tirage est constatée par un procès-verbal. L'assemblée est ensuite dissoute. — Même ordonn., art. 3.

53. — Les résultats du tirage effectué conformément à l'article précédent, sont énoncés dans un tableau de répartition dressé par les soins du chef du service de la marine. Ce tableau doit présenter les noms des havres; les numéros et les noms des places comprises dans chaque havre; le nombre de bateaux que chaque place peut contenir; les noms des armateurs concessionnaires; les villes où ces armateurs sont domiciliés; les noms des navires; le port en tonneaux de ces navires; le nom et l'âge des capitaines; la force des équipages; le port d'où chacun de ces bâtimens doit être expédié. — Même ordonnance, art. 4.

54. — Le tableau de répartition, rédigé à la suite du procès-verbal du tirage des places, et arrêté par le chef du service de la marine à Saint-Servan, est adressé au ministre de la marine et des colonies; il est imprimé et rendu public. — Art. 5.

55. — Chaque armateur conserve pendant cinq ans la jouissance du havre et de la place qui lui ont été assignés, tant qu'il continue d'expédier le nombre de navires de même série pour la pêche de la morue. Il conserve pendant le même temps la propriété des chaufauds, dépendances et graves qu'il a fait préparer. A la fin de la cinquième année de jouissance, chaque capitaine constate, par un procès-verbal signé de deux autres capitaines voisins, l'état de l'établissement qu'il a formé et occupé, lequel consiste dans le chaufaud, ses orgages et ses tonailles, les cabanes et leurs portes, les étaux, lavoirs et garde-poissons; il laisse ledit établissement dans la situation où il se trouve. Quant aux objets, tels que cajots, traineaux, bateaux, avirons et autres ustensiles, le capitaine peut les enlever, afin que l'armateur en dispose à son gré. — Art. 6.

56. — Les cinq années expirées, il est procédé par la voie du sort, conformément aux dispositions de l'art. 3, au renouvellement général du partage des places entre les armateurs déjà concessionnaires, concurremment avec ceux qui se présentent pour la première fois, mais après que les uns et les autres ont fait les déclarations prescrites par l'art. 2. — Art. 7.

57. — Il est délivré à chaque armateur un bulletin de mise en possession, indiquant le nom du havre et de la place qui lui ont été assignés pour chaque navire. Dans le cas où la place n'est pas désignée nominativement, ce bulletin contient tous les renseignemens nécessaires pour en constater la position et la faire facilement reconnaître. — Art. 8.

58. — Le chef du service de la marine à Saint-Servan adresse un état de ces bulletins aux administrateurs des ports d'où les navires doivent être expédiés, afin que ces administrateurs puissent remettre aux capitaines desdits navires des bulletins particuliers conformes au modèle prescrit par l'art. 22 du présent règlement. — Art. 9.

59. — Il peut, après le tirage général, être concédé des places sur la côte de l'île de Terre-Neuve aux armateurs qui expédient leurs navires à la pêche sur le grand banc ou sur les banquereaux, avec l'intention de faire sécher à la côte de l'île la morue prise par ces bâtimens. Mais ces armateurs, pour être admis au tirage des places entre eux, sont tenus, comme les autres armateurs, à une déclaration préalable, à défaut de laquelle leurs navires ne peuvent s'établir que sur les points de la côte qui ne sont point occupés. — Art. 10.

60. — Aucun armateur ne peut obtenir, pour le même navire, la concession simultanée de places sur les côtes est et ouest de l'île. — Art. 11.

61. — Tout armateur qui, à l'époque du tirage général des places, et à moins qu'il n'y soit contraint par force majeure, n'expédie pas le navire dont l'armement, annoncé par lui, aurait déterminé à son égard une concession de place, perd ses droits à la jouissance de cette place, indépendamment de l'amende de 3,000 francs stipulée volontairement, pour ce cas, au profit de la caisse des invalides de la marine, par l'assemblée des armateurs réunis à Saint-Servan, suivant délibération du 15 déc. 1820, maintenue et confirmée par les délibérations subséquemment prises dans les réunions qui ont eu lieu audit port de Saint-Servan en déc. 1826 et févr. 1832. L'amende est de 1,000 fr. (suivant délibération de l'assemblée des armateurs réunis en février 1832) pour les armateurs des navires admis au tirage spécial, dans le cas prévu par l'art. 10, qui, dans l'année de ce tirage, n'expédient pas les navires pour lesquels ils ont obtenu la concession d'une place à la côte de Terre-Neuve, ou qui, ayant expédié leurs navires sur le banc ou sur les banquereaux, se sont abstenus de faire occuper à la côte la place de sécherie dont ils ont été déclarés concessionnaires. Tout armateur auquel il a été concédé une place est tenu de la faire occuper, la première année du tirage, par le navire concessionnaire ou un autre de même série au moins, dans le cas où ce navire aurait été condamné pour avaries de mer depuis le tirage. S'il est vendu, l'acquéreur est tenu aux mêmes obligations, sous la responsabilité du vendeur. Les chaufauds, leurs dépendances et graves, tels qu'ils se trouvent à l'arrivée des navires sur la côte, appartiennent au navire auquel la place aura été assignée d'après la répartition réglée par les art. 2, 3 et 4 du présent règlement, ou à un autre navire armé en remplacement par le même armateur, pourvu qu'il appartienne à la même série. Si, dans les années qui suivent celle où le partage général des places a été effectué, ledit armateur expédie un navire de moindre série, il y a lieu au partage de la grave seulement en raison de la différence de la série. Toute place qui, pendant une saison de pêche, n'a point été occupée par le navire auquel elle a été concédée, sauf le cas de force majeure dûment constaté, est réputée vacante, et peut être mise à la disposition de tout autre armateur, suivant les formes prescrites, sans que le premier concessionnaire puisse y conserver aucun droit, ni prétendre à aucune indemnité. On entend par occuper une place, y déposer le nombre d'hommes d'équipage voulu par la série à laquelle le navire appartient, faire pêche effective dans le havre, trancher et saler à la place les produits de la pêche, y former et entretenir l'établissement complet de pêche; cette explication, toutefois, ne concerne que les places de la côte de l'est. Aucun armateur ne peut revendiquer la jouissance d'un terrain non occupé, mais qu'un autre armateur concessionnaire aura défriché à neuf et disposé pour faciliter et étendre l'exploitation de sa pêche, à moins que ce terrain ne reste inoccupé pendant deux saisons. — Art. 12.

62. — Les places portées pour mémoire au tableau indicatif étant en dehors du tirage, le choix qui en est fait par les armateurs pendant l'opération du tirage, n'exempte pas ceux-ci du paiement de l'amende, si toutes les places habitables portées au tableau ne sont pas épuisées avant ce choix. — Art. 13.

63. — Aucun navire ne doit aller pêcher sur la côte de l'île de Terre-Neuve, s'il ne lui a point été assigné de place d'après les formes déterminées. Les administrateurs de la marine dans les ports d'armement ne délivrent de rôles d'équipage aux navires destinés à être expédiés pour la pêche à l'île de Terre-Neuve, qu'après s'être assurés que les armateurs ont été mis en possession d'une place, conformément au présent règlement. — Art. 14.

64. — Dans les quatre années qui suivent celle du tirage général, il est fait chaque année, le 5 janvier, un tirage partiel des places vacantes, de la manière prescrite pour le tirage général. A la suite du tirage général, y compris le tirage spécial pour les banquiers, comme de chacun des tirages partiels, y compris le tirage spécial pour les banquiers, les places demeurées disponibles sont concédées aux armateurs qui en font la demande, depuis l'époque du tirage jusqu'au 30 juin. Les armateurs qui, postérieurement au tirage général, obtiennent des places, n'en jouissent que pendant le temps restant à s'écouler jusqu'au terme marqué pour le renouvellement intégral. Ces concessions particulières sont inscrites sur le tableau de répartition, et le commissaire de la marine à Saint-Servan en rend compte au ministre de la marine et des colonies. — Art. 15.

65. — *Capitaines de navires employés à la pêche de la morue sur les côtes de l'île de Terre-Neuve.* — Le capitaine le plus âgé remplit les fonctions de prud'homme dans tous les havres, mais le capitaine au long cours a toujours la priorité sur les maîtres au cabotage. — Même ord., art. 16.

66. — Le capitaine prud'homme est spécialement chargé de maintenir la discipline, la police et le bon ordre dans le havre; d'assurer à chaque capitaine la jouissance du havre et de l'étendue de grave qui lui sont assignés; d'inspecter les filets, de veiller à la sûreté des mouillages et rades; de recevoir les plaintes des capitaines pêcheurs, et d'y faire droit, lorsqu'il est compétent pour les juger, après avoir toutefois vérifié les faits et acquis des preuves autant qu'il lui est possible. Il préside toutes les réunions de capitaines qui peuvent avoir lieu dans le havre; il termine, comme prud'homme arbitre et sans frais, les contestations qui peuvent s'élever entre les capitaines; il ne peut exiger aucune rétribution ni émolument des capitaines pêcheurs; il garde minute des dispositions qu'il prononce; il constate, par des procès-verbaux, toutes les contraventions au présent règlement commises pendant la durée de la pêche; il signe ces procès-verbaux et les fait signer par les officiers et le maître d'équipage, et, à son retour, il doit remettre lesdits décisions et procès-verbaux au commissaire de la marine dans le port d'où il est parti. Il doit remettre audit commissaire un rapport détaillé sur la navigation et sur tout ce qui peut intéresser l'amélioration de la pêche. — Art. 17.

67. — Si le capitaine prud'homme est lui-même intéressé dans une contestation ou s'il est absent, l'affaire doit être être portée et soumise au jugement du prud'homme du havre le plus voisin. — Art. 18.

68. — Lorsque des bâtimens de la marine française sont en station sur les côtes de l'île de Terre-Neuve, et que le capitaine prud'homme a eu connaissance de délits qui sont de simple police, il les dénonce au commandant desdits bâtimens, et provoque contre les délinquans les peines prononcées par les lois sur la discipline des équipages. — Art. 19.

69. — S'il est commis des délits qui en France sont du ressort des tribunaux, le capitaine prud'homme remplit les fonctions de juge de paix. Il forme la première instruction. Il veille à ce que le prévenu ne puisse s'évader et soit remis au commandant de la station avec les pièces constatant le délit. — Art. 20.

70. — Les navires qui ont concouru au premier tirage de chacune des trois séries de places de pêche à la côte de Terre-Neuve ne peuvent obtenir des bureaux de la marine la remise de leurs papiers de bord avant le 1er mars pour la côte de l'ouest, avant le 20 avril pour la côte de l'est. Il est défendu, sous peine de 1,000 francs d'amende (ordonn. 8 mars 1702), à tout capitaine de navire expédié pour le banc, d'appareiller et de faire route avant le 1er mars. Il est également défendu, sous la même peine, d'expédier des bateaux sur la côte, si le navire en est éloigné de plus d'un myriamètre; et même à une moindre distance, s'il y a banquise formée: ce qui sera constaté par les journaux des capitaines et des officiers. Par exception aux dispositions ci-dessus, tout navire précédemment concessionnaire d'une place à la côte de l'ouest qui devient concessionnaire d'une place à la côte de l'est peut partir le 20 mars, à l'effet de faire en temps utile le transport de son matériel. — Art. 21.

71. — Chaque capitaine reçoit, avant son départ pour l'île de Terre-Neuve, de l'administrateur de la marine dans le port d'où il est expédié, un bulletin de mise en possession. Il est tenu d'exhiber ledit bulletin au capitaine prud'homme du havre où il doit être placé. — Art. 22.

72. — Aucun capitaine ne peut établir son navire pour faire pêche ou sécherie, dans un havre autre que celui qui a été assigné par le bulletin de mise en possession; et ce, sous la peine exprimée en l'article précédent: indépendamment de celle d'interdiction de commandement. Les seuls bateaux à la ligne expédiés en dégrat sont admis à pêcher, trancher, saler dans tous les havres, et même à sécher sur les terrains vacans desdits havres. Toutefois, la défense portée par le premier paragraphe du présent article est sans préjudice des arrangemens qui peuvent être faits à l'amiable entre les armateurs ou capitaines pour l'occupation réciproque, par leurs navires, des havres et des places qui leur ont été respectivement affectés sur l'une et l'autre côte; et elle ne s'étend pas aux havres absolument inoccupés, où les bâtimens peuvent se placer et ont la faculté de conserver la place en faisant, au retour du voyage, l'abandon de celle déjà concédée. Il ne peut, dans l'intervalle d'un tirage général à l'autre, être créé de nouvelles places, à moins que toutes celles soumises au tirage n'aient été concédées. — Art. 23.

73. — Chaque capitaine expédié pour les côtes de l'île de Terre-Neuve doit, indépendamment du bulletin de mise en possession, être muni d'un exemplaire du présent règlement, d'un exemplaire du tableau indicatif prescrit par l'art. 1er, ainsi que d'un exemplaire du tableau de répartition prescrit par l'art. 4. — Art. 24.

74. — Il est défendu à tout capitaine, sous peine de 500 francs d'amende, de jeter du lest dans les havres, de s'emparer des sels, des huiles et des autres objets qui ont pu être laissés l'année précédente; de rompre, transporter ou dégrader les chaufauds et leurs dépendances qui se trouvent dressés à la côté (art. 7, tit. 6, liv. 5 de l'ordonn. du mois d'août 1681): il est même expressément recommandé à tout capitaine d'améliorer la place qu'il occupe. — Art. 25.

75. — Il est défendu également à tout capitaine de s'emparer des chaloupes et des bateaux qui sont échoués sur la côte, sans un pouvoir spécial des propriétaires de ces embarcations, à peine d'en payer le prix, ainsi que 50 fr. d'amende. Mais si les propriétaires des chaloupes et des bateaux ne s'en servent pas, ou n'en ont pas disposé, ceux qui en ont besoin peuvent, avec la permission du capitaine prud'homme, en faire usage pour leur pêche, à condition que, à leur retour, ils en paient le loyer aux propriétaires. Les capitaines qui veulent employer ces chaloupes et ces bateaux sont tenus de remettre au prud'homme du havre, et, en son absence, à un capitaine voisin, un état indiquant le nombre des chaloupes et des bateaux qu'ils comptent prendre pour leur service, avec la soumission d'en payer le loyer et de les remettre au propriétaire, s'il arrive à la côte, ou à tout autre ayant pouvoir du propriétaire. Si les chaloupes et les bateaux ne sont pas remis au propriétaire pendant la durée de la pêche, les capitaines qui les ont employés sont tenus de les faire échouer en lieu de sûreté. Cette circonstance doit être constatée par un certificat que le capitaine prud'homme, et, en son absence, un autre capitaine, délivre (art. 8, 9, 10, 11, titre 6, livre 3 de l'ordonnance de 1681). Les bateaux, les sels et les autres objets laissés à la côte, et qui n'ont pas été enlevés par le propriétaire dans le délai de deux ans, à partir de l'époque de l'abandon, sont vendus à l'encan, à la diligence du prud'homme, au profit du propriétaire, à la charge, par l'acquéreur, de les enlever dans la quinzaine qui suit la vente. — Art. 26.

76. — Les capitaines sont tenus de procurer aux commandans des bâtimens employés en station sur les côtes de l'île de Terre-Neuve tous les renseignemens et détails que ces officiers leur demandent sur l'exploitation de la pêche, sur la police observée par les pêcheurs, sur le nombre et l'état de leurs navires, de leurs bateaux, de leurs équipages. — Art. 27.

77. — Les dispositions de l'ordonnance du 4 août 1819, en ce qui concerne l'embarquement d'un chirurgien sur les navires destinés à la pêche de la morue à l'île de Terre-Neuve continuent à recevoir leur exécution. Un chirurgien est affecté au service sanitaire dans tout havre où il ne se trouve pas un bâtiment de première série, lorsque les navires concessionnaires de ce havre ont ensemble cinquante hommes d'équipage les mousses compris. — Art. 28

78. — Il est interdit à tous les pêcheurs français établis sur la côte de Terre-Neuve d'avoir des établissemens couverts en plan, ou de faire usage de cette écorce pour quoi que ce soit. — Art. 29.

79. — *Instrumens de pêche.* — L'usage des filets appelés hallopes est défendu dans toute l'étendue des pêcheries françaises à la côte de Terre-Neuve. — Art. 30.

80. — Pour prendre le poisson appelé capelan ou celui nommé lançon, servant l'un et l'autre d'appât à la morue, il ne peut être employé que des seines ayant huit à neuf cents mailles de hauteur et trente brasses de longueur lorsqu'elles sont montées. — Art. 31.

81. — Il est défendu de se servir de seine à capelan et à lançon autrement qu'au moulinet, et sans jamais déborder à terre. — Art. 32.

82. — Il est défendu de couler entièrement les seines ou d'en ajouter deux ensemble. — Art. 33.

83. — L'usage des seines à morue est maintenu. — Art. 34.

84. — Leur étendue sera à la volonté de l'armateur, tant en hauteur qu'en largeur; mais la maille n'aura pas moins de quarante-huit millimètres entre nœuds au carré. Les seines à morue dont la maille serait plus petite que quarante-huit millimètres entre nœuds au carré, seront, sur l'ordre du capitaine prud'homme ou sur celui d'un des officiers de la station en service, désarmées et séquestrées pendant la saison de la pêche. La vérification des seines sera faite en mesurant vingt mailles allongées, qui devront porter un mètre neuf cent vingt millimètres. — Art. 35.

85. — Il est défendu de se servir de seines à morue autrement qu'au moulinet, et sans jamais déborder à terre. — Art. 36.

86. — Un bateau pêchant à la seine peut déborder son filet à deux longueurs d'un aviron bordé du bateau qui pêche à la ligne. — Art. 37.

87. — Dès qu'un bateau à la seine déborde près d'un bateau pêchant à la ligne, l'un et l'autre amarrent un aviron afin de marquer la distance à laquelle doit se tenir la seine. — Art. 38.

88. — Si le bateau de seine déborde en dedans de cette distance, c'est-à-dire de manière que les avirons se croisent, il paie une indemnité de cinq cents morues, lors de la rentrée des bateaux de la pêche ; mais il n'a pas pour cela le droit de faire lever le bateau pêchant à la ligne. — Art. 39.

89. — Faute par le bateau qui pêche à la ligne de border un aviron, le bateau de seine peut s'approcher autant qu'il le voudra; pourvu cependant qu'il ne touche pas le bateau pêchant à la ligne. — Art. 40.

90. — Si une seine déborde, à l'égard de plusieurs bateaux, en dedans de la distance voulue, l'indemnité fixée par l'art. 39 est partagée entre ces bateaux par portions égales. — Art. 41.

91. — Sous peine de donner à son tour mille morues au bateau pêchant à la seine, le bateau pêchant à la ligne ou tout autre bateau de seine doit s'abstenir de mouiller dans le circuit de la seine et d'en gêner les mouvemens, une fois que le bateau de seine a prévenu qu'il va déborder, et qu'il a effectivement commencé à jeter son filet à la mer. Si des maîtres de seine se rendent à l'avance sur certains points pour y attendre le poisson, ils ne peuvent y mouiller qu'avec leurs grappins; et, dans ce cas, ils sont tenus de quitter la place si un autre maître de seine commence à déborder avant eux. Le fait de stationner sur sa chatte ne constitue à un bateau de seine aucun droit de priorité, lorsqu'il s'agit de déborder. — Art. 42.

92. — Les seines à morue sont affectées aux places. Les places de première série, occupées par des navires de même série, ne peuvent armer plus de deux seines. Les places de première série, quel que soit le nombre des navires, ne peuvent équiper plus de deux seines. Si la place de première série est occupée par un seul navire de série inférieure, le navire ne peut employer qu'une seine. Les places de deuxième et troisième série, quel que soit le nombre des navires occupans, ne peuvent équiper plus d'une seine. Les agrégations ne peuvent donner droit à augmenter le nombre des seines, quels que soient la série de la place et le nombre des agrégés. Tout navire allant à la pêche sur le grand banc, puis à Terre-Neuve, n'a pas le droit d'équiper une seine à morue, s'il n'a vingt-cinq hommes d'équipage sur le rôle. Il ne peut faire usage de la seine ou des seines d'un navire dont une partie de l'équipage avait été envoyée comme passagers sur un autre bâtiment, qu'après l'arrivée du premier ou l'avis de sa perte en route. Les bâtimens ayant déjà pris possession de leur place à la côte peuvent relever pour le banc et jouir de la faculté d'armer leurs seines, pourvu qu'ils laissent sur ladite place le nombre d'hommes exigé, pour l'armement de ces filets, par le numéro de la série à laquelle ils appartiennent. — Art. 43.

93. — Les bateaux de seine ne peuvent seiner près de Belle-Ile du détroit, Belle-Ile du sud et Grois, à moins qu'ils n'appartiennent à un navire mouillé dans un de ces havres. — Art. 44.

94. — Toute demande en indemnité pour les faits prévus par les articles ci-dessus est jugée sommairement, et sans appel, par les autres capitaines du havre non intéressés aux bâtimens en contestation. Ces capitaines sont convoqués et présidés par le prud'homme; et si celui-ci est intéressé ou absent, par le capitaine le plus âgé après le prud'homme. — Art. 45.

95. — Toutes contraventions, soit de la part des armateurs, soit de celle des capitaines de navires, sont punies conformément au présent règlement. Les procès-verbaux constatant lesdites contraventions sont à cet effet remis par les prud'hommes aux commissaires de l'inscription maritime, pour que, à la diligence de ces administrateurs, les poursuites de droit soient exercées. — Art. 46.

96. — La pêche du saumon ne peut se faire qu'au moyen de barrages pratiqués dans les ruisseaux ou rivières. — Art. 47.

97. — L'embarquement de provisions particulières de boissons spiritueuses, à bord des bâtimens faisant la pêche de la morue, est fortement interdit. L'administration de la marine se concerte avec celle des douanes pour les mesures à prendre pour empêcher l'embarquement des spiritueux, et même celui des fûts vides propres à en contenir. Le ministre de la marine retire la lettre de commandement, pour un temps dont la décision fixe la durée à tout capitaine qui a vendu ou laissé vendre à son bord des boissons spiritueuses. Une amende de 500 francs est encourue par tout armateur qui fait vendre de ces boissons pour son compte aux équipages de ses navires. — Art. 48.

98. — Le produit des amendes est versé dans la caisse des invalides de la marine. — Art. 49.

§ 3. — *Police de la pêche dans tous les autres lieux que l'île de Terre-Neuve.*

99. — Pour le cas où la pêche de la morue a lieu partout ailleurs que sur les côtes de Terre-Neuve, ainsi sur les côtes d'Islande et au Doggersbanck, il n'apparaît pas qu'il ait été fait de règlemens spéciaux, on doit y suivre les règlemens généraux de la navigation ; comme aussi ceux qui veulent se livrer à cette pêche doivent se conformer aux règlemens qui la concernent.

100. — Il importe seulement de mentionner quelques prescriptions spéciales à la pêche de la morue aux îles de Saint-Pierre et de Miquelon, îles où les graves avaient été l'objet d'anciennes concessions, dont un arrêté du 14 ventôse an XI voulut que tout propriétaire apportât sous peine de déchéance la justification dans le délai d'une année. — « Cet arrêté, dit Beaussant (n° 707), n'ayant point été exécuté, une ordonnance du 12 mai 1817, maintenant les concessions faites jusqu'à l'année 1793, et les ventes des graves concédées par les concessionnaires ou leurs ayans cause, prescrivit la justification dans un délai qui expirait au 1er nov. 1820; le défaut de justification entraînant retour au domaine. »

101. — En dernier lieu, une ordonnance du 26 juill. 1833, maintenant les concessions antérieures à l'ordonnance de 1817, a réglé avec détail le mode et l'étendue des concessions nouvelles, que, dans le but de favoriser ces petites colonies, elle déclare dans certaines circonstances transmissibles aux héritiers et toujours susceptibles d'hypothèque.

102. — La police de la pêche dans ces mêmes îles est aujourd'hui régie par deux arrêtés, faits par le commandant militaire, en date des 13 juin et 22 août 1834 : le premier modifié par le ministre le 25 avril 1835 concerne la pêche elle-même; le second a trait à la vente des produits de la pêche, qui ne peut avoir lieu par les pêcheurs avant d'avoir payé les fournitures faites dans l'année et les autres dettes privilégiées.

Sect. 2e. — *Pêche de la baleine, du cachalot et autres poissons à lard.*

103. — Bien que la pêche de la baleine ait été dans l'origine plus pratiquée par les armateurs français que celle de la morue, néanmoins elle paraît avoir été longtemps négligée par le législateur. — On ne trouve guère sur cette matière qu'un arrêt du Conseil du 9 sept. 1738, lequel exempta des droits d'entrée les huiles des poissons de pêche française. — L'ordonnance de 1681 (liv. 5, tit. 7, art. 2) ne faisait que mentionner les baleines et autres poissons à lard échoués ou trouvés sur la grève, et les classait parmi les épaves.

104. — Ce ne fut guère qu'en 1786, deux ans après les tentatives infructueuses, bien que puissamment encouragées par le gouvernement, de divers armateurs de Dunkerque, que le roi de France songea à fixer dans ce dernier port, par de grands avantages, notamment par l'exemption des classes, les habitans de la petite île de Nantuket gênés par les Anglais dans l'exercice de la pêche de la baleine, à laquelle ils avaient fait faire de grands progrès. La loi du 9-25 juill. 1791 avait confirmé tous les avantages dont ils jouissaient, lorsque la guerre générale dispersa leur colonie et ruina leur établissement.

105. — La pêche de la baleine a pris depuis la paix générale de 1815 une grande extension. — « La nature de cette pêche, dit Beaussant (t. 2, n° 738), ne la soumet à aucun règlement de police spéciale, elle suit les règles communes à tous les armemens pour les expéditions lointaines ; elle profite des encouragemens qui sont dus aux travaux maritimes par lesquels se forment et se multiplient les bons matelots. Il n'y a pas, en effet, d'expédition qui amène plus de dangers, qui exige plus de facilité, qui donne une plus grande expérience de la mer. Ces encouragemens ont lieu par des primes, par certaines dérogations aux lois ordinaires dans la composition de l'équipage et la réception des capitaines, et par l'exemption des droits. »

106. — Les encouragemens à ce genre de pêche par le moyen des primes établies pour la première

fois d'une manière générale par le décret du 23-27 mai 1792, ont été depuis et successivement renouvelés et modifiés : notamment par l'arrêté du 17 prairial an X, les ordonnances des 8 février 1816, 14 février 1819, 24 février 1825, 7 décembre 1829, la loi du 22 avril 1832 et l'ordonnance réglementaire du 26, la loi du 9 juillet 1833, la loi du 9 juillet 1836 et l'ordonnance du même jour, même année.

107. — Les primes se divisent en primes principales payées au départ, et qui varient suivant le tonnage des navires et la composition de l'équipage, et en primes supplémentaires, lesquelles, payées au retour, sont calculées sur la longueur du voyage et aussi sur la quantité des produits. — Dans aucun cas les primes ne peuvent s'accroître au delà de cinq cents tonneaux.

108. — Au surplus, dans la pêche de la baleine, comme pour les autres genres de pêche, la prime n'est accordée qu'aux armemens et transports de produits effectués par les navires français comme aussi aux seuls produits de la pêche française. Les justifications à produire à cet effet sont précisées par les lois et ordonnances. — En cas de demande illégitime de prime, la pénalité est la même que pour la pêche de la morue.

109. — Pendant longtemps une autre faveur fut accordée aux armateurs pour la pêche de la baleine : ils pouvaient se servir de bâtimens construits à l'étranger, lesquels, d'après l'ordonnance de 1819, devenaient francisés après cinq années consécutives de service à la pêche de la baleine et des poissons à lard. — La loi de 1832 n'a pas maintenu ce privilége.

110. — Mais cette loi a conservé et la possibilité de remplacer les mousses par un égal nombre de novices, faveur du reste étendue depuis à toute navigation au long cours, et même au grand cabotage, et l'exemption du service sur les bâtimens de l'État, non-seulement pour les marins portés sur le rôle d'équipage, mais encore pour ceux engagés avant la formation de ce rôle pour une expédition à la pêche de la baleine, dans les six mois qui précèdent le départ du navire : 1° s'ils ont déjà fait une campagne à la pêche de la baleine ; 2° si le capitaine sous les ordres duquel ils ont été placés atteste par écrit qu'ils ont montré une aptitude suffisante.

111. — Il n'y a pas lieu d'accorder de prime d'encouragement aux armateurs d'un navire baleinier, dans les mers du Sud, lorsque l'état-major du bâtiment compte plus de deux officiers étrangers. — *Cons. d'Etat*, 31 janv. 1834, Delaroche.

112. — Trois campagnes à la pêche de la baleine dispensent des douze mois de service sur les bâtimens de l'Etat ceux qui se présentent aux examens pour être reçus capitaines au long cours. — L. 1832, art. 7. — De plus, une ordonnance du 15 oct. 1838 autorise les candidats à séjourner à terre pendant un an pour se préparer à l'examen sans avoir à craindre la levée.

113. — Enfin, un dernier encouragement à la pêche de la baleine résulte de l'exemption des droits sur le sel employé à préparer les viandes destinées aux approvisionnemens des navires. — V. BALEINE, SEL.

114. — Une ordonnance spéciale, du 10 août 1841, est venue poser, en exécution de la loi du 25 juin 1841, pour la pêche du cachalot, quelques règles spéciales.

CHAPITRE II. — *Petite pêche.*

115. — La petite pêche est celle qui s'exerce le long des côtes ; les produits de cette pêche sont d'une importance réelle pour l'alimentation journalière des pays voisins des côtes, et même de l'intérieur.

116. — Aussi, pendant le cours des guerres maritimes, plus d'une fois les parties belligérantes conclurent-elles des *trêves* dites *pêcheresses* dont l'usage fut assez fréquent autrefois, notamment entre la France et l'Angleterre.

117. — C'est également en raison de cette importance, et alors cependant que la guerre maritime était générale, que la Convention nationale avait, par un décret du 3-7 mars 1793, dispensé du service maritime les pêcheurs employés à la pêche des sardines et petits poissons. — V., au surplus, BATEAU DE PÊCHEUR.

118. — Les règlemens sur la petite pêche sont fort nombreux ; quelques-uns sont d'une application générale, d'autres spéciaux à tel ou tel genre de pêche : nous les examinerons séparément.

Sect. 1re. — *Police de la pêche.*

§ 1er. — *Règles générales.*

119. — Avant 1789, les pêcheurs étaient en communauté dans un grand nombre de ports et notamment à Marseille. L'ordonnance de 1687 contient sur ce point des prescriptions devenues sans objet depuis l'abolition des jurandes et maîtrises.

120. — Maintenant, et en principe, les pêcheurs ne sont pas réunis en corporation ; ce n'est pas cependant qu'il ne puisse en être quelquefois autrement : c'est ainsi qu'un décret du 25 avril 1812 avait constitué les pêcheurs des côtes de la mer du Nord, appartenant alors à la France, en une corporation véritable, dont l'organisation mérite d'être rapportée, car il serait à désirer qu'elle fût d'une application générale.

121. — L'art. 12 du décret du 25 avr. 1812 est ainsi conçu : « Voulant dégager ceux de nos sujets qui s'adonnent à la pêche de toutes les entraves qui peuvent gêner leur industrie et les éclairer des leçons de l'expérience, nous instituons par le présent une corporation de prud'hommes pêcheurs dans chaque station de pêche. — Ils sont choisis parmi les patrons âgés au moins de quarante ans, reconnus par leur loyauté, et leur fidélité au gouvernement, et se livrant personnellement à la pêche. »

122. — Les articles suivans disposent ainsi qu'il suit : « Art. 13. Il y a *deux prud'hommes* pêcheurs pour vingt bateaux et au-dessus. — Au-dessus de vingt bateaux jusqu'à cinquante, il y a *trois prud'hommes*. — Si le nombre des bateaux excède cinquante, il y a *quatre prud'hommes*, et *cinq*, jusqu'à soixante-quinze bateaux. — Il y a *six prud'hommes* pour cent bateaux.

123. — » Art. 14. Les prud'hommes sont nommés par le préfet maritime, sur le rapport des administrateurs de l'inscription maritime ; et le préfet leur expédie un ordre de service, lequel est enregistré au bureau de l'inscription maritime et à la municipalité du lieu de la station de pêche.

124. — » Art. 15. Les prud'hommes sont chargés de surveiller la conduite des pêcheurs dans l'exercice de leur profession, de leur faire connaître les ordres et instructions auxquels ils doivent se conformer, de prévenir les contestations qui pourraient s'élever entre les pêcheurs, d'informer l'administration de la marine de tous les faits et abus contraires au bon ordre, à la sûreté publique, et à l'intérêt des pêcheurs.

125. — » Art. 16. Les prud'hommes prêtent le serment de remplir leurs fonctions avec fidélité, devant le maire de la municipalité du lieu de la station de pêche, et en présence de l'administrateur ou préposé de l'inscription maritime, et les préfets maritimes donnent des ordres pour que lesdits prud'hommes soient reconnus en cette qualité par tous les pêcheurs de la station à laquelle ils sont attachés.

126. — » Art. 17. Les mêmes prud'hommes peuvent être continués dans l'exercice de leurs fonctions, tant qu'ils les remplissent avec exactitude et fidélité.

127. — » Art. 18. Pendant la durée de leurs fonctions, les prud'hommes pêcheurs portent à la boutonnière, et suspendue à un ruban vert, une médaille d'argent, de deux centimètres de diamètre, sur laquelle sont empreints d'un côté les mots *prud'homme pêcheur* et de l'autre une *ancre*.

128. — » Art. 19. Les prud'hommes pêcheurs sont autorisés à se réunir tous les dimanches, après l'office divin, sous la présidence du chef du port, ou de celui qu'il aura désigné, pour aviser aux améliorations dont l'exercice de la pêche est susceptible, pour concerter les moyens de prévenir les fautes et délits de toute nature, et se désigner mutuellement les pêcheurs qu'ils jugent exiger une surveillance particulière.

129. — » Art. 20. La réunion des prud'hommes peut appeler dans son sein les pêcheurs qu'elle juge à propos d'entendre et de consulter ; comme aussi elle doit leur donner les conseils dont ils peuvent avoir besoin, et même admonester ceux qui lui paraissent répréhensibles.

130. — » Art. 21. Il est tenu, par l'agent maritime, registre de ce qui a été traité dans lesdites réunions ; et, lorsque le cas le requiert, il en rend compte au commissaire du quartier, qui le transmet au préfet maritime.

131. — » Art. 22. Les fonctions de prud'hommes pêcheurs sont gratuites ; mais il leur est accordé une pension de 50 francs, sur la caisse des invalides de la marine, après cinq années continues d'un bon et fidèle service dans ces fonctions, laquelle pension s'accroît successivement de 20 francs pour chaque année suivante d'exercice : ces pensions se cumulent avec celles auxquelles ils ont droit, aux termes de nos règlemens, d'après la durée de leur navigation.

132. — » Art. 23. Les prud'hommes ne peuvent être déchus des pensions ainsi acquises par l'exercice de leurs fonctions, qu'autant qu'ils y commettraient ultérieurement des fautes volontaires qui exigeraient leur remplacement ; auquel cas la déchéance de la pension ne peut être prononcée que par le conseil d'administration de la préfecture maritime. »

133. — Que les pêcheurs soient à part ou en communauté, le décret précité du 25 avr. 1812 porte qu'ils ne peuvent faire la pêche en mer qu'autant qu'ils en ont obtenu la permission du préfet maritime. — Ledit préfet ne délivre cette permission que d'après un certificat favorable donné par le maire du lieu ; mais s'il a quelque raison de service pour ne pas donner ladite permission, il retient les certificats qui lui sont présentés et les annexe, sous le même numéro, aux rôles d'équipage qu'il a à délivrer. — Déc. 25 avr. 1812, art. 6.

134. — Nul ne peut être reconnu en qualité de patron de pêche, s'il n'est immatriculé en ladite qualité au bureau de l'inscription maritime ; ni exercer la pêche, en quelque qualité que ce soit, s'il ne prouve, par un certificat de l'inscription du quartier auquel il appartient, qu'il n'est pas appelé pour le service. — Art. 7.

135. — Les commissaires de marine tiennent, chaque fois que la pêche doit avoir lieu en dehors de la portée des feux de côte, à ce que le patron soit reçu maître au cabotage.

136. — Le bateau peut n'être pas la propriété du pêcheur lui-même, et appartenir à un armateur ou bourgeois. Quel que soit, du reste, le propriétaire, le bateau doit, en principe et sauf les exceptions portées dans les lois et ordonnances spéciales, être Français.

137. — Du reste les pêcheurs sont exempts de la patente, même lorsque la barque leur appartient. — L. 25 avr. 1844, art. 13, n° 4. — V. PATENTE.

138. — Aucun bateau ne peut sortir pour faire la pêche, s'il n'est muni de son rôle d'équipage en bonne et due forme. — S'il se trouve à bord desdits bateaux des individus autres que ceux portés sur le rôle d'équipage ils sont arrêtés et renvoyés devant le commissaire de police, qui, après les interrogatoires et informations nécessaires, fait traduire les prévenus devant qui de droit. — Même décret, art. 8.

139. — Les maîtres de chaloupes servant à la pêche du poisson frais sont tenus, conformément à l'art. 8 du règlement du 23 janvier 1727 sur la navigation du petit cabotage, de prendre un rôle d'équipage auquel ne peut suppléer un simple permis de navigation. Ce règlement n'a été frappé ni d'abrogation ni de désuétude. — L'opinion d'un ministre ne pouvant abroger une loi, on ne peut invoquer comme base d'une semblable abrogation une circulaire ministérielle. — *Bordeaux*, 9 déc. 1847 (t. 1er 1848, p. 72), Barbeyre.

140. — Un décret du 2 octobre 1793 a défendu aux matelots composant l'équipage d'un bateau de pêche de s'engager pour plus d'un an.

141. — Les patrons des bâtimens de pêche sont tenus de se munir d'un *visa* de départ, qui leur est délivré soit par les préposés de l'inscription maritime, soit par un prud'homme pêcheur. Ce *visa* doit être produit par les patrons qui seraient forcés de relâcher dans une station autre que celle d'où ils seraient partis. — Décr. 25 avr. 1812, art. 25.

142. — Les pêcheurs munis de rôles d'équipage et de permissions du préfet maritime ou du commissaire principal de l'arrondissement central, sont dispensés, pour aller à la pêche, de toute autre autorisation. — Même décret, art. 9.

143. — Il est défendu aux bateaux pêcheurs d'embarquer à bord plus de vivres que ceux présumés nécessaires à leur consommation pendant le temps qu'ils doivent rester à la mer. — Art. 11.

144. — A moins d'autorisation spéciale, ils ne peuvent transporter aucune espèce de marchandise ; et ils ne doivent avoir à bord que les effets et ustensiles nécessaires pour la manœuvre de leurs bateaux et pour la pêche. — Même art.

145. — Quant à la franchise accordée pour les sels employés à la petite pêche, V. SEL.

146. — Le décret du 15 avril 1812 (art. 10) veut que chaque bateau de pêche, en approchant des côtes et en sortant des ports, arbore, à tête de mât, un petit pavillon blanc sur lequel est peint, à l'huile et en noir, le numéro de la station à aquelle il appartient, et au-dessous le numéro qui lui est propre dans ladite station. — Ces numéros doivent avoir en long une dimension d'un demi-mètre (environ 18 pouces) avec une largeur proportionnée.

147.—Cette prescription, édictée dans des circonstances exceptionnelles, ne paraît pas aujourd'hui fidèlement exécutée. Mais, conformément aux règlemens généraux, les bateaux pêcheurs portent sur leur arrière l'indication de leur nom. Ils ont également l'indication de la station à laquelle ils appartiennent, ainsi que le numéro qui leur est propre.

148. — Demeure interdit pour la pêche le long des côtes et à l'embouchure des rivières l'emploi de bateaux sans quille, mâts, voiles ni gouvernail, à peine de confiscation des bateaux, rets et poissons qui s'y trouveraient, plus 100 livres d'amende contre les maîtres et patrons, avec déchéance (ordonn. 1726). — L'ordonnance donne pour motifs de cette interdiction tout à la fois et la sûreté des pêcheurs, exposés dans de pareils bateaux à périr au moindre vent, et la conservation du frai que ces bateaux pourraient écraser par leur passage.

149. — Dans le même but, et sous peine de confiscation et de 100 francs d'amende contre le charpentier constructeur, la même ordonnance défend l'établissement de bateaux plats connus sous le nom de picots et picoteurs.

150. — L'inspection, la direction et la police supérieure de la pêche appartiennent exclusivement au préfet maritime. En conséquence : les rapports sur la conduite des pêcheurs à la mer, faits à leurs chefs respectifs par des agens étrangers au département de la marine, tels que les canonniers des batteries de côte, les gardes-côtes, les gendarmes, les préposés des douanes, sont communiqués au chef du service maritime, afin qu'il puisse ordonner, à l'égard des pêcheurs en contravention, telle mesure qu'il appartiendra.—Peuvent, toutefois, dans les cas urgens, les commandans militaires, les agens supérieurs des douanes, les commissaires de police faire arrêter les pêcheurs coupables de délit et infraction, sauf à en prévenir le chef du service maritime, et à en rendre compte aux ministres de leurs départemens respectifs, qui en font immédiatement leur rapport. — Décr. 25 avril 1812, art. 35.

151. — Les commandans de tous les bâtimens de guerre et notamment de ceux de flottille, les inspecteurs des signaux de côte, les administrateurs et préposés de l'inscription maritime sont essentiellement chargés de surveiller la conduite des pêcheurs, et ils font parvenir aux préfets maritimes, lorsque le cas leur paraît l'exiger, les observations et informations qu'ils recueillent. — Art. 36.

152. — Lorsque l'intérêt du service ou quelques circonstances extraordinaires l'exigent, les préfets maritimes ou les chefs de service de la marine dans les sous-arrondissemens peuvent empêcher la sortie d'un ou de plusieurs points de rassemblement de pêche. — Ils peuvent aussi abréger la durée du temps pendant lequel les pêcheurs doivent ordinairement rester à la mer. — Ils donnent de semblables ordres soit pour la suspension, soit pour la limitation momentanée de la pêche, quand ils en sont requis par les commandans des escadres et divisions navales, soit par les commandans des camps sur les côtes des divisions militaires et des départemens ou des places de guerre maritimes, soit par les commissaires généraux de police; mais les préfets ou chefs des services maritimes dans les sous-arrondissemens, sont tenus de rendre compte immédiatement au ministre de la marine des réquisitions qu'ils ont reçues et des ordres qu'ils ont donnés: comme ceux qui ont fait les dernières réquisitions doivent en rendre compte à leurs ministres respectifs, qui en font immédiatement leur rapport. — Art. 37.

153. — Tout agent maritime, militaire, des douanes, de la police, tout prud'homme pêcheur qui se permet d'exiger ou de recevoir une rétribution quelconque de la part des pêcheurs, est traduit devant les tribunaux pour être jugé comme concussionnaire. — Art. 38.

154. — Les bateaux de pêche peuvent être visités à la sortie ainsi qu'à la rentrée par les préposés des douanes, et ceux qui passent dans les eaux des pataches doivent, s'ils sont hélés, aborder immédiatement pour subir les visites prescrites. — Art. 30.

155. — Le même décret du 25 avril 1812 contenait encore, en vue des circonstances exceptionnelles où on se trouvait alors par suite de la guerre générale, les dispositions suivantes :

156. — Il est établi un signal convenu sur toutes les côtes pour rappeler les pêcheurs dans le port : ils sont tenus d'obéir audit signal toutes les fois qu'il est fait, et, à défaut, de justifier des causes qui les ont empêchés de le faire.— Art. 26.

157. — Si, par surprise ou autrement, un bateau a communiqué avec l'ennemi, le patron du bateau et ceux qui s'en sont aperçus doivent en faire leur déclaration, aussitôt après leur rentrée dans le port, au bureau de l'inscription maritime, sous peine pour ces derniers d'être punis comme complices d'un pêcheur qui aurait communiqué volontairement avec l'ennemi. Ce devoir est plus particulièrement prescrit aux prud'hommes, soit qu'ils se soient aperçus de la communication, soit qu'ils en aient été indirectement informés. — Art. 27.

158. — Tout bateau qui a communiqué avec l'ennemi, quelle que soit la cause de la communication, est consigné lors de sa rentrée dans le port. Le patron et les hommes de l'équipage ne peuvent communiquer avec qui que ce soit, jusqu'à ce qu'ils aient été interrogés et examinés par l'administrateur ou préposé de l'inscription maritime, par le commissaire de police ou le maire du lieu. — Art. 28.

159. — Si un patron se trouve forcé de relâcher dans un lieu autre que celui désigné pour le rassemblement dont il fait partie, il se présente au bureau de l'inscription maritime, et, à défaut, soit au commandant militaire, soit au maire ou au chef des douanes, pour faire constater ou inscrire sur son rôle la déclaration des causes de sa relâche. — Si ces causes ne sont pas jugées valables, il en est rendu compte au chef de l'arrondissement maritime pour être statué ce qu'il appartiendra. — Art. 29.

160. — Lorsque les bateaux reviennent de la pêche, les préposés de l'inscription maritime et les prud'hommes pêcheurs veillent, si le port n'est pas fermé, à ce que le gouvernail, les avirons et les vergues soient retirés des bateaux par les patrons et déposés par eux en lieu sûr. — Art. 31.

161. — Les pêcheurs qui sont prévenus d'avoir facilité des correspondances ou d'avoir communiqué avec l'ennemi, d'avoir embarqué ou débarqué des individus non inscrits sur leurs rôles d'équipage, d'avoir effectué des exportations et importations prohibées, sont traduits devant les tribunaux ou autorités compétentes, pour être jugés et punis suivant la nature et la gravité de leur délit, et des circonstances qui l'ont accompagné. — Art. 32.

162. — L'administration de la marine dans chaque quartier d'inscription maritime peut prononcer provisoirement, contre les pêcheurs en contravention, les peines de discipline ci-après, savoir : 1° la prison pendant trois jours au plus, à moins que le cas ne soit tel que le prévenu doive être détenu jusqu'à ce qu'on ait reçu les ordres du préfet; — 2° l'interdiction de la pêche pendant huit jours au plus; — 3° la suppression du commandement pour les patrons pendant le même temps. — Art. 33.

§ 2. — *Temps, lieux, modes et instrumens de pêche.*

163. — Sauf les exceptions dont nous aurons à parler, la pêche peut toujours avoir lieu en tout temps, en tous lieux et à toute heure de jour et de nuit.

164. — Il est vrai que l'ordonnance de 1681 (art. 13) défendait, sous peine de confiscation des filets et bateaux et de cinquante livres d'amende, de pêcher pendant les mois de mars, avril et mai, à deux cents brasses des embouchures des étangs et rivières, avec des filets appelés *bouliers*, et ce dans l'intérêt de la conservation du frai.— Le boulier étant aujourd'hui prohibé en tout temps, cet article de l'ordonnance demeure sans application.

165. — Mais on doit toujours tenir pour applicables les dispositions de l'ordonnance qui ont pour objet de prévenir les accidens résultant du voisinage des bateaux pêcheurs pendant la nuit.

166. — « Les pêcheurs qui veulent pêcher pendant la nuit, sont tenus de montrer trois différentes fois un feu, dans le temps qu'ils mettent leurs filets à la mer, à peine de cinquante livres d'amende et de réparations de toutes pertes et dommages qui en pourraient arriver. » — Ord. de 1681, liv. 5, tit. 2, art. 6. — Toutefois Valin fait remarquer avec raison que si le pêcheur est placé dans un lieu périlleux, non-seulement il doit s'abstenir d'allumer le feu dont s'agit; mais encore qu'il s'exposerait à encourir les peines infligées à ceux qui allument sur les rivages des feux trompeurs et de nature à occasionner des naufrages.

167. — Si les filets d'un bateau sont arrêtés et retenus par quelques ancres, rochers ou autres choses semblables, en sorte qu'il ne puisse dériver, l'équipage est tenu, sous les mêmes peines, de montrer pendant la nuit un feu tant que le bateau demeurera sur le lieu où ses filets seront attachés. — Ordonn. de 1681, liv. 5, tit. 2, art. 7.

168. — L'art. 9, tit. 2, liv. 5 de l'ordonnance de 1681 défend aux pêcheurs qui arriveront à la mer de se mettre à jeter leurs filets en lieux où ils puissent nuire à ceux qui se sont trouvés les premiers sur le lieu de la pêche ou qui l'ont déjà commencée, à peine de tous dépens, dommages et intérêts, et de cinquante livres d'amende. — C'est aux arrêtés locaux à déterminer quelles distances doivent être observées.

169. — L'art. 10 défend, sous pareilles peines, à tous pêcheurs qui se trouvent dans une flotte de pêcheurs, de quitter leur rumb ou rang pour se placer ailleurs, alors que les pêcheurs ont mis leurs filets à la mer.

170. — Défense est faite par la déclaration du 23 avril 1726 de jeter dans la mer, ou parties d'eaux avoisinantes, des drogues et appâts de nature à empoisonner le poisson, sous peine de deux cents livres d'amende. — La loi sur la pêche fluviale, statuant au même cas, a aggravé la pénalité. — V. PÊCHE FLUVIALE.

171. — Quel que soit le mode de pêche, les art. 1er et 28 de la même déclaration ont défendu la destruction du frai et par conséquent interdit la pêche, la vente ou la salaison sous une peine portée depuis à cinq cents livres d'amende avec confiscation par l'ordonnance du 24 décembre 1726.

172. — « La partie de la législation maritime qui concerne les filets est, dit Baussant (n° 763), fort importante et fort difficile. » Il est à regretter que la législation ne soit pas encore coordonnée sur ce point, qui n'est encore régi que par les anciennes ordonnances.

173. — La conservation du frai du poisson et du poisson de premier âge a fait prohiber absolument l'usage des filets traînans. — L'article 19 de la déclaration du roi du 23 avril 1726 est formel sur ce point, et abroge en conséquence un assez grand nombre des dispositions de l'ordonnance de 1681, laquelle autorisait l'usage d'un grand nombre de ces engins avec certaines précautions consistant dans la largeur des mailles.

174. — En outre l'article 1er de la même déclaration, supprimant complétement l'emploi de la *dreige* ou *drague*, a modifié sur ce point l'ordonnance de 1681, qui en permettait l'emploi en le soumettant, toutefois, à certaines règles.

175. — Il ne faut pas confondre avec la dreige le chalon, dont l'usage, successivement interdit, puis autorisé, a été, en dernier lieu, rétabli, par l'ordonnance du 31 oct. 1744, sous la condition qu'il ne serait employé que par des bateaux de six tonneaux au moins et seulement pendant sept mois : du 1er septembre au 1er avril.

176. — Par les mêmes motifs et sous les mêmes peines, demeurent défendus les muletières, les traîneaux, dérivant à la marée, et autres filets analogues. — Déclaration, 23 avril 1726, art. 21.

177. — Renouvelant les prescriptions de l'ordonnance de 1681, la déclaration de 1726 défend de traîner à la mer des rets appelés *picots* et de se servir pour battre l'eau, piquer et brouiller les fonds, de perches ferrées et pointues, de câblières, pierres, boulets, chaînes de fer et tous autres instrumens.

178. — Dans tous ces cas, la pénalité consiste dans la confiscation des rets, filets et poissons et 100 livres d'amende contre le maître avec déchéance de la maîtrise et même de la faculté de se faire recevoir pilote lamaneur. — En cas de récidive, la peine était convertie en trois ans de galère : il est certain qu'aujourd'hui cette dernière pénalité est inapplicable.

179. — Enfin la fabrication, la vente et même la simple possession d'engins prohibés est et demeure punie, d'après la même déclaration, d'une amende de 300 livres, outre la confiscation.

Sect. 2e. — *Pêches spéciales.*

§ 1er. — *Pêche du hareng.*

180. — La pêche du hareng a, de tout temps,

à raison de son importance, été l'objet de nombreuses dispositions réglementaires dans toutes les législations des peuples maritimes.

181. — Dans l'intérêt des classes pauvres, dont, ainsi que le disait le pape Alexandre III (V. *infrà*), ce poisson est l'aliment, notre législation crut à une certaine époque devoir encourager cette pêche au moyen de primes, ainsi que cela se pratique pour certaines grandes pêches. — V., à ce sujet, décret du 7 mars-10 avril 1791, arrêté du 17 pluviôse an XI. — Alors que la guerre générale existait, la pêche au hareng pouvait, en effet, avoir besoin d'être encouragée à cause des dangers que couraient les pêcheurs. Il n'en est plus de même aujourd'hui, et, bien qu'aucune prime n'existe plus, la pêche au hareng n'a rien perdu de son importance.

182. — 1° La pêche du hareng est-elle libre en toutes saisons ?—L'ordonnance de 1681 ne contenait aucune disposition restrictive. Mais un arrêt du Conseil, postérieur de peu à l'ordonnance de 1681 (car il porte la date du 24 mars 1687), fit « très expresses inhibitions et défenses à tous pêcheurs et autres personnes, de quelque qualité qu'elles soient, d'aller ni d'envoyer à la pêche du hareng après le mois de décembre, sous peine de 500 livres d'amende, confiscation du hareng, des équipages et vaisseaux et autres peines s'il y échoit. » — Cette prohibition est fondée sur la mauvaise qualité du poisson qui fraye à cette époque.

183. — Le décret du 15-18 vendém. an II abrogea l'arrêt du conseil du 24 mars 1687 ; cette abrogation, maintenue par l'arrêté du 13 pluv. an XI et par le décret du 8 octobre 1810, fut rapportée par l'ordonnance du 14 avril 1816, qui fixa le terme de cette pêche *du 1er septembre au* 15 *janvier de cette année*. Mais bientôt l'ordonnance du 4 janvier 1822 est revenue au système de la loi du 15 vend. an II.

184. — Aujourd'hui donc la pêche du hareng est libre en toute saison : mais on sait que cette liberté absolue a été l'objet de réclamations de la part de certains conseils généraux et chambres de commerce des départemens maritimes.

185. — 2° La pêche du hareng est-elle libre tous les jours ? — La question était fort grave, autrefois, alors que la législation sur les jours fériés était appliquée avec rigueur. —C'est ici le lieu de rappeler que le souverain pontife Alexandre III, dans une décrétale de l'an 1160, adressée aux prélats d'Allemagne, autorisait cette pêche même les dimanches, parce qu'elle n'a lieu que dans une saison et qu'*elle est l'aliment du pauvre*.

186. — Aussi, alors que la loi de 1814 sur l'observation des jours fériés datait à peine de deux années, l'ordonnance du 14 août 1816, art. 36, rendue dans les mêmes pensées que la décrétale d'Alexandre III, autorisait les jours fériés, sauf pendant le temps du service divin, non-seulement la pêche, mais la vente, l'achat et l'apprêt du hareng, ainsi que du maquereau, de telle sorte que, quelque solution qu'il convienne de donner sur la question du maintien ou de l'abrogation de la loi de 1814 (V. JOURS FÉRIÉS), l'industrie dont il s'agit doit toujours être regardée comme permise les jours fériés.

187. — 3° La pêche du hareng demeure-t-elle libre à toute heure ? Jamais cette faculté n'a fait l'objet d'aucun doute : la raison en est, disent les commentateurs de l'ordonnance de la marine, que les harengs aiment la lumière, et que dès qu'ils l'aperçoivent ils s'y rendent en foule ; c'est pourquoi la pêche s'en fait ordinairement la nuit.

188.—Lorsque l'on songe au grand nombre de bateaux qu'emploie ce genre de pêche, on conçoit quels événemens pourraient résulter d'abordages rendus plus fréquens par la nuit, si des réglemens précis ne venaient imposer des prescriptions spéciales et plus sévères que celles qui régissent la police de la petite pêche en général, sans préjudice bien entendu de l'application de ces réglemens généraux dans les points où il n'y est pas dérogé.

189. — Ces règlemens spéciaux existent, ils ont été établis par l'ordonnance de 1681 ; ni le décret du 8 octobre 1810, ni l'ordonnance du 14 août 1816 ne les ont abrogés : leur exécution demeure sanctionnée tant par les dommages-intérêts que par la pénalité prévue en l'art. 471 (n° 15) du C. pén.

190. — « Lorsqu'un équipage met ses filets à la mer pour faire la pêche du hareng, il est tenu de les jeter dans une distance de cent brasses au moins des autres bateaux et d'avoir *deux feux hauts*, l'un sur l'avant et l'autre sur l'arrière de son bâtiment, sous peine de cinquante livres d'amende et des réparations de toutes pertes, dommages et intérêts résultant des abordages qui pourraient arriver. — Ordonn. de 1681, liv. 5, tit. 5, art. 2.

191. — « Chaque équipage, après ses filets jetés à la mer, est obligé, sous les mêmes peines, de garder un feu sur l'arrière de son bateau (ce qui doit s'entendre tant qu'il est à la pêche) et d'aller à la dérive le même bord au vent que les autres pêcheurs. » — Même ordonn., *loc. cit.*, art. 3.

192. — « Les maîtres de barques, qui pendant la nuit veulent s'arrêter et jeter l'ancre, doivent (sous pareilles peines) se retirer si loin du lieu où se fait la pêche qu'il n'en puisse arriver aucun dommage aux barques et bateaux étant à la dérive. » — Même ordonn., art. 4.

193. — Lorsqu'un équipage est forcé par quelque accident de cesser sa pêche ou de mouiller l'ancre, il est tenu de montrer un feu *par trois différentes fois* ; la première, lorsqu'il commence à tirer ses filets ; la seconde, quand ils sont à moitié levés ; et la troisième, après les avoir entièrement tirés, et alors il *jette son feu à la mer*. — Même ordonn., art. 5. — Cette dernière prescription de jeter le feu à la mer est imposée au pêcheur non-seulement parce que le feu lui devient inutile, mais encore parce qu'il pourrait servir de faux signal.

194. — « Si les filets sont arrêtés à la mer, l'équipage ne jette point son troisième feu ; mais il est tenu d'en montrer un *quatrième* (pour annoncer son embarras et appeler ainsi le secours), et d'en garder jusqu'à ce que les filets soient dégagés. » — Même ordonn., art. 6.

195. — Il est défendu, *à peine de punition corporelle*, à tous pêcheurs de montrer des feux sans nécessité, ni autrement que dans les temps et en la manière prescrits. — Même ord., art. 7. — « Ce fait, dit Beaussant (n° 778), donnerait encore aujourd'hui lieu à l'application de l'art. 475 du C. pénal, à celle des dommages-intérêts, et même, s'il s'était passé dans des endroits périlleux pour y attirer et faire perdre des navires, il entraînerait la peine de mort. Il faut encore dire ici que le pêcheur qui se trouverait dans un endroit périlleux devrait s'abstenir, même dans les cas indiqués, de montrer son feu, si toutefois il n'était pas dans le besoin d'appeler du secours : et au fait on ne va guère pêcher dans les endroits périlleux. »

196. — Si la plus grande partie des pêcheurs d'une flotte cesse de pêcher et mouille l'ancre, les autres sont tenus d'en faire de même, à peine de réparation de tout le dommage et d'amende arbitraire. — Ordonn. 1681, livre 5, tit. 5, art. 8. — La peine aujourd'hui serait celle prévue par l'art. 471 (n° 15) du Code pénal. — Du reste, cette prescription de l'ordonnance, qui n'est pas sans difficulté dans le jour, devient impraticable pendant la nuit ; où il est indispensable que personne ne jette l'ancre, car les autres bateaux non avertis viendraient aborder en dérivant.

197. — « Les mailles des rets ou aplets pour faire la pêche du hareng doivent avoir un pouce en carré, sans que les pêcheurs y en puissent employer d'autres, ni se servir des mêmes filets pour d'autres pêches, à peine de 50 livres d'amende et de confiscation des filets. » — Ordonn. de 1681, liv. 5, tit. 5, art. 1er. — Cette disposition est encore applicable aujourd'hui.

198. — Dans ces dernières années, une ordonnance du 2 juill. 1843, rendue en exécution de la loi de finances du 6 mai 1841, est venue poser, relativement à la pêche du hareng, des règles qu'il importe de reproduire.

199. — Tout armateur qui expédie un bateau à la pêche du hareng est tenu de déposer, pour chaque saison de pêche, au bureau de la marine et au bureau des douanes, une déclaration indiquant les noms de l'armateur et du patron ; le nom et le tonnage du bateau ; le port auquel il est attaché ; le nombre d'hommes d'équipage, non compris le patron ; le lieu de la pêche. La même déclaration exprime les quantités d'avitaillement embarquées pour la pêche. Elle contient, en outre, l'engagement de faire suivre à l'armement la destination, indiquée et de ne rapporter, au retour, que des harengs provenant de pêche française, à peine d'être privé de l'immunité des droits. Cet engagement est garanti par une caution bonne et solvable fournie par l'armateur, et qui doit être agréée par le président du tribunal de commerce — Ordonn. 2-8 juill. 1843, art. 1er.

200. — Tout patron de bateau doit être muni d'un registre de bord. Ce registre est coté et paraphé conformément à l'art. 224 du Code de commerce. L'art. 9 de la loi du 6 mai 1841 et les art. 6, 7, 8, 9 et 10 de la présente ordonnance sont imprimés textuellement en tête dudit registre, qui contient, en outre, les indications portées dans la déclaration exigée par l'article précédent. — Même ordonn., art. 2.

201. — Le nombre d'hommes d'équipage de chaque bateau doit être, au minimum, non compris le maître ou patron, ni les mousses, dans les proportions suivantes : 5 hommes pour les bateaux de 10 tonneaux et au dessous ; 6 hommes pour les bateaux de 11 à 15 tonneaux ; 7 hommes pour les bateaux de 16 à 20 tonneaux ; et ainsi de suite à raison d'un homme de plus pour chaque accroissement de 1 à 5 tonneaux. — Même ord., art. 3.

202. — Une commission, formée dans chaque port d'armement, et composée d'un employé de la marine, d'un agent des douanes et d'un délégué du commerce, ou, à défaut, par le tribunal de commerce, ou, enfin, par les armateurs réunis, s'assure que les quantités d'avitaillement, la nature et l'état des ustensiles de pêche sont en rapport avec le tonnage du bateau, le nombre d'hommes embarqués et la destination de l'armement. — Même ordonn., art 4.

203. — L'administration des douanes ne délivre ou ne vise le congé du bâtiment que sur le vu d'un certificat délivré par la commission établie en vertu de l'article précédent. — Même ord., art. 5.

204.—Tout patron de bateau sortant d'un port de France, ou y rentrant, est tenu de présenter au receveur des douanes ou à son délégué le registre de bord mentionné à l'art. 2. Le visa apposé par la douane sur ledit registre, au départ ou au retour, fait foi pour constater la durée de l'absence du bateau, dans le cas prévu dans le § 2 de l'art. 9 de la loi du 6 mai 1841. — Même ord., art. 6.

205. — Tout bâtiment armé pour la pêche du hareng doit se rendre directement au lieu de sa destination pour s'y livrer sans interruption aux opérations de la pêche. Toute opération ou association de pêche avec des bateaux étrangers, tous échanges ou achats de produits de pêche étrangère sont formellement interdits. — Même ord., art. 7.

206. — Tout patron de bateau contraint par force majeure de relâcher dans un port étranger doit se présenter au consul ou agent consulaire, ou, s'il n'en existe pas, au magistrat du lieu, qui reçoit sa déclaration orale, laquelle doit indiquer le nom, le tonnage et le port d'armement du bateau, les causes de sa relâche, les relâches qu'il a déjà faites, les communications qu'il a pu avoir en mer, l'état et la nature de son chargement. Cette déclaration est affirmée par le patron ; il présente à l'appui son registre de bord, sur lequel ladite déclaration est inscrite par l'autorité qui l'a reçue. — Même ord., art. 8.

207. — Tout patron de bateau prêt à quitter le port étranger où il a relâché est tenu d'en faire la déclaration orale par-devant la même autorité qui a reçu la déclaration prescrite par l'article précédent. Cette nouvelle déclaration, qui est pareillement inscrite sur le registre de bord, doit indiquer la date du départ du bateau, les achats de vivres pour ravitaillement faits par le patron pendant la relâche, ainsi que l'état et la nature de son chargement. — Même ord., art. 9.

208. — Au retour des bateaux de pêche, l'armateur est tenu de justifier de l'exécution des engagemens contenus dans sa soumission. Cette justification a lieu au moyen d'une déclaration orale qui doit être faite à la douane par le patron du bateau, immédiatement après son arrivée. Cette déclaration fait connaître le lieu, la durée et les principales circonstances de la pêche, les relâches qui ont été faites et les quantités de poisson pêché. Le registre de bord est produit à l'appui de cette déclaration, dont l'exactitude est constatée au moyen de l'interrogatoire des hommes de l'équipage, qui peuvent être interrogés concurremment ou séparément, par l'administration des douanes et celle de la marine. Il est dressé acte par la douane de ladite déclaration. — Même ord., art. 10.

209. — L'exécution de toutes les dispositions prescrites par la loi du 6 mai 1841 et par la présente ordonnance est surveillée dans les ports de France par les agens de l'administration de la marine et les employés des douanes ; en mer par les commandans des bâtimens de l'Etat et par les officiers des embarcations des douanes, et, dans le cas prévu par les art. 8 et 9 ci-dessus, par les consuls ou agens consulaires dans les ports étrangers. Lesdits consuls et agens consulaires, commandans des bâtimens de l'Etat, agens de l'administration de la marine et employés des douanes sont autorisés à se faire représenter, en toutes circonstances, le registre de bord de chaque bateau, à le viser et y consigner telles observations qu'ils jugent convenables, d'après le résultat des visites qu'ils ont cru devoir faire ou prescrire à bord dudit bateau. Ils dressent tous procès-verbaux et rapports à l'effet de constater les infractions aux prescriptions de la loi du 6 mai 1841 et de la présente ordonnance, et les transmettent à qui de droit pour être statué ce qu'il appartient. — Même ord., art. 11.

210. — L'administration des douanes transmet chaque année au ministre de l'agriculture et du commerce un état indiquant pour chaque port le nom, le tonnage et le nombre d'hommes d'équipage des bateaux expédiés à la pêche du hareng; les noms de l'armateur et du patron; la date du départ et celle du retour; le lieu de la pêche, et enfin la quantité et la nature des produits de pêche rapportés par chaque bateau. — Même ordonn., art. 12.

211. — La vente et la salaison du hareng ont aussi nécessité des règles spéciales.

212. — Un arrêt de parlement du 28 mai 1765 avait autrefois réglé avec soin ces matières, le décret du 8 oct. 1810 et l'ordonnance du 14 août 1816 n'ont guère fait que reproduire textuellement les mêmes prescriptions.

213. — « Le soin particulier, dit Beaussant (no 783), avec lequel la salaison et la vente des harengs doivent être surveillées, la multiplicité des mesures, l'attention constante que cette surveillance exige afin que la bonne qualité du poisson vendu en maintienne le débit, rendaient nécessaires, en outre des agens ordinaires de la police des villes et sans nuire à leurs attributions, des fonctionnaires chargés d'exercer une surveillance spéciale, toujours sous l'autorité du maire, premier administrateur de la cité. »

214. — Dans chaque port, baie ou crique, où se pratique la pêche du hareng, il doit y avoir deux syndics : l'un pris parmi les anciens armateurs, l'autre parmi les anciens saleurs non exerçant; ils peuvent être au besoin assistés d'adjoints. — Ces différens agens, tous révocables, sont désignés par les chambres de commerce dans les lieux où il en existe, et, à leur défaut, par les tribunaux de commerce et par les maires. — Déc. 8 oct. 1810 et ordonnance 14 août 1816, art. 28, 29, 30.

215. — Les syndics dressent procès-verbal des contraventions qu'ils découvrent dans l'exercice de leurs fonctions, qui embrassent une multitude d'opérations dont l'ordonnance contient le détail; leur droit va même jusqu'à saisir provisoirement la livraison ou l'expédition de la marchandise frauduleuse ou défectueuse. — Mêmes décr. et ordon., art. 34.

216. — Le hareng se divise en hareng frais et hareng salé ou saur. — Ne peut être vendu comme hareng frais celui dont la pêche remonte à plus de deux nuits, sous peine de confiscation et d'amende. — Mêmes décr. et ordonn.

217. — Jamais la vente du hareng frais ne peut avoir lieu à bord. L'art. 8 de l'ordonn. du 14 août 1816, conforme en ce point au décret de 1810 et à l'édit de 1765, défend à cet effet l'entrée des bateaux à tout le monde, même aux femmes, filles et enfans des matelots.

218. — Nous verrons plus tard (V. SEL) quelles sont les prescriptions relatives à la salaison des harengs non frais.

§ 2. — *Pêche du maquereau, de la sardine, des vives, des moules et huîtres.*

219. — *Maquereau.* — La pêche du maquereau n'est mentionnée dans aucun des monumens législatifs antérieurs à 1789. La législation nouvelle assimile cette pêche à celle du hareng, sur plusieurs points. Cette pêche a toujours été libre en toute saison et à toute heure. — Décrets des 15-18 vendémiaire an II et 8 oct. 1810.

220. — Aucune police particulière n'est au surplus établie pour ce genre de pêche. La vente et le débit du maquereau ont lieu comme ceux de tous autres poissons. — Toutefois sa salaison a donné lieu à quelques dispositions spéciales. — V., à ce sujet, décret du 8 oct. 1810, art. 21 et 35; ordonn. de 1815, art. 19; ordonn. du 14 août 1816, art. 7, 22, 35. — Rappelons qu'aux termes de l'art. 36 de l'ordonn. du 14 août 1816 la vente, l'achat et l'apprêt du maquereau sont autorisés, comme pour le hareng, les dimanches et jours de fête, les heures du service divin exceptées.

221. — *Sardines.* — On trouve dans l'ordonn. de 1681 les deux dispositions suivantes : « Permettons de faire la pêche de la sardine avec des rets ayant des mailles de quatre lignes en carré et *au-dessus.* ». — Ordonn. de 1681, liv. 5, tit. 2, art. 11. — Ce poisson, qui est au-dessous de la moyenne espèce, et va en troupe comme le hareng, exige en effet des engins à mailles étroites pour être pêché.

222. — L'art. 12 ajoute : « Faisons défenses aux pêcheurs d'employer de la *résure* (appât fait avec des œufs de moule) pour attirer la sardine, et à tous marchands d'en vendre qu'elle n'ait été visitée et trouvée bonne, à peine de 300 liv. d'amende. »

223. — En outre la pêche de la sardine, ainsi que sa vente, a été, en ce qui concerne les côtes de Bretagne, lieu où elle se rencontre en plus grande quantité, l'objet d'une déclaration spéciale du roi, en date du 16 août 1727; laquelle déclaration contient une série de mesures analogues à celles sur la pêche du hareng.

224. — Enfin, le décret du 8 oct. 1810 (art. 4) alloue à cette pêche un genre particulier de franchise dans la salaison.

225. — *Vives.* — L'art. 5, tit. 2, liv. 5, ordonn. de 1681, permet de faire la *pêche des vives* avec des mailles de *13 lignes en carré*, depuis le 15 fév. jusqu'au 15 *avril seulement.* — Interprétant cet article de l'ordonnance, un arrêté du conseil, du 24 mars 1687, a voulu qu'à l'avenir la pêche des vives commençât deux jours avant le carême et finît au dernier jour du carême? — Ces dispositions sur la limitation du temps de pêche devraient-elles être suivies aujourd'hui? Il est permis d'en douter. — Mais les prescriptions de l'ordonnance demeurent toujours applicables en ce qui a trait à la dimension des filets.

226. — *Moules et huîtres.* — L'art. 18, tit. 3, liv. 5 (même ordonn.), fait défenses de *draguer dans les moulières*, d'en racler les fonds avec couteaux et autres semblables ferremens, d'*arracher le frai des moules* et d'enlever celles qui ne sont pas encore en état d'être pêchées.

227. — La pêche des moules a été en outre l'objet de règlemens particuliers, suivant les côtes où elle se pratique. — V., pour les anciennes provinces de Flandre, Bourbonnais, Picardie et Normandie, ordonn. du 18 sept. 1728; pour les quartiers d'Auray et du Croisic (côtes méridionales de la Bretagne), décision royale du 10 oct. 1829.

228. — « La pêche de l'huître peut être faite avec la drague armée de fer. » — Ordonn. du 23 avril 1726, art. 36. — La dureté de la coquille fait que la drague ne peut nuire aux jeunes huîtres qui ne sont pas livrées de suite à la consommation lorsqu'elles sont trop petites, mais sont déposées pour être élevées dans les réservoirs placés sur différens points des côtes.

229. — C'est principalement dans la baie de Cancale qu'a lieu la pêche des huîtres. Or, le voisinage des îles anglaises ayant donné lieu à des contestations fréquentes entre les pêcheurs des deux nations, une convention passée entre les deux gouvernemens, à la date du 2 août 1839, est venue déterminer dans quelles limites et sous quelles conditions les pêcheurs de l'une et de l'autre nation peuvent exercer la pêche des huîtres dans ces parages.

230. — Relativement à la pêche dans la baie de Cancale, un arrêt de règlement, du 20 juill. 1787, dont une ordonn. royale, du 24 août 1816, non insérée au *Bulletin des lois*, a étendu les dispositions à la côte voisine de Granville, contient des règlemens spéciaux.

231. — Quatre gardes jurés, élus par les maîtres de bateau de Cancale, sont, sous la direction d'un inspecteur, chargés de la surveillance et de la police de la pêche, qui n'est permise aux autres pêcheurs français qu'en un certain nombre limité : les pêcheurs de Cancale étant privilégiés.

232. — Le temps, les heures, le mode de pêche sont soumis à des règles dont les jurés pêcheurs doivent surveiller l'exécution, et qui ont pour objet d'empêcher le dépeuplement des bancs. — C'est ainsi notamment que le triage des huîtres doit avoir lieu à bord, et que toute huître non formée doit être rejetée à la mer.

233. — Enfin, la vente des huîtres et principalement leur exportation à l'étranger sont toujours, sous la surveillance de l'inspecteur et des gardes jurés, réglées de manière à arrêter les manœuvres frauduleuses qui pourraient exercer une influence fâcheuse sur cette industrie.

§ 3. — *Dispositions spéciales à la Méditerranée.*

234. — Avant la Révolution, la pêche dans la Méditerranée était l'objet de prescriptions spéciales. Cet état de choses existe encore, puisque la loi du 8-12 décembre 1790, qui a maintenu provisoirement toutes lois, statuts et règlemens sur la pêche en usage dans cette mer, sauf ceux des 29 décembre 1786 et 9 mars 1787, n'a été encore suivie d'aucune loi nouvelle : malgré la déclaration de l'Assemblée constituante.

235. — Un des inconvéniens les plus graves de cette situation provisoire est la position singulière faite en vertu du règlement du 20 mars 1786 aux pêcheurs catalans, lesquels, du moment où ils sont domiciliés en France, sont considérés comme complétement assimilés aux pêcheurs français, comme tels jouissant des mêmes droits et soumis aux mêmes obligations : même au service des vaisseaux de l'Etat.

236. — Aujourd'hui comme autrefois défense est faite dans la Méditerranée de faire la *pêche du gangui et du borgin* et *celle du marquesèque ou du nonnat*, pendant les mois de *mars, avril et mai*, à peine de confiscation des filets et bateaux, et de cinquante livres d'amende. — Ordonn. de 1681, liv. 5, tit. 2, art. 13.

237. — Un autre mode de pêche, spécial à la Méditerranée, la *pêche aux bœufs*, d'abord prohibé, puis autorisé par une loi du 9-15 avril 1791, a été définitivement interdit par une loi du 21 ventôse an XI, sous peine de 300 fr. d'amende, doublant, puis triplant, et toujours augmentant ainsi à chaque récidive, plus confiscation des filets, bateau, agrès et apparaux.

CHAPITRE III. — *Pêche sur le rivage.*

238. — Les rivages de la mer sont, comme la mer elle-même, livrés à l'usage public; de là il suit que la pêche sur ces rivages, quoique libre en principe, demeure soumise à une grande partie des règles générales établies pour la petite pêche à la mer.

239. — L'ordonnance de 1681 a réglementé certains modes de pêche spéciaux à la pêche sur le rivage; mais cette ordonnance a reçu de notables développemens par la déclaration du roi du 18 mars 1727.

240. — « Malheureusement, dit Beaussant (no 823), la déclaration de 1727 ne paraît pas avoir la généralité de l'ordonnance de 1681, car elle se termine par ces mots : *le contenu en les présentes sera exécuté dans les provinces de Flandre, pays conquis et reconquis, Boulonnais, Picardie et Normandie...* Ainsi il y a encore un vide qu'il importe de combler législativement. »

241. — Des difficultés assez graves s'étant élevées relativement aux limites respectives de la pêche maritime et de la pêche fluviale, l'ordonnance du 10 juillet 1835 a réglé expressément les limites de chacune de ces deux pêches (V. PÊCHE FLUVIALE) pour chaque cours d'eau affluant à la mer.

Sect. 1re. — *Pêche avec instrumens et filets mobiles.*

242. — L'ordonnance de 1681 faisait défense à toutes personnes de se servir de *bouteux* ou *bous*, de *guièvres, ruches, paniers et autres engins*, pour prendre *crevettes, grenades ou falicots*, depuis le premier mars jusqu'au dernier jour du *mois de mai*; et de pêcher en aucune saison de l'année avec collerets, seines ou autres semblables filets qui se traînent sur les grèves de la mer, *à peine* d'amende arbitraire, saisie et confiscation des filets pour la première fois, et de punition corporelle en cas de récidive. — Ordonn. de 1681, livre 5, tit. 3, art. 16. — On entend par *bouteux* un grand truble, c'est-à-dire filet en poche, dont l'embouchure est attachée à un cercle de bois ou de fer qui porte un manche, et qui se pousse sur le sable uni.

243. — La déclaration de 1727 (art. 1er à 5) étend la prohibition de l'ordonnance de 1681 aux mois de juin, juillet, août, fixe l'amende à 25 livres, et applique la peine tant au fait d'avoir pêché en temps défendu qu'à celui de s'être servi d'engins non conformes aux règles prescrites. — Elle veut en outre que le rets ait au moins des mailles de six lignes en carré, qu'il soit attaché sur une fourche ou cercle, sans qu'il puisse y être mis, au lieu de filet, de la toile ou sac à tamis, sous prétexte de prendre des puces ou sauterelles de mer, et que la traverse soit formée d'un bâton ou corde ne pouvant être chargée que d'un quarteron de plomb au plus.

244. — Quant à la *chaudière*, truble sans manche, qui peut être employée en tout temps, la déclaration de 1727 (art. 6) prescrit, sous peine de confiscation et d'amende de 25 livres pour la première fois, doublée en cas de récidive, que les mailles de ce filet aient au moins six lignes en carré.

245. — En ce qui concerne le *petit chalon*, les mailles sont fixées sous les mêmes peines à la même largeur. — Déclaration de 1727, art. 6 et 7. — Doivent être également punies des mêmes peines les infractions aux art. 13 et 14 de l'ordonnance du 13 mai 1818, sur les dimensions du petit chalon, qui ne peut avoir plus de huit mètres de profondeur, quatre mètres cinq décimètres de largeur, quatre centimètres d'ouverture; et dont, en outre, l'ouverture doit être soutenue par une traverse en bois adaptée à des chandeliers en fer à bout relevé, de la hauteur de cinq décimètres et pesant au plus neuf kilogrammes.

246. — La déclaration de 1727 veut, sous les mêmes peines, que les engins employés à pêcher les crabes, homards, rocailles et poissons à croûtes, soient éloignés les uns des autres de douze lignes au moins. — Art. 7.

247.—Le *carreau* ou *carrelet*, filet placé au bout d'une perche avec laquelle on le retire de l'eau quand on espère y trouver du poisson, est prohibé depuis février jusqu'à septembre inclusivement; ses mailles doivent être d'au moins six lignes en carré. — En cas de contravention, il y a lieu à confiscation et à amende de 25 livres. — Même déclaration, tit. 8, art. 1er et 2.

248. — Enfin les *haveneis*, filets à double perche ou manche qu'on appuie sous les aisselles, et qu'on place dans un courant, doivent avoir des mailles d'au moins quinze lignes en carré. Les perches croisées sur lesquelles le filet est monté doivent avoir douze à quinze pieds de long, être tenues ouvertes par une traverse de bois placée près de l'endroit où les perches sont croisées. L'ouverture du filet ne peut avoir que quinze pieds de large, au plus, et la corde mise au bout des deux perches, pour soutenir le filet, ne peut être chargée que d'un quarteron de plomb par brasse; les pêcheurs ne peuvent ni le pousser ni le traîner devant eux sur les fonds où ils font la pêche. La peine des contraventions à ces diverses prescriptions est la confiscation avec 25 livres d'amende, portée à 50 livres en cas de récidive. — Même déclaration.

Sect. 2e. — *Pêche sur le rivage avec instrumens et filets fixés. — Filets tendus sur piquets. — Filets flottés et lestés.*

249. — *Filets tendus sur piquets* — Ces filets, que le pêcheur va visiter chaque jour quand la marée se retire, afin de s'assurer s'ils ne contiennent pas de poisson, ont été, quant à leur usage, l'objet de règlemens divers.

250. — L'ordonnance de 1681 porte : «Permettons de tendre sur les grèves de la mer, et aux bayes et aux embouchures des rivières navigables, des filets appelés *hauts* et *bas parcs*, *ravoirs*, *courtines* et *venecls*, de la qualité et en la manière prescrites par les articles suivans.»—Ordonn. de 1681, liv. 5, tit. 3, art. 1er.—«Défendons, en outre, de faire parcs, ravoirs et venecls, dont les mailles soient de moindre grandeur *que celle ci-dessus*, et de faire des seynes et colerets, *en vendre ou receler*, à peine de 25 *livres d'amende.*» — Même ordonn., liv. 5, tit. 3, art. 17. — Tels sont les principes; arrivons maintenant aux applications de détail.

251.—«Dans les hauts parcs, les filets sont attachés à des perches qui peuvent avoir quinze pieds hors des sables. Les mailles des hauts parcs doivent avoir un pouce ou neuf lignes au moins en quarré; et ils doivent être tendus de telle sorte que le bas du filet ne touche point aux sables, et qu'il en soit éloigné de *trois pouces au moins.*»—Ordonn. de 1681, liv. 5, tit. 3, art. 3. — Depuis, une déclaration du 20 déc. 1729 a permis d'étendre jusqu'aux sables.

252. — La déclaration de 1727 a assimilé aux hauts parcs une foule d'autres rets, tels notamment que les traversis et muletières placés entre les roches. — Elle a de plus déterminé que ces filets ne pouvaient servir dans les parcs et pêcheries que de la manière indiquée, c'est-à-dire tendus sur piquets distans de huit pieds, au moins, et jamais parallèles au rivage. En outre, une distance de six brasses, au moins, doit séparer chacun des parcs.

253. — La déclaration de 1727, assimilant aux bas parcs d'autres filets, prescrit qu'entre chaque piquet il y ait au moins une distance d'une brasse et entre chaque bas parc une distance d'au moins vingt brasses, attendu que les bas parcs peuvent, avec une ouverture qui va jusqu'à cinquante brasses, être tendus en équerre ou demi-cercle. Quand les bas parcs sont les uns au-dessus des autres dans la même ligne droite allant de la côte à la mer, il suffit d'une séparation de dix brasses. — Déclar. de 1727, tit. 2.

254. — Enfin, la déclaration de 1727 double au cas de récidive la peine de vingt-cinq francs édictée par l'ordonnance et prononce dans tous les cas la confiscation des filets et perches.—Déclar. de 1727, tit. 1er, art. 6.

255.—Aux termes de l'ordonnance de 1681, les piquets servant à l'établissement des bas parcs ne peuvent avoir plus de quatre pieds au-dessus des sables. « Les mailles des *bas parcs*, courtines et venecls doivent avoir deux pouces en quarré; et ils doivent être attachés à des pieux plantés à cet effet *dans les sables*, sur lesquels le rets est tendu *sans qu'il y puisse être enfoui.*» — Ord. 1681, liv. 5, tit. 3, art. 2. — La déclaration précitée de 1729 a autorisé à enfouir les filets des bas parcs, si les pieux sur lesquels ils sont tendus sont placés sur des fonds de sable. Quant à ceux dont les piquets sont plantés sur des fonds de gravois, elle permet de les arrêter avec des pierres, d'un demi-pied de hauteur, et avec des crochets de bois et de fer.

256. — Comme pour les hauts parcs, la déclaration de 1727 punit les contrevenans de 25 livres d'amende, puis de 50 en cas de récidive, et toujours de la confiscation des filets et piquets.

257. — L'ordonnance de 1681 (*ubi suprà*) ne parle des *ravoirs*, filets placés sur piquets hauts de trois pieds environ, alignés en ligne droite parallèle au rivage, que pour les assimiler aux bas parcs. La déclaration de 1727 en fait une espèce à part. Elle fixe à deux pouces au moins en carré les ravoirs simples, à la même dimension les mailles du rets du milieu des ravoirs trémaillés, à neuf pouces au moins les mailles des tramaux ou hamaux qui sont des deux côtés des mêmes ravoirs. Les ravoirs retroussés en bas au moins à six pouces du sable doivent être attachés à des pieux n'excédant pas quatre pieds de hauteur, distans les uns des autres au moins d'une brasse, chaque pêcherie étant en outre éloignée de l'autre de dix brasses au moins. Les pénalités en cas de contraventions sont les mêmes que ci-dessus.

258. — Au nombre des engins de pêche employés sur les rivages se placent encore les *guideaux*, filets en forme de chausse, faisant un tuyau plus ou moins long, fixés sur pieux, mis en châssis, et tendus dans le courant. L'ordonnance de 1681 s'en est occupée avec détail.

259. — «Faisons défense, porte cette ordonnance, à tous ceux qui font leur pêche *avec des guideaux* de les tendre dans le passage ordinaire des vaisseaux, ni à deux cents brasses près, à peine de saisie et confiscation des filets, de cinquante livres d'amende et de réparation des pertes et dommages que les guideaux auront causés. » — Ordonn. 1681, liv. 5, tit. 3, art. 12. — La déclaration de 1727 a étendu ces pénalités à toutes espèces de rets employés à la côte. — Déclar. de 1727, tit. 10, art. 1er.

260. — « Ordonnons, ajoute la même ordonnance, que les pieux pour tendre les guideaux, qui se trouvent plantés dans le passage des vaisseaux, ou à deux cents brasses près, seront arrachés, quinzaine après la publication de la présente ordonnance, aux frais des propriétaires, et à la diligence de nos procureurs *en chacun siége* à peine d'interdiction de leurs charges. » — Liv. 5, tit. 3, art. 13.

261. — «Nous voulons, dit-elle enfin, que le procès soit fait et parfait à ceux qui replanteront des pieux aux mêmes lieux d'où ils auront été arrachés, en exécution de la présente ordonnance, et que les délinquans *soient condamnés au fouet.*» — Liv. 5, tit. 3, art. 14. —La peine du fouet n'est plus évidemment applicable.

262.—On lisait en outre la disposition suivante : « Les pêcheurs dont les pieux et guideaux auront été ôtés comme nuisibles à la navigation, ou les pêcheries démolies, seront déchargés de toutes rentes et redevances qu'ils pourraient devoir, *pour raison de ce*, à notre domaine ou à quelques seigneurs particuliers, auxquels nous faisons défenses, ainsi qu'à nos receveurs, d'en exiger le paiement, à peine de concussion. »— Liv. 5, tit. 3, art. 15.

263. — La déclaration de 1727 a assimilé aux guideaux une quantité d'autres filets de même nature et notamment les *nasses*, espèces de paniers en bois flexible, à claire-voie, qui sont d'un usage fréquent. — De plus, elle a prescrit, toujours sous l'application des peines précitées c'est-à-dire confiscation et vingt-cinq livres d'amende, doublée en cas de récidive, que les mailles de ces filets eussent au moins deux pouces en carré, que chaque pêcherie n'excédât pas dix brasses et fût distante de quinze au moins de toute autre. — En outre, les pieds qui supportent les filets doivent être établis à des distances variant du reste suivant la nature de l'engin.

264. — De plus, la déclaration de 1727 statue d'une manière générale que les pêcheurs et tous autres voulant pratiquer les autres pêcheries non flottées, montées sur pieux, piquets ou piochons, connues sous tels nom et dénomination que ce puisse être, seront tenus d'observer la police réglée pour les mailles des filets, la hauteur des pieux, leur éloignement l'un de l'autre, la distance de chaque pêcherie pour les guideaux, bénâtres et autres, le tout sous les mêmes peines. — V. BENATRE.

265. — Le titre 3 de la même déclaration mentionne encore les *parcs de filets couverts et non couverts*, connus aussi sous le nom de *perd-temps*. — Les mailles de ces filets doivent avoir au moins deux pouces en carré; ils doivent être attachés à des pieux éloignés d'une brasse au moins entre eux, hauts de quatre pieds et tendus de façon que le bas ne soit pas enfoncé dans les sables. Ils ne peuvent excéder trente brasses. Les peines sont toujours les mêmes.

266. — Enfin, la déclaration précitée du 20 déc. 1727 règle l'usage d'un nouveau mode de pêcherie : *parcs de perches et de filets.* — Nous n'entrerons pas dans le détail des règles qu'il faut suivre pour l'établissement de ces parcs, que tous peuvent construire. — V., à ce sujet, Beaussant, no 842. — Notons seulement qu'ils doivent être espacés de cinquante brasses au moins les uns des autres, éloignés de deux cents brasses au moins du passage des vaisseaux, à cinquante brasses et jamais au-dessus des parcs exclusifs (V. *infrà* nos 282 et suiv.), à peine de vingt-cinq livres d'amende, doublée en cas de récidive, et avec confiscation des filets, perches et poissons. — Mais aussi les propriétaires de parcs exclusifs ou leurs fermiers qui inquiéteraient les tendeurs des parcs de perches et filets régulièrement établis encourraient une amende de cinquante livres.

267. — *Filets flottés et lestés.* — Ces filets, retenus au fond par des poids, et à la surface de l'eau par des flottes (ordinairement on se sert du liége à cet effet), se développent dans toute leur étendue. Ces filets peuvent ne pas aller jusqu'au fond ni s'élever jusqu'à la surface, suivant qu'ils sont établis. Ils peuvent être et sont ordinairement sédentaires, même quand ils ne vont pas au fond, au moyen de lignes attachées à des pierres et jetées au fond de la mer; ils peuvent aussi être employés en dérive.

268. — Les folles, demi-folles, rieux, tramaux, sardinales, bastudes, hautées, armaillades, bouguières, aiguières, aignolles, rissolles, socletières, et une multitude d'autres engins, sont des filets flottés.

269. — A l'égard des folles, l'ordonnance de 1681 statue qu'elles auront leurs mailles de *cinq pouces en carré*, et qu'elles ne pourront être laissées à la mer *plus de deux jours*, à peine de confiscation et de vingt-cinq livres d'amende. — Ordonn. de 1681, liv. 5, tit. 2, art. 2.

270. — Ceux qui pêcheront avec les folles seront tenus d'être toujours sur leurs filets *tant qu'ils seront à la mer*, pour les visiter de temps en temps, et de marée à autre, s'ils n'en sont empêchés par la tempête ou par les ennemis.— Même ordonn., liv. 5, tit. 2, art. 3. — Ce motif de veiller sur les filets est introduit tant dans l'intérêt de la conservation des filets eux-mêmes que de la navigation.

271. — La déclaration de 1727 a conservé les dispositions de l'ordonnance de 1681 en ce qui concerne les mailles des folles, fixé à trois pouces en carré celles des demi-folles, grandes carrières, grandes pentières et grands rieux, et à deux pouces en carré tous autres filets se tendant sur les sables et grèves, quels qu'ils soient. — Pour les tramaux sédentaires et tous autres rets tramaillés, il faut que, le rets du milieu ayant des mailles de deux pouces en carré, et ceux de côté des mailles de neuf pouces en carré, le bas du filet ne soit en outre garni que de pierres ou de torques de paille.

272. — La déclaration de 1727 ne s'occupe, du reste, de ces filets qu'au cas où ils sont tendus à la côte à la basse eau. Elle punit les contrevenans de la confiscation avec amende de vingt-cinq livres, doublée en cas de récidive.

273. — Mais l'application la plus étendue qui ait été faite des filets flottés et lestés consiste dans les *madragues*, usitées dans la Méditerranée, grandes machines fixées et plantées en mer, composées de plusieurs chambres ou cases attachées à terre par un long cordage appelé la queue de la madrague. L'endroit où elles sont posées ne doit pas être éloigné de la mer au delà d'un demi-mille, parce qu'il faut que les filets touchent le fond de la mer et que les thons côtoient la terre. »

274. — L'ordonnance de 1681 contient sur l'établissement et l'usage des madragues des règles précises, que nous devons reproduire; car elles sont aujourd'hui encore applicables, sauf quelques modifications nouvelles introduites par un arrêté du 9 germ. an IX.

275. — « Faisons défense, porte cette ordonnance, à toutes personnes de poser en mer des *madragues* ou filets à pêcher des thons, *sans notre expresse permission*, à peine de confiscation et de trois mille livres d'amende. » — Liv. 5, tit. 4, art. 1er.

276. — « Ceux qui auront obtenu de nous, ajoute-t-elle, les *lettres nécessaires* pour l'établissement de quelque madrague seront tenus de les faire enregistrer au greffe de l'amirauté dans le détroit de laquelle ils devront faire leur pêche. » — Liv. 5, tit. 4, art. 2.

277. — « Enjoignons, porte l'art. 3, aux propriétaires des madragues de mettre sur les extrémités les plus avancées en mer des hoirins, bouées ou graviteaux, à peine des dommages qui arriveront faute de l'avoir fait *et de privation de leurs droits*. »

278. — En outre, l'art. 4 fait aussi défense, sous les mêmes peines, de placer aucune madrague ou bordigue dans les ports *et autres lieux* où ils puissent nuire à la navigation et d'y laisser, en levant leur madrague, les pierres ou bandes *qui y étaient attachées*.

279. — Ne pourront les propriétaires des madragues ôter la liberté aux autres pêcheurs d'étendre *thonaires* ou *combrières* et de pêcher dans le voisinage de la madrague, pourvu qu'ils ne l'approchent point plus près de deux milles du côté du levant et d'abord des thons. — Art. 5.

280. — Les changemens introduits par l'arrêté du 9 germ. an IX au système de l'ordonnance se réduisent aux deux suivans : 1° les permissions de tendre des madragues ne sont plus faites gratuitement, elles font l'objet de baux à ferme.

281. — ...2° L'arrêté ne mentionne aucune peine, il est évident néanmoins que les peines d'amende et de confiscation demeurent encore applicables; seulement, au lieu d'être appliquées par l'administration de la marine, elles ne peuvent plus être prononcées que par les tribunaux, l'administration de la marine n'ayant plus compétence que pour la surveillance et la constatation des contraventions. — V. MADRAGUE.

Sect. 3e. — *Parcs et pêcheries, écluses, bouchots.*

282. — Il s'agit ici d'établissemens essentiellement dommageables et à la navigation et à la pêche, et qui ont motivé certaines dispositions de l'ordonnance de 1681; dispositions qu'il convient de reproduire, car elles régissent encore la matière.

283. — L'ordonnance, liv. 5, tit. 3, art. 8, défend à toutes personnes, de quelque qualité et condition qu'elles puissent être, de bâtir ci-après sur les grèves de la mer aucuns parcs dans la construction desquels il entrerait *bois ou pierre*, à peine de trois cents livres d'amende et de démolition des parcs à leurs frais.

284. — Elle défend aussi aux seigneurs des fiefs voisins de la mer et à tous autres de *lever aucun droit*, en deniers ou en espèces, sur parcs et pêcheries et sur les pêches qui se font en mer ou sur les grèves, et de s'attribuer aucune étendue de mer pour y pêcher à l'exclusion d'autres, sinon en vertu d'aveux et dénombremens reçus en les chambres des comptes *avant l'année 1544* ou de concession *en bonne forme*, à peine de restitution du quadruple de ce qu'ils auront exigé et de quinze cents livres d'amende. — Art. 9.

285. — Elle défend *pareillement* à tous gouverneurs, officiers et soldats des îles et des forts, villes et châteaux construits sur le rivage de la mer, d'apporter aucun obstacle à la pêche dans le voisinage de leurs places, et d'exiger des pêcheurs argent ou poisson pour le leur permettre, à peine contre les officiers de perte de leurs emplois, et contre les soldats de punition corporelle. — Art. 10.

286. — Les parcs dans la construction desquels il entrera bois ou pierre *seront démolis*, à la réserve de ceux bâtis avant l'année 1544, dans la jouissance desquels les possesseurs seront maintenus conformément aux articles 84 et 85 de l'ordonnance du mois de mars 1584, pourvu qu'ils soient construits *en la manière ci-après*. — Art. 4.

287. — « Les parcs de pierre seront construits de pierres rangées en forme de demi-cercle et élevés à la hauteur de quatre pieds au plus, sans chaux, ciment, ni maçonnerie, et ils auront dans le fond, du côté de la mer, une ouverture de deux pieds de largeur, qui ne sera fermée que d'une grille de bois, ayant des trous en forme de mailles d'un pouce au moins en quarré, depuis la Saint-Remi *jusqu'à Pâques*, et de deux pouces en quarré depuis Pâques *jusqu'à la Saint-Remi*. » — Art. 5.

288. — Les parcs appelés bouchots seront construits de bois entrelacés, *comme clayes*, et auront dans le fond, du côté de la mer, une ouverture de pareille grandeur de deux pieds, qui ne pourra être fermée de filets, grilles de bois, paniers ni autre chose depuis le premier mai *jusqu'au dernier août*. — Art. 6. — V. BOUCHOT.

289. — Et pour les parcs de bois *et de filets*, ils seront faits de simples clayes d'un pied et demi de hauteur, auxquelles seront attachés des filets ayant les mailles d'un pouce en quarré; et les clayes auront dans le fond, du côté de la mer, une ouverture aussi de deux pieds, qui ne pourra être fermée que d'un filet dont les mailles seront de deux pouces en quarré, depuis Pâques jusqu'à la Saint-Remi, et d'un pouce au moins depuis la Saint-Remi jusqu'à Pâques. — Art. 7.

290. — Notons en terminant que les parcs et bouchots, même antérieurs à l'année 1544, qui se trouveraient construits à l'embouchure des rivières navigables ou sur les grèves de la mer à deux cents brasses du passage ordinaire des vaisseaux et au-dessous doivent être démolis *aux frais des propriétaires*. — Art. 11.

291. — Aucun commentaire n'est nécessaire après des prescriptions aussi explicites; toute construction faite depuis 1681 est évidemment faite contre la loi et doit être démolie sans indemnité, sans qu'on puisse se prévaloir de la prescription inadmissible puisqu'il s'agit des rivages de la mer, qui sont imprescriptibles, et qui ne peut s'appliquer qu'à la peine de l'amende.

CHAPITRE IV. — *Pêche dans les ports et étangs salés.*

Sect. 1re. — *Pêche dans les ports.*

292. — Les ports et havres étant, comme les rivages de la mer, livrés à l'usage public, la pêche s'y exerce avec la même liberté que sur les rivages de la mer elle-même. Dès lors, nous n'avons rien à ajouter à ce que nous venons de dire plus haut. — V. *suprà*, n° 238 et suiv.

293. — Mentionnons, toutefois, que dans l'intérêt de la conservation des quais une ordonnance du 7 septembre 1816 porte défense de pêcher des moules, huîtres et coquillages qui s'attachent le long de ces quais, et qu'on ne pourrait arracher sans courir risque d'arracher le ciment qui joint les pierres, ou même sans casser celles-ci. — La même prohibition est du reste appliquée par l'ordonnance en ce qui concerne les jetées et forts construits dans la mer.

294. — Il ne faut pas confondre avec les ports les fossés par lesquels l'eau de la mer est introduite autour des places de guerre. — Ces fossés ne sont plus des dépendances du domaine public; la pêche y est affermée par l'Etat.

Sect. 2e. — *Pêche dans les étangs salés.*

295. — Il existe encore le long des côtes de la Méditerranée un assez grand nombre d'étangs salés, dans lesquels les eaux de la mer pénètrent par des canaux quelquefois assez longs. Ces étangs, séparés aussi quelquefois de la mer par des digues, sont de vastes réservoirs remplis de poissons de mer souvent en grande quantité.

296. — Certains de ces étangs sont des domaines entièrement privés et, par conséquent, la pêche s'y exerce exclusivement par le propriétaire ou à son profit, ainsi que cela se pratique pour les étangs d'eau douce.

297. — Les autres faisant partie du domaine public, ainsi que la mer, la pêche y demeure entièrement libre, sous l'application des règles générales qui régissent la pêche maritime, et principalement la pêche sur le rivage.

298. — Les *bordigues* sont des espèces de pans formés de roseaux ou de cannes, construits d'ordinaire dans les canaux qui joignent les étangs salés à la mer, et destinés à arrêter le poisson au passage. — Mais nous avons déjà vu précédemment tout ce qui a trait aux bordigues (V. BORDIGUE). — Rappelons seulement que leur établissement doit toujours être autorisé. — Ordonn. 1681, liv. 5, tit. 4, art. 1er et 2.

299. — Comme règles spéciales aux étangs salés, il importe de remarquer : 1° que la pêche des anguilles n'y est autorisée que pendant cinq mois, d'octobre à février, et avec des filets fixes et sédentaires ayant des mailles d'au moins trois lignes en carré. — L'emploi de tout autre filet est puni de confiscation et de 100 livres d'amende (déclar. 23 août 1728, art. 8). — En outre, les filets précités ne doivent être employés qu'à la pêche des anguilles; et seulement pendant le temps permis, à l'expiration duquel ils doivent être retirés hors de l'eau. — Même déclar., art. 9.

300. — Défense est encore faite, pendant les mois de mars, avril et juin, sous peine de 300 livres d'amende, augmentée de la confiscation en cas de récidive, de faire aucune pêche ni jeter aucuns filets dans les graux, ravines et canaux allant de la mer aux étangs ni à deux cents brasses près de leurs embouchures du côté de la mer, et du côté des étangs à la distance déterminée par les autorités locales (même déclaration, art. 6). — Pendant les autres mois la pêche est permise avec filets fixes et sédentaires du calibre fixé par l'ordonnance de 1681. L'emploi de tout autre filet est puni d'une amende de 100 livres et de confiscation.

301. — Le propriétaire d'un moulin alimenté par les eaux de la mer, et placé sur un terrain concédé par l'Etat, n'est pas soumis aux lois qui règlent l'exercice de la pêche maritime et ne commet pas de contravention quand il pêche avec un filet prohibé dans l'étang de son moulin. — *Rennes*, 25 nov. 1846 (t. 1er 1847, p. 588), Méhouas.

302. — Que l'étang fût, du reste, propriété privée ou non; l'ordonnance de 1681 défendait aux pêcheurs qui se serviraient d'engins appelés fichures de prendre les poissons enfermés dans les bastudes ou autres filets tendus *dans les étangs salés, à peine de punition corporelle* (liv. 5, tit. 2, art. 15). — Aujourd'hui il faudrait appliquer les peines du vol. — V. VOL, BASTUDE.

CHAPITRE V. — *Poursuite et répression des délits en matière de pêche maritime.*

Sect. 1re. — *Dispositions générales.*

303. — La poursuite et la répression de tous les délits et contraventions en matière de pêche était autrefois confiée aux tribunaux de l'amirauté, sauf en ce qui concernerait les côtes de la Méditerranée. — V. *infrà*, nos 302 et suiv.

304. — A cet effet, l'ordonnance de 1681 avait statué qu'il y aurait toujours au greffe de chaque siége d'amirauté un *modèle des mailles* de chaque espèce de filets dont les pêcheurs demeurant dans l'étendue de la juridiction se serviraient pour faire leur pêche, tant en mer que sur les grèves. Elle enjoignait aux magistrats de tenir soigneusement la main à l'exécution du présent article, à peine de répondre des contraventions en leur nom. — Liv. 5, tit. 2, art. 16. — V. encore déclar. 18 mars 1727, tit. 10, art. 5.

305. — Elle leur enjoignait en outre de *faire brûler* toutes les *seynes, colerets et autres filets* qui ne seraient pas de la qualité portée par la présente ordonnance; à l'effet de quoi ils étaient tenus, à peine d'interdiction de leurs charges, de faire, *de mois en mois*, leur visite sur les côtes, et de temps en temps la perquisition dans les maisons des pêcheurs *et autres riverains de la mer*. — Même ordonn., liv. 5, tit. 3, art. 21.

306. — L'ordonnance du 23 avril 1726 prescrivit ces visites tous les trois mois seulement. Cette formalité fut réduite à deux visites par année, aux mois de mars et septembre, par la déclaration de 1727.

307. — Le plus souvent la visite était faite par les officiers de l'amirauté; ils la faisaient tant dans les maisons des pêcheurs que dans celles des riverains de la mer, privilégiés ou non, soupçonnés d'avoir des filets. — Ordonn. 1726, art. 24; 1727, art. 10.

308. — En outre et pour plus de précautions, l'ordonnance du 23 avril 1726 (art. 20) recommandait aux officiers des classes, lorsqu'ils feraient leurs revues dans les paroisses de leurs quartiers, de faire en même temps la visite des rets, filets, engins et instruments de pêche, et, s'ils en trouvaient d'abusifs, d'en donner avis au procureur de l'amirauté, chargé de poursuivre les délinquans.

309. — La visite avait lieu en même temps par les officiers d'amirauté et par ceux des classes dans les pêcheries exclusives et dans celles libres et permises. — Ordonn. 1727, art. 9 et 11.

310. — Par réciprocité les magistrats donnaient avis aux officiers des classes des maîtres et patrons qui, pour contraventions aux lois sur la pêche, auraient été déchus de leur qualité de maîtres, afin qu'ils fussent rayés du registre des maîtres et portés sur celui des matelots.—Même ord., art. 27.—Aujourd'hui cette disposition ne serait plus applicable, les maîtres sont assimilés aux capitaines. — V. CAPITAINE.

311. — Aujourd'hui, les tribunaux d'amirauté ayant été supprimés, c'est aux tribunaux correctionnels qu'il appartient de statuer sur les contraventions aux lois sur la pêche maritime. — Cass., 14 janv. 1832, Papin.

312. — La connaissance de ces contraventions ne pourrait être déférée au juge de paix. — Même arrêt.

313. — Les contraventions constatées par les officiers de police judiciaire peuvent l'être également par les agens et préposés du service maritime.

314. — Mais, là se borne leur pouvoir, les commissaires de marine ne sont pas les héritiers du pouvoir judiciaire des amirautés, et c'est avec raison que, par une circulaire du 8 sept. 1828, le ministre leur a défendu de faire brûler, ou confisquer au profit de la caisse des invalides de la marine, autrement qu'en vertu d'un jugement, les filets et engins des pêcheurs en contravention.

315. — Les délits de pêche maritime peuvent, du reste, être établis par tous les genres de preuves admis par la loi dans les matières ordinaires. — Cass., 21 nov. 1823, Lamour.

316. — La procédure et le jugement sont soumis aux formes ordinaires de la procédure criminelle, et il y a lieu à appel.

317. — La prescription des délits et contraventions en matière de pêche maritime demeure, en l'absence de règles spéciales, soumise au droit commun. — V. PRESCRIPTION (criminelle).

318. — L'ordonnance déclarait les maîtres et mères responsables des amendes encourues *par leurs engins*, et les maîtres de celles auxquelles leurs valets et domestiques auraient été condamnés, pour contravention aux articles du présent titre. — Ordonn. de 1681, liv. 5, tit. 3, art. 49. — Cette disposition est encore certainement applicable. Il faut remarquer, du reste, que cette responsabilité n'est prononcée dans d'autres cas par aucune loi de la matière.

319. — « L'application des amendes, dit Beaussant (n° 893), ne se fait plus au profit de l'Etat, mais de la caisse des invalides de la marine. La part allouée aux dénonciateurs dans certains cas nous paraît toutefois leur appartenir encore, rien n'a abrogé la disposition qui leur réservait cet encouragement. Quant à la part qui en certains cas était dévolue aux hospices, on peut éprouver des doutes; cependant nous pensons qu'elle a accru à la caisse des invalides, par la raison que c'était une part du droit régalien qui leur était concédée. »

Sect. 2e. — *Prud'hommes pêcheurs.*

320. — Nous avons dit, plus haut, que la poursuite et la répression des délits de pêche étaient autrefois confiées sur les côtes de la Méditerranée à une juridiction exceptionnelle. — Cette juridiction, encore en exercice aujourd'hui, est celle des *prud'hommes pêcheurs.*

321. — La juridiction des prud'hommes pêcheurs est fort ancienne. Son établissement à Marseille, où elle a été le plus anciennement instituée, remonte jusqu'au roi René, qui, l'ayant créée par lettres patentes de 1452, la confirma ensuite par d'autres de 1457. Elle fut successivement confirmée par diverses lettres patentes de Louis XII en mai 1481, François Ier en 1536, Henri II du 27 juill. 1557, Charles IX du mois de nov. 1564, de Louis XIII du mois de nov. 1622 et 30 nov. 1629, de Louis XIV des mois de sept. 1647 et mars 1660, et même, postérieurement à l'ordonnance de 1681, par lettres patentes du roi Louis XV, du mois d'oct. 1723, renouvelées par arrêts du conseil des

16 mai 1738 et févr. 1755, 29 mars et 9 nov. 1776, 4 oct. 1726 et 20 mars 1786.—La loi du 8-12 déc. 1790 a maintenu cette juridiction.

322. — Instituée à Toulon par lettres patentes d'avril 1718, la juridiction des prud'hommes, confirmée par autres lettres de sept. 1762 et par arrêt du conseil des 19 oct. 1776 et 10 avril 1778, a été maintenue dans cette ville par les lois des 3-9 sept. 1790 et 9-14 janv. 1791.

323. — La juridiction des prud'hommes de Cette a été étendue par la loi du 6-9 janv. 1791 à tous les pêcheurs de la même ville, y compris les patrons pêcheurs des étangs, ayant en leur propriété filets et barques montées de trois hommes au moins.

324. — La loi du 9-15 avril 1791 a établi à Saint-Tropez la juridiction des prud'hommes.

325. — La loi du 16-20 avril 1791 a établi à Martigues des prud'hommes dont la juridiction s'étend sur tous les pêcheurs du quartier maritime dont cette ville est le chef-lieu.

326. — Enfin diverses prud'homies ont été instituées les 20 mars et 3 avril 1792, 23 mess. an IX, 2 niv. an X, 26 prair. an XI, 26 janv. et 31 mai 1820, 15 août 1821.

327. — Il est arrivé aussi que l'expérience ayant démontré que certaines prud'homies avaient un territoire trop restreint, des ordonnances ont prononcé la réunion de plusieurs prud'homies ensemble. — Ord. 18 août 1819 et 18 sept. 1834.

328. — L'organisation des prud'homies est partout la même, les règlements relatifs à Marseille sont appliqués partout sur le littoral de la Méditerranée.

329. — Les patrons pêcheurs, propriétaires de leurs filets et bateaux, réunis chaque année, à des époques qui varient suivant les localités, sous la présidence du maire, nomment quatre prud'hommes; par exception, à Saint-Tropez ils ne sont que trois. Les parens jusqu'au troisième degré, le beau-père, le gendre et les beaux-frères ne peuvent occuper la place en même temps ou se *succéder*. L'élection, valable pour un an, ne peut avoir lieu sans la présence de la moitié plus un des électeurs.

330. — A Marseille, pour le jugement des contestations ou délits, les prud'hommes s'adjoignent quatre suppléans pris dans l'art, c'est-à-dire dans le genre spécial de pêche qui donne lieu au débat à juger.

331. — Les prud'hommes ont des fonctions administratives; les frais de l'association sont couverts au moyen d'un impôt sur le produit de la pêche (impôt appelé demi-sort et converti en abonnement), du montant des amendes et du prix de la teinture des filets dans les lieux où cette teinture est mise en ferme ou à la charge de la communauté.

332. — A l'égard de leurs fonctions judiciaires, conformément aux prescriptions des anciennes ordonnances, l'exercice s'en étend sur la police de la pêche; toute la procédure est orale, et la décision qu'ils rendent est souveraine, non-seulement à l'égard des contraventions, mais encore sur les différends entre les pêcheurs relativement aux faits de pêche.

333. — La juridiction des prud'hommes s'étend même sur les pêcheurs catalans pêchant sur les côtes d'Espagne et venant vendre leur poisson sur les marchés français.

PÊCHERIES.

V. PÊCHE, PÊCHE MARITIME.

PÉCULAT.

Table alphabétique.

PÉCULAT.—1.— On désigne, en général, sous le nom de *péculat* la soustraction des deniers de l'Etat.

2. — Ce crime fut appelé *peculatus* chez les Romains, du mot *pecus*, bétail, parce que leurs monnaies portaient l'empreinte de figures d'animaux.

3. — Notre Code pénal ne donne à aucun crime nommément la qualification de *péculat*; mais les auteurs désignent habituellement sous cette dénomination les crimes prévus par les art. 169 et 173 du Code, c'est-à-dire : 1° le fait dont se rend coupable tout percepteur, tout commis à une perception, dépositaire ou comptable public, qui détourne ou soustrait des deniers publics ou privés, ou effets actifs en tenant lieu, ou des pièces, titres, actes, effets mobiliers qui étaient entre ses mains en vertu de ses fonctions (C. pén., art. 169); 2° la destruction, suppression, soustraction ou le détournement, par un juge, un administrateur, un fonctionnaire ou officier public, ou par un agent, préposé ou commis, soit du gouvernement, soit des dépositaires publics, des actes et titres dont il était dépositaire en cette qualité, ou qui lui avaient été remis ou communiqués à raison de ses fonctions. — C. pén., art. 173.

§ 1er.— *Historique* (n° 4).

§ 2. — *Elémens constitutifs du péculat* (n° 13).

§ 3. — *Pénalité* (n° 50).

—

§ 1er. — *Historique.*

4. — A Rome, on entendait par péculat (*peculatus*) le vol des deniers royaux ou publics. La loi *Julia de peculatu*, portée sous Jules César, étendit la même qualification à la soustraction des deniers religieux, c'est-à-dire destinés aux sacrifices, et à celle des deniers privés confiés à l'Etat de ce crime. L'Hospital fin des édits de Blois, de Moulins et de Roussillon, pour essayer la répression d'un crime qui était alors la principale plaie de l'administration. Ces édits n'atteignirent guère leur but, et les ordonnances de 1629, 1633, 1690, 1701, 1717, etc., prouvent l'impuissance du législateur à remédier au mal pro- — L. 4, 9, D. *ad leg. Jul. de peculi.*, et *de residuis.*

5. — La peine prononcée contre les coupables fut, dans le principe, l'interdiction de l'eau et du feu, c'est-à-dire le bannissement, auquel succédèrent la déportation et la condamnation aux mines, suivant la qualité des coupables. — 1 et 4 D. *ad leg. Jul. de peculatu.*

6. — Jousse nous apprend que dans notre ancienne législation la qualification de péculat n'atteignait guère que les receveurs auxquels avait été confié le maniement des deniers royaux ou publics, ou les officiers publics auxquels le dépôt en avait été confié. — Jousse, *Just. crim.*, t. 4, p. 26, et l'ord. de janv. 1629, art. 390 et suiv.

7. — La peine de mort fut souvent appliquée aux receveurs et officiers publics qui s'étaient rendus coupables du crime de péculat : dont la fréquence était habituelle, ainsi qu'il résulte de ce crime.

fond qui régnait dans toutes les branches de l'administration.

8. — Des exemples fréquens de punitions rigoureuses démontrent cependant que le pouvoir fit tous ses efforts pour intimider les coupables. L'histoire nous a transmis la fin terrible d'Enguerrand de Marigny et de Pierre Remi de Montigny, qui furent pendus l'un et l'autre à Montfaucon. — Jousse, *loc. cit.*

9. — La peine de mort fut remplacée, en vertu de l'ordonnance du 1er mars 1545, par la peine de la confiscation de corps et de biens. Cependant la peine de mort fut conservée pour les cas les plus graves. — Art. 398 de l'ordonn. de 1629, déclarations du 5 mai 1690 et du 3 juin 1701.

10. — Depuis l'établissement d'une nouvelle chambre de justice criminelle, en 1716, la peine des galères, du pilori ou de l'amende honorable vinrent remplacer et la peine de mort et celle de la confiscation. — Edit de mars 1717.

11. — Le Code pénal de 1791 (2e partie, tit. 1er, sect. 5, art. 11) prononçait la condamnation à quinze années de fers contre tout fonctionnaire public convaincu d'avoir détourné les deniers publics dont il était *comptable;* et l'art. 12 portait la peine de douze ans de fers contre tout fonctionnaire ou officier public convaincu d'avoir détourné ou soustrait des deniers, effets, actes, pièces ou titres dont il était dépositaire à raison des fonctions publiques qu'il exerçait et par l'effet d'une confiance nécessaire. La loi du 16-29 sept. 1791 (tit. 12, art. 1er et suiv.) déféra la connaissance du crime de péculat à des jurés spéciaux.

12. — Le Code pénal de 1810 distingue, pour l'application de la peine, entre les dépositaires comptables et les fonctionnaires ou officiers publics non comptables, qui se trouvent dépositaires en leur qualité et à raison de leurs fonctions. L'art. 169 est relatif aux comptables et l'art. 173 aux fonctionnaires ou officiers publics non comptables.

§ 2. — *Élémens constitutifs du péculat.*

13. — Cinq conditions essentielles doivent concourir pour qu'il y ait lieu à l'application des art. 169 et 173. Il faut : 1° que le coupable soit fonctionnaire percepteur, dépositaire ou comptable public, ou commis à la perception, dans le cas de l'art. 169; qu'il soit fonctionnaire ou officier public, commis ou préposé soit du gouvernement, soit des dépositaires publics, dans le cas de l'art. 173 : — 2° qu'il existe un détournement ou une soustraction, dans le cas de l'art. 169; une suppression, soustraction, destruction ou un détournement, dans le cas de l'art. 173 : — 3° que la soustraction, la suppression, la destruction ou le détournement soient frauduleux : — 4° que les deniers, pièces, titres, etc., fussent dans les mains du fonctionnaire ou officier public en vertu de ses fonctions : — 5° enfin, que la soustraction, le détournement, la suppression ou la destruction aient causé ou pu causer un préjudice.

14. — *Qualité du coupable.* — L'art. 169 porte : « Tout percepteur, tout commis à une perception, dépositaire ou comptable public qui aura détourné ou soustrait des deniers publics ou privés, ou effets actifs en tenant lieu, ou des pièces, titres, actes, effets mobiliers qui étaient entre ses mains en vertu de ses fonctions, sera puni, » etc.

15. — Il résulte de cet article que le dépositaire public, ou le comptable public, ou le commis à la perception peuvent seuls être coupables du crime de péculat.

16. — Mais sa disposition s'applique à tout comptable ou dépositaire public, même non fonctionnaire, ayant reçu en vertu de ses fonctions, des deniers ou des effets en tenant lieu. — Chauveau et Hélie, t. 4, p. 80.

17. — ... Par exemple aux percepteurs de deniers nationaux, aux receveurs des hospices, au facteur de la poste, qui soustrait des valeurs contenues dans une lettre qu'il était chargé de remettre à son adresse; à l'huissier qui après avoir procédé à une vente mobilière dont il a perçu le prix le détourne; au régisseur des droits d'octroi, qui détourne les sommes reçues; au piqueur des ponts et chaussées qui détourne les sommes qu'il était chargé de distribuer aux ouvriers; à l'économe d'un collége dépendant de l'université, qui soustrait les deniers qui lui étaient confiés. — *Cass.*, 5 brum. an IX, Trumeau; 21 janv. 1813, Branzon; 23 avril 1813, Stniltaar; 29 avril 1825, Leclerc; *Rouen*, 3 déc. 1839 (t. 2 1841, p. 666), D...; *Cass.*, 30 juin 1842 (t. 2 1842, p. 465), Champy.

18. — Il en est de même du receveur des deniers communaux, parce qu'il est dépositaire et comptable des deniers publics qui lui sont confiés, et du commissionnaire au mont-de-piété, qui est également dépositaire et comptable public. — Chauveau et Hélie, t. 4, p. 81.

19. — La Cour de cassation avait décidé, il est vrai, avant le Code pénal de 1810, que les receveurs de deniers communaux n'étaient pas passibles des peines du péculat. — *Cass.*, 15 juin 1793, Joffrais. — Mais depuis elle a jugé que ces receveurs avaient le caractère de dépositaires publics, et, dès lors, ils sont évidemment compris dans la disposition de l'art. 169 du Code pénal. — V. CONCUSSION, nos 50, 52 et suiv.

20. — Par les mots *commis à une perception*, il faut entendre le préposé qui a un caractère public et non pas celui qui est seulement le commis ou le préposé du fonctionnaire ou de l'officier public. Cela résulte du rapprochement des art. 169 et 173, qui se servent, le premier, de la désignation de commis à une perception; au lieu que le second parle des agens, préposés ou commis, *soit du gouvernement, soit des dépositaires publics.* L'art. 173 comprend une extension qu'il n'est pas permis de suppléer dans l'art. 169. — Chauveau et Hélie, t. 4, p. 92.

21. — L'art. 173 est ainsi conçu : « Tout juge, administrateur, fonctionnaire ou officier public qui aura détruit, supprimé, soustrait ou détourné les actes et titres dont il était dépositaire en cette qualité, ou qui lui auront été remis ou communiqués à raison de ses fonctions; tous agens, préposés ou commis soit du gouvernement, soit des dépositaires publics, qui se seront rendus coupables des mêmes soustractions, » etc.

22. — Cet article s'applique spécialement aux fonctionnaires et officiers publics, et non aux comptables. Il suppose nécessairement que le coupable est un fonctionnaire ou officier public, ou l'agent, le commis, le préposé soit du gouvernement, soit d'un dépositaire public. — Chauveau et Hélie, t. 4, p. 89.

23. — Nous avons vu (vo CONCUSSION, nos 29 et suiv.) quels sont les fonctionnaires et les officiers publics. Nous avons établi que les officiers ministériels sont compris parmi les officiers publics. Il faut donc, selon nous, leur faire application de l'art. 173 pour tous les actes et titres qui leur auraient été confiés à raison de leurs fonctions.

24. — Mais le texte de la loi nous oblige à restreindre l'application de cet article au cas où l'officier public a détourné, détruit ou soustrait les minutes des actes qu'il a reçus en vertu de ses fonctions. — *Cass.*, 15 avr. 1813, Dufand.

25. — Ainsi, l'avoué qui soustrait un contredit contenu sur un procès-verbal d'ordre, qui lui a été confié par le greffier du tribunal, est dans le cas de l'art. 173.

26. — Mais le notaire qui soustrait le prix d'une vente passée devant lui, et dont il était chargé, n'est pas considéré comme dépositaire public à l'occasion des deniers prix de cette vente. — Même arrêt.

27. — L'article 173 diffère de l'article 169 en ce qu'il s'applique aux fonctionnaires et officiers publics non comptables, au lieu que l'article 169 ne concerne que les comptables. Il en diffère encore en ce qu'il incrimine la soustraction de pièces et titres indépendamment de leur valeur monétaire, au lieu que l'article 169 ne s'occupe de la soustraction de pièces, titres, actes et effets mobiliers que parce qu'ils auraient une valeur monétaire : ainsi qu'il résulte de l'application de la peine graduée suivant cette valeur. Enfin l'article 173 ajoute la destruction et la suppression des actes et titres à la soustraction et au détournement qu'incrimine l'article 169. — Chauveau et Hélie, t. 4, p. 89.

28. — L'article 169 n'incrimine que les commis à la perception; l'article 173, au contraire, est applicable aux commis ou préposés des dépositaires publics aussi bien qu'aux agens, préposés ou commis du gouvernement.

29. — L'article 169 et l'article 173 exigent impérieusement qu'il y ait détournement ou soustraction de deniers, effets ou titres; suppression, destruction ou soustraction d'actes ou de titres. Un simple déficit dans la caisse du dépositaire ne suffirait pas pour constituer le crime de péculat; et la perte par simple négligence ou la soustraction par un tiers ne suffirait pas davantage dans le cas de l'art. 173.

30. — Il est donc nécessaire de constater un déficit avant de pouvoir poursuivre comme coupable de péculat celui qu'on prétend passible des peines portées par les articles 169 et 173. Après l'examen de cette question préjudicielle, se présentera la question de savoir si le déficit est le résultat d'un crime commis par le dépositaire comptable ou le fonctionnaire public non comptable.

31. — A qui appartient-il de constater le déficit dans le cas de l'article 169, alors que ce déficit n'est pas reconnu par le comptable? — Nous croyons, avec MM. Chauveau et Hélie, que cette connaissance appartient à l'autorité administrative, chargée de vérifier la comptabilité de ceux qui sont placés sous ses ordres. L'action criminelle ne peut avoir de base qu'autant qu'il y a déficit; et la moralité d'un fait ne peut être constatée qu'autant que ce fait est établi. Or, pour établir s'il y a déficit dans la caisse d'un comptable, il faut se livrer à des comptes, à des investigations qui ne sauraient être faits par les juges criminels avec la même exactitude et surtout la même certitude que s'ils étaient faits par le pouvoir administratif. La fin de l'art. 127 C. pén. est d'ailleurs un argument puissant en faveur de la doctrine que nous soutenons. — *Théorie du C. pén.*, t. 4, p. 84 et suiv.

32. — Notre opinion a du reste été consacrée par la Cour de cassation dans l'espèce suivante : Un conseil de guerre avait déclaré sa compétence contre un dépositaire public qui avait requis un examen de sa comptabilité, et demandé un sursis jusqu'au jour où le déficit aurait été régulièrement constaté. Sur le pourvoi, intervint un arrêt ainsi conçu : La Cour : « attendu que l'accusé était poursuivi pour fait de dilapidation de deniers publics, mais qu'il n'en pouvait être déclaré coupable qu'autant qu'il aurait été préalablement décidé par l'autorité compétente qu'il était reliquataire dans les comptes de sa gestion; qu'il avait requis un examen préjudiciel de sa comptabilité, et que, néanmoins, sans qu'il eût été définitivement prononcé, le conseil de révision a déclaré la compétence de la juridiction militaire, ce qui a été une violation des règles de la compétence..., etc., casse. » — *Cass.*, 15 juill. 1819, Fabry.

33. — Mais l'art. 169 prévoit le cas de soustraction de deniers privés; et il peut arriver que le fonctionnaire nie le dépôt qu'on l'accuse d'avoir soustrait. Ici se présente encore la question de savoir à qui il appartiendra de constater l'existence du dépôt. C'est une question incidente dont la connaissance doit appartenir au juge saisi du principal; autrement il en résulterait des entraves perpétuelles dans l'administration de la justice. — *Cass.*, 7 therm. an XIII, Michel c. Besset; 25 mai 1816, Sanitas c. Larrode. — Chauveau et Hélie, t. 4, p. 86.

34. — Si nous décidons autrement, alors que le débat porte sur l'interprétation, l'exécution ou les effets d'un acte administratif, c'est parce que l'art. 3 C. d'instr. crim. n'est pas applicable, en vertu de la loi du 16-24 août 1790 (tit. 2, art. 12), qui dispose que les fonctions judiciaires sont distinctes et demeureront toujours séparées des fonctions administratives, et aussi en vertu de la loi du 16 fruct. an III, qui fait défenses itératives aux tribunaux de connaître des actes d'administration, de quelque espèce qu'ils soient. — Morin, *Dict. de dr. crim.*, vo *Péculat.*

35. — De ce que le juge saisi du principal doit l'être des incidens, il ne s'ensuit pas qu'il puisse s'affranchir des règles imposées au tribunal qui serait compétent pour juger l'incident s'il était proposé comme question principale.

36. — Ainsi : de ce qu'un délit est susceptible de tout genre de preuves, il n'en faut pas conclure que l'existence du contrat à l'occasion duquel le délit est né puisse être établie par des preuves autres que celles que le droit civil applique aux contrats.

37. — L'art. 169 ne dit pas, comme l'a prétendu Legraverend (*Législ. crim.*, t. 1er, p. 43), que tout genre de preuves peut être employé pour établir la culpabilité dans le cas prévu par cet article. Cela n'est vrai qu'avec la distinction que nous venons d'établir. — Chauveau et Hélie, t. 4, p. 87 et 88.

38. — Dans le cas de l'art. 173, le contrat de dépôt, s'il est dénié, devra être établi conformément aux dispositions du Code civil, c'est-à-dire par écrit ou par un commencement de preuve par écrit et par témoins quand il s'agira d'un dépôt supérieur à 150 francs. Sans cette preuve, faite suivant les prescriptions de l'art. 1341 et de l'art. 1347 C. civ., le juge criminel ne pourra prononcer l'application de l'art. 173 C. pén. — *Théorie du Code pénal*, t. 4, p. 88.

39. — Mais si la preuve écrite du dépôt était précisément l'objet de la suppression ou destruction qu'on prétend prouver; alors, comme il ne

s'agirait plus de prouver l'existence d'un dépôt, mais la soustraction du contrat lui-même, on appliquerait tous les genres de preuves admises en matières criminelles. — *Ibid.*

40. — En deux mots : s'agit-il, dans les cas de l'art. 169 et de l'art. 173, d'établir l'existence même du contrat de dépôt, on ne peut la prouver que d'après les règles portées par les art. 1341 et 1347 C. civ. ; sauf les cas où l'objet de la suppression ou destruction serait lui-même la preuve écrite du dépôt prévu par l'art. 173. S'agit-il, au contraire, de décider sur la destruction, soustraction, ou le détournement du dépôt, qui est reconnu ou prouvé, cette soustraction, destruction ou ce détournement seront établis par tous les genres de preuves quelle que soit la valeur du dépôt. — V., *du reste*, VIOLATION DE DÉPÔT.

41. — La soustraction doit avoir été commise par le dépositaire comptable ou par le commis à la perception, dans le cas de l'art. 169, et par le fonctionnaire public ou par le préposé, soit du gouvernement, soit du dépositaire public, dans le cas de l'art. 173. La soustraction commise par toute autre personne constituerait bien un vol, mais non le crime de péculat.

42. — Ainsi, dans le cas de l'art. 169, si la soustraction était commise par le préposé du comptable qui ne serait pas en même temps revêtu du caractère public de commis à la perception, elle constituerait un vol domestique et non le crime de péculat, — *Cass.*, 5 août 1825, le Burbier.

43. — De même, la soustraction faite par la fille d'un comptable public dans la caisse de son père n'est qu'un simple vol. — *Cass.*, 9 juill. 1840 (t. 2 1840, p. 444), Beau.

44. — *Fraude.* — Quoique les art. 469 et 473 soient muets sur cette condition, il est certain cependant que la fraude est essentielle pour constituer le crime puni par ces deux articles.

45. — En effet, il ne peut y avoir crime là où il n'y a pas intention criminelle. Or, dans la matière qui nous occupe, c'est la fraude qui constitue l'intention criminelle. Le principe est incontestable. Mais la difficulté consiste à déterminer les signes auxquels on peut reconnaître l'intention coupable.

46. — Comme il s'agit ici de l'appréciation d'un simple fait, la plus grande latitude est donc laissée aux tribunaux. Il est impossible de tracer une règle absolue à laquelle on puisse s'arrêter pour déterminer quand l'intention devra être ou non réputée criminelle. Il est néanmoins des signes certains qui révèlent toujours une intention coupable; par exemple, la fuite, la dénégation, l'insolvabilité du comptable et sa mise en demeure seront des éléments sûrs pour guider la conscience des juges sur la moralité du fait.

47. — *Détention des titres ou deniers soustraits, à raison des fonctions du coupable.* — Il faut que les titres ou deniers, pièces ou actes soustraits fussent dans les mains du fonctionnaire coupable *à raison de ses fonctions* : cela résulte des termes exprès des art. 169 et 173. — Tout percepteur... (porte le premier de ces articles) qui aura détourné des deniers ... qui étaient entre ses mains *en vertu de ses fonctions*, tout juge (dispose l'art. 173) qui aura détruit des actes ... dont il était dépositaire *en cette qualité*, ou qui lui auront été remis à raison de ses fonctions....

48. — L'art. 12, sect. 7, tit. 1er, part. 2 du Code pénal de 1791 voulait que la remise eût lieu par l'effet d'une confiance nécessaire. Cette condition n'est point exigée par nos art. 169 et 173. On ne saurait la suppléer.—Chauveau et Hélie, t. 4, p. 94.

49. — *Préjudice résultant ou pouvant résulter de la soustraction.* — Il est bien certain et admis par tous les auteurs que la suppression ou soustraction d'une pièce prévu par les art. 469 et 473. Cela est incontestable relativement aux pièces dont il est parlé à l'art. 469, puisque les art. 470, 471 et 473 graduent la peine d'après la valeur monétaire desdites pièces. L'art. 473 établit, il est vrai, une peine uniforme indépendamment du plus ou moins de valeur de la pièce soustraite, détournée ou détruite, mais on ne peut douter que la soustraction d'une simple copie dont l'original existerait ne soit insuffisante pour constituer le crime de péculat. Si l'art. 473 ne gradue pas la pénalité d'après la valeur monétaire des pièces soustraites, c'est qu'il s'occupe de pièces et titres qui n'ont pas par eux-mêmes une valeur monétaire. — *Théorie du Code pénal*, t. 4, p. 89.

§ 3. — Pénalité.

50. — L'art. 169 prononce la peine des travaux forcés à temps quand l'objet de la soustraction ou du détournement dépasse une valeur de 3,000 francs. L'art. 170 prononce la même peine, quelle que soit la valeur des deniers ou effets soustraits, si cette valeur égale ou excède soit le tiers de la recette ou du dépôt, s'il s'agit de deniers ou effets une fois reçus ou déposés, soit le cautionnement s'il s'agit d'une recette ou d'un dépôt attaché à une place sujette à cautionnement, soit enfin le tiers du produit commun de la recette pendant un mois, s'il s'agit d'une recette composée de rentrées successives et non sujette à cautionnement.

51. — L'art. 174 prononce la peine d'un emprisonnement de deux à cinq ans, et l'incapacité d'exercer jamais aucune fonction publique, si les valeurs détournées ou soustraites sont au-dessous de 3,000 francs, et en outre, inférieures aux mesures exprimées en l'art. 170; l'art. 172 ajoute aux condamnations portées aux trois articles précédens une amende dont le *maximum* sera le quart des restitutions et indemnités, et le *minimum* le douzième.

52. — L'art. 170 ne disant pas si c'est du tiers de la recette, déduction faite de ce qui était dû au comptable, ou du tiers de toute la recette que doit avoir eu lieu la soustraction, on doit accueillir l'interprétation favorable au prévenu : c'est-à-dire ne lui appliquer la disposition pénale de l'art. 170, qu'alors qu'il soustrait le tiers de toute la recette. — Carnot, *Code pén.*, t. 1er, p. 521.

53. — Le produit de la recette pendant un mois se calcule sur une année entière dont on prend le douzième, et non sur le mois seul dans lequel a eu lieu le dépôt. On ne peut pas, en effet, faire retomber sur le coupable une circonstance fortuite qui agrandirait encore la base arbitraire de l'art. 170. — Carnot.

54. — L'amende proportionnelle prononcée par l'art. 172 n'est applicable qu'aux comptables et non à ceux qui seraient poursuivis et punis en vertu de l'art. 173. Cela ressort d'abord du silence gardé par le dernier article sur l'amende de l'art. 172, et ensuite de l'impossibilité d'une amende qui se calculât sur la valeur des objets soustraits : valeur qui n'est pas prise en considération par l'art. 173.

55. — Cet article applique en effet, indistinctement, pour les divers cas qu'il prévoit, la peine des travaux forcés à temps.

V. CONCUSSION, CORRUPTION DE FONCTIONNAIRES, MALVERSATION.

PÉCULE.

1. — On appelle ainsi ce que celui qui est sous la puissance d'autrui a acquis par son travail et son industrie. — Favard de Langlade, *Rép.*, v° *Pécule*.

2. — Au berceau de la république romaine, tout fils de famille ne pouvait rien posséder en propre. — Ce qu'il acquérait par son travail ou son industrie appartenait à son père.—Plus tard, on accorda aux fils de famille la liberté de disposer à leur volonté du butin de la guerre : on le désignait sous le nom de *peculium castrense*.

3. — Plus tard encore, sous les empereurs, on admit le pécule sous la condition qu'il consistât dans tout ce qu'un fils de famille acquérait au barreau, dans les charges civiles, dans le palais, au service du prince, et dans les épargnes qu'il faisait sur un bénéfice dont il était pourvu. — Merlin, *Rép.*, v° *Pécule*.

4.—On distinguait aussi le pécule en adventice et profectice.

5. — Le pécule *adventice* était ce qu'un fils de famille s'était procuré par son industrie et son travail, ou ce qu'il avait reçu de la libéralité de ses amis : il comprenait encore les biens qui lui étaient échus du côté maternel et en général tout ce qu'il se procurait sans le secours de son père.

6. — Le pécule *profectice* était celui qui procédait des biens dont un père confiait l'administration à son fils pour les faire profiter. — Merlin, *Rép.*, v° *Pécule.*

7. — Le père n'avait aucun droit à exercer sur le pécule *castrense* ou *quasi castrense* de ses enfans.—Il était à la fois usufruitier et propriétaire de ceux qu'ils possédaient sous la dénomination de biens profectices. — Enfin à l'égard des biens adventices, il n'avait l'usufruit et les enfans en conservaient la propriété. — Merlin, *Rép.*, v° *Puissance paternelle*, sect 4.

8. — Les droits que, sous le Code, le père et la mère ont sur les biens de leurs enfans sont expliqués v° USUFRUIT LÉGAL.—V. aussi ESCLAVAGE.

PÉDÉRASTIE (Sodomie).

V. ATTENTAT AUX MŒURS, nos 44 et suiv., ATTENTAT A LA PUDEUR, nos 48 et suiv. — V. aussi le *Manuel complet de médecine légale* de Briant et Ern. Chaudé, p. 72.

PÉDICURE.

1. — La profession de *pédicure*, profession toute moderne, telle qu'on la considère aujourd'hui, paraît en dehors de la loi du 19 vent. an II; ne peut être poursuivi comme exerçant illégalement l'art de guérir, si d'ailleurs il ne joint point à la qualification de pédicure celle de chirurgien. La raison qu'on en donne est que l'instruction médicale ne saurait être nécessaire pour l'exercice d'un art qui n'exige, en général, que de l'habitude et de l'adresse. — Collinières, nos 94 et suiv. — V. aussi ce que nous avons dit au sujet de certaines branches spéciales de l'art de guérir, DENTISTE, MÉDECINE ET CHIRURGIE, OCULISTE.

2. — Les pédicures sont compris parmi les patentables de 7e classe. — Droit fixe basé sur la population; droit proportionnel du 20e de la valeur locative de tous les locaux qu'ils occupent, mais seulement dans les communes de 20,000 âmes et au-dessus. — V. PATENTE.

PEIGNAGE, PEIGNEURS DE CHANVRE.

1. — Peigneurs de chanvre, de lin ou de laine. — Patentables de 7e classe. — Droit fixe basé sur la population; droit proportionnel du 40e de la valeur locative de tous les locaux qu'ils occupent, mais seulement dans les communes de 20,000 âmes et au-dessus. — V. PATENTE.

2. — Peignage en grand du chanvre et du lin dans les villes, — 2e classe des établissemens insalubres. — V. ce mot (nomenclature).

PEIGNES (Marchands, Fabricans de).

1.—Marchands de peignes de soie. — Patentables de 5e classe. — Droit fixe basé sur la population, droit proportionnel du 20e de la valeur locative de l'habitation et des lieux servant à l'exercice de la profession.

2. — Marchands de peignes en boutiques, — fabricans de peignes d'écaille pour leur compte; — fabricans de peignes à sérancer, pour leur compte. — Patentables de 6e classe. — Mêmes droits fixe, sauf la différence de classe, et proportionnel que les précédens.

3. — Fabricans de peignes d'écaille, à façon; — fabricans et marchands de peignes en cannes ou roseaux, pour le tissage; — fabricans de peignes à sérancer, à façon. — Patentables de 8e classe. — Même droit fixe que les précédens, sauf la différence de classe; droit proportionnel du 40e de la valeur locative de tous les locaux qu'ils occupent, mais seulement dans les communes de 20,000 âmes et au-dessus. — V. PATENTE.

PEINES.

Table alphabétique.

PEINES. — 1. — La peine est le mal qui est infligé à l'infracteur de la loi pénale en vertu et
par la volonté de cette loi.

— Il n'y a de peines vraiment pénales et de
droit criminel que celles qui sont infligées en
vertu de la loi pénale. D'autres peines peuvent
être infligées en vertu d'autres lois, telles sont
les peines de discipline ; mais ces peines ne sont
pas plus des peines selon le droit criminel que
les délits de discipline ne sont de véritables délits. — V. DISCIPLINE.

3. — Ainsi : la peine de discipline infligée pour
une action qui serait à la fois un délit de discipline et un délit véritable (par exemple, une
altération commise par un notaire sur une de
ses minutes et présentant un délit de discipline

notariale et un faux), ne purgerait pas le délit
public. — V. DISCIPLINE, n° 22, et CHOSE JUGÉE,
nos 781 et suiv.

4. — Réciproquement , ce qui a été jugé sur
l'action criminelle ne fait pas obstacle à l'exercice de l'action disciplinaire à raison du même
fait. — V. DISCIPLINE, nos 48 et suiv.; CHOSE JUGÉE,
nos 759 et suiv.

5. — Il est de principe que la peine, quelque
ressemblance qu'elle puisse avoir avec la réparation pécuniaire (par exemple , si c'est une
amende), ne doit pas être confondue avec celle-
ci. Ainsi, elle est personnelle et ne peut frapper que le coupable. — Toutefois, cette règle a
reçu une dérogation dans quelques matières
spéciales : ainsi en matière de douane et de contributions indirectes. — V. ces mots. — V. aussi
L. 6-22 août 1791, tit. 13 , art. 20 ; 1er germin.
an XIII, art. 25.

6. — Les rigueurs et les maux infligés pour
parvenir à l'application de la loi pénale ne
sont pas non plus des peines ; ils ne peuvent
donc entrer en compensation avec celles-ci : si
donc une arrestation a eu lieu afin de vérifier
la prévention élevée contre tel individu, le
temps de cette détention ne pourrait lui compter pour un égal temps de la détention à laquelle il serait condamné par application de
la loi pénale.—V. DÉTENTION PRÉVENTIVE, nos 40
et suiv.

SECT. 1re. — *Historique* (n° 7).

SECT. 2e. — *Division des peines et leur
gravité relative* (n° 23).

§ 1er. — *Division des peines* (n° 23).

§ 2. — *Gravité relative des peines* (n°
52).

SECT. 3e. — *De la légalité des peines* (n° 65).

SECT. 4e. — *De l'application des peines* (n°
83).

§ 1er. — *Règles générales* (n° 83).

§ 2. — *Application illégale des peines*
(n° 105).

§ 3. — *Application de la peine la plus
douce* (n° 166).

§ 4. — *Des causes qui écartent l'application de la peine* (n° 197).

SECT. 5e. — *Exécution des peines* (n° 210).

SECT. 6e. — *Durée des peines* (n° 238).

SECT. 7e. — *Effet des peines* (n° 254).

Sect. 1re. — *Historique.*

7. — *Peines sous l'ancien droit.* — Sous notre
ancien droit les peines étaient extrêmement
variées et souvent aussi étranges que cruelles.
Leur nombre et leur cruauté avaient souffert
quelque diminution avec les progrès du temps ;
et, cependant, vers 1789, les criminalistes en
comptaient encore plus de quarante. On les
divisait en six classes principales.

8. — 1° Les *peines capitales* ; il y en avait cinq appliquées suivant la gravité du crime ; 1° l'écar-
tèlement; 2° le feu vif; 3° la roue; 4° la potence
ou gibet; 5° la décollation.

9. — 2° Les *peines corporelles proprement dites* ;
il y en avait dix-sept : 1° la question ou torture;
2° les galères perpétuelles, emportant mort civile; 3° les galères à temps; 4° le fouet sous
la custode (c'est-à-dire dans l'intérieur de la
prison), appliqué aux enfans ; 5° le fouet ordinaire , exécuté publiquement; 6° la marque ,
(elle accompagnait les galères perpétuelles ou
à temps) ; 7° — 8° la lan-
gue coupée ou percée ; 9° le poing coupé ; 10°
l'assistance à la potence; 11° le traînement sur
la claie (appliqué aux suicides) ; 12° la suspension
sous les aisselles (appliquée aux enfans); 13° la
promenade par les rues (elle était, entre autres,
appliquée aux bigames), on leur mettait sur la
poitrine autant de quenouilles qu'ils avaient eu
de femmes); 14° le carcan (le patient était atta-

ché à un poteau sur la place publique, à l'aide
d'un collier de fer suspendu à une chaîne); 15° le
pilori (c'était une espèce de balcon en bois élevé
sur la place publique, avec trois trous où passaient la tête et les bras du condamné ; 16° l'a-
mende honorable *in figuris* ou publique (elle
s'exécutait à la porte d'une église ou du palais ,
par le condamné, à genoux, en chemise, tête et
pieds nus, la corde au cou, un cierge à la main);
17° l'amende honorable sèche (qui s'exécutait en
la chambre du conseil par le condamné, tête
nue, à genoux, devant la Cour et les parties.—
V. AUTHENTIQUE (peine de l'), DAN-
NISSEMENT, DÉTENTION (peine), RÉCLUSION.

10. — ... 3° Les *peines afflictives*; il y en
avait cinq : 1° le bannissement perpétuel, qui emportait mort civile; 2° le bannissement à temps;
3° l'authentique (c'était la peine des femmes adul-
tères); 4° la réclusion dans une maison de force,
qui remplaçait, pour les femmes, les galères et le
bannissement; lorsque cette peine était perpétuelle, elle emportait mort civile; 5° la prison
perpétuelle. — V. AUTHENTIQUE (peine de l'), BAN-
NISSEMENT, DÉTENTION (peine), RÉCLUSION.

11. — ... 4° Les *peines infamantes de droit*; il y en
avait six : 1° la mort civile; 2° la condamnation
de la mémoire infligée aux suicides; 3° le blâme
(cette peine s'exécutait en chambre du conseil,
elle remplaçait, pour les personnes d'un certain
rang, le bannissement infligé aux simples citoyens); 4° la dégradation de noblesse (infligée
aux gentilshommes *faux-sauniers*); 5° l'interdiction perpétuelle ou privation d'office; 6° le plus
amplement informé *usque quò* ou indéfini. — V.
BLAME, DÉGRADATION (peine), MORT CIVILE.

12. — ... 5° Les *peines infamantes de fait*; il y en
avait cinq : 1° l'admonition ; 2° l'abstention des
lieux; 3° l'interdiction à temps; 4° le plus amplement informé à temps; 5° le hors de cours
(c'était une espèce d'acquittement qui ne permettait pas à l'accusé de réclamer des dommages-
intérêts envers son dénonciateur). — V. ABSTEN-
TION DE LIEU, HORS DE COURS.

13. — ... 6° Les *peines pécuniaires*; il y en avait
quatre principales : 1° la confiscation; 2° l'a-
mende; 3° l'aumône; 4° la réparation civile. On
y ajoutait encore les dommages-intérêts, les frais
du procès criminel et les dépens. — V. AMENDE,
AUMONE, CONFISCATION, DOMMAGES-INTÉRÊTS, RÉ-
PARATION CIVILE.

14. — *Peines sous le droit intermédiaire.* — L'Assemblée constituante abolit toutes ces peines et
les remplaça par huit peines criminelles: 1° la
mort; 2° les fers; 3° la réclusion; 4° la gêne; 5°
la détention; 6° la déportation; 7° la dégradation civique; 8° le carcan; et par trois peines
correctionnelles: 1° l'amende; 2° la confiscation
spéciale; 3° l'emprisonnement.—C. pén. de 1791,
tit. 4er, art. 4er et 35. —Décr. du 19-22 juill. 1791,
tit. 2, art. 1er. — V. AMENDE, CARCAN, CONFISCA-
TION, DÉGRADATION CIVIQUE, DÉPORTATION, DÉ-
TENTION (peine), EMPRISONNEMENT, FERS, GÊNE,
MORT (peine de la), RÉCLUSION.

15. — Le Code de brumaire an IV adopta ces
diverses peines et les divisa en *peines de simple
police* (amendes n'excédant pas la valeur de trois
journées de travail, emprisonnement n'excédant
pas trois jours); — *correctionnelles* (amendes et
emprisonnement supérieurs à ceux de police);
infamantes (la dégradation civique et le carcan) ;
— *afflictives* (la mort, la déportation, les fers, la
réclusion, la gêne, la détention).

16. — La *surveillance* de la haute police n'existait pas à cette époque; elle ne fut établie qu'en
l'an XIII, et appliquée aux forçats libérés seulement. Encore les dispositions qui l'autorisaient
étaient-elles dépourvues de sanction pénale. —
Décr. du 19 vent. an XIII et 17 juill. 1806.

17. — La *marque* avait été établie en l'an X et
appliquée aux récidivistes pour crime, aux faussaires et aux faux monnayeurs. — L. du 23 flor.
an X, art. 4er et 6. — En 1806, elle fut étendue
aux auteurs de menaces écrites d'incendie sous
condition. — L.-du 19 mai 1806.

18. — La confiscation générale avait été rétablie
dès 1793 contre les conspirateurs, les émigrés et
les fabricans de faux assignats et de fausse monnaie, etc. — Lois des 27 juill. 1792, 19 mars 1793 ,
4er brum. an II, 14 flor. an III.

19. — *Peines sous les Codes de 1810 et de 1832.* —
Les peines du Code pénal de 1791, le Code de
1810 avait supprimé la gêne, la détention, l'exposition publique et l'accessoire de la chemise
rouge pour certains condamnés; — mais il y
avait ajouté la mutilation du poing pour les parricides, les travaux forcés à perpétuité, la surveillance de la haute police perpétuelle et temporaire, l'affiche de l'arrêt et la réparation d'hon-

neur. — Il avait conservé des lois postérieures la confiscation générale et la marque.

20. — La Charte de 1814, art. 66, supprima la confiscation générale. — V. CONFISCATION.

21. — La loi du 28 avril 1832 supprima la mutilation du poing, la marque et le carcan, rétablit l'exposition publique et créa la détention, sorte d'emprisonnement criminel destiné aux crimes politiques. — En ce qui concerne l'exposition publique, V. ce mot.

22. — Enfin, un décret du Gouvernement provisoire, en date du 12 avril 1848, abolit l'exposition publique. — On s'est demandé quel devait être l'effet de cette abolition et spécialement si le décret du 12 avril 1848 apportait une dérogation aux formes tracées par l'art. 472 C. instr. crim. pour l'exécution par effigie des condamnations par contumace (V. EXÉCUTION DES JUGEMENS CRIMINELS, nos 22 et 140 et suiv.), exécution qui consiste dans l'*exposition* sur un poteau du nom du condamné. — Cette question a même soulevé une vive polémique au sujet de l'exécution par effigie de certaines condamnations politiques par contumace prononcées par la haute cour de Bourges. — Ce qui tranche la question, c'est que le décret du 12 avril 1848 ne mentionne nullement l'art. 472 C. instr. crim., et qu'il ne contient aucune disposition destinée à régler pour l'avenir le mode d'exécution par effigie des condamnations par contumace, ce qu'il n'eût pas manqué de faire s'il eût entendu déroger aux formes établies par le C. d'instr. crim. — De là on est forcément amené à conclure que l'abolition prononcée par le décret est exclusivement relative à l'exposition publique de la personne, considérée comme peine, et dont il est question dans l'art. 22 C. pén., et non à l'exposition du nom considérée comme mode d'exécution d'une condamnation criminelle. — Au reste cette interprétation résulte incontestablement des motifs exprimés au décret, qui sont ceux qu'on avait donnés en 1832 contre le carcan et contre l'exposition publique, qui ne concernent que l'exposition de la personne du condamné, et n'ont de force qu'à l'égard de l'exposition personnelle, et qui sont insignifians contre un mode d'exécution fictive ou de publication spéciale auquel on ne peut reprocher que son trop grand appareil. — Elle résulte, enfin, de circulaires émanées du ministère de la justice, circulaires d'autant plus concluantes qu'elles sont signées de deux ministres qui avaient participé, comme membres du Gouvernement provisoire, au décret du 12 avril 1848 (MM. Crémieux et Marie). — V. Morin, *Journal de dr. crim.*, 1849, p. 135, et un article communiqué par le Gouvernement provisoire dans le *Moniteur universel* du 27 avril 1849.

Sect. 2e. — *Division des peines et leur gravité relative.*

§ 1er. — *Division des peines.*

23. — Les peines peuvent se diviser diversement. La division la plus importante est celle en *peines criminelles, peines correctionnelles* et *peines de simple police*. Cette division est l'exact corrélatif de la division des délits en *crimes, délits* et *contraventions*.

24. — *Peines criminelles.* — Les peines criminelles se subdivisent en peines *afflictives et infamantes* et en peines *infamantes*. — C. pén., art. 6.

25. — Cette distinction, qui n'a pas été admise sans contestations, est encore l'objet de vives et justes critiques, bien que la révision du Code en 1832 ne l'ait point fait disparaître. — On lui reproche de faire dépendre l'infamie non du fait intrinsèque du crime, mais du fait extrinsèque de la peine; d'être inutile et dangereuse, puisque, l'opinion publique pouvant ne pas être d'accord avec la loi et voir plus d'infamie dans une simple condamnation correctionnelle que dans l'application d'une peine criminelle, la loi perd de son autorité morale ou trouble par son influence les notions instinctives de la conscience publique et fait perdre au condamné tout espoir de réformation en lui rendant impossible, par la tache indélébile qu'elle lui imprime, le retour à la vertu. — Rossi, *Droit pénal*, t. 3, p. 189; Charles Comte, *Considérations sur le pouvoir judiciaire*, p. 33; Bentham, *Théorie des peines*, t. 1er, p. 127.

26. — On a prétendu aussi que les peines infamantes manquent des principales qualités que doivent réunir toutes peines en général. Qu'ainsi elles ne sont point *morales*, puisqu'elles forment obstacle à la réforme du condamné; *divisibles*, puisqu'elles s'appliquent avec une égale intensité à des actes criminels à des degrés différens; *égales*, car elles sont plus rigoureuses pour les uns que sur les autres; *réparables*, puisque la honte ne s'efface plus. Leur principal et plus incontestable avantage est d'être *exemplaires*. — Il eût sans doute été préférable que le Code se fût borné à graduer les peines et à les énumérer, en laissant à la conscience publique le soin de flétrir les actions qui lui sembleraient véritablement infâmes. — Chauveau et Hélie, t. 1er, p. 97.

27. — Les peines afflictives et infamantes sont : 1° la mort; 2° les travaux forcés à perpétuité; 3° la déportation; 4° les travaux forcés à temps; 5° la détention; 6° la réclusion. — C. pén., art. 7. — V. ces divers mots.

28. — Les peines infamantes sont : 1° le bannissement; 2° la dégradation civique. — C. pén., art. 8. — V. ces mots.

29. — *Peines correctionnelles.* — Les peines correctionnelles sont : 1° l'emprisonnement à temps dans une maison de correction; 2° l'interdiction à temps de certains droits civiques ou de famille; 3° l'amende. — C. pén., art. 9. — V. ces divers mots.

30. — La durée de ces peines est de 6 jours au moins et de 5 ans au plus.

31. — *Peines communes aux matières criminelles et correctionnelles.* — Ce sont : le renvoi sous la surveillance de la haute police, l'amende et la confiscation spéciale, soit du corps du délit, quand la propriété en appartient au condamné; soit des choses produites par le délit, soit de celles qui ont servi ou qui ont été destinées à le commettre. — C. pén., art. 11.

32. — *Peines de simple police.* — Les peines de police sont : l'emprisonnement, l'amende et la confiscation de certains objets saisis. — C. pén., art. 464 et 470. — V. ces mots.

33. — L'emprisonnement pour contravention de police ne peut être moindre d'un jour ni excéder 5 jours. — C. pén., art. 465. — V. CRIMES, DÉLITS ET CONTRAVENTIONS.

34. — Les amendes pour contravention peuvent être prononcées depuis 1 fr. jusqu'à 15 fr. inclusivement. — C. pén., art. 466. — V. les mêmes mots.

35. — Les peines se divisent en deuxième lieu en peines *perpétuelles*, lorsqu'elles doivent durer autant que la vie du condamné, et en peines *temporaires*, lorsqu'elles ne peuvent être prononcées que pour un temps limité.

36. — Par un sentiment d'humanité exagéré, l'Assemblée constituante n'avait pas voulu qu'il y eût de peines perpétuelles après la mort; le Code pénal du 25 sept. 1791 n'avait point de peine plus forte que celle de 24 années de fers.

37. — Mais le législateur de 1810 et, après lui, celui de 1832, rétablirent dans notre système pénal la perpétuité des peines : ils y voyaient un intermédiaire indispensable, une transition entre la peine de mort et les peines temporaires, la première trop rigoureuse, les autres trop douces pour certains crimes, et de plus une répression triplement efficace par l'impossibilité où elle met les caractères indomptables de commettre de nouveaux crimes, par la tranquillité qu'elle procure à la société, sûre désormais de n'avoir plus rien à redouter du criminel; enfin, par l'intimidation puissante qu'elle opère sur les esprits.

38. — On a reproché, il est vrai, aux peines perpétuelles d'être un obstacle au repentir et, par suite, à l'amendement du coupable, que l'espoir de rentrer honorablement dans la société ne soutient plus. — Mais, si la peine de mort tend chaque jour à recevoir une application plus rare, n'est-il pas nécessaire d'y substituer une répression capable tout à la fois d'inspirer un salutaire effroi aux crimes les plus graves, et de protéger la société contre les hommes incorrigibles? — Sans doute, toute peine doit tendre à l'amendement du coupable; mais son but principal, sa première condition, c'est de prévenir les crimes, et la perpétuité des peines offre incontestablement cet avantage. — Chauveau et Hélie, t. 1er, p. 119. — Aussi est-elle admise dans toutes les législations, en Autriche, en Angleterre, au Brésil, à la Louisiane, etc., et par les publicistes les plus éminens. — Scip. Bexon, *Code de la sûreté publique*; Beccaria, *Des délits et des peines*, p. 114.

39. — Pour ne point enlever toute espérance au condamné et faire ainsi disparaître l'obstacle que la perpétuité apporte à la correction, la Commission du Corps législatif avait demandé l'insertion dans le projet du Code pénal d'une disposition permettant au Gouvernement de faire remise d'une partie de leur peine aux condamnés qui se feraient remarquer par une bonne conduite. — Mais cette proposition ne fut admise ni par le Conseil d'Etat en 1810, ni par le législateur de 1832, par le motif que, le droit de grâce appartenant au souverain, qui est libre de l'exercer dans toute son étendue, la perpétuité des peines peut toujours se changer, par l'amendement du coupable, en un châtiment temporaire.

40. — Il y a deux sortes de peines perpétuelles : les travaux forcés à perpétuité, et la déportation. — La déportation ne doit pas être confondue avec la *transportation*, peine récemment décrétée par l'Assemblée nationale. — V. TRANSPORTATION.

41. — Les peines temporaires sont, parmi les peines afflictives et infamantes : 1° les travaux forcés à temps; 2° la détention; 3° la réclusion; et parmi les peines correctionnelles 4° l'emprisonnement.

42. — On divise encore les peines en peines *capitales* et *non capitales* (C. civ., art. 727). Les capitales sont celles qui privent de la vie. A proprement parler, la peine de mort seule est une peine capitale; mais, dans l'usage, on appelle aussi *capitales* les peines qui privent de la vie civile.

43. — Les peines sont encore ou *corporelles* ou *pécuniaires*.

44. — Par *peines corporelles* il faut entendre aujourd'hui toutes celles qui frappent sur le corps du coupable soit en lui imprimant une douleur physique, soit seulement en restreignant la liberté individuelle. Anciennement on appelait proprement *peines corporelles* celles qui causaient au corps une douleur physique, réelle et actuelle. — V. *suprà* n° 9. — Ces peines, qui étaient encore en usage pour la répression de certains délits commis par les marins, ont été complètement supprimées par décret du Gouvernement provisoire, en date du 14 mars 1848, portant abolition des peines de la bouline, de la cale et des coups de corde. Ces peines sont remplacées par un emprisonnement au cachot de 4 jours à un mois.

45. — Les peines pécuniaires sont : 1° l'amende; 2° la confiscation. — V. ces mots.

46. — Outre les peines dont il vient d'être parlé, il peut être prononcé par les tribunaux criminels d'autres condamnations pécuniaires relativement soit aux *restitutions civiles* et aux *dommages-intérêts*, ou aux *frais* nécessités par la poursuite. — V. ces mots.

47. — Une cinquième division des peines est celle en peines *principales* et peines *accessoires*. Ces dernières sont celles qui ne peuvent être infligées qu'avec une autre peine, tandis que les premières peuvent être infligées seules.

48. — Les peines accessoires sont, pour la plupart, des incapacités attachées à certaines peines plutôt que des peines propres. On y comprend : 1° la mort civile; 2° l'interdiction des droits civiques, civils et de famille; 3° l'interdiction légale des condamnés à des peines afflictives et infamantes temporaires; 4° la surveillance de la haute police. — V. ces mots. — C'est dans cette classe que se rangeait aussi l'*exposition publique* abolie récemment par un décret du Gouvernement provisoire, en date du 12 avr. 1848.

49. — Autrefois on distinguait également les *peines simples* et les *peines qualifiées*. Les peines simples étaient celles portées par la loi ou consacrées par l'usage, comme la peine de mort. Les peines qualifiées étaient celles qui se composaient de la peine simple et des peines accessoires ordonnées par le juge en vertu de la maxime que les peines étaient arbitraires, selon que le crime lui paraissait mériter une punition plus forte que la peine simple. Cette division des peines n'est plus d'aucune importance, puisqu'aujourd'hui les peines, dans leur nature principale ou dans leurs accessoires, sont déterminées par la loi. — Rauter, *ibid.*, n° 154.

50. — Enfin, on divise les peines en peines *communes* et en peines *spéciales*. — Les premières sont celles qui frappent, le cas échéant, sur tous les coupables et sur tous les délits, sans distinction de la personne ou de l'objet du délit; les secondes sont celles qui, par leur nature, ne peuvent frapper que certains coupables, ou qui ne sont infligées qu'à raison de certains délits. — Ainsi, non-seulement les délits militaires sont en général punis de peines spéciales; mais encore parmi les délits ordinaires, les délits propres sont souvent punis de peines propres : telle est la

destitution du fonctionnaire public coupable de forfaiture, telle est la réparation ordonnée par les art. 226 et 227 du Code pénal. —Rauter, t. 1er, nº 150.

51. — Il y a encore d'autres divisions des peines : ainsi la division en peines séculières et en peines ecclésiastiques.

§ 2. — *Gravité relative des peines.*

52. — La gravité de la peine ne se considère, dans le droit positif, que comparativement, c'est-à-dire d'une peine à une autre, et non point d'une manière générale, c'est-à-dire selon la gravité intrinsèque du délit.

53. — La gravité relative des peines mérite d'être examinée : 1º sous le rapport de la poursuite et du jugement, lorsque le même individu est prévenu de plusieurs délits de gravité différente ; 2º sous celui du changement de législation, lorsque, depuis le délit commis, la peine prononcée par la loi contre ce délit est changée par une loi nouvelle ; 3º sous le rapport de l'exercice du droit de grâce, lorsque le condamné obtient une commutation de peine.

54. — V., en ce qui concerne chacun de ces rapports : 1º CUMUL DE PEINES, nºs 110 et suiv. ; 2º *infrà*, nºs 166 et suiv. (application de la loi pénale) ; 3º GRACE ET COMMUTATION DE PEINE, nºs 105, 115 et suiv.

55. — Il est d'ailleurs évident que, sous aucun rapport, l'opinion du coupable ne peut entrer dans l'appréciation de la gravité de la peine. — Aussi, celui qui a été condamné à une peine moindre que celle prononcée par la loi, n'a-t-il pas le droit de se plaindre du jugement. — Rauter, t. 1er, nº 182 ; Legraverend, t. 2, chap. 5, p. 430.

56. — Ce principe a été toujours reconnu par la Cour de cassation. — *Cass.*, 27 mess. an VIII, Demande ; 10 avril 1817, Savin ; 7 déc. 1827, Sagniez ; 10 avril 1828, Groseille ; 27 fév. 1832, Raspail.

57. — C'est encore en vertu de ce principe qu'il a été jugé qu'un condamné à l'emprisonnement est non recevable, à défaut d'intérêt, à se pourvoir contre un arrêt qui, légalement, eût dû lui infliger la peine des travaux forcés à temps. — *Cass.*, 9 janv. 1840 (t. 2 1845, p. 561), Auger et Barbotin. — V. CASSATION (mat. crim.), nº 293.

58. — La gravité relative des peines est déterminée par la loi elle-même et résulte de l'ordre dans lequel elles sont relatées dans les art. 7, 8 et 9 du Code pénal. — *Cass.*, 8 oct. 1824, Bouchot.

59. — En effet, comme le dit Mangin (*Traité de l'action publique*, t. 2, p. 491, nº 459), si une peine afflictive et infamante est plus grave qu'une peine seulement infamante, il faut également tenir pour constant que parmi les peines afflictives et infamantes la mort est une peine plus grave que les travaux forcés à perpétuité ; ceux-ci, que la déportation ; la déportation, que les travaux à temps, ainsi de suite ; que parmi les peines correctionnelles l'emprisonnement dans un lieu de correction est une peine plus forte que l'interdiction de certains droits, et celle-ci une peine plus forte que l'amende.

60. — Les peines accessoires attachées par la loi à certaines peines n'entrent pas en considération lorsqu'il s'agit de déterminer leur gravité. — Il faut en dire autant de la durée plus ou moins longue des peines temporaires. Ainsi : la peine des travaux forcés à temps sans exposition est plus grande que celle de la réclusion avec exposition, et la peine de la réclusion de dix ans est moins grave que celle des travaux forcés de cinq ans. — *Cass.*, 26 juill. 1811, Renotte ; 6 nov. 1812, Denis. — Chauveau et Hélie, t. 1er p. 42 ; Rauter, t. 1er, nº 183.

61. — Toutefois, ce principe ne doit pas être suivi à l'égard des crimes qui, étant punis par le Code actuel et par l'ancien Code de peines afflictives temporaires, auraient été commis avant la promulgation du Code pénal. — A l'égard de ces crimes, auxquels le Code pénal, en tant qu'il prononce une peine plus douce que l'ancienne loi, est applicable, on tient pour principe qu'entre plusieurs peines de genres différens celle qui emporte l'exposition est la plus grave. C'est du moins ce qu'a déclaré le décret du 9 juillet 1810, concernant la mise en activité du Code pénal et du Code d'instruction criminelle.

62. — Ce décret doit d'ailleurs être restreint dans son application aux cas que nous venons de désigner. Il ne doit donc pas être appliqué aux crimes d'une date postérieure à l'époque de la mise en activité des nouveaux Codes. — Rauter, t. 1er, nº 183 ; Legraverend, t. 2, p. 611.

63. — La mort civile est la plus grave et la plus complète des peines basées sur la privation des droits civils ; elle les embrasse tous pour les retrancher d'une manière absolue. — Vient en second lieu la dégradation civique qui impose seulement au coupable un ensemble d'incapacités (V. DÉGRADATION CIVIQUE). — Puis, l'interdiction des droits civils qui, selon la gravité du délit, peut ne comporter que quelques-uns de ces droits. — Enfin, l'interdiction légale des condamnés se borne à une seule incapacité : celle d'administrer leurs biens.

64. — La peine immédiatement inférieure à la peine de mort, applicable aux crimes politiques, n'est point la peine des travaux forcés, mais celle de la déportation. — *Cass.*, 3 fév. 1849 (t. 1er 1849, p. 262), Durand. — Molinier, *Revue du dr. franç.*, 1848, p. 273.

Sect. 3e. — *De la légalité des peines.*

65. — La légalité des peines peut être appréciée : 1º sous le rapport du pouvoir à qui il appartient de les édicter ; 2º sous le rapport du pouvoir à qui il appartient de les appliquer. — V., à ce dernier égard, la section suivante.

66. — Les peines sous les anciennes lois étaient souvent arbitraires. Ce système ne pouvait survivre à la révolution de 1789. — Une énonciation de la pénalité pour chaque espèce de crime était nécessaire, comme le dit avec raison Rossi (*Dr. pén.*, t. 3, p. 228), soit pour la sûreté publique, soit pour la sûreté individuelle. « Pour la sûreté publique, car autrement l'homme à projets criminels, n'apercevant sous l'empire de la passion que le sourire de l'espérance, pourrait se flatter de ne subir, en cas de condamnation, qu'une peine fort légère ; pour la sûreté individuelle, car on ne saurait, sans trembler, laisser au juge le choix entre la peine de mort et celle de l'emprisonnement, entre la déportation et l'amende, ainsi de suite. »

67. — Toutefois le Code pénal de 1791, en voulant éviter l'inconvénient des peines arbitraires tomba dans d'autres inconvéniens par la manière invariable dont il punissait chaque crime ou chaque délit. L'intérêt de la justice et celui de la société veulent en effet que le juge ait, dans beaucoup de cas, le pouvoir de choisir entre plusieurs peines déterminées par la loi ou, au moins, de s'arrêter pour la même peine, entre un minimum et un maximum, au point que lui paraîtra demander la culpabilité particulière du coupable. — Boitard, *C. pén.*, p. 344-347 ; Le Sellyer, t. 1er, p. 359.

68. — C'est ce que reconnut, du moins en partie, le Code de 1810, il laissa au juge le choix entre un minimum et un maximum de la même peine ; mais, comme il est facile de le voir, ce système restait sans application possible aux peines perpétuelles. « Ces peines, les plus graves, et, par conséquent, celles pour lesquelles, comme le font remarquer MM. Boitard (*ibid.*, p. 349-351) et Le Sellyer (*ibid.*, p. 359), il était plus important que le juge eût, en vue des circonstances particulières du procès, un droit d'atténuation, ces peines étaient invariables. Le danger des déclarations de non-culpabilité, prononcées par le jury, pour éviter l'application d'une peine trop sévère, existait donc alors dans toute son étendue. La justice souffrait aussi de cette application souvent trop rigoureuse, lorsque l'accusé avait été déclaré coupable. Le seul moyen de parer à ces inconvéniens eût été de permettre aux juges de substituer une peine d'une nature moins grave à celle prononcée, en règle générale, par la loi. C'est ce que ne faisait pas le Code de 1810 ; mais ce que le législateur a été obligé de faire plus tard, en permettant d'abord aux Cours d'assises, dans certains cas, et ensuite au jury, dans toutes les matières criminelles, de déclarer des *circonstances atténuantes*. — V. ce mot.

69. — Le principe qui proscrit les peines arbitraires est formellement consacré dans nos lois nouvelles, soit par l'art. 1er du Code pénal, qui ne reconnaît de contraventions, de délits ou de crimes, que dans les infractions punies par la loi ; soit par les dispositions du Code d'inst. crim., qui ne permettent de poursuivre que l'individu coupable d'une contravention, d'un délit ou d'un crime (art. 128 et 229) ; soit par les dispositions du même Code qui ordonnent d'absoudre l'individu qui n'est reconnu coupable d'aucun fait puni par la loi (art. 159, 191 et 364) ; soit par les dispositions qui ordonnent aux tribunaux, lorsqu'ils condamnent, d'insérer dans leurs jugemens les termes de la loi appliquée, ou même de les lire à l'audience (art. 163, 195 et 369) ; soit, enfin, par les dispositions qui permettent de faire annuler, par la voie du recours en cassation, les arrêts ou jugemens qui auraient prononcé une peine autre que celle appliquée par la loi à la nature de la contravention, du délit ou du crime dont le prévenu ou l'accusé aura été déclaré coupable. — Art. 407, 410, 414.

70. — Les peines ne peuvent être prononcées que par une loi. — *Cass.*, 29 therm. an IX, Brec ; 20 vend. an XIII, Morand ; 21 mai 1840 (t. 1er 1841, p. 695), Coupin.

71. — Aussi a-t-il été jugé que les peines prononcées par l'ordonnance du 24 juill. 1816, pour le fait de détention d'armes de guerre, n'auraient pu être appliquées qu'autant qu'elles auraient reçu la sanction législative. — *Paris*, 4 déc. 1827, Vacheron ; *Metz*, 25 fév. 1829, Lion-Cerf ; *Paris*, 30 avril 1830, Caquate. — V. ARMES DE GUERRE, nºs 108 et suiv.

72. — ... Et que la peine de l'emprisonnement ne peut pas être prononcée en vertu d'un simple décret impérial qui n'a jamais été exécuté dans cette partie de ses dispositions. — *Bordeaux*, 22 mars 1832, Langlet. — V. DÉCRET.

73. — De même, le pouvoir municipal ou administratif ne peut, par des arrêtés, rien changer à l'ordre des juridictions ni à la gravité des peines prononcées par la loi. — *Cass.*, 28 sept. 1827, Pons.

74. — Le tribunal de simple police qui réprime des contraventions à un règlement de police doit donc appliquer la peine prononcée par la loi, et non celle qu'il a plu au maire d'insérer dans son règlement. — *Cass.*, 17 janv. 1829, Fleuriel ; 12 nov. 1830, Chevillon ; 13 mars 1834, Boulangers de Montauban.

75. — Ainsi, lorsque la loi a fixé le maximum d'une peine et a attribué juridiction au tribunal correctionnel ; le tribunal de simple police est incompétent, nonobstant l'arrêté du maire, portant que les contrevenans seront punis d'une amende d'une journée de travail, par voie de police municipale. — *Cass.*, 22 juin 1809, Timmermans.

76. — Réciproquement, le tribunal de simple police ne peut se déclarer incompétent pour connaître de la contravention commise à un arrêté de police : sous prétexte que cet arrêté prononce une amende de 100 fr. ; il doit réprimer la contravention, sauf à ne prononcer que des peines de police. — *Cass.*, 1er déc. 1809, Pooters ; 10 avril 1819, Gobelin.

77. — Quant aux anciens arrêtés et règlemens de police, ils ne doivent recevoir aujourd'hui leur exécution que lorsqu'ils statuent sur des objets qui n'ont pas été réglés soit par le Code pénal, soit par les lois postérieures à 1789, soit par des arrêtés pris depuis cette époque dans l'exercice légal des fonctions municipales. — *Cass.*, 11 juin 1818, Cotin ; 2 (et non 27) juin 1825, Ferdinand Jozon.

78. — ..... Et même, dans ces divers cas, les peines qu'ils prononcent sont virtuellement réduites au taux des peines de simple police. — *Cass.*, 1er déc. 1809, Pooters ; 23 fév. 1811, Gaillard ; 12 nov. 1813, Godin ; 7 oct. 1826, Tribouley ; 29 avril 1831, Vasseur ; 26 nov. 1831, Garigue.

79. — Jugé que la suppression des anciennes corporations ayant entraîné l'abolition des différens statuts qui les régissaient, un tribunal de police excède ses pouvoirs en prononçant une peine par application de ces statuts. — *Cass.*, 25 fruct. an XIII, Bailleul.

80. — Du principe qui a proscrit de notre nouvelle législation toute peine arbitraire, il faut tirer cette conséquence : que, lorsque la loi, en établissant la peine de l'amende, a omis d'en fixer la quotité, le juge ne doit appliquer que les amendes les plus faibles, c'est-à-dire les amendes de simple police. — Le Sellyer, t. 1er, p. 364 ; Chauveau et Hélie, t. 1er, p. 263.

81. — Ainsi jugé que, la loi du 19 vent. an XI n'ayant fixé ni le maximum ni le minimum de l'amende encourue par les individus qui exercent sans titre l'art de guérir, mais qui n'en ont usurpé aucun, les tribunaux ne peuvent leur appliquer que des peines de simple police. — V. CHIRURGIE, MÉDECINE.

82. — Jugé aussi que, lorsque la loi établit pour un cas donné une peine d'une nature déterminée, sans fixer un maximum, les tribunaux sont tenus de ne prononcer que le minimum de cette peine ; de sorte que, si, à raison de circonstances atténuantes, les tribunaux correctionnels substituent, ainsi qu'ils y sont autorisés en ce cas, à la peine de l'emprisonnement celle de l'amende, ils ne peuvent appliquer au délinquant que le minimum de celle-ci en matière correction-

nelle. — *Cass.*, 10 janv. 1846 (t. 2 1846, p. 106), Carossio. — V. ABUS DES BESOINS DES MINEURS, n° 25; AMENDE (mat. crim.), n°s 137 et 138.

Sect. 4e. — *De l'application des peines.*

§ 1er. — *Règles générales.*

83. — Trois grands principes dominent la matière de l'application des peines. Ces principes sont : 1° celui de la détermination des peines, par le législateur, pour chaque espèce de crime ou de délit en particulier (V. la section qui précède); 2° celui de la non-rétroactivité des peines; 3° celui du non-cumul des peines. — V. CUMUL DES PEINES.

84. — Mais, en dehors de ces grands principes, il faut reconnaître les quatre conditions indispensables pour qu'un tribunal criminel puisse régulièrement appliquer une peine quelconque.

85. — Ainsi : 1° un tribunal ne peut prononcer des condamnations pénales contre un individu sans être saisi soit par une plainte, soit par les conclusions du ministère public. — *Cass.*, 26 vend. an IX, Buisseret; 4 brum. an XIV, Sauvanet c. Huguet; 6 mai 1847 (t. 2 1847, p. 398), Harau.

86. — Dès lors doit être cassé le jugement de condamnation prononcé contre une personne qui figurait au procès uniquement comme partie civile, à l'égard de laquelle il n'est justifié d'aucune citation à la requête soit de la partie publique, soit d'une partie civile, non plus que d'aucune réquisition prise à l'audience par le ministère public. — Mêmes arrêts.

87. — Jugé aussi qu'il y aurait excès de pouvoir dans le jugement qui condamnerait la partie civile à une peine en prononçant le renvoi du prévenu. — *Cass.*, 18 mess. an XII, Lecerf c. Blin.

88. — De même, le tribunal d'appel qui déclare les prévenus coupables du délit à eux imputé ne peut cependant leur infliger aucune peine lorsque l'appel n'a été interjeté que par la partie civile, et non par le ministère public. — *Cass.*, 18 juill. 1828, Pierre Martin.; *Aix*, 30 août 1845 (t. 1er 1846, p. 450), Hugon c. Pons et Fournier; 12 juin 1847 (t. 2 1847, p. 569), Eline et Boilt c. de la Rochebrochar. — V. APPEL (mat. crim.), n°s 280 et suiv.

89. — Spécialement : une cour de justice criminelle ne peut, sur l'appel de la régie des douanes, prononcer une peine d'emprisonnement contre le prévenu acquitté en première instance, sans qu'aucun appel ait été interjeté par le ministère public. — *Cass.*, 28 prair. an XI, Crespin; 10 janv. 1806, Delmas; 13 fév. 1807, Dadone; 23 fév. 1811, Antoine Favrot c. Douanes.

90. — Mais il a été jugé que, lorsque le ministère public a interjeté appel d'un jugement rendu par un tribunal correctionnel, la Cour ou le tribunal d'appel a le droit d'appliquer la peine qui lui paraît être en rapport avec la culpabilité du prévenu, lors même que le ministère public aurait requis l'application d'une peine moindre. —*Cass.*, 14 mai 1847 (t. 1er 1849), p. 662, Macaire de Rougemont. — V., au reste, sur les effets de l'appel interjeté par le ministère public, quant à l'application de la peine, v° APPEL (mat. crim.), n°s 289 et suiv.

91. — ... 2° Un tribunal criminel ne peut appliquer une disposition pénale à des actes dont l'existence ne lui est pas complétement démontrée.

92. — Ainsi, un tribunal criminel excède ses pouvoirs en condamnant à la déportation un accusé qu'il ne trouve pas suffisamment convaincu pour lui appliquer la peine capitale. — *Cass.*, 19 janv. 1813, Lévy.

93. — De même, le jugement qui constate que les preuves, qui sont au procès, ne sont pas suffisantes pour déclarer un accusé *dûment atteint et convaincu* d'assassinat, et qui cependant le condamne à *quarante* ans de fers, contient une contravention au principe qui veut qu'il n'y ait pas de condamnation sans conviction; et à l'art. 5. 2e part., tit. 2, sect. 1re C. pén. 25 sept. 1791, qui veut que la peine des fers ne puisse excéder vingt-quatre ans. — *Cass.*, 20 sept. 1792, Georges et Rattier.

94. — ... 3° Le fait reproché au prévenu doit être formellement prévu et puni par la loi. — *Cass.*, 10 janv. 1812, Barthélemy; 19 mars 1831, Rey.

95. — Ainsi : un tribunal ne peut pas prononcer une amende contre un prévenu convaincu par le jury d'avoir inspiré, par ses propos, à deux époux de l'aversion pour leur mariage célébré par un prêtre assermenté, et d'avoir troublé entre eux la paix du ménage; ces faits n'étant punis par aucune loi. — *Cass.*, 12 avr. 1793, Guimarel.

96. — Lors donc que l'accusé est reconnu coupable d'un fait que les juges croient imprévu par la loi, ils doivent le mettre en liberté sur-le-champ; et ils ne pourraient, sans violer la loi, ordonner qu'il en soit référé au corps législatif, et que l'accusé gardera prison jusqu'à la décision. — *Cass.*, 4 janv. 1793, Chebreux; 11 janv. 1793, Marion et Lainé; 29 vendém. an XIII, Caussidéry.

97. — Est aussi entaché d'excès de pouvoir le jugement par lequel le tribunal de police correctionnelle, tout en reconnaissant qu'aucun article des lois pénales n'est applicable aux faits de la prévention, prononce par forme de condamnation contre le prévenu, comme homme dangereux, la peine de détention illimitée. — *Cass.*, 9 mess. an X, Septier.

98. — A ce principe on peut encore rattacher la solution suivante : ne peut être condamné a aucune peine celui à qui une promesse d'impunité a été faite par l'autorité compétente, et qui n'a pas violé les conditions de cette promesse. — *Cass.*, 27 vendém. an XII, Césano.

99. — Jugé encore que les tribunaux de répression sont sans pouvoir pour appliquer les dispositions pénales de la loi à des faits auxquels ils n'ont pas préalablement reconnu les caractères exigés pour en constituer la criminalité et pour déterminer l'échelle de la pénalité. — *Cass.*, 24 juill. 1847 (t. 2 1847, p. 541), Valenti.

100. — ... Et que, dès lors, doivent être cassés : 1° le jugement d'un conseil de guerre qui condamne à la peine des travaux forcés, comme complice d'un vol commis à la suite d'un meurtre, l'individu qui a aidé et assisté l'auteur de ce vol, sans déclarer que cette assistance avait été donnée avec connaissance des moyens criminels employés pour commettre le meurtre et le vol qui l'a suivi. — 2° Le jugement d'un conseil de guerre qui condamne un individu à la peine des travaux forcés à perpétuité comme coupable d'avoir recélé des objets volés à la suite d'un meurtre, sans déclarer que cet individu connaissait au moment du recélé les circonstances qui rendaient l'auteur principal passible de la peine de mort. — Même arrêt. — V. COMPLICITÉ.

101. — Voyez encore sur le principe qu'en matière pénale tout est de droit étroit, et que, par suite, aucune peine ne peut être appliquée qu'autant qu'elle est formellement prononcée par la loi, — arrêt qui décide en outre que les tribunaux ne peuvent réprimer par des peines les infractions aux règlemens de police qu'autant que ces règlemens se rattachent à une loi pénale existante, — *Orléans*, 7 juill. 1847 (t. 2 1847, p. 381), de Richemont. — V. POLICE DES CHEMINS DE FER.

102. — ... 4° Il faut que le prévenu, du moins en général, quand il s'agit d'une matière criminelle ou correctionnelle, ait agi dans une intention coupable.

103. — Lorsque le jury a déclaré que l'accusé n'a pas commis avec intention le crime dont il est convaincu, le tribunal criminel ne peut donc prononcer contre lui aucune peine, et le président doit le faire mettre sur-le-champ en liberté. — *Cass.*, 21 pluv. an VIII, Filippi; 9 germ., Philippe.

104. — Jugé aussi que le commissaire-priseur qui de bonne foi, et d'après une erreur commune, a perçu au delà de la taxe ne peut, pour ce fait, être suspendu de ses fonctions. — *Cass.*, 13 juin 1825, Charles. — V., sur l'intention criminelle, CHASSE, CONTRIBUTIONS INDIRECTES, COUPABLE, COUR D'ASSISES, CRIMES, CULPABILITÉ, DÉLITS ET CONTRAVENTIONS, DOUANE, FORETS, TRIBUNAL CORRECTIONNEL, n°s 62, 67 et 311.

§ 2. — *Application illégale des peines.*

105. — Les peines n'étant pas arbitraires, la loi pénale ne peut être appliquée que telle qu'elle est : sans aggravation ni modération, sauf néanmoins les cas où la loi elle-même prescrit cette aggravation ou cette modération. — V. CIRCONSTANCES ATTÉNUANTES, n°s 131 et suiv., 190 et suiv.; DISCERNEMENT, n°s 45 et suiv., 65 et suiv.; EXCUSE, n°s 21 et suiv., 95; RÉCIDIVE.

106. — Observons d'ailleurs que les peines prononcées par des lois spéciales ne peuvent être modifiées ni augmentées en vertu des dispositions consacrées par la loi ordinaire. — *Cass.*, 21 juin 1823, Salmon.

107. — On peut donc dire d'une manière générale qu'une peine est illégalement appliquée, toutes les fois qu'elle n'a pas été appliquée dans les limites rigoureuses de la loi pénale.

108. — Jugé, par application de ce principe : 1° que la constitution de l'an III ayant déclaré que les tribunaux correctionnels ne pourraient prononcer de peine plus grave que l'emprisonnement de deux années, un tribunal correctionnel commettait un excès de pouvoir en condamnant un accusé à quatre années de détention. — *Cass.*, 6 brum. an VII, Pol.

109. — ... 2° Que sous le C. du 3 brum. an IV un jugement de police municipale était nul s'il prononçait la peine de deux jours de détention, qui est une peine afflictive. — *Cass.*, 16 germ. an VII, Galand.

110. — ... 3° Ou s'il prononçait cumulativement l'emprisonnement de trois jours et l'amende de trois journées de travail. — *Cass.*, 11 fruct. an VII, Vergès.

111. — ... 4° Que sous la loi du 25 sept.-6 oct. 1791 les coupables condamnés à mort pour crime d'assassinat, d'incendie ou de poison étaient les seuls qui pussent être assujettis à porter la chemise rouge en allant au lieu de l'exécution. Cette peine ne pouvait pas être appliquée aux individus condamnés pour vol. — *Cass.*, 6 mess. an VII, Perrin; 28 flor. an IX, Petit-Breuil.

112. — ... 5° Que l'exposition sur l'échafaud n'ayant lieu qu'à la suite des peines prononcées pour délits emportant peine afflictive ou infamante, et le mot *détention* employé dans la loi du 25 sept.-6 oct. 1791, sur la police rurale, n'ayant d'autre valeur que celui d'emprisonnement, il y avait excès de pouvoir dans la disposition d'un jugement de condamnation pour simple délit rural, qui ordonnait que le condamné serait exposé sur l'échafaud, attaché à un poteau avec un écriteau. — *Cass.*, 15 prair. an X, Chiafredo-Isoardi.

113. — ... 6° Que le tribunal qui acquitte un prévenu de vol, âgé de moins de seize ans, comme ayant agi sans discernement, ne peut le renvoyer sous la surveillance de la haute police à l'expiration du temps pendant lequel il ordonne sa détention dans une maison de correction. — *Cass.*, 16 août 1822, Fillon. — V. DISCERNEMENT, n° 45.

114. — ... 7° Qu'en cas de culpabilité d'un vol qualifié, aucune loi n'autorisant de réunir à la peine corporelle la condamnation à l'amende, il ne peut en être prononcé une. — *Cass.*, 3 mars 1826, Dominé.

115. — ... 8° Que lorsqu'un individu a été condamné à quinze mois d'emprisonnement et 50 fr. d'amende, comme coupable d'escroquerie et de banqueroute simple, s'il est reconnu que les faits ne constituent que ce dernier délit, la peine d'emprisonnement se trouve prise dans les limites déterminées par l'art. 402 C. pén.; mais il y a une aggravation illégale de la peine dans la condamnation à l'amende. — *Cass.*, 24 avr. 1828, Guilloux. — V. BANQUEROUTE, n° 90.

116. — ... 9° Que lors que le préfet du département a fixé à 1 fr. et 1 fr. 30 c. la valeur de la journée de travail, le tribunal de police ne peut condamner à 5 fr. d'amende le contrevenant passible seulement d'une amende qui ne peut excéder la valeur de trois journées de travail. — *Cass.*, 20 mai 1831, Audouard.

117. — ... 10° Qu'il y a excès de pouvoir dans le jugement de police qui prononce une condamnation à l'amende sans en déterminer la quotité d'une manière précise, et qui d'ailleurs prononce en même temps une détention de trois jours. En conséquence, le tribunal de police ne peut condamner un prévenu à l'amende du tiers de sa contribution mobilière. — *Cass.*, 7 vend. an VII, Bousten.

118. — ... 11° Qu'un tribunal ne peut, en acquittant le prévenu de la poursuite dont il était l'objet, prononcer contre lui une formule de blâme; cette peine, qui existait sous les anciens parlemens, a été abolie par l'art. 35, tit. 1er, C. pén. de 1791, et n'a pas été rétablie par le C. pén. de 1810. — *Cass.*, 25 juill. 1839 (t. 2 1839, p. 488), Pesnel et Moreau. — V. BLAME.

119. — ... 12° Que sous le Code du 3 brum. an IV un tribunal ne pouvait condamner un prévenu d'injures à déclarer au greffe ou à l'audience qu'il tenait son adversaire pour homme d'honneur et de probité, cette peine n'étant pas autorisée par la loi. — *Cass.*, 4 brum. an VII, Lacouture; 11 niv. an VIII, Feucrat; 10 flor. an X, Cirette et Mauny (2 arrêts); 19 mess. an X, Dresse; 21, Rulleau; 20 vendém. an XIII, Morand.

120. — Aujourd'hui, ce n'est que dans les cas spécialement prévus par la loi que l'offenseur peut être condamné à faire réparation d'honneur. — V. DIFFAMATION, INJURE (nos 216 et suiv.)

121. — Et cette réparation étant une véritable peine ne peut être ordonnée par les tribunaux civils. — *Cass.*, 20 juill. 1812, Nervaux c. Royder.

122. — ... 13° Que lorsqu'il n'y a point de partie civile en cause la disposition par laquelle un tribunal de police ordonne l'affiche de son jugement ne peut être considérée que comme une aggravation de peine et un excès de pouvoir. — *Cass.*, 1er therm. an XII, Bailly. — V. les arrêts cités vo AFFICHE, nos 108 et suiv. — V. aussi *Cass.*, 14 déc. 1793, Lévi; 6 brum. an VII, N...; 12 niv. an VIII, intér. de la loi; 3 germ., Cousin; 7 Bisson; 7 prair., Raillard c. Boursault; 8 th., Vareins; 17 fruct. an IX, Festa; 17 pluv. an X, intérêt de la loi; 29 (et non 30) fructid., Cornègre; 30 vendém. an XI, Benoît; 30 frim. an XII, Fradel; 18 pr., Fradel c. Boulard; 30 juillet 1807, Giraud c. Olivier; 17 mai 1811, Lallouel; 12 juill. 1838 (t. 1er 1839, p. 415), Rouvairol.

123. — Cependant la Cour de cassation a jugé que lorsque la contravention est publique, le tribunal de simple police peut, sur les conclusions du ministère public, ordonner l'impression et l'affiche de son jugement. — *Cass.*, 10 (et non 11) avril 1806, Beaussier.

124. — ... Et que la disposition par laquelle, sur les conclusions du ministère public, un tribunal ordonnait l'impression et l'affiche du jugement de condamnation qu'il rendait contre des individus, pour contravention à l'arrêt du conseil du 16 juillet 1784 sur les épizooties, n'était pas une aggravation de peine, mais une mesure publique. — *Cass.*, 18 nov. 1808, Dussaut, Seyssac et Casiaing.

125. — Jugé encore que l'impression d'un jugement, avec affiche, aux frais du condamné, n'est point une peine, mais une réparation civile, ordonnée dans l'intérêt de la partie civile, ou dans l'intérêt public, comme mesure de police, pour donner à la condamnation une plus grande publicité par forme de réparation civile. — *Cass.*, 26 mars 1819, Montcharmont.

126. — Nous ne pensons pas que l'on puisse s'arrêter à la distinction qui paraît avoir déterminé ces derniers arrêts; une fois le principe admis que l'affiche et l'impression du jugement sont une peine, il nous paraît, et dans tous les cas, impossible qu'on les ordonne quand la loi ne les prononce point.

127. — Mais lorsque l'affiche du jugement est demandée et accordée à titre de réparation civile, elle n'a aucun caractère pénal quoiqu'elle soit ordonnée pour un cas où la loi ne l'avait pas prescrite. — *Cass.*, 10 avril 1806, Beaussier; 25 mars 1813, Brion; 21 mars 1839 (t. 2 1839, p. 289), Lagarde.

128. — De ce qui a été dit plus haut il résulte que, si le tribunal ordonne l'impression et l'affiche d'un plus grand nombre d'exemplaires que le plaignant n'en avait demandé, la mesure conserve le caractère de dommages-intérêts jusqu'au chiffre demandé, et au delà reprend le caractère de peine; dès lors cette peine, n'étant point autorisée par la loi, constitue une aggravation illicite, qui entraîne la nullité du jugement. — C'est ce qu'a formellement décidé la Cour de cassation le 17 thermidor an XI (Legrip c. Leroux).

129. — L'affiche des jugemens et arrêts, hors le cas où elle est ordonnée par les tribunaux, est un fait illégal et doit en conséquence donner lieu, si elle a été dommageable pour la partie qui s'en plaint, à une réparation à son profit. — *Paris*, 23 fév. 1839 (t. 1er 1839, p. 328), Ponet c. Leroux-Dufié. — V., aussi, *Paris*, 1er juin 1831, Dumont et Derosne c. Sommier.

130. — Ce fait pourrait même, selon M. Chassan, constituer le délit de diffamation. — Chassan, t. 1er, p. 336, note 2.

131. — Il en serait de même si la partie qui a obtenu l'autorisation de faire afficher le jugement le faisait à un plus grand nombre d'exemplaires que celui déterminé par les juges. — *Paris*, 1er juin 1831, Dumont c. Saunier. — Chassan, *ibid.*

132. — Jugé que lorsque la loi permet d'ordonner l'affiche d'un jugement, elle est censée aussi autoriser le juge à ordonner qu'il en sera fait publiquement lecture. Cette lecture n'est point une aggravation de peine, elle n'est que la conséquence de la publicité que la loi, en ordonnant l'affiche, a voulu donner au jugement de condamnation. — *Cass.*, 25 mars 1813, Gaillard.

133. — « Malgré cet arrêt, dit Legraverend (t. 2, ch. 2, p. 275, no 5), je crois qu'une pareille disposition est irrégulière: d'abord, parce qu'il me paraît contraire à la loi de prononcer une peine quelconque par induction et sans s'appuyer sur une disposition précise; ensuite, parce que la publicité qui résulte d'une lecture publique est d'une tout autre nature que celle qui résulte d'une affiche. » — V. Carnot, sur l'art. 471 C. pén., t. 2, p. 569, no 37.

134. — ... 14° Jugé encore, même avant le Code pénal, qu'une condamnation à des dommages-intérêts réversibles aux pauvres, ne peut être considérée que comme une aggravation de peine, déguisée sous le titre de dommages-intérêts, et excède les pouvoirs d'un tribunal de simple police. — *Cass.*, 17 flor. an IX, Jennet; 8 vent. an X, Maillet.

135. — ... Et que le tribunal ne pourrait prononcer une pareille condamnation, même du consentement du plaignant; il peut seulement les lui adjuger, sauf à lui à en disposer ensuite comme il l'entendra. — *Cass.*, 17 fruct. an IX, Poudio c. Dastonet. — *Contrà*, *Cass.*, 26 pluv. an XII, Wirts.

136. — Jugé encore qu'un tribunal de police excède ses pouvoirs en appliquant à l'hospice de la commune l'amende qu'il prononce. — *Cass.*, 29 fruct. an XI, Bassinet. — V., aussi, *Cass.*, 7 fév. 1793, Loculas; 7 flor. an IX, Broca.

137. — L'art. 51 du Code pénal dispose en termes formels que, quand il y a lieu à restitution, le coupable peut être condamné en outre envers la partie lésée, si elle le requiert, à des indemnités dont la détermination est laissée à la justice de la cour ou du tribunal, lorsque la loi ne les aura pas réglées, sans que la cour ou le tribunal puisse, *du consentement même de ladite partie*, en prononcer l'application à une œuvre quelconque. Et Carnot (sur l'art. 153 C. instr. crim., t. 2, p. 639, no 23) dit que bien que l'art. 51 soit au chapitre *Des matières criminelles*, il n'en doit pas moins être étendu aux simples contraventions: puisque la raison de décider est la même, et qu'il n'y a rien dans la loi qui s'y oppose.

138. — Et il a été jugé que le plaignant auquel le tribunal de police a accordé des dommages-intérêts ne peut se faire un moyen de nullité de ce que le tribunal n'en aurait pas ordonné sur sa demande l'application à une œuvre déterminée. — *Cass.*, 25 fév. 1830, Chaize-Martin.

139. Il a encore été jugé 1° que le tribunal de simple police viole la loi en ne condamnant un prévenu qu'à une amende inférieure à celle qu'elle prononce. — *Cass.*, 24 oct. 1823, Piquet; 20 janv. 1826, Bèthe.

140. — ... 2° Qu'ainsi un tribunal de simple police ne peut réduire à 50 cent. d'amende la peine qu'il prononce pour un délit rural. — *Cass.*, 1er févr. 1822, Chalot.

141. — ... 3° Qu'on doit également réputer nul le jugement qui prononce, pour un délit rural, une amende inférieure à la valeur de deux journées de travail. — *Cass.*, 19 messid. an VII, Tondu; 7 mess. an IX, Ester et Cathelineau; 24 avril 1807, Vernier.

142. — ... 4° Que de même les tribunaux ne peuvent réduire à 1 fr. les amendes qu'ils prononcent en vertu de la loi du 25 sept.-6 oct. 1791. — *Cass.*, 3 janv. 1811, Jamain.

143. — ... 5° Que l'amende de 500 fr. portée par la loi du 1er brum. an VIII et le décret du 15 déc. 1813 contre ceux qui exercent, à Paris, la profession de marchands de vins, en contravention aux dispositions qu'ils prescrivent, ne peut être modifiée par les tribunaux; et l'arrêt qui l'a réduite à 50 fr., sous prétexte que l'art. 12, décret précité, n'a fixé que le maximum, doit être annulé comme contenant une violation de l'article. — *Cass.*, 19 mars 1830, Boissard.

144. — ... 6° Qu'un tribunal de simple police ne peut non plus réduire à 12 heures la durée d'une peine d'emprisonnement. — *Cass.*, 30 janv. 1807.

145. — ... 7° Que le jugement qui ne prononce que deux mois d'emprisonnement quoique le minimum de la peine portée par la loi, à raison du délit, soit de 6 mois, doit être cassé. — *Cass.*, 16 messidor an XII, Beaupoil et Midoux.

146. — ... 8° Que les juges ne peuvent réduire la peine de la surveillance à un temps inférieur au minimum fixé par la loi, même au cas où cette peine n'est que facultative. — *Cass.*, 11 mars 1825, Garcin; 24 nov. 1838 (t. 2 1839, p. 420), Renaud.

147. — Le pourraient-ils, par application de l'art. 463 C. pén., s'ils déclaraient l'existence de circonstances atténuantes? — V. CIRCONSTANCES ATTÉNUANTES, nos 193 et suiv.

148. — ... 9° Que les tribunaux de simple police ne sont pas plus maîtres de réduire la condamnation de dépens au-dessous de la liquidation, qu'ils ne le seraient de prononcer une amende inférieure au minimum fixé par la loi. — *Cass.*, 24 oct. 1823, Picquot. — La proposition ci-dessus ne doit s'entendre que des frais de l'action publique, car rien ne s'oppose à ce que les dépens soient compensés entre une partie civile et un prévenu qui succombe.

149. — ... 10° Qu'il n'appartient pas davantage aux tribunaux de diviser les peines que la loi a cumulativement prononcées. Ainsi: quand la loi prononce cumulativement l'emprisonnement et l'amende, ils ne peuvent se contenter d'appliquer l'emprisonnement. — *Cass.*, 15 oct. 1807, Beoldo.

150. — ... 11° Qu'ainsi est nul l'arrêt qui, en condamnant un individu pour faux, l'a dispensé de l'exposition publique, et n'a pas non plus prononcé d'amende contre lui. — *Cass.*, 1er oct. 1835, Jarret. — V. FAUX, nos 687 et suiv., 697 et suiv.

151. — ... 12° Que de même, sous la loi du 23 flor. an X, une cour spéciale ne pouvait se dispenser d'ajouter la peine de la flétrissure à celle des fers, lorsqu'elle condamnait un individu comme coupable de fausse monnaie. — *Cass.*, 23 (et non 25) oct. 1807, Collini. — V. FAUSSE MONNAIE.

152. — ... 13° Que sous le Code pénal et avant la loi du 28 avril 1832 la peine de la marque devait être infligée à l'individu qui avait fait sciemment usage d'une pièce fausse comme à celui qui l'avait fabriquée. — *Cass.*, 13 oct. 1815, Besancèle. — V. FAUX.

153. — ... 14° Et qu'il y avait violation de la loi, lorsque la cour d'assises ordonnait que le faussaire serait marqué seulement de la lettre T. — *Cass.*, 21 sept. 1827, Wendling. — V. MARQUE (peine).

154. — Jugé qu'à plus forte raison le juge qui reconnaît la culpabilité du prévenu ne pourrait se dispenser d'appliquer aucune peine. — *Cass.*, 2 vend. an VII, Lappe; 6 brum., N...; 26, Wagnener et Cochet (deux arrêts); 7 frim., Doré; 8 prair. Mathiot; 17 mess. Baize; 6 therm. an VIII, Belleau; 20 pluv. an XII, Beckmann; 9 br. an XIV, Magen.

155. — ... Alors même que le ministère public n'aurait fait à cet égard aucune réquisition. — *Cass.*, 24 niv. an XI, Egrigniac. — Legraverend, t. 2, ch. 3, p. 312; Carnot, sur l'art. 163 C. instr. cr., t. 1er, p. 4, no 5.

156. — Jugé, en conséquence: que lorsque le prévenu est convaincu, le tribunal de simple police ne peut s'abstenir de prononcer une peine et se borner à une simple condamnation aux frais. — *Cass.*, 7 frim. an VII, Pichon; 8 brum. an IX, Cruchesy; 27 fév. 1806, Hoenighst; 10 déc. 1807, Lambry; 22 nov. 1811, Thiraut; 1er avr. 1813, intér. de la loi, Bressiano; 24 oct. 1823, Piquot.

157. — ... Ou aux dommages-intérêts de la partie offensée. — *Cass.*, 26 niv. an VII, Mercier; 12 fév. 1808, Loquet; 9 fév. 1809, Goubaux; 17, Toussaint; 10 déc. 1809, Lambry.

158. — Un tribunal viole également la loi quand, après avoir reconnu la contravention comme constante, il renvoie néanmoins les parties sans l'amende qu'il est toujours tenu de prononcer, et sans faire droit sur les dommages-intérêts. — *Cass.*, 2 frim. an VII, N...

159. — Enfin, lorsqu'il est établi, par la déclaration du jury, que l'accusé, âgé de plus de vingt-un ans, s'est fait suivre par une jeune fille âgée de moins de seize ans, en lui promettant un état plus heureux que celui qu'elle avait chez sa mère, et en lui promettant aussi de la faire habiller tout à neuf, la Cour d'assises ne peut se dispenser d'appliquer la loi pénale, et le président commet un excès de pouvoir en rendant une ordonnance d'acquittement. — *Cass.*, 26 mai 1826, Perrein.

160. — Il y aurait application illégale de la peine si le tribunal, en condamnant des prévenus, leur laissait l'option entre l'amende et l'emprisonnement. — *Cass.*, 2 septembre 1825, Chezeau.

161. — Il n'en est pas de la *fausse application* de la loi pénale comme de l'application illégale de la peine. Ainsi: jugé que lorsque la peine est la *même* il ne peut résulter une nullité, de ce qu'on aurait appliqué une loi pour une autre. — *Cass.*, 4 févr. 1825, Rouche; 22 juillet 1825, Fouesnard; 19 mai 1826, Simon-Duchêne; 19 mai 1827, Robart.

162. — Spécialement, lorsque l'accusé a été déclaré coupable d'un meurtre excusable, et que la Cour d'assises, par une fausse interprétation de la déclaration du jury, faisant application de l'art. 319 C. pén. sur l'homicide involontaire, a condamné l'accusé à deux années d'emprisonnement, cette peine étant prise dans les limites de celle que la Cour d'assises avait le droit de prononcer, il n'y a pas lieu de casser son arrêt, malgré la fausse application de la loi pénale. — *Cass.*, 19 déc. 1828, Giraud.

163. — ... Et lorsqu'un accusé a été condamné

à deux années d'emprisonnement, comme coupable d'homicide involontaire, quoique la déclaration du jury le constituât coupable d'un meurtre excusable, la peine appliquée étant prise dans les limites de celle qui devait être appliquée, l'erreur des juges ne peut fournir un moyen de cassation. — Même arrêt.

164. — De même : il a été jugé que, lorsque, le tribunal supérieur d'Alger ayant qualifié à tort, d'après la loi musulmane, le fait à lui dénoncé, quand le Code pénal français était seul applicable, et ayant néanmoins prononcé une peine portée par ce dernier Code, sur le motif que celle établie par la loi musulmane n'était pas compatible avec la législation française, il est résulté de cette substitution que le tribunal se trouve avoir prononcé la peine encourue à raison du crime dont l'accusé a été déclaré convaincu, il y a lieu d'appliquer, en pareil cas, l'art. 411 C. instr. crimin., d'après lequel l'erreur commise dans la citation du texte de la loi appliquée n'entraîne pas la nullité de l'arrêt de condamnation, si la peine prononcée est la même que celle portée par la loi contre le crime. — *Cass.*, 25 janv. 1839 (t. 1er 1839, p. 569), Soliman-Ben-Abd-el-Rahman.

165. — Mais l'arrêt de la Cour d'assises, qui, pour justifier la condamnation à vingt ans de travaux forcés qu'il prononce, se fonde à tort sur ce que l'accusé doit être considéré en état de récidive, et sur la disposition de la loi pénale relative à ce cas, est sujet à cassation, bien que le crime sur lequel a statué cet arrêt fût de nature par lui seul à motiver la même condamnation. On ne peut pas dire qu'il y ait, dans ce cas, une simple citation inexacte de la loi pénale à appliquer, et, dès lors, l'art. 411 C. instr. crim. n'est pas applicable. — *Cass.*, 8 mars 1838 (t. 2 1838, p. 322), Saintes.

§ 3. — *Application de la peine la plus douce.*

166. — Il est de principe que la loi n'est exécutoire que du jour où la promulgation en est réputée connue. La conséquence de cette règle c'est que la loi ne peut avoir d'effet rétroactif. — C. civ., art. 2. — L'art. 4 du Code pénal dispose que « nulle contravention, nul délit, nul crime, ne peuvent être punis de peines qui n'étaient pas prononcées par la loi avant qu'ils fussent commis. »

167. — Ainsi : lorsque la loi en vigueur au moment où le fait imputé au prévenu a été commis ne prononce aucune peine contre ce fait, le prévenu doit être absous quoique la loi sous l'empire de laquelle il est jugé prononce une peine. — *Cass.*, 31 déc. 1812, Neefs. — Et le jugement qui prononce une peine en vertu d'une loi postérieure au délit est nul. — *Cass.*, 9 frim. an X, Huber.

168. — Spécialement : l'interdiction des droits civils n'ayant été établie que par le Code pénal de 1810, un tribunal n'a pu sans donner à la loi un effet rétroactif prononcer cette peine pour un délit antérieur à la publication dudit Code. — *Cass.*, 27 août 1813, Martin Liévin.

169. — De même la loi du 9 novembre 1815 n'a pas pu, sans violation du principe de la non-rétroactivité, être appliquée à un cri de *vive l'empereur* proféré avant sa promulgation. — *Cass.*, 25 janv. 1816, Saudras.

170. — De même encore, la loi du 28 avril 1832 n'ayant été rendue exécutoire qu'à dater du 1er juin suivant, un accusé n'a pas pu être condamné aux peines de l'art. 331 du Code pénal pour un attentat à la pudeur commis sans violence sur un enfant de moins de onze ans, dans les premiers jours du mois de mai même année : fait qui ne constituait alors ni crime ni délit, ni contravention. — *Cass.*, 20 sept. 1832, Benoît ; 13 déc. 1832, Daniaud ; 17 déc. 1836 (t. 1er 1838, p. 50), Giraud.

171. — Néanmoins, le principe conservateur de la non-rétroactivité des lois criminelles reçoit deux exceptions que la législation et la jurisprudence ont admises.

172. — La première est dans l'intérêt des prévenus. Elle permet à la loi pénale, nouvellement promulguée, de se retourner en arrière, et de saisir les prévenus de faits commis avant sa promulgation, dans le cas où les peines qu'elle porte seraient *plus douces* que les anciennes. — Chauveau et Hélie, *Th. du Code pén.*, t. 1er, p. 43 ; Morin, *Dict. du droit crim.*, vo *Lois criminelles*, p. 499.

173. — On trouve les premières traces de cette règle dans le dernier article du Code pénal de 1791. D'après cette disposition tout fait antérieur à la publication de ce Code ne pouvait donner lieu à aucune poursuite si le fait qualifié crime par la loi ancienne ne l'était pas par la loi nouvelle, ou s'il se trouvait incriminé pour la première fois.

174. — Le Conseil d'Etat recueillit ce germe dans un avis du 20 prairial an VIII. Il s'agissait de savoir si les délits prévus par la loi du 29 nivôse an VI, non encore jugés, mais commis pendant l'existence de cette loi alors abrogée, devaient subir les peines qu'elle prononçait ou celles plus douces du Code pénal. Le Conseil d'Etat décida que le Code pénal était seul applicable, parce qu'il est de principe, en matière criminelle, qu'il faut toujours adopter l'opinion la plus favorable à l'humanité comme à l'innocence.

175. — On retrouve plus tard ce principe dans un arrêté de la consulte extraordinaire dans les Etats-Romains du 19 juillet 1809, portant (art. 3) : « Pour tout fait antérieur à la publication du présent arrêté, on appliquera, au cas de condamnation, celle des deux lois ancienne ou nouvelle qui sera le plus favorable au prévenu. »

176. — Enfin, le décret du 23 juillet 1810 relatif à la publication des codes criminels le formula avec non moins d'énergie en ces termes : « Si la nature de la peine prononcée par notre nouveau code était moins forte que celle prononcée par le code pénal actuel, les cours et tribunaux appliqueraient les peines du nouveau code. »

177. — Voilà la législation. De nombreux arrêts l'ont appliquée à la suite de la promulgation du Code pénal. Il en résulte que des faits réprimés par la loi sous l'empire de laquelle ils ont eu lieu cessent d'être punissables si la loi postérieure les déclare faits permis. — Merlin, *Rép.*, vo *Effet rétroactif*, sect. 3, § 11, no 1er ; Mailher de Chassat, t. 2, p. 276 ; Morin, *Dict. du droit crim.*, vo *Effet rétroactif*.

178. — Ainsi, pour savoir si un fait poursuivi comme délit a ce caractère, c'est donc la loi existante lors du jugement qu'il faut consulter et non celle qui était en vigueur lorsque ce fait a eu lieu. — *Cass.*, 24 déc. 1829, Laraset.

179. — Par suite il a été jugé que l'obligation imposée par le décret du 23 juillet 1810 d'appliquer la peine prononcée par le nouveau Code pénal lorsqu'elle est moins forte que celle établie par la loi en vigueur au moment où le crime a été commis, comprend nécessairement l'interdiction d'exercer des poursuites ou d'appliquer une peine, lorsque l'action publique et l'action civile se trouvent prescrites d'après le nouveau Code d'instruction criminelle. — *Cass.*, 6 mai 1813, Delafont-Brémant.

180. — Jugé, comme conséquence des règles qui viennent d'être exposées, que le principe de la non-rétroactivité en matière pénale n'est pas applicable, lorsque la peine nouvellement établie est plus douce que celle fixée au temps du délit ; que, dans ce cas, c'est la peine la plus douce, qui doit être infligée. — *Cass.*, 12 mess. an X, Varetlaj ; 6 niv. an XII, Lejeune ; 19 févr. 1813, Bernachi ; 18 janv. 1833, Gallard.

181. — ... Spécialement, que le crime de faux en écriture privée commis sous l'empire du Code pénal de 1791, qui portait la peine des fers égale en gravité à celle des travaux forcés, ne peut être puni sous l'empire du Code pénal de 1810 que de la réclusion, comme étant la peine la plus douce. — *Cass.*, 13 janv. 1814, Piccini.

182. — ... Que le vol commis sous l'empire du Code pénal de 1791, la nuit, sans escalade ni effraction dans un jardin clos et fermé, tenant à une maison habitée, n'est passible, quand il est jugé sous l'empire du Code pénal de 1810, que de la peine de la réclusion, qui est plus douce que celle de six années de fers portée par le susdit Code de 1791. — *Cass.*, 14 juill. 1826, Louis Sagot.

183. — ... Que le banni poursuivi depuis la mise en vigueur du Code pén. de 1810, pour avoir enfreint son ban, sous l'empire du C. pén. de 1791, devait être renvoyé absous, aux termes du décret du 23 juillet 1810, qui voulait que la loi la plus favorable à l'accusé, c'est-à-dire celle de 1791, comme ne prononçant aucune peine, lui fût seule appliquée. — *Cass.*, 9 sept. 1813, Gougueinheim.

184. — Pareillement : la loi du 29 flor. an VI, qui punissait de mort les vols commis à force ouverte sur les chemins publics, ayant cessé d'être en vigueur au 29 niv. an VIII, ne pouvait être appliquée aux crimes de cette nature commis sous son empire mais jugés depuis son abrogation. — 25 flor. an VIII, Hébert ; 26 flor. an VIII, Dizel.

185. — Jugé encore que : sous la loi du 25 sept.-6 oct. 1791, l'accusé convaincu de bigamie et de faux en écriture authentique et publique devait subir la peine du faux, qui était la plus forte ; mais que, néanmoins, lorsque ces crimes n'étaient jugés qu'après la mise à exécution du Code pénal, c'était la peine la moins forte, soit de ce Code, soit des lois antérieures, qui devait être appliquée. — *Cass.*, 27 févr. 1812, Terret.

186. — C'est aussi la loi prononçant la peine la plus douce, qui doit être appliquée aux délits commis dans un pays nouvellement réuni à la France, et avant la promulgation de nos lois dans ce pays. — *Cass.*, 1er therm. an XII, Burlando ; 24 ventôse an XIII, Ladetto.

187. — En ce qui concerne l'Algérie, il a été jugé : que toutes les fois que le tribunal supérieur d'Alger est saisi directement, comme seul compétent, de la connaissance d'un crime commis par un musulman indigène contre des colons européens et chrétiens, il n'y a lieu de prononcer d'autres peines que celles du Code pén. français ; mais que lorsque s'agissant de crimes ou de délits commis par un musulman indigène contre un autre musulman indigène le tribunal statue, soit par appel, soit par voie d'évocation, il y a lieu de consulter la loi musulmane et la loi française pour appliquer celle des deux qui prononce la peine moindre. — *Cass.*, 25 janv. 1839 (t. 1er 1839, p. 569), Soliman-Ben-Abd-el-Rahman.

188. — Jugé aussi : que la loi pénale, qui n'a été faite que pour un temps déterminé, ne peut plus après l'expiration du terme fixé être appliquée, même aux délits commis sous son empire. — *Cass.*, 8 therm. an VIII, Desenfant.

189. — Quoi qu'il en soit, l'abolition d'une peine autorisée par la loi, n'a pas pour effet d'anéantir les condamnations régulièrement prononcées en vertu de cette loi pendant qu'elle était en vigueur. — *Cass.*, 10 oct. 1809, Fanti. — Merlin, *Rép.*, vo *Effet rétroactif*, sect. 3, § 11, no 2 ; Mailher de Chassat, t. 2, p. 282, no 7.

190. — Jugé toutefois que les individus mis à la disposition du gouvernement antérieurement à la loi du 28 avr. 1832, ont été placés de plein droit sous la surveillance de la haute police par l'effet de cette loi qui a substitué la seconde peine à la première. — *Cass.*, 23 août 1834, Villiers.

191. — Et que la disposition de l'art. 45 Code pén., qui punit d'un emprisonnement la rupture du ban de surveillance, s'appliquait aux individus dont la condamnation était antérieure à la loi du 28 avr. 1832 sur la révision de ce Code, pourvu que l'infraction eût eu lieu sous son empire. — *Paris*, 30 oct. 1832, Gilbert ; *Grenoble*, 11 déc. 1833, Doyen.

192. — Nous avons vu (*suprà* no 60) que la durée plus ou moins longue des peines temporaires ne pouvait entrer en considération, lorsqu'il s'agissait de déterminer leur gravité. La Cour de cassation a fait application de ce principe, en jugeant que l'outrage fait à un fonctionnaire public dans l'exercice de ses fonctions, fait puni de la peine infamante de deux ans de détention par le Code de 1791, a dû, quoique commis sous cette loi, être, depuis le C. pén., qui prononce la peine d'emprisonnement de deux à cinq ans, puni d'emprisonnement, quoique cette peine soit d'une durée facultative *plus longue*. — *Cass.*, 26 juill. 1811, Renotte.

193. — Une difficulté plus sérieuse s'était élevée au sujet de l'application du Code pénal dans les Etats-Romains. Antérieurement à sa promulgation, le Code de 1791 y avait été publié. Or il advint qu'un meurtre commis sous les lois du pays se présenta pour être jugé sous l'empire du Code pénal. Les lois en vigueur au moment de la perpétration portaient la mort ; le Code de 1791, qui avait été publié durant l'instruction, ne portait que 20 ans de fers, enfin le Code pénal infligeait à ce crime les travaux forcés à perpétuité. Il fallait opter entre ces trois peines. La Cour de cassation déclara qu'il suffisait que, dans l'intervalle d'un délit au jugement, il eût existé une nouvelle loi pénale plus douce que celles qui existaient, soit au moment du délit, soit à l'époque du jugement, pour que cette loi dût seule être appliquée. En conséquence, l'accusé n'eut à subir que vingt ans de fers. — *Cass.*, 9 juill. 1813, Menchinucchi ; 30 juill. 1813, Pacini ; 3 sept. 1813, Savioli ; 1er oct. 1813, Cocoli. — Chauveau et Hélie, t. 1er, p. 43.

194. — Depuis le Code pén. de 1832, il a été jugé, toujours d'après les mêmes principes, que le prévenu d'un délit de détérioration d'un chemin public commis avant le nouveau Code et puni par le Code rural d'une amende de 24 fr., qui le rendait justiciable de la police correctionnelle, devait être renvoyé devant le tribunal de police, en lui appliquant l'art. 479, no 11 du Code pénal. — *Cass.*, 18 janv. 1833, Gulland-Alloard.

195.—Lorsque, avant le jugement définitif d'un crime ou d'un délit, il est survenu une loi nouvelle qui a abaissé le *maximum* de la peine prononcée par la loi antérieure, et en a élevé simultanément le *minimum*, doit-on appliquer au prévenu le *minimum* de la loi ancienne? — Morin (vo *Effet rétroactif*) pense qu'il n'est plus possible d'avoir recours à cette dernière loi. On ne peut dire, en effet, qu'elle est abrogée dans sa partie relative au *maximum*, et conservée quant au *minimum*. — Pour qu'il en fût ainsi, il faudrait que la loi nouvelle ne se fût occupée que du *maximum*; mais du moment qu'elle a aussi fixé un *minimum*, ce *minimum* est par cela même le seul applicable. La question avait été soumise à la Cour de cassation, lors de l'arrêt du 1er février 1833 (Quillet); mais elle ne fut pas résolue, la Cour ayant prononcé la cassation par un autre motif.

196.—Jugé, d'ailleurs, que l'arrêt qui applique à un délit commis sous une législation la pénalité plus rigoureuse édictée par une loi postérieure, n'est pas nul, lorsque d'après l'une ou l'autre législation la peine prononcée pouvait être encore plus forte. — *Cass.*, 5 février 1830, Leray.

§ 4. — *Des causes qui écartent l'application de la peine.*

197. — Même alors qu'un crime ou un délit a été reconnu constant, il peut exister une cause légale qui écarte l'application de la loi pénale.

198. — Tel est 1o le cas où une *disposition formelle du législateur* déclare que dans tel cas la peine encourue ne doit pas être infligée. — Rauter, t. 1er, p. 125, no 51. — V., par exemple, les cas prévus par les art. 400, 114, 248 et 380 C. pén., Vis BANDES ARMÉES, nos 39 et suiv.; ATTENTAT A LA LIBERTÉ, nos 33 et suiv.; RECÈLEMENT DE CRIMINELS, VOL.

199. — C'est ainsi, également, que, d'après l'art. 367 du C. d'inst. crim., en cas de conviction de plusieurs crimes ou délits acquise contre le même accusé la peine la plus forte entre celles décernées par la loi contre ces crimes et délits doit seule être prononcée. — V. CUMUL DE PEINES.

200. — ... 2o Les excuses légales sont aussi des causes qui écartent l'application entière de la loi pénale. — V. EXCUSE.

201. — ... 3o Il faut en dire autant de l'*amnistie* et de la *prescription*. — V. ces mots.

202. — Outre ces causes, il faut encore mentionner : 4o l'existence d'une condamnation antérieure qui rend impossible l'application efficace de la peine encourue par le crime commis depuis.

203. — ... 5o La démence du prévenu survenue depuis le délit commis. Nous voulons parler surtout de la démence survenue avant le jugement; car celle survenue depuis le jugement qui a appliqué la peine est plutôt une cause qui empêche l'infliction de la peine ou l'exécution du jugement. — Rauter, t. 1er, no 265. — V. DÉMENCE.

204. — ... 6o La pénalité n'est pas appliquée lorsque la loi dispose que la poursuite ne pourra avoir lieu que sur une plainte ou dénonciation faite par une autre partie que la société ou la loi même, et que cette partie omet d'agir. — V. ADULTÈRE, DIFFAMATION, INJURE.

205. — ... 7o Il en est de même, lorsqu'en vertu d'une disposition particulière de la loi, la pénalité cesse à raison d'une circonstance étrangère à l'action : tels sont les cas prévus par les art. 247, 273 et 337 du C. pén. — V. ADULTÈRE, ÉVASION, VAGABONDAGE.

206.—Observons, d'ailleurs, que, l'application des peines étant une chose d'ordre public, la loi ne saurait admettre, en pareille matière, ni *compensation* ni *transaction*. — Rauter, t. 1er, no 144.

207. — Cependant, dans certaines matières fiscales il est permis de transiger; par exemple, en matière de douane et de contributions indirectes.—*Cass.*, 30 juin 1830, Cornill-Pollet; même jour, Maire. — V. CONTRIBUTIONS INDIRECTES, DOUANE.

208. — Toutefois, ce droit de transaction n'existe qu'en ce qui concerne les condamnations pécuniaires. Quant aux condamnations corporelles, c'est au chef du pouvoir exécutif seul qu'il appartient de les remettre ou de les modérer.

209. — Dans certains cas, et par exception, la loi admet aussi une sorte de compensation dont l'effet est d'empêcher qu'il n'y ait délit ou que le délit ne soit puni de toute la peine commune : tels sont les cas des art. 336 et 471 (no 11) C. pén. — V. ADULTÈRE, DIFFAMATION ET INJURE.

Sect. 5e. — *Exécution des peines.*

210. — Tout ce qui est relatif à l'exécution de telle ou telle peine est examiné sous l'article spécial destiné à chacune des diverses peines. — Nous nous bornerons donc à tracer ici quelques règles générales.

211. — L'exécution des peines est confiée aux soins et à la vigilance du ministère public. — V. EXÉCUTION DES JUGEMENS CRIMINELS, nos 15 et suiv., 63 et suiv., 75 et suiv.

212. — Toutefois, lorsque relativement à cette exécution il s'élève un incident contentieux, l'autorité seule du ministère public ne suffit plus, et c'est au tribunal qui a prononcé la peine qu'il appartient de statuer sur l'incident. — *Eod.* vo nos 44 et suiv.

213. — ... A moins que cet incident ne soit relatif aux condamnations civiles, auquel cas les tribunaux civils sont seuls compétens. — *Eod.* vo, nos 58 et suiv.

214.— Quant aux peines pécuniaires, le ministère public ne les fait exécuter qu'en ce qui concerne la contrainte par corps. Les poursuites jusqu'à cette contrainte sont faites par l'administration de l'enregistrement. — *Eod.* vo, nos 63 et suiv.

215. — La première condition pour qu'une peine soit exécutée, en ce qui concerne l'accusé, c'est qu'il soit en état de la subir. Ainsi il n'y aurait pas lieu d'exécuter un condamné qui tomberait mort au pied de l'échafaud.

216. — De même, la démence du condamné survenue depuis le jugement serait un obstacle à l'exécution de la peine. — Merlin, *Rép.*, vo *Démence*, § 2, no 4; Legraverend, t. 2, p. 472; Carnot, *C. pén.*, t. 2, p. 252; Chauveau et Hélie, t. 2, p. 252; Rauter, t. 1er, p. 253; Ch. Berryat-Saint-Prix, *Exécution des jugemens crim.*, p. 30. — V. DÉMENCE.

217. — ... A moins, bien entendu, qu'il ne s'agît que d'une peine pécuniaire.—Legraverend, Chauveau et Hélie, Ch. Berryat-Saint-Prix, *ibid.*

218. — C'est par suite du même principe d'humanité que l'art. 70 du Code pénal dispose que les peines des travaux forcés à temps et de la déportation ne peuvent être prononcées contre aucun individu âgé de soixante-dix ans accomplis au moment du jugement. — V. SEPTUAGÉNAIRE.

219. — ... Et que l'art. 72 ajoute que tout condamné à la peine des travaux forcés à perpétuité ou à temps, dès qu'il aura atteint l'âge de soixante-dix ans accomplis, en sera relevé, et sera renfermé dans la maison de force pour tout le temps à expirer de la peine, comme s'il n'eût été condamné qu'à la réclusion. — *Eod. verbo.*

220. — Et il a été jugé que la circonstance que le septuagénaire serait en état de récidive, n'empêcherait pas que l'on dût lui appliquer le bénéfice de ces dispositions. — *Cass.*, 20 avr. 1827, Lizouzel.

221. — Par septuagénaire il faut entendre ici celui qui a accompli sa soixante-dixième année et non celui qui, ayant atteint soixante-neuf ans, est seulement entré dans sa soixante-dixième année. — *Cass.*, 5 sept. 1833, André.

222. — Il doit aussi être sursis à l'exécution de la peine de mort prononcée contre une femme, dans le cas où elle déclare et où il est vérifié qu'elle est enceinte. — C. pén., art. 27.—V. GROSSESSE, MORT (peine de).

223. — Enfin un membre de l'ordre de la Légion d'honneur ne peut être l'objet de l'exécution d'une peine infamante sans avoir été dégradé.—Décr. 24 vent. an XII, art. 5 et 6; ordonn. 26 mars 1816, art. 57 et 58.—V. LÉGION D'HONNEUR.

224. — Néanmoins l'omission de cette formalité ne rendrait pas nul l'arrêt de condamnation. — *Cass.*, 14 avr. 1815, Leclerc.

225. — Nous avons vu (vo EXÉCUTION DES JUGEMENS CRIMINELS, no 112) qu'aucune condamnation ne peut être exécutée les jours de fête nationale ou religieuse, ni les dimanches. — V. aussi JOURS FÉRIÉS, nos 528 et suiv.

226. — Suivant Boitard (*C. pén.*, p. 177), la prohibition de cet article ne s'appliquerait qu'aux exécutions dont la publicité serait vraiment un scandale, telles qu'une exécution à mort, une exposition publique, et non à celles qui s'effectuent par la simple arrestation du condamné. «Jamais, ajoute le même auteur, on n'a pensé qu'un mandat d'amener, de dépôt ou d'arrêt, ne pût recevoir son exécution un jour férié. A plus forte raison pourrait-on, devrait-on arrêter, en vertu d'une condamnation criminelle ou correctionnelle, un condamné que l'on rencontrerait un de ces jours.»

227. — Les peines ne peuvent être subies que dans les lieux légalement et publiquement désignés par l'administration pour leur exécution. «Nul homme, dit la loi du 16-29 sept. 1791 (tit. 14, art. 2), dans le cas où la détention est autorisée par la loi, ne peut être conduit que dans les lieux légalement et publiquement désignés par l'administration du département pour servir de maison d'arrêt, de maison de justice ou de prison.»

228. — La loi a toujours soigneusement séparé les maisons d'arrêt ou de justice, qui sont destinées aux prévenus ou accusés, et les *prisons* établies pour l'exécution des peines. Le Code pénal a rangé dans cette dernière classe les *maisons de correction* pour les condamnés à la peine de l'emprisonnement (art. 40), les *maisons de force* pour les condamnés à la réclusion ainsi que pour les femmes et les septuagénaires condamnés aux travaux forcés (art. 16, 21 et 72), enfin les *forteresses* pour les condamnés politiques.

229.—Mais cette classification n'a pas été exactement conservée. L'ordonnance du 2 avril 1817, en instituant les maisons centrales de détention, a réuni dans ces établissemens les maisons de force et les maisons de correction, ou du moins y a confondu avec les condamnés à des peines afflictives et infamantes tous ceux qu'un simple emprisonnement correctionnel de plus d'une année a frappés.

230. — Cette ordonnance avait, il est vrai, prescrit la séparation, dans les maisons centrales, de ces deux classes de condamnés; mais cette division importante n'a nulle part été exécutée. — Chauveau et Hélie, t. 1er, p. 329.

231. — V., au surplus, en ce qui concerne les lieux où les peines doivent être subies, — pour les peines criminelles, DÉTENTION (peine), RÉCLUSION (peine), TRAVAUX FORCÉS, — et pour les peines correctionnelles, EMPRISONNEMENT, nos 34 à 60. — V. aussi PRISON.

232. — Disons ici, cependant, que des condamnés obtiennent souvent, sous prétexte de maladie, leur translation dans des maisons particulières, dites maisons de santé; mais que si des considérations d'humanité peuvent quelquefois justifier cette mesure, elle n'en est pas moins une infraction à la loi. — Chauveau et Hélie, t. 1er, p. 352; de Molènes, *Man. du procureur du roi*, t. 2, p. 59. — En effet, la loi du 4 vendémiaire an VI, qui a prévu le cas de maladie des détenus ne permet leur translation que dans les hospices et à la charge qu'il sera pourvu à leur garde (art. 15 et 16). — V., à cet égard, Massabiau, no 2425.

233. — Les peines doivent aussi être subies sans interruption. Le ministère public ne peut donc permettre qu'un détenu soit momentanément élargi pour reprendre plus tard l'exécution de sa peine. — Chauveau et Hélie, *ibid.*, p. 330. — V. EMPRISONNEMENT, no 89.

234. — Nous avons dit qu'au ministère public appartenait le droit de faire exécuter les jugemens criminels. — Il s'est élevé la question de savoir si ce droit pouvait encore s'exercer par lui dans l'intérieur même des prisons et pendant toute la durée de la peine.

235. — M. Moreau-Christophe, inspecteur général des prisons, a récemment soutenu (*Code des prisons*, p. 34) que, l'acte d'écrou, qui doit constater l'exécution du jugement ou de l'arrêt, une fois rédigé, le ministère public était privé de tout droit d'action à l'égard du condamné, et «ne pouvait même pas s'assurer, par ses propres yeux, dans la prison, de la réalité de l'exécution de la peine.» — Mais M. Ch. Berryat-Saint-Prix (*ibid.*, p. 109) combat avec raison cette doctrine, qui repose tout entière sur la distinction erronée que fait son auteur entre l'*exécution du jugement* et l'*exécution de la peine*.

236. — Il n'est pas vraisemblable, en effet, que, lorsque le législateur a confié d'une manière générale (C. instr. crim., art. 165, 197, 376) au ministère public l'exécution des jugemens criminels, il n'ait entendu parler que de l'exécution *commencée* de ces jugemens, en réservant mentalement leur exécution *consommée* à une autorité toute différente.

237. — Massabiau (*Manuel du procureur du roi*, nos 2875 et suiv.) reconnaît aussi au ministère public le droit de visiter les prisons pour s'assurer si la peine est subie comme elle doit l'être, sans toutefois pouvoir s'immiscer dans les attributions qui appartiennent à l'autorité administrative. — Circ. min. 9 août 1828, 15 sept. 1829. — Ortolan, t. 2, p. 338. — V., au reste, pour les droits du ministère public, en ce qui concerne la surveillance des prisons, PRISON.

Sect. 6e. — *Durée des peines.*

238. — La peine pèse, juridiquement parlant, sur le coupable, aussi longtemps qu'il ne l'a pas entièrement subie. — Rauter, t. 1er, p. 393, n° 485.

239. — Ainsi, la peine de mort doit être exécutée jusqu'à ce que mort s'ensuive; elle ne peut donc pas, par exemple, être remise, comme elle l'était autrefois, dans certains ressorts de parlement, au cas où l'exécution ne réussit pas d'abord.

240. — Par la même raison : si celui qui est condamné à un emprisonnement ou à une détention quelconque s'évade, le temps qui s'écoule jusqu'à son arrestation ne compte pas dans sa peine.

241. — Réciproquement: la peine cesse de plein droit dès qu'elle est subie, sauf l'infamie accessoire de la peine.

242. — Observons, d'ailleurs, qu'il est certaines causes qui font cesser la peine extraordinairement, en tout ou en partie; telles sont : la *grâce*, la *prescription* et la *réhabilitation*. — V. ces mots.

243. — Quant à la question de savoir quand commence la durée de la peine, nous l'avons déjà examiné en ce qui concerne les peines correctionnelles (v° EMPRISONNEMENT, n° 68 et suiv.). — Depuis la publication de cet article il a été jugé que, lorsqu'un individu détenu préventivement et condamné à l'emprisonnement par le tribunal correctionnel a obtenu en appel une réduction de peine, la durée de cette peine court du jour du jugement du tribunal correctionnel, encore bien que cet individu ait succombé dans le pourvoi en cassation ultérieurement formé par lui contre la décision du juge d'appel. — Seulement ce pourvoi, non suivi de succès, a eu pour effet de suspendre le cours de l'accomplissement de la peine, laquelle n'a dû recommencer à courir qu'à partir de l'arrêt de rejet. — *Cass.*, 3 juill. 1847 (L. 2 1848, p. 408), Bacon. — V., au reste, *loc. cit.*

244. — Nous n'avons donc à nous occuper ici que du point de départ des peines criminelles.

245. — Avant 1832, les travaux forcés et la réclusion ne couraient qu'à compter du jour de l'exposition. Il en résultait souvent pour les condamnés une aggravation de peine, à cause des retards que l'exposition venait à éprouver. — Le nouvel art. 23 du Code pénal a, sous ce rapport, amélioré notablement la position des condamnés. — Aujourd'hui la durée des peines temporaires compte du jour où la condamnation est devenue irrévocable. — Cette disposition n'a fait d'ailleurs que rappeler une proposition de la commission du Corps législatif dans la discussion du Code pénal de 1810, et qui ne fut pas alors accueillie. — V. Locré, t. 29, p. 479.

246. — Un arrêt devient irrévocable lorsqu'il n'existe plus aucun moyen légal d'en obtenir la réformation; mais cette règle si claire peut donner lieu à quelques difficultés dans l'application.

247. — Ainsi, lorsque le condamné ne forme aucun pourvoi contre l'arrêt qui l'a frappé, de quel jour cet arrêt est-il revêtu d'un caractère d'irrévocabilité? Est-ce du jour même de la date? est-ce du jour de l'expiration des délais du pourvoi? On peut dire, pour la première opinion, que le pourvoi n'est qu'une faculté; que si le condamné a renoncé à s'en servir, l'irrévocabilité de l'arrêt doit remonter au jour où il a été rendu; qu'on ne doit pas faire tourner à son préjudice un délai qui a été mesuré en sa faveur et dans son intérêt. Mais cette considération n'est pas décisive; l'arrêt ne devient irrévocable que par l'expiration des trois jours pendant lesquels le pourvoi peut être exercé. Ce n'est donc que du jour où cette faculté est épuisée, soit pour l'accusé, soit pour le ministère public, qu'aux termes de l'art. 23 la cette doit commencer à courir. — Chauveau et Hélie, t. 1er, p. 334 et 332.

248. — ... Et, comme la Cour de cassation juge que le délai de trois jours fixé par l'art. 373 C. instr. crim. pour les pourvois ne comprend ni le jour où l'arrêt a été prononcé, ni le dernier des trois jours qui ont suivi cette prononciation, il suit que l'arrêt ne devient irrévocable et par conséquent que la durée de la peine ne doit compter qu'à partir du lendemain de la date de cet arrêt. — *Cass.*, 7 déc. 1832, Poumeyret; 8 nov. 1834, Avril. — v° CASSATION.

249. — Mais s'il y a eu pourvoi et qu'un arrêt de rejet soit intervenu, c'est évidemment du jour de la prononciation de cet arrêt que la peine doit être comptée, puisque c'est de ce jour que l'arrêt de condamnation a acquis un caractère irrévocable. — Chauveau et Hélie, *ibid.*, p. 332.

250. — Faut-il distinguer entre le pourvoi de l'accusé et celui du ministère public? En cas de rejet du pourvoi formé par ce dernier seulement, la peine doit-elle remonter au jour où elle serait devenue irrévocable si le pourvoi n'avait pas eu lieu?

251. — Quoique la condition du condamné soit réellement aggravée à la suite de ce pourvoi jugé téméraire, il serait difficile de se déterminer pour l'affirmative. Le ministère public n'a fait en exerçant son recours qu'user d'un droit que la loi lui attribuait, et ce n'est que lorsque cette voie de recours est épuisée que l'arrêt devient irrévocable. La règle est générale, et l'exception que l'art. 24 a consacrée ne fait que la confirmer dans le cas qui nous occupe. — Chauveau et Hélie, *ibid.*, p. 333.

252. — La dégradation civique commence aussi du jour où la condamnation est devenue irrévocable, à moins qu'elle ne soit prononcée par contumace; car en ce cas elle date de l'exécution par effigie. — C. pén., art. 28.

253. — Quant aux peines perpétuelles, l'époque où elles commencent est celle de leur exécution, soit réelle, soit par effigie. — C. civ., art. 26.

Sect. 7e. — *Effet des peines.*

254. — L'effet de la peine appliquée est de faire cesser ou de purger le délit. — Rauter, t. 1er, n° 484.

255. — Mais, outre cet effet commun, chaque peine a encore des effets qui lui sont propres : ce sont ceux qui résultent de sa nature particulière. — V. les articles spéciaux à chaque peine.

256. — Du reste, l'effet de la peine ne peut s'étendre plus loin que la nature de la peine ne le comporte; la loi déclare même crimes toutes rigueurs employées dans les exécutions, autres que celles autorisées par la loi. — Art. 615 C. instr. crim. et 486 C. pén.

257. — La peine ne peut donc avoir des conséquences que la loi n'a point déterminées; elle ne peut donc entraîner des incapacités non prononcées par la loi.

258. — L'effet de l'application de la peine consiste, d'un autre côté, dans l'extinction de la peine même, si elle est temporaire. — Rauter, *ibid.*

259. — Toutefois, comme nous l'avons déjà dit, l'infamie attachée aux peines criminelles temporaires dure perpétuellement, sauf la réhabilitation du condamné.

V. AMNISTIE, CIRCONSTANCES ATTÉNUANTES, CUMUL DE PEINES, EXCUSE, EXÉCUTION DES JUGEMENS ET ARRÊTS CRIMINELS, GRACE ET COMMUTATION DE PEINES, RÉHABILITATION, et chacun des articles consacrés à diverses espèces de peines.

PEINE COMMINATOIRE.
V. CLAUSE COMMINATOIRE.

PEINE CONTRACTUELLE.
On entend par *peine*, en matière de contrat, une clause par laquelle on s'engage à quelque chose, en cas d'inexécution de la promesse qu'on a faite. — V. OBLIGATION AVEC CLAUSE PÉNALE.

PEINE TESTAMENTAIRE.
C'est celle que prononce un testateur contre ses héritiers ou légataires, pour le cas où ils n'exécuteraient pas ses dispositions. — V. CONDITION, LEGS, TESTAMENT.

PEINTRES, PEINTURE.
1. — Entrepreneurs de peinture en bâtiment, — peintres vernisseurs en voitures ou équipages, peintres en bâtiment non-entrepreneurs. — Patentables : les premiers de 4e classe, les seconds de 5e et les derniers de 6e classe. — Droit fixe basé sur la population; — droit proportionnel du 20e de la valeur locative de l'habitation et des lieux servant à l'exercice de la profession.

2. — Peintres en armoiries, attributs et décors; — peintres ou doreurs, soit sur verre ou cristal, soit sur porcelaine, pour leur compte : — les mêmes à base de 7e classe et les deux derniers de 8e. — Patentables, les deux premiers de 7e classe et les deux derniers de 8e. Même droit fixe que les précédents, sauf la différence de classe; droit proportionnel du 40e de la valeur locative de tous les locaux qu'ils occupent, mais seulement dans les communes de 20,000 âmes et au-dessus.

3. — Quant aux peintres artistes ne vendant que le produit de leur art, ils sont exempts de la patente. — L. 25 avril 1844, art. 13, n° 3.
V. PATENTE. — V., aussi, ACTE DE COMMERCE, CONTREFAÇON, PROPRIÉTÉ ARTISTIQUE LITTÉRAIRE.

PELLETERIES ET FOURRURES.
1. — Marchands de pelleteries et fourrures en gros, s'ils tirent habituellement des pelleteries de l'étranger ou s'ils y en envoient. — Patentables de 1re classe. — Droit fixe basé sur la population, droit proportionnel du 15e de la valeur locative de l'habitation et des lieux servant à l'exercice de la profession.

2. — Marchands de pelleteries et fourrures en détail. — Patentables de 4e classe. Même droit fixe que les précédents; droit proportionnel du 20e de la valeur locative de l'habitation et des lieux servant à l'exercice de la profession. — V. PATENTE.

PELLES EN BOIS (Fabric. et March. de).
Patentables de 8e classe. — Droit fixe basé sur la population ; — droit proportionnel du 40e de la valeur locative de tous les locaux qu'ils occupent, mais seulement dans les communes de 20,000 âmes et au-dessus. — V. PATENTE.

PENDAISON.
1. — Peine capitale exclusivement réservée aux vilains sous l'ancienne législation française. « En crimes qui méritent la mort, dit Loysel (*Inst. cout.*, liv. 6, n° 28), le vilain sera pendu, le noble décapité. »

2. — Ce supplice était en usage chez les Romains, qui le désignaient par les noms de *furca* ou *strangulatio*, et fut longtemps appliqué en France, sous les noms de hart ou de gibet.

3. — La pendaison avait lieu, soit pour amener la mort des condamnés, soit après une exécution quelconque, pour prolonger l'infamie de eur supplice. Dans ce dernier cas, on a désignait par le nom spécial de fourches patibulaires. — V. ce mot.

4. — Ce supplice ne paraît pas avoir été appliqué aux femmes avant 1449. « Cette année seulement, dit Enguerrand de Monstrelet dans la troisième partie de son Histoire, il en fut pendu une à Paris, où ce spectacle attira un grand concours de peuple. » — V. en outre, *Chronique de Saint-Denis*, fol. 478, B.

5. — La pendaison fut remplacée, en 1789, sur la proposition du docteur Guillotin, par l'instrument qui porte son nom, et qui est encore en usage aujourd'hui. — V. *Moniteur* des 2 et 3 déc. 1789, p. 36 et 39.

PENDULES ET BRONZES.
1. — Marchands en gros de pendules et bronzes, — patentables de 1re classe; droit fixe basé sur la population, droit proportionnel du 45e de la valeur locative de l'habitation et des lieux servant à l'exercice de la profession.

2. — Marchands de pendules et bronzes en détail, — patentables de 3e classe : même droit fixe que les précédents, sauf la différence de classe; droit proportionnel du 20e de la valeur locative de l'habitation et des lieux servant à l'exercice de la profession. — V. PATENTE.

PÉNITENCIER.
V. PRISONS.

PENSIONS, PENSIONNATS.
1. — Personnes tenant une pension bourgeoise, ou une pension particulière de vieillards. — Patentables de 6e classe; — droit fixe basé sur la population, droit proportionnel du 20e de la valeur locative de l'habitation et des lieux servant à l'exercice de la profession.

2. — Quant aux maîtres de pension et pensionnats, ils sont exempts de la patente. — L. 25 avr. 1844, art. 13, n° 3. — V. PATENTE. — V. aussi ENSEIGNEMENT.

PENSIONS.— 1. — On confond sous ce titre les différentes rémunérations viagères accordées par l'Etat, les départemens, les communes ou les établissemens publics aux citoyens qui se sont dévoués au pays soit en exposant leur santé ou leur vie, soit au moyen de services rendus dans les fonctions publiques pendant un certain nombre d'années.

SECT. 1re. — *Notions générales* (n° 2).
SECT. 2e. — *Pensions de l'armée de terre* (n° 35).
  § 1er. — *Pensions d'ancienneté* (n° 39).
  § 2. — *Pensions pour cause de blessures ou d'infirmités* (n° 73).
  § 3. — *Pensions des veuves et des orphelins* (n° 92).
  § 4. — *Suspension du droit à la pension* (n° 114).
  § 5. — *Des demandes en pension* (n° 122).
  § 6. — *Résidence des pensionnaires* (n° 167).
SECT. 3e. — *Pensions de l'armée de mer* (n° 178).
  § 1er. — *Pensions d'ancienneté* (n° 186).
  § 2. — *Pensions pour cause de blessures ou d'infirmités* (n° 231).
  § 3. — *Pensions des veuves et des orphelins* (n° 245).
  § 4. — *Suspension du droit à la pension* (n° 257).
  § 5. — *Des demandes en pension* (n° 263).

  § 6. — *Résidence des pensionnaires* (n° 316).
  § 7. — *Pensions diverses ressortissant à la marine* (n° 330).
SECT. 4e. — *Des pensions civiles, sur le fonds général du trésor* (n° 335).
SECT. 5e. — *Pensions ressortissant au ministère des finances* (n° 347).
  § 1er. — *Fonctionnaires et employés des administrations financières* (n° 347).
  § 2. — *Pensions des veuves et des orphelins* (n° 390).
  § 3. — *Services admissibles* (n° 413).
  § 4. — *Des demandes en pension. - Justification. — Jouissance des titulaires* (n° 429).
SECT. 6e. — *Justice. — Culte. — Légion d'honneur. — Imprimerie nationale* (n° 451).
  § 1er. — *Magistrats et employés du ministère de la justice et du Conseil d'Etat* (n° 451).
  § 2. — *Administration des cultes* (n° 505).
  § 3. — *Chancellerie de la Légion d'honneur* (n° 506).
  § 4. — *Maison nationale de Saint-Denis* (n° 522).
  § 5. — *Imprimerie nationale* (n° 525).
SECT. 7e. — *Pensions de l'instruction publique* (n° 563).
SECT. 8e. — *Ministères de l'intérieur, des travaux publics, de l'agriculture et du commerce. — Employés des communes, des départemens, des établissemens publics* (n° 593).
  § 1er. — *Pensions des ministères de l'intérieur, des travaux publics, de l'agriculture et du commerce* (n° 593).
  § 2. — *Employés des prisons* (n° 611).
  § 3. — *Ingénieurs et employés des ponts et chaussées et des mines* (n° 636).
  § 4. — *Officiers de port, préposés des ponts à bascule* (n° 649).
  § 5. — *Haras et écoles vétérinaires* (n° 660).
  § 6. — *Vérificateurs des poids et mesures* (n° 694).
  § 7. — *Employés des communes* (n° 695).
  § 8. — *Employés des préfectures* (n° 705).
  § 9. — *Préfecture de la Seine* (n° 711).
  § 10. — *Conservatoire de musique* (n° 737).
  § 11. — *Théâtre-Français* (n° 754).
SECT. 9e. — *Administrations de la guerre, de la marine, etc.* (n° 766).
  § 1er. — *Administration de la guerre* (n° 766).
  § 2. — *Administration des poudres* (n° 787).
  § 3. — *Manufactures d'armes, forges, fonderies de la guerre, écoles, etc.* (n° 793).

§ 4. — *Subsistances militaires* (nº 809).

§ 5. — *Administration de la marine et des colonies* (nº 827).

SECT. 10e. — *Pensions du ministère des affaires étrangères* (nº 842).

—

Sect. 1re. — *Notions générales.*

2. — Sous le régime antérieur à la révolution de 1789, les pensions, arbitrairement accordées par le souverain, n'étaient le plus souvent que des faveurs personnelles; qui, n'étant justifiées par aucun service, ou excédant les limites d'une juste récompense, grevaient abusivement le trésor public : tandis que les véritables serviteurs de l'État restaient exposés à ne pas obtenir la rémunération à laquelle ils avaient droit.

3. — L'un des premiers soins de l'Assemblée constituante fut de remédier à cet abus, et, par décret du 4 août 1789, elle décida : que, sur le compte qui lui serait rendu de l'état des pensions, grâces et traitemens, elle s'occuperait, de concert avec le roi, de la suppression de ceux qui n'auraient pas été mérités, et de la réduction de ceux qui seraient excessifs; sauf à déterminer pour l'avenir une somme dont le roi pourrait disposer pour cet objet.

4. — De cette première disposition sortit la loi du 3-22 août 1790, qui forme encore aujourd'hui la base de notre législation sur les pensions.

5. — « L'État, porte la loi du 3-22 août 1790 (art. 1er), doit récompenser les services rendus au corps social, quand leur importance et leur durée méritent ce témoignage de reconnaissance.....

6. — » Tout citoyen, ajoute l'art. 4 de la même loi, qui a servi, défendu, illustré, éclairé sa patrie, ou qui a donné un grand exemple de dévouement à la chose publique, a des droits à la reconnaissance de la nation, et peut, suivant la nature et la durée de ses services, prétendre aux récompenses. »

7. — Le fonctionnaire public, ou tout autre citoyen au service de l'État, que ses blessures ou infirmités obligent de quitter son service, ou ses fonctions, avant les trente années expliquées ci-dessous, peut recevoir une pension en raison de la nature et de la durée de ses services, du genre de ses blessures et de l'état de ses infirmités. — *Ibid.*, art. 21.

8. — Dans le cas de défaut de patrimoine, la veuve d'un homme mort dans le cours de son service public peut également obtenir une pension alimentaire, et les enfans être élevés aux dépens de la nation, jusqu'à ce qu'elle les ait mis en état de pourvoir eux-mêmes à leur subsistance. — *Ibid.*, art. 7.

9. — Mais, tout en proclamant ainsi que les services d'une utilité générale donnent droit à une *récompense*, cette loi dispose en même temps que ce droit ne peut être reconnu que dans de certaines limites fixées à l'avance, et laisse par conséquent au pouvoir exécutif toute latitude pour en régler l'exercice et lui imposer des conditions. — L. précitée, art. 14. — Chevalier, *Jurisp. administr.*, vº *Pensions.*

10. — Ainsi fut dès cette époque posé ce sage principe que nul ne peut recevoir en même temps une pension et un traitement. — L. 3-22 août 1790, art. 10.

11. — Aucun citoyen, hors le cas de blessures reçues ou d'infirmités contractées dans l'exercice de fonctions publiques, et qui le mettent hors d'état de les continuer, ne peut d'ailleurs obtenir de pension qu'il n'ait trente ans de service effectif et ne soit âgé de cinquante ans. — *Ibid.*, art. 17; décret 13 sept. 1806, art. 3.

12. — Il ne peut jamais être accordé de pensions au delà de ce dont on jouissait à titre de traitement ou d'appointemens dans le grade que l'on occupait. — L. 3-22 août 1790, art. 18.

13. — Jugé, d'ailleurs, que les pensions que les lois du 22 août 1790 et du 22 août 1791 permettent d'accorder aux veuves des fonctionnaires publics qui meurent de maladie causée par l'exercice de leurs fonctions, ne peuvent être réclamées par la voie contentieuse. — *Cons. d'Etat*, 22 avril 1842, Bessières; 9 juin même année, Champ.

14. — En tout cas, les droits d'une veuve à la réversion d'une partie de la pension du mari sont déterminés par la liquidation faite à l'égard de celui-ci; la veuve ne peut demander qu'il soit fait pour elle une nouvelle liquidation. — *Cons. d'Etat*, 6 juin 1844, Dupan.

15. — Toutes les demandes de pension doivent être adressées au ministre du département dans lequel les réclamans ont fait leur dernier service. — Arr. du gouv. du 15 floréal an XI.

16. — Tout prétendant à une pension doit en conséquence adresser sa demande et les pièces justificatives au chef de l'administration à laquelle il appartient, et celui-ci adresse le tout, avec son avis, au ministre de son département. Décr. 13 sept. 1806, art. 1er.

17. — Les pensions sont (à défaut de règles spéciales) liquidées au sixième du traitement dont le pétitionnaire a joui pendant les quatre dernières années de son service. Chaque année de service ajoutée aux trente ans effectifs produit une augmentation à la pension. Cette augmentation est du trentième des cinq sixièmes restans. — Déc. 13 sept. 1806, art. 3 et 4.

18. — De ce principe que les pensions payées par l'Etat, les départemens, les communes ou les établissemens publics sont le prix des services rendus par ceux à qui elles sont accordées, il suit qu'une pension, dès qu'elle a été régulièrement liquidée, constitue pour celui qui l'a obtenue une véritable créance dont il ne peut être dépossédé, ni totalement, ni même partiellement, sous forme de réduction, sauf les cas formellement prévus par la loi.

19. — Il faut en dire autant des droits acquis à une pension, même des droits qui ne sont encore qu'en expectative, lorsque ces droits, résultant de la loi sous l'empire de laquelle les services ont été rendus, puisent par cela même leur force dans une sorte de contrat tacite entre l'administration et le fonctionnaire.

20. — Il en est surtout ainsi des pensions accordées comme indemnité de biens confisqués au profit de la nation : telles que les pensions des anciens ecclésiastiques et religieux, et celles des anciens officiers et agens de l'ordre de Saint-Lazare. — Chevalier, *Jurispr. administr.*, vº *Pension.*

21. — En général, aucun délai de rigueur n'est fixé pour faire valoir à peine de déchéance, ou de prescription, les droits à une pension civile.

22. — Il faut conclure de ce silence que le droit commun — c'est-à-dire la prescription trentenaire est seule applicable pour repousser les demandes de pensions civiles, puisque cette prescription court au profit de l'Etat comme au profit des particuliers. — Dumesnil, *Manuel des pensionnaires de l'Etat*, p. 15.

23. — Et cette prescription ne commence à courir à l'égard du fonctionnaire que du jour de la cessation du paiement de son traitement d'activité; car c'est à compter de ce jour qu'il a commencé d'avoir un droit ouvert à la liquidation de sa pension. — *Ibid.*

24. — Par suite, à l'égard des veuves et enfans, pouvant faire valoir leurs droits à la réversion, le délai ne peut courir que du jour de la mort civile ou naturelle de l'employé qu'ils représentent. — *Ibid.*

25. — Il a été jugé, d'ailleurs, que le droit des veuves à la réversion de la pension de retraite de leurs maris est régi par le règlement en vigueur à l'époque où la pension de ces derniers a été liquidée, alors même qu'au moment de leur décès il serait survenu de nouveaux règlemens. — *Cons. d'Etat*, 3 mai 1842, Roger.

26. — Une loi du 11 sept. 1807 avait disposé que, lorsque, par des services distingués, de grands fonctionnaires de l'empire, tels que ministres, maréchaux et autres grands officiers, auraient droit à une récompense extraordinaire, et que la situation de leur fortune le rendrait nécessaire, le maximum de leur pension et celle de leurs veuves et enfans pourrait être élevé jusqu'à 20,000 francs.

27. — L'abus qui avait été fait de cette faculté extraordinaire, dans les dernières années de la Restauration, a motivé, dans la loi de finance du 29 janv. 1831, une disposition qui ordonnait la révision de toutes les pensions accordées en vertu de la loi précitée, depuis le 1er janvier 1828, et qui déclarait révoquées comme nulles celles de ces pensions qui n'auraient pas été réellement accordées à la distinction des services et à l'insuffisance de la fortune. — Loi du 29 janv. 1831, art. 16.

28. — Et la loi du 11 sept. 1807 a été plus tard complétement abrogée par la loi du 21 janv. 1832.

29. — Dans de solennelles circonstances, néanmoins, des pensions exceptionnelles ont été accordées par nos assemblées législatives à titre de récompenses nationales.

30. — Deux lois en date des 30 août et 13 déc. 1830 ont accordé des pensions de diverses classes aux citoyens blessés ainsi qu'aux veuves et aux enfans de ceux qui sont morts dans les journées des 26, 27, 28 et 29 juillet 1830.

31. — Une loi du 21 avril 1833 a également accordé des pensions aux gardes nationaux blessés et aux veuves, enfans, orphelins, sœurs et ascendans de ceux qui ont succombé dans les événemens de l'Ouest et dans les journées de juin 1832 à Paris.

32. — Une autre loi du 26 avril 1833 a accordé une pension de 250 fr. à chacun des vainqueurs de la Bastille.

33. — Différentes autres circonstances ont du reste encore déterminé le pouvoir législatif à créer des pensions en faveur de plusieurs catégories de citoyens victimes des événemens politiques. Il est inutile de les énumérer ici, chaque loi étant, d'ailleurs, spéciale aux pensions qu'elle a créées.

34. — Notons seulement que ces diverses pensions, considérées comme récompenses nationales, ne sont point sujettes aux lois prohibitives du cumul. — L. 13 déc. 1830, art. 7; 21 avril 1833, art. 3; 26 avril 1833, art. 2.

Sect. 2e. — *Pensions de l'armée de terre.*

35. — Les pensions de l'armée de terre sont réglées par la loi du 11 avril 1831, l'ordonnance royale du 2 juill. 1831 et celle du 4 févr. 1832. Il faut ajouter à ces diverses dispositions légales, pour ce qui concerne les pensions dites de *réforme*, la loi du 19 mai 1834 sur l'état des officiers. — V., quant à ce dernier point, vº ARMÉE.

36. — Observons, toutefois, que lorsqu'un militaire a, au moment de sa mise à la retraite, des droits acquis, d'après la législation existante, à l'obtention d'une pension, ces droits ne peuvent pas être modifiés par une législation postérieure — *Cons. d'Etat*, 12 janv. 1835, Petitbeau.

37. — Les pensions militaires sont personnelles et viagènes. Elles sont inscrites, comme dette de l'Etat, au livre des pensions du trésor public. — L. 11 avril 1831, art. 24.

38. — Il y a trois catégories différentes de pensions : celles accordées pour ancienneté de service, celles accordées pour cause de blessures ou d'infirmités; et enfin celles auxquelles ont droit les veuves et orphelins de militaires.

§ 1er. — *Pensions d'ancienneté.*

39. — Le droit à la pension de retraite par ancienneté est acquis à trente ans accomplis de service effectif. — L. 11 avril 1831, art. 1er.

40. — Les années de service pour la pension militaire de retraite se comptent de l'âge où la loi permet de contracter un engagement volontaire. — L. 11 avril 1831, art. 2.

41. — Le service des marins incorporés dans l'armée de terre leur est compté, pour le temps antérieur à cette incorporation, d'après les lois qui régissent les pensions de l'armée de mer. — L. 11 avril 1831, art. 3.

42. — Est compté, pour la pension militaire de retraite, le temps passé dans un service civil qui donne droit à pension, pourvu toutefois que la durée des services militaires soit au moins de vingt ans. — L. 11 avril 1831, art. 4.

43. — Il est compté quatre années de service effectif, à titre d'études préliminaires, aux élèves de l'Ecole polytechnique, au moment où ils entrent comme officiers dans les armes spéciales. — L. 11 avril 1831, art. 5.

44. — Le temps passé hors de l'activité avec jouissance d'une pension de retraite ne peut entrer dans la supputation du service effectif. — L. 11 avril 1831, art. 6.

45. — Il en est de même du temps pendant lequel une pension militaire aurait été cumulée avec la solde d'activité, dans les corps détachés de la garde nationale, comme auxiliaires de l'armée, à moins que le pensionnaire n'ait acquis dans ces corps, par suite de campagnes nouvelles ou de blessures, des droits à une pension plus élevée. — *Ibid.*

46. — L'état de non-activité n'est pas assimilé, de droit, à l'activité, pour l'obtention d'une pension de retraite; en conséquence, le temps passé par un officier dans cette position ne peut lui

être compté pour sa pension que dans les cas où l'assimilation à l'activité est faite formellement par des lois ou actes du gouvernement. — *Cons. d'Etat*, 13 nov. 1841, de Saint-Chamans.

47. — Les militaires qui ont le temps de service exigé par la loi, pour les pensions d'ancienneté, sont admis à compter en sus les années de campagnes, d'après des règles fixées en raison de la nature de chaque campagne. — Art. 7.

48. — Est compté pour la totalité, en sus de sa durée effective, le service qui a été fait : 1° sur le pied de guerre.

49. — ... 2° Dans un corps d'armée occupant un territoire étranger, en temps de paix ou de guerre.

50. — ... 3° À bord, pour les troupes embarquées en temps de guerre maritime.

51. — ... 4° Hors d'Europe, en temps de paix, pour les militaires envoyés d'Europe.

52. — Le même service, en temps de guerre, leur est compté pour le double en sus de sa durée effective. — L. 11 avr. 1831, art. 7.

53. — Doit être compté de la même manière le temps de captivité à l'étranger des militaires prisonniers de guerre. — L. 11 avr. 1831, art. 7.

54. — Est compté pour moitié en sus de sa durée effective : 1° le service militaire sur la côte en temps de guerre maritime.

55. — ... 2° Le service militaire à bord pour les troupes embarquées en temps de paix.

56. — Dans la supputation des bénéfices attachés aux campagnes, chaque période dont la durée a été moindre de douze mois doit être comptée pour une année accomplie. — Art. 8.

57. — Néanmoins, il ne peut être compté plus d'une année de campagne dans une période de douze mois. — *Ib.*

58. — La fraction qui excède chaque période dont la durée a été de plus d'une année est comptée comme une année entière. — *Ib.*

59. — Un tarif, annexé à la loi précitée du 11 avril 1831, a fixé pour chaque grade un *minimum* et un *maximum* de pension.

60. — Après trente années de service effectif, les militaires ont droit au *minimum* de la pension d'ancienneté déterminé par le tarif. — Art. 9.

61. — Chaque année de service au delà de trente ans, et chaque année de campagne, supputée ainsi que nous l'avons expliqué tout à l'heure, ajoutent à la pension un vingtième de la différence du *minimum* au *maximum*. — *Ibid.*

62. — Le *maximum* est acquis à cinquante ans de service, campagnes comprises. — *Ibid.*

63. — La pension d'ancienneté se règle sur le grade dont le militaire est titulaire. — *Ibid.*

64. — Si, néanmoins, il demande sa retraite avant d'avoir au moins deux ans d'ancienneté dans ce grade, la pension se règle sur le grade immédiatement inférieur. — *Ib.*

65. — Les sous-officiers, caporaux ou brigadiers des corps de l'armée qui sont admis dans la gendarmerie, soit comme brigadiers, soit comme gendarmes, sont considérés pour la retraite comme étant restés titulaires de leur ancien grade, jusqu'à promotion à un grade supérieur à celui-ci dans la gendarmerie. — Ordonnance 20 fév. 1841, art. 1er.

66. — La disposition qui précède s'applique même aux sous-officiers, caporaux et brigadiers admis dans la gendarmerie après une interruption de service. — *Ibid.*, art. 2.

67. — La pension de retraite de tout officier, sous-officier, caporal et brigadier ayant douze ans accomplis d'activité dans son grade, est augmentée du cinquième. — L. 11 avr. 1831, art. 11.

68. — Jouissent de la même augmentation les gendarmes ayant douze années de service dans la gendarmerie. — *Ibid.*

69. — Jugé, par application de ces règles, que lorsqu'un officier a été classé dans un grade conformément à la loi existante et qu'il a douze ans de service dans ce grade, sa pension doit être augmentée d'un cinquième en sus. — *Cons. d'Etat*, 15 mai 1835, Berauville.

70. — Mais un officier ne peut compter, pour obtenir le cinquième en sus, le temps pendant lequel il a été réformé sans traitement, bien qu'il ait été plus tard réintégré dans son grade. — *Cons. d'Etat*, 25 mars 1835, Boissin.

71. — ... Ni le temps passé en possession d'un grade honorifique. — *Cons. d'Etat*, 14 mars 1834, Turpin.

72. — Le temps de réforme n'est réputé *temps d'activité*, suivant l'art. 33 de la loi du 11 avr. 1831, que pour le bénéfice du cinquième en sus établi par l'art. 11. Mais après vingt ans de service il compte, comme les services civils, pour compléter les trente ans exigés pour avoir droit à une pension. — *Cons. d'Etat*, 5 mai 1830, Roux ; 31 mars 1835, Laloubie-Cazade.

§ 2. — *Pensions pour cause de blessures ou d'infirmités.*

73. — Les blessures donnent droit à la pension de retraite lorsqu'elles sont graves et incurables, et qu'elles proviennent d'événemens de guerre ou d'accidens éprouvés dans un service commandé. — L. 11 avr. 1831, art. 12.

74. — Les infirmités donnent le même droit lorsqu'elles sont graves et incurables, et qu'elles sont reconnues provenir des fatigues ou dangers du service militaire. — *Ibid.*

75. — Le droit à une pension de retraite résultant d'infirmités qui proviennent d'un accident éprouvé dans un service commandé, est acquis par le fait même de ces infirmités (et surtout lorsqu'elles ont occasionné la perte absolue de l'usage d'un membre); peu importe que l'infirmité n'ait pas empêché le réclamant de prendre un service qu'il pouvait remplir, et qu'il ait, par suite, différé sa retraite pendant quelques années. — *Cons. d'Etat*, 6 févr. 1837, Lebis.

76. — Il a encore été jugé que des infirmités graves et incurables peuvent être réputées provenir d'une blessure, et donner droit à une pension de retraite, bien que la blessure remonte à plus de vingt années, et que le blessé soit resté en activité de service pendant tout ce laps de temps.

77. — La blessure qui met un militaire hors d'état de rester en activité, et d'y rentrer ultérieurement, ne peut néanmoins donner lieu à l'application de l'art. 16 de la loi du 11 avr. 1831, si elle n'est point considérée comme équivalente à la perte absolue d'un membre.

78. — Un officier qui, après avoir été mis à la retraite pour cause de blessures et d'infirmités, a été rappelé à l'activité et promu à un nouveau grade, peut obtenir une pension de retraite liquidée d'après ce grade, lorsqu'il vient à quitter le service après deux ans et plus d'activité dans ce grade pour cause d'infirmités dûment constatées ; si ces infirmités proviennent de ses anciennes blessures et des fatigues de ses nouveaux services, et qu'elles soient estimées être plus qu'équivalentes à la perte absolue de l'usage d'un membre et ne pas permettre à l'officier de rentrer ultérieurement au service. Seulement, le temps passé hors de l'activité avec jouissance d'une pension de retraite ne peut pas entrer dans la fixation de la nouvelle pension. — *Cons. d'Etat*, 11 janv. 1838, Traversa.

79. — Les causes, la nature et les suites des blessures doivent être justifiées dans les formes et dans les délais déterminés par un règlement d'administration publique, qui a fait l'objet de l'ordonnance précitée du 2 juillet 1831.

80. — Les blessure ou infirmités, provenant des causes prévues par la loi, ouvrent un droit immédiat à la pension, si elles ont occasionné la cécité, l'amputation ou la perte absolue de l'usage d'un membre. — Art. 13.

81. — Dans les cas moins graves, elles ne donnent lieu à la pension que sous les conditions suivantes : — ... 1° pour l'officier, si elles le mettent hors d'état de rester en activité et lui ôtent la possibilité d'y rentrer ultérieurement ;

82. — ... 2° Pour le sous-officier, caporal, brigadier ou soldat, si elles le mettent hors d'état de servir et de pourvoir à sa subsistance.

83. — Pour la cécité, l'amputation ou la perte absolue de l'usage de deux membres la pension est fixée spécialement par le tarif annexé à la loi du 11 avril 1831.

84. — Les blessures ou infirmités qui occasionnent la perte absolue de l'usage d'un membre, ou qui y sont reconnues équivalentes, donnent droit au *minimum* de la pension d'ancienneté, quelle que soit la durée des services. — Art. 16.

85. — Chaque année de service, y compris les campagnes, supputées comme il a été dit (*suprà* nos 47 et suiv.), ajoute à cette pension un 20e de la différence du *minimum* au *maximum* d'ancienneté. — *Ibid.*

86. — Le *maximum* est acquis à vingt ans de service, campagnes comprises. — *Ib.*

87. — Pour les blessures ou infirmités autres que celles qui ont occasionné la cécité, l'amputation ou la perte absolue de l'usage d'un ou de plusieurs membres les pensions sont fixées pareillement au *minimum* d'ancienneté. — Art. 17.

88. — Mais elles ne sont augmentées, dans la proportion déterminée par l'article précédent, que pour chaque année de service au delà de trente ans, campagnes comprises. — *Ib.*

89. — Le maximum est acquis à cinquante ans de service, y compris les campagnes. — *Ib.*

90. — La pension pour cause de blessures ou d'infirmités se règle sur le grade dont le militaire est titulaire. — L. 11 avr. 1831, art. 18.

91. — Il faut d'ailleurs appliquer aux pensions pour cause de blessures ou d'infirmités la disposition qui veut que la pension soit augmentée d'un 5e dans le cas où le militaire à qui elle est accordée a douze ans d'ancienneté dans son grade. — *Ib.*

§ 3. — *Pensions des veuves et des orphelins.*

92. — Les veuves de militaires tués sur le champ de bataille ou dans un service commandé ont droit à une pension viagère. — Art. 19.

93. — Ont encore le même droit les veuves de militaires qui ont péri à l'armée ou hors d'Europe et dont la mort a été causée soit par des maladies contagieuses ou endémiques aux influences desquelles ils ont été soumis par les obligations de leur service. — *Ib.*

94. — Pour que les veuves des militaires morts des suites de blessures reçues soit sur le champ de bataille, soit dans un service commandé, aient droit à la pension, il faut que le mariage soit antérieur à ces blessures. — Art. 19.

95. — La cause, la nature et les suites des blessures sont justifiées dans les formes et dans les délais prescrits par le même règlement d'administration publique, qui a fait l'objet de l'ordonnance précitée du 2 juillet 1831.

96. — Ont également droit à la pension les veuves de militaires morts en jouissance de la pension de retraite, ou en possession de droits à cette pension, pourvu que le mariage ait été contracté deux ans avant la cessation de l'activité ou du traitement militaire du mari, ou qu'il y ait eu un ou plusieurs enfans issus du mariage antérieur à cette cessation. — Art. 19.

97. — La veuve d'un militaire dont la pension a été liquidée sans réclamation de la part de celui-ci, n'est pas recevable à demander une liquidation nouvelle pour la fixation de la partie de pension à la réversion de laquelle elle a droit. — *Cons. d'Etat*, 17 nov. 1843, Duteil.

98. — Ainsi, par exemple, la veuve qui demande la réversion à son profit de la portion qui lui est attribuée par la loi, de la pension liquidée au nom de son mari, n'est pas recevable à demander qu'on revienne sur le grade qui a été attribué à celui-ci dans la liquidation de sa pension, et qu'on lui reconnaisse par exemple un grade supérieur, donnant droit à une pension plus forte. — *Cons. d'Etat*, 15 juin 1841, Regnault.

99. — Dans tous les cas où les veuves peuvent prétendre à la pension, il faut, en outre, pour qu'elles puissent l'obtenir, que le mariage, s'il a été contracté par le mari pendant son activité de service, et postérieurement à la promulgation du décret du 16 juin 1808, ait été autorisé dans les formes prescrites par ce décret. — L. 11 avril 1831, art. 19.

100. — Aux termes de ce décret, les officiers de tout grade qui se marient en activité de service sans en avoir obtenu la permission, conformément aux règlemens, encourent, tant pour eux que pour leurs veuves et leurs enfans, la perte de tous leurs droits à la pension. — Décret du 16 juin 1808.

101. — Cette disposition s'applique également aux intendans et aux sous-intendans militaires, aux officiers de santé militaires, de toutes classes et de tous grades, et aux officiers et sous-officiers des bataillons d'équipages. — Décret du 28 août 1808.

102. — D'après un avis du Conseil d'Etat, ces dispositions doivent être indistinctement appliquées aux officiers en réforme, de même qu'à ceux en activité, par la raison qu'ils sont susceptibles d'être remis en activité d'un moment à l'autre. — Avis du *Cons. d'Etat*, 21 déc. 1808.

103. — En cas de séparation de corps, la veuve d'un militaire ne peut prétendre à aucune pension. Les enfans, s'il y en a, sont considérés comme orphelins. — L. 11 avril 1831, art. 20.

104. — Cette disposition s'applique, sans distinction, au cas où la séparation de corps a été prononcée sur la demande de la femme, comme à celui où elle a été prononcée sur la demande du mari. — *Cons. d'Etat*, 18 mars 1842, de la Marthouée.

105. — Elle s'applique également aux femmes qui étaient déjà séparées à l'époque de la promulgation de la loi de 1831, comme à celles qui ont pu se séparer postérieurement. — *Cons. d'Etat*, 14 juill. 1841, Soyez.

106. — Mais les effets de cette disposition cessent s'il y a eu réconciliation entre les époux. — *Cons. d'Etat*, 9 avril 1841, Maziau.

107. — Ainsi : s'il résulte d'un acte de notoriété que la veuve, après avoir été en effet séparée de corps de son mari, s'est réconciliée et a cohabité avec lui, la pension ne peut lui être refusée. — *Ibid.*

108. — Après le décès de la mère, ou lorsque, par l'effet des dispositions qui précèdent, elle se trouve déchue de ses droits à la pension ; l'enfant ou les enfans mineurs des militaires morts dans les cas que nous avons indiqués tout à l'heure, ont droit, quel que soit leur nombre, à un secours annuel égal à la pension que la mère aurait été susceptible d'obtenir. — L. 11 avril 1831, art. 21.

109. — Ce secours est payé jusqu'à ce que le plus jeune des enfans ait atteint l'âge de vingt et un ans accomplis ; mais, dans ce cas, la part des majeurs est réversible sur les mineurs. — *Ibid.*

110. — La pension des veuves de militaires est fixée au quart du maximum de la pension d'ancienneté, affectée au grade dont le mari était titulaire : quelle que soit la durée de son activité dans ce grade. — L. 11 avril 1831, art. 22.

111. — Néanmoins, la pension des veuves des maréchaux de France est fixée à 6,000 fr. — *Ibid.*

112. — Celle des veuves de caporaux, brigadiers, soldats et ouvriers, ne sera pas moindre de 100 fr. — *Ibid.*

113. — Dans les cas, non prévus par la loi, où il peut y avoir lieu de récompenser des services militaires éminens ou extraordinaires, les pensions ne peuvent être accordées que par une loi spéciale. — L. 11 avril 1831, art. 23.

§ 4. — *Suspension du droit à la pension.*

114. — Le droit à l'obtention ou à la jouissance des pensions militaires peut être suspendu par diverses circonstances.

115. — Ainsi : ce droit est suspendu... par la condamnation à une peine afflictive ou infamante, pendant la durée de la peine. — L. 11 avril 1831, art. 26.

116. — ... Par les circonstances qui font perdre la qualité de Français, durant la privation de cette qualité. — *Ibid.*

117. — ... Par la résidence hors du territoire français, sans l'autorisation du gouvernement, lorsque le titulaire de la pension est Français ou naturalisé Français. — *Ibid.*

118. — C'est aux tribunaux qu'il appartient de juger si un officier retraité, auquel le ministre des finances refuse de payer sa pension, sur le motif qu'il a perdu la qualité de Français, a ou non perdu cette qualité. — *Cons. d'Etat*, 10 août 1844, Clouet.

119. — Les pensions militaires dans la fixation desquelles on a fait entrer des services civils, ne peuvent, en aucun cas, être cumulées avec un traitement civil d'activité. — L. 11 avril 1831, art. 26.

120. — Les pensions militaires et leurs arrérages sont incessibles et insaisissables excepté dans le cas de débet envers l'Etat, ou dans les circonstances prévues par les art. 203 et 205 C. civil. — L. 11 avril 1831, art. 28.

121. — Dans ces deux cas les pensions militaires sont passibles de retenues, qui ne peuvent excéder le cinquième de leur montant, pour cause de débet, et le tiers pour alimens. — *Ibid.*

§ 5. — *Des demandes en pension.*

122. — Tout militaire qui a à faire valoir des droits à la pension de retraite, pour cause de blessures ou d'infirmités, doit faire sa demande avant de quitter le service. — Ord. 2 juill. 1831, art. 1er.

123. — La démission dûment acceptée avant la cessation des fonctions ne prive pas du droit acquis à la pension militaire de retraite, lorsque le démissionnaire a accompli le temps de service effectif prescrit par la loi. — Avis *Cons. d'Etat*, 13 prair. an XI.

124. — Il a été décidé, dans le même sens, que lorsque la démission donnée avant trente ans de service effectif a été suivie de la réadmission à l'activité, le service antérieur à la démission reste acquis pour le droit à la pension de retraite ; l'interruption est déduite seulement. — Instr. min. 4 sept. 1815, insérée au *Bulletin des lois*.

125. — Décidé encore que lorsqu'un militaire qui s'est rendu coupable de désertion a été réadmis dans l'armée, les services antérieurs à la désertion sont comptés avec les services postérieurs. Le temps seul de la désertion et celui de la peine encourue pour ce fait ne sont pas comptés. — Instr. 20 sept. 1831.

126. — Les militaires qui ne sont pas en instance pour obtenir la liquidation de leur pension ne peuvent prétendre à faire reconnaître les services qu'ils pensent pouvoir leur être comptés plus tard pour la fixation de cette pension. — *Cons. d'Etat*, 5 sept. 1842, Ferrary ; 20 mai 1843, Cullary ; 2 juin 1843, Becquey-Beaupré.

127. — Dans tous les cas, les services que des actes spéciaux du gouvernement peuvent avoir reconnus à des officiers en non-activité, dans une circonstance déterminée, et qui, plus tard, sont invoqués pour l'obtention d'une pension de retraite, sont toujours susceptibles d'être soumis à un nouvel examen. — *Cons. d'Etat*, 17 déc. 1841, Franceschetti.

128. — Jugé également que des services qui ont été reconnus admissibles pour la proposition d'un traitement de réforme peuvent être examinés de nouveau pour la liquidation de la pension de retraite et être rejetés. — *Cons. d'Etat*, 17 janv. 1838, de Poix ; 29 janv. 1839, Delmas de Grammont.

129. — Le militaire qui a droit à la pension a un délai d'un an pour faire sa demande, lorsque, par une aggravation consécutive, les blessures ou infirmités qui lui ouvrent le droit ont occasionné la perte absolue de l'usage d'un membre. — Ordonn. 2 juill. 1831, art. 2.

130. — Ce délai, qui court du jour de la cessation de l'activité, est porté à deux ans si les blessures ou infirmités ont occasionné l'amputation d'un membre, ou la perte totale de la vue. — *Ibid.*

131. — Néanmoins, dans tous les cas, la demande n'est admissible qu'autant que les blessures ou infirmités ont été régulièrement constatées avant que le militaire ait quitté le service. — *Ibid.*

132. — Tout pourvoi contre la liquidation d'une pension militaire doit être formé, à peine de déchéance, dans le délai de trois mois à partir du jour du premier paiement des arrérages, pourvu qu'avant ce premier paiement les bases de la liquidation aient été notifiées. — L. 11 avr. 1831, art. 25.

133. — Toute demande d'admission à la pension de retraite, pour cause de blessures ou d'infirmités, doit être appuyée d'un certificat dans lequel les officiers de santé en chef de l'hôpital militaire, ou de l'hospice civil et militaire, où le dernier traitement a été suivi, auront constaté la nature et les suites des blessures ou infirmités, et déclaré qu'elles leur ont paru incurables. — Ord. 2 juill. 1831, art. 3.

134. — A l'égard des militaires qui n'ont pas été traités dans un des établissemens ci-dessus indiqués, le certificat est délivré par les officiers de santé en chef, d'un des hôpitaux militaires ou hospices civils, préalablement désignés par le ministre de la guerre pour ces sortes de visites. — *Ibid.*

135. — Toute demande de pension, pour cause de blessures ou d'infirmités, doit être en outre appuyée 1° des justifications que nous allons indiquer à l'instant, 2° de l'état des services et campagnes. — *Ibid.*, art. 4.

136. — Les causes des blessures sont justifiées soit par les rapports officiels et autres documens authentiques qui ont constaté le fait, soit par les certificats des autorités militaires, soit enfin par une information ou enquête prescrite et dirigée par les mêmes autorités. — *Ibid.*, art. 5.

137. — Ces justifications doivent spécifier la nature des blessures ainsi que l'époque, le lieu et les circonstances, soit des événemens de guerre, soit du service commandé, où elles ont été reçues. — *Ibid.*, art. 6.

138. — Les causes des infirmités sont justifiées soit par les rapports officiels et autres documens authentiques qui ont constaté l'époque et les circonstances de leur origine, soit par les certificats des autorités militaires, soit enfin par une information ou enquête prescrite et dirigée par les mêmes autorités. — *Ibid.*, art. 7.

139. — La demande de tout militaire faisant partie d'un régiment ou autre corps de troupes, doit être instruite par les soins du conseil d'administration du corps. — *Ibid.*, art. 8.

140. — La demande et les pièces à l'appui doivent être communiquées au sous-intendant militaire, qui, s'il les trouve conformes à la loi, les vise et les transmet à l'officier commandant la brigade ou la subdivision ; lequel désigne deux officiers de santé parmi ceux attachés soit au corps, soit à d'autres régimens, soit aux établissemens publics. — *Ibid.*, art. 9.

141. — Les officiers de santé, désignés comme il vient d'être dit, procèdent à l'examen des blessures ou infirmités, en présence du conseil d'administration et du sous-intendant militaire, qui doit donner, en séance, lecture du titre 2 de la loi du 11 avril 1831 relatif aux pensions pour cause de blessures ou d'infirmités. — Il est dressé procès-verbal de cette opération. — *Ibid.*, art. 10.

142. — Le procès-verbal dressé en exécution de la disposition précédente est présenté avec la demande et les pièces y annexées, à l'inspecteur général lors de la plus prochaine inspection. — *Ibid.*, art. 11.

143. — Dans les cas d'urgence, le lieutenant-général commandant la division, sur le compte qui lui en est rendu, exerce ou délègue aux commandans de subdivision les attributions de l'inspecteur général. — *Ibid.*, art. 12.

144. — L'inspecteur général, après avoir pris connaissance des pièces visées, et du procès-verbal d'examen des blessures, fait procéder en sa présence à une vérification des causes qui motivent la demande, par deux officiers de santé qu'il choisit parmi ceux de la classe désignés pour la première visite. — *Ibid.*, art. 13.

145. — Le sous-intendant militaire assiste à cette vérification, avant laquelle il fait, en séance, lecture du titre de la loi applicable ; et quel que soit le résultat de l'opération, il en dresse procès-verbal. — *Ibid.*

146. — Après la vérification dont il vient d'être parlé, et s'il est reconnu que les causes, la nature et les suites des blessures ou infirmités rentrent, par leur origine, leur gravité et leur incurabilité, dans un des cas déterminés par la loi, l'inspecteur général fait préparer par le conseil d'administration le mémoire de proposition pour l'admission à la pension de retraite. — *Ibid.*, art. 14.

147. — Ce mémoire, vérifié par le sous-intendant militaire, et approuvé par l'inspecteur général, est soumis au ministre de la guerre avec toutes les pièces qui ont servi à l'instruction de la demande et les observations auxquelles elle a pu donner lieu. — *Ibid.*

148. — Toutes les dispositions ci-dessus sont applicables aux individus faisant partie d'établissemens régis par un conseil d'administration. — *Ibid.*, art. 15.

149. — Dans le cas où un militaire appartenant à un corps de troupes ou à un établissement militaire s'en trouverait assez éloigné pour ne pouvoir y être renvoyé ou transporté sans inconvénient, la demande peut, sur un ordre du lieutenant-général commandant la division, être renvoyée pour être instruite au conseil d'administration de l'un des corps à proximité. — *Ibid.*, art. 16.

150. — Les militaires en activité qui ne font pas partie de corps de troupes ou d'établissemens régis par un conseil d'administration, ont à se pourvoir, en observant les degrés de la hiérarchie, auprès du lieutenant-général commandant la division dans le ressort de laquelle ils sont employés. — *Ibid.*, art. 17.

151. — Leur demande est faite et appuyée comme il a été indiqué plus haut. Seulement, elle est renvoyée à un officier général ou supérieur qui est chargé d'en suivre l'instruction ainsi que le font, dans le premier cas, les conseils d'administration des corps. — *Ibid.*

152. — Lorsque la demande a été instruite par un maréchal de camp (général de brigade), le lieutenant-général (général de division) exerce lui-même les attributions de l'inspecteur général et peut d'ailleurs, en cas d'urgence, les déléguer au commandant de subdivision de même que dans le premier cas. — *Ibid.*

153. — Les lieutenans-généraux (généraux de division) qui sont dans le cas de demander la pension de retraite pour cause de blessures ou d'infirmités se pourvoient directement auprès du ministre de la guerre, qui ordonne l'instruction de leurs demandes dans les formes ci-dessus déterminées. — *Ibid.*, art. 18.

154. — Lorsqu'il s'agit de pensions réclamées par des veuves ou orphelins de militaires morts des suites de leurs blessures, les causes et la nature des blessures doivent être justifiées de la même manière que pour les militaires eux-mêmes. — *Ibid.*, art. 20.

155. — Les suites des blessures doivent être justifiées par des certificats authentiques d'officiers de santé militaires ou civils, lesquels doivent déclarer que les blessures ont occasionné la mort du blessé. — Ord. 2 juill. 1831, art. 21.

156. — Si le décès survient après que le blessé

a obtenu guérison suffisante pour reprendre son service, ou une année révolue après la blessure, la veuve n'a plus le droit de réclamer, à ce titre, la pension. — Ord. 2 juill. 1831, art. 21.

157. — Il est accordé à la veuve, pour former sa demande, un délai de six mois qui court du jour de la notification du décès du mari au maire de la commune où il résidait. — *Ibid.*, art. 21.

158. — Dans le cas où la pension est réclamée par la veuve ou par les orphelins, par suite de la mort occasionnée par des événemens de guerre; ces événemens doivent être constatés de même que pour le cas de blessures, ainsi qu'il a été exposé ci-dessus nos 79 et suiv.

159. — Il doit être en outre justifié, dans les mêmes formes, ou par des certificats authentiques d'officiers de santé, que les mêmes événemens ont été la cause directe et immédiate de la mort du militaire. — *Ibid.*, art. 23.

160. — Les demandes doivent être formées, comme dans le cas indiqué plus haut, dans le délai de six mois à partir de la notification du décès du mari ou du père au maire de la commune où il résidait. — *Ibid.*

161. — Les causes de mort par maladies contagieuses ou endémiques doivent être justifiées : 1° par un certificat des autorités civiles ou militaires constatant qu'à l'époque du décès les maladies régnaient dans le pays où le militaire est décédé. — Ord. 2 juill. 1831, art. 24.

162. — ... 2° Par un certificat de l'autorité militaire constatant que le militaire décédé a été soumis par son service à l'influence de ces maladies. — *Ibid.*

163. — ... 3° Par un certificat, dûment légalisé, soit des officiers de santé en chef de l'hôpital où le militaire est mort, soit de l'officier de santé militaire ou civil qui l'a traité dans sa maladie. — *Ibid.*

164. — Dans les cas où il y a impossibilité de se procurer le certificat des officiers de santé, il doit y être suppléé par une information ou enquête prescrite et dirigée par les autorités civiles ou militaires du pays. — *Ibid.*

165. — Avant de liquider les pensions de retraite pour blessures ou infirmités, le ministre de la guerre doit communiquer au conseil de santé des armées, pour avoir son avis, les procès-verbaux et autres pièces constatant les causes, la nature et les suites des blessures ou infirmités. — Ord. 2 juill. 1831, art. 26.

166. — Il en est de même pour les justifications prescrites, dans les cas prévus, pour les veuves et orphelins de militaires. — *Ibid.*

§ 6. — *Résidence des pensionnaires.*

167. — Est considérée comme résidence hors du territoire de la République, pour tous titulaires de pension militaires, Français ou naturalisés Français, et emportant, à ce titre, la suspension du droit à la jouissance de la pension, l'absence du territoire français, sans l'autorisation du gouvernement, lors que cette absence se prolonge au delà d'une année. — Ordonn. 4 fév. 1832, art. 1er.

168. — Les titulaires de pension militaires qui ont besoin de s'absenter *pendant plus d'une année* doivent adresser leur demande en autorisation au ministre de l'intérieur par l'intermédiaire des autorités locales. — *Ibid.*, art. 3.

169. — Ils doivent, à cet effet, justifier devant le maire de leur domicile, par une déclaration faite en présence de témoins et conformément au modèle joint à l'ordonnance précitée du 4 févr. 1832, des causes qui exigent leur séjour à l'étranger. — *Ibid.*

170. — Le maire du domicile et le préfet du département, transmettant ces demandes, et les pièces à l'appui, doivent les accompagner d'un avis motivé. — *Ibid.*

171. — Les titulaires de pension, qui, s'étant absentés sans autorisation, veulent prolonger leur absence pendant plus d'une année, doivent adresser leur demande en autorisation au ministre de l'intérieur par l'entremise du ministre des affaires étrangères et de l'agent diplomatique ou consulaire français accrédité dans leur résidence ou dans celle qui en est la plus voisine; ils doivent justifier, par une déclaration qui est reçue par l'agent diplomatique ou consulaire ci-dessus désigné, des causes qui nécessitent la continuation de leur séjour hors de la République. Dans ce cas, ces agens donnent les avis qui sont exigés des autorités locales françaises : comme nous l'avons indiqué ci-dessus.

172. — Les autorisations de résider hors de France sont révocables. — *Ibid.*, art. 5.

173. — En conséquence des dispositions qui précèdent, tout certificat délivré à l'étranger et produit au trésor pour le paiement d'une pension militaire n'est admis qu'autant que le titulaire a obtenu l'autorisation de résider hors du territoire et que cette autorisation a été notifiée aux agens du trésor public. — A cet effet, le ministre de l'intérieur adresse au ministre des finances une ampliation des autorisations de résider à l'étranger, accordées sur son rapport, et la date et les conditions de l'autorisation sont consignées sur le registre d'inscription des pensions et sur l'état d'arrérages à l'article de chaque pensionnaire. — *Ibid.*, art. 6.

174. — Les certificats de vie doivent dans tous les cas être conformes au modèle annexé à l'ordonnance. — *Ibid.*

175. — Lorsqu'un titulaire de pension militaire produit un certificat de vie, délivré en France, pour réclamer plus d'une année d'arrérages de sa pension, il doit justifier, par un certificat du maire de son domicile, qu'il n'a pas résidé plus d'un an hors du territoire français, depuis le dernier paiement, ou qu'il en avait obtenu l'autorisation. — *Ibid.*, art. 8.

176. — Du reste, toutes les dispositions qui précèdent ne sont point applicables : 1° aux veuves de militaires français ou naturalisés Français, pourvu qu'elles déclarent, dans leurs certificats de vie délivrés hors du territoire de la République, n'avoir pas perdu leur qualité de Françaises par un mariage avec un étranger. — *Ibid.*, art. 9.

177. — ... 2° et aux pensionnaires militaires qui, conformément à l'art. 13 de l'ordonnance du 5 juin 1816, ou en vertu d'arrangement diplomatique, sont dispensés de se pourvoir d'une autorisation pour continuer à jouir de leurs pensions hors de France. — *Ibid.*

Sect. 3e. — *Pensions de l'armée de mer.*

178. — Le service des pensions de l'armée de mer remonte à l'année 1673, époque à laquelle fut créée, par les soins de Colbert, la *caisse des invalides de la marine*; qui, depuis, a constamment servi à assurer toutes les pensions et les demi-soldes des gens de mer, sans être obligée de recourir aux subventions du trésor public.

179. — Les pensions de cette catégorie, qui ont fait successivement l'objet des lois, arrêtés et ordonnances en date des 30 avril 1791, 30 mai 1792, 15 germ. an III, 22 janv. 1824, 12 mars 1826, 29 juin 1828, ont été réglées, en dernier lieu, sur des bases analogues à celles de l'armée de terre, par la loi du 18 avr. 1831 et les ordonnances des 26 janv. et 11 sept. 1832.

180. — Les dispositions de la loi sur les pensions de l'armée de terre sont pleinement applicables aux officiers, sous-officiers et soldats des troupes de la marine; sauf ce qui concerne l'époque à laquelle ils peuvent acquérir droit à la pension d'ancienneté. — L. 18 avr. 1831, art. 23. — V. *suprà*, nos 35 et suiv.

181. — La pension des magistrats et autres fonctionnaires de l'ordre judiciaire attachés au service des colonies, est, à parité d'offices, réglés sur les mêmes bases et fixée au même taux que celle des magistrats employés en France; sur les bénéfices résultant des articles 1er, 4 et 7 de la loi du 18 avril 1831 pour les individus envoyés d'Europe. — L. 18 avr. 1831, art. 24. — V. *infrà*, nos 187, 188, 192, 205.

182. — Jugé, par application de la dernière de ces dispositions, que les magistrats dans les colonies ont droit aux pensions établies par la loi du 18 avril 1831 en faveur des officiers de marine, et notamment à celle accordée par l'art. 12 de cette loi pour le cas où des infirmités graves et incurables, reconnues provenir des fatigues ou des accidens du service, mettent l'officier hors d'état de rester en activité et lui ôtent la possibilité d'y rentrer ultérieurement. — *Cons. d'Etat*, 1er mars 1842, Filliard.

183. — Dans les cas, non prévus, où il y a lieu de récompenser des services éminens ou extraordinaires, les pensions ne peuvent être accordées que par une loi spéciale. — L. 18 avr. 1831, art. 25.

184. — Les pensions de l'armée de mer sont personnelles et viagères; elles sont payables, comme dette de l'Etat, sur la caisse des invalides de la marine. — L. 18 avr. 1831, art. 26.

185. — On distingue, comme pour l'armée de terre, 1° les pensions accordées à raison de l'ancienneté de services, 2° les pensions accordées pour cause de blessures ou d'infirmités, 3° enfin les pensions auxquelles ont également droit les veuves et orphelins des marins décédés.

§ 1er. — *Pensions d'ancienneté.*

186. — Le droit à la pension de retraite d'ancienneté est acquis, pour les officiers de marine et pour les marins de tous grades, à vingt-cinq ans accomplis de service effectif. — L. 18 avr. 1831, art. 1er.

187. — Toutefois, les individus de ces derniers corps qui réunissent ou six ans de navigation sur les vaisseaux de l'Etat, ou neuf ans tant de navigation sur ces vaisseaux que de service dans les colonies, sont assimilés aux marins. — *Ibid.*

188. — Mais, dans aucun cas, le service des colonies ne peut motiver de réduction sur la durée légale des services que pour les individus envoyés d'Europe. — *Ibid.*

189. — Les années de service effectif pour la pension de retraite se comptent de l'âge de seize ans. — L. 18 avr. 1831, art. 2.

190. — Le service des militaires entrés dans la marine leur est compté, pour le temps antérieur à cette admission, d'après les lois qui régissent les pensions de l'armée de terre. — Art. 3.

191. — Ils sont toutefois assimilés aux marins si, avant ou après leur admission dans la marine, ils réunissent les conditions mixtes, de navigation et de service aux colonies, qui sont considérées comme services maritimes, suivant ce que nous avons dit *suprà* n° 187. — *Ibid.*

192. — Est compté pour la pension de retraite le temps passé dans un service civil qui donne droit à pension, pourvu, toutefois, que la durée des services dans le département de la marine soit, au moins, ou de vingt ans en France ou de dix ans dans les colonies pour les individus envoyés d'Europe. — *Ibid.*, art. 4.

193. — Il est compté quatre années de service effectif, à titre d'études préliminaires, aux élèves de l'école Polytechnique, au moment où ils entrent dans le corps de la marine. — Art. 5.

194. — Est aussi compté comme service effectif le temps passé à l'école navale, à partir de l'âge de 16 ans. — *Ibid.*

195. — Le temps passé hors de l'activité avec jouissance d'une pension de retraite ne peut entrer dans la supputation du service effectif. — L. 18 avril 1831, art. 6.

196. — Il en est de même du temps pendant lequel une pension aurait été cumulée avec la solde d'activité dans les corps détachés de la garde nationale comme auxiliaires de l'armée; à moins que le pensionnaire n'ait acquis dans ce corps, et par suite de blessures ou d'infirmités, des droits à une pension plus élevée, ou qu'il n'y ait fait campagne : auquel cas il est admis à jouir du bénéfice des dispositions qui suivent. — *Ibid.*

197. — Le marin qui, après avoir été mis à la retraite pour cause de blessures, et après avoir été rappelé au service actif, vient à être promu à un grade supérieur, peut, lorsqu'il se retire de nouveau pour cause de blessures, obtenir une nouvelle liquidation de sa pension, basée sur son nouveau grade, s'il a deux années d'activité dans ce grade, et s'il est constaté que, par suite de ses anciennes blessures et des fatigues de son nouveau service, il se trouve hors d'état de rester en activité et d'y rentrer ultérieurement. — *Cons. d'Etat*, 24 fév. 1838, Brasseur.

198. — Seulement le temps passé, en pareil cas, en jouissance de la pension, ne doit pas être compté comme service effectif dans la liquidation nouvelle. — *Ibid.*

199. — Les officiers, marins et autres, qui ont le temps de service exigé par les dispositions précédentes pour la pension d'ancienneté, sont admis à compter en sus les bénéfices de campagne; d'après les règles suivantes :

200. — Est compté pour la totalité en sus de sa durée effective le service qui a été fait : 1° en temps de guerre maritime à bord d'un bâtiment de l'Etat. — L. 18 avril 1831, art. 7.

201. — ... 2° A terre, en temps de guerre, soit dans les colonies françaises, soit sur d'autres points, hors d'Europe, pour les individus envoyés d'Europe. — *Ibid.*

202. — ... 3° Le temps de captivité à l'étranger des officiers, marins et autres, faits prisonniers sur les bâtimens de l'Etat, ou sur les prises faites par les bâtimens de l'Etat. — *Ibid.*

203. — ... 4° Le temps de navigation des voyages de découvertes ordonnés par le gouvernement. — *Ibid.*

204. — Est compté pour moitié en sus de sa durée effective : 1° le service en paix maritime à bord d'un bâtiment de l'Etat. — *Ibid.*

205. — ... 2° Le service à terre, en temps de paix, soit dans les colonies françaises, soit sur d'autres points, hors d'Europe, pour les individus envoyés d'Europe. — *Ibid.*

206. — Est compté pour sa durée simple le service fait, en temps de guerre, à bord d'un bâtiment armé en course, ainsi que le temps de captivité en cas de prise. — *Ibid.*

207. — ... Et pour une moitié de sa durée effective, le service fait en guerre comme en paix sur les bâtimens ordinaires du commerce. — *Ibid.*

208. — Dans tous les cas ci-dessus spécifiés la navigation faite à l'âge de 16 ans sera comptée pour sa durée effective, mais à titre de bénéfice seulement. — *Ibid.*

209. — Les bénéfices résultant de la navigation sur tous autres bâtimens que ceux de l'Etat ne peuvent jamais entrer pour plus d'un tiers dans l'évaluation totale des services qui donnent droit à pension. — *Ibid.*

210. — Dans la supputation des bénéfices attachés aux campagnes par les dispositions qui précèdent, on compte pour une année entière la campagne dans laquelle l'officier, marin ou autre, a été blessé et mis hors de service. — L. 18 avr. 1831, art. 8.

211. — En tout autre cas, on suppute le temps écoulé à partir de la mise en rade jusqu'à la rentrée dans un port de France; et sur cette période, le mois commencé doit être compté comme fini. — *Ibid.*

212. — Néanmoins, si l'officier, marin ou autre, retourne immédiatement à la mer, il ne peut compter qu'une année de bénéfice, pour chaque période de douze mois, plus le mois commencé lors du désarmement. — *Ibid.*

213. — Le service, tant sur les bâtimens armés en course que sur les navires du commerce, n'est compté que du jour du départ du bâtiment pour sa destination. — *Ibid.*

214. — Il ne peut comprendre ni le temps de l'équipement ni celui de la relâche dans un port de France, toutes les fois que cette relâche a excédé quinze jours. — *Ibid.*

215. — Les officiers de la marine et marins de tous grades après vingt-cinq ans et les individus des autres corps de la marine après trente ans de service effectif ont droit au *minimum* de la pension d'ancienneté, déterminée pour leur grade par un tarif qui a été annexé à la loi du 18 avr. 1831. — L. 18 avr. 1831, art. 9.

216. — Chaque année de service au delà des termes fixés ci-dessus, et chaque année de campagne, supputée comme nous l'avons dit plus haut, ajoutent à la pension un vingtième de la différence du *minimum* au *maximum*. — *Ibid.*

217. — Le *maximum* est acquis pour les officiers de la marine et marins à quarante-cinq ans et pour les individus des autres corps de la marine à cinquante ans de service, campagnes comprises. — *Ibid.*

218. — La pension se règle sur le grade dont l'officier est titulaire. — L. 18 avr. 1831, art. 10.

219. — Si, néanmoins, il demande sa retraite avant d'avoir au moins deux ans d'activité dans ce grade, la pension se règle sur le grade immédiatement inférieur. — *Ibid.*

220. — Ainsi, par exemple, un ancien maître voilier qui après avoir été licencié, sans avoir les conditions nécessaires pour la pension de retraite de ce grade, vient à occuper ultérieurement un grade inférieur, celui de simple ouvrier voilier, n'a droit à la pension qu'à raison de ce dernier grade, s'il n'en a pas d'autre au moment de sa retraite. — *Ibid.*

221. — La pension de retraite de tout officier, sous-officier, quartier-maître et caporal ayant douze ans accomplis d'activité dans son grade, est augmentée du cinquième. — *Ibid.*, art. 11.

222. — Dans ce cas spécial, le bénéfice de la disposition est acquis même aux individus désignés ci-dessus qui ont droit au *maximum* déterminé par le tarif. — *Ibid.*

223. — Le bénéfice du cinquième en sus établi par l'art. 11 n'appartient qu'aux officiers, sous-officiers, quartiers-maîtres et caporaux de l'armée de mer, ou à ceux qui leur sont assimilés. — *Cons. d'Etat*, 27 fév. 1835, Piécour.

224. — Ainsi n'ont pas droit à cet avantage..... les chefs de comptabilité des fonderies, lorsqu'ils n'ont point navigué six ans sur un bâtiment de l'Etat. — *Ibid.*

225. — ... Ni les secrétaires de division forestière, lorsqu'ils n'ont jamais navigué sur les vaisseaux de l'Etat ou servi dans les colonies. — *Cons. d'Etat*, 9 mai 1834, Lafond; 19 août 1837, Legonidec.

226. — Mais on doit assimiler aux marins militaires, sous ce rapport, tous les individus appartenant à un corps quelconque de la marine, qui ont navigué six ans sur les bâtimens de l'Etat. — *Cons. d'Etat*, 29 janv. 1839, Delmas de Grammont.

227. — Ainsi, par exemple, un trésorier des invalides de la marine qui a navigué plus de six ans sur les vaisseaux de l'Etat, et qui compte plus de douze ans d'activité dans ses fonctions, a droit à ce que sa pension soit augmentée d'un cinquième. — *Ibid.*

228. — Le principe posé dans cette décision s'applique évidemment à tous les individus appartenant aux divers corps de la marine et même aux troupes de la marine, pourvu qu'ils remplissent les conditions exigées par l'art. 11. — Dumesnil, *loc. cit.*, p. 407.

229. — Les troupes de la marine ont d'ailleurs et nécessairement droit au cinquième en sus lorsqu'elles remplissent les conditions exigées par l'art. 11. — Dumesnil, *loc. cit.*, p. 409.

230. — On ne peut compter de bénéfice de campagne pour les services accomplis sur un bâtiment de l'Etat qu'autant que le bâtiment sur lequel les services ont eu lieu a réellement fait campagne ou a eu cette destination. On ne peut considérer comme tel le service fait à bord des bâtimens employés comme stationnaires sur la rade des ports. — *Cons. d'Etat*, 25 déc. 1840, Blanlot.

§ 2. — *Pensions pour cause de blessures ou d'infirmités.*

231. — Les blessures donnent droit à la pension de retraite lorsqu'elles sont graves et incurables, et qu'elles proviennent d'événemens de guerre ou d'accidens éprouvés dans un service commandé. — L. 18 avril 1831, art. 12.

232. — Les infirmités donnent les mêmes droits lorsqu'elles sont graves et incurables, et qu'elles sont reconnues provenir des fatigues ou des accidens du service. — *Ibid.*

233. — Les causes, la nature et les suites des blessures ou infirmités doivent être justifiées dans les formes et dans les délais déterminés par un règlement d'administration publique, qui a fait l'objet de l'ordonnance royale du 26 janv. 1832. — *Ibid.*

234. — Les blessures ou infirmités provenant des causes énoncées ci-dessus ouvrent un droit immédiat à la pension, si elles ont occasionné la cécité, l'amputation ou la perte absolue de l'usage d'un ou de plusieurs membres. — *Ibid.*, art. 13.

235. — Dans les cas moins graves, elles ne donnent lieu à la pension que sous les conditions suivantes : ... 1° pour l'officier, si elles le mettent hors d'état de rester en activité et lui ôtent la possibilité d'y rentrer ultérieurement. — *Ibid.*, art. 14.

236. ... 2° Pour tout individu au-dessous du rang d'officier, si elles le mettent hors d'état de servir et de pourvoir à sa subsistance. — *Ibid.*

237. — Pour la cécité, l'amputation ou la perte absolue de deux membres la pension est fixée spécialement par une disposition du tarif. — *Ibid.*, art. 15.

238. — Les blessures ou infirmités qui occasionnent la perte absolue de l'usage d'un membre, ou qui y sont reconnues équivalentes, donnent droit au *minimum* de la pension d'ancienneté, quelle que soit la durée des services. — *Ibid.*, art. 16.

239. — Chaque année de service, y compris les campagnes, supputées comme il a été dit plus haut, ajoute à cette pension un vingtième de la différence du *minimum* au *maximum* d'ancienneté. — *Ibid.*

240. — Le *maximum* est acquis à vingt ans de service, campagnes comprises. — *Ibid.*

241. — Pour les blessures ou infirmités autres que celles qui ouvrent un droit *immédiat* à la pension (V. *suprà*, n° 231), les pensions sont fixées pareillement au *minimum* d'ancienneté; mais elles ne sont augmentées dans la proportion déterminée par la disposition qui précède que pour chaque année de service au delà de vingt-cinq ans ou de trente ans, campagnes comprises. — L. 18 avril 1831, art. 17.

242. — Le *maximum* est acquis pour les officiers et marins à quarante-cinq ans et pour les individus des autres corps de l'armée de mer à cinquante ans de service, y compris les campagnes. — *Ibid.*

243. — La pension pour cause de blessures ou d'infirmités se règle sur le grade dont l'officier, marin ou autre, est titulaire. — *Ibid.*, art. 18.

244. — Il faut, d'ailleurs, appliquer ici la disposition de l'art. 11 précité de la loi du 18 avril 1831 qui veut que la pension de retraite de tout officier, sous-officier, quartier-maître et caporal ayant douze années accomplies d'activité dans son grade soit augmentée d'un cinquième. — L. 18 avril 1831, art. 18. — V. *suprà* nos 221 et 226.

§ 3. — *Pensions des veuves et des orphelins.*

245. — Ont droit à une pension. ... 1° Les veuves d'officiers, marins ou autres, qui ont été tués dans un combat ou qui ont péri dans un service commandé ou requis. — *Ibid.*, art. 19.

246. — ... 2° Les veuves d'officiers, marins ou autres, qui ont péri sur les bâtimens de l'Etat ou dans les colonies et dont la mort a été causée soit par des événemens de guerre, soit par des maladies, contagieuses ou endémiques, aux influences desquelles ils ont été soumis par les obligations de leur service. — *Ibid.*

247. — ... 3° Les veuves d'officiers, marins ou autres, qui sont morts des suites de blessures reçues soit dans un combat, soit dans un service commandé ou requis; pourvu que le mariage soit antérieur à ces blessures. — *Ibid.*

248. — Dans les deux cas ci-dessus, les causes, la nature et les suites des blessures doivent être justifiées dans les formes et dans les délais prescrits par l'ordonnance réglementaire déjà citée du 26 janv. 1832. — *Ibid.*

249. — ... 4° Les veuves d'officiers, marins ou autres personnes mentionnées dans le tarif, morts en jouissance de la pension de retraite, ou en possession de droits à cette pension; pourvu que le mariage ait été contracté deux ans avant la cessation de l'activité du mari, ou qu'il y ait un ou plusieurs enfans issus du mariage antérieur à cette cessation. — *Ibid.*

250. — Dans tous les cas ci-dessus, le mariage contracté par les officiers et autres en activité de service n'ouvre de droits à la pension aux veuves et aux enfans qu'autant qu'il a été autorisé dans les formes prescrites par les décrets des 16 juin et 3 août 1808. — *Ibid.*

251. — En cas de séparation de corps, la veuve d'un officier, marin ou autre, ne peut prétendre à aucune pension. Les enfans, s'il y en a, sont considérés comme orphelins. — L. 18 avril 1831, art. 20.

252. — Après le décès de la mère, ou lorsque, par l'effet de la disposition qui précède, elle se trouve déchue de ses droits à la pension, l'enfant ou les enfans mineurs des officiers, marins et autres, qui sont morts dans les cas prévus ci-dessus, ont droit, quel que soit leur nombre, à un secours annuel égal à la pension que la mère aurait été susceptible d'obtenir. — *Ibid.*, art. 21.

253. — Ce secours leur est payé jusqu'à ce que le plus jeune d'entre eux ait acquis l'âge de vingt et un ans accomplis; mais, dans ce cas, la part des majeurs est réversible sur les mineurs. — *Ibid.*

254. — La pension des veuves des officiers, marins ou autres, est fixée au quart du *maximum* de la pension d'ancienneté, affectée au grade dont le mari était titulaire : quelle que soit la durée de son activité dans ce grade. — *Ibid.*, art. 22.

255. — Néanmoins, la pension des veuves des amiraux est fixée à 6,000 fr. — *Ibid.*

256. — Celles des veuves de marins, ou autres, au-dessous du rang d'officier, ne peut être moindre de 100 fr. — *Ibid.*

§ 4. — *Suspension du droit à la pension.*

257. — Le droit à l'obtention ou à la jouissance d'une pension de retraite est suspendu : par la condamnation à une peine afflictive ou infamante, pendant la durée de la peine. — L. 18 avril 1831, art. 28.

258. — ....Par les circonstances qui font perdre la qualité de Français, durant la privation de cette qualité. — *Ibid.*

259. — ....Par la résidence hors du territoire de la République, sans l'autorisation du gouvernement, lorsque le titulaire de la pension est Français ou naturalisé Français. — *Ibid.*

260. — Les pensions de retraite dans la fixation desquelles entrent des services civils, conformément à l'art. 4 de la loi du 18 avril 1831, ne

peuvent, en aucun cas, être cumulées avec un traitement civil d'activité. — *Ibid.*, art. 29.

261. — Les pensions de retraite, et leurs arrérages, sont incessibles et insaisissables excepté dans le cas de débet envers l'Etat, ou dans les circonstances prévues par les art. 203 et 205 Code civ. — L. 18 avril 1831, art. 30.

262. — Dans ces deux cas les pensions de retraite sont passibles de retenues, qui ne peuvent excéder le cinquième de leur montant, pour cause de débet, et le tiers pour alimens. — *Ibid.*

§ 5. — *Des demandes en pension.*

263. — Tout individu, appartenant à l'un des services de la marine, qui a à faire valoir des droits à la pension de retraite, pour cause de blessures ou d'infirmités, doit faire sa demande avant de quitter le service. — Ordonn. 26 janv. 1832, art. 1er.

264. — L'administration de la marine fait procéder, immédiatement après la réception de cette demande, à la vérification des droits du réclamant, selon les règles ci-après indiquées. — *Ibid.*

265. — Tout pourvoi contre la liquidation d'une pension de retraite doit être formé, à peine de déchéance, dans les trois mois à partir du jour du premier paiement des arrérages, pourvu qu'avant ce premier paiement les bases de la liquidation aient été notifiées. — L. 18 avr. 1831, art. 27.

266. — Si, par une aggravation consécutive, les blessures ou infirmités qui peuvent donner droit à une pension ont occasionné la perte absolue de l'usage d'un membre, le réclamant a un délai d'un an pour faire sa demande. — Ord. 26 janv. 1832, art. 2.

267. — Ce délai, qui court du jour de la cessation de l'activité, est porté à deux ans, si les blessures ou infirmités ont occasionné l'amputation d'un membre ou la perte totale de la vue. — *Ibid.*

268. — Néanmoins, la demande n'est admissible qu'autant que les blessures ou infirmités ont été constatées avant que le réclamant ait quitté le service. — *Ibid.*

269. — Toute demande d'admission à la pension de retraite, pour cause de blessures ou d'infirmités, doit être appuyée d'un certificat de l'officier de santé en chef du bâtiment sur lequel la blessure a été reçue ou l'infirmité contractée, ou d'un certificat des officiers de santé en chef de l'hôpital militaire ou de l'hospice civil dans lequel le dernier traitement a été suivi. — Ordonn. du 26 janv. 1832, art. 3.

270. — Ces certificats doivent constater la nature et les suites des blessures ou infirmités et déclarer qu'elles paraissent incurables.

271. — A l'égard des blessures ou infirmités qui n'auraient pas été traitées à bord d'un bâtiment de l'Etat ou dans un des établissemens désignés ci-dessus, le certificat doit être délivré par les officiers de santé en chef d'un des hôpitaux militaires ou hospices civils préalablement désignés par le ministre de la marine et des colonies pour ces sortes de visites. — *Ibid.*

272. — Toute demande de pension pour cause de blessures ou d'infirmités, doit être en outre appuyée : 1° des justifications indiquées ci-après nos 274 et suiv.

273. — ... 2° De l'état des services et campagnes. — Ord. 26 janv. 1832, art. 4.

274. — Les causes des blessures doivent être justifiées soit par les rapports officiels et autres documens authenthiques qui ont constaté le fait, soit par les attestations des autorités maritimes, soit enfin par une information ou enquête prescrite et dirigée par les mêmes autorités. — Ord. 26 janv. 1832, art. 5.

275. — *Pour le service à bord*, la justification se fait : 1° par un rapport détaillé sur la nature de la blessure, fait et signé par l'officier de santé en chef du bâtiment.

276. — ... 2° Par un certificat de l'officier chargé du détail, visé par le commandant; et à défaut du commandant, par les deux plus anciens officiers de l'état-major.

277. — ... 3° Par un extrait du rôle d'équipage, délivré par le commissaire des armemens et revues. — *Ibid.*

278. — *Pour le service à terre*, le rapport indiquant le jour et le lieu de la blessure est fait et signé par l'officier de santé de service, appelé pour donner les premiers secours, et par l'officier de santé en chef de l'hôpital dans lequel le blessé aura été traité. — *Ibid.*

279. — Ce rapport est certifié par le chef de l'atelier ou du magasin dans lequel la blessure a été reçue, par le commissaire de l'hôpital et par le chef de la direction à laquelle le blessé appartient. — *Ibid.*

280 — Toutes ces pièces doivent être visées par le préfet maritime, pour la légalisation seulement. Dans les colonies, le gouverneur remplace le préfet maritime. — *Ibid.*

281. — Les justifications doivent d'ailleurs spécifier la nature des blessures ainsi que l'époque, le lieu et les circonstances soit des événemens de guerre, soit du service commandé où elles ont été reçues. — *Ibid.*, art. 6.

282. — Les causes des infirmités sont justifiées soit par les rapports officiels et autres documens authentiques qui ont constaté l'époque et les circonstances de leur origine, soit par des certificats des autorités maritimes, soit enfin par une information ou enquête prescrite et dirigée par les mêmes autorités. — *Ibid.*, art. 7.

283. — *Pour le service à bord*, cette justification se fait : 1° par un rapport détaillé sur la nature de l'infirmité, signé par l'officier chargé du détail et par le commandant.

284. — ... 2° Par un extrait du rôle de l'équipage, délivré par le commissaire des armemens.

285. — Si, le bâtiment étant en relâche ou en station, le malade a été traité dans un hôpital, il doit être joint aux pièces ci-dessus indiquées un certificat des officiers de santé en chef de cet hôpital, remis au malade à sa sortie, et dans lequel sont relatées les circonstances de la maladie et du traitement. — *Ibid.*, art. 7.

286. — *Pour le service à terre*, la justification se fait : 1° par un rapport détaillé du conseil de santé du port où se trouve le réclamant; et dans les ports où il n'y a pas de conseil de santé, par l'officier de santé en chef de la marine.

287. — ... 2° Par un extrait des campagnes et autres services dûment constatés.

288. — ... 3° Par un certificat motivé du chef de la direction à laquelle le réclamant appartient, indiquant que les infirmités doivent être attribuées à la nature des services. — *Ibid.*, art. 7.

289. — Si le malade a été traité dans un hôpital militaire ou dans un hospice civil, les formalités seront remplies par les officiers de santé et le directeur de ces hôpitaux ou hospices. — *Ibid.*

290. — Toute demande de pension, pour cause de blessure ou d'infirmité, faite par un individu appartenant à un corps organisé militairement, doit être instruite par le conseil d'administration du corps. — *Ibid.*, art. 8.

291. — Dans le cas où le réclamant ne fait pas partie d'un corps militaire, le conseil d'administration du port est chargé de faire cette instruction. — *Ibid.*

292. — La demande et les pièces à l'appui sont communiquées au commissaire des armemens et revues, qui, s'il les trouve conformes aux dispositions qui précèdent, les vise et les transmet au préfet maritime ou gouverneur colonial, qui désigne deux officiers de santé parmi ceux attachés soit au corps du réclamant, soit au service des ports, soit à des établissemens publics. — *Ibid.*, art. 9.

293. — Les officiers de santé désignés procèdent à l'examen des blessures ou infirmités, en présence des conseils d'administration indiqués plus haut. L'inspecteur ou la commission des armemens et revues, selon les cas, donne lecture, en séance, du titre 2 de la loi du 18 avril 1831. — *Ibid.*, art. 10.

294. — Il doit être dressé de cette opération un procès-verbal conforme au modèle annexé à l'ordonnance précitée du 26 janv. 1832.

295. — Le procès-verbal dont il vient d'être parlé est présenté, avec la demande et les pièces y annexées, à l'inspecteur général pour les corps organisés militairement, lors de la plus prochaine inspection, et pour tous les autres réclamans au préfet maritime ou au gouverneur de la colonie, selon le cas. — *Ibid.*, art. 11.

296. — Dans le cas d'urgence, le préfet maritime ou le gouverneur de la colonie exerce les fonctions de l'inspecteur général; il peut déléguer ces fonctions aux chefs maritimes dans les ports secondaires, aux commandans militaires dans les colonies. — *Ibid.*, art. 12.

297. — L'inspecteur général, ou le préfet maritime, ou le gouverneur colonial, après avoir pris connaissance des pièces visées, fait procéder en sa présence par deux officiers de santé en chef pris dans le conseil de santé du port à une vérification des causes qui motivent la demande. — Ord. 26 janv. 1832, art. 13.

298. — Le commissaire des armemens et revues ou l'inspecteur assiste à cette vérification, avant laquelle il doit faire, en séance, lecture du titre 2 de la loi du 18 avril 1831, et, quel que soit le résultat de l'opération, il en est dressé un procès-verbal conforme au modèle annexé à l'ordonnance précitée. — *Ibid.*

299. — Après la vérification dont il vient d'être parlé, et s'il est reconnu que les causes, la nature et les suites des blessures ou infirmités rentrent, pour leur origine, leur gravité et leur incurabilité, dans un des cas déterminés par la loi, l'inspecteur général, ou le préfet maritime, ou le gouverneur colonial, fait préparer le mémoire de proposition pour l'admission à la pension de retraite par l'officier supérieur, militaire ou civil, sous les ordres duquel le réclamant se trouve placé, et par le conseil d'administration, s'il appartient à un corps organisé militairement. — Ord. 26 janv. 1832, art. 14.

300. — Ce mémoire, vérifié par le commissaire aux revues et l'inspecteur, et approuvé par le chef maritime, ou l'inspecteur général, ou le gouverneur colonial, est soumis au ministre de la marine et des colonies, avec toutes les pièces ayant servi à l'instruction de la demande et les observations auxquelles elle peut donner lieu. — *Ibid.*

301. — Toutes les dispositions qui précèdent sont applicables aux individus faisant partie d'établissemens régis par un conseil d'administration. — Ord. 26 janv. 1832, art. 15.

302. — Dans le cas où le réclamant se trouve trop éloigné du corps, ou du quartier, ou du port, auquel il est attaché, pour pouvoir y être renvoyé ou transporté sans inconvénient, sa demande peut, sur un ordre du préfet maritime de l'arrondissement dans lequel il se trouve, ou du gouverneur colonial, être instruite : pour l'officier ou l'entretenu de la marine militaire, par les soins de l'officier supérieur compétent; pour le marin ou l'ouvrier, par le commissaire de l'inscription maritime ; enfin, si le réclamant fait partie d'un corps organisé militairement, par le conseil d'administration le plus à proximité. — Ord. 26 janv. 1832, art. 16.

303. — Les blessures ou infirmités des prisonniers de guerre sont préalablement constatées, s'il se peut, par les officiers militaires et civils et par les officiers de santé du bâtiment auquel le prisonnier appartient; et, à leur défaut, par le commandant et l'administrateur en chef dans la prison, et l'officier de santé qui l'a traité. — Ord. 26 janv. 1832, art. 17.

304. — A son retour en France, le prisonnier de guerre présente cette pièce soit au conseil d'administration du port ou au conseil d'administration du corps auquel il appartient. Ce conseil y donne suite dans les formes voulues ci-dessus. — *Ibid.*

305. — Les officiers généraux, préfets maritimes et gouverneurs coloniaux qui sont dans le cas de demander la pension de retraite pour cause de blessures et d'infirmités se pourvoient directement auprès du ministre de la marine et des colonies, qui désigne en France un vice-amiral pour procéder à l'instruction de la demande dans les formes ci-dessus déterminées. Dans les colonies, un officier général ou supérieur peut remplacer le vice-amiral. — *Ibid.*, art. 18.

306. — Dans les cas où il s'agit de pensions à accorder aux veuves ou orphelins d'officiers marins ou autres morts des suites de blessures reçues soit dans un combat, soit dans un service commandé ou requis, les causes et la nature des blessures sont justifiées ainsi qu'il a été dit ci-dessus au cas de blessures reçues dans un service à bord ou dans un service à terre. — *Ibid.*, art. 19 et 20. — V. *suprà*, nos 275 et suiv.

307. — Les suites des blessures sont justifiées par des certificats authentiques d'officiers de santé militaires ou civils, lesquels doivent déclarer que les blessures ont occasionné la mort du blessé. — Ord. 26 janv. 1832, art. 21.

308. — Si le décès survient après que le blessé a obtenu guérison suffisante pour reprendre son service, ou une année révolue après la blessure, la veuve ne peut réclamer la pension pour cause de décès par suite de blessure. — *Ibid.*, art. 21.

309. — Il est accordé à la veuve, pour former sa demande, un délai de six mois, qui court du jour de la notification du décès du mari au maire de la commune où il résidait. — *Ibid.*

310. — Dans les cas où il s'agit de pensions à accorder aux veuves ou orphelins d'officiers marins ou autres qui ont péri sur les bâtimens de l'Etat ou dans les colonies et dont la mort a été causée soit par des événemens de guerre, soit par des maladies contagieuses ou endémiques, les causes de la mort sont justifiées ainsi qu'il a été dit ci-dessus pour les blessures et infirmités dans les mêmes circonstances. — Ord. 26 janv. 1832, art. 22 et 23. — V. *suprà* nos 274 et suiv.

311. — Il doit être, en outre, justifié dans les mêmes formes, ou par les certificats authentiques d'officiers de santé, que ces événemens ont été la cause immédiate de la mort. — *Ibid.*, art. 23.

312. — Les causes de mort par maladies contagieuses ou endémiques doivent être justifiées : 1° si le décès a eu lieu à bord d'un bâtiment de l'Etat, par un certificat de l'officier en second du bâtiment, visé du commandant, attestant qu'à l'époque du décès la maladie régnait à bord ou que, par l'effet du service, la personne décédée a été soumise à l'influence de la maladie ; — par un extrait du rôle d'équipage certifié par les commissaires des armemens et revues ; — par un rapport détaillé de l'officier de santé du bâtiment qui a traité le malade, constatant que cette maladie a causé la mort. — Ord. 26 janv. 1832, art. 24.

313. — ... 2° Si le décès a eu lieu à terre, par un certificat, des autorités militaires ou civiles, attestant que la maladie régnait dans le pays et que la personne décédée a été soumise à l'influence de cette maladie par le fait de son service ; — et par un certificat, dûment légalisé, soit de l'officier de santé en chef de l'hôpital, soit de l'officier de santé militaire ou civil qui a traité le malade, attestant que le décès a été la suite de la maladie. — Ord. 26 janv. 1832, art. 24.

314. — Dans le cas où il y aurait impossibilité de se procurer le certificat des officiers de santé, il doit y être suppléé par une information ou enquête prescrite et dirigée par les autorités civiles ou militaires du pays. — *Ibid.*

315. — Avant de liquider les pensions de retraite pour blessures ou infirmités, le ministre de la marine doit communiquer à l'inspecteur général du service de santé de la marine, pour avoir son avis, les procès-verbaux et autres pièces constatant les causes, la nature et les suites des blessures ou infirmités. — Il en est de même dans les cas prévus pour les veuves et les orphelins. — Ord. 26 janv. 1832, art. 26.

§ 6. — *Résidence des pensionnaires.*

316. — Est considérée comme résidence hors de la République, et emportant, à ce titre, la suspension du droit à la jouissance de la pension, l'absence du territoire français, sans l'autorisation du gouvernement, pour tous titulaires de pensions militaires qui sont payées par la caisse des invalides de la marine, lorsque cette absence se prolonge au delà d'une année, et qu'il n'est pas justifié d'embarquement sur navire français. — Ord. 11 sept. 1832, art. 1er.

317. — Les titulaires des pensions dont il vient d'être parlé, qui ont besoin de s'absenter pendant plus d'une année (sauf le cas d'embarquement sur navire français), doivent adresser leur demande en autorisation au ministre de la marine et des colonies par l'intermédiaire des fonctionnaires ci-après, savoir : — dans les quartiers maritimes, par les commissaires des classes ; — dans les départemens de l'intérieur, par les préfets. — Ord. 11 sept. 1832, art. 3.

318. — A cette demande doit être jointe une déclaration passée en présence de témoins, devant le maire du domicile du pensionnaire, indiquant les causes qui exigent le séjour à l'étranger ; cette déclaration, conforme au modèle annexé à l'ordonnance précitée du 11 sept. 1832, doit contenir soumission de ne rien entreprendre qui puisse faire perdre la qualité de Français. — *Ibid.*

319. — Le commissaire de l'inscription maritime, ou, suivant le cas, le préfet du département, en transmettant la demande, et les pièces à l'appui, doit y joindre son avis motivé. — *Ibid.*

320. — Les autorisations de résidence hors du territoire de la République sont révocables. — Ord. 11 sept. 1832, art. 5.

321. — A l'exception des pensionnaires en cours de voyages maritimes, dont l'existence est constatée d'après les règles ordinaires, tout certificat de vie délivré à l'étranger pour servir au paiement d'une pension militaire, à la charge de la caisse des invalides de la marine, doit être conforme au modèle annexé à l'ordonnance ; mais il n'est admis qu'autant que le titulaire a obtenu l'autorisation de résider hors de la République, et que cette autorisation a été notifiée dans le lieu du paiement de la pension. — Ord. 11 sept. 1832, art. 6.

322. — Lorsqu'un titulaire de pension militaire payable par la caisse des invalides de la marine produit un certificat de vie, délivré en France, pour réclamer plus d'une année d'arrérages de sa pension, il doit justifier, par un certificat du maire de son domicile, qu'il n'a pas résidé plus d'un an en pays étranger depuis le premier paiement, ou qu'il en avait obtenu l'autorisation. — Ord. 11 sept. 1832, art. 8.

323. — Quant au pensionnaire absent pendant plus d'un an pour cause d'embarquement sur navire français, le paiement a lieu sur le vu d'un extrait du rôle d'équipage et sans qu'il soit besoin de justifier d'une autorisation spéciale d'absence. — Ord. 11 sept. 1832, art. 8.

324. — Les dispositions qui précèdent, en ce qui concerne les demandes d'autorisation, ne sont pas applicables : 1° aux titulaires de pensions non militaires ; 2° aux veuves d'officiers et autres ayant appartenu aux corps militaires de la marine. — *Ibid.*, art. 9.

325. — Seulement, pour les uns comme pour les autres, lorsque la partie réside à l'étranger, le certificat de vie n'est admis par la caisse des invalides qu'autant qu'il est conforme au modèle annexé à l'ordonnance, afin qu'il soit établi que le pensionnaire n'a pas perdu la qualité de Français. — *Ibid.*

326. — Dans le cas où un bâtiment de guerre serait réputé avoir péri en mer, corps et biens, le droit à pension attribué aux veuves et aux orphelins est établi de la manière suivante, savoir : immédiatement après la clôture de la période durant laquelle l'art. 134 de l'ordonnance du 11 oct. 1836, sur les équipages de ligne, permet d'acquitter sans formalité le montant des délégations, le préfet maritime du port où compte le bâtiment fait rédiger un procès-verbal relatant les dates de départ, de relâche, de dernière remonte, et généralement toutes les autres circonstances d'où peut résulter la certitude morale que le bâtiment et son équipage ont péri en mer. — Ordonn. 18 janv. 1839, art. 1er.

327. — A ce procès-verbal doit être joint un certificat du commissaire aux revues constatant quels étaient, d'après l'expédition du rôle d'équipage déposé entre ses mains, les officiers, marins et autres présens à bord lors du départ, en indiquant le grade et la paie de chacun d'eux. Le tout est soumis au conseil d'administration du port, qui déclare s'il y a lieu de dresser des mémoires de proposition à la pension en faveur des femmes et des enfans des officiers et marins. — *Ibid.*

328. — Lorsque la déclaration a été affirmative, le préfet maritime se fait remettre les mémoires de propositions, dûment appuyés des actes de mariage, de naissance, etc., plus d'un certificat du maire de la résidence constatant que l'officier, marin ou autre, n'a pas reparu ni donné de ses nouvelles, et il envoie ces pièces au ministre de la marine et des colonies. — *Ibid.*, art. 2.

329. — Les pensions qui sont liquidées sur les fonds de la caisse des invalides de la marine, suivant les formes qui viennent d'être indiquées, comportent un rappel d'arrérages à partir du jour où les délégations sur la solde d'activité des marins eux-mêmes ont cessé d'être payées à leur famille. — Ord. 18 janv. 1839, art. 3.

§ 7. — *Pensions diverses ressortissant à la marine.*

330. — Le temps passé par les marins dans le service des paquebots-postes de la Méditerranée étant considéré comme service fait pour l'Etat, les dispositions de la loi du 18 avril 1831, sur les pensions de l'armée de mer, sont applicables aux officiers et autres entretenus des divers corps de la marine, aux chirurgiens, aux capitaines au long cours embarqués comme lieutenans, aux mécaniciens et chauffeurs et aux marins faisant partie des équipages des paquebots, ou employés à terre pour le service des paquebots, lorsque d'ailleurs ces officiers, marins et autres, réunissent le temps de service déterminé par ladite loi pour la pension d'ancienneté, ou qu'ils ont, dans le service de ces paquebots, reçu des blessures ou contracté des infirmités donnant droit à la pension. — Ordonn. 23 fév. 1839, art. 171.

331. — Pour les officiers et autres entretenus des divers corps de la marine, les officiers mariniers ou matelots, on suit le tarif annexé à la loi du 18 avril 1831, en prenant pour base de la pension le grade au service. Les chirurgiens qui ne proviendraient pas de la marine seront traités pour la pension comme les officiers de santé auxiliaires. — *Ibid.*

332. — Quant aux capitaines au long cours qui seraient embarqués en qualité de lieutenans sur les paquebots au moment de leur admission à la retraite, s'ils réunissent au service de ces bâtimens ou au service de la marine nationale, les conditions portées en la loi précitée, ils ont droit à la pension attribuée par le tarif aux maîtres de timonerie embarqués. — *Ibid.*, art. 172.

333. — Les mécaniciens en chef, les seconds maîtres mécaniciens, les aides mécaniciens et les chauffeurs des paquebots-postes sont assimilés pour la pension de retraite, savoir : les mécaniciens en chef aux premiers maîtres d'équipages de ligne, les seconds maîtres mécaniciens aux deuxièmes maîtres *idem*, les aides mécaniciens aux quatrièmes maîtres *idem*, les chauffeurs *idem*. — *Ibid.*, art. 173.

334. — Les veuves et orphelins des officiers, marins et autres, désignés ci-dessus, ont droit à la pension, lorsque ces officiers, marins et autres, se trouvent dans l'un des cas déterminés par la loi du 18 avril 1831. Ces pensions sont fixées comme il est réglé pour les veuves et orphelins de la marine proprement dite. — *Ibid.*, art. 174.

335. — La liquidation des diverses pensions qui font l'objet du présent paragraphe est, au surplus, faite par les soins du département de la marine, et la dépense imputée sur la caisse des invalides de la marine. — *Ibid.*, art. 175.

336. — Les ouvriers mécaniciens et les ouvriers chauffeurs de la marine nationale sont assimilés pour la pension de retraite, savoir : les maîtres mécaniciens aux maîtres des équipages de ligne ; les seconds maîtres mécaniciens aux seconds maîtres des équipages de ligne ; les aides-mécaniciens aux quartiers-maîtres des équipages de ligne ; les chauffeurs aux matelots. — Ordonn. 24 mai 1840, art. 4.

337. — Les paquebots à vapeur régis au compte de l'Etat étant assimilés aux bâtimens de la marine nationale, le temps passé par les marins, dans le service de ces paquebots, est considéré comme service fait pour l'Etat. — L. 2 juill. 1835, art. 3 ; 16 juill. 1840, art. 7.

Sect. 4e. — *Des pensions civiles sur les fonds généraux du trésor.*

338. — Les pensions payées sur les fonds généraux du trésor sont, outre celles de l'armée et de la marine, et celles accordées à titre de récompenses nationales, les pensions qui sont accordées à certains fonctionnaires sur le traitement desquels il n'est point opéré de retenues, et qui puisent leur titre dans les principes posés par la loi précitée du 3-22 août 1790.

339. — Ce sont les pensions accordées aux ministres, directeurs généraux, préfets, sous-préfets, conseillers d'Etat, maîtres des requêtes, magistrats de la Cour des comptes, etc.

340. — Nous avons exposé plus haut les règles générales qui régissent ces sortes de pensions. — V. *suprà*, nos 5 et suiv.

341. — Il nous reste à ajouter ici que ces pensions ne peuvent jamais être accordées aux employés des ministères et autres administrations dont les pensions sont acquittées au moyen de retenues et conformément à des règlemens particuliers. — *Cons. d'Etat*, 21 janv. 1842, Morisset.

342. — On ne peut, d'ailleurs, réclamer, sur les fonds généraux du trésor, une pension civile exceptionnelle, pour cause de suppression d'emploi. — *Cons. d'Etat*, 7 juin 1836, Guichard de Montguers.

343. — Il n'y a exception à la règle générale, qui exige pour les pensions sur les fonds du trésor soixante ans d'âge et trente ans de service, qu'au cas d'infirmités contractées dans l'exercice des fonctions publiques, à l'occasion de ces mêmes fonctions, et qui en rendent, d'ailleurs, la continuation impossible. — *Cons. d'Etat*, 28 nov. 1839, Petriconi.

344. — Un préfet, par exemple, a droit à obtenir une pension de retraite, bien qu'il n'ait pas trente ans de service accomplis, lorsqu'il résulte de l'instruction qu'il est atteint d'infirmités graves contractées dans l'exercice et à l'occasion de ses fonctions. — *Cons. d'Etat*, 10 sept. 1835, Waters.

345. — Les pensions sur les fonds généraux du trésor, et notamment celles des préfets, ne commencent à courir que du premier jour du semestre qui suit leur inscription au trésor public, alors même que le fonctionnaire prouve que pendant plusieurs années il a fait toutes les diligences nécessaires pour obtenir la liquidation.— *Ibid.*

346. — Les années de service qu'un fonctionnaire public (par exemple un conseiller d'Etat) a remplies dans les emplois civils hors d'Europe (*spécialement* en Algérie) doivent lui être comptées pour deux années, lorsqu'il a, d'ailleurs, trente ans complets de services effectifs. — *Cons. d'Etat*, 30 juill. 1839, Pichon.

Sect. 5e. — *Pensions ressortissant au ministère des finances.*

§ 1er. — *Fonctionnaires et employés des administrations financières.*

347. — Pour dégréver l'État de la charge énorme des pensions de retraite, on eut, dès la réorganisation des administrations financières, la pensée d'assurer le service de ces pensions au moyen de retenues opérées sur les traitemens d'activité.

348. — C'est ainsi qu'un arrêté du gouvernement du 4 brumaire an IV soumit à une retenue d'un centime par franc les traitemens d'activité des agens de l'enregistrement et des domaines. Une mesure analogue fut prescrite pour former la caisse des retenues de l'administration des douanes (L. 2 flor. an V), et plus tard pour les retraites des agens forestiers. —L. 16 niv. an IX, art. 8.

349.—Cette faible retenue de 1 0/0, insuffisante pour opérer l'économie immédiate qu'on s'était proposée, fut bientôt portée à 2, 2 1/2, et même à 5 0/0.— Chevalier, *Jurisprudence admin.*, v° *Pensions.*

350. — Dans cette organisation primitive, des caisses de retraite, chaque branche de service avait sa caisse particulière, spécialement affectée aux pensions de ses employés.

351.—L'ordonnance royale du 12 janvier 1825, qui est encore aujourd'hui la loi de tous les fonctionnaires et employés du ministère des finances et des diverses directions générales qui en dépendent, est venue changer cet état de choses, et a prescrit la réunion en une caisse commune, sous la dénomination de *caisse générale des pensions de retraite des fonctionnaires et employés des finances*, des sept caisses spéciales alors établies pour subvenir au paiement des pensions de retraite des employés du ministère des finances, de l'enregistrement et des domaines, des forêts, des douanes, des contributions indirectes, des postes et de la loterie. —Ordonn. 12 janv. 1825, art. 1er.

352. — Les recettes de cette caisse générale se composent : 1° d'une retenue de 5 p. 0/0 sur les traitemens, remises proportionnelles, supplémens de traitement, et généralement sur toutes sommes, payées par l'Etat, autres que gratifications éventuelles, salaires de travail extraordinaire, indemnités de poste, frais de voyage, abonnement pour frais de bureau et de loyer, et remboursemens de dépenses; 2° de la retenue du premier mois d'appointemens; 3° de la retenue, pendant le premier mois, de la portion de traitement accordée à titre d'augmentation; 4° des retenues déterminées sur les appointemens des employés en congé; 5° des prélèvemens réglés par le gouvernement sur les parts, attribuées par les lois aux employés, dans le produit des amendes, saisies et confiscations; 6° des fonds subventionnels, accordés par les lois et les budgets; 7° des arrérages de rentes et des intérêts des fonds appartenant à la caisse générale. — Ord. 12 janv. 1825, art. 2.

353. —Les fonds provenant des ressources affectées à la caisse générale des pensions sont, au fur et à mesure des recettes, et en exécution de l'art. 110 de la loi du 28 avr. 1816, et de l'ordonnance royale du 3 juillet suivant, mises à la caisse des dépôts et consignations, qui demeure exclusivement chargée du paiement des pensions accordées, sur leurs produits, d'après les états nominatifs envoyés par le ministre des finances.— *Ib.*, art. 4.

354. —Les employés peuvent obtenir pension sur la caisse générale lorsqu'ils ont soixante ans d'âge et trente ans accomplis de service, dont au moins vingt années au ministère des finances ou dans l'une des six administrations désignée *suprà* n° 351.—*Ib.* art. 6.

355. — Il suffit de vingt-cinq ans de service pour les employés, désignés ci-après, du service *actif* de l'administration des finances, pourvu qu'ils aient passé quinze ans dans ce service. — *Ib.*

356. — Le service actif de l'administration des finances comprend : les douanes, les contributions indirectes, les forêts et les postes.

357. — Les employés de ces diverses administrations auxquels s'applique la disposition de l'avant-dernier numéro sont : 1° *Pour les douanes*, les contrôleurs de brigades, capitaines, commandans d'embarcations, lieutenans principaux, d'ordre, à cheval et à pied, cavaliers et cavaliers d'ordre, préposés, pilotes et sous-pilotes, patrons et sous-patrons, timoniers et matelots, novices et mousses, peseurs et plombeurs.

358. — 2° *Pour les contributions indirectes :* les contrôleurs ambulans, de ville, de culture de tabac, les receveurs ambulans à cheval et à pied, les brigadiers et sous-brigadiers à cheval et à pied, les commis à cheval et à pied, les commis aux exercices, les employés du service de la garantie, les préposés en chef d'octroi.

359. — Tous les employés au service de la garantie, et notamment les présenteurs au bureau de la garantie à Paris, doivent être considérés, aussi bien que les contrôleurs et commis aux barrières, comme des agens actifs de l'administration des contributions indirectes et ont, à ce titre, aux termes de l'art. 6 de l'ordonnance du 12 janv. 1825, droit à une pension exceptionnelle accordée à soixante ans d'âge pour vingt-cinq ans de service, dont quinze dans le service de l'administration.—*Cons. d'Etat*, 21 avr. 1836, Mozard.

360. — 3° *Pour les forêts :* les gardes à cheval et les gardes à pied.

361. — Les gardes généraux forestiers ne sont pas considérés comme faisant partie du service actif de l'administration des finances. A défaut de trente ans de service, ils ne peuvent, dès lors, obtenir une pension à titre exceptionnel qu'en justifiant de quarante-cinq ans d'âge, quinze ans de service dans le département des finances et d'infirmités contractées dans l'exercice de ces fonctions. — *Cons. d'Etat*, 18 fév. 1836, Vuillemot.

362. — 4° *Pour les postes*, les facteurs.

363. — L'employé qui, après avoir passé quinze ans dans le service actif, est dans le service sédentaire au moment où il est admis à faire valoir ses droits à la retraite, n'est pas recevable à se prévaloir du temps qu'il a passé dans le service actif pour demander que la pension lui soit accordée à vingt-cinq ans de service seulement. — *Cons. d'Etat*, 21 déc. 1843, Gardeaux-Gardeland.

364. — Ainsi, par exemple, un *employé* des postes ne peut réclamer le bénéfice de ces exceptions : s'il n'a pas, avec d'autres services publics, vingt ans de service dans l'administration même des finances, à partir de l'âge de vingt ans. — *Ib.*

365. — Jugé encore, dans le même sens : qu'un employé des douanes attaché au service sédentaire ne peut après vingt-sept ans dix mois et vingt-six jours de service obtenir une pension de retraite. — *Cons. d'Etat*, 3 avr. 1834, Mangin.

366. — Pour que les employés sédentaires des égies financières aient droit à pension avant trente ans de service, il faut qu'ils justifient, indépendamment des diverses conditions d'âge et de service fixées par les règlemens, d'infirmités notoirement occasionnées par l'exercice de leurs fonctions. — *Cons. d'Etat*, 31 janv. 1838, Martineau.

367. — Il faut même qu'il soit justifié que les infirmités ont été contractées avant la cessation et pendant l'exercice des fonctions.—*Cons. d'Etat*, 17 oct. 1834, Magnier; 12 déc. 1834, Rioult.

368. — ... Et ces différentes justifications doivent être établies par la notoriété.—*Cons. d'Etat*, 29 mars 1833, Varin; 6 juin 1834; Turben; 25 mars 1835, Croizier; 10 sept. 1835, Waters; 16 nov. 1835, Durand; 6 avril 1836, Couway de Cotte; 5 sept. 1836, Lacroix.

369. — Tout employé reconnu hors d'état de continuer utilement ses fonctions peut, quel que soit son âge, être admis à la pension, s'il réunit la durée et la nature des services indiqués ci-dessus. — Ord. 12 janv. 1825, art. 7.

370. — Peuvent, exceptionnellement, et sur la proposition de leur administration respective, obtenir pension : ... 1° Quels que soient leur âge et le nombre de leurs années de services, les employés du service actif mis hors de service à la suite d'un engagement contre des fraudeurs, des rébellionnaires, et généralement par suite de lutte ou combat soutenus par eux pour l'exercice de leurs fonctions; et ceux qui seraient mis dans l'impossibilité de les continuer par accident fortuit relatif aux mêmes fonctions. — *Ibid.*, art. 8.

371. — ... 2° S'ils ont quarante-cinq ans d'âge et s'ils comptent quinze ans de service dans le département des finances, ou seulement quarante ans, et dix années de services dans la partie active, les employés notoirement devenus infirmes par le résultat de l'exercice de leurs fonctions. — *Ibid.*

372. — Les dispositions exceptionnelles de l'art. 8 de l'ordonnance du 12 janv. 1825, aux termes desquelles il peut être accordé des pensions, avant le temps voulu pour la retraite, aux employés blessés par accident fortuit relatif à leurs fonctions, ne sont applicables qu'à l'employé mis hors de service par suite de ses blessures. — *Cons. d'Etat*, 4 mai 1838, Bruno de Serres.

373. — Un employé qu'un accident de cette nature force seulement à passer du service actif dans le service sédentaire, ne peut s'en prévaloir pour réclamer la pension avant le temps fixé par les règlemens. — *Ibid.*

374. — Le Conseil d'Etat est compétent pour apprécier, par la voie contentieuse, et dans un sens opposé au ministre, ainsi qu'au comité des finances, la cause des infirmités d'un employé qui réclame une pension exceptionnelle par application de l'art. 8 de l'ordonnance du 12 janv. 1825. — *Cons. d'Etat*, 15 août 1839, Arnoux ; 21 et 26 nov. 1839, Beaupré, Raynal.

375. — Les employés admis à faire valoir leurs droits à la retraite sont tenus de produire leurs titres, au plus tard dans les trois mois. — Ord. 12 janv. 1825, art. 9.

376. — Ceux qui se sont mis en devoir de remplir cette condition conservent leur emploi jusqu'à l'ordonnance qui fixe la liquidation de leur pension. — *Ibid.*

377. — Dans le cas où il est reconnu que l'employé n'a pas droit à la retraite, l'administration est appelée à délibérer s'il peut, ou non, être conservé dans ses fonctions. — *Ibid.*

378. — Pour déterminer la fixation de la pension, il est fait une année moyenne du traitement fixe dont les employés admis à pension ont joui pendant les quatre dernières années de leur activité. — Ord. 12 janv. 1825, art. 10.

379. — Cette année moyenne s'établit, pour les employés auxquels les remises et salaires tiennent lieu de traitement fixe, savoir : pour les directeurs des postes à remises, sur les quatre cinquièmes desdites remises; et pour les conservateurs des hypothèques, et receveurs de l'enregistrement, sur les deux tiers seulement de leurs remises et salaires, les derniers cinquièmes et tiers devant être considérés comme indemnité de loyer et frais de bureau. — *Ibid.*

380. — La pension accordée après trente années de service est de la moitié du traitement fixe, établi comme il a été dit ci-dessus. Il en est de même de la pension accordée après vingt-cinq années de services rendus dans les fonctions désignées plus haut (n° 355). — *Ibid.*, art. 11.

381. — Après trente ans de service, ou après vingt-cinq ans de services actifs donnant droit à la moitié du traitement moyen, la pension s'accroît d'un vingtième de cette moitié pour chaque année en sus. — *Ibid.*

382. — En aucun cas elle ne peut excéder ni les trois quarts du traitement moyen, ni les *maximum* ci-après indiqués. — *Ibid.*

383. — Ces *maximum* sont ainsi établis, savoir : *Pour les traitemens fixes* de 1,000 fr. et au-dessous, à 750 fr.; de 1,001 fr. à 2,001 fr., à 1,400 fr.; de 2,001 fr. à 3,200 fr., à 1,600 fr.; de 3,201 fr. à 8,000 fr., à la moitié du traitement; de 8,001 fr. à 9,000 fr., à 4,000 fr.; de 9,001 fr. à 10,500 fr., à 4,500 fr.; de 10,501 fr. à 12,000 fr., à 5,000 fr.; au-dessus de 12,000 fr., à 6,000 f. — Tableau 2, annexé à l'ord. du 12 janv. 1825.

384. — ... *Pour les fonctionnaires à remises et salaires*, savoir : Les receveurs et conservateurs des hypothèques dans les chefs-lieux de département, à 2,000 fr.; les conservateurs des hypothèques dans les chefs-lieux d'arrondissement, à 1,500 fr.; les receveurs d'enregistrement dans les chefs-lieux d'arrondissement ou de canton, à 1,000 fr.; les employés de l'atelier général du timbre à Paris et du timbre dans les départemens, à la moitié du traitement; les facteurs, à 500 fr. — *Ibid.*

385. — Les remises et salaires n'entrent dans la liquidation que pour les employés qui n'ont pas de traitement fixe. — *Cons. d'Etat*, 22 juin 1836, Houpiart.

386. — Les employés du service actif mis hors de service par le résultat de lutte soutenue contre des fraudeurs ou des rébellionnaires, peuvent obtenir une pension fixée à la moitié du dernier traitement d'activité dont ils ont joui. — Ordonn. 12 janv. 1825, art. 12.

387. — Ceux de ces employés qui sont mis dans l'impossibilité de continuer leurs fonctions par accident fortuit relatif aux mêmes fonctions, obtiennent, s'ils ont moins de dix ans de service, une pension calculée sur dix années d'activité et sur le dernier traitement qui leur était attribué. — *Ibid.*

388. — Les pensions des employés admis exceptionnellement à la retraite sont liquidées à raison d'un soixantième de leur traitement moyen, pour chaque année de service; mais dans le cas où la pension est limitée par un *maximum* inférieur à la moitié de l'année moyenne de leur traitement, cette pension est fixée à raison d'un trentième de ce *maximum* pour chaque année d'exercice. — Ordonn. 12 janv. 1825, art. 13.

389. — Les liquidations sont établies sur la durée effective des services; néanmoins, les fractions de mois et celles de franc sont négligées. — *Ibid.*, art. 14.

§ 2. — *Pensions des veuves et des orphelins.*

390. — La veuve d'un pensionnaire ou celle d'un employé décédé dans l'exercice de ses fonctions a droit à la réversion du quart de la pension que son mari avait obtenue ou dont il aurait joui, lors seulement que celui-ci avait, au moment de sa mise en retraite ou de son décès, trente ans accomplis de services civils. — Ordonn. 12 janv. 1825, art. 15.

391. — Il n'est dérogé à cette règle qu'en faveur des veuves d'employés décédés ou mis en retraite après vingt-cinq ans de service dans la partie active de l'administration des finances. — *Ibid.*

392. — La pension de la veuve, si elle est âgée de cinquante ans au moment du décès de son mari, ou si elle a plusieurs enfans au-dessous de seize ans, est portée au tiers de celle attribuée à l'employé; elle est de la moitié dans tous les cas où elle ne s'élèverait pas à la somme de 125 fr., mais sans toutefois qu'elle puisse dépasser cette somme. — *Ibid.*, art. 16.

393. — Généralement, les veuves d'employés des régies financières n'ont droit à la réversion d'une part de la pension de leurs maris qu'autant que ceux-ci sont morts en jouissance d'une pension de retraite. — *Cons. d'Etat*, 27 avr. 1838, Deschamps de Blot.

394. — Il a d'ailleurs été décidé que pour que les veuves aient droit à cette réversion il faut que leurs maris aient accompli, au moment de leur retraite, trente ans de services civils, ou vingt-cinq ans de service dans la partie active de l'administration des finances. — *Cons. d'Etat*, 27 avr. 1838, Deschamps de Blot; 4 juill. 1838, Cotte.

395. — Un employé ayant plus de trente ans de services dans les régies financières, mais moins de soixante ans d'âge, sans être incapable de les continuer pour cause d'infirmités et sans être admis à jouir d'une pension de retraite pour passer à de nouvelles fonctions dans une autre branche d'administration dont les employés n'alimentent pas la caisse de retenue, ne laisse pas à sa veuve des droits à une pension sur la caisse de retenue du ministère des finances. — *Cons. d'Etat*, 27 avr. 1838, Deschamps de Blot.

396. — Jugé par application de ces principes que lorsqu'une pension liquidée au profit d'un employé n'a pas été allouée pour trente ans de services civils sa veuve n'a pas droit à la réversion. — *Cons. d'Etat*, 27 avr. 1838, Deschamps de Blot; 6 fév. 1839, Chéron.

397. — La veuve d'un employé qui a perdu la vie par un accident fortuit relatif à ses fonctions, ou qui meurt dans les six mois qui suivent l'accident, sans avoir dix ans de service, peut obtenir une pension égale au tiers de celle à laquelle l'employé aurait eu le droit de prétendre. — Ordonn. 12 janv. 1825, art. 17.

398. — Il a été jugé qu'on ne doit pas considérer comme accident fortuit donnant droit à pension en faveur de la veuve, aux termes de l'art. 17 de l'ordonnance du 12 janv. 1825, la mort de l'employé, résultant presque immédiatement de fatigues éprouvées dans l'exercice de ses fonctions. — *Cons. d'Etat*, 18 fév. 1839, Sanceren.

399. — Jugé toutefois que la mort d'un contrôleur des contributions directes arrivée par suite d'un travail excessif auquel il s'était livré pour l'exécution du recensement dans une ville où cette opération éprouvait des difficultés, peut être considérée comme étant le résultat d'un accident fortuit relatif à ses fonctions et donne par conséquent à sa veuve droit à la pension autorisée par l'art. 17 du règlement du 12 janv. 1825. — *Cons. d'Etat*, 31 juillet 1843, Martin.

400. — La veuve de l'employé qui perd la vie dans un engagement contre des fraudeurs, des rébellionnaires, et généralement par suite de lutte ou combat soutenus par lui pour l'exercice de ses fonctions, ou qui vient à décéder dans les six mois de ses blessures, soit que la pension ait été ou non liquidée, a droit à une pension égale à la moitié du dernier traitement d'activité dont son mari a joui. — Ord. 12 janv. 1825, art. 18.

401. — Hors le cas de mort dans les six mois des blessures reçues dans les circonstances et pour les causes ci-dessus énoncées, la veuve n'a droit qu'à la réversion du tiers de la pension dont son mari était titulaire. — *Ibid.*

402. — La pension de réversion attribuée aux veuves des employés des finances ne peut être modifiée par des règlemens postérieurs à la liquidation de la pension de leurs maris. — *Cons. d'Etat*, 30 sept. 1830, Masson de Longpré; 1er fév. 1833, Thomas; 25 juill. 1834, Brothier; 3 fév. et 6 mars 1835, Pâris, Colin.

403. — Il est d'ailleurs de règle que la pension de la veuve d'un employé décédé en jouissance d'une pension de retraite doit être fixée sur celle qu'a obtenue son mari. — *Cons. d'Etat*, 5 mai 1831, Champeaux.

404. — Par suite: lorsque l'employé n'a pas réclamé en temps utile contre la fixation de sa pension, et que cette pension se trouve irrévocablement fixée; la veuve, qui a droit au tiers, n'est pas fondée à réclamer contre la liquidation. — *Ibid.*

405. — Les pensions que les veuves d'employés obtiennent par la réversion de partie de la pension de leurs maris ne peuvent être cumulées avec le traitement d'un emploi public. — *Cons. d'Etat*, 6 juill. 1843, Baud.

406. — *Spécialement*, la veuve d'un d'employé de l'administration centrale des postes ne peut cumuler la partie de la pension de celui-ci à la réversion de laquelle elle aurait droit avec le traitement dont elle jouit comme directrice d'un bureau de poste. — *Ibid.*

407. — La veuve, pouvant prétendre à pension, aux termes des dispositions qui précèdent, n'est toutefois admise à la réclamer, qu'autant qu'elle justifie : 1° qu'elle était mariée cinq ans avant la mort de l'employé décédé en activité ou cinq ans avant la mise en retraite de l'employé mort pensionnaire, ou, dans les cas ci-dessus prévus (nos 397 et suiv.) avant l'événement qui aurait amené la mort ou la mise en retraite de l'employé ; 2° qu'il n'existait pas de séparation de corps entre eux. — Ordonn. 12 janv. 1825, art. 19.

408. — Si la pension est réversible, mais que la veuve ne soit pas habile à la recueillir, faute par elle de remplir les conditions qui viennent d'être indiquées, elle peut être réclamée et elle est partagée, par portions égales, entre tous les enfans, issus de l'employé décédé, y ayant droit. — Ord. 12 janv. 1825, art. 20.

409. — Il en est de même dans le cas où la veuve a convolé en secondes noces et dans celui de séparation de corps. — *Ibid.*

410. — La pension se distribue, par égales portions, entre les enfans qui y ont droit et s'éteint proportionnellement, sans réversion de l'un à l'autre, à mesure que chacun d'eux atteint sa seizième année ou vient à décéder avant d'y être parvenu. — Ord. 12 janv. 1825, art. 21.

411. — Dans le cas où il existerait des enfans de plusieurs mariages et une veuve ayant droit à la réversion, la portion réversible de la pension est partagée également entre tous les enfans âgés de moins de seize ans et la veuve, qui compte pour deux têtes, si elle n'a pas d'enfans de son mariage avec l'employé décédé ou le pensionnaire. — Si elle a des enfans, la pension est attribuée pour moitié à la veuve; et pour l'autre moitié aux enfans des premiers mariages, âgés de moins de seize ans. — *Ibid.*, art. 22.

412. — Les pensions susceptibles d'être accordées aux veuves et aux orphelins d'employés qui ont péri par suite d'événemens se rattachant à l'exercice de leurs fonctions (V. *suprà*, nos 397 et suiv.), peuvent être, en raison de circonstances particulières, portées à la somme de 125 fr. pour la veuve ou de 50 fr. pour chaque enfant resté orphelin. — *Ibid.*, art. 23.

§ 3. — *Services admissibles.*

413. — La contribution au fonds de retenues est une condition nécessaire et indispensable pour donner droit à une pension sur les fonds de la caisse générale des retraites. — *Ibid.*, art. 24.

414. — En conséquence : les fonctionnaires et employés qui, depuis la promulgation de l'ordonnance du 12 janv. 1825, sont entrés dans l'une des parties de l'administration des finances ne peuvent compter comme services civils, utiles pour la retraite, que ceux pour lesquels ils ont été soumis à une retenue au profit de la caisse générale, ou, s'il y a réciprocité, au profit de l'une des caisses de retraite établies dans un département ministériel. — *Ibid.*

415. — Les services militaires non récompensés sont admis dans la liquidation des pensions des employés, et rétribués dans les proportions déterminées pour chaque grade par les règlemens relatifs aux pensions militaires. — Ord. 12 janv. 1825, art. 25.

416. — Les services militaires récompensés par une pension sur fonds généraux concourent avec les services civils postérieurs pour établir le droit à pension, mais n'entrent pas dans la fixation numérique de la pension liquidée sur les fonds de la caisse générale; la jouissance de la pension militaire sur fonds généraux continue d'avoir son cours cumulativement avec celle de la pension assignée sur les fonds de la caisse générale. — Sont rejetés ceux de ces services qui ne seraient pas admis dans la liquidation des pensions militaires par le ministre de la guerre. — *Ibid.*

417. — En conséquence de cette disposition, on doit continuer de compter aux fonctionnaires et employés qui étaient alors en activité, comme services utiles pour la retraite, les services militaires et civils admis jusque-là dans la liquidation des pensions sur les fonds de retenues des employés du ministère ou de l'une des administrations des finances. — *Ibid.*, art. 26.

418. — Les services civils, admissibles pour la retraite, ne peuvent être comptés qu'à partir de l'âge de vingt ans accomplis, et seulement à la date du premier traitement d'activité. — *Ibid.*, art. 27.

419. — Il n'est dérogé à cette règle qu'en faveur des facteurs de la poste et des matelots de l'administration des douanes, dont les services en cette qualité, pourvu qu'ils aient été salariés, leur sont comptés à partir de l'âge de dix-huit ans. — *Ibid.*

420. — Ne sont comptés dans aucun cas et sous aucun prétexte les services rendus comme suppléant, adjoint, élève ou surnuméraire, et généralement les services qui n'auraient pas été rendus dans le titre et la qualité de l'emploi dont on aurait exercé les fonctions. — *Ibid.*

421. — Mais on ne peut faire entrer dans la liquidation des mêmes pensions les services rendus à une commune et payés sur le budget municipal. — *Cons. d'Etat*, 18 fév. 1836, Vuillemot; 29 juin 1832, Clausson.

422. — Ainsi, un garde général forestier n'est pas admissible à compter au nombre de ses services ceux qu'il a rendus comme garde forestier communal, avec un traitement payé non sur les fonds de l'État, mais sur ceux de la commune. — *Ibid.*, et 2 juin 1843, Manin.

423. — Les services militaires de terre et de mer sont admis pour le temps effectif de leur durée, sans doublement pour les années de campagnes et sans addition pour les années de grâce. — Ord. 12 janv. 1825, art. 28.

424. — Tout employé destitué perd ses droits à la retraite, lors même qu'il aurait l'âge et le temps de service nécessaires pour l'obtenir. Cependant, si l'employé a été réadmis dans la même administration, le temps de son premier service lui est compté pour la pension. — *Ibid.*, art. 29.

425. — Toute démission avant soixante ans d'âge et trente ans de service fait perdre le droit à la pension, à moins de réadmission ultérieure dans la même administration. — *Ibid.*, art. 30.

426. — La sortie d'une administration pour passer immédiatement dans une autre ou dans le service militaire n'est pas considérée comme démission. — *Ibid.*

427. — Les services civils dont la durée n'a pas été d'une année consécutive, et ceux qui sont interrompus par une inactivité de plus de dix années, ne sont pas admis. — *Ibid.*, art. 31.

428. — Les employés qui, sur leur demande, sont remplacés par leurs femmes ou leurs enfans, à moins que ces derniers ne soient employés dans

la même administration et dans un grade immédiatement inférieur, ne peuvent prétendre à la pension de retraite, quel que soit le nombre de leurs années de service. — *Ibid.*, art. 32.

§ 4. — *Demandes en pension. — Justification. — Jouissance des titulaires.*

429. — Tout employé admis à faire valoir ses droits à la retraite doit produire, indépendamment de son acte de naissance et d'un certificat de la dette inscrite au Trésor royal, constatant qu'il jouit, ou qu'il ne jouit pas, d'une pension sur fonds généraux, les pièces ci-après :

430. — ... 1° *Pour la justification des services civils* : un extrait des registres ou sommiers de l'administration à laquelle il appartient, dûment certifié par les chefs, énonçant ses noms et prénoms, sa qualité, la date et le lieu de sa naissance, la date de son entrée dans l'emploi avec traitement, la série de ses grades et services, l'époque et les motifs de leur cessation, et le montant du traitement dont il a joui pendant chacune des quatre dernières années de son activité. — *Ibid.*, art. 33.

431. — Lorsqu'il n'a pas existé de registres, ou que tous les services administratifs ne se trouvent pas inscrits sur les registres existans; il y est suppléé : soit par un certificat du chef ou des chefs compétens des administrations où l'employé a servi, présentant les indications ci-dessus énoncées; soit par un extrait des comptes et états d'émargement, certifié par le greffier de la Cour des comptes. — *Ibid.*

432. — A défaut de ces justifications, et lorsque pour cause de destruction des archives d'où on aurait pu les extraire, ou du décès des fonctionnaires supérieurs, l'impossibilité de les produire est prouvée, des actes de notoriété peuvent être admis, conformément à l'ordonnance du 13 nov. 1816. — *Ibid.*

433. — ... 2° *Pour la justification des services militaires de terre et de mer* : soit un congé en bonne forme, soit un certificat du ministère de la guerre ou de la marine; ce certificat doit indiquer la nature des services, leur durée, et faire connaître les causes de leur cessation. — En outre, il doit être produit un certificat qui constate que ces services n'ont pas été récompensés sur les fonds de la caisse des invalides de la guerre ou de la marine. — *Ibid.*

434. — Les veuves auxquelles le décès de leurs maris ouvre un droit à pension doivent fournir, avec les pièces que ceux-ci auraient été tenus de produire, leur acte de naissance, l'acte de célébration de leur mariage, l'acte de décès de leur mari, et un certificat constatant qu'il n'y a pas eu entre eux séparation de corps. — Elles doivent produire, en outre, si elles ont des enfans au-dessous de seize ans, les actes de naissance et les certificats de vie de chacun d'eux. — *Ibid.*, art. 34.

435. — Les tuteurs des orphelins doivent produire, pour leurs pupilles, leurs actes de naissance, les actes de mariage et de décès de leur père et mère, et les titres de services et justifications indiqués ci-dessus. — *Ibid.*, art. 35.

436. — Les demandes à fin de pensions, ou les propositions des administrations ayant pour objet l'admission à la retraite des employés, doivent être adressées, avec les pièces justificatives, au ministre des finances, qui, après en avoir fait préparer la liquidation, les renvoie à l'examen du comité des finances pour être ensuite soumises à l'approbation du gouvernement. — *Ibid.*, art. 36.

437. — Les pensionnaires sont inscrits, au ministère des finances, sur un registre spécial, indiquant leurs noms, prénoms, date de naissance, l'administration à laquelle ils appartenaient en dernier lieu, le montant de leurs pensions, la date de jouissance, celle des décrets et ordonnances qui les ont accordées, et leurs motifs. — Chaque pensionnaire doit être porteur d'un certificat de cette inscription, signé du fonctionnaire désigné par le ministre des finances. — *Ibid.*, art. 37.

438. — Les pensionnaires sur les fonds de la caisse générale sont assujettis aux dispositions des lois des 25 mars 1817 et 15 mai 1818, relatives aux déclarations et justifications à faire. — *Ibid.*, art. 38.

439. — Après la reconnaissance provisoire des droits de l'employé à obtenir pension, s'il est constaté qu'il est dans le besoin, le ministre des finances peut lui faire avancer, à titre de provision, un secours proportionné à la pension présumée, et dont le montant est précompté sur le paiement des arrérages de la pension. — *Ibid.*, art. 39.

440. — Les pensions dont les arrérages n'ont pas été réclamés pendant trois années à compter de l'échéance du dernier paiement, sont censées éteintes et ne sont plus comprises dans les états de paiement. — Si le pensionnaire se présente après la révolution des trois années, les arrérages ne commencent à courir qu'à compter du premier jour du trimestre qui suit celui dans lequel il aura obtenu le rétablissement de la pension. — *Ibid.*, art. 40.

441. — La prescription de trois ans établie par l'art. 40 de l'ordonnance du 12 janv. 1825 contre les employés des administrations financières, qui laissent passer ce délai, sans réclamer les pensions auxquelles ils peuvent avoir droit, est applicable même aux employés qui, bien qu'ayant formé une demande en temps utile, ne l'ont pas fait accompagner de toutes les pièces justificatives ou n'ont pas, au moins, produit ces pièces dans les trois ans. — *Cons. d'Etat*, 15 juill. 1842, Salomon.

442. — Jugé également que cette prescription est applicable lorsqu'après une première demande, non suivie de solution, ou suivie d'une solution non notifiée à l'ayant droit, celui-ci laisse passer trois années sans renouveler sa réclamation. — *Cons. d'Etat*, 18 nov. 1842, de Surion.

443. — Lorsqu'en raison de causes ou de circonstances extraordinaires il y a lieu de présumer l'absence d'un employé titulaire de pension, et s'il s'est écoulé plus de trois ans sans qu'il y ait eu de sa part réclamation des arrérages; la femme ou les enfans qu'il a laissés peuvent si, d'ailleurs, ils justifient de leurs droits à la réversion l'obtenir à titre de pension alimentaire. — *Ibid.*, art. 41.

444. — Les pensions courent au profit de l'employé mis en retraite, à dater du jour de la cessation de son traitement d'activité; et au profit de la veuve et des enfans, du jour du décès de l'employé ou de la mère. — *Ibid.*, art. 42.

445. — Les anciens services civils, admissibles d'après les dispositions qui précèdent, et qui sont déjà récompensés par une pension sur fonds généraux, sont comptés avec les services postérieurs pour régler une pension nouvelle en raison de la généralité des services. — *Ibid.*, art. 43.

446. — Lorsqu'un pensionnaire est remis en activité de service, le paiement de sa pension est suspendu. — *Ibid.*, art. 44.

447. — Mais après la cessation de la nouvelle activité, la pension reprend son cours. Si le pensionnaire a rendu de nouveaux services, et si la pension n'a pas atteint le maximum; il est procédé à une nouvelle liquidation, qui réunit les derniers services avec les précédens. — *Ibid.*

448. — Nul fonctionnaire ou employé de l'administration des finances, à l'exception des directeurs généraux, auxquels cette faculté est laissée, ne peut, même en renonçant au bénéfice éventuel d'une pension sur la caisse générale, s'affranchir de la retenue de 5 0/0; et dans aucun cas les employés, leurs veuves et orphelins ne peuvent prétendre au remboursement des retenues exercées au profit de la caisse générale. — *Ibid.*, art. 45.

449. — Il a été jugé que, lorsque, par suite de la suppression d'emplois dépendant de l'administration des finances, une ordonnance a, par mesure générale, déclaré que les titulaires de ces emplois auront droit à la pension, s'ils ont, par exemple, 24 ans de service (au lieu des trente ans fixés par les règlemens); cette mesure doit être considérée comme assimilant les droits attribués aux services ainsi rémunérés, à ceux qui résultent de trente ans de services. — *Cons. d'Etat*, 28 janv. 1841, Dareste.

450. — ... Et que, par conséquent, les veuves des employés ont, en pareil cas, droit à la réversion du tiers de la pension qui leur est attribuée par l'ordonnance du 12 janv. 1825, bien que l'ordonnance de suppression d'emplois et celle qui a spécialement fixé le temps de service nécessaire pour la pension des titulaires ne s'en soient pas expliquées. — *Cons. d'Etat*, 28 janv. 1841, Dareste; 14 juill. même année, Soyez.

Sect. 6e. — *Justice. — Culte. — Légion d'honneur. — Imprimerie nationale.*

§ 1er. — *Magistrats et employés du ministère de la justice et du Conseil d'Etat.*

451. — Les recettes de la caisse des retraites du ministère de la justice se composent, depuis le 1er janv. 1832 : 1° d'une retenue de 5 0/0 sur le traitement des présidens, conseillers et juges en la Cour de cassation, les Cours d'appel, les tribunaux de première instance et justices de paix, ainsi que sur celui des procureurs de la République, avocats généraux et substituts près les cours et tribunaux; — 2° de la retenue des premiers mois de traitement; — 3° de la retenue, pendant le premier mois, de toutes les augmentations de traitement obtenues soit dans les mêmes fonctions, soit par suite de promotion à une place supérieure; — 4° des fonds subventionnels, accordés par les lois de finance. — Ord. 4 févr. 1832, art. 1er.

452. — Ces dispositions sont applicables aux chefs de service et employés de l'administration centrale de la justice et des bureaux du Conseil d'Etat. — *Ibid.*, art. 2.

453. — Les magistrats, qui appartiennent soit à la Cour de cassation ou d'appel, soit aux tribunaux de première instance, que la cécité, la surdité ou d'autres infirmités graves mettent hors d'état d'exercer leurs fonctions peuvent être admis à prendre leur retraite. — Décr. 2 oct. 1807, art. 1er.

454. — Lorsque ceux qui se trouvent dans l'un des cas ci-dessus déterminés négligent de demander leur retraite; les présidens et procureurs généraux en donnent avis au ministre de la justice, qui, après avoir demandé les observations de celui auquel on propose d'accorder une retraite, en fait son rapport au gouvernement. — Décr. 2 oct. 1807, art. 2.

455. — Les officiers des cours et tribunaux, en retraite, conservent leurs titres, leur rang et leurs prérogatives honorifiques, sans néanmoins pouvoir exercer leurs fonctions. Ils continuent d'être portés sur le tableau, et d'assister aux cérémonies publiques. — Décr. 2 oct. 1807, art. 3.

456. — La pension des magistrats est fixée par le gouvernement pour chaque cas particulier. — Décr. 2 oct. 1807, art. 4.

457. — Les demandes à fin de pension doivent être adressées au garde des sceaux ministre de la justice. — Ord. 23 sept. 1814, art. 2.

458. — Les officiers des cours et tribunaux et justices de paix, ainsi que les fonctionnaires et employés au ministère de la justice, n'ont droit à la pension de retraite qu'après trente ans de services publics effectifs, dont au moins dix ans dans l'ordre judiciaire ou à la chancellerie. — Ord. 23 sept. 1814, art. 4.

459. — Toutefois, la pension peut être accordée avant le terme qui vient d'être indiqué à ceux des magistrats ou employés que des accidens ou des infirmités rendraient incapables de continuer leurs fonctions, ou qui se trouveraient réformés par le fait de la suppression de leur emploi, pourvu qu'ils aient au moins dix années de service dans les cours, tribunaux et justices de paix ou dans la chancellerie. — Ordonn. 23 sept. 1814, art. 5.

460. — Lorsqu'un magistrat a été remplacé sans avoir été admis en termes exprès à faire valoir ses droits à la retraite, et qu'il justifie qu'avant son remplacement il était atteint d'infirmités contractées dans l'exercice de ses fonctions et qui ne lui auraient pas permis de continuer son service; il a droit à la pension accordée pour cause d'infirmités par l'art. 5 du règlement du 23 septembre 1814, s'il réunit d'ailleurs le temps de service exigé par ce règlement. — *Cons. d'Etat*, 24 mai 1836, Desclaux; 2 juin et 19 juill. 1837, Guillet, Guirand de Labaume; 15 août 1839, Arnoux.

461. — Un employé du ministère de la justice, qui cesse ses fonctions, par suite d'un arrêté ministériel, aux termes duquel il est admis à faire valoir ses droits à la retraite, a droit à la pension aux termes de l'art. 5 de l'ordonnance du 5 septembre 1814, lorsqu'au moment de son remplacement il compte plus de dix ans de service dans la magistrature et à la chancellerie, et qu'il justifie d'infirmités graves contractées dans l'exercice de ses fonctions. — *Cons. d'Etat*, 9 mai 1838, Guerry de Champneuf.

462. — On compte comme service effectif tout le temps d'activité dans les fonctions législatives, judiciaires ou administratives ressortissant au gouvernement. — Ordonn. 23 sept. 1814, art. 6.

463. — La pension acquise après trente ans de service est de la moitié du traitement. Elle s'accroît du vingtième de cette moitié pour chaque année de service au delà de trente ans. — Ord. 23 sept. 1814, art. 7.

464. — La pension accordée avant trente ans de service et dans le cas prévu ci-dessus (V. n° 459) est, pour les dix premières années, du tiers de celle qui aurait été acquise pour trente ans de service, avec accroissement du trentième pour chaque année de service au-dessus de dix ans. — Ordonn. 23 sept. 1814, art. 8; 22 fév. 1821, art. 1er.

465. — La fraction de service au-dessous de sept mois n'est pas comptée; celle de sept mois et au-dessus l'est pour une année. — Ordonn. 23 sept. 1814, art. 9.

466. — La quotité de la pension est réglée, dans tous les cas, sur le taux moyen du traitement dont les officiers de justice et employés ont joui pendant les trois dernières années de leur service. — *Ibid.*, art. 10.

467. — La pension ne peut être fixée à moins de 200 fr. ni excéder les deux tiers du traitement; elle ne peut également s'élever à plus de 6,000 fr., quel que soit le taux du traitement. — *Ibid.*, art. 11.

468. — Un magistrat ne peut cumuler une rente accordée à titre de pension avec son traitement d'activité; il faudrait qu'il fût compris dans les exceptions nominatives établies par l'art. 13 de la loi du 15 mai 1818. — *Cons. d'Etat*, 16 sept. 1831.

469. — Les veuves et orphelins des magistrats et employés décédés en activité de service après dix années d'exercice, ou ayant été admis à la pension de retraite, peuvent obtenir une pension ou des secours, en justifiant que l'état de leur fortune leur rend les pensions ou secours nécessaires. — Ordonn. 23 sept. 1814, art. 12.

470. — Les orphelins ne peuvent recevoir de pensions ou secours que jusqu'à ce qu'ils aient atteint l'âge de dix-huit ans révolus, à moins qu'ils ne soient affligés d'infirmités graves et incurables. Les pensions ou secours cessent également à l'égard de ceux des orphelins qui, par grâce spéciale, seraient élevés dans quelque établissement à la charge du gouvernement. — *Ibid.*, art. 13.

471. — Les pensions ou secours qui sont accordés à une veuve et à ses enfans, quel que soit le nombre de ces enfans, ne peuvent jamais excéder les deux tiers de la pension que leur mari et père aurait obtenue. — *Ibid.*, art. 14.

472. — La destitution ou révocation emporte déchéance du droit à la pension. Tout magistrat et employé démissionnaire perd aussi ses droits à la pension. — *Ibid.*, art. 15.

473. — Nul ne peut cumuler une autre pension avec celle qu'il aurait obtenue en vertu des dispositions qui précèdent, sinon dans les cas prévus par les lois. Il est tenu de justifier par un certificat du directeur de la dette inscrite au trésor national, qu'il ne jouit d'aucune pension sur fonds généraux. — *Ibid.*, art. 16.

474. — La liquidation des pensions est faite à la chancellerie, et déférée ensuite à l'un des comités du Conseil d'Etat, qui ressortit à ce ministère, pour, sur le rapport du garde des sceaux, être statué par le gouvernement en la forme d'arrêt du conseil. — *Ibid.*, art. 20.

475. — Les diverses dispositions qui précèdent ont été rendues communes aux employés du Conseil d'Etat par une ordonnance du 19 juin 1816.

476. — Dans le cas où il y a lieu d'admettre à la retraite les membres des cours et tribunaux, que des infirmités graves et permanentes mettent hors d'état d'exercer leurs fonctions; il est formé une commission composée du premier président, des présidens de chambre et du doyen de la cour à laquelle appartient le magistrat désigné, ou dans le ressort de laquelle est établi le tribunal dont il fait partie, à l'effet de décider préalablement s'il y a lieu de procéder à la vérification de l'état de santé de ce magistrat. — L. 16 juin 1824, art. 1er et 2.

477. — Cette commission est convoquée d'office par le premier président ou sur la réquisition du procureur général. — *Ibid.*, art. 3.

478. — Le procureur général assiste aux délibérations de la commission et y est entendu. — *Ibid.*, art. 4.

479. — Il est dressé dans tous les cas procès-verbal des réquisitions du procureur général et des délibérations de la commission. — *Ibid.*, art. 5.

480. — Si la commission est d'avis qu'il existe des motifs suffisans de croire à la réalité de l'infirmité alléguée, elle ordonne qu'il en soit référé au ministre de la justice. Dans le cas contraire, elle déclare qu'il y a lieu de s'abstenir de plus amples vérifications. — *Ibid.*, art. 6.

481. — Lorsque la commission déclare qu'il en doit être référé; les pièces sont transmises, dans les trois jours, au garde des sceaux, qui ordonne, s'il y a lieu, qu'il soit informé. — *Ibid.*, art. 7.

482. — Si le garde des sceaux ordonne qu'il en soit informé, la cour est immédiatement convoquée en assemblée générale des chambres et nomme un ou plusieurs commissaires pour procéder à l'information. — *Ibid.*, art. 8.

483. — Les commissaires délégués par la cour recueillent tous les documens nécessaires et reçoivent, selon l'exigence des cas, les déclarations des témoins et des gens de l'art; ils reçoivent également les explications écrites ou verbales que présente le magistrat réputé atteint d'une infirmité incurable. Si ce magistrat refuse ou ne peut donner les explications demandées, il en est fait mention au procès-verbal. — *Ibid.*, art. 9.

484. — L'information est communiquée après la clôture au procureur général, qui peut requérir ce que de droit. — *Ibid.*, art. 10.

485. — Les commissaires font leur rapport dans les trois jours de la clôture définitive de l'information. La cour, après avoir entendu le procureur général, déclare si elle est d'avis qu'il y ait lieu d'admettre à la retraite le magistrat désigné. — *Ibid.*, art. 11.

486. — Dans le cas de l'affirmative, cette mesure peut être proposée au gouvernement par le ministre de la justice. — *Ibid.*, art. 12.

487. — Les magistrats admis à la retraite, en vertu de ces diverses dispositions, ont droit à une pension, qui est liquidée conformément aux lois et règlemens. Ils peuvent recevoir en outre le titre de président, de conseiller ou de juge honoraire, et jouissent des privilèges honorifiques attachés à ce titre. — *Ibid.*, art. 13.

488. — Lorsque la proposition tendant à faire admettre à la retraite a été rejetée, soit par la commission d'examen formée comme il a été dit ci-dessus, soit par la cour, elle ne peut être reproduite qu'après le délai de deux années. — *Ibid.*, art. 14.

489. — Les différentes dispositions ci-dessus sont applicables à la Cour des comptes. En ce cas, l'ordre d'informer est donné et la proposition d'admettre à la retraite est faite par le ministre des finances. — *Ibid.*, art. 15.

490. — La veuve d'un magistrat a droit à une pension sur les fonds de retenue du ministère de la justice : 1° lorsqu'au moment du décès de son mari celui-ci avait trente ans de services, susceptibles d'être récompensés; soit que la pension du mari ait été liquidée, ou que la liquidation n'en ait pas encore été faite : 2° lorsque son mari est décédé jouissant d'une pension de retraite concédée pour moins de trente ans de services et liquidée. — Ord. 17 août 1824, art. 1er.

491. — Dans le cas de la disposition qui précède, la pension de la veuve est du tiers de celle dont son mari jouissait ou qu'il aurait eu le droit d'obtenir; elle ne peut néanmoins être au-dessous de 100 fr. — *Ibid.*, art. 2.

492. — La veuve d'un magistrat décédé en activité et ayant moins de trente ans mais plus de dix ans de service dans l'ordre judiciaire, peut obtenir une pension, sur les fonds de retenue, en justifiant que cette pension lui est nécessaire. — *Ibid.*, art. 3.

493. — La pension est considérée comme nécessaire lorsque les revenus de la veuve, à l'époque du décès de son mari, sont inférieurs aux deux tiers de la pension que celui-ci aurait obtenue ou pu obtenir. — *Ibid.*

494. — La quotité de la pension qui peut être accordée dans les cas prévus ci-dessus est déterminée ainsi, savoir : lorsque les revenus de la veuve n'excèdent pas le tiers de la pension que son mari aurait obtenue ou pu obtenir, la pension de cette veuve est du tiers de celle du mari; sans pouvoir néanmoins être au-dessous de 100 fr. — *Ibid.*, art. 5.

495. — ... Lorsque la veuve jouit d'un revenu supérieur au tiers de la pension qui a été ou qui aurait pu être accordée au mari, la pension est réglée de manière que réunie à son revenu elle n'excède pas les deux tiers de la pension du mari. — *Ibid.*

496. — Si la veuve jouit d'un revenu supérieur ou égal aux deux tiers de la pension accordée ou qui a pu être accordée à son mari, il ne peut lui être accordé de pension. — *Ibid.*, art. 6.

497. — Il n'est point accordé de pension sur les fonds de retenue du ministère de la justice aux veuves qui n'auraient pas été mariées cinq ans avant la cessation des fonctions de leur mari; non plus qu'à celles qui seraient séparées de corps, lorsque la séparation a été prononcée sur la demande de leur mari. — *Ibid.*, art. 7.

498. — La liquidation des pensions des veuves des magistrats est préalablement soumise à l'examen de l'un des comités du Conseil d'Etat, et réglée ultérieurement par le gouvernement sur le rapport du garde des sceaux. — *Ibid.*, art. 8.

499. — La pension des veuves qui contractent un nouveau mariage cesse de plein droit dès le jour de la célébration. — *Ibid.*, art. 9.

500. — Les secours qui peuvent être accordés aux orphelins, dans les cas ci-dessus prévus, sont fixés, pour chacun, au vingtième de la pension que leur père aurait obtenue ou pu obtenir; néanmoins ces secours ne peuvent être au-dessous de 50 fr. — *Ibid.*, art. 10.

501. — Pour obtenir des secours, les tuteurs des orphelins, ou les orphelins eux-mêmes s'ils sont majeurs, doivent justifier de l'insuffisance de leurs revenus. — *Ibid.*, art. 11.

502. — Toutes les dispositions qui précèdent sont applicables aux veuves et orphelins des chefs et employés des bureaux du ministère de la justice et du Conseil d'Etat. — *Ibid.*, art. 12.

503. — Les veuves justifient de la manière suivante de la condition légale relative à la privation des moyens d'existence. — La veuve qui croit avoir droit à la pension doit se présenter devant le juge de paix du canton où est situé son domicile légal; elle fait devant lui la déclaration de ses revenus à l'époque du décès de son mari, et joint à l'appui de sa déclaration les extraits d'inventaires et autres documens authentiques qui peuvent servir à la vérifier. Cette déclaration est par elle affirmée sous la foi du serment, sous peine, en cas de fausse déclaration, de voir rayée la pension inscrite et d'être poursuivie en restitution des arrérages indûment perçus; le tout sans préjudice des peines plus graves prononcées par les lois. Le juge de paix dresse procès-verbal de la déclaration du serment, et y annexe les pièces à l'appui. — Ordonn. 16 oct. 1822, art. 1er; 17 août 1824, art. 4.

504. — Les tuteurs des orphelins doivent justifier, de la même manière que les veuves et sous les mêmes peines (V. *suprà*, n° 503), des revenus de leurs pupilles à l'époque où se sont ouverts leurs droits à la pension soit par le décès du père, soit par le décès ou l'incapacité légale de la mère. — Ordonn. 16 oct. 1822, art. 2; 17 août 1844, art. 11.

§ 2. — *Administration des cultes.*

505. — Les recettes de la caisse spéciale de retraite des employés des cultes se composent depuis le 1er juin 1832 : 1° d'une retenue de 5 centimes par franc sur les traitemens et indemnités à titre de gratification; 2° de la retenue du premier mois d'appointemens de tout employé nouvellement nommé; 3° de la retenue, pendant le premier mois, de la portion de traitement accordée à titre d'augmentation; 4° des retenues déterminées sur les appointemens des employés en congé; 5° des rentes en capital et arrérages appartenant à la caisse; 5° des fonds subventionnels, accordés par les lois. — Ordonn. 25 mai 1832, art. 1er.

§ 3. — *Chancellerie de la Légion d'honneur.*

506. — Le fonds de retraite des employés des bureaux de la grande chancellerie de l'ordre de la Légion d'honneur se compose : 1° d'une retenue de 5 0/0 sur tous les traitemens; 2° du montant net des traitemens pendant les vacances d'emploi qui n'excèdent pas un mois; 3° de la somme qui reste disponible chaque année par suite de décès, ou d'extinction quelconque, sur la somme de 40,000 francs portée annuellement, pour pensions précédemment créées, dans les budgets de la Légion d'honneur. — Ordonn. 16 mai 1816, art. 1er, 2 et 3.

507. — Les demandes de pension doivent être adressées au grand chancelier, qui les examine, et vérifie les titres à l'appui, pour être ensuite statué par le gouvernement. — Ordonn. 16 mai 1816, art. 4.

508. — Il n'est accordé de pensions que jusqu'à concurrence des fonds libres sur le montant de ceux appliqués à cette destination, ainsi qu'il a été dit ci-dessus. — *Ibid.*, art. 5.

509.—Les employés des bureaux de la grande chancellerie peuvent, après trente ans de services effectifs, ou lorsqu'au terme de vingt-cinq ans de pareils services ils ont atteint l'âge de soixante ans, obtenir une pension de retraite, pour laquelle on compte tout le temps d'activité dans l'état militaire et dans les autres administrations publiques qui ressortissent au gouvernement; quoique étrangères à celle dans laquelle les employés se trouvent placés, et sous la condition qu'ils aient au moins dix ans de service dans la grande chancellerie. — *Ibid.*, art. 6.

510.—La pension peut être cependant accordée avant trente ans de service ou vingt-cinq ans de service et soixante ans d'âge à ceux que des accidens ou des infirmités rendraient incapables de continuer les fonctions de leur place, ou qui, par le fait de la suppression de leur emploi, se trouveraient réformés après dix ans de service et au-dessus. — *Ibid.*

511. — Pour fixer la pension, il est fait une année moyenne du traitement fixe dont les réclamans ont joui pendant les trois dernières années de leur service. — *Ibid.*, art. 7.

512. — La pension accordée après trente ans de service ou après vingt-cinq ans de service et soixante ans d'âge, ne peut excéder la moitié de la somme réglée comme il vient d'être dit. Elle s'accroîtra du vingtième de cette moitié pour chaque année de service au-dessus desdits trente ans ou vingt-cinq ans, sans que dans aucun cas la retraite puisse excéder 6,000 francs pour les chefs de division, 4,000 francs pour les chefs de bureau, 3,000 francs pour les sous-chefs et 2,000 francs pour les autres employés. — *Ibid.*, art. 8.

513. — La pension accordée avant trente ans de service, dans les cas ci-dessus prévus, est : pour dix ans de service, du sixième du traitement fixé comme il a été dit. Elle s'accroît d'un soixantième de ce traitement pour chaque année de service au-dessus de dix ans. — *Ibid.*, art. 9.

514. —Dans le cas de réforme par suite d'organisation, de suppression d'emploi, ou d'infirmités, les employés qui n'ont pas dix ans de service dans la grande chancellerie n'ont pas droit à une pension; mais ils peuvent recevoir, sur la décision du grand chancelier, la totalité de la retenue qu'ils ont supportée, sans qu'il leur soit tenu compte des intérêts. — *Ibid.*, art. 10.

515. — La veuve d'un employé ne peut prétendre à une pension, qu'autant que son mari est mort dans l'exercice de son emploi ou jouissant d'une pension de retraite sur les fonds de retenue; qu'elle a été mariée cinq ans avant la mort de l'employé décédé en activité, ou avant la retraite de l'employé non pensionné, et qu'elle ne contracte pas de nouveau mariage. — *Ibid.*, art. 11.

516. — La pension de la veuve est du quart de la pension de retraite à laquelle son mari aurait eu droit, ou dont il a joui. Elle peut s'élever à la moitié de la pension si la veuve est âgée de cinquante ans au moment du décès de son mari, ou s'il laisse à sa charge un ou plusieurs enfans au-dessous de vingt ans. — *Ibid.*, art. 12.

517. — Les deux tiers de la pension dont la veuve jouit jusqu'à la date d'un nouveau mariage, ou jusqu'à sa mort, sont réversibles, à cette époque, à titre de secours annuel, aux enfans nés de son mariage avec l'employé décédé; et si l'employé est mort veuf, les orphelins qu'il laisse, quel que soit leur nombre, reçoivent également, à titre de secours annuel, les deux tiers de la pension à laquelle leur mère aurait eu droit si elle avait survécu à son mari. — *Ibid.*, art. 13.

518. —Le secours annuel se distribue, par égales portions, entre les orphelins, et s'éteint à mesure que chacun d'eux atteint sa vingtième année. — *Ibid.*, art. 14.

519. —Nul employé démissionnaire n'a droit de prétendre au remboursement des retenues exercées sur son traitement ni à aucune indemnité, à moins d'une décision spéciale du grand chancelier. Mais si, par la suite, il est admis à rentrer dans les bureaux de la grande chancellerie, le temps de son premier service compte pour la pension. — *Ibid.*, art. 15.

520. — Tout employé destitué perd ses droits à la pension, quand il aurait le temps nécessaire pour l'obtenir; il ne peut prétendre au remboursement des sommes retenues sur son traitement pour la pension, ni à aucune indemnité. —*Ibid.*, art. 16.

521. —Les surnuméraires et les auxiliaires, ne comptant point parmi les employés de la grande chancellerie, ne sont assujettis à aucune retenue, et n'ont droit à aucune pension de retraite. — *Ibid.*, art. 17.

§ 4. — *Maison nationale de Saint-Denis.*

522. — L'ordonnance du 8 avril 1816, qui a organisé la maison nationale de Saint-Denis, accorde également des pensions aux dames institutrices qui dirigent cet établissement.

523. — La dame de seconde classe qui a passé dix années dans la maison, en sus du noviciat, a droit à une pension de retraite de 250 fr. Après quinze ans, cette pension est de 375 fr.; et ainsi progressivement de cinq ans en cinq ans, de manière cependant que le maximum n'excède jamais 800 fr. — Ord. 8 avril 1816, art. 55.

524. — La dame de 1re classe, qui a passé douze années en cette qualité dans la maison, a droit à une pension de retraite de 400 fr., en sus de celle à laquelle elle peut avoir droit pour le nombre d'années pendant lesquelles elle aurait rempli les fonctions de dame de seconde classe. Après dix-huit années cette pension est de 600 fr., et ainsi progressivement de six ans en six ans, avec la faculté de cumuler accordée par le paragraphe ci-dessus, de manière cependant que le maximum n'excède jamais 1,200 fr. — *Ibid.*, art. 56.

§ 5. — *Imprimerie nationale.*

525. — La caisse des pensions de retraites et de secours en faveur des fonctionnaires, chefs, employés, ouvriers et hommes de peine de l'Imprimerie nationale, ainsi que de leurs veuves et de leurs enfans, se compose : 1° du produit d'une retenue de 2 0/0 faite sur le salaire des ouvriers et hommes de peine à la journée et aux pièces ; — 2° des retenues sur les salaires qui ont lieu pour infraction à la discipline établie dans les ateliers ; — 3° du produit de la retenue de 3 0/0 sur les traitemens fixes, des fonctionnaires, employés et chefs d'atelier, au-dessus de 2,000 fr. ; 4° d'un 12e des traitemens fixes des nouveaux titulaires, à prélever mois par mois pendant la première année ; 5° du douzième des augmentations de traitemens fixes à prélever dans les trois premiers mois ; — 6° enfin, des rentes appartenant à la caisse ou qui lui sont attribuées. — Ord. 20 août 1824, art. 1er.

526. — Tout employé, ouvrier ou homme de peine qui est rayé du registre matricule perd, par ce seul fait, tout droit à réclamer une pension, sauf son recours contre la radiation auprès du garde des sceaux. — *Ibid.*, art. 9.

527. — Les droits des fonctionnaires et employés à la retraite se forment de tous les services rendus dans d'autres administrations publiques ressortissant au gouvernement et payés par l'État, sous la condition qu'il y aura au moins dix années d'exercice à l'Imprimerie nationale. — *Ibid.*, art. 10.

528. — Les ouvriers et ouvrières ne peuvent compter que leurs services à l'Imprimerie nationale, ou dans les imprimeries des administrations qui y ont été réunies; et ils doivent avoir également dix ans d'exercice dans cet établissement. — *Ibid.*, art. 11.

529.— D'après cette disposition, on doit compter pour la retraite aux ouvriers et ouvrières les services rendus par eux au bureau de l'envoi des lois, à l'imprimerie de la première république et à celle des assignats. — Dumesnil, *Manuel des pensionnaires de l'État*, p. 278.

530. — Le temps successif pendant lequel un ouvrier, ou une ouvrière, a travaillé à l'Imprimerie nationale, lui est compté à partir de son inscription sur le registre matricule de cet établissement; à condition : 1° qu'il n'aura quitté les ateliers que sur l'autorisation de l'administration ; — 2° qu'il sera rentré au moins dans les quinze jours à partir de l'invitation à lui faite par l'administration. — Ord. 20 août 1824, art. 12.

531. — En conséquence de cette disposition, les ouvriers et ouvrières qui auraient quitté leurs ateliers sans l'ordre de l'administration, ou qui, ayant été appelés, ne se seraient pas rendus dans le délai prescrit, sont rayés des matricules et n'ont plus aucun droit à la pension de retraite. — *Ibid.*, art. 13.

532.—L'ouvrier, ou l'ouvrière, qui est renvoyé des ateliers pour insubordination ou mauvaise conduite, quel que soit son temps de service perd ses droits à la retraite et est rayé du registre matricule.—Cette radiation n'a lieu néanmoins que sur une décision écrite du directeur de l'Imprimerie nationale, ensuite de l'examen de sa conduite en conseil, et sauf recours au garde des sceaux. — *Ibid.*, art. 14.

533. — Le fonctionnaire ou l'employé destitué ou démissionnaire, quel que soit son temps de service, perd ses droits à la pension de retraite.— *Ibid.*, art. 15.

534. — Les services à l'Imprimerie nationale sont justifiés par un extrait des registres matricules de l'administration, dûment certifié par l'administrateur ; — les services antérieurs par des certificats signés des chefs d'administration ou des secrétaires généraux en exercice de fonctions à l'époque de la délivrance des certificats, et, à défaut de ces pièces, par un extrait des comptes et états d'émargement déposés à la Cour des comptes : cet extrait certifié par le greffier de la Cour. — *Ibid.*, art. 16.

535. — Les services à l'Imprimerie nationale ne peuvent être comptés pour la pension des fonctionnaires, employés et ouvriers, qu'à partir de l'époque de leur inscription sur le registre matricule. — *Ibid.*, art. 17.

536. — La fraction de service au-dessous de sept mois n'est pas comptée ; celle de sept mois et au-dessus l'est pour une année. — *Ibid.*, art. 18.

537. — Les brevets de pension ne peuvent être délivrés qu'autant qu'il y a dans la caisse des fonds libres, et au fur et à mesure qu'il y en a. — *Ibid.*, art. 19.

538. — En cas de concurrence dans les demandes de pensions, l'ancienneté de service d'abord et ensuite l'âge et les infirmités décident de la préférence. — *Ibid.*

539. — Nul ne peut cumuler avec la pension qu'il a obtenue sur la caisse des retraites de l'Imprimerie nationale ni une autre pension, ni un traitement d'activité ; sinon dans les cas prévus par les lois et arrêtés du gouvernement. — *Ibid.*

540. — Les fonctionnaires, chefs et employés, ouvriers, garçons d'atelier et hommes de peine de l'Imprimerie nationale ont droit à la pension de retraite après trente ans de services effectifs, ou lorsqu'au terme de vingt-cinq ans de service ils ont atteint l'âge de soixante ans, ou qu'ils ont contracté des infirmités qui les mettent dans l'impossibilité de travailler. — *Ibid.*, art. 21.

541. — Une pension de retraite peut néanmoins être accordée avant trente ans ou vingt-cinq ans de service et soixante ans d'âge aux employés et ouvriers que des accidens graves, survenus dans l'exercice de leurs fonctions ou de leurs travaux, mettraient hors d'état de pourvoir à leur existence. — *Ibid.*, art. 22.

242. — Pour déterminer la pension des chefs et employés, il est fait une année moyenne du traitement fixe dont les réclamans ont joui pendant les trois dernières années de leur service. Ne sont pas compris dans le traitement les gratifications ou traitemens extraordinaires qui leur auraient été accordés pendant ces trois ans. — *Ibid.*, art. 25.

543. — La pension accordée après trente ans ou vingt cinq ans de service, comme il a été dit ci-dessus, est de la moitié de l'année moyenne de traitement. — Elle s'accroît du vingtième de cette moitié pour chaque année de service au delà de trente ans, sans que, dans aucun cas, la pension de retraite puisse excéder les deux tiers du traitement moyen ; ni s'élever à plus de 6,000 francs, quel que soit d'ailleurs le taux du traitement. — *Ibid.*, art. 26.

544. — La pension accordée avant trente ans ou vingt-cinq ans de service, dans les cas ci-dessus prévus, est du dixième du traitement moyen; pour dix ans de service. — Elle s'accroît d'un soixantième de ce traitement, pour chaque année de service au-dessus de dix ans; sans que pour cela elle puisse jamais excéder celle qui est accordée pour trente ans. — *Ibid.*, art. 27.

545. — La pension accordée aux ouvriers après trente ans de service ou vingt-cinq ans de service avec soixante ans d'âge, est fixée à 400 fr. par année. — Elle s'accroît d'un vingtième par année en sus des trente ans, sans pouvoir dépasser 500 fr. — *Ibid.*, art. 28.

546. — Le taux de la pension des ouvrières est fixé, pour le même temps de service, et sous les mêmes conditions, aux deux tiers de celle accordée aux ouvriers. — *Ibid.*

547. — La pension accordée à la suite d'accidens est du trentième de la somme ci-dessus fixée, pour les ouvriers, par chaque année de service, sans qu'elle puisse dépasser 500 fr. — La pension des ouvrières, dans le même cas, est des deux tiers. — *Ibid.*, art. 29.

548. — La pension accordée aux garçons d'atelier et hommes de peine, après trente ans de service, ou vingt-cinq ans et soixante ans d'âge, est fixée à 300 fr. par année. — Elle s'accroît d'un vingtième par année en sus des trente ans, sans pouvoir dépasser 400 fr. — *Ibid.*, art. 30.

549. — Au cas de retraite pour cause d'accidens; cette pension est réglée à raison du trentième de la fixation ci-dessus, pour chaque année de service. — *Ibid.*, art. 31.

550. — Les demandes à fin de pension sont inscrites par ordre de date et de numéro sur un registre à ce destiné. — Le travail relatif à leur liquidation est fait par l'administrateur en chef, et, sur l'ordre du garde des sceaux, renvoyé à l'examen du comité de législation du Conseil d'Etat. — *Ibid.*, art. 32.

551. — Les pensions des fonctionnaires, employés, ouvriers, garçons d'atelier et hommes de peine sont en partie réversibles à leurs veuves, lorsqu'elles ont été obtenues ou auraient pu l'être après trente ans de service. — *Ibid.*, art. 37.

552. — Lorsqu'elles n'ont été ou n'auraient pu être accordées que pour une durée moindre de services, la réversibilité n'est que facultative. — *Ibid.*

553. — Les veuves ne peuvent réclamer le bénéfice de la disposition ci-dessus qu'à condition: 1° Qu'elles représenteront l'acte de célébration de leur mariage;— 2° qu'elles seront mariées depuis cinq ans, au moins, à l'époque du décès de leur mari; — 3° qu'il n'aura pas existé entre les époux de séparation de corps prononcée sur la demande du mari. — *Ibid.*, art. 38.

554. — Les droits de la veuve admise à la réversibilité sont, si elle n'a pas d'enfans, ou si ceux qu'elle a sont âgés de plus de quinze ans accomplis, du tiers de la pension dont son mari a joui ou dont il aurait eu droit de jouir; de la moitié, si elle a deux enfans au-dessous de l'âge de quinze ans accomplis; des deux tiers, si elle a trois enfans, ou un plus grand nombre, au-dessous du même âge. — *Ibid.*, art. 39.

555. — Cette pension est réduite dans les mêmes proportions à mesure du décès des enfans ou à mesure qu'ils parviennent à l'âge de quinze ans accomplis. — *Ibid.*, art. 40.

556. — La veuve qui se marie perd ses droits à la réversibilité. — *Ib.*, art. 41.

557. — Lorsqu'il n'y a pas ou lorsqu'il n'y a plus lieu à la réversibilité de la pension en faveur de la femme, soit par l'événement de son décès, soit par l'effet des déchéances prononcées contre elle, les enfans ont droit à un secours annuel si leur père a obtenu ou s'il avait eu droit d'obtenir une pension à raison de trente ans de service. — *Ibid.*, art. 42.

558. — Cette disposition n'est que facultative si la pension n'a été accordée ou méritée que pour un moindre nombre d'années de service. — *Ib.*

559. — Ces secours ne sont donnés qu'aux enfans nés en légitime mariage, et sur la représentation de leur acte de naissance. Ils cessent d'en jouir lorsqu'ils ont atteint quinze ans accomplis. — *Ib.*, art. 43.

560. — Ces secours sont annuellement: du quart de la pension du père s'il n'y a qu'un enfant, du tiers s'il y en a deux, de la moitié s'il y en a quatre, des deux tiers s'il y en a plus de quatre. — *Ib.*, art. 44.

561. — Les pensions accordées après trente ans effectifs de service ou vingt-cinq ans et soixante ans d'âge, sont liquidées avec jouissance à partir de la cessation des fonctions. — *Ibid*, art. 56.

562. — L'époque de la jouissance pour celles accordées avant trente ans de service, ou vingt-cinq ans et soixante ans d'âge, est fixée à partir du premier jour du trimestre dans lequel l'arrêté de concession a été rendu, et sans rappel d'arrérages antérieurs. — *Ib.*

Sect. 7e. — *Pensions de l'instruction publique.*

563. — Il est fait pour la caisse des retraites des fonctionnaires de l'instruction publique une retenue annuelle du vingtième du traitement de ces fonctionnaires. — L. 11 flor. an X, art. 42; ord. 19 avr. 1820, art. 1er.

564. — La pension est accordée aux fonctionnaires qui, ayant trente années de services dans l'instruction publique, conformément aux lois et règlemens, ont été déclarés membres émérites de l'Université. — L. 11 flor. an X, art. 42; décr. 17 mars 1808, art. 123; 18 oct. 1810, art. 1er; ord. 19 avr. 1820, art. 2.

565. — Cette pension est des trois cinquièmes du traitement fixe dont a joui le pensionnaire pendant les trois dernières années de son activité. Elle s'accroît d'un vingtième de ce traitement pour chaque année de service au delà de trente ans, sans cependant qu'en aucun cas elle puisse excéder le dernier traitement fixe dont a joui le pensionnaire pendant les trois dernières années de son exercice. Dans tous les cas, le *maximum* des pensions ne peut excéder la somme de 5,000 fr. — Ord. 19 avr. 1820, art. 2.

566. — Tout membre de l'Université, âgé de plus de soixante ans, ou qui, sans avoir atteint cet âge, est attaqué de quelque infirmité pendant l'exercice de l'une des fonctions qui donnent droit à la pension, peut demander la pension de retraite avant l'époque fixée pour l'éméritat, pourvu toutefois qu'il ait au moins dix années effectives et entières de service dans les fonctions qui donnent droit à la pension. — *Ibid.*, art. 3.

567. — Lorsque le motif de la retraite est jugé légitime, la pension est réglée d'après les bases suivantes, et toujours à raison du traitement fixe dont le pensionnaire a joui pendant les trois dernières années de son activité, savoir: de dix à quinze ans de service, deux dixièmes; de quinze à vingt ans de service, trois dixièmes; de vingt à vingt-cinq ans de service, quatre dixièmes; de vingt-cinq à trente ans de service, cinq dixièmes. Dans tous les cas, le *minimum* de la pension demeure fixé à 500 fr. — *Ib.*

568. — En liquidant les pensions, les fractions d'année d'exercice dans les diverses fonctions de l'instruction publique qui donnent droit à pension sont réunies; mais il n'est pas tenu compte de ce qui, après cette réunion, excède un nombre de demi-années incomplètes. Il n'est pas non plus tenu compte, dans la fixation des pensions, des fractions au-dessous de 10 fr. — *Ibid.*, art. 4.

569. — Il ne peut être payé aucune pension au delà du fonds de retraite. Néanmoins, les fonctionnaires émérites ou ceux qui, sans avoir atteint l'époque de l'éméritat, sont admis à la retraite, en vertu des dispositions ci-dessus, peuvent demander et obtenir la liquidation de leur pension. — *Ibid.*, art. 6.

570. — Les pensionnaires, ainsi liquidés, prennent rang entre eux pour l'entrée en jouissance de leurs pensions au fur et à mesure des extinctions successives, à raison du jour de la cessation de leurs fonctions; subsidiairement, à raison de la durée de leurs services; et, en cas d'égalité de temps de service, à raison de leur âge. — *Ib.*

571. — Les traitemens des principaux et régens des colléges communaux sont également soumis à la retenue du vingtième prescrite par l'ordonnance du 19 avr. 1820. — Ord. 25 juin 1823, art. 1er.

572. — Cette retenue a lieu chaque année sur la totalité des traitemens qui leur sont attribués par le budget du collége communal, que ces traitemens soient assignés sur les revenus spéciaux des colléges, sur les fonds alloués par les communes, sur le produit du pensionnat ou sur les rétributions payées par les élèves externes. — *Ibid.*, art. 2.

573. — Mais les sommes allouées temporairement (indépendamment des traitemens fixés par les budgets de ces établissemens) ne sont pas passibles de retenue. — Arr. min. 18 déc. 1825, art. 1er.

574. — En ce qui concerne les colléges communaux où le pensionnat est au compte des principaux, leur traitement est évalué à un quart au-dessus de celui dont jouit le régent le mieux rétribué dans l'établissement qu'ils dirigent. Leur contribution annuelle au fonds de retraite est réglée d'après cette évaluation, et leur tient lieu de retenue. — Ord. 25 juin 1823, art. 3.

575. — La même règle est suivie à l'égard de ceux qui cumulent les fonctions de principal et de régent, si le pensionnat est à leur compte. — *Ibid.*

576. — Lorsque les régens sont logés et nourris gratuitement dans les colléges communaux, le traitement dont ils jouissent est évalué à un tiers en sus pour la fixation de leur contribution annuelle au fonds de retraite. — *Ibid.*

577. — Quant aux principaux qui n'ont pas le pensionnat à leur compte: la retenue s'exerce sur les traitemens fixes qui leur sont alloués par les budgets des colléges, sans que ces traitemens puissent être surévalués à raison du logement ou de la nourriture dont ils jouissent gratuitement. — Arr. min. 13 déc. 1825, art. 4.

578. — Lorsqu'un principal remplit les fonctions d'aumônier et lorsqu'un régent est, en outre, aumônier ou maître d'études, les parties de traitement dont ces fonctionnaires jouissent à divers titres sont soumises à la retenue. A cet effet, la surélévation d'un tiers, d'un quart du traitement, prescrite par l'ordonnance précitée, porte seulement sur le traitement primitif. — Arr. min. 13 déc. 1825, art. 2.

579. — Dans les colléges où les traitemens des régens sont acquittés par les principaux, la retenue est faite par le principal et est par lui versée, à l'expiration de chaque trimestre, dans la caisse académique du Lycée national; comme les rétributions universitaires dues par les élèves du collége communal qu'il dirige. — Ord. 25 juin 1823, art. 4.

580. — Dans les colléges où les traitemens des principaux et régens sont acquittés par la caisse municipale les régens remettent eux-mêmes le montant de la retenue, mois par mois ou trimestre par trimestre, entre les mains du principal, qui en fait le versement dans la caisse académique, comme il vient d'être dit, en y joignant la retenue exercée sur son propre traitement. — *Ibid.*

581. — Tout principal qui aurait manqué pendant un trimestre à verser dans la caisse académique les produits des retenues de l'école qu'il dirige, perd le droit à la pension pour les années antérieures. — Il en est de même de tout régent qui aurait manqué pendant six mois à faire entre les mains du principal le versement de la retenue. Toutefois ce dernier peut être réintégré dans ses droits par arrêté du conseil général de l'Université, après avoir restitué les sommes qu'il aurait dû verser. — *Ibid.*, art. 4.

582. — Le produit de toutes les retenues exercées sur les traitemens des principaux et régens des colléges communaux est versé, à la diligence des recteurs, dans la caisse générale de l'Université. Il y forme un fonds spécial et distinct de celui des autres pensions de retraite. Il est uniquement destiné à acquitter les pensions accordées aux principaux et régens des colléges communaux. — *Ibid.*, art. 5.

583. — Les pensions des principaux et régens des colléges communaux sont liquidées par le conseil de l'instruction publique, dans les formes et dans les proportions établies par l'ordonnance du 19 avril 1820. — *Ibid.*, art. 6.

584. — Le *minimum* de ces pensions est fixé à 500 fr. — Il ne peut être liquidé de pensions aux principaux et régens des colléges communaux, que jusqu'à concurrence des fonds disponibles pour cet objet. — *Ibid.*

585. — Les secrétaires des académies, les secrétaires des facultés nommés par le grand maître de l'Université, les économes des lycées nationaux peuvent aussi obtenir des pensions de retraite, comme les autres fonctionnaires des académies et des lycées. — En conséquence, la retenue du vingtième est exercée sur les traitemens fixes dont ils jouissent. — La même retenue est exercée sur les traitemens des maîtres d'études des lycées nationaux qui ont obtenu leur nomination du grand maître de l'Université. — *Ibid.*, art. 7.

586. — Les agrégés de l'Université qui sont employés comme professeurs dans les colléges particuliers de plein exercice, peuvent de même obtenir des pensions de retraite comme les autres fonctionnaires de l'Université. Ils doivent, en conséquence, payer chaque année, au profit de l'ancien fonds de retraite, une somme égale à la retenue exercée sur le traitement fixe des professeurs titulaires du même ordre attachés au lycée national de l'académie dans laquelle est situé le collége particulier. — *Ibid.* art. 8.

587. — Si dans la même académie il y a plusieurs lycées nationaux de différentes classes, la contribution des agrégés professeurs des colléges particuliers est réglée d'après la retenue à laquelle sont soumis les traitemens des professeurs du lycée national de la classe la moins élevée. A Paris, les agrégés professeurs des colléges particuliers paient une somme égale à la retenue exercée sur les traitemens des professeurs des lycées de cette ville. — *Ibid.*

588. — Dans tous les cas, on prend pour base de la liquidation des pensions de retraite le montant des traitemens qui ont été soumis à la retenue. — Arr. min. 13 déc. 1825, art. 5.

589. — Les directeurs et les employés des colléges particuliers, autres que les agrégés professeurs, ne sont point admis à obtenir des pensions de retraite. En conséquence, il n'est exigé d'eux aucune contribution annuelle représentative de la retenue du vingtième. — Ord. 25 juin 1823, art. 9.

590. — Des pensions de retraite peuvent être accordées aux veuves des membres de l'Université qui sont mariées depuis cinq ans au moins. — Ord. 1er avr. 1830, art. 1er.

591. — Ces pensions ne peuvent excéder le tiers de celles auxquels les décédés auraient eu droit. — *Ib.*, art. 2.

592. — Les veuves qui se remarient cessent d'avoir droit à ces pensions. — *Ib.*, art. 5.

Sect. 8e. — *Ministères de l'intérieur, des travaux publics, de l'agriculture et du commerce. — Employés des communes, des départemens, des établissemens publics.*

§ 1er. — *Pensions des ministères de l'intérieur, des travaux publics, de l'agriculture et du commerce.*

593. — Le fonds de retraite des employés du ministère de l'intérieur, du ministère des travaux publics, et du ministère de l'agriculture et du commerce, se compose : 1° d'une retenue de 5 cent. par franc sur les traitemens et indemnités à titre de gratification; 2° de la retenue du premier mois d'appointemens de tout employé nouvellement nommé; 3° de la retenue, pendant le premier mois, de la portion de traitement accordée à titre d'augmentation; 4° des retenues déterminées sur les appointemens des employés en congé. — Ord. 27 avr. 1832, art. 1er; 30 avr. même année, art. 1er.

594. — Les demandes à fin de pension doivent être adressées, avec les pièces justificatives, au ministre sous l'autorité duquel est le réclamant. Il est tenu de ces demandes un registre, où elles sont portées par ordre de date et de numéro. Le ministre les fait examiner, et fait vérifier les pièces à l'appui; et chaque année, sur son rapport, les pensions sont fixées par le gouvernement le Conseil d'Etat entendu. — Décr. 4 juill. 1806, art. 4, 5 et 6.

595. — Les employés des différens ministères dont il s'agit ici peuvent obtenir une pension de retraite après trente ans de services effectifs, pour lesquels on compte tout le temps d'activité dans d'autres administrations publiques, s'il y a lieu, sous la condition que les employés auront au moins dix ans de service dans le ministère où ils prennent leur retraite ou dans les différentes branches d'administration qui pouvaient précédemment s'y rattacher. — *Ibid.*, art. 8.

596. — La pension peut cependant être accordée avant trente ans de service à ceux que des accidens ou des infirmités rendent incapables de continuer les fonctions de leur place, ou qui se trouveraient réformés après dix ans de service, et au-dessus, par le fait de la suppression de leur emploi. — *Ibid.*

597. — Pour déterminer la fixation de la pension, il est fait une année moyenne du traitement fixe dont les réclamans ont joui pendant les trois dernières années de leurs services. Les gratifications qui leur auraient été accordées pendant ces trois années ne font point partie de ce calcul. — *Ibid.*, art. 9.

598. — La pension accordée après trente ans de service ne peut excéder la moitié de la somme fixée par la disposition qui précède, elle s'accroît du 20e de cette moitié pour chaque année de service au-dessus de trente ans. — *Ibid.*, art. 10.

599. — Le *maximum* de la retraite ne peut excéder les deux tiers du traitement annuel de l'employé réclamant, calculé comme il a été dit ci-dessus. — *Ibid.*, art. 10.

600. — La pension accordée avant trente ans de service, dans le cas ci-dessus prévu, est du sixième du traitement, pour dix ans de service et au-dessus; elle s'accroît d'un soixantième de ce traitement, pour chaque année de service au-dessus de dix ans : sans pouvoir excéder la moitié du traitement. — *Ibid.*, art. 11.

601. — Les pension et secours aux veuves et orphelins ne peuvent excéder la moitié de celle à laquelle le décédé aurait eu droit. — Ces pensions ne peuvent être accordées qu'aux veuves et orphelins des employés décédés en activité de service ou ayant eu pension de retraite. — *Ibid.*, art. 12.

602. — Les veuves n'y ont droit qu'autant qu'elles ont été mariées depuis cinq ans, et non séparées de corps, ou qu'elles n'ont pas contracté de nouveau mariage. — Dans le cas où le décédé n'a pas acquis de droit à une pension, sa veuve ne peut y prétendre. — *Ibid.*

603. — Si l'employé laisse une veuve sans aucun enfant au-dessous de l'âge de quinze ans; la pension est du quart de la retraite qui aurait été accordée à son époux, si elle eût été fixée à l'époque de son décès. — *Ibid.*, art. 13.

604. — Dans le cas où le décédé aurait laissé à la charge de sa veuve un ou plusieurs enfans au-dessous de quinze ans, la pension peut être augmentée, pour chacun de ces enfans, de 5 p. 0/0 de la retraite qui aurait été réglée pour le décédé; sans toutefois que la totalité de la somme à accorder à la veuve, tant pour elle que pour ses enfans, puisse jamais excéder le double de celle qu'elle eût obtenue dans la première hypothèse. — *Ibid.*

605. — Si la veuve décède avant que les enfans provenant de son mariage avec l'employé, son défunt mari, aient atteint l'âge de quinze ans, sa pension est réversible à ses enfans, qui en jouissent, comme les autres orphelins jouissent de la leur, par égales portions, jusqu'à l'âge de quinze ans accomplis, mais sans réversibilité des uns aux autres enfans. — *Ibid.*, art. 14.

606. — Si les employés ne laissent pas de veuves, mais seulement des orphelins; il peut leur être accordé des pensions de secours, jusqu'à ce qu'ils aient atteint l'âge de quinze ans. La quotité est fixée pour chacun à la moitié de ce qu'aurait eu leur mère si elle avait survécu à son mari, et ne peut excéder pour tous les enfans ensemble la moitié de la pension à laquelle leur père aurait eu droit ou dont il jouissait. — *Ibid.*, art. 15.

607. — La pension qui peut revenir, d'après les précédentes dispositions, à un ou plusieurs de ces enfans, leur est conservée pendant toute leur vie s'ils sont infirmes et, par l'effet de ces infirmités, hors d'état de travailler pour subvenir à leurs besoins. — *Ibid.*

608. — En cas de concurrence entre plusieurs employés réclamant la pension, l'ancienneté de service d'abord et ensuite l'âge et les infirmités décident de la préférence. — *Ibid.*, art. 16.

609. — Nul employé démissionnaire n'a droit de prétendre au remboursement des retenues exercées sur son traitement, ni à aucune indemnité en conséquence. — Mais si par la suite il est admis à rentrer dans le ministère, le temps de son premier service compte pour la pension. — *Ibid.*, art. 18.

610. — Tout employé destitué perd ses droits à la pension, quand il aurait le temps de service nécessaire pour l'obtenir; il ne peut prétendre ni au remboursement des sommes retenues sur son traitement pour les pensions, ni à aucune indemnité équivalente. — *Ibid.*, art. 19.

§ 2. — *Employés des prisons.*

611. — Le fonds des pensions des employés des prisons se compose : 1° des arrérages des rentes acquises au moyen des sommes disponibles; — 2° de la retenue du premier mois d'appointemens des employés admis à traitement (sont exceptés les employés dont le traitement n'excède pas 600 fr. par an); — 3° de la retenue du premier mois de toutes les augmentations de traitement obtenues soit dans les mêmes fonctions, soit par suite d'avancement; — 4° des retenues opérées sur les traitemens des employés en congé (ces retenues sont fixées par l'autorité qui accorde les congés); — 5° des portions de traitement libres par vacances d'emploi pour un mois au plus; — 6° d'une retenue de cinq centimes par franc sur les traitemens de tous les employés. — Ordonn. 8 sept. 1831, art. 1er.

612. — Les employés des prisons ont droit à une pension de retraite après trente ans de services effectifs, dont quinze au moins dans les prisons. — *Ibid.*, art. 3.

613. — La pension peut être accordée avant trente ans à ceux qui, ayant quinze ans de service dans les prisons, sont réformés par suppression de leur emploi, ou se trouvent incapables de le remplir par suite d'accidens ou d'infirmités résultant de leurs services. — *Ibid.*, art. 4.

614. — L'employé qui a été blessé et mis par les prisonniers hors d'état d'exercer ses fonctions a droit à une pension dont le *minimum* est calculé sur vingt ans de service, et s'accroît dans la proportion de moitié de ses années de service effectif. — *Ibid.*, art. 5.

615. — Tout employé démissionnaire ou destitué par décision du ministre avant trente ans de service, perd ses droits à la pension. — *Ibid.*, art. 6.

616. — Les employés du service de sûreté dans les maisons d'arrêt et de justice et dans les prisons pour peines, doivent, pour être admis à la pension, justifier, par certificats des procureurs généraux et des préfets, qu'ils ont rempli fidèlement leurs devoirs et n'ont pas laissé évader de prisonniers par leur faute. — *Ibid.*, art. 7.

617. — Aucun gardien révoqué après avoir été condamné pour des faits relatifs à ses fonctions, ne peut être admis à la retraite. — *Ibid.*, art. 8.

618. — On compte aux employés des prisons, pour établir leur droit à la pension, les services civils et militaires. — *Ibid.*, art. 9.

619. — Les services civils comprennent le temps d'exercice de toute fonction publique à laquelle est attaché un traitement, et de tout emploi dans les ministères, les directions qui en dépendent et dans les bureaux des préfectures. — *Ibid.*, art. 10.

620. — Ces services ne se comptent que de l'âge de vingt ans accomplis. — *Ibid.*

621. — Si l'employé jouit d'une pension, pour services civils, sur les fonds de l'Etat, la pension de retraite est liquidée sur la totalité des services; mais la pension sur l'Etat est déduite de la somme ainsi réglée, et l'excédant seul est payé sur la caisse des prisons. — *Ibid.*, art. 11.

622. — Les services militaires sont admis à raison de leur durée effective, sans accroissement pour les campagnes ou pour toute autre cause. — *Ibid.*, art. 12.

623. — Si l'employé a déjà été pensionné, comme militaire, sur les fonds de l'Etat, ses services militaires ne sont plus comptés dans la liquidation sur la caisse des retraites; mais il peut cumuler les deux pensions. — *Ibid.*, art. 13.

624. — Les services militaires non récompensés n'accroissent la pension que dans la proportion, pour chaque année, du trentième de la somme fixée comme minimum pour chaque grade par les lois des 11 et 18 avril 1831. — *Ibid.*

625. — Pour déterminer la quotité de la pension, il est fait une année moyenne du traitement dont l'employé a joui pendant les quatre dernières années de son activité. Les gratifications, indemnités et autres allocations supplémentaires sur lesquelles ne porte pas la retenue n'entrent pas dans ce compte. — *Ibid.*, art. 14.

626. — La pension est d'un soixantième du traitement moyen, pour chacune des trente premières années de services; et d'un cinquantième pour chacune des années suivantes : sans toutefois qu'elle puisse en aucun cas excéder les deux tiers de ce traitement. Les fractions de franc seront négligées. — *Ibid.*, art. 15.

627. — La veuve d'un pensionnaire ou d'un employé décédé en activité de service et ayant acquis des droits à la pension, conformément aux dispositions qui précèdent, peut obtenir une partie de la pension dont jouissait ou qu'aurait obtenue son mari. — *Ibid.*, art. 16.

628. — Pour être admise à jouir de cette réversibilité, la veuve doit prouver qu'elle était mariée avec l'employé mort en activité de service cinq ans avant son décès; ou avec le pensionnaire cinq ans avant qu'il fût admis à la retraite. — *Ibid.*, art. 17.

629. — La pension est accordée, indépendamment de la condition de cinq années de mariage, à la veuve de l'employé qui a perdu la vie en résistant aux tentatives d'évasion ou aux violences des prisonniers, ou qui est mort de ses blessures dans les six mois. — *Ibid.*, art. 18.

630. — Ne sont pas admises à la réversibilité de la pension les femmes divorcées ou séparées de corps; celles qui se remarient cessent d'en jouir. — *Ibid.*, art. 19.

631. — Si la veuve ne satisfait pas aux conditions exigées, la pension qui lui aurait été attribuée est répartie à portions égales entre les enfans de l'employé décédé, qui en jouissent jusqu'à l'âge de quinze ans accomplis, sans réversibilité des uns sur les autres. Il en est de même si l'employé ne laisse pas de veuve, ou si la veuve vient à décéder ou à se remarier avant que les enfans aient accompli leur quinzième année. Néanmoins, s'il n'existe qu'un seul enfant de l'âge déterminé ci-dessus, il ne reçoit que la moitié de la somme accordée à la veuve. — *Ibid.*, art. 20.

632. — S'il y a des enfans d'un premier lit, la part de pension réversible à la famille est partagée par moitié entre eux et la veuve. — *Ibid.*, art. 21.

633. — La part de pension échue à un enfant peut lui être continuée après l'âge de quinze ans accomplis, à titre de secours et par disposition spéciale, s'il est dans l'indigence et si, à raison d'infirmités graves et incurables, il est hors d'état de travailler. — *Ibid.*, art. 22.

634. — Il est accordé aux veuves et aux enfans,

dans les cas prévus ci-dessus : — sur les pensions de 300 fr. et au-dessous, moitié; — sur les pensions de 600 fr., un tiers; — sur les pensions de 1,000 fr. et au-dessus, un quart. — *Ibid.*, art. 23.

635. — Pour les pensions de 300 fr. à 600 fr., la part de la veuve se compose : 1° de la moitié des premiers 300 fr.; 2° d'un sixième de la somme excédant 300 fr. — Pour les pensions de 600 fr. à 100 fr., cette part est : — 1° d'un tiers des premiers 600 fr., et 2° d'un huitième de l'excédant. — *Ibid.*

§ 3. — *Ingénieurs et employés des ponts et chaussées et des mines.*

636. — Les recettes de la caisse spéciale de retraite des ingénieurs, employés et agens des ponts et chaussées et des mines se composent, indépendamment des fonds subventionnels, accordés par les lois de finance et autres, et des arrérages à percevoir sur les rentes appartenant à cette caisse et non encore transférées : 1° d'une retenue de 5 cent. par fr. sur les traitemens et indemnités à titre de gratifications; 2° de la retenue du premier mois d'appointemens de tout employé nouvellement nommé; 3° de la retenue, pendant le premier mois, de la portion de traitement accordée à titre d'augmentation; 4° des retenues déterminées pendant la durée des congés. — Décr. 7 fruct. an XII, 18 nov. 1810; ord. 25 fév. 1833.

637. — Les ingénieurs de tout grade ont droit à la retraite après trente ans de service effectif dans le corps. — Décr. 7 fruct. an XII, art. 35.

638. — Les trente ans datent de l'entrée à l'école des ponts et chaussées; ou de l'âge de vingt ans, dans le cas où l'aspirant serait au-dessous de cet âge lors de sa nomination. — *Ibid.* et ord. 5 août. 1840.

639. — Pour déterminer le montant des pensions de retraite dues à chaque ingénieur, il est fait une année commune du traitement dont il a joui pendant les trois dernières années de son activité. — Décr. 7 fruct. an XII, art. 36.

640. — La pension est de la moitié de ce produit, pour trente années de service; et d'un vingtième de l'autre moitié pour chaque année au-dessus de trente ans : sans que, dans aucun cas le *maximum* de ces retraites puisse être au-dessus de 6,000 fr. pour les inspecteurs généraux; 4,500 fr. pour les inspecteurs généraux de 2ᵉ classe et les inspecteurs divisionnaires; 4,000 fr. pour les ingénieurs en chef directeurs; 3,000 fr. pour les ingénieurs en chef, et 2,000 fr. pour les ingénieurs ordinaires. — *Ibid.* et ordonn. 5 août 1840.

641. — Dans le cas de retraite forcée, avant trente ans, pour cause d'infirmité, la pension à accorder est déterminée à raison d'un sixième du traitement pour dix ans de service et, en outre, d'un soixantième pour chaque année excédant le nombre de dix. — Décr. 7 fruct. an XII, art. 37.

642. — Les pensions de retraite des ingénieurs ne sont pas réversibles à leurs veuves et à leurs enfans. — *Ibid.*, art. 38.

643. — Il est accordé aux veuves des ingénieurs décédés une pension alimentaire, à titre de secours; elle est du tiers de la retraite à laquelle les décédés auraient eu droit, si cette retraite eût été liquidée à l'époque de leur décès, et, dans tous les cas, elle ne peut excéder le *maximum* de 1,300 fr. — *Ibid.*, art. 39.

644. — Pour obtenir cette pension, les veuves doivent prouver qu'elles étaient mariées depuis cinq ans, qu'il n'y a pas eu de divorce prononcé, qu'elles n'ont pas un revenu net de 600 fr. — *Ibid.*

645. — Les pensions de retraite des ingénieurs des mines sont réglées sur les mêmes bases que celles des ingénieurs des ponts et chaussées par un décret du 18 nov. 1810 et par l'ordonnance précitée du 25 fév. 1833.

646. — Une ordonnance du 9 janv. 1840 déclare également ces règles applicables aux inspecteurs de la navigation attachés au département des travaux publics.

647. — Une autre ordonnance en date du même jour déclare encore spécialement ces règles applicables aux conducteurs des ponts et chaussées.

648. — Par une ordonnance du 10 juillet 1840, il a d'ailleurs été formellement expliqué que les règles établies pour les pensions accordées aux veuves des ingénieurs des ponts et chaussées devaient être appliquées aux veuves des conducteurs des ponts et chaussées morts pensionnaires, ou en possession de droits à la retraite.

§ 4. — *Officiers de port. — Préposés des ponts à bascule.*

649. — Les officiers de port ont des pensions de retraite qui leur sont allouées dans le département de l'intérieur. — Décr. 10 novemb. 1807, art. 1ᵉʳ.

650. — Ces pensions ne peuvent excéder, savoir : 960 fr. pour les capitaines de première classe; 720 fr. pour les capitaines de seconde classe; 600 fr. pour les lieutenans de seconde classe; 480 fr. pour les lieutenans de seconde classe; 360 fr. pour les maîtres de port de première classe; 240 fr. pour les maîtres de port de deuxième classe, et les deux cinquièmes du traitement des trois dernières années pour les maîtres de port de troisième classe. — *Ibid.*, art. 2.

651. — On doit précompter sur les pensions de retraite à accorder aux officiers de port celles qu'ils ont pu obtenir du ministère de la marine ou de tout autre département, pour services rendus avant leur nomination à l'emploi d'officier ou de maître de port. En conséquence, les officiers de port sont tenus de fournir, lorsqu'ils sont mis en retraite, un certificat du ministre de la marine constatant qu'ils n'ont pas de pension de retraite (ou qu'ils en ont une, dont la somme soit indiquée). — *Ibid.*, art. 3.

652. — Les veuves des officiers de port morts en activité de service peuvent également obtenir une pension alimentaire, qui est du tiers de celle que leurs maris auraient pu avoir à l'époque de leur décès. — *Ibid.*, art. 4.

653. — On doit, au surplus, pour tout ce qui n'est pas positivement réglé, à l'égard des pensions de cette catégorie, par des dispositions spéciales, appliquer les dispositions du décret du 7 fruct. an XII, relatif aux pensions des ingénieurs et de leurs veuves. — Décr. 10 nov. 1807, art. 9.

654. — Les pensions de retraite des préposés des ponts à bascule sont réglées par un décret du 25 janv. 1813.

655. — Ces pensions sont accordées à ceux de ces préposés qui, à raison de leurs infirmités, ou de leur vieillesse, ne sont plus capables d'aucun service. — Décr. 25 janv. 1813, art. 2.

656. — Le *maximum* de la pension est fixé à la somme de 240 fr., quel que soit le nombre d'années de service de celui qui a droit à la retraite. — *Ibid.*, art. 3.

657. — On doit précompter sur les pensions de retraite à accorder aux préposés aux ponts à bascule, celles qu'ils ont pu obtenir du gouvernement à un titre ou pour des services quelconques; en conséquence, ils sont tenus de fournir, lorsqu'ils demandent leur retraite, un certificat constatant qu'ils n'ont pas de pension ou qu'ils en ont une dont la somme n'atteint pas le *maximum* déterminé. — *Ibid.*, art. 4.

658. — Il peut être aussi, lorsque l'état des fonds le permet, accordé des secours aux veuves et orphelins que les préposés dont il s'agit laisseraient, en mourant, dans l'indigence. — *Ibid.*, art. 5.

659. — En l'absence de plus amples dispositions sur les pensions spéciales dont nous venons de parler, et notamment en ce qui concerne la durée et l'admissibilité des services propres à motiver la pension ; il faut, du reste, se référer aux règles générales posées par le décret du 4 juillet 1806, dont les dispositions servent de base, à défaut de règlemens particuliers, à la liquidation de toutes les pensions du ministère de l'intérieur : auquel ressortissaient autrefois les préposés aux ponts à bascule. — Dumesnil, *Manuel des pensionnaires de l'Etat*, p. 329, *ad notas.*

§ 5. — *Haras et écoles vétérinaires.*

660. — Le fonds de retraite des employés de l'administration des haras et des écoles vétérinaires se compose : 1° des valeurs, appartenant à la caisse de ces retraites, qui ont été versées à la caisse des dépôts et consignations, en exécution de différens actes du gouvernement; 2° de la retenue du premier mois d'appointemens de tout employé des haras et des écoles vétérinaires nouvellement nommé, les gagistes exceptés; 3° de la retenue, pendant le premier mois, de la portion de traitement ou gages accordés à titre d'augmentation; 4° d'une retenue de 5 0/0 sur tous les traitemens et gages des employés et gagistes; 5° des retenues qui peuvent être faites sur le traitement des employés absens pour toute autre cause que celles du service ; 6° des arrérages de rentes et intérêts produits par le fonds des retraites. — Ordonn. 20 juin 1827, art. 1ᵉʳ; 27 mai 1832, art. 1ᵉʳ et 2.

661. — Les retenues et autres sommes composant le fonds des retraites sont exclusivement affectées au service des pensions de retraite et secours annuels accordés aux employés ou à leurs veuves et orphelins. Il ne peut, sous aucun prétexte, en être rien détourné pour une autre destination. — Ordonn. 20 juin 1827, art. 2.

662. — Les employés des haras et des écoles vétérinaires peuvent obtenir une pension de retraite : 1° après trente ans de services effectifs, 2° après l'âge de soixante ans accomplis (si, dans l'une et l'autre position) ils ne sont plus en état de servir ; 3° en cas de suspension d'emploi. — *Ibid.*, art. 6.

663. — Le droit à la pension n'est toutefois acquis, dans aucun des cas ci-dessus, qu'autant que l'employé compte au moins dix ans d'activité dans les haras ou dans les écoles vétérinaires. — *Ibid.*

664. — Peuvent exceptionnellement obtenir une pension, quel que soit le nombre de leurs années de service, les employés mis hors d'état de continuer leurs fonctions, par suite de blessures ou d'accidens graves occasionnés par le service. — *Ibid.*, art. 7.

665. — Indépendamment des services rendus dans les haras ou dans les écoles vétérinaires, on compte comme donnant droit à la pension les services rendus dans les troupes de terre et de mer et dans les administrations publiques (civile et militaire). Toutefois, ceux des services rendus dans d'autres administrations, qui ne seraient pas admissibles, pour la retraite, d'après les règlemens propres à ces administrations, doivent être rejetés. — *Ibid.*, art. 8.

666. — Les services militaires de terre et de mer ne sont comptés que pour le temps effectif de leur durée, sans doublement pour les années de campagnes et sans addition pour les années de grâce. — *Ibid.*, art. 9.

667. — Les services civils, admissibles pour la retraite, ne comptent que de l'âge de vingt ans accomplis. Toutefois, les services que les palefreniers ont rendus dans les haras ou les écoles vétérinaires peuvent compter de l'âge de dix-huit ans. Dans aucun cas, le temps du surnumérariat ne peut être compté. — *Ibid.*, art. 10.

668. — Toute démission avant l'âge ou le temps de service exigés pour la retraite fait perdre le droit à la pension, à moins de réadmission ultérieure dans le même service. — *Ibid.*, art. 11.

669. — Tout employé destitué perd ses droits à la retraite, quels que soient son âge, la durée et la nature de ses services; néanmoins, s'il est réadmis dans la même administration, ses services antérieurs lui sont comptés. — *Ibid.*, art. 12.

670. — Les demandes à fin de pension doivent être adressées, avec les pièces justificatives, au ministre de l'agriculture et du commerce, qui, après en avoir fait préparer la liquidation, les renvoie à l'examen du comité du Conseil d'État, attaché à ce ministère, pour être ensuite soumises, s'il y a lieu, à l'approbation du gouvernement. — *Ibid.*, art. 13.

671. — Pour déterminer la fixation de la pension, il est fait une année moyenne du traitement fixe pendant les trois dernières années. — *Ibid.*, art. 14.

672. — La pension accordée à trente ans de services révolus est de la moitié du traitement moyen, réglé comme il est dit ci-dessus. — Elle s'accroît d'un vingtième de la moitié restante, pour chaque année de service au-dessus de trente ans; sans néanmoins que le résultat de la liquidation puisse en aucun cas excéder les deux tiers du traitement moyen. — *Ibid.*, art. 15.

673. — La pension accordée, avant trente ans de service, pour raison d'âge, ou de suppression d'emploi, et pour blessures et accidens graves, est d'un sixième du traitement moyen pour dix années de service. — Dans le cas de pension accordée par suite de blessures ou d'accidens occasionnés par le service elle ne peut être moindre du sixième du traitement moyen, déterminé comme il a été dit plus haut; ou réglé sur le traitement de l'employé, pendant son temps d'activité, s'il compte moins de trois ans. — *Ibid.*, art. 16.

674. — Les services, soit civils, soit militaires, récompensés par une pension sur les fonds généraux, concourent, avec les services postérieurs non récompensés, pour établir le droit à la pension; mais ils n'entrent pas dans la fixation du montant de la pension liquidée sur le fonds des retraites. — *Ibid.*, art. 17.

675. — Les services militaires non récompensés, et susceptibles de compter pour la pension, sont admis dans la liquidation et rétribués dans les proportions déterminées pour chaque grade par les règlemens relatifs aux pensions militaires, et sous la restriction spécifiée ci-dessus (nº 666) en ce qui concerne les années de campagnes et les années de grâce. — *Ibid.*, art. 18.

676. — Tout employé ayant perdu l'usage d'un de ses membres par une blessure reçue dans l'exercice de ses fonctions, et qui le mettrait hors d'état de travailler, peut obtenir un supplément à la pension de retraite, dans le cas où elle serait évidemment trop faible si elle était calculée d'après les règles indiquées plus haut. — *Ibid.*, art. 19.

677. — Cette disposition ne s'applique qu'aux employés qui n'auraient pas trente ans de service. Dans aucun cas, la pension ainsi accrue ne peut excéder la moitié du traitement moyen. — *Ibid.*

678. — Les liquidations sont faites sur la durée effective des services; néanmoins, les fractions de franc sont négligées au profit du fonds des retraites. — *Ibid.*, art. 20.

679. — La pension court du jour de la cessation du traitement d'activité; elle est payée par trimestre. — Dans le cas où l'employé a déjà une pension sur les fonds généraux, la jouissance de cette pension continue d'avoir son cours cumulativement avec celle de la pension assignée sur le fonds des retraites. — *Ibid.*, art. 21 et 22.

680. — La veuve d'un pensionnaire a droit à la réversion du quart de la pension dont son mari jouissait sur le fonds des retraites. — *Ibid.*, art. 23.

681. — La veuve d'un employé décédé dans l'exercice de ses fonctions mais ayant des droits acquis à la pension, a également droit à une pension du quart de la retraite à laquelle son mari aurait pu prétendre à l'époque de son décès. — *Ibid.*

682. — Dans le cas où l'employé décédé aurait perdu la vie par un accident fortuit arrivé dans l'exercice de ses fonctions, ou serait mort dans les six mois qui auraient suivi l'accident, sans avoir dix ans de service, la pension de la veuve est portée au tiers de la retraite dont son mari jouissait déjà, si sa pension avait été liquidée, ou qui aurait pu lui être accordée en vertu des dispositions ci-dessus. — *Ibid.*, art. 24.

683. — La veuve pouvant prétendre à une pension, aux termes des dispositions précédentes, n'est toutefois admise à la réclamer, qu'autant qu'elle justifie : 1º qu'elle était mariée cinq ans avant la mort de l'employé décédé en activité, ou cinq ans avant la mise en retraite de l'employé mort pensionnaire, ou, dans les cas prévus plus haut, avant l'événement qui aurait amené la mort ou la mise en retraite de l'employé; 2º qu'il n'existait pas de séparation de corps entre eux; 3º qu'elle n'a pas contracté de nouveau mariage. — *Ibid.*, art. 25.

684. — Si l'employé laisse une veuve et des enfans issus de lui en légitime mariage, la pension de la veuve s'accroît temporairement d'un vingtième de la retraite du mari, pour chaque enfant au-dessous de seize ans, sans toutefois que la somme de ces accroissemens réunis à la pension de la veuve puisse excéder la moitié de cette retraite. — Chaque part d'enfant s'éteint quand il a accompli sa seizième année, ou s'il vient à décéder avant de l'avoir atteinte. — *Ibid.*, art. 26.

685. — Dans le cas où la veuve n'est pas habile à recueillir la pension, faute de pouvoir remplir les conditions qui sont exigées d'elle; il est accordé pour les enfans au-dessous de seize ans, provenant de l'employé décédé, des secours annuels, qui ne peuvent pas excéder, pour chaque enfant, le dixième de la retraite de leur père et en totalité le tiers de cette retraite. Ces secours s'éteignent aussi proportionnellement, et sans réversion de l'un à l'autre enfant, à mesure que chacun d'eux a atteint sa seizième année, ou vient à décéder avant d'y être parvenu. — *Ibid.*, art. 27.

686. — Si la veuve pensionnée décède avant que les enfans de l'employé défunt aient atteint l'âge de seize ans, la pension dont elle jouissait est partagée, à titre de secours, par portions égales, entre les enfans, qui en jouissent jusqu'à l'âge de seize ans accomplis, et sans réversion des uns aux autres. Il en est de même si la veuve pensionnée vient à contracter ultérieurement un second mariage. — *Ibid.*, art. 28.

687. — Si l'employé ne laisse que des orphelins, il leur est aussi accordé des secours annuels jusqu'à ce qu'ils aient atteint l'âge de seize ans. Ces secours ne peuvent excéder, pour chaque orphelin, le huitième de la retraite dont le père jouissait ou à laquelle il aurait eu droit, ni pour les enfans ensemble la moitié de la retraite. — *Ibid.*, art. 29.

688. — Le secours annuel qui peut revenir, d'après les précédentes dispositions, à un ou plusieurs enfans de l'employé décédé, leur est conservé au delà de seize ans s'ils sont atteints d'infirmités qui les mettent hors d'état de travailler pour subvenir à leurs besoins et pendant tout le temps que durent ces infirmités. — *Ibid.*, art. 30.

689. — Les pensions et secours au profit de la veuve et des enfans courent du jour du décès de l'employé ou de la mère. — Ils sont aussi, comme ceux des employés, payés par trimestre. — *Ibid.*, art. 31.

690. — Dans le cas où un employé jouissant d'une pension sur le fonds des retraites vient à être remis en activité dans une administration publique avec un traitement ou une rétribution quelconque, la pension est suspendue; et le paiement n'en peut être repris qu'à dater du jour de la cessation du traitement d'activité. — *Ibid.*, art. 34.

§ 6. — *Vérificateurs des poids et mesures.*

691. — Une caisse de retraite est également établie en faveur des employés de la vérification des poids et mesures; elle est formée et alimentée au moyen d'une retenue de 5 0/0 faite sur tous les traitemens des employés de la vérification. — Ordonn. 3 nov. 1827, art. 1er et 2.

692. — Les pensions assignées sur cette caisse sont liquidées conformément au décret du 4 juill. 1806, concernant les pensions du ministère de l'intérieur. — *Ibid.*, art. 1er. — V. *suprà* nos 593 et suiv.

693. — Néanmoins, lorsque ces employés ont des services militaires à faire valoir; ces services ne sont admis dans la liquidation que sur le pied des règlemens propres aux pensions militaires, et au prorata du nombre des années effectives de leur durée. — *Ibid.*, art. 1er.

694. — Les employés qui réunissent le nombre d'années nécessaire pour avoir droit à la retraite suivant le décret du 4 juill. 1806, ne peuvent obtenir une pension sur la caisse des employés de la vérification des poids et mesures qu'en justifiant de dix ans au moins d'exercice dans cette administration. — *Ibid.*

§ 7. — *Employés des communes.*

695. — Aucunes pensions, porte le décret du 4 juin 1809, ne seront ordonnancées par les maires, payées par les receveurs municipaux, ni allouées par notre Cour des comptes ou nos préfets, dans les comptes des communes, si la pension n'a été accordée par un décret rendu en Conseil d'Etat, sur l'avis du conseil municipal, la proposition du préfet, et le rapport du ministre de l'intérieur, et s'il n'en est justifié par les parties prenantes, lors du paiement, et par le receveur, lors de la reddition du compte.

696. — Un avis du Conseil d'état, en date du 17 nov. 1811 dispose, d'ailleurs, que le décret du 4 juill. 1806, relatif aux pensions du ministère de l'intérieur (V. *suprà* nos 593 et suiv.), doit servir de règle pour accorder des pensions de retraite à tous les employés qui, sans être directement attachés au ministère de l'intérieur, dépendent de quelque administration départementale ou municipale.

697. — Dans tous les cas, lorsque, sans avoir de règlement spécial, des villes ont admis le système des pensions; elles doivent suivre les règles posées par le décret du 4 juillet 1806. — *Cons. d'Etat*, 25 juill. 1838, Ville de Lyon c. Bouteille.

698. — Jugé, d'ailleurs, que les règlemens spéciaux adoptés par les villes ou communes pour la liquidation des pensions de leurs employés n'ont d'effet que lorsqu'ils ont été sanctionnés par un acte du gouvernement. — *Cons. d'Etat*, 21 mars 1844, Ville de Lyon c. Paulin.

699. — A défaut de cette sanction, les pensions auxquelles les employés peuvent prétendre doivent être liquidées d'après les dispositions du décret du 4 juill. 1806. — *Ibid.*

700. — Toutefois une ordonnance du 4 sept. 1840 a décidé que, lorsque les villes en auront fait la demande, les pensions des employés des octrois municipaux doivent être réglées conformément aux dispositions des titres 2, 3 et 4 de l'ordonnance du 12 janv. 1825, concernant les employés de l'administration des finances. — Circ. min. int. 14 oct. 1840.

701. — On a donc considéré que, les fonctions des employés des octrois ayant beaucoup d'analogie et de similitude avec celles des employés des contributions indirectes, il convenait de les placer, pour la pension de retraite, dans les mêmes conditions. — *Ibid.*

702. — Les pensions accordées aux employés des octrois sont, du reste, payées par les villes, qui, en cas d'insuffisance du fonds de retraite, sont autorisées à y pourvoir sur le produit de leurs octrois. — Ord. 27 mars 1816, art. 2.

703. — Les services militaires, comme, généralement, tous les services rétribués par l'État, doivent être admis dans la liquidation des pensions accordées aux employés de toutes les administrations civiles ressortissant au ministère de l'intérieur. — *Cons. d'Etat*, 21 mars 1834, préfet de la Seine c. Souchral, Brozart et Raime; 11 juin et 25 juill. 1834, Ville de Bordeaux c. Mondenard, — et c. Siguier.

704. — Les services purement militaires doivent être comptés comme ceux rendus dans les administrations de l'armée ou autres administrations publiques. — *Cons. d'Etat*, 30 mars 1842, Ville de Bordeaux.

§ 8. — *Employés des préfectures.*

705. — Une circulaire ministérielle, du 1er mai 1823, a invité les préfets à former un fonds de retraite pour les employés des préfectures.

706. — Ce fonds de retraite se compose : 1º du produit d'une retenue faite sur les deux tiers de l'abonnement des préfets, destinés au paiement du traitement de leurs employés; 2º des sommes votées, avec la même destination, par les conseils généraux. — Circ. min. int. 1er mai 1823.

707. — Les conditions, pour être admis à la pension, sont d'avoir soixante ans d'âge et trente ans de service dont dix au moins dans une préfecture, à moins d'infirmités constatées ou de réforme pour cause de suppression d'emploi : dans ces deux cas, la pension peut être accordée après dix ans de service dans une préfecture et si l'employé a quarante ans révolus. — *Ibid.*

708. — Les veuves et orphelins ont droit à une pension, lorsque le mari ou le père se trouvait, à l'époque de son décès, avoir une pension sur le fonds de retenue ou remplissait les conditions exigées pour en obtenir une. — *Ibid.*

709. — Le ministre de l'intérieur n'a pas pensé qu'il fût possible de comprendre les employés des sous-préfectures dans ce système de retraites. — *Ibid.*

710. — Mais on doit compter aux employés des préfectures les services qu'ils ont pu rendre antérieurement dans les bureaux des sous-préfets. — *Ibid.*

§ 9. — *Préfecture de la Seine.*

711. — Une caisse spéciale de retraite a été créée, par une ordonnance du 13 nov. 1822, pour les employés de la préfecture de la Seine.

712. — Cette caisse est commune aux employés tant de la préfecture du département de la Seine qu'à ceux des administrations municipales de Paris ci-après, savoir : Commission des contributions directes, mairies, caisse de Poissy, abattoirs généraux, bureau central des poids publics. — Ord. 13 nov. 1822, art. 1er.

713. — La caisse est alimentée au moyen d'une retenue de 5 p. 0/0 sur les traitemens des employés de toutes les administrations qui viennent d'être désignées, et de subventions allouées sur le budget de la ville de Paris. — *Ibid.*, art. 2 et 3.

714. — Les demandes à fin de pension sont adressées, avec les pièces justificatives, au préfet. Le préfet fait examiner les demandes et vérifier les titres à l'appui; et, sur son rapport, les pensions sont fixées par le conseil municipal d'après les dispositions du décret du 4 juillet 1806, relatif aux employés du ministère de l'intérieur. Les pensions ainsi fixées sont soumises à l'approbation du gouvernement par le ministre de l'intérieur. — *Ibid.*, art. 5.

715. — *Hospices de Paris.* — Les administrateurs et employés des hospices de la ville de Paris, ainsi que leurs veuves et orphelins, ont aussi une caisse particulière de retraites, qui est régie par un décret du 7 fév. 1809.

716. — Ce décret a été déclaré applicable aux pharmaciens des mêmes établissemens par un décret du 18 mars 1813.

717. — Les arrérages des pensions de retraite dans les diverses administrations du département de la Seine, ne courent, conformément à la règle générale, que du jour de la production des pièces justificatives du droit à la pension. — *Cons. d'Etat*, 28 mai 1840, Guettyt.

718. — Aucune loi n'interdit le cumul d'une pension de retraite sur la caisse de retenue des employés de la ville de Paris avec un traitement d'activité payé sur les fonds du trésor. — *Cons. d'Etat*, 17 avril 1834, préfet de la Seine c. Faure.

719. — *Mont-de-piété de Paris.* — Le fonds des pensions du mont-de-piété de Paris se compose : 1° de diverses rentes acquises à cet effet par l'administration de l'établissement ; 2° du produit d'une retenue annuelle de 5 p. 0/0 sur tous les traitemens ; 3° de la retenue du premier mois d'appointemens des employés nouveaux ; 4° de la retenue du premier mois de toutes les augmentations de traitement obtenues soit dans les mêmes fonctions, soit par avancement ; 5° des portions de traitement disponibles par vacances d'emploi qui n'excèdent pas un mois ; 6° des retenues de portion d'appointemens faites à raison de congés accordés aux employés de tous grades. — Ord. 21 déc. 1832, art. 1er.

720. — Les pensions ne sont payées que jusqu'à concurrence des fonds libres de la caisse. En cas d'insuffisance de ces fonds, les pensions ne sont admises au paiement que dans l'ordre de la date de leur liquidation. — *Ibid.*, art. 3.

721. — Quant aux pensions qui auraient été liquidées à la même date, les fonds libres sont répartis, dans la proportion du montant de ces pensions, entre les divers titulaires. — *Ibid.*

722. — Les projets de liquidation de pensions, tels qu'ils ont été adoptés par le conseil d'administration du mont-de-piété, et accompagnés de l'avis du préfet du département, sont approuvés par une ordonnance (aujourd'hui un décret) rendue le comité de l'intérieur du Conseil d'Etat entendu. — *Ibid.*, art. 4.

723. — Les droits à une pension de retraite ne peuvent être réclamés qu'à soixante ans d'âge et après trente ans de services effectifs, dont quinze au moins dans l'administration du mont-de-piété et le surplus dans des administrations principales de la ville de Paris, dans des administrations ressortissant au gouvernement ou dans l'armée française. — *Ibid.*, art. 5.

724. — Dans le cas où l'employé compte des services militaires, il est fait une liquidation séparée, pour ces services, d'après les bases fixées pour la liquidation des pensions militaires. — *Ibid.*

725. — La pension peut être accordée avant trente ans de service à ceux que des accidens ou des infirmités survenus pendant le service et à l'occasion de leurs fonctions rendent incapables de les continuer. — *Ibid.*, art. 6.

726. — Dans le cas de suppression d'emplois, les employés ayant au moins dix années de service reçoivent, au moment où ils quittent l'administration, le montant des retenues qu'ils ont subies. — *Ibid.*, art. 7.

727. Pour déterminer le montant de la pension, il est fait une année moyenne du traitement fixe dont les réclamans ont joui pendant les quatre dernières années de leur service. — *Ibid.*, art. 8.

728 — La pension accordée pour trente ans de service est du tiers du traitement moyen, fixé comme il vient d'être dit. — Elle s'accroît d'un soixantième de ce traitement, pour chaque année de service au-dessus de trente ans, sans pouvoir cependant excéder la moitié de ce même traitement, ni le maximum de 6000 fr. — *Ibid.*, art. 9

729. — La pension accordée au cas d'accidens ou d'infirmités est pour chaque année de service d'un quatre-vingt-dixième du traitement moyen. — *Ibid.*, art. 10.

730. — La veuve d'un employé décédé au service du mont-de-piété ou jouissant d'une pension de retraite peut également obtenir une pension. — *Ibid.*, art. 11.

731. — Si elle est âgée de cinquante ans à l'époque du décès de son mari, ou si elle a un ou plusieurs enfans de son mariage avec lui cette pension est du tiers de celle dont jouissait son mari ou à laquelle il aurait eu droit. — Si elle est âgée de moins de cinquante ans et n'a pas d'enfans, sa pension n'est que du quart. — *Ibid.*

732. — Pour être admise à jouir d'une pension, la veuve doit prouver : 1° qu'elle était mariée avec l'employé mort avec droit à la pension, cinq ans avant son décès ; ou avec le pensionnaire cinq ans avant son admission à la retraite : 2° qu'elle n'était pas divorcée ou séparée de corps. — *Ibid.*, art. 12.

733. — La veuve admise à jouir d'une pension cesse de la toucher si elle se remarie. — *Ibid.*, art. 13.

734. — Si la veuve ne satisfait pas aux conditions indiquées ci-dessus, ou si elle meurt ou se remarie avant que les enfans provenant de son mariage avec l'employé aient atteint l'âge de quinze ans ; sa pension est réversible sur les enfans, qui en jouissent par égales portions jusqu'à ce qu'ils aient accompli cet âge, mais sans réversibilité des uns sur les autres. — *Ibid.*, art. 14.

735. — Si l'employé ne laisse pas de veuve, mais seulement des orphelins ; il peut être accordé à ces derniers des secours annuels, jusqu'à ce qu'ils aient atteint l'âge de quinze ans accomplis. — La quotité de ces secours est fixée pour chacun à la moitié de ce qu'aurait eu la veuve si elle avait survécu à son mari, et ne peut excéder, pour tous les enfans ensemble, le tiers de la pension à laquelle le père aurait eu droit ou dont il jouissait. — *Ibid.*, art. 15.

736. — Tout employé, qui, réformé par suppression d'emploi, aurait, conformément à ce qui a été dit plus haut (n° 726), reçu le remboursement de la retenue par lui supportée, peut, dans le cas où il serait réadmis dans l'administration, rétablir le montant de cette restitution dans la caisse des retraites et compter alors ses services antérieurs. — *Ibid.*, art. 16.

§ 10. — *Conservatoire de musique.*

737. — Le Conservatoire national de musique a une caisse spéciale de retraite dont les revenus se composent : 1° du produit d'une retenue de 5 0/0 opérée sur tous les traitemens, gratifications et émolumens accordés au directeur, aux professeurs et aux employés du Conservatoire ; — 2° du montant du premier mois d'appointemens de tout artiste ou employé nouvellement nommé ; — 3° du montant, pendant le premier mois, de la portion dont les traitemens peuvent être augmentés ; — 4° du montant des retenues de traitement pour congé ou autrement, pourvu qu'il n'excède pas dans l'année un mois de traitement ; — 5° de la recette des concerts ou exercices publics qui sont donnés par les professeurs et élèves du Conservatoire, déduction faite des frais. — Ord. 31 août 1832, art. 1 et 2.

738. — Les services des directeurs, des professeurs et des employés du Conservatoire ne sont comptés pour donner droit à une pension de retraite qu'à partir de l'âge de vingt ans accomplis. — *Ibid.*, art. 4.

739. — Ne sont point admises les années de surnumérariat, ou de service non rétribué, ni le temps des congés emportant suspension de traitement, ni les services rendus jusqu'au moment d'une démission volontaire ou d'une révocation. — *Ibid.*, art. 5.

740. — La quotité de la pension du directeur, des professeurs et employés est déterminée d'après la moyenne des appointemens fixes dont ils ont joui pendant les quatre dernières années de leur activité. Les indemnités et les gratifications ne sont pas comptées dans cette évaluation. — *Ibid.*, art. 6.

741. — Les directeurs et les professeurs qui sont dûment autorisés à cesser leurs fonctions, après vingt ans révolus de services effectifs au Conservatoire de musique, ont droit à une pension qui est du tiers du traitement fixe pour vingt années de service et qui s'accroît d'un soixantième du même traitement pour chaque année de service au delà de vingt ans, sans pouvoir excéder la moitié du traitement. — *Ibid.*, art. 7.

742. — Néanmoins, le directeur et les professeurs qui comptent quinze ans révolus de services effectifs, dans l'établissement, ont droit à la pension, s'ils sont mis à la réforme, soit pour cause d'infirmités graves dûment constatées, soit par suite de la suppression de leur emploi ; dans ce cas, la pension n'est payée qu'à partir de l'âge de quarante ans révolus et est pour chaque année de service d'un soixantième du taux moyen du traitement des quatre dernières années d'activité. — *Ibid.*, art. 8.

743. — Les employés du Conservatoire de musique n'ont droit à pension qu'après trente ans révolus de services effectifs, salariés par l'Etat, et soixante ans d'âge. Moitié au moins de ces services doivent avoir été rendus dans l'établissement. — La pension est du tiers du taux moyen des quatre dernières années de leur traitement fixe. — *Ibid.*, art. 9.

744. — Néanmoins, au cas d'infirmités graves dûment constatées ou de suppression d'emploi, il peut être accordé une pension aux employés qui comptent vingt-cinq ans de service et cinquante ans d'âge. La pension est liquidée dans la proportion indiquée ci-dessus. — *Ibid.*

745. — Aucune pension ne peut excéder la moitié de la moyenne du traitement d'activité durant les quatre dernières années. — *Ibid.*, art. 10.

746. — Les liquidations sont établies, sur le nombre effectif des années, mois et jours de service. — *Ibid.*, art. 11.

747. — Les directeurs, professeurs et employés réformés pour une des causes exprimées ci-dessus, après cinq ans de services effectifs et sans avoir droit à pension, reçoivent à titre d'indemnité, une fois payée, six mois de leur traitement annuel ; mais ils ne peuvent prétendre, en aucun cas, au remboursement des retenues qu'ils ont subies. — *Ibid.*, art. 12.

748. — Lorsqu'un directeur, professeur ou employé décède en activité de service, ayant acquis droit à pension, sa veuve peut obtenir, à titre de secours, un tiers de la pension qui aurait été accordée à son mari, s'il eût été admis à la retraite. — *Ibid.*, art. 13.

749. — Il n'y a pas lieu à ce secours : 1° si la veuve est âgée de moins de trente ans et sans enfans ; — 2° si elle est mariée depuis moins de cinq ans ; 3° si elle est en état de séparation de corps ; — 4° enfin si elle ne prouve pas qu'elle n'a pas de moyens d'existence équivalens à la pension de son mari. — *Ibid.*

750. — Les dispositions qui précèdent sont applicables aux veuves des directeurs, professeurs et employés qui décèdent jouissant d'une pension de retraite fixée et liquidée en exécution du règlement ci-dessus. — *Ibid.*, art. 14.

§ 11. — *Théâtre-Français.*

751. — Le décret du 15 oct. 1812, en organisant le Théâtre-Français, a réglé les pensions auxquelles les sociétaires et artistes de ce théâtre peuvent prétendre.

752. — Le service de ces pensions se fait de deux manières, savoir : 1° soit sur le fonds de 100,000 francs de rente qui a été constitué, par le décret du 13 messid. an X, au profit du Théâtre-Français ; — 2° soit sur les différentes ressources qui sont spécialement affectées à cette destination par la Société.

753. — Le sociétaire qui a vingt ans de service non interrompus peut prendre sa retraite, à moins que le ministre de l'intérieur (qui remplace aujourd'hui le surintendant) ne juge à propos de le retenir. — Décr. 15 oct. 1812, art. 12.

754. — Les vingt ans datent du jour des débuts, lorsqu'ils ont été immédiatement suivis de l'admission à l'essai et ensuite dans la Société. — *Ibid.*

755. — Le sociétaire qui se retire après vingt ans a droit, 1° à une pension viagère de 2000 fr. sur les fonds affectés au Théâtre-Français par le décret précité du 13 mess. an X ; 2° à une pension de pareille somme sur les fonds de la Société. — *Ibid.*, art. 13.

756. — Si le ministre juge convenable de prolonger le service d'un sociétaire au delà de vingt ans, il est ajouté, quand il se retire, 100 fr. de plus par an à chacune des deux pensions dont il vient d'être parlé. — *Ibid.*, art. 14.

757. — Un sociétaire qu'un accident, ayant pour cause immédiate le service du théâtre, obligerait de se retirer avant d'avoir accompli les vingt ans, reçoit en entier les pensions ci-dessus déterminées. — *Ibid.*

758. — En cas d'incapacité de servir, provenant d'une autre cause que celle qui vient d'être énoncée, le sociétaire peut même, avant ses vingt ans de service, être mis en retraite par ordre du ministre. — *Ibid.*, art. 16.

759. — En ce cas, et s'il a plus de dix ans de service, il a droit à une pension sur les fonds du gouvernement et une sur les fonds des sociétaires ; chacune de ces pensions est de 100 fr. par année de service, s'il est à part entière ; de 75 fr., s'il est à trois quarts de part ; et ainsi de suite, dans la proportion de sa part dans les bénéfices de la Société. — *Ibid.*

760. — Si le sociétaire a moins de dix ans de service, le ministre peut proposer au gouvernement la pension qu'il croit convenable de lui accorder suivant les services rendus à la Société et les circonstances où il peut se trouver. — *Ibid.*, art. 17.

761. — Toutes ces pensions sont accordées par décisions rendues en Conseil d'Etat, sur l'avis du comité. — *Ibid.*, art. 18.

762. — Après vingt ans au plus de service non

interrompus par un acteur ou une actrice aux appointemens, après dix ans de service seulement en cas d'infirmités, enfin en cas d'accident, comme il est dit pour les sociétaires, il peut être accordé, d'après la proposition du ministre, moitié sur les fonds de 100,000 fr., moitié sur celui de la Société, une pension, laquelle, tout compris, ne peut excéder la moitié du traitement dont l'acteur ou l'actrice a joui les trois dernières années de son service. — *Ibid.*, art. 28.

763. — Le commissaire du gouvernement près le Théâtre-Français peut aussi obtenir une pension d'après les mêmes règles; mais elle est payée en entier sur les fonds de 100,000 fr. — *Ibid.*, art. 29.

764. — Au cas d'insubordination envers les supérieurs et d'infractions au service, la perte de la pension peut être encourue par les artistes et employés du théâtre. — *Ibid.*, art. 75 et 76.

765. — Lorsqu'un sujet après dix années de service a réitéré pendant une année la demande de sa retraite et qu'il déclare qu'il est dans l'intention de ne plus jouer sur aucun théâtre, ni français, ni étranger, sa retraite ne peut lui être refusée; mais il n'a droit à aucune pension, ni à retirer sa part du fonds annuel formé sur les ressources de la Société. — *Ibid.*, art. 82.

Sect. 9e. — *Administrations de la guerre, de la marine, etc.*

§ 1er. — *Administration de la guerre.*

766. — La caisse des retraites des employés de l'administration centrale de la guerre et des diverses administrations qui ressortissent à ce département, se compose pour chaque administration : 1° d'une retenue de 5 centimes par franc tant sur les traitemens que sur les indemnités à titre de gratification; 2° de la retenue du premier mois d'appointemens de tout employé nouvellement nommé; 3° de la retenue, pendant le premier mois, de la portion du traitement accordée à titre d'augmentation; 4° des retenues déterminées sur les traitemens des employés en congé; 5° des fonds subventionnels, accordés par les lois; 6° des capitaux et rentes appartenant à la caisse. — Décr. 2 fév. 1808, art. 1er; ord. 26 mai 1832, art. 1er et 2.

767. — Les employés ont droit à une pension après trente ans de services effectifs, pour lesquels on compte ceux dans les autres administrations publiques au compte du gouvernement, et ceux dans l'état militaire, mais sous la condition qu'il y aura au moins dix ans de service dans les bureaux du ministère de la guerre. — Décr. 2 fév. 1808, art. 2.

768. — Les employés du ministère de la guerre ne sont recevables à compter pour la liquidation de leur pension de retraite les services qu'ils ont rendus dans d'autres administrations publiques qu'autant que ces services auraient été admissibles dans ces administrations. — *Cons. d'Etat*, 19 juill. 1833, Beaudesson.

769. — Les services civils admissibles pour la retraite ne sont comptés qu'à partir de l'âge de vingt ans accomplis. — Ord. 20 déc. 1832.

770. — L'employé âgé de soixante ans, justifiant de vingt-cinq ans de service dont dix ans dans les bureaux du ministère ou de l'administration de la guerre, et que des infirmités empêchent de le continuer, est traité comme s'il avait trente ans de service effectif. — Décr. 2 févr. 1808, art. 3.

771. — Il peut être également accordé une pension aux employés qui comptent moins de trente ans de services effectifs ou de vingt-cinq ans de service et de soixante ans d'âge, mais qui justifient de dix ans de service dans les bureaux du ministère ou de l'administration de la guerre, et qui ne peuvent continuer l'exercice de leurs fonctions, par suite d'une organisation nouvelle des bureaux ou par la suppression de leur emploi. — *Ibid.*, art. 4.

772. — La quotité de la pension est déterminée sur une année moyenne du traitement dont les réclamans ont joui pendant les trois dernières années de leurs services. Les gratifications qui leur auraient été accordées pendant ces trois dernières années ne sont point comptées dans le traitement. — Décr. 2 févr. 1808, art. 5.

773. — La pension à trente ans de services effectifs ou à vingt-cinq ans de service et soixante ans d'âge est de la moitié de la somme fixée en conséquence de la disposition qui précède. Elle s'accroît d'un vingtième de cette moitié pour chaque année de service effectif au delà de trente ans, sans qu'elle puisse s'élever au-dessus des deux tiers du traitement calculé comme il a été dit tout à l'heure. Mais dans aucun cas elle ne peut excéder la somme de 6,000 fr. pour les chefs de division, de 4,000 fr. pour les chefs de bureaux, de 3,000 fr. pour les sous-chefs, et de 2,000 fr. pour les employés. — *Ibid.*, art. 6.

774. — La pension accordée avant trente ans de service dans les cas exceptionnels prévus plus haut (n° 771), est, pour dix ans de service, du dixième du traitement moyen ; elle s'accroît d'un soixantième de ce traitement pour chaque année de services effectifs au delà des dix ans. — *Ibid.*, art. 7.

775. — Dans les cas de réforme par suite d'organisation, de suppression d'emploi et d'infirmités, les employés qui n'ont pas dix ans de service dans les bureaux du ministère ou de l'administration de la guerre n'ont pas droit à une pension. — *Ibid.*, art. 8.

776. — Mais ils peuvent recevoir, sur la décision du ministre, la totalité de la retenue qu'ils ont supportée, sans qu'il leur soit tenu compte des intérêts. — *Ibid.*

777. — La veuve d'un employé ne peut prétendre à une pension qu'autant que son mari est mort dans l'exercice de son emploi ou jouissant d'une pension de retraite sur les fonds de retenue ; qu'elle a été mariée cinq ans avant la mort de l'employé décédé en activité ou avant la retraite de l'employé mort pensionnaire ; qu'elle n'a pas été séparée de corps. — *Ibid.*, art. 9.

778. — La pension de la veuve est du quart de la pension de retraite à laquelle son mari aurait eu droit ou dont il a joui ; elle peut s'élever à la moitié de la pension si la veuve est âgée de cinquante ans au moment du décès de son mari, ou s'il laisse à sa charge un ou plusieurs enfans au-dessous de l'âge de dix-huit ans. — *Ibid.*, art. 10.

779. — Les deux tiers de la pension dont la veuve a joui jusqu'à sa mort sont réversibles, à cette époque, à titre de secours annuels, aux enfans de son mariage avec l'employé décédé; et si l'employé est mort veuf, les orphelins qu'il laisse, quel que soit leur nombre, reçoivent également, à titre de secours annuels, les deux tiers de la pension à laquelle leur mère aurait eu droit si elle eût survécu à son mari. — *Ibid.*, art. 11.

780. — Les enfans dont la mère aurait été séparée de corps, sont considérés et pensionnés comme orphelins. — *Ib.*, art. 12.

781. — Le secours annuel cesse d'être payé lorsque le plus jeune des orphelins a atteint l'âge de dix-huit ans. — *Ibid.*, art. 13.

782. — Les militaires ou fonctionnaires employés dans les bureaux du ministère ou l'administration de la guerre, dont les traitemens sont payés en partie sur d'autres fonds que ceux destinés aux appointemens des bureaux, peuvent, ainsi que leurs veuves et leurs enfans, être traités à l'instar des autres employés du même ministère, s'ils consentent à supporter, sur la portion de leur traitement payée dans les bureaux, et subsidiairement sur celle qui est payée hors des bureaux, une retenue égale à celle à laquelle le traitement affecté à leur emploi dans les bureaux est assujetti. Ils ont, en conséquence, la faculté d'opter entre cette retenue, avec l'espoir d'une pension sur le fonds qui en provient, et l'exemption de toute retenue, sans aucun droit à la pension sur le fonds de retenue, en raison de l'emploi qu'ils auront dans les bureaux. — — Décr. 2 fév. 1808, art. 14.

783. — Tout employé destitué perd ses droits à la pension, quand même il aurait le temps de service exigé pour l'obtenir ; il ne peut même prétendre ni au remboursement des sommes retenues sur son traitement, ni à aucune indemnité équivalente. — *Cons. d'Etat*, 2 juillet 1836, Féraud.

784. — L'employé démissionnaire n'a droit de même à aucun remboursement ni à aucune indemnité des retenues qui lui ont été faites; mais s'il est réadmis dans les bureaux, par la suite, le temps de son premier service compte pour sa pension. — Décr. 2 fév. 1808, art. 16.

785. — Les surnuméraires et les auxiliaires, ne comptant point parmi les employés des bureaux du ministère et de l'administration de la guerre, ne sont assujettis à aucune retenue, et n'ont droit à aucune pension de retraite. — *Ibid.*, art. 17.

786. — La liquidation des pensions est faite par le ministère de la guerre ou de l'administration de la guerre, et soumise à l'approbation du gouvernement. — *Ibid.*, art. 18.

§ 2. — *Administration des poudres.*

787. — Les pensions des agens de l'administration générale des poudres ont été réglées spécialement par un décret du 22 janv. 1808.

788. — La fixation de la pension est déterminée ainsi qu'il suit : on prend le terme moyen du traitement fixe et éventuel perçu pendant les trois dernières années d'activité de service; — la pension est de la moitié de ce traitement moyen, pour trente années de service, et d'un vingtième de l'autre moitié pour chaque année au-dessus de trente ans, sans que, dans aucun cas, ces retraites puissent excéder 6,000 fr. pour les administrateurs, 4,000 fr. pour les inspecteurs généraux, 3,000 fr. pour les commissaires et autres préposés, ni être au-dessous de 200 fr. — Décr. 22 janv. 1808, art. 8.

789. — Si par des causes d'infirmité ou de réforme un employé se trouvait dans l'impossibilité de continuer ses fonctions jusqu'au terme de trente ans, sa pension est d'un tiers du traitement moyen, pour vingt années de service, et d'un quarantième des deux autres tiers pour chaque année au-dessus de vingt ans. — *Ibid.*

790. — La moitié des retraites accordées aux divers employés est accordée à leurs veuves. — *Ibid.*

791. — Dans le cas où un employé perdrait la vie par un accident provenant de l'exercice de ses fonctions, il est accordé à sa veuve, à titre de pension, la moitié de la retraite dont aurait joui son mari s'il avait eu trente ans de service. — *Ibid.*

792. — Les ouvriers des poudrières au bout de trente ans de service, ou en cas de blessures qui les empêchent de le continuer, reçoivent pour pension la moitié de leurs gages. — Les veuves de ceux qui périraient par suite d'une explosion jouissent du tiers de ces gages. — *Ibid.*, art. 9.

§ 3. — *Manufactures d'armes, forges, fonderies de la guerre, écoles, etc.*

793. — Les contrôleurs d'armes, des forges et des fonderies, et les réviseurs d'armes dans les manufactures nationales ont droit à des pensions qui sont ainsi fixées : ils ont à vingt-cinq ans de service dans les établissemens d'artillerie, le minimum de la pension fixé au tiers du taux moyen du traitement fixe dont ils ont joui pendant les trois dernières années de leur activité; à trente-cinq ans la moitié du même traitement, et à quarante-cinq ans le maximum déterminé aux deux tiers de ce traitement. — Il leur est d'ailleurs accordé des annuités réglées au soixantième du traitement moyen, pour les années au delà de vingt-cinq et trente-cinq ans de services. — Ord. 25 fév. 1816, art. 1er.

794. — Leurs services dans les manufactures nationales ne courent que de l'âge de vingt ans, et le temps durant lequel ils ont été occupés comme ouvriers de ces manufactures leur est compté lorsqu'ils ont exercé au moins pendant dix ans les fonctions de contrôleur ou de réviseur. — — Tout autre service salarié par le trésor peut être ensuite admis pour l'accroissement de la pension. — *Ibid.*, art. 2.

795. — Sauf les règles spéciales que nous venons de reproduire, il faut, du reste, appliquer à ces pensions toutes les dispositions que nous indiquons ci-après pour le règlement des instituteurs, professeurs et répétiteurs des écoles d'artillerie et du génie. — *Ibid.*, art. 3.

796. — Les instituteurs, professeurs et répétiteurs des écoles d'artillerie et du génie ne peuvent obtenir de pension avant vingt années de service en cette qualité, et leur activité dans lesdites écoles ne compte que de l'âge de vingt ans. — Tous autres services publics sont ensuite admis pour l'accroissement de la pension. — Ordonn. 25 fév. 1816, art. 2.

797. — L'admission à la retraite n'a lieu que sur un mémoire de proposition accompagné pièces justificatives de services, et d'après la demande des généraux inspecteurs d'artillerie et du génie. — *Ibid.*

798. — La pension est réglée sur le taux moyen du traitement fixe dont les fonctionnaires ci-dessus ont joui pendant les trois dernières années de leur activité. — *Ibid.*, art. 3.

799. — Ils obtiennent à vingt ans de services effectifs le minimum de la pension, qui est du tiers de l'année moyenne du traitement; à trente ans la moitié du même traitement, et à quarante ans le maximum déterminé aux deux tiers de ce traitement. — *Ibid.*

800. — Il est accordé des annuités pour le temps au delà de trente ans, jusqu'au terme fixé pour le maximum. La même disposition s'étend à ceux qui, ayant droit au minimum, auraient quelques années au delà du terme exigé pour l'obtenir. — Ces annuités sont réglées uniformément à un soixantième du traitement moyen. — *Ibid.*, art. 4.

801. — Ceux qui n'ont pas vingt ans de service peuvent obtenir le remboursement des retenues qui leur ont été faites pour la pension, s'ils n'ont pas cessé leur activité par démission ou par destitution. — *Ibid.*, art. 5.

802. — Dans le cas où ils sont forcés de quitter leur emploi par suite d'infirmités ou d'accidens résultant de leur service avant d'avoir atteint ces vingt ans, il en est rendu un compte particulier au ministre de la guerre afin qu'il juge s'il y a lieu de leur accorder par exception une pension dont le montant ne peut toutefois dépasser la moitié du minimum fixé pour vingt ans de service. — *Ibid.*

803. — Les veuves des instituteurs, professeurs et répétiteurs décédés en activité ou en retraite peuvent obtenir des pensions réglées à la moitié de celles auxquelles leurs maris avaient droit, si au moment du décès de ces derniers elles sont âgées de cinquante ans ou ont des enfans au-dessous de l'âge de dix-huit ans. — Elles n'ont que le quart de cette même pension si elles ne se trouvent pas dans cette position : elles doivent dans tous les cas n'avoir point divorcé; et celles qui n'ont même point d'enfans doivent justifier de cinq ans de mariage. — *Ibid.*, art. 6.

804. — Les orphelins reçoivent jusqu'à leur dix-huitième année révolue, à titre de secours annuels, les deux tiers de la pension à laquelle leur mère aurait eu droit. — *Ibid.*, art. 7.

805. — Les veuves et orphelins qui n'ont pas droit à la pension, peuvent obtenir, suivant leur position, à titre de secours, une somme une fois payée, prélevée sur le fonds de retraite, et dont la quotité ne peut excéder la moitié de l'année de la pension dont ils auraient été susceptibles. — *Ibid.*, art. 8.

806. — Les instituteurs, professeurs et répétiteurs qui ont obtenu une solde de retraite, ne peuvent la cumuler avec la pension. Ils doivent opter entre l'une ou l'autre de ces récompenses. Les pensionnaires sont tenus, à chaque époque de paiement, de justifier qu'ils ne jouissent d'aucun traitement d'activité soldé par le trésor. — *Ibid.*, art. 9.

807. — Les fonctionnaires civils des écoles nationales militaires ont une caisse de retraite spéciale qui est alimentée, comme toutes celles des diverses administrations du ministère de la guerre, par une retenue de 5 p. 0/0 faite sur le montant de leurs traitemens. — Ordonn. 4 nov. 1818.

808. — Ces pensions sont, du reste, liquidées d'après les règles établies pour les employés du ministère de la guerre. — *Ibid.*, art. 1er.

§ 4. — *Subsistances militaires.*

809. — La caisse des retraites des employés du service des subsistances militaires est alimentée au moyen d'une retenue qui est faite à ces employés, tant sur leurs traitemens que sur les sommes qui leur sont allouées à titre d'abonnement de manutention ; cette retenue est de 5 p. 0/0 sur les traitemens, et de 3 p. 0/0 sur les abonnemens de manutention. — Ordonn. 28 nov. 1821, art 1er et 2 ; 26 mai 1832, art. 3.

810. — Jugé que l'art. 23 de la loi du 19 mai 1834 n'est pas applicable aux employés du service des subsistances et transports militaires. — *Cons. d'Etat*, 21 juin 1844, Garnier.

811. — Jugé d'ailleurs qu'on doit compter dans la liquidation d'une pension civile sur les fonds de retenue du ministère de la guerre, les services rendus dans l'administration des subsistances militaires. En vain objecterait-on que ces administrations créées pour les besoins de la guerre, n'ont pas le caractère de fixité et de permanence des autres administrations. Les services qui y sont rendus sont des services publics rétribués sur les fonds du trésor, et donnent par conséquent droit à la pension. — *Cons. d'Etat*, 21 janv. 1837, Colard.

812. — Les employés et leurs ayans cause ne peuvent, un seul cas excepté (art. 25), sous aucun prétexte, retirer les sommes pour lesquelles ils ont contribué par les retenues faites sur les traitemens ou abonnemens, à la formation du fonds des pensions. — Ordonn. 28 nov. 1821, art. 6.

813. — Tout employé de la direction générale des subsistances qui à l'époque de sa retraite justifie de trente années effectives de services publics, civils ou militaires, dont dix ans au moins dans l'administration des subsistances militaires, et qui d'ailleurs a subi pendant six ans au moins la retenue mentionnée plus haut, peut prétendre à une pension de retraite. — *Ibid.*, art. 7.

814. — La même faculté est accordée aux employés qui, ayant atteint l'âge de soixante ans, justifient à l'époque de leur retraite de vingt-cinq années effectives de services publics, dont dix ans au moins dans l'administration des subsistances militaires, et qui ont également subi la retenue pendant six ans au moins. — *Ibid.*, art. 8.

815. — Les services rendus dans les entreprises ne sont admissibles qu'autant que les traités ont assimilé par clause expresse les employés de ces entreprises à ceux du gouvernement. — *Ibid.*, art. 9.

816. — Le *minimum* des pensions auxquelles peuvent prétendre les employés dans l'un ou l'autre des cas spécifiés ci-dessus, est fixé, savoir : pour les gardes-magasins de première classe, à 1,500 fr.; de deuxième classe, à 1,200 fr.; de troisième classe, à 900 fr.; — pour les autres employés, au tiers du traitement annuel (terme moyen) dont ils ont joui pendant les trois dernières années, déduction faite des sommes payées à titre de gratification, frais de bureau, frais de tournée et indemnité quelconque. — *Ibid.*, art. 10.

817. — Tout garde-magasin de première ou seconde classe qui ne compte pas au moins trois années de service dans la classe dont il fait partie à l'époque de sa retraite, ne peut prétendre qu'à la pension déterminée pour la classe, immédiatement inférieure. — *Ibid.*, art. 11.

818. — Les fixations déterminées plus haut (no 816) s'augmentent d'un trentième pour chaque campagne de guerre ou chaque année de service en sus du nombre exigé pour la retraite, sans toutefois que chaque pension puisse, dans aucun cas, ni s'élever au-dessus de la moitié du traitement, ni excéder le taux de 5,000 fr., considéré comme *maximum* de la plus forte pension. — *Ibid.*, art. 12.

819. — Les employés licenciés, soit sans leur aveu pour cause de surabondance ou de suppression d'emploi, soit sur leur demande pour cause d'infirmités dûment constatées, et qui, à l'époque de leur licenciement, justifient de quinze ans effectifs de services publics, dont dix ans au moins dans l'administration des subsistances militaires, et qui d'ailleurs ont subi la retenue pendant six ans au moins, ont droit à une pension de retraite dont la quotité est égale à la moitié du *minimum* ci-dessus fixé, et doit s'augmenter d'un trentième pour chaque année de campagne de guerre ou chaque année de service, sans toutefois qu'elle puisse excéder les proportions déterminées pour le *maximum*. — *Ibid.*, art. 13.

820. — Les employés qui se retirent par démission, ou par licenciement sur plaintes, ne peuvent prétendre au bénéfice de la disposition qui précède. — *Ibid.*, art. 14.

821. — Les veuves d'employés peuvent prétendre à une pension, sur les fonds de retenue, dans les deux cas ci-après, savoir : 1° lorsque leurs maris, à l'époque où ils sont morts, se trouvaient en possession d'emploi dans la direction générale des subsistances militaires, en remplissant d'ailleurs les conditions voulues pour la pension; 2° lorsque leurs maris, à la même époque, se trouvaient en jouissance d'une pension de retraite sur les mêmes fonds. — *Ibid.*, art. 15.

822. — Les veuves d'employés ne peuvent toutefois obtenir les pensions auxquelles leur donne droit la disposition ci-dessus qu'après avoir justifié qu'elles étaient mariées cinq ans au moins avant le décès ou la retraite de leurs maris, et qu'elles n'ont point divorcé. — *Ibid.*, art. 16.

823. — Les veuves d'employés, pour la liquidation de leurs pensions, sont distinguées en deux classes : la première comprend celles qui sont âgées de cinquante ans au moins, et celles dont les maris ont laissé à leur charge des enfans au-dessous de dix-huit ans d'âge; la seconde classe comprend les autres veuves. — La pension des veuves de première classe est de moitié, et celle des veuves de la seconde classe du quart, de la pension dont leurs maris ont joui, ou qu'ils étaient en droit de réclamer en cas de licenciement. — *Ibid.*, art. 17.

824. — Les enfans orphelins de ceux des employés qui à l'époque de leur mort réunissaient les conditions voulues pour la pension, sont susceptibles d'obtenir des secours annuels, sur les fonds de retenue, tant qu'ils n'ont pas atteint l'âge de dix-huit ans. Ces secours sont fixés pour tous les enfans du même employé qui n'ont pas dix-huit ans d'âge, aux deux tiers de la pension dont la veuve aurait pu jouir; ils cessent d'être payés aussitôt que le plus jeune des orphelins a atteint l'âge de dix-huit ans. — *Ibid.*, art. 18.

825. — Les enfans dont la mère a divorcé sont considérés et traités comme orphelins. — *Ibid.*, art. 19.

826. — Les pensions et secours annuels qui peuvent être accordées en vertu des dispositions qui précèdent sont réglés, sur la proposition du directeur général des subsistances de la guerre, par le ministre de la guerre, qui est chargé d'en soumettre la liquidation à l'approbation du gouvernement. — *Ibid.*, art. 20.

§ 5. — *Administration de la marine et des colonies.*

827. — Les pensions et secours à accorder aux employés du ministère de la marine et des colonies sont réglés conformément aux dispositions du décret du 2 fév. 1808, relatif aux employés du ministère et de l'administration de la guerre. — Décr. 4 mars 1808, art. 1er.

828. — La place de directeur de l'intérieur dans les colonies n'étant pas comprise dans l'organisation du département de la marine en France, doit être assimilée, pour la pension, à celle des fonctionnaires du département de l'intérieur dans la métropole; sauf le droit, pour le titulaire, d'obtenir la pension de retraite après vingt-cinq ans de service, dans les cas prévus par la loi du 18 avr. 1831. — *Cons. d'Etat*, 7 juin 1836, Guichard de Montguers.

829. — Ainsi, tout fonctionnaire civil envoyé d'Europe a droit à ce que le temps de son service dans les colonies lui soit compté pour moitié en sus de la durée effective. — *Cons. d'Etat*, 31 août 1837, Goussard.

830. — Les employés des douanes à Cayenne peuvent revendiquer le bénéfice des mêmes dispositions, bien qu'il n'en ait été fait d'application expresse par l'ordonnance du 8 juin 1834 qu'aux employés des douanes de la Guadeloupe et de la Martinique. — *Ibid.*

831. — Il résulte de cette jurisprudence que les mêmes règles sont applicables aux employés civils des autres colonies, telles que la Guyane, l'île Bourbon et les possessions françaises dans l'Inde. — Dumesnil, *Manuel des pensionnaires de l'Etat*, p. 409.

832. — Néanmoins, une ordonnance du 8 juin 1834 déclare applicables aux employés des douanes, dans les colonies de la Martinique et de la Guadeloupe, les dispositions qui régissent les pensions de retraite des employés des finances et particulièrement de ceux des douanes; sauf les exceptions ci-après.

833. — Le service des douanes dans ces deux colonies est compté pour moitié en sus de sa durée effective aux employés venus d'Europe. — Ord. 8 juin 1834, art. 1er.

834. — Les traitemens des employés des douanes dans ces deux colonies sont comptés pour moitié dans le calcul qui détermine la quotité de la pension. — *Ibid.*

835. — Le droit à la pension n'est acquis aux forestiers de la marine qu'après trente ans de services effectifs; à moins qu'ils ne justifient de six ans de navigation sur les bâtimens de l'Etat, ou de neuf années tant de navigation que de service aux colonies. — *Cons. d'Etat*. 9 mai 1834, Lafond.

836. — Le temps de service exigé pour la pension de retraite des forestiers de la marine ne se compte qu'à partir de l'âge de seize ans; ce principe ne reçoit d'exception qu'à l'égard des marins embarqués. — *Ibid.*

837. — Les jardiniers botanistes de la marine doivent être assimilés pour la pension aux maîtres entretenus seulement. — L'arrêté du 19 pluviôse an VI, qui les assimilait aux officiers de santé de seconde classe, a été abrogé par l'arrêté du gouvernement du 7 vendém. an VIII. — *Cons. d'Etat*, 11 avr. 1837, Bourdin,

838. — Lorsqu'un jardinier botaniste obtient une pension pour cause d'infirmités, et que ces infirmités sont le résultat de fièvres endémiques régnant dans le pays où il a résidé pour son service, sa pension ne doit pas être liquidée seulement à raison de ses services effectifs, mais comme le serait celle des fonctionnaires auxquels il est assimilé. — *Cons. d'Etat*, 11 avr. 1837, Bréon.

839. — Lorsque le traitement d'un fonctionnaire colonial, d'un directeur de l'enregistrement, par exemple, est inférieur à celui des fonctionnaires du même ordre employés en France, il n'y a pas lieu, pour fixer sa pension, de faire subir une réduction à son traitement. — *Cons. d'Etat*, 22 juin 1836, Houpiart.

840. — La loi du 18 avril 1831, en abrogeant (art. 37) tous les règlemens antérieurs sur les pensions de retraite de la marine, laisse néanmoins en pleine vigueur la loi du 13 mai 1791, et les ordonnances et règlemens qui régissent les pensions dites *demi-soldes*, auxquelles les marins ont droit de prétendre après trois cents mois de navigation mixte pour le commerce et pour l'Etat; et les ouvriers non naviguant des ports, après trois cents mois de service dans les arsenaux. — Instr. minist. de la marine, 16 mai 1831.

841. — Les remises et salaires accordés à certains employés de la marine, indépendamment de leur traitement fixe, ne doivent pas entrer dans la liquidation de la pension de ces employés. — *Cons. d'Etat*, 22 juin 1836, Houpiart.

Sect. 10e. — *Pensions du ministère des affaires étrangères.*

842. — Les recettes de la caisse des retenues et pensions du département des affaires étrangères se composent: 1° d'une retenue proportionnelle sur les traitemens de chacun des agens extérieurs ou employés des bureaux payés directement sur les fonds du budget, laquelle doit être calculée à raison de 5 p. 100 sur les premiers 20,000 fr. de traitement; de 4 p. 100 sur les seconds; de 3 p. 100 sur les troisièmes; de 2 p. 100 sur les quatrièmes, et enfin de 1 p. 100 sur les cinquièmes et suivans; le tout ainsi qu'il résulte d'un tableau annexé à l'ordonnance du 19 nov. 1823; — 2° d'une retenue calculée d'après la même proportion décroissante, sur les gratifications, supplémens de traitement, et généralement toutes les sommes autres que frais de voyage ou d'établissement, et remboursemens d'avances pour le service qui sont payées à ces agens ou employés; — 3° d'une retenue sur le premier mois de tout premier traitement, ainsi que de toute augmentation d'un ancien traitement, obtenu soit dans le même emploi, soit dans un autre, laquelle retenue doit être égale au montant de celle que doit supporter le traitement ou cette augmentation de traitement dans le cours de l'année; — 4° des prélèvemens déterminés sur le traitement des agens extérieurs ou employés des bureaux en congé; — 5° enfin des fonds et des arrérages de rentes que la caisse peut acquérir, conformément aux lois, ainsi que du capital de celles des rentes dont la vente peut être autorisée. — Ordonn. 19 nov. 1823, art. 1er.

843. — Le droit à la pension n'est acquis qu'après trente ans de service; mais, en cas d'infirmités graves, constatées, reconnues, la pension peut être obtenue après des services de vingt-cinq ans. — *Ibid.*, art. 2.

844. — La même ordonnance du 19 nov. 1823 dispose que la pension des agens extérieurs sera calculée sur les grades dont ils auront été revêtus pendant les quatre dernières années de leurs services, et en prenant le terme moyen des pensions fixées ci-dessous pour chacun de ces grades après trente années de services, savoir: — les ambassadeurs, 12,000 fr.; — les ministres ayant plus de 60,000 fr. de traitement, 10,000 fr.; — les ministres ayant 60,000 fr. et au-dessous, 8,000 fr.; — les résidens, les chargés d'affaires et les conseillers d'ambassade, 6,000 fr.; — les premiers secrétaires d'ambassade, 5,000 fr.; — tous les autres secrétaires d'ambassade ou de légation, 4,000 fr.; — les consuls généraux, 6,000 fr.; — les consuls, 5,000 fr.; — les vice-consuls et consuls de seconde classe, 3,000 fr.; — les drogmans de première classe à Constantinople, 5,000 fr.; — les drogmans de seconde classe dans la même résidence, ainsi que les premiers drogmans des consuls généraux, 3,000 fr.; — enfin, tous les drogmans autres que ceux ci-dessus désignés, et les interprètes chanceliers, 2,400 fr. — *Ibid.*, art. 3.

845. — Mais ces fixations se trouvent aujourd'hui modifiées par la loi du 12 juillet 1836, qui a disposé qu'aucune des pensions accordées aux agens des affaires étrangères ne pourrait excéder le *maximum* de 6,000 fr. — *Ibid.*, art. 4.

846. — Les secrétaires interprètes à Paris, ainsi que toutes les autres personnes non comprises dans la nomenclature ci-dessus, doivent être traités comme les employés des bureaux. — *Ibid.*, art. 5.

847. — La pension des employés des bureaux se calcule sur le traitement moyen dont ils ont joui pendant les quatre dernières années de leurs services, et s'élève à la moitié de ce traitement après trente années; elle ne peut toutefois dépasser un *maximum* de 6,000 fr. — *Ibid.*, art. 4.

848. — L'agent extérieur qui devient employé des bureaux de même que l'employé des bureaux qui devient agent extérieur moins de quatre années avant l'époque de sa retraite, peut choisir entre les droits différens que donne chacune de ces deux qualités, et faire fixer sa pension d'après la combinaison qui lui est le plus favorable. — *Ibid.*, art. 5.

849. — Toute pension accordée avant trente ans de services et dans le cas d'infirmités prévu plus haut, doit subir autant de trentièmes de diminution qu'il manque d'années à ce terme. — *Ibid.*, art. 6.

850. — Les seuls services qui donnent droit à la pension sur les fonds de retenue des affaires étrangères, soit qu'ils aient été rendus dans le ministère ou dans toute autre administration de l'Etat, sont ceux dont le paiement est directement effectué sur les fonds du budget. Ils ne sont d'ailleurs comptés qu'à partir de l'âge de vingt ans; et leur durée totale, qu'elle soit de trente ou de vingt-cinq années, doit toujours en comprendre une de quinze années au moins dans le département des affaires étrangères. — *Ibid.*, art. 7.

851. — Le temps d'inactivité avec traitement dans le ministère des affaires étrangères compte comme un temps de service actif, pourvu toutefois que cette durée d'activité n'excède pas cinq années; au delà de ce terme, elle ne compte plus que pour moitié, et au dessus de dix années que pour un quart. — *Ibid.*, art. 8.

852. — Les services rendus en qualité de gérant de consulat ne sont pas admissibles dans la liquidation d'une pension sur le fonds de retraite des affaires étrangères. — *Cons. d'Etat*, 28 août 1844, Guys.

853. — Jugé également qu'il y a lieu d'admettre dans la liquidation de la pension d'un agent du ministère des affaires étrangères le temps pendant lequel il a rempli les fonctions d'instituteur en chef de l'école des jeunes de langue à Constantinople, lorsqu'il résulte de l'instruction que cet agent a été nommé et commissionné directement en cette qualité, et son traitement fixé par le ministre des relations extérieures, et qu'il a constamment joui pendant son séjour à Constantinople d'un traitement payé sur le budget de ce ministère, au chapitre du service extérieur. — *Cons. d'Etat*, 19 nov. 1837, Ducaurroy.

854. — Le décret du 21 nov. 1808, qui accorde un traitement d'inactivité aux agens diplomatiques et consulaires rappelés sans être remplacés, ne s'applique pas au cas de suppression d'emploi. — *Cons. d'Etat.*, 27 nov. 1836, Prier.

855. — Dans ce dernier cas les agens diplomatiques et consulaires n'ont droit à un traitement d'inactivité qu'autant qu'ils comptent dix ans d'activité avec traitement dans le département des affaires étrangères. — *Ibid.*

856. —... Et ils ne peuvent compter, pour compléter ces dix ans, le temps passé comme chancelier. — *Ibid.*

857. — Les secrétaires interprètes à Constantinople ne doivent pas être assimilés aux drogmans, pour la pension. La pension de ces fonctionnaires doit, suivant la règle générale, être calculée sur le traitement moyen dont ils ont joui pendant les quatre dernières années de leur service, et s'élever à la moitié de ce traitement après trente ans de service, sans pouvoir dépasser le *maximum* de 6,000 fr. — *Cons. d'Etat*, 23 déc. 1835, Ducaurroy.

858. — La pension des agens extérieurs qui arriveraient à la retraite avec un traitement d'inactivité, ne doit pas être calculée sur ce traitement; mais sur le grade dont ces agens ont été revêtus pendant les quatre dernières années de leurs services actifs. — *Ibid.*

859. — La démission avant trente années de services fait perdre tout droit à la pension de retraite, à moins d'une nouvelle activité de service dans le même ministère ou la même administration; la sortie du ministère pour passer dans un autre ou dans le service militaire n'est point considérée comme démission. — *Ibid.*, art. 9.

860. — Les pensions de retraite doivent toujours être liquidées, même en cas d'insuffisance des revenus de la caisse; mais elles ne sont payées qu'à mesure qu'il se trouve des fonds libres, et suivant l'époque de la cessation des fonctions ou, subsidiairement, suivant la durée des services, ou subsidiairement encore suivant l'âge des pensionnaires, mais sans rappel des arrérages antérieurs. — *Ibid.*, art. 10.

861. — La pension payée sur les fonds de retenue du département des affaires étrangères, peut être ajoutée à une autre pension payée sur les fonds de retenue d'une autre administration, jusqu'à concurrence du *maximum* le plus favorable au pensionnaire; mais cette pension ne peut être touchée avec aucun traitement, ni aucune rétribution quelconque, pour service actif, et elle reste suspendue tant que dure ce traitement. Elle reprend d'ailleurs son cours et son rang aussitôt après qu'il a cessé; et elle doit même s'accroître, en proportion de la durée du nouveau service actif, si elle n'a pas déjà atteint son *maximum*, et qu'elle ait subi la diminution à raison du nombre d'années de service en moins des trente ans. — *Ibid.*, art. 11.

862. — La veuve d'un pensionnaire, aussi bien que celle d'un agent ou employé décédé dans l'exercice de ses fonctions après trente années de service, peut obtenir, si elle est dénuée de fortune, une pension égale au quart de celle dont jouissait, ou avait droit de jouir, le défunt; mais pour cela elle est tenue de justifier qu'elle était mariée avec lui cinq années avant l'obtention de sa retraite, ou l'ouverture de son droit à l'obtenir. — *Ibid*, art. 12.

863. — Dans le même cas de dénûment de fortune, chacun des orphelins de père et de mère, issus des mariages spécifiés ci-dessus, peut obtenir une pension égale au vingtième de celle dont jouissait ou avait droit de jouir son père; cette pension, dont la durée peut être limitée à un nombre d'années quelconque, ne saurait d'ailleurs être payée passé l'âge de dix-huit ans et n'est point susceptible de réversibilité. — *Ibid.*

864. — La portion des fonds de retenues affectée à la totalité des pensions des veuves et des orphelins ne peut jamais excéder le sixième de celle qui se trouve absorbée antérieurement par les pensions de retraite des agens extérieurs et employés des bureaux. — *Ibid.*

PENSION ALIMENTAIRE.

C'est celle qui est donnée à quelqu'un pour aliments. — V. ALIMENS. — V. aussi CESSION DE BIENS, COMMUNAUTÉ, DONATION ENTRE-VIFS, DOUAIRE, ENREGISTREMENT, SÉPARATION DE CORPS.

PÉPINIÈRE, PÉPINIÉRISTE.

1. — L'art. 500 du Code civil porte que les arbres qu'on peut tirer d'une pépinière sans la dégrader, ne font partie de l'usufruit qu'à la charge par l'usufruitier de se conformer aux usages des lieux pour le remplacement. — V., à cet égard, USUFRUIT.

2. — Le propriétaire qui vend les produits de son fonds n'étant pas réputé faire acte de commerce, on a jugé que le jardinier pépiniériste n'était point commerçant. — *Colmar*, 17 juin 1808, Maller c. Honoré.

3. — Par conséquent, il ne pourrait être assujetti à la patente. — V., en ce sens, *Cons. d'Etat*, 6 déc. 1836, Aldebert.

4. — Mais il n'en serait plus de même s'il achetait des arbres pour les revendre: c'est donc avec raison qu'il a été jugé qu'en pareil cas il était commerçant, et pouvait, à ce titre, être déclaré en faillite. — *Toulouse*, 23 mai 1845 (t. 2 1848, p. 208), de Châtaignier c. Fraisse. — V., au surplus, ACTE DE COMMERCE, PATENTE.

PERCEPTEURS DES CONTRIBUTIONS.

1. — On ne connaissait pas autrefois de percepteurs agens du gouvernement. Ceux qui recevaient les impôts mis à la charge de la paroisse se nommaient collecteurs. Ils étaient nommés chaque année, tantôt d'office par l'intendant, tantôt par les habitans, et ne pouvaient refuser cette charge à moins d'empêchemens résultant de certaines dignités ou de circonstances particulières. — Nouveau Denisart, v° *Collecte*; Merlin, *Rép.*, *ibid.*; Trolley, n° 651.

2. — Après 1789, la perception des impôts fut mise en adjudication au rabais jusqu'au 5 vent.

an XII. A défaut d'adjudicataire, l'administration municipale désignait pour percepteur une personne connue par sa moralité et répondait de sa gestion. — Trolley, *Cours de dr. adm.*, t. 2, n° 652.

2. — Aujourd'hui les percepteurs sont des fonctionnaires publics nommés à vie par le gouvernement, mais révocables à sa volonté. — L. 5 vent. an XII, ordonn. 31 oct. 1839.

4. — Les percepteurs ont seuls titre pour effectuer et poursuivre le recouvrement des contributions directes établies dans les formes voulues par les lois. — L. 2 oct. 1794, art. 1er.

5. — Il y a, autant que possible, un percepteur par chaque ville, bourg et village ayant son rôle particulier. — L. 5 vent. an XII, art. 10.

6. — Toutefois, les préfets peuvent proposer un percepteur pour plusieurs communes; pourvu que le montant des perceptions réunies n'excède pas 2,000. — L. 5 vent. an XII, art. 11.

7. — Les perceptions sont divisées en quatre classes : la première comprend les perceptions au-dessus d'un produit de 3,600 fr.; la deuxième, les perceptions dont le produit s'élève de 2,500 fr. à 3,600 fr.; la troisième, celles dont les produits varient de 1,500 fr. à 2,500 fr.; enfin, la quatrième, les perceptions qui produisent moins de 1,500 fr. — Ord. 31 oct. 1839, art. 1er.

8. — Il y a dans chaque département, celui de la Seine excepté, des percepteurs surnuméraires, dont le nombre total ne peut excéder cinq cents. Ils sont répartis entre les départemens par le ministre des finances. — L. 31 oct. 1839, art. 2.

9. — Les percepteurs surnuméraires sont placés sous les ordres du receveur général du département dans lequel ils ont été nommés; ils sont employés, sous la direction des receveurs d'arrondissement, aux travaux relatifs aux services confiées aux percepteurs titulaires. Ils peuvent aussi être appelés, sous la responsabilité des receveurs des finances, aux fonctions d'agens spéciaux et de gérans intérimaires. — *Ibid.*, art. 4.

10. — On ne peut être nommé percepteur surnuméraire avant vingt-un ans et après trente ans. — *Ibid.*, art. 3.

11. — Les percepteurs surnuméraires ne sont admissibles qu'aux perceptions de 4e classe. — Art. 5.

12. — Les percepteurs sont nommés par le ministre des finances, sur la présentation du directeur général. — *Ibid.*, art. 7 ; arrêté du ministre des finances, du 9 janv. 1841 : cité par Trolley, n° 612.

13. — Ils reçoivent l'avis officiel de leur nomination par l'intermédiaire du préfet et sont informés en même temps de la fixation de leur cautionnement, qu'ils doivent immédiatement verser à la caisse du receveur des finances ; puis ils prêtent serment devant le préfet, et le receveur des finances procède à leur installation. Ce n'est qu'à la suite des formalités qu'ils peuvent exercer légalement leurs fonctions. — Durieu, *Cours en mat. de contrib. dir.*, t. 1er, p. 123, n° 3 et 4.

14. — Le chiffre du cautionnement doit fournir le montant est déterminé par l'arrêté qui les nomme. Il est fixé, pour le service des contributions directes, au 12e du montant des rôles généraux et supplémentaires de l'année qui précède la nomination, et, pour le service des communes et établissemens publics, au 40e des recettes ordinaires. — Instr. 17 juin 1840, art. 1650 : cité par Trolley, n° 656.

15. — On ne peut être nommé percepteur avant d'avoir exercé pendant deux ans comme percepteur surnuméraire, à moins de justifier de sept ans au moins de services administratifs ou militaires, ou de blessures graves reçues dans un service commandé, ou d'avoir été employé dans une administration publique à une partie qui n'existerait plus. — L. 31 oct. 1839, art. 5 et 8.

16. — Aucun percepteur ne peut obtenir une perception d'une classe supérieure, s'il ne compte trois années d'exercice ou moins dans la classe immédiatement inférieure. — S'il survenait des changemens dans le produit d'une perception, le titulaire ne serait pas déclassé ; et les droits à l'avancement qui devrait au classement de la perception à l'époque de sa nomination n'en seraient pas affectés. — *Ibid.*, art. 6.

17. — Il y a incompatibilité entre les fonctions de percepteur et celles : 1° de maire ou d'adjoint (L. 21 mars 1831, art. 6) ; de membres des conseils d'arrondissement et de département (L. 22 juin 1833, art. 5 et 48) ; 3° de membres des conseils de préfecture, des commissions administratives des hospices et des établissemens de bienfaisance ; de juge, de greffier, secrétaire de mairie, et généralement l'incompatibilité existe avec

toute autre profession, tout commerce ou toute industrie. — Instr. 17 juin 1840, art. 1078 : citée par Trolley, n° 655.

18. — Le percepteur ne peut encore être membre du conseil municipal, lorsqu'il est en même temps receveur de la commune. — L. 21 mars 1831, art. 48.

19. — Ils doivent exercer leurs fonctions par eux-mêmes sans pouvoir se faire remplacer par un fondé de pouvoirs, si ce n'est temporairement et dans le cas d'absence autorisée ou d'empêchement légitime ; et encore faut-il que le mandataire soit agréé par le receveur des finances et accrédité par le sous-préfet. — *Cons. d'Etat*, 17 janv. 1814, Pons c. Estanave.

20. — Les percepteurs doivent leur concours à différens actes de l'autorité administrative ; ainsi : 1° ils assistent le maire quand il dresse la liste municipale (L. 31 mars 1831, art. 32) ; 2° ils sont présens à l'assemblée des maires du canton réunis pour reviser les listes électorales (L. 19 avril 1831, art. 44) ; 3° ils assistent à l'assemblée des répartiteurs, et leur fournissent les renseignemens dont ils ont besoin (instr. 17 juin 1840, art. 34) ; 4° ils remettent aux patentables les formules de patente rédigées pour l'administration des contributions directes. — Instr. 17 juin 1840, art. 36 et 512. — Trolley, n° 693.

21. — Le percepteur est en même temps receveur de la commune, des hospices et des autres établissemens de bienfaisance, lorsque les revenus de cette commune n'excédent pas 30,000 fr. (L. 18 juill. 1837, art. 63 ; ordonn. 47 sept. 1837, art. 12.

22. — Les communes dont le revenu est supérieur à 30,000 francs peuvent avoir un receveur municipal spécial qui est nommé par le pouvoir exécutif sur une liste de trois candidats que le conseil municipal présente. — Trolley, n° 692.

23. — En cas de démission, il doit continuer ses fonctions jusqu'à l'installation de son successeur ; mais en cas de suspension il cesserait immédiatement tout exercice, et serait remplacé par un gérant provisoire. — Durieu, t. 1er, p. 127.

24. — Ils peuvent même être révoqués par un arrêté du ministre des finances ; et le receveur particulier a droit de les suspendre et de les remplacer par un gérant intérimaire en cas d'urgence, et lorsque leur gestion révèle de grandes irrégularités. — Instr. 17 juin 1840, art. 1109 et 1126. — Trolley, n° 657.

25. — D'après un arrêté du 10 floréal an X, les préfets sont autorisés, après avoir pris l'arrêté des sous-préfets, à traduire devant les tribunaux, sans recourir à la décision du Conseil d'Etat, les percepteurs pour faits relatifs à leurs fonctions.

26. — Le mot *traduire* employé dans cet arrêté doit être considéré comme emportant le droit *d'autoriser* les poursuites dirigées contre ces agens. — Dufour, *Traité de dr. admin.*, t. 4, n° 2251, note.

27. — Pour ce qui concerne l'exercice des fonctions des percepteurs, leurs droits, pouvoirs, mode d'action, responsabilité, etc., V. CONTRIBUTIONS DIRECTES.

V. aussi BLESSURES ET COUPS, COMPÉTENCE COMMERCIALE, COMPTABLES PUBLICS, FONCTIONNAIRES.

PERCEURS DE PERLES.

Patentables de 8e classe. — Droit fixe basé sur la population ; — droit proportionnel du 10e de la valeur locative de tous les locaux qu'ils occupent, mais seulement dans les communes de 20,000 âmes et au-dessus. — V. PATENTE.

PERCHES ET GAULES.

Marchands de perches et gaules. Patentables de 7e classe. — Droit fixe basé sur la population ; droit proportionnel du 40e de la valeur locative de tous les locaux qu'ils occupent, mais seulement dans les communes de 20,000 âmes et au-dessus. — V. PATENTE.

PÈRE ET MÈRE.

Parens dans la ligne ascendante au premier degré. Les père et mère, soit légitimes, soit naturels, ont des droits et sont soumis à des obligations énoncés v° ALIMENS, ENFANS ADULTÉRINS ET INCESTUEUX, ENFANT NATUREL, FILIATION, LÉGITIMITÉ ET LÉGITIMATION, MARIAGE, PUISSANCE PATERNELLE, SUCCESSION, TUTELLE, USUFRUIT LÉGAL. — V. aussi ADOPTION, COMPTE DE TUTELLE.

PÉREMPTION.

1. — (De *perimere*, anéantir.) C'est l'anéantissement d'une procédure résultant de l'inaction prolongée pendant un laps de temps déterminé par la loi.

2. — La péremption éteint les actes ou la procédure auxquels elle s'applique, comme la prescription éteint les actions.

3. — On distingue principalement : la *péremption d'instance*. — V. ce mot. — La *péremption des jugemens par défaut*. — V. JUGEMENT PAR DÉFAUT. La *péremption des inscriptions hypothécaires*. — V. INSCRIPTION HYPOTHÉCAIRE. — La *péremption des commandemens*. — V. COMMANDEMENT, EMPRISONNEMENT, SAISIE.

PÉREMPTION D'INSTANCE.

Table alphabétique.

1. — PÉREMPTION D'INSTANCE.—La péremption d'instance (de *perimere*, *peremptum*, anéantir, éteindre) est l'anéantissement de l'instance par la discontinuation des poursuites pendant le temps déterminé par la loi.

2. — La péremption est donc une espèce de prescription introduite pour mettre un terme aux procès et empêcher qu'un plaideur de mauvaise foi puisse les prolonger indéfiniment. Elle se fonde, en général, sur la présomption que la partie qui a discontinué les poursuites pendant le laps de trois années ne l'aurait pas fait si elle n'eût reconnu que sa demande, que ses prétentions n'étaient véritablement pas soutenables. C'est une sorte de renonciation tacite à un droit qui n'est pas sans quelque rapport avec le désistement. — V. ce mot, n° 46 et suiv.

SECT. 1re. — *Historique. — Questions transitoires* (n° 3).

SECT. 2e. — *Actes qui sont susceptibles de péremption* (n° 50).

SECT. 3e. — *Par quel temps s'acquiert la péremption* (n° 92).

SECT. 4e. — *Par qui et contre qui la péremption peut être demandée* (n° 128).

§ 1er. — *Par qui la péremption peut être demandée* (n° 128).

§ 2. — *Contre qui la péremption peut être demandée* (n° 156).

SECT. 5e. — *De l'interruption et de la suspension de la péremption* (n° 174).

§ 1er. — *De l'interruption de la péremption* (n° 175).

§ 2. — *De la suspension de la péremption* (n° 274).

SECT. 6e. — *De la demande en péremption* (n° 283).

SECT. 7e. — *De l'indivisibilité de la péremption* (n° 335).

SECT. 8e. — *Effets de la péremption* (n° 370).

—

Sect. 1re. — *Historique. — Questions transitoires.*

3. — Les auteurs ne sont pas d'accord sur l'origine de la péremption. Berriat-Saint-Prix (*Cours de procédure*, t. 1er, p. 395, notes 5 et 6) pense qu'il faut la chercher dans le droit anti-justinien. Merlin, au contraire, enseigne (*Rép.*, v° *Péremption*, § 1er) que ce mode d'extinction d'instance est né dans l'ancien droit français. Mais, plus généralement, on fait remonter l'origine de la péremption à la loi 13, tit. *De judiciis*, Cod.

4. — Quoi qu'il en soit, il n'a guère été parlé en France de péremption d'instance avant l'ordonnance de Villers-Cotterets rendue en 1539. Toutefois, cette ordonnance n'indique pas en quoi elle consiste; elle la suppose déjà établie et interdit d'en faire à l'avenir cesser l'effet par des lettres de chancellerie. — Art. 120.

5. — À cette époque, comme aujourd'hui, une instance était périmée par trois ans. Mais on admettait que l'instance périmée avait cependant pour effet d'interrompre la prescription. — Merlin, *Rép.*, v° *Péremption*, § 1er, n° 1er. — L'ordonnance de janv. 1563 décida, au contraire, que la prescription ne se trouverait point interrompue par une instance périmée par suite de discontinuation de poursuites pendant trois ans. — Art. 45.

6. — Jugé que, sous l'empire de cette dernière ordonnance, la péremption d'une instance d'appel devait être déclarée, lorsqu'en la supposant acquise le droit d'appel était prescrit. — *Cass.*, 11-12 therm. an XIII, Boyer c. Eyraud.

7. — Une ordonnance de janvier 1629 (art. 91) étendit à toute la France la disposition précitée de l'art. 45 de l'ordonnance de 1563, qui n'avait été jusqu'alors observée que dans les juridictions de quelques parlemens. — Il y eut encore cependant des parlemens qui refusèrent d'enregistrer ces ordonnances.

8.—Ainsi, ces ordonnances n'étaient point observées dans les provinces du Dauphiné, de Franche-Comté et d'Artois, aux parlemens desquels elles n'avaient pas été enregistrées, et par conséquent la péremption de l'instance par le laps de trois années sans poursuites n'y existait pas.

9. — En Bretagne et en Normandie, la péremption n'était admise que si elle emportait la prescription entière de l'action. — Houart, *Dict. du droit normand*, v° *Péremption*, *in fine*. — C'est au reste ce qui a été décidé par un arrêt de *Cass.*, 16 fruct. an XIII (Dossin c. Véron), par lequel a été cassé un arrêt de la Cour de Cassen qui avait admis la péremption d'une instance par l'expiration du délai de trois ans sans poursuites. — V., aussi, en ce sens, *Caen*, 11 janv. 1825, Corblin c. Roger. — Merlin, *Rép.*, v° *Péremption*, § 1er, n° 1.

10.—Il a été jugé, d'ailleurs, que, sous l'empire de la jurisprudence normande, la péremption ne s'acquérait de plein droit, qu'elle se couvrait par toute diligence utilement faite par la partie contre laquelle elle aurait pu être demandée, par exemple par une demande en reprise d'instance, et que, en outre, elle ne pouvait être demandée que par action principale. — *Cass.*, même arrêt.—V. aussi *Rouen*, 14 mai 1817, Ruault de Beaulieu c. Marquais.

11.—D'après les chartes du Hainaut, la péremption n'était pas non plus acquise, de plein droit, par la seule expiration du terme fixé. — *Cass.*, 5 avril 1823, Guiset c. Picq.

12. — Elle y était couverte par la reprise d'instance formée avant la demande en péremption. — Même arrêt.

13. — Sous la coutume de Bourgogne, une instance se périmait seulement par trente ans; la péremption entraînait la prescription de l'action, prescription contre laquelle les mineurs ne pouvaient même se faire restituer. — *Cass.*, 10 fruct. an XIII, Dossin c. Véron; *Besançon*, 8 juin 1808, Patal c. N.—Merlin, *Rép.*, v° *Prescription*, sect. 3, § 3, n° 1er.

14.—Au parlement de Bordeaux, la péremption pouvait, au contraire, avoir lieu sans que pour cela l'action elle-même fût prescrite; elle y était suspendue par le décès ou la démission d'un des procureurs ou par le décès du rapporteur. — *Limoges*, 18 nov. 1812, N....

15.—Mais, à la différence de ce qui se passait en Normandie, la péremption d'instance s'acquérait, de plein droit, dans le ressort du parlement de Bordeaux après trois ans révolus sans continuation de poursuites. — *Agen*, 18 nov. 1823, Malus c. Beusse; *Cass.*, 28 nov. 1843, Ribard c. Aunezeau.

16. — Dans le ressort du parlement de Pau, la péremption n'était acquise de plein droit, après cessation de poursuites pendant trois ans, qu'autant qu'elle concourait avec la prescription de l'action.— *Pau*, 17 juil. 1827, Daussiet c. Bonnecase.

17.—Ainsi, d'après la jurisprudence du parlement de Pau, les instances une fois appointées au conseil ne pouvaient point tomber en péremption.—Elles étaient seulement sujettes à la prescription de trente ans. — *Cass.*, 30 mars 1830, Commune de Serres c. Lafont.

18. — Au parlement de Toulouse, la péremption était acquise de plein droit, par le seul fait de la cessation des poursuites pendant trois ans, bien que l'action elle-même ne fût pas prescrite. C'est ce qui résulte d'un grand nombre de décisions. — *Montpellier*, 11 nov. 1811, Tessier c. Robert; *Toulouse*, 8 déc. 1812, Mothe c. Roy; 7 janv. 1813, Bonnet c. Julien; 29 déc. 1813, Saint-Paul c. Cames; 19 nov. 1816, Sabain c. Hadère; 23 mars 1819, N...; *Agen*, 13 nov. 1823, Malus c. Beusse; 19 déc. 1828, Commune de Campan c. B...; *Cass.*, 12 nov. 1832, Commune de Campan c. Commune de Vaneizan. — Merlin, *Rép.*, vº *Péremption*, § 1er, nº 7.

19. — Jugé, au contraire, que, dans le ressort de ce parlement, la péremption d'instance n'était pas acquise de plein droit, qu'il fallait la demander et qu'elle pouvait être couverte par tout acte de procédure fait avant cette demande. — *Cass.*, 12 nov. 1806, Mansau c. Darus; *Agen*, 7 mars 1812, Blancher c. Sazédé.

20. — Dans tous les cas, la péremption ne pouvait pas s'acquérir chaque fois qu'il y avait lieu à reprise d'instance. — *Toulouse*, 26 fév. 1829, Marty-Marrot c. Fabrique de Saint-Sauveur.

21. — Au parlement de Lorraine, la péremption était réglée par le titre 11 de l'ordonn. du duc Léopold de Lorraine du mois de nov. 1707. D'après cette ordonnance, la péremption n'avait pas besoin d'être demandée; elle avait lieu de plein droit, par le seul laps de trois ans sans poursuites. Elle ne pouvait donc être couverte par aucun acte de procédure.

22. — Le parlement de Paris fit, le 28 mars 1692, un règlement sur les péremptions d'instance, par lequel les instances furent déclarées périmées faute de continuation de procédures pendant trois ans (art. 1er). L'art. 2 de ce règlement portait que la même péremption était applicable aux appels et qu'elle emportait de plein droit la confirmation des sentences. — V. ARRÊTÉ, nºs 3 et 4.

23. — Toutefois, l'instance d'appel n'était pas sujette à la péremption, lorsque l'appel interjeté n'avait pas été suivi d'assignation. — *Paris*, 30 nov. 1809, Muller c. Pradel Viellé. — Cette question ne saurait se représenter sous l'empire du Code de procédure. En effet, suivant l'art. 456 de ce Code, l'acte d'appel doit contenir assignation dans les délais de la loi, à peine de nullité. Or, d'après cet article, l'acte d'appel non suivi d'assignation étant nul, il ne peut produire aucun effet : conséquemment, il ne peut être considéré comme le commencement d'une instance d'appel.

24. — Le règlement précité ne pouvait être étendu au ressort des autres parlemens. Aussi a-t-il été décidé qu'il était inapplicable dans le ressort du parlement de Bordeaux, où l'on pouvait interjeter un nouvel appel, après la péremption du premier, s'il ne s'était point encore écoulé trente ans; ainsi que dans le ressort du parlement de Toulouse, où l'on était reçu à appeler de nouveau : pourvu qu'on fût encore dans les dix ans. — *Cass.*, 11-12 thermidor an XIII, Boyer c. Eyraud; *Bordeaux*, 31 juill. 1826, Gramache c. Montfayon. — Merlin, *Rép.*, vº *Péremption*, § 1er, nº 9.

25. — Par l'art. 4 du même règlement, le parlement de Paris avait déclaré que la péremption ne pouvait avoir lieu s'il intervenait quelque appointement ou arrêt interlocutoire. Mais cette disposition n'était point suivie dans le ressort des parlements de Toulouse et de Rouen : tout arrêt interlocutoire était sujet à péremption. — *Toulouse*, 1er avr. 1829, Raynal c. Foulquier. — Merlin, *Rép.*, vº *Péremption*, § 1er, nº 11.

26. — Dans le ressort du parlement de Paris, la péremption pouvait être couverte par tout acte de procédure fait avant qu'elle n'eût été acquise par celui qui aurait pu s'en prévaloir, et déclarée par jugement. — *Cass.*, 12 brum. an XI, Moisi c. Gousseau. — Merlin, *Rép.*, vº *Péremption*, § 1er, nº 19, et *Quest. de droit*, vº *Péremption*, § 3.

27. — Elle n'était pas acquise de plein droit, même dans le cas où elle concourait avec la prescription. — *Cass.*, 20 floréal an X, Sacquépée c. Leroy; 10 fruct. an XIII, Dossin c. Véron; 11 janv. 1826, Reyre et Delgat c. Baraud; 19 avril 1831, Redon c. Sarrazin; 29 brum. an XIII, Ribeyrol.

28. — Enfin, dans le ressort du parlement de Paris, les simples oppositions non suivies de citation en justice n'étaient pas sujettes à la péremption. — Ces oppositions ont conservé leur effet depuis le Code de procédure, lors même que les opposans n'ont rempli aucune des formalités prescrites par les art. 563 et suiv. de ce Code. — *Cass.*, 14 août 1820, Plinguet c. Descourtils.

29. — Sous l'ancienne législation, la péremption était interrompue par le décès de l'une des parties et ne pouvait recommencer à courir qu'à partir de la reprise d'instance. — *Cass.*, 27 germ. an XIII, Josse de Saep c. Mus; *Trèves*, 17 juin 1812, Slander c. Schorrenburg; *Toulouse*, 26 fév. 1829, Marty-Marrot c. Fabrique de St-Sauveur. — Merlin, *Rép.*, vº *Péremption*, § 1er, nº 10.

30. — L'obstacle apporté à la péremption d'une instance par le décès de l'une des parties devait profiter aux autres ayant le même intérêt. — *Cass.*, 27 germ. an XIII, Josse de Saep c. Mus. — Merlin, *Quest. de droit*, vº *Péremption*, § 6; Carré et Chauveau, quest. 1425.

31. — Sous l'ancien droit, les saisies réelles ne pouvaient tomber en péremption qu'autant qu'il y avait eu établissement de commissaires et baux faits en conséquence. — *Rennes*, 10 mars 1818, de Grassa c. Maletroit de Bruc. — Cette règle n'était pas spéciale pour le ressort de la cout. de Bretagne. Elle était aussi suivie dans les pays relevant de la juridiction du parlement de Paris, qui par arrêt du 28 mars 1692, rendu toutes les chambres assemblées, avait ordonné que les saisies réelles et les instances de criées des terres, héritages et autres immeubles ne tomberaient en péremption que lorsqu'il y aurait établissement de commissaires et baux faits en conséquence. — Rousseau-Delacombe, vº *Péremption*, nº 13, et Denizart, vº *Péremption*, nº 7.

32. — Avant le Code de procéd., la Cour d'appel qui infirmait un jugement de première instance, ayant accueilli une demande en péremption d'instance, pouvait statuer en même temps sur le fond qui avait été soumis aux premiers juges. — *Cass.*, 27 germ. an XIII, Josse de Saep c. Mus. — Merlin, *Questions de droit*, vº *Appel*, § 14.

33. — Une instance appointée avant le Code et instruite par écrit ou seulement portée à l'audience sous le Code de procéd. est devenue depuis sa mise en activité sujette à la péremption. — *Grenoble*, 2 fév. 1818, N....

34. — La péremption d'instance acquise sous l'ancienne jurisprudence n'a pas, sans doute, cessé d'avoir son effet par la promulgation du Code de procéd. civile, qui a réglementé cette matière d'une manière uniforme. Mais c'est par les dispositions de ce Code que doit être régie la péremption accomplie sous son empire, quoiqu'elle se rattache à une instance engagée avant sa promulgation et qu'elle ait même commencé à courir sous la législation antérieure. — *Agen*, 25 août 1813, Dantrat c. Vandemios; 13 nov. 1823, Malus c. Beusse; *Montpellier*, 30 déc. 1828, Bourges c. Martin; *Cass.*, 12 juill. 1810, Laubepin c. Jouffroy; 19 août 1816, Payen c. Sanzé; 6 juill. 1835, Meslon c. Froidefond-Duhatenet; 20 févr. 1839 (t. 1er 1839, p. 359), commune de Culles c. Dubessy de Contenson. — Carré et Chauveau, quest. 1428; Demiau, p. 289; Pigeau, t. 1er p. 681. — V., cependant, *contrà*, *Trèves*, 15 juin 1812, Slander c. Schorrenburg.

35. — ... Et encore bien que cette instance n'ait point été reprise depuis la promulgation de ce Code. — *Grenoble*, 3 mars 1817, Rif c. Chauvin-Bouchon.

36. — Mais la péremption d'une instance commencée avant le Code de procéd. ne peut plus être opposée contre une partie qui a formé, depuis la promulgation de ce Code, une demande en reprise d'instance avant la demande en péremption. — *Agen*, 19 juill. 1811, Rolland c. Moncourrier. — Reynaud, *Péremption*, p. 89.

37. — Jugé spécialement que la péremption d'une instance anciennement pendante par appel devant l'un des siéges de la Table-de-marbre peut être demandée aujourd'hui devant la Cour dans le ressort de laquelle ce siége était placé, sans qu'il soit nécessaire que l'instance ait été reprise devant cette Cour. — *Cass.*, 21 nov. 1826, commune de Culles c. Dubessoy de Contenson.

38. — Si la péremption d'une instance d'appel a été prononcée par application des dispositions du Code de procéd. civile; l'appel lui-même est périmé, sans qu'on puisse opposer qu'il s'agit d'un appel interjeté sous l'empire d'une jurisprudence, telle que celle du parlement de Bordeaux, qui lui conservait effet pendant trente ans. — *Cass.*, arrêt précité du 6 juill. 1835. — V. aussi *Poitiers*, 13 mai 1836, Meslon c. Froidefond-Duchâtenet.

39. — La demande en péremption d'instance est, en effet, une action nouvelle régie par la loi en vigueur au moment où elle est formée. — *Cass.*, 15 juill. 1818, Cadena c. Marré; 21 nov. 1826, commune de Culles c. Dubessey de Contenson.

40. — Ainsi, la péremption d'instance est acquise, lorsqu'il s'est écoulé plus de trois ans sans poursuites depuis le Code de procéd., quoiqu'elle ait commencé sous une législation qui ne permettait, dans le cas de décès de l'une des parties, de la prononcer que lorsqu'il s'était écoulé trente ans depuis ce décès. — *Agen*, 18 févr. 1812, Mazot c. Roques.

41. — Le décès de l'une des parties, arrivé sous l'empire du Code de procéd., interrompt la péremption seulement pour six mois, quoique l'instance ait été introduite avant la publication de ce Code. — *Riom*, 17 mai 1810, Haste; *Bruxelles*, 26 sept. 1812, Vanhemelrich c. Ferdinand.

42. — Une instance est également périmée par discontinuation de poursuites pendant trois ans à dater de la promulgation du Code de procéd. civile, quoique cette instance ait été engagée sous l'empire d'une législation locale qui ne connaissait pas la péremption. — *Colmar*, 5 mars 1811, Janizer c. Brunschwig; *Bruxelles*, 19 août 1811, Verspieren c. Desmet; *Cass.*, 15 juill. 1818, Cadena c. Maire.

43. — ... Et encore bien que, avant la promulgation du Code de procéd., il ait été rendu un jugement interlocutoire, et que la législation alors existante prolongeât, dans ce cas, la durée de l'instance pendant trente ans à partir de la prononciation de ce jugement. — *Lyon*, 3 avril 1821, B...; 10 janv. 1823, Garin; *Cass.*, 25 nov. 1823, commune d'Echenevex c. commune de Chevry; 18 fév. 1828, Delaunoy c. Quernel.

44. — Mais la péremption se règle par la loi en vigueur dans le lieu où siége le tribunal devant lequel l'instance est pendante, et non par la loi de la situation de l'objet litigieux. — *Liége*, 28 avr. 1812, Merode-Waterloo c. Decler.

45. — Toutefois, pour qu'une instance commencée avant la promulgation de ce Code puisse être déclarée périmée sous l'empire de ce Code, il faut qu'il se soit écoulé, depuis sa promulgation, trois années sans poursuites. On ne pourrait, pour en faire prononcer la péremption, cumuler, avec le laps de temps qui s'est écoulé sans poursuites depuis la mise en activité du Code de procéd., celui qui s'est écoulé antérieurement. — *Turin*, 22 août 1809, Mongis c. Balegno; *Bruxelles*, 14 avril 1810, Delaunoy c. Vandoorne. — Le temps écoulé antérieurement au Code doit être considéré comme non avenu. — *Cass.*, 4 (et non 2) avril 1823, Dosque c. Lafitte. — Reynaud, nº 164.

46. — Mais, si, dans le ressort d'un parlement où la péremption d'instance était acquise de *plein droit* par le laps de trois ans sans poursuites, la péremption avait été encourue, il n'a pas été nécessaire de la faire déclarer acquise sous l'empire du Code de procédure; en conséquence elle n'a pu être couverte par un acte signifié postérieurement à la mise en activité de ce Code. — *Montpellier*, 11 nov. 1811, Tessier c. Robert; *Cass.*, 25 nov. 1813, Ribart c. Aunezeau. — Merlin, *Rép.*, vº *Péremption*, sect. 1re, § 2; Reynaud, *Péremption*, nº 105.

47. — Cependant on ne peut, depuis le Code de procédure, opposer par exception la péremption d'une instance acquise même avant la promulgation. — *Rennes*, 5 janv. 1813, Nugent c. Laheu.

48. — L'effet de la péremption n'a pas été empêché par la substitution, en l'an IV, des tribunaux civils de département aux tribunaux de district. Ainsi : la péremption d'une instance a dû être prononcée pour discontinuation de poursuites pendant trois ans, quoique, durant ce temps, les avoués aient été supprimés et le tribunal civil saisi de l'instance, remplacé par un autre. Cette circonstance n'a pu, en effet, empêcher les parties de signifier des actes de procédure. — *Cass.*, 23 niv. an VIII, Rougier c. Michaud. — V. toutefois *Contrà*, *Paris*, 7 pluv. an XI, Libon c. Duslis.

49. — Pareillement, la péremption d'une instance n'a point été interrompue par les changemens survenus dans l'organisisation des tribunaux, en l'an VIII, où les Cours d'appel et les tribunaux d'arrondissement furent substitués aux tribunaux civils de département. — *Cass.*, 21 mess. an XIII, Pollard c. Lepoivre; *Bourges*, 26 juin 1811, Dupavillon c. Cartier; *Orléans*, 3 juill. 1815, Soupiron c. Lecomte; *Rennes*, 16 juin 1818, Minoche c. Laujardière. — Merlin, *Rép.*, vº *Péremption*, sect. 1re, § 1er, nº 21, et *Quest. de droit*, vº *Péremption*, § 4; Reynaud, nº 165. — V., cependant, *Limoges*, 18 nov. 1812, N...

Sect. 2e. — *Actes qui sont susceptibles de péremption.*

50. — Le législateur ne s'est occupé, dans le Code de procédure civile, que de la péremption d'*instance*. « *Toute instance*, porte en effet l'art. 393 de ce Code, encore qu'il n'y ait pas eu constitution d'avoué, sera éteinte par discontinuation de poursuites pendant trois ans. »

51. — Par ces mots *toute instance* le législateur

a compris aussi bien les procès pendans devant les cours d'appel que ceux pendans devant les tribunaux de première instance (Favard, *Rép.*, vo *Péremption*, t. 4, p. 195; Reynaud, p. 6). Mais il a été jugé que les dispositions de l'art. 397 C. pr. civ. étaient inapplicables en matière criminelle ou correctionnelle (*Grenoble*, 23 juin 1830, Archier c. Campin.— Bioche, *Dict. de procéd.*, vo *Péremption*, no 9). Elles ne peuvent être non plus appliquées aux instances suivies devant les juges de paix, lesquelles sont soumises, quant à la péremption, à des règles particulières. — V. JUGEMENT PAR DÉFAUT, no 564; JUSTICE DE PAIX, nos 964 et suiv.

52. — Sur la question de savoir si la péremption établie par l'art. 397 est applicable aux instances pendantes devant les tribunaux de commerce comme à celles pendantes devant les tribunaux civils, aux jugemens rendus par les premiers comme par les seconds, V. JUGEMENT PAR DÉFAUT, no 563.—*Adde*, dans le sens de l'application de l'art. 397 en matière commerciale, aux autorités qui y sont citées, *Paris*, 12 nov. 1844 (t. 2 1844, p. 517), Perrault et Lecomte c. Ruffier.

53.—L'art. 397 précité n'est pas applicable aux procédures extrajudiciaires. En disposant dans cet article que *toute instance est éteinte encore qu'il n'y ait pas eu constitution d'avoué*, le législateur n'a entendu parler que de constitution d'avoué par rapport au défendeur. En effet, la demande étant nulle, d'après l'art. 61 C. proc., si celui qui l'a formée n'a pas constitué avoué, la péremption devient inutile, il suffit d'opposer la nullité de l'exploit. — Bioche et Goujet, no 5; Boitard, *Leçons de procéd. civ.*, t. 2, p. 320; Carré et Chauveau, quest. 1410 *bis* et 1449 *bis*; Reynaud, no 14; Pigeau, *Comment.*, t. 1er, p. 677; Merlin, *Rép.*, vo *Péremption*, no 340. — V. aussi *Cass.*, 10 déc. 1839 (t. 2 1839, p. 582), Dypres c. Lecappé.

54. — Ainsi, ni la citation en conciliation ni le procès-verbal de non-conciliation ne sont susceptibles de tomber en péremption. — V. CONCILIATION, nos 19 et 20; *adde* aux autorités qui y sont citées, *Agen*, 4 juill. 1807, Lataste c. Camecasse.

55. — Le préliminaire de conciliation ne tombant pas en péremption, il suit de là qu'on peut reproduire la demande sans réitérer la tentative de conciliation qui, pendant trois ans, n'a été suivie d'aucun acte de poursuite. — V., outre les arrêts d'Agen précités, *Grenoble*, 16 mars 1823, Lattier c. Pouzet et Girard. — Carré et Chauveau, quest. 260 et 1449 *bis*; Pigeau, t. 1er, p. 452; Reynaud, no 14; Boitard, t. 2, p. 327; Demiau, p. 53.

56. — Il a même été jugé que le procès-verbal par lequel un juge de paix, sur la demande d'une commune, nomme des arbitres conformément à la loi du 10 juin 1793, et sans qu'il apparaisse d'aucun exploit antérieur ou postérieur dans lequel l'objet de la demande serait désigné, n'étant point un acte introductif d'instance, ne pouvait tomber en péremption. — *Cass.*, 18 mai 1829, Commune de Gyé c. Commune de l'Estrade.

57. — La saisie-exécution étant un acte extrajudiciaire, n'est pas, d'après ce que nous avons dit, sujette à péremption (Pigeau, *Comment.*, t. 2. p. 104; Boitard, t. 2, p. 319; Chauveau sur Carré, quest. 1410 *bis*). — Mais les saisies-arrêts, les saisies immobilières et les saisies de ventes, étant de véritables instances suivies devant les tribunaux, peuvent, au contraire, tomber en péremption. — Chauveau sur Carré, *loc. cit.*; Thomines-Desmazures, t. 1er, p. 609; Reynaud, no 15.

58. — En matière d'enregistrement, le délai de la péremption d'une saisie est d'un an. — L. 22 frim. an VII, art. 61.—V., en ce sens, Roger, *Traité de la saisie-arrêt*, no 541. — V., au surplus, ENREGISTREMENT, nos 1796 et suiv.

59. — Le commandement ne constituant pas une instance ne peut être régi par l'art. 397 C. proc. civ. L'effet de ce commandement en tant qu'interruptif de la prescription durerait trente ans (C. civ., art. 2244). Mais s'il était également à fin de contrainte par corps, il devrait, quant à ce chef, aux termes de l'art. 784 C. proc. civ., être renouvelé à l'expiration de l'année à partir de sa date. — *Bordeaux*, 23 avril 1831, Destal c. Marchand. — Reynaud, no 17.

60. — La procédure d'ordre pouvant avoir lieu extraordinairement et par-devant le juge-commissaire seul, sans intervention du tribunal, on ne peut, tant qu'elle est dans cet état, la considérer comme instance, et, dès lors, la soumettre à la péremption. — *Paris*, 12 juin 1844 (t. 1er 1845, p. 169), Brion c. Rohan-Rochefort. — Mais si, par suite de contredits, le tribunal était appelé à connaître de la procédure, il y aurait alors contestation judiciaire, et du jugement de celle-ci dépendrait la clôture de l'ordre. — L'art. 397 recevrait donc, dans ce cas, son application. — Chauveau sur Carré, quest. 1410 *bis*.

61. — La péremption a lieu, même dans les matières qui concernent l'ordre public (arg. des art. 397 et 398 du C. proc.). Ainsi, elle s'applique aux questions d'état; c'était là un point autrefois contesté, mais par la généralité de ses termes l'art. 397 a fait cesser tous les doutes. « Comme les actions concernant l'état des personnes, dit Carré (quest. 1426), sont aujourd'hui imprescriptibles, comme elles l'étaient autrefois, comme elles le seront toujours, la péremption serait sans inconvénient, puisque l'art. 401 du Code de procédure veut que la péremption n'éteigne pas l'action. » — V., dans le même sens, Reynaud, p. 6; Bioche et Goujet, no 7.

62. — La demande en séparation de corps tombe en péremption, si elle demeure sans poursuite pendant trois ans depuis la comparution devant le président; la citation à comparaître devant le président en pareil cas étant une véritable introduction de l'instance.—Carré et Chauveau, quest. 1410 *ter*.

63. — On ne peut d'avance renoncer au droit de demander la péremption d'une instance en séparation de corps. — *Bourges*, 21 déc. 1813, Dutremblay.

64. — La péremption pourrait même être invoquée sur l'appel dirigé pour cause d'incompétence des premiers juges, contre un jugement par lequel avait été prononcée la séparation de corps entre époux : peu importe que la péremption confère au jugement l'autorité de la chose jugée. — Carré et Chauveau, quest. 1426; Bioche et Goujet, no 7.—V., cependant, en sens contraire, *Paris*, 30 août 1825, Attayde.

65.—L'art. 397 du Code de procédure civile, est conçu en termes tellement généraux qu'il s'applique à toutes les instances sans distinction. — Reynaud, no 97. — Ainsi, la péremption peut courir à l'égard des actions engagées entre époux même hors le cas de séparation de corps. — Carré et Chauveau, quest. 1426. — *Contrà*, Pigeau, *Comment.*, t. 1er, p. 683 *in fine*.

66.— Les instances sur requête civile sont également comprises au nombre de celles que l'article 397 du Code de procédure rend sujettes à péremption. — Reynaud, p. 6, note.

67. — ... Ainsi que l'instance introduite par la demande en péremption elle-même.—*Bruxelles*, 16 janv. 1820, Flameny c. Spitaels; *Montpellier*, 30 déc. 1828, Bourges c. Martin; *Cass.*, 19 déc. 1837 (t. 1er 1838, p. 318), Cadroy c. Laverrie. — Carré et Chauveau, quest. 1427 *bis*; Reynaud, no 5; Bioche, *Dict. de proc.*, vo *Péremption*, no 10. — *Contrà*, Pigeau, *Comment.*, t. 1er, p. 679.

68. — Il en est de même des instances en matière d'enregistrement, de contributions indirectes, de domaine, bien que soumises à des lois spéciales; ces lois ne dérogeant pas, quant à la péremption, à la règle générale du Code de procédure. — *Cass.*, 18 avril 1821, Galdemar. — Merlin, t. 17, vo *Péremption*, p. 332; Reynaud, no 13.

69. — Tombe également en péremption une instance dont la poursuite est interrompue par un *incident* qui n'en empêche pas la continuation; les demandes incidentes ne formant point des instances séparées, mais faisant partie des instances principales : il en résulte, toutefois, que la péremption ne peut courir que pour le tout. — *Bourges*, 30 avril 1822, N... — Reynaud, no 4; Pigeau, *Comment.*, t. 1er, p. 678; Carré et Chauveau, quest. 1421. — V., *contrà*, Demiau-Crouzilhac, p. 290.

70. — Il faudrait décider autrement pour les incidens qui, comme une demande en péremption, supendent *forcément* la poursuite de l'action principale. Tant que cette demande est pendante, la procédure principale est nécessairement suspendue et le délai de la péremption ne court point contre elle. — Carré, édit. Chauveau, t. 3, p. 395, note 2.

71. — La péremption d'un appel incident ne peut pas être demandée, si l'instance sur l'appel principal n'est pas entièrement terminée. — *Bruxelles*, 28 fév. 1824, Martinez c. Criquillon. — Reynaud, p. 20. no 12; Bioche et Goujet, vo *Péremption*, no 69; Demiau, p. 290. — L'appel incident ne se périmant qu'avec l'appel principal. — *Bruxelles*, 23 germ. an XIII, Beaudet c. Terrasse. — V., *contrà*, Pigeau, *Comment.*, t. 1er, p. 658; Merlin, *Rép.*, t. 17, p. 306; Favard de Langlade, t. 4, p. 190.

72. — De même l'intervention ne peut être périmée qu'avec l'instance dont elle est l'accessoire, et non séparément. — V. INTERVENTION, no 147.

73. — Pigeau (t. 1er, p. 679), ne voyant dans la demande en péremption qu'une sorte d'*incident* soumis aux mêmes juges que la demande originaire, et ne devant périr qu'avec celle-ci, en conclut que le demandeur principal ne peut pas demander la péremption d'une demande en péremption dirigée contre lui. Mais il nous semble que cette opinion ne saurait être suivie. La demande en péremption est en effet une instance entièrement distincte de celle dont elle poursuit l'anéantissement, et l'art. 397 du Code de procédure civile s'applique aussi bien aux instances en péremption qu'à toutes autres. — V., en ce sens, Chauveau sur Carré, quest. 1427 *bis*; Reynaud, no 5; Bioche et Goujet, no 8.

74. — Les demandes reconventionnelles sont aussi elles-mêmes sujettes à péremption; et, dans ce cas, le demandeur principal peut demander lui-même la péremption de l'instance qu'il a introduite, afin de faire déclarer périmée la demande reconventionnelle dirigée contre lui. — Reynaud, no 6.

75. — Les jugemens interlocutoires ou préparatoires, qui ne contiennent rien de définitif, n'empêchent pas la péremption de l'instance, et sont eux-mêmes susceptibles de péremption. — *Bourges*, 26 juin 1811, Dupavillon c. Cartier; *Rouen*, 6 mai 1813, Tassin c. Huré; *Cass.*, 14 déc. 1813, mêmes parties. — Chauveau et Carré, quest. 1421; Merlin, *Rép.*, t. 17, p, 306, note; Favard de Langlade, t. 4, p. 190, no 2; Reynaud, no 7; Bioche et Goujet, vo *Péremption*, no 8; Berriat Saint-Prix (6e édit.), t. 1er, p. 399, note 8.

76. — Mais le jugement qui contient tout à la fois des dispositions définitives et des dispositions interlocutoires, ne pouvant être scindé, ne se périme pas, quant au chef interlocutoire, par la discontinuation de poursuites pendant trois ans; la prescription trentenaire peut seule, en pareil cas, être opposée, alors surtout que l'instance elle-même est indivisible.—*Montpellier*, 20 déc. 1822, Alary c. Laurens; *Nîmes*, 3 janv. 1825, Brahic c. Rivière; *Toulouse*, 22 fév. 1825, Borderies c. Causse; *Pau*, 17 juill. 1827, Daussier c. Bonnecase; *Grenoble*, 7 mars 1828, Payan c. Girard; *Toulouse*, 1er avr. 1829, Raynal c. Fouquier; *Agen*, 1er juin 1836 (t. 2 1837, p. 757), Cadroy c. Laverrie. — Bioche et Goujet, no 9.

77. — L'art. 397 ne s'applique pas aux jugemens rendus par défaut contre partie par les tribunaux ordinaires; ces jugemens étant, quant à la péremption, soumis à des règles particulières (V. JUGEMENT PAR DÉFAUT, nos 43, 364 et suiv., 407 et suiv., 557 et suiv.), lesquelles sont inapplicables aux jugemens par défaut rendus en justice de paix. — V. JUSTICE DE PAIX, no 1040.

78. — L'opposition à un jugement par défaut ne forme, avec tous les actes antérieurs auxquels elle se rattache, qu'une seule et même instance; dès lors on ne peut demander la péremption de l'opposition pour discontinuation de poursuites pendant trois ans, si l'instance principale n'est elle-même périmée. — *Cass.*, 23 oct. 1810, Labastude c. Marcillac; *Nîmes*, 3 mai 1813, Arnaud c. Pasquier; *Cass.*, 27 avril 1825, Camus c. de Jaulas; *Paris*, 27 juill. 1826, François c. Martin. — Merlin, *Répert.*, vo *Péremption*, § 6; Reynaud, no 11; Bioche et Goujet, no 12; Carré, quest. 1422.

79. — Lorsqu'un jugement par défaut a été attaqué par une simple opposition et par un appel avec assignation; on ne peut obtenir la péremption de l'instance d'appel, si la péremption n'est pas acquise sur l'opposition devant les premiers juges. — *Riom*, 30 janv. 1815, Furnon. — Reynaud, p. 17, no 10.

80. — Le jugement définitif ne tombe pas en péremption, même lorsqu'il est rendu par défaut (s'il est contre avoué); et encore bien qu'il n'ait été ni levé ni *signifié* : il termine l'instance tant qu'il n'est pas attaqué, et ne se prescrit que par trente ans. — *Limoges*, 13 juin 1821, Descourteix; *Lyon*, 7 déc. 1821, Arriveur c. Favre; *Besançon*, 20 avr. 1825, N...; *Bastia*, 26 fév. 1834, Marcolorchino c. Mastagati; *Cass.*, 2 juin 1831, Bessière c. Balej. — Merlin, *Rép.*, t. 17, p. 315; Berriat Saint-Prix, p. 399, note 12; Bioche et Goujet, no 9. — *Contrà*, Pigeau, t. 1er, p. 472; Carré, t. 2, p. 21.

81. — Cependant il ne faudrait pas décider d'une manière générale que le jugement contenant un chef définitif est à l'abri de la péremption. Pour que le jugement puisse, en pareil cas, prolonger l'instance pendant trente ans, il faut que le chef définitif que contient ce jugement touche le fond du procès. Il en serait autrement si la partie définitive du jugement statuait seulement sur une fin de non-recevoir tirée d'un vice dans la procédure. — *Nîmes*, 22 mai 1826, Garçon c. Pazot. — Chauveau sur Carré, t. 3, p. 397; Reynaud, p. 14.

82.—La péremption n'atteint pas les jugemens qui, comme les jugemens provisionnels, statuent, dans le cours d'une instance, définitivement sur un point en litige. — *Lyon*, 7 déc. 1821, Arriveur

c. Favre; *Montpellier*, 9 mai 1825, Timothée et Fages c. Chapellier et Albarel; *Cass.*, 9 juill. 1828, Timothée. — Carré et Chauveau, quest. 1421; Reynaud, nº 8.

83. — ... Ni le jugement qui renvoie devant arbitres forcés, lors même qu'il contiendrait une disposition interlocutoire. — *Rouen*, 6 mai 1813, Huré; *Bastia*, 26 fév. 1834, Marcolorchino. Ce jugement ne se périme qu'avec l'instance principale.

84. — Il n'est pas nécessaire, pour décider si une instance doit être déclarée périmée, de s'attacher à la cause de la discontinuation des poursuites. Le législateur, dans l'art. 397 C. proc. civ., ne paraît s'être préoccupé que du fait de discontinuation des poursuites pendant le temps qu'il a fixé. Aussi a-t-il été décidé qu'une instance pouvait se trouver périmée même après la clôture des plaidoiries et les conclusions du ministère public, par la seule négligence du juge à prononcer le jugement. — V. *Lyon*, 21 juin 1836, Praire c. Linossier. — V., aussi, en ce sens, Carré, quest. 1447; Reynaud, nº 44. — Il y a lieu également, ce nous semble, à appliquer l'art. 397, soit que la discontinuation des poursuites provienne de la simple négligence d'une des parties, soit qu'elle provienne de son dol ou de sa fraude. — V. cependant *Paris*, 21 mai 1810, Bellanger c. Dufouleur; *Rouen*, 5 juill. 1828, Lemire c. Baudouin.

85. — Une instance peut donc être périmée par discontinuation de poursuites pendant trois ans depuis que l'*affaire est en état*. Il est vrai qu'après que l'affaire a été remise en état il n'y a plus, à proprement parler, de poursuites à faire. Mais le demandeur doit user de tous les moyens que lui donne la loi, comme, par exemple, de la prise à partie pour obtenir jugement avant l'expiration des trois ans. — Merlin, *Répert.*, vº *Péremption*, t. 17, p. 308, nº 5; Carré et Chauveau, quest. 1416; Reynaud, nº 46.

86. — L'appel interjeté pour un cas éventuel, ou sous une condition opposée par l'appelant seul, est susceptible de péremption, même avant que ce cas ou cette condition se réalise. — *Bruxelles*, 26 avr. 1831, Domaines c. Lavary.

87. — La demande en péremption de l'instance d'appel faite par l'intimé doit être déclarée sans intérêt, et par suite non recevable, lorsque déjà, avant cette demande, il est intervenu un arrêt par défaut acquiescé par les appelans, et qui les a déboutés de leur appel. En pareil cas, le demandeur en péremption alléguerait vainement qu'il a ignoré l'existence de cet arrêt faute de signification. — *Caen*, 9 déc. 1840 (t. 1er 1841, p. 158), Arrighi c. Grimaldi.

88. — Si le jugement ou arrêt qui ordonne à un étranger demandeur de fournir la caution *judicatum solvi* n'était point exécuté dans les trois ans à partir du jour de ce jugement ou de cet arrêt, et qu'il n'ait été fait d'ailleurs aucun acte de procédure, l'instance elle-même qui avait donné lieu à ce jugement ou arrêt devrait être déclarée périmée. — V. CAUTION JUDICATUM SOLVI, nº 142.

89. — Le pourvoi en cassation et la procédure suivie devant la chambre des requêtes étant un préliminaire analogue à la tentative de conciliation et d'ailleurs étranger en quelque sorte à l'autre partie, qui n'est appelée qu'après l'arrêt admission, ne peuvent tomber en péremption. — *Cass.*, 16 janv. 1837 (t. 1er 1837, p. 255). — Carré et Chauveau, quest. 1413 et 1421 *ter*. — V. CASSATION (mat. civ.), nº 1740; et (mat. crim.) nº 991.

90. — Mais, l'arrêt de cassation qui annule un jugement ou un arrêt laissant subsister l'appel et les procédures faites devant le tribunal ou la cour qui en avait été saisie; il s'ensuit que, si plus de trois ans s'écoulent sans qu'il ait été fait de poursuites en vertu de l'arrêt de renvoi, la péremption de l'instance d'appel se trouve dès lors acquise, encore bien qu'il n'ait pas été donné assignation devant la cour de renvoi. — *Amiens*, 8 avr. 1824, Roux c. Lafoy; *Cass.*, 12 juin 1825, mêmes parties; *Besançon*, 15 mars 1828, Lafoy; *Cass.*, 18 fév. 1828, Delaunoy c. Quesnel; *Toulouse*, 10 juill. 1832, Fargues c. de Rigaud. — Reynaud, p. 18, nº 9. — V., cependant, *Lyon*, 2 mars 1825, Lafoy; *Nancy*, 20 avr. 1826, Pâris c. Commune de Maubert-Fontaine.

91. — Il en est même ainsi quoique l'arrêt de cassation ne désigne pas la cour qui doit connaître de l'affaire, et bien qu'il n'y ait pas eu constitution d'avoué. — *Cass.*, 18 fév. 1828, Delaunay c. Quesnel.

Sect. 3e. — *Par quel temps s'acquiert la péremption.*

92. — La péremption ne s'acquiert pas aujourd'hui de plein droit, comme autrefois dans le ressort de quelques parlemens. — (C. proc. civ., art. 399.) — Ainsi, la prescription décennale d'une action en reddition de compte de tutelle qui a été interrompue par une demande en justice ne peut plus être invoquée, bien que les poursuites sur cette demande aient été interrompues pendant plus de dix ans, si la péremption n'en a pas été demandée. — *Cass.*, 21 nov. 1837 (t. 2 1837, p. 550), Ponsat c. Sarciron.

93. — Jugé aussi que la procédure en expropriation forcée, dirigée contre le tiers détenteur d'un immeuble hypothéqué pour défaut de paiement des créances ou de délaissement de l'immeuble, n'est pas périmée de plein droit par discontinuation des poursuites pendant le temps fixé par la loi. — *Toulouse*, 7 avril 1829, Soulérat c. Féraud.

94. — Aux termes de l'art. 597 C. proc. civ., la péremption d'instance ne peut s'acquérir que par discontinuation de poursuites pendant trois ans et ce délai court à partir du dernier acte de la procédure. — *Paris*, 21 mai 1810, Bellanger c. Dufouleur.

95. — Il court à partir du jour où l'ajournement a été signifié, si depuis il n'a été fait aucun autre acte de procédure. Par cet ajournement, en effet, l'instance se trouve engagée sans qu'il soit nécessaire qu'il y ait ce qu'on appelait autrefois *contestation en cause*. — Carré, édit. Chauveau, t. 3, p. 378.

96. — Toutefois, un acte de désistement dont la date est incertaine ne peut servir de point de départ pour le délai de la péremption. — Ainsi, dans le cas où le dernier acte de procédure signé par un avoué décédé n'est point daté, c'est le décès seul qui assigne la date, et par suite c'est de ce dernier jour que commence à courir le délai de la péremption. — *Lyon*, 25 fév. 1834, Biessy c. Classis et Ozier. — Bioche et Goujet, vº *Péremption d'instance*, nº 73.

97. — Lorsqu'une commune a conclu à ce qu'une demande en péremption fût rejetée, et à ce qu'il fût instruit et défendu au fond, elle saisit le tribunal de la contestation, et les délais de la péremption commencent à courir. — *Cass.*, 10 janv. 1810, Comm. de Saint-Ouen c. Dugrès.

98. — Dans le cas où un jugement contradictoire accorde un délai à l'une des parties pour rapporter une preuve, la péremption ne court point pendant ce délai contre l'autre partie; elle ne peut courir qu'à compter du jour où le délai pour faire la justification est expiré. — *Bordeaux*, 14 août 1833, Brondeau c. Thibault. — Bioche et Goujet, *Dictionnaire de procédure*, vº *Péremption*, nº 55.

99. — La disposition de l'article précité est générale, et le délai qu'elle exige pour faire encourir la péremption est nécessaire, quelle que soit la durée de l'action objet de l'instance, c'est-à-dire quel que soit le temps par lequel cette action elle-même se prescrive. Ainsi, quoique l'action se prescrive par un an, comme dans les cas indiqués par l'art. 2272 C. civ., la péremption de l'instance à laquelle cette action a donné lieu ne peut être acquise que par la discontinuation de poursuites pendant trois ans et non pendant un an. — *Cass.*, 23 germ. an XI, Enregistrement c. Minne; 4 nov. 1807, Morel; 22 janv. 1816, Thenadey c. Massy. — Reynaud, nº 20; Pigeau, t. 1er, p. 445; Carré et Chauveau, quest. 1413; Mangin, *De l'action publique*, t. 2, nº 353.

100. — Spécialement: n'est point périmée par discontinuation de poursuites pendant un an l'instance en nullité d'une vente d'immeubles faite pendant le cours du papier-monnaie, qui devait être attaquée pendant l'année. — V. arrêt de *Cass.* précité, du 22 janv. 1816.

101. — Lorsque, d'après certaines lois spéciales, comme, par exemple, en matière d'enregistrement (V. L. 22 frim. an VII, art. 61-65), les affaires doivent être jugées dans un délai moindre de trois ans, par exemple dans les trois mois qui suivent l'introduction de l'instance, ces affaires ne sont point périmées de droit par cela seul qu'elles n'ont pas été jugées dans le délai imparti. — *Cass.*, 18 avril 1821, Galdemar. — V., aussi, en ce sens, Merlin, *Rép.*, vº *Péremption*, § 4; Reynaud, nº 21; Favard de Langlade, vº *Péremption*, nº 9; Chauveau sur Carré, quest. 1413.

102. — Jugé dans ce même sens que dans le silence de la loi sur le temps requis pour la péremption des poursuites auxquelles donnent lieu des délits soumis à des prescriptions particulières, il faut se reporter aux dispositions du droit commun. Ainsi, l'action utilement exercée à raison d'un délit de chasse ne peut être déclarée périmée que s'il s'est écoulé trois ans depuis sans continuation de poursuites. — *Cass.*, 20 sept. 1828, Cyriaque-Bossac.

103. — L'art. 397 ne s'applique pas aux instances soumises à des arbitres. Si le compromis ne fixe pas de délai, la mission des arbitres ne dure que trois mois; s'il en fixe un, leur mission cesse à l'expiration de ce délai. La péremption des instances arbitrales se trouve donc soumise à des dispositions particulières. — Carré et Chauveau, quest. 1412; Thomine-Desmazures, t. 1er, p. 609; Reynaud, nº 21.

104. — Nous avons vu que le délai de la péremption est de trois ans, et que ce délai court du dernier acte de la procédure. Toutefois, il ne doit pas se compter *de momento ad momentum*; il doit se compter par jour et non par heures. Mais le jour *à quo* n'y doit pas être compris. — Carré et Chauveau, quest. 1415; Favard de Langlade, vº *Péremption*, nº 6; Reynaud, nº 22. — *Bruxelles*, 6 juill. 1833, Delforge c. Bureau de bienfais. de Hal.

105. — Le dernier jour des trois années doit aussi être entièrement accompli pour que la demande en péremption puisse être formée; elle ne saurait donc l'être ce jour-là même. La péremption est, en effet, une espèce de prescription Or, d'après l'art. 2261 C. civ., la prescription *n'est acquise que lorsque le dernier jour du terme est accompli.* — *Bruxelles*, 23 déc. 1835, Landelcos c. Doverchies. — Carré et Chauveau, et Reynaud, *loc. cit.*

106. — La demande en péremption ne peut être valablement formée qu'après l'expiration du délai de trois ans. Si elle avait été intentée dans le cours de ce délai, elle devrait être rejetée, encore bien que le délai se fût complétement accompli avant qu'il eût pu être statué, sauf à la partie qui l'avait prématurément formée à la renouveler. — *Grenoble*, 30 août 1817, Aubert c. Offand. — Carré et Chauveau, quest. 1410; Reynaud, nº 23. — Et la nouvelle demande devrait être accueillie, si, avant l'expiration du délai légal, il n'était intervenu aucun acte valable pour couvrir la péremption d'instance. — *Grenoble*, 12 août 1823, Raffin c. Dutrait-Morges.

107. — L'instance suspendue en 1810, non reprise depuis, et suivie en 1828 d'une demande nouvelle aux mêmes fins, n'est point périmée, si, dans l'intervalle, aucune demande en péremption n'a été formée. — *Paris*, 12 janv. 1830, Daudeville c. Anichini.

108. — L'art. 1033 C. proc. civ., relatif à l'augmentation des délais, à raison des distances, ne s'applique pas au délai fixé par l'art. 397, même Code. Les cas de reprise d'instance ou de constitution de nouvel avoué sont les seuls dans lesquels ce dernier délai doive être augmenté. — *Toulouse*, 3 janv. 1823, N... — Chauveau sur Carré, quest. 1409 *ter*; Reynaud, nº 24.

109. — Dans tous les cas où il y a lieu à demande en reprise d'instance ou constitution de nouvel avoué, le délai de trois ans fixé par l'art. 397 (§ 1er) doit être augmenté de six mois. — Même art., § 2.

110. — Il n'est pas nécessaire, pour l'application du § 2 de l'art. 397, que les événemens qui donnent lieu à une reprise d'instance ou à une constitution de nouvel avoué soient survenus avant l'expiration du délai de trois ans; autrement, ce serait admettre que la péremption peut s'opérer de plein droit: ce qui serait contraire à la disposition de l'art. 399. L'augmentation de six mois est accordée dans l'intérêt de ceux qui doivent reprendre l'instance. Ainsi: il y a lieu à l'augmentation de six mois accordée par l'art. 397 (§ 2), quoique ces événemens se soient accomplis postérieurement à l'expiration du délai de trois ans. — *Trèves*, 17 juin 1812, Slander c. Schorrendurg; *Grenoble*, 12 mai 1815, Joseph Falon c. Comte; *Bordeaux*, 17 déc. 1823, de la Briffe c. Mariette; *Paris*, 28 mai 1838 (t. 1er 1838, p. 617), Boulluquet c. Blaudin. — Carré et Chauveau, quest. 1423; Pigeau, t. 1er, p. 683; Thomines-Desmazures, t. 1er, p. 612; Reynaud, nº 25; Bioche et Goujet, nº 24. — V., *contrà*, *Caen*, 17 janv. 1828, Lemperière c. Fleury.

111. — De même, lorsque les trois ans nécessaires à la péremption sont révolus avant le décès de la partie contre laquelle elle était acquise, ses héritiers peuvent la couvrir par une reprise d'instance dans les six mois du décès, quoiqu'elle ait été demandée contre eux avant l'adition d'hérédité de leur part. — *Cass.*, 5 janv. 1808, David c. Roussilhe.

112. — L'art. 397 (§ 2) se bornant à dire que le délai est augmenté dans le cas où *il y a lieu à reprise d'instance*, il s'ensuit qu'il n'est pas nécessaire, pour que l'augmentation puisse être accordée, que la cause de la reprise d'instance ait été notifiée avant la demande en péremption. — *Paris*, 28 mai 1838 (t. 1er 1838, p. 617), de la Briffe c. Mariette. — Reynaud, n° 27; Bloche et Goujet, v° *Péremption*, n° 23. — La reprise d'instance ne constitue pas une fin de non-recevoir contre cette demande.

113. — Ainsi, spécialement, le délai de la péremption doit être augmenté de six mois, lorsque le demandeur est décédé à une époque où l'affaire n'était pas en état d'être jugée, bien que ce décès n'ait point été signifié au défendeur et que la procédure ait été continuée au nom du demandeur décédé. — *Grenoble*, 14 mars 1832, Jolland c. Cassier; *Metz*, 12 avr. 1826, Lhoste-Renet c. Rolland; *Bordeaux*, 11 août 1828, de Lynch c. Martineau. — V., cependant, dans le sens de la nécessité de la notification du décès ou du changement de qualité, *Caen*, 17 janv. 1828, Lempereière c. Fleury; *Dijon*, 26 mai 1830, Guillet c. Siraud.

114. — Mais le décès d'une partie interrompt seulement la péremption pour six mois. — *Riom*, 17 mai 1810, Haste. — Reynaud, n° 28.

115. — La prorogation de six mois profite à toutes les parties en cause, de quelque côté que provienne la cause qui donne lieu à cette prorogation. — *Limoges*, 9 août 1836, Bascoulergue c. Menu. — L'art. 397 les comprend toutes, en effet, sans distinction, dans la généralité de ses termes.

116. — Ainsi, lorsqu'une partie vient à décéder dans le cours d'une instance, cette prorogation profite non-seulement à ses héritiers qui ont à reprendre l'instance, mais aussi à la partie adverse. — *Cass.*, 4 janvier 1808, David c. Rousseilhe; 4 avril 1823, Dosque c. Laffitte. — *Trèves*, 17 juin 1812, Slander c. Schorrenberg; *Bordeaux*, 17 déc. 1823, Boulluguet c. Blandin; *Poitiers*, 12 mai 1830, Garieu c. Arnouilh; *Aix*, 11 mai 1843 (t. 1er 1844, p. 358), N... — Reynaud, n° 29; Bloche et Goujet, v° *Péremption*, n° 25; Carré et Chauveau, quest. 1425; Merlin, *Rép.*, t. 17, p. 312; Favard de Langlade, v° *Péremption*, p. 190; Thomines-Desmazures, t. 1er, p. 613. — V. *Contrà*, *Cass.*, 12 juill. 1810, Laubepin c. Jouffroy; *Riom*, 15 févr. 1821, Chapet c. Rougier.

117. — Après une discontinuation de poursuites pendant trois ans de la part du demandeur, ses héritiers ne peuvent soutenir que le délai établi pour la péremption d'instance ne doit être augmenté de six mois que lorsqu'il y a lieu, de leur part, à reprise d'instance; et il n'y a pas lieu à cette reprise de leur part, s'ils n'ont pas dénoncé le changement de qualité du demandeur dans le délai nécessaire pour faire acquérir le droit d'opposer la péremption. — *Dijon*, 26 mai 1830, Guillet c. Siraud.

118. — Le concours de deux événemens qui donneraient lieu, chacun isolément, à une augmentation de six mois, n'autorise pas une double prorogation de ce même délai. En effet, si l'on accordait à raison de plusieurs événemens à peu près contemporains autant de prorogations successives du délai de six mois, on rendrait souvent la péremption impossible ou l'on ferait tout au moins traîner les procès en longueur. — Carré et Chauveau, quest. 1425; Merlin, *Rép.*, t. 17, p. 323, n° 13; Favard de Langlade, v° *Péremption*, p. 193, n° 5; Reynaud, n° 30; Bloche et Goujet, v° *Péremption*, n° 35.

119. — En conséquence, lorsque, par suite du décès d'une partie, le cours de la péremption a été augmenté de six mois, il n'y a pas lieu à une nouvelle augmentation de six mois, dans le cas où une autre partie vient à décéder durant la première prolongation. — *Liége*, 12 oct. 1826, Jacot; *Paris*, 1er juill. 1812, Payen c. Sauzé, *Cass.*, 19 août 1816, mêmes parties; *Bruxelles*, 16 juin 1829, Carlier c. fabrique de Rosières; *Bordeaux*, 11 mars 1835, Thilhac; *Limoges*, 9 août 1836, Bascoulergue c. Menu.

120. — Le décès d'un juge-commissaire n'interrompt pas la péremption et ne donne pas lieu à la prorogation de six mois. Le demandeur doit s'imputer de ne l'avoir pas fait remplacer comme l'y autorise l'art. 110 C. proc. — Demiau-Crouzilhac, p. 290 et 291; Carré et Chauveau, quest. 1418; Favard de Langlade, v° *Péremption*, p. 193, n° 6; Reynaud, n° 45; Bioche et Goujet, v° *Péremption*, n° 27.

121. — Il n'y a pas lieu non plus d'augmenter de six mois le délai de trois ans par cela seul que le juge-rapporteur a cessé ses fonctions. — *Lyon*, 25 mars 1829, Commune de Malig c. Commune de Chaley. — Reynaud, n° 31; Demiau, Carré et Chauveau, Favard de Langlade, Bioche et Goujet, *loc. cit.*

122. — Un changement d'état, ainsi par exemple le fait qu'un mineur serait devenu majeur (survenu du côté des défendeurs à une demande en péremption d'instance), n'a pas également pour effet d'augmenter de six mois le délai ordinaire de la péremption. — *Toulouse*, 4 février 1825, Mage c. Bonnet. — Reynaud, n° 32.

123. — Après l'institution donnée par le gouvernement à une Cour ou à un tribunal, il n'y a pas lieu à augmenter de six mois pour cause de reprise d'instance le délai de trois ans, passé lequel toute instance est périmée par discontinuation de poursuites, l'acte qui accorde cette institution n'ayant rien changé ni au ressort ni aux attributions des officiers ministériels. Quoique, pendant l'intervalle qui sépare l'institution de l'installation des magistrats, il y ait lieu à une sorte de vacance judiciaire, on ne doit point regarder l'administration de la justice comme ayant été interrompue. — *Orléans*, 3 juill. 1817, Soupiron c. Lecomte.

124. — L'art. 15 C. proc. civ. établit un délai spécial pour la péremption des sentences interlocutoires rendues par des juges de paix. D'après cet article, la cause doit être jugée définitivement, au plus tard, dans le délai de quatre mois à partir du jour de la sentence interlocutoire; après ce délai, *l'instance sera périmée de droit.*

125. — Toutefois, il a été jugé que la péremption de l'instance introduite devant le juge de paix, et résultant de ce que la cause n'avait pas été jugée dans le délai de quatre mois du jour du jugement interlocutoire, n'était pas acquise de plein droit par le seul accomplissement de ce délai; qu'elle ne pouvait être prononcée que lorsqu'elle avait été proposée, et que d'ailleurs elle n'avait pas été couverte par le fait même des parties qui, sans en exciper, avaient procédé au jugement du fond. — *Cass.*, 23 févr. 1848 (t. 1er 1848, p. 331), Amalric c. Lanet.

126. — Les conclusions prises par une partie postérieurement à l'expiration du délai de quatre mois, dans lequel, aux termes de l'art. 15 C. pr. civ., les affaires soumises au juge de paix, et qui ont motivé un interlocutoire, doivent recevoir, à peine de péremption de l'instance, jugement définitif, ont pour effet, lorsqu'elles tendent à ce qu'il soit procédé aux vérifications ordonnées, de couvrir la péremption. — *Cass.*, 1er déc. 1847 (t. 1er 1848, p. 39), Commune de Breteuil c. comte Roy.

127. — Enfin, quant à l'instance dont une Cour d'appel est saisie par suite du renvoi prononcé par un arrêt rendu par la Cour de cassation, c'est par trois ans et six mois, et non pas seulement par trois ans, qu'elle se périme; et le délai court dans ce cas du jour de l'arrêt de renvoi. — *Orléans*, 3 fév. 1848 (t. 1er 1848, p. 344), d'Aumale c. Brancas.

Sect. 4e. — *Par qui et contre qui la péremption peut être demandée.*

§ 1er. — *Par qui la péremption peut être demandée.*

128. — La péremption reposant, comme nous l'avons vu, sur la présomption que le demandeur qui discontinue les poursuites est censé abandonner lui-même ses poursuites, il s'ensuit qu'elle ne peut être invoquée que par le défendeur. Le demandeur ne peut faire déclarer périmée l'instance qu'il a introduite; il n'a que la voie du désistement. — *Nîmes*, 29 mars 1824, Chabrol c. Lafabrie; *Cass.*, 10 déc. 1839 (t. 2 1839, p. 582), Deypres c. Lecappé.

129. — Pour connaître quel est le demandeur, c'est à l'exploit introductif qu'il faut s'attacher; quelle que soit d'ailleurs la cause de la demande. — Même arrêt.

130. — Une simple citation en conciliation non suivie de poursuites ne pouvant être considérée comme introductive d'une instance (V. *suprà* n° 54), il en résulte que lorsqu'il n'a été donné aucune suite à une tentative de conciliation sur une demande à fin de tierce opposition principale, si la partie adverse assigne le tiers opposant présumé pour provoquer sa tierce opposition et y faire statuer, elle est réputée demanderesse; et dès lors elle ne peut, dans le cas où, la tierce opposition ayant été formée, l'instance est restée impoursuivie pendant plus de trois ans, en demander la péremption. — En vain dirait-elle que le tiers opposant doit être réputé seul demandeur, soit à raison de la tentative de conciliation, soit en ce que la tierce opposition qui a suivi la demande en aurait épuisé l'objet et absorbé tout le litige. — Même arrêt.

131. — La règle que la péremption ne peut être invoquée par le demandeur cesse d'être applicable si le défendeur est reconventionnellement demandeur.

132. — Spécialement, l'appelant principal peut, quand l'intimé a interjeté appel incident, se prévaloir de la suspension de poursuites pendant trois ans pour demander la péremption de l'instance sur le tout. Il ne peut pas scinder l'instance et proposer la péremption contre l'appel incident seulement. — *Bruxelles*, 23 janv. 1813, Beaudet c. Terrasse. — Reynaud, n° 86.

133. — La péremption peut être demandée non-seulement par le défendeur principal, mais encore par l'intervenant qui le soutient; parce qu'alors ce dernier est lui-même défendeur.

134. — Elle peut l'être par les créanciers du défendeur ou de l'intervenant, car elle ne constitue pas un droit attaché exclusivement à la personne. — *Paris*, 19 juin 1813, Boucheron c. Jubier. — Pigeau, *Comment.*, t. 1er, p. 686; Reynaud, n° 85; Bioche et Goujet, v° *Péremption*, n° 14.

135. — Le transport d'une créance qui fait l'objet du procès n'empêche point le cédant de suivre l'instance et d'en demander, s'il y a lieu, la péremption s'il ne contient pas novation, c'est-à-dire cession de l'action même. — *Grenoble*, 27 août 1817, Dusserre c. Savoie. — V. néanmoins *Bordeaux*, 29 avil 1829, Laville c. Causserouge. — Reynaud, n° 89.

136. — Mais si après le délai requis pour que le défendeur pût faire déclarer la péremption, le débiteur la couvrait au lieu de la faire prononcer, ses créanciers ne pourraient alors argumenter de l'art. 2225 du Code civil pour faire déclarer que leur débiteur n'a pu couvrir la péremption ou y renoncer, quand même elle emporterait la prescription de l'action. Cet article n'attribue pas aux créanciers la faculté d'attaquer une renonciation *consommée;* il leur donne seulement le droit, ainsi que l'enseigne Vazeilles, de concourir et de suppléer à la défense de la réclamation dirigée contre leur débiteur. Les créanciers qui ne sont pas intervenus dans une instance engagée contre ce dernier, sont liés par les actes de procédure qu'il a faits pour couvrir la péremption.

137. — La femme mariée pourrait, quoique non autorisée, demander la péremption d'une instance engagée contre elle. — Arg. art. 125 C. civ.

138. — Le mari peut former tant en son nom qu'en celui de sa femme décédée, la demande en péremption d'une instance introduite contre eux. Mais cette demande profite aux héritiers de la femme, surtout si l'instance était relative à des biens dotaux dont le mari survivant est usufruitier. — *Cass.*, 2 mai 1822, Bertrand c. Mart. — Reynaud, n° 85.

139. — Le mineur ou l'interdit ne peuvent, en l'absence de leur tuteur ou curateur, former une demande en péremption. La nullité de cette demande pourrait non-seulement être invoquée par le défendeur à la péremption, mais même être prononcée d'office par le juge; mais elle serait couverte par l'intervention du tuteur ou du curateur.

140. — Le maire d'une commune, défendeur au nom de celle-ci à une demande formée contre elle, peut demander la péremption de l'instance, comme il peut renoncer à la demander. — *Cass.*, 7 janv. 1835, Commune de Lainsecq. — Ce que nous disons du maire s'applique à tout administrateur d'un établissement public.

141. — Jugé, spécialement, qu'une commune dûment autorisée à ester en justice, pourrait couvrir, si elle était acquise, la péremption établie par l'art. 15 du Code de procédure civile, alors même que, selon elle, la péremption de l'instance entraînait la prescription de l'action annale. — *Cass.*, 1er déc. 1847 (t. 1er 1848, p. 39), Commune de Breteuil c. Roy.

142. — En général : tout mandataire qui a reçu de la loi qualité pour intenter une action ou y défendre, a qualité, s'il est défendeur, pour poursuivre la péremption de l'instance. Il aurait le même pouvoir s'il était demandeur principal dans le cas où le défendeur aurait formé des demandes reconventionnelles ou un appel incident.

143. — Ainsi des syndics peuvent demander la péremption de l'instance dirigée contre la masse qu'ils représentent. — *Cass.*, 24 mars 1835, Devaux c. Esnault.

144. — A supposer que l'Etat, substitué à l'émigré, ait eu le droit de faire déclarer la péremption contre son créancier, avant l'expiration des trois ans qui ont suivi la radiation de cet émigré, le même droit n'a pas appartenu à celui-ci. — *Bruxelles*, 30 frim. an XIV, N....

145. — Lorsque plusieurs parties ont été intimées sur un appel, l'un des intimés peut demander la péremption de l'instance tant contre l'appelant que contre son coïntimé.—*Montpellier*, 23 mars 1841 (t. 2 1841, p. 739), Simon c. Leaurens.

146. — L'intimé demandeur en péremption de l'instance d'appel ne peut être réputé avoir renoncé à sa demande parce que son avoué s'est constitué, mais sous toutes réserves et sans aucune approbation préjudiciable, sur l'assignation postérieure signifiée à la requête de l'appelant en reprise de cette instance, et parce qu'il a fait inscrire au *rôle* cette dernière demande. — *Orléans*, 3 fév. 1848 (t. 1er 1848, p. 344), d'Aumale c. de Brancas.

147. — Si la partie contre laquelle l'instance a été introduite est venue à décéder, les héritiers ne sont point obligés, pour demander la péremption de l'instance, de déclarer préalablement qu'ils reprennent cette instance. Ils se sont substitués suffisamment à leur auteur en formant leur demande en qualité de ses héritiers.—*Metz*, 24 fév. 1826, Desmeaux c. Justine; *Rouen*, 20 mai 1826, de Champigny c. de Courcy; *Bordeaux*, 22 août 1833, Lassus c. Bruneaud; *Cass.*, 3 fév. 1835, Calduyron; 19 janv. 1837 (t. 1er 1837, p. 304), Labrillantais c. Garreau; *Riom*, 6 nov. 1847 (t. 2 1848, p. 372), Savigné c. Vinal. — Carré et Chauveau, quest. 1424 *bis*; Bioche et Goujet, n° 90; Reynaud, n° 88. — Alors surtout que le défendeur est décédé sans avoir constitué d'avoué.—*Montpellier*, 17 janv. 1831, Pasturel c. Boyer. — V., cependant, en sens contraire, *Bordeaux*, 12 mai 1824, Lauvrat c. Imbaud.

148. — L'héritier de la partie décédée, qui, par les mêmes conclusions, demande la péremption de l'instance et déclare reprendre ladite instance, afin d'avoir qualité pour proposer l'exception de péremption, ne se rend pas, par sa reprise, non recevable dans son exception.—*Paris*, 23 nov. 1848 (t. 1er 1849, p. 32), Surville c. Hubert.

149. — Lorsque la discontinuation des poursuites est due à la négligence d'une partie ou aux obstacles qu'elle y a apportés, il semble que cette partie doive pouvoir également, si d'ailleurs il n'y a eu de sa part ni dol ni fraude, demander la péremption; car la partie adverse a toujours pu lever les obstacles ou suppléer à la négligence. — V., en ce sens, *Lyon*, 2 mars 1830, Pleurière c. Bobert; *Rouen*, 17 fév. 1843 (t. 1er 1845, p. 153), Anquetil c. Osmond. — Reynaud, n° 40; Bioche et Goujet, n° 34. — Cependant, il a été décidé plusieurs fois que la partie qui, par son fait, avait retardé l'instruction et le jugement d'une cause, ne pouvait plus ensuite proposer la péremption de l'instance. — V. *Cass.*, 4 fév. 1807, Mancini c. Rocca-Sera; 7 mars 1820, Courmier c. Borne; 2 fév. 1830, Euzière c. Artaud; *Bruxelles*, 16 avr. 1830, Vandenberghe c. Praet.

150. — Jugé aussi que lorsque, dans une instance, un arrêt avait ordonné à une partie de produire, dans un certain délai, ses titres à l'appui de sa demande accueillie en première instance, cette partie qui n'avait point exécuté cet ordre était non recevable à demander plus tard la péremption de l'instance, pour discontinuation de poursuites pendant trois ans, et se faire ainsi un titre de sa propre inaction.—*Cass.*, 2 fév. 1830, Euzière c. Artaud.—*Contrà*, Reynaud, p. 60, n° 39.

151. — Il a été décidé, par suite du même principe, que celui qui avait été admis, sur sa demande, à faire une enquête ou une expertise, et avait laissé écouler trois ans sans y faire procéder, était non recevable à demander lui-même la péremption de l'instance pour discontinuation de la procédure. — *Nîmes*, 29 mars 1824, Chabrol c. Lafabrie; *Bruxelles*, 16 avr. 1830, Vandenberghe c. Praet. — V., cependant, *contrà*, *Bourges*, 21 déc. 1813, Dutremblay; *Lyon*, 2 mars 1830, Pleurière c. Robert. — Reynaud, n° 39.

152. — Les juges peuvent également ne pas prononcer la péremption d'une instance résultant de la discontinuation de poursuites pendant trois ans, si cette discontinuation a eu lieu par la négligence commune ou l'insouciance des parties.—*Rouen*, 5 juill. 1828, Lemire c. Baudouin. —Bioche et Goujet, n° 34.— *Contrà*, Reynaud, n° 38.—Comme, par exemple, dans le cas où deux époux avaient d'abord laissé sans poursuites la demande en séparation de corps, afin d'en faire une volontaire.—*Cass.*, 8 mars 1831, Rivière.

153. — La partie à qui il a été donné communication de certaines pièces ne peut demander la péremption de l'instance tant qu'elle n'a pas restitué ces pièces.—*Rouen*, 10 juill. 1821, Timanne c. Lavertu.—*Contrà*, Reynaud, p. 63, n° 41.

154. — Le défendeur qui, dans le cours d'une instance au tribunal de commerce, a formé une demande incidente au tribunal civil, de nature à forcer de surseoir au jugement de la demande principale, ne peut invoquer la péremption de cette dernière demande pour cause de cessation de poursuites pendant trois ans.—*Lyon*, 8 mars 1839 (t. 1er 1839, p. 633), Richarme c. Mermet.

155. — Lorsqu'une demande en péremption a suspendu les poursuites de l'instance principale, le demandeur en péremption ne peut, en se désistant de cette demande, en former une seconde et se prévaloir, contre le défendeur, de la cessation de poursuites occasionnées par la première. — *Pau*, 16 juin 1837 (t. 2 1840, p. 41), Bonnecarrère c. Dupont.

§ 2. — *Contre qui la péremption peut être demandée.*

156. — Sous l'ancien droit, la péremption ne courait ni contre l'Etat ni contre le fisc.—*Toulouse*, 26 fév. 1829, Marty c. Marrot.—Le Code civil ayant accordé le droit de prescrire contre l'Etat (art. 2227), il y avait même raison de soumettre à la péremption les demandes par lui formées. La péremption court donc aujourd'hui contre l'Etat. Elle court aussi contre les établissemens publics, et contre toutes personnes, même mineures, sauf leur recours contre les administrateurs et tuteurs.—C. proc. civ., art. 398.

157. — D'après la législation romaine (D., l. 54, tit. *De re jud.*, et *Cod.*, l. 6, tit. *Quomod. et quand. jud.*), la péremption ne courait point contre le mineur qui était dépourvu de tuteur. Il en doit être de même sous l'empire du Code de procédure, puisque l'art. 398 précité ne fait courir contre lui la péremption qu'en lui accordant un recours contre son tuteur; ce qui suppose nécessairement qu'il lui a été donné un tuteur, et emporte suspension implicite de la péremption pour le cas où il n'en aurait pas.—V., en ce sens, Pigeau, *Comm.*, t. 1er, p. 683.—Carré et Chauveau, quest. 1433; Thomines-Desmazures, t. 1er, p. 614; Favard de Langlade, *Rép.*, v° *Péremption*, p. 196, n° 10; Reynaud, n° 90.—*Contrà*, Merlin, *Rép.*, v° *Péremption*, t. 17, p. 326.

158.—Aussi a-t-il été décidé que la péremption d'instance ne courait pas contre un mineur, ni contre ses coïntéressés, tant qu'il n'avait pas été pourvu d'un tuteur; ou qu'on ne lui avait pas nommé un représentant, si ses intérêts étaient opposés à ceux de son tuteur. — *Bruxelles*, 1er fév. 1819, Bogaert c. Beyens. — *Contrà*, *Agen*, 20 juill. 1843 (t. 1er 1844, p. 129), de la Torre c. de Noailles.

159.— La péremption, en effet, ne court point contre celui qui est dans l'impossibilité d'agir. — *Colmar*, 10 nov. 1833, Munius c. Hemerdinger. — V., aussi, en ce sens, *Cass.*, 6 mars 1833, Domaine c. Lavare. — Elle ne peut donc être demandée contre lui.

160. — Après la péremption d'un appel interjeté par le tuteur, celui-ci ne pourrait le renouveler, lors même que le jugement n'aurait pas été signifié au subrogé tuteur, si, depuis, le mineur était devenu majeur. — *Lyon*, 23 nov. 1829, Lepoire c. Dubost. — Reynaud, n° 91.

161. — La péremption court contre le prodigue ou l'imbécile placés sous l'autorité d'un conseil judiciaire.—Chauveau sur Carré, quest. 1433 *in fine*.

162. — Mais elle ne courrait pas contre l'interdit dont le tuteur serait décédé, ni contre l'aliéné qui aurait été renfermé dans un établissement public: sans qu'un administrateur lui eût été nommé.— Carré et Chauveau, quest. 1433.

163.—Lorsqu'une fille vient à se marier après avoir engagé une instance, la péremption commencée avant son mariage n'est pas interrompue, par le fait de ce mariage, si le mari n'intervient pas dans le procès: soit comme chef de la communauté, soit pour autoriser sa femme. S'il y a intervention du mari, la péremption ne peut plus être demandée que contre les époux conjointement.— Reynaud, n° 93; Chauveau sur Carré, quest. 1433 *quater*.

164. — Pigeau enseigne (*Comment.*, t. 1er, p. 683), par arg. de l'art. 2253 C. civ., que la péremption n'a pas lieu entre époux, sauf au cas de séparation de corps (V. *suprà*, n° 65). Mais cette doctrine, très-contestable, est repoussée par M. Reynaud (n° 97), qui se fonde sur ce que l'art. 398 déclare, d'une manière générale, que la péremption court contre toutes personnes. En disposant que la péremption ne court pas entre époux, l'art. 2253 C. civ. a voulu préserver la femme de la colère du mari au cas où elle agirait contre son gré; mais lorsque la femme a déjà agi, la crainte ou la révérence maritale ne peuvent plus être invoquées pour la soustraire à la péremption.

165. — Lorsqu'un individu intervient dans un procès comme demandeur principal, la péremption court contre lui; mais s'il intervient seulement pour soutenir le demandeur, la péremption ne peut plus être demandée contre lui que si elle l'est contre le demandeur. Il serait inutile, en effet, dans ce cas, de la demander contre lui seul, puisqu'il n'a dans la cause d'autre intérêt que celui du demandeur qu'il soutient.—Reynaud, n° 96.

166. — Quand le défendeur principal a fait intervenir un garant en cause, et que celui-ci résiste à la garantie; si l'incident n'a pas été joint à l'instance principale, la péremption de cette instance peut être demandée contre la partie principale, séparément du garant, et elle profite à ce dernier.— *Grenoble*, 6 juill. 1818, Branchu c. Monnet. — Carré et Chauveau, quest. 1427.

167. — La demande en péremption ne peut être formée contre le tiers saisi qui n'est appelé dans la cause que pour faire sa déclaration. Il ne devient partie dans l'instance que lorsque sa déclaration est contestée. — *Besançon*, 12 août 1817, N.... — Roger, *Saisie-arrêt*, n° 542; Reynaud, n° 69. — V. *suprà*, n° 165.

168. — La péremption d'instance court cependant contre une succession vacante, bien qu'elle soit dépourvue de curateur. — Arg. art. 2258 C. civ. —Pigeau, *Comment.*, t. 1er, p. 684, 3e alin.; Merlin, *Rép.*, v° *Péremption*, t. 17, p. 327 *in fine*; Chauveau sur Carré, quest. 1433 *bis*; Reynaud, n° 94.

169. — La péremption court-elle contre l'héritier bénéficiaire à l'égard des instances par lui engagées contre le défunt? —Pigeau (*Proc.*, t. 2, p. 753, 3e alin., et *Comment.*, t. 1er, p. 684, 2e alin.) enseigne la négative. M. Reynaud (n° 95) est du même avis pour le cas où l'héritier bénéficiaire est en concours avec d'autres cohéritiers. Mais il pense que s'il était seul, la péremption serait interrompue. — M. Chauveau, au contraire, soutient qu'en aucun cas l'héritier bénéficiaire ne peut demander la péremption de l'instance (quest. 1433 *ter*). — V., aussi, en ce sens, Bilhard, *Du bénéfice d'inventaire*, n° 116.

170. — C'est contre la personne du demandeur que la demande en péremption d'instance doit être dirigée. Elle ne doit pas l'être contre les héritiers de sa femme décédée pendant l'instance alors surtout qu'on est censé ignorer et le décès de l'une et l'intérêt des autres à la reprise de l'instance. — *Metz*, 24 fév. 1826, Demeaux c. Justine.

171. — La péremption court contre une commune qui a esté en justice, même sans en avoir reçu l'autorisation; sauf son recours.—*Paris*, 17 janv. 1809, Dugrets c. Commune de Saint-Ouen; *Nîmes*, 31 août 1812, Maigre c. Commune de Saint-Chapters.—Reynaud, n° 92; Merlin, *Rép.*, t. 17, p. 325; Chauveau sur Carré, quest. 1433 *quinquiès*; Bioche et Goujet, v° *Péremption*, n° 17. — V. aussi *Cass.*, 10 janv. 1810, Commune de Saint-Ouen c. Dugretz; *Poitiers*, 8 juill. 1828, Dupuy c. Commune de Savigné.

172. — Jugé, au contraire, que la péremption ne court pas contre une fabrique, tant que cette fabrique n'a pas été autorisée à plaider. — *Toulouse*, 26 fév. 1829, Marty-Marrot c. Fabrique de Saint-Sauveur. — Mais cette décision est repoussée par Reynaud et Chauveau (*loc. cit.*): par la raison que si le défaut d'autorisation empêche une fabrique d'obtenir jugement, il ne l'empêche pas d'entretenir l'instance. — V., au surplus, FABRIQUE D'ÉGLISE, n° 637.

173.— La loi du 6 brum. an V, suspensive de toute prescription, péremption, forclusion, en faveur des militaires, est une loi spéciale dont le bénéfice a cessé à la paix générale. —*Grenoble*, 22 déc. 1828, Gouillet c. Dutrait-Desayes. — Reynaud, n° 167; Pigeau, *Comment.*, t. 1er, p. 679. — Il serait équitable cependant de faire revivre cette loi et d'appliquer l'exception qu'elle consacre dans le cas de nouvelle guerre. —V., en ce sens, Carré, quest. 1442; Thomines-Desmazures, t. 1er, p. 616.—Mais M. Chauveau sur Carré (même quest.) prétend que la loi précitée ne peut plus être remise en vigueur.

Sect. 5e. — *De l'interruption et de la suspension de la péremption.*

174. — Il faut distinguer l'interruption et la suspension de la péremption, comme le Code civil le fait à l'égard de la prescription. — Reynaud, no 35. — Par l'interruption est effacé tout le temps qui lui est antérieur; la péremption ne peut plus être acquise que si, depuis cette interruption, il s'est écoulé un nouveau délai de trois ans. — La suspension, au contraire, arrête seulement pour l'avenir le cours de la péremption, mais laisse subsister d'une manière utile le temps antérieur à la suspension; de façon que, si la cause interruptive de la suspension vient à cesser, la péremption sera acquise lorsqu'en ajoutant au temps antérieur à la suspension celui qui a couru depuis, le délai précité se trouve accompli.

§ 1er. — *De l'interruption de la péremption.*

175. — La péremption ne commence à courir, comme nous l'avons vu, qu'à partir du dernier acte de poursuites. Or, pour qu'il y ait poursuite dans le sens de l'art. 397 C. proc., il suffit qu'on ait fait un acte utile pour le développement de la procédure. Un acte de cette nature interrompt donc la péremption. — Bioche et Goujet, vo *Péremption*, no 35. — Elle se couvre, dit l'art. 399, C. proc. civ., par des actes valables faits avant la demande en péremption.

176. — Jugé, en effet, que lorsque la péremption de l'instance ne concourt pas avec la prescription de l'action, elle est couverte par tout acte valable de la procédure intervenue avant qu'elle ait été formellement demandée. — *Cass.*, 26 oct. 1812, Chassaignac c. Bayot.

177. — Lorsque plusieurs instances ont été jointes: tant que le jugement qui prononce la jonction n'a pas été rétracté, l'acte fait utilement pour l'une interrompt la péremption au profit des autres. — *Bordeaux*, 22 fév. 1834, Rodrigues c. Bonnamy. — Reynaud, no 79.

178. — De même les actes interruptifs de la péremption faits par l'un des défendeurs profitent à tous les autres. — *Toulouse*, 4 fév. 1825, Mage c. Bonnet et Maurel. — Merlin, *Quest. de droit*, vo *Péremption*, § 6; Reynaud, no 78. — Et réciproquement: la péremption d'instance est interrompue à l'égard de toutes les parties par une assignation qui n'a été donnée qu'à des parties alors décédées, si elle a été en même temps dirigée contre d'autres parties solidaires. — *Bordeaux*, 22 août 1833, Lassus c. Bruneaud.

179. — Les actes valables interruptifs de la péremption d'instance dans le sens de l'art. 399 précité, sont non-seulement les actes que, dans la pratique, on qualifie d'actes de poursuites (*Cass.*, 9 août 1837 (t. 2 1837, p. 509), Dartiguenane c. Ferran); mais même tous les actes ou tous les faits qui sont exclusifs de la présomption d'abandon par l'une des parties du droit qui lui appartient: l'art. 399 n'est pas limitatif; il veut seulement que les actes émanent de l'une des parties ou de son mandataire, et qu'ils aient pour objet la continuation ou la conclusion de l'instance. — *Cass.*, 6 fév. 1844 (t. 1er 1844, p. 299), Commune de Vindefontaine c. Commune des Moitiers.

180. — Ne peuvent être considérés comme ayant ce caractère l'ordonnance taxative des vacations des experts rendue sur leur requête, l'exécutoire délivré par suite contre la partie qui a requis l'expertise et la signification de ces actes à cette partie à la requête des experts. En conséquence, l'autre partie peut, nonobstant ces actes, opposer la péremption pour discontinuation des poursuites pendant trois années à partir du jour du dépôt au greffe du rapport des experts. — Même arrêt.

181. — La nomination d'un conseil judiciaire n'interrompt pas non plus la péremption. — Carré et Chauveau, quest. 1433 *in fine*.

182. — Il semble, d'après le principe que nous avons posé plus haut, que la nullité pour vice de forme des actes qui excluent la présomption de l'abandon du droit ne puisse être un obstacle à ce qu'ils interrompent la péremption. La Cour de Toulouse s'est prononcée dans ce sens par arrêt du 13 juin 1832 (Brun c. Gillard et Lafont). — Mais. *contrà*, *Cass.*, 12 nov. 1832, Commune de Campan c. Commune de Vancizan; *Nîmes*, 20 août 1838 (t. 1er 1839, p. 120). — Carré, quest. 1437.

183. — La Cour de Lyon exige pour qu'un acte puisse être considéré comme valable et interruptif de la péremption que non-seulement il se rattache à l'instance, mais qu'il ait été signifié. — Arrêt du 8 mars 1839 (t. 1er 1839, p. 633), Reiharan c. Mermet. — Toutefois, la signification n'est nécessaire qu'autant que l'acte est de nature à être signifié ou que la loi en exige la signification. — Carré et Chauveau, quest. 1440; Thomines-Desmazures, t. 1er, p. 616; Reynaud, no 51.

184. — Ainsi: la déclaration du tiers saisi faite au greffe n'interrompt point la péremption si elle n'est pas signifiée au saisissant, parce que le tiers saisi n'est point partie en cause. — *Besançon*, 12 août 1817, N... — Reynaud, no 69.

185. — De même la dénonciation de la saisie au tiers saisi n'a pas pour effet d'interrompre la péremption vis-à-vis du débiteur principal. — Chauveau sur Carré, quest. 1437 *bis*.

186. — Il faut, de plus, avons-nous dit, pour qu'un acte de poursuite puisse interrompre la péremption, qu'il soit relatif à l'instance (Carré, quest. 1436). Les actes qui y sont étrangers, quoiqu'ils aient un trait plus ou moins direct à l'objet du procès, ne peuvent avoir cet effet. — *Rennes*, 16 juin 1818, Minoche c. Laujardière.

187. — Ainsi, la possession naturelle et civile d'immeubles litigieux, malgré le bénéfice d'une sentence dont il y a appel, n'interrompt pas le cours de la péremption de l'instance d'appel. — *Cass.*, 8 déc. 1819 (sol. impl.), de Louvigny c. Courtifloles.

188. — Jugé aussi que la péremption d'une instance ne peut être interrompue par des actes extrajudiciaires étrangers à la marche de la procédure, comme serait par exemple l'assignation donnée à l'intimé de constituer avoué sur l'acte d'appel qui lui aurait été précédemment signifié. — *Bordeaux*, 11 juin 1844 (t. 2 1844, p. 438), Douzac c. Comm. de Saint-Astier.

189. — N'est-il pas également nécessaire que l'acte soit fait devant le tribunal où l'instance est pendante? En d'autres termes, l'acte fait par la partie intéressée à opposer la péremption devant un tribunal incompétent est-il interruptif de la péremption? La raison de douter vient de ce qu'un tribunal incompétent n'a ni pouvoir ni juridiction pour statuer sur le procès dont il est saisi, et que, par conséquent, les actes qui sont faits devant lui ne peuvent avoir aucun effet. Mais il est facile de détruire cette objection. Pourquoi, en effet, la discontinuation de poursuites pendant trois ans produit-elle l'extinction de l'instance? Parce qu'elle fait présumer que les parties n'ont pas voulu continuer le procès, et l'ont abandonné. Cette présomption légale doit tomber devant la preuve contraire. Or rien ne s'oppose à ce que cette preuve résulte d'un acte régulier fait même devant un tribunal incompétent. C'est cette doctrine que la Cour de cassation a consacrée par arrêt du 29 brumaire an XIII, Ribeyrols.

190. — Et il a été jugé, notamment, par application de ce principe, qu'une citation en justice ou qu'une assignation régulière, quoique donnée devant un juge incompétent, interrompait la péremption. — *Cass.*, 12 nov. 1832, commune de Campan c. commune de Vancizan; *Bordeaux*, 22 août 1833, Lassus c. Bruneaud. — V., aussi, en ce sens, Bioche et Goujet, vo *Péremption*, no 66. — V., cependant, en sens contraire, *Turin*, 5 avr. 1811, Fea c. Prato; *Rennes*, 16 juin 1818, Minoche c. Laujardière; *Lyon*, 12 déc. 1825, Durand-Roulet c. Guérin; *Amiens*, 28 juin 1826, Oger c. Leclercq; *Bruxelles*, 26 avr. 1831, Lavary; *Montpellier*, 28 juin 1832, Malart c. Sicart.

191. — ... Encore bien que le tribunal fût incompétent *ratione materiæ*. — *Cass.*, 30 juin 1825, de Mesmy c. Grimaud.

192. — Jugé cependant que des contestations engagées devant l'autorité administrative n'interrompent pas la péremption d'une instance pendante devant un tribunal civil. — *Toulouse*, 19 déc. 1828, commune de Campan c. B... — Mais il semble dans tous les cas qu'il en devrait être autrement, si cette autorité pouvait elle-même connaître du fond des contestations.

193. — Une demande prématurée en péremption n'interrompt point le cours de la péremption de l'instance. — *Grenoble*, 30 août 1817, Aubert c. Offand. — Cette demande est non avenue. — V. *suprà* no 106 et *infrà* no 281.

194. — La péremption d'une instance n'est pas interrompue par une nouvelle citation, si dans cet acte de procédure figure une partie étrangère à la première instance; car alors cette citation est un acte introductif d'une nouvelle instance. — *Aix*, 25 avr. 1825, Laugier. — Reynaud, no 60.

195. — Un acte de voyage levé par l'une des parties et non signifié à l'autre n'est pas interruptif de la péremption d'instance. — *Riom*, 7 janv. 1817, Thomas c. Imbert.

196. — Un simple acte d'avoué à avoué interrompt et couvre la péremption. — V., en ce sens, motifs de l'arrêt de *Rennes* du 3 avr. 1813, Dubois c. N....

197. — Cependant l'acte d'avoué contenant dénonciation du décès de l'une des parties n'interrompt point la péremption. Une pareille dénonciation n'a d'autre effet que de proroger le délai ordinaire de six mois de plus, conformément à l'art. 397 C. proc. — *Grenoble*, 14 mars 1822, Jolland c. Carriel. — Reynaud, no 66.

198. — Jugé, au contraire, que le cours de la péremption est interrompu lorsque le mandataire de l'une des parties est décédé, et que son avoué a demandé la suspension de l'instance jusqu'à ce qu'il se soit procuré de nouveaux pouvoirs et de nouvelles instructions. — *Rennes*, 10 juin 1816, Desaunays c. Tourmeau.

199. — L'acte par lequel un avoué, dans l'ignorance du décès de son mandant, a repris l'instance qui se trouvait déjà hors de droit, est valable et fait obstacle à ce que la péremption puisse être prononcée. — *Nîmes*, 3 janv. 1825, Brahic c. Rivière.

200. — Lorsqu'il y a lieu à reprise d'instance, en raison du décès d'une des parties, l'adversaire peut, en l'absence de notification de cet événement, signifier valablement des actes pour mettre obstacle à la péremption; et à défaut de l'avoir fait en temps utile, la péremption peut être acquise contre lui. — *Bruxelles*, 16 juin 1828, Carlier c. Fabrique de Rosières.

201. — Le changement d'état d'une des parties, par exemple son émancipation, interrompt le cours de la péremption s'il a été notifié avant la demande en péremption. — *Agen*, 27 août 1813, Dantrat c. Vendemios. — V. *suprà* no 221.

202. — L'inscription de la cause au rôle doit également être considérée, de la part de la partie à la requête de laquelle elle a lieu, comme un acte valable dans le sens de l'art. 399 C. procéd., et suffisant par conséquent pour interrompre ou couvrir la péremption. La mise au rôle exclut, en effet, l'idée de discontinuation de poursuites. C'est ce qu'enseignent tous les auteurs. — V. notamment Carré et Chauveau, quest. 1440; Merlin, *Rép.*, vo *Péremption*, t. 17, p. 380, no 5; Pigeau, *Comment.*, t. 1er, p. 686; Thomines-Desmazures, t. 1er, p. 616; Reynaud, p. 78; Bioche et Goujet, vo *Péremption*, no 44. — Mais la jurisprudence est divisée sur ce point. — V., dans le sens de l'interruption de la péremption, pour la mise au rôle, *Metz*, 13 nov. 1811, Daumont c. Bourgeois; *Grenoble*, 27 déc. 1811, Caneau-Josserand c. Alvier; 24 mars 1812, Ramilly c. Roussillon; *Pau*, 28 mars 1822, Barzun c. Lannes; *Riom*, 7 juin 1824, Rispal; *Cass.*, 30 mars 1830, commune de Sèvres c. Lafont; *Toulouse*, 12 juill. 1834, de Garan c. Grillet; 15 juin 1836, Rouaix c. Barelle; *Cass.*, 14 août 1837 (t. 2 1837, p. 169), Delouvrié c. Milhau; 16 mars 1843 (t. 1er 1843, p. 540), Choreau c. *Montpellier*, 18 mars 1841 (t. 2 1841, p. 51), Vareilhes c. Milhouis; *Orléans*, 10 juin 1843 (t. 2 1843, p. 195), Furney c. Servais. — *Contrà*, *Toulouse*, 5 fév. 1811, Marquier c. Moupens; 4 déc. 1811, Caron c. Latheulade; *Besançon*, 2 avril 1813, N...; *Agen*, 25 août 1813, Lagarlande c. Leron; *Cass.*, 19 juin 1822, Dehault c. Boucher; *Lyon*, 4 juill. 1823, Lyonnet c. Fourneyras; 6 août 1824, Larchat c. Gérard; *Rouen*, 20 mars 1826, de Champigny c. de Courcy; *Cass.*, 8 fév. 1835, Lathier c. Lacoste.

203. — Et il n'est pas nécessaire de signifier cette mise au rôle à l'adversaire ni à son avoué. *Rennes*, 2 mars 1818, Fichet c. N... — Carré, quest. 1440.

204. — L'inscription de la cause au rôle est interruptive de la péremption, alors surtout que de plus la feuille d'audience, sur laquelle la cause était inscrite est restée affichée dans la salle. — *Toulouse*, 19 déc. 1827, maire de Serres c. Lafont-Sentenac; *Cass.*, 30 mars 1830, mêmes parties; *Limoges*, 9 août 1836, Bascoulergue c. Menu. — Bioche et Goujet, no 37.

205. — Il en est même ainsi quoique la mise au rôle ait eu lieu après la démission de l'avoué adverse et avant la reprise de l'instance. — *Montpellier*, 18 mars 1841 (t. 2 1841, p. 51), Vareilhes c. Milhau.

206. — Peu importe aussi que la radiation de la mise au rôle ait été plus tard ordonnée. — *Montpellier*, 9 janv. 1832, Ichac c. Duret. — V., aussi, l'arrêt de la même Cour, du 18 mars 1841, cité au no qui précède.

207. — Quand, sur la déclaration des avoués que le procès était terminé par transaction, une cause a été rayée du rôle, la péremption de l'instance ne peut plus être demandée tant que la déclaration des avoués n'a pas été détruite par la voie de désaveu. — *Bruxelles*, 10 juill. 1830, N....

208. — La péremption d'une instance est également interrompue par la présentation au président, d'une requête à l'effet d'obtenir que la cause soit mise au rôle; et par le renvoi que fait ce magistrat à une chambre, pour qu'elle juge le débat qui divise les parties. — *Cass.*, 2 fév. 1831, Diverneresse c. Fargeix. — Reynaud, n° 58.

209. — Mais la péremption n'est pas couverte par l'inscription de la cause au rôle lorsqu'elle a eu lieu postérieurement à la demande en péremption. — *Bordeaux*, 5 juin 1834, Gachet c. Chaigneau.

210. — Toutefois, si l'acte par lequel une partie déclare à l'autre qu'elle a fait mettre la cause au rôle, interrompt la péremption de l'instance, cet acte n'empêche point la péremption de s'acquérir à défaut de signification d'aucun autre acte de procédure pendant trois ans à partir de ce jour. — *Cass.*, 19 juin 1822, Dehault c. Boucher. — V., aussi, en ce sens, Carré et Chauveau, quest. 1440; Bioche et Goujet, v° *Péremption*, n° 45; Merlin, *Rép.*, v° *Péremption*, t. 17, p. 307, n° 4; Reynaud, p. 82.

211. — L'acte d'avoué à avoué portant sommation de se trouver à l'audience pour voir retirer du rôle une cause comme terminée amiablement, est également interruptive de la péremption.

212. — Il en est de même du retrait d'une cause du rôle consenti par toutes les parties, sauf à la faire rétablir sur avenir. — *Bruxelles*, 29 mai 1833, Gheude c. Spruyt.

213. — Jugé aussi que la péremption cesse de courir lorsque, sur la déclaration des avoués que l'affaire est arrangée, il y a eu retrait du rôle, et qu'alors elle ne recommence à courir que si la déclaration est rétractée et désavouée. — *Bruxelles*, 29 déc. 1821, Kessel c. Wappers. — Reynaud, n° 56; Bioche et Goujet, n° 50.

214. — La péremption est encore interrompue par un avenir ou sommation d'audience pour plaider, quoiqu'il n'y ait été donné aucune suite. Le défendeur doit s'imputer de ne pas avoir, à la suite de cet avenir, requis défaut contre le demandeur. — Carré et Chauveau, quest. 1441; Reynaud, n° 75.

215. — ... Par la signification d'un acte de révocation et de constitution de nouvel avoué. — *Toulouse*, 24 avril 1816, Carivenc. — Merlin, *Rép.*, v° *Péremption*, sect. 1re, § 2, n° 4; Reynaud, *Péremption*, n° 52.

216. — ... Par la communication de pièces relatives à la contestation, soit qu'elle ait eu lieu par la voie du greffe, ou à l'amiable, et la preuve de cette communication peut se faire par tous les moyens de droit. — *Bruxelles*, 23 déc. 1835, Landeloos c. Doverchies.

217. — ... Par la demande en communication de pièces, faite même postérieurement à une demande en péremption, si cette dernière demande a été irrégulièrement introduite. — *Rennes*, 3 avril 1813, Dubois c. N.....; 13 avril 1813, Poulliot c. Lavallée; *Rouen*, 10 juill. 1821 (V. les motifs), Timanne c. Lavertu. — Reynaud, n° 74.

218. — Mais le demandeur principal ne peut, pour se mettre à l'abri de la péremption, exciper de ce qu'avant l'expiration des trois ans il est venu prendre dans l'étude de l'avoué de son adversaire des pièces relatives au procès. — Reynaud, n° 47.

219. — L'appel de la cause à l'audience avant l'expiration des trois ans à partir du dernier acte de la procédure doit être considéré comme un acte de poursuite susceptible d'interrompre la péremption, lorsqu'il a lieu dans le cours de l'année judiciaire et à la diligence de l'un des avoués de la cause. — *Grenoble*, 24 janv. 1822, Desplagnes c. Vincendon; *Cass.*, 30 mars 1830, Commune de Serres c. Lafont.

220. — Il en est de même de l'appel de cause qui a lieu d'office et par mesure d'ordre: par exemple lors de l'appel général, qui se fait, à la première audience de rentrée, de toutes les causes inscrites sur le rôle. — *Orléans*, 26 mars 1841 (t. 1er 1841, p. 475), Bellay c. Siron.

221. — Mais des bulletins de remise de cause n'émanant d'aucune partie et n'attestant pas l'intention de mener à fin le procès, ne peuvent interrompre la péremption de l'instance. — *Paris*, 25 août 1832, Pierreclau c. Montailleur; 20 févr. 1836, Rancès c. Périssé. — Reynaud, n° 57; Bioche et Goujet, n° 32.

222. — La péremption est interrompue par des conclusions posées à l'audience par les héritiers de la partie décédée, et dans lesquelles ils déclarent reprendre l'instance. — *Nîmes*, 26 avril 1813, Liquière c. N...

223. — La reprise d'instance par des héritiers, même après discontinuation de poursuites pendant trois ans couvre la péremption (*Paris*, 6 mai 1813, Poitevin c. Frémeau) : à moins que l'action ne soit éteinte par la prescription trentenaire. — *Paris*, 7 avril 1829, Longprez c. Hamelin. — Bioche et Goujet, v° *Péremption*, n° 76.

224. — Mais une simple requête, soit à fin d'obtention de délai, soit à fin d'être admis à pouvoir plaider sans frais, répondue par le président du tribunal où la cause est pendante, mais non signifiée à la partie adverse, ne peut avoir pour effet d'interrompre le cours de la péremption. — *Rouen*, 20 mai 1826, de Champigny c. de Courcy; *Bruxelles*, 14 juin 1828, Vanberer c. bureau de bienfaisance.

225. — Nous avons dit précédemment (V. *suprà* n° 182) qu'il nous semblait qu'un acte nul pour vice de forme devait être interruptif de la péremption. Mais il en est de même d'un acte qui n'est que frustratoire. Quoique cet acte ne doive point passer en taxe, sa signification n'en est pas moins exclusive de la présomption de l'abandon du droit. — *Toulouse*, 5 mars 1835, Cayrac c. Limon. — Carré et Chauveau, quest. 1438; Merlin, *Rép.*, v° *Péremption*, t. 17, p. 329; Thomines-Desmazures, t. 1er, p. 516; Reynaud, n° 54.

226. — De simples lettres missives peuvent aussi interrompre la péremption. Il ne nous paraît pas pour cela nécessaire, ainsi que l'a décidé la Cour de Grenoble par arrêt du 6 juin 1822, que ces lettres contiennent une renonciation formelle au droit de demander la péremption. La renonciation à ce droit peut, en effet, être tacite. — Reynaud, n° 35. — Elle est tacite, par exemple, lorsque la partie qui eût pu demander la péremption fournit quelque défense au fond ou reprend l'instance.

227. — La renonciation à la péremption n'a d'effet évidemment qu'autant que celle-ci peut être demandée. — *Bourges*, 21 déc. 1813, Dutremblay. — Reynaud, n° 35.

228. — Le désistement de l'appel incident qu'un intimé fait signifier à l'appelant principal après trois années révolues sans procédure n'est point un acte interruptif de la péremption de l'instance dans le sens de l'art. 399 C. proc. civ., et ne le rend point dès lors non recevable à la faire prononcer par la cour saisie de l'appel. — *Aix*, 2 mars 1843 (t. 2 1844, p. 156), Konig c. Leroy.

229. — La péremption est interrompue ou couverte par des propositions d'arrangement que l'une des parties a faites à l'autre par écrit ou par toutes autres tentatives faites par l'une des parties à l'effet de terminer le procès à l'amiable, avant l'expiration du délai de trois ans, à partir du dernier acte de la procédure, encore bien que ces propositions n'aient point été acceptées ou que ces tentatives soient restées sans résultat. La partie qui les a faites est donc non recevable à opposer plus tard la péremption. — *Florence*, 28 juin 1812, Orsini; *Limoges*, 15 juill. 1817, Morel c. Muzel; *Lyon*, 29 nov. 1822, Chol et Savoie c. D...; *Bourges*, 28 juill. 1823, Lobbé c. Nolin; *Rouen*, 3 juill. 1828, Lemire c. Baudouin; *Pau*, 13 mars 1836, Casson c. Commune de Lonay; *Limoges*, 23 juill. 1838 (t. 1er 1839, p. 236), Guinot c. Lauly. — Merlin, *Rép.*, v° *Péremption*, t. 17, p. 317; Pigeau, *Procédure*, t. 1er, p. 471, et *Commentaire*, t. 1er, p. 684; Favard, *Rép.*, v° *Péremption*, t. 4, p. 194, n° 6; Carré et Chauveau, quest. 1419; Reynaud, n° 36; Bioche et Goujet, v° *Péremption*, n° 49. — V., cependant, *contrà Poitiers*, 8 juill. 1828, Dupuy c. Commune de Ravigné; *Bruxelles*, 18 mars 1830, Denombruide c. Vermag; *Bordeaux*, 21 févr. 1845 (t. 2 1845, p. 134), Sarlat c. Pelisse. — *Praticien français*, t. 2, p. 411.

230. — Des propositions d'arrangement ou des projets de transaction interrompent la péremption, encore bien que ces propositions ou projets soient entachés d'une nullité relative: comme consentis par un tuteur dont ils excèdent les pouvoirs. — *Lyon*, 17 janv. 1844 (t. 1er 1845, p. 195), Ursulines c. Pitrat.

231. — Spécialement: la transaction passée entre deux communes peut, alors même qu'elle n'aurait pas été accompagnée des formes légales, être considérée comme interruptive de la péremption d'instance, si d'ailleurs elle a été exécutée. — Même arrêt. — V., aussi, en ce sens, *Caen*, 14 avril 1842 (t. 1er 1843, p. 71), arrêt qui, par suite du pourvoi dont il a été l'objet, a donné lieu à l'arrêt de cassation précité.

232. — Mais une transaction nulle comme consentie par un prétendu mandataire sans qualité ne peut éteindre l'instance sur laquelle elle est intervenue, ni même opérer l'interruption de la péremption. — *Bordeaux*, 9 juill. 1844 (t. 1er 1845, p. 197), Gallot c. Perrier.

233. — Jugé, aussi, que la péremption d'instance est interrompue par une suspension de poursuites, arrêtée et exécutée par des accords et par des faits communs et également imputables, sous tous les rapports, aux deux parties au procès, encore bien qu'il s'agisse d'une instance en séparation de corps. — *Cass.*, 8 mars 1831, Rivière.

234. — ... Et par l'existence momentanée d'un traité qui depuis a été déchiré. — *Limoges*, 8 juill. 1823, Lacoste c. Rougier-Dupont. — Reynaud, n° 48.

235. — Lorsque, sur l'appel dirigé contre deux parties, il est intervenu entre l'un des intimés et l'appelant un traité par lequel il est convenu que l'instance demeurera éteinte respectivement aux contractans, l'autre intimé peut seul former la demande en péremption; car désormais celui qui a traité est étranger à l'instance. — *Riom*, 3 mai 1816, Faye.

236. — Jugé aussi que la péremption est interrompue par une transaction intervenue entre les parties colitigantes, quand bien même la nullité de cette transaction aurait été ensuite demandée et obtenue par un tiers dans son intérêt. — *Montpellier*, 21 janv. 1840 (t. 1er 1840, p. 499), Vazeilles c. Delgrés.

237. — Mais si la proposition ou la tentative d'arrangement était déniée, on ne voit pas pourquoi la partie qui l'allègue ne serait point admise à la prouver par témoins. La Cour de Limoges, après avoir consacré cette doctrine, par arrêt du 17 juill. 1817 (Morel c. Muzel), a cependant par un arrêt postérieur, en date du 28 juill. 1838 (t. 1er 1839, p. 236 [Guinot c. Lauly]), déclaré la preuve par témoins inadmissible.

238. — Quoi qu'il en soit, les propositions d'arrangement réciproquement acceptées ne peuvent avoir pour effet d'interrompre la péremption que *pendant la durée des négociations*; la péremption reprendrait son cours à partir des dernières négociations, car il faut bien qu'elle ait un point de départ. — Reynaud, n° 36.

239. — Jugé spécialement: que le compromis souscrit par les parties interrompt la péremption de l'instance, et que le délai ne commence à courir qu'après l'expiration du compromis (*Paris*, 14 août 1809, Haller c. Ducatier; *Grenoble*, 6 mai 1817, Barbier; *Bruxelles*, 29 déc. 1821, Kessel c. Wappers); bien qu'aucun acte de poursuite n'ait été fait devant les arbitres. — *Toulouse*, 10 janv. 1844 (t. 1er 1845, p. 617), Castel et Baubis c. Fourment et Ille.

240. — ... Des démarches officieuses faites auprès du juge pour l'engager à rendre son jugement, ne sont point interruptives de la péremption. — *Lyon*, 21 juin 1836, Praire c. Linossier.

241. — Les paiemens faits par le débiteur sont des actes valables qui couvrent la péremption de l'instance. — *Limoges*, 28 juill. 1823, Lobbé c. Nolin. — Ces paiemens sont, en effet, autant d'acquiescemens à l'action, Si donc, depuis le dernier paiement jusqu'au jour de la demande en péremption, il ne s'est pas écoulé plus de trois ans, cette demande doit être rejetée. — Reynaud, n° 68.

242. — La péremption d'une instance en partage est interrompue par la procédure en faux instruite même devant un autre tribunal contre des actes constatant que le partage demandé aurait déjà eu lieu. — *Cass.*, 29 mai 1832, Faure.

243. — La péremption d'instance est interrompue par un jugement. — *Metz*, 12 avr. 1826, Lhoste-Renet c. Rolland.

244. — ... Notamment par un jugement ordonnant la remise des pièces au juge pour être statué. — *Bruxelles*, 28 fév. 1824, Martiny c. Criquillon. — Reynaud, n° 72.

245. — Mais jugé que la péremption n'est pas interrompue par un jugement ou arrêt interlocutoire rendu dans le cours d'une instance, ni par l'enregistrement de ce jugement ou arrêt. — *Bordeaux*, 17 déc. 1840 (t. 1er 1841, p. 344), Manan c. Chatry; *Orléans*, 26 mars 1841 (t. 1er 1841, p. 475), Bellay c. Sirou. — V. aussi *suprà*, n° 75, et *infrà*, nos 247 et suiv.

246. — Lors même que ce jugement ou arrêt aurait été exécuté ou acquiescé par le concours de la partie à la nomination d'un expert. — *Bourges*, 26 juin 1811, Tartier.

247. — Est purement interlocutoire et n'empêche pas la péremption de l'instance le jugement qui, rétractant un premier jugement par défaut, ordonne une nouvelle expertise. Il en est de même des opérations de l'expertise, encore bien que cette expertise soit faite aux frais de la partie qui a opposé la péremption. — *Montpellier*, 9 nov. 1844 (t. 1er 1845, p. 540), Houlis c. Combes.

248. — Décidé, au contraire, que les opérations des experts, auxquelles il est procédé en vertu d'un jugement ou d'un arrêt qui les a ordonnées, interrompent la péremption d'instance (Reynaud, n° 64. — *Besançon*, 12 janv. 1816, Chenier c. Socier), et que le délai de cette péremption ne recommence à courir qu'à partir du dernier acte de la dernière vacation des experts. — Même arrêt. — V., aussi, en ce sens, *Besançon*, 12 juin 1816. N...; *Riom*, 18 fév. 1816 (motifs), Cyrier c. Antignac.

249. — Mais lorsque les parties en cause d'appel ont été renvoyées devant des arbitres auxquels les pièces ont été remises par l'appelant aux termes de l'art. 429 C. proc., il y a lieu de prononcer contre celui-ci la péremption d'instance : si les arbitres n'ont rien fait, et que l'appelant ait discontinué pendant trois ans toute espèce de poursuites devant lesdits arbitres. — *Bruxelles*, 27 mars 1823, Guttemberg c. Hultberg. — Reynaud, n° 65. — V. *suprà*.

250. — Le retard provenant de la négligence du juge-commissaire ou rapporteur, ou des experts ou arbitres, ne fait point obstacle à l'accomplissement de la péremption. Ainsi, elle se trouve acquise par l'expiration du laps de trois ans à partir du dernier acte de leurs opérations. Ce retard n'empêche point, en effet, les parties de signifier un acte de procédure interruptif de la péremption. — Chauveau et Carré, quest. 1417; Favard, *Rép.*, v° *Péremption*, t. 4, p. 193, n° 6; Reynaud, n° 44; Bioche et Goujet, n° 33. — *Contrà*, Thomines-Desmazures, t. 1er, p. 611 et 612.

251. — L'arrêt sur requête qui subroge un commissaire à un autre précédemment nommé, pour procéder à un interrogatoire, et qui n'a pas été signifié, n'interrompt pas la péremption d'appel. — *La Haye*, 21 oct. 1820, Merkens c. Thorel. — *Contrà*, Reynaud, n° 71.

252. — Un jugement définitif interrompt la péremption des poursuites qui l'ont précédé et non de celles qui lui sont postérieures. — *Agen*, 12 avril 1810, Duverrier c. Doazan. — Reynaud, n° 357.

253. — Mais la signification des qualités d'un jugement faite à la requête de la partie qui a perdu son procès, sans sommation préalable à son adversaire, ne peut point interrompre le cours de la péremption. — *Montpellier*, 28 juin 1832, Malart c. Sicart.

254. — L'appel interjeté par une partie a pour effet, tant qu'il subsiste, de conserver l'instance principale et de l'empêcher de tomber en péremption. — *Cass.*, 15 juill. 1839 (t. 2 1839, p. 26), Comm. de Sagy c. Comm. de Chareuble.

255. — Il a même été jugé que l'appel d'un jugement par défaut non exécuté dans les six mois en couvrait la péremption (*Cass.*, 2 mai 1831, Garçon c. Pagot) : laquelle n'a pu être interrompue par ce jugement lui-même, faute de son exécution dans les six mois. — *Nîmes*, 30 août 1820, Bonenfant c. Carrère.

256. — La consignation de l'amende exigée en cas d'appel ne saurait être par elle-même considérée comme un acte de poursuite, puisque la cause peut être jugée sans qu'il y ait consignation d'amende. Mais si la consignation de l'amende a été accompagnée de la mise de la cause au rôle, elle interrompt alors la péremption. — *Riom*, 7 juin 1824, Rispal. — *Contrà*, *Bordeaux*, 5 juin 1834, Gachet c. Chaigneau. — La mise de la cause au rôle suffit seule d'ailleurs pour l'interrompre. — V. *suprà*, nos 202 et suiv.

257. — La loi exigeant pour qu'un acte interrompe la péremption qu'il soit un acte de continuation de poursuites, il s'ensuit que la péremption de l'instance d'appel ne peut être couverte par la déclaration faite par l'appelant, lors d'un procès-verbal de saisie, qu'il y a appel du jugement dont on poursuit l'exécution. — *Lyon*, 12 déc. 1827, Durant-Roulet c. Guérin. — Bioche et Goujet, n° 41.

258. — ...Ni par un commandement à fin d'exécution du jugement attaqué, quoique ce commandement soit suivi d'opposition. — *Turin*, 5 avril 1811, Fea c. Prato.

259. — Le jugement ou arrêt contradictoire qui, sur l'appel d'une cause à son tour de rôle, renvoie l'affaire à une autre audience, est interruptif de la péremption. — *Bordeaux*, 12 juin 1827, Lalande c. Laroque. — Mais il en est autrement des bulletins de remise de cause délivrés par le greffier. — V. *suprà*, n° 221.

260. — Le jugement ou arrêt rendu par défaut, faute de plaider, termine l'instance, et, par conséquent, quoiqu'il n'ait point été signifié, il interrompt la péremption tant qu'il n'a pas été attaqué par la voie de l'opposition. — *Cass.*, 19 avril 1830, Touranche; *Lyon*, 27 fév. 1834, même affaire. — Reynaud, n° 63.

261. — Tant que ce jugement ou arrêt subsiste, la partie qui l'a obtenu est non recevable à demander la péremption de l'instance. — *Bordeaux*, 4 fév. 1830, Chassaigne c. Bontemps.

262. — Toutefois, le jugement ou arrêt par défaut, non signifié, ne peut interrompre la péremption que pour le temps où il n'est pas lui-même périmé. Ainsi : s'il n'a point été exécuté dans les six mois, il cesse d'être interruptif de la péremption. — *Bourges*, 1er mars 1831, Lapertot c. Bernard. — Merlin, *Rép.*, v° *Péremption*, t. 17, p. 315 et suiv.

263. — S'il n'avait pas été signé sur le plumitif, il n'aurait apporté à la péremption aucune interruption. — *Paris*, 19 juin 1813, Boucheron c. Jubier; 22 juin 1813, Gadinot c. Boursier.

264. — Pour interrompre la péremption, le jugement ou arrêt doit, en effet, être valable. Ainsi : l'arrêt par défaut obtenu sans citation préalable en reprise d'instance contre une partie dont l'avoué avait cessé ses fonctions étant nul, ne peut couvrir une péremption. — *Aix*, 1er mars 1826, Pécout et d'Armure c. Girard.

265. — Les jugemens ou arrêts intervenus dans une instance sur de simples points de forme ou sur des questions de procédure, n'interrompent point la péremption de l'instance. — *Cass.*, 31 août 1813, Dergère; *Toulouse*, 22 avr. 1817, Houlès c. Hugonin-Descambous; *Bruxelles*, 28 févr. 1824, Martiny c. Criquillon; *Lyon*, 6 août 1824, Larchat c. Girard; *Nîmes*, 25 mars 1833, Lafont c. Terrasse. — Reynaud, n° 7.

266. — Est interruptif de la péremption l'arrêt qui rejette un appel incident, condamne par avance l'intimé au dixième des dépens à cause de cet appel, et ordonne un interlocutoire à l'égard de l'appel principal. — *Grenoble*, 22 déc. 1824, Dutrait-Desayes.

267. — L'arrêt qui statue d'une manière définitive sur un chef du procès, et, par une disposition interlocutoire, rejette une fin de non-recevoir proposée contre l'appel, en ordonnant la comparution des parties, n'interrompt la péremption qu'autant que la disposition définitive et la disposition interlocutoire ne peuvent être scindées. — *Nîmes*, 26 mai 1826, Garçon c. Pazot.

268. — L'arrêt qui, en rejetant une fin de non-recevoir proposée contre un appel, admet, avant faire droit, l'une des parties à la preuve de certains faits par elle articulés, tous droits et moyens réservés, n'attribuant dans son dispositif aucun droit définitif aux parties sur le fond de la contestation, ne met pas obstacle à ce que l'instance tombe en péremption par suite de discontinuation de poursuites pendant trois ans. — *Cass.*, 14 juin 1837 (t. 2 1837, p. 262), Priou c. Fillon.

269. — Jugé, au contraire, que l'arrêt qui réforme un jugement, en tant qu'il a soit refusé d'ordonner une mesure préparatoire, soit accueilli une fin de non-recevoir, et ordonne, avant de faire droit au fond, une expertise ou toute autre mesure préparatoire, met obstacle à ce que l'instance d'appel puisse être périmée par la discontinuation des poursuites pendant trois ans. La réformation d'un seul chef du jugement proroge à trente ans le temps de l'interlocutoire. *Toulouse*, 7 déc. 1824, hospice de Saint-Nicolas de la Grave c. Merle; *Lyon*, 17 janv. 1835, Blain c. Marcois.

270. — Mais l'arrêt ordonnant à l'appelant de justifier ultérieurement sa demande n'empêche pas l'instance d'appel de tomber en péremption par la discontinuation de poursuites ultérieures, pendant trois ans, si cet arrêt ne réforme en aucune manière le jugement frappé d'appel. — *Bruxelles*, 16 juin 1829, Carlier c. fabrique de Rosières.

271. — Quand un jugement ou arrêt a un caractère *actuellement réel et profitable*, comme si, par exemple, tout en ordonnant une production de pièces, il maintient une partie, contre les conclusions de l'adversaire, dans la possession provisoire de l'objet litigieux, cela suffit pour que le cours de la péremption de l'instance se trouve interrompu par discontinuation de poursuites; du moins, l'arrêt qui, appréciant le caractère particulier de cette décision, le décide ainsi, par le motif qu'elle n'est ni interlocutoire, ni préparatoire, ne viole aucune loi. — *Cass.*, 2 févr. 1830, Euzière c. Artaud.

272. — Une Cour d'appel qui reconnaît en fait qu'un acte interruptif de la péremption a été soustrait frauduleusement, dans l'intérêt de la partie demanderesse en péremption, peut en induire que cette partie n'est pas admissible à se prévaloir du défaut de représentation de l'acte et à l'arguer de faux. — *Cass.*, 16 juin 1829, Torchon de Lihu c. de Lagréné.

273. — Si, en rejetant une demande en péremption d'instance, sous prétexte qu'il avait été déclaré précédemment par les avoués qu'une transaction était intervenue entre les parties, un arrêt a déclaré que, dans le cas où il n'existerait pas de transaction, la partie demanderesse en péremption serait libre de reprendre l'instance en se conformant à la loi, cette disposition doit être entendue en ce sens : que, si, en effet, la transaction est reconnue ne pas exister, il suffit de reprendre l'instance d'appel, et non qu'il faille procéder par nouvelle action devant le premier juge. — *Bruxelles*, 10 juill. 1830, N...

§ 2. — *De la suspension de la péremption.*

274. — Toute cause légitime qui empêche d'agir, d'exercer ou de continuer des poursuites, est suspensive de la péremption. — Thomines-Desmazures, n° 443; Bioche et Goujet, v° *Péremption*, n° 28; Reynaud, n° 34.

275. — Les événemens de force majeure qui ont mis une partie dans l'impossibilité de signifier tout acte de procédure sont des causes légitimes de suspension de péremption. — Reynaud, n° 43; Bioche et Goujet, n° 29; Carré, quest. 1420; Merlin, *Rép.*, v° *Péremption*, sect. 2, § 2.

276. — Toutefois il a été décidé que des événemens de force majeure, tels que la présence de troupes étrangères, qui interrompaient les communications entre l'avoué et son client, ne suspendaient point le cours de la péremption, si le tribunal où l'instance était pendante était resté libre, et que les audiences n'eussent pas été interrompues, de sorte qu'il eût été possible aux avoués de se faire réciproquement des significations. — *Cass.*, 29 juin 1818, Treilhard c. Perrin. — Berriat Saint-Prix (t. 1er, p. 355, n. 8, 2°) combat cette décision. « L'avoué est, il est vrai, dit-il, le maître de la cause, quant à l'instruction; mais il ne s'ensuit pas qu'il doive continuer l'instruction, quand son client a témoigné expressément ou tacitement vouloir la suspendre. Il doit, au contraire, attendre un nouvel avis de ce dernier pour la continuer, et par là empêcher la péremption : si donc une force majeure a empêché le client de transmettre cet avis avant la fin du délai où la loi lui permettait de couvrir la péremption, c'est le priver d'une faculté légale que de déclarer la péremption lors accomplie. » Cette opinion est également adoptée par Carré, *loc. cit.* — Mais la décision précitée est, au contraire, admise par Favard de Langlade, *Rép.*, v° *Péremption*, t. 41, p. 197, n° 10; Merlin, *loc. cit.*; Chauveau sur Carré, quest. 1420; Reynaud, Bioche et Goujet, *loc. cit.*

277. — Mais un événement de force majeure, tel qu'un incendie, qui le prive d'une partie des pièces qui lui sont indispensables pour la signification des actes de procédure, suspend la péremption. — Carré et Berriat Saint-Prix, *loc. cit.*

278. — Les changemens survenus dans l'organisation des tribunaux, comme la substitution d'un tribunal à un autre, et la suppression momentanée des avoués, ne peuvent pas plus être considérés comme des causes légitimes de suspension que d'interruption de la péremption. — *Suprà* nos 48, 49 et 123.

279. — Du reste, pour qu'un événement de force majeure, qui a interrompu le cours de la justice, puisse avoir pour effet de suspendre la péremption, il faut que la partie qui invoque cet événement prouve qu'il l'a mise dans l'impossibilité absolue de faire aucun acte de procédure. — *Paris*, 25 avril 1815, Audiger c. Issautier.

280. — La péremption n'est point suspendue pendant le temps des vacances dont jouissent les tribunaux. C'est ce qui a été jugé spécialement au sujet des vacances occasionnées par l'installation des Cours spéciales. — *Grenoble*, 21 juin 1811, Amat c. Barral.

281. — Nous avons vu précédemment (n° 193) qu'une demande prématurée en péremption n'interrompt pas la péremption de l'instance. Elle ne pourrait, à plus forte raison, en suspendre le cours. Il en serait de même d'une demande en péremption irrégulière. — *Nîmes*, 20 août 1838 (t. 1er 1839, p. 120), Geoffroy c. de la Canourgue.

282. — Le décès ou la démission d'un juge-commissaire ou rapporteur n'a pas non plus pour effet de suspendre la péremption. C'est aux parties à s'imputer de ne l'avoir pas fait immédiatement remplacer, ainsi que l'art. 110 C. proc. civ. leur en donne le droit. — *Agen*, 27 août 1813,

Dantrat c. Vendemios. — Demiau-Crouzilhac, p. 290 et 291 ; Carré, quest. 1417 ; Favard, vo *Péremption*, t. 4, p. 193, no 6 ; Reynaud, no 45.

Sect. 6e. — *De la demande en péremption.*

283. — La péremption d'instance, comme nous l'avons déjà fait remarquer, n'a pas lieu de plein droit. Il suit de là que les juges ne peuvent la prononcer d'office. Elle doit être formellement demandée. Elle doit être l'objet d'une demande principale et nouvelle. Ainsi, elle ne pourrait être opposée par exception. — *Cass.*, 26 oct. 1812, Chassaignac c. Bayot. — Reynaud, no 115. — V. *suprà* no 92.

284. — Mais elle ne peut être demandée par exploit contenant assignation à comparaître dans le délai et la forme de l'ordonn. de 1667. — *Grenoble*, 22 févr. 1821, Gay c. Sail. — La forme à suivre pour la demande est tracée dans l'art. 400 C. proc. civ. « La péremption, porte cet article, sera demandée par requête d'avoué à avoué, à moins que l'avoué ne soit décédé, ou interdit ou suspendu, depuis le moment où elle a été acquise. » L'avoué dont il est ici question est évidemment celui de la partie qui a introduit l'instance, de celle contre laquelle la péremption est demandée.

285. — La péremption doit être demandée, à peine de nullité, par requête d'avoué à avoué, soit que la partie qui la réclame n'ait point originairement constitué avoué (*Metz*, 17 août 1819, N.... — Carré et Chauveau, quest. 1445), soit que l'avoué qu'elle avait constitué ait cessé d'occuper pour elle. — *Grenoble*, 31 juill. 1824, Murat c. Glaïanel ; *Nîmes*, 2 févr. 1825, Sant c. Pitot ; *Lyon*, 20 déc. 1827, Filière.

286. — Est valable la requête en péremption signée pour cinq intimés *solidaires*, par l'avoué constitué ; par *trois seulement* de ces intimé ; alors surtout que, par des actes postérieurs, les parties qui n'ont pas constitué adhèrent formellement à la requête en péremption. En pareil cas, il y a présomption suffisante de constitution d'avoué pour toutes les parties. — *Nîmes*, 23 mai 1832, Bonnard c. Serres.

287. — N'est pas valable la demande en péremption d'instance formée contre une partie qui a constitué avoué autrement que par requête d'avoué à avoué, par exemple suivant exploit, hors les cas de décès, d'interdiction ou de suspension de l'avoué constitué. — *Rennes*, 3 avr. 1813, Dubois c. N... ; *Nîmes*, 26 avr. 1813, Liquier c. N... ; *Metz*, 4 mai 1813, Schandeler ; *Grenoble*, 30 déc. 1816, Chareyre c. Paturel ; *Nîmes*, 2 fév. 1825 (arrêt cité au numéro qui précède) ; *Toulouse*, 13 juin 1832, Brun c. Gillard et Lafont ; *Pau*, 18 mars 1836, Casson c. commune de Louay.

288. — ... Ou par de simples conclusions prises à l'audience. — *Montpellier*, 3 déc. 1832, Pradal c. Picou.

289. — ... Ou par une citation en conciliation. — *Paris*, 11 fév. 1811, Foulon c. Lefebvre de la Maillardière.

290. — L'héritier d'une partie qui demande la péremption d'instance peut et doit employer le ministère de l'avoué déjà constitué. Il n'est pas besoin d'une nouvelle constitution de cet avoué. — *Toulouse*, 16 fév. 1815, Balard c. Sudré.

291. — Quand l'avoué d'une partie contre laquelle la péremption d'instance est demandée est décédé ou a été interdit ou suspendu depuis la péremption acquise, cette péremption doit alors être demandée par exploit signifié à personne ou domicile avec assignation devant le tribunal où la poursuite a été faite. — *Orléans*, 27 mai 1808, N... ; *Lyon*, 16 mai 1817, Marchand c. Hubert. — Pigeau, *Comment.*, t. 1er, p. 687 ; Carré et Chauveau, quest. 1445 ; Reynaud, no 108 ; Bioche et Goujet, no 82.

292. — Si l'avoué du défendeur à la péremption a cessé ses fonctions depuis la péremption acquise, la demande en péremption est valablement formée par exploit signifié avec assignation à personne ou domicile. — *Cass.*, 19 août 1816, Payen c. Lanzé. — Reynaud, no 105.

293. — De même : cette demande est valablement formée au domicile de l'avoué originairement constitué par le défendeur en péremption, si celui-ci n'a pas notifié au demandeur qu'il avait changé d'avoué. — *Dijon* (et non *Lyon*, comme l'indique un recueil), 26 mai 1830, Guillet c. Siraud.

294. — Si l'avoué du défendeur à la péremption est décédé, a été interdit ou suspendu avant que la péremption soit acquise, il n'est pas nécessaire de faire précéder la demande en péremption d'une assignation en constitution de nouvel avoué ; cette demande peut encore, dans ce cas, être formée par exploit à personne ou domicile. — Merlin, *Rép.*, vo *Péremption*, t. 17, p. 336, § 5 ; Reynaud, no 109 ; Carré et Chauveau, quest. 1445.

295. — Est nulle la signification d'une requête en péremption faite en *parlant au substitut* de l'avoué. — *Nîmes*, 16 août 1819, Artay c. Bouvet ; — Reynaud, no 118.

296. — L'art. 400 C. procéd. civ. ne parle que du décès de l'avoué. Il ne s'applique pas au cas où l'une des parties vient à décéder ; car le mandat de l'avoué cesse par la mort de celui pour lequel il occupait. Ainsi, lorsque la partie contre laquelle doit être formée la demande en péremption est décédée, et que ce décès a été dénoncé, ou est légalement connu du demandeur en péremption, il n'y a alors d'autre voie à suivre que celle de l'assignation par exploit signifié à la personne ou au domicile des cohéritiers de cette partie. La demande formée par requête signifiée à l'avoué qui occupait pour elle serait nulle. — *Nîmes*, 26 av. 1813, Liquière ; *Lyon*, 16 mai 1817, Marchand c. Hubert ; *Riom*, 30 nov. 1840 (t. 2 1841, p. 254), Girandon c. Morel. — Pigeau, *Comment.*, t. 1er, p. 687 ; Merlin, *Rép.*, vo *Péremption*, t. 17, p. 337, no 3 ; Chauveau sur Carré, quest. 1445 *bis* ; Reynaud, no 110 ; Bioche et Goujet, vo *Péremption*, no 89, et vo *Avoué*, no 113. — V., cependant, en sens contraire, *Paris*, 2 janv. 1844 (t. 1er 1844, p. 408), Bertrand et Vidil c. Vasquez.

297. — Mais si le décès n'avait pas été dénoncé au demandeur en péremption, ou s'il n'en avait point eu légalement connaissance : la demande en péremption d'instance ne pourrait alors être valablement formée que par requête signifiée à l'avoué de la partie décédée ; encore bien que le demandeur en péremption n'eût pas lui-même constitué avoué avant le décès, ou que l'avoué qu'il avait constitué eût cessé ses fonctions avant la demande. — *Liége*, 3 avr. 1824, Proesman c. hospices de Maestricht ; *Nîmes*, 2 fév. 1825, Sault c. Pitot ; *Montpellier*, 17 janv. 1831, Pastural c. Boyer ; *Paris*, 25 août 1832, Pierreclau c. Montailleur ; *Riom*, 6 nov. 1847 (t. 2 1848, p. 372), Lavigne c. Vimal. — V., aussi, en ce sens, les auteurs cités au numéro qui précède.

298. — On ne pourrait prouver par témoins contre le demandeur en péremption qu'il connaissait le décès du demandeur principal. — Reynaud, no 110.

299. — La demande en péremption formée contre une partie ayant avoué en cause autrement que par requête d'avoué à avoué étant nulle, il en résulte que le défendeur peut, nonobstant cette demande, couvrir la péremption par tout acte utile et valable. — *Paris*, 11 février 1811, Foulon c. Lefebvre de la Maillardière. — Carré et Chauveau, quest. 1446 ; Pigeau, *Comment.*, t. 1er, p. 687 ; Merlin, *Rép.*, vo *Péremption*, t. 17, p. 339, no 6 ; Reynaud, no 81.

300. — De même, lorsque la demande en péremption est formée par requête d'avoué à avoué, quand elle aurait dû l'être par exploit à personne ou domicile, comme dans le cas de décès du demandeur principal non notifié, la péremption peut être couverte par ses héritiers, notamment par des conclusions prises à l'audience et tendantes à la reprise de l'instance. — *Nîmes*, 26 avr. 1813, Liquière.

301. — En matière d'enregistrement : si les parties renonçant à la faculté qui leur appartient de ne pas constituer d'avoué en ont cependant choisi un pour être représentées dans l'instance, cette constitution, étant une superfétation, doit être considérée comme inutile et par suite la péremption doit être demandée par assignation à la partie et non par assignation à avoué. — *Bruxelles*, 17 oct. 1822, N.... — *Contrà*, Merlin, *Rép.*, t. 17, p. 338 ; Bioche et Goujet, vo *Péremption*, no 64, 4o ; Reynaud, no 121 ; Chauveau sur Carré, quest. 1447 *ter*.

302. — Du principe que la péremption est indivisible il suit, selon nous, qu'une requête en péremption d'instance peut être valablement signifiée au nom de toutes les parties qui figuraient dans l'instance primitive, quoique l'une d'elles fût décédée, si le décès n'avait pas encore été dénoncé. — V. aussi, en ce sens, *Montpellier*, 17 nov. 1829, Caumels c. Boussac. — V., cependant, *contrà*, *Bordeaux*, 11 mars 1835, Thilhac. — Reynaud, no 112.

303. — Mais lorsque, après le décès de l'une des parties en instance, il s'est écoulé plus de trois ans depuis les dernières poursuites, la demande en péremption formée dans une requête en reprise d'instance par l'un des héritiers du défunt, tant pour lui que pour ses cohéritiers, sans que ceux-ci aient été autrement désignés, n'est pas valable. — *Caen*, 12 mars 1824, Oriot c. Vallée.

304. — Lorsque, dans le cours d'une instance introduite contre plusieurs parties, l'une d'elles vient à succéder au demandeur, l'avoué qu'elle avait constitué, comme défenderesse, n'est pas réputé de plein droit occuper pour elle en sa nouvelle qualité ; en conséquence, la demande en péremption formée contre une des parties originairement défenderesse, mais en sa qualité d'héritière du demandeur, dont on soutient que l'action est périmée, ne peut être présentée par requête signifiée à l'avoué qui occupait pour elle comme défenderesse. — *Dijon*, 6 mai 1831, Lagrelet et Margot c. Laugrand. — Reynaud, no 113.

305. — La demande en péremption d'instance, dirigée contre une partie qui a plusieurs qualités doit lui rête signifiée sous chacune de ces qualités. — *Liége*, 31 juillet 1811, Gaillard de Fassigmes c. Dalemède.

306. — Lorsqu'une instance a été dirigée contre une section de commune, représentée par un syndic spécial, la demande en péremption de cette instance, après le décès de ce syndic, peut être formée contre le maire de la commune. — *Cass.*, 16 déc. 1840 (t. 1er 1841, p. 706), Gilbert Pailler c. de Borrédon.

307. — La péremption d'une demande en péremption d'instance peut être demandée par la même requête qui contient constitution de nouvel avoué et sommation d'audience. — *Montpellier*, 30 déc. 1828, Bourges c. Martin.

308. — La signification à avoué d'une requête en péremption n'est pas soumise, pour sa validité, aux formalités prescrites pour les exploits d'ajournement par l'art. 61 du Code de procédure civile. — Ainsi : cette signification n'est pas nulle, par ce qu'elle ne contiendrait ni les noms, ni la demeure, ni l'immatricule de l'huissier qui l'a faite. Il suffit que l'officier ministériel qui a instrumenté soit véritablement huissier audiencier du tribunal devant lequel la demande en péremption est portée. — *Toulouse*, 16 févr. 1815, Balard c. Sudré ; *Bruxelles*, 2 févr. 1825, N... ; *Cass.*, 13 nov. 1834, Caries-Simbres c. Larroche ; *Bastia*, 25 janv. 1842 (t. 1er 1844, p. 671), Morand c. Pallavicini. — Carré et Chauveau, quest. 1444 ; Reynaud, no 116. — *Contrà*, *Rennes*, 10 juin 1816, Desaunays c. Tourmeau ; *Besançon*, 16 janv. 1821, Pecauld c. Crestin.

309. — Ainsi, une demande en péremption n'est pas entachée de nullité par cela seul qu'elle a été signifiée à avoué un jour de fête légale. — V. en ce sens l'arrêt de Bastia cité au numéro qui précède.

310. — Pour saisir un tribunal d'une demande en péremption d'une instance formée par requête d'avoué à avoué, il n'est pas nécessaire d'assigner devant ce tribunal l'avoué de la partie contre laquelle on l'a formée (*Bruxelles*, 26 avril 1831, Domaines c. Lavary) ; ni même cette partie, puisqu'elle est représentée par l'avoué. — *Paris*, 8 avril 1809, Lavianne c. Debrule. — Carré et Chauveau, quest. 1446 ; Pigeau, *Comment.*, t. 1er, p. 687 ; Reynaud, no 114. — V. aussi, en ce sens, *Bruxelles*, 6 avril 1833, Domaines c. Lavaby.

311. — La copie d'un exploit de demande en péremption tient lieu d'original, à celui qui l'a reçue : en ce sens que ce dernier peut faire annuler l'exploit si, d'après sa copie, il n'est pas régulier, lors même qu'il le serait d'après l'original. — *Lyon*, 13 janv. 1825, Guillon c. Odin.

312. — Mais, de ce que la copie notifiée d'une requête en péremption porte la date du 5 avril au lieu de celle du 5 mai exprimée dans l'original, il n'en résulte pas que le juge ne puisse déclarer que la véritable date est celle de l'original, surtout lorsque cette date est fixée dans le corps de la requête elle-même. — *Toulouse*, 4 févr. 1825, Mage c. Bonnet et Maurel ; *Paris*, 24 août 1810, Lugot c. Thévenin de Tanlay.

313. — De même l'omission du nom de l'un des demandeurs en péremption dans la copie de la requête signifiée aux adversaires, s'il est porté dans l'original de la requête, n'est pas une cause de nullité. — *Montpellier*, 17 janv. 1831, Pasturel c. Boyer.

314. — La requête en péremption d'une instance est valable, quoique la copie, au lieu d'être signée de l'avoué, porte que sa signature figure sur l'original. — *Montpellier*, 3 déc. 1832, Pradal c. Picou.

315. — La demande en péremption d'une instance contre deux époux séparés de biens, peut être signifiée en une seule copie. — En tout cas, la nullité fondée sur ce que l'assignation n'aurait pas été signifiée en double copie, est couverte par la constitution d'avoué pour l'un et l'autre, sans protestations. — *Paris*, 15 nov. 1806, Villemenant c. Berthe de Bizy.

316. — L'exploit d'assignation tendant à la péremption de l'instance relative à une saisie-arrêt peut être valablement donné au domicile élu dans un commandement et un acte de saisie-exécution postérieurs à cette saisie-arrêt, mais relatifs à la même dette. — *Cass.*, 20 juin 1838 (t. 2 1838, p. 340), Becq c. Legrand.

317. — Lorsque la nullité d'une demande en péremption n'a pas été proposée en première instance, elle ne peut plus l'être sur l'appel. — *Nîmes*, 16 août 1819, Astay c. Bouvet. — Reynaud, no 118.

318. — La demande en péremption est dispensée du préliminaire de conciliation (*Poitiers*, 14 août 1806, Forget c. Bernardin). Bien que cet arrêt ait été rendu avant le Code de procédure, la solution qu'il consacre devrait encore être suivie dans le cas où la péremption serait demandée par exploit signifié à personne ou domicile. — Reynaud, no 120. — V. aussi en ce sens *Paris*, 11 fév. 1811, Foulon c. Lefebvre de la Maillardière.

319. — La cour de Riom avait décidé, par arrêt du 17 avr. 1826 (le Groing c. Viroulet), que la requête en péremption devait, à peine de nullité de la procédure en péremption, être suivie d'une ordonnance du juge. Mais cette solution ne pouvait se justifier; car la requête dont il s'agit ici ne doit pas être présentée à un juge, mais au tribunal entier. Aussi la jurisprudence contraire paraît-elle avoir prévalu. — *Lyon*, 23 mars 1820, Commune de Malix c. Commune de Chaley; *Cass.*, 14 fév. 1831 (arrêt qui casse celui de Riom précité). — V., aussi, en ce sens, Bioche et Goujet, vo *Enquête*, no 84.

320. — Quand une requête à fin de péremption et un acte interruptif d'instance ont été signifiés le même jour; si ces deux actes désignent l'heure à laquelle la signification en a eu lieu, il faut s'en tenir aux énonciations respectives de ces actes et accorder la priorité à celui dont la date est antérieure. — Merlin, *Répert.*, vo *Péremption*, t. 17, p. 332, no 8.

321. — Si l'acte de poursuite contient seul l'énonciation précise de l'heure à laquelle il a été signifié, ou si la demande en péremption et l'acte interruptif ne contiennent ni l'un ni l'autre l'indication de l'heure; les juges peuvent alors, d'après les circonstances de la cause, décider que la requête à fin de péremption a été signifiée la première, et que par conséquent la péremption n'a point été interrompue par l'acte de poursuite. — *Cass.*, 6 août 1811, Daguilard c. Commune de Tauttavel; *Bordeaux*, 2 déc. 1828, Justinien c. Mézille.

322. — Mais dans le doute, l'acte tendant au maintien de ce qui existe doit prévaloir sur l'acte introductif d'un changement; l'acte venant à l'appui du droit commun doit être préféré à l'acte autorisant une prétention exorbitante. La priorité doit donc être accordée à l'acte interruptif, et non à la requête à fin de péremption. — *Rennes*, 26 janv. 1813, de Loroux c. N...; *Metz*, 10 nov. 1819, commune de Saint-Morel c. Malimatre; *Angers*, 27 juill. 1827, Tessier; *Bordeaux*, 18 mars 1830, Bellusière c. Landry. — Reynaud, no 80; Carré et Chauveau, quest. 1447.

323. — Du reste, la priorité de date entre les significations faites le même jour, de la requête en péremption d'instance et d'un acte interruptif de cette péremption, peut être prouvée par témoins. — *Cass.*, 15 juill. 1818, Cadena c. Maire; *Montpellier*, 17 nov. 1829, Caumels c. Boussac. — Toullier, *Droit civil*, t. 9, no 223; Bioche et Goujet, vo *Date*, no 19. — V. cependant Thomines-Desmazures, t. 1er, p. 616.

324. — Elle peut même, à défaut de preuves positives, être établie par des présomptions graves, précises et concordantes. — *Bordeaux*, 18 mars 1830, Bellusière c. Landry.

325. — Mais elle ne peut être prouvée par la priorité de la mention de l'enregistrement; cette mention ne constituerait pas même une présomption grave. — Même arrêt.

326. — Il en serait de même de la circonstance où l'avoué auquel la demande en péremption a été signifiée, n'aurait pas, à l'instant, excipé de la signification par lui faite le même jour de l'acte interruptif. — Même arrêt.

327. — Les juges ne peuvent non plus déférer le serment à l'avoué sur la question de priorité. — *Metz*, 10 nov. 1819, Commune de Saint-Morel c. Malimatre.

328. — Au surplus, les décisions des tribunaux sur la priorité de date entre les significations faites le même jour de la demande en péremption et de l'acte interruptif, lorsqu'elles sont basées sur des faits et circonstances tirés de la cause, sont à l'abri de la censure de la Cour suprême. — *Cass.*, 6 août 1811, Daguilard c. Commune de Tauttavel (motifs).

329. — Une première demande en péremption d'instance régulièrement formée ne peut être annulée par une seconde demande aux mêmes fins, alors surtout que celle-ci a été faite seulement par surabondance et en se référant à la précédente. — *Bastia*, 25 janv. 1842 (t. 1er 1844, p. 671), Morandi c. Pallavicini.

330. — La demande en péremption doit être portée devant le tribunal saisi de l'instance principale. Ainsi, c'est devant la Cour d'appel que doit être portée la demande en péremption d'un appel à la suite duquel est intervenu un arrêt commettant un tribunal de son ressort pour procéder à une enquête. — *Lyon*, 2 mars 1830, Pleurière c. Robert.

331. Quand il a été formé plusieurs demandes en péremption, il n'est pas nécessaire de les faire juger dans l'ordre qu'on a mis à les présenter. — Même arrêt. — V. aussi, en ce sens, Bioche et Goujet, vo *Péremption*, no 103.

332. — La demande en péremption est jugée en dernier ressort par le tribunal de première instance, si l'instance principale n'est pas elle-même susceptible d'appel; et par conséquent les frais de cette demande ne sont pas comptés pour déterminer le dernier ressort. — *Cass.*, 26 fév. 1823, Raymond et Bourissou c. Meytadier. — Favard, *Rép.*, vo *Péremption*, t. 4, p. 198. — *Contrà*, *Limoges*, 19 août 1820 (arrêt cassé par celui de *Cass.* précité). — Mais si la demande en péremption est indéterminée ou si l'objet de la demande originaire excède le taux du dernier ressort, le jugement qui statue sur la demande en péremption est susceptible d'appel. — V. DEGRÉS DE JURIDICTION, nos 755 et 756.

333. — Cette demande constitue un procès distinct; en sorte qu'on ne peut plaider que le seul fait de la discontinuation des poursuites, sans pouvoir entrer dans la discussion d'aucune question sur le fond du litige. — *Rennes*, 16 janv. 1818, Minoche c. Laujardière.

334. — La demande en péremption d'une instance en péremption ne constitue pas une demande en reprise de l'instance originaire. Dès lors, ce n'est pas par la voie d'exception à cette demande, mais à la demande en reprise de l'instance originaire, qu'il y a lieu d'opposer la prescription de l'action. — *Cass.*, 19 déc. 1837 (t. 1er 1838, p. 318), Cadroy c. Laverrie.

Sect. 7e. — *De l'indivisibilité de la péremption.*

335. — Nous avons dit déjà qu'il était de la nature de la péremption de n'éteindre que l'instance et de laisser subsister le droit. — Un autre caractère essentiel de la péremption c'est d'être indivisible. Et il n'y a pas lieu de distinguer à cet égard si l'objet de l'instance est ou non divisible. La péremption est indivisible parce que l'instance elle-même, quelle que soit la nature de son objet, est considérée comme indivisible. S'il en était autrement, le but de la péremption, qui a été de mettre un terme aux procès, ne serait pas atteint. Aussi les auteurs se sont-ils généralement prononcés pour l'indivisibilité dans tous les cas de la péremption. — V., notamment, Merlin, *Rép.*, vo *Péremption*, t. 17, p. 332, et *Quest. de dr.*, t. 4, p. 711; Favard, *Rép.*, vo *Péremption*, t. 4, p. 192, no 4; Thomines-Desmazures, no 446; Carré et Chauveau, quest. 1427. — V., *contrà*, Pigeau, *Comment.*, t. 1er, p. 667; Reynaud, no 101.

336. — Le principe de l'indivisibilité, tant de l'instance que de la péremption, a été aussi consacré par de nombreuses décisions. — V., notamment, *Liége*, 27 déc. 1811, Goffin c. Duchâteau; 28 oct. 1829, Domaine c. Bacquelaine; *Cass.*, 8 juin 1813, Posson et Renette c. de Mahy; *Bruxelles*, 19 août 1814, Vespiernen c. Desmet; *Riom*, 30 janv. 1815, Furnon; 4 avril 1815, Prat c. Morel; *Grenoble*, 2 mars 1818, Allard c. Jeanneau; *Riom*, 28 nov. 1818, Morin c. Tartière; *Metz*, 26 avr. 1820, Warsberg c. Schoumacker; *Limoges*, 21 février 1821, Gagnol c. Delaporte; *Poitiers*, 15 nov. 1822, Dubuisson c. Butard; *Limoges*, 8 juill. 1823, Lacoste c. Rougier-Dupont; *Bruxelles*, 28 juill. 1823, Helmann; *Riom*, 1er juill. 1825, Court; 27 mai 1830, Manson c. Gérard; *Cass.*, 13 juill. 1830, Dasque c. Paye; *Colmar*, 13 mars 1837 (t. 2 1837, p. 59), Daniel See c. Weyh; *Bordeaux*, 15 nov. 1838 (t. 1er 1839, p. 204), Revon de Bonchamps c. Lacassagne; *Montpellier*, 27 déc. 1838 (t. 1er 1839, p. 150), Gourgulle; *Bordeaux*, 20 déc. 1839 (t. 1er 1840, p. 156), Prost c. Bodennes et Schœttel; *Cass.*, 6 janv. 1841 (t. 2 1841, p. 740), Prost c. Schœttel. — *Contrà*, *Grenoble*, 14 fév. 1822, Mache et Regnaud c. Faure; *Rennes*, 10 juin 1830, Martin c. Olivier. — V. aussi *Besançon*, 16 janv. 1821, Pecauld c. Crestin.

337. — Du principe de l'indivisibilité de la péremption il résulte que la demande en péremption doit, pour être recevable, avoir été formée contre toutes les parties en cause. — *Riom*, 20 août 1821, Riberoles c. Boyer.

338. — ... Même lorsque l'action originaire est divisible de sa nature. — *Limoges*, 21 fév. 1821, Gagnol c. Delaporte; *Riom*, 27 mai 1830, Manson c. Girard. — *Contrà*, *Rennes*, 10 juin 1830, Martin c. Olivier.

339. — La péremption doit être demandée même contre le tiers dont la mise en cause a été ordonnée et a eu lieu, bien qu'il ne fût point partie principale et qu'il pût n'avoir à faire qu'une déclaration. — *Riom*, 4 avril 1815, Prat c. Morel.

340. — Elle doit être rejetée si elle n'a été intentée que contre quelques-unes des parties en cause. — *Poitiers*, 15 nov. 1822, Dubuisson c. Butaud.

341. — Dans le cas où plusieurs cohéritiers ont des intérêts communs et des avoués différens, si l'un d'eux poursuit seul l'instance, et si celle-ci est ensuite terminée par un arrêt définitif statuant dans l'intérêt unique du poursuivant, la péremption d'instance n'est pas tellement indivisible que les autres parties puissent arguer des poursuites faites par leur consort pour repousser la demande en péremption formée contre elles. — *Lyon*, 17 janv. 1844 (t. 1er 1845, p. 195), Ursulines c. Pitrat.

342. — En cas d'appel, la demande en péremption ne doit être formée que contre ceux qui ont été parties sur l'appel que le demandeur a intérêt à faire déclarer périmé; peu importe qu'il y ait appel du même jugement par quelques-unes des parties vis-à-vis de certaines autres : ces différens appels n'existant pas entre les mêmes parties, forment autant d'instances séparées. — *Nancy*, 20 avril 1826, Paris c. Commune de Maubert-Fontaine; *Poitiers*, 8 juill. 1828, Dupuy c. Commune de Savigné. — Regnaud, no 103.

343. — La péremption doit être demandée contre tous les héritiers qui ont été mis en possession d'une hérédité : nonobstant la cession faite par quelques-uns d'entre eux de leurs droits à des tiers, ces derniers ne doivent pas être appelés s'ils n'ont pas notifié leurs titres. — Chauveau sur Carré, quest. 1427.

344. — Mais la demande en péremption n'a pas besoin d'être formée contre tous les ayans droit ou héritiers; il suffit qu'elle le soit contre toutes les parties qui avaient précédemment repris l'instance. — *Lyon*, 27 fév. 1834, Tourunche.

345. — Jugé, par application du principe de l'indivisibilité de l'instance, que lorsqu'un avoué qui occupait pour deux appelans se démet de sa charge, et que son successeur ne se constitue que pour l'un d'eux, tandis que l'autre reste sans avoué, si la péremption d'instance est demandée contre la partie qui a constitué avoué, pour discontinuation de poursuites pendant trois ans à partir de la constitution, celle-ci ne peut faire déclarer cette demande non recevable en invoquant le bénéfice du délai supplémentaire de six mois, soit en raison de ce qu'il y a eu lieu, pour elle, à la constitution d'un nouvel avoué, soit en raison de ce que ce délai supplémentaire profitant à son coappelant, qui n'a pas constitué de nouvel avoué, doit lui profiter aussi. — *Cass.*, 9 juill. 1828, Beaujour c. Vallerand-Duhamel.

346. — Non-seulement la demande en péremption doit être formée contre toutes les parties en cause, mais encore elle doit être admissible contre toutes les parties. Si elle ne pouvait être reçue que contre quelques-unes, il n'y aurait point de péremption; pas plus à l'égard de ces parties qu'à l'égard des autres. — *Liége*, 27 déc. 1811, Goffin c. Duchâteau; *Riom*, 26 juin 1820, Lambert c. Planeix; *Limoges*, 8 juill. 1823, Lacoste c. Rougier-Dupont.

347. — Ainsi : lorsque plusieurs parties cointéressées sont en instance et qu'il survient dans l'une d'elles un changement d'état qui donne lieu à la demande en reprise et prolonge de six mois le délai fixé par l'art. 397 pour acquérir la péremption, cette prorogation doit profiter aux autres parties. — V. l'arrêt de *Liége* du 27 déc. 1811, cité au no qui précède. — V. *suprà* nos 115 et 122.

348. — La péremption d'instance étant indivisible, l'interruption de la péremption acquise à l'une des parties en cause profite aux autres. —

Montpellier, 27 déc. 1838 (t. 1er 1839, p. 150), Gourgulle. — V. *suprà* no 178.

349. — De même, la péremption d'instance acquise à l'un des défendeurs doit, en vertu du principe d'indivisibilité, être déclarée commune à tous les autres défendeurs (*Riom*, 6 nov. 1847 [t. 2 1848, p. 372], Lavigne c. Vimal); lors même qu'aucune sommation n'aurait été faite par le premier à ses colitigans, et que ceux-ci prétendraient avoir des intérêts séparés et déclareraient même à l'audience ne pas adhérer à la demande en péremption. — *Nîmes*, 27 janv. 1845 (t. 2 1848, p. 702), Bayle c. Reboul. — V. aussi *suprà* no 286.

350. — Jugé, au contraire, que la péremption peut être acquise au profit de l'un d'eux, bien que des actes interruptifs l'aient empêchée à l'égard des autres : surtout si l'objet de l'instance est divisible. — *Toulouse*, 26 fév. 1834, Lissençon c. Montcalm.

351. — Nous avons vu que la demande en péremption devait être dirigée contre toutes les parties en cause. Elle doit, par suite du même principe, être formée par toutes les parties intéressées. Autrement, la péremption se trouverait acquise à l'une d'elles sans que celle-ci l'eût demandée. — *Riom*, 20 août 1821, Riberoles c. Boyer; 1er juill. 1825, Court; 27 mai 1830, Manson c. Girard. — Carré et Chauveau, quest. 1427; Reynaud, no 104. — V. cependant *contrà*, *Liége*, 28 oct. 1829, Domaine c. Bacquelaine; *Colmar*, 20 déc. 1839 (t. 1er 1840, p. 156), Prost c. Bodemer; *Cass.*, 6 janv. 1841 (t. 2 1841, p. 540), mêmes parties; 8 fév. 1843 (t. 1er 1843, p. 605), Rouveure c. Deprat.

352. — Peu importe d'ailleurs 1o qu'on ait notifié la demande à la partie qui a été omise, surtout si elle ne concluait ni n'adhérait par aucun acte avant la reprise d'instance; 2o et que la partie omise ait cédé ses droits à l'un des demandeurs en péremption : si l'acte de cession n'a pas été signifié, et qu'on n'ait pas agi en cette qualité. — *Riom*, 27 mai 1830 : cité au no qui précède.

353. — Les créanciers qui ont révoqué les pouvoirs par eux confiés à un syndic à l'effet de les représenter dans une instance, ne peuvent, s'ils ne le demandent tous et s'ils n'ont pas fait connaître cette révocation à leur adversaire, faire prononcer la péremption de l'instance contre celui-ci. — *Caen*, 12 mars 1824, Oriot c. Vallée; *Cass.*, 24 mars 1835, Devaux c. Esnault. — V., toutefois, en sens contraire, *Cass.*, 2 mai 1822, Bertrand c. Many. — Thomines-Desmazures, t. 1er, p. 616.

354. — En vertu du principe de l'indivisibilité : la citation en reprise d'instance notifiée depuis la demande en péremption par l'appelant à l'intimé qui est resté étranger à cette demande n'a pu conserver l'instance avec le demandeur en péremption, dont l'action dès lors ne peut être écartée. — *Montpellier*, 23 mars 1841 (t. 2 1841, p. 739), Simon c. Laurens.

355. — Lorsque plusieurs instances ont été jointes, elles deviennent indivisibles quant à la péremption (Reynaud, no 79). Ainsi, après la jonction de deux demandes ayant le même objet, formées par les deux parties, le défendeur originaire ne peut demander la péremption de la première instance, en laissant subsister la seconde par lui introduite. — *Riom*, 6 janv. 1818, Tassy c. Chatonier.

356. — Dans ce cas, l'acte fait utilement par le défendeur dans une instance profite aux défendeurs dans les autres : tant que le jugement qui a prononcé la jonction n'a pas été rétracté. — *Bordeaux*, 22 fév. 1834, Rodrigues c. Bonnamy.

357. — Mais, si, malgré la jonction, les intérêts des parties sont demeurés toujours distincts, la péremption, dont le délai a commencé à courir par la signification d'un arrêt faite à la requête d'une des parties, ne profite pas à celles qui n'ont pas fait faire la signification. — *Nancy*, 20 avril 1826, Paris c. Commune de Maubert-Fontaine.

358. — La demande en péremption formée par le mari, tant en son nom qu'en celui de sa femme, mais après le décès de cette dernière, d'une instance introduite contre eux, profite aux héritiers de la femme, surtout si cette instance était relative à des biens dotaux, dont le mari survivant est usufruitier. — *Cass.*, 2 mai 1822, Bertrand c. Maux.

359. — Mais lorsqu'une veuve a fait prononcer par jugement la péremption d'une instance suivie contre son mari, dont elle n'est point héritière; les héritiers de celui-ci ne peuvent se prévaloir de ce jugement. — *Bruxelles*, 17 nov. 1815, Clappaert c. Vandevelde.

360. — La demande en péremption d'instance est tellement indivisible, que, si un arrêt a déclaré périmée une instance d'appel, et si une des parties contre laquelle cet arrêt a été rendu l'a fait rétracter à son égard, par la voie de la tierce opposition, la décision qu'elle obtient suffit pour interrompre la péremption vis-à-vis même des parties contre lesquelles il existait un jugement déjà passé en force de chose jugée. — *Amiens*, 29 juin 1826, Torchon de Lihu c. de Lagrenée et Levavasseur. — V., *contrà*, *Besançon*, 12 juill. 1828, Departou c. Tirgny de Corcelles.

361. — Pour que la demande en péremption puisse produire son effet, il faut qu'elle soit régulièrement formée contre tous les coïntéressés. Si elle était nulle à l'égard de quelques-uns d'entre eux, elle devrait être rejetée à l'égard de tous les autres. C'est encore là une conséquence du principe d'indivisibilité. — *Poitiers*, 15 nov. 1822, Dubuisson c. Butard; *Lyon*, 13 janv. 1825, Guillon c. Odin. — V. cependant un arrêt de *Besançon* (16 janv. 1821, Pecauld c. Crestin), qui n'admet le principe de l'indivisibilité de la nullité de la demande en péremption : que lorsque la demande principale est elle-même indivisible.

362. — Les fins de non-recevoir contre une demande en péremption d'instance sont indivisibles et, si elles sont acquises à l'un des défendeurs, elles profitent à tous, même en matière divisible. — *Metz*, 26 avril 1820, Varsberg c. Schoumacker; *Lyon*, 29 nov. 1822, Chol et Savoie c. D...; *Bordeaux*, 11 août 1828, de Lynch et Chabans c. Martineau.

363. — De même si une demande en péremption renferme une nullité à l'égard de l'un des demandeurs en péremption, elle peut être opposée à tous les autres par le défendeur à cette demande. — *Grenoble*, 2 mars 1818, Allard c. Jeanneau. — V., cependant, Reynaud, no 104.

364. — Cependant, si une demande en péremption est formée par deux parties et qu'elle ne soit régulière qu'à l'égard de l'une d'elles; la péremption est acquise à l'égard des deux, si celle à l'égard de laquelle la demande est régulière est partie principale. — *Cass.*, 13 nov. 1834, Curie-Seimbres c. Larroche.

365. — Si le demandeur en péremption soutient que l'action est prescrite à l'égard de ceux des adversaires contre lesquels la péremption n'est pas demandée; le juge ne peut avoir égard à ce moyen de prescription, à l'effet de déclarer l'instance éteinte relativement à la partie citée en péremption. — *Bruxelles*, 23 juill. 1823, Helman c. N....

366. — Lorsqu'une péremption acquise a été demandée au nom de tous les coïntéressés, l'un d'eux ne peut, par un désistement postérieur, priver ses consorts du droit qui leur est acquis; mais le principe d'indivisibilité n'étant applicable que pour les actes antérieurs à la demande en péremption, le désistement produit son effet à l'égard de la partie qui l'a signifié. — *Grenoble*, 14 fév. 1822, Blache et Regnaud c. Faure. — Carré et Chauveau, quest. 1427.

367. — Enfin la demande en péremption n'est admissible qu'autant qu'elle entraîne l'anéantissement de toute la procédure, de l'instance en entier. — *Riom*, 30 janv. 1815, Furnon; *Bordeaux*, 11 août 1828, Lynch et Chabans c. Martineau; *Colmar*, 18 mars 1837 (t. 2 1837, p. 59), Daniel c. Weyh. — Regnaud, nos 10 et 101.

368. — Spécialement : la demande en validité de la saisie-arrêt et celle en déclaration affirmative formant deux branches d'une même procédure, les actes interruptifs de la péremption à l'égard de la demande en déclaration empêchent cette péremption à l'égard de la demande en validité. — *Colmar*, 18 mars 1837 (arrêt cité au no qui précède).

369. — Décidé également que, lorsqu'un jugement par défaut a été attaqué par une simple opposition et par un appel avec assignation, on ne peut obtenir la péremption de l'instance d'appel, si la péremption n'est pas acquise sur l'opposition devant les premiers juges. — *Riom*, 30 janv. 1815, Furnon.

Sect. 8e. — *Effets de la péremption.*

370. — La péremption est à l'instance ce que la prescription est au droit. La première anéantit la procédure déjà faite; mais laisse subsister le droit, qui peut, par conséquent, être l'objet d'une action nouvelle. La seconde, au contraire, fait disparaître le droit lui-même. Indépendamment de cette différence entre la péremption et la prescription, il en existe encore une autre. Ainsi, la première doit être l'objet d'une demande particulière, principale (V. *suprà*, no 283), tandis que la seconde peut être proposée par voie d'exception. — Bioche et Goujet, *Dict. de proc.*, vo *Péremption*, nos 2 et 3; Boitard, *Leçons de proc.*, t. 2, p. 314.

371. — « La péremption, porte l'art. 401 C. proc. civ., n'éteint pas l'action, elle emporte seulement extinction de la procédure, sans qu'on puisse, dans aucun cas, opposer aucun des actes de la procédure éteinte, ni s'en prévaloir. »

372. — De ce que la péremption n'éteint pas l'action mais seulement la procédure, il résulte : que si cette péremption éteint les jugemens préparatoires et interlocutoires, que le juge peut réformer lors même qu'ils ont été exécutés (V. *suprà*, no 75), elle n'opère point l'extinction des jugemens qui, dans le cours d'une instance, ont prononcé définitivement sur un point en litige; et les procédures ultérieures, en exécution de cette dispostition définitive, sont seules passibles de la péremption s'il y a eu discontinuation de poursuites pendant trois ans. — *Besançon*, 20 août 1825, N...

373. — Quoique la péremption ne s'applique qu'à l'instance, il peut arriver cependant, mais accidentellement, qu'elle éteigne aussi le droit. C'est ce qui a lieu lorsqu'une assignation donnée deux ans avant l'accomplissement de la prescription, n'est suivie pendant trois ans d'aucune autre poursuite. Cette assignation avait seule interrompu la prescription; mais étant comme non avenue par suite de la péremption, il s'ensuit que la prescription n'a pas, à vrai dire, souffert d'interruption, et que la péremption, en effaçant la demande, a entraîné en même temps l'extinction du droit. Il serait donc impossible, dans ce cas, d'introduire une instance nouvelle. — Merlin, *Rép.*, vo *Péremption*, t. 17, p. 340, no 1er; Carré et Chauveau, quest. 1448; Reynaud, no 123; Boitard, t. 2, p. 315.

374. — Jugé, d'après ce principe, qu'une instance contre laquelle la péremption a été acquise n'a pu avoir pour effet d'interrompre la prescription. — *Cass.*, 11 germ. an VI, Mathieu c. commune de Donnoux; 13 oct. 1813 (motifs), Bury c. Libert; 5 mai 1834, Fournier c. Roussel-Lavalette.

375. — Par ces mots *aucun des actes de la procédure*, qui se trouvent dans l'art. 401 précité, il faut entendre tout ce qui a été fait, dit ou écrit dans l'instance qui a été déclarée périmée. Les aveux et déclarations qui auraient été faits pendant le cours de cette instance ne pourraient plus être invoqués. Il en serait de même du serment déféré en vertu d'un jugement et judiciairement constaté. Il ne reste rien de l'instance périmée. L'instance nouvelle doit se poursuivre comme s'il n'y avait point eu d'instance antérieure. — Locré, *Espr. du C. de proc. civ.*, sur l'art. 401; Pigeau, *Comment.*, t. 1er, p. 688; Merlin, *Rép.*, vo *Péremption*, t. 17, p. 340, no 3; Chauveau sur Carré, note sur la quest. 1451; Favard de Langlade, t. 4, p. 197, no 13; Thomines-Desmazures, t. 1er, p. 618; Demiau-Crouzilhac, p. 292; Reynaud, no 122; Boitard, t. 2, p. 329.

376. — Au surplus, un acte de la procédure éteinte ne pourrait pas plus être invoqué par celui qui a fait prononcer la péremption que par son adversaire. Cette procédure est anéantie pour le tout et à l'égard de toutes les parties. — V., en ce sens, Pigeau, Merlin, Chauveau et Reynaud, *loc. cit.*

377. — La péremption d'une procédure dans le cours de laquelle un certificat de vie a été produit, n'entraîne pas cependant la péremption de ce certificat. — *Cass.*, 19 nov. 1817, Tardif c. Coitun.

378. — ... Ni le préliminaire de conciliation. On peut donc reproduire la demande sans réitérer la tentative de conciliation. — *Grenoble*, 16 mars 1823, Latlier c. Poujet et Girard. — Carré et Chauveau, quest. 1449 *bis*; Pigeau, *Comment.*, t. 1er, p. 482; Boitard, t. 2, p. 327.

379. — Jugé aussi que la péremption de l'appel interjeté contre le jugement qui condamne à payer une somme déjà soldée, n'empêche pas l'appelant d'exciper ultérieurement du paiement de cette somme. — *Lyon*, 9 juill. 1830, Séon c. Mérieux.

380. — La péremption de la citation en reprise d'instance entraîne celle de la demande originaire, alors même qu'on n'aurait demandé que la première. — *Nîmes*, 16 août 1819, Astay c. Bouvet. — Reynaud, no 126; Bioche, *Dict. de proc.*, 3e édit., vo *Péremption*, no 164; Carré, sur l'art. 401, note 1re.

381. — La péremption de la demande en péremption elle-même est sans effet sur l'instance principale. — Carré sur l'art. 401, note 2.

382. — La péremption laisse intactes les qualités prises par les parties : ainsi, la qualité d'héritier peut toujours être opposée à celle des parties qui l'a prise durant l'instance. — Carré, sur l'art. 401, note 3.

383. — La péremption d'un commandement à fin d'exécution personnelle, entraîne celle de la commission donnée à l'huissier par le juge. — *Grenoble*, 29 août 1820, Vial c. Trollet.

384. — La péremption d'instance qui anéantit la procédure instruite sur l'opposition, anéantit aussi le jugement frappé de cette opposition. — *Toulouse*, 12 déc. 1824, Dupuy c. Ter. — C'est une conséquence de ce qu'on ne peut demander la péremption de l'opposition sans demander en même temps la péremption du jugement par défaut. — V. *suprà* no 78.

385. — Mais la péremption d'un jugement par défaut pour non-exécution dans les six mois n'entraîne pas la péremption de la procédure sur laquelle il est intervenu. — *Paris*, 25 févr. 1826, d'Apchier c. Passot. — Cette dernière procédure ne peut se périmer que par discontinuation de poursuites pendant trois ans. — *Grenoble*, 2 fév. 1813, Gabriel c. Ravier.

386. — ... Encore bien que le jugement par défaut ait été rendu par un tribunal de commerce : ainsi, la péremption de l'instance peut être valablement continuée par un simple acte de reprise. — *Paris*, 1er mars 1832, Brivot c. Sanglé-Ferrières.

387. — Jugé aussi que la péremption du jugement, par défaut, rendu sur une reprise d'instance, n'a pas interrompu celle de l'instance principale. — *Nîmes*, 30 août 1829, Bonenfant c. Carrère (dans ses motifs). — Carré et Chauveau, quest. 1414.

388. — La péremption anéantit les jugemens préparatoires et interlocutoires. — *Rouen*, 6 mai 1813, Tassin c. Huré; *Cass.*, 14 déc. 1813, mêmes parties; *Grenoble*, 15 janv. 1815, Arthaud c. Vélin.

389. — Lorsque la péremption d'une instance d'appel est prononcée, les actes de l'instance sont anéantis. — *Grenoble*, 27 août 1817, Isnard c. N....

390. — La péremption d'une instance d'appel, prononcée par un arrêt, est un obstacle à ce que l'on puisse relever un second appel, sur le fondement que le jugement du tribunal de première instance n'aurait pas été signifié et que les délais pour appeler ne courent qu'à partir de la signification du jugement. — *Toulouse*, 19 fév. 1816, Pons c. Labroquère. — Reynaud, no 91; Bioche et Goujet, no 24; Carré et Chauveau, quest. 1449.

391. — Spécialement, en cas de péremption de l'appel interjeté par un tuteur; celui-ci n'est plus recevable à former un nouvel appel, sous prétexte que, le jugement n'ayant pas été signifié au subrogé tuteur, le délai de l'appel n'a pas couru contre le mineur. En un tel cas, la péremption ayant pour effet de donner au jugement la force de chose jugée, ce jugement n'est plus susceptible d'être attaqué par appel. — *Lyon*, 23 nov. 1825, Lapoire c. Dubost.

392. — L'art. 401 C. proc. civ., suivant lequel la péremption emporte l'extinction de la procédure, n'est point applicable aux effets de la péremption prononcée en cause d'appel, qui, aux termes de l'art. 469, même Code, a pour effet de donner au jugement dont est appel la force de chose jugée. — *Cass.*, 20 fév. 1830 (t. 1er 1839, p. 359), Commune de Culles c. Cabessy de Coutenson; 15 juill. 1839 (t. 2 1839, p. 26), commune de Sages c. commune de Charcuble.

393. — Ainsi, quoiqu'il se soit écoulé trente ans depuis la notification de la sentence ou du jugement dont est appel jusqu'au jour de la péremption; cette sentence n'est pas éteinte par la prescription, parce que la prescription ne court point contre un jugement pendant l'instance d'appel. — *Grenoble*, 27 août 1817, Isnard c. N.... — Reynaud, no 127; Carré et Chauveau, quest. 1689; Vazeilles, *Prescription*, no 204.

394. — La péremption de l'instance d'appel, en attribuant au jugement dont est appel l'autorité de la chose jugée, emporte confirmation de ce jugement, qui doit recevoir son exécution, quoiqu'il se soit écoulé plus de trente ans depuis qu'il a été rendu. — *Poitiers*, 26 janv. 1827, Nesmy c. Grimault.

395. — La péremption de l'appel donne au jugement la force de chose jugée, lorsqu'il est rendu en matière commerciale comme lorsqu'il est rendu en matière civile. — *Toulouse*, 3 janv. 1823, N...; *Amiens*, 28 juin 1826, Oger c. Leclercq.

396. — La péremption de l'instance nouvelle pendante devant une cour d'appel, par suite d'un arrêt de renvoi de la Cour de cassation, a pour effet de donner, conformément à l'art. 469 C. proc., au jugement dont est appel l'autorité de la chose jugée, de telle sorte que l'appelant ne peut se présenter de nouveau devant la Cour suprême pour demander le renvoi devant une autre Cour. — *Paris*, 18 avr. 1831, Chocat c. Dumottet.

397. — Mais la péremption prononcée en cause d'appel n'attribue au jugement la force de chose jugée qu'à partir de l'arrêt qui la prononce. — *Cass.*, 20 fév. 1839 (t. 1er 1839, p. 359), Commune de Culles c. Cabessy de Coutenson.

398. — Nous avons vu précédemment que la demande en péremption d'instance était elle-même sujette à la péremption (V. *suprà* no 73). Mais il est à remarquer que la péremption de cette demande n'entraîne pas celle de l'instance primitive. C'est, du reste, ce qui a été jugé par la Cour de Montpellier, suivant arrêt du 30 déc. 1828 (Bourges c. Martin).

399. — Lorsque, incidemment à un appel, l'appelant a obtenu un jugement de provision; si, plus tard, la péremption de l'instance d'appel est demandée, l'arrêt qui la prononce peut en excepter le jugement provisionnel dont aucun appel n'avait été interjeté. — *Cass.*, 9 juill. 1828, Timothée.

400. — La péremption entraîne pour le demandeur la perte des intérêts que la demande faisait courir, et même de ceux qui auraient couru depuis la citation en conciliation antérieure à la demande. — Carré et Chauveau, quest. 1450; Pigeau, *Comment.*, t. 1er, p. 451; Reynaud, no 128.

401. — Quant aux fruits que le possesseur de bonne foi doit à partir de la demande, ils sont dus de la même époque lorsque l'instance se périme. Il a, en effet, cessé d'être de bonne foi du moment où il a été actionné. — Toullier, t. 3, no 76; Reynaud, no 128 *in fine*; Chauveau sur Carré, quest. 1450.

402. — La personne contre laquelle est prononcée la péremption ne doit pas les frais frustratoires, ni ceux des actes nuls faits par son adversaire : car tout ce qui ne peut entrer en taxe n'est pas dû. — Chauveau sur Carré, quest. 1450 *bis*; Pigeau, *Comment.*, t. 1er, p. 689.

PERFECTIONNEMENT.

V. BREVET D'INVENTION.

PÉRIL.

1. — Danger, risque, état où il y a quelque chose de fâcheux ou préjudiciable à craindre. — Rolland de Villargues, *Rép. du not.*, vo *Péril*.

2. — Ainsi on dit qu'il y a péril en la demeure, ou dans le retard : pour exprimer qu'il peut en résulter une perte, un dommage. — V. MISE EN DEMEURE.

3. — La séparation de biens peut être demandée par la femme dont la dot est mise en péril. — C. civ., art. 1443. — V. SÉPARATION DE BIENS.

PERLES FAUSSES.

1. — Marchands de perles fausses, fabricans pour leur compte. — Patentables, les premiers de 5e classe et les derniers de 6e classe. — Droit fixe basé sur la population, droit proportionnel du 20e de la valeur locative de l'habitation et des lieux servant à l'exercice de la profession.

2. — Fabricans à façon. — Patentables de 8e classe. — Même droit fixe que les précédens, sauf la différence de classe; droit proportionnel du 40e de la valeur locative de tous les locaux qu'ils occupent, mais seulement dans les communes de 20,000 âmes et au-dessus. — V. PATENTE.

PERMIS DE CHASSE.

1. — Nous avons exposé vo CHASSE toutes les règles relatives aux permis de chasse. — Nous nous bornerons à consigner les arrêts rendus depuis la publication de ce mot. — Ainsi il a été jugé :

2. — ... 1o Que les permis de chasse sont personnels; qu'en conséquence : en admettant que pour certains genres de chasse le porteur du permis puisse se servir de la coopération d'un tiers pour l'aider, cette exception ne peut s'étendre à l'individu qui chasse lui-même et ne se borne pas à une aide ou à une surveillance. — *Toulouse*, 8 janv. 1846 (t. 1er 1847, p. 477), Bégué.

3. — ... 2o Que, bien que les permis de chasse ne confèrent qu'un droit personnel et non transmissible; cependant si certains procédés de chasse (par exemple la chasse aux alouettes) exigent le concours de plusieurs personnes, le porteur du permis peut, sans qu'il résulte de là une infraction à la loi, se faire aider par des auxiliaires non pourvus de permis de chasse. — *Agen*, 1 fév. 1847 (t. 1er 1847, p. 754), Pejac.

4. — ... 3o Que la dispense de permis établie en faveur des traqueurs, dans les chasses qui ont lieu à l'aide d'auxiliaires, est inapplicable à celui qui, dans une chasse n'exigeant pas le concours d'auxiliaires (une chasse aux lapins), bat des cépées et des broussailles avec un bâton pour en faire sortir le gibier et le faire passer devant un chasseur armé d'un fusil. — *Rouen*, 10 déc. 1848 (t. 1er 1849, p. 127), Lhernault. — V., au reste, en ce qui concerne les auxiliaires, vo CHASSE, nos 39 et suiv.

5. — ... 4o Que la disposition de l'art. 16 de la loi du 3 mai 1844, aux termes de laquelle tout jugement de condamnation en matière de chasse doit prononcer la confiscation des armes, est générale et absolue, et ne souffre d'exception que pour le cas où le délit a été commis par un individu muni d'un permis dans le temps où la chasse est autorisée. — *Cass.*, 28 janv. 1847 (t. 1er 1847, p. 569), Bonneau.

6. — ... 5o Et que la confiscation doit avoir lieu non-seulement lorsqu'il s'agit d'un fait commis en temps de prohibition générale (par exemple après la clôture de la chasse), mais encore lorsqu'il s'agit d'un fait de chasse dans un temps de prohibition momentanée : tel que le temps de neige. — *Cass.*, 3 juill. 1845 (t. 2 1845, p. 672), Lavrard. — V., au reste, vo CHASSE, nos 119 et suiv., 510 et suiv., 519 et suiv.

7. — La question de savoir à partir de quel jour court le délai d'un an limitatif de la durée du permis, a donné lieu à quelques difficultés. — A cet égard il a été jugé que le délai d'un an, pendant lequel le permis de chasse est valable, court du jour de la date apposée au permis par le préfet qui le délivre, et non pas seulement du jour où remise en a été faite à l'impétrant par le percepteur moyennant acquittement du droit. — *Cass.*, 24 sept. 1847 (t. 1er 1848, p. 446), Aubert (et *Limoges*, 19 janv. 1848 (même tome, même page), Bonnet-Laborderie); *Bourges*, 23 déc. 1847 (t. 1er 1848, p. 649), Barthel; *Cass.*, 4 mars 1848 (t. 1er 1849, p. 622), Dartigole; *Angers*, 8 janv. 1849 (t. 1er 1849, p. 253), Héron. — *Contrà*, *Bordeaux*, 4 fév. 1846 (t. 1er 1846, p. 741), Bruils.

8. — Ainsi, d'après cette jurisprudence, la *délivrance*, qui forme le point de départ du délai d'un an, consiste dans le *fait de la signature* apposée par le préfet, et non dans la *remise effective* du permis entre les mains du prévenu. — Nous avons, en rapportant l'arrêt contraire de la Cour de Bordeaux du 4 février 1846 (t. 1er 1846, p. 741), et sous un autre arrêt de la Cour de Toulouse du 5 mars 1846 (t. 2 1847, p. 678), exprimé plus que des doutes sur la solidité de cette interprétation.

9. — Jugé encore que la durée du permis et le droit de chasse conféré par ce permis courent à partir de la date de la délivrance qui y est exprimée. — *Cass.*, 24 sept. 1847 (t. 1er 1848, p. 447), Raymond. — Encore bien que l'impétrant auquel remise aurait été faite du permis n'en aurait pas payé le prix, et sauf répétition à cet égard contre lui selon les formes de droit. — Même arrêt.

10. — Il semblerait résulter de cet arrêt que le *droit* de chasse existe du jour où la *délivrance* a eu lieu au moyen de la signature du préfet, et cela indépendamment du point de savoir si l'impétrant a ou non payé le droit. — Et ce peut être là, en effet, la conséquence logique du principe posé par l'arrêt du 24 septembre 1847 cité no 8, quant au point de départ de la durée du permis. — Mais il nous paraît irrationnel d'admettre que, lorsque la loi a attaché le droit de chasse à l'obtention d'un permis, et l'obtention du permis au paiement d'un droit fiscal, on puisse faire abstraction de ce paiement pour décider si le droit existe ou non. — La *délivrance* par le préfet n'est évidemment que conditionnelle (V., en ce sens, l'instruction ministérielle sous l'arrêt de Toulouse du 5 mars 1846 [t. 2 1847, p. 678], Laroque). — Nous admettons, au reste, que si le permis avait été *remis* à l'impétrant, sans que le percepteur exigeât le paiement du droit, ce permis produirait néanmoins son effet, sauf à l'administration à recourir, pour obtenir le paiement, aux voies ordinaires; mais il nous paraît aussi que le percepteur pourrait refuser la remise jusqu'à ce qu'il eût été satisfait à la loi fiscale. — V., au reste, *Montpellier*, 12 oct. 1846 (t. 2 1847, p. 679 et le renvoi), Sarmer. — V. aussi CHASSE, nos 139 et suiv., 146 et suiv.

11. — L'altération frauduleuse commise dans un permis de chasse, dans le but d'en prolonger indûment l'usage, constitue le faux en écriture publique réprimé par l'art. 147 du Code pénal, et non pas seulement le faux qualifié *délit* par les art. 153 et suiv. du même Code. — *Douai*, 30 janv. 1847 (t. 1er 1849, p. 36), H.... — V. FAUX, nos 544 et suiv.

12. — V. ALGÉRIE, n° 14.

PERMISSION DU JUGE.

Se dit de l'autorisation accordée par un magistrat de faire telle ou telle chose ou tel ou tel acte. Ainsi, il faut la permission du juge pour signifier un exploit un jour férié ou après l'heure, pour former une saisie-arrêt sans titre, pour citer à bref délai. — V. DESCENTE SUR LES LIEUX, ENQUÊTE, EXÉCUTION DES ACTES ET JUGEMENS, EXPERTISE, EXPLOIT, ORDONNANCE, PURGE, SAISIE-ARRÊT, SAISIE-EXÉCUTION, SCELLÉS, etc.

PERMUTATION.

V. ÉCHANGE.

PERQUISITIONS.

V. FLAGRANT DÉLIT, INSTRUCTION CRIMINELLE, VIOLATION DE DOMICILE, VISITE DOMICILIAIRE.

PERRUQUIERS.

Patentables de 7e classe. — Droit fixe basé sur la population; droit proportionnel du 40e de la valeur locative de tous les locaux qu'ils occupent, mais seulement dans les communes de 20,000 âmes et au-dessus. — V. PATENTE.

PERSONNES.

1. — On appelle ainsi tous les individus auxquels la loi confère ou refuse des droits, soit civils et politiques, soit civils seulement, suivant l'état qu'ils occupent dans la société (V. ÉTAT DES PERSONNES). — Coin-Delisle, *Jouissance et privation des droits civils, Introduction*, n° 4.

2. — Chez les Romains, le mot *persona* signifiait primitivement le masque dont les acteurs se couvraient la tête. Les pièces étant jouées d'abord sur les places publiques ou dans des amphithéâtres si vastes qu'il était impossible que la voix de l'homme se fît entendre de tous les spectateurs, on avait imaginé d'envelopper la tête de chaque acteur d'un masque qui reproduisait les traits de l'individu que cet acteur représentait et était fait de manière qu'il portât au loin la voix (*per quam vox personabat*).

3. — Le même mot fut appliqué, dans un sens figuré, au rôle même que jouait l'acteur, parce que la face du masque offrait autant que possible la ressemblance de celui qui était censé parler. Il fut ensuite étendu à la condition, à la position dans laquelle se trouvait un citoyen par rapport aux autres. C'est ainsi que, dans les meilleurs auteurs, il est employé pour désigner une fonction publique, et Cicéron lui-même a dit : « *Mihi personam hanc imposuistis* (*Pro leg. agrar.*). »

4. — En grammaire, tout le monde sait que ce mot sert aussi à désigner les trois rôles nécessaires au discours.

5. — Dans notre droit français, c'est dans le sens de rôle, de personnage, que le mot *personne* est employé. Ainsi, quand on dit l'état d'une personne, on entend parler du rôle qu'elle occupe dans la société, abstraction faite de l'individu.

6. — Les mots *individu* ou *homme* ont une signification plus étendue. Ils signifient tout être humain, qu'il soit ou non membre de la société, et quels que soient le rang qu'il y tient, son âge, son sexe, etc. — Toullier, t. 1er, n° 168.

7. — M. Duranton (t. 1er, n° 113) pense au contraire que le mot *personne* est aujourd'hui synonyme des mots *individu* ou *homme*. Selon lui, la distinction entre la personne et l'individu ne pouvait être utile qu'en droit romain; à cause de l'esclavage : l'esclave étant considéré comme une chose. Mais chez nous, ajoute-t-il, l'homme, même le moins favorisé, ayant toujours la jouissance de certains droits, l'exercice de certaines facultés, cette distinction est devenue sans objet. — V. sur ce point et dans le même sens Marcadé, *Elémens de dr. civ. franç.*, t. 1er, p. 122, n° 2.

8. — Toutefois, les droits qui appartiennent, dans l'ordre actuel de notre législation, à chaque individu, ainsi que le reconnaît M. Duranton, ne sont pas les mêmes pour tous. Ces droits diffèrent suivant la qualité de chacun de ces individus, suivant la condition, le rang qu'il occupe dans la société, en un mot le rôle qu'il y remplit. Or cela doit suffire encore pour motiver la distinction établie par Toullier. — Coin-Delisle, *ubi suprà*, n° 3.

9. — L'état politique étant distinct et indépendant de l'état civil (C. civ., art. 7), il en résulte que le même individu peut être une personne dans l'ordre civil et n'en pas être une dans l'ordre politique : ce qui arrive lorsqu'un Français jouit des droits civils sans être investi du titre de citoyen. Mais la réciproque n'est pas vraie : on ne peut pas avoir l'état politique sans jouir des droits civils. — Toullier, t. 1er, n° 181.

10. — L'individu qui jouit de l'état politique est donc à la fois une personne dans l'ordre civil et une personne dans l'ordre politique. Ainsi, il peut être en même temps magistrat, mari et père, et exercer simultanément les droits attachés à ces trois personnes. — Toullier, t. 1er, n° 182.

11. — Une personne peut aussi, relativement à l'exercice de certains droits, en représenter plusieurs. — C. civ., art. 1984 et suiv.

12. — Enfin, les personnes sont, en droit, tellement distinctes des individus, qu'il en est qui continuent d'exister nonobstant la mort des individus qui les représentaient : tels sont, par exemple, dans l'ordre politique le magistrat et dans l'ordre civil les communes, les associations (*universitates*). — Toullier, t. 1er, n° 183 et suiv.

13. — Cela nous conduit à établir, parmi les personnes, une grande division : les unes sont *physiques*, c'est-à-dire envisagées isolément avec les qualités constitutives de leur état et les droits qui en dérivent; les autres sont *morales* ou *fictives*. — Ce sont des agrégations d'individus formées par la loi ou par la convention et ayant des intérêts communs, abstraction faite des intérêts particuliers de chacun des individus qui les composent : comme l'État, les communes, les établissemens publics, les sociétés de commerce. — V. Toullier, t. 1er, n° 182; Coin-Delisle, *ubi suprà*, n° 4.

14. — Cette grande division des personnes se subdivise elle-même. Ainsi, parmi les personnes physiques et parmi les personnes morales ou fictives, on distingue des personnes publiques et des personnes privées.

15. — Au premier rang parmi les personnes publiques il faut placer le président de la République et la Chambre des représentans; viennent ensuite la Cour de cassation, les cours d'appel, les tribunaux de première instance et les juges de paix, les colléges électoraux, les préfets, sous-préfets, conseillers de préfecture, maires, etc., les conseils généraux de département et les conseils d'arrondissement, l'armée de terre et de mer, les tribunaux militaires, la Légion d'honneur, et enfin le clergé, les corps enseignans et les personnes chargées de l'instruction publique.

16. — Les droits et les devoirs des personnes publiques sont traités sous les différens mots propres à chacune d'elles. — V. COUR DE CASSATION, PRÉSIDENT DE LA RÉPUBLIQUE, REPRÉSENTANT DU PEUPLE, etc.

17. — Les personnes morales peuvent être envisagées sous un double point de vue : 1° en ce qui touche leur organisation et l'administration de leurs affaires; 2° en ce qui concerne leurs rapports juridiques avec les tiers.

18. — On entend ici par *tiers* non-seulement ceux qui sont tout à fait étrangers aux personnes morales, mais encore les divers membres qui les composent. — Zachariæ, *Cours de droit civil français*, t. 1er, p. 127.

19. — Les rapports que les personnes morales peuvent avoir avec les tiers sont régis par les principes généraux du Code civil. Cependant différentes exceptions à ces principes ont été établies à leur égard tant par le Code civil lui-même que par les lois spéciales qui les concernent. — V., notamment, COMMUNE, ÉTABLISSEMENT PUBLIC, ÉTAT, etc.

20. — Plusieurs différences distinguent les personnes privées entre elles.

21. — La première est celle des sexes. La condition de la femme est en effet beaucoup moins avantageuse que celle de l'homme. Cette différence est fondée sur la nature et sur la loi.

22. — La seconde est tirée de l'âge. La loi a avec raison établi des présomptions d'incapacité contre des personnes au-dessous de tel âge. Cet âge varie suivant qu'il s'agit de l'exercice des droits politiques ou des droits civils. Nous ne pouvons ici que nous borner à indiquer cette différence et renvoyer aux divers mots où les conséquences qu'elle produit sont examinées. — V. CITOYEN FRANÇAIS, DROITS CIVILS, DROITS POLITIQUES, MINORITÉ, TUTELLE, etc.

23. — Une troisième différence naît du mariage, des rapports qu'il crée. Le mariage établit, entre le mari, la femme et les enfans, des droits et des devoirs distincts. — V. COMMUNAUTÉ, MARIAGE, PUISSANCE PATERNELLE, TUTELLE, etc.

24. — Une quatrième différence est produite par la faiblesse de l'esprit ou le dérangement des facultés. Ainsi, il y a des personnes qui sont interdites et d'autres qui sont simplement pourvues d'un conseil judiciaire. — V. CONSEIL JUDICIAIRE, INTERDICTION.

25. — Le Code civil a établi également une différence quant à l'exercice des droits civils et des droits politiques, entre les Français et les étrangers. — V. ÉTRANGER.

26. — Une différence existe aussi entre les Français eux-mêmes : les uns jouissent de tous leurs droits; d'autres en sont privés. — V. DROITS CIVILS, DROITS POLITIQUES, MORT CIVILE.

27. — Une autre différence existait encore autrefois entre les Français : les uns étaient nobles, les autres roturiers. Cette différence a été supprimée par la révolution de 1789, et la Charte de 1814, ainsi que celle de 1830, confirmées en cela par la Constitution du 4 nov. 1848, ont érigé en principe que tous les Français sont égaux devant la loi. Ces chartes avaient bien aussi, il est vrai, rétabli les titres de noblesse; mais ces titres, qui étaient d'ailleurs purement honorifiques et n'avaient aucune influence sur la condition civile ou politique des personnes (V. NOBLESSE), ont cessé d'être reconnues depuis la révolution de février, en vertu d'un décret du gouvernement provisoire, du 29 févr. 1848, dont les dispositions ont été définitivement consacrées par la Constitution de 1848 (art. 10).

PERSONNE INCERTAINE.

On désigne ainsi des personnes auxquelles ne s'applique aucune désignation spéciale et qui ne peuvent être connues que par quelque événement, comme lorsque je lègue à la personne que Titius choisira. — Rolland de Villargues, *Rép. du notar.*, v° *Personne incertaine*. — V., à ce sujet, DISPOSITION A TITRE GRATUIT, DONATION ENTRE-VIFS, LEGS.

PERSONNE INTERPOSÉE.

1. — On appelle ainsi celle qui ne fait que prêter son nom à un tiers pour faire ou recevoir une disposition dans le but le plus ordinairement d'échapper à une prohibition légale.

2. — Dans le droit romain, celui à qui il était défendu de faire une chose ne pouvait pas la faire par personne interposée. — L. 2, § 1er, D., *De admin. rer. ad civil. pert.* — Ainsi, celui qui ne pouvait donner à certaines personnes ne pouvait le faire à personnes interposées. — L. 5, § 2, D., *De donat. inter vir. et uxor.*

3. — Il en est de même dans notre droit. — Ainsi, toute disposition au profit d'un incapable est nulle lorsqu'on la fait sous le nom de personnes interposées. — Sont réputées personnes interposées les père et mère, les enfans et descendans et l'époux de la personne incapable. — C. civ., art. 911. — V. DISPOSITION A TITRE GRATUIT, LEGS.

4. — Les époux ne peuvent se donner indirectement au delà de ce que la loi leur permet, et toute donation faite à personnes interposées est nulle. — C. civ., art. 1099.

5. — Sont dans ce cas réputées faites à personnes interposées, les donations de l'un des époux aux enfans ou à l'un des enfans de l'autre époux issus d'un autre mariage, et celles faites par le donateur aux parens dont l'autre époux est héritier présomptif au jour de la donation, encore que ce dernier n'ait point survécu à son parent donataire. — C. civ., art. 1100. — V. DONATION ENTRE ÉPOUX.

6. — L'art. 1596 C. civ. défend à certains individus de se rendre adjudicataires, sous peine de nullité, par personnes interposées, des biens qu'ils sont chargés de vendre ou faire vendre. — V. VENTE.

7. — L'interposition de personnes a lieu le plus ordinairement pour éluder la prohibition faite à certaines personnes de recevoir des libéralités : soit d'une manière absolue, soit au delà de certaines mesures. On fait alors la donation ou le legs à un tiers capable de recevoir, en le chargeant secrètement ou par des contre-lettres de remettre la chose à la personne

incapable. Telle est la disposition que les lois romaines et nos anciens auteurs qualifient de *fidéicommis*. — Rolland de Villargues, *Rép. du notar.*, v° *Personne interposée*, n° 4. — V. DONATION DÉGUISÉE, FIDÉICOMMIS, SUBSTITUTION.

8. — Toutefois, l'interposition de personnes n'est proscrite qu'autant qu'elle a pour but d'éluder la loi; et il est permis de faire indirectement ce que l'on peut faire directement. — V. DONATION DÉGUISÉE.

PERTE.

1. — Privation de quelque chose; dommage.

2. — Considérée sous le point de vue des objets auxquels elle s'applique, la perte peut se diviser principalement en :

3. — ... 1° Perte de la propriété. — V. POSSESSION, PROPRIÉTÉ. — V. aussi ASSURANCE MARITIME, ASSURANCE TERRESTRE, AVARIES, CESSION DE BIENS, CONFISCATION, DÉPOT, ÉPAVES, JET, MITOYENNETÉ, SERVITUDE, VOL.

4. — ... 2° Perte de la chose due. — V. ce mot.

5. — ... 3° Perte des droits civils. — V. DROITS CIVILS, CONSEIL JUDICIAIRE, ÉTRANGER, FRANÇAIS, INTERDICTION, INTERDICTION DE DROITS CIVILS, MORT CIVILE, NATURALISATION.

6. — ... 4° Perte du titre. — V. ACTES DE L'ÉTAT CIVIL, BILLET A ORDRE, BILLET AU PORTEUR, CAISSE DES DÉPOTS ET CONSIGNATIONS, COMMENCEMENT DE PREUVE PAR ÉCRIT, COPIE DE TITRES, GROSSE, LETTRE DE CHANGE, NOTAIRE, PREUVE TESTIMONIALE.

7. — Les conséquences de toute perte, considérée en tant que dommage, doivent retomber sur celui qui pouvait l'éviter. Ainsi, le débiteur en demeure négligent ou infidèle, celui qui a détruit une propriété ou diminué sa valeur ont occasionné des pertes, elles doivent retomber sur eux. — Agresti, *Essais sur les lois civ.*; *Bibl. barr.*, 1809, t. 2, p. 233; Rolland de Villargues, *Rép. du not.*, v° *Perte*, n° 2.

8. — On distingue en droit deux sortes de pertes : 1° l'une s'appelle *damnum amissæ rei*, et elle a lieu lorsqu'on a perdu tout droit dans sa chose; 2° l'autre, appelée *damnum amittendæ rei*, se dit du cas où, sans être dépouillé du domaine de sa chose, on est censé, sinon l'avoir déjà perdue, du moins être à la veille de la perdre, soit parce qu'on s'est obligé à la livrer, soit parce qu'elle se trouve entre les mains d'un tiers possesseur. — Rolland de Villargues, *ibid.*, n°s 3 et suiv.

PERTE DE LA CHOSE DUE.

1. — La perte de la chose due est un des modes d'extinction des obligations. — C. civ., art. 1234.

2. — Elle a lieu lorsque le corps certain et déterminé qui était l'objet de l'obligation vient à périr, est mis hors du commerce, ou se perd de manière qu'on en ignore absolument l'existence, et cela sans la faute du débiteur et avant qu'il fût en demeure. — C. civ., art. 1302. — Par cette perte, le débiteur est réduit à l'impossibilité de remplir son obligation (C. civ., art. 1136) : et Nul n'est tenu à l'impossible.

3. — Il n'en serait plus de même, si l'objet de l'obligation consistait en choses indéterminées ou déterminées seulement quant à leur espèce. — C. civ., art. 1129. — Telle serait l'obligation de donner un attelage de bœufs; cette obligation n'en subsisterait pas moins, quand même les bœufs que l'obligé avait en vue au moment de sa promesse eussent péri depuis : *Genus nunquàm perit*. Ceci s'appliquerait à la promesse d'une certaine quantité de choses indéterminées, par exemple : à une quotité de tant de mesures de blé, de tant de tonneaux de vin. — Pothier, *Obligations*, n°s 622, 637 et suiv., *Tr. de la Société*, n° 112; Toullier, t. 7, n° 443; Duranton, t. 12, n° 490.

4. — Mais si l'objet avait été déterminé par l'offre valable d'un corps certain, la perte de ce corps, arrivée sans la faute du débiteur, entraînerait l'extinction de l'obligation. — Toullier, t. 7, n° 444.

5. — De même : si l'objet promis était compris dans une quantité de choses déterminées, la perte de toutes ces choses éteindrait l'obligation. Tel serait le cas où j'aurais promis une partie du blé placé dans mon grenier. Mais si cette obligation avait été conçue en termes non plus limitatifs, mais démonstratifs, comme si je m'étais engagé, par exemple, à livrer un tonneau de vin *à prendre* dans ma cave, cette désignation indiquerait seulement que j'ai voulu *montrer* le lieu, les choses où l'on devrait prendre d'abord ce que j'ai promis, et désigner en un mot, *unde solvetur*, sans entendre dire qu'à défaut des choses désignées, l'obligation ne pût s'étendre à d'autres de la même espèce, aussi l'obligation ne serait pas détruite par la perte des choses indiquées. — Duranton, t. 12, n° 491; Rolland de Villargues, n°s 6 et suiv.; Toullier, t. 7, n° 445; Pothier, *Oblig.*, n° 623.

6. — Le choix du débiteur ou du créancier déterminant seul l'objet des obligations alternatives; si l'une des deux choses périt avant le choix ou sa notification, la perte a lieu pour le compte du débiteur qui n'avait pas cessé d'être propriétaire. Il est bien entendu que la perte des deux choses éteindrait l'obligation (C. civ., art. 1195), à moins qu'il n'y eût faute de la part du débiteur. — C. civ., art. 1193. — Toullier, t. 6, n°s 695 et 696; Rolland de Villargues, *Rép. du not.*, v° *Perte de la chose due*, n° 4.

7. — En cas de doute, il faut décider dans le sens le plus favorable, c'est-à-dire, que les termes sont non limitatifs mais démonstratifs. — Toullier, t. 6, n° 554; t. 7, n° 445.

8. — Quand l'obligation d'une des parties est éteinte par la perte de la chose due, l'autre partie est-elle aussi dégagée de son obligation? A cet égard, il faut voir si le contrat était ou n'était pas parfait avant la perte de la chose qui y avait donné lieu. Au premier cas, celui des contractans qui peut encore remplir son obligation n'en est pas dégagé par les événemens postérieurs (L. 185, § 1er, ff., *De neg. jur.*). Le contrat étant parfait par le seul consentement des parties, les contractans sont devenus copropriétaires des choses mutuellement promises : et *Res perit domino*. Secùs, au cas où le contrat ne serait pas encore parfait. — Toullier, t. 7, n° 447; Duranton, t. 12, n° 495; Rolland de Villargues, n°s 27, 28 et 29.

9. — De même, la perte de la chose entraîne bien celle des droits d'usufruit, d'usage, d'habitation établis sur elle; mais le prix qui aurait été stipulé n'en devrait pas moins être payé, s'il ne l'avait pas encore été. — Duranton, t. 12, n° 497.

10. — Il en serait autrement pour le contrat de louage. Ici, le locateur est obligé, par la nature même du contrat, à faire jouir le preneur de la chose louée (C. civ., art. 1719), d'où il suit : que, le bail étant résolu par la perte de la chose (C. civ., art. 1741), le bailleur ne pourrait réclamer le prix stipulé, celui-ci ne l'ayant été que pour une jouissance qu'il ne procure plus; son action serait *sine causâ*. — Toullier, t. 7, n° 449; Duranton, t. 12, n° 498; Rolland de Villargues, v° *Perte de la chose due*, n° 34.

11. — Il faudrait décider de même relativement au contrat de société, si l'on n'avait mis dans celle-ci que la jouissance de la chose. La perte serait supportée par le propriétaire de cette chose. Il en serait autrement si c'était non plus la jouissance mais la propriété de la chose qui eût été apportée à la société. Il faudrait appliquer ici ce qui a été dit pour la vente. Cet apport est réputé accompli dès que l'obligation de mettre en commun des corps certains et déterminés est parfaite. — Toullier, t. 7, n°s 452, 453; Duranton, t. 12, n° 499.

12. — La cession d'une chose que l'Etat obtiendrait pour cause d'utilité publique est assimilée à sa perte réelle quant à l'extinction de l'obligation. — L. 140, § 2, ff., *De verb. oblig.* — Duranton, t. 12, n° 494; Rolland de Villargues, *Rép. du not.*, v° *Perte de la chose due*, n° 22.

13. — La règle qui déclare éteinte toute obligation, valable dans son principe, si le débiteur est réduit à l'impossibilité de remplir son obligation, s'applique aux obligations de faire comme aux obligations de donner, lorsque le débiteur est, sans sa faute, empêché de faire ce qu'il avait promis. Ainsi le peintre qui, après s'être engagé à faire un tableau, devient paralytique, est dégagé de son obligation par l'impossibilité de la remplir. — Toullier, t. 7, n° 462; Rolland de Villargues, *Rép. du not.*, v° *Perte de la chose due*, n° 12.

14. — Si le contrat a été fait sous une condition suspensive, la perte de la chose arrivée avant l'accomplissement de la condition éteint l'obligation du débiteur (C. civ., art. 1182) ainsi que celle de l'autre partie; ou plutôt elle empêche l'événement de l'une et l'autre obligation, qui se trouvent n'avoir jamais existé.

15. — Si la chose est seulement détériorée sans la faute du débiteur, le créancier sous condition a le choix ou de résoudre l'obligation, ou d'exiger la chose dans l'état où elle se trouve, sans diminution du prix. Mais, si c'était par la faute du débiteur que la détérioration fût arrivée, le créancier aurait le droit ou de résoudre l'obligation, ou d'exiger la chose dans l'état où elle se trouverait mais avec des dommages et intérêts. — C. civ., art. 1182.

16. — Au cas où un droit de passage m'aurait été promis, sur un fonds voisin, pour l'utilité de ma maison, si je vends celle-ci avant que le droit m'ait été accordé; mais sans céder à l'acquéreur ma créance pour le droit de passage : le droit est-il éteint? Oui, dit Pothier (*Oblig.*) s'appuyant sur la loi 126 (§ 1er), ff., *De verb. oblig.* : par la raison que le droit n'existant pas encore, on n'a pu le transmettre. — Mais Toullier (t. 7, n° 464) pense avec raison, ce nous semble, que l'action passe à l'acquéreur, la cession de la créance relative au droit de servitude étant tacitement comprise dans l'acte de vente de la maison avec tous les accessoires de celle-ci. C'est une convention réelle, *pactum in rem*. — L. 17, § 5, ff., *De pactis*. — Rolland de Villargues, n° 36.

17. — Lorsque, ignorant qu'on est débiteur du corps certain et déterminé qui fait l'objet de l'obligation, on détruit celui-ci, la dette ne se trouve pas éteinte par cette perte de la chose. — L. 91, § 2, ff., *De verb. oblig.* — Toullier, t. 7, n° 466; Rolland de Villargues, n° 16.

18. — Si la perte arrive, non par le fait du débiteur, mais par sa négligence ou son imprudence, la dette n'en existe pas moins. Elle se convertit, comme au cas qui précède, en obligation du prix de la chose, et s'il y a lieu en dommages-intérêts. — Toullier, t. 7, n° 466; Rolland de Villargues, n° 17.

19. — La perte de la chose n'éteint pas l'obligation si elle arrive depuis que le débiteur est en demeure (L. 82, § 1, ff., *De verb. oblig.*; C. civ., art. 1302). Mais il en serait autrement si la demeure avait été purgée, et elle le serait par des offres réelles. — L. 91, § 3, ff., *De verb. oblig.*, et L. 72, § 1 et 3, ff., *De solut.* — Toullier, t. 7, n° 467; Duranton, t. 12, n°s 501 et 502.

20. — L'obligation ne serait pas éteinte non plus par la perte de la chose, si le débiteur s'était chargé des cas fortuits (C. civ., 1302). Toutefois : celui-ci ne répondrait plus que de sa faute, s'il avait mis le créancier en demeure de recevoir la chose. — Duranton, t. 12, n° 505.

21. — Mais l'obligation cesserait malgré la mise en demeure du débiteur, si la chose eût également péri chez le créancier au cas où elle lui eût été livrée (C. civ., 1302). Ce serait alors au débiteur à prouver le cas fortuit qu'il allègue pour sa libération (C. civ., 1302 et 1315). Car il devient demandeur par son exception (L. 19, ff., *De probat.*).

22. — Si le créancier prétendait qu'il avait vendu la chose antérieurement à sa perte, le juge apprécierait, d'après les circonstances, ce qu'il pourrait y avoir ou non de fondé dans cette allégation. — Duranton, t. 12, n° 504.

23. — S'il s'agit de la restitution d'une chose, celui qui l'a soustraite est tenu d'en rendre le prix : de quelque manière qu'elle ait péri, et soit que ce fût avant ou après la mise en demeure du débiteur (C. civ. 1302). Car le voleur est toujours en demeure de restituer la chose volée. (L. 8, § 1; L. 20, ff., *De condict. furtiv.*).

24. — Mais alors pourrait-il y avoir lieu à l'exception admise par le § 2 de l'art. 1302, que l'obligation est éteinte dans le cas où la chose fût également périe chez le créancier si elle lui eût été livrée? Ainsi le voleur devrait-il compte de la chose s'il prouvait qu'elle eût également péri chez le propriétaire, s'il ne l'eût pas soustraite; par exemple, si la chose avait été volée et détruite pendant un incendie qui aurait dévoré tout un quartier? Nous ne le pensons pas. D'abord les termes du § 4 de l'art. 1302, *quelle que soit la manière dont la chose volée ait péri ou ait été perdue*, indiquent seulement qu'il est inutile, dans ce cas, d'examiner si c'est par la faute ou sans la faute du débiteur que la perte est arrivée. Le voleur, constitué en demeure par le fait même du vol, répond forcément des cas fortuits et de force majeure. Mais comme il n'est tenu de ces cas qu'à raison de sa mise en demeure, qui a lieu de plein droit, il s'ensuit que l'exception du § 2 de l'art. 1302 lui est très-bien applicable. Ensuite, le Code ne permet en aucun cas qu'on puisse s'enrichir aux dépens d'autrui. Or c'est ce qui arriverait si l'on faisait payer au voleur une chose dont il n'a rien retiré, et que le propriétaire eût également perdue si elle ne lui avait pas été soustraite. Qu'on punisse le voleur comme tel, rien de mieux; mais des dommages-intérêts, qui ne consistent jamais que dans la perte qu'on a faite et le gain dont on a été privé (C. civ. 1149), il ne peut en être dû par qui n'a causé aucune perte. — Duranton, t. 12, n° 506; Zachariæ, *Cours de droit civ. français*, t. 2, p. 422, note 6. — V., cependant, Pothier, *Obligations*, n° 664;

Toullier, t. 7, nº 468; Rolland de Villargues, nº 45.

25. — La disposition du Code qui ne dispense pas le voleur de restituer le prix de l'objet volé, quelle que soit la manière dont celui-ci ait péri ou ait été perdu, ne s'applique qu'au voleur lui-même, *à celui qui a soustrait* la chose. Elle ne s'étend pas à ses héritiers. — Toullier, t. 7, nº 468; Rolland de Villargues, nº 46.

26. — La restitution à faire au cas où la chose a péri par le fait ou la faute du débiteur, consiste dans le prix de la chose en y ajoutant, s'il y a lieu, des dommages-intérêts. L'action en obtention de ce prix et de ces dommages-intérêts subsiste contre les héritiers du débiteur et même contre ses cautions, si le cautionnement est indéfini, s'il n'a pas été réduit à une somme déterminée. — C. civ., 2016. — Pothier, *Obligations*, nºs 661 et suiv.; Toullier, t. 7, nºs 469 et 470; Duranton, t. 12, nº 508.

27. — La caution serait encore tenue des dommages-intérêts si la chose avait péri, même par cas fortuit, depuis la mise en demeure du débiteur (L. 58, § 1er, ff., *De fidej. et mand.*, et L. 24, § 1er, ff., *De usuris*), s'il n'est prouvé toutefois qu'elle eût dû également périr chez le créancier, au cas où elle lui eût été livrée. La mise en demeure ayant perpétué l'obligation du débiteur, a perpétué également celle de la caution. — Duranton, t. 12, nº 508; Rolland de Villargues, nº 61.

28. — Si la chose a péri par le fait de la caution, ou depuis qu'elle a été mise en demeure, sans que le débiteur l'ait été, celui-ci est libéré s'il n'a d'ailleurs à se reprocher aucune faute; car si la caution est obligée pour le débiteur principal, celui-ci n'est pas obligé pour la caution (L. 32, § 5, ff., *De usuris*; L. 49, ff., *De verb. oblig.*). Il en serait autrement si le débiteur s'était porté garant des faits de la caution, comme cela arrive lorsque celui-ci s'oblige solidairement avec le débiteur principal. (C. civ., 1216). Alors, il y aurait lieu à appliquer l'art. 1205 C. civ. — Pothier, *Obligations*, nºs 665 et suiv.; Toullier, t. 7, nº 471; Duranton, t. 12, nº 509; Rolland de Villargues, nº 62; Delvincourt, t. 2, p. 586 (notes).

29. — Si la chose due a péri par le fait ou la faute ou pendant la demeure de l'un ou de plusieurs des débiteurs solidaires, les autres codébiteurs ne sont point déchargés de l'obligation de payer le prix de la chose; mais ceux-ci ne sont point tenus des dommages-intérêts, le fait de leur codébiteur n'ayant pu augmenter l'étendue de leur engagement (L. 32, § 4, ff., *De usuris*). Le créancier peut seulement répéter les dommages-intérêts tant contre les débiteurs par la faute desquels la chose a péri, que contre ceux qui étaient en demeure. — C. civ., 1205.

30. — Au cas où la chose due a péri par le fait ou la faute de l'un des débiteurs non solidaires, ou depuis sa mise en demeure, les codébiteurs sont libérés, quand même la chose serait indivisible, sauf au créancier son recours pour le tout contre celui qui a fait périr la chose. Il ne pourrait même réclamer que la part de ce dernier, si la chose avait péri sans le fait de celui-ci depuis sa mise en demeure. — Duranton, t. 12, nº 511; Rolland de Villargues, nº 64.

31. — Si la chose périt par le fait, par la faute ou depuis la demeure de l'un des héritiers du débiteur, ses autres héritiers sont libérés tant du prix de la chose que des dommages-intérêts comme si la chose eût péri par le fait d'un étranger, car leur cohéritier leur est en effet étranger en ce qui concerne leur part dans la dette (L. 48, § 1er, ff., *De legatis*). Ils ne répondent nullement les uns des autres; et quoiqu'ils soient tenus hypothécairement de toute la dette, ils ne sont personnellement débiteurs que de leur part respective. — Pothier, *Obligations*, nº 631; Toullier, t. 7, nº 473; Duranton, t. 12, nº 511; Rolland de Villargues, nº 65.

32. — Si la chose due avait été mêlée avec d'autres, de manière à ne pouvoir plus en être séparée, comme serait du blé mêlé avec d'autre blé, ou à ne pouvoir plus l'être sans inconvénient, ou si elle avait été employée à faire une nouvelle espèce, on appliquerait alors les règles sur l'accession, le mélange ou la spécification. — Duranton, t. 12, nº 507; Rolland de Villargues, nºs 68 et 63. — V. ACCESSION.

33. — Si la perte de la chose n'était pas totale, la dette subsisterait pour le surplus. — Ainsi: au cas où une maison vendue aurait péri par incendie, le vendeur serait tenu de livrer le terrain et les matériaux. — Si j'ai acheté un troupeau, qui a péri moins une seule bête, par épizootie, cette bête me reste due. — La peau du bœuf qui aurait péri après que je l'aurais acheté, me serait également due si elle avait été sauvée. Toutefois, les jurisconsultes romains, se fondant sur ce que la mort du bœuf était une extinction totale de la chose due, décidaient le contraire. Mais Pothier (*Oblig.*, nº 633) a très bien remarqué que ce raisonnement n'était qu'une pure subtilité. Les accessoires de la chose périe doivent être livrés, s'ils ont été conservés. J'ai acheté un cheval avec ses harnais, ceux-ci me sont dus quoique le cheval ait péri. — Toullier, t. 7, nº 475; Rolland de Villargues, nºs 50 et 51.

34. — On a vu (nº 2) qu'il y avait perte de la chose, quand cette chose avait été mise hors du commerce: par exemple si elle avait été expropriée pour cause d'utilité publique. Mais l'obligation revit-elle, lorsque la chose, après avoir été consacrée d'abord à des usages publics, est rendue ensuite au commerce? On doit décider, en ce cas, avec Celsus, que l'obligation n'a pas été éteinte, mais qu'elle a été seulement assoupie. Le créancier pourrait donc la réclamer, si elle était rentrée dans le commerce avant qu'il eût été légalement indemnisé; mais s'il avait reçu l'indemnité qui lui est accordée par la loi, ses droits seraient éteints et la chose resterait unie au domaine de l'Etat tant que celui-ci n'en aurait pas disposé suivant les formes légales. — Toullier, t. 7, nº 477; Rolland de Villargues, nº 23.

35. — Pareillement: si la chose perdue se retrouve, l'obligation revit pour le débiteur. — Rolland de Villargues, nº 25.

36. — La rente foncière était autrefois éteinte par la destruction totale de l'héritage qui en était chargé (Pothier, *Traité du bail à rente*, nº 190). Aujourd'hui l'art. 530 du C. civ. répute meuble toute rente établie à perpétuité pour prix du transport d'un héritage, et la déclare essentiellement rachetable. La destruction même totale de l'héritage ne peut donc plus éteindre la rente. Mais cette disposition ne doit pas rétroagir sur les anciennes rentes foncières créées avant le Code. — Toullier, t. 7, nº 478; Rolland de Villargues, nº 32.

37. — L'art. 1303 C. civ. porte que « lorsque la chose est périe, mise hors du commerce ou perdue, sans la faute du débiteur, il est tenu, s'il y a quelques droits ou actions en indemnité par rapport à cette chose, de les céder à son créancier. » — Ce principe, exact sous l'ancienne jurisprudence, où la propriété n'était transférée que par la tradition (Pothier, *Oblig.*, nº 634), est en désaccord avec la législation actuelle, d'après laquelle la propriété d'un corps certain s'acquiert et se transmet par l'effet des obligations (C. civ. art. 711), et où l'obligation de livrer la chose est parfaite par le seul consentement des parties contractantes, encore qu'il n'y ait pas eu tradition (C. civ., art. 1138). Le débiteur n'a donc pas besoin de livrer les droits et actions en indemnité, qu'il peut avoir par rapport à la chose; car il n'en a plus, dépouillé qu'il est de la propriété. Ces droits et actions ne peuvent appartenir qu'au créancier, qui n'a donc aucunement besoin de subrogation pour les exercer. — Toullier, t. 7, nº 476.

38. — Toutefois, on peut citer, comme cas dans lequel l'art. 1303 est applicable sans contredire les principes sur la transmission de propriété, l'exemple du dépositaire qui cède au déposant l'action contre celui qui a volé la chose. — Delvincourt, t. 2, p. 587.

V. aussi BAIL, BAIL A CENS, COMMISSIONNAIRE, COMMISSIONNAIRE DE TRANSPORTS, CONDITION, EMPHYTÉOSE, FORCE MAJEURE, LEGS.

PERTINENCE.

V. ENQUÊTE, nºs 62 et suiv.; FAITS, nº 23.

PERTUIS.

1. — Partie laissée libre pour la navigation ou le flottage, dans les cours d'eau où sont établis des gords ou barrages. — On donne aussi au pertuis le nom de passalis.

2. — A défaut de règlemens particuliers, les pertuis doivent avoir une largeur au moins de 8 mètres (24 pieds). Le temps où ils doivent être tenus ouverts ou fermés selon la hauteur des eaux est fixé pour chaque cours d'eau par des ordonnances spéciales. — V. une instruct. du 24 pluv. an V.

3. — Les frais de réparation et reconstruction sont à la charge des entrepreneurs du flottage et des propriétaires d'usines dans une proportion déterminée par des règlemens d'administration publique ou par des conventions particulières entre les coobligés. — Daviel, *Cours d'eau*, t. 1er, nº 315.

4. — Si la contribution a été fixée par d'anciens règlemens, l'administration peut dans certaines circonstances, et par appréciation de l'importance relative des usines et des réparations à effectuer, changer les conditions de cette contribution. — Décr. 11 déc. 1812. — Daviel.

5. — Si le dommage est dû au passage des flots de bois, la réparation en est due, aux termes d'un avis du conseil du 7 sept. 1694, par les marchands de bois.

6. — Selon Proudhon (nº 1221 et suiv.) cependant, les marchands ne seraient responsables que des dégradations dues exclusivement aux flotteurs et non à celles causées par le choc naturel du bois; il pense que, dans ce dernier cas, les propriétaires d'usines doivent contribuer. — V. t. 1er, nº 306.

7. — Mais M. Daviel (t. 1er, nº 306) combat cette opinion, et selon nous avec raison; il s'appuie surtout sur l'obligation imposée aux marchands de bois, par l'ord. de 1672 (chap. 17, art. 11 et 12), de faire dresser contradictoirement avec les propriétaires d'usines et d'écluses, avant le flottage, l'état des pertuis, et de faire le recolement, après le flot passé, sinon les propriétaires de pertuis peuvent refuser passage. Cette charge n'aurait aucun but, évidemment, si ce n'était de mettre à la charge des marchands de bois les dommages causés par le passage du flot.

8. — Aux termes de l'art. du ch. 1er de l'ord. de 1672: « Lorsqu'il conviendra faire quelques ouvrages aux pertuis sur les rivières de Seine et autres navigables et flottables et y affluentes qui pourraient empêcher la navigation et conduite des marchandises nécessaires à la provision de Paris, seront les propriétaires d'iceux tenus d'en faire (aux maires des communes voisines) la publication un mois avant que de commencer lesdits ouvrages et rétablissemens. Sera aussi déclaré le temps auquel lesdits ouvrages seront rendus parfaits et la navigation rétablie. A quoi les propriétaires seront tenus de satisfaire ponctuellement, à peine de demeurer responsables des dommages-intérêts et retards des marchands et voituriers. »

9. — Une rivière doit être considérée comme navigable et flottable au point où il existe un passalis ou pertuis. — *Cons. d'Etat*, 19 janv. 1832, Cayla. — V. aussi Cormenin, t. 1er, p. 540; Chevalier, *Jurisp. admin.*, vº *Cours d'eau*, t. 1er, p. 295; Cotelle, *Cours de dr. administr.*, t. 3, p. 543. — V., au surplus, COURS D'EAU, FLOTTAGE, USINES.

PESAGE ET MESURAGE PUBLICS.

1. — Le pesage ou mesurage est l'appréciation, au moyen des instrumens déterminés par les lois et règlemens, du poids ou de la mesure des denrées et marchandises.

2. — On distingue deux espèces de pesage ou mesurage: celui que fait le commerçant vendant sa marchandise (V. POIDS ET MESURES), et celui qui a lieu dans les bureaux de poids publics par le ministère de peseurs et mesureurs que l'administration a préposés à cet effet. — Goujet et Merger, *Dict. de droit comm.*, vº *Pesage et mesurage*, nº 1er. — C'est de cette dernière espèce dont nous nous occuperons ici.

3. — Les bureaux de pesage, mesurage et jaugeage publics sont établis par l'autorité pour peser et mesurer, moyennant une certaine rétribution, les denrées et marchandises qui y sont présentées à cet effet par les parties intéressées. — Merlin, *Rép.*, vº *Poids public*.

4. — La diversité des systèmes de poids et mesures qui régnait en France avant l'établissement du système métrique rendait précieux, sinon indispensable, l'établissement, dans les lieux importans, d'un pesage public, afin de fournir le moyen de vérifier la contenance et le poids des matières échangées, achetées ou vendues. Cette vérification se faisait sous la garantie du pouvoir ou des seigneurs, et la rétribution qui en résultait était acquise à ces seigneurs ou à l'Etat.

5. — Ces droits constituaient une partie des redevances féodales; ils disparurent devant le décret du 15 mars 1790, qui abolit tous les droits féodaux. Avec eux disparut aussi le pesage public.

6. — La loi du 15 mars 1790 a supprimé, sans indemnité, un droit de courtage consistant en pesage, mesurage, jaugeage et autres menus droits sur les denrées entrant dans une commune; et il n'y a pas lieu de distinguer si ce droit était possédé par un seigneur ou par un simple particulier. — *Cass.*, 12 janv. 1825, de Tauriac c. commune de Milhaud.

7. — Au surplus : un pareil droit doit être considéré comme seigneurial, s'il était exercé comme mesure de police par un requéreur représentant une commune à laquelle ce droit avait été cédé par le roi. — Même arrêt.

8. — Un arrêté du 27 brumaire an VII rétablit les bureaux de poids publics, et affecta le produit des taxes au service des hospices.

9. — Un autre arrêté, du 7 brumaire an IX, maintenant l'existence de ces bureaux, en détermine les fonctions. Tous les citoyens peuvent y faire peser, mesurer et jauger leurs marchandises moyennant une rétribution juste et modérée. — Art. 1er.

10. — Les peseurs, mesureurs et jaugeurs publics sont nommés par le préfet et prêtent préalablement serment. — *Ibid.*, art. 2 et 3.

11. — Aucune personne autre que les peseurs, mesureurs et jaugeurs publics ne peut exercer leurs fonctions, dans l'enceinte des marchés, halles et ports, à peine de confiscation des instrumens destinés au pesage et mesurage. — Art. 4. — Cette enceinte est déterminée et désignée d'une manière apparente par l'administration municipale sous l'approbation du sous-préfet. — Art. 5.

12. — Est passible de la peine portée par l'art. 471 (n° 15) du Code pénal : celui qui, sans être peseur public, et au mépris de la prohibition portée par un arrêté municipal, s'interpose entre vendeurs et acheteurs et s'immisce dans l'exercice du mesurage public dans l'enceinte des ports et marchés. — *Cass.*, 8 avril 1847 (t. 1er 1849, p. 559), Charrier.

13. — Jugé cependant qu'un règlement municipal ne peut valablement interdire aux simples citoyens d'exercer, dans la commune, la profession de peseur, mesureur ou jaugeur, hors des marchés, halles et ports, et hors les cas de contestation. Dès lors, ils peuvent user de ce droit, nonobstant un semblable arrêté, pourvu qu'ils se conforment, quant à la régularité des instrumens employés par eux, aux lois et règlemens. — *Cass.*, 15 oct. 1840 (t. 2 1841, p. 392), Chayard.

14. — Les peseurs, mesureurs et jaugeurs publics ne peuvent employer que des poids et mesures dûment étalonnés, certifiés et portant l'inscription de leur valeur. — Arrêté 7 brum. an IX, art. 6. — V. POIDS ET MESURES.

15. — Ils délivrent, aux citoyens qui le demandent, un bulletin constatant le résultat de leurs opérations. — Art. 7.

16. — Les peseurs et mesureurs jurés sont patentables de 6e classe ; — droit fixe basé sur la population, — droit proportionnel du 20e de la valeur locative de l'habitation et des lieux servant à l'exercice de la profession. — V. PATENTE.

17. — Quant aux fermiers des droits de pesage et mesurage, ils sont patentables de 4e classe ; — droit fixe basé sur la population, — droit proportionnel du 20e de la valeur locative de l'habitation seulement.

18. — L'infidélité dans les poids et mesures employés au pesage public est assimilée à la vente à faux poids ou fausse mesure par les marchands, poursuivie comme ce délit devant les tribunaux correctionnels, et punie des mêmes peines. — Arrêté 7 brum. an IX, art. 8.

19. — Nul n'est contraint à recourir au pesage et mesurage public, si ce n'est dans le cas de contestation. — L. 29 flor. an X, art. 1er.

20. — Une instruction du ministre de l'intérieur du 4 therm. an XII porte : « Nul n'est forcé à faire mesurer sa marchandise, nul n'est empêché de la mesurer lui-même. La régie ne peut percevoir le prix d'un mesurage, s'il n'est pas effectué par ses agens ; mais aussi il est défendu à tous individus autres que les préposés de la régie de faire les fonctions de peseur, mesureur et jaugeur publics, soit à domicile, soit dans les halles, marchés, places et ports, soit gratuitement, soit moyennant salaires, sous les peines portées par les règlemens. »

21. — Ainsi, celui qui ne fait peser des marchandises que pour se rendre compte, et sans que ce soit à l'occasion d'une vente, d'un achat ou d'une contestation, n'est pas obligé d'employer les peseurs publics. — *Cass.*, 26 vend. an XIII, Duguey ; 29 juill. 1808, Vermylen.

22. — Spécialement : un négociant peut faire verger ses eaux-de-vie par toute personne indistinctement, lorsqu'elles ne sont l'objet d'aucune contestation. — *Cass.*, 17 avril 1806, Becquerisse.

23. — D'où il suit que lorsque le cahier des charges ne donne aux peseurs et mesureurs publics le droit de faire le mesurage chez les particuliers que s'ils en sont requis, ils ne peuvent se plaindre de ce que ce mesurage serait fait par d'autres. — *Cons. d'Etat*, 2 février 1821, David c. Ville d'Avignon.

24. — En n'astreignant les particuliers à ne recourir au pesage et au mesurage publics que dans le cas de contestation, la loi du 29 floréal an X a nécessairement limité les attributions de l'autorité administrative relativement aux règlemens qu'elle peut prendre à cet égard.

25. — Ainsi n'est point obligatoire l'arrêté municipal qui voudrait contraindre les particuliers à recourir aux mesureurs publics, hors le cas de contestation. — En conséquence, le mesurage effectué sur un bateau par les ouvriers du propriétaire des charbons mesurés ne constitue aucune contravention ; alors qu'aucune contestation ne s'était élevée sur ce mesurage, et qu'il n'avait été employé que des mesures légales. — *Cass.*, 16 mai 1834, Millet.

26. — Il en est de même 1° du règlement de police qui, en défendant de peser et mesurer ailleurs que sur les foires et marchés les marchandises qu'on y a exposées en vente, impose aux citoyens l'obligation de s'adresser dans tous les cas, et même quand il n'y a point contestation, au bureau public de pesage et mesurage. — *Cass.*, 13 avril 1833, Naunau.

27. — ... 2° De l'arrêté municipal qui défend à tous les débitans de denrées qui se vendent au poids ou à la mesure, de peser ou mesurer ailleurs qu'au bureau de pesage et de mesurage public ; même dans le cas où il ne s'élève aucune contestation entre le vendeur et l'acheteur. — *Cass.*, 19 juill. 1833, Lantheaume.

28. — ... 3° De l'arrêté municipal qui établissant un bureau de pesage public, ne peut l'étendre aux ventes faites dans les maisons particulières. — *Cass.*, 21 août 1829, Guys.

29. — Jugé cependant que l'autorité municipale a le droit d'imposer à ceux qui fréquentent les ports et marchés le ministère des préposés publics pour le mesurage et le pesage. — *Cass.*, 12 nov. 1842 (t. 1er 1844, p. 37), Channotte.

30. — La prohibition de peser et mesurer pour le public, que l'arrêté du 7 brum. an IX a restreinte, hors le cas de contestation, à l'enceinte des marchés, halles et ports, ne peut être étendue par un arrêté municipal jusqu'aux limites de l'octroi. — Un arrêté municipal ne peut non plus imposer l'obligation de la patente aux particuliers appelés pour peser dans les maisons des habitans. — En conséquence, n'est point punissable le fait par un particulier d'avoir, sans patente, pesé des denrées dans l'intérieur d'une ville mais hors de l'enceinte des marchés, halles et ports et alors qu'il n'y avait point de contestation entre l'acheteur et le vendeur. — *Cass.*, 29 juin 1844 (t. 2 1844, p. 271), Brunet.

31. — Un arrêté municipal revêtu de l'approbation du gouvernement peut assimiler les ports et les bateaux aux halles, marchés, et autres lieux soumis à la surveillance permanente de la police municipale, et disposer que les préposés du poids public auront le droit de s'y introduire pour peser et mesurer les marchandises dont la vente aurait lieu. — *Cass.*, 13 nov. 1827, Dupré c. Ville de Rouen.

32. — La partie d'une rivière située dans l'intérieur d'une ville est censée faire partie du port de cette ville, encore bien qu'il n'y ait à cet égard aucune désignation spéciale. En conséquence, cette partie de rivière est soumise à la prohibition faite par un arrêté municipal à tous individus autres que ceux qui ont été nommés à cet effet, d'exercer dans le port de la ville les fonctions de peseur, mesureur et jaugeur. — *Cass.*, 12 nov. 1842 (t. 1er 1844, p. 37), Channotte.

33. — En supposant que l'enlèvement de marchandises pesées et mesurées ne doive pas être considéré de droit comme vente, au moins la preuve qu'il y a vente peut résulter d'un acte signifié par le contrevenant aux arrêtés sur les poids et mesures et contenant déclaration que toutes les voitures dont le chargement se trouve arrêté par l'intervention des préposés sont celles de divers manufacturiers, qui vont se trouver sans marchandises, et qu'il se réserve une action en dommages-intérêts, contre le maire, dans le cas où il serait lui-même inquiété pour le défaut de livraison. — *Cass.*, 13 novembre 1827, Dupré c. Ville de Rouen.

34. — Lorsque, hors le cas de contestation, un arrêté de police ordonne de n'employer les préposés du bureau des poids publics que pour les pesages ou mesurages qui se font avec de grandes balances, ou avec des mesures d'hectolitre, stère, mètre et jauge, les marchands peuvent, sans contravention, peser ou mesurer eux-mêmes avec tout instrument d'une grandeur ou capacité inférieure à celle déterminée et particulièrement avec le demi-hectolitre. — *Cass.*, 29 mars 1821, Langlé-Desmoulins.

35. — Quoi qu'il en soit, si l'arrêté d'un maire, qui défend à tous autres qu'aux préposés du pesage public d'exercer la profession de peseurs, même dans les lieux autres que ceux où se tiennent habituellement les halles et marchés, peut se justifier à raison de l'importance d'une foire, un tel arrêté cesse d'être légal, et conséquemment obligatoire, aussitôt que la cause extraordinaire qui l'a motivé n'existe plus. — *Cass.*, 24 juin 1843 (t. 2 1843, p. 575), Laporte. — Plusieurs arrêts de la Cour de cassation ont considéré comme illégaux les arrêtés municipaux ayant pour résultat de porter atteinte à la profession de peseur, au delà des termes de l'arrêté du 7 brum. an IX et de la loi du 29 flor. an X. — *Cass.*, 15 oct. 1840 (t. 2 1841, p. 392, et le renvoi), Chayard. — V. cependant *Cass.*, 12 nov. 1842, Channotte.

36. — Les tarifs des droits à percevoir dans ces bureaux, et les règlemens y relatifs, sont proposés par les conseils des communes, adressés aux sous-préfets et aux préfets, qui donnent leur avis, et soumis à l'approbation du gouvernement. — L. 29 flor. an X, art. 2.

37. — Les règlemens et tarifs concernant le mesurage et le pesage publics ne peuvent recevoir d'exécution et n'ont de caractère légal que par l'approbation du gouvernement ou au moins par celle du ministre de l'intérieur. — *Cass.*, 16 (et non 15) mars 1822, Jacobin ; 12 mars 1847 (t. 2 1847, p. 372), Roucou.

38. — L'impôt municipal, de pesage et mesurage, établi par la loi du 29 flor. an X, différant tout à fait des anciens droits supprimés par la loi du 15 mars 1790 ; celui à qui une commune aurait autrefois vendu un droit de courtage ne peut, en vertu du principe qui défend de garder le prix et la chose, demander contre cette commune, dans laquelle aurait été rétabli un bureau de pesage et mesurage, la restitution du prix de l'ancien droit de courtage. — *Cass.*, 12 janv. 1825, de Tauriac c. Commune de Milhaud.

39. — Jugé cependant qu'un bureau de pesage et le droit de l'exploiter dans un local déterminé, s'il a été acheté d'un gouvernement antérieur, est une propriété ; qu'en conséquence, c'est aux tribunaux, et non à l'autorité administrative, qu'appartient le droit de statuer sur les dommages-intérêts résultant de la dépossession. — *Cons. d'Etat*, 1er avril 1808, Franco c. Commune de Casal.

40. — Les peseurs et mesureurs publics ne peuvent réclamer de la ville où ils exercent une indemnité pour le dommage qui leur aurait été causé de la part des particuliers qui se seraient immiscés dans les halles et marchés, qu'autant qu'ils justifient de plaintes et poursuites relatives à ces contraventions. — *Cons. d'Etat*, 2 fév. 1821, David c. Ville d'Avignon.

41. — Un arrêté du 6 prair. an XI prescrit l'exécution de la loi du 29 flor. an X dans la ville de Paris, et défend, sous peine de poursuites correctionnelles, l'établissement de bureaux particuliers de pesage et de mesurage.

42. — Les droits de pesage et de mesurage ont été fixés pour Paris par un décret du 16 juin 1808.

43. — L'arrêt du Conseil du 6 fév. 1778, celui du 26 mars 1779 et le décret du 11 juin 1811, qui astreignent les carriers à payer à la caisse municipale de Paris un droit pour le mesurage des pierres, n'ont été implicitement abrogés ni par la charte de 1814 ni par celle de 1830. — *Cass.*, 17 nov. 1840, Guillemette c. ville de Paris.

44. — Le droit de mesurage doit être perçu non-seulement pour les pierres de taille, mais encore pour les moellons. — Même arrêt.

45. — Les dispositions du décret du 15 nov. 1810, portant que le recouvrement des recettes de l'octroi sera poursuivi par voie de contrainte, sont applicables aux fermiers du droit de pesage et de mesurage. — Décret 26 sept. 1811.

46. — De ce que les règlemens et tarifs concernant le pesage et le mesurage publics ne sont exécutoires qu'après l'approbation de l'autorité supérieure compétente (V. *suprà* n° 37), il suit que tant que cette approbation n'a pas été donnée ils ne sauraient servir de base légale à une poursuite et à une condamnation. — *Cass.*, 16 (et non 15) mars 1822, Jacobin ; 12 mars 1847 (t. 2 1847, p. 372), Roucou.

47. — C'est au tribunal de simple police, et non au tribunal de police correctionnelle, qu'il appartient de connaître des contraventions aux règlemens sur les bureaux publics de pesage, mesurage et jaugeage dans tous les cas où il ne s'agit point d'infidélité dans les poids. —*Cass.*, 16 mars 1822, Jacobin.

48. — Avant la loi du 28 avr. 1832, les contraventions aux règlemens sur le pesage et mesurage publics étaient punies des peines portées aux art. 605 et 606 C. 3 brum an IV. — Même arrêt.

49. — L'amende encourue pour contravention en matière de pesage, jaugeage et mesurage publics étant moins une peine qu'une réparation du dommage causé à l'administration; il s'ensuit que l'administration est recevable à appeler du jugement qui a refusé de prononcer une condamnation à l'amende, lors même qu'elle n'aurait conclu à aucuns dommages-intérêts.—*Cass.*, 5 sept. 1828, Perron et Moussinac.

50. — L'adjoint délégué par le maire à la direction du poids public a qualité pour appeler d'un jugement de police correctionnelle qui renvoie un individu de la poursuite exercée contre lui par le maire pour délits d'outrages et de rébellion envers les employés de la régie du poids public. — Même arrêt.

51. —L'opposition apportée par un particulier à l'exercice des préposés de la régie du poids public dans la ville de Bordeaux étant passible d'une amende de 50 francs, aux termes de l'art. 102 du décret du 22 avril 1814; le jugement de police correctionnelle qui statue sur une contravention de cette nature, est susceptible d'appel, soit qu'il acquitte, soit qu'il condamne le prévenu.—*Cass.*, 5 sept. 1828, Perron.

52. — Indépendamment des bureaux de pesage et mesurage publics, il en est d'autres pour l'industrie de la soie. Ils sont désignés sous le nom de *condition publique des soies.* — V. CONDITION DES SOIES.

53. —Les frais de la condition sont supportés moitié par le vendeur et moitié par l'acheteur.— Décr. 15 janv. 1808, art. 5.

PESTE.

V. ASSURANCE MARITIME, POLICE SANITAIRE, TESTAMENT.

PETITS ENFANS.

V. ENFANT, n° 7. — V. aussi DONATION DÉGUISÉE, INTERDICTION, LÉGITIME, SUBSTITUTION, SUCCESSION.

PÉTITION.

1. —Le droit de pétition est une voie ouverte à tous les Français, au moyen de laquelle ils peuvent non-seulement intervenir régulièrement dans la marche du gouvernement des affaires publiques; mais encore exprimer leurs plaintes au sujet de l'action des agens du gouvernement, des griefs qu'ils croient avoir à leur imputer et dont ils n'ont pu obtenir le redressement par une autre voie légale. — Serrigny, *Traité du dr. publ. des Français*, t. 2, p. 510.

2. — Ce droit, appartenant à tous les Français sans distinction d'âge ou de sexe, doit être regardé comme un droit absolu; et, par conséquent, il n'est pas seulement un droit politique, il est de plus un droit public. —Serrigny, p. 511.

3. —Si le droit de pétition est un droit public pour tous les Français, il ne résulte pas de là, cependant, qu'une pétition présentée par un étranger doive être repoussée par une fin de non-recevoir tirée de la qualité du pétitionnaire.— Serrigny, *loc. cit.*

4. — Dans les premiers temps qui suivirent la Révolution de 1789, le droit de pétition n'était soumis à aucune forme, à aucune règle. Il pouvait s'exercer d'une manière *collective* comme d'une manière *individuelle*.

5. —On entend, par pétition collective, non pas celle qui, signée par plusieurs individus, n'énonce en réalité que la volonté individuelle de chacun des signataires, mais celle qui est présentée au nom de plusieurs individus formant un corps délibérant, comme étant la volonté de ce corps. — Une pétition peut donc être individuelle, quoiqu'elle soit signée par un plus ou moins grand nombre d'individus.—Serrigny, p. 514 et 515.

6. —Le droit de pétition étant devenu, entre les mains des sociétés populaires qui s'étaient formées depuis la Révolution, un moyen d'intimidation, d'oppression contre le gouvernement et les assemblées représentatives; une loi du 14-17 juin 1791 (art. 3) interdit de recevoir aucune adresse ou pétition sous la dénomination d'un état ou profession, et d'y faire aucune réponse. — La Constitution du 3-14 sept. 1791 probiba formellement toutes les pétitions collectives, en ne garantissant (tit. 1er, n° 3) aux citoyens que la « liberté d'adresser aux autorités constituées des pétitions signées individuellement. » —La loi du 9 octobre de la même année vint compléter cette disposition en défendant (art. 2) aux sociétés, clubs ou associations, de faire aucune pétition en nom collectif, et généralement tous actes où ils paraîtraient sous les formes de l'existence politique.

7. — Plus tard, le droit de pétition fut de nouveau affranchi de toute limite, de toute restriction. « Le droit, porte en effet l'art. 32 de la déclaration des droits qui précède l'acte constitutionnel du 24 juin 1793, de présenter des pétitions aux dépositaires de l'autorité publique, ne peut, en aucun cas, être interdit, suspendu ou *limité.* » — Et l'acte constitutionnel précité (art. 122) garantit à tous les Français le droit de pétition d'une manière absolue. — Ainsi, à partir de cet acte, les pétitions collectives redevinrent en vigueur.

8. — Mais la loi du 25 vendémiaire an III rétablit le principe admis par la Constitution de 1791. « Aucunes pétitions ou adresses, est-il dit dans l'art. 2 de cette loi, ne peuvent être faites en nom collectif; elles doivent être *individuellement* signées. » Ce principe fut depuis reproduit dans les constitutions qui suivirent.

9. — Ainsi, l'art. 364 de la Constitution du 5 fructidor an III (22 août 1795) est ainsi conçu : « Tous les citoyens sont libres d'adresser aux autorités publiques des pétitions; mais elles doivent être *individuelles.* Nulle association ne peut en présenter de collectives; si ce n'est les autorités constituées, et seulement pour des objets propres à leur attribution. » — La Constitution du 22 frimaire an VIII (13 déc. 1799, art. 83) et celle du 6-9 avril 1814 (art. 26) ne reconnurent également aux citoyens que le droit d'adresser des pétitions individuelles à toute autorité constituée.

10. — En maintenant le droit de pétition, la Charte du 4-10 juin 1814 ne fit plus mention de pétitions individuelles ni de pétitions collectives. Elle déclara seulement (art. 53) que toute pétition à l'une ou à l'autre des Chambres ne pouvait être faite et présentée que par écrit, et que la loi interdisait d'en apporter en personne et à la barre. — La Charte du 14 août 1830 reproduisit littéralement, dans son article 45, cette disposition.

11. —Quoique la Charte de 1814 et celle de 1830 n'eussent pas restreint l'exercice du droit de pétition aux pétitions individuelles, elles n'autorisaient cependant pas les pétitions collectives. Ces Chartes ne contenant rien d'incompatible avec les dispositions des lois et constitutions antérieures, sur la nécessité des pétitions individuelles, avaient laissé subsister ces dispositions, par lesquelles l'exercice du droit de pétition avait continué à être régi.—Serrigny, t. 2, p. 515 et 516.

12. — Tel était l'état de la législation relative au droit de pétition, lorsque éclata la révolution du 24 fév. 1848. Ce droit redevint, alors, comme autrefois, dans les mains des sociétés populaires qui s'étaient formées, la source de grands dangers, de graves abus. Il fut même la cause ou le prétexte de l'envahissement de l'Assemblée nationale dans la journée du 15 mai 1848. — V. le compte-rendu de cet envahissement dans le supplément du *Moniteur* du 16 mai 1848.

13. — Par l'art. 66 de son règlement en date du 20 mai 1848, l'Assemblée nationale a exigé que toutes les pétitions qui lui seraient adressées fussent rédigées par écrit et signées, remises au président de l'Assemblée, ou déposées sur le bureau par un membre de l'Assemblée, et a défendu de les apporter en personne à sa barre. Le décret du 28 juillet-2 août 1848, *sur les clubs*, a complété cette disposition en interdisant toutes pétitions *collectives* de clubs, sous peine d'une amende de 100 à 500 fr. et, suivant le cas, d'un emprisonnement de quinze jours à trois mois, et de la privation des droits civiques de un à cinq ans, contre les président, secrétaires et autres membres de bureau qui auront autorisé ces pétitions et, en outre, contre tous ceux qui y auront pris part. — Art. 7 et 10.

14. — Au nombre des droits que la Constitution du 4 novemb. 1848 garantit aux citoyens se trouve celui de *pétitionner* (art. 8). Mais la Constitution n'a point réglementé l'exercice de ce droit, qui a continué à être régi par le règlement du 20 mai et le décret du 28 juillet-2 août 1848 précités.

15. —Le droit de pétition garanti par la Constitution de 1848 doit donc être pris dans le sens restrictif des constitutions antérieures. Ainsi : des pétitions peuvent être présentées à l'Assemblée législative, reçues et examinées par elle, quoiqu'elles soient signées par un nombre indéterminé d'individus, si ces individus ont agi isolément. — Mais ne peuvent lui être présentées des pétitions collectives arrêtées dans une agglomération d'individus après délibération, et exprimant le vœu de cette réunion formulé par la majorité.

16. — Les corps ou assemblées délibérantes ne peuvent pas davantage présenter en corps des pétitions à l'Assemblée législative. Les juges d'un tribunal, par exemple, peuvent bien adresser à l'Assemblée une pétition signée par eux tous *ut singuli*, mais non exprimant la volonté du tribunal en corps. — Serrigny, t. 2, p. 515 et 516.

17. — De même, les conseils généraux de département, les conseils d'arrondissement et les conseils municipaux, n'ayant que le droit de donner leur avis et d'exprimer leurs vœux, ne peuvent, par suite d'une délibération intervenue à cet effet, adresser à l'Assemblée législative une pétition collective. La délibération qui aurait précédé cette délibération serait contraire aux lois et devrait être déclarée nulle. — Serrigny, t. 2, p. 517.

18. — La garde nationale ne peut pas non plus présenter de pétitions collectives, toute délibération lui étant interdite.— Serrigny, t. 2, p. 516.

19. — L'Assemblée législative est obligée de recevoir les pétitions qui lui sont adressées, lorsqu'elles réunissent les conditions prescrites par la loi; de les examiner, et de prononcer sur leur contenu.

20. — L'art. 67 du règlement de cette Assemblée, en date du 20 mai 1848, veut que les pétitions soient inscrites dans l'ordre de leur arrivée, sur un rôle général contenant le numéro d'ordre de la pétition, le nom du pétitionnaire et l'indication sommaire de l'objet de la pétition, rôle qui est imprimé et distribué à l'Assemblée; et l'art. 68, que les pétitions inscrites sur le rôle soient distribuées entre les divers comités, selon l'objet auquel elles se rapportent, et qu'elles y demeurent à la disposition de tous les membres de l'Assemblée qui désirent en prendre communication. — Enfin, l'art. 69 prescrit aux comités de faire chaque semaine un rapport au moins sur les pétitions qui leur seront respectivement parvenues.

21. — Toutefois, pour que l'Assemblée législative puisse prononcer sur les pétitions qui lui sont présentées, il faut que ces pétitions rentrent dans les limites de ses prérogatives. La règle de sa compétence à cet égard se trouve dans la séparation du pouvoir législatif, exécutif et judiciaire.

PÉTITION D'HÉRÉDITÉ.

1. — C'est la demande en délaissement d'une succession en tout ou en partie.

§ 1er. — *Nature et exercice de l'action en pétition d'hérédité* (n° 2).

§ 2. — *Restitution à faire en cas d'admission de la pétition d'hérédité* (n° 20).

§ 3. — *Effets des actes passés par l'héritier apparent* (n° 37).

—

§ 1er. — *Nature et exercice de l'action en pétition d'hérédité.*

2. —La pétition d'hérédité, ayant pour objet de demander la restitution d'une succession, en tout ou en partie, est du nombre des actions qu'en droit on nomme *universelles.* Elle diffère ainsi de la simple action en revendication, qui n'a lieu que pour les choses particulières. — Voët, *ad Pandect.*, tit. *De hæredit. petit.*; Pothier, *Du droit de propriété*, nos 365 et 378; Merlin, *Quest. de dr.*, v° *Héritier*, § 8; Duranton, t. 1er, n° 553.

3.—Il y a lieu à pétition d'hérédité, non-seulement en matière de succession légitime ou *ab intestat;* mais encore en matière de succession testamentaire (Duranton, n° 356), et c'est une véritable pétition d'hérédité que la demande en délivrance formée par le légataire universel ou par le légataire à titre universel. — V. LEGS.

4. — La pétition d'hérédité ne peut être formée que par celui qui est l'héritier du défunt, en totalité ou en partie, ou par ceux qui représentent cet héritier ou sont à ses droits, tels qu'un cessionnaire de droits successifs. — Duranton, n° 557.

5. — Elle peut être intentée non-seulement contre ceux qui se sont mis en possession de la totalité ou de la plus grande partie des biens de la succession; mais même contre celui qui n'en posséderait qu'un objet, alors que ce possesseur dispute au demandeur la succession et sa qualité d'héritier. — L. 9 et 10, D., *De hæredit. petit.;* Pothier, n° 370; Duranton, n° 559.

6. — La demande en partage ou licitation des biens d'une succession formée par un héritier contre le détenteur de ces biens est une véritable action de pétition d'hérédité. — *Cass.*, 6 déc. 1825, Langevin c. Defontenelle.

7. — Jugé cependant que l'action en pétition d'hérédité ne peut être exercée par un héritier que contre ses cohéritiers ou les acquéreurs de leurs droits successifs, et non contre les détenteurs à titre particulier des biens de l'hérédité. — Même arrêt.

8. — La demande en délaissement d'immeubles d'une succession formée par l'héritier véritable est une action réelle qui doit être intentée contre tout détenteur. — *Montpellier*, 9 mai 1838 (t. 2 1838, p. 445), Rolland c. de Rastignac.

9. — L'action peut être intentée même contre un débiteur de la succession, lorsque, pour se défendre de payer ce qu'il doit, il prétend que c'est à lui que la succession appartient. — L. 13, § ult. D., *eod.* — Pothier, n° 374.

10. — Le délai pour former la pétition d'hérédité est de trente ans (arg. C. civ., art. 137, 789 et 2262). — *Paris*, 2 brum. an XIII, Autin c. Porquier. — Toutefois, le délai peut se prolonger par l'effet de l'interruption ou de la suspension de la prescription. — Rolland de Villargues, *Rép. du not.*, v° *Pétition d'hérédité*, nos 16 et suiv. — V., au surplus, PRESCRIPTION.

11. — Une action en nullité de legs et en pétition d'hérédité doit être formée par action principale. — *Rennes*, 12 fév. (et non janv.) 1811, N....

12. — L'action doit se porter devant le tribunal du lieu du domicile du défunt ou de sa résidence habituelle, s'il était étranger (arg. C. civ., art. 110 et 882). — Carré, *Compét.*, t. 1er, p. 521 et 522; Rolland de Villargues, n° 20.

13. — Dans une action en pétition d'hérédité formée par un étranger relativement à une succession dévolue à des héritiers regnicoles et à des étrangers, les tribunaux français sont compétens pour décider entre deux des héritiers étrangers quel doit être l'effet d'une donation faite par l'un au profit de l'autre, de sa part héréditaire, et dont le donataire excipe pour repousser l'action en pétition d'hérédité dirigée contre lui. — *Cass.*, 2 févr. 1825, de Fueniès c. de Villa-Hermosa.

14. — Pour justifier de son droit à l'hérédité qu'il revendique, le demandeur doit, s'il se prétend héritier légitime, établir son degré de parenté avec le défunt; et cela au moyen de sa généalogie et des pièces à l'appui (V. GÉNÉALOGIE): et s'il se prétend héritier institué contractuellement ou par testament, produire les pièces et titres qui constatent régulièrement son droit.

15. — Mais provisoirement, comme la possession fait présumer le possesseur propriétaire de la chose tant que la justice n'en a pas ordonné la restitution, l'héritier apparent doit, malgré la litispendance, continuer de jouir de tous les droits attachés à la propriété de cette chose et d'en percevoir les fruits. — Pothier, *De la possession*, n° 83; Toullier, t. 3, n° 77, et t. 7, n° 26.

16. — Toutefois, le possesseur ne peut plus aliéner les biens de la succession (L. 5); sauf qu'il peut être autorisé à vendre les choses périssables soit pour payer les dettes de la succession, soit pour des dépenses nécessaires à la conservation des biens (L. 5, D., *De hæred. petit*). — Pothier, *Du dr. de propriété*, n° 391.

17. — Tant que le procès sur la pétition d'hérédité est pendant les droits ou actions que l'une ou l'autre des parties avait contre le défunt restent suspendus jusqu'au jugement définitif, car le sort de ces droits ou actions dépend du jugement qui doit être rendu. — Pothier, n° 387, Rolland de Villargues, n° 28.

18. — Quant aux tiers tels que les créanciers de la succession et les légataires, l'exercice de leurs droits ne saurait être suspendu par l'action en pétition d'hérédité. Mais à qui du possesseur ou du demandeur devront-ils s'adresser? Ils peuvent le faire à l'un aussi bien qu'à l'autre; car, quoique le demandeur ne soit pas encore en possession des biens de la succession, la seule qualité d'héritier qu'il prétend avoir le rend passible des dettes de la succession, sauf son recours contre la partie adverse s'il succombe dans sa demande principale. — Toutefois, comme le demandeur n'est en possession de rien, il devrait être admis à dénoncer les poursuites au possesseur de l'hérédité, et à conclure contre lui à ce qu'il soit tenu d'acquitter les créances réclamées. — L. ult., C., *De petit. hæred.* — Pothier, n° 393; Rolland de Villargues, n° 30.

19. — Les légataires devraient aussi former de préférence leur demande en délivrance de legs contre celle des parties qui serait en possession des biens de la succession, sans que celle-ci pût demander qu'il fût sursis jusqu'au jugement sur la pétition d'hérédité. — Pothier, n° 394.

§ 2. — *Restitution à faire en cas d'admission de la pétition d'hérédité.*

20. — Comme la pétition d'hérédité est une action universelle, il s'ensuit que, bien que, sur la demande formée, le possesseur n'ait été condamné qu'à délaisser ce qu'il possédait des choses dépendantes de la succession du défunt, cependant la condamnation n'embrasse pas moins de plein droit l'universalité de cette même succession. — Pothier, n° 378; Merlin, *loc. cit.*

21. — Le possesseur doit restituer : 1° toutes les choses dépendantes de la succession qu'il a par devers lui, les droits aussi bien que les choses corporelles. — L. 18, § 2, D., *De petit. hæred.* — Pothier, n° 398.

22. — ... 2° Les actions qu'il a acquises par rapport à quelqu'une des choses de la succession, comme par exemple l'action en restitution d'un immeuble dont il a été dépouillé par violence. — L. 40, § 2, D., *eod.*

23. — ... 3° Non-seulement les choses existantes au moment de la mort du défunt, mais encore tout ce qui est provenu de ces choses (L. 20, § 3, D., *eod.* — Pothier, n° 400); sauf, toutefois, les fruits, suivant la distinction établie. — V. *infrà* n° 33.

24. — Sous l'empire des lois romaines comme sous les art. 828 et 829 C. civ., l'action en pétition d'hérédité, lorsqu'elle est consacrée par un jugement, confère à celui qui l'a exercée un droit égal à celui de son cohéritier, un droit contemporain de l'ouverture de la succession, non-seulement dans les fonds de la succession, mais encore dans les fruits avec privilége sur le lot de celui-ci et hypothèque sur ses biens personnels à la date du jugement. — *Cass.*, 18 déc. 1839 (t. 2 1839, p. 620), de Morin c. de Basterot.

25. — Et les fruits que le cohéritier défendeur aurait recueillis avant l'ouverture de l'action doivent, par application du principe *Fructus augent hæreditatem*, être rapportés à la masse, se confondent avec elle, font partie intégrante de l'hérédité, deviennent un véritable capital pouvant même, le cas échéant, devenir la matière d'une soulte anticipée de partage. — Même arrêt.

26. — ... 4° Les choses servant à l'exploitation des immeubles, comme bestiaux, instrumens aratoires, etc., et cela quand même ces choses auraient été achetées de ses deniers, et sauf à l'héritier à lui tenir compte du prix. — L. 20, D., *eod.*

27. — Quant à la restitution des choses que le possesseur a cessé ou manqué de posséder, il faut distinguer entre le possesseur de bonne foi et celui de mauvaise foi. Le premier est celui qui s'est mis en possession des biens d'une succession qu'il croyait de bonne foi lui appartenir; le second est celui qui, tout en se mettant en possession de la succession, savait qu'elle ne lui appartenait pas. — L. 20, § 6, D., *eod.* — Pothier, n° 395.

28. — Le possesseur de mauvaise foi est tenu de restituer toutes les choses qu'il a, par son fait ou par sa faute, cessé ou même manqué de posséder, comme s'il les possédait encore *in specie:* tandis que le possesseur de bonne foi n'est pas obligé de restituer les choses qu'il a cessé de posséder et encore moins celles qu'il a manqué de posséder, mais seulement de rendre ce dont il a profité de celles qu'il a cessé de posséder soit en les vendant ou autrement. — L. 20, D., *eod.*; L. 130, D., *De reg. jur.* — Pothier, nos 406 et 470; Toullier, t. 4, n° 303.

29. — L'obligation pour le possesseur de mauvaise foi de restituer les choses *in specie*, a lieu lors même que la chose existe dans les mains d'un tiers au profit duquel ce possesseur en a disposé. L'héritier a le choix d'en demander la restitution à celui qui a cessé de posséder ou au tiers acquéreur (L. 25, § 8, et L. 36, § 3, D., *De petit. hæred.* — Pothier, nos 408 et 410), à moins que la vente n'ait été faite pour l'avantage de la succession; auquel cas le possesseur n'est obligé qu'à rendre compte du prix de la vente. — L. 20, § 2, D., *eod.* — Pothier, n° 409.

30. — Si la restitution ne peut avoir lieu en espèces, le possesseur de mauvaise foi doit être condamné aux dommages-intérêts. — L. 25, § 10, D., *eod.* — Rolland de Villargues, v° *Pétition d'hérédité*, n° 46.

31. — Le possesseur de mauvaise foi est obligé de tenir compte à l'héritier légitime de tout ce qui lui est parvenu des biens de la succession, quand même il l'aurait dissipé sans utilité; au contraire, le possesseur de bonne foi n'est tenu de rendre compte des profits qu'il a retirés des biens de la succession que jusqu'à concurrence de ce qu'il se trouve en profiter: *in quantùm locupletior factus est.* — Pothier, n° 423; Toullier, t. 4, n° 304; Rolland de Villargues, n° 51.

32. — Le possesseur de bonne foi a droit de déduire toutes les dépenses et toutes les pertes qu'il justifie avoir faites, sans qu'on puisse lui reprocher qu'elles sont arrivées par son fait ou par sa faute. Au contraire, le possesseur de mauvaise foi répond de toutes ses fautes; il ne peut déduire que les dépenses utiles ou nécessaires: il peut même être condamné (arg. C. civ., art. 772) aux dommages-intérêts envers l'héritier légitime. — Toullier, t. 4, n° 305; Delvincourt, t. 2, p. 65.

33. — Quant aux fruits, l'héritier apparent et dépossédé n'est pas tenu, s'il était de bonne foi, de rendre ceux qu'il a perçus (arg. C. civ., art. 549). Il est présumé avoir dépensé ses revenus, et consommé les fruits sans s'être enrichi. D'ailleurs, le possesseur de bonne foi est *loco domini* tant qu'il possède; il doit jouir des avantages attachés à cette qualité. — L. 136, D., *De reg. jur.* — Pothier, n° 430; Toullier, t. 9, p. 581.

34. — Aussi une jurisprudence presque constante s'est-elle prononcée dans ce sens. — V. FRUITS, nos 91, 108 et suiv.

35. — Au contraire, le possesseur de mauvaise foi doit incontestablement compte de tous les fruits qu'il a perçus; soit qu'il en ait profité ou non. — L. 40, § 1er, *De petit. hæred.* — Toullier, t. 4, n° 308.

36. — La même distinction s'applique aux dégradations des biens de la succession. Le possesseur de bonne foi qui a laissé tomber en ruine ou démoli des édifices n'est tenu que de les rendre dans l'état où ils se trouvent au moment de la demande, sans pouvoir être inquiété à raison de ces dégradations ou démolitions; tandis que le possesseur de mauvaise foi est tenu de tous les dommages-intérêts résultant des dégradations arrivées par son fait. — L. 41, § 3, D., *eod.* — Pothier, nos 435 et 436; Toullier, n° 306; Rolland de Villargues, nos 60 et 61.

§ 3. — *Effets des actes passés par l'héritier apparent.*

37. — Le possesseur d'une chose en étant, en principe, réputé propriétaire tant qu'elle n'est pas revendiquée, il s'ensuit que, si, à défaut du véritable héritier, un parent plus éloigné est entré en possession de l'hérédité, il est, aux yeux des tiers qui ont des droits à exercer sur les biens qui la composent, le représentant putatif du défunt. Ils ne peuvent donc lui contester son droit ni lui opposer qu'il existe un héritier plus proche qui l'exclut, puisque la loi l'autorise à en méconnaître l'existence (C. civ., art. 136); ce serait, d'ailleurs, exciper du droit d'autrui. — Toullier, t. 7, nos 26, 30 et 101; Rolland de Villargues, nos 63 et 64.

38. — Le possesseur de la succession a donc qualité pour exiger les fruits échus ainsi que toutes les autres créances de l'hérédité (Toullier, t. 7, n° 27). D'où la conséquence que les débiteurs qui ont payé entre ses mains sont valablement libérés.

39. — L'héritier apparent exerce valablement toutes les actions de la succession tant que dure l'abstention du véritable héritier. Du moins il en était ainsi sous la coutume du Bourbonnais. *Cass.*, 11 frim. an IX, Limoges c. Audrigon.

40. — Par la même raison, les jugemens rendus contre l'héritier apparent ou les transactions passées avec lui, concernant la chose qu'il possède, doivent produire leur effet : soit contre le propriétaire rentré dans ses droits, soit en sa faveur (Toullier, n° 28 et 29). — Il en était de même sous l'ancien droit. — Cochin, Œuvres, t. 4, p. 136 ; Lebrun, Success., t. 3, ch. 4, n° 61.

41. — Les jugements rendus avec l'héritier présent et légalement saisi de la succession ne peuvent être attaqués par l'héritier qui s'est d'abord abstenu et qui accepte ensuite. — Metz, 29 mai 1818, Pierret c. Gouguenheim.

42. — L'héritier apparent a encore eu le droit de faire valablement tous les actes d'administration ou qui y participeraient de leur nature, tels que le renouvellement des baux. — Toullier, n° 36.

43. — Mais quid des actes d'aliénation faits par l'héritier apparent ? Il faut distinguer s'il y a eu aliénation de l'hérédité entière, ou si l'aliénation n'a porté que sur des objets particuliers.

44. — Lorsque c'est l'hérédité entière qui a été vendue par l'héritier apparent, l'acquéreur peut, dans le droit romain comme il le peut encore aujourd'hui, être évincé, malgré sa bonne foi et celle de son vendeur, par le véritable héritier. — L. 13, D., De hæred. petit. — Merlin, Quest., v° Hérilier, § 3 ; Duranton, t. 1er, n° 539 ; Rolland de Villargues, n° 70.

45. — Jugé, en ce sens, que la vente générale de tous les biens d'une succession par l'héritier apparent ne peut être opposée à l'héritier véritable. — Agen, 19 janvier 1832 (t. 1er 1645, p. 164), Hébrard c. Roques.

46. — ... Que la possession publique, notoire et non contestée de la succession d'un défunt, dans la personne de son héritier apparent, produit des actes faits entre lui et des tiers, la même faveur ne peut-être étendue à la vente du titre même d'héritier et des droits qui en dérivent. Une telle aliénation est nulle à l'égard du véritable héritier, lequel peut en demander l'annulation. — Cass., 26 août 1844, Legros c. Tissier.

47. — En pareil cas, la délivrance de l'hérédité à l'héritier véritable ne peut être suspendue jusques après le remboursement à l'héritier apparent de toutes les sommes payées par lui à la décharge de la succession. — Agen, même arrêt.

48. — Mais lorsqu'il s'agit de l'aliénation d'objets particuliers, la question est fortement controversée entre les auteurs. — Dans le sens de la nullité des ventes consenties par l'héritier apparent : Toullier, t. 9, p. 341 ; Duranton, t. 1er, n° 537 et suiv. ; Troplong, Hypoth., t. 2, n° 408, et Vente, t. 2, n° 960 ; Grenier, Hypoth., t. 1, n° 104. — Mais Merlin (Rép., v° Succession), Houard (Dict. du droit normand, v° Héritier), Chabot (Success. sur l'art. 936), Malpel (Success., p. 149), Duvergier (Vente, t. 1er, n° 225), Fouet de Conflans (Success., art. 724) se prononcent dans le sens contraire.

49. — La jurisprudence n'est pas moins partagée. — Jugé, dans le premier sens, qu'une vente d'immeubles dépendant de la succession, faite par l'héritier apparent, ne saurait être déclarée valable alors que cet héritier n'était pas de bonne foi. — Bordeaux, 24 déc. 1834, Baquet c. Quinquette.

50. — ... Qu'on doit réputer de mauvaise foi l'héritier qui, s'étant emparé de la totalité des biens d'une succession par suite de l'absence d'un cohéritier absent pour le service militaire, les a vendus presque aussitôt l'ouverture de la succession, sans prendre aucuns renseignements sur le sort de son cohéritier. — Poitiers, 13 juin 1822, Chaloux c. Emery.

51. — ... Que la vente faite par l'héritier apparent de mauvaise foi ne saurait être maintenue encore bien qu'il y ait eu bonne foi de la part des acquéreurs, qui ne peuvent alors devenir propriétaires incommutables que par la prescription de dix ou vingt ans. — Même arrêt.

52. — ... Que les ventes consenties par l'héritier apparent sont nulles et peuvent être attaquées par l'héritier véritable, même à l'encontre de l'acquéreur de bonne foi. — Rennes, 12 août 1844 (t. 2 1844, p. 495), Denecham c. Vanloup.

53. — ... Qu'il en est de même dans le cas où le vendeur et l'acquéreur sont de bonne foi. — Orléans, 27 mai 1836 (t. 2 1837, p. 310), Nottin c. Breton.

54. — ... Qu'en tout cas le tiers acquéreur ne saurait invoquer sa bonne foi, lorsqu'une assignation lui a fait connaître, avant la vente, la réclamation formée par le véritable propriétaire contre l'héritier apparent. — Bordeaux, 24 déc. 1834, Baquet c. Quinquette.

55. — ... Que la vente consentie par l'héritier apparent peut être attaquée par l'héritier véritable quand la prescription n'est pas accomplie

---

au profit du tiers acquéreur. — Poitiers, 10 (et et non 18) avr. 1832, Vacheron c. Viaud ; Montpellier, 9 mai 1636 (t. 2 1638, p. 445), Rolland c. de Rastigneac.

56. — Jugé au contraire que dans l'ancienne législation la vente d'un immeuble faite par l'héritier apparent, surtout après inventaire et partage, à un acquéreur de bonne foi, était valable. Il en est de même sous le Code civil. — Cass., 3 août 1815, Ribard c. Prépelit.

57. — ... Que la vente consentie de bonne foi par l'héritier apparent à des tiers de bonne foi, d'une partie des immeubles ayant appartenu à la succession et provenant d'un partage régulier, est valable vis-à-vis de l'héritier véritable, lors surtout que ce dernier a autorisé non-seulement le partage, mais encore la vente, sans faire aucune mention de son droit. — Bourges, 16 juin 1837 (t. 2 1840, p. 304), Daugy c. N...

58. — ... Que la vente faite à un acquéreur de bonne foi, par un héritier apparent, d'un immeuble dépendant de la succession, est valable. — Rouen, 30 janv. 1844 (t. 2 1844, p. 428), Hoche c. Gesard.

59. — ... Qu'il en est de même de la vente de certains immeubles de l'hérédité, consentie à des tiers de bonne foi par l'héritier qui se trouve en possession en vertu d'un testament dont il ignore les vices. — Toulouse, 24 déc. 1639 (t. 1er 1840, p. 515), Barbe c. Astugue.

60. — ... Que le véritable héritier qui ne se présente qu'après un certain laps de temps est obligé d'entretenir les aliénations faites de bonne foi par l'héritier apparent. — Caen, 17 juill. 1843, Vaumousse c. Deslegettes.

61. — ... Que la vente d'un immeuble héréditaire faite à un acquéreur de bonne foi par un héritier apparent (fût-ce même un héritier testamentaire) doit être réputée valable, alors d'ailleurs qu'elle a eu lieu sous l'influence de l'erreur commune. — Cass., 16 janv. 1643 (t. 1er 1843, p. 331), de Rastignac c. Rolland ; même jour (t. 1er 1843, p. 384), Lenencourt c. Foubert ; même jour (t. 1er 1843, p. 337), de Saisseval c. Opterre ; Aix, 22 déc. 1843 (t. 1er 1844, p. 799), Rolland c. de Rastignac.

62. — ... Qu'il suffit, même, pour la validité de la vente, que l'acquéreur soit de bonne foi ; et que peu importe que l'héritier soit de mauvaise foi, et ait, par exemple, supprimé un testament qui le dépouillait de la succession. — Cass., 16 janv. 1843 (t. 1er 1843, p. 337), de Saisseval c. Opterre ; Bourges, 24 août 1843 (t. 2 1844, p. 519), mêmes parties.

63. — Si les aliénations faites par l'héritier apparent doivent être réputées valables, il y a même raison pour décider que les constitutions de servitudes, d'hypothèques, etc., faites par ce même héritier ne sont pas résolues par cela seul que le véritable propriétaire est réintégré dans ses droits. — Rolland de Villargues, v° Pétition d'hérédité, n° 74. — Contrà Toullier, t. 7, n° 31.

64. — Jugé, en ce sens, que les hypothèques consenties par l'héritier apparent ne peuvent être attaquées par l'héritier véritable qui se présente plus tard. — Paris, 5 juill. 1833, Meunier c. Hersant.

65. — Et qu'une hypothèque a été valablement consentie par l'héritier apparent sur les biens de l'hérédité qu'il possède en vertu d'un testament dont il ignore les vices. — Toulouse, 24 déc. 1639 (t. 1er 1840, p. 515), Barbe c. Astugue.

66. — L'héritier véritable réintégré dans ses droits n'a donc, ce cas, de validité des ventes, qu'un recours à exercer contre l'héritier apparent, pour le prix et tout ce qu'il a retiré de pareilles aliénations. — Rolland de Villargues, n° 75.

PÉTITOIRE (Action).

V. ACTION PÉTITOIRE.

PÉTUNZÉ.

V. KAOLIN ET PÉTUNZÉ.

PHARES.

1. — Feux ou fanaux placés ordinairement au sommet de tours ou colonnes très-élevées sur le bord de la mer. Ils ont pour but d'éclairer durant la nuit les navires qui sont en mer et de les avertir de l'approche de la côte ou d'un endroit dangereux.

2. — Les phares ou fanaux étaient autrefois entretenus par l'amiral, qui percevait à leur occasion des droits. Aujourd'hui, ils sont une charge publique. — Beaussant, Code maritime, t. 1er, n° 530.

---

3. — Un décret du 15 septembre 1792 a confié au ministre de la marine la surveillance des phares, et au ministre de l'intérieur la construction et l'entretien des travaux.

4. — Avant 1830, l'éclairage des phares et fanaux des côtes de France faisait l'objet d'une seule entreprise, laquelle était centralisée à Paris pour la comptabilité et les paiements. Mais, depuis le 6 juill. 1830, cet éclairage a été divisé en trois lots dont les chefs-lieux sont à Rouen, à Bordeaux et à Marseille. Cet éclairage a autant d'entreprises. — Circ. min. 20 sept. 1830. — Magnitot et Delamarre, Dict. de dr. admin., v° Phares, t. 2, p. 352.

5. — Le service des phares est placé sous la surveillance des ponts et chaussées ; et il existe près du directeur général une commission dite des phares, composée d'ingénieurs, de marins, d'hydrographes, d'astronomes et de physiciens. — Magnitot et Delamarre, Ibid.

PHARMACIE, PHARMACIEN.

Table alphabétique.

PHARMACIE, PHARMACIEN. — **1.** — Ainsi que cela a été dit (v° MÉDECINE ET CHIRURGIE), l'art de guérir, pris dans son acception la plus générale, comprend à la fois la médecine, la chirurgie et la pharmacie. — Le médecin ordonne l'emploi de tels ou tels remèdes, le pharmacien (ou apothicaire) compose ces remèdes, d'après les doses prescrites par l'ordonnance du médecin, et les débite.

2. — La loi a dû, dans un intérêt public, soumettre l'exercice de la pharmacie à certaines règles particulières. L'exposé de ces règles fait l'objet du présent article.

§ 1er. — Historique. — Organisation. — Enseignement. — Droit d'exercice. — Élèves en pharmacie. — Notions générales (n° 3).

§ 2. — *Du droit de vendre des médicamens. — Exercice illégal de la pharmacie. — Principes généraux. — Pénalité. — Poursuites* (n° 41).
§ 3. — *Des devoirs des pharmaciens dans l'exercice de leurs fonctions* (n° 86).
§ 4. — *Police de la pharmacie* (n° 134).
§ 5. — *Compétence. —Prescription* (n° 156).

---

§ 1er. — *Historique, — Organisation. — Enseignement. — Droit d'exercice. — Elèves en pharmacie. — Notions générales.*

3.— Les Egyptiens, dit Trébuchet (*Jurispr. de la médecine, de la chirurgie et de la pharmacie*, p. 315), passent généralement pour être les premiers qui se soient livrés à la recherche des propriétés des plantes et à l'étude de la botanique.

4. — En France Charles VIII et ses successeurs jetèrent les premiers fondemens de la police de la pharmacie en rendant des édits sur le *métier d'épicerie et d'apothicairerie, ouvrages de cire et confitures de sucre de la ville de Paris*. — On trouve cependant une déclaration de Philippe VI, du 22 mai 1336, portant règlement pour le *serment des apothicaires, de leurs valets et des herbiers*. — On ne pouvait, du reste, être apothicaire, si l'on n'était *catholique et Français, ou naturalisé*. — Trébuchet, *loc. cit.*

5. — L'édit de 1638 peut être considéré comme la base des règlemens actuels, en ce qu'il fixait pour l'exercice de la pharmacie des conditions d'exercice. Mais, sous cet édit, la vente du poison n'était soumise à aucune responsabilité. Cette lacune fut comblée par l'édit de 1682. — V. SUBSTANCES VÉNÉNEUSES. — Du reste, la pharmacie était soumise à une foule de modes variés suivant les différentes provinces : soit pour la réception de ceux qui voulaient l'exercer, soit pour la surveillance de la préparation et de la vente des drogues simples et composées.

6. — Sous l'empire de ces édits les apothicaires étaient confondus avec les marchands épiciers, à cause du débit de drogues simples qui leur était commun : mais en 1777 on comprit que la pharmacie était moins un métier qu'une profession savante et l'on mit entre les pharmaciens et les épiciers une démarcation fondée sur la nature même des choses. Les premiers ne purent plus vendre au poids de commerce, et les seconds au poids médicinal. — V. ÉPICIER. — Puis enfin on érigea le corps des pharmaciens de Paris en un collége de pharmacie. — « Ce collége, ajoute M. Trébuchet, fut la seule compagnie savante qui traversa la Révolution sans en éprouver les outrages. »

7. — La déclaration du 25 avril 1777, dont, comme nous le verrons plus bas, l'art. 6 a encore dans certaines limites force de loi, disposai (dans ledit article) : « Défendons aux épiciers *et à toutes autres personnes* de fabriquer, vendre ou débiter aucun sel, composition ou préparation entrant au corps humain en forme de médicament, de faire aucune mixtion de drogues simples pour administrer sous forme de médecine, sous peine de 500 livres d'amende, et de plus forte s'il y échet. »

8. — La loi du 21 germinal an XI, qui régit encore aujourd'hui l'exercice de la pharmacie, règle l'organisation des écoles et détermine les conditions nécessaires pour l'admission au grade de pharmacien. Cette loi a été complétée d'abord par le décret du 25 therm. an XI, et ensuite par l'ordonnance du 27 sept. 1840. — Le projet de loi présenté à la Chambre des pairs en 1847, et qui donna lieu dans cette chambre à une brillante discussion (V. MÉDECINE ET CHIRURGIE, nos 12 et suiv.), contenait un titre sur l'enseignement de la pharmacie, mais on sait que ce projet ne put être discuté à la Chambre des députés.

9.—Aux termes de l'art. 1er de la loi du 21 germinal an XI, il devait être établi une école de pharmacie à Paris, à Montpellier, à Strasbourg ; et dans les villes où, suivant l'art. 25 de la loi du 11 floréal an X, devaient être placées les trois autres écoles de médecine. — Ces trois autres écoles n'ont point été établies; le nombre des écoles de pharmacie est resté fixé à trois, et c'est en effet des seules écoles de Paris, Montpellier et Strasbourg que s'occupe l'ordonnance du 27 septembre 1840.

10. — Les écoles de pharmacie ont le droit d'examiner et de recevoir, pour toute la France, les élèves qui se destinent à la pratique de cet art. Elles sont de plus chargées d'en enseigner les principes et la théorie dans des cours publics, d'en surveiller l'exercice, d'en dénoncer les abus aux autorités, et d'en étendre les progrès.— L. 21 germ. an XI, art. 2.

11. — L'art. 3 de la loi du 21 germ. an XI et les art. 11 et suiv. de l'arrêté du 25 therm. suivant déterminent les branches d'enseignement qui doivent faire la matière des cours ouverts dans ces écoles.

12. — En outre, en déclarant que les écoles de pharmacie feront désormais partie de l'Université et seront soumises au régime du corps enseignant, l'ordonnance du 27 sept. 1840 (art. 1er et suiv.) a déterminé le nombre de professeurs titulaires et adjoints et d'agrégés pour chaque école, le mode de nomination de ces professeurs et agrégés, et les conditions d'aptitude exigées pour les candidats.

13.— Les professeurs titulaires et adjoints sont nommés par le ministre, sur une double liste de présentations faite : l'une par l'école de pharmacie, l'autre par la faculté de médecine établies en cette ville. Quant aux agrégés, ils sont nommés au concours. Nul ne peut être professeur titulaire s'il n'est docteur ès sciences physiques et âgé de trente ans. Les professeurs adjoints doivent être licenciés ès sciences physiques et âgés de vingt-cinq ans. Les uns et les autres doivent avoir été reçus pharmaciens dans une école de pharmacie. Enfin, le concours pour l'agrégation est ouvert à tous ceux qui justifient d'un diplôme de pharmacien et du diplôme de bachelier ès sciences physiques. — Même ordonn., art. 4, 5, 6.

14. — Le directeur de chaque école est choisi par le ministre de l'instruction publique parmi les professeurs titulaires. Il conserve ses fonctions pendant cinq ans et peut être renommé.—Art. 7.

15. — Il y a dans chaque école un secrétaire agent comptable qui peut être choisi par le ministre de l'instruction publique parmi les professeurs titulaires et adjoints. — Même ordonn., art. 8. — Tout ce qui concerne la comptabilité est réglé par les art. 17 et suiv. de l'ordonnance.

16. — Il y a, en outre, dans chaque école un ou plusieurs préparateurs qui doivent justifier du grade de bachelier ès sciences physiques. Les préparateurs sont nommés par le directeur, d'après l'avis des professeurs. Le directeur nomme les employés et gens de service. — Art. 8.

17. — Les donations et fondations relatives à l'enseignement de la pharmacie peuvent être acceptées, par les préfets, au nom des écoles de pharmacie, avec l'autorisation du gouvernement. — L. 21 germ. an XI, art. 5.

18. — Les pharmaciens des villes où il y a des écoles de pharmacie doivent faire inscrire les élèves qui demeurent chez eux, sur un registre tenu à cet effet dans chaque école. — L. 21 germ. an XI, art. 6; arr. 25 therm. an XI, art. 37.—Une ordonnance de police, du 4 oct. 1806, ordonne que cette inscription, en ce qui concerne les pharmaciens établis dans le ressort de la préfecture de police, ait lieu, pour les communes rurales, chez les maires.

19. — Dans les villes où il n'y a pas d'école de pharmacie, les élèves domiciliés chez les pharmaciens sont inscrits sur un registre tenu à cet effet par les commissaires généraux de police ou par les maires. — L. 21 germ. an XI, art. 7.

20. — L'inscription doit être renouvelée tous les ans. — L. 21 germ. an XI, art. 6.

21. — « Les pharmaciens, dit M. Trébuchet (p. 582, *note*), négligent, en général, de se conformer à cette disposition. Ce tort est grave, car, outre qu'ils détruisent ainsi une des garanties que cette prescription offre à la société pour la bonne tenue et l'ordre des officines, ils exposent leurs élèves à être renvoyés par les jurys d'examen, ou par les écoles, qui sont en droit d'exiger, avant de les admettre aux examens, l'exhibition des certificats d'inscription. En dernier lieu, les élèves sont passibles, dans ce cas, de peines de simple police (ord. 4 oct. 1806); et plusieurs ont même déjà été condamnés pour ce fait. »

22. — Aucun élève ne peut prétendre se faire recevoir pharmacien sans avoir exercé pendant huit ans au moins son art dans des pharmacies légalement établies. Les élèves qui auront suivi pendant trois ans les cours donnés dans une école de pharmacie ne seront tenus, pour être reçus, que d'avoir résidé trois autres années dans ces pharmacies. — *Ibid.*, art. 8.

23. — Ceux des élèves qui auront exercé pendant trois ans comme pharmaciens de 2e classe dans les hôpitaux militaires ou dans les hospices civils seront admis à faire compter ce temps dans les huit années exigées. — Ceux qui auront exercé dans les mêmes lieux, mais dans un grade inférieur, pendant au moins deux années, ne pourront faire compter ce temps, quel qu'il soit, que pour ces deux années. — *Ibid.*, art. 9.

24. — Les ord. des 16 mai 1841 et 15 mai 1842 ont aussi accordé certaines immunités aux pharmaciens militaires qui aspirent à la maîtrise en pharmacie. — Ces ordonnances ont été modifiées par une autre ordonnance du 26 oct. 1847, en ce qu'elles exigeaient des pharmaciens de la guerre ou de la marine la condition, pour obtenir ces immunités, de se vouer pendant quinze ans au service de santé militaire ou de la marine.

25. — Nul candidat n'est admis aux examens pour le titre de pharmacien, s'il ne justifie du grade de bachelier ès lettres : ce grade est obligatoire, même à l'égard des aspirans qui postulent le titre de pharmacien devant les jurys médicaux. — Ord. 27 sept. 1840, art. 13.

26. — L'âge fixé par l'arrêté du 25 thermidor an XI pour l'admission au grade de pharmacien est celui d'au moins 25 ans accomplis. Cependant il est accordé dans certains cas, pour motifs légitimes, par le ministre de l'instruction publique, des dispenses d'âge aux élèves qui méritent cette faveur par leur bonne conduite et leur instruction. Mais l'art. 14 de l'ordonnance du 27 septembre 1840 porte que « nulle dispense d'âge pour l'admission aux examens ne peut être accordée qu'aux candidats qui se présenteront aux épreuves dans une des écoles de pharmacie. »

27. — Le prix des inscriptions annuelles dans les écoles de pharmacie et celui des examens sont fixés par l'arrêté du 25 thermidor an XI et par l'ordonnance du 27 septembre 1840 (art. 24). Les élèves des écoles de pharmacie qui ont mérité des prix dans les concours institués par l'arrêté du 25 thermidor an XI obtiennent des remises de frais fixées par un règlement universitaire. — Ord. 27 sept. 1840, art. 16; ord. 17 mars-10 juin 1840.

28. — Les examens et réceptions sont faits dans les écoles de pharmacie ou par les jurys médicaux établis pour la réception des officiers de santé. — V. OFFICIERS DE SANTÉ. — Les art. 12 et 13 de la loi du 21 germinal an XI et l'art. 15 de l'ordonnance du 27 sept. 1840 règlent ce qui concerne le personnel (spécial pour la pharmacie) des examinateurs. — En outre, la loi du 21 germinal an XI (art. 16) et l'arrêté du 25 thermidor an XI (art. 23 et suiv. et 32 et suiv.) déterminent les conditions des examens et réceptions tant dans les écoles que devant les jurys.

29. — Tout mode ancien de réception dans des lieux et suivant des usages étrangers à ceux prescrits par la loi est interdit, et ne donne aucun droit d'exercer la pharmacie. — L. 21 germ. an XI, art. 20.

30. — Nul ne peut obtenir de patente pour exercer la profession de pharmacien, ouvrir une officine de pharmacie, préparer, vendre et débiter des médicamens s'il n'a été reçu dans les formes voulues par la loi. — *Ibid.*, art. 25.

31. — Les lois précitées contiennent, relativement aux devoirs des élèves en pharmacie, certaines dispositions qu'il importe d'indiquer.

32. — Ainsi, suivant l'arrêté du 25 therm. an XI (art. 38), aucun élève ne peut quitter un pharmacien sans l'avoir averti huit jours d'avance ; il est tenu de lui donner acte de son avertissement, et, en cas de refus du pharmacien, il doit faire sa déclaration au directeur de l'école et au commissaire de police ou au maire qui l'a inscrit. — V. aussi l'ordonn. de pol. du 4 oct. 1806.

33. — Il est défendu à tout pharmacien de recevoir un élève sans s'être fait représenter le bulletin de son inscription et le certificat de congé dont il doit être porteur s'il a travaillé déjà dans une autre officine. — Même ord., art. 4.

34. — L'élève qui sort de chez un pharmacien ne peut entrer dans une autre pharmacie qu'en faisant sa déclaration à l'école de pharmacie et au commissaire de police ou au maire qui l'a inscrit. — Arrêt 25 therm. an XI, art. 39.

35. — Aux termes de l'art. 5 de ladite ordonnance, nul élève en pharmacie sortant d'une officine ne peut entrer dans une autre officine qu'après l'année révolue de sa sortie, à moins que l'officine ne soit éloignée de 975 mètres de la première, à peine de 50 fr. d'amende payables tant par l'élève que par le pharmacien qui l'aurait reçu. — Le pharmacien est en outre tenu de le renvoyer. — Arrêt du Parl. de Paris, 5 sept. 1764. — Trébuchet (p. 610, note) et Laterrade (*Code de la pharmacie*, nos 57 et 231) considèrent

cette disposition comme non avenue. Ils soutiennent que la loi du 22 octobre 1798, sur les patentes, et la loi du 21 germinal an XI ne permettent pas d'en concilier l'exécution avec le principe qui les domine, avec l'état actuel de la législation et avec la liberté d'industrie.

36. — Les mêmes auteurs repoussent, par les mêmes motifs, l'art. 6 de ladite ordonnance, qui prescrit à tout élève en pharmacie, qui voudrait s'établir, de laisser une distance de 975 mètres, entre son officine et celle d'où il sort, et qui lui défend d'ouvrir officine à une distance moindre, avant cinq ans révolus, à peine de 50 francs d'amende.

37. — Ne peut-on pas, néanmoins, pour la justification de ces dispositions, dont le but est d'empêcher les élèves de détourner ou d'usurper la clientèle de leur maître, rappeler que tous les jours on considère comme valable la clause par laquelle le vendeur d'un fonds de commerce s'interdit de former, dans un rayon déterminé, un semblable établissement ?

38. — Ce qui concerne les pharmaciens attachés aux armées a été mentionné v° OFFICIERS DE SANTÉ MILITAIRES. — Les divers documens législatifs indiqués sous ce mot régissent aussi les pharmaciens militaires.

39. — Comme les officiers de santé militaires, les pharmaciens militaires ne sont pas soumis à la loi du recrutement. — V. RECRUTEMENT.

40. — Un étranger peut-il exercer la pharmacie en France? — V. ÉTRANGER, n° 197.

§ 2. — *Du droit de vendre des médicamens. — Exercice illégal de la pharmacie. — Principes généraux. — Pénalité. — Poursuites.*

41. — Les pharmaciens légalement reçus (V. le paragraphe précédent) ont seuls le droit de vendre des compositions et préparations pharmaceutiques. — Quant aux épiciers et aux droguistes, ils ne peuvent en vendre aucune sous peine de 500 fr. d'amende. Ils ont néanmoins le droit de faire le commerce en gros des drogues simples, mais sans pouvoir en débiter au poids médicinal. — L. 21 germ. an XI, art. 33. — V. ÉPICIER, n°s 8 et suiv.; DROGUE, DROGUISTE. — V. aussi, à l'égard des herboristes, HERBORISTE.

42. — Que doit-on entendre par préparation pharmaceutique? — V., à cet égard, DROGUE, DROGUISTE, n°s 7 et suiv. — Aux indications données sous cet article, il faut ajouter un arrêt de la Cour de Paris, cité, mais sans date, par Briand et Ern. Chaudé (*Manuel complet de méd. légale*), qui décide que l'eau de mélisse, n'étant pas employée comme médicament, n'est pas une préparation pharmaceutique.

43. — Malgré les prescriptions ci-dessus indiquées, les officiers de santé établis dans des bourgs, villages ou communes où il n'y a pas de pharmacien ayant officine ouverte peuvent, *sans être reçus pharmaciens*, fournir des médicamens simples ou composés aux personnes près desquelles ils sont appelés; mais sans avoir le droit de tenir officine ouverte. — L. 21 germ. an XI, art. 27.

44. — Les officiers de santé reçus et établis dans le ressort de la préfecture de la Seine et qui veulent user de la faculté que leur ouvre l'art. 27 précité, sont tenus d'en faire la déclaration aux sous-préfets et aux maires. — Ord. de pol. 9 flor. an XI, art. 11. — Trébuchet, p. 595.

45. — Le droit conféré par l'art. 27 de la loi aux officiers de santé, en l'absence d'une officine de pharmacie ouverte, appartient, *à fortiori*, aux docteurs en médecine. — Laterrade, n°s 85 et suiv.; Briand et Ern. Chaudé, p. 862.

46. — Il a été jugé, par application de cet article, que les officiers de santé ne peuvent fournir des médicamens simples ou composés que lorsqu'ils sont établis dans des localités où il n'y a pas de pharmacien ayant officine ouverte; et qu'il y a de leur part contravention à la loi du 21 germ. an XI lorsqu'ils débitent des médicamens dans des communes où il n'y a pas de pharmacien, *s'il en existe dans celle qu'ils habitent.* — *Cass.*, 16 oct. 1844 (t. 1er 1845, p. 775), Gérard. — V., aussi, en ce sens, *Cass.*, 10 févr. et 15 nov. 1844 (t. 1er 1845, p. 746 et 747), Blanc et Duhaut.

47. — Toutefois l'arrêt de 1840 paraît lui-même avoir apporté un tempérament à ce que le principe qu'il pose peut avoir de trop absolu, en parlant de l'officier de santé qui a dans le lieu de sa résidence une officine ouverte où il peut puiser les remèdes nécessaires au *traitement des cas prévus ou imprévus* pour lesquels son ministère est requis. D'où l'on peut inférer que dans certains cas imprévus qui exigeraient l'emploi immédiat de médicamens qu'il serait trop long d'aller chercher à l'officine, ce serait plutôt le domicile du malade que celui du médecin qu'il faudrait considérer pour l'application de l'art. 27 de la loi. — V. aussi Laterrade, n° 39. — MM. Briand et Ern. Chaudé semblent même poser en principe que le médecin établi dans une commune où il y a une officine peut fournir des médicamens aux malades soignés par lui dans une commune dépourvue d'officine.

48. — Il résulte de l'art. 27 que l'officier de santé ne peut fournir des médicamens qu'aux personnes près desquelles il est appelé, et non en débiter ou vendre au premier venu qui se présenterait pour en demander. — Laterrade, n° 91.

49. — Il a été jugé que l'officier de santé qui dans une ville où il y a des pharmaciens fournit *gratuitement* des médicamens à un indigent qu'il a visité ne commet aucun délit. — *Paris*, 10 sept. 1829, Louyet. — Laterrade, n°s 92 et suiv.

50. — Quelle peine encourt l'officier de santé ou le docteur en médecine qui contrevient à l'art. 27 précité? Cette question se rattache à l'interprétation de l'art. 36 de la même loi. — V. les numéros qui suivent.

51. — Aux termes de l'art. 36 de la loi du 21 germ. an XI, tout débit au poids médicinal, toute distribution de drogues et préparations médicamenteuses sur des théâtres ou étalages dans les places publiques, foires et marchés, enfin les annonces publiques de remèdes secrets sont punis correctionnellement. L'amende est de 25 à 600 fr., et, en cas de récidive, il y a lieu à la détention de trois jours à six mois. — L. 29 pluv. an XIII.

52. — Il a été jugé par un premier arrêt, 1° que les peines portées par ces articles ne s'appliquaient qu'à ceux qui vendent des drogues en public, connus ordinairement sous le nom de charlatans, *et non aux marchands à résidence fixe;* 2° que ces derniers étaient punissables des peines prononcées contre les épiciers et droguistes qui vendent des préparations médicamenteuses. — V. *suprà*, *Cass.*, 9 oct. 1824, Barré.

53. — Depuis, il a été jugé que la défense contenue dans l'art. 36 de la loi de l'an XI, étant générale et absolue, s'applique aux officiers de santé comme à tous autres; et que, dès lors, l'officier de santé qui débite des drogues ou préparations pharmaceutiques dans une commune où il y a un pharmacien est passible des peines portées par la loi du 26 pluv. an XIII. — *Cass.*, 2 mars 1832, Aldias; 10 fév. 1844 (t. 1er 1845, p. 746), Blanc. — Laterrade, n° 128.

54. — MM. Briand et Ern. Chaudé considèrent ces derniers arrêts comme ayant fait une fausse application de l'art. 36 précité; ils soutiennent, comme l'avait jugé l'arrêt du 9 oct. 1824, que cet article ne s'applique qu'aux charlatans. Quant aux marchands à résidence fixe et aux officiers de santé qui exercent illégalement la pharmacie, ces auteurs pensent qu'ils sont passibles de la peine portée par l'art. 6 de la déclaration du 25 avr. 1777 (V. *suprà*) contre ceux qui vendent ou débitent des compositions pharmaceutiques. — V. l'arrêt du 15 nov. 1844, cité *infrà*.

55. — Et ces auteurs citent, comme rendus en ce sens, deux arrêts de la Cour de Paris qui déclarent que l'art. 36 de la loi de germ. an XI et, par suite, la loi du 29 pluv. an XIII ne sont applicables que « lorsque le débit a eu lieu sur les théâtres, dans les places publiques, foires ou marchés. » Dans l'espèce de ces arrêts, le débit avait eu lieu par des marchands dans leurs boutiques. — V. *Paris*, 9 mars 1844 (t. 2 1844, p. 81), Trabli.

56. — Quoi qu'il en soit, l'art. 36 précité de la loi du 21 germin. an XI, qui punit d'une amende le débit et la vente des préparations médicamenteuses *au poids médicinal*, a donné lieu à la question de savoir s'il était applicable au débit et à la vente des préparations médicamenteuses *qui ne sont pas au poids médicinal*. La Cour de cassation, par arrêt du 16 déc. 1836 (t. 1er 1837, p. 136), Labourey, et par celui du 10 fév. 1844 (t. 1er 1845, p. 476), Blanc, avait décidé que les termes de l'art. 36 n'étaient pas limitatifs, et qu'ils s'appliquaient au débit et à la vente de toute sorte de médicamens.

57. — Jugé néanmoins, depuis, que l'art. 6 de la déclaration de 1777, qui défend à tous ceux qui ne sont pas pharmaciens la vente des préparations médicamenteuses, sous une amende de 500 livres, n'a pas été abrogé par la loi du 21 germ. an XI, qui, par son art. 36, prohibe tout débit au poids médicinal des drogues et préparations médicamenteuses; ledit art. 36 n'étant applicable qu'au cas où la vente a lieu au poids médicinal, et rien ne permettant de supposer que le législateur ait entendu autoriser la vente des médicamens faite en quantité plus considérable. — *Cass.*, 15 nov. 1844 (t. 1er 1845, p. 747), Duhaut.

58. — Jugé, aussi, par cet arrêt, que l'art. 6 de la déclar. de 1777 est applicable aux officiers de santé qui dans les localités où il existe des officines de pharmacien débitent et vendent ces préparations.

59. — Ainsi, par cet arrêt du 15 nov. 1844, la Cour de cassation modifie la jurisprudence résultant des arrêts des 2 mars 1832 et 10 fév. 1844 précités.

60. — Jugé, par le même arrêt, qu'aucune disposition de la déclaration de 1777 n'autorise la confiscation des préparations médicamenteuses débitées et vendues sans droit. — *Cass.*, 18 mai 1844 (t. 2 1844, p. 432), Buoigman. — Laterrade, *Code des pharmaciens*, n°s 189 et 190; Briand et Ern. Chaudé, p. 884.

61. — Toute vente ou distribution de médicamens faite d'après les doses dans lesquelles ils doivent être employés est un débit au poids médicinal prohibé par l'art. 36 de la loi du 21 germ. an XI à l'égard de tous ceux qui ne sont pas pharmaciens. — *Cass.*, 16 déc. 1836 (t. 1er 1837, p. 136), Labourey. — V. aussi DROGUE, DROGUISTE, n°s 11 et suiv.

62. — ... Et l'on doit considérer comme ayant ce caractère la vente par petits paquets, prises ou doses, sans qu'on puisse soutenir qu'il n'y a de vente au poids médicinal que celles qui ont lieu dans les proportions indiquées dans le code pharmaceutique. — Même arrêt.

63. — Jugé que la vente de médicamens par des individus non-pharmaciens, et qui ne peuvent invoquer l'exception relative aux officiers de santé et médecins, tombe sous l'application de la loi du 19 pluv. an XIII, alors même que ces individus n'auraient fait payer que leurs déboursés. — *Cass.*, 7 juin 1833, Leguen Kneison; 2 oct. 1834, Soullet.

64. — Jugé encore que le fait par un individu *non-pharmacien* d'avoir délivré, même gratuitement, des médicamens, constitue le délit prévu et réprimé par les lois des 21 germ. an XI et 29 pluv. an XIII. — *Aix*, 4 janv. 1838 (t. 1er 1839, p. 19); *Cass.*, 18 juill. 1845 (t. 1er 1846, p. 48), Monot.

65. — MM. Briand et Ern. Chaudé approuvent ces arrêts en principe; mais ils enseignent que la loi de pluv. an XIII a été faussement appliquée, et que, s'agissant d'un délit d'exercice illégal de la pharmacie, il y a lieu en pareil cas à l'application de l'art. 6 de la déclaration de 1777.

66. — Aussi est-ce à tort qu'il a été jugé que le fait de vendre des médicamens sans autorisation, doit, en l'absence de toute sanction pénale de la part de la loi du 21 germin. an XI, être frappé des peines de simple police. — *Douai*, 22 août 1828, Bastenaire.

67. — La Cour de Paris a reconnu que l'art. 5 de la déclaration de 1777 était seul applicable à la vente illégale de compositions et préparations pharmaceutiques. — *Paris*, 22 juin 1833, Nicolas.

68. — Seulement il faut reconnaître que les tribunaux ont en pareil cas le droit de modérer l'amende, non en vertu de l'art. 463, qui ne s'applique pas aux matières réglées par des lois spéciales (V. CIRCONSTANCES ATTÉNUANTES), mais en vertu de la faculté qu'avaient autrefois les tribunaux de modérer la peine. — En citant quelques jugemens qui ont fait application de ladite déclaration (3 juill. et 3 déc. 1844, Dutilloy-Morin), MM. Briand et Ern. Chaudé (p. 851) citent aussi un jugement qui modéra la peine (7 mai 1844). — V. aussi l'arr. du 22 juin 1833, précité.

69. — L'amende prononcée pour exercice sans diplôme ne peut être écartée en ce que le prévenu aurait pris patente et aurait été autorisé par le sous-préfet. — *Cass.*, 2 oct. 1834, Soullet.

70. — Jugé que la violation de la prohibition de vendre des médicamens existe par la seule exposition de médicamens dans une boutique ou même dans une arrière-boutique ouverte au public. — *Cass.*, 9 oct. 1824, Barré.

71. — Quant aux particuliers chez lesquels on trouverait des médicamens, ils ne seraient punissables qu'autant que la vente serait prouvée à leur charge. — MM. Laterrade (n° 147) et Trébuchet (p. 590, n° 1) citent comme rendu en ce sens un arrêt de la Cour de Paris du 21 juill. 1829 (Vosgien).

72. — Jugé que la vente de drogues médicinales par un individu muni de diplôme ou d'autorisation, ne constitue pas à elle seule une escroquerie; et que l'art. 36 de la loi du 21 germ. an XI ne s'applique qu'au cas où la distribution

de drogues et préparations médicales a été faite sur des théâtres ou étalages, ou dans des places publiques, foires et marchés. — *Orléans*, 9 janv. 1832, Barjon.

73. — L'art. 8 de la déclaration du 25 avril 1777 défendait, en termes formels, aux communautés séculières ou régulières, *même aux hôpitaux*, d'avoir de la pharmacie, si ce n'est pour leur usage particulier et intérieur, comme aussi de vendre et débiter aucune drogue simple ni composée, à peine de 500 livres d'amende. — Cette défense a-t-elle été abrogée par la loi du 21 germ. an XI, qui régit aujourd'hui l'exercice et le commerce de la pharmacie, et qui ne renferme aucune prohibition de cette nature? M. Laterrade (*Code des pharmaciens*) soutient la négative, et tel est également l'avis de MM. Briand et Ern. Chaudé (*Manuel complet de médecine légale*, p. 853). « Tout en concédant aux hospices, disent ces auteurs, le bienfait d'une pharmacie particulière, d'une pharmacie incessamment et exclusivement ouverte à leurs besoins, le législateur a entendu que ces établissemens ne deviendraient jamais des maisons de commerce privilégiées, qui feraient aux autres pharmacies légalement ouvertes une concurrence d'autant plus injuste et plus funeste, qu'elles n'ont pas à supporter, comme celles-ci, les charges de loyer et de patente. »

74. — M. Trébuchet (*Jurisp. de la méd., de la chirurg. et de la pharm.*, p. 336) enseigne la thèse contraire; et c'est également en faveur du droit des hospices que la Cour de Paris s'est prononcée par un arrêt qui dispose expressément que la déclaration de 1777, rendue à une époque où existaient les jurandes et communautés de commerce, arts et métiers, est nécessairement tombée devant la proclamation faite, en 1791, de la liberté du commerce, et que la loi de germ. an XI, intervenue depuis sur l'exercice de la pharmacie, est aujourd'hui le seul règlement de la matière. — *Paris*, 23 mars 1834, Simon c. sœurs de la Charité.

75. — Jugé également par la Cour de Lyon et par la Cour de cassation qu'aucune loi en vigueur ne s'oppose à ce qu'un pharmacien attaché à l'officine d'un hospice, et qui remplit toutes les conditions de capacité exigées par la loi du 21 germ. an XI, exerce au dehors le commerce des drogues et médicamens, encore que l'établissement profite des bénéfices de ce commerce; et que la prohibition contenue à cet égard dans l'art. 8 de la déclaration du 25 avril 1777 n'avait trait qu'à un régime de monopole qui a été aboli par la loi du 2 mars 1791. — *Lyon*, 23 juin 1847; *Cass.*, 17 avril 1848 (t. 1er 1848, p. 216 et 560), Pharmaciens de Lyon c. Hôpitaux de Lyon.

76. — Mais, malgré les termes d'une circulaire du ministre de l'intérieur du 1er nov. 1806, et d'une instruction rédigée par l'Ecole de médecine le 9 pluv. an X (V. le texte de ces documens dans M. Trébuchet (p. 333 et 334), les tribunaux ont refusé aux sœurs de charité attachées à un hospice le droit de débiter des médicamens au dehors sans le concours d'un pharmacien. — *Bordeaux*, 28 janv. 1830, Dupuy. — V., aussi, en ce sens, Trébuchet, p. 336, et Laterrade, n° 18.

77. — Les pharmaciens ont action pour se plaindre judiciairement des ventes de médicamens faites illégalement et à leur préjudice. Ils peuvent se porter parties civiles incidemment à l'action du ministère public. — *Bordeaux*, 28 janv. 1830, Dupuy; *Cass.*, 1er sept. 1832, Baget c. Gueneau; 15 juin 1833, Baget c. Rozenweigh. — *Contrà*, *Bourges*, 17 mars 1831, Dalbert c. Religieuses de la Croix.

78. — L'intervention d'une partie seulement des pharmaciens lésés ne peut pas être déclarée non recevable sous le prétexte qu'elle n'est pas formée au nom de tous. — V. l'arrêt de *Cass.* précité du 15 juin 1833.

79. — Le pharmacien qui, après être intervenu en son nom personnel, a pris la qualité de membre de la Commission pharmaceutique de sa résidence, ne peut pas être réputé avoir par cette qualification dénaturé son action, en telle sorte qu'elle soit déclarée non recevable, comme exercée au nom d'une corporation qui n'est pas reconnue par la loi. — Même arrêt.

80. — Jugé, encore, que des dommages-intérêts ont pu être accordés à des pharmaciens par suite de simple annonce d'un remède secret, bien qu'il ne soit pas établi qu'il ait été débité, sans que cette décision tombe sous la censure de la Cour de cassation. — *Cass.*, 17 déc. 1837 (t. 1er 1838, p. 282), Giraudeau.

81. — MM. Briand et Ern. Chaudé (p. 860) citent divers arrêts et jugemens qui ont accordé à des pharmaciens des dommages-intérêts contre des personnes exerçant illégalement la pharmacie. Un arrêt de la Cour de Paris du 19 fév. 1842, par eux indiqué, a même décidé : « Que le préjudice ne doit pas être apprécié seulement à raison de contraventions dont il a été possible d'acquérir la preuve, mais aussi d'après l'ensemble des circonstances qui établissent la continuité et la gravité des mêmes contraventions. »

82. — Il a été jugé que la vente de médicamens pour les animaux, faite par un individu qui n'a subi aucune épreuve de capacité ou qui n'a obtenu aucune autorisation, n'est punie par aucune loi. — *Angers*, 8 avril 1845 (t. 1er 1847, p. 575), Fouin.

83. — Bien que l'art. 5 du décret du 15 janv. 1813 et l'ordonnance du 1er sept. 1825, portant organisation des écoles vétérinaires, appliquent le mot *pharmacie* à la préparation des médicamens destinés aux animaux, nous croyons que la décision de l'arrêt que nous rapportons doit être approuvée. Observons, toutefois, que la vente ou la distribution de substances gâtées ou vénéneuses devrait, selon les cas, être réprimée par la législation qui s'applique à ces diverses substances. — V., au reste, VÉTÉRINAIRE.

84. — Les compositions pharmaceutiques et remèdes de toute espèce ne sont pas susceptibles de brevets d'invention. — V. REMÈDES SECRETS.

85. — Les pharmaciens échappent aux prohibitions de la loi de 1814 sur l'observation des jours fériés. — V. JOURS FÉRIÉS, n° 148. — V., en outre, HERBORISTE, nos 6, 7 et 8.

§ 3. — *Des devoirs des pharmaciens dans l'exercice de leurs fonctions.*

86. — L'aspirant qui a rempli les conditions nécessaires pour obtenir le grade de pharmacien reçoit des écoles ou des jurys un diplôme qu'il doit présenter, à Paris, au préfet de police, et, dans les autres villes, au préfet du département, devant lequel il doit prêter serment d'exercer son art *avec probité et fidélité*. Le préfet lui délivre sur son diplôme l'acte de prestation de serment. — L. 21 germ. an XI, art. 16. — Ce serment n'a rien de politique, et ne doit, d'après un avis du Conseil de l'université, contenir que les mots énoncés audit art. 16.

87. — Les pharmaciens reçus dans les écoles peuvent s'établir et exercer leur profession dans toutes les parties du territoire. Quant aux pharmaciens reçus par les jurys, ils ne peuvent s'établir que dans l'étendue du département où ils ont été reçus. — L. 21 germ. an XI, art. 23, 24.

88. — Le projet de loi adopté en 1847 par la Chambre des pairs (V. *suprà*) avait pour objet de faire disparaître, pour la pharmacie comme pour la médecine, les deux ordres de pharmaciens et les deux modes différens de réception.

89. — Le pharmacien qui débite des médicamens partout ailleurs que dans le département où il a été reçu par le jury doit-il être considéré comme exerçant illégalement la pharmacie? — MM. Briand et E. Chaudé soutiennent l'affirmative et enseignent (p. 856) qu'il y a lieu, dans ce cas, à l'application de l'art. 6 de la déclaration de 1777, parce que ce n'est plus « qu'une *personne* débitant des médicamens sans autorisation légale. » — Cette décision nous paraît rigoureuse. — V., pour un cas analogue, ce que nous avons dit en ce qui concerne les officiers de santé, au mot OFFICIERS DE SANTÉ.

90. — Les pharmaciens ne peuvent livrer et débiter des médicamens ou des drogues composées, que d'après la prescription des docteurs, ou des officiers de santé, et sur leur signature. Ils doivent se conformer aux formules des dispensaires ou des formulaires des écoles de médecine. — L. 21 germ. an XI, art. 32.

91. — Le pharmacien ne doit agir qu'*en vertu d'ordonnances ou prescriptions spéciales* : c'est-à-dire d'ordonnances faites pour chaque cas particulier, pour chaque malade individuellement. — Il serait en dehors de la loi s'il avait égard à des formules banales, rédigées à l'avance et distribuées à tout venant, pour tous les cas indistinctement, comme le font quelquefois les charlatans pour dissimuler leur débit de remèdes secrets sous l'apparence de médicamens magistraux. — V. Trib. correct., 7 août 1844, Denis de Saint-Pierre, cité par Briand et E. Chaudé. — V. aussi *Paris*, 7 janv. 1843 (t. 1er 1843, p. 328), Blancard.

92. — L'arrêt du parlement de Paris du 20 juill. 1748 prononçait une peine de 500 livres d'amende contre les pharmaciens qui ne se conformaient pas au dispensaire ou qui délivraient des médicamens sans ordonnance préalable des médecins. La loi de l'an XI ne donnant aucune sanction à la prohibition qu'elle renferme, on ne saurait appliquer l'arrêt de 1748. — *Cass.*, 4 juill. 1828, c. Esparbié. — V. REMÈDES SECRETS.

93. — A côté des formules *magistrales* que les pharmaciens ne peuvent exécuter que pour les cas seuls où elles sont prescrites, se placent les formules *officinales*, concernant les médicamens composés qu'ils peuvent tenir tout préparés dans leurs officines, pourvu qu'elles soient décrites dans le *Codex*.

94. — Les pharmaciens ne peuvent vendre aucun remède secret. — Même art. — V., sur la matière assez délicate des remèdes secrets, v° REMÈDES SECRETS.

95. — Ils doivent se conformer, pour la préparation des médicamens qu'ils exécutent et tiennent dans leurs officines, aux formulaires rédigés par les écoles de médecine. Ce formulaire se nomme *Codex*. — V. CODEX.

96. — Cette prescription est-elle dépourvue de sanction? — Une ordonnance royale du 8 août 1816 enjoint, il est vrai, aux pharmaciens de se pourvoir du nouveau *Codex* pharmaceutique et de s'y conformer, à peine de 500 fr. d'amende, aux termes de l'arrêt de parlement du 23 juillet 1748. Mais MM. Briand et Chaudé pensent que cette ordonnance n'a pu faire revivre un arrêt que l'art. 32 de la loi du 21 germ. an XI a virtuellement et complétement remplacé en statuant définitivement sur la matière, qu'elle n'a pu, non plus, créer une pénalité. — Briand et E. Chaudé, p. 875. — V., cependant, jugement du trib. correct. de la Seine (Truelle, *Gazette des Tribunaux* du 21 déc. 1849), qui considère les prescriptions de l'art. 32 de la loi de germ. an XI comme protégées par l'arrêt de règlement de 1748 et l'ordonnance de 1816.

97. — Les pharmaciens ne peuvent faire, dans les mêmes lieux ou officines, aucun autre commerce ou débit que celui des drogues et préparations médicinales. — Même art. 32.

98. — Par conséquent, dit M. Trébuchet (p. 38, en note), ils ne pourraient y faire le commerce des vins, eaux-de-vie, liqueurs, etc. — Cependant, les pharmaciens se livrent quelquefois à la vente de ce dernier article; et, à ce sujet, il a été décidé par la Cour de cassation : que le pharmacien devait faire une déclaration préalable à la régie des contributions indirectes. — *Cass.*, 19 avril 1811, Bussolino. — V. CONTRIBUTIONS INDIRECTES.

99. — Mais les pharmaciens ne peuvent être considérés comme débitans de boissons quand ils se bornent à vendre à des malades ou convalescens à titre de remèdes des breuvages officinaux, encore bien que par leur nature ces breuvages soient composés en partie d'eau-de-vie ou d'esprit. — Même arrêt.

100. — Un pharmacien, ajoute M. Trébuchet (*loc. cit.*), ne peut joindre à son commerce celui de l'épicerie. Mais la loi ne défend le cumul que dans le même local; ainsi, on ne pourrait empêcher un pharmacien d'avoir deux magasins séparés : l'un pour la pharmacie, l'autre pour l'épicerie ou tout autre commerce.

101. — Il a été jugé que la défense contenue dans l'art. 32, précité, relativement au cumul des professions est sans sanction. Et que, dès lors, l'infraction qui est commise n'est passible d'aucune peine. — *Cass.*, 4 juill. 1828, Esparbié. — Laterrade (n° 119-120), qui cite un arrêt de la Cour de Paris du 24 déc. 1821 (Royer).

102. — Un pharmacien peut-il tenir plusieurs officines? La loi ne dit à cet égard rien de formel; mais, ainsi que le dit M. Trébuchet (p. 331), il est aisé de se convaincre, par la combinaison de ses dispositions, qu'elle n'a pas entendu permettre au pharmacien d'avoir plusieurs officines. Autrement, comment aurait-elle obligé les pharmaciens à tenir sous clefs et à ne vendre qu'eux-mêmes les substances vénéneuses et autres articles : obligation qui exige leur présence dans leur officine? Il faut remarquer, en outre, que toutes les fois que la loi parle d'un pharmacien seul, le mot officine est toujours au singulier. — Comment d'ailleurs un pharmacien pourrait-il exercer sur plusieurs officines cette surveillance rigoureuse qui lui est prescrite?

103. — Il a été jugé qu'un pharmacien ne peut, en vertu de son diplôme, exploiter simultanément deux pharmacies, et que ce fait tombe sous l'application de l'art. 36 de la loi du 21 germ. an XI. — *Paris*, 6 juill. 1833, B... — *Contrà*, *Paris*, 17 fév. 1827, Dupont.

104. — L'arrêt de 1833 (précité) considère le cumul d'officines par un pharmacien comme une contravention aux dispositions de l'art. 36 de la loi de l'an XI, et, dès lors, comme tombant sous l'application pénale de la loi du 29 pluv. an XIII. — V. *suprà* à l'égard des pharmaciens qui ouvrent une officine hors de la circonscription légale.

105. — Si un pharmacien ayant déjà une officine plaçait à la tête d'une autre officine un associé ou un gérant ayant lui-même titre légal, MM. Briand et Ern. Chaudé (p. 860) pensent qu'au moins dans ce cas on ne pourrait voir une contravention à la loi.

106. — Dans tous les cas, il est évident qu'un pharmacien ne peut posséder sous son nom un grand nombre de pharmacies dans la même ville, s'il est prouvé que sa surveillance sur toutes a été impossible, ni en posséder dans des villes différentes. — *Nîmes*, 13 août 1829, Salaville. — Laterrade, nos 68-69.

107. — Jugé, par le même arrêt, que les élèves en pharmacie n'ont le droit de préparer et vendre des médicamens dans la pharmacie où ils sont reçus que lorsqu'ils agissent sous la surveillance de leurs chefs et non en l'absence de ces derniers : autrement, ils encourent les peines portées contre le débit des médicamens non autorisés ; et l'autorité municipale a le droit de faire fermer la pharmacie où un élève est resté seul, sans que celui-ci ait qualité pour s'y opposer. — *Nîmes*, 13 août 1829, Salaville. — V., cependant, Laterrade, n° 7.

108. — « Cependant, disent MM. Briand et Chaudé (p. 861, note), une mesure aussi rigoureuse que la fermeture d'une pharmacie suppose une infraction grave à la loi : or il ne peut appartenir à l'autorité administrative de préjuger une question sur laquelle l'autorité judiciaire doit être appelée à prononcer. »

109. — Il a été décidé qu'un jugement peut ordonner la fermeture d'une officine tenue sans diplôme. — *Cass.*, 2 oct. 1834, Saillot.

110. — Un individu non-pharmacien peut-il être propriétaire d'une pharmacie dans laquelle il placerait, soit comme gérant, soit comme associé responsable, un pharmacien légalement reçu ? — M. le ministre du commerce, à qui l'on demandait une autorisation à cet effet, répondait le 29 mai 1831 : « Une autorisation particulière ne vous est nullement nécessaire, car vous ne demandez en cela rien qui ne soit conforme à la loi. » — V., en ce sens, *Paris*, 19 août 1830, Payot.

111. — Toutefois on devrait décider autrement si le gérant n'était qu'un prête-nom, et si sa gérance n'était pas bien réelle et permanente. — Ainsi, jugé que le débit illégal de préparations pharmaceutiques ne peut pas être excusé en présence de l'allégation (non justifiée) que le prévenu est l'associé de son beau-père pharmacien reçu. — *Paris*, 16 fév. 1830, Varlet.

112. — Dans ce dernier cas, le gérant de la pharmacie encourrait la peine applicable à l'exercice illégal de la pharmacie et le propriétaire devrait être considéré comme complice.

113. — Par le même motif : la convention par laquelle un pharmacien vend son officine à un individu non encore admis à exercer cette profession, sous la condition que, jusqu'à ce que l'acquéreur soit reçu pharmacien, l'officine vendue continuera d'être exploitée sous le nom du vendeur, *mais sans sa participation*, est nulle comme contraire à l'ordre public. — *Cass.*, 13 mai 1838, Legros.

114. — L'officier de santé ou le docteur qui serait reçu pharmacien pourrait-il cumuler les deux professions ? — Aucune loi formelle ne s'y oppose. — *Cass.*, 13 août 1841 (t. 2 1841, p. 330), Gouissaud. — V., cependant, MÉDECINE ET CHIRURGIE, n° 54.

115. — En tout cas, disent MM. Briand et Ern. Chaudé, il faut qu'il ait *personnellement* la double qualité de médecin et de pharmacien : il ne suffirait pas qu'il s'adjoignît un individu pourvu d'un diplôme de pharmacien. Et la cour de Paris a condamné à 500 fr. d'amende (décl. 1777, art. 6) un docteur qui vendait lui-même les médicamens qu'il prescrivait, médicamens qu'il faisait préparer sous ses yeux par un individu muni d'un diplôme nécessaire pour ouvrir une pharmacie.

116. — L'individu non pharmacien qui a un brevet d'invention pour la préparation d'une substance médicamenteuse n'a pas pour cela le droit de la vendre lui-même, lors même qu'il la fait fabriquer dans l'officine d'un pharmacien. MM. Briand et Chaudé (p. 861) citent comme prononçant en ce sens un arrêt de la cour de Paris, rendu dans l'affaire Mothes et Lasalle.

117. — Les pharmaciens sont soumis, quant à la conservation et à la vente des substances vénéneuses, à des précautions particulières. — V. SUBSTANCES VÉNÉNEUSES.

118. — Les pharmaciens, dit M. Trébuchet (p. 332), doivent non-seulement bien préparer les médicamens, mais encore les classer avec ordre et méthode pour éviter des méprises. Ils doivent se garder de mettre sur les vases des caractères hiéroglyphiques, veiller à ce que les instrumens du laboratoire soient entretenus avec soin, et se servir le moins possible d'appareils de cuivre. — Ces obligations entraînaient sous l'ancienne législation des condamnations sévères.

119. — Le nom des pharmaciens doit être écrit sur leurs enseignes et sur toutes les substances qui sortent de leurs officines, ainsi que sur leurs étiquettes.

120. — Ils doivent exécuter scrupuleusement les prescriptions médicales, sans pouvoir se permettre de les changer ou rectifier. — Sauf, s'ils croient à l'existence d'une erreur, à en référer immédiatement au médecin.

121. — Le pharmacien, évidemment responsable de la négligence ou de l'imprudence qu'il peut apporter dans la préparation des médicamens (V. le n° qui suit), pourrait être recherché, soit s'il s'éloignait des prescriptions de l'ordonnance et qu'il en résultât des inconvéniens, soit s'il s'y conformait trop scrupuleusement en cas d'erreur évidente. — C'est ainsi qu'un pharmacien qui délivrerait du poison à haute dose ne pourrait se mettre à couvert sous les énonciations, manifestement erronées, d'une ordonnance. — En pareil cas, il tomberait sous le coup de l'art. 1382 du C. civ.

122. — Nous avons dit (V. le numéro qui précède) que les pharmaciens sont responsables des accidens qui peuvent résulter, dans leurs officines, de leur négligence, de leur imprudence ou de l'inobservation des règlemens. — Pour eux comme pour les médecins, le principe de la responsabilité découle, sous le rapport civil, des art. 1382 et 1383 du C. civ. ; et sous le rapport pénal, des art. 319 et 320 du C. pén. — V. BLESSURES ET COUPS, HOMICIDE, MÉDECINE ET CHIRURGIE, nos 114 et suiv.

123. — MM. Briand et E. Chaudé citent comme exemples de l'application du principe de la responsabilité des pharmaciens : 1° un cas où une once d'alun en poudre, livrée au lieu d'une once de gomme arabique, avait occasionné de graves accidens ; 2° un autre cas où du *stramonium* (substance vénéneuse) avait été donné au lieu d'*érysimum ;* 3° enfin, un cas où du *deutochlorure* (sublimé) avait été mis dans une potion au lieu de *protochlorure de mercure* (calomel). — Dans ces diverses espèces, le pharmacien subit à la fois une condamnation correctionnelle et une condamnation à des dommages-intérêts. — On pourrait citer d'autres exemples.

124. — Les pharmaciens sont négocians. — V. ACTE DE COMMERCE, nos 63, 70, 204 ; COMMERÇANT, nos 113 et suiv. — Sur la question de savoir si la vente d'un fonds de pharmacien constitue un acte de commerce, V. ACTE DE COMMERCE, *loc. cit.*

125. — Comme tels, ils sont soumis à la patente et compris parmi les patentables de 3e classe. — Droit fixe basé sur la population, droit proportionnel du 20e de la valeur locative de l'habitation et des lieux servant à l'exercice de la profession. — V. PATENTE.

126. — Ils sont également assujettis, comme tous autres marchands, aux dispositions des lois sur les poids et mesures, et passibles des peines prononcées par l'art. 479 du C. pén. (n° 5) si l'on trouve dans leurs boutiques d'autres poids que ceux prescrits par la loi. — V. POIDS ET MESURES.

127. — Il a été jugé, en effet, que, de ce que la loi du 21 germ. parle du *poids médicinal*, il n'en résulte pas qu'elle ait entendu maintenir en faveur du commerce de la pharmacie un système de poids différent de celui adopté pour toute la France. — *Cass.*, 14 août 1834, Duvignaux. — Jugé différemment avant la loi de 1837. — *Cass.*, 21 mars 1828, Derondelle.

128. — Les pharmaciens peuvent, comme les médecins, être désignés par la justice pour les expertises dans lesquelles leurs connaissances spéciales seraient utilement invoquées. En pareil cas ils sont, pour les vacations, assimilés aux médecins. Bien que le choix des magistrats soit libre, il est évident que ceux des pharmaciens qui ont puisé leur instruction dans l'enseignement des écoles méritent à juste titre d'être placés en première ligne. « Encore devons-nous dire, disent MM. Briand et E. Chaudé (p. 21), que cette science de la préparation des médicamens usuels que la loi a regardée comme suffisante pour la pratique de la pharmacie est bien loin de l'être lorsqu'il s'agit d'opérations médico-légales. Un pharmacien peut être instruit, il peut être exercé aux manipulations pharmaceutiques, s'être livré à l'étude de la chimie, et manquer cependant de ces connaissances précises, de cette habitude pratique sans lesquelles il n'est pas de bonne expertise toxicologique. » — V. MÉDECINE ET CHIRURGIE, MÉDECINE LÉGALE, nos 134 et suiv.

129. — L'art. 378 C. pén. relatif à la divulgation du secret est applicable aux pharmaciens. — V. DIVULGATION DE SECRETS.

130. — M. Trébuchet pense (p. 541, note) que l'ord. de police du 17 vent. an IX sur la déclaration à faire par les hommes de l'art, des personnes blessées qu'ils soignent, serait applicable aux pharmaciens. — Mais sur la valeur légale de cette ordonnance, V. MÉDECINE ET CHIRURGIE, nos 98 et suiv., et DIVULGATION DE SECRET, n° 34.

131. — La qualité de pharmacien est comme celle de médecin, une circonstance aggravante du crime d'avortement. — V. AVORTEMENT.

132. — L'art. 909 du C. civ. prononce contre les pharmaciens la même incapacité (relative) de recevoir que contre les médecins. — MÉDECINE ET CHIRURGIE.

133. — L'action des pharmaciens en paiement de ce qui leur est dû est soumise à une prescription particulière. — V. PRESCRIPTION.

V. CHIRURGIEN DE NAVIRE DE COMMERCE, n° 4.

§ 4. — *Police de la pharmacie.*

134. — Les préfets doivent faire imprimer et afficher chaque année les listes des pharmaciens établis dans les différentes villes de leurs départemens. Ces listes doivent contenir les noms, prénoms des pharmaciens, les dates de leur réception et les lieux de leur résidence. — Ces listes sont affichées à Paris par les soins du préfet de police. — L. 21 germ. an XI, art. 28.

135. — Les pharmaciens qui veulent former un établissement dans les villes où il existe une école autre que celle où ils ont obtenu leur diplôme, sont tenus d'en informer l'administration à laquelle ils doivent présenter leur acte de réception en même temps qu'ils le produisent aux autorités compétentes. — Arr. 25 therm. an XI, art. 40.

136. — Au décès d'un pharmacien, la veuve peut continuer à tenir son officine ouverte pendant un an, à la condition de présenter et faire agréer un élève en pharmacie, et de faire désigner un pharmacien pour diriger et surveiller les opérations de l'officine (art. 41). L'année révolue, il n'est plus permis à la veuve de tenir sa pharmacie ouverte. — *Ibid.*

137. — Cette disposition est appliquée lorsqu'un pharmacien est obligé de s'absenter de son officine, pour un long voyage, par exemple, ou qu'une maladie l'empêche de s'en occuper. — Trébuchet, p. 605, note ; Briand et Ern. Chaudé, p. 868.

138. — A Paris et dans les villes où sont placées les écoles de pharmacie, deux docteurs et professeurs de l'école de médecine, accompagnés des membres de l'école de pharmacie, et assistés d'un commissaire de police, visitent, au moins une fois l'an, les officines et magasins des pharmaciens pour vérifier la bonne qualité des drogues et médicamens simples et composés. Les pharmaciens doivent représenter les drogues et compositions qu'ils ont dans leurs officines, magasins et laboratoires. — L. 21 germ. an XI, art. 29 ; arr. 25 therm. an XI, art. 42.

139. — A cet effet le directeur de l'école de pharmacie s'entend avec celui de l'école de médecine pour demander aux préfets des départemens, et, à Paris, au préfet de police, d'indiquer le jour où les visites pourront être faites, et de désigner le commissaire qui devra y assister. — Arrêt. 25 therm. an XI, art. 42.

140. — De pareilles visites ont lieu aussi, une fois par an au moins, chez les droguistes et les épiciers (V. ÉPICIER, nos 23 et suiv., et DROGUISTE, nos 16 et suiv.). — Arr. 25 therm. an XI, art. 42, 46. — V., aussi, HERBORISTE.

141. — Les drogues mal préparées ou détériorées sont saisies à l'instant par le commissaire de police, et il est ensuite procédé conformément aux lois et règlemens. — L. 21 germ. an XI, art. 29. — M. Laterrade, sur cet article, émet l'opinion, très-fondée selon nous, que la preuve de la détérioration, résultant du procès-verbal, n'existe que jusqu'à preuve contraire. — *Code des pharm.*, n° 101.

142. — Et il faut ajouter avec le même auteur que si des médicamens non gâtés au moment de la saisie, étaient susceptibles de se détériorer pendant l'instruction, le pharmacien pourrait provoquer immédiatement une contre-expertise. — Laterrade, n° 102.

143. — Les pharmaciens paient pour droit de visite une somme de 6 fr. — Arr. 25 therm. an XI, art. 42 (lettres patentes du 10 fév. 1780, art. 16). — Cette taxe, sur la légalité de laquelle quelques doutes s'étaient élevés, a été maintenue par le budget de 1818, dans les exercices suivans et par la loi des finances du 24 mai 1834 (art. 1er). — V., en ce qui concerne la taxe exigée des épiciers et droguistes, ces mots, loc. cit. — V., aussi, HERBORISTE.

144. — Le recouvrement et l'emploi des droits de visite chez les pharmaciens, épiciers et droguistes ont fait l'objet d'une circulaire du ministre de l'intérieur du 5 mars 1829 ; une autre circulaire du 13 juill. 1830 détermine tout ce qui concerne les réclamations contre les droits de visite. — V. ces circul. dans Trébuchet, p. 627 et 631.

145. — Suivant l'art. 30 de la loi du 21 germin. an XI, les mêmes professeurs en médecine et membres des écoles de pharmacie peuvent, avec l'autorisation des préfets, sous-préfets ou maires, et assistés d'un commissaire de police, visiter et inspecter les magasins de drogues, officines et laboratoires des villes placées dans le rayon de dix lieues de celles où sont établies les écoles, et se transporter dans tous les lieux où l'on fabrique et débite, sans autorisation légale, des préparations ou compositions médicinales. Les maires et adjoints, ou, à leur défaut, les commissaires de police, dressent procès-verbal de ces visites, pour, en cas de contravention, être procédé, contre les délinquans, conformément aux lois antérieures.

146. — La peine applicable au délit de fabrication illicite de médicamens, est celle prévue par l'art. 6 de la déclaration de 1777 (V. suprà). — Paris , 22 juin 1833, Nicolas. — Trébuchet, p. 539, note; Laterrade, n°s 44 et suiv., 49, 108 et suiv. — V. aussi suprà n° 7.

147. — Un mandat de perquisition n'est pas nécessaire pour ces visites. Un arrêté du préfet de police du 20 septembre 1824 a donné à l'école de pharmacie le droit de se transporter d'office dans ces mêmes lieux. — Cependant ces visites se font presque toujours en vertu d'un arrêté spécial du préfet de police. — Trébuchet, p. 588, note.— Suivant M. Laterrade, les visites non autorisées par le préfet, le sous-préfet ou le maire, doivent être déclarées nulles (n° 404).

148. — M. Laterrade (n° 107) émet l'opinion que les visites prescrites par l'art. 30 diffèrent de celles dont il est question dans l'art. 29 : en ce qu'elles n'ont pas pour objet la saisie des médicamens gâtés, mais la constatation des faits de vente illégale de médicamens. Au contraire, MM. Briand et Ern. Chaudé (p. 864) pensent que l'art. 30 tend au même but que l'art. 29 : régler, selon que les lieux à visiter sont plus ou moins distans des écoles, comment se feront ces visites. — D'où ils concluent que l'inspection faite en vertu de l'art. 30 a pour objet, aussi bien que celle faite en vertu de l'art. 29, la recherche et la constatation des médicamens gâtés.

149. — Les visites obligatoires dans le cas de l'art. 29, n'ont pas le caractère dans le cas de l'art. 30. — MM. Briand et Ern. Chaudé (p. 868), qui font cette observation, ajoutent que celles qui ont lieu en vertu de l'art. 30 sont soumises à l'autorisation du maire : soit qu'il s'agisse de l'inspection relative à la constatation de la qualité des médicamens, soit qu'il s'agisse de réquisitions à l'effet de constater des faits de fabrication ou de débit illicites. — Ils ajoutent que les mots « dans tous les lieux » contenus dans l'art. 30 comprennent aussi bien les villes où il y a des écoles de pharmacie que celles qui en sont plus ou moins éloignées, et qu'ainsi l'autorisation spéciale est nécessaire toutes les fois qu'il s'agit de se transporter dans les lieux où l'on fabrique et débite illégalement des compositions médicinales.

150.— Celui qui vend des médicamens gâtés est puni de 100 fr. d'amende et d'un emprisonnement qui ne peut excéder six mois. En cas de récidive l'amende est du double, et le jugement affiché aux dépens du condamné. — L. 19-22 juill. 1791, art. 21. — Les mots « gâtés » employés par la loi de 1791 et « détériorés » employés par celle de germinal, an XI (art. 29) sont synonymes. — MM. Briand et Ern. Chaudé (p. 865) citent comme rendu en ce sens un jugement du tribunal de police correctionnel de 1842.

151. — La peine prononcée par la loi de 1791 en cas de vente de médicamens gâtés s'applique-t-elle au cas de simple détention ou de mise en vente ? — La négative a été jugée par la Cour de Paris, qui a presque toujours décidé que la vente seule constitue le délit.— Arr. des 23 sept. 1829, Bellefond ; 17 déc. 1834, Coquille ; 26 déc. 1844 ; Thuillier.—Briand et Ern. Chaudé, p. 867.—V. aussi REMÈDES SECRETS.

152. — Mais la Cour de cassation a décidé en sens opposé par arrêts des 14 niv. an XIII (Sicard), 13 fév. 1824 (Delaherche), 18 mai 1844 (t. 2 1844, p. 432), pharmaciens de Rouen. — Dans cette dernière affaire, la Cour de Rouen, par arrêt du 11 janv.1844 (t. 2 1844, p. 422 (Johnson)) avait assimilé à la vente non-seulement l'exposition, la mise en vente dans l'officine, mais encore la simple détention dans les laboratoires ou magasins : « attendu que la présomption légale de vente reste entière lors même que les médicamens saisis chez les pharmaciens n'auraient été trouvés que dans des lieux attenans à leurs officines, ou même dans leurs caves, puisqu'ils ont pu être ainsi placés pour les mieux conserver, ou peut-être aussi pour se soustraire à la surveillance de la police; et, qu'en tout cas , ils restent sous la main des pharmaciens, qui évidemment ne les avaient que pour les vendre. »

153. — Jugé que l'arrêt de règlement du 28 juill. 1748, lequel ordonne aux pharmaciens de se conformer aux prescriptions du Codex, arrêt dont l'ordonn. du 8 août 1816 a de nouveau prescrit l'exécution, est applicable en cas de mise en vente de médicamens mal préparés ou gâtés. — Jugement du tribunal correctionnel de la Seine du 20 déc. 1849, Truelle (Gaz. Trib., 21 déc. 1849). — V. aussi Paris, 17 déc. 1834, Coquille.

154. — Dans les villes et communes autres que celles indiquées par les art. 29 et 30, ci-dessus cités, de la loi du 21 germ. an XI, les visites sont faites par les membres des jurys de médecine réunis aux quatre pharmaciens qui leur sont adjoints. — Même loi, art. 13 et 34.

155. — Jugé, à cet égard, que le jury médical préposé à la visite des officines dans les villes et communes autres que celles où sont placées les écoles de pharmacie est légalement constitué lorsqu'il se trouve composé de deux docteurs en médecine et de quatre pharmaciens. L'art. 16 de la loi du 29 vent. an XI, qui exige la présence de sept membres, n'est applicable qu'à la composition du jury pour la réception des officiers de santé. — Cass., 9 nov. 1844 (t. 1er 1845, p. 748), Bru.

§ 5. — Compétence. — Prescription.

156. — Les infractions à la loi sur la pharmacie constituent, en général, des délits et non des contraventions : elles sont donc, le plus souvent, de la compétence du tribunal correctionnel, et les juges sont autorisés à apprécier la bonne foi du prévenu. — Laterrade, n°s 112 et suiv.

157. — Jugé que les tribunaux ne peuvent, en acquittant le prévenu, le condamner aux frais de la poursuite, sous prétexte que la loi imputé est applicable. — Paris, 29 nov. 1832, Hospice de Saint-Denis.

158. — Les contraventions sur l'exercice de la pharmacie se prescrivent, comme les délits ordinaires, par le laps de trois ans. — Paris, 20 sept. 1829, Arrault; 16 août 1832, Pellonas. — V., aussi, en ce sens, Laugier et Duruy, p. 366.

159. — En conséquence : lorsque le ministère public ne prouve pas que la contravention commise à une époque non précisée l'ait été dans les trois années, la prescription doit être déclarée acquise au prévenu. — V. l'arrêt de Paris précité du 16 août 1832. — Laterrade, n°s 195 et suiv.

160. — La prescription des condamnations prononcées pour délits pharmaceutiques est régie d'après les règles ordinaires du Code d'instruction criminelle et du Code pénal. — Laterrade, n°s 199 et suiv. — V. PRESCRIPTION CRIMINELLE.

V. aussi DROGUISTE, ÉPICIER, HERBORISTE, MÉDECINE ET CHIRURGIE, OFFICIERS DE SANTÉ MILITAIRES, REMÈDES SECRETS, SUBSTANCES VÉNÉNEUSES.

PHOSPHORE.

Fabriques de phosphore. — 2e classe des établissemens insalubres. — V. ce mot (nomenclature).

PIANOS ET CLAVECINS.

1. — Facteurs ou marchands de pianos et clavecins en boutique ou magasin. — Patentables de 3e classe. — Droit fixe basé sur la population, droit proportionnel du 20e de la valeur locative de l'établissement et des lieux servant à l'exercice de la profession.

2.— Facteurs ou marchands sans boutiques ni magasins. — Patentables de 6e classe. — Mêmes droits fixe, sauf la différence de classe, et proportionnel que les précédens. — V. PATENTE.

PIÈCES DE BORD.

Ce sont les passe-ports ou congés, rôles d'équipage et autres pièces dont les navires doivent être munis en partant, ainsi que les rapports dont la rédaction est confiée au capitaine. — V. CAPITAINE DE NAVIRE, NAVIRE, PRISE MARITIME.

PIÈCES DE CONVICTION.

V. CHAMBRE DES MISES EN ACCUSATION, COUR D'ASSISES, FLAGRANT DÉLIT, INSTRUCTION CRIMINELLE.

PIÈCES DE THÉÂTRE.

V. PROPRIÉTÉ LITTÉRAIRE, THÉÂTRE.

PIEDS CORNIERS, TOURNANS, PAROIS.

1. — Les pieds corniers sont des arbres laissés à l'extrémité d'un fonds pour servir de marques.

2. — L'enlèvement ou le déplacement des pieds corniers est réprimé par l'art. 456 du Code pénal. — V. DESTRUCTION DE CLÔTURES ET DÉPLACEMENT DE BORNES.

3. — En matière forestière on nomme pieds corniers, les arbres réservés pour servir de limite aux coupes de bois. — V. ord. règlement du rég. for., art. 76. — Ce sont ceux placés sur les angles sortans.

4. — On donne particulièrement le nom de pieds tournans à ceux qui sont placés dans les angles rentrans.

5. — Les arbres qui sont dans la longueur de la ligne, soit entre deux pieds corniers, soit entre un pied cornier et un tournant, soit entre deux tournans, s'appellent parois.

6. — Sur la marque des pieds corniers, tournans et parois, le délit qui résulte de leur abattage, etc., V. FORÊTS.

PIÉMONT (Douanes de).

V. DOMAINES ENGAGÉS ET ÉCHANGÉS, n°s 249 et suiv. ; DOMAINE EXTRAORDINAIRE, n°s 18 et suiv.

PIERRES.

1. — Fabricans expéditeurs de pierres à feu. — Patentables imposé à un droit fixe de 25 fr., et un droit proportionnel du 20e sur la maison d'habitation et les magasins de vente complètement séparés de l'établissement, et du 25e sur l'établissement industriel.

2. — Marchands de pierres fines. — Patentables de 1re classe ; — droit fixe basé sur la population, — droit proportionnel du 45e de la valeur locative de l'habitation et des lieux servant à l'exercice de la profession.

3. — Fabricans d'objets en pierre artificielle ou factice ; — marchands de pierres brutes; — marchands de pierres lithographiques. — Patentables : les premiers de 4e classe , les seconds et derniers de 5e classe ; — droit fixe basé sur la population ; — droit proportionnel du 20e de la valeur locative de l'habitation et des lieux servant à l'exercice de la profession.

4.—Marchands de pierres bleues pour le blanchissage du linge ; — fabricans et marchands de pierres à brunir; — fabricans de pierres fausses; — marchands de pierres taillées ; — fabricans et marchands de pierres et cuirs à rasoirs. — Patentables de 6e classe ; — mêmes droits fixe, sauf la différence de classe, et proportionnel que les précédens.

5.— Marchands de pierres de touche.— Patentables de 7e classe ; — même droit fixe, sauf la différence de classe, que les précédens ; — droit proportionnel du 40e de la valeur locative de tous les locaux qu'ils occupent, mais seulement dans les communes de 20,000 âmes et au-dessus. — V. PATENTE.

6. — En ce qui concerne les pierres considérées comme armes, V. ARMES, n°s 14 et suiv., et suiv.

7. — Quant à l'enlèvement de pierres dans les forêts et à l'extraction de pierres et matériaux sur le terrain d'autrui, V. FORÊTS, TRAVAUX PUBLICS.

PIGEONS.

1. — On distingue ces oiseaux en pigeons sauvages et pigeons domestiques. Ces derniers sont ceux qui sont élevés et conservés dans des colombiers, fuies ou volières.

2. — L'art. 524 C. civ. classe les pigeons des colombiers parmi les biens immeubles par destination. Ceux qui seraient placés dans une volière seraient au contraire meubles. Ne jouissant plus, dans ce dernier cas, de leur liberté naturelle, ils ne sont pas censés possédés uniquement par la possession du fonds ; ils sont au contraire possédés comme chose mobilière. — En effet, M. Duranton (t. 4, nº 60) dit qu'à la différence des colombiers, les fuies ou volières peuvent se déplacer et se transporter facilement. — V. COLOMBIER.

3. — La loi du 4 août 1789, qui a aboli la féodalité, porte, art. 2 : « Le droit des fuies et colombiers est aboli ; les pigeons seront enfermés aux époques fixées par les communautés, et, durant ce temps, ils seront regardés comme gibier, et chacun aura le droit de les tuer sur son terrain. Cette disposition a pour but de prévenir les dégâts que pourraient occasionner ces oiseaux dans les temps où les terres sont ensemencées et dans celui où elles sont chargées de récoltes.

4. — La disposition qui précède est encore en vigueur, ainsi que cela résulterait au besoin de la discussion de la loi du 3 mai 1844 sur la chasse (Duvergier, *Coll. des lois*, t. 1844, p. 131, note 1re). Son application présente plusieurs difficultés sur lesquelles la jurisprudence a dû se prononcer.

5. — On s'est demandé si en disant que les pigeons seront considérés comme gibier à l'époque pendant laquelle ils doivent être renfermés, la loi de 1789 a entendu dire que pendant ce temps ils devraient être assimilés, sous tous les rapports au gibier, de telle façon que par exemple, on ne pourrait tirer sur eux sans être porteur d'un permis de chasse.

6. — La cour de Rennes a jugé d'une manière absolue qu'un pigeon de fuie étant un animal domestique, ne peut être considéré comme gibier, et que le fait d'avoir, sans permis de chasse, tué un de ces pigeons sur le terrain d'autrui, même couvert de récoltes, ne constitue pas un délit de chasse. — *Rennes*, 29 oct. 1847 (t. 1er 1849, p. 469), Delalande.

7. — Nous croyons que cette décision, bien que peut-être trop absolue dans ses termes, est cependant conforme à l'esprit de la loi de 1789. Si cette loi avait voulu que les pigeons de fuie fussent mis, sous tous les rapports, sur la même ligne que le gibier ordinaire, pendant le temps où ils doivent être renfermés, elle ne se serait sans doute pas bornée à exprimer que, dans ce cas, chaque propriétaire peut les tuer sur son terrain, et il nous paraît résulter de la rédaction dudit article 2 de la loi, qu'ils doivent recevoir cette qualification seulement au regard du propriétaire (ou fermier) sur le terrain duquel ils s'abattent.

8. — Du reste, la cour de Rennes ne distingue pas entre le temps où les pigeons de fuie sont renfermés et celui où on leur laisse leur liberté. Cette dernière hypothèse n'a pas été prévue par la loi de 1789, et nous croyons qu'elle ne présente pas de difficulté. A la différence des pigeons sauvages, les pigeons de fuie sont des animaux domestiques auxquels la qualification de gibier ne saurait convenir.

9. — On voit que la loi du 4 août 1789 se contente de défendre de laisser vaguer les pigeons aux époques où les communautés ont décidé qu'ils seraient enfermés, sans édicter aucune peine contre ceux qui enfreindraient cette prescription. On a élevé la question de savoir si elle trouvait sa sanction pénale dans quelque autre texte de loi.

10. — Jusqu'à la loi du 28 avr. 1832, qui a modifié l'art. 471 C. pén., par l'addition d'un nº 15, la Cour de cassation a jugé uniformément que celui qui n'avait pas obtempéré à un arrêté municipal prescrivant d'enfermer les pigeons pendant un certain temps, n'était passible d'aucune peine. — *Cass.*, 29 janv. 1813 (int. de la loi), Lejeune ; 13 août 1813, Thierrée ; 30 oct. 1813, Desguès ; 27 janv. 1820, Germondi ; 27 sept. 1821, Delamarche ; 5 oct. 1821, Tartur.

11. — Cette jurisprudence se fondait sur des considérations décisives à cette époque. Les infractions aux règlemens des autorités municipales ou administratives n'étaient alors punissables par des peines de police, qu'autant que ces règlemens étaient relatifs à l'exécution d'une loi contenant elle-même une pénalité, ou que ces règlemens portaient sur des objets confiés à la vigilance de l'autorité municipale par les art. 3 et 4, tit. 2, L. 24 août 1790. Or l'arrêté municipal qui prohibait la sortie des pigeons pendant des intervalles de temps déterminés ne se rattachait à aucune des dispositions de cette dernière loi, et, d'un autre côté, la loi du 4 août 1789 n'édictait aucune peine. — V., en sens contraire de cette jurisprudence, Henrion de Pansey (*Pouvoir municipal*, ch. 3), qui croyait trouver dans l'art. 600 du Code des délits et peines, du 3 brum. an IV, a pénalité applicable à l'infraction dont il s'agit.

12. — Le comité féodal de l'Assemblée constituante, consulté sur la même question, le 23 juillet 1790, avait été aussi d'avis que le fait d'avoir laissé divaguer des pigeons en temps prohibé n'était puni d'aucune peine. — Toullier, t. 11, nº 302.

13. — La question a changé de face depuis l'addition faite par la loi du 28 avr. 1832 à l'art. 471 du Code pénal d'un nº 15, par lequel sont punis de 1 à 5 fr. d'amende ceux qui auront contrevenu aux règlemens légalement faits par l'autorité administrative, et ceux qui ne se seront pas conformés aux règlemens ou arrêtés publiés par l'autorité municipale en vertu des art. 3 et 4, tit. 11 de la loi du 16 - 24 août 1790, et de l'art. 46, tit. 1er de la loi du 19-22 juill. 1791. — Jacques de Valserre, *Manuel de droit rural*, p. 259 et suiv.

14. — Par arrêt du 5 déc. 1834 (Langinier), la Cour de cassation a décidé que le propriétaire de pigeons qui ne les tient pas enfermés pendant le temps prescrit par un arrêté municipal est passible des peines portées par l'art. 471 (nº 15), indépendamment de la faculté accordée à chacun de les tuer sur son terrain. Elle a persisté dans cette jurisprudence par un autre arrêt du 5 janv. 1836, rendu en chambres réunies (même affaire). Cependant la Cour d'Amiens, devant laquelle l'affaire fut renvoyée par ce second arrêt jugea en sens contraire et repoussa l'applicabilité de l'art. 471. — *Amiens*, 22 juill. 1836 (t. 1er 1837, p. 474).

15. — La résistance de la Cour d'Amiens à la doctrine si formelle de la Cour de cassation, se fonde sur la rédaction de l'art. 471, § 15, C. pén. Selon la cour d'Amiens, le fait d'avoir laissé vaguer des pigeons en temps prohibé ne saurait être atteint par la première partie de ce paragraphe relative aux règlemens administratifs, cette première partie ne s'appliquant pas aux arrêtés de l'autorité municipale qui sont l'objet de la disposition qui suit immédiatement. Le même fait ne peut être atteint davantage par la seconde partie, qui ne mentionne que les règlemens faits par l'autorité municipale en vertu de deux lois spéciales. Or ces deux lois sont muettes sur la police rurale, qui est régie par le Code rural du 28 sept. - 6 oct. 1791. L'infraction prévue par la loi du 4 août 1789 n'est donc punie ni par l'art. 471 (§ 15) ni par aucune loi.

16. — Le système de la Cour d'Amiens peut paraître spécieux si l'on ne consulte que le texte du § 15 de l'art. 471. Mais il nous paraît contraire à l'esprit de cette disposition, par laquelle on a voulu évidemment donner une sanction pénale à tous les règlemens de l'autorité municipale quels qu'ils fussent, pourvu qu'ils eussent été légalement faits. Aussi, par l'arrêt du 5 janvier 1836, la Cour suprême fait-elle rentrer dans la catégorie des règlemens administratifs dont parle ce § 15, les arrêtés municipaux qui n'auraient pas été pris en vertu des lois des 16-24 août 1790 et 19-22 juillet 1791. — *Cass.*, 28 sept. 1837 (t. 2 1837, p. 369), le maire de Marines c. Auger et Jaubert. — V. POUVOIR MUNICIPAL.

17. — Jugé encore qu'on doit réputer légal et obligatoire le règlement administratif qui ordonne la fermeture des colombiers ; qu'en conséquence le propriétaire de pigeons qui ne les tient pas renfermés pendant le temps fixé par ce règlement, est passible de l'amende prononcée par l'art. 471, § 15, du Code pénal, sans que le tribunal de simple police puisse renvoyer le prévenu de la plainte sous prétexte que ce règlement a été révoqué postérieurement à la contravention. — *Cass.*, 5 fév. 1844 (t. 1er 1844, p. 662), Hincelin.

18. — On a voulu appliquer à la divagation des pigeons de fuie en temps prohibé la disposition de l'art. 12, tit. 2 du Code rural du 28 septembre 1791. Ce fait aurait ainsi constitué un délit rural punissable par les peines de police portées en l'art. 3 du même titre de ce Code (V. DÉLIT RURAL, nº 49) ; mais, par les arrêts antérieurs à 1832, indiqués ci-dessus, la Cour de cassation a jugé que le texte de cet art. 12, relatif au délit d'abandon de bestiaux ou *volailles*, était inapplicable aux pigeons, qui ne pouvaient être considérés ni comme des bestiaux ni comme des volailles. — V. aussi Toullier, t. 11, nº 302.

19. — Celui qui a tué des pigeons dans son enclos dans un moment où ces volatiles mangeaient la graine de chanvre qu'il y avait nouvellement ensemencée, n'est passible d'aucune peine : qu'il existe ou non un arrêté de l'autorité municipale pour fixer l'époque où les pigeons devraient être renfermés. — *Cass.*, 1er août 1829, Jamain.

20. — L'infraction à un règlement prescrivant de tenir les pigeons renfermés, pourrait donner lieu à une action en dommages-intérêts de la part du propriétaire dont les semences ou récoltes auraient été dévastées par ces oiseaux. — *Cass.*, 30 oct. 1813, Desguès.

21. — Le droit de tuer les pigeons d'autrui est limité dans les termes de la loi du 4 août 1789 (art. 2). Dans les temps où les pigeons de fuie sont en liberté, on ne pourrait les tuer sans se rendre coupable d'une infraction qui serait punie, suivant les circonstances, par l'art. 479 (§ 1er) du Code pénal ou par l'art. 454 du même Code. — Carnot, *Cod. instr. crim.*, art. 479, nº 19. — V. ANIMAUX.

22. — La Cour de cassation a même jugé que tuer des pigeons appartenant à autrui et se les approprier dans tout autre temps que celui pendant lequel ces oiseaux sont réputés gibier par la loi, c'est commettre une soustraction frauduleuse. — *Cass.*, 20 sept. 1823, Lamboi et Depierre c. Chemin et Imbert. — Cet arrêt juge aussi implicitement que celui qui, dans un temps où les pigeons doivent être renfermés, tue un de ces oiseaux sur son terrain, a le droit de se l'approprier.

23. — Décidé que lorsqu'un règlement de police défend de tirer, sous quelque prétexte que ce soit, avec des armes à feu dans l'intérieur des cours et jardins, le tribunal de police ne peut renvoyer de la poursuite un contrevenant par le motif qu'il a tiré sur des pigeons qui détruisaient la semence jetée dans son jardin et dégradaient la toiture de sa maison. — *Cass.*, 8 août 1834, Brinquant.

24. — La loi du 3 mai 1844 sur la chasse ne s'occupe pas directement des pigeons. Ces oiseaux peuvent seulement être compris dans les prescriptions de l'art. 9, aux termes duquel les préfets doivent prendre des arrêtés pour déterminer les espèces d'animaux malfaisans ou nuisibles que le propriétaire, possesseur ou fermier peut en tout temps détruire sur ses terres. — V. CHASSE, nos 275 et suiv.

25. — Une ordonnance du préfet de police de la Seine, du 3 juillet 1812, prise en exécution de l'art. 3 de la loi du 3 novembre 1789, porte que « les propriétaires des colombiers et tous autres propriétaires de pigeons dans les communes rurales du ressort de la préfecture de police, seront tenus de les enfermer depuis le 1er mars jusqu'au 20 avril, depuis le 15 juillet jusqu'au 20 août, et depuis le 1er octobre jusqu'au 15 novembre. »

26. — Aux termes d'une ordonnance de police, du 3 décembre 1829, prise pour Paris et les faubourgs, il est défendu d'élever et nourrir dans l'intérieur des habitations, des pigeons (art. 3). — Il ne peut en être élevé et nourri dans les cours et enclos qu'en vertu d'une permission spéciale de la préfecture de police précédée d'un procès-verbal de visite et examen des lieux constatant qu'il ne peut en résulter aucun inconvénient pour la salubrité (art. 4).

PILLAGE.

1. — On entend par ce mot le vol avec violence et désordre.

2. — La loi s'occupe spécialement, dans divers articles du Code pénal, du pillage considéré soit comme crime distinct et se différenciant par ses caractères et sa gravité de celui de vol, soit comme se rattachant à d'autres crimes. — V. COMPLOT, nº 2 ; CRIMES CONTRE LA SURETÉ DE L'ÉTAT, nos 174 et 210.

3. — Le pillage et le dégât à force ouverte de marchandises, denrées, etc., est prévu et puni par les articles 440 et suivans du Code pénal. — V. PILLAGE ET DÉGAT DE DENRÉES OU MARCHANDISES, etc., etc.

4. — La loi du 21 brumaire an V, tit. 5 (C. militaire), dispose que tout militaire ou individu attaché à l'armée et à sa suite, convaincu de pillage à main armée ou en troupe, soit dans les habitations, soit sur les personnes, soit dans les pro-

priétés des habitans de quelque pays que ce soit, sera puni de mort (art. 1er).

5. — « Sera également puni de mort, porte l'art. 2, tout militaire, etc., convaincu d'avoir porté le ravage et le dégât à main armée ou en troupe sur les propriétés des habitans de quelque pays que ce soit, sans l'ordre par écrit du général ou autre commandant en chef. » — V. aussi DÉLITS MILITAIRES, n° 32; INCENDIE, n° 32.

6. — L'art. 9 ajoute que tous les effets et marchandises de l'individu condamné pour faits de pillage, dévastation, incendie et spoliation prévus et punis par ladite loi du 21 brumaire an V, seront appliqués au profit des hôpitaux et ambulances de l'armée.

7. — V., en outre, DESTRUCTION, DÉGRADATION ET DOMMAGE, VOL, ASSURANCES MARITIMES, nos 227 et suiv.

PILLAGE ET DÉGAT DE DENRÉES OU MARCHANDISES, EFFETS, PROPRIÉTÉS MOBILIÈRES.

1. — L'art. 440 C. pén. dispose que « tout pillage, tout dégât de denrées ou marchandises, effets, propriétés mobilières, commis en réunion ou bande et à force ouverte, sera puni des travaux forcés à temps, et que chacun des coupables sera de plus condamné à une amende de 200 francs à 5,000 francs. »

2. — Le pillage, dans le cas dont parle cet article, est un véritable vol commis violemment; quant au dégât, il consiste dans la dévastation, le saccagement, la ruine, lors même que les agens n'en ont retiré aucun profit. — Chauveau et Hélie, *Théorie du Code pénal*, t. 8, p. 106. — « Ce cas, dit l'exposé des motifs, présente deux crimes à la fois : 1° l'action de piller ou dévaster; 2° une sorte de rébellion qui a été employée pour en faciliter l'exécution. »

3. — La Cour de cassation a jugé : 1° que lorsque des femmes attroupées dans un marché s'emparent avec violence du blé vendu à un particulier, et se le font distribuer au prix qu'elles jugent à propos, il y a de leur part crime de pillage prévu par l'art. 440 C. pén. — *Cass.*, 17 janv. 1812, Monnier.

4. — ... 2° Que l'art. 440 est également applicable aux individus qui faisant partie d'une bande armée, fixent arbitrairement le prix du blé et forcent par menaces des marchands à livrer leur blé au prix qu'ils établissent. — *Cass.*, 24 juin 1830, Gand.

5. — MM. Chauveau et Hélie font remarquer avec raison que, dans ce dernier cas, il n'y a pas à proprement parler pillage, c'est-à-dire vol, mais un simple abus de la force pour se procurer des denrées au-dessous du cours. Toutefois, comme dans ces deux cas, l'intention est la même et les faits matériels identiques dans leur résultat, ils pensent que cette analogie des actes, cette identité des effets justifient l'application de la loi.

6. — L'article 440 ne s'appliquant qu'au pillage ou dégât de denrées, marchandises, effets ou propriétés *mobilières* (quant à la destruction ou dévastation d'objets immobiliers, elle est prévue par d'autres dispositions pénales : V. DESTRUCTION, DÉGRADATION ET DOMMAGES), MM. Chauveau et Hélie (p. 107) en concluent qu'il est nécessaire que ces objets soient spécifiés dans la déclaration du jury. — Une doctrine contraire résulte d'un arrêt de la Cour de cass. du 12 avr. 1833 (Guignard).

7. — Il est évident, dans tous les cas, que la spécification des objets pillés ou dévastés est indispensable, lorsqu'il s'agit d'objets énumérés dans l'art. 442; la nature des objets emportant en ce cas une pénalité spéciale et plus rigoureuse. — V. *infrà*. — C'est ce que reconnaît l'arrêt du 12 avril 1833 (Guignard). — Chauveau et Hélie, *loc. cit.*

8. — Le crime prévu par l'art. 440 n'existe que s'il a été commis en réunion ou *bande* et *à force ouverte*. Le jury doit donc s'expliquer sur ces circonstances, à peine de nullité de sa déclaration. — *Cass.*, 8 mars 1816, Denis Jacquemin. — Carnot sur l'art. 440 C. pén., t. 2, p. 472, n° 1er. — V. aussi *Cass.*, 1er mars 1832, Labitte.

9. — Mais dès qu'il y a eu force ouverte, il suffit de l'existence, soit du fait de réunion, soit de celui de bande. — *Cass.*, 28 août 1812, Nonals.

10. — Par *réunion*, il faut entendre les rassemblemens accidentels formés sous l'impulsion d'une cause subite, n'ayant d'autre but que le pillage d'une propriété mobilière. Mais de combien de personnes doit se composer une réunion? M. Carnot (sur l'art. 440) adopte le nombre *cinq*, en se fondant sur la loi 4, § 3 ff., *De vi fur. rapt.* — MM. Chauveau et Hélie, au contraire, pensent que, dans le silence de la loi, il faut, par analogie de l'art. 211 C. pén., considérer le nombre *trois* comme suffisant. Ils font remarquer d'ailleurs que le Corps législatif avait proposé la substitution du mot *attroupement* à celui de *réunion*; mais que le Conseil d'Etat repoussa cet amendement. — Locré, t. 31, p. 134. — D'où il résulte que le législateur n'a pas voulu comprendre nécessairement, sous le mot *réunion*, un nombre considérable de personnes.

11. — Il a été jugé, conformément à cette doctrine, qu'il suffit qu'un pillage ou dégât de denrées ou marchandises à force ouverte ait été commis par trois personnes réunies, pour qu'il soit réputé l'avoir été en réunion ou bande. — *Cass.*, 5 avril 1832, Saint-Béranger.

12. — Jugé que les dégâts commis dans une salle de spectacle, qui ont été le résultat d'un mouvement fortuit et spontané des spectateurs, irrités par l'impertinence d'un acteur, ne peuvent pas être considérés comme l'ayant été en réunion ou bande, dans le sens de l'art. 440 C. pén., qui suppose un concert prémédité. — *Liége*, 26 mars 1830, N...

13. — Si la gravité d'une *réunion* réside dans le nombre des individus qui en font partie, le caractère de la *bande* tient à son *organisation* : il est par conséquent impossible d'assigner le minimum du nombre qui peut le composer. — « Il ne s'agit pas toutefois, disent Chauveau et Hélie (p. 114), dans l'art. 440, d'une organisation régulière ni même d'une véritable association des membres entre eux. Cette association, qui est un des élémens du crime dans les hypothèses prévues par les art. 95, 97, 265 (V. ASSOCIATIONS DE MALFAITEURS, CRIMES CONTRE LA SURETÉ DE L'ÉTAT), n'est plus nécessaire dans celle prévue par l'art. 440. L'association suppose un règlement arrêté à l'avance, soit pour la participation de chacun des associés à l'action, soit pour le partage des produits. Cette convention est inutile dans l'espèce de ce dernier article, puisqu'il ne s'agit pas d'une bande organisée pour commettre des crimes en général, mais dans le but de commettre un seul crime, un seul pillage. Il suffit donc que les individus qui la composent soient réunis même accidentellement pour la perpétration de ce pillage. » — V. BANDES ARMÉES, nos 5 et 15.

14. — Il faut enfin, pour constituer le crime de pillage prévu et puni par l'art. 440, qu'il y ait emploi de la *force ouverte*. Sinon il ne resterait plus qu'un vol commis de complicité. — V. VOL. — MM. Chauveau et Hélie (p. 115 et suiv.) font remarquer que la *force ouverte* consistant dans l'emploi public et flagrant de la violence, il faut qu'elle soit caractérisée de la manière la plus explicite et qu'il ne suffirait pas que le jury fût interrogé sur la question de savoir si le pillage a eu lieu à *main armée*.

15. — Mais il a été jugé aussi que le vol ou le pillage à main armée, en réunion de malfaiteurs armés, comprend nécessairement le fait d'avoir pillé des objets mobiliers en réunion ou bande et à force ouverte; qu'en conséquence le procureur général qui substitue dans un acte d'accusation cette dernière qualification à la premièr qui était contenue dans l'arrêt de renvoi, ne change pas la nature de l'accusation. — *Cass.*, 12 avril 1833, Guignard.

16. — De ce qui vient d'être dit il résulte que les circonstances de *réunion* ou *bande* et de *force ouverte* doivent se trouver réunies pour que le fait de pillage ou de dégât ait le caractère du crime prévu par l'art. 440, et le jury doit être appelé à les constater expressément. — *Cass.*, 27 oct. 1815, Heiligenstein.

17. — Séparé de ces circonstances, le *pillage* constituerait un simple vol, et le *dégât* dans la même hypothèse se réduirait à un dommage volontaire causé aux propriétés mobilières d'autrui. — V. DESTRUCTION, DÉGRADATION ET DOMMAGE.

18. — Jugé, en conséquence, que le fait d'avoir, au nombre de trois individus, causé du dommage aux propriétés mobilières d'autrui, en brisant des tuiles dans une briquerie, ne constitue que la contravention prévue par l'art. 479 du Code pénal, de la compétence du tribunal de simple police, lorsque le dégât n'a pas été commis *en réunion ou bande* et *à force ouverte*. — *Cass.*, 1er mars 1832, Labitte.

19. — Le crime de pillage de denrées ou marchandises, effets, propriétés mobilières, commis en réunion ou bande et à force ouverte, prévu par l'art. 440 du Code pénal, est un crime spécial dont chacune des circonstances ci-dessus énumérées forme non des circonstances aggravantes, mais les élémens constitutifs. Dès lors le jury doit être interrogé par une seule question sur le fait de pillage et sur les circonstances de réunion et de violence, sans qu'on puisse reprocher à cette question de renfermer une complexité contraire à la loi du 13 mai 1836. — *Cass.*, 1er avril 1847 (t. 1er 1847, p. 762), Michot.

20. — Celui qui a été déclaré coupable, sans circonstances atténuantes, de pillage de denrées ou marchandises commis en réunion ou bande et à force ouverte, doit être puni non-seulement de la peine des travaux forcés à temps, mais encore d'une amende de 200 fr. à 5,000 fr. — *Cass.*, 29 déc. 1832, Pluvinet; 22 mai 1847 (t. 2 1847, p. 394), Bourgognon.

21. — « Néanmoins ceux qui prouveront avoir été entraînés par des provocations ou sollicitations à prendre part à ces violences, pourront n'être punis que de la peine de la réclusion. » — (C. pén., art. 441).

22. — Par *sollicitation* il faut entendre toutes les suggestions, lors même qu'elles n'auraient pas le véritable caractère d'une provocation. — Mais on ne pourrait y comprendre les *dons et promesses* agréés par l'accusé. MM. Chauveau et Hélie (p. 119) font remarquer avec raison que ces dons et promesses ne feraient, au contraire, qu'attester la volonté et la liberté de l'agent.

23. — La provocation prévue par l'art. 441 constitue au profit de l'accusé une excuse légale qui doit faire, s'il le demande, l'objet d'une question posée au jury.

24. — Si cette question d'excuse est résolue affirmativement, la peine *peut* être atténuée et réduite à la réclusion : ce n'est là qu'une *faculté* et non une *obligation* pour le juge. En ce cas il ne doit être prononcé aucune amende, l'art. 441 n'ajoutant pas cette pénalité à celle qu'il indique. — Chauveau et Hélie, *loc. cit.*

25. — Suivant l'art. 442 du Code pénal, « si les denrées pillées ou détruites sont des grains, grenailles ou farines, substances farineuses, pain, vin ou autre boisson, la peine que subiront les chefs, instigateurs ou provocateurs seulement, sera le maximum des travaux forcés à temps, et celui de l'amende prononcée par l'art. 440.

26. — Toutes les circonstances énumérées dans l'art. 442, tant à l'égard de la nature même des denrées pillées ou détruites qu'à l'égard de la qualité de l'agent (chef, instigateur, provocateur) doivent se trouver réunies pour motiver l'aggravation prononcée par cet article.

27. — Il a été jugé que la qualité de chef, instigateur ou provocateur, n'est pas une circonstance aggravante du pillage, mais bien un des caractères constitutifs du crime prévu par l'art. 442 du Code pénal; et dès lors la question tendant à l'application dudit article doit comprendre cumulativement tous les caractères constitutifs posés par cet article, au lieu de présenter comme circonstance aggravante la qualité de chef, instigateur ou provocateur. — *Cass.*, 1er avril 1847 (t. 1er 1847, p. 762), Michot; 6 et 15 mai 1847 (t. 1er 1847, p. 765 et suiv.), Anjuère et Berson, Camelin et Bertrand; — 15 mai 1847 (t. 2 1847, p. 438), Arnoncet c. Martin.

28. — En conséquence, si ce fait a été proposé au jury comme circonstance aggravante, et que le jury, ainsi induit en erreur, n'ait pu, tout en résolvant la question affirmativement, faire connaître si son verdict s'était formé à cet égard à la simple majorité, le condamné s'étant trouvé par là privé du bénéfice de l'art. 352 du Code d'instruction criminelle, relatif au cas où la déclaration de culpabilité sur le fait principal n'intervient qu'à la simple majorité, la cassation de l'arrêt de condamnation rendu ensuite d'un pareil verdict doit être prononcée. — *Cass.*, 6 et 15 mai 1847 (t. 1er 1847, p. 765 et suiv.), Anjuère et Berson, Camelin et Bertrand.

29. — Jugé encore que lorsque, deux questions ayant été posées sur le crime de pillage en bande et à force ouverte considéré comme fait principal, et sur la qualité de chef ou instigateur de bande considérée comme circonstance aggravante, le jury a répondu affirmativement, si sa déclaration sur la seconde question est cassée en ce que le fait d'avoir été chef ou instigateur d'une bande qui a pillé constitue non une circonstance aggravante du crime de pillage, mais un crime distinct, sa déclaration sur le crime de pillage reste irrévocablement acquise, quelle que soit l'issue des débats qui doivent s'ouvrir devant la Cour de renvoi sur les faits d'instigation ou de provocation audit pillage, et par suite, ladite Cour doit, même en cas d'acquittement pour ces faits, procéder à l'application de la peine quant à ceux résultant de la déclaration maintenue. — *Cass.*, 15 mai 1847 (t. 2 1847, p. 438), Arnoncet.

20. — On peut aussi consulter, sur les questions intéressantes résolues par les arrêts précités, les conclusions de M. l'avocat-général Nicias Gaillard, dans l'arrêt du 1er avril 1847 (t. 1er 1847, p. 762), et la note sous les arrêts rapportés au même tome (p. 765).

21. — Les art. 440, 444 et 442 ne renferment aucune dérogation au principe général posé par l'art. 2 du Code pénal. En conséquence, la tentative de destruction et de pillage est régie par les règles de la tentative (V. TENTATIVE). — Cass., 7 juill. 1847 (t. 2 1847, p. 634), Oblette.

22. — Il n'y a aucune contradiction entre la réponse par laquelle le jury, statuant à l'égard d'un accusé, déclare qu'il n'était pas coupable d'une tentative de pillage, et la réponse par laquelle il reconnaît qu'un autre accusé est coupable d'avoir commis une tentative de pillage, et d'en avoir été l'instigateur. — Même arrêt.

23. — La loi, dans l'intérêt du commerce et des manufactures, dispose (art. 443) que « quiconque, à l'aide d'une liqueur corrosive ou par tout autre moyen, aura volontairement gâté des marchandises ou matières servant à la fabrication, sera puni d'un emprisonnement d'un mois à deux ans, et d'une amende qui ne pourra excéder le quart des dommages-intérêts ni être moindre de 16 francs. »

24. — Il n'est besoin, dans le cas prévu par le dit art. 443 ni de réunion ou bande ni de force ouverte. — Mais le délit n'existe qu'à la condition que le fait aura eu lieu volontairement, c'est-à-dire avec intention de nuire, et qu'il s'agira de marchandises ou matières servant à la fabrication. Sans intention de nuire, le dommage ne peut donner lieu qu'à une action civile. — Rauter, t. 2, p. 206.

25. — Les objets d'art, tels que statues, tableaux, bas-reliefs, etc., doivent-ils être considérés comme marchandises dans le sens de l'art. 443, lorsque ces objets sont encore dans l'atelier de l'artiste, et que celui-ci les destine à la vente? — Résolu affirmativement par un jugement du tribunal correctionnel de la Seine du 22 février 1842 (Gaz. des Tribunaux, 23 févr. 1842), Chauveau et Hélie (p. 424). — Mais ces auteurs font remarquer avec raison que si la vente a été effectuée, l'objet, en sortant des mains de l'artiste ou du marchand pour entrer dans celles d'un amateur, perd son caractère commercial et ne conserve plus que son caractère artistique, ce qui rend dès lors inapplicable l'art. 443.

26. — Si le délit prévu par l'art. 443 a été commis par un ouvrier de la fabrique ou par un commis de la maison de commerce, il prend alors un nouveau degré de gravité, car il se complique d'un abus de confiance. — En ce cas, l'emprisonnement est de deux à cinq ans, sans préjudice de l'amende. — Art. 443, § 2.

27. — En ce qui concerne les faits de pillage prévus par la loi du 24 germinal an V (pour les militaires), V. PILLAGE, et la responsabilité des communes en cas de pillage, V. COMMUNE, n°s 1484 et suiv., 1538, 1550 et suiv., 1595.

PILORI.

1. — Le pilori était, sous l'ancienne législation criminelle, une peine corporelle proprement dite, ayant pour but de couvrir le coupable d'infamie en le donnant en spectacle au peuple dans une place, un carrefour ou autre lieu public.

2. — Le pilori se composait de deux ais ou planches qui se séparaient ou se rapprochaient à volonté et dans la jonction desquels se trouvaient ménagés des trous suffisans pour y maintenir emprisonnés le cou, les poignets, et quelquefois même les pieds du patient.

3. — Le pilori était souvent confondu avec une peine plus anciennement connue sous le nom d'échelle. — Toutefois, Loisel et Despeisses signalent entre l'un et l'autre cette différence que le seigneur haut justicier ne pouvait avoir pilori dans une ville où le roi avait le sien, tandis qu'il pouvait y posséder une échelle ou carcan. — CARCAN.

4. — Paris a été longtemps divisé entre un nombre considérable de seigneurs qui tous avaient leur échelle ou pilori pour l'exécution des sentences prononcées en vertu de leur droit de justice.

5. — Il ne faut pas confondre le pilori ou échelle avec les fourches patibulaires (V. ce mot); car le pilori était une peine purement infamante, tandis que les fourches patibulaires servaient aux exécutions capitales. — De plus, les seigneurs de moyenne justice avaient droit d'échelle et de pilori; au contraire, les fourches patibulaires n'appartenaient qu'aux seigneurs hauts justiciers. — Rayneau, Glossaire, v° Pilier et carcan; Encyclopédie méthodique, v° Echelle; Delaistre, Cout. de Sens, art. 2.

6. — Le pilori fut définitivement supprimé par le Code du 25 sept.-6 oct. 1791, et remplacé, dans tous les cas, par le carcan, aussi peine infamante, fort anciennement connue, et qui offrait avec le pilori de grands rapports, sinon quant au mode d'exécution, du moins quant à ses résultats et au degré de pénalité. — V. CARCAN.

PILOTAGE (Droit de).

Rétribution que les capitaines de navire paient au pilote côtier ou lamaneur dont ils se servent pour éviter les dangers qui se trouvent sur les côtes. — V. PILOTE. — V. aussi ASSURANCE MARITIME, AVARIES, NAVIRE.

PILOTE.

Table alphabétique.

Abandon du navire, 87.
Adjoint, 21.
Agent sanitaire, 41.
Amende, 110, 113.
Ancre, 70, 72 s.
Armateur, 25, 76 s., 97.
Armes à feu, 42.
Arrangement, 77.
Arrondissement maritime, 80, 82 s.
Aspirant, 20, 21 s., 75.
Balise, 70.
Bateau à vapeur, 33.
Bâtiment, 547 s., 3, 111 s. — de l'État, — étranger, 73, 81. — à vapeur, 56.
Bouée, 70.
Cabotage, 28, 60.
Caisse des invalides de la marine, 113.
Caisse de réserve, 80.
Capacité (conditions de), 8 s.
Capitaine, 44, 60, 63 s.
Certificat du capitaine, 96, 99.
Chaloupe, 93 s. — (avarie de), 96. — (perte de), 95 s. — garnie, 43.
Chargeur, 97.
Choix du pilote, 31.
Circonstances atténuantes, 62.
Commission, 74. — administrative, 77.
Compétence administrative, 106.
Compétence commerciale, 102 s.
Compétence maritime, 111.
Congé (droit de), 18.
Conseil d'administration, 81.
Consignataire, 100 s.
Courtier, 100.
Danger, 43, 46, 68, 87 s., 90 s., 103.
Déclaration, 69 s., 101. — du capitaine, 57 s.
Domicile, 13, 26 s.
Droits de navigation, 85.
Droits de pilotage, 31, 60, 62, 100 s.
Droits de sauvetage, 73.
Echouement, 55.
Equipage (hommes d'), 59.
Examen, 8, 10 s., 20.
Feux, 42, 71.
Ignorance, 64.
Indemnité, 38 s., 67 s., 97, 102 s.
Inexpérience, 64.
Infirmités, 21, 23.
Inscription maritime, 17, 24.
Inspection du service, 25.
Ivresse, 44 s.
Jugement, 109. — (expédition), 114.
Lamaneur, 2, 4 s., 7 s.
Lecture, 9.
Lest, 69.
Lettre d'admission, 12.
Locman, 2, 4 s., 8.
Manœuvre, 34. — dangereuse, 64.
Marques distinctives, 15 s., 62.
Matricule, 29.
Négligence, 56, 69.
Négociant, 76 s.
Nombre des pilotes, 7.
Officier, 108 s.
Outrage, 44.
Patente, 18.
Pavillon, 37 s., 42.
Pêche, 28.
Pêcheur, 47 s.
Peine, 43 s., 49, 55 s., 69, 74, 85, 108 s.
Pension, 78 s.
Pilotage (prohibition de), 61 s. — forcé, 59 s., 66.
Pilote côtier, 2, 4 s.
Pilote hauturier, 2 s.
Pilote retenu, 68.
Police sanitaire, 40 s.
Port, 104 s.
Poudres, 42.
Pouvoir du juge, 58.
Préférence, 46, 64.
Préfet maritime, 77, 81.
Préjudice, 49 s.
Promesse, 90 s.
Quartier, 84.
Refus de service, 43.
Règlement, 9, 75, 82 s., 85.
Réquisitoire, 93 s.
Responsabilité, 55, 60, 65, 100.
Retenue, 19.
Salaire, 47 s., 102.
Serment, 14.
Service, 34 s. — personnel, 17, 24. — du pilotage, 76.
Signal, 34 s., 37.
Solde de retraite, 78.
Sortie, 32, 59.
Station, 35 s., 81, 84.
Tarif, 61 s., 86 s.
Tempête, 87 s., 103.
Tour de rôle, 30 s., 32, 35 s.
Tribunal de commerce, 61, 102 s.
Tribunaux criminels, 110.
Usage, 79.
Veuve, 76.

PILOTE. — **1.** — Agent de l'administration maritime chargé, sous les ordres des capitaines, de diriger les navires à l'entrée et à la sortie de certains ports, havres et rivières.

2. — Autrefois, on distinguait deux espèces de pilotes : le pilote *hauturier* et le pilote *côtier, lamaneur* ou *locman*.

3. — Le pilote hauturier dirigeait la navigation au long cours. C'était, dit Valin, un homme qui, après avoir appris l'art de la navigation, avait été trouvé capable de diriger un navire dans les voyages les plus longs. Aujourd'hui, ils sont remplacés par les capitaines de navire. — Beaussant, *Code maritime*, t. 1er, n° 315.

4. — Le pilote côtier, lamaneur (c'est-à-dire, suivant quelques-uns, l'homme qui hale une barque en travaillant *de ses mains*) ou locman (c'est-à-dire homme des lieux ou restant sur les lieux, ou connaissant les lieux) a pour fonction de sortir les navires des ports et de les conduire en pleine mer, et réciproquement de les prendre en pleine mer pour les entrer dans les ports, en les dirigeant au milieu des dangers, des écueils ou des courans qui bordent les atterrages. — Beaussant, n° 346.

5. — Cette seconde espèce de pilotes résident sur les ports, dans les lieux où le passage est difficile, et prêtent à tous ceux qui le demandent le secours de leur expérience, de leurs connaissances locales et de leur dévouement. — Beaussant, *ibid.*

6. — Différentes dispositions de lois déterminent autrefois les obligations des pilotes côtiers ou lamaneurs. Ces dispositions se trouvent maintenant abrogées par le décret du 12 déc. 1806, qui a réglé le service du pilotage. Cependant ce décret a été souvent attaqué comme inconstitutionnel. — Beaussant, *ibid.*

§ 1er. — *Admission des pilotes lamaneurs. — Marques distinctives. — Fonctions* (n° 7).

§ 2. — *Remplacement des pilotes* (n° 20).

§ 3. — *Inspection et police des pilotes* (n° 25).

§ 4. — *Salaires des pilotes* (n° 76).

§ 5. — *Compétence civile et criminelle en matière de pilotage* (n° 102).

§ 1er. — *Admission des pilotes lamaneurs. — Marques distinctives. — Fonctions.*

7. — Le ministre de la marine fixe le nombre des pilotes lamaneurs dans chaque port où il en existe, et fixe ceux où il est jugé nécessaire d'en établir, sur les propositions des chefs d'administration de la marine et de l'avis des chambres de commerce. — Décr. 12 déc. 1806, art. 1er.

8. — Nul ne peut être reçu pilote lamaneur ou locman s'il n'est âgé de vingt-quatre ans; s'il n'a au moins six ans de navigation, pendant lesquels il a fait deux campagnes de trois mois au moins au service de l'État, et s'il n'a satisfait à un examen sur la manœuvre, la connaissance des marées, des bans, courans, écueils et autres empêchemens qui peuvent rendre difficiles l'entrée et la sortie des rivières, ports et havres du lieu de son établissement. — Les services sur les bâtimens de l'État et ceux sur les navires du commerce doivent être extraits des rôles d'armemens et certifiés par les administrateurs de la marine. — Même décr., art. 2.

9. — Aux conditions exigées des pilotes, il est à regretter qu'on n'ait pas joint celle de savoir lire et écrire. Une grande partie des pilotes ne sait pas signer la quittance de ses salaires, et en est obligée de se faire lire les règlemens qui la régissent. — Beaussant, *Code maritime*, t. 1er, p. 321.

10. — L'examen des pilotes est fait en présence de l'administrateur de quartier des classes, par par un officier de vaisseau ou du port, deux anciens pilotes lamaneurs et deux capitaines du commandant du port. — Cet examen est gratuit, et il est défendu à ceux qui se font recevoir pilotes lamaneurs de payer aucun droit ni rétribution aux examinateurs, et à ceux-ci d'en recevoir sous peine de destitution. — Décr. 12 déc. 1806, art. 3.

11. — Lorsque plusieurs marins concourent pour une place de pilote lamaneur, celui qui est jugé avoir subi l'examen prescrit de la manière la plus satisfaisante est admis de préférence. — Même décr., art. 4.

12. — Le ministre de la marine fait expédier à chacun des pilotes lamaneurs admis une lettre d'admission, qui est ensuite enregistrée au bureau de l'inscription maritime de leur résidence. — Même décr., art. 5.

13. — Le pilote devant nécessairement résider dans le port dans le ressort duquel il est immatriculé est obligé, immédiatement après sa lettre d'admission reçue, d'établir son domicile dans ce lieu. — Beaussant, n° 319.

14. — Autrefois, les pilotes étaient tenus de prêter serment avant d'entrer en fonctions. Mais aucun texte n'exigeant aujourd'hui cette formalité et n'indiquant l'autorité qui pourrait le recevoir, il semble qu'elle ne doit pas être imposée aux lamaneurs. — Beaussant, *ibid.*

15. — Pour être reconnu en leur qualité, les pilotes portent une petite ancre d'argent de cinquante millimètres (deux pouces) à la boutonnière de leur habit ou gilet. — Décr. 12 déc. 1806, art. 6.

16. — Lorsqu'il y a plusieurs stations, les pilotes doivent porter dans la partie supérieure de leurs voiles et sur les deux côtés au-dessus de la bande du premier ris, la lettre initiale du nom de leur station et les numéros qui leur sont indiqués par l'officier d'administration chargé de l'inscription maritime au lieu de leur résidence. La même lettre et le même numéro sont inscrits à l'arrivée de leur chaloupe. — Même décr., art. 13.

17. — Les fonctions de pilotes lamaneurs exigeant un service continuel et qu'il serait dangereux d'interrompre, ils sont exempts d'être levés et commandés pour le service de l'Etat et pour tout autre service personnel. — *Ibid.*, art. 7.

18. — Comme les capitaines maîtres et patrons auxquels ils sont assimilés, les pilotes lamaneurs ne sont pas soumis à la patente. Ils sont même exemptés, pour leur chaloupe, du droit de congé annuel; et ils n'en paient plus que le timbre. — Circ. 6 janv. 1836. — Beaussant, n° 321.

19. — Ils ne subissent pas, comme les marins proprement dits, de retenue pour la caisse des invalides de la marine. Mais ils en subissent comme pêcheurs, et, par ce moyen, ils peuvent acquérir des droits à la demi-solde. — Beaussant, *ibid.*

§ 2. — *Remplacement des pilotes.*

20. — Il y a des aspirans pilotes dont le nombre ne peut excéder le quart des pilotes lamaneurs, et qui sont destinés à les seconder et à les remplacer. Les marins destinés à servir en qualité d'aspirans, doivent avoir subi le même examen que celui des pilotes. — Décr. 12 déc. 1806, art. 8.

21. — Tout pilote qui, par son grand âge et ses infirmités, est hors d'état de remplir complétement son service, est obligé de prévenir l'administrateur préposé à l'inscription maritime, qui l'autorise à s'adjoindre, s'il y a lieu, l'aspirant examiné le plus ancien, lequel est tenu de faire le service et de donner audit pilote le tiers des bénéfices; et à défaut de sa déclaration, l'administrateur du quartier maritime nomme un aspirant adjoint, sous les mêmes conditions. — Art. 9.

22. — Toute place vacante par mort ou par démission est donnée à l'aspirant admis en cette qualité et le plus ancien au service, lorsque sa conduite est sans reproche. — Art. 10.

23. — L'aspirant qui a servi d'adjoint conserve ses droits à la première place vacante, et est remplacé auprès du pilote infirme par l'aspirant admis qui vient immédiatement après lui. Art. 11.

24. — L'aspirant adjoint est nécessairement exempt de l'appel au service de l'Etat et de tout autre service personnel. Il en doit être de même de l'aspirant seulement admis; car il peut survenir une vacance, et cet aspirant doit être là pour pouvoir la remplir. — Beaussant, n° 324.

§ 3. — *Inspection et police des pilotes.*

25. — L'inspection du service des pilotes est exercée par les officiers militaires chefs des mouvemens maritimes, par les officiers préposés à la direction du pilotage, et, en l'absence de ceux-ci, par les officiers des ports du commerce. Ces derniers rendent compte du résultat de l'inspection à l'administration de la marine en résidence dans les ports. — Décr. 12 déc. 1806, art. 12.

26. — Les pilotes lamaneurs ne peuvent, sous peine de huit jours de prison, s'écarter du lieu de leur domicile ou arrondissement sans un congé par écrit de l'officier d'administration préposé à l'inscription maritime, qui ne doit en accorder que pour des causes absolument nécessaires. En cas de récidive, il en est rendu compte au ministre de la marine. Il en est de même si leur absence excède la durée de huit jours. — Même décr., art. 14.

27. — L'ordonn. du 10 mars 1784 portait la même prohibition; le pilote devait alors s'adresser à l'amirauté, et donner à l'officier des classes connaissance de son congé. — Beaussant, n° 327 (note).

28. — Les pilotes qui abandonnent leurs fonctions pour naviguer au petit cabotage ou pour pratiquer des pêches lointaines, sont, par décision du ministre, déchus de leur qualité de pilotes lamaneurs, et en conséquence inscrits de nouveau sur la matricule des gens de mer de service. Alors ils sont commandés à leur tour pour servir sur les bâtimens de l'Etat. — Décr. 12 déc. 1806, art. 15.

29. — Il est tenu au bureau de l'inscription maritime de chaque port une matricule particulière où sont enregistrés les pilotes lamaneurs, leur âge, la date de leur admission comme aspirans et comme pilotes, les services signalés qu'ils ont rendus, les récompenses qui en ont été la suite, leurs manquemens, leurs fautes graves et les punitions qu'ils ont subies, enfin la cessation de leur service soit par mort, démission ou infirmités. — Même décr., art. 16.

30. — Le service de pilote dans chaque station se fait à tour de rôle pour la sortie. — Art. 17.

31. — Néanmoins tout capitaine ou maître de navire français ou étranger qui veut prendre un pilote à son choix en a la faculté. Alors il paie le pilotage en entier au pilote à qui revenait la conduite du navire. Dans ce cas ce dernier perd son tour. — *Ibid.*, art. 33 et 34. — V. *infrà*, n°s 60 et suiv.

32. — Il est à remarquer que ce n'est que pour la sortie que la loi a réglé le tour de rôle, et cela pour éviter les dissensions résultant de la concurrence. Mais pour l'entrée, on a laissé pleine liberté aux plus courageux et aux plus habiles. Le besoin de concorde aurait pu avoir ici de fâcheux résultats, et le tour de rôle exposer les marins en danger à la couardise d'un pilote. — Beaussant, n° 334.

33. — Quant aux bateaux à vapeur destinés au remorquage des navires, ils ne peuvent les sortir du port ou les y entrer qu'avec l'assistance d'un pilote lamaneur. Mais comme ces bateaux ne pourraient, sans un grand inconvénient, changer de pilote à chaque voyage, ils en prennent un qui reste à bord en permanence. Au bout d'un certain temps ce pilote doit céder sa place à un de ses confrères, de sorte que, sauf la longueur de la période, le tour de rôle soit conservé à chacun. — Une lettre ministérielle, du 14 septembre 1829, autorise ces remorqueurs à garder ces pilotes pendant six mois. — Beaussant, *ibid.*

34. — Tout pilote, à quelque station qu'il appartienne, est tenu de faire la manœuvre convenable pour faciliter l'abordage de la chaloupe du pilote de la prochaine station par lequel il va être relevé. Il est même tenu, lorsque le navire ne doit pas mouiller à la station où il le conduit, de faire le signal indiqué à l'art. 20, dès qu'il est en vue de cette station, afin que le pilote de tour se prépare et ne retarde pas le navire. — Décr. 12 déc. 1806, art. 18.

35. — Tout pilote qui ne se présente pas vis-à-vis la station à bord du navire qui a fait le signal, perd son tour; et le premier pilote de la même station peut le remplacer. A défaut, le pilote qui se trouve à bord peut conduire le navire à la station suivante, sans crainte d'être démonté, et il gagne le pilotage. — Même décr., art. 19.

36. — La première disposition de cet article ne peut s'entendre que des pilotes qui sont à terre; celui qui est sur mer se trouvant dès lors le plus proche, monte le navire sans aucun égard aux tours de service. — Beaussant, n° 344.

37. — Le signal qui annonce le besoin d'un pilote est le pavillon français à la tête du grand mât pour les bâtimens de l'Etat, et à la tête du mât de misaine pour ceux du commerce, et pour l'un et l'autre le pavillon en berne à la poupe. — Décr. 12 déc. 1806, art. 20.

38. — Aussitôt que le pilote est à bord d'un navire, il fait amener les pavillons; faute de quoi il est tenu de payer 12 fr. en dédommagement à chaque pilote qui se présenterait pour aborder le navire. — Même décr., art. 21.

39. — Bien que, dans certains cas, cette somme de 12 fr. ne soit pas une réparation suffisante du dommage causé au pilote qui trompé par l'arboration du pavillon se serait rendu à bord; cependant le chiffre étant fixé par le décret, il ne pourrait être augmenté. — Beaussant, n° 336.

40. — Si un bâtiment amené par un pilote dans un port provient de pays suspect de contagion et que ledit bâtiment ne puisse conséquemment être admis à la libre pratique, le pilote conduit le bâtiment, à l'endroit fixé pour les visites et précautions salutaires, sans communiquer avec lui s'il est possible (art. 22); le pavillon de quarantaine est arboré comme il est dit v° POLICE SANITAIRE.

41. — Il est à remarquer que les pilotes ne deviennent agens sanitaires qu'occasionnellement et une intendance ne pourrait malgré eux les astreindre à un service qu'elle pourrait faire faire par d'autres. Ils ne peuvent être requis que dans les cas d'urgence et pour un service momentané. Alors ce n'est pas à la commission sanitaire ou à son délégué, mais au supérieur maritime du pilote à lui transmettre les ordres qu'il doit exécuter. — Beaussant, n° 345.

42. — Lorsqu'un pilote a abordé un bâtiment destiné à entrer dans le port, il lui fait arborer de suite le pavillon de sa nation, et prévient le capitaine qu'il doit faire éteindre tous les feux avant d'être en dedans du port. Il est puni de huit jours de prison si avant de mettre un navire à quai il ne lui a pas fait décharger les fusils et canons, et transporter les poudres à terre. — Décr. 12 déc. 1806, art. 23.

43. — Les pilotes lamaneurs sont obligés de tenir toujours leurs chaloupes garnies d'avirons, voiles et ancres, et d'être en état d'aller au secours des bâtimens, au premier ordre ou signe, ou lorsqu'ils les voient en danger; à peine contre ceux qui s'y refusent d'être condamnés à un mois de prison ou à l'interdiction, et même à une punition plus grave, si le cas y échet. — Tout pilote qui refuse de marcher quand il en est requis est puni de quinze jours de prison et interdit en cas de récidive. — Décr. 12 déc. 1806, art. 24.

44. — Le pilote lamaneur qui entreprend étant ivre, de piloter un bâtiment est condamné à la perte de son salaire, à un mois de prison, et destitué en cas de récidive. Il en est de même s'il manque au respect que tout individu doit au capitaine qui commande. — Si le manque de respect de la part du pilote était accompagné de menaces ou de voies de fait, le pilote serait arrêté et traduit devant le tribunal compétent pour être jugé et puni suivant la gravité des faits. — Même décr., art. 25.

45. — Sous l'ord. 1681 la faute d'ivresse était punie de cent sous d'amende et d'une interdiction d'un mois. Encore Valin avoue-t-il qu'on ne l'appliquait pas souvent, et qu'il y avait même certains marins qui ne pilotaient jamais mieux que lorsqu'ils étaient ivres à un certain point. Mais le difficile est de se mettre juste au point. — Beaussant, n° 346.

46. — Les pilotes lamaneurs doivent piloter les bâtimens qui se présentent les premiers, sans pouvoir préférer les plus proches aux plus éloignés, à peine de 25 fr. d'amende; cependant si l'un des bâtimens en vue était en danger, il serait tenu de l'aborder le premier. — Décr. 12 déc. 1806, art. 26.

47. — Si le pilote se présente au bâtiment qui a un pêcheur à bord, avant que les lieux dangereux soient passés, il est reçu, et le salaire du pêcheur est déduit sur celui du lamaneur, eu égard à la distance du lieu que le pêcheur a parcourue à bord du bâtiment. — Même décr., art. 27.

48. — Toutefois il est à remarquer que le pêcheur n'étant pas obligé d'aider le navire et n'étant pas soumis au tarif du pilotage, bien qu'à défaut de convention il puisse profiter de ce tarif, peut refuser de monter à bord, à moins de conventions pour lui assurer un certain profit. — Beaussant, n° 339.

49. — Tout pilote convaincu d'avoir fait quelque manœuvre tendant à blesser les intérêts des autres pilotes, ou d'avoir négligé celles dont l'omission a produit le même effet, est tenu de restituer ce qu'il a perçu, et en cas de récidive est puni d'un mois d'interdiction. — Décr. 12 déc. 1806, art. 28.

50. — La généralité des termes de cet article permet d'atteindre toutes les ruses destinées à blesser les intérêts des autres pilotes, telle que de se faire payer moins que le tarif afin d'être demandé par les capitaines, celle de ne pas faire le signal en arrivant aux limites de la station. Mais on ne saurait comprendre dans la prohibition, comme le faisait l'ordonn. de 1681, le fait d'avoir été loin en mer chercher des navires.— Beaussant, n° 351.

51. — Il est défendu à tout marin qui ne serait pas reçu pilote lamaneur de se présenter pour conduire les navires à l'entrée et à la sortie des ports et rivières, sous peine d'une amende de 50 fr. au plus et d'un emprisonnement de trois mois. La peine est double en cas de récidive. — Décr. 12 déc. 1806, art. 29.

52. — L'art. 463 C. pén. n'est point applicable à ce délit, alors même que les circonstances seraient très-atténuantes, par le motif que le décret de 1806 est une loi spéciale à laquelle le Code pénal n'a porté aucune atteinte. Ainsi l'a décidé le tribunal de Brest, par jugement du 3 déc. 1836. — Beaussant, *ibid.*

53. — La disposition de cet article s'appliquerait à plus forte raison aux individus qui ne seraient pas marins. — Beaussant, n° 333.

54. — Les pilotes doivent donner la préférence aux bâtimens de l'Etat, sous peine d'un mois de prison. — La même peine est infligée à celui qui évite de conduire un bâtiment de l'Etat lorsqu'il en est requis ; en cas de récidive, il est interdit et levé comme matelot de classe inférieure pour le service de l'armée navale. — Décr. 12 déc. 1806, art. 30.

55. — Tout pilote qui s'étant chargé de conduire un bâtiment de l'Etat ou de commerce, et ayant déclaré en répondre, l'a échoué ou perdu par négligence ou par ignorance, est condamné à trois ans de galères ; si c'est volontairement, il est condamné à mort. — L. 22 août 1790, art. 40; Décr. 12 déc. 1806, art. 31.

56. — La peine actuelle de trois ans de galères, substituée à celle du fouet prononcée, dans le même cas, par l'ordonnance de 1681, semble sévère pour une faute de négligence ou d'ignorance ; mais elle est motivée par la gravité des circonstances. Toutefois, l'infamie du châtiment paraît inutile, et la détention ou l'emprisonnement vaudrait mieux que les galères contre la négligence et l'ignorance. — Beaussant, n° 348.

57. — Le capitaine est tenu, aussitôt que le pilote lamaneur est à son bord, de lui déclarer combien son navire tire d'eau, sous peine de répondre des événemens, s'il a celé plus de trois décimètres. Il doit aussi lui faire connaître la marche du navire et ses qualités et défauts, afin qu'il puisse se régler pour la manœuvre. — Décr. 12 déc. 1806, art. 32.

58. — En cas de contradiction entre les dires du capitaine et ceux du lamaneur sur la véritable déclaration faite par le premier, et en cas de dépositions opposées de la part de l'équipage, c'est aux tribunaux de commerce à consulter les vraisemblances, la moralité des parties, les circonstances du fait, l'expérience des navigateurs et à décider d'après ces élémens. — Beaussant, n° 341.

59. — Le capitaine n'est pas tenu, pour sortir, de se servir du pilote qui l'a fait entrer. — Décr. 12 déc. 1806, art. 33.

60. — Tout bâtiment entrant ou sortant d'un port devant avoir un pilote (à l'exception toutefois des bâtimens français au-dessous de 80 tonneaux pour grand et petit cabotage), le capitaine qui refuse d'en prendre un est tenu de le payer comme s'il s'en était servi. Dans ce cas, il demeure responsable des événemens. — Décr. 12 déc. 1806, art. 34.— V. CAPITAINE DE NAVIRE, n°s 201 et suiv.

61. — Cet art. 34, qui impose à tout bâtiment entrant ou sortant l'obligation d'avoir un pilote, n'a pu être abrogé par une circulaire du chef du pilotage de la Seine, faite en exécution de l'ordonnance du 27 août 1828. — *Cass.*, 9 août 1831, Lavalle c. Viart.

62. — En conséquence, le capitaine qui a refusé un pilote qui s'est présenté à son bord, décoré comme le prescrit l'art. 6 de ce décret, a pu être condamné à lui payer le salaire déterminé par les règlemens, encore bien que ce pilote n'ait point été muni de l'ordre prescrit par les art. 4 et 5 de l'ordonnance du 27 août 1828. — Même arrêt.

63. — Toutefois, les propriétaires des navires chargeurs ou tous autres intéressés peuvent contraindre les capitaines, maîtres et patrons à prendre des pilotes; et ils ont la faculté de les poursuivre devant les tribunaux, en cas d'avaries, échouemens et naufrages occasionnés par le refus de prendre un pilote.—Décr. 12 déc. 1806, art. 34.

64. — Si le capitaine s'apercevait que le pilote perdit la tête, ou que par des manœuvres dangereuses il exposât le salut du navire et de l'équipage, il devrait après délibération, à consigner plus tard sur le livre de bord, reprendre le commandement. — Beaussant, n° 342.

65. — L'armateur d'un navire à bord duquel se trouve un pilote lamaneur chargé de conduire le bâtiment est responsable des faits de ce pilote comme de ceux du capitaine; vainement il prétendrait que le ministère de ces pilotes est forcé et qu'ils ont seuls la direction du navire. — *Rennes*, 3 août 1832, Génevois c. Lamasne.

66. — Les pilotes ne peuvent monter à bord contre le gré des capitaines.—Décr. 12 déc. 1806, art. 35.

67. — Il est expressément défendu aux pilotes de quitter les navires qu'ils conduisent, avant qu'ils soient ancrés dans les rades ou amarrés dans les ports, ainsi que d'abandonner ceux qui sortent avant qu'ils soient en pleine mer au delà des dangers, à peine de la perte de leurs salaires, de 30 fr. d'amende, d'interdiction pendant quinze jours, et de plus forte punition s'il y a lieu.—Même art.

68. — Le capitaine ne peut retenir les pilotes au delà du passage des dangers. — Même art.

69. — Tout pilote qui conduit un navire entrant sur son lest ne doit pas souffrir qu'il soit mis du lest sur le pont, ni à portée d'être jeté à l'eau. Il doit s'opposer formellement à ce qu'il en soit jeté dans les passes, rades, ports et rivières. Si néanmoins il en est jeté, il en rend compte à l'officier militaire chef des mouvemens maritimes, à l'officier chef du pilotage ou à l'officier de port du commerce. — Au cas de négligence à faire son rapport, il est puni de huit jours de prison. Quant au capitaine délinquant, il est condamné à 500 fr. d'amende (ord. 1681, liv. 4, tit. 4, art. 6). En cas de récidive, son bâtiment est confisqué. — Décr. 12 déc. 1806, art. 36.

70. — Ainsi qu'on l'a vu (V° BALISE, n°s 4 et suiv., et BOUÉE, n°s 5 et suiv.), les pilotes lamaneurs sont tenus de visiter journellement les rivières, rades et entrées des ports où ils sont établis; d'y lever les ancres sans bouées, de reconnaître les bouées ou balises mal placées, et de faire leurs déclarations à cet égard. — *Ibid.*, art. 37, 38 et 39.

71. — A cela il faut ajouter la déclaration des feux qui ne seraient pas bien entretenus, d'où il suit que, par ces attributions, les pilotes lamaneurs sont assimilables en quelque sorte à des officiers de police auxiliaire. — Beaussant, n° 329.

72. — Les ancres et câbles doivent être levés au premier temps opportun par les pilotes et conduits à bord des bâtimens auxquels ils appartiennent, s'il n'y a pas déjà été pourvu par les équipages mêmes desdits bâtimens ou par d'autres bâtimens. — Décr. 12 déc. 1806, art. 39.

73. — Il est payé pour droit de sauvetage : 1° pour un bâtiment français, si les ancres sont trouvées sans bouées, le quart de la valeur des ancres et câbles, et le sixième si les ancres sont avec des bouées; 2° pour un bâtiment étranger, la moitié si les ancres sont trouvées sans bouées, et le tiers si elles ont des bouées. Le tout au dire d'experts nommés, l'un par le chef des pilotes et l'autre par le capitaine ou maître du bâtiment.— Si l'ancre appartient à un bâtiment de l'Etat, elle est levée par les soins de l'administrateur de la marine, et les frais de sauvetage sont payés en proportion des travaux qui ont eu lieu. — *Ibid.*

74. — Les pilotes ne peuvent exiger une plus forte somme que celle portée au tarif dressé dans chaque port, sous peine de restitution de la totalité du pilotage par eux perçu, d'interdiction pendant un mois et, en cas de récidive, d'interdiction à perpétuité. — Même décr., art. 40.

75. — Chaque pilote ou aspirant admis doit être muni d'un exemplaire du règlement du 12 déc. 1806; de plus, dans chaque port, ce règlement doit être placardé dans le bureau de l'administrateur préposé à l'inscription maritime, dans celui du chef de pilotage et du capitaine de port. — Même décr., art. 55.

§ 4. — *Salaires des pilotes.*

76. — L'organisation des corps de pilotes varie suivant les localités. Quelquefois les pilotes s'entendent avec les armateurs et négocians, quand ceux-ci veulent se réunir pour entreprendre le service du pilotage.— Beaussant, n° 353.

77. — Quelquefois les armateurs et négocians d'un port se réunissent pour entreprendre le service du pilotage et font, à cet effet, un arrangement avec les pilotes attachés au port. — Alors le service du pilotage est déterminé par le préfet maritime. L'administration des droits de pilotage est confiée à une commission administrative, composée de trois négocians ou armateurs élus par la chambre du commerce, de l'officier d'administration préposé à l'inscription maritime, de l'officier de marine chef des mouvemens maritimes ou de l'officier chef du pilotage. Les arrêtés de cette commission ne sont exécutoires qu'après avoir été soumis à l'examen de l'administrateur supérieur de la marine, lequel, lorsqu'il y a lieu, prend les ordres du ministre. — Décr. 12 déc. 1806, art. 42.— Goujet et Merger, v° *Pilote*, n° 30.

78. — Dans les ports où le service du pilotage est établi ainsi, il est accordé, sur les fonds du pilotage, une somme de retraite aux pilotes que leur âge ou leurs infirmités empêchent de continuer leurs fonctions ou qui ont donné leur démission. — Cette solde est réglée par la commission, et tout ou partie en est réversible à la veuve à titre de pension alimentaire. — Même art. 42.

79. — L'usage immémorial, établi entre les pilotes d'une certaine station, qui oblige chaque pilote à servir une pension à la veuve de celui qu'il a remplacé, doit recevoir son exécution lorsque le remplaçant qui connaissait cette obligation, l'a librement acceptée. — L'usage, lorsqu'il remonte à une époque reculée, a presque l'autorité de la loi.—*Bordeaux*, 24 déc. 1833, Verrière c. Blanc.

80. — L'ordonnance du 31 août 1830, qui fixe les règlemens et tarifs de pilotage pour le quatrième arrondissement maritime, portant création d'une caisse de réserve pour les pilotes lamaneurs, n'a pas dispensé ce remplaçant de servir la pension jusqu'au moment, du moins, où la caisse de réserve a pu y pourvoir elle-même.— Même arrêt.

81. — Dans le cas où le service du pilotage n'est pas réglé de cette manière, il est dressé dans chaque port et pour chaque station un tarif des droits de pilotage pour les bâtimens nationaux et étranger. — L. 15 août 1792. — L'administration de la marine et le tribunal de commerce concourent à la rédaction de ce tarif, qui est d'abord examiné et discuté par le conseil d'administration de la marine établi dans le chef-lieu de la préfecture maritime, et ensuite soumis par le ministre de la marine à l'approbation du chef du gouvernement en Conseil d'Etat. — Décr. 12 déc. 1806, art. 41.

82. — Il est procédé de la même manière : 1° lorsqu'il y a lieu à la révision des tarifs; 2° lorsque les préfets maritimes reconnaissent que, pour faciliter et assurer le service du pilotage dans les ports de leur arrondissement, il est nécessaire de déterminer, par des règlemens particuliers et appropriés aux localités, les dispositions auxquelles les pilotes et les capitaines de navire doivent être assujettis. — Même art. 41.

83. — Les règlemens et tarifs particuliers à chacun des cinq arrondissemens maritimes de la France (V. MARINE, n° 9) ont été successivement approuvés et modifiés par une série d'ordonnances royales dont les principales sont, savoir: pour le premier arrondissement, ordonn. des 7 avril 1837 et 4 juin 1843; pour le deuxième, ord. des 17 août 1837 et 13 mai 1846; pour le troisième, ordonn. des 11 oct. 1836, 5 mai 1843 et 25 sept. 1844; pour le quatrième, ordonn. des 31 août 1830, 24 oct. 1834 et 23 nov. 1844, et enfin, pour le cinquième, ordonn. des 11 oct. 1836, 19 mars 1843; 29 mars et 28 juin 1846.

84. — A cet égard, il est à remarquer que chaque arrondissement maritime se subdivise en quartiers et qu'un même quartier comprend presque toujours plusieurs stations. — Beaussant, n° 356.

85. — Ces règlemens et tarifs, essentiellement variables selon les localités, varient également suivant les temps, c'est-à-dire à mesure qu'il se fait des améliorations et des progrès. Ils sont ordinairement revisés tous les cinq ans et insérés au Bulletin des lois. — Toutefois, ils ne peuvent prononcer aucune peine, aucune taxe de navigation qui ne se trouverait pas dans le décret de 1806. — Beaussant, *ibid.*

86. — Une ordonnance royale du 10 août 1841 porte que la quotité des taxes établies par les tarifs de pilotage pour les bâtimens à voile sera réduite de moitié pour les bâtimens à vapeur. Cette disposition a, au surplus, reçu son exécution dans les règlemens de tarifs ultérieurement arrêtés.

87. — En cas de tempête et de péril évident, les pilotes ont droit à une indemnité en sus de leurs salaires, eu égard au travail qu'ils ont fait et aux dangers qu'ils ont courus. — Décr. 12 déc. 1806, art. 24 et 43.

88. — Ces mots : *En cas de tempête et de péril évident*, doivent s'entendre, suivant Valin, non-seulement du danger existant au moment où le pilote monte à bord, mais encore de celui survenu depuis, et qui aurait donné lieu à des travaux extraordinaires. — Beaussant, n° 355.

RÉP. GÉN. — X. 23

89. — L'indemnité allouée en pareil cas est-elle personnelle au patron ou commune entre lui et les hommes de son équipage? — Il est dans l'usage qu'elle soit partagée dans la même proportion que les salaires de pilotage, là où ces salaires sont partagés. — Beaussant, *ibid.*

90. — Toutes promesses faites aux pilotes lamaneurs et autres mariniers dans les dangers du naufrage, sont nulles. — Décret, 12 déc. 1806, art. 44.

91. — Ces sages dispositions, dit M. Beaussant (nº 354), ne semblent pas être en vigueur chez tous les peuples. Il paraît que, dans certains pays, les pilotes viennent faire leur marché avec les vaisseaux étrangers et demandent des prix d'autant plus élevés qu'on a d'eux un besoin plus pressant.

92. — Il n'y a pas de distinction à faire entre le danger existant au moment où le pilote monte à bord et celui survenu depuis. — Beaussant, nº 355.

93. — Les pilotes rendus à bord du navire peuvent renvoyer de suite leurs chaloupes, à moins que le capitaine ne leur remette sur-le-champ une demande par écrit de les laisser pour le service du navire; dans ce cas, il est alloué au pilote la somme portée par le tarif arrêté dans le port pour chaque jour que la chaloupe aura été employée à ce service. — Décr. 12 déc. 1806, art. 45.

94. — Dans l'usage, on se dispense souvent de la réquisition par écrit; et les tribunaux de commerce, en cas de déni par le capitaine, admettent toujours la preuve par témoins de la demande et de l'utilité de la chaloupe. — Beaussant, nº 357.

95. — Si, lors d'un gros temps, la chaloupe d'un pilote en abordant un navire à la mer reçoit quelques avaries, elle est réparée aux frais du navire et de la cargaison; et il en est de même si la chaloupe se perd en totalité. — Décr. 12 déc. 1806, art. 46. — Ainsi, c'est là une avarie commune. — Beaussant, nº 358.

96. — Le pilote lamaneur dont la chaloupe a péri en précédant le navire, pour le diriger dans les passes qu'il avait à franchir, a droit à la réparation du dommage éprouvé, aussi bien que si la perte avait eu lieu *en abordant* le navire. — *Poitiers*, 12 mai 1847 (t. 2 1847, p. 196), Fabre c. Cretin.

97. — L'action du pilote lamaneur en réparation du dommage éprouvé peut être formée seulement contre l'armateur ou le propriétaire, sans qu'il soit nécessaire de s'adresser en même temps aux chargeurs, bien que ceux-ci soient tenus de contribuer au paiement de l'indemnité. — Même arrêt.

98. — Dans tous les cas, pour que les pilotes puissent réclamer une indemnité, ils sont tenus de produire un certificat du capitaine constatant la perte des chaloupes ou leurs avaries; si le capitaine s'y refuse, le fait est constaté par une enquête faite dans l'équipage du navire et celui de la chaloupe perdue ou avariée. — Déc. 12 déc. 1806, art. 47.

99. — Le certificat du capitaine que le pilote doit produire pour établir la preuve du sinistre peut être suppléé par un rapport du capitaine au commissaire de la marine, constatant ce même sinistre. — *Poitiers*, même arrêt.

100. — Les courtiers et consignataires des navires étrangers sont responsables du paiement des droits de pilotage d'entrée et de sortie. — Décr. 12 déc. 1806, art. 48.

101. — Pour assurer la perception des droits de pilotage, tout consignataire de navire est tenu dans les vingt-quatre heures de l'arrivée ou de la sortie du navire à lui adressé, ou dont il a la consignation, de faire, au bureau du pilotage ou au bureau du capitaine du port, s'il n'y a pas de bureau de pilotage, une déclaration par écrit et signée de lui, contenant les nom, espèce, pavillon et tonnage du navire, son tirant d'eau sous charge ou lège; le nom du capitaine, maître ou patron; le lieu d'où il a été expédié, la date de son arrivée; le nombre de tonneaux chargés, et s'il est arrivé en relâche ou s'il est destiné pour le port. — Même décr., art. 49.

§ 5. — *Compétence civile et criminelle en matière de pilotage.*

102. — Les contestations relatives aux droits de pilotage, indemnités et salaires des pilotes, sont de la compétence du tribunal de commerce du port. — Décr. 12 déc. 1806, art. 50.

103 — Le tribunal de commerce est également compétent pour prononcer sur l'indemnité particulière qui est due aux pilotes, en cas de tempête et de péril évidens. — *Ibid.*, art. 24 et 43.

104. — Mais de quel *port* entend parler la loi? Est-ce celui où le navire a été s'amarrer, ou le port de sa destination, ou celui dans la dépendance duquel le travail a été effectué, ou enfin le port près duquel le pilote est immatriculé? Ce doit être évidemment ce dernier port; autrement on occasionnerait aux pilotes lamaneurs des déplacemens ruineux et préjudiciables pour l'exercice de leurs fonctions. — Beaussant, nº 361.

105. — Jugé, en ce sens, que les contestations qui s'élèvent entre un pilote lamaneur et le capitaine du bâtiment piloté, relativement au droit de pilotage et au salaire du pilote, sont de la compétence du tribunal du port dans lequel ce pilote est immatriculé, et non du tribunal du port dans la dépendance duquel le pilotage a eu lieu. — *Poitiers*, 3 mai 1843 (t. 2 1843, p. 239), Galteau c. Lambert.

106. — Mais une action en dommages-intérêts dirigée contre un pilote lamaneur pour cause d'avaries résultant d'une fausse manœuvre présente la question préjudicielle de savoir si ce pilote s'est conformé aux règlemens et instructions sur le lamanage; question qui doit être portée devant l'autorité administrative, et non devant l'autorité judiciaire. — *Cons. d'Etat*, 23 avr. 1807, Simon c. Grasset; 6 sept. 1826, Michon c. Favet. — *Cass.*, 17 janvier 1842 (t. 1er 1842, p. 665), Wulfrand c. Allenou.

107. — M. Beaussant (nº 361) blâme ces décisions, et pense que le fait d'un pilote mal habile qui n'observe pas les règlemens n'est pas un acte administratif que les tribunaux ne puissent pas apprécier.

108. — Les pilotes lamaneurs qui doivent être punis par des peines correctionnelles telles que la prison ou l'interdiction pendant moins d'un mois, sont jugés par l'officier chef des mouvemens maritimes ou par celui préposé à la direction du pilotage; et en l'absence de ceux-ci par l'officier du port de commerce, sous l'autorisation de l'administrateur supérieur de la marine, ou de celui préposé à l'inscription maritime. — Décr. 12 déc. 1806, art. 50.

109. — Dans tous les cas, il faut un *jugement;* l'officier doit donc entendre le prévenu et consigner son jugement sur un registre, afin qu'on sache pourquoi et comment il a usé de sa magistrature. — Beaussant, nº 363.

110. — Les délits donnant lieu à des peines plus graves, à des amendes et à des peines afflictives sont jugés par les tribunaux correctionnels et les cours de justice criminelle. — Décr. 12 déc. 1806, art. 50.

111. — Lorsque les délits ont été commis à bord d'un bâtiment de l'Etat, ou que les faits sont, par leur nature, de la compétence de l'autorité maritime, et qu'ils intéressent le service de la marine, ils sont jugés suivant les lois et règlemens de la marine. — Même décr., art. 51.

112. — Dans tous les cas comportant punition, la peine est double lorsqu'un bâtiment de l'Etat a été l'objet du délit. — Art. 52.

113. — Le montant des amendes prononcées contre les pilotes par quelque tribunal que ce soit, est versé dans la caisse des invalides de la marine du port où les délits ont eu lieu. — Art. 53.

114. — Une expédition de tous les jugemens prononcés contre les pilotes doit être adressée à l'administrateur de la marine dans le quartier sur le registre duquel le pilote est inscrit, afin qu'il en soit pris note sur la matricule des pilotes. — Art. 54.

PILOTIN.

V. ÉQUIPAGE (gens d'), nos 48 et suiv.

PINS (Forêts).

Arbre résineux à haute tige, rangé parmi les arbres de première classe. — V. FORÊTS.

PINCEAUX.

1. — Fabricans de pinceaux pour leur compte. — Patentables de 6e classe. — Droit fixe basé sur la population; — droit proportionnel du 20e de la valeur locative de l'habitation et des lieux servant à l'exercice de la profession.

2. — Les fabricans à façon ne sont patentables que de 8e classe. — Même droit fixe que les précédens, sauf la différence de classe; — droit proportionnel du 40e de la valeur locative de tous les locaux qu'ils occupent, mais seulement dans les communes de 20,000 âmes et au-dessus. — V. PATENTE.

PIPES.

1. — Fabricans de pipes. — Patentables imposés à un droit fixe de 25 fr. par four, jusqu'au maximum de 150 fr. — Droit proportionnel du 25e de la valeur locative de l'habitation, des magasins de vente complétement séparés de l'établissement industriel, et du 25e de cet établissement.

2. — Marchands de pipes. — Patentables de 6e classe. — Droit fixe basé sur la population; — droit proportionnel du 20e de la valeur locative de l'habitation et des lieux servant à l'exercice de la profession. — V. PATENTE.

3. — Les fabriques de pipes à fumer sont rangées dans la 2e classe des établissemens insalubres. — V. ce mot (nomenclature).

PIQUETTE.

V. BOISSONS, CONTRIBUTIONS INDIRECTES.

PIQUEURS.

Piqueurs de cartes à dentelles, piqueurs de grès. — Patentables de 8e classe. — Droit fixe basé sur la population; — droit proportionnel du 40e de la valeur locative de tous les locaux qu'ils occupent, mais seulement dans les communes de 20,000 âmes et au-dessus. — V. PATENTE.

PIQUONNIERS.

Patentables de 7e classe. — Droit fixe basé sur la population; — droit proportionnel du 40e de la valeur locative de tous les locaux qu'ils occupent, mais seulement dans les communes de 20,000 âmes et au-dessus. — V. PATENTE.

PIRATE, PIRATERIE.

1. — On appelle *pirate* celui qui, sans commission d'aucun gouvernement, court les mers pour piller les navires amis ou ennemis sans distinction. On nomme *piraterie* le métier ou les actes auxquels se livrent les pirates.

2. — Le pirate diffère du corsaire en ce que celui-ci fait la guerre en honnête homme, n'attaquant que les navires ennemis, à quoi il est autorisé par des lettres de marque. — Merlin, *Rép.*, vº *Pirate.* — V. ARMEMENT EN COURSE.

3. — De tous temps, des peines sévères ont été portées contre les pirates. — Différentes dispositions furent successivement proclamées à ce sujet par l'ordonnance de 1584, la déclaration du 1er février 1650, l'ordonnance sur la marine de 1681, l'édit de juillet 1691, l'ordonnance du 5 sept. 1718, la loi du 21-22 août 1790 et l'arrêté du 2 prairial an XI.

4. — Enfin la loi du 10-11 avril 1825 vint refondre toutes les anciennes dispositions et en prescrire de nouvelles, en ajoutant toutefois, dans son article 21, que toutes lois et règlemens auxquels elle ne dérogeait point devaient continuer d'être exécutés en ce qu'ils n'avaient pas de contraire à sa teneur.

5. — *Caractères constitutifs de la piraterie et peines.* — Sont poursuivis et jugés comme pirates: 1º tout individu faisant partie de l'équipage d'un navire ou bâtiment de mer quelconque armé et naviguant sans être ou avoir été muni, pour le voyage, de passe-port, rôle d'équipage, commissions ou autres actes constatant la légitimité de l'expédition (L. 11 avr. 1825, art. 1er, note 1re). — La peine est pour les commandans, chefs ou officiers, celle des travaux forcés à perpétuité, et pour les autres hommes de l'équipage, celle des travaux forcés à temps. — Art. 5.

6. — Il a été observé lors de la discussion de la loi que les matelots pourraient ignorer très-souvent le défaut de papiers. Le garde des sceaux et le commissaire du roi ont répondu qu'il n'y aurait lieu d'appliquer une peine aux matelots qu'autant qu'il serait prouvé que le navire naviguait sans papiers, et que c'était au ministère public à établir contre les matelots qu'ils ont connu le défaut de papiers. — Duvergier, *Collect. des lois*, sous l'art. 5. — L. 10 avr. 1825.

7. — La loi ne précise pas les pièces nécessaires pour constater la légitimité de l'expédition, parce que ces pièces varient suivant les lois et usages des différens pays. Ainsi, les navires des Etats-Unis voyageant ordinairement sans rôle d'équipage, l'absence de cette pièce ne peut les faire réputer pirates. — Beaussant, *Code marit.*, nº 199; Goujet et Merger, *Dict. de dr. comm.*, vº *Pirate*, nº 2.

8. — ... 2º Tout commandant d'un navire ou bâtiment de mer et porteur de commissions délivrées par deux ou plusieurs puissances ou États différens. — L. 10 avril 1825, art. 1er, nº 2. — La peine est celle des travaux forcés à perpétuité. — Art. 5.

9. — Le mot *Etat* a été ajouté pour rendre la disposition plus générale et prévenir les doutes qui auraient pu s'élever sur le sens du mot *puissances*.

10. — L'arrêté du 2 prair. an XI réputait aussi pirates, dans les mêmes circonstances, les officiers du navire, quoique ceux-ci pussent ignorer que le capitaine fût porteur de plusieurs commissions. La loi nouvelle abroge implicitement cette disposition, puisqu'elle ne parle que du commandant. — Goujet et Merger, nº 6.

11. — Le mot *commission* est générique, et embrasse toutes les espèces de commissions et lettres connues à la mer, telles que les *commissions de guerre*, les *commissions de guerre et marchandises*, et les *lettres de marque*; mais il ne saurait être étendu à aucun autre papier de bord : par exemple, aux congés, passe-ports ou connaissemens. — Duvergier, *Collect. des lois*, sur l'art. 1er L. 10 avril 1835. — Beaussant, nº 199.

12. — La pluralité des commissions n'est qu'une présomption de piraterie, susceptible d'être détruite par la preuve contraire. — Duvergier et Beaussant, *ibid*.

13. — ... 3º Tout individu faisant partie de l'équipage d'un navire ou bâtiment de mer français, lequel commettrait à main armée des actes de déprédation ou de violence, soit envers des navires français ou des navires d'une puissance avec laquelle la France ne serait pas en état de guerre, soit envers les équipages ou chargemens de ces navires. — Loi 10 avril 1825, art. 2, nº 1.

14. — Les passagers n'ont pas été compris dans la disposition; mais il est certain qu'elle est applicable à tout individu qui faisant réellement partie de l'équipage, aurait dissimulé sa véritable qualité sous celle de passager, et même au véritable passager complice de la piraterie. — Duvergier, *Collect. des lois*, sur l'art. 2 L. 10 avril 1825.

15. — ... 4º Tout individu faisant partie de l'équipage d'un navire ou bâtiment de mer étranger, lequel, hors l'état de guerre et sans être pourvu de lettres de marque ou commissions régulières, commettrait lesdits actes de déprédation ou de violence envers des navires français, leurs équipages ou chargemens. — L. 10 avr. 1825, art. 2, nº 2.

16. — Dans les cas prévus par les deux numéros qui précèdent, s'il a été commis des déprédations et violences sans homicide ni blessures, les commandans, chefs et officiers sont punis de mort, et les autres hommes de l'équipage sont punis des travaux forcés à perpétuité. Et si ces déprédations et violences ont été précédées, accompagnées ou suivies d'homicide ou de blessures, la peine de mort est indistinctement prononcée contre les officiers et les autres hommes de l'équipage. — *Ibid.*, art. 6.

17. — ... 5º Le capitaine et les officiers de tout navire ou bâtiment de mer quelconque qui aurait commis des actes d'hostilité sous un pavillon autre que celui de l'Etat dont il aurait la commission. — *Ibid.*, art. 2, nº 3. — La peine est celle des travaux forcés à perpétuité. — Art. 6.

18. — Dans le projet de loi, au lieu de ces mots *un bâtiment quelconque*, on lisait *un bâtiment armé*. Cette dernière expression a été supprimée, parce que la piraterie résulte, non pas de l'armement, mais des hostilités. — Duvergier, sur l'art. 2.

19. — La loi ne dit pas envers qui doivent être commis les actes d'hostilité; on a voulu que le gouvernement restât maître de donner à cet égard, soit à ses propres bâtimens, soit aux bâtimens particuliers, la direction convenable à ses intérêts politiques, et que nécessiteraient les circonstances. — Duvergier, *ibid*.

20. — ... 6º Tout Français ou naturalisé français qui, sans l'autorisation du gouvernement, prendrait commission d'une puissance étrangère pour commander un navire ou bâtiment de mer armé en course. — L. 10 avril 1825, art. 3, nº 1er. — La peine est celle de la réclusion. — Art. 7.

21. — Il y avait une semblable disposition dans l'ord. 1681, liv. 3, tit. 9, art. 3. — Décidé, en conséquence, que tout Français, domicilié ou non en France, qui, sans la permission du gouvernement français, prend une commission en course d'une puissance étrangère, doit être considéré et traité comme pirate. — *Cons. d'Etat*, 23 avril 1823, le corsaire *l'Amour de la patrie*.

22. — La disposition dont s'agit s'étend aux commissions qu'auraient données des princes amis ou alliés comme à celles des princes neutres ou suspects; elle s'applique au temps de paix comme au temps de guerre. On considère qu'il y a là une sorte de désertion avec engagement au service d'une puissance étrangère que d'implorer sa protection et de courir la mer sous sa bannière, de préférence à celle de son souverain. — Beaussant, nº 201.

23. — Toutefois le fait d'armer en course sans l'autorisation du gouvernement, avec commission d'une puissance étrangère, n'équivaut pas à prendre du service militaire à l'étranger et n'entraîne pas la perte de la qualité de Français. — Duvergier, *ibid.*, sur l'art. 3.

24. — ... 7º Tout Français ou naturalisé français qui ayant obtenu, même avec l'autorisation du gouvernement, commission d'une puissance étrangère pour commander un navire ou bâtiment de mer armé, commettrait des actes d'hostilité envers des navires français, leurs équipages ou chargemens (L. 10 avr. 1825, art. 3, nº 2); la peine est celle de mort (art. 7).

25. — ... 8º Tout individu faisant partie de l'équipage d'un navire ou bâtiment de mer français qui, par fraude ou violence envers le capitaine ou commandant, s'emparerait dudit bâtiment (art. 4, nº 1er): la peine est celle de mort contre les chefs et les officiers, et celle des travaux forcés à perpétuité contre les autres hommes de l'équipage; et s'il y a eu homicide ou blessures, la peine de mort doit être indistinctement prononcée contre tous les hommes de l'équipage (art. 8).

26. — En pareil cas, le caractère de la piraterie consiste bien moins à dépouiller le capitaine du commandement qu'à s'emparer du navire. — Beaussant, nº 202.

27. — ... 9º Tout individu faisant partie de l'équipage d'un navire ou bâtiment de mer français qui le livrerait à des pirates ou à l'ennemi (L. 10 avr. 1825, art. 4, nº 2); la peine est celle de mort (art. 9).

28. — Il faut toutefois que la livraison ait eu lieu méchamment, dans une intention frauduleuse; car il est de principe que sans intention criminelle il ne saurait y avoir de crime. — Duvergier, *ibid.* sur l'art. 4. — Ainsi il ne suffit pas que le navire ait été mal défendu et remis aux pirates ou à l'ennemi pour qu'il soit réputé *livré*; il faut que l'intention de trahir résulte de la mollesse de la défense ou de la fuite. — Beaussant, nº 202.

29. — Les complices des crimes spécifiés dans l'art. 1er, § 2; art. 2, § 3; art. 3, § 2, et art. 4, § 2, sont punissables des mêmes peines que les auteurs principaux. — Les complices de tous autres crimes seront punis des mêmes peines que les hommes de l'équipage; le tout suivant les règles déterminées par les art. 59 à 63 C. pén., et sans préjudice, le cas échéant, de l'application des art. 265 à 268 dudit Code. — L. 10 avr. 1825, art. 9.

30. — Le produit des ventes des navires et bâtimens de mer capturés pour cause de piraterie doit être réparti conformément aux règlemens sur les prises maritimes. — L. 10 avr. 1825, art. 10. — V. PRISES MARITIMES.

31. — *Jugement préalable de la prise.* — Lorsque des bâtimens de mer ont été capturés pour cause de piraterie, la mise en jugement des prévenus est suspendue jusqu'à ce qu'il ait été statué sur la validité de la prise. Cette suspension n'empêche ni les poursuites ni l'instruction de la procédure criminelle. — L. 10 avr. 1825, art. 16.

32. — La décision sur la validité de la prise par le Conseil d'Etat précédera nécessairement le jugement du crime de piraterie; mais dans le cas où il n'y aura pas de prise sur laquelle il faille prononcer, il est incontestable que les prévenus seront traduits *de plano* devant les tribunaux ci-après indiqués. Les décisions du Conseil d'Etat sur la validité de la prise offriront presque toujours un préjugé très-grave sur la question de piraterie; mais les tribunaux maritimes ne sont pas liés pour cela par l'arrêt du Conseil, et les accusés peuvent toujours remettre en question les faits et leur moralité. « Si la prise est déclarée nulle, disait M. Portal, rapporteur, les prévenus ne pourront être mis en jugement; et si elle est déclarée valable, les tribunaux resteront libres d'apprécier tous les moyens de défense. » M. Pardessus, dans son rapport, s'exprimait de même.

33. — A quoi il faut ajouter avec M. Beaussant, nº 206 : le jugement de la prise qui appartient à un autre tribunal que celui compétent pour connaître de la piraterie, doit nécessairement être rendu le premier pour éviter les décisions contraires. En effet, il ne peut y avoir de pirates si la prise est déclarée nulle comme ayant eu lieu hors des cas de piraterie; au contraire, l'existence de la piraterie ayant été reconnue suffisante pour valider la prise, il n'y a rien de contradictoire à acquitter les prévenus en décidant qu'ils n'en sont pas les auteurs.

34. — Cependant, fait observer M. Duvergier, sous l'art. 16 ne pourrait-il pas même se présenter des cas où le Conseil d'État ne prononcerait pas la validité de la prise, et où cependant il y aurait piraterie punissable? Il nous semble que cela aura lieu toutes les fois que le Conseil d'Etat se déterminera à déclarer la prise nulle par un motif autre que la non-culpabilité. Or on conçoit que cela est possible. Toutefois nous devons avertir que les deux rapporteurs ci-dessus semblent penser le contraire.

35. — *Compétence.* — S'il y a capture de navires ou arrestation de personnes, les prévenus de piraterie doivent être jugés par le tribunal maritime du chef-lieu d'arrondissement maritime dans les ports duquel ils auront été amenés. — L. 10 avril 1825, art. 17.

36. — Dans tous les autres cas les prévenus doivent être jugés par le tribunal maritime de Toulon, si le crime a été commis dans le détroit de Gibraltar, la mer Méditerranée ou les autres mers du Levant; et par le tribunal de Brest, lorsque le crime aura été commis sur les autres mers. — Toutefois, quand un tribunal maritime a été régulièrement saisi du jugement de l'un des prévenus; ce tribunal doit juger tous les autres prévenus du même crime, à quelque époque qu'ils soient découverts et dans quelque lieu qu'ils soient arrêtés. — Même art.

37. — Sont exceptés des dispositions du présent article les prévenus du crime de prise sans l'autorisation du gouvernement, sans une commission d'une puissance étrangère pour commander un navire ou bâtiment de mer armé en course. Ces prévenus doivent être jugés suivant les formes et par les tribunaux ordinaires. — Même art.

38. — Les complices sont également jugés par les tribunaux maritimes. Mais sont exceptés, et jugés par les tribunaux ordinaires: les prévenus de complicité Français ou naturalisés Français, autres néanmoins que ceux qui auraient aidé ou assisté les coupables dans le fait même de la consommation du crime. Et dans le cas où des poursuites seraient exercées simultanément contre les prévenus de complicité compris dans l'exception ci-dessus et contre les auteurs principaux, le procès et les parties doivent être renvoyés devant les tribunaux ordinaires. — Art. 19.

39. — Jugé que le crime de piraterie devient entièrement de la compétence des tribunaux ordinaires, lorsque parmi les prévenus il se trouve un complice français qui n'étant pas monté sur le navire pendant la navigation, et n'ayant pas conséquemment assisté ou aidé les coupables dans le fait même de la consommation du crime, n'est point justiciable des tribunaux maritimes. — Il en doit être ainsi, alors surtout qu'au crime de piraterie se joignent d'autres crimes connexes de faux, et de traite des noirs, dont la connaissance est attribuée aux tribunaux ordinaires. — *Cass.*, 10 mars 1831, Morand.

40. — Lorsque des individus sont traduits devant un tribunal maritime à raison de faits de piraterie et de traite des noirs, ce tribunal ne peut connaître que du premier de ces crimes malgré la connexité existant entre eux. Il doit renvoyer à la juridiction ordinaire la connaissance du délit de traite des noirs. — Règl. de juges, Vincent.

41. — Il semblerait plus convenable, ajoute M. Beaussant sur cet arrêt, de faire juger les deux délits, comme connexes, par le même tribunal.

42. — C'est devant les tribunaux chargés de statuer sur l'accusation de piraterie que l'équipage du navire pris sans papiers doit prouver la perte de ces papiers. — Duvergier (sur l'art. 19).

43. — *Procédure.* — Il est procédé à l'instruction et au jugement conformément à ce qui est prescrit par le règlement du 12 novembre 1806 (V. TRIBUNAUX MARITIMES). — Néanmoins si, pour quelque cause que ce soit, des témoins ne peuvent être produits aux débats, il y est suppléé par la lecture des procès-verbaux et de toutes autres pièces qui sont jugées par le tribunal maritime être de nature à éclaircir la vérité. — Art. 18.

PISTOLETS.

V. ARMES.

PLAÇAGE.

V. FOIRES ET MARCHÉS.

PLACARDS.

V. SAISIE IMMOBILIÈRE.

PLACE DE COMMERCE.

V. LETTRE DE CHANGE.

PLACE DE GUERRE.

Table alphabétique.

PLACE DE GUERRE. — 1. — C'est un lieu destiné à recevoir des troupes et des forces pour la défense de l'État.

2. — La loi du 8-10 juill. 1791 a la première établi une distinction entre les *places de guerre* et les *postes militaires*; mais elle ne dit pas ce qui distingue les *places* des simples *postes.* Il semble, toutefois, que l'on y doive spécialement le nom de *places de guerre* aux villes et forts qui, étant capables de soutenir un siége régulier de quelque durée, pourraient être abandonnés à leurs propres forces, tandis que l'on désigne sous le nom de *postes militaires* les points fortifiés qui ne paraissent pas susceptibles de soutenir un siége régulier de quelque durée.— Delalleau, v° *Servitudes des places de guerre,* n° 45.

§ 1er. — *Historique* (n° 3).

§ 2. — *Dispositions générales* (n° 11).

§ 3. — *Nature, délimitation et conservation du terrain militaire* (n° 41).

§ 4. — *Indemnités pour dépossession* (n° 81).

§ 1er. — *Historique.*

3. — Les places de guerre sont soumises depuis longtemps à une législation spéciale. Une ordonnance du 16 juill. 1670 défend à qui que ce soit de faire construire aucune maison dans les faubourgs des places frontières, sans l'agrément du roi. — Delalleau, v° *Servitudes des places de guerre,* n° 130 et suiv.

4. — Postérieurement, le régime des places de guerre fut réglé par différentes ordonnances: des 9 déc. 1713, 25 juin 1750, 5 mai 1758, 10 mars 1759, 1er mars 1768 et 31 déc. 1776.

5. — Les prescriptions de ces diverses ordonnances avaient été généralement négligées, en ce qui touchait surtout à la défense de bâtir proche les places de guerre. Mais les législateurs de 1789 se préoccupèrent de cet état de choses; et la loi du 10 juillet 1791, réglementaire sur la matière, fixa les dispositions dont devaient dépendre à l'avenir les intérêts de la défense, et donna un caractère légal aux diverses servitudes précédemment établies.

6. — Les circonstances et les nécessités de la guerre nées ou prévues ont dû introduire dans cette matière de graves modifications aux droits ordinaires de propriété; et, dans tous les cas, la qualification de place de guerre imposée à un lieu quelconque a donné naissance à des servitudes plus ou moins graves.

7. — Les décrets des 9 et 24 déc. 1811 prirent pour la défense des places portes les mesures à la fois les plus énergiques et les plus rigoureuses. — L'ordonnance du 24 décembre 1817, arrivant à une époque où la paix était assurée et la sécurité garantie, adoucit les rigueurs des précédens décrets.

8. — La loi du 17 juill. 1819 régla à l'égard des propriétés particulières, toutes les servitudes qui leur sont imposées dans l'intérêt de la défense de l'État. Mais lors de la discussion de cette loi, il a été reconnu qu'elle n'avait pas abrogé celle du 10 juill. 1791.

9. — L'ordonnance du 1er août 1821 rendue pour l'exécution de la loi du 17 août 1819, a développé les principes de cette dernière loi.

10. — La loi du 30 mars 1831 a réglé ce qui concerne l'expropriation et l'occupation temporaire, en cas d'urgence, des propriétés privées nécessaires aux travaux des fortifications.

§ 2. — *Dispositions générales.*

11. — D'après l'art. 1 de la loi du 8-10 juillet 1791, tit. 1er: nulle construction nouvelle de places de guerre ou postes militaires et nulle suppression ou démolition de ceux actuellement existans ne peuvent être ordonnées que d'après l'avis d'un conseil de guerre, confirmé par un décret du corps législatif sanctionné par le roi.

12. — Jugé cependant que cet art. 1 de la loi de 1791, qui exige une loi pour la construction d'une place de guerre ou d'un poste militaire, ne s'applique pas à la construction d'un simple ouvrage de fortification en avant d'une place déjà existante, et qu'en tout cas cet article avait été aboli par l'art. 14 de la Charte.—*Metz,* 5 juill. 1836 (t. 1er 1838, p. 430), Préfet de la Moselle c. Delavie.

13. — Au surplus, il résulte de l'art. 1er de la loi du 17 juillet 1819 qu'il appartient au roi d'ordonner soit des constructions nouvelles de places de guerre ou postes militaires, soit la suppression ou démolition de ceux actuellement existans, soit des changemens dans le classement ou dans l'étendue desdits places ou postes.

14. — Si dans le nombre des places de guerre et postes militaires un examen ultérieur prouvait que quelques forts, citadelles, tours ou châteaux sont absolument inutiles à la défense de l'État, ils peuvent être supprimés ou démolis en tout ou en partie et leurs matériaux et emplacemens aliénés au profit du trésor public (L. 8-10 juill. 1791, tit. 1er, art. 3). Ce droit d'ordonner la suppression ou la démolition résulte encore pour le chef du gouvernement de l'art. 1er de la loi du 17 juillet 1819.

15. — Les places de guerre et postes militaires sont divisées en trois classes, suivant leur degré d'importance.—L. 8-10 juill. 1791, tit. 1er, art. 1er.

16. — L'état des places de guerre et des postes militaires, ainsi que leur classement, avait, dans l'origine, été fixé par un tableau annexé à la loi du 8-10 juillet 1791. Des modifications ultérieures, des classemens et déclassemens nouveaux ont fait dresser un nouveau tableau qui a été an-

nexé à l'ordonnance du 1er août 1821. Ce même tableau a depuis été encore successivement modifié par de nombreuses ordonnances royales.

17. — De plus, le tableau annexé à l'ordonnance de 1821 distribue les places de guerre et les postes militaires en deux séries. La première comprend toutes les places de première et de deuxième classe soumises à la première espèce des servitudes imposées par les lois des 8-10 juillet 1791 et 17 juillet 1819. La seconde série comprend les places de troisième classe et les postes militaires soumis à la seconde espèce des servitudes établies par ces lois.

18. — À différentes reprises, des contestations s'élevèrent sur les questions de savoir si certaines places avaient été régulièrement comprises parmi les places de guerre ou à quelle classe elles appartenaient.

19. — Jugé, par suite, que l'ordonnance du 1er août 1821 a maintenu le château de Sédan et rétabli la ville au nombre des places de guerre de première classe. —*Cons. d'État,* 26 déc. 1830, Villette-Gridaine.

20. — ... Que les décrets des 26 brumaire 13 XIII et 31 août 1810, qui avaient mis la place de Valence hors d'entretien, et qui avaient concédé la jouissance du terrain militaire de la ville, ont été abrogés par la loi du 17 juillet 1819 et l'ordonnance du 1er août 1821. —*Cons. d'État,* 3 sept. 1827, Castre et Garin.

21. —... Que la même ordonnance du 1er août 1821 a compris la ville de Valence dans le tableau général des places et postes de guerre. — *Cass. d'État,* 6 mai 1829, habitans de Valence. — Et qu'elle y a rangé cette ville au nombre des places de guerre de 3e classe. —*Cons. d'État,* 2 sept. 1829, Maillet.

22. — ... Que la place de Brest et ses dépendances ont été rangées par la loi du 10 juillet 1791 et maintenues par l'ordonnance du 1er août 1821 dans la série des places de guerre de première classe. —*Cons. d'État,* 20 juill. 1832, Combot, Garanton, Armand, Lecerf, Gorju, Rendu et Halégonet (6 arrêts); 22 mars 1833, Ancelin.

23. — Un poste militaire, bien qu'il n'ait pas été nommément désigné dans l'état des places de guerre annexé à la loi du 8-10 juillet 1791; peut être considéré comme ayant été compris sous le nom de dépendances d'une place de guerre qui figure dans cet état, surtout si une ordonnance royale, rendue en exécution de la loi du 17 juillet 1819, la place expressément parmi les places de guerre. —*Bastia,* 12 janv. 1835, préfet de la Corse c. Roccassera.

24. — L'organisation et le service des états-majors des places de guerre ont été réglés par le décret du 24 décembre 1811 et une ordonnance royale du 21 mai 1829. On remarque principalement les dispositions suivantes :

25. — Il y a des officiers, des sous-officiers et des caporaux ou brigadiers spécialement employés au commandement et au service des places de guerre, sous les titres de commandant d'armes ou de place, major de place, adjudant de place, secrétaire archiviste de place, portier-consigne, batelier, aide-portier.

26. —Conformément aux anciennes ordonnances (notamment de Henri III, édits de Blois, art. 26; et de Louis XIII, janv. 1629), nul ne peut commander dans une place de guerre s'il n'est Français.

27. — Les commandemens des places de guerre sont divisés en trois classes. Les commandemens du première classe sont exercés par les colonels; ceux de deuxième classe, par des lieutenans-colonels, des chefs de bataillon ou d'escadron; par des majors; ceux de troisième classe, par des capitaines.

28. —Le commandement des postes militaires, citadelles, forts et châteaux qui ne sont compris dans aucune des trois classes ci-dessus peut être conféré à des adjudans de place avec le titre de commandans de poste militaire, citadelle, fort ou château.

29. — Les places de guerre et postes militaire relativement à leur service et à leur police sont considérés sous trois rapports, savoir : dans l'état de paix, dans l'état de guerre et dans l'état de siége. — L. 8-10 juill. 1791, tit. 1er, art. 1; décret 24 déc. 1811, art. 50.

30. — L'état de paix a lieu toutes les fois que la place n'est point constituée en état de guerre ou de siége par un décret du chef du gouvernement, ou par l'effet des circonstances prévues dans les articles suivans. — Décret 24 déc. 1811, art. 51.

31. — L'état de guerre est déterminé par l'une des circonstances suivantes : 1° en temps de guerre lorsque la place est en première ligne sur la côte, ou à moins de cinq journées de marche des places, camps et positions occupés par l'ennemi; 2° en tout temps par des travaux qui ouvrent la place lorsqu'elle est placée sur les côtes ou en première ligne; par des rassemblemens formés dans le rayon de cinq journées de marche, sans l'autorisation des magistrats; par un décret ou une ordonnance du chef du gouvernement, lorsque les circonstances obligent de donner plus de force et d'action à la police militaire sans qu'il soit nécessaire de mettre la place en état de siége. — *Ibid.*, art. 52.

32. — L'état de siége est déterminé par un décret ou ordonnance du chef du gouvernement, ou par l'investissement, ou par une attaque de vive force, ou par une surprise, ou par une sédition intérieure, ou enfin par des rassemblemens formés dans le rayon d'investissement, sans l'autorisation des magistrats. Dans le cas d'une attaque régulière, l'état de siége ne cesse qu'après que les travaux de l'ennemi ont été détruits et les brèches mises en état de défense. — *Ibid.*, art. 53.

33. — Dans ces différens cas, les fonctions et obligations des commandans d'armes et des états-majors, ainsi que les pouvoirs des magistrats et autres officiers civils, sont soumis aux règles établies par les art. 6 et suiv. — L. 8-10 juill. 1791, tit. 1er, et les art. 54 et suiv., décr. 24 déc. 1811. — Il résulte sommairement de ces dispositions :

34. —...Que, dans l'état de paix, les autorités civiles et militaires sont indépendantes l'une de l'autre; mais elles doivent se concerter et déférer à leurs réquisitions et demandes respectives dans tout ce qui tient à l'ordre public et au service ou à la police de la place. Ainsi : les gardes nationaux peuvent, au besoin, faire le service de la place, mais en continuant d'être régis pour la discipline par leurs règlemens particuliers. — Magnitot et Delamarre, *Dict. de dr. administ.*, v° *Places de guerre*, § 9.

35. —...Que, dans l'état de guerre, la garde nationale, les pompiers et leurs matériels passent sous les ordres du gouverneur. Les charpentiers et autres ouvriers d'art sont organisés sous un syndic et quatre maîtres, en compagnies, sections et ateliers. L'autorité civile concerte avec le gouverneur le service d'incendie en cas de siége ou bombardement, et les moyens de pourvoir, dans le cas de siége ou de blocus, à la subsistance de la garde nationale et des habitans, aux besoins de la garnison et aux travaux de défense. — L. 8-10 juill. 1791, tit. 1er, art. 7, 36, 37; décr. 24 déc. 1811, art. 52, 92 à 95. — Magnitot et Delamarre, *ibid.*

36. — Quant aux conséquences de l'état de siége, V. ÉTAT DE SIÉGE.

37. — Toutefois, il y a lieu de remarquer que dans les places de guerre autres que les citadelles la zone des fortifications et les établissemens militaires sont seuls soumis à la police militaire, et que l'intérieur de la ville reste soumis à la police civile, et les habitans n'y peuvent être arrêtés que par ordre de l'autorité civile. — *Cons. d'Etat*, 17 juin 1820, Flach c. Willot.

38. — ... Que, hors l'état de siége, le commandant militaire doit se borner à déférer aux magistrats les délits commis par les habitans, alors même que ces délits intéressent le service de la place, ou ont été commis sur des militaires. — *Cons. d'Etat*, mêmes parties.

39. — D'après les mêmes principes, les règlemens municipaux relatifs aux constructions sur la voie publique, sont obligatoires, même pour les constructions du génie militaire exécutées dans les parties de la ville qui ne sont pas une dépendance du domaine de la place.

40. — Jugé, en conséquence, qu'un entrepreneur des fortifications d'une place de guerre, lequel est tenu, aux termes de son cahier des charges, de faire exécuter tous les ouvrages dont la surveillance appartient au génie, ne peut édifier des constructions de cette espèce, en contravention à un arrêté municipal, sur une rue qui ne dépend pas du domaine militaire de la place. — *Cass.*, 13 nov. 1835, Labarre; 25 juin 1836 (t. 1er 1837, p. 14), mêmes parties.

§ 3. — *Nature, délimitation et conservation du terrain militaire.*

41. — D'après l'article 13, tit. 1er, L. 8-10 juillet 1791, sont déclarés propriétés nationales tous terrains de fortifications des places de guerre ou postes militaires, tels que remparts, parapets, fossés, chemins couverts, esplanades, glacis, ouvrages avancés, terrains vides, canaux, flaques ou étangs dépendans des fortifications, et tous autres objets faisant partie des moyens défensifs des frontières du royaume, tels que lignes, redoutes, batteries, retranchemens, digues, écluses, canaux et leurs francs bords, lorsqu'ils accompagnent les lignes défensives ou qu'ils en tiennent lieu, quelque part qu'ils soient situés, soit sur les frontières de terre, soit sur les côtes et dans les îles qui les avoisinent. Tout cela compose ce qu'on nomme le *terrain militaire*, lequel constitue la plus grande partie du *domaine militaire* — Foucard, *Elémens de droit public et admin.*, t. 2, n° 757. — V. DOMAINE PUBLIC, n°s 48 et suiv.

42. — Aux termes de la loi du 8-10 juill. 1791 : les bâtimens qui étaient affectés au service de la guerre sont devenus de plein droit propriétés nationales, et les procès-verbaux de prise de possession exigés par cette loi n'étaient que des mesures d'ordre dont l'omission n'affecte en aucune manière le fond du droit. — *Cons. d'Etat*, 27 fév. 1835, Ville de Calvi.

43. — Toutefois, la loi du 8-10 juill. 1791 n'a affecté au domaine national que les bâtimens publics qui, à l'époque de sa promulgation, avaient réellement une destination militaire. La mention insérée dans le procès-verbal de prise de possession que le bâtiment appréhendé avait une telle destination ne saurait faire preuve du fait en lui-même; et les tribunaux civils sont compétens pour reconnaître, par la constatation de la destination réelle d'après l'état matériel des lieux, l'inexactitude des assertions de ce procès-verbal. — *Douai*, 1er déc. 1836 (t. 2 1837, p. 511), Admin. mil. c. Ville de Dunkerque.

44. — La conservation des terrains de fortifications des places de guerre ou postes militaires est attribuée au ministre de la guerre; et dans aucun cas les corps administratifs ne peuvent en disposer ni s'immiscer dans leur manutention d'une autre manière que celle prescrite par le présent décret, sans la participation dudit ministre. — L. 8-10 juill. 1791, tit. 1er, art. 13.

45. — De ce que la conservation du terrain militaire national dans les places de guerre appartient à l'autorité militaire, il résulte que cette autorité a seule le droit de donner les alignemens pour les maisons situées le long de la rue du rempart ou de ses dépendances. Dès lors le propriétaire d'une maison ainsi située ne peut être poursuivi pour avoir construit sans demander préalablement l'alignement à l'autorité municipale. — *Cass.*, 25 juill. 1845 (t. 2 1845, p. 667), Astre. — V. ALIGNEMENT, n°s 130 et suiv.

46. — Toutefois, bien que la loi du 10 juill. 1791 remette aux agens de l'administration de la guerre la surveillance des entreprises sur les murs et remparts d'une place forte, ce n'en est pas moins le préfet qui, au nom de l'Etat, est chargé d'en poursuivre la répression devant les tribunaux : il n'est pas exact de prétendre que le ministre de la guerre a seul le droit d'ordonner ces démolitions. — *Colmar*, 18 nov. 1836 (t. 2 1837, p. 455), Maître c. préfet du Haut-Rhin.

47. — L'art. 14, tit. 1er, L. 8-10 juill. 1791, reconnaît valables les conventions ou règlemens en vertu desquels des particuliers jouissent des productions de certaines parties de lignes, redoutes, retranchemens en francs bords de canaux, tout en leur renouvelant la défense d'y faire aucunes dégradations, ni aucuns changemens.

48. — Dans toutes places de guerre et postes militaires est considéré comme terrain national, et fait rue le long des courtines et des gorges des bastions ou redans, le terrain compris entre le pied du talus du rempart et une ligne tracée du côté de la place à quatre toises du pied dudit talus et parallèlement à lui, ainsi que celui renfermé dans la capacité des redans, bastions, vides ou autres ouvrages qui forment l'enceinte. Dans les postes militaires qui n'ont point de rempart, mais un simple mur de clôture, la ligne destinée à limiter intérieurement le terrain militaire national est tracée à cinq toises du parement intérieur du parapet ou mur de clôture, et fait également rue. — L. 8-10 juill. 1791, tit. 1er, art. 15. — C'est là ce qu'on appelle la *rue du rempart*.

49. — Si, dans quelques places de guerre ou postes militaires, l'espace compris entre le pied du talus du rempart ou le parement intérieur du mur de clôture et les maisons ou autres établissemens des particuliers était plus considérable que celui prescrit par l'art. 15, il ne devrait être rien changé aux dimensions actuelles du terrain national. — *Ibid.*, art. 16.

50. — Mais les agens militaires doivent veiller à ce qu'aucune usurpation n'étende à l'avenir des propriétés particulières au delà des limites assignées au terrain national. — Art. 17.

51. — Cependant toutes personnes qui, lors de la publication de la loi du 8-10 juillet 1791, jouissaient de maisons, bâtimens et clôtures débordant les limites du terrain national ont dû continuer d'en jouir sans être inquiétées; mais dans le cas de démolition desdits maisons, bâtimens ou clôtures, que cette démolition soit volontaire, accidentelle ou nécessitée par les cas de guerre et autres circonstances, les particuliers sont tenus, dans la restauration de leurs maisons, bâtimens et clôtures, de ne point outre-passer les limites du terrain national. — Art. 17.

52. — Cet article 17 de la loi du 8-10 juill. 1791 dispose d'une manière générale, sans distinction entre les propriétés qui se trouvaient dans la nouvelle ou dans l'ancienne limite. Dès lors, les propriétaires de constructions situées, au moment de la loi de 1791, dans l'ancienne limite, ont eu le droit d'en conserver depuis la jouissance pleine et entière, avec les servitudes y attachées, jusqu'au cas de démolition prévu par l'art. 17. Et jusque-là l'Etat ne peut, pour souffrir leur possession, exiger d'eux la justification d'aucun titre établissant leur droit à la servitude, autre que cette possession même. — *Cass.*, 19 févr. 1840 (t. 1er 1840, p. 420), Vandamme c. préfet du Nord.

53. — Il résulte de ce même art. 17 de la loi du 8-10 juillet 1791, dit Favard (*Répert.*, v° *Place de guerre*, § 2, p. 212), que la délimitation prescrite par l'art. 15 n'était susceptible d'une exécution immédiate qu'à l'égard des terrains libres; la réunion au domaine militaire des terrains clos ou bâtis ne devenait exécutoire que dans les cas éventuels d'une démolition volontaire, accidentelle ou nécessaire, des constructions ou clôtures.

54. — Un souterrain existant sous les fortifications d'une ville n'est pas compris dans l'exception consacrée par l'art. 17 de la loi du 10 juillet 1791 au profit des propriétaires de murs, maisons et clôtures, débordant la limite intérieure du terrain militaire adjacent au rempart. Par conséquent ce souterrain est imprescriptible, comme tenant intimement au rempart, et faisant corps avec lui, et dépendant dès lors du domaine de l'Etat; le détenteur ne peut être admis à prouver sa possession. — *Cass.*, 23 avr. 1845 (t. 2 1845, p. 638), Roussel c. préfet du Pas-de-Calais.

55. — Les particuliers qui, par les dispositions de l'art. 17, perdent une partie du terrain qu'ils possèdent, en doivent être indemnisés par le trésor public, s'ils fournissent le titre légitime de leur possession; l'Assemblée nationale n'entendant d'ailleurs déroger en rien aux autres conditions en vertu desquelles ils sont en jouissance de leur propriété. — L. 8-10 juill. 1791, art. 18.

56. — Dans ce mot *particuliers*, la loi comprend toutes personnes *civiles* ayant des droits. — Dès lors, une commune (étant considérée comme personne civile) peut invoquer l'art. 18 de ladite loi relativement aux droits acquis à des égouts et aqueducs aboutissant aux fortifications dont elle était en possession avant la loi de 1791. — *Cass.*, 28 déc. 1840 (t. 1er 1841, p. 397), préfet du Nord c. ville de Douai.

57. — Au nombre des titres légitimes que les particuliers possesseurs pourraient invoquer, ils ne sauraient être admis à invoquer la prescription : car, en pareil cas, elle n'est pas un moyen d'acquérir. — C. civ., art. 540, 541 et 2226.

58. — Jugé, en ce sens, qu'avant comme depuis le C. civ. les remparts des places de guerre faisant partie du domaine public n'ont jamais été susceptibles d'une propriété privée, à moins qu'une loi n'en ait autorisé l'aliénation, et par conséquent ils ont été inaliénables et imprescriptibles. — *Bastia*, 12 janvier 1835, préfet de la Corse c. Roccaserra.

59. — De même, on doit regarder comme imprescriptibles les remparts, bâtimens et terrains dépendans des places de guerre. — Toutefois, ils pourraient devenir prescriptibles si leur destination primitive changeait; mais ce changement ne peut résulter que d'une déclaration expresse du gouvernement, et non de faits émanant de tiers possesseurs qui s'en seraient emparés. — *Cass.*, 3 mars 1828, préfet du Pas-de-Calais c. Pille.

60. — Les remparts d'une place de guerre sont inaliénables et imprescriptibles jusqu'à ce qu'une déclaration du gouvernement ou de l'autorité compétente les ait rendus au commerce, ou jusqu'à ce qu'ils aient été tellement dégradés et détruits, qu'on puisse regarder la place

comme démantelée, ou ses remparts comme ayant perdu évidemment tout caractère apparent de fortification. — *Grenoble*, 2 juill. 1840 (t. 1er 1841, p. 696), le Domaine c. Crozat; *Cass.*, 20 juin 1843 (t. 2 1843, p. 132), Potel c. Pierre.

61. — Lorsqu'un chemin de fer doit traverser les fortifications d'une ville, on ne peut, à raison de l'inaliénabilité du domaine militaire, poursuivre ni prononcer l'expropriation du sol fortifié à occuper par le chemin. Ce terrain continue toujours d'appartenir au domaine militaire. — *Cass.*, 17 février 1847 (t. 2 1847, p. 526), préfet de la Seine c. chemin de fer de Lyon.

62. — Quelque longue et exclusive qu'ait pu être la possession de souterrains percés dans les remparts d'une place de guerre, cette possession, encore qu'elle soit de beaucoup antérieure à *la loi du 8 juill.* 1791, est inefficace et ne peut soustraire le possesseur à l'action en délaissement dirigée contre lui par l'Etat; et cela parce que ces souterrains faisant partie des remparts, jouissent à ce titre du privilége d'imprescriptibilité qui protége ces derniers. — *Douai*, 16 juin 1840 (t. 2 1840, p. 758), Domaine c. Warembourg.

63. — L'arrêt qui déclare en fait qu'il y a eu, sous l'ancien droit, prise de possession au nom de la loi, par le gouverneur d'une province, d'un terrain, comme étant nécessaire aux fortifications d'une ville, et que, depuis lors, l'Etat en a joui pendant près de cinquante ans, ne viole aucune loi en décidant en droit que ce terrain, étant une dépendance desdites fortifications, fait partie du domaine public et est, comme tel, imprescriptible — *Cass.*, 25 janv. 1842 (t. 2 1842, p. 646), ville de Verdun c. préfet de la Meuse.

64. — Mais, lorsque l'Etat revendique, comme faisant partie des fortifications d'une place de guerre, un terrain possédé par une commune, et sur lequel elle a depuis longtemps élevé des constructions pour l'utilité des habitans, il est tenu de prouver qu'en effet ce terrain forme une dépendance de ces fortifications. — *Cass.*, 15 juin 1837 (t. 2 1837, p. 350), préfet des Ardennes c. ville de Sédan.

65. — En pareil cas, c'est devant les tribunaux ordinaires, et non devant la juridiction administrative, que la demande doit être portée. — *Cass.*, 30 juill. 1839 (t. 2 1840, p. 107), préfet de la Drôme c. Paulin.

66. — Car c'est aux tribunaux qu'il appartient de statuer sur les questions qui s'élèvent entre le domaine militaire et les particuliers quant à la propriété. — Ordonn. 1er août 1821, art. 73 et 79. — Foucard, t. 2, no 764.

67. — Un conseil de préfecture est incompétent soit pour confirmer le jugement d'un tribunal civil qui a déclaré propriété privée un terrain réclamé par le ministre de la guerre comme faisant partie du rayon militaire d'une place forte, soit pour prononcer sur la propriété d'un terrain litigieux. — *Cons. d'Etat*, 16 octobre 1826, Desescaux.

68. — S'il n'a pas été élevé de conflit par le préfet, ce jugement ne peut être attaqué que par la voie judiciaire, s'il est encore susceptible de l'être. Dans le cas contraire, il doit servir de base au règlement de l'indemnité qui serait due pour le terrain : comme étant compris dans les limites légales du terrain militaire. — Même ordonn.

69. — Les terrains militaires nationaux et extérieurs aux places et postes doivent être limités par des bornes toutes les fois qu'ils se trouvent ne pas l'être déjà par des limites naturelles, telles que rivières, chemins ou canaux, etc. Dans le cas où le terrain militaire ne s'étendrait pas à la distance de vingt toises de la crête des parapets des chemins couverts, les bornes qui devront en fixer l'étendue seront portées à cette distance de vingt toises : sauf indemnité pour les propriétaires dépossédés. — L. 8-10 juill. 1791, tit. 1er, art. 20.

70. — Jugé que le terrain militaire situé en dehors des places de guerre ne peut être réputé limité naturellement par des chemins, rivières ou canaux, qu'autant que la distance qui sépare ces limites des fortifications est d'au moins vingt toises. — Mais si, à moins de vingt toises des fortifications, le terrain est traversé par un chemin, on ne peut considérer ce chemin comme formant une limite naturelle; en sorte que, si l'Etat allègue que cette limite est déterminée à une distance plus éloignée par une rivière dont le cours a été détourné pour limiter le terrain militaire et servir de complément au système des fortifications, les tribunaux doivent vérifier cette allégation. — *Cass.*, 24 mai 1841 (t. 2 1841, p. 56), préfet du Haut-Rhin c. ville de Belfort.

71. — Dans les postes sans chemins couverts, la distance des bornes au parement extérieur de la clôture doit être de quinze à trente toises. — L. 8-10 juill. 1791, art. 21.

72. — C'est à l'autorité administrative qu'il appartient, à l'exclusion des tribunaux, de fixer les limites que doivent avoir les terrains militaires, et d'interpréter les actes et plans de délimitation des fortifications dressés en exécution de la loi du 10 juillet 1791. — *Cass.*, 1er avril 1845 (t. 1er 1845, p. 692), préfet du Doubs c. ville de Besançon.

73. — D'après l'art. 2 de la loi du 17 juillet 1819, le terrain militaire tel qu'il a été défini par la loi du 10 juillet 1791 a dû être limité par des bornes plantées contradictoirement avec les propriétaires des terrains limitrophes. Ces bornes doivent être rattachées à des points fixes et rapportées sur un plan de circonscription dont une expédition est déposée à la sous-préfecture, pour que chacun puisse en prendre connaissance. L'opération de ce bornage est exécutée aux frais du gouvernement.

74. — En prescrivant la délimitation du terrain militaire tel qu'il est défini par la loi du 10 juillet 1791, la loi du 17 juillet 1819 n'a pas subordonné à cette opération l'application des règles de ladite loi de 1791 sur les constructions enclavées dans les terrains militaires. — *Cons. d'Etat*, 19 août 1820, Roncin-Duval.

75. — Comme la plantation des bornes pour la délimitation du terrain militaire a lieu de la même manière que pour la fixation des zones de servitude, voyez ce qui est dit à ce sujet vo SERVITUDES MILITAIRES.

76. — Les terrains militaires nationaux susceptibles d'être cultivés, ne doivent l'être qu'en nature d'herbages, sans labour quelconque et sans être pâturés, à moins d'une autorisation du ministre de la guerre. — L. 8-10 juill. 1791, tit. 1er, art. 22.

77. — Toutes dégradations faites aux fortifications ou à leurs dépendances, telles que portes, passages d'entrée des villes, barrières, ponts-levis, ponts dormans, etc., doivent être dénoncées par les agens militaires aux officiers civils, lesquels sont tenus de faire droit suivant les circonstances et les caractères du délit. — Art. 25.

78. — Nul ne peut planter des arbres dans le terrain des fortifications, émonder, extirper ou faire abattre ceux qui s'y trouvent plantés, sans une autorisation du ministre de la guerre. Les arbres qu'il désigne comme inutiles sont vendus aux enchères. — Art. 26.

79. — Pour assurer la conservation des fortifications et la récolte des fruits des terrains affermés, il est défendu à toutes personnes, sauf aux agens militaires et leurs employés nécessaires, de parcourir les diverses parties desdites fortifications, spécialement leurs parapets et banquettes; n'exceptant de cette disposition que le seul terre-plein du rempart du corps de place et les parties d'esplanade qui ne sont pas en valeur, dont la libre circulation sera permise à tous les habitans depuis le soleil levé jusqu'à l'heure fixée pour la retraite des citoyens, et laissant aux officiers municipaux, de concert avec l'autorité militaire, le droit de restreindre cette disposition toutes les fois que les circonstances l'exigeront. — Art. 28.

80. — De plus et dans le but d'assurer la destination et le service des places de guerre et des postes militaires, les terrains contigus au terrain militaire sont assujettis à certaines servitudes : comme de ne pouvoir élever des constructions et des plantations, etc. (V. SERVITUDES MILITAIRES). — L'étendue des terres grevées de ces servitudes s'appelle *rayon de défense*.

§ 4. — *Indemnités pour cause de dépossession.*

81. — Les travaux et opérations relatifs aux places de guerre ou postes militaires peuvent donner lieu à indemnité, soit pour cause de dépossession, soit pour démolition d'édifice, soit pour privation de jouissance (ordonn. 1er août 1821, art. 45). — Nous ne nous occuperons ici que du premier cas, les deux autres concernant plus spécialement les servitudes militaires. — V. ce mot.

82. — Il y a lieu à indemnité pour cause de dépossession, lorsque des constructions nouvelles de places de guerre ou postes militaires, des changemens ou augmentations dans ceux actuellement existans, des réunions nécessaires pour donner au terrain militaire intérieur et extérieur l'étendue qui lui est légalement assignée mettent le domaine militaire dans le cas d'exiger la cession de propriétés particulières. — Ordonn. 1er août 1821, art. 46.

83. — Le seul fait, de la part de l'Etat, de s'être mis en possession d'une propriété privée pour en faire un établissement militaire, en vertu de la loi du 8-10 juillet 1791, ne suffit pas pour établir qu'il a payé le prix de la propriété, soit de gré à gré, soit sur estimation, aux termes de l'art. 7, tit. 4, de cette loi. — L'action de l'ancien propriétaire en revendication de sa propriété ne peut être repoussée que par la preuve du paiement. — Le moyen tiré de la déchéance que le créancier aurait pu encourir pour n'avoir pas agi dans les délais fixés par les décrets des 25 février 1808 et 13 décembre 1809, ne peut être proposé par l'Etat pour la première fois devant la Cour de cassation. — *Cass.*, 11 déc. 1838 (t. 2 1839, p. 392), préfet des Basses-Pyrénées c. Renaud.

84. — Lorsque, dans une adjudication de bois, il a été stipulé la réserve en faveur du gouvernement de distraire de l'adjudication l'espace de terrain nécessaire pour la défense d'un fort, à la condition d'une diminution dans le prix, c'est au gouvernement qu'il appartient d'ordonner la réunion au terrain militaire du fort d'une portion du bois vendu. Mais le fait de cette réunion constituerait une expropriation pour utilité publique, qui ne pourrait être prononcée que par les tribunaux en vertu des lois des 10 juill. 1791, 8 mars 1810 et 17 juill. 1819. — *Cons. d'Etat*, 2 juill. 1828, Min. des finances c. Tenaud et Matrod.

85. — L'arrêté du conseil de préfecture qui, en l'absence d'une décision du gouvernement pour la réunion de la portion du bois au terrain militaire, fixe la réduction à opérer sur le prix dû par l'adjudicataire de ce bois, doit être annulé pour excès de pouvoir. — Même arrêt.

86. — L'indemnité due à un particulier dépossédé de sa propriété pour le domaine militaire, doit toujours être l'équivalent de ce qu'il perd. Mais le mode de parvenir au règlement de cette indemnité varie suivant qu'il s'agit de travaux de fortification avec urgence, ou sans urgence.

87. — Pour le premier cas, tout est réglé par la loi du 30 mars 1831. — V., à ce sujet, EXPROPRIATION POUR UTILITÉ PUBLIQUE, nos 1185 et suiv.

88. — Dans le second cas, c'est-à-dire lorsqu'il s'agit d'expropriation pour travaux militaires, sans urgence, il y a lieu de suivre les dispositions de la loi commune, c'est-à-dire de la loi du 3 mai 1841 pour l'expropriation : à l'exception, toutefois, des titres 1er et 2 de cette loi. — L. 3 mai 1841, art. 55, § 1er. — Cette modification, qui s'applique aux dispositions générales en matière d'expropriation, et aux mesures d'administration qui y sont relatives, était commandée par la nature des choses. Il faut donc se reporter aux dispositions spéciales sur la matière; et les titres 1er et 2 de la loi du 3 mai 1841 devront être remplacés par les art. 49 et suiv. de l'ord. du 1er août 1821. — V., aussi, EXPROPRIATION POUR UTILITÉ PUBLIQUE, nos 1174 et suiv.

89. — Jugé, par la Cour de Bruxelles, que l'arrêté du 11 juin 1815, qui prescrivait le mode à suivre pour déterminer la valeur des biens dont l'exécution des travaux des fortifications rendait l'expropriation nécessaire, ne peut être invoqué par le propriétaire du terrain sur lequel il a été fait momentanément des retranchemens. — Que le propriétaire de ce terrain, qui en est resté dépossédé, n'est pas fondé à prétendre qu'à défaut d'avoir contredit l'estimation qu'il en a fait faire, le gouvernement auquel cette estimation a été transmise, l'a tacitement approuvée, et s'est rendu non recevable à faire fixer l'indemnité due, de la manière voulue par l'arrêté du 25 déc. 1816, qui maintient la loi du 8 mars 1810. — *Bruxelles*, 26 mai 1826, N...

PLACE PUBLIQUE.

V. VOIRIE.

PLACEMENT.

V. INTÉRÊTS, PRÊT.

PLACEMENT DES CAUSES.

1. — On dit qu'une cause est placée, lorsqu'elle a été portée au tribunal, et distribuée à une chambre, si le tribunal se compose de plusieurs chambres.

2. — Le placement comprend donc deux opérations : 1o la mise au rôle; 2o la distribution, quand le tribunal est composé de plusieurs

chambres. Car, s'il n'y a qu'une chambre, il n'y a évidemment pas lieu à distribution.

3. — La mise au rôle ne s'effectue qu'après l'expiration des délais légaux de l'assignation, et cela quand bien même le défendeur, ayant constitué avoué avant leur expiration, voudrait suivre l'audience; car l'observation de ces délais intéresse aussi bien le demandeur que le défendeur. Il ne faut pas confondre ce cas avec celui prévu par les art. 77 et 78 du Code de procédure. — Chauveau sur Carré, quest. 396. — *Contrà*, Carré, *eod.*; Delaporte, t. 1er, p. 94.

4. — Au reste cette doctrine ne s'applique pas, évidemment, aux délais de distance, qui ne sont stipulés qu'en faveur de la partie défenderesse. — V. EXPLOIT. — V., au surplus, MISE AU ROLE.

5. — Le décret du 30 mars 1808 règle tout ce qui est relatif à la distribution des causes.

6. — Aux termes de l'art. 20 : toutes les citations sont données à l'heure fixée pour la première des audiences, s'il y a plusieurs chambres en Cour d'appel.

7. — A cette audience, l'huissier fait l'appel des causes dans l'ordre de leur placement au rôle; et, sur cet appel, il est pris défaut contre l'appelant ou contre l'intimé, selon les cas.

8. — Si les avoués des deux parties se présentent pour poser des qualités, ce qui arrive, par exemple, lorsqu'il y a lieu à ordonner une mesure provisoire, la cause reste à la chambre qui tient l'audience. — Décr. 30 mars 1808, art. 22.

9. — Sont exceptées, néanmoins, les contestations sur l'état civil des citoyens, à moins qu'elles ne doivent être décidées à bref délai, ou avec des formes particulières qui ne comportent pas une instruction solennelle, les prises à partie et les renvois après cassation d'un arrêt; ces causes sont portées à une audience solennelle. — V. AUDIENCE SOLENNELLE.

10. — Chaque jour d'audience, le président fait entre les chambres la distribution de toutes les autres causes inscrites sur le rôle général. — Décr. 30 mars 1808, art. 23.

11. — S'il s'élève des difficultés sur la distribution, les avoués sont tenus de se retirer devant le premier président à l'heure ordinaire de la distribution. Il est statué, sous forme de procès-verbal, sans frais. — *Ibid.*, art. 25.

12. — Devant les tribunaux de 1re instance, l'ajournement est donné à la chambre où siége habituellement le président; à moins qu'il ne s'agisse de quelques matières spéciales, telles que des matières forestières, d'enregistrement, de loteries, de droits d'hypothèques, de greffe ou de distribution par voie de contribution ou d'ordre. Il existe pour les juger des chambres spéciales. — *Ibid.*, art. 56 et 58.

13. — Le président tient l'audience des référés et connaît de tous les référés, pour quelque cause que ce soit. — Art. 57.

14. — Lorsque les causes ont été inscrites au rôle, l'huissier en fait l'appel; et c'est sur cet appel que sont donnés, comme devant la juridiction supérieure, les défauts faute de conclure ou de comparaître. — Art. 59. — V. JUGEMENT PAR DÉFAUT.

15. — Les contestations relatives aux avis de parens, aux interdictions, à l'envoi en possession des biens d'un absent, à l'autorisation des femmes pour absence ou refus de leurs maris, à la réformation d'erreurs dans les actes de l'état civil, et autres de même nature, appartiennent, ainsi que les affaires qui intéressent le gouvernement, les communes et les établissemens publics, à la chambre où le président siége habituellement. — Art. 60.

16. — Il en est de même à l'égard des causes renvoyées en état de référé à l'audience. — *Ibid.*

17. — Chaque jour d'audience, les causes autres que celles dont il vient d'être parlé sont distribuées, par les soins du président, entre les chambres, sur le rôle général, de la manière qu'il trouve la plus convenable pour l'ordre du service et l'accélération des procès. — Art. 61.

18. — Il doit aussi envoyer à chaque chambre les affaires dont elle doit connaître par des motifs de litispendance et de connexité. — *Ibid.*

19. — En cas de difficulté, il en est référé, sans frais, au président. — Art. 63.

20. — En appel, comme en première instance, les homologations d'avis des chambres de discipline sont portées devant le tribunal entier lorsqu'elles intéressent le corps de ces officiers. — Art. 27 et 64. — V. CHAMBRE DE DISCIPLINE.

21. — Les prestations de serment sont reçues à l'audience de la chambre, tenue par le président de première instance (art. 65); ou bien à celle des vacations, si l'on se présente pendant les vacances. — *Ibid.*

PLACET, OU RÉQUISITION D'AUDIENCE.

1. — On appelle ainsi la copie des conclusions de la demande que l'on dépose entre les mains du greffier, pour faire appeler la cause à l'audience.

2. — Le placet n'est ni un acte d'instruction, ni un acte de procédure; car il ne sert aucunement à la cause. C'est uniquement une mesure d'ordre.

3. — L'art. 3 de la loi du 24 vent. dispose en ces termes : « L'usage des placets pour appeler « les causes est interdit; elles ne pourront l'être « que sur les rôles et dans l'ordre de leur placement. »

4. — Cependant, nonobstant les termes d'une disposition aussi catégorique, l'usage du placet s'est conservé dans les grands tribunaux, et ce n'est pas sans raison; car, le placet contenant les conclusions de la demande, la mention des remises et des incidens de la cause, les conclusions du défendeur s'y trouvant annexées, le tribunal sait immédiatement de quoi il s'agit, et s'il y a lieu d'accorder ou de refuser une remise. Il ne risque pas de confondre telle cause avec telle autre, comme dans le cas où l'appel se fait sur les notes du registre d'audience. Le placet est donc pour ainsi dire le dossier du tribunal.

5. — Dans les tribunaux de province, où le nombre des affaires est peu considérable, l'avoué se borne à remettre au greffier une simple note indiquant le nom des parties et de leurs avoués, l'objet de la demande et la nature de l'affaire. Celle inscrite sur le registre d'audience sert à l'appel de la cause.

6. — En marge du placet, on indique l'objet de la demande; par exemple, s'il s'agit d'une résolution de vente, d'une nullité de testament, etc.

7. — Déposé entre les mains du greffier, le placet est immédiatement porté à l'audience : soit pour prendre défaut contre la partie qui n'a pas constitué avoué, soit pour faire renvoyer la cause au rôle après que les exceptions ont été vidées.

8. — Dans les tribunaux où il y a plusieurs chambres, la cause, si toutes les parties ont constitué avoué, est distribuée à l'une d'elles; et le greffier inscrit en marge du placet : 1° la chambre devant laquelle la cause est renvoyée, 2° le numéro d'ordre.

9. — Lorsque le demandeur ne suit pas l'audience, le défendeur a le droit de saisir le tribunal de la cause. Alors il donne avenir pour une audience, et rédige lui-même le placet; sauf à prendre contre son adversaire non comparant, un défaut-congé. — V. JUGEMENT PAR DÉFAUT.

10. — Cette obligation de donner avenir est commune au demandeur qui veut faire appeler la cause, pourvu, bien entendu, que le défendeur ait constitué avoué.

11. — Quoiqu'il soit signé de l'avoué, le placet n'est considéré que comme une simple note et n'est pas sujet à l'enregistrement. Un arrêt d'admission du 24 août 1820 avait préjugé la question en sens contraire; mais un décret du ministre des finances du 15 juill. 1825 a complétement abrogé les instructions précédentes et décidé qu'aucun droit n'était dû. — Décis. minist. fin. 30 nov. 1830.

12. — Il n'est pas soumis non plus à la formalité du timbre.

13. — Le tarif n'alloue aucun droit pour la rédaction du placet; cependant à Paris il est d'usage de passer en taxe un léger émolument, en matière sommaire comme en matière ordinaire.

PLACITÉS.

1. — On désignait sous ce nom autrefois les convocations ou assises provoquées par le seigneur, et dans lesquelles on rendait la justice. Ces convocations ayant lieu à la volonté (*ad placitum*) du seigneur, le mot *placitum*, placité, a été pris pour plaid ou assise de justice. — *Encyclopédie méthodique*, partie de jurisprudence, v° *Placité*.

2. — Sous les deux premières races, on appelait *placités généraux* ou grandes assises les cours plénières tenues par nos rois. Ce sont ces réunions, successivement et insensiblement transformées et rendues périodiques, puis permanentes, qui ont produit le *Parlement*. — V. ce mot.

3. — En Normandie on donne le nom de *placités* ou *articles placités* à certains articles arrêtés le 6 avril 1666 par les chambres assemblées du Parlement, pour constater plusieurs usages de la province. — Ces articles ont été, de l'aveu du roi, lus et publiés tant en l'audience de la Cour qu'en toutes autres juridictions du ressort. — Guyot, *Rép.*, v° *Placité*.

4. — Ces articles avaient, suivant Merlin, l'autorité non pas simplement d'un arrêt de règlement, mais d'une loi proprement dite, et leur violation par les tribunaux donnait, avant le Code civil, ouverture à cassation. — Merlin, *Rép.*, v° *Placités de Normandie.*

PLAFONNEURS.

Patentables de 6e classe. — Droit fixe basé sur la population, droit proportionnel du 20e de la valeur locative de l'habitation et des lieux servant à l'exercice de la profession. — V. PATENTE.

PLAGIAT.

V. PROPRIÉTÉ LITTÉRAIRE.

PLAIDS.

1. — On donnait autrefois ce nom à certaines assemblées de justice. Ainsi, on disait *tenir les plaids*, *jours des plaids*, *servir les plaids de son seigneur*. — Merlin, *Rép.*, v° *Plaids*; Dupin et Ed. Laboulaye, *Institutes cout.* d'Antoine Loysel (*Glossaire du droit franç.*); Rolland de Villargues, v° *Plaids*.

2. — On distinguait deux sortes de plaids : les plaids ordinaires ou jours ordinaires d'audience, et les plaids généraux qu'on appelait en quelques endroits *assises* et qui étaient une assemblée extraordinaire des officiers de la justice à laquelle on convoquait tous les vassaux censitaires et justiciables du seigneur. — Merlin, v° *Plaids*.

3. — Les plaids étaient aussi dits *plaids d'épée* (*placitum spadæ*) ou de haute justice, et plaids *ruraux*, justice vilaine, à la différence de la cour féodale. — Dupin et Ed. Laboulaye, *Institutes cout.* d'Antoine Loysel (*Glossaire du droit franç.*).

PLAIDER PAR PROCUREUR.

1. — C'est un axiome presque aussi ancien que le droit français : que le prince ne plaide que par procureur, et que nul autre que lui ne peut plaider de cette manière. — Merlin, *Rép.*, v° *Plaider par procureur*.

2. — Les reines jouissaient de la même prérogative que les rois, car elles participaient naturellement à tous les honneurs accordés à leurs maris. Cet usage est attesté par Dutillet dans son *Recueil des rois de France*, titre *Des prérogatives et dignités des reines de France*; et justifié, dit cet auteur, par les *registres du Parlement de Paris* des 10 juin 1387, 18 mai, 4 et 6 juin 1401, 28 août 1415, *et plusieurs autres*.

3. — Une déclaration de Henri II, du 30 nov. 1549, confirma les reines dans cette prérogative.

4. — Lors de l'enregistrement de cet édit, le Parlement de Paris décida que le procureur général de la reine serait tenu, dans toutes les causes où il plaiderait au nom de sa commettante, de décliner son nom propre et de ne le placer qu'après son titre de procureur général de la reine.

5. — Sous le régime féodal, les seigneurs avaient été aussi admis à plaider sous le nom de leurs procureurs fiscaux; mais, comme le dit Merlin (*eod.*), c'était une émanation de la justice souveraine, que le prince leur avait concédée en créant leurs offices, et ils ne jouissaient de ce droit que dans leurs seigneuries.

6. — Quant aux souverains étrangers, plaidant en France, on les considérait comme de simples particuliers, et ils déclinaient leurs noms. — V. arrêt du 12 mai 1581, rendu au profit du roi de Navarre, comte de Marle, rapp., par Tournet, sous l'art. 124 *Cout. de Paris*.

7. — Le parlement de Metz a déclaré le 29 janv. 1697 la princesse palatine non recevable à plaider pour le roi de Suède en vertu de sa procuration.

8. — Il ne faut pas se méprendre sur la portée de ce brocard : Nul ne plaide par procureur; il signifiait seulement que le nom de la partie devait figurer dans le jugement. Mais on ne plaidait pas par procureur par cela qu'on avait constitué un procureur. La loi faisait, au contraire, une obligation aux plaideurs de recourir aux lumières d'un praticien, ce qu'elle défendait c'était d'ester en justice sous le nom d'un autre.

9. — Il était permis de confier le soin de sa défense à un tiers, en lui donnant un pouvoir : sauf

au tiers à agir au nom du mandant. — V. APPEL, n°ˢ 571 et suiv.

10. — De même les pupilles, les mineurs, les interdits ne plaidaient pas par procureur, bien que leurs tuteurs les représentassent ; parce que ceux-ci agissaient au nom de leurs pupilles ou interdits.

11. — L'art. 14 de la loi du 8 nov. 1814 relative à la liste civile et à la dotation de la couronne, portait : les biens de la couronne sont régis par le ministre de la maison du roi, ou, sous ses ordres, par un intendant. Le ministre, ou l'intendant par lui commis, exerce les actions judiciaires du roi ; et c'est contre-lui que toutes les actions à la charge du roi sont dirigées, et les jugemens prononcés. Néanmoins, conformément au C. de proc. civ., les assignations lui sont données en la personne des procureurs du roi et des procureurs généraux, lesquels sont tenus de plaider et de défendre les causes du roi : soit dans les tribunaux , soit dans les Cours.

12. — Ces règles avaient été remplacées par l'art. 26 de la loi du 7 mars 1832. « Les actions concernant la dotation de la couronne seront dirigées par et contre l'administration de cette dotation. » — V. LISTE CIVILE. — « Les actions intéressant le domaine privé seront dirigées par et contre l'administration de ce domaine. » — V. LISTE CIVILE ET DOMAINE PRIVÉ. — « Les unes et les autres seront, d'ailleurs, instruites et jugées dans les formes ordinaires, alors la cause est réputée rogation à l'art. 69 C. proc. civ. » — V. DÉFENSE, DÉFENSEUR.

13. — Aujourd'hui que la monarchie a disparu pour faire place au gouvernement républicain, ces dispositions sont nécessairement non avenues.

14. — Le président de la République est placé sous l'empire du droit commun, et ne saurait plaider que sous son nom.

15. — Jugé que le régisseur des biens d'un individu a pu interjeter appel au nom de son commettant sans violer l'ancienne règle : Nul en France ne plaide par procureur. — *Cass.*, 22 brum. an XII, Tauffereck c. Glimes.

16. — Cette solution, exacte sous l'empire d'une législation qui n'astreignait les appels à aucune forme particulière, ne le serait plus sous la nouvelle, où l'appel doit être interjeté par exploit; ce que fait un fondé de pouvoir n'est pas comme si le mandant le faisait lui-même. — V. EXPLOIT, n°ˢ 174 et suiv. — V. aussi APPEL, n° 602.

PLAIDOIRIE, PLAIDOYER.

1. — On nomme tout à la fois *plaidoirie* l'action de plaider et les défenses ou soutènemens des parties, lorsqu'elles exposent leurs causes devant les juges ; on appelle *plaidoyer* le discours écrit ou improvisé qui contient la défense des parties. — Les plaidoiries du ministère public prennent spécialement le nom de *réquisitoires* ou *conclusions*. — V. MINISTÈRE PUBLIC.

2. — En principe, c'est aux avocats seuls qu'appartient le droit de plaider. — Décr. 2 juill. 1812, art. 1er et 3 ; ord. 27 fév. 1822, 27 août 1830. — Cependant cette règle souffre quelques exceptions. — V. AVOCAT, n°ˢ 393 et suiv. ; AVOUÉ, n° 226 et suiv.; DÉFENSE, n°ˢ 26 et suiv.; JUGE, n° 467; MINISTÈRE PUBLIC, n° 116 et suiv.

3. — Les plaidoiries sont réputées commencées lorsque les conclusions ont été prises contradictoirement à l'audience; alors la cause est réputée en état. — C. proc., art. 343. — V. CONCLUSIONS.

4. — Les conclusions, dit Guyot (v° *Avocat*, § 8), ne se prenaient autrefois qu'à la fin du plaidoyer. Le juge disait à l'avocat de conclure, et le dispositif du jugement était toujours précédé de cette clause de style : *Postquàm conclusum fuit in causâ*. Mais depuis longtemps il est d'usage que les avocats prennent leurs conclusions avant de commencer leur plaidoyer, ce qui est sagement établi, afin que les juges sachent d'abord exactement quel est l'objet de la cause.

5. — La plus grande liberté doit être accordée à la défense des parties, surtout en matière criminelle.

6. — Toutefois, si l'avocat s'écarte des convenances , s'il se laisse entraîner à des injures, le magistrat qui préside l'audience doit interrompre la plaidoirie. Selon la gravité du cas, les peines disciplinaires et même les peines établies contre les délits de la parole peuvent être prononcées contre l'avocat. — V. AVOCAT, DÉLIT D'AUDIENCE , DIFFAMATION.

7. — Le président doit également rappeler l'avocat à la question s'il s'éloigne, dans la discus-

sion, du point en litige. — V. AVOCAT, AVOUÉ, DÉFENSE, n°ˢ 55 et suiv.; MINISTÈRE PUBLIC.

PLAIGNANT , PLAINTE.

V. INSTRUCTION CRIMINELLE, n°ˢ 123 et suiv.

PLAINTE D'INOFFICIOSITÉ.

1. — La plainte d'inofficiosité était une voie ouverte par la législation romaine aux enfans pour faire prononcer la nullité du testament de leur auteur, dans lequel ils avaient été omis ou exhérédés injustement.

2. — Dans ce cas, et par une espèce de fiction, on considérait l'acte testamentaire comme ne pouvant pas être le résultat d'une volonté réfléchie et raisonnable, *quod non ex officio pietatis videtur esse conscriptum*.— *Inst. Just.*, liv. 2, tit. 18; *Pauli Sent.*, 3, 5, 1; Cicéron *in Verr.* 1, 42; *De oratore*, 1, 38, 57.

3. — Les règles relatives à la plainte d'inofficiosité furent étendues : 1° aux testamens des mères relativement à leurs enfans; 2° aux testamens des enfans, relativement à leurs ascendans, soit paternels, soit maternels (nov. 115, ch. 1); 3° aux testamens des frères soit, au préjudice de leurs frères et sœurs germains, institués par des personnes viles (*personas turpes*). — *Inst. Just. De inoff. test.*, § 1er; L. 27 C., *De inoff. testam.*

4. — Le testament ne pouvait être considéré comme inofficieux, lorsque le testateur avait laissé à son héritier du sang une part suffisante de ses biens; soit sous forme de legs, soit sous forme de fidéicommis ou autrement. Cette part, d'abord indéterminée, puis fixée au quart en vertu de la loi Falcidie (an 714 de Rome), est ce qu'on nomme la *portion légitime* ou la *légitime*. — *Inst. Just.*, liv. 2, tit. 18, § 3. — V. Ortolan, *Explic. histor.*, p. 458 et suiv.— V. aussi Code Théodos., 16, 7, 28; C. Just. 9, 8, 5, § 3.—V., au surplus, EXHÉRÉDATION, FALCIDIE, LÉGITIME, QUOTITÉ DISPONIBLE.

PLANT, PLANTATION.

On appelle *plant* de jeunes tiges d'arbres qu'on dispose en terre pour qu'elles deviennent des arbres. Une *plantation* est un lieu où ces tiges ont été disposées.—V. FORÊTS.

PLANS (Trahison)

La loi range dans la catégorie des faits qui constituent le crime de *trahison* : celui, de la part de tout fonctionnaire public, agent, préposé du gouvernement, ou même de toute autre personne, d'avoir livré à l'ennemi ou aux agens de l'ennemi, ou d'une puissance étrangère, les plans de fortifications, arsenaux, ports ou rades (art. 81 et 82 C. pén.). En disposant ainsi, la loi a voulu protéger le secret de certains moyens de défense de l'État. — V., à cet égard, CRIMES CONTRE LA SÛRETÉ DE L'ÉTAT.

PLANCHES (Marchands de).

1.—Marchands de planches en gros.—Patentables de 4e classe.—Droit fixe basé sur la population, droit proportionnel du 15e de la valeur locative de l'habitation et des lieux servant à l'exercice de la profession.

2. — Marchands en détail.— Patentables de 5e classe. — Même droit fixe que les précédens, sauf la différence de classe; droit proportionnel du 20e de la valeur locative de l'habitation et des lieux servant à l'exercice de la profession.

3.—Fabricans de planches ou ifs à bouteilles.—Patentables de 7e classe.—Même droit fixe que les précédens, sauf la différence de classe; droit proportionnel du 40e de la valeur locative de tous les locaux qu'ils occupent, mais seulement dans les communes de 20,000 âmes et au-dessus. — V. PATENTE.

PLANEURS EN MÉTAUX.

Patentables de 7e classe. — Droit fixe basé sur la population; droit proportionnel du 40e de la valeur locative de tous les locaux qu'ils occupent, mais seulement dans les communes de 20,000 âmes et au-dessus.—V. PATENTE.

PLANTES MARINES.

Combustion des plantes marines, lorsqu'elle se pratique dans des établissemens permanens. —

4re classe des établissemens insalubres. —V. le mot (nomenclature).

PLAQUE.

V. ASSURANCES TERRESTRES , POUVOIR MUNICIPAL, ROULAGE, VOITURES PUBLIQUES.

PLAQUÉ , PLAQUEURS.

1. — Fabricans et marchands d'objets en plaqué ou doublé d'or et d'argent. — Patentables de 3e classe.—Droit fixe basé sur la population, droit proportionnel du 20e de la valeur locative de l'habitation et des lieux servant à l'exercice de la profession.

2.—Plaqueurs.— Patentables de 7e classe.—Même droit fixe que les précédens, sauf la différence de classe ; droit proportionnel du 40e de la valeur locative de tous les locaux qu'ils occupent, mais seulement dans les communes de 20,000 âmes et au-dessus. — V. PATENTE. — V. aussi MATIÈRES D'OR ET D'ARGENT.

PLATINE.

V. MATIÈRES D'OR ET D'ARGENT.

PLATRE, PLATRIERS,

1. — Les personnes tenant des fabriques de plâtre sont soumises, comme patentables, à un droit fixe de 15 fr. pour un four, de 30 fr. pour deux fours, de 50 fr. pour trois fours et au-dessus ; et à un droit proportionnel du 20e de la valeur locative de l'habitation, des magasins de vente complètement séparés de l'établissement, et du 25e de cet établissement industriel.

2. — Quant aux marchands de plâtre et plâtriers maçons, ils sont rangés dans la 6e classe des patentables ; et soumis, en conséquence, à un droit fixe basé-sur la population, et à un droit proportionnel du 20e de la valeur locative de l'habitation et des lieux servant à l'exercice de la profession.

3. — Les fours à plâtre permanens sont rangés dans la 2e classe des établissemens insalubres.

4. — Les fours à plâtre ne travaillant pas plus d'un mois par année font partie de la 3e classe seulement. — V. ÉTABLISSEMENS INSALUBRES (nomenclature).

PLÉBISCITE.

1. — On entendait par *plébiscite*, en droit romain, l'acte législatif rendu par les plébéiens, sur la proposition d'un tribun. Cet acte se distinguait de la *loi* proprement dite, en ce que c'était un magistrat de l'ordre des patriciens qui proposait la loi qui était votée par le peuple entier (*populus*).

2. — Ce fut à la suite de la retraite des plébéiens sur le mont Janicule, en 468, que la loi *Hortensia* reconnut les plébiscites comme ayant force de loi.

3. — Les derniers plébiscites connus, c'est-à-dire la *lex Junia Norbana, de latinitate manumissorum*, et la *lex Visellia, de juribus libertinorum*, ont été publiés sous le règne de Tibère.

PLEIGE.

Vieux mot synonyme de caution , fidéjusseur. — V. CAUTIONNEMENT.

PLIEURS.

1. — Plieurs d'étoffes.—Patentables de 4e classe. — Droit fixe basé sur la population, droit proportionnel du 20e de la valeur locative de l'habitation et des lieux servant à l'exercice de la profession.

2. — Plieurs de fils de soie à la main. — Patentables de 5e classe. — Droit fixe basé sur la population ; droit proportionnel du 40e de la valeur locative de tous les locaux qu'ils occupent, mais seulement dans les communes de 20,000 âmes et au-dessus. — V. PATENTE.

PLOMB, PLOMBIERS.

1. — Fabricans ou marchands de plomb de chasse.— Plombiers.—Patentables, les premiers de 6e classe et les derniers de 5e classe. — Droit fixe-basé sur la population, droit proportionnel du 20e de la valeur locative de l'habitation et des lieux servant à l'exercice de la profession. — V. PATENTE.

2. — Les établissemens destinés à la fonte du plomb et ceux où s'opère le laminage de ce métal, sont rangés dans la 2ᵉ classe des établissemens insalubres.

3. — Les ateliers consacrés à la fabrication du plomb de chasse et ceux des plombiers et fontainiers font partie de la 3ᵉ classe seulement.—
V. ÉTABLISSEMENS INSALUBRES (nomenclature).

PLUME ET DUVET, PLUMASSIERS, PLUMEAUX, PLUMES A ÉCRIRE.

1. — Marchands de plume et duvet en gros.
—Patentables de première classe. — Droit fixe basé sur la population ; droit proportionnel du 15ᵉ de la valeur locative de l'habitation et des lieux servant à l'exercice de la profession.

2.— Marchands de plume et duvet en détail.— Marchands expéditeurs de plumes à écrire.— Patentables de 3ᵉ classe. — Même droit fixe, sauf la différence de classe, que les précédens ; droit proportionnel du 20ᵉ de la valeur locative de l'habitation et des lieux servant à l'exercice de la profession.

3.—Plumassiers.—Marchands non expéditeurs de plumes à écrire.— Marchands et fabricans de plumes métalliques. — Patentables, les deux premiers de 5ᵉ et les derniers de 6ᵉ classe.— Mêmes droits fixe, sauf la différence de classe, et proportionnel que les précédens.

4. — Marchands fabricans de plumeaux pour leur compte. — Plumassiers à façon. — Fabricans de plumeaux à façon. — Apprêteurs de plumes à écrire. — Patentables, les premiers de 7ᵉ et les trois derniers de 8ᵉ classe. — Droit fixe basé sur la population ; droit proportionnel du 40ᵉ de la valeur locative de tous les locaux qu'ils occupent, mais seulement dans les communes de 20,000 âmes et au-dessus. — V. PATENTE.

PLUMITIF.

1. — Registre ou cahier d'audience sur lequel le greffier tient note, pour mémoire, du prononcé des jugemens et de leurs dispositions.

2. —On ne doit pas confondre le plumitif et la minute ou feuille d'audience. C'est sur la feuille d'audience que sont exactement et littéralement transcrits les jugemens et que le président et le greffier apposent leurs signatures. C'est cette feuille, enfin, qui sert aux expéditions et qui est remise au receveur de l'enregistrement pour la perception des droits. L'un n'est qu'un memento, l'autre est le jugement dans toute sa teneur. —
V. FEUILLE D'AUDIENCE, nᵒˢ 2 et 3 ; JUGEMENS, nᵒˢ 4582 et suiv.

3. — Le plumitif est tenu sur papier libre.

PLUS-PÉTITION.
V. ARBITRAGE, REQUÊTE CIVILE.

PLUS-VALUE.
C'est ce que vaut une chose au delà de l'estimation à laquelle elle avait été portée. — V., principalement, ACCESSION, COMMUNAUTÉ, CRUE, DOT, ENREGISTREMENT, EXPROPRIATION POUR UTILITÉ PUBLIQUE, FOLLE ENCHÈRE, MARAIS, SURENCHÈRE.

POÊLIERS,
1. — Poêliers en faïence, fonte, etc, Patentables de 6ᵉ classe. — Droit fixe basé sur la population, droit proportionnel du 20ᵉ de la valeur locative de l'habitation et des lieux servant à l'exercice de la profession. — V. PATENTE.

2.—Les établissemens des poêliers-fournalistes pour la fabrication des poêles et fourneaux en faïence et en terre sont rangés dans la 2ᵉ classe des établissemens insalubres. — V. ce mot (nomenclature).

POIDS ET MESURES.

Table alphabétique.

POIDS ET MESURES. — **1**: — Instrumens, déterminés par les lois et règlemens, à l'aide desquels on apprécie la pesanteur, les dimensions ou le volume des objets et principalement des denrées et marchandises.

SECT. 4ʳᵉ. — *Historique et législation* (nᵒ 2).

—

Sect. 1re. — *Historique et législation.*

2. — L'uniformité des poids et mesures est une des conditions les plus essentielles pour le bien-être commercial d'une nation civilisée. — Sous ce rapport, la France a offert pendant longtemps le triste spectacle d'une diversité multiple dans son système de poids et mesures sur toutes les parties de son territoire. Le désir de ramener ces systèmes divers à un système uniforme fut conçu pour la première fois par Charlemagne, qui ne fit cependant aucune tentative de réforme.

3. — Philippe le Long reprit cette pensée de Charlemagne, et il essaya de rétablir l'uniformité des mesures et des monnaies; mais il fut arrêté aussitôt par une révolte générale que soulevèrent le clergé et la noblesse.

4. — En 1438, après la bataille d'Azincourt, Henri V, roi d'Angleterre, prescrivit l'unité des poids et des mesures d'aunage. Cette tentative ne produisit aucun résultat. Des ordonnances rendues par Louis XI, François Ier, Henri II, Charles IX et Henri III visaient le même but.

5. — Sous Louis XIV, on essaya de nouveau d'introduire l'uniformité dans le système des poids et mesures. Cette nouvelle tentative fut essayée sous le ministère de Colbert, dans le travail du *Code marchand :* elle échoua encore. C'est que la résistance n'était pas seulement dans les classes privilégiées, elle était au fond même de la société.

6. — Il ne fallait rien moins qu'une révolution comme celle de 1789 pour arriver à une réforme à ce sujet. Et encore on peut voir par le grand nombre de lois et de règlemens rendus combien la réforme a été lente à s'opérer.

7. — L'Académie des sciences s'occupait, longtemps avant la révolution de 1789, du projet d'unifier le système des poids et mesures; et M. de Secondat, fils de Montesquieu, avait envoyé sur ce sujet un intéressant mémoire. D'un autre côté, les cahiers rédigés pour les députés aux états généraux signalaient les abus des systèmes alors suivis et en demandaient la réformation.

8. — L'Assemblée nationale, par un décret du 8 mai 1790, prescrivit aux administrations des départemens de réunir et d'envoyer à Paris les modèles de toutes les mesures et de tous les poids employés dans leurs ressorts. Le gouvernement français fut invité à s'entendre avec tous les autres gouvernemens afin d'établir un système *uniforme* et *invariable*.

9. — Le 26 mars 1791, autre décret qui désigne une commission de savans pour procéder à la mesure d'un arc du méridien terrestre. C'était faire faire un pas de plus aux timides essais qu'on s'était proposé de tenter; car jusqu'alors on n'a-

vait parlé que d'établir des rapports entre les mesures anciennes. Ici, et par l'institution même de cette commission, on voit qu'il s'agissait de créer quelque chose d'entièrement nouveau et tout à fait indépendant de ce qui existait alors.

10. — Cette commission fit son travail et le soumit à la Convention, qui se déclara pleinement satisfaite et décréta, en conséquence, l'*usage pour toute la France du nouveau système de poids et mesures fondé sur la mesure du méridien de la terre et la division décimale.* — Décr. 1er août 1793.

11. — Ce premier essai fut vicieux et dans sa formation, qui n'était pas rigoureusement fondée sur le système décimal, et dans les dénominations qu'il employait, parmi lesquelles des noms de certaines mesures anciennes se retrouvaient encore.

12. — Après quelques tâtonnemens, qui sans atteindre la perfection du système devaient cependant y conduire, fut rendu le décret du 18 germinal an III, qui établit le nouveau système des poids et mesures tel qu'il est aujourd'hui.

13. — D'après l'art. 24 de cette loi, toute fabrication d'anciens poids et mesures fut interdite en France, ainsi que toute importation de mêmes objets venant de l'étranger, à peine de confiscation et d'une amende double de la valeur desdits objets.

14. — L'adoption du système uniforme fut jugée une chose assez grave pour être insérée dans l'acte constitutionnel du 5 fruct. an III, qui portait, art. 374 : « Il y a dans la République uniformité de poids et de mesures. »

15. — Puis est venu le décret du 1er vendém. an IV, qui impose aux marchands l'obligation de substituer le mètre à l'aune, prescrit le renouvellement progressif de toutes les mesures dans les diverses parties de la France, exige les mentions des mesures nouvelles dans les actes publics et dans les écrits produits en justice et établit enfin une administration spécialement chargée de surveiller l'exécution des lois sur les nouvelles mesures et de procéder à la vérification des poids et mesures employés. — Ce décret est très-important; Merlin signale le 1er vendémiaire an IV comme *une grande époque dans le nouveau système des poids et mesures* (Rép., v° *Poids et mesures*, § 2, n° 3.

16. — Les rapports entre les mesures nouvelles et les anciennes étaient difficiles à établir, et plus difficiles encore à faire adopter. Un décret du 3 niv. an VI charge les administrations municipales de dresser dans les trois mois des tableaux à cet effet. Rien n'était cependant fixé au 3 brum. an IX, car c'est dans un décret de ce jour qu'on trouve les tableaux de comparaison dont l'utilité était si vivement sentie.

17. — Deux proclamations, l'une du 19 germ. an VII, relative aux mesures des grains et matières sèches, l'autre du 11 therm. suivant, relative aux mesures des liquides, font un appel au patriotisme des habitans du département de la Seine, les engagent à renoncer à l'emploi des anciennes mesures, et déclarent qu'à l'avenir elles seront réputées fausses. Ce dernier point a toujours été tenu pour constant par la jurisprudence.

18. — La loi du 19 frim. an VIII fixe définitivement la valeur du mètre et du kilogramme.

19. — Un arrêté du 13 brum. an IX établit une sorte de composition déplorable entre l'exécution rigoureuse de la loi et les résistances que cette exécution rencontrait. — Cet arrêté autorisa l'emploi de certaines dénominations anciennes comme synonymes plus ou moins exacts des dénominations nouvelles.

20. — Il a même été jugé que les lois relatives au nouveau système des poids et mesures n'abrogeaient pas les anciens règlemens déterminant le barillage de certaines denrées. — *Cass.*, 10 juin 1808, Breton. — Mais une pareille solution ne serait plus admissible depuis la loi du 4 juillet 1837.

21. — Un arrêté important, celui du 29 prair. an IX, a prescrit la vérification annuelle et le poinçonnage des mesures employées par les marchands et débitans. Dans les départemens, ces opérations sont confiées aux préfets et aux sous-préfets; à Paris, elles sont dans les attributions du préfet de police. Vingt-cinq inspecteurs (ce nombre a été augmenté depuis) furent chargés de veiller à l'exécution des mesures relatives à la vérification annuelle et au poinçonnage. Cet arrêté a été rapporté et remplacé par l'ord. du 17 avril 1839. — V. *infrà* n° 88 et suiv.

22. — Un décret du 12 fév. 1812 prescrit de faire confectionner, pour l'usage du commerce, des instrumens de pesage et de mesurage présentant soit les fractions, soit les multiples desdites unités le plus en usage et accommodés aux besoins

du peuple. Ces instrumens devaient porter leurs diverses faces la comparaison des divisions et des dénominations établies par les lois avec celles anciennement en usage. — Art. 2 et 3.

23. — Une ordonnance du 18 déc. 1835 a maintenu les attributions des préfets et des sous-préfets et a remis l'inspection des poids et mesures à des vérificateurs sous leurs ordres, auxquels elle a adjoint les maires, les adjoints, les commissaires et officiers de police.

24. — Ces fonctionnaires pouvaient poursuivre d'office, ou sur la réquisition des vérificateurs, les contrevenans devant le tribunal de simple police. Cette même ordonnance prescrivait l'établissement des bureaux de vérification, le mode et la comptabilité de ces opérations, et l'inspection du débit des marchandises qui se vendaient au poids ou à la mesure.

25. — Toutefois, les arrêtés pris par les préfets et les ordonnances de police rendues par les maires, n'étaient exécutoires qu'après avoir reçu l'approbation du ministre de l'intérieur. — Ord. donn. 18 déc. 1835, art. 31.

26. — L'art. 49 de l'ordon. du 18 déc. 1835 prescrivait la vérification annuelle des assujetis. Sous l'empire de cette ordonnance, un arrêté du préfet, même opposant le ministre, qui prescrivait aux assujetis de porter à la vérification les poids et mesures dont ils doivent être pourvus était illégal et, par suite, non obligatoire. — *Cass.*, 3 avr. 1841, Lepinteur.

27. — Une ordonn. du 7 juin 1826 permit à faire la vérification aux chefs-lieux et aux sièges des mairies, dans les lieux où le ministre à l'intérieur jugerait utile de le prescrire; le tout sans préjudice du droit de faire cette vérification à domicile.

28. — Enfin, a été rendue la loi du 4 juill. 1837, qui est revenue à l'exécution pure et simple, sans modification de l'ordon. du 18 germ. an III, dont l'arrêté du 13 brum. an IX le décr. du 18...

29. — L'art. 1er de la loi du 4 juill. 1837 abroge le décret de 1812, et l'art. 2 fixe au 1er janv. 1840 l'époque à laquelle le système nouveau sera obligatoire sans restriction. — A partir de cette époque, ajoute l'art. 3, tous poids et mesures autres que ceux établis par les lois des 18 germ. an III et 19 frim. an VIII, sont interdits sous les peines portées par l'art. 479 du Code pénal.

30. — Ceux qui auront des poids et mesures autres que ceux ci-dessus reconnus, dans leurs magasins, boutiques, ateliers ou maisons de commerce, ou dans les halles, foires ou marchés, seront punis comme ceux qui font usage. — L. 4 juill. 1837, art. 4.

31. — L'art. 8 de la loi du 4 juill. 1837 réserve au pouvoir le soin de régler par une ordonnance royale la manière d'après laquelle serait effectuée la vérification des poids et mesures. La loi du 17 avril 1837 toutefois, cette ordonnance reproduit un grand nombre de dispositions qui se trouvaient dans les règlemens antérieurs.

32. — L'art. 56 de l'ord. du 17 avril 1839 a formellement déclaré abrogés les proclamations et arrêtés des 27 pluv. an VI, 19 germ., 29 mess. et 11 therm. an VII; l'arrêté du 7 flor. an VIII, les arrêtés des 13 brum. et 29 prair. an IX, et les ordonn. royales des 18 déc. 1835, 7 juin 1826, 18 déc. 1832 et 18 mai 1838 : sauf les dispositions des ordonnances des 18 déc. 1825, 24 déc. 1832 et 18 mai 1838, rappelées aux art. 47 et 53 de la présente ordonnance. Elles, par les arrêtés ministériels pris en vertu du décret du 12 fév. 1812 et du 1840.

33. — D'après les lois des 18 germ. an III et 4 juill. 1837, les nouveaux poids et mesures sont les suivans :

34. — Les mesures de superficie ou agraires sont : l'are, égal à 100 mètres carrés; l'hectare à 100 ares; le centiare, au 100e de l'are ou au mètre carré.

35. — Les mesures linéaires ou de longueur sont : le mètre, unité fondamentale des poids et mesures, égal à la dix-millionième partie du quart du méridien terrestre; le décamètre, à 10 mètres; l'hectomètre, à 100 mètres; le kilomètre, à 1,000 mètres; le myriamètre, à 10 mètres; le décimètre, au 10e du mètre; le centimètre, au 100e du mètre; le millimètre, au 1000e du mètre.

36. — Les mesures de capacité sont : le litre égal au décimètre cube; le décalitre, à 10 litres; l'hectolitre, à 100 litres; le kilolitre, à 1,000 litres; le décilitre, au 10e du litre.

37. — Les mesures de solidité sont : le stère

égal au mètre cube; le décastère, à 10 stères; le décistère, au 10e du stère.

38. — Les mesure de pesanteur sont : le gramme, poids dans le vide d'un décimètre cube d'eau distillée à la température de quatre degrés centigrades; le décagramme, égal à 10 grammes; l'hectogramme, à 100 grammes; le kilogramme, à 1,000 grammes; le décigramme, au 10e du gramme; le centigramme, au 100e du gramme; le milligramme, au 1000e du gramme.

39. — Les monnaies sont : le franc, équivalant à cinq grammes d'argent au titre de neuf dixièmes de fin; le décime, égal au 10e du franc; et le centime, au 100e

40. — Toutefois, les dispositions de l'art. 3 de la loi du 4 juill. 1837 n'ont pu être appliquées aux monnaies en circulation qu'en vertu d'une loi spéciale. — L. 10 août 1839, art. 14. — V. MONNAIES.

41. — Conformément à l'art. 8 de la loi du 18 germ. an III, chacune des mesures décimales de poids et de capacité a son double et sa moitié. — L. 4 juill. 1837 (tableau annexé).

42. — Jugé cependant au paravant que les marchands en détail ne pouvaient faire emploi, dans leur débit, des fractions non décimales des mesures métriques, telles que le double litre, le double décalitre, etc. — *Cass.*, 29 janv. 1819, Galle. — Arr. min. int. 21 fév. 1816.

Sect. 2e. — *Professions assujetties et inspection sur la fidélité du débit des marchandises.*

§ 1er. — *Professions assujetties.*

43. — D'après les lois des 16-24 août 1790 et 19-22 juillet 1791, l'action de la police, exercée par l'autorité administrative, a pour objet la surveillance de la fidélité du débit des marchandises qui se vendent au poids et à la mesure.

44. — Il suit de là que l'autorité administrative est investie du droit de déterminer, par des règlemens, les classes d'individus qui, par leur profession, leur industrie ou leur commerce, doivent être pourvues de poids et mesures, et en souffrir la vérification. — *Cass.*, 17 mai 1821, Roussel; 9 août 1821, Marchands de Jonzac; 6 août 1825, Marchands de Bayonne; 21 déc. 1832, Fageot; 7 nov. 1833 (ch. réunies), Fageot; 3 avr. 1835, Philippon; 20 juin 1834, Thoré; 25 juill. 1845 (t. 1er 1846, p. 50), Meunier; 27 fév. 1846 (t. 2 1846, p. 518), Comte.

45. — Dès lors ont été pris dans le cercle des attributions de l'autorité administrative:

46. — ... L'arrêté par lequel un préfet prescrit aux meuniers et autres marchands de se procurer et de représenter certains instrumens de pesage et de mesurage. — *Cass.*, 11 juill. 1822, Roussin.

47. — ... L'arrêté par lequel un préfet ordonne à tous les marchands, et notamment aux débitans de boissons, de se pourvoir d'une série de mesures légales propres à l'exercice de leur débit. — *Cass.*, 15 avr. 1828, Mourlet.

48. — ... L'arrêté par lequel un préfet prescrit aux marchands de soie en gros et en détail de se munir des instrumens de pesage conformes à ceux désignés dans un tableau qu'il a dressé. — *Cass.*, 30 mai 1828, Francezon.

49. — Il en est de même de l'arrêté par lequel un maire enjoint à tous les marchands, et particulièrement aux marchands de chandelle, de se pourvoir d'une série complète de poids et mesures usuels, et d'une réunion de poids formant un ensemble au moins de vingt-cinq livres. — *Cass.*, 25 fév. 1825, Dietrich.

50. — Il n'y aurait donc plus lieu d'admettre cette décision du Conseil d'Etat qui annule, comme contenant un excès de pouvoir, l'arrêté d'un préfet qui assujettit à une vérification annuelle les tonnes employées par les brasseurs alors que cette vérification n'est prescrite par aucun règlement. — *Cons. d'Etat*, 15 nov. 1810, Dutilleul.

51. — Lors donc que les règlemens de l'autorité administrative ont été pris dans le cercle de ses attributions, les tribunaux doivent en ordonner l'exécution. — Par exemple, ils ne peuvent renvoyer des poursuites un fabricant de fromages qui a contrevenu à l'arrêté préfectoral enjoignant aux propriétaires de fromageries de se pourvoir de poids et de mesures. — *Cass.*, 25 juill. 1845 (t. 1er 1846, p. 50), Meunier.

52. — Les tribunaux ne sauraient non plus refuser de donner effet aux règlemens de police sous prétexte que les poids et mesures étaient sans utilité pour les contrevenans dans l'exercice de leur commerce. — *Cass.*, 21 déc. 1832 et 7 nov. 1833, Fageot; 20 juin 1834, Thoré; 27 fév. 1846 (t. 2 1846, p. 518), Comte.

53. — Toutefois pour que les règlemens administratifs puissent recevoir leur exécution, il faut qu'ils aient été rendus dans les limites des pouvoirs conférés par la loi. Il n'en serait plus ainsi si l'autorité administrative avait astreint à l'obligation d'avoir des poids et mesures et d'en faire faire la vérification, des individus ne faisant pas trafic d'objets ou de marchandises susceptibles d'être appréciés au poids ou à la mesure. Ce serait aller au delà d'une inspection sur la fidélité du débit des denrées et marchandises. — Carnot, sur l'art. 479 C. pén., t. 2, p. 621, n° 4.

54. — Ainsi l'arrêté par lequel un maire, ou le préfet de police à Paris, prescrit aux architectes de se munir de certaines mesures et de les soumettre à la vérification, excède les pouvoirs de l'autorité municipale ou administrative et n'est pas obligatoire. — *Cass.*, 18 janv. 1834, Dubreuil.

55. — Mais jugé en sens contraire, en ce qui regarde les architectes. — *Cass.*, 3 avril 1835, Philippon; et du même jour six autres arrêts identiques concernant les sieurs Picot, Duménil, Rinquet, Roselin, Bailly et Lenormand.

56. — Déjà la Cour de cassation avait décidé que la contravention à un arrêté de l'autorité administrative, qui prescrit aux individus exerçant certaines professions, de se pourvoir de certains poids et mesures, ne donne lieu à l'application d'une peine qu'autant que ces poids et mesures sont nécessaires au débit des objets de la profession du contrevenant. — *Cass.*, 6 mai 1826, Carreté. — V., *contrà*, *Cass.*, 4 mars 1830, Darrieu, et la note.

57. — En conséquence, le tisserand qui débite ses tissus à la mesure linéaire, et non au poids, ne peut pas être condamné à une peine de simple police pour avoir contrevenu à un arrêté qui l'astreignait à se pourvoir de certains poids et de balances. — Mêmes décisions.

58. — Les marchands et fabricans en gros peuvent être assujettis par l'autorité municipale aussi bien que les débitans en détail à être munis de poids et mesures et à en souffrir la vérification. — *Cass.*, 9 mai 1834, Durand. — *Contrà*, 24 sept. 1829, Bergmiller.

59. — Les agens des subsistances militaires ne doivent employer que des poids et mesures conformes aux prescriptions de la loi. — *Cass.*, 19 oct. 1836 (t. 1er 1837, p. 509), Tamain.

60. — Jugé toutefois que la loi sur l'établissement des nouveaux poids et mesures, qui a obligé les marchands à en avoir dans leurs boutiques et magasins, ne s'applique pas aux pâtissiers. — *Cass.*, 4 juin 1813, N...

61. — ... Que les mots *poids médicinal* ne sont employés, dans les art. 33 et 36 de la loi du 21 germinal an XI, que par opposition aux poids usités pour le commerce des drogues en gros, et n'établissent point en faveur des pharmaciens une exception à l'obligation générale imposée à tous les commerçans de se conformer au système nouveau des poids et mesures. — *Cass.*, 14 août 1834, Duvigneaux.

62. — Quoi qu'il en soit, les individus (les boulangers, par exemple) que leur profession assujettit à se munir de poids et mesures ne sont pas obligés d'emporter ceux-ci avec eux sur les marchés où ils font des achats. Il suffit qu'ils possèdent à leur domicile les poids et mesures dont ils doivent justifier, et qu'ils se soient servis, pour peser et mesurer les marchandises achetées, de poids et mesures légaux. — *Cass.*, 26 fév. 1846 (t. 2 1846, p. 164), Legoef.

63. — Cependant une ordonnance de la préfecture de police de Paris, du 2 novembre 1840, prescrit aux boulangers de peser le pain qu'ils vendent. Pour exécuter cette ordonnance en ce qui touche le pain qu'ils font porter à domicile, il suffit qu'ils remettent à leurs porteurs les poids et les balances nécessaires au pesage. — *Cass.*, 25 fév. 1842 (t. 1er 1842, p. 258), Bullier.

64. — Ils ne sont pas responsables du fait du porteur qui contrevient à cette ordonnance en ne portant pas ces poids et balances au domicile de chaque acheteur. — Même arrêt.

65. — L'assujetti qui se livre à plusieurs genres de commerce doit être pourvu de l'assortiment de poids et mesures fixé pour chacun d'eux, à moins que l'assortiment fixé pour l'une des branches de son commerce ne se trouve déjà compris dans l'une des autres branches de son industrie. — Ordonn. 17 avril 1839, art. 16.

66. — Si, dans une même ville, il ouvre au public plusieurs magasins, boutiques ou ateliers distincts, et placés dans des maisons différentes et non contiguës, il doit pourvoir chacun de ses magasins, boutiques ou ateliers de l'assortiment exigé pour l'exercice de la profession qu'il y exerce. — Même ord., art. 17.

§ 2. — *Inspection sur la fidélité du débit des marchandises.*

67. — L'inspection du débit des marchandises qui se vendent au poids et à la mesure est confiée spécialement à la vigilance et à l'autorité des préfets, sous-préfets, maires, adjoints et commissaires de police. — Ordonn. 17 avril 1839, art. 28.

68. — Il suit de là, ainsi que des termes ci-dessus rappelés des lois des 16-24 août 1790 et 19-22 juill. 1791, que l'autorité administrative a le droit de faire tous les règlemens nécessaires pour assurer la fidélité du débit des marchandises.

69. — Ainsi est légal et obligatoire l'arrêté d'un maire qui ordonne à tous particuliers ayant des poids ou mesures différens de ceux établis par la loi, de les déposer dans les vingt-quatre heures à la mairie. — *Cass.*, 19 fév. 1825, Mesplet; 26 mars 1825, Lechartier.

70. — ... L'arrêté d'un préfet portant défense à tous marchands de conserver dans leurs boutiques et magasins d'anciens poids et mesures; un pareil arrêté ayant pour objet de prévenir les infidélités qui pourraient se commettre dans le débit des marchandises par l'emploi des poids et mesures prohibés qui seraient laissés à la disposition des marchands. — *Cass.*, 19 juin 1823, Caillère.

71. — ... L'arrêté par lequel un préfet ordonne que les nouveaux poids et mesures soient marqués par les vérificateurs. — *Cass.*, 22 déc. 1820, Goin.

72. — ... L'arrêté par lequel un préfet ordonne aux marchands de soumettre leurs poids et mesures à la vérification annuelle et leur défend de conserver les poids et mesures dont l'usage est prohibé par la loi; par conséquent, cet arrêté soumet aux peines de simple police portées aux art. 600 et 606 C. 3 brum. an IV ceux qui ont dans leur boutique des mesures non vérifiées. — *Cass.*, 10 sept. 1819, Hériot; 19 oct. 1821, Micheleau; 13 sept. 1822, Morel.

73. — ... L'arrêté par lequel un maire ordonne que tous les sacs présentés au marché devront contenir l'hectolitre ou ses fractions, et que dans tous les cas les prix devront être stipulés à l'hectolitre. — *Cass.*, 1er avril 1826, Verdier.

74. — ... L'arrêté d'un préfet qui défend de mettre en vente de la chandelle enveloppée avec un papier et des ficelles excédant un poids déterminé. — *Cass.*, 12 juin 1828, Denizet.

75. — ... L'arrêté par lequel un préfet détermine la mesure à employer pour le débit des étoffes de soie qui se vendent à l'aune, et prescrit la longueur des plis. — *Cass.*, 21 juin 1828, Villefranche; 15 mai 1829, d'Estienne.

76. — ... Celui par lequel un préfet défend aux marchands de se servir de poids en forme de cloche. — Dès lors, les marchands chez lesquels on a trouvé des poids de cette nature ne peuvent pas être relaxés sur le motif que ces poids auraient été vérifiés. Cette vérification n'a pu leur donner, contrairement à l'arrêté du préfet, un caractère légal, et ils doivent être considérés comme faux poids. — *Cass.*, 3 avril 1830, Duménil.

77. — ... L'arrêté municipal qui prescrit que les ventes publiques faites par les colporteurs et marchands forains ne pourront avoir lieu qu'à la mesure légale, et qui interdit toute vente de coupon sauf indication d'aunage. — *Cass.*, 7 mai 1841 (t. 1er 1844, p. 501), Labrousse.

78. — ... L'arrêté municipal qui ne permet aux marchands forains ou colporteurs de vendre publiquement des marchandises qu'autant qu'elles auront été préalablement pesées et mesurées devant l'acheteur. — *Cass.*, 8 mai 1841 (t. 1er 1844, p. 501), Canchon.

79. — L'infraction à un arrêté de l'administration municipale qui défend de livrer du bois à brûler autrement qu'à la corde et en présence d'un inspecteur, constitue une contravention de police qui, lorsqu'elle est commise une seconde fois dans la même année, donne lieu à l'application des peines de la récidive. — *Cass.*, 6 niv. an IX, Tixier.

80. — Les règlemens de police d'un département sur les poids et mesures sont obligatoires pour les marchands qui y ont un étalage de marchandises, encore bien qu'ils ne soient pas

domiciliés dans ce département. — *Cass.*, 8 oct. 1836 (t. 1er 1837, p. 509), Nantet.

81. — Toutefois, les arrêtés pris par les préfets en matière de poids et mesures, à l'exception de ceux concernant les communes à vérifier, ne sont exécutoires qu'après l'approbation du ministre du commerce. — Ordonn. 17 avril 1839, art. 33.

82. — D'un autre côté, la légalité des arrêtés pris dans l'exercice du pouvoir administratif n'est point soumise à l'examen des tribunaux auxquels la loi interdit de connaître des actes d'administration de toute espèce. — *Cass.*, 6 août 1825, Marchands de Bayonne.

83. — Les maires, adjoints, commissaires et inspecteurs de police font, dans leurs arrondissemens respectifs et plusieurs fois dans l'année, des visites dans les boutiques et magasins, à l'effet de s'assurer de l'exactitude et du fidèle usage des poids et mesures. — Ordonn. 17 avr. 1839, art. 29.

84. — Ils surveillent les bureaux publics de pesage et de mesurage dépendans de l'administration municipale. Ils s'assurent que les poids et mesures portent les marques et poinçons de vérification, et que, depuis la vérification constatée par ces marques, ces instrumens n'ont point souffert de variation. — *Ibid.*, art. 29.

85. — Ils visitent fréquemment les romaines, les balances et tous les autres instrumens de pesage; ils s'assurent de leur justesse et de la liberté de leurs mouvemens, et constatent les infractions. — Art. 30.

86. — Les maires et officiers de police veillent à la fidélité dans le débit des marchandises qui, étant fabriquées au moule ou à la forme, se vendent à la pièce ou en paquet. Néanmoins, des formes ou moules propres aux fabrications de ce genre ne sont jamais réputés instrumens de pesage ni assujettis à la vérification. — Art. 31.

87. — Les vases ou futailles servant de récipient aux boissons, liquides ou autres matières ne sont pas réputés mesures de capacité ou de pesanteur. Toutefois, il doit être pourvu à ce que, dans le débit et détail, les boissons et autres liquides ne soient pas vendus à raison d'une certaine mesure présumée sans avoir été mesurés effectivement. — Art. 32.

Sect. 3e. — *Vérification des poids et mesures.*

88. — La vérification des poids et mesures a pour objet de constater s'ils sont conformes ou s'ils ont été conservés conformes au type légal de chaque poids ou mesure qu'on nomme *étalon*. — La preuve de la vérification est constatée par l'apposition d'un poinçon de l'Etat sur chaque objet vérifié.

89. — La vérification des poids et mesures destinés et servant au commerce est faite sous la surveillance des préfets et sous-préfets par des agens nommés et révocables par le ministre de l'agriculture et du commerce. — Ordonn. 17 avr. 1839, art. 1er.

90. — Un vérificateur est nommé par chaque arrondissement communal; son bureau est établi, autant que possible, au chef-lieu. — Même ordonn., art. 2.

91. — Nul ne peut être nommé vérificateur s'il n'est âgé de vingt-cinq ans, et s'il n'a subi des examens spéciaux. Cet emploi est incompatible avec toutes autres fonctions publiques et toute profession assujettie à la vérification. Enfin, le vérificateur est assujetti à la prestation préalable du serment devant le tribunal d'arrondissement. — L. 4 juill. 1837, art. 7; ord. 17 avr. 1839, art. 3, 4 et 5.

92. — Les vérificateurs des poids et mesures sont sous la surveillance des procureurs de la République, sans préjudice de leur subordination à l'égard de leurs supérieurs dans l'administration. — Même ordonn., art. 44.

93. — Chaque bureau de vérification est pourvu de l'assortiment nécessaire d'étalons vérifiés et poinçonnés au bureau des prototypes établi près du ministre de l'agriculture et du commerce. Les étalons et les poinçons des bureaux de vérification sont conservés par les vérificateurs sous leur responsabilité et sous la surveillance des préfets et sous-préfets. — Art. 6 et 7.

§ 1er. — *Vérification première.*

94. — Les poids et mesures nouvellement fabriqués ou rajustés sont présentés au bureau du vérificateur, vérifiés et poinçonnés avant d'être livrés au commerce. — *Ibid.*, art. 10.

95. — Par conséquent, les balances, romaines et autres instrumens de pesage sont soumis à la vérification primitive et poinçonnés avant d'être exposés en vente ou livrés au public. — Art. 22.

96. — De même, les membrures du stère et double-stère destinées au commerce du bois de chauffage sont, avant qu'il en soit fait usage, vérifiées et poinçonnées dans les chantiers où elles doivent être employées. — Art. 23.

97. — Les arrêtés administratifs qui prescrivaient la vérification des poids et mesures étaient applicables aussi bien aux fabricans qui en faisaient l'objet de leur commerce qu'à ceux qui les avaient pour leur usage. En conséquence, étaient passibles des peines portées par la loi les fabricans qui étalaient, pour les vendre, des poids et mesures qui ne portaient pas la marque de la vérification. — *Cass.*, 4 mars 1837 (t. 2 1837, p. 483), Jacob. — La même disposition résulte de l'art. 14 de l'ordonnance du 17 avril 1839.

98. — Aucun poids, ni aucune mesure, ne peut être soumis à la vérification, mis en vente ou employé dans le commerce, s'il ne porte d'une manière distincte et lisible le nom qui lui est affecté par le système métrique. Toutefois, le ministre du commerce peut excepter de cette disposition les poids et mesures dont la dimension ne s'y prêterait pas. — Ordonn. 17 avril 1839, art. 11.

99. — Quant à la forme des poids et mesures, servant à peser ou mesurer les matières de commerce, ainsi qu'aux matières avec lesquelles ces poids et mesures doivent être fabriqués (ord. 17 avril 1839, art. 12), elles ont été déterminées par l'ordonnance royale du 16 juin 1839.

100. — Il résulte, entre autres dispositions de ladite ordonnance du 16 juin 1839, qu'aucun poids et mesure ne peut être admis à la vérification, soit première, soit périodique, s'il porte des noms et des divisions relatifs aux anciennes dénominations. — Art. 1er et 2.

§ 2. — *Vérification périodique.*

101. — Indépendamment de la vérification primitive, les poids et mesures dont les commerçans font usage, ou qu'ils ont en leur possession, sont soumis à une vérification périodique pour reconnaître si la conformité avec les étalons n'a pas été altérée. Chacune de ces vérifications est constatée par l'apposition d'un poinçon nouveau. — Ord. 17 avril 1839, art. 13.

102. — Sont également soumis à la vérification périodique : 1° Les balances, romaines et autres instrumens de pesage ; ils sont de plus inspectés dans leur usage. Cette vérification se fait sur place. — Art. 22.

103. — ... 2° Les membrures du stère et double-stère destinées au commerce du bois de chauffage. — Art. 23.

104. — ... 3° Les poids et mesures des bureaux d'octroi, bureaux de poids publics, ponts à bascule, hospices et hôpitaux, prisons et établissemens de bienfaisance et tous les autres établissemens publics. — Art. 24.

105. — ... 4° Les poids et mesures employés dans les halles, foires et marchés, dans les étalages mobiles par les marchands forains et ambulans. — Art. 25.

106. — Les fabricans et marchands de poids et mesures ne sont assujettis à la vérification périodique que pour ceux dont ils font usage dans leur commerce. Les autres, neufs ou rajustés, qu'ils destinent à être vendus, doivent seulement être marqués du poinçon de la vérification primitive. — Art. 14.

107. — Jugé dans le même sens, avant l'ordonnance du 17 avril 1839, que ceux qui achetaient des poids et des mesures pour les revendre n'étaient assujettis, comme les fabricans, qu'à une vérification primitive et ne pouvaient pas être astreints à la vérification périodique. — *Cass.*, 18 juin 1835, Pavie.

108. — Les préfets dressent, pour chaque département, le tableau des professions qui doivent être assujetties à la vérification. Ce tableau indique l'assortiment des poids et mesures dont chaque profession est tenue de se pourvoir. — Ordonn. 17 avril 1839, art. 15.

109. — La vérification périodique se fait tous les ans dans les chefs-lieux d'arrondissement et dans les communes désignées par le préfet, et tous les deux ans dans les autres lieux. — Art. 18.

110. — Le vérificateur est tenu de se transporter au domicile de chacun des assujettis inscrits au rôle. Il vérifie et poinçonne les poids et mesures et instrumens qui lui sont exhibés, tant ceux composant l'assortiment obligatoire que ceux que le commerçant posséderait de surplus. Il tient note du tout sur un registre portatif qu'il fait émarger par l'assujetti, si celui-ci y consent. — Art. 19.

111. — Jugé, avant l'ordonn. du 17 avril 1839, que les négocians qui faisaient usage de poids et mesures ne pouvaient pas être astreints à les porter chez le vérificateur pour les faire poinçonner. En conséquence était à l'abri de la cassation le jugement qui décidait qu'il n'y avait pas contravention de la part du négociant, lorsque le vérificateur ne s'était point transporté à son domicile et s'était borné à le faire prévenir par le garde champêtre. — *Cass.*, 7 sept. 1833, Delattre.

112. — ... Qu'on a dû considérer comme illégal et non obligatoire l'arrêté d'un préfet, approuvé par le ministre, qui, contrairement à l'ordonn. du 18 déc. 1825, ordonnant aux vérificateurs de se transporter au domicile des assujettis, prescrivait à ces derniers de porter leurs poids et mesures à la vérification. — *Cass.*, 3 avril 1835, Lepinteur-Morel.

113. — Qu'il en était de même de l'arrêté par lequel un préfet prescrivait aux négocians qui faisaient usage de poids et mesures de les apporter chez le vérificateur pour les faire poinçonner. — *Cass.*, 15 mai 1835, Léonce.

114. — Cependant la vérification périodique peut être faite aux siéges des mairies, dans les localités où le ministre du commerce le jugerait nécessaire, sans toutefois que cette mesure puisse être obligatoire pour les assujettis, et sauf le droit d'exercice à domicile. Les vérificateurs peuvent toujours faire, soit d'office, soit sur la réquisition des maires et du procureur de la République, soit sur l'ordre des préfets et sous-préfets, des visites extraordinaires et inopinées chez les assujettis. — Ordonn. 17 avril 1839, art. 20.

115. — Les marchands ambulans qui font usage de poids et mesures sont tenus de les présenter, dans les trois premiers mois de chaque année, ou de l'exercice de leur profession, à l'un des bureaux de vérification dans le ressort desquels ils colportent leurs marchandises. — Art. 21.

116. — Les vérificateurs ne peuvent faire de visites et exercices que pendant le jour ou pendant tout le temps que les lieux de vente sont ouverts au public. — Art. 26.

117. — Les préfets fixent, par des arrêtés, pour chaque commune, l'époque où la vérification de l'année commence, et celle où elle doit être terminée. — Art. 27.

118. — A l'expiration de ce dernier délai, et après que la vérification a eu lieu, les commerçans, entrepreneurs et industriels ne peuvent plus employer et garder en leur possession des poids, mesures et instrumens de pesage qui n'auraient pas été soumis à la vérification périodique et au poinçon de l'année. — Même article.

119. — Les assujettis sont tenus d'ouvrir leurs magasins, boutiques et ateliers quand le maire a fait connaître le jour de la vérification, de ne pas quitter ce jour-là leur domicile, et de se prêter aux visites et exercices régulièrement faits. — Art. 38.

120. — Lorsqu'un règlement de police dispose que les vérificateurs des poids et mesures se transporteront au domicile des marchands ou fabricans, le tribunal ne peut dispenser ces derniers de la vérification : sous le prétexte que leurs magasins ont été transportés dans un lieu autre que celui de leur domicile. — *Cass.*, 9 mai 1834, Durand.

121. — Cette obligation, pour les commerçans, d'ouvrir leurs magasins et de ne pas quitter leur domicile aux jours annoncés pour l'opération, doit être entendue en ce sens que le vérificateur, en se présentant dans un magasin ou autre lieu assujetti, même éloigné du domicile, le trouve ouvert et soit mis par le commerçant ou son représentant en mesure de vérifier sans être tenu de se transporter préalablement audit domicile où se trouve le commerçant. — *Cass.*, 25 sept. 1847 (t. 2 1848, p. 70), Dubreil.

§ 3. — *Droits de vérification.*

122. — La vérification première des poids, mesures et instrumens de pesage est faite gratuitement. Il en est de même pour les poids, mesures et instrumens de pesage rajustés qui sont soumis à une nouvelle vérification. — Ord. 17 avril 1839, art. 46.

123. — Les droits de la vérification périodique

sont fixés d'après des tarifs réglés par des ordonnances du chef du gouvernement. — Même ord., art. 47. — L'Assemblée nationale autorise chaque année la perception de ces droits par une mention expresse portée au budget des recettes.

124. — Jugé qu'il n'appartient pas aux tribunaux d'examiner la légalité d'une rétribution imposée par un arrêté administratif sur la vérification des poids et mesures. — *Cass.*, 10 sept. 1819, Bériot.

125. — La vérification périodique des poids, mesures et instrumens de pesage appartenant aux établissemens publics est faite gratuitement. Il en est de même pour les poids, mesures et instrumens de pesage présentés volontairement à la vérification par des individus non assujettis. — Ordonn. 17 avr. 1839, art. 48.

126. — Les droits de la vérification périodique sont payés pour les poids et mesures formant l'assortiment obligatoire de chaque assujetti, et pour les instrumens de pesage sujets à la vérification. Les poids et mesures excédant l'assortiment obligatoire sont vérifiés et poinçonnés gratuitement. — Même ord., art. 39.

127. — La perception des droits de vérification est faite par les agens du trésor public. — Art. 53.

Sect. 4e. — *Poids et mesures réputés faux et illégaux.*

128. — D'après l'art. 3 L. 4 juill. 1837, tous poids et mesures autres que les poids et mesures établis par les lois des 18 germinal an III et 19 frim. an VIII, constitutives du système métrique décimal, sont interdits.

129. — Puis l'article 4 de la même loi ajoute : «Ceux *qui auront* des poids et mesures, autres que les poids et mesures ci-dessus reconnus, dans leurs magasins, boutiques, ateliers ou maisons de commerce ou dans les halles, foires ou marchés, seront punis comme ceux *qui les emploieront*, conformément à l'art. 479 C. pén. — Cette disposition n'est, sauf quelques légères modifications, que la reproduction de dispositions législatives antérieures.

130. — Dès lors, doivent être réputés faux ou illégaux les poids et mesures qui ne sont pas conformes aux étalons légaux et qui ne portent pas la preuve légale de cette conformité,

131. — Toutefois ils ne peuvent être réputés tels qu'autant qu'ils se trouvent en la possession d'individus assujettis à avoir des poids et mesures légaux, ou bien qu'ils sont employés par eux.

132. — Les poids et mesures faux ou illégaux peuvent se diviser en quatre classes : 1° les poids et mesures anciens; 2° ceux autres que les poids et mesures légaux; 3° ceux non vérifiés primitivement; 4° enfin ceux qui n'ont pas subi la vérification périodique.

133. — Jugé que les contraventions existent lorsque les poids anciens, ou non poinçonnés, ou différens des poids légaux, ont été trouvés dans tous magasins, boutiques, ateliers ou maisons de commerce généralement quelconques. — *Cass.*, 22 août 1822, Pandard.

134. — Et que l'individu dans le magasin duquel on trouve une fausse mesure est en contravention : soit que ce magasin lui appartienne, ou qu'il le gère pour le compte d'autrui. — *Cass.*, 8 sept. 1842 (t. 2 1842, p. 692), Plantier.

135. — 1° *Poids et mesures anciens.* — Le fait seul de la détention d'anciennes mesures, indépendamment de l'usage qui en a pu être fait, constitue la contravention aux lois sur les poids et mesures. — *Cass.*, 5 fév. 1825, Geoffroy; 23 sept. 1826, Bordage; *Bruxelles*, 12 fév. 1828, D.... ; *Cass.*, 19, 25 avr., 27 sept. 1833, Jaussand, Gabert, Cailleux; 3 mars 1837 (t. 1er 1838, p. 88), Lamothe.

136. — Par exemple, il en est ainsi, de l'existence dans la boutique d'un boulanger, d'un ancien poids et spécialement d'une *romaine*. — *Cass.*, 12 fév. 1829, Lavigne.

137. — Jugé de même à l'égard du marchand dans le magasin duquel on trouve des poids portant l'ancienne dénomination de *livre*. — *Cass.*, 8 sept. 1842 (t. 2 1842, p. 692), Chapy.

138. — En pareil cas, le marchand est passible d'amende : bien que les poids aient été découverts fortuitement dans un corridor, et non par suite d'une perquisition spéciale dans la boutique ou le magasin. — *Cass.*, 13 nov. 1841 (t. 1er 1842, p. 598), Normand.

139. — ... Ou qu'ils aient été trouvés dans une armoire de la cuisine. — *Cass.*, 12 janv. 1809, Devos. — Ou dans une pièce à côté de la boutique. — Du même jour, Demille.

140. — Il ne pourrait être renvoyé des poursuites par le motif que rien n'établit qu'il ait fait usage de ces poids et que ces poids manquent du poinçon de la vérification primitive. — *Cass.*, 8 sept. 1842 (t. 2 1842, p. 692), Chapy.

141. — Le détenteur est encore passible de l'amende, bien qu'il soit constaté qu'il avait aussi les mesures nouvelles prescrites. — *Cass.*, 17 juill. 1840 (t. 2 1840, p. 417), Allard.

142. — Cette détention de mesures et de poids anciens constitue non pas seulement une contravention à un arrêté municipal, mais une infraction aux lois sur les nouvelles mesures. — *Cass.*, 9 sept. 1826, Descours.

143. — Les mesures et les poids anciens sont considérés comme faux par leur présence dans les boutiques et magasins des marchands qui les détiennent. — *Cass.*, 21 mai, 23 juill. 1824, Desfieux et Gendronneau; 19 février 1825, Mesplet; 26 mars 1825, Lecharlier; 27 janv. 1826, Porret; 9 août, 1er déc. 1827, Granger-Lachaume; 1er août 1828, Say; 14 févr. 1833, Scailles; 3 mars 1837 (t. 1er 1838, p. 88), Lamothe.

144. — Ainsi : une aune à crochet, mesure ancienne, trouvée dans la boutique d'un marchand, doit être considérée comme une mesure fausse et illégale quoiqu'elle serve plus particulièrement au pliage ou à toute autre nature de mesurage. — *Cass.*, 1er août 1828, Say.

145. — Ainsi encore : des *pieds* dits *de roi*, trouvés dans le magasin d'un marchand, sont réputés de fausses mesures et donnent lieu contre lui à l'application des peines de simple police, lors même qu'ils seraient destinés à l'étranger. — *Cass.*, 9 août 1828, Grangeret; 17 juin 1829, Véron.

146. — Le fait par un individu d'avoir possédé dans son magasin une mesure légale sur laquelle par des signes à l'encre on aurait établi des subdivisions correspondant à l'ancienne mesure locale, constitue la contravention prévue et punie par l'art. 479 (n° 5) C. pén. — *Cass.*, 4 juill. 1845 (t. 1er 1846, p. 47), Fabre.

147. — Dès lors quand un procès-verbal régulier constate que dans la boutique d'un marchand il a été trouvé un mètre indiquant d'un côté les anciennes mesures et ne portant pas le poinçon de l'administration, il y a lieu à cassation du jugement qui, sans donner de motifs, relaxe le prévenu des poursuites. — *Cass.*, 6 juill. 1844 (t. 2 1844, p. 641), Lamotte.

148. — Les mesures anciennes non poinçonnées sont réputées fausses et illégales. — *Cass.*, 6 avr. 1833, Blanchet.

149. — Lorsqu'il est constaté par un procès-verbal régulièrement dressé, et non combattu par la preuve contraire : qu'il existait dans les magasins d'un marchand de chaux des fûts à l'ancienne jauge, dont il se servait pour mesurer la chaux qu'il livrait à ses pratiques; le tribunal de police saisi de cette contravention ne peut, sans commettre un excès de pouvoir et violer la foi due au procès-verbal, relaxer le contrevenant, sous prétexte que les fûts dont il s'agit ne lui servaient pas comme mesure puisque, d'après un usage constant, les marchands de chaux vendaient, ainsi que lui, à la pièce, sans garantie de quantité ou de mesure légale. — *Cass.*, 18 juill. 1846 (t. 1er 1849, p. 357), Chevallier.

150. — Toutefois lorsqu'il est établi en fait que c'est uniquement pour se rendre compte de la récolte des fruits d'une propriété achetés en bloc qu'il a été fait usage d'anciennes mesures vulgaires appelées *bacholes* et *mannequins* pour le mesurage des pommes, dont l'emploi a été prohibé par un arrêté du préfet, avec injonction de se servir de l'hectolitre, le jugement qui renvoie de la contravention ne contient aucune violation de loi. — *Cass.*, 6 avril 1838 (t. 1er 1840, p. 240), Cardon.

151. — 2° *Poids et mesures autres que les poids et mesures légaux.* — L'exposition en vente de charbon dans des mesures d'osier autres que les mesures prescrites par les lois et règlemens constitue la contravention prévue et réprimée par l'art. 479 (§ 5) C. pén. — *Cass.*, 17 octob. 1832, Bodot.

152. — Le marchand d'étoffes qui pour toute mesure possède un bâton sur lequel se trouve une entaille, doit être condamné comme contrevenant aux lois relatives aux poids et mesures. — *Cass.*, 25 août 1836 (t. 1er 1837, p. 509), Crochard.

153. — Des marchands de bois qui pour recevoir la délivrance du bois faisant l'objet de leur commerce emploient des mesures différentes de celles établies par loi, sont passibles des peines portées par l'art. 479 C. pén. — *Cass.*, 24 déc. 1818, Delaunay.

154. — L'emploi de toute autre mesure que le stère et ses fractions pour le mesurage du bois de chauffage constitue une contravention, alors même que dans le mesurage autrement opéré on aurait employé pour quelque partie de l'opération une mesure légale : telle qu'un mètre. — Aucune disposition de la loi ne punit la simple complicité d'une semblable contravention. — *Cass.*, 16 oct. 1840 (t. 1er 1846, p. 497), Stocannes.

155. — Les fausses balances sont assimilées aux faux poids. — *Cass.*, 11 nov. 1826, Bibard.

156. — Il y a contravention à l'arrêté préfectoral qui détermine la hauteur à laquelle les plateaux ou bassins des balances devront être au-dessus des tables ou comptoirs, par cela même que chaque bassin n'est pas à la hauteur prescrite. — *Cass.*, 13 mai 1837 (t. 1er 1839, p. 541), Mollis.

157. — Les juges ne peuvent, établissant une compensation entre la hauteur respective des bassins, renvoyer le prévenu : sous prétexte que, si l'un présente un centimètre de moins d'élévation, l'autre présente un centimètre de plus, ce qui donnerait un *terme moyen* conforme à l'arrêté. — Même arrêt.

158. — Il y a aussi contravention à cet arrêté lorsqu'au lieu d'être suspendues au-dessus du comptoir proprement dit, les balances reposent sur un banc à hauteur d'appui placé derrière le comptoir. — Même arrêt.

159. — Un crochet placé à l'un des chaînons d'une balance et qui fait pencher le plateau du côté où se trouve ce crochet, constitue la possession d'un faux poids. — *Cass.*, 16 fév. 1839 (t. 1er 1839, p. 541), Haener.

160. — La circonstance que le crochet pouvait être détaché du chaînon ne détruit pas la contravention, et peu importe, d'ailleurs, que la balance fût régulière dans ses parties essentielles et constitutives. — Même arrêt.

161. — 3° *Poids et mesures non vérifiés primitivement.* — Les poids et mesures trouvés chez des marchands sans être revêtus des marques légales de vérification et de poinçonnage, n'offrent aucune garantie légale et sont considérés comme faux. — *Cass.*, 5 mars 1813, Fasse; 20 mai 1825, Lemonnier; 20 janv. 1826, Bêthe; 9 août 1827, Granger; 9 déc. 1831, Guenet; 8 déc. 1832, Bigot; 6, 25 avr. 1833, Blanchet, Gabert; 16 mai 1834, Parent; 3 mars 1837 (t. 1er 1838, p. 88), Lamothe.

162. — Dès lors, un stère non poinçonné ni étalonné est réputé fausse mesure bien qu'il ait les dimensions prescrites. — *Cass.*, 20 oct. 1832, Chorot.

163. — Il en est de même pour une aune non poinçonnée. — *Cass.*, 22 fév. 1840 (t. 2 1840, p. 619), Marais.

164. — Lorsque, par un arrêté du préfet, il a été défendu aux cabaretiers de faire usage, dans leur débit, de bouteilles non vérifiées ni marquées, celui chez lequel il en a été servi sur les tables des buveurs ne peut pas être acquitté sous le prétexte que le vin contenu dans ces bouteilles avait été mesuré auparavant avec des mesures légales qui étaient exposées sur son comptoir. — *Cass.*, 31 oct. 1822, aubergistes de Marvejols.

165. — Un litre et un demi-litre dépourvus de la marque des poinçons prescrits pour en constater l'exactitude et la légalité, doivent être considérés comme de fausses mesures : par cela seul qu'ils sont trouvés dans un lieu où un aubergiste débite ses boissons. — *Cass.*, 28 avr. 1826, Foltz.

166. — Mais le fait d'avoir été trouvé, sur une place publique, portant une mesure, qualifiée toise, non revêtue de la marque de vérification prescrite pour constater l'exactitude des mesures, ne rentre dans l'application ni de l'art. 479 (nos 5 et 6) C. pén. ni de toute autre loi pénale. — *Cass.*, 25 avr. 1822, Dabloni.

167. — On doit considérer comme faux poids tous ceux qui n'ont pas la pesanteur exigée par les lois et règlemens, encore bien qu'ils aient été revêtus, à une époque plus ou moins rapprochée, de la marque du poinçon de vérification. — *Cass.*, 23 sept. 1826, Bordage.

168. — L'aubergiste qui emploie, pour lui servir de mesures dans son débit, des bouteilles qui n'ont pas la capacité requise par un règlement municipal, est réputé avoir fait usage de fausses mesures. — *Cass.*, 24 déc. 1825, Lippert.

169. — Un tribunal de simple police ne peut renvoyer des poursuites du ministère public un marchand quincaillier qui contrairement à un arrêté du préfet expose en vente, dans les rayons de son magasin, des mesures linéaires, tracées au nouveau système des poids et mesures, sans qu'elles aient été marquées par le vérificateur. — *Cass.*, 22 déc. 1820, Goin.

170. — La détention de poids et mesures anciens non contrôlés ou poinçonnés constitue non pas seulement une contravention à un arrêté municipal, mais une infraction aux lois sur les nouvelles mesures. — *Cass.*, 9 sept. 1826, Descours.

171. — Les dispositions de lois relatives aux faux poids et mesures ne sont applicables qu'aux instrumens de pesage et mesurage complets et en état de fonctionner, et non à chacune des parties qui doivent les composer. — *Cass.*, 6 avr. 1833, Blanchet.

172. — En conséquence, l'existence dans les magasins d'un marchand de fléaux de balance non poinçonnés ne peut être assimilée à l'existence de fausses mesures. — Même arrêt.

173. — De même encore un poids ne peut être soumis à la vérification et au poinçonnage que lorsqu'il est plombé et revêtu de sa chape ainsi que de son anneau, puisque, n'étant pas complet, il ne saurait être considéré comme un véritable poids. — *Cass.*, 18 juin 1835, Pavie.

174. — Lorsqu'il est établi par un procès-verbal régulier : qu'un commissaire de police a trouvé dans la boutique d'un fournier et boulanger des poids non vérifiés, réputés faux ; le tribunal de simple police ne peut, sans contrevenir aux dispositions des art. 154 du Code d'instruction criminelle et 479 (§ 5) du Code pénal, le renvoyer des poursuites, alors qu'aucune preuve contraire, résultant soit de dépositions de témoins, soit de pièces produites par le prévenu, n'a été admise ni déclarée. — *Cass.*, 8 mai 1829, Garrec.

175. — 4° *Poids et mesures non vérifiés périodiquement.* — Tous les poids anciens ou nouveaux non revêtus de la marque de vérification annuelle, qui ont été trouvés dans les magasins d'un marchand, doivent être considérés comme faux. — *Cass.*, 1er août 1828, Laurin ; 13 nov. 1828, Gambon et Vespres (2 arrêts).

176. — Spécialement : le meunier qui a conservé chez lui des poids et mesures non revêtus de la vérification annuelle prescrite par un arrêté du préfet, est en contravention. — *Cass.*, 1er mai 1818, Firly.

177. — La Cour de Liége l'a décidé également à l'égard d'un meunier, bien qu'il ne se livrât pas à la vente ou au commerce de grains ni à celui de farines. — *Liége*, 27 juin 1835, Fiesch.

178. — Il en est de même du boulanger, du serrurier mécanicien et du pharmacien. — *Cass.*, 18 juin 1818, Delebecq ; 30 juill. 1818, Marquet ; 14 août 1834, Duvigneaux.

179. — Lorsqu'un arrêté du préfet a soumis à une vérification annuelle tous ceux qui, dans leur commerce ou profession, font usage de poids ou de mesures, les commissionnaires en soieries ne peuvent pas se dispenser de faire vérifier leurs poids : sous prétexte que les soieries se vendent à la mesure et qu'ils ne se servent de poids que pour reconnaître la qualité intrinsèque des étoffes. — *Cass.*, 13 nov. 1828, Gambon.

Sect. 5e. — *Contraventions et poursuites.*

§ 1er. — *Constatation des contraventions*

180. — Le droit de constater les contraventions en matière de poids et mesures appartient aux officiers de police judiciaire d'après le Code d'instruction criminelle. — Arg. ordonn. 17 avr. 1839, art. 34.

181. — Les mêmes principes étaient suivis avant la loi du 4 juillet 1837 et l'ordonnance du 17 avril 1839. — Aussi a-t-il été décidé :

182. — Que les commissaires de police ont caractère pour faire les recherches et dresser procès-verbal des contraventions en matière de poids et mesures. — *Cass.*, 12 sept. 1817, Desmonts.

183. — ... Que les procès-verbaux des commissaires de police dressés sur les déclarations de deux agens de police ne peuvent être considérés que comme dénonciation et ne sont point assujettis à des formes particulières. — *Cass.*, 31 mars 1809, Devos.

184. — Lorsqu'il est constaté par le procès-verbal régulier d'un commissaire de police : que des mesures anciennes (que la loi du 1er vendém. an IV répute fausses) ont été trouvées au domicile d'un marchand ; le tribunal de police ne peut, sans violer la foi due audit procès-verbal, renvoyer le contrevenant des poursuites, sous le prétexte qu'il n'est pas justifié qu'il exerce réellement la profession de marchand. — *Cass.*, 10 sept. 1831, Cardose.

185. — Dans les communes où il n'y a pas de commissaire de police, les maires ont qualité pour rechercher les contraventions aux règlemens sur les poids et mesures et pour en dresser des procès-verbaux. — *Cass.*, 13 déc. 1821, Boulland.

186. — Les attributions conférées aux maires pour dresser des procès-verbaux de contravention aux lois et réglemens sur les poids et mesures, ne peuvent pas leur être ôtées par des règlemens administratifs. — Même arrêt.

187. — Aucune loi n'a soumis à la formalité de l'affirmation les procès-verbaux dressés par les maires en matière de poids et mesures. — *Cass.*, 12 juill. 1822, Carré ; 12 fév. 1829, habitans de Marconelle. — Merlin, *Quest.*, v° *Police judiciaire*, § 2. — « Le principe consacré par cet arrêt, dit Legraverend (t. 1er, chap. 5, p. 229, note 2e), est applicable à toutes les matières fiscales.

188. — *Spécialement*, le procès-verbal d'une contravention en matière de poids et mesures, dressé par un maire avec le concours du vérificateur, ne peut pas être annulé à défaut d'affirmation. — *Cass.*, même arrêt.

189. — Mais les gardes champêtres ne sont point des officiers de police dans le sens de l'ordonnance du 18 déc. 1825, et n'ont point, par conséquent, qualité pour assister les vérificateurs des poids et mesures, dans l'exercice de leurs fonctions, et dresser procès-verbal des infractions sur cette matière. — *Bruxelles*, 9 juin 1831, Grisart ; *Cass.*, 4 déc. 1835, Martin.

190. — En Belgique la surveillance des poids et mesures est exclusivement attribuée à l'administration des contributions directes, douanes et accises ; en conséquence, est valable le procès-verbal dressé par les agens de cette administration. — *Bruxelles*, 9 mai 1834, D...

191. — Quoi qu'il en soit, les faits constatés dans un procès-verbal dressé par un officier compétent doivent être tenus pour constans jusqu'à preuve formelle du contraire : peu importe que les juges manifestent quelques doutes sur leur existence. — *Cass.*, 12 sept. 1817, Desmonts ; 3 mars 1837 (t. 1er 1838, p. 88), Lamothe.

192. — De plus, les vérificateurs ont également le droit de constater les contraventions (L. 4 juill. 1837, art. 7) dans l'étendue de l'arrondissement pour lequel ils sont commissionnés et assermentés. Ils sont tenus de justifier de leur commission aux assujettis qui le requièrent. — Ordonn. 17 avr. 1839, art. 34.

193. — Les vérificateurs n'avaient pas autrefois le même droit ; et il a été décidé que le droit de constater les contraventions en matière de poids et mesures n'appartenait qu'aux officiers de police, et que le vérificateur devait se borner à requérir leur assistance. — *Cass.*, 12 fév. 1829, habitans de Marconelle.

194. — Les vérificateurs, ainsi qu'on l'a vu (*suprà* n° 114), peuvent toujours faire, soit d'office, soit sur la réquisition des maires et du procureur de la République, soit sur l'ordre des préfets et sous-préfets, des visites extraordinaires et inopinées chez les assujettis. — Ordonn. 17 avr. 1839, art. 20.

195. — Les magasins où sont déposés les produits des mines pour être livrés au commerce sont soumis à la surveillance et à la vérification prescrites par les règlemens généraux sur les poids et mesures. — *Cass.*, 3 mars 1837 (t. 1er 1838, p. 88), Lamothe.

196. — Il en est de même du local où se trouvent déposées les denrées qu'un fournisseur du département de la guerre achète et revend. — *Cass.*, 5 déc. 1833, Watellier.

197. — Les vérificateurs peuvent procéder à la saisie des instrumens de pesage et mesurage dont l'usage est interdit par les lois et règlemens. — L. 4 juill. 1837, art. 7 ; ordonn. 17 avr. 1839, art. 35.

198. — Ils saisissent également tous les poids, mesures, instrumens de pesage et mesurage altérés ou défectueux, ou qui ne seraient pas revêtus des marques légales de la vérification. Ils déposent à la mairie les objets saisis toutes les fois que cela est possible. — Même art., même ord.

199. — Il suffit que les poids et mesures soient trouvés altérés ou défectueux pour que la saisie en doive être opérée, alors même qu'ils seraient marqués du poinçon de vérifications antérieures ; et la saisie peut en être faite même chez le fabricant s'ils y sont trouvés exposés en vente. — *Cass.*, 17 janv. 1845 (t. 1er 1845, p. 496), Chardon.

200. — Si les vérificateurs trouvent des mesures qui par leur état d'oxydation puissent nuire à la santé des citoyens, ils en donnent avis aux maires et aux commissaires de police. — Art. 37.

201. — En cas de refus d'exercice, ou toutes les fois que les vérificateurs procèdent avant le lever ou après le coucher du soleil, ils doivent se faire accompagner soit du juge de paix ou de son suppléant, soit du maire, de l'adjoint ou du commissaire de police, lesquels signent les procès-verbaux dressés. — Art. 39 et 40.

202. — Les vérificateurs dressent leurs procès-verbaux dans les vingt-quatre heures de la contravention par eux constatée ; et ils les affirment au plus tard le lendemain devant le maire ou l'adjoint de la commune soit de leur résidence, soit du lieu où l'infraction a été commise. — Art. 41.

203. — Ces procès-verbaux doivent être enregistrés dans les quinze jours ; ils sont visés pour timbre et enregistrés en débet. — Art. 42.

204. — Lorsqu'un arrêté administratif prescrit de faire enregistrer dans les vingt-quatre heures les procès-verbaux de contraventions en matière de poids et mesures, il suffit pour la régularité de ces procès-verbaux qu'ils soient enregistrés dans les délais déterminés par la loi du 22 frim. an VII ; l'arrêté administratif n'a pour objet que d'activer le zèle des officiers de police et ne peut pas autoriser les tribunaux à prononcer une nullité. — *Cass.*, 31 mars 1809, Devos.

205. — Dans le même délai de quinze jours, les procès-verbaux sont remis au juge de paix, qui se conforme aux règles établies par les art. 20, 21 et 139 C. instr. crim. — Ordonn. 17 avr. 1839, art. 43.

206. — Les procès-verbaux des vérificateurs font foi en justice jusqu'à la preuve contraire. — L. 4 juill. 1837, art. 7 ; ord. 17 avr. 1839, art. 34.

§ 2. — *Pénalité. — Confiscation.*

207. — D'après l'art. 423 C. pén., quiconque, par usage de faux poids ou de fausses mesures, a trompé sur la quantité des choses vendues, est puni de l'emprisonnement pendant trois mois au moins, un an au plus, et d'une amende qui ne peut excéder le quart de la restitution et dommages-intérêts, ni être au-dessous de 50 fr. — De plus, les faux poids et les fausses mesures sont confisqués et brisés.

208. — Si le vendeur et l'acheteur, ajoute l'art. 424 même Code, se sont servis dans leurs marchés d'autres poids ou d'autres mesures que ceux qui sont établis par les lois de l'Etat, l'acheteur est privé de toute action contre le vendeur qui l'a trompé par l'usage de poids ou de mesures prohibés ; sans préjudice de l'action publique pour la punition tant de cette fraude que de l'emploi même des poids et des mesures prohibées. — La peine, en cas de fraude, est celle portée par l'art. 423.

209. — L'art. 479 du même C. pén. prononce une amende de 11 à 15 fr. contre ceux qui auront de faux poids ou de fausses mesures dans leurs magasins, boutiques, ateliers ou maisons de commerce, ou dans les halles, foires ou marchés ; sans préjudice des peines qui seront prononcées par les tribunaux de police correctionnelle contre ceux qui auraient fait usage de ces faux poids ou de ces fausses mesures. — Ceux qui emploieront des poids ou des mesures différens de ceux qui sont établis par les lois en vigueur. — De plus, la peine d'emprisonnement pendant cinq jours doit être prononcée en cas de récidive (art. 482).

210. — L'art. 3 de la loi du 4 juill. 1837 interdit, sous les peines portées par l'art. 479 C. pén., tous poids et mesures autres que ceux établis par les lois des 18 germ. an III et 19 frim. an VIII.

211. — Enfin, suivant l'art. 4 de la même loi, ceux qui ont des poids et mesures autres que les poids et mesures légaux, dans leurs magasins, boutiques, ateliers ou maisons de commerce, ou dans les halles, foires ou marchés, sont punis comme ceux qui les emploient, conformément à l'art. 479 C. pén.

212. — D'après ces différentes dispositions, la contravention prévue par l'art. 479 C. pén., est un fait matériel punissable, abstraction faite de ses conséquences et de toute intention criminelle. Le délit prévu par l'art. 423, au contraire, suppose nécessairement cette intention. Ainsi, le marchand qui, pour se rendre compte, pèse avec de faux poids des marchandises avant de les mettre en vente, est passible des peines portées par l'art. 479 ; celui qui, dans une vente, emploie des poids ou des mesures qu'il a momentanément empruntés à un voisin, sans savoir qu'ils étaient faux, n'encourt évidemment pas les peines de l'art. 423, quoique l'acheteur éprouve un préjudice ; car s'il l'a trompé, c'est bien involontairement ; mais l'usage des faux poids ou des fauses mesures, en ce cas, rentre dans la disposition de l'art. 479, n° 5.

213.—Ainsi, il résulte de la loi du 4 juill. 1837 combiné avec le Code pénal : 1° que l'usage des faux poids et fausses mesures pour tromper est un délit correctionnel puni des peines prononcées par l'art. 423 C. pén. — Duvergier, sur l'art. 4 de ladite loi, *Collect. des lois*, t. 37, p. 169. — *Cass.*, 14 nov. 1826 (intér. de la loi), Bidard.

214. — Cet art. 423 C. pén. est applicable aux individus qui, abstraction faite de la possession des faux poids ou des fausses mesures, ont, par leur emploi, trompé les acheteurs sur la quantité des choses vendues. — *Cass.*, 22 août 1822, Jandard.

215. — L'acheteur qui, dans un marché, substitue aux mesures légales des mesures d'une capacité plus grande, se rend coupable du délit de tromperie sur la quantité des marchandises (C. pén., art. 423) et non de celui d'escroquerie. — *Cass.*, 13 fév. 1845 (t. 1er 1845, p. 697), Rousseau.

216. — Mais l'art. 423 C. pén. ne peut être appliqué contre le marchand qui avait sur son comptoir de fausses balances, si le procès-verbal ne constate pas qu'il ait fait usage de ces balances ni trompé par ce moyen les acheteurs sur la quantité des choses vendues.—*Cass.*, 17 nov. 1832, Sebe; 5 juill. 1843 (t. 2 1843, p. 471), Malot.

217.—...Ni contre celui qui est prévenu d'avoir exposé en vente du blé dans des sacs qui ne contenaient pas l'hectolitre, sur un marché où le blé se vend à la mesure faite. — *Cass.*, 18 avr. 1828, Taillefer; 19 mai 1837 (t. 2 1837, p. 283), Pupin.

218. — ... Ni contre le marchand épicier qui aurait mis en vente des paquets de chandelle enveloppés avec du papier et des ficelles, alors même que le poids serait inférieur à celui qui est déterminé par un règlement administratif.— *Cass.*, 15 juin 1828, Denizet; 15 juin 1839 (t. 1er 1841, p. 80), Ruelle.

219. — ... Ni contre un boucher qui a placé à demeure dans le plateau de ses balances destiné à recevoir la marchandise un rond de papier qui rend ce plateau plus pesant que l'autre. — *Cass.*, 16 oct. 1841 (t. 2 1841, p. 562), Galzy.

220. — Il n'y a lieu non plus à l'application de l'art. 423 C. pén., qu'autant que l'autorité compétente a déterminé quels devaient être ces poids et mesures. — *Cass.*, 19 mars 1837 (t. 2 1837, p. 283), Pupin; *Colmar*, 25 juill. 1838 (t. 2, 1838, p. 657), Derendinger.

221. — Cet article ne saurait donc être invoqué contre le brasseur qui fournit des quantités de bière moindres que celles indiquées par la marque empreinte sur des barils qui les contenaient. — Mêmes arrêts.

222. — ... 2° Que l'usage des poids et mesures autres que ceux établis par les lois de l'an III et de l'an VIII, est une contravention punissable aux termes de l'art. 3 de la loi du 4 juill. 1837 et du § 6 de l'art. 479 C. pén. — Duvergier sur l'art. 4 L. 4 juill. 1837, *Collect. des lois*, t. 37, p. 169.

223. — Ainsi, le marchand de charbon de terre qui fait usage dans la vente de cette marchandise d'une mesure ancienne, dite feuillette, différente des mesures établies par les lois actuellement en vigueur, encourt les peines de police portées par l'art. 479 (n° 6) C. pén. — *Cass.*, 27 mars 1823, Lamotte.

224. — ... 3° Que la simple détention, dans les magasins et boutiques, de faux poids ou de fausses mesures, tombe sous la pénalité de l'art. 479 (§ 5) C. pén. — Duvergier sur l'art. 4 L. 4 juill. 1837, *Collect. des lois*, t. 37, p. 169.

225. — Ainsi, les marchands qui ont de fausses balances dans leurs boutiques, magasins ou lieux de débit, sont passibles des peines portées par l'art. 479 (n° 5) C. pén. — *Cass.*, 11 nov. 1826, Bibard.

226. — De même, le marchand dans la boutique duquel des balances défectueuses ont été saisies, sans qu'il en ait fait usage, est coupable de la contravention prévue par l'art. 479 (n° 5) C. pén., et non du délit de vente à faux poids, prévu par l'art. 423 même Code. — *Cass.*, 3 mars 1827, Trochon.

227. — L'usage de faux poids ou de fausses mesures prévu par l'art. 479 (n° 5) C. pén., diffère essentiellement du fait prévu par l'art. 423 même Code. — *Cass.*, 22 août 1822, Jandard.

228. — Dans ce dernier cas, pour qu'il y ait délit de vente à faux poids, il faut qu'il soit établi qu'un acheteur a été trompé sur le poids de la chose vendue. — *Cass.*, 16 fév. 1839 (t. 1er 1839, p. 541), Haener.

229. — ... 4° Enfin, que la simple détention dans les magasins et boutiques de poids ou mesures anciens est punie comme l'usage de ces mêmes poids et mesures aux termes de l'art. 4 de la loi du 4 juill. 1837. — Duvergier sur l'art. 4 L. 4 juill. 1837, *Collect. des lois*, t. 37, p. 169.

230. — On a vu plus haut que, dans certains cas, l'autorité administrative avait le pouvoir de faire des arrêtés relativement aux poids et mesures. Dans ces différens cas, les contraventions aux arrêtés des préfets ou de l'autorité municipale sont-elles passibles des peines de simple police portées dans l'art. 471 C. pén., n° 15, contre ceux qui contreviennent aux règlemens légalement faits par l'autorité administrative, c'est-à-dire d'une amende de 1 fr. à 5 fr., ou sont-elles passibles des peines portées aux art. 479 et suiv. C. pén.?

231. — Les marchands dans les magasins desquels sont trouvées, contrairement à des règlemens de police, des mesures anciennes non poinçonnées, sont passibles de l'application du § 5, art. 479 C. pén., et non de celle du § 15, art. 471. — *Cass.*, 13 sept. 1822, Morel; 1er août 1828, Say; 6 avril 1833 Blanchet.

232. — Ainsi, le cabaretier qui, contrairement à un arrêté de l'autorité administrative, emploie dans son débit des bouteilles de trois setiers et demi, ancienne mesure, est passible des peines portées par l'art. 479 C. pén., et non pas seulement des peines applicables à ceux qui contreviennent aux règlemens de l'autorité administrative.— *Cass.*, 13 mai 1820, Bradame; 27 mars 1823, Constantin.

233. — Il en faudrait dire autant des contraventions à un arrêté municipal ou administratif prescrivant aux négocians, fabricans et marchands d'avoir la série complète des poids et mesures nécessaires à leur commerce. — *Cass.*, 6 août 1825, marchands de Bayonne.

234. — Enfin, le tribunal de simple police ne peut se contenter de prononcer une amende de 1 fr. contre l'individu convaincu d'avoir fait, contrairement à un règlement de police, usage de poids différens de ceux établis par les lois en vigueur. L'amende est de 11 à 15 fr. — *Cass.*, 18 oct. 1822, Delabrière; 26 sept. 1823, Martin; 22 avr. 1825, Bastide; 18 juin 1835, Lecompte.

235. — Décidé également, qu'en pareil cas, l'ordonn. royale du 17 avril 1839, sur les poids et mesures, rendue en vertu de l'art. 8 de la loi du 4 juillet 1837, a pour sanction non l'art. 471 (n° 15) C. pén., mais les art. 479 et 481 du même Code. — *Cass.*, 8 sept. 1842 (t. 2 1842, p. 612), Richard.

236. — Mais, *quid* s'il s'agissait d'infraction à des règlemens de police prescrivant la vérification annuelle de poids nouveaux? On peut dire que le défaut de vérification annuelle ne détruit pas le fait de la vérification primitive qui leur avait imprimé le titre de poids légaux et n'en change pas la nature. On ne peut, dès lors, les considérer comme faux, ni comme différens de ceux établis par les lois en vigueur. L'inaccomplissement des obligations régulièrement imposées par l'autorité administrative ne constitue qu'une infraction à un règlement de police. — Jugé d'abord en ce sens, *Cass.*, 1er mai, 19 juin, 30 juill. 1818, Ferly; 10 sept. 1819, Hériot.

237. — Mais jugé, depuis, que le fait de la part d'un marchand d'avoir eu dans ses magasins des poids non revêtus de la marque de vérification annuelle ne constitue pas une simple infraction à l'arrêté qui prescrit cette vérification, mais une infraction prévue et punie par l'art. 478 (n° 5) C. pén.—*Cass.*, 1er août 1828, Laurin; 20 oct. 1832, Chorot; 8 déc. 1832, Bigot.

238. — L'art. 463 C. pén. sur les circonstances atténuantes, est applicable aux contraventions sur les poids et mesures. — C. pén., art. 463.

239. — *Confiscation.* — L'art. 423 C. pén. ordonne, comme on l'a vu, que les faux poids et les fausses mesures soient confisqués et brisés. De plus, l'art. 481 1° C. pén. porte que les faux poids et les fausses mesures, ainsi que les mesures et les poids différens de ceux que la loi a établis, sont saisis et confisqués. — Mais ni la loi du 4 juill. 1837, ni l'ordonnance d'exécution du 17 avr. 1839 ne parlent de confiscation. Cette peine dès lors a-t-elle été maintenue?

240. — L'ordonnance royale du 17 avr. 1839, sur les poids et mesures, rendue en vertu de l'art. 8 de la loi du 4 juill. 1837, a pour sanction de ses dispositions non l'art. 471 (n° 15) C. pén., mais les art. 479 et 481 du même Code. — Dès lors, celui qui, contrairement à cette ordonnance, a fait usage d'une balance non poinçonnée, doit subir la confiscation, bien que l'ordonnance ne la prescrive point. — *Cass.*, 8 sept. 1842 (t. 2 1842, p. 612), Richard.

241. — Jugé également que la confiscation des faux poids et des fausses mesures n'étant pas une peine, mais une précaution prise par la loi pour retirer de la circulation l'instrument d'une contravention ou d'une fraude, dès lors les juges ne peuvent refuser de la prononcer sous prétexte de circonstances atténuantes, et par application de l'art. 463 C. pén. — *Cass.*, 4 oct. 1839 (t. 1er 1846, p. 417), Tripier.

242. — ... Que le tribunal de simple police qui, par application de l'art. 479 (n° 5) C. pén., condamne un marchand trouvé détenteur de poids et mesures soit faux, soit différents de ceux établis par la loi, ne peut, même en admettant des circonstances atténuantes, se dispenser de prononcer la confiscation des fausses mesures. — *Cass.*, 12 septembre 1846 (t. 1er 1847, p. 715), Froye.

243. — ... Que le tribunal de police qui reconnaît et déclare en fait que des mesures n'ont pas été poinçonnées conformément à la loi doit non-seulement condamner les contrevenans à l'amende, mais encore qu'il doit ordonner la saisie et la confiscation de ces mesures. Qu'il ne saurait se dispenser de prononcer cette confiscation par le motif que lesdites mesures avaient été poinçonnées les années précédentes, et qu'elles étaient dès lors de la capacité exigée par les lois.— *Cass.*, 22 juin 1844 (t. 1er 1845, p. 29), Perrier.

244. — La même jurisprudence était, à plus forte raison, suivie avant la loi du 4 juill. 1837. Ainsi, on a décidé :

245. — ... Que la saisie et la confiscation des mesures non poinçonnées est obligatoire pour les tribunaux, qui ne peuvent, sans excès de pouvoir, se dispenser de les prononcer. — *Cass.*, 6 avr. 1833, Blanchet. — Et qu'il en doit être de même encore bien qu'il ne soit pas prouvé que ces mesures et ces poids sont anciens. — *Cass.*, 9 déc. 1831, Guenet.

246. — ... Qu'un tribunal ne peut ordonner qu'une balance non poinçonnée sera rendue au contrevenant, alors même qu'elle serait reconnue parfaitement exacte. — *Cass.*, 8 oct. 1836 (t. 1er 1837, p. 510), Croc.

247. — ... Qu'un tribunal de simple police qui condamne un marchand à l'amende pour avoir eu en sa possession de fausses balances ne peut pas se dispenser d'en prononcer la confiscation. — *Cass.*, 17 nov. 1832, Sebe; 18 juin 1835, Lecompte.

248. — ... Que le tribunal de simple police ne peut, en se fondant sur ce qu'il existe des circonstances atténuantes, se dispenser de prononcer la confiscation des poids réputés faux saisis dans la boutique d'un marchand. — *Cass.*, 27 sept. 1833, Cailleux.

249. — ... Qu'enfin le tribunal de simple police ne peut se borner à prononcer éventuellement la confiscation des poids et mesures dont un prévenu a fait usage, en contrevenant aux lois, et qu'il doit la prononcer purement et simplement. — *Cass.*, 18 oct. 1822, Delabrière.

250. — Toutefois la confiscation n'est qu'une peine accessoire de la peine principale. Elle ne peut donc être ordonnée lorsqu'il n'est prononcé aucune peine principale. — *Cass.*, 19 avril 1833, Jaussand.

§ 3. — *Compétence.*

251. — La compétence du tribunal appelé à connaître des infractions aux lois et règlemens sur les poids et mesures, dépend nécessairement de la nature du fait imputé au prévenu.

252. — Ainsi, d'après les distinctions établies (*suprà*, nos 213 et suiv.) sur la pénalité, les contraventions aux lois sur les poids et mesures étant prévues par les nos 5 et 6 de l'art. 479 du Code pénal, c'est aux tribunaux de simple police qu'elles doivent être déférées.

253. — Il en était autrement sous les lois des 19 juillet 1791, 1er vendémiaire et 3 brumaire an IV, qui prononçaient des peines excédant la compétence du tribunal de police; ces contraventions étaient du ressort des tribunaux de police correctionnelle. — *Caen*, 22 germ. an IX, Gannat; 27 germ. an X, Rayé; 22 niv. an XII, Henri.

254. — Lorsque de faux poids ont été trouvés dans la boutique d'un marchand, c'est au tribunal de simple police qu'il appartient de prononcer sur la prévention, quoique le procès-verbal mentionne qu'il est présumable que ce marchand s'en est servi. — *Cass.*, 14 août 1829, Thomin.

255. — La dernière circonstance relevée par cet arrêt est insignifiante. L'art. 479 punit ceux qui *emploient* des poids différens de ceux qui ont une existence légale. Ainsi le simple usage de poids et mesures abolis et supprimés, sans aucune prévention de mauvaise foi, est de la compétence du tribunal de police. — *Cass.*, 20 juill. 1808, N...; 22 août 1826, Deslous.

256. — En Belgique, c'est au tribunal correctionnel, et non au tribunal de simple police, qu'il appartient de prononcer sur la contravention des marchands qui n'ont pas soumis à la vérification annuelle, aux époques fixées, les poids et mesures légaux qu'ils ont dans leurs boutiques ou magasins. — *Liége*, 9 nov. 1833, Sentener.

257. — Mais lorsque l'emploi de faux poids ou de fausses mesures a eu pour but de tromper des acheteurs sur la quantité des choses vendues (C. pén. art. 423), un fait semblable est de la compétence du tribunal de police correctionnelle. — *Caen*, 22 août 1828, Deslous; 5 juill. 1843 (t. 2 1843, p. 471), Malot.

258. — S'il est établi par un procès-verbal que les balances dont un boulanger se servait et qui étaient suspendues au-dessus de son comptoir, avaient un plateau pesant deux gros et demi de plus que l'autre, et que le prévenu a prétendu que cette différence ne pouvait provenir que d'avoir trop pesé, ces faits suffisent pour donner à la prévention un caractère primitif qui doit en faire attribuer la connaissance au tribunal de police correctionnelle. — *Cass.*, 30 août 1822, N....

§ 4. — *Excuses.*

259. — La défense faite à toute personne par l'art. 479 du Code pénal de faire usage de poids ou de mesures autres que ceux établis par la loi, est absolue et n'admet aucune exception. — *Cass.*, 11 août 1836 (t. 1er 1837, p. 507), Benoist.

260. — Les tribunaux ne doivent avoir aucun égard à la qualité de non commerçant du prévenu, non plus qu'au lieu et aux circonstances dans lesquels il a été fait usage des poids et mesures non autorisés. — Même arrêt.

261. — Lorsque le tribunal de police reconnaît constante la contravention commise par un boucher qui, à la sommation que lui faisait le commissaire de police de lui exhiber ses balances, a répondu n'en point avoir, il ne peut se dispenser d'appliquer au contrevenant la peine qu'il a encourue, ni se borner à le condamner aux dépens, sous le prétexte qu'il est excusable. — *Cass.*, 31 juill. 1830, Vidal.

262. — Le marchand qui a fait emploi, dans son commerce, d'anciennes mesures différentes de celles établies par la loi, ne saurait être excusé sous le prétexte que les acheteurs ne peuvent pas s'accoutumer à l'usage des nouvelles mesures. — *Cass.*, 4 fév. 1829, Arnaud-Laborde.

263. — Lorsque, par un arrêté du préfet, il a été défendu aux cabaretiers de faire usage, dans leur débit, de bouteilles non vérifiées ni marquées, celui chez lequel il en a été servi sur les tables des buveurs ne peut pas être acquitté sous le prétexte que le vin contenu dans ces bouteilles avait été mesuré auparavant avec des mesures légales qui étaient exposées sur son comptoir. — *Cass.*, 31 oct. 1822, aubergistes de Marvejols.

264. — Lorsqu'il est établi qu'un individu a fabriqué et qu'un autre a mis en vente des paquets de chandelle ayant une ou deux onces de moins que le poids fixé par les réglemens, le tribunal de simple police ne peut les acquitter sous le prétexte que d'autres paquets ne présentaient pas le même déficit; que la chandelle, qui est une matière molle, peut se détériorer facilement, et perdre son poids; que les déficits reconnus ne paraissent pas assez considérables pour établir une contravention; et que la chandelle se faisant dans des moules, il est difficile de trouver le poids juste exigé par les réglemens. — *Cass.*, 20 juin 1828, Lecomte.

265. — Le marchand de charbon en détail et épicier qui, contrairement à un arrêté légal du préfet, n'est point pourvu de la série de mesures prescrite pour sa profession, ne peut être renvoyé des poursuites : sous le prétexte qu'il n'a point été informé de ce qui est relatif aux poids et mesures. — *Cass.*, 17 oct. 1832, Bodot.

266. — L'individu poursuivi pour avoir exposé en vente du charbon dans des mesures d'osier autres que les mesures prescrites par les lois et règlemens, ne peut être excusé sur le motif qu'il n'a point vendu de charbon à mesure. — Même arrêt.

267. — Le marchand qui a contrevenu à un arrêté municipal par lequel il lui était enjoint de se munir de certains poids ou mesures, ne peut pas être acquitté, sous le prétexte qu'il n'est pas patenté. — *Cass.*, 25 fév. 1825, Dietrich.

268. — De même : le marchand colporteur trouvé porteur de faux poids ou de fausses mesures ne peut pas être affranchi de la peine établie par l'art. 479 C. pén., sous prétexte qu'il n'en a pas fait usage et qu'il n'était point en vente, en boutique, en foire ni marché. — *Cass.*, 12 juill. 1822, Carré. — Merlin, *Quest.*, v° *Poids et mesures*; Carnot, sur l'art. 479 Cod. pén., t. 2, p. 645.

269. — Lorsqu'il est établi par le procès-verbal d'un commissaire de police que des poids illégaux et des mesures fausses ont été trouvés dans la boutique d'un épicier et d'un cabaretier, le tribunal ne peut acquitter les prévenus sur leur simple allégation qu'ils ne sont pas débitans, et que les mesures saisies ne servent que pour leur usage, sans appuyer d'ailleurs cette assertion par des preuves soit testimoniales, soit écrites. — *Cass.*, 17 déc. 1824, Vilhès.

270. — Cette doctrine est critiquée par Legraverend (*Notes manuscrites*, t. 1er, p. 224, note 2), qui la trouve *étrange*. — V. la note sous l'arrêt précité; et Mangin, *Traité des procès-verbaux*, p. 94, n° 38.

271. — La prohibition existant pour les marchands d'avoir dans leurs magasins des poids non contrôlés et des mesures anciennes ne peut recevoir son application, lorsqu'il est établi que ceux qui ont été trouvés chez un quincaillier étaient destinés pour une expédition à l'étranger. — *Cass.*, 17 juin 1829, Véron. — *Contrà*, 9 août 1828, Grangeret.

272. — Jugé aussi que le commerçant qui fait usage de poids anciens, non pour son commerce, mais pour son intérêt particulier, et dans l'intérieur de son domicile, ou qui ne s'en sert que pour presser des cuirs, en employant des poids nouveaux dans son commerce, n'encourt aucune peine. — *Cass.*, 22 déc. 1808, Brédaels; *Metz*, 16 déc. 1820, Humbert.

273. — ... Que le pharmacien qui ne se livre à aucun commerce d'épiceries et qui ne fait usage de poids anciens que pour ses prescriptions, en vertu d'un arrêté du préfet, n'est passible d'aucune peine. — *Cass.*, 21 mars 1828, Derondelle.

274. — Mais de pareilles décisions ne sauraient plus faire autorité depuis la loi du 4 juill. 1837. Les termes de cette loi indiquent des dispositions générales et absolues. Il suffit que les marchands *aient* chez eux des poids non légaux, pour être réputés en contravention.

275. — La Cour de cassation a décidé, depuis, et avec raison, que la possession d'anciennes mesures non autorisées donne lieu à l'application des peines déterminées par la loi; les tribunaux ne sauraient se refuser à cette application par le motif que ces mesures ne devaient être employées qu'à l'usage personnel du contrevenant. — *Cass.*, 18 oct. 1836 (t. 1er 1837, p. 508), Copiluli.

276. — Alors même que celui-ci établirait qu'il ne s'en servait que quand la série en forme dont il est possesseur était épuisée. — *Cass.*, 9 juin 1832, Dubut.

277. — De même il n'y a pas lieu à acquitter le prévenu, sous prétexte que les poids et mesures n'étaient pas utiles à son commerce. — *Cass.*, 12 juin 1828, Anseaume.

278. — Ainsi le marchand, dans l'atelier duquel il a été trouvé des poids réputés faux, ne peut pas être acquitté, sous le prétexte que ses marchandises se débitent à l'aune et non au poids. — *Cass.*, 1er déc. 1827, Lachaume.

279. — L'existence d'une mesure ancienne et illégale dans la boutique d'un fabricant constitue une contravention qui ne peut pas être excusée, sous le prétexte que cette mesure marquée sur une table ne lui servait que pour plier les marchandises de sa fabrique qu'il vend seulement aux marchands en gros. — *Cass.*, 21 fév. 1834, Larcher et Dorangé (deux arrêts).

280. — L'épicier dans la boutique duquel des poids et mesures anciens ont été trouvés ne peut être excusé, sous le prétexte que tenant une pharmacie contiguë, et pouvant y employer des poids anciens, il a probablement porté par mégarde ces poids et mesures dans sa boutique d'épicerie. — *Cass.*, 15 mars 1828, Lafontaine.

281. — Le mesureur de vin au domicile duquel il a été trouvé des mesures anciennes ne peut pas être renvoyé des poursuites, sous prétexte que ces mesures n'ont point été trouvées dans une maison de commerce et qu'elles ne pouvaient être employées à aucun usage relatif à sa profession. — *Cass.*, 14 fév. 1833, Scailles.

282. — Le fondeur chez lequel des faux poids ou poids non vérifiés ont été trouvés (sur le comptoir de sa boutique) ne peut être exempté de l'amende, sous prétexte qu'ils étaient destinés à être fondus et qu'il n'en avait pas été fait usage. — *Cass.*, 18 déc. 1824, Kress.

283. — Le seul fait de l'existence de faux poids et de fausses mesures, soit réellement faux, soit réputés faux comme poids anciens ou non poinçonnés, constitue la contravention. — *Cass.*, 18 avril 1833, Cailleux. — Et la présence de poids nouveaux revêtus de la marque annuelle de vérification, n'excuse pas la présence de poids anciens dans le même magasin. — *Cass.*, 21 juin 1817, Frosmont.

284. — Sous la loi du 1er vendém. an IV, le marchand chez lequel on trouvait des poids anciens n'était pas présumé de mauvaise foi et n'encourait point d'autre peine que celle de la confiscation des poids saisis. — *Cass.*, 28 niv. an XII, Ledru.

285. — Mais aujourd'hui le tribunal de simple police ne peut excuser les contrevenans sous le prétexte de leur bonne foi. C'est l'application du principe général qui n'admet pas la bonne foi comme excuse en matière de simple police. — V. *Cass.*, 15 juin 1832, Montigny. — V., sur l'admissibilité de ce moyen d'excuse, *Cass.*, 5 mars, 29 avr. et 30 juill. 1831, Chaulmet, Viannet, Ducœur-Joly; 18 avr. 1833, Cailleux; 16 mai 1834, Parent; 22 fév. 1840 (t. 2 1840, p. 619), Marais.

286. — Il en est de même de l'ignorance alléguée et de l'absence d'intention frauduleuse. — *Cass.*, 8 nov. 1811, marchands de Coblentz; 23 sept. 1826, Bordage; 28 août 1829, Gicques.

287. — Les marchands ou débitans dans les magasins ou boutiques desquels il a été trouvé des poids anciens, ou des poids et mesures non revêtus de la marque prescrite par l'autorité, ne peuvent pas être renvoyés des poursuites, sur ce que, d'après des certificats des voisins, ils ne vendent pas à la livre. — *Cass.*, 20 janv. 1826, Bétha.

288. — ...Ni sur ce que, étant surchargés d'enfans en bas âge, les soins de ces enfans ne leur ont pas permis d'aller soumettre leurs poids et mesures à la vérification. — Même arrêt.

289. — ...Ni sur ce qu'en considération de leur état peu fortuné et de leurs pénibles occupations le commissaire de police a conclu à leur acquittement. — Même arrêt.

290. — ... Ni sur ce que les moyens par eux employés à l'appui de leur défense sont péremptoires. — Même arrêt.

291. — ... Ni sur ce qu'ils étaient absens ou malades lors de la publication de l'arrêté de l'administration relatif à l'étalonnage des poids et mesures. — Même arrêt.

292. — ... Ni sur ce que l'éloignement de leur habitation, qui est située hors de la ville et des barrières, ne leur a pas permis d'entendre la publication de cet arrêté. — Même arrêt.

293. — ... Ni sur ce que l'arrêté n'a pas été publié dans la partie du faubourg qu'ils habitent. — Même arrêt.

294. — ... Ni sur ce que, faisant le commerce d'épingles, ils ne sont pas censés marchands, et qu'ils n'étaient conséquemment pas tenus de se conformer à cet arrêté. — Même arrêt.

295. — ... Ni sur ce qu'ils ne mesurent point de marchandises pour leur propre compte et seulement pour d'autres dont ils sont les employés ou les domestiques. — Même arrêt.

296. — ... Ni sur ce qu'ils n'ont aucunes pratiques. — Même arrêt.

297. — ... Ou sur ce qu'étant réduits à la dernière misère, ils n'ont pas même les moyens de se procurer les mesures nécessaires pour exercer leur état. — Même arrêt.

298. — ... Ni sur ce que, postérieurement au procès-verbal, le prévenu a acheté une mesure en règle. — *Cass.*, 21 mars 1828, Derondelle.

299. — ... Ni sur ce que ces mesures n'étaient pas susceptibles d'être soumises à la vérification annuelle prescrite par un arrêté du préfet; car alors le prévenu n'en était pas moins en contravention, sinon à cet arrêté, du moins à l'art. 479 (n° 5) du Code pénal. — *Cass.*, 12 juin 1828, Anséaume.

300. — Lorsqu'il est établi par un procès-verbal régulier : que des poids et mesures non revêtus de l'étalonnage prescrit, ont été saisis dans la boutique d'un négociant et laissés à sa garde; le tribunal ne peut en excepter quelques-uns de la confiscation, sous le prétexte que depuis la saisie ils ont été reconnus justes et revêtus du signe légal. — *Cass.*, 21 févr. 1817, Tantebaratz.

301. — Le tribunal de simple police qui reconnaît qu'un marchand avait chez lui de faux poids ne peut pas l'excuser sous le prétexte que la différence très-légère qui existe entre ces poids et l'étalon ne provient pas du fait de l'inculpé. — *Cass.*, 28 août 1829, Gicques.

302. — L'orfévre dans la boutique duquel il a été trouvé des poids anciens ne peut pas être excusé sous le prétexte qu'ils n'y ont pas été apportés par lui, mais par une dame de confiance qui occupait le comptoir en son absence.—*Cass.*, 27 janv. 1826, Porret.

303. — Le commerçant chez lequel on a trouvé postérieurement au 1er janv. 1840 des mesures anciennes ne peut être excusé par le motif qu'à cette époque les marchands de poids et mesures n'étaient pas assez approvisionnés pour satisfaire à toutes les demandes. — *Cass.*, 8 août 1840 [I. 1er 1841, p.725], Ricois.

304. — Le marchand dans la boutique duquel des mesures fausses ou anciennes ont été trouvées, ne peut pas être acquitté sous le prétexte qu'il n'en a pas fait usage. — *Cass.*, 15 mars 1828, Lafontaine; 28 sept. 1837 (t. 2 1837, p. 483), André; 8 sept. 1842 (t. 2 1842, p. 692), Chapy.

305. — Ou qu'il n'a pas été vu en faisant usage. — *Cass.*, 12 mai 1837 (t. 1er 1837, p. 508), Audren.

306. — Ou que ces mesures étaient hors d'état de servir. — *Cass.*, 6 mai 1837 (t. 2 1840, p. 176), Héraud; 3 juin 1836, Mabire.

307. — Lorsqu'il est établi qu'un marchand avait dans sa boutique une balance avec deux plateaux dont l'un était plus pesant que l'autre, le tribunal ne peut l'acquitter sous le prétexte qu'un des plateaux de sa balance était cassé et qu'il n'avait pas le temps de recevoir les registres de nouvelles balances par lui commandées. — *Cass.*, 8 déc. 1832, Hubert.

Sect. 6e. — *Dénominations légales dans les actes et annonces.*

308. —Toutes dénominations de poids et mesures autres que les dénominations légales sont interdites dans les actes publics, les annonces et affiches, et dans les actes sous seing privé, les registres de commerce et autres écrits privés produits en justice, sous peine d'une amende de 20 fr. contre les officiers publics, et de 10 fr. contre les autres contrevenans.—L. 4 juill. 1837, art. 5.

309. — Les marchands contrevenant à l'art. 5 de la loi du 4 juillet 1837 lorsqu'ils placent à la porte de leurs magasins des étiquettes indiquant le prix de leurs marchandises d'après l'ancien système monétaire. — *Cass.*, 17 avril 1841 (t. 1er 1842, p. 388), Lambinet.

310. — L'amende de 10 francs encourue par les contrevenans autres que les officiers publics est perçue par chaque acte ou écriture sous seing privé. Quant aux registres de commerce, ils ne donnent lieu qu'à une seule amende par chaque contestation dans laquelle ils sont produits. — L. 4 juill. 1837, art. 5.

311. — Pour les actes publics, les affiches, les annonces, la contravention existe par elle-même, indépendamment de toute autre circonstance et l'amende est exigible aussitôt que l'infraction est commise ; au contraire pour les actes sous seing privé, les registres de commerce et autres écritures, la contravention ne devient punissable qu'au moment où ces actes, registres ou écritures sont produits en justice.—Circ. min. just. 30 août 1839.

312. — Il est défendu aux juges et arbitres de rendre aucun jugement ni aucune décision en faveur des particuliers sur des actes, registres ou écrits dans lesquels les dénominations interdites par l'article précédent auraient été insérées, avant que les amendes encourues aient été payées.—L. 4 juill. 1837, art. 6.

313. — Les notaires et autres officiers publics peuvent reproduire textuellement les anciennes dénominations de poids et mesures dans les copies, extraits et analyses d'actes antérieurs au 1er janv. 1840 ; pourvu qu'il soit dit dans l'acte nouveau qu'en employant les anciennes dénominations, on analyse l'acte ancien. — Instr. de la die, 20 août 1842, n° 1671.

314. — Si des affiches ou annonces contiennent des dénominations de poids et mesures autres que celles autorisées par la loi ; les maires, adjoints et commissaires de police sont tenus de constater cette contravention et d'envoyer immédiatement leurs procès-verbaux au receveur de l'enregistrement, qui dirige contre les contrevenans les poursuites prescrites par l'art. 5 de la loi du 4 juill. 1837. — Ordonn. 17 avril 1839, art. 15.

315. — Relativement au mode de recouvrement de l'amende, l'art. 4 L. 3 juill. 1837 dit

formellement que celle encourue pour contravention par les officiers publics est recouvrée par contrainte comme en matière d'enregistrement. — L. 4 juill. 1837, art. 5.

316. — A l'égard des autres contrevenans la loi ne s'explique pas d'une manière expresse. Cependant comme le même art. 4 porte : « L'amende de 10 fr. sera *perçue* par chaque acte, » on en a conclu que pour cette amende il fallait employer le même mode de recouvrement que pour l'autre. — C'est du reste ce ce sens que l'art. 45 de l'ordonn. 17 avril 1839 interprète la loi nouvelle et en règle l'exécution. — Goujet et Merger, v° *Poids et mesures*, n° 39.

317. — La question de savoir si l'emploi, dans des annonces, de dénominations de poids et mesures autres que celles admises par la loi, peut ou non constituer une infraction punissable lorsque ces annonces n'étaient que verbales, ne peut être soumise qu'au tribunal civil, saisi par l'opposition formée à la contrainte décernée contre le contrevenant, et non au tribunal de police. — *Cass.*, 1er avril 1848 (t. 1er 1849, p. 559), Goux.

POIDS PUBLIC.

V. PESAGE ET MESURAGE PUBLICS, POIDS ET MESURES.

POILS DE LIÈVRE.

Secrétage des peaux ou poils de lièvres ou de lapins. — 2e classe des établissemens insalubres. — V. ce mot (nomenclature).

POINÇON.

V. MATIÈRES D'OR ET D'ARGENT.

POINT DE DROIT.

V. JUGEMENT.

POINT DE FAIT.

V. JUGEMENT.

POINT D'HONNEUR (Tribunal du).

1. —C'était un tribunal composé de maréchaux de France réunis chez le doyen d'entre eux et chargé de connaître, sans appel, des différends survenus entre gentilshommes à raison de leurs engagemens de parole ou de leurs billets d'honneur.

2. —A la différence de la juridiction qui s'exerçait en leur nom à la connétablie, dont ils étaient les chefs et où ils siégeaient quand il le jugeaient à propos, les maréchaux de France devaient connaître par eux-mêmes des matières dépendant du point d'honneur, lesquelles étaient tout autres que celles attribuées au tribunal de la connétablie.

3. — Le tribunal du point d'honneur avait été institué par les édits et déclarations de Henri IV et Louis XIII (1626). — Depuis , leur juridiction avait été étendue à la répression des duels ou des actions qui pouvaient y donner lieu ; notamment par l'édit de 1669 et les déclarations des 14 nov. 1669 et 28 oct. 1711.

4. — D'après les édits, les maréchaux en province, les gouverneurs et lieutenans généraux devaient veiller à prévenir les suites des querelles et des offenses qui pouvaient survenir. — Quand ces fonctionnaires, chacun dans son département, avaient avis d'une querelle, ils devaient faire assigner à comparaitre les parties devant eux, avec défense de procéder par voies de fait ; et les voies de fait étaient imminentes, ils devaient envoyer des gardes aux parties, à leurs frais, jusqu'à leur comparution. —Ceux qui refusaient d'obéir pouvaient y être contraints par la voie de l'emprisonnement, ou, lorsque cela n'était pas possible, par la saisie de leurs biens au profit des hôpitaux. —Ceux qui se soustrayaient aux gardes par fuite ou étaient envoyés pouvaient être décrétés sur le seul rapport de ces gardes, qui n'étaient reçus à déposer sur le point d'honneur qu'autant qu'ils avaient encouru prison.

5. — Le tribunal des maréchaux prononçait les peines et réparations suivant la gravité de l'offense ou de l'injure, et même, suivant l'exigence des cas, ils pouvaient outre-passer les peines portées par les règlemens.

6. — S'il y avait eu duel, ils prononçaient également les peines encourues.

7. — Cette juridiction a été supprimée, en même temps que celle de la connétablie, par l'art. 17 du titre 2 de la loi du 16-24 août 1790. Merlin , *Répert.*, v° *Point d'honneur* et *Duel.*

POINTES (Fabricans de).

Fabricans de pointes pour procédés ordinaires, patentables. — Droit fixe de 25 fr. pour dix ouvriers et au-dessous, plus 3 fr. par chaque ouvrier en sus jusqu'au maximum de 300 fr.; droit proportionnel du 20e de la valeur locative de l'habitation et des magasins de vente complètement séparés de l'établissement, et du 25e de l'établissement industriel. — V. PATENTE.

POIRES A POUDRE.

Fabricans de poires à poudre pour leur compte. — Fabricans à façon. — Patentables : les premiers et les derniers de 8e classe. — Droit fixe basé sur la population ; droit proportionnel du 40e de la valeur locative de tous les locaux qu'ils occupent , mais seulement dans les communes de 20,000 âmes et au-dessus.—V. PATENTE.

POIRÉS.

1. — Diverses dispositions législatives et réglementaires ont modifié l'état de la législation depuis la publication du mot *boissons*, en ce qui concerne la fabrication des cidres et poirés dans la ville de Paris. — Ces modifications résultant de l'art. 11 de la loi des recettes du 3 juill. 1846 et d'une ordonnance royale rendue en conséquence le 25 juill. 1847, nous nous bornerons à en donner le texte.

2. — Art. 11 de la loi du 3 juillet 1846 : « La fabrication des cidres et poirés sera soumise à l'exercice dans l'intérieur de Paris. Les droits dus pour le trésor et pour l'octroi seront perçus sur les quantités fabriquées. — A l'époque où la perception sera établie par exercice, les fruits verts cesseront d'être soumis au paiement des droits à l'introduction. — Les obligations des fabricans de cidre et de poiré seront fixées par une ordonnance royale rendue dans la forme des réglemens d'administration publique. — Toute contravention aux prescriptions de ladite ordonnance sera punie conformément à l'art. 129 de la loi du 28 avril 1816, pour ce qui concerne les droits du trésor, et conformément à l'art. 8 de la loi du 29 mars 1839, pour ce qui concerne les droits d'octroi. »

3. — Ordonn. du 25 juill. 1847. — Art. 1er : « A partir du 15 août prochain, les fabricans de cidre et de poiré, établis dans l'intérieur de la ville de Paris, seront tenus de faire par écrit, au bureau de la régie des contributions indirectes, la déclaration de leur profession. — Cette déclaration contiendra la description des locaux, ateliers, magasins et autres dépendances de l'établissement, ainsi que le nombre des pressoirs et la capacité des cuves, des tonneaux et autres vaisseaux de toute espèce destinés à contenir des cidres ou des poirés. — A l'extérieur du bâtiment principal seront inscrits les mots : *Fabrique de cidre et de poiré.*

4. — Art. 2 : « Les contenances des vaisseaux déclarés seront vérifiées par le jaugeage métrique. S'il y a contestation, elles le seront par empôtement ; et les fabricans fourniront les ouvriers, l'eau et les vases nécessaires pour procéder à l'opération. — Chaque vaisseau portera un numéro d'ordre, sa contenance sera indiquée à la rouanne. »

5. — Art. 3 : « Il est défendu de changer, modifier ou altérer la contenance des vaisseaux jaugés ou épalés, ou d'en établir de nouveaux, sans avoir fait la déclaration préalable au bureau de la régie, vingt-quatre heures à l'avance. — Le fabricant ne pourra faire usage desdits vaisseaux qu'après que leur contenance aura été vérifiée conformément à l'article précédent. »

6. — Art. 4 : « Tout fabricant de cidre ou de poiré sera tenu, dans les deux heures de l'introduction à domicile des fruits destinés à la fabrication, de faire, au même bureau, la déclaration des quantités et espèces reçues. »

7. — Art. 5 : « Chaque fabrication sera précédée d'une déclaration faite au moins quatre heures d'avance au bureau de la régie, et énonçant : 1° la nature et la quantité des fruits à employer ; 2° le numéro et la désignation des vaisseaux dont il sera fait usage ; 3° l'heure à laquelle commencera le pressurage ; 4° l'heure de l'entonnement du produit de la fabrication. Jusqu'à ladite heure, cette partie de la déclaration pourra être modifiée. — Dans aucun cas, l'entonnement ne pourra avoir lieu que de jour. — L'ampliation de la déclaration sera représentée à toute réquisition des employés, pendant la durée de la fabrication. »

8. — Art. 6 : « Les fabricans sont soumis aux visites et vérification des employés et tenus de leur ouvrir, à toute réquisition, leurs fabriques, magasins, caves et celliers, et tous autres bâtimens enclavés dans la même enceinte que la fabrique, ainsi que de leur représenter les fruits, cidres et poirés qu'ils auront en leur possession. »

9. — Art. 7 : « Les fabricans seront tenus d'ouvrir leurs établissemens aux employés, même la nuit, pendant toute la durée de la fabrication. »

10. — Art. 8 : « Deux comptes seront ouverts au registre portatif des employés; l'un pour les fruits, l'autre pour les cidres ou les poirés. — Le produit de chaque fabrication sera constaté et pris en charge à l'entonnement; mais, dans aucun cas, les quantités à soumettre au droit ne pourront être inférieures à deux hectolitres de cidre ou de poiré pour cinq hectolitres de fruits. »

11. — Art. 9 : « Le compte de la fabrication sera arrêté chaque mois, et les quantités fabriquées seront immédiatement soumises aux droits d'entrée et d'octroi, dont le paiement sera poursuivi par voie d'avertissement et de contrainte, s'il y a lieu. »

12. — Art. 10 : « Tout manquant dans les quantités de fruits déclarées et prises en charge, donnera ouverture au paiement des droits dans la proportion déterminée par l'art. 8, sauf le cas de perte dûment constatée. »

13. — Art. 11 : « Conformément à l'art. 11 de la loi du 3 juill. 1846, toute contravention aux dispositions du présent règlement sera punie d'une amende de 200 à 600 fr., pour ce qui concerne les droits du trésor, et d'une amende de 100 à 200 fr., pour ce qui concerne les droits d'octroi. — Seront saisis et confisqués les fruits, cidres et poirés trouvés en fraude, ainsi que les pressoirs et ustensiles non déclarés et servant à la fabrication. »

14. — Art. 12 : « Dans les trois jours qui précéderont la mise à exécution de la présente ordonnance, les fabricans déclareront les quantités de fruits, de cidre ou de poiré, qu'ils auront en leur possession. L'inventaire en sera fait par les employés des contributions indirectes, et les quantités reconnues seront suivies en compte pour mémoire. »

15. — Art. 13 : « Tout individu qui ne fabrique du cidre ou du poiré que pour sa consommation particulière, ou tout chef de maison d'éducation ou d'un établissement public quelconque, qui ne se livre à cette fabrication que pour la consommation de son établissement, est tenu, dans les deux heures de l'introduction des fruits destinés à la fabrication, de faire au bureau de la régie la déclaration par écrit des quantités et des espèces reçues. — La fabrication ne pourra commencer que six heures seulement après la déclaration, lorsque ladite déclaration aura été faite avant midi. — Si la déclaration n'est faite qu'après midi, la fabrication ne pourra commencer que le lendemain, au plus tôt à dix heures. — Le droit sera perçu à raison de deux hectolitres de cidre ou de poiré pour cinq hectolitres de fruits. — Il est interdit aux personnes désignées dans le présent article de vendre aucun des produits de leur fabrication. — Les contraventions à ces dispositions seront punies des peines portées en l'art. 11. »

16. — La suppression de l'impôt des boissons, décrétée le 19 mai 1849 par l'Assemblée nationale constituante, à partir du 1er janvier 1850, aurait nécessairement apporté de nouvelles modifications à cette législation relative aux cidres et poirés; mais le rétablissement de cet impôt, par l'Assemblée législative, en décembre 1849, laisse les choses dans l'état où elles étaient avant la loi du 19 mai.

POIS D'IRIS (Fabricans de).

Patentables de 8e classe. — Droit fixe basé sur la population; droit proportionnel du 40e de la valeur locative de tous les locaux qu'ils occupent, mais seulement dans les communes de 20,000 âmes et au-dessus. — V. PATENTE.

POISONS.

V. SUBSTANCES VÉNÉNEUSES.

POISSONS.

V. ANIMAUX, BIENS, PÊCHE.

POISSON (Marchands de).

1. — Marchands de poisson salé, mariné, sec et fumé, en gros. — Patentables de 1re classe. — Droit fixe basé sur la population, — droit proportionnel du 15e de la valeur locative de l'habitation et des lieux servant à l'exercice de la profession.

2. — Marchands de poisson salé, mariné, sec et fumé en demi-gros. — Marchands de poisson frais vendant par forte partie aux détaillans. — Patentables : les premiers de 3e, les derniers de 5e classe. — Droit fixe basé sur la population, — droit proportionnel du 20e de la valeur locative de l'habitation et des lieux servant à l'exercice de la profession.

3. — Marchands de poisson en détail. — Patentables de 7e classe seulement. — Même droit fixe que les précédens, sauf la différence de classe; — droit proportionnel du 40e de la valeur locative de tous les locaux qu'ils occupent, mais seulement dans les communes de 20,000 âmes et au-dessus. — V. PATENTE.

POIX (Fabricans de).

Fabricans de poix, résines, brais, goudrons et autres matières analogues. — Patentables imposés à un droit fixe de 25 fr. et à un droit proportionnel du 20e sur la maison d'habitation et les magasins de vente complétement séparés de l'établissement, et du 25e sur l'établissement industriel. — V. PATENTE.

POLDER.

1. — On donne en Belgique et en Hollande le nom de *polder*, *dicage* ou *wateringue* à l'assemblage de tout ce qui est nécessaire à l'écoulement des eaux et au dessèchement des terres voisines de la mer, c'est-à-dire les fossés, les digues, les ponts, canaux, écluses, etc. — Merlin, *Rép.*, v° *Dicage*.

2. — On donne le même nom à l'administration à laquelle donnent lieu ces ouvrages, dès qu'ils existent dans un lieu exposé par sa situation à être submergé par les eaux de la mer. — Merlin, *ibid.*

3. — Plus spécialement on appelle *polder*, dans l'usage, les terrains même garantis de l'invasion des eaux de la mer.

4. — On trouve, sur cette matière, un certain nombre de dispositions dans les coutumes de Flandre. Ainsi V. coutumes du Franc de Bruges, art. 8; de Furnes, tit. 1er, art. 16; de Bergues, rubr. 1re, art. 10; de Bourgbourg, rubr. 1re, art. 8 et 9; de Gand, rubr. 1re, art. 16; du pays de Waes, rubr. 1re, art. 12 et 23. Mais ces dispositions n'offrent pour nous aujourd'hui aucun intérêt.

5. — Les propriétaires de terres contenues dans les polders sont tenus de pourvoir aux frais de leur entretien. — Lettr. pat. 23 fév. 1716, art. 5.

6. — Les anciens règlemens ont subi, par suite des événemens qui se sont succédé depuis 1789, des modifications plus ou moins profondes; néanmoins un grand nombre sont restés en vigueur, c'est du moins ce qui résulterait d'un arrêté du Directoire du 15 niv. an VI.

7. — Deux décrets, des 11 janv. et 16 déc. 1811, ont été rendus pour réglementer l'administration ou l'entretien des polders. Ces décrets sont, suivant Foucard (t. 2, n° 1254), encore utiles à consulter pour les entreprises d'endiguage. — V. aussi décret 21 oct. 1811, sect. 4. — V. DIGUE.

8. — Les terres qui sont entre le polder et le rivage de la mer prennent le nom de *schoores*.

9. — L'art. 1er du décret du 11 janvier 1811 dispose que les schoores sont comme les lais et relais de la mer des dépendances du domaine de l'Etat.

10. — Lorsque ces terrains se sont exhaussés au point d'être propres à la culture, on peut en obtenir la concession dans les formes prescrites pour les lais et relais de la mer. — V. LAIS ET RELAIS DE LA MER.

POLICE.

1. — On entend par ce mot l'ensemble des règles et l'action des autorités instituées pour maintenir l'ordre public, la liberté, la propriété et la sûreté individuelle. — C. 3 brum. an IV, art. 16.

2. — « Le mot *police* vient du grec *polis*, qui signifie ville; les Grecs en ont tiré *politéia* et nous *police*. Pris dans son acception étymologique, ce mot exprime *gouvernement* d'une ville, d'une cité. C'est pour cela que, sous les mots police des eaux, police médicale, police sanitaire, etc., on désigne l'ensemble des règles qui s'appliquent à chacune de ces matières. » — Souquet, *Dict. des temps légaux*, 470e tabl., 1re col., v° *Police*, n° 1.

3. — « Les lois de police et de sûreté obligent tous ceux qui habitent le territoire. » — C. civ., art. 3. — V. LOI.

4. — Quand même ils seraient étrangers et qu'ils ne feraient en France qu'un séjour momentané. — Souquet, *Dict. des temps légaux*, *ibid.*, n° 2.

5. — « On ne prescrit pas contre les lois de police générale : soit que ces lois aient pour objet la sûreté ou la salubrité publique, soit qu'elles ne concernent que l'ornement et l'embellissement d'une cité. — Troplong, *Prescriptions*, t. 1er, ch. 1er, n° 132. — V. POUVOIR MUNICIPAL.

6. — La police se divise en police administrative et police judiciaire. La police administrative est préventive, la police judiciaire est répressive. — *Ibid.*, art. 18 et 19.

7. — La police administrative se divise elle-même en police générale et police municipale.

8. — La police générale embrasse dans sa prévoyance l'universalité des citoyens (*ibid.*, art. 17). Elle s'occupe de tous les intérêts moraux et physiques de la société, tels que la presse, l'imprimerie, la librairie, les cultes, l'instruction publique, la voirie, les passe-ports, la mendicité et le vagabondage, les prisons, les maisons publiques, les sociétés secrètes, les attroupemens, la contrebande, les déserteurs, les subsistances, les épidémies, les poids et mesures, etc. — Décr. des 1 brum. an IX, 23 fructid. an XIII et 25 mars 1811.

9. — Elle est exercée par le ministre de l'intérieur, et, sous son autorité, par les préfets et sous-préfets, les maires et à Paris par le préfet de police. Chacune de ces autorités est chargée de faire exécuter les lois générales du royaume dans la mesure de sa compétence et de ses attributions. Elles peuvent prendre, sur les matières déterminées par l'art. 3, tit. XI de la loi du 24 août 1790, des arrêtés dont l'infraction est punie des peines portées en l'art. 471 C. pén.

10. — La police municipale s'occupe exclusivement des intérêts de la commune; sa compétence et ses attributions sont déterminées par les lois des 24 août 1790, 19 juillet 1791 et 18 juillet 1837.

11. — Elle est exercée dans les communes par le maire, et à Paris par le préfet de police. — V. POUVOIR MUNICIPAL, PRÉFET DE POLICE.

V., au reste, DÉLIT RURAL, POLICE RURALE, POUVOIR MUNICIPAL, PRÉFET DE POLICE.

POLICE D'AFFRÉTEMENT.

V. CHARTE-PARTIE, n° 1er.

POLICE D'ASSURANCE.

V. ASSURANCE MARITIME, n° 431, et ASSURANCE TERRESTRE, n° 154.

POLICE DE L'AUDIENCE.

1. — C'est le droit de maintenir l'ordre et la dignité de l'audience.

2. — Ce droit appartient au magistrat qui préside l'audience (C. procéd. civ., art. 88). — Sans qu'il y ait lieu de distinguer à quelle juridiction il appartient. — V. DÉLIT D'AUDIENCE, n° 22.

3. — Tout ce que le président ordonne pour le maintien de l'ordre est exécuté ponctuellement et à l'instant. — C. proc. civ., art. 88.

4. — La même disposition est observée dans les lieux où soit les juges, soit les membres du parquet exercent des fonctions de leur état. — *Ibid.*

5. — Les préfets, sous-préfets, maires et adjoints, officiers de police judiciaire ou administrative, sont armés des mêmes pouvoirs, lorsqu'ils remplissent publiquement des actes de leur ministère. Ils peuvent, en vertu de l'art. 504 C. instr. crim., ordonner l'arrestation des perturbateurs, et, après avoir dressé procès-verbal du délit, les renvoyer devant la justice criminelle.

6. — Ceux qui assistent à l'audience doivent se tenir découverts, dans le respect et le silence. — C. proc. civ., art. 88.

7. — Si un ou plusieurs individus, quels qu'ils soient, interrompent le silence, donnent des signes d'approbation ou d'improbation, soit à la défense des parties, soit aux discours des juges ou du ministère public, soit aux interpellations, avertissemens ou ordres des président, juge-commissaire ou du ministère public, soit aux jugemens ou ordonnances, causent ou excitent du tumulte, de quelque manière que ce soit et, si, après l'avertissement des huissiers, ils ne rentrent pas dans l'ordre sur-le-champ, il leur sera enjoint de se retirer, et les résistans seront saisis et déposés à l'instant même dans la maison d'arrêt pour 24 heures : ils y seront reçus sur l'exhibition de l'ordre du président, qui sera mentionné au procès-verbal de l'audience. — C. proc. civ., art. 89.

8. — On trouve une semblable disposition dans l'art. 504 C. instr. crim. — Toutefois, cet article permet d'expulser le perturbateur sans un avertissement préalable ; mais, dit M. Legraverend (t. 1er, p. 301), reste le cas d'une simple interruption de silence, prévu dans le Code de procédure, et non prévu dans le Code d'instr. crim. En ce cas, l'avertissement me semble toujours nécessaire avant d'en venir à une plus grande rigueur.

9. — Si le trouble est causé par un individu remplissant une fonction près du tribunal, il peut, outre la peine ci-dessus, être suspendu de ses fonctions. — La suspension, pour la première fois, ne peut excéder le terme de trois mois.

10. — En ce cas le jugement est exécutoire par provision, comme dans le cas de l'art. 89. — C. proc. civ., art. 90. — V. EXÉCUTION PROVISOIRE.

11. — Ceux qui outrageraient ou menaceraient les juges ou les officiers de justice dans l'exercice de leurs fonctions, seront, de l'ordonnance du président, du juge-commissaire, ou des membres du ministère public, chacun dans le lieu dont la police lui appartient, saisis et déposés à l'instant dans la maison d'arrêt, interrogés dans les vingt-quatre heures, et condamnés par le tribunal, sur le vu du procès-verbal qui constatera le délit, à une détention qui ne pourra excéder un mois, et à une amende qui ne pourra être moindre de 25 francs, ni excéder 300 fr. — Art. 91 C. proc.

12. — Si le délinquant ne peut être saisi à l'instant, le tribunal prononcera contre lui, dans les 24 heures, les peines ci-dessus ; sauf l'opposition que le condamné pourra former dans les dix jours du jugement, en se mettant en état de détention. — Eod.

13. — Si les délits commis méritent une afflictive ou infamante, le prévenu est envoyé en état de mandat de dépôt devant le tribunal compétent et poursuivi suivant les règles établies par le Code d'instr. crim. — Art. 92.

14. — Les dispositions que nous venons de rappeler présentent de nombreuses difficultés qui ont été examinées v° DÉLIT D'AUDIENCE.

15. — Nous considérons seulement ici que l'expulsion des perturbateurs d'une salle d'audience est un acte exclusivement du pouvoir discrétionnaire du président. — Cass., 14 juin 1833, Roche.

16. — Il suffit donc que le magistrat ait cru et que le procès-verbal des débats énonce que le désordre qui a éclaté dans l'auditoire a nécessité l'évacuation de la salle, pour qu'il n'y ait pas lieu d'admettre l'inscription de faux motivée sur ce qu'il n'aurait existé que de simples murmures. — Même arrêt.

17. — La fermeture des portes après l'évacuation de la salle, et jusqu'après le prononcé de l'arrêt de condamnation, et le refus de laisser entrer des avocats qui n'étaient pas en robes et des amis du prévenu, ne peuvent constituer des atteintes à la publicité, alors qu'il est constaté que les personnes en robe et autres ont été admises dans l'intérieur du parquet, sous la protection des huissiers, et que ces mesures étaient nécessaires pour prévenir le retour du désordre. — Même arrêt.

18. — Mais l'art. 89 cesse d'être applicable lorsque le tribunal s'est retiré dans la chambre du conseil, dont la porte doit être défendue au public. — V. DÉLIT D'AUDIENCE, nos 26 et suiv.

19. — On peut considérer aussi comme se rattachant à la police de l'audience le droit qu'a le président de diriger les débats. — AUDIENCE, COUR D'ASSISES.

V. COUR ROYALE, DÉLITS DE PRESSE, DIFFAMATION, DISCIPLINE, FONCTIONNAIRES PUBLICS, OUTRAGE, PRÉSIDENT, PRUD'HOMMES, TRIBUNAL CORRECTIONNEL, TRIBUNAL DE COMMERCE, TRIBUNAL DE PREMIÈRE INSTANCE, USAGES. — V. surtout, DÉLIT D'AUDIENCE.

POLICE DE CHARGEMENT.
V. CONNAISSEMENT.

POLICE DES CHEMINS DE FER.

Table alphabétique.

POLICE DES CHEMINS DE FER. — **1.** — La police des chemins de fer est régie par la loi du 15 juillet 1845 dont nous avons donné le commentaire sous le mot CHEMIN DE FER, nos 329 et suiv.

2. — Les règles concernant cette police ont été complétées par une ordonnance délibérée en conseil d'État conformément à la loi du 15 juill. 1846 et à l'art. 9 de celle du 19 juill. 1842. — La gravité des intérêts qui se rattachent à toutes ces questions nous engage à reproduire, malgré son étendue, le texte de cette ordonnance, rendue sous la date du 15 nov. 1846. — Nous y rattacherons les principales décisions intervenues (ainsi que la dite ordonnance) depuis la publication de notre premier article. — Nous conserverons à l'ordonnance les divisions qui lui ont été données.

—

TITRE Ier. — Des stations et de la voie des chemins de fer.

Sect. 1re. — Des stations.

3. — Art. 1er. — L'entrée, le stationnement et la circulation des voitures, publiques ou particulières, destinées soit au transport des personnes, soit au transport des marchandises, dans les cours dépendantes des stations des chemins de fer, seront réglés par des arrêtés du préfet du département. Ces arrêtés ne seront exécutoires qu'en vertu de l'approbation du ministre des travaux publics.

Sect. 2e. — De la voie.

4. — Art. 2. Le chemin de fer et les ouvrages qui en dépendent seront constamment entretenus en bon état. La compagnie devra faire connaître au ministre des travaux publics les mesures qu'elle aura prises pour cet entretien. Dans le cas où ces mesures seraient insuffisantes, le ministre des travaux publics, après avoir entendu la compagnie, prescrira celles qu'il jugera nécessaires.

5. — Art. 3. Il sera placé, partout où besoin sera, des gardiens en nombre suffisant pour assurer la surveillance et la manœuvre des aiguilles des croisemens et changemens de voie ; en cas d'insuffisance, le nombre de ces gardiens sera fixé par le ministre des travaux publics, la compagnie entendue.

6. — Art. 4. Partout où un chemin de fer est traversé à niveau, soit par une route à voitures, soit par un chemin destiné au passage des piétons, il sera établi des barrières. Le mode, la garde et les conditions de service des barrières seront réglés par le ministre des travaux publics sur la proposition de la compagnie.

7. — Art. 5. Si l'établissement de contre-rails est jugé nécessaire dans l'intérêt de la sûreté publique, la compagnie sera tenue d'en placer sur les points qui seront désignés par le ministre des travaux publics.

8. — Art. 6. Aussitôt après le coucher du soleil, et jusqu'après le passage du dernier train, les stations et leurs abords devront être éclairés. Il en sera de même des passages à niveau pour lesquels l'administration jugera cette mesure nécessaire.

TITRE II. — Du matériel employé à l'exploitation.

9. — Art. 7. Les machines locomotives ne pourront être mises en service qu'en vertu de l'autorisation de l'administration, et après avoir été soumises à toutes les épreuves prescrites par les règlemens en vigueur. Lorsque, par suite de détérioration ou pour toute autre cause, l'interdiction d'une machine aura été prononcée, cette machine ne pourra être remise en service qu'en vertu d'une nouvelle autorisation.

10. — Art. 8. Les essieux des locomotives, des tenders et des voitures de toute espèce, entrant dans la composition des convois de voyageurs ou dans celle des trains mixtes de voyageurs et de marchandises allant à grande vitesse, devront être en fer martelé de premier choix.

11. — Il sera tenu des états de service pour toutes les locomotives. Ces états seront inscrits sur des registres qui devront être constamment à jour, et indiquer, à l'article de chaque machine, la date de sa mise en service, le travail qu'elle a accompli, les réparations ou modifications qu'elle a reçues et le renouvellement de ses diverses pièces. Il sera tenu, en outre, pour les essieux de locomotives, tenders et voitures de toute espèce, des registres spéciaux sur lesquels, à côté du numéro d'ordre de chaque essieu, seront inscrits sa provenance, la date de sa mise en service, l'épreuve qu'il peut avoir subie, son travail, ses accidens et ses réparations; à cet effet, le numéro d'ordre sera poinçonné sur chaque essieu. Les registres mentionnés aux deux paragraphes ci-dessus seront représentés, à toute réquisition, aux ingénieurs et agens chargés de la surveillance du matériel de l'exploitation.

12. — Art. 10. Il est interdit de placer dans un convoi comprenant des voitures de voyageurs aucune locomotive, tender ou autres voitures d'une nature quelconque montés sur des roues en fonte. Toutefois, le ministre des travaux publics pourra, par exception, autoriser l'emploi de roues en fonte cerclées en fer dans les trains mixtes de voyageurs et de marchandises et marchant à la vitesse de au plus 25 kilomètres à l'heure.

13. — Art. 11. Les locomotives devront être pourvues d'appareils ayant pour objet d'arrêter les fragmens de coke tombant de la grille et d'empêcher la sortie des flammèches par la cheminée.

14. — Art. 12. Les voitures destinées au transport des voyageurs seront d'une construction solide; elles devront être commodes et pourvues de ce qui est nécessaire à la sûreté des voyageurs. Les dimensions de la place affectée à chaque voyageur devront être d'au moins 45 centimètres en largeur, 65 centim. en profondeur et 1 mètre 45 centim. en hauteur; cette disposition sera appliquée aux chemins de fer existans, dans un délai qui sera fixé pour chaque chemin par le ministre des travaux publics. — V. *infrà* nos 85 et suiv. et 89.

15.—Art. 13. Aucune voiture pour les voyageurs ne sera mise en service sans une autorisation du préfet, donnée sur le rapport d'une commission constatant que la voiture satisfait aux conditions de l'article précédent. L'autorisation de mise en service n'aura d'effet qu'après que l'estampille prescrite pour les voitures publiques par l'art. 117 de la loi du 25 mars 1817 aura été délivrée par le directeur des contributions indirectes.

16. — Art. 14. Toute voiture de voyageurs portera dans l'intérieur l'indication apparente du nombre des places.

17. — Art. 15. Les locomotives, tenders et voitures de toute espèce devront porter: 1° le nom ou les initiales du nom du chemin de fer auquel ils appartiennent; 2° un numéro d'ordre. Les voitures de voyageurs porteront, en outre, l'estampille délivrée par l'administration des contributions indirectes. Ces diverses indications seront placées d'une manière apparente sur la caisse ou sur les côtés des châssis.

18. — Art. 16. Les machines locomotives, tenders et voitures de toute espèce et tout le matériel d'exploitation seront constamment maintenus dans un bon état d'entretien. La compagnie devra faire connaître au ministre des travaux publics les mesures adoptées par elle à cet égard, et, en cas d'insuffisance, le ministre, après avoir entendu les observations de la compagnie, prescrira les dispositions qu'il jugera nécessaires à la sûreté de la circulation.

TITRE III. — *De la composition des convois.*

19. — Art. 17. Tout convoi ordinaire de voyageurs devra contenir, en nombre suffisant, des voitures de chaque classe, à moins d'une autorisation du ministre des travaux publics. — V. *infrà* nos 85 et suiv. et 92.

20. — Art. 18. Chaque train de voyageurs devra être accompagné: 1° d'un mécanicien et d'un chauffeur par machine: le chauffeur devra être capable d'arrêter la machine en cas de besoin; 2° du nombre de conducteurs garde-freins qui sera déterminé pour chaque chemin, suivant les pentes et suivant le nombre de voitures, par le ministre des travaux publics, sur la proposition de la compagnie. Sur la dernière voiture de chaque convoi ou sur l'une des voitures placées à l'arrière, il y aura toujours un frein et un conducteur chargé de le manœuvrer. Lorsqu'il y aura plusieurs conducteurs dans un convoi, l'un d'entre eux aura toujours autorité sur les autres. Un train de voyageurs ne pourra se composer de plus de vingt-quatre voitures à quatre roues. S'il entre des voitures à six roues dans la composition du convoi, le maximum du nombre des voitures sera déterminé par le ministre. Les dispositions des paragraphes précédens sont applicables aux trains mixtes de voyageurs et de marchandises marchant à la vitesse des voyageurs. Quant aux convois de marchandises qui transportent en même temps des voyageurs et des marchandises et qui ne marchent pas à la vitesse ordinaire des voyageurs, les mesures spéciales et les conditions de sûreté auxquelles ils devront être assujettis seront déterminées par le ministre sur la proposition de la compagnie.

21. — Art. 19. Les locomotives devront être en tête des trains. Il ne pourra être dérogé à cette disposition que pour les manœuvres à exécuter dans le voisinage des stations ou pour le cas de secours. Dans ces cas spéciaux, la vitesse ne devra pas dépasser 25 kilomètres par heure.

22. — Art. 20. Les convois de voyageurs ne devront être remorqués que par une seule locomotive, sauf les cas où l'emploi d'une machine de renfort deviendrait nécessaire soit pour la montée d'une rampe de forte inclinaison, soit par suite d'une affluence extraordinaire de voyageurs, de l'état de l'atmosphère, d'un accident ou d'un retard exigeant l'emploi de secours; ou de tout autre cas, analogue ou spécial, préalablement déterminé par le ministre des travaux publics. Il est, dans tous les cas, interdit d'atteler simultanément plus de deux locomotives à un convoi de voyageurs. La machine placée en tête devra régler la marche du train. Il devra toujours y avoir en tête de chaque train, entre le tender et la première voiture de voyageurs, autant de voitures ne portant pas de voyageurs qu'il y aura de locomotives attelées. Dans tous les cas où il sera attelé plus d'une locomotive à un train, mention en sera faite, sur un registre à ce destiné, avec indication du motif de la mesure, de la station où elle aura été jugée nécessaire et de l'heure à laquelle le train aura quitté cette station. Ce registre sera représenté à toute réquisition aux fonctionnaires et agens de l'administration publique chargés de la surveillance de l'exploitation.

23. — Art. 21. Il est défendu d'admettre dans les convois qui portent des voyageurs aucune matière pouvant donner lieu soit à des explosions, soit à des incendies.

24. — Art. 22. Les voitures entrant dans la composition des trains de voyageurs seront liées entre elles par des moyens d'attache tels que les tampons à ressort de ces voitures soient toujours en contact. Les voitures des entrepreneurs de messageries ne pourront être admises dans la composition des trains qu'avec l'autorisation du ministre des travaux publics, et que moyennant les conditions indiquées dans l'acte d'autorisation.

25. — Art. 23. Les conducteurs garde-freins seront mis en communication avec le mécanicien pour donner, en cas d'accident, le signal d'alarme par tel moyen qui sera autorisé par le ministre des travaux publics, sur la proposition de la compagnie.

26. — Art. 24. Les trains devront être éclairés extérieurement pendant la nuit. En cas d'insuffisance du système d'éclairage, le ministre des travaux publics prescrira, la compagnie entendue, les dispositions qu'il jugera nécessaires. Les voitures fermées, destinées aux voyageurs, devront être éclairées intérieurement pendant la nuit et au passage des souterrains qui seront désignés par le ministre.

TITRE IV. — *Du départ, de la circulation et de l'arrivée des convois.*

27. — Art. 25. Pour chaque chemin de fer, le ministre des travaux publics déterminera, sur la proposition de la compagnie, le sens du mouvement des trains et des machines isolées sur chaque voie, quand il y a plusieurs voies, et le point de croisement quand il n'y en a qu'une. Il ne pourra être dérogé, sous aucun prétexte, aux dispositions qui auront été prescrites par le ministre, si ce n'est dans le cas où la voie serait interceptée; et dans ce cas, le changement devra être fait avec les précautions indiquées en l'art. 34 ci-après.

28. — Art. 26. Avant le départ du train, le mécanicien s'assurera si toutes les parties de la locomotive et du tender sont en bon état; si le frein de ce tender fonctionne convenablement. La même vérification sera faite par les conducteurs garde-freins, en ce qui concerne les voitures et les freins de ces voitures. Le signal du départ ne sera donné que lorsque toutes les portières seront fermées. Le train ne devra être mis en marche qu'après le signal du départ.

29. — Art. 27. Aucun convoi ne pourra partir d'une station avant l'heure déterminée par le règlement de service. Aucun convoi ne pourra également partir d'une station avant qu'il se soit écoulé, depuis le départ ou le passage du convoi précédent, le laps de temps qui aura été fixé par le ministre des travaux publics, sur la proposition de la compagnie. Des signaux seront placés à l'entrée de la station pour indiquer aux mécaniciens des trains qui pourraient survenir, si le délai déterminé en vertu du paragraphe précédent est écoulé. Dans l'intervalle des stations, des signaux seront établis afin de donner le même avertissement au mécanicien sur les points où il ne peut pas voir devant lui à une distance suffisante. Dès que l'avertissement lui sera donné, le mécanicien devra ralentir la marche du train. En cas d'insuffisance des signaux établis par la compagnie, le ministre prescrira, la compagnie entendue, l'établissement de ceux qu'il jugera nécessaires.

30. — Art. 28. Sauf le cas de force majeure ou de réparation de la voie, les trains ne pourront s'arrêter qu'aux gares ou lieux de stationnement autorisés pour le service des voyageurs ou des marchandises. Les locomotives ou les voitures ne pourront stationner sur les voies du chemin de fer affectées à la circulation des trains.

31. — Art. 29. Le ministre des travaux publics déterminera, sur la proposition de la compagnie, les mesures spéciales de précaution relatives à la circulation des trains sur les plans inclinés et dans les souterrains à une ou deux voies, à raison de leur longueur et de leur tracé. Il déterminera également, sur la proposition de la compagnie, la vitesse maximum que les trains de voyageurs pourront prendre sur les diverses parties de chaque ligne, et la durée du trajet.

32. — Art. 30. Le ministre des travaux publics prescrira, sur la proposition de la compagnie, les mesures spéciales de précaution à prendre pour l'expédition et la marche des convois extraordinaires. Dès que l'expédition d'un convoi extraordinaire aura été décidée, déclaration devra en être faite immédiatement, au commissaire spécial de police, avec indication du motif de l'expédition du convoi et de l'heure du départ.

33. — Jugé qu'un service spécial organisé par le directeur d'un chemin de fer dans une circonstance exceptionnelle (une foire annuelle) ne peut être assimilé aux services ordinaires, dont l'organisation doit, aux termes de l'art. 43 de l'ordonnance du 15 nov. 1846, être communiquée quinze jours d'avance à l'administration; et dont les heures d'arrivée et de départ demeurent affichées dans chaque station. Ce service doit être considéré comme extraordinaire, et il suffit que déclaration en ait été faite immédiatement au commissaire spécial de police. — *Nîmes*, 23 nov. 1848 (t. 1er 1849, p. 341), chemin de fer de Montpellier.

34. — Art. 31. Il sera placé le long du chemin, pendant le jour et pendant la nuit, soit pour l'entretien, soit pour la surveillance de la voie, des agens en nombre assez grand pour assurer la libre circulation des trains et la transmission des signaux; en cas d'insuffisance, le ministre des travaux publics en règlera le nombre: la compagnie entendue. Ces agens seront pourvus de signaux de jour et de nuit à l'aide desquels ils annonceront si la voie est libre et en bon état, si le mécanicien doit ralentir sa marche ou s'il doit arrêter immédiatement le train. Ils devront, en outre, signaler, de proche en proche, l'arrivée des convois.

35. — Art. 32. Dans le cas où, soit un train, soit une machine isolée s'arrêterait sur la voie, pour cause d'accident, le signal d'arrêt indiqué en l'article précédent devra être fait à cinq cents mètres au moins à l'arrière. Les conducteurs principaux des convois et les mécaniciens conducteurs des machines isolées devront être munis d'un signal d'arrêt.

36. — Le signal d'arrêt prescrit par l'art. 32 de l'ordonnance royale du 15 nov. 1846, dans le cas où un train s'arrêterait sur la voie, pour cause d'accident, doit être fait non pas seulement lorsque le train se trouve complétement arrêté, mais encore lorsqu'il y a ralentissement de vitesse, équivalant à un stationnement, et que ce ralentissement, provenant de l'épuisement de la vapeur, ne permet pas de rendre promptement au train sa vitesse ordinaire. — *Cass.*, 20 août 1847 (t. 2 1847, p. 590), Brouin.

37. — Art. 33. Lorsque des ateliers de réparation seront établis sur une voie, des signaux devront indiquer si l'état de la voie ne permet pas le passage des trains ou s'il suffit de ralentir la marche de la machine.

38. — Art. 34. Lorsque, par suite d'un accident,

de réparation, ou de toute autre cause, la circulation devra s'effectuer, momentanément, sur une voie, il devra être placé un garde auprès des aiguilles de chaque changement de voie. Les gardes ne laisseront les trains s'engager dans la voie unique réservée à la circulation, qu'après s'être assurés qu'ils ne seront pas rencontrés par un train venant dans un sens opposé. Il sera donné connaissance au commissaire spécial de police, du signal ou de l'ordre de service adopté pour assurer la circulation sur la voie unique.

39. — Art. 35. La compagnie sera tenue de faire connaître au ministre des travaux publics le système de signaux qu'elle a adopté ou qu'elle se propose d'adopter pour les cas prévus par le présent titre. Le ministre prescrira les modifications qu'il jugera necessaires.

40. — Art. 36. Le mécanicien devra porter constamment son attention sur l'état de la voie, arrêter ou ralentir la marche en cas d'obstacles, suivant les circonstances, et se conformer aux signaux qui lui seront transmis; il surveillera toutes les parties de la machine, la tension de la vapeur et le niveau d'eau de la chaudière. Il veillera à ce que rien n'embarrasse la manœuvre du frein du tender.

41. — Art. 37. A cinq cents mètres au moins avant d'arriver au point où une ligne d'embranchement vient croiser la ligne principale, le mécanicien devra modérer la vitesse : de telle manière que le train puisse être complétement arrêté avant d'atteindre ce croisement, si les circonstances l'exigent. Au point d'embranchement ci-dessus désigné, des signaux devront indiquer le sens dans lequel les aiguilles sont placées. A l'approche des stations d'arrivée, le mécanicien devra faire les dispositions convenables pour que la vitesse acquise du train soit complétement amortie avant le point où les voyageurs doivent descendre : et de telle sorte qu'il soit nécessaire de remettre la machine en action pour atteindre ce point.

42. — Art. 38. A l'approche des stations, des passages à niveau, des courbes, des tranchées et des souterrains, le mécanicien devra faire jouer le sifflet à vapeur pour avertir de l'approche du train. Il se servira également du sifflet comme moyen d'avertissement toutes les fois que la voie ne lui paraîtra pas complétement libre.

43. — Art. 39. Aucune personne autre que le mécanicien et le chauffeur ne pourra monter sur la locomotive ou sur le tender, à moins d'une permission spéciale et écrite du directeur de l'exploitation du chemin de fer. Sont exceptés de cette interdiction les ingénieurs des ponts et chaussées, les ingénieurs des mines chargés de la surveillance, et les commissaires spéciaux de police. Toutefois, ces derniers devront remettre au chef de la station, ou au conducteur principal du convoi, une réquisition écrite et motivée.

44. — Jugé que la prohibition de monter sur la locomotive et le tender sans une permission spéciale et écrite du directeur s'applique même aux inspecteurs de la voie de fer. Cette permission écrite ne saurait être suppléée par l'ordre verbal de monter sur la machine, donné par le directeur présent et exécuté en présence de celui-ci. — *Cass.*, 6 août 1847 (t. 2 1847, p. 589), Anspach.

45. — Art. 40. Des machines dites de secours ou de réserve devront être entretenues constamment en feu et prêtes à partir, sur les points de chaque ligne qui seront désignés par le ministre des travaux publics sur la proposition de la compagnie. Les règles relatives au service de ces machines seront également déterminées par le ministre sur la proposition de la compagnie.

46. — Art. 41. Il y aura constamment, aux lieux de dépôt des machines, un wagon chargé de tous les agrès et outils nécessaires en cas d'accident. Chaque train devra d'ailleurs être muni des outils les plus indispensables.

47. — Art. 42. Aux stations qui seront désignées par le ministre des travaux publics il sera tenu des registres sur lesquels on mentionnera les retards excédant dix minutes pour les parcours dont la longueur est inférieure à 50 kilomètres, et quinze minutes pour les parcours de 50 kilomètres et au delà. Ces registres indiqueront la nature et la composition des trains, le nom des locomotives qui les ont remorqués, les heures de départ et d'arrivée, la cause et la durée du retard. Ces registres seront représentés à toute réquisition aux ingénieurs, fonctionnaires et agens de l'administration publique chargés de la surveillance du matériel de l'exploitation.

48. — Art. 43. Des affiches placées dans les stations feront connaître au public les heures de départ des convois ordinaires de toute sorte, les stations qu'ils doivent desservir, les heures auxquelles ils doivent arriver à chacune des stations et en partir. Quinze jours au moins avant d'être mis à exécution, ces ordres de service seront communiqués en même temps aux commissaires royaux, au préfet du département et au ministre des travaux publics, qui pourra prescrire les modifications nécessaires pour la sûreté de la circulation ou pour les besoins du public. — V., sur l'art. 30, *suprà* nos 32 et suiv.

TITRE V. — *De la perception des taxes et des frais accessoires.*

49. — Art. 44. Aucune taxe, de quelque nature qu'elle soit, ne pourra être perçue par la compagnie qu'en vertu d'une homologation du ministre des travaux publics. Les taxes perçues actuellement sur les chemins dont les concessions sont antérieures à 1835, et qui ne sont pas encore régularisées, devront l'être avant le 1er avril 1847.

50. — Art. 45. Pour l'exécution du paragraphe premier de l'article qui précède, la compagnie devra dresser un tableau des prix qu'elle a l'intention de percevoir, dans la limite du maximum autorisé par le cahier des charges, pour le transport des voyageurs, des bestiaux, marchandises et objets divers, et en transmettre en même temps des expéditions au ministre des travaux publics, aux préfets des départemens traversés par le chemin de fer et aux commissaires royaux.

51. — Art. 46. La compagnie devra, en outre, dans le plus court délai et dans les formes énoncées en l'article précédent, soumettre ses propositions au ministre des travaux publics pour les prix de transport non déterminés par le cahier des charges, et à l'égard desquels le ministre est appelé à statuer.

52. — Art. 47. Quant aux frais accessoires, tels que ceux de chargement, de déchargement et d'entrepôt dans les gares et magasins du chemin de fer, et quant à toutes les taxes qui doivent être réglées annuellement, la compagnie devra en soumettre le règlement à l'approbation du ministre des travaux publics dans le dixième mois de chaque année. Jusqu'à décision, les anciens tarifs continueront à être perçus.

53. — Art. 48. Les tableaux des taxes et des frais accessoires approuvés seront constamment affichés dans les lieux les plus apparens des gares et stations des chemins de fer.

54. — Art. 49. Lorsque la compagnie voudra apporter quelques changemens aux prix autorisés, elle en donnera avis au ministre des travaux publics, aux préfets des départemens traversés et aux commissaires royaux. Le public sera en même temps informé, par des affiches, des changemens soumis à l'approbation du ministre. A l'expiration du mois à partir de la date de l'affiche, lesdites taxes pourront être perçues si, dans cet intervalle, le ministre des travaux publics les a homologuées. Si des modifications à quelques-uns des prix affichés étaient prescrites par le ministre, les prix modifiés devront être affichés de nouveau et ne pourront être mis en perception qu'un mois après la date de ces affiches.

55. — Art. 50. La compagnie sera tenue d'effectuer avec soin, exactitude et célérité, et sans tour de faveur, les transports des marchandises, bestiaux et objets de toute nature qui lui seront confiés. Au fur et à mesure que des colis, des bestiaux ou des objets quelconques arriveront au chemin de fer, enregistrement en sera fait, immédiatement, avec mention du prix total dû pour le transport. Le transport s'effectuera dans l'ordre des inscriptions, à moins de délais demandés ou consentis par l'expéditeur et qui seront mentionnés dans l'enregistrement. Un récépissé devra être délivré à l'expéditeur, s'il le demande, sans préjudice, s'il y a lieu, de la lettre de voiture. Le récépissé énoncera la nature et le poids des colis, le prix total du transport et le délai dans lequel ce transport devra être effectué. Les registres mentionnés au présent article seront représentés à toute réquisition des fonctionnaires et agens chargés de veiller à l'exécution du présent règlement.

TITRE VI. — *De la surveillance de l'exploitation.*

56. — Art. 51. La surveillance de l'exploitation des chemins de fer s'exercera concurremment par les commissaires royaux, par les ingénieurs des ponts et chaussées, les ingénieurs des mines, et par les conducteurs, les garde-mines et autres agens sous leurs ordres, par les commissaires spéciaux de police et les agens sous leurs ordres.

57. — Art. 52. Les commissaires royaux seront chargés de surveiller le mode d'application des tarifs approuvés et l'exécution des mesures prescrites pour la réception et l'enregistrement des colis, leur transport et leur remise aux destinataires; de veiller à l'exécution des mesures approuvées ou prescrites pour que le service des transports ne soit pas interrompu aux points extrêmes de lignes en communication l'une avec l'autre; de vérifier les conditions des traités qui seraient passés par les compagnies avec les entreprises de transport par terre ou par eau, en correspondance avec les chemins de fer, et de signaler toutes les infractions au principe de l'égalité des taxes; de constater le mouvement de la circulation des voyageurs et des marchandises sur les chemins de fer; les dépenses d'entretien et d'exploitation, et les recettes.

58. — Art. 53. Pour l'exécution de l'article ci-dessus, les compagnies seront tenues de représenter à toute réquisition aux commissaires royaux leurs registres de dépenses et de recettes et les registres mentionnés à l'article 50 ci-dessus.

59. — Art. 54. A l'égard des chemins de fer pour lesquels les compagnies auraient obtenu de l'Etat soit un prêt avec intérêt privilégié, soit la garantie d'un minimum d'intérêt, ou pour lesquels l'Etat devrait entrer en partage des produits nets, les commissaires royaux exerceront toutes les autres attributions qui seront déterminées par les règlemens spéciaux à intervenir dans chaque cas particulier.

60. — Art. 55. Les ingénieurs, les conducteurs et autres agens du service des ponts et chaussées seront spécialement chargés de surveiller l'état de la voie de fer, des terrassemens et des ouvrages d'art et des clôtures.

61. — Art. 56. Les ingénieurs des mines, les garde-mines et autres agens du service des mines seront spécialement chargés de surveiller l'état des machines fixes et locomotives employées à la traction des convois, et, en général, de tout le matériel roulant servant à l'exploitation. Ils pourront être suppléés par les ingénieurs, conducteurs et autres agens du service des ponts et chaussées; et réciproquement.

62. — Art. 57. Les commissaires spéciaux de police et les agens sous leurs ordres sont chargés particulièrement de surveiller la composition, le départ, l'arrivée, la marche et les stationnemens des trains; l'entrée, le stationnement et la circulation des voitures dans les cours et stations; l'admission du public dans les gares et sur les quais des chemins de fer.

63. — Art. 58. Les compagnies sont tenues de fournir des locaux convenables pour les commissaires spéciaux de police et les agens de surveillance.

64. — Art. 59. Toutes les fois qu'il arrivera un accident sur le chemin de fer, il en sera fait immédiatement déclaration à l'autorité locale et au commissaire spécial de police à la diligence du chef du convoi. Le préfet du département, l'ingénieur des ponts et chaussées et l'ingénieur des mines chargés de la surveillance et le commissaire royal en seront immédiatement informés par les soins de la compagnie.

65. — Art. 60. Les compagnies devront soumettre à l'approbation du ministre des travaux publics leurs règlemens relatifs au service et à l'exploitation des chemins de fer.

TITRE VII. — *Des mesures concernant les voyageurs et les personnes étrangères au service du chemin de fer.*

66. — Art. 61. Il est défendu à toute personne étrangère au service du chemin de fer : 1° de s'introduire dans l'enceinte du chemin de fer, d'y circuler ou stationner; 2° d'y jeter ou déposer aucuns matériaux ni objets quelconques; 3° d'y introduire des chevaux, bestiaux, ou animaux d'aucune espèce; 4° d'y faire circuler ou stationner aucunes voitures, wagons ou machines étrangers au service.

67. — Art. 62. Sont exceptés de la défense portée au § 1er de l'article précédent les maires et adjoints, les commissaires de police, les officiers de gendarmerie, les gendarmes et autres agens de la force publique, les préposés aux douanes, aux contributions indirectes et aux octrois, les gardes champêtres et forestiers dans l'exercice de leurs fonctions et revêtus de leurs uniformes ou de leurs insignes. Dans tous les cas ces fonctionnaires et agens seront tenus de se conformer aux mesures spéciales de précaution qui auront été déterminées par le ministre, la compagnie entendue.

68. — Art. 63. Il est défendu : 1° d'entrer dans les voitures sans avoir pris un billet, et de se placer dans une voiture d'une autre classe que celle qui est indiquée par le billet ; — 2° d'entrer dans les voitures ou d'en sortir autrement que par la portière qui fait face au côté extérieur de la ligne du chemin de fer ; — 3° de passer d'une voiture dans une autre, de se pencher au dehors. Les voyageurs ne doivent sortir des voitures qu'aux stations, et lorsque le train est complétement arrêté. Il est défendu de fumer dans les voitures ou sur les voitures et dans les gares ; toutefois, à la demande de la compagnie, et moyennant des mesures spéciales de précaution, des dérogations à cette disposition pourront être autorisées. Les voyageurs sont tenus d'obtempérer aux injonctions des agens de la compagnie pour l'observation des dispositions mentionnées aux paragraphes ci-dessus.

69. — Art. 64. Il est interdit d'admettre dans les voitures plus de voyageurs que ne le comporte le nombre de places indiqué conformément à l'art. 14 ci-dessus.

70. — Art. 65. L'entrée des voitures est interdite : 1° à toute personne en état d'ivresse ; — 2° à tous individus porteurs d'armes à feu chargées ou de paquets qui, par leur nature, leur volume ou leur odeur, pourraient gêner ou incommoder les voyageurs. Tout individu porteur d'une arme à feu devra, avant son admission sur les quais d'embarquement, faire constater que son arme n'est point chargée.

71. — Art. 66. Les personnes qui voudront expédier des marchandises de la nature de celles qui sont mentionnées à l'art. 21, devront les déclarer au moment où elles les apporteront dans les stations du chemin de fer. Des mesures spéciales de précaution seront prescrites, s'il y a lieu, pour le transport desdites marchandises, la compagnie entendue.

72. — Art. 67. Aucun chien ne sera admis dans les voitures servant au transport des voyageurs ; toutefois la compagnie pourra placer dans des caisses de voitures spéciales les voyageurs qui ne voudraient pas se séparer de leurs chiens : pourvu que ces animaux soient muselés, en quelque saison que ce soit.

73. — Art. 68. Les cantonniers, garde-barrières et autres agens du chemin de fer devront faire sortir immédiatement toute personne qui se serait introduite dans l'enceinte du chemin ou dans quelque portion que ce soit de ses dépendances où elle n'aurait pas le droit d'entrer. En cas de résistance de la part des contrevenans, tout employé du chemin de fer pourra requérir l'assistance des agens de l'administration et de la force publique. Les chevaux ou bestiaux abandonnés qui seront trouvés dans l'enceinte du chemin de fer seront saisis et mis en fourrière.

TITRE VIII. — *Dispositions diverses.*

74. — Art. 69. Dans tous les cas où, conformément aux dispositions du présent règlement, le ministre des travaux publics devra statuer sur la proposition d'une compagnie, la compagnie sera tenue de lui soumettre cette proposition dans le délai qu'il aura déterminé ; faute de quoi le ministre pourra statuer directement. Si le ministre pense qu'il y a lieu de modifier la proposition de la compagnie, il devra, sauf le cas d'urgence, entendre la compagnie avant de prescrire les modifications.

75. — Art. 70. Aucun crieur, vendeur ou distributeur d'objets quelconques ne pourra être admis par les compagnies à exercer sa profession dans les cours ou bâtimens des stations et dans les salles d'attente destinées aux voyageurs qu'en vertu d'une autorisation spéciale du préfet du département.

76. — Art. 71. Lorsqu'un chemin de fer traverse plusieurs départemens, les attributions conférées aux préfets par le présent règlement pourront être centralisées, en tout ou en partie, dans les mains de l'un des préfets des départemens traversés.

77. — Art. 72. Les attributions données aux préfets des départemens par la présente ordonnance seront, conformément à l'arrêté du 3 brumaire an IX, exercées par le préfet de police dans toute l'étendue du département de la Seine et dans les communes de Saint-Cloud, Meudon et Sèvres (département de Seine-et-Oise).

78. — Art. 73. Tout agent employé sur les chemins de fer sera revêtu d'un uniforme ou porteur d'un signe distinctif ; les cantonniers, garde-barrières et surveillans pourront être armés d'un sabre.

79. — Art. 74. Nul ne pourra être employé en qualité de mécanicien conducteur de train, s'il ne produit des certificats de capacité délivrés dans les formes qui seront déterminées par le ministre des travaux publics.

80. — Art. 75. Aux stations désignées par le ministre, les compagnies entretiendront les médicamens et moyens de secours nécessaires en cas d'accident.

81. — Art. 76. Il sera tenu, dans chaque station, un registre, coté et paraphé à Paris par le préfet de police, ailleurs par le maire du lieu ; lequel sera destiné à recevoir les réclamations des voyageurs qui auraient des plaintes à former soit contre la compagnie, soit contre ses agens. Ce registre sera présenté à toute réquisition des voyageurs.

82. — Art. 77. Les registres mentionnés aux articles 9, 20 et 42 ci-dessus seront cotés et paraphés par le commissaire de police.

83. — Art. 78. Des exemplaires du présent règlement seront constamment affichés, à la diligence des compagnies, aux abords des bureaux des chemins de fer et dans les salles d'attente. Le conducteur principal d'un train en marche devra également être muni d'un exemplaire du règlement. Des extraits devront être délivrés, chacun pour ce qui le concerne, aux mécaniciens, chauffeurs, garde-freins, cantonniers, garde-barrières et autres agens employés sur le chemin de fer. Des extraits, en ce qui concerne les règles à observer par les voyageurs pendant le trajet, devront être placés dans chaque caisse de voiture.

84. — Art. 79. Seront constatées, poursuivies et réprimées conformément au titre III de la loi du 15 juill. 1845, sur la police des chemins de fer, les contraventions au présent règlement, aux décisions rendues par le ministre des travaux publics et aux arrêtés pris, sous son approbation, par les préfets, pour l'exécution dudit règlement.

85. — L'interprétation de cette ord. du 15 nov. 1846 a donné naissance à quelques difficultés, relativement au point de savoir dans quel cas l'inobservation des mesures qu'elle prescrit devait entraîner l'application des peines prononcées par l'art. 21 de la loi du 15 juill. 1845. — Cet article dispose que « toute contravention aux ordonnances royales portant règlement d'administration publique sur la *police*, la *sûreté* et l'*exploitation* du chemin de fer, et aux arrêtés pris par les préfets sous l'approbation du ministre des travaux publics, pour l'exécution desdites ordonnances, sera punie d'une amende de 16 fr. à 3,000 fr. » (et de peines plus fortes en cas de récidive). — Or on s'est demandé si, en présence des termes de l'article 21, on devait considérer comme de nature à entraîner l'application de la pénalité prononcée par cet article les infractions aux dispositions de l'ordonnance qui ne règlent précisément *ni la police, ni la sûreté, ni l'exploitation du chemin de fer.*

86. — A cet égard, il avait été jugé par la Cour d'Orléans : que l'art. 21 de la loi du 15 juill. 1845 ayant limité les peines qu'il prononce, à raison des infractions aux ordonnances portant règlement d'administration publique, aux cas où ces ordonnances ont pour objet soit la police du chemin, c'est-à-dire l'ordre public, la liberté, la propriété, la sûreté individuelle ; soit la sûreté des voyageurs, soit enfin l'exploitation desdits chemins, ne peut être appliqué lorsqu'elles ne concernent que la commodité personnelle des voyageurs, et spécialement que les contraventions à l'art. 12 de ladite ordonnance qui veut que les voitures destinées au transport des voyageurs soient *commodes* n'entraînent contre leurs auteurs l'application d'aucune peine malgré les dispositions de l'art. 79 portant que ces contraventions seront punies conformément à la loi du 15 juill. 1845. — *Orléans*, 7 juill. 1847 (t. 2 1847, p. 381), de Richemont. — Dans l'espèce, l'infraction reprochée consistait dans : 1° le défaut de commodité des voitures de 1re classe ; 2° la substitution du foin au crin dans les siéges des voitures de 2e classe ; 3° le vice des rideaux des voitures de 3e classe.

87. — ... Sauf à l'autorité administrative, en cas d'infraction aux conditions qu'elle a le droit d'imposer aux concessionnaires dans l'intérêt des voyageurs, à procéder soit par voie de retrait de la concession, soit par telle mesure administrative qu'elle jugera convenable. — Même arrêt.

88. — Mais, sur le pourvoi dirigé contre cet arrêt, la Cour de cassation a décidé avec raison, selon nous, que ce droit, attribué, par l'art. 21 de la loi du 15 juill. 1845 sur la police des chemins de fer, au gouvernement, de rendre des ordonnances portant règlement d'administration publique sur la police, la sûreté et l'exploitation de ces chemins, et aux préfets de prendre, sous l'approbation du ministre des travaux publics, des arrêtés pour l'exécution desdites ordonnances, comprend le droit et même le devoir de réglementer tout ce qui intéresse l'établissement des divers modes de transport, la forme, les dimensions, la construction des diverses espèces de voitures, enfin toutes les mesures qui peuvent assurer la complète exécution des lois de concession quant aux garanties données aux diverses classes de voyageurs. — *Cass.*, 6 janv. 1848 (t. 1er 1848, p. 453), de Richemont.

89. ... Qu'en conséquence l'arrêté du préfet qui, après une ordonnance régulière prescrivant certaines mesures ou modifications pour que les voitures destinées ou employées au transport des voyageurs soient d'une construction solide, commodes et pourvues de tout ce qui est nécessaire à la sûreté des voyageurs (ord. du 15 nov. 1846, art. 12 et 13), intervient pour l'exécution de cette ordonnance sous l'approbation du ministre, et qui subordonne la mise en service desdites voitures à des conditions fixées conformément aux prescriptions de l'ordonnance, constitue un acte légal de l'autorité administrative dont il est du devoir des tribunaux de répression d'assurer l'exécution tant que la réformation n'en a pas été prononcée par l'autorité administrative supérieure et compétente. — Même arrêt.

90. — ... Et que, dès lors, l'inobservation des prescriptions renfermées dans un semblable arrêté et la mise en service de voitures au mépris de ses dispositions entraînent l'application de la peine déterminée par l'art. 21 de la loi du 15 juill. 1845. — Même arrêt.

91. — ... Qu'enfin le tribunal de répression ne pourrait se déclarer incompétent pour statuer sur la poursuite sous prétexte que les modifications dont les voitures auraient paru susceptibles n'auraient, sous aucun rapport, intéressé la sûreté, la police ou l'exploitation du chemin de fer, mais auraient uniquement concerné la commodité des voyageurs ; et parce que si, sous ce rapport, il pouvait y avoir contravention au cahier des charges, il n'appartiendrait qu'au conseil de préfecture de connaître de cette infraction à un contrat administratif dont l'ordonnance n'aurait pu changer le caractère. — Même arrêt.

92. — Jugé, dans le même sens, qu'on doit réputer légal et obligatoire, comme se renfermant dans les limites tracées par l'art. 21 de la loi du 15 juill. 1845 sur la police des chemins de fer, l'art. 17 de l'ordonnance réglementaire du 15 nov. 1846, qui exige que tout convoi ordinaire contienne un nombre suffisant de voitures de chaque classe. — *Colmar*, 23 fév. 1848 (t. 2 1848, p. 230), Polonceau.

93. — ... Qu'en conséquence, bien que les mesures prescrites par cet art. 17 n'intéressent en rien la sûreté des voyageurs, l'infraction à ses dispositions ne constitue pas une simple omission d'une obligation civile, de nature à donner seulement ouverture à une action devant les tribunaux civils ou à une contestation sur l'exécution ou l'interprétation des clauses du cahier des charges attribuée à la connaissance des conseils de préfecture, mais caractérise une contravention à un règlement légal d'administration publique qui, réprimée par l'art. 21 de la loi du 15 juill. 1845, est essentiellement de la compétence des tribunaux correctionnels. — Même arrêt.

94. — ... Et que la contravention existe, bien que, par suite de l'insuffisance des voitures d'une classe inférieure, les voyageurs de cette classe aient été placés dans des voitures d'une classe supérieure sans payer de supplément de prix. — Même arrêt.

95. — L'arrêt précité (n° 88) du 6 janv. 1848 a décidé que l'insertion, en vertu des dispositions de la loi du 11 juin 1842, dans le cahier des charges de tous les lieux d'exploitation des chemins de fer, de la clause qui attribue au gouvernement le droit de déterminer, par des règlemens d'administration publique, les mesures nécessaires pour maintenir la police, la sûreté, l'usage et la conservation de ces chemins, démontre que, nonobstant les stipulations qui peuvent y être contenues, le législateur a entendu se réserver le droit d'exger toutes les modifications que l'expérience, après la mise en service de ces voies de communication nouvelles, indiquerait comme nécessaires dans l'intérêt de la sûreté, de la police, de l'usage et de la conservation de ces chemins.

96. — La contravention résultant de ce que, après plusieurs mises en demeure successives et un long intervalle, lesdits administrateurs d'un chemin de fer n'ont pas satisfait à l'injonction de faire disparaître des vices de construction signalés dans les voitures qu'ils emploient, ne peut être excusée sur le motif que, postérieurement à la poursuite dirigée contre eux, ils ont obtenu un nouveau délai du ministre; cette faveur de sa part n'ayant pu rétroagir sur le passé ni détruire la contravention préexistante. — *Orléans*, 7 juill. 1847 (t. 2 1847, p. 381), Richemont.

97. — Les mesures nécessaires pour la police et la sûreté des chemins de fer devant être déterminées par des règlemens d'administration publique (L. 15 juill. 1845, art. 21; V. aussi v° CHEMIN DE FER, n°s 443 et suiv.), c'est-à-dire par des règlemens délibérés en Conseil d'État; il en résulte que la décision ministérielle rendue pour la police générale d'un chemin de fer et l'arrêté du préfet qui a déclaré cette décision exécutoire sont dépourvus de force obligatoire. — *Cass.*, 24 avril 1847 (t. 1er 1847, p. 698), Petiet.

98. — Jugé également que lorsque la loi de concession d'un chemin de fer porte que les mesures nécessaires pour assurer la police de ce chemin seront déterminées par des règlemens d'administration publique, cela doit s'entendre d'ordonnances royales délibérées en Conseil d'État; et qu'en conséquence le règlement *général et permanent* pris par un préfet pour la police d'un chemin de fer n'a pas force légale, alors même qu'il serait la reproduction d'un arrêté ministériel, et que dès lors l'infraction qui y est faite ne tombe pas sous l'application de l'art. 471 (n° 15) du Code pénal. — *Cass.*, 2 mai 1845 (t. 2 1847, p. 435), de Bumann.

99. — Mais l'arrêt de la Cour de Douai, objet du pourvoi vidé par l'arrêt du 24 avril 1847, a décidé : 1° que, les chemins de fer faisant partie de la grande voirie, les préfets ont le droit de les réglementer provisoirement et en attendant les règlemens définitifs, comme toutes les autres voies de circulation; 2° et que, spécialement, l'arrêté d'un préfet, pris en vertu d'un règlement ministériel qui règle le maximum de la vitesse des trains sur un chemin de fer, est obligatoire, alors d'ailleurs que cet arrêté présente le caractère d'une mesure particulière et d'urgence dans l'intérêt de la sûreté publique. — Qu'en conséquence la contravention à cet arrêté entraîne, en cas d'accident, l'application de l'art. 19 de la loi du 15 juill. 1845. — *Douai*, 28 déc. 1846 (t. 1er 1847, p. 375), Petiet. — V., au reste, CHEMIN DE FER, n°s 443 et suiv.

100. — Jugé aussi que le prévenu ne saurait trouver une excuse dans la preuve que l'exécution du règlement eût rendu presque impossible l'exploitation du chemin de fer. — Même arrêt.

101. — Jugé, au surplus, que si, en dehors de l'inobservation des prescriptions (non obligatoires) de la décision ministérielle, un arrêt constate l'existence de faits de négligence ou d'imprudence assez grave pour avoir entraîné un accident ayant occasionné la mort ou les blessures d'une ou de plusieurs personnes, cette constatation souveraine de la part du juge du fond motive légalement la condamnation prononcée contre les auteurs de cette négligence ou imprudence aux peines portées par l'art. 19 de la loi du 15 juillet 1845. — *Cass.*, 24 avr. 1847 (t. 1er 1847, p. 698), Petiet.

102. — Aux arrêts qui ont été rendus en matière de chemins de fer, et qui sont rapportés v° CHEMIN DE FER, nous ajouterons les suivans, intervenus depuis l'impression de ce mot. Il a été jugé :

103. — ... 1° Qu'une compagnie de chemin de fer ne peut, dans le silence du cahier des charges, apporter aucun changement à ses tarifs, soit pour les augmenter, soit pour les diminuer, qu'avec l'assentiment de l'autorité publique. — Si donc cette compagnie abaisse, même indirectement, ses tarifs, sans autorisation; elle est responsable du préjudice que cause cette réduction à une entreprise de transport obligée par là de baisser ses prix. — *Cass.*, 10 janv. 1849 (t. 1er 1849, p. 307), Talabot c. Buisar.

104. — ... 2° Que la même responsabilité est encourue par la compagnie qui a baissé ses tarifs sans observer les formalités et conditions imposées par le cahier des charges pour tout changement de cette nature. — *Cass.*, 10 janv. 1849 (t. 1er 1849, p. 307 et suiv.), de la Corbière c. Lamouroux, Talabot c. Lamouroux (2 espèces).

105. — ... 3° Que les tribunaux civils sont compétens pour statuer sur les dommages-intérêts réclamés par une entreprise de transport contre une compagnie de chemin de fer, en réparation du préjudice que cette compagnie a pu lui causer en abaissant irrégulièrement ses tarifs. — *Cass.*, 10 janv. 1849 (t. 1er 1849, p. 307 et suiv.), de la Corbière c. Lamouroux; même date, impl. arr., Talabot c. Buisar et Lamouroux.

106. — Mais il a été jugé d'un autre côté qu'une compagnie de chemin de fer à qui le cahier des charges de sa concession impose l'obligation de ne pouvoir abaisser son tarif qu'après avoir obtenu l'homologation du préfet et l'avoir préalablement annoncé par des affiches pendant un temps déterminé, ne peut être réputée avoir contrevenu à cette disposition pour avoir abaissé ce tarif durant une période d'essai alors qu'elle a agi sous la surveillance et avec l'approbation tacite de l'autorité supérieure. — Dès lors, l'abaissement du tarif étant autant dans l'intérêt du public que dans celui de la compagnie, et n'ayant été nullement opéré dans le but de détruire une industrie rivale : telle que celle des mariniers; la compagnie ne saurait être tenue envers ceux-ci d'aucuns dommages-intérêts. — *Paris*, 21 août 1847 (t. 2 1847, p. 390), chemin de fer de Rouen. — V. aussi *Paris*, 8 avril 1847 (t. 1er 1847, p. 521), Duchemin.

107. — Jugé également qu'il n'y a pas non plus, de la part de la compagnie, inaccomplissement de la condition que lui impose le cahier des charges de faire la perception des taxes indistinctement et sans aucune faveur : 1° en ce qu'elle aurait alloué à un de ses agens un droit de commission sur le produit brut du transport de marchandises qui se ferait par son intermédiaire; — 2° en ce qu'elle aurait accordé à un négociant une bonification de tant par tonne au sujet de granits transportés pour lui alors que celui-ci se chargeait de l'opération et des frais du chargement et du déchargement, qui devaient être au compte de la compagnie; — 3° en ce que, d'après les usages établis, elle aurait alloué une remise générale de tant de centimes par tonne aux expéditeurs qui lui remettraient plus de 1,000 tonnes par an; — 4° en ce qu'elle aurait fait à tous les expéditeurs de vins une remise sur le camionnage pendant certains mois de l'année, alors d'ailleurs que les frais de camionnage ne font pas partie des frais énoncés au cahier des charges. — Même arrêt.

108. — En l'absence de dispositions insérées au cahier des charges et au tarif d'un chemin de fer, un arrêté d'un préfet, confirmé par décision ministérielle, peut valablement ordonner que l'opération du chargement et du déchargement de certaines marchandises (des houilles, par exemple) sera effectuée par l'expéditeur lui-même et à ses frais. — *Cass.*, 1er déc. 1847 (t. 1er 1848, p. 464), de Rochetaillée. — V., en ce qui concerne la question de tarif, CHEMIN DE FER, n°s 189 et suiv.

109. — L'arrêt de Paris du 8 avril 1847 a également décidé qu'une compagnie de chemin de fer n'est tenue envers les tiers qu'à l'exécution des obligations qui lui sont imposées soit par la loi de concession, soit par le cahier des charges. Qu'en conséquence aucun intérêt privé n'a le droit de lui interdire de se livrer à tel genre d'industrie que bon lui semble, en dehors de l'exploitation de la voie de fer, limitée à l'enceinte réservée à ladite voie, sous la condition d'une concurrence loyale et de l'accomplissement des conditions du cahier des charges; et que l'établissement de bureaux et de magasins de réception dans l'intérieur des villes, l'envoi d'agens pour solliciter la remise de marchandises, le camionnage des marchandises, la distribution de circulaires ne sont pas des faits qui puissent constituer des manœuvres frauduleuses de la part de la compagnie ou une concurrence déloyale. — *Paris*, 8 avr. 1847 (t. 1er 1847, p. 521), Duchemin.

110. — Jugé encore qu'une compagnie peut légalement autoriser un service de camionnage et même tolérer l'établissement dans sa gare d'un bureau pour la comptabilité nécessaire à ce service, pourvu toutefois que les conventions intervenues à cet égard ne soient pas exclusives du droit appartenant à tous de constituer de semblables services. — Même arrêt. — V., relativement à la libre concurrence, CHEMIN DE FER, n°s 217 et suiv.

111. — En ce qui concerne la responsabilité des entrepreneurs de transport par chemin de fer, il a été décidé qu'une compagnie de chemin de fer est responsable de toute la valeur dûment justifiée des effets perdus et ne peut restreindre cette responsabilité en imprimant sur les bulletins délivrés aux voyageurs qu'en cas de perte d'effets il ne sera pas alloué au delà d'une somme fixe et déterminée. — *Douai*, 17 mars 1847 (t. 1er 1849, p. 362), chemin de fer du Nord.

112. — ... Que, d'ailleurs, une compagnie de chemin de fer, obligée d'effectuer le transport de tous les objets qui lui sont remis, moyennant les conditions déterminées dans le cahier des charges, ne pourrait imposer aux voyageurs ou expéditeurs une condition qui limiterait ainsi sa responsabilité, en cas de perte, qu'autant qu'elle y serait formellement autorisée par la loi. — Même arrêt.

113. — Jugé toutefois que la responsabilité de la compagnie ne s'étend pas aux sommes d'argent qui, se trouvant dans la malle du voyageur, n'ont été l'objet d'aucune déclaration spéciale de la part de ce dernier, qui n'a pas dès lors acquitté le prix spécialement fixé pour le transport de l'argent... Il en est ainsi alors surtout qu'il ne s'agit pas d'une somme modique placée par le voyageur dans sa malle pour subvenir aux frais de sa route, et qui pourrait, à ce titre, être considérée comme l'accessoire de son bagage. — Même arrêt. — V., au reste, sur la responsabilité des entrepreneurs de transport, COMMISSIONNAIRE DE TRANSPORT, n°s 98 et suiv., 136 et suiv. — V., aussi, *Alger*, 16 déc. 1846 (t. 2 1847, p. 300), Gabariou c. Bazin et Périer.

114. — Jugé encore, à cet égard : 1° que l'art. 103 C. comm., qui rend le voiturier garant des avaries des objets qu'il transporte, s'applique à toutes les entreprises ou sociétés qui se chargent du transport des marchandises, et par conséquent aux sociétés de chemin de fer. — *Paris*, 14 août 1847 (t. 2 1847, p. 321), chemin de fer de Versailles.

115. — ... 2° Que le destinataire n'est point tenu de faire procéder à la vérification de l'objet transporté : qu'il lui suffit de le refuser pour cause d'avarie. Dans ce cas la garantie est due par le voiturier; sauf les exceptions tirées du vice propre de la chose, ou de la force majeure. — Même arrêt.

116. — ... 3° Que l'art. 105 C. comm., d'après lequel la réception des objets transportés et le paiement du prix de la voiture éteignent toute action contre le voiturier, n'ayant entendu parler que d'un paiement postérieur au transport, n'est point applicable aux transports par chemins de fer, pour lesquels on est forcé de payer le prix d'avance. — *Paris*, 27 août 1847 (t. 2 1847, p. 467), compagnie du chemin de fer du Nord c. de Vatry.

117. — La faculté accordée à une compagnie concessionnaire d'un chemin de fer, de modifier les plans primitifs *en cours d'exécution* des travaux, en se bornant à obtenir l'approbation préalable de l'autorité supérieure, doit être combinée avec l'obligation imposée à cette compagnie, sous peine de déchéance, de mettre les travaux à fin dans un délai déterminé par la loi de concession. — *Cass.*, 10 mai 1847 (t. 1er 1847, p. 675), Estienne.

118. — En conséquence, à partir de l'expiration de ce délai, la compagnie concessionnaire du chemin de fer ne peut plus faire aucune modification aux plans primitifs, sans accomplir les formalités prescrites pour la déclaration d'utilité publique. — Peu importe, d'ailleurs, que les travaux n'aient pas été reçus définitivement par l'administration : l'inobservation de cette formalité ne peut avoir pour résultat de prolonger au delà du délai fixé par la loi, et indéfiniment, le terme de l'exécution des travaux, en ce qui regarde la garantie des droits des tiers. — Même arrêt.

119. — Les tribunaux civils sont incompétens pour ordonner, même en référé, la discontinuation de travaux exécutés sur un chemin communal par une compagnie concessionnaire d'un chemin de fer, dans les termes de sa concession. — Peu importe que la prise de possession n'ait point été précédée d'une indemnité, alors que les changemens apportés à la voie ne sont que la substitution d'une voie de communication à une autre. — Les chemins vicinaux ou communaux affectés à un service public ne peuvent, en effet, être complétement assimilés à une propriété privée, et sont régis par l'autorité administrative dans les modifications que peut éprouver leur direction. — *Paris*, 9 août 1847 (t. 2 1847, p. 677), commune de Savières c. Seguin. — V., aussi, CHEMIN DE FER, n°s 136 et suiv.; et CHEMINS VICINAUX, n°s 338 et suiv.

120. — Jugé également que le juge des référés est incompétent pour ordonner la constatation des dommages non permanens occasionnés par une compagnie de chemin de fer pour l'établissement de ce chemin. — C'est au conseil de préfecture qu'il faut, en pareil cas, s'adresser. — *Paris*, 30 août 1847 (t. 2 1847, p. 677), chemin de fer de Montereau. — V., aussi, CHEMIN DE FER, n° 137; TRAVAUX PUBLICS.

121. — L'art. 8 de la loi du 15 juill. 1845 sur les chemins de fer, en déclarant non négociables les récépissés de souscription d'actions dans les chemins de fer, s'applique seulement aux négociations par endossement, mais nullement aux cessions par les voies ordinaires, surtout lorsque ces cessions ont été opérées après l'adjudication définitive au profit de la compagnie concessionnaire, même avant sa constitution légale. — *Orléans*, 19 fév. 1848 (t. 1er 1848, p. 561), Caillet. — V. CHEMIN DE FER, nos 79 et suiv.

122. — Du 6-9 juin 1847, loi relative à la restitution des compagnies de chemins de fer. — Du 20-22 mars 1848, décret qui autorise la compagnie du chemin de fer d'Orléans à remplacer, moyennant une augmentation dans les tarifs, les voitures de 3e classe découvertes par des voitures couvertes. — Du 30 mars-2 avril 1848, décret qui, dans l'intérêt public, confie à des concessionnaires extraordinaires l'exploitation des chemins de fer d'Orléans et du centre. — Du 29 décembre 1848-22 fév. 1849, arrêté semblable relativement au chemin de fer de Sceaux.

V. CHEMINS DE FER, POSTES, TRAVAUX PUBLICS.

POLICE CORRECTIONNELLE.

Juridiction chargée de la répression des délits. — V. COMPÉTENCE (mat. crim.), TRIBUNAL DE POLICE CORRECTIONNELLE.

POLICE JUDICIAIRE.

V. COMMISSAIRE DE POLICE, FONCTIONNAIRES PUBLICS, FLAGRANT DÉLIT, GARDE CHAMPÊTRE, INSTRUCTION CRIMINELLE, JUGE D'INSTRUCTION, MINISTÈRE PUBLIC, OFFICIERS DE POLICE JUDICIAIRE.

POLICE MUNICIPALE.

V. POLICE et POUVOIR MUNICIPAL.

POLICE DU ROULAGE.

V. ROULAGE.

POLICE RURALE.

Tout ce qui se rattache à la police rurale est placé sous les mots POUVOIR MUNICIPAL et DÉLIT RURAL, ainsi que sous les divers articles auxquels ce mot renvoie. — Nous nous bornerons donc à mentionner ici quelques principes généraux.

1. — La police rurale a pour objet la tranquillité, la salubrité et la sûreté des campagnes. — Loi du 6 oct. 1791, tit. 2, art. 9.

2. — Les principales règles sont arrêtées dans la loi du 6 oct. 1791, dont les dispositions sont maintenues pour tous les cas à l'égard desquels le Code pénal n'en a pas établi de particulières. — *Cass.*, 10 fév. 1813 (int. de la loi), Brulain; 13 janv. 1815, Roderics.

3. — Cette loi a d'ailleurs abrogé les règlemens anciens sur les points dont elle s'est spécialement occupée. — *Cass.*, 14 pluv. an VII, Noisette.

4. — Le titre premier pose les principes généraux applicables à la propriété rurale.

5. — La propriété territoriale est libre en France et ne peut être assujettie envers les particuliers qu'aux redevances et aux charges dont la convention n'est pas défendue par la loi; et envers la nation qu'aux contributions publiques régulièrement votées et aux sacrifices que peut exiger le bien général, sous la condition d'une juste et préalable indemnité. — La culture des terres et la disposition des récoltes sont abandonnées au libre arbitre des propriétaires (*ibid.*, sect. 1re, art. 1er et 2). — Chacun peut faire sa récolte, de quelque nature qu'elle soit, avec tout instrument et au moment qui lui conviendra, sauf le droit d'autrui et le ban de vendanges, pour les vignes non closes, dans les lieux où ce ban est en usage. — Nulle autorité ne peut suspendre ou intervertir les travaux de la campagne dans les temps de la semence et des récoltes. — *Ibid.*, sect. 5, art. 1er et 2.

6. — Tout propriétaire est libre d'avoir chez lui telle quantité et telle espèce de troupeaux qu'il croit utiles à la culture et à l'exploitation de ses terres, et de les y faire pâturer exclusivement : sauf la servitude de parcours et de vaine pâture, maintenue sous les conditions déterminées par la loi. — Cette servitude ne met point obstacle au droit qu'a tout propriétaire de clore son héritage. — La clôture d'un héritage le soustrait à l'exercice du parcours et de la vaine pâture. — *Ibid.*, sect. 4, art. 1er, 4, 5 et 7.

7. — Nul agent de l'agriculture, employé avec des bestiaux au labourage ou à quelque travail que ce soit, ou occupé à la garde des troupeaux, ne peut être arrêté, sinon pour crime, avant qu'il ait été pourvu à la sûreté desdits animaux; et, en cas de poursuites criminelles, il y sera également pourvu immédiatement après l'arrestation, et sous la responsabilité de ceux qui l'auront exercée. — Les engrais, les ustensiles aratoires, les bestiaux servant au labourage, les ruches, les vers à soie pendant leur travail, ainsi que la feuille du mûrier nécessaire à leur nourriture, sont déclarés insaisissables. — *Ibid.*, sect. 3, art. 1er, 2, 3, 4.

8. — Cependant ce principe a été modifié par l'art. 594 C. proc. civ., qui porte qu'en cas de saisie d'animaux et d'ustensiles servant à l'exploitation des terres le juge de paix pourra, sur la demande du *saisissant* (le propriétaire et le saisi entendus ou appelés), établir un gérant à l'exploitation. — V. SAISIE-EXÉCUTION.

9. — La police rurale est dans les attributions de la police générale pour les cas où la nature des circonstances exige l'intervention de l'autorité centrale ou de ses agens, par exemple dans les cas d'épizootie ou autres semblables.

10. — Dans tous les autres cas elle appartient au pouvoir municipal, qui peut même agir, dans l'intérêt spécial de la commune, concurremment avec le pouvoir central, lorsque l'action de celui-ci est commandée par les circonstances, mais à la charge de ne point entraver son action.

11. — Elle était spécialement placée sous la juridiction des juges de paix et des officiers municipaux, et sous la surveillance des gardes champêtres et de la gendarmerie nationale, par l'art. 1er, tit. 2 de la loi du 6 oct. 1791.

12. — La juridiction des juges de paix et des officiers municipaux est remplacée aujourd'hui par les tribunaux correctionnels pour les infractions dont la peine excède 15 fr. d'amende et cinq jours d'emprisonnement (C. instr. crim., art. 179), et par les tribunaux de simple police, et par un des maires, pour les infractions qui donnent lieu à une peine moindre. — Art. 137 et 138, même Code.

13. — Quant à la gendarmerie, la surveillance des délits ruraux n'a pas cessé d'être dans ses attributions; et l'ordonnance royale du 20 oct. 1820 (art. 179) rappelle explicitement ses obligations à cet égard.

14. — Les gardes champêtres continuent également à avoir le même devoir. Quoique l'art. 16 du Code d'instruction criminelle ne leur donne compétence que pour constater les contraventions de police qui ont porté atteinte aux *propriétés* rurales et forestières, ces expressions ne doivent pas être entendues dans un sens restreint; elles se concilient d'ailleurs avec les attributions faites à ces officiers par la loi du 6 oct. 1791, et elles embrassent dans leur prévoyance même les contraventions commises sur les chemins publics dans les campagnes : attendu que ces chemins sont eux-mêmes des propriétés rurales; et que tout ce qui regarde leur sûreté et leur viabilité intéresse soit les communes propriétaires, soit les propriétés rurales qui y aboutissent. — *Cass.*, 1er déc. 1827, Médard Gourel; 24 avr. 1829, Geay.

15. — L'art. 8 (sect. 7, tit. 1er) de la loi du 6 oct. 1791 autorise indifféremment, soit la partie lésée, soit le ministère public, à poursuivre la répression des délits ruraux; le droit du ministère public n'est point subordonné à la plainte de la partie lésée.

16. — Legraverend (t. 1er, p. 53) dit que le ministère public ne doit pas poursuivre d'office les délits et contraventions contre les propriétés particulières non compris dans le Code pénal, tels que les dégâts ou dévastations dans les bois ou propriétés rurales des particuliers. — Bourguignon (*Jurispr. du Cod. crim.*, t. 1er, p. 4, n° 2 : sur l'art. 1er du Cod. d'instr. crim.) exprime la même opinion.

17. — La Cour de cassation elle-même a jugé que les délits et contraventions non classés dans le Code pénal, mais seulement déterminés dans des lois spéciales qui ont pour objet non pas l'ordre public, mais la conservation des propriétés publiques et particulières ne peuvent être poursuivis d'office par le ministère public, lorsqu'il n'y a ni poursuites ni plaintes du particulier lésé. — *Cass.*, 23 janv. 1813, Sappe.

18. — « Cette doctrine me paraît fausse, dit Mangin (*Traité de l'act. publ.*, t. 1er, p. 346, n° 161). La spécialité des lois qui prévoient certains délits ne doit point influer sur le libre exercice de l'action publique; parce que le Code d'instr. crimin. ne s'applique pas seulement aux délits prévus par le Code pén., mais à tous les faits punissables. Les dispositions préliminaires de ce Code forment le droit commun du royaume, et l'art. 4 porte que la renonciation à l'action civile ne peut arrêter ni suspendre l'exercice de l'action publique. — La circonstance qu'un délit ne porte atteinte qu'à une propriété privée n'empêche pas l'exercice direct de l'action publique; parce que quand la loi ne se borne pas à soumettre à des réparations civiles l'auteur d'un dommage, mais qu'elle lui inflige des peines, elle lui déclare expressément que le fait constitue une atteinte à l'ordre public, intéressé à ce que ce genre de dommage ne soit pas commis. »

19. — Nous ne voyons pas d'ailleurs comment les tribunaux pourraient opposer à l'action indépendante du ministère public une exception qui n'est point écrite dans la loi, et comment cette exception, fondée sur des raisonnemens tirés de la nature même des contraventions, pourrait être opposée lorsqu'il s'agit des contraventions rurales prévues par la loi de 1791 et ne pourrait pas l'être pour les contraventions rurales prévues par le Code pénal. — *Cass.*, 11 juin 1813, Victoire.

20. — La jurisprudence, au surplus, n'était pas constante, et elle a fini par reconnaître le droit du ministère public. — *Cass.*, 15 fév. 1811, Pinard; 23 déc. 1814, Libelle; 31 oct. 1822, Mareau; 17 oct. 1837 (t. 1er 1837, p. 622), Gilles, Duclaux et Coste.

V., au surplus, DÉLIT RURAL, GARDE CHAMPÊTRE, GENDARME, GENDARMERIE, POUVOIR MUNICIPAL.

POLICE SANITAIRE.

POLICE SANITAIRE. — **1.** — On désigne ainsi l'ensemble des mesures prises par le gouvernement pour empêcher la communication en France des maladies contagieuses qui peuvent infecter les pays étrangers.

§ 1er. — *Mesures sanitaires* (n° 2).

§ 2. — *Autorités sanitaires. — Leurs attributions en matière de police judiciaire et de l'état civil* (n° 34).

§ 3. — *Crimes, délits et contraventions en matière sanitaire* (n° 50).

—

§ 1er. — *Mesures sanitaires*,

2. — Les mesures sanitaires restrictives de la liberté du commerce, mais indispensables pour la salubrité publique, ne furent longtemps appliquées que dans les ports de la Méditerranée. Alors le commerce du Levant était seul redouté pour la communication des maladies contagieuses; et si quelques mesures administratives étaient prises de loin en loin pour les ports de l'Océan, elle disparaissaient avec les circonstances qui les avaient fait naître. — Règlement du roi du 25 août 1683; déclaration du 26 nov. 1729; ordonn. 28 janv. 1748 et 27 avr. 1786; décret du 9 mai 1793. — Beaussant, *Code maritime*, t. 2, n° 569.

3. — Mais, en 1821, l'apparition de la fièvre jaune en Catalogne provoqua pour toute la France des mesures générales, destinées à régler d'une manière uniforme la police sanitaire tant pour les provenances de mer que pour celles de terre.

4. — D'abord une ordonnance royale du 27 sept. 1821 prescrivit différentes mesures sanitaires à suivre dans plusieurs départemens et principalement dans ceux qui avoisinaient l'Espagne.

5. — Jugé que, d'après cette ordonnance du 27 sept. 1821, le fait de la violation du cordon sanitaire suffisait pour rendre inévitable la traduction en justice. C'était seulement pour l'application de la peine qu'il y avait lieu à apprécier les circonstances qui avaient pu précéder, accompagner ou suivre la violation du cordon sanitaire. — *Cass.*, 4 janv. 1822, Bigné.

6. — Peu de temps après fut rendue la loi du 3 mars 1822 sur la police sanitaire, laquelle fut suivie de l'ordonnance d'exécution du 7 août suivant. Leurs dispositions ont organisé tout le régime sanitaire.

7. — Suivant l'art. 1er de la loi du 3 mars 1822, le chef du gouvernement détermine par des ordonnances : 1° les pays dont les provenances doivent être habituellement ou temporairement soumises au régime sanitaire; 2° les mesures à observer sur les côtes, dans les ports et rades, dans les lazarets et autres lieux réservés; 3° les mesures extraordinaires que l'invasion ou la crainte d'une maladie pestilentielle rend nécessaires sur les frontières de terre ou dans l'intérieur.

8. — Le chef du gouvernement règle les attributions et le ressort des autorités administratives chargées de l'exécution de ces mesures, et leur délègue le pouvoir d'appliquer provisoirement, dans des cas d'urgence, le régime sanitaire aux portions du territoire qui seraient inopinément menacées. — Les ordonnances ou les actes administratifs prescrivant l'application des dispositions de la présente loi à une portion du territoire français doivent être, ainsi que la loi elle-même, publiés et affichés dans chaque commune qui devra être soumise à ce régime. Les dispositions pénales de la loi ne sont applicables qu'après cette publication. — L. 3 mars 1822, art. 1er.

9. — Les pays qui peuvent avoir des relations commerciales avec la France sont divisés en pays habituellement et actuellement sains, et en pays qui ne sont pas habituellement sains ou se trouvent accidentellement infectés. — L. 3 mars 1822, art. 2 et 3.

10. — Les provenances des premiers pays sont admises à la libre pratique immédiatement après les visites et les interrogatoires d'usage, à moins d'accidens ou de communications de nature suspecte survenues depuis leur départ. — *Ibid.*, art. 2.

11. — Sont exceptés de toute vérification, à moins de circonstances extraordinaires : sur les côtes de l'Océan, les bateaux pêcheurs, les bâtimens des douanes et les navires qui font le petit cabotage d'un port français à un autre; — sur les côtes de la Méditerranée : les bâtimens des douanes, qui ne sortent pas de l'étendue de leur direction. — Ordonn. 7 août 1822, art. 4.

12. — Les provenances des pays qui ne sont pas habituellement sains ou qui se trouvent accidentellement infectés sont soumises à trois catégories de précautions qui sont plus ou moins sévères, suivant les degrés de suspicion, et que la loi du 3 mars 1822 a désignées sous les noms de *régimes de la patente nette*, de la *patente suspecte*, de la *patente brute*. — Art. 3.

13. — Ces provenances sont dès lors rangées : 1° sous le régime de la *patente brute*, si elles sont ou ont été, depuis leur départ, infectées d'une maladie réputée pestilentielle, si elles viennent de pays qui en soient infectés, ou si elles ont communiqué avec des lieux, des personnes ou des choses qui auraient pu leur transmettre la contagion. — Même article.

14. — ... 2° Sous le régime de la *patente suspecte*, si elles viennent de pays où règne une maladie soupçonnée d'être pestilentielle ou de pays qui, quoique exempts de soupçon, sont ou viennent d'être en libre relation avec des pays qui s'en sont trouvés entachés, ou enfin si des communications avec des provenances de ces derniers pays ou des circonstances quelconques font suspecter leur état sanitaire. — Même article.

15. — ... 3° Sous le régime de la *patente nette*, si aucun soupçon de maladie pestilentielle n'existait dans le pays d'où elles viennent, si ce pays n'était point ou ne venait point d'être en libre relation avec des lieux entachés de ce soupçon, et enfin si aucune communication, aucune circonstance quelconque ne fait suspecter leur état sanitaire. — Même article.

16. — Les provenances placées sous l'un des trois régimes de patente peuvent être soumises à des *quarantaines* plus ou moins longues, selon chaque régime, la durée du voyage et la gravité du péril. Elles peuvent même être repoussées du territoire français, si la quarantaine ne peut avoir lieu sans exposer la santé publique. — Art. 4.

17. — La classification sous le régime de la patente suspecte et de la patente brute entraîne une quarantaine de rigueur plus ou moins longue, avec les purifications d'usage, selon le degré d'infection ou de suspicion sanitaire. — Ordonn. 7 août 1822, art. 7.

18. — La quarantaine constitue un état de séquestration pour les navires et les provenances qui y sont soumis. Elle se fait dans des *lazarets* et autres lieux réservés du territoire, avec lesquels la communication est interdite au moyen d'un cordon sanitaire. — *Ibid.*, art. 9 et 10.

19. — Pour les provenances soumises au régime de la patente brute ou suspecte, la quarantaine est qualifiée *de rigueur*. Sa durée varie, savoir : 1° pour la patente brute, de quinze à quarante jours sur les côtes de la Méditerranée, les frontières de terre et les autres lignes de l'intérieur où les communications ont été restreintes, et de dix jours à trente jours sur les côtes de l'Océan et de la Manche. — Art. 32 et 34.

20. — ... 2° Pour la patente suspecte, de dix à trente jours sur les côtes de la Méditerranée, les frontières de terre et les lignes de l'intérieur, et de cinq à vingt jours sur les côtes de l'Océan et de la Manche. — Art. 34.

21. — Quant aux provenances soumises seulement au régime de la patente nette, la quarantaine dite *d'observation*, est de trois à deux jours sur les côtes de la Méditerranée et les frontières de terre et les lignes de l'intérieur; et de vingt à dix jours sur les côtes de l'Océan et de la Manche. — Art. 33.

22. — Les objets mis en quarantaine sont purifiés autant que possible par tous les procédés connus, et notamment par l'air et les parfums; la correspondance est ordinairement incisée et passée au vinaigre. — Beaussant, *Code maritime*, n° 579.

23. — Au cas d'impossibilité de purifier, de conserver ou de transporter sans danger des animaux ou des objets susceptibles de transmettre la contagion, ils peuvent être, sans obligation d'en rembourser la valeur, les animaux tués et enfouis, les objets matériels détruits et brûlés. — La nécessité de ces mesures est constatée par des procès-verbaux, lesquels font foi jusqu'à inscription de faux. — L. 3 mars 1822, art. 5.

24. — L'état de séquestration ne finit que par la décision de l'autorité compétente, qui prononce l'admission à la libre pratique : soit après la reconnaissance de l'état sanitaire à l'égard des provenances qui n'inspirent aucun soupçon, soit au terme de la quarantaine à l'égard des autres, soit au terme des interdictions prononcées, suivant le régime auquel ces provenances sont soumises. — Ordonn. 7 août 1822, art. 12.

25. — Tout navire arrivant d'un port quelconque, et quelle que soit sa destination, doit en général être porteur d'une patente de santé, laquelle fait connaître l'état sanitaire des lieux d'où il vient et son propre état sanitaire au moment où il en est parti. — Art. 13.

26. — Le navire qui n'a point de patente de santé est sujet, outre les mesures auxquelles son état sanitaire le soumet, à un surcroît de quarantaine réglé selon les circonstances et qui ne peut être moindre de cinq jours. — Art. 14.

27. — Mais sont exemptés de toute vérification sanitaire et dispensés de la patente de santé : 1° sur les côtes de l'Océan, les bateaux-pêcheurs, les bâtimens des douanes et les navires qui font le petit cabotage d'un port français à un autre; — 2° sur les côtes de la Méditerranée : les bâtimens, des douanes, qui ne sortent pas de l'étendue de leur direction. — Art. 4 et 13.

28. — Depuis la loi de 1822, et à mesure que les craintes de communications pestilentielles ont diminué, le gouvernement s'est relâché de sa première sévérité. De nombreuses ordonnances ont admis en libre pratique différentes provenances, ou changé pour d'autres le régime de leur patente.

29. — L'état de libre pratique cesse à l'égard des personnes ou des choses qui ont été en contact avec des personnes ou des choses se trouvant en état de séquestration sanitaire : sans préjudice des peines encourues, si, après ce contact et avant d'avoir recouvré leur état de libre pratique, il y a eu communication entre elles et le territoire. La cessation de libre pratique a lieu même pour les bâtimens dispensés de vérification et de patente de santé, s'ils communiquent en mer avec des navires qui ne sont pas en état de libre pratique. — Ord. 7 août 1822, art. 11.

30. — Si un bâtiment, amené par un pilote dans un port, provient de pays suspect de contagion, et ne peut conséquemment être admis à la libre pratique, le pilote conduit le bâtiment à l'endroit fixé pour les visites et précautions sanitaires, sans communiquer avec lui s'il est possible; le pavillon de quarantaine est arboré à la tête du mât d'artimon, et si le navire n'a qu'un mât, le pavillon est frappé sur l'étai de beaupré, et d'une manière visible. — Décr. 12 décemb. 1806, art. 22.

31. — Tout navire, tout individu qui tente, en infraction aux règlemens, de pénétrer en libre pratique, de franchir un cordon sanitaire ou de passer d'un lieu infecté ou interdit dans un lieu qui ne le serait point, est, après due sommation de se retirer, repoussé de vive force, et ce, sans préjudice des peines encourues. — L. 3 mars 1822, art. 6.

32. — Les marchandises et autres objets déposés dans les lazarets et autres lieux réservés, qui ne sont pas réclamés dans le délai de deux ans, sont vendus aux enchères publiques. — Ils peuvent, s'ils sont périssables, être vendus avant ce délai, en vertu d'une ordonnance du président du tribunal de commerce, ou, à défaut, du juge de paix. Le prix en provenant, déduction faite des frais, est acquis à l'Etat, s'il n'est pas réclamé dans les cinq années qui suivent la vente. — L. 3 mars 1822, art. 20.

33. — Toutes ces mesures sanitaires sont également applicables aux frontières de terre, lorsque la nécessité de soumettre ces frontières au régime sanitaire a été reconnue par le gouvernement. — L. 3 mars 1822, art. 4; ord. 7 août 1822, art. 33, 35 et 40.

§ 2. — *Autorités sanitaires. — Leurs attributions en matière de police judiciaire et de l'état civil.*

34. — Un conseil supérieur de santé est organisé près le ministre de l'intérieur, pour être consulté par lui sur les matières sanitaires; ce conseil se compose de douze membres nommés par le roi et d'un secrétaire nommé par le ministre. — Ord. 7 août 1822, art. 55.

35. — La police sanitaire est placée sous la surveillance des préfets, et exercée par des corps appelés *intendances* et *commissions sanitaires*. — Même ord., art. 48.

36. — Les *intendances* sont chargées de faire les règlemens locaux jugés nécessaires, et de diriger les commissions établies dans leur ressort. — *Ibid.*, art. 49, 50 et 52. — Elles se composent de huit membres, au moins, et de douze au plus, nommés par le ministre. — *Ibid.*, art. 56.

37. — Les *commissions*, placées hors du ressort des intendances, agissent sous la direction immédiate du préfet, qui ne peut faire de règlemens qu'après les avoir consultées. — *Ibid.*, art. 49 à 51. — Elles sont composées de quatre membres, au moins, et de huit au plus, nommés par les préfets. — *Ibid.*, art. 56.

38. — Le siége et le ressort des intendances ont été fixés par une ordonnance, du 7 juillet 1824, qui détermine en même temps le siége des commissions, dont le ressort a été ensuite réglé par une ordonnance du 9 octobre 1825. — Différentes ordonnances ultérieures en ont successivement modifié les dispositions.

39. — Les intendances et les commissions ont sous leurs ordres des secrétaires, des officiers de lazaret, des médecins, des interprètes, des agens sanitaires préposés à la surveillance des côtes, et enfin des gardes de santé destinés à être placés à bord des navires, dans les lazarets et autres lieux réservés. — *Ibid.*, art. 59.

40. — Les membres des autorités sanitaires exercent les fonctions d'officiers de police judiciaire exclusivement, et pour tous crimes, délits et contraventions, dans l'enceinte et les parloirs des lazarets et autres lieux réservés. Dans les autres parties du ressort de ces autorités, ils les exercent concurremment avec les officiers ordinaires, pour les crimes, délits et contraventions en matière sanitaire. — L. 3 mars 1822, art. 17.

41. — Les *officiers ordinaires* que la loi a entendu désigner dans son art. 7, sont les tribunaux ordinaires; et non les conseils de guerre maritimes, qui n'ont qu'une juridiction exceptionnelle. — *Cass.*, 27 sept. 1828, de Vitrolles.

42. — A cet égard il y a lieu de remarquer que les lois sur le régime et la police sanitaire sont des lois spéciales, qui, pour tout ce qui concerne leur exécution, emportent dérogation aux lois générales. — *Cass.*, 3 déc. 1831, Lapierre.

43. — Les autorités sanitaires connaissent exclusivement, dans l'enceinte des parloirs, lazarets et autres lieux réservés, sans appel ni recours en cassation, des contraventions de simple police. — L. 3 mars 1822, art. 18; ordonn. 7 août 1822, art. 73. — V. *infrà* nos 55 et suiv.

44. — Les expéditions des jugemens et autres actes de la procédure sont délivrés sur papier libre et sans frais. — Même loi, art. 18.

45. — Les membres desdites autorités exercent aussi dans les mêmes lieux réservés les fonctions d'officiers de l'état civil. Ils dressent les actes de naissance et de décès, en présence de deux témoins, et en adressent dans les vingt-

quatre heures expédition à l'officier ordinaire de l'état civil de la commune où est situé l'établissement, lequel en fait la transcription. — L. 3 mars 1822, art. 19; ordonn. 7 août 1822, art. 77.

46. — Quant aux testamens, la loi du 3 mars 1822 dit qu'ils seront dressés conformément aux art. 985, 986 et 987 du Code civil (art. 19). — Il y a là évidemment une lacune, et la loi aurait bien fait d'accorder à l'autorité sanitaire le pouvoir de recevoir les testamens dans les lazarets et autres lieux réservés. — Beaussant, t. 2, p. 28.

47. — Les mesures sanitaires donnent lieu, vis-à-vis de ceux qui en sont l'objet, au paiement de droits dont la perception est légalement autorisée chaque année dans le chapitre du budget des recettes. — Le tarif des droits sanitaires a été fixé en dernier lieu par l'art. 9 de la loi du 24 juill. 1843.

48. — La Cour de Douai avait décidé que l'action en paiement des frais dus à une commission sanitaire, à raison de la quarantaine d'un navire, devait être portée devant le tribunal civil et non devant le tribunal de commerce. — *Douai*, 19 nov. 1833, Comm. sanit. de Calais c. Dupont. — Mais cet arrêt a été cassé, et la Cour de cassation a décidé qu'au contraire une pareille action était de la compétence des tribunaux de commerce. — *Cass.*, 22 avril 1835, mêmes parties.

49. — Lorsqu'une intendance sanitaire a annulé la visite d'un navire ordonnée par une commission sanitaire de son ressort, le médecin et le pilote qui avaient été chargés par cette commission de faire la visite annuelle ne peuvent, pour obtenir le paiement de leurs frais de visite, poursuivre les propriétaires du navire devant les tribunaux de commerce; l'autorité administrative ayant seule le droit de réformer ou de maintenir la délibération de l'intendance sanitaire, qui annule la visite du navire. — Le tribunal de commerce, qui, sans avoir égard au déclinatoire fondé sur la compétence administrative, a condamné le capitaine du navire au paiement des frais de la visite annulée par l'intendance, commet un excès de pouvoir. — *Cass.*, 28 août 1833, Ponsan et Lasserre.

§ 3. — *Crimes, délits et contraventions en matière sanitaire.*

50. — Les crimes, délits et contraventions en matière sanitaire sont punis de peines plus ou moins graves, selon la qualité des délinquans, le régime sous lequel étaient placées les provenances objet du délit, les moyens à l'aide desquels a été commis le fait de la communication ou de la non-communication de la contagion; ces peines sont la mort, les travaux forcés, la réclusion, la dégradation civique, l'emprisonnement et l'amende. — L. 3 mars 1822, art. 7 à 17. — Goujet et Merger, *Dict. de droit commerc.*, vº *Police sanitaire*, nº 33.

51. — L'individu qui se trouve sur un bâtiment venant d'un port non suspect habituellement, et actuellement sain, et qui a gagné la côte à la nage au moment de la visite faite par un bâtiment de l'État, doit être puni des peines portées par l'art. 14 de la loi du 3 mars 1822 et non de celles de l'art. 7 de la même loi. — *Cass.*, 2 juin 1837 (t. 2 1837, p. 179), Mauléon.

52. — Les infractions en matière sanitaire peuvent même n'être passibles d'aucune peine, lorsqu'elles n'ont été commises que par force majeure, ou pour porter secours en cas de danger, si la déclaration en a été immédiatement faite à qui de droit. — Même loi, art. 15.

53. — On doit considérer un naufrage comme un cas de force majeure; ceux qui se sont mis en communication avec des personnes ou des effets naufragés ne sont donc passibles d'aucune peine, s'ils en ont fait immédiatement la déclaration à qui de droit. — Beaussant, t. 2, p. 35 et suiv.

54. — Les crimes, délits et contraventions, en matière sanitaire, sont de la compétence des tribunaux ordinaires.

55. — Il n'y a d'exception qu'à l'égard des contraventions de simple police commises dans l'enceinte et le parloir des lazarets, dont la connaissance est, comme on l'a vu *suprà* nº 43, exclusivement attribuée aux autorités sanitaires.

56. — L'intendance sanitaire ne pouvant connaître que des délits et contraventions contre la police sanitaire, tout doit rentrer dans l'ordre ordinaire des juridictions dès qu'il ne s'agit pas de contraventions, délits ou crimes contre les lois sanitaires, lors même qu'ils auraient eu lieu à leur occasion. — En conséquence, l'injure faite à un garde sanitaire par le commandant d'un bâtiment sur lequel ce garde était placé pour y exercer ses fonctions, bien qu'elle ait eu lieu à l'occasion de la qualité du garde, ne peut être considérée que comme une infraction à la police ordinaire à bord des vaisseaux, si d'ailleurs elle n'a pas interrompu ou empêché le service du garde, et par suite cette injure ne rend son auteur justiciable que du conseil de guerre maritime. — *Cass.*, 27 sept. 1828 (règl. de juges), de Vitrolles.

57. — Les gardes de santé placés à bord des bâtimens par les autorités sanitaires sont responsables seulement envers leurs chefs et indépendans de l'autorité des commandans, sauf la soumission aux lois de police ordinaire à bord des vaisseaux, comme tout autre individu non marin embarqué, sans toutefois qu'ils puissent être empêchés dans l'exercice de leur surveillance. — Les violences et séquestrations exercées par les gardes, pendant qu'ils exercent leurs fonctions sur un bâtiment, sont de la compétence des tribunaux ordinaires, et non de celle des conseils de guerre maritimes. — *Cass.*, 3 déc. 1831 (règl. de juges), Lapierre.

58. — La loi du 3 mars 1822 ne soustrait pas les militaires à leur juridiction ordinaire, et c'est par-devant le conseil de guerre qu'ils doivent être traduits pour les infractions commises en matière sanitaire comme pour les autres crimes et délits. — Favard, vº *Police sanitaire*, nº 6.

59. — La loi du 3 mars 1822 ne prévoit pas le cas de complicité; mais il faut alors recourir aux art. 59 et 60 du Code pénal, qui définissent et punissent la complicité. — Beaussant, t. 2, p. 37.

60. — De même l'art. 463 du Code pénal, qui permet l'admission des circonstances atténuantes, est applicable à tous les crimes en matière sanitaire. — Beaussant, t. 2, p. 37.

POLISSEURS.

Polisseurs d'objets en or, argent, cuivre, acier, écaille, os, corne. — Patentables de 6e clas. — Droit fixe basé sur la population, droit proportionnel du 20e de la valeur locative de l'habitation et des lieux servant à l'exercice de la profession. — V. PATENTE.

POLLICITATION.

1. — C'est la promesse qui n'est pas encore acceptée par celui à qui elle est faite.

2. — Ainsi elle diffère de la convention ou du contrat qui renferme le concours des volontés de deux personnes. — Pothier, *Oblig.*, nº 4. — V. OBLIGATION, nºs 34 et suiv.

3. — La pollicitation ne produit point d'obligation, et celui qui a fait la promesse peut, par conséquent, s'en dédire tant qu'elle n'a pas été acceptée. — Pothier, *ibid.*

4. — Cependant les Romains considéraient comme obligatoires, en deux cas, les pollicitations qu'un citoyen faisait à sa ville : 1º lorsqu'il avait eu un juste sujet de les faire, par exemple en considération de quelque charge municipale qui lui avait été déférée *ad honorem*; 2º lorsqu'il avait commencé à les exécuter. — L. 1re, § 1er et 2, D., *De pollicit.*

5. — Il n'en est pas ainsi dans notre droit. Les donations faites au gouvernement, aux villes ou établissemens publics sont assujetties à l'acceptation comme les donations entre particuliers, et elles n'engagent le donateur que du jour de cette acceptation. — Ord. 1731, art. 3; C. civ., art. 893. — Pothier, *ibid.*; Toullier, t. 5, nº 217; Duranton, t. 10, nº 52.

6. — Toutefois, il ne faut pas confondre avec les pollicitations la reconnaissance qu'une partie ferait au profit d'une autre, même absente, qu'elle doit à celle-ci certaine somme pour telle ou telle cause. C'est là moins un contrat que la preuve d'une dette ou d'une obligation déjà existante. — Duranton, *ibid.*; Rolland de Villargues, *Rép. du notar.*, vº *Pollicitation*, nº 5.

POLYGAMIE.

1. — C'est l'état d'un homme qui est marié avec plusieurs femmes en même temps, ou d'une femme mariée également à plusieurs hommes. On appelle aussi ce second des deux états *polyandrie.*

2. — Anciennement, la polygamie était admise par plusieurs nations du paganisme; elle était même permise par la loi de Moïse. Mais ce n'était là qu'une simple faculté que les docteurs avaient subordonnée à la condition d'avoir une fortune suffisante pour subvenir aux besoins de plus d'une épouse. — Décis. du grand sanhédrin, 2 mars 1807, art. 1er; Duvergier, *Collect. des lois* à cette date.

3. — La polygamie est encore aujourd'hui permise en Turquie et chez certains peuples de l'Asie. Mais elle est proscrite, comme elle l'a été de tout temps, chez les nations civilisées, qui tiennent à la dignité de la femme et au maintien de l'esprit de famille. — V., au surplus, BIGAMIE, MARIAGE, nºs 172 et suiv.

POLYTYPAGE (Fabricans de).

Patentables de 4e classe. — Droit fixe basé sur la population, — droit proportionnel du 20e de la valeur locative de l'habitation et des lieux servant à l'exercice de la profession. — V. PATENTE.

POMPES, POMPES A FEU.

1. — Fabricans de pompes à incendie, fabricans de pompes de métal. — Patentables les premiers de 4e et les derniers de 5e classe. — Droit fixe basé sur la population, — droit proportionnel du 20e de la valeur locative de l'habitation et des lieux servant à l'exercice de la profession.

2. — Fabricans de pompes de bois. — Patentables de 7e classe. — Même droit fixe que les précédens, sauf la différence de classe; — droit proportionnel du 40e de la valeur locative de tous les locaux qu'ils occupent, mais seulement dans les communes de 20,000 âmes et au-dessus. — V. PATENTE.

3. — Quant aux pompes à feu à haute pression, c'est-à-dire dans lesquelles la force élastique de la vapeur fait équilibre à plus de deux atmosphères, lors même qu'elles brûleraient leur fumée, elles sont rangées dans la 2e classe des établissemens insalubres.

4. — Les pompes à feu à basse pression, c'est-à-dire fonctionnant à moins de deux atmosphères, brûlant ou non leur fumée font partie de la 3e classe seulement. — V. ÉTABLISSEMENS INSALUBRES (nomenclature). — V., aussi, MACHINES A VAPEUR.

POMPIERS.

V. SAPEURS-POMPIERS.

POMPES FUNÈBRES.

1. — Tout ce qui concerne cette matière a été traité vº INHUMATION. — V., aussi, CIMETIÈRE, CULTE, ÉGLISE, FABRIQUES D'ÉGLISE, INHUMATIONS ET POMPES FUNÈBRES (Entrepreneurs d').

2. — Une ordonnance de police du 1er fév. 1835 (art. 1er) défend à tous cochers, charretiers et autres conducteurs de voitures, diligences, charrettes de quelque genre qu'elles puissent être d'arrêter les convois funèbres, de les interrompre et de les séparer dans leurs marches sous peine d'être traduits devant les tribunaux compétens. — CRIMES, DÉLITS ET CONTRAVENTIONS.

PONCTUATION.

1. — La loi, qui ne détermine rien sur l'expression qu'on doit employer, s'occupe bien moins encore des points et des virgules. — Lettre de d'Aguesseau au procureur général de Grenoble.

2. — La Cour de cassation a décidé d'après cela le 22 oct. 1814 (N...) que le notaire qui, depuis le décès du testateur, surcharge de parenthèses et de virgules la minute d'un testament qu'il a reçu, ne se rend pas coupable du crime de faux par le motif qu'un simple changement opéré dans la ponctuation d'un acte ne peut en altérer le contenu et la substance.

3. — Cependant, ajoute M. Rolland de Villargues (*Rép. du notariat*, 2e édition, vº *Ponctuation*, nº 3), cette raison de décider pourrait sembler trop absolue. Il peut arriver qu'un simple changement dans la ponctuation d'un acte dénature le contenu et la substance de cet acte. Nul doute alors, suivant la doctrine même de la Cour suprême, que l'on ne doive décider qu'il y a faux.

4. — Aussi a-t-il été décidé, comme on l'a vu vº ACTE AUTHENTIQUE (nº 102), qu'un testament public faisait foi jusqu'à inscription de faux de sa ponctuation; et qu'ainsi il fallait s'inscrire en faux lorsqu'on prétendait qu'une virgule avait été placée après coup dans telle ou telle partie d'un testament. — *Limoges*, 14 août 1810, Meilhac; *Cass.*, 12 juin 1815, mêmes parties.

5. — Toutefois, il faut tenir compte des erreurs qui peuvent se glisser dans la ponctuation par celui qui écrit. — L. 92, D., *De reg. juris.* — Rolland de Villargues, nº 4. — V. ERREUR DE RÉDACTION.

PONDICHÉRY.

V. INDE (établissemens de l').

PONT.

1. — Ouvrage destiné à mettre en comunication les deux rives d'un cours d'eau naturel ou artificiel pour en faciliter la traversée.

2. — Les ponts font partie des routes et sont soumis comme tels à toutes les règles de la voirie de laquelle ils dépendent.

3. — Les ponts qui sont destinés au service des grandes routes ou des chemins vicinaux sont, en principe, à la charge de l'Etat, des départemens et des communes, et sont adjugés et exécutés de la même manière que tous les autres travaux d'utilité publique.

4. — Si le pont se trouve situé sur une route départementale et appartient également au territoire de deux départemens limitrophes, les frais de réparation doivent être à la charge des deux départemens. — *Cons. d'État*, 25 janv. 1831, préfet de la Seine.

5. — Les communes qui ont intérêt à la construction d'un pont établi par l'Etat peuvent être également contraintes par l'autorité à contribuer à la dépense, dans la proportion de leur intérêt. — *Cons. d'Etat*, 10 mai 1833, Commune de Kirchelm.

6. — Jugé toutefois que les frais d'entretien d'un pont ne peuvent être mis à la charge d'une commune qui n'a pris l'engagement d'y pourvoir que sous la condition (non réalisée) qu'elle deviendrait propriétaire du pont et serait affranchie ainsi du péage. — *Cons. d'Etat*, 26 juin 1845, Boisdon et Simon.

7. — C'est d'ailleurs aux préfets et non aux conseils de préfecture qu'il appartient, à cet égard, de déterminer dans quelles proportions chaque commune doit être imposée. — *Ibid.*

8. — Jugé, dans une espèce particulière, que les frais d'entretien d'un pont assis sur les deux rives d'un canal qui fait la délimitation de deux communes doivent demeurer à la charge de celle de ces communes qui a un intérêt spécial et particulier à l'existence de ce pont. — *Douai*, 2 mars 1836, Commune de Bourbourg-ville c. Commune de Bourbourg-campagne.

9. — La nature particulière des services que les ponts peuvent rendre permet facilement à l'Etat d'assurer la rentrée des dépenses de leur construction au moyen de l'établissement de droits de péage.

10. — Les tarifs de ces droits, autorisés par toutes nos lois de finances, comme participant à la nature de l'impôt, doivent être arrêtés par le gouvernement en la forme de règlement d'administration publique.

11. — Jugé, d'ailleurs, que, les droits de péage devant être considérés comme de véritables impôts, il n'est pas permis d'ajouter aux dispositions littérales des tarifs établis par l'autorité compétente. — *Cass.*, 28 août 1847 (t. 2 1847, p. 733), Société du débarcadère de Pouillas c. Favre de Rieunègre.

12. — A l'aide de ce moyen, le gouvernement peut même se dispenser de faire aucune avance, en faisant à des particuliers une concession temporaire du droit de péage, à la charge par eux de construire le pont; de telle sorte qu'à l'expiration de la concession, il devient propriétaire du pont sans avoir fait aucune dépense. — Arrêt Cons. 24 vend. an XII, art. 2.

13. — Les communes elles-mêmes, lorsqu'elles n'ont pas de revenus suffisans pour payer les frais de réparation d'un pont à leur charge, peuvent obtenir du gouvernement l'autorisation de percevoir un droit de péage dont les produits sont employés à la dépense.

14. — L'autorisation de construire un pont sur une rivière qui n'est ni navigable ni flottable ne peut préjudicier en rien aux questions de propriété et d'usage des eaux, qui restent, dès lors, entièrement soumises au jugement des tribunaux ordinaires seuls compétens à cet égard. — *Cons. d'Etat*, 2 mars 1832, Dellier.

15. — Quant à la nature du droit de concession de péage, il a été jugé qu'on ne pouvait l'assimiler ni à une emphytéose, ni à un usufruit, et que ce droit n'est point susceptible d'hypothèque. — *Nîmes*, 2 août 1847 (t. 1er 1848, p. 119), Mignot c. Latourne et Clauzel.

16. — Par le fait même de la concession, l'administration contracte envers les concessionnaires l'obligation de les maintenir dans leur jouissance et de n'apporter, dans l'état des lieux, aucun changement susceptible de leur porter préjudice.

17. — Ainsi, si l'administration, en détournant le cours d'une rivière, rendait la concession inutile; si elle détruisait la route aboutissant au pont construit sur la foi de la concession, nul doute qu'elle serait tenue d'indemniser les concessionnaires avec lesquels elle aurait contracté.

18. — Mais il faut bien remarquer d'ailleurs que les concessionnaires en pareil cas ne sauraient jamais prétendre qu'à une indemnité, sans pouvoir, en quoi que ce soit, s'opposer aux mesures que l'administration croirait devoir prendre, à leur préjudice, dans l'intérêt public.

19. — Ainsi, il a été jugé, dans ce sens, que l'ouverture d'une nouvelle communication publique, et spécialement l'établissement d'un pont, est un acte d'administration motivé sur des considérations d'ordre public et d'utilité générale qui ne peut donner lieu qu'à une demande en indemnité de la part des tiers qui se croient lésés; mais qui ne peut être attaqué par la voie contentieuse. — *Cons. d'Etat*, 18 août 1831, compagnie des trois ponts.

20. — La jurisprudence est d'ailleurs bien fixée en ce sens que la concession faite à une compagnie d'établir un ou plusieurs ponts sur une rivière navigable, moyennant un péage, ne crée pas au profit de cette compagnie un privilége de nature à empêcher l'administration d'autoriser l'établissement de ponts nouveaux en concurrence avec ceux précédemment établis, suivant les besoins de la circulation. — *Cons. d'Etat*, 17 janv. 1846, Compagnie des trois ponts; 20 févr. 1846, Bonhomme.

21. — ... Et que l'administration n'est tenue en pareils cas à aucune indemnité. — *Ibid.*

22. — Au surplus, les concessions étant toujours précédées de cahiers de charges, auxquels l'acceptation des adjudicataires donne la valeur de contrats, c'est d'après les clauses de ces actes que l'on doit, avant tout, déterminer l'étendue des droits réciproques de l'administration et des concessionnaires.

23. — Il a été jugé, par application de cette règle, que le concessionnaire d'un pont n'est pas recevable à demander soit une indemnité, soit une prolongation de péage : sur le motif que les routes aboutissant à ce pont n'ont pas été achevées en même temps par l'administration, si, à cet égard, aucun engagement formel n'a été contracté envers lui. — *Cons. d'Etat*, 31 juill. 1843, Seguin.

24. — La même règle s'applique à toutes les difficultés qui peuvent s'élever entre le concessionnaire et l'administration, sur l'exécution du contrat intervenu entre eux.

25. — Ainsi, il a encore été jugé que le concessionnaire d'un pont n'est pas recevable à se plaindre de ce que l'administration ou les entrepreneurs qui la représentent, ayant à transporter d'une rive à l'autre des matériaux nécessaires à des travaux intéressant la navigation, opèrent le transport de ces matériaux par bateaux, au lieu de passer sur le pont en acquittant le péage, lorsque d'ailleurs l'acte de concession et le cahier des charges ne contiennent à cet égard aucune disposition. — *Cons. d'Etat*, 19 mars 1847, Ruiz.

26. — Mais les concessionnaires d'un pont auxquels l'administration enjoint, par suite de la rupture des communications entre le pont et une localité voisine, d'établir un bac pour le service de cette localité, ont droit à une indemnité. — *Cons. d'Etat*, 18 janv. 1844, Pont de Parentignac.

27. — Il y a exemption des droits de péage en faveur des autorités constituées dans l'exercice de leurs fonctions; des conducteurs et ingénieurs des ponts et chaussées; des militaires voyageant en corps ou séparément, à la charge par eux, dans ce dernier cas, d'exhiber une feuille de route ou un ordre de service; des courriers du gouvernement; des malles-postes et des facteurs ruraux faisant le service des postes de l'Etat, etc. — L. 6 frim. an VII.

28. — Les exemptions peuvent d'ailleurs être étendues suivant les circonstances locales par le tarif dressé à chaque adjudication.

29. — Dans l'interprétation des tarifs, il est un point que l'on ne doit pas perdre de vue : c'est que, l'établissement des ponts n'ayant point pour but la fiscalité, mais bien l'utilité publique, aucun droit de péage ne peut être perçu qu'autant qu'il est réellement la représentation du service que celui à qui il est demandé peut tirer du passage du pont. — V., dans ce sens, Garnier, *Régime des eaux*, t. 1er, nº 111; Foucart, *Dr. adm.*, t. 2, p. 297.

30. — Ainsi, il a été jugé par le Conseil d'Etat : que le concessionnaire d'un pont ne peut placer le bureau de perception du péage en un point tel que les particuliers qui ne passeraient pas sur le pont, mais bien à gué, se trouvent de fait soumis au droit de péage, si le cahier des charges ne contient pas, à cet égard, une clause formelle. — *Cons. d'Etat*, 12 fév. 1847, Commune de Quincy.

31. — ... Et vainement le concessionnaire se prévaudrait-il, en un tel cas, de ce que l'affiche publiée pour appeler à l'adjudication aurait indiqué que cette faculté lui serait accordée. Cette indication, donnée à titre de simple renseignement, ne peut suppléer au silence du cahier des charges. — *Ibid.*

32. — La Cour de cassation a également décidé que celui qui pour se soustraire aux droits de péage passe la rivière, à gué, au-dessus ou au-dessous du pont, ne peut être contraint à payer ces droits. — *Cass.*, 25 oct. 1822, Albert.

33. — En matière de péage, les conseils de préfecture sont incompétens pour réformer les arrêtés des préfets. — *Cons. d'Etat*, 8 août 1834, Mauretti.

34. — ... Et même pour interpréter d'une manière générale les tarifs de péage. — *Ibid.*

35. — Les conseils de préfecture sont également incompétens pour prononcer, par voie de règlement, la suspension ou la suppression d'un péage établi par acte du gouvernement, à la suite de l'adjudication de la concession d'un pont. — *Cons. d'Etat*, 11 juin 1834, Privault.

36. — Jugé, d'ailleurs, que l'interprétation des tarifs de péage légalement fixés, appartient aux tribunaux. — *Cass.*, 28 août 1847 (t. 2 1847, p. 733), débarcadère de Pouillac c. Favre de Rieunègre.

37. — Il faut toutefois faire, avec M. Serrigny, une distinction qui nous paraît pleinement fondée. Quand il s'agit de difficultés élevées entre les concessionnaires et des tiers, nul doute que l'autorité judiciaire ne soit seule compétente. Mais, à l'égard des difficultés soulevées entre les concessionnaires et l'administration; c'est à l'administration, au conseil de préfecture, qu'il appartient exclusivement de statuer, parce qu'alors il s'agit uniquement, non de l'application des tarifs, mais de l'interprétation du marché passé par l'administration. — Serrigny, *Compét. et proc. adm.*, t. 2, nº 817.

38. — D'ailleurs, quand les droits de péage sont concédés aux constructeurs des ponts, comme équivalent du prix des travaux publics exécutés, les concessionnaires doivent être considérés comme entrepreneurs de travaux publics, ce qui suffit pour rendre applicable l'art. 4 (§ 2) de la loi du 28 pluv. an VIII. — *Cons. d'Etat*, 3 mars 1837, Liébaut. — Serrigny, *ubi suprà*.

39. — Si le pont a été construit aux frais de l'Etat, qui amodie le droit de péage à des fermiers; la compétence administrative devient plus douteuse. Mais on peut dire pour la justifier, qu'il s'agit d'assurer le libre passage dans un lieu qui tient à la grande voirie. — *Cons. d'Etat*, 1er avril 1840, Giraud. — Marcarel et Boulatignier, t. 1er, p. 390; Cormenin, *Droit administratif*, t. 1er, p. 266; Serrigny, *loc. cit.*

40. — A l'égard des particuliers, le Conseil d'Etat a lui-même reconnu : que les contestations qui s'élèvent entre eux et les concessionnaires des ponts à péage sur l'application du tarif, sont de la compétence des tribunaux et non de celle des conseils de préfecture. — *Cons. d'Etat*, 5 fév. 1841, Pont de Rabastens.

41. — Toutefois, il a été jugé aussi, dans un cas particulier, que l'autorité administrative est seule compétente lorsqu'il s'agit, par exemple, de difficultés relatives à l'offre faite par le concessionnaire d'un pont de laisser passer gratuitement les matériaux de construction d'une route départementale; offre acceptée par le conseil général du département et consignée dans le marché passé avec l'entrepreneur de la route. En un tel cas, c'est au conseil de préfecture à statuer comme en matière de travaux publics, entre le concessionnaire du pont et le concessionnaire de la route, sur l'étendue de l'exemption accordée. — *Cons. d'Etat*, 15 août 1839, Ruix.

42. — Décidé, d'ailleurs, que l'action en dommages-intérêts dirigée par un particulier contre l'Etat à raison de la rupture d'un pont par suite de défaut d'entretien, est de la compétence des

tribunaux et non de celle des conseils de préfecture. — *Cons. d'Etat*, 27 août 1833, Préfet du nord.

43. — C'est à l'autorité judiciaire qu'il appartient de statuer sur la demande en dommages-intérêts et en restitution des droits de péage illégalement perçus par le concessionnaire d'un pont, alors surtout que l'acte de concession dispose que les difficultés élevées sur le paiement des droits de péage seront jugées comme en matière d'octroi. — *Cons. d'Etat*, 23 déc. 1845, Hingray et Moreau.

44. — C'est également aux tribunaux à juger à cette occasion si les titres invoqués par le concessionnaire sont ou non revêtus des formes exigées par la loi pour leur validité, et si le concessionnaire a d'ailleurs rempli toutes les formalités voulues pour l'exercice des droits auxquels il prétend. — *Ibid.*

45. — Mais les tribunaux excéderaient les limites de leurs pouvoirs, si, à ce sujet, des actes du gouvernement qui auraient changé les conditions primitivement imposées au concessionnaire, étant invoqués, ils statuaient sur le mérite et la légalité de ces actes. — *Ibid.* — V., également, dans le même sens, pour la même affaire, *Cass.*, 2 déc. 1846 (t. 1er 1847, p. 196).

46. — Jugé encore que l'acte du gouvernement qui accorde une prolongation de péage au concessionnaire d'un pont est un acte d'administration et d'intérêt public qui ne peut être attaqué par une commune, par la voie contentieuse. — *Cons. d'Etat*, 15 juill. 1835, Ville de Dax.

47. — Les concessionnaires ou fermiers de péage sur un pont sont soumis à la patente et imposés : 1° à un droit fixe de 200 f. dans l'intérieur de Paris ; de 100 fr. dans l'intérieur d'une ville de 50,000 âmes et au-dessus ; de 75 fr. dans l'intérieur d'une ville de 20,000 à 30,000 âmes et dans les autres communes d'une population inférieure à 20,000 âmes, lorsque le pont réunit deux parties d'une route nationale ; le droit est de 50 fr. lorsque les deux parties réunies sont celles d'une route départementale, de 25 fr. lorsque les parties sont celles d'un chemin vicinal de grande communication ; enfin, de 15 fr. quand ce sont les parties d'un chemin vicinal : et 2° à un droit proportionnel du 20e de la valeur locative du loyer d'habitation seulement. — V. PATENTE.

PONTS ET CHAUSSÉES.

1. — Dénomination générale sous laquelle on désigne l'ensemble des services qui concernent l'établissement, la confection, l'entretien et la surveillance des voies de communication. On donne le nom de *corps des ponts et chaussées* à l'administration spéciale à laquelle ces services sont confiés.

2. — L'institution d'officiers et d'administrateurs spécialement chargés de cette partie importante des travaux publics n'est point particulière à notre époque. L'établissement et l'entretien des voies romaines qui font encore aujourd'hui notre admiration étaient également confiés à des fonctionnaires spéciaux que l'on appelait *curatores viarum*. — *D. Lib.*, 43, tit. 1er à 15. — Cotelle, *Droit admin.*, t. 1er, p. 224.

3. — Au moyen âge, en 1222, on voit Philippe-Auguste revendiquer la propriété des grands chemins du royaume, se charger de leur entretien, et investir des commissaires royaux (*missi dominici*) du droit de régler tout ce qui intéressait la stabilité et la sûreté des routes. — Cotelle, *ut suprà*.

4. — On voit, à la même époque, des corporations religieuses se former, sous le nom de *frères pontifes*, et prendre pour tâche d'établir des ponts ou des bacs aux points de passage les plus fréquentés des fleuves. Selon l'opinion commune, c'est à cet ordre religieux, successivement transformé par le temps, que l'on doit faire remonter l'origine du corps actuel des ponts et chaussées.

5. — Ce ne fut toutefois que sous Henri IV que l'on vit la direction des travaux des routes se centraliser définitivement dans les mains du pouvoir et devenir l'objet d'une haute charge, celle de *grand voyer de France* dont Sully fut revêtu.

6. — En 1628, cette charge fut supprimée et ses attributions passèrent à un directeur général des ponts et chaussées au-dessous duquel furent placés des inspecteurs, des ingénieurs et des guides des ponts et chaussées. — Le corps des ponts et chaussées fut dès lors constitué. Des arrêts du Conseil et des lettres patentes de 1739, 1750 et 1770 vinrent seulement plus tard en modifier l'organisation.

7. — Le corps des ponts et chaussées, réorganisé d'abord, depuis 1789, par une loi du 19 janvier 1791, a enfin été complétement constitué par un décret impérial, du 7 fructidor an XII, qui forme encore aujourd'hui le code des ponts et chaussées. — Des ordonnances des 19 octobre 1830 et 8 juin 1832 ont seulement apporté quelques modifications dans la fixation du nombre des ingénieurs.

8. — Le décret précité du 7 fructidor an XII a placé à la tête de l'administration des ponts et chaussées un directeur général, dont les attributions sont aujourd'hui confondues, depuis la création du ministère des travaux publics, avec celles de sous-secrétaire d'Etat ou de secrétaire général près ce ministère.

9. — Le directeur général a sous ses ordres des inspecteurs généraux, des inspecteurs divisionnaires, les ingénieurs en chef, les ingénieurs ordinaires et les divers agens qui, sous l'autorité de ceux-ci, sont chargés de la direction, de la conduite et de la surveillance des travaux comme de leur conservation, conducteurs, piqueurs et cantonniers.

10. — Les inspecteurs généraux résident à Paris, et sont chargés, conjointement avec le directeur général, de la haute direction des travaux.

11. — Après eux viennent immédiatement les inspecteurs divisionnaires, dont la mission spéciale est de surveiller, dans l'étendue de territoire affecté à chaque inspection, le service dont sont chargés les ingénieurs en chef et les ingénieurs ordinaires. — Le territoire de la République est partagé en quinze inspections. — Décr. 7 fruct. an XII, art. 6 et 12.

12. — Il y a enfin par département un ingénieur en chef, sous les ordres duquel sont placés un certain nombre d'ingénieurs ordinaires et les divers agens nécessaires au service selon les besoins de chaque localité. — *Ibid.*, art. 7 et suiv.

13. — Au nombre de ces derniers il faut remarquer les conducteurs des travaux des ponts et chaussées, lesquels sont chargés de surveiller et contrôler, sous les ordres des ingénieurs, les travaux de toute espèce ou entreprise en régie ; de tenir les états des piqueurs et ouvriers, de vérifier les matériaux et leur emploi, de les toiser en présence des ingénieurs, d'aider les ingénieurs pour la levée des plans ; enfin, de concourir à l'exécution des lois, et de verbaliser sur les contraventions, en matière de grande voirie. — Décr. 7 fruct. an XII, art. 47.

14. — Il y a un conducteur attaché à chaque ingénieur ordinaire ; excepté les cas où les travaux d'art en exigent un plus grand nombre, ce qui est réglé par le directeur général. — *Ibid.*, art. 48.

15. — Indépendamment de cette organisation, qui constitue le *service ordinaire* des ponts et chaussées, il y a un certain nombre d'ingénieurs attachés au service dit *extraordinaire*, lequel comprend les travaux extraordinaires de navigation des canaux, des ports maritimes de commerce, l'ouverture des routes ; enfin, les projets et travaux imprévus de toute nature. Ce service extraordinaire est, comme le service ordinaire, confié à des inspecteurs divisionnaires, des ingénieurs en chef et des ingénieurs ordinaires, et est régi par les mêmes règles.

16. — Les ingénieurs en chef chargés du service des ponts et chaussées, canaux, navigation et ports de commerce dans les départemens sont placés sous les ordres supérieurs du directeur général, sous les ordres immédiats des préfets, et sous la surveillance des inspecteurs divisionnaires. — Décr. 7 fruct. an XII, art. 13.

17. — Il est interdit aux ingénieurs d'exécuter d'autres travaux sur les fonds publics (hors le cas d'urgence naissant d'événemens imprévus) que ceux qui ont été prescrits ou approuvés par l'administration générale, et auxquels il a été pourvu par les répartitions annuelles arrêtées par le gouvernement. — *Ibid.*

18. — Auprès du directeur général est institué un *Conseil général des ponts et chaussées*, lequel se compose des cinq inspecteurs généraux, résidant à Paris, réunis à cinq inspecteurs divisionnaires qui sont appelés alternativement à cet effet dans la capitale. — Décr. 7 fruct. an XII, art. 11.

19. — Le conseil général des ponts et chaussées est présidé par le directeur général, et en son absence par un inspecteur général nommé pour un an par le ministre des travaux publics, sur la présentation du directeur général, et qui peut être continué dans sa présidence. — *Ibid.*, art. 15.

20. — Le conseil général donne son avis sur les projets et plans de travaux, et sur toutes les questions d'art et de comptabilité, qui lui sont soumis, et dont il est fait rapport par ceux de ses membres chargés de les examiner. Il donne aussi son avis sur le contentieux de l'administration relatif à l'établissement, règlement et police des usines à eau. — Il doit être nécessairement consulté sur toutes les questions contentieuses, qui doivent être portées au Conseil d'Etat ou décidées par le ministre. — *Ibid.*

21. — Les ingénieurs de tout grade qui se trouvent à Paris ont le droit d'assister aux assemblées du conseil général, mais ils n'y ont que voix consultative. Néanmoins les inspecteurs divisionnaires, qui se trouvent à Paris, y ont voix délibérative, quoiqu'ils ne fassent pas partie du conseil. Les directeurs des travaux des ports militaires ont séance et voix délibérative. — *Ibid.*

22. — Le conseil général des ponts et chaussées n'étant établi que pour éclairer l'administration ; il s'ensuit qu'il ne peut qu'émettre son avis dans toutes les discussions véritablement contentieuses, qui doivent être décidées soit par le conseil de préfecture, soit par le Conseil d'Etat, soit par le ministre. — Cotelle, *Droit adm.*, t. 1er, p. 246.

23. — En matière purement administrative, le même principe doit recevoir son application ; c'est-à-dire que le conseil général est seulement consulté, et que la décision ou le jugement à rendre appartiennent toujours en définitive au directeur général sous l'approbation du ministre. — *Ibid.*, p. 245.

24. — Le corps des ingénieurs se recrute exclusivement dans une *école nationale et d'application des ponts et chaussées*, laquelle se recrute elle-même des élèves de l'Ecole polytechnique qui remplissent les conditions d'aptitude déterminées par les règlemens. — Décr. 7 fruct. an XII, art. 24, 59 et suiv.

25. — Les élèves de première classe ont le titre d'aspirans. C'est parmi eux que sont choisis les ingénieurs ordinaires. — *Ibid.*, art. 26.

26. — Les ingénieurs ordinaires de même que les ingénieurs en chef se divisent en plusieurs classes, dans lesquelles ils sont successivement promus, par ordre de mérite et d'ancienneté, suivant la décision du ministre des travaux publics sur le rapport du directeur général. — *Ibid.*, art. 7 et suiv. et art. 28.

27. — Les ingénieurs en chef sont nommés parmi les ingénieurs ordinaires de première classe, les inspecteurs divisionnaires sont nommés parmi les ingénieurs en chef de première classe ; et enfin les inspecteurs généraux sont choisis tant parmi les inspecteurs divisionnaires que parmi les ingénieurs en chef des deux classes. — *Ibid.*, art. 27 et suiv.

28. — Les ingénieurs ordinaires, les ingénieurs en chef, les inspecteurs divisionnaires et les inspecteurs généraux sont nommés par le chef du gouvernement, sur l'indication du directeur général et sur le rapport du ministre des travaux publics. — *Ibid.*, art. 26 et suiv.

29. — Les conducteurs des ponts et chaussées sont nommés par le directeur général, sur la présentation de l'ingénieur en chef et l'avis de l'inspecteur divisionnaire. Ils sont divisés en trois classes. Leur avancement dans ces trois classes a lieu de la même manière que leur nomination. — *Ibid.*, art. 49 et 52.

V., au surplus, PENSIONS, ROUTES, TRAVAUX PUBLICS.

PORCS.

1. — Il est défendu d'élever et nourrir, sous quelque prétexte que ce soit, des porcs dans la ville et les faubourgs de Paris, sans une autorisation délivrée dans les formes prescrites par le décret du 15 oct. 1810 et l'ordonn. royale du 14 janv. 1815 (ordonn. pol., 3 déc. 1829, art. 1er).

2. — Les porcs élevés et nourris en contravention à l'article qui précède doivent être saisis à la diligence des commissaires de police, des inspecteurs généraux et des inspecteurs généraux adjoints de la salubrité et des halles et marchés. — Même ordonn., art. 2.

3. — V., au reste, ANIMAUX, CHARCUTIER, FORÊTS, POUVOIR MUNICIPAL, USAGE (droits d').

PORCES POUR LES PAPETIERS (Fabricans de).

Patentables de 6e classe. — Droit fixe basé sur la population, — droit proportionnel du 20e de la valeur locative de l'habitation et des lieux servant à l'exercice de la profession. — V. PATENTE.

PORCELAINE.

1. — Les manufacturiers de porcelaine sont imposés, comme patentables, à un droit fixe de 50 fr. par four, jusqu'au maximum de 300 fr.; et à un droit proportionnel du 20e de la valeur locative de l'habitation; des magasins de vente complétement séparés de l'établissement, et du 40e de l'établissement industriel. — V. PATENTE.

2. — Marchands de porcelaine en gros, patentables de 1re classe. — Droit fixe basé sur la population, — droit proportionnel du 15e de la valeur locative de l'habitation et des lieux servant à l'exercice de la profession.

3. — Marchands de porcelaine en détail, patentables de 5e classe. — Même droit fixe que les précédens, sauf la différence de classe; droit proportionnel du 20e de la valeur locative de l'habitation et des lieux servant à l'exercice de la profession. — V. PATENTE.

4. — Les fabriques de porcelaine sont rangées dans la 2e classe des établissemens insalubres. — V. ce mot (nomenclature). — V. aussi PROPRIÉTÉ ARTISTIQUE.

PORCHERIES.

Première classe des établissemens insalubres. — V. ce mot (nomenclature).

PORT.

1. — Lieu retiré dans les terres, propre à recevoir les vaisseaux et navires et à les tenir à couvert des tempêtes.

2. — Sur la différence qui existe entre le port et le *havre*, V. ce dernier mot.

3. — On donne encore le nom de *ports* à certains endroits disposés le long des fleuves et rivières pour l'embarquement et le débarquement des objets transportés au moyen des bateaux. — Mais, pour cette espèce de ports, on peut consulter les mots COURS D'EAU, GARDE-PORT et NAVIGATION. — Nous ne nous occupons ici que des *ports maritimes*.

4. — Autrefois, les seigneurs riverains des côtes, s'en prétendant propriétaires, profitaient des moindres accidens des rivages pour, au moyen de quelques travaux de protection, attirer sur leurs terres le commerce maritime et percevoir des droits sur les marchandises. Cet abus fut souvent sanctionné par le pouvoir royal. — Beaussant, *Code maritime*, t. 1er, no 483.

5. — Aujourd'hui, la nation seule est propriétaire des bords de la mer; et l'art. 538 C. civ. déclare, entre autres choses, les ports et havres non susceptibles d'une propriété privée, et constituant des dépendances du domaine public. — V. DOMAINE PUBLIC.

6. — Toutefois, l'Etat peut, en vertu d'une loi, concéder un port ou un havre : à la charge par le concessionnaire d'exécuter les travaux nécessaires pour l'utiliser. C'est ainsi qu'une loi du 29 juill. 1829 a concédé la concession à perpétuité du havre de Courseulles (Calvados), à la charge d'établir un port et un dock ou bassin à flot. — M. Beaussant (*ibid.*) blâme la perpétuité d'une pareille concession et craint que, si de pareilles concessions se multipliaient, on ne vît reparaître les anciens petits ports seigneuriaux, faisant concurrence aux ports nationaux.

7. — La seule distinction qui existe aujourd'hui entre les ports, est que les uns sont affectés spécialement à la marine militaire et les autres particulièrement ouverts au commerce. Ce qui n'empêche pas, ajoute M. Beaussant (*ibid.*), le commerce d'avoir sa part réservée à côté des ports militaires, et la marine militaire de faire la sienne dans quelques-uns des plus importans ports de commerce.

8. — Ce qui concerne la construction et l'entretien des travaux des ports, soit de la marine militaire, soit du commerce, est dans les attributions du ministre des travaux publics et dans le service des ponts et chaussées. — Ord. 19 mai 1830, 2 mars 1836 et 23 mai 1839.

9. — Pour ce qui regarde l'administration et la police des ports de marine militaire, V. MARINE, PORTS ET ARSENAUX.

10. — L'administration et la police des ports de commerce sont réglées d'après les dispositions suivantes.

§ 1er. — *Administration des ports de commerce.*

11. — Outre le ministre des travaux publics que nous venons de voir chargé des travaux des ports, plusieurs autres ministres y ont aussi des attributions.

12. — Le ministre de la marine y a pour subordonnés les commissaires de marine, les trésoriers des invalides, les syndics des gens de mer, les pilotes. — Beaussant, *Code maritime*, t. 1er, no 484. — V. CAISSE DES INVALIDES DE LA MARINE, COMMISSAIRE DE LA MARINE, PILOTES, SYNDICS DES GENS DE MER.

13. — Le ministre des finances dirige, dans les ports, les douanes et les perceptions de toute sorte. — Beaussant, no 485.

14. — Le ministre du commerce a dans ses attributions tout ce qui concerne la police sanitaire. — Ord. 15 avril 1837 et 23 mai 1839. — Beaussant, no 487.

15. — Enfin la police des ports est restée dans le département du ministre de l'intérieur. — Beaussant, *ibid.*

16. — Au nombre des actes d'administration des ports de commerce, et l'un des plus importans, est la perception des droits de navigation. — Toutes les anciennes taxes se trouvent aujourd'hui remplacées par quatre droits. — L. 27 vend. an II.

17. — ... 1o Le droit de tonnage, lequel est perçu sur l'entrée de tout navire dans un port français. — Même loi. — Beaussant, no 445.

18. — ... 2o La moitié en sus du droit de tonnage ou contribution dont le produit est exclusivement affecté aux dépenses d'entretien et de réparations des ports (L. 14 flor. an X). — Toutefois la loi du 24 mars 1825 a autorisé le gouvernement à remplacer par des droits spéciaux de péage ce demi-droit de tonnage dans les ports de commerce où il serait jugé nécessaire d'entreprendre des travaux extraordinaires.

19. — ... 3o Les frais d'expédition, d'entrée et de sortie (L. 27 vend. an II, art. 35). Ce droit est divisible. — Beaussant, no 447.

20. — ... 4o Enfin les droits d'acquits, permis ou certificats relatifs aux cargaisons étrangères. — L. 27 vend. an II, art. 37.

21. — Ces différentes taxes sont passibles du dixième de guerre établi par la loi du 6 prair. an VII et maintenu par la loi du 18 avril 1816.

22. — Ces droits sont plus élevés pour les navires étrangers que pour les nationaux. — Toutefois, il est un grand nombre de cas où des bâtimens, tels que ceux de la marine nationale, ne sont pas assujettis aux droits de navigation. — V. le détail dans Beaussant, no 454.

23. — Indépendamment des droits de navigation dont on vient de parler, il en est d'autres que des lois particulières ont établis dans certains ports sur les bassins à flot ou autres pour le rétablissement des magasins de sauvetage ou autres choses utiles. — Beaussant, no 485.

24. — Enfin les ports sont aussi soumis aux taxes municipales, telles que les droits d'octroi; et ils peuvent aussi donner lieu à la perception de recettes communales, par la location qui en serait faite ainsi que des quais. — L. 11 frim. an VII. — Beaussant, no 486.

§ 2. — *Police des ports de commerce.*

25. — La police des ports et havres est confiée aux maires des communes sur le territoire desquelles ils se trouvent. — Beaussant, t. 1er, no 448.

26. — Relativement aux règlemens que l'autorité municipale a le droit de faire en pareils cas, V. POUVOIR MUNICIPAL.

27. — Sous l'autorité des maires et des préfets, des officiers dépendans, sur ce point, du ministre de l'intérieur sont chargés de surveiller l'exécution des règlemens sur la police des ports; ce sont les mêmes qui doivent veiller sur celle des rades. — V. OFFICIERS DE PORT.

28. — La police des ports peut se subdiviser en trois parties, eu égard aux différens objets qu'elle comprend. — Les principaux de ces objets sont les suivans :

29. — 1o *Police sur les eaux des ports.* — Pour que les ports conservent leur profondeur et leur netteté, il est défendu d'y jeter des immondices ou toute espèce de décombres. — Ord. 1681, liv. 4, tit. 1er, et tit. 2, art. 4.

30. — Une pareille contravention est réputée contravention de grande voirie, d'après le décret du 10 avr. 1812, qui a déclaré applicable aux ports maritimes de commerce le titre 9 du décr. du 16 déc. 1811, relatif à la répression des délits de grande voirie.

31. — Jugé, par suite, qu'il y a lieu d'appliquer l'art. 114 du décr. du 16 déc. 1811, d'après lequel le conseil de préfecture doit statuer sur les contraventions commises aux règlemens relatifs à la police de ces ports; et que ces contraventions, telles, par exemple, que celles résultant du jet des immondices, défendu par l'art. 4, tit. 2, du liv. 4 de l'ordonn. de 1681, sous peine de 10 fr. d'amende, sont de la compétence des conseils de préfecture, et non de celle des tribunaux de simple police. — *Cass.*, 7 oct. 1842 (t. 1er 1843, p. 56), Casabianca.

32. — Le même motif de conservation de la profondeur et de la netteté des ports, prohibe les égouts dans les havres. Toutefois, comme il peut y avoir des usages établis, l'autorité municipale doit veiller à ce que les égouts soient garnis de grilles de fer. — Beaussant, no 492.

33. — Les navires qui arrivent dans un port sont obligés de prendre la place qui leur est assignée par les officiers du port. — Décr. 10 mars 1807, art. 11. — Beaussant, no 495.

34. — Le capitaine de tout navire est obligé, à son arrivée, de faire immédiatement porter ses poudres à terre, pour ne les reprendre qu'après sa sortie du port; de faire débarquer les armes à feu, etc. — Il est également tenu de prendre toutes les précautions prescrites contre l'incendie. — Ord. 1681, liv. 4, tit. 1er, art. 14; décr. 12 déc. 1806, art. 23.

35. — Il est également défendu à toutes personnes de porter et allumer pendant la nuit du feu dans les bassins et havres, sinon en cas de nécessité pressante et en la présence ou avec la permission du maître du port. — Ord. 1681, *ibid.*

36. — Le capitaine de navire, qui, n'ayant pas besoin d'être amarré à quai, se tient dans le port, sur ses ancres, doit mettre une bouée aux câbles qui les retiennent, à peine de 50 liv. d'amende, outre la réparation du dommage, s'il y a lieu. — Ord. 1681, art. 5.

37. — Les propriétaires de vieux bâtimens hors d'état de naviguer sont tenus de les dépecer et d'en enlever de suite les débris, à peine de confiscation et de 50 liv. d'amende applicables à la réparation des quais, digues et jetées. — Même ord., art. 11.

38. — 2o *Police des quais, chantiers et terrains dépendans des ports.* — Les précautions prises pour les ports contre la malpropreté sont quelquefois étendues aux quais, sur lesquels les règlemens locaux défendent de déposer des ordures ou des décombres. — Beaussant, no 507.

39. — Il est défendu aux marchands, facteurs et commissionnaires de laisser leurs marchandises sur les quais plus de trois jours; après lesquels elles doivent être enlevées à la diligence des officiers du port et aux dépens des propriétaires, qui sont en outre passibles de l'amende (ord. 1681, liv. 4, tit. 1er, no 7). Cependant il est d'usage de laisser, à la vente, sur le quai, certaines marchandises destinées à la consommation des habitans. — Beaussant, no 508.

40. — Ce qui vient d'être dit des quais paraît également applicable aux chantiers de construction, de démolition, de calfatage; et pour les places joignant les quais et destinées à l'usage des ports, au dépôt des marchandises ou des matériaux de construction. Toutefois, les pénalités ne sauraient être les mêmes. — Beaussant, no 509.

41. — 3o *Délits connexes à la police des ports.* — Les hôteliers et cabaretiers ayant maisons et cabarets sur des quais, sont tenus de les fermer avant la nuit, et ne peuvent y recevoir et en laisser sortir qui que ce soit avant le jour, à peine de 50 liv. d'amende, pour la première fois, et, en cas de récidive, d'être expulsés du lieu (ord. 1681, liv. 4, tit. 1er, art. 15). — L'expulsion du lieu autrement que par le résultat de la mise sous la surveillance de la haute police, n'est pas admise par notre Code pénal; mais rien n'a révoqué l'autre pénalité. — Beaussant, no 510.

42. — Les art. 17 et 18, même ordonn. 1681, défendent, sous peine de punition corporelle, à toutes personnes d'acheter aux matelots et compagnons de bateaux, des cordages, ferrailles et autres ustensiles de navire; et aussi de faire ou vendre des étoupes des vieux cordages de vaisseaux : si ce n'est par ordre de propriétaires ou capitaines de navires, lesquels peuvent seulement débiter celles qui proviendront de leurs bâtimens.

43. — L'abolition de la peine corporelle change le mode de sanction de ces articles. Le fait d'acheter imprudemment les objets ci-dessus dé-

crits ne peut plus donner lieu qu'à l'amende qui punit les contraventions de police toutes les fois qu'il n'y a pas eu vol et recel. — Beaussant, n° 511.

44. — Enfin, l'art. 16, même ord. 1681, veut que celui qui aura dérobé des cordages, ferrailles ou ustensiles de vaisseaux étant dans les ports soit flétri d'un fer chaud, portant la figure d'une ancre, et banni à perpétuité du lieu où il aura commis le délit; et s'il arrive perte de bâtiment ou mort d'homme pour avoir coupé ou volé des câbles, que le coupable soit puni du dernier supplice.

45. — Les dispositions de l'art. 16 ont été modifiées par la loi du 10 avril 1825 (art. 15), qui a prévu le vol à bord par les gens du bord; et, de plus, par la suppression du bannissement à perpétuité et de la marque avec un fer chaud : avec ces modifications, le surplus de l'article doit encore aujourd'hui recevoir son exécution. — Beaussant, n° 512.

PORTS ET ARSENAUX.

1. — Les ports et arsenaux sont considérés comme des dépendances du domaine public; et soumis, dès lors, au décret du 22 nov.-1er déc. 1790, relatif aux domaines nationaux.

2. — Le service des travaux dans les ports et arsenaux de la marine est réglé par l'ordonnance du 8 déc. 1830. Cette ordonnance considère ce service comme étant militaire et prescrit la formation des compagnies des maîtres ouvriers et marins de 20 à 60 ans attachées, dans les ports de Cherbourg, de Saint-Servan, Brest, Lorient, Bayonne, Rochefort et Toulon, aux directeurs des constructions navales, des mouvemens, de l'artillerie, du magasin général et des constructions hydrauliques. — Art. 1er.

3. — Les officiers de ces compagnies sont nommés par le ministre de la marine (art. 3) et pris soit parmi les lieutenans et enseignes de vaisseau, soit parmi les officiers du génie maritime et des constructions hydrauliques des grades correspondans, soit parmi les officiers d'infanterie de la marine. — Même article.

4. — Les délits commis dans les ports et arsenaux de la marine par les gens attachés au service de la marine ne doivent pas être confondus avec les *délits maritimes* ou *militaires* (V. ces mots), qui, suivant que l'auteur de ces délits appartient à l'armée de terre ou à l'armée navale, sont de la compétence des tribunaux soit militaires, soit maritimes. — V. TRIBUNAUX MILITAIRES, TRIBUNAUX MARITIMES. — Les délits dont il s'agit ici sont régis par une législation spéciale.

5. — La loi du 21-22 août 1790, par laquelle avaient été d'abord réglées les peines à infliger pour les délits commis dans les arsenaux et les ports, distinguait les peines de discipline, ou de simple correction, et les peines afflictives, et déterminait, suivant la nature et l'importance de ces peines, l'autorité qui devait connaître des délits.

6. — La loi du 20 sept.-12 oct. 1791, reproduisant, quant aux peines, la distinction précitée, a attribué aux Cours maritimes qu'elle instituait la connaissance des délits commis dans les ports et arsenaux (art. 2 et 3, tit. 1er), autres que les délits de police simple et de police correctionnelle. Le tit. 2 de cette loi, intitulé *Sur la police des arsenaux*, contenait, à l'égard de ces derniers délits, les dispositions suivantes.

7. — Art. 1er. La police du port appartient à l'ordonnateur; elle sera exercée sous son autorité par le commissaire auditeur (aujourd'hui le préfet maritime), et, à son défaut, par l'officier commandant des brigades de gendarmerie nationale attaché au service de l'arsenal.

8. — Art. 2. Seront réputés délits de police tous ceux commis contre l'ordre public et le service des arsenaux, ou en contravention des règlemens particuliers des ports, lesquels ne sont point énoncés dans le titre suivant de la même loi de 1791, ni dans le titre 2 du Code pénal des vaisseaux du 21 août 1790.

9. — Jugé que les propos injurieux tenus dans l'intérieur du port par un individu employé dans un arsenal maritime contre un autre employé du même arsenal sont de la compétence du tribunal maritime et non de la juridiction ordinaire. — *Cass.*, 12 nov. 1819, Pourquier. — Merlin, *Quest.*, v° *Tribunal maritime*, § 2; Legraverend, t. 2, ch. 14, p. 688, note 4.

10. — Art. 3. Seront aussi réputés délits de police tous les vols simples au-dessous de 6 livres commis dans les arsenaux.

11. — Art. 4. Les peines de police pour les délits commis dans les arsenaux sont les arrêts, la prison au-dessous de trois mois, l'amende au-dessous de 100 livres, l'interdiction, la réduction de paie, l'expulsion de l'arsenal et du service.

12. — Art. 5. Les arrêts et la prison, pendant huit jours au plus, pourront être prononcés en simple police par l'ordonnateur et le commissaire auditeur. Toute autre peine ne pourra être ordonnée que par le conseil d'administration, qui, dans ce cas, prendra le titre de tribunal de police correctionnelle; et sur le rapport du commissaire auditeur.

13. — Art. 6. Ce tribunal renverra à la Cour martiale tous les délits emportant une peine plus grave que celles énoncées à l'art. 4.

14. — Les Cours martiales et tout ce qui s'y rattachait ont disparu devant le décret du 12 nov. 1806, qui créa les tribunaux maritimes (art. 1er). C'est à ces tribunaux qu'appartient la connaissance de *tous* les délits, commis dans les ports et arsenaux, relatifs soit à leur police ou sûreté, soit au service maritime. — Art. 10.

15. — Par la dénomination *ports et arsenaux*, il faut entendre non-seulement les ports et arsenaux proprement dits; mais encore tous les établissemens qui en dépendent, ou qui, affectés exclusivement au service de la marine, sont, à raison même de cette destination spéciale, soumis à la même police et aux mêmes règlemens et dans la régie desquels une loi du 27 mars 1791 (art. 10, 1re partie) défend de s'immiscer. — Et ce, encore bien que ces établissemens soient situés hors de l'enceinte des ports et arsenaux. — Hautefeuille, *Législ. crim. marit.*, p. 162.

16. — Ainsi, spécialement : un chantier de constructions navales administré par le département de la marine, doit être assimilé aux arsenaux maritimes. — Morin, *Dictionn. de droit crim.*, v° *Délits militaires*, p. 258, 2e col. *in fine*.

17. — En conséquence, les vols commis dans ce chantier par l'un de ses gardiens doivent être considérés comme ayant été commis par un individu attaché au service de la marine; et, dès lors, leurs auteurs sont justiciables du tribunal maritime. — Morin, *loc. cit.*

18. — Il semblerait au premier abord résulter d'un décret impérial du 14 mars 1808 que les vols simples d'une valeur de 6 fr. et au-dessus, commis par les ouvriers, conscrits et soldats de l'artillerie de marine dans l'intérieur des arsenaux, ne rentrent pas dans la compétence des tribunaux maritimes. — Ce décret, en effet, porte que tous vols de valeur de 6 francs et au-dessus, commis, etc., seront *jugés et punis* conformément à l'art. 15, sect. 3, tit. 1er, C. pén. milit. du 12 mai 1793. — Mais Hautefeuille (*loc. cit.*) fait remarquer que cet acte n'a eu pour but que de modifier la peine prononcée contre ces vols par l'art. 3 L. 12 oct. 1791, et non de changer la peine. — « En effet, dit-il, une partie de cette peine, l'*expulsion de l'arsenal*, très-grave pour l'ouvrier qui travaille moyennant salaire, ne pouvait s'appliquer à l'ouvrier soldat ou conscrit de l'artillerie de la marine, qui, le plus souvent, est retenu malgré lui sous les drapeaux par la loi du recrutement, ou un engagement volontaire, et pour lequel l'expulsion eût été un bienfait et non une peine. D'ailleurs il était peu rationnel que le même délit, commis par un individu dans l'arsenal maritime ou dans l'arsenal de terre, fût puni de peines aussi différentes et aussi disproportionnées. Ce fut pour remédier à ces deux inconvéniens, et en même temps pour ranger l'artillerie de marine sous la discipline militaire de l'armée, que fut rédigé le décret de 1808. Mais il ne fut rien changé à la compétence. » — Aujourd'hui, l'art. 15, section 3, tit. 1er L. 12 mai 1793, est changé et remplacé par les dispositions de l'art. 7 L. 15 juill. 1829.

19. — Suivant le décret du 12 nov. 1806, la compétence des tribunaux maritimes, quant aux délits, commis dans les ports et arsenaux, relatifs soit à leur police ou sûreté, soit au service maritime, s'étend même sur ceux qui en seraient auteurs, fauteurs ou complices, encore qu'ils ne fussent pas gens de guerre ou attachés au service de la marine. — Art. 11.

20. — On a agité, sous la charte de 1814 et sous celle de 1830, la question de savoir si le principe qui veut que nul ne puisse être distrait de ses juges naturels n'avait pas aboli cet art. 11, et si, dès lors, les tribunaux maritimes pouvaient encore être compétens pour juger les individus étrangers à la marine, même lorsqu'ils seraient auteurs, fauteurs ou complices de crimes ou délits commis dans l'intérieur des ports et arsenaux et relatifs soit à la police ou sûreté de ces établissemens, soit au service militaire. — Mais la jurisprudence est divisée sur la solution de cette question, qui nous paraît toutefois devoir être tranchée en faveur de l'abrogation. — V. TRIBUNAUX MARITIMES.

21. — L'art. 50 du même décret de 1806 dispose que les tribunaux maritimes doivent se conformer, quant aux délits ou peines, aux dispositions des titres 2 et 3 de la loi du 20 sept. 1791 (sur les cours martiales maritimes), et statuer conformément aux lois pénales suivies par les tribunaux criminels ordinaires *pour tous les délits non prévus par cette dernière loi*.

22. — Cette dernière disposition a été interprétée par un avis du Conseil d'Etat du 25 mars 1811, en ce sens qu'il y a lieu à l'application du Code pénal ordinaire dans les cas où les auteurs et complices de vols commis dans les ports et arsenaux (délit prévu par l'art. 3, tit. 3, L. 1791, qui prononce entre autres peines l'*expulsion de l'arsenal*) sont étrangers au service de la marine. — Duvergier, t. 17, p. 364.

23. — Mais que doit-on entendre par gens de guerre ou attachés au service de la marine? Aux termes d'une ordonnance du 3 mai 1839, les charpentiers de navire, perceurs, calfats et voiliers sont les seuls ouvriers qui soient soumis au régime des classes et à la levée des marins et qui, par conséquent, doivent être immatriculés comme appartenant à l'inscription maritime.

24. — L'engagement contracté par les ouvriers de profession non compris dans l'inscription maritime, et qui, sur l'appel des autorités, se présentent volontairement pour servir dans les ports et arsenaux, de ne point s'absenter pendant six mois au moins et de se soumettre aux règlemens et usages relatifs à la discipline et à la police des arsenaux, moyennant le salaire qui leur est accordé et l'avantage d'être secourus dans leurs maladies dans les hôpitaux de la marine, n'a point le caractère d'une immatriculation et de l'inscription maritime. — En conséquence, sa violation ne peut entraîner que la résolution d'un contrat privé; et non la peine d'une contravention à un devoir public, défini par les lois maritimes. — Ordonn. 3 mai 1839, art. 3 et 4. — *Cass.*, 20 janv. 1848 (t. 1er 1849, p. 369), Lestang, Lemeur et Morin.

25. — De ce que les ouvriers qui, sur l'appel des autorités, se présentent volontairement pour servir dans les ports et arsenaux, ne peuvent être considérés comme compris dans l'inscription maritime, il faut en tirer cette autre conséquence qu'ils sont justiciables, à raison des délits commis par eux dans lesdits ports et arsenaux, non de la juridiction maritime, mais des tribunaux criminels ordinaires. — V., en ce sens, outre l'arrêt précité, *Cass.*, 23 janv. 1835, Abrard. — V. aussi TRIBUNAUX MARITIMES.

26. — Mais, dans l'expression de *gens attachés au service de la marine*, il faut comprendre les compagnies de gendarmerie placées dans les ports et arsenaux du royaume. Une ordonnance du 20 oct. 1820 avait fait entrer ces compagnies dans le corps de la gendarmerie proprement dite, mais une ordonnance du 19 juin 1832 les a classées parmi les troupes de marine. Ainsi les gendarmes qui font partie de ces compagnies sont justiciables des tribunaux maritimes, à raison des délits qu'ils commettent dans les ports et arsenaux confiés à leur surveillance. — V. GENDARMERIE, nos 30 et 31.

27. — La règle générale, que tous les crimes et délits commis dans les ports et arsenaux et relatifs soit à leur police ou sûreté, soit au service maritime sont soumis à la juridiction des tribunaux maritimes, souffre une exception. Les forçats, pour tous les délits par eux commis pendant qu'ils sont détenus au bagne, sont justiciables du tribunal maritime spécial. — V. BAGNE, n° 16; DISCIPLINE MILITAIRE, n° 29.

PORT D'ARMES.

1. — Tout ce qui concerne le droit de porter des armes a été exposé v° ARMES. — Nous avons également exposé v° CHASSE ce qui se rattache au *port d'armes* considéré comme *permis de chasse*. — V., aussi, PERMIS DE CHASSE.

2. — Toutes les législations ont considéré l'usage et même le simple port d'une arme comme une circonstance aggravante de certains délits. — V., à cet égard, v° ARMES, n° 38, et vis ASSOCIATION DE MALFAITEURS, ATTROUPEMENT, BANDES ARMÉES, DOUANES, ÉVASION DE PRISON, MENDICITÉ, MOUVEMENT INSURRECTIONNEL, RÉBELLION, VAGABONDAGE, VOL. — V., aussi, CRIME CONTRE LA SURETÉ DE L'ÉTAT, nos 180, 191, 208 et suiv.

3. — Quant au crime qui consiste dans le fait d'avoir porté les armes contre la France, V. CRIMES CONTRE LA SURETÉ DE L'ÉTAT.

PORT ILLÉGAL DE COSTUME OU DE DÉCORATION.

V. COSTUME, DÉCORATION.

PORT FRANC.

1. — On appelle ainsi une ville maritime ou autre endroit mis en dehors de la ligne des douanes ou du régime fiscal d'un pays pour être accessible aux marchandises étrangères sans avoir aucuns droits à payer soit à l'arrivée, soit à l'exportation.

2. — Les ports francs ont une grande utilité pour les pays qui n'ont pas une industrie avancée et qui ont besoin de marchandises étrangères; car alors ils s'approvisionnent avantageusement dans ces espèces de foires perpétuelles. — Magnitot et Delamarre, *Dict. de droit admin.*, v° *Port franc.*

3. — Avant la révolution de 1789 un arrêt du Conseil, du 14 mai 1784, avait déterminé les ports qui jouissaient de la pleine franchise : c'étaient principalement Dunkerque, Lorient, Bayonne et Marseille. — Merlin, *Rep.*, v° *Port franc*, n° 1er; Beaussant, *Cod. marit.*, t. 1er, p. 516.

4. — La franchise des ports, qui constituait en réalité un privilége, puisqu'il y avait modération ou exemption de droits, a été abolie par la loi du 6-22 août 1791 et ensuite par celle du 11 nivôse an III.

5. — Cependant sous l'Empire il y eut un port véritablement franc : c'était celui de Gênes. — Décr. 15 messid. an XIII; L. 30 avril 1806. — Merlin, *Ibid.*

6. — Dunkerque, Bayonne et Marseille ont depuis et souvent insisté pour être remis en possession de la franchise. Cette dernière ville seule l'obtint en 1814; mais, comme il en était résulté de grands inconvéniens, une ordonnance du 10 septembre 1817 substitua à la franchise de Marseille un régime d'entrepôt, et des facilités aussi étendues que possible.

7. — Aujourd'hui donc il n'existe aucun port franc dans la république; mais, au lieu de la franchise qu'avaient autrefois les villes susnommées, tous les ports de quelque importance jouissent d'un entrepôt, réel ou fictif, qui a pour eux les mêmes avantages, qui n'est qu'une modification du port franc. — Delamarre et Magnitot, *ibid.* — V. DOUANES, nos 429 et suiv.

PORT PERMIS.

C'est ce qu'il est permis de charger sur un navire avec exemption de fret. — V. AVARIES, n° 205; CAPITAINE DE NAVIRE, n° 404; COFFRE DE MER, n° 3; ÉQUIPAGE (gens d'), nos 201 et suiv.

PORTES ET FENÊTRES.

V. CONTRIBUTIONS DIRECTES.

PORTEFAIX.

1. — Les conditions relatives à l'exercice de la profession de portefaix et commissionnaires stationnant sur la voie publique, sont réglées par une ordonnance de police du 1er juillet 1839; laquelle a rapporté une ordonnance précédente, du 29 juillet 1811.

2. — Les dispositions de cette ordonnance sont relatives principalement à l'obligation imposée aux commissionnaires ou portefaix de se pourvoir à la préfecture de police d'un livret *ad hoc* et d'une médaille, de porter cette médaille ostensiblement, d'être toujours également porteurs de leur livret et de ne pouvoir quitter, sans autorisation, la station qui leur aura été assignée.

3. — Les commissionnaires et portefaix doivent, lorsqu'ils renoncent à leur état, et qu'ils quittent, même momentanément, le ressort de la préfecture de police, déposer leur livret et leur médaille à ladite préfecture.

4. — L'autorité peut retirer la médaille et le livret à ceux qui commettraient une action contraire à la probité, manqueraient d'égards envers le public, ou prendraient part à un désordre quelconque.

5. — Nous verrons v° POUVOIR MUNICIPAL (V. aussi OUVRIER, nos 31 et suiv.) qu'il appartient à l'autorité municipale de réserver exclusivement certains travaux à des individus nommés et commissionnés par elle, et de régler le mode d'exercice de certaines professions. C'est ainsi qu'on considère comme légal et obligatoire l'arrêté municipal qui défend de faire opérer par d'autres personnes que par les portefaix de la ville le chargement et le déchargement des marchandises sur les ports. — *Cass.*, 27 nov. 1841 (t. 1er 1842, p. 626), Lefebvre; 16 sept. 1847 (t. 1er 1848, p. 396) et 22 août 1848 (t. 2 1848, p. 212), Guiraud.

6. — Mais il a été également reconnu que les règlemens de l'autorité municipale ne peuvent faire obstacle à ce que les citoyens fassent par eux-mêmes, ou par les personnes de leur famille, ou par leurs domestiques, le service attribué exclusivement à certains individus; et que, spécialement, l'arrêté d'un maire, portant que les travaux relatifs aux marchands de grains et farine continueront à se faire, comme par le passé, par les portefaix attachés à ce service, ne met aucun obstacle à ce que les marchands fassent porter leurs sacs par les gens de leur famille ou leurs domestiques. — *Cass.*, 16 avr. 1819, François Broyard c. chef des portefaix de Pont-Sainte-Maxence; 11 sept. 1840 (t. 1er 1841, p. 59), Bourgeois; 27 nov. 1841 (t. 1er 1842, p. 626), Lefebvre. — V., aussi, l'arrêt précité du 16 septembre 1847.

7. — Doit être annulé le jugement d'un tribunal de simple police qui, sur la poursuite d'une contravention à un arrêté municipal concernant le service des portefaix, et résultant de ce qu'un individu a fait décharger des marchandises à lui adressées par des gens au service de son frère, au lieu d'employer à ce travail les portefaix, a 1° renvoyé ledit frère des fins de la plainte sur le motif que les marchandises lui appartenaient, alors que ce dernier n'avait pas d'ailleurs été cité devant le tribunal, et que rien dans le jugement ne constate qu'il ait volontairement comparu et pris les fait et cause du prévenu; 2° omis de statuer sur l'action dirigée contre le prévenu. — *Cass.*, 4 mars 1848 (t. 1er 1849, p. 216), Debray. — V. en outre OUVRIERS, POUVOIR MUNICIPAL.

PORTEFEUILLES (Marchands, Fabricans de).

1. — Marchands de portefeuilles, fabricans de portefeuilles pour leur compte. — Patentables de 6e classe. — Droit fixe basé sur la population, — droit proportionnel du 20e de la valeur locative de l'habitation et des lieux servant à l'exercice de la profession.

2. — Fabricans à façon. — Patentables de 8e classe. — Même droit fixe que les précédens, sauf la différence de classe; — droit proportionnel du 40e de la valeur locative de tous les locaux qu'ils occupent, mais seulement dans les communes de 20,000 âmes et au-dessus. — V. PATENTE.

PORTE-FORT.

C'est celui qui stipule au nom d'un tiers en promettant sa ratification. — V. OBLIGATION, STIPULATION POUR AUTRUI. — V., aussi, APPEL, COMPROMIS, DONATION ENTRE-VIFS, ENREGISTREMENT.

PORTEUR.

On appelle ainsi le détenteur d'un effet de commerce ou autre titre, et qui a le droit d'en réclamer le paiement. — V. BILLET A ORDRE, BILLET AU PORTEUR, LETTRE DE CHANGE.

PORTEUR DE CONTRAINTES.

V. CONTRIBUTIONS DIRECTES.

PORTEURS D'EAU.

1. — L'exercice de la profession de porteur d'eau est soumis, dans l'intérêt de la sécurité publique et de la libre circulation, à l'observation de certaines mesures de police.

2. — L'ordonnance de police du 30 mars 1837, qui a abrogé celle du 24 oct. 1829, renferme, pour le ressort de la préfecture de police, des dispositions détaillées sur : 1° les fontaines et bornes-fontaines; 2° les porteurs d'eau à tonneau, 3° les porteurs d'eau à bretelles. L'esprit de cette ordonnance se résume dans son préambule, qui est ainsi conçu : «Considérant que, dans l'intérêt de la sûreté publique et de la libre circulation, il importe de prendre des mesures pour prévenir l'encombrement et les embarras aux abords des fontaines et des bornes-fontaines; que l'eau des bornes-fontaines, qui doit être employée à l'assainissement de la ville, ne doit pas être détournée de sa destination, et que la salubrité publique réclame quelques mesures réglementaires en ce qui concerne la distribution et la vente de l'eau aux habitans de Paris; — Considérant, en outre, que beaucoup de porteurs d'eau à tonneaux traînés à bras ou par des chevaux s'abstiennent de faire leur déclaration à la préfecture de police, ainsi qu'ils y sont tenus, lorsqu'ils vendent leurs tonneaux, ou qu'ils changent de domicile; — Qu'il résulte de cette inexécution des règlemens que des délits et contraventions sur la voie publique peuvent demeurer impunis, » etc., etc.

3. — Les principales dispositions de cette ordonnance sont les suivantes : — Art. 4. Tout individu qui aura dégradé les fontaines ou bornes-fontaines de quelque manière que ce soit, ou qui aura fait usage, pour les ouvrir, de fausses clefs; sera poursuivi conformément au C. pén. — Art. 5. Il est défendu de détourner l'eau des bornes-fontaines, ou d'en arrêter le cours, par quelque moyen que ce soit. Il est aussi défendu d'en prendre pour la vendre ou pour l'employer à des besoins industriels. Le puisage pour les besoins personnels ou domestiques est seul toléré.

4. — Art. 6. Tous les individus qui veulent exercer la profession de porteurs d'eau à tonneaux dans la ville de Paris sont tenus d'en faire la déclaration à la préfecture de police : cette déclaration doit indiquer l'endroit où le tonneau sera remisé. Il est délivré aux déclarans, et pour chaque tonneau, un certificat, dit feuille de roulage, qui doit être visé par le commissaire de police de leur quartier ou le maire de la commune dans laquelle ils sont domiciliés.

5. — Les porteurs d'eau à tonneaux sont assujettis à la déclaration dans les quarante-huit heures de leur changement de domicile ou du changement de lieu de remisage de leurs tonneaux (art. 11). — Ils doivent également (art. 12) faire leur déclaration au cas de cessation d'exercice de leur état : en pareil cas, les numéros peints sur les tonneaux sont effacés par le peintre attaché à l'administration. — Enfin : au cas de cession d'un tonneau de porteur d'eau, la déclaration doit en être faite tant par le cédant que par le cessionnaire. — Art. 13.

6. — Les tonneaux sont numérotés aux frais du propriétaire (art. 8); et, chaque année, il est procédé à une visite générale des tonneaux de porteurs d'eau, dans le but de vérifier l'exactitude des déclarations de domicile et l'indication des numéros. — Art. 14.

7. — Les porteurs d'eau à tonneaux, domiciliés dans le ressort de la préfecture de police, doivent remplir leurs tonneaux chaque soir, avant de les rentrer, et les tenir remplis toute la nuit.

8. — Les porteurs d'eau à tonneaux ne peuvent puiser, hors des cas d'incendie, qu'aux fontaines affectées à ce par l'autorité, et où les tonneaux peuvent être remplis sans gêner ni embarrasser la circulation. — Art. 16.

9. — Au premier avis d'un incendie, les porteurs d'eau à tonneaux doivent (art. 17) y conduire leurs tonneaux pleins; sous peine d'être poursuivis conformément à l'art. 475 (n° 12) C. pén. — V. REFUS DE SERVICE, INCENDIES (mesures contre les), n° 54. — Aux termes de l'ordonnance de police du 21 déc. 1819, concernant les incendies, il est accordé, indépendamment du prix de l'eau, une prime aux propriétaires des deux tonneaux qui arrivent les premiers au lieu d'incendie : cette prime est, pour le premier, de 12 fr., et pour le second de 6 fr.

10. — Les brancards des tonneaux, soit à bras, soit à cheval, ne peuvent saillir, en arrière, au-delà des roues, de plus de trente-trois centimètres. — Art. 10.

11. — Les porteurs d'eau à tonneaux ne peuvent se servir que de conducteurs porteurs d'une carte de sûreté ou d'un permis de séjour et d'un livret qui leur est délivré à la préfecture de police, conformément au décret du 3 oct. 1810. — Art. 19.

12. — Les conducteurs d'un tonneau doivent être toujours munis de la feuille de roulage constatant la délivrance du numéro et la représenter à la première réquisition des agens de l'autorité, ainsi que les papiers de sûreté. — Art. 20.

13. — Les porteurs d'eau à tonneaux sont, conformément à la loi, civilement responsables des personnes qu'ils emploient à la conduite de leurs voitures et à la distribution de l'eau. — Art. 21.

14. — Il est défendu aux porteurs d'eau à bretelles de puiser à la rivière, ailleurs qu'aux points autorisés. Ils sont tenus de fermer leurs seaux, lorsqu'ils sont pleins, avec un couvercle en fer-blanc ou en bois. — Art. 22.

15. — Il est défendu aux porteurs d'eau, soit à tonneaux, soit à bretelles, de puiser aux bornes-fontaines, ainsi que dans les bassins des fontaines publiques (art. 24).

16. — Les particuliers ont droit de puiser aux fontaines publiques avant les porteurs d'eau à bretelles (art. 23).

17. — Deux autres ordonnances de police des 15 avril 1843, et 20 avril 1844, contiennent des dispositions relatives à la visite générale des tonneaux de porteur d'eau.

18. — Il a été jugé que la vente qu'un porteur d'eau avec tonneaux à bras consent de son fonds, constitue une opération commerciale de la compétence des tribunaux de commerce; et la contrainte par corps peut être prononcée contre le vendeur, en cas d'inexécution de la convention. — *Paris*, 15 juill. 1831, Julien c. Lacombe. — V. ACTES DE COMMERCE, n° 444.

19. — Porteurs d'eau filtrée ou non filtrée avec cheval et voiture. — Patentables de 8e classe. — Droit fixe basé sur la population; droit proportionnel du 40e de la valeur locative de tous les locaux, qu'ils occupent, dans les communes de 20,000 âmes et au-dessus.

20. — Les porteurs d'eau à la bretelle, ou avec voiture à bras, sont exempts de la patente. — L. 25 avril 1844, art. 13, n° 6, § dernier. — V. PATENTE.

PORTIER.

1. — Le portier est un préposé établi par le propriétaire pour la garde, la surveillance, la propreté de la maison et l'utilité des locataires.

2. — Considéré sous le rapport des services qu'il doit rendre aux personnes qui habitent la maison, le portier est non-seulement le serviteur du propriétaire, mais encore celui des locataires. — C'est là un point consacré par la jurisprudence du tribunal de la Seine.

3. — Ainsi le portier est tenu de recevoir les lettres adressées aux locataires; son refus le rend passible de dommages-intérêts, et le propriétaire peut, en ce cas, être considéré comme civilement responsable. — Tribunal de paix, 11e arrondissement, 10 mars 1840 (*Droit* 12 mars même année). — Agnel, *Code manuel des propriétaires et locataires*, p. 430.

4. — La seule excuse que le portier pourrait alléguer pour motiver son refus de recevoir les lettres des locataires serait la négligence mise par eux à lui rembourser, au moment de la remise, le port desdites lettres. — Agnel, *loc cit.*, note.

5. — Le portier doit aussi recevoir les autres papiers adressés aux locataires, et les leur remettre exactement: l'inexécution de cette obligation peut donner ouverture contre le portier et contre le propriétaire, comme civilement responsable, à une action en dommages-intérêts. — Agnel, *loc. cit.*

6. — Le portier doit ouvrir la porte aux locataires à telle heure de jour et de nuit qu'ils se présentent. — A moins qu'une clause formelle d'un bail ne stipule le contraire. — Jug. trib. municipal de Paris, 20 sept. 1835 (*Gaz. Trib.* 1er oct. 1835); jugement trib. de la Seine, chap. 1er (*Droit* du 12 janv. 1840).

7. — On ne peut considérer comme exclusive, pour les locataires du dehors, de rentrer dans la nuit, la clause qui stipule que l'éclairage cessera à dix heures du soir (même jugement du tribunal de la Seine).

8. — Mais lorsqu'un des locataires a une profession qui pourrait entraîner des abus graves dans l'exercice de ce droit et priver le portier du repos nécessaire, le tribunal peut ordonner telle mesure qu'il juge convenable de nature à concilier tous les intérêts (même jugement cité par Agnel loc. cit..

9. — M. Agnel cite également un jugement du tribunal de police correctionnelle de la Seine (*Gaz. des trib.* 1er fév. 1834), duquel il résulte que le portier qui empêche de monter chez les locataires des personnes qui y viennent, sous prétexte que ces personnes salissent les escaliers, peut être poursuivi et condamné pour ce fait à des dommages-intérêts envers les locataires.

10. — Mais il nous semble que le portier serait dans son droit, et même remplirait son devoir, s'il empêchait de monter dans la maison soit des personnes notoirement de mauvaise vie, soit des individus suspects et de nature à troubler le repos des locataires. — C'est surtout ici que le portier doit exercer plus scrupuleusement encore sa vigilance à cet égard; et l'on ne saurait lui faire un reproche même d'un excès de scrupule, pourvu qu'il ne dégénérât pas en abus.

11. — En cas d'impolitesse de la part du portier, ou lorsqu'il ne remplit pas son devoir envers le locataire; le propriétaire peut être tenu de le renvoyer, sous peine de dommages-intérêts pour chaque jour de retard. — Jugem. tribun. de la Seine (*Gaz. des Tribun.*), 10 juill. 1836.

12. — Dans certains cas même, l'impolitesse du portier ou le manquement à ses devoirs pourrait être, si le propriétaire ayant connaissance des faits avait refusé d'y mettre ordre, une cause de résiliation de bail. — *Paris* (*Gaz. des Tribun.*), 23 juin 1836. — Jug. trib. de la Seine (*Gaz. des Trib.*), 30 août-19 déc. 1840. — V. BAIL.

13. — Le propriétaire ou le principal locataire ne peut empêcher un locataire de déposer son flambeau dans la loge du portier. — Jug. tribun. de paix, 11e arrondiss. (*Gaz. des Tribun.*), 9 déc. 1827.

14. — Il arrive parfois que les portiers, bien que connaissant la nouvelle adresse du locataire déménagé, refusent de l'indiquer. — Ce refus pourrait, suivant les circonstances, le rendre passible de dommages-intérêts, et le propriétaire pourrait aussi être poursuivi comme civilement responsable. — Jugement du tribunal de police, 3e arrondissement (*Gazette des Tribunaux*), 6 sept. 1837.

15. — Dans l'usage, le portier reçoit du locataire qui retient un logement un *denier à Dieu*. — V. DENIER A DIEU. — Dans l'usage aussi, le portier prélève une bûche sur chaque voie de bois introduite par les locataires. — Mais cet usage ne fait pas loi, et le locataire pourrait refuser, s'il était mécontent du portier, de lui laisser cette bûche. — Agnel, p. 434. — Le locataire peut également refuser les étrennes.

16. — Les obligations du portier sous le rapport du balayage de la maison, de l'éclairage, du frottage, etc., varient suivant l'importance des maisons et le quartier où elles sont situées. A cet égard il n'existe pas de règle fixe, et chaque maison peut avoir ses habitudes particulières.

17. — Dans ses rapports avec le propriétaire, le portier est considéré comme domestique. — V. DOMESTIQUE. — V. aussi, LOUAGE D'OUVRAGE ET D'INDUSTRIE. — A certains égards aussi, sa position tient du mandat; ainsi, le portier doit prévenir le propriétaire du déménagement furtif des locataires.

18. — Jugé que le concierge (ou portier) d'un établissement consacré à un service public (une caserne) est virtuellement, et par sa seule qualité, substitué au propriétaire quant aux obligations de police relatives au nettoiement de la voie publique, et que dès lors il est passible de la peine portée par l'art 471 (n° 3) C. pén., s'il néglige de les accomplir, et par conséquent de balayer dans toute son étendue, conformément à un règlement de police, le devant de l'édifice. — Il ne peut se prétendre simple locataire, et balayer seulement, à ce titre, de balayer au-devant de la porte principale. — *Cass.*, 30 mai 1846 (t. 2 1846, p. 533), Leroux. — V. aussi, BALAYAGE ET NETTOIEMENT DE LA VOIE PUBLIQUE, n° 26 et suiv., 31 et suiv., et 37.

19. — Quant à la remise des exploits aux portiers, V. EXPLOIT.

PORTION.

Lorsqu'on n'a rien spécifié, il faut entendre par portion la moitié de la chose. — L. 164, § 1er, ff., *De verb. signif.* — V. PART.

PORTION DISPONIBLE.
V. QUOTITÉ DISPONIBLE.

PORTION VIRILE.

1. — On appelle ainsi la portion qu'un héritier a dans une succession, soit *ab intestat*, soit testamentaire, et qui est égale à celle des autres héritiers. — Merlin, *Rép.*, v° *Portion virile*.

2. — Mais, ajoute M. Rolland de Villargues (*Rép. du notariat*, v° *Portion virile*), si la portion virile est égale à celle des autres héritiers, c'est comme part personnelle et numérale; à la différence de la *portion héréditaire* dont l'importance peut n'être pas la même pour tous les héritiers.

3. — Ainsi, lorsque plusieurs héritiers viennent à la succession du défunt, soit *ab intestat*, soit en vertu de son testament, mais sans qu'il y soit dit pour quelle part ils sont institués héritiers, dans les deux cas leurs parts sont *viriles*,

c'est-à-dire égales. — Denisart et Ferrière, v° *Portions viriles*.

4. — Ainsi encore, dans le cas où le testateur a grevé plusieurs de ses héritiers de la prestation d'un legs, chacun d'eux, dit Pothier, n'est pas tenu solidairement, mais seulement *in virile*, c'est-à-dire pour sa part personnelle et numérale; par exemple, s'il a grevé deux personnes, chacune sera tenue du legs pour moitié, etc., cela quand bien même l'un des grevés du legs succéderait à une plus grande portion des biens du testateur que l'autre; car ceux qui sont grevés nommément sont tenus des legs *pro virilem* et *non pro portionibus hereditariis*. — *Donat. testament.*, chap. 3, sect. 3e, art. 1er, § 2.

5. — Cependant les auteurs du Code civil ont méconnu l'acception des mots *portion virile* dans l'art. 873, en disant que « les héritiers sont tenus des dettes personnellement *pour leur part portion virile*. D'où il suivrait que si les seuls héritiers étaient un père et un frère, dont l'un recueille un quart et l'autre les trois quarts, chacun d'eux néanmoins devrait payer la *moitié* des dettes; car telle est la portion virile. Mais le législateur n'a pas entendu ainsi cette expression, qu'il a confondue avec la *portion héréditaire*. C'est la remarque qu'ont faite tous les auteurs. » — Rolland de Villargues, *ubi suprà*.

6. — Quelquefois aussi on entend particulièrement par *portion virile* celle que le père et la mère prennent en propriété dans la succession d'un de leurs enfans auquel ils succèdent avec leurs autres enfans frères et sœurs du défunt. — Merlin, *Rép.*, v° *Portion virile*.

7. — Enfin, il y a encore, dit Merlin (*ibid.*), une autre sorte de portion virile: qui est celle que l'époux survivant gagne en propriété dans les gains nuptiaux quand il demeure en viduité; mais, pour distinguer celle-ci des autres, on l'appelle ordinairement *virile* simplement, et celle des héritiers qui est égale entre eux, *portion virile*.

POSSESSION.

Table alphabétique.

POSSESSION.—1. — La possession est définie par l'art. 2228 C. civ. : « La possession est la détention ou la jouissance d'une chose ou d'un droit que nous tenons ou exerçons par nous-mêmes, ou par un autre qui la tient ou l'exerce en notre nom. »

2. — Par cette définition, qui est empruntée à Pothier (De la possession, n° 2), le Code a voulu désigner la possession considérée dans son sens le plus large et le plus général : c'est-à-dire celle qui met l'individu en rapport avec la chose, abstraction faite des effets que la loi pourrait attacher à sa durée prolongée pendant un certain temps. — Troplong, Prescription, t. 1er, n° 228.

3. — La possession dont nous nous occupons dans le présent article n'est pas celle qui est jointe au droit de propriété non contesté ; mais bien la possession considérée en elle-même, lorsque la propriété étant douteuse, disputée, on est forcé de recourir à certains faits extérieurs pour dissiper les incertitudes et expliquer les difficultés.

§ 1er. — *Nature de la possession, ses diverses espèces et ses effets (n° 4).*

§ 2. — *A quelles choses peut s'appliquer la possession. — Son étendue (n° 53).*

§ 3. — *Comment s'acquiert, se conserve et se perd la possession. — Comment elle se prouve (n° 65).*

§ 4. — *De la maxime qu'en fait de meubles possession vaut titre. — Art. 2279 et 2280 du C. civ. (n° 104).*

—

§ 1er. — *Nature de la possession, ses diverses espèces et ses effets.*

4. — Le droit de propriété et la possession sont le plus souvent réunis entre les mains de la même personne. La possession ne constitue alors qu'une série d'actes de jouissance par lesquels le droit se manifeste. La propriété est le droit et la possession le fait. C'est le droit mis en action et se manifestant par des actes sensibles. Le propriétaire peut même céder la jouissance à un tiers, comme dans le cas de louage, et il est alors censé jouir par les mains de son fermier.

5. — Dans ce dernier cas, celui qui détient au nom d'autrui, comme le colon, le locataire, le dépositaire, ne possède pas, à proprement parler, il n'a pas le *jus possidendi*, il est seulement *in possessione*. — Duranton, t. 4, n° 242.

6. — Mais il peut arriver que la propriété soit contestée par plusieurs personnes qui allèguent respectivement des prétentions plausibles. Pour les juger il faut consulter des titres, recourir à de longues procédures ; en attendant, la possession ne peut rester vacante, car il est de l'intérêt public que les immeubles ne restent pas improductifs. Elle ne peut non plus rester incertaine, car des actes de violence pourraient en être la suite. Il faut donc qu'un parti soit pris sur la possession jusqu'au moment où la propriété sera adjugée. De là la nécessité de considérer la possession, abstraction faite de la propriété qui est incertaine et disputée. Or, comme la possession est le signe de la propriété, la loi présume que le possesseur est propriétaire jusqu'à ce que le contraire soit démontré, et elle le protège dans certaines de ses actions possessoires.—V. *infrà*. — V., aussi, ACTION POSSESSOIRE.

7. — On distinguait chez les Romains la possession *naturelle* et la possession *civile* : la première était celle du fermier, du commodataire, de l'usufruitier, qui, civilement parlant, ne possédaient pas (*Instit.*, § 4, *Per quas personas ;* Ulpien, L. 12, D. *De acq. vel omitt. possess.*) ; la seconde était celle qui était nécessaire pour usucaper. On connaissait aussi la possession prétorienne ou possession *ad interdicta*, qui donnait droit d'exercer les interdits.—V. INTERDITS (droit romain).

8. — Ces distinctions, qui avaient dans le droit romain une grande importance, n'ont plus de sens bien précis chez nous. — V. Pothier, Cout. d'Orléans, t. 22, n° 2 ; Troplong, Prescr., t. 1er, n° 239 et suiv.; Duranton, t. 4, n° 485 et suiv.; Rolland de Villargues, Rép. du not. (2e éd.), v° Possession, n° 10 et suiv.

9. — La possession est *juste* ou *injuste*. On l'appelle juste lorsque le possesseur jouit légitimement en vertu d'une cause licite et autorisée par la loi. Elle est injuste dans le cas contraire.

10. — ... Il y a possession *vicieuse* lorsqu'elle est violente ou clandestine ou précaire. Mais la possession peut être de mauvaise foi sans être vicieuse, ainsi que nous le verrons en traitant de la prescription.—V. PRESCRIPTION.

11. — On possède *animo domini* ou à titre de propriétaire lorsqu'on jouit de la chose comme le ferait un véritable propriétaire et avec la volonté d'en conserver exclusivement la disposition. Le possesseur à titre précaire est au contraire celui qui possède pour autrui.

12. — On entend par possession équivoque celle qui a un caractère si incertain qu'on ne sait dans quel but ni à quel titre le possesseur détient la chose.

13. — La distinction la plus importante est celle de la possession de bonne foi et de celle de mauvaise foi. La possession de bonne foi est celle du possesseur qui en recevant la chose, par suite d'une vente, d'une donation, d'un legs, etc., ignorait qu'elle n'appartenait pas à celui qui la lui livrait. Lorsqu'au contraire celui qui détient la chose savait qu'une espèce de genre infectait la transmission qui lui en a été faite, la possession est de mauvaise foi.—Duranton, t. 21, n° 191.

14. — On appelle possession immémoriale celle dont aucun homme vivant n'a pu voir le commencement et qui n'est contredit par aucun fait. — Bordeaux, 8 fév. 1832, Baillet c. Collin.

15. — On ne peut dire qu'une possession a eu un commencement certain et connu, et que, par conséquent elle n'est pas immémoriale, par cela seul que les témoins rappellent des époques précises, si, en rapportant les dates des faits de jouissance, ils n'ont eu d'autre objet que de retracer les plus anciens parmi les faits qui sont restés dans leur souvenir, et de fixer les époques les plus reculées auxquelles leur mémoire leur permettait de remonter.—Même arrêt.

16. — Les limites d'une possession immémoriale ne peuvent être précisées, celui qui réclame par ce moyen un droit de servitude n'est pas tenu de prouver que la possession était déjà immémoriale. — Cass., 24 juill. 1832, d'Ecquevilley c. Colombot.

17. — En principe la possession est exclusive. Deux personnes ne peuvent à la fois posséder entièrement le même objet; une possession exclut nécessairement une autre possession ayant la même nature et le même objet. Cependant, puisqu'il y a des possessions inégales, rien n'empêche qu'on ne les admette à concourir; l'une peut avoir la possession précaire, l'autre la possession *animo domini*. L'art. 2228 en donne la preuve dans la définition qu'il donne de la possession.—Troplong, Prescr., t. 1er, n° 243 et suiv.; Rolland de Villargues, Rép. du not. (2e éd.), v° Possession, n° 15 et suiv.

18. — Mais bien que plusieurs personnes ne puissent avoir, chacune pour le total, la possession d'une même chose, plusieurs personnes peuvent néanmoins posséder en commun une chose indivisible qui leur appartient ; car ils ne la possèdent pas séparément, leur communauté forme une personne collective qui agit dans un intérêt unique. La règle que deux possessions s'excluent, n'est applicable que lorsqu'il s'agit de possessions de même genre, émanées de causes opposées, qui agissent chacune pour un intérêt séparé. — Poncet, Des actions, p. 405 et 406, n° 72; Troplong, loc. cit.

19. — Lorsque deux possessions différentes concourent entre elles et que l'une est seulement intentionnelle, tandis que l'autre est tout à la fois intentionnelle et matérielle, c'est cette dernière qui doit l'emporter. Aussi est-ce à tort qu'il a été jugé par la cour de Lyon le 17 juin 1830 que, quoiqu'un moulin ait cessé d'être en activité depuis longues années et que le canal qui a conduit les eaux ait été intercepté en partie, le propriétaire du moulin a conservé par le seul fait de l'écoulement continuel dans ce canal d'un certain volume d'eau la possession du canal et de ses francs bords, malgré à l'égard des tiers acquéreurs des héritages latéraux, qui ont cultivé les francs bords et partie du sol pendant un temps suffisant pour prescrire. V. cet arrêt sous Cass., 6 déc. 1832, Delarox c. l'Hospital.

20. — Lorsque deux personnes allèguent des faits de possession également caractéristiques, il n'y a possession d'aucun côté; car les deux possessions s'excluant, il faut avoir recours à d'autres indices de la propriété. — Troplong, Prescr., t. 1er, n° 152. — V., au reste, ACTION POSSESSOIRE, n°s 444, 610 et suiv.

21. — On ne peut posséder une partie incertaine d'une chose; mais on en peut posséder une partie, comme le tiers, le quart même, indivisément. — Domat, liv. 3, tit. 7, sect. 3, n° 23; Blondeau, Chrestom., p. 245 et suiv.

22. — La possession produit des effets qui lui sont propres, lors même qu'elle n'aurait qu'une très-courte durée. Ainsi 1° celui qui possède de bonne foi et en vertu d'un titre translatif de propriété fait les fruits siens. — Cod. civ., art. 549, 550.— Grotius, De jure paci et belli, lib. 2, cap. 8 ; Troplong, Prescr., t. 1er, n° 228 ; Duranton, t. 4, n°s 350 et suiv. — V. FRUITS, n°s 30 et suiv.

23. — Celui qui possède de bonne foi, étant présumé propriétaire jusqu'à ce que le contraire soit prouvé, la loi attache à ses actes d'administration ou de disposition les mêmes effets que s'ils émanaient d'un véritable propriétaire.

24. — Aussi a-t-il été décidé: 1° que le véritable héritier qui ne se présente qu'après un certain laps de temps, est obligé d'entretenir les aliénations faites de bonne foi par l'héritier apparent. Caen, 17 juill. 1823, Vaumousse c. Deslogelle.

25. — ... 2° Que les jugemens rendus avec l'héritier présent et légalement saisi de la succession ne peuvent être attaqués par la voie de la tierce opposition par l'héritier qui s'est établi depuis et qui accepte ensuite. — Metz, 29 mai 1818, Pierret c. Kurre c. Gouguenheim.

26. — ... 3° Que les hypothèques consenties par l'héritier apparent ne peuvent être attaquées par l'héritier véritable qui se présente plus tard. — Paris, 8 juill. 1833, Meunier c. Hersant.

27. — ... 4° Que lorsqu'un légataire, en vertu d'un testament olographe, ne s'est fait connaître que postérieurement à une saisie pratiquée sur des immeubles de la succession à laquelle il a part, il est réputé avoir été représenté dans les jugemens intervenus antérieurement entre les créanciers de la succession et les héritiers communs. — Agen, 11 mai 1833, Fournier c. Filières.

28. — Mais si la possession publique, notoire et non contestée de la succession d'un défunt, dans la personne de son héritier apparent, produit une exception de bonne foi suffisante pour protéger les actes faits entre lui et des tiers, la même faveur ne peut être étendue à la vente du titre même d'héritier et aux droits qui en dérivent; une telle aliénation est nulle à l'égard du véritable héritier. — Cass., 26 août 1833, Legros c. Tissier. — V., du reste, pour ces questions, PÉTITION D'HÉRÉDITÉ et PROPRIÉTAIRE APPARENT.

29. — Il suffit d'être en possession publique et paisible d'un immeuble pour avoir le droit d'exercer une action en dommages et intérêts contre ceux qui commettent des dégradations sur cet immeuble. — *Bordeaux*, 16 fév. 1829, Duchet c. Tournier.

30. — Si le possesseur de bonne foi avait abattu une futaie qui n'était pas mise en coupe réglée, ou s'il avait démoli une maison et qu'il en eût vendu les bois et les matériaux, il devrait une indemnité au propriétaire; mais seulement jusqu'à concurrence de ce dont il aurait profité de ces objets, s'il en avait disposé avant d'être constitué en mauvaise foi. Et il en serait ainsi lors même qu'il aurait cessé de posséder par l'aliénation qu'il aurait faite du fonds au profit d'un autre. — Duranton, t. 4, n° 366.

31. — Mais le possesseur de bonne foi ne serait passible d'aucune action, si la coupe ou la démolition avait été faite non par lui mais par son successeur. — Duranton, n° 367.

32. — Le possesseur de mauvaise foi, qui a fait à l'immeuble dont il vient à être évincé des impenses utiles et nécessaires qui en ont augmenté la valeur et le produit, a droit au remboursement non-seulement du capital qui a servi à ces constructions et améliorations, mais aussi aux intérêts de ce capital. — *Agen*, 27 mars 1843 (t. 1er 1844, p. 399), Godard c. Valette.

33. — Le possesseur de bonne foi ne peut être soumis à aucune responsabilité résultant de ce qu'il aurait négligé de réparer l'immeuble dont il aurait eu la jouissance. — Proudhon, *Traité du domaine de la propriété*, t. 2, n° 552. — Il en serait autrement du possesseur de mauvaise foi. — *Ibid.*

34. — Le possesseur de bonne foi, qui aurait fait des impenses sur le fonds, devrait être remboursé, par le propriétaire qui se révélerait ensuite, de toutes les dépenses nécessaires et même utiles qu'il aurait faites sur l'immeuble; il ne devrait supporter que les dépenses purement voluptuaires. — V., au reste, sur les rapports du propriétaire, quant aux constructions et plantations, avec le possesseur de bonne ou de mauvaise foi, ACCESSION, nos 70 et suiv.

35. — Le possesseur est toujours présumé de bonne foi; c'est à celui qui allègue la mauvaise foi à en faire la preuve. Ainsi : la connaissance que le donataire d'un immeuble aurait de l'existence de l'hypothèque légale de la femme du donateur, ne peut le constituer de mauvaise foi; l'existence et la quotité des reprises de la femme ne pouvant être complétement connues qu'après la liquidation de ces reprises, liquidation qui peut constituer le mari créancier et non débiteur de la femme. — *Grenoble*, 10 juin 1846 (t. 2 1847, p. 142), Vincendon c. Coche.

36. — L'héritier d'un possesseur de mauvaise foi, peut, pour échapper à la restitution des fruits envers le véritable propriétaire, exciper de sa bonne foi personnelle. Spécialement : lorsqu'un héritier s'est fait remettre administrativement en possession d'un certain nombre d'hectares de bois, en se fondant sur un arrêt de cantonnement et sur un acte d'acquisition, intervenus en faveur de son auteur, et dans l'ignorance légale et de fait d'un jugement d'annulation ultérieur qui aurait fait cesser au préjudice de ce dernier les effets du cantonnement; il est réputé de bonne foi, et, à ce titre, il fait les fruits siens jusqu'au jour de la demande. En cas d'aliénation d'une portion des bois litigieux : la bonne foi personnelle de l'héritier ne le soumet à faire la restitution que sur le pied du prix de vente, et non sur le pied de la valeur actuelle. — *Cass.*, 24 mai 1848 (t. 1er 1849, p. 12), Parent de Chassy c. Commune de Monceaux-le-Comte. — V. FRUITS, nos 133 et suiv.

37. — Le possesseur de bonne foi peut quand il a perdu la possession de la chose, la revendiquer, quoiqu'il n'en soit pas propriétaire, contre celui qui la détient sans titre ou avec un titre moins coloré que le sien. — Troplong, *Vente*, t. 1er, n° 235, *Prescr.*, t. 1er, n° 230.

38. — Quand un débat s'engage sur la propriété d'une chose et que le demandeur ne prouve pas qu'elle lui appartient, le possesseur gagne son procès sans être obligé de prouver d'où lui vient la possession ni combien de temps elle a duré. On applique alors la maxime *In pari causâ melior est causa possidentis.* — Paul, L. 128, Dig., *De reg. juris;* Ulpien, L. 126, § 2, D., même titre; Caius, L. 24, D. *De rei vindicatione;* Inst., § 4, *De interdictis.* — Troplong, *Prescr.*, t. 1er, n° 229.

39. — Décidé qu'en l'absence de titre on peut baser la décision d'une question de propriété sur une possession quelconque prouvée par enquête, quoique insuffisante pour opérer la prescription. — *Cass.*, 2 juill. 1833, préfet du Cher c. Commune d'Auxigny.

40. — ...Et que la possession peut, à l'appui d'un commencement de preuve par écrit, être admise comme constituant une présomption, bien qu'elle ne réunisse pas tous les caractères nécessaires à la prescription. — *Cass.*, 13 nov. 1833, préfet de la Meurthe c. Barthelot.

41. — La possession peut être invoquée pour suppléer au titre primordial perdu ou présumé perdu. Mais, lorsque ce titre est représenté, elle ne peut prévaloir contre lui. — *Orléans*, 25 juill. 1846 (t. 1er 1847, p. 27), d'Essling c. fabrique de l'église de la Ferté-Saint-Aubin. — V. PREUVE.

42. — Décidé encore que la provision n'est pas moins due à la possession qu'au titre, alors surtout qu'il s'agit de l'administration de biens en litige. — *Cass.*, 23 juin 1840 (t. 2 1840, p. 486), Dudon c. Resseguier.

43. — Mais le principe que la provision est due à la possession ne s'applique pas à une possession précaire. — *Cass.*, 17 janv. 1826, Blin c. Buon.

44. — La possession prolongée pendant un certain temps produit en outre des effets particuliers et très-importans.

45. — La possession annale avec ou sans bonne foi donne naissance aux actions possessoires par lesquelles le possesseur peut se faire maintenir dans sa possession jusqu'à ce que la propriété en litige soit jugée. Il peut même se faire réintégrer dans sa possession lorsqu'il l'a perdue depuis moins d'un an. — Garnier, *Traité de la possession et des act. poss.*, p. 87 et suiv.; Curasson, *Compét. des juges de paix*, t. 2, nos 5 et suiv., 84 et suiv. — V. ACTION POSSESSOIRE.

46. — Les actions possessoires doivent être rangées parmi les actions réelles, puisque, d'après ce qui précède, elles émanent du droit de propriété qui est présumé dans le possesseur annal. La possession qui donne lieu à ces actions est elle-même un droit réel.

47. — Néanmoins, M. Duranton (t. 4, n° 246) estime, avec raison, qu'on ne pourrait donner la qualification de droit réel à la détention d'un immeuble qu'aurait, pendant moins d'un an, celui qui se serait emparé par violence de cet immeuble; car on ne peut voir dans ce fait une véritable possession. — V. aussi Troplong, *Prescr.*, t. 1er, n° 138.

48. — Celui dont la propriété borde une eau courante, et qui, pendant plus d'un an, a, au moyen d'ouvrages par lui pratiqués, joui de la totalité des eaux, peut agir au possessoire contre le propriétaire du fonds supérieur dont les ouvrages ont eu pour résultat de modifier sa jouissance; et même de détourner les eaux de façon à ne les lui rendre qu'au-dessous de la limite où il les avait reçues jusqu'alors. — En vain dirait-on que la jouissance de ce riverain a été, à raison du droit que confère l'art. 644 au propriétaire supérieur, purement précaire et incapable de fonder une prescription, ce qui, par voie de conséquence, rendrait l'action possessoire irrecevable. — Jugé encore que la possession annale dont excipe le riverain inférieur peut résulter d'ouvrages faits sur son propre terrain pour utiliser les eaux, sans qu'il soit nécessaire que ces travaux aient été faits sur le terrain du propriétaire supérieur auquel cette possession est opposée; cette condition, prescrite par l'art. 642 quant à l'eau d'une source, ne pouvant s'appliquer à un cours d'eau bordant les propriétés privées. — *Cass.*, 4 mars 1846 (t. 1er 1846, p. 387), Albrespic c. de Saint-Santin. — V. aussi *Cass.*, 6 déc. 1836 (t. 1er 1837, p. 39), Bigeon c. Bourgogne; 4 janv. 1841 (t. 1er 1841, p. 544), Picquot c. Hure. — V. ACTION POSSESSOIRE, nos 263 et suiv.

49. — Il faut remarquer que la possession qui n'est pas annale, la possession annale elle-même ne sont que de purs faits. La possession ne produit un droit que parce que la loi y voit une présomption de propriété. C'est donc dans la propriété présumée que la loi a placé le principe des effets juridiques qui semblent résulter du fait de la possession.

50. — La loi ne borne pas là les effets de la possession. Si elle se prolonge pendant dix ans, et que le possesseur y joigne un juste titre, susceptible de transmettre la propriété et la bonne foi, il devient propriétaire exclusif et incommutable. Si, même, le juste titre et la bonne foi manquent au possesseur, il deviendra également propriétaire incommutable si la possession est continuée pendant trente ans; alors elle se convertira par l'effet d'une présomption légale en un véritable droit de propriété. — V. PRESCRIPTION.

51. — Pour pouvoir prescrire, porte l'art. 2229, il faut une possession continue et non interrompue, paisible, publique, non équivoque, et à titre de propriétaire. Ces différentes conditions que doit avoir la possession pour produire le plus important de ses effets se liant intimement à la matière de la prescription, nous nous en occuperons sous le mot PRESCRIPTION.

52. — Un effet très-considérable de la possession, dans notre droit, est de tenir lieu de titre au possesseur, quand il s'agit d'objets mobiliers. Il est en effet de principe *qu'en fait de meubles possession vaut titre.* — C. civ., art. 2279. — V. *infrà* nos 104 et suiv.

§ 2. — *A quelles choses peut s'appliquer la possession. — Son étendue.*

53. — Suivant la théorie du droit romain, on ne faisait que *détenir* les droits incorporels : *Neque ususfructus neque usus possidetur, sed magis tenetur.* Mais ces distinctions entre la possession des droits incorporels et celle des choses corporelles n'existent pas en droit français, puisque l'art. 2228 C. civ. porte que la possession est la *détention* d'une chose ou d'un *droit*. Ainsi on possède une servitude, un usufruit par l'usage qu'on en fait avec l'intention d'en profiter comme d'un droit. — Troplong, *Prescr.*, t. 1er, nos 247 et suiv.; Rolland de Villargues, n° 21.

54. — Parmi les choses corporelles et incorporelles, il en est qui ne sont pas susceptibles d'une possession *animo domini* : telles sont celles qui sont *divini aut publici juris*, comme une église, un cimetière, une place publique. — V. ACTION POSSESSOIRE, nos 220 et suiv., 227 et suiv., 234 et suiv., 247 et suiv.

55. — De même : quoiqu'on ait porté pendant un temps indéfini un nom autre que celui qu'on a dans son acte de naissance, la possession en est inutile, parce que les lois défendent de changer de nom, sans l'autorisation du gouvernement. — *Cass.*, 29 juin 1825, Canolle. — Pothier, *Possession*, nos 37 et 38. — V. NOM.

56. — Il y a des choses qui sont susceptibles d'une possession privée, et pour lesquelles la possession même annale n'est cependant pas un indice de propriété; ce sont celles qui ne peuvent s'acquérir que par titre, comme les servitudes non apparentes et discontinues (C. civ., art. 691). Aussi n'y a-t-il pas lieu, pour ces sortes de droits, aux actions possessoires. — V. ACTION POSSESSOIRE, nos 295 et suiv.

57. — Lorsqu'un objet est susceptible de division, et que l'on n'en possède qu'une partie; on ne peut se prévaloir d'une présomption de propriété que sur cette partie. Mais si la chose est indivisible, la possession d'une partie entraîne celle du tout. Si la possession n'a embrassé qu'un démembrement de la propriété, comme une servitude, un droit d'usage, on ne doit pas l'étendre au delà; elle devra être circonscrite dans le cercle du démembrement sur lequel elle se sera exercée : *Tantùm præscriptum quantùm possessum.* — Troplong, *Prescr.*, t. 1er, n° 272 et suiv.

58. — Il est souvent difficile de distinguer si des actes de possession ont eu en vue un démembrement de la propriété ou la propriété même. C'est ce qui arrive lorsqu'il s'agit de l'acquisition de la possession de terrains vains et vagues qui ne sont pas susceptibles de culture. Les circonstances, dans ce cas, doivent servir de guide pour découvrir si les faits de possession allégués sont des actes de tolérance ou des actes de propriété. Si le maître du fonds sur lequel s'est exercée la possession est connu, et qu'il s'agisse seulement de savoir si la possession l'a privé d'un démembrement de la propriété; on devra interpréter l'acte équivoque dans le sens le plus favorable à celui *qui certat de damno vitando.* Mais si le propriétaire est inconnu, et si la possession est invoquée comme moyen de le trouver; on doit se montrer plus enclin à voir dans les actes de possession des indices d'une pleine propriété.

59. — Jugé, d'après ces principes, que le passage des habitans d'une commune sur un chemin dont la propriété est contestée entre deux parties n'ayant respectivement aucun titre à alléguer, la réparation des ponts et l'entretien de la chaussée aux frais de cette commune indiquent plutôt une possession à titre de propriétaire qu'un droit de servitude. — *Nancy*, 27 fév. 1826, d'Apremont c. Commune de Tillombois. — Troplong, n° 273.

60. — ...Et que lorsque les faits de possession ne se rapportent qu'aux arbres et non au fonds, la possession doit être restreinte aux arbres. Ainsi le fait d'avoir émondé, pendant un temps suffisant pour prescrire, les arbres placés sur la berge d'un fossé appartenant à autrui, peut entraîner la prescription sans qu'elle doive s'étendre à la

berge du fossé. — *Caen.*, 14 juill. 1825, Gouley c. Panier.

61. — La possession d'une chose fait présumer la possession des accessoires, et réciproquement la possession d'une partie fait souvent présumer la possession du tout. Les distinctions du droit romain, à cet égard, ne sont point admises dans notre droit. — Troplong, n° 274.

62. — Lorsque l'on possède une chose composée de plusieurs corps distincts et séparés, mais sous un même nom, comme un troupeau, la possession s'applique moins à cette chose qu'à chacune des parties qui la constituent (Javolenus, L. 30, § 2, D., *De usurpat.*). Ainsi un homme achète un troupeau dans lequel il y a deux brebis volées: par la possession qu'il a de ce troupeau, il pourra se prévaloir de l'art. 2279 du Code civil, en ce qui concerne les animaux qui n'ont pas été volés, pour repousser celui qui voudra le revendiquer; mais il n'en serait pas de même à l'égard des brebis volées, il lui faudra la possession triennale pour repousser la revendication. Ainsi chaque corps du troupeau est soumis à une possession spéciale. — Troplong, n° 275.

63. — Si un individu commence à posséder un héritage, et qu'il y réunisse des champs voisins; il y aura autant de possessions distinctes que de parcelles dont l'immeuble se sera augmenté. — L. 7, § 1er, D., *Pro emptore.*

64. — Lorsque la possession est fondée sur un titre, elle est réglée par ce titre. L'on ne devrait pourtant pas toujours appliquer cette règle, il est des cas où le possesseur a pu entendre posséder plus que son titre ne lui confère.

§ 3. — *Comment s'acquiert, se conserve et se perd la possession. — Comment elle se prouve.*

65. — Deux conditions sont nécessaires pour acquérir la possession d'une chose : l'appréhension de la chose et la volonté de la posséder. *Adipiscimus possessionem corpore et animo; neque per se animo, aut per se corpore.* Il n'est pas nécessaire, en droit français comme en droit romain, pour qu'il y ait appréhension, qu'on joigne à la volonté un fait qui, par imitation du toucher, y imprime pour ainsi dire le cachet de l'homme; il suffit que, par un fait quelconque, celui qui veut acquérir une chose soit mis à même de s'en servir, réellement, à son gré, soit par lui, soit par autrui. Ainsi on possède un immeuble lorsque le vendeur en a livré les titres de propriété, quoique l'on n'y soit point allé pour l'occuper physiquement; on le possède également lorsque par une clause de l'acte le vendeur reconnaît le détenir au nom de l'acquéreur à titre de fermier. —Troplong, *Prescr.*, t. 1er, n° 251; Rolland de Villargues, nos 28 et suiv.

66.—M. Duranton (t. 21, n° 197) pense même que, la propriété étant aujourd'hui transférée par le seul fait du consentement, on doit décider que, dès la vente ou la donation, l'acheteur ou le donataire possède par le ministère du vendeur ou donateur qui aurait pris terme pour la délivrance, ou qui se serait réservé l'usufruit ou la location de la chose par le même acte.

67. — Il ne peut y avoir de possession sans la volonté de posséder à un titre quelconque; soit à titre de propriétaire, soit à titre de fermier ou autre. La détention d'une chose, sans intention d'en retirer un avantage ou un émolument, n'est pas une possession dans le sens légal du mot. — Troplong, *Prescr.*, t. 1er, n° 253; Pothier, n° 40; Rolland de Villargues, n° 34.

68. — Il suit de là que celui qui achète une chose et auquel on en livre une autre qu'il prend par erreur, n'acquiert la possession ni de l'une ni de l'autre; car il ne possède pas celle qu'il a achetée, puisqu'elle ne lui a pas été livrée, ni celle qui lui a été livrée, puisqu'il n'a pas eu l'intention de la posséder. — Troplong, t. 1er, n° 254.

69. — La volonté de posséder étant de l'essence de la possession, il s'ensuit que ceux qui sont incapables de volonté, tels que les impubères et les fous, ne peuvent acquérir la possession; mais ils le peuvent par le tuteur qui les représente. — Troplong, *Prescr.*, nos 255 et 256; Duranton, t. 21, n° 196; Rolland de Villargues, nos 36 et suiv.

70. — Les communes et tous les corps ou communautés ne peuvent acquérir la possession que par ceux qui les représentent. M. Troplong (n° 257) décide même, contrairement à l'avis de Pothier, que les habitans d'une commune peuvent par eux-mêmes acquérir la possession au profit de la commune. — V., en ce sens, Rolland de Villargues, n° 40.

71. — Jugé, conformément à cette opinion, qu'une commune qui réclame un droit de passage pour aller puiser de l'eau à une fontaine enclavée dans l'héritage d'un particulier, peut se prévaloir, contre ce particulier, des actes de possession de ses habitans. — *Pau*, 14 mars 1831, Commune de Lahitte c. Tapie.

72. — Une femme peut acquérir la possession, sans l'autorisation de son mari, car la possession est une chose de fait; mais elle ne pourrait, sans être autorisée, exercer les droits qui résultent de cette possession. — Pothier, *Possess.*, n° 48; Troplong, t. 1er, n° 258; Rolland de Villargues, n° 39.

73. — On peut acquérir la possession d'une chose non-seulement par soi-même, mais encore par procureur; pourvu que celui par lequel nous voulons acquérir appréhende la chose avec la volonté de posséder pour nous: car si ce procureur en prenait possession en son nom et qu'il manifestât l'intention de l'occuper pour lui, la possession n'en serait pas acquise au mandant. Il faut également que le mandant ait l'intention de profiter de l'appréhension. — Troplong, nos 259 et 260; Duranton, t. 21, n° 196; Pothier, n° 49; Rolland de Villargues, nos 41 et suiv.

74. — Troplong décide, contrairement à l'opinion de Pothier et des lois romaines, que l'on peut acquérir la possession par l'entremise d'un mandataire insensé. Il considère que, dans ce cas, les actes de possession machinalement faits reçoivent de la volonté du mandant le sens moral qui leur manque, et que cette volonté supplée au défaut d'intelligence du mandataire. — Pothier, *Possess.* n° 50; Troplong, *Prescr.*, n° 260.

75. — Que devrait-on décider dans le cas où un *negotiorum gestor* achèterait une chose pour un de ses amis à qui il voudrait rendre service et la recevrait pour ce dernier en son nom? Suivant les lois romaines, la possession n'était acquise à celui-ci que lorsqu'il avait avis de l'achat et qu'il l'avait ratifié. — L. 42, § 1er, D., *De acq. possess.* — V. aussi Pothier, n° 53. — Mais Rolland de Villargues (n° 44) pense que, dans notre droit, la ratification aurait un effet rétroactif. — Tel est aussi l'avis de Troplong, n° 261. — V. RATIFICATION.

76. — Celui qui est envoyé en possession d'un immeuble par un jugement, doit être réputé possesseur du jour de la demande sur laquelle ce jugement est intervenu. — *Bruxelles*, 8 therm. an XIII, Col c. Delahaie.

77. — De même que l'on peut acquérir la possession par soi-même ou par d'autres, on peut aussi la conserver et la retenir par soi-même ou par d'autres qui nous représentent: tels que mandataires, fermiers, usufruitiers, etc.

78. — Ainsi il a été jugé que la possession de l'usufruitier profite au nu propriétaire et lui fait acquérir la prescription, surtout s'il a fait acte de propriété. — *Paris*, 12 juin 1826, Langlet c. Dupressoir.

79. — D'un autre côté : l'usufruitier ne jouissant qu'à titre précaire, le nu-propriétaire peut, nonobstant cette jouissance, prescrire l'action hypothécaire contre le créancier inscrit sur l'immeuble. — *Cass.*, 25 août 1835, Creuzé-Delessert c. Dangé-Dorsay.

80. — La possession n'a pas besoin, pour se conserver, d'un fait corporel extérieur; l'intention suffit : *Licet possessio nudo animo acquiri non possit, tamen solo animo retineri potest* (L. 4 C. *De acq. possess.*; Dunod, p. 17). Toutefois cette possession intentionnelle n'a pas toujours les mêmes effets qu'une possession qui se manifeste par des faits corporels et extérieurs. Nous avons vu *suprà* (n° 19) que lorsqu'une possession purement intentionnelle concourt avec une possession matérielle, c'est cette dernière qui doit obtenir la préférence.

81. — La volonté de conserver la possession se maintient tant qu'une volonté contraire ne se manifeste pas, l'abandon de la culture par le propriétaire n'est pas une raison suffisante pour croire qu'il en abandonne la possession. Il y a d'ailleurs des propriétés sur lesquelles les actes de possession ne se font que par intervalles. — L. 3, § 11, *De acq. possess.* — Tels sont, dit M. Troplong (*Prescript.*, n° 263), les pâturages qu'on abandonne une grande partie de l'année, les bois qu'on ne fréquente que dans les temps des coupes. — V., sur la continuité de la possession nécessaire pour prescrire, v° PRESCRIPTION.

82. — L'intention suffit donc, en général, pour retenir la possession acquise. Il en serait autrement, cependant, si le droit que l'on possède était un démembrement de la propriété d'autrui, il faudrait dans ce cas que la possession se manifestât de temps en temps par des signes extérieurs. Une simple possession intentionnelle ne suffirait pas non plus si deux droits rivaux s'exerçaient sur la même chose, celui qui détiendrait *corpore et animo* exclurait au bout de trente ans celui qui ne s'appuierait que sur une intention non révélée. — Troplong, *Prescript.*, t. 1er, n° 264.

83. — Décidé que, lorsqu'un arrêté de conseil de préfecture a décidé qu'un terrain n'avait pas été compris dans une vente nationale, sans statuer cependant sur la question de propriété de ce même terrain, le possesseur peut être maintenu dans cette propriété si l'Etat ne prouve pas une possession trentenaire de ce terrain, par lui ou par ses auteurs. — *Cass.*, 23 févr. 1831, préfet de la Vienne c. Vadier.

84. — On s'est demandé si lorsque le possesseur d'un fonds se livre à des abus de jouissance qualifiés délits par la loi, il ne doit pas par cela seul être réputé avoir perdu sa possession. La Cour de cassation a décidé que la prescription qui courait au profit du propriétaire d'une forêt contre un usager n'a pas été interrompue par les faits de jouissance illégale de ce dernier, caractérisés délits par la loi et réprimés comme tels par des jugemens passés en force de chose jugée. — *Cass.*, 27 janv. 1829, Delbos c. Locard; 6 févr. 1833, Sirey c. Commune de Combres; 3 avr. (et non août) 1833, préfet de l'Aude c. Commune d'Aunat; 12 avr. 1835, préfet de l'Aude c. Commune de Campagna-du-Saut; 3 juin 1835, Robinet c. Commune de Montagney; 3 juin 1835, préfet de l'Ariége c. Pons d'Arnave.

85. — Cette Cour a jugé également que la faculté dont les habitans d'une commune auraient toujours joui, sans trouble ni empêchement, de pêcher à la ligne dormante dans un lac communal, ne peut créer un droit à leur profit ni excuser leur délit. — *Cass.*, 5 mars 1829, Forêts c. Manchoi.

86. — Il a été encore jugé, dans le même sens, par la Cour de Toulouse, que des faits de prise de bois, même dans une forêt particulière, exercés sans demande préalable en délivrance, ne constituent que des délits qui ne peuvent, quelque répétés qu'ils soient, fonder l'acquisition par prescription d'un droit d'usage. — *Toulouse*, 27 déc. 1833, Attrié c. Commune de Tignac.

87. — M. Troplong (*Prescript.*, t. 1er, n° 164) s'élève contre cette jurisprudence. « Il est impossible d'admettre, dit-il, que l'abus de jouissance peut être assimilé au défaut de jouissance; on ne peut dire que celui qui a excédé ses droits n'en a pas usé, on ne saurait voir non plus dans l'excès de jouissance la présomption de renonciation que la prescription entraîne avec elle. » Cette dernière doctrine est aussi enseignée par Merlin (*Quest. de droit*, v° *Usage supplément.*, p. 485 *in fine*) et par Vazeille (*Prescr.*, t. 1er, p. 69). — M. Troplong cite en sens contraire un arrêt de la Cour de Limoges du 19 janv. 1831 (habitans de Peyreladas c. Batrosse), et les énonciations d'un arrêt de la Cour de cassation du 29 nov. 1825 (habitans de Véronnes c. Saulx-Tavannes).

88. — La mort du possesseur n'arrête pas le cours de la possession qui avait commencé de son vivant, la possession du défunt se transporte sans interruption sur la tête de son successeur. C'est la conséquence du principe du droit français « Le mort saisit le vif. » La possession se continuerait même dans le cas où la succession serait vacante. — Rolland de Villargues, n° 52; Troplong, *Prescr.*, nos 265 et 266. — V., du reste, PRESCRIPTION.

89. — La possession se conserve par la personne du fermier, sans qu'il puisse même changer le caractère de sa possession; et si le fermier vient à mourir, la possession se conserve également par celle de son héritier : lors même que le bail viendrait à cesser, et qu'il ignorerait que la chose n'appartenait pas à son auteur. — Troplong, *Prescr.*, nos 267, 268, 269. — En effet, il est certain que la possession du défunt se continue dans sa succession avec les caractères qu'elle avait du temps qu'il vivait. — Pothier, *Traité de la possession*, nos 60 et 62; Rolland de Villargues, nos 52 et suiv.

90. — On peut perdre la possession ou *malgré soi* ou *volontairement.* — On perd malgré soi la possession des choses mobilières, lorsqu'on cesse de les avoir sous sa garde et en son pouvoir; ce qui arrive : 1° lorsque quelqu'un s'empare par vol, ruse ou violence de ce qui nous appartient; 2° lorsqu'on les perd, ce qui comprend le cas où il s'agit d'animaux domestiques qui se sont égarés, ou de bêtes sauvages qui se sont échappées, et celui où les bêtes que l'on a apprivoisées ont perdu l'habitude du retour. — Troplong, n° 270; Pothier, nos 80 et suiv.; Rolland de Villargues, nos 57 et suiv.

91. — On perd malgré soi la possession des immeubles lorsqu'on en est chassé, avec ou sans violence, soit personnellement, soit dans la per-

sonne de ceux qui détiennent pour nous, quand même, dans ce cas, le possesseur aurait ignoré sa dépossession. On perd encore la possession des immeubles lorsque la chose vient à être détruite, lorsque, par exemple, un héritage est englouti par la mer ou occupé par une rivière; mais elle ne se perdrait pas par une inondation passagère. Troplong, *loc. cit.*

92. — On perd aussi la possession lorsqu'il y a transformation d'une espèce en une autre. Mais en perdant la possession de la première, on acquiert celle de la seconde. — Blondeau, *Chrest.*, p. 243, note 2; Troplong, n° 271; Rolland de Villargues, n° 67.

93. — Enfin on perd la possession volontairement soit par une renonciation translative, soit par un abandon pur et simple sans transmission à autrui. — Troplong, n°s 270 et 271.

94. — La preuve de la possession réelle s'établit bien plus par témoins que par écrit, cependant les titres écrits peuvent contenir des indications utiles. Des quittances du paiement des rentes foncières dont les héritages sont grevés, des quittances de l'impôt, des actes judiciaires ou extrajudiciaires, contre des spoliateurs ou des usurpateurs, servent aussi à justifier ce genre de possession. — Vazeille, *Prescr.*, n° 76; Troplong, t. 1er, n° 270.

95. — Au contraire, la possession des droits incorporels ne s'acquérant que par titres et ne se conservant que par des titres nouveaux ou par des actes récognitifs, on ne peut admettre la preuve testimoniale ni pour constater la convention et l'obligation, ni pour établir l'exécution du titre; à moins, toutefois, qu'il n'y ait un commencement de preuve par écrit. — Vazeille, *Prescr.*, n° 77; Merlin, *Rép.*, v° *Prescr.*, sect. 1re, § 5, art. 3; Troplong, n° 280. — V., au reste, PRESCRIPTION.

96. — Un arrêt du grand conseil du 27 mars 1751 avait consacré ce principe avant le C. civ., en déclarant inadmissible la preuve par témoins de l'exercice immémorial d'un droit de terrage.

97. — Les registres d'un commissionnaire font foi à l'égard d'un tiers pour prouver une vente de marchandises entreposées faite sans déplacement. — *Paris*, 8 déc. 1808, Soulier c. Chauvin. — V. COMMISSIONNAIRE.

98. — Jugé que la femme non commune en biens peut réclamer contre les créanciers de son mari le mobilier garnissant la maison maritale sans être tenue de justifier de la propriété dudit mobilier par titre authentique. — *Paris*, 6 fruct. an XI, Emeric c. Pacotte.

99. — Lorsque deux personnes demeurent ensemble, et qu'il n'existe aucun titre de propriété pour les meubles qui garnissent les lieux, il faut distinguer s'il y a un bail ou s'il n'y en a pas. Dans le premier cas, les meubles sont censés appartenir à celui au nom duquel le bail a été fait. Dans le second, on devra en reconnaître la propriété à celui qui, justifiant par des quittances qu'il a payé les loyers, affirmera que les meubles lui appartiennent. — La nature des objets devra aussi être sérieusement prise en considération. — Bourjon, t. 1er, p. 146, n° 15; Troplong, *Prescr.*, t. 1er, n° 246.

100. — Décidé avec raison que le paiement des contributions auxquelles un fonds est assujetti n'est pas toujours une preuve concluante de possession. — *Rouen*, 6 août 1845 (t. 1er 1846, p. 443), Commune du Vieux-Rouen c. Neuville-Coppegueule.

§ 4. — *De la maxime qu'en fait de meubles possession vaut titre. — Art.* 2279 *et* 2280 *du C. civ.*

101. — Dans les principes du droit romain primitif, les meubles s'acquéraient par une possession d'un an, avec bonne foi, et cette possession procurait l'usucapion. Mais l'usucapion des choses volées était interdit sous Justinien; de nouveaux délais furent substitués aux anciens, et les meubles ne purent être prescrits que par une possession de trois ans avec bonne foi. — Gaius, *Inst.*, lib. 2, cap. 46, L. *unic.*, C. *De usucap. transfer.*, § *Jure civili.* — La possession des meubles était du reste garantie par l'action possessoire appelée *interdictum utrubi.*

102. — Dans l'ancienne jurisprudence française, on était loin d'être d'accord sur les principes qui devaient être appliqués à l'acquisition des meubles. Trois systèmes s'étaient produits. Le premier, adopté par plusieurs coutumes, dans lesquelles il faut ranger celle de Berry et celle d'Oudenarde, ne reconnaissait qu'une seule espèce de prescription s'appliquant tout à la fois aux meubles et aux immeubles. Tel était le droit commun dans le ressort du Parlement de Toulouse et du Parlement de Bordeaux et dans beaucoup de pays coutumiers. Le second système, suivant les principes du droit romain, admettait une prescription triennale pour les meubles. Il était reçu dans les coutumes de Bourgogne, de Melun, d'Amiens, d'Anjou, du Maine, de Sédan, etc. Brodeau (sur Paris, art. 118, n° 2), Bocquet de Livonière (*Règles du dr. franç.*, p. 224) et Dunod (*Prescript.*, p. 150 le défendaient). Enfin, le troisième système n'exigeait aucune prescription, et voyait dans la simple occupation une acquisition de propriété, à moins que la chose n'eût été volée. Tel était l'avis de Bourjon (t. 1er, p. 458, 459 et 1094). — Ce système a été adopté par le Code civil.

103. — Il y avait du reste un point sur lequel on avait abandonné les principes du droit romain. Le droit français ne reconnaissait pas d'action possessoire en matière de meubles. Il en est encore ainsi maintenant. — V. ACTION POSSESSOIRE, n°s 330 et suiv.

104. — L'art. 2279 du C. civ. porte : « *En fait de meubles, la possession vaut titre.* — Néanmoins celui qui a perdu ou auquel il a été volé une chose peut la revendiquer pendant trois ans, à compter du jour de la perte ou du vol, contre celui dans les mains duquel il la trouve, sauf à celui-ci son recours contre celui duquel il la tient. »

105. — L'art. 2280 ajoute : « Si le possesseur actuel de la chose volée ou perdue l'a achetée dans une foire ou dans un marché, ou dans une vente publique, ou d'un marchand vendant des choses pareilles, le propriétaire originaire ne peut se la faire rendre qu'en remboursant au possesseur le prix qu'elle lui a coûté. »

106. — L'interprétation de l'art. 2279 a divisé les auteurs et les tribunaux. Suivant M. Toullier (t. 14, p. 115 et suiv.), la maxime « *En fait de meubles possession vaut titre* » ne signifie autre chose sinon que celui qui possède un meuble n'est pas tenu, pour pouvoir prescrire, de réunir au laps de temps la bonne foi et le titre. Selon cet auteur, comme la translation de propriété des meubles se fait verbalement dans l'usage, le Code a retranché la nécessité d'un titre écrit, requise pour la prescription des immeubles. Il suffit que le possesseur ait la bonne foi et qu'il jouisse pendant trois ans, délai de la prescription pour les meubles.

107. — Au contraire, M. Delvincourt (t. 2, p. 644) est d'avis que, hors le cas de vol ou de perte, nul ne peut agir en revendication contre celui qui possède un meuble.

108. — M. Troplong rejette ces deux systèmes, surtout celui de Toullier. L'art. 2279 a été écrit, dit-il, sous l'influence de cette ancienne règle du droit français, inconnue au droit romain, qui porte que les meubles n'ont pas de suite. Ce qui signifie que tout possesseur à qui le demandeur en revendication ne prouve pas qu'il tient la chose de lui demandeur, à titre précaire ou résoluble, et qu'il est possesseur de mauvaise foi, trouve dans le seul fait de la possession une réponse victorieuse à l'attaque dirigée contre lui. Cette possession seule fait supposer le titre le plus légitime et le plus parfait. Peu importerait que le demandeur fût en mesure de prouver que la chose lui a appartenu et que le possesseur actuel la tient d'un individu à qui elle avait été confiée. Il se prévaudrait vainement des dispositions de la loi, pour prétendre que la vente de la chose d'autrui est nulle, car en fait de meubles il n'y a pas de droit de suite, à moins que la chose n'ait été volée ou perdue. Pour pouvoir demander un meuble, ajoute l'auteur, il faut que le défendeur le tienne du demandeur, à titre précaire ou résoluble, ou avec quelque droit qui l'affecte, et que l'objet ne soit pas passé en mains tierces. — Alors seulement la possession est insignifiante et sans valeur, et l'art. 2279 n'a pas fait, pour ce cas, la présomption inébranlable contenue dans son premier paragraphe. — Troplong, *Prescr.*, n° 1043.

109. — Il est vrai qu'au premier coup d'œil le premier paragraphe de l'art. 2279 paraît absolu. Mais, en l'examinant avec attention et en le comparant avec le second et avec l'art. 2280, on voit qu'il suppose que la chose est passée dans plusieurs mains, et que le véritable propriétaire exerce le droit de revendication à l'égard d'un tiers acquéreur. D'où il résulte qu'il faut distinguer entre le cas où celui qui réclame un meuble agit par une action personnelle ou mixte, fondée sur un titre passé avec le possesseur, et le cas où, agissant contre un tiers, il intente une action réelle. Dans le premier cas : le droit du demandeur ne se prescrit que par le délai ordinaire voulu pour la prescription de l'action résultant de la convention, et l'art. 2279 est sans application; dans le second cas : il faut appliquer la maxime qu'*en fait de meubles possession vaut titre* et maintenir le tiers acquéreur, qui a acheté de celui qui n'en était pas propriétaire, dans la propriété de la chose revendiquée, sans qu'il ait besoin d'aucune prescription pour consolider l'achat qu'il en a fait *à non domino.* — Troplong, t. 2, n°s 1044 à 1052.

110. — Cependant la Cour de Paris a décidé (mais à tort) qu'il y avait lieu d'appliquer la maxime, *En fait de meubles possession vaut titre*, dans une espèce où le demandeur se prévalait d'une convention passée entre lui et le défendeur. — V. cet arrêt sous *Cass.*, 4 juill. 1816, Decreps.

111. — Cet arrêt, fondé sur une erreur de droit, n'a été maintenu par la Cour de cassation que par des raisons de fait de nature à le justifier. — La même doctrine erronée paraît avoir été admise aussi par la Cour de Montpellier (5 janv. 1827, Jalabert c. Papinaud) et par celle de Bordeaux (3 avril 1829, Fayolle c. Faux).

112. — L'application de l'art. 2279 doit être repoussée non-seulement lorsqu'il s'agit d'un contrat qui serait intervenu entre le possesseur du meuble et celui qui le revendique, mais aussi lorsque le détenteur n'est entré en possession que par suite d'un quasi-contrat, d'un délit ou d'un quasi-délit. Le tiers acquéreur seul peut invoquer le bénéfice de cet article.

113. — Il résulte de ce qui précède que c'est à tort que Delvincourt pose en principe absolu que le possesseur d'un meuble ne peut jamais être inquiété, lorsque ce meuble n'a été ni perdu ni volé. La revendication sera admissible toutes les fois qu'il y a eu contrat, quasi-contrat, délit ou quasi-délit. — Troplong, t. 2, n°s 1049 et suiv.

114. — En vain voudrait-on, au moyen de l'article 2279, faire prévaloir contre toute preuve contraire la possession de celui qui a reçu directement la chose des mains du revendiquant. Dans ce cas, non-seulement la possession doit céder à une preuve écrite, justifiant que le réclamant est propriétaire du meuble, mais elle doit même s'effacer devant de simples indices qui paraîtraient plus concluans. — Troplong, *Prescr.*, t. 2, n° 1051.

115. — Aussi est-il incontestable que le mari étant possesseur et par conséquent propriétaire présumé des meubles qui garnissent une maison dont la propriété appartient à la femme, on peut détruire cette présomption par un acte consenti en faveur de la femme séparée de biens pour le remboursement de ses droits. — *Nîmes*, 9 juillet 1832, Contrib. indir. c. Laroudès. — Troplong, n° 1051.

116. — ... Et qu'on peut apposer les scellés sur des meubles situés dans une maison que le défunt avait quittée quelque temps avant son décès, lorsqu'il ne résulte pas des circonstances qu'il eût entièrement déménagé. La présomption de propriété que la possession élève en faveur de celui qui habite la maison au moment du décès est alors renversée par des indices contraires. — *Bourges*, 17 janv. 1831, Simonet c. Bouzigue. — Troplong, *loc. cit.*

117. — Il a aussi été jugé en ce sens que la règle : *En fait de meubles possession vaut titre*, n'est applicable ni au cas où la possession n'a été exercée que sur une chose indivise ni à celui où il existe un titre qui contredit la possession de celui qui s'est emparé de la chose, même de bonne foi. — Qu'ainsi, spécialement, le légataire universel qui s'est emparé des valeurs mobilières d'une succession en vertu d'un testament ne peut après l'annulation du testament opposer à l'action des héritiers naturels qui revendiquent ces valeurs la maxime : *En fait de meubles possession vaut titre*; la qualité d'héritier constituant au profit des demandeurs un titre qui contredit la possession des légataires. — *Cass.*, 10 févr. 1840 (t. 1er 1840, p. 583), Coriolis c. Amoreux.

118. — Mais, dans les cas où l'art. 2279 est réellement applicable, c'est-à-dire lorsque le meuble est passé en des mains tierces, cet article fournit au profit du possesseur une présomption de propriété tellement forte qu'elle ne peut être détruite par aucune preuve contraire. — Troplong, n° 1052.

119. — Jugé qu'en fait de meubles la possession actuelle et de bonne foi purge entièrement les droits des propriétaires antérieurs; le titre légal résultant de la possession est, pour celui qui l'invoque, préférable à tous les titres antérieurs produits par les tiers. — *Cass.*, 4 juill. 1816, Decreps; *Paris*, 14 juin 1834, Creuzet c. de Laqueuille; *Grenoble*, 4 août 1838 (t. 2 1841, p. 458), Pallud c. Buissonnet.

120. — Il a été cependant décidé que la disposition de l'art. 2279, qui porte qu'*en fait de meubles possession vaut titre*, ne constitue pas en faveur du possesseur d'une chose mobilière une présomption légale de propriété contre laquelle aucune preuve contraire ne puisse être admise, hors le cas de perte ou de vol. — *Montpellier*, 5 janv. 1827, Gilabert c. Papinaud; *Bordeaux*, 21 déc. 1832, Francis c. Pierrejean; *Nîmes*, 8 janv. 1833, Ravel c. Manie; *Cass.*, 6 juill. 1841 (t. 1er 1842, p. 241), Goichot c. de Vinage; *Nîmes*, 22 août 1842 (t. 1er 1844, p. 26), Tranchesec c. Paillès. — Mais cette jurisprudence perd son importance lorsqu'on remarque que dans les espèces de ces arrêts il s'agissait d'un débat élevé entre le possesseur et un tiers de qui il tenait sa possession, sans que le meuble eût passé dans des mains tierces. Ces arrêts ont donc bien jugé au fond, mais la rédaction peut en être critiquée en ce qu'il n'y avait pas lieu de s'occuper de l'art. 2279.

121. — Ce n'est pas la simple détention du titre mais bien la jouissance réelle de la chose qui constitue la possession dans le sens de l'art. 2279. — *Cass.*, 12 mai 1824, de Bassano c. d'Orléans.

122. — L'individu qui s'est rendu adjudicataire d'un immeuble avec les objets attachés à sa culture, sans opposition de la part du fermier, propriétaire de ces objets, peut toujours repousser la revendication de celui-ci par l'exception tirée de l'art. 2279 C. civ. — *Agen*, 12 juin 1812, Thomasson c. Baron.

123. — Décidé que le principe qu'*en fait de meubles possession vaut titre* est applicable à l'argent déposé dans des meubles affectés exclusivement à l'usage personnel d'un domestique, parmi les effets servant à sa personne; meubles dont il possédait seul les clefs. En conséquence, ce domestique, contre qui il n'est articulé aucune soustraction, n'est point tenu de justifier de sa propriété à l'égard de cet argent. — *Cass.*, 18 févr. 1839 (t. 2 1843, p. 405), Boucher c. Gourdet.

124. — Pour que l'art. 2279 reçoive son application, le tiers acquéreur d'un meuble doit réunir différentes conditions. 1° Il doit posséder à titre de propriétaire. — *Cass.* (belge), 4 juin 1833, Comp. maritime c. Carasco. — 2° Il faut que la possession soit de bonne foi. La loi a voulu venir au secours de ceux qui ont agi loyalement, elle n'a pas voulu protéger ceux qui se sont rendus complices d'une spoliation. — 3° La possession doit être certaine, non équivoque et, pour ainsi dire, matérielle. S'il avait été convenu que la chose resterait, pendant un certain temps, entre les mains du vendeur, qui la conserverait à titre précaire; une pareille possession ne serait pas assez visible et assez caractérisée à l'égard des tiers pour qu'il fût permis de s'en prévaloir contre eux, en leur opposant l'art. 2279. — Troplong, *Prescription*, nos 1061, 1062; Delvincourt, t. 2, p. 645; Duranton, t. 4, n° 433.

125. — Jugé qu'en fait de meubles la possession ne vaut titre, et ne fait présumer la propriété, qu'autant qu'elle a lieu à titre de *propriétaire*, et non à titre de *familiarité* ou d'*amitié*; ainsi, en cas de revendication par un tiers des meubles saisis par un créancier de la personne qui en a la détention : ce créancier est tenu de prouver, pour faire maintenir sa saisie, que les meubles qui en sont l'objet sont possédés par son débiteur, à titre de propriétaire. — *Bordeaux*, 26 août 1831, Murphy c. Devigne et Dubroca.

126. — Celui qui occupe par simple tolérance du propriétaire, et sans payer de loyer, un logement dans la maison de celui-ci, n'est pas censé *posséder*, dans le sens de l'art. 2279, les meubles qui garnissent ce logement; il doit prouver que ces meubles sont sa propriété, ou qu'il les a apportés. — *Bordeaux*, 5 fév. 1827, Hugue c. Benoist.

127. — La Cour de Bordeaux a jugé qu'en fait de meubles la possession valant titre, le créancier qui a requis, conformément à l'art. 2185 C. civ., la mise aux enchères d'un domaine vendu par son débiteur ne peut saisir, même par simple mesure conservatoire, les meubles meublans garnissant la maison d'habitation de ce domaine; mais qu'il peut saisir conservatoirement les arbres et les fruits que l'acquéreur a fait couper, ainsi que les bœufs, les instrumens aratoires et les autres immeubles par destination dépendans du domaine, sans être tenu de s'assujettir aux formalités de la saisie immobilière. — *Bordeaux*, 27 mai 1831, Charrier c. Sleuzac.

128. — La règle qu'*en fait de meubles possession vaut titre* ne reçoit plus d'application, lorsque le propriétaire d'un objet mobilier est expressément désigné par la loi; le possesseur étant présumé connaître la loi, ne peut être réputé posséder à titre de propriétaire. — *Cass.*, 2 niv. an XII, Vanbomel c. Vandinter; *Paris*, 26 déc. 1822, Vandermack c. Thierry-d'Hemel; *Cass.*, 12 mai 1824, de Bassano c. d'Orléans; 11 mars 1839 (t. 1er 1839, p. 263), Reculot c. Rebattu.

129. — Le mot *meubles* employé par l'art. 2279 ne doit pas être pris dans le sens restrictif que lui donne l'art. 533. Il comprend dès lors les pierreries, les médailles, les livres, le linge de corps, les chevaux, etc.

130. — L'art. 2279 C. civ. et l'exception qu'*en fait de meubles possession vaut titre* ne sont applicables qu'à la possession des meubles qui sont dans le commerce; ils ne s'appliquaient pas notamment au cas où des objets dépendans de la liste civile étaient passés entre les mains de tiers, même de bonne foi, par suite de la vente qui leur en avait été faite. — *Cass.*, 10 août 1841 (t. 2 1841, p. 515), Cousin c. de Maillé.

131. — Il a été décidé que l'art. 2279 C. civ., d'après lequel les meubles perdus ou volés ne peuvent plus être revendiqués trois ans après la perte ou le vol, s'applique à un nègre esclave, et que ce nègre ne peut plus être revendiqué par le propriétaire contre celui qui, depuis plus de trois ans, l'a acquis de bonne foi. — *Guadeloupe*, 3 août 1831, Luce c. Folope.

132. — Les créances se transmettant suivant certaines formalités indiquées par la loi (V. TRANSPORT DE CRÉANCES), les auteurs regardent la simple possession du cessionnaire comme insuffisante pour justifier la propriété à l'égard des tiers et donner lieu à l'application de l'art. 2279. — Dunod, p. 145; Vazeille, t. 2, p. 280; Troplong, n° 1065. — Mais il en est autrement à l'égard des billets au porteur et des effets à ordre transmis par endossement régulier. — Troplong, *loc. cit.*

133. — Le principe que l'art. 2279 ne s'applique pas aux meubles incorporels, tels que les rentes, les créances, les actions, etc., a été plusieurs fois consacré par la jurisprudence. — *Poitiers*, 27 nov. 1833, Farran c. Fradin; *Cass.*, 4 mai 1836, Dreux c. Abeille et Laveyssière; 14 août 1840 (t. 2 1840, p. 228), Daurelle et Laqueille c. Peydière; *Douai*, 28 juin 1843 (t. 1er 1844, p. 600), Frémaux c. Léonard; *Grenoble*, 15 avril 1845 (t. 1er 1847, p. 480), Clément c. Robert.

134. — Il a été jugé notamment que le propriétaire de marchandises par lui expédiées à un commissionnaire avec les connaissemens nécessaires pour en faire la vente, peut, en cas de faillite de ce dernier, revendiquer ces connaissemens contre le tiers qui les a reçus en garantie de son acquisition, si ces connaissemens n'ont point été faits au porteur, ou passés à l'ordre du commissionnaire, et sans que ce tiers puisse s'autoriser de la détention de ces connaissemens pour réclamer les droits de gage et privilége créés par l'art. 2074 C. civ. s'il n'a point rempli les formalités prescrites par cet article. — *Cass.* (belge), 4 juin 1833, Compagnie d'assurances maritimes c. Carasco.

135. — ... Et que le cédant d'une créance, qui a obtenu la résolution de la cession à défaut de paiement du prix, peut revendiquer cette créance entre les mains d'un tiers. — *Grenoble*, 15 avr. 1845 (t. 1er 1847, p. 480), Clément c. Robert.

136. — La Cour de Paris a jugé au contraire, mais à tort, que la règle posée dans l'art. 2279 s'applique aux meubles incorporels comme aux meubles ordinaires; que, dès lors, l'acquéreur qui a acheté des rentes d'un propriétaire apparent est, par le fait seul de sa possession, à l'abri de toute action en revendication de la part du véritable propriétaire. — *Paris*, 14 juin 1834, Creuzet c. de Laqueuille. — Aussi son arrêt a-t-il été cassé par celui du 14 août 1840 cité au n° 133.

137. — La même Cour a jugé que, bien qu'en matière de manuscrit et de droit d'auteur, la possession ne soit pas équivalente à un titre, ou n'ait pas la même force que lorsqu'il s'agit de meubles ordinaires, elle forme néanmoins en faveur de celui qui l'invoque une grave présomption qui impose à ceux qui la contestent l'obligation de prouver que cette possession est irrégulière ou illégitime. — *Paris*, 13 nov. 1841 (t. 2 1841, p. 656), Broussais c. Montègre.

138. — L'art. 2279 C. civ. ne s'applique pas à une universalité de meubles telle qu'elle échoit à un héritier; car il s'agit moins, dans ce cas, de la prescription des choses qui composent la succession, que de la prescription du droit même de succession. — Troplong, *Prescript.*, n° 1066; Dunod, p. 152.

139. — Jugé, conformément à ce principe, que la vente d'une universalité de meubles, faite par un héritier apparent à un tiers n'est pas garantie par cet article. — *Cass.*, 26 août 1833, Legros c. Tissier. — Cet arrêt casse une décision de la Cour de Paris rendue en sens contraire.

140. — Du reste, ajoute M. Troplong (n° 1066), il ne faudrait pas assimiler à une universalité de meubles un troupeau, un haras; car en pareil cas on possède bien plus chacune des parties individuelles que la chose elle-même. — V. *suprà* n° 62.

141. — L'art. 2279 établit lui-même deux exceptions à son principe : la première lorsque la chose a été perdue par le véritable propriétaire, la seconde lorsque la chose a été volée.

142. — Le propriétaire qui a perdu la chose qui lui appartient peut la revendiquer pendant trois ans dans les mains du tiers détenteur quand même ce dernier aurait acheté de bonne foi de celui qui aurait trouvé la chose. On n'aperçoit pas facilement, dit Troplong (t. 2, n° 1067), la raison de cette sévérité contre l'acheteur de bonne foi. On ne peut l'expliquer qu'en disant qu'entre celui qui a perdu sa chose par un de ces événemens qui trompent les plus diligens et celui qui l'a achetée sans savoir qu'elle avait été perdue la loi a dû se prononcer contre celui-ci, parce qu'il a un recours contre l'individu de qui il la tient; que d'ailleurs la personne qui a trouvé une chose aurait trop de facilité pour faire périr le droit du vrai propriétaire en simulant avec un tiers une vente dont il serait le plus souvent impossible de démontrer la fausseté.

143. — L'exception relative au vol était enseignée par Bourjon dans l'ancien droit. « Cependant, disait-il (t. 1er, p. 145, n° 2), l'effet mobilier furtif peut être revendiqué même des mains de l'acquéreur de bonne foi, *pourvu que le furte soit constaté.* » Pothier était du même avis (Orléans, int. au tit. 14, n° 4). Celui qui revendique l'objet dans ce cas, doit donc prouver qu'il lui a été volé. — Troplong, t. 2, n° 1069.

144. — Les effets de commerce qui ont été volés peuvent être revendiqués pendant trois ans. Aussi a-t-il été décidé que lorsqu'une lettre de change portant un endossement en blanc a été volée, celui à l'ordre duquel elle a été transmise par l'auteur du vol peut être tenu, pendant trois ans, de remettre l'effet au véritable propriétaire s'il ne justifie ni de l'existence ni de l'individualité de celui qui lui en a passé l'ordre. — *Rouen*, 14 janv. 1820, Petizer c. Delarue.

145. — Jugé que lorsqu'un effet à ordre a été volé, que le voleur l'a passé ou fait passer à son ordre par un faux endossement souscrit au nom du dernier porteur, qu'en vertu de ce faux endossement il a été passé à l'ordre d'un tiers, et que ce tiers l'a lui-même transmis à un autre qui lui en a fourni la valeur, le propriétaire a une action civile en paiement de la somme portée au billet et en dommages-intérêts contre le cessionnaire des valeurs alors même qu'une ordonnance de la chambre du conseil a déclaré qu'il n'est pas suffisamment prouvé qu'il ait agi frauduleusement. — *Paris*, 6 déc. 1821, Joseph c. Barker.

146. — Faut-il, pour l'application de l'article 2279, assimiler l'escroquerie au vol? Cette question a été résolue affirmativement par la Cour de Paris, qui a décidé que cet article est applicable aux objets qui ont été soustraits par l'effet d'une escroquerie comme à ceux qui ont été soustraits par l'effet d'un vol. — *Paris*, 13 janv. 1834, Bailleul c. Versperien.

147. — M. Troplong (*Comment. de la prescription*, t. 2, n° 1069) professe une doctrine conforme à cette décision. Après avoir rappelé les motifs de l'arrêt de la Cour de Paris, cet auteur s'exprime en ces termes : « ... On pourra peut-être faire contre cette opinion les observations suivantes : la première partie de l'art. 2279 pose une règle générale fondée sur l'intérêt du commerce; le législateur n'y apporte que deux exceptions, pour le cas de vol et le cas de perte. Or, l'escroquerie n'est pas un vol, elle en diffère par des circonstances caractéristiques, elle est placée dans le Code pénal sous une rubrique autre que le vol. C'est donc sortir des termes de la loi que d'étendre jusqu'à l'escroquerie l'exception qui n'a été établie que pour le vol, c'est-à-dire pour le cas où il n'y a aucun consentement même apparent. Il faut dire néanmoins que ces raisons ne doivent pas triompher. Celui dont le meuble a été escroqué n'a donné aucun consentement sérieux. La chose est sortie de ses mains sans son aveu. On ne peut lui faire aucun reproche, et l'esprit de la loi empêche de mettre une différence entre l'escroquerie et le vol.

148. — Cependant cet arrêt du 13 janv. 1834 a été cassé par la Cour suprême, qui a jugé au contraire que, le vol et l'escroquerie se distinguant l'un de l'autre par des caractères qui ne permettent pas de les confondre, on ne pouvait étendre l'exception créée par l'art. 2279 au delà de ses termes. — *Cass.*, 20 mai 1835, mêmes parties.

149. — Cette jurisprudence de la Cour de cassation a été suivie par la Cour de Rouen, devant laquelle l'affaire a été renvoyée (*Rouen*, 12 mars 1836), et par la Cour de Paris elle-même (21 nov. 1835, Ricketts c. Letestu). — Nous croyons que, dans la rigueur des principes, elle est préférable à l'opinion de Troplong, qui a raisonné simplement par analogie.

150. — L'art. 2279 ne s'applique pas non plus au cas d'abus de confiance. Par exemple, celui qui aurait déposé un meuble dans les mains d'une personne qui le vendrait ne pourrait invoquer l'exception contenue dans cet article pour le revendiquer. — *Paris*, 5 avr. 1813, Bazili c. Gay; *Bordeaux*, 14 juill. 1832, Veillon c. Lartigue. — Troplong, *Prescription*, n° 1070; Vazeille, *Prescription*, t. 2, p. 283; Duranton, t. 4, n° 433.

151. — Et c'est à tort que plusieurs arrêts ont décidé qu'on devait établir une assimilation sous ce rapport entre l'abus de confiance et le vol. — *Nîmes*, 7 mai 1827, Pellet et Vidal c. Roubenod; *Lyon*, 13 déc. 1830, Mory c. Giraud. — V., en ce dernier sens, Toullier, t. 11, n° 118.

152. — L'exception établie pour le cas de vol ou de perte, en reçoit une elle-même dans les diverses hypothèses prévues par l'art. 2280 : c'est-à-dire lorsque le possesseur a acheté la chose volée ou perdue dans une foire, ou dans un marché, ou dans une place publique, ou d'un marchand vendant des choses pareilles. En pareil cas, le propriétaire du meuble ne peut le revendiquer qu'en remboursant au possesseur le prix que ce dernier a déboursé. L'intérêt du commerce et la bonne foi évidente du possesseur ont fait établir cette exception. — Brillon, *Achat de la chose volée*; Troplong, *Prescription*, t. 2, n° 1074, et *Vente*, t. 1er, n° 242; de Laurière sur Loisel, l. 3, t. 4, n° 3; Merlin, *Rép.*, v° *Vol*, p. 824.

153. — Les commissionnaires et les courtiers doivent être rangés parmi les marchands dont parle l'art. 2280. — Lamoignon, *Arrêtés*, t. 21, n° 96; Troplong, *loc. cit.*

154. — Mais il en est autrement du voiturier qui transporte des marchandises dont il ne fait pas personnellement le commerce, alors même qu'il serait dans les usages de la place que les voituriers vendissent parfois une certaine denrée. — *Nîmes*, 7 mai 1827, Pellet et Vidal c. Roubenod.

155. — La Cour de Colmar a jugé que celui qui a acheté d'un voiturier des marchandises détournées par celui-ci de son chargement, est tenu de les restituer au propriétaire sans pouvoir exiger de celui-ci le prix qu'il a déboursé; alors même que le voiturier aurait été autorisé par le maire à commencer une vente publique, s'il est constant que l'achat n'a eu lieu qu'après que cette vente avait été, au su de l'acheteur et par suite de graves soupçons, interrompue et que sa reprise ait été autorisée. — *Colmar*, 27 mai 1809, Vogllin c. Dubost.

156. — Le propriétaire, obligé, aux termes de l'art. 2280, de rembourser le possesseur, peut exercer son recours contre le voleur, ou celui qui a trouvé la chose, pour recouvrer l'argent qu'il a déboursé. — Troplong, *Vente*, t. 1er, n° 243, et *Prescrip.*, t. 2, n° 1072. — La même action appartiendrait au propriétaire contre celui qui ayant trouvé la chose, se serait permis de la vendre sachant qu'elle n'était pas à lui.

157. — Si le meuble venait à passer de main en main par plusieurs reventes, le propriétaire aurait-il un recours contre chacun des vendeurs de bonne foi? M. Troplong (*Vente*, t. 1er, n° 243) décide cette question par la négative. Il pense, néanmoins, qu'il en serait autrement si le vendeur de bonne foi avait reçu la chose à titre gratuit. Il devrait dans ce cas tenir compte au propriétaire du prix de vente par lui touché.

158. — Jugé qu'en cas de revendication d'un titre au porteur, volé ou recelé, le propriétaire originaire, qui est tenu de rembourser le prix de l'acquisition au dernier possesseur, lequel a acheté l'effet régulièrement dans les termes de l'art. 2280 du Code civil, peut répéter le prix contre le possesseur précédent qui a acheté hors des cas prévus par ledit article. — *Paris*, 9 déc. 1839 (t. 2 1839, p. 668), Sicard c. Chauvet et Letort.

159. — Jugé que l'art. 2280 du Code civil n'a fait que reproduire les anciens principes de la jurisprudence française, et qu'en conséquence les dispositions de l'art. 2280 peuvent être appliquées, encore que la soustraction de l'objet revendiqué ait eu lieu avant sa promulgation. — *Cass.*, 30 nov. 1812, N...; 1er août 1815, Leroux c.

Thirion; 15 janv. 1816, N...; 4 mars 1817, N...; 5 juill. 1819, N...; 10 août 1819, N...

160. — La disposition de l'art. 2280 du Code civil, portant que lorsque les marchandises ont été achetées dans un marché public, le propriétaire auquel elles ont été volées ne peut se les faire rendre qu'en en payant la valeur, est inapplicable au cas où l'acheteur est de mauvaise foi. — *Cass.*, 26 nov. 1825, B...

161. — Un acheteur d'objets volés qui est constitué en mauvaise foi peut être condamné non-seulement à la restitution des objets sans remboursement du prix, mais encore à des dommages-intérêts envers le propriétaire. — *Paris*, 29 déc. 1818, Bellemain c. Morisot.

162. — Le propriétaire de la chose volée, qui la revendique contre un tiers acquéreur de bonne foi, n'est pas tenu, à peine de déchéance, de faire précéder ou accompagner sa demande de l'offre de rembourser au possesseur le prix que la chose lui a coûté. — *Cass.*, 1er août 1815, Leroux de la Ville c. Thirion.

163. — Les dépenses faites par le possesseur pour la conservation de la chose, doivent lui être remboursées par le propriétaire qui la revendique, en vertu de l'art. 2280, ainsi que les frais et loyaux coûts. — Troplong, n° 1074.

POSSESSION D'ÉTAT.

1. — C'est la possession qu'une personne a des qualités qui constituent son état politique ou civil dans la société ou dans la famille, sa condition de Français ou d'étranger, d'enfant légitime ou naturel, d'homme marié ou non marié. — V. ENFANT NATUREL, ÉTAT CIVIL, LÉGITIMATION, LÉGITIMITÉ, MARIAGE, etc.

2. — La possession d'état est un moyen de prouver la filiation, soit légitime, soit naturelle, à défaut de représentation d'actes de l'état civil ou de reconnaissance authentique.

3. — L'enfant naturel peut invoquer la possession d'état sans être soumis à rapporter un commencement de preuve par écrit, un acte de la mère qu'il réclame. — *Bordeaux*, 19 fév. 1846 (t. 2 1846, p. 543), Mathieu c. Jardonal. — V. ENFANT NATUREL, n°s 250 et suiv.

POSSESSOIRE (Action).

V. ACTION POSSESSOIRE.

POSTES.

Table alphabétique.

POSTES. — **1.**—Les postes sont un service public auquel la loi attribue : 1° le transport exclusif des lettres et des journaux, et la conduite des voyageurs en poste; 2° le transport *non exclusif* des livres brochés, des brochures et imprimés; 3° la remise des articles d'argent.—Instr. 30 mars 1832, art. 1er.

2. — Ce service est régi au nom et pour le compte du gouvernement par une administration spéciale, sous l'autorité du ministre des finances.—*Ibid.*, art. 2.

3. — Un directeur général assisté d'administrateurs dont le nombre est en ce moment réduit à deux, après avoir été de quatre, est placé à la tête de l'administration centrale, dont le siège est à Paris. Il réunit sous ses attributions le service de la poste aux lettres et celui de la poste aux chevaux, autrefois divisés.

4.—Aucune autre autorité ne peut s'immiscer dans la marche et la direction du service des postes; néanmoins, les actes de l'administration et de ses agens sont soumis au jugement des tribunaux dans les cas déterminés par la loi.—*Ibid.*— V. encore L. 29 août 1790.

5. — Les nombreux arrêtés, lois et ordonnances successivement intervenus dans le service des postes ont été réunis et coordonnés dans une instruction générale du 30 mars 1832, instruction très-détaillée qui ne contient pas moins de dix-huit cent vingt-deux articles et mise en vigueur le 1er juin 1832.

6. — Jugé que ce règlement, pris dans les limites du pouvoir réglementaire, doit être consacré

par les tribunaux dans son exécution.—*Cass.*, 24 nov. 1846 (t. 2 1846, p. 681), Stevenel.

7. — L'analyse des dispositions principales de cette instruction, modifiée, du reste, depuis en quelques points que nous aurons soin d'indiquer, particulièrement en ce qui concerne la taxe des lettres, va donc faire la base d'une grande partie de ce travail, qui se divise naturellement en deux parties distinctes : 1° poste aux lettres; 2° poste aux chevaux.

CHAPITRE Ier. — *Poste aux lettres.*

Sect. 1re. — *Des établissemens de poste aux lettres.*

8. — Les établissemens destinés au service de la poste aux lettres sont de quatre espèces : 1° bureaux, 2° distributions, 3° entrepôts, 4° boîtes. — *Ibid.*, art. 3.

9. — Les bureaux sont simples ou composés. Le bureau simple est géré par le directeur seul. Le bureau composé est géré par un directeur et un ou plusieurs employés de différens grades. — *Ibid.*, art. 4.

10. — Les bureaux sont chargés de toutes les opérations qui constituent le service des postes. — Art. 5.

11. — Les distributions sont des annexes des bureaux. Elles ont des attributions moins étendues. — Art. 6.

12. — Les entrepôts reçoivent et c'est de ces établissemens que sont réexpédiées les dépêches des bureaux et distributions qui ne sont pas situés sur le passage des courriers. — Art. 7.

13. — Les boîtes sont destinées à recevoir en dépôt les lettres que le public confie à la poste. Il y a au moins une boîte aux lettres dans chaque commune de France. — Art. 8.

Sect. 2e. — *Du personnel.*

14. — Le personnel du service spécial de la poste aux lettres se compose des agens ci-après : inspecteurs, directeurs, sous-inspecteurs, commis, surnuméraires, distributeurs, entreposeurs, boîtiers, courriers et postulans courriers, facteurs, garçons de bureau. — *Ibid.*, art. 10.

ART. 1er. — *Hiérarchie et attributions.*

15. — Dans chaque département, l'inspecteur occupe le premier rang. Il exerce sa surveillance sur toutes les parties du service. Il est ordonnateur secondaire des dépenses du service des postes de son département, sous l'autorité du ministre des finances. Il vérifie les comptes du produit de la taxe des lettres. — *Ibid.*, art. 11. — Sa surveillance s'étend aussi sur la poste aux chevaux.

16. — Le chef de chaque bureau a le titre de directeur, il est responsable du service. Dans les bureaux composés, il ordonne, il dirige les moyens d'exécution et distribue les différentes parties du travail entre les employés. Les dispositions qu'il prend à cet égard ne doivent point contrarier les principes et les règlemens, ni nuire en rien au libre exercice des fonctions de l'inspecteur ou du sous-inspecteur. — *Ibid.*, art. 12.

17. — Le sous-inspecteur surveille le service des bureaux qui sont en correspondance avec celui dans lequel il est placé, et il coopère, sous les ordres du directeur, à tous les travaux du bureau de sa résidence. — *Ibid.*, art. 13.

18. — Le commis est un agent placé par l'administration dans un bureau, pour coopérer au travail, sous l'autorité du directeur. — *Ibid.*, art. 15.

19. — Les devoirs du surnuméraire sont les mêmes que ceux du commis. Les surnuméraires ne sont point rétribués. — *Ibid.*, art. 16.

20. — Le distributeur relève d'un ou de plusieurs bureaux. Il est subordonné aux directeurs des bureaux dont il relève. — *Ibid.*, art. 17.

21. — Les distributeurs ne peuvent remplir, même momentanément, les fonctions de facteur. — *Ibid.*, art. 18.

22. — L'entreposeur est chargé de la garde et de la réexpédition des dépêches remises à son entrepôt. — *Ibid.*, art. 19.

23. — Le boîtier est le gardien d'une boîte aux lettres qui est fermée, et dont il ne doit pas avoir la clef. — *Ibid.*, art. 20.

24. — Le courrier accompagne les dépêches. Il reçoit et délivre successivement celles qui sont mises en circulation sur la route qu'il parcourt. Il y a deux classes de courriers : les courriers de malles et les courriers d'entreprise. Les courriers de malles sont salariés par l'administration ; en cas de maladie ou d'autre empêchement, ils sont suppléés par un postulant. Tout postulant qui remplace un courrier reçoit le salaire de la course, et est assujetti aux mêmes règlemens que les courriers. Les courriers d'entreprise sont choisis et salariés par les entrepreneurs de service. — *Ibid.*, art. 21.

25. — Le facteur distribue les lettres et les journaux à domicile. Il est subordonné au directeur du bureau auquel il est attaché. Il y a deux classes de facteurs : les facteurs de ville et les facteurs ruraux. Les facteurs de ville sont attachés aux bureaux composés. Ils font la distribution dans les villes et dans la banlieue des villes. Les facteurs ruraux distribuent les lettres dans les communes où il n'y a ni bureau ni distribution. — *Ibid.*, art. 22. — V. FACTEUR DE LA POSTE AUX LETTRES.

26. — Le garçon de bureau est placé par l'administration dans des bureaux composés. Il doit exécuter tout ce qui lui est ordonné pour le service de peine du bureau. — *Ibid.*, art. 23.

ART. 2. — *Conditions d'admission et d'avancement aux emplois.*

27. — Nul ne peut être admis dans les postes avant dix-huit ans accomplis. Il faut avoir atteint l'âge de vingt-un ans pour être inspecteur, directeur, sous-inspecteur ou maître de poste. — *Ibid.*, art. 25.

28. — Tout agent des postes est pourvu d'une commission. Les commissions des directeurs des postes dont la résidence est éloignée des chefs-lieux de département ou d'arrondissement sont admises au visa pour timbre au bureau d'enregistrement des chefs-lieux de canton (circul. du 27 sept. 1842). Toute commission est soumise au droit de timbre de dimension. Elle peut être visée pour timbre par les receveurs d'enregistrement de canton (circul. n° 65). — Art. 26.

29. — Aux termes de la loi du 29 août 1791, tout agent qui participe à la surveillance, à la manipulation et au transport des lettres doit, avant d'entrer en fonctions, et sous les peines portées en l'art. 196 du C. pén., prêter, soit devant le tribunal de première instance de l'arrondissement, soit devant le juge de paix du canton dans lequel il doit exercer ses fonctions, le serment de remplir fidèlement ses fonctions, de garder et observer exactement la foi due au secret des lettres et de dénoncer aux tribunaux toute les contraventions qui viendraient à sa connaissance. — Art. 27.

30. — L'agent doit lever à ses frais et envoyer sans délai, à l'administration, une expédition de l'acte qui constate sa prestation de serment ; ce traitement, ses gages ou son salaire ne sont liquidés et ordonnancés qu'après la production de cet acte. — Art. 28.

31. — La minute de l'acte de prestation de serment est assujettie au droit d'enregistrement. L'expédition est en outre assujettie au droit de greffe. Le droit d'expédition est renouvelé au greffe est fixé à 45 fr. pour les emplois au-dessus de 500 fr., il est modéré à 3 fr. pour les emplois de 500 fr. et au-dessous. — Art. 29. — V. aussi circ. du 13 mai 1835, art. 46.

32. — L'agent qui change de résidence n'est pas tenu de prêter de nouveau le serment ; il doit seulement faire viser pour ordre, au greffe du tribunal de sa nouvelle résidence, l'expédition de l'acte de sa prestation de serment. — Art. 31.

33. — Aux termes d'une circulaire ministérielle, tout agent promu à un grade supérieur à celui qu'il occupe doit renouveler son serment. — Néanmoins le ministre des finances a décidé, le 27 sept. 1836, qu'il y avait lieu de renouveler le serment exigé par la loi du 29 août 1791 dans les cas ci-après, savoir : 1° lorsqu'un surnuméraire est promu au grade de commis ; 2° lorsqu'un commis est élevé au grade de sous-inspecteur ; 3° lorsque le directeur d'un bureau simple passe en la même qualité à la direction d'un bureau composé ; 4° enfin lorsqu'un sous-inspecteur est élevé au grade d'inspecteur. — Circul. n° 74, 8 oct. 1836. — Art. 31.

34. — Aucun directeur n'est admis à prêter serment, ni installé, avant d'avoir satisfait aux dispositions de la loi du 28 avr. 1816, relative aux cautionnemens des comptables de deniers publics. — Art. 32.

35. — En effet, les directeurs des bureaux de poste qui ont des valeurs à leur disposition sont en outre assujettis à un cautionnement dont le chiffre varie suivant l'importance de leur emploi. — Instr. 30 mars 1832, art. 4228 et suiv. — V. CAUTIONNEMENS (fonctionnaires publics) n° 44.

36. — Les fonctions de préposé des postes sont incompatibles avec toutes autres fonctions publiques, civiles, ecclésiastiques, judiciaires, de police ; avec celles de préposé à la perception des contributions directes et indirectes, et des deniers communaux, et avec la profession d'officier ministériel. — Art. 33.

37. — La femme d'un fonctionnaire désigné en l'article précédent ne peut être directrice ou distributrice dans le lieu de la résidence de son mari. — Art. 34.

38. — Tout ce qui a trait à l'avancement dans le service des postes est réglé par l'ordonnance royale du 17 déc. 1844.

39. — Tous les agens des postes ont droit au bout d'un certain temps d'exercice à des pensions de retraite. — L'instruction du 30 mars 1832 (art. 4251 à 4348) contient sur le point de ces prescriptions détaillées. — V., au surplus, PENSIONS.

ART. 3. — *Discipline.*

40. — Les opérations de tout établissement de poste sont déterminées par un règlement particulier. — Art. 35.

41. — Ce règlement est rédigé par le chef de l'établissement, et approuvé par l'administration. — Dans les bureaux des villes où réside un inspecteur, cet agent concourt à la rédaction du règlement. — Art. 36.

42. — Après avoir été arrêté par l'administration, le règlement est renvoyé au chef de l'établissement pour être exécuté. Il est affiché, afin que chaque agent puisse bien connaître ses devoirs et ses fonctions. — Art. 37.

43. — Les bureaux simples et les distributions doivent être ouverts au public tous les jours sans exception, pendant dix heures au moins. — Cet espace de temps pourra être divisé en plusieurs vacations, dont la durée sera fixée, par le règlement particulier à chaque établissement, d'après la marche des courriers et les convenances locales. — Les bureaux composés qui ont plus d'un commis sont ouverts, sans interruption, pendant treize heures par jour en été, et pendant onze heures en hiver. — Art. 38.

44. — L'ordre et le silence doivent régner dans le bureau, aucun objet étranger au service ne doit y être traité. — Le travail une fois commencé, nul ne peut s'absenter. — Si le travail a lieu dans plusieurs pièces, aucun employé ne peut s'introduire dans celles où ses fonctions ne l'appellent pas sans une nécessité absolue et l'autorisation du directeur. — Art. 41.

45. — Il est défendu aux directeurs d'admettre aucune personne étrangère au service des postes, les inspecteurs des finances exceptés, dans les lieux où se manipulent les lettres. — Art. 42.

46. — Les inspecteurs des postes peuvent suspendre *provisoirement* de ses fonctions tout directeur, tout sous-inspecteur et tout agent auquel sera imputé, avec commencement de preuve, un des crimes ou délits ci-après énoncés : 1° le détournement ou la soustraction de deniers publics ou privés, ou effets actifs en tenant lieu, qui étaient entre les mains de cet agent en vertu de ses fonctions; 2° la perception de taxes créées ou appliquées par lui contrairement aux tarifs, et qu'il savait n'être pas dues ou excéder ce qui était dû; 3° la suppression ou l'ouverture de lettres confiées à la poste, commise ou facilitée par cet agent. — Art. 43.

47. — Les inspecteurs peuvent aussi suspendre provisoirement de ses fonctions tout agent (les directeurs comptables exceptés) dans les cas suivans : 1° pour fait d'insubordination grave; 2° pour introduction dans les dépêches d'objets étrangers au service, ou, dans les malles-postes, d'objets prohibés par les lois et règlemens; 3° pour l'admission frauduleuse de voyageurs dans les malles-postes; 4° pour cause d'indiscrétion dans l'exercice de ses fonctions. — Il y a indiscrétion, lorsqu'un agent des postes fait connaître que telle ou telle personne reçoit ou écrit des lettres, le lieu d'où elle en reçoit et à qui elle en adresse. — Art. 44.

48. — Dans le cas où un directeur comptable se rendrait coupable d'une des fautes ci-dessus mentionnées, l'inspecteur en informerait sur-le-champ l'administration. — Art. 45.

49. — Les directeurs peuvent prononcer la suspension provisoire des agens placés sous leurs ordres, dans les cas prévus par les art. 43 et 44. — Art. 46.

50. — Il est rendu compte immédiatement à l'administration, et à l'inspecteur du département, s'il y a lieu, des motifs de la suspension, par ceux qui l'ont prononcée, ainsi que des mesures qui ont dû être prises pour assurer le service. — L'administration statue sur la durée et sur les effets de la suspension. — Art. 47.

51. — L'agent suspendu provisoirement de ses fonctions est nécessairement exclu du bureau où elles s'exercent. — Si l'agent suspendu définitivement jouit d'un traitement fixe ou à remises, il subit la retenue de la moitié au moins de son traitement pendant la durée de la suspension. — Le produit de cette retenue est acquis à la caisse des retraites, sauf les droits des remplaçans. — Art. 48.

52. — La suspension des fonctions de directeur a les mêmes effets que l'absence (voir art. 57 et 58); le directeur suspendu est, en conséquence, remplacé par un gérant. — Art. 49.

53. — Aucun agent des postes ne peut être déplacé de sa résidence, même momentanément, sans un ordre de l'administration. — Art. 50.

54. — Aucun agent de la poste aux lettres ne peut s'absenter de sa résidence sans un congé de l'administration, excepté dans les cas ci-après : 1° s'il est appelé à remplir les fonctions d'électeur; 2° s'il est assigné comme juré; 3° s'il est cité comme témoin; 4° s'il est requis pour le service de la garde nationale mobile et la conscription. — Art. 51.

55. — Tout agent qui a obtenu un congé pour se rendre à Paris doit, dans les vingt-quatre heures de son arrivée, se présenter à l'administration, pour y faire connaître sa demeure. — Art. 68.

ART. 4. — *Pénalité.*

56. — Tout agent du service des postes convaincu : — soit d'avoir supprimé ou détruit une lettre, qui lui aurait été confiée à raison de ses fonctions; — soit d'avoir violé le secret des correspondances; — soit d'avoir exigé ou reçu une taxe excédant celle qu'il savait être due; — soit d'avoir détourné tout ou partie du produit des taxes qu'il est chargé de percevoir; — est puni de la révocation, sans préjudice des peines portées par les art. 169, 174 et 187 du Code pénal. — La peine de la révocation est également encourue par tout facteur convaincu : — soit d'avoir distribué frauduleusement des lettres dans la commune ou dans l'arrondissement où il est établi; — soit d'avoir repris une lettre qu'il savait avoir été ouverte par le destinataire; — soit enfin d'avoir négligé de se rendre au bureau immédiatement après sa tournée. — La lecture de lettres ou pièces manuscrites renfermées dans des paquets contre-signés qui n'auraient pas été ouverts en présence du directeur des postes, soit par le fonctionnaire destinataire, soit par un représentant de ce fonctionnaire, est considérée comme une violation du secret des correspondances. — Instr. 30 mars 1832, art. 813.

57. — Tout courrier convaincu d'avoir transporté en fraude des lettres ou des paquets cachetés ou non cachetés, des imprimés, journaux ou ouvrages périodiques, ou des voyageurs; d'avoir contrevenu aux règlemens sur les douanes, ou d'avoir eu en sa possession, et sans y être autorisé, une clef du magasin de la malle, est puni de la destitution, sans préjudice des peines portées par les lois. — Sont également destitués les courriers qui certifient faussement avoir été escortés; ou qui certifieraient l'avoir été jusqu'à un point, lorsqu'ils n'ont pas été escortés effectivement jusqu'à ce point. En cas de vol, ces courriers sont en outre responsables des événemens. — Art. 814.

58. — Tout courrier convaincu d'avoir introduit dans la malle des marchandises dont le transport est défendu par l'administration (V. art. 110); ou d'avoir chargé pour son propre compte un poids de bagage plus considérable que celui qui lui est accordé; ou de s'être livré à l'ivrognerie; ou de s'être rendu coupable de négligence ou d'insubordination, est puni de la mise à pied et, en cas de récidive, de la destitution. — La mise à pied des courriers peut être ordonnée, comme mesure provisoire, par les inspecteurs placés aux points extrêmes des routes, dans l'un des cas mentionnés en l'article ci-dessus, à la charge par ces inspecteurs d'en rendre compte immédiatement à l'administration. — Art. 815.

59. — En cas de retards non justifiés, les entrepreneurs de services sont punis, pour chaque heure de retard, d'une amende égale à une journée de leur salaire. L'oubli ou la perte du *part* qui leur est confié entraîne une retenue de trois francs à dix francs. En cas de récidive, l'administration peut prononcer la résiliation du marché. — L'administration seule prononce l'application des amendes, et envoie ces états aux sous-ordonnateurs, dans les départemens, afin que les retenues soient faites sur les sommes à payer aux entrepreneurs. — Art. 816.

60. — Tout directeur convaincu de n'avoir pas observé ou fait observer, littéralement, chacune des formalités et des précautions prescrites dans les cas ci-après énoncés, savoir : pour l'enregistrement des chargemens et des valeurs cotées, — pour leur insertion dans les dépêches, — pour la formation de ces dépêches, — pour les recommandations et les inscriptions à faire sur les feuilles d'avis et sur les *parts*, — est rendu responsable, en cas de perte ou vols (autres que ceux de force majeure dûment constatés), de la valeur totale des groupes, du montant de la taxe des lettres et de l'indemnité prononcée pour la perte de ces chargemens. — Art. 817.

61. — Lorsque plusieurs directeurs ou employés ou courriers ont manqué, pour une même dépêche, aux formalités prescrites, la responsabilité est partagée entre eux. — Art. 818.

62. — Si, dans un bureau composé, la faute qui donne lieu à indemnité a été commise par un ou plusieurs des employés, le directeur a son recours contre celui ou ceux qui ont commis la faute. — Toutefois, le directeur ne peut exercer ce recours qu'avec l'autorisation expresse de l'administration. — Les dispositions ci-dessus sont applicables aux distributeurs et entreposeurs, qui encourent, en cas de perte, la même responsabilité que les directeurs. — Art. 819.

63. — Si un employé se rend coupable de négligences graves et habituelles, d'insubordination, ou d'inconduite, le directeur en rend compte par écrit à l'inspecteur. Ce dernier en informe l'administration, qui décide s'il y a lieu de prononcer la destitution ou le changement de résidence, de l'employé, avec diminution d'appointemens. — Art. 820.

64. — Tout agent des postes qui sans motifs légitimes ne se trouve pas au bureau aux heures prescrites par le règlement, qui n'y reste pas pendant toute la durée des opérations, enfin qui montre de la mauvaise volonté ou de l'insouciance dans l'accomplissement de ses devoirs, peut être puni d'une retenue de cinq jours à un mois de traitement. — Cette retenue est opérée sur un ordre de l'administration, d'après le rapport du directeur du bureau ou de l'inspecteur du département. — Art. 821.

65. — Tout agent qui s'est absenté sans congé ou qui ne rentre pas à son poste à l'expiration de son congé, peut être privé de son traitement pour un temps double de la durée de son absence. Il peut même être réputé démissionnaire, si l'absence n'est pas justifiée par des motifs légitimes. — Art. 822.

66. — Le directeur qui a manqué à l'une des formalités prescrites pour l'expédition d'une lettre recommandée, est passible, si cette lettre se perd, d'une retenue de deux jours à deux mois de traitement; ou de la révocation, dans certaines circonstances aggravantes (circul. n° 47, 14 mai 1835). — Le directeur a son recours, s'il y a lieu, contre l'employé qui a fait la faute; et si l'employé est reconnu coupable par l'administration, il lui est fait aussi l'application des mêmes peines. — Art. 823.

67. — Le facteur qui s'arrête pendant sa tournée, ou qui intervertit l'ordre de ses tournées, soit en changeant l'itinéraire qui lui a été tracé par le directeur, soit en faisant la remise dans les rues, ou chez lui, des lettres et des journaux adressés à des personnes au domicile desquelles il n'a encore pu se rendre, est puni d'une retenue de cinq jours à un mois de traitement; et en cas de récidive, il peut être révoqué. — Art. 824.

Sect. 3e. — *Service de la poste aux lettres.*

ART. 1er. — *Taxes.*

68. — A l'exception des correspondances circulant en franchise (V. FRANCHISE ET CONTRE-SEING), les objets soumis aux tarifs sont soumis aux tarifs établis par les lois. — *Ibid.*, art. 149.

69. — Les objets soumis aux tarifs sont de trois espèces, savoir : 1° les lettres et échantillons de marchandises; 2° les valeurs cotées; 3° les journaux, ouvrages périodiques et imprimés de toute nature. — Art. 50.

§ 1er. — *Taxe des lettres et échantillons.*

70. — Les taxes applicables aux lettres et échantillons sont de quatre sortes : 1° les taxes progressives; 2° les taxes supplémentaires; 3° les taxes fixes; 4° les taxes des échantillons de marchandises. — Art. 151.

71. — 1° *Taxes progressives.* — Les taxes progressives étaient de deux sortes il n'y a pas encore deux années : elles s'élevaient à raison du poids et à raison de la distance que la lettre avait à parcourir.

72. — Depuis longtemps des réclamations nombreuses s'étaient élevées contre le système de la taxe progressive calculée à raison des distances. — Un député, M. de Saint-Priest, renouvela pendant plusieurs années la proposition d'établir, comme en Angleterre, la taxe uniforme pour toutes lettres circulant dans l'intérieur de la

France. — Ses efforts ont fini par être couronnés de succès : la réforme postale a été décrétée en ces termes, le 24 août 1848, par l'Assemblée constituante :

73. — A partir du 1er janv. 1849, l'uniformité de la taxe a été établie pour toutes les lettres du poids de 7 gramm. 1/2 et au-dessous, circulant dans l'intérieur, de bureau à bureau. Cette taxe est de 20 centimes. — Décr. du 24 août 1848, art. 1er.

74. — Les lettres dont le poids excède 7 grammes 1/2 et qui ne pèsent pas plus de 15 grammes, sont taxées à 40 centimes. — *Ibid.*, art. 2.

75. — Les lettres et paquets de papiers d'un poids excédant 15 grammes et n'excédant pas 100 grammes sont taxés à 1 fr., ceux dont le poids dépasse 100 grammes sont taxés à 1 fr. par chaque 100 grammes ou fractions de 100 grammes excédant. — *Ibid.*, art. 3.

76. — Les lettres recommandées et les lettres chargées sont soumises au double port. L'affranchissement de ces lettres est obligatoire. — *Ibid.*, art. 4. — V. *infrà*.

77. — L'administration des postes est autorisée à faire vendre, au prix de 20 cent., 40 cent. et 1 fr., des timbres ou cachets dont l'apposition sur une lettre suffira pour en opérer l'affranchissement. — *Ibid.*, art. 5. — V. *infrà*.

78. — Il est interdit à tout fonctionnaire ou agent de l'administration d'envoyer dans un paquet administratif, ou de contre-signer pour les affranchir, des lettres étrangères au service qui lui est confié. La contravention à cette disposition est punie conformément à la loi du 27 prair. an XII. — *Ibid.*, art. 6. — V. FRANCHISES ET CONTRE-SEINGS.

79. — Toute lettre adressée à une personne ayant la franchise et qui serait destinée à un tiers, est immédiatement envoyée au bureau de poste pour y être taxée. — *Ibid.*, art. 7.

80. — En déterminant le maximum de la taxe des lettres simples à 20 cent., le décr. du 24 août 1848 n'a pas entendu abroger la taxe d'un décime seulement applicable aux lettres simples circulant dans la commune sans en sortir, ou d'un bureau ou d'une distribution en correspondance, et encore de commune à commune d'un même arrondissement de bureau. — Instr. 30 mars 1832, art. 159 à 161.

81. — Pareillement la taxe des lettres transportées dans l'intérieur de la ville et des faubourgs de Paris demeure toujours fixée à 15 cent. — L. 24 avril 1806, art. 21. — V. VILLE DE PARIS.

82. — *Taxes supplémentaires.* — Elles étaient de deux sortes : les unes, progressives à raison de la distance, demeurent abrogées par le décret du 24 avril 1848 ; l'autre, fixe, était principalement relative au service rural, un *décime rural* était imposé sur toute lettre à destination d'une commune sans bureau de poste ou partant de cette même commune. — L. 3 juin 1829.

83. — Jugé, sous l'empire de cette législation, que la taxe supplémentaire d'un décime est due pour toutes les lettres qui, destinées pour des communes où il n'existe pas de bureau de poste, ne portent pas *poste restante*, encore que celui auquel ces lettres sont adressées les fasse prendre lui-même au bureau de poste. — *Metz*, 1er août 1823, Postes c. Bouvier-Dumolard.

84. — Depuis plusieurs années le décime rural avait été supprimé. Du reste, son abrogation eût été le résultat implicite du décret du 24 août 1848.

85. — *Taxes fixes.* — Avant le dernier décret, elles étaient de deux sortes : 1° toutes lettres inférieures au poids de 7 grammes 1/2 et envoyées aux sous-officiers, soldats et marins sous les drapeaux ou pavillons, peuvent être affranchies pour 25 cent., en quelque lieu qu'ils se trouvent.

86. — 2° La seconde taxe fixe est relative aux avis gravés, lithographiés ou autographiés de naissance, de mariage et de décès, lesquels ne paient qu'un décime quelle que soit la distance à parcourir. — Instr. 30 mars 1832, art. 137.

87. — *De la taxe des échantillons de marchandises.* — Les échantillons de marchandises sont taxés au tiers du port de la lettre ordinaire. — Instr. 30 mars 1832, art. 189.

88. — Cette modération de taxe n'est accordée qu'autant que l'échantillon est placé sous bandes ou de manière à ne laisser aucun doute sur sa nature, et qu'il ne s'y trouve d'autre écriture à la main que des numéros d'ordre. — Art. 190.

89. — Les échantillons peuvent être attachés aux lettres ou envoyés isolément. — Lorsque l'échantillon est attaché à une lettre, le fil qui les réunit doit être assez long pour que la lettre et l'échantillon puissent être pesés séparément. — Dans ce cas, la lettre est taxée conformément aux progressions de poids et de distance. — Art. 191. — Depuis le décret de 1848, il ne peut plus être question de progression de distance.

90. — Il est perçu sur l'échantillon attaché à une lettre une taxe réduite au tiers de la taxe d'une lettre de même poids. On réunit le port de l'échantillon à celui de la lettre et on porte le chiffre de ces deux taxes réunies soit au dos de la lettre, soit sur la suscription, selon que le port est acquitté par l'envoyeur, ou qu'il doit être payé par le destinataire. — Si l'échantillon est enfermé dans une lettre ou tellement adhérent à cette lettre qu'on ne puisse peser séparément la lettre et l'échantillon, il n'y a pas lieu à appliquer la modération de taxe fixée par l'article précédent. — Lorsqu'une lettre et un échantillon pris ensemble ne pèsent pas 7 grammes 1/2, le port des deux objets réunis est celui de la taxe simple. — Art. 192.

91. — Lorsque l'échantillon est envoyé isolément, la taxe ne peut être, en aucun cas, inférieure à la taxe d'une lettre simple. — Art. 193.

92. — La taxe à appliquer sur les échantillons *de* et *pour* l'étranger se compose du port dû pour le parcours en France et du port dû pour le parcours à l'étranger. — Art. 194.

93. — Le décime pour voie de mer est perçu sur les échantillons comme sur les lettres ; cependant, lorsque l'échantillon est attaché à une lettre, le décime n'est dû qu'une seule fois pour les deux objets réunis. — Art. 195.

94. — La taxe des échantillons transportés par les paquebots réguliers de l'administration est du tiers du port fixé par les art. 177 et 178. — Art. 196.

§ 2. — *Taxe des valeurs cotées et des journaux et imprimés.*

95. — Nous verrons plus bas (V. *infrà* nos 166 et suiv.) ce qui a trait à la taxe de ces objets.

§ 3. — *Application des taxes.*

96. — *Taxes à percevoir.* — La taxe est représentée par un chiffre. — Instr. 30 mars 1832, art. 217.

97. — Les chiffres indiquant la taxe doivent être formés d'après les modèles. Ces chiffres sont appliqués sur la suscription de la lettre quand la taxe est à percevoir au lieu de la destination, et au dos de la lettre quand elle est affranchie. — Art. 218.

98. — Lorsqu'une lettre dépasse le poids de la lettre simple, le directeur indique ce poids, en grammes, à l'angle gauche supérieur de l'adresse, ou au dos de la lettre, suivant le cas, et au moyen de chiffres ordinaires. — Art. 219.

99. — La taxe réunie des lettres et des échantillons, lorsque ces deux objets sont attachés ensemble, doit être exprimée par un même chiffre : soit sur la suscription de la lettre lorsque la taxe est à percevoir, soit au dos de la lettre lorsqu'elle sera affranchie. — Art. 220.

100. — La taxe des échantillons expédiés isolément doit être exprimée à l'endroit le plus apparent de l'adresse. — Art. 221.

101. — La taxe et le poids des lettres et des échantillons doivent être exprimés en encre noire dans tous les bureaux ; excepté à Paris, où la taxe des lettres non affranchies est tracée à l'encre bleu-azur. — Art. 222.

102. — La taxe des journaux et imprimés affranchis publiés en France, est exprimée en encre noire du côté opposé à la suscription ; mais la taxe à appliquer aux journaux et imprimés non affranchis à destination de la France et transmis par les offices étrangers, est exprimée en encre rouge, par les bureaux d'échange, sur la suscription de ces objets. — Art. 223.

103. — Lorsqu'il y a lieu de modifier la taxe d'une lettre, le directeur barre cette taxe, de deux traits de plume, et applique ensuite la taxe fixée par les tarifs. — Art. 224.

104. — *Taxes fictives.* — La taxe fictive a pour objet de faire connaître le produit que donneraient, s'ils étaient soumis aux tarifs, les lettres et paquets transportés en franchise. — Art. 225.

105. — L'opération de la taxe fictive n'a lieu dans un bureau que sur un ordre formel de l'administration, et pendant un espace de temps déterminé. — Art. 226.

106. — Le directeur appose la taxe fictive au dos de chaque lettre ou paquet qu'il doit remettre en franchise. — Pour les lettres et paquets chargés, circulant en franchise, la taxe doit être du port simple, et non du port double. — Art. 227.

107. Le directeur porte le montant des taxes fictives sur un état préparé à cet effet. — Art. 228.

108. — Lorsque le montant total des taxes fictives a été constaté, chaque taxe est barrée : afin qu'elle ne puisse pas être considérée comme une taxe d'affranchissement. — Art. 229.

ART. 2. — *Des travaux qui précèdent la formation des dépêches.*

§ 1er. — *Lettres mises à la boîte. — Timbre. — Tri.*

109. — Toute lettre doit être jetée à la boîte, excepté les lettres à affranchir, les lettres à charger, les lettres à recommander, et les lettres contre-signées par les fonctionnaires publics, lesquelles doivent être reçues à la main. — Instr. 30 mars 1832, art. 230.

110. — Il est défendu à tout directeur de certifier qu'une lettre a été mise à la poste, lors même qu'il l'y aurait vu jeter. — Art. 231. — V. LETTRES MISSIVES.

111. — Toutefois, les magistrats ont le droit et le devoir de saisir en tous lieux et notamment dans les bureaux de poste les lettres qu'ils présument renfermer des indications utiles à la découverte des crimes dont ils poursuivent la répression. — C. instr. crimin., art. 32, 35 et suiv. — *Ass. d'Indre-et-Loire*, 11 juin 1830, Delinances. — L'inviolabilité du secret des lettres est un principe consacré par tous les législateurs ; mais les art. 35, 36, 37, 87, 88, 89 et 90 C. inst. crim. y ont incontestablement dérogé, en ce qu'ils ne font aucune distinction entre les divers papiers que le magistrat instructeur est autorisé à saisir. D'un autre côté les art. 452 et 454., même Code, obligent tous les dépositaires publics à fournir les pièces arguées de faux ou pouvant servir à comparaison, sans excepter les préposés des postes. L'intervention de la justice, agissant au nom et dans l'intérêt de la société, ne peut pas être confondue avec l'abus, toujours criminel, d'un dépôt, quand c'est un particulier qui s'est permis de le violer. Enfin la loi ayant autorisé le magistrat instructeur à pénétrer dans le domicile du prévenu, il serait difficile de prétendre que sa correspondance est plus sacrée que son domicile. — V., en effet, *Cass.*, 13 oct. 1832, Poncelet.

112. — D'où il suit que les préposés de l'administration des postes ne peuvent refuser de déclarer, sous la foi du serment, lorsqu'ils sont appelés comme témoins, s'il existe des lettres dans leurs bureaux à l'adresse des individus poursuivis par le ministère public. — *Ass. d'Indre-et-Loire*, 11 juin 1830, Delinances. — Le serment que l'art. 2 L. 26 août 1789 impose aux préposés de l'administration des postes consiste dans la promesse de garder et observer fidèlement le secret des lettres. L'art. 378 C. pén. prononce des peines contre les personnes qui ont trahi les secrets dont elles étaient dépositaires par état. Il résulte de la combinaison de ces deux dispositions qu'un préposé de l'administration des postes ne peut pas être tenu de déclarer à la justice, des faits relatifs au contenu des lettres dont il est ou a été le dépositaire. Ainsi, s'il avait eu l'indiscrétion de lire une lettre non cachetée, ou de plonger ses regards dans une lettre cachetée, la révélation du contenu de ces lettres serait une nouvelle violation du serment qui le lie et ne pourrait pas être exigée de lui. Mais la partie administrative de ses fonctions n'a rien de commun avec le secret des lettres, et n'est pas comprise dans les mêmes dispositions de loi. Le préposé ne pourrait donc point refuser de déclarer le nom de la personne qui a chargé une lettre à son bureau, ni de celle qui a retiré une lettre chargée ou même adressée *poste restante*. Sa déclaration, sur ces divers faits, ne porte aucune atteinte à l'inviolabilité du secret des lettres, qui ne saurait s'étendre au delà de ce qu'elles ont de confidentiel, c'est-à-dire de leur contenu.

113. — Les lettres confiées au service des postes ne doivent contenir ni or, ni argent monnayé, ni bijoux ou matières précieuses. — Art. 842.

114. — La clef de la boîte doit toujours rester sous la garde du directeur du bureau. — Art. 231.

115. — Les lettres déposées à la boîte du bureau et dans les boîtes supplémentaires doivent être retirées plusieurs fois le jour, afin que le travail puisse être disposé à l'avance. Si le courrier passe la nuit, à moins de règlement particulier, la dernière levée a lieu à une heure.— Art. 232.

116. — Préalablement à toute opération, les lettres doivent être frappées, à l'encre noire et lisiblement, du timbre à date du bureau disposé à cet effet chaque jour. Au cas où les lettres sont reçues après le départ du courrier, le timbre est celui du jour de l'expédition. — Art. 233.

117. — Si un directeur s'apperçoit qu'une lettre est décachetée, ou n'a pas été cachetée, ou que le cachet en est altéré, il croise cette lettre d'une ficelle, sur les deux bouts de laquelle il appose le cachet de son bureau, et il énonce au dos de la lettre l'état dans lequel il l'a trouvée. — Art. 235.

118. — Si un directeur trouve dans sa boîte des lettres renfermant des valeurs d'or et d'argent, ou des objets dont la perte peut compromettre la responsabilité des agens des postes, il doit les charger d'office.— Art. 236.

119. — S'il se trouve dans la boîte des lettres sans adresse, ou sur l'adresse desquelles on aurait oublié d'écrire le nom du destinataire, ou le lieu de l'administration, ces lettres sont envoyées par lui à l'administration centrale. — Art. 237.

120. — Lorsqu'un particulier, après avoir jeté ou fait jeter une lettre à la boîte, ou après l'avoir affranchie, la redemande pour en rectifier l'adresse, l'adresse peut lui être communiquée sur la simple présentation du cachet et de l'écriture de la suscription, si la réclamation est présentée par l'auteur de la lettre lui-même. Si la demande est faite par un tiers, il doit en outre être porteur d'une réquisition écrite et signée par le directeur de la lettre réclamée. — Dans tous les cas, la rectification doit être faite sans déplacement. — Art. 238.

121. — Pour qu'un particulier puisse retirer une lettre jetée ou déposée par lui, il faut, indépendamment des précautions prescrites par l'article précédent : 1° que par une réclamation écrite il se déclare l'auteur de la lettre ; 2° qu'il se soumette à demeurer garant et responsable envers qui de droit, de tous les effets de la suppression ou du retard de la lettre ; 3° qu'il soit connu du directeur, ou qu'il soit accompagné de deux témoins domiciliés et connus ; 4° que la lettre soit ouverte par le directeur en présence de ces témoins afin qu'il s'assure de l'identité de la signature de la lettre avec la signature du réclamant. — S'il arrivait que la signature ne fût pas celle du réclamant, le directeur recachette la lettre sur-le-champ, constate le fait au bas de la déclaration, et invite les témoins à la signer ; il écrit au dos de la lettre : *Ouverte sur la réquisition de M..., qui s'en déclarait l'auteur.* Puis il donne cours à la lettre pour sa destination, après l'avoir ficelée et cachetée du cachet de son bureau. — Art. 239.

122. — Tout fonctionnaire ou préposé du gouvernement peut faire retirer, avant la fermeture des dépêches, une lettre ou un paquet contresigné qu'il a déposé ou fait déposer au bureau.— S'il se présente en personne, la lettre ou le paquet lui est rendu aussitôt et sans formalités. S'il envoie quelqu'un à sa place, la lettre ou le paquet n'est remis qu'autant que cette personne présente une réquisition signée du fonctionnaire ou préposé. — Art. 240.

123. —Les lettres sont ensuite triées suivant des formes qui varient selon l'importance du bureau. — Cette opération accomplie, il est procédé à la taxe. — Art. 241 à 244.

§ 2. — *Affranchissemens.*

124. — Il y a affranchissement lorsque les particuliers acquittent à l'avance le port des objets qu'ils confient à la poste. — *Ibid.*, art. 46.

125. —L'affranchissement est facultatif, obligatoire ou limité. — Art. 246.

126. — L'affranchissement est facultatif pour les lettres circulant dans toute l'étendue de la France, ou destinées pour les armées françaises en pays étranger. — Il est obligatoire lorsque, dans les cas prévus par la loi, on veut obtenir une recommandation pour la lettre (V. *infrà*, n° 136), ou lorsqu'il s'agit d'imprimés susceptibles d'obtenir une modération de taxe (V. *infrà*, n° 176). — Il est obligatoire pour tous les pays d'outre-mer sans exception, sauf l'Algérie. — Enfin, l'affranchissement pour l'étranger est obligatoire, facultatif ou limité, selon les conventions faites avec les offices étrangers.

127. —Il est défendu à tout directeur de certifier qu'une lettre a été affranchie (L. 5 niv. an V ; Instr. 30 mars 1832, art. 48), sauf, bien entendu, le cas où il est requis par le ministère public. — V. *suprà*, n° 112.

128. — Autrefois l'affranchissement des lettres devait toujours avoir lieu au bureau. Nous avons vu (*suprà*, n° 77) qu'il n'en est plus de même aujourd'hui.—Dans le cas où les lettres sont affranchies au bureau, elles doivent être frappées du timbre P. P., indépendamment de celui du bureau. — Art. 250.

129. — Les lettres reçues à l'affranchissement sont inscrites sur une feuille spéciale appelée *liste nominative*, laquelle, adressée à chaque bureau de correspondance, porte : 1° le numéro d'ordre d'inscription de la lettre, 2° le nom du destinataire, 3° le lieu de destination. — Le numéro d'inscription donné à chaque liste nominative doit être rapporté sur la lettre elle-même. — Art. 251.

130. — Rien de particulier n'existe en ce qui concerne les affranchissemens d'échantillons (V. *suprà*, n° 87). — Quant aux affranchissemens des valeurs cotées, V. *infrà*, n° 157, et des imprimés, V. aussi *infrà*, n° 176.

131. — Notons encore qu'en cas d'affranchissement pour pays d'outre-mer il est perçu un décime de droit fixe par voie de mer, en sus de la taxe ordinaire. — Instr. 30 mars 1832.

§ 3. — *Chargemens.* — *Lettres chargées.*

132. —Le chargement consiste dans l'inscription d'une lettre ou d'une valeur cotée sur un registre spécial et avec des conditions particulières. —Les objets soumis à la formalité du chargement ont pris le nom de *chargemens*. — Art. 282.

133. —Les chargemens sont de quatre espèces : 1° chargemens de lettres par des particuliers, ou chargemens affranchis ; 2° chargemens de lettres par des agens des postes, ou chargemens d'office ; 3° chargemens de lettres par des fonctionnaires, ou chargemens en franchise (V. FRANCHISES ET CONTRE-SEINGS) ; 4° enfin, les chargemens de valeurs cotées.—Art. 283.

134. — *Chargemens de lettres par des particuliers.* —Les lettres ou paquets à charger doivent être présentés sous enveloppe, et fermés au moins de deux cachets en cire avec empreinte. Ces cachets doivent être placés sur les plis supérieurs et inférieurs de l'enveloppe, de manière que l'un et l'autre plis se trouvent réunis sous le même cachet.—Les directeurs s'assureront que les adresses sont complètes, c'est-à-dire qu'elles portent le nom du destinataire, et ceux du département, de la ville ou de la commune rurale de la destination. — Quand le lieu de destination est une commune rurale, on doit indiquer le bureau de poste qui dessert cette commune ; et quand la lettre est destinée pour une grande ville, l'adresse doit faire connaître, autant que possible, la rue et le numéro de la maison qu'habite le destinataire. — Art. 284.

135. — Lorsqu'un directeur est consulté par un particulier, sur la question de savoir si une lettre doit être chargée ou non, il engagera l'envoyeur à charger sa lettre, surtout si elle présente de l'importance. —Les directeurs ne doivent pas recevoir la déclaration des objets contenus dans les lettres chargées. — Art. 285.

136. —Le port des lettres présentées au chargement par des particuliers doit être perçu à l'avance. Il est double de celui des lettres ordinaires. — Art. 286.

137. — Les directeurs inscrivent les lettres chargées sur un registre qui doit porter : 1° le nom de l'envoyeur et le lieu de sa demeure, le nom du destinataire, le lieu de la destination et la date de l'envoi ; 2° le poids de la lettre chargée ; 3° le prix perçu pour le port du chargement. — Ils remettent à l'envoyeur un bulletin qu'ils détachent du registre après y avoir porté la date et le numéro d'ordre sous lequel le chargement est enregistré. Le numéro doit être reporté, d'une manière très-apparente, à l'angle gauche supérieur de la suscription de la lettre chargée. — On doit faire autant d'enregistremens et délivrer autant de bulletins qu'il y a de lettres ou de paquets chargés. — Art. 287.

138. — Les chargemens doivent être inscrits sur la liste nominative des affranchissemens avec ces lettres C H, dans la colonne d'observations. Ils sont ensuite inscrits sur une feuille spéciale dite *feuille des chargemens*. — Art. 288.

139. —Les directeurs apposent le timbre *Chargé* sur le côté droit de la suscription de la lettre, indépendamment du timbre ordinaire du bureau et du timbre P. P. — Art. 289.

140. — Lorsque les lettres chargées sont destinées pour des pays étrangers pour lesquels on ne peut affranchir que jusqu'à la frontière du territoire français, on perçoit le double port jusqu'à la frontière française seulement. — Art. 290.

141. — Lorsque les lettres chargées sont destinées pour des pays étrangers pour lesquels on peut affranchir jusqu'à destination ou jusqu'aux limites du territoire de l'office intermédiaire, le directeur perçoit un port double tant de la taxe ordinaire d'affranchissement due à l'office français que de la taxe due à l'office étranger. — Art. 291.

142. — Le chargement est inadmissible pour les colonies et les pays d'outre-mer, l'Angleterre exceptée. — Art. 292.

143. — Les échantillons de marchandises qui seraient présentés au chargement, ne jouissent pas de la modération de taxe au tiers du port indiquée par l'art. 189 ; ils paieront le port double comme lettres chargées. — Art. 293.

144. — En cas de perte d'une lettre chargée affranchie il est accordé une indemnité de 50 francs. Cette indemnité est due de préférence à la personne à laquelle la lettre a été adressée ; et, à défaut de réclamation faite par cette personne dans le mois, l'indemnité peut être payée à la personne qui justifie avoir fait le chargement. — Art. 294.

145. —En cas de réclamation d'une lettre chargée, cette lettre n'est rendue à l'envoyeur qu'après que l'administration s'est assurée qu'il y a eu impossibilité de la délivrer au destinataire. — Art. 295.

146. — Les chargemens transmis par les offices étrangers, et dont la taxe est à recouvrer sur les destinataires en France, sont taxés au double port, soit depuis le point de départ, soit depuis la frontière, selon les traités faits avec les offices étrangers. — Art. 296.

147. — L'indemnité est due pour une lettre chargée destinée pour les pays étrangers, quand ce chargement a été perdu sur le territoire français. — Quand la perte a eu lieu sur le territoire étranger, l'indemnité n'est due que dans le cas où les conventions des deux offices stipulent cette condition réciproque. — Art. 297.

148. — *Chargemens d'office.* — Les chargemens d'office sont faits par les directeurs, de leur propre autorité, dans les circonstantes suivantes : — 1° Lorsqu'une lettre trouvée à la boîte ou transmise par les bureaux de correspondance paraît contenir des valeurs d'or ou d'argent ou des objets dont la perte peut compromettre la responsabilité des agens des postes ; 2° lorsque la formalité du chargement a été prescrite par l'administration à l'égard des lettres ou paquets relatifs au service. —Art. 298.

149. —Les lettres chargées d'office, lorsqu'elles sont soumises à la taxe, ne sont pas assujetties au double port. — Le montant de la taxe de ces lettres doit être cumulé sur la feuille d'avis avec celui des lettres taxées. — Art. 299.

150. — Les directeurs écrivent à l'encre rouge, en tête de la suscription de chaque lettre ou paquet désignés dans l'article 298, ces mots : *Chargé d'office*, et frappent en outre chaque lettre ou paquet du timbre *Chargé* et du timbre ordinaire du bureau. — Art. 300.

151. — Toutes les formalités de l'enregistrement prescrites pour les chargemens affranchis, doivent être observées pour les chargemens d'office. — Les lettres chargées d'office ne sont pas portées sur les listes nominatives ; elles sont inscrites seulement sur la feuille spéciale des chargemens, à la suite des chargemens affranchis dont elles sont séparées par une ligne tracée à la plume au-dessous de l'énonciation du dernier chargement affranchi. — Art. 301.

152. — La perte d'un chargement d'office ne donne lieu à aucune indemnité. — Art. 302.

153. — *Chargemens des valeurs cotées.* — On appelle valeurs cotées, des objets précieux, de petite dimension, admis au chargement sur la déclaration de leur valeur. — Art. 308.

154. — L'estimation d'une valeur cotée ne peut pas être fixée au-dessous de 30 francs, ni s'élever au-dessus de 1,000 francs. — En cas de débat sur l'estimation entre le directeur et le déposant, l'estimation du directeur prévaudra. — Art. 309.

155. — Les valeurs cotées sont reçues *à découvert*, c'est-à-dire que les directeurs doivent exiger que les objets déposés soient renfermés, en leur présence, dans une boîte ou dans un étui ficelé et cacheté du cachet de l'envoyeur ; ils y ajoutent le cachet de leur bureau. — La boîte ou l'étui ne doit pas avoir plus de 10 centimètres (4 pouces) de longueur, 8 centimètres (3 pouces) de largeur et 5 centimètres (2 pouces) d'épaisseur, ni peser plus de 300 grammes. — Art. 310.

156. — Le montant de l'estimation d'une valeur cotée et le montant de la taxe perçue, sont exprimés en chiffres ordinaires et en encre rouge sur l'adresse de la boîte ou de l'étui qui renfermera cette valeur cotée. — Art. 311.

157. — Le port du chargement de toute valeur cotée est de 5 p. 0/0 de la valeur estimée. Il doit être payé d'avance. — Art. 312.

158. — Les valeurs cotées déposées sont inscrites sur un registre indiquant : 1° la nature de la valeur cotée, le nom et la demeure du déposant, le nom et la demeure du destinataire ; 2° le montant de l'estimation de la valeur cotée ; 3° le droit de 5 p. 0/0 perçu ; 4° la date de l'envoi ; 5° le nom du bureau qui doit délivrer la valeur cotée ; 6° la date de l'accusé de réception. Les directeurs détachent de ce registre un bulletin de dépôt, qu'ils remettent à la personne qui fait l'envoi, après y avoir reproduit les principales indications portées au registre n° 16 *bis*. — Art. 313.

159. — Les valeurs cotées sont inscrites sur les listes nominatives d'affranchissement, n°s 9 et 9 *bis*, comme les chargemens ordinaires. Le droit perçu sur les valeurs cotées est porté dans la colonne 5 de ces listes, et le montant de l'estimation dans la colonne 4. On doit écrire, en outre, dans la colonne 6 les lettres *Val. c.* (Valeurs cotées), pour distinguer ces valeurs des autres chargemens. — Art. 314.

160. — Les directeurs délivrent pour chaque valeur cotée déposée à leur bureau une *reconnaissance* sur laquelle sont reportées les principales indications données au registre. Cette reconnaissance est envoyée par le déposant au destinataire ; et, après avoir été acquittée par celui-ci, elle reste entre les mains du directeur qui a fait la remise de la valeur cotée. Les formules des reconnaissances de valeurs cotées sont envoyées, non timbrées, aux directeurs ; elles doivent être timbrées par leurs soins, dans les départemens, et le prix du timbre est remboursé par les déposans. — Art. 315.

161. — Les valeurs d'or ou d'argent monnayé et ayant cours dans le royaume, ne peuvent être envoyées sous la forme de valeurs cotées. — Art. 316.

162. — Il est défendu d'admettre à la destination de l'étranger aucun chargement de valeur cotée. — Art. 317.

163. — Il est défendu aux directeurs de recevoir des valeurs cotées pour les armées. — Art. 318.

164. — Les valeurs cotées sont remises en nature, telles qu'elles ont été reçues par le bureau d'expédition. En cas de perte, l'administration rembourse le prix d'estimation auquel la valeur cotée a été admise ; sauf son recours contre les agens rendus responsables de l'événement. — Art. 319.

§ 4. — *Lettres recommandées.*

165. — On appelle, lettres recommandées, des lettres qui sont reçues et envoyées avec une partie des formalités en usage pour les chargemens, mais à destination de Paris seulement. Elles ne peuvent être affranchies. Elles sont remises au domicile des destinataires sur leur récépissé. La perte de ces lettres ne donne droit à aucune indemnité. — Art. 320.

166. — Les lettres recommandées doivent être présentées sous la même forme que les chargemens affranchis. — Art. 321.

167. — Les lettres recommandées sont inscrites sur un registre à souche. Cette inscription doit comprendre : 1° un numéro d'ordre ; 2° la date du dépôt de la lettre ; 3° le nom et la demeure de l'envoyeur ; 4° le nom et la demeure du destinataire, ou l'indication *Poste restante*. Chaque registre servant à l'enregistrement des lettres recommandées n'a qu'une série de numéros. — Art. 322.

168. — Le numéro d'enregistrement de chaque lettre est transcrit sur un bulletin qui est ensuite détaché de la souche et remis à l'envoyeur. — Art. 323.

169. — Chacune de ces lettres porte, à l'angle gauche supérieur de la suscription, le numéro d'enregistrement ; toutes sont frappées du timbre du bureau expéditeur et du timbre R. — Art. 324.

170. — Les lettres recommandées sont taxées comme les lettres ordinaires, d'après les progressions du poids. Leur taxe est comprise dans le montant des lettres taxées pour Paris. — Art. 325.

171. — Les directeurs dressent une liste nominative spéciale des lettres recommandées. — Cette liste indique, pour chaque lettre, le numéro d'enregistrement, le nom du destinataire, sa demeure, et, autant qu'il est possible, le numéro de sa maison. — Art. 326.

172. — Lorsqu'une lettre recommandée n'aura pu être remise à son adresse, pour une cause quelconque, elle pourra être renvoyée, sur réclamation, soit au destinataire, soit à l'envoyeur. — Art. 327.

173. — Si la lettre recommandée est réclamée par le destinataire, elle est envoyée, à la nouvelle résidence qu'il a indiquée, sous la forme de chargement d'office. — Le directeur du bureau auquel cette lettre est adressée l'inscrit sur le registre des chargemens n° 19, et en fait la remise dans les formes prescrites pour les chargemens. — Art. 328.

174. — Si la lettre recommandée est réclamée par son auteur, elle est renvoyée au bureau qui en a fait la première expédition, toujours sous la forme de chargement d'office, et la taxe à recouvrer est comprise dans le montant des lettres taxées. — Art. 329.

175 — Le directeur du bureau où la lettre a été originairement déposée fait mention du renvoi qui lui a été fait de cette lettre, sur le registre à souche des lettres recommandées, au verso de l'enregistrement. — Il inscrit ensuite la lettre sur le registre des chargemens, et en fait la remise à l'auteur sur la représentation du bulletin de dépôt, et après avoir fait émarger le registre des chargemens, et acquitter le port de la lettre. — Art. 330.

§ 5. — *Journaux et imprimés.*

176. — Les journaux et ouvrages périodiques, et les imprimés de toute nature, publiés en France, ne sont admis à circuler avec modération de port qu'autant qu'ils ont été affranchis. — Instr. 30 mars 1832, art. 200 et 260. — L. 15 mars 1827, art. 8.

177. — Les journaux et imprimés trouvés à la boîte sont taxés comme lettres, et le directeur écrit sur la suscription ces mots : Trouvés dans la boîte. Ils sont frappés du timbre ordinaire du bureau. — Art. 201 et 261.

178. — Les journaux et imprimés affranchis dans les départemens sont frappés du timbre P. P. et du timbre ordinaire du bureau. — Art. 281.

179. — Le nombre, quel qu'il soit, des feuilles qui existent dans un paquet d'imprimés à la même adresse, et pour lesquelles l'affranchissement a été perçu, soit que ce nombre soit de plusieurs feuilles, avec ou sans fractions, soit qu'il se compose d'une feuille isolée, ou seulement de fractions de feuilles, doit être indiqué au dos du paquet. — Art. 280.

180. — Les journaux, ouvrages périodiques et autres imprimés de même nature ne peuvent être reçus dans les bureaux de poste aux prix fixés par les lois sur les imprimés, qu'autant qu'ils ne contiennent ni chiffres, ni aucune espèce d'écriture à la main, si ce n'est la date et la signature. — L. 4 therm. an IV ; 15 mars 1827, art. 9 ; 14 déc. 1830 ; instr. 30 mars 1832, art. 202 et 267.

181. — Les taxes spéciales ci-dessous indiquées ne sont applicables qu'autant que les imprimés sont expédiés sous bandes : lesquelles ne doivent pas recouvrir plus du tiers de la surface que présente l'imprimé plié, ni porter d'autre écriture que celle de l'adresse, soit à l'intérieur, soit à l'extérieur. — L. 15 mars 1827, art. 9 ; instr. 30 mars 1832, art. 201 et 274.

182. — Les imprimés qui peuvent être reçus à l'affranchissement dans les bureaux de poste sont divisés en trois classes : 1° journaux, feuilles ou gazettes quotidiennes ; 2° les recueils, annales, mémoires, bulletins périodiques uniquement consacrés aux arts ; 3° les livres brochés, catalogues, prospectus, papiers de musique, annonces et avis divers, gravés, lithographiés. — Art. 199 et 268.

183. — Le port des imprimés de la première classe transportés hors des limites du département où ils sont publiés, est fixé à 5 centimes pour chaque feuille de la dimension de 30 décimètres carrés au plus. — Au delà le port est augmenté de 5 centimes par chaque trente décimètres ou fraction de décimètre. — Du reste, les imprimés de la première classe ne paient que la moitié des prix fixés ci-dessus, quand ils ne sortent pas du département. — L. 15 mars 1827, art. 8. — Instr. 30 mars 1832, art. 203, 204, 205 et 270.

184. — Depuis, la loi du 14 décembre 1830 a abaissé à 4 centimes le port des journaux, écrits ou feuilles périodiques.

185. — Jugé que cette réduction est limitative et ne s'étend pas aux ouvrages périodiques ou de librairie. — *Paris*, 24 nov. 1848 (t. 2 1848, p. 665), Perrée c. Administration des postes.

186. — Notons encore : qu'en vertu d'une ordonnance ultérieure, un seul supplément qui n'excède pas trente décimètres carrés publié par un journal imprimé sur une feuille de trente décimètres carrés et au-dessus est exempt du timbre (ord. 29 déc. 1832).

187. — Mais on doit entendre par *supplément* d'un journal la feuille qui continue ce journal, en est une partie intégrante, une addition accidentelle et imprévue, occasionnée par l'abondance des matières. — *Paris*, même arrêt.

188. — Donc, tel n'est pas le caractère des feuilles détachées, indépendantes du journal, bien qu'y adhérant ; formant par elles-mêmes un corps d'ouvrage distinct et séparé, produites par un tirage spécial, ayant une pagination particulière, une table des matières et vendues aux non-abonnés moyennant un prix déterminé. — Même arrêt.

189. — Les journaux venant de pays étrangers paient, pour le parcours en France, la même taxe que celle qui est fixée pour les journaux publiés en France. — Mais l'exemption de port n'est pas applicable aux journaux provenant de l'étranger. — Art. 206.

190. — Quant aux journaux publiés en France et destinés à l'étranger, ils sont l'objet d'un tarif spécial : il consiste à ajouter au port du journal pour le parcours en France le prix dû pour le parcours soit sur mer, soit sur le territoire étranger. — Art. 207.

191. — Le port des imprimés de la 2e classe est de 4 centimes par feuille d'impression. — Les imprimés de cette classe qui comportent moins d'une demi-feuille paient comme demi-feuille. Les mêmes imprimés réunis en volumes brochés ne paient également qu'un droit de 4 centimes par feuille d'impression, tant que l'ouvrage est en cours de publication. Dans le cas contraire, ces volumes brochés rentrent dans la 3e classe. — Art. 208, 209, 210, 271.

192. — Les feuilles qui recouvrent les imprimés des deux premières classes, lorsque ces imprimés sont en forme de recueils, sont comptées au nombre des feuilles soumises à la taxe, mais seulement dans le cas où elles contiennent des caractères imprimés. — Art. 241 et 272.

193. — Le port des imprimés de la 3e classe est soumis, pour une feuille d'impression, à 5 centimes, une demi-feuille 2 centimes 1/2, un quart de feuille 1 centime 1/4. — Les imprimés au-dessous d'un quart de feuille comptent comme quarts de feuille. — Art. 213, 214, 273.

194. — Un tarif spécial régit le port des imprimés de la 2e et de la 3e classe publiés en France et destinés à l'étranger. — Art. 212 et 215.

195. — Les avis de naissance, de mariage ou décès peuvent être présentés sous deux formes, savoir : 1° comme imprimés et sous bandes, alors ils comptent dans la 3e classe des imprimés ; 2° sous forme de lettres, alors ils sont taxés, de 5 centimes ou de 1 décime, suivant qu'ils doivent ou non circuler dans ou hors l'arrondissement du bureau (art. 187, 269 et 275). — Lorsque les envoyeurs réunissent deux de ces lettres sous le même pli, et en forme de lettre, il est dû un port pour chacun de ces avis, quoique leur dimension soit au-dessous de 11 décimètres carré. — Enfin, lorsque ces avis sont destinés pour l'étranger, ils peuvent être affranchis comme imprimés et sans bandes, mais les dispositions des art. 275 et 276 ne leur sont pas applicables. — Art. 279. — V. encore L. 15 mars 1827, art. 9.

196. — Aucun imprimé soumis au timbre ne peut être admis à circuler par la poste s'il n'est timbré ou visé pour valoir timbre. — Art. 216 et 263. — V. TIMBRE.

§ 6. — *Franchises et contre-seings.*

197. — Cette matière a déjà fait l'objet de notre examen. — V. FRANCHISES ET CONTRE-SEINGS.

ART. 3. — *Formation et expédition des dépêches.*

§ 1er. — *Formation des dépêches.*

198. — Une dépêche est la réunion en un ou plusieurs paquets de lettres et d'objets confiés au service des postes. — Instr. 30 mars 1832, art. 366.

199. — Les directeurs ne peuvent faire de dépêches que pour les bureaux auxquels l'administration leur a prescrit d'en adresser, et pour les distributions avec lesquelles ils sont en relation. — On dit des bureaux qui font des dépêches les uns pour les autres, qu'ils sont en *correspondance directe*. — Art. 367.

200. — Tous les bureaux de poste de France sont en correspondance directe avec Paris. — outes les distributions placées sur les routes rcourues par les malles-postes partant de Paris nt également en relation directe avec Paris. — Art. 368.

201. — Toutes les correspondances directes nt réciproques, c'est-à-dire que les directeurs oivent des bureaux avec lesquels ils sont en correspondance directe autant de dépêches qu'ils en expédient pour eux. — Art. 369.

202. — Toute correspondance entre les bureaux e poste est journalière ; les directeurs doivent ormer chaque jour une dépêche pour chacun es bureaux de leur correspondance directe, lors ême qu'ils n'auraient ni lettres ni autre objet leur adresser. Dans ce cas, ils expédient une uille d'avis, sur laquelle ils portent le mot *néant* recto, après avoir rempli l'accusé de réception. — Art. 370.

203. — Les lettres ayant été triées et taxées au ur et à mesure qu'elles ont été recueillies dans boîtes ou que les courriers les ont apportées, directeur ne doit pas attendre au dernier moent pour relever le compte de taxe de chaque destination ; sauf à parfaire, avant la fermeture u paquet, ce compte. — Art. 371.

204. — Lorsque plusieurs lieux de destination nt indiqués sur l'adresse d'une lettre et que une de ces destinations est suivie des mots : *oste restante*, c'est toujours sur la destination de *le restante* que la lettre doit être dirigée. — . 370.

205. — Chaque dépêche doit être accompagnée 'une feuille sur laquelle sont énoncés les objets ue cette dépêche contient, ainsi que le mont des taxes perçues ou à percevoir. Cette feuille appelle *feuille d'avis*. — Les parties de la feuille avis sur lesquelles il n'y a pas d'inscription à ire portent ce mot : *néant*. — Art. 372. — La ille d'avis doit être préparée à l'avance. — t. 376.

206. — La feuille d'avis doit porter en tête : 1° e nom du bureau expéditeur et le nom du dértement ; 2° le nom du bureau de destination le nom du département ; 3° la date de l'expédition ; 4° le timbre du bureau expéditeur ; 5° le mbre *chargé* lorsque la dépêche contient des argemens. — Art. 373.

207. — On entend par jour d'expédition non précisément celui où la dépêche est fermée, ais celui où elle doit être remise au courrier, après la marche des services réglée par l'administration, et sans avoir égard aux accélérations aux retards qui peuvent avoir lieu. — Art. 378.

208. — Les directeurs relèvent chaque jour, sur état particulier, les fausses directions commipar les employés de leur bureau, et qui leur télésignalées par leurs correspondances ; et ils ressent à la fin de chaque mois cet état à l'adnistration. — Art. 374.

209. — Avant de porter sur la feuille d'avis les érens envois qu'ils font à un bureau correspndant, les directeurs doivent lui accuser la ception des envois qu'ils en ont reçus eux-mêes par l'ordinaire précédent. — Art. 375.

210. — Les objets qui composent une dépêche t : 1° les lettres et échantillons de marchanises taxés, à la destination du bureau de corpondance ; 2° les lettres réexpédiées ; 3° les tres et échantillons affranchis ; 4° les chargens de lettres et de valeurs cotées ; 5° les groud'argent et paquets pesans ; 6° les lettres remmandées (cet article ne concerne que les dées pour Paris) ; 7° les lettres et paquets cirant en franchise ; 8° les journaux, ouvrages riodiques et autres imprimés ; 9° les lettres et antillons non affranchis, expédiés en passe est-à-dire ceux de ces objets destinés pour des reaux avec lesquels celui qui les expédie n'est en correspondance directe, et que le direcr doit envoyer, sans taxe, au bureau *de passe* sa correspondance le plus à portée) ; 10° les uets relatifs au service des postes. — Art. 377.

211. — Les lettres, journaux et échantillons és, envoyés aux bureaux de correspondance, nt comptés, réunis et placés sous un croisé de lle ; le montant des taxes, porté sur la feuille vis, est énoncé en toutes lettres, et répété en ffres, dans le tableau de la feuille d'avis à ce tiné. Lorsqu'il n'y a pas de lettres taxées, la ille d'avis porte le mot *néant* à la place où devrait figurer l'inscription de la somme en toutes lettres. — Art. 378.

212. — Les lettres réexpédiées sont mises à part. — Art. 379.

213. — Les lettres et échantillons affranchis sont enveloppés dans la liste nominative, laquelle est additionnée ; on réunit ensuite le tout sous une ficelle croisée. — Art. 380.

214. — Les chargemens de lettres et de valeurs, cotés sur une feuille spéciale, sont réunis dans cette feuille croisés d'une ficelle dont les bouts sont attachés au bas de la feuille d'avis avec de la cire fine. Enveloppés avec la feuille d'avis, ils sont mis au centre de la dépêche ; le paquet est timbré du mot *chargé*. — Art. 381.

215. — Les groupes ou paquets pesans, renfermant de l'argent monnayé, que les directeurs s'envoient réciproquement ou qu'ils envoient à l'administration, mais seulement pour objet de service, sont toujours expédiés avec les précautions prescrites pour les chargemens. — Art. 382.

216. — Les lettres recommandées doivent être exprimées en nombre et enveloppées dans une feuille de papier blanc scellée du cachet du bureau. — Art. 383.

217. — Les lettres et paquets circulant en franchise sont réunis sous une ficelle croisée. — Art. 384.

218. — Les journaux et imprimés affranchis doivent être ficelés séparément dans les listes nominatives nos 9 ou 9 *bis*, après que le montant de la taxe perçue a été porté, selon leur classification, sur la feuille d'avis pour Paris ou sur la feuille d'avis pour les départemens. — Le montant des affranchissemens de lettres, journaux et imprimés compris dans la dépêche pour Paris doit être porté en outre au tableau récapitulatif qui termine la liste nominative nos 9 et 9 *bis* avec les distinctions établies dans cette récapitulation. — Les bulletins de lois, les brochures, compris dans les dépêches de Paris pour les départemens, sont accompagnés de bulletins spéciaux : nos 790 et 209. — Les directeurs accusent réception des brochures et collections de journaux expédiées dans la forme indiquée au précédent paragraphe au bas du bulletin no 970 qu'ils reçoivent à Paris par le plus prochain courrier, après avoir pris, au besoin, des mesures pour assurer la remise des objets parvenus avec le bulletin. — Instr., 30 mars 1832. — Art. 385.

219. — Les lettres envoyées en passe forment une liasse séparée. — Art. 386.

220. — Les paquets relatifs au service des postes, adressés dans les départemens à l'inspecteur ou au directeur comptable, forment un paquet à part, sous papier gris et sous ficelle, avec ces mots en tête : *Service des Postes*, et sont timbrés du timbre du bureau expéditeur. — Ces paquets doivent être chargés. — Art. 387.

221. — Avant la fermeture de sa dépêche, le directeur doit porter au registre no 26 le montant des chargemens, des affranchissemens de lettres, journaux et imprimés, des lettres taxées et des lettres réexpédiées contenus dans sa dépêche. — V. art. 1368 et suiv. — Art. 388.

222. — Dans les dépêches adressées à Paris, il est formé trois paquets séparés des objets mentionnés à l'art. 377. Chacun de ces paquets est couvert d'une étiquette de couleur différente. — Le premier de ces paquets contient les lettres taxées pour Paris dont le nombre est constaté, les lettres, journaux et imprimés affranchis pour Paris et en passe-Paris, les chargemens de lettres et de valeurs cotées, le paquet des lettres recommandées, enfin les groupes d'argent. C'est dans ce paquet qu'est placée la feuille d'avis. — Le second contient les lettres expédiées en passe-Paris. — Et le troisième, les lettres et paquets administratifs de toute espèce. Dans ce dernier paquet, les objets relatifs aux services des postes forment une liasse particulière, accompagnée d'un bulletin énonciatif de chacun d'eux. La présence de ce bulletin est indiquée à la droite du tableau no 3 de la feuille d'avis no 1er, par ces mots : *Bulletin no 13*. — Art. 389.

223. — Les directeurs qui reçoivent, par les courriers qui aboutissent à leur bureau, des dépêches pour Paris doivent réunir ces dépêches en un seul paquet ficelé et cacheté, qui prend le nom de *paquet des postes*. — Les directeurs qui ont à faire des paquets ne peuvent y joindre leur propre dépêche sans avoir préalablement fermé et cacheté celle-ci comme si elle devait être expédiée isolément. — Ce paquet des paquets doit contenir une feuille no 768, sur laquelle sont inscrits le nombre et l'origine des dépêches. — Art. 390.

224. — Les lettres chargées et les lettres recommandées ne doivent pas faire partie des dépêches envoyées par des services supplémentaires (V. SERVICES SUPPLÉMENTAIRES, art. 432). Elles sont toujours envoyées par le courrier principal. — Art. 391.

225. — Les dépêches adressées par les bureaux aux distributions avec lesquelles ils sont en relation directe, sont accompagnées d'une feuille d'avis spéciale. Ces feuilles constatent au recto les envois, en lettres ou journaux à distribuer par le directeur, du versement fait par le distributeur de la recette effectuée le jour précédent ; et au verso l'accusé de réception du distributeur et le bordereau des valeurs qu'il renvoie au directeur, tant en espèces qu'en lettres non distribuables. Le verso de la feuille 694 *bis* donne le détail des recettes rurales opérées par le distributeur ; mais les distributeurs, quand ils sont en relation avec plusieurs directeurs, ne comptent qu'au directeur chargé de payer leur traitement, du montant de ces recettes rurales. — Art. 392.

226. — Le bureau de Paris porte séparément le montant des lettres taxées qu'il expédie à une distribution pour laquelle il fait dépêche, sur la feuille d'avis de l'un des bureaux de poste en relation directe avec cette distribution ; et, autant que possible, il choisit pour cela le bureau qui se trouve le plus rapproché de Paris. — Art. 393.

227. — Les distributions en relation directe avec Paris ne taxent pas les lettres renfermées dans les dépêches qu'elles envoient à Paris ; leur feuille d'avis énonce seulement l'accusé de réception des lettres reçues par l'ordinaire précédent, et le nombre de lettres qu'elles expédient à Paris et en passe-Paris. — Art. 394.

228. — Toute dépêche, après avoir été ficelée intérieurement, doit être enveloppée de papier gris, en assez grande quantité pour résister au frottement, puis ficelée extérieurement, et cachetée à la cire avec l'empreinte du cachet du bureau ; les dépêches portent pour suscription : *De tel bureau, pour tel bureau ;* elles sont toujours frappées du timbre ordinaire du bureau. — Les dépêches pour Paris sont couvertes d'une étiquette spéciale. — Les directeurs doivent se servir, pour les autres dépêches, d'étiquettes préparées d'avance. Ces étiquettes portent de chaque côté, en petits caractères, le nom du bureau expéditeur, et, en gros caractères, le nom du bureau de destination ; mais de telle sorte que le nom du bureau expéditeur, qui est écrit en petits caractères sur le recto d'une étiquette, soit écrit en gros caractères, comme bureau de destination, sur le verso de la même étiquette, et réciproquement. Il s'ensuit que la même étiquette sert pour l'aller et le retour. Ces étiquettes doivent être placées sur un morceau de cuir de la forme d'un carré long, et plus ou moins grand, selon la grosseur ordinaire de la dépêche sur laquelle l'étiquette est appliquée. — Art. 395.

229. — Toute dépêche qui contient des groupes d'argent ou des chargemens doit être frappée du timbre *Chargé*. — La ficelle qui ferme extérieurement cette dépêche doit, outre le cachet placé sur ses deux bouts, être scellée d'un cachet mis de chaque côté de la dépêche, à l'endroit où la ficelle se croise sur elle-même. — La ficelle qui couvre extérieurement une dépêche doit être sans nœud. — Art. 396.

§ 2. — *Expédition des dépêches.*

230. — Les dépêches s'expédient de deux manières, ou directement ou indirectement : directement, lorsque le bureau de destination est situé sur la route du courrier ; indirectement, lorsqu'il n'est pas situé sur cette route. Dans ce dernier cas, le directeur insère la dépêche qu'il doit expédier par voie indirecte dans celle qu'il expédie pour le bureau de la route qui est chargé de la faire parvenir. C'est ce qu'on appelle une dépêche *entrante*. — Les dépêches entrantes doivent être inscrites sur la feuille du bureau expéditeur, pour le bureau de correspondance qui doit leur donner cours. — Art. 397.

231. — Lorsqu'une dépêche entrante ne peut, à raison de son volume, être contenue dans la dépêche destinée au bureau qui doit la réexpédier, le directeur expéditeur la recouvre d'une feuille de papier gris, qu'on appelle *masque*, et sur laquelle il inscrit le nom du bureau qui doit donner cours à la dépêche. — Le *masque* doit être frappé du timbre du bureau expéditeur. — Article 398.

232. — Tout courrier en service est porteur d'une feuille appelée *part*. Sur cette feuille sont constatés le nombre et l'espèce des dépêches dont il est chargé. Le *part* indique le nom du courrier, les jours et heures de son départ et de son arrivée, ainsi que les heures de son passage dans les principaux bureaux de la route. Les causes de retard doivent être consignées sur le *part*. — Art. 399.

233. — Le *part* doit être visé et signé par les directeurs ou sous-inspecteurs aux points de départ et d'arrivée et dans les principaux bureaux de passage. — Art. 400.

234. — Toute dépêche portée sur le *part* donne lieu à la même responsabilité de la part des agens des postes que si elle était chargée. — Art. 401.

235. — Les dépêches doivent être remises aux mains des courriers, qui les reconnaissent. — Les courriers ne doivent recevoir le *part* qu'après avoir compté les dépêches et après s'être assurés qu'elles sont en bon état et que le nom des bureaux pour lesquels elles sont destinées est lisiblement écrit. Alors les courriers donnent reçu des dépêches sur un registre tenu, à cet effet, dans les bureaux placés aux points extrêmes des routes et dans tous les bureaux où l'on vise le *part*, et ils en deviennent responsables. — Art. 402.

236. — Les entreposeurs sont tenus de vérifier si les dépêches qui leur sont remises sont en bon état. Ils doivent en prendre soin et en continuer s'il y a lieu la recommandation sur le *part*. — Art. 403.

ART. 4. — *Transport des dépêches.*

237. — Le transport des dépêches est exécuté en malles-postes ou par des courriers d'entreprise, en voiture, à cheval, à pied ou par eau, ou enfin par des estafettes ou par des services en paquebots. — Instr. 30 mars 1832, art. 404.

§ 1er. — *Transport des dépêches par les malles-postes*

238. — Les malles-postes ne sont établies que sur des routes desservies en poste. — Art. 97. — Des prescriptions détaillées sont contenues aux art. 404 et suiv. de l'instruction quant à leur établissement et leur entretien.

239. — Chaque malle a un magasin fermé à clef qui ne doit contenir que les dépêches. — Art. 407. — Dans les principaux bureaux établis sur les routes servies par les malles-postes, l'administration doit fournir au directeur une clef du magasin. Le directeur ne doit confier cette clef qu'à l'un des commis, et dans le cas seulement où il ne peut procéder lui-même à l'ouverture ou à la fermeture du magasin. — Art. 408. — S'il arrivait que la serrure du magasin ne pût être ouverte avec la clef, il serait dressé procès-verbal de cette circonstance et le procès-verbal envoyé à l'administration. — Art. 409.

240. — Il est défendu aux courriers de malle de se charger de matières ou espèces d'or et d'argent, de bijoux, pierreries, effets précieux, de poudre ou d'armes autres que celles qui sont nécessaires à leur défense personnelle, de lettres cachetées ou non cachetées, de journaux, de papiers quelconques, manuscrits ou imprimés. — Les objets qu'un courrier peut transporter pour son compte ne doivent pas excéder un poids de 75 kilogr. au départ de Paris et de 150 kilogr. au retour, pour les malles à trois places de voyageurs, et de 75 kilogr. à l'aller comme au retour, pour les malles à une place. — Ces objets doivent être chargés ou déchargés aux bureaux de poste même. — Art. 410.

241. — Il est défendu aux courriers de s'arrêter, à quelque point que ce soit de leur course, au delà du temps fixé par l'administration, ni en d'autres lieux que ceux où des séjours sont autorisés. — Art. 411.

242. — Les courriers ne doivent jamais s'éloigner de leur malle en route, ni faire porter les dépêches aux bureaux par des commissionnaires. — Ils ne remettent les dépêches qu'aux bureaux, aux distributions ou aux entrepôts sur leur route. Ils descendent de voiture et délivrent eux-mêmes leurs dépêches. — Si des obstacles s'opposent à ce que les malles se rendent aux bureaux, les courriers en informent l'administration ; et si les directeurs obtiennent l'autorisation de conserver leur bureau hors de la ligne parcourue, ces derniers sont tenus de prendre ou de faire prendre et porter les dépêches à la malle-poste à leurs frais, risques et périls. — Art. 412.

243. — Les courriers de malle sont munis, outre leur *part*, d'un livret de course, sur lequel ils écrivent, relais par relais, le temps employé pour le parcours et pour le relayage. — Ces livrets de course sont transmis jour par jour à l'administration : pour les routes de première section, par les courriers eux-mêmes ; et pour les routes de seconde section, par les directeurs du point de départ. — Art. 413.

244. — Si les courriers éprouvent des retards, soit du fait des maîtres de poste ou des postillons, soit par toute autre cause, ils constatent ces retards sur leur livret de course ; et, s'il y a lieu, ils font un rapport qu'ils remettent au directeur du bureau du point de départ ou d'arrivée, qui le transmet immédiatement à l'administration. — Art. 414.

245. — Les *parts* doivent être renvoyés jour par jour à l'administration par les directeurs, lesquels y constatent exactement les retards éprouvés. — Art. 415.

246. — Si un courrier est attaqué, il doit défendre ses dépêches au péril de sa vie. — Art. 416.

247. — Si l'arrestation a eu lieu sur le territoire d'une commune où se trouve un bureau de poste, l'inspecteur ou le directeur, informé de cet événement, en prévient l'autorité locale. Si l'arrestation a eu lieu sur le territoire d'une commune où il n'y a pas de bureau de poste, le courrier fait sa déclaration au maire ; il énonce avec soin toutes les circonstances de l'événement ; il requiert le postillon et les voyageurs, s'il en a, de concourir à cette déclaration ; il invite le maire à en dresser procès-verbal, dont il se fait délivrer copie conforme, et il renouvelle ensuite cette déclaration au premier bureau de poste. — Art. 417.

248. — Lorsque les dépêches ont été spoliées, le courrier en recueille avec soin les débris pour les déposer au bureau le plus voisin du lieu où le vol a été commis. — Art. 418.

249. — Tout courrier dont les dépêches ont été volées ou lacérées, est suspendu de ses fonctions si les justifications qu'il rapporte ne sont pas jugées satisfaisantes. — Art. 419.

250. — Lorsqu'il survient en route à un postillon quelque accident grave qui le met hors d'état de conduire la malle au relais, le courrier doit monter à cheval à sa place et faire sa déclaration, à son arrivée, au directeur des postes ou au maître de poste s'il n'y a pas de bureau dans le lieu. — Art. 420.

251. — S'il survient en route une indisposition grave à un courrier, le fait doit être constaté par le directeur le plus voisin du lieu où l'accident est arrivé ; à défaut du directeur, par le maître de poste ou, à défaut de tous deux, par le maire ou son adjoint. Alors le directeur, le maître de poste ou le maire choisit une personne sûre pour remplacer le courrier. — Art. 421.

252. — En cas de remplacement prévu par l'article précédent : le courrier remet à la personne qui le remplace les fonds nécessaires pour la partie de route qui reste à parcourir, en y comprenant le salaire applicable à ce trajet. — Art. 422.

253. — Lorsqu'une malle-poste venant de Paris ou allant à Paris éprouve en route un accident qui nécessite des réparations et qui est de nature à retarder la marche du courrier, le directeur du bureau le plus voisin du lieu où l'accident est arrivé doit, dans le cas où le retard est présumé pouvoir être de plus de deux heures, si c'est au départ de Paris, ou de plus de quatre heures, si c'est au retour sur Paris, expédier une estafette pour faire connaître de bureau en bureau, jusqu'au point de destination, la cause du retard qu'éprouve la malle. — Art. 423.

254. — Les couriers de malle doivent se soumettre aux visites des inspecteurs, directeurs, sous-inspecteurs et employés des postes, partout où ces agens croient devoir les exercer. — Art. 433.

255. — Ils sont aussi tenus de souffrir les visites des employés des douanes et les visites des employés des octrois. Les visites des employés des douanes ont lieu dans les bureaux des douanes. — Ces employés sont en droit d'y visiter les caisses, balles ou paquets non scellés du cachet d'un bureau de poste, et non portés sur les parts des courriers, tant de malle que d'entreprise. — Quant aux paquets portés sur les parts et scellés du cachet d'un bureau de poste, ils ne peuvent être visités que dans le bureau de poste le plus voisin et en présence du directeur de ce bureau. — Les visites des employés des octrois ont lieu, pour les malles, lors du déchargement de ces voitures aux bureaux de poste ; et pour les voitures des entrepreneurs de service, à l'entrée et à la sortie des villes (circ., n° 77). — Art. 434.

256. — Si l'intention de visiter les paquets scellés du cachet d'un bureau de poste et inscrits sur les parts des courriers de malle leur est notifiée par les employés des douanes, ces courriers reçoivent dans leur voiture, s'il y a place, celui des employés qui doit procéder à cette visite et le conduisent au bureau de poste où la visite doit avoir lieu. — S'ils ne peuvent le recevoir dans leur voiture, ils se rendent au pas, au bureau, afin que cet employé puisse ne point les perdre de vue. — Art. 435.

257. — Si les courriers de malle reconnaissent que, dans quelque lieu de leur passage, il soit nécessaire de faire escorter les dépêches, ils en informent les directeurs des postes ; lesquels sont chargés de requérir des escortes. — Dans le cas où les directeurs jugeraient d'eux-mêmes cette disposition nécessaire, ils sont autorisés à requérir des escortes pour la sûreté des dépêches. — Art. 436.

258. — Lorsqu'un directeur reconnaît la nécessité de faire escorter les dépêches, il invite, par écrit, le maire à requérir l'officier commandant le poste de gendarmerie le plus voisin, et, à défaut de gendarmerie, celui de la troupe de ligne ou de la garde nationale, de fournir une escorte suffisante pour assurer la marche du courrier. — Si le maire ne peut lui procurer cette escorte, le directeur en requiert la déclaration écrite. — Art. 437.

259. — Les courriers peuvent requérir directement des escortes dans les lieux et les circonstances où les directeurs ne pourraient pas efficacement intervenir, et en se conformant aux dispositions de l'article précédent. — Art. 438.

260. — Les gendarmes ou autres militaires ne sont valablement déchargés de ces missions qu'en rapportant un certificat du courrier, constatant qu'il a été réellement accompagné jusqu'au lieu où il a dû l'être. — Art. 439.

§ 2. — *Transport des dépêches par entreprise, en voiture, à cheval, à pied.*

261. — Les directeurs des bureaux de poste doivent surveiller attentivement le chargement et le déchargement des dépêches au départ et à l'arrivée des courriers. Ils doivent assister à l'insertion des dépêches dans les valises et sacs. Ils sont responsables des erreurs auxquelles ces opérations pourraient donner lieu, sauf leur recours contre les employés qui les auraient commises. — Art. 424.

262. — Lorsque les entrepreneurs ne font pas eux-mêmes le service, ils ne peuvent le confier qu'à des courriers honnêtes, exacts, convenablement salariés et agréés par les directeurs. Ils sont administrativement et civilement responsables des faits et actes de leurs agens. — Art. 425.

263. — Le nom de l'entrepreneur est porté sur le *part* avec celui du courrier qu'il emploie. — Art. 426.

264. — Le départ des courriers d'entreprise est réglé à heures fixes, ou subordonné à la marche d'un autre courrier. Aucun agent ne peut changer la marche d'un courrier sans un ordre de l'administration. — Art. 427.

265. — Il est formellement interdit aux courriers d'entreprise de se charger de lettres à la main, cachetées ou non cachetées, ni de journaux, brochures, ouvrages périodiques ou autres imprimés, pour les distribuer sur leur p[illegible] — Art. 428.

266. — Les courriers d'entreprise sont placés sous la surveillance des inspecteurs et directeurs. Les directeurs informent l'inspecteur [illegible] leur département des retards et des irrégular[ités] qu'éprouverait la marche des courriers, et l'inspecteur en rend compte à l'administration. L'administration, d'après le rapport des inspecteurs et d'après l'examen des *parts* que les directeurs lui renvoient jour par jour, prescrit les retenues qui doivent être opérées sur le salaire des entrepreneurs retardataires, en vertu des marchés consentis par ces derniers. — Art. 429.

267. — En cas de retards fréquens et de négligences réitérées dans le service d'un entrepreneur, l'inspecteur peut faire faire provisoirement le transport des dépêches aux frais de cet entrepreneur ; sauf à rendre compte, immédiat[ement] à l'administration, des faits qui ont nécessité [cette] mesure. — Art. 430.

268. — Lorsque les services établis sont insuffisans pour effectuer le transport simultané de paquets de listes électorales, de listes du j[ury,] de rôles des contributions directes, les directeurs doivent avoir recours, pour expédier les paquets, à la voie des diligences ou messageries. A défaut de diligences ou messageries, ils obligent les entrepreneurs de service à se pourvoir d'un al ou d'une voiture supplémentaires selon le ds ou le volume des paquets à transporter. directeurs dressent un état des frais qui rétent de ces expéditions extraordinaires et adressent à l'inspecteur de leur département, i l'envoie à l'administration, après l'avoir , avec ses observations. L'administration torise, s'il y a lieu, la liquidation de la dénse. — Art. 431.

269. — Il existe, sur certaines routes, des ser- supplémentaires indépendans des services inaires. Ces services sont soumis aux mêmes les que tous les autres services par entreprise. Art. 432.

270. — Les dispositions des articles 433 à 439 de l'instruction du 30 mars 1832 demeurent ap- cables aux courriers d'entreprise.

§ 3. — *Transport des dépêches par estafettes.*

271. — *Dispositions générales.* — Le service d'es- ttes est un mode de transport d'une dépêche r des postillons à cheval, qui se la transmet- , de relais en relais, jusqu'au point de desti- tion. Ce service n'a lieu que sur les routes des rvices en postes, excepté dans le cas indiqué icle 796. — Instr. 30 mars 1832, art. 779.

272. — Le service d'estafettes est ordinaire ou extraordinaire: les estafettes ordinaires sont établies pour obtenir, sur une route, un service ulier plus accéléré que tout autre. Les esta- ttes extraordinaires sont expédiées pour des ses accidentelles ; soit à la réquisition du uvernement, soit à la demande de particuliers en ont obtenu l'autorisation du directeur l'administration des postes. — Art. 780.

273. — Toute dépêche transportée par esta- te est renfermée dans un porte-manteau ou rtefeuille fermé, dont une clef est confiée à chacun des directeurs de poste des points de départ et d'arrivée. A défaut de porte-manteau ou de portefeuille, les directeurs enveloppent dépêche de plusieurs feuilles de papier gris; en font ensuite un paquet, qu'ils ficellent avec in, et qu'ils cachettent du cachet de leur bu- , après avoir écrit sur ce paquet l'adresse du recteur qui doit faire la remise de la dépêche. n'est admis ni lettres affranchies ni échantil- s de marchandises, dans les dépêches trans- rtées par estafette. — Art. 781.

274. — Les dépêches transportées par estafette nt accompagnées d'une feuille d'avis et d'un t. — Art. 782.

275. — Les directeurs constatent sur les *parts* eure à laquelle ils reçoivent les dépêches ap- rtées par estafette, et ils renvoient ces *parts* à is. — Art. 783.

276. — Si les portefeuilles ou les dépêches leur nt remis en mauvais état, les directeurs consta- nt le fait par un procès-verbal qu'ils envoient 'administration. — Art. 784.

277. — *Estafettes ordinaires.* — Les dépêches nsportées par les estafettes ordinaires sont posées dans la forme des dépêches confiées service ordinaire. Les postillons sont porteurs un *part* n° 544. — Art. 785.

278. — Les directeurs, au point d'arrivée, après ir vérifié le montant de la taxe des lettres ntenues dans la dépêche, en passent écriture r le registre n° 26. Ils procèdent ensuite à la tribution de ces lettres de la manière indiquée x articles 440 à 451. — Art. 786.

279. — Les dépêches que les directeurs expé- ent par estafettes ordinaires doivent être ac- mpagnées d'une feuille d'avis n° 1er et d'un *part* 752. — Art. 787.

280. — Les directeurs ont soin d'indiquer sur part le jour et l'heure du départ de l'estafette, nom du postillon porteur du porte-manteau, les relais par lesquels l'estafette doit passer. Art. 788.

281. — Les estafettes ordinaires du gouverne- ent sont expédiées : 1° soit de Paris, pour les partemens; 2° soit des départemens, pour Pa- ; 3° soit enfin d'une ville de département à e autre ville de département. — Dans le pre- ier cas, elles sont accompagnées d'une feuille 496 et d'un part n° 544; dans le second et dans troisième cas, elles doivent être accompagnées une feuille n° 496 *bis* et d'un *part* n° 572. — t. 789.

282. — Le directeur qui reçoit, de Paris ou de t autre lieu, une estafette ordinaire, expédiée ur le service du gouvernement, doit enregis- r les dépêches qu'elle lui apporte sur un re- re spécial, dans l'ordre où elles se trouvent scrites sur la feuille n° 496 ou 496 *bis*; puis il les porte ou les fait porter sur-le-champ aux destinataires. Il prend de chaque dépêche un reçu, indiquant l'heure de la remise, qu'il envoie à Paris avec le *part* de l'estafette, et sous chargement. — Art. 790.

283. — *Estafettes extraordinaires.* — Le directeur qui est requis, par un agent du gouvernement ou par un particulier autorisé à cet effet, d'expédier une dépêche par estafette, soit sur Paris, soit pour toute autre destination, doit : 1° enregistrer cette dépêche sur le registre spécial des estafettes; 2° l'inscrire ensuite sur une feuille n° 496 *bis*, dans laquelle il insère cette dépêche; 3° faire de la dépêche et de la feuille un paquet, qu'il ficelle avec soin, et qu'il cachette du cachet de son bureau, puis inscrire sur ce paquet l'adresse du directeur qui doit faire la remise de la dépêche; 4° renfermer le paquet dans un portefeuille ou porte-manteau; 5° et, enfin, y joindre un *part* n° 572, sur lequel il indique le nombre et la destination des paquets renfermés dans le porte-manteau ou portefeuille, le jour et l'heure du départ de l'estafette, le nom du postillon qui en est porteur, et les relais par lesquels elle doit passer. — A défaut de portefeuille ou de porte-manteau, le directeur se conforme à ce qui est prescrit en l'art. 781. — Art. 791.

284. — Le directeur qui a expédié une estafette transmet au directeur de l'administration la réquisition ou la demande sur laquelle l'estafette a été expédiée; il fait connaître en même temps si les frais de l'estafette lui ont été payés par l'expéditeur, ou s'ils doivent être mis à la charge d'un ministère ou d'une administration publique. — Art. 792.

285. — Si les frais ont été payés par l'expéditeur, le directeur fait écriture de la somme reçue de la manière prescrite à l'art. 1429. — Le prix du service par estafette, dans l'intérieur de la France, est fixé à 3 fr. par poste. L'administration fait liquider les frais de ce service d'après les formes prescrites par les art. 1531 et suiv. de la présente instruction. — Art. 793.

286. — Les directeurs se conforment à toutes les dispositions prescrites aux art. 788 à 790 pour la réception et l'expédition des estafettes extraordinaires envoyées pour causes accidentelles soit à la réquisition des agens du gouvernement, soit sur la demande de particuliers qui en ont obtenu l'autorisation. — Art. 794.

287. — Lorsque les estafettes extraordinaires sont expédiées sur la demande de particuliers, ceux-ci doivent en payer les frais, à l'avance, au directeur des postes qui fait l'expédition. — Ce directeur en fait écriture de la manière prescrite art. 1429. — Art. 795.

288. — Si la dépêche apportée à un directeur, par estafette, doit être expédiée par lui sur une ville à laquelle n'aboutit pas une ligne de relais, il requiert le maître de poste de sa résidence de lui fournir un postillon; et, à défaut de postillon, il choisit un exprès auquel il confie la dépêche, et qui doit rapporter un reçu dans les formes indiquées à l'art. 809. — Art. 796.

289. — Au retour du postillon ou de l'exprès, le directeur fait le décompte des frais de la course; et il envoie ce décompte avec le *part* et les autres pièces justificatives au directeur de l'administration, qui en fait faire le remboursement. — Art. 797.

290. — Si la dépêche apportée à un directeur, par estafette, est destinée pour l'étranger, il la confie à un postulant courrier, en état de faire la course, ou, à défaut de postulant, à un postillon du relais de sa résidence, pour être portée comme les dépêches expédiées par courriers extraordinaires. (V. COURRIERS EXTRAORDINAIRES, nos 800 et suiv.) — Art. 798.

291. — Les directeurs des villes frontières doivent, lorsqu'ils en ont été requis par des fonctionnaires français résidant en pays étrangers, expédier par estafette les dépêches qui leur sont remises soit à l'adresse du roi, soit à l'adresse des ministres. — Ces dépêches sont envoyées au directeur de l'administration à Paris, suivant le mode indiqué en la section 3 du présent chapitre. — Art. 799.

§ 4. — *Transport des dépêches par courriers extraordinaires.*

292. — Le courrier extraordinaire est un agent qui ne se dessaisit qu'au point de destination des dépêches qui lui ont été confiées. — Il voyage à cheval et se fait accompagner d'un postillon monté. — Sur les routes de poste, il change de cheval et de guide à chaque relais. Sur les routes ou parties de routes non montées en postes, il traite à forfait des moyens de transport les plus expéditifs. — Art. 800.

293. — Le courrier extraordinaire est porteur d'un *part* sur lequel sont inscrits son nom, le lieu d'où il est parti, le lieu où il va, l'autorité qui l'a expédié et l'énonciation des dépêches dont il est chargé. — Art. 801.

294. — Il remet lui-même ses dépêches entre les mains des personnes à qui elles sont adressées et il en tire un reçu sur son *part*, reçu qui doit énoncer le jour et l'heure de son arrivée. — Art. 802.

295. — S'il survient en route une indisposition grave à un courrier extraordinaire, le fait doit être constaté par le directeur le plus voisin du lieu où cette indisposition est survenue ou, à défaut du directeur, par le maître de poste : alors le directeur ou le maître de poste choisit lui-même une personne sûre pour remplacer le courrier. — Dans ce cas, le courrier extraordinaire remet à celui qui le remplace les fonds nécessaires pour la partie de route qui reste à parcourir. — Art. 803.

296. — A défaut de directeur et de maître de poste, le courrier requiert le maire du lieu ou un adjoint de faire continuer la course. — Art. 804.

297. — Les courriers extraordinaires expédiés par l'administration reçoivent à leur départ de Paris les fonds nécessaires tant pour les frais d'aller que pour ceux du retour. — Art. 805.

298. — Il est expressément défendu aux directeurs d'avancer aucuns fonds pour des courriers extraordinaires que des autorités civiles ou militaires les requerraient d'expédier; mais, lorsque les fonds leur sont remis, ils doivent ou procurer un courrier s'ils y sont invités, ou expédier le courrier choisi par l'autorité. — Art. 806.

299. — Le prix de la course est réglé, pour tout salaire et tous frais, à sept francs cinquante centimes par poste pour l'aller; à pareille somme pour le retour, si le courrier est porteur de dépêches, et à trois francs seulement s'il revient haut le pied et sans dépêches. — Art. 807.

300. — Le directeur remet au courrier un *part* sur lequel il énonce le nom de celui-ci, le jour et l'heure de son départ, le nombre et les adresses des dépêches dont il est chargé. — Art. 808.

301. — Le directeur qui a reçu de l'administration une dépêche à expédier à l'étranger, par courrier extraordinaire, doit recommander au postulant courrier ou au postillon, dont il a fait choix pour la porter, de faire constater authentiquement, selon les formes usitées dans le pays qu'il doit parcourir, les accidens et les retards qu'il pourrait éprouver, et de rapporter avec son *part* ou sur son *part* un reçu du destinataire. Le reçu doit énoncer le jour et l'heure de la réception de la dépêche; le *part* doit constater, en outre, le jour et l'heure de la réexpédition du courrier ou postillon, et mentionner si cet agent a des dépêches en retour ou s'il n'en a pas. — Art. 809.

302. — Au retour du courrier, le directeur dresse un état des frais de la course extraordinaire et le transmet au directeur de l'administration avec les pièces justificatives de la dépense. — Art. 810.

§ 5. — *Transport des dépêches par voie de mer.*

303. — Le transport des dépêches par voie de mer est le plus souvent livré à l'industrie privée. — V., pour tout ce qui concerne ce genre de transport, *infrà* nos 389 et suiv.

304. — Le gouvernement a depuis quelques années établi sur la Méditerranée des services de bateaux à vapeur destinés à transporter les dépêches et les voyageurs non-seulement dans la Corse et dans l'Algérie, mais aussi dans les échelles du Levant. — Des règlemens particuliers ont déterminé les tarifs de ces transports.

ART. 5. — *Réception des dépêches.*

305. — Les directeurs doivent recevoir les dépêches des mains mêmes des courriers. Les directeurs sur les bureaux desquels les courriers ne font que passer, ne doivent les retenir que le temps nécessaire pour l'échange des dépêches. — Art. 440.

306. — Les directeurs vérifient si le nombre des dépêches qui leur sont remises par les courriers est bien celui qu'ils doivent recevoir, si le cachet est bien celui du bureau expéditeur, si les dépêches sont en bon état. — Dans les bureaux où les courriers s'arrêtent, les directeurs doivent vérifier si le nombre des dépêches qui leur sont

remises est en rapport avec le nombre des dépêches portées sur le part. — Art. 442.

307. — S'il manque des dépêches, le directeur, après les avoir cherchées de concert avec le courrier, dresse un procès-verbal du dire du courrier, le lui fait signer et l'envoie à l'administration. — Il écrit en même temps tant à l'inspecteur du département qu'au directeur expéditeur, et, s'il y a lieu, aux directeurs intermédiaires, pour réclamer la dépêche. — Art. 444.

308. — Toute dépêche reçue par erreur doit, sous peine d'amende du double des frais d'expédition pour le directeur, être expédiée par un postillon pour être rendue au courrier ou portée à destination, si cette destination n'est pas à une distance de plus de vingt lieues du bureau où la dépêche a été remise. — Les frais d'expédition sont supportés par moitié par le courrier et le directeur qui a commis l'erreur. — Art. 444, 445. — Si la distance est de plus de vingt lieues, la dépêche est remise à l'ordinaire suivant : sans préjudice de la punition du directeur et du courrier.

309. — Lorsqu'une dépêche est remise en mauvais état, ou quand le directeur croit reconnaître que quelque objet en a été soustrait; il constate le fait par un procès-verbal, qu'il envoie à l'administration, et il en informe le bureau correspondant et les bureaux intermédiaires s'il y a lieu. — Il expédie la dépêche, soit à l'administration centrale, si elle était adressée à son bureau, soit au bureau de destination, si elle n'était pas destinée pour le sien, en l'enveloppant d'une nouvelle enveloppe, la ficelant solidement, y apposant le cachet de son bureau, et accompagnant son envoi du procès-verbal dressé par lui. — Art. 447.

310. — Si un directeur apprend qu'une dépêche expédiée par lui a été volée ou spoliée en route, ou perdue par le courrier; il doit, si cette dépêche contenait des chargemens ou des groupes, inviter le maire à se transporter à son bureau pour constater par un procès-verbal l'inscription des chargemens et des groupes inscrits sur ses registres. Il envoie ensuite ce procès-verbal à l'administration avec duplicata de la feuille d'avis et la feuille spéciale des chargemens. Il donne en même temps connaissance de l'événement à son correspondant. — Art. 448.

311. — Si une dépêche perdue en route est rapportée à un directeur par une personne étrangère au service, le directeur doit demander à cette personne en quel lieu, quel jour et à quelle heure elle a trouvé la dépêche. Il dresse procès-verbal de l'état de la dépêche ainsi que de la déclaration de la personne qui l'a rapportée, et y mentionne la demeure de celle-ci, — Si la personne qui a rapporté la dépêche refusait de signer le procès-verbal, le directeur, après avoir mentionné ce refus, devrait se procurer les moyens de retrouver, en cas de besoin, cette personne. — L'administration peut, sur le rapport des directeurs, accorder une récompense à la personne qui a remis la dépêche. — Art. 459.

312. — Si, parmi les dépêches, il s'en trouve sans suscription, le directeur qui s'en aperçoit les ouvre à l'effet de reconnaître par la feuille d'avis quel est le bureau de départ et celui de destination. Il referme ensuite ces dépêches en les cachetant du cachet de son bureau, y met une adresse dans la forme ordinaire en ajoutant ces mots : *Trouvées sans suscription;* il date et signe cette déclaration, et donne immédiatement avis de la méprise à l'inspecteur du département, au directeur expéditeur, et à celui à qui elles étaient destinées. — Art. 451.

313. — Si, parmi les dépêches qu'il reçoit, il en est qu'il doive faire parvenir à d'autres bureaux, il a soin, après les avoir vérifiées, de les renfermer sous clef jusqu'au moment où il les réexpédie. — Art. 451.

314. — *Ouverture des dépêches et vérification du contenu.* — Sauf le cas prévu par l'art. 451 (V. *suprà* n° 312), le directeur ne doit ouvrir que les dépêches destinées pour son bureau, quelque invitation ou réquisition qu'il lui en soit faite.

315. — Il vérifie avec soin les dépêches dans l'ordre suivant : 1° la feuille d'avis; 2° la feuille des chargemens et les chargemens; 3° les lettres taxées; 4° la liste nominative et les lettres, journaux et imprimés affranchis; 5° la feuille des lettres réexpédiées et ces lettres; 6° les papiers administratifs; 7° les lettres en passe. — Art. 455. — Les articles 456 et suivans de l'instruction contiennent les prescriptions les plus détaillées sur ces différentes vérifications.

316. — Lorsque les diverses opérations de vérification sont terminées, le directeur en constate le résultat sur la feuille d'avis du bureau expéditeur, ainsi que dans le cadre qui termine sa liste nominative. — Art. 468. — Ces listes nominatives sont timbrées, en tête, du timbre du bureau de destination, à la date d'arrivée des dépêches. — Art. 470.

317. — Enfin le directeur applique au dos de toutes les lettres et de tous les paquets, journaux et imprimés à distribuer, le timbre de son bureau à la date du jour de la distribution. Il applique ce même timbre sur les lettres et autres objets envoyés aux distributions dépendant de son bureau. L'empreinte doit être placée sur la partie de l'enveloppe qui se pose sur le pli supérieur, en même temps que sur le pli inférieur. Lorsqu'elle est apposée sur un paquet sous bandes, elle ne doit porter que sur les bandes, sans toucher à la lettre ou aux papiers y contenus. — Art. 473.

Art. 6. — *Distribution des dépêches.*

318. — La distribution des objets confiés à la poste s'opère de deux manières : 1° au guichet du bureau, 2° au domicile. — Instr. 30 mars 1832, art. 474.

§ 1er. — *Distribution au guichet du bureau.*

319. — Les objets qui doivent ou qui peuvent être distribués au guichet du bureau sont : 1° la correspondance particulière et administrative des autorités suivantes : les sous-préfets, procureurs généraux et procureurs de la République, présidens des Cours et tribunaux, maires, commandans des départemens, de place, de gendarmerie, chefs de corps militaires, intendans et sous-intendans militaires, receveurs généraux et particuliers. — En outre, dans les villes où les directeurs font à titre onéreux au guichet une distribution de lettres particulières aux négocians; les autres fonctionnaires peuvent réclamer le même privilége, mais seulement pour leur correspondance administrative. — Art. 475, 477, 478 et 479. — A l'égard des préfets et commandans de division militaire, les lettres, livres et journaux qui leur sont adressés doivent être remis au moment même de l'ouverture de la dépêche.

320. — ... 2° Les lettres adressées aux officiers, sous-officiers, soldats ou marins de tout grade, lesquelles sont remises au vaguemestre. — Art. 475 et 493. — V. VAGUEMESTRE.

321. — ... 3° Les lettres adressées aux personnes détenues ou retenues dans les prisons ou hôpitaux civils et militaires. — Art. 475 et 489.

322. — ... 4° Les lettres poste restante; quand bien même elles indiqueraient le domicile du destinataire, elles ne peuvent jamais être remises qu'au bureau. — Art. 475 et 491.

323. — ... 5° Les chargemens de toute nature. — Ils doivent être inscrits sur un registre spécial aussitôt leur réception, et lettre d'avis doit être envoyée sans taxe au destinataire. — Art. 475, 482 et 483.

324. — Le directeur ne doit remettre les lettres et paquets chargés qu'aux destinataires eux-mêmes, ou à une personne munie d'une procuration suivant les formes prescrites pour la remise des articles d'argent (V. *infrà* nos 399 et suiv.). — Art. 484.

325. — Quant aux valeurs cotées, elles ne sont remises qu'aux destinataires porteurs de la reconnaissance délivrée au point de départ. — Art. 486.

326. — Lorsque le destinataire d'une lettre chargée demande qu'elle lui soit envoyée à une nouvelle destination, le nom de la nouvelle destination et celui du bureau de correspondance sont portés dans la colonne destinée à l'émargement; la date de la réexpédition est également indiquée. — Art. 490.

327. — Dans plusieurs villes de commerce, les directeurs font au guichet du bureau une distribution particulière des lettres des négocians. Cette distribution peut être interdite par l'administration. Lorsque les négocians ne viennent pas eux-mêmes retirer leurs lettres du bureau, ils doivent prendre l'engagement de n'en refuser aucune; toute lettre distribuée de cette manière ne peut revenir au bureau comme refusée. — Art. 494.

328. — En règle générale, la distribution au guichet pour les particuliers ne doit commencer qu'au moment où les facteurs partent pour la distribution à domicile. — Art. 480.

329. — Toute lettre taxée distribuée au guichet ne peut être reprise par le directeur que dans le cas où il serait reconnu que cette lettre n'est pas pour la personne à qui elle a été remise. — Art. 481.

§ 2. — *Distribution à domicile.*

330. — Tout ce qui a trait à la distribution à domicile a été par nous exposé précédemment v° FACTEURS DE LA POSTE AUX LETTRES.

Art. 7. — *Services spéciaux.*

§ 1er. — *Service rural.*

331. — Depuis la suppression du décime rural (V. *suprà* n° 84), le service rural ne se distingue du service ordinaire qu'en ce qui a trait à distribution : matière que nous avons précédemment examinée v° FACTEURS DE LA POSTE AUX LETTRES, § 3 et 4.

§ 2. — *Service de Paris.*

332. — Nous avons également vu au mot FACTEURS DE LA POSTE AUX LETTRES (§ 2) ce qui a trait à la distribution des lettres dans l'intérieur de Paris. — Quant à ce qui a trait à l'organisati particulière du service de la poste aux lettres dans Paris, V. VILLE DE PARIS.

§ 3. — *Bureaux de passe.*

333. — Les seuls bureaux autorisés à recevoir des lettres en passe sont ceux qui sont désignés par l'administration et dans lesquels il se trou outre le directeur, un sous-inspecteur, ou un ou plusieurs commis. — Ces bureaux portent le nom de *bureaux de passe.* Les bureaux de passe sont donc toujours des bureaux composés. — Tout bureau qui n'a pas été désigné pour recevoir des lettres en passe doit considérer celles qui lui sont adressées par ses correspondans comme fausses directions, et les signaler comme telles à l'inspecteur de son département et à l'administration. — Instr. 30 mars 1832, art. 566.

334. — Les bureaux de passe taxent les lettres de tous les lieux d'origine à la destination seulement des bureaux pour lesquels ils font d che. L'administration leur fournit, à cet les tarifs particuliers des bureaux de leur correspondance. — Les lettres pour les autres desti tions sont de nouveau envoyées en passe et sans taxe. Ces lettres forment une liasse particulière qui prend le nom de *passe des passes.* — Art. 567.

335. — Les lettres en passe, passibles de la taxe doivent être taxées par les bureaux de passe, conformément aux tarifs, d'après leur poids et la distance du lieu d'origine, indiqué par le timbre, au lieu de destination porté sur la suscription de la lettre. — Art. 568.

336. — Les directeurs chargés d'un travail de passe doivent, avant l'heure ordinaire du passage du courrier, avoir disposé tout le travail relatif aux lettres nées à leur bureau ou apportées par les courriers d'embranchement et avoir arrêté provisoirement, le compte de ces lettres, de manière qu'ils puissent, à l'arrivée du courrier, taxer et trier les lettres en passe, apportées par ce co rier, et les réunir plus promptement aux let précédemment travaillées. — Les lettres en p doivent toujours être expédiées par le plus prochain courrier après leur arrivée au bureau. — Art. 569.

337. — Les chargemens reçus en passe doi être portés sur le registre des chargemens à distribuer, et le nom du bureau de destination lequel ils sont dirigés et la date de l'expédition sont portés dans les cases destinées à recevoir l'émargement du destinataire et la date la remise du chargement. — Art. 570.

338. — Les lettres affranchies reçues en sont vérifiées sur les listes nominatives du bu d'origine, mais le bureau de passe ne les in pas sur les listes nominatives où sont portées lettres affranchies nées à son bureau : il l donne cours dans ses dépêches, sans inscripti et, dans le cas prévu au second alinéa de l'art 567, il en fait deux liasses séparées. — Art. 571.

§ 4. — *Bureaux dans les ports de mer.*

339. — Les directeurs des postes placés dans les villes maritimes, doivent veiller à ce que tout capitaine de navire français en chargement leur fasse la déclaration du lieu de la destination du bâtiment et de l'époque présumée du départ. — Le jour du départ, le directeur délivre au capitaine un certificat constatant ou qu'il lui remet des dépêches ou qu'il n'en a pas à lui remettre. — Instr. 30 mars 1832, art. 572.

340. — Au retour d'un bâtiment, le directeur des postes du lieu de débarquement s'assure si le capitaine a remis le certificat et les dépêches dont il était porteur à son départ : soit au bureau de poste établi dans la colonie française, soit au commandant du port, soit enfin à tout autre agent civil, militaire ou maritime dont il doit rapporter un reçu. — Art. 572.

341. — Le directeur veille pareillement à ce que les lettres et paquets autres que ceux de la cargaison du bâtiment, réunis tant au point de départ que sur la route, soient, ainsi que les journaux et imprimés, envoyés sur-le-champ au bureau des postes. — Art. 572.

342. — Lorsque les navires à leur retour en France débarquent dans un autre port que celui d'où ils sont partis, les directeurs des postes des lieux de débarquement envoient au bureau situé dans les ports d'appareillage les reçus que les capitaines leur ont remis.

343. — Si les capitaines de navire ne se conforment pas, en ce qui les concerne, aux dispositions ci-dessus, les directeurs en réfèrent aux préfets maritimes ou autres fonctionnaires de la marine ; et à défaut d'autorités maritimes aux autorités civiles de leur résidence. Ils doivent, en tout cas, en informer l'administration. — Art. 573.

344. — Les capitaines des navires étrangers ne peuvent être chargés des correspondances que de gré à gré. Les directeurs doivent se concerter, à cet égard, soit avec les consuls des puissances étrangères, soit avec les capitaines eux-mêmes. — Art. 575.

345. — Si deux navires, l'un français, l'autre étranger, doivent appareiller pour le même port à peu de temps l'un de l'autre, les lettres sont données de préférence au capitaine du navire français. — Art. 576.

346. — Les lettres remises au capitaine doivent être renfermées soit dans une boîte, soit dans un coffret ou dans un sac ficelé et scellé du cachet du bureau de poste. Le certificat dont nous avons parlé tout à l'heure comme devant être délivré par le directeur doit faire mention expresse de cette boîte, coffret ou sac ainsi que du nombre de lettres y renfermées. — Art. 577.

347. — Dans les ports de mer où les lettres doivent être soumises à des précautions sanitaires, les directeurs exigent que les lettres leur soient remises, par les intendances ou commissions sanitaires, immédiatement après l'opération faite et sans passer de nouveau par l'intermédiaire des capitaines qui les ont apportées. — Art. 580.

348. — Les lettres, journaux et imprimés apportés par les capitaines de navire doivent être frappés, par les directeurs, du timbre *Pays d'outre-mer par tel bureau*. — Art. 580.

349. — Les directeurs délivrent aux capitaines récépissé des lettres, journaux et imprimés qu'ils en reçoivent, et leur paient 1 décime par lettre et 5 centimes par feuille d'impression. Ils acquittent, d'après les mêmes fixations, le port par voie de mer des lettres, journaux et imprimés qu'ils remettent aux capitaines. — Art. 578.

§ 5. — *Bureaux d'échange.*

350. — On appelle bureaux d'échange : les bureaux qui sont désignés par l'administration pour opérer la transmission des correspondances destinées pour les pays étrangers ou venant de ces mêmes pays. — Instr. 30 mars 1832, art. 581.

351. — Les bureaux d'échange sont placés dans les villes les plus rapprochées des frontières. — Lorsque les convenances administratives donnent lieu à établir un bureau d'échange dans l'intérieur, toutes les opérations de ce bureau relatives à la transmission des correspondances étrangères sont réglées sur la fiction de leur passage et de leur taxation dans le bureau français voisin de la frontière. — Art. 583.

352. — Les opérations des bureaux d'échange se divisent ainsi qu'il suit : — 1° la transmission des correspondances étrangères ; — 2° la constatation des taxes à recouvrer, par les bureaux d'échange, sur les correspondances étrangères ; — 3° la constation des taxes à recouvrer, par les bureaux de l'intérieur, sur les correspondances venant de l'étranger ; — 4° le contrôle à exercer, dans les bureaux d'échange, sur les affranchissemens perçus par les bureaux d'intérieur et destinés pour l'étranger. — Art. 584.

353. — Notre intention n'est point de reproduire ici dans leurs détails toutes les prescriptions réglementaires des bureaux d'échange, bornons-nous seulement à indiquer comme point principal qu'il y a lieu de distinguer la transmission qui s'opère avec les offices étrangers par suite de conventions ou en l'absence de conventions. — Art. 584.

354. — Dans ce dernier cas les correspondances affranchies jusqu'à la frontière française sont livrées ou remises par le bureau d'échange sans autres formalités que l'énumération du nombre de lettres sur la lettre d'avis. — Art. 636.

355. — Au cas où il existe des conventions, la transmission s'opère conformément aux règles arrêtées par les conventions. — Art. 585 et suiv.

356. — Les conventions diplomatiques qui règlent, entre la France et les autres gouvernemens, le transport des lettres et le service des postes, doivent recevoir leur plein et entier effet lorsqu'elles ont été sanctionnées par des ordonnances rendues publiques. — *Douai*, 6 sept. 1830, Lemoine.

357. — Il n'est guère de volumes du *Bulletin des Lois* qui ne contiennent le texte de conventions passées entre la France et divers Etats relativement au service des lettres.

ART. 8. — *Règles spéciales aux articles d'argent.*

§ 1er. — *Dispositions générales.*

358. — On désigne sous le nom d'*articles d'argent* les sommes versées aux caisses des agens des postes, pour être payées dans tous les bureaux de France ou aux armées. — L. 5 niv. an V ; instr. 30 mars 1832, art. 944.

359. — Les directeurs des postes reçoivent aussi des articles d'argent à payer par les trésoriers de la marine dans les colonies, mais exclusivement pour les militaires et les marins de tout grade qui y sont employés. — Art. 945.

360. — Il ne peut être reçu d'articles d'argent destinés pour des particuliers qui habitent les pays étrangers, quand même ces pays seraient momentanément occupés par les armées françaises. — Art. 946.

361. — Le service des articles d'argent était fait moyennant un droit de 5 p. 0/0 de la somme versée. Ce droit n'admettait aucune modération (art. 947). L'envoyeur avait le choix de payer le droit de 5 p. 0/0 en sus de la somme versée ou de le faire prélever sur cette somme. — Art. 948. — Depuis est intervenue la loi de 1846 (3-10 juill.) qui dispose en son art. 2 : « A partir du 1er janvier 1847 la taxe à percevoir sur les envois de fonds ou sur la valeur des objets précieux sera fixée à deux pour cent du montant des envois ou de la valeur des objets. »

362. — Les sommes versées à titre d'articles d'argent qui présentent une fraction de franc au-dessous de 50 cent. ne sont pas passibles du droit de 2 p. 0/0 pour cette fraction ; mais ce droit doit être perçu comme pour un franc entier sur toute fraction de franc qui atteint ou dépasse 50 cent. — Art. 949.

363. — Le titre délivré à l'envoyeur en échange de la somme versée s'appelle mandat. — La propriété d'un mandat ne peut ni se négocier ni se transmettre. — Art. 950.

364. — Les mandats d'articles d'argent de 100 *fr. et au-dessous* sont payables à vue dans tous les bureaux de poste du territoire français et des armées, et aux caisses des trésoriers des invalides de la marine dans les colonies. — Art. 951. — Au-dessus de 100 fr., le mandat ne peut être payé que sur l'avis préalable de l'administration, ou, à défaut de cet avis, sur autorisation spéciale. — Art. 952.

365. — Les mandats d'articles d'argent sont payables à partir du jour du versement des fonds, savoir : pendant un an, les mandats délivrés au nom des militaires et marins de tout grade employés hors du territoire européen ; pendant six mois pour les mêmes individus employés sur le territoire européen, pendant six mois pour les particuliers. — Art. 953.

366. — Faute par les porteurs des mandats d'articles d'argent d'en réclamer le paiement avant l'expiration des délais fixés, ces mandats sont annulés sans préjudice des droits du destinataire ou de l'envoyeur, et de leurs ayans cause, et sauf renouvellement du titre (V. *infrà*, n° 371). — Art. 954.

367. — Les articles d'argent dont les mandats ont été détruits, perdus ou égarés sont payés sur autorisation de l'administration. — Art. 956.

368. — Les autorisations de paiement sont payables à vue et dans tous les bureaux. Elles sont valables, à partir du jour où elles sont délivrées, pendant les mêmes délais que ceux indiqués en l'art. 953 de l'instruction (V. *suprà* n° 365) ; sauf qu'en ce qui concerne les particuliers le délai est réduit à deux mois. — Ces autorisations ne sont en aucun cas assujetties au droit de timbre, attendu qu'elles remplacent des mandats déjà timbrés, s'il s'agit de sommes au-dessus de 10 fr., ou des mandats exempts de timbre, s'il s'agit de sommes de 10 fr. ou au-dessous. — Art. 957.

369. — Sont définitivement acquis à l'Etat les articles d'argent dont le paiement ou le remboursement n'a pu être fait aux ayans droit dans un délai de huit années à partir du jour du versement des fonds. — L. 31 janv. 1833. — Instr. 10 mars 1832, art. 957.

370. — L'échange ou le remplacement d'articles d'argent contre des autorisations de paiement n'interrompt pas la prescription qui devient acquise à l'Etat. — Art. 958.

371. — En cas de destruction ou de perte de mandats d'articles d'argent, les autorisations de paiement sont délivrées par l'administration sur la réclamation des ayans cause : immédiatement si le mandat détruit ou perdu excède 100 fr. ; s'il est inférieur, après 15 mois, à dater du versement, pour les militaires et marins employés hors d'Europe, neuf mois pour ceux employés en Europe, trois mois pour les particuliers. — Art. 1028, 1029 et 1030.

372. — Si la réclamation est faite simultanément par l'envoyeur et par le destinataire, l'autorisation de paiement est délivrée de préférence au destinataire. — Art. 1031.

373. — Toutes les dispositions ordonnées pour le remplacement des mandats d'articles d'argent perdus, annulés ou détruits sont applicables aux autorisations de paiement. — Art. 1022.

§ 2. — *Des articles d'argent à recevoir.*

374. — *Des mandats d'articles d'argent.* — Les versemens d'argent ne peuvent être constatés que sur des mandats dont les formules sont exclusivement fournies par l'administration. — Art. 959.

375. — Le service d'articles d'argent admet deux sortes de mandats : 1° les mandats timbrés, imprimés sur papier rose, destinés à constater les versemens excédant la somme de 10 francs ; — 2° les mandats non timbrés et sur papier blanc pour les versemens inférieurs à 10 francs. — Le directeur est responsable de l'inexécution de ces prescriptions. Il doit se faire payer le droit de timbre par l'envoyeur. — Art. 960 à 963. — Notons que, depuis, l'art. 18 de la loi du 24 mai 1834 a réduit à 25 centimes le droit de timbre des effets de commerce ; mais cette diminution ne s'étend pas aux autres effets, lesquels demeurent toujours soumis au droit de timbre de 35 centimes. — Circ. 21 novembre 1834.

376. — Les directeurs passent écriture du prix du timbre des mandats le jour même de la réception de ces mandats. — Art. 970.

377. — Chaque sorte de mandats forme une série particulière. Chaque série a son numéro d'ordre. Ces numéros d'ordre sont imprimés ; et jamais les directeurs ne doivent les modifier, à moins qu'ils n'en aient reçu l'autorisation expresse de l'administration. — Instr. 30 mars 1832, art. 965. — C'est l'administration centrale qui les fournit exclusivement aux directeurs responsables de leur emploi. — Art. 966 à 969, 972, 973. — V. encore art. 985.

378. — Spécialement, les directeurs sont rendus matériellement responsables de l'usage frauduleux des formules de mandats qui leur sont fournies. — Toute somme qui serait payée en vertu de l'émission d'un mandat d'article d'argent facilitée par le détournement d'une de ces formules est mise à la charge du directeur à qui la formule a été dérobée.

379. — *Réception des articles d'argent.* — La monnaie de France ayant cours est seule admise dans la composition des versemens d'articles d'argent. La monnaie de cuivre et de billon n'est reçue que pour former l'appoint de la pièce d'un franc. — Art. 974.

380. — Il ne peut être reçu d'articles d'argent au-dessous de 50 centimes. — Les espèces sont comptées et la somme versée est enregistrée en présence de l'envoyeur. — Art. 975.

381. — L'inscription au registre, qui doit être tenu sans interruption, doit exprimer : 1° le numéro d'ordre d'enregistrement ; — 2° le numéro de série du mandat délivré à l'envoyeur ; — 3° la date du versement ; — 4° le nom et la demeure de l'envoyeur ; 5° les nom, qualités et résidence du destinataire ; — 6° la somme versée ; — 7° le droit de 5 p. 0/0 (aujourd'hui de 2 p. 0/0) perçu. — Art. 976 et 977.

382. — Le mandat à délivrer à l'envoyeur doit exprimer en chiffres et une seconde fois en toutes lettres, sans aucune rature ni surcharge, le montant de la somme versée. — Il doit indiquer en outre : 1° le nom, les qualités et le domicile de l'envoyeur ; — 2° le nom, les qualités et la résidence du destinataire ; 3° le nom du bureau où le versement a eu lieu ; 4° la date du versement. — Il doit être signé du directeur. Enfin il est frappé en marge du timbre à la date du bureau. La date doit être la même que celle de la recette. — Art. 978. — Quelques indications spéciales sont en outre nécessaires alors que le mandat est destiné à un militaire ou marin. — V. art. 979 et 980.

383. — Après avoir reproduit sommairement, sur la *déclaration de versement* adhérente au mandat, les principales indications ci-dessus, le directeur détache cette *déclaration* d'avec le mandat et remet les deux pièces à l'envoyeur. — La déclaration de versement doit être signée par le directeur et frappée en même temps que le mandat du timbre à date du bureau. — Art. 981. — Le directeur prévient l'envoyeur que la déclaration de versement lui est remise pour assurer ses droits soit au renouvellement du titre (V. *suprà* n° 371), soit au remboursement (V. *infrà* nos 407 et suiv.). — Art. 982.

384. — Il est défendu aux directeurs de délivrer, sous aucun prétexte, des duplicata de mandats d'articles d'argent. — Art. 985.

385. — Les directeurs doivent, sans aucun retard, donner avis à l'administration de tout versement excédant 200 francs. — Art. 983 et 984.

§ 3. — *Des articles d'argent à payer.*

386. — *Des cas où le paiement des articles d'argent ne peut pas être effectué à vue.* — Les seuls cas où les directeurs ne sont pas obligés d'effectuer *à vue* le paiement des mandats d'articles d'argent sont : 1° lorsque le mandat est frappé d'annulation (V. *suprà* nos 365) ; 2° lorsque la somme excède 200 francs, et qu'ils n'ont pas reçu l'avis de paiement ; 3° lorsque le mandat offre des surcharges ou des altérations non approuvées par le directeur qui l'a délivré ; 4° lorsque la somme n'est pas exprimée en toutes lettres sur le mandat, et qu'il n'a pas été suppléé à cette omission par un avis spécial de l'administration ; 5° lorsque le mandat n'est pas revêtu de la signature du directeur qui l'a délivré, ou qu'il n'est pas frappé du timbre de son bureau. — Art. 986.

387. — Dans le cas où la somme à payer exprimée en toutes lettres sur un mandat d'article d'argent, sans aucune rature, surcharge ni altération quelconque, diffère de la somme constatée en chiffres, le directeur peut valablement payer la somme exprimée en toutes lettres. — Si le destinataire refuse de recevoir, le mandat est tenu pour irrégulier. — Art. 987.

388. — Dans les cas de non-paiement prévus aux deux articles ci-dessus, le porteur du mandat remet, sous récépissé exprimant les motifs du retrait, son titre au directeur ; lequel envoie sans retard le mandat à l'administration, avec formule indiquant également les causes du retrait. — Art. 988 et 989.

389. — Les autorisations de paiement échangées contre les mandats d'articles d'argent qui ont été retirés des mains des porteurs sont adressées par l'administration aux directeurs expéditeurs, qui les remettent, sans aucun retard, aux ayans droit ; en ayant soin de retirer leur récépissé. — Art. 990.

390. — Les directeurs demeurent responsables de l'inobservation de toutes les formalités ci-dessus indiquées. — Art. 991.

391. — *Formalités communes aux différens modes de paiement.* — Tout mandat d'article d'argent, ou autorisation de paiement le remplaçant, doit, avant d'être acquitté, être inscrit en présence du porteur du titre sur un registre avec les indications suivantes : 1° le numéro d'ordre de l'enregistrement du mandat ; 2° le numéro de série du

mandat ; 3° le nom du bureau où le mandat a été délivré ; 4° la date de cette délivrance ; 5° les noms et qualité du destinataire ; 6° la somme payée. — Art. 992. — Si le paiement a lieu en vertu d'une autorisation, mention est faite de ce fait. — Art. 993.

392. — Le porteur doit signer l'acquit sur le registre, et en même temps signer sur le mandat ou sur l'autorisation au-dessous des mots *Pour acquit.* L'acquit de la partie prenante sur le mandat doit toujours exprimer la date du paiement, que le directeur inscrit au même instant dans la colonne qui suit l'émargement sur le registre. — Art. 995.

393. — Immédiatement après avoir été acquittés, les mandats d'articles d'argent doivent être barrés *au recto* de deux traits de plume, tirés d'un angle à l'autre, de manière toutefois à n'effacer ni les noms ni les sommes. — Ils sont, en outre, frappés, à la date du paiement, du timbre du bureau qui a payé. — Art. 996.

394. — *Des paiemens faits directement aux destinataires.* — Tout mandat d'article d'argent, ou autorisation de paiement, présenté au bureau par une personne non domiciliée dans la commune où est situé le bureau, ne peut être acquitté que sur l'exhibition d'un passe-port en bonne forme et la production de la lettre d'envoi du mandat. Cependant le destinataire peut être dispensé de produire ces pièces, s'il se fait accompagner d'une personne ayant son domicile dans la commune et qui déclare bien connaître le porteur du mandat. — Art. 997. — À l'égard des militaires, marins, ou employés d'administration, isolés, la commission, feuille de route, livret ou congé tient lieu de passe-port. — Art. 998.

395. — Il est évident que les directeurs peuvent exiger, s'ils le jugent nécessaire, la production de la lettre d'envoi du mandat, lors même que le porteur se déclarerait domicilié dans la commune. Cette précaution est surtout nécessaire dans les grandes villes.

396. — Dans les cas ci-dessus, le directeur fait mention des pièces sur la production desquelles il a effectué le paiement, une première fois sur le registre, une seconde fois sur le mandat ou l'autorisation de paiement, au-dessous de la signature de la partie prenante. De plus, si la pièce visée est un passe-port, une commission ou une feuille de route, le directeur rappelle le lieu et la date de sa délivrance. — Art. 999.

397. — Si le destinataire est illettré ou s'il est dans l'impuissance de signer, le paiement ne peut être fait qu'en présence de deux personnes domiciliées, connues du directeur et étrangères au bureau. — Les témoins apposent leur signature avec cette mention : *Payé en notre présence* au-dessous de la croix inscrite par le destinataire sur le registre et le mandat ou autorisation. — Art. 1000. — À Paris, les porteurs de mandat qui ne savent pas écrire doivent produire une attestation du commissaire de police de leur quartier. Cette attestation ne doit jamais être sur la reconnaissance.

398. — Tout article d'argent versé au nom d'un destinataire décédé peut être payé à ses héritiers, dans les délais et suivant les formes établis, sur la production du mandat et d'une des pièces ci-après, savoir : certificat de propriété délivré par un notaire, expédition du jugement d'envoi en possession, extrait d'intitulé d'inventaire, certificat de notoriété délivré par le juge de paix constatant qu'il n'y a pas eu d'inventaire. — L'original, l'expédition ou l'extrait d'un de ces actes demeure annexé au mandat acquitté. — Art. 1033.

399. — *Paiemens faits à des tiers fondés de pouvoirs.* — Tout particulier empêché, par maladie ou toute autre cause, de se transporter au bureau peut constituer, à l'effet de recevoir pour lui, un fondé de pouvoirs, soit par acte authentique, soit par acte sous seing privé, fait sur timbre, et légalisé par le maire, sans qu'il soit besoin, du reste, de l'enregistrer. — La procuration ou le pouvoir sous seing privé énonce la demeure et les qualités du destinataire. — Art. 1001.

400. — Demeurent encore affranchis du timbre les pouvoirs donnés par les maires à l'effet de recevoir le montant d'articles d'argent délivrés en leur nom pour le coût de la levée d'actes de l'état civil. — Art. 1006.

401. — A moins de clause contraire, la procuration notariée est valable pour cinq ans. — Art. 1002. — Si elle est spéciale, elle reste entre les mains du directeur ; si elle est générale, et que le mandataire ne puisse s'en dessaisir, le directeur doit exiger qu'il lui en soit remis un extrait authentique. — Art. 1003.

402. — Les pouvoirs sous seing privé, toujours spéciaux, et devant être renouvelés pour chaque paiement, restent entre les mains des directeurs. — Art. 1005.

403. — Le directeur mentionne le dépôt de la procuration ou de l'extrait de la procuration au-dessous des signatures des mandataires, apposées suivant les mêmes formes que celles imposées aux destinataires (V. *suprà* nos 391 et suiv.) avec cette seule addition *comme fondés de pouvoirs.*

404. — *Paiemens aux vaguemestres des corps et facteurs d'hôpitaux et prisons militaires.* — A l'exception des officiers supérieurs, toute personne appartenant à un corps, à un bâtiment de la marine de l'État, à un hôpital ou à une prison militaire où il existe un vaguemestre ou facteur chargé de retirer les lettres adressées aux individus faisant partie de ce corps, de ce bâtiment, de cet hôpital ou de cette prison, ne peut recevoir individuellement les articles d'argent qui lui sont adressés, si elle ne produit l'autorisation par écrit de l'autorité qui a constitué le vaguemestre ou facteur. — Art. 1007. — V., pour le détail des attributions des vaguemestres, le mot VAGUEMESTRE.

405. — *Paiemens aux facteurs des hôpitaux civils et des maisons de détention.* — Les économes des hôpitaux civils, les directeurs, concierges ou geôliers des maisons d'arrêt ou de détention peuvent recevoir par eux-mêmes ou par des facteurs choisis parmi les employés sous leurs ordres les articles d'argent destinés aux individus admis ou retenus dans ces établissemens, mais sur la production du mandat dûment acquitté par le destinataire et revêtu du cachet de l'administration. — Art. 1022.

406. — Si le destinataire était illettré ou dans l'impuissance de signer, la croix par lui apposée doit être certifiée par deux témoins *libres* appartenant à l'établissement. — Art. 1022.

407. — Tout article d'argent qui n'a pas été payé au destinataire peut être remboursé à l'envoyeur sur la production du mandat et de la déclaration de versement. — Art. 1025.

408. — Le remboursement peut avoir lieu immédiatement, et sans qu'il soit besoin d'autorisation de paiement, quand le mandat : 1° n'est pas frappé d'annulation (V. *suprà* n° 366) ; 2° n'excède pas 100 fr. ; 3° n'offre aucune des irrégularités spécifiées en l'art. 986. — Art. 1025.

409. — Si le mandat ne peut être remboursé à l'envoyeur sans autorisation de l'administration, ce mandat et la déclaration de versement remis au directeur, qui en donne récépissé motivé, sont transmis sur-le-champ à l'administration dans les formes ci-dessus prescrites (V. *suprà* n° 388). — Art. 1026.

410. — L'envoyeur peut, sur la simple production de la déclaration du versement, obtenir le remboursement de tout article d'argent qui n'a pas été payé au destinataire. — Toutefois ce remboursement ne peut être effectué qu'après l'expiration des délais fixés par les articles 953 ou 1030 (V. *suprà* n° 364), suivant les cas, et sur l'autorisation de l'administration, à qui les pièces justificatives devront être transmises. — Art. 1027.

ART. 9. — *Des taxes non recouvrables.*

§ 1er. — *Des rebuts.*

411. — Les objets confiés à la poste qui n'ont pu être distribués ou expédiés, pour certaines causes ci après indiquées, prennent la dénomination de *rebuts*, savoir : 1° les lettres, journaux et imprimés refusés ; 2° les lettres adressées à des personnes connues mais dont la résidence actuelle est ignorée ; 3° les lettres adressées à des personnes *inconnues* ; 4° les lettres adressées *poste restante* et non réclamées ; 5° les lettres adressées à des personnes décédées, lorsqu'elles cessent d'être reçues au domicile des défunts ; 6° les lettres qui n'ont pu être expédiées ou distribuées pour les motifs suivans : faute d'affranchissement, faute d'adresse, faute d'adresse lisible ou complète. — Instr. 30 mars 1832, art. 662.

412. — Lorsqu'une lettre a été refusée, soit par un fonctionnaire, soit par un particulier, le directeur écrit au dos de la lettre le mot *Refusée.* — Art. 663.

413. — Lorsqu'une lettre adressée à une personne pour être remise à une autre est refusée successivement par toutes les deux, ce double refus doit être constaté au dos de la lettre ainsi qu'il est prescrit par l'art. 520. Dans ce cas, la lettre est classée dans la catégorie des lettres refusées. Si, après le refus de la première personne, la lettre ne peut être présentée à la seconde pour un des motifs exprimés dans les art. 666 et 667 ci-après, le directeur mentionne, au dos de la lettre, outre le refus de la première personne, la cause du rebut, applicable à la seconde, dans les termes prescrits par les deux articles précités. Cette lettre rentre alors dans l'une des deux catégories établies par ces articles. — Art. 664.

414. — Dans le cas prévu par l'art. 534, le directeur écrit au dos de la lettre adressée sous son couvert ces mots : *Arrivée sous mon couvert et refusée par moi.* — *Ibid.*, art. 665.

415. — Si le destinataire d'une lettre est parti de la ville ou de l'arrondissement du bureau, et qu'on ne puisse découvrir sa nouvelle résidence; le directeur écrit au dos de la lettre : *Parti sans laisser d'adresse.* — *Ibid.*, art. 666.

416. — Lorsqu'une lettre est adressée à une personne inconnue au domicile indiqué sur la suscription, et qu'on a épuisé sans succès tous les moyens de la placer ou de la diriger; le directeur écrit au dos de cette lettre le mot : *Inconnu.* — *Ibid.*, art. 667.

417. — Lorsqu'une lettre adressée poste restante est restée pendant trois mois au bureau sans que le destinataire se soit présenté pour la réclamer, le directeur écrit au dos : *Non réclamée dans les trois mois de séjour.* — *Ibid.*, art. 668.

418. — En cas de décès du destinataire, sans héritiers connus, ou en cas de refus de la part des héritiers, le directeur écrit au dos de la lettre : *Mort, héritiers inconnus* ; ou *Refusée par les héritiers.* — *Ibid.*, art. 669.

419. — Les directeurs sont tenus de faire connaître au juge de paix de leur canton, ou au procureur du roi près le tribunal civil de l'arrondissement, l'existence à leur bureau des lettres adressées à des personnes décédées et dont les héritiers sont inconnus. — *Ibid.*, art. 670.

420. — Lorsqu'une lettre pour les pays d'outre-mer, ou pour les pays du continent à l'égard desquels l'affranchissement est obligatoire, n'a pu être expédiée faute d'affranchissement, le directeur, avant de classer cette lettre dans ses rebuts, cherche par l'inspection de l'écriture de la suscription, ou par l'inspection du cachet, à découvrir l'auteur de cette lettre, afin de lui faire connaître la nécessité de l'affranchir. Si l'auteur ne peut être découvert par ce moyen, le directeur écrit au dos de la lettre ces mots : *Aff. obl.* (Affranchissement obligatoire), *trouvée dans la boîte* ; et il y appose le timbre de son bureau. — *Ibid.*, art. 671.

421. — Lorsque le directeur trouve dans sa boîte, ou reçoit de ses correspondans, une lettre sans adresse, ou dont l'adresse est illisible, ou incomplète, il écrit au dos de cette lettre, suivant le cas : *Sans adresse*, *Adresse illisible*, ou *Adresse incomplète*, et la frappe au dos du timbre de son bureau. — *Ibid.*, art. 672.

422. — Les rebuts sont envoyés à Paris, suivant leur nature, aux époques ci-après, savoir : *tous les jours*, 1° les lettres refusées par les fonctionnaires publics autorisés à contre-signer leur correspondance de service [*Nota.* Sont exceptées de ces lettres celles qui seraient adressées sans aucun contre-seing ou cachet administratif aux titulaires ci-après : les chefs d'institution, les débitans de poudres à feu, les débitans de tabac, compris au manuel sous le nom générique de préposés des contributions indirectes ; les instituteurs et institutrices primaires ; les maîtres et maîtresses d'écoles primaires ; les maîtres de pension, les notaires] ; 2° les lettres qui portent le contre-seing ou seulement le cachet d'administration d'un fonctionnaire autorisé à contre-signer la correspondance de service, lorsque ces lettres sont refusées soit par les titulaires dénommés dans le nota ci-dessus, soit par les particuliers, ou lorsqu'elles sont adressées à des personnes connues mais dont la résidence actuelle est ignorée ; 3° les lettres refusées ou adressées à des personnes connues mais dont la résidence actuelle est ignorée, toutes les fois que ces lettres portent le timbre d'une maison de commerce (V. art. 519) ; 4° les lettres non affranchies pour les pays d'outre-mer, ou pour les pays du continent à l'égard desquels l'affranchissement est obligatoire ; 5° les lettres dont l'expédition ou la distribution a été empêchée faute d'adresse, ou faute d'adresse lisible ou complète ; 6° les lettres adressées sous le couvert des directeurs et dont le contenu ne leur est pas personnellement destiné (V. art. 534 et 665) ; 7° les journaux, brochures et imprimés expédiés sous bandes et qui ont été affranchis ; 8° les lettres mentionnées dans l'art. 1739 ; 9° les lettres adressées sous le contre-seing du grand chancelier de la Légion d'honneur aux membres de cet ordre, lorsque les destinataires ne se trouvent pas précisément à la résidence et même au domicile indiqué sur l'adresse (dans ce cas, les directeurs annotent au dos de chaque lettre les renseignemens qu'ils ont recueillis sur la nouvelle résidence ou le nouveau domicile du destinataire) ; 10° les lettres frappées d'une double taxe, en vertu de l'art. 12 de l'ordonnance royale du 14 déc. 1825, et refusées par les destinataires. — *Ibid.*, art. 673.

423. — ... *Tous les dix jours* (c'est-à-dire les 11, 21, 30 ou 31 de chaque mois), 1° les lettres adressées à des destinataires inconnus ; 2° les journaux et imprimés taxés adressés à des destinataires inconnus. — Art. 673.

424. — ... *Tous les mois, après trois mois de séjour :* 1° les lettres refusées par les particuliers ; 2° les lettres adressées à des personnes connues mais dont la résidence actuelle est ignorée ; 3° les lettres adressées à des personnes décédées sans héritiers connus, ou qui ont été refusées par les héritiers ; 4° les lettres adressées *poste restante* et non réclamées ; 5° les journaux et imprimés taxés non distribués pour les causes exprimées dans les quatre numéros précédens ; 6° les lettres chargées ou recommandées refusées ou non retirées par les destinataires. — *Ibid.*, art. 673.

425. — Arrivées à Paris, les lettres, immédiatement enregistrées, sont ouvertes ; à l'exception de celles portant le contre-seing ou cachet d'un ministre ou du préfet de police, d'un inspecteur des finances, adressées à un autre inspecteur, d'une maison de commerce. — Ces lettres sont renvoyées sur-le-champ à leurs auteurs. — Art. 695.

426. — A l'égard des lettres adressées par les fonctionnaires, ou même par des particuliers, alors qu'elles portent extérieurement un timbre ou tout autre signe indicatif de leur origine, aucune difficulté ne peut s'élever. Elles sont renvoyées à leurs auteurs sans les ouvrir.

427. — Le bureau des rebuts, avant de procéder à l'ouverture des lettres comprises dans la classification des destinataires inconnus, emploie tous les moyens à sa disposition pour découvrir la résidence de ces destinataires. — Ces moyens épuisés inutilement, les lettres sont ouvertes. — Art. 703.

428. — Lorsque l'ouverture de ces lettres fait connaître la véritable adresse des destinataires, l'envoi leur en est fait sans délai ; dans le cas contraire, les lettres sont renvoyées à leurs auteurs. — Art. 704.

429. — Lorsque l'ouverture des lettres fournit des moyens également certains de reconnaître et le destinataire et l'auteur de la lettre, le renvoi doit être fait de préférence au destinataire. — Art. 704.

430. — Les lettres renvoyées sont recachetées et insérées dans des enveloppes imprimées, également cachetées, sur lesquelles est indiqué le motif de la non-distribution et le nom du bureau de poste de la destination. — Art. 705.

431. — Si la personne à qui la lettre est renvoyée demande que l'enveloppe soit ouverte et que l'incluse lui soit représentée, le directeur est autorisé à le faire ; mais cette opération ne doit jamais avoir lieu qu'au bureau, et la lettre incluse ne doit pas être décachetée. — Sur le refus d'accepter la lettre, l'enveloppe est recachetée en sa présence. — Dans ce dernier cas le directeur écrit au dos de l'enveloppe : *Ouverte sur la demande du destinataire et refusée par lui.* — Art. 706.

432. — Les lettres adressées à des personnes inconnues, et qui n'ont pu être réexpédiées faute de renseignemens suffisans, sont conservées pendant six mois au bureau des rebuts, et détruites à l'expiration de ce délai si elles sont sans intérêt.

433. — Les lettres sans adresse et celles dont l'adresse est illisible ou incomplète, alors que leur contenu n'a pu faire connaître ni le destinataire ni l'auteur, sont également conservées pendant six mois, et détruites après ce délai si elles ne présentent pas d'intérêt. — Art. 701.

434. — Le délai n'est que de trois mois pour les lettres sans intérêt refusées par leurs auteurs, ou lorsque ceux-ci sont partis sans laisser d'adresse ou décédés sans héritiers connus. — Art. 706.

435. — Les lettres tombées en rebut, qui, par suite de leur lecture, sont reconnues intéressantes sont inscrites sur un procès-verbal d'ouverture. — Ces procès-verbaux sont conservés pendant six ans. — Art. 711.

436. — Les lettres tombées en rebut, renfermant des papiers importans, qui n'ont pu être expédiées ou remises soit aux destinataires, soit aux personnes qui les ont écrites, seront détruites au bout de cinq ans à partir de l'époque où elles ont été mises à la poste. — Art. 713.

437. — Les lettres chargées et les lettres recommandées tombées en rebut, et qui n'ont pas pu être remises aux destinataires ou aux auteurs, sont détruites après l'expiration des mêmes délais, sauf l'exception portée en l'article ci-après. — Instr. 30 mars 1832, art. 714.

438. — Les lettres chargées ou non chargées et les lettres recommandées contenant des espèces monnayées, métaux précieux, bijoux, médailles, billets de banque ou autres effets au porteur sont, après que tous les moyens d'opérer la remise de ces lettres ont été épuisés, versées à la caisse des dépôts et consignations, pour y demeurer aussi longtemps que les valeurs incluses y séjournent elles-mêmes. — Instr. 30 mars 1832, art. 715.

§ 2. — *Des lettres réexpédiées.*

439. — La dénomination de *lettres réexpédiées* s'applique aux lettres que le bureau auquel elles avaient été expédiées n'a pu distribuer par l'un des motifs ci-après, savoir : 1° pour changement de résidence ; 2° pour fausse direction ; 3° pour vice d'adresse. — Art. 716.

440. — Cette dénomination comprend aussi bien les lettres dont le port est à recouvrer sur les destinataires que les lettres, journaux et imprimés dont le port a été payé par les envoyeurs ; elle comprend également les lettres circulant en franchise. — Art. 716.

441. — Lorsqu'une lettre réexpédiée pour cause de vice d'adresse a été essayée infructueusement dans tous les bureaux qu'elle devait parcourir, le directeur du dernier de ces bureaux classe cette lettre dans les *rebuts* sous le titre d'*Inconnus.* — Art. 726.

442. — *Mode de renvoi des lettres réexpédiées.* — Au fur et à mesure que les lettres sont reconnues non distribuables, le directeur doit les diriger, sans aucun délai, sur leur nouvelle destination. Les lettres réexpédiées sont frappées, avant la réexpédition, du timbre du bureau, portant la date de la réexpédition. Ce timbre est frappé au dos des lettres. — Art. 728.

443. — Chaque directeur envoie ses lettres réexpédiées aux bureaux avec lesquels il est en correspondance directe.

444. — Il distingue exactement les lettres bonnes à distribuer par ces bureaux de celles qu'il envoie en passe, lesquelles ne peuvent être dirigées que sur Paris ou sur les bureaux chargés du travail des passes. — Art. 729 et 730.

445. — Les lettres réexpédiées ne doivent être comptées dans les envois du directeur expéditeur que pour les taxes dont il a été chargé en recettes. — Art. 731.

446. — *Réception des lettres réexpédiées.* — Le directeur du bureau de destination reconnaît le nombre et le montant des taxes des lettres réexpédiées. — Art. 741.

447. — S'il reconnaît qu'une lettre comprise dans les lettres réexpédiées n'appartient pas à cette classe de non-valeurs, il la renvoie au bureau expéditeur en portant au dos de la lettre ces mots : *Bonne pour les rebuts* ou *Bonne pour....* toute autre classe de lettres à laquelle il reconnaît que la lettre appartient. — Art. 744.

§ 3. — *Des détaxes et réductions de taxe.*

448. — Les directeurs sont autorisés à opérer immédiatement la détaxe ou la réduction de taxe : 1° des lettres et paquets adressés à des fonctionnaires ou préposés du gouvernement, lorsque ces lettres et paquets sont revêtus d'un contre-seing valable, c'est-à-dire autorisés, et que d'ailleurs ils ont été ouverts dans les formes prescrites par l'art. 358 ; — 2° des lettres et paquets adressés à des particuliers, lorsque ces lettres et paquets ont été taxés après avoir été affranchis ou lorsqu'ils ont été trop taxés d'après les tarifs.. — Instr. 30 mars 1832, art. 758.

449. — Dans tous les autres cas, les directeurs ne peuvent faire droit aux demandes de détaxe ou de réduction de taxe que sur l'autorisation de l'administration et dans la forme prescrite ci-après art. 773 et suivans. — Art. 759.

450. — *Détaxes des lettres et paquets adressés aux fonctionnaires.* — Les directeurs, après avoir fait ouvrir ces lettres et paquets adressés aux fonctionnaires dans les formes prescrites par l'art. 358, ou après avoir délivré en exemption de taxe, sans les faire ouvrir en leur présence, celles de ces lettres qui ont droit à la franchise en raison

seulement de la qualité des destinataires (circul. n° 35 du 9 oct. 1834), conservent ou font remettre, pour servir de justification de la détaxe de ces lettres et paquets, les bandes, enveloppes ou portions d'adresse des lettres sur lesquelles la taxe a été appliquée; ils en font l'enregistrement nominatif sur l'état de détaxe n° 443. — Art. 760.

451. — Si le directeur ne pouvait se procurer la portion de l'adresse de la lettre sur laquelle la taxe serait appliquée, il se ferait délivrer, par le fonctionnaire auquel la lettre est adressée, un certificat constatant les motifs qui s'opposent à ce que l'adresse de la lettre soit produite. — Ce certificat est signé par le fonctionnaire et doit énoncer le nom du lieu d'où venait la lettre, la qualité de l'envoyeur ainsi que la taxe que portait cette lettre. — Si la lettre est adressée à un procureur général d'un lieu situé dans le ressort de la Cour d'appel ou à un procureur de la République d'un lieu situé dans le ressort du tribunal, il n'est pas nécessaire que le certificat énonce la qualité de l'envoyeur. — Art. 761.

452. — L'inscription nominative des adresses portées sur les bandes ou enveloppes doit être faite sur l'état n° 443 à l'instant même où le fonctionnaire remet ces bandes ou enveloppes au directeur. — Cet enregistrement fait connaître : 1° le n° d'ordre donné à chaque bande ou enveloppe, et qui est reproduit sur chacune d'elles; — 2° la date du jour où la détaxe a été opérée; — 3° le timbre d'origine de la lettre; — 4° le nom du bureau qui a appliqué la taxe; — 5° le motif de la taxe (si ce motif n'a pas été indiqué sur l'adresse même de la lettre ou du paquet, conformément à l'art. 357, il sera remplacé dans l'enregistrement par les initiales M. N. I., *Motif non indiqué*); — 6° la qualité du contre-signataire indiquée sur la suscription de la lettre ou par le cachet du fonctionnaire; — 7° la qualité du destinataire; — 8° le poids de la lettre; — 9° la taxe portée sur la lettre, distinction faite entre la taxe applicable au service ordinaire et la taxe applicable au service rural : ces taxes doivent être portées aux colonnes 11 et 12. — Art. 762.

453. — *Détaxes et réductions de taxe des lettres adressées aux particuliers.* — Lorsqu'un particulier réclame une détaxe ou une réduction de taxe, le directeur examine si la date, le poids de la lettre et les distances parcourues rendent cette réclamation admissible. — Art. 764.

454. — Les réclamations ne peuvent plus être admises un mois après le jour d'arrivée de la lettre au bureau qui l'a adressée. — Art. 765.

455. — Les particuliers ne peuvent réclamer la détaxe d'une lettre qu'ils supposent avoir été trop taxée, que dans le bureau même où la lettre a été distribuée. — Si le réclamant a quitté le lieu où la lettre a été distribuée, il doit adresser sa réclamation directement à l'administration. Art. 766.

456. — Il n'y a lieu à la détaxe complète à l'égard des particuliers, sans un ordre spécial de l'administration, que dans le cas où la lettre indûment taxée serait reconnue avoir été affranchie au bureau d'origine. — Art. 767.

457. — Lorsque la demande en réduction de taxe est basée sur le poids de la lettre, la réclamation n'est admise qu'autant que la lettre n'a pas été ouverte ou qu'elle ne l'a été qu'en présence du directeur. — Art. 768.

458. — Si la lettre a été affranchie, c'est-à-dire si elle porte, avec le timbre P. P., l'un des deux caractères d'affranchissement, savoir : la taxe figurée au dos, ou le numéro d'inscription sur la liste nominative, le directeur, après avoir barré la taxe, écrit en encre rouge, sur la suscription de la lettre, le mot *Détaxé*, et il appose son paraphe au-dessous. Il rembourse ensuite la taxe au réclamant. — Art. 771.

459. — S'il s'agit d'une réduction de taxe, le directeur barre la taxe appliquée par erreur et la remplace par la taxe que devait supporter la lettre d'après les tarifs; il rembourse l'excédant de taxe qui avait été indûment perçu, après avoir écrit en encre rouge, sur la suscription de la lettre, les mots *Taxe réduite*. — Art. 772.

460. — *Détaxes ou réductions de taxe autorisées par l'administration.* — Les demandes en détaxe ou en réduction de taxe non comprises dans les articles précédens sont transmises à l'administration par le réclamant soit directement, soit par l'entremise du directeur. — Art. 773.

461. — L'administration statue sur les demandes; et, s'il y a lieu d'opérer la détaxe ou la réduction de taxe, elle en expédie l'autorisation au directeur, qui prévient le réclamant. La détaxe ou la réduction de taxe est inscrite sur un état qui est émargé par la personne au profit de laquelle le remboursement a été ordonné. — Art. 774.

462. — Le directeur appose le timbre de son bureau en marge de la lettre d'autorisation de l'administration; et il classe cette autorisation à son ordre de numéro, avec les enveloppes et bandes à joindre à l'appui de cet état. — Art. 775.

Sect. 4e. — *Secret des lettres.*

463. — Toute lettre confiée à la poste est inviolable. — Le secret dû aux correspondances ne s'entend pas seulement de la défense de chercher à pénétrer leur contenu, mais il comprend encore l'interdiction formelle de divulguer ou chercher à connaître qui expédie ou qui reçoit des lettres (instr. 30 mars 1832, art. 811). On doit cependant (V. *suprà*, n° 112) déférer au réquisitoire du procureur de la République, dans l'exercice de ses fonctions, lorsqu'il est légalement signifié. — V. sur cette matière LETTRES MISSIVES.

464. — Notons seulement ici que l'administration des postes est civilement responsable du détournement de lettres commis par ses employés dans l'exercice de leurs fonctions, et elle doit aux victimes de ce détournement la réparation du préjudice qui leur a été causé. — On ne saurait appliquer au cas de détournement les dispositions de la loi du 5 nivôse an V (V. *suprà*) qui, pour celui de *perte* de lettres, limitent l'étendue de la responsabilité de l'administration. — *Cass.*, 12 janv. 1849 (t. 1er 1849, p. 281), Postes c. Vandemarcy.

Sect. 5e. — *Transport illicite des lettres. — Constatation des contraventions. — Poursuites.*

465. — L'Etat a le privilége exclusif du transport des lettres. Ce monopole a été établi par un arrêt du Conseil du 18 juin 1781, dont un autre arrêt du Conseil du 29 novembre de la même année renouvela les prescriptions confirmées encore par déclaration royale du 3 fév. 1788.

466. — Le service exclusif du transport des lettres n'est qu'un mode de parvenir à percevoir une taxe légale, sur les lettres, au profit de l'Etat, et non un moyen d'attenter au secret des correspondances ou d'exercer une sorte de police secrète. — *Cass. belge*, 29 déc. 1832, L... et S...

467. — Dès lors, on ne peut considérer les règlemens qui l'organisent comme incompatibles avec les lois constitutionnelles, en ce qu'ils violeraient la liberté individuelle, en assujettissant les voyageurs à des visites sur les grandes routes, ou la propriété morale et industrielle, qui suppose légales des impositions de toutes natures, ainsi que la libre concurrence pour l'industrie du transport des lettres. — Même arrêt.

468. — Les arrêts du Conseil, des 18 juin et 29 nov. 1781, qui portaient cette disposition, sont encore en vigueur. — *Cass.*, 28 août 1839 (t. 2 1839, p. 465), Thomassin.

469. — Aussi, les anciens règlemens qui défendent à toutes personnes autres que celles chargées du service des postes, de porter des lettres ou paquets cachetés, à peine d'amende, ont été maintenus par des dispositions législatives et renouvelés par des arrêtés du pouvoir exécutif ayant force de loi et toujours en vigueur. — *Cass.*, 30 juill. 1818, Philibert Baudot.

470. — De plus, sur cette matière, sont successivement intervenus les lois des 26-29 août 1790, 9 avr. 1793, 23-24 juill. 1793, 25 vend. an III, 27 niv. an III et les arrêtés du Directoire des 2 niv. an VI, 7 fruct. an VI, 26 vent. an VII.

471. — En dernier lieu, a été rendu l'arrêté du 27 prair. an IX, qui, à part quelques modifications que nous indiquerons, forme encore la législation complète de cette matière.

472. — Il est défendu, porte l'art. 1er de cet arrêté, à tous les entrepreneurs de voitures libres, ou à toute autre personne étrangère au service des postes, de s'immiscer dans le transport des lettres, journaux, feuilles à la main et ouvrages périodiques, paquets et papiers du poids d'un kilogramme et au-dessous, dont le port est exclusivement confié à l'administration des postes aux lettres.

473. — Les sacs de procédure, les papiers uniquement relatifs au service personnel des entrepreneurs de voitures et les paquets au-dessus d'un kilogramme sont seuls exceptés de la prohibition prononcée par l'article précédent. — *Ibid.*, art. 2.

474. — Pour l'exécution du présent arrêté, les directeurs, contrôleurs et inspecteurs des postes, les employés des douanes aux frontières et la gendarmerie sont autorisés à faire ou à faire faire toutes perquisitions et saisies sur les messagers et piétons chargés de porter les dépêches, voitures de messageries, et autres de même espèce, afin de constater les contraventions, à l'effet de quoi ils peuvent, s'ils le jugent nécessaire, se faire assister de la force armée. — *Ibid.*, art. 3.

475. — Le directeur général des postes, les préfets, sous-préfets, maires des communes et commissaires de police sont chargés de surveiller l'exécution du présent arrêté. — *Ibid.*, art. 4.

476. — Les procès-verbaux sont dressés à l'instant de la saisie; ils contiennent l'énumération des lettres et paquets saisis, ainsi que leurs adresses. Copies en sont remises avec lesdites lettres et paquets, savoir : à Paris, à l'administration des postes, et dans les départemens, au bureau du directeur des postes le plus voisin de la saisie, pour lesdites lettres être envoyées aussitôt à leur destination avec la taxe ordinaire. Lesdits procès-verbaux sont de suite adressés au procureur de la République par les préposés des postes, pour poursuivre contre les contrevenans les condamnations à l'amende de 150 francs au moins, et de 300 francs au plus, par chaque contravention. — Art. 5.

477. — Le paiement de ladite amende, dont il ne peut en aucun cas et sous quelque prétexte que ce soit, être accordé de remise ou de modération, est poursuivi à la requête du ministère public et à la diligence des directeurs des postes, contre les contrevenans par saisie et exécution de leurs établissemens, voitures et meubles, à défaut de paiement dans les dix jours du jugement intervenu. — Art. 6.

478. — Le paiement est effectué, à Paris, à la caisse générale de l'administration des postes, et dans les départemens entre les mains du directeur des postes qui a reçu les objets saisis, et qui porte en recette le produit desdites amendes. — Art. 7.

479. — Le produit des amendes appartient un tiers à l'administration, un tiers aux hospices des lieux, et un tiers à celui ou ceux qui ont découvert et dénoncé la fraude, ou qui ont coopéré à la saisie; celui-ci est réparti entre eux par égale portion, ils en sont payés par le directeur des postes chargé du recouvrement de l'amende, et à Paris par le caissier général de l'administration des postes, d'après un exécutoire qui est délivré à leur profit par le procureur de la République. Lesdits exécutoires sont envoyés par le directeur, à l'appui de son compte. — Art. 8.

480. — Les maîtres de poste, les entrepreneurs de voitures libres et messageries sont personnellement responsables des contraventions de leurs postillons, conducteurs, porteurs et courriers, sauf leur recours — Art. 9.

481. — L'arrêté des consuls du 27 prair. an IX, concernant le transport illégal des lettres, est constitutionnel et obligatoire pour les tribunaux, soit parce qu'il a pour objet d'assurer l'exécution des lois et règlemens antérieurs non abrogés, soit parce qu'il a acquis force de loi faute d'avoir été attaqué dans les formes et délais prescrits par la Constitution de l'an VIII. — *Orléans*, 31 oct. 1840 (t. 1er 1841, p. 247), Melliot; même date, Laurion-Ballyse et Samuel-Labadens. — V., encore, *Liége*, 19 juill. 1832, Heukel; *Cass. belge*, 27 déc. 1832, L... et S....

482. — Modifiant l'article 5 de l'arrêté du 27 prair. an IX, le décret du 2 mess. an XII veut que les lettres et paquets saisis soient expédiés par le bureau le plus voisin du lieu de la saisie, en rebut à Paris, où ils ne peuvent être rendus que sur réclamation et à la charge de payer le double de la taxe ordinaire.

483. — Ajoutons qu'une ordonnance du 19 février 1843 est venue modifier encore en un point l'arrêté du 27 prairial an IX, en autorisant l'administration, sauf bien entendu l'approbation du ministre des finances, à transiger, soit avant, soit après le jugement, avec les contrevenans.

484. — Il résulte de cette législation, aussi bien que de toutes les dispositions réglementaires et instructions relatives aux postes : 1° que le monopole de l'administration des postes ne s'étend pas au transport des espèces d'or et d'argent, mais seulement aux lettres, journaux et imprimés.

485. — ... 2° Que le privilége des petites postes pour le transport des lettres et paquets ne s'applique pas aux lettres imprimées, et qu'il suffit que les lettres indiquées au procès-verbal comme transportées en fraude y aient été signalées comme imprimées, pour que le transport ne puisse en être réputé illicite, alors même qu'elles auraient été cachetées. — *Bordeaux*, 24 nov. 1847 et *Cass.*, 3 juin 1848 (t. 2 1848, p. 69), Postes c. Amic et Just.

486. — Jugé, spécialement, que l'arrêté du 2 niv. an VI et ceux des 7 fruct. an VI, 26 vend. an VII et 27 prair. an IX, tous relatifs au privilége de la grande poste pour le transport des lettres de ville en ville, sont étrangers à la petite poste de Paris, et dès lors inapplicables à la distribution dans Paris des journaux ou autres imprimés. — *Cass.*, 15 janv. 1836, Postes c. Baron.

487. — Il doit être toutefois bien entendu que l'exception au privilége de la petite poste de distribuer les lettres dans Paris n'a lieu relativement au transport des entreprises particulières de journaux ou autres feuilles entièrement imprimées, gravées ou lithographiées, qu'autant que ces feuilles sont non closes ou pliées de manière à être facilement vérifiées d'après le mode qu'indiquent les instructions de l'administration des postes. — Même arrêt.

488. — Le mot *paquet*, employé par opposition aux lettres simples dans l'art. 7 déclar. 8 juill. 1759, portant création d'une petite poste pour l'intérieur de la ville de Paris, signifie les lettres qui ne sont pas simples, c'est-à-dire des lettres multiples ou des paquets de lettres. — *Cass.*, 15 janv. 1836, Baron.

489. — La distribution dans l'intérieur de Paris, par des personnes étrangères à la poste, de lettres imprimées closes et fermées de manière à en rendre la vérification impossible, constitue la contravention prévue par l'art. 7 déclar. 8 juill. 1759 et punie par les arrêts du Conseil de 1781 et l'art. 5 arr. 27 prair. an IX. — *Paris*, 29 janv. 1836, Trinquet. — De Grattier, *Comment. sur les lois de la presse*, t. 2, p. 260, à la note.

490. — La déclaration du 8 juill. 1759 et l'arrêté du 27 prair. an IX ont réservé, dans des termes très-précis, à l'administration des postes, le transport et la distribution des lettres à l'intérieur de Paris. Il est interdit dès lors à toute entreprise particulière de s'immiscer dans ce transport et dans cette distribution, sous peine de commettre une contravention aux lois et règlemens sur la matière. — Ces lois, en faisant ladite défense, n'ont pas admis d'exception et n'ont pas fait de distinction entre les *lettres missives manuscrites* et les *imprimés*, les principes et la législation s'opposant à l'ouverture des enveloppes des lettres; fait qui constituerait une violation du secret des lettres, et qui, par conséquent, empêche toute espèce de vérification. — *Paris*, 10 avril 1844 (t. 2 1844, p. 139), Postes c. Bonnard. — V., au surplus, VILLE DE PARIS.

491. — En exécution de l'arrêté du 27 prair. an IX, et pour en assurer l'exécution, l'instruction du 30 mars 1832 porte dans son art. 826 : « Il est prescrit aux directeurs de veiller : 1° à ce que les entrepreneurs de voitures publiques, messagers, bateliers, patrons de barques, ni aucune personne étrangère au service des postes, ne s'immiscent dans le transport des lettres, journaux, feuilles à la main, et les ouvrages périodiques dont le poids serait au-dessus d'un kilog.; 2° à ce que personne, dans les villes et lieux maritimes, ne tienne soit barque, soit entrepôt pour l'envoi, la réception et la distribution des lettres et paquets *de* et *pour* les colonies, tant françaises qu'étrangères, ou autres pays d'outre-mer; 3° à ce que les capitaines ou marins arrivant dans un port de mer ne distribuent pas les lettres, journaux et autres imprimés dont le transport est attribué à l'administration des postes et qui leur auraient été confiés pour des particuliers, ces lettres et paquets devant être déposés au bureau de poste du débarquement; 4° à ce que les intendances ou commissions sanitaires ne fassent distribuer aucun des objets spécifiés dans le premier paragraphe du présent article, et qui leur auraient été livrés par les capitaines de navires en quarantaine (ces objets doivent être remis au bureau de poste après purification). — Instr. 30 juin 1832, art. 826.

492. — La prohibition de porter des lettres prononcée contre toutes personnes autres que celles chargées du service des postes, est générale et s'applique, non-seulement aux messagers et voituriers par terre ou par eau, mais encore à toutes autres personnes de quelque qualité et condition qu'elles soient. — *Cass.*, 7 août 1818, Nicolas Jacques; 12 nov. 1842 (t. 2 1843, p. 258), Nivos.

493. — Tout individu trouvé porteur d'une lettre cachetée, à l'adresse d'une autre personne, est, pour ce seul fait, et lors même qu'il n'est ni voiturier ni messager, en contravention aux lois et règlemens qui interdisent aux particuliers de s'immiscer dans le transport des lettres. — *Cass.*, 17 avril 1828, Robert; 25 juill. 1840 (t. 2 1840, p. 198), Mellot; 1er oct. 1841 (t. 1er 1842, p. 614), Dardet.

494. — Spécialement : le courrier de commerce sur lequel des lettres ont été saisies ne doit pas être renvoyé de la poursuite, sous prétexte d'un usage établi, des nécessités du commerce, ou encore que la loi n'atteint pas un fait isolé de transport. — *Cass.*, 12 nov. 1842 (t. 2 1843, p. 258), Vivier.

495. — Le délit d'immixtion illicite dans le transport des lettres peut exister alors même qu'il n'y aurait qu'un fait unique de transport. — *Cass.*, 7 avr. 1818, Nicolas-Jacques; 14 janv. 1836, Multon; *Limoges*, 4 juill. 1838 (t. 2 1838, p. 466), Brunie; *Douai*, 27 nov. 1840 (t. 1er 1841, p. 380), Potel; *Cass.*, 8 mai 1841 (t. 2 1842, p. 432), Durepaire; 12 août 1842 (t. 1er 1842, p. 373), Savenier. — *Contrà*, *Lyon*, 22 déc. 1833, Gentillon.

496. — Peu importe aussi que le transport soit purement gratuit. — *Cass.*, 1er oct. 1841 (t. 1er 1842, p. 614), Dardet.

497. — Les lettres non cachetées ou décachetées ne sont comprises, comme simples billets, dans aucune exception à la prohibition portée contre toute personne étrangère à l'administration des postes, de s'immiscer dans le transport des lettres. — *Metz*, 18 mars 1822, Kremer; *Cass.*, 22 avr. 1830, Pélisson; *Cass.*, 17 févr. 1832, Morin.

498. — Le commissionnaire qui s'est immiscé dans le transport des lettres ne peut être acquitté sous le prétexte que les lettres dont il a été trouvé porteur n'étaient pas cachetées. La loi ne fait, à cet égard, aucune distinction. — *Cass.*, 18 fév. 1820, Guingamp.

499. — Au résumé les contraventions aux lois sur le transport des lettres doivent être réprimées et punies encore bien que les lettres saisies ne soient pas cachetées, et qu'il résulte des circonstances que le porteur de ces lettres a agi par pure obligeance et de bonne foi. — *Cass.*, 23 nov. 1837 (t. 2 1837, p. 620), Malinard et Gay.

500. — Ne sont point considérés comme étant transportés en contravention aux lois : 1° toute lettre qu'un particulier expédie à un autre particulier par un exprès; 2° les lettres qu'un particulier habitant une commune rurale fait prendre ou porter à un des bureaux de poste circonvoisins de sa résidence; 3° toute lettre transportée par un voyageur, et qu'il déclare être pour lui une lettre de crédit, ou de recommandation, si cette lettre n'est pas cachetée; 4° les paquets en forme de lettres, qui, bien que ne pesant pas un kilogramme, seraient reconnus être composés d'objets dont le transport n'est pas exclusivement attribué à l'administration des postes; 5° les lettres de service sous bandes, que les employés des douanes transportent d'un poste à l'autre, lorsqu'elles sont accompagnées d'une feuille signée par les chefs qui les ont expédiées, laquelle feuille doit porter le nombre et l'adresse de ces lettres; 6° les lettres de voiture et les factures non cachetées qui accompagnent les marchandises dont le porteur de ces factures est chargé; 7° les lettres et pièces qu'un capitaine déclare concerner les armateurs ou consignataires et la cargaison de son bâtiment; 8° les sacs de procédure, dossiers d'affaires à juger et assignations de taxes à témoins; 9° les lettres et papiers uniquement relatifs au service des entrepreneurs de voitures publiques, et transportés par les conducteurs de ces voitures. — Instr. 30 mars 1832, art. 832. — L'instruction n'a guère fait, sur tous ces points, que confirmer la jurisprudence. — Reprenons quelques-uns des numéros de l'ordonnance.

501. — 1° Toute lettre expédiée par exprès par un particulier à un autre particulier n'est pas considérée comme transportée en fraude : il suit que le fait d'un domestique trouvé porteur d'une lettre ayant pour unique objet le service de son maître et l'accomplissement d'une commission qui lui avait été confiée ne constitue pas une contravention punissable. — *Cass.*, 17 juin 1830, Verdière.

502. — De même, le transport, par un domestique, de lettres cachetées, écrites par son maître à diverses personnes domiciliées dans la même ville, ne constitue pas le délit, prévu et puni par l'arrêté du 27 prair. an IX, d'immixtion illicite dans le transport des lettres. — *Cass.*, 20 juill. 1848 (t. 2 1848, p. 475), Postes c. Dumons et Girardon.

503. — Par les mêmes motifs, le domestique trouvé porteur d'une lettre à l'adresse de son maître, par suite d'une commission spéciale qu'il avait reçue de lui, ne peut pas être considéré comme s'étant immiscé dans le transport des lettres. — *Cass.*, 17 juin 1830, Verdière.

504. — Le domestique qui conduit accidentellement, et non par suite d'un service régulier, des marchandises sur la voiture, et dans le seul intérêt de son maître, ne peut être rangé dans la classe des *messagers*, piétons, etc., sur qui l'arrêté du 7 prairial an IX permet de faire ou faire faire des perquisitions dans l'intérêt de l'administration des postes. — *Cass.*, 18 juin 1842 (t. 2 1842, p. 375), Desboost et Huret; 15 oct. 1844 (t. 1er 1845, p. 640), Donnadieu.

505. — On ne peut considérer comme voiturier ou entrepreneur de voitures coupable de s'être immiscé dans le transport des lettres, un simple domestique à gages trouvé porteur de lettres cachetées au moment où il transportait accidentellement les marchandises que son maître lui avait confiées. — *Cass.*, 25 sept. 1847 (t. 1er 1848, p. 695), Poislanne et Henry.

506. — 2° Il est certain que celui qui n'avait dépassé aucun bureau de poste au moment où il a été trouvé porteur de diverses lettres, ne peut pas être considéré comme s'étant immiscé dans le transport frauduleux des lettres. — *Metz*, 26 sept. 1827, Sturel. — V. toutefois *infrà*.

507. — Mais on ne peut, sans commettre une contravention, transporter des lettres d'un lieu où elles avaient été adressées par la poste, bureau restant, à un autre lieu où il existe un bureau de poste. — *Lyon*, 22 déc. 1833, Gentillon.

508. — 3° Le fait, de la part d'un individu qui n'est ni voiturier, ni piéton, ni commissionnaire, d'avoir transporté des lettres d'un lieu à un autre, ne peut constituer une contravention à l'arrêté du 27 prair. an IX, lorsqu'il est établi que ces lettres l'intéressaient et ne concernaient que ses propres affaires. — *Grenoble*, 30 oct. 1833, Rajon; *Douai*, 20 fév. 1836, Moutart et Adam.

509. — Ne peut être considéré comme coupable de délit d'immixtion dans le transport des lettres, le simple particulier trouvé nanti d'une lettre de recommandation, écrite uniquement dans son intérêt personnel, encore bien qu'elle fût cachetée. — *Cass.*, 14 mai 1842 (t. 2 1842, p. 319), Paquette.

510. — Le fait de transporter par hasard, sans intention de fraude ni volonté de porter préjudice à l'administration des postes, quelques lettres ayant pour objet les intérêts personnels du porteur, ne peut constituer l'immixtion prévue par l'art. 1er de la loi du 27 prair. an IX. — *Douai*, 20 fév. 1836, Moutart et Adam.

511. — 4° La défense faite par l'arrêté du 27 prair. an IX, de transporter des paquets du poids de 1 kilogramme et au-dessous, doit s'entendre, sans doute, non-seulement des paquets de papiers, mais de tous paquets quelconques. — *Bruxelles*, 22 mai 1828, P....

512. — Ainsi, il est évident que l'exception portée en l'art. 2 de l'arrêté du 27 prair. an IX, à l'égard des paquets de plus de 1 kilogramme, n'est pas applicable à la *réunion* des lettres et journaux pesant ensemble plus de 1 kilogramme. Elle ne concerne que les paquets *individuels* réellement adressés à des personnes distinctes. — *Cass.*, 17 févr. 1837 (t. 1er 1837, p. 607), Messageries Laffitte et Caillard.

513. — Le transport par un messager d'un paquet ficelé du poids de 45 grammes, avec indication, sur l'enveloppe, du destinataire, et la mention qu'une somme d'argent devait être remise au messager, constitue la contravention à l'arrêté du 27 prair. an IX. — *Cass.*, 5 avr. 1845 (t. 2 1845, p. 607), Chirat.

514. — En conséquence le tribunal ne peut, sans avoir vérifié si le contenu de ce paquet rentrait dans l'exception admise par l'art. 2 de cet arrêté, relaxer le prévenu, sous prétexte que le paquet et la somme qui devait être remise à celui-ci ne formaient qu'une même chose et qu'il ne s'agissait que d'un port de marchandise tout à fait du ressort du messager. — Même arrêt.

515. — Toutefois, la prohibition de la loi à tout individu étranger au service des postes de s'immiscer dans le transport des paquets de 1 kilogr. et au-dessous ne porte que sur les paquets qui se composent de lettres ou papiers de correspondance et nullement sur ceux mêmes qui ne contiendraient, par exemple, que des échantillons de mercerie. — *Douai*, 4 mars 1831, Postes c. Leclerc.

516. — Ainsi, la note jointe à un de ces paquets d'échantillons et contenant l'indication de sommes dues pour livraisons de marchandises, et notamment pour les fournitures des marchandises que cette note accompagnait, ne peut être considérée comme un des papiers de correspondance dont le transport soit exclusivement attribué à l'administration des postes aux lettres.— Même arrêt.

517. — De même, lorsque des lettres jointes à un ballot ont pour objet d'indiquer aux destinataires ce qui revient à chacun d'eux dans les marchandises qu'il renferme; on ne peut considérer l'insertion dans ce ballot comme faite dans l'intention de frustrer l'administration des postes, ni comme constituant une contravention. — *Metz*, 26 fév. 1827, Collignon.

518. — Au surplus : un tribunal peut, sans violer aucune loi, déclarer qu'un paquet contenant des papiers étrangers à la correspondance n'est pas, pour le transport, dans les attributions exclusives de l'administration des postes, quoique pesant moins de 1 kilogramme. — *Cass.*, 6 déc. 1828, Louis Hamoir.

519. — Il avait été jugé par la Cour de Paris que le fait d'un individu qui transporte d'une ville à une autre, pour son propre compte, des journaux dépourvus d'adresses, qu'il a achetés pour les revendre, ne constitue pas une immixtion punissable dans le service exclusivement réservé à l'administration des postes. — *Paris*, 29 décembre 1848 (t. 1er 1849, page 153), Chapuis. — Mais la Cour suprême, saisie de la question, a décidé depuis, par plusieurs arrêts, dont un rendu par toutes les chambres réunies, que ce fait constituait une contravention. — V. t. 2 1849.

520. — En tout cas les circulaires imprimées à l'étranger, non cachetées, mais pliées dans la forme ordinaire et portant l'adresse des personnes à qui elles sont destinées en France, sont de véritables lettres missives dont le transport est exclusivement réservé à l'administration des postes. — *Douai*, 6 sept. 1830, Lemoine.

521. — Sous les mots *sacs de procédure*, la loi comprend aussi bien un simple exploit qu'une liasse ou un dossier volumineux; la faveur de la protection s'attachant à la procédure elle-même et non à l'enveloppe qui la contient. Le porteur du paquet peut être admis à prouver son contenu par témoins. — *Poitiers*, 14 janv. 1837 (t. 2 1837, p. 231), Bazire.

522. — L'amende prononcée contre toute personne étrangère au service des postes qui s'immisce dans le transport des lettres n'est pas applicable au cas où il s'agit de transport, même sous enveloppe, en forme de lettres, d'exploits renvoyés à l'huissier par le receveur d'enregistrement. Ici s'applique l'exception portée en l'art. 2 de l'arrêté du 27 prairial an IX, relativement aux sacs de procédure. — Même arrêt.

523. — Le renvoi fait par un huissier à son client, d'un billet à ordre qu'il a protesté, avec une note non cachetée indiquant au voiturier la remise qu'il doit faire de ces pièces à l'individu qu'elles concernent, a pu être considéré comme rentrant dans la double exception faite par l'art. 2 de l'arrêté du 27 prairial an IX en faveur des sacs de procédure et des papiers uniquement relatifs au service personnel des entrepreneurs de voitures. — *Cass.*, 16 févr. 1839 (t. 2 1839, p. 387), Georges.

524. — Jugé, il est vrai, qu'un voiturier ne peut, sans contrevenir à l'art. 1er du décret du 27 prairial an IX, transporter deux actes de procédure placés sous une enveloppe cachetée. — *Cass.*, 13 nov. 1845 (t. 1er 1846, p. 553), Gérard, et la note (p. 554).

525. — ... Que deux actes de procédure placés sous une enveloppe cachetée ne peuvent être assimilés à un sac de procédure; lequel doit, pour rentrer dans les prescriptions de la loi, porter ostensiblement l'indication de la procédure qu'il renferme, de manière à permettre la vérification immédiate du contenu par les employés de l'administration des postes. — *Cass.*, 13 nov. 1845 (t. 1er 1846, p. 553), Gérard.

526. — L'arrêt que nous rapportons décide qu'une et même deux pièces de procédure ne peuvent être assimilées à un *sac de procédure*. — Nous ne saurions admettre cette interprétation, qui place la loi dans un vague auquel aucune limite ne saurait être assignée. Si une et même deux pièces de procédure ne suffisent pas pour constituer ce que la loi a appelé sac de procédure, combien en faudra-t-il? Cinq, six, dix pièces suffiront-elles? Et ne pourra-t-on pas soutenir, en s'appuyant sur la doctrine de la Cour de cassation, que ces cinq, six ou dix pièces ne sont que des actes isolés, ne forment pas le sac de procédure dont la loi a permis le transport aux messagers et voituriers? Mais est-ce qu'il n'arrive pas le plus souvent que le dossier, à l'origine du procès, se compose d'une seule pièce, de l'assignation? Est-ce que le dossier dans cet état n'est pas le sac de procédure dont le transport par les messagers est permis? — L'arrêt que nous rapportons exige en outre que le sac de procédure ne soit pas placé sous une enveloppe cachetée, qu'il porte l'indication d'une procédure, et qu'il soit fait de telle manière que la vérification immédiate du contenu puisse être faite par les employés des postes. — Ces conditions du transport ne sont pas prescrites par la loi, qui autorise d'une manière formelle et absolue le transport par les messagers des *sacs de procédure*. Or, dès qu'il est constant en fait que l'objet transporté était un sac de procédure, aucune pénalité ne saurait être, ce nous semble, appliquée.

527. — Mais un acte notarié ne peut, sous aucun rapport, être assimilé à un sac de procédure. En conséquence, le transport d'un pareil acte ne rentre pas dans l'exception admise par l'art. 2 du même décret. — *Cass.*, 6 nov. 1845 (t. 1er 1846, p. 555), Quentel et Joubert.

528. — Le voiturier qui est trouvé nanti d'une lettre cachetée contenant un acte notarié se rend coupable du délit prévu et puni par l'art. 1er du décret de l'an IX. — Même arrêt.

529. — Quelques explications détaillées sont nécessaires en ce qui a trait aux voituriers et entrepreneurs de messageries, à qui les décrets et arrêtés ont donné une position particulière.

530. — L'art. 2 de l'arrêté du 27 prairial an IX, en exceptant de la prohibition du transport par les voituriers et commissionnaires les paquets uniquement relatifs au service personnel des entrepreneurs, n'a entendu parler que des lettres de voiture et autres de même espèce. — *Cass.*, 13 juin 1839 (t. 2 1839, p. 554), Roux. — *Contrà, Cass.*, 17 avril 1828, Robert.

531. — L'exception contenue dans l'art. 2 de l'arrêté du 27 prair. an IX, qui punit l'immixtion des entrepreneurs de voitures dans le transport des lettres ou papiers, pour le cas où il s'agit de papiers uniquement relatifs au service personnel de l'entrepreneur, n'est pas applicable au cas où la lettre de voiture renferme, indépendamment de son objet principal, quelques dispositions accessoires et étrangères au service du voiturier. — *Limoges*, 4 juill. 1838 (t. 2 1838, p. 466), Branic; *Cass.*, 22 févr. 1839 (t. 1er 1840, p. 383), Barthélemy; 20 mars 1840 (t. 1er 1840, p. 383), mêmes parties.

532. — La lettre écrite à l'occasion d'un transport de marchandises ne rentre pas dans l'exception admise par l'art. 2 de l'arrêté du 27 prairial an IX, si elle contient en outre des mentions étrangères au service du messager. — *Cass.*, 5 avril 1845 (t. 2 1845, p. 606), Chayriègues.

533. — Une lettre contenant demande ou annonce d'envoi de marchandises ne peut être assimilée à une lettre de voiture dans le sens de l'art. 2 de l'arrêté du 27 prairial an IX qu'autant qu'elle est ouverte (V. *infrà*), et qu'elle n'a pas trait, en même temps, aux relations particulières qui peuvent exister entre l'expéditeur de ces marchandises et le destinataire. — *Orléans*, 26 sept. 1843 (t. 2 1843, p. 596), Perrin.

534. — Toutefois, il est évident qu'on ne doit pas considérer les expressions d'amitié et d'honnêteté qui terminent une lettre de voiture (telles que *Mille choses honnêtes à tels et tels*) comme de nature à empêcher qu'elle soit, dans le sens légal, réputée uniquement relative au service du voiturier. — *Cass.*, 22 févr. 1839 (t. 1er 1840, p. 383), Barthélemy.

535. — Au surplus, l'appréciation de l'objet et des énonciations de la lettre n'échappe pas à la censure de la Cour de cassation. — *Cass.*, 22 févr. 1839 (t. 1er 1840, p. 383), Barthélemy; 20 mars 1840 (t. 1er 1840, p. 383), mêmes parties.

536. — Mais la contravention ne peut être excusée sous le prétexte que les énonciations de la lettre saisie, qui ne sont pas exclusivement relatives au service personnel du prévenu, sont sans importance, et peuvent s'y référer indirectement. — *Cass.*, 7 juin 1844 (t. 1er 1845, p. 86), Touraine.

537. — Les lettres dont un voiturier a été trouvé porteur sont réputées étrangères à son service, et le constituent en contravention aux lois qui établissent le privilége de l'administration des postes, par cela seul qu'elles étaient adressées à des tiers, et qu'il ne les a point présentées au moment de la saisie comme des lettres de voiture des marchandises qu'il transportait. — *Cass.*, 13 mai 1820, Guingamp.

538. — Le messager, prévenu de s'être immiscé dans le transport illicite des lettres en remettant à un tiers une lettre qu'il avait transportée d'une commune étrangère, et en recevant une certaine somme pour port de ladite lettre, ne peut être renvoyé de la poursuite, sur le motif unique que la lettre remise n'aurait pas été transportée d'un lieu à un autre, alors que le jugement ne s'explique point sur la réalité du transport constaté par le procès-verbal, non plus que sur le paiement effectué par suite de ce transport. — *Cass.*, 8 févr. 1845 (t. 2 1848, p. 528), Thivin.

539. — Le voiturier trouvé porteur d'une lettre qui n'est pas uniquement relative à son service personnel ne peut être dispensé des peines portées contre ce fait, sous le prétexte que cette lettre n'avait rapport qu'à diverses commissions dont il avait été ou devait être l'intermédiaire. — *Cass.*, 30 déc. 1841 (t. 1er 1842, p. 670), Penelle. — *Contrà, Cass.*, 17 mars 1841 (t. 1er 1841, p. 496), Saunier.

540. — La lettre contenant une demande de marchandises ne peut pas être considérée comme une lettre de voiture, accompagnant et réglant les conditions du transport d'une marchandise, et n'est pas dès lors uniquement relative au service personnel du voiturier qui en est porteur. — *Cass.*, 15 juin 1844 (t. 1er 1845, p. 85), Courtin.

541. — Jugé, au contraire, que les lettres dont un entrepreneur de voitures est trouvé porteur, et qui n'ont d'autre objet que de l'autoriser à se faire remettre diverses marchandises pour les rapporter à son retour, doivent, comme étant uniquement relatives à son service, être assimilées aux lettres de voiture des marchandises transportées; la seule condition pour affranchir le porteur de toute peine, c'est que, conformément aux prescriptions de l'arrêté du Conseil du 18 juin 1781 et de l'arrêté du 27 prairial an IX, les lettres soient restées ouvertes et n'aient pas été cachetées. — *Cass.*, 25 mars 1843 (t. 2 1843, p. 278), Guidoux; *Lyon*, 28 août 1844 (t. 1er 1845, p. 72), Lambert, Charnaud et Larue.

542. — ... Spécialement, que le voiturier qui transporte d'une ville à une autre une seule lettre non cachetée, dont l'unique objet est d'obtenir de celui à qui elle est adressée la délivrance de marchandises, pour en opérer le chargement sur sa voiture et les conduire au lieu qui lui a été indiqué, ne peut pas être considéré comme s'étant immiscé dans le transport illicite des lettres. — *Cass.*, 17 avril 1828, Pierrisnard; 17 avril 1828, Robert; 22 avril 1830, Pélisson.

543. — Nous n'hésitons pas à adopter le système consacré par ces derniers arrêts, dont la solution nous paraît conforme aux termes et à l'esprit de l'art. 2 de l'arrêté du 27 prair. an IX. Il est évident qu'un écrit par lequel il est fait demande de marchandises qui doivent être transportées par le voiturier qui en est porteur *est relatif à son service personnel*; d'ailleurs ces renseignements, ces indications, qui, la plupart du temps, se composent de quelques mots et ne pourraient faire l'objet d'une correspondance, n'ont pu, dans la pensée du législateur de l'an IX, tomber sous le coup de ses prohibitions.

544. — Au surplus, tel est le dernier état de la jurisprudence. — En 1848, la Cour d'Orléans a en effet jugé : qu'il n'y a pas contravention à l'arrêté du 27 prair. an IX de la part du messager qui est trouvé porteur de lettres non cachetées contenant demande de marchandises de la part d'un négociant à un autre négociant, et mission au messager de les rapporter. — Dans ce cas ces lettres sont réputées uniquement relatives au service personnel du messager, et rentrent dans l'exception admise par l'art. 2 de l'arrêté précité. — *Orléans*, 7 fév. 1848 (t. 1er 1848, p. 347), Pouilly.

545. — Toutefois et en même temps la Cour d'Orléans a décidé, et avec raison, qu'il en est autrement lorsque les lettres, tout en contenant demande de marchandises, ne contiennent pas en même temps mission au messager de les rapporter. — Même arrêt.

546. — La preuve que les lettres saisies sur un voiturier sont relatives à son service ne peut résulter que du contenu de ces lettres. — En conséquence, lorsque des lettres non cachetées saisies sur un voiturier ont été mises à la poste et laissées au rebut pour y rester à la disposition du destinataire, le tribunal appelé à connaître de la contravention ne peut qu'accorder au prévenu un délai pour se procurer ces lettres et justifier ainsi qu'elles étaient relatives à son service, mais non admettre celui-ci à établir son exception par la preuve testimoniale; sous le prétexte que l'administration s'étant emparée de ces lettres, a mis ainsi le prévenu dans l'impos-

sibilité de se justifier. — *Cass.*, 19 avril 1845 (t. 2 1845, p. 605), Picot.

547. — On ne peut, au moment de la saisie d'une lettre cachetée, en examiner le contenu, et vérifier si elle rentre dans les exceptions prévues par l'arrêté du 27 prairial an IX. — *Cass.*, 11 juin 1842 (t. 2 1842, pag. 598), Evrard).

548. — Les lettres dont la loi permet le transport par les voituriers doivent non-seulement être spéciales au transport, mais en outre n'être pas cachetées.

549. — De nombreux arrêts ont jugé, par application de cette règle, que l'exception relative aux papiers qui concernent le service personnel du voiturier ne s'étend pas aux lettres non cachetées, destinées à annoncer l'envoi des paquets. — *Cass.*, 28 mai 1836, Thureau; 22 juillet 1836 (t. 1er 1837, p, 80), Bouchon; 13 juin 1839 (t. 2 1839, p. 554), Roux; 23 août 1839 (t. 2 18 9, p. 465), Thomassin; 27 septemb. 1839 et 20 mars 1840 (t. 1er 1840, p. 366), Clavel; 9 avr. 1840 (t. 1er 1840, p. 666), Martinot.

550. — En effet, l'exception admise par l'art. 2 de l'arrêté du 27 prair. an IX en faveur des voituriers qui transportent des papiers relatifs à leur service n'existe qu'autant que le contenu de ces papiers peut être vérifié; or elle ne peut être invoquée lorsqu'ils sont cachetés. — *Cass.*, 19 avril 1845 (t. 2 1845, p. 605), Prevoteau.

551. — Le conducteur n'échapperait pas à la contravention en rompant le cachet pour remettre la lettre ainsi décachetée au rédacteur du procès-verbal. — *Cass.*, 2 avril 1840 (t. 1er 1840, p. 606), Martinot.

552. — Mais il suffit, pour que la lettre ne puisse être réputée cachetée, dans le sens de la loi pénale, que le voiturier ait rompu le cachet au moment où il a consenti à s'en charger. — *Cass.* 23 mars 1843 (t. 2 1843, p. 278), Guidoux.

553. — Dès lors le messager trouvé porteur d'une lettre cachetée est coupable du délit d'immixtion dans le transport des lettres, bien que cette lettre ne soit qu'une *lettre d'envoi* accompagnant des marchandises et sur l'adresse de laquelle se trouve indiqué leur poids. — *Cass.*, 11 juin 1842 (t. 2 1842, p. 598), Evrard.

554. — Le voiturier porteur d'un paquet auquel a été attachée une lettre est passible des peines de la loi, encore que cette lettre ait toute l'apparence d'une simple adresse et qu'il ait pu aussi être induit en erreur. — *Cass.*, 13 juin 1839 (t. 2 1839, p. 554), Roux.

555. — Le voiturier sur qui l'on saisit des lettres cachetées placées dans des boîtes fermées n'est point excusable, quand même il prouverait qu'elles y ont été mises à son insu. — *Cass.*, 26 mars 1824, Hamoir; 23 juill. 1836 (t. 1er 1837, p. 80), Bouchon.

556. — Le voiturier qui transporte des lettres en contravention, encore bien qu'elles soient renfermées dans une boîte excédant le poids d'un kilogramme et que quelques-unes de ces lettres aient été précédemment ouvertes. — *Cass.*, 1er févr. 1834, Bimard.

557. — Les tribunaux ne peuvent admettre, dans ce cas, comme excuse la bonne foi du contrevenant et l'ignorance où il était de la présence de la lettre saisie dans un paquet où elle a été trouvée. — *Cass.*, 7 juin 1844 (t. 1er 1845, p. 87), Bérenger.

558. — La contravention ne peut être davantage excusée par le motif que, moyennant un abonnement annuel avec le souscripteur de l'écrit, le voiturier était astreint à transporter tous les objets, denrées et paquets qui concernaient cette personne. — *Cass.*, 7 juin 1844 (t. 1er 1845, p. 86), Touraine.

559. — En effet, si la prohibition faite aux voituriers de s'immiscer dans le transport des lettres et papiers reçoit exception pour les paquets renfermant des papiers d'un poids supérieur à un kilogramme, cette exception ne leur donne pas droit de placer des lettres missives dans ces paquets, et, à plus forte raison, dans ceux qui renfermeraient pas des papiers, quel que soit leur poids. — *Cass.*, 21 juin 1844 (t. 2 1844, p. 271), Bréma.

560. — Peu importe d'ailleurs que la forme extérieure de ces paquets n'ait aucune analogie avec la configuration des lettres ou des papiers ainsi transportés en fraude. — Même arrêt.

561. — L'entrepreneur de messageries ayant été trouvé porteur de lettres ne saurait être renvoyé de la prévention par le motif qu'il n'avait pas encore réellement effectué son projet de faire un service de voitures publiques. — *Cass.*, 27 avril 1837 (t. 1er 1838, p. 552), Sénat.

562. — Afin de ne pas retarder la marche des voitures qui transportent des voyageurs, les visites et perquisitions à faire sur ces voitures ne doivent avoir habituellement lieu qu'à l'entrée et à la sortie des villes ou aux relais. Il n'est fait de visites sur les routes qu'autant qu'un ordre spécial de l'administration le prescrit. — Instr. 30 mars 1832, art. 30.

563. — L'entrepreneur de messageries, du moment où sa déclaration a été faite et sa voiture estampillée, est soumis aux perquisitions prescrites par l'art. 3 de l'arrêté du 27 prair. an IX, et passible des peines portées par l'art. 5 de cet arrêté. — Même arrêt.

564. — A partir du dépôt d'un exemplaire d'un écrit au parquet du procureur de la République, tout déplacement des exemplaires de cet écrit devant être fait par l'administration des postes, il est interdit aux messageries de faire ce transport, encore bien que les exemplaires fussent enfermés dans des boîtes ou des ballots. Le conducteur de la diligence, le directeur et les conducteurs des messageries, qui concourent aux transports, doivent être condamnés, dans ce cas, solidairement au paiement de l'amende. — *Cass.*, 17 févr. 1837 (t. 1er 1838, p. 607), Laffitte et Caillard; *Orléans*, 1er juill. 1837 (t. 2 1838, p. 139), Dutertre.

565. — La disposition de l'arrêté du 27 prairial an IX, qui interdit aux messageries le transport des journaux ou lettres, est applicable, quel que soit le mode de transport adopté. Et, spécialement, au cas où ces lettres et journaux seraient renfermés *en ballots et sous toile*. — *Cass.*, 17 févr. 1837 (t. 1er 1838, p. 607), Laffitte et Caillard.

566. — Le conducteur de messageries qui transporte des lettres missives renfermées dans des paquets est réputé s'être immiscé dans le transport des lettres. — *Paris*, 8 sept. 1836, Thureau.

567. — Un conducteur de diligence trouvé porteur d'une lettre en contravention à l'arrêté du 27 prair. an IX ne peut pas être acquitté sous le prétexte que la forme extérieure du paquet n'indiquait nullement qu'il dût contenir une lettre, ni sur le motif qu'il n'appartenait pas à ce conducteur d'ouvrir le paquet pour en vérifier le contenu. — *Cass.*, 26 mars 1824, Louis Hamoir.

568. — L'entrepreneur de messageries ne peut lui-même être excusé du port d'un paquet de journaux sous prétexte que le paquet étant lié, il ne s'est pas cru en droit d'en vérifier le contenu. — *Metz*, 26 févr. 1827, Collignon; *Liége*, 19 juill. 1832, Heuken.

569. — De même, en cas de transport illicite de lettres ou paquets; l'entrepreneur de la voiture où la saisie s'en est opérée ne peut pas être déchargé de la responsabilité sous le prétexte que le registre de chargement faisait connaître les expéditeurs, si ce sont des personnes domiciliées en pays étranger. — *Cass.*, 13 nov. 1823, Boulogne.

570. — Jugé, toutefois, qu'il appartient aux tribunaux d'apprécier les circonstances et de décider si, à raison de sa bonne foi, l'entrepreneur de voitures doit être considéré comme s'étant immiscé dans le transport des lettres. — *Metz*, 26 févr. 1827, Collignon. — Mais cette décision ne paraît pas pouvoir être conciliée avec l'ensemble de la jurisprudence, qui n'admet pas, en cette matière, l'excuse basée sur la bonne foi du contrevenant.

571. — Les administrateurs de messageries sont civilement responsables du transport illicite des lettres commis par leurs conducteurs. — *Paris*, 8 sept. 1836, Thureau.

572. — Néanmoins cette responsabilité a ses limites. Ainsi, lorsqu'un individu attaché en qualité de conducteur à un établissement de voitures publiques, et en qualité de directeur à un autre établissement de voitures, entièrement distinct, a reçu, en sa première qualité, un paquet de lettres, en contravention aux lois, le maître du second établissement n'est pas responsable civilement de la contravention. — *Cass.*, 6 déc. 1828, Hamoir.

573. — Le directeur d'une entreprise de messageries établie en France n'est pas responsable civilement des contraventions faites aux lois sur la poste aux lettres par le conducteur d'une entreprise de messageries établie à l'étranger et indépendante de la sienne, mais correspondant avec son bureau. — *Amiens*, 16 juin 1824, Hamoir et Maurice.

574. — Il faut encore remarquer que des femmes de conducteurs de voitures publiques, voyageant avec leurs maris, ne peuvent être assimilées à de simples voyageurs, en ce qui touche les contraventions sur le transport des lettres et paquets; mais elles doivent être considérées à cet égard comme participant de droit au service et à la conduite des voitures de leurs maris, encore que leur participation de fait ne soit pas établie. En conséquence, elles sont assujetties aux perquisitions autorisées sur les messagers et piétons pour la recherche de ces contraventions. — *Cass.*, 23 sept. 1836 (t. 1er 1837, p. 559), Torset.

575. — L'expédition des lettres et papiers relatifs au service des entrepreneurs de messageries est soumise aux conditions suivantes. 1° Les lettres et papiers partant du siége de l'administration centrale d'une entreprise de messageries pour les directeurs et les inspecteurs de ces messageries peuvent être cachetés, mais l'empreinte d'un cachet spécial indique que le paquet émane de l'un des bureaux de l'administration centrale de cette entreprise. La suscription du paquet doit porter l'empreinte, à l'encre noire, d'un timbre indicatif de l'entreprise qui expédie. Le contre-seing d'un administrateur de messageries ne peut jamais suppléer à l'application de ce timbre. — 2° Les lettres et papiers que les directeurs et inspecteurs des messageries dans les départemens envoient à l'administration centrale de l'entreprise de laquelle ils dépendent, doivent être adressés collectivement aux administrateurs. Ces lettres, ainsi que celles qu'ont à transmettre les inspecteurs des diverses entreprises de messageries aux directeurs de leur ligne d'inspection, et réciproquement, doivent porter en tête la suscription : *Service des messageries* (avec indication spéciale de l'entreprise). L'entrepreneur appose son contre-seing au bas de la suscription; et, au dos, son cachet, lequel doit porter l'empreinte du bureau expéditeur. Toutes les lettres et tous les papiers compris dans les deux classes ci-dessus désignées doivent en outre être inscrits nominativemement par pièce et par ordre de numéros sur les feuilles de route du conducteur de la voiture. — Instr. 30 mars 1832, art. 833.

576. — L'exception à la défense faite à toute personne de s'immiscer dans le transport des lettres, et qui concerne les papiers relatifs au service personnel des entrepreneurs de voitures, doit être restreinte à la correspondance que nécessite le service même des entreprises, et ne saurait être étendue à toutes les affaires privées des entrepreneurs. — *Cass.*, 15 avril 1837 (t. 1er 1838, p. 557), Salkin.

577. — La disposition exceptionnelle de l'arrêté du 28 prairial an IX (art. 2), aux termes de laquelle les entrepreneurs de voitures peuvent transporter des lettres de voiture et autres papiers ouverts et non cachetés pouvant y être assimilés, qui sont uniquement relatifs à leur service personnel, n'est applicable qu'autant que ces papiers s'expliqueraient uniquement sur des marchandises transportées ou à transporter, toutes énonciations étrangères devant les faire considérer comme lettres missives dont les employés de la poste peuvent seuls être chargés. — *Cass.*, 27 et 28 janv. 1848 (t. 1er 1849, p. 43), 1re espèce, Talonneau; 2e espèce, Péan.

578. — Le fait par un conducteur de voitures publiques d'avoir transporté une lettre non cachetée adressée par des entrepreneurs de voitures publiques à un de leurs relayeurs et dont toutes les énonciations sont relatives à son service, ne constitue pas une infraction à l'arrêté du 27 prairial an IX. — *Cass.*, 8 fév. 1845 (t. 1er 1846, p. 12), Michon.

579. — Un arrêt de la Cour de Douai avait jugé que le cocher d'une diligence qui a été trouvé porteur d'une lettre de moins d'un kilogr. ne peut être renvoyé de la poursuite sous le prétexte que sa voiture n'était pas encore partie au moment de la saisie, et qu'elle devait passer devant un bureau de poste où la lettre aurait pu être déposée. — *Douai*, 16 janv. 1835, Vanhègre et Delaugre.

580. — Depuis, au contraire, la même Cour a jugé que le conducteur d'une diligence qui est trouvé porteur d'une lettre missive cachetée ne peut être réputé coupable du délit d'immixtion prévu par l'arrêt du 27 prairial an IX, lorsqu'il prétend que la lettre saisie sur lui était destinée à être affranchie au plus prochain bureau de poste, et que cette allégation est reconnue exacte. — *Douai*, 29 mai 1835, Vugesleche; *Orléans*, 31 oct. 1840 (t. 1er 1841, p. 247), Mellot.

581. — La Cour de cassation avait encore jugé que la contravention ne peut pas être excusée sur le motif que le transport a eu lieu de l'étranger en France, et qu'il n'y a pas de bureau de poste à l'extrême frontière. — *Cass.*, 26 mars 1824, Hamoir.

582. — Saisie par cet arrêt, la Cour d'Amiens décida, au contraire, que le conducteur de messageries qui, venant de l'étranger, a été trouvé porteur de lettres ou paquets sur le territoire français, mais avant son arrivée au premier bu-

reau des postes françaises, n'est pas en contravention : quoiqu'il ait pu déposer au bureau des postes étrangères les lettres ou paquets dont il s'agit, pour être transmis en France.—*Amiens*, 16 juin 1824, Hamoir et Maurice.

583. — Nouveau pourvoi, et la Cour persistant dans sa jurisprudence décide : que l'étranger, conducteur d'une diligence étrangère, qui a été saisi sur le territoire français, porteur d'un paquet de moins d'un kilogr., contenant une lettre, est en contravention aux lois sur le service des postes, quoiqu'il ne fût pas encore arrivé au premier bureau de la poste aux lettres lorsqu'il a été saisi. — *Cass.*, 6 déc. 1828, Louis Hamoir. — V. encore *Cass.*, 8 avr. 1830, Vagner; *Douai*, 6 sept. 1830, Lemoine.

584. — Jugé aussi que le conducteur d'une voiture publique allant de France à l'étranger, trouvé porteur de lettres cachetées, sans qu'il soit établi qu'il fît ce transport pour le service des postes, ne peut pas être excusé : sous le prétexte qu'il est légalement commissionné pour le transport des lettres du lieu de sa résidence à la frontière, et que celles saisies sur lui ont été, par erreur, confondues avec les autres.—*Cass.*, 3 mars 1827, Nerrick.

585. — Les directeurs des postes des villes maritimes doivent inviter les employés des douanes à s'assurer, dans la visite qu'ils font d'un navire, si le capitaine ou les gens de mer ne sont pas porteurs de lettres, journaux ou imprimés qu'ils ont l'intention de soustraire à la poste. Dans ce cas, les employés des douanes doivent s'emparer des objets et les déposer au bureau de poste. — Instr. 30 juin 1832, art. 831.

586. — La loi, en autorisant les recherches et perquisitions sur les voituriers, entrepreneurs de messageries et conducteurs, n'est pas limitative dans ses termes.—Incontestablement le droit de perquisition existe à l'égard de l'individu, qui, se chargeant parfois de quelques commissions, doit par suite être assimilé aux messagers ou piétons.—*Cass.*, 23 déc. 1842 (t. 2 1843, p. 275), Redeuilh. — V. encore *Cass.*, 2 oct. 1840 (t. 2 1840, p. 522), Saunier,

587. — Les coquetiers et autres individus qui, par état, font habituellement des transports d'un lieu à un autre rentrent dans la catégorie des personnes sur lesquelles peuvent être faites des visites à l'effet de reconnaître si elles n'ont pas controvenu à la prohibition de se charger d'aucune lettre. — *Cass.*, 16 janv. 1841 (t. 1er 1842, p. 194), Redeuilh; 23 déc. 1842 (t. 2 1843, p. 275), mêmes parties. — V., toutefois, *contrà*, *Grenoble*, 2 janv. 1834, Gandon.

588. — Les courriers peuvent être fouillés pour la recherche des lettres, lors même qu'ils n'exercent pas en même temps la profession de messagers. — *Cass.*, 15 oct. 1841 (t. 1er 1842, p. 615), Cartier.

589. — Il en est de même à l'égard d'un jardinier qui vient une fois par semaine à un marché pour y vendre les produits de son jardin.— *Cass.*, 6 mai 1843 (t. 2 1843, p. 568), Léger.

590. — ... Alors surtout que ce jardinier ou ce cultivateur transporte, avec les produits de sa récolte, des marchandises appartenant à des tiers. — *Paris*, 20 juill. 1843 (t. 1er 1844, p. 8), Léger.

591. — Mais le droit de faire des perquisitions ne peut être appliqué au jardinier ou cultivateur qui se borne à conduire au marché le plus voisin, soit accidentellement, soit à des époques fixes, les produits de sa récolte. — *Ibid.*

592. — Il en est de même de tout individu qui se borne à transporter les marchandises de son commerce, sans même que ses voyages aient aucun caractère de périodicité. — *Cass.*, 6 nov. 1845 (t. 1er 1846, p. 555), Gourg.

593. — Le propriétaire qui voiture habituellement ses produits, ou des objets relatifs à son exploitation et qu'il achète pour revendre, ne peut être réputé voiturier ou messager dans le sens de l'arrêté du 27 pairial an IX sur le transport des lettres, et soumis en cette qualité aux perquisitions autorisées par cet arrêté. — *Cass.*, 18 juin 1840 (t. 2 1842, p. 374), Genninet; 5 août 1840 (t. 2 1842, p. 375), Philippe et Laquerrière; 11 juin 1841 (t. 2 1842, p. 374), Douart; 12 août 1841 (t. 2 1842, p. 373), Savenier.

594. — La saisie d'une lettre opérée par suite d'une perquisition faite dans de pareilles circonstances est illégale et nulle, et ne peut donner lieu à aucune poursuite. — Mêmes arrêts.

595. — Appliquant ces principes à tous voyageurs, une jurisprudence constante a toujours décidé qu'aucun gendarme ou agent de l'autorité publique ne peut fouiller de simples voyageurs dans le seul intérêt de l'administration des postes. — *Cass.*, 24 avril 1828, Lacaze; 17 mai 1832, Grostein; 13 avril 1833, Boyer; 2 janv. 1834, Gandon; 13 nov. 1834, Barbette-Gaspard; 21 mai 1836, Lasnier.

596. — A plus forte raison la perquisition est-elle illicite lorsqu'elle a lieu dans le portefeuille ou dans les effets du voyageur. — *Cass.*, 13 nov. 1834, Barbette-Gaspard; 11 juin 1842 (t. 2 1842, p. 374), Douart; 12 août 1842 (t. 2 1842, p. 373), Savenier.

597. — Si le prévenu n'est ni voiturier ni messager, c'est-à-dire s'il n'est pas dans la classe de ceux qui peuvent être fouillés, il n'est punissable qu'autant que la saisie n'a pas été le résultat d'une perquisition faite dans le seul intérêt de l'administration des postes. — *Cass.*, 1er oct. 1841 (t. 1er 1842, p. 614), Dardet.

598. — Le procès-verbal d'une perquisition faite sur un voyageur qui ne se trouvait dans aucune de ces catégories, est nul et hors d'état de servir de base à une condamnation. — *Cass*, 17 mai 1832, Grostein; 13 avril 1833, Boyer; 13 nov. 1834, Barbette-Gaspard; 20 févr. 1836, Moutart et Adam.

599. — Mais la constatation est régulière et légale lorsqu'il est établi que ce n'est point par suite d'une perquisition proprement dite qu'il a été découvert une contravention. — *Cass.*, 8 mai 1841 (t. 2 1842, p. 432), Durepaire; 30 mai 1844 (t. 1er 1845, p. 87), Avison.

600. — Le tribunal ne peut, dans ce cas, relaxer le contrevenant, en se fondant sur ce que tout portait à penser qu'il s'agissait de simples lettres de recommandation; lorsque ce fait n'a été ni justifié ni même allégué par le prévenu. — *Cass.*, 30 mai 1844 (t. 1er 1845, p. 87), Avison.

601. — Ainsi : les employés des douanes qui en faisant des perquisitions sur un individu étranger au service des postes, pour rechercher des objets de contrebande, trouvent des lettres missives qu'il transportait en contravention, peuvent constater ce délit et en dresser procès-verbal séparé. — *Cass.*, 26 mai 1836, Moutart et Beauchêne.

602. — De même, la contravention à l'arrêté du 27 prair. an IX sur le transport des lettres est valablement constatée lorsqu'il résulte d'un procès-verbal régulier qu'un vigneron conduisant deux barriques de vin, et auquel des gendarmes avaient demandé la représentation de son passe-debout, a remis volontairement à ceux-ci, avec le passe-debout, trois lettres qui s'y trouvaient renfermées. On ne saurait soutenir, dans ce cas, que la demande du passe-debout par les gendarmes constitue un acte illégal identique à la perquisition défendue par la loi. — *Cass.*, 7 juin 1844 (t. 1er 1845, p. 88), Brouste.

603. — Les contraventions aux lois sur le transport des lettres peuvent être constatées non-seulement par les agens désignés en l'art. 3 de l'arrêté du 27 prair. an IX, mais encore par tous les agens de services publics auxquels leur qualité donne le droit de verbaliser. — *Cass.*, 18 mars 1836, Verdier; 7 nov. 1836, même partie; 12 nov. 1841 (t. 1er 1842, p. 261), Périgaut et Clavier; *Paris*, 4 déc. 1842 (t. 1er 1844, p. 756), mêmes parties.—L our de Douai avait jugé le contraire. — *Douai*, 5 nov. 1835, Postes c. Verdier.

604. — Elles peuvent l'être notamment par les employés des octrois que la loi appelle à la répression et à la découverte des délits de police. — Décret 17 mai 1809, art. 156. — Mêmes arrêts.

605. — Toutes visites et perquisitions, quand même elles n'auraient été suivies d'aucune saisie, doivent être constatées par procès-verbal. Lorsque ce procès-verbal ne donne lieu à aucune poursuite devant les tribunaux, il n'a besoin ni d'être timbré ni enregistré. Il en est donné copie au particulier qui a été soumis à la visite, s'il le requiert. — Instr. 30 mars 1832, art. 836.

606. — Si les visites ou perquisitions ont fait découvrir des lettres ou des journaux transportés en fraude, le procès-verbal dressé à l'instant de la saisie doit contenir l'énumération de ces lettres ou journaux, reproduire les adresses de ces objets, et mentionner le poids de chaque lettre. — Instr. 30 mars 1832, art. 837.

607. — Jugé, en présence du silence de l'arrêté du 27 prair. an IX, que le prévenu d'immixtion dans le transport des lettres, qui a pris la fuite pendant que les préposés des douanes rédigeaient le procès-verbal de sa contravention, ne peut demander la nullité de ce procès-verbal sous le prétexte qu'il ne lui en a pas été donné lecture. — *Metz*, 18 mars 1822, Kremer.

608. — Le défaut de mention dans l'acte d'affirmation de la lecture du procès-verbal aux préposés affirmant, n'est pas une cause de nullité. — Même arrêt. — L'instruction de 1832 a rempli, à cet égard, les lacunes laissées par l'arrêté de prairial an IX, et contient, sur les formes à observer pour la validité du procès-verbal, des prescriptions formelles.

609. — Ce qui est incontestable c'est que lorsque les particuliers saisis refusent de déclarer leur nom et leur domicile, ou qu'ils déclarent ne savoir ou ne vouloir signer, il en est fait mention au procès-verbal, dont il leur est délivré copie. — Instr. 30 mars 1832, art. 838.

610. — L'administration fournit des formules imprimées de procès-verbaux aux directeurs, afin qu'ils puissent en distribuer aux chefs de la gendarmerie, aux chefs des employés des douanes, et aux commissaires de police. — Art. 839.

611. — Les procès-verbaux de saisie doivent être visés pour timbre et enregistrés dans les quatre jours qui suivent la saisie. Ces formalités s'accomplissent soit dans le lieu de la résidence des agens qui ont procédé aux saisies, soit dans le lieu même où chaque procès-verbal a été dressé. Le directeur des postes, à qui ce procès-verbal est remis, avec les objets saisis, paie les frais de timbre et d'enregistrement. — L. 22 frim. an VII, art. 22 et 26. — Instr. 30 mars 1832, art. 840.

612. — Le procès-verbal constatant une contravention aux lois sur le service des postes ne peut pas être annulé sous le prétexte qu'il a été rédigé hors la présence de la partie (V., toutefois, *suprà*) et sans qu'elle ait été requise d'y assister, non plus qu'au dépôt des objets saisis, ni sous le prétexte qu'il n'a été ni enregistré ni signifié. Ces formalités sont étrangères à la matière. — *Cass.*, 8 déc. 1820, Guingamp et Moreau.

613. — Toutefois, la visite des lettres et pièces concernant les armateurs et capitaines de navires, sacs de procédure, lettres et pièces relatives au service des entrepreneurs de voitures publiques ne peut être faite qu'au lieu de la destination et en présence de la personne à laquelle ils sont adressés. — Instr. 30 mars 1832, art. 834.

614. — Dans le cas où la personne à qui les paquets sont adressés se refuserait à l'exhibition et à la vérification demandées, les agens des postes réclament l'intervention soit du maire, soit du commissaire de police, et ils procèdent en présence de cet officier public à l'ouverture et à la vérification des paquets soupçonnés de contenir d'autres objets que ceux désignés à l'article précédent. — Il est dresé procès-verbal de cette perquisition. — *Ibid.*, art. 75.

615. — Les procès-verbaux destinés à constater des délits ou des contraventions doivent être rédigés suivant les formes déterminées par la nature du délit ou de la contravention, et non d'après les qualités particulières de l'agent ou de l'officier public qui les a dressés. — *Cass.*, 12 nov. 1841 (t. 1er 1842, p. 261), Périgaut et Clavier; 11 juin 1842 (t. 2 1842, p. 119), mêmes parties.

616. — En conséquence, quoique rédigé un employé de l'octroi, le procès-verbal constatant un transport illégal de lettres n'est pas n pour n'avoir pas été affirmé dans les vingt-quatre heures devant le juge de paix, conformément à l'art. 8 de la loi du 27 frimaire an VIII. — Mêmes arrêts.

617. — Ainsi encore les préposés des douanes ne sont pas tenus de suivre, dans la rédaction de leurs procès-verbaux constatant un transport illicite de lettres, les formalités prescrites par la loi du 9 floréal an VII, qui est spéciale à la matière des douanes. — *Metz*, 18 mars 1822, Kremer.

618. — Les procès-verbaux des préposés des douanes, constatant des contraventions aux lois sur le transport des lettres, ne font pas foi jusqu'à inscription de faux, mais ils font foi jusqu'à preuve contraire. — Même arrêt.

619. — De même, les procès-verbaux des gendarmes, constatant des contraventions aux lois sur le service des postes, font foi jusqu'à preuve contraire. — *Cass.*, 22 avril 1830, Claude Pelisson.

620. — Des faits étrangers auxdits rapports ne peuvent être invoqués par les employés qui les ont rédigés, pour démentir ceux qu'ils y ont mentionnés. — *Douai*, 20 févr. 1836, Moutart et Adam.

621. — Spécialement : ils ne peuvent s'appuyer sur un second procès-verbal pour prétendre que les perquisitions qui ont amené la découverte des lettres avaient pour but la contrebande, alors que les rapports dont il s'agit constatent eux-mêmes que leur cause réelle était l'immixtion dans le transport des lettres. — Même arrêt.

622. — Du reste, en prescrivant de dresser procès-verbal des contraventions aux lois sur le transport des lettres, l'art. 5 de l'arrêté du 27 prairial an IX n'exclut point la preuve testimoniale, à l'effet de suppléer aux omissions de ces procès-verbaux. — *Bruxelles*, 22 mai 1828, B...

623. — Les contraventions aux lois sur la prohibition à toute personne étrangère à l'administration des postes de s'immiscer dans le transport des lettres, peuvent s'établir par la seule preuve testimoniale, qui supplée soit à la nullité, soit à l'absence même du procès-verbal. — *Cass.*, 8 déc. 1820, Guingamp et Moreau.

624. — Il peut être suppléé par la preuve testimoniale aux procès-verbaux des délits ou contraventions lorsqu'ils sont annulés pour défaut de qualité de l'agent qui les a rédigés, comme lorsqu'ils le sont pour vice de forme ou ambiguïté de rédaction. — *Cass.*, 18 mars 1836, Verdier; 7 nov. 1836, même partie. — La Cour de Douai avait jugé le contraire. — *Douai*, 15 nov. 1835, Postes c. Verdier.

625. — Le directeur qui a adressé ou entre les mains duquel il a été déposé un procès-verbal de saisie de lettres ou de journaux, envoie les objets saisis au directeur de l'administration avec une copie du procès-verbal; il place sur le paquet qui les contient une étiquette portant ces mots : *Lettres saisies*, ou *Journaux saisis*. — Instr. 30 mars 1832, art. 841.

626. — Tout transport illicite de lettres est punissable, quoiqu'il n'en résulte aucun préjudice pour le Trésor public. — *Lyon*, 22 déc. 1833, Monillon.

627 — Si le tribunal qui doit prononcer sur la saisie siége dans la ville où réside le directeur qui a dressé ou reçu le procès-verbal, ce directeur remet l'original au procureur de la République. Si le tribunal siége dans une autre ville, le directeur qui a dressé ou reçu le procès-verbal l'envoie au directeur de la ville où siége le tribunal, afin que ce dernier le remette au procureur de la République, et il indique dans sa lettre d'envoi le montant des frais qu'il a payés pour le timbre et l'enregistrement du procès-verbal. — Instr. 30 mars 1832, art. 842.

628. — Le ministère public a l'initiative des poursuites à exercer contre les contrevenans aux lois sur le transport des lettres. Aucun directeur ne doit se permettre de conserver entre ses mains un procès-verbal de saisie, sous prétexte que la saisie ne serait pas fondée; c'est au procureur de la République qu'il appartient de juger du mérite des procès-verbaux et de décider si la saisie doit ou ne doit pas être suivie. — *Ibid.* art. 843.

629. — Le ministère public a la faculté de procéder, dans la poursuite des contraventions aux lois sur les postes, soit par la voie de l'information préalable, soit par celle de la citation directe. — *Cass.*, 24 avr. 1828, Lacaze.

630. — Le directeur prévient le greffier du tribunal et le receveur de l'enregistrement qu'il est chargé de faire seul les avances des frais de l'instance, afin que le montant total de ces frais puisse, en cas de condamnation, être répété par une seule personne et intégralement. — Dans le cas où le directeur du lieu où siége le tribunal n'a pas fait lui-même l'avance des frais de timbre et d'enregistrement du procès-verbal de saisie, il fait connaître au greffier la quotité de ces frais. — *Ibid.*, art. 844.

631. — Avant le jugement, le directeur représente au greffier les états et quittances, de tous les frais payés par lui, pour qu'il en soit fait mention sur l'extrait du jugement à délivrer par le greffier. La signature de ce greffier doit être visée par le président ou par un des juges du tribunal. — *Ibid.*, art. 845.

632. — Si le prévenu de contravention est absous et l'administration condamnée aux frais, le directeur rembourse, sur état, au greffier la partie des frais qui lui est due. Il passe écriture de la somme payée. — *Ibid.*, art. 846.

633. — Si le prévenu a été condamné à l'amende et aux frais; le directeur en donne sur-le-champ avis à l'administration, en lui adressant l'extrait du jugement. — *Ibid.*, art. 847.

634. — Les peines encourues pour immixtion illicite dans le transport des lettres ne peuvent être modérées en vertu de l'art. 463 C. pén., sous le prétexte qu'il existe des circonstances atténuantes. — *Cass.*, 12 juill. 1834, Gautier; 14 nov. 1835, Malton; 12 juill. 1836, Gautier. — Mais on peut transiger avec l'administration. — *V. suprà* 483.

635. — Les règles ordinaires sur la complicité, telles qu'elles sont spécifiées aux art. 59 et 60 C. pén., ne s'appliquent qu'aux crimes et délits, et non aux contraventions. Il en est ainsi spécialement pour les contraventions aux règlemens concernant le service des postes. En conséquence, il ne suffit pas qu'un employé d'un chemin de fer qui accompagne un voyageur prévenu de s'être immiscé dans le transport des lettres et dépêches ait eu connaissance de ce transport pour décider qu'il y a eu de sa part participation volontaire à la contravention. — *Cass.*, 11 sept. 1846 (t. 2 1847, p. 144), de Lapanouze.

636. — S'il y a appel du jugement, soit par le ministère public, soit par le condamné, le directeur en informe sur-le-champ l'administration. — Instr. 30 mars 1832, art. 848.

637. — Quand il n'y a pas eu appel du jugement, le directeur doit, dans les huit jours qui suivent, réclamer au condamné : 1° le montant de l'amende prononcée contre lui; 2° le décime de subvention établi par la loi du 6 prairial an VII; 3° le montant de tous les frais qui doivent être à sa charge. — *Ibid.*, art. 849.

638. — Dans le cas où le condamné n'a pas satisfait au jugement, après un délai convenable; le directeur en informe l'administration, en lui faisant connaître les moyens d'existence du débiteur et s'il est dans l'habitude de se livrer à la fraude pour laquelle il a été condamné. — *Ibid.*, art. 850.

639. — Les directeurs ne doivent jamais avoir recours aux voies judiciaires pour parvenir au recouvrement des amendes et des frais, avant d'y avoir été formellement autorisés par l'administration. — *Ibid.*

640. — Si le directeur n'est pas dépositaire de l'extrait du jugement, qui donne lieu au versement fait entre ses mains; il le demande à l'administration, en indiquant le motif pour lequel il doit produire cet extrait. — *Ibid.*, art. 853.

641. — Les portions d'amende qui reviennent aux hospices et aux saisissans ne peuvent leur être payées que sur mandats spéciaux. — Si les saisissans sont des gendarmes, les mandats sont délivrés en nom collectif au profit du conseil d'administration de leur compagnie. — Si les saisissans sont des employés des douanes, les mandats sont délivrés au nom du receveur des douanes de l'arrondissement où la saisie a été faite. — *Ibid.*, art. 854.

642. — La prescription de l'action publique, pour transport illicite de lettres, est réglée, dans le silence dudit décret, par les dispositions du Code d'instr. crim.; et non par le décret, du 1er germin. an XIII, sur les douanes, qui est inapplicable. — *Liége*, 19 juillet 1832, Heuken.

CHAPITRE II. — *Postes aux chevaux.*

643. — Les établissemens de postes aux chevaux, répartis sur toutes les routes nationales, prennent le nom de relais.

644. — Les relais ont pour destination d'effectuer, dans les limites assignées à chacun d'eux et avec le matériel dont ils doivent être pourvus, la conduite et le transport des malles-postes, des estafettes, des courriers extraordinaires et des voyageurs en poste. — Instr. 30 mars 1832, art. 9.

Sect. 1re. — *Maîtres de poste.*

645. — Les maîtres de poste sont établis dans leurs fonctions en vertu d'une commision du gouvernement. — L. 24 juill. 1793, art. 68. — Cette commission, qu'ils reçoivent du directeur général, s'appelle brevet. — Instr. 30 mars 1832, art. 26.

646. — Le maître de poste est titulaire d'un relais, il exerce ses fonctions en vertu d'un brevet qui lui est personnel; il jouit, sous les conditions qui lui sont imposées, du droit exclusif de conduite en poste. — Le maître de poste doit déférer aux ordres des inspecteurs en ce qui touche le service de son relais, et des directeurs et des sous-inspecteurs en ce qui concerne le service des malles et des estafettes. — *Ibid.*, art. 14.

647. — Nul autre que les maîtres de poste munis d'une commission spéciale ne peut établir de relais particuliers, relayer ou conduire, à titre de louage, des voyageurs, d'un relais à un autre, à peine d'être contraint de payer, par forme d'indemnité, le prix de la course, au profit des maîtres de poste et postillons frustrés par ce fait. — L. 19 frim. an VII, art. 2.

648. — Toutefois, la prohibition portée au précédent article (l'art. 2) ne s'étend point aux conducteurs de petites voitures non suspendues, connues sous le nom de *pataches* ou *carrioles*, et allant à petites ou grandes journées dans l'intérieur de la France, non plus qu'à ceux de toute autre voiture de louage allant constamment à petites journées et sans relayer. — L. 19 frim. an VII, art. 3.

649. — Il est défendu à tout maître de poste de relayer quiconque aurait contrevenu aux dispositions des articles précédens, sous peine de payer lui-même la course aux maîtres de poste et postillons à qui elle serait due à titre d'indemnité. — L. 19 frim. an VII, art. 4.

650. — Néanmoins : « sont exceptés les relais qui seraient établis pour le service des voitures publiques partant à jour et heure fixes, et annoncées par affiches, et le transport des dépêches partout où les maîtres de poste n'en seraient pas chargés, lorsque ces relais seront bornés au service qui leur est attribué. — Est également excepté le cas où un relais de poste se trouverait dégarni. » — L. 19 frim. an VII, art. 5.

651. — Il est défendu, sous peine de destitution, aux maîtres de poste de faire, sans l'autorisation spéciale de l'administration, l'état de loueur de chevaux, même en prenant patente; ils peuvent néanmoins se charger de la conduite des voitures publiques annoncées par affiches et partant à jours et heures fixes; mais ils doivent affecter à ce service des chevaux spéciaux. — Instr. 30 mars 1832, art. 1063.

652. — Les maîtres de poste qui veulent louer une chaise ou un cabriolet allant en poste sont obligés, comme les autres loueurs de voitures, d'en faire la déclaration préalable aux employés des contributions indirectes, d'y faire apposer une estampille et d'avoir un laisser passer, dont le conducteur doit toujours être porteur. — *Cass.*, 22 janvier 1820, Contrib. indir. c. Leudet.

653. — Les maîtres de poste doivent résider à leurs relais, où leur présence est constamment nécessaire pour y maintenir l'ordre, l'activité et la subordination dont ils répondent personnellement. — Arr. 1er prair. an VII, art. 1er. — V. aussi Instr. 30 mars 1832, art. 1035.

654. — Il est expressément enjoint aux maîtres de poste d'informer le directeur de l'administration de tous les événemens qui ont lieu dans leur commune, ou sur leurs *communications*, et qui intéresseraient le service des malles, des estafettes, des voitures en poste et des messageries et voitures publiques. — Instr. 30 mars 1832, art. 1061.

655. — Ils sont généralement responsables du service attribué à leur relais, ainsi que des actes de leurs postillons. — *Ibid.*, art. 1036.

656. — Ils sont civilement responsables des accidens occasionnés soit par le fait de leurs postillons, soit par l'emploi de chevaux qu'ils auraient dû réformer. — Instr., art. 1037. — L'arrêté du 7 prair. an VII (§ 1er, art. 6) contenait dans sa rédaction une disposition bien différente : il ne rendait les maîtres de poste responsables des faits des postillons que dans le cas où ceux-ci n'avaient pas l'*âge requis*.

657. — Un maître de poste ne cesse pas d'être responsable civilement des délits commis par les postillons pendant qu'ils conduisent une diligence à laquelle il a fourni un relais. — *Douai*, 16 janv. 1835, Van Flègre et Delangre.

658. — Tout titulaire peut, en cas d'absence momentanée, charger quelqu'un de le représenter pour trois mois au plus, et seulement après en avoir prévenu le conseil d'administration des postes aux chevaux; mais il ne peut ni faire gérer habituellement son relais ni le céder, sans que le gérant ou cessionnaire ait été préalablement agréé. — Arrêté 1er prairial an VII, § 1er, art. 3. — L'instruction du 30 mars 1832 (art. 1039), qui reproduit cette disposition, ajoute : « Le gérant ne peut, à moins d'une procuration spéciale, donner quittance des mandats de paiement au profit du maître de poste. La correspondance avec l'administration doit être dirigée et signée autant que possible par le maître de poste.

659. — Il est défendu aux maîtres de poste de se servir de la voie des papiers publics, ou de tout autre moyen de publication, pour provoquer les voyageurs à donner la préférence à une route sur une autre, qui conduirait à la même destination. — Instr. 30 mars 1832, n° 1047.

660. — Les maîtres de poste ne peuvent quitter le service sans avoir prévenu le conseil d'administration six mois d'avance; faute de quoi, il est pourvu à leurs frais à l'exploitation. — L. 23 juill. 1793, art. 69; arrêté 1er prair. an VII, § 1er, art. 2; instr. 30 mars 1832, art. 1038.

661. — Toutefois les maîtres de poste peuvent disposer de leurs établissemens en faveur d'un autre en prévenant de leur intention l'administration, qui fait expédier si elle le juge convenable une nouvelle commission à celui qui est désigné pour le remplacement. — L. 23 juill. 1793, art 69. — *Aix*, 9 déc. 1843 et 15 avr. 1845 (t. 2 1845, p. 215), Ricard et Gay c. Paban.

662. — Du reste les brevets de poste sont personnels et ne peuvent être cédés qu'avec l'agré-

ment de l'administration. — *Orléans*, 28 nov. 1837 (t. 2 1840, p. 440), Gaudiot c. Cotty ; *Riom*, 30 mai 1838 (t. 2 1838, p. 313), Hébrard c. Arnaud ; *Amiens*, 10 janv. 1840 (t. 2 1841, p. 484), Boudoux ; *Aix*, 9 déc. 1843 (t. 2 1845, p. 215), Ricard et Gay c. Paban ; 19 avril 1845 (t. 2 1845, p. 215), Longet-Bonnafoux c. Paban. — V. encore Duvergier, *Traité de la vente*, p. 207 ; Troplong, *Vente*, p. 207.

663. — Lors donc qu'un premier arrêt a rejeté une demande en nullité ou en résolution de la vente d'un brevet de maître de poste, fondée sur ce que le cédant aurait refusé de donner sa démission, un second arrêt peut, sans violer la chose jugée, admettre une nouvelle demande en nullité ou en résolution, fondée sur le refus fait par le gouvernement d'agréer la démission donnée par le cédant depuis le premier arrêt et de sanctionner la cession. — *Cass.*, 19 juill. 1843 (t. 1er 1844, p. 442), Massiat c. Marchand.

664. — La lettre par laquelle l'administration refuse d'agréer la démission donnée par l'un de ses agens en faveur d'un cessionnaire peut être considérée comme un titre commun aux deux parties. Dès lors, les tribunaux peuvent se fonder sur cette lettre pour prononcer la résolution du traité, sur la demande du cessionnaire, alors surtout que le cédant auquel elle était adressée n'a pas demandé qu'elle fût écartée du procès ou qu'elle lui fût remise comme sa propriété. — Même arrêt.

665. — De ce que le brevet est personnel, il suit encore que le mari n'est pas fondé à demander pendant l'instance en séparation de corps l'administration d'un brevet de maître de poste dont sa femme avait été investie avant son mariage, qu'elle s'est constitué en dot, et qui depuis a été maintenu sur sa tête. — *Amiens*, 10 janv. 1840 (t. 2 1841, p. 484), Boudoux.

666. — La femme a, dans ce cas, le droit de conserver l'administration de ce brevet avec tout le matériel et les bâtimens servant à son exploitation ; mais elle doit verser entre les mains de son mari les produits de cette exploitation. — Même arrêt.

667. — Les brevets de maître de poste constituent aux profits des titulaires une propriété vénale et transmissible à tel point que celui des héritiers du titulaire qui a été nommé au lieu et place de celui-ci doit nécessairement et par cela même à ses cohéritiers une soulte calculée sur la valeur estimative du brevet. — *Riom*, 30 mai 1838 (t. 2 1838, p. 363), Arnaud c. Hébrard ; *Aix*, 9 déc. 1843 (t. 2 1845, p. 215), Ricard et Gay c. Paban ; 15 avril 1845 (t. 2 1845, p. 215), Longet-Bonnafoux c. Paban, Ricard et Gay.

668. — Toutefois il suffit que les juges du fond aient constaté 1° que ces héritiers n'avaient pas fait usage de cette faculté ; 2° que celui d'entre eux qui a été nommé aux lieu et place du défunt l'a été directement, personnellement, et non en sa qualité de successible, pour que l'arrêt qui, par ces motifs, décide que le nouveau titulaire n'est tenu à aucune indemnité envers ses cohéritiers échappe à la censure de la Cour de la cassation. — *Cass.*, 14 déc. 1841 (t. 2 1841, p. 724), Arnaud c. Hébrard.

669. — Si un maître de poste vient à décéder, et que les héritiers ne veuillent ou ne puissent pas continuer le service pour leur compte ; l'autorité municipale doit veiller à ce que le nombre des postillons et des chevaux ne diminue pas, jusqu'à ce qu'il y ait été pourvu par l'administration. — L. 24 juill. 1793, art. 70.

670. — Mais on ne peut opposer la déchéance aux héritiers qui n'ont pu ou voulu présenter de successeur. — *Aix*, 9 déc. 1843 (t. 2 1845, p. 215), Ricard et Gay c. Paban ; 15 avril 1845 (t. 2 1845, p. 215), Longet-Bonnafoux c. Paban, Ricard et Gay.

671. — Bien qu'un maître de poste ne puisse point, par lui-même, disposer de son brevet, qui est un titre conféré par le gouvernement, et une chose qui se trouve ainsi hors du commerce, il peut néanmoins, sans que cela diminue d'ailleurs sa propre responsabilité soit vis-à-vis de l'administration, soit vis-à-vis du public, bailler à ferme l'exploitation de l'industrie attachée à son brevet. — *Toulouse*, 3 fév. 1844 (t. 2 1844, p. 655), Cornu c. Puybusque.

672. — Un brevet de maître de poste peut faire l'objet d'une société, une telle société doit recevoir son caractère entre les contractans, sans préjudice des droits de l'administration vis-à-vis du titulaire. — *Rennes*, 26 août 1837 (t. 2 1841, p. 723), Malen c. Laurent.

673. — ... Les maîtres de poste ne sont point sujets au droit de patente pour l'exercice public dont ils sont chargés ; ils sont seulement astreints à faire enregistrer leur commission au greffe de leurs municipalités respectives. — L. 19 frim. an VII, art. 6.

674. — Sont-ils cependant commerçans, alors surtout qu'ils relaient des voitures publiques ? — V. à cet égard COMMERÇANT, nos 147 et suiv. ; ACTES DE COMMERCE, no 224. — V. encore COMPÉTENCE COMMERCIALE. — A deux arrêts et autorités cités sous ces mots, *adde Caen*, 12 juin 1847 (t. 2 1847, p. 599), Blanquet c. Lacour, et *Bourges*, 8 févr. 1847 (t. 2 1847, p. 327), Paignon et Bompais c. Clément.

675. — Les maîtres de poste peuvent être destitués. — L. 24 juill. 1793, art. 68.

676. — Spécialement tout maître de poste qui se rend coupable d'exactions, de mauvaise gestion, d'insultes graves envers les voyageurs, d'insubordination envers l'administration ou de mauvais service peut être puni de la révocation, laquelle est prononcée par le ministre des finances sur le rapport du directeur. — Instr. 30 mars 1832, art. 1129.

677. — Les paiemens, ainsi que les chevaux, provisions, ustensiles et équipages destinés au service de la poste, ne peuvent être saisis sous aucun prétexte. — L. 24 juill. 1793, art. 76.

Sect. 2e. — *Postillons.*

678. — Le postillon est choisi par le maître de poste et agréé par l'administration. Le maître de poste peut le renvoyer, mais l'administration seule peut lui ôter la qualité de postillon. — Instr. 30 mars 1832, art. 24 et 1040.

679. — Tout postillon doit être âgé de seize ans au moins. Il doit être inscrit à la mairie du lieu où le relais est établi, à compter du jour où il a pris son rang. Le certificat de son inscription est adressé à l'administration par le maître de poste. — Les droits à la pension ne sont acquis pour les postillons qu'à dater du jour de cette inscription. — V. *infrà* no 181. — Instr. 30 mars 1832, art. 1086.

680. — Seul entre tous les agens des postes, le postillon n'a pas de commission. — Article 26.

681. — Au lieu de commission, tout postillon est pourvu d'un livret qui énonce les nom, prénoms et surnom, l'âge, le lieu de naissance du postillon et la date de son entrée au service. — Instr. 30 mars 1832, art. 1087.

682. — Le livret est accordé par l'administration sur la production : 1° de l'acte de naissance du postillon ; 2° d'un certificat de bonne vie et mœurs, délivré, soit par le maire de la commune qu'il habitait, soit par les maîtres dont il dépendait, et visé, dans ce cas, par le maire ; 3° du certificat d'inscription à la mairie, exigé par l'art. 1086. — Instr. 30 mars 1832, art. 1088.

683. — Les maîtres de poste sont dépositaires des livrets de leurs postillons ; ils doivent les représenter à toute réquisition des inspecteurs, qui sont tenus de les viser. — *Ibid.*, art. 1089.

684. — Les maîtres de poste, en remettant les livrets à leurs postillons, leur font lecture de l'instruction qui y est portée. — *Ibid.*, article 1094.

685. — Lorsqu'un postillon sort d'un relais, le maître de poste lui remet son livret ; à moins qu'il n'y ait lieu de le retenir, comme il sera expliqué ci-après. Il y constate : 1° la date de l'entrée du postillon à son relais ; 2° celle de sa sortie, ainsi que les motifs qui y ont donné lieu ; 3° la conduite qu'il aura tenue pendant le temps de son service au relais. — Lorsqu'un postillon est renvoyé, pour cause de mauvaise conduite ou de fautes graves, le maître de poste ne lui remet pas son livret ; mais il l'adresse, en rendant compte de ses motifs, à l'administration, qui juge s'il y a lieu de rendre le livret au postillon. — Instr. 30 mars 1832, art. 1090.

686. — Les postillons ne peuvent quitter le relais auquel ils sont attachés, sans avoir prévenu le titulaire au moins un mois à l'avance. En cas de non-exécution de cette disposition, le maître de poste est autorisé à retenir leur livret, mais il doit en informer l'administration. — Instr. 30 mars 1832, art. 1091.

687. — Il est expressément défendu aux postillons qui quittent le service ou qui changent de relais d'emporter l'écusson ou la plaque qui indique le nom du relais auquel ils sont attachés et le numéro de leur rang. — *Ibid.*, art. 1097.

688. — Il est expressément défendu à tout maître de poste de recevoir un postillon sans livret, lorsque ce postillon a servi dans d'autres relais. — Lorqu'un maître de poste reçoit un postillon sorti d'un autre relais, il doit en informer sur-le-champ l'administration. — *Ibid.*, art. 1092.

689. — Les services des postillons ne sont comptés que d'après les indications régulièrement portées sur leurs livrets. — Les postillons en rang ont seuls droit à des livrets, il n'en est pas délivré aux *monteurs à défaut*. — *Ibid.*, art. 1093.

690. — On appelle *monteurs à défaut*, les individus qui sont destinés à suppléer les postillons dans leur service. Ils ne comptent point au nombre des postillons. — *Ibid.*, art. 1043.

691. — Dans chaque relais, le nombre des postillons en rang doit être proportionné à celui des chevaux nécessaires ; il suffit d'un postillon pour quatre ou cinq chevaux. — Les maîtres de poste ne peuvent s'écarter de cette proportion qu'autant qu'ils y ont été spécialement autorisés par l'administration. — Ils ont la liberté d'y adjoindre des *monteurs à défaut* lorsque le service l'exige. — Instr. 30 mars 1832, art. 1042.

692. — Les postillons doivent obéissance, non-seulement aux maîtres de poste du relais auquel ils sont attachés, mais encore, en ce qui concerne le service, à tous les maîtres de poste chez lesquels ils se trouvent momentanément. — *Ibid.*, article 1095.

693. — La surveillance des maîtres de poste porte non-seulement sur leurs propres postillons ; mais même sur les postillons des relais voisins, lorsque ceux-ci se trouvent chez eux. Ils doivent veiller à ce que ces postillons ne s'arrêtent au relais que le temps nécessaire pour faire souffler leurs chevaux, et à ce qu'ils ne repartent point à charge ou au galop. — *Ibid.*, art. 1044.

694. — Tout postillon convaincu d'avoir exigé une rétribution plus élevée que le montant du prix de guides qui lui est accordé par les réglemens ; d'avoir insulté les voyageurs, par des propos grossiers ou par des actions indécentes, est renvoyé sans livret ; indépendamment des peines portées par les lois, s'il y a lieu. — Tout postillon sujet à s'enivrer est également renvoyé. — Instr. 30 mars 1832, art. 1130.

695. — Les postillons qui ont donné lieu à des plaintes dans leur service, soit aux relais, soit en course, et qui se sont rendus coupables d'insubordination sont punis de la mise à pied pour un temps déterminé. — Art. 1131.

696. — Les postillons qui ont donné lieu à des plaintes de la part des voyageurs, soit en cherchant à leur imposer le choix de l'auberge où il convient à ces voyageurs de descendre ou de la route à suivre, lorsque plusieurs routes conduisent à la même destination, soit pour toute autre infraction à la police générale du service, sont ou mis à pied ou destitués, selon la gravité du fait. — Art. 1132.

697. — Les postillons qui ont quitté leurs chevaux en route sont punis de la mise à pied, sans préjudice de la responsabilité, encourue par eux et par les maîtres de poste, pour les accidens qui seraient résultés de cette contravention. — Art. 1133.

698. — Les postillons en course qui n'ont pas l'uniforme et la plaque sont punis, pour la première fois, par la mise à pied pendant deux jours ; pour la deuxième fois, pendant quinze jours et, pour la troisième, par la destitution. — Art. 1134.

699. — Tout postillon qui a subi deux fois la punition de la mise à pied pour la même faute, est destitué à la troisième fois. — Les punitions de mise à pied sont consignées sur le livret, ainsi que les motifs qui y ont donné lieu. — Art. 1135.

700. — Les inspecteurs des postes en tournée ou en mission ont le droit de prononcer la mise à pied, pour huit jours au plus, dans l'un des cas mentionnés ci-dessus. — Les maîtres de poste sont tenus de déférer aux ordres qui leur sont donnés à cet égard. Ils ont le droit d'appliquer eux-mêmes ces mesures de discipline. — Les inspecteurs rendent compte au directeur de l'administration des punitions qu'ils ont infligées aux postillons, et ils en font connaître les motifs. — Art. 1136.

701. — Les postillons auront droit à une pension de retraite, après vingt ans de service comme postillons en rang, ou dans le cas d'un accident ou d'une infirmité qui les met dans l'impuissance de se procurer, par un travail quelconque, les moyens d'exister. — Cette retraite ne peut être moindre de 150 fr., ni plus forte que 200 fr. — Elle peut être réversible, en tout ou en partie, aux veuves et aux enfans. — Les pièces que doivent produire les postillons qui aspirent à la pension sont : 1° l'acte de naissance du réclamant, légalisé par le maire ou l'adjoint de la commune ; 2° ses états de service dans les différens relais où il a servi, avec désignation de l'époque à laquelle il est entré à chaque relais où il a été employé et de celle où il a quitté (ces étais doivent être certifiés par le maire ou l'adjoint de la commune et visés par le préfet du département ou par le sous-préfet de l'arrondissement); 3° dans le cas où le titulaire d'un relais où le réclamant aurait servi n'existerait plus, ses services à ce relais seront constatés par le titulaire actuel, d'après les renseignemens qu'il aura pu recueillir, et l'attestation de deux citoyens notables de la commune, et ce certificat devra être également visé et légalisé; 4° un certificat de résidence, visé et légalisé; 5° un certificat qui constate l'indigence du réclamant; 6° un certificat qui constate si le réclamant est encore en activité, et, dans le cas contraire, l'époque précise à laquelle il a quitté le service.—L. 19 frim. an VII, art. 14.

Sect. 3e. — *Police des relais et du service.*

702. — Le matériel des relais se compose de chevaux, de harnais et traits, et de chaises de poste ou autres voitures. — Instr. 30 mars 1832, art. 133.

703. — L'administration détermine le nombre de chevaux à entretenir dans chaque relais, sur le rapport des inspecteurs et en raison des besoins du service. — Ces chevaux sont de trois sortes : bricoliers ou porteurs, malliers et bidets. — L. 24 juill. 1793, art. 69. — Instr. 30 mars 1832, art. 134.

704. — Dans chaque relais les chevaux affectés spécialement au service de la poste doivent être distincts des chevaux employés à d'autres exploitations, telles que le labour, la conduite des diligences, l'entreprise du transport de dépêches, etc. Ces chevaux sont appelés *chevaux nécessaires*. — Instr. 30 mars 1832, art. 1041.

705. — La fourniture et l'entretien du matériel des relais sont à la charge des maîtres de poste. — Instr. 30 mars 1832, art. 135.

706. — D'après la déclaration du roi, du 18 avril 1782, maintenue par la loi de juill. 1791, les maîtres de poste peuvent faire conduire à l'abreuvoir, par un seul postillon, quatre chevaux à la fois, nonobstant la défense portée par un règlement de police local qui n'a pu déroger à cette loi spéciale émanée de l'autorité souveraine. — *Cass.*, 8 sept. 1808, Justin.

707. — Les relais doivent être placés dans une situation commode pour l'abord des voitures.— Instr. 30 mars 1832, art. 1048. — Comme sanction de cette disposition, l'art. 1035 déclare que les maîtres de poste ne peuvent transférer leur relais d'un local à un autre, quoique dans la même commune, sans l'autorisation préalable de l'administration.

708. — Les écuries doivent être salubres, à portée de la surveillance du maître de poste, et convenablement situées, afin que les courriers soient relayés avec promptitude; les harnais doivent être rangés avec ordre et les approvisionnemens bien conservés. Une bonne discipline doit être maintenue parmi les postillons, et le pansement des chevaux doit être fait avec soin. — Instr. 30 mars 1832, art. 1048.

709. — Il doit y avoir pendant la nuit, dans l'écurie de chaque maître de poste, de la lumière et un postillon de garde; si le postillon de garde part en course, un autre le remplace. — Instr. 30 mars 1832, art. 1049.

710. — Le règlement d'ordre de police concernant les postillons et le service de relais, doit être affiché sur un tableau apposé au mur de la principale écurie de chaque relais. Les maîtres de poste veillent à la conservation de ce tableau. — Instr. 30 mars 1832, art. 1138.

711. — Il existe dans chaque relais un registre d'ordre.— L. 19 frim. an VII, art. 24.—Ce registre est destiné à recevoir les plaintes que les voyageurs auraient à consigner : soit contre le maître de poste ou les postillons du relais, soit contre le maître de poste ou les postillons de tout autre relais. — Il doit toujours rester à la disposition des voyageurs. Les maîtres de poste sont tenus de le représenter à la première réquisition qui leur en est faite. Ils ne peuvent, sous aucun prétexte, se dispenser de satisfaire à cette obligation.—Instr. 30 mars 1832, art. 45. — Les voyageurs sont fortement invités à donner connaissance au directeur de l'administration des postes de toutes les infractions qui auraient lieu, de la part des maîtres de poste ou des postillons, soit au tarif, soit aux articles du règlement.

712. — Lorsque deux routes conduisent à la même destination, les maîtres de poste doivent se conformer au désir, librement exprimé par les voyageurs, de prendre l'une ou l'autre de ces routes. Les postillons doivent se conformer, à cet égard, sans aucune observation, aux ordres qui leur sont donnés par les voyageurs. — Il doit en être de même pour le choix des auberges, lequel appartient exclusivement aux voyageurs. — Instr. 30 mars 1832, art. 1046.

713. — Dans le cas où un relais se trouverait vacant ou abandonné, les maîtres de poste correspondant à ce relais sont tenus de se mettre en *communication* (c'est-à-dire, sont tenus de ne pas s'arrêter au relais vacant et de conduire les voyageurs au relais suivant) sans en attendre l'ordre de l'administration. — Lorsqu'il ne résulte de cette communication qu'une course de deux myriamètres ou moins, les maîtres de poste ne peuvent prétendre à aucun dédommagement de la part des voyageurs; mais, si la course se trouve excéder deux myriamètres, il est payé au maître de poste, indépendamment du prix ordinaire pour les distances parcourues, quatre kilom. d'augmentation pour indemnité de rafraîchissement des chevaux, jusqu'à concurrence de deux myriam. huit kilomètres, l'indemnité de rafraîchissement est égale au prix de huit kilomètres lorsque la course excède deux myriamètres huit kilomètres, et jusqu'à concurrence de quatre myriamètres, terme au delà duquel les maîtres de poste ne peuvent être tenus de communiquer entre eux. — Instr. 30 mars 1832, art. 1051.

714. — Lorsque tous les chevaux d'un relais suffisamment garni sont en course, les voyageurs arrivant du relais voisin doivent attendre que des chevaux soient de retour et qu'ils aient rafraîchi; mais si le manque de chevaux provient de ce que le relais n'est pas suffisamment monté, les postillons du relais précédent sont tenus de passer outre, avec tout ou partie de leurs chevaux, après les avoir fait rafraîchir. — Les postillons ne peuvent, en aucun cas, être forcés à passer plus d'un relais. — *Ibid.*, art. 1052.

715. — Le service des malles et celui des courriers du gouvernement doivent être faits de préférence à tous autres. — Hors ces deux cas, les voyageurs doivent être servis, dans les relais, selon l'ordre de leur arrivée; ou de l'arrivée de leur avant-courrier, quand ils en ont un qui les précède. — *Ibid.*, art. 1053.

716. — Les maîtres de poste ne peuvent être forcés à fournir des chevaux pour les routes de traverse; cependant ils sont autorisés à conduire les voyageurs sur ces routes, à prix défendu, de manière cependant que le service du relais ne puisse en souffrir : cette faculté ne peut s'étendre à des distances au delà de celles que le relais parcourt sur les lignes de poste avec lesquelles il est en communication. — Il est expressément défendu aux maîtres de poste de fournir des voitures aux voyageurs pour les conduire sur des routes de traverse ou aux maisons de campagne environnantes; à moins que les voyageurs ne viennent d'un relais voisin, transportés par les voitures des maîtres de poste. — *Ibid*, article 1054.

717. — Les voyageurs habitant les maisons de campagne situées sur les grandes routes, ou à proximité, doivent être servis, au départ, par le relais le plus rapproché de leur habitation, ou par le relais qui, bien que n'étant pas le plus voisin, se trouve dans la direction vers laquelle les voyageurs veulent se rendre. A l'arrivée, ils peuvent se faire conduire à leur maison de campagne par le dernier relais, sans être obligés de relayer au plus voisin, pourvu que la distance qui sépare le dernier relais de la maison de campagne n'excède pas quatre kilomètres. — Les voyageurs qui arrivent en poste à un relais peuvent se faire conduire aux maisons de campagne voisines situées en traverse, pourvu que la route soit praticable et que le trajet à parcourir n'excède pas la distance attribuée aux relais sur la ligne de poste. — *Ibid.*, art. 1055.

718. — Les maîtres de poste ne peuvent être contraints à fournir des chevaux pour être attelés à une voiture concurremment avec des chevaux employés à la poste. — *Ibid.*, art 1056.

719. — Les voyageurs ne doivent point forcer ni maltraiter les chevaux; dans le cas où ils se seraient portés à cet excès, et que par suite un ou plusieurs chevaux seraient mis hors de service ou viendraient à périr, ils sont tenus d'en payer le prix au maître de poste, suivant l'estimation qui en est faite par experts et sur le procès-verbal qui en est dressé en présence de l'agent municipal des lieux où le délit a été commis. — Arrêté 1er prair. an VII, § 9, art. 13.

720. — Les maîtres de poste ne peuvent fournir des chevaux à aucun voyageur, au point de départ, si ce voyageur ne justifie d'un passe-port délivré conformément aux lois et règlemens de police. — Instr. 30 mars 1832, art. 1057.

721. — Les voyageurs qui veulent sortir de Paris avec leurs propres chevaux et prendre la poste à l'un des relais situés dans le rayon de quinze lieues, ne peuvent obtenir des chevaux que sur la présentation d'un permis de poste, valable seulement pour quarante-huit heures, et délivré gratis sur la présentation d'un passeport à la porte de Paris. — *Ibid.*, art. 1058. — V. VILLE DE PARIS.

722. — Le directeur de l'administration délivre quelquefois des recommandations à des voyageurs, qui, par leur mission spéciale, ou la nature de leurs fonctions, éprouvent le besoin d'une plus grande accélération dans leur marche. Les maîtres de poste sont tenus d'avoir égard à ces recommandations. — *Ibid.*, art. 1059.

723. — Les maîtres de poste peuvent être requis par l'administration de fournir les postillons et chevaux nécessaires pour renforcer des relais lors d'un passage extraordinaire, ou pour activer provisoirement un relais vacant ou abandonné; mais alors, outre le prix des courses qui leur appartient de droit, il leur est alloué, par chaque jour de route ou de séjour, le prix de 2 fr. par homme et par cheval requis et en activité. — *Ibid.*, art. 1060. — Une instruction ultérieure porte que les relais qui par faute des maîtres de poste ne seraient pas convenablement montés peuvent être renforcés au moyen de chevaux et de postillons détournés. Les titulaires de ces relais ont à supporter la dépense de 3 fr. par homme et par cheval, qui, indépendamment des courses, est allouée pour chaque jour de déplacement, aux maîtres de poste qui ont fourni les chevaux.

724. — Les maîtres de poste doivent, en tout temps, tenir un cabriolet ou une petite calèche à la disposition des voyageurs. Ils ne doivent néanmoins fournir cette voiture que sur les lignes de poste et jusqu'aux relais avec lesquels ils sont en communication. Le loyer de la voiture se compte, comme la course d'un cheval, 2 fr. par myriamètre. — *Ibid.*, art. 1062.

725. — Les postillons attachés à un relais doivent seuls conduire les chevaux de ce relais; les voyageurs ne peuvent les faire remplacer par qui que ce soit. — *Ibid.*, art. 1050.

726. — Les postillons en course doivent être revêtus de l'uniforme, et doivent porter au bras l'écusson ou la plaque qui indique le nom du relais auquel ils sont attachés et le numéro de leur rang. — *Ibid.*, art. 1096.

727. — Les postillons en course ne peuvent se dépasser sur la route; ils doivent marcher dans l'ordre où ils sont partis du relais, à moins qu'un accident ne soit survenu à la voiture qui les précède. Néanmoins, les voitures légères et découvertes, attelées de quatre chevaux, peuvent dépasser, en route, celles de la 1re ou de la 2e division; mais, à leur passage dans les relais, toutes les voitures, quelle que soit la force de leur attelage, doivent être servies, selon l'ordre de leur arrivée ou celle de l'avant-courrier qui les précède. Ces dispositions ne concernent ni les malles-postes ni les estafettes. — *Ibid.*, art. 1098.

728. — Un myriamètre doit être parcouru entre quarante-six et cinquante-huit minutes au plus dans les localités ordinaires. — Art. 1099.

729. — Le temps employé pour le relayage des voitures en poste ne doit pas dépasser cinq minutes pendant le jour, et un quart d'heure pendant la nuit. — Art. 1100.

730. — Les postillons ne peuvent s'arrêter, sans la permission des voyageurs, que le temps nécessaire pour laisser souffler leurs chevaux. — Art. 1101.

731. — Il est défendu aux postillons, lorsqu'ils se rencontrent, d'échanger leurs chevaux, à moins qu'ils n'en aient obtenu le consentement respectif des voyageurs qu'ils conduisent. — Art. 1102.

732. — Il est expressément défendu aux postillons de descendre de cheval pendant la durée de la course. — Art. 1103.

Sect. 4e. — *Tarifs de la poste aux chevaux.*

733. — A dater du 1er janvier 1840, toutes les distances de poste ont été comptées par myriam. et kilom.. Toute distance de 500 mèt. et au-dessus, jusqu'à 1,000 mèt., est comptée pour un kil., toute distance moindre de 500 mèt. n'est pas comptée. — Ord. 25 déc. 1839, art. 1er.

734. — Le prix des services exécutés par les

maîtres de poste pour le compte des particuliers est fixé ainsi qu'il suit : Pour chaque cheval fourni, 2 fr. par myriam., soit 20 centimes par kil. Pour chaque voiture fournie, 2 fr. par myriam., soit 20 centimes par kil. Pour les guides à payer à chaque postillon, 1 fr. par myriam., soit 10 centimes par kil. Le nombre de chevaux à atteler, celui des postillons à fournir pour la conduite de chaque voiture, et les supplémens de prix à payer en raison du nombre de personnes excédant le chargement ordinaire, sont réglés par le tarif joint à la présente ordonnance. — *Ibid.*, art. 2.

735. — A cet effet, les voitures sont partagées en trois divisions; la première contient : 1° les chaises ou cabriolets n'exigeant jamais qu'un seul postillon et un cheval si le nombre des voyageurs n'est que de deux, deux chevaux au cas où il s'élève à trois; 2° les petites calèches à un seul fond avec timon, tenant deux voyageurs au plus, ayant deux chevaux et un postillon. — Il est payé en sus 1 franc 50 centimes par chaque personne excédant le nombre de deux. Toutefois, s'il se trouve quatre personnes ou plus, le maître de poste est libre d'atteler quatre chevaux au prix du tarif, et dans ce cas il sera payé 1 franc 50 centimes par myriamètre pour chaque personne excédant le nombre de quatre.

736. — La deuxième division contient les *limonières* (voitures fermées et coupées et calèches avec brancards); pour trois voyageurs au plus, trois chevaux, un postillon. — Il est payé 1 franc en sus par myriamètre pour chaque personne excédant le nombre de trois.

737. — La troisième division contient les *berlines* (voitures fermées ou non à deux fonds égaux, et calèches à deux fonds avec timons); pour quatre voyageurs au plus, quatre chevaux, deux postillons. — S'il y a une cinquième personne, il est payé en sus 1 franc 50 centimes par myriamètre. — Depuis l'ordonnance de 1839, les voyageurs ont la faculté de n'employer qu'un seul postillon, au lieu de deux, à la conduite des voitures à quatre chevaux; une modification apportée au tarif leur en accorde le droit. Il n'y a d'exception à cette disposition que pour l'entrée et la sortie des villes de Paris et de Lyon. Les frais des guides seront toujours proportionnés au nombre de postillons réellement employé. Les mêmes voitures, quand elles contiennent six voyageurs, doivent avoir six chevaux — Il est payé en sus 1 franc 50 centimes par myriamètre, par chaque personne excédant le nombre de six.

738. — Les maîtres de poste peuvent déroger aux droits que le tarif leur accorde, par rapport au nombre de chevaux dont les voitures doivent être attelées; ils les conduisent alors à prix de composition : cette dérogation est purement facultative. — Toute dérogation au tarif doit être convenue d'avance entre les voyageurs et les maîtres de poste. — Instr. 30 mars 1832, art. 1085.

739. — 1° Les enfans âgés de moins de trois ans, quel que soit leur nombre, ne sont pas comptés dans le prix de la course; — 2° un enfant de trois à dix ans n'est pas non plus compté dans le prix de la course; — 3° s'il se trouve dans la même voiture un enfant de trois à dix ans, avec un ou plusieurs enfans âgés de moins de trois ans, il n'est rien dû pour aucun d'eux; — 4° un enfant âgé de plus de dix ans est compté pour une personne; — 5° deux enfans de l'âge de trois à dix ans comptent également pour une personne. — *Ibid.*, art. 1066.

740. — Il est dû, pour prix des guides, 1 franc par postillon et par myriamètre, aux termes de l'ordonnance du roi, en date du 25 décembre 1839. Mais l'usage s'est introduit généralement de payer les guides sur le même pied que les chevaux, c'est-à-dire 2 francs par myriamètre. Les voyageurs conservent donc la faculté de restreindre le prix des guides à 1 franc, à titre de punition; et ils doivent être invités par les maîtres de poste, et dans l'intérêt du service, à ne jamais dépasser la rétribution de deux francs par myriamètre. — *Ibid.*, art. 1067.

741. — Les fractions de distance parcourues sur une communication de relais à relais sont payées comme il suit, savoir : sur les communications dont l'étendue est inférieure au myriamètre, il est payé le prix de la distance entière telle qu'elle se trouve indiquée au livre de poste. — Sur les communications d'un myriamètre et au-dessus, s'il a été parcouru moins d'un myriamètre, il est payé un myriamètre; s'il a été parcouru un myriamètre ou plus, il est payé le prix de la distance entière indiqué au livre de poste. — Ordonn. 25 déc. 1839, art. 2.

742. — Les voitures montées sur deux roues ayant brancard, ou montées sur quatre roues à un seul fond et en limonière, ne peuvent être chargées sur le derrière de plus de cinquante kilogrammes, et sur le devant de plus de vingt kilogrammes. — Instr. 30 mars 1832, art. 1069. — Chaque voiture peut être chargée d'une malle et d'une vache, soit en une, soit en deux parties, selon que la voiture est à un ou deux fonds, c'est-à-dire selon que la voiture fait partie de la première ou de la deuxième ou troisième division du tarif. — Néanmoins les petites calèches de la première division du tarif ne peuvent être chargées que d'une malle seulement ou d'une vache. — Même instr., art. 1070.

743. — L'administration détermine au livre de poste les localités où il sera indispensable d'atteler un cheval de supplément — Ordonn. 25 déc. 1839, art. 3. — Le prix du cheval de renfort est fixé, comme le prix des autres chevaux, à 2 francs par myriamètre, et se paye en sus du prix des chevaux fixé par le tarif. — Instr. 30 mars 1832, art. 1072.

744. — Le cheval doit être nécessairement attelé. — Ordonn. 25 déc. 1837, art. 3. — En conséquence, les voyageurs peuvent exiger que le cheval de renfort soit attelé, et les maîtres de poste ne peuvent en demander le paiement lorsqu'ils ne l'attellent pas. — Instr. 30 mars 1832, art. 1073. — Autrefois un usage abusif avait autorisé les maîtres de poste à se faire payer le cheval de renfort sans qu'il fût attelé.

745. — Cependant, comme il faudrait atteler le cheval de renfort en arbalète aux calèches de la première division du tarif et aux limonières de la deuxième, et que cette sorte d'attelage est quelquefois dans le cas d'occasionner des accidens, le maître de poste peut offrir de suppléer à ce renfort en fournissant des chevaux plus vigoureux, et les voyageurs peuvent, dans leur propre intérêt, consentir à payer le prix du cheval de renfort sans qu'il soit attelé; mais ce prix ne sera, dans ce cas, que de 1 fr. par myriamètre. Cette disposition, au surplus, ne peut avoir lieu que par consentement mutuel. — Instr. 30 mars 1832, art. 1073.

746. — Il est accordé, à l'entrée et à la sortie de quelques villes, à raison du parcours dans l'intérieur de ces villes, des distances dites *supplémentaires*. — Instr. 30 mars 1832, art. 1077. — Ces distances sont fixées par le ministre des finances, selon la nature des localités. — Ordonn. 25 déc. 1839, art. 4. — Elles ont été concédées à raison des frais plus considérables qu'entraîne l'établissement des postes aux chevaux dans l'intérieur des villes.

747. — Ces distances peuvent être établies sur toutes ou quelques-unes seulement des sorties d'une ville, avec ou sans réciprocité pour les relais entrant dans la ville. — Mais en tout cas le paiement des distances supplémentaires n'est pas dû par les voyageurs qui ne font que traverser une ville sans s'arrêter autrement que pour changer de chevaux aux relais. — Ordonn. 25 déc. 1839, art. 4.

748. — L'art. 1078 de l'ordonnance portait encore : « En outre il est accordé, à l'entrée et à la sortie des lieux où le roi a fixé momentanément sa résidence, le prix de 8 kilomètres en sus des distances réelles, tant pour les chevaux que pour le salaire des postillons, mais à compter seulement de l'heure de minuit qui suit le jour où le roi est entré dans sa résidence, et jusqu'à l'heure de minuit du jour après lequel il en est parti. — Lorsque l'on paie ce supplément de prix, les distances supplémentaires ne sont pas dues. » — Pareille indemnité serait-elle accordée aujourd'hui en ce qui concerne le séjour du président de la République? Nous ne pensons pas qu'il puisse en être ainsi en l'absence d'une prescription formelle.

749. — Tout maître de poste d'une localité avoisinant un embarcadère ou une station de chemin de fer, qui va prendre à cet embarcadère ou à cette station des voitures pour les conduire dans l'intérieur de la localité qu'il habite, ou réciproquement, est autorisé à percevoir 1 fr. 50 cent. par cheval et par postillon. Il ne peut, dans aucun cas, compter plus de deux chevaux et d'un postillon, quels que soient la forme de la voiture et le nombre des voyageurs.

750. — Les maîtres de poste qui conduisent à des relais situés sur les pays étrangers, sont autorisés à se faire payer sur le pied du tarif étranger. — Instr. 30 mars 1832, art. 1079.

751. — Les droits de bac, d'entretien des routes, de pont ou de barrière sont à la charge des voyageurs, tant à l'aller qu'au retour du

postillon, et indépendamment du prix de la course et des guides. — *Ibid.*, art. 1080.

752. — Les voyageurs qui ont commandé des chevaux de poste et qui les renvoient sans s'en servir, paient le prix de 8 kilomètres pour les chevaux et les guides à titre de dédommagement. — Ceux qui ont fait venir des chevaux et qui ne partent pas immédiatement, paient 4 kilomètres de plus, et les guides dans la même proportion, pour chaque heure de retard. — *Ibid.*, art. 1081.

753. — Les voyageurs dont la voiture casse dans le trajet d'un relais à un autre, sans que l'accident puisse être attribué à la maladresse du postillon ou à la mauvaise qualité des chevaux, paient, à titre de dédommagement, deux kilomètres par chaque heure de retard, toutes les fois que le retard excède deux heures au delà du temps accordé pour la course. — *Ibid.*, art. 1082.

754. — Les voyageurs paient 75 cent. par postillon et par cheval, toutes les fois que la fermeture des portes d'une ville ou tout autre empêchement de cette nature a forcé les postillons qui les ont amenés à coucher hors de leurs relais. — *Ibid.*, art. 1083.

755. — Dans les villes fermées où les voyageurs ont la faculté, moyennant une rétribution déterminée, de faire ouvrir les portes pendant la nuit, pour entrer ou sortir, les maîtres de poste ne peuvent réclamer que le montant de cette rétribution. Elle est à la charge des voyageurs, et doit être payée double lorsque la rentrée des chevaux dans la ville fermée d'où ils sont partis doit précéder l'heure ordinaire de l'ouverture des portes. — Le temps nécessaire pour le retour est fixé à raison d'une demi-heure pour le rafraîchissement et d'une heure et demie par huit kilomètres. — Instr. 30 mars 1832, art. 1084.

Sect. 5e. — *Droit de vingt-cinq centimes.*

Art. 1er. — *Assiette du droit de vingt-cinq centimes.*

756. — Les voitures publiques et messageries occasionnent évidemment aux maîtres de poste un préjudice considérable. Pour en atténuer l'effet, diverses lois et ordonnances ont été rendues.

757. — Et d'abord parut la loi du 15 ventôse an XIII, dont l'art. 1er (§ 1er) est ainsi conçu : « A compter du 1er mess. prochain tout entrepreneur de voitures publiques et de messageries qui ne se servira pas des chevaux de la poste, sera tenu de payer, par poste et par cheval attelé à chacune de ses voitures, 25 cent. au maître du relais dont il n'emploiera pas les chevaux.

758. — Aux termes de l'ordonn. du 25 déc. 1839 (art. 8), le droit a été fixé à 29 cent. 15/100 par myriamètres.

759. — Sont exceptés de cette disposition les loueurs allant à petites journées et avec les mêmes chevaux, les voitures de place allant également avec les mêmes chevaux et partant à volonté, et les voitures non suspendues. — L. 15 vent. an XIII, art. 1er, § 2.

760. — Tous les contrevenans aux dispositions ci-dessus seront poursuivis devant les tribunaux de police correctionnelle, et condamnés à une amende de 500 fr., dont moitié au profit des maîtres de poste intéressés, et moitié à la disposition de l'administration des relais. — Art. 2.

761. — Le 30 floréal an XIII premier décret sur l'exécution de la loi du 15 vent., dont l'art. 1er portait : Tout entrepreneur de diligences ou messageries actuellement en activité et voyageant en relais, qui, pour ne pas payer le droit de 25 c. par cheval et par poste, voudra employer les chevaux de poste, sera tenu d'en faire la déclaration, dans la huitaine de la publication du présent décret, à notre directeur général des postes à Paris, ou au directeur de la poste du lieu de son domicile.

762. — Il mettra par écrit ses propositions, qui seront débattues et arrêtées par notre directeur général des postes et soumises à l'approbation de notre ministre des finances. — Art. 2.

763. — Dans les arrangemens résultant desdites propositions, seront déterminés le poids des voitures, le nombre et le prix des chevaux à payer par les entrepreneurs des diligences et messageries. — Art. 3.

764. — Dans les derniers jours de fructidor prochain, notre ministre des finances soumettra à notre approbation les différens arrangemens qu'il aura approuvés sur la demande desdits entrepreneurs; qui, jusqu'à ce qu'il y ait été statué, acquitteront le droit de 25 cent. par cheval et par poste, conformément à la loi. — Art. 4.

765. — Mentionnons que les prescriptions contenues en la loi du 30 flor. an XIII ont cessé d'être obligatoires en ce qui concerne les déclarations à faire par les entrepreneurs de messageries; mais le droit de 25 cent. demeure toujours pour le cas prévu par la loi du 15 ventôse an XIII.

766. — Deux autres décrets intervinrent encore, toujours en exécution de la loi du 15 vent. an XIII, l'un du 10 brum. an XIV, l'autre du 6 juillet 1806. — Le premier contient les dispositions suivantes : — Art. 1er. Les entrepreneurs de voitures publiques qui parcourent des routes sur lesquelles il n'existe point de ligne de poste, ne sont point assujettis à payer le droit de 25 c. aux maîtres de poste des lieux de leur départ.

767. — Art. 2. Ceux desdits entrepreneurs qui parcourent des routes sur lesquelles il existe une ligne de poste, mais dont les relais sont démontés, paient le droit de 25 c. jusqu'au premier relais vacant seulement, à moins que la communication ne soit rétablie entre les relais placés des deux côtés de celui démonté.

768. — Art. 3. Le droit de 25 cent. sera perçu pour les distances de faveur accordées aux maîtres de postes, comme pour les distances réelles. Il peut également être exigé des entrepreneurs de voitures publiques qui, antérieurement à la loi du 15 ventôse dernier, ont fait des traités avec les maîtres de poste pour la conduite de leurs voitures, soit avec des chevaux particuliers, soit avec des chevaux de leurs relais, avec faculté néanmoins auxdits entrepreneurs de résilier ces traités.

769. — Art. 4. Les entrepreneurs de voitures publiques qui ne relayent pas, mais qui, à certaines distances et sans attendre la couchée, se versent réciproquement les voyageurs qu'ils conduisent, sont également assujettis au paiement du droit.

770. — Art. 5. Tout entrepreneur du transport des dépêches, qui fait son service par relais et qui mène des voyageurs, est assujetti au paiement du droit, s'il fait son service avec des voitures suspendues intérieurement ou extérieurement.

771. — Art. 6. Les entrepreneurs de voitures qui sont astreints au droit de 25 cent. par les articles précédens, y sont pareillement assujettis pour les cabriolets qu'ils font partir lorsque leurs voitures sont remplies de voyageurs.

772. — Le décret du 6 juill. 1806 est ainsi conçu : Art. 1er. Les entrepreneurs de voitures publiques qui, dans le trajet desdites voitures d'un lieu de départ à un lieu d'arrivée, et depuis la loi du 15 vent. an XIII, leur ont fait quitter en partie la ligne de poste pour parcourir des routes de traverse pendant une portion de ce trajet, seront assujettis à payer le droit de 25 c. aux maîtres de poste qui s'en trouveront frustrés par cette déviation.

773. — Art. 2. La direction générale des postes fera déterminer l'étendue précise de la déviation réelle desdites voitures, telle qu'elle est définie par l'article précédent. Lorsque cette déviation s'élèvera à plus de trois postes, les entrepreneurs de ces voitures ne seront pas tenus de payer le droit pour une étendue plus considérable; et, dans ce cas, le montant du droit payé pour ce *maximum* de trois postes sera réparti entre tous les maîtres de poste qu'on évite par la déviation : le partage en sera fait entre eux proportionnellement aux distances qu'ils ont à desservir.

774. — Art. 4. Ceux desdits entrepreneurs qui parcourent des routes sur lesquelles il existe une ligne de poste, mais dont les relais sont démontés, paieront le droit de 25 c. jusqu'au premier relais vacant, seulement, à moins que la communication ne soit maintenue entre les relais placés des deux côtés de ceux démontés, conformément à l'art. 9 du règlement des postes.

775. — Art. 5. Les entrepreneurs de voitures publiques qui ne relaient pas, mais qui, à certaines distances, et sans attendre au moins six heures, se versent réciproquement les voyageurs qu'ils conduisent, sont assujettis au paiement du droit.

776. — Art. 6. Seront considérées comme voitures donnant ouverture au droit de 25 centimes, celles qui ont des siéges à ressort dans l'intérieur.

777. — Enfin deux ordonnances, des 11 septembre 1822 et 13 août 1817, ayant pour but de fixer deux questions agitées par la jurisprudence, ont décidé : la première (art 1er), que par voitures *non suspendues* on doit entendre celles dont la caisse est complétement adhérente au train et au brancard et n'est susceptible d'aucun jeu ni balancement.

778. — ... Et (art. 2) que toute voiture publique dont la caisse est supportée par des soupentes en cuir, fer, bois ou toute autre matière disposée de façon à rendre la voiture isolée ou détachée de son train ou brancard, ou qui reçoit du jeu ou du balancement par un moyen quelconque, doit être considérée comme suspendue, et, par conséquent, assujettie au droit de 25 centimes établi par la loi du 15 ventôse an XIII. — Même ord.

779. — L'ordonnance du 13 août 1817 prescrit que l'étendue de la distance que l'on peut parcourir dans les vingt-quatre heures, en marchant à petites journées, est fixée à dix lieues de poste.

780. — En conséquence, tout entrepreneur de messageries, loueur de chevaux et voiturier, qui parcourt dans les vingt-quatre heures un espace de plus de dix lieues de poste, n'est pas réputé marcher à petites journées, et comme tel obligé de payer aux maîtres de poste l'indemnité de 25 centimes établie par la loi du 13 ventôse an XIII; et en cas de contravention, il encourt la condamnation à l'amende prononcée par ladite loi.

781. — Jugé que les dispositions des art. 1er et 2 de la loi du 15 ventôse an XIII, aux termes desquelles tout entrepreneur de voitures publiques est tenu de payer une indemnité de 25 centimes par poste et par cheval au maître de poste dont il n'emploie pas les chevaux, sont applicables non-seulement aux entrepreneurs de voitures publiques, qui ont établi un service régulier et périodique, mais encore à ceux qui font partir des voitures à volonté. — Il en est ainsi alors même que dans une partie du trajet l'entrepreneur n'aurait pas suivi la ligne postale. — *Rennes*, 19 janv. 1848 (t. 1er 1849, p. 273), Chancerel et Massol.

782. — Le voiturier qui a une voiture suspendue allant d'un lieu à un autre, et partant d'occasion, mais non à volonté, ni à des jours fixes et déterminés, n'est point assujetti au paiement des droits établis par la loi du 15 ventôse an XIII, au profit des maîtres de poste. — *Rouen*, 19 nov. 1816, Guidel c. Maîtres de poste de Passy et d'Evreux.

783. — Les loueurs de voitures qui ne vont pas à petites journées sont assujettis au paiement de l'indemnité établie en faveur des maîtres de poste dont ils n'emploient pas les chevaux, encore bien qu'ils ne fassent pas un service régulier et que leurs voitures partent seulement à volonté. — *Cass.*, 6 oct. 1832, Boncamps c. Brisset.

784. — Le loueur de voitures publiques suspendues qui parcourt en vingt-quatre heures avec ses chevaux un espace de plus de dix lieues sans payer aux maîtres de poste l'indemnité réglée par la loi du 15 vent. an XIII, est passible de l'amende prononcée par la même loi contre les entrepreneurs qui voyagent à grandes journées. — *Cass.*, 2 juill. 1818, Buisson c. Olivier.

785. — Les dispositions de la loi du 15 ventôse an XIII ne doivent pas être confondues avec celles de la loi du 19 frimaire an VII, qui a eu pour but unique d'empêcher que des relais proprement dits ne fussent établis sur une route au préjudice des maîtres de poste. — *Cass.*, 20 déc. 1835, Laffon c. Bérot.

786. — La loi du 15 vent. an XIII, qui soumet au droit de 25 centimes par poste et par cheval, au profit des maîtres de poste, ceux qui louent des voitures voyageant à grandes journées, n'est applicable qu'aux loueurs de profession ou d'habitude, et non à ceux qui, n'exerçant pas cet état, louent accidentellement leurs voitures. — *Cass.*, 1er mars 1845 (t. 1er 1845, p. 745), Bourgier c. Rochut.

787. — Elle n'est pas applicable aux simples loueurs de chevaux, lesquels sont soumis à l'empire de la loi du 19 frimaire an VII. — *Bourges*, 11 août 1836 (t. 1er 1837, p. 464), Chertier c. Billard.

788. — Mais elle est applicable à ceux qui attellent leurs chevaux à des voitures particulières aussi bien qu'à ceux qui conduisent les voyageurs avec leurs chevaux et leurs voitures. — *Cass.*, 2 nov. 1835, Laffon c. Bérot. — V. aussi *Cass.*, 7 août 1843 (t. 2 1843, p. 506), Esnault c. Bouillier.

789. — Les entrepreneurs de messageries partant à jour et heures fixes sont réputés loueurs de voitures et sont exempts, en cette qualité, du droit de 25 centimes payable aux maîtres de poste, dont ils n'emploient pas les chevaux, lorsque leurs voitures voyagent à petites journées et sans relayer. — *Cass.*, 2 avril 1824, Viguier c. Duranton.

790. — Les entrepreneurs de voitures publiques qui ne relaient pas ne sont soumis à l'indemnité de 25 centimes due aux maîtres de poste, qu'autant qu'ils parcourent une distance de 42,878 mètres 7 décimètres. Si la distance est moindre, la voiture est considérée comme voyageant à petites journées et les maîtres de poste n'ont droit à aucune indemnité. — *Cass.*, 29 août 1846 (t. 1er 1847, p. 24), Sebille c. Gibiat.

791. — Une voiture publique suspendue, allant en service régulier d'un lieu à un autre, et parcourant dans les vingt-quatre heures une distance de dix-huit lieues, ne peut être considérée comme voyageant à petites journées. Dès lors l'entrepreneur de cette voiture ne peut être affranchi de l'indemnité prescrite par la loi en faveur des maîtres de poste, sous le prétexte qu'elle ne fait pas de grandes journées et ne change pas de chevaux sur les routes de poste. — *Cass.*, 9 sept. 1831, Laurent c. Renier.

792. — Il n'existe dans les lois relatives à la matière aucune disposition de laquelle on puisse induire que l'entrepreneur d'une voiture publique qui, sans relayer, parcourt par jour un rayon de plus de dix lieues avec ses chevaux, soit exempt du droit de 25 centimes attribué comme indemnité aux maîtres de poste. — *Cass.*, 27 janv. 1808, Deltendre c. Lefebvre.

793. — L'entrepreneur d'une voiture publique suspendue, voyageant à grandes journées, qui n'emploie pas les chevaux de la poste, ne peut se soustraire au paiement du droit établi par la loi du 15 vent. an XIII en faisant descendre les voyageurs, à une faible distance du lieu de la destination, de manière que le transport ait moins de dix lieues de poste. — *Cass.*, 30 janv. 1829, Lesueur c. Dolezac.

794. — La dispense du paiement des droits de poste introduite en faveur des entrepreneurs de voitures publiques qui vont à petites journées et avec les mêmes chevaux, c'est-à-dire qui ne parcourent pas plus de dix lieues en vingt-quatre heures, ne peut être étendue à ceux qui font un trajet beaucoup plus long dans le même espace de temps, sur le motif qu'ils ne parcourent point dix lieues sur une ligne de poste. — *Toulouse*, 5 fév. 1835, Vincens et Vagnier c. Grach. — V. encore *Cass.*, 2 juin 1827, Jacquet c. Bachelier; 28 août 1832, Laurent c. Renier; 27 mars 1835, Barbier c. Rousset.

795. — L'entrepreneur de voitures publiques suspendues et à service régulier parcourant plus de dix lieues de poste en moins de vingt-quatre heures, qui a refusé de payer l'indemnité de 25 centimes au maître de poste dont il n'emploie pas les chevaux, ne peut pas être renvoyé des poursuites sous le prétexte que la ligne de poste ne s'étend que sur une partie de la route parcourue, ni sous le prétexte que son relais se fait sur la portion de la route où il n'y a pas de ligne de poste. — *Cass.*, 3 nov. 1827, Sivan c. Piffart.

796. — L'entrepreneur de voitures ne peut se soustraire au paiement du droit en quittant la route de poste pour en suivre une autre, lors même que cette dernière serait la plus courte. — *Cass.*, 30 janv. 1829, Lesueur c. Dolezac.

797. — Jugé cependant que l'entrepreneur de voitures publiques qui, sans aucune déviation frauduleuse, ne suit la ligne de poste que pour une partie quelconque entre deux relais, n'est pas tenu de payer au maître de poste dont il n'emploie pas les chevaux l'indemnité établie par la loi du 25 vent. an XIII. — *Bruxelles*, 16 janv. 1830, Gondry c. Dujardin.

798. — L'art. 1er du décret du 1er juill. 1806, qui soumet au droit de 25 centimes envers les maîtres de poste les entrepreneurs de voitures publiques qui, dans le trajet de leurs voitures du lieu du départ au lieu d'arrivée, leur font quitter la ligne de poste pour parcourir des routes de traverse, n'est pas applicable à l'entrepreneur qui fait prendre à ses voitures une route départementale qui dessert des localités importantes. — *Cass.*, 27 mars 1835, Barbier c. Rousset; 11 mai 1838 (t. 2 1838, p. 408), Murys c. Vial; 12 mai 1841 (t. 2 1841, p. 342), Lépicier c. Tissot; 7 nov. 1845 (t. 2 1845, p. 590), Potel c. Dequay. — V. cependant *Cass.*, 30 janv. 1829, Lesueur c. Dolezac.

799. — L'art. 1er du décret du 6 juillet 1806, qui soumet au droit de 25 centimes envers les maîtres de poste les entrepreneurs de voitures publiques, qui, dans le trajet de leurs voitures d'un lieu de départ à un lieu d'arrivée, leur font quitter la ligne de poste pour parcourir des routes de traverse pendant une portion du trajet, ne doit pas être entendu en ce sens : que lorsque, d'un lieu à un autre, il existe deux routes dont l'une

seulement est postale, l'autre doive nécessairement être considérée comme route de traverse. — *Cass.*, 12 mai 1841 (t. 2 1841, p. 342), Lépicier c. Tissot.

800. — Le caractère propre d'une route de traverse résulte des circonstances de localité, telles que le peu d'importance des lieux desservis par cette route comparativement aux points extrêmes du parcours ou aux points intermédiaires de la ligne de poste, l'étendue de la déviation relativement à la longueur totale de la ligne parcourue, et autres qu'il appartient aux juges du fait d'apprécier. — Même arrêt.

801. — Les tribunaux ne pouvant déclarer un entrepreneur passible du droit qu'autant qu'ils ont d'abord caractérisé ainsi la route de traverse, il ne leur suffirait pas de dire que l'entrepreneur a fait quitter à ses voitures la ligne de poste pendant une partie du trajet. — Même arrêt.

802. — Les voitures publiques établies sur le territoire français qui parcourent plus de dix lieues de poste dans les vingt-quatre heures, sont réputées marcher à grandes journées, et obligent l'entrepreneur à l'indemnité de 25 centimes envers le maître de poste dont il n'emploie pas les chevaux, encore bien que la distance de dix lieues par jour ne soit pas parcourue tout entière sur le territoire français. — *Cass.*, 29 nov. 1822, Mahy c. Boulogne.

803. — ... Et, même, la plus grande partie de la route parcourue se trouvât-elle sur le territoire étranger. — *Bruxelles*, 3 oct. 1828, Marlier c. Gérard.

804. — Pour déterminer les dix lieues qui composent la petite journée il ne faut compter que la distance parcourue pour se rendre au lieu où l'on va, sans tenir aucun compte du trajet fait pour revenir au point de départ. — *Douai*, 17 mai 1833, Dronne c. Bruno.

805. — Ainsi, une voiture est censée voyager à petites journées, dans le sens de l'ordonnance du 13 août 1817, lorsqu'il n'y a pas plus de dix lieues de poste entre le lieu du départ et celui de l'arrivée ; encore bien qu'elle revienne au lieu du départ, et que le chemin du retour, joint au chemin de l'aller, excède dix lieues. — *Cass.*, 2 avril 1824, Viguier c. Duranton.

806. — L'entrepreneur de voitures publiques qui parcourent dans les vingt-quatre heures et avec les mêmes chevaux une distance réelle de moins de dix lieues est censé marcher à petites journées et n'est point soumis au droit de 25 centimes. — *Paris*, 7 juill. 1838 (t. 2 1840, p. 37), Zhendre c. Roger.

807. — La voiture qui fait avec les mêmes chevaux le chemin du lieu du départ, à celui de l'arrivée, et qui ne change de chevaux que pour retourner au lieu d'où elle était partie, n'est pas censée relayer dans le sens de la loi du 15 ventôse an XIII. — *Cass.*, 2 avril 1824, Viguier c. Duranton.

808. — Le fait d'ajouter accidentellement un cheval à l'attelage d'une voiture, pour l'abandonner ensuite, sans le remplacer par un autre, ne peut pas être considéré comme un relais dans le sens de la loi. — *Douai*, 17 mai 1833, Deronne c. Bruno.

809. — Les maîtres de poste n'ont pas droit d'exiger des voitures publiques leur indemnité pour les chevaux de renfort qui ne sont employés que momentanément dans les localités rendues difficiles par les montées. — *Rouen*, 10 mai 1849 (t. 2 1849, p. 192), Barbier c. Villiers.

810. — L'art. 5 du décret du 6 juillet 1806, qui assujettit les entrepreneurs de voitures publiques au paiement d'un droit de 25 centimes envers les maîtres de poste, ne concerne que les messageries proprement dites, et les autres voitures publiques de cette nature ; il ne peut régir des entreprises, telles que les omnibus, uniquement affectées à un service spécial, de transport en commun. — *Cass.*, 24 janv. 1839 (t. 1er 1839, p. 201), Zhendre c. Touchard et Toulouse.

811. — Dès lors on ne saurait assimiler au versement prévu par cet article la correspondance établie entre deux établissemens de cette espèce, dont l'un recevrait les voyageurs de l'autre. — Même arrêt.

812. — L'indemnité établie au profit des maîtres de poste par la loi du 15 ventôse an XIII ne peut être réclamée qu'à raison des transports qui s'effectuent par des chevaux. — *Lyon*, 27 janv. 1847 (t. 1er 1847, p. 448), chemin de fer de Saint-Etienne c. Maudenier ; *Cass.*, 7 août 1847 (t. 2 1847, p. 584), mêmes parties.

813. — En conséquence, le trajet parcouru par un entrepreneur de transports, en partie avec ses chevaux, et en partie par la voie de fer, ne le soumet pas au paiement du droit de poste, bien que la totalité du parcours soit supérieure à 43 kilomètres (dix lieues), si l'espace parcouru avec ses chevaux est inférieur à cette distance. — Même arrêt.

814. — Les maîtres de poste ne peuvent réclamer des entrepreneurs de voitures publiques qui se servent d'un chemin de fer pour le transport de celles-ci le droit de 25 cent. par poste et par cheval, auquel la loi du 15 ventôse an XIII assujettit ces entrepreneurs lorsqu'ils n'emploient pas les chevaux de la poste. — *Lyon*, 30 mars 1842 (t. 1er 1844, p. 395), Cailleteau c. Descours.

815. — On ne peut considérer un chemin de fer comme une déviation de la route postale, donnant dès lors aux maîtres de poste le droit d'exiger des entrepreneurs de transport qui empruntent ce chemin pour le service de leurs voitures l'indemnité fixée par le décret du 6 juillet 1806. — Même arrêt.

816. — A plus forte raison le droit de poste ne peut non plus être exigé pour l'espace parcouru, dans l'intérieur d'une ville, sur la ligne postale, par des voitures, dites omnibus, transportant les voyageurs des bureaux des entrepreneurs à l'embarcadère du chemin de fer. — Même arrêt. — V., au surplus, CHEMIN DE FER, nos 224 et suiv.

817. — Les décrets des 15 ventôse an XIII et 6 juillet 1806 ne sont pas non plus applicables aux transports effectués par la voie navigable dont la vapeur est la force motrice. En conséquence, les maîtres de poste ne peuvent réclamer aucune indemnité aux entrepreneurs de bateaux à vapeur qui transportent à leur bord des chaises de poste. — *Cass.*, 28 juin 1847 (t. 1er 1849, p. 56), Plantin c. Comp. des bateaux à vapeur du Rhône.

818. — L'indemnité de 25 cent., imposée par la loi du 15 ventôse an XIII aux entrepreneurs de voitures publiques, en faveur des maîtres de poste, dont ils n'emploient pas les chevaux, ne s'applique qu'aux voitures servant au transport des voyageurs ; elle ne s'applique pas, dès lors, à celles, connues sous le nom de fourgons, qui, dans leur parcours, sont exclusivement employées au transport des ballots, paquets et marchandises, alors, d'ailleurs, que rien ne constate qu'elles puissent concourir à la régularité du transport des voyageurs établi par la même entreprise, ou qu'elles dépendent de cette entreprise. — *Cass.*, 16 janv. 1845 (t. 2 1845, p. 534), Marcel c. Poulin.

819. — De même le loueur de voitures qui transporte les restes d'une personne décédée ne doit aucune indemnité aux maîtres de postes dont il n'emploie pas les chevaux, et cela, alors même que le conducteur rentrant aurait admis des voyageurs dans le cabriolet placé au-devant du corbillard, s'il est constant que ce fait, ignoré d'ailleurs du loueur de voitures, a eu lieu gratuitement, alors surtout que la voiture conduite par les mêmes chevaux a parcouru à peine 25 kilomètres depuis l'endroit où elle avait pris ces voyageurs jusqu'au lieu de destination. — *Rennes*, 26 juill. 1849 (t. 2 1849, p. 327), Coquis et Bouillec c. Marchand.

820. — L'indemnité de 25 centimes par poste et par cheval imposée aux entrepreneurs de voitures publiques en faveur des maîtres de poste dont ils n'emploient pas les chevaux étant basée non sur le nombre des voyageurs mais sur celui des chevaux attelés, il en résulte que l'indemnité est due même en raison des voitures qui, conformément à la déclaration faite par l'entrepreneur à l'administration des contributions indirectes, font en allant le trajet à vide et fermées ; par cela seul qu'elles contribuent, au retour, à assurer la régularité du transport des voyageurs, cette destination leur imprimant nécessairement, tant en allant qu'en revenant, le caractère de voitures publiques faisant partie de l'entreprise. — *Cass.*, 14 fév. 1842 (t. 2 1845, p. 533), Poulin.

821. — Les distances de faveur sont comprises dans les dix lieues de poste qui forment la petite journée dont il est parlé dans la loi du 15 vent. an XIII, relative à l'indemnité que doit payer aux maîtres de poste tout entrepreneur de voiture publique qui n'emploie pas leurs chevaux. — *Cass.*, 11 oct. 1827, Lesueur ; 17 oct. 1845 (t. 2 1845, p. 519), Berthaume c. Marcel ; 23 janv. 1847 (t. 1er 1847, p. 569), Maitrot et Deschamps.

822. — Jugé, il est vrai, que la petite journée s'entend de la *distance réelle* de dix lieues de poste, et qu'on ne peut pas comprendre dans son évaluation la poste *supplémentaire* accordée dans certaines villes. Sous ce rapport, l'ordonnance du 13 août 1817 aurait, dans tous les cas, dérogé au décret du 10 brumaire an XIV. — *Paris*, 7 juill. 1838 (t. 2 1840, p. 37), Zhendre c. Roger.

823. — Jugé au contraire et avec raison, suivant nous, par la même Cour, que le principe posé

par le décret du 10 brumaire an XIV, suivant lequel l'indemnité de 25 centimes par poste et par cheval, due en vertu de la loi du 15 ventôse an XIII par les entrepreneurs de voitures publiques aux maîtres de poste dont ils n'emploient pas les chevaux, doit être perçue pour les distances supplémentaires ou de faveur accordées au maître de poste, comme pour les distances réelles, n'a reçu aucune dérogation ni de l'ordonnance du 13 août 1817, qui fixe à dix lieues de poste (42 kilom. 878 mèt. 7 décim.), parcourues dans les vingt-quatre heures, l'étendue de la distance pour laquelle les loueurs allant à petites journées et avec les mêmes chevaux sont affranchis de l'indemnité, ni de l'ordonnance du 27 décembre 1839, qui a substitué à l'évaluation de 25 centimes par poste une évaluation par myriamètre. En conséquence, l'entrepreneur de messageries, qui, sans employer les chevaux du maître de poste, parcourt une distance inférieure à dix lieues de poste, doit l'indemnité de 25 centimes si les tarifs en vigueur accordent au maître de poste, pour le même parcours, une distance de faveur qui, jointe à la distance réelle, excède ces dix lieues. — *Cass.*, 23 janv. 1847 (t. 1er 1847, p. 569), Maitrot et Deschamps ; *Paris*, 8 juin 1848 (t. 2 1848, p. 218), mêmes parties ; *Orléans*, 17 déc. 1848 (t. 2 1849), Poisson c. Vari.

824. — L'indemnité de 25 centimes attribuée aux maîtres de poste n'est pas due par des entrepreneurs de voitures publiques qui ne relayent pas et ne se sont réciproquement versé des voyageurs que par l'effet du hasard, sans concours d'intelligence. — *Cass.*, 23 déc. 1807, Charpentier c. Gibourt.

825. — L'art. 5 du décret du 6 juillet 1806, portant que les entrepreneurs de voitures publiques sont assujettis au droit dû aux maîtres de poste, lorsque, dans le cas qu'il prévoit, ils se versent réciproquement les voyageurs qu'ils conduisent, n'entend, en effet, parler que des versemens qui seraient préparés et obtenus à l'aide d'un service organisé d'un commun accord et non d'un simple échange de voyageurs qui ne serait le résultat que de la rencontre fortuite des deux entreprises. — *Bordeaux*, 28 juin 1832, Dotezac c. Maupas.

826. — La coïncidence qui existe entre l'arrivée d'une messagerie et le départ d'une autre messagerie, de manière que des personnes transportées par la première continuent leur voyage dans la seconde, lorsque d'ailleurs aucune d'elles ne réserve de place au profit de l'autre, ne constitue pas la correspondance et le versement prévus par la loi du 15 ventôse an XIII. — *Douai*, 17 mai 1833, Deronne c. Bruno ; *Paris*, 18 mars 1848 (t. 1er 1848, p. 669), Grellot et Juéry c. Chartier et Hébert.

827. — Les entrepreneurs de voitures publiques, même suspendues, qui ne relayent sont dispensés de l'indemnité due aux maîtres de poste, lorsqu'il n'est pas établi qu'ils se versent réciproquement des voyageurs. — *Douai*, 17 ... 1833, Deronne c. Bruno ; *Cass.*, 10 oct. 1836 (t. 1er 1837, p. 96), Monnier c. Remonieux ; 21 avr. 1838 (t. 1er 1838, p. 183), Brouard c. Montfort.

828. — Mais l'entrepreneur d'une voiture publique, qui verse ses voyageurs dans une autre voiture publique, dont il reçoit réciproquement les voyageurs dans la sienne, est soumis à l'indemnité due aux maîtres de poste, quoique sa voiture ne serve pas de relais, à moins qu'elle ne soit pas de la classe de celles que la loi désigne sous la qualification de voitures suspendues, et que le versement des voyageurs ne se fasse que six heures au moins après l'arrivée des voitures entre lesquelles il a lieu. — *Cass.*, 9 juin 1845, ...dot et Viard c. Gallier.

829. — Le droit de 25 centimes par poste et cheval n'est dû aux maîtres de poste par l'entrepreneur de voitures publiques allant à grandes journées, qu'autant que le parcours de dix lieues qu'il effectue est accompli intégralement en voiture suspendue. Dès lors ce droit n'est pas dû avant le trajet de dix lieues, les voyageurs passent d'une voiture suspendue dans une autre non suspendue dont le parcours complète ou excède cette distance. — *Cass.*, 9 juin 1845, ...dot et Viard c. Gallier ; 10 déc. 1841 (t. 2 1..., p. 400), Poisson c. Larose et Duchêne.

830. — Sont soumises au droit de 25 centimes les voitures publiques dont les siéges sont suspendus à l'aide de bandes ou soupentes de cuir, encore bien que la caisse de la voiture ne soit pas suspendue. — *Cass.*, 28 déc. 1840, Lefèvre c. ...quesne ; 24 mars 1832, Gauckler c. Sch... ; *Cass.* et *Rennes*, 15 avr. et 30 août 1837 (t. 2 ..., p. 317), Lemarchand c. Picaud. — Lanoë, *Code du maître de poste*, p. 30.

831. — Les entrepreneurs de voitures non

pendues ne peuvent être assujettis au paiement du droit établi en faveur des maîtres de poste, qu'autant qu'elles auraient des siéges à ressort dans l'intérieur. — *Cass.*, 19 déc. 1806, Poulin c. Droits réunis.

832. — La voiture dans l'intérieur de laquelle les banquettes servant de siége aux voyageurs reposent sur deux fortes bandes de cuir clouées deux extrémités, est une voiture suspendue i ne peut pas être dispensée de l'indemnité aux maîtres de poste. — *Cass.*, 23 déc. 1810, Lefebvre c. Lequesne.

833. — Le droit de 25 centimes établi en faveur des maîtres de poste, dont on n'emploie pas les chevaux, est dû par les entrepreneurs de toutes voitures publiques, allant à grandes journées, i sont suspendues d'une manière quelconque, tout ou en partie, et particulièrement lorsque caisses ne sont point adhérentes au milieu brancards mais seulement à leur extrémité, qui donne une certaine élasticité que n'éprouvent point les voitures dépourvues de toute espèce de suspension. — *Cass.*, 21 août 1823, Levral Bardalet.

834. — Les voitures publiques qui reçoivent du jeu ou du balancement par un moyen quelconque, et particulièrement celles dont la caisse est érente au train, mais qui ont dans l'intérieur des siéges disposés de manière à recevoir ce jeu ce balancement, doivent être considérées comme voitures suspendues, dans le sens de la loi du 15 vent. an XIII, et donnent naissance au droit de 25 centimes au profit du maître de poste sque l'entrepreneur n'emploie pas ses chevaux. — *Cass.*, 24 mars 1832, Philippe Gauckler c. Schmaltz.

835. — Ainsi l'entrepreneur d'une voiture contenant, dans l'intérieur, des banquettes placées sur des ressorts cintrés, en bois élastique, et suspendues par des chaînettes attachées à la caisse, soumis au droit de 25 centimes envers le maître de poste dont il n'emploie pas les chevaux. — *Cass.*, 21 déc. 1833, Gauckler c. Paulus.

836. — Est soumise à ce droit la voiture qui a dans l'intérieur deux siéges consistant en une planche recouverte d'un coussin de cuir qui applique sur des bandes de fer légèrement convexes, et supportées par les deux bouts sur des planches en cuir fixées à la caisse. — *Cass.*, mars 1835, Laporte.

837. — On doit entendre par voitures suspendues, dans le sens de la loi du 15 vent. an XIII, les celles dont la caisse ou les siéges intérieurs reçoivent du jeu ou du balancement par un moyen quelconque, quelque imparfait qu'il soit. *Cass.*, 21 août 1823, Leval; 21 déc. 1833, Gauckler c. Paulus; 20 mars 1835, Leval.

838. — ... Encore bien que la caisse soit adhérente au train. — *Cass.*, 23 (et non 22) avril 1836, Hpelet c. Laporte.

839. — Sont soumises au droit de 25 centimes voitures qui, quoique non suspendues, ont des siéges recouverts de coussins élastiques. — *Cass.*, nov. 1836 (t. 1er 1837, p. 226), Foin c. Loude; *s*, 12 janv. 1837 (t. 1er 1837, p. 226), mêmes parties.

ART. 2. — *Poursuites. — Pénalité.*

840. — La loi du 15 vent. an XIII, qui accorde perception de certains droits aux maîtres de poste, n'établit la compétence des tribunaux correctionnels pour la poursuite du paiement de ces droits qu'au cas où une amende est réclamée contre le contrevenant. — *Paris*, 21 janv. 1845 (t. 1er 1845, p. 109), Dufour c. Hébert.

841. — En conséquence une double action est ouverte aux maîtres de poste pour la poursuite des infractions commises à la loi du 15 vent. an XIII, qui leur accorde la perception de certains droits : devant le tribunal correctionnel, si la demande est formée accessoirement à l'action publique et s'il s'agit seulement d'intérêts civils; devant le tribunal ordinaire, qui peut être, le tribunal de commerce, lorsque les deux parties sont commerçantes. — *Paris* (1re esp.), 21 janv. 1845 (t. 1er 1845, p. 109); 17 avr. 1847 (t. 2 1847, p. 131), Rassvert c. Samson.

842. — La juridiction correctionnelle, compétente pour appliquer l'amende encourue par l'entrepreneur de messageries qui n'a pas payé le droit de poste, l'est également pour apprécier la convention que le prévenu allègue intervenue entre lui et un maître de poste, et par laquelle ce dernier lui aurait accordé un délai pour l'acquittement des droits. — *Cass.*, 20 déc. 1834, Jourdan c. Ricard.

843. — En pareil cas, il y a contravention punissable : par cela seul que l'intégralité des droits dus au maître de poste n'est pas soldée. — Même arrêt.

844. — En matière de contraventions commises au préjudice d'un maître de poste, le tribunal correctionnel est compétent pour statuer en même temps et sur l'indemnité relative à la contravention constatée par procès-verbal régulier, et sur les indemnités antérieures, bien qu'aucun procès-verbal ne les ait déjà signalées, si la prescription n'est pas acquise, pourvu que le fait qui y a donné lieu soit patent et ne puisse pas être contesté. — *Cass.*, 3 mars 18(?)8, Duval c. Quillet; 7 août 1840 (t. 1er 1841, p. 28), Gamarre c. Mathieu.

845. — Le tribunal correctionnel est également compétent pour apprécier les moyens de défense à l'aide desquels l'entrepreneur prétend établir qu'il n'a commis aucun délit. — *Cass.*, 17 nov. 1838 (t. 1er 1839, p. 365), Poulin c. Pradelle.

846. — C'est par la voie civile, et non par celle de la police correctionnelle, que doit être poursuivie la demande en indemnité d'un maître de poste contre un simple loueur de chevaux qui a conduit la voiture d'un voyageur sans prendre des chevaux de poste. — *Cass.*, 29 juin 1819, Jeanneau c. Chessé; *Bourges*, 11 août 1836 (t. 1er 1837, p. 464), Cheilier c. Billard. — Ces arrêts établissent une distinction qu'il importe de bien saisir. La loi du 19 frim. an VII (art. 2) porte : « Nul autre que les maîtres de poste ne pourra conduire, à titre de louage, des voyageurs d'un relais à un autre, à peine d'être contraint de payer par forme d'indemnité le prix de la course au profit des maîtres de poste et des postillons qui auront été frustrés. » Cette disposition n'a évidemment donné naissance qu'à une action civile. Cela résulte bien clairement des mots *être contraint de payer par forme d'indemnité*. Les choses sont restées dans cet état jusqu'à la loi du 15 ventôse an XIII, qui, dans son art. 2, a attribué juridiction aux tribunaux de police correctionnelle; mais cette attribution est restreinte par l'art. 1er aux contraventions commises par *tout entrepreneur de voitures publiques ou de messageries* qui ne se sert pas des chevaux de la poste. Il suit de là qu'à l'égard de tout autre qu'un entrepreneur de voitures publiques l'action du maître de poste demeure régie par la loi du 19 frim. an VII et, par conséquent, que la connaissance en appartient, d'après le droit commun, soit au juge de paix, soit au tribunal civil, selon l'importance de la somme réclamée.

847. — Un maître de poste peut, sans le concours du ministère public, appeler d'un jugement qui refuse de prononcer l'amende de 500 fr. établie contre les entrepreneurs de voitures publiques, qui ne se servent pas de chevaux de poste. — *Cass.*, 3 mai 1808, Duval c. Quillet; 12 août 1837 (t. 1er 1838, p. 281), Lemaire c. Huguet.

848. — La contravention résultant de ce que des droits de poste n'ont pas été acquittés par un entrepreneur de voitures publiques peut être poursuivie par le ministère public seul, alors surtout que les poursuites ont commencé sur la plainte de la partie lésée. — *Cass.*, 13 juill. 1839 (t. 2 1839, p. 640), Désarie.

849. — L'amende prononcée, dans ce cas, contre le délinquant a le caractère d'une peine. — Même arrêt.

850. — Hors ce cas, l'amende prononcée par l'art. 2 de la loi du 15 vent. an XIII contre les voituriers qui n'ont pas payé le droit de poste n'a point un caractère pénal. — *Cass.*, 20 déc. 1834, Jourdan c. Ricard; 21 nov. 1840 (t. 2 1841, p. 262), Cauchois c. Cantorelle.

851. — Les tribunaux ne peuvent, en conséquence, en prononçant contre le conducteur de la voiture l'amende de 500 fr., décharger l'entrepreneur de cette voiture de la responsabilité de ladite amende. — Mêmes arrêts.

852. — L'amende prononcée pour un acquittement de droits de poste ayant le caractère de dommages-intérêts, le père peut être condamné solidairement avec son fils mineur dont il est responsable. — *Cass.*, 20 déc. 1834, Jourdan c. Ricard.

853. — L'entrepreneur de voitures publiques qui refuse de payer aux maîtres de poste dont il n'emploie pas les chevaux l'indemnité de 25 c. déterminée par la loi du 15 vent. an XIII, doit être condamné non-seulement à l'amende; mais encore au paiement du droit de 25 c. qui est dû au maître de poste. — *Cass.*, 3 fév. 1827, Charvet c. Muris.

854. — L'art. 365 du Code d'instruction criminelle, qui défend le cumul des peines, n'est pas applicable à la matière des postes aux chevaux. — *Cass.*, 11 oct. 1827, Lesueur. — MM. Chauveau et Hélie (*Th. du Code pén.*, t. 1er, p. 261) font remarquer que, dans l'espèce actuelle, la Cour semble avoir voulu motiver sa décision sur l'esprit de la loi du 15 vent. an XIII, ce qui ne préjugerait rien sur les autres matières spéciales.

855. — En conséquence, chaque refus de la part de l'entrepreneur d'une voiture publique, marchant à grandes journées, de payer l'indemnité de 25 centimes au maître de poste, dont il n'emploie pas les chevaux, doit être puni d'une amende particulière. — Même arrêt.

856. — Néanmoins, bien que le contrevenant ait fait le trajet avec trois voitures, il n'a cependant commis qu'une seule contravention, et ne doit, dès lors, payer qu'une seule amende, si les trois voitures n'ont fait qu'un voyage unique et sont parties en même temps sans se quitter dans leur parcours. — *Rennes*, 19 janv. 1848 (t. 1er 1849, p. 273), Chancerel c. Massot.

857. — Les contraventions au paiement du droit de 25 centimes ne sont pas excusables par la bonne foi du délinquant. — *Cass.*, 20 août 1836, Fossart c. Février. — *Rennes*, arrêt précité.

858. — L'offre d'acquitter les droits au réclamant, faite postérieurement à la réclamation, ne fait pas disparaître la contravention. — *Rennes*, même arrêt.

859. — L'entrepreneur de voitures publiques qui n'a pas payé à un maître de poste l'indemnité fixée par la loi, ne peut pas être excusé sur le motif que le maître de poste ne se serait pas conformé aux devoirs qui lui étaient imposés par les règlemens de son service. — *Cass.*, 20 août 1836, Fossart c. Février.

860. — L'indemnité des 25 centimes n'est pas, en effet, subordonnée à l'exécution par les maîtres de poste, des règlemens qui les concernent. *Paris*, 9 déc. 1836 (t. 1er 1837, p. 267), Fossart c. Février.

861. — Spécialement, le paiement de cette indemnité ne saurait être refusé par le motif que le maître de poste qui la réclame a établi, contrairement aux règlemens sur le service des postes, une voiture publique faisant concurrence à celle soumise à l'indemnité. — Même arrêt.

862. — La tolérance du prédécesseur du maître de poste réclamant ne saurait être obligatoire pour ce dernier, ni la multiplicité des contraventions fonder un droit au profit du contrevenant. — *Rennes*, 19 janv. 1848 (t. 1er 1849, p. 273), Chancerel c. Massot.

863. — Néanmoins, lorsqu'un relais pour une entreprise particulière de transport de voyageurs a existé depuis longtemps au vu du maître de poste, sans que celui-ci ait réclamé l'indemnité établie par la loi du 15 ventôse an XIII, il ne peut réclamer cette indemnité, pour tout le temps que le relais a existé, si ce relais a été supprimé aussitôt qu'il a manifesté l'intention d'exiger l'indemnité. — *Cass.*, 24 janv. 1839 (t. 1er 1839, p. 264), Zhendre c. Touchard.

864. — Mais lorsqu'il a été établi entre un maître de poste et un entrepreneur de voitures un abonnement, moyennant lequel ce dernier avait la faculté, sans payer d'autres droits, d'établir toutes les voitures qu'il pourrait tenir par la suite sur la ligne du maître de poste; ce dernier a pu être déclaré mal fondé à réclamer de l'entrepreneur le paiement des droits pour les voitures d'autres entrepreneurs que celui-ci se serait associés. — *Cass.*, 30 mars 1830, Buisson c. Dujarric.

865. — L'art. 76 de la loi du 23-24 juill. 1793, qui a déclaré insaisissables les paiemens, chevaux, ustensiles, provisions et équipages destinés au service de la poste, ne peut recevoir son application à l'indemnité de 25 cent. accordée aux maîtres de poste par l'art. 1er de la loi du 25 vent. an XIII. En conséquence, cette indemnité peut être saisie-arrêtée par les créanciers du maître de poste. — *Cass.*, 11 juill. 1843 (t. 2 1843, p. 217), Jourdan c. Montanier.

866. — L'indemnité due aux maîtres de poste par les entrepreneurs de voitures publiques, qui n'emploient pas leurs chevaux, doit leur être payée au lieu même où leurs relais sont établis en vertu de l'autorisation de l'administration supérieure, encore bien que ces relais soient éloignés de la route; sauf les conventions particulières qui peuvent intervenir entre les parties. — *Cass.*, 17 nov. 1838 (t. 1er 1839, p. 365), Poulin c. Pradelle.

867. — Dès lors, est passible de l'amende de 500 fr. prononcée par la loi du 15 vent. an XIII l'entrepreneur qui, sans contester l'indemnité,

refuse seulement de l'acquitter au relais parce qu'il est éloigné de la route. — *Cass.*, même arrêt.

868. — Mais il n'y a pas lieu à prononcer l'amende de 500 fr. portée par la loi du 15 vent. an XIII contre les conducteurs des voitures publiques qui refusent de payer aux maîtres de poste l'indemnité de 25 cent. par poste et par cheval qui leur est due, alors qu'à l'époque du passage le maître de poste ne résidait pas au relais ou n'y était pas remplacé par un représentant agréé de l'administration. — *Bordeaux*, 13 juill. 1839 (t. 1er 1840, p. 25), Dolezac c. Bertin. — On ne peut, dans ce cas, prétendre qu'il y a eu refus d'indemnité. — Même arrêt.

Sect. 6e. — *Service des malles-postes.*

ART. 1er. — *Transport des voyageurs dans les malles-postes.*

869. — Toute personne qui veut voyager dans les malles-postes doit préalablement s'être fait inscrire dans un bureau de poste. Elle ne peut être inscrite que sur le vu d'un passe-port en bonne forme. — Instr. 30 mars 1832, art. 898.

870.—La place demandée à l'avance à l'un des points extrêmes d'une route desservie en malles, par un voyageur allant à l'autre point extrême de cette route, ou à une destination égale en distance aux trois quarts au moins de cette route, lui sera assurée définitivement, à quelque moment que le voyageur se présente, si la place est libre. — Art. 899.

871. —La place qui sera demandée à l'avance pour un trajet d'une moindre étendue que celle qui est indiquée en l'article ci-dessus, ne sera donnée d'abord que conditionnellement ; et elle ne pourra être assurée définitivement que la veille du départ, à midi. — Si le trajet à parcourir par le voyageur n'est pas égal au moins au quart de la route, la place ne sera assurée à ce voyageur qu'au moment du départ. — Art. 900.

872. — Les voyageurs ne peuvent monter dans les malles qu'aux bureaux de poste ou aux relais. — Art. 901.

873.—Aucun voyageur ne peut être admis dans les malles-postes s'il n'a à parcourir au moins un trajet de huit myriamètres, ou le quart de l'étendue de la route desservie en malle quand cette étendue est de moins de trente-deux myriamètres. — Si, cependant, le voyageur n'est porteur d'aucun bagage, il peut être admis pour un moindre trajet.—Art. 902.

874. — Les voyageurs qui emmènent des enfans doivent payer pour chacun d'eux, le prix intégral de sa place.—Si, cependant, des voyageurs, ayant payé le prix des places de l'intérieur de la voiture ont avec eux un enfant en bas âge, ils peuvent le faire admettre sans rétribution. — Art. 903.

875.—Le prix de chaque place dans les malles-postes est fixé à 1 fr. 75 cent. par myriamètre. — Aucun voyageur ne peut partir avant d'avoir acquitté le prix intégral de sa place. — Art. 904.

876. — Les voyageurs paient la moitié du prix de leurs places, à titre d'arrhes, au moment où ils se font enregistrer, et l'autre moitié le jour de leur départ. — Lorsqu'un voyageur renonce à la place qu'il avait retenue, il perd ses arrhes. — A Paris, le prix des places se paie intégralement au moment de l'inscription des voyageurs. Lorsque ces derniers ne partent pas, la moitié du prix des places leur est immédiatement rendue. — Art. 905.

877. — Le nom des voyageurs, le lieu de leur destination et la somme payée sont portés sur un registre à souche. Une déclaration d'inscription en est détachée et doit être remise aux voyageurs. Les noms des voyageurs, le lieu de la destination et le prix des places sont répétés sur une feuille spéciale, appelée *feuille malle-poste*, dont le courrier est porteur. — Art 907.

878. — Le bagage d'un voyageur ne doit pas excéder le poids de 25 kilogrammes. La valise qui le renferme ne doit pas avoir plus de 70 centimètres de longueur, 40 de largeur et 35 de hauteur. L'argent monnayé ne peut entrer dans le bagage d'un voyageur que pour un poids de 5 kilogrammes. Lorsque le poids du bagage d'un voyageur excédera de peu le poids ci-dessus fixé, le directeur décidera s'il y a lieu à l'admettre ; mais dans aucun cas le directeur ne devra permettre que l'excédant du bagage de ce voyageur soit compris dans le bagage accordé au courrier. — Art. 908.

879. — En cas de perte de bagage en route, le maximum de l'indemnité qui peut être accordée aux voyageurs est limité à 150 francs. Cette indemnité est supportée par le trésor lorsque la perte résulte d'un événement de force majeure dûment constaté. Dans toute autre circonstance l'indemnité est à la charge soit du courrier, soit de tout autre agent qui, par sa négligence, aura donné lieu à la perte. — Art. 909.

880.— Cette dernière disposition pourrait être la source de difficultés sérieuses. Il est douteux, en effet, qu'en cas de perte imputable à l'administration des postes, ou à ses agens, de bagages dont la valeur excède 150 fr., les tribunaux consentent à réduire la restitution à ce chiffre et donnent à une disposition purement réglementaire tous les effets d'une loi. Déjà des difficultés analogues se sont maintes fois élevées à l'occasion de dispositions semblables insérées par des entreprises de messageries sur le bulletin remis aux voyageurs, et opposées par elles comme devant recevoir tout l'effet d'une convention licite; mais la jurisprudence a refusé d'admettre ces prétentions, et ordonné la restitution de la valeur réelle, dûment justifiée, des objets perdus. — La même jurisprudence serait sans doute suivie à l'égard de l'administration des postes.

881. — Les directeurs ne doivent pas admettre dans les malles-postes des voyageurs évidemment atteints de maladies ou d'infirmités qui seraient de nature à ralentir la marche des voitures ou à incommoder les autres voyageurs. — Art. 910.

882.—Tous les directeurs des bureaux où s'arrêtent les malles pour le visa des *parts* et *feuilles malles-postes* doivent s'assurer par eux-mêmes si tous les voyageurs que contient la voiture sont portés sur la feuille malle-poste. Ils doivent inscrire d'office sur cette feuille les voyageurs qui n'y auraient pas été portés, après s'être informés auprès des courriers et autres voyageurs, s'il est nécessaire, du point où le voyageur non inscrit est entré dans la voiture et du point vers lequel il se dirige. Ils informent exactement l'administration de cette circonstance. — Art. 911.

883. — Les courriers sont tenus d'avoir les plus grands égards pour les voyageurs admis dans leurs malles; mais il leur est expressément défendu de les laisser s'arrêter en d'autres lieux que ceux où les malles-postes doivent s'arrêter, et au delà du temps qui est fixé. — Art. 912.

884. — Les agens des postes en mission ont droit à une place gratuite dans les malles (art. 913). — Ceux qui ont reçu une mission spéciale et d'urgence sont admis de préférence aux voyageurs qui se présentent en même temps qu'eux pour se faire inscrire. — Dans aucun cas ils n'ont la préférence sur un voyageur déjà inscrit. — Art. 914.

ART. 2. — *Conduite des malles-postes.*

885. — Les maîtres de poste doivent être pourvus de harnais spécialement affectés au service des malles, et les entretenir en bon état. — Art. 1124.

886. — Les malles ne doivent être conduites que par des postillons en rang, vêtus de l'uniforme et la plaque au bras. — Art. 1125. — Il leur est défendu de recevoir des pourboires des voyageurs dans les malles. — Art. 1128.

887. — L'attelage de la malle poste doit être composé de bons chevaux ; s'il se trouve dans un relais des chevaux faibles, lents, ou fatigués, il est défendu aux maîtres de poste de les comprendre dans l'attelage de la malle. — Instr. 30 mars 1832, art. 1119.

888. — Les chevaux de la malle doivent toujours être garnis et même bridés à l'avance, et le postillon de service prêt à monter à cheval. — Le postillon et l'attelage de la malle prennent rang deux heures avant le temps présumé de son passage, et, dès lors, ils ne peuvent plus être employés à un autre service. — Art. 1120.

889. — Les malles-postes ne sont pas assujetties à l'ordre de rang établi dans le service des relais; elles doivent être relayées dès leur arrivée, à l'exclusion de toute autre voiture, et partir immédiatement après le relayage. — Art. 1121.

890. — Il est accordé au plus trois minutes pour relayer la malle pendant le jour, et cinq minutes pendant la nuit. — Tous les gens disponibles dans le relais doivent aider à relayer la malle; pendant la nuit il doit y avoir au moins un homme, soit le postillon en tour de rang, soit le garçon d'écurie, pour aider le postillon de service. — Art. 1122.

891. — Les malles doivent être menées avec toute la célérité possible. La distance à parcourir est déterminée par les règlemens, selon la nature des localités. L'administration peut déterminer la durée de la course de chaque relais; mais cette fixation demeure toujours calculée de manière à servir de maximum, et la course doit s'effectuer habituellement en moins de temps que celui qui est fixé par ce maximum. — Art. 1126.

892. — Il est défendu aux postillons d'abandonner leurs chevaux sous aucun prétexte, même pour enrayer : ce soin doit être rempli par les courriers. — Instr. 30 mars 1832, art. 1128.

893. — Les courriers des malles sont autorisés à faire une retenue de cinquante centimes par poste sur le prix des guides dans les cas suivans: 1° lorsque la malle n'est pas conduite par un postillon en rang; 2° lorsque le postillon de service a manqué au règlement, soit en négligeant de garnir les chevaux à l'avance ou de se tenir lui-même prêt à partir, soit en occasionnant du retard dans le relayage ou dans la marche de la malle, soit en la conduisant sans uniforme et sans sa plaque au bras; 3° lorsque les postillons se rendent coupables d'insolence ou d'insubordination envers le courrier et les voyageurs : le tout sans préjudice des punitions que l'administration se réserve d'infliger aux postillons sur les rapports qui lui sont transmis et selon la gravité des cas. — Les courriers doivent verser le montant de ces retenues au bureau de poste du point extrême de la route. — Art. 1137.

894. — Les malles peuvent dépasser en route toutes les autres voitures de poste, parce que, les chevaux réservés pour ce dernier service étant préparés à l'avance et ne pouvant être détournés de cette destination, il ne doit en résulter aucun inconvénient pour les voyageurs. — Art. 1127.

895. — Jugé, toutefois, sous l'empire de l'ordonnance du 27 décembre 1827, que l'exception établie en faveur des malles-postes par cette ordonnance ne concernait que la forme, la dimension et le chargement de ces voitures : les courriers qui font le service des malles-postes ne sont point exempts de l'observation des règles établies pour la sûreté publique et individuelle. — *Cass.*, 21 mars 1828, Faride.

896. — Mais, depuis, l'ordonnance du 27 septembre 1827 a été remplacée par celle du 16 juillet 1828, et il résulte formellement de l'art. 37 de cette ordonnance : que les dispositions qu'elle contient sur la police des voitures publiques et les arrêtés des administrations locales ne s'appliquent pas aux malles-postes, qui ne sont soumises qu'aux règlemens de l'administration spéciale qui les dirige. — *Cass.*, 8 avril 1836, Valentin; 4 nov. 1841 (t. 2 1842, p. 208), Aubron.

897. — L'exception faite en faveur des malles-postes à la disposition de l'ordonnance réglementaire du 16 juillet 1828, concernant la vitesse des voitures publiques, est générale et absolue, sans qu'i y ait à distinguer entre les lieux habités et les routes. — Il n'y a dès lors aucune contravention à cette ordonnance dans le fait d'avoir conduit les chevaux de la malle-poste au galop dans l'intérieur d'un lieu habité. — *Cass.*, 4 mai 1848 (t. 2 1848, p. 263), Magny.

898. — Ainsi encore le courrier de la malle-poste qui a fait galoper ses chevaux sur le pont-levis d'une place de guerre ne peut être poursuivi comme ayant contrevenu à l'ordonnance du 1er mars 1768 (tit. 9, art. 91) et à l'art. 471 (n° 15) C. pén. — *Cass.*, 9 juin 1843 (t. 2 1843, p. 473), Busnoy.

899. — Il convient, toutefois, de remarquer que les diligences ordinaires chargées par l'administration du transport des dépêches ne sont point assimilées aux malles-postes ni dispensées d'accomplir toutes les obligations qui leur sont imposées par les règlemens généraux. — *Cass.*, 21 mars 1828, Faride. — V. POSTE AUX LETTRES.

900. — Cependant, il est bien certain que la rapidité prescrite à la marche des malles-postes par les règlemens d'administration publique qui les régissent, n'affranchit pas les courriers de ces malles de la responsabilité des accidens provenant de leur fait personnel. — *Cass.*, 3 juin 1843 (t. 2 1843, p. 615), Daullé et administration des postes; *Colmar*, 25 janv. 1848 (t. 1er 1849, pag. 140), Postes c. Turck.

901. — Ainsi le fait par un courrier de malle-poste d'avoir omis d'enrayer sa voiture dans une descente, et de ne l'avoir pas arrêtée avant un accident dont la trop grande vitesse imprimée à la voiture a été la cause, a pu être déclaré constituer une faute donnant ouverture à une action en dommages-intérêts, sans que cette appréciation tombe sous la censure de la Cour de cassation. — *Cass.*, mêmes arrêts.

902. — L'administration des postes et ses courriers sont civilement responsables des accidens résultant de la négligence mise par ceux-ci à donner aux postillons, dans un endroit embarrassé, l'ordre de ralentir la vitesse des chevaux. —*Agen*, 2 avril 1843 (t. 2 1843, p. 791), Postes c. Depeyre; *Colmar*, 25 janv. 1848 (t. 1er 1849), Postes c. Turck; *Cass.*, 22 nov. 1848 (t. 2 1849, p. 79), Postes c. Normandin.

903. — Le maître de poste est de son côté responsable quant à la part du dommage mise à la charge de son postillon, et la victime de l'accident ne peut exercer aucun recours pour cette part contre l'administration générale comme devant répondre du maître de poste; celui-ci n'étant, sous aucun rapport, le préposé ou l'agent de l'administration quant aux faits qui se rattachent à la conduite de la malle. — Même arrêt *d'Agen*.

904. — Mais l'administration des postes est tenue de l'indemnité à laquelle le courrier est condamné personnellement envers la victime de l'accident, pour n'avoir pas intimé au postillon, dont il a la surveillance, l'ordre de ralentir la marche quand le danger était imminent. —*Agen*, 24 avr. 1843 (t. 2 1843, p. 791), Postes c. Depeyre.

905. — L'État, représenté par les différentes branches de l'administration publique, est passible des condamnations auxquelles peut donner lieu le dommage causé par le fait, la négligence ou l'imprudence de ses agens. — *Cass.*, 1er avr. 1845 (t. 1er 1845, p. 472), Postes c. Depeyre.

906. — Si les tribunaux doivent s'abstenir de tout examen et de toute critique des règlemens et actes administratifs, et des ordres compétemment donnés par l'administration à ses agens, il leur appartient au moins d'apprécier, dans les cas prévus par les art. 1382, 1383 et 1384 du Code civil, les faits résultant de l'exécution plus ou moins intelligente, plus ou moins prudente des règlemens et ordres administratifs. — *Cass.*, 1er avr. 1845 (t. 1er 1845, p. 472), Postes c. Depeyre; *Colmar*, 25 janv. 1848 (t. 1er 1849, p. 440), Postes c. Turck.

907. —En conséquence : doit être rejeté le pourvoi dirigé contre un arrêt qui déclare l'administration des postes responsable d'un accident causé par une malle-poste, alors même que cet arrêt (après avoir constaté en fait que l'accident et le dommage qui s'en est suivi ont été causés par la négligence, l'imprudence, le défaut de prévoyance et de précaution de cette administration ou de ses agens et préposés dans l'exécution de ses règlemens et de ses ordres) déclarerait, dans ses motifs, que l'accident aura été imputé, pour la plus forte portion, aux règlemens de l'administration qui prescrivent une trop grande vitesse aux courriers et n'indiquent aucune précaution à prendre à l'entrée des villes. — Mêmes arrêts.

908. — L'administration des postes est placée sous le droit commun en matière de responsabilité relativement aux accidens causés par les malles-postes.—En conséquence : cette administration ne peut valablement demander, dans une instance en indemnité, formée concurremment contre elle, le courrier, le postillon et le maître de poste, par celui qu'a renversé et blessé une malle-poste, à être mise hors de cause, sous le prétexte que, d'après les règlemens qui la régissent, elle ne peut être responsable des faits personnels du courrier. En pareil cas, elle doit rester en cause jusqu'à ce qu'il ait été établi par quelle imprudence ou négligence le courrier est arrivé. — *Cass.*, 30 janv. 1843 (t. 1er 1843, p. 499), Postes et Lecomte c. Depeyre.

909. — Du reste, ce n'est là qu'une application des règles générales, l'arrêt qui condamne par corps un courrier de la malle à une réparation pécuniaire envers la victime d'un accident causé par sa faute, ne peut condamner également par corps, solidairement avec lui, l'administration des postes, solidairement avec lui, l'administration des postes civilement responsable. — *Cass.*, 3 juin 1843 (t. 2 1843, p. 617), Daullé et Postes.

Sect. 7e. — *Service des avant-courriers et courriers à franc étrier.*

910. — On appelle avant-courrier un homme à cheval qui court devant une voiture pour faire préparer les chevaux. — Instr. 30 mars 1832, art.

911. — L'avant-courrier ne peut jamais devancer que d'un myriamètre la voiture à laquelle il appartient. Il lui est défendu de partir et aux maîtres de poste de lui fournir des chevaux avant

RÉP. GÉN. — X.

l'arrivée de la voiture au relais. S'il part plus d'un quart d'heure après la voiture, il lui sera donné un guide. — Art. 1105.

912. — Tout courrier voyageant à cheval et qui n'accompagne pas une voiture, est appelé courrier à franc étrier. — Les courriers à franc étrier doivent être accompagnés d'un postillon monté, qui leur sert de guide. — Art. 1106.

913. — Les courriers à franc étrier ne peuvent se servir de brides à eux appartenant, ils peuvent seulement être munis de leur selle. Ils ne doivent pas dépasser le postillon qui les conduit; le maître de poste du relais où ils se présenteraient sans leur postillon ne doit point leur donner de chevaux avant que ce dernier ne soit arrivé, n'ait reconnu l'état des chevaux, et n'ait déclaré que le prix de la course et les guides ont été payés. — Art. 1107.

914. — Un seul postillon peut conduire au plus trois courriers à franc étrier; s'il y en a quatre, il faut deux postillons. — Art. 1108.

915. — Un courrier à franc étrier ne peut faire porter au cheval qu'il monte que ce que les poches de la selle peuvent contenir en menus effets. S'il a un porte-manteau, ce porte-manteau doit être porté en croupe par le postillon. Le poids du porte-manteau ne peut excéder 15 kilog. — Le poids d'une selle avec ses étriers, y compris les menus effets contenus dans les poches de la selle, est fixé à 20 kilog. — Art. 1109.

916. — Les chevaux de selle dits *bidets* se paient comme ceux de trait, à raison de 2 fr. par myriamètre. — Lorsque le courrier voyage avec un guide, le cheval du guide est payé 2 fr.; et le salaire du postillon, conformément aux dispositions de l'art. 1067. — Art. 1110.

Sect. 8e. — *Service des estafettes.*

917. — Il est expressément défendu aux maîtres de poste de se charger de faire transporter en estafettes les dépêches des particuliers sur la demande de ces derniers; ils ne doivent fournir de chevaux et de postillons pour ce service que sur la réquisition des directeurs des postes. — Instr. 30 mars 1832, art. 1118.

918. — Il est expressément défendu aux maîtres de poste de confier une dépêche d'estafette à tout autre individu qu'aux postillons en rang. — Art. 1112.

919. — Il est défendu à tout postillon de se dessaisir de la valise ou du porte-manteau d'estafette pour le faire transporter, de quelque manière que ce soit, au relais suivant. — Art. 1113.

920. — Le service des estafettes doit être fait avec la plus grande célérité et de préférence à tout autre. — Art. 1115.

921. — Le parcours d'un myriamètre par estafette doit se faire de 36 à 41 minutes en été, et de 39 à 46 minutes au plus en hiver, y compris le relayage, sauf le cas où l'administration le prescrit autrement. — Art. 1116.

922. — Chaque maître de poste doit, au passage d'une estafette, certifier, sur le *part*, l'heure de l'arrivée de la dépêche. — Art. 1117.

923. — Aussitôt qu'un postillon expédié en estafette arrive dans un relais, le maître de poste veille lui-même à ce que le départ du postillon chargé de continuer la route s'effectue avec la plus grande promptitude et sans discussion ni perte de temps. Dans les lieux où il existe un bureau de poste, le maître de poste vérifie avec attention, sur le *part*, l'article de son relais, s'il est fait mention de dépêches à remettre au directeur des postes. — Il vérifie également l'état dans lequel se trouve le porte-manteau; et dans le cas où ce porte-manteau paraîtrait avoir été ouvert frauduleusement, il en fait la déclaration à la mairie du lieu, en présence du directeur des postes, s'il informe aussitôt de cette circonstance le directeur de l'administration. — Art. 1114.

924. — Le prix du service des estafettes est réglé à 2 fr. par myriamètre pour le cheval et à 2 fr. pour le postillon. — Les maîtres de poste doivent faire l'avance à leurs postillons de ce qui leur est dû pour ce service. La dépense est ensuite liquidée au nom des maîtres de postes. — Art. 1111.

POSTE MILITAIRE.

V. PLACE DE GUERRE.

POSTHUME.

On désigne sous ce nom l'enfant qui naît après le décès de son père. — V. CURATEUR AU VENTRE.

POSTILLON.

V. POSTES.

POST-SCRIPTUM.

1. — Écriture, ordinairement non signée, mise à la suite d'un titre ou d'un acte quelconque.

2.—Sur les effets d'un post-scriptum en général, V. ÉCRITURE (acte), nos 16 et suiv.

3. — Et sur les effets d'un post-scriptum ajouté à un testament, V. DATE, n° 37, et TESTAMENT.

POSTULANS.

1. — Nom par lequel jadis on désignait quelquefois les *procureurs*, parce que c'était à eux qu'appartenait la postulation : c'est-à-dire l'exercice du droit que les procureurs avaient de représenter leurs cliens en justice, de procéder, former des demandes, défendre, et généralement de faire des actes en leur nom.

2.—On donnait aussi le nom de postulans aux simples praticiens qui faisaient la postulation : tels que ceux qui étaient admis en cette qualité aux conseils de Paris, où il n'y avait pas de procureurs en titre. — *Encyclopédie méthodique* (jurisprudence), v° *Postulant*.

3. — Dans certains tribunaux de commerce on désigne encore les agréés sous le nom de *postulans*.

V. AGRÉÉ, POSTULATION.

POSTULATION.

Table alphabétique.

POSTULATION. — 1. — C'est l'action de postuler, c'est-à-dire de faire tout ce qui est nécessaire à l'instruction d'un procès, rédiger et faire signifier les actes et requêtes, remplir enfin toutes les formalités prescrites par la loi pour éclairer le juge et le mettre en état de prononcer en connaissance de cause.

2. — A Rome, le soin de postuler était spécialement réservé aux *procureurs ad lites*. Toutefois les avocats pouvaient aussi postuler, mais seulement dans certains cas; leur profession était, du reste, différente, et s'appelait *patrocinium*. — Merlin, *Rép.*, v° *Postulation*, § 1.

3. — Dans notre ancien droit, la postulation se trouvait aussi en dehors du ministère des avocats : ce n'est que dans quelques tribunaux où il n'y avait pas de procureurs en titre, et où les avocats faisaient en même temps les fonctions de procureurs. — Merlin, *Rép.*, eod. verbo, § 2.

4. — Mais cette prérogative exclusivement réservée aux avoués a toujours excité la convoitise de praticiens ignorans et cupides qui commettent sans cesse les intérêts des plaideurs et privent les avoués des émolumens qui leur sont réservés. Aussi a-t-on de tout temps jugé nécessaire d'édicter des pénalités sévères contre cet abus.

5. — C'est ainsi que les ordonnances de Charles VII (1443), de Louis XII (1507); un édit de Henri II (29 juin 1549), de François Ier (1610) et plusieurs arrêts de règlement défendaient aux *clercs*, et *autres personnes sans qualité*, de se *mêler de postulations*. — Carré, *Lois de la compétence* (édition de V. Foucher, p. 414, note 1re) ; Bioche, *Dict. de procéd.*, v°

34

Avoué, n° 67; Merlin, *Rép.*, v° *Postulation*, § 2. — V., notamment, arrêt du parlement de Paris du 6 sept. 1690, — un autre du 7 sept. 1739.

6. — Carré (*loc cit.*) cite un arrêt du 6 sept. 1570, d'après lequel la communauté des procureurs nommait, tous les six mois, quelques-uns de ses membres pour surveiller l'exécution des règlemens en cette matière. — Cette commission formait une chambre que l'on appelait *chambre de la postulation*. — V. ce mot.

7. — Les papiers de ceux qui étaient reconnus s'être livrés à la postulation d'une manière illicite étaient saisis. — Les postulans étaient poursuivis à la requête du procureur général, et, lorsqu'ils étaient convaincus d'avoir postulé, ils étaient condamnés aux peines portées par les règlemens. Les frais qu'ils avaient faits ne pouvaient être répétés contre les parties et étaient distribués aux pauvres de la communauté. — V. arrêt du parlement de Paris du 15 janv. 1675. — Merlin, *Rép.*, *eod. verb.*, § 2.

8. — Quant aux procureurs qui avaient favorisé la postulation illicite et prêté leur signature, ils étaient interdits pour six mois, condamnés par corps à 500 fr. de dommages-intérêts envers les pauvres de leur communauté, et en cas de récidive ils étaient interdits pour toujours. — Merlin, *ibid.* — V. aussi les ordonnances précitées, n° 5.

9. — A la suite de la réorganisation judiciaire qui suivit l'établissement de l'Empire, un décret du 19 juill. 1810 reproduisit, mais avec quelques modifications, les dispositions de l'ancienne législation sur la postulation.

10. — D'après l'art. 1er du décr. 19 juill. 1810, et ainsi qu'on l'a vu v° AVOUÉ (n°s 218 et suiv.), les individus qui sont convaincus de se livrer à la postulation sont condamnés par corps, pour la première fois, à une amende de 200 fr. à 500 fr. et, pour la seconde fois, à une amende de 500 fr. à 1,000 fr.; ils sont de plus déclarés incapables d'être nommés aux fonctions d'avoués. — Dans tous les cas le produit de l'instruction faite en contravention est confisqué au profit de la chambre des avoués, et applicable aux actes de bienfaisance exercés par cette chambre.

11. — Les avoués qui sont convaincus de complicité sont punis : 1° pour la première fois, d'une amende de 500 fr. à 1,000 fr. applicable ainsi qu'il est dit à l'article 1er; — 2° et pour la seconde fois, d'une amende de 1,500 fr. et de destitution de leurs fonctions. — Art. 2.

12. — Le délit de postulation est commis par l'avoué qui postule devant un autre tribunal que celui auquel il est attaché. — V. AVOUÉ, n° 132.

13. — Mais, ainsi qu'on l'a vu (*ibid.*), et en vertu de la législation particulière aux colonies, jugé cependant que les avoués attachés aux tribunaux des îles de la Martinique et de la Guadeloupe ont tous le droit de postuler devant la Cour royale dans le ressort de laquelle ils sont établis, sans distinction entre ceux qui résident au siége de la Cour et ceux qui n'y résident pas. *Cass.*, 15 juill. 1840 (t. 2 1840, p. 179), Boisaubin c. Patron.

14. — Celui qui a acheté l'office d'un avoué, mais qui n'a pu se faire agréer par le gouvernement, ne peut postuler sous le nom de son vendeur. — *Metz*, 30 janv. 1808, Simon c. avoués de la Cour de Metz.

15. — Le délit de postulation peut être commis par un avocat, et, par conséquent, le décret du 19 juill. 1810 lui est applicable. — *Limoges*, 23 août 1824 (V. sous *Cass.*, 28 déc. 1825), Mosnier-Laforge; *Bordeaux*, 4 janvier 1830, Mosnier-Laforge; *Cass.*, 5 déc. 1836 (t. 1er 1837, p. 16), Mosnier-Laforge. — *Contrà*, *Cass.*, 28 déc. 1825, Mosnier-Laforge. — V., à ce sujet, *infrà*, n°s 42 et suiv.

16. — Toutefois, le décret du 19 juillet 1810 n'est pas applicable à un avocat qui a rédigé sur papier timbré, et sans en percevoir l'émolument, les qualités du jugement dans une cause qu'il a instruite. — *Bruxelles*, 21 avril 1813, D... c. avoués de Bruxelles.

17. — Il n'y a pas postulation illicite de la part d'un avoué qui signe des actes de son ministère rédigés par d'autres personnes. En effet, il se les approprie par sa signature et s'en rend responsable. — Même arrêt. — Carré, *Compét.*, t. 3, p. 705.

18. — Mais un avoué ne peut signer des conclusions pour son confrère, qu'autant que l'adversaire ne s'y oppose point; en cas d'opposition, il doit être donné défaut. — *Bruxelles*, 6 fév. 1832, W... c. V....

19. — L'acte par lequel un avoué au tribunal civil et un agréé au tribunal de commerce constituent une société entre eux, dans le but de partager les bénéfices de toutes les affaires civiles et commerciales dont ils seront chargés, ne présente rien d'illicite, et ne peut établir le délit de postulation. — *Montpellier*, 22 août 1833, chambre des avoués de Castelnaudary c. Delort.

20. — La preuve de ce délit ne peut résulter de l'existence entre les mains de celui qui est poursuivi pour postulation illicite, d'un certain nombre de dossiers où se trouvent quelques actes de procédure émanés de lui, mais isolés et disséminés à de longs intervalles, surtout lorsque des circonstances peuvent justifier ces faits et alors qu'il n'est pas établi que des émolumens aient été perçus au détriment des avoués du tribunal. — Même arrêt.

21. — Au surplus, c'est exclusivement aux juges du fait qu'il appartient de décider quand il y a postulation illicite.

22. — Ainsi, l'arrêt qui décide qu'un acte par lequel un avoué au tribunal civil et un agréé au tribunal de commerce ont formé une société entre eux dans le but de partager les bénéfices de toutes les affaires civiles et commerciales dont ils seront chargés ne constitue pas un fait de postulation illicite et échappe à la censure de la Cour de cassation comme ne contenant qu'une simple appréciation d'un contrat. — *Cass.*, 13 janv. 1835, chambre des avoués de Castelnaudary c. Delort.

23. — Ainsi encore, les caractères de la postulation illicite n'étant pas précisés par la loi; la Cour d'appel devant laquelle on articule des faits tendant à la prouver peut déclarer les faits articulés non relevans et en rejeter la preuve, sans que son arrêt donne ouverture à cassation. — Même arrêt.

24. — Les peines prononcées par les art. 1er et 2 du décret du 19 juill. 1810 contre les postulans et leurs complices sont sans préjudice des dommages-intérêts et autres droits des parties qui seraient lésées par l'effet de ces contraventions. — Art. 3.

25. — Dès lors, si, malgré le refus du gouvernement de l'agréer pour avoué, un individu postule sous le nom de son vendeur; la chambre des avoués de la Cour près laquelle il exerce, a droit de le dénoncer à cette Cour. — *Metz*, 30 janv. 1808, Simon c. avoués de la Cour de Metz.

26. — Lorsque la chambre des avoués, informée de l'existence d'un délit de postulation, croit devoir demander à être autorisée à faire les perquisitions convenables dans les domiciles qui sont indiqués, elle présente à cet effet requête, soit aux premiers présidens des Cours d'appel, soit aux présidens des tribunaux, selon que la postulation aura été exercée près des cours ou tribunaux. L'autorisation ne peut être accordée que sur les conclusions du ministère public et après examen de la gravité des faits et circonstances allégués. — V. décr. 19 juill. 1810, art. 4.

27. — Lorsqu'il y a usurpation des fonctions d'avoués, la Cour d'appel peut statuer sur cette infraction, sans être tenue de renvoyer au tribunal de première instance, et elle peut prendre toutes les mesures nécessaires pour réprimer l'usurpation. — *Metz*, 30 janv. 1808, Simon c. avoués de la Cour de Metz.

28. — L'art. 4 du décret du 19 juillet 1810 ne dit pas par qui sera donnée l'autorisation de poursuites; mais, en attribuant la connaissance de la postulation illicite au tribunal qui autorise la perquisition, l'art. 7 semble décider implicitement que c'est par le tribunal entier que sera accordée cette autorisation. — V., toutefois, en sens contraire, Chauveau, *Journ. des avoués*, t. 44, p. 344 à 347; Souquet, *Dict. des temps légaux*, 516e tableau, v° *Postulation*.

29. — Les contraventions peuvent aussi être poursuivies d'office et les perquisitions demandées par les procureurs généraux ou par leurs substituts. — Décr. 19 juill. 1810, art. 5.

30. — Peut-on, sous prétexte de postulation, faire des perquisitions et des saisies de papiers dans le cabinet d'un avocat? Cette question, agitée, mais non résolue, au sujet de l'affaire Mosnier-Laforge (*Cass.*, 28 déc. 1825), est nécessairement subordonnée à celle de savoir si les tribunaux civils sont, à l'exclusion des conseils de discipline, compétens pour connaître de la postulation illicite imputée à un avocat. — V. *infrà*, n°s 42 et suiv.

31. — Le conseil de l'ordre des avocats de Limoges, consulté, à propos de l'affaire Mosnier-Laforge, sur le point de savoir si des perquisitions de cette nature étaient attentoires aux droits de l'ordre, répondit négativement.

32. — Le conseil de l'ordre des avocats de Paris a aussi reconnu la légalité de ces sortes de perquisitions; mais en même temps il a exprimé l'avis qu'il devait y être procédé avec le plus grand ménagement, et que le mandat devrait être exécuté par le magistrat en personne. Le magistrat, en effet, n'étant pas lié, comme un agent ordinaire, par un ordre supérieur, serait juge de la façon dont la perquisition devrait être faite, juge des applications qui lui seraient données, des pièces qu'il devrait examiner, de tous les tempéramens enfin que les circonstances lui permettraient de porter à l'exécution de sa propre décision.

33. — Les perquisitions ordonnées ne peuvent dans tous les cas être faites qu'en présence d'un juge de paix ou d'un commissaire de police, lequel doit saisir les dossiers et autres pièces qui lui sont indiquées comme devant prouver l'existence de la contravention. Les pièces de chaque dossier ainsi que les pièces détachées sont nombrées, cotées et paraphées par le juge de paix ou le commissaire de police, qui du tout dresse procès-verbal. — Décr. 19 juill. 1810, art. 6.

34. — Le procès-verbal de perquisition et la saisie des papiers ne sont pas des actes indispensables pour constater une fausse postulation; on peut y suppléer par une enquête. — *Montpellier*, 6 mars 1826, C... et D....

35. — Dans ce dernier cas, le jugement qui ordonne une enquête doit, à peine de nullité, préciser et articuler les faits particuliers constitutifs de la fausse postulation. — Même arrêt.

36. — Sur le procès dressé par le juge de paix ou le commissaire de police, parties ouïes ou dûment appelées et le ministère public entendu, il est, par la cour ou par le tribunal qui a autorisé la perquisition, statué tant sur l'application des peines et dommages-intérêts des parties que sur les dommages-intérêts résultant des poursuites et saisies qui seraient mal fondées. — Décr. 19 juill. 1810, art. 7.

37. — A quels tribunaux appartient la connaissance de la postulation illicite, aux tribunaux civils ou aux tribunaux correctionnels? La solution de cette question dépend de la question de savoir si la postulation illicite constitue ou non un délit.

38. — Pour l'affirmative on dit que le coupable est passible d'une peine correctionnelle; et la cour d'appel de Limoges a jugé en ce sens par un arrêt du 23 août 1824 (sous *Cass.*, 28 déc. 1825), Mosnier-Laforge.

39. — Mais la négative nous semble pouvoir être soutenue avec plus de raison. D'abord le décret du 19 juillet 1810 qualifie la postulation illicite de contravention, sans autre caractère distinctif, et cette qualification n'est évidemment employée que dans l'acception générale d'un acte contraire à la loi, mais non point dans le sens catégorique d'un acte contraire à la loi criminelle. La pénalité décrétée contre la postulation illicite ne renferme d'ailleurs aucun des caractères *exclusivement* réservés à la pénalité en matière criminelle, correctionnelle ou de police. En effet, l'amende, qui est seule prononcée comme sanction, est une peine souvent appliquée en matière purement civile. — Souquet, *Dict. des temps légaux*, 515e tableau, v° *Postulation*.

40. — La postulation illicite est donc une faute de la part de son auteur, un fait dommageable et attentatoire au privilége des avoués; mais ce n'est pas un délit, et par conséquent ce sont les tribunaux civils, et non les tribunaux correctionnels, qui doivent être appelés à statuer en cette matière. — *Ibid.* — V. aussi Bioche, v° *Avoué*, n° 80.

41. — Ainsi jugé que c'est au tribunal civil et non au tribunal de police correctionnelle, qu'il appartient de connaître des poursuites exercées par le ministère public pour fait de postulation sans droit. — *Cass.*, 20 juill. 1821, Sons.

42. — L'avocat est-il également justiciable du tribunal civil pour le délit de postulation? Jugé d'abord à ce sujet par la Cour de cassation qu'on ne peut appliquer aux avocats les dispositions du décret du 19 juillet 1810 sur la postulation; que le ministère public ne peut, à raison de ce fait, les actionner devant les tribunaux civils, et qu'ils ne sont justiciables que du conseil de discipline de leur ordre : sauf l'appel du ministère public devant la Cour d'appel. — *Cass.*, 28 déc. 1825, Mosnier-Laforge.

43. — Les motifs de cet arrêt peuvent se résumer ainsi : le décret de 1810, à supposer que dans l'origine il ait été applicable aux avocats, a été abrogé implicitement par l'ordonnance du 20 novembre 1822. En établissant les conseils de discipline pour juger les fautes et infractions des avocats, cette ordonnance n'a attribué par exception à la connaissance des tribunaux que les crimes et les délits; or, la postulation illicite n'est point un délit : elle ne doit donc pas entraîner les avocats devant la juridiction ordinaire.

44. — Mais à ces motifs on peut opposer que l'ordonnance du 20 novembre 1822 ne contient aucune exception aux dispositions du décret du 19 juillet 1810; qu'à la vérité l'art. 15 de cette même ordonnance attribue aux conseils de discipline la répression des infractions et des fautes commises par les avocats, mais l'exercice du droit de discipline ne met point obstacle aux poursuites que le ministère public se croit fondé à exercer devant les tribunaux pour la répression des actes qui constituent des délits et des crimes. Sans doute la postulation illicite n'est int un véritable délit dont la connaissance appartienne aux tribunaux correctionnels, mais ce n'en est pas moins une contravention punissable de peines qui ne sont en général prononcées que par ces derniers tribunaux, un délit distinct, *sui generis*, dont la connaissance n'a été donnée aux tribunaux civils que parce qu'ils sont plus à portée que les tribunaux correctionnels d'apprécier les faits qui peuvent constituer la postulation illicite.

45. — « La compétence attribuée aux conseils de discipline, dit M. Bioche (v° *Avoué*, n° 80), n'est pas plus exclusive de celle des tribunaux civils pour le délit de postulation, qu'elle ne l'est de celle des tribunaux correctionnels ou criminels pour les autres crimes ou délits commis par des avocats. L'admission du système contraire conduirait à cette conséquence bizarre, qu'un avocat doublement coupable pour avoir contrevenu au décret de 1810 et aux règlemens de l'ordre, en se livrant à la postulation, serait cependant puni d'une peine moindre parce qu'il serait soumis à une juridiction particulière. Si, dans quelques circonstances déterminées, certaines personnes peuvent réclamer le bénéfice d'une juridiction spéciale, elles n'en restent pas moins soumises à la pénalité ordinaire. »

46. — Cette opinion est aussi celle de l'annotateur de Carré, M. V. Foucher : « Quelles que soient les obligations spéciales qu'impose la profession noble de l'avocat, dit cet auteur (t. 2, p. 421), elles ne peuvent dispenser de celles résultant de loi générale et se convertir en un privilége. On ne saurait douter de la juste sévérité que montrerait l'ordre à l'égard de celui de ses membres qui se rendrait coupable de postulation; mais cette juridiction paternelle est indépendante de l'action publique, qui ne peut jamais dépendre de l'exercice de la première. Enfin, elle que puisse être la décision de l'ordre à l'égard de l'avocat pour la faute commise par lui, envisagée dans ses rapports avec les devoirs de sa profession, si, en outre, cette faute est réprimée par la loi générale, la décision disciplinaire ne saurait le soustraire à l'action des tribunaux chargés de la répression du fait... »

47. — Aussi la Cour de cassation, qui fut une seconde fois saisie de cette affaire, décida : que lorsqu'un avocat est prévenu, conjointement avec un avoué, de s'être livré à des actes de postulation illicite, il est justiciable, comme celui-ci, du tribunal civil de première instance; qu'il n'a pas le droit de demander son renvoi devant le conseil de discipline de son ordre. — *Cass.*, 5 déc. 1836 (t. 1er 1837, p. 46), Mosnier-Laforge.

48. — Jugé également, par suite de renvoi dans cette même affaire : que le décret du 19 juillet 1810, sur la postulation, est applicable aux avocats; qu'en conséquence les avocats sont, pour ce fait, justiciables des tribunaux ordinaires, et non du conseil de discipline de leur ordre, alors surtout qu'il y a eu complicité de postulation frauduleuse entre un avocat et un avoué. — *Bordeaux*, 4 janv. 1830, Mosnier-Laforge.

49. — Du reste une double action *civile* de la part des avoués en réparation du dommage et *disciplinaire* de la part du bâtonnier de l'ordre, dans un intérêt d'honneur et de délicatesse, pour maintenir dans leur intégrité les devoirs de la profession d'avocat, pourrait être exercée contre l'avocat postulant, sans qu'il y ait violation de la maxime : *Non bis in idem*, attendu que chacune de ces deux actions a un but différent. — V. CHOSE JUGÉE, NON BIS IN IDEM.

50. — Les jugemens rendus par les tribunaux de première instance sont susceptibles d'appel. — Décr. 19 juill. 1810, art. 7.

POT-DE-VIN.

1. — On appelle pot-de-vin (autrefois *vin du marché*) ce qui, lors de la conclusion d'une vente ou d'un bail, ou de tout autre contrat, est remis par le preneur de la main à la main et en sus du prix convenu.

2. — Le pot-de-vin fait partie du prix, aussi est-il restituable toutes les fois que le prix lui-même est sujet à restitution de la part de celui qui l'a reçu. De même, il y a lieu de l'ajouter au prix toutes les fois que ce prix doit servir de base à une appréciation : notamment en matière de rescision pour cause de lésion. — V. VENTE.

3. — Loisel disait, à la vérité (liv. 3, tit. 4, n° 14) : « *Vin de marché n'entre pas au compte du prix;* » mais il ajoutait : *pour en prendre droit de vente, sinon qu'il fût excessif.* » Ce n'est donc que relativement aux droits de lods et ventes qu'il s'exprimait ainsi. — Troplong cite *Cout.* Chaumont, art. 37; Vitry, art. 49. — De Laurière sur Loisel et Brodeau sur Paris, art. 76.

4. — La remise du pot-de-vin, détaché du prix principal, a lieu également chez nous dans le but d'éviter des frais d'enregistrement; mais il n'est pas douteux que si cette dissimulation était découverte la régie exercerait ses droits. — V. ENREGISTREMENT.

5. — Le pot-de-vin ne peut être confondu avec les *arrhes*, qui, en droit, produisent des effets particuliers (V. ARRHES); mais il ne se distingue pas de ce qui peut être remis, en sus du prix, à titre d'*épingles* ou à tout autre titre analogue.

6. — Il a été jugé que la résolution du bail avant le terme convenu pour sa durée donne lieu à la restitution proportionnelle du pot-de-vin, alors surtout que cette résolution s'opère par suite d'un événement prévu audit bail. — *Douai*, 7 nov. 1845 (t. 1er 1846, p. 451), Vandenbrouck c. Gauthier.

7. — Cet arrêt décide, *d'une manière générale*, que *le pot-de-vin n'est qu'un fermage payé par anticipation.* — Mais la Cour de cassation, par un arrêt de rejet du 30 nov. 1841 (t. 1er 1842, p. 35 [Dutacq et Lefrançais c. Demaillerais]), a implicitement décidé que c'était d'après les circonstances que le pot-de-vin pouvait être considéré comme représentant des loyers supplémentaires payés par anticipation. — V., au surplus, le *Rép. gén. Journ. Pal.*, v° BAIL, nos 560 et suiv.

V. BAIL, CHAPEAU DE CAPITAINE, VENTE.

POT-DE-VIN DU MAITRE.

On appelle ainsi quelquefois la gratification accordée au capitaine en sus du fret, et plus connue sous le nom de *chapeau* du capitaine. — V. CAPITAINE DE NAVIRE, CHAPEAU DU CAPITAINE.

POTASSE.

1. — Fabrique de chromates de potasse, — 2e classe des établissemens insalubres.

2. — Fabriques de potasse, — 3e classe seulement. — V. ÉTABLISSEMENS INSALUBRES (nomenclature).

POTERIE, POTIERS.

1. — Fabricans de poterie, patentables. — Droit fixe de 3 fr. par chaque ouvrier, jusqu'au maximum de 300 fr.; droit proportionnel du 20e de la valeur locative de l'habitation, des magasins de vente complétement séparés de l'établissement, et du 25e de l'établissement industriel.

2. — Potiers d'étain, patentables de 6e classe. Droit fixe basé sur la population, droit proportionnel du 20e de la valeur locative de l'habitation et des lieux servant à l'exercice de la profession. — V. PATENTE.

3. — Marchands de poterie de terre, — potiers de terre ayant moins de cinq ouvriers. — Patentables : les premiers de 7e classe et les derniers de 8e. — Droit fixe basé sur la population; droit proportionnel du 40e de la valeur locative de tous les locaux qu'ils occupent, mais seulement dans les communes de 20,000 âmes et au-dessus. — V. PATENTE.

4. — Les établissemens des potiers de terre sont rangés dans la 2e classe des établissemens insalubres.

5. — Ceux des potiers d'étain font partie de la 3e classe seulement. — V. ÉTABLISSEMENS INSALUBRES (nomenclature).

POUDRE ET MUNITIONS DE GUERRE.

1. — La fabrication des armes dans les manufactures de l'État est régie par les lois des 19 juill. et 19 août 1792 et par le décret du 30 sept. 1805. Quant à la fabrication, la vente et la distribution non autorisées et la détention des munitions de guerre, elles étaient régies par la loi du 13 fruct. an V et par le décret du 23 pluv. an XIII. La loi du 13 fruct. ne prononçait que des peines fiscales, savoir : 3,000 francs d'amende pour la fabrication illicite ou pour la détention d'une quantité quelconque de poudre de guerre; 500 francs pour la vente non autorisée; 100 francs pour la détention de plus de cinq kilogrammes de poudre ordinaire.

2. — Le décret du 23 pluv. an XIII a été confirmé par la loi des finances du 28 avril 1816, art. 231. Aussi a-t-il été jugé, qu'ayant été exécutée comme loi, elle était en vigueur, même depuis la Charte de 1830. — *Cass.*, 1er sept. 1831, Rayer; 24 août 1832, Maquellé; 7 juin 1833, Leboulanger. — On avait jugé de même sous l'empire de la Charte de 1814. — *Cass.*, 3 fév. 1820, Potelle.

3. — L'art. 4 de la loi du 13 fruct. an V, qui punissait la détention de poudres de guerre, n'admettait aucune distinction sur l'origine de ces poudres et s'appliquait aussi bien aux poudres de fabrication étrangère qu'à celles de fabrication française. — *Cass.*, 1er sept. 1831, Rayer.

4. — La loi de l'an V et le décret de l'an XIII ont été complétés par la loi du 24 mai 1834, qui, tout en les maintenant dans leurs dispositions fiscales, a eu principalement en vue de punir dans la fabrication et détention de poudres et munitions de guerre un moyen d'armement pour la révolte. — L'art. 2 de cette loi dispose que « tout individu qui, sans y être légalement autorisé, aura fabriqué, débité ou distribué de la poudre, ou sera détenteur d'une quantité quelconque de poudre de guerre, ou de plus de deux kilogrammes de toute autre poudre, sera puni d'un emprisonnement d'un mois à deux ans, *sans préjudice des autres peines portées par les lois.* » — Art. 2.

5. — Pour bien saisir les diverses dispositions de cet article, il faut distinguer entre la fabrication, le débit ou la distribution et la détention de la poudre; entre la poudre ordinaire et la poudre de guerre. La peine est applicable à la fabrication, débit ou distribution de poudre, quelle qu'elle soit, de guerre ou autre, à la détention d'une quantité *quelconque* de poudre de guerre et de plus de deux kilogrammes de toute autre poudre.

6. — Ces mots de l'art. 2, *sans préjudice des autres peines portées par les lois*, signifient que l'amende prononcée par la loi de l'an V et le décret de l'an XIII sera ajoutée à l'emprisonnement prononcé par la loi de 1834. — Mais cette adjonction de l'amende à l'emprisonnement doit-elle avoir lieu dans tous les cas où l'emprisonnement est prononcé? Cette question est soulevée par M. Duvergier (*Coll.*, t. 34, sur la loi de 1834), et la difficulté lui semble venir de ce que la loi du 13 fruct. an V ne rendait passible de l'amende que la détention de plus de cinq kilogrammes de poudre ordinaire. Or, résulte-t-il de la loi nouvelle que désormais la détention de plus de deux kilogrammes, punie de l'emprisonnement par cette loi, doive aussi être frappée de l'amende réservée par celle de l'an V pour la détention de plus de cinq kilogrammes?

7. — M. Duvergier ne pense pas qu'on doive arriver à cette conséquence. — Toutefois il cite un passage de l'exposé des motifs d'où il ressort clairement que le but de la loi a été de substituer, quant à la faculté de la quantité de deux kilogrammes comme maximum, celle de cinq kilogrammes, et de punir la détention d'une quantité excédant deux kilogrammes à la fois de l'amende et de l'emprisonnement.

8. — Celui qui fabrique illicitement de la poudre pour son propre compte doit être condamné à l'amende de 3,000 francs, comme s'il la faisait fabriquer par autrui. Le tribunal ne peut l'en dispenser et le condamner seulement à un emprisonnement, sous le prétexte qu'ayant fabriqué lui-même il doit être considéré comme ouvrier. — *Cass.*, 29 juill. 1813, Fresia. — Cette décision est toujours applicable sous la loi du 24 mai 1834.

9. — Mais le fait d'avoir conservé dans un coin de son habitation une certaine quantité de poudre avariée, hors de service, contenue dans des boîtes pourries et oubliées dans une cabane à lapins ne peut constituer le délit prévu par les art. 2 et 3 L. 24 mai 1834, sur la détention d'armes et de munitions de guerre. Il y a lieu, cependant, d'ordonner la remise de cette poudre à l'autorité militaire. — *Paris*, 4 déc. 1835, Bourset.

10. — Aux termes de l'art. 3 de la loi de 1834,

tout individu qui, sans y être légalement autorisé, aura fabriqué ou confectionné, débité ou distribué des armes de guerre, cartouches ou munitions de guerre, ou d'un dépôt d'armes quelconques, doit être puni d'un emprisonnement d'un mois à deux ans et d'une amende de 16 fr. à 4,000 fr.

11. — Le détenteur de munitions de guerre ne peut être relaxé sur le motif qu'il n'est pas suffisamment établi qu'il connût l'existence de ces munitions chez lui; c'est à lui à faire la preuve de son ignorance. — *Cass.,* 10 mars 1836, Ardon-Pujade.

12. — La détention non autorisée de cartouches et munitions de guerre n'est possible que de la peine portée par l'art. 3 de la loi du 24 mai 1834; mais elle n'est pas, comme la détention non autorisée de poudre de guerre, que punit l'art. 2 de la même loi, passible, en outre, de l'amende de 3,000 fr. — *Nancy,* 14 mars 1838 (l. 2 1838, p. 637), Georges.

13. — Il en serait autrement si, indépendamment des cartouches, on trouvait de la poudre de guerre. La détention illégale de poudre de guerre et celle de cartouches, ou munitions de guerre, constituent deux délits distincts, punis de la même peine d'emprisonnement, mais d'amendes différentes. — *Cass.,* 25 sept. 1835, Richar; même jour, même arrêt, Lalu; 16 mars 1839 (l. 2 1839, p. 419), Ruban.

14. — Quant à la fabrication, distribution ou détention d'armes de guerre, V. ARMES, nos 104 et suiv., 110 et suiv., 130 et suiv.

15. — Les infractions ci-dessus prévues sont jugées par les tribunaux de police correctionnelle. — L. 1834, art. 4.

16. — Avant le décret du 10 sept. 1808, qui dit d'une manière expresse que la présence d'un seul officier municipal suffit, les visites à l'effet de constater les contraventions à la loi sur la fabrication et la vente des poudres et salpêtres ne pouvaient s'effectuer que par deux officiers municipaux, à peine de nullité du tout procès-verbal dressé par un seul officier municipal. — *Cass.,* 22 therm. an XIII, N....

17. — Les dispositions de la loi qui attribuent exclusivement au maire ou à son adjoint, assisté d'un commissaire de police, le droit de procéder à la recherche et à la saisie des poudres prohibées, ne peuvent recevoir leur application au cas où le ministère public agit comme en matière de flagrant délit. — *Cass.,* 1er sept. 1831, Rayer.

18. — Jugé encore que la fabrication ou détention illicite de poudre de guerre ne constitue pas seulement une contravention fiscale, mais bien un délit contre l'ordre et la sûreté publique qui doit être recherché et poursuivi par le ministère public comme tous les délits dont la connaissance appartient aux tribunaux correctionnels. — Même arrêt. — Cela est vrai aujourd'hui surtout que la loi de 1834 précitée prononce contre les contrevenans la peine de l'emprisonnement.

19. — Les munitions fabriquées, débitées, distribuées ou possédées sans autorisation sont confisquées. — L. de 1834, art. 4, § 2.

20. — La confiscation des armes et munitions de guerre possédées sans autorisation doit être prononcée contre le détenteur seul et sans avoir égard à l'intervention des tiers justifiant de leur propriété, sans justifier d'ailleurs d'une autorisation légale. — *Cass.,* 26 mars 1835. — Dangui.

21. — En outre, les condamnés peuvent être placés sous la surveillance de la haute police pendant un temps qui ne peut excéder deux ans. — Art. 4, § 3.

22. — En cas de récidive, les peines peuvent être élevées jusqu'au double. — Art. 4, § 4.

23. — L'art. 11 de la loi du 24 mai 1834 dispose : « Dans tous les cas prévus par la présente loi, s'il existe des circonstances atténuantes il sera fait application de l'art. 463 du C. pén. »

24. — Jugé néanmoins que l'amende de 3,000 fr. prononcée par la loi du 13 fruct. an V et le décret du 23 pluv. an XIII, et maintenue par la loi du 24 mai 1834, contre ceux qui feraient fabriquer illicitement de la poudre, ou qui seraient nantis d'une quantité quelconque de poudre de guerre, ne peut être modifiée par les tribunaux, même par application de l'art. 463 du Code pénal. — *Cass.,* 18 avr. 1835, Lalu; 8 mai 1839 (l. 2 1839, p. 410), Lefustec, 10 janv. 1840 (l. 1er 1840, p. 68), même affaire : chambres réunies.

25. — La loi du 25 juin 1841, art. 25, déclare applicable à la fabrication illicite, au colportage et à la vente des poudres et salpêtres les sans permission les art. 222, 223, 224, 225 de la loi du 28 avril 1816, qui ordonnent la détention provisoire des colporteurs de tabacs en fraude. — V. TABACS.

26. — Les faits réprimés par la loi du 24 mai 1834 sont des délits. En outre, ladite loi n'est pas une loi fiscale. De là il faut conclure que les juges ont le droit d'apprécier la question intentionnelle. — C'est donc sous cette réserve que l'on doit accepter la doctrine de l'arrêt de la Cour de cassation du 26 mars 1845 (Cazala), suivant laquelle : les dispositions des art. 3 et 4 de ladite loi étant des mesures de police et de sûreté, leur application ne peut être écartée sous le prétexte de la bonne foi du fabricant, détenteur ou distributeur. — V. ARMES, COMPLOT, MOUVEMENT INSURRECTIONNEL.

POUDRES ET SALPÊTRES.

Table alphabétique.

POUDRES. — 1. — La poudre est une composition, de soufre, de salpêtre et de charbon, qui sert à charger les armes à feu. — Bien que la poudre soit également employée dans l'industrie, la préparation et la distribution en sont réservées au gouvernement : l'intérêt public veut qu'il en soit ainsi.

2. — Du reste, toute préparation fulminante, qu'on obtient par la combinaison de certains acides avec des substances diverses (ainsi notamment la poudre-coton ou fulmi-coton, dont les produits ont été dernièrement l'objet de l'attention publique), doit rentrer sous l'application des réglemens généraux établis pour la poudre dont le salpêtre est la base.

3. — Les fabriques de poudres ou matières détonantes ou fulminantes, les établissemens servant à la fabrication d'allumettes, d'étoupilles ou d'autres objets du même genre, préparés avec ces sortes de poudres ou matières, sont rangés dans la 1re classe des établissemens insalubres. — V. ce mot (nomenclature).

4. — Les mesures à prendre contre les dangers de la fabrication et du débit des différentes espèces de poudres et de matières détonantes et fulminantes, sont prescrites dans l'ordonnance du 25 juin 1823.

SECT. 1re. — *Poudres* (n° 5).

§ 1er. — *Fabrication* (n° 5).

§ 2. — *Vente et distribution* (n° 15).

§ 3. — *Circulation et transport* (n° 43).

§ 4. — *Contraventions. — Poursuites.*
— *Pénalité. — Peines et récompenses aux saisissans* (n° 54).

SECT. 2e. — *Règles particulières à la fabrication du salpêtre* (n° 83).

Sect. 1re. — Poudres.

§ 1er. — *Fabrication.*

5. — Toute fabrication de poudres hors des poudrières nationales est une fabrication frauduleuse. — L. 13 fruct. an V.

6. — C'est Louis XVI qui le premier a converti en une régie pour le compte de l'État le bail de poudres et salpêtres. — Arrêt du Conseil, 5 sept. 1779.

7. — Un décret du 23 sept. 1794, en même temps qu'il maintient le droit exclusif du gouvernement de fabriquer des poudres et de les vendre, contient des dispositions sur l'organisation de la régie des poudres et salpêtres, sur la fonction des employés de cette régie, le mode de leur admission et de leur avancement, leur traitement et la discipline générale qui les régit. Cette administration a été réorganisée par la loi du 27 fruct. an V, et par l'arrêté du premier jour complémentaire suivant. — V., sur le même objet, les décrets des 22 janv. 1808 et 16 mars 1813, qui chargent la régie des droits réunis de la surveillance de la fabrication, de la circulation et de la vente des salpêtres; les ordonn. des 17 mai 1818 et 19 nov. suiv., qui modifient cette administration.

8. — Un général d'artillerie dirige le service de la fabrication des poudres et salpêtres; il a ce moment sous sa surveillance vingt-un établissemens, répartis sur différens points de la France, savoir : onze poudreries, neuf raffineries de salpêtre, et une soufrerie.

9. — Les dépenses de la régie générale des poudres et salpêtres ont été mises au nombre des dépenses générales de l'État par un arrêté du directoire, an VII. L'ordonnance du 20 sept. 1820 contient des dispositions réglementaires sur le service des poudres et salpêtres.

10. — Les agens de la direction des poudres et salpêtres sont tenus verser un cautionnement au Trésor. — V. FONCTIONNAIRES PUBLICS, nos 643 et suiv.

11. — Jusqu'en 1818, non-seulement la fabrication, mais encore la vente des poudres à feu avait lieu par l'administration des poudres et salpêtres, laquelle opérait cette vente par l'intermédiaire de garde-magasins et débitans spéciaux, dont les employés des poudres surveillaient la gestion. — Décr. 16 mars 1813.

12. — Enfin, l'ordonnance du 25 mars 1818, art. 1er, a déterminé, en dernier lieu, que les poudres à feu et salpêtres fabriqués pour le compte de l'État, ne peuvent l'être que sous la direction de l'administration des poudres et salpêtres, mais que la vente des poudres de chasse, de mine et de commerce extérieur est confiée à l'administration des contributions indirectes. — V. IMPÔT, nos 93 et 97.

13. — Aujourd'hui, les deux services demeurent essentiellement distincts et indépendans l'un de l'autre. D'un côté est la partie d'art ou fabrication; de l'autre, la vente et le recouvrement du produit. Le premier est dans les attributions du ministre de la guerre; le second relève du ministre des finances.

14. — Chaque trimestre, la régie des contributions indirectes rembourse à l'administration les poudres et salpêtres au prix de revient, la totalité des poudres qu'elle en a reçues et qu'elle a vendues. — Ordonn. 25 mars 1818, art. 2.

§ 2. — *Vente et distribution.*

15. Les poudres ne sortent des poudrières que sur les demandes de l'administration des contributions indirectes, par les soins de laquelle elles sont d'abord transportées, soit directement chez des entrepreneurs, agens spéciaux de la vente, soit dans des magasins supérieurs de la vente, et ensuite distribuées aux entrepreneurs, suivant les besoins de la consommation.—V. CONTRIBUTIONS INDIRECTES, n° 43.

16. — Le principe général qui régit les lois sur la fabrication et la vente des poudres, c'est que n'en peut vendre sans une autorisation, une mmission du gouvernement. Cette prohibition t générale et absolue ; et la circonstance qu'il e se trouve dans la commune aucun agent légaent commissionné, n'autorise pas un citoyen vendre des poudres dans cette commune. — ., 25 frim. et 10 niv. an XI, Ulmann et Benr.

17. — Les entreposeurs sont chargés de ven- la poudre aux débitans qui à leur tour la dent au public.

18. — Néanmoins il est certaines ventes ré- rvées expressément aux entreposeurs, qui vent également vendre aux particuliers les udres de guerre, de commerce extérieur et de ine. — Du reste, les entreposeurs doivent ire connaître leurs ventes à l'autorité locale.— 1er et le 15 de chaque mois l'état en est remis u sous-préfet pour être transmis au préfet.

19. — Les débitans ne peuvent s'approvision- par quantités inférieures à 5 kilogrammes.— . 1820.

20. — Le nombre et la position de chaque dé- t de poudre est déterminé par l'autorité. Des ines sévères (V. *infrà*) frappent tout débit de udre non autorisé.

21. — Les préfets peuvent même, dans certains , et pour des motifs de sûreté publique, non- lement ne permettre la vente des poudres aux chefs-lieux d'arrondissement, mais même pendre ou interdire d'une manière absolue le vente dans certains arrondissemens, et faire tirer les poudres de chez les détaillans.—Décis. inist. 17 août 1832.

22. — Un tableau fourni par l'administration, indiquant les prix auxquels le débitant est te- de vendre, est affiché dans chaque bureau de bit.

23. — Le débitant est tenu d'avoir un registre papier libre, mais coté par le maire, sur le- el il inscrit, jour par jour et au fur et à me- re des ventes, sans ratures, surcharges ou la- nes : 1° La date des ventes ; 2° la quantité et qualité des poudres vendues ; 3° les nom, pré- ms, profession, domicile des acheteurs, ainsi e l'autorité qui a donné le certificat de domi- e, dans le cas où l'acheteur n'est pas connu du ébitant. — L'autorité peut toujours se faire re- résenter ce registre.

24. — Quel que soit l'usage auquel elle est des- ée, le kilogramme de poudre se vend aux con- mmateurs aux prix suivans : — Poudre extra- ne, 12 francs, y compris l'enveloppe en fer- lanc ; poudre superfine, 10 francs en rouleaux e papier et plomb ; poudre fine, 8 francs en rlouches de papier ; poudre de guerre, 3 fr. c. à découvert ou en barils ; poudre de mine, fr. 25 c. à découvert ou en barils, 2 francs seu- ent dans les entrepôts. — LL. 10 mars 1819, mai 1834 ; ordonn. 26 déc. 1834, 26 déc. 1836.

25. — En outre des règles générales que nous nons d'exposer, quelques règles particulières nt établies en ce qui concerne la vente et la tribution des différentes espèces de poudres.

26. — *Poudres de chasse.* — Les poudres de chasse ne vent être vendues qu'en rouleaux ou paquets un demi, d'un quart, d'un huitième ou d'un zième de kilogramme. Chaque rouleau fourni confectionné par la direction générale des pou- s et salpêtres, est fermé d'une enveloppe de lomb revêtue d'une vignette indiquant l'espèce, poids et le prix de la poudre. — Le poids de enveloppe n'est du reste pas compris dans le ids de la poudre. — Ordonn. 25 mars 1818, t. 5.

27. — La poudre de chasse ne peut être ven- ue que dans les entrepôts, ou dans les débits. Une remise de 25 cent. par kilogramme est cordée aux débitans.

28. — *Poudres de mine.* — Aux termes de l'or- nnance du 25 mars 1818, la poudre de mine it être vendue en barils portant la marque et plomb de la direction générale des poudres.

29. — Cette poudre devrait être vendue exclu- vement dans les entrepôts ; néanmoins, dans térêt des travaux publics et de l'exploitation mines et carrières, l'administration en auto- la vente en détail chez quelques débitans, à autorisés par elle.

30. — La poudre de mine ne peut être délivrée carriers et aux autres consommateurs que r un certificat du maire de leur commune, nstatant à quel emploi la poudre est destinée. A l'égard des entrepreneurs des ponts et chaus- , le certificat peut être délivré par l'ingé- ieur.

31. — *Poudres de commerce extérieur.* — La pou- de commerce extérieur est vendue en barils seulement, et par les entreposeurs qui résident dans les ports de mer.

32. — Toute espèce de poudre peut être exportée, mais la poudre de commerce extérieur ne peut l'être par la voie de terre. Voici l'énumération des formalités à remplir par les exportateurs.—Ordonn. 19 juill. 1829, art. 1er.

33. — Les armateurs et négocians doivent appuyer leurs demandes d'une déclaration énonçant, s'il s'agit de l'armement d'un navire, le nombre de bouches à feu et autres armes du bâtiment ; et s'il s'agit d'opérations commerciales, les contrées pour lesquelles les poudres seront destinées. Pour les exportations maritimes, la déclaration doit être visée par le commissaire de la marine du lieu de l'armement ou de l'embarquement. En cas d'exportation par voie de terre, le visa est donné par le préfet du département où réside le négociant pour le compte duquel se fait l'exportation. — *Ibid.*, art. 2.

34. — Les poudres destinées à l'exportation sont délivrées par les entrepôts les plus voisins des lieux de sortie. — *Ibid.*, art. 3.

35. — Dans ce cas, elles sont accompagnées d'acquits-à-caution constatant les quantités et espèces fournies. — *Ibid.*, art. 4.

36. — Les préposés des douanes veillent à la sortie des poudres et en délivrent certificat sur les acquits-à-caution que les armateurs et négocians remettent, pour leur décharge personnelle, aux préposés des contributions indirectes.—*Ibid.*, art. 5.

37. — Les poudres qu'on exporte paient, à la sortie, un droit de balance de 25 cent. par 100 kilogrammes. — L. 28 avril 1816, *Douanes*, art. 13 et 14. — Ce droit n'est perçu ni sur les poudres expédiées à destination des colonies et établissemens français, ni sur les poudres destinées à l'armement des navires. — *Ibid.*, art. 6.

38.— S'il y a intervalle entre la délivrance des poudres et leur exportation, les armateurs ou négocians sont tenus, sous peine de l'amende portée par l'art. 31 de la loi du 13 fruct. an V (sect. 5), de les déposer dans les magasins de l'État. Elles y restent jusqu'à la sortie des bâtimens sur lesquels elles doivent être embarquées. Il en est ainsi pour les poudres qui rentrent dans les ports de France après les expéditions maritimes. — *Ibid.*, art. 7.

39. — Les poudres à exporter par la voie de terre ne peuvent sortir que par les bureaux des douanes placés en première ligne. Elles restent dans les magasins des entrepôts jusqu'à leur expédition au bureau de la frontière ; le délai de transport et la route à suivre sont fixés par les acquits-à-caution. Elles ne peuvent pas rentrer en France. — *Ibid.*, art. 8.

40. — Enfin, la même ordonnance assimile aux poudres étrangères les poudres achetées pour l'exportation qui n'auraient pas été réellement exportées, ou qu'on aurait fait rentrer, et elle déclare applicables à ces cas de contravention les dispositions pénales prononcées par les art. 21 et 28 de la loi du 13 fructidor an V (sect. 5). — *Ibid.*, art. 10, 11 et 13.

41. — *Poudres de guerre.* — Nous n'avons sur ce point qu'à renvoyer au mot spécial POUDRES ET MUNITIONS DE GUERRE. — V. ce mot.

42. — Notons seulement ici qu'un arrêté du 27 prairial an X prescrit à l'administration des poudres et salpêtres de délivrer aux armateurs et négocians la poudre de guerre nécessaire à la défense de leurs bâtiments de commerce.

§ 3. — *Circulation et transport.*

43. — L'introduction des poudres étrangères est prohibée. — L. 13 fruct. an V, art. 21.

44. — A leur entrée dans les ports, et de quelque lieu qu'ils viennent, les capitaines de navire sont tenus, sous peine de 500 francs d'amende, de faire dans les vingt-quatre heures, au bureau des douanes, et, à défaut, au commissariat de la marine, la déclaration des poudres qu'ils ont à bord, et de les déposer dès le lendemain de la déclaration dans les magasins de l'administration des contributions indirectes, qui les leur restitue au moment du départ du navire. — L. 13 fruct. an V, art. 31.

45. — Dans l'intérieur de la France la circulation des poudres a lieu sous la surveillance des autorités locales. Les employés des contributions indirectes doivent en être prévenus à l'avance. — Décr. 16 mars 1813, art. 8.

46. — Un arrêté du ministre de la guerre, du 24 sept. 1822, détermine qu'en cas d'insuffisance de la gendarmerie qui doit former l'escorte du convoi l'autorité municipale peut être requise de fournir une garde supplémentaire, laquelle est placée sous l'autorité du commandant du convoi.

47. — En outre, ce même arrêté et l'article 9 de l'ordonnance du 19 juillet 1819 contiennent des prescriptions très-détaillées sur le chargement et la conduite des voitures chargées de poudres, qui ne peuvent stationner que hors des villes, mais dans des lieux clos. Le passage dans les communes, les interruptions accidentelles de transport et les changemens d'escorte sont également réglés par l'arrêté et l'ordonnance. — V. aussi circ. contrib. indir. 10 janv. 1834.

48.— Le transport des poudres est subordonné aux justifications suivantes : 1° transport pour le compte de la direction générale des poudres et salpêtres ; passe-port, de l'autorité compétente, visé à la mairie du lieu du départ, et indiquant la destination. — L. 13 fruct. an V, art. 30. — Les mêmes règles sont imposées pour le transport des salpêtres, potasse, soufre, et autres matières fulminantes, par l'art. 7 de l'arrêté du 10 prair. an XI.

49.—... 2° Transport soit pour le compte de l'administration des contributions indirectes, soit à fin d'exportation ; acquit-à-caution, lequel tient en outre lieu de la lettre de voiture si le transport est opéré pour le compte de l'administration.

50. — ... 3° Transport pour le compte des débitans, mineurs, ouvriers, artificiers et consommateurs ordinaires.—Facture régulière, soit de l'entreposeur, soit du débitant, chaque fois que la quantité transportée est supérieure à 2 kilogrammes.

§ 4. — *Contraventions.* — *Poursuites.* — *Pénalité.*

51. — *Recherche des contraventions.* — L'ordonnance du 25 mars 1818 a confié à l'administration des contributions indirectes le soin de rechercher et de saisir les poudres étrangères ou fabriquées hors des poudreries de l'État.

52. — En conséquence, les employés des contributions indirectes sont appelés à exercer les visites et recherches à l'effet de constater les fraudes.

53.—Toutes contraventions aux lois et arrêtés concernant les poudres et salpêtres sont constatées par procès-verbaux rédigés concurremment au nom de la direction des poudres et salpêtres et au nom de l'administration des contributions indirectes. — Décret du 16 mars 1813, art. 3.

54. — La fabrication ou détention illicite de poudre de guerre ne constitue pas seulement une contravention fiscale, mais bien un délit contre l'ordre et la sûreté publique qui doit être recherché et poursuivi par le ministère public comme tous les délits dont la connaissance appartient aux tribunaux correctionnels. — *Cass.*, 1er sept. 1831, Rayer.

55. — L'action du ministère public ne peut, dans ce cas, être entravée ni paralysée par une transaction avec l'administration des contributions indirectes. — *Angers*, 3 juin 1833, de Beaumont.

56. — Depuis la loi du 24 mai 1834, le ministère public a été investi du droit et du devoir de poursuivre directement les délits et contraventions résultant de la fabrication, détention ou distribution des poudres, cartouches ou autres munitions de guerre ; et l'administration des contributions indirectes, qui, sous l'empire de la loi du 13 fruct. an V, avait le droit de rechercher et poursuivre ces délits et contraventions, n'a plus conservé que celui d'intervenir dans la poursuite du ministère public pour demander, dans son intérêt, l'application contre le prévenu des peines pécuniaires.—*Cass.*, 17 mai 1837 (t. 2 1837, p. 42), Daugé.

57. — En conséquence, si, lors de la poursuite du ministère public, l'administration n'est pas intervenue, elle ne peut après le jugement, passé en force de chose jugée, qui prononce simplement contre le condamné la peine d'emprisonnement, intenter contre lui une nouvelle action pour obtenir l'adjudication de peines pécuniaires. Ici s'applique la règle *Non bis in idem.* — Même arrêt.

58.—Les dispositions de la loi du 13 fruct. an V qui attribuent exclusivement au maire ou à son adjoint, assisté d'un commissaire de police, le droit de procéder à la recherche et à la saisie des poudres prohibées, ne peuvent recevoir leur application au cas où le ministère public agit comme en matière de flagrant délit. — Même arrêt.

59. — Toutes les formalités relatives à la rédaction de ces procès-verbaux et aux suites à y donner doivent être conformes à celles qui sont établies par le décret du 1er germin. an XIII pour l'administration des contributions indirectes. — *Ibid.*

60. — Les instances relatives aux fraudes et contraventions sont portées devant les tribunaux de police correctionnelle. — Art. 4.

61. — Les lois des 28 avril 1816 (art. 224) et 23 juin 1841 (art. 25) prescrivent que le prévenu arrêté soit, dans les cas où la contravention dont il s'est rendu coupable entraîne la peine de l'emprisonnement, remis au plus tôt entre les mains de la force armée. — De plus, même dans le cas où l'emprisonnement n'est pas encouru, l'arrestation doit être maintenue si le contrevenant ne peut fournir caution ou consigner l'amende encourue.

62. — Dans les vingt-quatre heures de la saisie, les poudres doivent être déposées à l'entrepôt de la régie. — Ordonn. 17 nov. 1819, art. 3.

63. — L'importation de poudre étrangère est punie de la confiscation de la poudre et des moyens de transport. De plus, d'une amende de 20 fr. 44 cent. par kilog. (10 fr. par livre) ou du double si l'entrée a eu lieu par mer. — L. 13 fruct. an V, art. 21.

64. — Si, à bord d'un bâtiment marchand, les poudres ne sont déclarées, dans les vingt-quatre heures de l'arrivée au port, au bureau des douanes ou de la marine, une amende de 500 francs devra être payée. — *Ibid.*, art. 31.

65. — Les poudres fabriquées ailleurs que dans les poudrières de l'Etat sont confisquées avec les matières et les ustensiles servant à les fabriquer. — *Ibid.*, art. 27. — De plus il est infligé au contrevenant une amende de 300 francs à 1,000 fr. (L. 25 juin 1841, art. 2) et un emprisonnement d'un mois à deux ans. — L. 24 mai 1834, art. 2.

66. — Les ouvriers qui ont coopéré à la fabrication illicite sont punis d'un emprisonnement d'un mois, lequel en cas de récidive s'élève à un an. — L. 13 fruct. an V, art. 27.

67. — Quiconque, sans pouvoir justifier des expéditions et autres titres voulus par les lois et règlemens, est convaincu d'avoir transporté plus de 5 kilog. de poudre est puni d'une amende de 20 francs 44 cent. par kilog. et, en outre, de la confiscation des chevaux, voitures, servant au transport de la poudre, et de la poudre elle-même. — Toutefois, dans le rayon de huit kilom. des frontières la circulation des poudres reste soumise aux règles établies par les lois de douanes. — L. 13 fruct. an V, art. 30; 24 mai 1834, art 2.

68. — Tout individu trouvé possesseur d'une quantité, quelque minime qu'elle soit, de poudre de guerre, et de plus de deux kilog. de toute autre poudre, alors qu'il ne peut justifier d'aucune autorisation, est puni, outre la confiscation, d'une amende de 3,000 fr. et d'un emprisonnement d'un mois à deux ans. — L. 13 fruct. an V, art. 28; 24 mai 1834, art. 2.

69. — Ainsi le fait d'avoir en sa possession, sans autorisation, plus de deux kilog. de poudre est punissable non-seulement de l'emprisonnement prononcé par l'art. 2 de la loi du 24 mai 1834, mais aussi de l'amende et de la confiscation prononcées par les art. 24 et 28 (titre 2) de celle du 13 fruct. an V. — *Cass.*, 16 mars 1839 (t. 2 1839, p. 419), Raban.

70. — Cependant l'individu déclaré coupable à la fois de détention non autorisée de plus de 2 kilog. de poudre, délit puni d'une amende de 400 fr. par la loi du 13 fruct. an V, et de fabrication de cartouches et autres munitions de guerre, délit puni d'une amende de 16 fr. à 1,000 fr. par la loi du 24 mai 1834, ne doit être frappé que de la peine la plus forte, pourvu toutefois que l'amende infligée soit supérieure à 400 fr. — Même arrêt.

71. — Le colportage non autorisé de poudres est puni d'une amende de 300 fr. à 1,000 fr. — L. 13 fructid. an V, art. 28; 25 juin 1841, art. 25.

72. — La vente ou le dépôt de poudre de contrebande par un débitant commissionné est puni du retrait de la commission, de la confiscation des poudres prohibées et, en outre, d'une amende de 1,000 fr. — L. 13 fruct. an V, art. 36.

73. — Les gardes des arsenaux, les militaires employés et ouvriers des poudreries qui ont vendu, échangé ou donné les poudres qui leur avaient été confiées, sont punis de la destitution et, en outre, les garde-magasins militaires d'un emprisonnement de trois mois, les employés et ouvriers des poudreries d'un emprisonnement d'un an. — L. 13 fruct. an V, art. 20.

74. — L'art. 39 du décret du 1er germ. an XIII

défend aux juges, *sous peine d'en répondre sur leur propre et privé nom*, de modérer la confiscation et l'amende en matière de contraventions en matière de droits réunis. D'un autre côté, la loi du 24 mai 1834, sur la fabrication et la détention des armes et munitions de guerre, permet aux juges (art. 11) d'appliquer l'art. 463 C. pén. Mais il a été jugé que cette faculté n'allait pas jusqu'à rendre illusoires les dispositions des lois et décrets antérieurs formellement maintenus; qu'ainsi, dans le cas particulier de détention de poudre de guerre, il n'y avait pas lieu de faire application de l'art. 463 C. pén., sur les circonstances atténuantes. — *Cass.*, 8 mars 1839 (t. 2 1839, p. 410), Lefustec; 10 janv. 1840 (t. 1er 1840, p. 68), Ch. réunies, même partie. — V. CIRCONSTANCES ATTÉNUANTES, n° 188.

75. — Les contraventions en matière de poudres sont, en ce qui concerne l'amende, susceptibles de transactions, lesquelles ont lieu dans les mêmes formes et d'après les mêmes règles que les autres transactions en matière de contributions indirectes. — Décr. 16 mars 1813, art. 16.

76. — Cependant, alors que les contraventions peuvent se rattacher à des faits politiques; la transaction n'est possible, qu'autant que le préfet consulté a donné son assentiment. — Instr. contributions indirectes de 1835.

77. — *Primes et récompenses pour saisies.* — Les employés des contributions indirectes, des douanes, de l'octroi, les gendarmes, les agens publics ou de police ayant droit de verbaliser et même toutes personnes qui arrêtent ou contribuent à faire arrêter un prévenu de fabrication illicite ou de détournement de poudre de l'Etat reçoivent, quel que soit, du reste, le nombre des saisissans, une prime de 15 fr. par chaque personne arrêtée. — Ord. 17 nov. 1819.

78. — Néanmoins : alors qu'il s'agit d'un simple colportage, et que la quantité de poudre saisie est inférieure à 50 décagrammes; la prime n'est acquise qu'autant qu'il est établi que dans un court espace de temps il y a eu tentative réitérée de colportage ou d'introduction par le contrevenant saisi. — Circ. contributions indirectes 12 janv. 1843.

79. — Aux termes des décrets des 24 août 1812 (art. 2) et 16 mars 1813 (art. 5), le prix des poudres saisies, ainsi que le produit des amendes, revient à ceux qui ont opéré la saisie. Ne peuvent être réputés saisissans et, par conséquent, être admis au partage du prix et des amendes, les agens de la force publique requis de prêter main-forte aux saisissans.

80. — Le prix des poudres saisies est fixé à 3 fr. le kilog. quelle que soit la qualité. — Ord. 17 nov. 1819, art. 3.

81. — Jamais, en aucun cas, les frais de saisie ne peuvent être prélevés que sur le produit de l'amende et des objets confisqués autres que la poudre, dont le prix revient toujours aux saisissans. L'excédant reste toujours à la charge de l'administration. — Ord. 17 nov. 1819, art. 5.

82. — Si les saisissans n'appartiennent pas à l'administration financière, le produit net des amendes et confiscations leur est immédiatement remis; s'ils font, au contraire, partie de l'administration financière, un quart est prélevé pour être mis au fonds commun des retraites. — Décis. minist. 26 mars 1829.

Sect. 2e. — *Règles particulières à la fabrication du salpêtre.*

83. — La loi du 13 fructid. an V contenait des dispositions précises à ce sujet. Les propriétaires, avant de démolir une maison, étaient tenus d'avertir le salpêtrier commissionné, qui enlevait les terres salpêtrées, sans être obligé de payer une indemnité, mais à la charge de remplacer ces terres par une égale quantité de matériaux. — V. aussi décr. 11 mars et 5 juin 1793, L. 17 germ. an III, décr. 9 mess. an VI.

84. — En dehors de la fabrication de la poudre, qu'il s'est toujours réservée exclusivement, le pouvoir public avait autorisé l'existence de salpêtriers commissionnés, dont la mission consistait à extraire des terrains contenant du salpêtre, ou des maisons en démolition, cette substance si nécessaire à la composition de la poudre.

85. — Jugé, sous l'empire de cette loi, que le salpêtrier qui a enlevé des matériaux de démolition salpêtrés n'est pas obligé de les remplacer par des matériaux propres à la construction : il n'est tenu que d'en rendre un égal volume. — *Cass.*, 29 niv. an VII, Hudault; 29 mess. an VII, Lemoine; 13 vend. an IX, N...

86. — Les art. 9 et 10 de la loi du 13 fructid. an V prévoyaient le cas où un salpêtrier se drait coupable de quelque délit, ou responsable de quelque préjudice envers les propriétaires dont il aurait exploité le terrain. Ses outils meubles et les sommes qui pouvaient lui dues par l'Etat servaient à répondre du mage par lui causé.

87. — Un salpêtrier étant civilement respo ble des délits commis par ses ouvriers dans opérations auxquelles il les emploie, les ou et ustensiles qu'il leur a confiés demeurent affectés aux condamnations prononcées contre eux raison de ces délits. — *Cass.*, 8 mars 1811, geat.

88. — La loi du 10 mars 1819 a apporté changemens notables à cette législation : les importans sont ceux qui d'un côté ont re sous certaines conditions, la fabrication du pêtre libre, et d'un autre côté ne permettent plus la fouille des décombres et matériaux partenant à un propriétaire sans son auto tion.

89. — Les fabricans de salpêtre indigène divisés par la loi du 10 mars 1819 en trois cl que nous allons successivement indiquer.

90. — 1re classe : fabricans opérant à l'aide de procédés particuliers, autres que l'emploi des tériaux de démolition réservés à l'Etat. — Cette brication est entièrement libre; les salpêtres en proviennent peuvent être versés dans le merce, et, par conséquent, leur circulation n' soumise à aucune formalité. — L. 10 mars 1819, art. 2.

91. — Ces sortes de fabricans sont seulement tenus d'acquitter l'impôt établi sur le sel m contenu dans le salpêtre de leur fabrication, et à cet effet, ils sont tenus de souffrir l'exercice prescrit par les lois pour arriver à la perception de cet impôt. — *Ibid.* — V. encore L. 11 juin 1842, art. 11. — V. SEL.

92. — C'est ici le lieu de faire remarquer qu'en vertu d'une ordonnance de 1819 l'exploitation du salpêtre n'est entièrement libre que dans les trente départemens suivans : Alpes (Hautes-), Ardèche, Ariége, Aveyron, Cantal, Charente-I rieure, Corrèze, Corse, Côtes-du-Nord, Cre Drôme, Finistère, Gers, Ille-et-Vilaine, Land Loire-Inférieure, Lot, Lozère, Manche, Maye Morbihan, Orne, Pyrénées (Basses-), Pyrénées (Hautes-), Sarthe, Seine-Inférieure, Sèvres (Deux Tarn, Vendée, Vienne (Haute-).

93. — 2e classe : elle comprend ceux qui f quent le salpêtre, avec les matériaux de démo tion réservés à l'Etat, dans les lieux situés h de la circonscription des salpêtrières national en vertu de traités faits de gré à gré avec les p priétaires.

94. — Les fabricans de cette classe sont tenus prendre une licence de 22 francs, décime com pris; laquelle les dispense de la patente. — L. 10 mars 1819, art. 4. — La loi n'établissant, du reste, aucune peine pour la fabrication sans licen cette contravention doit être rangée parmi que la loi du 28 avril 1816 (art. 171) punit d'une amende de 300 francs. — D'Agard, *Contribu indirectes*, t. 1er, p. 247.

95. — L'obligation d'acquitter le droit sur sel marin, contenu dans le salpêtre, et de sou l'exercice des employés pour cet objet, est ap cable aux fabricans de cette classe comme à de la première. — L. 10 mars 1819, art. 7. — V.

96. — 3e classe : elle comprend les salpêtri qui opèrent sur les matériaux de démolition ré servés à l'Etat. — La commission qui institue ces salpêtriers est délivrée par le gouvernement : elle détermine l'arrondissement dans lequel salpêtrier peut exercer sa commission, la d de sa concession, les limites dans lesquelles doit renfermer sa fabrication, le prix du salpêtre et le mode suivant lequel le prix doit être établi. — L. 10 mars 1819, art. 5.

97. — Les cinquante-six départemens où l' ploitation du salpêtre n'est pas livrée à l'industrie privée sont partagés en dix commissa dont voici les chefs-lieux : Paris, Le Bi (près Tours), Bordeaux, Toulouse, Marseille, Lyon, Besançon, Colmar, Nancy et Lille.

98. — Les salpêtriers de la 3e classe sont te de porter dans les magasins tout le sal qu'ils exploitent de la manière et aux époques prescrites. — Tout détournement, par ven échange ou autrement, fait encourir au con venant non-seulement la confiscation des tières détournées, mais encore une amende 100 francs et l'abolition de l'atelier. — L. 13 f an V et 10 mars 1819, art. 5 et 6.

99. — Les salpêtriers sont soumis à la patente et rangés dans la 6e classe. — Droit fixe basé sur

pulation, — droit proportionnel du 40e sur lissement industriel.

POUDRE D'OR (Fabricans et rchands de).

Patentables de 6e classe. — Droit fixe basé sur population, — droit proportionnel du 20e de valeur locative de l'habitation et des lieux ant à l'exercice de la profession. — V. PA-

POUDRETTE.

1. — Les marchands de poudrette sont patentés de 5e classe. — Droit fixe basé sur la poation, — droit proportionnel du 20e de la valocative de l'habitation et des lieux servant l'exercice de la profession. — V. PATENTE.

— Les établissemens de poudrette sont randans la 1re classe des établissemens insalu-. — V. ce mot (nomenclature).

POULIEURS.

Patentables de 6e classe. — Droit fixe basé sur population, — droit proportionnel du 20e de valeur locative de l'habitation et des lieux ant à l'exercice de la profession. — V. PA-

POUR ACQUIT.

V. ACQUIT.

POUR COMPTE.

V. LETTRE DE CHANGE.

POURSUITES.

1. — Ce sont les actes qui se font contre quel-, en vertu d'un droit ou d'un titre, pour le ntraindre à faire une chose, à laquelle il est igé. — Quelquefois ce mot s'emploie pour exer l'action même. — V. ACTION, ENREGISTRE-, PROTÊT.

2. — Des poursuites sont également exercées, matière criminelle, à raison de crimes, délits contraventions dont on veut découvrir les aus ou assurer la répression. — V. ACTION CI-ACTION PUBLIQUE, FONCTIONNAIRES PUBLICS, GRANT DÉLIT, INSTRUCTION CRIMINELLE, MAN-D'EXÉCUTION. — V. aussi AMNISTIE, CONTRIBUTIONS (directes, indirectes, douanes, bois-s, etc.).

POURVOI EN CASSATION (Mat. v.).

1. — Nous avons exposé vo CASSATION (mat.) toutes les règles relatives au pourvoi en tion. — Nous nous bornerons à consigner les diverses décisions rendues sur la madepuis la publication de cet article. — Il a jugé :

2. — ... 1o Que le pourvoi en cassation formé une commune est non recevable, si cette mune ne justifie pas d'une autorisation de se rvoir donnée par l'autorité administrative. —., 12 déc. 1848 (t. 1er 1849, p. 23), ville de Ne-c. Lassault.

3. — ... 2o Qu'il suffit, pour qu'une femme mae soit recevable dans son pourvoi en cassaon, formé d'ailleurs en temps utile, qu'elle obnne et représente une autorisation dans le urs de l'instance; mais il n'est pas nécessaire eine de déchéance que cette autorisation ait obtenue soit dans le délai accordé pour le urvoi, soit avant l'arrêt d'admission. — *Cass.*, déc. 1847 (t. 1er 1848, p. 140), Picard c. Lemas-. — V. AUTORISATION DE PLAIDER, nos 142 et ., 170 et suiv.

4. — ... 3o Que le pourvoi en cassation est valement formé contre une partie décédée, ors que les héritiers de cette partie, loin de tifier le décès de leur auteur, lui ont, au conre, donné qualité dans leurs actes et, noment, dans ceux notifiés en exécution de l attaqué. — *Cass.*, 3 mai 1848 (t. 1er 1849, 600), de Mennety c. Parceval. — V. CASSATION, 1725 et suiv.

5. — ... 4o Que le pourvoi en cassation est non revable, lorsqu'à la requête et à la quittance de consignation n'est pas joint l'arrêt ou le jugement en dernier ressort qui est attaqué. — Ce jugement ou arrêt ne peut être suppléé par un extrait qui ne renferme ni les conclusions respectives des parties ni les points de fait et de droit, mais présente seulement les motifs et le dispositif. — *Cass.*, 8 août 1848 (t. 1er 1849, p. 492), Boutillier c. Audran. — V. CASSATION, nos 1488 et suiv.

6. — ... 5o Qu'une partie a pu valablement former un pourvoi en cassation, le lendemain du jour de l'expiration du délai; lorsque, par un fait de force majeure (par suite d'une insurrection), le Palais de Justice a été, ce jour-là, militairement occupé, et le greffe des dépôts fermé avant l'heure ordinaire. — *Cass.*, 7 mars 1849 (t. 1er 1849, p. 585), Deutsch c. Trainard-Fourmy. — V. CASSATION, nos 1277 et suiv.

7. — ... 6o Que l'arrêt qui, avant dire droit sur la demande en rescision d'un partage d'ascendant, rejette une exception de ratification opposée à la demande, est définitif quant au chef relatif à cette ratification. Dès lors, le pourvoi formé contre cet arrêt en même temps que celui interjeté contre l'arrêt définitif sur la rescision est tardif s'il s'est écoulé plus de trois mois depuis la signification du premier. — *Cass.*, 10 nov. 1847 (t. 1er 1849, p. 74), Mazoyer et Castanier c. Daudé.

8. — ... 7o Que la Cour de cassation ne doit pas prendre en considération les événemens postérieurs aux arrêts qui lui sont déférés. Ainsi, le pourvoi fondé sur ce qu'on aurait refusé à tort à une partie qualité pour se prévaloir du droit d'un tiers ne devient pas irrecevable en ce que, par une décision postérieure à l'arrêt attaqué, le tiers aurait été reconnu sans aucun droit. — *Cass.*, 22 juill. 1845 (t. 1er 1846, p. 96), Caisse des dépôts et consignations c. Kelde.

9. — ... 8o Que l'exécution volontaire, sans réserves ni protestations, d'un jugement qui ordonne une enquête, et résultant de ce que le défendeur a conclu purement et simplement au fond à ce que la preuve entreprise par le demandeur en fût déclarée faillie, est un véritable acquiescement qui rend non recevable le pourvoi ultérieur contre ce jugement. Cet acquiescement subordonnant la décision du fond au résultat de l'enquête, entraîne également, comme conséquence nécessaire, le rejet du pourvoi contre le jugement définitif qui n'a statué sur le fond que par appréciation du mérite de l'enquête. — *Cass.*, 31 mars 1847 (t. 1er 1848, p. 449), Conard c. Sion. — V. ACQUIESCEMENT, nos 482 et suiv.

10. — ... 9o Mais aussi que l'exécution d'un arrêt et les actes faits en suite et comme conséquence de cette exécution ne mettent pas obstacle au pourvoi en cassation de la partie condamnée, s'ils n'ont eu lieu, de sa part, qu'après commandement, comme contrainte et forcée, et sous la réserve expresse de se pourvoir. — *Cass.*, 1er févr. 1848 (t. 1er 1848, p. 357), Morin c. Feyssal. — V. ACQUIESCEMENT, nos 216 et suiv.

11. — ... 10o Que l'arrêt qui, en ordonnant à la partie qui se prévaut d'un acte administratif de le notifier à la partie adverse, accorde à celle-ci un délai de six mois pour se pourvoir contre cet acte, ne préjuge rien, par là, ni sur le mérite et la recevabilité du pourvoi, ni quant à la question de savoir dans quel délai l'acte pourra être utilement attaqué, et n'en entrave aucunement l'exécution. Il en résulte seulement un sursis au jugement de l'affaire, avant l'expiration du délai de six mois, sans pourvoi, ou avant la décision par qui de droit sur le pourvoi formé dans le délai. — *Cass.*, 9 mai 1848 (t. 2 1848, p. 222), préfet de la Corse c. Cristofini.

12. — ... 11o Qu'est non recevable le pourvoi formé, en matière d'expropriation pour utilité publique, par le procureur de la République, agissant au nom et sur la demande du préfet. — Le préfet peut, en cette matière, se faire suppléer par tout agent de l'administration; mais il ne peut, par délégation, charger le procureur de la République de le suppléer, sans qu'il y ait confusion de l'autorité administrative et de l'autorité judiciaire et atteinte portée à la division des pouvoirs. — *Cass.*, 25 août 1847 (t. 2 1847, p. 576), préfet de la Vendée c. David. — V. EXPROPRIATION POUR UTILITÉ PUBLIQUE, no 985.

13. — ... 12o Qu'en matière d'expropriation pour cause d'utilité publique le pourvoi dirigé par le préfet, représentant l'État, contre la décision du jury et contre l'ordonnance du magistrat directeur est irrégulier, et, dès lors, non recevable, si, au lieu d'être reçue au greffe du tribunal de première instance, conformément à l'art. 20 de la loi du 3 mai 1841, la déclaration de pourvoi l'a été à l'hôtel de la préfecture, où le greffier s'est transporté sur la demande du préfet. — *Cass.*, 21 juill. 1847 (t. 1er 1848, p. 73), préfet de la Charente-Inférieure c. Mazerolles.

14. — ... 13o Et que le pourvoi ne peut même être formé, au nom du préfet, par requête déposée au greffe de la Cour de cassation. — *Cass.*, 20 août 1844 (t. 2 1844, p. 364), préfet du Bas-Rhin c. ville de Schelestadt.

15. — ... 14o Que le pourvoi en cassation formé contre une décision du jury d'expropriation, pour violation des dispositions de la loi du 16 sept. 1807 relatives aux alignemens, ne peut être déclaré non recevable par application des dispositions restrictives de l'art. 42 de la loi du 3 mai 1841, sur les expropriations pour cause d'utilité publique, lesquelles ne s'appliquent qu'aux formalités et règles établies par cette loi. — *Cass.*, 21 févr. 1849 (t. 1er 1849, p. 146), ville de Paris c. Auquin et Piot.

V. ALGÉRIE, AUTORISATION DE PLAIDER.

POURVOI EN CASSATION (Mat. crim.).

1. — Nous avons exposé (vo CASSATION, mat. crim.) les règles relatives au pourvoi en cassation. Nous nous bornerons à consigner les diverses décisions rendues sur la matière depuis la publication de cet article. Ainsi il a été jugé :

2. — ... 1o Qu'un condamné, ne pouvant être admis à se pourvoir en cassation contre son intérêt, n'est pas recevable à attaquer devant la Cour de cassation la déclaration par laquelle le jury a admis, même d'une manière irrégulière, des circonstances atténuantes en sa faveur. — *Cass.*, 24 juill. 1847 (t. 2 1847, p. 614), Granger. — V., sur le principe, vo CASSATION (mat. crim.), nos 280 et suiv.

3. — ... 2o Que les formalités prescrites par l'art. 447 C. instr. crim. pour la déclaration du recours en cassation sont substantielles, et qu'en conséquence cette déclaration doit, à peine de nullité, être faite par le demandeur en cassation au greffe du tribunal qui a rendu la décision attaquée. Elle n'est pas valable si elle a été signifiée à ce greffe par exploit d'huissier. — *Cass.*, 20 nov. 1845 (t. 1er 1846, p. 512), Durand. — V. CASSATION (mat. crim.), nos 813 et suiv.

4. — ... 3o Que le prévenu contre lequel un jugement contradictoire a été rendu, en matière de police correctionnelle ou simple, après un délibéré ordonné par le tribunal, n'est tenu de se pourvoir en cassation, dans le délai fixé par l'art. 373 C. instr. crim., que lorsqu'il était présent à l'audience où le jugement a été prononcé, ou lorsqu'il avait été légalement mis en demeure d'y assister. Hors ces deux cas, la voie du recours en cassation lui reste ouverte tant que la notification de ce jugement n'a pas fait courir le délai. — *Cass.*, 15 mars 1845 (t. 2 1848, p. 499), Richer. — V. *eod.* vo, nos 645 et suiv.

5. — ... 4o Que le délai prescrit par l'art. 373 C. instr. crim. pour se pourvoir en cassation n'est relatif qu'aux jugemens et arrêts qui ont été prononcés en audience publique et en présence des parties; et de là il suit que ce délai ne peut courir, quant aux arrêts des chambres d'accusation qui statuent à huis clos, qu'à compter du jour où soit l'individu renvoyé devant la Cour d'assises, soit la partie civile en ont eu légalement connaissance. — *Cass.*, 10 déc. 1847 (t. 1er 1848, p. 471), Bonafoux dit Léotade. — V. CHAMBRE D'ACCUSATION, nos 499 et suiv.

6. — ... 5o Que le jugement du tribunal correctionnel qui statue sur un délit de destruction de clôture, n'étant rendu qu'en premier ressort, ne peut être attaqué régulièrement que par voie d'appel, et que, dès lors, le pourvoi dirigé contre ce jugement est non recevable. — *Cass.*, 4 mars 1848 (t. 1er 1849, p. 8), Thiriet. — V. CASSATION (mat. crim.), nos 25 et suiv., 308 et suiv.

7. — ... 6o Que de même le pourvoi en cassation contre un arrêt rendu par défaut n'est pas recevable s'il a été formé dans les délais accordés par la loi pour former opposition. — *Cass.*, 29 nov. 1845 (t. 1er 1846, p. 270), Colin. — V. *eod.* vo nos 308 et suiv.

8. — ... 7o Que lorsque l'interrogatoire de l'accusé par le président des assises a précédé la notification de l'arrêt de renvoi et de l'acte d'accusation, le délai de cinq jours qui lui est accordé à partir de son interrogatoire, pour se pourvoir en cassation et préparer sa défense, ne court que du jour de cette signification. Et, par suite, il y a nullité si l'accusé a été mis en jugement avant l'expiration de ce délai. La renonciation au droit de se pourvoir en cassation et le consentement à être jugé dans les assises déjà ouvertes, donnés

par l'accusé lors de son interrogatoire et avant la notification à lui faite de l'arrêt de renvoi et de l'acte d'accusation, sont nuls et ne peuvent être validés sans nuire au droit de défense, garanti par la loi à l'accusé. — *Cass.*, 14 mars et 17 avril 1846 (t. 1er 1849, p. 289), Souchon. — V. INTERROGATOIRE DES ACCUSÉS, nos 34 et suiv.

9. — ... 8° Que le pourvoi en cassation contre un jugement qui statue contradictoirement sur l'admission de la partie civile doit être formé dans les cinq jours, bien que, au fond, le jugement ait été rendu par défaut. — *Cass.*, 29 mai 1847 (t. 1er 1848, p. 691), Terrasson. — V. CASSATION (mat. crim.), nos 583 et suiv.

10. — ... 9° Que les art. 177 et 216 C. instr. crim. ne fixant pas le délai du pourvoi en cassation en matière correctionnelle et de simple police, il est nécessaire de se conformer, pour ces matières, au délai fixé par l'art. 373 pour les Cours d'assises. Ce délai est donc, pour le ministère public et la partie civile comme pour le condamné, de trois jours francs, après celui où le jugement a été prononcé; ou si ce jugement a été rendu par défaut, à partir seulement du jour de la signification. — *Cass.*, 5 déc. 1846 (t. 1er 1847, p. 598), Machart — V. *eod.* v°, nos 583 et suiv.

11. — ... 10° Que le pourvoi en cassation contre un jugement du tribunal de police est régulièrement formé par l'adjoint au maire qui a exercé la poursuite et rempli les fonctions du ministère public en vertu de la délégation autorisée par l'art. 144 C. instr. crim. — *Cass.*, 6 mars 1847 (t. 2 1847, p. 369), Leroy-Frion.

12. — ... 11° Que le maire a également le droit de se pourvoir en cassation contre les décisions rendues par le tribunal de police sur les conclusions de son adjoint. — *Cass.*, 6 mars 1845 (t. 2 1845, p. 575), Corlay.

13. — ... 12° Que la partie civile qui a formé un pourvoi en cassation n'est tenue de recourir au ministère d'un avocat à la Cour de cassation que dans le cas où elle veut user de la faculté, à elle accordée par l'art. 424 du Code d'instruction criminelle, de transmettre directement au greffe de cette Cour soit sa requête, soit l'expédition ou la copie signifiée de l'arrêt ou du jugement attaqué. — Mais lorsque la partie civile a fait ou fait faire par son avoué la déclaration de son recours au greffe de la Cour ou du tribunal qui a rendu l'arrêt ou le jugement attaqué, conformément aux art. 417 et 418 du Code d'instruction criminelle, elle est formellement autorisée par l'art. 422 à déposer la requête contenant ses moyens de cassation au greffe de cette Cour ou de ce tribunal, soit au moment même de la déclaration, soit dans les dix jours suivans. — *Cass.*, 11 déc. 1847 (t. 2 1848, p. 260), Imbert c. Feliez.

14. — ... 13° Qu'aucune défense ne peut être présentée sur le fond de l'accusation en faveur du contumax, qui ne peut non plus se pourvoir en cassation, contre l'arrêt de mise en accusation, tant qu'il ne s'est point constitué prisonnier. — *Cass.*, 11 nov. 1847 (t. 2 1848, p. 218), Liskenne. — V. CASSATION (mat. crim.), n° 50 et suiv., et CONTUMACE, n° 155.

15. — ... 14° Que la déclaration faite par un condamné, au président de la Cour d'assises visitant la maison de justice, qu'il se désiste de son pourvoi, est irrégulière et nulle, ce magistrat étant sans pouvoir pour recevoir et constater une telle déclaration. En conséquence, l'acte qu'il aurait dressé en pareil cas ne saurait produire d'effet, alors d'ailleurs qu'il n'est pas signé par le déclarant. — *Cass.*, 24 déc. 1847 (t. 2 1848, p. 418), Fortier. — V. CASSATION (mat. crim.), nos 1014 et suiv., et DÉSISTEMENT, nos 88 et 126.

16. — ... 15° Qu'un jugement, préparatoire et d'instruction seulement, lorsqu'il se borne à écarter du procès une déposition écrite de témoin, touche au fond et prend forcément un caractère définitif, s'il rejette la demande en nullité formée tant contre les débats que contre le jugement de condamnation lui-même. — Dès lors, le pourvoi formé contre ce jugement doit arrêter le cours de la procédure, et le tribunal ne peut, à peine de nullité, ordonner qu'il sera passé outre et statuer ensuite sur le fond. — *Cass.*, 20 nov. 1847 (t. 2 1848, p. 53), Barrié.

17. — ... 16° Qu'en matière de garde nationale, la déclaration de pourvoi en cassation contre une décision du conseil de discipline résulte suffisamment de la volonté de se pourvoir, constatée dans un acte extrajudiciaire, jointe à l'impossibilité où le condamné a été, par suite de l'absence du secrétaire du conseil de discipline, de formuler l'acte de pourvoi devant ce fonctionnaire. — *Cass.*, 30 mars 1848 (t. 2 1848, p. 150), Ledouble. — V. GARDE NATIONALE, nos 1403 et suiv.

18. — ... 17° Que les délibérations des jurés étant essentiellement secrètes, aucune pièce de la procédure ne peut révéler ni constater ce qui s'y est passé. — Dès lors, le condamné ne saurait invoquer devant la Cour de cassation, à l'appui de son pourvoi, la déclaration faite par les jurés (surtout depuis l'expiration de leurs fonctions), que, s'ils se sont bornés à déclarer en faveur du condamné l'existence de circonstances atténuantes, c'est que, nonobstant leur demande réitérée, le président de la Cour s'était refusé à poser une question de provocation sur laquelle ils voulaient se prononcer, et les avait menacés de les condamner à l'amende s'ils persistaient dans cette intention. — *Cass.*, 9 août 1845 (t. 2 1848, p. 602), Giustiniani. — V. COUR D'ASSISES, n° 2517.

V. au reste CASSATION (mat. crim.).

POUSSE.

La pousse est une maladie de l'espèce chevaline qui consiste dans la difficulté de respirer accompagnée de symptômes particuliers. — Elle constituait, suivant les anciennes coutumes et les usages locaux, et elle constitue encore aujourd'hui, depuis la loi du 20 mai 1838, un vice rédhibitoire. — V. VICES RÉDHIBITOIRES.

POUVOIR (Mandat).

Désigne ou la réunion des facultés conférées au mandataire par le mandant, et en général le mandat, ou une de ces facultés, lorsqu'il s'agit, par exemple, de savoir si le mandataire peut faire telle ou telle chose, ou l'acte même qui constate le mandat. — V. MANDAT.

POUVOIR DISCRÉTIONNAIRE.

V. COUR D'ASSISES.

POUVOIR EXÉCUTIF.

1. — Depuis les premiers temps de la monarchie française jusqu'aux *états généraux*, le pouvoir législatif et le pouvoir exécutif furent pour ainsi dire confondus dans les mains du roi. Ce ne fut qu'à partir des états généraux que ces deux pouvoirs furent complétement séparés, et que leur exercice, devenu distinct, fut confié à des mains différentes.

2. — *Constitution.* — A la différence du pouvoir législatif, dont l'exercice, depuis la révolution de 1789, a toujours été confié à une réunion d'hommes, afin que les projets de loi fussent élaborés et approfondis d'une manière plus complète, le pouvoir exécutif a été remis tantôt à une seule personne et tantôt à plusieurs. C'est, on le comprend, une des thèses les plus graves de notre droit public, que celle qui consiste à savoir s'il convient de n'attribuer ce pouvoir qu'à une seule personne ou de l'attribuer à plusieurs. Dans son traité sur le *Droit public* (t. 1er, n° 59 *bis*) Foucard s'est prononcé pour l'exercice par une seule personne du pouvoir exécutif, par la raison que cet exercice exige une célérité d'action qu'on ne peut rencontrer dans aucune réunion d'hommes et doit, par-dessus tout, entraîner une responsabilité qu'on ne saurait imposer à une assemblée. Ainsi, d'après Foucart, si le pouvoir exécutif doit être unitaire, il doit être responsable. M. Esménard du Mazet (*Nouveaux principes d'économie politique*, p. 439) s'est également prononcé en faveur de l'unité de ce pouvoir; mais il a pensé, au contraire, qu'il devait être irresponsable.

3. — Cette dernière opinion est celle qu'avait admise la Constitution des 3-14 sept. 1791. Ainsi, en déléguant au roi exclusivement le pouvoir exécutif, lequel devait être exercé, sous son autorité, par des ministres et autres agens responsables (tit. 3, art. 4), cette Constitution avait en même temps déclaré inviolable la personne du roi (tit. 3, chap. 2, sect. 1re, art. 2); d'où résultait que le roi était irresponsable de ses actes comme chef du pouvoir exécutif.

4. — Après l'abolition de la royauté (décr. du 21 sept. 1792) et la proclamation de la République (décr. du 25 sept. 1792), la Constitution du 24 juin 1793 confia le pouvoir exécutif à un conseil composé de vingt-quatre membres (art. 62), nommés par le Corps législatif. L'assemblée électorale de chaque département nommait un candidat, et le Corps législatif choisissait sur la liste générale les membres de ce conseil (art. 63), qui était renouvelé par moitié à chaque législature dans les derniers mois de sa session (art. 64).

5. — Le conseil exécutif, créé par la Constitution de 1793, était responsable de l'inexécution des lois et décrets, et des abus qu'il ne dénonçait pas (art. 72). Il était tenu, en effet, de dénoncer, lorsqu'il y avait lieu, les agens de la République devant les autorités judiciaires (art. 74); et ses membres, en cas de prévarication, pouvaient être accusés par le corps législatif (art. 71).

6. — Ce conseil exécutif ne doit pas, toutefois, être confondu avec un pouvoir exécutif. Dans le système de la Constitution de 1793, le conseil exécutif ne formait pas, en effet, un pouvoir distinct. « Le conseil exécutif, disait Condorcet dans son rapport sur cette Constitution, ne doit pas être considéré comme un véritable pouvoir. Il ne doit pas vouloir... Il est la main avec laquelle les législateurs agissent, l'œil avec lequel ils observent les détails de l'exécution de leurs décrets. » Ainsi, ce conseil n'était qu'un agent de l'Assemblée nationale; son initiative et son indépendance n'existaient pas. Au contraire, lorsque le pouvoir exécutif est distinct de l'Assemblée, son rôle est tout différent. Ce pouvoir a alors le droit d'agir, de choisir une direction, d'exercer une initiative, il agit sous sa responsabilité; il est obligé seulement d'exposer les motifs de sa conduite. — De Forcade, *De la constitution du pouvoir exécutif*. — V. *Revue de droit français et étranger*, année 1848, p. 486 et 487.

7. — Le conseil exécutif, établi par la Constitution de 1793, ne subsista, du reste, que pendant peu de temps. Il fut supprimé par le décret des 12-13 germinal an II (1er-2 avril 1794) et remplacé par douze commissions.

8. — A la Constitution du 24 juin 1793 succéda celle du 5 fructidor an III (22 août 1795), qui délégua le pouvoir exécutif à un Directoire de cinq membres, nommé par le Corps législatif (art. 132), sur la présentation de candidats choisis par le Conseil des Cinq-Cents et le Conseil des Anciens (art. 133), et renouvelé partiellement, par l'élection d'un nouveau membre, chaque année (art. 137). Les membres sortans ne pouvaient être réélus qu'après un intervalle de cinq ans (art. 138). Aucun citoyen ne pouvait être désigné comme membre du Directoire s'il n'était âgé de quarante ans au moins (art. 134).

9. — Chaque membre du Directoire le présidait à son tour durant trois mois seulement, et c'était en la personne de son président que les lois et les actes du Corps législatif étaient adressés au Directoire (art. 141). Ce Directoire ne pouvait délibérer s'il n'y avait trois membres présens au moins (art. 142). Il se choisissait, hors de son sein, un secrétaire qui contre-signait les expéditions et rédigeait les délibérations sur un registre où chaque membre avait le droit de faire inscrire son avis motivé. Toutefois, le Directoire pouvait, quand il le jugeait à propos, délibérer sans l'assistance de son secrétaire; et, en ce cas, les délibérations étaient rédigées sur un registre particulier par un des membres du Directoire (art. 143).

10. — Comme les membres du Conseil exécutif, les membres du Directoire étaient responsables. La Constitution du 5 fructidor an III exigea, pour cette raison, qu'aucun membre du Directoire ne pût sortir du territoire de la République que deux ans après la cessation de ses fonctions (art. 157), et qu'il fût tenu, pendant cet intervalle, de justifier au Corps législatif de sa résidence (art. 158). Mais, hors le cas de flagrant délit, les membres du Directoire en fonctions ne pouvaient être, pour faits criminels, ni amenés devant les officiers de police, ni mis en état d'arrestation, avant que le Conseil des Cinq-Cents eût proposé la mise en jugement et que le Conseil des Anciens l'eût décidée. La Haute-Cour de justice était le seul tribunal compétent pour les juger (art. 113 et suiv., et 158).

11. — Après que, par un décret du 18 brum. an VIII, la translation du pouvoir législatif à Saint-Cloud eut été prononcée et que des pouvoirs militaires eurent été confiés au général Bonaparte, une loi du 19 du même mois supprima le Directoire exécutif et le remplaça par une Commission consulaire exécutive, en attendant la révision de la Constitution.

12. — La Constitution du 22 frimaire an VIII (13 décembre 1799), mise en activité par la loi du 3 nivôse an VIII (24 décembre 1799), confia le gouvernement ou l'exercice du pouvoir exécutif à trois consuls nommés pour dix ans, individuellement, avec la qualité distincte ou de premier, ou de second, ou de troisième consul, et indéfiniment rééligibles (art. 39). Un sénatus-consulte du 14 thermidor an X (2 août 1802) ayant proclamé Napoléon Bonaparte consul à vie, l'art. 39 ne resta applicable que pour le second et le troisième consul. Mais il fut bientôt lui-même complétement abrogé par le sénatus-consulte du 16 thermidor an X (4 août 1802), dont l'art. 39 portait que les consuls étaient à vie, et l'art. 40 que le second et le troisième consul étaient nommés par le sénat, sur la présentation du premier.

13. — Cet état de choses dura jusqu'au 28 floréal an XII (18 mai 1804). Le sénatus-consulte organique, portant la date de ce jour, en confiant le gouvernement de la République à un empereur, lui délégua en même temps le pouvoir exécutif, lequel résida sur la tête de l'empereur jusqu'au décret du 3-4 avril 1814, par lequel le sénat conservateur déclara Napoléon Bonaparte déchu du trône.

14. — A cette époque le gouvernement de la France redevint monarchique, et la Constitution du 6-9 avril 1814 rendit l'exercice du pouvoir exécutif au roi (art. 4), dont la personne fut déclarée inviolable et sacrée (art. 21). La Charte du 4-10 juin 1814, qui succéda à cette Constitution, attribua également la plénitude du pouvoir exécutif au roi seul, qu'elle qualifia de *chef suprême de l'Etat*, en lui conservant aussi la prérogative de l'inviolabilité (art. 13 et 14). La Charte du 14 août 1830 contient littéralement à cet égard les mêmes dispositions (art. 12 et 13).

15. — Après la révolution du 24 février 1848, qui amena la chute de la monarchie, le pouvoir législatif et le pouvoir exécutif se trouvèrent momentanément placés dans les mêmes mains, dans les mains des membres du Gouvernement provisoire, qui gouverna seul la France jusqu'au 4 mai 1848, jour où se réunit l'Assemblée constituante.

16. — Par un décret du 9 du même mois cette Assemblée confia le pouvoir exécutif à une commission composée de cinq membres qui devaient être choisis parmi les représentans du peuple, et à la nomination desquels elle procéda le lendemain, 10, ainsi que cela résulte du procès-verbal de la séance de ce jour. Le 11, cette commission entra dans l'exercice de ses fonctions.

17. — Elle les conserva jusqu'au 24 juin suivant, jour où l'Assemblée nationale, au milieu d'une insurrection qui ensanglantait Paris, rendit un décret par lequel elle délégua tous les pouvoirs exécutifs au général Cavaignac, auquel, par un autre décret, du 28 juin-5 juillet 1848, elle les confia de nouveau, en décidant qu'il prendrait le titre de *président du conseil des ministres*.

18. — Aux termes de la Constitution du 4 novembre 1848, le pouvoir exécutif appartient au président de la République. L'art. 43 de cette Constitution est, en effet, ainsi conçu : « Le peuple français délègue le pouvoir exécutif à un citoyen qui reçoit le titre de Président de la République. » — V. PRÉSIDENT DE LA RÉPUBLIQUE.

19. — Mais le président de la République n'ayant été proclamé que le 20 décembre 1848, le décret du 28 juin précédent, par lequel l'Assemblée nationale avait investi du pouvoir exécutif le général Cavaignac, continua à subsister jusqu'à cette époque.

20. — En déléguant le pouvoir exécutif au président de la République, la Constitution de 1848 a répudié la forme du pouvoir exécutif collectif, que la France avait éprouvée, avant la révolution de Février, par le conseil exécutif, le Directoire et même le consulat, et depuis par le gouvernement provisoire et la commission exécutive. Ainsi, à l'exemple de la constitution des Etats-Unis, elle a confié le pouvoir exécutif à un chef unique. Ce pouvoir est donc un pouvoir *unitaire*.

21. — Toutefois, comme M. Laferrière le fait avec raison remarquer dans son *Cours de droit public* (3e édit., t. 1er, p. 160 et 161), l'*unité* est plus dans l'*homme* que dans le *pouvoir exécutif*. Ce pouvoir, en effet, n'est *unitaire* qu'en ce sens qu'il a un chef unique, mais non en ce sens, ainsi qu'on le verra par les attributions qui lui sont dévolues, que toute l'action exécutive se trouve concentrée dans les mains du président.

22. — Le caractère du pouvoir exécutif actuel n'est pas seulement d'être *unitaire*. Sous la monarchie, le pouvoir exécutif était héréditaire et inviolable. Aujourd'hui, il est *électif*, *temporaire* et *responsable*. — V., à cet égard, PRÉSIDENT DE LA RÉPUBLIQUE.

23. — *Attributions*. — Le pouvoir exécutif est chargé, à l'intérieur, de régler les intérêts privés des citoyens, en faisant à leurs différends l'application des lois civiles, et de réprimer les attaques dirigées par des malfaiteurs contre les personnes et les propriétés. C'est ce qui constitue les attributions de l'*autorité judiciaire*.

24. — L'autorité judiciaire n'est donc pas un pouvoir distinct du pouvoir exécutif, comme l'a prétendu M. Laferrière, dans son *Cours de droit public* (3e édit., t. 1er, p. 176), mais seulement un démembrement de ce pouvoir. Il est vrai que les juges sont *inamovibles*; mais ils n'en sont pas moins nommés et institués par le pouvoir exécutif. — *Const.* 4 nov. 1848, art. 64, 65, 84 et suiv. — V., en ce sens, Foucart, *Elémens de droit public*, t. 1er, no 96. — M. Chassan, publiant la seconde édition de son *Traité des délits et contraventions de la parole*, etc., en 1846, sous la monarchie déchue, y enseigne également (t. 1er, no 264) que le pouvoir judiciaire n'est pas un pouvoir distinct, qu'il n'est qu'une émanation d'un autre pouvoir, du pouvoir royal; il reconnaît toutefois (no 266) que ce dernier pouvoir n'est autre que la puissance exécutive, qu'il se confond avec elle.

25. — Le pouvoir exécutif est chargé aussi du maintien de l'ordre, de l'administration de la fortune publique, de l'application de toutes les lois protectrices des droits naturels ou relatives à l'exercice des droits politiques, de toutes les mesures qui tendent au développement de l'instruction, du commerce, de l'industrie, de l'agriculture, etc. C'est ce qui constitue les attributions de l'*autorité administrative*. — V. COMPÉTENCE ADMINISTRATIVE, ORGANISATION ADMINISTRATIVE.

26. — D'après la Constitution du 3-14 sept. 1791, le pouvoir exécutif ne pouvait faire aucune loi, même provisoire, mais seulement des proclamations conformes aux lois pour en ordonner ou en rappeler l'exécution (tit. 3, ch. 4, sect. 1re, art. 6). Le pouvoir de proposer et de décréter les lois avait été délégué exclusivement au Corps législatif. Le pouvoir exécutif n'avait donc pas le droit de proposer une loi; il pouvait seulement inviter le Corps législatif à prendre un objet en considération (tit. 3, chap. 3, sect. 1re, art. 1er). La Constitution du 24 juin 1793 réserva également au Corps législatif seul le droit de proposer et de décréter les lois (art. 53). Le conseil exécutif, chargé de la direction et de la surveillance de l'administration générale, ne pouvait agir qu'en exécution des lois et des décrets du Corps législatif (art. 65). Aucune disposition de cette Constitution ne lui conserva même formellement le droit, accordé par la Constitution précédente, d'inviter le Corps législatif à prendre un objet en considération. Ce droit fut, au contraire, écrit dans la Constitution du 5 fruct. an III, qui, tout en défendant au Directoire exécutif de proposer au conseil des Cinq-Cents des projets rédigés en forme de lois, lui permit, de plus, cependant, de proposer des *mesures* (art. 163).

27. — La Constitution du 22 fruct. an VIII fut introductive à cet égard d'un droit nouveau. « Le gouvernement, portait, en effet, l'art. 44 de cette Constitution, propose les lois, et fait les règlemens nécessaires pour assurer leur exécution. » Et l'art. 25 voulait qu'il ne pût être promulgué de lois nouvelles, que lorsque le projet en avait été proposé par le gouvernement, communiqué au Tribunat, et décrété par le Corps législatif. Les projets que le gouvernement proposait étaient rédigés en articles; et, en tout état de la discussion de ces projets, le gouvernement pouvait les retirer, et les reproduire modifiés (art. 26). — Ce droit fut maintenu par les sénatus-consultes des 16 therm. an X et 28 flor. an XII.

28. — Après avoir dit (art. 4) que le pouvoir exécutif appartenait au roi, la Constitution du 6-9 avril 1814 ajoutait (art. 5) que le roi, le sénat et le Corps législatif concouraient à la formation des lois, que les projets de loi pouvaient être proposés dans le sénat et dans le Corps législatif, à l'exception de ceux relatifs aux contributions qui ne pouvaient être proposés que dans le Corps législatif, et enfin que le roi pouvait inviter également les deux Corps à s'occuper de tous objets qu'il jugeait convenables.

29. — Sous l'empire de la Charte du 4-10 juin 1814, le roi, auquel était dévolue la puissance exécutive, n'avait pas seulement le droit de faire les règlemens et ordonnances nécessaires pour l'exécution des lois et la sûreté de l'Etat (art. 14) ; à lui seul appartenait aussi, comme d'après la Constitution du 6-9 avril 1814, le droit de proposer la loi (art. 16); et la proposition de la loi était portée, au gré du roi, à la Chambre des pairs ou à celle des députés, excepté la loi de l'impôt qui devait être adressée d'abord à la Chambre des députés. La Charte de 1830 étendit le droit de proposition des lois à la Chambre des pairs et à la Chambre des députés (art. 15), et interdit au roi la faculté de suspendre, par des règlemens et ordonnances, les lois elles-mêmes et de dispenser de leur exécution (art. 13). — V. CHAMBRE DES DÉPUTÉS, CHAMBRE DES PAIRS.

30. — Comme chargé du pouvoir exécutif, le président de la République a mission de surveiller et d'assurer l'exécution des lois; et il peut rendre tous les règlemens et décrets nécessaires à cet égard. Il a aussi le droit de faire présenter des projets de loi à l'Assemblée nationale par les ministres (Const. du 4 nov. 1848, art. 49). Mais le droit d'initiative parlementaire ne lui est pas dévolu d'une manière exclusive, il appartient également à chaque représentant (art. 39).

31. — Le pouvoir exécutif a été de tout temps chargé de promulguer les lois et les faire mettre à exécution (Const. du 3-14 sept. 1791, tit. 3, chap. 4, sect. 1re; du 24 juin 1793, art. 72; du 5 fruct. an III, art. 128 et suiv.; du 22 frim. an VIII, art. 37; Sénat.-consulte 28 flor. an XII, art. 137; Charte de 1814, art. 22, et Charte de 1830, art 18). — « Le président de République, porte également l'art. 56 de la Constitution du 4 nov. 1848, promulgue les lois au nom du peuple français. » — Mais ce droit peut aussi, en certains cas, être exercé par le président de l'Assemblée nationale. — V. LOIS, no 117 *bis*. — V. aussi POUVOIR LÉGISLATIF, PRÉSIDENT DE LA RÉPUBLIQUE.

32. — Nous venons de voir que le pouvoir exécutif, chargé de faire exécuter les lois, avait le droit de prendre tous les règlemens et de faire tous les actes nécessaires à cet effet. — La commission du pouvoir exécutif, nommée en 1848 par l'Assemblée constituante, crut que ce droit s'étendait jusqu'à lui permettre d'interpréter un décret, en date du 9 mars 1848, par lequel le gouvernement provisoire avait suspendu provisoirement la contrainte par corps dans tous les cas où la loi autorisait cette mesure comme moyen, pour le créancier, d'obtenir le paiement d'une dette pécuniaire; et elle prit, en conséquence, le 19 mai suivant un arrêté par lequel elle déclara que le décret précité n'était pas applicable au recouvrement des amendes et réparations prononcées au profit de l'Etat en matière criminelle, correctionnelle ou de simple police, et ne dérogeait point aux lois spéciales qui autorisaient, avant jugement, l'arrestation des délinquants. Mais il est douteux que la commission exécutive eût autorité suffisante pour prendre un pareil arrêté. Car l'application de la contrainte par corps au recouvrement des amendes et réparations prononcées au profit de l'Etat en matière criminelle, correctionnelle ou de simple police, ne constitue pas une peine; ce n'est qu'un simple moyen d'exécution rentrant dès lors dans les termes du décret du 9 mars. — Du reste, c'est aux tribunaux seuls, ce nous semble, qu'il appartient de décider cette question.

33. — Quoique chargé à l'intérieur du maintien de l'ordre, le président de la République ne peut cependant, en principe, en sa qualité de chef du pouvoir exécutif, déclarer l'état de siége. — Ce droit n'appartient qu'à l'Assemblée nationale. Mais, dans le cas de prorogation de cette Assemblée, le président de la République peut alors, par exception, et en se conformant à l'avis du conseil d'Etat, le déclarer; et il doit informer de cette mesure la commission de permanence, instituée en vertu de l'art. 32 de la Constitution. — L. sur l'état de siége du 9 août 1849, art. 2 et 3.

34. — La loi précitée (art. 12) accorde également au président de la République, dans le cas de prorogation de l'assemblée, le droit de lever l'état de siége. — Il ne paraît pas, toutefois, pour l'exercice de ce droit, qu'il soit astreint, comme lorsqu'il s'agit de déclarer l'état de siége, à prendre préalablement l'avis du conseil d'Etat. — L'art. 12 garde en effet le silence sur ce point.

35. — Le pouvoir exécutif doit non-seulement pourvoir à la sûreté intérieure de l'Etat, mais veiller aussi à sa défense extérieure (Const. du 4 nov. 1848, art. 54). — La Const. du 3-14 sept. 1791 (tit. 3, chap. 4, art. 1er) disait que le roi, dans les mains duquel résidait le pouvoir exécutif, était le chef suprême de l'armée de terre et de l'armée navale, ce qui impliquait qu'il pouvait les commander. — D'après la Constitution du 24 juin 1793, la force publique, employée pour maintenir l'ordre et la paix dans l'intérieur, n'agissait que sur la réquisition par écrit des autorités constituées (art. 112) et la force publique employée contre les ennemis du dehors agissait sous les ordres du Conseil exécutif (art. 113). — Sous la Constitution du 5 fruct. an III le Directoire disposait de la force armée sans qu'en aucun cas le Directoire, collectivement, ni aucun de ses membres pût la commander ni pendant le temps de ses fonctions, ni pendant les deux années qui suivaient immédiatement l'expiration de ces mêmes fonctions (art. 144). — L'art. 47 de la Constitution du 22 frim. an VIII portait seulement que le gouver-

nement distribuait les forces de terre et de mer et en réglait la direction. — La Charte de 1814 (art. 14) et celle de 1830 (art. 13) conférent au roi le commandement des forces de terre et de mer. Mais l'art. 50 de la Constitution du 4 nov. 1848, en permettant au président de la République de disposer de la force armée, n'a pas voulu toutefois qu'il pût jamais la commander en personne. — Cette restriction est tout à fait contraire à la Constitution des Etats-Unis, d'après laquelle (art. 2, sect. 2) le président est commandant en chef de l'armée de terre et des flottes des Etats-Unis.

36. — Si, de 1789 à 1814, le pouvoir exécutif a pu déclarer la guerre, arrêter et signer avec toutes les puissances étrangères tous traités de paix, d'alliance ou de commerce, toutefois ces déclarations de guerre et traités ne pouvaient recevoir leur effet qu'autant qu'ils étaient ordonnés, approuvés ou ratifiés par les Assemblées nationales (Const. 3-14 sept. 1791, tit. 3, chap. 4, sect. 3; 5 fruct. an III, art. 326 et suiv.; 22 frim. an VIII, art. 50). — Mais la Charte de 1814 (art. 14) et celle de 1830 (art. 13) investirent le roi du droit exclusif de déclarer la guerre, de faire les traité de paix, d'alliance et de commerce. — La Constitution du 4 nov. 1848 est revenue sur ce point au principe consacré par les Constitutions de 1791, de l'an III et de l'an VIII. — Ainsi, le président de la République ne peut entreprendre aucune guerre sans le consentement de l'Assemblée nationale (art. 54), et les traités qu'il négocie ne deviennent définitifs qu'après avoir été approuvés par cette Assemblée. — V. au surplus DÉCLARATION DE GUERRE.

37. — Dans les traités que peut faire le pouvoir exécutif avec les puissances étrangères, il lui est formellement interdit d'aliéner ou de céder aucune portion du territoire. — Const. du 5 fruct. an III, art. 332; 4 nov. 1848, art. 51. — V. TRAITÉS DIPLOMATIQUES.

38. — Le droit de faire grâce est une des attributions du pouvoir exécutif. — V., sur l'historique de ce droit, sa nature et son exercice, COMMUTATION DE PEINE (§ 1er et 2) et GRACE. — Le président de la République a donc le droit de faire grâce. Toutefois, une restriction a été apportée à l'exercice de ce droit. Il ne peut, en effet l'exercer qu'après avoir pris l'avis du conseil d'Etat (Const. 4 nov. 1848, art. 55). — A l'égard des personnes condamnées par la haute-cour de justice, le droit de faire grâce n'appartient même plus au président, mais seulement à l'Assemblée nationale. — Même art.

39. — A la différence de la grâce, l'amnistie ne peut être accordée par le président de la République, même sur l'avis du conseil d'Etat. Les amnisties ne peuvent être accordées que par une loi (même art.). — Mais cette loi peut être proposée par le président de la République, en vertu de son droit d'initiative. — V., au surplus, AMNISTIE.

40. — Le pouvoir exécutif a pour organes principaux les ministres, qui participent même directement par leur signature et leur responsabilité à l'exercice de ce pouvoir, et qui sont nommés et révoqués par le président de la République, tandis que leur nombre et leurs attributions sont fixés par le pouvoir législatif. — V. MINISTRES.

41. — Le Président de la République nomme et révoque, en conseil des ministres, les agens diplomatiques, les commandans en chef des armées de terre et de mer, les préfets, le commandant supérieur des gardes nationales de la Seine, les gouverneurs de l'Algérie et des colonies, les procureurs généraux et autres fonctionnaires d'un ordre supérieur. Les agens secondaires du gouvernement sont également nommés et révoqués par lui, mais seulement, sur la proposition du ministre compétent, *dans les conditions réglementaires déterminées par la loi* (Constit. 4 nov. 1848, art. 64). — Cette loi est une des lois fondamentales qui restent encore à faire.

42. — A l'égard des agens du pouvoir exécutif, qui, comme les maires et adjoints, sont élus par les citoyens, le Président de la République ne peut les révoquer que de l'avis du Conseil d'Etat. Mais il a le droit de les suspendre, sans cet avis, pourvu toutefois que le terme de la suspension n'excède pas trois mois. — Constit. 4 nov. 1848, art. 65.

43. — Le Président de la République a aussi le droit de dissoudre les conseils généraux, les conseils cantonaux et les conseils municipaux, en se conformant à l'avis du Conseil d'Etat. — Art. 80.

44. — Tous les actes du Président de la République, autres que ceux par lesquels il nomme et révoque ses ministres, doivent, pour recevoir leur effet, être contre-signés par un ministre. — Art. 67. — V. au surplus, à cet égard, PRÉSIDENT DE LA RÉPUBLIQUE.

45. — *Relations avec le pouvoir législatif.* — Sous l'empire de la Constitution du 3-14 septembre 1791, le Roi ne pouvait assister aux délibérations du Corps législatif (tit. 3, ch. 3, sect. 4, art. 8). Ses ministres seuls avaient entrée dans l'Assemblée législative et pouvaient y être entendus (art. 10). Le Roi avait seulement le droit de faire l'ouverture ou la clôture de la session (art. 1er et 3). Il pouvait aussi, dans l'intervalle d'une session à l'autre, convoquer le Corps législatif toutes les fois que l'intérêt de l'Etat lui paraissait l'exiger (art. 5). Les actes de la correspondance du Roi avec le Corps législatif devaient toujours être contre-signés par un ministre (art. 9).

46. — La Constitution du 24 juin 1793 avait réservé l'entrée et une place séparée au Conseil exécutif dans le lieu des séances du Corps législatif, auprès duquel ce Conseil devait résider. Il y était entendu toutes les fois qu'il avait un compte à rendre; et le Corps législatif pouvait, d'ailleurs, l'appeler dans son sein, en tout ou en partie, lorsqu'il le jugeait convenable (art. 75, 76 et 77).

47. — Le Directoire exécutif n'avait pas le même privilége que le Conseil exécutif. Le Directoire ni aucun de ses membres ne pouvait être appelé ni par le Conseil des Cinq-Cents ni par le Conseil des Anciens, hors le cas où il était mis en jugement (Constit. du 5 fruct. an III, art. 160). — Les comptes et les éclaircissemens qui étaient demandés au Directoire par l'un ou l'autre Conseil étaient fournis par écrit (art. 161). Le Directoire était tenu, indépendamment de ces comptes et éclaircissemens partiels, de présenter chaque année, par écrit, à l'un et à l'autre Conseil, l'aperçu des dépenses, la situation des finances, l'état des pensions existantes, ainsi que le projet de celles qu'il croyait convenable d'établir (art. 162). Il devait, en outre, dans cet aperçu, indiquer les abus qui étaient à sa connaissance. — Même article.

48. — Le Directoire exécutif était tout à fait sous la dépendance du Corps législatif. Ainsi, non-seulement il devait résider dans la même commune (Constit. du 5 fruct. an III, art. 171), mais même aucun de ses membres ne pouvait s'absenter plus de cinq jours ni s'éloigner au delà de quatre myriamètres du lieu de sa résidence sans l'autorisation du Corps législatif. — Art. 164.

49. — Sous l'empire de la Constitution du 22 frimaire an VIII, les Consuls avaient pris une certaine indépendance vis-à-vis du Corps législatif. Ils pouvaient le convoquer en dehors du temps légal de sa session (art. 33), et envoyer dans son sein des orateurs pour y défendre les projets de loi présentés par le gouvernement (art. 53). Le sénatus-consulte du 16 thermidor an X donna au gouvernement le droit de convoquer, d'ajourner et de proroger, à son gré, le Corps législatif. — Art. 75.

50. — D'après la Charte de 1814 (art. 50) et celle de 1830 (art. 42), c'était au Roi qu'il appartenait de convoquer chaque année la Chambre des pairs et celle des députés; il pouvait les proroger et même dissoudre celle des députés, pourvu que, dans ce cas, il en convoquât une nouvelle dans le délai de trois mois. Le Roi ne pouvait toutefois assister qu'à l'ouverture de la session. Mais ses ministres avaient leur entrée dans l'une ou l'autre Chambre, et devaient être entendus quand ils le demandaient. (Charte 1814, art. 54; Charte 1830, art. 46).

51. — L'Assemblée nationale ayant été déclarée permanente par la Constitution du 4 nov. 1848 (art. 32), le président de la République ne devait pouvoir ni la dissoudre, ni même la proroger. Aussi, ce droit lui a-t-il été formellement interdit par l'art. 51 de la même Constitution. La sanction de cette défense se trouve dans l'art. 68 (§ 2) qui déclare que toute mesure par laquelle le président de la République dissout l'Assemblée nationale, la proroge ou met obstacle à l'exercice de son mandat, est un crime de haute trahison. Il y a plus : le même article (§ 3) porte que, par ce seul fait, le président est déchu de ses fonctions, que les citoyens sont tenus de lui refuser obéissance, et que le pouvoir exécutif passe de plein droit à l'Assemblée nationale. Il peut donc aujourd'hui se trouver un cas où l'exercice du pouvoir exécutif appartiendrait, momentanément toutefois, à une réunion d'hommes. — V. *suprà* n° 2.

52. — Cependant, si l'Assemblée nationale s'ajournait elle-même à un jour fixe, le président de la République pourrait, pendant la durée de sa prorogation, si les circonstances l'exigeaient, la convoquer immédiatement (Const. 4 nov. 1848, art. 33). Mais la Commission de permanence, composée des membres du bureau et de vingt-cinq représentans nommés par l'Assemblée, a aussi le droit de la convoquer en cas d'urgence. — Même art.

53. — L'art. 63 de la Constitution précitée veut que le président de la République réside au lieu où siége l'Assemblée nationale, et qu'il ne puisse sortir du territoire continental de la République sans y être autorisé par une loi; ce qui semble le placer, comme l'étaient les membres du Conseil exécutif et du Directoire, sous la dépendance du pouvoir législatif.

54. — Le président de la République n'a ni entrée ni place dans le sein de l'Assemblée nationale; mais il en est autrement de ses ministres. Ceux-ci peuvent même y être entendus, toutes les fois qu'ils le demandent, comme aussi ils peuvent se faire assister par des commissaires nommés par décret du président de la République. — Const. 4 nov. 1848, art. 69.

55. — Lorsque le président de la République veut instruire l'Assemblée nationale des motifs qui l'ont déterminé à prendre telle mesure qui rentre dans les limites de ses attributions, il peut le faire par la voie d'un message. L'art. 52 de la Constitution l'oblige, d'ailleurs, à présenter, chaque année, par un message à l'Assemblée nationale, l'exposé de l'état général des affaires de la République.

V., au surplus, PRÉSIDENT DE LA RÉPUBLIQUE.

POUVOIR JUDICIAIRE, POUVOIR DES TRIBUNAUX.

V. TRIBUNAUX.

POUVOIR LÉGISLATIF.

1. — Le pouvoir législatif a subi autant de transformations qu'il y a eu de gouvernemens qui se sont succédés en France. Nous avons indiqué sous le mot *Lois* (V. ce mot, nos 10 et suiv.) à qui, depuis les premiers temps de la monarchie française jusqu'à nos jours, ce pouvoir avait successivement appartenu et comment il était exercé.

2. — Nous rappellerons seulement que, sous la monarchie de 1830, le pouvoir législatif se composait de trois branches, du roi, de la Chambre des députés et de la Chambre des pairs, qui avaient chacune leurs attributions distinctes. Mais ni la Chambre des pairs, ni celle des députés, ni le roi, n'avaient le droit de faire aucun acte législatif (V. CHAMBRE DES DÉPUTÉS, CHAMBRE DES PAIRS). Il résultait de là que le pouvoir législatif se formait de leur réunion, qu'il était collectif.

3. — Depuis la révolution du 24 février 1848, lors de la discussion de la Constitution, la question de savoir si le pouvoir législatif devait être confié à une seule Assemblée ou divisé en deux Chambres fut examinée et débattue avec toute l'étendue que comportait sa gravité. Mais l'unité du pouvoir législatif fut l'idée qui prévalut (V. *séance* du 27 sept. 1848, *Moniteur* du 28). De là l'art. 20 de la Constitution, ainsi conçu : « Le peuple français délègue le pouvoir législatif à une Assemblée *unique*. »

4. — L'Assemblée nationale ou législative se compose de sept cent cinquante représentans élus par le suffrage direct et universel et au scrutin secret (Const., art. 21 et 24). La durée de cette Assemblée est de trois ans, à l'expiration desquels elle se renouvelle intégralement. — Art. 31, § 1er.

5. — A la différence de la Chambre des députés et de la Chambre des pairs, qui ne pouvaient se réunir qu'en vertu d'une convocation expresse du roi (Charte de 1830, art. 21 et 42), l'Assemblée nationale n'a pas besoin d'être convoquée pour avoir le droit de se constituer. C'est la Constitution elle-même qui la convoque. « La nouvelle Assemblée, porte en effet l'art. 31, § 4, Const. de 1848, est convoquée *de plein droit* pour le lendemain du jour où finit le mandat de l'Assemblée précédente. »

6. — Sous l'empire de la Charte de 1830, le doyen d'âge occupait le fauteuil jusqu'à la constitution du bureau définitif, laquelle ne pouvait avoir lieu qu'après la vérification des pouvoirs. Aujourd'hui, l'Assemblée doit, dans la séance même d'ouverture, sous la présidence du doyen d'âge, procéder immédiatement à la nomination d'un président et d'un vice-président provisoires, qui conservent leurs fonctions pendant la vérification

des pouvoirs et jusqu'à ce que l'Assemblée so soit, celle vérification étant terminée, définitivement constituée par l'élection du président, de quatre vice-présidens et de six secrétaires. — Règl. de l'Assemblée législative du 4 juin 1849, art. 6 et 205.

7. — Les travaux de l'Assemblée se divisent en deux grandes branches. Ils consistent en travaux de préparation, d'examen dans les bureaux, et les commissions, et en discussion en séance publique de projets de loi et en général de tous les intérêts de l'État.

8. — L'Assemblée nationale de 1848 se partageait en quinze comités permanens, composés chacun de soixante représentans. Chaque représentant pouvait choisir celui des comités dans lequel il appelait la spécialité de ses connaissances. — Règl. de l'Assemblée nationale du 20 mai 1848, art. 10, 11 et 15.—Sous l'Assemblée actuelle, c'est le sort qui désigne les représentans qui doivent faire partie de chaque bureau; et l'élection, ceux qui doivent composer les commissions créées pour l'examen des propositions qui sont faites.

9. — L'Assemblée législative est permanente. — Const. de 1848, art. 32, § 4ᵉʳ. — Le pouvoir exécutif ne peut ni la dissoudre ni la proroger. — V. pouvoir exécutif, nᵒ 51. — Mais elle a le droit de s'ajourner elle-même à un jour qu'elle fixe. — Const. 1848, art. 32, § 2. — Alors la commission de permanence, nommée conformément au § 3 de l'art. précité, peut, ainsi que le Président de la République, la convoquer, en cas d'urgence, avant l'expiration du délai de l'ajournement. — Art. 32, § 5 et 4.

10. — Sous la monarchie constitutionnelle, la loi s'accomplissait par le vote des deux chambres et par la sanction du roi. — V. lois, nᵒˢ 40 et suiv. — D'après la Constitution de 1848, le pouvoir législatif réside tout entier dans l'Assemblée nationale. Le Président de la République n'a pas le droit de sanction, il ne peut que demander une nouvelle délibération ; mais la résolution prise par l'Assemblée sur cette demande devient définitive, et la promulgation de la loi ne saurait plus être arrêtée. — Art. 58 et 59.

11. — La Constitution détermine elle-même la forme à suivre par l'Assemblée législative dans l'examen et le vote des projets de loi présentés au nom du gouvernement et des propositions émanées de l'initiative parlementaire (V. infrà, nᵒˢ 15 et suiv.); et elle distingue à cet égard entre les cas d'urgence et les cas ordinaires.

12. — La proposition ayant pour objet de déclarer l'urgence doit être précédée d'un exposé des motifs. Cette proposition peut être immédiatement repoussée par un vote de l'Assemblée. Si, au contraire, l'Assemblée est d'avis d'y donner suite, elle en ordonne le renvoi dans les bureaux, et fixe le moment où le rapport sur l'urgence lui sera présenté. Sur ce rapport : si l'Assemblée décide qu'il n'y a pas urgence, le projet suit le cours des propositions ordinaires. Si l'Assemblée reconnaît l'urgence, elle la déclare et fixe le moment de la discussion. — Const. de 1848, art. 42. — Il peut arriver, en cas d'urgence, et cela a même déjà eu lieu pour la loi sur le siège de la ville de Paris en juin 1848 et 1849, qu'une loi soit proposée, examinée dans les bureaux, rapportée au nom d'une commission, discutée dans l'Assemblée et votée définitivement le même jour.

13. — Dans les cas ordinaires, aucun projet de loi ne peut être voté définitivement qu'après trois délibérations à des intervalles qui ne peuvent être moindres de cinq jours. — Consult. de 1848, art. 41. — Sont exceptés cependant de cette disposition les projets relatifs au budget, à la loi des comptes, à des crédits spéciaux, à des lois d'intérêt local. — Règl. de l'Assemblée du 6 juin 1849, art. 74.

14. — L'initiative parlementaire appartient au pouvoir exécutif (V. ce mot, nᵒ 31) et à chaque représentant. — Const. de 1848, art. 39, § 3.

15. — Le pouvoir exécutif exerce son initiative en faisant présenter par ses ministres des projets de loi à l'Assemblée nationale. — Const. de 1848, art. 49. — Cette présentation saisit immédiatement les bureaux de l'Assemblée de l'examen du projet ou de la question d'urgence.

16. — Il n'en est pas de même de l'initiative des représentans. Pour exercer son initiative parlementaire chaque représentant est obligé, en effet, de remettre sa proposition écrite au président, qui en donne d'abord connaissance à l'Assemblée. Cette proposition est ensuite renvoyée à une commission spéciale de trente membres, nommée par les bureaux et renouvelée tous les trois mois. Cette commission est chargée de l'examiner et de donner, par un rapport, son avis sur

son rejet pur et simple ou sa prise en considération. Ce n'est qu'autant que l'Assemblée se prononce pour la prise en considération, que les bureaux sont saisis de la question d'urgence, si elle a été présentée, ou de l'examen de la proposition. — Règl. de l'Assemblée du 6 juin 1849, art. 21, 74 et 75.

17. — Lorsque toutes les phases d'examen et de discussion ont été épuisées, il est procédé au vote définitif sur l'ensemble du projet de loi. Ce vote a lieu par par assis et levé, ou au scrutin public ou au scrutin secret. — Règlem. de l'Assemblée du 6 juin 1849, art. 47 et 60. — Mais, dans tous les cas, la présence de la moitié plus un des membres de l'Assemblée est nécessaire pour la validité du vote des lois. — Constitut. de 1848, art. 40.

18. — La loi définitivement votée doit ensuite être promulguée pour devenir exécutoire. Le droit de promulgation appartient au pouvoir exécutif qui est tenu de promulguer les lois d'urgence dans les trois jours, et les lois ordinaires dans le délai d'un mois. — A défaut de promulgation dans les délais ci-dessus par le président de la République, il y est pourvu par le président de l'Assemblée nationale. — Const. 4 nov. 1848, art. 57 et 59. — V. au surplus, sur le mode de promulgation des lois, le mot lois, nᵒˢ 69 et suiv.

19. — Le président de la République n'a pas le droit qui appartenait au roi de refuser sa sanction à une loi votée par l'Assemblée. Il peut toutefois, dans le délai fixé pour la promulgation, demander par un message motivé une nouvelle délibération.—Dans ce cas, l'Assemblée délibère, et sa résolution devient définitive. Cette résolution est transmise au président de la République qui doit la promulguer dans le délai fixé pour les lois d'urgence. — Const. 4 nov. 1848, art. 58.

20. — L'Assemblée nationale n'a pas pour seul attribut de faire des lois, d'exercer le pouvoir législatif. Elle a aussi le droit de voir si l'on a bien exécuté les lois qu'elle a faites; elle a, en d'autres termes, un droit de contrôle sur les actes du pouvoir exécutif. Ce droit n'est point écrit dans la Constitution, mais il résulte de la force même des choses.

21. — C'est en vue de l'exercice de ce droit que le règlement de l'Assemblée du 6 juin 1849 (art. 77, 80 et 81) a permis à tout représentant de faire des interpellations au gouvernement sur quelque point que ce soit de l'administration : interpellations qui peuvent conduire à un ordre du jour motivé, emportant un blâme.

22. — La sanction de ce droit de contrôle se trouve encore dans la faculté qu'a chaque représentant d'examiner, de critiquer les actes du gouvernement, lors de la discussion de la loi des comptes, ou de tout autre projet qui appelle un vote de confiance, et enfin dans le droit qui appartient à l'Assemblée nationale de porter des accusations devant la Haute-Cour de justice contre les ministres et le président de la République.

23. — Les séances de l'Assemblée législative sont publiques. — Const. 1848, art. 39, § 4ᵉʳ. — Mais l'Assemblée peut, pour des motifs graves, se former en comité secret, sur la demande de cinq de ses membres. Elle décide par assis et levé, sans débats, si elle se formera en comité secret. — Même article, § 2. — Règlement du 6 juin 1849, art. 60.

24. — La publicité des séances de l'Assemblée législative entraîne la faculté qu'a chaque représentant de rendre compte des discussions de cette assemblée par la voie de la presse. Mais si le compte-rendu de ces discussions est offensant pour l'Assemblée, il constitue alors un délit dont le mode de répression est indiqué au mot compte-rendu, nᵒˢ 202 et suiv. — V. aussi offense, § 2.

25. — L'Assemblée législative devait être protégée non-seulement contre les attaques dont elle pouvait être l'objet de la part de la presse, mais aussi contre les entreprises et les attentats des factions. De là le § 5 de l'art. 32 de la Constitution de 1848. Ce paragraphe est ainsi conçu : « L'Assemblée nationale détermine le lieu de ses séances. Elle fixe l'importance des forces militaires établies pour sa sûreté, et elle en dispose. »

26. — Le droit de veiller à la sûreté intérieure et extérieure de l'Assemblée nationale a été confié par le règlement du 6 juin 1849 (art. 444) au président de cette Assemblée, qui peut, à cet effet, requérir la force armée et toutes les autorités dont il juge le concours nécessaire. — V. lois, pouvoir exécutif, pouvoir parlementaire, représentation nationale.

POUVOIR MUNICIPAL.

Table alphabétique.

POUVOIR MUNICIPAL. — 1. — Le pouvoir municipal, entendu dans le sens le plus large que comportent ces mots, comprend toutes les attributions qui appartiennent aux maires et aux conseils municipaux, comme représentant les communes. Nous avons indiqué *vo* **COMMUNES** (n°s 153 et suiv., 478 et suiv.) quelles sont ces attributions.

2.—Mais, comme nous l'avons vu sous le même mot, les fonctions des maires et des conseils municipaux peuvent être divisées en deux catégories bien distinctes. Tantôt il s'agit de l'administration des biens qui appartiennent à la commune, tantôt d'un pouvoir de police exercé dans l'intérêt commun sur les habitans du territoire de la commune. Nous avons traité (*eod. verbo*) tout ce qui appartient à la première branche de cette division, c'est-à-dire tout ce qui touche à la jouissance des biens communaux, à leur répartition, aux contrats qui interviennent entre les communes et des tiers, à leurs procès, à la gestion de leurs biens meubles et immeubles, et à la comptabilité municipale. C'est de la seconde branche seulement qu'il s'agit dans le présent article, c'est-à-dire du pouvoir de police qui appartient à l'autorité municipale.

CHAP. Ier. — *Par qui s'exerce le municipal* (n° 3).

SECT. 1re. — *Des maires et des conseils municipaux* (n° 3).

SECT. 2e. — *Pouvoir de police des préfets dans les communes du département* (n° 29).

CHAP. II. — *Des règlemens municipaux considérés quant à leur objet* (n° 35).

SECT. 1re. — *Principes généraux. — Étendue et limites du pouvoir municipal* (n° 35).

SECT. 2e. — *Indication des diverses matières qui sont soumises aux règlemens municipaux* (n° 108).

§ 1er. — *Police générale* (n° 109).

§ 2. — *Police municipale* (n° 125).

§ 3. — *Police rurale* (n° 187).

CHAP. III. — *De la validité intrinsèque des règlemens de police et de leur force exécutoire* (n° 206).

SECT. 1re. — *Forme et publication des règlemens* (n° 206).

SECT. 2e. — *Force exécutoire des règlemens. — Suspension ou annulation par les maires de leurs arrêtés — Circonscription territoriale* (n° 234).

SECT. 3e. — *De la suspension ou de l'annulation des règlemens municipaux par l'administration supérieure. — Pouvoir des préfets* (n° 266).

SECT. 4e. — *Contraventions aux règlemens de police* (n° 290).

§ 1er. — *Répression des contraventions. — Pénalité. — Compétence* (n° 290).

§ 2. — *Obligation pour l'autorité judiciaire de maintenir l'exécution des règlemens de police légalement faits* (n° 348).

—

CHAPITRE Ier. — *Par qui s'exerce le pouvoir municipal.*

Sect. 1re. — *Des maires et des conseils municipaux.*

3.—*Des maires.*—Le droit pour les autorités municipales de prendre des arrêtés pour maintenir l'ordre sur le territoire de la commune et assurer la tranquillité, de la salubrité, etc., n'est pas une délégation du pouvoir supérieur ; il est inhérent à l'existence même des municipalités. «Le pouvoir municipal, dit Henrion de Pansey (*Pouvoir municipal*, chap. 6, p. 38), n'est pas une création de la loi ; il existe par la seule force des choses, il est parce qu'il ne peut pas ne pas être, il est parce qu'il est impossible que les habitans d'une même enceinte, qui consentent à faire le sacrifice d'une partie de leurs moyens et de leurs facultés, pour se créer des droits et des intérêts communs, soient assez imprévoyans pour ne pas donner des gardiens à ce dépôt, pour ne pas charger quelques-uns d'entre eux de veiller à sa conservation et d'en diriger l'emploi.»

4. — Aussi la loi du 14 déc. 1789 sur la constitution des municipalités rangeait-elle parmi les fonctions *propres* au pouvoir municipal celle qui consiste à faire jouir les habitans des avantages d'une bonne police, notamment de la propreté, de la salubrité, de la sûreté et de la tranquillité dans les rues, lieux et édifices publics. — Art. 50.

5.—C'est surtout par la loi du 16-24 août 1790 sur l'organisation judiciaire que la nature et l'étendue du pouvoir municipal ont été définies. L'art. 3 tit. 40 de cette loi porte : « Les objets de police confiés à la vigilance et à l'autorité des corps municipaux sont : 1° tout ce qui intéresse la sûreté et la commodité du passage dans les rues, quais, places et voies publiques ; ce qui comprend le nettoiement, l'illumination, l'enlèvement des encombremens, la démolition ou la réparation des édifices menaçant ruine, l'interdiction de rien exposer aux fenêtres ou autres parties des bâtimens qui puisse nuire par sa chute, et celle de rien jeter qui puisse blesser ou endommager les passans, ou causer des exhalaisons nuisibles ; 2° le soin de réprimer et punir les délits contre la tranquillité publique, tels que les rixes et disputes accompagnées d'attroupemens dans les rues, le tumulte excité dans les lieux d'assemblée publique, les bruits et attroupemens nocturnes qui troublent le repos des citoyens ; — 3° le maintien du bon ordre dans les endroits où il se fait de grands rassemblemens d'hommes, tels que les foires, marchés, réjouissances et cérémonies publiques, spectacles, jeux, cafés, églises et autres lieux publics ; — 4° l'inspection sur la fidélité du débit des denrées qui se vendent au poids, à l'aune ou à la mesure, et sur la salubrité des comestibles exposés en vente publique ; — 5° le soin de prévenir les précautions convenables, et celui de faire cesser par la distribution des secours nécessaires, les accidens et les fléaux calamiteux, tels que les incendies, les épidémies, les épizooties, en provoquant aussi, dans ces deux derniers cas, l'autorité des administrations de département et de district ; — 6° le soin d'obvier ou de remédier aux événemens fâcheux qui pourraient être occasionnés par les insensés ou les furieux laissés en liberté, et par la divagation des animaux malfaisans ou féroces.

6. — L'art. 4 de la même loi donne aux corps

municipaux le droit exclusif de permettre ou autoriser les spectacles publics.

7. — Le droit de l'autorité municipale de prendre des arrêtés a été confirmé par la loi du 19-22 juill. 1791 (tit. 1er, art. 46). Après avoir interdit en général aux tribunaux de police municipale et aux corps municipaux de faire des règlemens, cette loi ajoute : « Le corps municipal pourra néanmoins, sous le nom et l'intitulé de délibération et sauf réformation, s'il y a lieu, par l'administration du département, sur l'avis de celle du district, faire des arrêtés lorsqu'il s'agira : 1° d'ordonner des précautions locales sur les objets confiés à sa vigilance et à son autorité par les articles 3 et 4 du titre 11 du décret du 16 août sur l'organisation judiciaire ; — 2° de publier de nouveau les lois et règlemens de police ou de rappeler les citoyens à leur observation. — L. 19-22 juill. 1791.

8. — Le Code rural du 28 sept.—6 oct. 1791, tit. 1er, art. 9, enjoint aux officiers municipaux de veiller à la tranquillité, à la salubrité, et à la sécurité des campagnes, ce qui implique le droit de prendre des arrêtés pour atteindre ce but.

9. — La loi du 28 pluviôse an VIII, art. 13, se contente de conférer aux maires les fonctions qui étaient précédemment exercées par les agens municipaux et par les administrations municipales de canton, confirmant ainsi par cette disposition laconique les pouvoirs que la législation précédente avait donnés aux corps municipaux.

10. — C'est en présence de cette législation qu'on s'est trouvé en 1837, lorsqu'on s'est occupé de faire une loi sur l'administration municipale. Il faut remarquer qu'une seule disposition de loi réglait alors les rapports de l'autorité municipale avec le pouvoir administratif supérieur ; c'était celle du 19 juill. 1791, tit. 1er, art. 46, qui ne permettait aux corps municipaux de prendre des délibérations sur les objets confiés à leur vigilance que sauf réformation par l'administration supérieure.

11. — Cette disposition était appliquée par la jurisprudence d'une manière tellement extensive que le pouvoir municipal, abandonné à la merci de l'autorité centrale, était presque annulé dans son action. De ce que les arrêtés municipaux pouvaient être réformés par l'administration du département (par le préfet, L. 18 pluv. an VIII), on avait conclu qu'ils pouvaient être *modifiés* par la même autorité ; et la Cour de cassation jugeait que lorsque l'autorité municipale négligeait de prendre les mesures que paraissait réclamer l'intérêt des communes, les préfets pouvaient y suppléer par des arrêtés. — *Cass.*, 6 fév. 1824, Gallaire ; 7 févr. 1824, Contrie ; 6 mars 1824, Baron.

12. — C'est en vain qu'Henrion de Pansey (*Pouvoir municipal*, p. 142) combattait, au nom des principes qui assurent à chaque pouvoir l'indépendance nécessaire à son existence, une jurisprudence qui permettait à l'autorité administrative de se substituer au pouvoir par lequel chaque commune était représentée.

13. — La loi du 18 juill. 1837 fut inspirée d'une double pensée : on a voulu, avant tout, distinguer dans la personne du maire le caractère dont il est revêtu comme agent du gouvernement central, des fonctions qui lui appartiennent comme représentant de la commune ; distinction que les lois antérieures n'avaient pas faite d'une manière suffisamment nette. On a voulu, de plus, que la commune représentée, soit par le maire, soit par le conseil municipal, eût pour l'exercice du pouvoir de police qui lui est inhérent toute la liberté d'action compatible avec le respect des lois du pays ou des règlemens légalement faits par une autre autorité.

14. — La pensée de la loi, sous ce double rapport, a été très-bien expliquée par M. Vivien, son rapporteur à la Chambre des députés. Le projet du gouvernement rangeait parmi les pouvoirs *délégués* la police municipale et rurale qui, depuis la loi de 1789, était reconnue comme étant l'un des pouvoirs *propres* à la commune. — Mais la commission dont M. Vivien était l'organe demanda le maintien de l'état de choses existant. — « On a exprimé dans le sein de la commission, disait le rapporteur, la crainte que cette modification n'eût pour résultat d'enlever au gouvernement le droit de prescrire, dans certaines circonstances graves, les mesures d'ordre public commandées par l'intérêt général..... Ces craintes sont mal fondées ; le pouvoir municipal ne peut être confondu avec les droits que le gouvernement exerce dans l'intérêt du pays... Le roi, chargé de la police du royaume, pourvoit, par des ordonnances, aux mesures générales qui ont pour objet la sécurité, le repos de tous les citoyens. — Les préfets exercent le même pouvoir dans leurs départemens ; leurs arrêtés régissent les communes de leur territoire considérées collectivement. Lorsqu'il s'agit de l'exécution de ces mesures, le maire remplit les fonctions de délégué de l'administration supérieure. Mais quand les objets de police à régler ne s'appliquent qu'au territoire de la commune, c'est à lui seul qu'il appartient de prendre les mesures nécessaires, de faire les règlemens que comportent les circonstances et d'en ordonner l'exécution. Cette autorité lui est expressément attribuée par la loi du 19-22 juillet 1791. — Les règlemens faits par les maires sont exécutoires par eux-mêmes. D'autre part, ils ne peuvent être remplacés par ceux que l'autorité supérieure imposerait à la commune. — Si le gouvernement pouvait se mettre à la place de l'autorité municipale et faire, dans la commune, des règlemens de police, le pouvoir municipal serait anéanti et disparaîtrait devant le pouvoir administratif proprement dit. »

15. — Suivant l'art. 10 de la loi du 18 juillet 1837, le maire est chargé, sous la surveillance de l'administration supérieure, de la police municipale, de la police rurale et de la voirie municipale, et de pourvoir à l'exécution des actes de l'autorité supérieure qui y sont relatifs. Les autres fonctions qui lui sont conservées ou déférées par le même art. 10, soit comme administrateur des biens communaux, soit comme représentant de la commune dans les actes de la vie civile, ont été déjà examinées sous le mot COMMUNE.

16. — L'art. 11 ajoute : « Le maire prend des arrêtés à l'effet : 1° d'ordonner les mesures locales sur les objets confiés par les lois à sa vigilance et à son autorité ; 2° de publier de nouveau les lois et règlemens de police, et de rappeler les citoyens à leur observation. — Les arrêtés pris par le maire sont immédiatement adressés au sous-préfet. Le préfet peut les annuler ou en suspendre l'exécution. Ceux de ces arrêtés qui portent règlement permanent ne sont exécutoires qu'un mois après la remise de l'ampliation constatée par les récépissés donnés par le sous-préfet. »

17. — *Des conseils municipaux.* — Quant aux conseils municipaux, la loi de 1837 divise en deux classes les affaires qui doivent leur être soumises. Lorsqu'il s'agit d'actes de simple administration communale, ces conseils sont appelés à faire des *règlemens* qui sont exécutoires par eux-mêmes après un certain délai. Lorsqu'il s'agit d'actes d'administration plus importans ou de l'exercice d'un pouvoir de police, ils prennent de simples *délibérations* qui ne sont exécutoires que sur l'approbation de l'autorité administrative supérieure.

18. — Les objets que les conseils municipaux peuvent *régler* par leurs délibérations sont : 1° le mode d'administration des biens communaux ; 2° les conditions des baux, à ferme ou à loyer, dont la durée n'excède pas dix-huit ans pour les biens ruraux et neuf ans pour les autres biens ; 3° le mode de jouissance et la répartition des pâturages et fruits communaux, autres que les bois, ainsi que les conditions à imposer aux parties prenantes (V., sur ces trois points, BAIL ADMINISTRATIF, nos 57 et suiv. ; BIENS COMMUNAUX, nos 64 et suiv.) ; COMMUNE, nos 476 et suiv., 1124 et suiv. ; 4° les affouages, en se conformant aux lois forestières (V. AFFOUAGE, FORÊTS). — L. 18 juill. 1837, art. 17.

19. — Expédition de toute délibération sur un de ces objets est immédiatement adressée par le maire au sous-préfet, qui en délivre ou fait délivrer récépissé. La délibération est exécutoire si, dans les trente jours qui suivent la date du récépissé, le préfet ne l'a pas annulée soit d'office pour violation d'une disposition de loi ou d'un règlement d'administration publique, soit sur la réclamation de toute partie intéressée. — Art. 18.

20. — Toutes les fois que les conseils municipaux ont pris une délibération sur l'un des objets énoncés dans l'art. 17, le maire doit, avant de la soumettre au sous-préfet, avertir les habitans, par la voie des annonces et publications usitées dans la commune, qu'ils peuvent se présenter à la commune pour prendre connaissance de ladite délibération, conformément à l'art. 25 de la loi du 21 mars 1831 (ordonn. du roi du 18 déc. 1838, art. 1er). — L'accomplissement de cette formalité doit être constaté par un certificat du maire, qui est joint à la délibération transmise au sous-préfet. (Art. 2.)

21. — Ces dernières formalités ne sont imposées, par l'ordonnance du 18 déc. 1838, que pour les règlemens des conseils municipaux, et rien n'obligerait le maire à donner avis aux habitans par des publications qu'ils peuvent prendre communication d'un règlement permanent pris par lui-même. En effet, l'ordonnance n'a entendu assurer que l'exécution de la loi de 1837 telle qu'elle était rédigée ; et si l'art. 18 soumet les règlemens des conseils municipaux à l'annulation du préfet sur la réclamation de toute partie intéressée, l'art. 11 ne contient pas de disposition semblable pour les arrêtés permanens du maire. Il est certain, cependant, que, bien qu'en général le maire ne règle pas les intérêts civils aussi fréquemment que les délibérations des conseils municipaux, ses arrêtés peuvent quelquefois porter un préjudice à des membres de la commune, qui ont alors incontestablement le droit de réclamer devant le préfet. Il serait donc à désirer que la publicité fût la même dans les deux cas.

22. — On voit que relativement aux biens communaux le pouvoir réglementaire peut être exercé par les conseils municipaux, contrairement au principe qui donne au maire seul l'administration. — Déjà, sous l'empire de la loi du 14 décembre 1789 (art. 50), le conseil général de la commune devait délibérer sur le mode d'administration des biens de la commune (V. COMMUNE, nos 141 et suiv.). — La loi du 28 pluviôse an VIII (art. 15) contenait aussi une disposition qui donnait les mêmes pouvoirs au conseil municipal. C'est cette disposition qui a passé presque textuellement dans la loi du 18 juillet 1837.

23. — C'est par le maire que doivent être publiés et exécutés les règlemens légalement faits par le conseil municipal. Ce magistrat peut, en outre, prendre des arrêtés pour les actes ordinaires d'administration ou de conservation des biens communaux.

24. — Nous avons vu (vo COMMUNE, nos 185 et suiv.) qu'il est une autre catégorie d'affaires sur lesquelles le conseil municipal est appelé à prendre de simples délibérations, qui ne sont exécutoires que sur l'approbation du préfet (L. 18 juill. 1837, art. 19 et 20). Il a été traité, sous le même mot, de la plus grande partie des points qui forment l'objet des attributions de cette nature dévolues à ce conseil. Parmi eux figurent deux objets qui se rattachent à l'exercice d'un pouvoir de police : c'est le parcours et la vaine pâture, et la voirie municipale. — V. PARCOURS ET VAINE PATURE, VOIRIE.

25. — On voit qu'en reconnaissant aux maires le droit de prendre des arrêtés en matière de police municipale et rurale la loi du 28 juillet 1837 n'a fait que confirmer les pouvoirs que leur avait donnés la législation précédente, et que cette loi s'est contentée de modifier la force exécutoire de ceux de leurs arrêtés qui sont permanens. C'est encore dans les lois que nous avons indiquées *suprà* que l'autorité puise actuellement le pouvoir de police qui lui appartient.

26. — Il convient cependant d'ajouter à leur énumération l'indication de quelques autres lois qui ont statué sur des matières spéciales, telles que la loi du 11 août 1789 sur les fuies et colombiers, celle du 26 ventôse an IV sur l'échenillage, celle du 29 floréal an X sur les bureaux de pesage et de mesurage, celle du 18 novembre 1814 sur les fêtes et dimanches. — V. aussi le décret du 23 prairial an XIII sur les cimetières, celui du 15 octobre 1810 et les ordonnances des 14 janvier 1815 et 29 juillet 1818 sur les établissemens insalubres et incommodes.

27. — A Paris, la police est placée sous l'autorité d'un fonctionnaire, appelé préfet de police, dont les arrêtés sont obligatoires dans toute l'étendue du département de la Seine. — *Cass.*, 23 avril 1835, Bourgeot. — V. PRÉFET DE POLICE.

28. — Quelquefois des actes émanés de juridictions spéciales ont force et autorité au même titre que des arrêtés portant règlement de police. Ainsi, celui qui, ayant obtenu, par décision d'un conseil de préfecture, l'autorisation d'ouvrir, à de certaines conditions, un atelier insalubre, enfreindrait les obligations que lui impose son titre serait passible des peines de police. — *Cass.*, 2 janv. 1829, Chéron.

Sect. 2e. — *Pouvoir de police des préfets dans les communes du département.*

29. — Les préfets sont seuls chargés de l'administration dans toute la circonscription de chaque département. — L. 28 pluv. an VIII, tit. 2, art. 3. — De ce pouvoir découle nécessairement celui de prendre des mesures d'intérêt général, qui de-

vront être exécutées dans toutes les communes du département. — *Cass.*, 23 avril 1835, Dangier.

30. — Il a été jugé notamment que les préfets avaient le droit de prendre des mesures de police générale exécutoires dans toutes les communes du département ou dans plusieurs de ces communes sur la police des cafés, cabarets et auberges; — *Cass.*, 3 juill. 1806, N...; 12 juin 1828, Chary; 18 août 1832, Schiellier; — sur les poids et mesures, 11 juill. 1822, Roussin; 6 août 1825, Marchands de Bayonne; 15 avril 1826, Mouriet; 30 mai 1828, Francezon; 15 mai 1829, Destienne; 4 mars 1830, Darrieu; 31 avr. 1830, Dumenil et Bonafu; 15 mai 1835, Léonce; 18 mai 1837 (t. 1er 1838, p. 327), Molis; — sur la police des établissemens insalubres, 20 fév. 1830, Breton; — sur la tenue des registres par les aubergistes et voituriers, 6 oct. 1832, Morel; — sur la police des cours d'eau, 7 mars 1834, Courrent; 1er oct. 1835, Boulanger. — V. CHASSE, COURS D'EAU, VOIRIE.

31. — Un tribunal de simple police excéderait ses pouvoirs en condamnant un particulier à l'emprisonnement pour avoir refusé de laisser planter une croix sur son héritage, alors qu'un arrêté du préfet défendait tout rétablissement des croix et autres signes extérieurs du culte sans la permission de l'autorité supérieure administrative. — *Cass.*, 10 frim. an XIII, Becher.

32. — Il pourrait même se trouver des cas dans lesquels il y aurait lieu pour le préfet de faire un règlement de police pour une seule commune. C'est lorsque les faits qui y donneraient lieu, bien que circonscrits sur le territoire de la commune, pourraient compromettre les intérêts ou la sûreté d'autres communes ou du département entier. Tels sont les cas d'épidémie ou d'épizootie, de sédition, d'encombrement ou barrage d'un chemin vicinal faisant communiquer ensemble plusieurs communes, et autres semblables.

33. — Mais un préfet n'aurait pas le droit actuellement de prendre un règlement sur la police des cabarets d'une commune. La loi du 18 juill. 1837 s'oppose à ce qu'on reconnaisse un semblable règlement comme légal, comme le faisait la Cour de cassation avant cette loi : ainsi que cela résulte d'un arrêt de *Cass.*, 18 janv. 1828, Roy.

34. — Si un arrêté rendu par un maire était en opposition avec un règlement général pris par le préfet, cet arrêté ne serait valable qu'autant qu'il aurait été approuvé expressément ou tacitement par le préfet. Si rien n'indiquait que ce fonctionnaire a voulu se départir des termes de son règlement, la nullité de l'arrêté ne serait pas douteuse; et il en serait ainsi à bien plus forte raison si cet arrêté était en contradiction avec un acte exécutoire émané du ministre de l'intérieur ou du chef de l'Etat.

CHAPITRE II. — *Des règlemens municipaux considérés quant à leur objet.*

Sect. 1re. — *Principes généraux. — Étendue et limites du pouvoir municipal.*

35.—Le pouvoir municipal ne doit être exercé qu'au profit et dans l'intérêt de tous les habitans. S'il était employé pour procurer certains avantages à un particulier, abstraction faite de tout intérêt communal, il serait détourné de sa véritable destination, ceux qui en sont dépositaires manqueraient à la mission qui leur est confiée, et les tribunaux ne seraient pas tenus d'appliquer et de respecter des actes dont l'illégalité serait flagrante.

36. — Il est donc constant, en jurisprudence, que les arrêtés municipaux qui ne réglementent que des intérêts privés sont illégaux et dès lors non obligatoires. — *Cass.*, 20 juill. 1821, Louis Barbin; 21 juill. 1838 (t. 2 1838, p. 387), Desjobert c. Rohart.

37. — Ainsi serait illégal l'arrêté qui prescrirait une retenue sur le salaire des ouvriers pour fournir des secours aux blessés ainsi qu'à leurs veuves et orphelins. — Même arrêt.

38. — Mais, de ce que les arrêtés municipaux ne peuvent statuer dans un pur intérêt privé, il ne s'ensuit pas qu'ils ne puissent, dans un intérêt général et public, contenir des prohibitions s'adressant à un seul individu, ou des dispositions spéciales à un établissement déterminé. — Ainsi, un maire peut défendre à un distillateur de donner aux eaux de sa distillation un écoulement qui pourrait être nuisible à la salubrité publique. — *Cass.*, 8 oct. 1824, Malaignes.

39. — De même l'arrêté d'un maire qui prescrit à un individu de combler les fossés qu'il a pratiqués sur un chemin vicinal est pris dans les limites des attributions de l'autorité municipale. — *Cass.*, 8 oct. 1836 (t. 2 1837, p. 50), Hillairet.

40. — Il est très-fréquent que l'autorité municipale rende des arrêtés individuels, surtout en matière de voirie. On peut poser en principe que ces arrêtés sont d'une légalité incontestable toutes les fois qu'ils ne sont que l'exercice d'un pouvoir de police qui intéresse nécessairement le bien général. Ils ne deviennent illégaux et arbitraires que lorsqu'ils ont pour but de régler des intérêts privés, ce qui est un empiétement sur la compétence et la juridiction de l'autorité judiciaire; ou lorsqu'étant pris même dans un intérêt général, ils blessent des droits que le pouvoir municipal doit respecter.

41.—Jugé que l'arrêté qui défend au sacristain de la commune de faire des quêtes chez les paroissiens pour y recueillir des dons destinés au paiement de son salaire n'est pas obligatoire : soit parce qu'il ne concerne qu'un seul individu, soit parce qu'il ne rentre dans aucun des objets confiés à la vigilance de l'autorité municipale. — *Cass.*, 16 fév. 1833, Creuzet.

42. — Quand la loi a statué sur un des objets confiés à la vigilance de l'autorité municipale, les maires ne peuvent qu'ordonner son exécution; sans rien ajouter à ses dispositions et sans en rien retrancher. L'autorité municipale dépasserait ses pouvoirs, si elle défendait une chose que la loi autorise.

43. — C'est par application de ce principe, qu'un maire ne pourrait interdire d'une manière absolue tout dépôt de matériaux, même momentané, sur la voie publique. En effet, l'art. 471 (§ 4) du Code pénal punit le dépôt de matériaux qui serait ainsi fait *sans nécessité* : ce qui implique que le fait est licite toutes les fois que la nécessité existe. — *Cass.*, 10 déc. 1824, Molly; 26 mars 1825, Quenisson; 16 févr. 1833, Stroboni; 10 avr. 1841 (t. 2 1841, p. 640), Desmidt; 23 avr. 1841 (t. 2 1843, p. 763), Begeule. — V. EMBARRAS DE LA VOIE PUBLIQUE.

44. — Cependant, s'il est interdit à l'autorité municipale de prendre toute disposition réglementaire qui tendrait à modifier l'exécution d'une loi, on ne pourrait contester aux maires le droit de prescrire par leurs arrêtés des mesures de détail qui, étant en harmonie avec le texte et avec l'esprit de la loi, tendraient à en assurer l'observation loin de la contrarier. C'est, en effet, ce qui a lieu journellement.

45. — Mais les maires ne peuvent assurer par leurs arrêtés l'exécution des lois qui ont statué sur des matières étrangères au pouvoir municipal. — Ainsi : l'autorité municipale n'a point le droit de prendre un arrêté dans le but d'assurer l'exécution de l'art. 22 (tit. 1er) de la loi du 8-10 juill. 1791, qui défend de laisser pâturer aucun terrain militaire, dépendant des fortifications des places de guerre, sans l'autorisation du ministre de la guerre. Dès lors, l'infraction à un tel arrêté n'entraîne point l'application des peines édictées par l'art. 471 (no 15) du Code pénal. — *Cass.*, 16 juin 1848 (t. 1er 1849, p. 568), Cœugniet.

46. — Les lois ont accordé une grande latitude à l'autorité municipale pour l'exercice des pouvoirs qui lui appartiennent, mais ces pouvoirs ont nécessairement leurs limites. — Il ne suffirait pas qu'un arrêté pris par un maire portât l'énonciation qu'il a été pris dans l'intérêt de tous les habitans, et en vertu des lois qui ont défini et réglé le pouvoir municipal, pour que cet arrêté fût une loi pour les citoyens, quelque étranges et quelque vexatoires que fussent les mesures auxquelles l'officier municipal aurait recours. Le pouvoir municipal, même lorsqu'il est employé pour régler des intérêts dont la surveillance lui appartient, doit être exercé avec prudence et discernement; et ceux qui en sont dépositaires se rendraient coupables d'abus de pouvoir, si, par excès de zèle, ils violaient les droits que les lois fondamentales du pays garantissent à tous. — Legraverend, *Législat. crim.*, t. 2, p. 300.

47. — L'autorité municipale peut se rendre coupable d'excès de pouvoir de deux manières différentes. — Ainsi : il arrive que les maires prennent des arrêtés contraires à une disposition de loi ou qu'ils statuent sur des objets qui n'ont pas été confiés à leur autorité par des lois sur la matière, empiétant ainsi sur les attributions d'un autre pouvoir. Il y a, dans ce cas, illégalité évidente, et nous verrons que les tribunaux ne sont pas tenus de maintenir l'exécution de semblables arrêtés. — Il ne saurait y avoir là de véritable difficulté.

48. — Mais il n'en est pas de même lorsque le maire, agissant dans l'intérêt communal, a pris un arrêté sur une matière rentrant dans le cercle de ses attributions, mais en ayant recours à des mesures qui blessent d'une manière notable des intérêts qui ont droit aussi à la protection de la l — Tantôt le maire, quelque graves, du reste, soient les prescriptions de son arrêté, ne qu'user de son droit dans sa plénitude, et l'indépendance dont son autorité doit jouir exige les tribunaux répriment les infractions q y seraient faites. Il n'y a, dans ce premier d'autre remède que le recours à l'autorité ad nistrative supérieure, qui peut suspendre ou annuler l'arrêté. — Tantôt les mesures prises l'officier municipal ont un caractère tel que ne pourrait les appliquer qu'en portant une teinte grave à la liberté ou à la propriété, et jurisprudence se refuse à reconnaître la v dité d'arrêtés contenant de semblables prescri tions.

49. — Les lois s'étant contentées de confier la vigilance de l'autorité municipale la conse tion de certains avantages, tels que la tranq lité de la commune, la salubrité, etc., sans pliquer quelles mesures elle pourrait pren pour atteindre ce but, on comprend qu'il est im possible d'établir d'une manière générale qu les arrêtés municipaux ne sont que l'usage r lier mais excessif du pouvoir municipal et qu ils en présentent l'usage *irrégulier* et par séquent illégal. — Ce n'est que par l'examen la jurisprudence qu'on peut avoir quelques do nées sur ce point, en examinant, dans chaq cas particulier, si l'intérêt général, au nom quel agit le maire, existe d'une manière série et si cet intérêt doit l'emporter ou non sur droits qui luttent avec lui. — Ces droits peuv être ramenés à deux : la liberté et la propriété.

50. — *Liberté.* — La liberté des personnes et la berté d'industrie sont des principes incontest Cette dernière liberté serait garantie, au be par l'art. 7 de la loi du 2-17 mars 1791, portant : compter du 1er avril prochain il sera libre à tou personne de faire tel négoce ou d'exercer t profession, art ou métier qu'elle trouvera bo mais elle sera tenue de se pourvoir auparav d'une patente et de se conformer aux règle de police qui sont ou qui pourront être faits. Quant à la propriété, elle est garantie par le civ., art. 544 et suiv.

51. — L'intérêt de l'ordre public, de la brité ou de la sécurité des citoyens exige so vent que l'autorité municipale réglemente taines industries, telles que les bouchers et bo langers, les forges et fonderies, les établissem insalubres, etc. Les arrêtés qu'elle prend dans cas sont obligatoires lorsqu'ils statuent une juste mesure, sauf le droit de l'autorité périeure de les annuler ou de les suspend Mais toutes les fois que les règlemens de cet nature ne trouvent pas leur justification d une nécessité d'intérêt général, ils ne sont pl qu'un abus de pouvoir et une atteinte portée par l'autorité municipale à la liberté de l'indust

52. — On s'est demandé, en thèse générale l'autorité municipale pourrait, sans atteinte i gale à la liberté de l'industrie, conférer à un plusieurs individus le monopole de certai industries dans la commune. La Cour de tion a d'abord décidé que les arrêtés qui, d l'intérêt général, restreignent la liberté de l' dustrie sont légaux, comme rentrant dans cercle des attributions du pouvoir municipal, que l'autorité administrative supérieure é seule juge des réclamations dont ils étaient l' jet de la part des particuliers. — *Cass.*, 20 pl an XII, Bucheron; 24 août 1815, Basset; 12 a 1822, Moulin; 27 déc. 1832, Jorion; 22 août 1 Boutaud; 3 mai 1836, Grange c. maire de B deaux. — Il s'agissait dans la plupart de espèces de priviléges accordés à des v geurs.

53. — Mais, en 1838, la jurisprudence de Cour a changé sur ce point, et, par trois successifs, elle a jugé que l'autorité munici n'avait reçu d'aucune loi le droit de conférer priviléges en matière d'industrie. — V. *Cass.*, janv. 1838 (t. 1er 1838, p. 83), Vignes et Bim 5 janv. 1839 (t. 1er 1839, p. 77), Duguey; 28 j 1839 (t. 2 1839, p. 465), Grataloup. — V., dans sens, Legraverend (*Législ. crim.*, t. 2, p. 308, 3), qui critique la première jurisprudence de Cour suprême.

54. — Cependant, par d'autres arrêts plus cens, la Cour de cassation a décidé que l'a d'un maire relatif au service d'un établisse d'eaux thermales et par lequel il défend à tou personnes autres que les porteurs nommés pa préfet de porter les malades au bain, est légal obligatoire. — *Cass.*, 24 janv. 1840 (t. 1er 1841, 10), Jouaneton. — V. EAUX MINÉRALES ET THERMES.

55. — Jugé encore que l'arrêté municipal qui permet aux habitans et aux étrangers d'employer sur le port d'une ville au chargement de rs effets ou marchandises que leurs domesti-, *ouvriers* ou gens à leur service, ne peut être laré illégal comme tendant à établir un mopole de l'industrie des portefaix. — *Cass.*, 11 t. 1840 (t. 1er 1841, p. 59), Bourgeois.

56. — ... Et qu'est légal et obligatoire l'arrêté a maire qui ordonne que sur les ports de la e les déchargemens de marchandises ne sent que par les portefaix connus et inscrits ur les dits ports, à moins que les propriétaires veuillent employer leurs ouvriers particu- et gens à leur service. — *Cass.*, 16 sept. 1847 1er 1848, p. 396), Guiraud; 22 août 1848 (t. 2 , p. 212), même partie. — V., aussi, *Cass.*, 27 r. 1841 (t. 1er 1842, p. 626), Lefebre. — V. OUVRIERS.

57. — Ce dernier système se justifie par la nsidération que si la liberté de l'industrie est ectable, il est permis de mettre des bornes à le liberté lorsque de graves raisons d'intérêt ic l'exigent; et il est des cas où l'ordre ou la ubrité ou la sûreté générale demandent que ines industries soient exercées par un ou plurs individus auxquels l'administration muipale impose des conditions particulières. i avons-nous vu que la loi du 2-17 mars 1 (art. 7) ne garantit la liberté industrielle à charge de se conformer aux règlemens de ice.

58. — Jugé aussi que, lorsque, conformément un arrêté du maire qui réserve aux proprié- ou négocians la faculté de faire charger ou rger leurs marchandises, même celles arant en bateau, par leurs serviteurs, un marnd a employé, pour le déchargement d'un u de charbon, des hommes à son service dant toute l'année, le tribunal de police ne t le condamner pour ne s'être pas servi des rtefaix du port, sur le motif que l'arrêté mucipal ne s'applique qu'au chargement ou dérgement des charrettes. — *Cass.*, 26 sept. 1845 2 1848, p. 212), Laboissière.

59. — L'arrêté par lequel un maire prend des ures pour assurer l'ordre, la décence et la nquillité sur la plage où sont établis des bains mer est obligatoire sans qu'il soit permis de linguer si le terrain est domanial ou commu-. Néanmoins l'arrêté par lequel un maire, en ant la police des bains de mer, affecte à e exclusif d'un établissement la partie la avantageuse de la plage, soit pour l'emplaent même des bains, soit pour la circulation le stationnement des voitures destinées à y duire les baigneurs, crée un privilége en far de cet établissement et n'est pas obligare, comme excédant les pouvoirs de l'autorité icipale. — *Cass.*, 18 sept. 1828, Caboche.

60. — La Cour de cassation a considéré comme ntenant abus de pouvoir et portant atteinte à liberté des personnes l'arrêté d'un maire qui onne à tout individu qui viendrait fixer son icile dans la commune, ou qui voudrait quitcette commune pour aller s'établir ailleurs, qui changerait de logement, d'en faire la déation à la mairie et qui, en outre, déclare les priétaires responsables personnellement du ut de déclaration de leurs locataires. — *Cass.*, oct. 1846 (t. 2 1847, p. 109), Dion.

61. — ... L'arrêté qui défend de faire des quêtes s la commune, soit en vin, soit en blé, sans la mission écrite de l'autorité municipale. — ., 2 juin 1847 (t. 1er 1848, p. 570), Roux et Dur.

62. — ... L'arrêté qui enjoint à un citoyen de tenir s les portes de son domicile à une heure déinée, et qui lui fait défense d'éclairer l'intér de sa maison en projetant la lumière sur voie publique et au delà de ses besoins. — ., 6 nov. 1846 (t. 1er 1847, p. 530), Dupont.

63. — ... L'arrêté qui prescrit aux personnes ngères à la ville qui veulent y demeurer de présenter, pour en faire la déclaration, au buu de la mairie, pour y être inscrites au registre bli à cet effet et y déposer leurs passe-ports, ificats ou autres pièces dont elles seraient eurs en échange d'une carte de sûreté qui t leur être délivrée. — *Cass.*, 1er août 1845 (t. 2 , p. 686), Hisson et Tignol.

64. — N'est pas obligatoire l'arrêté de police qui end aux habitans d'une commune de s'approonner ailleurs que dans cette commune de la viande dont ils ont besoin pour leur subsistance personnelle. — *Cass.*, 11 août 1842 (t. 2 1842, p. 702), Jacquet.

65. — L'autorité municipale peut bien fixer le temps pendant lequel tous ceux qui exercent des professions à marteau dans une ville seront tenus d'interrompre leurs travaux pour ne pas troubler la tranquillité des habitans, mais aucune loi ne lui donne le pouvoir (alors qu'il s'agit d'industries dont les ateliers ne sont pas classés parmi les établissemens incommodes par le décret du 15 oct. 1810) de déterminer les lieux où ils seront exclusivement tenus de demeurer. En conséquence: est non obligatoire l'arrêté portant qu'aucun ouvrier travaillant avec bruit ne pourra s'établir dans une boutique ou atelier sans avoir, au préalable, l'avis des voisins, auquel l'administration aura tel égard que de raison. — *Cass.*, 18 mars 1847 (t. 2 1848, p. 439), Laplace et Martel.

66. — L'arrêté par lequel un maire interdit les réunions de plus de vingt personnes dans des maisons particulières et pour des bals particuliers excède les limites de ses attributions. — *Cass.*, 16 août 1834, Raousset-Boulbon.

67. — Les décrets des 3 oct. 1810 et 23 sept. 1813 ne prononçant aucune peine contre les maîtres qui contreviennent à leurs dispositions en recevant à leurs services des domestiques non pourvus de livrets, l'arrêté du maire pris en exécution de ces décrets et faisant la même défense ne peut avoir pour sanction l'art. 471, n° 15, C. pén.; car ces décrets, les considérât-on comme des réglemens généraux de police, ne rentrent dans aucune des attributions conférées au pouvoir municipal par l'art. 3 (tit. 11) de la loi du 16-24 août 1790. — *Cass.*, 5 fév. 1841 (t. 1er 1843, p. 592), Doucet. — V. conf., *Cass.*, 14 nov. 1840 (t. 2 1841, p. 244), Légnoux. — V., aussi, DOMESTIQUE, nos 11 et suiv., et OUVRIERS.

68. — Un règlement de police ne peut interdire les ventes de marchandises à la criée faites dans un magasin, ni soumettre le vendeur à la condition de n'adjuger qu'au prix fixe marqué sur l'objet mis en vente. — *Cass.*, 31 juill. 1840 (t. 2 1840, p. 485), Marx.

69. — Mais on doit considérer comme obligatoire l'arrêté d'un maire qui, dans l'intérêt public, défend de passer dans un lieu qu'il détermine. — *Cass.*, 16 oct. 1835, Prévost.

70. — ... L'arrêté par lequel un maire prescrit aux habitans de tenir leurs portes fermées à la clef pendant la nuit. — *Cass.*, 31 mars 1815, Barry.

71. — ... L'arrêté par lequel un préfet détermine la mesure à employer pour le débit des étoffes de soie qui se vendent à l'aune et prescrit la longueur des plis. — *Cass.*, 21 juin 1828, Villefranche.

72. — L'arrêté par lequel un maire, pour prévenir les exhalaisons fétides des eaux corrompues, défend aux épiciers et marchands de poissons de tenir, étaler et vendre dans leurs boutiques et magasins de la morue trempée ou tout autre poisson salé trempé, est pris dans le cercle des attributions municipales, et le tribunal de simple police ne peut acquitter ceux qui ont contrevenu à ce règlement, sous le prétexte qu'il porte atteinte à leur industrie. — *Cass.*, 26 janv. 1821, Ollier.

73. — Le règlement de police qui défend de tenir aucun billard public sans autorisation est obligatoire et n'a rien de contraire à la disposition de l'art. 7 L. 2-17 mars 1791, sur la liberté du commerce et de l'industrie. — *Cass.*, 13 déc. 1834, Bourgeot.

74. — Est obligatoire l'arrêté qui pour obvier aux dégâts que pourraient occasionner les chiens vaguant dans les vignes, enjoint de leur attacher un bâton au cou pendant les vendanges. — *Cass.*, 10 janv. 1834, Danglard.

75. — L'autorité municipale ne pourrait, sous prétexte d'ordre public ou de police de la cité, forcer certains habitans à faire certaines choses qui seraient inconciliables avec l'exercice du culte qu'ils professent. L'une des plus précieuses libertés est, en effet, la liberté religieuse; la Cour de cassation a jugé que l'arrêté par lequel un maire ordonne aux habitans de tapisser le devant de leurs maisons pour le passage d'une procession, est illégal. — *Cass.*, 10 nov. 1818 et 26 nov. 1819, Roman.

76. — Dans cette espèce, la liberté religieuse était intéressée en ce que l'arrêté municipal, s'il avait été exécuté, aurait forcé les citoyens non catholiques à faire acte de coopération aux cérémonies d'un culte qui n'était pas le leur. — V. CULTE, nos 93 et suiv.

77. — *Propriété.* — La jurisprudence s'est prononcée à plusieurs reprises dans des espèces où l'on s'était refusé à l'exécution d'arrêtés de police comme violant le droit de propriété. Ainsi, il a été jugé que l'arrêté du maire qui prescrit à un particulier de rendre à leur cours habituel les eaux d'une source privée, que celui-ci aurait détournées au préjudice des habitans de la commune, excède les limites du pouvoir de police attribué à l'autorité municipale. L'inexécution d'un tel arrêté ne pouvant dès lors donner lieu à l'application d'aucune peine, le tribunal de police appelé à en connaître doit se déclarer incompétent et non surseoir à statuer jusqu'à la décision des tribunaux civils sur l'exception de propriété soulevée par le prévenu. — *Cass.*, 8 juin 1848 (t. 2 1848, p. 299), Michot.

78. — ... Qu'il n'appartient ni à l'autorité administrative ni à l'autorité municipale de prendre des arrêtés tendant à interdire aux propriétaires de terrains voisins des établissemens d'eaux minérales le droit d'y faire des fouilles et recherches. La faculté de pratiquer celles-ci résulte pour ces propriétaires des art. 544 et 552 C. civ. — *Cass.*, 13 avr. 1844 (t. 1er 1844, p. 781), Brosson.

79. — ... Que l'arrêté municipal portant que le chaume sera laissé pour les pauvres, à l'exception de huit arpens réservés aux laboureurs par chaque charrue, est sans force, comme contraire au droit de propriété. — *Cass.*, 29 therm. an IX, Bouchet. — V. GLANAGE.

80. — N'est pas réputé acte administratif l'arrêté d'un maire qui ordonne le dépôt, dans un lieu déterminé, de certains objets mobiliers appartenant à une commune, lorsqu'il s'agit d'un objet de cette nature dont il est reconnu qu'un particulier a la possession, et sans qu'on prouve le droit de propriété de la commune. — *Cass.*, 2 août 1836 (t. 1er 1837, p. 67), Lasserre c. de Saint-Orens.

81. — Le règlement qui ordonne la destruction des couvertures en paille ou en roseaux existant au moment de sa promulgation et leur remplacement par des tuiles ou des ardoises est illégal comme portant atteinte au droit de propriété. — *Cass.*, 5 déc. 1840 (t. 1er 1841, p. 613), Maître. — V. INCENDIES (mesures contre les), n° 24.

82. — Le règlement de police qui oblige les habitans riverains d'une rivière à se munir d'une permission pour avoir des bateaux sur ladite rivière, et qui leur interdit de louer ces bateaux ou de les mettre à l'usage de leurs amis, excède les pouvoirs de l'autorité municipale, et ne peut dès lors motiver l'application d'aucune peine. — *Cass.*, 8 avr. 1848 (t. 2 1848, p. 263), Tessier.

83. — L'arrêté municipal qui enjoint à un particulier d'ouvrir un fossé sur sa propriété ne peut préjuger la question de propriété et rendre le contrevenant justiciable du tribunal de simple police. Le tribunal saisi de la contravention à un pareil arrêté doit renvoyer purement et simplement le prévenu des fins de la poursuite. — *Cass.*, 3 mai 1833, Cabrillon.

84. — Mais il a été décidé qu'un maire peut ordonner à un particulier d'enlever des matériaux qu'il a déposés sur un terrain présumé communal, lorsque ce particulier n'avait élevé aucune prétention sur ce terrain jusqu'au jour de l'arrêté. — *Cons. d'Etat*, 8 mars 1811, Bigot c. Commune de Lion-sur-mer.

85. — L'autorité municipale peut prescrire à un propriétaire d'enlever un grillage qui nuit à la circulation d'un canal qui entre dans sa propriété. — *Cass.*, 29 mars 1838 (t. 2 1838, p. 404), Glandel.

86. — L'art. 645 C. civ. subordonnant aux mesures de police l'usage des cours d'eau, un tribunal de police ne peut déclarer inapplicable à un particulier l'arrêté d'un maire ordonnant que les eaux de la fontaine communale suivront leur cours ordinaire deux jours par semaine par le motif que ce particulier aurait soulevé une question de propriété des eaux. — *Cass.*, 5 nov. 1825, Huré.

87. — Un tribunal ne peut, sous le prétexte que ceux qui ont refusé d'enlever des pierres à laver placées dans une rivière, prétendent en avoir la possession immémoriale, refuser de réprimer leur contravention et se déclarer incompétent. — *Cass.*, 18 oct. 1816, Garnier.

88. — Est obligatoire pour les tribunaux l'arrêté d'un maire qui défend d'obstruer le conduit d'un canal destiné à recevoir les eaux insalubres d'une ville, et qui enjoint aux propriétaires sur l'héritage desquels les eaux se sont amassées dans des mares de les combler. — Mais il en est autrement de la disposition du même arrêté qui enjoint aux riverains du canal de l'entretenir et de le couvrir dans toute sa longueur. Quant à cette dernière prescription, le tribunal de police saisi de la prévention doit se déclarer incompétent; les tribunaux civils pouvant seuls décider à la charge de qui incombe cet entre-

tien. — *Cass.*, 2 juin 1838 (t. 2 1838, p. 371), Colliot.

89. — Il faut remarquer sur ce dernier arrêt que si l'autorité municipale ne peut mettre à la charge d'un particulier des travaux qui regardent la commune, il n'en résulte pas que celui qui a enfreint un règlement de police ne puisse être condamné à faire certains travaux pour faire disparaître les ouvrages qui constitueraient la contravention. La jurisprudence reconnaît aux tribunaux de police le droit de prononcer de semblables condamnations. — *Cass.*, 29 déc. 1820, Siadous; 26 mars 1830, Boudin; 2 avril 1830, Devillez-Bodson; 6 déc. 1833, Vincent.

90. — C'est surtout en matière de voirie que l'exercice du droit de propriété peut être sensiblement modifié par le pouvoir municipal. Les maires ont le droit très-important de délivrer des alignemens pour la construction ou la reconstruction des maisons. Leurs règlemens en cette matière restreignent l'usage de la chose entre les mains du propriétaire en lui imposant des obligations souvent onéreuses. Ainsi ils peuvent prescrire l'établissement de tuyaux de descente en remplacement de gouttières saillantes, etc. — V. ALIGNEMENT, VOIRIE.

91. — Lorsque l'autorité communale exerce les pouvoirs que les lois lui ont conférés sans en dépasser les limites, peu importe que ses règlemens restreignent soit l'usage de la propriété, soit une liberté quelconque, car on comprend que l'exercice d'un pouvoir de police doit produire nécessairement l'un de ces deux effets dans une certaine mesure. — *Cass.*, 27 déc. 1832, Crèvecœur.

92. — L'autorité municipale pourrait-elle imposer une taxe aux habitans pour faciliter l'exécution de mesures qu'elle aurait prises? La Cour de cassation a d'abord résolu cette question affirmativement; et elle a décidé qu'il n'appartenait pas aux tribunaux d'examiner la légalité d'une rétribution imposée par un arrêté pris soit par un maire, soit par un préfet (10 sept. 1819, Hériot; 17 mai 1821, Roussel). — Cette jurisprudence était fondée sur ce qu'un semblable examen aurait été interdit aux tribunaux par les art. 7 (sect. 3) de la loi du 22 décembre 1789 et 13 (tit. 2) de la loi du 24 août 1790 et par la loi du 16 fructidor an III.

93. — Mais ces trois dispositions législatives ne pouvaient exercer aucune influence directe sur la solution de la question, car elles se contentent d'interdire en termes généraux à l'autorité judiciaire d'entraver l'autorité administrative dans l'exercice de ses attributions. La Cour suprême, revenant sur son opinion première, a jugé depuis qu'aucune loi n'autorisait l'autorité municipale à établir des taxes pour l'exécution de ses règlemens. — *Cass.*, 22 fév. 1825, Henri c. Hautot.

94. — La question serait au besoin tranchée dans ce dernier sens par l'art. 32 de la loi du 28 avril 1816, article maintenu par les lois postérieures et qui interdit formellement toutes contributions, directes ou indirectes et sous quelque dénomination que ce soit, autres que celles autorisées par cette loi. D'ailleurs, la loi du 16-24 août 1790 (tit. 11, art. 3) ne contient aucune disposition de laquelle on puisse induire qu'un pareil droit appartienne aux maires.

95. — Jugé que le refus d'acquitter une taxe imposée pour la jouissance d'un droit d'usage et d'affouage ne constitue pas une contravention de la compétence du tribunal de police. — *Cass.*, 25 juin 1841 (t. 2 1843, p. 457), Barbier.

96. — Le maire pourrait-il prendre un arrêté pour prescrire des mesures de police qui ne concerneraient que les biens communaux? L'affirmative ne nous paraît pas douteuse malgré le silence de la loi du 16 août 1790 sur les biens communaux. — C'est aux maires qu'est confiée la mission d'administrer et de conserver les biens qui appartiennent à la commune, et la loi de 1837 est aussi explicite à cet égard que l'était celle du 14 décembre 1789. On peut donc considérer ces biens comme faisant partie des objets confiés à la vigilance et à l'autorité du maire dans le sens de l'art. 11 de la loi de 1837.

97. — Aussi la Cour de cassation a-t-elle décidé qu'est légal et obligatoire l'arrêté par lequel un maire défend d'extraire de la tourbe des pâtis et marais communaux, sans une autorisation préalable. — *Cass.*, 22 déc. 1838 (t. 1er 1844, p. 357), Lefèvre.

98. — Cette Cour avait déjà jugé, avant la loi de 1837, que le maire peut prendre un arrêté pour distraire une portion des biens abandonnés à l'usage des habitans en donnant à cette portion une destination spéciale, et que l'infraction à un semblable arrêté devait être punie des peines de police. — *Cass.*, 27 févr. 1818, Daumas.

99. — Elle avait jugé également que le maire peut défendre, par arrêté, de labourer un terrain communal. — *Cass.*, 31 juill. 1830, Desmarets. — V., en outre, PARCOURS ET VAINE PATURE.

100. — Les anciens règlemens de police qui ont été publiés depuis la loi du 19 juillet 1791, sont encore en vigueur. C'est ce qui résulte de l'art. 46 de cette loi, qui, ainsi que nous l'avons vu, charge l'autorité municipale de faire publier ces règlemens : ce qui suppose nécessairement que la loi ne les considérait pas comme abrogés. L'art. 484 du Code pénal maintient l'applicabilité des règlemens aux dispositions desquels il n'est pas dérogé par ce Code. Enfin l'art. 471 (§ 15) qui réprime les infractions aux règlemens de police légalement faits, ne fait aucune distinction entre ceux qui sont antérieurs ou postérieurs à 1789.

101. — On peut donc poser en principe que les anciens règlemens ont force obligatoire 1° lorsqu'ils ont été publiés depuis la loi du 19 juillet 1791; 2° lorsqu'ils ne s'appliquent pas à des matières qui ont été réglées, depuis, soit par le Code pénal, soit par des lois particulières, soit par des dispositions de police postérieures; 3° lorsque leurs dispositions ne sont pas en contradiction avec les principes qui ont été garantis par la législation actuelle. — *Cass.*, 11 juin 1818, Cottin; 2 juin 1825, Jozon.

102. — Cependant MM. Chauveau et Hélie (*Théorie du C. pén.*, t. 6, p. 387) pensent qu'on ne doit reconnaître une force obligatoire qu'aux anciens règlemens de police qui ont un caractère de généralité; mais que ceux qui, émanant d'autorités inférieures, ne sont relatifs qu'à des matières de police spéciale, ne sont plus en vigueur. Cette théorie ne paraît fondée sur aucun texte de loi, et elle aurait le grave inconvénient de créer de nombreuses lacunes parmi les arrêtés de police en forçant les maires de prendre des arrêtés nouveaux sur tous les objets qui avaient été spécialement réglementés autrefois.

103. — Il ne faut considérer comme abrogés virtuellement par l'art. 484 C. pén. que les anciens règlemens de police qui statuaient sur des matières sur lesquelles ce Code contient un système de règles complet, mais non ceux qui se rattachaient à des objets sur lesquels ce Code ne contient que des dispositions éparses et isolées. — Avis du Conseil d'État du 8 févr. 1812.

104. — Les parlemens étaient investis autrefois des attributions de la haute police; ils participaient à la puissance législative et pouvaient faire des arrêts de règlement. Ces arrêts étaient obligatoires pour le territoire compris dans la circonscription de la Cour dont ils émanaient lorsqu'ils étaient rendus par les Chambres assemblées, et qu'ils portaient sur des objets de police. — *Besançon*, 17 janv. 1829, Rebattu c. Julien sous l'arrêt de rejet du 7 févr. 1832.

105. — Le droit qui appartient aux maires de publier de nouveau les anciens règlemens ne peut s'entendre que de ceux qui avaient autorité dans le lieu où la publication en est renouvelée. L'arrêté d'un maire sur la publication et l'exécution d'une ancienne ordonnance de police dans un lieu où elle n'avait pas autorité autrefois ne serait pas obligatoire. — *Cass.*, 28 avr. 1832, Soyer.

106. — Les maires ne sont pas liés par les anciens règlemens de police de telle façon qu'ils ne puissent les modifier par leurs arrêtés. Aucune loi n'a restreint dans ce sens le pouvoir municipal, et il est d'ailleurs d'une absolue nécessité que l'officier municipal puisse mettre les règlemens de police en harmonie avec les changemens qu'amènent dans l'administration des communes les progrès de la civilisation. — *Cass.*, 24 déc. 1813, habitans de Lurhare.

107. — Il faut d'ailleurs remarquer que toutes les dispositions des anciens règlemens de police qui ne se bornant pas à réglementer certaines industries ou certains commerces en interdisaient complétement l'exercice soit pendant toute l'année, soit à certaines époques ou à certains jours, ont été virtuellement abrogées par les lois des 2-17 mars 1791 (art. 7) et 6 fructidor an IV, qui ont proclamé le principe de la liberté industrielle. — *Cass.*, 12 déc. 1838 (t. 2 1839, p. 559), Fuld.

Sect. 2e. — *Indication des diverses matières qui sont soumises aux règlemens municipaux.*

108. — Les attributions municipales peuvent appartenir à la police générale du territoire de la commune quel qu'il soit, ou à la police municipale proprement dite, ou à la police rurale.

§ 1er. — *Police générale.*

109. — On peut ranger parmi les attributions des maires appartenant à la police générale: 1° les mesures de police relatives aux fous ou furieux que la sûreté publique oblige de renfermer. — V. ALIÉNÉS, nos 38, 113 et suiv.; DIVAGATION (fous et animaux).

110. — 2° Celles qui concernent les animaux malfaisans ou féroces ou dangereux. — V. DIVAGATION (fous et animaux).

111. — Le maître d'un chien qui a été saisi sur la voie publique sans être tenu en laisse ni muselé, conformément à un arrêté du maire, ne peut être relaxé de la poursuite sur les motifs que ce chien traînait après lui le lien qui servait à le retenir en laisse, qu'il ne s'était échappé qu'un instant de la main qui le retenait, qu'il n'était pas errant, enfin que son maître ne pouvait être responsable d'un fait ne provenant ni de sa volonté, ni même de sa négligence. — *Cass.*, 4 oct. 1845 (t. 2 1848, p. 556), Lepésant. — V. même mot, nos 21 et suiv. — V. aussi CHIEN.

112. — L'arrêté municipal qui défend de laisser vaguer les chiens pendant le jour, à moins qu'ils ne soient muselés, et pendant la nuit, même lorsqu'ils sont muselés, doit être exécuté jusqu'à ce qu'il soit rapporté. Cet arrêté n'a pas besoin d'être renouvelé chaque année. — *Cass.*, 8 août 1846 (t. 1er 1847, p. 166), Beaugrand.

113. — ... 3° Les mesures à prendre pour prévenir l'encombrement de la voie publique. — V. EMBARRAS DE LA VOIE PUBLIQUE, nos 51 et suiv.

114. — Un arrêté municipal ne peut, contrairement au n° 4 de l'art. 471 C. pén., qui permet le dépôt de matériaux sur la voie publique dans le cas de nécessité, restreindre cette faculté, et notamment en subordonner l'exercice à son autorisation préalable. — *Cass.*, 21 déc. 1844 (t. 1er 1844, p. 566), Carrière. — V. conf. 10 avr. 1841 (t. 1er 1842, p. 640), Desmidt; 23 avr. 1841 (t. 1er 1843, p. 763), Begeule, et *verbo cit.*, n° 53.

115. — Est légal et obligatoire l'arrêté du maire qui défend, pendant la nuit, le stationnement des voitures sur la voie publique, même dans les lieux où un règlement antérieur l'avait permis pendant le jour. — *Cass.*, 12 nov. 1847 (t. 1er 1848, p. 718), Bertevas.

116. — Le dépôt de marchandises sur la voie publique, contrairement à un arrêté du maire, qui défend d'en laisser subsister sous aucun prétexte, même momentanément, ne peut, alors d'ailleurs que le tribunal n'a point déclaré qu'il a eu lieu par nécessité (C. pén., art. 471, n° 4), être excusé sur le motif que le procès-verbal ne constate point que ledit dépôt ait existé pendant un espace de temps suffisant pour qu'on fût en retard de l'enlever, et que le procès-verbal n'a point été dénoncé au prévenu. — *Cass.*, 8 févr. 1845 (t. 2 1848, p, 257), Bonnardel et Four. — V. EMBARRAS DE LA VOIE PUBLIQUE.

117. — ... 4° Le service des gardes nationales. — V. GARDE NATIONALE, nos 185 et suiv.

118. — Il appartient aux maires, sous l'autorité desquels les gardes nationales sont placées, de requérir l'assistance de la garde nationale, toutes les fois que son concours est reconnu par eux nécessaire, dans l'intérêt de l'ordre et de la tranquillité publique. — *Cass.*, 23 avril 1847 (t. 2 1847, p. 348), Bougourt-Lambert.

119. — ... 5° Les mesures à prendre pour prévenir les accidens tels que les incendies, les inondations. — V. INCENDIES (mesures contre les), INONDATION.

120. — L'arrêté de police, qui, dans le but de prévenir les incendies, défend l'établissement de meules de fourrages et autres matières inflammables dans le voisinage des habitations, s'étend aux lieux clos aussi bien qu'aux lieux ouverts, lorsqu'il ne contient aucune distinction à ce sujet. — *Cass.*, 7 sept. 1848 (t. 2 1848, p. 696), Leblanc. — V. INCENDIES (mesures contre les), nos 43 et suiv.

121. — Lorsqu'un arrêté municipal défend en termes généraux d'établir à cent mètres de l'agglomération de la commune des couvertures de bâtiment en paille, roseaux et autres matières combustibles, le tribunal saisi de la poursuite dirigée contre un couvreur en chaume pour contravention à cet arrêté ne peut, sous le prétexte que la défense concernait exclusivement les propriétaires, le relaxer des poursuites, et refuser de condamner le propriétaire, cité comme civilement responsable, à détruire la couverture faite en contravention.—*Cass.*, 26 sept. 1845 (t. 2 1846, p. 124), Didier.

122.—L'arrêté municipal qui interdit de couvrir les constructions avec des matières combustibles ne peut être réputé avoir défendu l'emploi de ces matières dans le revêtement des côtés verticaux des bâtimens. — *Cass.*, 14 déc. 1844 (t. 1er 1845, p. 485), Renon.

123. — ... 6° La police des cimetières (V. CIMETIÈRE, n° 79 et suiv.) et celle des inhumations. — V. INHUMATION, nos 37 et suiv.

124. — ... 7° Les mesures sanitaires à prendre pour prévenir les épidémies ou pour en atténuer les effets. — V. ÉPIDÉMIE, POLICE SANITAIRE.

§ 2. — *Police municipale.*

125. — *Ordre et sûreté.* — Les attributions municipales des maires relatives à la police municipale proprement dite, peuvent se diviser en trois catégories : 1° celles qui consistent à maintenir l'ordre et la sûreté générale, 2° celles qui touchent à la salubrité, 3° celles qui intéressent l'industrie ou le commerce

126. — La police municipale d'ordre et de sûreté comprend : 1° les mesures tendant à prévenir ou dissiper les attroupemens. — V. ATTROUPEMENT, nos 14 et suiv.

127. — ... 2° Les bals et concerts publics. — V. BAL PUBLIC.

128.— ... 3° Les mesures à prendre pour assurer la tranquillité publique.— V. BRUITS ET TAPAGES, nos 30 et suiv.

129. — ... 4° L'éclairage de la voie publique. — V. ÉCLAIRAGE DE LA VOIE PUBLIQUE,

130. — Jugé que la clause d'un traité intervenu entre une administration municipale et une compagnie, pour l'éclairage au gaz de la ville, portant que les personnes qui voudront s'abonner pour l'éclairage de leur maison ne pourront faire exécuter les travaux (même intérieurs) que par les entrepreneurs et fournisseurs de la compagnie est obligatoire pour les particuliers, sans que ces derniers puissent alléguer que cette disposition (motivée par des raisons de police et de sûreté publique) établit un monopole contraire au droit commun.—*Lyon*, 4 mai 1843 (t. 1er 1844, p. 732), Compagnie du gaz de Perrache c. Calvet. — V. *eod. verb.* n° 14.

131. — ... 5° Les mesures tendant à prévenir le jet ou l'exposition d'objets nuisibles sur la voie publique. — V. JET ET EXPOSITION D'OBJETS NUISIBLES, nos 24 et suiv.

132. — ... 6° Les mesures à prendre pour prescrire la cessation du travail les dimanches et fêtes, dans certains cas. — V. la loi du 18 nov. 1814, et JOURS FÉRIÉS, nos 119, 170 et suiv.

133. — Jugé qu'on doit considérer comme légal et obligatoire l'arrêté municipal qui, indépendant de toute croyance religieuse, et pris directement dans le but d'assurer la sûreté publique et le bon ordre dans l'exploitation des carrières, défend aux ouvriers d'y travailler les dimanches et jours de fêtes légales, si ce n'est en cas d'urgence et de nécessité. — *Cass.*, 26 mars 1847 (t. 2 1847, p. 297), Loisleur c. Dauphin. — V., au reste, JOURS FÉRIÉS.

134. — ... 7° Les hôtels, auberges, cabarets, cafés et autres établissemens semblables. — V. AUBERGES, CABARETS, CAFÉS ET LIEUX PUBLICS, HOTEL, HOTELIER.

135. — Ainsi jugé qu'on doit considérer comme obligatoire l'arrêté qui défend à tous propriétaires ou locataires exploitant des cafés, cabarets ou tous autres établissemens de ce genre d'y tenir des musiciens, chanteurs, comédiens ou baladins à poste fixe ou d'y donner à danser. — *Cass.*, 7 juill. 1838 (t. 2 1838, p. 185), Ravena.

136. — ... Et que, lorsqu'un règlement de police défend aux cafetiers de placer des tables sur la voie publique, si ce n'est en vertu d'une permission spéciale, le tribunal de police ne peut considérer comme équivalant à cette permission une lettre de la mairie répondant collectivement à plusieurs cafetiers pétitionnaires qu'il avait été reconnu que l'administration pourrait tolérer le placement d'un certain nombre de tables sur les quais et places, selon les localités. — *Cass.*, 12 août 1841 (t. 2 1843, p. 764), Legrand.

137. — Jugé encore que l'arrêté du maire qui défend toute espèce de chants ou de musique vocale dans les cafés est pris dans les limites des pouvoirs confiés à l'autorité municipale. — *Cass.*, 12 juin 1846 (t. 2 1846, p. 259), Roche.

138.— ... Et qu'est légal et obligatoire l'arrêté municipal qui révoque l'autorisation accordée au propriétaire d'un café d'y tenir à poste fixe des musiciens, chanteurs et baladins. — *Cass.*, 5 déc. 1846 (t. 1er 1847, p. 598), Berthet.

139.— Mais l'arrêté municipal qui subordonne l'ouverture des cafés à l'autorisation du maire porte atteinte à la liberté du commerce et viole l'art. 7 de la loi du 2-17 mars 1791.—Un pareil arrêté est illégal et nul. — *Cass.*, 6 févr. 1847 (t. 1er 1847, p. 364), Schwartz.

140. — Est légal et obligatoire l'arrêté du maire qui défend de jouer de l'argent aux jeux de cartes dans les cafés, cabarets et autres lieux publics. ... Et le maître de café prévenu d'avoir contrevenu à cette prohibition ne peut être relaxé des poursuites : sous le prétexte qu'il avait dû tenir pour abolies et non avenues des mesures de police qui depuis un certain temps (dans l'espèce environ dix mois) n'avaient reçu aucune espèce d'exécution, et qu'il avait été induit en erreur par la tolérance générale de la police envers tous ses confrères. — *Cass.*, 3 juin 1848 (t. 2 1848, p. 316), Painkin.

141. — Le propriétaire qui loue des chambres garnies ou non garnies dans la maison qui lui appartient ne fait en cela ni acte de commerce ni profession de logeur. En conséquence est nul et non obligatoire l'arrêté de police qui déclare l'art. 475 (§ 2) C. pén., applicable à tous ceux qui tiennent des chambres garnies ou qui logent des étrangers. — *Cass.*, 1er août 1845 (t. 2 1845, p. 676), Bohard. — V. HOTEL, HOTELIER, nos 30 et suiv., 101 et suiv., et LOGEUR.

142. — Est légal et obligatoire le règlement de police qui enjoint aux aubergistes, hôteliers et logeurs de représenter leurs registres à la mairie à certaines époques déterminées. — La contravention à ce règlement ne peut être excusée sur le motif que ces aubergistes, hôteliers et logeurs n'étaient obligés de représenter leurs registres aux commissaires et agens de police qu'à demeure, et dans leurs auberges, et nullement de les porter aux époques fixées au bureau de la police à la mairie. — Dans cette circonstance le commissaire de police et ses agens doivent être considérés comme agissant par délégation du maire, et le remplaçant, en quelque sorte, pour l'exécution du règlement. — *Cass.*, 14 oct. 1847 (t. 1er 1848, p. 695), Godde; 14 oct. 1847 (t. 2 1847, p. 734), Gauthier. — V. HOTEL et HOTELIER, nos 90 et suiv.

143. — ... 8° les mesures à prendre sur le temps pendant lequel certains établissemens publics ou privés doivent être ouverts ou fermés chaque jour.

144.—Jugé que lorsqu'un arrêté municipal a enjoint à tous les aubergistes d'une commune de fermer leurs maisons au public à une heure déterminée, et d'en éloigner alors toutes les personnes étrangères à leurs ménages, excepté les voyageurs logés chez eux, il y a lieu d'annuler le jugement qui, malgré l'existence d'un procès-verbal non légalement débattu par la preuve contraire, et constatant que, passé l'heure fixée, plusieurs personnes ont été trouvées chez l'aubergiste, « bien qu'il ne pût les coucher toutes, n'ayant pas assez de lits, » a refusé de faire au contrevenant l'application de l'article 471 (n° 15) C. pénal. — *Cass.*, 20 août 1847 (t. 2 1847, p. 750), Boué.

145. — Jugé également qu'est légal et obligatoire l'arrêté préfectoral qui défend à toutes personnes de fréquenter les cabarets, et autres lieux où se vendent des boissons et liqueurs, pendant la nuit et autres heures indues, et son application ne peut être restreinte aux cabaretiers et cafetiers. — *Cass.*, 4 mars 1848 (t. 1er 1849, p. 247), Ameslant. — V., au reste, FERMETURE DES LIEUX PUBLICS ET DES MAISONS PARTICULIÈRES, nos 16 et suiv., 41 et suiv.

146. — ... 9° La surveillance des jeux de hasard. — V. JEUX DE HASARD, nos 70 et suiv.

147. — ... 10° La surveillance du débit des marchandises et la police des poids et mesures. V. POIDS ET MESURES.

148. — ... 11° La prostitution. — V. PROSTITUTION.

149. — ... 12° Les spectacles publics. — V. THÉATRES.

150. — ... 13° Les ventes à l'encan ou à la criée. — V. VENTES A L'ENCAN DE MARCHANDISES NEUVES.

151. — ... 14° La voirie municipale. — V. ALIGNEMENT, nos 107 et suiv.; CHEMINS VICINAUX, VOIRIE.

152. — Jugé qu'un arrêté municipal qui défend de construire des clôtures le long des chemins vicinaux, des rues, places et autres voies publiques, sans avoir demandé et obtenu l'alignement à suivre, est applicable aux murs construits le long des chemins ruraux ou communaux. — *Cass.*, 21 déc. 1844 (t. 1er 1845, p. 566), Carrière. — V. ALIGNEMENT, nos 82 et suiv.

153. — ... Et qu'il y a contravention de la part des propriétaires qui, contrairement aux prescriptions d'un arrêté municipal, ont fait aux murs ou constructions leur appartenant sur ou joignant la voie publique des travaux, sans y avoir été autorisés par l'autorité administrative, alors même que ces murs et constructions seraient placés dans l'intérieur de leur propriété, en arrière de l'alignement projeté et quel que soit leur état de vétusté. — *Cass.*, 12 févr. 1848 (t. 1er 1849, p. 66), Calmels de Puntis.—*Eod. verb.*, nos 255 et suiv.

154. — Jugé encore qu'on doit réputer légal et obligatoire l'arrêté du maire qui enjoint à un particulier de laisser le commissaire de police et les gens de l'art dont il sera accompagné s'introduire dans sa maison, à l'effet de vérifier s'il a fait intérieurement, et dans la partie retranchable de cette maison, des travaux non autorisés. — En effet, l'obligation imposée à l'autorité municipale et aux commissaires de police, par l'art. 11 du Code d'instruction criminelle, de rechercher et constater les contraventions de police et toutes leurs circonstances, leur donne nécessairement le droit de s'introduire partout où l'exercice de cette attribution exige leur présence. — *Cass.*, 17 déc. 1847 (t. 2 1848, p. 243), Rouchon, Martin et Desormières.

155. — Jugé néanmoins qu'un semblable arrêté n'ayant pour sanction pénale ni le n° 5 ni le n° 15 de l'art. 471 du Code pénal et le refus d'y obéir n'étant point par lui-même une infraction des règlemens en vigueur sur la petite voirie, ce refus ne constitue point une contravention punissable; alors d'ailleurs qu'il n'aurait pu empêcher l'exécution de l'arrêté, si le commissaire de police qui en était chargé avait usé de l'autorité dont son caractère l'investit pour faire cesser une opposition illégale. — Même arrêt.

156. — La contravention à un arrêté municipal relatif à la police et à la conservation des chemins vicinaux est passible des peines prononcées par l'art. 471 (n° 15) du Code pénal et ne peut être prescrite que par une année. — *Cass.*, 16 mars 1844 (t. 2 1844, p. 508), Duhayon. — V. CHEMINS VICINAUX, nos 825 et suiv.

157. — ... 15° Les voitures publiques. — V. VOITURE, VOITURIER.

158. — ... 16° Les expositions en vente d'objets pouvant être des signaux de désordre ou des provocations à la guerre civile. C'est ainsi qu'une ordonnance récente (de 1849) du préfet de police a ordonné la suppression des enseignes et emblèmes maçonniques portant le niveau des corporations ouvrières, et que l'autorité supérieure a ordonné également l'enlèvement des bonnets rouges qui se trouvaient sur certains arbres de la liberté.

159. — *Salubrité.*—Les mesures qui intéressent la salubrité et la santé publique sont celles qui concernent : 1° les animaux immondes ou répandant des exhalaisons dangereuses qu'on élèverait dans les villes. — V. ANIMAUX, nos 17 et suiv.

160. — ... 2° Le balayage et nettoiement de la voie publique. — V. BALAYAGE ET NETTOIEMENT DE LA VOIE PUBLIQUE, nos 14 et suiv.

161.—Jugé que l'adjudicataire de l'enlèvement des boues d'une ville et du balayage des rues qui n'exécute pas les clauses de son bail, commet une contravention à raison de laquelle il est justiciable du tribunal de simple police.—*Cass.*, 10 mai 1842 (t. 2 1843, p. 455), Hervieu. — V. même mot, nos 47 et suiv.

162. — ...Et qu'on doit réputer légal et obligatoire l'arrêté municipal qui défend à toutes personnes étrangères à l'adjudication de l'enlèvement des boues et immondices provenant du balayage des voies publiques, d'enlever à leur profit aucune parcelle des boues, crottins, fumiers et autres ordures provenant de ce balayage.—Le fait par un particulier de balayer et ramasser les ordures qui se trouvent devant sa maison constitue une contravention à cet arrêté, et est dès lors passible des peines de police. — *Cass.*, 31 mars 1848 (t. 2 1848, p. 382), Morel. — *Eod. verb.*, n° 60.

163. — Lorsqu'un arrêté du maire, publié par les voies de l'affiche et du tambour, impose à tous les propriétaires et locataires des rez-de-chaussée l'obligation de faire balayer régulièrement tous les jours le pavé au-devant de leurs maisons, boutiques, etc., des deux côtés du ruisseau jusqu'au milieu de la chaussée, le tribunal de police ne peut relaxer les contrevenans des poursuites exercées contre eux, sous le prétexte qu'ils n'auraient pas reçu l'exemplaire qui devait

leur être remis de cet arrêté, conformément à l'un de ses articles, et qu'ils avaient fait le balayage au-devant de leurs maisons en la manière accoutumée.—*Cass.*, 6 mars 1845 (t. 2 1848, p. 447), Angaut.

164. — ... 3° Les professions de boucher, charcutier et autres analogues. — V. BOUCHER, nos 9 et suiv., et CHARCUTIER. —V. aussi ABATTOIR.

165. — ... 4° Les mesures à prendre pour assurer la bonne qualité des comestibles et boissons.—V. BOISSONS FALSIFIÉES OU NUISIBLES, COMESTIBLES ET DENRÉES CORROMPUS OU NUISIBLES.

166. — ... 5° Les établissemens insalubres ou nuisibles ou incommodes. — V. ce mot.

167. —... 6° Les professions de pharmacien, herboriste, droguiste et autres semblables. — V. DROGUISTE, ÉPICIER, HERBORISTE, PHARMACIEN.

168. — ... 7° Les puisards.—V. ce mot.

169. —... 8° La profession de vidangeur.—V. VIDANGEUR.

170. — *Commerce et industrie.* — La police municipale qui s'exerce sur le commerce et l'industrie dans l'intérêt général comprend tout ce qui concerne : 1° la surveillance des afficheurs, crieurs publics, distributeurs d'écrits ou imprimés. — V. AFFICHE, nos 128 et suiv. ; AFFICHEUR, nos 14 et suiv. ; CRIEUR PUBLIC, nos 17 et suiv.

171. —Est légal et obligatoire l'arrêté du maire portant défense à toute personne non crieur ou afficheur public de faire aucune publication ni d'apposer aucune affiche. — La loi du 10 déc. 1830 sur les afficheurs et crieurs publics (exclusivement relative aux écrits contenant des nouvelles politiques) et la loi du 16 févr. 1834, sur les crieurs publics (uniquement applicable à la publication, vente ou distribution d'écrits, dessins, emblèmes imprimés, lithographiés, autographiés, moulés ou estampés) doivent être restreintes, dans leur application, aux cas qui y sont déterminés et n'ont nullement restreint ou modifié le pouvoir appartenant à l'autorité municipale de subordonner à son autorisation préalable (à l'exception toutefois des actes de l'autorité publique) la publication comme l'affiche de tout placard ou annonce quelconque et d'interdire ces publications et affiches à toutes autres personnes qu'aux crieurs et afficheurs par elle commissionnés à cet effet.—*Cass.*, 12 nov. 1847 (t. 1er 1848, p. 709), Papais dit Vidal.

172. — ... 2° Les boulangers. — V. BOULANGER, nos 10 et suiv., et ve PAIN.

173. — Est valable et obligatoire l'ordonnance royale qui impose aux boulangers d'une ville l'obligation d'avoir dans leur magasin une certaine quantité de farines, et qui, en cas d'infraction à cette injonction, autorise le maire à prononcer, par voie administrative, l'interdiction absolue ou momentanée de la profession du contrevenant. — Les tribunaux de police saisis de la connaissance d'une contravention de cette nature doivent se déclarer incompétens. — *Cass.*, 8 mars 1845 (t. 2 1845, p. 604), Bonamour. — Conf. *Cass.*, 9 nov. 1839 (t. 1er 1840, p. 260), Dumas (chambr. réun.) ; 16 juillet 1840 (t. 2 1840, p. 424), mêmes parties. —V. BOULANGER, nos 32 et suiv.

174. — Lorsqu'il résulte d'un procès-verbal régulier qu'un boulanger a mis en vente, contrairement aux dispositions d'un arrêté municipal, des pains *non suffisamment cuits*, le tribunal de police saisi de la contravention ne peut relaxer le prévenu : sur le motif 1° que le ministère public ne produit aucun acte de l'autorité municipale qui ait déterminé le degré de cuisson que doit avoir le pain fabriqué par les boulangers ; 2° que le pain présenté par le prévenu à l'audience était très-cuit, alors d'ailleurs que le pain saisi comme pièce de conviction a été violemment repris, au commissaire de police, pour le soustraire à l'apposition du sceau municipal. —*Cass.*, 11 sept. 1847 (t. 1er 1848, p. 511), Mélix. — *Eod. verbo*, nos 94 et suiv.

175. — L'arrêté municipal, qui, en modifiant la taxe du pain, à raison de la diminution du prix de la farine, fait injonction aux boulangers d'avoir constamment du pain en évidence dans leurs boutiques, est un règlement temporaire, qui doit recevoir son exécution immédiate, sans qu'il soit nécessaire d'en envoyer une ampliation au préfet, et d'attendre le délai d'un mois, fixé par l'art. 11 de la loi du 18 juill. 1837. — Les boulangers prévenus de contravention à cet arrêté ne peuvent être renvoyés des poursuites, par le motif qu'ils auraient continué de cuire et qu'ils ne pourraient être responsables d'un cas de force majeure. — *Cass.*, 24 sept. 1847 (t. 2 1847, p. 414), Monnier.

176. — Le règlement pour la boulangerie, qui *défend* à tout boulanger *d'acheter*, *de receler ou de manipuler* des *blés* ou *farines avariés*, gâtés, échauffés, ferreux ou de mauvaise odeur, est obligatoire, comme rentrant dans les attributions du pouvoir municipal.—Et le boulanger en la possession duquel il a été trouvé des farines de cette qualité ne peut être relaxé des poursuites dirigées contre lui, sous prétexte qu'il n'est pas justifié qu'il les ait employées à la fabrication du pain. — *Cass.*, 18 février 1847 (t. 2 1847, p. 419), Sevère et Soulens. — V., au reste, vis BOULANGER et PAIN.

177. — ... 3° La surveillance des professions de brocanteur, fripier, revendeur.

178. — Jugé que le règlement municipal qui défend aux fripiers et brocanteurs de trafiquer d'autres objets que de ceux spécifiés dans la déclaration préalable à laquelle il les assujettit, et qui leur enjoint d'avoir un registre paraphé, et d'y inscrire, jour par jour, leurs achats et reventes, ne se rattachant à aucun des objets confiés à la surveillance de l'autorité municipale par la loi du 24 août 1790, n'étant pas non plus d'ailleurs la reproduction d'un ancien règlement local de police qu'il appartînt au maire de publier de nouveau en vertu de la loi du 22 juill. 1791, et enfin n'étant fait en exécution d'aucune autre loi, n'est nullement obligatoire, et par conséquent ne peut donner lieu à l'application des peines portées par le n° 15 de l'art. 471 du C. pén. en cas d'infraction à ce règlement. — *Cass.*, 15 oct. 1842 (t. 1er 1843, p. 168), Lagouache. —V., au reste, BROCANTEUR, FRIPIER.

179. — ... 4° Celle des colporteurs et marchands forains. — V. COLPORTEUR, MARCHAND FORAIN.

180. — Jugé que l'autorité municipale n'a pas le droit de subordonner l'exposition en vente des marchandises apportées par des marchands forains et colporteurs à la formalité préalable de produire devant elle soit les passeports et patentes dont ces marchands doivent être munis, soit les factures légalisées de leurs marchandises, et de soumettre celles-ci à l'examen d'experts chargés de constater leur qualité et leur origine.—*Cass.*, 8 mai 1844 (t. 1er 1844, p. 502), Labrousse.

181. — ... Et qu'elle n'a pas non plus le droit d'imposer aux marchands forains l'obligation de soumettre les marchandises qu'ils veulent mettre en vente à une vérification d'experts nommés par le maire, à l'effet de constater les défectuosités et les tares de ces marchandises, ni de leur prescrire de placer sur chacun des objets mis en vente l'indication en caractères lisibles de ces défectuosités et tares, et du bon ou du faux teint des marchandises. — *Cass.*, 7 mai 1844 (t. 1er 1844, p. 502), Salvador. — V. aussi *Cass.*, 21 déc. 1832, Demuth.

182. — ... 5° La police des foires et marchés.— V. FOIRES ET MARCHÉS, nos 70 et suiv. ; FACTEURS AUX HALLES ET MARCHÉS, HALLES ET MARCHÉS.

183. — Jugé que lorsqu'un arrêté municipal prescrit aux marchands forains de conduire leurs marchandises directement aux marchés, sans pouvoir en vendre ailleurs, et leur défend de les décharger chez les revendeurs ou hôteliers, le tribunal de simple police saisi d'une contravention à cet arrêté ne peut relaxer les contrevenans, sous prétexte que ledit arrêté n'aurait eu pour but que de prohiber les dépôts qui faciliteraient la vente ailleurs qu'au marché, et que le fait d'une telle vente n'avait pas même été articulé dans la cause. — *Cass.*, 25 sept. 1847 (t. 1er 1848, p. 452), Labrousse et Clerjaud.

184. — Jugé encore qu'on doit réputer légal et obligatoire le règlement du maire d'une commune qui défend aux aubergistes, revendeurs, pâtissiers, et autres faisant commerce de tout ce qui peut être exposé publiquement en vente, d'acheter sur les marchés avant une certaine heure et même de s'y présenter et d'étaler aucun des objets de consommation qui s'y vendent. — Il y a contravention à cet arrêté de la part du revendeur qui se trouve sur le marché avant l'heure fixée, et reste à son banc, malgré les observations du commissaire de police. — Et le tribunal de police ne peut, interprétant ledit règlement de police, renvoyer le contrevenant de la poursuite, sous le prétexte que ce règlement ne serait applicable qu'aux marchands qui voudraient acheter dans le marché des objets de consommation qui s'y vendent, ou qui y étaleraient, avant les heures indiquées, des objets de même nature, et sous prétexte encore que l'inculpé étalait dans un coin retiré d'une petite rue voisine du marché.— *Cass.*, 13 nov. 1847 (t. 1er 1848, p. 578), Percet et Aubry.

185. — On doit encore considérer comme légal et obligatoire l'arrêté municipal qui porte que tous les fils de laine qui seront apportés dans la ville un *jour de marché* ne pourront être vendus ailleurs que sous la halle publique, et seront pesés par le peseur en ayant seul qualité. — En vain dirait-on que les laines ne sont pas des *denrées* dans le sens du n° 4 de l'art. 3 (tit. 11) de la loi du 16-24 août 1790, qui confère au pouvoir municipal l'inspection sur la fidélité du débit des denrées qui se vendent au poids ou à la mesure. — *Cass.*, 6 mars 1847 (t. 1er 1847, p. 369), Leroy-Frion.

186. — ... 6° Les portefaix. — V. PORTEFAIX.

§ 3. — *Police rurale.*

187. — L'autorité municipale a reçu de la législation la mission de faire la police des campagnes. Les maires sont spécialement chargés de la police rurale par l'art 10 (§ 1er) de la loi du 18 juillet 1837. Cette disposition met fin aux doutes qu'on avait conçus à cet égard sous l'empire du Code rural de 1791, lequel mettait la police des campagnes sous la *juridiction* des juges de paix et *officiers municipaux* ; d'où plusieurs jurisconsultes, parmi lesquels il faut ranger Henrion de Pansey, avaient conclu que les maires avaient bien le droit d'*appliquer* les règlemens de police rurale, mais non celui d'en prendre eux-mêmes. — Bost, t. 1er, n° 298.

188. — La police rurale consiste à prendre toutes les mesures nécessaires pour assurer et maintenir la tranquillité, l'ordre, la salubrité dans les campagnes et pour défendre de toute cause de destruction les biens de la terre, les récoltes, les bestiaux et animaux, et les richesses territoriales, quelles qu'elles soient, des propriétaires ruraux et cultivateurs. Les divers objets qui doivent appeler sous ce rapport la vigilance de l'autorité municipale, sont traités dans des articles spéciaux, auxquels il suffit de renvoyer le lecteur.

189. — La police rurale comprend : 1° les bestiaux et autres animaux appartenant aux campagnes. —V. ABEILLES et ANIMAUX, nos 17 et suiv. ; BESTIAUX, BÊTES A LAINE, CHÈVRES, PIGEONS, etc.

190. —... 2° La publication des bans de vendange et de moisson.—V. BANS DE VENDANGE ET DE MOISSON, nos 17 et suiv.

191. — Jugé que lorsqu'un arrêté municipal fixe l'ouverture de la vendange dans les vignes non closes, l'individu qui vendange avant l'époque déterminée par cet arrêté dans une vigne entourée de fossés n'ayant pas les dimensions prescrites par l'art. 6 (sect. 4) de la loi du 28 sept.-6 oct. 1791 se rend coupable de la contravention prévue et punie par l'art. 471 (§ 15) C. pén. — *Cass.*, 24 juill. 1845 (t. 1er 1846, p. 49), Desessars. — V. cependant *verb. cit.*, nos 22 et suiv.

192. — ... 3° La chasse.—Bien que la chasse ne soit pas placée sous la surveillance directe des maires, mais sous celle des préfets (L. 3 mai 1844, art. 3 et suiv.), il est constant en jurisprudence que chaque maire peut faire dans sa commune des règlemens de police rurale sur des objets expressément confiés à sa vigilance, quand même l'exercice du droit de chasse devrait se trouver modifié par leur application. — V. CHASSE, nos 103 et suiv.

193. — Le pouvoir qu'exercent les préfets pour la surveillance de la chasse dans le département est du reste un pouvoir de police de la même nature que celui qu'exerce l'autorité municipale pour les objets confiés à sa vigilance sur le territoire de chaque commune. Nous croyons devoir mentionner ici plusieurs décisions qui ont été rendues depuis l'impression de notre article sur la chasse.

194. — Il a été jugé qu'on doit réputer légal et obligatoire l'arrêté municipal qui, dans le but d'assurer la circulation dans les campagnes et d'éviter les accidens, interdit de chasser à moins de 100 mètres des vignes jusqu'à la clôture du ban de vendanges.— *Cass.*, 4 sept. 1847 (t. 2 1848, p. 47), Saulin.

195. — ... Qu'un maire ne peut accorder une permission de chasse dans une forêt communale. — Le décret du 25 prair. an XIII, qui autorisait les maires à affermer le droit de chasse dans les bois communaux, à la charge de faire approuver la mise en ferme par les préfets et par le ministre de l'intérieur, a été virtuellement abrogé par la loi du 18 juill. 1837 sur les attributions respectives des maires et des conseils municipaux. — *Cass.*, 5 fév. 1848 (t. 1er 1848, p. 673), Budaroux.

196. — ... Qu'aucune disposition législative n'ayant tracé de règles précises pour le mode de publication des arrêtés émanés des autorités administratives, il suffit que le fait de la publication soit établi par l'autorité chargée de porter ces arrêtés à la connaissance des citoyens.— Lors donc que le maire certifie, même *ex post facto*, que l'arrêté préfectoral prohibitif de la chasse en temps de neige a été publié dans la commune, l'autorité judiciaire ne peut, sans empiéter sur les attributions de l'autorité administrative, contester le fait de la publication en ce qu'il n'en aurait été ni dressé procès-verbal ni fait mention sur le registre de la commune. — *Cass.*, 24 juill. 1846 et 18 sept. 1847 (t. 2 1847, p. 622), Boudier. — Cette solution, que n'admettait point la Cour de Besançon au 27 janv. 1847 (*loc. cit.*), est conforme à un arrêt antérieur de la Cour de cassation du 13 avril 1833, Collin. — V. au reste sur la publication des règlemens de police *infrà* nos 214 et suiv.

197. — Les arrêtés par lesquels les préfets prohibent l'exercice de la chasse en temps de neige sont-ils permanens, et dès lors l'arrêté rendu dans un hiver peut-il, bien qu'il n'ait pas été réitéré, constituer en délit celui qui chasse en temps de neige l'année suivante? — Aff., *Cass.*, 26 juin 1846 (t. 2 1846, p. 500), Musnier et Chanut; 24 juill. 1846 (t. 2 1847, p. 622), Boudier; 18 sept. 1847 (t. 2 1847, p. 622), Bordier. — Nég., *Besançon*, 27 janv. 1847 (t. 2 1847, p. 622), Bordier.

198. — L'arrêté préfectoral, qui, en fixant l'ouverture de la chasse, en prohibe l'exercice dans des propriétés d'une certaine nature, et notamment dans les vignes encore chargées de leurs fruits, est illégal, en ce qu'il porte atteinte aux droits des propriétaires ou de leurs ayans droit, et en ce qu'il crée un délit non prévu par la loi. — Dès lors, l'individu trouvé, depuis l'ouverture de la chasse, chassant dans des vignes non encore vendangées n'est passible d'aucune peine s'il représente le consentement des propriétaires. — Toutefois, il est tenu de tous les frais de poursuite faits jusqu'à la production de ce consentement. — *Orléans*, 10 mars 1846 (t. 2 1848, p. 460), Campagne. — V. CHASSE, nos 95 et suiv.

199. — ... 4o L'échenillage. — V. ce mot.

200. — ... 5o Les mesures à prendre pour prévenir les épizooties. — V. ce mot, nos 73 et suiv.

201. — ... 6o Les droits ou usages connus sous le nom de *glanage*, *râtelage*, *grappillage* et *chômage*. — V. GLANAGE, no 16.

202. — Est légal et obligatoire l'arrêté municipal qui réglemente le grappillage des noix, après la récolte, dans les communes où ce droit est établi par l'usage. — *Cass.*, 25 mai 1848 (t. 2 1848, p. 530), Relion.

203. — ... 7o La surveillance des gardes champêtres et des gardes des bois des communes. — V. GARDE CHAMPÊTRE, GARDE FORESTIER.

204. — ... 8o Le parcours et la vaine pâture. — V. ce mot. — Mais, ainsi que nous l'avons dit, le pouvoir municipal ne s'exerce sur cette matière qu'en ce que le conseil municipal est appelé à prendre de simples *délibérations* qui ne sont exécutoires qu'avec l'approbation du préfet. Lorsque ce fonctionnaire a donné son approbation, c'est au maire qu'il appartient de faire exécuter le règlement.

205. — ... 9o Les usages dans les forêts. — V. ce mot. — V., au reste, DÉLIT RURAL.

CHAPITRE III. — *De la validité intrinsèque des règlemens de police et de leur force exécutoire.*

Sect. 1re. — *Forme et publication des règlemens.*

206. — *Forme.* — Aucune disposition de loi ne fait dépendre la validité des règlemens de police de leur transcription sur un registre destiné à les recevoir et à les réunir. — *Cass.*, 13 avril 1833, Collin. — Il suffirait donc de les écrire sur des feuilles volantes. — Même arrêt.

207. — Une instruction du ministre de l'intérieur du 3 janv. 1838 exprime le vœu que ces arrêtés soient recueillis dans chaque commune sur un registre en tête duquel serait placé un modèle ou cadre de rédaction que le maire pourrait consulter au besoin. Ce serait, en effet, une excellente mesure, mais elle n'a rien d'obligatoire.

208. — Les délibérations des conseils municipaux doivent, au contraire, être inscrites par ordre de date sur un registre coté et paraphé par le sous-préfet. — L. 18 juill. 1837, art. 28.

209. — On comprend, du reste, que les arrêtés des maires doivent être rédigés par écrit. On ne pourrait considérer comme arrêté obligatoire un ordre verbal que donnerait le maire. — *Cass.*, 13 mars 1841 (t. 1er 1842, p. 519), Couzanges.

210. — Il en serait ainsi quand même l'officier municipal attesterait par lettre avoir fait une défense ou donné une autorisation. — *Cass.*, 26 juin 1835, Giraud.

211. — On ne peut, du reste, considérer comme arrêtés municipaux que les actes par lesquels l'autorité municipale exerce un pouvoir de police; ainsi : l'infraction à un arrêté par lequel le maire, agissant en dehors des attributions du pouvoir municipal et comme administrateur des biens de la commune, fixe le prix de location des places que les marchands doivent occuper dans les halles ou sur la voie publique, ne constitue pas une contravention de police, et ne peut donner lieu qu'à une action civile en faveur de la commune. Dans ce cas, l'adjudicataire des droits de place, qui, ne se conformant pas aux clauses du procès-verbal d'adjudication passé entre lui et le maire, prélève, à l'entrée de la ville, les droits de location qu'il ne doit percevoir qu'aux lieux mêmes où les marchandises sont exposées, peut être actionné civilement s'il résulte de son mode de perception un dommage pour la commune; mais on ne peut voir dans son fait une contravention de police, qui le rende passible d'amende. — *Cass.*, 12 mai 1843 (t. 2 1843, p. 610), Moreau. — V. BAIL ADMINISTRATIF.

212. — Il n'y a pas de termes sacramentels prescrits par la loi pour la rédaction des arrêtés; peu importe de quelles expressions le maire s'est servi, pourvu que son règlement ait un caractère impératif sur lequel on ne puisse pas se méprendre. Le règlement pourrait aussi être qualifié ordonnance, ou délibération, ou de tout autre nom, sans que sa validité en souffrît. — *Cass.*, 17 août 1833, Boutry.

213. — Il a été décidé que les tribunaux ne peuvent se refuser à réprimer la contravention à l'arrêté d'un maire qui *invite* un propriétaire à enlever un treillis en fer qui nuit à la circulation des eaux, en lui déclarant que, faute par lui de se conformer à cette invitation, il sera contraint par toutes les voies de droit à effectuer la suppression de ce treillis; et qu'on ne saurait prétendre que cet arrêté n'est pas obligatoire, comme ne contenant ni commandement, ni défense, ni sanction. — *Cass.*, 29 mars 1838 (t. 2 1838, p. 404), Glandel.

214. — *Publication.* — Les règlemens municipaux ne sont obligatoires pour les citoyens qu'à partir du jour où ils ont été publiés dans la commune. — *Cass.*, 31 juill. 1830, Desmarets; 13 avr. 1833, Collin; *Bruxelles*, 22 mai 1834, Marschaux; *Cass.*, 27 fév. 1847 (t. 2 1847, p. 627), Benac.

215. — La loi du 18 juillet 1837 n'indique pas dans quelle forme doit avoir lieu cette publication, et c'est une lacune d'autant plus regrettable que le mode de publicité consacré par l'usage varie selon les localités.

216. — Dans les grandes villes les arrêtés municipaux sont publiés par voie d'impression et d'affiche. Dans certaines communes, ils sont lus dans les rues et sur les places ou marchés par un agent de police au bruit du tambour. Dans les communes rurales, l'usage est qu'il en soit donné lecture, soit par le maire, soit par le garde champêtre, soit par l'instituteur communal, devant la porte de l'église et à l'issue de la messe.

217. — La publication par lecture publique est évidemment insuffisante, car il est matériellement impossible que cette lecture soit entendue par tous les habitans de la commune; souvent même elle n'éclaire qu'imparfaitement ceux qui y assistent, et c'est ce qui arrive toutes les fois que le règlement a une certaine étendue et qu'il présente quelque complication dans ses diverses parties. Le seul mode sérieux et satisfaisant est la publication par affiche.

218. — Quoi qu'il en soit, la loi étant muette sur ce point, il n'appartenait pas à la jurisprudence de suppléer à son silence, et elle considère la publication comme régulière, de quelque manière qu'elle ait été faite, lorsqu'aucune fraude n'apparaît.

219. — La Cour de cassation a jugé que lorsqu'un règlement de police a été affiché à la porte de l'église un jour de dimanche, le tribunal de simple police ne peut acquitter les contrevenans : sous le prétexte que l'usage de la commune étant que l'on y fît les publications à son de caisse, cet arrêté n'était pas suffisamment connu des habitans. — *Cass.*, 31 juill. 1830, Desmarest.

220. — ... Qu'il suffit que les règlemens de police existent pour qu'ils soient obligatoires, si d'ailleurs leur publication a eu lieu, suivant les formes d'usage, et se trouve attestée par l'autorité même qui les a rendus. — *Cass.*, 13 avr. 1833, Collin; 18 sept. 1847 (t. 2 1847, p. 622), Boudier.

221. — ... Qu'un règlement municipal, publié dans les formes d'usage, est obligatoire, et n'est pas besoin qu'il reste affiché aux endroits pour lesquels il contient certaines prohibitions. — *Cass.*, 4 août 1837 (t. 1er 1838, p. 568), Capra.

222. — Il a même été jugé que lorsqu'un règlement administratif a été inséré dans le recueil des actes de la préfecture, et qu'il porte injonction aux maires de le publier dans les formes qu'il détermine, il doit être présumé, jusqu'à preuve contraire, avoir reçu la publication ordonnée; et, dès lors, celui qui y a contrevenu ne peut être relaxé, sur le motif que l'administration ne prouve pas qu'il en ait eu connaissance. — *Cass.*, 5 mars 1836, Trey.

223. — Il est difficile d'adopter la doctrine qui paraît ressortir de cette dernière décision. Il en résulte, en effet, que lorsqu'un arrêté a reçu un commencement de publication, il y a présomption que cette publication a été complétée de telle sorte que devant le tribunal de police la prévention ne serait pas tenue de prouver contre l'inculpé que la publicité a été suffisante en fait. Ce système a pour conséquence de mettre à la charge du prévenu la preuve de la non-publication; c'est-à-dire d'un fait négatif, dont la justification est presque impossible.

224. — La publication ne peut du reste résulter que de faits de nature à porter l'arrêté à la connaissance de tous. Ainsi on ne peut considérer comme constituant une publication légale l'insertion d'un arrêté préfectoral au recueil intitulé : *Mémorial administratif*, qui, destiné uniquement à faciliter les rapports des préfets avec les fonctionnaires placés sous leurs ordres, est envoyé à tous les maires et déposé à la mairie, où chacun peut en prendre connaissance. En conséquence : un individu ne peut être légalement poursuivi pour contravention à un arrêté préfectoral, portant clôture de la chasse, lorsque cet arrêté a été inséré au *Mémorial administratif*, mais n'a pas été autrement publié. — *Cass.*, 28 nov. 1845 (t. 2 1847, p. 627), Gabry.

225. — Une circulaire du ministre de l'intérieur du 19 déc. 1846 signale aux préfets l'insuffisance de l'insertion des arrêtés préfectoraux au *Mémorial administratif*, et l'absolue nécessité de leur publication dans chaque commune suivant les formes d'usage. — V. cette circulaire sous *Cass.*, 24 juill. 1846 et 18 sept. 1847 (t. 2 1847, p. 622), Boudier.

226. — Il ne suffirait pas non plus que le préposé spécial chargé d'assurer l'observation des règlemens municipaux en eût donné connaissance à ceux qui les ont enfreints à l'instant même où ceux-ci allaient faire ce que ces règlemens défendent. — *Cass.*, 27 fév. 1847 (t. 2 1847, p. 627), Benac.

227. — Cependant il avait été décidé que l'individu prévenu d'avoir contrevenu à un arrêté du maire ne peut exciper de ce que cet arrêté n'aurait été ni publié ni affiché conformément à l'un des articles qu'il contient, s'il reconnaît d'ailleurs en avoir eu connaissance antérieurement à la contravention qui lui est imputée. — *Cass.*, 8 mars 1845 (t. 2 1848, p. 555), Castex.

228. — Lorsqu'un maire certifie *ex post facto* qu'un règlement de police pris par le préfet a été publié dans la commune, l'autorité judiciaire ne peut, sans empiéter sur les attributions de l'autorité administrative, constater le fait de la publication en ce qu'il n'en aurait été dressé ni procès-verbal ni fait mention sur le registre de la commune. — *Cass.*, 18 sept. 1847 (t. 2 1847, p. 622), Boudier (note).

229. — Un tribunal de police ne pourrait acquitter un prévenu qui aurait enfreint les prescriptions d'un règlement municipal, par la raison qu'il n'aurait pas été donné officiellement connaissance de l'arrêté au tribunal. Il pourrait seulement y avoir lieu d'ordonner avant faire droit qu'une expédition authentique serait représentée. — *Cass.*, 31 août 1831, Brasquier.

230. — Les règlemens de police qui ne concernent que certains individus ne sont pas soumis à la nécessité d'une publication générale, et ils sont réputés publiés lorsqu'une copie authentique en a été transmise à ceux pour lesquels ils ont été pris. — *Cass.*, 31 août 1821, Delaunoy.

231. — Il est même constant que lorsqu'un arrêté municipal a été rendu sur la demande d'un particulier, il n'a pas besoin d'être notifié à celui qui l'a obtenu. — *Cass.*, 6 juill. 1837 (t. 2 1837, p. 292), Giraud.

232. — Les notifications des arrêtés municipaux aux particuliers ne sont du reste pas soumises aux formalités des notifications judiciaires. — *Cass.*, 13 oct. 1820, Léger.

233. — Quant à la publication des anciens règlemens de police, V. ce que nous avons dit de ces règlemens *suprà* nos 100 et suiv.

Sect. 2e. — *Force exécutoire des règlemens. — Suspension ou annulation par les maires de leurs arrêtés. — Circonscription territoriale.*

234. — *Force obligatoire.* — A partir du jour où ils sont devenus exécutoires les règlemens municipaux obligent tous les habitans, tant qu'ils n'ont pas été réformés par l'administration supérieure. Ce principe incontestable a été consacré par un très-grand nombre d'arrêts parmi lesquels on peut indiquer : *Cass.*, 1er fév. 1822, Dejames; 12 avril 1822, Moulin; 14 juin 1822, Edme Bourgeois; 18 avril 1828 (int. de la loi), Gaborit; 27 déc. 1832, Crevecœur; 24 avr. 1834, Prout.

235. — La Cour de cassation a décidé que les maires n'ont pas besoin de l'autorisation préalable de l'autorité administrative supérieure pour prendre un arrêté. — *Cass.*, 6 mars 1834, Leblanc. — Cela ne peut faire aucune difficulté. — V., aussi, *Cass.*, 25 vent. an XII, habitans de Namur; 6 juin 1807, Planche; 5 sept. 1812 (int. de la loi), Vanderleden; 7 mai 1825 (int. de la loi), habitans de Gaillac.

236. — Et c'est à tort que, sous l'empire de la loi du 19 juillet 1791, un arrêt avait considéré comme indispensable l'approbation de l'autorité administrative. — *Cass.*, 29 therm. an IX, Bouchet et Berthelin.

237. — Le recours exercé contre un arrêté légalement émané de l'autorité municipale pour en obtenir la réformation n'étant point suspensif de son exécution, le tribunal saisi de la connaissance d'une contravention à ces dispositions excède ses pouvoirs en prononçant un sursis à statuer envers le prévenu jusqu'après la décision du Conseil d'Etat sur le pourvoi formé contre cet arrêté. — *Cass.*, 27 déc. 1834, Lemaire.

238. — Ainsi que nous l'avons vu (*suprà* no 16), la loi du 18 juill. 1837 (art. 10, 11 et suiv.), distingue entre les arrêtés portant règlement permanent et ceux qui n'ont pas ce caractère. Quant aux premiers, ils ne sont exécutoires qu'un mois à partir de la date du récépissé donné par le sous-préfet de l'ampliation qui lui est adressée.

239. — Dès lors ce n'est qu'à dater de l'expiration de ce délai que les infractions à leurs dispositions prennent le caractère de contraventions de police. — *Cass.*, 7 juill. 1838 (t. 2 1838, p. 185), Ravena.

240. — En distinguant parmi les arrêtés des maires ceux qui sont permanens et ceux qui ne le sont pas, la loi de 1837 consacre une heureuse innovation et elle fait une appréciation sage et vraie des limites que doit recevoir le pouvoir municipal; si l'importance et la gravité des règlemens permanens s'oppose à ce qu'ils puissent devenir exécutoires avant d'avoir été portés à la connaissance de l'autorité supérieure, il n'en est pas de même de ceux qui n'ont pas ce caractère. Les arrêtés faits pour une circonstance donnée, pour un temps limité, sont exécutoires dès qu'ils ont été publiés dans la commune, et l'infraction qui y serait commise doit être punie des peines de police tant qu'ils n'ont pas été suspendus ou annulés par le préfet.

241. — Mais que doit-on entendre par arrêté *permanent?* Les arrêtés qui ne se réfèrent qu'à certains particuliers n'ont pas, en général, un caractère de permanence, ainsi que l'a fait remarquer une circulaire du ministre de l'intérieur du 1er juill. 1840 publiée pour l'exécution de l'art. 11 de la loi du 18 juill. 1837. — Duvergier, *Coll. des lois*, t. 40, p. 323.

242. — La même circulaire ajoute : « Pour faire une exacte application de la loi de 1837, il faut d'abord remarquer qu'elle a virtuellement divisé les arrêtés des maires en deux catégories distinctes, les uns qui portent règlement permanent, c'est-à-dire qui statuent d'une manière générale sur quelqu'une des matières comprises dans les attributions de l'autorité municipale, comme serait par exemple un arrêté sur la tenue des foires et marchés, sur la police des lieux publics, etc. Les autres qui n'ont pas ce caractère d'intérêt général, mais qui statuent seulement sur les demandes individuelles des citoyens comme serait l'autorisation de construire ou de réparer un bâtiment situé le long de la voie publique, l'autorisation d'ouvrir un bal public ou de faire telle autre chose pour laquelle la permission du maire est nécessaire, » etc.

243. — Ainsi, comme on le voit, la circulaire établit une assimilation entre les arrêtés permanens et ceux qui sont d'intérêt général, d'une part, et entre les arrêtés non permanens et ceux qui sont d'intérêt particulier de l'autre. Nous croyons qu'il y a là quelque chose de trop absolu. En effet, comme le mot lui-même l'indique : ce qui constitue la permanence, c'est la durée; et un règlement d'intérêt général peut n'être que transitoire et temporaire dans ses effets. — V. le rapport de M. Vivien sur la loi de 1837.

244. — Décidé que l'arrêté par lequel un maire prescrit aux habitans d'éclairer, depuis le coucher du soleil jusqu'au point du jour, les matériaux qu'ils auraient à déposer sur la voie publique, se bornant à rappeler la disposition du no 4 de l'art. 471 du Code pénal, n'a pas besoin, pour devenir obligatoire immédiatement après sa publication, d'avoir été soumis à l'approbation du préfet, conformément à l'art. 11 de la loi du 18 juill. 1837. — *Cass.*, 28 fév. 1846 (t. 1er 1849, p. 691), Baty.

245. — *Dispense d'exécution.* — La force obligatoire des règlemens municipaux doit être respectée, même par le maire qui les a rendus. — Sans doute l'officier municipal a le droit de rapporter ou de modifier les arrêtés qu'il a pris, mais ce ne peut être que suivant les règles imposées à l'exercice du pouvoir municipal, c'est-à-dire en procédant par voie de disposition réglementaire et par conséquent générale. — *Cass.*, 15 déc. 1836 (t. 2 1837, p. 333), Pras.

246. — Aussi est-il de jurisprudence que les maires ne peuvent, par des actes particuliers, dispenser certains individus de l'exécution de leurs règlemens de police. — *Cass.*, 1er juill. 1830, Guitton; 30 juin 1832, Lucas; 18 août 1832, Schiellein; 19 déc. 1833, Sauthier; 27 avr. 1843 (t. 2 1843, p. 357), L'huillier; 12 déc. 1846 (t. 2 1847, p. 110), Husson.

247. — Jugé que celui qui contrevient à la défense contenue dans un règlement de police de tirer des coups de fusil, pétards ou fusées sur la voie publique ne peut être excusé sous prétexte qu'il en aurait obtenu la permission de l'adjoint du maire. — *Cass.*, 12 déc. 1846 (t. 2 1847, p. 110), Husson.

248. — On doit également considérer comme nulle l'autorisation accordée par un adjoint de construire une forge sur un emplacement où il était défendu à tous d'en établir d'après les termes d'un arrêté rendu antérieurement par le maire. — *Cass.*, 15 déc. 1836 (t. 2 1837, p. 333), Pras.

249. — Jugé encore que la déclaration par laquelle un maire reconnaît qu'il n'y a pas nécessité d'éclairer extraordinairement des matériaux que la nécessité a forcé un individu de déposer sur la voie publique, ne peut être un motif d'excuse pour cet individu. — *Cass.*, 27 avr. 1843 (t. 2 1843, p. 357), l'Huillier.

250. — Un maire n'aurait pas davantage le droit d'autoriser un habitant de la commune à faire une chose interdite par un arrêté pris par un préfet en matière de police. — *Cass.*, 23 avr. 1835, Dangler.

251. — Le conseil municipal ne pourrait, pas plus que le maire, dispenser un particulier de l'exécution d'un règlement de police. C'est ce qui a été décidé dans une espèce où un conseil municipal avait autorisé un individu à creuser un fossé sur la voie publique, contrairement à un arrêté du maire. — *Cass.*, 29 mai 1835, Morand-Rolla.

252. — Il faut remarquer néanmoins que si les maires ne peuvent dispenser privativement certains individus de se conformer aux prescriptions des arrêtés municipaux, ils peuvent cependant, par l'arrêté lui-même, faire une exception relative à un ou plusieurs particuliers. Cette partie de l'arrêté doit recevoir son exécution comme les autres, et l'on ne saurait voir là un cas de dispense abusive.

253. — Aussi a-t-il été décidé que lorsqu'un règlement de police oblige les habitans d'une commune à faire des patrouilles à tour de rôle, et n'excepte que les indigens et les non-propriétaires, il n'entre pas dans les attributions du tribunal de police de juger de la validité de l'exception résultant de l'indigence, ni de réformer la liste dressée par le maire. — *Cass.*, 25 janv. 1811, Foswick.

254. — L'autorité municipale peut, lorsqu'il y a lieu de faire entre tous les habitans de la commune la répartition des militaires à loger, dispenser de cette charge certains habitans, en tout ou en partie. — *Cass.*, 13 août 1842 (t. 2 1842, p. 547), Durut.

255. — Les maires peuvent suspendre l'exécution de leurs arrêtés; mais cette suspension ne peut, ainsi que nous l'avons dit, être ordonnée que par un arrêté nouveau. Ce dernier arrêté n'ayant pas le caractère de règlement permanent est immédiatement exécutoire.

256. — La Cour de cassation a cependant jugé que celui qui a contrevenu à un arrêté municipal ne peut être excusé par le motif que cet arrêté aurait été suspendu par le maire : *alors que cette suspension n'était pas constatée par écrit, et que la preuve n'en résultait pas des déclarations données dans l'instruction du procès.* — *Cass.*, 3 mai 1811, Herribault. — La réduction de cet arrêt peut être critiquée en ce qu'il semble admettre que le fait de la suspension d'un arrêté pourrait être établi par la preuve testimoniale. Cette suspension ne peut résulter que d'un arrêté qui est nécessairement rédigé par écrit. — V. *suprà* no 209.

257. — *Abolition, désuétude.* — Un règlement de police est abrogé soit lorsqu'il a été expressément révoqué par un autre plus récent, soit lorsqu'un nouveau règlement contient des dispositions qui sont inconciliables avec les siennes. Mais tant que l'autorité municipale ne prend aucune mesure contraire à la teneur d'un règlement, il conserve toute sa force. Peu importerait même qu'il ne fût plus appliqué habituellement ou qu'un usage contraire eût prévalu, car les règlemens de police ne tombent pas en désuétude. — *Cass.*, 26 juill. 1828, Bouquet; 19 avr. 1834, Lassus et Mora; 23 juill. 1836, Lecoulteux c. Bouelle; 5 août 1836, Léveillé; 22 sept. 1836, Simonnet. — Troplong, *Prescrip.*, t. 1er, ch. 1er, no 134.

258. — L'abolition par désuétude pourrait cependant avoir lieu s'il s'agissait d'anciens règlemens qui avaient en vue un ordre de choses qui a été détruit. Il serait en effet déraisonnable de vouloir faire revivre des arrêtés de police qui sont en contradiction avec la constitution actuelle des municipalités et qui ne se réfèrent qu'à des mœurs et à des circonstances qui n'existent plus. — Nous avons vu, d'ailleurs, qu'on ne peut considérer comme ayant encore force exécutoire que les anciens règlemens qui ont été publiés de nouveau depuis la loi du 19 juill. 1791.

259. — *Circonscription territoriale.* — Les règlemens de police pris par l'autorité municipale s'appliquent non-seulement à ceux qui sont domiciliés dans la commune pour laquelle ils ont été faits, mais aussi à ceux qui, étant étrangers à la commune, ne sont que momentanément sur son territoire. Ils sont, sous ce rapport, assimilés aux lois. — *Cass.*, 24 févr. 1820, Delprat et Caustade; 3 févr. 1827, Fleureau; 15 févr. 1828, Laurent; 12 juin 1828, Chary; 19 mars 1831, Ruffey; 13 nov. 1835, Castinot; 27 févr. 1847 (t. 2 1847, p. 360), Verdez. — Merlin, *Rép.*, vo *Ignorance*, § 1er, no 3; de Champagny, *De la police municipale*, p. 467.

260. — Il a même été décidé que le règlement de police qui interdit aux aubergistes, cafetiers etc., de donner à boire, à manger ou à jouer, recevoir ni garder chez eux aucun *habitant* de la ville après la retraite sonnée, est applicable non-seulement aux individus domiciliés ou résidant dans la commune depuis six mois, mais encore aux militaires en cantonnement et aux étrangers à la commune. — *Cass.*, 10 juin 1842 (t. 2 1843, p. 350), Bury. — V. FERMETURE DES LIEUX PUBLICS ET DES MAISONS PARTICULIÈRES, nos 25 et suiv.; et *Cass.*, 13 août 1846 (t. 1er 1849, p. 554), Haye.

261. — Toutefois, la règle qui déclare les arrêtés municipaux applicables à ceux qui sont étrangers à la commune n'est pas inflexible. Aussi il a été jugé par la Cour de cassation que les voituriers qui ne font que passer sur le territoire d'une commune ne peuvent être poursuivis pour contravention à un arrêté du maire qui prescrit un long timon pour les voitures de charge et chariots, et une plaque indicative du nom et du domicile du propriétaire à l'un des côtés de la voiture. — *Cass.*, 23 avr. 1842 (t. 2 1842, p. 337), Deran et Sannier.

262. — Par cet arrêt la Cour de cassation a entendu décider seulement que le principe général qu'elle avait précédemment consacré pouvait souffrir une exception nécessaire et commandée par la force des choses. Mais quelles règles devra-t-on suivre pour reconnaître dans quelles circonstances il y aura lieu d'appliquer la règle générale, dans quelles autres devra s'appliquer l'exception? Sur ce point nous devons reconnaître qu'il est extrêmement difficile, et même pour ne pas dire impossible, de tracer des règles certaines. C'est d'après l'objet des règlemens, la nature de leurs dispositions, la possibilité ou l'impossibilité pour les étrangers de s'y conformer, que les tribunaux devront se déterminer. Ainsi, par exemple, les règlemens sur la récolte des fruits de la terre, sur la police des marchés, des établissemens publics, des spectacles, cafés, etc., seront obligatoires pour tout le monde. D'autres, au contraire, tels que celui dont il s'agit, devront forcément être restreints aux habitans de la commune. Il pourrait ariver en effet qu'un voiturier fût obligé de parcourir un grand nombre de communes ayant chacune un règlement particulier qui fixe d'une manière différente la longueur du timon des voitures; faudra-t-il que ce voiturier, au moment où il abordera le territoire de chaque commune, s'informe des dispositions que peuvent contenir ces arrêtés municipaux, et qu'il change à chaque instant son timon pour éviter l'application des peines qu'entraîneraient les nombreuses contraventions auxquelles il est exposé? Il est évident qu'une pareille obligation ne saurait lui être imposée, qu'il y a pour lui impossibilité d'exécuter et même presque toujours de connaître ces règlemens, qui n'ont pas été faits pour lui, et qu'ainsi leur inexécution ne saurait le rendre passible d'aucune peine. Toutefois, en thèse générale, les règlemens municipaux obligent tout le monde comme les lois elles-mêmes, et les tribunaux ne doivent admettre d'exception à cette règle que dans des cas extrêmement rares, et alors qu'il y a, pour ainsi dire, force majeure.

263. — L'autorité d'un arrêté municipal ne peut dépasser les limites du territoire de la commune. Il a été cependant jugé, et avec raison, suivant nous, que l'arrêté d'un maire qui prescrit aux propriétaires de voitures *omnibus* de se pourvoir d'une autorisation s'appliquait à ceux qui font circuler des voitures de cette espèce dont le point de départ et celui d'arrivée sont placés hors du territoire de la commune. — *Cass.*, 20 oct. 1841 (t. 1er 1842, p. 652), Berthaud.

264. — Mais nous croyons que c'est à tort qu'il a été décidé que celui qui paie sa contribution mobilière, sa contribution personnelle et sa patente dans une commune, est soumis au règlement de cette commune, quoique la maison qu'il habite se trouve située sur le territoire d'une autre commune. — *Cass.*, 17 juin 1830, Cottin. — Il s'agissait dans cette espèce d'un cabaretier dont la maison était située dans une partie d'une ville appartenant à une commune, tandis que l'autre partie dépendait d'une autre dans laquelle il payait ses contributions. — *Cass.*, 5 févr. 1841 (t. 1er 1843, p. 592), Doucet.

265. — Lorsque l'arrêté d'un maire s'applique à tous les pêcheurs domiciliés ailleurs que dans la ville, le tribunal de simple police ne peut acquitter les contrevenans : sous le prétexte qu'ils sont compris dans la même circonscription maritime que ceux de la ville. — *Cass.*, 25 oct. 1827, Babin.

Sect. 3e. — *De la suspension ou de l'annulation des règlemens municipaux par l'administration supérieure. — Pouvoir des préfets.*

266. — Les art. 10 et 11 de la loi du 18 juillet 1837 en reconnaissant au préfet le droit de suspendre et d'annuler les arrêtés municipaux n'a fait que lui confirmer l'exercice d'un pouvoir que nul ne lui contestait sous l'empire de la législation précédente.

267. — Le droit qu'a le préfet de suspendre ou d'annuler l'arrêté d'un maire est absolu, et il n'y a pas lieu de distinguer, à cet égard, entre les arrêtés permanens et ceux qui ne le sont pas. Si ce fonctionnaire recevait un arrêté portant règlement municipal permanent, et que le délai de trente jours prévu par l'art. 11 fût insuffisant pour son examen, il pourrait suspendre cet arrêté pendant le temps qui lui paraîtrait convenable pour en apprécier le mérite. Il n'y a non plus aucune distinction d'époque à faire, et un arrêté pourrait être suspendu ou annulé quelque longue que fût l'exécution qu'il aurait reçue.

268. — Il ne peut plus y avoir de doute actuellement sur le point de savoir si le préfet a le droit de *modifier*, de dénaturer les arrêtés qui lui sont soumis ou dont il se fait rendre compte, et c'est par la négative qu'il faut résoudre cette question contrairement à ce qui avait lieu avant la loi du 18 juillet 1837. Cette loi, en effet, ne donne à l'autorité préfectorale que deux droits, celui de suspension et celui d'annulation; et elle lui refuse par cela même le pouvoir d'en changer les termes. Si donc une partie seulement d'un arrêté municipal paraissait au préfet devoir être supprimée ou modifiée, ce fonctionnaire devrait inviter officieusement le maire à faire les modifications qui seraient désirables; et en cas de résistance de ce dernier, il y aurait lieu à suspension ou annulation du tout. — Bost, t. 1er, no 292.

269. — Du reste, une des plus graves difficultés que présentait la matière, celle qui consistait à savoir jusqu'à quel point l'autorité administrative centrale pouvait se substituer à l'action du pouvoir municipal, a été tranchée par la même loi. « Dans le cas où le maire refuserait ou négligerait de faire un des actes qui lui sont prescrits par la loi, porte l'art. 15, le préfet, après l'en avoir requis, pourra y procéder d'office par lui-même ou par un délégué spécial. »

270. — Si des doutes pouvaient s'élever sur le sens de cette disposition, ces doutes seraient levés par les explications dont elle a été l'objet de la part de M. Vivien. « Il faut, disait le rapporteur, que le préfet ne soit admis à user du droit que le projet lui confère que pour les actes formels précisément exigés par la loi, et qu'à l'aide de ce droit il ne puisse pas annuler l'autorité municipale. Pour prévenir toute incertitude, nous avons effacé de l'article tous les mots qui présentaient une signification vague et nous limitons le droit du préfet aux seuls cas où le maire a refusé ou négligé de faire un *acte prescrit par la loi*.

271. — Cependant, dans la circulaire du 1er juillet 1840, le ministre de l'intérieur exprime l'opinion que si en général les préfets ne peuvent se substituer aux maires en prenant des arrêtés sur les matières qui rentrent dans les attributions de l'autorité municipale, il en est autrement lorsque cette autorité reste inactive malgré la réquisition de l'autorité supérieure; et que dans ce cas celle-ci peut et doit agir. — Cette partie de la circulaire paraît avoir méconnu le sens de l'art. 15, et c'est avec raison qu'elle est critiquée par Duvergier (t. 40, p. 326).

272. — La circulaire du 1er juillet 1840 exprime l'avis que le préfet n'a pas besoin d'attendre l'expiration du mois pour donner son approbation à un arrêté d'un maire contenant règlement permanent. — Le ministre de l'intérieur se fonde sur ce que le délai a été établi non dans l'intérêt des tiers, mais uniquement pour donner au préfet le moyen d'exercer son contrôle. Il fait remarquer que d'ailleurs si cette faculté n'existait pas, si dans certaines circonstances graves et urgentes il fallait nécessairement attendre un mois avant de pouvoir mettre un arrêté à exécution, il pourrait y avoir dommage public, et que telle n'a pu être l'intention du législateur.

273. — Mais cette opinion paraît inconciliable avec le texte de l'art. 11. Aussi la Cour de cassation a-t-elle jugé que l'arrêté du maire qui porte règlement permanent n'est exécutoire qu'un mois après la remise de l'ampliation constatée par le récépissé donné par le sous-préfet chargé de soumettre ce règlement à l'examen du préfet, lors même que ce dernier fonctionnaire aurait donné son approbation avant l'expiration du mois. — *Cass.*, 20 juill. 1838 (t. 1er 1839, p. 416), Marassé. — V. le rapport à la Chambre des pairs par M. Mounier sur l'art. 11 de la loi du 18 juill. 1837. — V. aussi Bost, t. 1er, no 291; Foucart, *Elém. de dr. admin.*, t. 3, p. 61, no 67.

274. — Au reste, l'art. 11 de la loi du 18 juill. 1837, disposant que les arrêtés pris par le maire et portant règlement permanent ne seront exécutoires qu'un mois après la remise de l'ampliation constatée par les récépissés donnés par le sous-préfet, n'impose pas aux maires l'obligation de rendre publique cette remise ni sa date; dès lors il y a présomption suffisante que le maire qui fait exécuter un de ses arrêtés, s'est conformé à la disposition dudit article. — Dans ce cas, la présomption ne peut cesser que là où, sur la demande des parties intéressées ou du juge requis d'assurer l'exécution et de punir la violation d'un tel arrêté, la justification de la remise et de la date de la remise de cet arrêté à l'autorité administrative supérieure serait refusée. — En conséquence, les tribunaux saisis d'une contravention à un arrêté de cette nature ne peuvent renvoyer le prévenu de la plainte : sous le prétexte qu'il n'est pas justifié d'un récépissé du préfet ou du sous-préfet, alors que le prévenu n'a pas mis le ministère public poursuivant en demeure de rapporter cette justification. — *Cass.*, 19 oct. 1842 (t. 1er 1843, p. 166), Arrighi.

275. — L'invitation faite par le préfet au maire de modifier son arrêté ne suspendrait en aucune façon l'exécution de cet arrêté. — C'est ce qui avait déjà été jugé avant la loi de 1837. — *Cass.*, 22 juin 1832, Hamel.

276. — Il n'est pas nécessaire que les préfets mettent un visa approbatif sur les arrêtés des maires qu'il n'y a lieu ni de suspendre ni d'annuler. La loi n'exige aucune formalité de ce genre, et il pourrait y avoir de l'inconvénient à donner ainsi une approbation expresse qui semblerait impliquer de la part du préfet une renonciation au droit de suspension ou d'annulation qu'il doit toujours conserver. — Circ. min. int. 1er juill. 1840.

277. — Les arrêtés des maires peuvent être annulés par les préfets soit d'office, soit sur la réclamation des parties intéressées dans deux cas distincts. Ou bien l'arrêté est illégal, comme pris en dehors des attributions municipales; ou bien il est légal et néanmoins il y a lieu de l'annuler parce qu'il fait un usage excessif ou inintelligent du pouvoir municipal, en ce que les mesures prises par le maire sont vexatoires ou mal comprises ou préjudiciables à la commune ou à une partie de ses habitans.

278. — La Cour de cassation a décidé en principe que l'annulation pour *excès de pouvoir* par l'autorité administrative supérieure de l'arrêté d'un maire portant règlement de police entraîne la nullité de tous les actes d'exécution qui ont eu lieu antérieurement en vertu de cet arrêté, et que son effet n'est pas, comme celui de l'abrogation des lois, restreint à l'avenir seulement. — *Cass.*, 17 mai 1836, ville de Bordeaux c. Laurent.

279. — Il en serait autrement si l'annulation portait sur un arrêté qui aurait été pris dans le cercle des attributions municipales. La mise au néant de l'arrêté ne pourrait, dans ce cas, enlever aux faits accomplis les effets qu'ils auraient pu produire.

280. — Si l'arrêté municipal avait porté sur un fait particulier et individuel, celui qui déférerait cet arrêté au préfet pourrait être considéré comme ayant engagé une instance administrative; et l'arrêté préfectoral serait assimilé à un jugement en dernier ressort, dont l'effet devrait être de mettre au néant le règlement municipal et tout ce qui s'en serait suivi.

281. — Jugé que le tribunal correctionnel ne peut se dispenser d'ordonner la cessation des travaux d'un établissement autorisé par le maire, lorsque l'arrêté du maire a été annulé par le préfet. — *Cass.*, 28 mai 1836, Prat.

282. — La commune n'est pas responsable envers les particuliers du préjudice à eux causé par l'exécution de l'arrêté illégal de son maire, elle est seulement tenue de restituer les sommes perçues en vertu de cet arrêté. — *Cass.*, 17 mai 1836, ville de Bordeaux c. Laurent.

283. — La loi du 18 juill. 1837 n'a pas conféré aux préfets un droit d'annulation aussi absolu lorsqu'il s'agit des règlemens des conseils municipaux que lorsqu'il s'agit de ceux des maires. Les premiers ne peuvent être annulés d'*office* que pour violation d'une disposition de loi ou d'un règlement d'administration publique (art. 18). Cette restriction a été faite par la Chambre des pairs, qui, en modifiant ainsi le texte de l'art. 18, a voulu assurer l'indépendance de la commune et empêcher le préfet de prendre par le fait l'administration des biens communaux.

284. — Le recours accordé à la partie lésée par un arrêté municipal devant le préfet n'est soumis à aucun délai, et il peut être exercé en tout temps.

285. — Lorsque le préfet a rejeté la réclamation qui lui a été adressée par un particulier contre un règlement municipal en maintenant ce règlement, il y a faculté de recours contre sa décision au ministre de l'intérieur.

286. — Il pourrait même y avoir recours au Conseil d'Etat si la matière était contentieuse, c'est-à-dire si le règlement n'était pas un acte de pure administration. — *Cons. d'Etat*, 18 févr. 1824, Ribbes; 19 août 1837, Lenfant c. Commune de Louvrechy.

287. — Dans ce cas, on ne peut exercer le recours au Conseil d'Etat qu'après avoir saisi le ministre de l'intérieur de la réclamation. — *Cons. d'Etat*, 8 sept. 1819, Ruellan c. ville de Nantes. — Serrigny, *Compétence administrative*, no 1057.

288. — Dans certaines matières, la loi elle-même ouvre un recours au Conseil d'Etat lorsque la validité d'un règlement municipal est contestée. C'est ce qui a lieu pour les arrêtés relatifs à la répartition des revenus des biens des communes (L. 9 brum. an XIII, art. 5), pour ceux qui sont relatifs aux biens des communes, lorsqu'ils sont critiqués par l'administration des domaines (L. 20 mars 1813, art. 2), et pour les ar-

rêté portant délivrance d'alignement. — V. ALIGNEMENT, nᵒˢ 175 et suiv., et VOIRIE.

289. — En aucun cas, les règlemens de l'autorité municipale ne peuvent être attaqués devant le conseil de préfecture. — Ordonn. 8 sept. 1819, Ruelland c. ville de Nantes.

Sect. 4ᵉ. — Contraventions aux règlemens de police.

§ 1ᵉʳ. — Répression des contraventions. — Pénalité. — Compétence.

290. — Les contraventions aux règlemens de police étaient punies, par l'art. 5 (tit. 11) de la loi du 16 août 1790, d'une amende pécuniaire ou de l'emprisonnement pour un temps qui ne pouvait excéder trois jours dans les campagnes et huit jours dans les villes, dans les cas les plus graves.

291. — La loi du 19-22 juillet 1791 contenait (tit. 1ᵉʳ, art. 44 et s.) une série d'incriminations se rattachant à la police municipale. Les peines qu'elle prononçait en cas d'infraction étaient l'amende et la détention de police municipale. Mais cette loi ne contenait pas de disposition générale réprimant les contraventions aux règlemens de police.

292. — Quant aux règlemens pris en matière de police rurale, l'art. 9 C. rur. 28 sept.-6 oct. 1791 se contentait d'en consacrer la validité sans leur donner aucune sanction pénale. Aussi la jurisprudence considérait-elle ces règlemens comme compris dans la disposition générale de l'art. 5 (tit. 11) L. 16-24 août 1790. — Cass., 4 juin 1824, Masson.

293. — Le Code du 3 brum. an IV indiqua de quelles peines devaient être punies les contraventions en général. Ces peines étaient l'amende de la valeur de trois journées de travail au plus et l'emprisonnement de trois jours au plus (art. 600 et 606). Il fixait un *minimum* à l'amende à une journée de travail et l'emprisonnement à un jour. Cependant l'art. 605 punissait les infractions aux règlemens municipaux dans certains cas. Ces dispositions ayant un caractère de généralité modifièrent nécessairement les pénalités de la loi du 16 août 1790.

294. — Le C. pén. de 1810 établit une classification plus exacte et plus complète des infractions de police que ne l'avaient fait les lois antérieures, mais il garda le silence sur le point de savoir de quelles peines devaient être punies les infractions aux règlemens municipaux. Il se contenta de maintenir par son art. 484 l'observation des lois et règlemens antérieurs pour toutes les matières qu'il ne réglait pas.

295. — Il résultait de cette législation que jusqu'en 1832 les contraventions aux règlemens de police n'étaient réprimées directement que par la loi du 16 août 1790, dont la pénalité avait été modifiée par l'art. 600 et 606 du Code du 3 brumaire an IV. Telle était en effet la jurisprudence constante. — Cass., 16 avril 1819, Gebelin; 29 mars 1821, Planté; 2 juin 1821, Raillet; 9 août 1821, marchands de Jonzac; 8 nov. 1821, Duhommet; 31 oct. 1822, aubergistes de Marvejols; 10 avril 1823, Ferrat; 1ᵉʳ mai 1823, Brun; 19 juin 1823, Caillère; 3 oct. 1823, Hudin; 10 oct. 1823, Gouron; 21 fév. 1824, Legrand; 6 mars 1824, Baron; 4 juin 1824, Masson; 15 oct. 1824, Sarrabayrouze; 19 fév. 1824, Vanderback; 19 fév. 1825, Mespiet, 25 fév. 1825, Dulrich; 19 mars 1825, Lesté-Cauchois, 25 mars 1825, Lechartier; 24 mars 1825, Marconnet; 17 juin 1825, Rouy; 27 août 1825, Lepoutre; 25 fév. 1826, Krauss; 1ᵉʳ avril 1826, Verdier; 7 oct. 1826, Triboulet; 25 oct. 1827, Babin; 4 mars 1830, Darrieu; 26 nov. 1831, Garrigues.

296. — Toutefois si la Cour de cassation adopta ce système de pénalité comme étant le seul qu'on pût légalement appliquer en présence du maintien fait par l'art. 484 du Code pénal, de la législation précédente, ce n'est pas qu'il fût satisfaisant aux yeux de la logique. Il arrivait, en effet, que des infractions à des règlemens de police étaient punis d'un emprisonnement d'un à trois jours en vertu des art. 600 et 606 du Code du 3 brumaire an IV, tandis que des contraventions presque identiques étaient punies par le Code de 1810 d'une simple amende. Il y avait aussi une grande bizarrerie à poser en principe que le dernier code on devait croire complet et dont la destination était de remplacer celui de l'an IV, avait voulu cependant renvoyer par son art. 484 à deux dispositions de ce dernier code, dont l'applicabilité restait entière. — Le-

graverend, *Législ. crimin.*, t. 2, ch. 3, p. 299; Henrion de Pansey, *Pouv. munic.*, p. 406; Merlin, *Quest. de droit*, vᵒ *Tribunal de police*, § 4, nᵒ 5; Curasson, *Comp. des juges de paix*, t. 1ᵉʳ, p. 44.

297. — La jurisprudence admettait du reste, comme un principe certain, qu'une peine quelconque devait nécessairement être appliquée à celui qui avait contrevenu à un arrêté municipal (Cass., 4 messid. an VII, N...; 7 messid. an VIII, Beaugrand et Rossignol; 20 vend. an XII, Decock; 7 déc. 1809, Lemaire; 3 mai 1811, Raure; 24 août 1815, Basset; 9 déc. 1824, Marconnet; 27 déc. 1828, Martin dit Loiseau; 25 mars 1830, Brueré); et que peu importait que l'arrêté de police n'établit lui-même aucune peine (mêmes arrêts). — Il importe en effet à l'ordre public que les prescriptions des règlemens de police ne soient pas dépourvues de toute sanction pénale.

298. — Il ne peut plus y avoir de difficulté du même genre depuis que la loi du 28 avril 1832 a modifié l'art. 474 du Code pénal en y ajoutant une disposition qui est devenue le § 15. Cette disposition déclare coupables de contravention de première classe et punit d'une amende de 1 à 5 fr. ceux qui auront contrevenu aux règlemens légalement faits par l'autorité administrative, et ceux qui ne se seront pas conformés aux règlemens ou arrêtés publiés par l'autorité municipale en vertu des art. 3 et 4 (tit. 11) de la loi du 16-24 août 1790 et de l'art. 46 (tit. 1ᵉʳ) de la loi du 19-22 juillet 1791. — C'est maintenant la peine édictée par ce texte qui doit être appliquée par les tribunaux de simple police aux contrevenans aux règlemens de police, à moins que le fait défendu par le règlement n'ait été directement prévu et puni par une loi. Dans ce cas, ainsi que nous l'avons dit, c'est la loi qui doit être appliquée.

299. — Par application du principe qui veut que toutes les fois que la prohibition contenue dans un règlement de police se confond avec une incrimination prévue par une loi spéciale, il y ait lieu d'appliquer, en cas de contravention, non la pénalité qui réprime les infractions aux règlemens, mais celle qui se trouve écrite dans la loi spéciale, il a été jugé que l'infraction à un règlement qui se confond avec une contravention prévue par le Code rural du 28 septembre-6 octobre 1791 doit être punie de la peine qu'édicte ce Code. — Cass., 20 août 1824, Ahage.

300. — ... Et lorsqu'une contravention à un arrêté de l'autorité municipale se trouve nominativement prévue par le Code pénal, c'est la disposition spéciale de ce Code qui doit lui être appliquée et non celle qui punit les infractions aux règlemens de police. — Cass., 19 fév. 1825, Mespiet; 26 mars 1825, Lechartier; 28 mars 1826, Foltz.

301. — La jurisprudence applique la disposition de l'art. 471 (§ 15) du Code pénal aux règlemens faits par les maires en matière de police rurale comme à ceux qu'ils prennent en matière de police municipale; que ce § 15 indique sont ceux qui ont été pris en vertu des lois des 16-24 août 1790 et 19-22 juillet 1791 et ces lois ne s'expliquent pas sur la police rurale, laquelle est régie presque exclusivement par le Code rural du 6 octobre 1791; mais on range les règlemens de police parmi les règlemens administratifs dont parle la première partie de ce § 15. — Cass., 5 déc. 1834 et 8 janv. 1836, Langlinier; 25 mai 1848 (t. 2 1848, p. 530), Relion.

302. — En cas de récidive, la peine réservée à ceux qui enfreignent les prescriptions des règlemens de police est aggravée. On sait qu'il y a récidive lorsqu'une contravention est commise dans les douze mois qui suivent un jugement portant condamnation pour une première contravention. — C. pén., art. 483.

303. — La loi du 16-24 août 1790 ne s'occupait pas de la récidive commise en matière de contraventions à des règlemens de police; elle se bornait à punir des contraventions ou peines de police, qui, ainsi que nous avons dit, avaient été modifiées, quant à leur maximum, par les dispositions générales des art. 600 et 606 L. 3 brum. an IV. La loi du 19-22 juill. 1791 et celle du 28 sept.-9 oct. suiv., appelée *Code rural*, ne punissant pas ces infractions, ne pouvaient s'occuper de la récidive en pareille matière. La loi du 19 juillet punissait seulement (art. 27) la récidive aux contraventions qu'elle réprimait. Le Code rural contenait une disposition semblable (tit. 2, art. 4) pour celles qu'il énumérait. — DÉLIT RURAL, nᵒ 7 et suiv.

304. — Cependant la récidive des infractions aux règlemens de police n'était pas impunie. On appliquait à ce cas la disposition générale de l'art. 607 C. 3 brum. an IV, aux termes de laquelle,

en cas de récidive aux contraventions de police, les peines portées contre ces contraventions devaient être prononcées par les tribunaux correctionnels; en suivant la proportion indiquée par les lois des 19 juill. et 28 sept. 1791, c'est-à-dire qu'elles devaient être portées au double. Et comme ces deux dernières lois n'aggravaient, en cas de récidive, que la peine de l'amende, il résulte de la combinaison de ces différens textes : 1ᵒ que les récidives des contraventions aux règlemens de police pouvaient être punies d'une amende mais non de la peine de l'emprisonnement. — Cass., 11 fév. 1832, Rousson. — 2ᵒ Que l'amende dans ce cas, devait être portée au double, c'est-à-dire à une valeur de six journées de travail. — 3ᵒ Que les tribunaux correctionnels étaient seuls compétens pour l'appliquer.

305. — Il faut remarquer qu'il n'y avait aucune distinction à faire, quant à la peine à appliquer, en cas de récidive des contraventions aux règlemens de police municipale et celle des contraventions aux règlemens de police pris en matière de police rurale, en vertu des dispositions du Code rural.

306. — On sait que depuis la promulgation du Code d'instruction criminelle les infractions punissables d'une amende de 15 fr. ou au-dessous et d'un emprisonnement de cinq jours ou au-dessous, sont de simples contraventions qui doivent être jugées par les tribunaux de simple police (art. 137 de ce Code), et comme les infractions commises en récidive aux règlemens de police n'étaient pas punies par l'art. 607 C. 3 brum. an IV que d'une amende de la valeur de six journées de travail, il est résulté de ce rapprochement que depuis 1808 la compétence établie par l'art. 137 du Code du l'an IV a été changée et que, dans ce cas, la récidive est entrée dans la compétence des tribunaux de simple police. Le même principe a été implicitement consacré par les art. 465, 466 et 484 du Code pénal de 1810.

307. — Cependant la Cour de Cassation avait d'abord décidé que les tribunaux correctionnels pouvaient seuls connaître des contraventions commises en récidive aux règlemens de police. — Cass., 4 juin 1824, Masson; 13 janv. 1825 (rég. de juges), Gayraud. — Mais cette Cour a réformé sa jurisprudence sur ce point, et jugé constamment, depuis, que la compétence appartient pour ces récidives aux tribunaux de simple police. — Cass., 19 mars 1825, Lesté-Cauchois; 24 févr. 1826 (régl. de juges), Gillard; 25 mai 1827 (régl. de juges), Julien Gresion; 4 août 1827 (régl. de juges), Buisson; 21 déc. 1827 (régl. de juges), Meunier; 15 févr. 1828 (régl. de juges), Dupeyrot; 6 août 1830, Bruno-Rousseau; 11 févr. 1832, Rousson.

308. — Depuis la loi du 28 avril 1832 les contraventions aux règlemens municipaux étant réprimées par l'art. 474 (§ 15) tombent en cas de récidive sous l'application de l'art. 474, qui s'applique à toutes les contraventions prévues par l'art. 471. Il y a lieu en conséquence de condamner les contrevenans à un emprisonnement de trois jours au plus.

309. — Le tribunal pourrait cependant, en déclarant que son jugement qu'il existe des circonstances atténuantes, se dispenser de prononcer une condamnation à l'emprisonnement. — Cass., 9 sept. 1841 (t. 2, p. 572), Bonamon. — V., au reste, CIRCONSTANCES ATTÉNUANTES EN CRIMES, DÉLITS ET CONTRAVENTIONS.

310. — Quel que soit le nombre des récidives, elles sont de la compétence du tribunal de simple police. — Cass., 14 août 1829, Thouin.

CRIMES, DÉLITS ET CONTRAVENTIONS.

311. — Jugé que la disposition de l'art. 471 (§ 15) n'est pas applicable aux infractions qui peuvent être commises à des ordonnances du roi, lesquelles il est statué sur des objets qui se rapportent pas à la police municipale. — Que par conséquence les contraventions à l'ordonnance du 14 nov. 1821, qui prohibe les entreprises ayant pour objet le remplacement des hommes appelés à faire partie de l'armée, à moins qu'elles ne soient autorisées par le roi, n'entraînent point l'application de la peine de simple police. — Cass., 27 janv. 1826, Duchois.

312. — Le législateur seul a le droit de créer des peines, et il est certain qu'une semblable pouvoir ne peut jamais appartenir à l'autorité municipale. Dès lors la disposition par laquelle un règlement de police établirait une peine spéciale, en cas d'infraction à ses prescriptions, devrait être considérée comme non écrite, et le tribunal de police ne serait pas tenu de l'exécuter. — Cass., 1ᵉʳ déc. 1809, Poolers; 3 nov. 1821, Duhommet; Joly c. Hervieux; 19 févr. 1825, Mesplet; 7 mars 1828, Girod; 17 janv. 1829, Fleuriel; 13 mars boulangers de Montauban.

313. — Cependant la Cour de cassation a décidé plusieurs fois que les maires pouvaient, par un traité passé avec les entrepreneurs d'un service public, tel que le balayage, assujettir ces entrepreneurs aux peines de police qu'encourraient les citoyens pour contraventions dans les mêmes matières. Nous avons exposé v° BALAYAGE (n° 41 et suiv.) la jurisprudence sur ce point, et nous avons exprimé l'opinion qu'elle était rejetable comme établissant une confusion entre les fonctions qu'exercent les maires comme dépositaires d'un pouvoir de police et celles qui leur appartiennent comme représentant la commune dans les contrats et actes de la vie civile qui le concernent.

314. — Il est incontestable que les maires ne sont désigner par leurs réglemens quelle sera la juridiction compétente pour réprimer l'infraction qui y serait faite. Ainsi, un maire ne rait ordonner par un arrêté qu'en cas de contravention les poursuites seront faites devant juge de paix. — Cass., 26 juill. 1827, Julien Renaud. — V. aussi 22 juin 1809, Timmermans; 10 suiv. 1819, Gebelin, les préfets ne peuvent pas davantage intervertir l'ordre des juridictions. — Cass., therm. an XIII, Hugot c. Blanchot.

315. — Avant la création d'un § 15 à l'art. 471 C. pén., par la loi du 28 avril 1832, on s'était demandé si, en matière revive, par une publication nouvelle, d'anciens réglemens de police, comme l'art. 46 de la loi du 19 juill. 1791 leur en donne le droit, les autorités municipales remettent par cela même en vigueur les peines portées par ces réglemens. La jurisprudence d'abord la celle question par l'affirmative. — Cass., jbim. an XII, Drouet; 28 mars 1807, Sauveur; (différ. 1808, Minory c. Durue; 20 juin 1809 (régl. 83 juges), Collet; 4 juill. 1812, Jean Mousset.

316. — Cette jurisprudence a été combattue. Merlin (Quest. de droit, v° Tribunal de police, § n° 5). Ce jurisconsulte a fait remarquer que la loi du 16 août 1790 (tit. 41, art. 5) en punissant les contraventions à la police de peines de simple amendes, ne se référait nécessairement aux anciens réglemens; car ce n'est qu'en l'an 19-22 (let 1791 que les maires ont reçu le droit d'en prendre de nouveaux. La Cour de cassation, revenant, après examen, sur son opinion, a décidé, depuis, que les anciens réglemens de police devaient être considérés comme abrogés quant à leur pénalité, qui n'était plus en harmonie avec le système consacré par le droit criminel moderne. — Cass., 10 avril 1819, Gebelin; 7 oct. 1826; Trilucy; 12 nov. 1830, Chevillon; 29 avril 1831, Vasseur; 26 nov. 1831, Garigue.

317. — Depuis que l'art. 471 C. pén. a reçu l'addition du § 15, toute incertitude paraît avoir cessé sur ce point; et la Cour suprême a décidé que les peines prononcées par les anciens réglemens ont été abrogées par cette disposition, qui est seule applicable aux contraventions dont ils se sont l'objet. — Cass., 5 janv. 1837 (t. 2 1837, p. 102), Rérand (dans ses motifs); 16 déc. 1841 (t. 1er 1842, p. 700), Gauduin; 17 déc. 1841 (t. 1er 1842, p. 591), Purcelet. — V., cependant, Duvergier (Collet, des lois, sur la loi du 28 avril 1832, t. 32, p. 151), qui pense que la pénalité des anciens réglemens est toujours applicable en tant qu'elle n'a rien de contraire à la législation criminelle moderne.

§ 2. — Obligation pour l'autorité judiciaire de maintenir l'exécution des réglemens de police légalement faits.

318. — Une des plus graves difficultés qu'ait présentées la matière est résultée de la question de savoir jusqu'à quel point l'autorité judiciaire a le droit d'apprécier le mérite et la valeur des réglemens faits par l'autorité municipale, avant de décider si elle doit ou non réprimer par des réglemens les infractions faites à ces réglemens.

319. — La Cour de cassation avait d'abord jugé que tout contrôle, tout examen était interdit aux tribunaux; et qu'ils devaient se borner à maintenir l'exécution des réglemens de police, sans y livrer à aucune appréciation. — Cass., 29 août 1807, Leidts.

320. — Ce système, qui faisait de l'autorité judiciaire un instrument passif, destiné à maintenir l'exécution des actes de l'autorité administrative, quels que fussent ces actes, faisait jouer aux tribunaux un rôle dépourvu de dignité et de noblesse avec leur caractère. Henrion de Pansey proposa de décider que lorsque le juge de police reconnaissait que l'arrêté dont on lui demandait l'application avait été pris en dehors

des pouvoirs municipaux, il devait se déclarer incompétent.

321. — Mais, ainsi que le fait remarquer Foucard sur Henrion de Pansey (Du pouvoir municipal, liv. 2, chap. 6, p. 267), cette opinion ne donnait à la difficulté aucune solution définitive, et elle ne tenait pas compte de l'absolue nécessité où sont les tribunaux de statuer sur les poursuites, par suite desquelles ils sont saisis, soit en condamnant le prévenu, si elles sont fondées, ou en l'acquittant dans le cas contraire. — C. instr. crim., art. 159, 163 et 364. — Il est, en effet, passé en jurisprudence qu'un tribunal de police ne peut se dispenser de statuer sur une prévention d'infraction à un règlement de police en se déclarant incompétent. — Cass., 29 janv. 1813, Lejeune; 18 oct. 1816, Garnier; 11 nov. 1824, Zanckel; 30 mars 1827, Jacquemont; 21 mars 1828, Orgeret. — Rauter, Droit crim. frang., t. 2, n° 713, p. 362; Legraverend, Législ. crim., t. 2, chap. 3, p. 297.

322. — Aujourd'hui, c'est un point constant que les tribunaux ont toujours le droit de vérifier si l'acte qualifié règlement de police, dont l'exécution leur est demandée, émane d'une autorité municipale, ayant qualité pour le prendre, et si, par son objet cet arrêté rentre dans le cercle des attributions de cette autorité. — Cass., 25 mai 1810, maire de Wolfstein c. Schneider; 3 août 1810, habitans de La Rochelle; 2 mars 1813, Maire; 13 août 1813, Naveau; 13 août 1819, Grèze; 15 janv. 1820, Gurdien; 24 févr. 1820, Delprat; 18 juill. 1823, Motelet; 26 mars 1825, Marconnet; 16 avril 1825, Hanser; 1er avril 1826, Lhermitte; 16 déc. 1826, Berlot; 30 mars 1829, Jacquemont; 4 avr. 1835, Brazier; 18 janv. 1838 (t. 2 1838, p. 82), Vignes et Bimeney; 5 janv. 1839 (t. 1er 1839, p. 77), Duguey; 7 mai 1841 (t. 1er 1844, p. 502), Suivador.

323. — Le tribunal a le droit de rechercher si le règlement de police est légal, même lorsque les parties intéressées ont réclamé devant le préfet, pour le faire annuler comme contraire à la loi, et que le préfet a rejeté le pourvoi. Le droit d'appréciation de l'autorité judiciaire est tout à fait indépendant de celui qui appartient à l'autorité administrative.

324. — L'autorité judiciaire a également le droit de constater si le règlement de police municipale, qui s'appliquant à une matière qu'il appartient à l'autorité municipale de régler, n'est pas en opposition avec une prescription de la loi. Dans ce cas, le tribunal de police doit prononcer l'acquittement du prévenu. — Cass., 18 sept. 1827, Pons; 21 mars 1828, Orgeret.

325. — Jugé qu'un tribunal de police ne peut se refuser à appliquer l'arrêté municipal qui prescrit la suppression des gouttières des maisons et l'établissement d'un conduit pour transporter les eaux jusqu'à la rue, sous le motif que cet arrêté serait contraire à l'art. 681 C. civ. — Cass., 14 oct. 1813, Fillières. — V., au reste, à cet égard, GOUTTIÈRE, n° 13 et suiv.

326. — Lorsque le règlement municipal est obscur dans sa rédaction, de telle manière que le juge de police ne sache pas ce qu'a voulu prescrire ou interdire l'autorité municipale dont il émane, le juge doit surseoir à statuer, jusqu'à ce que le sens de l'acte ait été fixé par cette autorité ou par le pouvoir administratif supérieur.

327. — C'est en ce sens qu'il a été jugé plusieurs fois que le pouvoir judiciaire n'a pas le droit d'interpréter les réglemens de l'autorité municipale, l'interprétation appartenant, dans ce cas, à cette autorité ou au pouvoir administratif supérieur. — Cass., 7 nov. 1823, Pallisse; 16 juill. 1824, Campi.

328. — Lorsqu'un règlement administratif contient une première disposition précise et absolue et qu'il finit par une autre disposition, les tribunaux ne peuvent chercher, par voie d'interprétation, une modification à cette disposition dans celles qui la suivent. — Cass., 17 1827, Hubert.

329. — Si le juge de police ne peut interpréter les arrêtés municipaux, encore moins pourrait-il les modifier; et il y aurait empiétement de sa part sur les pouvoirs de l'autorité administrative, si, sous prétexte de l'obscurité du règlement, il admettait des exceptions qui ne résulteraient pas formellement de ses termes. De pareilles exceptions ou modifications ne peuvent être faites que par un nouvel arrêté municipal ou par le préfet. — Cass., 21 févr. 1824, Legrand; 18 nov. 1824, Hubert; 18 juin 1828, Descatte; 7 mars 1835, Gendre; 4 avril 1835, Vernet.

330. — Jugé qu'un tribunal de simple police ne peut acquitter le prévenu par le motif que l'arrêté municipal qui a été enfreint ne doit être pris dans un sens absolu. — Cass., 23 août 1839 (t. 2 1839, p. 460), Lepan.

331. — Cependant de ce que les tribunaux de police ne peuvent ni interpréter ni modifier les arrêtés municipaux il ne faudrait pas conclure que ces tribunaux ne peuvent en faire l'objet d'un examen approfondi et en comparer les diverses parties les unes avec les autres, pour en rechercher le véritable sens. — Cass., 13 août 1842 (t. 2 1842, p. 704), Defferon, Pointeau et Renaud. — Seulement, lorsqu'ils reconnaissent, après examen, que le sens de l'arrêté est obscur, ils doivent surseoir à statuer, jusqu'à ce qu'il ait été interprété par l'autorité compétente.

332. — Mais lorsque l'arrêté municipal émane d'une autorité compétente, qu'il est clair dans ses termes, et que son objet rentre dans les attributions du pouvoir municipal, le juge de police ne peut se refuser à l'exécuter. Peu importe qu'il soit raisonnable ou qu'il ne le soit pas, c'est chose étrangère à l'autorité judiciaire. — Cass., 27 déc. 1828, Martin dit Loiseau; 8 juin 1810, Tavera; 5 juin 1823, Carpentier; 30 mars 1827, Jacquemont; 12 juin 1828, Cottin; 24 juin 1831, Bosseron. — V. COMPÉTENCE ADMINISTRATIVE, n°s 491 et suiv.

333. — On ne pourrait, par exemple, se soustraire aux conséquences d'une infraction à un règlement municipal en cherchant à prouver ou qu'il y avait une grande difficulté à l'exécuter ou que le règlement était trop sévère ou que l'infraction reprochée n'en a pu faire aucun inconvénient ou autres circonstances semblables. — Cass., 26 juill. 1819, Giraud; 4 août 1837, Capra; même date (t. 1er 1838, p. 568), Dolard. — C'est, en effet, un principe certain, que l'excuse tirée de labon ne foi n'est pas admissible en matière de contravention de police.

334. — Le principe que l'excuse tirée de la bonne foi n'est pas admissible en matière de contravention a reçu de nombreuses applications en matière de contraventions à des réglemens de police. — Cass., 4 mars 1826, Sulpicy; 23 sept. 1826, Bordage; 28 août 1829, Grieques; même date, Giroy; 30 juill. 1831, Ducœur-Joly; 24 mai 1832, Pezue; 20 déc. 1834, Ponçon; 26 juin 1835, Giraud; 9 mars 1838 (t. 1er 1840, p. 348), Grelot; 26 févr. 1842 (t. 2 1842, p. 212), Worch.

335. — Jugé notamment qu'en matière de contravention aux réglemens de l'autorité municipale, la criminalité de l'intention n'est pas nécessaire pour entraîner l'application de la loi pénale. — Dès que le fait de la contravention est matériellement constaté, il ne peut être excusé ou autant qu'il a été la suite d'une force majeure. — Cass., 20 juill. 1838 (t. 1er 1840, p. 305), Bonafé et Laborie.

336. — ... Et que le défaut d'éclairage, pendant une partie de la nuit, de matériaux déposés sur la voie publique, ne peut être excusé sous prétexte de la bonne foi du prévenu et que les lumières allumées d'abord auraient été plus tard éteintes par des circonstances de force majeure et indépendantes de la volonté du prévenu. — Cass., 28 févr. 1846 (t. 1er 1849, p. 594), Baty. — V., au reste, sur le principe que la bonne foi n'est pas un motif d'excuse, v° CRIMES, DÉLITS ET CONTRAVENTIONS, n° 343 et suiv.

337. — Le tribunal de police n'est pas juge de l'application des mesures prescrites, soit de leur sévérité. — Cass., 9 août 1826, Menager.

338. — Lorsqu'un arrêté de police prescrit l'enfouissement des chrysalides comme répandant une odeur insalubre, le tribunal de simple police ne peut, sans s'immiscer dans l'examen d'une mesure administrative, acquitter les contrevenans sous le prétexte que l'odeur répandue par ces chrysalides n'est pas insalubre, mais seulement incommode. — Cass., 12 juin 1828, Cottin.

339. — Il n'appartient même pas aux tribunaux de décider si l'exécution d'un règlement de police est ou non impossible. — Cass., 13 mars 1834, boulangers de Montauban; 4 août 1832, Michel.

340. — On ne peut se dispenser de se conformer à une ordonnance de police, prescrivant certaines mesures d'ordre et de salubrité, sous prétexte qu'on est l'inventeur d'un procédé dont l'application rend superflues les prescriptions de cette ordonnance. — Cass., 4 févr. 1844 (t. 2 1844, p. 457), Buran.

341. — Jugé que la contravention à l'arrêté de l'autorité municipale qui détermine le lieu des amarrages et le placement des bâtimens dans un port ne peut être excusée sur le motif qu'elle aurait eu lieu avec le consentement de l'administration des douanes. — Cass., 8 juin 1844 (t. 2 1844, p. 112), Daviot.

342. — ... Que l'entrepreneur des travaux militaires d'une place de guerre auquel son cahier des charges a imposé la condition de faire exécuter les ouvrages dont la surveillance appartient aux officiers du génie ne peut être excusé d'avoir, en accomplissant des travaux militaires, contrevenu à un arrêté municipal, par le motif qu'il n'avait agi que d'après les ordres du génie militaire. — *Cass.*, 25 juin 1836 (t. 1er 1837, p. 14), Labarre.

343. — C'est en vain qu'on prétendrait n'avoir pas eu connaissance du règlement. Il en est des arrêtés municipaux, régulièrement publiés, comme des lois, que nul n'est censé ignorer. — *Cass.*, 1er therm. an XII, Picard; 20 janv. 1826 (int. de la loi), Bèthe; 3 févr. 1827, Fleuriau; 25 mars 1830, Bruère; 9 juin 1832, Lafon-Binaud.

344. — Le tribunal de répression manquerait encore à ses devoirs s'il accueillait l'excuse tirée de ce qu'il existerait d'anciens usages contraires au règlement de police. — *Cass.*, 24 déc. 1813, habitans de Leerhare; 16 nov. 1810, Jeannin et Buzon; 3 janv. 1828, Buissard; 28 janv. 1837 (t. 2 1840, p. 182), Rouillard; 19 sept. 1841 (t. 2 1842, p. 498), Pinel; 4 nov. 1841 (t. 1er 1842, p. 599), Simon; 8 déc. 1841 (t. 1er 1842, p. 587), Lecoq.

345. — ...Ou de ce que toute la commune aurait commis la même contravention. — *Cass.*, 17 brum. an VII, Martin.

346. — ...Ou de ce que plusieurs individus qui seraient dans le même cas que le prévenu n'auraient pas été poursuivis. — *Cass.*, 24 juin 1842 (t. 2 1842, p. 490), Loiseau.

347. — Cependant l'empêchement provenant de force majeure fait exception à la culpabilité, même en matière de contravention de police. Décidé, en ce sens : que la fermeture d'un spectacle après l'heure fixée par un arrêté municipal, provenant de faits étrangers au directeur et à la troupe dramatique, ne constitue aucune contravention. — *Cass.*, 8 août 1840 (t. 1er 1841, p. 726), Lefèvre et Desfossez.

348. — Et que lorsque c'est par l'effet d'une erreur occasionnée par l'administration elle-même que des particuliers ont contrevenu à un règlement de police, le tribunal peut les renvoyer des poursuites du ministère public en se fondant sur le défaut d'intention de leur part de contrevenir à ce règlement. — *Cass.*, 19 nov. 1829, Vanault. — V., sur le principe que la force majeure est un cas d'excuse, CRIMES, DÉLITS, ET CONTRAVENTIONS, nos 316 et suiv.

349. — La déclaration faite par le prévenu, qu'il entend se pourvoir contre le règlement municipal, n'ayant pas pour effet de suspendre l'exécution de ce règlement, ne pourrait être admise comme excuse.

350. — Jugé que la contravention à la défense faite par l'autorité municipale à un particulier par arrêté à lui notifié de reconstruire le four de sa maison, située dans l'intérieur d'une ville, ne peut être excusée, et que le tribunal de simple police ne peut surseoir à réprimer cette contravention jusques après la décision des tribunaux civils sur la question de savoir si le four n'a pas été établi avant les bâtimens qui l'entourent; puisque la solution de cette question, fût-elle favorable au prévenu, n'empêcherait pas la contravention d'exister. — *Cass.*, 16 nov. 1837 (t. 1er 1844, p. 527), Delille.

351. — Les tribunaux de police ne peuvent acquitter par un motif d'indulgence ou de pardon, les contrevenans aux arrêtés de police. Ce serait exercer le droit de grâce, et ce droit n'appartient qu'au chef de l'Etat. — *Cass.*, 4 mess. an VII, N...; 28 vend. an X, Préau; 9 brum. an XIV, Magen et Demichet; 24 brum. an XIV, André et Porin; 4 juill. 1806, Duchemin; 11 déc. 1807, Guirard et Bouteiller; 24 nov. 1808, Burk; 6 juill. 1826, Menard; 23 sept. 1826, Legal; 14 oct. 1826, Boltard; 13 juin 1828, Descatte; 9 juill. 1829, Taillandier; 18 févr. 1831, Delacourt; 19 févr. 1835, Maurel; 23 juill. 1836 (t. 1er 1837, p. 77 (int. de la loi)), Jouard et Joubert; 5 août 1836 (t. 1er 1837, p. 468), Cazes; 6 avr. 1838 (t. 1er 1840, p. 210), Lemonnier.

352. — Le tribunal de simple police qui reconnaît l'existence d'une contravention à un règlement de police ne peut acquitter le prévenu : sous le prétexte que cette contravention est du nombre des fautes que la loi pardonne, et que la conduite du prévenu a toujours été régulière. — *Cass.*, 23 sept. 1826 (int. de la loi), Legal; 18 févr. 1831, Delacour.

353. — Un tribunal de simple police ne peut acquitter des individus qui ont participé à des désordres dans une salle de spectacle, sous le prétexte qu'ils n'en ont pas été les principaux moteurs. Cette déclaration entraîne la conséquence implicite qu'ils y ont pris une part quelconque. — *Cass.*, 21 sept. 1833, Pascal.

354. — Un logeur qui a contrevenu à un arrêté préfectoral prescrivant l'ouverture d'un registre pour inscrire les personnes qu'il reçoit, ne peut être renvoyé des poursuites : sous le prétexte qu'il n'a pas l'intelligence nécessaire pour tenir ce registre. — *Cass.*, 4 oct. 1834, Rivet.

355. — Le tribunal de simple police qui reconnaît l'existence d'une contravention à un règlement de police ne peut, sans violer la loi pénale, acquitter le prévenu, et se borner à lui faire défense de récidiver. — *Cass.*, 25 juin 1825, Courtin; 6 juill. 1826, Mesnard.

356. — Le juge de police ne pourrait non plus se contenter de condamner le contrevenant aux dépens (*Cass.*, 10 déc. 1807, Lambry), ou à des dommages-intérêts envers la partie lésée. — *Cass.*, 7 messid. an VIII, Deboubers.

357. — Le tribunal de police qui ajourne indéfiniment le jugement d'un fait commis en contravention à un arrêté municipal, annule, par le fait, cet arrêté et s'immisce dans les fonctions administratives. — *Cass.*, 14 germ. an VII, Quille.

358. — On doit, au surplus, consulter, sur les principes relatifs au jugement des contraventions en matière de simple police, les mots CRIMES, DÉLITS ET CONTRAVENTIONS.

POUVOIR PARLEMENTAIRE.

1. — Dans le langage vulgaire, le pouvoir parlementaire (dénomination qui tire son origine du mot parlement) et le pouvoir législatif se confondent; ils s'emploient indistinctement pour exprimer la même idée, la même chose.

2. — Il existe, cependant, en réalité, une différence entre ces deux pouvoirs. Le pouvoir législatif doit être pris, en effet, d'une manière abstraite, et ne s'entendre que du pouvoir, soit unique, soit collectif, chargé de faire les lois, en tant qu'il concourt à la confection des lois, soit générales, soit d'intérêt local. Le pouvoir parlementaire, au contraire, est celui qui constitue la représentation nationale, envisagée d'une manière absolue. Ils peuvent l'un et l'autre résider dans les mêmes mains.

3. — Le pouvoir parlementaire peut être unitaire, appartenir, comme aujourd'hui, à une seule assemblée. Il peut aussi être collectif, se composer de deux Chambres : comme, par exemple, sous la monarchie constitutionnelle, il se composait de la Chambre des députés et de la Chambre des pairs; comme, en Angleterre, il se compose de la Chambre des lords et de la Chambre des communes, et, en Amérique, du congrès et du sénat.

4. — Expression de la représentation nationale considérée au point de vue le plus général, le pouvoir parlementaire doit avoir nécessairement des droits plus étendus que le pouvoir législatif. Ces droits vont-ils jusqu'à lui permettre de dépouiller une dynastie de la couronne pour la transporter sur la tête d'une dynastie nouvelle, d'abolir la forme actuellement existante du gouvernement pour lui en substituer une autre? Il nous semble, quant à nous, qu'il ne peut jamais appartenir au pouvoir parlementaire, quelle que soit son omnipotence, de changer la forme du gouvernement. C'est un droit qui doit être réservé à la souveraineté populaire seule, s'exerçant par le suffrage des citoyens. — V., cependant, Chassan, *Traité des délits de la parole*, etc., 2e édit., t. 1er, no 324.

5. — Quoi qu'il en soit, ce droit a été déjà maintes fois exercé par nos assemblées dites nationales de quelque manière qu'elles soient composées ou dénommées. Sans remonter aux temps antérieurs à 1789, nous rappellerons seulement : 1° que la Convention nationale, après avoir ordonné la suspension du roi (décr. 10 août 1792), a décrété l'abolition de la royauté (décr. 21-22 sept. 1792) et lui a substitué la République (déclar. 25 sept. 1792); 2° que, par une loi du 19 brum. an VIII, la représentation nationale a aboli le Directoire exécutif et la Constit. de l'an III; 3° qu'un acte du sénat et du Corps législatif, du 3 avr. 1814, a prononcé la déchéance de Napoléon et de sa dynastie, et que, par un acte postérieur (Const. du 6-9 avr. 1814), le sénat a appelé au trône de France Louis XVIII et les membres de sa famille; et 4°, enfin, qu'en 1830 (déclar. 7 août) la Chambre des députés et la Chambre des pairs ont remplacé le gouvernement de Charles X par un gouvernement constitutionnel à la tête duquel elles ont placé le duc d'Orléans, en mettant en outre la couronne dans sa maison.

6. — Au contraire, le 24 févr. 1848, le Gouvernement provisoire, appelé à régir la France après la retraite de Louis-Philippe, a été institué, non par le pouvoir parlementaire, mais par la souveraineté populaire; et la proclamation de la République par ce Gouvernement a été confirmée par l'Assemblée nationale de 1848, élue à l'effet de donner à la France une Constitution nouvelle. — Décr. de l'Assemblée nationale du 4 mai 1848.

V. POUVOIR EXÉCUTIF, POUVOIR LÉGISLATIF, REPRÉSENTATION NATIONALE, RÉPUBLIQUE.

POUVOIR SPÉCIAL.

V. MANDAT.

PRAGMATIQUE SANCTION.

Ces termes s'entendaient de rescrits ou d'actes en forme d'édit et de constitution sur des matières importantes et publiques ecclésiastiques. — On les emploie surtout pour désigner un édit fait sous Charles VII en 1438 et qui établit des points de discipline ecclésiastique sur lesquels reposaient les bases des libertés de l'Eglise gallicane. — V. LIBERTÉS DE L'ÉGLISE GALLICANE.

PRÉAMBULE.

1. — Ce qui se fait ou se dit avant de commencer quelque chose et qui en est comme l'introduction.

2. — Un décret de l'Assemblée législative, du 10-11 août 1792, ordonna qu'à l'avenir tous les décrets seraient imprimés et publiés sans préambule.

3. — Dans les actes, et surtout dans les actes notariés, le préambule est la partie pour ainsi dire de forme qui commence l'acte. — Le préambule est alors considéré par opposition avec le *corps* de l'acte ou avec la *clôture* de ce même acte. — V. ces mots.

4. — Il est cependant certains actes qui comportent un préambule plus étendu. Ce sont ceux où il est indispensable d'entrer dans l'exposé des faits pour l'intelligence des conventions que l'acte renferme. — V., par exemple, COMPTE DE TUTELLE, PARTAGE, TRANSACTION.

5. — En tout cas, le caractère définitif d'un acte ne saurait dépendre des qualifications qui se trouvent dans son préambule. — *Cass.*, 4 mai 1846 (t. 2 1846, p. 78), Jeanjean.

PRÉBENDE.

On appelle *prébende* une portion de biens d'une église, cathédrale ou collégiale, assignée à un ecclésiastique, à la charge par lui de remplir certaines fonctions. — V. BÉNÉFICE ECCLÉSIASTIQUE, CHANOINE, CHAPITRE.

PRÉCIPITÉ DE CUIVRE.

Fabrication de précipité de cuivre. — Troisième classe des établissemens insalubres. — V. ce mot (nomenclature).

PRÉCIPUT (Hors part).

C'est l'avantage qui est fait à un successible, au delà de sa part héréditaire. — V. QUOTITÉ DISPONIBLE, RAPPORT A SUCCESSION.

PRÉCIPUT D'AINÉ.

V. AINESSE (Droit d'), MAJORAT.

PRÉCIPUT CONVENTIONNEL.

1. — C'est la somme ou les effets mobiliers que l'un des époux, par une clause de leur contrat de mariage, a le droit de prélever avant partage, sur la masse des biens de la communauté. — V. COMMUNAUTÉ, nos 1647 et suiv.

2. — Les mots *préciput conventionnel* étaient employés autrefois par opposition à ceux de *préciput légal*. — V. ce mot.

PRÉCIPUT LÉGAL.

On appelait ainsi le droit qui était accordé par plusieurs coutumes au survivant de deux conjoints, et le plus souvent de deux conjoints nobles, de prélever avant partage les biens meubles de leur communauté, ou même de jouir de l'usufruit des acquêts faits pendant leur mariage. — Cout. de Paris, art. 238 et suiv. — V. PRÉCIPUT CONVENTIONNEL. — V. aussi COMMUNAUTÉ, nos 1648 et suiv.

PRÉDICATION, PRÉDICATEUR.

1. — On comprend sous le nom de *prédications* les prônes faits aux messes paroissiales par les curés et autres titulaires ecclésiastiques, — les sermons faits par les prédicateurs extraordinaires — et même les *missions* : lesquelles consistent dans un ensemble d'exercices religieux dont les prédications sont le principal objet.

2. — Les prédicateurs ne doivent faire, soit au prône, soit dans toute autre circonstance, aucune publication étrangère à l'exercice du culte. — Il n'y a d'exception que pour les publications ordonnées par le gouvernement.

3. — La publication des bans de mariage n'est pas comprise dans la prohibition ; car elle fait partie de la discipline ecclésiastique. — Décis. min. 5e jour compl. an X.

4. — L'infraction à la règle ci-dessus donnerait ouverture à l'appel comme d'abus. — V. APPEL COMME D'ABUS.

5. — Pour que les ministres de la religion soient tenus de donner connaissance de publications étrangères au culte, il faut un ordre précis transmis par un ministre. Il n'appartient ni aux maires ni aux préfets d'ordonner des publications de ce genre. — C'est aux évêques seuls que le gouvernement adresse ses ordres, parce qu'ils doivent seuls diriger les cultes dans les églises. — Décis. min. 30 brum. an XIV, décr. 1808. — Vuillefroy, *Administration du culte catholique*, vo *Prédication*, no 2.

6. — Les discours prononcés en chaire ne doivent jamais contenir d'inculpation contre les personnes ou contre les autres cultes autorisés par l'Etat, non plus qu'aucune critique ou censure du gouvernement, d'une loi, d'une ordonnance ou de tout autre acte de l'autorité publique; ils ne doivent non plus provoquer à la désobéissance aux lois, ou à la guerre civile. — En cas d'infraction il y a lieu soit à déclaration d'appel comme d'abus, soit à des peines plus graves. — V. APPEL COMME D'ABUS, CULTE, nos 438 et suiv., et DÉLIT DE PRESSE.

7. — Les prédicateurs, autres que ceux chargés des prônes, sont nommés par les marguilliers, parmi les prêtres qui ont obtenu une autorisation spéciale de l'évêque : autorisation qui est donnée sous la surveillance du gouvernement. — Décr. 30 déc. 1809, art. 32. — Edit 1695, art. 10; L. 18 germ. an X, art. 9 et 50. — Vuillefroy, no 3. — V. FABRIQUE D'ÉGLISE, nos 158 et 398. — Le prédicateur doit être agréé par les marguilliers, alors même qu'il n'exige aucune rétribution pour ses sermons. — Décis. min. 17 fév. 1812.

8. — Aux termes du décr. du 28 sept. 1809 (art. 1er [V. aussi avis Cons. d'Etat 28 janv. 1842]), toute mission à l'intérieur est défendue. — Toutefois, dans la pratique, cette interdiction n'a pas été rigoureusement observée, et il y a été dérogé sous l'Empire et sous la Restauration : avec réserve néanmoins des droits de l'autorité en ce qui concerne les actes de nature à compromettre la paix publique. — Déc. min. 1819 et 25 fév. 1820. — Une ordonnance du 25 déc. 1830-14 janv. 1831 a rapporté comme illégale une ordonnance du 25 sept. 1816, qui avait approuvé l'établissement de la Société des missionnaires de France. — Avis du Cons. d'Etat du 4 sept. 1830, avis du Com. Int. et Cultes du 17 juill. 1835. — V., au reste, à cet égard, et relativement aux missions étrangères, vo COMMUNAUTÉS RELIGIEUSES, nos 77 et suiv.

PRÉEMPTION.

V. DOUANES.

PRÉFECTURES.

1. — Bâtimens occupés par les préfets et par leurs bureaux.

2. — Les loyers et réparations des préfectures sont à la charge des départemens et acquittés sur les centimes additionnels. — L. 13 flor. an X, art. 9.

3. — Ainsi que nous l'avons vu au mot DÉPARTEMENT (no 161), l'ameublement et l'entretien du mobilier des hôtels de préfecture ont été placés, par la loi du 10 mai 1838, parmi les dépenses ordinaires des départemens. — V. cette loi, art. 12.

4. — Cet ameublement et cet entretien comprennent : 1o le mobilier des appartemens de réception, le mobilier des salles du conseil de préfecture, du conseil général et des commissions, du cabinet du préfet et des bureaux de la préfecture, celui d'au moins six chambres de maître, avec leurs accessoires, et huit chambres de domestiques; 2o les objets mobiliers nécessaires au service des cuisines et au service des écuries et remises, et les ustensiles de jardinage. — Ord. 7-13 août 1841, art. 1er.

5. — Aux termes de l'art. 2 de la même ordonnance, les conseils généraux ont dû, dans la session qui a suivi sa promulgation, délibérer sur la somme à laquelle devait s'élever, à l'avenir, pour chaque hôtel de préfecture, le taux du mobilier constitué conformément à l'art. 1er; pour, ce taux être définitivement fixé par une ordonnance royale.

6. — L'art. 3 prescrivait au préfet de faire dresser un inventaire des meubles existant alors dans l'hôtel de la préfecture, avec indication du prix d'achat de chacun d'eux. Cet inventaire devait être récolé par un préposé de l'administration des domaines, conformément à l'art. 3 ord. 3 févr. 1830, et le récolement être vérifié par une commission du conseil général. Ledit inventaire devait ensuite être déposé aux archives de la préfecture, puis une copie être remise au préfet, une autre au directeur des domaines, enfin une troisième être transmise au ministre de l'intérieur.

7. — A la fin de chaque année et à chaque mutation de préfet il doit être fait un récolement du mobilier des hôtels de préfecture. Il peut aussi en être fait pendant chaque session ordinaire du conseil général. Ce récolement est opéré par un agent de l'administration des domaines et vérifié par deux membres du conseil général. — *Ibid.*, art. 5.

8. — L'allocation votée chaque année, par le conseil général, pour l'entretien du mobilier, est du vingtième du taux fixé pour la première fois en exécution de l'art. 2 de l'ordonnance de 1841. Elle doit être employée exclusivement au maintien du mobilier en bon état de conservation. Il doit être rendu compte chaque année au conseil général de l'emploi de cette allocation. — *Ibid.*, art. 6.

9. — Indépendamment du fonds annuel d'entretien mentionné à l'art. 6, il peut être ouvert des crédits pour réparation extraordinaire du mobilier. — *Ibid.*, art. 7.

10. — Les meubles entretenus ou réparés conformément aux deux articles précédens conservent sur l'inventaire leur valeur primitive d'achat (art. 8). Ceux qui sont réformés sont vendus au profit du département et le produit des ventes doit figurer dans le budget départemental. Ils sont remplacés par des meubles nouveaux, sans que le mobilier puisse dépasser le taux fixé par l'art. 2. — Art. 9.

11. — Les préfets sont tenus de représenter les divers objets inventoriés, mais ne sont pas responsables des détériorations et diminutions de valeur qu'ils pourraient avoir subies. — *Ibid.*, art. 10.

V. PRÉFET. — V., aussi, SOUS-PRÉFETS, SOUS-PRÉFECTURES.

PRÉFET.

1. — Fonctionnaire chargé, dans chaque département, de l'administration, sous l'autorité du pouvoir exécutif.

2. — Les préfets remplacent, aujourd'hui, dans notre nouvelle organisation, les intendans et les délégués auxquels était autrefois attribuée l'administration des provinces.

3. — On a vu (vo DÉPARTEMENT) comment, lors de la nouvelle division du territoire, faite en 1789, fut organisée l'administration de chacune de ses parties. On sait qu'aux administrations centrales succédèrent bientôt les directoires de département, cette dernière organisation devait disparaître elle-même avec la forme de gouvernement à l'image duquel elle avait été créée; dès que le pouvoir supérieur fut concentré dans les mains d'un seul, on dut penser à remettre également partout l'action administrative entre les mains d'un fonctionnaire unique. De là la création des préfets institués par la loi du 28 pluv. an VIII.

4. — Il y a dans chaque département un préfet. — L. 28 pluv. an VIII, art. 2; Const. de 1848, art. 77.

5. — Auprès de ce fonctionnaire sont placés un conseil de préfecture et un conseil général de département, lesquels remplissent les fonctions qui étaient autrefois exercées par les administrateurs et les commissaires de département. — V. CONSEIL GÉNÉRAL DE DÉPARTEMENT, CONSEIL DE PRÉFECTURE, DÉPARTEMENT.

6. — Mais le préfet est seul chargé de l'administration. — L. 28 pluv. an VIII, art. 3.

7. — Les préfets sont nommés par le président de la République, en conseil des ministres. Ils ne peuvent être révoqués que de la même manière. — Const. de 1848, art. 64.

8. — En cas d'absence ou d'empêchement, le préfet peut déléguer tout ou partie de ses fonctions, sous l'approbation du ministre de l'intérieur, à un conseiller de préfecture, ou au secrétaire général de la préfecture, à son choix. — Ord. 29 mars 1821, art. 1er.

9. — La délégation n'a pas besoin d'être approuvée par le ministre, lorsque le préfet ne sort pas du département. — *Ibid.*

10. — En cas d'absence ou d'empêchement d'un préfet, sans qu'il ait délégué l'administration, ou en cas de vacance de la préfecture, le premier conseiller de préfecture, dans l'ordre du tableau, prend de droit l'administration du département. — *Ibid.*, art. 2.

11. — Toutefois, si, avant la vacance de la préfecture, l'administration a été déléguée, celui à qui a été donnée la délégation continue d'exercer jusqu'à ce qu'il en soit autrement ordonné par le ministre de l'intérieur. — *Ibid.*

12. — Le délégué du préfet ne peut déléguer à son tour; en cas d'empêchement quelconque de sa part, l'administration est prise par le premier conseiller dans l'ordre du tableau. — Instr. min. 4 mai 1822.

13. — Relativement à leur traitement, les préfets sont divisés en plusieurs classes dont le nombre et la détermination ont souvent varié depuis l'an VIII. Le dernier état de choses, qui comprend six classes graduées en raison de la population de chaque chef-lieu de département, a été réglé par un arrêté du pouvoir exécutif, en date du 15 déc. 1848.

14. — En outre de leur traitement, les préfets reçoivent, sous la dénomination d'*abonnement*, une certaine somme fixée en raison de l'importance de chaque préfecture et destinée à faire face à tous les frais d'administration. Les 7/10es de cette somme doivent être consacrés au traitement des employés de la préfecture. Le surplus, destiné aux dépenses purement matérielles, est à la disposition des préfets. — Ord. 28 oct. 1830, 11 juill. 1833.

15. — Le préfet, dans chaque département, a un double caractère : 1o il est l'organe des intérêts généraux et l'instrument du pouvoir exécutif; 2o il est, en outre, l'organe du département, et l'agent d'exécution des mesures prises, dans son intérêt spécial, par ses représentans légaux.

16. — Comme instrument du pouvoir exécutif, la principale mission du préfet est de faire exécuter, dans toute l'étendue du territoire confié à ses soins, les lois, décrets, règlemens, instructions et décisions ministérielles; soit par lui-même, soit par l'intermédiaire des agens inférieurs placés sous son autorité.

17. — Il prend à cet effet tous les arrêtés qui peuvent être nécessaires, prescrit toutes les mesures que nécessitent les circonstances; est investi, en un mot, du droit de faire tous les actes de commandement attribués au pouvoir exécutif, qu'il représente.

18. — « Le principe constitutionnel sur la distribution des pouvoirs administratifs est que l'autorité descende du roi aux préfets, de ceux-ci aux sous-préfets, et des sous-préfets aux municipalités, à qui certaines fonctions relatives à l'administration générale du royaume peuvent être déléguées. » — Instr. de l'Assemblée constit. 22 déc. 1789, § 5.

19. — « Il résulte de là, dit M. Serrigny, que les préfets sont la grande artère du pouvoir exécutif, dans sa transmission du roi, qui en est le centre, aux administrés qui sont aux extrémités. Chaque préfet est l'un des principaux agens de l'administration publique, une, de sa nature, comme une chaîne composée de plusieurs anneaux. Il participe donc à l'*imperium merum* et fait des actes de commandement dans le département confié à son autorité. C'est en cela que consiste la nature de ses fonctions. » — Serrigny, *Comp. et procéd. adm.*, t. 2 no 1004.

20. — La nomination et la révocation d'un grand nombre de fonctionnaires appartiennent au préfet. Toutefois, le droit de révocation n'est pas pour lui une conséquence nécessaire du droit de nomination; la règle générale est même qu'il n'a pas le pouvoir de révoquer les fonctionnaires ou agens qu'il a le pouvoir d'instituer. C'est une garantie donnée à ces derniers. Quelles que puissent être les qualités personnelles des préfets, les lois supposent que l'autorité supérieure sera plus calme, plus prudente et moins prévenue. — Macarel, *Droit administ.*, t. 1er, p. 179.

21. — Par suite, il a le pouvoir de suspendre les fonctionnaires qui relèvent de lui, et même,

en certains cas, les corps administratifs, qui se seraient placés en opposition avec la loi : tels que les conseils généraux, les conseils municipaux, etc. — V. CONSEIL GÉNÉRAL, CONSEIL MUNICIPAL.

22. — C'est par l'intermédiaire du préfet que s'exerce, dans toute l'étendue de chaque département, la tutelle que les lois attribuent au gouvernement, sur les communes et tous les établissemens publics.

23. — Dans le cas où un maire refuserait ou négligerait de faire un des actes qui lui sont prescrits par la loi, le préfet, après l'avoir requis, peut y procéder d'office, par lui-même, ou par un délégué spécial. — L. 18 juill. 1837, art. 15. — V., au surplus, COMMUNE, ÉTABLISSEMENS PUBLICS, HOSPICES.

24. — Comme représentant des intérêts départementaux, le préfet est chargé, concurremment avec le conseil général, de tout ce qui touche à la gestion de ces intérêts dans les conditions tracées par la loi du 10 mai 1838. — V. CONSEIL GÉNÉRAL, DÉPARTEMENT.

25. — Toutes les décisions par lesquelles les préfets font usage du droit de commandement qui leur est attribué, prennent le nom d'*arrêtés*. — « Les actes des directoires ou conseils de dis- « trict ou de département » (que représentent aujourd'hui les préfets), dispose, à cet égard, la loi du 15-27 mars 1791, « ne pourront être intitu- » lés ni décrets, ni règlemens, ni proclamations, » ils porteront le nom d'arrêtés. » — L. 15-27 mars 1791, art. 1er.

26. — En général les préfets ne peuvent statuer que sur des matières de pure administration, ils n'ont point, à bien dire, de juridiction.

27. — Il est un certain nombre de cas, toutefois, où le préfet est appelé par les lois à prendre des décisions qui ont tous les caractères des décisions contentieuses.

28. — Ainsi, c'est à eux qu'il appartient de connaître, sauf recours au conseil d'État, de toutes les difficultés qui peuvent naître dans les courses de chevaux sur l'application des règlemens entre les concurrens. — Décr. 4 juill. 1806, art. 28. — V. COURSES DE CHEVAUX.

29. — En matière de mines, le préfet est également chargé de statuer sur certaines contestations qui peuvent s'élever entre les maîtres de forges en concurrence pour la même exploitation. — L. 21 avr. 1810, art. 60 et suiv. — V. MINES.

30. — En matière d'établissemens insalubres de 2e classe, le préfet statue encore, sauf recours au Conseil d'État, sur les difficultés soulevées entre le demandeur en autorisation et les tiers intéressés. — Décr. 15 oct. 1810, art. 7. — V. ÉTABLISSEMENS INSALUBRES.

31. — A défaut de paiement du prix de vente de biens domaniaux : au préfet appartient de prononcer la déchéance des adjudicataires, sur la demande des préposés du domaine. — Ord. 11 juin 1817. — V. DOMAINE DE L'ÉTAT.

32. — Les contestations relatives au paiement des fournitures faites pour le compte du gouvernement entre les particuliers et les agens du gouvernement sont de la compétence des préfets. — Arr. gouv. 19 therm. an IX, art. 1er. — V. MARCHÉS DE FOURNITURES.

33. — Les moulins situés à l'extrême frontière peuvent être frappés d'interdiction par décision des préfets, lorsqu'il est justifié qu'ils servent à la contrebande des grains et farines. — L. 30 avr. 1806, art. 76. — V. DOUANES, USINES.

34. — Le préfet est encore compétent pour juger si les concessionnaires de mines ont rempli toutes les conditions de leur concession, et, dans le cas contraire, pour les suspendre. — L. 27 avr. 1838, art. 7. — V. MINES.

35. — Les préfets peuvent aussi frapper d'interdiction toute exploitation ou fabrication de sel entreprise avant l'accomplissement des formalités prescrites. — L. 17 juin 1840, art. 7. — V. SALINES, SEL.

36. — Enfin : toutes les décisions que les préfets sont appelés à prendre en conseil de préfecture, ont nécessairement un caractère contentieux.

37. — En matière administrative pure, les préfets peuvent rapporter leurs propres arrêtés ou ceux de leurs prédécesseurs.

38. — Toutefois cette faculté leur est interdite lorsque les arrêtés ont constitué des droits acquis, ou qu'ils ont servi de base à des jugemens de tribunaux ou arrêtés de conseils de préfecture ou décisions ministérielles passés en force de chose irrévocablement jugée. — *Cons. d'État*, 11 janv. 1813, Deselve; 22 juin 1825, Damay. — Cormenin, *Droit admin.*, t. 1er, p. 169.

39. — La même interdiction existe naturellement à l'égard des arrêtés qui ont été volontairement exécutés par les parties. — *Cons. d'État*, 30 sept. 1811, Lefebvre; 12 août 1818, Siau. — Cormenin, *ubi suprà*.

40. — Les préfets ne peuvent non plus rapporter les arrêtés qu'ils ont pu rendre en exécution de décisions ministérielles qui subsistent. — Cormenin, *loc. cit.*

41. — Dans un certain nombre de cas, les préfets ne peuvent prendre d'arrêtés *qu'en conseil de préfecture*. Nous avons déjà eu occasion de faire remarquer qu'en pareil cas leurs décisions ne leur étaient pas moins propres, et que l'intervention du conseil de préfecture n'a d'autre but que de donner au préfet un simple avis qu'il est libre de suivre ou de rejeter. — V. CONSEIL DE PRÉFECTURE.

42. — Les arrêtés des préfets qui froissent, non des droits acquis, mais des intérêts ou des convenances, ne peuvent être attaqués que devant le ministre que la matière concerne. — *Cons. d'État*, 19 mai 1821, Viallon; 28 août 1822, Asbern; 21 mai 1823, Thomassin; 25 juillet 1827, Durand; 13 avr. 1836, Dauche; 26 déc. 1837, Magnié; 2 janv. 1838, Noël; 19 avr. 1838, Rivière; 9 mai 1838, Capillard. — Cormenin, *Dr. admin.*, t. 1er, p. 176.

43. — Lorsqu'il s'agit d'arrêtés attaqués pour excès de pouvoir ou pour incompétence, le recours des parties peut être indistinctement porté par les parties, soit devant le Conseil d'État, soit devant le ministre que la matière concerne. — Cormenin, *ubi suprà*, p. 177.

44. — Les préfets peuvent faire personnellement ou requérir les officiers de police judiciaire, chacun en ce qui le concerne, de faire tous actes nécessaires à l'effet de constater les crimes, délits et contraventions, et d'en livrer les auteurs aux tribunaux chargés de les punir. — C. instr. crimin., art. 10. — V. OFFICIERS DE POLICE JUDICIAIRE.

45. — Dans l'exercice de leurs fonctions, les préfets sont d'ailleurs investis, comme les magistrats, du pouvoir de prendre les mesures nécessaires pour assurer le respect qui est dû à leur autorité et pour prévenir ou réprimer les signes publics d'improbation ou le tumulte dont leurs actes pourraient être le prétexte. « Les préfets, dispose à cet égard le C. inst. crimin., lorsqu'ils remplissent publiquement quelques actes de leur ministère, exercent aussi les fonctions de police réglées par l'art. 504; et après avoir fait saisir les perturbateurs, ils dresseront procès-verbal du délit et enverront ce procès-verbal, s'il y a lieu, ainsi que les prévenus, devant les juges compétens. » — C. instr. crimin., art. 504 et 509.

PRÉFET APOSTOLIQUE.

On appelle ainsi celui qui a, dans les colonies, la direction et la surveillance du culte. — V. COLONIES, nos 324 et suiv.

PRÉFET COLONIAL.

On appelait ainsi, dans les colonies françaises, avant la restauration de 1814, le magistrat qui était chargé de leur administration, soit concurremment avec le capitaine général, soit indépendamment de celui-ci. — V. COLONIES, nos 24 et suiv.

PRÉFET MARITIME.

1. — On désigne ainsi des fonctionnaires qui cumulent les pouvoirs qui, avant leur institution, étaient partagés entre les commandans et les intendans de la marine. — Favart, *Rép.*, vo *Préfet maritime*.

2. — Les préfets maritimes, institués par un arrêté consulaire du 17 flor. an VIII, furent supprimés par une ordonnance du 29 nov. 1815, qui fit revivre les principes et les dispositions des anciennes ordonnances de la marine de 1689, 1765 et 1770.

3. — Une ordonnance du 27 déc. 1826 les réorganisa, et les dispositions de cette ordonnance furent successivement modifiées par deux autres ordonnances des 17 décembre 1828 et 14 juin 1844.

4. — Sur le nombre et les attributions des préfets maritimes, V. MARINE, nos 9 et suiv.

PRÉFET DE POLICE.

§ 1er. — *Historique* (no 1).
§ 2. — *Attributions* (no 12).
§ 3. — *Moyens d'action* (no 55).

—

§ 1er. — *Historique*.

1. — Les attributions déférées par nos lois générales aux préfets des départemens et aux maires sont partagées à Paris entre le préfet de la Seine et le préfet de police.

2. — Cette unité de direction dans l'administration de la police à Paris ne se rencontrait pas autrefois. — « Du plus haut qu'on remonte dans l'histoire de la police en France, disent MM. Eloin et Trébuchet (*Nouveau dictionnaire de police*, introduct., p. 3), on la retrouve intimement liée à celle de l'administration de la justice : avant la conquête, les municipalités gallo-romaines, après la conquête, les nouveaux maîtres du sol, ducs ou comtes (*duces vel comites*), enfin, durant l'époque de la féodalité, les princes, seigneurs et grands vassaux, quoique employant des formes diverses, semblent néanmoins agir sous l'influence d'une pensée au fond la même, l'administration de la cité par la cité. »

3. — Pour la première fois, en 1667, Louis XIV confia les attributions de la police à un seul magistrat, sous le nom de lieutenant de police. Avant cette époque, la police était exercée sous la haute surveillance et l'autorité du parlement par le lieutenant civil et le lieutenant criminel, au Châtelet, le prévôt des marchands et le bureau de la ville.

4. — La création d'une magistrature unique chargée de la police était devenue d'une évidente nécessité. « Il est nécessaire, disait le préambule de l'édit de mars 1667, que la réformation que nous apportons à la justice et à la police soit soutenue par des magistrats ; et comme les fonctions de la justice sont souvent incompatibles et d'une trop grande étendue pour être bien exercées par un seul officier dans Paris, nous avons résolu de les partager, estimant que la justice contentieuse et distributive qui requiert une présence actuelle en beaucoup de lieux et une assuidité continuelle, soit pour régler les affaires des particuliers, soit pour l'inspection qu'il faut avoir sur les personnes à qui elles sont commises, demande un magistrat tout entier; et que d'ailleurs la police qui consiste à assurer le repos public et des particuliers, à purger la ville de ce qui pourrait causer les désordres, à procurer l'abondance et à faire vivre chacun selon sa condition et son devoir, demandait aussi un magistrat qui put être présent à tout : à ces causes, » etc. — L'édit supprime, en conséquence, l'office de lieutenant civil au Châtelet et crée deux officiers du prévôt de Paris, l'un qualifié lieutenant civil, l'autre lieutenant de police; il règle ensuite les fonctions et attributions de ces magistratures.

5. — L'édit de mars 1667 fut complété successivement par divers arrêts du Conseil et ordonnances ayant pour objet, soit d'étendre, soit de définir les attributions du lieutenant de police; ainsi, on peut citer un arrêt du Conseil, du 11 avr. 1667, portant défense au bailli du palais et à tous autres juges de troubler le lieutenant de police et les officiers du Châtelet de Paris dans la connaissance et les fonctions de la police générale... Un autre arrêt du Conseil, du 21 avril 1667, portant que les ordonnances du lieutenant de police, pour les provisions et les subsistances de Paris, seront exécutées dans toute l'étendue du royaume... Une déclaration du roi, du 18 avril 1674, enregistrée au Parlement le 27 du même mois, qui réunit à l'office de lieutenant de police de l'ancien Châtelet de Paris celui qui avait été créé pour le nouveau, pour être exercé par le même magistrat en l'un et l'autre siége sous le titre de *lieutenant général de police*... Une déclaration du roi, du 23 avril 1674, qui réunit aux offices des commissaires de l'ancien Châtelet ceux qui avaient été créés pour le nouveau, enregistré au Parlement le 16 juillet même année... Un édit d'octobre 1674 portant création de lieutenans généraux de police avec les mêmes pouvoirs que ceux de Paris, dans tous les lieux où il y avait parlement, siéges, présidiaux, liages, sénéchaussées et juridiction royale... Enfin, une déclaration du roi, du 27 août 1701, registrée au Parlement le 2 septembre de la même année, qui conserve au lieutenant général de police sa compétence pour le jugement en dernier ressort des mendians, vagabonds et gens sans aveu.

6. — Toutefois l'unité que l'édit de 1667 et les dispositions qui l'avaient suivi avaient eu la prétention d'introduire dans la direction de la police, était loin d'être complète. D'une part, en effet, cet édit avait laissé au bureau de ville la police de la voirie des ports, quais et remparts; d'autre part, le prévôt des marchands et les échevins de la ville cherchaient incessamment à empiéter sur l'autorité du lieutenant général de police : aussi l'édit du mois de juin 1700 vint-il diminuer, mais non point faire cesser entièrement, les rivalités de pouvoir et les nombreux conflits de juridiction.

7. — Ces empiétemens ne firent que s'accroître sous les successeurs de Louis XIV; et en 1789, l'administration de la police, disséminée entre le lieutenant général de police, le prévôt des marchands, les échevins, la chambre des bâtimens, le bureau des finances et même le Parlement, manquait d'ensemble et d'homogénéité, la confusion régnait dans son sein, un partage obscur d'attributions mal définies engendrait des luttes incessantes. — V., à ce sujet, un excellent article de M. Vivien, dans la *Revue des Deux-Mondes* du 1er déc. 1842.

8. — L'insurrection du 14 juill. 1789 détruisit ou du moins paralysa l'action de l'administration et de la police. Il n'existait plus en réalité de lieutenant de police, de prévôt des marchands; aucun pouvoir ne présidait au maintien de l'ordre, lorsque fut établi le *comité permanent*, dans lequel le prévôt des marchands fut président, et les autres membres du bureau de ville eurent voix délibérative. Par cette création, la police fut maintenue au milieu des agitations dont Paris était alors le théâtre. — Eloin et Trébuchel, *Nouveau Dict. de police*, introd., p. 75.

9. — En 1790, l'Assemblée constituante désarmait le pouvoir. A Paris comme sur tous les points de la France furent constituées des autorités multiples et délibérantes, habiles pour le conseil, impropres à l'action. — V. l'art. précité de M. Vivien.

10. — Un changement survenu après le 9 thermidor diminua le désordre et ramena la police à une action plus régulière. Bien qu'imparfaite, ce fut le résultat de la loi du 14 fructidor an II qui confia la police de Paris à une commission composée d'abord de 20 membres, puis seulement de trois, jusqu'à la mise en activité du bureau central, qui se trouva par le fait n'être, quant aux attributions, que la continuation de la commission administrative de police. — Eloin et Trébuchet, *Nouv. Dict. de police*, introd., p. 88 et 92.

11. — Enfin vint le consulat, qui, reconnaissant la situation exceptionnelle d'une ville où se décident incessamment les destinées de l'Etat, la plaça sous l'autorité de deux magistrats nommés par le pouvoir central lui-même, investit l'un de l'administration proprement dite, l'autre de la police. « A Paris, porte la loi du 28 pluviôse an VIII (17 fév. 1800), dans chacun des douze arrondissemens municipaux un maire et deux adjoints seront chargés de la partie administrative et des fonctions relatives à l'état civil; un préfet de police sera chargé de ce qui concerne la police, et aura sous ses ordres des commissaires distribués dans les douze municipalités.

§ 2. — *Attributions.*

12. — Il n'existe en France qu'un seul préfet de police, qui, sous l'autorité immédiate du ministre de l'intérieur, exerce son autorité dans toute l'étendue du département de la Seine et dans les communes de Saint-Cloud, Meudon et Sèvres. — L. 28 pluv. an VIII, art. 16; arr. 3 brum. an IX, art. 1er.

13. — L'art. 2 de l'arrêté du 3 brumaire an IX met sous ses ordres, pour la partie de ses attributions qui y sont spécifiées, les maires et adjoints des communes et les commissaires de police, l'autorise à correspondre directement avec eux ou par l'intermédiaire des officiers sous ses ordres, et à requérir au besoin la garde nationale des mêmes communes.

14. — Le préfet de police exerce ses fonctions sous l'autorité immédiate des ministres, avec lesquels il correspond directement pour les objets qui rentrent dans leurs départemens respectifs. — Arr. 12 messid. an VIII, art. 1er.

15. — Ses attributions sont de trois sortes; elles comprennent : 1° la police politique, 2° la police de sûreté, 3° la police administrative.

16. — *Police politique.* — A Paris la police politique est confiée au préfet de police; mais elle n'est placée dans ses mains que par une délégation du ministre de l'intérieur, qui la conserve dans ses attributions et qui a toujours le droit d'en fixer les conditions et l'importance.

17. — La police politique est, du reste, la mission la plus délicate qui soit confiée à ce fonctionnaire. Elle est de sa nature secrète et préventive, et ces deux caractères contribuent à en rendre l'exercice difficile et même périlleux. Les auxiliaires secrets dont l'intervention est le plus souvent indispensable pour pénétrer dans le sein même des partis sont difficiles à manier. Il ne saurait apporter trop de soin, trop de circonspection dans l'examen des documens fournis par ces agens.

18. — *Police de sûreté.* — Le domaine de la police de sûreté est illimité : tout ce qui touche à la défense des personnes ou des propriétés lui appartient. La police politique a des détracteurs, la police de sûreté n'en a point; elle n'excite de plaintes que quand elle n'atteint pas son but. — Vivien, *loc. cit.*

19. — Cette branche de la police comprend la délivrance et le visa des passe-ports nécessaires pour voyager tant à l'intérieur qu'à l'extérieur de la République. Les militaires ou marins, qui, ayant obtenu des congés, veulent résider ou séjourner à Paris, sont tenus de faire viser leurs permissions ou congés par le préfet de police. — Arr. du gouvern. du 3 brum. an IX, art. 3, et du 12 mess. an VIII, art. 3.

20. — Le préfet de police délivre les cartes de sûreté et d'hospitalité. Les renseignemens dont il a besoin à cet effet doivent lui être communiqués soit par les maires, soit par les bureaux de bienfaisance. — Arrêté du 12 messid. an VIII, art. 4. — Il accorde aussi les permis de séjour à Paris, et fait exécuter les lois sur la mendicité et le vagabondage. — *Ibid.*, art. 5.

21. — Il fait délivrer, s'il y a lieu, aux indigens sans travail qui désirent retourner dans leur domicile, les secours autorisés par la loi du 13 juin 1790. — *Ibid.*

22. — Il étend son autorité et sa surveillance sur les prisons, maisons d'arrêt, de justice, de force et de correction de la capitale, sur la maison de répression du vagabondage établie à Saint-Denis, sur le dépôt de mendicité de la Seine à Villers-Cotterets, sur la maison d'aliénés de Bicêtre. — La nomination aux divers emplois dans ces maisons lui est aussi réservée. — *Ibid.*, art 6; ordonn. du 25 juin 1823.

23. — Il fait exécuter les lois et règlemens de police concernant les hôtels garnis et les logeurs. — *Ibid.*, art. 7. — Fait surveiller les maisons de débauche. — *Ibid.*, art. 9, et L. 22 juill. 1791. — Ainsi que les maisons de jeu. — *Ibid.*, art. 8 et suiv., et L. 22 juill. 1791. — Il faut ajouter les loteries prohibées et autres jeux de hasard. — « Si des jeux de hasard sur la voie publique, dit M. Vivien (*loc. cit.*), tendent leurs embûches à l'innocent pécule de l'ouvrier, la main du sergent de ville les disperse et saisit le cupide banquier; les brocanteurs, les revendeurs, ces proxénètes du vol, obligés de rendre compte de tous les actes de leur commerce vivent sous le poids d'une complicité toujours suspendue sur leur tête. »

24. — Il a la surveillance des maisons publiques, places et lieux publics. — Arrêté du 3 brum. an IX, art. 1er; ordonn. du préfet de police, 6 nov. 1812. — Et en général, de tous les lieux où se font des rassemblemens.

25. — Ainsi jugé que l'autorité du préfet de police de Paris s'étend sur les maisons publiques, places et lieux publics dans toute l'étendue du département de la Seine; et que par ces mots, *maisons publiques, places et lieux publics*, qui ne sont qu'énonciatifs, il faut entendre tous les endroits où il se fait ou peut se faire de grands rassemblemens d'hommes : tels que les *billards publics*, *cafés*, etc. — En conséquence : un marchand de vins n'a pu ouvrir, à Saint-Denis, un billard public, sans se munir de l'autorisation prescrite par les règlemens du préfet de police. — *Cass.*, 23 avr. 1835, Bourgeot.

26. — Il prescrit les mesures nécessaires pour prévenir ou dissiper les attroupemens, les coalitions d'ouvriers, les réunions tumultueuses ou menaçant la tranquillité publique. — Arr. 12 mess. an VIII, art. 10.

27. — Il fait observer les lois et arrêtés sur les fêtes publiques (*ibid.*, art. 20), surveille les lieux où l'on se réunit pour l'exercice des cultes (*ibid.*, art. 17); il a la police des théâtres, en ce qui touche la sûreté des personnes, les précautions à prendre pour le maintien du bon ordre au dedans et au dehors. — *Ibid.*, art. 12.

28. — Il fait exécuter les lois de police sur l'imprimerie et la librairie, en ce qui concerne les mœurs et l'honnêteté publique. — *Ibid.*, art. 11.

29. — Il surveille la distribution et la vente des poudres et salpêtres (*ibid.*, art. 13), délivre les permis de port d'armes, pour l'entrée et la sortie de Paris avec fusils de chasse. — *Ibid.*, art. 18.

30. — Il fait rechercher les déserteurs et les prisonniers de guerre évadés. — *Ibid.*, art. 19.

31. — Il a la police de la Bourse et des lieux publics où se réunissent les agens de change, courtiers, changeurs, et ceux qui négocient et trafiquent sur les effets publics. — *Ibid.*, art. 25.

32. — Il fait surveiller les portefaix et commissionnaires; la rivière, les chemins de halage, les ports, chantiers, quais, berges, gares, estacades, les coches, galiotes, les établissemens qui sont sur la rivière pour les blanchisseries, le laminage ou autres travaux, les magasins de charbon, les passages d'eau, bacs, batelets, les bains publics, les écoles de natation, et les mariniers ouvriers et arrimeurs, chargeurs, déchargeurs, tireurs de bois, pêcheurs et blanchisseurs, les abreuvoirs, puisoirs, fontaines, pompes et les porteurs d'eau; les places où se tiennent les voitures publiques et les cochers, postillons, charretiers, brouetteurs, porteurs de chaises, porte-fallots; les encans et maisons de prêt ou mont-de-piété, et les fripiers, brocanteurs, prêteurs sur gage, le bureau des nourrices, les nourrices et les mineurs. — *Ibid.*, art. 32.

33. — ... 3° *Police administrative.* — Les subsistances, la circulation, la salubrité sont les trois principaux objets de la police administrative.

34. — Relativement aux subsistances, le préfet de police surveille spécialement les foires, marchés, halles, places publiques; les marchands forains, colporteurs, revendeurs, les ports et lieux d'arrivage des comestibles, boissons et denrées dans l'intérieur de la capitale; fait inspecter les marchés où se vendent les bestiaux pour l'approvisionnement de Paris, à Sceaux, Poissy, La Chapelle et Saint-Denis; il rend compte au ministre de l'intérieur des connaissances qu'il a recueillies par les inspecteurs sur l'état des approvisionnemens de la ville de Paris. — *Ibid.*, art. 32.

35. — Il fait vérifier les balances, poids et mesures; et en général il fait exécuter les lois sur les poids et mesures. — *Ibid.* art. 26.

36. — Il fait observer les taxes légalement faites et publiées; il fait tenir les registres des mercuriales et constater le cours des denrées de première nécessité. — *Ibid.*, art. 27 et 28.

37. — Il assure la libre circulation des subsistances, suivant les lois. — *Ibid.*, art. 29. — Exige la représentation des patentes des marchands forains, et peut se faire représenter les patentes des marchands domiciliés. — *Ibid.*, art 30.

38. — Il fait saisir les marchandises prohibées par les lois. — *Ibid.*, art. 31.

39. — Conformément à l'arrêté du gouvernement du 1er messidor an XI (20 juin 1803), il peut aussi prendre d'urgence, et sans l'autorité du ministre de l'intérieur, les mesures nécessaires pour approvisionner Paris en comestibles.

40. — En ce qui concerne la circulation, le préfet de police est chargé de tout ce qui a rapport à la petite voirie; sauf le recours au ministre de l'intérieur. Il a sous ses ordres, à cet effet, un architecte, commissaire de la petite voirie, chargé de surveiller l'ouverture des boutiques, étaux de boucherie et de charcuterie, l'établissement des auvens et autres saillies, les échoppes, étalages mobiles, ainsi que la démolition ou la réparation des bâtimens menaçant ruine. — *Ibid.*, art. 21.

41. — L'arrêté du 12 messidor an VIII prescrit, en outre, un grand nombre de mesures tendantes à assurer la liberté et la sûreté de la voie publique. Elles sont spécialement relatives aux dégradations commises sur la voie publique, à l'éclairage, au balayage, au déblayage, à l'exposition sur les toits ou les fenêtres, à la conduite des eaux de pluies, aux furieux, insensés, animaux malfaisans ou dangereux, à la marche des voitures ou des chevaux, à la station et au déchargement des voitures et marchandises, à l'enlèvement des boues, matières malsaines, glaces, décombres, aux arrosemens. — Art. 22.

42. — La salubrité publique est à son tour l'objet des vigilantes préoccupations administratives. L'arrêté de messidor an VIII énumère, à cet égard, un grand nombre de prescriptions, dont l'exécution est confiée au préfet de police. Sans entrer dans le détail des articles de cet arrêté, disons seulement que ces prescriptions ont pour objets

principaux les épidémies, les épizooties, les maladies contagieuses, les inhumations, les maisons de santé, les comestibles ou médicamens gâtés, corrompus ou nuisibles (art. 23), les incendies, les débordemens, débâcles, les secours à administrer aux noyés. (art. 24).

43. — Le préfet de police est aussi chargé d'autoriser ou suspendre les manufactures ou établissemens insalubres de 2° classe. — *Ibid.*, art. 23. — Décr. du 15 oct. 1810, art. 8; ord. du 14 janv. 1815, art. 5. — V. ÉTABLISSEMENS INSALUBRES.

44. — ... D'exercer, sous l'autorité du ministre de l'intérieur, une surveillance immédiate sur le service du corps des pompiers, et de faire les ordonnances y relatives. — Décr. du 17 messid. an IX (6 juill. 1801), art. 18.

45. — ... De veiller à ce que personne n'altère les monumens et édifices publics. Il doit indiquer au préfet du département et requérir les réparations, changemens et constructions de plusieurs établissemens publics. — *Ibid.*, art. 34.

46. — Dans cette partie de ses attributions, le préfet de police est secondé par le conseil de salubrité, qui donne son avis sur toutes les questions qui touchent en quelque point à la sûreté publique.

47. — *Attributions diverses.* — Quelques attributions, étrangères aux divisions que nous venons de parcourir, appartiennent encore au préfet de police. Ainsi, il est chargé de distribuer aux réfugiés politiques, résidant à Paris, les secours que leur accorde l'hospitalité française. — V. RÉFUGIÉS.

48. — Il est aussi chargé de reviser et approuver les statuts d'un grand nombre de Sociétés de secours mutuels, formées dans la plupart des classes d'ouvriers, et ceux des Sociétés anonymes qui réclament l'approbation du gouvernement. — V. SOCIÉTÉS.

49. — Le préfet de police est seul compétent pour élever des conflits dans les affaires de son ressort. — Ord. roy. du 18 déc. 1822.

50. — Il préside le conseil de préfecture de la Seine lorsque ce conseil est appelé à prononcer sur le contentieux administratif, relatif à ses attributions. — Arr. du 5 messid. an X (25 juin 1802).

51. — Il prononce sur les affaires de simple police entre les ouvriers et apprentis, les manufacturiers, fabricans et artisans. — L. du 22 germ. an XI, art. 19.

52. — Il concourt, en ce qui le concerne, à dresser, avec le préfet du département, l'état des dépenses de la commune de Paris; à présenter au ministre de l'intérieur l'aperçu des recettes et les projets d'amélioration. — Arr. du 4 therm. an X, art. 36.

53. — Les mesures relatives à l'exécution de la loi sur le travail des enfans dans les manufactures lui ont aussi été confiées. — V. TRAVAIL DES ENFANS DANS LES MANUFACTURES.

54. — Enfin, la préfecture de police est un centre général d'informations et d'action auquel le gouvernement, les administrations locales et les particuliers ont recours dans une multitude de circonstances.

§ 3. — *Moyens d'action.*

55. — Pour l'accomplissement de ses fonctions, le préfet de police est investi de deux pouvoirs importans : celui de faire des règlemens, et de livrer aux tribunaux ceux qui les violent, et de décerner des mandats contre tout prévenu de crime ou de délit.

56. — C'est comme exerçant une partie des fonctions des maires que le préfet de police est investi du droit de faire des règlemens. Mais, tandis que les maires sont subordonnés aux préfets, le préfet de police ne relève que du ministre. Les mesures qu'il prescrit tirent, d'ailleurs, une grande importance de l'étendue de ses attributions, et de sa haute position administrative. Aussi la loi, comme pour le placer au-dessus des simples règlemens des maires, les qualifie-t-elle d'ordonnances.

57. — Selon MM. Eloin et Trébuchet (*Nouveau Dictionnaire de police*, introd., p. 36), l'usage de désigner ainsi les mesures prescrites par le magistrat chargé de la police dans la capitale dérive de la même dénomination qui était donnée autrefois aux actes de cette nature émanés du prévôt de Paris.

58. — Quoi qu'il en soit, le recueil de ces ordonnances renferme de précieux documens surtout sous le rapport administratif. — « Nul code, dit M. Vivien (*loc. cit.*), n'est aussi complet, nul traité

PRÉJUDICE.

1. — C'est le tort, le dommage qu'une personne cause à une autre. — V. DOMMAGE.

2. — Quiconque préjudicie à autrui est tenu de réparer le dommage qui en résulte. — V. RESPONSABILITÉ.

3. — Le débiteur ne peut pas faire d'actes qui préjudicient aux droits de son créancier. Quand il agit ainsi frauduleusement, la loi donne à ce dernier une action révocatoire contre le premier. — C. civ., art. 1167. — V. FRAUDE, n°° 69 et suiv.

4. — Toutefois, dans ce cas, le créancier est obligé de prouver qu'il y a eu à ce sujet *consilium* et *eventus*, c'est-à-dire intention de frauder de la part du débiteur et préjudice pour lui créancier.

5. — Mais il est plusieurs cas où la loi permet au créancier d'attaquer les actes faits par son débiteur, sans même qu'il y ait eu fraude de la part de ce dernier.

6. — Ainsi, les créanciers de l'usufruitier peuvent faire annuler la renonciation qu'il aurait faite à leur préjudice. — C. civ., art. 622. — V. USUFRUIT.

7. — Ainsi encore : les créanciers de celui qui renonce à une succession au préjudice de leurs droits peuvent se faire autoriser en justice à accepter cette succession du chef de leur débiteur, en son lieu et place. — C. civ., art. 788. — V. SUCCESSION.

8. — Les créanciers d'un copartageant peuvent attaquer un partage consommé quand il y a été procédé sans eux au préjudice d'une opposition

de jurisconsulte n'est aussi instructif que cette législation pratique, usuelle, inspirée par les besoins de chaque jour; elle fournirait un enseignement fécond aux préfets des départemens, aux maires des grandes villes. Il est curieux de la suivre dans ses phases diverses, dans ses méprises, dans ses tâtonnemens. Certaines matières ont été traitées à plusieurs reprises par de nombreuses ordonnances qui se sont modifiées, complétées, remplacées l'une l'autre. On y voit les articles supprimés, chargés ou ajoutés pour obtenir le but proposé; et la comparaison des premières dispositions avec celles qui leur ont été substituées, indique clairement les nécessités propres à chaque ordre de faits.

59. — Les ordonnances de police sont obligatoires pour tous les citoyens quand elles sont rendues conformément aux lois existantes et que de plus elles ne dépassent pas la limite des attributions du préfet.

60. — Jugé que le préfet de police, *investi de tous les pouvoirs conférés aux autorités municipales* en matière de police, peut prescrire, par un arrêté, aux propriétaires des maisons bordant la voie publique d'établir des gouttières sous leurs toits et d'en conduire les eaux jusqu'au niveau de la rue par des tuyaux de descente. — *Cass.*, 21 nov. 1834, Dupont.

61. — Le préfet de police et ses agens peuvent aussi faire saisir et traduire devant les tribunaux de police correctionnelle les personnes prévenues de délits du ressort de ces tribunaux et remettre aux officiers chargés de l'administration de la justice criminelle les individus surpris en flagrant délit, arrêtés à la clameur publique ou prévenus de délits qui sont du ressort de la justice criminelle. — Arr. du gouv. du 12 mess. an VIII, art. 38 et 39. — V. OFFICIERS DE POLICE JUDICIAIRE.

62. — Les individus arrêtés par les agens inférieurs sont conduits chez le commissaire de police, qui peut, après interrogatoire, ordonner leur mise en liberté, s'il trouve leur arrestation irrégulière, sinon les dirige avec les pièces chez le préfet de police, et de là, dans les vingt-quatre heures, ils passent entre les mains de l'autorité judiciaire. — Vivien, *loc. cit.*

63. — Indépendamment de ces arrestations, généralement exécutées par les subordonnés, le préfet de police est autorisé à décerner des mandats d'amener et des mandats de perquisition lorsqu'un crime ou un délit lui sont révélés. — C. inst. crim., art. 40. — Ce moyen d'action est le complément nécessaire de la surveillance de la police. Exercé à propos, il contribue à empêcher l'évasion des prévenus et la destruction des pièces de conviction; il comporte une grande célérité et l'emploi de moyens dont l'autorité judiciaire serait dépourvue. Les préfets des départemens, investis du même droit, n'en usent point, la différence des situations explique suffisamment comment un pouvoir presque indispensable à Paris est pour ainsi dire tombé en désuétude dans le reste de la France. — Vivien, *ibid.*

---

qu'ils ont formée. — C. civ. art. 882. — V. PARTAGE.

9. — Dans le cas d'une substitution permise, l'abandon anticipé de la jouissance peut préjudicier aux créanciers du grevé antérieurs à l'abandon. — C. civ., art. 1083. — V. SUBSTITUTION.

10. — C'est en général à celui qui allègue avoir éprouvé un préjudice à en fournir la preuve. Il n'y a d'exception que quand l'infraction à une disposition précise de la loi entraîne la présomption légale que le préjudice a été éprouvé.

V., au surplus, ABUS DE BLANC SEING, ABUS DE CONFIANCE, ACTION POSSESSOIRE, BRIS DE SCELLÉ, CONSERVATEUR DES HYPOTHÈQUES, CONTREFAÇON, COUR D'ASSISES, DEGRÉ DE JURIDICTION, DÉLIT DE PRESSE, DOMMAGE, DOMMAGE ÉVENTUEL, ENSEIGNE, FAUX, FAUX TÉMOIGNAGE, FORÊTS, FRAUDE, INCENDIE, INSCRIPTION HYPOTHÉCAIRE, NOTAIRE, RESPONSABILITÉ.

PRÉLEGS.

C'est un legs fait par préciput à un ou plusieurs de ceux qui doivent partager une succession. — Il est ainsi appelé, parce qu'il doit être prélevé, avant le partage, comme toutes les autres charges de la succession. — Merlin, *Rép. h. verb.* — V. PRÉCIPUT (hors part), QUOTITÉ DISPONIBLE, RAPPORT A SUCCESSION.

PRÉLÈVEMENT.

C'est l'action de prendre certaines sommes ou certains effets avant le partage des biens d'une succession, d'une communauté ou d'une société. — V. COMMUNAUTÉ, PARTAGE, RAPPORT A SUCCESSION, SOCIÉTÉ.

PRÉLIMINAIRE DE CONCILIATION.

V. CONCILIATION.

PRÉMÉDITATION.

V. ACTE D'ACCUSATION, BLESSURES ET COUPS (et surtout ASSASSINAT).

PRENEUR.

En matière de louage, on appelle *preneur* celui à qui une chose est louée. — V. BAIL. — En matière d'effet de commerce, on appelle ainsi, ou *bénéficiaire*, celui au profit de qui est créée une lettre de change. — V. LETTRE DE CHANGE.

PRÉNOM.

V. NOM ET PRÉNOM.

PRÉPOSÉ.

V. BOISSONS, CONTRIBUTIONS INDIRECTES, DOUANES, OCTROI, PENSIONS. — V. aussi CAISSE DES CONSIGNATIONS, PAPIERS DOMESTIQUES.

PRESBYTÈRE.

1. — Lors de la réorganisation du culte, la loi du 18 germ. an X (art. 72) restitua aux curés et aux desservans des succursales la jouissance des presbytères et jardins attenans qui n'avaient pas été aliénés. — Cette loi ne reproduisit pas la restriction résultant de la loi du 18 oct. 1790, qui réservait seulement un demi-arpent pour les jardins des presbytères. — Décret ministériel du 14 avr. 1807.

2. — Quant à la propriété, les presbytères sont soumis aux mêmes principes que les églises, évêchés et séminaires. — V. ce que nous avons dit sur la propriété des églises, v° ÉGLISE. — V. aussi ÉVÊCHÉ, SÉMINAIRE.

3. — Le curé ou desservant a la jouissance du presbytère. — V. CURE, CURÉ. — A ce titre, il est tenu des réparations locatives. — V. mêmes mots, n° 159 et suiv.

4. — Quant aux grosses réparations et reconstructions que réclameraient les presbytères, V. FABRIQUE D'ÉGLISE, n° 419 et suiv. — V. aussi CURE, CURÉ, n°° 59 et suiv., 74 et suiv.

5. — Le curé ou desservant qui entre dans un presbytère doit le recevoir en bon état; il n'est par tenu de faire face aux réparations locatives auxquelles était tenu son prédécesseur, contre lequel la commune conserve son recours. — Décis. min. 20 mars 1843, 23 et 24 janv. 1814.—V. encore CURÉ, CURÉ (loc. cit.).

6. — Les presbytères sont-ils soumis à la charge des contributions directes? — V. CONTRIBUTIONS DIRECTES, n°s 111, 281 et suiv., 400 et suiv.

7. — Le mobilier des presbytères n'est pas à la charge de la fabrique ou de la commune, c'est au curé ou desservant à y pourvoir. — Décis. min. 1826; avis Cons. d'État 12 déc. 1823, 27 févr. 1833. — Il en est autrement du mobilier des évêchés. — Décr. 5 prair. an IX. — V. ÉVÊCHÉ, n°s 238 et suiv.

8. — Dans les communes où il n'existe pas de presbytères, il doit être fourni au curé ou desservant une maison et un jardin; et à défaut, il lui est alloué une indemnité de logement. — V. CURÉ, CURÉ, n°s 165 et suiv.; COMMUNE, n°s 1194 et suiv.; FABRIQUE D'ÉGLISE.

9.—Lorsque deux communes sont réunies pour le culte, elles contribuent toutes deux à l'indemnité de logement due au curé. — Si l'une d'elles achète un presbytère et si l'autre refuse de contribuer à cette acquisition, cette dernière doit donner tous les ans, à la première commune, sa part proportionnelle de l'indemnité de logement due au curé. — Avis Cons. d'État 20 et 31 mai 1833, 10 juill. 1835.

10. — Mais n'est-ce seulement qu'en cas d'insuffisance des revenus de la fabrique que les communes doivent l'indemnité de logement due au curé? — V. COMMUNE, n°s 1194 et suiv.

11. — Dans les succursales vacantes, où le binage a lieu; les curés, desservans ou vicaires autorisés à biner ont droit à la jouissance du presbytère tant qu'ils exercent ce double service. — Ils peuvent en louer tout ou partie avec l'autorisation de l'évêque. — Ord. 3 mars 1825, art. 3. — Wuilleroy, Traité de l'administration du culte catholique, p. 454.

12. — Dans les succursales vacantes, où le binage n'a pas lieu; les presbytères et dépendances peuvent être loués sous la condition expresse de les rendre immédiatement s'il est nommé un desservant ou si le binage y est autorisé. — Même ord., art. 37.

13. — Dans ces dernières circonstances, le produit de la location appartient à la fabrique si le presbytère lui a été remis en exécution de la loi du 8 avril 1802, de l'arr. du gouv. du 26 juill. 1803, des décr. des 30 mai et 3 juill. 1806, si elle en a fait l'acquisition sur ses propres ressources, ou s'il lui est échu par legs ou donation. Le produit en appartient à la commune quand le presbytère et les dépendances ont été acquis ou construits de ses deniers, ou quand il lui en été fait legs ou donation. — Même ord., art. 4.

14. — Lorsque le presbytère ou ses dépendances sont trop étendus pour les besoins du curé, la commune peut obtenir l'autorisation d'en distraire les parties superflues pour un autre service. La délibération par laquelle le conseil municipal demande cette distraction doit être adressée au ministre avec l'avis de l'évêque et du préfet, et être accompagnée d'un plan qui figure le logement à laisser au curé ou desservant et la distribution à faire pour isoler ce logement. — Décr. du gouv. 4 niv. an XI; ord. 3 mars 1825, art. 1er; décis. min. 1825.

15.—Le presbytère ne peut être distrait, s'il y a lieu, que par le Conseil d'État sur le rapport du ministre des cultes et sur l'avis du ministre de l'intérieur. — Décis. minist. 24 janv. 1806.

16. — Le maire qui, sans une autorisation régulière, emploierait une partie du presbytère à un autre usage que le logement du curé, commettrait une véritable usurpation de pouvoir. — Lettre minist. 25 brum. an XIV.

17. — La distraction ne peut, en aucun cas, entraîner de la part de la commune une indemnité pécuniaire pour le desservant. — Avis Cons. d'État 10 oct. 1837.

18. — Elle doit être pure et simple; et une fabrique ne serait pas fondée à demander qu'on imposât pour condition que le presbytère distrait redeviendra partie intégrante du presbytère, dans le cas où il cesserait de servir à son affectation (avis Cons. d'État 18 nov. 1834); à moins, toutefois, que le presbytère n'appartienne à la fabrique. En pareil cas, la distraction même des parties superflues ne peut avoir lieu que du consentement de la fabrique propriétaire, et avec l'approbation de l'autorité diocésaine compétente. — Avis Cons. d'État 26 sept. 1834.

19. — La distribution, en cas de distraction, doit être faite de manière que la partie laissée au curé soit absolument indépendante, libre et sans aucune communication avec la partie distraite. — Décis. min. 27 juillet 1807.

20. — On peut, au reste, consulter les mots COMMUNE, CURE, CURÉ, ÉVÊCHÉ, ÉVÊQUE, FABRIQUE D'ÉGLISE, SÉMINAIRE.

PRESCRIPTION.

Table alphabétique.

PRESCRIPTION. — 1. — L'art. 2219 du Code civil définit la prescription « un moyen d'acquérir ou de se libérer par un certain laps de temps, et sous les conditions déterminées par la loi. »

2. — Cette définition est vivement critiquée par Troplong (*Prescr.*, n° 24). « Il est faux, dit-il, de dire que le temps est un moyen d'acquérir ou de se libérer : *Tempus non est modus constituendi vel dissolvendi juris*. C'est dans la possession du détenteur, c'est dans le silence et l'acquiescement du créancier ou du propriétaire que se trouve le principe de la prescription. » Le temps n'y intervient que comme mesure des éléments sur lesquels repose ce mode d'acquisition. — Dunod, *Prescr.*, ch. 1er, et Pothier sur Orléans, t. 14, introd., n° 1er.

CHAPITRE Ier. — Historique.

3. — La prescription remonte aux temps les plus reculés ; elle a dû suivre de près l'établissement de la propriété. En effet, lorsque l'usage de l'écriture était inconnu ou peu répandu, lorsque les conventions étaient confiées à la mémoire de témoins qui devaient nécessairement disparaître après un petit nombre d'années, la possession ancienne, paisible, exclusive et publique devait être considérée comme un titre de propriété ; et dans l'intérêt du repos public, autant que par des motifs d'équité, les lois ont dû protéger les possesseurs de bonne foi que l'on venait inquiéter après une longue et paisible possession.

4. — L'existence de la prescription nous est révélée dans différents passages des anciens auteurs et notamment dans Démosthène : on voit, dans son plaidoyer pour Phormion, qu'il oppose une fin de non-recevoir tirée d'une prescription établie par les lois de Solon.

5. — À défaut de textes certains, nous ne remonterons pas, dans cet exposé, plus haut que la loi des douze tables ; c'est d'ailleurs de la loi des douze tables qu'elle est parvenue jusqu'à nous, après avoir subi différentes modifications que nous indiquerons.

6. — On ne connut d'abord chez les Romains d'autres prescriptions que ce qu'ils appelaient usucapion. Pour entendre en quoi l'usucapion différait de la prescription, il faut savoir que les Romains distinguaient deux sortes de biens : les uns appelés *res mancipi*, les autres *res nec mancipi*. Les biens appelés *res mancipi* dont les particuliers avaient la pleine propriété étaient les meubles, les esclaves, les animaux privés, en quelque endroit qu'ils fussent, et les immeubles situés en Italie ; on les appelait *res mancipi* parce qu'ils passaient en la puissance de l'acquéreur par l'aliénation qui s'en faisait par la fiction de la mancipation, *per as et libram de manu ad manum*. Les biens *nec mancipi* s'appelaient ainsi parce qu'ils ne pouvaient pas être aliénés par la mancipation, les particuliers étaient censés n'en avoir que l'usage et la possession : tels étaient les animaux sauvages, les fonds situés hors de l'Italie, que l'on ne possédait que sous l'autorité et le domaine du peuple romain, auquel on en payait un tribut annuel. Lorsque les biens appelés *res mancipi* étaient aliénés par le véritable propriétaire, soit par la fiction de la mancipation, soit par les autres modes d'aliénation établis par le droit civil, l'acquéreur devenait irrévocablement propriétaire ; mais s'il arrivait que ces biens ainsi aliénés ne fussent pas la propriété du vendeur, l'acquéreur ne devenait propriétaire de la chose vendue qu'après l'avoir possédée pendant un an si c'était un meuble et pendant deux ans si c'était un immeuble. C'est ce qu'on appelait acquérir par l'usage, *usu*. Telle était la disposition de la loi des douze tables, et cette manière d'acquérir par l'usage ou possession est ce que l'on appelait *usucapion*.

7. — Lorsque le peuple romain eut étendu ses conquêtes et eut formé leurs possessions bien au delà de l'Italie, il parut juste et il devint nécessaire pour la tranquillité des familles d'y étendre la prescription pour assurer les droits des possesseurs. À cet effet, les anciens jurisconsultes introduisirent une nouvelle jurisprudence ; ils accordèrent à ceux qui avaient possédé pendant dix ans des fonds situés hors de l'Italie, le droit de s'y maintenir par une exception tirée du laps de temps qu'ils appelèrent prescription. Cette jurisprudence fut ensuite autorisée par les

empereurs avant Justinien, on y ajouta même ensuite la revendication utile. Mais il y avait encore cette différence entre l'usucapion et la prescription : que la première donnait le domaine civil et naturel, au lieu que la prescription ne donnait que le domaine naturel seulement. Justinien rejeta toutes ces distinctions et ces subtilités ; il supprima la distinction des choses appelées *mancipi* et *nec mancipi* des biens situés en Italie et de ceux situés dans les provinces, tous les effets de l'usucapion furent transportés à la prescription. Elle donna lieu comme l'usucapion à l'action et l'exception après une possession de trois ans pour les meubles, et pour les immeubles après dix ans entre présents et vingt ans entre absens. Par ce moyen l'usucapion et la prescription furent confondues et ne signifièrent plus qu'une seule et même chose.

8. — La prescription de trente ans, qui s'acquiert sans titre ni bonne foi, fut introduite par Théodose-le-Grand. Les immeubles et les actions réelles, personnelles et mixtes se prescrivaient, suivant cette loi, par trente ans. Cet espace de temps couvrait tous les vices.

9. — Sous les empereurs, les Romains connurent aussi la prescription de quarante ans, qui éteignait les droits qui échappaient à la prescription trentenaire (Anastase, L. 4, *omnes* C. *De præscript.* 30 *vel* 40 *annor.*), — ainsi que la prescription de cent ans établie par une faveur spéciale au profit de l'Eglise. (*L. ult.* C. *De sacrosanctis eccles. et novel.* 9).

10. — On trouve aussi dans le droit romain des traces de la prescription immémoriale. — L. 3, § 4, D. *De aquâ et aq. pluv. arcend.*

11. — Dans les Gaules conquises par les barbares, la prescription était en pleine vigueur. L'Eglise et les Romains vaincus s'en faisaient un moyen pour conserver leurs domaines. On voit, par différentes constitutions des rois de France et par des capitulaires, que les vaincus pouvaient se défendre contre toute revendication par la prescription de trente ans. — V. Constit. de Clotaire, de 560, Baluze, t. 1er, p. 7 et suiv., c. 13 ; de Savigny, *Histoire du dr. rom. au moyen âge*, t. 2, p. 76 et 77, note 40 ; Const. de Childebert de 595, Baluze, p. 17 ; Savigny, p. 78 ; Appendice d'un capitulaire de Worms de 829 ; Savigny, *loc. cit.* ; Capit. de Charlemagne, Sismon., t. 2, p. 440.

12. — Le Recueil des formules d'Auvergne parle de la prescription trentenaire. Le *Petri exceptiones*, composé dans le territoire de Valence (Dauphiné) pour guider le *vicarius* Odilon dans l'exercice de sa magistrature, confirme la théorie du droit romain sur la prescription des meubles par trois ans et des immeubles par dix, vingt, trente ans. — De Savigny, p. 405, 413, 114 ; Troplong, *Prescr.*, n° 21.

13. — Dans les provinces de France qui, après la conquête, ont continué de suivre le droit romain, la prescription s'est conservée à peu près telle qu'elle avait été établie par Justinien et de là dans les coutumes comme les modifications que chaque province y introduisit.

14. — Le droit canonique s'empara aussi de la prescription, pour consolider les biens des églises et des particuliers : mais à la condition que la possession fût de bonne foi pendant sa durée. — (*Decr. Greg.*, lib. 2, t. 26 ; *De præscript.*, cap. 3 ; *Decreti secunda pars*, causa 16, cap. 3, p. 636, et cap. 5, 13 et 14 ; *Alexander III*, anno 1180, c. 20 ; *Innocens III*, anno 1216).—Mais cette dernière condition ne fut pas reçue dans le droit civil. — Dunod, *Prescrip.*, p. 42 ; Henrys, t. 2, liv. 4, quest. 77 ; d'Argentré, art. 269, v° *Dol et fraude*, n° 7 ; Bacquet, *Dr. de justice*, t. 2, n° 185 et 186 ; Coquille sur Nivernais, t. 36, art. 1er ; Brodeau sur Louet, 48 Cout. de Paris ; Delaurière sur Loisel, liv. 5, n° 30.

15. — Enfin, les rédacteurs du Code civil, chargés d'établir une législation uniforme pour toute la France, adoptèrent la prescription telle que nous la voyons établie aujourd'hui dans le titre qu'ils y ont consacré.

16. — On peut, au reste, consulter, sur la manifestation historique de la prescription dans le droit, M. Troplong (*Prescript.*, n° 15 et suiv.) et les nombreuses autorités par lui citées.

CHAPITRE II. — Principes généraux.

Sect. 1re. — Notions générales sur le caractère de la prescription.

17. — La prescription est-elle une création arbitraire du droit civil, ou bien a-t-elle son principe dans le droit naturel et l'équité? Selon Caius, c'est une pure création du droit civil (L. 1 D., *De usucap.*). — L'opinion de Caius est adoptée par Cujas dans son commentaire de la même loi. C'est aussi le sentiment de Grotius (*De jure belli et pacis*) et de Ferrière (tit. 6, liv. 2 des Institutes).

18. — D'autres auteurs, au contraire, la considèrent comme de droit naturel. — Puffendorff, *Droit de la nature et des gens*, liv. 4, chap. 12, § 9 et 11; d'Argentré, *Coutume de Bretagne*; Dunod, édition de Delaporte, p. 7 et suiv.; Vatel, *Droit des gens*, liv. 2, chap. 11, n° 141; Vazeille, *Prescrip.*, chap. 1er, nos 5 et suiv.; Merlin, v° *Prescrip.*, sect. 1re, § 1er; Troplong, *Prescript.*, nos 2 et suiv.

19. — Quoique l'art. 711 C. civ. ne place pas la prescription parmi les moyens d'acquérir la propriété, on ne peut cependant douter que le mot acquérir dans l'article 2219 ne doive s'entendre dans un sens large et qu'il signifie non-seulement l'acquisition du domaine utile mais encore celle du domaine direct. Elle confère la pleine et entière propriété. — Troplong, *Prescript.*, n° 28.

20. — La prescription, en détruisant l'obligation civile, laisse-t-elle subsister l'obligation naturelle? Les auteurs sont divisés sur cette question. Suivant Dunod, *Prescr.*, ch. 14, p. 108; Cujas, lib. 28 *Quæst.*; Papin sur la loi Stichum, D., *De solutionibus*; d'Argentré, *Cout. de Bretagne*, art. 273, n° 23; Henrion de Pansey, *Rép.*, v° *Prescr.*, n° 485, § 2; Troplong, *Prescr.*, n° 29: La prescription éteint l'obligation naturelle. — Selon Merlin, *Rép.*, v° *Presc.*, sect. 1re § 2, et v° *Mainmorte* (gens de), § 7e n° 5.; Delvincourt, t. 2, p. 252; Duranton, t. 10, n° 41; Pothier, *Oblig.*, n° 196: L'obligation naturelle n'est pas éteinte par la prescription.

21. — Aussi Delvincourt dit-il qu'on peut cautionner une obligation prescrite. — V. CAUTIONNEMENT, nos 37 et suiv.

22. — La dette prescrite qui a été payée involontairement par erreur de fait ou de droit donne-t-elle lieu à répétition? M. Troplong (n° 33) soutient l'affirmative. — V. aussi Balbus, *De prescr.*, pars. 1, quæst. 6; Valquer, *Controv. illustr.*, liv. 2, chap. 53, n° 12; Caucerius, *Varidr. respons.*, part. 1re, ch. 15, n° 30. — Mais M. Troplong ajoute que le débiteur devra prouver son erreur par des preuves manifestes, parce que, presque toujours, on supposera qu'il a payé volontairement, pour décharger sa conscience, et qu'il a entendu renoncer à la prescription acquise et laisser à l'obligation son énergie ordinaire. — V. Dunod, part. 1re, ch. 14, p. 110; Pothier, *Oblig.*, n° 666. — Merlin (*Presc.*, sect. 1re, § 3) penche pour la non-répétition de la part de celui qui a payé sans dol et sans surprise. — V. aussi Vazeille, *Presc.*, n° 339.

23. — La conséquence du principe qui veut que la prescription opère libération pleine et entière, c'est qu'une dette prescrite ne se compense pas avec une autre dette qui serait contractée après la prescription acquise; mais comme l'on peut payer volontairement une dette prescrite, en renonçant à se prévaloir de la prescription, on peut de même s'entendre pour considérer l'obligation comme subsistante, et la convertir en une obligation nouvelle. — Troplong, *Presc.*, n° 34. — V., au reste, COMPENSATION, nos 188 et suiv.

24. — Doit-on assimiler les déchéances à la prescription à fin de se libérer, et en conséquence appliquer aux déchéances les règles établies pour la prescription libérative? Les auteurs sont divisés sur cette question. Les uns, et parmi eux Merlin (*Rép.*, t. 17, v° *Prescription*, p. 399), ne voient dans les déchéances qu'une prescription à fin de se libérer; les autres, tout en reconnaissant qu'il y a entre la déchéance et la prescription beaucoup de principes communs, y trouvent cependant aussi de nombreuses différences. M. Troplong cite entre autres: 1° que la prescription à fin de se libérer n'engendre qu'une exception, tandis que la déchéance peut donner naissance à une action, par exemple, quand le créancier poursuit le débiteur à terme qui a diminué les sûretés afin de le faire déclarer déchu; 2° que l'on ne peut pas toujours renoncer au bénéfice d'une déchéance acquise, tandis qu'on peut toujours renoncer au bénéfice d'une prescription échue (V. *infrà*); 3° que la déchéance opère le plus souvent de plein droit, comme par exemple lorsqu'on n'interjette pas appel dans le délai légal. — M. Troplong conclut de là que, au fond, la déchéance a un caractère de pénalité plus marqué que la prescription. — V. Troplong, n° 27.

25. — La prescription étant un moyen d'acquérir et de se libérer peut être invoquée par les étrangers comme par les Français, surtout depuis la loi du 14 juillet 1819. Ce principe avait même été appliqué sous l'ancienne législation française: le parlement de Paris, considérant la prescription comme étant du droit des gens, a jugé, par un arrêt du 25 juin 1738, qu'une étrangère, bien qu'incapable de succéder en France, avait pu opposer la prescription, après trente-quatre ans de possession, à la demande en restitution des biens d'une succession qu'elle avait appréhendée de fait. — V., à cet égard, les auteurs cités. — V. ÉTRANGER, n° 94.

26. — Le mort civil peut acquérir et se libérer par la prescription trentenaire, sans titre ni bonne foi; mais la prescription ne peut lui servir que dans la limite des droits qui lui sont conservés par la loi. — V. MORT CIVILE. — Vazeille, *Prescr.*, n° 23; Troplong, *Prescr.*, n° 36; Duranton, t. 21, nos 94, 95; Valette sur Proudhon, t. 1er, p. 177. — V. MORT CIVILE, n° 84.

27. — La loi qui règle la prescription est-elle un statut réel ou un statut personnel? — Les auteurs distinguent, pour la solution de cette question, entre la prescription à fin d'acquérir une chose immobilière, et la prescription à fin de se libérer. La première est considérée comme un statut réel; suivant la décision de Dumoulin: « *Aut statutum disponit de præscriptione vel usucapione rerum corporalium, sive mobilium, sive immobilium, et tunc inspicitur indistinctè locus ubi res est.* » En ce cas, on suit la loi de la situation de la chose qui est l'objet de la prescription,

28. — Jugé, en effet, que les actions réelles se prescrivent conformément aux lois du pays où les biens sont situés. — *Bruxelles*, 5 juin 1818, N... — Dunod, *Prescr.*, part. 1re, ch. 14, p. 114; Pothier, *Prescr.*, nos 247 et suiv.; Merlin, *Rép.*, v° *Prescr.*, sect. 1re, § 3, n° 7; Troplong, *Prescr.*, n° 39.

29. — Par suite de ce principe, c'est selon la loi du lieu de la situation des hypothèques et du domicile du débiteur, et non selon celle du domicile du créancier, qu'il faut décider si une rente foncière est ou non prescrite. — *Liége*, 1er mars 1817, d'Hemricourt c. Morhaye.

30. — Jugé aussi que lorsqu'il s'agit de l'exécution d'une obligation hypothécaire affectée sur des immeubles normands et consentie à une époque où était en vigueur la coutume de Normandie, d'après laquelle l'action hypothécaire ne se prescrivait que par quarante ans, il faut appliquer cette prescription quadragénaire, bien que le contrat constitutif ait été passé à Paris, où l'action hypothécaire se prescrivait par trente ans. — *Cass.*, 13 juill. 1829, Broglie c. Fagès.

31. — Quant à la prescription à fin de se libérer, on s'est demandé quelle loi il faut suivre pour son application. M. Troplong pense que l'on doit suivre la loi du lieu où doit se faire le paiement. — Troplong, n° 38.

32. — Jugé, il est vrai, que les actions purement personnelles se règlent par la loi du lieu où le débiteur est domicilié au moment où l'action est intentée, et que, par exemple, c'est selon la loi du domicile du débiteur, non selon celle du domicile du créancier, qu'il faut décider si une dette telle, par exemple, qu'une rente constituée est ou non prescrite. — *Bruxelles*, 24 sept. 1814, Enregistrement c. Mattard. — Merlin, *Quæst.* v° *Prescr.*, § 15, et *Rép.*, *eod.* v°, sect. 1re, § 3, n° 7; Boullenois, *Traité des statuts personnels*, t. 1er, p. 350; Huber, *Jurisp. univ.*, liv. 3, ch. 2, § 34; Voët, *Pandectes*, liv. 44, t. 3, p. 12. — Mais M. Troplong pense que cela ne doit s'entendre que du cas où c'est à ce domicile que l'obligation est payable.

33. — Quant à Pothier (*Prescrip.* n° 251), il enseigne d'une manière absolue que la prescription se règle par la loi du domicile *du créancier*. Cette opinion, vivement combattue par M. Troplong, est proscrite par l'arrêt précité du 24 sept. 1814.

34. — Même en admettant qu'il soit nécessaire de suivre la loi du domicile du débiteur, on s'est demandé quelle loi on doit appliquer lorsque le débiteur a changé de domicile depuis le contrat? Dunod (*Prescr.*, p. 1re, ch. 14) pense que l'on doit suivre la loi du premier domicile: parce qu'il serait injuste de faire dépendre de la volonté du débiteur d'abréger à son gré le terme de la prescription, au préjudice de son créancier; et de le soumettre aux règles d'une législation étrangère, qui, le plus souvent, lui serait inconnue. Boullenois (*Tr. des stat.*, t. 1er, p. 350) et Merlin pensent que, dans ce cas, c'est par la loi du nouveau domicile que la prescription doit être régie, mais qu'il faudra que tout le temps exigé par cette loi pour la prescription se soit écoulé depuis le changement de domicile.

35. — Il a été jugé, conformément à ce dernier principe, que le statut local de Besançon, qui portait à trente ans la prescription des arrérages de rente, ne peut être invoqué contre un débiteur qui avait quitté cette ville pour aller habiter un pays où le *quinquennium* était admis.

36. — Le statut qui défend au prince d'aliéner les biens domaniaux et qui les déclare imprescriptibles, s'étend-il aux immeubles qu'il possède dans un pays où la même loi n'existe pas? — M. Troplong enseigne qu'un pareil statut étant un statut réel ne peut dépasser les limites de la souveraineté pour laquelle il a été fait; et que la loi de l'imprescriptibilité doit céder à celle du pays voisin, qui, plus conforme au droit commun, regarde la chose comme prescriptible (n° 40).

37. — Lorsque la prescription est accomplie, le possesseur qui a prescrit est censé avoir été propriétaire à partir du jour de la prise de possession. D'où il résulte: 1° que tous les fruits perçus pendant la prescription lui sont irrévocablement acquis; 2° que la propriété lui est acquise avec les seules charges qui la grevaient lors de la prise de possession, si toutefois elles ont été conservées.

Sect. 2e. — *Du moyen tiré de la prescription dans une instance. — Par qui la prescription peut être opposée et à qui elle profite.*

38. — La prescription peut être opposée en tout état de cause, même en appel; à moins que la partie qui n'aurait pas opposé le moyen de prescription ne doive, par les circonstances, être présumée y avoir renoncé.

39. — Ce principe a été souvent appliqué par la jurisprudence. — *Cass.*, 6 thermid. an XII, François c. Lecomte; 5 juin 1810, Pariset c. Poulain; 8 déc. 1812, Charreton c. Saureplane; 19 avr. 1815, Janson c. Leclerc; *Bruxelles*, 22 févr. 1819, Gillis c. Pilarès; *Limoges*, 26 mars 1819, Lougour c. Erignoux; *Bourges*, 1er févr. 1827, Renoux c. Milon; *Bordeaux*, 7 févr. 1827, Miguès c. Henripeaux; *Cass.*, 7 nov. 1827, Bauchelon c. Audion; *Rennes*, 28 déc. 1831, Meslion c. Mouchet; *Nancy*, 11 févr. 1833, N....; *Orléans*, 30 juin 1842 (t. 2 1842, p. 110), Hainguerlot c. Vincent.

40. — Il en était de même sous l'empire de la loi romaine. On en trouve la preuve dans la loi 8, *C. de except. seu præscr.*, combinée avec la loi 2, *eod.*, *Sentent. rescind. non posse.* — Vazeille, *Prescr.*, n° 343.

41. — La prescription peut être opposée, même pour la première fois, en cause d'appel, encore bien que devant les premiers juges la partie n'ait fait aucune réserve à cet égard. — *Orléans*, 30 juin 1842 (t. 2 1842, p. 110), Hinguerlot c. Vincent.

42. — Il est également permis, en tout état de cause, de modifier un moyen de prescription et de le faire remonter à une époque plus ou moins ancienne. — *Bruxelles*, 22 févr. 1819, Gillis c. Pilarès.

43. — Jugé cependant que, bien que la prescription puisse être opposée en tout état de cause, même en appel, on ne peut plus présenter de conclusions à cet effet lorsque l'état du procès a été invariablement fixé par les plaidoiries et que les magistrats sont à délibérer en la chambre du conseil. — *Orléans*, 23 déc. 1822, Audiot c. Boucheron. — *Contrà*, *Nancy*, 11 févr. 1833, N... — Troplong, *Prescr.*, n° 95.

44. — On ne serait pas reçu non plus à opposer le moyen en cassation s'il avait été omis devant le tribunal jugeant en dernier ressort. — *Cass.*, 9 oct. 1811, Civate c. Giraud. — Troplong, *Prescr.*, n° 95. — V. cependant, en matière de prescription criminelle, au mot PRESCRIPTION (criminelle).

45. — Pour que la prescription puisse être opposée dans les derniers erremens du procès, il ne faut pas qu'on y ait implicitement renoncé pendant que la défense roulait sur d'autres points. — Troplong, *Prescr.*, n° 96.

46. — Ainsi il a été jugé qu'en disant que la prescription peut être opposée en tout état de cause, même devant la Cour d'appel, à moins que la partie ne doive, par les circonstances, être présumée y avoir renoncé, l'art. 2224 du Code civil place dans le domaine exclusif des juges du fond l'examen et l'appréciation des faits de renonciation: d'où il suit qu'une partie qui, actionnée en paiement de frais, comparaît devant la chambre des avoués, et débat, article par article, le mémoire du demandeur, sans opposer la prescription dont parle l'art. 2273, n'est plus recevable à invoquer cette exception et à soumettre à la censure de la Cour de cassation la décision qui déclare qu'elle est, par les circonstances, en présomption d'y avoir renoncé. — *Cass.*, 11 févr. 1840 (t. 1er 1840, p. 585), Pavy c. Leblanc. — *Contrà*, *Cass.*, 19 août 1816, Sergent c. Naeps.

47. — Celui qui exécute un jugement interlocutoire qui a ordonné une enquête et qui fait entendre des témoins est-il ensuite recevable à opposer la prescription? — M. Troplong (t. 1er, no 97) se prononce pour la négative.

48. — L'art. 2224 du C. civ. s'applique aux déchéances; mais non à la péremption d'instance, qui ne touche pas au fond du droit. — Troplong, no 99; Merlin, *Rép.*, t. 15, vo *Inscription de faux*, § 6, p. 384.

49. — Il n'est pas nécessaire que la prescription soit proposée en termes explicites; il suffit qu'elle ressorte implicitement des défenses.

50. — On doit ajouter que si la prescription n'a pas besoin d'être invoquée explicitement, il faut pourtant qu'il ne puisse y avoir aucun doute sur l'intention de l'opposer.

51. — Ainsi, jugé que ce n'est pas invoquer la prescription que de dire dans des conclusions : *qu'on peut avec raison s'étonner de la tardiveté de l'action*, et que *peut-être, à la rigueur, il serait possible d'opposer la prescription*. Les juges ne sont donc pas autorisés par de pareilles conclusions à déclarer la prescription acquise. — *Cass.*, 18 avr. 1838 (t. 2 1838, p. 270), préfet de la Seine-Inférieure c. Chesnel.

52. — Mais M. Troplong (*Prescription*, no 91) pense qu'elle serait suffisamment invoquée par celui qui déclarerait se prévaloir d'une possession trentenaire ou d'une possession de dix ou vingt ans avec titre et bonne foi : dans ce cas, dit-il, quoiqu'il ne prononce pas le *mot* de prescription, il n'en est pas moins vrai qu'il invoque la *chose*.

53. — De même, Troplong pense qu'invoquer la prescription d'un capital c'est invoquer *implicitement* celle des arrérages. C'est aussi ce qu'a jugé la Cour de cassation le 26 févr. 1822 (Levasseur c. fabrique de Bar). — V. aussi en ce sens *Cass.*, 13 mai 1823 (dans ses motifs), Bréband c. fabrique de Reyrieux.

54. — Il ne suffirait pas d'avoir opposé la prescription devant le juge de paix pour que le tribunal de première instance dût statuer sur ce moyen, s'il n'était pas reproduit devant lui. — *Aix*, 22 messid. an XIII, Leth c. Brun.

55. — Les juges ne peuvent suppléer d'office le moyen résultant de la prescription. — C. civ., art. 2223.

56. — A cet égard, l'art. 2223 est général; il s'applique à toutes les prescriptions quelconques, sans distinction d'origine : il n'y a donc pas lieu d'admettre les diverses distinctions qu'avaient faites Dunod et d'autres auteurs sur l'application du même principe. — Troplong, t. 1er, no 88.

57. — Dès lors, si aucune prescription n'était opposée pour les arrérages d'une rente; le tribunal devrait condamner au paiement de tous les arrérages échus, quand même ils s'appliqueraient à un grand nombre d'années. — Troplong, no 92.

58. — Le ministère public n'a pas qualité pour suppléer dans les conclusions qu'il donne sur les causes des mineurs, des communes, des hospices, etc., le moyen de prescription que leur représentant, tuteur ou autre ne ferait pas valoir. — Troplong, *Prescript.*, nos 89 et 90. — *Contrà*, Vazeille, *Prescr.*, nos 334 et 335.

59. — Cependant, le ministère public, quand il plaide pour le domaine, peut suppléer le moyen de prescription qu'on aurait négligé de faire valoir en faveur du domaine. — Troplong, *loc. cit.*

60. — Jugé, avec raison, que ce n'est pas, de la part du juge, suppléer d'office le moyen résultant de la prescription que d'en appliquer le bénéfice au profit d'une partie qui s'est bornée à invoquer sa longue possession. — *Cass.*, 21 juill. 1836, Thomas c. Roussan.

61. — Jugé aussi que le débiteur qui demande la validité d'offres réelles dans lesquelles il n'a fait figurer que cinq années seulement des intérêts échus, en se fondant sur ce que le créancier n'en peut exiger davantage aux termes de la loi et de la jurisprudence, oppose par cela même virtuellement et nécessairement la prescription pour le surplus des intérêts, et le jugement qui valide les offres par le motif que la prescription est acquise ne peut être considéré comme ayant suppléé ce moyen d'office. — *Cass.*, 10 mars 1841 (t. 1er 1842, p. 140), Bèche c. Delchambre.

62. — Lorsque, en admettant la prescription relative aux intérêts, un arrêt énonce que la prescription n'a pas été opposée quant au capital, il résulte nécessairement de là que la prescription a été opposée quant aux intérêts; et dès lors on ne peut se plaindre de ce qu'elle aurait été suppléée d'office. — *Cass.*, 21 mars 1843 (t. 2 1843, p. 452), Borie c. Dejoux.

63. — Il n'y a ni excès de pouvoir ni violation de la chose jugée lorsque, les parties et le jugement de première instance s'étant trompés sur la durée légale d'une prescription, la Cour d'appel, qui statue par jugement nouveau, rectifie d'office cette erreur et donne à la prescription sa véritable durée. — *Cass.*, 14 nov. 1848 (t. 2 1848, p. 643), de Poix et de Noailles c. Commune de Bertrambois.

64. — Ce n'est qu'aux matières civiles que s'appliquent les termes impératifs de l'art. 2223 du Code civil. En matière criminelle ou lorsque la prescription est d'ordre public, le juge peut d'office la déclarer acquise à la partie. — *Cass.*, 11 juin 1829, Contrib. indirectes c. Soccard. — Troplong, no 94; Merlin, *Rép.*, vis *Délit forestier*, § 13, et *Prescr.*, p. 487.

65. — Jugé que la prescription qui couvre les contraventions commises par les officiers publics, dans la rédaction de leurs actes, est d'ordre public, et doit conséquemment être suppléée d'office par le juge lorsqu'elle n'est point proposée par la partie. — *Paris*, 28 mai 1842 (t. 2 1842, p. 5), Champion.

66. — La prescription acquise n'est pas un droit exclusivement attaché à la personne du débiteur. Il passe à ses héritiers et successeurs; ses créanciers, ou toute autre personne ayant intérêt à ce que la prescription soit acquise, peuvent même l'opposer, encore que le débiteur ou le propriétaire y renonce. — C. civ., art. 2225.

67. — Des créanciers peuvent-ils se fonder sur l'art. 2225 du Code civil pour faire rétracter une renonciation à la prescription contenue dans un traité formel et consommé? La Cour de Nancy a jugé la négative (25 août 1829, Deailleul c. Herbinot). — V. conf. Vazeille, nos 352 et 353. — « En effet, dit cet auteur, ce n'est que lorsque le sort de la prescription n'a pas été réglé que les tiers intéressés peuvent faire ce que leur débiteur ne veut pas faire. Mais il ne doit pas leur être permis de demander, de leur chef, l'annulation des traités contraires à la prescription qu'il a passés sans leur participation. »

68. — Au contraire, M. Troplong (no 101) critique cet arrêt, comme ayant mal jugé, et il estime que dans le cas prévu par l'art. 2225 du Code les créanciers peuvent user du droit général écrit dans l'art. 1167 et faire dès lors résilier le traité par lequel leur débiteur a renoncé à une prescription acquise.

69. — La Cour de cassation a jugé, dans le sens de cette opinion, que les créanciers peuvent, en vertu de l'art. 2225 du Code civil, opposer la prescription, encore que le débiteur y ait renoncé et que sa renonciation ait même été suivie du paiement de l'obligation prescrite; que, par suite, ils peuvent exiger du créancier payé la restitution de ce qu'il a reçu, malgré la prescription acquise; qu'en vain, pour échapper à la restitution, ce créancier opposerait soit que l'art. 2225 ne parle que de la prescription à laquelle le débiteur *renonce* et non de celle à laquelle il *a renoncé*, soit que le paiement effectué a constitué l'acquittement d'une obligation naturelle que l'art. 1235 déclare non sujet à répétition. — *Cass.*, 21 mars 1843 (t. 2 1843, p. 452), Borie c. Dejoux.

70. — Toutefois cette dernière doctrine ne nous paraîtrait devoir être admise qu'avec beaucoup de circonspection, et M. Troplong lui-même (*loc. cit.*) s'empresse d'ajouter que le créancier n'aurait le droit de revenir contre une renonciation consommée qu'autant qu'à l'instant de la renonciation le débiteur était insolvable ou que son abdication l'aurait empêché de remplir ses engagemens envers eux. « En effet, dit-il, on conçoit alors que sa reconnaissance d'une dette légalement éteinte soit peu méritoire, puisqu'il ne se pare des couleurs d'une loyauté affectée qu'en portant atteinte aux droits de ses créanciers et en faisant le libéral à leurs frais. Mais il en serait autrement si la reconnaissance avait été faite à une époque de solvabilité et eût laissé son patrimoine assez riche pour satisfaire à ses engagemens : ce serait alors l'accomplissement d'un devoir; et l'action révocatoire échouerait infailliblement, car cette action ne se fonde que sur un préjudice causé. — Et où serait le dommage si la fortune du débiteur fût restée plus que suffisante pour répondre de l'exécution de ses obligations? »

71. — M. Troplong pense que les créanciers pourraient même attaquer par la voie de la tierce opposition le jugement qui aurait donné acte au débiteur d'une renonciation faite dans le cours d'un procès à une prescription acquise. — Troplong, no 102.

72. — Il a cependant été jugé que le droit accordé aux créanciers, par l'art. 2225 du Code civil, d'opposer la prescription, encore bien que leur débiteur y ait renoncé, ne peut plus être exercé par eux après qu'un jugement a condamné leur débiteur à payer la dette prescrite. — *Bordeaux*, 21 mars 1846 (t. 1er 1849, p. 87), Laurent c. Roy.

73. — Lorsque la caution excipe de la prescription de la dette, on ne saurait lui opposer la reconnaissance de cette dette, faite par le débiteur principal, depuis que le temps de la prescription était accompli. — *Bruxelles*, 26 juin 1818, Sweemere c. d'Hondt. — Vazeille, *Prescr.*, nos 348 et 351; Troplong, *Prescr.*, no 103.

74. — Les héritiers présomptifs, et les héritiers après décès, n'ont aucun droit pour attaquer la renonciation à la prescription, faite par leur auteur.

75. — Il n'en est pas de même de l'héritier institué par acte entre-vifs : il peut attaquer la renonciation faite par l'instituant; car cette renonciation n'est qu'une donation indirecte, et l'instituant ne peut aliéner qu'à titre onéreux. Néanmoins, M. Troplong pense qu'il faut apporter un esprit équitable et large dans le sens à donner à l'art. 1083 du C. civ.; et que l'on ne doit pas enlever au donateur la faculté d'obéir au cri de sa conscience, qui lui commande de reconnaître sa dette (Troplong, *Prescript.*, no 104). M. Vazeille estime que l'action de l'institué ne serait recevable qu'autant qu'il prouverait qu'il y a eu fraude dans la renonciation. — Vazeille, *Prescription*, no 352.

76. — L'acte de donation entre-vifs et l'acte contenant substitution, lorsqu'ils ont été transcrits, garantissent entièrement les droits du donataire et du substitué, qui peuvent invoquer les dispositions de l'art. 2225 du C. civ. Il n'en serait pas de même si la transcription n'avait pas eu lieu; car c'est la transcription seule qui peut avertir les tiers de la position respective du donateur vis-à-vis du donataire, et du grevé vis-à-vis du substitué. — Troplong, no 106. — V. cependant Vazeille, no 350.

77. — L'exception tirée de ce qu'un immeuble n'a pu être prescrit contre l'Etat que par une possession de quarante ans avant le Code civil, ou de trente ans depuis ce Code, et de ce que la prescription aurait été suspendue par la loi du 1er-6 juill. 1791, étant une exception personnelle à l'Etat, ne peut être invoquée entre particuliers qui ne tiennent pas leur droit de l'Etat. — *Cass.*, 17 juin 1839 (t. 2 1843, p. 785), Chamblant c. Commune de Thenay.

78. — Jugé que la faculté que l'art. 2225 C. civ. donne aux créanciers d'opposer la prescription au cas où leur débiteur y renonce ne s'applique pas à la prescription des billets à ordre et lettres de change prévue par l'art. 189 C. comm., et pour l'admission de laquelle les débiteurs ou leurs héritiers doivent affirmer par serment qu'ils ne sont plus ou pensent ne plus être redevables. — *Montpellier*, 3 mai 1841 (t. 2 1841, p. 715), Anduze c. Debosque. — V. LETTRE DE CHANGE.

79. — Si la dette était l'objet d'une novation, la prescription acquise postérieurement profiterait au nouveau débiteur. Mais il n'en serait pas de même si elle était simplement l'objet d'une indication de paiement non acceptée par le créancier et n'opérant pas d'interversion dans le rôle des parties. La prescription acquise profiterait alors non pas à celui qui a été désigné pour faire le paiement et qui n'est qu'un tiers à l'égard du créancier négligent, mais au débiteur originaire. — Troplong, no 108; Merlin, *Rép.*, vo *Prescription*, p. 506.

Sect. 3e. — *De la renonciation à la prescription avant ou après son accomplissement.*

80. — On ne peut d'avance renoncer à la prescription. — C. civ., art. 2220.

81. — Ainsi il a été jugé qu'une commune qui n'avait qu'un droit de pacage dans une forêt avait pu y acquérir par prescription un droit de glandée, malgré la clause insérée au titre constitutif qu'*elle ne pourrait prétendre aucun autre droit* : cette clause étant nulle, comme présentant une renonciation anticipée aux effets de la prescription. — *Cass.*, 9 nov. 1826, de Sancy c. Commune de Larreule.

PRESCRIPTION, ch. 2, sect. 3e.
PRESCRIPTION, ch. 2, sect. 3e.

82.—Si l'on ne peut renoncer à une prescription non acquise, ce n'est pas parce qu'il est défendu de renoncer à un droit non ouvert; car, suivant l'art. 1130 C. civ., les choses futures peuvent être l'objet d'une obligation. Mais c'est parce que, dans la renonciation anticipée à une prescription non acquise, il y a quelque chose qui trouble le bien public, qui encourage la fraude ou l'incurie et qui déroge à une loi d'utilité générale. D'ailleurs, sans cette précaution, les renonciations aux prescriptions non échues deviendraient de style.—Troplong, n° 43. — V. cependant Vazeille, *Prescription*, t. 1er, n° 332.

83. — Mais on peut renoncer à une prescription conventionnelle non acquise en ce sens qu'on peut toujours stipuler, même *ex post facto*, qu'on restera soumis à la prescription légale (Troplong, *Prescription*, n° 44). Ce n'est, en effet, en pareil cas, que renoncer au bénéfice d'une convention; ce que la loi ne défend pas.

84. — De même, M. Troplong (n° 45) dit qu'on peut interrompre par pacte une prescription qui court et l'empêcher de sortir effet.—Ce n'est pas là, en effet, renoncer d'avance à une prescription, mais seulement détruire l'effet du temps qui a couru avant le contrat interruptif.—Bartole sur la loi *Nemo potest*, 58, D., *De legat.*

85. — M. Troplong ajoute (n° 46), d'après Bartole (*loc. cit.*, et sur la loi 1re, D., *De usurp.*), que les prescriptions qui exigent la bonne foi, comme celles de dix et vingt ans, peuvent être paralysées d'avance par un contrat de renonciation. Ce n'est pas, à la vérité, dit-il, la force du pacte qui produit directement cet effet; mais, comme il détruit la bonne foi, qui est une des conditions essentielles de la prescription de dix et vingt ans, il force à se rejeter dans la prescription trentenaire.

86.—Peut-on renoncer d'avance à la péremption d'instance? V. PÉREMPTION D'INSTANCE.

87. — Quant aux déchéances, M. Troplong (n° 48) pense que toute convention par laquelle on renoncerait *d'avance* à s'en prévaloir (par exemple si une partie autorisait son adversaire à interjeter appel quand bon lui semblerait) tomberait sous la prohibition de l'art. 2220 du Code civil.

88. — On peut renoncer à la prescription acquise. — Art. 2220 C. civ.

89. —Peut-on également renoncer à une déchéance acquise? Oui, dit Merlin (*Rép.*, v° *Prescr.*, t. 17, p. 399, et t. 16, v° *Appel*). M. Troplong (n° 51) distingue entre le cas où la déchéance est prononcée par la loi en vue d'un intérêt privé (en ce cas la partie peut y renoncer) et celui où elle se lie à un intérêt d'ordre public (en pareil cas la renonciation est inadmissible) : telle est, dit-il, la déchéance provenant de l'absence d'appel dans le délai de l'art. 444 C. proc. — V., au reste, sur la question de savoir si la déchéance prononcée par l'art. 444 est d'ordre public, v° APPEL, n°s 1467 et suiv.

90. — La renonciation à la prescription est *expresse* ou *tacite*. — Art. 2221 C. civ.

91. — On peut renoncer valablement à la prescription par un compromis. — *Cass.*, 12 vend. an VI, Daubans c. Soubiran.

92. — On peut aussi renoncer expressément à la prescription acquise par conventions synallagmatiques, ou, même, par actes extrajudiciaires.

93. — On devrait considérer comme renonciation expresse celle qui résulterait d'une renonciation à se prévaloir des *déchéances* dont un acte est frappé. — Troplong, n° 52.

94. — La renonciation à la prescription est tacite lorsqu'elle résulte d'un fait qui suppose l'abandon du droit acquis. — Art. 2221 C. civ.

95.—La renonciation à la prescription acquise doit être libre et spontanée; il faut qu'elle ne soit pas surprise ou arrachée par dol ou violence. Mais ces moyens de coaction ne se présument pas, et la renonciation doit être supposée libre jusqu'à preuve contraire. —Donadeus, *De renuntiat.*, cap. 1, n°s 41 et suiv.

96. — La renonciation à la prescription étant un acte qui doit procéder d'une volonté intime et réfléchie, il en résulte qu'on ne doit pas la faire résulter de ces déclarations qui se trouvent dans les écritures des procès et qui sont plutôt le fait de l'avoué ou de l'avocat que de la partie elle-même à qui elles sont étrangères. — Troplong, n° 55.

97. — En général, c'est aux Cours d'appel qu'il appartient souverainement d'apprécier les faits de renonciation tacite à la prescription.

98. — Ainsi, jugé qu'il y a renonciation tacite au droit d'opposer la prescription d'une rente foncière dans l'offre, quoique non acceptée par le créancier, de convertir cette rente en une rente viagère; et dans le paiement d'un terme des arrérages fait par un seul des débiteurs, quoiqu'ils soient deux. — Au moins l'arrêt qui, réunissant et combinant ces diverses circonstances, en a induit une renonciation tacite à la prescription, échappe à la censure de la cour régulatrice. — *Cass.*, 27 janv. 1829, Delabrosse c. Guillemet; 19 mai 1829, Basset c. de Kergorlay. — V. aussi *Bruxelles*, 18 déc. 1823, N...; *Toulouse*, 20 mars 1825, Daussonne; *Bourges*, 1er fév. 1827, Bennac c. Milon; *Cass.*, 7 nov. 1827, Baucheton c. Audion. — Troplong, n° 74.

99.—Il a été jugé que le fait que le possesseur d'un immeuble pendant plus de trente ans, en est resté dépossédé postérieurement pendant sept années, sans élever de réclamation, constitue une renonciation tacite à la prescription trentenaire qui était acquise. — *Bordeaux*, 12 janv. 1828, Paupin c. Foulléron et Belcastel. — Vazeille, *Prescr.*, n° 346. — *Contrà*, Troplong, *Prescr.*, n° 56.

100. — ... Qu'en matière de revendication, celui qui a acquiescé à un jugement interlocutoire qui ordonne une enquête, et qui a même déjà fait entendre plusieurs témoins, est censé avoir renoncé à ses conclusions subsidiaires : tendantes à être admis à la preuve d'une possession trentenaire, pour suppléer au défaut de titres. — *Orléans*, 24 fév. 1820, Delon c. Grosbois. — Conf. *Orléans*, 18 fév. 1818, Moreau c. Vaslier. — *Contrà*, Troplong, *Prescr.*, n° 97.

101. — Jugé que le défendeur qui, devant le premier juge, a offert de payer la somme demandée, doit être présumé avoir renoncé à la prescription qu'il aurait pu opposer à la demande; et qu'il est, par suite, non recevable à la proposer en cause d'appel. — *Bruxelles*, 18 déc. 1823, N...

102. — De même, la prescription annale ne peut être opposée sur l'appel par celui qui, en première instance, a soutenu que la somme demandée était la dette d'un autre — *Riom*, 5 mai 1809, Blatin c. Saint-Priest.

103. — Et la partie qui a d'abord proposé le moyen de prescription devant le juge de paix, en préliminaire de conciliation, et qui a ensuite fait défaut devant le tribunal de première instance, ne peut se plaindre de ce que le moyen de prescription n'a pas été admis : elle doit en conséquence supporter les dépens.—*Aix*, 27 messidor an XIII, Leith c. Brun.

104.—La partie qui, devant les premiers juges, a déclaré s'en remettre à justice a consenti, par cela même, à ce que la contestation fût jugée par les moyens invoqués et par ceux applicables d'office; et à dès lors renoncé à la prescription, que le juge ne peut suppléer. — En conséquence, cette partie ne peut plus opposer en appel le moyen de prescription. — *Bordeaux*, 1er août 1845 (t. 1er 1846, p. 163), Joussaume c. Daret.

105. — Jugé que la déclaration, en réponse à une sommation d'avoir à payer une somme d'argent et à délivrer certains objets mobiliers, qu'on a des compensations à opposer, est une renonciation à la prescription. — *Toulouse*, 20 mars 1825, Daussonne.

106. — Jugé d'un autre côté que la renonciation à la prescription ne se présume point, et ne résulte ni de la circonstance qu'un compte a été ordonné entre les deux parties, alors surtout que le jugement qui a ordonné ce compte n'a été ni levé ni signifié, ni de la demande en communication, faite par l'appelant, des titres et pièces de l'intimé. — *Orléans*, 30 juin 1842 (t. 2 1842, p. 110), Hainguerlot c. Vincent.

107. — ...Et que les conclusions prises par un créancier en première instance dans une contestation relative à la distribution de deniers appartenant à un débiteur commun tendantes à ce que l'inscription hypothécaire d'une créance soit déclarée nulle et à ce que toutes les parties ne viennent que par contribution au marc le franc ne le rendent pas non-recevable à opposer en appel contre la même créance le moyen de prescription. — *Bourges*, 28 mai 1821, Dormoud c. Rahier.—Troplong, n° 53.—*Contrà*, Vazeille, t. 1er, n° 346.

108. — L'offre faite par un défendeur, à titre de sacrifice, pour éviter un procès, n'emporte pas reconnaissance de la dette et ne met pas obstacle à ce que celui dont elle émane oppose la prescription de la demande.—*Cass.*, 12 mars 1844 (t. 2 1844, p. 560), Meuginot c. Pichenot-Moreau.

109.—En tout cas, l'arrêt qui admet la preuve de faits dont une partie veut faire résulter contre son adversaire la renonciation tacite à une prescription acquise, bien qu'ils puissent constituer seulement de simples actes de tolérance, ne contrevient pas à l'art. 2221 C. civ., s'il ne préjuge rien sur le caractère legal de ces faits et s'il réserve à la partie adverse tous ses droits pour établir qu'ils ne sont point de nature à faire supposer de sa part une renonciation à la prescription. — *Cass.*, 20 déc 1836, Jousselin c. du Murget.

110. — Il ne saurait y avoir de renonciation véritable à la prescription acquise si les faits desquels on voudrait l'inférer avaient été accompagnés d'une protestation qui les expliquerait et qui les rendrait incompatibles avec toute idée d'abdication volontaire. — Troplong, n° 57; Pardessus, t. 2, p. 210.

111. —La protestation qui ne s'applique qu'aux faits présens s'appelle protestation *déclarative*. Celle qui a trait aux faits à venir s'appelle protestation *dérogatoire*. Pour que la protestation déclarative soit efficace, il faut qu'elle n'ait pas elle-même été l'objet d'une renonciation qui l'abroge. Au contraire, l'acte qu'on représenterait comme contraire à une protestation dérogatoire n'en détruirait pas l'effet. Par exemple, si je déclare ne pas vouloir renoncer à la prescription qui m'est acquise par les paiemens postérieurs que je ferai, attendu que je les ferai non pour mon compte mais pour celui d'un tiers dont je suis le *negotiorum gestor*, ma protestation sera toujours présente pour réserver tous mes droits. — Troplong, n° 60; Bartole, sur la loi *Non solum*, § *Mortem de operis novi nuntiat.*

112. — La protestation contre une renonciation présumable à une prescription acquise serait sans force, si elle accompagnait un acte avec lequel elle serait inconciliable. *Protestatio contra factum nihil relevat.* — Merlin, *Rép.*, v° *Bénéfice d'inventaire*, t. 15, p. 63; t. 16, p. 379 et 515. — On ne devrait non plus accorder aucune valeur à celle qui serait purement de style. — Troplong, n°s 61 et suiv.

113. — Le paiement de la dette serait un indice certain de renonciation à la prescription acquise, à moins que le paiement n'eût eu lieu par erreur. — Troplong, n° 63. — V., cependant, Merlin, *Rép.*, v° *Prescript.*, p. 487, n° 3.

114. — Il suffit d'un paiement partiel pour établir une présomption suffisante qu'il y a eu renonciation à la prescription.—Troplong, *Prescript.*, n° 64.

115. — Jugé, d'après ce principe, que le paiement des arrérages d'une rente après l'accomplissement de la prescription peut être considéré comme une reconnaissance de la dette. — *Cass.*, 23 mai 1832, Postel d'Orveaux c. hospice de Conches. — Troplong, n° 64; Pothier, *Oblig.*, n° 666.

116. — Il est bien entendu, néanmoins, que le paiement des derniers arrérages ne fait pas revivre les arrérages antérieurs prescrits. Chaque année forme une créance distincte ayant sa prescription spéciale. Le paiement des derniers arrérages ne fait revivre que le fonds, parce que, sans le fonds, il n'y aurait pas d'annuités à payer. — Vazeille, t. 1er, n°s 227 et 341; Troplong, n° 64 (en note).

117. — Jugé aussi que la lettre missive par laquelle le tiers acquéreur promet à la partie qui l'actionne en revendication de *faire compte des biens réclamés* peut être considérée comme emportant renonciation de sa part à la prescription de dix ans. — Du moins l'arrêt qui le décide ainsi par interprétation de la lettre missive ne peut tomber, de ce chef, sous la censure de la Cour de cassation. — *Cass.*, 4 mai 1841 (t. 2 1841, p. 557), Lamessine c. Duval Lamessine.

118. — Jugé d'un autre côté, que lorsqu'une fois la prescription d'une redevance est acquise, on n'est pas censé y renoncer par le paiement ultérieur des arrérages pendant trois années. Il faudrait en pareil cas une renonciation expresse. — *Cass.*, 14 mai 1834, Mollerat c. Saclier.

119.—Jugé aussi qu'un débiteur n'est pas présumé avoir renoncé à opposer la prescription des intérêts, en ce qu'il a sollicité et obtenu une réduction de la créance moins forte que celle qui résulterait de la prescription des intérêts; la renonciation ne résulte pas non plus nécessairement de ce qu'il aurait d'abord soutenu les avoir payés, et de ce qu'il n'aurait pas opposé la prescription lors des premières poursuites.— *Bourges*, 18 mars 1825, de Pouthes c. Desglaudes; *Riom*, 20 juin 1827, Delbos c. Saluces; *Cass.*, 15 déc. 1829, receveur général du Bas-Rhin c. Lorentz. — Troplong, *Prescript.*, n° 56 et 68.

120.—Mais selon M. Troplong (*Commentaire sur la prescription*, n° 56) ce dernier arrêt (15 déc. 1829) a été trop loin en décidant que la prescription étant une présomption légale et formelle de libération *ne peut être détruite par de simples inductions*; qu'il faut prouver la renonciation à ce moyen *par des aveux, affirmations et consentemens*, etc.

121. — Jugé aussi que la reconnaissance que des arrérages n'ont pas été payés ne présente pas une renonciation tellement expresse à la prescription que le débiteur soit non recevable à l'invoquer. — *Cass.*, 10 mars 1834, Brachet c. Mazille.

122. — Jugé également que celui qui oppose que la dette réclamée a été payée ne se rend pas par là non recevable à invoquer plus tard la prescription. — *Cass.*, 5 juin 1810, Pariset c. Poulain; 8 déc. 1812, Biedcharreton c. Saureplane; 19 avril 1815, Janson c. Leclerc; *Bourges*, 1er févr. 1827, Bennas c. Milon; *Cass.*, 7 nov. 1827, Bancheton c. Audion; *Nancy*, 11 févr. 1833, N...; *Bordeaux*, 19 août 1840 (t. 1 1840, p. 717), Noailles c. Changeur.

123. — Jugé que même la partie qui, citée au bureau de paix, a répondu qu'elle est prête à payer si le demandeur produit un titre obligatoire, n'est pas censée renoncer à opposer la prescription contre le titre, lorsqu'il sera produit. — *Bordeaux*, 7 févr. 1827, Miguès c. Henripeaux.

124. — .... Et que la partie qui, appelée en conciliation, a déclaré vouloir faire compte de ce qu'elle pouvait devoir légitimement n'est pas non recevable à invoquer plus tard la prescription. — *Limoges*, 26 mars 1819, Longour c. Erignoux.

125. — La partie qui poursuit l'exécution d'un titre ne fait pas renaître par là les droits qui en résultaient contre elle, et qui étaient éteints par la prescription. — *Nancy*, 5 août 1830, Commune de Languinbert c. Domaines; *Bourges*, 4 déc. 1830, Duveyret c. Coulon. — Troplong, *Prescript.*, nos 73 et 534. — *Contrà*, *Riom*, 28 mai 1810, Beaufils c. Demolin.

126. — Jugé aussi que lorsqu'une partie, actionnée en partage d'une succession, a consenti à abandonner à son adversaire ce qui lui revenait, et qu'il a été nommé en commun un arbitre expert, avec pouvoir de transiger, traiter et régler, cette partie peut encore être admise à proposer la prescription sur le fond de la demande en partage. — *Cass.*, 16 mars 1831, Reydellet c. Marcoux. — *Contrà*, Troplong, *Prescrip.*, no 70.

127. — .... Et que la notification faite par le nouveau propriétaire postérieurement à la transcription de son contrat n'emporte de sa part aucune renonciation, soit expresse, soit tacite, à la prescription de dix ou de vingt ans établie en sa faveur par l'art. 2180 C. civ. — *Cass.*, 6 mai 1840 (t. 2 1840, p. 549), Mion-Bouchard c. de Saint-Maur.

128. — Néanmoins Troplong fait, à cet égard, les observations suivantes : « On se demande, dit-il (*Commentaire sur les hypothèques*, no 883 *bis*), si le tiers détenteur qui fait la notification prescrite par l'art. 2183 interrompt la prescription qui courait à son profit. L'affirmative me paraît certaine. — Par cette notification, le tiers détenteur va au-devant des hypothèques; il les reconnaît comme subsistantes : il contracte avec elles en s'obligeant à les payer. Il suit de là que la notification fait naître une nouvelle époque et proroge le droit du créancier. Le tiers détenteur ne peut plus prescrire, à compter de cette notification, que par trente ans, attendu que la bonne foi cesse d'exister à son égard. » — « On demande, dit plus loin le même auteur (no 887 *ter*), si le tiers détenteur renonce à la prescription de l'hypothèque lorsqu'il fait la notification prévue par l'art. 2183 C. civ. Il me paraît certain que l'accomplissement des formalités prescrites par cet article, impliquant une reconnaissance du droit des créanciers inscrits et une provocation à surenchérir, renferme une renonciation nécessaire à leur opposer la prescription. Offrir aux créanciers le paiement de ce qui leur est dû hypothécairement, n'est-ce pas se fermer toute voie possible de prétendre ensuite que leurs droits hypothécaires sont prescrits? Quand un tiers détenteur prend la résolution de purger, il contracte spontanément un engagement personnel contre lequel il ne serait pas recevable à proposer des exceptions; il témoigne qu'il aime mieux faire profiter les créanciers du prix, que de leur enlever, par des moyens rigoureux, ce qui peut leur revenir. » — Persil, sur l'art. 2184, s'exprime dans le même sens : « Le tiers détenteur, dit-il, par les offres qu'il a faites de payer jusqu'à concurrence de son prix s'est obligé personnellement, et voilà pourquoi il ne pourra plus se libérer en délaissant l'immeuble. Ce ne serait qu'autant qu'il surviendrait une surenchère qu'il serait dégagé de son obligation; sans cela, elle durerait trente ans. »

129. — Il y a renonciation à la prescription acquise lorsque l'on consent à faire une compensation (*Cass.*, 19 janv. 1825, Delamothe c. Pellault), ou une novation. — Troplong, no 66. — Il en est de même du cas où, sans contester la dette, on discute sa quotité ou son exigibilité.

130. — C'est encore une renonciation à la prescription acquise que de déclarer qu'on est prêt à terminer avec son créancier, reconnaissant qu'il y a compte à rendre. — *Amiens*, 11 mars 1826, Cottenest c. Corroze. — Il en serait peut-être autrement si le débiteur avait annoncé qu'il entendait faire compte de ce qu'il pouvait devoir *légitimement*. — *Limoges*, 26 mars 1819, précité.

131. — La Cour de cassation a décidé que le débiteur qui en même temps qu'il oppose la prescription à la demande en paiement d'une créance, d'une lettre de change par exemple, réclame, par des conclusions principales, la subrogation au cessionnaire de la créance qu'il prétend litigieuse reconnaît par là que la dette n'est pas payée et que cet aveu implicite détruit l'effet de l'exception de prescription. — *Cass.*, 18 janv. 1821, Verny c. Trapet. — M. Troplong (no 71) considère cette décision comme trop sévère.

132. — Le fait de la part du débiteur de donner caution pour le paiement de sa dette est une reconnaissance de cette dette, et conséquemment une renonciation à la prescription. — Troplong, no 65.

133. — On doit voir une renonciation à prescription dans l'accord des deux parties, qui, pouvant faire juger une question de propriété par la possession, consentent à ce qu'elle soit décidée par les tiers seulement. — Troplong, no 72.

134. — La renonciation du débiteur ne constitue pas en général un titre nouveau; c'est l'obligation primitive qui reprend vigueur et se présente purgée d'une exception qui pouvait la paralyser. Et il en est ainsi pour les choses corporelles comme pour les droits incorporels, bien que Dunod (ch. 14, part. 1re, p. 111) ait enseigné le contraire. — Troplong, nos 75 et suiv. — Mais s'il s'agissait d'une obligation *sui generis* soumise par la loi à une prescription exceptionnelle et de courte durée, telle que celle qui résulterait d'une lettre de change, la renonciation à la prescription acquise aurait pour effet de faire rentrer la créance dans le droit commun et de la rendre, pour l'avenir, prescriptible par trente ans. — *Cass.*, 14 fév. 1826, Gabet c. Cardon.

135. — Dans cette dernière hypothèse s'il résultait des circonstances que l'acte séparé dressé entre les parties est moins une reconnaissance de la dette originaire qu'un acte additionnel à la lettre de change, participant à la nature de cette dernière, il n'y aurait pas de novation. — *Cass.*, 9 août 1831, Pressey c. Noblet.

136. — Celui qui ne peut aliéner ne peut renoncer à la prescription acquise. — C. civ., art. 2222. — Ainsi, le mineur, l'interdit, l'émancipé, la femme mariée, le prodigue ne peuvent renoncer à la prescription acquise; il en est de même des communes et des hospices. — Troplong, nos 78 et suiv.

137. — Si une autorisation était donnée à un mineur ou à un interdit pour renoncer à une prescription acquise, et que cette autorisation fût réalisée hors d'un procès; le mineur et l'interdit pourraient se faire restituer à leur majorité conformément aux art. 1304 et 1305 du Code civil. Si la renonciation avait lieu dans le cours d'un procès, et que le tuteur, au lieu d'en demander la nullité, s'en fît donner acte; le mineur et l'interdit pourraient à leur majorité faire rétracter le jugement par voie de requête civile. — Troplong, nos 79 et suiv. — V. REQUÊTE CIVILE.

138. — La voie de la requête civile serait aussi ouverte à l'Etat, aux communes et aux établissemens publics si pendant le cours d'un procès le moyen de prescription était négligé ou abandonné. — C. proc., art. 481.

139. — Mais serait valable la renonciation à la prescription, faite, dans une instance, par le préfet pour l'Etat, et par le maire pour sa commune, si cette renonciation expresse et contradictoire était appuyée sur une autorisation législative ou sur une ordonnance royale : il en serait de même de celle que ferait la femme mariée, dûment autorisée; ou le prodigue assisté de son conseil judiciaire. — Troplong, *Prescr.*, nos 82 et 83.

Sect. 4e. — *Quelles choses sont prescriptibles ou imprescriptibles.*

140. — On ne peut prescrire le domaine des choses qui ne sont pas dans le commerce. — C. civ., art. 2226.

141. — Dans le droit ancien comme dans le droit moderne, on a établi plusieurs distinctions entre les choses imprescriptibles : les unes sont imprescriptibles par elles-mêmes, les autres le sont à raison de leur destination, d'autres, enfin, ne le sont qu'à raison des personnes qui les possèdent.

142. — Les choses imprescriptibles par elles-même sont celles qui, par leur destination naturelle, appartiennent à tout le monde et échappent à l'appropriation privée : comme la liberté de l'homme et ses facultés, l'air, les rivières, la mer, etc.

143. — Il faut placer dans le nombre des facultés contre lesquelles il n'y a pas de prescription : le droit de dessécher son héritage, de le préserver des inondations, d'ouvrir des jours dans les conditions exigées par la loi (Pardessus, p. 71), de laisser chômer un moulin et de le faire travailler ensuite; le droit de se clore (C. civ., art. 646), le droit de sortir de l'indivision (art. 815). — Brunemann, t. 2, p. 868, nos 7 et 12; Vazeille, t. 1er, no 107.

144. — La liberté de l'homme et l'exercice de ses facultés peuvent être cependant restreints dans certains cas par l'effet de la prescription. — V. la discussion théorique à laquelle se livre M. Troplong sur ce point, nos 111 et suiv.

145. — Certains droits facultatifs peuvent se prescrire à partir du jour où un tiers élève une contradiction. Ainsi, celui qui pendant plus de trente ans a laissé couler l'eau de sa source sans l'utiliser ne peut plus retenir les eaux au préjudice du voisin qui s'en est servi lorsque ce dernier a fait des travaux apparens depuis plus de trente ans. — C. civ., art. 641 et 642. — Vazeille, t. 1er, no 57; Garnier, *Des eaux*, part. 2, p. 26. — Le propriétaire pourrait, au contraire, en l'absence de contradiction ayant fait courir la prescription, couper les veines d'eau qui alimentent le puits du voisin, lors même que pendant trente ans il n'aurait pas utilisé la source et qu'il aurait laissé ce voisin en user pour son puits. Il n'y a pas de prescription dans ce dernier cas. — Paul, liv. 2, § 3, *De aqua et aq. pluv. arcend.*

146. — Jugé, en ce sens, que les facultés, bien qu'imprescriptibles par leur nature, peuvent cependant se perdre par la prescription, lorsqu'il y a eu contradiction. — Spécialement, le propriétaire riverain qui a souffert, de la part du riverain opposé, des travaux appuyés sur son propre fonds, et destinés à effectuer à son préjudice la conduite et le détournement des eaux, ne peut, après que ce riverain a acquis la possession annale, paralyser l'effet desdits travaux et reprendre pour lui-même la jouissance desdites eaux. — *Cass.*, 4 avril 1842 (t. 1er 1842, p. 556), Agnel c. Brunet.

147. — Le droit attribué par la loi du 15-28 mars 1790 aux communes et aux particuliers propriétaires de halles de se contraindre mutuellement à louer, acheter ou vendre lesdites halles, est-il prescriptible? — M. Troplong (no 121) penche pour l'affirmative. — V., à cet égard, vo HALLES ET MARCHÉS, nos 11 et suiv., 16 et suiv.

148. — Une faculté conventionnelle est prescriptible lorsqu'elle procède d'une cause inhérente au contrat et indivisible, ou lorsque la faculté consiste dans le choix de moyens alternatifs de se libérer. — Maynard, t. 1er, liv. 4, ch. 53, p. 289; Fœlix et Henrion, *Rentes foncières*, p. 4 et 8; Pothier, *Oblig.*, no 247. — Il en est de même lorsque la faculté a été créée à perpétuité pour une communauté d'habitans. — *Cass.*, 16 mai 1826, Roig c. Garau. — Troplong, nos 129 et suiv.

149. — Il y a lieu de ranger parmi les facultés conventionnelles prescriptibles : 1o la faculté perpétuelle de résilier un contrat; 2o la promesse de payer à volonté et toutes et quantes fois. — Dunod, p. 91; Maynard, liv. 4, quest. 53, p. 290.

150. — La faculté de bâtir sur le terrain d'autrui est soumise à la prescription trentenaire, bien que celui qui a vendu cette faculté ait reconnu dans le contrat ne jouir qu'à titre précaire jusqu'à l'époque où l'acquéreur exercerait son droit. — *Limoges*, 22 mars 1811, Laroche c. Ventenat. — Dunod, p. 90; Pothier, *Vente*, no 391; Troplong, nos 123 et suiv.; Henrys, t. 2, p. 523; Pardessus, *Serv.*, no 72.

PRESCRIPTION, ch. 2, sect. 4e.
PRESCRIPTION, ch. 2, sect. 4e.

151. — La cour de Bruxelles a cependant jugé que les droits facultatifs réservés dans un contrat ne se prescrivent par aucun laps de temps, à moins que le contrat lui-même ne soit prescrit. — *Bruxelles*, 30 nov. 1809, Delafaille c. Leemans. — M. Troplong (*loc. cit.*) fait suivre cet arrêt des réflexions suivantes : « La Cour d'appel de Bruxelles a commis une erreur visible. Le contrat subsistait sans doute, mais c'était dans la partie exécutée. Quant à la faculté réservée au créancier, et dont il n'avait pas usé pendant trente ans, faculté accessoire, et qui pouvait tout à fait se détacher de la convention principale sans ébranler celle-ci, il est bien clair que le silence gardé pendant trente ans par ce créancier équivalait à une remise de la clause aggravante. Ceci s'autorise de la doctrine de Pothier, qui (*Vente*, n° 392) fait remarquer très-justement que, lorsque la faculté procède d'une clause accidentelle d'un contrat, et qu'elle ne nous appartiendrait pas sans une convention particulière, une telle faculté est un droit prescriptible. » — V. même Cour, 10 sept. 1812, Merck c. Devos.

152. — L'ancienne maxime *Alienabile, ergò præscriptibile* n'est pas exacte; car il y a des choses qui sont dans le commerce et que cependant la prescription ne peut atteindre. Telles sont certaines servitudes. — Troplong, n° 108.

153. — Il y a des choses qui sont imprescriptibles parce qu'elles appartiennent au domaine public. Tels sont les fleuves et rivières. Les cours d'eau non navigables ni flottables appartiennent-ils aux riverains ou à l'Etat? — V. COURS D'EAU, nos 315 et suiv. — Quant aux *eaux pluviales* (V. ce mot), M. Troplong (n° 148) estime que les eaux pluviales qui coulent d'une propriété privée sur une autre sont prescriptibles. — Duranton (t. 5, n° 158) regarde au contraire les eaux pluviales comme *res nullius* dans tous les cas.

154. — Le droit de laisser couler son eau naturellement sur le fonds inférieur est imprescriptible. — L. § 1er et 3, D., *De aquâ et aq. pluv. arcend.* — Cœpolla, tr. 2, ch. 4, n° 71; Pardessus, *Servitudes*, n° 82, p. 114.

155. — Les choses matérielles qui par leur nature résistent à l'appropriation, telles que la mer et le droit de pêche dans la mer, sont imprescriptibles. — Troplong, nos 142 et suiv.; Vazeille, t. 1er, n° 83.

156. — Les canaux navigables appartenant à l'Etat font partie du domaine public, et ne peuvent être prescrits qu'à l'égard de leur exploitation et seulement en ce qui concerne les droits de l'Etat. L'usage perpétuel acquis au public est imprescriptible. — V. CANAUX, nos 32 et suiv., 196 et suiv.

157. — Les rivages de la mer sont imprescriptibles. — Troplong, nos 150 et suiv.; V. cependant Toullier, t. 3, n° 479. — Mais on peut acquérir par prescription les eaux salées qui s'introduisent dans l'intérieur des terres. Les lais et relais de la mer peuvent être prescrits de même que les rivages des rivières navigables. — V. COURS D'EAU, LAIS ET RELAIS DE LA MER, MER.

158. — Jugé que la conversion en propriété privée de terrains voisins du littoral de la mer n'emporte pas de droit l'extinction du service public auquel était affectée la digue qui leur sert de limites, laquelle, dès lors, ne perd point, par cela seul, son caractère d'imprescriptibilité. Que d'ailleurs le libre passage sur cette digue, et son entretien; des plantations d'arbres sur les talus, l'établissement momentané d'une barrière pour en intercepter le passage, sa culture pendant plusieurs années, enfin la construction de bâtimens sur son emplacement, ne constitueraient point des faits de possession suffisans pour en faire acquérir la prescription. — *Douai*, 21 mars 1842 (t. 2 1842, p. 112), Mouron c. Commune de Saint-Pierre. — Troplong, *Prescr.*, n° 156.

159. — Les choses imprescriptibles à raison de leur destination sont celles qui par elles-mêmes ne sont point incompatibles avec l'appropriation privée, mais qui, par une destination accidentelle, ont été retirées du commerce et affectées à un usage public. Mais ces choses ne restent imprescriptibles que tant qu'elles conservent leur affectation au service public. — Troplong, *Prescr.*, n° 108; Vazeille, *Prescr.*, n° 86. — *Contrà* Malleville.

160. — Les voies publiques ne sont pas dans le commerce et sont dès lors imprescriptibles. On ne peut par exemple prescrire la largeur d'une grande route ou d'un chemin vicinal, d'une place publique ou d'une rue. Il est bien entendu qu'il en serait autrement si chacune de ces choses perdait sa destination pour rentrer dans le domaine privé. — V. CHEMINS RURAUX, nos 27 et suiv.; CHEMINS VICINAUX, nos 666 et suiv.; ROUTE, VOIRIE.

161. — Décidé qu'en déclarant imprescriptibles les chemins vicinaux reconnus et maintenus comme tels, l'art. 10 de la loi du 21 mai 1836 n'a pas disposé d'une manière restrictive; qu'en conséquence les chemins communaux, bien que non classés comme vicinaux, n'en ont pas moins conservé le caractère d'imprescriptibilité que leur assurait l'art. 2226 C. civ., lorsqu'ils ont été de tout temps fréquentés par les habitans comme voie publique, et qu'ils sont nécessaires pour la communication de commune à commune. Jugé aussi que les berges et francs-bords d'un tel chemin, lorsqu'ils en ont de tout temps fait partie intégrante, sont imprescriptibles au même titre que le chemin lui-même. — *Cass.*, 3 mars 1846 (t. 1er 1846, p. 434), de Keraulem c. Commune de Saint-Nicolas-du-Palem.

162. — Les rades, ports et havres faisant partie du domaine public sont imprescriptibles; mais il en est autrement lorsqu'ils perdent leur destination. — Dunod, p. 75.

163. — Jugé que les eaux découlant des galeries de mines abandonnées depuis plus de trente ans sont susceptibles d'être acquises contre le propriétaire du tréfonds, par une prescription trentenaire, et par application du droit commun, alors surtout qu'aucune concession nouvelle n'a été faite. — *Cass.*, 15 mai 1843 (t. 2 1843, p. 390), Collard c. Verrier.

164. — Le sol d'un étang devient prescriptible lorsqu'il a cessé d'être en nature d'étang depuis un temps plus que suffisant pour engendrer la prescription. La constatation d'un tel fait est à l'abri de la cassation. — *Cass.*, 28 avril 1846 (t. 2 1846, p. 283), Avignon de Morlac c. Macé.

165. — Les monumens publics et les édifices affectés au public pour l'exercice d'un culte religieux, tels que les églises, les cimetières, etc., sont imprescriptibles. — V. BIENS, n° 329; CIMETIÈRE, ÉGLISE, MONUMENT PUBLIC. — Il en est de même des portes, murs, fossés et remparts des places de guerre. — V. PLACE DE GUERRE.

166. — Jugé qu'un cimetière est de sa nature et par destination placé hors du commerce, il ne peut donc, même entre communes, tomber en prescription ni par conséquent donner lieu à une action en complainte. — *Cass.*, 10 janv. 1844 (t. 1er 1844, p. 355), Commune de Gerrigny c. Communes de Conliége et de Briod.

167. — Mais, si les lieux affectés à l'exercice des cultes sont imprescriptibles, il n'en est pas de même des vases sacrés, des ornemens et autres accessoires du culte. Ces objets ne sont pas publics, ils sont la propriété de la fabrique. — Troplong, *Prescr.*, n° 172.

168. — Lorsqu'une fontaine communale surgit dans des héritages communaux et ne sert qu'à leur exploitation, la prescription peut l'atteindre comme tous les autres cours d'eau (C. civ., art. 2227). Mais lorsque la fontaine sert à l'usage personnel de tous les habitans, pour puiser de l'eau, s'abreuver, laver, arroser, etc., elle rentre dans la classe des choses qui sont hors du commerce. — *Cass.*, 21 mars 1831, maire de Marseille c. Dollières.

169. — Une fontaine publique peut perdre son caractère public, en tout ou en partie : soit par un règlement général portant que les eaux sont assez abondantes pour qu'il en soit fait concession, d'une ou de plusieurs lignes, à chaque chef de maison, et chaque concession peut être l'objet d'une prescription; soit par des concessions individuelles et isolées sans qu'il y ait de règlement, dans ce cas chaque concessionnaire ne pourrait prescrire un volume d'eau excédant celui de sa concession; soit, enfin, lorsqu'il n'y a ni règlement ni concession, et il n'y a pas alors de prescription possible. — Troplong, n° 168.

170. — L'article 143 de la loi de finance du 25 mars 1817, qui affecte les forêts de l'Etat à la caisse d'amortissement, n'a point pour effet de placer ces forêts dans le commerce et de les rendre prescriptibles, puisqu'elles ne peuvent être aliénées qu'en vertu d'une loi. — *Riom*, 6 avril 1838 (t. 2 1838, p. 284), Thibaut c. préfet de l'Allier.

171. — On ne peut établir une rente foncière par prescription. Une prestation pendant trente années d'une somme uniforme ne pourrait former une présomption que de l'existence d'une rente constituée ou d'une dette purement personnelle. — V. RENTE FONCIÈRE. — Quant à la prescriptibilité des servitudes et des droits d'usage, V. SERVITUDE et USAGE.

172. — Quant aux choses non prescriptibles à raison des personnes qui les possèdent, ce sont celles qui appartiennent à des personnes privilégiées contre lesquelles ne court par la prescription; dans ce cas, il y a moins imprescriptibilité que suspension momentanée de la prescription. Quand le privilége cesse et que la personne rentre dans le droit commun, la prescription reprend son cours et son action. — V. *infrà* nos observations sur les causes qui suspendent la prescription.

173. — On ne peut prescrire contre les bonnes mœurs et contre les matières qui tiennent à l'ordre public. — Troplong, nos 133 et suiv. — Cette règle s'applique, par exemple, aux contrats usuraires (V. USURE), aux lois qui règlent l'état des personnes (V. ÉTAT DES PERSONNES, nos 14 et suiv.), à l'acquisition des droits civils (V. DROITS CIVILS). — C. civ., art. 328; décret du 19 févr. 1808. — Dunod, p. 72 et 73; Merlin, v° *Naturalisation*; Richer, *Mort civile*, p. 545. — Cependant, l'action en désaveu est prescriptible (C. civ., art. 316; V. DÉSAVEU D'ENFANT). — Il faut en dire autant de la recherche de l'état d'un enfant après sa mort et des demandes en nullité de mariage. — V. MARIAGE. — C. civ., art. 181 et suiv.

174. — On ne prescrit pas contre les lois de *police générale*. — Troplong, nos 134 et suiv. — Ainsi, l'obligation de subir un alignement pour la construction d'une maison est imprescriptible. — *Cass.*, 24 févr. 1847 (t. 1er 1847, p. 483), Warner c. le préfet de la Seine.

175. — On ne peut non plus prescrire contre les lois qui interdisent d'entraver la navigation sur les rivières. — Dunod, p. 71; Garnier, *Des rivières*, part. 1re, nos 147 et suiv. — V., aussi, *Cass.*, 13 (et non 19) déc. 1826, Guy c. Normand.

176. — ... Ni acquérir par prescription le droit d'inonder le voisin. — Même arrêt. — *Cons. d'Etat*, 17 janv. 1831, Petit. — Troplong, n° 136; Garnier, *Des rivières*, nos 109 et 310. — V., cependant, Toullier, t. 3, p. 119.

177. — Mais on pourrait prescrire, dans ce dernier cas, par une possession de trente ans, si l'administration avait donné un niveau fautif. — V. les observations de M. Troplong (nos 137 et suiv.) sur un arrêt inédit de la Cour de Nancy du 23 janv. 1834.

178. — Jugé que l'exception de prescription est inadmissible contre la faculté d'user d'un droit concédé par un arrêté d'administration publique, notamment contre un règlement, en matière de cours d'eau, contenant fixation de la hauteur des eaux pour le service d'une usine. — En conséquence, le propriétaire d'un moulin ne peut opposer au propriétaire du moulin supérieur le non-usage par ce dernier pendant trente ans du droit d'élever son déversoir à la hauteur déterminée par ce règlement. — *Paris*, 26 févr. 1844 (t. 1er 1844, p. 364), Bault et Teston c. Bonnet.

179. — On ne peut prescrire : 1° le droit de pratiquer des saignées dans une rivière navigable et flottable, 2° le droit d'extraire des matériaux à six toises près des mêmes cours d'eau, 3° celui de faire rouir des chanvres contrairement aux règlemens, 4° celui d'établir un bac sur une rivière sans autorisation, 5° celui de construire un moulin sans autorisation sur une rivière navigable, 6° celui de pêcher dans les rivières navigables autrement qu'à la ligne, 7° le droit de pêche dans les rivières non navigables (*Cass.*, 3 mai 1830, Cottin c. Leharle), 8° on ne peut prescrire contre la défense de creuser un puits ou une fosse d'aisances contre le mur du voisin. — C. civ., art. 674. — Troplong, n° 139.

180. — Le droit de faire passer des eaux malsaines sur la voie publique est imprescriptible. Il en serait de même d'une servitude qui gênerait la voie publique et le droit de police de l'autorité. — M. Troplong (n° 141) pense qu'on ne peut acquérir par prescription le droit de corrompre les eaux; mais qu'on peut acquérir ainsi le droit de les salir, pourvu que la salubrité publique n'en souffre pas. — V., du reste, SERVITUDE.

181. — L'Etat, les établissemens publics et les communes sont soumis aux mêmes prescriptions que les particuliers, et peuvent également les opposer. — C. civ., art. 2227.

182. — Le domaine de l'Etat était autrefois inaliénable et imprescriptible. Ce principe a modifié par la législation de la Révolution. La loi du 22 nov. 1790 (art. 36) déclarait les biens appartenant à l'Etat aliénables, pour l'avenir au moyen d'une loi, et prescriptibles par quarante ans. L'art. 2227 du Code civil introduit droit nouveau en soumettant l'Etat aux mêmes prescriptions que les particuliers. — V. DOMAINE DE L'ÉTAT, nos 9 et suiv., 46 et suiv., 149 et suiv. — V., sous le même mot, ce qui concerne l'ancien domaine de la couronne.

183. — Jugé que la détention par le domaine de l'Etat des biens composant une succession

déshérence ne peut servir de fondement à la prescription qu'à compter de l'envoi en possession prononcé conformément à la loi. — Trib. de la Seine, 23 juin 1843 (sous *Paris*, 21 août 1844 [t. 2 1844, p. 438]), le Domaine c. Monique et Bruquière; 2 févr. 1844 (t. 1er 1844, p. 273), Domaine c. Didier.

184. — Dans l'ancien droit il s'était élevé de graves questions sur les différentes conditions que devait réunir la prescription lorsqu'elle était invoquée contre les établissemens publics ou par eux. Ces questions s'élevaient le plus souvent à propos des établissemens ecclésiastiques et des églises : soit qu'il s'agît de prescriptions prétendues par une église contre un laïque ou réciproquement, soit que le débat fût élevé entre deux corps ecclésiastiques ou entre deux églises. L'art. 2227 met fin à toutes ces disputes.—Troplong, nos 193 et suiv. —V. ÉTABLISSEMENS PUBLICS, nos 13 et suiv. et 100; FABRIQUE D'ÉGLISE.

185. — Malgré les termes de l'art. 2227 il existe une prescription spéciale de cinq ans établie par la loi du 28 août 1792, contre l'action que peuvent exercer les communes pour se faire réintégrer dans les biens dont elles ont été dépouillées par abus de la puissance féodale. Nous avons exposé la législation et la jurisprudence sur ce point vo COMMUNE, nos 756 et suiv. — Quant à l'*attribution* faite aux communes des terres vaines et vagues de leur territoire par la même loi, V. TERRES VAINES ET VAGUES.

Sect. 5e. — *De la possession qui conduit à la prescription.*

§ 1er. — *Des conditions que doit avoir la possession pour prescrire.*

186.—Pour pouvoir prescrire, il faut une possession continue et non interrompue, paisible, publique, non équivoque, et à titre de propriétaire (art. 2229 C. civ.). Si ces différentes conditions ne sont pas remplies, la prescription à l'effet d'acquérir ne peut avoir lieu.

187. — Pour que la possession soit continue il n'est pas nécessaire que le possesseur aille tous les jours sur l'héritage, qu'il l'occupe corporellement à toutes les instans. Celui qui cultive ou recueille seulement les fruits d'un immeuble régulièrement selon sa nature, le possède d'une manière continue.—Lorsque la possession est jointe à un droit de propriété, elle se prolonge d'elle-même, par la seule volonté du possesseur, tant qu'il n'intervient, de la part d'un tiers, aucun fait de nature à l'interrompre; mais si le possesseur n'a pas de titre de propriété, et qu'il invoque la possession comme moyen de dépouiller l'ancien propriétaire, la règle que la possession se maintient *solo animo* doit être appliquée avec plus de réserve. — Troplong, *Prescription*, no 337.

188. — Combien de temps le possesseur qui est en voie de prescrire peut-il laisser écouler entre les divers actes de possession, pour que cette possession ne cesse pas d'être continue? Des auteurs l'ont fixé à dix ans : *Quoniam*, dit le président Favre, *ex decursu ejus temporis præsumitur oblivio, et per oblivionem amittitur possessio quæ solo animo retinebatur.* Troplong rejette cette règle comme trop absolue, tout dépend, selon lui, des circonstances et du genre de possession dont la chose est susceptible. — Troplong, *Prescription*, no 338; Dunod, p. 17 et suiv.; Merlin, *Rép.*, vo *Prescription*, p. 511.

189. — L'application de la règle qui exige la continuité de la possession est surtout difficile en matière de droits d'usage et autres qui sont discontinus : tels que le marronnage, par exemple, qui est subordonné aux besoins qu'éprouvent les bâtimens. Ce serait forcer les principes que d'exiger que l'exercice de ce droit se manifeste par une continuité que ne comporte pas sa nature. Néanmoins il ne suffirait pas qu'il eût été exercé une fois en trente ans, parce que de plus grands besoins ne se seraient pas manifestés. Un seul acte dans un aussi long espace de temps ne ferait pas preuve de continuité. On doit prendre un juste milieu entre les opinions extrêmes. Des actes réitérés de temps en temps, à certains intervalles inégaux, suivant les besoins de l'usager, suffiraient pour établir la continuité de la possession de son droit. — Troplong, *Prescription*, no 339.

190.—Il a été jugé qu'un droit de passage pour l'exploitation de la vidange d'une forêt peut être prescrit par le laps de trente ans antérieur au Code, bien que, dans cet intervalle, on ne se soit servi de ce chemin que deux fois : si ces deux fois correspondent aux deux seules coupes qui aient été faites; alors surtout que ce chemin, bien qu'inutile à celui sur la propriété duquel il était établi, est toujours demeuré ouvert. — *Nancy*, 23 avril 1834, Duhoux c. Viallet.

191. — Au reste, M. Troplong (no 340) fait remarquer, avec raison, que, si un ou deux actes de possession sont insuffisans pour fonder une possession acquisitive de la propriété, ils peuvent cependant être pris en considération pour faire maintenir dans la possession celui dont ils sont émanés.—Le président Favre, C. liv. 7, t. 7, déf. 3, cité par M. Troplong, *loc. cit.*, et no 341.

192.—On doit surtout examiner avec soin dans ces questions la nature des actes de possession, et rechercher s'ils sont de ceux qu'on peut attribuer à la familiarité. Il y a des actes que l'on ne se permet pas par familiarité, parce qu'ils sont toujours d'une grande importance : comme la grasse pâture dans les bois, la coupe des futaies pour marronnage. A raison de leur gravité, il n'est pas nécessaire que ces actes se répètent, aussi souvent que d'autres moins sérieux, pour attester l'existence du droit dont ils émanent. Il y a des actes qui d'abord ne sont d'aucune conséquence, comme de laisser récolter des fruits de peu de valeur, mais qui par la suite le peuvent devenir, quand celui qui a usé de ce droit l'a répété très-fréquemment et avec une incessante continuité; l'on peut alors raisonnablement présumer qu'il a entendu user d'un droit. Mais il y a des actes qui par leur nature, ou la volonté de la loi, s'attribuent toujours à la familiarité, comme de passer sur le champ d'autrui. —Troplong, *Prescription*, no 342.

193. — La continuité d'une possession peut se prouver par des vestiges, par des restes de constructions qui ont servi jadis à la favoriser. Ces vestiges sont, en quelque sorte, des actes permanens et continus qui attestent l'existence du droit que l'on possède, et sont la preuve qu'on ne l'abandonne pas. Une voie frayée dans la propriété d'autrui entretenue en nature de chemin, avec des indices tellement marqués qu'elle porte tous les caractères d'un chemin public, atteste non seulement une possession actuelle, mais encore une possession antérieure extrêmement ancienne. Si les enquêtes ne déposent que d'actes de passage rares et interrompus, la perpétuité du chemin suppléera à ce que ces actes ont eu d'intermittent et sera une preuve de possession continue; elle fera présumer des faits possessoires bien plus multipliés avant l'époque dont les enquêtes s'occupent, de telle sorte que son origine immémoriale sera incontestable. —Troplong, no 343.

194. — La possession ne cesse pas d'être continue quoiqu'un obstacle physique et de force majeure la paralyse momentanément. — Troplong, no 345; Vazeille, no 179.

195. —La continuité de la possession conservée par des vestiges est également inhérente à une plantation d'arbres; et si ces arbres sont plantés à une distance moindre de celle qui est prescrite par l'art. 671 du Code civil, leur durée trentenaire les met à l'abri de la disposition de l'art. 672 du même Code. — *Cass.*, 9 juin 1825 (et non 1823), Leblond c. Boucher; *Toulouse*, 9 déc. 1826, d'Hers c. Delpy. —Troplong, *Prescr.*, no 346; Pardessus, *Serv.*, p. 292 et 293; Duranton, t. 5, no 390; Toullier, t. 3, no 515; Vazeille, t. 1er, p. 128 et 129.

196. — Un propriétaire qui serait gêné par l'avancement des branches d'un arbre appartenant au voisin ne pourrait plus contraindre celui à qui il appartient à les couper, s'il avait souffert pendant trente ans qu'elles couvrissent son héritage de leur ombre. Il en serait ainsi du moins s'il résultait des circonstances qu'il n'y a pas eu une pure tolérance de la part de celui contre lequel la prescription est invoquée. — Troplong, no 347. —V., cependant, Pardessus, no 196, et Vazeille, t. 1er, p. 132.

197. — L'interruption de prescription diffère de la non-continuité de la possession en ce que la première s'entend plus particulièrement d'une solution de continuité opérée par le fait d'autrui, ou par la reconnaissance émanée du possesseur. — V. *infrà.* — Duranton (t. 21, no 206) estime que c'est par erreur que les mots *non interrompue* ont été insérés dans l'art. 2229.

198. — Le possesseur actuel qui prouve avoir anciennement possédé est présumé avoir possédé dans les temps intermédiaires, sauf la preuve contraire. — Art. 2234 C. civ.

199. — La présomption de possession intermédiaire n'appartient qu'au possesseur actuel qui prouve avoir possédé anciennement. Elle n'existe pas en faveur de celui qui invoque d'anciens titres et une ancienne possession non appuyée d'une possession présente. — *Cass.*, 6 févr. 1833, Sirey c. Commune de Combrio; 3 avril 1833, préfet de l'Aude c. Commune d'Aunat.

200.—Lorsque le possesseur actuel a un titre relatif à sa possession, il jouit *animo domini*; dès lors, il n'en faut pas davantage, il y a présomption qu'il a toujours possédé, sans discontinuation, depuis la naissance du titre. C'est à celui qui conteste la prescription à prouver l'interruption et la non-continuité de la possession.— Troplong, *Prescr.*, no 425; Dunod. *Prescr.*, p. 19.

201. — Au contraire : la possession actuelle sans titre ne pourrait prouver la possession ancienne, car dans ce cas la possession ancienne serait équivoque et par conséquent impuissante pour prescrire. —Dunod, *Prescr.*, p. 18.

202. — Cependant, lorsque la possession antérieure se signale par des vestiges de nature à en attester l'existence antique, il y a présomption que la possession actuelle se lie à la possession antérieure, et que le possesseur actuel a toujours joui *animo domini*; même quand il n'aurait pas de titre. —Troplong, *Prescr.*, no 427.—*Nancy*, 23 avr. 1834, Duhoux c. Viallet.

203. — La possession doit être *paisible*, c'est-à-dire exempte de violence et de contrainte. Cependant il n'est pas nécessaire, pour que la possession soit paisible, qu'elle soit rigoureusement exempte de toute violence. Ainsi, le possesseur qui aura repoussé, même par la force, une ou deux tentatives d'usurpation dans le cours de longues années, sera considéré comme ayant une possession paisible. Mais il n'en serait pas de même si le possesseur est obligé de résister à des tentatives d'usurpation souvent renouvelées; dans ce cas il ne sera pas un possesseur paisible, et sa possession sera viciée.—Troplong, no 350; Duranton, t. 21, no 208.

204. — La violence vicie la possession; soit qu'elle lui donne naissance, soit qu'elle intervienne pour la soutenir. — Aux termes de l'art. 2233, les actes de pure violence ne peuvent fonder une possession capable d'opérer la prescription. La possession utile ne commence que lorsque la violence a cessé.

205. — Dans le droit romain, la possession qui commençait par la violence ne pouvait jamais être utile; il fallait que les choses volées ou prises par force retournassent au pouvoir de celui qui en avait été dépouillé ou de ses héritiers, pour qu'on pût ensuite prescrire. — L'art. 2233 du Code civil condamne aussi la violence, mais il ne fait pas produire à un seul acte l'effet de la rendre perpétuellement vicieuse. Dès le moment que la possession cesse d'être violente, elle devient utile. — Vazeille, *Prescr.*, no 62; Dunod, *Prescr.*, p. 29.

206. — L'effet de la violence est le même soit qu'elle s'exerce sur le propriétaire ou sur les personnes qui possèdent pour lui (L. 1re, § 22, et L. 8, ff., *De vi et vi armat.*), soit qu'on l'exerce soi-même ou qu'on la fasse exercer par d'autres : car nous sommes réputés avoir fait nous-mêmes ce qui a été fait pour nous et en notre nom. Quoique l'on n'ait pas donné d'ordre, si l'on approuve ce qui a été fait, et si l'on en profite, on est censé avoir agi soi-même. — Vazeille, *Prescr.*, no 63. — V. aussi Troplong, nos 414 et 415.

207. — Si, au lieu d'employer la violence afin d'usurper la possession, l'on en use pour arracher au maître un acte d'abandon de la chose, la possession qui en résulte n'est pas réputée violente; elle est fondée en titre tant que l'acte subsiste, mais cet acte est rescindable (V. OBLIGATION). — Vazeille, *Prescr.*, no 64; Pothier, *Possess.*, no 25; Dunod, p. 29; Troplong, no 417.

208. — Pour qu'il y ait violence, dit M. Troplong (no 416), il n'est pas nécessaire que l'on ait employé des armes et un attroupement, ou qu'il y ait eu des blessures et du sang répandu. Des coups et même des menaces capables de faire impression sur un esprit raisonnable constituent la violence, lorsque ces moyens ont dépouillé le possesseur malgré lui et sans aucun consentement de sa part. — V. aussi Pothier, *Possess.*, no 24.

209. — On ne doit pas considérer comme faits de violence ceux qui, quoique délictueux en eux-mêmes, ne s'adressent qu'à la chose et point à la personne. Ainsi, par exemple, l'usager qui se servirait par ses propres mains, sans délivrance préalable, commettrait un délit; mais ce ne serait pas une violence dans le sens de la loi. Mais la possession délictueuse est aussi impuissante pour acquérir la prescription que la possession violente (Troplong, *Prescr.*, no 416). — Les simples voies de fait, ajoute le même auteur, qui n'impliquent aucune idée de la force et de la menace, et d'une résistance ou d'un combat, ne doivent pas non plus être confondues avec la violence qui se constitue de voies de fait *graves, positives*. — V. *Cass.*, 20 août 1822 (dans ses motifs), habitans de Corcelles c. Tircuy de Corcelles.

210. — La question de savoir quand la violence a cessé, et à quel moment a commencé la possession utile, est une question de fait, dont la solution est abandonnée à l'appréciation des juges.

211. — La possession cesse d'être violente quand elle devient paisible et tranquille, dès cet instant son origine est effacée; elle prend son fondement dans les actes nouveaux exercés depuis la cessation de la violence, actes qui ne se lient pas aux anciens et qui sont de nature à amener la possession utile. — Troplong, *Prescr.*, n° 420. — *Contrà* Delvincourt (t. 2, p. 628), qui pense que l'on doit entendre ces mots de l'art 2233, *la possession utile ne commence que lorsque la violence a cessé*, en ce sens qu'il faut que celui dont la possession a été violente à l'origine ait acquis la possession à un nouveau titre. — Mais cette interprétation est repoussée par M. Troplong, qui invoque les paroles de M. Bigot au Corps législatif.

212. — La possession doit être *publique;* elle a ce caractère lorsque le possesseur n'a rien fait pour la cacher à celui qui avait intérêt à la connaître, lorsqu'elle a eu lieu au su et vu de tous ceux qui l'ont voulu voir et savoir. — Cout. de Melun, art. 170.

213. — La clandestinité est un obstacle radical à la prescription. Ulpien (dans la loi 6, D., *De acquir. vel amitt. poss.*) définit la possession clandestine, Celle dont on s'est emparé furtivement à l'insu de quelqu'un et en vue d'éviter son action. — Duranton, *Prescr.*, n° 213.

214. — La possession publique opère la prescription : alors même qu'elle a été ignorée de ceux qui ont intérêt à la connaître, lorsque le possesseur n'a rien fait pour la leur cacher.

215. — Doit être considérée comme clandestine la possession de caves creusées sous le terrain d'une maison voisine à l'insu du propriétaire; et si, depuis, le possesseur de ces caves a vendu sa maison *telle qu'elle se poursuit et comporte*, quoique l'acquéreur ait possédé de bonne foi il ne pourra acquérir par la prescription les caves usurpées : car cette possession n'est pas une possession publique. — Troplong, *Prescr.*, n° 351; Pothier, *Prescr.*, n° 37.

216. — Le tribunal de Soissons ayant décidé, dans un jugement du 10 juin 1828, que l'on pouvait prescrire contre le propriétaire de la superficie du sol le droit d'exploiter une carrière qui en dépend, et ce jugement ayant été déféré à la Cour de cassation ; dans son arrêt de rejet la Cour a déclaré qu'elle n'adoptait pas les motifs du jugement, et notamment celui duquel il pouvait résulter que l'exploitation d'une carrière souterraine peut se prescrire contre le propriétaire du sol. — *Cass.*, 1er févr. 1832, Honnet c. Commune de Vierzy.

217. — La Cour de Paris a jugé que les usurpations de terres aux champs commises graduellement en labourant ne peuvent servir de base à la prescription, comme ne constituant qu'une possession clandestine. — *Paris*, 30 nov. 1813, Manteau; 28 févr. 1821, Martin et Legris c. Devesvres; 30 nov. 1825, N... — V. cependant Troplong, nos 352 et suiv.

218. — L'exiguïté d'un terrain ne serait pas par elle-même un fait qui dût nécessairement faire considérer comme clandestine la possession de ce terrain par un autre que le propriétaire. Tout dépendrait dans ce cas des faits prouvés par les enquêtes. — Dunod, p. 33; Troplong, p. 354.

219. — On doit considérer comme clandestine la possession du propriétaire dont les arbres poussent des racines souterraines dans le fonds voisin : celui dont l'héritage est gêné par ces excroissances a le droit de les couper, et comme ce droit est de pure faculté, qu'il se traduit en fait et non en action civile, il n'est soumis à aucune prescription. — Vazeille, t. 1er, p. 131.

220. — La possession publique dans le commencement ne peut pas impunément devenir clandestine dans son cours. — Troplong, *Prescr.*, n° 357; Duranton, t. 21, nos 214 et 215. — Ulpien enseignait, au contraire, qu'on ne doit pas regarder comme ayant une possession clandestine celui qui possédant d'abord publiquement a ensuite caché sa possession à celui qui avait intérêt à la connaître et dont il redoutait une action. — Cette opinion était adoptée par Dunod (*Prescr.*, p. 32) et par Pothier (*Possess.*, n° 28).

221. — Quant à la possession clandestine dans le commencement, si elle est devenue plus tard publique et manifeste elle est utile, pour la prescription, à partir du moment où la publicité a commencé. — Troplong, *Prescr.*, n° 256 ; Vazeille, *Prescr.*, n° 47.

222. — La possession de servitudes latentes et discontinues qui n'est pas fondée sur des titres ne peut être considérée comme publique (Troplong, *Prescr.*, n° 358). — Dunod enseignait, au contraire, que l'on peut prouver la publicité, même lorsqu'il s'agit de la possession de droits incorporels : tels que ceux d'usage et de servitude (Dunod, *Prescr.*, p. 33). — M. Troplong ajoute que l'opinion de Dunod peut encore trouver sa place à l'égard des droits d'usage dans les forêts, qui peuvent s'acquérir par la prescription. — V. USAGES DANS LES FORÊTS.

223. — La possession doit être *non équivoque*, c'est-à-dire que l'on puisse facilement déterminer à quel titre elle est exercée. — Troplong, *Prescr.*, nos 359 et suiv.

224. — La possession doit être considérée comme équivoque lorsqu'elle s'applique à des servitudes discontinues, comme le passage par le fonds d'un voisin ; car il est impossible de savoir si cette possession est l'effet d'une pure tolérance de la part de celui sur le fonds duquel elle est exercée, ou si elle est le résultat d'un droit acquis. — Duranton, *Prescr.*, n° 221 ; Troplong, n° 359.

225. — Il n'en est pas de même lorsque les actes de possession invoqués excluent l'idée de simple familiarité; par exemple, lorsqu'il y a eu contradiction et que la possession a continué depuis cette contradiction.

226. — Jugé que l'usage de la grasse pature, continué pendant un temps suffisant pour prescrire, est attributif de propriété. — *Cass.*, 19 juill. 1827, de Villemont c. Commune de Gannat ; 28 nov. 1827, Commune de Fraroz c. Commune d'Arsures. — *Contrà*, Dunod, *Prescr.*, p. 81.

227. — La possession est équivoque lorsqu'elle laisse ignorer au public si le détenteur a joui pour lui-même ou pour autrui.

228. — Jugé que la jouissance d'un terrain qui ne s'exerce que concurremment avec celle du propriétaire n'a point le caractère de possession exclusive qui seule peut servir de base à la prescription. — Ainsi : le fait d'avoir planté des arbres sur un terrain communal et de les avoir, sans opposition, entretenus et ébranchés, ne constitue point une possession suffisante pour faire prescrire la propriété de ce terrain ; alors que les habitans de la commune n'ont point cessé d'y passer, d'y faire paître leurs bestiaux, et d'en user à titre de propriété. — *Cass.*, 12 déc. 1838 (t. 2 1839, p. 253), Commune de Saint-Pureux c. Commune de Bains; *Douai*, 18 mars 1842 (t. 2 1842, p. 378), Watelet c. Laroche. — Troplong, *Prescr.*, nos 252 et suiv.

229. — Le fait par les habitans d'une commune de passer habituellement sur une avenue pour aller cultiver les terres voisines n'est point un acte de possession de nature à faire acquérir à la commune la propriété de l'avenue par la possession trentenaire, alors d'ailleurs que le propriétaire de l'avenue en a constamment joui en maître ; qu'il en a fait élaguer les arbres et couper les herbes; qu'il a payé les contributions, et qu'il est porté comme propriétaire sur le cadastre de la commune. — *Douai*, 5 août 1843 (t. 1er 1844, p. 164), Commune de Stenwerck c. Decroix.

230. — Jugé, cependant, qu'on peut prescrire par une possession promiscue (c'est-à-dire mélangée avec la possession d'un autre) la copropriété d'un fonds appartenant à un tiers, bien que celui-ci possède conformément à son titre. — *Limoges*, 25 févr. et 10 juin 1840 (t. 2 1840, p. 635), première espèce, Verrier-Montagnère c. habitans de Saint-Ouen et Mounisme; seconde espèce, Verrier-Montagnère c. Vidard-Dupin. — Troplong, *Prescr.*, nos 273 et 359; Dunod, *Prescr.*, p. 23. — V. aussi *Rouen*, 6 août 1845 (t. 1er 1846, p. 443), Commune du Vieux-Rouen c. Commune de Neuville-Coppegueule.

231. — Jugé aussi qu'aucune disposition de loi ne s'oppose à ce que l'on puisse prescrire la copropriété d'un fonds par une jouissance *promiscue avec le propriétaire*, lorsque, d'ailleurs, la possession réunit tous les caractères voulus par la loi et n'est pas fondée sur la tolérance et le bon voisinage. Toutefois, en pareil cas, les tribunaux doivent être sévères dans l'appréciation des caractères des actes de possession. — *Limoges* (sous *Cass.*), 25 janv. 1842 (t. 2 1842, p. 651), Commune de Saint-Ouen c. Delavaud.

232. — La Cour de cassation a décidé qu'encore bien que les faits de jouissance et de possession promiscue exercés par un habitant sur des landes possédées par la commune soient insuffisans pour faire acquérir à cet habitant un droit de propriété sur lesdites landes, ils lui permettent, cependant, de conserver le droit que ses titres lui confèrent et d'empêcher que la commune n'acquière par prescription la propriété exclusive des landes. — *Cass.*, 7 fév. 1843 (t. 2 1843, p. 508), Commune de Nieillevigne, c. Brunet.

233. — Est équivoque la possession du communiste qui jouit sans qu'on sache s'il jouit exclusivement pour lui-même ou pour la société dont il fait partie.

234. — Jugé que lorsque quelqu'un possède en vertu d'un titre qu'il fait valoir comme commun à plusieurs, il ne peut prescrire contre ceux-ci. — *Cass.*, 16 mai 1826, Boig c. Garau.

235. — ... Et que quand, par le partage, certains lieux ont été laissés en commun et confiés à la garde de l'un des héritiers, celui-ci n'a pas pu en prescrire la propriété contre son cohéritier. — Il ne peut non plus invoquer la prescription depuis la demande en redressement et parachèvement du partage formée contre lui. — *Cass.*, 6 nov. 1821, Daillet c. Leroy.

236. — Mais si l'un des communistes jouit en son propre et privé nom, laissant voir par des actes éclatans que sa possession est exclusive dans son intention; l'équivoque se trouve levée, une possession suffisante pour prescrire a son cours. — Troplong, *Prescr.*, n° 361.

237. — Jugé que le copropriétaire par indivis qui jouit exclusivement et pendant trente ans d'une portion de la chose commune, acquiert par la prescription la propriété exclusive de cette portion. — *Bourges*, 22 juill. 1831, Voisin-Chevrier c. Jugaud-Marat.

238. — Et que si le possesseur par indivis ne peut prescrire contre ses communistes, cette communion n'est pas un obstacle à ce que chacun d'eux se libère par la prescription des droits hypothécaires qui affectent les immeubles possédés en commun. — *Grenoble*, 10 juin 1846 (t. 2 1847, p. 142), Vincendon c. Coche et Vachon.

239. — N'est pas équivoque la possession qui est la manifestation d'un droit de propriété soumis à une condition résolutoire. — L'associé ou le communiste qui possède pour lui et ses consorts aura possédé précairement ou à titre de propriétaire, suivant que l'événement du partage aura mis dans son lot ou dans celui de son associé la chose possédée; mais il n'y aura dans aucun cas possession équivoque vis-à-vis des tiers.

240. — Décidé que pour conserver sur le terrain commun son droit de copropriété et empêcher que des actes, même directs, de propriété, ne servent, au profit des communistes, de fondement à une prescription, il suffit au propriétaire indivis d'y exercer, selon les besoins de son industrie, les actes que comporte la nature de ce terrain. — *Limoges*, 2 juin 1837 (t. 1er 1838, p. 265), Chapoulaud c. Ardant et Lacoste. — V. INDIVIS, INDIVISION, nos 18 et suiv., 36 et suiv., 59.

241. — Il faut, en outre, que la possession soit *à titre de propriétaire*. L'on possède *à titre de propriétaire*, dit M. Troplong (n° 364), non-seulement lorsque l'on fait des actes qui sont l'expression du droit de propriété plein, entier et complet, mais même lorsque l'on exerce sur le fonds d'autrui des actes de jouissance qui tendent à n'en détacher qu'un démembrement. Ainsi, l'usufruitier, le superficiaire, l'emphytéote, l'usager, le maître d'une servitude, quoique possesseurs précaires eu égard aux droits que le propriétaire s'est réservés, n'en possèdent pas moins les droits dont ils jouissent à titre de propriétaire et *animo domini*. — Duranton, nos 222 et suiv.

242. — Jugé, d'après ces principes, que lorsque la partie assignée en délaissement d'un héritage comme ne le possédant qu'à titre précaire excipe, au contraire, d'une possession à titre de propriétaire, pendant un temps suffisant pour la prescription, et demande à en faire la preuve, cette demande ne peut être rejetée sous le seul prétexte que, d'après les usages du pays, la possession du défendeur a dû être précaire. — *Cass.*, 26 juin 1833, Giraud c. de Navailles.

243. — Toutefois, lorsqu'une partie offre de prouver qu'elle a exercé sur un immeuble qu'elle possédait tous les actes de maître; les juges peuvent rejeter cette preuve, si les faits de possession articulés ne leur paraissent pas concluans. — *Cass.*, 3 janv. 1832, Brougues c. Aveillé.

244. — Le fermier, le dépositaire, l'emprunteur, le séquestre, l'antichrésiste ne peuvent jamais posséder à titre de propriétaire, car ils ne sont propriétaires d'aucun démembrement de la chose; ils n'ont pas une possession *cum animo domini*, propre à fonder la prescription.—Troplong, n° 366; Duranton, n° 224.

245. — La possession utile, à titre de propriétaire, ne s'exerce que sur les choses que l'on a possédées *animo domini*, sans qu'on puisse étendre l'effet de cette possession aux choses mêmes en apparence accessoires et qui n'auraient pas été possédées.

246. — Ainsi : la prescription acquise relativement à des arbres plantés le long d'un fossé et sur le bord d'un chemin qui sépare ces arbres de la terre dont ils dépendent ne donne pas droit à la propriété du fossé, ni à celle du chemin, et n'empêche pas que ce chemin ne soit commun aux deux héritages qu'il sépare, et que le fossé n'appartienne exclusivement au propriétaire de l'héritage qu'il longe; en un mot, la prescription ne donne droit qu'aux arbres qui ont été possédés d'après la maxime *Tantùm præscriptum quantùm possessum*. — *Riom*, 2 mars 1814, Sauret c. Pagès. — V. POSSESSION.

247. — Jugé néanmoins que pour acquérir un immeuble par la possession, il n'est pas nécessaire qu'elle ait été exercée sur tous les points de la surface de cet immeuble. Il suffit que les actes qui la constituent soient tels qu'ils signalent celui qui les a faits comme seul propriétaire de la totalité de la chose qui en est l'objet. — *Pau*, 18 août 1834, Lacroix c. Dubroca.

248. — On est toujours présumé posséder pour soi et à titre de propriétaire, s'il n'est prouvé qu'on a commencé à jouir pour autrui. — Art. 2230 C. civ.

249. — Cette présomption s'évanouit en présence d'une présomption contraire, plus forte. — Ainsi : 1° à l'égard du tuteur possédant des immeubles appartenant à son pupille, il est censé les avoir possédés pour ce dernier et non à titre de propriétaire; 2° à l'égard du communiste ou de l'associé qui n'annonce pas, par quelque acte extérieur, qu'il entend jouir en son propre et privé nom, il est alors présumé posséder au nom de la société dont il fait partie. — Troplong, n° 375.

250. — Il en est de même à l'égard du mandataire qui a acheté un immeuble en vertu d'une procuration, il ne peut plus être présumé avoir possédé pour lui quand bien même il aurait fait l'achat purement et simplement sans faire mention de sa qualité de procureur ni de celui pour qui il agit. La représentation de la procuration détruit en ce cas la présomption légale de l'art. 2230 C. civ. — Troplong, *Prescr.*, n° 375.

251. — La règle portant que la provision est due à la possession jusqu'à preuve contraire, ne s'entend que d'une possession à titre de propriétaire et non d'une possession purement précaire. — *Cass.*, 17 janv. 1826, Blin c. Buon. — Troplong, *Prescr.*, n° 229.

252. — Lorsqu'on a possédé en vertu de plusieurs titres on est censé posséder plutôt en vertu de celui qui est valable, qu'en vertu de celui qui est vicieux. On peut même, surtout en défendant, rapporter sa possession à celui des titres qu'on juge à propos, pourvu qu'on ne choque pas les règles de la vraisemblance. — Dunod, *Prescr.*, p. 22.

253. — Quand on a commencé à posséder pour autrui, on est toujours présumé posséder au même titre, s'il n'y a preuve du contraire (art. 2231 C. civ.). — C'est la conséquence de la règle : *primordium tituli posterior semper refertur eventus*.

254. — Celui qui tient pour autrui perpétue et renouvelle à chaque instant la possession de celui pour lequel il possède. Ainsi, un mari qui a donné un immeuble à sa femme, par contrat de mariage, possède pour elle pendant que le mariage subsiste. — V., du reste, pour plus amples développemens sur la possession à titre précaire n° 311 et suiv., où nous traitons des causes qui empêchent la prescription.

255. — Les actes de pure faculté et ceux de simple tolérance ne peuvent fonder ni possession ni prescription. — Art. 2232 C. civ.

256. — Les actes de pure faculté sont ceux que la loi seule, ou la coutume, ou un statut local, donne la faculté de faire ou de ne pas faire. Ainsi, l'habitant d'une commune a la faculté de prendre de l'eau aux fontaines publiques, de profiter des affouages, de conduire des bestiaux aux pâturages communs; mais comme il ne fait pas ces actes en vertu d'un droit qui lui soit propre, ils ne peuvent lui faire acquérir une possession individuelle : ils laissent intact le droit de la commune et ne le font pas passer dans le domaine privé. — Troplong, n° 384 et suiv.; Duranton, n° 235.

257. — Décidé que les actes de pure faculté, ceux notamment établis à perpétuité et dans des vues d'utilité publique, ne sont pas soumis à la prescription. Et particulièrement, lorsque quelques-uns des habitans d'une commune ont joui seuls d'un droit d'arrosage appartenant à la commune; ils ne peuvent exciper de la prescription contre les autres habitans, qui ont négligé d'user de ce droit. — *Cass.*, 16 mai 1836, Garau.

258. — A la différence des actes de pure faculté qui impliquent l'idée d'un droit au profit de celui qui les exerce, les actes de simple tolérance et de familiarité ne supposent que la permission tacite d'un propriétaire : permission révocable au gré de celui-ci.

259. — Jugé que celui qui soutient avoir prescrit par une possession exclusive, dont il offre la preuve, la propriété d'un terrain prétendu communal, ne dément pas cette articulation en offrant en outre de prouver que la plupart des habitans de la commune qui ont exercé sur ce terrain des actes possessoires ne l'ont fait qu'avec sa permission et par pure tolérance de sa part. — *Cass.*, 23 juin 1834, Chambland c. Commune de Thenay.

260. — Les actes de simple tolérance ne peuvent fonder ni possession ni prescription au profit de celui qui les a faits ni contre celui qui les a laissé faire; car l'un n'a pas entendu agir comme propriétaire, et l'autre n'a pas entendu se dessaisir. — Duranton, t. 21, n° 256.

261. — Ainsi : la possession qui n'a lieu qu'à titre de familiarité et de bon voisinage ne peut faire acquérir la propriété d'un fonds, quand même elle se serait prolongée pendant trente ans. — *Cass.*, 15 déc. 1824, Rodière c. Combes.

262. — Des faits de jouissance sur les francs bords d'un canal de la part des propriétaires riverains ne peuvent être considérés que comme des actes de simple tolérance incapables d'en faire acquérir la prescription. — *Paris*, 24 juin 1834, Papillon c. Dulfoy,

263. — Faucher et enlever, *même pendant trente ans*, l'herbe qui croît dans un lieu non destiné, par sa nature primitive, à en produire, est un fait qui ne peut fonder ni possession ni prescription. — *Bourges*, 13 déc. 1820, Robin de la Cotardière c. Poquet.

264. — Des dépôts de fumier faits depuis plus de trente ans par un habitant d'un village sur un terrain vague contigu à sa maison ne constituent pas des faits indiquant une possession suffisante pour prescrire ce terrain communal. — *Besançon*, 14 nov. 1844 (t. 1er 1844, p. 115), Gannard c. Beauquier et Bonnefoi. — Proudhon, *Domaine public*, t. 2, nos 357 et suiv.

265. — Jugé encore que le propriétaire dont la demeure est séparée de la voie publique par un terrain vain et vague, ayant le droit de traverser celui-ci pour les besoins de son habitation, peut par suite distribuer les ouvertures de ses bâtimens de manière à user du droit de passage sur ce terrain, bien que d'autres habitans y eussent depuis longtemps établi des dépôts de fumier. — De pareils dépôts ne constituent qu'une possession précaire, qui ne saurait servir de base à la prescription. — *Besançon*, 18 janv. 1845 (t. 1er 1846, p. 349), Lépeule c. Vionnet.

266. — Le fait unique de la dépaissance habituelle d'un troupeau sur un terrain en friche, accessible à tous, et abandonné à l'usage de tous, ne saurait constituer un acte de possession exclusive et de nature à opérer la prescription ou à motiver une action possessoire. — *Cass.*, 29 mai 1848 (t. 2 1848, p. 324), Commune de Doulevent-le-Château c. Rollet.

267. — Le riverain d'un lopin de terre destiné à recevoir l'égout d'un toit ne peut l'acquérir par prescription en le cultivant, la culture n'étant en pareil cas qu'un acte de tolérance et de bon voisinage de la part du propriétaire. — Mais ce riverain, en élevant des constructions sur ce terrain et en les appuyant contre le mur qui le limite, a pu prescrire la propriété exclusive du terrain et la mitoyenneté du mur. — *Bordeaux*, 10 déc. 1845 (t. 1er 1846, p. 355), Martin c. Renillan.

268. — Les actes de tolérance et de familiarité, dit M. Troplong (n° 383), ont beaucoup d'analogie avec le précaire; ils en diffèrent cependant en ce que, à proprement parler, le précaire n'a lieu que par une concession expresse et contractuelle, tandis que les actes de tolérance ne supposent pas une permission écrite et irrévocable.

269. — La vaine pâture ne se constitue en général que par une série d'actes de pure faculté qui ne peuvent conduire à la prescription du sol sur lequel elle s'exerce. Il en serait cependant autrement si les actes de vain pâturage étaient exercés *animo domini*. — V. PARCOURS ET VAINE PATURE.

270. — Chez les Romains, aux termes de la loi des douze tables et de la loi *Manilia*, les héritages devaient être séparés par un espace de cinq pieds, réservé pour y aller et y faire tourner la charrue. Cet espace ne se prescrivait pas, Si quelqu'un des voisins l'avait occupé, il était regardé comme en ayant usé par faculté. Aujourd'hui que les héritages ne sont pas séparés de la sorte, les voisins font tourner leur charrue et passent les uns sur les autres; mais ce n'est toujours que par tolérance et familiarité. C'est une faculté qui cesse quand elle devient préjudiciable. Et si, par exemple, un voisin veut enfermer son héritage, l'autre ne pourra pas l'en empêcher sous prétexte qu'il y a fait tourner sa charrue depuis un temps même immémorial. — Dunod, *Prescr.*, p. 84 et 85 ; Troplong, n° 391.

271. — Mais si le voisin avait fait acte de propriétaire en cultivant et ensemençant le terrain litigieux servant au tour de charrue, la possession serait utile pour prescrire. — *Ibid.*

272. — Les servitudes discontinues apparentes ou non apparentes, telles que les droits de passage, de puisage, de pacage, ne pouvant plus aujourd'hui s'acquérir par prescription, ne sont plus que des actes de pure tolérance qui ne peuvent opérer la prescription qu'autant qu'ils se sont continués après la contradiction. — Duranton, n° 237. — V. SERVITUDES.

273. — La tenue, par une commune, depuis un temps immémorial d'une foire sur le champ d'un particulier après la levée des récoltes, n'emporte pas pour cette commune acquisition par prescription du droit de maintenir son champ de foire sur ce terrain. — *Riom*, 3 déc. 1844 (t. 2 1846, p. 255), Commune de Saint-Loup c. Duclozel.

274. — Les droits d'usage dans une forêt ne sont pas des actes de simple tolérance et peuvent être la base d'une possession utile pour prescrire. — Troplong, *Prescr.*, nos 396 et suiv.; Proudhon, t. 8, p. 277. — *Contrà*, Merlin, *Quest. de droit*, v° *Droit d'usage*. — V. USAGES DANS LES FORÊTS.

275. — L'occupation imposée par la force majeure est aussi inutile pour fonder la prescription que les actes de tolérance et de pure faculté. Ainsi : lorsque dans des temps de crue extraordinaire les eaux d'un étang envahissent l'héritage du voisin, le maître de l'étang n'acquiert pas ainsi la possession de cet héritage. — Troplong, n° 409.

276. — Lorsque la possession réunit les six conditions prescrites par l'art. 2229, on l'appelle possession qualifiée, possession légitime, ou parfaite; lorsqu'elle ne les réunit pas, ou lorsqu'elle a été interrompue, on l'appelle possession incomplète, et possession vicieuse lorsqu'elle a été violente, clandestine, équivoque ou précaire.

277. — Mais on peut se demander s'il suffit pour que la possession conduise à la prescription que cette possession soit légitime et complète à l'égard de celui contre qui la prescription est invoquée, de telle façon qu'elle pourrait être impunément vicieuse ou incomplète à l'égard de toutes autres personnes. Quant à la possession incomplète, il ne saurait y avoir de difficultés; car l'art. 2243 du Code déclare que, lorsqu'il y a interruption à l'égard de l'un, il y a interruption à l'égard de tous : la continuité de la possession est donc une condition absolue et intrinsèque. Mais il y a plus de doute lorsqu'il s'agit d'une possession vicieuse. M. Troplong (t. 1er, nos 370 et suiv.) pense qu'il faut distinguer entre les différens vices argués. La possession pourrait à la rigueur être paisible et publique à l'égard d'une personne, tandis qu'elle serait violente et clandestine à l'égard d'une autre. Mais si le vice reproché est celui du précaire, elle doit être examinée en elle-même et d'une manière absolue; car on ne saurait comprendre qu'elle fût précaire à l'égard des uns et *animo domini* à l'égard des autres.

278. — Il est de jurisprudence constante qu'il appartient aux juges de décider, d'après les circonstances, que des faits de possession, quoique constans et reconnus tels, ne sont que des actes de tolérance, et, par suite, incapables de servir de fondement à la prescription. — *Cass.*, 27 févr. 1838 (t. 2 1838, p. 469), section de Corrèo c. Mondet; 23 nov. 1840 (t. 1er 1841, p. 306), Gon c. Bernard; 6 déc. 1841 (t. 1er 1842, p. 186), Calvimont c. Commune de Cenon de la Bastide; 25 janv. 1842 (t. 2 1842, p. 651), Commune de Saint-Ouen c. Delavaud.

279. — Et que les tribunaux ont un pouvoir discrétionnaire pour décider si des faits de pos-

session articulés par une partie sont pertinens et admissibles. — *Cass.*, 23 juin 1829, Communes de Berny, d'Ailly et du Chaussoy; 13 déc. 1831, Vallet c. Vernatel; 18 août 1836 (t. 1er 1837, p. 472), Commune de Gagnac c. Danlois; 8 août 1837 (t. 2 1837, p. 615), Adelon c. Dervier; 18 juin 1839 (t. 2 1839, p. 222), Commune de Marseillan c. Compagnie des salins de Cette; 16 déc. 1839 (t. 2 1840, p. 7), Ville de Cherbourg c. Lebuhotel.

280. — L'arrêt qui, d'après le résultat des enquêtes et les indices matériels fournis par l'état des lieux, décide qu'il y a preuve complète et positive de la possession exclusive articulée par une commune, déclare suffisamment qu'il s'agissait d'une possession légale, et que cette possession a eu une durée suffisante pour prescrire la propriété, lorsque l'articulation de la commune tendait à établir que sa possession exclusive remontait à une époque ancienne, et qu'elle s'était prolongée pendant le temps légalement requis pour opérer la prescription. — *Cass.*, 7 janv. 1845 (t. 1er 1845, p. 349), Commune de Chanais c. commune de Magnils.

281. — La prescription est valablement prononcée en faveur de celui qui est déclaré avoir une possession réunissant toutes les conditions voulues par l'art. 2229 C. civ., bien que dans ses conclusions il n'ait demandé à faire preuve que d'une possession *paisible et sans trouble*. — *Cass.*, 16 nov. 1842 (t. 1er 1843, p. 412), Labille c. Mignot.

§ 2. — *De la jonction des possessions.*

282. — Pour compléter la prescription, on peut joindre à sa possession celle de son auteur, de quelque manière qu'on lui ait succédé, soit à titre universel ou particulier, soit à titre lucratif ou onéreux. — C. civ., art. 2235.

283. — La possession se transmet légitimement d'une personne à une autre par succession, donation, legs, vente et échange. Par ces voies, l'on reçoit avec les choses la possession de ceux qui les détenaient; et, en la continuant, on peut achever la prescription. — Vazeille, *Prescr.*, n° 69.

284. — On appelle *auteur*, en matière de prescription, celui dont on tient la chose à quelque titre que ce soit. On appelle *successeur* ou *ayant cause* celui à qui la chose est transmise. — Troplong, *Prescr.*, n° 428, et *Hypoth.*, nos 530 et suiv.; Pothier, *Pand.*, t. 3, tit. *De verb. signif.* v° *Auctor*, et surtout p. 142, n° 144.

285. — Le successeur à titre universel succède à la personne du défunt et non pas seulement à la chose, il n'a que la même possession qu'avait le défunt, il la continue avec ses vices et ses qualités, de telle sorte que, si elle est vicieuse chez le défunt, elle se soutient vicieuse chez l'héritier, réciproquement, si la possession était juste et de bonne foi chez le premier, elle se prolonge sur la tête du second, légale et pure de tout vice, quand bien même le possesseur viendrait à connaître que la chose appartient à autrui. — Duranton, t. 21, n° 238; Troplong, nos 429 et suiv.; Pothier, p. 141, nos 38 et 39.

286. — Au contraire : le successeur à titre particulier n'est pas un successeur à la personne de celui qui lui a transmis la chose, il est seulement un successeur à cette chose; il tire son titre de la possession de son contrat, ou du legs qui lui a été fait, et ne représente son auteur que relativement à l'objet même que celui-ci lui a transmis, en sorte qu'il a une possession personnelle tout à fait indépendante de celle du vendeur ou donateur. Le successeur à titre particulier a la faculté de joindre ou non à sa possession celle de son auteur, tandis que le successeur à titre universel ne peut pas séparer sa possession de celle de son auteur. — Duranton, t. 21, n° 240.

287. — Tout acquéreur à titre particulier peut prescrire de son chef, sans qu'on ait droit de lui opposer la mauvaise foi de son auteur; pourvu que sa possession n'ait pas été interrompue pendant le temps requis pour la prescription. — *Paris*, 13 mars 1817, Jarlet c. Drain. — Pothier, *Prescr.*, n° 122.

288. — La jonction de possessions ne peut avoir lieu si l'auteur et le successeur n'ont possédé tous les deux à titre de propriétaire, car l'on ne pourrait, pour acquérir la prescription, cumuler deux possessions dont l'une serait impuissante à produire cet effet. — Dunod, *Prescr.*, p. 20.

289. — Il en est de même lorsque les possessions de l'auteur et des successeurs ne sont pas uniformes; car, si l'auteur n'avait possédé qu'un démembrement de la propriété, le successeur ne pourrait se prévaloir de cette possession pour prescrire la propriété pleine. — Dunod, *ibid.*

290. — L'interruption civile ou naturelle empêche de joindre sa possession à celle de son auteur, mais la détention de l'héritier qui précède celle du légataire ne constitue pas une interruption de possession; et la L. 31, § 5, ff., *De usurp. et usucap.*, dispose que le temps pendant lequel une succession reste vacante, compte à l'héritier pour la prescription. — Vazeille, *Prescr.*, n° 73; Pothier, *Prescr.*, n° 125.

291. — Pour que la jonction des possessions soit possible, il faut qu'il y ait entre le possesseur actuel et le précédent possesseur une relation juridique. Car, s'ils se trouvaient juxtaposés sans un lien de droit, l'union ne pourrait s'opérer. Ainsi, on ne pourrait joindre à sa possession celle d'un précédent possesseur qu'on aurait violemment expulsé. — Troplong, n° 435.

292. — D'anciens auteurs avaient fait diverses distinctions sur le point de savoir si le successeur à titre particulier pouvait commencer, dans tous les cas, une possession pour son propre compte. Ils divisaient les vices d'une semblable possession en vices réels, quasi-réels et personnels. Mais ces distinctions scolastiques ne sont plus admissibles actuellement. — Troplong, nos 437 et suiv.

293. — La jonction de possessions s'opère au profit du vendeur dans tous les cas où il y a lieu à résolution du contrat. Toujours la possession de l'acheteur profite au vendeur qui rentre dans la détention de sa chose, et doit la reprendre *cum omni suâ causâ*, en vertu d'une obligation expresse ou tacite à laquelle l'acheteur était astreint. — Troplong, nos 445 et suiv.

294. — L'acquéreur d'un immeuble ne peut, pour écarter par la prescription trentenaire l'action en résolution dirigée contre lui par le vendeur originaire non payé, se borner à réunir sa possession à celle de l'acquéreur primitif, et faire abstraction de la possession de l'acquéreur intermédiaire dans le but d'échapper aux effets de l'interruption de prescription qui aurait eu lieu contre ce dernier. — *Cass.*, 29 mai 1843 (t. 2 1843, p. 676), Goyon c. Mollenthiel.

295. — Celui qui achète un immeuble par voie d'expropriation forcée peut joindre à sa possession celle du débiteur qui est censé vendre lui-même, car le créancier poursuivant n'est que son mandataire tacite. — Merlin, *Rép.*, v° *Prescription*, p. 515.

296. — Jugé également que lorsqu'en suite d'une action en revendication d'immeuble, le demandeur a été envoyé en possession par le juge, il peut, pour compléter la prescription, joindre à sa possession celle du détenteur évincé. — *Montpellier*, 30 messid. an X; *Cass.*, 6 therm. an XI, Olivier c. Chauveta; *Bruxelles*, 8 therm. an XIII, Col c. Delahaye. — Troplong, *Prescription*, n° 448 et suiv.; Pothier, *Pand.*, t. 3, p. 143; Dunod, p. 20; Vazeille, *Prescr.*, n° 176.

297. — Jugé, néanmoins, que l'acte par lequel le détenteur précaire d'un immeuble, un fermier, par exemple, en transmet la propriété à un tiers, comme d'une chose à lui appartenante, forme en faveur de ce dernier un titre qui peut le faire considérer comme possédant *animo domini*, qui lui donne une possession utile à l'effet de la prescription et à l'effet d'interrompre celle courant au profit du véritable propriétaire qui en réclame la réintégration à ce titre, et qui en avait, comme tel, passé bail au vendeur. — En d'autres termes, la possession qu'a eue l'acquéreur de cet immeuble, à dater de la vente qui lui en a été consentie, ne doit pas être ajoutée à celle du vendeur qui le possédait en qualité de fermier, et profiter à celui qui s'en dit le véritable propriétaire pour compléter la prescription en sa faveur. — *Cass.*, 12 janv. 1832, de Magnoncourt c. de Buyer. — Merlin, *Rép.*, v° *Prescription*, sect. 1re, § 5, art. 5.

298. — Le possesseur dépouillé de sa possession qui obtient sa réintégration dans l'an et jour, est censé n'avoir jamais cessé de posséder; et l'on ne peut pas même dire qu'il joint à sa possession celle de l'usurpateur, car la trace de l'usurpation de ce dernier est effacée et il ne reste plus dans la personne de l'auteur primitif qu'une possession non interrompue.

299. — Mais il y a plus de doute lorsqu'il s'agit du cas où le possesseur n'a obtenu sa réintégration dans l'immeuble dont il a été dépossédé qu'après l'an et jour, et seulement sur l'action intentée au pétitoire. Un arrêt de la Cour de cassation (12 janv. 1832, de Magnoncourt c. de Buyer) a décidé que dans ce cas le possesseur réintégré ne peut compter pour la prescription le temps pendant lequel l'immeuble était entre les mains de l'usurpateur. — Merlin (*Rép.*, v° *Prescription*, suppl., p. 419 et suiv.) enseigne la même doctrine, qui est combattue par M. Troplong dans une dissertation développée nos 448 et suiv. Ce dernier auteur cherche à établir qu'au contraire, pendant tout le temps qu'a duré la détention de l'usurpateur, la possession continuait d'appartenir légalement au précédent détenteur, et que le jugement qui ordonne la réintégration doit avoir un effet rétroactif en faveur de celui qui l'a obtenue. — Ce dernier système avait déjà été adopté par Pothier (*Pand.*, tit. 3, p. 143, note), Dargentré (sur Bretagne, art. 271, p. 1262), Bruneau (sur la loi 13 D. *De acq. possess.*, n° 11, p. 432) et Vazeille (t. 1er, p. 189).

300. — L'héritier réel profite de la possession de l'héritier putatif évincé, qui doit lui remettre toutes les actions qui lui compétaient, et même l'exercice des actions possessoires, notamment de l'action *unde vi*, pour se faire restituer dans la possession qui lui aurait été enlevée. — Troplong, n° 467.

Sect. 6e. — *Comment se compte le temps de la prescription.*

301. — La prescription se compte par jours et non par heures. — C. civ., art. 2260. — Elle est acquise lorsque le dernier jour du terme est arrivé (art. 2261), sans qu'il y ait lieu, à cet égard, de distinguer, comme on le faisait en droit romain, entre la prescription à l'effet d'acquérir et celle à l'effet de se libérer.

302. — La loi, en matière de prescription, ne tient compte du jour qu'autant que les vingt-quatre heures sont écoulées entièrement et sans fraction. — Troplong, n° 813.

303. — Dans l'ancienne jurisprudence, le jour servant de départ à la prescription, *dies à quo*, n'était pas compris dans le temps requis pour prescrire. C'est dans ce sens que presque tous les auteurs, à l'exception de Merlin, ont interprété l'art. 2260 C. civ. — *Caen*, 19 févr. 1825, Poignant et Boullée c. bureau de bienfaisance de Cheux; *Cass.*, 5 avril 1825, Feret c. Cottin; *Nîmes*, 7 mars 1826, Salles c. Rodier et Meynadier. — Troplong, n° 812; Vazeille, n° 317; Toullier, t. 13, n° 54.

304. — Mais si le jour *à quo* n'est pas compris dans le terme, le jour *ad quem* y est compris. En conséquence, si un compte a été arrêté le 16 juin 1803, et la demande en justice intentée le 17 juin 1833, la prescription de trente ans est acquise. — *Lyon*, 7 févr. 1834, Monterrad c. Cros; *Rennes*, 6 mai 1835, Brizou c. Lemême et Gaultier. — Vazeille, n° 317; Troplong, n° 811.

305. — Jugé, cependant, qu'on doit compter le premier jour, c'est-à-dire le terme *à quo*, dans l'espace de temps requis pour l'accomplissement de la prescription. Ainsi, la prescription qui a commencé à courir le 2 mai s'accomplit le 1er mai et non pas seulement le 2. — *Colmar*, 30 juill. 1813, Detwilliers c. Weyl; *Bruxelles*, 6 juill. 1833, Delforge c. bureau de bienfaisance de Hal.

306. — On s'est demandé comment doit se compter le délai dans lequel les inscriptions hypothécaires doivent être renouvelées pour échapper à la péremption. Les auteurs et la jurisprudence sont divisés sur ce point; néanmoins l'opinion qui prévaut généralement est celle qui ne comprend pas dans le délai le jour *à quo*, c'est-à-dire celui où l'inscription est prise, et qui y fait entrer au contraire le jour *ad quem*, c'est-à-dire le jour correspondant à la même date à l'expiration des dix ans. — V. INSCRIPTION HYPOTHÉCAIRE, nos 504 et suiv.

307. — Lorsque le jour *ad quem* est un jour férié, il n'en doit pas moins être compté. C'est à celui qui veut interrompre la prescription à faire ses diligences en temps utile. D'ailleurs, dans le cas d'urgence et de péril, on peut obtenir la permission du juge de faire des significations et des exécutions les jours de fête légale. — Troplong, n° 816; Vazeille, n° 329; Toullier, t. 13, n° 55.

308. — Pour tous délais et dans toutes prescriptions d'un mois au moins, le temps se règle selon le calendrier grégorien, non par le nombre de jours mais par celui des mois, sans égard à leur inégalité. La jurisprudence est presque unanime sur ce point. — Vazeille, n° 326; Troplong, n° 815.

309. — Ainsi, jugé que, quand la loi détermine un délai par mois, on doit entendre non pas le nombre fixe de trente jours mais seulement l'espace de temps du quantième d'un mois au quantième de l'autre mois. — *Paris*, 9 août 1814, Delaval c. Lemoine; 16 nov. 1815, Bourdillon et Huguet c. Garaudan; *Cass.*, 12 mars 1816, Daudigné c. Libault; 13 août 1817, Nabou c. Martin; 28 déc. 1817, Nabou c. Guebin; 16 févr. 1818, Prevel c. Nabou; *Orléans*, 3 mars 1819, Jauge et Robin c. Foulon.)

310. — Il y a cependant certains cas où la prescription se compte par heures. C'est ainsi que l'art. 436 du C. comm. veut que, dans le cas qu'il prévoit, on proteste dans les vingt-quatre heures de la réception de la marchandise. — V. PROTÊT. — V. aussi l'art. 711 C. procéd. (V. SURENCHÈRE) et les art. 6 et 10 de la loi du 9 flor. an VII. — V. DOUANE. — Merlin, *Rép.*, v° *Prescription*, p. 552. — V. aussi DÉLAI.

CHAPITRE III. — *Des causes qui empêchent la prescription. — Précarité du titre. — Interversion.*

311. — Ceux qui possèdent pour autrui, dit l'art. 2236, ne prescrivent jamais, par quelque laps de temps que ce soit. Ainsi, ajoute cet article, le fermier, le dépositaire, l'usufruitier, et tous autres qui détiennent précairement la chose du propriétaire, ne peuvent la prescrire. —

312. — En effet, lorsqu'on possède pour autrui, loin d'acquérir pour son propre compte on met en action la possession du propriétaire et l'on empêche la perte de son droit. — Troplong, n°s 468 et suiv.

313. — L'on entend, par détenteurs précaires, ceux qui possèdent en vertu d'une convention ou d'un titre par lequel ils reconnaissent le droit d'autrui.

314. — Il faut remarquer que l'acte de vente passé en pays de droit écrit, par lequel on stipulerait en faveur du vendeur la réserve du domaine et la clause de précaire, ne constituerait pas l'acquéreur en état de possession précaire. — Arr. Parl. Toul. 6 mars 1664. — V. CLAUSE DE CONSTITUT ET DE PRÉCAIRE.

315. — Le fermier possédant au nom du bailleur, sa jouissance est perpétuellement inutile pour prescrire; car l'expiration du bail ne change pas le caractère de la possession: le bail étant censé prorogé par tacite réconduction, si le fermier reste en possession. Il en est de même de l'emphytéote, qui doit être assimilé au fermier. — Vazeille, t. 1er, n° 128; Dunod, p. 34.

316. — Jugé même que celui dont la possession pris origine dans un bail à ferme, et qui, par continuité de cette possession précaire, s'est emparé d'une portion de grange qui n'était pas comprise dans le bail originaire, n'a cependant pas pu prescrire la propriété. — *Riom*, 17 déc. 1814, Colas c. Lacroix.

317. — L'action du propriétaire contre le fermier, à l'effet de forcer ce dernier à rendre compte, dure trente ans. Il en est de même de action qui appartient au propriétaire pour se faire payer par le fermier le prix de l'immeuble qui aurait été aliéné par lui. Dans ce dernier cas, la prescription contre le propriétaire courrait du jour de l'expiration du bail. — *Amiens*, 18 nov. 1824, Devaux c. Cartier. — Troplong, n° 474.

318. — L'usager est aussi un détenteur à titre précaire. Quelque nombreux que soient les actes r lui faits à titre de propriétaire, ils ne peuvent servir de base à une juste possession lorsqu'il est établi que le titre primitif de sa possession ne lui conférait qu'un droit d'usage. Ainsi, par un arrêt du 31 janvier 1698, le parlement de Besançon rejeta la prétention des jésuites de Dôle à la propriété d'un bois, quoiqu'ils eussent fait depuis plus de cent ans des actes de possession; le titre primitif de leur possession ne leur conférant qu'un droit d'usage, le moyen tiré de la prescription fut rejeté.

319. — Jugé pourtant, mais à tort, que l'usager n'est pas seulement un détenteur à titre précaire, et que lorsqu'il a fait ostensiblement des actes de propriétaire *animo domini* il doit être admis à en faire la preuve à l'effet d'établir la prescription. — *Bourges*, 6 août 1839 (t. 1er 1841, p. 153), Bougeret c. Chabannes. — *Contrà*, *Nancy*, 11 févr. 1833, N.... — Troplong, *Prescr.*, n° 476. — Quant à la prescription du droit d'usage lui-même, V. USAGE.

320. — Un capitaine de navire ne peut acquérir la propriété du navire par prescription. — C. comm., art. 430.

321. — Le dépositaire ne prescrit pas contre le déposant pendant tout le temps que la chose déposée existe en nature. Lorsque la chose déposée n'existe plus, le déposant a contre le dépositaire l'action en indemnité qui se prescrit par trente ans. — Dunod, *Prescrip.*, p. 101; Troplong, *Presc.*, n° 478. — V. DÉPÔT, n°s 220 et suiv.

322. — Le séquestre, l'antichrésiste, le créancier-gagiste ne peuvent prescrire. Car, le débiteur pouvant en tout temps retirer le gage en payant, ils n'ont qu'une possession précaire. — Dunod, *Prescr.*, p. 79; Troplong, n° 479. — V., au surplus, v° ANTICHRÈSE, et GAGE.

323. — L'acquéreur avec faculté de rachat n'est pas possesseur précaire, la vente lui a transporté la propriété de la chose; il en jouit comme maître et peut conséquemment prescrire. — Troplong, *Prescr.*, n° 482; Dunod, p. 93.

324. — L'époux marié sous le régime de la communauté est propriétaire des objets qui en font partie, il n'est donc pas possesseur à titre précaire. — V. COMMUNAUTÉ. — Quant aux droits du mari sur la dot lorsque les époux ont adopté le régime dotal, V. DOT.

325. — Le tuteur, le mandataire, l'envoyé en possession provisoire des biens d'un absent sont des détenteurs à titre précaire. — V. ABSENCE, MANDAT, TUTELLE.

326. — L'associé n'est pas possesseur précaire, c'est pour lui et en vertu de son droit indivis qu'il possède la chose commune; mais, pour prescrire contre ses coassociés, il faut des actes de jouissance hautement exclusifs, sans cela il serait réputé avoir possédé tant pour ses coassociés que pour lui-même. — Troplong, *Prescr.*, n° 493. — V. SOCIÉTÉ.

327. — La clause de constitut, pour réserver au vendeur ou au donateur l'usufruit de la chose donnée ou vendue, a pour effet de donner au vendeur ou donateur la qualité de détenteur pour autrui, et le rend incapable de prescrire. — Troplong, *Prescr.*, n° 494. — V. CLAUSE DE CONSTITUT ET DE PRÉCAIRE.

328. — Les héritiers de ceux qui tenaient la chose à titre précaire pour autrui ne peuvent non plus prescrire. — Art. 2237 C. civ.

329. — Les légataires universels et même tous les légataires à titre universel doivent être assimilés aux héritiers et ne peuvent prescrire, quand même ils auraient ignoré le vice de leur possession. — Troplong, n° 502; Bigot de Préameneu, *Exposé des motifs*: Fenet, t. 15, p. 580 *in fine*.

330. — Néanmoins les personnes énoncées dans les art. 2236 et 2237 peuvent prescrire, si le titre de leur possession se trouve interverti, soit par une cause venant d'un tiers, soit par la contradiction qu'elles ont opposée au droit du propriétaire. — Art. 2238 C. civ.

331. — La possession est intervertie, lorsque, commencée à un titre autre que celui de propriétaire, elle se change en une possession dont on recueille les avantages *animo domini*.

332. — La première cause d'interversion est une possession nouvelle commencée en vertu d'un titre émané d'un tiers, ce qui arrive lorsque le fermier achète du propriétaire, ou d'une autre personne, le bien qu'il possède comme bailliste. — Troplong, *Prescrip.*, n°s 505 et suiv. — ... Ou bien lorsque le fermier devient héritier du propriétaire qui lui a concédé le bail.

333. — Il y a encore interversion par possession à titre nouveau lorsque le possesseur précaire achète ou reçoit la chose d'un individu étranger qui la lui transmet à titre de propriétaire. — Dunod, p. 36.

334. — Jugé qu'il n'y a pas preuve suffisante de la précarité de la possession du fermier d'un fonds, par cela qu'on prouve qu'on a été bailleur de ce fonds; alors qu'il a pu y avoir interversion du titre du fermier, par une acquisition dans laquelle il a pu croire que ce fonds était compris. — *Cass.*, 23 févr. 1831, préfet de la Vienne c. Vadier. — Troplong, *Prescr.*, n° 509.

335. — Jugé aussi que bien qu'en principe le gage ne soit pas prescriptible de la part du créancier-engagiste ni de ses héritiers, cependant ces héritiers peuvent prescrire si le titre de leur possession des biens engagés se trouve interverti par une cause venant d'un tiers. — Jugé aussi que l'interversion, dans ce cas, n'a pas besoin pour produire effet, qu'il y ait eu contradiction au droit du propriétaire. — *Cass.*, 24 août 1842 (t. 2 1842, p. 493), Escalle c. Achard.

336. — Le titre de possession peut être réputé interverti par une cause provenant d'un tiers lorsque la chose engagée, sortie des mains de l'engagiste pour entrer dans celles d'un tiers qui en a eu la possession extérieure et publique, a été retrouvée par les héritiers de l'engagiste dans la succession de celui qui, de bonne foi et à titre onéreux, l'avait acquise de ce tiers. — Même arrêt.

337. — La réunion dans la personne de ces héritiers, de leur ancienne qualité de représentans des engagistes avec leur qualité plus nouvelle de représentans de l'acquéreur, ne saurait mettre obstacle à la prescription, non plus que la circonstance qu'antérieurement à la vente dont ils profitent il serait intervenu, relativement à d'autres portions de ces biens, et avec le même acquéreur, une transaction dont l'annulation aurait été prononcée (cette annulation devant être restreinte dans ses effets aux biens qui en avaient fait l'objet). — Même arrêt.

338. — M. Troplong (*Prescr.*, t. 2, n°s 505 et suiv.) émet aussi l'opinion que, pour que l'interversion, quand elle est causée par un tiers, ait son effet quant à la prescription, il n'est pas nécessaire qu'il y ait eu contradiction au droit du propriétaire. — M. Vazeille paraît penser le contraire en exigeant que le possesseur précaire investi d'un nouveau titre le fasse signifier à celui contre lequel il prescrit, sans quoi, dit-il, il n'y a pas interversion (t. 1er, n° 148). — V. aussi Brunemann, sur la loi 5, au Code, *De acq. posses.*; Dunod, p. 36. — Cette dernière opinion, dit Troplong, a pour point de départ un fonds de vérité: c'est que la nouvelle possession ne doit pas être clandestine. Mais c'est exagérer les conséquences de cette idée que d'exiger la contradiction ou la signification du nouveau titre: il suffit que cette possession ne soit ni latente ni douteuse, pour qu'elle puisse former le fondement de la prescription. Il suffira, en définitive, qu'elle réunisse toutes les conditions voulues par l'art. 2229.

339. — Une interversion de titre a pu résulter au profit d'une commune simple usagère d'une forêt: de ce qu'elle a été autorisée par arrêt de parlement à vendre, pour ses besoins personnels, une partie importante d'arbres dépendans de cette forêt, sous la seule réserve des droits seigneuriaux du propriétaire. — En conséquence cette commune a pu être reconnue propriétaire de cette forêt comme l'ayant acquise par la prescription depuis l'époque de l'interversion de son titre. — *Cass.*, 30 nov. 1841 (t. 1er 1842, p. 332), préfet du Vaucluse c. Commune de Mérindol.

340. — Mais jugé que la possession privative et plus que trentenaire, par l'un des habitans d'une commune à laquelle il est dû un droit d'usage dans une forêt, de quelques parties de cette forêt, ne peut être regardée comme une interversion de titre suffisante pour lui faire acquérir par prescription la propriété des parties possédées. — *Toulouse*, 25 mars 1833, Biscayen c. Pannetier.

341. — M. Troplong estime qu'il pourrait y avoir au profit d'un fermier une interversion de titre conduisant à la prescription, si, après avoir acheté l'immeuble d'un tiers, ce fermier refusait de payer les fermages. Mais l'interversion ne pourrait résulter, selon lui, d'une vente simulée que le fermier se serait fait faire (t. 2, n° 509). — V. aussi Vazeille, n° 149.

342. — La seconde cause d'interversion qui fait disparaître le vice de précaire et rend le possesseur habile à prescrire, est la contradiction opposée aux droits du propriétaire. La contradiction ne peut résulter que d'une dénégation formelle, d'un refus positif ou désaveu du droit contre lequel on prescrit (Troplong, *Prescr.*, n° 513). — La cessation de paiement des redevances auxquelles on est assujetti ne constituerait pas une contradiction.

343. — Il a été décidé que la prescription au moyen de l'interversion du titre par l'effet de la contradiction peut résulter, pour les habitans d'une commune usagère, de ce que, en agissant *ut singuli*, ils ont défriché et entouré de haies et de murailles une partie du terrain soumis au droit d'usage. — *Nancy*, 31 mai 1833, d'Aumale c. Commune de Stenay; *Cass.*, 16 janv. 1838 (t. 1er 1838, p. 251), préfet de l'Ardèche c. Commune de Lanarce; *Montpellier*, 26 avril 1838 (t. 1er 1839, p. 416), Abbes c. Debru.

344. — Lorsque la contradiction résulte de faits dont on n'a pu se procurer la preuve écrite, rien n'empêche qu'elle ne se prouve par témoins.

345. — Toutefois M. Vazeille exige que, dans tous les cas, même pour les détentions précaires qui peuvent se former sans contrat, la contradiction soit établie par écrit. — Vazeille, *Prescr.*, n° 152.

346. — Des actes extrajudiciaires adressés directement à la personne intéressée, suffisent pour donner la preuve de la contradiction. Il était autrefois indispensable que la contradiction fût expresse et faite en jugement ou dans un procès intenté. — Vazeille, *Prescr.*, n° 155.

347. — Ceux à qui les fermiers, dépositaires et autres détenteurs précaires ont transmis la chose par un titre translatif de propriété, peuvent la prescrire. — C. civ., art. 2239.

348. — Ainsi: l'acte par lequel le détenteur précaire d'un immeuble, un fermier, par exem-

ple, en transmet la propriété à un tiers, comme d'une chose à lui appartenante, forme en faveur de ce dernier un titre qui peut le faire considérer comme possédant *animo domini*, qui lui donne une possession utile à l'effet de la prescription et à l'effet d'interrompre celle courant au profit du véritable propriétaire qui en réclame la réintégration à ce titre, et qui en avait, comme tel, passé le bail au vendeur. — *Paris*, 8 juin 1825, Gasville c. Grouche de Gribauval; *Cass.*, 12 janv. 1832, de Magnoncour c. de Buyer.

349. — Mais pour que l'acte de vente fait par un détenteur précaire puisse servir de base à une possession utile au profit de l'acquéreur, il faut que la vente ait été faite à titre de propriétaire et qu'elle ne soit entachée ni de dol ni de fraude.

350. — La précarité et la mauvaise foi sont deux choses distinctes. Ainsi : celui qui achète d'un fermier vendant comme propriétaire, sera bien un possesseur de mauvaise foi s'il a connu les vices de son titre; mais il ne sera pas, par cela même, un possesseur précaire. Il pourra commencer de son chef une possession *animo domini*. — Troplong, nº 518.

351. — On ne peut prescrire contre son titre, en ce sens qu'on ne peut se changer à soi-même la cause et le principe de sa possession (C. civ., art. 2240). — Mais, on peut prescrire contre son titre, en ce sens que l'on prescrit la libération de l'obligation qu'on a contractée. — Art. 2241.

352. — Décidé que la stipulation par le fondateur d'une chapelle dans une église paroissiale, du bénéfice dit *chapellenie*, est exclusive d'un droit privatif sur cette chapelle, laquelle faisant partie intégrante du domaine public est, à ce titre, hors du commerce; qu'en conséquence la vente sur décret volontaire des biens du fondateur, y compris le bénéfice, n'a pas eu pour effet de rendre l'acquéreur propriétaire de la chapelle, et que les faits de possession exercés par cet acquéreur *animo domini* n'ont pas la puissance de fonder la prescription à son profit : nul ne pouvant prescrire contrairement à son titre. — *Cass.*, 6 juin 1848 (t. 1er 1849, p. 68), d'Essling c. fabrique de l'église de La Ferté. — V. CHAPELLE.

353. — Lorsque le titre est représenté, c'est par lui qu'il faut régler la cause et le principe de la possession; et tant que le possesseur ne prouve pas une interversion légale, soit par le fait d'un tiers, soit par une contradiction formelle, le titre reste la loi invincible qui sert à qualifier sa possession. — Troplong, *Prescr.*, nº 522.

354. — Ainsi jugé que la règle que l'on ne peut prescrire contre son titre, et que le titre est interprétatif de la possession, doit recevoir son application, alors même que le propriétaire aurait fait, par ignorance de ses droits, quelques actes qui sembleraient reconnaître la propriété des détenteurs précaires. — *Nancy*, 31 mai 1833, d'Aumale c. Commune de Stenay.

355. — Jugé aussi que la règle qu'on ne peut prescrire contre son titre ne s'applique pas au propriétaire qui après avoir aliéné ou cédé son fonds s'en remet en possession. — C'est alors une possession nouvelle et dégagée d'antécédens qui est utile pour prescrire. — *Lyon*, 8 déc. 1838 (t. 2 1839, p. 272), Cyvoct et Mornieux c. l'Etat.

356. — Mais jugé que lorsque, dans un acte translatif de propriété immobilière, le vendeur dit qu'il ne jouira plus qu'à titre précaire jusqu'à ce qu'il se soit dessaisi réellement, il ne peut prescrire l'immeuble contre l'acquéreur. — *Riom*, 28 mai 1810, Beaufils c. Demolin.

357. — Le principe écrit dans l'art. 2240 s'applique notamment aux fermiers, aux usagers, aux engagistes. — C'est ce qui avait été jugé autrefois par divers arrêts. — Merlin, *Rép.*, vº *Prescription*, p. 522.

358. — Quoique l'on ne puisse changer la qualité imprimée à la possession par le titre, on peut en changer les qualités accessoires : telles que la clandestinité et la violence. — Troplong, nº 527. — C'est ce qui résulte en effet de l'art. 2233, qui fait courir la prescription du jour où la violence a cessé. — *Contrà*, Pothier, *Prescr.*, nº 33.

359. — Un communiste peut acquérir par la prescription la totalité de l'immeuble dont son titre ne lui donne qu'une partie, en cela il ne change pas le principe et la cause de sa possession. — Troplong, nº 528. — V. *suprà*.

360. — La règle qu'on ne peut prescrire contre son titre ne défend pas de prescrire au delà de son titre, c'est-à-dire de prescrire un objet qui ne serait point compris dans le titre; car le vice de précaire, qui fait obstacle à la prescription, n'existant pas quant à cet objet, la prescription peut avoir lieu alors comme dans les cas ordinaires. — Duranton, t. 21, nº 250.

361. — Jugé, d'après ce principe, qu'une commune qui n'avait qu'un droit de pacage dans une forêt a pu y acquérir par prescription un droit de glandée, malgré la clause insérée au titre constitutif : qu'*elle ne pourra prétendre aucun autre droit;* cette clause étant nulle, comme présentant une renonciation anticipée aux effets de la prescription. — *Cass.*, 9 nov. 1826, de Sancy c. Commune de Larreule. — Troplong, nº 529.

362. — Jugé aussi que lorsque l'acquéreur d'un bien national a possédé pendant trente ans une étendue de terrain plus grande que celle dont il devait jouir aux termes de son acte d'adjudication, la prescription de cet excédant de mesure est acquise à son profit; sans qu'on puisse lui opposer qu'il n'a pu prescrire au delà de son titre. — *Bordeaux*, 11 janv. 1828, Vincent c. de Lorges.

363. — Jugé, toutefois, que le propriétaire qui a acquis le droit de se servir d'un cours d'eau pour l'irrigation de sa propriété ne peut prescrire un droit plus étendu que celui qui lui est conféré par son titre, et spécialement le droit de se servir des eaux pour faire mouvoir une usine. — Que, du moins, l'arrêt qui le décide ainsi, par appréciation des titres produits, des faits de la cause, et de la nature de la possession articulée, échappe à la censure de la Cour de cassation. — *Cass.*, 8 déc. 1841 (t. 1er 1842, p. 482), Jean c. Caillol.

364. — Bien que l'art. 2240 s'oppose à ce qu'on puisse prescrire contre son titre, on peut purger par la prescription les nullités qui infectent ce titre. — Merlin, *ibid.*, p. 621.

365. — L'on ne peut changer la substance et la qualité du titre, mais on peut modifier ce qu'il y a d'accidentel en lui. Ainsi, lorsqu'au bout de trente ans on dit qu'il y a présomption qu'on a payé le prix entre les mains du vendeur, on n'attaque ni la substance ni la qualité du titre, on ne fait que modifier ce qu'il y a d'accidentel en lui.

366. — Jugé, en conséquence, que le concessionnaire d'un droit d'usage moyennant une redevance, peut prescrire contre son titre la libération de cette redevance. — *Cass.*, 14 mai 1834, Mollerat c. Saclier.

367. — Mais l'usager ne peut prétendre avoir acquis par prescription des droits plus étendus que ceux qui lui sont conférés par son titre, lorsque les faits de possession par lui invoqués s'écartent de son titre, et le combattent, loin de pouvoir s'y rattacher. — Spécialement : l'usager d'un taillis qui coupe la futaie naissant sur la même terre doit être réputé posséder contre son titre, et non pas au delà de son titre; le fait de couper la futaie constituant une usurpation du droit de propriété, et non un abus du droit d'usage. Ce fait ne peut donc l'autoriser à prétendre avoir acquis par prescription la faculté d'exercer sur la futaie le droit d'usage qui ne lui avait été accordé que sur le taillis. — *Cass.*, 15 déc. 1847 (t. 1er 1848, p. 466), Comm. de Saulx en Barrois c. l'Etat.

368. — Lorsqu'un droit de servitude a été concédé moyennant une rente annuelle, le défaut de paiement de cette rente pendant trente années opère la prescription de la rente; bien que le droit de servitude lui-même continue de subsister, s'il n'est pas prescrit par le non-usage. — *Riom*, 28 mai 1810, Beaufils c. Demolin; *Nancy*, 5 août 1830, Commune de Sanguibert c. Domaines; *Bourges*, 4 décembre 1830, Duveyret c. Coulon.

CHAPITRE IV. — *Des causes qui interrompent ou suspendent la prescription.*

Sect. 1re. — *Interruption de la prescription.*

369. — De même qu'il y a des causes qui empêchent la prescription, il y en a qui l'interrompent. La prescription peut être interrompue de deux manières : ou naturellement ou civilement. Il y a interruption naturelle, lorsque le possesseur est privé pendant plus d'un an de la jouissance de la chose, soit par l'ancien propriétaire, soit par un tiers. L'interruption est civile, lorsqu'elle a lieu par une citation en justice, un commandement ou une saisie, signifiés à celui que l'on veut empêcher de prescrire. — C. civ., art. 2242, 2243 et 2244.

370. — Interrompre une prescription qui a déjà son cours, dit Troplong, (nº 536), c'est lui apporter un obstacle qui rende inutile le temps écoulé, et la force à recommencer comme si elle n'avait jamais eu de principe d'existence. L'interruption diffère de la suspension, en ce que celle-ci laisse subsister la possession préexistante, et ne fait que lui imposer un point d'arrêt, de telle sorte que, lorsque la suspension cesse, le temps qui recommence à courir se lie avec le temps acquis, au moment de la suspension, et compte pour calculer le délai légal.

§ 1er. — *De l'interruption naturelle et de l'interruption civile.*

371. — L'interruption naturelle est celle qui a lieu lorsque le possesseur est privé matériellement de la chose dont il jouissait, et qu'une autre possession vient prendre la place de la sienne. Elle s'appelait, chez les Romains *usurpatio*. — Paul, lib. 2, D., *De usurpat.*; Duranton, t. 21, nº 257.

372. — La prescription n'est point interrompue par de simples troubles, qui, bien qu'empêchant quelquefois la possession d'être paisible, ne sont une cause d'interruption que lorsqu'ils deviennent assez graves pour entraîner une dépossession durant un an et jour. — Troplong, *Prescript.*, nº 543; Vazeille, *Prescript.*, nº 174.

373. — Si l'action possessoire était intentée dans l'année du trouble, elle constituerait une interruption civile; et l'usurpateur ne pourrait se prévaloir ni de la possession antérieure ni de celle qui se maintiendrait entre l'acte d'interruption et le jour du jugement de restitution rendu par le juge de paix. — Troplong, nº 544; Vazeille, nºs 42 et 175.

374. — La Cour de cassation a décidé qu'un fait illicite et constituant un délit, tel que l'usage dans une forêt, sans délivrance, est insuffisant pour interrompre la prescription. — *Cass.*, 3 avr. 1832, préfet de l'Aude c. Commune d'Aunat. — V. POSSESSION.

375. — Jugé que des faits possessoires ont pu interrompre la prescription du droit d'usage, quoiqu'ils n'aient point été précédés d'une délivrance par le propriétaire de la forêt. — *Limoges*, 19 janv. 1831, habitans de Peyreladas c. Batrosse. — *Contrà*, *Cass.*, 3 avr. 1832, préfet de l'Aude c. Commune d'Aunat. — V. USAGE DANS LES FORÊTS.

376. — Une possession nouvelle entachée de violence est-elle une cause d'interruption naturelle? La Cour de cassation n'admet pas d'interruption dans ce cas. — *Cass.*, 17 janv. 1829, Delbos c. Socard; 3 avr. 1832, préfet de l'Aude c. Commune d'Aunat. — M. Troplong (nºs 547 et suiv.) s'élève contre cette jurisprudence, comme exigeant, pour la possession formant interruption naturelle, des conditions que la loi n'a pas prévues. — V. aussi Duranton, t. 21, nº 259.

377. — Lorsque le possesseur expulsé intente l'action possessoire dans l'année de son expulsion, et qu'il est réintégré; la prescription n'est pas interrompue, le possesseur réintégré est censé n'avoir jamais cessé de posséder. Mais les auteurs sont partagés sur la question de savoir s'il en est de même lorsque le possesseur expulsé a laissé écouler plus d'un an, et qu'il obtient sa réintégration au pétitoire. La plupart soutiennent l'affirmative. — Troplong, *Prescript.*, nºs 448 et suiv. — V. POSSESSION.

378. — La prescription contre une commune ne peut être interrompue par quelques faits isolés de simples particuliers de cette commune. — *Cass.*, 6 févr. 1833, Sirey c. Commune de Combres.

379. — Il n'y a pas interruption naturelle de prescription lorsque le fonds que l'on prescrit est inondé pendant plus d'un an, car, dans ce cas, il y a force majeure et on ne doit tenir compte que de l'interruption occasionnée par le fait de l'homme. — Troplong, nº 549; Vazeille, nºs 179 et 180. — *Contrà*, Dunod, p. 54.

380. — Jugé aussi que la possession ne cesse pas d'être continue lorsque les interruptions qu'elle éprouve proviennent de force majeure, telle que l'invasion des flots de la mer sur un terrain situé sur ses bords, et non du fait de l'homme. — *Amiens*, 17 mars 1825, préfet de la Somme c. N.....

381. — Pour qu'il y ait interruption de la prescription au préjudice du propriétaire d'une maison qui prescrit le droit d'avoir une porte ouverte sur le fonds de son voisin, il faut que la porte ait été murée pendant quelque temps à la suite d'une sommation de ce dernier et non par la seule volonté du propriétaire. — *Nîmes*, 9 nov. 1830, Bret c. Lavoudez. — Troplong, nº 550.

382. — Il y a interruption naturelle de la prescription lorsqu'on fait un bail à ferme de la chose que l'on possède à celui qui en est propriétaire. — Vazeille, *Prescrip.*, n° 178. — *Contrà*, Pothier, *Prescript.*, part. 1re, ch. 2, art. 5, § 1er.

383. — Le simple non-usage d'une chose pendant un certain temps n'est pas une cause d'interruption, surtout si le droit se conserve par des vestiges et si l'adversaire est resté dans un état d'inertie. — Troplong, *Prescript.*, n° 550. — V. cependant *Nîmes*, 9 nov. 1830, Bret c. Lavoudez. — Conf. Parl. Besançon, 8 fév. 1713, et Dunod, p. 54.

384. — Ainsi jugé que pour qu'il y ait interruption de la prescription au préjudice du propriétaire d'une maison qui prescrit le droit d'avoir une porte ouverte sur le fonds de son voisin, il faut que la porte ait été murée pendant quelque temps, à la suite d'une sommation de ce dernier et non par la seule volonté du propriétaire. — Même arrêt de 1830.

385. — Il y a interruption de la prescription d'une chose du moment où elle devient imprescriptible. — D'Argentré sur Bretagne, art. 266, v° *Interruption*, c. 4, n° 14, p. 1168; Dunod, p. 54.

386. — Jugé que l'usager auquel le propriétaire d'une forêt oppose la prescription trentenaire est tenu de prouver qu'il possédait, lors de sa demande, le droit qu'il réclame en vertu de son titre, ou du moins qu'il en a joui pendant un temps suffisant pour interrompre la prescription; faute de quoi la prescription est acquise ...s que le propriétaire qui l'allègue soit tenu de faire aucune preuve. — *Cass.*, 3 avr. 1833, pré... de l'Aude c. Commune d'Aunat.

387. —... Que si la possession par une commune de droits d'usage fondés sur d'anciens titres constitutifs, n'a été troublée par le propriétaire qu'au moyen de procès-verbaux dressés pour constater de prétendus abus dans l'exercice des droits d'usage; la Cour d'appel a pu déclarer que ces procès-verbaux ne constituaient pas des actes interruptifs de la possession constante de la ...mmune, et ne pouvaient, dès lors, servir de point de départ à une prescription contre elle. — *Cass.*, 27 juill. 1830, Rochefoucault c. Commune de Gingla.

388. — ... Et que lorsqu'une forêt paraît être abandonnée par le propriétaire, le défaut de demande en délivrance pendant trente ans de la ...rt de l'usager n'opère pas la prescription con... lui; si d'ailleurs l'usager a joui et possédé ...ns opposition comme propriétaire, et si ces ...its de jouissance et de possession sont at...tés par des procès-verbaux authentiques. — ...pareil cas la demande en délivrance est ré...tée impossible, et la jouissance et possession ...s délivrance préalable du propriétaire interrompent la prescription. — *Cass.*, 25 août 1830, Commune de l'Albani c. Miramont. — V. USAGES ...S LES FORÊTS.

389. — La Cour de Bruxelles a jugé que celui qui n'a point interrompu la prescription par son ...pre fait peut se prévaloir de l'interruption ...urelle qui a été le fait d'un tiers. — *Bruxelles*, ... mai 1826, N...

390. — La confiscation, par l'Etat, des biens ...un créancier et de ceux de son débiteur, a opéré ...e confusion dont l'effet a été d'interrompre la ...cription au profit du créancier. — *Douai*, 31 ...il 1824 (sous *Cass.*, 12 déc. 1826), La Tour d'Auvergne c. Rohan; *Agen*, 21 juill. 1827, de ...ran c. de Montpezat; *Cass.*, 21 juill. 1829, ...ablottais c. Dulandreau.

391. — L'interruption opérée par la possession ...nale d'un tiers dure autant que son occupation. ...is si elle cesse, la prescription recommence à ...mpter du jour où la possession a été ressaisie. ...lle nouvelle prescription est soumise aux ...mes règles et aux mêmes conditions que l'ancienne. — Troplong, nos 552 et suiv.

392. — « Ainsi, dit M. Troplong, supposons que ...lui dont la prescription a été interrompue eût ...mmencé à prescrire avec titre et bonne foi; ...recouvrant la possession, il donnera naissance à une prescription nouvelle mais qui sera ...reproduction de l'ancienne: en ce sens qu'elle ...a, comme elle, fondée en titre, basée sur la ...nne foi et de nature à s'accomplir par dix ou ...gt ans. — Si, toutefois, il était survenu pen... l'interruption quelque circonstance éversive ...la bonne foi, la nouvelle prescription ne pour...t se réaliser que par une prescription trente...re; la raison en est que la prescription dé...nale n'est pas possible quand la bonne foi ...nque à son origine. » — V. *infrà*.

393. — L'interruption civile se fait par des ...s que la loi spécifie, auxquels elle donne la ...u d'interrompre la prescription.

394. — Il n'y avait pas dans le droit romain ...mode uniforme d'interrompre civilement la ...ription. La prescription de trente et quarante ans était interrompue par une simple demande en justice intentée contre le possesseur. Quant à la prescription de dix et vingt ans, la citation en justice ne suffisait pas pour l'interrompre, il fallait la contestation en cause, c'est-à-dire que la citation devait être suivie d'une réponse de l'adversaire qui engageait le conflit. Enfin, en ce qui concerne la prescription de trois ans, la citation et même la litiscontestation étaient insuffisantes, il n'y avait que la sentence qui pût interrompre cette prescription.. — Dunod, p. 55.

395. — Ces distinctions n'étaient cependant pas uniformément adoptées et plusieurs auteurs enseignaient que, depuis que Justinien avait fondu l'usucapion dans la prescription, la citation en justice suffisait pour interrompre la prescription, et que la litiscontestation n'était plus nécessaire pour produire cet effet. — Troplong, n° 650.

396. — En France on se contentait d'un ajournement donné par exploit libellé, et il n'était pas nécessaire d'arriver jusqu'à la litiscontestation. — Merlin, *Rép.*, v° *Interruption de prescription*, p. 489, n° 5. — C'est cette jurisprudence que le Code a adoptée.

397. — Jugé que la citation en conciliation antérieure au Code de procédure n'a pas interrompu la prescription, si, depuis la mise en vigueur de ce Code, elle n'a pas été, dans le mois, suivie d'ajournement. — *Cass.*, 27 avril 1814, de Chenavel c. de Champollon; *Bourges*, 2 juin 1824, Accary c. Léger et Fourras; *Cass.*, 29 juin 1829, Commune de Rougemont c Millerin; *Toulouse*, 30 mai 1835, Dubourg c. Ruau.

398. — Sous l'empire de la loi du 24 août 1790, il suffisait que la citation en conciliation fût suivie d'ajournement, dans un délai quelconque, pour interrompre la prescription. — *Paris*, 6 mai 1813, Poitevin c. Fremeau; *Bruxelles*, 22 févr. 1819, Gillis c. Pilarée; *Pau*, 12 janv. 1826, Paucis c. Pelleport.

399. — Jugé que sous l'empire d'une coutume qui déclarait la fille dotée par mariage forclose de la succession de ses père et mère, la prescription commencée au profit des autres cohéritiers des acquêts de communauté entre le père décédé et la mère survivante a été interrompue, par les lois des 15 avril 1791 et 18 pluviôse an V, jusqu'au décès de la mère; et, bien qu'il y ait eu une possession continuée pendant trente-quatre ans, la fille forclose a pu demander le rapport à la succession de la portion d'acquêts appartenant à sa mère. — *Cass.*, 23 déc. 1829, Jubin c. Boyer et Guillot.

400. — Sous l'empire du Code civil une citation en justice, un commandement ou une saisie signifiés à celui qu'on veut empêcher de prescrire forment l'interruption civile. — Art. 2244.

401. — Les expressions de l'art. 2244 du Code civil, « *citation en justice*, » doivent s'entendre d'une manière large, elles s'appliquent à toute demande en justice.

402. — Ainsi une demande reconventionnelle est interruptive de la prescription. — *Cass.*, 12 déc. 1826, Latour-d'Auvergne c. Rohan; 5 mai 1834, Fournier c. Roussel; 25 janv. 1837 (t. 1er 1840, p. 238), de Fumel; 14 juin 1837 (t. 1er 1837, p. 548), Monestier c. Molinet.

403. — Une instance engagée devant des arbitres est une instance judiciaire et contient une véritable demande en justice. — D'Argentré, *Des interruptions*, art. 266, C. 8, n° 5; Cujas, sur la loi 14, D., *De bonor. possess.* (*Quæst. Papin.* lib. 13).

404. — Le vœu de la loi est rempli lorsque l'ajournement intervient avant le temps de la prescription. Peu importerait que l'assignation, c'est-à-dire l'indication du délai pour comparaître, se reportât en dehors du temps de la prescription. Ce qui est essentiel, c'est l'ajournement et non l'assignation. — Brodeau sur Louet, lettre A, § 10; Troplong, n° 561.

405. — Décidé qu'une demande en intervention dans une instance en partage formée par un créancier de la succession et de l'un des héritiers à l'effet d'y faire valoir ses droits contre eux, doit, alors qu'elle a été admise par jugement signifié et exécuté, être considérée comme équivalant, pour interrompre la prescription, à une demande en justice. Qu'en conséquence, les intérêts de la créance qui a motivé l'intervention sont dus pour les cinq années qui ont précédé la requête. — *Cass.*, 19 juill. 1841 (t. 2 1841, p. 659), Vézian. — Vazeille, *Prescr.*, n° 208; Troplong, *Prescr.*, nos 563 et 586.

406. — Généralement une demande incidente peut interrompre une prescription. — *Metz*, 12 mars 1819, de Macklot c. de Latournelle.

407. — Il en est de même d'une demande faite par un créancier d'être admis au passif de la faillite de son débiteur. — Troplong, n° 565.

408. — L'état de faillite d'un créancier n'a pas pour effet d'interrompre et de suspendre le cours de la prescription à l'égard de son débiteur. — *Metz*, 3 févr. 1823, Breck c. Boudry.

409. — La réquisition du créancier d'une succession à fin d'ouverture d'un ordre sur le prix des immeubles de cette succession qui ont été vendus sur licitation est interruptive de la prescription quinquennale des intérêts de la créance. — *Cass.*, 19 juill. 1841 (t. 2 1841, p. 659), Vézian. — Cette proposition n'émane d'une manière formelle que de l'arrêt de la Cour d'appel. La Cour de cassation l'adopte bien, il est vrai, dans les motifs de sa décision, en ce sens du moins qu'elle la relate sans la critiquer; mais elle n'avait fait devant cette Cour l'objet d'aucune contestation.

410. — La Cour de Grenoble a aussi décidé que la saisie immobilière dénoncée aux créanciers inscrits par la notification du placard devient commune non-seulement à ces créanciers, mais encore au créancier dont l'hypothèque légale, dispensée de l'inscription, n'est point inscrite que la prescription du titre de ce créancier est interrompue par cette procédure, alors même que le placard ne lui aurait pas été notifié; et qu'elle l'est aussi par la sommation qu'il adresse à l'adjudicataire de faire procéder à l'ordre. — *Grenoble*, 2 juin 1831, Pellat c. Sibert.

411. — La production dans un ordre interrompt aussi la prescription. Il en est ainsi même de la production faite dans un ordre ouvert sur un tiers qui par convention conclue avec le débiteur s'est expressément obligé à payer la dette objet de cette production. — *Bordeaux*, 16 janv. 1846 (t. 1er 1846, p. 475), Rochon c. Béchéaud et Lebas-Lacour.

412. — Jugé, au contraire, qu'une demande d'intérêts formée par requête de production à un ordre, et la dénonciation au débiteur du règlement provisoire dans lequel le créancier n'a pas été colloqué pour ses intérêts, ne peuvent interrompre la prescription quinquennale établie par l'art. 2277 du Code civil. — *Amiens*, 31 mars 1821, Deville de l'Epinoy c. Thouret.

413. — Troplong (nos 564 et suiv.) critique l'arrêt de la Cour d'Amiens, qui précède, et il estime que, lorsque l'ordre a lieu à la suite d'une saisie réelle, la production du créancier ne fait que fortifier l'interruption déjà opérée par la saisie; que, lorsque l'ordre se lie à une procédure en jugement, le tiers détenteur, en notifiant avec offre de payer, interrompt par une reconnaissance, et que la demande en collocation ne fait que fortifier cette interruption.

414. — Le rejet du créancier de l'ordre n'empêcherait pas la demande en collocation d'interrompre la prescription. — Merlin, *Quest.* v° *Interruption de prescription*, n° 696.

415. — La saisie-arrêt doit aussi, selon M. Troplong (*Prescr.*, n° 570), être considérée comme interruptive de la prescription; car l'art. 2244 ne fait pas de distinction entre les diverses espèces de saisies, et, en outre, le Code de procédure a classé la saisie-arrêt, comme toutes les autres saisies, sous la rubrique de l'*exécution forcée des jugemens et autres actes*. — V. aussi Vazeille, n° 205.

416. — Il a été jugé, cependant, qu'une saisie-arrêt, bien que validée par un jugement, n'est qu'une mesure conservatrice qui n'interrompt pas la prescription de cinq ans pour les intérêts d'un billet à ordre. — *Bordeaux*, 21 mars 1828, Gauteyron c. Bousquet.

417. — La signification d'un transport au débiteur prend un caractère d'exécution et est interruptive de prescription, lorsque la créance cédée était, au moment du transport, frappée de saisies-arrêts; car alors la signification du transport donne aux cessionnaires le droit de se faire payer, sur la créance saisie, du prix de la cession. Mais il n'en serait pas de même si, lors de la signification de transport, la créance était libre dans les mains du débiteur cédé. — Troplong, *Prescr.*, nos 571 et 572; Vazeille, *Prescr.*, n° 205.

418. — Jugé, dans ce dernier sens, que la signification faite au débiteur, par le cessionnaire, de la cession à lui consentie, sans citation ni commandement, n'est pas interruptive de la prescription des droits cédés. — *Paris*, 19 avr. 1831, Levaillant c. Maucuit; *Nîmes*, 6 mars 1832, Villevieille c. Vidal. — Troplong, *Prescr.*, n° 572.

419. — Mais l'acte par lequel le cessionnaire, faisant connaître sa qualité, a, sur le refus du débiteur de payer et de convenir d'un notaire et d'un jour pour passer titre nouvel, cité ce débiteur en justice, doit être considéré comme une

PRESCRIPTION, ch. 4, s. 1re, § 1er.

mesure conservatoire ayant pour effet d'interrompre la prescription. — *Caen*, 7 mai 1845 (t. 2 1848, p. 202), Auvray c. Compagnie du Cotentin.

420. — Le commandement, dit Troplong (n° 575), a, comme moyen interruptif, une puissance que n'ont pas une instance et une assignation en justice. La péremption d'instance rend ces derniers actes inutiles et efface l'interruption. Au contraire, le commandement ne tombe pas en péremption. La raison en est que les actes judiciaires tombent seuls en péremption, tandis que les actes extrajudiciaires ne périssent que par la prescription.

421. — Jugé que le commandement fait par le cessionnaire d'une rente au débiteur est nul, et ne peut, par conséquent, avoir pour effet d'interrompre la prescription, s'il ne contient pas copie du transport, encore bien que ce transport ait été signifié antérieurement. — *Toulouse*, 21 déc. 1837 (t. 1er 1838, p. 664), Arnal c. Savy-Bugarel ; *Cass.*, 4 janv. 1842 (t. 1er 1842, p. 474), Hospice de la Châtre c. Pial. — *Contrà*, *Cass.*, 16 avr. 1821, Rambaut et Martinon c. Guyennot ; *Bordeaux*, 1er août 1834, Dubreuilh c. Gourgues.

422. — ...Qu'en matière domaniale, le commandement fait à un débiteur en vertu d'une contrainte nulle pour incompétence du président du tribunal, qui l'a visée, n'a pas l'effet d'interrompre la prescription. — *Cass.*, 8 juin 1841 (t. 2 1841, p. 350), préfet du Pas-de-Calais c. Lobez.

423. — Le commandement de payer fait au curateur à la succession vacante du mari, est étranger au tiers détenteur et ne peut interrompre, à son égard, la prescription de l'hypothèque légale de la femme. — *Rouen*, 16 nov. 1822, Rousse c. Gosse.

424. — Il est incontestable qu'une simple sommation extrajudiciaire ne peut avoir pour effet d'interrompre la prescription. — Jugé, en ce sens, que lorsqu'une sommation de payer le montant d'une reconnaissance faite par le créancier au débiteur n'est suivie d'aucune autre poursuite, cet acte n'est point du nombre de ceux qui peuvent interrompre la prescription. Cette interpellation extrajudiciaire, sans intimation devant le juge, n'est point une citation en justice. — *Orléans*, 15 mars 1821, Dorange c. Reinck.

425. — ... Et qu'une sommation qui n'énonce pas précisément l'objet réclamé par celui qui l'a faite, ne suffit pas pour interrompre la prescription. — *Paris*, 4 avr. 1810, Chalandray c. N...

426. — ...Qu'une simple sommation et un procès-verbal de prise de possession ne peuvent constituer ni une interruption civile ni une interruption naturelle de la prescription. — *Rouen*, 19 mai 1843 (t. 1er 1844, p. 104), Commune des Places c. Ozière.

427. — N'est pas interruptif de la prescription, dans le sens de l'art. 2244 C. civ., l'acte par lequel le légataire d'une créance établie par contrat notifie au débiteur le testament qui renferme ce legs, avec sommation de s'y conformer, mais sans signifier en même temps le titre obligatoire. — *Agen*, 12 janv. 1832, Bernis c. Ferragut.

428. — La demande en déclaration d'hypothèque, interdite, sous l'empire du Code civil, comme mode d'exproprier, est encore admissible pour interrompre la prescription à l'égard des tiers détenteurs. — *Colmar*, 1er déc. 1810, Mennel c. Risser ; *Cass.*, 6 mai 1811, Imbert de Bouville c. de Richelieu ; 27 avril 1812, Dutrior c. Julien ; *Grenoble*, 1er juin 1824, Bourgeat c. Buisson. — Vazeille, *Prescr.*, n° 206.

429. — La sommation de payer ou de délaisser faite au tiers détenteur, conformément à l'art. 2169, interrompt la prescription. En effet, lorsqu'il s'agit de saisir sur le tiers détenteur, cette sommation vaut commandement. Mais la prescription ne serait pas interrompue si trois ans s'écoulaient sans poursuites depuis la date de la sommation. — *Toulouse*, 22 mars 1821, Ruinier c. Bourdarios.

430. — Jugé que la signification faite à l'acquéreur par un créancier hypothécaire de sommation et commandement adressés au vendeur peut, lorsqu'elle se réfère à ces actes, être considérée comme ayant le caractère de commandement, et, à ce titre, interrompre la prescription de l'action hypothécaire, encore bien qu'elle ne contienne elle-même ni sommation ni commandement de payer. — *Cass.*, 28 nov. 1831, Fribault c. Coquebert.

431. — Une inscription hypothécaire prise par le créancier n'interrompt pas la prescription. — Art. 2180.

432. — Il est de toute évidence qu'une demande faite par une lettre n'interrompt pas la prescription. — Troplong, n° 584.

433. — Ne peuvent être considérés comme actes interruptifs de la prescription la réquisition des scellés sur les effets du débiteur, l'assistance à l'inventaire, les démarches pour faire nommer un curateur à la succession vacante ou un tuteur au mineur qui en est dépourvu. — Troplong, *Prescr.*, n° 586 ; Vazeille, *Prescr.*, n° 207.

434. — Néanmoins, jugé que l'opposition formée par un créancier à la levée des scellés apposés au domicile de son débiteur décédé, suivie d'une sommation de la part de l'exécuteur testamentaire d'assister à la vente du mobilier, et de l'assistance du créancier à cette vente, peut, d'après ses termes, emporter interruption de la prescription. — *Paris*, 7 août 1829, Boulanger c. Tournard ; *Cass.*, 11 déc. 1833, mêmes parties.

435. — L'opposition faite par un créancier pour qu'il ne soit pas procédé à un partage hors sa présence, est un acte extrajudiciaire qui n'est pas interruptif de la prescription. — *Cass.*, 15 avr. 1828, du Sarret c. de Tauriac.

436. — Le mineur devenu majeur, qui, le jour même de l'expiration des dix années qui ont suivi sa majorité, demande le partage des biens vendus sans les formalités exigées pour les ventes des mineurs, proteste suffisamment contre la vente, et interrompt par là la prescription qui était sur le point de s'accomplir. Il n'est pas indispensable, pour que la prescription ait été interrompue, qu'il y ait demande en nullité de la convention. — *Bourges*, 23 mars 1830, Achet c. Aupetit.

437. — La demande en liquidation d'une succession est, d'après l'art. 2244 C. civ., interruptive de la prescription de tous les comptes que les parties peuvent se devoir, même à raison d'une autre succession qui s'y réfère ; bien que, pendant le délai de trente ans à partir du jour où leurs droits se sont ouverts, elles n'aient pas réclamé. — *Bordeaux*, 18 juill. 1840 (t. 2 1840, p. 360), Gauteyron.

438. — L'héritier, qui, après avoir renoncé par un traité à ses droits successifs en faveur de ses cohéritiers, a formé contre eux une demande en partage de l'hérédité, a interrompu, au moyen de cette demande, la prescription décennale de l'action en nullité ou en rescision du traité. — *Cass.*, 2 mars 1837 (t. 2 1837, p. 39), Billoneau.

439. — La Cour de Limoges a jugé que l'action en pétition d'hérédité n'est pas interruptive de la prescription des droits que peut avoir à exercer un héritier contre son cohéritier, alors que ces droits ne constituent qu'une créance pure et simple et ne font point l'objet d'un rapport à la succession à partager. — *Limoges*, 1er juin 1837 (t. 2 1838, p. 516), Laramade de Friac c. l'hospice de Turenne.

440. — Les actes émanés de l'administration et signifiés au possesseur ne sont pas interruptifs de la prescription. Des débats administratifs, élevés à propos de questions qu'il appartient aux tribunaux seuls de trancher, n'auraient pas davantage cet effet. — Troplong, n° 583.

441. — La prescription contre les usagers d'une forêt n'a pas été interrompue par des actes émanés d'une juridiction qui rendait la justice au nom du propriétaire comme seigneur, s'ils n'ont pas eu lieu contradictoirement avec lui ou avec ses mandataires spéciaux. — Elle n'a pas été interrompue après la réunion de la forêt au domaine de l'Etat, par suite des lois sur l'émigration, par le dépôt fait par les usagers de leurs titres au secrétariat de la préfecture, en exécution de la loi du 28 vent. an XI. — *Cass.*, 21 mars 1832, Roy et Duval c. Commune du Fidélaire.

442. — Jugé aussi que lorsque l'acquéreur d'un bien national a possédé pendant trente ans une étendue de terrain plus grande que celle dont il devait jouir, la prescription n'a pu être interrompue à son égard par des actes administratifs qui n'auraient eu pour objet que l'arpentage du terrain vendu. — *Bordeaux*, 11 janv. 1828, Vincent c. de Lorges.

443. — L'arrêté administratif qui autorise une commune à agir en revendication d'un terrain n'est pas interruptif de la prescription. — *Cass.*, 30 mai 1837 (t. 1er 1838, p. 566), Commune de Saint-Denis-de-Palin c. Larochère.

444. — Néanmoins, d'après la loi du 28 octobre-5 novembre 1790, il y a des actes d'instance devant l'administration qui sont interruptifs de la prescription. — Troplong, *Prescr.*, nos 213 et 583.

445. — En effet, la demande portée devant les tribunaux administratifs, lorsqu'ils sont juges du fond, a pour effet d'interrompre la prescription. — *Besançon*, 10 juill. 1844 (t. 1er 1845, p. 774), Dubois c. Domaine.

446. — Jugé même qu'une instance contradictoire suivie devant l'autorité administrative a pour effet d'interrompre la prescription, quand même cette autorité serait incompétente pour connaître l'objet de la contestation. — *Orléans*, 28 mai 1842 (t. 2 1842, p. 115), Commune de Continvoir c. Commune de Restigué.

447. — Jugé qu'une demande en annulation d'un acte de l'autorité administrative, portée, de quelque manière que ce soit, devant l'autorité administrative supérieure, seule compétente pour en connaître, a pour effet, lorsqu'elle a été régulièrement communiquée à la partie intéressée, d'interrompre la prescription comme l'aurait fait une citation en justice. — *Cass.*, 19 août 1834, Commune de Coisard c. de Lantage.

448. — Jugé également que les communautés d'habitans qui ont une action à exercer contre l'Etat et qui ne peuvent agir sans y être autorisées, interrompent la prescription par la demande de cette autorisation. — *Cass.*, 29 nov. 1825, Hab. de Véronnes c. Saulx-Tavannes.

449. — Lorsque l'exécution d'une sentence définitive dépend de l'autorité administrative (par exemple, s'il s'agit d'un partage entre communes), les actes faits par l'une des parties pour provoquer cette exécution, alors que l'autre partie a mis sans cesse obstacle à ce qu'elle pût avoir lieu, peuvent être considérés comme interruptifs de la prescription du jugement. — *Cass.*, 10 avr. 1839 (t. 2 1839, p. 551), Commune de Bichancourt c. Commune de Chauny.

450. — Lorsque, sur la demande en nullité d'une transaction passée au nom d'une commune avec l'approbation de l'autorité administrative, un arrêt a décidé que l'autorité judiciaire était incompétente pour statuer jusqu'à l'annulation par l'autorité administrative des actes émanés d'elle, et que dès lors la commune était, *quant à présent*, non recevable, un tribunal a pu néanmoins reconnaître qu'il y avait eu là interruption de la prescription de dix ans contre cette demande en nullité. — *Cass.*, 28 juin 1837 (t. 1 1837, p. 366), Chagot c. commune de Navilly.

451. — La demande adressée à l'administration forestière à fin de permission de faire des coupes de bois est un acte de possession interruptif de la prescription : bien que la permission ait été refusée sur le fondement de la loi du 17 brumaire an III, qui suspendait l'exécution des sentences arbitrales obtenues par les communes. Les habitans réintégrés par un jugement de cette nature ont fait des actes de possession utiles contre la prescription en coupant des liens dans le bois restitué, en y ramassant le bois mort, et en y faisant pacager leurs bestiaux. — *Cass.*, 29 nov. 1825, habitans de Véronnes c. Saulx-Tavannes.

452. — L'arrêt qui juge en fait, sur une question de propriété entre deux communes, que les terrains dont il s'agit ont fait l'objet de nombreuses réclamations portées devant l'administration, et même de discussions élevées entre les deux communes, et que, dès lors, il n'y a pas eu, de la part de celle qui invoque la prescription, possession continue et paisible, ne donne pas ouverture à cassation. — *Cass.*, 21 mars 1838 (t. 1er 1838, p. 548), Commune du Village-Neuf c. Commune de Saint-Louis.

453. — La prescription contre une commune n'est point interrompue par des demandes faites par des habitans de cette commune agissant *ut singuli*, lorsque leur action n'a été appuyée d'aucun acte administratif émané du maire leur représentant légal. — *Limoges*, 15 mai 1840 (t. 1er 1841, p. 131), habitans de Pourcheyroux c. habitans de la Valette.

454. — La prescription des rentes sur l'Etat n'est interrompue par des réclamations qu'autant qu'elles sont appuyées de pièces justificatives, ou que dans l'an et jour de sa réclamation le créancier a pris soin de la justifier. — Avis Cons. d'Etat 1809.

455. — Jugé que les registres du receveur des domaines constatant le paiement des arrérages d'une rente ne font pas foi, à l'égard du débiteur, à l'effet d'interrompre la prescription. — *Bourges*, 20 janv. 1835, hospices de la Châtre c. Gandefroy ; 26 mai 1835, hospices de Châteauroux c. Pénigault ; 26 août 1839 (t. 1er 1841, p. 146), Pial c. hosp. de la Châtre.

456. — Mais que les annotations du paiement des arrérages d'une rente, faites par le crédirentier sur son livre de raison, peuvent faire foi en sa faveur, pour repousser la prescription. — *Bruxelles*, 18 oct. 1821, Depape c. N...

457. — L'arrêt qui décide que des demandes suivies de jugement qui avaient été présentées comme interruptives d'une prescription étaient étrangères au droit contre lequel courait la prescription est une décision de fait, qui dès lors échappe à la censure de la Cour de cassation. — *Cass.*, 22 juill. 1844 (t. 1er 1845, p. 20), Commune de Bust c. Kœchlin.

458. — La citation en conciliation devant le bureau de paix interrompt la prescription du jour de sa date, lorsqu'elle est suivie d'une assignation en justice donnée dans les délais de droit. — Art. 2245.

459. — Une citation en conciliation, à laquelle il n'a été donné aucune suite, n'a point pour effet d'interrompre la prescription. — *Bruxelles*, 15 oct. 1818, Bigot.

460. — La comparution volontaire des parties devant le bureau de paix, suivie d'ajournement dans le mois, interrompt la prescription, aussi bien que la comparution sur citation. — Troplong, *Prescr.*, n° 590. — Mais il a été jugé que la prescription n'est pas interrompue par la comparution volontaire des parties au bureau de paix, non suivie de citation au bureau de conciliation. — *Colmar*, 5 juill. 1809, Hirn c. N....

461. — La citation en conciliation, suivie d'ajournement, dans les délais de droit, interrompt la prescription, même dans le cas où l'action à intenter est dispensée du préliminaire de conciliation. — *Cass.*, 9 nov. 1809, Brudieu c. Brunet; *Montpellier*, 9 mai 1838 (t. 2 1838, p. 445), Rolland c. de Bastignac. — Vazeille, *Prescr.*, n° 191; Troplong, *Prescr.*, n° 592.

462. — Mais il en serait autrement si les parties ne pouvaient transiger, si, par exemple, le défendeur était une Commune. Dans ce cas, en effet, une citation en conciliation n'aurait aucun sens. — Troplong, *loc. cit.* — *Rouen*, 13 déc. 1842 (t. 1er 1843, p. 644), Commune de Trye-Château c. ville de Gisors.

463. — La prescription est interrompue par la citation en conciliation, donnée avant l'échéance du terme; mais suivie d'ajournement donné seulement après la révolution du délai pour prescrire. — *Cass.*, 13 vend. an XI, Schultz c. Brou.

464. — Lorsque, par suite de la comparution au bureau de paix, il est intervenu un compromis portant nomination d'arbitres; ce compromis interrompt la prescription, lorsqu'il est suivi d'une assignation à comparaître devant les arbitres ou bien que la litiscontestation a été engagée par la comparution volontaire des parties. — Troplong, *Prescr.*, n° 594; Vazeille, *Prescr.*, n° 191.

465. — Plusieurs arrêts ont décidé qu'un compromis intervenu à la suite d'une citation en conciliation n'est interruptif de la prescription qu'autant que l'arbitrage a été constitué. — En tout cas: il n'a pas produit d'interruption, s'il est tombé en péremption. — *Cass.*, 27 avril 1814, de Chenavel c. de Champollon; *Grenoble*, 1er août 1833, Chorier; *Bordeaux*, 19 janv. 1835, Delmont c. Mazet; *Limoges*, 29 avril 1835 (t. 2 1837, p. 480), Fossial c. Communes de Boutard et de Jagon; 6 avril 1848 (t. 2 1848, p. 332), Geraudie c. Chaussade.

466. — Jugé, au contraire, mais à tort, que la citation en conciliation, sur laquelle est intervenu immédiatement un compromis portant nomination d'arbitres, a pour effet d'interrompre la prescription, encore bien qu'il n'ait pas été statué sur ce compromis. — *Paris*, 9 juin 1826, Bachelier c. Bœuf.

467. — La demande en compensation formée au bureau de paix par le défendeur en conciliation interrompt le cours de la prescription. — *Cass.*, 30 frimaire an XI, Descamps c. Guislain; 6 vend. an XI, Bourgeois; *Rennes*, 4 juill. 1820, Rio Kerhallet c. Vaquier; *Pau*, 12 janv. 1826, Paucis c. Pelleport. — Il est certain, en effet, que les demandes reconventionnelles formées devant le juge de paix sur la citation en conciliation sont interruptives de la prescription. — Troplong, n° 595.

468. — Jugé, toutefois, que la partie qui, appelée en conciliation, a déclaré vouloir faire compte de ce qu'elle pouvait devoir légitimement, n'est pas non recevable plus tard à opposer la prescription. — *Limoges*, 26 mars 1819, Longour c. Erignoux.

469. — Décidé que la prescription de la demande en nullité d'une quittance, pour cause de fraude et de dol, peut être déclarée interrompue par une citation en conciliation, dans laquelle la quittance n'est pas mentionnée mais où l'on réclame la somme qui y est portée. — *Cass.*, 14 juill. 1829, Verse c. Kolm.

470. — En tout cas, la prescription de trente ans n'est pas interrompue par une citation en conciliation, non suivie d'assignation, ni par une reconnaissance de la dette, lorsque trente années se sont écoulées, sans interruption, depuis l'acte de reconnaissance. — *Cass.*, 29 juin 1829, Commune de Rougemont c. Milleriz.

471. — La citation en justice, donnée même devant un juge incompétent, interrompt la prescription. — *Cass.*, 30 juin 1825, De Nesmy c. Grimaud; *Paris*, 21 avril 1830, Dat c. Dagé; 5 janv. 1837 (t. 1er 1837, p. 617), Lainné c. la comp. d'assur. de l'Union; *Cass.*, 9 mai 1838 (t. 2 1838, p. 218), préfet des Vosges c. Communes de Remiremont et Saint-Nabord; *Orléans*, 28 mai 1842, (t. 2 1842, p. 115), Commune de Continvoir c. Communes de Restigné et Benais. — Ce point faisait grande difficulté dans l'ancienne jurisprudence. — Legrand sur Troyes, art. 23, n° 31; Pothier, *Oblig.*, n° 662; Brodeau sur Louet, lettre *A*, § 10.

472. — Le désistement d'une demande par le motif qu'elle a été formée devant un tribunal incompétent n'équivaut pas à l'abandon de cette demande, laquelle, par suite, conserve son caractère interruptif de prescription. — *Caen*, 8 févr. 1843 (t. 1er 1844, p. 569), Declercq c. De Broyes.

473. — Le principe que la citation devant un juge incompétent interrompt la prescription ne s'applique qu'au cas où il s'agit de prescription proprement dite, et non lorsqu'il s'agit de déchéance. — *Cass.*, 21 mai 1834, Villecroze.

474. — Si l'assignation est nulle par défaut de forme, si le demandeur se désiste de sa demande s'il laisse périmer l'instance, ou si sa demande est rejetée, l'interruption est regardée comme non avenue. — Art. 2247.

475. — Une assignation nulle pour défaut de forme ne produit aucun effet, tandis que l'assignation nulle comme donnée devant un juge incompétent est interruptive de la prescription: cette différence tient à ce que l'acte qui pèche par la forme extérieure n'a aucune existence sérieuse; au contraire, l'acte valable en la forme, mais susceptible d'être annulé par quelque défaut intrinsèque, fait preuve de son contenu. — Troplong, *Presc.*, n° 598; Vazeille, *Prescr.*, n° 193; Dunod, *Presc.*, p. 56.

476. — Ainsi: jugé que la prescription ne peut être interrompue par une assignation donnée à un individu mort à l'époque de l'assignation et par un jugement par défaut rendu sur cette assignation, lorsque surtout le demandeur, au moment de l'assignation, n'ignorait pas le décès du défendeur. — *Rennes*, 5 déc. 1831, Bruneau c. Garreau.

477. — Mais une assignation donnée au nom d'une personne décédée, mais dans l'ignorance du décès, lorsque rien n'établit la mauvaise foi du mandataire, a pu interrompre la prescription. — *Paris*, 25 avril 1807, Soret c. Rousseau-Bagueneau; *Cass.*, 6 nov. 1832, Dupuy c. Puthod.

478. — On ne doit pas confondre avec les vices de forme qui font annuler les assignations: le défaut de qualité ou de capacité suffisante dans les demandeurs au moment où ils agissent. Ces défauts ne produisent pas de nullité absolue, ils ne sont que relatifs et peuvent cesser ou être réparés. Ainsi, lorsqu'une femme agit sans l'autorisation de son mari, ou lorsque le mari agit pour sa femme, sans son concours quand il est nécessaire; lorsqu'un mineur forme lui-même une action pendant qu'il est en tutelle, ou après son émancipation, mais sans l'assistance de son curateur; lorsqu'un tuteur introduit pour son pupille une action immobilière, sans l'autorisation du conseil de famille: dans ces cas, et autres semblables, l'assignation n'est pas nulle, seulement la poursuite est subordonnée aux autorisations nécessaires. Si elles sont accordées, la prescription est interrompue à compter du jour de l'assignation; si elles sont refusées, la demande ne pouvant plus être poursuivie est comme non avenue et la prescription n'est pas interrompue. — Vazeille, *Prescr.*, n° 195.

479. — Le commandement fait à l'ancien tuteur d'un débiteur, à une époque où il n'avait plus qualité pour représenter celui-ci n'est pas interruptif de la prescription. — *Caen*, 9 déc. 1845 (t. 1er 1846, p. 466), Barbey c. Mangon.

480. — L'assignation qui ne serait pas précédée du préliminaire de conciliation dans les cas où ce préliminaire est exigé par la loi, serait nulle et n'interromprait dès lors pas la prescription. — *Cass.*, 30 mai 1814, Fargès et Pontcarré c. Lagrange.

481. — Décidé, en effet, que l'exploit introductif d'instance qui ne contient pas copie du procès-verbal de non-conciliation ou de la mention de non-comparution devant le bureau de paix est nul. Qu'en conséquence il ne peut valoir comme acte interruptif de prescription. — *Cass.*, 16 janv 1843 (t. 1er 1843, p. 331), de Rastignac c. Rolland; (t. 1er 1843, p. 334), Dheudicourt de Loncourt c. Foubert; (t. 1er 1843, p. 337), Desaisseval c. Opterre.

482. — La nullité de l'assignation peut être couverte; et, lorsque cette nullité n'a pas été opposée en temps utile, l'assignation produit tous les effets d'un acte valable, et, par conséquent, elle interrompt la prescription.

483. — La demande dont on s'est désisté ne peut produire d'interruption; car il est manifeste que, par son désistement, le demandeur reconnaît lui-même que sa prétention était mal fondée, et qu'il renonce à se prévaloir de son assignation et de sa demande. — Troplong, n° 602.

484. — Une instance périmée ne peut produire aucun effet interruptif; mais il faut qu'un jugement déclare cette péremption, qui n'a pas lieu de plein droit et qui doit, au contraire, être expressément demandée et admise par un jugement. — Troplong, n° 606. — V. PÉREMPTION D'INSTANCE.

485. — Un jugement par défaut, ni signifié ni exécuté dans les six mois, n'interrompt pas la prescription, d'après la nouvelle comme d'après l'ancienne législation. — *Riom*, 14 mars 1829, Vergne c. Soubrier.

486. — Du reste, les actes autres que les actes de procédure, faits dans le cours d'une instance déclarée périmée, produisent l'effet d'interrompre la prescription. — *Toulouse*, 11 mai 1821, Lasbaysses.

487. — M. Troplong rappelle avec raison (n° 607) qu'il y a cette différence entre la prescription ou péremption du jugement et la péremption de l'instance, que celle-ci fait disparaître toute la procédure y compris l'assignation; tandis que celle-là n'efface que le jugement et laisse subsister les derniers actes de l'instruction, de telle sorte qu'ils servent de point de départ à la nouvelle prescription à courir.

488. — Ainsi, un jugement, quoique irrégulier dans la forme, suffit pour empêcher la prescription de l'action en dommages et intérêts résultante d'un crime ou d'un délit. — *Cass.*, 6 avr. 1826, Viterbi c. Totti. — « En effet, dit M. Troplong (n° 608), lorsque l'instance est conduite à fin et terminée par un jugement définitif, l'irrégularité ou même la nullité de ce jugement ne sont pas un obstacle à l'interruption de prescription qu'entraîne après soi l'autorité de la chose jugée. Nous ne connaissons pas en France les nullités de droit; c'est tant pis pour la partie qui a laissé passer en force de chose jugée une décision susceptible d'être réformée. »

489. — Décidé qu'une assignation non représentée, bien que constatée par un jugement par défaut, ne peut avoir l'effet d'interrompre l'action, lorsque ce jugement lui-même se trouve périmé faute d'exécution dans les six mois. — *Grenoble*, 6 juill. 1835, Gaulens c. Faure.

490. — Le rejet de la demande n'est un obstacle à l'interruption de la prescription que lorsque ce rejet est définitif et fait obstacle à ce que la même demande se reproduise entre les mêmes parties. — Troplong, *Prescr.*, n° 610.

491. — Jugé cependant, mais à tort, qu'une action repoussée, quant à présent, faute de justifications suffisantes, est impuissante à interrompre la prescription. — *Bordeaux*, 6 janv. 1841 (t. 1er 1841, p. 555), Laquille c. Prunis.

492. — Jugé que la prescription de trente ans n'est pas interrompue par l'effet d'une instance en délaissement des biens qui en sont l'objet, lorsque cette instance et l'appel interjeté de la sentence intervenue sont restés impoursuivis et que la péremption en a été déclarée sur la reprise des poursuites après un long intervalle de temps. — *Cass.*, 5 mai 1834, Fournier c. Roussel Lavalette.

493. — La Cour de cassation a décidé, par application de l'art. 2247, que des actes extrajudiciaires non suivis de l'exercice d'une action en justice n'interrompent pas la prescription; et qu'il en est de même d'une instance introduite devant les tribunaux, si la demande a été rejetée par un jugement ayant acquis l'autorité de la chose jugée. — *Cass.*, 10 déc. 1827, Guérin d'Agon c. Commune d'Agon.

494. — Des contestations engagées devant l'autorité administrative n'interrompent pas la péremption d'une instance pendante devant un tribunal civil. — *Toulouse*, 19 déc. 1828, Commune de Campon c. B....

495. — Le jugement qui a rejeté la demande ne pourrait être opposé qu'au demandeur. Il ne pourrait l'être à un tiers qui n'aurait pas été en cause. — Troplong, n° 611.

496. — La prescription est interrompue par la reconnaissance que le débiteur ou le possesseur fait du droit de celui contre lequel il prescrivait. — C. civ., art. 2248.

497. — La reconnaissance peut résulter d'une lettre. Ainsi, la lettre missive dans laquelle le débiteur d'une lettre de change demande à son créancier une prorogation de délai interrompt la prescription. — *Cass.*, 16 déc. 1828, Ténégal c. Cathala; *Riom*, 12 mars 1838 (t. 2 1838, p. 439), Girard c. Roche; *Colmar*, 29 avr. 1839 (t. 2 1839, p. 581), Onfroy c. R....

498. — Jugé que la lettre par laquelle une partie, en accusant réception à une autre d'un compte qui lui a été renvoyé par elle et la constituait débitrice, promet de s'en occuper, peut être considérée comme une reconnaissance de la dette, ou plutôt d'un compte à régler, interruptive de la prescription, sans que l'arrêt qui par appréciation des faits et des actes de la cause le décide ainsi tombe sous la censure de la Cour de cassation. — *Cass.*, 11 mai 1842 (t. 2 1842, p. p. 574), Ladureau c. Caillard. — Anal. *Cass.*, 29 juin 1842 (t. 2 1842, p. 347), Gohier de Senneterre c. Lequien.

499. — La prescription est interrompue au préjudice des mineurs par une lettre dans laquelle le tuteur déclare au créancier qu'il lui est dû des arrérages de la rente. — *Agen*, 15 mars 1810, Luynes de Chevreuse c. Rougié; *Cass.*, 1er mars 1837 (t. 2 1837, p. 587), Renaud c. Prat.

500. — Mais il faut, dit M. Troplong (no 614), que la lettre présente un sens clair et précis. — Ainsi, jugé qu'il n'y a pas ouverture à cassation contre l'arrêt qui décide que des lettres missives dans lesquelles le possesseur d'un immeuble revendiqué par un tiers paraît reconnaître qu'il le détient plutôt à titre de créancier pour somme supérieure à la valeur de cet immeuble, qu'à titre de propriétaire acquéreur direct, ne constituent pas, au préjudice de ce dernier, des actes interruptifs de la prescription trentenaire par lui opposée à l'action judiciaire en revendication. — *Cass.*, 21 déc. 1830, Revé c. Tanays.

501. — Dans aucun cas la reconnaissance n'a besoin d'être acceptée par le créancier, il suffit qu'elle ne soit pas répudiée par lui pour qu'elle lui profite. — Troplong, no 615.

502. — Jugé, d'après ce principe, que la charge successivement imposée aux acquéreurs d'un immeuble d'acquitter la créance dont cet immeuble est grevé, conserve contre ces acquéreurs l'action et les droits du créancier qui est resté pendant plus de trente ans sans rien faire par lui-même pour interrompre la prescription. — *Bruxelles*, 17 juin 1806, Vancools c. Masse; *Liége*, 30 avr. 1821, Vandevelde c. bureau de bienfaisance de Huy; *Toulouse*, 13 août 1833, Roucaud c. Foulquier.

503. — Jugé aussi que la prescription trentenaire contre la prestation d'un douaire est interrompue par l'obligation imposée, dans un contrat de vente, à l'acquéreur de l'immeuble hypothéqué au douaire, de l'acquitter. — *Paris*, 4 avr. 1808, Mérault-Villeron c. Lamossais.

504. — Les exemples d'interruption de prescription par la reconnaissance du débiteur fournis par la jurisprudence sont très-nombreux. Ainsi, des offres réelles non suivies de consignation doivent être considérées comme une reconnaissance de la dette qui interrompt la prescription. — *Paris*, 29 juill. 1808, Fournier c. Foulon.

505. — Mais l'offre d'une partie de la dette, faite par le débiteur à titre de transaction, n'interrompt pas la prescription de la créance, lorsque cette offre a été retirée avant l'acceptation du créancier. — *Cass.*, 4 janv. 1842 (t. 1er 1842, p. 474), hospice de la Châtre c. Piat.

506. — La permission de passer sur le fonds voisin, demandée et obtenue par le propriétaire d'un terrain enclavé, bien que ne prouvant rien contre le droit de passage, qui est absolu et peut être exercé sans autorisation, peut cependant constituer une reconnaissance du droit du propriétaire asservi à l'indemnité due en pareil cas, et par suite interrompre la prescription de cette indemnité. — *Montpellier*, 1er avr. 1848 (t. 2 1848, p. 51), Adamoly c. Mialhes et Roy.

507. — Lorsque le souscripteur d'un billet à ordre a depuis reconnu la dette par un acte notarié, il ne peut plus opposer au créancier la prescription de cinq ans; encore bien que par cet acte le créancier se soit réservé le droit de poursuivre commercialement le recouvrement du billet. — *Paris*, 14 janv. 1825, Delbeck c. Tattegrain.

508. — Lorsque les époux sont mariés sous le régime dotal; la cession faite par le mari des droits paraphernaux de la femme, sans le pouvoir ou le consentement de celle-ci est radicalement nulle. Cependant il résulte d'un pareil acte une reconnaissance des droits de la femme, qui peut être opposée au cessionnaire; s'il invoque la prescription. — *Grenoble*, 20 juin 1827, Rigodin c. Guchet.

509. — Une assignation de la part de l'héritier au légataire : pour assister à l'inventaire de la succession, et déclarer ses droits; est une reconnaissance interruptive de la prescription. — *Grenoble*, 14 juin 1816, Dusserre c. Dumas.

510. — Jugé aussi que la liquidation faite par l'Etat d'une créance sur un émigré aux droits duquel était le gouvernement, en vertu des lois sur l'émigration doit, bien qu'elle n'ait pas été suivie de paiement, être considérée comme une reconnaissance ayant eu l'effet d'interrompre la prescription à l'égard de l'ancien débiteur. — *Paris*, 17 août 1825, Boursier c. d'Autichamp.

511. — Un paiement fait à titre d'à-compte est interruptif de la prescription de la créance. — *Cass.*, 29 janv. 1838 (t. 1er 1838, p. 500), Beaumier c. Gauffriau et Dugray.

512. — Alors même qu'il se serait écoulé plus de trente ans depuis que le créancier a fait vendre les meubles de son débiteur, cependant si les deniers provenus de cette vente, laquelle ne lui a procuré qu'un paiement *partiel*, ont été consignés, par suite de difficultés élevées par d'autres créanciers, et n'ont été remis au créancier poursuivant que depuis moins de trente ans; ce dernier peut réclamer le paiement du reste de sa créance, la prescription a été interrompue à l'égard de ce qui lui reste dû par la consignation et le paiement partiel. — *Bruxelles*, 22 nov. 1815, Romberg c. Reymenants.

513. — Une reconnaissance, même indéterminée, suffit pour interrompre la prescription annale établie pour les fournitures des marchands. — *Rouen*, 17 mai 1837 (t. 1er 1838, p. 53), Bertin c. de Bagration.

514. — La prescription de la dette est interrompue au profit du créancier par la reconnaissance qu'en fait le débiteur, même dans le cours d'une opération étrangère au créancier : par exemple dans un partage de présuccession avec l'Etat. — *Bordeaux*, 7 mars 1831, Guillard de Vaucocourt c. Bourdineau.

515. — Jugé, au contraire, que la mention d'une créance dans un acte de liquidation et partage auquel le débiteur est partie, mais qui est étranger au créancier, ne suffit pas pour interrompre la prescription libératoire. — *Paris*, 2 juill. 1834 (sous *Cass.*, 8 juill. 1835), de Fitz-James c. Walter Boyd.

516. — ... Que le paiement fait au légitimaire des intérêts (ou d'une pension en tenant lieu) de la légitime à lui attribuée par le testament de son père, n'a pas eu pour effet d'interrompre la prescription de l'action en supplément de légitime. — *Cass.*, 12 mai 1834, Papinaud c. Cathala.

517. — ...Que la reconnaissance par laquelle le débiteur d'une rente déclare qu'il doit le capital, et que vingt-huit années d'arrérages n'ont pas été payées, ne peut être regardée comme interruptive de la prescription à l'égard des arrérages échus depuis plus de cinq ans, puisqu'en principe on n'interrompt pas une prescription accomplie; et qu'une telle reconnaissance n'empêche pas non plus que les arrérages qui écherront postérieurement, ne soient prescriptibles par cinq ans. — *Cass.*, 10 mars 1834, Brachet c. Mazille.

518. — La stipulation insérée dans un acte de partage que *les rentes établies sur les biens partagés, si aucunes existent, seront payées en commun par les copartageans* ne peut être considérée comme constituant la reconnaissance d'une rente au profit du créancier, dans le sens de l'art. 2248 C. civ.; conséquemment elle n'a pu avoir pour effet d'interrompre la prescription au profit du crédirentier. — *Riom*, 3 fév. 1829, Dalbine c. Ojardias.

519. — La prescription contre les usagers d'une forêt n'a pas été interrompue par des actes émanés d'une juridiction qui rendait la justice au nom du propriétaire, s'ils n'ont pas eu lieu contradictoirement avec lui ou avec ses mandataires spéciaux; quand bien même ces actes contiendraient une reconnaissance implicite d'où paraîtrait résulter l'interruption. — *Cass.*, 21 mars 1832, Roy et Duval c. Commune de Fidelaire.

520. — La reconnaissance tacite peut avoir lieu de plusieurs manières, par 1o le paiement des intérêts et des arrérages produits par la somme principale due; 2o la prestation d'une caution; 3o la dation d'un gage; elle a lieu aussi 4o lorsque le débiteur donne au créancier la jouissance du fonds hypothéqué; 5o qu'il demande délai pour payer; 6o qu'il consent que la chose prétendue soit mise en séquestre; 7o qu'il fait novation de la dette. — Troplong, *Prescript.*, no 618; Dunod, *Prescript.*, p. 58.

521. — La novation de la dette est un moyen d'interruption qui a son effet alors même que l'acte contenant novation serait annulé plus tard pour lésion ou autre vice étranger à la forme.

522. — Il en serait autrement si l'acte de novation était annulé par défaut de capacité dans celui dont il émane, à moins toutefois que, d'après les circonstances, cet acte ne valût comme contenant preuve de paiemens interruptifs faits jusqu'à l'époque de sa passation. — Troplong, *Prescript.*, no 618.

523. — Les réserves ne peuvent-elles être considérées comme moyen d'interrompre la prescription? L'affirmative était généralement admise dans l'ancienne jurisprudence. — Dunod, p. 58; Catellan, t. 2, liv. 7, chap. 26; Despeysses, t. 1er, p. 443. — M. Troplong pense (no 619) 1o qu'une réserve faite par le créancier est efficace; 2o que celle des droits du créancier faite par le débiteur ne vaut interruption, que si elle précise assez la dette réservée pour qu'il y ait reconnaissance.

524. — Jugé que la prescription n'est pas interrompue par de simples réserves qui n'ont pas été suivies d'une action en temps utile. — *Cass.*, 23 janv. 1809, Enregistrement c. Cayre.

525. — Mais la reconnaissance que fait un légataire universel, avant l'expiration des trente ans nécessaires pour la prescription, que les biens de la succession ne lui ont été attribués que *provisoirement*, doit être considérée comme interruptive de la prescription au profit des héritiers du sang..., alors même qu'elle ne résulterait que des énonciations d'un procès-verbal dans lequel il aurait été fait *toutes réserves* au profit des parties. — *Cass.*, 22 août 1837 (t. 2 1837, p. 460), d'Esterno c. de Mornay.

526. — Le paiement des arrérages d'une rente est interruptif de la prescription. On admettait dans l'ancienne jurisprudence que le livre de raison du créancier faisait preuve des paiemens qu'il avait reçus (*Cass.*, 23 mai 1832, Postel d'Orveaux c. hospice de Conches). — Il s'agissait, dans l'espèce de cet arrêt, des *livres* du receveur de l'hospice produits par ce receveur comme preuve de paiemens à lui faits; mais, d'après les termes de l'art. 1331, l'ancienne jurisprudence ne peut plus être suivie. — Troplong, *Prescript.*, no 621; Vazeille, *Prescript.*, nos 214 et 215; Fœlix, *Des rentes foncières*, p. 440.

527. — Jugé, néanmoins, que les annotations du paiement des arrérages, faites par le crédirentier sur son livre de raison, peuvent faire foi en sa faveur pour repousser la prescription. — *Grenoble*, 20 juill. 1821, Sieyès c. Jullien; *Bruxelles*, 18 oct. 1821, Depape c. N....

528. — Le paiement des arrérages d'une rente suffit pour interrompre la prescription, et la preuve de ce paiement peut résulter d'actes passés entre le débiteur et des tierces personnes. *Rennes*, 10 janv. 1826, de Langle c. le Rallier.

529. — De même, la reconnaissance faite par le débiteur d'une rente, depuis la prescription du titre, qu'il en doit plusieurs années d'arrérages, et le remboursement irrégulier du capital, effectué en assignats, forment une interruption de la prescription. — *Paris*, 18 janv. 1813, de Grammont c. d'Hautefort.

530. — Le titre nouvel d'une rente consenti par une femme non autorisée, peut néanmoins avoir pour effet de constater le service exact et non interrompu de la rente; et conséquemment, de relever le créancier de la prescription. — *Paris*, 29 août 1814, Souchet c. Leportier.

531. — Le titre nouvel que fournit un donateur au créancier d'une rente est interruptif de prescription, même à l'égard du donataire universel chargé à ce titre du service de la rente. — *Agen*, 22 août 1809, Larsenne c. Lurde.

532. — Du reste, les juges peuvent, même au défaut de représentation d'un acte qui aurait pour effet d'interrompre la prescription, et en présence d'un autre acte donné après l'expiration des délais de prescription, décider, d'après les documens du procès constatés dans les qualités de l'arrêt attaqué, que l'acte non produit a réellement existé et qu'ainsi la prescription a été interrompue. L'arrêt qui le décide ainsi n'encourt pas la censure de la Cour de cassation. — *Cass.*, 27 nov. 1839 (t. 1er 1840, p. 151), Broulin c. Massot.

533. — D'après les dispositions des art. 1341 et suivans du Code civil, on ne peut administrer la preuve par témoins du service de la rente. — Troplong, no 622; Fœlix et Henrion, *Des rentes foncières*, p. 441; Toullier, t. 9, no 97.

534. — Jugé, pourtant, que la preuve que les arrérages d'une rente ont été payés depuis moins de trente ans, et que la prescription a été interrompue, peut être faite par témoins, quoiqu'il s'agisse d'une somme excédant 150 fr., alors surtout qu'il existe un commencement de preuve par écrit. — *Toulouse*, 18 mai 1834, Martres c. Barthés.

535. — Des quittances sous signatures privées, produites par le créancier ou ses héritiers, peuvent-elles être considérées comme reconnaissances tacites? Quelques auteurs distinguent le cas où celui dont elles portent la signature est mort avant l'expiration du temps requis pour la prescription et celui où son décès est postérieur. Dans le second cas, ils n'attachent aucune valeur aux quittances; dans le premier on les présume remises par le débiteur au créancier ou à ses héritiers. — Merlin, *Rép.*, v° *Interrupt. de prescript.*, p. 402. — Mais, dans l'un comme dans l'autre cas, d'autres auteurs n'admettent ces écrits, comme interruptifs, qu'autant qu'ils seraient accompagnés d'une note du débiteur, témoignant que c'est lui qui les a remis pour titre au créancier. — Vazeille, *Prescript.*, n° 216; Troplong, *Prescript.*, n° 623.

536. — Jugé, que les quittances des redevances d'un droit d'usage sur une forêt données aux usagers par le propriétaire de cette forêt sont, de la part de celui-ci relativement au droit d'usage, une reconnaissance interruptive de la prescription. — *Cass.*, 22 juill. 1835, Champigny c. commune de Fanville.

537. — L'héritier institué ne prescrit point contre le légitimaire qui habite avec lui dans les biens de l'hérédité et qui vit à la même table que lui. — *Limoges*, 30 mai 1821, Mazataud. — Troplong, n° 625.

§ 2. — *Extension de l'interruption d'une personne à une autre ou d'une action à une autre.*

538. — L'interruption naturelle peut servir à toutes personnes; il n'en est pas de même de l'interruption civile, dont, en règle générale, les effets ne peuvent être étendus d'une personne à une autre : de là la maxime « *A personâ ad personam non fit interruptio activè nec passivè.* » — Vazeille, *Presc.*, n° 232.

539. — Ainsi, jugé que l'interruption civile de la prescription ne profite qu'à celui qui la forme. — *Cass.*, 30 mars 1808, Enregistrement c. Capelle.

540. — Jugé aussi qu'en matière de succession on ne peut, pour interrompre la prescription, se prévaloir des actes d'interruption émanés des tiers. — *Cass.*, 5 janv. 1814, Pollin c. Rioult.

541. — Toutefois, la règle d'après laquelle l'interruption civile n'opère pas d'une personne à une autre, ne s'applique ni aux créanciers solidaires, ni aux débiteurs solidaires. En quelque nombre que soient les créanciers solidaires, un seul d'entre eux a les droits de tous à l'égard du débiteur; et tout acte qui interrompt la prescription à l'égard de l'un, profite à tous les autres. — Vazeille, n° 237; Duranton, t. 21, n° 276.

542. — L'art. 2249 dispose ainsi qu'il suit : « L'interpellation faite, conformément aux articles ci-dessus (2244 et suiv.), à l'un des débiteurs solidaires, ou sa reconnaissance, interrompt la prescription contre tous les autres, même contre leurs héritiers. — L'interpellation faite à l'un des héritiers d'un débiteur solidaire, ou la reconnaissance de cet héritier, n'interrompt pas la prescription à l'égard des autres cohéritiers, quand même la créance serait hypothécaire, si l'obligation n'est indivisible. — Cette interpellation ou cette reconnaissance n'interrompt la prescription à l'égard des autres codébiteurs que pour la part dont cet héritier est tenu. — Pour interrompre la prescription pour le tout, à l'égard des autres codébiteurs, il faut l'interpellation faite à tous les héritiers du débiteur décédé, ou la reconnaissance de tous ses héritiers. »

543. — Jugé que l'interruption de la prescription opérée à la charge de l'un des coobligés solidaires a son effet à l'égard des autres. — *Rennes*, 19 mai 1820, de Kerouartz c. Coartaneu; 26 mai 1820, Bahuno du Liscoet c. Rouault.

544. — Jugé aussi que lorsqu'un codébiteur solidaire a par la reconnaissance d'une dette produisant des intérêts interrompu la prescription quinquennale, les intérêts sur lesquels portait la reconnaissance ne peuvent plus, à l'égard de tous les codébiteurs, être prescrits que par trente ans. — Peu importerait que la reconnaissance, au lieu d'être volontaire, eût été faite forcément en justice, ou que l'un des débiteurs solidaires, au lieu d'être personnellement obligé au paiement de la dette, n'en fût tenu qu'hypothécairement. — *Rouen*, 5 mars 1842 (t. 1er 1842, p. 764), Lasnon c. Lestiboudois.

545. — Jugé également que les reconnaissances d'une rente foncière et le service de ses arrérages par un seul des codébiteurs solidaires interrompent la prescription à l'égard de tous les autres. — *Limoges*, 5 juin 1838 (t. 1er 1839, p. 95), Geoffre c. Nonique et Dumont-Beaulieu.

546. — Entre ceux qui se sont obligés solidairement, il n'en est pas de la renonciation à la prescription acquise comme de l'interruption : la reconnaissance d'un seul sert contre tous pour interrompre la prescription commencée; mais elle n'a de force que contre lui seul pour effacer la prescription accomplie. — Vazeille, *Presc.*, n° 241; Troplong, n° 629.

547. — Aussi a-t-il été jugé que si la reconnaissance de la dette faite par l'un des codébiteurs solidaires interrompt la prescription à l'égard des autres, il n'en est pas de même d'une pareille reconnaissance faite depuis que la prescription est acquise. Elle ne fait revivre la dette qu'à l'égard de celui qui l'a faite. — *Paris*, 8 pluv. an X, Martin c. Despré; *Liége*, 7 nov. 1820, Detriche c. Haloy; *Bruxelles*, 31 oct. 1828, N...

548. — Jugé aussi que la partie assignée solidairement en paiement des frais par un avoué qui a occupé pour elle et pour d'autres ne peut, si elle a avec raison invoqué la prescription contre lui, être privée du bénéfice de cette exception par la reconnaissance antérieure que sa codébitrice aurait faite. — *Paris*, 9 févr. 1833, Petit de Gatine c. Deblois et Gardie.

549. — Lorsque l'un des créanciers solidaires, au lieu d'agir dans l'intérêt de ses cocréanciers, ne reçoit que la partie de la dette qui lui revient personnellement, ou n'obtient de condamnation que pour cette partie, il n'y a pas d'interruption au profit des cocréanciers.

550. — Jugé aussi que la décharge donnée par le créancier à l'un des débiteurs solidaires ne libère pas les autres, lorsqu'il a réservé tous ses droits contre ces derniers; et cela, quand même par des arrangemens particuliers entre les codébiteurs, mais étrangers au créancier, le débiteur déchargé aurait été tenu de la totalité de la dette. — *Paris*, 30 mars 1808, Bertrand c. Fabre.

551. — L'acquiescement à un jugement par défaut, donné dans les six mois par un des condamnés solidaires interrompt-il la péremption de ce jugement à l'égard des autres débiteurs? — V., à cet égard, et sur les effets de l'exécution d'un jugement par défaut en ce qui concerne les débiteurs solidaires, JUGEMENT PAR DÉFAUT, nos 627 et suiv., 635 et suiv.

552. — L'interpellation faite au débiteur principal, ou sa reconnaissance, interrompt la prescription contre la caution. — *Grenoble*, 11 mars 1818, Lavauden; *Riom*, 23 janv. 1829, de Giat c. Debord; *Cass.*, 27 mars 1832, Delamothe-Vernay c. Delaroche; *Paris*, 18 mai 1833, Bordenasse c. Bordes; *Nancy*, 16 mai 1834, Seiler c. Imhoff.

553. — Mais l'art. 2250 du C. civ., portant que l'interpellation faite au débiteur principal interrompt la prescription contre la caution, est inapplicable à un cautionnement souscrit sous l'empire d'une jurisprudence qui avait établi au contraire que l'interruption à l'égard du débiteur principal était sans effet à l'égard de la caution simple et non solidaire. — *Grenoble*, 11 mars 1818, Lavauden; 20 juill. 1821, Sieyès c. Jullien; *Cass.*, 26 juin 1827, Savournin c. Belissen.

554. — Dans le droit moderne, la caution représentant le débiteur pour le paiement, le représente nécessairement pour l'interruption qui dérive des poursuites que l'on fait contre elle pour l'obtenir, ou de sa reconnaissance qui le proroge. — Vazeille, *Prescr.*, n° 251; Troplong, n° 635. — Ainsi, l'interpellation faite à la caution, ou la reconnaissance de cette dernière, interrompt la prescription à l'égard du débiteur principal.

555. — On n'interrompt pas la prescription, respectivement au principal obligé, en n'agissant que contre le tiers détenteur, et réciproquement : l'action hypothécaire peut se prescrire en faveur du détenteur, quand l'action personnelle est conservée contre le débiteur principal. — Vazeille, *Prescr.*, n° 235.

556. — En conséquence, jugé que l'exercice de l'action hypothécaire contre le tiers détenteur n'empêche pas la prescription de courir au profit du débiteur principal. — *Grenoble*, 21 févr. 1816, Brisson c. Guichard; *Riom*, 2 avr. 1816, Nugier c. Cornudet; *Metz*, 5 juill. 1822, Coche c. Vatin.

557. — Il y a encore exception à la règle *A personâ ad personam non fit interruptio* lorsque la matière est indivisible, et dans le cas de saisie réelle. — C. proc., art. 675, 681.

558. — On s'est demandé à quel moment on doit décider que la coalition de tous les créanciers s'opère contre le débiteur en cas de saisie réelle. — Merlin (*Quest.*, v° *Interruption de prescription*, supplém., art. 696) pense que c'est lorsque le placard imprimé a été signifié aux créanciers inscrits (C. proc., art. 695). Cette opinion est combattue par Troplong (n° 640), qui estime que l'interruption commence lorsque le procès-verbal de saisie a été dénoncé aux créanciers : conformément à l'art. 681. — V. SAISIE IMMOBILIÈRE.

559. — Les créanciers ne pourraient invoquer la saisie comme ayant interrompu la prescription, si le créancier saisissant s'en était désisté sans que la subrogation pût être requise. — Brillon, v° *Interruption.*

560. — La demande en garantie formée dans le cours d'une instance par le défendeur originaire interrompt la prescription qui avait commencé à courir contre le demandeur principal. L'interruption s'étend donc encore dans ce cas d'une personne à une autre. — Troplong, n° 642; Vazeille, n° 236.

561. — Jugé, d'après ce principe, que l'action en garantie formée par le défendeur interrompt la prescription, même au profit du demandeur contre le garant. — Et que, *particulièrement*, un propriétaire de marchandises qui en avait confié le transport à un commissionnaire de roulage peut, même après le délai de trois ans, les revendiquer entre les mains des tiers à qui elles avaient été remises par erreur, lorsque ce commissionnaire, assigné en représentation des marchandises, a lui-même formé son action en garantie contre les tiers possesseurs avant l'expiration du délai triennal. — *Cass.*, 16 févr. 1820, Bastiat c. Zellweguer; 5 mai 1829, Moigneau c. Vatteville; 27 mars 1832, Delamothe c. Delaroche.

562. — L'interruption *à personâ ad personam* a lieu aussi en matière de mandat toutes les fois qu'on peut supposer que celui qui a interrompu a agi non-seulement dans son propre intérêt, mais encore comme mandataire d'une autre personne qui lui a donné pouvoir tacite. — Proudhon, *Usufr.*, t. 5, n° 2233; Troplong, n° 648.

563. — Le débiteur qui agit dans son propre intérêt, pour le maintien de ses droits, interrompt par contre-coup la prescription dans l'intérêt de ses créanciers, lesquels peuvent exercer tous ses droits et actions. — C. civ., art. 1166.

564. — Mais les actes d'interruption faits par le créancier agissant aux droits de son débiteur interrompent-ils la prescription dans l'intérêt de ce dernier? — Suivant M. Troplong (n° 645), il faut résoudre cette question affirmativement. — Ainsi, lorsqu'un créancier exerce, en vertu de l'article 1166, une portion divise de l'action de son débiteur, l'interruption a lieu au profit de ce débiteur, pour la totalité de sa créance sur le tiers auquel la signification est faite. De même, un créancier apprend qu'un immeuble appartenant à son débiteur est entre les mains d'un tiers qui va en prescrire la propriété; l'interruption faite contre le tiers possesseur profite au débiteur. — V. cependant Proudhon, nos 2275 et suiv., 2297 et suiv.

565. — De même, lorsqu'un tiers détenteur d'un fonds grevé d'usufruit est en voie de prescrire; M. Troplong pense (n° 656) que les actes interruptifs faits soit par le propriétaire, soit par l'usufruitier, mais par l'un d'eux seulement, doivent profiter à l'autre. — V. aussi Proudhon, *Usufr.*, t. 3, n° 1543.

566. — Le créancier qui interrompt la prescription contre son débiteur en lui dénonçant une saisie-arrêt qu'il a faite entre les mains d'un tiers empêche par cela même la prescription qui courait entre ce tiers et ce débiteur. A compter du moment où la saisie est dénoncée, la créance du débiteur saisi est sous la main de justice; et il ne peut plus exiger son paiement. — C. civ., art. 2242. — Mais il y a plutôt là une suspension de prescription qu'une interruption. — Pigeau, t. 2, p. 58, n° 3.

567. — L'interruption de la prescription de l'action hypothécaire n'interrompt pas la prescription de l'action réelle appartenant au propriétaire. — Troplong, n° 647.

568. — L'exercice de l'action en rescision contre l'acheteur n'empêche pas la prescription de s'accomplir au profit des sous-acquéreurs. — *Bordeaux*, 13 août 1829, Barthès c. Rodrigue; 18 nov. 1831, Coquenard de Beaurepaire c. Dubarrel.

569. — L'interruption de la prescription à l'égard de l'un des héritiers détenteurs de la succession n'interrompt pas la prescription à l'égard des autres cohéritiers. — Dunod, p. 60; Pothier,

Prescr., n° 35, et *Oblig.*, n° 663. — C. civ., art. 2249. — V. *suprà*.

570. — Jugé en ce sens qu'on ne peut considérer comme suffisante pour interrompre la prescription la signification à fin d'intervenir dans un partage faite seulement à trois des cohéritiers du débiteur, alors même que cette signification aurait été suivie d'un jugement autorisant l'intervention. — *Cass.*, 15 avril 1828, de Sarret c. de Tauriac.

571. — ...Que l'interruption de la prescription à l'égard de l'héritier universel détenteur de la succession ne s'étend pas à tous les autres cohéritiers. — *Aix*, 3 déc. 1831, Autric c. Reygnier.

572. — En effet, les dettes se divisent entre les héritiers. Il n'y a que l'indivisibilité de l'obligation qui puisse autoriser à poursuivre un des héritiers pour la totalité de la dette du défunt. Ce n'est qu'alors que l'interpellation faite à un seul, vu sa reconnaissance, interrompt la prescription contre les autres. — Vazeille, *Prescr.*, n° 243.

573. — Ainsi, jugé que l'interpellation faite par l'un des héritiers à son cohéritier détenteur des biens de la succession n'interrompt pas la prescription à l'égard des autres cohéritiers. — *Limoges*, 8 janv. 1839 (t. 1er 1839, p. 556), Renaudie c. Boulot.

574. — L'interruption de prescription opérée par l'un des cohéritiers ne profite pas aux autres cohéritiers lorsque les droits des héritiers sont divisibles et ont été divisés. Dès lors, dans le cas où les héritiers ayant découvert le dol par suite duquel ils ont été amenés à céder leurs droits héréditaires à leur cohéritier : l'interruption de la prescription émanée de l'un de ces héritiers ne profite pas aux autres cohéritiers. — *Paris*, 8 juin 1825, Gasville c. Grouche de Grébauval.

575. — La possession de l'héritier apparent passant à l'héritier réel qui vient ensuite l'évincer, l'interruption donnée contre l'héritier apparent réfléchit contre l'héritier réel. — Vazeille, t. 1er, n° 249.

576. — Le principe que trace l'art. 2249 pour les interruptions qui seraient faites contre une partie seulement des héritiers, s'applique à tous les cas d'indivision. — Vazeille, n° 249 ; Troplong, n° 653.

577. — Aussi est-ce à tort qu'il a été jugé que celui qui prétend droit à un fonds indivis interrompt la prescription pour la totalité du droit prétendu, par l'action qu'il exerce contre une partie des héritiers : surtout si ceux qu'il attaque sont en possession de la chose réclamée. — *Riom*, 2 déc. 1816, Galvaing c. Diermat; *Bourges*, 28 juin 1825, Fournier d'Arthel c. Tenaille-Saligny.

578. — L'interpellation donnée contre l'usufruitier n'interrompt pas la prescription contre le nu propriétaire. — Proudhon, t. 2, n° 583.

579. — L'interruption donnée par l'un des légataires institués conjointement contre l'héritier n'empêche pas la prescription à l'égard de tous. — Proudhon, n° 584.

580. — L'interruption ne passant pas d'une personne à une autre, il en résulte que le créancier qui interrompt dans son intérêt n'interrompt pas par cela même l'action que son débiteur avait contre lui. — Troplong, n° 657.

581. — Nous venons de voir plusieurs exemples du principe que l'interruption ne s'étend pas d'une personne à une autre. Une autre règle non moins certaine, c'est que l'interruption ne s'étend pas d'une action à une autre. — Troplong, n° 658.

582. — Cette règle reçoit de nombreuses applications. Ainsi, les actes d'interruption de l'action personnelle n'interrompent pas la prescription de l'action réelle contre les tiers détenteurs et réciproquement.

583. — Jugé qu'un cohéritier, qui, actionné hypothécairement pour toute la dette de la succession (dette par lui reconnue), a été déclaré non recevable dans l'exception de la prescription par lui opposée au créancier, peut encore être admis, sans qu'il y ait lieu à violation de la chose jugée, à invoquer le même moyen de prescription du chef d'un autre cohéritier aux droits duquel il se trouve pour la portion contributoire de ce dernier dans la dette. — *Cass.*, 12 févr. 1829, Beaumann c. Bragelongue. — V., *contrà*, Vazeille, n° 244.

584. — La prescription de l'action personnelle n'est pas interrompue par des poursuites dirigées contre le tiers acquéreur des biens hypothéqués à la dette. En ce cas, et si, pendant la durée des poursuites, la dette personnelle se prescrit, l'acquéreur peut opposer cette prescription pour faire tomber l'action dirigée contre lui. — *Riom*, 11 messid. an XI, Chautard c. Gay ; 6 juill. 1830, Planeix c. Lambert ; *Paris*, 25 janv. 1831, Mailfer c. Martin ; *Cass.*, 28 nov. 1831, Coquenard de Beaurepaire c. Dubarret.

585. — Jugé aussi que la prescription de l'action personnelle contre le principal obligé n'est pas interrompue par des poursuites en déclaration d'hypothèque dirigées contre le tiers détenteur des biens affectés à la dette ; et que l'acquéreur poursuivi en déclaration d'hypothèque, dans un temps encore utile, peut opposer au créancier la prescription qui, pendant l'instance, s'est accomplie au profit de son vendeur, et prétendre que l'extinction de la dette, à l'égard de l'obligé principal, entraîne celle de l'hypothèque à l'égard du tiers détenteur. — En d'autres termes : que la prescription acquise au débiteur principal, par le défaut d'actes interruptifs, doit profiter au tiers détenteur, alors même qu'il a été poursuivi en déclaration d'hypothèque avant le terme révolu par la prescription. — *Metz*, 5 juill. 1822, Coche c. Vatin.

586. — L'action que le vendeur a exercée contre le sous-acquéreur d'un immeuble, en paiement du prix de la vente ou en délaissement, action qui a été déclarée prescrite par suite de la possession du sous-acquéreur pendant vingt ans avec juste titre et bonne foi, n'a pu interrompre, au préjudice de ce dernier, la prescription de l'action en résolution de la vente pour défaut de paiement du prix. — *Paris*, 25 janv. 1831, Mailfer c. Martin ; *Cass.*, 28 nov. 1831, Coquenard de Beaurepaire c. Dubarret. — Troplong, *Prescr.* nos 609 et 663.

587. — Cependant, lorsque l'action hypothécaire est unie à l'action personnelle par la possession de la chose entre les mains du débiteur, les actes conservatoires de l'une interrompent la prescription pour l'autre. C'est la conséquence de leur union intime. — Troplong, *Hypoth.*, t. 4, n° 877.

588. — Quand deux actions alternatives essentiellement distinctes sont ouvertes à une partie, l'interruption de la prescription de l'une ne s'étend pas à l'autre. — *Nîmes*, 6 mars 1832, Villevieille c. Vidal. — C'est ce qui arrive lorsque l'action *ex testamento* et l'action *ab intestat* existent simultanément.

589. — Les poursuites faites comme héritier *ab intestat* peuvent cependant réagir sur l'action testamentaire. C'est ce qui arrive lorsque l'adversaire insistant sur le testament, en reconnaît l'existence et les obligations. — Troplong, n° 665.

590. — Il est incontestable que les poursuites au possessoire n'interrompent pas pour l'action au pétitoire. — Dunod, p. 61.

591. — Il est de principe que l'interruption d'une action qui en prépare une autre n'empêche pas la prescription de celle-ci. Mais cette règle n'est pas applicable lorsque l'exercice d'une action est subordonné à une action préjudicielle. Ainsi, l'action criminelle ne peut se prescrire pendant la poursuite de l'action civile. — Vazeille, n° 230. — Mais c'est plutôt là une suspension de prescription qu'une interruption. — Troplong, n° 670.

592. — L'action en nullité d'un testament ne concerne pas l'action en réduction, qui suppose que le testament est valable. — Dunod, p. 61 ; Troplong, n° 671. — V. cependant Vazeille, t. 1er, p. 238.

593. — La prescription de l'action en séparation de patrimoine n'est pas interrompue par les poursuites qui n'ont d'autre objet que de faire déclarer exécutoires contre l'héritier les titres du créancier contre le défunt. — *Grenoble*, 21 avril 1823, Allard et Mathieu c. Bosq.

594. — De même, la poursuite en faux contre le testament ne conserverait pas l'action en réduction. — Troplong, nos 672 et suiv. ; Merlin, *Rép.*, v° *Prescription*, p. 547. — *Contrà*, Vazeille, n° 230.

595. — L'action criminelle n'interrompt pas la prescription de l'action civile, qui en est distincte et indépendante. — *Cass.*, 20 janv. 1824, Gaide-Roger c. Caroillon de Vandeuil. — Troplong, n° 674.

596. — L'interruption a-t-elle lieu d'une quantité à une autre quantité? Il faut distinguer. S'il existe deux créances de la même somme et que le créancier réclame l'une des deux sommes sans indiquer de quelle créance il s'agit, la prescription n'est pas interrompue pour les deux créances. Mais lorsque celui qui possède plusieurs créances contre le même débiteur réclame à ce dernier *tout ce qui est dû*, la prescription est interrompue pour le tout. — Troplong, n° 675.

597. — Un paiement partiel interrompt la prescription. — *Bruxelles*, 22 nov. 1815, Romberg. — L'interruption a lieu aussi du tout à la partie qui lui est connexe. Ainsi : en interrompant la prescription pour le capital, on l'interrompt pour les intérêts.

§ 3. — *De l'influence de l'interruption sur le temps voulu pour prescrire.*

598. — L'interruption de prescription peut avoir une grande influence sur le temps voulu pour prescrire. — Nous avons déjà vu que, lorsque l'interruption de la prescription est naturelle, la prescription ne recommence que lorsque le nouveau possesseur a perdu sa possession, et que la nouvelle possession est la même pour le temps que l'ancienne.

599. — Lorsque l'interruption est civile il faut distinguer selon qu'elle résulte d'un ajournement, d'un commandement, d'une saisie ou d'une reconnaissance.

600. — En droit, romain la litiscontestation avait pour effet de proroger à trente ans les actions temporaires et à quarante ans les actions prescriptibles par trente ans. — Merlin, v° *Péremption ;* Dunod, p. 203. — Sous l'empire du Code civil il n'en est pas ainsi, et la litiscontestation n'a pas pour effet de proroger la prescription. — L'ajournement est actuellement interruptif de prescription pour tout le temps que dure la procédure. Si donc l'instance était périmée l'interruption s'effacerait. — Troplong, n° 683.

601. — M. Troplong (n° 684) pense que lorsqu'un acte de l'instance a empêché l'autre partie d'agir, la péremption dans laquelle il tombe n'enlève pas à celle-ci le bénéfice de la suspension.

602. — Ainsi, jugé que la possession courue depuis la demande et pendant le litige ne peut servir de base à la prescription ; et spécialement celle qui a couru pendant l'instance d'appel ne peut être invoquée par l'appelant contre l'intimé, alors même que cette instance serait ensuite déclarée périmée. — *Bordeaux*, 31 juill. 1826, Gramache c. Montfarjois ; *Nancy*, 26 juin 1833, Princesse de Poix c. Commune de Saint-George ; *Cass.*, 15 juill. 1839 (t. 2 1839, p. 26), Commune de Sagy c. Commune de Charcuble.

603. — Néanmoins la Cour de cassation a jugé qu'avant le Code civil la prescription de l'instance d'appel par quarante ans faisait évanouir le jugement de première instance, dont cet appel avait suspendu l'exécution. — *Cass.*, 18 oct. 1813, Bury c. Libert. — Et que la prescription de trente ans n'est pas interrompue par l'effet d'une instance en délaissement, des biens qui en sont l'objet, lorsque cette instance et l'appel qui en a été interjeté sont restés impoursuivis, et que la péremption en a été déclarée sur la reprise des poursuites après un long intervalle de temps. — *Cass.*, 5 mai 1834, Fournier c. Roussel-Lavalette. — V., sur ces arrêts, M. Troplong (n° 686), qui en fait la critique.

604. — Lorsque la prescription a été interrompue par un commandement, la prescription qui recommence après cet acte est de même durée que celle qui avait commencé auparavant. — Troplong, n° 687. — *Contrà*, Dunod, p. 171 ; Bourjon, t. 2, p. 569, n° 35.

605. — Aussi a-t-il été décidé qu'un commandement à fin de paiement des intérêts échus n'a pas pour effet, lorsqu'il n'a été suivi d'aucune procédure, de convertir la prescription quinquennale en prescription trentenaire : seulement la prescription quinquennale se trouve, à partir de la date de ce commandement, interrompue pendant cinq autres années. — *Besançon*, 31 janv. 1810, Michel c. hospice de Nozeron ; *Nancy*, 18 déc. 1837 (t. 1er 1838, p. 310), de Lidonne c. Laboissière ; *Bourges*, 5 juin 1840 (t. 2 1841, p. 128), Marquet c. Lacour et Ballivet.

606. — Telle est la doctrine professée par Troplong (t. 3, n° 686). Mais, par un arrêt du 20 mars 1835, la Cour de Toulouse a résolu la question en sens opposé. — V., aussi, en ce sens, Dunod, *Traité des prescriptions*, part. 2, chap. 7, p. 171 ; Bourjon, t. 2, p. 571 ; le président Faber, liv. 7, tit. 13, déf. 15 ; Fromental, sur l'ordonnance 1512 ; Despeysses, t. 1er, p. 4, tit. 4, n° 15 ; Duranton, t. 21, p. 444 et 445. — Pothier (*Des obligations*, n° 696) dit que « le commandement, quoique non suivi de procédure, conserve l'effet d'interrompre la prescription, et perpétue l'action du créancier, *pendant trente ans du jour de sa date.* » Mais M. Troplong nie les conséquences qu'on pourrait tirer de là contre le système adopté par l'arrêt que nous recueillons, en se fondant sur ce que le passage ci-dessus rapporté est extrait de la partie de son ouvrage dans laquelle l'auteur parle de la prescription trentenaire. — Il avait donc raison, dit-il, dans cet ordre d'idées, de dire que le commandement dure trente ans, tandis que l'assignation tombe par une inaction de trente années. Quand le droit est prescriptible par trente ans, rien de plus simple que d'exiger un nouveau laps de trente ans à partir du commandement interruptif de la prescription commencée : car le commandement vaut pour tout le temps qui règle la prescription applicable à l'égard de l'espèce; mais quand il s'agit d'une prescription abrégée, le commandement se prescrit, non plus par trente ans, mais par le temps voulu pour compléter la prescription spéciale à la matière. — V. au reste la discussion approfondie de Troplong sur cette grave question.

607. — Jugé, contrairement à cette opinion, que l'interruption de la prescription de cinq ans opérée par un simple commandement (en matière de loyers par exemple) a pour effet, non de faire courir une nouvelle période de cinq années, mais d'entraîner une novation dans la créance, et de substituer à une prescription de courte durée la prescription trentenaire. — *Toulouse*, 20 mars 1835, Boulet c. Bourquit et Boussinac; *Paris*, 3 févr. 1844 (t. 1er 1844, p. 444), Michaud c. Mérac.

608. — Mais, à partir du commandement, la prescription ne pourra pas s'accomplir par dix ou vingt ans, car, à partir de cet acte, le débiteur ou détenteur ne peut plus être de bonne foi.

609. — Lorsque l'interruption résulte d'une saisie faite par le créancier, la saisie peut tomber en péremption. On se retrouverait alors en présence du commandement, que la péremption aussi peut atteindre. Si, au contraire, la procédure suit son cours, l'interruption dure autant que l'instance : quelle que soit la durée de celle-ci. — Troplong, nos 689 et suiv.

610. — La procédure peut aboutir à un ordre ou à une contribution. Si le créancier n'est alors payé que partiellement, il faut examiner si le débiteur a résisté à l'action du créancier et s'il est intervenu entre eux un jugement. Si ce jugement existe, il forme un titre nouveau, prescriptible par trente ans. Si, au contraire, le titre reste le même, une nouvelle prescription de la même nature que celle qui a été interrompue commence à courir à partir des derniers actes de poursuite. Et il faut en dire autant du cas où le créancier n'est pas payé du tout. — Troplong, nos 695 et suiv.

611. — Lorsque l'interruption résulte d'une reconnaissance expresse, cette reconnaissance forme un titre nouveau, prescriptible par trente ans. Il y a alors novation. — Troplong, nos 697 et suiv.

612. — Mais la reconnaissance tacite ou indirecte, ne changeant pas le titre et ne faisant que le confirmer, ne peut avoir pour effet de créer une novation, et on se trouverait alors sous l'empire d'une prescription nouvelle semblable à la prescription antérieure. — Vazeille, no 628.

Sect. 2e. — *Suspension de la prescription.*

613. — La prescription ne peut s'acquérir au préjudice du créancier ou du propriétaire qui s'est trouvé pendant les délais fixés par la loi dans l'impossibilité légale d'agir contre celui qui pourrait s'en prévaloir. Cette impossibilité dérive soit de la qualité des personnes, soit de causes inhérentes à la créance ou de force majeure.

§ 1er. — *Suspension produite par l'état ou la qualité des personnes.*

614. — *Mineurs et interdits.* — La prescription ne court pas contre les mineurs et les interdits, sauf ce qui est dit à l'art. 2278, et à l'exception des autres cas déterminés par la loi. — Art. 2252.

615. — Dans le droit romain, on ne pouvait usucaper ni acquérir par la longue prescription les immeubles des pupilles; mais on pouvait usucaper les biens des adultes mineurs seulement. Ces mineurs pouvaient obtenir leur restitution en entier dans ce cas. La prescription par dix ou vingt ans ne courait pas contre les mineurs pubères, tandis que, par une véritable anomalie, la minorité ne suspendait pas la prescription de trente ans. — Troplong, no 734.

616. — Jugé que, sous l'empire de la coutume de Normandie, la prescription de quarante ans établie par l'art. 521 de la coutume courait contre le mineur, bien qu'il ne fût pas pourvu de tuteur. — *Cass.*, 12 juin 1816, Godefroy de Saules c. Lelorier.

617. — Suivant la jurisprudence du Parlement de Toulouse, la prescription courait contre les mineurs; sauf à eux à former une demande en restitution dans les dix ans de leur majorité. — *Agen*, 12 janv. 1832, Bernis c. Ferragut.

618. — Décidé que le droit romain, bien qu'il fût la loi des pays de droit écrit, n'y avait cependant d'autorité que suivant la manière dont il était entendu et appliqué par la jurisprudence des Parlemens. Que, dès lors, l'arrêt qui décide que, d'après la jurisprudence de tel ressort, la novelle 117 ne faisait point obstacle à ce que la prescription courût contre le fils de famille, en la puissance de son père, du jour de la majorité, pour les biens dont le père n'avait pas l'usufruit, est inattaquable sous le rapport de la violation des lois romaines. — *Cass.*, 23 août 1826, Dispan c. Sausot.

619. — En Brabant, la prescription trentenaire courait indistinctement *contre les mineurs :* soit impubères, soit adultes. — Cette jurisprudence était commune à la ville et au marquisat d'Anvers. — *Bruxelles*, 27 nov. 1823, N...

620. — Jugé que, dans l'ancien droit français, la prescription de trente ans ne courait pas contre le fils de famille, pendant tout le temps que durait la puissance paternelle. — *Toulouse*, 16 pluv. an XII, At et Roquan c. Bruguières; *Grenoble*, 30 juin 1812, Meizin et Roux c. Gilibert.

621. — Il est de principe qu'en matière de prescription, le mineur relève le majeur. Il faut remarquer, néanmoins, que cette maxime n'est vraie qu'autant qu'il s'agit de matières indivisibles, elle est fausse dans les matières susceptibles de division. — Troplong, no 739; Merlin, *Rép.*, vo *Prescription*, p. 538.

622. — Jugé, en ce sens, que si le majeur est relevé de la prescription par le mineur dans les choses indivisibles, il n'en est pas de même en cas d'obligation solidaire. — Ainsi, la prescription de l'action en rescision d'une obligation solidaire entre des mineurs, court contre les uns à partir de leur majorité, quoiqu'elle se trouve encore suspendue à l'égard des autres à cause de leur minorité. — *Cass.*, 5 déc. 1826, Douceur c. Pointel; 22 févr. 1832, Tourton c. Regnier.

623. — Il a été décidé par plusieurs arrêts que la prescription de l'action en nullité d'une vente est suspendue pendant la minorité de l'héritier du vendeur. — *Pau*, 11 déc. 1835, Cazentre c. Mur; *Limoges*, 26 mai 1838 (t. 2 1838, p. 508), Thévenot c. Bauby; *Nîmes*, 20 juin 1839 (t. 2 1839, p. 519), Meynaud c. Peyrot; *Orléans*, 7 mai 1842 (t. 1er 1842, p. 673), Trepied c. Voisin et Duquesne. Le pourvoi dirigé contre l'arrêt de la Cour d'Orléans a été rejeté par la Cour de cassation. — *Cass.*, 8 nov. 1843 (t. 1er 1844, p. 437). — V., en ce sens, Domat, liv. 2, tit. *De la restitution*, sect. 1re, no 15; Pothier, *Vente*, no 347; Merlin, *Rép.*, t. 15, vo *Rescision*, no 5 *bis*; Delvincourt, t. 2, p. 596, aux notes; Vazeille, *Prescription*, t. 2, no 572, et Solon, *Théories des nullités*, t. 2, p. 464, no 493. — Cependant, l'opinion contraire a été embrassée par Toullier (t. 7, no 614) et M. Duranton (t. 12, no 548).

624. — La prescription ne court pas contre le mineur émancipé. L'art. 2252 ne permet aucun doute sur ce point. Mais elle court contre le majeur pourvu d'un conseil judiciaire.

625. — Les interdits sont placés par l'art. 2252 sur la même ligne que les mineurs. C'est une innovation faite par le Code civil. Dans les pays anciennement régis par le droit romain, la prescription dite *longissimi temporis* courait contre les interdits. — *Turin*, 27 avril 1808, Partiti c. Rodoli. — Peu importait, sous ce rapport, qu'ils eussent ou non un curateur. — *Paris*, 4 avr. 1810, Chalandray c. N...; *Cass.*, 12 mai 1834, Papinaud c. Cathala. — Troplong, no 738.

626. — Décidé que la prescription qui court au profit du possesseur de bonne foi d'un immeuble n'est pas suspendue par la démence du propriétaire de cet immeuble, lorsque l'interdiction de ce propriétaire n'a pas même été provoquée. — Spécialement, si l'art. 2252 C. civ. s'oppose à ce que le possesseur puisse faire valoir la prescription de dix et vingt ans quand le véritable propriétaire est interdit, il n'en résulte pas que la même exception puisse être invoquée au profit de celui dont la démence était notoire, mais à l'égard duquel l'interdiction n'a point encore été provoquée. — *Angers*, 6 févr. 1847 (t. 2 1847, p. 167), Guehéry c. Derouet. — V. INTERDICTION, no 329.

627. — La prescription ne court pas entre époux. — Art. 2253. — Quant aux époux, disait M. Bigot de Préameneu, orateur du gouvernement, il ne peut y avoir de prescription entre eux. Il serait contraire à la nature de la société du mariage que les droits de chacun ne fussent pas l'un à l'égard de l'autre respectés et conservés. — L'union intime qui fait leur bonheur est en même temps si nécessaire à l'harmonie de la société, que toute occasion de la troubler est écartée par la loi. Il ne peut y avoir de prescription quand il ne peut même y avoir d'action pour l'interrompre. — Fenet, t. 15, p. 585.

628. — La séparation de biens n'apporterait aucune modification à ce principe. Ainsi une femme ne serait exposée à aucune déchéance pour n'avoir pas exigé de son mari les sommes qu'il lui devait malgré l'état de séparation. — Troplong, no 742; Pothier, *Oblig.*, no 646. — Il faut remarquer du reste que le plus souvent le mari reconnaît les droits de la femme, ce qui au besoin produirait une interruption de toute prescription commencée avant le mariage.

629. — La Cour de Bruxelles a jugé qu'après la séparation de corps la prescription court entre époux, mais qu'elle ne court pas pendant l'instance en séparation. — *Bruxelles*, 13 oct. 1822, Haes.

630. — La prescription court contre la femme mariée, encore qu'elle ne soit pas séparée par contrat de mariage ou en justice, à l'égard des biens dont le mari a l'administration, sauf son recours contre le mari. — Art. 2254.

631. — Néanmoins elle ne court pas pendant le mariage à l'égard de l'aliénation d'un fonds constitué selon le régime dotal, conformément à l'art. 1561. — Art. 2255.

632. — La prescription est pareillement suspendue pendant le mariage : 1o dans le cas où l'action de la femme ne pourrait être exercée qu'après une option à faire sur l'acceptation ou la renonciation à la communauté; 2o dans le cas où le mari ayant vendu le bien propre de la femme, sans son consentement, est garant de la vente, et dans tous les autres cas où l'action de la femme réfléchirait contre le mari. — Art. 2256.

633. — Les trois dispositions qui précèdent s'occupent non plus de la prescription entre époux, mais de la position de la femme créancière à l'égard des tiers. La loi établit sous ce rapport une différence entre la femme mariée et le mineur. En effet, la dépendance où est la femme à l'égard de son mari ne la condamne pas à l'impossibilité d'agir; si son mari néglige l'exercice de ses droits, elle peut se faire autoriser en justice pour les faire valoir elle-même. On ne peut donc pas dire d'elle comme du mineur : *Contrà non valentem agere non currit præscriptio.* — Troplong, no 745.

634. — MM. Troplong (no 746) et Vazeille (no 274) font observer que la rédaction de l'art. 2254 est vicieuse en ce qu'il semble dire que la prescription ne court contre la femme que pour les biens dont le mari a l'administration, et qu'elle est suspendue à l'égard des droits dans lesquels le mari n'a pas la puissance de s'immiscer. Mais ce n'est pas ainsi qu'il faut comprendre cet article. Si la prescription court contre la femme pour les biens dont le mari a l'administration, à bien plus forte raison court-elle à l'égard de ceux qu'elle administre elle-même.

635. — Sous le régime de la communauté, la prescription peut atteindre les biens personnels de la femme, qu'ils soient meubles ou immeubles, et les biens qu'elle a apportés en communauté. — V. COMMUNAUTÉ, nos 664 et suiv. — Lorsqu'elle est séparée de biens contractuellement ou judiciairement, tous ses biens sont prescriptibles. — V. COMMUNAUTÉ, nos 1830 et suiv.; SÉPARATION DE BIENS.

636. — Sous le régime dotal, les biens paraphernaux sont prescriptibles; mais les biens dotaux ne le sont pas, lorsqu'ils n'ont pas été déclarés aliénables par le contrat de mariage. Quant aux biens dotaux inaliénables, ils sont imprescriptibles; à moins que la prescription n'ait commencé avant le mariage, ou que les époux ne soient séparés de biens pendant le mariage : dans ces deux dernières hypothèses, il y a prescriptibilité. — V. DOT, nos 428 et suiv., 585 et suiv.

637. La clause que le bien dotal pourra être aliéné, avec le consentement du mari, mais avec remploi, impose au mari l'obligation de veiller au remploi. En conséquence, si le remploi n'a pas été effectué, la prescription contre l'action que la femme prétendrait avoir pour demander la nullité de la vente est suspendue tant que dure le mariage, quand même cette vente aurait été faite depuis la séparation de biens : parce que cette action réfléchira contre le mari garant du

défaut de remploi.—*Cass.*, 18 mai 1830, Saint-Paul c. Tourneyssen.

638. — Pour se mettre à l'abri du recours que la femme peut exercer contre son mari à raison d'une prescription acquise contre elle, celui-ci ne pourrait alléguer que la prescription était commencée avant le mariage; car dans ce cas il aurait dû interrompre la prescription et en la laissant accomplir il a manqué à ses devoirs. — Art. 1562. — V. COMMUNAUTÉ (*loc. cit.*), DOT. — L'insolvabilité des débiteurs de la femme peut-elle garantir le mari de l'action récursoire? — V. les mêmes mots.

639. — Les créances et meubles dotaux sont-ils imprescriptibles aussi bien que les immeubles? M. Troplong (n° 757) soutient la négative par le motif que ces créances et meubles sont aliénables, et que d'ailleurs: 1° l'art. 1561 n'affranchit expressément de la prescription que les *immeubles*, et 2° que l'art. 2255 ne suspend la prescription pendant le mariage qu'à l'égard d'un *fonds* constitué sous le régime dotal. — V., sur la question de savoir si le principe de l'inaliénabilité des biens dotaux s'étend à la dot mobilière, DOT, nos 497 et suiv.

640. — Le second paragraphe de l'art. 2256 veut que la prescription ne coure pas contre la femme dans tous les cas où son action réfléchirait contre le mari. « On a senti, dit M. Troplong (n° 768), qu'une femme dont l'action aurait pour conséquence immédiate de forcer le tiers détenteur à mettre en cause l'époux dont il tient ses droits et à réclamer contre lui des dommages-intérêts, hésiterait à l'intenter en justice; que la crainte de susciter à son mari des inquiétudes et des tracasseries, de le livrer aux mains de tiers remplis d'âpreté, l'empêcherait le plus souvent de se plaindre, et qu'elle sacrifierait ses intérêts et ceux de ses enfans soit à l'affection conjugale, soit au besoin de conserver la paix dans le ménage. »

641. — Lorsqu'il parle d'une action exercée par la femme et qui *réfléchirait* contre le mari, l'art. 2256 (§ 2) n'entend pas prévoir une action qui serait dirigée par la femme contre le mari. Cette disposition s'applique au cas où un tiers, et non la femme, exercerait un recours contre le mari par suite de l'action intentée par son épouse.

642. — Si une femme mineure vendait solidairement avec son mari et sans formalités, l'immeuble qui lui est propre; son action en rescision serait suspendue non-seulement jusqu'à sa majorité, mais encore pendant toute la durée du mariage. — Troplong, n° 770; Lebrun, *Comm.*, p. 294 et 295; Bourjon, t. 2, p. 571, n° 71; Brodeau sur Louet, lettre *Q*, § 1er, n° 3. — V. MINEUR et MINORITÉ, nos 63 et suiv.

643. — Lorsque la femme mineure a contracté dans son propre intérêt un engagement qui dépasse sa capacité, et que le mari a concouru à son obligation, soit comme caution, soit comme obligé solidaire; la prescription de l'action en rescision, ouverte à la femme, est suspendue pendant le mariage: parce que sa demande réfléchirait contre son mari.—Merlin, *Quest.*, v° *Prescr.*, p. 50, art. 4; Vazeille, n° 286; Duranton, n° 312.

644. — Jugé, cependant, que le délai de dix ans accordé à la mineure après sa majorité pour intenter l'action en rescision contre les engagemens par elle contractés en minorité court pendant le mariage contre la femme mariée, lorsque l'engagement est solidaire entre elle et son mari. — *Paris*, 18 févr. 1809, Delavalette c. Courault.

645. — La prescription ne courrait pas davantage dans le cas où le mari aurait vendu conjointement avec sa femme mineure, mais sans solidarité, l'immeuble personnel à celle-ci. — Troplong, n° 771. — V. cependant Duranton (*loc. cit.*), qui pense que, dans ce cas, le mari n'étant tenu de l'action en garantie que pour la moitié, la prescription n'aurait été suspendue pendant le mariage que pour cette quotité.—Mais si le mari se bornait à autoriser sa femme mineure à vendre l'immeuble qui lui est propre, rien ne suspendrait l'action en nullité, pendant le mariage, à compter de la majorité.—Troplong, nos 772 et suiv.; Duranton, *loc. cit.*

646. — Il a été jugé, cependant, que, lorsque le mari a autorisé sa femme, même séparée de biens, à vendre des biens dotaux, il en est responsable envers elle, si, d'ailleurs, il n'est pas justifié que le prix de la vente ait tourné au profit de la femme. — Et que, par suite, l'action en nullité de cette vente pouvant réfléchir contre le mari, nulle prescription n'a pu courir contre la femme pendant le mariage.—*Cass.*, 11 juill. 1826, Pasbureau c. Rambaud.

647. — « Mais, dit M. Troplong (*loc. cit.*), cet arrêt ne doit être pris qu'avec une extrême réserve. Il est tout à fait spécial pour le cas de dot, et il peut s'expliquer par cette considération que le mari est gardien de la dot, que, lorsqu'il autorise une aliénation que son devoir est d'empêcher, il se rend complice d'une fraude faite à la loi; que le prix passe presque toujours dans ses mains, et que, sous ce rapport, il s'associe à la vente et en devient garant. » — « Mais, ajoute le même auteur, cette décision ne doit pas être étendue hors du cas de dotalité pure; et même, sans sortir de cette spécialité, des arrêts ont décidé que lorsque le prix de l'immeuble dotal n'avait pas profité au mari son autorisation n'était qu'un acte du pouvoir marital, et jamais un engagement personnel. » — Et M. Troplong cite un arrêt de *Bordeaux* du 31 mai 1816, Peyredoule.

648. — Lorsque la femme mineure a contracté dans son propre intérêt un engagement qui dépasse sa capacité, et que le mari a accédé à son obligation, soit comme caution, soit comme obligé solidaire; la prescription de l'action en rescision, ouverte à la femme, est suspendue pendant le mariage. — Troplong, n° 774. — V. aussi Merlin, *Quest.*, v° *Prescription*, p. 50, art. 4; Vazeille, t. 1er, n° 286.

649. — La prescription est-elle pareillement suspendue lorsque le mari s'oblige conjointement avec sa femme mineure pour les affaires de cette dernière *mais sans stipulation de solidarité?* — Aff., Dunod, p. 255 et 256; Troplong, n° 775; nég., Vazeille, n° 288, et Malleville, sur l'art. 2256.

650. — On doit encore ranger parmi les cas dans lesquels la prescription ne court pas contre la femme celui où elle accéderait pendant sa minorité aux obligations du mari ou de la communauté, et où elle voudrait ensuite se faire restituer.—Troplong, n° 777.—Cependant M. Vazeille (*loc. cit.*) est d'opinion contraire.

651. — La séparation de biens donne à la femme l'administration de ses biens, mais elle ne lui donne pas une liberté suffisante pour agir alors que le mari doit être inquiété par suite de son action. Aussi la femme peut-elle invoquer dans cette hypothèse le bénéfice de la disposition de l'art. 2256, § 2. — Troplong, nos 780 et suiv. — *Contrà*, Vazeille, n° 292.

652. — Ce principe a été consacré par la jurisprudence. — *Cass.*, 24 juin 1817, Monjousieu c. Sacaley; *Grenoble*, 31 août 1818, Fauve c. Aymard; 28 mai 1819, Fayard c. Cloppel; *Toulouse*, 28 juin 1819, Portes et Vignié c. Lauzeral; *Nîmes*, 7 mai 1829, Gar c. Fajon; *Grenoble*, 28 août 1829, Blanc c. Albertin; *Cass.*, 18 mai 1830, Saint-Paul c. Tourneyssen; 7 juill. 1830, Delrieu c. Cantuel; 28 févr. 1833, Lalotte c. Ballu.

653. — Jugé aussi qu'en Béarn, dans le territoire du parlement de Navarre, la prescription était suspendue pendant le mariage en faveur de la femme séparée de biens, comme à l'égard de celle qui ne l'était pas, pour les cas où l'action qu'elle intenterait serait de nature à réfléchir contre le mari, et qu'il en est de même sous l'empire du Code civil. — *Cass.*, 24 juin 1817, Monjousieu c. Sacaby; *Poitiers*, 24 mars 1825, Chevallier et Prébendé c. Lagarde; *Cass.*, 11 juill. 1826, Pasbureau c. Rambeau; 17 nov. 1835, Pasbureau.

654. — La prescription ne court pas contre l'héritier bénéficiaire à l'égard des créances qu'il a contre la succession; elle court contre une succession vacante, quoique non pourvue de curateur (art. 2258). Elle court encore pendant les trois mois pour faire inventaire et les quarante jours pour délibérer (art. 2259).

655. — Si la prescription ne court pas contre l'héritier bénéficiaire pour les créances qu'il a contre la succession, c'est parce qu'il ne peut agir contre lui-même. En outre il a la possession des biens de l'hérédité, dans l'intérêt de toutes les personnes qui ont des droits sur la succession: d'où il suit qu'il jouit aussi pour lui-même, et que sa possession empêche que la prescription ne coure contre lui. — Troplong, n° 804; Chabot, *Comment. sur le titre des successions*, sur l'art. 802.

656. — Mais si l'héritier bénéficiaire n'est pas seul héritier, la prescription court contre lui à l'égard des portions de sa créance mises à la charge des autres héritiers pour leurs portions viriles. — Chabot, *loc. cit.*; Troplong, n° 805.

657. — La prescription ne court pas non plus au profit de l'héritier bénéficiaire débiteur contre la succession. — Duranton, t. 21 n° 317.

658. — Décidé que la prescription à l'égard des créances que l'héritier peut avoir sur la succession court contre lui-même tant qu'il n'a pas accepté sous bénéfice d'inventaire, et son acceptation bénéficiaire ne peut détruire la prescription ainsi acquise contre lui dans l'intervalle de l'ouverture de la succession à son acceptation. — *Limoges*, 16 mars 1838 (t. 2, 1838, p. 638), Poisle-Brulon c. Fallet.

659. — Le motif qui a déterminé le législateur à faire courir la prescription contre une succession vacante même non pourvue de curateur est sensible. Les créanciers de la succession devaient provoquer la nomination du curateur: s'ils ne l'ont pas fait, ils ne peuvent invoquer la maxime *Contrà non valentem.* — Pothier, *Presc.*, n° 650; Merlin, *Répert.*, même mot.

660. — La prescription court aussi dans l'intérêt de la succession vacante contre les créanciers. La succession ne représente pas les créanciers, elle représente le défunt. C'est donc à l'égard des intéressés un tiers qui peut acquérir des droits contre eux. — Merlin, *loc. cit.*, et *Quest.*, v° *Succession vacante*, § 2.

661. — A bien plus forte raison la prescription court-elle pour ou contre une succession qui n'est pas vacante, aussi a-t-il été jugé notamment que la communauté d'intérêts existante entre cohéritiers ne suspend pas la prescription des actions que chacun d'eux peut avoir à exercer contre la succession. — *Grenoble*, 31 déc. 1846 (t. 2 1847, p. 430), Miard.

662. — C'est avec raison que l'art. 2259 fait courir la prescription contre l'héritier pendant les délais pour faire inventaire et délibérer, car rien n'empêche de faire des actes conservatoires pendant ce délai. Elle court aussi à son profit pendant le même temps. — Troplong, n° 808.

663. — Jugé que les délais accordés par l'ordonnance de 1767 aux veuves et héritiers pour faire inventaire et délibérer ne suspendaient pas le cours des prescriptions en faveur de la succession.— *Cass.*, 24 flor. an XII, Cuenin c. Piquar.

664. — La prescription n'est pas suspendue au profit d'un établissement public (d'un hospice) pendant le temps où il a été en instance pour se faire autoriser à accepter le legs d'où dérivent ses droits, ni pendant l'instance administrative à fin d'autorisation de plaider; l'autorisation n'étant pas nécessaire pour faire des actes conservatoires.—*Limoges*, 1er juin 1837 (t. 2 1838, p. 316), Laramade de Friac c. l'hospice de Turenne.

665. — Plusieurs arrêts ont décidé que le délai de 5 ans fixé aux communes, par la loi du 28 août 1792, pour la revendication de leurs propriétés dont elles avaient été dépouillées par l'effet du triage, n'a pas pu courir contre elles pendant la possession qu'elles ont eue en vertu d'un jugement qui a été déclaré nul. — *Cass.*, 4 mai 1819, Commune d'Auby c. de Razière; 30 juin 1825, préfet des Vosges c. Commune de Girancourt; 28 novemb. 1825, habitans de Véronnes c. Saulx-Tavannes; 27 nov. 1827, mêmes parties.

666. — La prescription des droits d'usage prétendus par une commune est suspendue par la notification qui lui est faite d'un arrêt ordonnant le sursis à l'exécution des décisions qui reconnaissaient l'existence de ces droits. La suspension continue d'exister pendant toute la durée de l'exécution de l'arrêt de surséance. — *Cass.*, 15 juin 1847 (t. 2 1848, p. 487), de Beauvau c. Commune de Landanges.

667. — Lorsque le maire d'une commune, dont il est débiteur, a par son fait mis celle-ci dans l'impossibilité d'agir en lui cachant durant son administration le titre qu'elle avait contre lui, la prescription n'a pu courir au profit de ce maire tant qu'a duré la latitation du titre. — *Cass.*, 13 nov. 1843 (t. 1er 1844, p. 77), Castellane c. Commune de Greasque.

668. — Aux termes de la loi du 6 brum. an V, art. 2: aucune prescription ne pouvait être acquise contre les défenseurs de la patrie jusqu'à l'expiration d'un mois après la publication de la paix générale. Ce délai a été prorogé depuis par la loi du 21 décemb. 1814 jusqu'au 1er avr. 1815. Sous l'empire de ces deux lois, qui avaient un caractère purement transitoire, on avait agité la question de savoir si la loi du 6 brum. an V avait entendu suspendre la prescription au profit des militaires sous les drapeaux, ou si elle avait voulu seulement leur donner les moyens de se faire restituer dans un certain délai contre toute prescription qui aurait été déjà acquise contre eux pendant leur service. Les auteurs enseignent que la loi de l'an V a créé une suspension de la prescription, mais la Cour de cassation et la plupart des Cours d'appel se sont prononcées non moins nettement dans le sens contraire; et c'est ce dernier système que nous avons adopté en traitant cette question. — V. ABSENT (militaire), nos 45 et suiv. — Il faut ajouter aux arrêts qui l'ont consacré, indiqués sous ce mot, *Grenoble*, 31 déc. 1846 (t. 2 1847, p. 430), Miard.

669. — Quoi qu'il en soit de cette question, il est certain qu'actuellement la prescription court contre les militaires sous les drapeaux. Ils ne se trouvent pas dans l'impossibilité légale d'agir, car ils peuvent constituer un mandataire pour surveiller leurs intérêts. — Troplong, n° 708; Duranton, t. 21, n° 288.

670. — L'absence n'est pas une cause de suspension de la prescription. — V. ABSENCE, n° 250.

671. — L'émigration n'a pas suspendu la prescription contre les émigrés. Ils ont été seulement relevés, par les lois sur la matière, des prescriptions et déchéances relatives à l'indemnité qui leur a été accordée par l'Etat. — V. ÉMIGRÉS, nos 441 et suiv. — La prescription a également couru contre les créanciers des émigrés. — Même mot, nos 350 et suiv.

672. — La prescription court contre les bannis. — Duranton, t. 21, n° 297.

673. — On s'est demandé si l'*ignorance* pouvait être pour les majeurs une cause de suspension de prescription. Dans l'ancien droit français, on admettait bien, avec le droit romain, qu'en principe l'ignorance du créancier qu'on prescrit contre lui ne pouvait suspendre la prescription; et néanmoins les docteurs enseignaient qu'on ne pouvait prescrire contre certaines personnes qui n'étaient pas censées avoir une connaissance suffisante de leurs droits, telles que les personnes grossières et rustiques, les femmes, les soldats. Ces distinctions ne peuvent plus avoir aucune valeur actuellement et aucune disposition de loi ne place l'ignorance réelle ou présumée parmi les causes de suspension de la prescription. — Dunod, p. 66; Merlin, *Rép.*, v° *Prescription*, p. 541.

674. — Ainsi, un héritier, qui, dans l'ignorance que le défunt a fait un testament par lequel il l'a institué légataire universel, se présente comme héritier légitime pour partie de la succession, ne peut plus, après trente ans, recueillir les avantages que lui fait le testament. Son ignorance n'a pas suspendu la prescription. — V. arrêts: du Parlement de Toulouse, 19 mai 1663 (et 18 juin 1704); du Parlem. d'Aix, 30 juin 1679. — Troplong, *loc. cit.*

675. — Jugé qu'un notaire dont les actes ont été écrits sur papier non timbré peut invoquer la prescription de l'amende, encore bien que la régie de l'enregistrement ait ignoré l'existence de cette contravention; la prescription n'étant point suspendue par une simple ignorance de fait. — *Bruxelles*, 7 oct. 1822, Domaines c. Pollenus. — V. ENREGISTREMENT, TIMBRE.

676. — La Cour de Poitiers a jugé, mais à tort, qu'une femme séparée de corps doit être relevée de la prescription, lorsqu'il résulte des circonstances que son mari était dans un état de détresse qui aurait rendu les poursuites inutiles, de sa part, pour se faire rembourser ses reprises. — *Poitiers*, 6 juill. 1824, Doré c. Roger. — Il résulterait de cet arrêt que la pauvreté du débiteur serait une cause de suspension de la prescription, ce qui est contraire aux principes. — Troplong, n° 715.

677. — La prescription a couru contre les créanciers des colons de Saint-Domingue. Il y a eu toutefois des sursis accordés aux colons pour les dettes causées pour ventes d'habitations et de nègres à Saint-Domingue ou pour avances faites à la culture dans la colonie. — V. SAINT-DOMINGUE.

678. — L'état de faillite du débiteur n'a pas pour effet de suspendre la prescription au profit du créancier. En effet, soit que le créancier ait à exercer contre le failli une action réelle ou une action personnelle, il peut agir contre les syndics provisoires ou les syndics définitifs. — D'ailleurs, lorsqu'il est procédé à la vérification et à l'affirmation des créances, le créancier peut remplir ces formalités, qui ont pour effet d'interrompre la prescription à son profit. — Troplong, n° 719.

679. — Il a été décidé en effet que l'état de faillite du débiteur ne suspend pas le cours de la prescription en faveur des créanciers, que néanmoins la production des titres et l'affirmation des créances sont des actes interruptifs de la prescription. — *Bruxelles*, 10 nov. 1824, Chantreuil; *Toulouse*, 23 févr. 1827, Marié c. Chambert; *Cass.*, 23 févr. 1832, Tourton c. Régnier. — V. FAILLITE.

680. — Nous avons vu *suprà* que le communiste peut prescrire contre ceux qui possèdent avec lui. Il faut décider de même pour le cas d'indivision. Lorsque la jouissance de l'un des possesseurs par indivis est exclusive, l'état d'indivision ne peut lui être opposé comme ayant eu pour effet de suspendre la prescription qu'il invoque. — *Cass.*, 2 août 1841 (t. 2 1841, p. 246), de la Villegoneau c. Talhouet. — Troplong, n° 721. — V. INDIVISION, n° 21.

681. — Décidé que le défaut de partage et de liquidation d'une succession restée commune n'empêche pas la prescription de courir au profit de l'héritier qui détient l'hérédité. — *Douai*, 19 fév. 1841 (t. 2 1841, p. 498), Quéval.

682. — Et que la prescription de l'action en reddition de compte de tutelle, qu'un successible est en droit de former contre l'hérédité de son tuteur, n'est pas suspendue pendant l'indivision existante entre lui et ses cohéritiers au sujet de la succession débitrice du compte. — *Limoges*, 15 juill. 1840 (t. 2 1840, p. 659), Moussard c. Valette.

683. — La cour de cassation a cependant jugé que la prescription quinquennale, à l'égard des intérêts du prix d'un immeuble adjugé par licitation à un cohéritier, est suspendue pendant l'instance en liquidation définitive de la succession du défunt, bien que l'adjudication ait fixé la part du prix revenant collectivement aux héritiers colicitans et l'ait stipulée payable à des époques déterminées. — *Cass.*, 26 juin 1839 (t. 2 1839, p. 92), Guittard. — Mais dans cette espèce il résultait des faits que la possession de l'héritier qui invoquait la prescription libératoire n'avait pas été exclusive.

684. — La prescription des actions en reprise de la femme n'est point suspendue pendant la durée de l'usufruit qu'elle a des biens de son mari. — *Cass.*, 17 août 1819, Dubosc c. Ravenet et Lainé; *Aix*, 21 avril 1836, Blanchier. — Conf. la dissertation de Troplong, t. 2 *in fine*, addit. au n° 722; Billard, *Bénéf. d'invent.*, p. 348; Proudhon, *Usufr.*, t. 2, n° 759. — *Contrà*, *Toulouse*, 27 mars 1835, Rozès c. Berthier.

685. — Décidé que l'usufruit attribué à la femme sur l'universalité des biens de son mari ne suspend pas non plus la prescription pour ou contre l'enfant nu-propriétaire relativement à l'action en délivrance de sa légitime. En conséquence, l'héritier universel peut opposer la prescription au légitimaire qui, après trente ans écoulés depuis l'ouverture de son droit, agirait en délivrance de sa légitime. — *Cass.*, 18 janv. 1843 (t. 1er 1843, p. 420), Giselard c. Lacombe.

686. — La prescription ne court pas contre le créancier pendant qu'il détient les biens de son débiteur à titre d'antichrèse (L. 7, § 5, et 8, § 3; C., *De Præsc. trig. vel. quadr. ann.*; C. civ., art. 2236 et 2251). Alors même qu'un autre créancier a interrompu la possession du premier en se faisant adjuger (sous l'ancienne législation) la préférence pour jouir aussi à titre d'antichrèse, jusqu'à ce qu'il soit rempli de sa créance. Dans ce cas, la détention de ce second créancier, bien qu'elle ait duré pendant trente ans, n'a que suspendu, et non pas éteint, le droit du premier; il peut rentrer dans la jouissance de l'immeuble, sans que les débiteurs soient fondés à lui opposer aucune prescription. — *Riom*, 31 mai 1828, Blancheton c. Chevalier.

§ 2. — *Suspension dérivant de causes inhérentes à la créance ou de force majeure. — Suspension provenant de lois spéciales.*

687. — La prescription ne court pas : 1° A l'égard d'une créance qui dépend d'une condition, jusqu'à ce que la condition arrive; 2° à l'égard d'une action en garantie, jusqu'à ce que l'éviction ait lieu; 3° à l'égard d'une créance à jour fixe, jusqu'à ce que le jour soit arrivé. (Art. 2257.) — Les trois règles tracées par cette disposition ne sont que l'application du principe que la prescription ne court pas tant que l'action n'est pas née.

688. — En droit romain on tenait pour certain que la prescription ne courait pas à l'égard d'une créance dépendante d'une condition, jusqu'à ce que la condition arrivât. — L. 7, § 4, D., *De præscript. trig. vel quadr. annor.* — Furgole, *Testamens*, t. 2, p. 259; Ricard, *Dispos. condit.*, nos 188 et 189.

689. — On peut citer comme exemple de créances dépendantes de conditions les droits et gains nuptiaux subordonnés à la condition de survie; les substitutions conditionnelles; les droits de résolution dépendans de la condition implicite *si l'obligé ne remplit pas les clauses et charges de son contrat*; les donations avec condition de retour, si le donataire prédécède; les actions hypothécaires qui ne peuvent se poursuivre qu'autant que le débiteur ne paie pas; les legs subordonnés à une condition suspensive. — Troplong, n° 788; Ricard, *loc. cit.*

690. — Le droit de marronnage dans une forêt ne s'exerçant qu'à mesure des besoins de l'usager, ce droit ne peut être prescrit au profit du propriétaire de la forêt, quand même il n'y aurait pas eu, pendant trente ans, un seul acte d'exercice, si l'usager n'a pas eu besoin d'y recourir pendant ce temps. La preuve de l'existence des besoins, dans ce cas, incombe au propriétaire qui allègue la prescription. — Troplong, n° 789.

691. — Suivant le même auteur, lorsqu'un individu, en vendant une maison, a stipulé qu'il pourrait la racheter, moyennant un certain prix, si l'acheteur voulait la revendre, il y a un droit de préférence contre lequel la prescription court, non du jour du contrat, mais du jour où l'acquéreur a, par une vente, donné ouverture à la condition. Cependant, il existe un arrêt du parlement de Paris, du 16 juill. 1644, qui paraît avoir jugé le contraire. — V. Henrys et Bretonnier, t. 2, p. 526 et 527.

692. — L'action de celui qui a un droit de servitude sur l'héritage de son voisin, pour l'empêcher de faire certaines choses, dure trente ans, à partir du jour où le voisin a agi contre le titre constitutif de la servitude. — Bourjon, t. 2, p. 572, n° 56.

693. — Il a été jugé que l'art. 2265 du C. civil, qui pose le principe de la prescription décennale en faveur de l'acquéreur par juste titre et de bonne foi, ne déroge pas à la règle écrite dans l'art. 2257, suivant laquelle la prescription ne court pas, à l'égard d'une créance conditionnelle, jusqu'à l'événement de la condition. — Et qu'en conséquence celui qui, lors de la vente consentie au tiers acquéreur, avait, sur l'immeuble, un droit soumis à l'événement d'une condition, ne peut, lorsque, cette condition étant accomplie, il exerce contre ce tiers une action en revendication, être repoussé par la prescription décennale. Il se trouve, en effet, protégé par l'art. 2257, lequel ne fait que consacrer l'application du principe *Contrà non valentem agere non currit præscriptio.* — *Cass.*, 4 mai 1846 (t. 2 1846, p. 25), Binoz-Guiran c. Delassus.

694. — Ces solutions sont contraires à la doctrine consacrée par un arrêt de la Cour de Grenoble, du 10 mars 1827, qui juge que la suspension de la prescription établie par l'art. 2257 n'est relative qu'à l'action du créancier contre le débiteur, et non à l'action contre le tiers détenteur; et cette doctrine est également professée par un grand nombre d'auteurs. — Grenier, *Hypoth.*, t. 2, n° 518; Toullier, t. 6, n° 527 et 528; Vazeille, *Prescription*, éd. 1832, t. 1er, n° 297; Duranton, t. 21, n° 328; Proudhon, *Usufruit*, t. 4, n° 2130 et suiv.; Troplong, *Hypoth.*, t. 3, n° 780, et t. 4, n° 886, et *Prescr.*, t. 2, n° 794. — Pour écarter l'application de l'art. 2257, lorsqu'il s'agit d'un tiers détenteur, ces divers auteurs invoquent la faveur qui est due à la prescription décennale, et ils soutiennent en outre que la maxime *Contrà non valentem agere non currit præscriptio* ne saurait trouver place au cas d'une créance conditionnelle : puisque le créancier sous condition peut toujours (art. 1180 C. civ.) faire des actes conservatoires et *interruptifs de la prescription.* — L'arrêt de la Cour de cassation repousse, au contraire, complétement l'interprétation ainsi donnée à l'art. 1180, et pose en principe qu'il ne saurait régir le cas où il s'agit d'une interruption de prescription : puisque cette interruption ne peut résulter, aux termes de l'art. 2244, que d'une citation en justice, d'un commandement ou d'une saisie, tous actes dans lesquels l'ayant droit purement conditionnel serait nécessairement non recevable.

695. — Jugé que le droit de résolution pour le cas d'inexécution des clauses d'une convention n'empêche pas le tiers détenteur de l'immeuble grevé de cette charge de prescrire par dix ou vingt ans ou par trente ans à partir de son acquisition. — Vazeille, t. 2, p. 75. — V. cependant *Paris*, 4 déc. 1826, Mariette c. Degars de Courcelles (dans ses motifs).

696. — Décidé que l'échangiste évincé ne peut revendiquer la chose donnée en contre-échange entre les mains d'un tiers acquéreur, alors surtout que ce tiers de bonne foi la possède depuis dix ans en vertu d'un juste titre. La prescription n'est pas suspendue en faveur de l'échangiste. — *Toulouse*, 13 août 1827, Fraineau c. Moncuquet.

697. — Suivant M. Troplong (nos 798 et suiv.), le tiers acquéreur prescrit par dix ou vingt ans contre la charge de retour au donateur en cas de prédécès du donataire et contre la résolution de la donation pour inexécution de ses clauses et conditions. — Conf. Ricard, *Donat.*, p. 3, n° 659.

—M. Vazeille (t. 2, n° 521) croit, au contraire, que la prescription ne court pas dans ce cas à partir du jour du contrat, mais seulement à partir de l'événement de la condition.

698. — Mais dans l'hypothèse prévue par l'art. 966 du Code civil, c'est-à-dire lorsqu'il s'agit d'une révocation de donation pour cause de survenance d'enfans au donateur, la prescription ne commence à courir au profit du tiers acquéreur qu'à partir du jour de la naissance du premier enfant du donateur, même posthume.

699. — Et il faut en dire autant de tous les cas dans lesquels celui à qui appartient le droit conditionnel dont cet immeuble est grevé n'a pas pu agir contre le tiers acquéreur. Ainsi : un immeuble a été donné par un homme à son héritier présomptif, qui a vendu cet immeuble. Le donateur venant à mourir, les cohéritiers revendiquent l'immeuble : soit parce que la donation excède la quotité disponible, soit parce qu'il y a lieu à rapport. L'acquéreur ne pourra opposer la prescription aux héritiers qu'à partir du jour de l'ouverture de la succession, et non à partir de la date de son contrat. — *Cass.*, 11 janv. 1825, Jammarin c. Paret. — Troplong, n° 800.

700. — Lorsqu'un héritier, après avoir renoncé, s'empare de toute la succession, sans opposition de la part de ses cohéritiers, la prescription contre l'action en pétition d'hérédité ; qui compète à ces derniers, ne court, à son profit, que de l'époque de la prise de possession, et non du jour du décès de l'auteur commun. — *Riom*, 25 mai 1810, Begon c. Bonnet.

701. — La Cour de cassation a décidé que l'engagement pris envers le domaine par l'acquéreur d'un bien national de souffrir sans indemnité l'alignement qui lui serait assigné n'est prescriptible que du jour de la réquisition d'alignement, le droit à l'indemnité ne s'ouvrant que par l'accomplissement de cette formalité. —*Cass.*, 24 févr. 1847 (t. 1er 1847, p. 483), Warner c. le préfet de la Seine.

702. — La clause d'un cahier des charges portant que l'adjudicataire sera tenu de payer son prix dans la quinzaine de la notification du jugement d'ordre n'a pas pour effet de soumettre la créance à une condition suspensive. Dès lors, ce n'est pas à partir de cette notification, mais à partir du jugement d'adjudication, que court à son profit la prescription de cette créance. — *Cass.*, 13 juill. 1846 (t. 2 1846, p. 741), Glais-Villebranche c. Malherbe.

703. — Lorsqu'un mandataire a géré différentes affaires pour le même mandant, la prescription des actions directe et contraire qui naissent du mandat commence à courir, non du jour où chaque affaire particulière a pris fin, mais seulement du jour où le mandataire a totalement cessé ses services. — *Bruxelles*, 28 juill. 1817, N... — V. MANDAT, n° 394. — V., aussi, sur la prescription applicable aux actions résultant du mandat, v° MANDAT.

704. — Lorsqu'une créance n'est pas solidaire mais divisible, la suspension de la prescription qui a eu lieu en faveur de l'un des créanciers ne profite pas à l'autre. — *Grenoble*, 30 mars 1832, Mortel c. Commune de Saint-Symphorien d'Ozon.

705. — Lorsqu'en paiement d'une somme due il a été souscrit, par le débiteur, des billets à diverses échéances, la prescription court contre chacun de ces billets à partir de leur échéance respective ; et non pas seulement à partir de l'échéance du dernier. — *Cass.*, 17 août 1831, de Bonval c. de Valence.

706. — La prescription court contre le cessionnaire, du jour de la cession ; alors même que le transport n'a pas été signifié par lui au débiteur. — *Bourges*, 6 mars 1828, Bourdot c. Lagarde.

707. —Le second cas de suspension de la prescription prévu par l'art. 2257 est celui où il s'agit d'une action en garantie. En effet, tant qu'il n'y a pas eu de trouble, il n'y a aucune raison d'agir contre le garant, et le garanti peut se prévaloir de la maxime *Contrà non valentem*. Cette règle s'applique soit que l'action en garantie procède d'un partage, soit qu'elle procède d'une vente. — Bourjon, t. 2, p. 565, nos 8? 572, nos 53,55 ; Troplong, n° 801 ; *Arrêtés* de Lamoignon, *Des prescript.*, art. 5 ; Bacquet, *Des droits de justice*, chap. 21, n° 101.

708. — Décidé que sous l'ancien droit, comme sous le Code civil (lequel n'est pas introductif d'un droit nouveau), le délai de la prescription de l'action en garantie ne commençait à courir que du jour où la mise en demeure du garanti donne ouverture à cette action. — *Cass.*, 3 janv. 1842 (t. 1er 1842, p. 649), Félip c. Bonnet.

709. — ... Et que cette mise en demeure ne résulte pas de la demande formée contre le garanti, mais seulement du jugement de condamnation rendu contre lui. — *Montpellier*, 16 juin 1837 (sous *Cass.*, 3 janv. 1842 [t. 1er 1842, p. 649]), Félip c. Bonnet.

710. — L'art. 2257 (§ 3) en suspendant la prescription pour les créances à terme, suppose que le terme est certain. Si le terme était incertain, il serait assimilé à une condition : *Dies incertus pro conditione habetur.*— Merlin, *Rép.*, v° *Prescript.*, p. 544.

711.— Dans le cas d'une créance à terme, comme dans celui où la créance est conditionnelle, le tiers acquéreur prescrit à partir du jour de son contrat. — Delvincourt, t. 2, p. 638 ; Troplong, n° 803.

712. — Jugé que la suspension de la prescription établie quant aux créances *non échues* n'est relative qu'à l'action du créancier contre le débiteur, et qu'elle ne concerne pas l'action hypothécaire contre le tiers détenteur. — *Grenoble*, 10 mars 1827, Planel c. Pradier et Estève.

713. — La prescription de l'action résultant d'une créance exigible dans les trois ans après le mariage ou l'établissement du créancier, ne court que du jour du décès de celui-ci, s'il ne s'est point marié ou n'a pas formé d'établissement.— *Liége*, 6 nov. 1823, Hommel.

714. — Jugé que la prescription d'une obligation commence non à la date de sa souscription, mais à l'échéance fixée pour le paiement.—*Bourges*, 23 août 1819, Alix c. Regnard.

715. — Lorsque sur une contrainte décernée par l'administration des domaines contre un débiteur de l'Etat, celui-ci demande au ministre un délai pour rechercher la preuve de sa libération ; l'obtention de ce délai n'entraîne pas, pendant le laps de temps accordé, suspension de la prescription, sauf à l'Etat à faire des actes conservatoires. — *Amiens*, 6 août 1840 (t. 2 1842, p. 114), l'Etat c. Lobez ; *Cass.*, 8 juin 1841 (t. 2 1841, p. 359), mêmes parties.

716. — Lorsqu'une vente a été faite moyennant un prix payable en plusieurs termes, la prescription de l'action en paiement ne court au profit de l'acquéreur que du jour de l'expiration du dernier terme. — *Colmar*, 8 juill. 1841 (t. 1er 1842, p. 533), Commune de Herbitzheim c. Mathis. — Duranton, t. 21, n° 333.

717. — Les impossibilités d'agir qui ont pour effet de suspendre la prescription dérivent quelquefois d'une convention. Elles résultent quelquefois aussi de voies de fait et empêchemens provenant de la partie adverse.

718. — La Cour de Bordeaux a jugé que la prescription de cinq ans ne peut être opposée au porteur de la lettre de change par le tireur, lorsqu'avant l'expiration de ce délai ce dernier s'est fait remettre de confiance la lettre, l'a retenue sans droit et a empêché par là les poursuites. — *Bordeaux*, 21 mars 1828, Delpech c. Curcier. — Et le pourvoi formé contre cet arrêt a été rejeté par la Cour suprême. — *Cass.*, 3 janv. 1832, mêmes parties.

719. — Les saisies-arrêts pratiquées par un créancier entre les mains d'un tiers sur les sommes que celui-ci doit à son débiteur ont pour effet, tant que mainlevée n'en a pas été donnée, de suspendre en faveur de ce débiteur la prescription (et spécialement la prescription quinquennale) qui courait contre lui en faveur du tiers saisi. — Et si la créance cause de la saisie-arrêt est indéterminée (par exemple en ce qu'elle se compose non-seulement de capitaux, mais encore d'intérêts, frais et accessoires non liquidés), la prescription est suspendue pour la totalité des sommes dues. — *Riom*, 4 mars 1847 (t. 2 1847, p. 113), Fayet c. Fonlupt.

720. — La confusion a pour effet de suspendre la prescription ; et si la créance renaît par la cessation des causes qui avaient amené la confusion, on ne doit pas calculer pour la prescription l'espace de temps pendant lequel la confusion a duré. — Troplong, n° 726.

721. — La guerre, la peste, les épidémies qui forcent à établir des cordons sanitaires, et autres fléaux semblables, doivent être considérés comme créant des impossibilités légales d'agir pour le créancier et comme suspendant dès lors la prescription. — Merlin, *Rép.*, v° *Prescription*, t. 17, p. 427. — La force majeure est en effet une cause de suspension. — Brodeau sur Louet, lett. *P*, § 14 ; Dumoulin sur l'art. 245 de Bourbon ; Chopin, *De morib. Parisiorum*, t. 1er, n° 31 ; Troplong, n° 727. — Cependant Dunod professait, mais à tort, l'opinion contraire (p. 63). — V. FORCE MAJEURE.

722. — Il a été jugé par la Cour de cassation que la prescription n'est pas suspendue par l'état de guerre ; notamment par l'état de blocus, lorsqu'il a été possible au créancier de demander le paiement de la dette dans un lieu autre que celui déclaré en état de blocus. — *Cass.*, 1er avr. 1822, Labatte c. Marchais.

723. — Et, par celle de Bordeaux, que l'état de guerre et de force majeure ne peut empêcher la prescription que lorsqu'il est bien prouvé qu'il y a impossibilité d'exécuter la volonté impérative de la loi. On ne peut dire qu'il existait des obstacles invincibles au renouvellement d'une inscription hypothécaire, s'il était possible, pour l'opérer, de traverser une rivière sur un point autre que celui du passage ordinaire et direct ; ou de charger par lettre une personne de renouveler cette inscription.—*Bordeaux*, 24 juin 1826, Letourneau c. Petit-Verlet.

724. —Une suspension de prescription dans un cas spécial a été créée par la loi du 1er juill. 1791, laquelle a suspendu depuis le 1er nov. 1789 jusqu'au 1er nov. 1794 toute prescription contre la nation pour raison de droits corporels ou incorporels dépendans des biens nationaux.

725. — Une autre loi, du 20 août 1792, a suspendu la prescription pendant le même temps au profit des particuliers pour les droits corporels ou incorporels, arrérages et redevances qui leur appartiendraient.

726. — Il a été décidé que l'art. 2 (tit. 3) L. 20 août 1792 ne s'applique qu'aux rentes et autres redevances de cette nature, mais non aux délais de l'appel. — *Cass.*, 28 avr. 1806, N... — ...Qu'elle ne s'étend pas aux simples créances exigibles. — *Bourges*, 12 août 1819, Alie c. Regnard ; *Caen*, 29 déc. 1825, Delamare c. de Rampon-Folliot ; *Bourges*, 27 av. 1827, Cervenon c. Camus. — ...Ni aux droits de propriété. — *Limoges*, 26 mars 1838 (t. 1er 1840, p. 28), Commune de Thenay c. Chamblant. — Troplong, n° 732.

727. — Mais l'art. 2 (tit. 3) L. 20 août 1792 est applicable au fond des rentes constituées et des rentes foncières. — *Paris*, 26 avr. 1823, Lavallée c. Chantepie ; *Cass.*, 17 avr. 1827, mêmes parties ; 27 mars 1832, Delamothe-Vernay c. Delaroche ; *Cass.*, 18 mai 1833, Bordenave c. Bordes.

728. — La Cour de Paris a jugé que la suspension de prescription, prononcée par la loi du 20 août 1792, s'applique à une créance pour légitime, ou pour tout autre capital non constitué sous condition de redevance fixe, comme à toutes autres créances. — *Paris*, 14 mars 1829, Murat. — Mais cet arrêt est justement critiqué par M. Troplong (n° 732).

729. — Il est du reste évident que l'art. 2 (tit. 3) L. 29 août 1792 n'a pas empêché que les arrérages échus pendant la durée des cinq ans ne fussent prescriptibles à partir du 2 nov. 1794. — *Cass.*, 16 avril 1828, Dorel c. Vercasson.

730. — Décidé que, la loi du 6 juill. 1791 ayant suspendu la prescription depuis le 2 nov. 1789 jusqu'au 2 nov. 1794, il ne peut y avoir eu, le 11 vendém. an VII (2 oct. 1798), prescription de cinq ans acquise relativement à une rente que l'on prouve avoir été servie jusqu'au 1er janv. 1791, et que les tribunaux peuvent tirer cette preuve des registres tenus par les établissemens publics supprimés. — *Cass.*, 28 août 1811, Enregistrement c. Marchand.

731. — La loi du 20 août 1792 n'a point suspendu le cours des prescriptions afin d'acquérir un droit de passage. — *Amiens*, 24 avril 1822, Bouvelet c. Commune de Neuville-Coppegueulle.

732. — Une loi du 22 août 1793 avait suspendu la prescription dans les départemens de l'Ouest, jusqu'à la cessation des troubles qui les agitaient à cette époque.

733. — Il a été jugé que le temps pendant lequel la prescription a été suspendue dans les départemens de l'Ouest à cause des troubles a été de deux ans onze mois. — *Rennes*, 21 févr. 1818, N....

734. — Jugé par la Cour de Rennes que le cours de la prescription dans les départemens de l'Ouest a été suspendu jusqu'au 14 therm. an IV, époque de la cessation des troubles. — *Rennes*, 28 mars 1814, Lambert. c. Laumaillerie.

CHAPITRE V. — *De la prescription considérée quant à sa durée.*

Sect. 1re. — *Prescription trentenaire.*

735. — Sous l'ancienne législation française, la prescription n'était pas uniforme. Dans plusieurs provinces on n'avait admis que la prescription de trente ans, soit entre présens, soit entre absens, tant pour les actions réelles que pour les actions personnelles. Dans d'autres on ne connaissait que la prescription de vingt ans. Suivant plusieurs, l'action personnelle jointe à l'hypothécaire ne se prescrivait que par quarante ans. Enfin d'autres coutumes ne reconnaissaient que la prescription de quarante ans pour les immeubles. Mais dans la plupart des coutumes et notamment dans celle de Paris on avait admis la prescription générale de trente ans tant pour les actions réelles que pour les actions personnelles, et la prescription de dix et vingt ans avec titre et bonne foi pour les actions réelles; et l'on peut dire que tel était le droit commun. — Bigot, Exposé des motifs; Fenet, t. 14, p. 590.

736. — Jugé que, d'après les cout. de Paris et de Bretagne, l'action personnelle jointe à l'action hypothécaire se prescrit par trente ans, et non par quarante ans. — *Paris*, 2 août 1825, de Kerouartz c. Tesson. — Conf. *Paris*, 8 mai 1830, Mariette; 19 avril 1831, Maucuit.

737. — Les rentes foncières autres que celles de l'église et des corporations étaient des droits réels qui se prescrivaient en Alsace, comme dans les autres parties de la France, par la possession de trente ans. — De ce que ces rentes ont été mobilisées par l'art. 7 L. an VII, on ne peut, en raison de la jonction de l'action personnelle à l'action hypothécaire, prétendre qu'elles n'aient été soumises qu'à la prescription de trente ans. — *Cass.*, 5 févr. 1834, Kempf c. Gysendorffer.

738. — Dans le ressort du parlement de Toulouse, le mineur avait trente ans pour attaquer la vente de son bien faite par un tiers. — *Cass.*, 8 déc. 1813, Daydé c. Mas.

739. — De même, l'action en délivrance de légitime était sous le Parlement de Toulouse, comme sous le Code civil, prescriptible par trente ans. — *Cass.*, 16 avril 1834, Despinay-Saint-Luc c. de Monvallat.

740. — En pays de droit écrit, l'action en nullité de la renonciation faite à une succession future, en l'absence de la personne à l'hérédité de laquelle on renonçait, durait trente ans. — *Besançon*, 12 juin 1806, Chaverot c. Desmigreux.

741. — La prescription des droits mobiliers s'acquérait en Brabant par le laps de trente ans, sans distinction s'ils étaient dus à une corporation religieuse ou à l'Etat. — *Bruxelles*, 24 sept. 1814, Enregistrement c. Mattart.

742. — D'après la jurisprudence du Parlement de Bordeaux, l'action personnelle jointe à l'action hypothécaire se prescrivait par trente ans. — *Bordeaux*, 15 janv. 1835, Beauchamp c. Degranger. — V. HYPOTHÈQUE, nos 321 et suiv.

743. — L'art. 60 de la coutume de Normandie, qui exigeait pour prescrire une possession de quarante ans, et qui, jusque-là, autorisait l'ancien propriétaire à revendiquer son bien, n'était pas applicable au cas où le tiers détenteur jouissait en vertu d'un titre régulier ou qui ne pouvait plus être attaqué. — *Cass.*, 14 nov. 1826, de Bourbel c. Payen.

744. — Sous l'empire de la même coutume, on ne pouvait écarter la prescription quadragénaire sous le prétexte qu'il existait un titre et que ce titre était vicieux. — *Cass.*, 22 mars 1830, Guillin c. Dufriche-Desgenettes.

745. — Jugé encore que lorsqu'il s'agissait de l'exécution d'une obligation hypothécaire affectée sur des immeubles normands et consentie à une époque où était en vigueur la coutume de Normandie, d'après laquelle l'action hypothécaire ne se prescrivait que par quarante ans, il fallait appliquer cette prescription quadragénaire bien que le contrat constitutif eût été passé à Paris, où l'action hypothécaire se prescrivait par trente ans. — *Cass.*, 13 juill. 1829, Broglie c. Pagès.

746. — ... Et que sous l'empire de la coutume de Normandie la prescription d'un chemin communal au profit d'un particulier ne pouvait s'acquérir que par quarante ans. — *Rouen*, 19 janv. 1842 (t. 2 1842, p. 146), Vincent c. Commune de Saint-Léger-aux-Bois.

747. — La disposition de l'art. 261 de la coutume d'Orléans, qui prorogeait à quarante ans le délai de la prescription, lorsque l'action hypothécaire se trouvait jointe à l'action personnelle, cessait d'être applicable du moment où ces deux actions cessaient d'être réunies. — *Cass.*, 17 juin 1833, de Rochechouart c. Desparbès de Lussan; *Bourges*, 4 juin 1834, mêmes parties.

748. — En Dauphiné l'action hypothécaire se prescrivait par quarante ans. — *Cass.*, 27 mars 1833, Besson c. Clemaron.

749. — Sous l'empire des coutumes du pays du Franc-de-Bruges, la prescription à l'effet de se libérer était acquise par dix ans. — *Bruxelles*, 10 mai 1827, S... c. V...

750. — Sous l'empire des chartes du Hainaut, la prescription extinctive ou libératoire des actions personnelles était acquise par le terme de vingt-un ans, dans le cas où il y avait obligation ou cédule, sans que la bonne foi fût requise. — *Bruxelles*, 16 juin 1830, Leclerc c. syndicat d'amortissement.

751. — Le droit canonique est resté en vigueur dans le ci-devant comtat d'Avignon : même après la réunion de cette province à la France, et même jusqu'à la publication du Code civil. — Le droit canonique ne reconnaissait comme valable que la prescription qui reposait sur la bonne foi. — *Nîmes*, 16 janv. 1838 (t. 1er 1838, p. 123), de Lattier c. Mandrin.

752. — Ainsi que nous l'avons vu, les établissemens publics laïques et les communes étaient autrefois privilégiés en matière de prescription. Dans les coutumes où il fallait quarante ans pour prescrire entre privilégiés, les communes et autres établissemens publics non religieux profitaient de cette disposition quoiqu'ils ne fussent pas spécialement dénommés. Lorsque la coutume ne consacrait pas une prescription plus longue que la prescription ordinaire, on prescrivait par trente ans contre les communes et établissemens de mainmorte laïques. — Merlin, *Rép.*, vo *Prescription*, p. 629.

753. — Décidé que, sous l'ancien droit, la prescription de quarante ans établie par la coutume de Paris contre les communes était admise dans les pays régis par des coutumes muettes sur ce point, alors surtout que ces coutumes n'avaient, comme celle d'Anjou, point de disposition contraire. — *Cass.*, 15 déc. 1830, Commune de la Daguenière c. Monteau.

754. — Jugé aussi que dans le ressort de la coutume de l'évêché de Metz les communes étaient, selon la jurisprudence générale du royaume, à laquelle cette coutume n'était pas contraire, réputées personnes privilégiées : et, comme telles, elles n'étaient soumises qu'à la prescription de quarante ans. — *Cass.*, 15 juin 1847 (t. 2 1848, p. 487), de Beauvau c. Commune de Landanges; 14 nov. 1848 (t. 2 1848, p. 643), de Poix et de Noailles c. Commune de Bertrambois.

755. — Lorsqu'une coutume locale était muette sur le temps nécessaire pour prescrire contre les communes, il était de règle généralement admise que la prescription la plus longue, celle qu'elle déterminait à l'égard de l'église, était la seule applicable. — *Nancy*, 25 avr. 1844 (t. 2 1844, p. 277), duc de Poix c. Commune de Landanges.

756. — Quant aux biens des établissemens religieux, après quelques oscillations la législation avait fini par admettre généralement qu'on ne pouvait prescrire contre eux que par quarante ans. — Dunod, *Prescription des biens de l'église.*

757. — Ainsi jugé que, sous les anciens principes, c'était par quarante ans seulement qu'on pouvait prescrire les biens de la cause *pie*, ce qui comprenait non-seulement les fondations qui avaient pour objet le service du culte; mais encore celles que faisaient les fidèles pour le soulagement des pauvres, par des dons aux établissemens de charité. — *Toulouse*, 21 nov. 1837 (t. 1er 1838, p. 204), Bégué c. les hospices de Montastruc.

758. — ... Que sous la coutume de Vermandois les biens ecclésiastiques, ainsi que les servitudes sur ces biens, ne se prescrivaient que par une possession de quarante ans. — *Cass.*, 23 nov. 1840 (t. 1er 1841, p. 337), Commune de Sinceny c. Caron.

759. — ... Et qu'il en était de même sous la coutume du Berry. — *Cass.*, 25 août 1834, Commune de Menneton c. préfet du Cher.

760. — ... Qu'en Flandre les rentes dues aux églises et aux établissemens de charité se prescrivaient par quarante ans. — *Bruxelles*, 24 févr. 1825, P.... c. bureau de bienfaisance de Renaix; *Cass.*, 15 févr. 1832, Sollier c. fabrique de Nantes.

761. — ... Que la prescription contre les églises ne pouvait s'accomplir que par quarante ans, sous la coutume de Bretagne : conforme en cela au principe presque généralement admis en France sous l'ancienne législation. — *Cass.*, 15 févr. 1832, Sollier c. fabrique de Nantes

762. — ... Que les droits et actions compétant à l'église, et spécialement les rentes constituées, ne se prescrivaient autrefois en Brabant que par l'espace de quarante ans, sans qu'il pût être distingué entre les droits mobiliers et les droits immobiliers. L'art. 10, chap. 5, cout. Louvain, ne réduisait pas la prescription des droits de l'église au terme de trente ans. — *Bruxelles*, 24 sept. 1814, Enregistrement c. Mattart; 16 mars 1824, N....; 27 avr. 1830, N....

763. — Mais les actions formées contre les presbytères étaient prescriptibles par trente ans et non par quarante ans, comme les actions relatives aux biens de l'église. — *Bordeaux*, 19 févr. 1834, Commune de Sainte-Radegonde c. Pompidou.

764. — Bien que sous l'empire des coutumes de Paris et du Maine les redevances dues à une fabrique ne se prescrivissent que par quarante ans, les arrérages de ces rentes, comme dus à la personne, étaient prescriptibles par trente ans. — *Angers*, 27 janv. 1830 (sous *Cass.*, 23 nov. 1831), Guillaume c. fabrique de Saint-Calais.

765. — Dans les pays régis par la coutume de Berry, la prescription de trente ans pouvait être invoquée même contre les églises, les colléges, les communautés et les mineurs. — *Cass.*, 4 janv. 1842 (t. 1er 1842, p. 474), hospice de La Châtre c. Piat.

766. — Le particulier succédant à l'église ne peut invoquer la prescription de quarante ans créée en faveur de l'établissement religieux qu'il représente. — *Paris*, 8 mai 1830, Mariette c. Robert.

767. — Jugé que la prescription de vingt-deux ans établie par l'art. 35 de la coutume de Namur, pour les rentes constituées sur héritages, pouvait être opposée à l'église. — *Bruxelles*, 7 mars 1826, N...

768. — La loi du 22 nov.-1er déc. 1790 avait créé une prescription de quarante ans pour les biens dépendans du domaine de l'Etat dont l'aliénation était autorisée par la même loi. Cette prescription a été nécessairement modifiée par la disposition de l'art. 2227 du Code civil, qui soumet l'Etat aux mêmes prescriptions que les particuliers. — V. *suprà*.

769. — Jugé que les forêts d'origine domaniale et d'une étendue considérable, qui, sous les anciennes lois, étaient inaliénables et imprescriptibles, et qui ont été exceptées de la vente et de l'aliénation des biens nationaux, n'ont pu être l'objet de la prescription de quarante ans établie par l'art. 36 de la loi du 1er décembre 1790 seulement pour les domaines nationaux dont l'aliénation était permise. — *Riom*, 6 avril 1838 (t. 2 1838, p. 284), Thibaut c. préfet de l'Allier. — V. DOMAINE DE L'ÉTAT, no 46.

770. — Jugé que la prescription de quarante ans n'était établie par la loi du 22 nov.-1er déc. 1790 (art. 36) à l'égard des immeubles domaniaux ou d'origine domaniale, qu'en faveur de l'Etat et pour le cas de réclamation faite en son nom. Autrement la prescription trentenaire suffisait contre le propriétaire engagiste de domaines de l'Etat, avant même qu'il fût devenu propriétaire incommutable des biens engagés. — *Cass.*, 2 mai 1838 (t. 2 1838, p. 171), d'Aumale c. Dorat.

771. — Sous le Code civil, aux termes de l'art. 2262, toutes les actions, tant réelles que personnelles, se prescrivent par trente ans sans que celui qui allègue cette prescription soit obligé d'en rapporter un titre, ou qu'on puisse lui opposer l'exception déduite de la mauvaise foi.

772. — Il résulte de cette disposition que la plus longue prescription qui existe aujourd'hui est celle de trente ans; cette prescription est en quelque sorte le droit commun et doit en conséquence être appliquée à toutes les actions qui ne sont pas soumises à des prescriptions particulières. — Troplong, no 819.

773. — Jugé que la prescription trentenaire court au profit de celui-là même qui, possesseur de mauvaise foi, ne s'est maintenu dans sa possession qu'en retenant dolosivement des pièces propres à mettre le véritable propriétaire sur la trace de ses droits. — *Agen*, 27 avril 1839 (t. 1er 1841, p. 444), Vaissié c. Navarre.

774. — L'art. 2262 parle de toutes les actions réelles et personnelles. Les actions mixtes sont évidemment comprises dans cette disposition, bien que le législateur ne s'en explique pas d'une manière expresse. — Dunod, p. 195; Troplong, no 821.

775. — C'est à celui qui allègue une prescription à prouver qu'elle est véritablement acquise, de même que celui qui oppose une suspension ou une interruption doit administrer la preuve de ce fait.

776. — La prescription est fondée sur une présomption de renonciation dont le laps de temps n'est que la preuve; aussi produit-elle lorsqu'elle est accomplie un effet rétroactif au moment où elle a commencé. — Pothier, *Communauté*, no 157; Delvincourt, t. 2, p. 658.

777. — La disposition générale de l'art. 2262 a reçu nécessairement de nombreuses applications en jurisprudence. Ainsi, il a été jugé que l'action en délivrance de legs se prescrit par trente ans. — *Paris*, 21 avril 1815, Varanchon.

778.—...Que l'action en paiement des arrérages d'un retour de lot est une action mobilière prescriptible seulement par trente ans. — *Rennes*, 19 janv. 1814, N... c. Lemoal.

779. — ... Que le capital d'une rente viagère est prescriptible à défaut de paiement des arrérages pendant trente ans. — Ainsi : le légataire d'une rente viagère, qui a laissé écouler trente ans depuis le décès du testateur, sans demander la délivrance de son legs, est désormais non recevable à réclamer le paiement de la rente. — *Toulouse*, 23 janv. 1828, Manaud c. Gilède-Pressac. — Troplong, *Prescr.*, t. 1er, n° 182. — *Contrà*, *Metz*, 28 avril 1819, ci-devant communauté des Juifs c. Tardif; *Lyon*, 5 avril 1824, de Sarron c. Tremollet.

780. — L'action des légitimaires contre l'héritier universel institué à fin de partage ou de complément de légitime ne se prescrit que par trente ans. — *Cass.*, 21 janv. 1834, Gauthier c. Chauchat.

781. — Le débiteur d'une rente constituée acquiert par la prescription trentenaire le droit de payer les arrérages à un taux moindre que celui qui est porté dans l'acte constitutif. — *Bruxelles*, 23 avril 1818, Goners c. Meyers.

782. — De même le droit de retenue du cinquième sur une rente peut s'acquérir au profit du débiteur par la prescription de trente ans. — Toutefois, s'il s'agissait d'une rente provenant de l'Etat, contre lequel la prescription ne courait autrefois que par quarante ans, il y aurait lieu pour l'évaluation de la prescription de retrancher un quart du temps écoulé pendant la possession de l'Etat. — *Cass.*, 2 août 1837 (t. 2 1837, p. 345), préfet de Seine-et-Oise c. Coron, et *Paris*, 29 janv. 1834 (même aff.), sous cet arrêt.

783. — Le droit d'interjeter appel d'un jugement contradictoirement rendu, mais qui n'a pas été signifié, se prescrit par trente ans, surtout lorsque le jugement a été suivi d'exécution. — *Cass.*, 15 nov. 1832, préfet de la Meurthe c. Salzmann. — V. APPEL, nos 1484 et suiv.

784.—Il en est de même du droit de former tierce opposition à un jugement. — *Poitiers*, 2 mars 1832, Chereau c. Leclerc. — V. TIERCE OPPOSITION.

785. — L'action du saisissant contre le gardien préposé à une saisie mobilière, ou contre ses héritiers, à l'effet d'obtenir la représentation des meubles saisis, n'est prescriptible que par trente ans. — *Nîmes*, 20 déc. 1820, Ladet c. Charrier.

786. — L'action qui compète au mandant contre le mandataire pour réclamer de lui l'exécution du mandat, et la reddition du compte de sa gestion, se prescrit, comme toutes les actions réelles et personnelles, par trente ans, sans que le mandant puisse opposer que, la somme qui lui était due étant détenue à titre précaire par le mandataire, la prescription n'a pu courir.—*Paris*, 14 févr. 1817, Margueron; *Cass.*, 29 juill. 1828, Second c. Decombefort; 14 mai 1829, Pagès c. Lesaulnier.

787. — De même lorsque, par suite d'un partage de succession, un héritier a été chargé de percevoir les revenus de quelques objets échus tant à lui qu'à son cohéritier, sauf subdivision entre eux; l'action contre l'héritier mandataire à fin de compte de sa gestion, ne se prescrit que par le laps de trente ans. — *Paris*, 14 févr. 1817, Margueron. — V. MANDAT, nos 301 et suiv.

788. — L'action en restitution d'intérêts usuraires, exercée par un débiteur contre son créancier, ne se prescrit que par trente ans : ici ne s'appliquent ni l'art. 638 du Code d'instruction criminelle ni l'art. 1304 du Code civil. — *Angers*, 27 mars 1829, Fortin c. Lebreton; *Caen*, 8 août 1844 (t. 1er 1848, p. 281), de Rochebrune c. Dethou. — V. USURE.

789. — L'usager peut, en conservant son droit d'usage, se libérer par la prescription de la redevance au prix de laquelle il l'a acquis. Cette prescription s'opère par le non-paiement pendant trente ans.— *Cass.*, 7 août 1833, de Béthune-Sully c. Commune de Septfontaines.

790. — L'action sur supplément accordée par la loi du 25 messid. an III au créancier qui depuis sa publication a reçu en assignats le remboursement de sa créance non échue ne s'est prescrite que par trente ans. — *Cass.*, 7 avril 1818, Labbé et Pommier c. Clausse.

791. — Un héritier peut demander le partage de la succession ouverte en sa faveur depuis les lois des 5 brumaire et 17 nivôse an II, mais à laquelle il avait renoncé antérieurement à leur promulgation; et cette action en partage n'est prescriptible que par trente ans. — *Toulouse*, 25 mai 1829, Pigeonné c. Dulac.—Conf. *Cass.*, 2 juill. 1828, mêmes parties. — V. SUCCESSION FUTURE.

792. — L'action en réparation des dégradations commises à un immeuble indûment possédé, résultante d'un quasi-contrat, se prescrit par trente ans, et non par le laps de temps établi par la législation criminelle pour la poursuite des crimes et délits. — *Cass.*, 6 fév. 1816, Commune d'Aguos c. Courrèges.

793.— L'obligation contractée par l'acquéreur d'un domaine national de payer la contribution foncière ne se prescrit que par trente ans, et non par le laps de trois ans, conformément à l'arrêté du conseil du 16 thermidor an VIII et à l'ordonnance de 1629, ou par cinq ans en vertu de l'art. 2277 du Code civil.—*Cass.*, 3 (et non 30) août 1808, Domaine c. Allard.

794. — L'administration de la marine, qui, en vertu de l'obligation par elle imposée, a pourvu à la nourriture, aux frais de traitement dans les hôpitaux et au *repatriment* ou retour en France des marins ou gens de l'équipage d'un navire arrêté et confisqué comme ayant servi à la traite, a, pour le remboursement de ses avances, contre les armateurs, une action qui doit être considérée comme directe et non une simple subrogation aux droits des gens de l'équipage à raison des gages, loyers et indemnités qui peuvent leur être dus. Par suite, on ne saurait appliquer à cette action la prescription d'un an dont sont passibles ces gages et loyers (V. ÉQUIPAGE (gens d'), nos 124, 220, 224). Il n'y a lieu dans ce cas qu'à la prescription de trente ans.—*Angers*, 29 janv. 1830, Administration de la marine c. *le Vigilant*.

795. — On s'est demandé si les exceptions proposées par le défendeur étaient comprises dans les expressions de l'art. 2262 : *Toutes les actions tant réelles que personnelles*, ou, en d'autres termes, si par cette disposition on avait entendu condamner l'ancienne règle *Quæ temporalia sunt ad agendum sunt ad excipiendum perpetua*.

796.— Troplong (nos 827 et suiv.) se prononce pour la négative et il estime qu'il y aurait injustice à forcer le défendeur dont la possession n'est pas troublée à abandonner les avantages qui résultent de sa position pour prendre le rôle de demandeur et engager une lutte avec un adversaire qui ne manifeste aucune intention agressive, que dès lors tant que le possesseur n'est pas troublé il conserve le droit d'opposer plus tard ses moyens de défense à titre d'exception lors même que l'adversaire n'agirait qu'après trente ans.

797.—Au contraire, Duranton (t. 12, n° 649) considère la maxime *Quæ temporalia* comme abandonnée par les rédacteurs du Code civil; et il conteste même la justesse de cette ancienne règle. Il estime que celui qui est lié par un contrat dont il a droit de demander la nullité doit prévoir que tôt ou tard l'exécution de ce contrat sera demandée, que dès lors il se rend coupable de négligence s'il laisse écouler trente ans sans le faire rescinder. Mais nous croyons avec Troplong qu'on ne trouve aucune disposition dans le Code civil de laquelle on puisse induire qu'il ait voulu abolir une règle que son équité avait fait admettre presque universellement dans l'ancienne jurisprudence.—L'opinion de M. Troplong est, du reste, partagée par Toullier (t. 7, n° 600) et par Merlin (*Rép.*, v° *Prescription*, p. 441, 442).

798. —La règle *Quæ temporalia* ne serait plus applicable si l'on dissimulait des demandes proprement dites sous forme d'exceptions. Ainsi je suis porteur d'un titre par lequel Pierre se reconnaît mon débiteur de 5,000 fr.; je l'actionne pour me payer cette somme, et il m'oppose une quittance que je lui ai donnée. A mon tour je réponds que c'est par suite d'un dol que cette quittance m'a été extorquée, et j'en demande la nullité. Pierre me repousse par la prescription de dix ans. Je ne pourrai me prévaloir de la règle *Quæ temporalia;* car mon exception n'est en réalité qu'une demande en nullité de quittance. — Troplong, n° 832.

799.— La règle *Quæ temporalia* ne s'applique pas davantage aux demandes reconventionnelles. Autrement on aurait un moyen facile et abusif de rendre les demandes perpétuelles. — Henrys, t. 2, p. 962; Troplong, n° 833.

800.— La règle *Quæ temporalia* ne peut être invoquée par celui qui a perdu la possession; car elle a pour but de donner à celui qui possède les moyens de conserver sa position. — Merlin, t. 17, p. 447; Toullier, t. 7, n° 602.

801.— Décidé que la maxime *Quæ temporalia sunt ad agendum sunt perpetua ad excipiendum* ne peut être invoquée que par celui qui, étant en possession, n'a pas besoin de recourir à d'autres titres, tant qu'il n'est pas attaqué, mais non par celui qui, ayant laissé posséder, demande l'annulation d'un titre qu'on lui oppose et qu'il a laissé confirmer par la possession. Qu'ainsi l'héritier qui, par un acte passé en minorité, s'est dépouillé d'une succession ouverte à son profit, ne peut pas, si après plus de dix ans à partir de sa majorité il intente une demande en pétition d'hérédité, exciper de sa minorité pour faire annuler l'acte dont il est l'auteur qui lui serait opposé.—*Pau*, 4 févr. 1830, Garonne c. Baron; *Cass.*, 5 avril 1837 (t. 1er 1837, p. 541), Daussonne c. Rue; 12 août 1839 (t. 2 1839, p. 457), Cenac c. Cenac-Menjotte.

802. — La possession qui donne le droit à celui qui en est investi de se retrancher dans la règle *Quæ temporalia* est la possession *animo domini*, qui donne les actions possessoires et qui conduit à la prescription.

803. —Après vingt-huit ans de la date du dernier titre, le débiteur d'une rente peut être contraint de fournir à ses frais un titre nouvel à son créancier ou à ses ayans cause.—Art. 2263.

804. — M. Jollivet avait demandé avec raison dans la discussion au Conseil d'Etat, que cette disposition figurât dans la section relative à l'interruption de la prescription. En effet, la délivrance d'un nouveau titre de la rente n'a pas d'autre but que d'interrompre la prescription dont pourrait se prévaloir le débiteur.—Fenet, t. 15, p. 558.

805. — Dans le droit romain, on interrompait la prescription dans ce cas par des contre-quittances, que le débiteur était obligé de donner au créancier. — L. 19. C. *De fide instrumentor.*

806. —Le créancier ne pourrait exiger un titre nouvel avant l'expiration des vingt-huit ans. Autrement, les titres se multiplieraient abusivement et deviendraient pour le débiteur une charge très-onéreuse. — Henrion et Fœlix, *Des rentes foncières*, p. 208.

807. — Lorsque, par un jugement d'ordre, l'acquéreur a été chargé de servir la rente, il y a là l'équivalent d'un titre nouvel; et, par suite, le créancier est non recevable à exiger la passation d'un titre de cette espèce, s'il ne s'est pas écoulé vingt-huit ans depuis la date du jugement d'ordre. — *Cass.*, 23 févr. 1831, Lefèvre c. Sourdon.

808. — Jugé que la prescription n'est pas nécessairement acquise contre le crédirentier, à défaut par lui de s'être fait souscrire un titre nouvel avant l'expiration de trente années; si, d'ailleurs, les arrérages ont été payés par le débiteur. — *Paris*, 1er niv. an XIII, Grimaud c. Clouet; *Cass.*, 20 nov. 1839 (t. 1er 1840, p. 399), Choussy c. Lemagne.

809. — Il résulte, du reste, implicitement de l'art. 2263 et de la discussion au Conseil d'Etat que la prescription du capital d'une rente court non à partir de la première prestation, mais à partir de la date du titre. — *Cass.*, 5 août 1829, Tourinjol c. Gérouille. — Fenet, t. 15, p. 559; Troplong, n° 840.

810. — Jugé ainsi que la prescription d'une rente court du jour du titre constitutif, s'il n'y a eu aucun paiement d'arrérages (ou du jour du dernier paiement, s'il en a été fait), et non du jour où le premier terme non payé était exigible. — *Pau*, 26 juin 1827, Daguerre c. Echevers.

811. — Jugé qu'en appréciant et interprétant des titres nouvels comme actes interruptifs de la prescription un tribunal a pu leur refuser ce caractère sans violer les dispositions de l'art. 1337 relatives aux actes nouvels ou récognitifs. — *Cass.*, 2 août 1837 (t. 2 1837, p. 345), préfet de Seine-et-Oise c. Corron.

812. — Le titre nouvel peut être exigé du débiteur ou de ses héritiers par le créancier et ses ayans cause; mais peut-il l'être aussi du tiers détenteur? La Cour de Nancy a jugé que le créancier d'une rente ou de toute autre créance inscrite sur un immeuble peut, à l'effet d'interrompre la prescription, contraindre le tiers détenteur à lui fournir un titre nouvel. — *Nancy*, 14 juin 1837 (t. 1er 1839, p. 431), Levyllier c. Jollain.

813. — M. Troplong n'est pas de cet avis. Voici dans quels termes il s'exprime dans son *Comment. des prescr.* (t. 2, n° 842) : « Je ne pense pas, dit-il, que le créancier soit fondé à l'exiger (le titre nouvel) de celui qui ne serait obligé à la dette que comme tiers détenteur seulement, et non comme obligé personnel. L'art. 2263 n'assujettit à l'obligation du titre nouvel que le *débiteur*. Or, le simple tiers détenteur n'est pas débiteur; poursuivi par l'action hypothécaire, il n'est tenu que de délaisser. D'ailleurs, ces mots *titre nouvel* indiquent que l'action du créancier n'a pour but que de restaurer le titre ancien et de lui donner une nouvelle vie. Le titre nouvel est le calque du titre originaire. Mais comment pourrait-on demander un titre nouvel à un tiers détenteur qui n'est pas tenu des obligations contenues dans le titre originaire, et pour qui ce titre est *res inter alios acta!* Ce ne serait pas un titre nouvel, un *fac-simile* de ce qui a existé jadis, ce serait un état de choses primordial, une véritable innovation. Tout ce que le créancier peut faire contre le tiers détenteur, c'est d'intenter contre lui l'action d'interruption pour le forcer à reconnaître l'existence de l'hypothèque. »

814.—La Cour de cassation n'a pas eu à se prononcer sur cette question, au moins d'une manière formelle.—Mais dans une espèce où le tiers détenteur était devenu *personnellement* obligé au paiement de la créance elle a décidé, le 23 févr. 1831 (Lefebvre c. Jourdan), que les vingt-huit ans après lesquels le titre nouvel pouvait être exigé de ce tiers détenteur couraient de la date de l'obligation personnellement contractée par celui-ci, et non de celle du dernier titre consenti par le débiteur originaire. Cette solution est évidemment favorable à la distinction de M. Troplong. En effet, en s'attachant uniquement à l'obligation *personnelle* du détenteur, elle implique que le titre originaire seul ne pouvait constituer contre lui, au profit du créancier, la base d'une action en titre nouvel. Au reste, les termes de cet arrêt ne laissent aucune équivoque. — « Attendu, disent-ils, que Lefebvre n'est *devenu personnellement débiteur* qu'en vertu de la transcription, et du jugement d'ordre qui l'a chargé de payer la rente ; — que sans cette transcription et ce jugement *il n'aurait été tenu envers les héritiers Sourdon que sous le rapport de l'action hypothécaire;* que *depuis le jugement il ne s'est pas écoulé vingt-huit ans,* » etc.

815. — L'action en passation de titre nouvel étant personnelle et mobilière se porte devant le tribunal du domicile du défendeur. — *Paris*, 18 janv. 1823, Dumas de Polart c. hospices de Lille. — Fœlix et Henrion, p. 215 et 221.

816. — L'obligation de passer titre-nouvel n'existe qu'autant qu'il s'agit d'une rente. Ainsi le créancier d'une servitude ne pourrait exiger un titre-nouvel du débiteur de cette servitude. — Toullier, t. 3, n° 722; Troplong, n° 844.—V., cependant, Pardessus, *Servitudes*, p. 441.

817. — L'art. 2263 C. civ., qui porte : « Après vingt-huit ans de la date du dernier titre, le débiteur d'une rente peut être contraint à fournir à ses frais un titre nouvel à son créancier ou à ses ayans cause, » est applicable aux débiteurs de rentes constituées antérieurement à la publication du Code. — *Cass.*, 6 juill. 1812, séminaire de Tortone c. Molinelli ; 4 nov. 1812, Perret c. Perard ; 10 nov. 1818, Prochasson c. Belletête; *Bruxelles*, 10 févr. 1825, L....

Sect. 2e. — *Prescription par 10 ou 20 ans.*

818. — Suivant l'art. 2265 C. civ., celui qui acquiert de bonne foi et par juste titre un immeuble, en prescrit la propriété par dix ans, si le véritable propriétaire habite dans le ressort de la Cour d'appel dans l'étendue de laquelle l'immeuble est situé; et par vingt ans, s'il est domicilié hors dudit ressort.

819. — Avant le Code, la prescription par dix et vingt ans n'était pas généralement admise en France; elle était rejetée par les Parlemens de droit écrit et par une grande partie des pays coutumiers. Toutefois elle était admise dans plusieurs coutumes et notamment dans celle de Paris, où le droit romain y était suivi tel qu'il avait été pratiqué avant la Novelle 119. On sait qu'indépendamment du titre et de la bonne foi du possesseur cette Novelle exigeait que le véritable propriétaire eût connu le droit que le prescrivant avait sur la chose, condition qui rendait la prescription par dix et vingt ans presque impossible. Par son article 2265 le Code n'a fait qu'adopter les dispositions de la coutume de Paris et rétablir dans toute la France l'ancienne prescription *longi temporis* des Romains, qui avait été le droit commun des Gaules sous la domination romaine et même après la conquête des barbares. — Merlin, *Rép.*, v° *Prescription*, p. 575; Henrys, t. 2, p. 240; Troplong, nos 846 et suiv.

820. — Décidé que l'art. 372 de la coutume de Poitou, qui, en admettant la prescription de dix ans en faveur du tiers acquéreur de bonne foi, contenait une exception formelle à l'égard des droits et rentes appartenant à *gens privilégiés*, protégeait notamment par cette disposition les abbayes, l'Etat et les hospices. — *Limoges*, 29 août 1839 (t. 1er 1840, p. 58), Maumy, Doussinaud, Huguet c. administrateurs de l'hospice de Limoges.

821. — « La prescription de dix et de vingt ans, dit Troplong (n° 850), n'a pas pour objet l'extinction des obligations; son but unique est de consolider les acquisitions d'immeubles, et de les maintenir franches et libres dans les mains des détenteurs, et pour cela elle efface, au profit de ceux-ci, les charges et droits réels dont ils étaient affectés avant de changer de mains. Elle éteint, en faveur des tiers, par dix et vingt ans, les droits réels prescriptibles entre les parties par trente ans.... Elle n'est pas libérative en ce sens qu'elle ne libère jamais d'une obligation : car le tiers détenteur n'est pas obligé envers celui contre qui il prescrit, il n'est tenu qu'à cause de la chose. »

822. — Il semblerait, d'après les termes de l'art. 2265 C. civ., que la prescription de dix et de vingt ans se borne à consolider l'acquisition faite par un tiers, mais qu'elle ne le libère pas des charges réelles assises sur la chose; et il n'en est cependant point ainsi. L'art. 2180 relatif à la prescription de l'hypothèque prouverait au besoin que l'art. 2265 n'a point été conçu dans cet esprit; si en effet la prescription de dix et vingt ans laissait subsister les charges qui rendent la chose stérile ou sujette à éviction, elle n'atteindrait pas son but. — *Toulouse*, 13 août 1827, Francan c. Moncuquet; *Agen*, 9 févr. 1844 (t. 1er 1844, p. 731), Dheliot c. Bru. — Troplong, n° 851; Delvincourt, t. 1er, p. 585; Duranton, t. 4, p. 547; Proudhon, *Usufruit*, n° 2123. — *Contrà*, *Paris*, déc. 1826, préfet de la Seine et Mariette c. Degars de Courcelles.

823. — La Cour de cassation a décidé que l'effet de la prescription par dix ou vingt ans, acquise par le possesseur de bonne foi et en vertu de juste titre, d'un immeuble, est de libérer l'immeuble de toutes les charges qui le grevaient, spécialement de l'action en résolution appartenant au vendeur primitif non payé, et de l'action hypothécaire résultant pour lui de son privilége de vendeur. — Peu importe que le privilége du vendeur ait été conservé par des inscriptions successives, celles-ci n'étant nullement interruptives à l'égard des tiers acquéreurs. — *Cass.*, 31 janv. 1844 (t. 2 1844, p. 6), Calmelet c. Bougrel. — Troplong, n° 851. — V. aussi *Riom*, 23 déc. 1845 (t. 2 1846, p. 202), Chassagnon c. Anglade. — V., cependant, *Agen*, 28 août 1841 (t. 1er 1842, p. 225), Judicis c. Vergues. — V., au reste, VENTE.

824. — Mais, depuis, la Cour suprême a jugé au contraire que la prescription décennale établie par l'art. 2265 du Code civil en faveur des tiers acquéreurs de bonne foi et par un juste titre n'a pour objet que les biens immeubles, et non la libération des charges immobilières dont ces biens peuvent être grevés. — Il faut remarquer, du reste, que dans l'espèce de ce dernier arrêt il s'agissait uniquement de savoir si l'art. 2265 s'applique aux servitudes. — *Cass.*, 31 décembre 1845 (t. 1er 1846, p. 40), Commune d'Ainvelle c. Borthon.

825. — En traitant des causes qui suspendent la prescription nous avons vu que les tiers acquéreurs prescrivent même par dix et vingt ans contre les clauses résolutoires suspendues par une condition, ou que du moins telle était la doctrine qui paraissait la mieux fondée en droit.

826. — On s'est demandé si la prescription de dix et vingt ans pouvait s'appliquer à l'usufruit et aux servitudes soit qu'il s'agisse de la libération au profit de l'acquéreur de droits de ce genre grevant l'immeuble vendu, soit qu'il s'agisse de l'acquisition de ces droits au moyen de la même prescription. — V. SERVITUDE, USUFRUIT.

827. — La prescription de dix et vingt ans est inapplicable, lorsque le donateur poursuit sur des tiers, pour cause de survenance d'enfant, la révocation des biens donnés. — C. civ., art. 965. — V. DONATION ENTRE-VIFS, nos 999 et suiv.

828. — La prescription de dix ans ne peut être opposée à l'action en nullité d'un acte entaché d'une nullité d'ordre public, telle que celle résultant d'une stipulation sur succession future. — *Cass.*, 14 nov. 1843 (t. 1er 1844, p. 560), Prodhomme c. Jambu. — V. SUCCESSION FUTURE. — V. aussi NULLITÉ, nos 198 et suiv.

829. — Pour que la prescription prévue par l'art. 2265 s'accomplisse, il ne faut que trois conditions : le juste titre, la bonne foi et le laps de dix et vingt ans. — Peu importerait, du reste, que le propriétaire primitif contre lequel court cette prescription eût connu ou non l'aliénation faite par le premier acquéreur. — Troplong, n° 860.

830. — Décidé que celui qui, sous l'empire du Code civil, a acheté purement et simplement un immeuble que le vendeur n'avait acquis qu'avec la faculté de rachat, peut en devenir irrévocablement propriétaire au moyen de la prescription de dix et vingt ans et se trouver ainsi à l'abri de l'action en réméré. Qu'il en est même ainsi dans le cas où le premier contrat de vente a été passé sous une jurisprudence d'après laquelle la faculté de rachat durait trente ans nonobstant toute clause contraire, et qu'il ne reste plus au vendeur originaire qu'une action en indemnité contre celui à qui il a vendu avec la réserve du réméré. — *Montpellier*, 5 mars 1835, Amans c. Marty.

831. — Suivant l'art. 2265, le délai de la prescription pour le possesseur de bonne foi est fixé à dix ou vingt ans, selon que le véritable propriétaire habite ou n'habite pas dans le ressort de la Cour d'appel où l'immeuble est situé; et l'art. 2266 ajoute que si le véritable propriétaire a son domicile en différens temps dans le ressort et hors du ressort, il faut, pour compléter la prescription, ajouter à ce qui manque aux dix ans de présence un nombre d'années d'absence double de celui qui manque pour compléter les dix ans de présence.

832. — Dans l'ancien droit français, la circonscription qui servait à déterminer la présence ou l'absence fut d'abord celle des diocèses; plus tard la jurisprudence changea : on adopta celle des bailliages royaux ou sénéchaussées royales. — On ne considérait pas, du reste, la situation de l'immeuble sur lequel s'exerçait la prescription, mais seulement la personne contre laquelle on prétendait avoir prescrit. — Troplong, nos 862 et suiv.

833. — Aux termes de la coutume de Paris, pour prescrire par dix ou par vingt ans la présence ou l'absence se déterminait selon que les parties avaient leur domicile dans la même coutume ou dans des coutumes différentes; et non pas dans le même bailliage, ou dans des bailliages différens. — *Paris*, 13 mars 1817, Jarlet c. Drain.

834. — Cette décision est inexacte. Il est bien vrai que pour Paris la présence ou l'absence se déterminaient d'après la circonscription de la coutume, parce que cette circonscription, qui comprenait la ville, prévôté et vicomté de Paris, était la même que celle de la juridiction; mais tous les auteurs s'accordent à dire que sous l'ancien droit, dans presque toute la France, l'absence ou la présence à l'effet de prescrire par dix ou par vingt ans se déterminait d'après la circonscription des bailliages.

835. — Dans le ressort du parlement de Bordeaux la prescription hypothécaire ne s'obtenait que par vingt ans entre absens, et l'absence s'entendait de l'absence hors de la sénéchaussée. — *Agen*, 20 juill. 1808, Carles c. Noailhan de Lamesens.

836. — Si la résidence de fait se trouvait en opposition avec le domicile de droit, Troplong pense que pour déterminer la présence ou l'absence du propriétaire on ne devrait considérer que son domicile de droit. — Troplong, *Prescr.*, n° 866; Vazeille, *Prescr.*, n° 504; Duranton, t. 21, n° 377. — *Contrà*, Delvincourt, t. 2, p. 658.

837. — Jugé encore que la prescription de dix ou de vingt ans se détermine par le domicile de droit et non par l'habitation de fait : en telle sorte que celle de dix ans peut être opposée au militaire bien qu'il se trouve sous les drapeaux hors du ressort de la Cour d'appel où est situé l'immeuble, mais dans lequel il a conservé son domicile. — *Grenoble*, 12 juill. 1834, Pujet c. Primard.

838. — Jugé que la résidence accidentelle, quoique prolongée, dans le ressort d'une Cour d'appel, pour la poursuite de procès, n'est pas suffisante pour soumettre à la prescription de dix ans celui dont le domicile réel est hors du ressort de cette Cour. — *Montpellier*, 11 mars 1829, Massip c. Darzac.

839. — Jugé, au contraire, que c'est d'après le fait du domicile réel, et non d'après le domicile de droit, que doit se résoudre une question de prescription par dix ans ou vingt ans entre présens ou absens. — *Nîmes*, 12 mars 1834, Arnaud c. Sage.

840. — Bien qu'il ne soit pas nécessaire, pour qu'un immeuble puisse être prescrit par dix ans, qu'il y ait résidence de fait dans le ressort de la Cour d'appel de la part de celui contre lequel court la prescription, encore faut-il que celui-ci y possède un domicile certain qui soit le siége de son principal établissement, le centre de ses relations, d'où il ne se soit éloigné, pour s'établir à l'étranger, qu'avec un esprit de retour non équivoque. — Spécialement, on ne saurait considérer comme domicilié dans le ressort d'une Cour d'appel celui qui, depuis une époque éloignée déjà, s'est fixé à l'étranger et y a pris du service militaire sans y être autorisé dans la forme prescrite par le décret du 26 août 1811. — *Douai*, 28 juin 1845 (t. 2 1845, p. 243), Demaizières c. Rhoné. — Vazeille, n° 503; Troplong, n° 866; Duranton, t. 21, n° 377.

841. — Si le véritable propriétaire n'avait de domicile nulle part, Dunod (p. 175) et Pothier (*Prescr.*, n° 109) pensent qu'il devrait être réputé absent. Cette opinion est combattue par Troplong (n° 867), qui pense que dans ce cas la résidence doit suppléer au domicile; et que, dès lors, le véritable propriétaire doit être réputé présent s'il réside dans le ressort de la Cour d'appel où l'immeuble est situé, et absent dans le cas contraire.

842. — Lorsque l'on prescrit un héritage contre deux propriétaires par indivis, dont l'un demeure dans le ressort où l'immeuble est situé, et l'autre dans un autre ressort, le possesseur acquerra par la possession décennale la part du propriétaire présent. Mais il lui faudra vingt ans de possession pour acquérir la part de l'autre. Et si la chose était indivisible, la prescription ne s'accomplirait que par vingt ans pour le tout. — Troplong, n° 868; Pothier, *Prescr.*, n° 111.

843. — Jugé que celui qui possède de bonne foi, et par juste titre, un immeuble dépendant d'une succession indivise, a pu prescrire, par le laps de dix ans, la propriété de cet immeuble contre les héritiers domiciliés dans le ressort de la Cour d'appel: bien que l'un des héritiers étant domicilié hors de ce ressort, la prescription de dix ans ne soit pas acquise en ce qui le concerne. — *Cass.*, 5 déc. 1826, Douceur c. Pointel; 12 nov. 1833, Cetty c. Rathsamhausen.

844. — L'Etat, quant à la prescription des actions qui lui appartiennent, est censé *présent* partout, en telle sorte que sur tous les points du royaume on peut lui opposer la prescription décennale. — *Bruxelles*, 8 mai 1824, Detierre c. B....

845. — Le juste titre est celui qui par sa nature est translatif de propriété, qu'il soit gratuit ou onéreux. La loi exige dans le possesseur une croyance plausible qu'il s'est passé un événement qui l'a investi de la propriété. Tous les contrats par lesquels on s'oblige à donner la chose même qui en est l'objet, et non pas seulement la jouissance, l'usage ou la possession de cette chose, sont de justes titres. — Troplong, n° 873; Pothier, *Prescr.*, n° 57.

846. — Le titre est juste à l'égard de l'acquéreur, quoique la possession du vendeur ait été vicieuse. On n'a pas égard au défaut de droit dans la personne de celui qui concède. Le dol du vendeur, son usurpation ne rejaillissent pas sur son acquéreur, qui n'en est pas le complice. — Troplong, n° 874.

847. — Ainsi, il a été jugé que tout acquéreur à titre particulier peut prescrire de son chef, sans qu'on ait droit de lui opposer la mauvaise foi de son auteur, pourvu que sa possession n'ait pas été interrompue pendant le temps requis pour la prescription. — *Paris*, 13 mars 1817, Jarlet c. Drain.

848. — Jugé, de même, que le principe qui veut que l'auteur du dol ne puisse se prévaloir de la prescription que du jour où le dol a été découvert ne peut être invoqué contre l'acquéreur de bonne foi, auquel a été vendu par juste titre l'immeuble possédé par dol. Dans ce cas, la prescription de dix et vingt ans court au profit de l'acquéreur du jour de son acquisition: quelle que soit l'époque où le dol a été découvert par celui qui en souffre. — *Paris*, 8 juin 1825, Gasville c. Grouche de Grébauval.

849. — Jugé, encore, que l'acte par lequel le détenteur précaire d'un immeuble en transmet la propriété à un tiers, comme d'une chose à lui appartenante, forme en faveur de ce dernier un titre qui peut le faire considérer comme possédant *animo domini* et lui donner une possession utile à l'effet de prescrire. — *Cass.*, 12 janv. 1832, de Magnoncour c. de Buyer.

850. — Les Romains connaissaient une possession *pro suo* que le détenteur pouvait invoquer avec utilité, lorsque, le contrat en vertu duquel il possédait étant innommé, on ne pouvait dire d'une manière précise quel était son titre. Aujourd'hui, le titre *pro suo* est rarement invoqué. — D'Argentré, n° 22.

851. — Un contrat de vente, une donation, un

legs sont évidemment de justes titres. — Troplong, nos 877 et suiv.

852. — Décidé que, bien que la vente de la chose d'autrui soit nulle, d'après l'art. 1599 C. civ., l'acte de vente consenti par le non-propriétaire est un juste titre pouvant servir de base à la prescription décennale, dans le sens de l'art. 2265 C. civ. — *Cass.*, 20 juillet 1829, Pottier c. Bouchon.

853. — Une donation entre-vifs est un juste titre pouvant servir de base à la prescription de dix et vingt ans. — *Grenoble*, 10 juin 1846 (t. 2 1847, p. 142), Vincendon c. Coche.

854. — En matière de donation comme en matière de vente, la transcription n'est pas nécessaire pour la transmission de la propriété. — En conséquence, la donation entre-vifs, même non transcrite, peut servir de juste titre au donataire de bonne foi pour prescrire l'immeuble par la possession de dix ou vingt ans. — *Agen*, 24 novemb. 1842 (t. 1er 1843, p. 748), Lavieille c. Dubouch.

855. — Le titre de dot était translatif de propriété en droit romain, et il servait au mari de bonne foi pour acquérir par la prescription les choses que la femme s'était constituées en dot dans la fausse supposition qu'elles étaient siennes. Peu importait que l'héritage eût été donné en dot, avec estimation ou sans estimation; dans l'un et l'autre cas, le titre de dot en transférait la propriété au mari. — Troplong, n° 880.

856. — Les futurs époux en faveur de qui le père ou la mère de l'un d'eux a fait abandon d'un immeuble, moyennant prix payable solidairement par les conjoints à la succession de l'ascendant, doivent être considérés comme acquéreurs, et ils peuvent, comme tels, opposer à des tiers la prescription de dix et de vingt ans. — *Cass.*, 22 mai 1838 (t. 2 1838, p. 158), Huck c. préfet du Bas-Rhin.

857. — Dans notre droit, lorsqu'il y a déclaration que l'estimation donnée à l'immeuble constitué en dot en transporte la propriété au mari, conformément à l'art. 1552 du Code civil, Troplong pense que rien dans le Code civil ne s'oppose à ce que l'on suive les principes du droit romain et que la constitution en dot d'un immeuble, même sans estimation, ne soit considérée comme un juste titre à l'égard du mari. Il ajoute même que si en vertu de la constitution de dot le mari est entré en possession avant la célébration du mariage, la prescription commencera à courir du jour de la prise de possession. — Troplong, n° 880; Pothier, *Prescr.*, n° 70.

858. — Le contrat de mariage en vertu duquel un père constitue en dot à sa fille un immeuble doit, quoique l'immeuble ne soit pas donné par préciput et hors part, être considéré comme un acte translatif de propriété, pouvant servir de fondement à la prescription définie par l'art. 2265 du Code civil. — *Nancy*, 14 mars 1842 (t. 1er 1843, p. 190), Borthon c. commune d'Ainvelle.

859. — Lorsqu'une femme a donné en dot à son mari un héritage qu'elle savait ne pas lui appartenir, le mari qui ignorait que l'héritage n'appartenait pas à sa femme en acquiert la prescription par dix ou vingt ans. Mais si par suite de la mort du mari l'héritage retourne à la femme, l'ancien propriétaire peut le revendiquer contre elle. — Pothier, *Prescr.*, n° 74; Troplong, n° 880.

860. — Le paiement qu'on fait d'une chose est un juste titre, il transfère la propriété de cette chose à celui qui la reçoit. Le créancier peut ainsi prescrire la chose qu'on lui a payée: soit que l'on ait payé celle-là même qui était due, soit qu'on en ait payé une autre que le créancier a bien voulu recevoir à sa place. — Troplong, *Presc.*, n° 881; Pothier, *Presc.*, n° 82.

861. — La transaction est-elle un juste titre pour prescrire? Suivant M. Troplong, il faut examiner les faits et distinguer si la transaction a pour effet d'opérer une translation de propriété d'une personne à une autre ou de conserver et consolider le domaine de la chose dans les mains de celui qui la détenait sans juste titre. — Dans le premier cas, la transaction donne un juste titre pour prescrire; mais il n'en est pas de même dans le second: soit que la transaction ait ou non déplacé la possession, elle n'a fait que confirmer le droit ancien, elle n'en a pas créé un nouveau, et *confirmatio nihil novi juris addit.* Si, comme il arrive le plus souvent, les prétentions des parties sont tellement spécieuses qu'il soit difficile de savoir de quel côté est le droit, alors, soit que la chose soit déplacée, soit qu'elle soit maintenue entre les mains du possesseur, celui qui en est investi est censé l'avoir désormais au titre dont il s'était prévalu avant la transaction. — Troplong, n° 882.

862. — Un jugement est-il un juste titre? Suivant Troplong certains jugemens, comme les jugemens d'adjudication, qui sont de véritables contrats de vente, sont translatifs de propriété et donnent un juste titre; d'autres renferment des déplacemens de droits et forment également de justes titres d'acquisition nécessaires pour prescrire. Mais quand un jugement, comme il arrive d'ordinaire, ne fait que statuer sur des questions contentieuses, il n'est pas translatif mais seulement déclaratif de droits. — Troplong, *Prescr.*, n° 883. — V. aussi Pigeau, t. 1er, n° 700.

863. — La Cour de cassation a cependant jugé d'une manière absolue qu'une sentence arbitrale a pu servir de base à la prescription par dix et vingt ans d'un immeuble, et dans ce cas elle n'est plus susceptible de tierce opposition. — *Cass.*, 21 févr. 1827, Demailly c. Commune d'Auneuil.

864. — Jugé encore qu'un jugement passé en force de chose jugée est un juste titre qui permet de prescrire par dix ou vingt ans, sauf la preuve de la mauvaise foi de celui qui l'a obtenu. — *Cass.*, 14 juill. 1835, Commune d'Arbigny c. d'Arbigny.

865. — Jugé que lorsqu'un jugement, tout en reconnaissant que l'action en revendication du demandeur est prescriptible par dix ans, ordonne, avant de faire droit, que le défendeur prouvera qu'il a possédé en vertu d'un juste titre; ce jugement, quant au chef qui déclare la prescription décennale admissible, devient définitif à l'égard du demandeur, si ce dernier en a provoqué l'exécution. — *Bruxelles*, 14 déc. 1821, Van-Overveldt c. Vander-Meyden.

866. — Le contrat de société est translatif de propriété. Néanmoins il paraît difficile d'admettre qu'il puisse servir de base à la prescription de dix et vingt ans, au moins pendant l'existence de la société et à son profit. Car pour pouvoir prescrire par ce moyen le titre ne suffit pas, il faut encore la bonne foi: or la mauvaise foi de celui qui a apporté dans la société un immeuble dont il savait n'être pas propriétaire se communique nécessairement à la société et vicie la possession sociale. — Troplong, *Prescr.*, n° 884. — En effet, l'associé de mauvaise foi est nécessairement représenté dans les actes de la société, il y a sa part de coopération, et on ne peut séparer sa possession de celle des autres associés. — V. *infrà* en ce qui concerne la prescription après partage.

867. — Dans la société conjugale, si la femme apporte à la communauté un immeuble qu'elle savait ne pas lui appartenir; le mari peut commencer à le prescrire avec bonne foi en vertu du titre qui constitue la communauté, à partir du jour de son entrée en possession. Le mari étant pendant le mariage le seul maître des biens de la communauté, il ne puise qu'en lui-même les élémens qui forment sa conviction de propriétaire légitime. — Troplong, *Prescr.*, n° 885; Pothier, *Prescr.*, n° 80; Delvincourt, t. 2, p. 655.

868. — Si c'est le mari qui a apporté à la communauté un immeuble dont il savait n'être pas propriétaire, la mise en communauté ne le dessaisit pas, sa possession continue à être la même, et dès lors il ne peut prescrire pendant le mariage. — Delvincourt, t. 2, p. 654, 655.

869. — Le partage n'étant dans le droit français que déclaratif et jamais attributif de propriété; il ne peut servir de base à la possession décennale, dont le point de départ doit toujours se trouver dans un acte translatif de propriété. — Troplong, *Prescr.*, n° 886.

870. — Jugé qu'un partage est un titre déclaratif et non attributif de propriété. Ainsi: celui qui n'avait pas antérieurement la propriété des biens échus dans son lot ne peut, à la faveur d'un tel acte, invoquer à leur égard la prescription de l'art. 2265, qui doit être appuyée sur un juste titre. — *Bruxelles*, 31 oct. 1829, syndicat d'amortissement c. Declercq.

871. — Il suit de là que si, par l'effet du partage, l'associé reprend l'immeuble qu'il avait mis en société, cet immeuble étant considéré comme s'il n'avait jamais cessé d'en être propriétaire, sa possession se réglera par les antécédens du contrat de société, et la question de prescription se décidera comme si la société n'était pas intervenue. De sorte que s'il était possesseur de mauvaise foi, il ne prescrira que par trente ans. — Troplong, *loc. cit.*; Pothier, *Société*, n° 179, et *Prescript.*, n° 80 *in fine*; Duranton, t. 17, n° 480.

872. — Si, au contraire, l'immeuble apporté en société par un associé tombe dans le lot d'un autre, celui-ci sera censé en être propriétaire du jour de la constitution de la société; et il aura commencé à prescrire, à partir de cette époque, soit par trente ans s'il était de mauvaise foi, soit par dix ou vingt ans dans le cas contraire. — Troplong, *loc. cit.* — V., cependant, Pothier, *Prescr.*, n° 49, et Delvincourt, t. 2, p. 654. — V. *suprà* en ce qui concerne la prescription pendant l'existence de la société.

873. — Les mêmes principes s'appliquent au cas du partage de la communauté conjugale.

874.—Le titre *pro hærede* est inconnu chez nous. L'héritier qui trouvant dans la maison du défunt une chose appartenant à autrui et dont le défunt ignorait l'existence, la possède comme faisant partie de la succession, a une possession qui ne repose sur aucun titre translatif de propriété, et ne la prescrit dès lors que par trente ans. — Troplong, *Prescr.*, n° 888; Vazeille, *Prescr.*, n° 470. —*Contrà*, Pothier, *Prescr.*, n° 66; Dunod, p. 11 et 13; Merlin, *Rép.*, v° *Prescription*, p. 508.

875.—Jugé, en ce sens, que le titre *pro hærede* n'est pas, dans le sens de l'art. 2265 du Code civil, un juste titre qui puisse servir de base à la prescription de dix ans.—Qu'en d'autres termes, l'héritier ne peut, en vertu de sa qualité seule, acquérir par la prescription de dix ans des immeubles que possédait le défunt et qui ont été trouvés dans sa succession. — *Bruxelles*, 24 janv. 1821, N...

876. — La Cour de Bruxelles a cependant décidé que l'héritier a pu prescrire la chose d'autrui lorsque, l'ayant trouvée dans la succession, il a cru qu'elle appartenait au défunt, si ce dernier ne possédait pas avec mauvaise foi.—*Liége*, 5 mars 1812, Paquai c. Renkin.

877. — Il ne suffit pas, pour acquérir la prescription par dix ou vingt ans, d'invoquer un titre translatif de propriété, il faut encore 1° que ce titre soit réel et non putatif; 2° qu'il soit valable; 3° qu'il soit définitif et ne soit pas suspendu par une condition; 4° qu'il ne soit pas remplacé pendant le cours de la possession par un titre injuste ou insuffisant pour prescrire. —Troplong, *Prescr.*, n° 889; Pothier, *Prescr.*, 95.

878. — Le titre putatif est celui qu'une personne n'a pas, mais que, par une erreur plus ou moins excusable, elle croit avoir : comme quand on se croit héritier sans l'être. — Pothier, *Prescr.*, n° 97.

879.—Ainsi, celui qui possède pendant dix ou vingt ans un immeuble, croyant, par erreur, que son mandataire qu'il avait chargé de l'acheter a exécuté son mandat, ne peut opposer la prescription au véritable propriétaire de l'immeuble qui le revendique. — Troplong, n° 895.

880. — Celui auquel par suite d'une erreur venant de l'identité de nom, un legs a été yé quoiqu'il ne fût pas légataire, ne prescrit pas par dix ou vingt ans le legs qui lui a été indûment payé. — Troplong, n° 897.

881. — De même le légataire putatif d'un immeuble peut en être évincé après une possession dix ou vingt ans, si l'on vient à produire un ment qui révoque le legs qui lui avait été l par un testament antérieur. — Troplong, 898.

882. — Mais il a été jugé que celui qui possède en vertu d'un testament homologué, et qui, enle, vient à être évincé parce que le testament été annulé comme faux, fait les fruits siens s'il est pas établi que le détenteur était de mauvaise foi, et qu'il connaissait les vices du testat. — *Cass.*, 24 févr. 1834, Augier c. Fabre.

883. — Pour prescrire par dix et vingt ans, il ut que le titre soit valable. L'art. 2267 déclare ellement que le titre nul par défaut de e ne peut servir de base à la prescription ennale ou vicennale.

884. — Ainsi la prescription décennale ou vinale ne peut être invoquée par le légataire itué en vertu d'un testament irrégulier, bien en fait il en ignore les vices.

885. — On ne peut regarder comme un *juste* de nature, s'il est accompagné de la bonne à opérer la prescription décennale au profit l'acquéreur ou tiers détenteur, une expédi- même régulière, délivrée à cet acquéreur, n contrat nul pour défaut de forme, en ce la minute ne serait signée ni par le vendeur par les témoins. — *Angers*, 9 mars 1825, Leroy Chiron.

886. — En effet, un contrat de vente nul ne t servir de base à la prescription de dix ou vingt ans. — *Rennes*, 16 août 1817, N...; *Nîmes*, mars 1834, Arnaud c. Sage; *Riom*, 6 avr. 1838 2 1838, p. 284), Thibault c. préfet de l'Allier.

887. — Un acte de vente passé sous la loi du brum. an VII ne peut, s'il n'a pas été trans-l, servir, même depuis la promulgation du e civil, de base à la prescription de dix ans et vingt ans établie par l'art. 2265 C. civ. contre le véritable propriétaire. — *Bruxelles*, 6 août 1811, Goosens c. Weyd; *Lyon*, 17 févr. 1834, Dariot c. Deschelus.

888.—Jugé cependant que lorsque l'acte de cession d'une donation de biens présens et à venir passé sous l'empire des ordonnances de 1510 et 1539 et sous la législation intermédiaire, même avec le consentement du donateur, est argué de nullité comme contenant un pacte sur une succession future, une pareille action se prescrit par dix et non par trente ans. — *Limoges*, 8 janv. 1839 (t. 1er 1839, p. 556), Renaudie c. Boutol. — V., au reste, SUCCESSION FUTURE.

889. — En matière de prescription, l'erreur de droit sur la validité de son titre ne peut profiter au possesseur. — *Nancy*, 6 mars 1840 (t. 2 1842, p. 470), Dessain.

890. — Un acte d'adjudication nationale constituerait un juste titre pouvant servir de base à la prescription décennale, alors même qu'il comprendrait les biens de première et de seconde origine et que l'on verrait dans cette circonstance un vice de forme : ce vice ayant été couvert par les art. 94 L. 22 frim. an VIII, 9 de la Charte et 1er L. 5 déc. 1814. — *Cass.*, 20 juill. 1829, Pottier c. Bouchon.

891. — Si les biens d'un individu admis à la cession de biens ont été vendus sans les formalités exigées par la loi, cette vente ne constitue pas au profit de l'adjudicataire un juste titre pouvant servir de base à la prescription de dix ans. — *Metz*, 30 mars 1833, Durcteste c. Thibout.

892. — Celui à qui un immeuble a été vendu par un tuteur, en cette qualité, sans observer les formalités prescrites par la loi, ne peut se prévaloir de son acte d'acquisition, comme d'un juste titre, à l'effet de prescrire par dix et vingt ans, encore bien que, par la renonciation du mineur à la succession d'où provenait l'immeuble, le vendeur en ait hérité depuis la vente. — *Bruxelles*, 14 déc. 1821, Van-Overveldt c. Vander-Meyden.

893. — La Cour de cassation a décidé que l'art. 2267 C. civ., portant qu'*un titre nul par défaut de forme ne peut servir de base à la prescription de dix et vingt ans*, n'est applicable qu'à la prescription à l'effet d'acquérir et non aux délais et déchéance en matière de procédure. — *Cass.*, 3 flor. an XIII, Villeroy c. Lafaudray.

894. — Lorsque la nullité de forme a été couverte par la partie intéressée à s'en prévaloir, cette renonciation forme pour le possesseur un juste titre auquel on ne serait pas fondé à opposer l'art. 2267. Si, par exemple, un héritier naturel consent à la délivrance d'un legs fait dans un testament nul, rien n'empêchera le légataire de prescrire par dix et vingt ans. — Troplong, n° 901.

895. — Quoique les termes de l'art. 2267 C. civ. soient généraux, Troplong pense que le titre qui ne pèche que par une nullité relative est un juste titre s'il n'est pas attaqué par la personne intéressée. — Troplong, n° 902; Vazeille, n° 473.

896.—L'art. 2267 C. civ. ne parle que des actes nuls pour vices de forme. Ce ne sont pourtant pas les seuls qui soient inhabiles à servir de fondement à la prescription décennale, les nullités intrinsèques, fondées sur des raisons d'intérêt public ou de bonnes mœurs, produiraient le même effet. Par exemple, l'achat d'un immeuble litigieux fait par un avoué, la donation faite par un malade au médecin qui le soigne dans la maladie dont il vient à mourir seraient des actes qui ne pourraient constituer un juste titre. — Troplong, n° 905.

897. — Mais si la nullité n'est pas d'ordre public, si elle a été prononcée par la loi dans un intérêt purement privé; le titre n'est nul que par rapport aux personnes qui ont le droit d'en demander la nullité, et tant qu'il n'est pas attaqué par elles il subsiste à l'égard des tiers. Du reste le tiers à qui on oppose la prescription aura toujours le droit d'interroger les circonstances qui ont accompagné le titre, pour voir s'il y a eu bonne ou mauvaise foi de la part du détenteur. — Troplong, n° 906.

898. — Lorsque la nullité du titre n'est que relative, le véritable propriétaire pourrait empêcher le possesseur de prescrire en exerçant les droits de vendeur en vertu de l'art. 1166 du Code civil. — Vazeille, t. 2, n° 487.

899. — Le titre dont se prévaut le possesseur de bonne foi doit être définitif et non suspendu par une condition : suivant ces principes, Pothier décide que lorsqu'une personne, se portant fort pour une autre, a vendu un héritage à un tiers, quoiqu'il ait mis ce dernier en possession incontinent après le contrat, le temps de la prescription ne commencera à courir que du jour de la ratification. — Troplong, n° 910; Pothier, *Prescr.*, n° 92.

900. — Un titre soumis à une condition résolutoire ne laisse pas pour cela de pouvoir servir de base à la prescription décennale, car ces conditions n'arrêtent pas l'effet du contrat, elles ne laissent aucune incertitude sur le droit du possesseur, il jouit comme propriétaire naturellement saisi en vertu d'un titre qui a tous les caractères translatifs. — Troplong, n° 911.

901. — Si le possesseur de mauvaise foi d'un immeuble en fait donation, et qu'après que le donataire a acquis la prescription décennale, la donation vienne à être révoquée conformément aux art. 953 et 954, le donateur actionné par le véritable propriétaire ne pourra pas lui opposer la prescription acquise par le donataire avant la révocation de la donation. En reprenant l'immeuble, le donateur le possède au même titre qu'avant la donation; il est censé n'avoir jamais cessé d'être possesseur, il peut seulement ajouter la possession du donataire à la sienne pour compléter la prescription trentenaire. Il en serait autrement si le donateur rentrait dans la possession de l'immeuble donné en vertu d'un titre nouveau. — Troplong, n° 911.

902. — Le titre doit se continuer pendant tout le cours de la possession tel qu'il était à son origine; si avant l'accomplissement de ce temps il survient au possesseur un nouveau titre qui change les caractères de sa possession, la prescription est interrompue et devient impossible. *Qui, quum pro emptore usucaperet, precario rogavit, usucapere non potest.* — Troplong, n° 912.

903. — C'est au possesseur à justifier de son titre, lequel ne pourra être opposé aux tiers qu'autant qu'il aura date certaine. Le point initial de la prescription est trop important, dit M. Troplong, pour qu'on le fasse dépendre d'une date sans certitude.—Troplong, n° 903; Vazeille, n° 494. — *Contrà* Pothier, n° 99.

904. — La bonne foi nécessaire pour invoquer la prescription décennale (art. 2265) est la croyance ferme qu'a le possesseur qu'il a acquis la propriété de l'immeuble. *Justa opinio quæsiti dominii.* — Pothier, *Pandectes*, t. 3, p. 149, n° 77.

905. — Voici, d'après M. Troplong, les conditions que doit réunir le possesseur pour qu'il ait cette croyance ferme qu'on appelle la bonne foi. 1° Ignorer qu'un autre que celui qui vous transmet la chose en est propriétaire. *Bonæ fidei emptor esse videtur qui ignoravit eam rem alienam esse* (L. 109, D., *De verb. signif.*). — 2° Etre convaincu que celui qui vous la transmet avait le droit et la capacité de l'aliéner. *Qui à quolibet rem emit, quam putat ipsius esse, bonâ fide emit. At qui sine tutoris auctoritate à pupillo emit..., non videtur bonâ fide emere* (L. 12, D., *De usucap.*). — 3° La recevoir par un contrat pur de fraude et de tout autre vice. *Si fraude et dolo (licet inter majores 25 annis) facta venditio est, hanc confirmare non potuit consequens tempus, quum longi temporis præscriptio in malæ fidei contractibus locum non habeat.*

906. — Ainsi, celui qui achète contre la prohibition de la loi, ou qui reçoit une chose, pour quelque cause que ce soit, contraire aux bonnes mœurs et à l'ordre public, manque de bonne foi, quand même il aurait été de bonne foi à l'égard du véritable propriétaire de la chose, en ce qu'il ignorait son droit de propriété. — Troplong, n° 918.

907. — La nullité résultante du dol et de la fraude, bien que relative, exclut la bonne foi. Elle s'oppose à ce que le possesseur se croie légitime propriétaire. C'est à tort que Dunod a signalé les actes sujets à rescision comme capables de transmettre une possession de bonne foi. — Troplong, n° 919; Cujas sur la L. 27, D. *De contr. empt.*, t. 2, p. 491.

908. — Jugé que la fraude d'un tuteur est imputable à son mineur, en ce sens que ce dernier ne doit pas en profiter; ainsi : lorsqu'il y a eu mauvaise foi du père dans le fait d'acceptation d'une donation faite à son fils mineur; malgré sa bonne foi personnelle et la transcription de la donation, celui-ci ne peut invoquer contre le créancier hypothécaire du donateur la prescription dont parle l'art. 2265 C. civ.—*Grenoble*, 5 mars 1825, Albrand c. Perrin.—V., sur l'acceptation des donations faites aux mineurs, v° DONATION ENTRE-VIFS, nos 233 et suiv.

909. — Les nullités de forme excluent aussi la bonne foi, car elles privent l'acte de son existence légale, et le possesseur qui n'est pas censé les ignorer ne peut se croire propriétaire. — Troplong, n° 920.

910. — La mauvaise foi existerait toujours quand même la nullité ou la cause de la rescision

RÉP. GÉN. — X. 38

serait purgée par la prescription. Il en serait autrement, néanmoins, si, lors de la tradition de la chose, celui qui pouvait se prévaloir de la nullité avait renoncé à ce moyen.—Troplong, nos 921 et suiv.; Pothier, *Prescription*, n° 88.

911. — L'acquéreur peut se prévaloir de la bonne foi, lorsqu'elle est fondée sur une erreur de fait.—Troplong, n° 923.

912. — Ainsi, l'acquisition faite d'un mineur qui se déclarerait majeur pourrait être de bonne foi et donner lieu à la prescription décennale.

913. — Mais la bonne foi qui provient d'une erreur de droit est sans effet relativement à la prescription: *Nunquam in usucapionibus juris error possessoribus prodest.* — Paul, liv. 2, § 15, D. *Pro emptore.*

914. — Jugé dans ce sens que l'ignorance des vices d'un acte translatif de propriété, nécessaire pour constituer la bonne foi de celui qui possède comme propriétaire, ne doit pas s'entendre d'une nullité de droit qui vicierait cet acte. Du principe que nul ne peut ignorer la loi, il suit que l'erreur de droit exclut toujours la possession de bonne foi.—*Orléans*, 15 juin 1820, Cherouvrier c. Baillet.

915. — Celui qui doute si son auteur était ou non maître de la chose et avait ou non le droit de l'aliéner ne doit pas être considéré comme en état de bonne foi, car le doute n'est qu'un milieu entre la bonne et la mauvaise foi.—Voët, liv. 142, D., *De regul. juris.* — Or la bonne foi exige une croyance ferme et positive, une confiance entière dans le droit que l'on possède.

916. — La bonne foi doit s'étendre à la totalité de la chose possédée, il ne suffirait pas d'être de bonne foi sur une partie pour prescrire le tout. La prescription n'aurait pas lieu pour la partie possédée de mauvaise foi.—Troplong, n° 928.

917.—Ainsi jugé que celui qui achète d'un propriétaire par indivis la moitié d'un immeuble avec énonciation que l'autre moitié appartient à un tiers, ne peut à l'égard de cette seconde moitié, qu'il a acquise postérieurement du même vendeur, être considéré comme possesseur de bonne foi. — *Bourges*, 11 janv. 1839 (t. 1er 1839, p. 626), Maratrat c. Douheret et Fourré.

918. — Jugé par le même arrêt que si le donateur s'est réservé la jouissance en commun des biens donnés, s'il les a même affermés pour son compte personnel, le donataire ne peut opposer au véritable propriétaire la prescription de dix ans.

919. — Il n'est pas nécessaire que la bonne foi de l'acquéreur ait duré pendant tout le temps de la prescription décennale, il suffit qu'elle ait existé au moment de l'acquisition.— *Cass.*, 2 avr. 1845 (t. 1er 1845, p. 425), Domaine c. Nartius.

920. — La bonne foi est toujours présumée, le possesseur n'a rien à faire pour l'établir. C'est à celui qui allègue la mauvaise foi à la prouver (art. 2268 C. civ.). — Il y a néanmoins des circonstances tellement indicatives de la mauvaise foi que leur existence non contestée dispense de toute autre preuve celui qui l'articule. — Troplong, *Prescr.*, n° 929; Vazeille, *Prescr.*, t. 2, n° 495.

921. — La preuve de la mauvaise foi peut se faire tant par titres que par témoins. — Vazeille, t. 2, n° 495; Troplong, n° 929.

922. — L'une des circonstances les plus significatives est la remise entre les mains de l'acquéreur des titres du vendeur dans lesquels le droit d'un tiers se trouve écrit. — Troplong, *Prescr.*, n° 930.

923.—Ainsi, jugé que celui qui, après le décès d'une femme, a acheté du mari seul un acquêt de communauté, dont moitié appartenait cependant aux héritiers de la femme, ne peut opposer à ces derniers la prescription de dix ans en invoquant sa bonne foi, si, d'après les énonciations de l'acte, il lui a été possible de reconnaître la nature de l'immeuble vendu. — *Bourges*, 10 janv. 1826, Bargeot c. Petit.

924. — Jugé aussi que la prescription de dix et vingt ans, contre l'action en résolution de la part du vendeur originaire non payé, n'est pas opposable par le tiers acquéreur qui a eu connaissance du contrat primitif, si ce contrat énonce que le prix primitif n'a point été payé; en ce cas la possession du tiers acquéreur ne saurait être réputée de bonne foi. — *Paris*, 20 janv. 1826, Péronne c. Huet; 4 déc. 1826, préfet de la Seine et Mariette c. Degars de Courcelles.

925. — Il suffit qu'un possesseur ait été partie dans un acte qui pouvait lui donner connaissance des droits d'un tiers sur la chose possédée, pour qu'il ne puisse invoquer sa bonne foi et prétendre à la prescription de dix et de vingt ans. — *Paris*, 1er mars 1808, Mailles c. Henriot.— Troplong, n° 931.

926. — Dans le cas de vente d'un bien substitué, l'exception de bonne foi est inadmissible de la part d'un détenteur qui a connu la substitution longtemps avant l'ouverture du droit du substitué. — *Cass.*, 9 janv. 1827, Flach c. Forcioli.

927. — Jugé d'ailleurs que la mauvaise foi de l'acquéreur résultante de ce qu'il a su que l'immeuble était grevé de substitution, n'a pas suffi pour l'empêcher de faire les fruits siens jusqu'au jour de l'action en délaissement formée par le substitué. — Même arrêt.

928. — La charge de servir une rente foncière dont l'immeuble vendu est grevé, lors même qu'elle n'est qu'implicitement énoncée dans le contrat, suffit pour faire supposer la mauvaise foi de l'acquéreur et mettre obstacle à la prescription de dix ans. — *Limoges*, 29 août 1839 (t. 1er 1840, p. 58), Maumy c. hospice de Limoges.

929. — La clause ajoutée au cahier des charges après la signature des adjudicataires et avertissant ceux-ci du non-paiement du vendeur, a pu, s'ils ne l'ont pas signée, être réputée n'avoir pas été connue d'eux et ne pouvoir, dès lors, les constituer en mauvaise foi pour les priver du bénéfice de la prescription décennale. — *Cass.*, 31 janv. 1844 (t. 2 1844, p. 6), Calmelet c. Bougrel.

930. — La clause insérée au cahier des charges et par laquelle le vendeur charge l'acquéreur « de toutes les servitudes actives et passives et de tous droits d'usage qui pourraient grever l'immeuble » n'est pas suffisante pour faire connaître à l'acquéreur les droits des tiers et le constituer en mauvaise foi. — *Nancy*, 14 mars 1842 (t. 1er 1843, p. 190), Borthon c. Commune d'Ainvelle.

931. — En matière de prescription décennale, on ne peut réputer de bonne foi celui qui a connaissance, en acquérant, des faits d'où naît la condition résolutoire de la propriété de son vendeur. — *Toulouse*, 6 mars 1844 (t. 2 1844, p. 208), Marty c. Pauly. — Mais la mauvaise foi dont il est parlé dans l'art. 2180 C. civ. ne résulterait point de cette circonstance que l'acquéreur aurait pu voir, en se faisant représenter le titre d'acquisition de son vendeur, que celui-ci n'avait pas payé son prix, et qu'ainsi il était soumis à l'action résolutoire. — *Bordeaux*, 24 déc. 1832, Devaux c. Mathieu.

932. — L'acquéreur qui s'est obligé de payer les rentes dont l'immeuble peut être grevé ne peut s'affranchir de l'obligation de les servir que par la prescription trentenaire; l'obligation qu'il a contractée est, à l'égard de ces rentes, exclusive de la possession à juste titre et de bonne foi de sa part.—*Colmar*, 24 août 1822, Domaines c. Steiner; *Cass.*, 20 fév. 1826, préfet du Bas-Rhin c. Commune d'Hattmatt.

933. — Quand, après avoir acheté de bonne foi un immeuble d'un usufruitier qui en avait précédemment aliéné la nue propriété, le tiers acquéreur a laissé cet usufruitier en jouissance de l'immeuble à titre de louage, il ne peut se prévaloir de la prescription de dix ans à l'égard de l'acquéreur de la nue-propriété qui a ignoré cette seconde vente. — *Paris*, 14 mai 1830, Latragne c. Villenave.

934. — La bonne foi requise pour la prescription de dix ou vingt ans cesse par cela seul qu'au moment de la vente l'acquéreur ne pouvait ignorer que la propriété de l'immeuble par lui acquis était contestée à son vendeur. — *Rennes*, 18 juin 1821, N...

935.—L'acquéreur qui a titre de bonne foi peut prescrire par dix et vingt ans contre l'État, comme à l'égard d'un simple particulier, quoiqu'il n'ait point fait transcrire. — *Cass.*, 27 mai 1828, Domaine c. Saugain; *Rennes*, 27 janv. 1831, Bazin c. préfet du Finistère; *Cass.*, 10 mai 1832, préfet du Bas-Rhin c. Champy; *Nancy*, 12 mars 1833, préfet des Vosges c. Lallemant de Mons; *Cass.*, 9 juill. 1833, Wignacourt et Kœchlin c. préfet du Haut-Rhin; 21 août 1838 (t. 2 1838, p. 298), préfet de la Meurthe c. Racine.

936. — Décidé que le tiers acquéreur, pour prescrire par dix et vingt ans contre l'action résolutoire du premier vendeur (en supposant que cette prescription soit admissible de sa part contre une telle action), est tenu d'établir la bonne foi de sa possession, c'est-à-dire l'ignorance dans laquelle il s'est nécessairement trouvé que le prix dû au vendeur originaire n'avait pas encore été entièrement acquitté. — *Paris*, 12 févr. 1844 (t. 1er 1844, p. 309), Durault c. Mollard et Penot-Lombard.

937. — Le tiers acquéreur chargé par son contrat de payer au vendeur originaire le prix de la première vente à lui dû, est non recevable à se prévaloir contre l'action en résolution, intentée par ce dernier, de la prescription de dix ou vingt ans dont parle l'art. 2265 C. civ.; on ne peut dire, dans ce cas, que la possession du tiers acquéreur ait le caractère de bonne foi exigé par la loi. — *Limoges*, 29 janv. 1824, Ribière c. Aumenier. — V. *suprà*.

938. — L'héritier d'un possesseur de mauvaise foi est nécessairement considéré comme étant de mauvaise foi lui-même; car il ne fait que continuer la possession de son auteur. Il en est ainsi même lorsqu'il n'a accepté que sous bénéfice d'inventaire. — Dunod, p. 46.

939. — Mais il n'en est pas de même du cas inverse: c'est-à-dire lorsque le défunt ayant possédé de bonne foi, l'héritier est de mauvaise foi; car il résulte de l'art. 2269 que c'est seulement au moment de l'aliénation que la bonne foi doit être considérée. — Troplong, n° 937.

940. — De même le possesseur de mauvaise foi qui, pour compléter la prescription, joint à sa possession celle d'un précédent acquéreur de bonne foi pourra prescrire par dix ou vingt ans. — Troplong, n° 938; Vazeille, *Prescript.*, n° 496.

941. — Lorsque c'est une société qui acquiert, il faut considérer la bonne ou mauvaise foi de celui des associés qui est chargé d'acheter pour le compte de la société. Sa mauvaise foi empêchera la prescription, quand même les autres membres de la société seraient de bonne foi; car il est membre de la société, et son fait réfléchit sur tous les actes sociaux dans lesquels il est censé être partie active et nécessaire.—Troplong, *Prescript.*, n° 934.

942. — Il faut en dire autant du cas où l'acquisition serait faite par un membre d'une commune. — Troplong, *ibid.*, n° 935.

943.—Lorsqu'une propriété vendue originairement par acte administratif a été l'objet de plusieurs reventes successives de particulier à particulier, s'il arrive qu'après une possession du dernier acquéreur, suffisante pour prescrire par vingt ans, le propriétaire originaire revendique une portion du terrain comme non comprise dans l'acte administratif, les tribunaux peuvent, en se fondant uniquement sur ce dernier titre d'acquisition et sur la prescription acquise, repousser la demande en revendication. — On ne peut dire que dans ce cas il y ait de leur part application ou interprétation au moins implicite d'un acte administratif, et, par suite, empiétement sur les attributions de l'autorité administrative. — *Cass.*, 19 juill. 1836, fabrique de l'église d'Illiers-l'Evêque c. Solar. — V. aussi *Cass.*, 28 mars 1825, Dassonville c. Perant; 9 août 1825, Lenez-Cotty de Brécourt c. de Béthune-Charost; 20 déc. 1836 (t. 1er 1837, p. 523), Nicaud c. d'Envaud; 9 juill. 1838 (t. 2 1838, p. 173), préfet du Pas-de-Calais c. Montaigu.

944. — On peut suppléer par la preuve testimoniale au silence ou à l'insuffisance du titre nécessaire pour fonder la prescription de dix et vingt ans. Ainsi l'acquéreur par juste titre d'un moulin et de ses *dépendances* peut, pour repousser par la prescription de dix ou vingt ans une action en revendication d'un terrain attenant à ce moulin, prouver par témoins qu'il en faisait partie au moment de la mise en possession.— *Cass.*, 31 janv. 1837 (t. 1er 1840, p. 263), Lautour c. Duquénel.

945.—Les juges peuvent faire résulter la preuve d'une prescription de dix ou vingt ans de l'enquête ordonnée pour la preuve d'une prescription trentenaire, si cette enquête établit la possession pendant le temps nécessaire, ainsi que l'existence d'un titre, et que d'ailleurs il ne s'élève pas de contestation sur la bonne foi du détenteur. — Même arrêt.

946.—L'acquéreur par juste titre d'un domaine qui n'est pas autrement désigné dans l'acte que par ces mots *tel qu'il se poursuit et comporte*, peut, pour repousser par la prescription de dix et vingt ans une action en revendication de partie de ce domaine, prouver par témoins que les pièces de terre revendiquées en faisaient partie au moment où il en a été mis en possession.—*Cass.*, 23 janv. 1837 (t. 1er 1837, p. 56), Pallerne de Chassenay c. Bigeon.

947—Jugé que la prescription de dix et vingt ans ne peut être invoquée qu'en cas d'acquisition d'un immeuble déterminé, et non par le légataire d'une généralité de biens meubles et immeubles. — *Cass.*, 9 avr. 1834, Carnus c. Borie.

948. — La prescription décennale, accomplie au bénéfice des acquéreurs d'un immeuble, profite au sous-acquéreur du même immeuble, bien qu'il soit descendant des vendeurs originaires. — *Cass.*, 4 févr. 1835, préfet de la Meurthe c. princesse de Poix.

949. — L'arrêt qui, par interprétation des actes de vente invoqués par un acquéreur, ainsi que des faits qui s'y rattachent, décide que cet acquéreur a acheté de bonne foi la totalité d'un terrain dont une partie est revendiquée par un tiers, contient une décision souveraine de fait qui lui permet de considérer ces actes comme formant un juste titre suffisant pour servir de base à la prescription décennale. — *Cass.*, 4 juill. 1843 (t. 2 1843, p. 619), préfet de la Seine c. Lhuillier.

950. — L'art. 2270 C. civ. a établi une prescription de dix ans particulière aux entrepreneurs et architectes. Après dix ans, cet article les déclare déchargés de la garantie des *gros* ouvrages qu'ils ont faits ou dirigés. — V. LOUAGE D'OUVRAGE, nos 111 et suiv.

Sect. 3e. — *Prescriptions particulières.*

§ 1er. — *Prescription de 6 mois, un an, 2 ans.*

951. — La prescription de trente ans et celle de dix et vingt ans forment le droit commun; mais l'usage et l'intérêt public ont créé des prescriptions plus courtes pour certaines obligations. Divers titres du C. civ. contiennent des dispositions spéciales qui établissent des prescriptions de moins de trente, vingt et dix ans. La sect. 4 du C. civ. traite des prescriptions particulières qui n'ont pu trouver place dans ces différens titres.

952. — Troplong (*Prescript.*, t. 2, nos 994 et 996) pense que les prescriptions *brevis temporis* reposent sur une présomption de paiement, qui n'est pas, il est vrai, tellement certaine que la loi refuse aux créanciers tout moyen de l'ébranler, mais qui ne peut être combattue que par la délation de serment autorisée par l'art. 2275; et, suivant l'auteur, le créancier ne pourrait même pas avoir recours à l'interrogatoire sur faits et articles. — Au contraire, Duranton (t. 13, no 434) et Toullier (t. 10, no 54) estiment que la présomption de paiement sur laquelle sont fondées les prescriptions *brevis temporis* et spécialement celle qui résulte de l'art. 2272 peuvent, indépendamment de la délation de serment, être détruites par la preuve contraire. « La loi, dit ce dernier auteur, présume seulement qu'il y a eu un paiement effectif; s'il est prouvé qu'il n'y en a pas eu, la présomption cesse. La loi ne dénie pas l'action; elle l'autorise, au contraire, formellement, en permettant au créancier (art. 2275) de rendre le débiteur juge de sa propre cause et de lui déférer le serment : d'où l'on peut induire qu'il peut aussi le faire interroger sur faits et articles et produire d'autres preuves de non-paiement, s'il en existe. » — On trouvera *infrà* plusieurs arrêts rendus sur cette question, au sujet des diverses prescriptions *brevis temporis*.

953. — *Maîtres et instituteurs, hôteliers, ouvriers, gens de travail, médecins, huissiers, domestiques.* — L'action des maîtres et instituteurs des sciences et arts, pour les leçons qu'ils donnent au mois; celle des hôteliers et traiteurs, à raison du logement et de la nourriture qu'ils fournissent; celle des ouvriers et gens de travail, pour le paiement de leurs journées, fournitures et salaires, se prescrivent par *six mois*. — Art. 2271.

954. — L'action des médecins, chirurgiens, apothicaires, pour leurs visites, opérations et médicamens; celle des huissiers, pour le salaire des actes qu'ils signifient et des commissions qu'ils exécutent; celle des marchands, pour les marchandises qu'ils vendent aux particuliers non marchands; celle des maîtres de pension, pour le prix de la pension de leurs élèves, et des autres maîtres, pour le prix de l'apprentissage; celle des domestiques qui se louent à l'année, pour le paiement de leur salaire, se prescrivent par un an. — Art. 2272.

955. — Les prescriptions dont s'occupent ces deux dispositions reposent sur une présomption de paiement, et elles ont pour but d'éteindre des actions qui ne sont fondées sur aucun titre écrit. — Bourjon, t. 2, p. 577; Troplong, nos 943 et suiv.

956. — Jugé que la prescription de six mois établie par l'art. 2271 C. civ. ne peut être invoquée quand la présomption de paiement est repoussée par les circonstances de la cause — *Et particulièrement* : lorsqu'un débiteur, après avoir allégué qu'il s'est libéré, mais qu'il a égaré les quittances, invoque la prescription de six mois établie par l'art. 2271; si le créancier produit une lettre dont la date se rapporte à l'époque du prétendu paiement et dans laquelle le débiteur déclare que, trouvant exorbitant le prix des salaires et fournitures qu'on lui réclame, il ne paiera que la somme qui sera arbitrée par le juge, il n'y a pas lieu, dans ce cas, d'accueillir le moyen tiré de la prescription. — *Bruxelles*, 22 oct. 1817, Vermoen c. Aelbrechts.

957. — On doit ranger parmi les maîtres et instituteurs dont parle l'art. 2271 les précepteurs qui vivent chez les parens de leurs élèves et dont l'engagement est au mois.

958. — Lorsqu'il a été convenu que les leçons de l'instituteur seraient payées à l'année, MM. Troplong (no 945) et Vazeille (no 756) sont d'avis que l'action de ce dernier est soumise à la prescription quinquennale de l'art. 2277. — V. *infrà*.

959. — Quand le traité verbal fait entre le maître et l'élève porte qu'il sera payé un prix unique pour plusieurs années de leçon, l'action du maître devient une action ordinaire prescriptible par trente ans.

960. — Troplong (no 947) pense avec raison que la prescription de six mois s'appliquerait aux leçons données à tant par cachet, comme à celles qui sont données au mois.

961. — La prescription de six mois n'est point applicable à l'action du chirurgien en paiement des leçons de son art, qu'il a données, non au mois, mais à l'année. — *Cass.*, 12 janv. 1820, Sartin c. Dechaud.

962. — Le § 2 de l'art. 2271, spécial aux hôteliers et traiteurs, ne distingue pas entre le cas où le logement et la nourriture se règlent par mois et celui où ils se règlent par année. Dans le premier cas, chaque mois échu donne lieu à un capital prescriptible par le délai indiqué dans notre article. Dans le second, les six mois courent à partir de l'échéance de l'année.

963. — Décidé que les art. 2271 et 2272 C. civ., établissant des prescriptions diverses entre des personnes de classes différentes, ne peuvent se combiner ensemble : conséquemment, la disposition de l'art. 2271, qui soumet à la prescription de six mois l'action des hôteliers et traiteurs à raison du logement et de la nourriture qu'ils fournissent, doit recevoir son application, alors même que ces fournitures ont été faites à des marchands, sans qu'il soit possible d'argumenter pour ce cas de la disposition de l'art. 2272, qui n'admet la prescription annale qu'à l'égard des fournitures faites à des particuliers non marchands. — *Metz*, 9 juill. 1813, Rogistes c. Volff Bloch; *Cass.*, 20 juin 1838 (t. 2 1838, p. 8), Descols et Bosc.

964. — On ne peut opposer la prescription de six mois établie par l'art. 2271 C. civ. au fournisseur qui n'est ni hôtelier, ni traiteur. — *Grenoble*, 4 févr. 1826, André c. Ogier.

965. — Jugé que la demande, formée par un huissier, en paiement du coût de divers exploits signifiés depuis plus d'un an a pu être repoussée par la prescription annale sans que l'huissier soit en droit de se plaindre de ce qu'il n'aurait pas été fait de distinction entre les salaires relatifs à ces actes et les déboursés résultans de certaines avances par lui faites en qualité de mandataire, alors qu'il n'a pas conclu à ce qu'il fût fait défalcation des sommes à lui dues non à titre de salaire, mais à titre de remboursement de ses avances. — Il en est ainsi surtout si le montant des offres faites à l'huissier et allouées par le tribunal dépasse le chiffre des prétendues avances atteintes par la prescription. — *Cass.*, 12 mars 1844 (t. 2 1844, p. 560), Meuginot c. Pichenot-Moreau. — V. ci-après nos observations sur les avoués; et vo HUISSIER, nos 255 et suiv.

966. — Les boulangers, bouchers, pâtissiers, confiseurs, marchands de comestibles et cabaretiers qui font des fournitures hors de leur maison doivent être classés parmi les marchands en détail dont parle l'art. 2272, § 3. — Troplong, no 951. — V. cependant, pour les cabaretiers, Merlin, *Rép.*, sous ce mot. — Cet auteur les assimile aux traiteurs.

967. — La disposition de l'art. 2271 relative aux ouvriers et gens de travail, s'applique aux maîtres comme aux simples ouvriers compagnons.

668. — Jugé que la prescription de six mois s'applique aux demandes pour fournitures et ouvrages faits par un maître maçon comme à ceux faits par un simple ouvrier travaillant à la journée. — *Bruxelles*, 22 oct. 1817, Vermoen c. Aelbrechts. — Troplong, *Comment. sur la prescr.*, no 952. — Cet auteur pense que le C. civ. aurait dû disposer différemment à l'égard des ouvriers maîtres qui, dans l'usage, ne remettent leurs mémoires qu'à la fin de l'année.

969. — La prescription de six mois établie pour les simples ouvriers est applicable aux chefs d'atelier dont le salaire est fixé par jour. — *Cass.*, 7 janv. 1824, Godde c. Davesne.

970. — La prescription contre les gens de travail commence à partir de chaque fourniture, de chaque ouvrage fait en différens temps, de chaque journée de travail. Ce qui est antérieur aux six derniers mois ne peut être recouvré. — Ferrière, sur l'art. 114 de la coutume de Paris; Troplong, no 953.

971. — L'art. 2271 ne s'applique ni aux architectes, ni aux entrepreneurs. Ainsi, les ouvriers qui font des marchés à forfait et qui ne se contentent pas de se livrer au travail de détail, ceux en un mot qui font des entreprises, ont une action en paiement qui n'est prescriptible que par trente ans.

972. — Un maçon chargé de la construction d'un corps de bâtiment à prix fait, même avec les matériaux qu'on lui fournit, est un entrepreneur, et ne peut être rangé dans la classe des gens de travail auxquels on puisse appliquer la prescription de six mois. — *Amiens*, 14 déc. 1839 (t. 1er 1841, p. 548), Béancourt c. Lacot.

973. — C'est la prescription annale de l'art. 2272 C. civ. qui est applicable à l'action des entrepreneurs en paiement de leurs travaux et fournitures. — *Paris*, 22 nov. 1833, Legendre c. N....

974. — Il y a des ouvriers qui sont aussi marchands. Tels sont les tailleurs qui vendent le drap avec lequel ils confectionnent des habits. Ces personnes doivent être considérées comme des marchands soumis à la prescription de l'art. 2272. — Troplong, no 955.

975. — On doit comprendre parmi les gens de travail les moissonneurs, métiviers, laboureurs, les hommes de peine qui travaillent à la journée en général, et ceux qui reçoivent un salaire fixé autrement qu'à la journée.

976. — Suivant M. Troplong (no 756) les mécaniciens, orfèvres et autres ouvriers dont les travaux comportent des combinaisons de l'esprit doivent être réputés marchands, et la prescription d'un an leur est applicable. Si cependant ces personnes ne faisaient qu'un simple raccommodage, ils seraient plutôt ouvriers que marchands et leur action serait prescrite par six mois. — Un arrêt de la Cour de Bruxelles du 19 janv. 1809 (Deprez c. Reul), rendu sous l'empire de l'ordonn. de 1673, déclare la prescription d'un an ou de six mois non applicable aux artistes mécaniciens pour raison de fournitures et ouvrages de leur profession.

977. — M. Troplong (no 958) estime avec raison qu'on ne doit pas considérer comme gens de travail les commis, les employés aux écritures, et autres du même genre, qui louent leur travail moyennant une rétribution, l'expression *gens de travail* n'était appliquée dans l'ancienne jurisprudence qu'aux manouvriers, terrassiers, etc., et c'est dans ce sens qu'elle est prise dans la loi du 24 août 1790, tit. 3, art. 10, no 5. — M. Henrion de Pansey, *Compétence des juges de paix*, chap. 30.

978. — Des voituriers qui demandent le prix des transports qu'ils ont faits ne peuvent être considérés comme des ouvriers ou des gens de travail, et en cette qualité soumis à la prescription de six mois. — *Amiens*, 1er déc. 1825, Pechon c. Bourse.

979. — Aux termes de l'art. 2272, § 1er : les médecins et chirurgiens sont soumis à une prescription d'un an. Troplong (no 959) pense que s'il y a eu plusieurs assistances du médecin pour la même maladie, la prescription ne commence qu'à partir de la fin de la seconde assistance. Par exemple, dit-il, un médecin a traité un malade pendant l'année 1832 jusqu'au commencement de janvier 1833. Il soigne encore la même personne aux mois de juin, juillet et août 1833, d'une autre maladie. Au mois de décembre suivant, il fait sa demande pour ses visites et assistances pendant les années 1832 et 1833. Il y est bien fondé, et on ne peut lui opposer la prescription pour ses visites de 1832; parce que la dernière assistance de cette maladie finie en janvier 1833 se rapporte à la première, et la première à la dernière. Mais si la dernière assistance de la maladie avait été faite au mois de décembre 1832 et que la demande fût faite au mois de janvier 1834, il y aurait prescription pour les visites de cette maladie. La seconde seule pourrait motiver une répétition en temps utile.

980. — M. Troplong ajoute (no 987) : Toutes les

visites faites par un médecin pour une maladie qui, sans être habituelle, a quelque durée, doivent être réunies pour être soumises à une seule prescription qui court à partir de la fin de la maladie.

981. — Jugé cependant, mais à tort, que la prescription court contre les médecins à raison de leurs visites, non en masse à partir du jour où ces visites ont cessé par suite de la guérison du malade ou de son décès, mais partiellement et à compter du jour où chacune d'elles a été faite. — *Limoges*, 3 juill. 1839 (t. 1er 1840, p. 57), Courdeau c. Lachaume.

982. — Décidé que la prescription d'un an établie par la loi contre les médecins pour le paiement de leurs honoraires repose sur une présomption légale qui ne peut être détruite par des présomptions contraires. — *Cass.*, 29 nov. 1837 (t. 1er 1838, p. 667), Monteil-Duclaux c. Roch.

983. — Lorsque l'un des héritiers reconnaît que le médecin qui a traité le défunt pendant plusieurs années n'a reçu aucun à-compte sur le montant de ses honoraires, les autres héritiers peuvent, nonobstant cette reconnaissance, opposer à l'action du médecin la prescription annale établie par l'art. 2272 C. civ. — *Cass.*, 22 juin 1880, Court c. Isnard.

984. — Les pharmaciens ont autant de créances différentes qu'il y a de fournitures. — Troplong, *loc. cit.*

985. — Chaque acte signifié par un huissier est aussi une créance distincte; mais lorsque l'un de ces officiers ministériels a été chargé d'une commission, la prescription ne commence à courir que du jour de la conclusion de l'affaire ou de la révocation des pouvoirs. — Troplong, n° 960.

986. — La prescription établie par l'art. 2272 C. civ. contre les huissiers à raison de leurs salaires s'applique aux créances anciennes, lorsqu'il s'est écoulé un an depuis la promulgation du Code jusqu'à la demande. — *Paris*, 20 avr. 1812, Menessier c. Geoffroy.

987. — C'est arbitrairement qu'on voudrait étendre aux gardes du commerce la disposition de l'art. 2272 relative aux huissiers. Ces deux classes d'officiers publics sont tout à fait distinctes.

988. — Il a été cependant décidé que les gardes du commerce remplissant des fonctions analogues à celles des huissiers doivent, pour le paiement de leurs frais, être assimilés à ceux-ci, et soumis comme eux à la prescription annale. — *Paris*, 9 déc. 1835, Eliot c. Moreau.

989. — La prescription de l'art. 2272 ne peut s'opposer de marchand à marchand. C'est ce qui résulte clairement de la rédaction de cet article. — Troplong, n° 961. — Mais il en serait autrement si un marchand faisait à un autre des fournitures étrangères au commerce de ce dernier. — Troplong, n° 962.

990. — Sous l'empire de l'ordonnance de 1673, la prescription annale n'avait point lieu de marchand à marchand. — *Cass.*, 3 frim. an IX, Godard c. Rubrecq; *Toulouse*, 3 nivôse an X, Petitpierre c. Deramond; 17 pluv. an XII, Davantès c. Bernady; *Cass.*, 8 janv. 1806, Crèvecœur c. Stevens; *Metz*, 12 janv. 1819, Carry c. Brincourt.

991. — La prescription annale n'a pu être opposée à un marchand lorsqu'il est prouvé que l'article fourni a été rayé d'une première facture parce que les parties étaient divisées sur le prix, bien que depuis il se soit écoulé un temps plus que nécessaire pour la prescription et qu'il ait été fait d'autres fournitures qui ont été quittancées sans réserve. — *Paris*, 29 mars 1815, Borghèse c. Lesueur.

992. — La prescription annale repose sur une présomption de paiement; elle ne peut donc être invoquée lorsqu'il résulte de la défense même de ceux qui en excipent, que le paiement n'a pas eu lieu. — *Paris*, 14 nov. 1818, de Médavy c. Bertin.

993. — Les imprimeurs sont des marchands, lorsqu'ils vendent au public le produit de leurs presses; mais lorsqu'ils ne font que mettre leurs presses au service d'un auteur, ils ne sont que des ouvriers dans le sens légal du mot.

994. — Jugé que les imprimeurs sont des ouvriers et des marchands soumis à la prescription de six mois et d'un an. — *Agen*, 5 juill. 1833, Richard c. Lejeune.

995. — La prescription contre les marchands court depuis le jour de chaque fourniture. Chacune d'elles est une créance distincte qui donne naissance à une action particulière. — Pothier, *Oblig.*, n° 380.

996. — Merlin (*Rép.*, v° *Prescription*, p. 556, n° 13) et M. Troplong (n° 967) assimilent à un apprentissage les pensions des clercs chez les avoués et les notaires.

997. — M. Vazeille (n° 739) croit que les pensions des nourrices sont sujettes à la prescription annale. Mais il n'y a rien dans l'art. 2272 qui puisse justifier cette doctrine, qui est rejetée avec raison par M. Troplong (n° 968).

998. — Les personnes qui ont pour état de tenir pension en ce sens qu'elles fournissent la nourriture aux pensionnaires, mais sans leur donner aucune instruction, ne peuvent être assimilées aux maîtres de pension.

999. — Du reste, on ne pourrait mettre sur la même ligne que les traiteurs ou les maîtres de pension ceux qui par obligeance ou commisération fournissent des alimens à un individu dans le besoin. — Troplong, n° 970.

1000. — Le mot domestiques, dont se sert le § 5 de l'art. 2272, doit être pris dans l'acception ordinaire que reçoit actuellement ce mot. On ne pourrait donc soumettre à la prescription annale l'action d'un secrétaire, d'un aumônier, d'un bibliothécaire ou d'un précepteur. — Troplong, n° 975; Henrion de Pansey, *Comp. des juges de paix*, chap. 30. — Ces personnes ne seraient soumises qu'à la prescription de cinq ans de l'art. 2277.

1001. — La prescription d'un an établie par l'art. 2272 C. civ. contre les domestiques pour le paiement de leur salaire, n'est point applicable au *facteur* qui est chargé de la direction d'une usine et qui ne reçoit de son maître ni la table ni le logement. — *Liége*, 22 janv. 1824, Posson c. Simon.

1002. — La Cour de cassation a décidé que le juge de paix peut accueillir ou rejeter le moyen de prescription opposé en vertu de l'art. 2272 C. civ. suivant les circonstances, qu'il a le droit d'apprécier. — En supposant même qu'en rejetant le moyen de prescription il se soit trompé dans son appréciation, sa décision ne constitue point un excès de pouvoir permettant d'attaquer son jugement par la voie du recours en cassation. — *Cass.*, 18 juill. 1848 (t. 1er 1849, p. 601), Drilhon c. Nauzais.

1003. — *Avoués.* — L'action des avoués pour le paiement de leurs frais et salaires se prescrit par deux ans à compter du jugement des procès ou de la conciliation des parties, ou depuis la révocation des avoués. A l'égard des affaires non terminées, ils ne peuvent former de demandes pour leurs frais et salaires qui remonteraient à plus de cinq ans. — Art. 2273.

1004. — D'après cette disposition, lorsque le procès n'est pas terminé dans les cinq ans, les frais et honoraires qui remontent à plus de cinq ans sont prescrits. On ne suppose pas que l'avoué soit resté plus longtemps sans se faire payer d'une partie de ses frais et honoraires.

1005. — Avant le Code civ., l'action en paiement des frais de procédure n'était prescriptible que par trente ans. — *Paris*, 12 germ. an XIII, Rolland c. Moustier; 15 frim. an XIV, Jobelin c. Chevigny; *Nîmes*, 28 avr. 1813, Roux c. Bosiq; *Paris*, 18 août 1820, Bouel c. Massière; *Pau*, 19 nov. 1821, Benquez c. Dartiguenave; *Cass.*, 10 déc. 1828, Texier. — *Contrà*, *Cass.*, 29 janv. 1817, Debrosse c. Desjobert.

1006. — La mort du client n'a pas paru au législateur un motif assez suffisant pour réduire à deux ans l'action de l'avoué, à raison des affaires non terminées. — M. Bigot, Motifs; Fenet, t. 15, p. 599.

1007. — Il a été jugé que les dispositions de l'art. 2273 C. civ., relatives à la prescription de l'action des avoués pour le paiement de leurs frais et salaires, sont générales et s'appliquent à toutes les actions dirigées par les avoués contre leurs cliens en paiement des frais qu'ils ont avancés pour eux, soit qu'ils en aient ou qu'ils n'en aient pas obtenu la distraction. — *Paris*, 20 nov. 1847 (t. 1er 1848, p. 162), Marion c. Jubin-Mondin.

1008. — Jugé encore que l'art. 2273 C. civ. s'applique aux déboursés aussi bien qu'aux honoraires. — *Dijon*, 26 déc. 1846 (t. 1er 1874, p. 134), Rouget c. Baudot.

1009. — ...Et que la prescription de deux ans, à laquelle est soumise, aux termes de l'art. 2273 C. civ., l'action des avoués pour le paiement de leurs *frais et salaires*, s'applique à tous les déboursés, même aux avances pour droits d'enregistrement, droits et frais de greffe et coûts d'actes d'huissier. — *Cass.*, 16 déc. 1846 (t. 2 1846, p. 752), Ensolras c. Eyraud.

1010. — Cette décision est conforme à l'esprit de la loi, car il résulte de la discussion qui a précédé l'adoption de l'art. 2273 C. civ. que les auteurs de ce Code ont entendu comprendre sous les mots *frais et salaires* tous les déboursés, sans distinction, que les avoués sont obligés de faire pour leurs cliens dans le cours des procédures. — En effet, M. Pelet, conseiller d'Etat, voulait que l'on réduisît à deux ans, au lieu de cinq ans, l'action des avoués, *même pour les affaires non terminées*; mais cette proposition fut repoussée et l'art. 2273 maintenu tel qu'il est, sur l'observation de M. Portalis que, si la proposition de M. Pelet était admise, le pauvre ne trouverait plus d'avoués qui voulussent faire *des avances* pour lui (V. Fenet, t. 15, p. 560). Aussi M. Troplong est-il d'avis (*Prescr.*, t. 2, n° 979) que les mots *frais et salaires* doivent s'entendre de tous les déboursés que font les avoués *dans le cours des procédures* où ils occupent pour en activer la marche, tels que: frais d'actes retirés de l'étude des notaires ou des greffes, ou des archives des administrations, ou des bureaux d'hypothèques; les avances de droit d'enregistrement, de greffe de transcription, de taxe de témoins, de salaire des huissiers, de consultations. — En ce sens, Vazeille (*Prescr.* t. 2, n° 684). — C'est également ce que reconnaît la jurisprudence.

1011. — M. Troplong va même jusqu'à soutenir (*loc. cit.*) que la prescription de deux ans ou cinq ans atteint l'avoué même pour les honoraires par lui payés à l'avocat. Mais cette opinion peut souffrir difficulté, car l'avoué qui fait un pareil déboursé agit bien moins comme avoué, et pour accélérer la marche de la procédure confiée à ses soins, que comme mandataire; et il paraîtrait plus juste de le subroger aux droits de l'avocat, lesquels, comme on le sait (Troplong, n° 982), ne se prescrivent que par 30 ans. — V. AVOCAT.

1012. — Jugé, en ce sens, que la loi, en disant que l'action des avoués en paiement de leurs frais et salaires se prescrit par deux ans, n'a pas entendu comprendre dans sa disposition les avances faites par les avoués pour les honoraires dus aux avocats, et, qu'en conséquence, l'action des avocats en paiement de leurs honoraires n'étant soumise qu'à la prescription trentenaire, les avoués qui ont payé les honoraires en l'acquit de leurs cliens doivent être subrogés contre ces derniers aux droits des avocats, et leur action à cet égard ne se prescrit que par trente ans. — *Grenoble*, 30 juill. 1821, Acarrias c. Bosq; *Pau*, 1 juin 1828, Petit c. Lalanne; *Riom*, 24 mai 1838 (t. 2 1838, p. 422), Campeil c. Tailhard.

1013. — L'action d'un avoué en paiement des frais qui lui sont dus à la suite d'une série de procès de même nature et se liant entre eux, paiement qui, d'après une convention intervenue entre les parties, devait s'effectuer avec les recouvremens résultans des procès à intenter, ne se prescrit que par le laps de deux ans écoulé depuis la mise à fin de la dernière instance; et non pour chaque procès, à partir du jugement qui l'a terminé. — *Cass.*, 9 août 1848 (t. 1er 1849, p. 31?), Charronceuil c. Massard.

1014. — L'art. 2273 C. civ. ne faisant aucune distinction entre les frais divers faits par l'avoué dans le cours d'une instance, la présomption de paiement qui en résulte s'applique à tous les déboursés et avances qu'il a faits en dehors des actes de son ministère aussi bien que pour l'instance dans laquelle il a occupé. — *Dijon*, 26 déc. 1846 (t. 2 1847, p. 378), Laurencier c. Commune de Pierreclos. — V. aussi v° AVOUÉ, n°s 625 et suiv., et FRAIS ET DÉPENS, n° 588.

1015. — Il faut faire rentrer dans l'hypothèse où l'on prévoit la *révocation* de l'avoué la cessation de ses fonctions par destitution ou suppression de son office ou même par suite de décès.

1016. — Jugé que la prescription des frais et déboursés dus à un avoué commence à courir du jour de son décès, encore bien que son fils devenu son successeur ait continué à occuper pour la suite de l'affaire. — *Cass.*, 18 mars 1807, Fourmestreaux c. Corroyer.

1017. — ... Et que l'art. 2273 C. civ., qui limite à deux ans l'action des avoués pour le paiement de leurs frais, à partir de leur révocation, est applicable au cas où ils ont cessé leurs fonctions par l'effet de la suppression des offices. Cette prescription peut être opposée, même après l'exécution d'un jugement interlocutoire intervenu sur la demande en paiement. — *Cass.*, 19 août 1816, Sergent c. Knaeps.

1018. — L'affaire n'est pas considérée comme terminée lorsque le litige est fini sur un point et subsiste sur d'autres chefs. — Merlin, *Rép.*, v° *Prescr.*, p. 561.

1019. — Lorsqu'il a été rendu divers arrêts à des époques différentes sur des contestations relatives à la liquidation d'une créance, la prescription de deux ans pour le paiement des frais dus à l'avoué qui a occupé dans ces diverses instances ne commence à courir que du jour du jugement qui a statué définitivement sur la liquidation de la créance. — *Paris*, 5 déc. 1835, Massot c. Broutin.

1020. — La prescription de deux ou de cinq ans, établie par l'art. 2273 du Code civil, n'est point applicable aux actes que l'avoué a faits, non comme avoué, mais en qualité de mandataire de sa partie, notamment en plaidant ou en comparaissant pour elle soit au bureau de paix, soit au tribunal de commerce.—*Orléans*, 30 juin 1842 (t. 2 1842, p. 110), Hainguerlot c. Vincent.

1021. — Il en est autrement lorsque le recours au ministère d'un avoué est facultatif, par exemple pour la comparution au tribunal correctionnel. Dans ce cas, la prescription de l'art. 2273 peut être utilement invoquée. — Même arrêt.

1022. — La prescription de deux ans établie contre l'action des avoués pour le paiement de leurs frais est fondée sur une présomption *juris et de jure* et non sur une présomption *juris tantum*, en telle sorte qu'aucune preuve ne peut être admise contre cette présomption : si ce n'est la renonciation de la partie qui l'oppose, sauf la délation du serment dans les termes de l'art. 2275. — *Pau*, 19 nov. 1821, Benquez c. Dartiguenave; *Cass.*, 22 juill. 1835, Lefebvre c. Semichon. — V. au reste AVOUÉ, n° 606.

1023. — La prescription de deux ans ne peut être étendue à l'action des avocats en paiement de leurs honoraires.—Troplong, n° 982.— Il faut en dire autant des agréés, des notaires, des greffiers, des agens d'affaires. L'action de toutes ces personnes n'est prescriptible que par trente ans. — Vazeille, n° 685; Troplong, nos 982 et suiv.

1024. — La prescription, dans les cas prévus par les art. 2271, 2272 et 2273, a lieu, quoiqu'il y ait eu continuation de fournitures, livraisons, services et travaux. Elle ne cesse de courir que lorsqu'il y a eu compte arrêté, cédule ou obligation, ou citation en justice non périmée. — Art. 2274.

1025.—Néanmoins, ceux auxquels ces prescriptions seront opposées peuvent déférer le serment, à ceux qui les opposent, sur la question de savoir si la chose a été réellement payée. Le serment peut être déféré aux veuves et héritiers, ou aux tuteurs de ces derniers, s'ils sont mineurs, pour qu'ils aient à déclarer s'ils savent que la chose est due. — Art. 2275.

1026.—Lorsque l'ouvrage d'un ouvrier se compose d'un certain nombre d'articles de compte liés entre eux, ces articles doivent être pris en bloc.

1027. — L'arrêté de compte, l'obligation, la citation en justice interrompent la prescription, parce qu'elles font évanouir la présomption de paiement.

1028. — La prescription de six mois n'est pas applicable à une action en paiement de salaires intentée par un ouvrier contre son maître, lorsqu'un règlement de compte, demandé en temps utile, était à faire entre les parties. — *Cass.*, 12 mars 1834, Villa c. Mazars.

1029.—La prescription annale établie contre les huissiers pour le salaire de leurs actes ne peut être invoquée avec succès par ceux qui en sont débiteurs, lorsqu'ils ont reconnu la dette et qu'ils ne rapportent point la preuve de leur libération. — *Amiens*, 11 mars 1826, Cottenest c. Corroze.

1030. — Jugé qu'une reconnaissance, même indéterminée, suffit pour interrompre la prescription annale établie pour les fournitures de marchands. — *Rouen*, 17 mai 1837, Bertin c. de Bagration.

1031. — Des lettres missives écrites par un client à son avoué au sujet des frais réclamés par celui-ci ont pu, alors même qu'elles ne contenaient l'énonciation d'aucun chiffre précis, être considérées comme constituant non pas seulement une simple reconnaissance interruptive de la prescription, mais bien une promesse obligatoire dans le sens de l'art. 2274 du Code civil, et un titre spécial de nature à n'être atteint que par la prescription de trente ans, sans que l'arrêt qui le décide ainsi puisse tomber sous la censure de la Cour de cassation. — *Cass.*, 29 juin 1842 (t. 2 1842, p. 347), Gohier de Senneterre c. Lequien.

1032. — La créance résultant de sommes dues à une personne en sa qualité de serviteur à gages cesse d'être prescriptible par un an lorsqu'elle a été reconnue par le maître dans un compte arrêté par lui et revêtu de sa signature. Elle n'est, dès lors, soumise qu'à la prescription trentenaire. — *Cass.*, 10 fév. 1836, Raibaud-Lange c. Aubert.

1033.—Il résulte de la disposition de l'art. 2274 que les prescriptions établies par les articles précédens ne courent pas lorsque les parties ont traité par écrit. Ces prescriptions n'ont été créées que pour le cas où il n'y a pas de titre. — Bourjon, t. 2, p. 410; Troplong, n° 989.

1034.—Lorsqu'il y a eu reconnaissance, obligation ou compte arrêté, la prescription est quinquennale, conformément à l'art. 2277 ci-après, si le prix ou salaire a été stipulé payable par mois ou par année. Lorsque, au contraire, le prix ou salaire doit être payé en une seule fois, la prescription est trentenaire. Quant au cas où la prescription est interrompue par une citation en justice. V. ce que nous avons dit *suprà* en traitant de l'interruption de prescription.

1035.— M. Troplong (n° 995) pense avec raison que l'art. 2275 autorisant seulement la délation de serment dans le cas qu'il prévoit, on ne pourrait demander à interroger le débiteur sur faits et articles. — En ce sens, *Lyon*, 18 janv. 1836, Dubuisson c. Cessy. — V., en sens contraire, Duranton, t. 13, n° 434, et Toullier, t. 10, n° 54.

1036. — S'il a été signifié un commandement à fin de paiement d'arrérages de rente; les arrérages ainsi conservés se prescrivent après une nouvelle période de cinq ans, qui recommence à courir à compter du jour de ce commandement. — *Caen*, 26 juin 1820, Brulay c. Lefranc. — V. *suprà* nos observations sur l'interruption de la prescription.

1037. — Les juges et avoués sont déchargés des pièces cinq ans après le jugement des procès. Les huissiers après deux ans depuis l'exécution de la commission ou la signification des actes dont ils étaient chargés, en sont pareillement déchargés. — Art. 2276.

1038. — Lorsque le procès n'est pas jugé, l'avoué et le juge restent soumis à la prescription ordinaire. Quand l'huissier n'a pas exécuté la commission dont il avait été chargé, l'action en remise des pièces est également soumise au droit commun. — Vazeille, n° 692; Troplong, n° 999.

1039.—La remise des pièces ne doit pas être confondue avec la restitution des deniers perçus par l'huissier en sa qualité de mandataire. L'action en restitution de ces deniers dure trente ans. — En ce sens, *Rouen*, 1er juill. 1828, Mallet c. Guerrion. — Troplong, n° 1000.

1040. — Un débiteur qui a acquitté le montant d'une obligation en vertu de laquelle il était poursuivi, peut exiger la remise de la grosse exécutoire de l'huissier qui agissait contre lui plus de deux ans après la cessation des poursuites. — *Paris*, 20 déc. 1825, Brissin c. Peisan. — V. HUISSIER, nos 147 et suiv.

§ 2. — *Prescription quinquennale.*

1041. — Les arrérages de rentes perpétuelles et viagères; ceux des pensions alimentaires; les loyers des maisons et le prix de ferme des biens ruraux; les intérêts des sommes prêtées, et généralement tout ce qui est payable par année ou à des termes périodiques plus courts, se prescrivent par cinq ans. — Art. 2277.

1042. — L'origine de la prescription quinquennale remonte à l'ordonnance de Louis XII, de 1510, dont l'art. 72 soumettait à la prescription de cinq ans les arrérages de rentes constituées. Malgré les tentatives qui furent faites dans la suite pour étendre cette prescription à d'autres créances analogues le principe de l'ordonnance de 1510 reçut peu d'extension jusqu'à la publication du C. civ., qui lui fit produire toutes ses conséquences logiques.

1043. — L'ordonnance de 1510 ne concernait que les rentes constituées; elle laissait sous l'empire du droit commun les arrérages de rentes foncières, les arrérages dus pour prix d'immeubles, et les rentes viagères. Cette ordonnance fut trouvée si juste qu'elle fut suivie sans difficulté dans les provinces les plus fermement attachées au droit romain. — Laroche-Flavin, *Droits seigneuriaux*, ch. 6, art. 10; Bretonnier sur Henrys, t. 2, p. 504; Pothier, *Constitut.*, ch. 5, art. 2, n° 2; Bourjon, t. 2, p. 569, n° 33; Ferrière sur Paris, art. 124, glose 3, n° 7.

1044. — La prescription de cinq ans n'est pas seulement fondée sur une présomption de paiement, elle l'est encore plus sur des considérations d'ordre public et d'intérêt général; comme on peut le voir par les termes de l'ord. de 1510 : « La plupart de nos sujets (porte l'ord.) au tems présent, usent d'achats et ventes de rentes à prix d'argent, que aucuns appellent rentes à prix d'argent, les autres rentes volantes, pensions et hypothèques, ou rentes à rachat, à cause desquels contrats plusieurs sont mis à pauvreté et destruction, pour les grands arrérages que les acheteurs laissent courir sur eux, qui montent souvent plus que le principal.... Et aussi souvent les acheteurs perdent leur principal et arrérages pour ce que leur vendeur auparavant avait vendu à plusieurs autres semblables rentes; les paiemens desquelles et des arrérages surmontent les biens du vendeur. Pour ce, nous, désirant pourvoir à l'indemnité de nos sujets, ordonnons que les acheteurs de telles rentes et hypothèques *ne pourront demander que les arrérages de cinq ans au moins*, et si, outre iceux cinq ans, aucune année des arrérages était échue, dont n'eussent fait question ne demande en jugement, ne seront admis à les demander, ainsi en seront déboutés par fin de non-recevoir, et, en ce, ne sont comprises les rentes foncières, portant directe ou cession. »

1045. — Dans la ci-devant Savoie aussi bien qu'en France les arrérages de rentes constituées se prescrivaient par cinq ans. — *Cass.*, 9 vend. an XIII, Domaines c. Lavernias et Larnaz; 2 janv. 1809, Domaine c. Joguet.

1046. — Les arrérages d'une rente constituée à prix d'argent, dans le ci-devant Piémont ne se prescrivaient que par trente ans.—*Cass.*, 23 mars 1808, Domaine c. Ion.

1047. — Sous l'empire de la coutume de Metz les arrérages des rentes volantes se prescrivaient par cinq ans. — *Metz*, 12 mars 1819, de Macklot c. de Latournelle.

1048. — Dans le comtat Venaissin et dans les pays où l'ordonnance de 1510 n'avait pas été publiée, les arrérages de rentes constituées n'étaient prescriptibles que par trente ans. — *Cass.*, 19 avr. 1809 (int. de la loi), Chabert.

1049. — Jugé que sous l'empire du droit écrit, les arrérages d'une rente constituée, qui s'élevaient au delà du capital, n'étaient pas réductibles à la valeur de ce capital. Le créancier à qui on n'opposait pas la prescription avait le droit d'exiger la totalité de ces arrérages. — *Bruxelles*, 9 juill. 1808, Stevens c. Caltoir.

1050. — Le règlement du 13 avril 1770, suivant lequel les arrérages des rentes constituées se prescrivaient par cinq ans, n'était pas applicable aux intérêts d'une somme léguée. Ces intérêts n'étaient susceptibles que de la prescription de trente ans. — *Montpellier*, 16 juin 1837, sous *Cass.*, 3 janv. 1842 (t. 1er 1842, p. 649), Félip c. Bonet.

1051. — La loi du 20 août 1792 appliqua la prescription de cinq ans aux cens, aux rentes et redevances foncières. « Les arrérages à échoir de cens, dit la loi, même de rentes foncières, ci-devant perpétuelles, se prescriront à l'avenir par cinq ans, à compter du jour de la publication du présent décret, s'ils n'ont été conservés par la reconnaissance du redevable ou par des poursuites judiciaires. » — Les rentes viagères restaient encore soumises à la prescription trentenaire; mais, par son art. 156, la loi du 23 août 1793 en affranchit celles qui étaient à la charge de l'Etat, en déclarant pour toutes les rentes dont il était grevé qu'aucun créancier ne pourrait réclamer que les cinq années avant le semestre courant. Les rédacteurs du Code civil, frappés de la pensée d'ordre public qui avait dicté l'ordonnance de 1510, ont soumis à une loi unique les arrérages de toutes les rentes perpétuelles et viagères.

1052. — Plusieurs arrêts ont décidé qu'avant le Code civil la prescription de cinq ans n'était pas applicable aux arrérages de rente viagère, lesquels ne se prescrivaient que par trente ans. — *Paris*, 14 avr. 1809, Pocquet c. Noël; *Agen*, 30 juin 1810, hospice d'Auch c. Barbat; *Bourges*, 7 juill. 1814, l'abbé de Saint-Georges c. Barbançoire; 28 juill. 1819, de Romilly c. Chabrillant; *Lyon*, 5 avr. 1824, de Sarron c. Tremollet; *Paris*, 28 avr. 1827, Dalléaz c. Fieffé.

1053. — Jugé, au contraire, qu'avant le Code civil les arrérages des rentes viagères se prescrivaient par cinq ans.—*Besançon*, 24 nov. 1808, Dandelarde c. Hancy; *Metz*, 28 avr. 1819, ci-devant communauté des Juifs c. Tardif; *Limoges*, 6 févr. 1822, Vezy c. Monteil.

1054. — Les rentes convenancières ne se prescrivaient pas par cinq ans.—*Rennes*, 20 mai 1817, N....

1055. — Les cinq années se calculent à partir de l'échéance jusqu'à la demande judiciaire faite par les créanciers ou de l'interruption légale — Troplong, n° 1003; Vazeille, n° 611.

1056. — Ainsi, bien que les arrérages d'un rente viagère, réclamés en justice, n'excèden pas ceux de cinq années; ils ne peuvent plus être alloués, s'il s'est écoulé plus de cinq ans depuis l'époque où ils pouvaient être exigés jusqu'au jour de la demande. — *Bordeaux*, 1er mars 1831, Naviceau c. Gibaudan; 9 déc. 1831, N....

1057. — Cependant, la Cour de Paris a jugé, mais à tort, que les arrérages d'une rente viagère se prescrivent, en cas de décès du créancier, en remontant du jour de ce décès, et non à partir de la demande formée par l'héritier. — *Paris*, 22 juill. 1826, Passot c. d'Apchier.

1058. — Les arrérages des rentes et prestations dues aux églises des paroisses se prescrivent par le laps de cinq années, comme ceux des rentes dues aux particuliers. Le débiteur de ces rentes est autorisé à faire, lors du paiement, la retenue des impositions, lorsque le titre constitutif ne les en affranchit pas d'une manière positive. — *Paris*, 20 mars 1809, N.... c. Petigny; 14 avr. 1809, Pocquet c. Noël.

1059. — Les arrérages du traitement d'un ministre du culte payables par année sont sujets à la prescription de cinq ans établie par l'art. 2277 C. civ. — *Liége*, 19 nov. 1831, Schaetzen c. fabrique de Tongres.

1060. — La caution qui a payé en cette qualité des arrérages de rente dont était tenu le débiteur principal ne peut, à raison de la répétition qu'elle est en droit d'exercer contre ce débiteur, être soumise à la prescription de l'art. 2277 : c'est la prescription ordinaire qui seule lui est applicable. — *Caen*, 10 nov. 1845 (t. 1er 1846, p. 378), Foucault c. Delaunay. — V. CAUTIONNEMENT, nos 228 et suiv.

1061. — Avant le Code, et sous les lois de 1792, les pensions alimentaires n'étaient pas soumises à la prescription de cinq ans. — *Riom*, 22 mars 1816, Danglard c. Lavialle.

1062. — La prescription relative aux arrérages d'une pension alimentaire constituée par des enfans au profit de leur père ou de leur mère est suspendue par le décès du crédirentier jusqu'au partage de sa succession demeurée indivise. — En conséquence les arrérages dus par quelques-uns des enfans et échus depuis moins de cinq ans à l'époque du décès du crédirentier, auteur commun, doivent être payés à sa succession, lors même qu'il s'est écoulé plus de cinq ans depuis l'échéance jusqu'à l'instant où ils sont réclamés par les autres cohéritiers. — *Bordeaux*, 13 mars 1843 (t. 1er 1845, p. 160), Barreyre et Sorin c. Morin.

1063. — M. Troplong (*De la prescription*, t. 2, no 493) dit que « l'indivision n'est pas un obstacle à ce que l'un des communistes prescrive à son profit la totalité de l'objet possédé par lui, si d'ailleurs sa possession privative est bien caractérisée. Mais, d'une part, la possession, pour être utile, devant être clairement exclusive, il s'ensuit que les droits incorporels qui ne sont susceptibles que d'une possession *de droit*, laquelle implique l'impossibilité d'une possession par un seul *contre le droit* des autres copropriétaires, ne sauraient être prescrits dans ce cas. En second lieu : la libération d'une dette par la prescription *brevis temporis* étant fondée sur la présomption du paiement, il est manifeste, dans le cas d'une somme due par un héritier à l'auteur commun, que cette présomption cesse depuis le décès de celui-ci jusqu'à la liquidation de la succession. » — La doctrine de M. Troplong n'est point en contradiction avec l'arrêt de la Cour de Bordeaux précité.

1064. — Jugé, dans le même sens, que la prescription quinquennale à l'égard des intérêts du prix d'un immeuble adjugé par licitation à un cohéritier est suspendue pendant l'instance en liquidation définitive de la succession du défunt, bien que l'adjudication ait fixé la part du prix revenant collectivement aux héritiers colicitans et l'ait stipulée payable à des époques déterminées. — *Cass.*, 26 juin 1839 (t. 2 1839, p. 92), Guittard.

1065. — La prescription quinquennale prononcée par l'art. 2277 du Code civil contre les arrérages de rentes, reçoit son application encore bien qu'il y ait présomption et même aveu de non-paiement. — *Paris*, 10 févr. 1826, de Pully c. fabrique d'Eragny.

1066. — La disposition de l'art. 2277 relative aux loyers des maisons et au prix de ferme des biens ruraux, est empruntée à l'ordonnance de 1629. Elle en diffère cependant en ce que cette ordonnance faisait courir la prescription dans ce cas à partir de l'expiration des baux (V. *infrà*). Le Code, au contraire, fait courir la prescription de chaque annuité à partir de son échéance. — Troplong, no 1005.

1067. — Dans le ressort du Parlement de Rouen les arrérages de loyers ne se prescrivaient que par trente ans. — *Cass.*, 18 janv. 1809, Domaine c. Petit; 19 avril 1809, Enregistrement c. Harsent.

1068. — Dans le pays de Luxembourg les fermages se prescrivaient : non conformément à l'ordonnance de 1571, qui ne s'appliquait qu'aux rentes; mais suivant les principes du droit romain, qui fixait à trente ans la durée des actions. — *Cass.*, 14 févr. 1814, Enregistrement c. Schilling.

1069. — Dans le Piémont, aux termes des anciennes constitutions sardes, les arrérages de prix de ferme n'étaient prescriptibles que par trente ans. — *Cass.*, 1er avril 1808, Domaine c. Petit.

1070. — Dans le pays de Luxembourg l'action en paiement de fermages ne se prescrivait que par trente ans, conformément aux lois romaines. — *Cass.*, 1er juin 1813, Domaines c. Spoo.

1071. — Dans le ressort du Parlement de Bretagne les fermages d'usines ou moulins se prescrivaient par cinq ans. — *Cass.*, 23 janv. 1816, Domaines c. Jouan.

1072. — L'ordonnance de janvier 1629, relative à la prescription par cinq ans des fermages, était observée et exécutée dans le ressort de l'ancien Parlement de Paris, et spécialement dans le bailliage de Péronne. — *Amiens*, 18 nov. 1824, Devaux c. Cartier.

1073. — Sous l'empire de l'ordonnance de 1629 : lorsque avant l'expiration du bail le fermier se rendait lui-même adjudicataire de l'immeuble affermé, c'était du jour de cette adjudication que la prescription commençait à courir. — *Cass.*, 13 germ. an XII, Enregistrement c. Bourdais; 18 oct. 1809, Enregistrement c. Bodet.

1074. — L'ordonnance de 1629 relative à la prescription des loyers était reçue dans le ressort du Parlement de Toulouse. — *Cass.*, 25 oct. 1813, Enregistrement c. Houdras.

1075. — Jugé que la prescription de cinq ans établie par l'art. 142 de l'ordonnance de 1629 pour les loyers et prix de baux à ferme ne commençait à courir que du jour où le bail était expiré, tant à l'égard du propriétaire que de ses ayans cause; ainsi : lorsque le propriétaire avait vendu la chose louée, et qu'au temps de la vente il lui était dû des arrérages; la prescription de ces arrérages commençait à courir contre lui, non du jour de la vente mais de celui où le bail était expiré à l'égard de l'acquéreur. — *Paris*, 18 févr. 1811, Enregistrement c. Rabourdin.

1076. — Celui qui a joui indûment avec connaissance de cause de la chose d'autrui doit rendre tous les produits avec la chose. Il ne peut s'étayer de l'art. 2277 pour ne rendre que les produits de cinq ans. — *Limoges*, 16 janv. 1822, Boisse c. commune de Treignac.

1077. — En soumettant les intérêts des sommes prêtées à la prescription quinquennale, le Code civil a consacré une innovation. Avant sa promulgation les intérêts étaient soumis à la prescription trentenaire. A la vérité, l'ordonnance de 1629 leur appliquait la prescription de cinq ans; mais cette disposition de l'ordonnance était repoussée presque généralement. — Troplong, no 1006,

1078. — On doit entendre par *sommes prêtées* toutes celles qui sont laissées en crédit entre les mains du débiteur avec obligation d'en servir les intérêts à des époques fixes.

1079. — Dans la province d'Alsace les intérêts se prescrivaient par vingt ans. — *Colmar*, 9 prair. an XIII, Barbaud c. Yves.

1080. — Les intérêts de la dot sont soumis à la prescription de cinq ans. — *Limoges*, 26 janv. 1828, Peyrat c. Chabrol; *Bordeaux*, 8 févr. 1828, Magne-Chabannès c. Puydeban; *Agen*, 18 nov. 1830, Debernard c. Calabet; *Toulouse*, 12 août 1834, Combelles c. Astié. — Troplong, no 1025.

1081. — L'art. 2277 ne s'appliquerait pas à une somme qui proviendrait originairement d'un prêt s'il était intervenu un jugement de condamnation contre le débiteur. — Troplong, no 1008. — La même observation s'applique aux intérêts produits par les capitaux dus par le débiteur, sans qu'ils lui aient été prêtés. — Troplong, no 1009.

1082. — Bien que l'art. 2277 porte que tout ce qui est payable par année ou à des termes périodiques plus courts est prescriptible par cinq ans, il est certain que la prescription quinquennale ne frappe que les créances qui ont quelque chose d'analogue aux arrérages de rentes, aux pensions alimentaires, etc. — Ainsi, lorsqu'il a été convenu qu'un prix de vente serait payé par fractions échéant d'année en année; chaque échéance devient une créance prescriptible non par cinq ans, mais par trente ans. — Troplong, no 1011.

1083. — La prescription quinquennale est applicable aux appointemens des commis, précepteurs, employés, à tout ce qui est le salaire, le loyer d'un travail, aux droits d'affouages dans les forêts ou autres prestations en nature. — Troplong, no 1012.

1084. — La prescription de cinq ans est inapplicable aux fruits d'une succession perçus par l'un des cohéritiers, qu'il y ait de sa part bonne ou mauvaise foi; ce ne sont pas là des arrérages ou intérêts dans le sens de l'art. 2277 du Code civil. — *Cass.*, 13 déc. 1830, Quevremont c. Ballier.

1085. — Une des questions les plus controversées que présente la matière est celle de savoir si les intérêts moratoires, c'est-à-dire ceux qui courent soit à partir d'une demande faite en justice, soit en vertu de condamnations judiciaires, sont compris dans les termes de l'art. 2277 et dès lors prescriptibles par cinq ans (V. INTÉRÊTS, nos 258 et suiv.). — Nous avons traité sous le même mot tout ce qui concerne la prescription des intérêts.

1086. — Les intérêts des sommes que le commissionnaire ou mandataire a touchées pour le compte de son commettant ou de son mandant, et qu'il a employées à son usage, n'étant point payables par année ou à des termes périodiques plus courts, ne se trouvent pas soumis à la prescription quinquennale. — *Cass.*, 7 mai 1845 (t. 2 1845, p. 550), Levassor c. Lévêque.

1087. — L'art. 2277 du Code civil n'est point ici applicable, car il a été principalement introduit comme une peine de la négligence du créancier; et il ne saurait s'appliquer que dans les cas où le créancier muni d'un titre a toute faculté d'en poursuivre l'exécution. En pareil cas, suivant M. Troplong (*Prescr.*, no 1028), le mandataire qui doit un compte à son mandant est dans la même position que le tuteur à l'égard du mineur. Les intérêts des sommes dues ne sont point prescriptibles par cinq ans tant que la créance n'a pas été fixée par un compte définitif. — V. aussi *Cass.*, 21 mai 1822, de Rohan c. Latour-d'Auvergne; *Liége*, 10 juill. 1833, Poncin c. Recht. — V. MANDAT, nos 387 et suiv.

1088. — La prescription quinquennale doit avoir ses effets lors même que le créancier voudrait déférer le serment au débiteur sur la question de savoir si les intérêts ont été payés. — L'aveu même du débiteur que les intérêts n'ont pas été payés ne serait pas un obstacle à son accomplissement, car nous avons vu qu'elle est d'ordre public. — Troplong, nos 1005 et suiv.

1089. — Les différentes prescriptions particulières dont il vient d'être traité courent contre les mineurs et les interdits, sauf leur recours contre leurs tuteurs. — Art. 2278.

1090. — Il faut remarquer avec Troplong (no 1038) que le même principe doit être appliqué aux diverses prescriptions spéciales dont il est traité dans le Code civil et dans le Code de procédure. — On peut citer l'action en rescision d'une vente pour cause de lésion (C. civ., art. 1676); l'action en réméré (art. 1663); la péremption d'instance (C. proc., art. 398); le délai d'appel (même Code, art. 444); les déchéances de procédure; le délai pour faire inventaire; la péremption décennale des inscriptions, etc. — Le même auteur estime que la minorité et l'interdiction ne suspendent pas les prescriptions édictées par le Code de commerce. — V. les art. 64, 89, 443 et 444 de ce code.

1091. — *Effets de commerce.* — Les effets de commerce se prescrivent aussi par cinq ans. — C. comm., 189.

1092. — Jugé qu'un engagement à ordre souscrit par un non-négociant et pour cause non commerciale est soumis à la prescription : non de cinq ans, mais de trente ans. — *Bordeaux*, 18 août 1845 (t. 1er 1846, p. 346), Daisse c. Papin. — V. BILLET A ORDRE, no 86, et BILLET SIMPLE, no 19.

1093. — Jugé encore que les juges peuvent, d'après les circonstances de la cause, reconnaître qu'un billet à ordre, même payable dans un lieu autre que celui de sa souscription, ne constitue pas un acte de commerce, mais une simple obligation civile, et que la forme de transmissibilité par voie d'endossement n'a été donnée à cette obligation que pour rendre plus facile le cautionnement fourni, au moyen de cet endos, par le premier endosseur au porteur. En conséquence, ils peuvent déclarer qu'un billet de ce genre ne tombe pas sous la prescription quinquennale prononcée par l'art. 189 du Code de commerce; et que souscrit et endossé par des individus non-négocians, il n'entraîne pas contre eux la contrainte par corps. — Mais la forme donnée à une pareille obligation n'en empêche pas l'efficacité et ne met pas obstacle aux effets du cautionnement souscrit par endossement, bien qu'il émane d'individus non-négocians. — *Lyon*, 8 déc. 1847 (t. 2 1848, p. 466), Gagnard c. Vieux. — V., au reste, LETTRE DE CHANGE.

1094. — Les billets au porteur ne se prescrivent pas par cinq ans comme les billets à ordre. — Jugement sous *Cass.*, 22 janv. 1849 (t. 1er 1849, p. 399), Laplanche c. Héraud. — V. BILLET ET OBLIGATION AU PORTEUR, n° 36.

CHAPITRE VI. — *Questions transitoires.*

1095. — Le principe en vertu duquel doivent être jugées les questions transitoires en matière de prescription est posé dans l'art. 2281 du Code civil. Suivant cet article, les prescriptions commencées à l'époque de la publication du titre des prescriptions doivent être réglées conformément aux lois anciennes. Néanmoins, celles qui étaient commencées à l'époque de la même publication et pour lesquelles il aurait fallu, suivant les lois anciennes, plus de trente ans à partir de cette époque se sont accomplies, selon le même article, par le laps de trente ans.

1096. — Cette disposition n'est pas seulement applicable aux prescriptions établies par le titre du Code auquel appartient l'art. 2281, mais encore à toutes les prescriptions établies par les autres titres du Code civil. — Merlin, *Rép.*, v° *Prescription*, sect. 1re, § 3, n° 10; Troplong, n° 1076.

1097. — Un grand nombre d'arrêts ont décidé qu'elle s'applique également aux prescriptions établies par le Code de commerce. — *Paris*, 6 mai 1815, Georget c. Gardera; *Riom*, 13 juin 1818, Dural-Lassale c. Desprats; *Paris*, 23 mars 1822, Morillon c. Delorme; *Cass.*, 12 juin 1822, Violle c. Galvaing; 21 juill. 1824, Spyns-l'Hermite c. Vandevelde; 20 avril 1830, Dagrenat c. Thiébaut; 26 févr. 1838 (t. 1er 1838, p. 345), Ardent c. Charvet. — V., cependant, en sens contraire, *Rouen*, 31 déc. 1813, Duval c. Manuel; *Paris*, 21 févr. et 2 mai 1816, Mathis c. Delpech; *Bruxelles*, 2 févr. 1821, Kaysen c. Schumacher. — Merlin, *Rép.*, v° *Prescription*, sect. 1re, § 3, n° 13, et Troplong, n° 1077.

1098. — La jurisprudence de la Cour de cassation applique aussi l'art. 2281 aux matières de procédure. — *Cass.*, 17 avril 1833, Couppé c. Bonneau. — Merlin (*loc. cit.*) et M. Troplong (n° 1078), s'élèvent contre cette doctrine.

1099. — Mais l'art. 2281 n'est pas applicable aux matières sur lesquelles il a été prononcé par des lois spéciales, par exemple en matière d'enregistrement. — *Cass.*, 3 nov. 1813, Enregistrement c. Frola. — Troplong, *Prescr.*, n° 1079.

1100. — Le cours des prescriptions commencées avant le Code civil doit être réglé par les lois anciennes, encore que depuis le Code il se soit écoulé un temps suffisant pour prescrire. — *Cass.*, 21 déc. 1812, Domaines c. Cuvelier.

1101. — Par application de la première partie de l'art. 2281 il a été jugé que l'art. 2277 C. civ. sur la *prescriptibilité* des arrérages de rentes, s'applique aux rentes foncières aussi bien qu'aux rentes constituées. Il s'applique à tous les arrérages échus depuis le Code, mais il ne s'applique pas aux arrérages échus antérieurement. — *Paris*, 17 janv. 1823, Cornu de Balivière c. Decan; *Rennes*, 8 août 1821, Savidan c. Carcouet et Kerain.

1102. — Décidé, d'après le même principe, que les arrérages de rentes foncières échus avant la loi du 20 août 1792, n'ont pas été assujettis à la prescription de cinq ans créée par cette loi. — *Cass.*, 24 prair. an VIII, Domaine c. Clisson; 11 vendém. an IX, Enregistrement c. Lebizler; *Nîmes*, 4 prair. an XII, Gros c. Chalonnat; *Cass.*, 30 nov. 1807, Domaine c. Desouches.

1103. — ... Et que les arrérages de rentes foncières échus avant la publication de la loi du 20 août 1792, qui a introduit la prescription de cinq ans pour ces rentes, ont continué depuis cette loi à être prescriptibles par trente ans, à compter de l'expiration de chacune des années non payées. — *Agen*, 30 juin 1810, hospice d'Auch c. Balleat; *Cass.*, 25 avril 1820, Cassan c. Soulié.

1104. — Jugé que la prescription des arrérages commencée avant la publication du Code civil est soumise, depuis cette publication, non point aux dispositions de la coutume sous l'empire de laquelle le contrat a été passé, mais bien à celle de l'art. 2277 C. civ. — L'application de l'art. 2281 doit être restreinte aux seuls arrérages échus au moment de la publication du Code. — *Cass.*, 21 déc. 1812, Domaines c. Cuvelier; *Bruxelles*, 24 déc. 1812, Vankepel c. Schotters; *Cass.*, 15 mars 1813, Enregistrement c. Girard; *Metz*, 3 mars 1815, N...

1105. — Jugé de même que les arrérages des rentes viagères créées antérieurement au Code civil et sous l'empire de lois qui n'admettaient que la prescription trentenaire, sont néanmoins soumis à la prescription quinquennale pour tout le temps écoulé depuis la publication du Code. — *Bruxelles*, 20 mars 1811, Flament c. hospices de Bruxelles; 16 mars 1813, Prévot c. Lagache; *Colmar*, 16 août 1820, Thiébaut-Duringer c. Reynach; 21 nov. 1821, Commune d'Obersausheim c. d'Andlau-Hambourg; *Paris*, 10 févr. 1826, de Pally c. fabrique d'Eragny; *Bordeaux*, 13 août 1829, Bordenave c. Larey.

1106. — Il est incontestable que la loi nouvelle est applicable aux arrérages échus depuis sa promulgation quoique le contrat fut antérieur au Code et que sous l'ancien droit ils ne fussent prescriptibles que par trente ans. — *Limoges*, 30 juin 1815, Roche c. Jarasse; *Cass.*, 25 avr. 1820, Cassan c. Soulié; *Amiens*, 21 déc. 1824, Mathieu c. Genty. — Troplong, n° 1080.

1107. — La Cour de Paris a jugé à tort que les arrérages de dot échus depuis le Code ne sont prescriptibles que par trente ans lorsque la dot a été constituée avant sa promulgation. — *Paris*, 23 juin 1818, d'Harthel et de Forestier c. de Coubert.

1108. — ... Mais la même Cour a jugé, depuis, que l'art 2277 s'applique aux arrérages dus en vertu d'un contrat antérieur au Code mais échus depuis sa promulgation. — *Paris*, 10 févr. 1826, de Pully c. fabrique d'Eragny.

1109. — Le règlement de l'action en rescision se détermine par la loi en vigueur à l'époque du contrat. — *Cass.*, 15 déc. 1825, Blanc c. Mathieu et Carlin.

1110. — Il a été décidé par la Cour de Toulouse qu'en matière de prescription de l'action en nullité d'un traité sur une succession future consenti sous les lois anciennes le Code était inapplicable, encore bien que la personne à la succession de laquelle on avait renoncé ne fût décédée que sous ce Code. — *Toulouse*, 27 août 1833, Rivière c. Baudéan.

1111. — L'art. 2281 rend inapplicables aux prescriptions commencées avant sa promulgation toutes les conditions diverses, tous les accidens, toutes les suspensions, etc. créés par le Code civil et qui n'étaient pas admis sous le droit antérieur.

1112. — Ainsi, jugé que la loi qui exige la transcription du titre pour que la prescription commence à courir ne peut, sans effet rétroactif, s'étendre aux prescriptions antérieurement commencées. — *Cass.*, 1er août 1810, Dupré de Saint-Maur c. Besnard. — Troplong, *Prescr.*, n° 1083.

1113. — ... Et que la possession, avec titre et bonne foi, commencée avant le Code, ne peut, même après dix ans écoulés depuis la publication de ce Code, faire prescrire la propriété d'un immeuble, lorsque la législation sous laquelle a commencé cette possession n'admettait, relativement aux immeubles, que la prescription trentenaire. — *Bruxelles*, 5 avril 1819, Demette c. Marnix; *Cass.*, 10 mars 1828, Commune de Champagne c. Chatenet.

1114. — Il a été jugé par la Cour de Nîmes que l'art. 2281 du Code civil qui décide que les prescriptions commencées avant le Code seront réglées conformément aux lois anciennes, ne s'applique qu'au laps de temps pour prescrire; et qu'il ne s'étend pas à toutes les règles, à tous les principes des lois anciennes relatifs à la prescription. — *Nîmes*, 20 févr. 1838 (t. 1er 1838, p. 418), Dumas c. Champanhet.

1115. — ... Et spécialement qu'une prescription trentenaire commencée sous l'empire d'une loi qui permettait de prescrire contre les mineurs pubères a été suspendue par la disposition de l'art. 2252 qui décide que la prescription ne court pas contre les mineurs. — Même arrêt.

1116. — Jugé en sens contraire que la prescription trentenaire commencée sous l'empire d'une coutume qui n'admettait pas la suspension au profit des mineurs n'est pas suspendue par une minorité survenue sous le Code civil. — *Nancy*, 31 juill. 1834, Thomas; *Caen*, 20 févr. 1838 (t. 2 1838, p. 417), Renet c. Desperques.

1117. — ... Et cela, dit M. Troplong (n° 1085), non-seulement quand la prescription a commencé contre un mineur, mais encore quand, ayant commencé contre un majeur, celui-ci a pour successeur un mineur qui prend sa place depuis la promulgation du Code civil. — V. aussi l'arrêt précité du 31 juill. 1834.

1118. — La prescription commencée sous l'empire d'une loi antérieure au Code doit être réglée conformément à cette loi, de façon que tous les obstacles qui s'opposaient au cours de la prescription, que toutes les causes de suspension ou d'interruption, quand bien même ils se seraient réalisés sous l'empire du nouveau Code, ne peuvent et ne doivent être régis que d'après les anciens principes. Ainsi, notamment, la prescription commencée sous l'ancien droit provençal, qui la déclarait suspendue à l'égard de l'immeuble dotal pendant toute la durée du mariage, a cessé de courir du moment où est survenue la dotalité, quand bien même le mariage n'aurait été contracté que postérieurement à la promulgation du Code civil. — Trib. d'*Aix*, 29 juill. 1843, sous *Aix*, 2 mai 1844 (t. 2 1845, p. 209), de Fonfroide c. d'Albertas.

1119. — Il a été aussi jugé que la prescription commencée contre un mineur, sous l'empire de la coutume de Bretagne, doit être réglée conformément aux dispositions de cette coutume, dont l'art. 286 faisait courir contre les mineurs, pourvus de tuteurs ou de curateurs, les prescriptions commencées contre les majeurs. — *Rennes*, 10 déc. 1827, Soupe c. Touchy.

1120. — La prescription accomplie sous l'empire d'une législation ne peut être invoquée sous l'empire d'une loi nouvelle, encore bien que la loi nouvelle en ait changé les conditions. — Merlin, *Rép.*, v° *Prescr.*, sect. 1re, § 3, n° 8.

1121. — Ainsi : celui qui antérieurement au Code aurait prescrit une servitude discontinue ou non apparente pourrait invoquer cette prescription sous le Code, encore bien que ces servitudes soient aujourd'hui imprescriptibles. — Merlin, *Rép.*, v° *Prescr.*, sect. 1re, § 3, n° 9.

1122. — Si la loi nouvelle déclarait prescriptible une chose qui était imprescriptible sous la loi ancienne; la possession qu'on aurait eue sous la loi ancienne, ne pourrait être comptée pour prescrire. — Merlin, *Rép.*, v° *Prescr.*, même n°.

1123. — La règle établie par l'art. 2281 cesse d'être applicable lorsque la loi nouvelle déclare imprescriptible une chose qui était prescriptible sous la loi ancienne. Dans ce cas la possession qu'on aurait eue sous la loi ancienne serait inefficace pour prescrire, puisqu'aucune possession utile ne pourrait la compléter sous la loi nouvelle. — Merlin, *loc. cit.*

1124. — La Cour de cassation a jugé par deux arrêts que la prescription d'une action qui n'a pu être intentée que depuis le Code civil est réglée par les dispositions de ce Code, bien que la cause de cette action soit antérieure. — *Cass.*, 26 juill. 1819, Duval c. Wrluis; 24 mai 1830, Ducarnoy c. Ligneau-Grandcour. — Troplong, n° 1087.

1125. — Mais plusieurs arrêts ont décidé au contraire que la prescription dont le principe remonte à une époque antérieure au Code civil est exclusivement régie, quant à ses effets, par la loi ancienne, bien qu'elle ait été suspendue par la minorité du créancier et qu'elle n'ait commencé à courir utilement que depuis le Code. — *Cass.*, 15 déc. 1825, Blanc c. Mathieu et Carlin; *Paris*, 25 févr. 1826, Delamarre c. Lefebvre-Laboullaye; *Toulouse*, 27 août 1833, Rivière c. Baudéan; *Grenoble*, 20 janv. 1834, Antoine c. Albert.

1126. — L'art. 2281 C. civ., qui laisse sous l'empire des lois anciennes les prescriptions commencées lors de la publication de ce Code, protége non-seulement les prescriptions qui ont efficacement couru antérieurement à cette publication, mais aussi celles qui se trouvaient alors suspendues par une minorité. — Ainsi l'appropriement ou la prescription de quinze ans établie par la coutume de Bretagne au profit de l'acquéreur avec titre, commencée avant le Code civil, mais suspendue *à principio* par l'état de minorité du propriétaire, est acquise à l'acquéreur après le laps de quinze ans écoulé depuis l'époque de la majorité. — *Cass.*, 20 juin 1848 (t. 2 1848, p. 188), Lelostec c. Desbordes.

1127. — C'est encore en vertu de l'art. 2281 qu'on ne peut faire réagir contre la caution les interruptions faites sous le Code civil contre le débiteur principal lorsque la coutume sous laquelle la prescription a commencé déclarait sans effet contre la caution les interruptions faites contre le débiteur principal. — *Cass.*, 26 juin 1827, Savournin c. Belissen.

1128. — La seconde partie de l'art. 2281 veut que les anciennes prescriptions qui étaient reçues autrefois soient réduites à trente ans, qui ont commencé à courir à partir de la promulgation du titre des prescriptions. Troplong (n° 1090) estime avec raison que si à l'époque de cette promulgation il fallait encore trente ans seulement ou moins de trente ans pour accomplir une prescription de quarante ans ou de cent ans, cette prescription devrait se compléter sous le Code par le laps de temps qui lui manquait sans que l'art. 2281 puisse exercer aucune influence sur le nombre d'années à exiger pour cela.

1129. — Cependant le contraire paraît avoir été jugé par la Cour de cassation dans un arrêt du 12 nov. 1832 (préfet de la Meurthe c. Fraville). Cet arrêt est vivement attaqué par le même auteur.

1130. — Sous les législations spéciales qui ont précédé le Code civil, il est arrivé souvent qu'une prescription privilégiée était remplacée par une prescription ordinaire. Le domaine, dont les droits ne se prescrivaient que par quarante ans, pouvait céder une propriété à un individu soumis au droit commun, et alors la prescription trentenaire prenait la place de la prescription de quarante ans. Dans ce concours de deux prescriptions différentes, on s'est demandé comment on devait calculer le temps nécessaire pour prescrire.

1131. — La Cour de Grenoble a décidé que le tiers qui est obligé pour compléter les trente ans de possession exigés par le Code pour la prescription, d'invoquer la jouissance d'un bien domanial qu'il a eue sous l'empire de la loi du 22 nov. 1790, doit retrancher de cette jouissance un temps proportionnel à la différence qui existe entre la possession de quarante ans voulue par cette dernière loi et la possession trentenaire exigée par le Code, conséquemment le quart. — *Grenoble*, 9 août 1832, Commune de Vercieu c. d'Harancourt.—V. aussi *Poitiers*, 1er mars 1832, Pyulesson c. Chapelain. — M. Troplong (n° 1092) trouve ce système ingénieux et équitable.

1132. — Il a été jugé que lorsqu'un particulier s'est rendu cessionnaire *depuis le Code civil* d'une créance appartenant avant ce Code à des privilégiés, tels que l'État, qui n'étaient assujettis qu'à la prescription de quarante ans, il n'y a pas lieu de soumettre ce cessionnaire tout à la fois à la réduction de durée de prescription établie par le § 2 de l'art. 2281 du Code civil, et à la réduction de durée du quart, d'après les principes de l'ancienne prescription en cas de cession par un privilégié à un non-privilégié. — *Cass.*, 8 mars 1842 (1er 1842, 9e 444), Teutsch c. Harster. — En ce sens, *Cass.*, 9 mai 1838 (t. 2 1838, p. 604), Teutsch c. Hosmann. — V. aussi Troplong, n° 4092.

1133. — Jugé d'un autre côté, dans une espèce où la cession d'une rente provenant de l'État, contre laquelle la prescription ne courait autrefois que par quarante ans, était antérieure au Code : il y avait lieu, pour l'évaluation de prescription (de trente ans) courue depuis le Code, de retrancher un quart du temps écoulé pendant la possession de l'État. — *Cass.*, 2 août 1837 (t. 2 1837, p. 348), préfet de Seine-et-Oise c. Corron. — Fenet, *Trav. prép. du Code civil, exposé des motifs du titre de la prescription*, t. 15, p. 601.

1134. — Suivant la jurisprudence des Cours de Bordeaux et de Toulouse, on ne peut, pour compléter la prescription trentenaire, admise par le Code civil pour l'acquisition du domaine public, ajouter au temps écoulé sous l'empire de la loi nouvelle la possession exercée sous la loi du 22 nov. 1790, qui, par son art. 36, fixait à quarante ans la durée de cette prescription. — *Bordeaux*, 23 juill. 1835, Rey c. Miallet ; *Toulouse*, 21 nov. 1837 (t. 1er 1838, p. 204), Bégué c. les hospices de Montastruc.

PRESCRIPTION CRIMINELLE.

Table alphabétique.

Abandon d'animaux, 263.
Abatage d'arbres, 266 s.
Abstention, 41, 54.
Abus de blanc seing, 179 s.
Acte d'accusation, 275.
Acte d'instruction, 91, 99, 129, 277, 287 s., 371, 374. — d'instruction régulier, 312.
Acte notarié, 63.
Action, 8 s. — civile, 42, 121, 156, 191, 215 s., 235, 272 s., 287 s., 319, 343, 388. — civile séparée, 230 s. — correctionnelle, 113.—criminelle, 113. — publique, 77, 93, 105, 107, 227.
Adjudicataire, 353.

Alignement, 382.
Amende, 206.
Année, 55 s.
Appel, 96 s., 100, 103, 107, 131, 192 s., 196, 245.
Aqueduc, 213.
Arrêté de conflit, 379.
Arrêté municipal, 383.
Assassinat, 124.
Association de malfaiteurs, 175.
Audience, 96, 198, 331.
Autorisation de poursuite, 368 s.
Ban de vendange, 261.
Banqueroute, 365.—frauduleuse, 126, 152. — simple, 151.
Bigamie, 164 s.

Caractères, 2, 6.
Cassation, 46 s., 98, 283, 355, 387.
Caution, 353.
Chambre du conseil, 51.
Chambre des mises en accusation, 51 s., 138.
Chemin public, 341.
Circonstances aggravantes, 135.
Circonstances atténuantes, 102, 139.
Citation, 277 s., 300, 303, 305, 327, 336, 345 s., 351 s., 390. — nulle, 313 s. — valable, 334.
Coauteur, 64 s., 127, 130, 348, 352.
Code du 3 brum. an IV, 12, 15, 17 s., 40, 47, 117 s., 144 s., 165, 193, 272 s.
Code pénal de 1791, 10, 114 s., 142 s., 271.
Code rural, 16 s., 199, 263 s.
Compétence, 51 s., 219, 233.
Complice, 64, 130, 348, 361.
Comptable, 225.
Condamnation civile, 108 s.
Connaissance, 27, 142 s., 201.
Conseil de préfecture, 341.
Constatation du délit, 275 s.
Constatation légale, 26 s., 142, 144, 197 s., 201.
Construction, 210 s., 246, 259, 382. — en saillie, 382.
Contrainte, 325.
Contraventions, 221, 235. —de police, 112 s., 191 s., 300, 371 s. — successives, 205 s.
Contrebande, 293.
Contributions indirectes, 241.
Contrôleur des contributions, 146.
Contumace, 69 s., 75 s., 87 s., 111, 122 s., 125, 127, 136, 273, 281 s., 284, 309 s., 366 s.
Contumax, 34.
Corruption de la jeunesse, 170 s.
Coups et blessures, 223.
Cour d'appel, 54.
Crimes, 4 s., 112, 134 s., 137, 175, 221, 236, 264, 287, 348, 367.—successifs, 161 s.
Cumul de peines, 366 s.
Date, 199, 316. — du délit, 157 s.
Déclaration d'incompétence, 339, 341, 373, 392.
Déclaration du jury, 44.
Délai, 23, 55 s., 61 s., 73 s., 85 s., 97 s., 100, 109 s., 114 s., 199 s., 191 s., 224 s., 228, 231, 254 s., 258, 303, 305, 368. — différent, 317. —moindre, 317.
Délits, 57, 112, 134 s., 137, 221, 235, 284, 289, 349, 367. — de chasse, 69, 240, 277, 295, 301 s., 329, 336 s. — connexes, 186 s. — correctionnels, 102. — des fonctionnaires publics, 181.—forestiers, 16, 19, 58, 244 s., 278, 286, 345, 358. —maritimes, 249. — militaires, 249. — nouveaux, 354. — de pêche, 250, 314, 361 s. — de. presse, 232, 251. —ruraux, 16 s., 199 s., 252 s., 388 s. — successifs, 161 s.
Démence, 290, 363.

Démolition de construction, 203, 383.
Dénonciation, 143, 337.—calomnieuse, 154.
Dépôt de pièces, 148, 294.
Désertion, 172.
Détention arbitraire, 167.
Diffamation, 330, 364.
Directeur du jury, 277, 279.
Divagation d'animaux, 262.
Dommage, 259.
Dommages-intérêts, 220.
Douanes, 242 s.
Droit ancien, 4.
Droits civils, 84.
Énonciation des faits, 157 s.
Enquête, 390.
Enregistrement (directeur de l'), 326. — (inspecteur de l'), 326.
Entrave à la liberté des enchères, 226.
Envoi de pièces, 295.
Époque de départ, 73 s., 85 s., 95 s., 100, 406, 142 s., 199 s., 202 s., 248.
Escroquerie, 186 s.
État de cause, 43 s.
Évasion, 20, 78 s., 172 s.
Excuse, 137.
Expertise, 147, 390.
Faillite, 365.
Faux, 65, 146 s., 176 s., 292, 294, 326. — incident, 148.
Garde nationale, 247.
Guerre, 290.
Héritier, 82.
Historique, 3 s.
Impossibilité d'action, 356 s., 375 s.
Incident, 364.
Inconnu, 307.
Information, 147, 274.
Injures, 193.
Interrogatoire, 301.
Interruption (causes d'), 289 s.
Jet d'immondices, 258.
Jour à quo, 61 s., 150 s., 191.
Juge de paix, 274.
Jugement, 191.—de condamnation, 191, 228 s., 280, 282 s., 309 s., 366, 371 s. — contradictoire, 104. — par défaut, 69 s., 90 s., 103, 125, 127, 273, 281, 309, 320.—définitif, 192, 195 s.— interlocutoire, 873. — irrégulier, 319. — nul, 318.
Juridiction civile, 230.
Juridiction criminelle, 218 s., 233.
Jury d'accusation, 115, 277.
Loi applicable, 21 s.
Loi favorable, 21 s., 34 s.
Magistrat compétent, 321.
Mandat d'amener, 296, 297, 299.
Mandat d'arrêt, 297.
Mandat de comparution, 297, 301.
Mandat de dépôt, 297, 299.
Mandataire, 222.
Maraudage, 265.
Mineur de seize ans, 140 s.
Ministère public, 344 s., 385, 388.
Mois, 55, 57 s.
Monomanie, 223.
Mutilation volontaire, 155.
Officier compétent, 335.
Opposition, 103.
Ordonnance de renvoi, 301.
Ordre public, 37 s.

Paquets de chandelles, 202.
Partie civile, 330, 342 s.
Passage sur le terrain d'autrui, 260.
Pays réuni, 67.
Peines, 7 s., 68 s. — correctionnelles, 85 s., 136 s. — criminelles, 73 s. — de simple police, 100 s.
Péremption, 296.
Perte des pièces, 279, 290.
Pièces de conviction, 66.
Plainte, 143, 148, 342 s., 391.
Poursuites, 5, 90 s., 99, 117 s., 125, 125, 129, 191, 271 s., 276, 281, 285, 287 s., 344, 371, 388 s.
Pourvoi en cassation, 132, 384 s.
Prescriptions spéciales, 13 s., 234 s.
Procès-verbal, 146, 149, 191, 197 s., 200, 202, 214, 326, 371, 390.
Procureur du roi incompétent, 322 s.
Prorogation de délai, 227, 274, 287 s., 338 s., 348 s., 392.
Qualification des faits, 87 s., 133 s., 231.
Qualité, 389. — (défaut de), 336.
Quantième, 57 s.
Quasi-contrat, 222.
Question préjudicielle, 361 s., 376 s.
Questions transitoires, 21 s.
Rapt, 166.
Rassemblement armé, 175 s.
Recel, 190, 220.

Recherches, 293.
Récidive, 72.
Reconnaissance du prévenu, 306.
Recours au conseil d'État, 374.
Reddition de comptes, 222.
Registre d'ordre, 279.
Règlement de juges, 332.
Remise de cause, 361.
Renonciation, 49, 219.
Renvoi après cassation, 196.
Réparations, 214.
Réserves, 291 s.
Résidence, 80 s.
Restitution, 220, 222.
Rétroactivité, 193.
Rupture de ban, 174.
Saisie, 191, 371.
Séquestration de personne, 167.
Servitudes militaires, 89.
Signification de jugement, 90 s., 104 s., 308, 320, 380.
Silence du prévenu, 49, 50.
Spoliation de succession, 220.
Substitution d'enfant, 168 s.
Supplément d'office, 371 s., 133 s., 231.
Supposition de part, 168.
Surenchère, 226.
Sursis, 382.
Suspension, 356 s.
Tribunaux, 327 s.—étrangers, 337. — incompétens, 327 s., 348. — spéciaux, 126.
Usure, 182 s.
Usurpation de chemin, 194, 209.
Voirie (grande), 207.
Vol, 190, 220, 264 s.

PRESCRIPTION CRIMINELLE. — 1. — C'est l'extinction, par un certain laps de temps, soit de l'action criminelle et civile, soit de la peine prononcée pour crimes, délits et contraventions.

CHAP. Ier. — *Historique.* — *Questions transitoires et principes généraux* (n° 2).

CHAP. II. — *Prescription des peines et des condamnations civiles* (n° 68).

SECT. 1re. — *Prescription des peines* (n° 68).

ART. 1er. — *Peines criminelles* (n° 73).

ART. 2. — *Peines correctionnelles* (n° 85).

ART. 3. — *Peines de simple police* (n° 100).

SECT. 2e. — *Prescription des condamnations civiles* (n° 108).

CHAP. III. — *Prescription de l'action publique et de l'action civile* (n° 112).

SECT. 1re. — *Prescription de l'action publique* (n° 112).

ART. 1er. — *Prescription de l'action publique résultant des crimes et délits* (n° 114).

§ 1er. — *Temps requis pour la prescription* (n° 114).

§ 2. — *Époque à partir de laquelle court la prescription* (n° 142).

ART. 2. — *Prescription de l'action publique résultant des contraventions* (n° 194).

SECT. 2e. — *Prescription de l'action civile* (n° 215).

SECT. 3e. — *Prescriptions spéciales* (no 234).

CHAP. IV. — *Interruption et suppression de la prescription* (no 268).

SECT. 1re. — *Matières criminelles et correctionnelles* (no 271).

ART. 1er. — *Interruption de la prescription* (no 271).

ART. 2. — *Suspension de la prescription* (no 356).

SECT. 2e. — *Contraventions de simple police* (no 371).

—

CHAPITRE Ier. — *Historique. — Questions transitoires et principes généraux.*

2. — La prescription qui, en matière civile, est un moyen d'acquérir la propriété, est aussi, en matière criminelle, un moyen d'obtenir l'impunité. — Legraverend, t. 1er, p. 71.

3. — Instituée dans le droit romain par la loi 12, *C. ad leg. Cornel. De falsis*, la prescription a été successivement admise, en matière criminelle, par toutes les législations, ou généralement suppléée par la jurisprudence. — V. Dunod, *Des prescript.*, part. 2, chap. 9, p. 188; Rousseaud la Combe, *Matière crimin.*, p. 312; Jousse, *Just. crimin.*, t. 1er, p. 580, no 45; Merlin, *Rép.*, vo *Prescription*, sect. 3, § 7, art. 1er; Legraverend, t. 1er, p. 71.

4. — Dans l'ancien droit, il y avait certains crimes qui ne se prescrivaient jamais à cause de leur gravité : tels que ceux de lèse-majesté et d'usure, etc. — Jousse, *Just. crimin.*, t. 1er, p. 585, no 56. — Suivant quelques auteurs, il en était de même des crimes de parricide, avortement procuré, assassinat, apostasie, fausse monnaie, concussion, supposition de part. — Dans notre législation, il n'y a plus de crimes imprescriptibles. — Carnot, *Instr. crim.*, t. 3, p. 613, no 14; Bourguignon, *Jurisprudence*, t. 2, p. 557, no 10; Legraverend, t. 1er, p. 80; Faustin-Hélie, *Instr. crim.*, t. 3, p. 680.

5. — Rien n'est plus difficile, dit Filangieri (t. 3, part. 1re, chap. 2), que de se défendre d'une accusation formée un grand nombre d'années après le crime. Le temps, en effaçant le souvenir des circonstances qui l'ont accompagné, ôte à l'accusé tous les moyens de se justifier, et offre au calomniateur le voile qui doit couvrir ses impostures.

6. — Dans cette incertitude, on penche naturellement, ainsi que le fait remarquer Rousseau de la Combe (*Matière crimin.*, p. 312), à présumer l'innocence. D'ailleurs l'accusé a expié son crime par la crainte et le remords qui l'ont poursuivi pendant un si long temps. — Muyart de Vouglans, *Lois crimin.*, p. 594, no 5. — Cependant Bentham (t. 2, p. 390) repousse la prescription comme une sorte de prime d'encouragement accordée à tous les attentats.

7. — Le bienfait de la prescription s'étend aussi à la peine lorsqu'elle a été prononcée. Cette peine a paru suffisamment expiée par les angoisses de la fuite. En effet, comme le disait M. Réal, peut-on imaginer un supplice plus affreux que cette incertitude cruelle, que cette horrible crainte qui ravit au criminel la sécurité de chaque soir, le repos de chaque nuit? La prescription arrache le condamné qui se cache à des forfaits nouveaux, en lui imprimant l'espoir que le crime ancien pourra s'oublier. — Bourguignon, *Manuel d'instr. crimin.*, t. 2, p. 140.

8. — La prescription de la peine se confondait en quelque sorte autrefois avec la prescription de l'action, à défaut de dispositions précises. Elle était en général de vingt ans, d'après la L. 12 *C. ad leg. Corn. De falsis*.

9. — Au contraire le Code d'instr. crim. a distingué la prescription de la peine, de celle de l'action; et a exigé un laps de temps beaucoup plus long pour la première, parce que la condamnation qui repose sur une déclaration de culpabilité a un degré de certitude qui doit rendre plus sévère.

10. — Le Code pénal de 1791 avait fixé généralement la prescription à trois ans, lorsqu'il n'avait point été exercé de poursuites, et à six ans quand il avait été commencé des poursuites non suivies de jugement. Les délais couraient du jour où l'existence du crime avait été connue. — Quant à la prescription de la peine, elle était de vingt ans à compter de la date du jugement. — 1re part., tit. 6, art. 1er, 2 et 3.

11. — Le Code des délits et des peines du 3 brum. an IV contenait des dispositions à peu près semblables; mais il exigeait non-seulement que le crime eût été connu, mais encore qu'il eût été *légalement constaté*. — Art. 9 et 10.

12. — Le Code d'instruction criminelle de 1808 a établi des règles différentes pour la prescription, suivant qu'il s'agit de crimes, de délits ou de contraventions, et il la fait partir du jour où ils ont été commis.

13. — Quelque étendues que soient les dispositions du C. pén. de 1810, il est cependant certaines infractions qui devaient rester en dehors de ses prévisions. Il a été pourvu à leur répression par l'art. 484, qui porte que dans toutes les matières qui n'ont pas été prévues par le présent Code, et qui sont régies par des lois et règlemens particuliers, les cours et tribunaux continueraient de les observer.

14. — Aussi le Code d'instruction criminelle de 1808, prévoyant l'intention du législateur en ce qui concernait la prescription, porte dans son art. 643 que les dispositions du chapitre de la prescription ne dérogeaient point aux lois particulières relatives à la prescription des actions résultant de certains délits ou de certaines contraventions.

15. — Déjà en abrogeant les dispositions du Code pénal de 1791, le Code du 3 brum. an IV avait dit néanmoins, en termes exprès, dans son art. 609 : qu'en attendant que les dispositions de lois antérieures sur la police municipale, rurale et forestière aient pu être revisées les tribunaux correctionnels appliqueraient aux délits qui étaient de leur compétence les peines qu'elles prononçaient.

16. — Ainsi se trouvaient maintenues, entre autres dispositions, celle de la loi du 15 sept. 1791, tit. 9, art. 8, et de la loi du 28 sept. 1791 (Code rural), tit. 1er, sect. 7, art. 8, qui établissaient des prescriptions d'un mois, de trois mois et d'un an, à raison des délits ruraux et des délits forestiers.

17. — Jugé cependant que le Code du 3 brum. an IV, art. 9 et 10, en établissant la prescription de trois ou six ans pour tous les délits indistinctement, a dérogé à la loi du 28 sept.-6 oct. 1791, tit. 1er, sect. 7, art. 8, qui fixait à un mois la durée de la prescription des délits ruraux. — *Cass.*, 17 brum. an VIII, Lazen c. Vaisse. — Mais la rédaction de cet arrêt laisse beaucoup à désirer.

18. — Jugé depuis, et avec plus de raison, que le Code du 3 brum. an IV, en décrétant des prescriptions générales pour les délits, n'a pas dérogé aux lois qui en établissent de particulières, et a spécialement laissé en vigueur les dispositions de la loi du 28 sept.-6 oct. 1791 sur la police rurale. — *Cass.*, 16 flor. an XI, Saintaud.

19. — On l'a décidé également à l'égard des délits forestiers. — *Cass.*, 14 germ. an XIII, même arrêt; 2 janv. 1806, Marquet; 26 févr. 1807, Henri.

20. — Par la même raison : la prescription du crime d'évasion du bagne, de la part d'un forçat, continue à être régie par l'art. 57, tit. 1er L. 20 sept.-12 oct. 1791, qui n'a pas été abrogé par l'art. 637 C. inst. crimin. — *Cass.*, 27 janv. 1820, Jammes. — Mangin, *Action publique*, t. 2, no 316.

21. — Mais alors qu'il ne s'agit plus d'une prescription spéciale, laquelle continue toujours de subsister, nonobstant le changement de législation générale, que faut-il décider quand il s'agit de crimes, délits et contraventions ordinaires commis, poursuivis ou punis sous deux législations différentes, et quelle est celle des lois qui doit régir en pareil cas la prescription?

22. — Dans le passage d'une législation à une autre, dit Favard (vo *Prescr*, sect. 5e, § 4), le législateur peut choisir entre quatre règles différentes: 1o la prescription tenant à la procédure criminelle, il peut déclarer que le temps qui s'est écoulé sous l'empire de la législation ancienne, et de celle qui l'a remplacée, sera réglé par chaque législation; 2o il peut dire que la prescription sera réglée par la loi sous laquelle l'infraction a été commise ou la peine prononcée; 3o il peut décider, conformément à l'art. 2281 C. civ., que les prescriptions commencées lors de la loi nouvelle, et pour lesquelles il faudrait encore, suivant les lois anciennes, un temps plus long que la plus longue prescription établie par la loi nouvelle, seront réglées par cette dernière; 4o il peut décider que la prescription se réglera ou par la loi nouvelle ou par la loi ancienne, suivant ce qui sera le plus favorable au prévenu ou au condamné. » — Lesellyer, *Dr. crimin.*, t. 6, nos 2405 et suiv.

23. — Le premier système avait d'abord été admis par la Cour de cassation, qui décidait que la prescription courue sous deux législations différentes devait être réglée à la fois et par la loi ancienne et par la loi nouvelle, chacune pour le temps qui avait couru sous son empire, de telle sorte que le temps qui s'était écoulé sous la loi ancienne fût compté proportionnellement à celui que la loi nouvelle exigeait. — *Cass.*, 26 flor. an XIII, Vittone; 4 prair. an XIII, Crossignano; 29 avr. 1808, Ruscone; 7 mai 1808, Baussano; 23 juin 1808, Mochet; 18 août 1808, Muselli. — Merlin avait d'abord soutenu cette opinion, V. *Rép.*, vo *Prescription*, sect. 1re, § 3, no 12.

24. — Mais, comme le fait observer Legraverend (t. 1er, ch. 1er, p. 82), indépendamment de la complication minutieuse de la computation, cette manière de procéder était entièrement contraire aux règles, et en opposition avec les grands principes de la législation et de la justice; elle faisait même rétroagir la loi nouvelle, puisqu'elle admettait *proportionnellement* cette loi pour fixer la prescription d'un délit commis avant qu'elle existât.

25. — Sur le second système, Legraverend (*ibid.*) ajoute : « Si l'on s'attachait exclusivement à la loi en vigueur lors de la perpétration du délit, il en résulterait que des faits anciens seraient encore punissables, quoique des faits postérieurs, de même nature, se trouvassent prescrits d'après la loi nouvelle, lorsqu'elle exigerait un délai moins long que la loi ancienne. On ne peut pas non plus régler *dans tous les cas* la prescription par la loi en vigueur à l'époque du jugement, parce que ce serait aggraver le sort du prévenu, toutes les fois qu'elle serait moins favorable que l'ancienne. »

26. — Jugé, en ce sens, que la prescription est régie, en matière criminelle par la loi en vigueur au jour du délit. — Spécialement, la prescription est acquise lorsqu'il s'est écoulé plus de trois ans sans poursuites depuis un délit commis sous l'empire de la loi du 25 sept.-6 oct. 1791, tit. 6, art. 1er, encore bien que ce délit n'ait pas été légalement constaté, conformément à l'art. 9 C. 3 brum. an IV, si toutefois ce délit a été connu par la municipalité qui a fait restituer au propriétaire les objets à lui volés. — *Cass.*, 19 therm. an VIII, Leroy.

27. — ... Que la prescription du crime commis sous l'empire de la loi du 25 sept.-6 oct. 1791 et poursuivi seulement sous l'empire du C. 3 brum. an IV était réglée par la première de ces lois et devait être comptée à partir du jour où le crime avait été connu ou légalement constaté, encore bien que le C. du 3 br. an IV exigeât la réunion de ces deux circonstances. — *Cass.*, 22 vendém. an XI, Dumoulin.

28. — Quant au troisième système, l'application de l'art. 2281 C. civ., il est contraire aux règles de l'instruction criminelle. Cet article ne serait d'ailleurs pas à l'abri des objections ci-dessus, puisqu'il fait de suite exception au principe général de sa première disposition en restreignant, au terme de trente années, à dater de sa publication, toutes les prescriptions qui, d'après les anciennes règles, n'eussent été accomplies que par un laps de temps plus considérable, à compter de la même époque. — Legraverend, *ibid.* — D'un autre côté, cet art. 2281 C. civ. ne porte que sur les affaires civiles; il est absolument étranger aux affaires criminelles. — Merlin, *Rép.*, *loc. cit.*

29. — Aucun de ces trois systèmes n'étant complètement satisfaisant, le quatrième doit prévaloir par une exception en faveur du prévenu. — Favard, *Rép.*, vo *Prescr.*, sect. 5, § 4; Mangin, *Act. publ.*, t. 2, no 295; Bourguignon, *Jurispr. des Codes crim.* sur l'art. 637, t. 2, p. 526, no 2; Carnot, *Code instr. crim.*, t. 3, p. 609, no 3; Merlin, *Rép.*, vo *Prescr.*, sect. 1re, § 3, no 12; Faustin-Hélie, *Instr. crim.*, t. 3, p. 693.

30. — Au surplus, le décret du 23 juill. 1810 sur la mise en activité du Code criminel porte, art. 6 : « Les Cours et tribunaux appliqueront aux crimes et aux délits les peines prononcées par les lois pénales existant au moment où ils ont été commis; néanmoins, si la nature de la peine prononcée par le nouveau Code pénal était moins forte que celle prononcée par le Code actuel, les Cours et tribunaux appliqueront les peines du nouveau Code. »

31. — Aussi a-t-il été constamment jugé depuis : que la prescription d'un crime ou d'un délit commis sous une législation et poursuivi sous une autre doit être réglée par celle des deux lois qui est la plus favorable à l'accusé ou prévenu. — *Cass.*, 18 juin 1812, Tesquet; 18 (et non 8) juin 1812, Lutter; 26 juin 1812, Bros; 30 juill. 1812, Morin; 5 sept. 1812, Schmitz; 20 déc. 1812, Beffroy; 7 janv. 1813, Malvagia; 21 août 1817, Chiari.

32. — En conséquence, lorsque la loi en vigueur à l'époque du jugement a érigé en crimes des faits qui étaient qualifiés de simples délits par la loi sous l'empire de laquelle ils ont été commis; on doit leur appliquer la prescription établie par la loi nouvelle contre la poursuite des délits, si elle est plus courte que celle établie par la législation précédente. — *Cass.*, 13 janv. 1814, Muggi. — Mangin, *Act. publ.*, t. 2, nº 295.

33. — Par la même raison, il n'y a plus lieu à la poursuite ni à la condamnation de l'auteur d'un crime ou délit, commis sous l'empire des lois anciennes, lorsqu'il se trouve dans les termes de la prescription établie par les lois nouvelles. — *Cass.*, 22 avril 1813, Heyman.

34. — De même, la prescription des peines doit se régler d'après la loi qui, dans le concours de deux dispositions différentes, peut la faire réputer acquise au profit de l'accusé. En conséquence : lorsqu'un contumax condamné pour un fait alors qualifié crime à une peine afflictive et infamante, se présente pour purger sa contumace après qu'une nouvelle loi n'a plus considéré le même fait que comme un délit; il y a lieu de déclarer la peine prescrite, si, depuis le jour de sa condamnation jusqu'à celui où il se présente, il s'est écoulé plus de cinq ans. — *Cass.*, 25 nov. 1830, Gouhier.

35. — Lorsque la prescription d'un délit a couru sous trois législations différentes, et qu'il ne s'est écoulé sous aucune d'elles en particulier un espace de temps suffisant pour que l'action soit éteinte; on règle la prescription d'après la législation la plus favorable à l'accusé, mais le temps couru sous celle qui exigeait un plus long délai ne doit entrer dans le calcul que pour une portion réduite d'après les temps comparés des deux prescriptions. — *Cass.*, 4 nov. 1813, Zecca.

36. — Toutefois il n'est pas permis de recourir, pour trouver des dispositions favorables aux inculpés, à des lois qui avaient cessé d'être en vigueur au moment où les crimes ont été commis. — *Cass.*, 26 juin 1812, Bros.

37. — L'exception de la prescription se fonde sur des motifs d'ordre et d'équité qui intéressent la société entière non moins que la défense du prévenu : ce n'est pas au profit de celui-ci qu'elle est créée; c'est au profit de la justice, qui s'égarerait nécessairement en procédant après que de longues années ont passé sur le crime. La prescription est donc une exception de droit public. — Faustin-Hélie, *Instr. crim.*, t. 3, p. 680; Merlin, *Rép.*, vº *Délit forestier*, § 13.

38. — C'est un principe certain que la prescription en matière criminelle, correctionnelle ou de police, doit être suppléée d'office par les juges, comme étant d'ordre public. — De Grattier, *Commentaire sur les lois de la presse*, t. 1er, p. 530, sous l'art. 29 de la loi du 26 mai 1819, nº 3; Legraverend, t. 1er, p. 85; Berriat, p. 74; Mangin, t. 2, nº 287; Vazeille, t. 1er, nº 337; Duranton, t. 21, nº 110; Troplong, t. 1er, 94; Chassan, *Délits de la parole*, t. 2, p. 87; Duvergier, t. 1er, nº 59; Bourguignon, t. 2, p. 533; Carnot, t. 3, p. 618; Parant, *Lois de la presse*, p. 338; Rauter, t. 2, nº 854.

39. — Jugé constamment, dans le même sens. — *Metz*, 17 nov. 1821, Jordan; *Bourges*, 28 févr. 1822, Grenouillet; *Cass.*, 11 juin 1829, Soccard; 1er fév. 1833, Quillet; 1er juill. 1837 (t. 1er 1838, p. 554), Picot; *Colmar*, 29 avr. 1840 (t. 2 1841, p. 279), Wirtz; *Cass.*, 28 janv. 1843 (t. 1er 1843, p. 499), Lefeuvre.

40. — Il en était de même avant le Code d'instruction criminelle. — *Cass.*, 28 janv. 1808, Jeudy; 12 août 1808, Lacoste; 7 oct. 1808, Douvry.

41. — Les tribunaux ne peuvent pas s'abstenir de la prononcer d'office. — *Cass.*, 29 mai 1847 (t. 2 1847, p. 608), Mallez.

42. — Les juges doivent-ils également suppléer d'office la prescription en ce qui concerne l'action civile? Jousse (*Justice crim.*, t. 1er, p. 585, nº 58) pense que, de même qu'en matière civile, il faut que la prescription, pour les réparations civiles, ait été opposée pour que les juges puissent l'admettre. — Dans notre droit, au contraire, l'action civile suit le sort de l'action publique; l'extinction de celle-ci emporte l'extinction de celle-là. Les mêmes raisons d'ordre s'appliquent à l'une et à l'autre. D'ailleurs le tribunal de répression, obligé de suppléer l'exception à l'égard de l'action publique, serait incompétent pour connaître de l'action civile, qui ne pourrait être portée que devant les tribunaux civils. — Teulet, d'Auvilliers et Sulpicy, *Codes annotés* (C. instr. crim., art. 637, nº 39). — Mais suivant M. Lesellyer (*Dr. crim.*, t. 6, nº 2211) il n'y aurait pas lieu de suppléer d'office le moyen de la prescription, si l'action civile était portée principalement devant la juridiction civile.

43. — La prescription, étant d'ordre public, met obstacle, d'une manière absolue, à toute poursuite ultérieure. — Elle peut donc être proposée, et elle doit être admise, ou suppléée d'office, en tout état de cause. — *Cass.*, 20 mai 1824 (et non 1823), Daillant; 11 juin 1829, Soccard; 28 janv. 1843 (t. 1er 1843, p. 499), Lefeuvre.

44. — Ainsi, l'exception de prescription peut être proposée, même après la déclaration affirmative du jury, sur l'existence du fait et la culpabilité de l'accusé. — *Cass.*, 20 mai 1824 (et non 1823), Daillant. — Merlin, *Rép.*, vº *Prescription*, sect. 1re, § 3, nº 4; Chassan, *Délits de la parole*, t. 2, p. 87; Lesellyer, *Dr. crim.*, t. 6, nº 2209; Faustin Hélie, t. 3, p. 681.

45. — Toutefois : la circonstance de prescription se trouve suffisamment écartée, lorsqu'après la déclaration du jury la cour d'assises fait l'application de la peine à l'accusé par suite de cette déclaration. — *Cass.*, 4 janv. 1838 (t. 1er 1840, p. 148), Aumaire.

46. — La prescription peut être également proposée pour la première fois devant la Cour de cassation. — *Cass.*, 4 juill. 1816, Raffit; 11 juin 1829, Soccard; 2 sept. 1831, Poiret. — Lesellyer, nº 2113; Faust. Hélie, t. 3, p. 681.

47. — Il en était de même sous le Code du 3 brum. an IV. — *Cass.*, 26 févr. 1807, Henri; 28 janv. 1808, Jeudy; 12 août 1808, Lacoste.

48. — En matière criminelle ou correctionnelle, la prescription étant d'ordre public, le silence du prévenu ne peut lier ni lui ni les juges appelés à prononcer. — *Cass.*, 5 juin 1830, d'Aremberg.

49. — Il n'est pas au pouvoir des prévenus d'y renoncer. — *Cass.*, 5 juin 1830, d'Aremberg; 29 mai 1847 (t. 2 1847, p. 608), Mallez.

50. — Ainsi : la prescription doit être suppléée par les juges, lors même que l'accusé ne s'en serait pas prévalu devant la Cour de justice criminelle. — *Cass.*, 7 oct. 1808, Douvry.

51. — La prescription étant un bénéfice de la loi qui fait obstacle à l'exercice de l'action publique, elle doit être jugée préliminairement, soit par la chambre du conseil, soit par la chambre des mises en accusation, sauf recours en cassation. — *Cass.*, 18 juin 1812, Lutter. — Mangin, *Traité de l'action publique*, t. 2, p. 108, nº 289; Lesellyer, *Dr. crim.*, t. 6, nº 2207.

52. — La prescription étant un moyen péremptoire pour faire cesser toute poursuite à raison d'un crime, il s'ensuit que la Cour, chargée de prononcer sur la mise en accusation, est nécessairement compétente pour statuer sur le mérite de la prescription. — *Cass.*, 8 nov. 1811, Barthélemy.

53. — L'arrêt de la chambre des mises en accusation qui rejette l'exception de prescription et renvoie le prévenu à la cour d'assises, ne prive pas cette Cour de la faculté de statuer de nouveau sur la question de prescription. — *Cass.*, 15 juill. 1813, Mautica. — Lesellyer, t. 6, nº 2208.

54. — Les juges d'appel ne peuvent refuser de faire droit aux conclusions prises devant eux sur une exception de prescription : par le motif qu'ils ne sont saisis que du jugement d'un point de forme, et que ce moyen ne saurait être utilement proposé que devant les juges du fond. — *Cass.*, 28 janv. 1843 (t. 1er 1843, p. 499), Lefeuvre.

55. — La prescription a lieu par années ou par mois.

56. — On a demandé, sous l'ancien droit criminel, s'il suffisait pour l'accomplissement du terme de la prescription que la dernière année fût commencée, ou s'il fallait qu'elle fût révolue. Aujourd'hui, il ne peut y avoir de doute sur la question; les art. 368, 637 et 640 C. instr. crim. exigent que les années soient révolues. — Mangin, *Act. publ.*, t. 2, nº 317.

57. — Les mois doivent se calculer, d'après le calendrier grégorien, date par date, et non par mois de trente jours. — Mangin, *ibid.*, t. 2, nº 318.

58. — Ainsi : jugé que le délai de trois mois établi pour la prescription des délits forestiers a dû être réglé de quantième à quantième, suivant le calendrier grégorien. Ainsi, la poursuite a pu être encore utilement exercée le 17 août pour un délit constaté le 18 mai précédent. — *Cass.*, 27 déc. 1811 (cinq arrêts), Conti.

59. — Ainsi, encore, c'est de quantième à quantième, selon le calendrier grégorien, et non par le laps de trois fois trente jours, que se compte la prescription de trois mois, déterminée pour les délits de chasse. — *Nancy*, 28 janv. 1846 (t. 2 1846, p. 155), Lhote.

60. — La durée de trente jours donnée par l'art. 40 C. pén. à la peine d'un mois d'emprisonnement est une exception au principe général, qui ne peut être étendu à d'autres cas. — *Cass.*, 27 déc. 1811 (dans ses motifs), Conti; *Nancy*, 28 janv. 1846 (t. 2 1846, p. 155), Lhote.

61. — Le jour à partir duquel la loi fait courir la prescription, c'est-à-dire le jour du délit, est compris dans l'espace de temps requis pour opérer la prescription. — Mangin, *Act. publ.*, t. 1, nº 319; Merlin, *Rép.*, vº *Prescript.*, sect. 2, § 1, nº 5. — V., cependant, Dunod, *Prescript.*, p. 117; Vazeille, t. 1er, p. 317; Toullier, t. 13, nº 54. — V., au surplus, DÉLAI.

62. — Jugé, en conséquence, qu'en matière criminelle ou correctionnelle dans le délai requis pour la prescription de l'action publique et de l'action civile on doit compter le jour où le crime ou le délit a été commis, c'est-à-dire le jour *à quo*. — *Paris*, 8 févr. 1843 (t. 1er 1843, p. [illegible]), Chapeau.

63. — Jugé cependant que le jour de la rédaction d'un acte notarié contenant une contravention à la loi du 25 vent. an XI ne doit pas être compté dans la supputation du délai de dix ans nécessaire pour la prescription de l'action publique. — *Paris*, 11 déc. 1847 (t. 1er 1848, p. [illegible]), Lévesque.

64. — Si la prescription est une cause d'extinction de l'action publique et de l'action privée, cette extinction ne peut profiter qu'à celui qui a recueilli le bénéfice de la prescription. L'action publique et l'action civile continuent à subsister à l'égard de toutes autres personnes.

65. — La prescription acquise à l'auteur d'une pièce fausse ne fait pas obstacle aux poursuites que peut déterminer l'usage fait sciemment de la pièce fausse, si cet usage a eu lieu depuis moins de dix ans. — *Cass.*, 4 janv. 1816, [illegible]; 4 sept. 1835, Noblot. — Mangin, *Act. publ.*, t. 2, nº 325.

66. — Par la même raison : l'art. 637 C. instr. crim. n'interdit pas de rechercher dans des faits prescrits des éléments de conviction pour établir la vérité d'autres faits non prescrits, qui sont l'objet de l'accusation. Ainsi, des pièces de conviction relatives à des faits couverts par la prescription peuvent être laissées à l'audience devant les yeux des jurés. — *Cass.*, 20 juill. 1837 (t. 2 1839, p. 318), Pithon.

67. — La prescription établie par les lois françaises n'est pas applicable à des délits commis dans un pays nouvellement réuni à la France, et avant la promulgation de nos lois dans ce pays. — *Cass.*, 24 vent. an XIII, Ladetto.

CHAPITRE II. — *Prescription des peines et des condamnations civiles.*

Sect. 1re. — *Prescription des peines.*

68. — La prescription de la peine fondée, comme on l'a vu, sur les tourmens continuels qu'a dû éprouver le condamné obligé de se cacher, met celui-ci dans la même position que s'il eût subi cette peine; il est quitte envers la société.

69. — On verra que la prescription de la peine court au profit des individus qui ont été condamnés par défaut ou par contumace, aussi bien qu'au profit de ceux qui ont été condamnés contradictoirement.

70. — Toutefois : en aucun cas, les condamnés par défaut ou par contumace, dont la peine est prescrite, ne peuvent être admis à se présenter pour purger le défaut ou la contumace. — C. instr. crim., art. 641. — *Cass.*, 2 févr. 1827, Blanc.

71. — Le but de cette disposition a été d'engager le contumax à se présenter dans un délai utile pour purger sa contumace. S'il y était admis après un trop long espace de temps, il prétendrait que les preuves fussent effacées et les témoins fussent morts ou éloignés pour procurer ainsi un acquittement. — Paroles de l'orateur du gouvernement.

72. — La prescription de la peine encourue pour un premier crime ne met aucun obstacle

l'application des peines de la récidive, en cas de nouveau crime. — *Cass.*, 10 févr. 1820, Mathis. — Chauveau et Hélie (*Théorie du Code pénal*, t. 1er, p. 444) et Legraverend (t. 2, chap. 10, p. 605). — V. RÉCIDIVE.

ART. 1er. — *Peines criminelles.*

73. — D'après le Code pénal de 1791 : aucun jugement de condamnation rendu par un tribunal criminel ne pouvait être mis à exécution, quant à la peine, après un laps de vingt années révolues, à compter du jour où ledit jugement avait été rendu. — L. 28 sept.-6 oct. 1791, 1re partie, tit. 6, art. 3.

74. — Les peines portées par les arrêts ou jugemens rendus en matière criminelle se prescrivent par vingt années révolues, à compter de la date des arrêts ou jugemens. — C. instr. crim., art. 635.

75. — Les condamnations par contumace ne se prescrivaient autrefois que par trente ans à compter de l'exécution par effigie. Le Code d'instruction criminelle ne fait, à cet égard aucune distinction. La prescription court donc, contre les condamnations par contumace, comme contre les autres, à compter du jour de l'arrêt de condamnation. — Legraverend, t. 2, p. 775; Carnot, *Instr. crim.*, t. 3, p. 619, n° 1er; Bourguignon, *Manuel d'instr. crim.*, t. 2, p. 141, n° 1er; Lesellyer, *Droit crim.*, t. 6, n° 2294. — V. aussi Merlin, *Rép.*, v° *Prescript.*, sect. 3, § 7, art. 1er, n° 5, 4°.

76. — La prescription de la peine court au profit des condamnés par contumace comme des condamnés contradictoirement. — *Cass.*, 5 août 1825, Bruyeron.

77. — Alors c'est le délai pour la prescription de la peine qui est applicable, et non plus le délai de la prescription de l'action, laquelle est éteinte, qui commence à courir. — *Cass.*, 2 févr. 1827, ...nc; 17 janv. 1829, Vasseur; 9 juill. 1829, Bousquié. — Merlin, *Rép.*, v° *Prescript.*, sect. 3, art. 4, n° 3; Bourguignon, *Jurispr. des Codes*, sur l'art. 637, n° 6; Mangin, t. 2, n° 340; Lesellyer, t. 6, n° 2298.

78. — La prescription en faveur d'un condamné qui s'est évadé après avoir commencé à subir sa peine court seulement à partir du jour de son évasion, et non à compter du jour de l'arrêt de condamnation. — *Cass.*, 29 juill. 1827, Laffitte; ... févr. 1835, Haymann. — Legraverend, t. 2, ch. 2, p. 776.

79. — Le condamné qui s'est évadé ne peut prétendre qu'il n'avait pas commencé à subir sa peine, et que la prescription avait couru à son profit dès le jour de la condamnation : sous prétexte que l'arrêt qui la prononce n'ayant été inscrit que par extrait sur le registre d'écrou, l'acte d'écrou serait entaché de nullité. — *Cass.*, ... févr. 1835, Haymann.

80. — Toutefois, le condamné ne peut résider dans le département où demeureraient, soit celui sur lequel ou contre la propriété duquel le crime a été commis, soit ses héritiers directs; et de plus le gouvernement peut assigner à ce condamné le lieu de son domicile. — C. instr. crim., art. 635.

81. — La prescription, disaient les orateurs du gouvernement, serait une institution barbare, si son résultat pouvait être tel qu'à une époque quelconque le fils d'un homme assassiné dût voir s'établir à côté de lui le meurtrier de son père.

82. — Par *héritiers directs* il faut entendre les héritiers de la ligne ascendante ou descendante. On ne saurait considérer ainsi ceux qui ne recueilleraient la succession que par voie de donation ou de testament. — Carnot, t. 3, p. 620, n° 3.

83. — Si, contrairement aux dispositions de l'art. 635, le condamné qui a subi sa peine venait résider auprès de celui qui a été sa victime, le gouvernement lui assignerait une autre résidence, soit d'office, soit sur la plainte des intéressés; et en cas de désobéissance, le condamné pourrait être poursuivi conformément aux art. 44 et 45 C. pén. — Teulet, d'Auvilliers et Sulpicy, *Codes annotés*, C. instr. crim., art. 635, n° 15.

84. — En aucun cas, la prescription de la peine emportant mort civile ne réintègre le condamné dans les droits civils pour l'avenir. — C. civ., art. 32.

ART. 2. — *Peines correctionnelles.*

85. — Les peines portées par les arrêts ou jugemens rendus en matière correctionnelle se prescrivent par cinq années révolues, à compter de la date de l'arrêt ou du jugement rendu en dernier ressort. — C. instr. crim., art. 636.

86. — A l'égard des peines prononcées par les tribunaux de première instance, elles se prescrivent à compter du jour où ces jugemens ne peuvent plus être attaqués par la voie de l'appel. — *Ibid.*

87. — Lorsque le fait de l'accusation s'est trouvé réduit à un simple délit par l'arrêt de contumace, l'accusé condamné à une peine correctionnelle la prescrit par un intervalle de cinq années et ne peut pas, lorsqu'il se représente, être remis en jugement sous le prétexte que les faits étaient qualifiés crimes par l'acte d'accusation. — Mangin, *Act. publ.*, t. 2, n° 297; Merlin, *Quest.*, v° *Contumace*, § 5.

88. — Ainsi lorsque, d'après la déclaration du jury intervenue sur un débat contradictoire, le fait qui avait motivé la condamnation de l'accusé par contumace à une peine afflictive ou infamante n'est punissable que d'une peine correctionnelle, cette peine se substitue fictivement à la peine afflictive ou infamante écrite dans l'arrêt; en sorte que s'il s'est écoulé cinq années sans poursuites, la prescription est acquise au condamné. — *Cass.*, 9 juill. 1829, Bousquié.

89. — Suivant Legraverend (t. 2, p. 591) : la peine n'en serait pas moins rendue en matière criminelle, parce que telle était la nature de l'accusation. — Mais Bourguignon répond (*Jurispr.*, t. 2; p. 402, n° 4) que, de criminelle qu'elle était, dans l'origine, la matière est devenue correctionnelle par le résultat des débats. Le jugement même de contumace en a fixé le véritable caractère. La position du condamné est la même que si l'arrêt était contradictoire ou que si la condamnation avait été prononcée par un tribunal correctionnel.

90. — En matière correctionnelle, lorsqu'il a été rendu un jugement par défaut contre le prévenu : tant que ce jugement ne lui a pas été signifié, ce n'est pas la prescription de la peine ou celle de cinq ans qui court à son profit; mais bien celle de l'action, c'est-à-dire de trois ans. La non-signification est considérée en ce cas comme une cessation de poursuites. — *Paris*, 26 déc. 1816, Pontier; *Cass.*, 1er févr. 1833, Quillet. — Bourguignon, *Manuel d'instr. crim.*, t. 2, p. 143, n° 2 et *Jurispr.*, t. 2, p. 523, n° 2; Legraverend, t. 2, p. 775; Mangin, *Act. publ.*, t. 2, n° 339.

91. — Jugé également qu'un jugement correctionnel rendu par défaut ne constitue, tant qu'il n'a pas été signifié, qu'un simple acte d'instruction ou de poursuite, à partir duquel commence à courir la prescription de l'action et non celle de la peine. — *Cass.*, 31 août 1827, Buchillot. *Paris*, 27 août 1836, Latour; *Lyon*, 18 août 1848 (t. 2 1848, p. 434), Ponsony.

92. — En outre, la signification de ce jugement par défaut, nulle pour vice de forme, n'a pas pour effet d'interrompre le cours de la prescription. — *Cass.*, 31 août 1827, Buchillot. — Mangin, *Act. publ.*, t. 2, n° 339.

93. — Jugé, au contraire : qu'un jugement par défaut dont la signification est nulle ou qui n'a pas été signifié produit à l'égard de la prescription les mêmes effets qu'un jugement contradictoire. En conséquence : le temps qui s'est écoulé sans poursuite après le jugement par défaut ne peut pas être compté pour la prescription de l'action publique, mais seulement pour la prescription de la peine. — *Toulouse*, 22 janv. 1824, Jolly.

94. — Cependant Carnot (*Instr. crim.*, t. 3, p. 623, n° 7) trouvant bizarre que le défaut de signification soit un obstacle éternel à la prescription, propose pour y remédier qu'il soit ordonné que le jugement devra être signifié au prévenu dans un délai déterminé; et qu'à compter du jour indiqué pour la signification, la prescription commencera à courir, du délit comme de la peine, suivant les règles établies par le Code. — Mais il y aurait en cela un double excès de pouvoirs. En effet, le tribunal n'a pas le droit de s'immiscer dans l'exécution de ses jugemens. De plus : la loi ne faisant courir la prescription que du jour de la signification, le tribunal usurperait les fonctions de législateur en posant une règle différente. — Teulet, d'Auvilliers et Sulpicy, *Codes annotés*, C. instr. crim., art. 636, n° 8.

95. — La prescription commence-t-elle à courir dès l'expiration du délai de dix jours accordé au ministère public de première instance et aux parties pour appeler, ou seulement de l'expiration du délai de deux mois accordé au ministère public près le tribunal supérieur? Carnot (t. 3, p. 623; n° 5) soutient, d'après le texte de la loi, qu'il suffit que le jugement puisse être attaqué par la voie de l'appel, pour que la prescription ne coure pas pendant les deux mois. Mais Bourguignon (*Jurispr.*, t. 2, p. 522, n° 1er, et *Manuel d'instr. crim.*, t. 2, p. 143, n° 1er) et Legraverend (t. 2, p. 774) répondent que si la prescription ne court pas pendant les dix jours, c'est que l'exécution du jugement est suspendue; tandis que l'exécution étant permise après ce délai, il n'y a plus de motif pour que la prescription soit suspendue. De ces deux opinions l'une a pour elle le texte et l'autre l'esprit de la loi.

96. — Mais jugé, dans le premier sens : que l'art. 636 C. instr. crim. faisant partir la prescription des peines prononcées par les tribunaux correctionnels du jour où les jugemens ne peuvent plus être attaqués par la voie d'appel, il en résulte que les cinq années nécessaires pour prescrire ne doivent commencer à courir qu'à dater de l'expiration du délai de *deux mois* que l'art. 205 donne au procureur général pour interjeter appel; et non pas du délai de *dix jours*, qui est celui dans lequel toutes les autres parties doivent émettre leur appel, aux termes de l'article 203. — *Cass.*, 27 août 1836, Latour; *Nîmes*, 15 juin 1843 (t. 2 1843, p. 190), Combemalle.

97. — Suivant Carnot (*Instr. crim.*, t. 3, p. 624, n° 8), si, sans appeler lui-même, le condamné avait, en vertu de l'art. 205, fait notifier le jugement au ministère public, pour abréger le délai de l'appel, la prescription ne commencerait pas à courir, parce que le condamné n'aurait pas pu établir cette forclusion contre lui-même, tant que son appel serait encore recevable. — Mais cet auteur n'a pas fait attention que le condamné n'avait qu'un délai de dix jours pour appeler, et que, dès lors, en abrégeant le délai de l'appel il avancerait l'époque où la prescription prend cours en sa faveur. — Teulet, d'Auvilliers et Sulpicy, *C. annotés*, C. instr. crim., art. 36, n° 11.

98. — La prescription court pendant le délai accordé par la loi pour former un recours en cassation. Cela résulte de ce que la loi prend pour point de départ la date du jugement ou de l'arrêt, et ne fait d'exception que pour le délai de l'appel. — Carnot, *Instr. crim.*, t. 3, p. 622; n° 2.

99. — La prescription de la peine prononcée par des jugemens en dernier ressort n'est pas susceptible d'être interrompue par des actes d'instruction ou de poursuites, conformément à l'art. 637, ni par des recherches autres que l'arrestation du condamné. — Merlin, *Rép.*, v° *Prescription*, sect. 3, § 7, art. 1er; n° 5, 4°; Bourguignon, *Manuel d'instr. crim.*, t. 2; p. 141, n° 2.

ART. 3. — *Peines de simple police.*

100. — Les peines portées par les jugemens rendus pour contraventions de police se prescrivent par deux années révolues, savoir, pour celles prononcées par arrêt ou jugement en dernier ressort, à compter du jour de l'arrêt; et à l'égard des peines prononcées par les tribunaux de première instance, à compter du jour où ils ne peuvent plus être attaqués par la voie de l'appel. — C. instr. crim., art. 639.

101. — La prescription des peines prononcées pour contraventions de police est la même quelle que soit la juridiction d'où elles émanent. La loi n'a considéré que la nature du fait. — Carnot, *Instr. crim.*, t. 3, p. 633, n° 4.

102. — L'art. 639 n'est applicable qu'aux condamnations prononcées pour contraventions de simple police; il ne peut conséquemment être étendu aux peines de simple police prononcées pour délits correctionnels, à raison des circonstances atténuantes. C'est l'art. 636 qui seul est applicable. — Teulet, d'Auvilliers et Sulpicy, *C. annotés*, C. instr. crim., art. 639, n° 2.

103. — Suivant Carnot (*Instr. crim.*, t. 3, p. 633, n° 3), la prescription commence à courir pendant le délai de l'opposition aux jugemens ou arrêts par défaut. Le délai de l'appel n'étant pas encore épuisé, il est évident que, quoiqu'il ne soit pas fait mention de celui de l'opposition dans l'art. 639, il suffit que le jugement puisse être attaqué par la voie de l'appel, pour que la prescription ne coure pas, quelles que soient les autres voies ouvertes pour le faire réformer. — Teulet, d'Auvilliers et Sulpicy, *ibid.*, n° 3.

104. — Les jugemens contradictoires de simple police qui prononcent l'emprisonnement ou des condamnations supérieures à 5 fr. étant toujours susceptibles d'appel tant qu'ils n'ont pas été signifiés, il suit de là et du texte même de l'art. 639 que la prescription ne court point contre la peine jusqu'à ce que, par cette signification, on ait fait écouler les délais de l'appel. — Teulet, d'Auvilliers et Sulpicy, *ibid.*, n° 4.

105. — Mais la prescription ne court-elle pas contre l'action? Mangin (*Act. publ.*, t. 2, n° 361) fait observer que le ministère public et la partie civile ne peuvent pas rester les maîtres de suspendre indéfiniment le délai de la prescription en s'abstenant de faire signifier le jugement. Cet auteur propose de décider, comme dans le cas d'un jugement correctionnel par défaut, que la prescription est la même que celle de l'action, c'est-à-dire d'une année. Le silence de la loi rend cette solution incertaine.

106. — Bourguignon (*Manuel d'instr. crim.*, t. 2, p. 152, note *b*, et *Jurisprud.*, t. 2, p. 546) ayant fait observer que la prescription ne commençait à courir que de l'expiration des dix jours accordés par l'art. 174 C. instr. crim. pour appeler, Carnot (*Instr. crim.*, t. 3, p. 633, *obs. addit.*) ajoute que c'est seulement à partir des deux mois accordés au procureur général pour interjeter appel. Mais, à cet égard, il y a eu confusion de la part de cet auteur, le procureur général ne peut, en aucun cas, appeler des jugemens de simple police. Quant à ceux des tribunaux correctionnels, ils sont en dernier ressort quand ils prononcent sur des contraventions de simple police (art. 192). — Teulet, d'Auvilliers et Sulpicy, *ibid.*, n° 6.

107. — Lorsqu'il y a appel, la prescription court contre l'action et non contre la peine qui a pu être prononcée. Elle est donc acquise par une discontinuation de poursuites pendant une année. — Carnot, *Instr. crim.*, t. 3, p. 603, n° 1er.

Sect. 2e. — *Prescription des condamnations civiles.*

108. — Les condamnations civiles portées par les arrêts ou par les jugemens rendus en matière criminelle, correctionnelle ou de police, et devenues irrévocables, se prescrivent d'après les règles établies par le Code civil. — C. instr. crim., art. 642.

109. — Les condamnations civiles devenues irrévocables rentrent dans la classe des obligations ordinaires, quoiqu'elles aient été prononcées pour crimes ou délits. Comme leur exécution ne présente aucun des inconvéniens qui ont fait réduire la durée de la prescription de l'action, c'est la prescription de trente ans, établie par l'art. 2262 C. civ., qui devient applicable. — V. PRESCRIPTION.

110. — Mais, pour que ce soit la prescription de trente ans qui ait cours, il faut que la condamnation soit irrévocable. C'est donc toujours aux règles du C. d'instr. crim. qu'il y a lieu de s'arrêter, tant que le jugement ou l'arrêt est susceptible d'être attaqué par une voie quelconque. — Teulet, d'Auvilliers et Sulpicy, *C. annotés*, C. instr. crim., art. 642, n° 4.

111. — Le condamné contumax qui a prescrit sa peine n'étant plus recevable à purger la contumace, ne l'est pas non plus à contester les réparations civiles auxquelles il a été condamné. Le jugement est irrévocable sous un rapport comme sous l'autre. — Carnot, *Instr. crim.*, t. 3, p. 638, n° 4.

CHAPITRE III. — *Prescription de l'action publique et de l'action civile.*

Sect. 1re. — *Prescription de l'action publique.*

112. — La prescription de l'action publique varie suivant qu'il s'agit de crimes, de délits ou de contraventions de police.

113. — Toutefois, il est à remarquer qu'on a dû confondre la prescription des actions criminelles et celle des actions correctionnelles; attendu qu'elles ne diffèrent que par leur durée, et qu'elles ont toutes leurs autres règles communes. — C'est également à ces règles qu'il y a lieu de se reporter pour tout ce qui concerne les contraventions de police, toutes les fois que la loi n'a pas de dispositions spéciales qui y dérogent.

ART. 1er. — *Prescription de l'action publique résultant des crimes et délits.*

§ 1er. — *Temps requis pour la prescription.*

114. — *Code pénal de 1791.* — Suivant le Code pénal de 1791 : il ne pouvait être intenté aucune

action criminelle, pour raison d'un crime, après trois années révolues, lorsque dans cet intervalle il n'avait été fait aucune poursuite. — L. 25 sept.-6 oct. 1791, 1re partie, tit. 6, art. 1er.

115. — Quand il avait été commencé des poursuites à raison d'un crime, nul ne pouvait être poursuivi, pour raison dudit crime, après six années révolues; lorsque dans cet intervalle aucun jury d'accusation n'avait déclaré qu'il y avait lieu à accusation contre lui, soit qu'il eût été ou non impliqué dans les poursuites qui avaient été faites. — Même loi, *ibid.*, art. 2.

116. — Un délit, quoique commis avant la loi du 25 sept.-6 oct. 1791, mais connu et même notoire, était prescrit par trois années écoulées sans poursuites sous l'empire de cette loi. — *Cass.*, 11 fructid. an VII, Cuinet.

117. — *Code 3 brumaire an IV.* — Sous le Code du 3 brumaire an IV il ne pouvait être intenté aucune action publique ni civile pour raison d'un délit après trois années révolues, à compter du jour où l'existence en avait été connue et légalement constatée : lorsque dans cet intervalle il n'avait été fait aucune poursuite.

118. — Si dans les trois ans il avait été commencé des poursuites, soit criminelles, soit civiles, à raison d'un délit; l'une et l'autre action duraient dix ans, même contre ceux qui n'étaient pas impliqués dans ces poursuites. — Après ce terme nul ne pouvait être recherché, soit au criminel, soit au civil, si, dans l'intervalle, il n'avait pas été condamné par défaut ou contumace. — Même Code, art. 9 et 10.

119. — Ainsi, sous le Code du 3 brum. an IV la prescription d'un délit était acquise par le défaut de poursuites pendant trois années à partir du délit connu et constaté. — *Cass.*, 7 oct. 1808, Douvry.

120. — ... Ou bien encore si les poursuites avaient été commencées après plus de trois ans. — *Cass.*, 17 fruct. an VII, Larible.

121. — Par conséquent, un délit resté impoursuivi pendant plus de trois ans depuis sa constatation ne pouvait plus donner lieu à aucune action, soit publique, soit civile. — *Cass.*, 21 vendém. an VIII, Forcade.

122. — Sous le même Code, la prescription était acquise lorsqu'il s'était écoulé plus de six ans entre le jour de la constatation du délit et l'arrêt de contumace. — *Cass.*, 17 oct. 1806, Samoye.

123. — ... Ou bien encore lorsqu'il s'était écoulé plus de six ans depuis la constatation légale du délit sans qu'il fût intervenu de jugement par contumace. — *Cass.*, 27 mars 1807, Bissuel; 28 janv. 1808, Gendy.

124. — Jugé également que la prescription d'un assassinat était acquise lorsqu'un jugement par contumace n'avait pas été rendu contre l'inculpé dans les six ans qui avaient suivi la connaissance et la constatation du délit. — *Cass.*, 3 frim. an XIII, Bret.

125. — Sous le même Code, la prescription était acquise lorsqu'il s'était écoulé un intervalle de six ans trois mois et quelques jours depuis le procès-verbal constatant le corps du délit, encore bien que dans le cours de la même année et des deux suivantes il eût été fait des poursuites, s'il n'était intervenu aucune condamnation par défaut ou contumace. — *Cass.*, 14 févr. 1811, Mourlaix.

126. — Il suffisait que les poursuites eussent été faites dans les trois ans de la constatation légale d'un crime de banqueroute frauduleuse, pour que la durée de la prescription dût être de six années; quand même il s'en serait écoulé trois en recherches inutiles du prévenu depuis le délit jusqu'à l'arrestation. — *Cass.*, 16 brum. (et non 8 messid.) an XIV, Roger.

127. — La condamnation de l'un des auteurs d'un délit n'empêchait pas la prescription de l'action à l'égard du coprévenu contre lequel aucun jugement par défaut ou contumace n'était intervenu. — *Cass.* 14 therm. an XII, Brière.

128. — La prescription du délit n'autorisait pas le pourvoi en cassation contre les jugemens des tribunaux spéciaux institués pour juger sans appel, cassation ou révision. — *Cass.*, 7 brum. an XI, Galloni.

129. — *Code d'instruction criminelle.* — Aujourd'hui l'action publique résultant d'un crime de nature à entraîner la peine de mort, ou des peines afflictives perpétuelles, ou de tout autre crime emportant peine afflictive ou infamante, se prescrit après dix années révolues, à compter du jour où le crime a été commis, si dans cet intervalle il n'a été fait aucun acte d'instruction ni de poursuite. — C. instr. crim., art. 637.

130. — S'il a été fait, dans l'intervalle des dix ans, des actes d'instruction ou de poursuite non suivis de jugement, l'action publique ne se prescrit qu'après dix années révolues, à compter du dernier acte, à l'égard même des personnes qui ne seraient pas impliquées dans cet acte d'instruction ou de poursuite. — *Ibid.*

131. — La prescription de l'action publique et de l'action civile s'applique même au cas où les poursuites ont été suivies d'un jugement, lorsqu'elles ont été discontinuées pendant plus de trois ans sur l'appel qui en a été interjeté. — *Grenoble*, 23 juin 1830, Archier; 11 juill. 1833, Roison; *Liége*, 1er févr. 1834, Magis; *Colmar*, 29 avril 1840 (t. 2 1841, p. 279), Witz. — V. *suprà* nos 90 et suiv.

132. — Lorsqu'en matière de police correctionnelle il s'est écoulé plus de trois années depuis la déclaration d'un pourvoi en cassation jusqu'à sa signification et que la Cour de cassation n'a été nantie des pièces que postérieurement à cette signification, la prescription étant acquise au profit du prévenu, il n'y a pas lieu de statuer sur le pourvoi, qui n'a plus d'objet. — *Cass.*, 7 mai 1830, Lechanguette.

133. — Le délai de la prescription est déterminé, non par la fausse qualification qui aurait d'abord été donnée au fait, ou par la nature des poursuites, mais par la qualification qui est définitivement reconnue lui appartenir. — *Limoges*, 24 févr. 1839 (t. 1er 1839, p. 578), Puybras. — Mangin, *Act. publ.*, t. 2, n° 197; Lesellyer, *Dr. crim.*, t. 6, n° 2303; Faustin-Hélie, *Instr. crim.*, t. 3, n° 690.

134. — En conséquence : le temps nécessaire pour acquérir la prescription d'un fait qualifié crime et poursuivi comme tel n'est que de trois ans, si, par suite de la déclaration du jury, ce fait se trouve ne constituer qu'un délit. — *Cass.*, 30 janv. 1818, Gras; 2 sept. 1831, Poirot; *Limoges*, 24 févr. 1839 (t. 1er 1839, p. 578), Puybras. — Mangin, *ibid.*

135. — Par la même raison, dit Mangin (*Act. publ.*, t. 2, n° 297), un individu poursuivi pour un simple délit et qui, par le résultat des débats, serait déclaré coupable avec des circonstances aggravantes qui donneraient au fait le caractère de crime, ne pourrait pas se prévaloir de la prescription de trois ans et ne pourrait invoquer que celle de dix ans. C'est ce qui a été jugé par la Cour de cassation le 21 juill. 1820 (arrêt non imprimé).

136. — Lorsque le fait pour lequel un accusé avait été condamné par contumace à une peine afflictive et infamante se trouve réduit à un simple délit correctionnel, par la déclaration du jury, intervenue sur un débat contradictoire, la prescription se règle d'après le caractère définitif donné au fait par le jury et non d'après le titre de l'accusation. En conséquence, s'il s'est écoulé cinq années depuis le jugement, au moment de la représentation de l'accusé, la prescription de la peine correctionnelle qu'il avait encourue lui est acquise. Ainsi, ce n'est pas contre l'action du ministère public, mais contre la peine prononcée, qu'a couru la prescription. — *Cass.*, 5 août 1825, Bruyeron; 2 févr. 1827, Blanc; 17 janv. 1829, Vasseur; 9 juill. 1829, Bousquié; 6 mars 1835, Conte; 23 janv. 1840 (t. 2 1840, p. 438), Damoy; 21 août 1845 (t. 2 1845, p. 682), Latil. — Mangin, *Act. publ.*, t. 2, n° 297; Merlin, *Quest.*, v° *Contumace*, § 5; Lesellyer, t. 6, n° 2305.

137. — L'action publique résultant d'un crime déclaré excusable par le jury est soumise à la prescription établie pour les crimes et non à celle qui régit les délits, encore bien que la loi ne prononce qu'une peine correctionnelle. — *Cass.*, 17 janv. 1833, Massoni.

138. — Suivant MM. Chauveau et Hélie (*Théorie du C. pén.*, t. 1er, p. 138) : la règle invoquée par la Cour de cassation ne peut être suivie que devant la chambre des mises en accusation, parce qu'elle n'est pas chargée d'apprécier souverainement les circonstances du fait tendant à modifier son caractère. Ils ajoutent que, d'après l'art. 1er C. pén., l'infraction, quelle qu'elle soit, qui n'est punie que de peines correctionnelles, est un simple délit; et que tel est nécessairement le caractère des faits réprimés par les art. 321 et suiv. C. pén. Mais cette objection est détruite par le texte même de la loi, qui leur conserve la qualification de *crimes* en même temps qu'elle modifie la peine encourue.

139. — La déclaration de circonstances atténuantes n'ayant pour effet que de réduire la peine et ne changeant pas la nature du crime déclaré constant, on ne peut lui appliquer la prescription admise pour les simples délits. — *Cass.*, 11 avr. 1834, Aliberte; 20 juill. 1838 (t. 1er 1839, p. 153), Vernadet; *Limoges*, 23 févr. 1839 (t. 1er 1839,

p. 578), Clapeau; 24 févr. 1839 (t. 1er 1839, p. 578), Puybras; *Cass.*, 30 mai 1839 (t. 2 1843, p. 298), Nougué. — Lesellyer, t. 6, n° 2302; Faustin-Hélie, t. 3, p. 691.

140. — Le crime commis par un individu âgé de moins de seize ans, n'étant passible que de peines correctionnelles, rentre nécessairement dans la classe des délits (*Cass.*, 9 févr. 1832, Legall) et se prescrit, dès lors, non par dix ans, mais seulement par trois ans. — *Cass.*, 22 mai 1841 (t. 2 1841, p. 492), Ganivet.

141. — Mangin (*Act. publ.*, t. 2, n° 296) blâme cette décision. Suivant lui, la faveur qui a fait substituer une peine correctionnelle à la peine afflictive ou infamante ne dépouille pas le fait de son caractère de crime. — Lesellyer, n° 2306. — Mais on répond que cette objection, applicable au cas de circonstances atténuantes, ne saurait résister au texte de l'art. 1er C. pén., qui ne déclare crimes que les faits punis de peines afflictives ou infamantes.

§ 2. — *Epoque à partir de laquelle court la prescription.*

142. — Sous le Code pénal de 1791, le délai de trois ans à défaut de poursuites, pour la prescription d'un crime, et celui de six ans, lorsque les poursuites avaient eu lieu, commençaient à courir du jour où l'existence du crime avait été connue ou légalement constatée. — L. 25 sept.-6 oct. 1791, 1re part., tit. 6, art. 2.

143. — Jugé qu'il ne suffisait pas que le délit eût été connu de quelques habitans, s'il n'y avait eu ni plainte ni dénonciation ni aucun acte judiciaire. — *Cass.*, 21 niv. an XIII, Testor.

144. — Sous le Code du 3 brum. an IV, les trois ans pour la prescription de l'action publique ou civile, à défaut de poursuites, et les six ans pour la même prescription, en cas de poursuites commencées, se comptaient du jour où l'existence du délit avait été connue et légalement constatée. — Cod. 3 brum. an IV, art. 9 et 10.

145. — Il ne suffisait pas, pour donner cours à la prescription d'un délit, qu'il eût été connu, il fallait en outre qu'il eût été légalement constaté. Ces conditions établies comme alternatives par la loi du 25 sept.-6 oct. 1791 étaient exigées cumulativement par le Code de l'an IV. — *Cass.*, 9 mai 1807, Cornu.

146. — La constatation légale d'un délit ne pouvait résulter que d'un acte de l'autorité judiciaire. Ainsi, un procès-verbal dressé par un contrôleur des contributions ne faisait point courir la prescription d'un crime de faux. — *Cass.*, 14 juill. 1809, Becquemont.

147. — Mais un crime de faux était réputé légalement constaté par les déclarations de deux experts écrivains faites devant le magistrat de sûreté par voie d'information. En conséquence la prescription du délit commençait à courir, à compter du jour de la réception desdites déclarations, lors même qu'il n'avait pas été dressé un état descriptif des pièces arguées de faux, en conformité de l'art. 526 dudit Code. — *Cass.*, 13 juill. 1809, Dubost.

148. — Un crime de faux était encore réputé légalement constaté soit par l'inscription en faux incident faite devant le tribunal civil, soit par le procès-verbal de dépôt de la pièce et le paraphe *ne varietur* du président, soit par la plainte en faux principal portée au nom de la partie lésée, encore bien que cette plainte ne fût pas signée à toutes les pages et que le mandataire qui l'avait déposée n'y eût point annexé sa procuration. — *Cass.*, 12 janv. 1809, Cuidaccioli.

149. — On ne pouvait considérer que comme simple renseignement et non comme une constatation légale du délit un procès-verbal dressé par l'autorité administrative. — *Cass.*, 20 avr. 1809, Ferdinand.

150. — *Code d'instruction criminelle.* — Le Code d'instruction criminelle au contraire a pris pour point de départ le jour du crime ou du délit. — C. inst. crim., art. 637 et 638.

151. — En conséquence, sous le Code d'instr. crim., la prescription du crime de faux commence à courir du jour où il a été commis, quoique les faits qui le constituent soient restés longtemps cachés. — Bourguignon, *Manuel d'instr. crim.*, t. 2, p. 145; et *Jurispr.*, t. 2, p. 525, n° 1er. — *Contrà*, Rousseaud de la Combe, *Mat. crim.*, p. 313.

152. — La prescription du crime de banqueroute frauduleuse commence à partir du jour où les faits qui constituent ce crime ont été commis et non pas seulement du jour où ils ont été découverts. — *Cass.*, 29 décembre 1828, Ginestet. — Mangin, *Act. publ.*, t. 2, n° 328; Lesellyer, *Traité du dr. crim.*, t. 6, n° 2238.

153. — En matière de banqueroute simple, la prescription commence à courir non du jour du jugement déclaratif de la faillite, mais du jour de la cessation des paiemens ou du jour de l'infraction, si les faits constitutifs de la banqueroute simple sont postérieurs à la cessation de paiemens. — *Cass.*, 22 janv. 1847 (t. 1er 1847, p. 568), Balleydier.

154. — La prescription du délit de dénonciation calomnieuse commence à courir non du jour où la dénoncation a été faite, mais de celui où elle a été reconnue calomnieuse. — *Cass.*, 6 août 1825, Guillemin. — Mangin, t. 2, n° 330. — V. cependant Faustin-Hélie, t. 3, p. 712.

155. — La prescription de l'action publique ne commence à courir en faveur des jeunes gens qui se sont mutilés volontairement pour se rendre impropres au service militaire, que du jour où le conseil de révision a été appelé à statuer; et non du jour même du délit. — *Amiens*, 14 nov. 1839, (t. 1er 1842, p. 128), Demarcq.

156. — Le délai de trois ans par lequel se prescrit l'action civile résultant d'un délit ne court contre la partie lésée qu'à partir du jour où elle a connu le délit. — *Pau*, 31 août 1827 (sous *Cass.*, 26 mars 1829), Cavaré c. Dubois.

157. — La non-énonciation de la date des faits articulés contre le prévenu n'empêche pas ce dernier d'élever l'exception de prescription. — *Cass.*, 12 avril 1834, Corble.

158. — Aussi le défaut d'énonciation, dans la question posée au jury, de la date du fait incriminé, ne rend pas cette date incertaine, à l'effet de faire courir la prescription, si elle est rappelée dans l'arrêt de renvoi et dans l'acte d'accusation. — *Cass.*, 16 juin 1842 (t. 2 1842, p. 402), Lerué.

159. — De même, lorsque la date du délit n'est pas précisée, et qu'il résulte des circonstances de la cause, spécialement dans l'espèce de la forme des couverts d'argenterie saisis, de l'altération des marques par suite du frottement et de l'usage, que la vente qui en a été faite a dû avoir lieu plus de trois ans avant les poursuites, la prescription doit être admise. — *Paris*, 26 avr. 1837 (t. 1er 1837, p. 319), Labady.

160. — Au surplus: quand le ministère public ne prouve pas que le délit dont la date n'est pas précisée ait été commis depuis moins de trois ans, la prescription doit être déclarée acquise au prévenu. — *Paris*, 16 août 1832, Pellouas.

161. — Puisque la prescription ne commence qu'à compter du jour où les délits ont été commis, il est évident qu'elle ne court pas pendant le temps qu'ils se commettent. Or, quand ils se composent de plusieurs faits, ils ne peuvent être réputés commis qu'après l'accomplissement du dernier fait qui est l'un de leurs élémens. — Mangin, *Action publique*, t. 2, n° 320; Lesellyer, *Droit crim.*, t. 6, n° 2223; Faustin-Hélie, *Instr. crim.*, t. 3, p. 704. — Il en était de même sous l'ancien droit. — Dunod, *Prescription*, part. 2, chap. 9, p. 192; Rousseaud de la Combe, *Matière crim.*, part. 3, chap. 1er, p. 285; Jousse, *Justice crim.*, t. 1er, p. 585, n° 56.

162. — Il y a donc lieu de faire une distinction entre les crimes et délits successifs et les autres.

163. — Les crimes et délits successifs sont ceux qui se perpétuent, qui se renouvellent à chaque instant, qui mettent le coupable dans un état permanent de flagrant délit, qui se forment par la réunion de plusieurs faits géminés ou successifs, et qui empruntent ce nom aux élémens dont ils se composent. — Carnot, *Instr. crimin.*, t. 3, p. 627, n° 8, et p. 628, n° 1er; Bourguignon, *Jurisprudence*, t. 2, p. 531; Mangin, *Act. publique*, t. 2, n° 322; Merlin, *Rép.*, v° *Prescription*, sect. 3, § 7, art. 4, n° 5; Jousse, *Traité de la justice crim.*, t. 1er, p. 585. — V., au surplus, DÉLIT SUCCESSIF.

164. — Ainsi, la bigamie n'est pas classée dans le nombre des délits successifs. La prescription de ce crime commence dès lors à courir du moment du second mariage. — Faustin-Hélie, t. 3, p. 706. — V. BIGAMIE, nos 91 et suiv.

165. — Il en était de même sous le Code du 3 brum. an IV. — *Cass.*, 27 févr. (et non janv.) 1807, Chesnel.

166. — Le rapt ne se prescrit pas tant que la personne enlevée reste sous la puissance du ravisseur. Néanmoins la prescription commence du moment où la personne enlevée a atteint sa majorité, ou l'âge de seize ans, selon les distinctions établies aux art. 354 et suiv. C. pén., parce que le crime cesse en perdant l'une des conditions de son existence. — Carnot, *Instr. crim.*, t. 3, p. 627, n° 8; Legraverend, t. 1er, p. 81, n° 2; Mangin, *Act. pub.*, t. 2, n° 322; Bourguignon, *Manuel d'instr. crim.*, t. 2, p. 147, n° 5, et *Jurisprud.*, t. 2, p. 531; Lesellyer, *Dr. crim.*, t. 6, n° 2227. — V. cependant Faustin-Hélie, t. 3, p. 706; Jousse, *Justice crim.*, t. 1er, p. 585, n° 56.

167. — La détention arbitraire, la séquestration de personnes se perpétuent et ne se prescrivent point tant que les personnes séquestrées sont privées de la liberté. — Arg. C. pén., 117, 342 et 343, qui aggravent la peine et les dommages-intérêts en raison de la durée de la détention ou de la séquestration. — Legraverend, t. 1er, p. 81, n° 2; Mangin, *Act. publ.*, t. 2, n° 322; Lesellyer, n° 2228; Faustin-Hélie, t. 3, p. 705.

168. — La substitution d'un enfant à un autre, la supposition de part ne se prescrivent pas à l'égard du père ou de la mère tant qu'ils continuent à faire passer l'étranger pour leur enfant, quand ce sont eux qui ont commis le crime; parce que les rapports de parenté qu'ils entretiennent perpétuent le crime dont ils peuvent être des élémens, aux termes des art. 320 et suivans du Code civil. — Teulet, d'Auvilliers et Sulpicy, *C. annotés*, C. instr. crim., art. 437, n° 56.

169. — Mais la même objection ne pourrait pas être faite à la sage-femme qui après la substitution de l'enfant, ou après la déclaration faite à la mairie, demeurerait étrangère aux faits de possession de l'état d'enfant légitime, de la part de l'enfant supposé ou substitué. — Mêmes auteurs, *ibid.*, n° 57.

170. — La corruption de la jeunesse ne se formant que par l'habitude (C. pén., 334) ne se prescrit qu'à partir du dernier fait, à moins que les mineurs n'aient atteint leur majorité. — Mêmes auteurs, *ibid.*, n° 65.

171. — Toutefois, les faits de corruption de la jeunesse qui seraient séparés des autres par un intervalle de trois années devraient être déclarés éteints par la prescription. — Mêmes auteurs, *ibid.*, n° 70.

172. — Le déserteur, tant qu'il n'est pas rentré à son corps ou n'a pas été arrêté, et le forçat évadé, tant qu'il n'a pas été repris ou tant qu'il cache le nom sous lequel il était connu au bagne, ne peuvent prescrire la peine de la désertion ou de l'évasion. — Legraverend, t. 1er, p. 81; Mangin, *Act. publ.*, t. 2, n° 322; Lesellyer, n° 2232. — *Contrà*, Faustin-Hélie, t. 3, p. 708.

173. — Mais il n'en est pas de même à l'égard de ceux qui ont facilité ou procuré l'évasion, parce que leur délit cesse au moment où l'évasion est consommée. — Legraverend et Mangin, *ibid.*

174. — L'infraction au ban de surveillance, constituant le prévenu dans un état constant de flagrant délit, ne peut jamais se prescrire. — *Cass.*, 31 janv. 1834, Dermenon. — Cette prescription ne peut commencer que du jour où le condamné s'est soumis volontairement ou l'a été de force aux prescriptions de la loi, ou bien du jour où la peine de la surveillance a cessé. — Chauveau et Hélie, *Théorie du C. pénal*, t. 1er, p. 230; Faustin-Hélie, *Instr. crim.*, t. 3, p. 706.

175. — Les crimes commis par des rassemblemens armés ou par des associations de malfaiteurs ne se prescrivent qu'à partir du jour de la dissolution du rassemblement ou de l'association, ou bien du jour où le coupable a cessé d'en faire partie. — Legraverend, t. 1er, p. 81, n° 2; Mangin, *Act. publ.*, t. 2, n° 322; Lesellyer, n° 2232; Faustin-Hélie, t. 3, p. 705 et 709.

176. — La prescription contre l'action publique résultant du crime de faux en écriture publique ou privée ne peut s'acquérir tant qu'il est possible aux auteurs du faux d'en faire personnellement usage. — *Nîmes*, 19 janv. 1819, Desaignes.

177. — L'usage fait sciemment d'une pièce fausse ne s'arrête que par un acte positif de la part du coupable, indiquant qu'il ne veut plus se servir de la pièce fausse. Il suit de là que ce n'est qu'à compter de cet acte que la prescription du crime peut courir. — *Cass.*, 24 juin 1813, Larsonneur. — *Contrà* Faustin-Hélie, *Instr. crim.*, t. 3, p. 707.

178. — Mais l'usage accidentel ou momentané, d'une pièce fausse, n'ayant aucun caractère de connexité, commence immédiatement à se prescrire. — Teulet, d'Auvilliers et Sulpicy, *C. annotés*, C. instr. crim., art. 637, n° 63.

179. — La prescription du délit d'abus de blanc seing commence à courir seulement du jour où le dépositaire a fait usage du blanc seing, et non du jour où il l'a rempli d'une convention autre que celle qui, dans l'intention du signataire, devait y être écrite. — *Cass.*, 21 (et non 22) avril 1821 (et non 1822), Serraphon; *Orléans*, 24 août 1840 (t. 2 1840, p. 529), Saisy. — Legraverend, t. 1er, p. 81; Mangin, *Act. publ.*, t. 2, n° 326.

180. — En supposant même que le délit soit

consommé par le seul fait de l'inscription de la fausse convention au-dessus du blanc seing, c'est au prévenu à prouver l'époque précise de cette insertion; cette preuve ne pouvant résulter seulement de la date par lui donnée à l'acte attaqué. — *Orléans*, 24 août 1840 (t. 2 1840, p. 529), Saisy.

181. — Le délit prévu par l'art. 175 C. pén. est consommé du moment où a été conclue la convention illicite par laquelle le fonctionnaire public a pris ou reçu un intérêt dans une affaire qu'il était appelé par ses fonctions à administrer ou à surveiller. La durée plus ou moins longue des effets que produit ce délit, des avantages qu'il peut procurer, ne saurait lui donner le caractère d'un délit successif, ni changer le point de départ de la prescription. En conséquence : le délit imputé à un prévenu de s'être rendu adjudicataire sous un nom supposé de la ferme de terres appartenant à la commune dont il était maire est consommé du moment où l'adjudication a été prononcée au profit du prête-nom, et c'est de ce moment, et non de l'expiration des baux, que la prescription du délit a commencé à courir. — *Cass.*, 15 avr. 1848 (t. 2 1848, p. 479), Dupuis-Salé.

182. — La prescription d'un délit d'usure n'est pas acquise au prévenu, lorsqu'aux faits antérieurs aux trois dernières années il s'en rattache d'autres plus récens. — *Cass.*, 4 août 1820, Redaud; *Metz*, 26 mars 1821, Peiffer; *Cass.*, 15 juin 1821, Pernier; *Metz*, 7 août 1821, Michel; *Cass.*, 29 mai 1824, Marseron; 23 juill. 1825, Brémond; 24 déc. 1825, Duclos; *Metz*, 23 janv. 1826, G...; *Rennes*, 17 févr. 1826, X...; *Metz*, 6 mai 1826, N...

183. — La réception du paiement d'un prêt usuraire ancien constitue par elle-même un fait d'usure qui interrompt la prescription, et fait revivre le délit d'habitude, quoique aucun nouveau prêt usuraire n'ait été fait depuis plus de trois ans, parce que le prêt continue à subsister jusqu'au jour de la libération intégrale du débiteur. — *Cass.*, 25 févr. 1826, Briandet. — Mangin, *Act. publ.*, t. 1er, p. 327. — V. cependant Faustin-Hélie, *Instr. crim.*, t. 3, p. 711.

184. — Jugé de même : que la prescription commence à courir non du jour du prêt, mais de celui où l'usurier a terminé sa dernière négociation usuraire par la libération intégrale du débiteur. — *Rennes*, 17 févr. 1826, X...

185. — Il en est particulièrement ainsi quand les intérêts usuraires ont été retenus sur le capital, ou, selon l'expression usuelle, ont été perçus en dedans. — Même arrêt.

186. — Le délit d'escroquerie, lorsqu'il n'est qu'une circonstance aggravante ou un élément de celui d'habitude d'usure, ne se prescrit qu'avec ce dernier par le laps de trois ans, à partir du dernier fait usuraire. — *Cass.*, 5 août 1826, Martin. — Mangin, *Act. publ.*, t. 2, n° 327.

187. —... La prescription d'un fait d'escroquerie connexe à un délit d'usure habituelle ne peut pas commencer à courir du jour de la souscription des titres obligatoires, mais seulement du jour de la libération. — *Colmar* (et non *Cass.*), 27 janv. 1824, Brunschweig.

188. — La connexité ne met pas obstacle à une poursuite distincte et n'empêche point de déterminer la prescription de chaque délit par les règles qui lui sont propres. Si l'escroquerie est accomplie par la souscription des titres, elle n'est définitivement consommée que par la libération de la victime. La réception du paiement est un nouvel élément du délit d'escroquerie, qui, en le faisant revivre, donne un nouveau cours à la prescription. — Teulet, d'Auvilliers et Sulpicy, *Codes annotés*, C. instr. crim., art. 637, n° 46.

189. — Il en serait de même de la perception des intérêts usuraires ou non usuraires produits par l'obligation escroquée, mais non à cause de la connexité ; car, si, après l'extinction de ladite obligation, l'usure se continuait sur d'autres sommes, il est évident qu'elle ne prorogerait pas la prescription du délit d'escroquerie, sur lequel tout serait consommé, encore bien que, pour constituer l'habitude d'usure, on invoquât les faits connexes au délit d'escroquerie. — Mêmes auteurs, *ibid.*, n° 47.

190. — Le vol n'est point un crime successif, quoique le voleur conserve la possession de la chose volée; parce que c'est le fait de la soustraction, et non la conservation, de la chose en son pouvoir, qui constitue le délit. — Carnot, *Instruct. crimin.*, t. 3, p. 627, n° 8 et p. 628, n° 1er. — Il en est autrement du recel. — Lesellyer, *Droit crim.*, t. 6, nos 2229 et 2230; Faustin-Hélie, t. 3, p. 705.

ART. 2. — *Prescription de l'action publique résultant des contraventions.*

191. — L'action publique et l'action civile pour une contravention de police sont prescrites après une année révolue, à compter du jour où elle a été commise, même lorsqu'il y a eu procès-verbal, saisie, instruction ou poursuite, si dans cet intervalle il n'est point intervenu de condamnation. — C. instr. crim., art. 640.

192. — S'il y a eu un jugement définitif de première instance, de nature à être attaqué par la voie de l'appel, l'action publique et l'action civile se prescrivent après une année révolue, à compter de la notification de l'appel qui en a été interjeté. — Même article.

193. — Avant le Code du 3 brum. an IV, l'action pour injures verbales se prescrivait par un an. Un tribunal ne pouvait, sans donner à cette loi un effet rétroactif, l'appliquer à des faits antérieurs. — *Cass.*, 16 prair. an IX, d'Abadie.

194. — Le délit d'usurpation sur un chemin qui n'est pas classé parmi les chemins vicinaux se prescrit par un an. — *Cass.*, 10 avril 1841 (t. 2 1842, p. 433), Demonti.

195. — Lorsqu'une année s'est écoulée sans qu'il ait été statué définitivement, soit en première instance, soit en appel, sur les contraventions de police, l'action publique est prescrite. — *Cass.*, 1er juill. 1837 (t. 1er 1838, p. 554), Picot d'Agard.

196. — La prescription des contraventions imputées à des individus leur est irrévocablement acquise et nulle condamnation ne doit être prononcée contre eux lorsqu'il s'est écoulé plus d'une année entre le jour où le tribunal de répression a été saisi, en vertu du renvoi prononcé par la Cour de cassation après l'annulation d'un premier jugement, et le jour où ledit tribunal a prononcé son jugement. — *Cass.*, 15 mars 1845 (t. 2 1848, p. 499), Richer.

197. — La prescription court du jour où la contravention existe, et non de celui où elle a été constatée par un procès-verbal. — *Cass.*, 14 déc. 1844 (t. 1er 1845, p. 665), Meunier.

198. — Toutefois, lorsqu'une contravention est constatée par un procès-verbal ne faisant pas foi jusqu'à inscription de faux; le juge ne peut déclarer prescrite une contravention lorsque les faits pouvant servir de base à la prescription ne sont pas constatés au procès-verbal, et ne résultent pas de l'instruction faite à l'audience. — *Cass.*, 4 mai 1844 (t. 1er 1845, p. 433), Anthier.

199. — La loi du 28 sept.-6 oct. 1791 (tit. 1er, sect. 7, art. 8) sur les délits ruraux, n'est pas aussi précise que l'art. 640 du C. instr. crim. La date du délit doit donc servir de point de départ, précisément par le motif que la loi n'en a pas établi d'autre.

200. — Jugé, dès lors : que la prescription des délits ruraux prévus par la loi du 28 sept.-6 oct. 1791 court à compter du jour de leur perpétration, et non du procès-verbal qui les a constatés. *Cass.*, 13 mai 1830, Pottier.

201. —... Ou bien du jour où ils ont été commis, et non de celui où ils ont été connus et constatés. — *Bourges*, 15 juill. 1830, Boisgibault.

202. — La prescription d'une contravention résultant de ce qu'il a été trouvé dans la boutique d'un marchand épicier des paquets de chandelles n'ayant pas le poids fixé par un règlement de police, court, non à partir du jour de la vente qui en aurait été faite à ce marchand, mais bien du jour où un procès-verbal constate que ces paquets de chandelles ont été trouvés chez ce dernier. — *Cass.*, 15 juin 1839 (t. 1er 1841, p. 80), Ruelle.

203. — La prescription de la contravention résultant du refus de démolir les travaux confortatifs faits à un édifice situé sur la voie publique et sujet à reculement, ne commence à courir que du jour de l'échéance du dernier délai accordé par l'autorité municipale pour effectuer cette démolition. — *Cass.*, 25 mars 1830, Gibert. — Mangin, *Act. publ.*, t. 2, n° 329.

204. — Mais lorsque des constructions établies en saillie sur la voie publique existent depuis plus d'une année, la contravention résultant de l'établissement de ces saillies est couverte par la prescription et ne peut être poursuivie tant que l'autorité municipale n'en a pas ordonné la suppression. — *Cass.*, 17 févr. 1844 (t. 2 1844, p. 474), Marietton.

205. — Il en est des contraventions comme des crimes et délits, c'est-à-dire qu'elles peuvent être successives ou se composer de plusieurs faits qui se renouvellent et mettent le coupable dans un état permanent de contravention; alors la prescription ne commence à courir que du dernier de ces faits. — Mangin, *Act. publ.*, t. 2, nos 320 et suiv.; Merlin, *Rép.*, v° *Prescr.*, sect. 3, § 7, art. 1, n° 5; Lesellyer, *Dr. crim.*, t. 6, n° 2239; Faustin-Hélie, *Instr. crim.*, t. 3, p. 713.

206. — En matière de servitudes militaires, l'amende encourue pour la contravention résultant de constructions prohibées se prescrit par un an; mais l'existence de ces constructions constitue une infraction permanente, qui peut toujours être réprimée, nonobstant l'expiration du même délai. — *Cons. d'Etat*, 28 août 1844, Gérard; 14 déc. 1844, Sénequier; 14 mars 1845, Legrand.

207. — Il en est de même en matière de grande voirie. — *Cons. d'Etat*, 13 mai 1836, Pierre; 2 janv. 1838, Lcrebours; 16 janv. 1840, Vidal.

208. — L'action publique pour une contravention de police remontant à plus d'un an avant la citation ne peut être considérée comme prescrite, lorsque la contravention s'est continuée jusqu'au jour du jugement. — *Cass.*, 25 nov. 1837 (t. 1er 1838, p. 452), Gaucher.

209. — Mais les anticipations ou les usurpations commises sur les chemins vicinaux ne peuvent être assimilées à des délits successifs; en conséquence, la prescription de la contravention commence à courir du jour où l'usurpation a été commise. — *Cass.*, 16 déc. 1842 (t. 2 1843, p. 286), Bourre.

210. — De même le fait d'usurpation d'un chemin public par suite de constructions d'ouvrages ou de plantations ne constitue pas une contravention successive qui se renouvelle d'une manière indéfinie tant que les travaux continuent d'exister, mais bien une contravention qui a été consommée par l'édification des ouvrages ou plantations et dont, par conséquent, la prescription commence à courir à partir de cette édification. — *Cass.*, 27 avril 1843 (t. 2 1843, p. 358), Jocou; 27 mai 1843 (t. 2 1843, p. 662), Decaute.

211. — Les empiétemens ou actes de possession sur les chemins vicinaux classés (lesquels constituent des contraventions au n° 11 de l'art. 479 C. pén.) ne sont susceptibles de prescription annale (art. 640 Cod. inst. crim.) qu'autant qu'ils résultent d'actes permanens et continus : tels que construction d'un mur, établissement d'une barrière ou d'une plantation d'arbres, ou autres faits semblables, etc. — *Cass.*, 22 juin 1844 (t. 2 1844, p. 350), Dubos; 29 juin 1844 (*ibid.*), Ricochon.

212. — Mais la mise en culture, le labour, l'ensemencement et la récolte faits sur un pareil chemin ne constituent pas un fait permanent et continu de sa nature, puisqu'il se compose d'actes successifs dont chacun peut devenir, à l'époque de sa perpétration, l'objet d'une poursuite. En conséquence, la prescription annale ne peut couvrir de pareils faits. — *Cass.*, 22 juin 1844 (t. 2 1844, p. 350), Dubos.

213. — Mais il en serait autrement à l'égard de la construction d'un aqueduc élevé sur un chemin vicinal, sans autorisation préalable. — *Cass.*, 29 juin 1844 (t. 2 1844, p. 350), Ricochon.

214. — Lorsqu'il s'est écoulé plus d'une année depuis le procès-verbal constatant l'existence de réparations confortatives faites en contravention à un règlement de police, le tribunal ne peut refuser de déclarer l'action prescrite : soit par le motif que le plan d'alignement a attribué à la voie publique le sol sur lequel les réparations ont eu lieu et que la voie publique est imprescriptible; soit parce que le fait incriminé étant permanent, la prescription ne peut commencer à courir tant qu'il subsiste. — *Cass.*, 23 mai 1835, Fabre.

Sect. 2e. — *Prescription de l'action civile.*

215. — On a vu dans ce qui précède que le décret du 3 brumaire an IV (art. 9 et 10) et le Code d'instruction criminelle (art. 637, 638 et 640) renferment dans des dispositions communes la prescription de l'action publique et la prescription de l'action civile. Tout ce qu'on vient de dire sur l'action publique est donc applicable à l'action civile.

216. — Cependant cela suppose que les deux actions sont exercées simultanément et devant les mêmes juges. Mais il y a quelques distinctions à faire quand ces mêmes actions sont exercées séparément et devant des tribunaux différens. — V. ce que nous avons dit à cet égard v° ACTION CIVILE, nos 288 et suiv. ; à quoi nous ajouterons les observations suivantes :

217. — La prescription du délit emporte la déchéance de l'action civile comme celle de l'action criminelle. Le législateur n'a pas voulu autoriser dans un intérêt privé, les recherches ou les débats qu'il ne croyait pas devoir permettre dans un intérêt public. — Carnot, *Instr. crim*, t. 3, p. 625, n° 4.

218. — Les tribunaux de répression ne pouvant connaître de l'action civile qu'accessoirement à l'action publique, un tribunal de police qui déclare l'action publique éteinte par la prescription ne viole aucune loi en s'abstenant de prononcer sur l'action formée contre la personne civilement responsable. — *Cass.*, 2 août 1828, Delamarre.

219. — De même : les tribunaux correctionnels ne peuvent plus être saisis de l'action civile résultant d'un délit, lorsque l'action publique est prescrite. En pareil cas : l'extinction de l'action publique donnant ouverture à une exception d'incompétence, laquelle est d'ordre public, les juges doivent, d'office, se déclarer incompétens, alors même que le prévenu renoncerait à la prescription. — *Montpellier*, 3 avr. 1848 (t. 2 1848, p. 540), Galibert c. Trinquier.

220. — La prescription établie par le Code d'instruction criminelle contre l'action civile résultant d'une soustraction frauduleuse, s'applique non-seulement aux dommages-intérêts proprement dits; mais encore à la restitution des objets volés ou recélés. La loi ne fait aucune exception à cette règle, en matière de spoliation de succession. — *Bordeaux*, 15 avr. 1829, Lacoste. — En pareil cas, l'effet de la prescription est d'établir la présomption légale que le fait dommageable n'a pas existé. La poursuite entraînerait, dans les deux circonstances, les mêmes inconvéniens et les mêmes dangers. — Mangin, *Act. publ.*, t. 2, n° 366.

221. — La prescription établie par des lois criminelles n'est applicable aux actions civiles qu'autant qu'elles ont réellement pour base un crime, un délit ou une contravention. — *Caen*, 26 mai 1845 (t. 2 1845, p. 451), Boulard c. Bourdet. — Mangin, *Act. publ.*, t. 2, n° 368; Faustin-Hélie, *De l'instr. crim.*, t. 3, p. 794.

222. — Ainsi, la prescription ne s'applique point aux actions en revendication, en restitution et en reddition de compte, fondées sur les principes des contrats et quasi-contrats. — Plus spécialement l'action civile ayant pour objet la restitution d'effets contre une personne accusée d'abord de les avoir détournés et volés n'est prescriptible que par trente ans si cette action est dirigée contre le détenteur en sa qualité de mandataire ou dépositaire, indépendamment de tout caractère criminel; encore bien que le demandeur se soit porté partie civile sur la poursuite criminelle, abandonnée et éteinte par la prescription. — Même arrêt.

223. — Jugé également : que c'est par trente ans seulement que se prescrit l'action en dommages-intérêts contre l'individu prévenu d'avoir porté des coups et fait des blessures et qui a été acquitté au criminel comme atteint de monomanie, mais ayant cependant conservé une conscience suffisante de ce qu'il faisait. — *Paris*, 6 juill. 1844 (t. 2 1844, p. 93), Colin c. Thomazin. — Toullier, t. 11, n° 294.

224. — Lorsque l'action civile exercée contre un fonctionnaire accusé de concussion, a pour objet d'obtenir, non la réparation du dommage causé par le crime dénoncé, mais la répétition de la somme payée au delà de celle qui était due; c'est la prescription de trente ans, et non celle de dix ans, établie par l'art. 637 C. instr. crim., qui doit être appliquée. — *Cass.*, 6 (et non 7) juillet 1829, Combescure.

225. — L'action du trésor contre ses comptables ne se prescrit ni par six ans, d'après l'art. 9, C. 3 brum. an IV, ni par dix ans, d'après l'art. 637 C. inst. crim., lorsque les faits du comptable ont donné lieu à une poursuite criminelle, mais seulement par trente ans. — *Paris*, 25 mars 1825, Palmeriny.

226. — Le surenchérisseur condamné à des dommages-intérêts envers les créanciers non colloqués, pour avoir abandonné sa surenchère, par suite d'un concert avec l'adjudicataire, ne peut en présentant ce concert comme constituant le délit d'entrave à la liberté des enchères, prévu par l'art. 412 C. pén., invoquer la prescription de trois ans établie par les art. 637 et 638 C. instr. crim.; il suffit que la Cour d'appel l'ait considéré comme un simple fait dommageable, pour que le condamné ne puisse s'en faire un moyen de cassation. — *Cass.*, 26 mars 1829, Cavare c. Dubois. — Lesellyer, t. 6, n° 2310; Faustin-Hélie; *Instr. crim.*, t. 3, p. 794.

227. — La prescription de dix années dont l'art. 637 C. instr. crim. frappe l'action civile et l'action publique résultant d'un crime n'est pas prorogée à trente ans, quant à l'action civile, par la condamnation prononcée sur l'action publique. — L'arrêt de condamnation sur cette dernière action ne peut avoir plus d'effet que les actes de poursuite et d'instruction dont parle l'art. 637, et dès lors l'action civile ne peut plus être intentée lorsque depuis la prononciation de cet arrêt il s'est écoulé un délai de plus de dix années. — *Cass.*, 3 août 1841 (t. 2 1841, p. 248), Douanes c. Condamin; *Lyon*, 17 juin 1842 (t. 2 1843, p. 77), mêmes parties. — Mangin, t. 2, n° 355; Lesellyer, t. 6, n°s 2247 et 2310; Faustin-Hélie, t. 3, p. 793.

228. — Jugé, en sens contraire, que l'action civile résultant d'un délit se prescrit par trente et non par trois ans, lorsque dans ces trois ans un jugement de condamnation a prononcé une peine contre le prévenu. — *Caen*, 8 janv. 1827, Lebon; *Nîmes*, 27 mars 1833, Teste c. Féraud.

229. — Jugé également que sous le C. du 3 brum. an IV, la prescription de six ans, relativement à l'action civile résultant d'un crime, ne s'appliquait point au cas où il était intervenu une condamnation définitive contre l'auteur de ce crime. — *Paris*, 18 janv. 1811, Giraud c. Touté.

230. — L'art. 640 C. instr. crim., qui déclare prescrites par un an l'action publique et l'action civile qui prennent leur principe dans une contravention de simple police, reçoit son application même au cas où l'action civile est portée devant la juridiction civile séparément de l'action publique, à laquelle on n'a pas eu recours. — *Cass.*, 29 avr. 1846 (t. 1er 1846, p. 718), Sauvageot c. Picard.

231. — De même : l'action civile résultant d'un fait ayant le caractère de crime ou délit se prescrit par dix ou trois ans, alors même qu'elle est intentée séparément devant les tribunaux civils et que le fait n'aurait pas été qualifié par le demandeur de crime ou de délit. — *Bordeaux*, 31 juill. 1848 (t. 1er 1849, p. 664), d'Armailhac.

232. — Toutefois, les principes généraux posés par l'art. 637 du Code d'instruction criminelle sur la prescription de l'action publique et de l'action civile ne s'appliquent qu'aux cas où cette prescription est la même pour l'une et l'autre action. — Dès lors, en matière de délits de presse, où la durée de la prescription est plus longue pour l'action civile (trois ans à compter du fait de la publication) que pour l'action publique (un an à partir du dernier acte de poursuite et d'instruction), l'action civile existante ne conserve pas l'action publique et ne l'empêche pas de périr par la prescription qui lui est propre. — *Cass.*, 20 mai 1842 (t. 2 1842, p. 635), Laurent. — Lesellyer, t. 6, n° 2345.

233. — La prescription de l'action publique ne fait pas cesser, quant à l'action civile, la compétence du tribunal de répression, alors que ces deux actions ont été simultanément engagées. — Même arrêt.

Sect. 3e. — *Prescriptions spéciales.*

234. — Quelque générales qu'elles soient, les dispositions du Code d'instruction criminelle ne sauraient être étendues aux frais soumis à des lois spéciales qui ont leurs règles particulières de prescription; ce sont ces lois seules qui doivent être appliquées. — Mangin, *Act. publ.*, t. 2, n° 35.

235. — Aussi l'art. 643 du Code d'instruction criminelle porte-t-il : Les dispositions du chapitre de la prescription ne dérogent point aux lois particulières relatives à la prescription des actions résultant de certains délits ou de certaines contraventions.

236. — Quoique cet art. 643 déclare seulement qu'il n'est point dérogé aux lois particulières relatives à la prescription de certains délits ou de certaines contraventions, il est évident qu'il entend également maintenir les lois particulières à la prescription de certains crimes : telles sont les lois pénales maritimes et militaires. — Mangin, *Act. publ.*, t. 2, n° 315.

237. — Les prescriptions établies par le Code d'instruction criminelle s'appliquent à tous les crimes, délits et contraventions actuellement prévus par le Code pénal, quoique antérieurement régis par des lois spéciales. — Merlin, *Rép.*, v° *Prescription*, sect. 3e, § 7, art. 4, n° 8; Mangin, *Act. publ.*, t. 2, n°s 293 à 301; Faustin-Hélie, *Instr. crimin.*, t. 3, p. 682.

238. — Entre autres applications de ce principe, on peut voir *Cass.*, 23 oct. 1812, N...; 6 mai 1813, Delafont-Brémont; 10 sept. 1813 (intérêt de la loi), Hodinot; 8 juin 1820, Leguen c. Dupuy; 23 mars 1821, Corrony; 7 nov. 1822, Marseille-Soupiron; 25 juin 1825, Courtin; 24 avr. 1829 (int. de la loi), Depeyta; 20 oct. 1835, Perroneau.

239. — On ne saurait entrer ici dans le détail de toutes les prescriptions spéciales. On les trouvera énoncées sous chacun des mots qu'elles concernent. Ainsi, pour n'indiquer ici que les principales :

240. — Sur les délits de chasse, V. CHASSE, n°s 642 et suiv.

241. — Sur les délits et contraventions en matière de contributions indirectes, V. CONTRIBUTIONS INDIRECTES, n°s 486 et suiv.

242. — Sur les délits et contraventions en matière de douanes, V. DOUANES, n°s 970 et suiv.

243. — La prescription d'un ou deux ans prononcée contre l'administration des douanes pour la réclamation de ses droits ne peut plus être appliquée lorsqu'elle a réclamé et actionné dans le délai, bien que l'instance ne soit pas jugée et qu'il se soit écoulé un délai égal à celui de la prescription depuis le dernier acte de la procédure. — *Cass.*, 14 nov. 1831, Megge.

244. — Sur les délits forestiers, V. DÉLIT FORESTIER et FORÊTS, n°s 2291 et suiv.

245. — La prescription est acquise contre l'action publique qui résulte d'un délit forestier ayant donné lieu à un jugement de sursis contre lequel on s'est pourvu par appel, s'il s'est écoulé plus de trois ans sans qu'on ait fait procéder sur cet appel. — *Grenoble*, 11 juill. 1833, Roison.

246. — L'art. 152 C. for., d'après lequel il ne peut être établi sans l'autorisation du gouvernement, sous quelque prétexte que ce soit, aucune baraque ou hangar dans l'enceinte des bois et forêts, sous peine d'amende et de démolition, constitue une mesure de police et d'ordre public prise dans l'intérêt de la conservation des forêts, et dès lors aucun droit contraire à cette prohibition ne peut être acquis soit par la prescription, soit même par un titre. — *Cass.*, 9 sept. 1847 (t. 1er 1848, p. 499), Sept-Fonds.

247. — Sur les infractions de la loi sur la garde nationale, V. GARDE NATIONALE, n°s 1740 et suiv.

248. — Les infractions à la loi du 22 mars 1831 sur la garde nationale sont régies, à défaut de dispositions spéciales sur la prescription de l'action publique, par les principes du droit commun, et conséquemment par l'art. 640 C. instr. crim.: qui, dans le cas analogue de contravention de police, limite à une année, à compter du jour où une contravention aura été commise, l'exercice de l'action publique. — *Cass.*, 15 oct. 1846 (t. 1er 1847, p. 167), Lamoureux.

249. — Sur les délits maritimes et militaires, V. DÉLITS MARITIMES, DÉLITS MILITAIRES, DÉSERTION, TRIBUNAUX MARITIMES.

250. — Sur les délits de pêche, V. PÊCHE FLUVIALE.

251. — Sur les délits de presse, V. DÉLITS DE PRESSE, n°s 354 et suiv.

252. — Enfin sur les délits ruraux, V. DÉLIT RURAL, n°s 127 et suiv. — A quoi il convient d'ajouter les observations suivantes.

253. — On a vu plus haut que le Code du 3 brumaire an IV et le Code pénal n'ont pas compris dans leurs dispositions tous les cas de délits ruraux prévus par le Code rural ou la loi du 28 sept.-6 oct. 1791; et qu'ainsi les dispositions de cette loi étant encore applicables aux cas non prévus, c'était la prescription établie par cette loi qui devait continuer de les régir. — C. instr. crim., art. 643.

254. — D'après l'art. 8, sect. 7, tit. 1er de la loi du 28 sept.-6 oct. 1791 : la poursuite des délits ruraux doit être faite dans le délai d'un mois, soit par les parties lésées, soit par le procureur de la commune ou ses substituts, s'il y en a, soit par des hommes de loi commis à cet effet par la municipalité, faute de quoi il n'y aura plus lieu à poursuite.

255. — Jugé en conséquence que l'action civile résultant d'un pareil délit est soumise à la prescription d'un mois, et non à la prescription trentenaire établie par l'art. 2262 C. civ. — *Bruxelles*, 17 juill. 1829, D... c. L...

256. Mais la prescription d'un mois portée par l'art. 8, sect. 7, tit. 1er, L. 28 sept.-6 oct. 1791, n'est applicable qu'aux délits ruraux, dont les peines doivent être prononcées d'après cette loi; elle ne peut pas être appliquée à ceux dont les peines sont aujourd'hui réglées par le C. pénal. — Merlin, *Rép.*, v° *Prescr.*, sect. 3, § 7, art. 4, n° 8; Mangin, *Act. publ.*, t. 2, n° 298 et suiv.; Carnot, *Instr. crim.*, t. 3, p. 640, n° 8.

257. — Jugé dans le même sens, *Cass.*, 23 oct.

1812, N... ; 10 sept. 1813, Hodinot ; 7 nov. 1822, Marseille-Soupiron.

258. — Ainsi, depuis le Code d'instruction criminelle et le Code pénal, sont assujettis à la prescription d'un an, et non à celle d'un mois déterminée antérieurement par le Code rural : le fait d'avoir jeté sur un jardin potager appartenant à autrui des boues provenant du curage d'une rivière. — *Cass.*, 10 sept. 1813, Hodinot.

259. — ... Le fait d'avoir construit sur une rue un batardeau en fumier qui a fait refluer l'eau pluviale dans la cour du voisin et y a causé du dégât ; un pareil fait constituant non le délit prévu par l'art. 15, tit. 2, C. rural de 1791, mais la contravention punie par l'art. 471, n° 4, C. pénal.. — *Cass.*, 25 avr. 1834, Jeanniot.

260. — ... Le fait d'avoir passé avec une voiture sur le terrain d'autrui préparé ou ensemencé. — *Cass.*, 25 juin 1825, Courtin.

261. — ... La contravention aux bans de vendange. — *Cass.*, 26 mai 1820, Lamartellière ; 7 nov. 1822, Marseille-Soupiron ; 24 avr. 1829, Depeyta ; 20 oct. 1835, Perronneau.

262. — ... Le fait d'avoir laissé divaguer des porcs dans une prairie appartenant à autrui. — *Cass.*, 23 mars 1821, Corrony.

263. — Mais le fait de laisser *à l'abandon* des animaux qui s'introduisent sur le terrain d'autrui constituant le délit rural prévu par l'art. 12, tit. 2, de la loi du 28 sept.-6 oct. 1791, et non la contravention prévue par l'art. 479, n° 10 du Code pénal, qui consiste dans le fait d'avoir *mené* des animaux sur le terrain d'autrui, ce délit est soumis à la prescription d'un mois et non à celle d'un an.— *Cass.*, 20 juill. 1848 (t. 2 1848, p. 685), Thibaut.

264. — De même sont soumis à la prescription de trois ans comme délits correctionnels (C. instr. crim., art. 638), et non à celle d'un mois fixée par la loi du 28 septembre-6 octobre 1791 comme délits ruraux : un vol d'arbres commis sur un terrain qui n'est ni en plantation d'arbres, ni en taillis, ni en futaie. — *Cass.*, 8 juin 1820, Leguen.

265. — ... L'enlèvement des bois coupés par le propriétaire ; un pareil fait constituant non un simple délit de maraudage, mais bien un vol. — *Liége*, 14 août 1835, N...

266. — ... Le fait d'avoir abattu sur des propriétés particulières un ou plusieurs arbres que le prévenu savait appartenir à autrui. — *Cass.*, 23 oct. 1812, N...

267. — ... Le fait d'avoir coupé une haie ou une souche de charme appartenant à autrui et formant la clôture d'une vigne. — C. pén., art. 456. — *Cass.*, 10 sept. 1813, Royer de Fontenay.

CHAPITRE IV. — *Interruption et suspension de la prescription.*

268. — Les règles générales relativement à l'interruption et à la suspension de la prescription en matière criminelle sont écrites dans les art. 637 et suivans du Code d'instruction criminelle.

269. — Mais il est reconnu en principe et il a été jugé que les dispositions des art. 637 et suiv. du Code d'instruction criminelle sur l'interruption de la prescription étaient applicables aux crimes, délits et contraventions régis par des lois spéciales quoique soumis à une prescription particulière.—*Bourges*, 31 janvier 1839 (t. 1er 1839, p. 629), Delagogué.

270. — Nous avons donc dû réunir et confondre ensemble des opinions émises et des décisions intervenues tant sur les matières spéciales que sur les matières ordinaires.

Sect. 1re. — *Matières criminelles et correctionnelles.*

Art. 1er. — *Interruption de la prescription.*

271. — *Code pénal de* 1791. — Sous le Code pénal de 1791 la prescription de trois ans pour les crimes était interrompue par les poursuites dans cet intervalle. Et quand des poursuites avaient été commencées, le crime se prescrivait par six ans révolus, lorsque dans cet intervalle aucun jury d'accusation n'avait déclaré qu'il y avait lieu à accusation contre l'inculpé, soit qu'il eût été ou non impliqué dans les poursuites exercées. — L. 28 sept.-6 oct. 1791, 1re part., tit. 6, art. 2.

272. — *Code du 3 brumaire an IV.* — Sous le Code du 3 brumaire an IV, la prescription de l'action publique ou civile pour un délit après trois ans du jour où l'existence en avait été connue et légalement constatée était interrompue par les poursuites faites dans l'intervalle. — Art. 9.

273. — Si, dans les trois ans, il avait été commencé des poursuites, soit criminelles, soit civiles, l'une et l'autre action duraient six ans. — Après ce terme, nul ne pouvait être recherché soit au criminel, soit au civil, si dans l'intervalle il n'avait pas été condamné par défaut ou par contumace. — Même code, art. 10.

274. — Ainsi : lorsqu'il avait été procédé par le juge de paix à une information sur un délit précédemment constaté, cette information prorogeait la prescription à six ans. — *Cass.*, 16 fruct. an X, Langlé.

275. — Mais la signification de l'acte d'accusation n'avait pas pour effet d'interrompre la prescription de six années à partir de la reconnaissance et constatation du délit. — *Cass.*, 23 juin 1808, Mochet.

276. — On ne pouvait non plus considérer comme de véritables actes de poursuite, ayant pour effet d'interrompre la prescription, les déclarations faites, au procès-verbal de constatation du délit, par des individus qui ne donnaient les renseignemens à leur connaissance que sur le corps du délit. — *Cass.*, 7 oct. 1808, Douvry.

277. — Mais jugé que les actes d'instruction faits dans le mois par le magistrat de sûreté et le directeur du jury ont eu pour effet d'interrompre la prescription d'un délit de chasse, encore bien que le prévenu n'eût été cité en justice qu'après l'expiration de ce délai. — *Cass.*, 28 déc. 1809, Buils.

278. — ... Qu'une citation en police correctionnelle pour voir statuer sur un délit forestier a eu pour effet d'interrompre la prescription, encore bien que l'audience n'eût pas lieu dans les dix jours qui avaient suivi cette citation. — *Cass.*, 29 avril 1808, Françon.

279. — A défaut de représentation des actes de procédure nécessaires pour établir que la prescription d'un délit avait été interrompue par des poursuites faites en temps utile, l'extrait du registre d'ordre du directeur du jury, portant qu'il n'en a été fait aucune, a dû prévaloir sur l'attestation du magistrat de sûreté qui déclarait qu'une procédure avait été par lui instruite dans le temps mais qu'elle s'était égarée. — *Cass.*, 25 nov. 1808, Renaud.

280. — Les poursuites dirigées et les condamnations prononcées dans les trois ans à compter du jour où l'existence du délit avait été légalement constatée, avaient l'effet d'interrompre la prescription, soit qu'elles fussent maintenues, soit qu'elles fussent réformées par des jugemens postérieurs. — *Cass.*, 27 frim. an VIII, Doussot.

281. — Le jugement par contumace et les poursuites qui le précédaient avaient, comme celles faites contradictoirement avec l'accusé, l'effet d'interrompre la prescription. — *Cass.*, 7 frim. an VIII, Andren.

282. — Et il en était ainsi lors même que la condamnation par contumace était intervenue sur une procédure irrégulière. — *Cass.*, 8 juin 1809, Alloisio.

283. — Mais la prescription n'était interrompue ni par un jugement de condamnation qui avait été annulé par le tribunal de cassation, ni par le jugement de cassation lui-même. — *Cass.*, 3 niv. an XI, Baraillé.

284. — Lorsqu'un individu se trouvait inculpé tout à la fois d'un crime et d'un délit, la condamnation intervenue contre lui par contumace à raison du crime interrompait la prescription à l'égard du délit. — *Cass.*, 19 janv. 1809, Picheire.

285. — La nouvelle prescription de six ans à laquelle donnait lieu l'interruption de la première par des poursuites, soit criminelles, soit civiles, produisait son effet, même contre ceux qui n'avaient pas été impliqués dans ces poursuites. — Cod. 3 brum. an IV, art. 10.

286. — La prescription d'un délit forestier a été interrompue par un mandat d'amener décerné contre le prévenu par suite d'une procédure instruite tant contre lui que contre des agens forestiers inculpés d'avoir autorisé ses malversations. — *Cass.*, 26 févr. 1807, Grimprel.

287. — *Code d'instruction criminelle.* — Aujourd'hui l'action publique et l'action civile résultant d'un crime ne se prescrivent par dix ans à compter du jour où le crime a été commis qu'autant que dans cet intervalle il n'a été fait aucun acte d'instruction ni de poursuite. — Mais s'il a été fait, dans cet intervalle, des actes d'instruction ou de poursuite, non suivis de jugement, l'action publique et l'action civile ne se prescrivent qu'après dix années révolues à compter du dernier acte. — C. instr. crim., art. 637.

288. — La même disposition est applicable à la prescription de trois ans pour l'action publique et l'action civile résultant d'un délit. — C. instr. crim., art. 638.

289. — En matière criminelle, l'interruption ne saurait résulter de toutes les causes admises par le droit civil, parce que la prescription ne repose pas sur les mêmes bases. Loin donc de reproduire les présomptions légales établies par les art. 2242 et suiv. C. civ., l'art. 637 C. instr. crimin. n'a attribué l'effet interruptif de la prescription qu'aux actes qui empêchent les preuves de dépérir. — Mangin, *Act. publ.*, t. 2, n° 334.

290. — Ainsi, les guerres, les troubles qui agitent l'Etat, la demeure, la fuite de l'accusé, la perte des pièces de la procédure, etc., n'ont point pour effet d'arrêter le cours de la prescription.— Merlin, *Rép.*, v° *Prescription*, sect. 3, § 7, art. 1er ; Mangin, *Act. publ.*, t. 2, n° 335 ; Faustin-Hélie, *Instr. crimin.*, t. 3, p. 717. — Le Code ne reconnaît d'autre moyen de conserver l'action que les actes d'instruction ou de poursuite.

291. — De simples réserves de la part du ministère public ne constituent pas des actes de poursuites et ne peuvent interrompre le cours de la prescription. — Mangin, *Act. publ.*, t. 2, n° 337 ; Lesellyer, *Dr. crim.*, t. 6, n° 2269 ; Faustin-Hélie, t. 3, p. 724.

292. — Ainsi, de simples réserves faites par le ministère public, dans un procès civil, de poursuivre l'une des parties comme prévenue de faux, ne constituent pas un acte de poursuite et ne peuvent conséquemment interrompre la prescription de l'action publique. — *Cass.*, 4 juin 1824 (et non 1829), Garrigues.

293. — Mais les recherches faites par un procureur de la République, notamment une saisie de lettres et factures, pour découvrir les auteurs ou complices d'un délit de contrebande, constituent des actes de poursuites et d'instruction qui ont pour effet d'interrompre le cours de la prescription. — *Cass.*, 22 oct. 1825, Cottet.

294. — Le simple dépôt fait au greffe des pièces arguées de faux ne constitue pas un acte de poursuite ou d'instruction interruptif de la prescription, lorsqu'il n'a été la suite ni d'une inscription de faux ni d'une plainte en faux. — *Cass.*, 4 juin 1824 (et non 1821), Garrigues.— Lesellyer, n° 2269 ; Faustin-Hélie, p. 724.

295. — La double transmission faite par le procureur de la République au ministre de la justice et par le ministre au procureur général près la Cour de cassation du procès-verbal dressé pour délit de chasse contre un magistrat de Cour d'appel constitue des actes d'instruction qui ont pour effet d'interrompre la prescription.—*Paris*, 7 nov. 1842 (t. 1er 1843, p. 675), Cahier.

296. — L'art. 397 C. proc. civ., relatif à la péremption, n'est pas applicable aux matières criminelles. — *Cass.*, 23 sept. 1836 (t. 1er 1837, p. 568), de Tinan. — Carnot, *Instr. crimin.*, t. 3, p. 667, n° 15 ; Lesellyer, t. 6, n° 2270.

297. — Les mandats de comparution, d'amener, de dépôt et d'arrêt, sont évidemment des actes de poursuite.— Faustin-Hélie, t. 3, p. 726 ; Lesellyer, t. 6, nos 2251 et 2252.

298. — Il en est de même des réquisitions du ministère public aux officiers de police judiciaire, aux juges d'instruction, aux agens de la force publique.—Lesellyer, t. 6, n° 2253 ; Faustin-Hélie, *ibid.*

299. — Le mandat de dépôt, décerné contre un prévenu, après qu'il a été interrogé, et lorsque, par suite du mandat d'amener, il est en état d'arrestation, constitue une poursuite. — *Cass.*, 14 juin 1816, Hernoux.

300. — La prescription des actions résultant des crimes ou délits est interrompue par les actes de poursuite et d'instruction faits avant l'accomplissement du temps fixé pour la prescription, encore bien qu'aucune citation n'ait été donnée au prévenu.— Il n'a été dérogé à ce moyen d'interrompre la prescription qu'à l'égard des contraventions de simple police. — *Cass.*, 11 nov. 1825, Lefrançois.

301. — Spécialement, avant la loi du 3 mai 1844, la prescription d'un délit de chasse était interrompue par des actes de poursuite et d'instruction tels que mandats de comparution, interrogatoires et ordonnances de renvoi, qui tous se succédaient à des intervalles plus courts qu'un mois. — Même arrêt. — V., au surplus, CHASSE, nos 651 et suiv.

302. — Au surplus, la loi du 30 avr. 1790 n'ayant rien déterminé quant au mode interruptif de la prescription des délits de chasse, il a fallu recourir aux principes généraux du droit, suivant lesquels la prescription est interrompue par des actes de poursuite ou d'instruction faits en temps utile. — *Bruxelles*, 21 nov. 1821, N....

303. — Les actes d'instruction faits dans le mois par le juge d'instruction ont interrompu la prescription d'un délit de chasse, encore bien que la citation pour comparaître à l'audience n'eût été délivrée qu'après l'expiration du mois. — *Riom*, 3 déc. 1834, Paillard.

304. — Et il en était ainsi, encore bien que la preuve du délit n'eût été acquise qu'après l'expiration du mois. — *Cass.*, 26 nov. 1829, de Curel.

305. — La prescription d'un délit de chasse était interrompue par la citation donnée au prévenu pour comparaître devant le juge d'instruction et par l'ordonnance qui l'avait renvoyé en police correctionnelle, lorsque les divers actes s'étaient succédé à un intervalle de moins d'un mois, encore bien qu'il se fût écoulé un plus long délai entre le délit et la citation en police correctionnelle. — *Cass.*, 9 mai 1826 (et non 1825), Lampy.

306. — En matière de délit de chasse, la prescription ne peut être interrompue que par un acte de poursuite ou d'instruction, et non par une reconnaissance postérieure du délinquant. — *Cass.*, 7 avr. 1837 (t. 1er 1838, p. 95), Toulze.

307. — Les actes de poursuites ou d'instruction faits sur un crime ou un délit, ont pour effet d'interrompre le cours de la prescription contre tous les individus qui peuvent y avoir participé, quoique l'information n'ait produit aucunes charges contre eux, qu'aucun mandat n'ait été décerné et que les poursuites aient été dirigées contre des inconnus; il suffit qu'elles aient eu pour objet de constater un crime ou un délit et d'en découvrir les auteurs. — *Cass.*, 16 déc. 1813, Pichot. — Mangin, *Act. publ.*, t. 2, n° 345.

308. — La signification du jugement rendu par défaut contre un individu qui n'a ni domicile ni résidence connus en France a pour effet d'interrompre la prescription de l'action, quoiqu'elle ait été faite par affiche et par copie déposée au parquet. — *Paris*, 27 août 1836, Latour.

309. — La condamnation prononcée contre un accusé contumax arrête le cours de la prescription et lui en ôte entièrement le bénéfice. — *Cass.*, 7 avril 1820, Benedetti.

310. — Il en est ainsi lors même que la condamnation serait intervenue sur une procédure irrégulière, attendu que cette procédure est anéantie de plein droit par la représentation du condamné. — Même arrêt.

311. — En effet, comme le dit Mangin (*Action publ.*, t. 2, n° 341), la condamnation ôtait au ministère public tout moyen de conserver l'action par des actes de poursuites. Le législateur n'a pas dû fournir à l'accusé un moyen de se soustraire par la fuite à toute espèce de jugement. — Les arrêts ci-dessus de 1809 et de 1820 ont été rendus d'après le Code du 3 brum. an IV, mais les dispositions du Code d'instruct. crimin. sont identiques.

312. — Les actes interruptifs de prescription dont il est parlé dans les art. 637 et 638 C. instr. crim. doivent s'entendre d'actes réguliers, faits sur une instance régulièrement introduite, et non d'actes complètement étrangers au prévenu et n'étant que la conséquence d'une action radicalement nulle dans son principe. — *Rouen*, 26 déc. 1840 (t. 1er 1841, p. 585), Delestre. — Carnot, sur l'art. 636, *Observ. addit.*, n° 1er; Bourguignon, *Jurispr. des Codes*, sur l'art. 938, n° 3; Lesellyer, *Droit crimin.*, t. 6, n° 2254.

313. — Ainsi, une citation en justice, nulle pour défaut de forme, n'interrompt point le cours de la prescription d'un délit. — *Grenoble*, 18 août 1824, Marrel. — Mangin, *Action publiq.*, t. 2, n° 357.

314. — Spécialement : en matière de délit de pêche, une citation irrégulière n'a pas pour effet d'interrompre la prescription. — *Bourges*, 31 janv. 1839 (t. 1er 1839, p. 629), Delagogué.

315. — Il en est de même d'une citation délivrée à une personne dont les prénoms, la qualité et le domicile ne se rapportent point avec ceux du prévenu. — *Rouen*, 26 déc. 1840 (t. 1er 1841, p. 585), Delestre.

316. — La citation en police correctionnelle, dont la date est restée en blanc dans la copie, n'a pas l'effet d'interrompre la prescription du délit, lorsque le jour indiqué pour la comparution en justice est postérieur à l'expiration du délai pendant lequel l'action pouvait être intentée, encore bien que l'original porte une date antérieure. — *Cass.*, 22 mars 1822, Lemper. — Mangin, *Act. publ.*, t. 2, n° 357.

317. — Jugé toutefois que la citation en police correctionnelle, quoique donnée pour comparaître dans un délai moindre que trois jours, est valable comme un acte de poursuite qu'interrompt la prescription. — *Cass.*, 25 févr. 1819, Gauthier. — Car aucun article de loi ne prononce la nullité de la citation donnée, en matière correctionnelle, à un trop bref délai. — *Cass.*, 2 avril 1819, Greillot. — Mangin, n° 357; Lesellyer, t. 6, n° 2256.

318. — Un jugement nul ne peut interrompre la prescription d'un délit. — *Grenoble*, 18 août 1824, Marrel; *Cass.*, 6 févr. 1830, Donnet.

319. — Décidé cependant qu'un jugement, quoique irrégulier dans la forme, suffit pour empêcher la prescription de l'action en dommages-intérêts résultant d'un crime ou d'un délit. — *Cass.*, 6 avril 1826, Viterbi c. Totti.

320. — En matière correctionnelle, la signification d'un jugement par défaut, nulle pour vice de forme, n'a pas pour effet d'interrompre le cours de la prescription. — *Cass.*, 31 août 1827, Buchillot.

321. — Les actes d'instruction et de poursuite n'interrompent la prescription qu'autant qu'ils émanent des fonctionnaires ayant le droit de faire ces actes. — Mangin, n° 356; Lesellyer, t. 6, n° 2264; Faustin-Hélie, t. 3, p. 727.

322. — Ainsi, la citation en police correctionnelle, donnée à la requête d'un procureur de la République incompétent, ne peut pas être considérée comme un acte de poursuite légale propre à interrompre le cours de la prescription. — *Cass.*, 11 mars 1819, Boyer; *Bourges*, 19 avril 1827, Coupé. — Legraverend, t. 1er, chap. 1er, p. 76; Mangin, *Act. publ.*, t. 2, n° 356; Lesellyer, t. 6, n° 2265.

323. — Dans les cas prévus par l'art. 479 C. instr. crim., la prescription n'est pas interrompue par une assignation donnée à la requête du procureur de la République non délégué à cet effet par le procureur général. — *Liége*, 11 janv. 1827, N....

324. — La signification d'un jugement de police correctionnelle, faite à la requête d'un procureur de la République incompétent, ne peut pas avoir pour effet d'interrompre la prescription. — *Cass.*, 30 avril 1830, Ratte. — Conf. Mangin, *Act. publ.*, t. 2, n° 344; Lesellyer, t. 6, n° 2265; Faustin-Hélie, t. 3, p. 728.

325. — Une contrainte décernée par la direction de l'enregistrement, en son nom seul et non en celui du procureur de la République, n'est pas un acte régulier ayant pour effet d'interrompre la prescription d'une amende en matière criminelle. — *Rennes*, 16 déc. 1819, Audicq; *Cass.*, 8 janv. 1822, mêmes parties.

326. — Un procès-verbal dressé par un inspecteur de l'enregistrement et transmis au ministère public ne constitue pas un acte d'instruction susceptible d'interrompre la prescription d'un crime de faux commis par un notaire dans la mention du droit d'enregistrement. — *Cass.*, 15 janv. 1814, Massal. — Mangin, t. 2, n° 344; Faustin-Hélie, *ibid.*

327. — La citation devant un tribunal incompétent ne doit pas être assimilée à une citation nulle pour vice de forme. D'après le principe posé en l'art. 2246 C. civ. : elle a pour effet d'interrompre la prescription, pourvu que l'officier public ait qualité à l'effet d'instruire ou de poursuivre. — Mangin, *Act. publ.*, t. 2, n° 356; Carnot, *Instr. crim.*, t. 3, p. 644, n° 6; Parant, *Lois de la presse.*, p. 339; de Grattier, t. 1er, p. 337; Petit, *Traité du droit de chasse*, t. 2, p. 176; Chassan, *Traité des délits de la parole*, t. 2, p. 86, n° 19; Lesellyer, *Dr. crim.*, t. 6, n° 2261.

328. — Jugé en ce sens, qu'en matière criminelle, comme en matière civile, les actes de poursuite devant un juge incompétent ont pour résultat d'interrompre la prescription. — *Cass.*, 18 janv. 1822, Cristinacce; 4 août 1831, Colns; *Liége*, 15 nov. 1833, R...; *Toulouse*, 17 nov. 1835, Lades; *Orléans*, 31 déc. 1835, Ménévard; *Cass.*, 13 janv. 1837 (t. 2 1837, p. 19), Davoust; 10 mai 1838 (t. 1er 1839, p. 9), Clémenceau; *Rouen*, 12 nov. 1838 (t. 2 1838, p. 588), Vaillant; *Cass.*, 5 avr. 1839 (t. 2 1839, p. 119), Sablois.

329. — En conséquence et spécialement, doit être annulé l'arrêt qui renvoie un garde forestier prévenu d'un délit de chasse par le motif que la citation qui lui a été donnée devant le tribunal correctionnel n'a pas été interruptive de la prescription. — *Cass.*, 13 janv. 1837 (t. 2 1837, p. 19), Davoust.

330. — Spécialement encore, la prescription de l'action publique a été interrompue en matière de diffamation lorsqu'il y a eu, même devant un tribunal incompétent, de la part de la partie civile, citation directe, et de la part du ministère public, réquisition aux fins de condamnation. — *Cass.*, 5 avr. 1839 (t. 2 1839, p. 119), Sablois.

331. — On doit juger de même à plus forte raison quand la circonstance qui donne lieu à l'incompétence n'est découverte qu'à l'audience. — *Rouen*, 12 nov. 1838 (t. 2 1838, p. 588), Vaillant.

332. — Les poursuites exercées par le ministère public à l'occasion d'un crime ou délit ont pour effet d'interrompre la prescription de l'action publique quelles que soient les incertitudes qui peuvent s'élever plus tard sur la juridiction compétente, et alors même qu'il y aurait eu lieu à un règlement de juges pour fixer la compétence. — *Cass.*, 31 janv. 1833, Roy de la Chaise.

333. — Le jugement par lequel le tribunal se déclare incompétent est lui-même un acte de poursuite interrompant la prescription. — *Orléans*, 31 déc. 1835, Ménévard.

334. — Mais, comme on l'a vu *suprà* : il faut que les citations soient valables. — *Cass.*, 13 janv. 1837 (t. 2 1837, p. 19), Davoust.

335. — Il faut, de plus, comme on l'a vu plus haut, que la citation soit donnée ou que les poursuites soient faites par un officier public ayant qualité pour instruire ou poursuivre sur le délit en lui-même. — *Cass.*, 18 janv. 1822, Cristinacce; *Orléans*, 20 nov. 1840 (t. 1er 1841, p. 33), Vidot. — Conf. les auteurs ci-dessus cités.

336. — Dès lors la citation donnée devant un juge incompétent n'a pas pour effet d'interrompre la prescription lorsqu'elle est émanée d'une personne sans qualité pour poursuivre. Ainsi, la citation donnée, en matière de délit de pêche, devant le tribunal correctionnel, à un individu qui, à raison de sa qualité de suppléant de juge de paix, ne pouvait être traduit que devant la Cour d'appel, ne saurait être réputée interruptive de la prescription, alors qu'elle est émanée de l'administration forestière et non du procureur-général, qui seul a qualité pour diriger une pareille poursuite. Peu importe d'ailleurs pour la régularité de la citation que l'administration forestière connût ou non la qualité du prévenu. — *Poitiers*, 2 avr. 1845 (t. 1er 1846, p. 306), Marteau.

337. — Les dénonciations adressées à des tribunaux étrangers et les actes de poursuite émanés de ces tribunaux ne peuvent pas interrompre en France le cours de la prescription de l'action publique. — *Cass.*, 12 oct. 1820, Maillard. — Mangin, *Act. publ.*, t. 1er, n° 344; Lesellyer, n° 2265.

338. — La prescription interrompue par des actes faits devant un tribunal incompétent reprend son cours à partir du jugement qui déclare l'incompétence; et elle est acquise si la nouvelle poursuite n'a pas été intentée dans le délai fixé par la loi pour la prescription du délit lui-même, par exemple, dans le mois, s'il s'agit d'un délit de chasse. — *Orléans*, 20 nov. 1840 (t. 1er 1841, p. 33), Vidot.

339. — De même, lorsque le tribunal correctionnel, saisi d'une action en répression d'un délit de chasse, s'est déclaré incompétent à cause de la qualité d'officier de police judiciaire du prévenu, et a renvoyé les parties devant qui de droit, cette déclaration anéantit l'instance incompétemment engagée et fait reprendre à la prescription spéciale au délit de chasse son cours ordinaire. — *Cass.*, 5 juin 1841 (t. 2 1841, p. 286), Vidot.

340. — Le prévenu d'un délit de chasse ne peut se prévaloir de la prescription, en ce que des poursuites n'auraient pas été reprises dans le mois qui a suivi le jugement d'incompétence. — *Rouen*, 12 nov. 1838 (t. 2 1838, p. 588), Vaillant.

341. — La prescription d'un délit d'entreprise sur un chemin public, poursuivi devant le conseil de préfecture, reprend son cours à partir de l'arrêté par lequel le conseil de préfecture s'est déclaré incompétent. — *Cass.*, 25 nov. 1830, Coquerel. — Mangin, *Act. publ.*, t. 2, n° 358.

342. — La plainte portée au procureur de la République, par la personne lésée, avec déclaration qu'elle se constitue partie civile, a pour but de provoquer des actes de poursuite, mais ne peut pas en tenir lieu; elle ne saurait, dès lors, avoir pour effet d'interrompre la prescription. — Merlin, *Quest.*, v° *Délits ruraux*, § 3; Mangin, *Act. publ.*, t. 2, n° 353. — *Contrà*, Legraverend, t. 1er, p. 78; Favard de Langlade, t. 4, p. 427.

343. — Si la plainte de la partie civile n'interrompt pas la prescription de l'action publique, elle produit du moins cet effet sur l'action civile; lors même que le ministère public n'aurait pas suivi sur cette plainte; car, en matière de grand criminel, la partie a formulé sa demande suivant le vœu de la loi; et d'ailleurs, même en matière de police correctionnelle, il suffit qu'elle ait pris l'une des deux voies qui lui étaient indiquées par la loi. — Mangin, *Act. publ.*, t. 2, nº 365.

344. — En matière de grand criminel, les poursuites de la partie civile n'ont pour effet d'interrompre la prescription de l'action publique qu'autant que le ministère public s'est joint à elle, ou qu'elle a, en vertu de l'art. 135 C. instr. crim., formé opposition à une ordonnance de la chambre du conseil, portant qu'il n'y a lieu à suivre, parce que, hors ces deux cas, l'action publique n'est pas mise en mouvement. — Mangin, t. 2, nº 253.

345. — D'après les dispositions générales du Code d'instruction criminelle, et, spécialement aussi, en matière forestière, la citation donnée, en temps utile, au prévenu, par la partie civile, interrompt la prescription de l'action publique; de même, la citation donnée par le ministère public interrompt la prescription de l'action civile. — *Cass.*, 15 avr. 1826, Barbabesse.

346. — Jugé également que la citation donnée à la requête de la partie civile devant un tribunal incompétent, a, quant à l'interruption de la prescription, le même effet que celle notifiée à la requête du ministère public. — *Cass.*, 18 janv. 1822, Cristinacce. — Mangin, *Act. publ.*, t. 2, nº 356.

347. — Suivant Carnot (*Instr. crim.*, t. 3, p. 625 et 629, nº 3), les poursuites faites au civil interrompent la prescription de l'action publique; mais c'est là une erreur évidente.—Mangin, *Act. publ.*, t. 2, nº 351.

348. — Les actes d'instruction ou de poursuite non suivis de jugement qui ont été faits dans les dix ans du jour où le crime a été commis ont pour effet de prolonger de dix ans à partir du dernier acte le temps nécessaire pour prescrire, à l'égard même des personnes qui ne seraient pas impliquées dans cet acte d'instruction ou de poursuite. — C. instr. crim., art. 637.

349. — Il en est de même relativement à la prescription de trois ans pour l'action publique et civile résultant d'un délit. — C. instr. crim., art. 638.

350. — Ainsi, l'interruption de la prescription produit, en matière criminelle, les mêmes effets qu'en matière civile; c'est-à-dire qu'elle fait considérer comme non avenu tout le temps qui s'est écoulé avant l'acte interruptif, et qu'elle soumet la prescription à commencer un nouveau cours. — Mangin, *Act. publ.*, t. 2, nº 334.

351. — En matière de délit de pêche, la citation donnée à l'auteur principal, avant que la prescription ne soit acquise, conserve l'action vis-à-vis du complice.—*Cass.*, 14 déc. 1837 (t. 1er 1838, p. 362), d'Espeuilles.

352. — ... Et vis-à-vis d'un ou plusieurs des coauteurs. — *Bourges*, 31 janv. 1838 (t. 1er 1838, p. 629), Delagogué.

353. — La citation donnée à l'adjudicataire d'une coupe de bois interrompt la prescription contre ses cautions. — *Cass.*, 13 avr. 1833, Jeannot.

354. — Les actes d'instruction faits à l'égard d'un délit dont il avait été rendu plainte doivent être réputés interruptifs de la prescription, non-seulement à l'égard de ce délit; mais encore quant à tous autres qui auraient pu être constatés et découverts dans le cours de l'instruction. — *Cass.*, 26 juin 1840 (t. 2 1840, p. 416), Boutonnet.

355. — La Cour de cassation n'a pas le droit d'examiner une question d'interruption de prescription qui n'a pas été soumise au tribunal dont le jugement lui est déféré, et qui n'a pas été jugée par ce tribunal. — *Cass.*, 2 févr. 1827, Barbe.

ART. 2. — *Suspension de la prescription.*

356. — Quoique la maxime *Contrà non valentem agere non currit præscriptio* ne soit pas admise comme règle générale en matière criminelle, néanmoins elle reprend sa force quand l'obstacle à l'exercice de l'action provient de la loi elle-même. — Mangin, *Act. publ.*, t. 2, nº 335; Lesellyer, *Dr. crim.*, t. 6, nº 2280; Faustin-Hélie, *Instr. crim.*, t. 3, p. 717.

357. — Ainsi l'impossibilité d'action suspend le cours de la prescription en matière criminelle comme en matière civile. — *Cass.*, 13 avr. (et non 23 août) 1810, Jouault; 28 août 1823, Bichet.

358. — Spécialement : lorsque le prévenu d'un délit forestier est agent du gouvernement, le cours de la prescription est suspendu par les diligences faites pour obtenir l'autorisation nécessaire jusqu'à la transmission du décret levant l'obstacle légal qui s'opposait à l'exercice de l'action. — *Cass.*, 13 avr. 1810, Jouault. — Lesellyer, *Dr. crim.*, t. 6, nº 2284; Faustin-Hélie, t. 3, p. 719.

359. — Legraverend (t. 1er, p. 88) admet ce principe lorsqu'il s'agit de la mise en jugement des agens de l'administration forestière; et il le repousse à l'égard de tout autre fonctionnaire. — Mangin (*Act. publ.*, t. 2, nº 336) réfute cette distinction en faisant remarquer qu'elle manque de base, et que l'action du ministère public est paralysée dans un cas comme dans l'autre.

360. — Selon Carnot (*Instr. crim.*, t. 3, p. 619, nº 8), l'interruption ne pourrait avoir lieu qu'autant que la demande aurait été notifiée à l'agent inculpé. Mais cette opinion ajouterait à la loi une condition qu'elle n'exige pas. — Teulet, d'Auvilliers et Sulpicy, *Cod. annotés*, C. instr. crim., art. 637, nº 145.

361. — La prescription de l'action publique est suspendue pendant la durée de l'instance engagée devant les tribunaux civils pour faire juger des questions préjudicielles. — *Cass.*, 10 avr. 1835, Rodières. — Mangin, t. 2, nº 336; Lesellyer, t. 6, nº 2283; Faustin-Hélie, t. 3, p. 718. — Et à plus forte raison, comme on le verra plus bas en parlant des contraventions, quand la question préjudicielle est soulevée par la partie même qui invoque la prescription.—V. à ce sujet ce qui est dit *infrà* (nos 276 et suiv.) relativement à l'interruption et à la suspension de la prescription en matière de contravention de police.

362. — De même, quand, sur l'exception préjudicielle de propriété, élevée par le prévenu, le tribunal a déclaré simplement n'y avoir lieu à statuer quant à présent, et a renvoyé les parties à fins civiles, le cours de la prescription est suspendu tant que la question préjudicielle n'a pas été jugée définitivement par l'autorité compétente. — *Cass.*, 30 janv. 1830, Carrère c. Larroque.

363. — Le cours de la prescription n'est pas suspendu par la démence de l'accusé. — Sol. impl. *Cass.*, 22 avr. 1813, Hartog-Heyman. — Merlin, *Rép.*, vº *Prescription*, sect. 3, § 7, art. 4, nº 5 *bis*; Legraverend, t. 1er, ch. 1er, p. 82; Mangin, *Act. publ.*, t. 2, nº 334; Lesellyer, *Dr. crim.*, t. 6, nº 2279; Faustin-Hélie, t. 3, p. 717.

364. — En matière de diffamation, la prescription de l'action publique a été suspendue pendant les incidens relatifs à l'exception d'incompétence; et elle n'a pu s'accomplir s'il ne s'est pas écoulé un an sans qu'il intervînt, soit sur la forme, soit sur le fond, des décisions de justice. — *Cass.*, 5 avr. 1839 (t. 1er 1839, p. 119), Sablois.

365. — Les opérations de la faillite ne peuvent avoir pour résultat de prolonger le délai de la prescription du délit de banqueroute simple. — *Paris*, 9 avr. 1842 (t. 1er 1842, p. 522), Hutin.

366. — Suivant Mangin (*Act. publ.*, t. 2, nº 337), la condamnation par contumace à raison d'un crime ne suspendrait pas la prescription d'un délit connexe; parce que, loin qu'il y eût pour le ministère public impossibilité d'action, il y aurait au contraire, d'après l'art. 226, obligation de poursuivre conjointement sur les deux faits.

367. — Lorsqu'un individu est inculpé tout à la fois d'un crime et d'un délit, et que la mise en accusation ne porte que sur le crime; la condamnation prononcée contre lui par contumace, à raison du crime, suspend le cours de la prescription du délit, jusqu'à ce qu'il ait été définitivement statué sur le crime. — *Cass.*, 28 août 1823, Bichet. — Lesellyer, t. 6, nº 2287.

368. — On peut objecter que si la loi prohibe le cumul des peines, elle n'interdit point le cumul des poursuites; il n'y a donc pour le ministère public aucune impossibilité légale d'action.

369. — Lorsque le maximum de la peine encourue pour le délit n'a pas été épuisé par la condamnation prononcée, soit contradictoirement, soit par contumace, à la Cour d'assises, il est évident que l'argument tiré du cumul de peines ne peut recevoir son application et que la prescription n'est pas suspendue. — Teulet, d'Auvilliers et Sulpicy, *C. annot.*, C. instr. crim., art. 637, nº 156.

370. — Mais, dans le même cas, si, en décernant l'ordonnance de prise de corps, la chambre d'accusation avait renvoyé l'accusé en police correctionnelle, à raison d'un délit distinct, et avait néanmoins subordonné ce renvoi au non-épuisement du maximum de la peine encourue pour ce délit, la prescription se trouverait suspendue jusqu'à l'arrêt de la Cour d'assises et reprendrait son cours aussitôt après l'application d'une peine inférieure à ce maximum.—Mêmes auteurs, *ibid.*, nº 157.

Sect. 2e. — *Contravention de simple police.*

371. — Pour que la prescription annale de l'action publique et de l'action civile résultant d'une contravention de police soit interrompue, il faut que, dans l'année, il soit intervenu un jugement de condamnation; alors même qu'il y aurait eu procès-verbal, saisie, instruction ou poursuite. — C. instr. crim., art. 640.

372. — Pour interrompre la prescription en matière de simple police, il ne suffit pas qu'il soit intervenu un jugement; il faut qu'il y ait eu condamnation du prévenu. — Carnot, *Instr. crim.*, t. 3, p. 634, nº 2; Lesellyer, *Dr. crim.*, t. 6, nº 2271; Faustin-Hélie, *Instr. crim.*, t. 3, p. 731.

373. — Ainsi le jugement par lequel un tribunal s'est déclaré incompétent n'a pas pour effet d'interrompre la prescription.—Il en serait de même d'un jugement interlocutoire. — Lesellyer, t. 6, nº 2773.

374. — Le délai d'une année ne saurait être prorogé par aucun acte d'instruction ni par le recours au Conseil d'Etat. — *Cass.*, 1er juill. 1837 (t. 1er 1838, p. 554), Picot d'Agard.

375. — En matière de contravention de police, il y a lieu d'appliquer le principe, que la prescription ne court pas contre celui qui ne peut agir, alors surtout que l'empêchement provient du fait même de la partie qui oppose l'exception de prescription. — *Cass. belge*, 11 mars 1836, Gobart; *Cass.*, 29 août 1846 (t. 1er 1849, p. 358), Delafosse; 26 sept. 1846 (t. 1er 1847, p. 23), F...

376. — Ainsi, celui qui, traduit en simple police à raison d'une contravention, a élevé une question préjudicielle ne peut opposer à l'action publique l'exception de prescription si pendant le temps où elle s'est accomplie il y a eu un renvoi provoqué par la partie devant l'autorité administrative pour le jugement de la question préjudicielle. — *Cass.*, 27 mai 1843 (t. 2 1843, p. 662), Decaute; 26 sept. 1846 (t. 1er 1847, p. 23), F...

377. — Il en est de même lorsqu'il y a instance engagée devant les tribunaux civils sur la question préjudicielle.—*Cass.*, 10 avril 1835, Rodières. — Faustin-Hélie, t. 3, p. 735.

378. — De même, l'art. 640 n'est pas applicable au cas où le prévenu d'une contravention de police ayant été préalablement, et sur sa demande, renvoyé devant l'autorité municipale pour faire procéder contradictoirement avec elle à la vérification des points en litige; le ministère public a été mis dans l'impossibilité d'agir et de faire juger la cause au jour indiqué par le jugement de renvoi, par suite du retard apporté par l'autorité municipale à rendre sa décision. — *Cass.*, 29 août 1846 (t. 1er 1849, p. 358), Delafosse.

379. — Si depuis la levée d'un sursis rendu nécessaire par un arrêté de conflit pour le jugement d'une question préjudicielle il ne s'est pas écoulé une année jusqu'à la reprise des poursuites, la prescription de la contravention objet de ces poursuites n'est pas acquise. — *Cass.*, 27 mai 1843 (t. 2 1843, p. 662), Decaule. — Ainsi la Cour de cassation consacrerait cette opinion de Mangin (*Act. publ.*, t. 2, nº 368) : qu'en droit criminel les causes qui arrêtent le cours de la prescription ne sont pas seulement suspensives, mais bien interruptives.

380. — Jugé cependant que lorsque les questions préjudicielles ont été définitivement jugées, la prescription reprend son cours de plein droit, à partir du jugement définitif, sans qu'il soit besoin que ce jugement ait été signifié. — *Cass.*, 10 avril 1835, Rodières.

381. — Mais si la prescription est interrompue par suite du sursis à statuer jusqu'à ce qu'une exception préjudicielle et de nature à faire disparaître le délit ait été jugée par la juridiction compétente, il n'en est pas de même d'une simple remise; alors même qu'elle aurait été demandée par le contrevenant, qui plus tard a invoqué la prescription. — *Cass.*, 14 déc. 1844, (t. 1er 1845, p. 665), Meunier.

382. — De même le sursis illégalement accordé par le maire à un particulier à l'effet de bâtir sa maison suivant le plan d'alignement, ne peut avoir pour effet d'interrompre la prescription de la contravention commise par cet individu en faisant des constructions sans avoir pris l'alignement à la mairie. — *Cass.*, 18 oct. 1832, Paillard.

383. — Jugé encore que l'arrêté d'un maire qui ordonne la démolition de constructions exécutées en contravention aux règlemens de police n'a pas pour effet d'interrompre la prescription de l'action. — *Cass.*, 15 mai 1835, Bréard.

384. — De ce que le cours de la prescription n'a pas lieu pendant le temps où il y a eu impossibilité d'agir, il suit encore que le cours de la prescription se trouve suspendu par le pourvoi en cassation du prévenu. — *Cass. belge*, 11 mars 1836, Gobart.

385. — De même le recours en cassation régulièrement formé par le ministère public contre un jugement rendu dans l'année de la contravention, a pour effet d'interrompre le cours de la prescription de l'action publique; bien que ce jugement ayant renvoyé l'inculpé des poursuites, il ne soit intervenu aucune condamnation dans l'année de la contravention. — *Cass.*, 21 octobre 1830, Gibert; 16 juin 1836 (t. 1er 1837, p. 389), Chandesais. — Mangin, *Act. publ.*, t. 2, n° 362.

386. — ... Et cela encore bien qu'il se soit écoulé plus d'une année depuis la date du pourvoi jusqu'à l'arrêt de la Cour suprême. — *Cass.*, 16 juin 1836 (t. 1er 1837, p. 389), Chandesais.

387. — Lorsque le jugement a été cassé, le tribunal saisi par le renvoi a le même délai qu'avait le tribunal auquel il a été substitué. — Mangin, *Act. publ.*, t. 2, n° 362; Carnot, *Instr. crim.*, l. 3, p. 635, n° 5.

388. — D'après l'art. 8, sect. 7, tit. 1er de la loi du 26 sept.-6 oct. 1791, la prescription pour les délits ruraux est de la durée des poursuites faites au plus tard dans le délai d'un mois; soit par les parties lésées, soit par le ministère public.

389. — Il faut entendre par *poursuites* dans le sens de cette loi, tous les actes qui sont faits en justice par les personnes que la loi autorise et dont le but est de parvenir à constater un délit, à en connaître et à en faire punir l'auteur. — *Cass.*, 18 août 1809, Dodino.

390. — Spécialement : pour interrompre la prescription d'un délit rural il suffit que le juge ait dressé dans le mois procès-verbal du délit qui lui a été dénoncé, que des experts en aient estimé la valeur, et qu'un grand nombre de témoins ait été entendu, quand même la citation n'aurait pas été donnée au prévenu dans le même délai. — Même arrêt.

391. — En matière de délits ruraux, une plainte rendue devant le magistrat de sûreté et visée par le directeur du jury n'a pas interrompu la prescription. Les poursuites dont parle la loi comme ayant cet effet ne sont autres que la citation même donnée au délinquant. — *Cass.*, 2 mess. an XIII, Lasmartre.

392. — La déclaration que fait un tribunal de son incompétence fait revivre la prescription de l'action publique que les poursuites avaient interrompue; et si, à partir de cette déclaration, il s'écoule, en matière de délit rural, plus d'un mois sans qu'il ait été intenté de nouvelles poursuites, la prescription est définitivement acquise. — *Cass.*, 4 août 1831, Colas. — Mangin, *Act. publ.*, t. 2, n° 307.

V., aussi, ABUS DE BLANC SEING, ACQUIESCEMENT, ACTION CIVILE, ACTION PUBLIQUE, AGENT DIPLOMATIQUE, ALIGNEMENT, AMENDE (mat. civ.), AMENDE (mat. crim.), CASSATION (mat. crim.), CHAMBRE DES MISES EN ACCUSATION, CHEMINS RURAUX, CHEMINS VICINAUX, CHOSE JUGÉE, DÉLIT POLITIQUE, DIFFAMATION, DOMMAGES AUX CHAMPS, ESCROQUERIE, FRAIS (crim.), MARIAGE, MÉDECINE, MORT CIVILE, NON BIS IN IDEM, OCTROI, OUTRAGE, USURE.

PRÉSÉANCE.

Table alphabétique.

PRÉSÉANCE. — **1.** — On entend par ce mot le droit de se placer dans un ordre ou dans un rang plus honorable qu'un autre.

2. — L'usage général est de regarder comme la première place celle qui est à main droite; ainsi, par exemple, si le lieu d'assemblée est une église, ce sera la place à droite, en entrant au chœur par la porte de la nef, qui sera la plus honorable. De même, dans les marches, le corps qui va à la droite de l'autre indique la préséance. — Merlin, *Rép.*, v° *Préséance*, § 1er.

3. — Les anciens règlemens sur l'ordre des préséances n'ont pas été établis à *priori*. Les usages, les arrêts des Cours souveraines et les édits des rois ont successivement servi à les former.

4. — C'est surtout Louis XIV qui a organisé l'ancienne législation réglementaire sur les préséances entre les divers corps, dignitaire et fonctionnaires de l'Etat. Œuvre utile en tout temps : car les hommes, trop souvent aveuglés par l'orgueil et la vanité, ne sont que trop portés à se croire supérieurs à ceux auxquels ils sont inférieurs en dignité et en mérite, et à élever sur les questions de prééminence des discussions aussi funestes à leur propre considération qu'au principe d'autorité.

5. — Avant la Révolution, et de temps immémorial, le clergé avait, de temps immémorial, considéré comme ordre, avait la préséance sur les deux autres ordres dans les Etats généraux et particuliers. — Merlin, *Rép.*, v° *Préséance*, n° 2, et *Clergé*, § 1er.

6. — Ses dignitaires prenaient séance après le roi et les princes du sang; et même, en l'assemblée des Etats généraux qui eut lieu à Tours, sous Louis XI, en 1467, le cardinal de Sainte-Suzanne, évêque d'Angers, eut la préséance sur le duc d'Anjou, prince du sang, roi de Jérusalem et de Sicile. Dans les Etats de Tours et d'Orléans, de 1483, 1506 et 1560, on vit encore les cardinaux tenir le premier rang; il en fut de même dans les cérémonies publiques. Mais aux Etats qui furent tenus à Saint-Germain-en-Laye, en 1561, et qui n'étaient que la continuation de ceux d'Orléans, les princes du sang ne voulurent plus souffrir que les cardinaux fussent assis au-dessus d'eux; et Henri III, par un édit exprès, consacra le droit de préséance des princes du sang.

7. — Ce haut rang, dont on voit le clergé en possession dès le premier siècle de la monarchie, lui a été plus solennellement encore assuré et confirmé par un édit de Louis XIV, du mois d'avril 1695. Dans l'art. 45 de cet édit, le clergé est considéré comme le premier corps du royaume; le Parlement de Bordeaux a rendu hommage à cette loi, en déclarant, par acte du 15 juill. 1630, que « les présidens et conseillers de ladite Cour n'ont jamais prétendu aucune préséance sur les évêques. » — Un arrêt du Conseil d'Etat du 4 janv. 1629 porte qu'en toutes assemblées et cérémonies les archevêques et évêques qui s'y trouveront en camail et en rochet précéderont les présidens et conseillers.

8. — La noblesse constituait le second ordre de l'Etat, c'est-à-dire que le corps de la noblesse avait rang après le clergé et avant le tiers état. Les nobles avaient rang et préséance sur les roturiers dans toutes les assemblées, processions et cérémonies; à moins que les roturiers n'eussent quelque autre qualité ou fonction qui leur donnât la préséance sur ceux qui n'étaient pas revêtus du même emploi, ou de quelque emploi supérieur.

9. — De même que les princes du sang n'eurent point de prime abord la préséance sur les cardinaux, et qu'il fallut, pour la leur assurer, un édit exprès (V. *suprà* n° 6); de même, ils eurent autant de peine à faire reconnaître leur droit de préséance sur les grands du royaume et les premiers officiers de la couronne revêtus de la dignité de ducs et pairs.

10. — L'édit précité de Henri III n'a réglé la préséance et les cérémonies qu'en faveur des princes du sang qui étaient *pairs*. Et Loyseau, qui écrivait sous le règne de Henri IV, nous apprend que, de son temps, quelques-uns pensaient encore « qu'au sacre et couronnement du roi, et en la séance du parlement, qui sont les fonctions particulières des pairs, les pairs non princes devaient précéder les princes du sang non pairs. » — C'est un édit de Louis XIV, du mois de mai 1711, qui a assuré aux princes du sang royal, qu'ils fussent pairs ou non, la prééminence sur tous les pairs et grands du royaume, en tous lieux, dans toutes les cérémonies et dans toutes les assemblées.

11. — Quant au rang des pairs entre eux, il se réglait par la date des lettres d'érection de chaque pairie. — La place des pairs aux audiences de la grand'chambre du Parlement était sur les hauts sièges, à droite du premier président. Les princes occupaient les premières places; après eux étaient les pairs ecclésiastiques, ensuite les pairs laïques.

12. — En ce qui concerne l'ordre de la préséance entre les grands officiers de la couronne, les personnes qui voudraient avoir des détails précis et complets peuvent consulter le volume qui, dans les savantes publications des Bénédictins sur l'histoire de France, traite de ces hautes fonctions.

13. — Un monument historique bien important à noter, relativement au rang dans les cérémonies publiques, est un édit du roi Henri II, donné à Villers-Cotterets en avril 1557. Cet édit porte, « en tous actes et assemblées publiques qui seront cy-après faictes en nostredicte ville de Paris et hors d'icelle, où les assemblées se feront par nostre ordonnance et commandement, nostredicte Cour de parlement ira et marchera la première, et après elle immédiatement ira et marchera nostre Chambre des comptes, et après ladicte chambre ira et marchera nostre Cour des aydes, et après la Chambre des monnoies, et après le prevost de Paris et officiers du Chastelet, et après eux le prevost des marchands, eschevins et officiers de nostredicte ville de Paris, chacune à part et séparément, sans que l'une costoye ou mesme costoyer l'autre, ne se aucunement mesler... » — Cet édit, entre autres points par lui réglés, accorde, comme on le voit, la prééminence dans les cérémonies au Parlement sur la Cour des aides. C'est ce qui a été confirmé par l'art. 48 de la déclaration du 24 août 1734, contenant règlement entre le Parlement et la Cour des aides de Bordeaux.

14. — Une disposition de l'ancien droit réglementaire statuait aussi que les corps des chapitres des églises cathédrales précéderaient en tous lieux ceux des bailliages et sièges présidiaux (non les Cours souveraines); que les titulaires des dignités desdits chapitres précéderaient les présidens des tribunaux, les lieutenans généraux, les lieutenans criminels et particuliers desdits sièges; que les chanoines précéderaient les conseillers; et tous les autres conseillers d'iceux, et que même les laïques dont on est obligé de se servir en certains lieux pour aider au service divin, y recevraient, pendant ce temps, les honneurs de l'église préférablement à tous autres laïques. — V. édit du mois d'avril 1695, art. 45. — Mais lorsque le gouverneur d'une province ou d'une ville épiscopale est dans l'église cathédrale, il a la prééminence sur les chanoines; il a le droit d'être encensé avant eux, et immédiatement après l'évêque. — Arrêt du Cons. du roi, du 28 janv. 1678.

15. — Nous trouvons encore établies dans l'ancien droit : 1° la prééminence dans les cérémonies publiques du sénéchal sur le présidial; 2° celle des trésoriers de France sur les présidiaux; 3° celle du présidial sur la prévôté; 4° celle des juges royaux sur ceux des justices seigneuriales; 5° celle des juges hauts justiciers sur les échevins des mêmes lieux; 6° celle des juges des bailliages sur le prévôt de la maréchaussée; 7° celle des gentilshommes sur les officiers des seigneurs hauts justiciers; 8° celle des officiers de justice qui jouissent de la noblesse sur les gentilshommes militaires; 9° celle du lieutenant criminel de robe courte sur le prévôt des marchands de France, etc.

16. — Les anciennes universités ont toujours assisté, soit en corps, soit par députation, aux cérémonies de l'Etat, aux sacres et aux entrées solennelles des rois et des reines, etc. Aux funérailles de Charles V, le recteur de l'Université de Paris voulut marcher à côté de l'évêque du diocèse qui conduisait son clergé; mais il y eut grande opposition du côté du clergé, et il fut convenu que le recteur se tiendrait à gauche du doyen de l'église de Paris. C'est à ce rang que marcha le recteur aux funérailles de Henri IV, précédé des bedeaux de l'Université et suivi des maîtres ès arts, bacheliers, licenciés, principaux, régens et docteurs de tous les ordres. — Toussaint, *Code des préséances*, p. 89.

17. — Il n'est pas sans intérêt de placer en regard de cette législation réglementaire positive la classification *à priori* d'après laquelle Domat établissait, d'une manière générale, les préséances entre les divers ordres qu'il distinguait au sein de la société et dans l'Etat.

18. — Suivant ce jurisconsulte, le clergé est le premier corps. — Après le clergé, le premier de tous les ordres laïques est celui de la profession des armes. — Le second ordre des laïques est celui des ministres et de ceux que le prince honore d'une place dans son conseil secret. — Le troisième de ces ordres est celui des personnes qui exercent les fonctions de l'administration de la justice. — Le quatrième ordre est celui des officiers dont les professions regardent les finances. — Domat place dans le cinquième ordre ceux qui professent les sciences ou les arts libéraux. — Il met dans le sixième les marchands et tous ceux qui exercent une espèce de commerce. — Le septième est rempli par les ouvriers et les artisans. — Il range dans le huitième les cultivateurs, les bergers et les pâtres.

19. — Depuis 1789 il est intervenu plusieurs actes et règlemens sur l'ordre des préséances; mais le plus important est le décret du 24 mess. an XII dont les principes sont encore en vigueur.

20. — L'esprit de ce décret a été justement critiqué (Favard, *Rép.*, v° *Cérémonies publiques;* Toussaint, *loc. cit.*, p. 8), et ses dispositions se réfèrent à diverses classifications fort peu en harmonie avec la forme de nos institutions actuelles.

21. — Quoi qu'il en soit, ce décret est divisé en deux parties; la première est intitulée *Des rangs et préséances des diverses autorités dans les cérémonies publiques.* La seconde : *Des honneurs militaires et civils.*

22. — Nous avons traité de ce qui concerne cette seconde partie sous le mot HONNEURS CIVILS ET MILITAIRES. — V. ce mot.

23. — La première partie, la seule dont nous ayons à nous occuper ici, est subdivisée en quatre sections : — 1° Dispositions générales; — 2° Des invitations aux cérémonies publiques (V. sur ce point CÉRÉMONIES PUBLIQUES, LETTRES CLOSES); — 3° De l'ordre suivant lequel les autorités marcheront dans les cérémonies publiques; — 4° De la manière dont les diverses autorités seront placées dans les cérémonies. — Cette première partie a été complétée par des règlemens postérieurs : ainsi, en ce qui concerne le classement des corps, un décret du 1er juin 1811 a fixé ultérieurement le rang des cours prévôtales et celui des tribunaux ordinaires, des douanes dans les cérémonies publiques, civiles ou religieuses; ainsi encore ce n'est que par des règlemens ultérieurs qu'a été déterminé le rang de la Cour des comptes, du Conseil royal de l'instruction publique, etc. — V. *infrà*, nos 37 et suiv.

24. — Comme chef de l'Etat (Charte, art. 13), le Roi occupait le premier rang dans toutes les cérémonies publiques auxquelles il assistait; c'était lui qui était le centre autour duquel se rangeaient tous les fonctionnaires, tous les corps de l'Etat. Des raisons de haute convenance plaçaient nécessairement à côté de lui les membres de la famille royale. Le décret de messidor contenait une disposition générale à cet égard, en donnant la première place aux princes français. — Art. 1er. — Aujourd'hui, le Président de la République occupe la place qui était affectée au roi; mais les membres de sa famille n'ont aucun rang assigné dans les cérémonies publiques. Le Président de l'Assemblée nationale doit être placé sur la même ligne que le Président de la République.

25. — Le décret de messidor qui n'accorde rang et séance au Corps législatif que dans les cérémonies publiques auxquelles il aura été invité par lettres closes, ne contient pas de disposition précise sur la place qu'il doit y occuper. Cependant, en suivant l'ordre hiérarchique établi par la Charte, après le roi et la famille royale venait immédiatement la Chambre des pairs. — Art. 14 et 20 de la Charte. — V. Toussaint, *loc. cit.*, p. 33.

26. — Si nous considérons maintenant le rang des pairs entre eux, la préséance appartenait d'abord au président, qui, depuis 1837, cumulait avec cette dignité celle de chancelier de France. — Après le président, venaient les vice-présidens et les secrétaires : les premiers prenaient rang d'après leur ancienneté, et les seconds d'après le nombre de voix obtenu par chacun d'eux. Le grand-référendaire de la Chambre avait droit aussi à un rang distingué. — Quant aux pairs, ils prenaient rang entre eux par ordre de nomination. — Charte, art. 23.

27. — Une ordonnance du 25 août 1817 avait accordé à tout pair de France qui aurait été invité à une cérémonie publique en sa qualité de pair et qui serait revêtu de son costume de prendre toujours et sur toute personne les droits de l'autorité quelle qu'elle fût qui aurait la préséance. Mais un avis du Conseil d'Etat du 24 août 1822 a décidé que cette ordonnance ne pouvait s'appliquer à un pair qui fait partie d'un corps quelconque ou qui exerce des fonctions; dans ce cas, le rang était déterminé par les fonctions. — Toussaint, *loc. cit.*, p. 36.

28. — Après la Chambre des pairs venait celle des députés des départemens. — Le président de la Chambre des députés prenait rang après celui de la Chambre des pairs; les vice-présidens et les secrétaires prenaient entre eux le rang que leur assignait le nombre de suffrages qu'ils avaient obtenu. Les questeurs de la Chambre venaient après eux. — Toussaint, *loc. cit.*, p. 37.

29. — Ce haut rang a toujours été conservé aux deux Chambres dans toutes les occasions solennelles où elles ont paru en corps. Quand elles se présentaient au palais du roi, elles étaient reçues avant tous les autres corps de l'Etat; quand elles assistaient à une cérémonie religieuse, elles étaient placées : la Chambre des pairs à droite, la Chambre des députés à gauche, dans le chœur ou dans la nef, ou à droite et à gauche du trône. — Toussaint, *loc. cit.*, p. 33. — L'Assemblée nationale, qui remplace ces deux Chambres, conserve à plus forte raison le même rang.

30. — Le conseil des ministres prend naturellement place après l'Assemblée législative.

31. — Le Conseil d'Etat n'a rang et séance que dans les cérémonies auxquelles il est invité par lettres closes. — Il prend maintenant séance après l'Assemblée nationale. — Sénatus-consulte 28 flor. an XIII.

32. — Toutes les fois que le Conseil d'Etat se réunit en corps, soit pour des cérémonies, soit pour des visites de corps, les membres du Conseil se rangent dans l'ordre suivant : le vice-président du Conseil d'Etat et les vice-présidens des comités, les conseillers d'Etat, les maîtres des requêtes, les auditeurs.

33. — Le rang entre les conseillers d'Etat, les maîtres des requêtes et les auditeurs se règle d'après la date des prestations de serment.

34. — Le décret de messidor n'assignait aucun rang à la Cour de cassation; mais le sénatus-consulte du 28 floréal an XIII la nomme après le Corps législatif pour assister à la prestation de serment du chef de l'Etat. Les magistrats de la Cour de cassation prennent rang dans l'ordre suivant : le premier président, les autres présidens dans l'ordre de leur ancienneté comme présidens; les conseillers, dans l'ordre de leur ancienneté comme conseillers. Les membres du parquet : le procureur général, les avocats généraux, par ordre d'ancienneté de nomination. Greffe : le greffier en chef, les commis greffiers.

35. — La Cour de cassation doit-elle avoir le pas sur le Conseil d'Etat? Un conflit s'est élevé à cet égard aux obsèques de M. le garde des sceaux Martin (du Nord); le Conseil d'Etat ayant pris la droite dans l'église, la Cour de cassation s'est retirée après l'office et n'a pas accompagné le cortége au cimetière. Mais aucune décision légale n'est intervenue, et la question de préséance est par conséquent restée indécise. — Aujourd'hui la prééminence du Conseil d'Etat ne saurait être douteuse.

36. — Des difficultés se sont également élevées sur le rang qui appartenait aux aides de camp ou officiers de la maison du roi. Aucune disposition réglementaire n'assigne de place spéciale à ces officiers; il paraît donc juste qu'ils ne vinssent qu'après les corps constitués. Toutefois, dans quelques cérémonies, ils ont marché immédiatement après le conseil des ministres.

37. — La Cour des comptes prend rang immédiatement après la Cour de cassation et jouit des mêmes prérogatives. — L. 16 sept. 1807.

38. — Le Conseil de l'instruction publique est placé dans les cérémonies publiques immédiatement après la Cour des comptes. — Ord. 17 févr. 1815 et 1er nov. 1820.

39. — Au conseil se rattachent les inspecteurs généraux des études. — Toussaint, *loc. cit.*, p. 87.

40. — Dans les provinces, la Cour d'appel est le premier corps. Elle a, aux termes de l'art. 8 du décret de messidor, la préséance sur les officiers de l'état-major de la division. A Paris, la Cour d'appel se range après le Conseil de l'instruction publique et avant l'Institut.

41. — Les magistrats des Cours d'appel prennent rang entre eux de la même manière que les magistrats de la Cour de cassation.

42. — Une question de préséance personnelle s'étant élevée entre les présidens de chambre d'une Cour d'appel et le procureur général, le ministre de la justice consulté répondit : « La préséance appartient sans contredit au procureur général; elle est établie par l'art. 11, sect. 4, tit. 1er du règlement de messidor, et par le règlement du 1er nov. 1820 sur les entrées dans le palais du roi. A défaut de dispositions expresses dans le règlement de messidor, il suffit de réfléchir sur l'importance et l'étendue des fonctions de l'un et de l'autre de ces magistrats pour demeurer convaincu que la préséance appartient au procureur général; et, par le même principe, un simple conseiller ne peut la contester à un avocat général. — Décis. 25 nov. 1828, 10 août 1829 et 9 févr. 1830. — Quant aux substituts des procureurs généraux, la question de leur préséance sur les conseillers auditeurs n'était pas résolue d'une manière uniforme par les différentes cours. — Toussaint, *loc. cit.*, p. 61.

43. — Nous avons vu que la Cour d'appel de Paris précède l'Institut. Après l'Institut viennent l'Académie nationale de médecine et le Collége de France.

44. — Quand les corps sont présentés au chef du gouvernement avec les autres corps de l'Etat, l'Institut suit la Cour d'appel; l'Académie nationale de médecine suit le Corps municipal, et le Collége de France vient après les fonctionnaires et professeurs de l'Ecole polytechnique.

45. — D'après l'art. 8 du décret du 24 messidor an XII, le tribunal de première instance a sa place entre le Conseil de préfecture et le Corps municipal. — Pour les villes où il y a un état-major de subdivision, voici ce qu'a décidé le ministre de la justice par la circulaire du 16 octobre 1811 : « Le décret de messidor ne parle pas, il est vrai, des officiers d'état-major du département ou de la subdivision; mais comme il assigne un rang au général commandant le département, et que ce rang précède de beaucoup celui qu'occupe le président du tribunal de première instance, il faut en conclure que l'état-major dont ce général est le chef doit également précéder le tribunal de première instance... »

46. — Il a été décidé par le ministre de la justice que, dans les cérémonies publiques, le bâtonnier de l'ordre des avocats ne peut avoir la préséance sur les membres du tribunal de première instance (22 octobre 1814); et que, dans une ville ouverte, un commandant de place n'a point le pas sur le tribunal (14 août 1828).

47. — Quoique, dans la classification des fonctionnaires qui assistent aux cérémonies publiques, le président du tribunal de commerce, ainsi que nous le verrons au n° 54, soit nommé immédiatement après le président du tribunal de première instance, les membres du premier de ces tribunaux ne suivent pas immédiatement les juges de première instance dans le classement des corps. Ils sont précédés par le corps municipal, par le corps de l'Académie (V. décr. du 15 nov. 1811, art. 165 à 167 incl.), et par les officiers de l'état-major de la place, que précèdent les membres du tribunal de première instance.

48. — Après le tribunal de commerce viennent les juges de paix (décr. du 24 messid. an XII, art. 8). A défaut de corps académique, d'état-major de place, et de tribunal de commerce, ils suivent immédiatement le corps municipal et précèdent les commissaires de police. — V., au surplus, sur la préséance attribuée au corps municipal sur les juges de paix, Henrion de Pansey, *Du pouvoir municipal*, liv. 1er, ch. 13 ; Bost, *Traité de l'origine et des attributions des corps municipaux*, t. 2, n° 606.

49. — Le décret de messidor ne comprend pas les conseils de département et d'arrondissement au nombre des corps dont il règle le rang et la préséance. Mais, en l'absence de disposition expresse, l'on enseigne que le conseil général doit prendre rang et séance immédiatement après le préfet, à côté du conseil de préfecture, et le conseil d'arrondissement à côté du sous-préfet. — Dumesnil, *De l'organisation et des attributions des conseils généraux*, t. 2, n° 820 ; Toussaint, *loc. cit.*, p. 79. — Remarquons enfin qu'une circulaire ministérielle relative au rang que doivent occuper entre eux les membres des conseils de révision ne classe le membre du conseil général appelé à en faire partie qu'en quatrième ordre, après l'officier supérieur appelé à faire partie du même conseil.

50. — Le décret de messidor ne comprend pas non plus les consistoires comme Corps.

51. — Les avocats, avant la Révolution, avaient un rang déterminé ; ils accompagnaient le Parlement toutes les fois qu'il sortait en corps ; ils assistaient aux cérémonies publiques, aux solennités religieuses, aux entrées des rois et des reines, après les gens du roi et précédés de deux huissiers, pour montrer qu'ils faisaient un ordre à part, distinct du corps de la Cour. Un arrêt de 1814 leur accordait spécialement ce droit. Aucune nouvelle disposition n'est venue confirmer leurs anciens droits ; aussi les avocats s'abstiennent-ils, en général, de se montrer en corps. — Toussaint, *loc. cit.*, p. 71. — V., du reste, AVOCAT, n° 463, et CÉRÉMONIES PUBLIQUES, n° 27.

52. — Voilà pour ce qui concerne les préséances à l'égard des principaux corps constitués. — « Dans aucun cas, ajoute l'art. 3 du décret du 24 messidor an XII, les rangs et honneurs accordés à un Corps n'appartiendront individuellement aux membres qui le composent. »

53. — Des corps constitués passons au rang individuel des divers dignitaires et fonctionnaires de l'Etat. Le principe qui doit servir à le régler est ainsi posé par Henrion de Pansey (*loc. cit.*) : « Lorsque des fonctionnaires de différens ordres sont réunis en cette qualité de fonctionnaires, et qu'il s'agit d'assigner le rang qu'ils doivent tenir, ce n'est pas l'homme qu'il faut considérer en eux, mais la nature, l'étendue et l'importance de leurs fonctions ; et la préséance est due à celui qui est investi des plus hautes attributions et qui exerce la plus grande influence. »

54. — Voici maintenant ce que porte, à cet égard, l'art. 1er du décret du 24 messidor an XII : « Ceux qui, d'après les ordres de l'empereur, devront assister aux cérémonies publiques, y prendront rang et séance dans l'ordre qui suit : les princes français (V. *suprà*, n° 24), les grands dignitaires (ils étaient au nombre de six : le grand électeur, l'archichancelier de l'empire, l'archichancelier d'Etat, l'architrésorier, le connétable et le grand amiral), les cardinaux, les ministres, les grands officiers de l'Empire, les sénateurs dans leurs sénatoreries, les conseillers d'Etat en mission, les grands officiers de la Légion d'honneur, lors qu'ils n'auront pas de fonctions publiques qui leur assignent un rang supérieur ; les généraux de division, commandant une division territoriale, dans l'arrondissement de leur commandement ; les premiers présidens des Cours d'appel ; les archevêques ; le président du collége électoral de département, pendant la tenue de la session et pendant les dix jours qui précèdent l'ouverture et qui suivent la clôture ; les préfets ; les présidens des Cours de justice criminelle ; les généraux de brigade, commandant un département ; les évêques ; les commissaires généraux de police ; le président du collége électoral d'arrondissement, pendant la tenue de la session et pendant les dix jours qui précèdent l'ouverture et qui suivent la clôture ; les sous-préfets ; les présidens des tribunaux de première instance ; le président du tribunal de commerce ; les maires ; les commandans d'armes ; les présidens des consistoires. — Les préfets conseillers d'Etat prendront leur rang de conseillers d'Etat. — Lorsqu'en temps de guerre Sa Majesté jugera à propos de nommer des gouverneurs de places fortes, le rang qu'ils doivent occuper sera réglé. »

55. — Les cardinaux, qui viennent, d'après l'article ci-dessus cité, après les princes du sang et les grands dignitaires, n'ont paru, depuis la révolution de juillet, qu'une fois à une cérémonie publique : ce fut au baptême du comte de Paris. Ils y assistaient près de l'autel, du côté de l'Evangile ; mais leurs noms ne figurent point dans l'acte de baptême du prince : parce que, dit-on, il s'éleva une question de préséance entre eux et les vice-présidens des chambres, et qu'ils refusèrent de signer après ces derniers. — Toussaint, *loc. cit.*, p. 46.

56. — Nous voyons aussi que les archevêques ne sont nommés, dans l'ordre des préséances, qu'après les premiers présidens des Cours d'appel, et les évêques qu'après les généraux commandant les départemens. — Des plaintes nombreuses se sont élevées de la part du corps épiscopal contre ce classement. La Restauration, sans y faire de changement formel, y a dérogé cependant dans la plupart des cérémonies publiques qui ont eu lieu sous son gouvernement, et dans d'autres circonstances. Le règlement du 17 février 1815 nomme les évêques avant les préfets pour avoir séance dans les conseils académiques. Le règlement sur les entrées dans le palais du roi nomme les archevêques avec les pairs de France, les ministres d'Etat, les gouverneurs des divisions militaires, comme ayant droit d'entrée dans la salle du trône, et les évêques avec les lieutenans généraux et les vice-amiraux, et avant les préfets, pour l'entrée dans le salon qui précède la salle du trône. Enfin, l'ordonnance du 8 janvier 1823 donne place au banc des comtes aux archevêques et évêques pairs de France. — Toussaint, *loc. cit.*, p. 47 et 48.

57. — Le décret de messidor n'a point donné de préséance personnelle au premier président de la Cour de cassation comme il en a donné aux autres présidens des cours et tribunaux. Mais, à défaut de disposition précise, comme le premier président de la Cour de cassation doit, lors de son installation, visiter tous les fonctionnaires nommés avant le préfet conseiller d'Etat dans l'ordre des préséances, et recevoir la visite de ce préfet (décr. de messid., tit. 20, art. 9), on peut en conclure qu'il doit être placé immédiatement au-dessus de lui. — Toussaint, *loc. cit.*, p. 56.

58. — Le conseiller municipal qui, dans les cas prévus par l'art. 4 de la loi du 21 mars 1831, remplace temporairement le maire, ne peut revendiquer les prérogatives de ce dernier dans une cérémonie publique. En effet, les honneurs sont personnels, *ils ne sont dus qu'au titre*, ainsi que l'établit l'art. 14, tit. 25 du décret du 24 messidor an XII, et par conséquent ils ne doivent jamais être accordés à celui qui remplace le *titulaire* absent ou empêché. — Bost, *loc. cit.*, t. 1er, n° 276.

59. — Les articles 58 et 59 de l'arrêté du 7 thermidor an VIII avaient fixé le rang des officiers de la marine dans les cérémonies publiques. — L'art. 85 du décret du 6 frimaire an XIII appliqua au service de la marine les dispositions prescrites par le décret du 24 messidor an XII et qui étaient compatibles avec le service de la marine.

60. — L'exécution de l'art. 1er du décret du 24 messidor an XII fit bientôt apercevoir de nombreuses et importantes omissions qu'il fallut réparer, et, par la suite, de nouvelles autorités, de nouveaux fonctionnaires ayant été créés, il a fallu sans cesse revenir sur cette matière.

61. — Ainsi, un oubli avait été fait à l'égard de l'artillerie et du génie ; un avis du Conseil d'Etat du 5 brumaire an XIII fixa le rang que doivent occuper dans les cérémonies publiques les généraux de division et de brigade et les autres officiers d'artillerie et du génie employés dans les divisions et dans les places.

62. — Ici se place dans l'ordre chronologique un avis du Conseil d'Etat du 12 août 1807 qui a décidé que les préfets maritimes doivent être compris dans l'art. 1er du décret du 24 messidor an XII, et que leur rang doit être fixé immédiatement après les généraux de division et avant les préfets ; mais qu'ils ne peuvent jouir de ce rang que dans le lieu de leur résidence. L'ordonnance du 17 décembre 1828 leur a donné un rang encore plus élevé.

63. — Un décret du 11 avr. 1809 porte que les commandans, officiers et membres de la Légion d'honneur qui assisteront aux cérémonies publiques, civiles ou religieuses y occuperont un banc qui sera établi ou une place qui leur sera assignée après les autorités constituées.

64. — Un décret du 1er févr. 1811 fixa le rang des auditeurs au Conseil d'Etat immédiatement après les secrétaires généraux de préfecture, en se référant aux articles 9 et 15 du décret du 7 avril même année.

65. — Un avis du Conseil d'Etat du 1er juin 1811 décide que les membres des Cours d'appel qui présideront les Cours d'assises et leurs assesseurs conseillers doivent prendre rang dans les cérémonies publiques immédiatement après le préfet. — Le même avis décide que les présidens et juges des tribunaux de première instance, faisant partie des Cours d'assises, ne doivent avoir dans les cérémonies d'autre rang que celui qui a été assigné par le décret du 24 messidor an XII aux présidens et juges de première instance. — Enfin, un autre avis du 13 octobre 1812 a décidé, entre autres points, que lorsque les assises se tiennent dans la ville où siége la Cour impériale (d'appel) les membres des Cours d'assises n'ont d'autre rang que celui qu'ils occupent dans la Cour même.

66. — Il existe encore un avis du Conseil d'Etat du 16 septembre 1811 qui détermine le rang que doivent occuper dans les cérémonies les présidens des tribunaux ordinaires des douanes.

67. — Une ordonnance du 22 mai-3 juin 1816 relative aux statuts de l'ordre royal et militaire de Saint-Louis et du Mérite militaire, détermine le rang que prendront dans les cérémonies publiques les membres de cet ordre et ceux de la Légion d'honneur.

68. — La loi du 22 mars 1831 porte, art. 70 : « Les diverses armes dont se compose la garde nationale sont assimilées pour le rang à conserver entre elles aux armes correspondantes des forces régulières. » — Art. 72, § 1er : « Dans tous les cas où les gardes nationales serviront avec les corps soldés elles prendront le rang sur eux. » — Cette dernière disposition était déjà contenue dans la loi du 8 juillet 1791 et n'a jamais été méconnue ni sous l'Empire ni sous la Restauration.

69. — Les suppléans et les greffiers des juges de paix, les notaires, les avoués, les huissiers, les commissaires-priseurs, le conseil des prud'hommes, la Chambre consultative des manufactures, arts et métiers, la commission administrative des hospices, le bureau de bienfaisance, le garde champêtre, le percepteur des contributions directes, le receveur de l'enregistrement, les employés de l'administration des contributions indirectes et les secrétaires des mairies n'ont pas personnellement le droit d'assister aux cérémonies publiques, et d'y prendre rang et séance ; car il n'est aucune de ces personnes à qui la prérogative d'assister officiellement aux fêtes publiques ait été spécialement conférée : soit par le décret du 24 messid. an XII, soit par des lois ou ordonnances postérieures. Mais rien ne s'oppose à ce que ces personnes soient invitées à la cérémonie, soit individuellement, soit en corps, et, dans ce cas, l'opinion du ministre de l'intérieur est qu'entre eux il n'existe aucune supériorité de rang. — Bost, *loc. cit.*, t. 2, n° 606.

70. — Il nous reste à parler d'un droit de préséance permanent qui est accordé par l'art. 47 de la loi du 18 germ. an X. Cet article attribue la prérogative d'avoir dans l'église une place privilégiée aux « individus catholiques qui remplissent les *autorités civiles et militaires*. »

71. — Toute la difficulté réside dans l'interprétation de ces derniers mots. Tous ceux que l'usage qualifie de fonctionnaires publics ont prétendu qu'ils devaient être compris parmi ces autorités ; mais dans certaines localités le nombre des fonctionnaires publics est considérable et l'endroit réservé dans les églises est peu étendu : il est donc important de déterminer le véritable sens de la loi. Or : nul doute qu'elle n'ait entendu exclusivement par ces mots *autorités* que les fonctionnaires qui à des degrés différens, dans le département, l'arrondissement et la commune, ont toutes les attributions du pouvoir civil ou militaire et représentent le chef de l'Etat comme chef soit de l'autorité administrative, soit de l'autorité militaire. Au contraire, tout fonctionnaire dont les attributions ne présentent pas ce caractère n'est pas une autorité. — V. *Journ. des conseillers municipaux*, 162e consult., 1825, p. 213. — Lerat de Magnitot, *Dict. de droit publ. et admin.*, v° *Préséance* ; Bost, *loc. cit.*, n° 607.

72. — D'après ce principe, les seuls fonctionnaires qui ont droit à une place réservée dans

l'église sont : pour l'ordre civil, le préfet dans toutes les églises du département; le sous-préfet dans toutes les églises de l'arrondissement ; le maire de la situation de l'église, si plusieurs communes sont réunies. — Mêmes auteurs.

73. — Lerat de Magnitot et les auteurs du *Journal des conseillers municipaux (loc. cit.)* accordent encore la même prérogative aux conseillers de préfecture, mais seulement lorsqu'ils remplacent le préfet par intérim, et aux adjoints, seulement encore lorsqu'ils remplacent le maire.

74. — Dans l'ordre militaire, une place réservée dans les églises appartient au commandant de la division militaire, au commandant du département, au commandant de place; en un mot, à tout officier qui, dans la circonscription ou la localité, est le chef de l'autorité militaire.—Lerat de Magnitot, et le *Journal des conseillers municipaux* (*loc. cit.*).

75. — C'est au curé, sauf le recours à l'évêque, qu'appartient, dans les cathédrales et paroisses, le choix de la place distinguée pour les individus catholiques qui remplissent les autorités civiles et militaires; les frais de disposition sont à la charge de la fabrique.—L. du 18 germ. an X, art. 47; décr. du 30 décr. 1809, art. 30. — *Courrier des Communes*, consult. délibérée, t. 3, p. 236.

V. CÉRÉMONIES PUBLIQUES, HONNEURS CIVILS ET MILITAIRES, LETTRES CLOSES.

PRÉSENT.

1. — On entend par ce mot une libéralité, un cadeau qui se fait de la main à la main. — V. DON MANUEL, EXÉCUTEUR TESTAMENTAIRE, RAPPORT A SUCCESSION. — V. aussi CORRUPTION DES FONCTIONNAIRES PUBLICS, n° 6 et suiv.; GREFFIER, OCTROI.

2.—Par *présent de noces* on entend celui qui est fait par un homme à la femme qu'il est sur le point d'épouser. — V. BAGUES ET JOYAUX.

3. — Les présens de mariage sont en général présumés faits sous la condition que le mariage s'ensuivra. — L. 2, C., *De donat. ante nupt.* — V. PROMESSE DE MARIAGE.

PRÉSENTATION (Droit de).

C'est le droit que le titulaire d'un office ou ses héritiers tiennent de la loi de présenter un successeur à la nomination du gouvernement. — V. OFFICE.

PRÉSIDENT.

1. — C'est la personne qui préside une compagnie, une assemblée.

2. — Les magistrats placés à la tête de la Cour de cassation, de la Cour des comptes et des Cours d'appel prennent le titre de *premiers présidens*.

3. — Autrefois, c'était ordinairement dans les rangs des barons que le roi choisissait les premiers présidens et même les présidens des cours souveraines. — Guyot, *Rép.*, v° *Président*, n° 1er.

4. — Tout au moins fallait-il être chevalier pour parvenir à ces fonctions. — Sous Charles V, la nomination d'Arnaud de Corbie à la première présidence resta secrète tant qu'il ne fut pas créé chevalier avec le chancelier d'Orgemont.—Même auteur.

5. — Toutefois cet usage ne fut pas toujours rigoureusement suivi, et l'histoire offre quelques exemples de présidens qui ne furent faits chevaliers qu'après leur nomination.

6. — Ces magistrats étaient faits chevaliers *ès lois*. Philippe de Mervillers fut longtemps maître et président avant d'être fait chevalier.— Robert Mauger ne fut jamais qualifié que *maître* et sa femme ne fut point qualifiée *madame*.—Guyot, *eod.*

7. — Peu à peu, le titre de chevalier fut un droit pour la présidence ou plutôt la présidence valut lettres de chevalerie.

8. — Les premiers présidens avaient autrefois entrée au conseil du roi.

9. — Indépendamment du premier président, il y avait les présidens à mortier. — Ces magistrats ne faisaient qu'une seule et même personne avec le premier président, qu'ils représentaient; chacun d'eux pouvait même, en son absence, représenter tout le Parlement assemblé. — Guyot, *eod.*

10. — Nous avons expliqué v° ORGANISATION JUDICIAIRE quelles étaient les conditions imposées pour la nomination des présidens.

11.—Quant à leurs attributions, il a été rendu compte de celles du premier président et du vice-président de la Cour de cassation v° COUR DE CASSATION (n° 32 et suiv.).

12.— ... De celles du président de la Cour d'assises, v° COUR D'ASSISES.

13. — ... De celles du premier président et du vice-président de la Cour d'appel v° COUR ROYALE, n° 34 et suiv.

14. — ... De celles du président et du vice-président de la Cour des pairs et de la Chambre des pairs, v° COUR DES PAIRS et CHAMBRE DES PAIRS.

15. — ... De celles du premier président et des vice-présidens du Conseil d'Etat et de la Cour des comptes v° CONSEIL D'ÉTAT, COUR DES COMPTES.

16.—...Et de celles du président d'un conseil de guerre, v° CONSEIL DE GUERRE.

17. — Nous traiterons sous les mots PRUD'HOMMES, TRIBUNAL DE COMMERCE, TRIBUNAL DE PREMIÈRE INSTANCE, de tout ce qui concerne les chefs de ces diverses compagnies.

18.—Chaque chambre de discipline d'officiers ministériels a un président. — V. AGENT DE CHANGE, AVOCAT A LA COUR DE CASSATION, AVOUÉ, COMMISSAIRE-PRISEUR, COURTIER, HUISSIER, NOTAIRE.

19. — Le chef de l'ordre des avocats s'appelle bâtonnier. — V. AVOCAT.

PRÉSIDENT DE COUR D'ASSISES.

V. COUR D'ASSISES, INTERROGATOIRE DES ACCUSÉS, JURY.

PRÉSIDENT DE LA RÉPUBLIQUE.

1. — Après avoir dans son art. 19 proclamé que la séparation des pouvoirs était la première condition d'un gouvernement libre, la Constitution du 4 nov. 1848 a confié l'un de ces pouvoirs, le pouvoir exécutif, au président de la République. — Art. 43.

2. — Les conditions nécessaires pour être président de la République ne pouvaient être moindres que celles qui sont prescrites pour l'exercice de toute fonction publique. Pour qu'un citoyen puisse être investi du titre de président de la République, il faut qu'il soit né Français et n'ait jamais perdu cette qualité; il doit aussi être âgé de trente ans au moins.— Const. 4 nov. 1848, art. 44. — Au contraire, d'après la loi du 30-31 août 1844, art. 1er, sur la *régence*, le roi était majeur à l'âge de dix-huit ans accomplis.

3. — L'art. 44 de la Constitution de 1848 exigeant pour qu'un citoyen puisse être président de la République qu'il soit *né Français*, il s'ensuit que celui qui n'est devenu Français que par la naturalisation ne saurait être revêtu de ce titre. La Constitution des Etats-Unis ne se contente pas du fait de la naissance comme citoyen des Etats-Unis, elle veut, de plus, qu'aucun individu ne puisse être éligible s'il n'a résidé quatorze ans aux Etats-Unis.

4. — Lors de la discussion de la Constitution au sein de l'Assemblée constituante, il s'est élevé au sujet de la nomination du président de la République une grave question. Cette question consistait à savoir si le président serait élu par le suffrage universel ou s'il serait nommé par l'Assemblée nationale elle-même. L'élection par le suffrage universel fut le mode de nomination qui prévalut.—V. Séance du 7 oct. 1848, *Moniteur* du 8.

5. — « Le président de la République, porte l'art. 46 de la Constitution, est nommé au scrutin secret et à la majorité absolue des votans par le suffrage direct de tous les électeurs des départemens français et de l'Algérie. »

6. — Mais c'est à l'Assemblée nationale qu'il appartient d'apprécier la validité de l'élection. A cet effet, tous les procès-verbaux des opérations électorales doivent lui être transmis. — Art. 47, § 1er.

7. — Toutefois il est un cas où l'Assemblée nationale elle-même peut nommer le président de la République. C'est lorsqu'il résulte des procès-verbaux des opérations électorales qu'aucun candidat n'a obtenu plus de la moitié des suffrages exprimés, et au moins deux millions de voix, ou lorsque celui qui a obtenu la majorité légale ne réunit pas les conditions d'âge et de nationalité exigées par l'art. 44. Mais alors son choix est limité : elle doit choisir le président de la République parmi les cinq candidats éligibles qui ont obtenu le plus de voix. Cette élection a lieu à la majorité absolue et au scrutin secret. — Art. 47, § 2.

8. — Que le président de la République soit nommé par le suffrage direct des électeurs ou par l'Assemblée nationale, il doit, dans les deux cas, être proclamé comme tel par l'Assemblée nationale. — Art. 47, § 1er. — C'est ainsi que l'Assemblée nationale a, dans sa séance du 20 décembre 1848, proclamé le citoyen Louis-Napoléon Bonaparte président de la République française depuis ce jour 20 décembre jusqu'au deuxième dimanche du mois de mai 1852.

9. — Après avoir été proclamé, et avant d'entrer en fonctions, le président de la République doit prêter au sein de l'Assemblée nationale le serment de rester fidèle à la République démocratique, une et indivisible, et de remplir tous les devoirs que lui impose la Constitution. — Art. 48.

10. — L'Assemblée nationale donne acte de ce serment, qui est transcrit au procès-verbal. Un extrait de ce procès-verbal est ensuite inséré au *Moniteur*, publié et affiché dans la forme des actes législatifs. — Déclaration de l'Assemblée nationale du 20 déc. 1848.

11. — Au caractère *électif* du pouvoir exécutif, vient s'en joindre un autre: celui de *temporaire*. Le président de la République est élu pour quatre ans (Const. 4 nov. 1848, art. 45). A l'expiration de ce délai, l'élection d'un nouveau président a lieu de plein droit le deuxième dimanche du mois de mai (art. 46, § 1er). Il résulte de la combinaison de ces deux dispositions qu'il n'est pas nécessaire que l'Assemblée nationale déclare terminées les fonctions du président; celles-ci cessent de plein droit par l'expiration du temps fixé pour leur durée.

12. — Aux Etats-Unis, le président de la République peut être réélu pour quatre années. Notre Constitution, pour faire disparaître toute trace de l'hérédité du pouvoir, dont le principe était admis dans notre organisation politique avant la révolution de février, veut au contraire que le président de la République ne soit rééligible qu'après un intervalle de quatre années. — Art. 45, § 1er.

13. — Ses parens ou alliés jusqu'au sixième degré inclusivement ne peuvent pas même être élus immédiatement après lui; le vice-président de la République ne peut pas l'être davantage. — Art. 45, § 2.

14.—Ainsi, les deux maximes de la monarchie, l'hérédité de la couronne de mâle en mâle et la transmissibilité par ordre de primogéniture, ont disparu avec la révolution de février. Mais il existe encore une autre grande différence entre la monarchie et la République. Au principe de l'inviolabilité du roi a succédé, en effet, le principe de la responsabilité du président de la République. — « Un président de la République, dit M. Laferrière dans son *Cours de dr. publ.* (2e édit. t. 1er, p. 164), est responsable, parce qu'il est non-seulement le *dépositaire* mais le *premier fonctionnaire* du pouvoir exécutif. On disait sous la monarchie : *Le roi règne et ne gouverne pas.* Il faut dire sous la République : Le premier magistrat *préside et gouverne*. La responsabilité, en sa personne, accompagne l'action gouvernementale. » La responsabilité du président est également un principe fondamental de la Constitution américaine.

15. — « Le président de la République, porte l'art. 68, Const. 4 nov. 1848, les ministres, les agens et dépositaires de l'autorité publique sont responsables, chacun en ce qui le concerne, de tous les actes du gouvernement et de l'administration. » La Constitution américaine (art. 1, sect. 4) consacre le même principe en ces termes: « Le président, le vice-président et tous les fonctionnaires civils peuvent être renvoyés de leur place (par jugement du sénat), si, à la suite d'une accusation, ils sont convaincus de trahison, de dilapidation du trésor public ou d'autres grands crimes et d'inconduite. »

16. — En disant dans l'art. 68 précité que chacun est responsable *en ce qui le concerne*, notre Constitution, à l'exemple de celle des Etats-Unis, a consacré le principe de la responsabilité individuelle de chaque fonctionnaire. Mais, dans notre système politique, la responsabilité n'est pas seulement *individuelle*. Toutes les mesures de gouvernement, en effet, sont arrêtées en conseil des ministres, lesquels sont à la fois administrateurs et hommes politiques (tandis qu'aux Etats-Unis ils sont seulement administrateurs), sous la présidence de l'un d'eux ou sous celle du président de la République. D'où il suit que la responsabilité est, par la force même des choses, *collective*. — Laferrière, t. 1er, p. 167 et suiv.

17. — En créant une responsabilité *collective*, la Constitution devait maintenir la nécessité du *contre-seing*. Les actes du président de la République, autres que ceux par lesquels il nomme et révoque les ministres, n'ont donc d'effet que s'ils sont contre-signés par un ministre.—Const. 4 nov. 1848, art. 67. — Mais cette disposition contient une innovation. Sous la monarchie de 1830, l'acte de nomination du ministère devait être contre-signé. Aujourd'hui, en cas de nomination ou de révocation des ministres, la signature du président de la République se suffit à elle-même.

18. — Il est cependant encore un autre acte, émanant du président de la République, qui n'est soumis au contre-seing d'aucun ministre : cet acte est le message par lequel le Président de la République se met en rapport avec l'Assemblée nationale. Par exemple, les messages du président de la République des 7 juin et 31 oct. 1849 portent sa signature seulement. La raison en est qu'ils sont son œuvre particulière. — Laferrière, t. 1er, p. 170.

19. — La Constitution n'oblige le président de la République à présenter, chaque année, qu'un message à l'Assemblée nationale, *pour exposer l'état général des affaires de la République* (art. 52). Elle lui accorde aussi la faculté de lui en présenter un, lorsqu'il croit devoir provoquer de sa part une nouvelle délibération sur une loi déjà votée (art. 58, § 1er). Mais il n'est pas douteux qu'il puisse lui en adresser hors les deux cas précités, toutes les fois qu'il le juge convenable. — V. POUVOIR EXÉCUTIF, n° 57.—C'est ainsi que, le 31 oct. 1849, il lui en a adressé un, pour lui rendre compte des motifs qui l'avaient déterminé à révoquer ses ministres.

20.—Les messages du président de la République ne sont pas, comme étaient les discours du roi pour l'ouverture des chambres, des actes collectifs arrêtés en conseil et placés sous la responsabilité de ceux-ci, mais des actes qui n'émanent que de lui, dont il est seul moralement ou politiquement responsable, et dans lesquels il peut, par conséquent, exprimer les pensées qui lui sont personnelles et qui servent de base à la direction qu'il donne à son gouvernement. — Laferrière, *loc. cit.*

21. — A raison de la responsabilité qui pèse sur lui, le président de la République n'a pas seulement le droit de choisir pour auxiliaires, pour ministres, qui il lui plaît; il a aussi, ce nous semble, le droit d'avoir une politique personnelle : sauf le droit d'examen, de contrôle, de critique et de blâme, qui appartient à l'Assemblée nationale, en laquelle réside la souveraineté.

22. — La Constitution n'a prévu qu'un cas de responsabilité personnelle contre le président de la République : c'est celui qui résulterait de l'attentat qu'il commettrait contre l'existence et les droits de l'Assemblée nationale. — V. POUVOIR EXÉCUTIF, n° 53. — Elle a laissé aux lois organiques le soin de déterminer les autres cas de responsabilité, ainsi que les formes et les conditions de la poursuite. — Art. 68, § 4.

23. — Dans le cas d'attentat contre l'existence et les droits de l'Assemblée nationale, toutes les forces de la société, citoyens, Assemblée nationale, justice, sont, par ce seul fait, mises de plein droit en mouvement (Laferrière, t. 1er, p. 171 et 172). Le président est déchu de ses fonctions ; les citoyens sont tenus de lui refuser obéissance ; le pouvoir exécutif passe à l'Assemblée nationale ; les juges de la Haute-Cour de justice se réunissent immédiatement à peine de forfaiture, convoquent eux-mêmes les jurés, dans le lieu qu'ils désignent, et nomment les magistrats chargés de remplir les fonctions de ministère public. — Const. 4 nov. 1848, art. 68, § 3.

24. — Hors ce cas, le président ne peut être poursuivi devant la Haute-Cour de justice que sur l'accusation portée par l'Assemblée nationale et pour crimes et délits déterminés par la loi (art. 100). Mais il n'existe point encore de loi organique de la responsabilité. De sorte que, dans l'état actuel de la législation, l'Assemblée nationale serait souveraine appréciatrice des faits pouvant donner lieu à accusation contre le président. Et la Haute-Cour de justice pourrait, non-seulement prononcer sa destitution ; mais lui faire application des dispositions de la loi pénale. — Laferrière, t. 1er, p. 172.

25. — Le droit que peut exercer l'Assemblée nationale vis-à-vis du président, appartient à ce dernier à l'égard de tous les fonctionnaires et agens de la force publique. Ainsi, il a non-seulement le droit de les révoquer ; mais aussi celui de déférer l'examen de leurs actes au conseil d'Etat, dont le rapport est rendu public. — Const. 4 nov. 1848, art. 99.

26. — Mais si la Constitution a imposé des limites aux attributions du pouvoir exécutif, du président de la République, et créé des garanties contre ses empiétemens, le législateur devait également le protéger contre les attaques qui pouvaient être portées à sa personne, aux droits et à l'autorité qu'il tient de la Constitution. — V., à cet égard, OFFENSE, n° 34 et suiv.

27. — V., au surplus, sur les attributions du président de la République comme chef du pouvoir exécutif, le mot POUVOIR EXÉCUTIF.—V. aussi POUVOIR LÉGISLATIF.

28. — Il y a un vice-président de la République nommé par l'Assemblée nationale sur la présentation de trois candidats faite par le président dans le mois qui suit son élection.—Le vice-président prête le même serment que le président. — Il ne peut être choisi parmi les parens ou alliés du président jusqu'au sixième degré inclusivement. — En cas d'empêchement du président le vice-président le remplace.— Si la présidence devient vacante par décès, démission du président ou autrement, il est procédé, dans le mois, à l'élection d'un président. — Const. 4 nov. 1848, art. 7.

PRÉSIDIAUX.

1. — Nom donné d'une manière générale, dans l'origine, à tous les bailliages et sénéchaussées établis pour porter secours et protection (*præsidium*) aux sujets du roi vexés par les juges inférieurs.—*Encycloped. méthod.*, part. de jurisprud., v° *Présidial*.

2. — Bien qu'on trouve le terme de présidiaux employé dans l'ordonnance de Charles VIII de 1490, art. 35, et dans celle de François Ier en 1536, où ce titre ne signifiait autre chose sinon que c'étaient des juges supérieurs devant lesquels on appelait des juges inférieurs, cependant leur institution régulière ne paraît guère remonter qu'à l'édit de Henri II du mois de janvier 1551, connu sous le nom d'édit des présidiaux, et qui se proposa d'abréger la durée des procès et de soulager les cours souveraines de l'appel d'un grand nombre de causes peu importantes qui les encombraient. — *Encyclop. méthod.*, partie de jurisprudence, v° *Présidial*.

3. — Et en dernier lieu on ne désignait sous ce titre que les juges ordinaires établis dans certains bailliages et sénéchaussées pour juger certaines matières en dernier ressort jusqu'à la somme de 2,000 livres tant en principal qu'intérêts et arrérages échus avant la demande. — Edits nov. 1674 et août 1777, déclar. 29 août 1778.

4. — Aux termes de l'édit de janvier 1551, il devait y avoir dans chacun des principaux bailliages et sénéchaussées un siége présidial composé de sept juges au moins, auxquels on donnait le nom de conseillers, et non compris les lieutenans généraux et particuliers civil et criminel. — Toutefois le nombre des membres des présidiaux n'a pas toujours et partout été le même; de nombreux édits inutiles à rappeler ici l'ont successivement accru ou diminué suivant les lieux et les besoins de la justice.

5.— Un autre édit, de Henri II, du mois de juin 1557, créa dans chaque présidial un office de président avec préséance sur le lieutenant général à l'audience du présidial. Ces offices furent, à la vérité, supprimés par les ordonnances d'Orléans et de Moulins, mais on les rétablit définitivement en 1568.

6. — Dans les villes où il y avait un siége présidial, il y avait une chancellerie destinée à sceller toutes les lettres de justice nécessaires pour l'expédition des affaires du présidial.—*Encycloped., loc cit.*

7. — Malgré les termes de l'édit de janvier 1551 qui attribuait aux présidiaux le droit de juger sans appel, et comme juges souverains, et en dernier ressort, les contestations indiquées par cet édit ; ils ne pouvaient cependant point prononcer par jugement souverain, mais seulement par jugement dernier. — Ils ne pouvaient pas non plus, dans leurs jugemens, employer les expressions de *mettre l'appellation au néant*, ils devaient prononcer par bien et mal jugé. — Guyot, *Rép.*, v° *Présidial*.

8. — Les magistrats de quelques présidiaux avaient reçu le droit de porter la robe rouge les jours de cérémonie. — Les présidiaux en corps devaient occuper à la cathédrale, dans les cérémonies publiques, un certain nombre des hautes stalles du chœur. — Les présidiaux avaient rang au-dessus des maires, gouverneurs et échevins des villes (lettres patentes 11 mai 1557), des trésoriers des bureaux des finances (V. arrêts du Conseil des 2 déc. 1622, 16 avril 1680, 30 déc. 1681, 11 oct. 1684), des secrétaires du roi (arrêts du Conseil des 28 juin 1618, 31 janv. 1651 et 4 févr. 1687). — De même les officiers des présidiaux même n'étant pas en corps avaient la préséance sur les gentilshommes en toute assemblée publique et particulière.

9. — Le dernier état de la législation sur la compétence des présidiaux avait été fixé par les édits de novembre 1774 et d'août 1777.

10. — Suivant le premier : les juges des présidiaux devaient juger en dernier ressort toutes les matières civiles de quelque qualité qu'elles fussent, qui pouvaient tomber en estimation et qui n'excéderaient pas la somme de 2,000 livres de principal et de 80 livres de rente, ensemble les dépens et restitutions de fruits à quelque somme qu'ils pussent monter ; et, en outre, par provision, à la charge de donner caution, jusqu'à 4,000 livres de principal et de 160 livres de rente. — Merlin, *Rép.*, v° *Présidial*.

11.— Le second, en vingt-huit articles, spécifie les cas divers dont ils pouvaient connaître en premier ou dernier ressort, et ceux qu'il leur était interdit de juger ; le mode et les effets de l'appel interjeté contre celles de leurs décisions qui en étaient susceptibles, le mode d'exécution de leurs jugemens, etc.— Aux termes de l'art. 27 : dans chaque bailliage et sénéchaussée où il y avait présidial, le bailliage ou sénéchaussée et le présidial ne devaient former qu'un seul et même siége; sans que dans l'ordre des séances et du service, soit pour les audiences ou pour la chambre du conseil, il pût être fait distinction des affaires sujettes au dernier ressort de celles sujettes à l'appel, les unes et les autres devant être portées indistinctement aux mêmes audiences, chambres ou séances sans aucun changement quant au surplus dans l'ordre ordinaire du service. — V. au surplus cet édit textuellement rapporté par Merlin, *loc. cit.*

12. — Une déclaration du roi a été encore donnée le 29 août 1778 ; cette déclaration, en huit articles, a pour objet d'interpréter diverses dispositions de l'édit de 1777, et y a ajouté d'autres dispositions propres à rendre le recours aux présidiaux plus facile et moins onéreux. — V. Merlin, *loc. cit.*

13. — Suivant un arrêt du Conseil, du 16 juillet 1783, la levée et la signification des jugemens de compétence en matière présidiale ne devaient pas avoir lieu lorsque ces jugemens avaient été rendus du consentement des parties ou qu'elles y avaient acquiescé avant l'appel relevé.

14. — Les présidiaux connaissaient aussi, en matière criminelle, de certains crimes qui, par leur nature ou à raison de la qualité de leurs auteurs, exigeaient une punition prompte et sans appel ; ces crimes étaient désignés sous la dénomination de cas prévôtaux ou présidiaux. — Ces cas faisaient partie des cas royaux.

15. — L'indication des cas prévôtaux ou présidiaux et des juges qui en devaient connaître faisait l'objet des dispositions du titre 1er de l'ordonnance criminelle de 1670, modifiée et complétée par la déclaration du 5 février 1731. — Merlin, *Rép.*, v° *Cas*, § 3.

16. — Les présidiaux ont été supprimés par la loi du 7-12 septembre 1790. — Les cas présidiaux ont disparu de la législation en même temps.

PRÉSOMPTION.

Table alphabétique.

PRÉSOMPTIONS. — **1.** — Les présomptions sont des conséquences que la loi ou le magistrat tire d'un fait connu à un fait inconnu. — Code civil, art. 1349. — « Ce sont, dit Domat (*Lois civiles*, tit. *Des preuves*), des conséquences qu'on tire des causes à leurs effets ou des effets à leurs causes, par la liaison qu'il peut y avoir entre les faits connus et les faits inconnus. »

2. — Le mot *présomption* dérive du verbe *sumere* et du *præ*, parce que la loi ou le magistrat *sumit pro vero, habet pro vero*, prend comme vrai, considère comme vrai quelque chose, *præ, id est antequam alicujus probetur*, avant qu'il en ait été fait d'autre preuve. — Pothier, *Oblig.*, n° 840; Duranton, t. 13, n° 405.

SECT. 1re. — *Présomptions en général* (n° 3).

SECT. 2e. — *Présomptions établies par la loi* (n° 12).

   § 1er. — *Diverses présomptions légales* (n° 15).

   § 2. — *Effets des présomptions légales* (n° 31).

SECT. 3e. — *Présomptions qui ne sont point établies par la loi* (n° 54).

Sect. 1re. — *Présomptions en général.*

3. — Les présomptions sont déduites de ce qui arrive le plus communément dans le cas donné : *Præsumptio ex eo quod plerumque fit.* — Cujas, *In parat. ad tit. De probat. et præs.* — Pothier, *Oblig.*, n° 840; Duranton, t. 13, n° 404; Rolland de Villargues, v° *Présomption*, n° 2.

4. — Les présomptions ont cela de commun avec les preuves en général que toute leur force consiste dans la conséquence que l'on peut tirer d'une vérité connue pour en conclure une autre vérité inconnue. — Toullier, t. 10, n° 1er; Rolland de Villargues, *ibid.*, n° 10; *Dict. not.*, *ibid.*, n° 1er ; Bonnier, *Traité des preuves*, n° 635.

5. — Mais la présomption diffère de la preuve proprement dite en ce que celle-ci fait foi directement et par elle-même d'un fait, tandis que la présomption en fait foi par une conséquence tirée d'un autre fait. — Pothier, *ibid.* ; *Dict. not.*, *ibid.*, n° 2 et suiv.; Rolland de Villargues, *ibid.*, n° 7 et suiv.; Bonnier, *ibid.*; Duranton, t. 13, n° 405.

6. — Ainsi, en matière de preuve proprement dite, c'est le témoignage même, résultant de l'acte ou des dépositions des témoins, qu'il faut examiner avec soin, pour s'assurer qu'il n'a rien de suspect ; mais une fois le témoignage admis, l'opération intellectuelle qui conduit du témoignage au fait est en quelque sorte terminée. Il n'en est pas de même dans les présomptions; alors : non-seulement l'existence du fait sur lequel repose l'induction doit être au préalable clairement établie, mais cette induction elle-même ne repose que sur une probabilité dont la force varie à l'infini. — Bonnier, *ibid.*; Toullier, t. 10, n° 8 et suiv., 23 et suiv.; Rolland de Villargues, *ibid.*, n° 11, 43.

7. — Si la conséquence du fait connu au fait inconnu est nécessaire, s'il est impossible que le premier fait soit certain et que le second soit douteux; la présomption prend alors le caractère de *preuve* : elle suffit pour produire à elle seule une conviction parfaite dans l'esprit du juge. Ainsi : si j'étais à trois cents lieues de mon domicile le jour qu'on prétend que j'y ai signé un acte, la conséquence inévitable sera que la date de l'acte est fausse. — Domat, tit. *Des preuves, in pr.*; et sect. *Des présomptions*, n° 6; Toullier, t. 10, n° 23; Rolland de Villargues, *ibid.*, n° 1er et 12 ; *Dict. not.*, *ibid.*, n° 4.

8. — Si, au contraire, il n'y a point de conséquence absolument nécessaire entre le fait certain et le fait inconnu, si l'on veut prouver, n'existe alors que des conjectures, des probabilités, insuffisantes pour établir une preuve sûre déjà vérité. — Toullier, t. 10, n° 24; Rolland de Villargues, *ibid.*, n° 5; Domat, *ibid.*, n° 12; *Dict. not., ibid.*, n° 4.

9. — C'est à cette dernière espèce de présomptions seulement que s'applique l'art. 1353 C. civ. qui défend de juger sur *des* présomptions si ce n'est dans les cas où la preuve testimoniale est admise; et qui, même dans ce cas, exige des *présomptions graves, précises et concordantes.* — Arg. C. civ., art. 1353. — Toullier, t. 10, n° 24, 24 ; *Dict. not., ibid.*, n° 6; Rolland de Villargues, *ibid.*, n° 14.

10. — L'appréciation des présomptions étant, par sa nature, subordonnée aux lumières de la raison, est en général abandonnée à la sagesse des juges. Toutefois, dans les cas les plus importans, la loi, voulant assurer la stabilité de certaines positions et couper court à certaines controverses, a établi des présomptions auxquelles le juge est obligé de se conformer. — C. civ., art. 1350, 1353. — Toullier, t. 10, n° 34; Rolland de Villargues, v° *Présomption*, n° 18; Bonnier, *Traité des preuves*, n° 659.

11. — De là deux sortes de présomptions : 1° celles qui sont établies par la loi; 2° et celles qui ne sont point établies par la loi.

Sect. 2e. — *Présomptions établies par la loi.*

12. — La présomption établie par la loi, ou la présomption légale, est celle qui est attachée par une loi spéciale à certains actes ou à certains faits. — C. civ., art. 1350.

13. — Autrefois les présomptions légales pouvaient être puisées dans certains textes du droit romain ainsi bien que dans les sources modernes, elles pouvaient même, suivant Pothier (*Oblig.*, n° 843), être établies par argument de quelque texte de droit.

14. — Un pareil système offrait trop d'inconvéniens pour qu'il fût possible, dans une législation qui tend à prévenir toute incertitude, tout arbitraire, de laisser à la jurisprudence et à la doctrine le pouvoir d'établir des présomptions légales. — Bonnier, *Traité des preuves*, n° 661. — Aujourd'hui, les sortes de présomptions ne peuvent être établies que sur une disposition spéciale de la loi; elles ne pourraient même être établies par argument d'un texte de loi, en raisonnant par analogie. — Toullier, t. 10, n°s 32 et 33; Rolland de Villargues, *ibid.*, n°s 19 et 20; Bonnier, *ibid.*; Soon, *Nullit.*, n° 180 et suiv.

§ 1er. — *Diverses présomptions légales.*

15. — Dans l'art. 1350 C. civ. le législateur énumère différens cas de présomptions légales. Ce sont :

16. — 1° Les actes que la loi déclare nuls, comme présumés faits en fraude de ses dispositions, d'après leur seule qualité.

17. — On peut ranger dans cette classe : les actes de donation faits à des personnes présumées interposées (C. civ., art. 911, 1100), les ventes entre époux hors les cas prévus par l'art. 1595, les actes consentis par un débiteur failli à l'époque et dans les cas déterminés par la loi. — C. comm., art. 446. — Duranton, t. 13, n° 419 ; 424 ; Toullier, t. 10, n° 64.

18. — 2° Les cas dans lesquels la loi déclare la propriété ou la libération résulter de certaines circonstances déterminées.

19. — Tels sont les cas où la loi établit des présomptions de propriété en matière de prescription, à l'effet d'acquérir (C. civ., art. 2261, 2265, 2266, 2268); en matière de servitudes (C. civ., art. 654, 666, 670); en matière de communauté (C. civ., art. 1402); en matière de constructions, plantations et ouvrages (C. civ., art. 552 et 553). — Duranton, t. 13, n° 426 à 429; Toullier, t. 10, n° 64.

20. — La possession établit une présomption de propriété (Duranton, t. 13, n° 434), et à vrai même titre quand il s'agit de meubles. — C. civ., art. 2279.

21. — Toutefois, en matière de propriété immobilière, des présomptions fondées sur des faits de possession et sur des arrangemens projetés ne peuvent, quelque puissantes qu'elles soient, faire fléchir le principe de la loi que ces actes. — Caen, 3 juin 1847 (t. 1er 1848, p. 333), Poullain-Lacroix c. Garnier.

22. — Par le seul fait de sa signature, le souscripteur d'un billet à ordre se reconnaît débiteur; celui au profit duquel il le consent est légalement présumé en avoir fourni les fonds. C'est au souscripteur du billet à prouver que ce billet n'a pas de cause ou qu'il a une cause illicite. — *Bourges*, 12 févr. 1825, Rignault c. Blerzy et Martin.

23. — La remise volontaire de la grosse du titre fait présumer la remise de la dette ou le paiement, sans préjudice de la preuve contraire. — C. civ., art. 1283. — V. PAIEMENT, REMISE DE LA DETTE.

24. — La quittance du capital donnée sans réserve des intérêts en fait présumer la libération. — C. civ., art. 1908. — V. PAIEMENT, PRÊT À INTÉRÊT ET QUITTANCE.

25. — Si, du vivant du créancier ou dans sa succession, le titre de créance se trouve raturé, cancellé d'une manière quelconque; il en résulte une présomption légale de paiement ou de remise, à moins qu'il ne soit prouvé que c'est l'effet d'un accident ou encore le fait d'un tiers sans l'approbation du créancier. — Toullier, t. 10, n° 340, et t. 8, n° 127 ; Rolland de Villargues, v° *Cancellation*, n° 2 à 5; C. prussien, art. *Du paiement*, n° 403. — M. Duranton (t. 13, n° 432) pense que la cancellation ne constitue pas une présomption légale de libération, mais qu'elle suffit pour autoriser la délation de serment.

26. — La prescription à l'effet de se libérer est aussi fondée sur une présomption de paiement ou de remise de la dette, avec cette distinction, toutefois, que, lorsque c'est la prescription ordinaire de trente ans qui est opposée, la présomption de paiement n'est pas absolue, tellement que la partie à qui elle est opposée ne pourrait déférer le serment à l'autre sur le fait de savoir si la dette a été réellement acquittée ou remise, ou la faire interroger à cet égard sur faits et articles; au lieu que, dans certaines prescriptions, la présomption de paiement n'est pas absolue et le serment peut encore être déféré au débiteur ou à ses héritiers. — C. civ., art. 2275; C. comm., art. 189. — Duranton, t. 13, 434. — Toullier, t. 10, n° 54.

27. — Les actes d'exécution volontaire d'une obligation ou d'un acte contre lesquels la loi admet l'action en nullité ou en rescision emportent présomption légale de renonciation à cette même action. — C. civ., art. 1338. — V. RATIFICATION.

28. — ... 3° L'autorité que la loi attribue à la chose jugée. — V. CHOSE JUGÉE.

29. — ... 4° La force que la loi attache à l'aveu de

la partie ou à son serment. — V. AVEU, SERMENT.

30. — Il existe encore d'autres présomptions légales que celles indiquées par l'art. 1350. Telles sont, entre autres, celle de la connaissance de la loi par tous les citoyens (Duranton, t. 133, n° 436 et 437), celle de paternité du mari (C. civ., art. 312, 313), celles résultant des art. 720, 721, 722 et 784, en matière de succession; de l'art. 1082 sur les enfans à naître du mariage; de l'art. 1064 sur l'étendue des termes d'une disposition à titre gratuit; celle d'incendie relativement au locataire (art. 1733), celle de la supposition de provision résultant de l'acceptation d'une lettre de change (C. comm. art. 117), et celle qui répute les billets d'un commerçant souscrits pour son commerce (C. comm., art. 638).

§ 2. — *Effets des présomptions légales.*

31. — La présomption légale dispense de toute preuve celui au profit duquel elle existe. — C. civ., art. 1352.

32. — Il est des présomptions légales contre lesquelles la preuve contraire ne saurait être reçue sans aller contre le but même de la loi, sans contrarier sa sagesse. C'est ainsi qu'on a toujours considéré comme absolument inattaquable la présomption qui résulte de la chose jugée, quand toutes les voies de recours ont été épuisées. Il est au contraire des présomptions légales qui peuvent être détruites par la preuve contraire. Cette distinction est de tous les temps et de tous les pays; elle se retrouve partout où des présomptions de cette nature ont été introduites. Mais les dénominations dont on s'est servi pour désigner ces deux degrés de présomptions n'ont été imaginées que par les docteurs du moyen âge, qui ont appelé les premières : présomptions *juris et de jure*; et les secondes, présomptions *juris tantùm*. — Sur cette distinction dans l'ancien droit, V. Toullier, t. 10, nos 35 et suiv.; Rolland de Villargues, *ibid.*, nos 29 et suiv.; Solon, n° 179; Bonnier, *Traité des pr.*, n° 663.

33. — Quoique le Code n'ait point reproduit ces dénominations, il est clair qu'il a conservé la distinction entre les deux sortes de présomptions légales dont nous venons de parler. — Auteurs préc.; Delvincourt, t. 2, p. 196 et 197. — V. cependant Toullier, t. 10, n° 47.

34. — Mais à quel caractère reconnaître les présomptions *juris et de jure* et les présomptions *juris tantùm*? Ce point était très-obscur dans l'ancienne doctrine. Les rédacteurs du Code civil ont essayé de le fixer : « Nulle preuve n'est admise contre la présomption de la loi, dit l'art. 1352, lorsque, sur le fondement de cette présomption, elle *annule* certains actes ou *dénie* l'action en justice, à moins qu'elle n'ait réservé la preuve contraire, et sauf ce qui sera dit sur le serment et l'aveu judiciaires. »

35. — Or, cette disposition, destinée à faire cesser d'anciennes controverses, est elle-même loin d'être claire, et donne lieu à de graves difficultés; reprenons-en, en effet, les termes.

36. — 1° *Nulle preuve n'est admise contre la présomption de la loi, lorsque, sur le fondement de cette présomption, elle* annule *certains actes ou* dénie *l'action en justice...* — C. civ., art. 1352.

37. — Et d'abord, quels sont les actes ainsi annulés dont parle l'art. 1352? Ce ne sont pas ceux qui sont entachés d'une nullité radicale, comme manquant d'une condition essentielle au fond pour leur validité. Il est clair que la nullité ne résulte pas alors d'une présomption, mais de la force même des choses. Ce ne sont pas non plus ceux qui sont nuls dans la forme; les nullités de formes résultent de textes impératifs, contre lesquels, dès que les faits sont bien constatés, on ne saurait s'élever sans faire le procès à la loi elle-même. Les actes dont la loi veut parler sont ceux qu'elle déclare nuls (C. civ., art. 1350, 1°), comme présumés faits en fraude de ses dispositions, d'après leur seule qualité. — Bonnier, *ibid.*, n° 666.

38. — Ainsi entendue, cette partie de l'art. 1352 est facile à justifier. Lorsque la loi, dans le but de prévenir toute occasion de fraude, a annulé un acte, elle a dû comprendre même le cas où l'on voudrait prouver qu'il n'a point réellement été commis de fraude; parce que cette preuve, outre qu'elle serait toujours incertaine, comme toutes les preuves judiciaires, pourrait elle-même devenir une occasion de fraudes. Il est possible que le rejet de cette preuve entraîne quelques injustices, mais dans certains cas rares; et le législateur ne dispose que pour ce qui arrive ordinairement. — Toullier, t. 10, n° 50; Rolland de Villargues, *ibid.*, n° 33; Bonnier, *ibid.*

39. — Ainsi : les mineurs étant présumés incapables, il est certain que l'on serait non recevable à prouver la maturité de raison du mineur pour faire valider l'obligation qu'il a contractée. — Toullier, t. 10, nos 45 et 46; Rolland de Villargues, *ibid.*, n° 34; Duranton, t. 13, n° 415.

40. — On peut donner pour exemples de cas où la loi, sans annuler les actes, *dénie* l'action en justice, sur le fondement d'une présomption : 1. le cas de l'art. 1965 C. civ. (ainsi, le législateur ayant dans cet article dénié l'action en justice pour les dettes de jeu, parce qu'il présume qu'elles sont le fruit du dol et de la supercherie, le créancier ne serait point admis à prouver que l'argent a été gagné sans surprise et avec une parfaite loyauté. — Toullier, t. 10, n° 53; Rolland de Villargues, *ibid.*, n° 38; *Dict. not.*, *ibid.*), 2. le cas de prescription. — C. civ., art. 2262. — Toullier, t. 10, n° 54; Rolland de Villargues, *ibid.*, n° 39.

41. — ... 2° *A moins*, ajoute l'art. 1352, *que la loi n'ait réservé la preuve contraire.* — Cette exception, portée par la loi elle-même, n'a pas besoin d'être expliquée. On peut voir un exemple de cette réserve faite par le législateur lui-même dans l'art. 1383. — Toullier, t. 10, n° 60.

42. — Ainsi, dans le cas où le porteur de la grosse d'un titre de créance de plus de 150 fr. allègue qu'elle lui a été remise volontairement à titre de don par le créancier; les juges peuvent néanmoins décider, d'après des présomptions, qu'il n'y a pas eu remise volontaire du titre, et par conséquent qu'il n'y a point libération. — *Bourges*, 12 avril 1826, Guerriat c. Gaudry. — V., au surplus, REMISE DE LA DETTE.

43. — ... 3° *Sauf*, ajoute l'article, *ce qui sera dit sur le serment et l'aveu judiciaires.* — Cette dernière partie de l'art. 1352 est loin d'être claire. On peut, en effet, se demander si le législateur, qui considère la force résultant de l'aveu et du serment comme des présomptions légales, a voulu se borner à indiquer ici un simple renvoi à d'autres dispositions; ou bien s'il a considéré l'aveu et le serment comme des moyens de combattre les présomptions légales dont il venait de traiter, et par exception au principe que nulle preuve n'est admise contre elles?

44. — Selon M. Duranton (t. 13, nos 414 et 415) : celui à qui on oppose la *nullité* d'un acte, ou à qui la loi *dénie* l'action en justice, ne peut déférer le serment à l'autre partie, et la faire interroger sur faits et articles. — La limitation contenue à cet égard dans la dernière partie de l'art. 1352 ne doit s'appliquer qu'aux cas seulement où la loi n'a point, sur le fondement de sa présomption, prononcé elle-même la nullité de l'acte, ou dénié l'action en justice, et ce n'est que par une inattention de la part des rédacteurs du Code qu'elle paraît se rapporter dans l'article aux cas contraires. — Dès que la loi, sur le fondement de la présomption, a prononcé la *nullité* d'un acte, et qu'elle n'a point réservé la preuve contraire à la présomption, c'est qu'elle a voulu établir une nullité absolue; or une nullité de cette sorte ne peut pas plus être combattue par la délation du serment que par tout autre genre de preuve.

45. — Décider le contraire, c'est violer l'esprit du législateur qui n'a pas voulu de preuve contraire à la présomption qu'il avait établie. — *Contrà*, Bonnier, *Traité des preuves*, n° 668. — Suivant cet auteur, il est naturel de voir, dans les derniers mots de l'art. 1352, *sauf ce qui sera dit*, etc., une restriction, une modification de la proposition précédente, avec d'autant plus de raison que cette seconde restriction viendrait après une première suffisamment indiquée par ces mots : *à moins que la loi n'ait réservé la preuve contraire*. On considérerait dès lors le serment et l'aveu comme constituant un genre de preuve exceptionnel qui pourrait être admissible quand les autres ne le seraient pas (arg. C. civ., 1358, 1356).

46. — Sans doute, toute présomption légale, quelle qu'en soit la nature, ne pourrait indistinctement être combattue par l'aveu et par le serment. Mais il faudrait rechercher si la loi, en repoussant la preuve contraire, a voulu que la question ne fût pas même agitée, parce que l'ordre public l'exigeait ainsi, ce qui a lieu incontestablement pour l'autorité de la chose jugée; ou bien si elle a voulu seulement empêcher que le résultat du procès ne pût contrarier l'application de ses règles, ce qui a lieu pour les présomptions d'interposition. Quel danger pourrait-il y avoir, par exemple, à ce que la personne prétendue interposée pût interpeller l'héritier qui demande la nullité d'une donation, et s'en rapporter à sa déclaration sur le fait de l'interposition? — Cette distinction peut paraître subtile, non appuyée sur les textes, mais elle est, après tout, raisonnable en elle-même, dit M. Bonnier (*ibid.*), et c'est l'unique moyen de donner un sens à la disposition finale de l'art. 1352.

47. — Le principe que la preuve contraire à la présomption légale n'est point admise, lorsque, sur le fondement de cette présomption, la loi *annule* les actes, recevait autrefois plusieurs exceptions ou limitations. La plus notable de ces exceptions signalée par les anciens docteurs, consistait en ce que *la preuve indirecte était toujours admise.* — La raison qu'ils en donnaient, c'est que, comme la loi exige certaines qualités, certaines circonstances pour établir une présomption, on est toujours admis à prouver que ces qualités ou ces circonstances n'existent pas dans tel cas dont il s'agit; en sorte que sans attaquer directement la présomption, on la fait évanouir en prouvant qu'elle n'est pas applicable au cas proposé. — Alciat, *Tr. de præsumpt.*, pars. 2, nos 11 et 12; Menoch., *De præsumpt.* lib. 1. 9. 65.

48. — Les auteurs modernes ont reproduit cette exception à la prohibition de la preuve contraire aux présomptions *juris et de jure* et ils ont même puisé dans le Code quelques exemples. — V. Toullier, t. 10, nos 57, 58, 59 et 60; Rolland de Villargues, *ibid.*, nos 41, 42 et 43. — *Dict. not.*, *ibid.*, nos 15 et 16.

49. — Notez que l'art. 1352-2° exclut bien en principe toute preuve contraire, mais il ne s'explique ainsi qu'à l'égard des présomptions *sur le fondement desquelles la loi annule certains actes ou dénie l'action en justice*. Quant aux autres présomptions légales qui sont en dehors de ces deux cas spéciaux, la preuve contraire est de droit (par exemple, C. civ. 1282). — Toullier, 10, nos 55, 61 et 62; Rolland de Villargues, *ibid.*, n° 40; *Dict. not.*, *ibid.*, n° 17; Duranton, t. 13, n° 412.

50. — Mais si la preuve contraire est recevable contre ces présomptions, elle ne peut résulter que de preuves positives et non de simples présomptions de l'homme. — Toullier, t. 10, n° 63; Rolland de Villargues, *ibid.*, n° 45. — *Dict. not.*, *ibid.*, n° 18.

Sect. 3e. — *Présomptions qui ne sont point établies par la loi.*

51. — L'admissibilité des présomptions comme mode de preuve en matière civile, n'était pas régie dans l'ancienne jurisprudence par des principes bien certains. Sans doute, l'esprit de l'ordonnance de Moulins, qui voulait des preuves stables et fixes, devait porter à exclure les présomptions dans tous les cas où l'on excluait l'enquête. Mais le texte de l'ordonnance ne repoussant pas les présomptions, on s'en tenait aux règles posées par les jurisconsultes romains; c'est-à-dire qu'on laissait au juge un pouvoir illimité pour se décider suivant les circonstances. — Bonnier, *Tr. des preuves*, n° 642.

52. — De là la question de savoir si c'est d'après les principes du Code, ou bien d'après ceux de l'ancienne jurisprudence, que doit se régler le mode de preuve, d'actes ou de faits passés avant le Code. Comme le mode de preuve ne tient pas à la forme de procéder, mais se rattache essentiellement au fond du droit (V. PREUVE), il s'ensuit qu'il faut suivre à cet égard les principes de l'ancienne jurisprudence. — Merlin, *Rép.*, v° *Preuve*, sect. 2, § 3, art. 1er; Toullier, t. 9, n° 44; Favard, *Rép.*, v° *Preuve*, § 1er, n° 2, et *Effet rétroactif*, sect. 3, § 9; Duranton, *Dr. franç.*, t. 13, n° 310.

53. — Jugé, en ce sens, que c'est d'après les lois existant au moment où s'est formé le droit des parties que doit être décidée la question de savoir si un genre de preuve ou de présomption est ou non admissible. — *Cass.*, 22 mars 1810, Rey; 24 août 1813, Domaines c. Zoppi.

54. — Ainsi, les juges peuvent, d'après de simples présomptions, annuler, comme ayant les caractères d'un contrat pignoratif, un acte de vente passé avant le Code civil. — *Cass.*, 22 mars 1810, Rey.

55. — ... Ou encore annuler un acte de vente fait avant le Code civil, s'il a eu pour cause une dette de jeu. — *Paris*, 27 nov. 1811, Martin c. Ragon.

56. De même, un contrat passé en Belgique, avant le Code civil, peut être attaqué de simulation par l'une des parties contractantes et cette simulation peut être constatée par une preuve

morale et artificielle. — *Bruxelles*, 29 mars 1815, Fancken c. Gillyns.

57. — Ainsi encore : pour prouver le paiement d'une obligation de plus de cent cinquante francs souscrite en 1790 on peut même, sous le Code civil, invoquer de simples présomptions, si ces présomptions reposent sur des faits antérieurs au Code. — *Bruxelles*, 13 mars 1824, Bergerand c. Chappel.

58. — Lorsque, sous l'ancien droit, deux communes avaient, par suite de leur réunion, et par conséquent à défaut d'intérêt, négligé de conserver les titres constitutifs des droits d'usage, dont antérieurement à cette réunion elles jouissaient l'une contre l'autre, elles ont pu, après les avoir ainsi perdus, et lors de leur séparation ultérieure, en établir l'existence, tant par des présomptions graves, précises et concordantes que par la preuve testimoniale, comme s'il se fût agi d'une perte résultant de force majeure. — *Cass.*, 23 mai 1832, Ville de Schelestadt c. Commune de Kintzheim.

59. — Sous l'ancienne législation, les servitudes discontinues et notamment les droits d'usage dans les forêts s'acquérant en Alsace par la possession immémoriale, la preuve de cette possession pouvait, pour le temps antérieur à l'édit de 1529, être faite par présomption aussi bien que par témoins. — Même arrêt.

60. — Une cour d'appel, en s'appuyant sur les documens de la cause, peut, sans violer les principes de la coutume de Normandie ni ceux du Code civil sur les preuves et les présomptions, déclarer une personne propriétaire d'un immeuble provenant de la succession de son aïeul paternel, lorsqu'elle possède cet immeuble, et qu'elle l'a recueilli dans la succession de sa mère, réservée par contrat de mariage à la succession paternelle. — *Cass.*, 26 août 1823, Duchemin c. Domesque.

61. — Mais c'est d'après les principes du Code, et non d'après ceux de l'ancienne jurisprudence, que l'on doit juger la question de savoir s'il y a lieu d'admettre des présomptions à l'effet d'établir l'extinction d'une créance antérieure au Code, alors qu'on veut faire résulter ces présomptions de faits survenus depuis la promulgation de ce Code. — *Pau*, 6 août 1834, Chuando c. Paguegny.

62. — Avant le Code civil les juges du fait décidaient souverainement si, d'après les circonstances et les présomptions graves, précises et concordantes de la cause, le créancier par compte avait fait remise de la dette à son débiteur. — *Cass.*, 11 nov. 1806, Bellecombe c. Sarrazin. — L. *Procula*, 26, ff., *De probat. et prescript.*; Pothier, *Oblig.*, n° 850; Duranton, t. 13, n° 532.

63. — Suivant l'art. 1353 C. civ. : les présomptions qui ne sont point établies par la loi *sont abandonnées aux lumières et à la prudence du magistrat, qui ne doit admettre que des présomptions graves, précises et concordantes, et dans les cas seulement où la loi admet les preuves testimoniales, à moins que l'acte ne soit attaqué pour cause de fraude ou de dol.*

64. — Les présomptions non établies par la loi sont entièrement abandonnées à la conscience du juge. — *Cass.*, 21 mars 1808, Cabarrus et Béchade c. Guérard.

65. — ... Et la question, de savoir si des présomptions sont graves, précises et concordantes, est appréciée souverainement par les juges du fond. — *Cass.*, 24 févr. 1846 (t. 1er 1846, p. 381), Domaine de l'Etat c. Caquez.

66. — De ce que les présomptions qui ne sont point établies par la loi sont abandonnées à la prudence du magistrat, il suit : que le jugement qui se fonderait sur la force de certaines présomptions pourrait bien être réformé en appel comme un mal jugé, mais serait à l'abri de la censure de la Cour suprême. — Duranton, t. 13, n° 532; Bonnier, *Tr. des preuves*, n° 644. — *Dict. du not.*, *ibid.*, n° 24.

67. — Les juges ne doivent *admettre que des présomptions graves, précises et concordantes.* — *Graves*, c'est-à-dire susceptibles de faire impression sur une personne raisonnable. — *Précises*, c'est-à-dire ayant un trait direct à l'objet qu'on veut prouver, non susceptibles de s'appliquer à plusieurs circonstances et de faire naître ainsi diverses conjectures. — *Concordantes*, c'est-à-dire ne se neutralisant point l'une par l'autre, mais s'aidant réciproquement. — Delvincourt, t. 2, p. 627, note 9; Duranton, t. 13, n° 533.

68. — Dans l'ancien droit, Danty (Addit. sur le chap. VII de Boiceau, § 62 et suiv.), appliquant aux présomptions les règles que l'on suit pour apprécier les dépositions des témoins, veut qu'elles soient graves, précises; puis il ajoute, par application de la maxime *Testis unus, testis nullus*, qu'une seule présomption ne suffit pas, que plusieurs doivent concourir pour établir la réalité des faits allégués. Pothier (*Oblig.*, n° 749-750) exige aussi, en général, le concours de plusieurs présomptions. Mais est-il vrai que cette doctrine doive encore être suivie? Le Code civil, en exigeant que le juge n'admette que des *présomptions graves, précises et concordantes*, paraît l'avoir adoptée (Toullier, t. 10, nos 21 et suiv.). Aujourd'hui, toutefois, que l'administration de la preuve testimoniale n'est plus soumise à tel ou tel nombre, à telle ou telle nature de témoignages, il semble que ces entraves devraient également disparaître des présomptions. Un fait isolé peut donner lieu à des inductions d'une extrême gravité, et même plusieurs des présomptions légales ne reposent effectivement que sur un fait unique. La gravité, la précision et la concordance sont sans doute des qualités précieuses; mais on doit les rechercher également dans les dépositions des témoins, bien que la loi n'en parle pas, et on peut les considérer ici comme simplement indiquées à la conscience du juge. — Bonnier, *Tr. des preuves*, n° 644. — V., au surplus, PREUVE TESTIMONIALE, § 1er.

69. — La preuve testimoniale n'étant point admissible pour prouver contre et outre le contenu aux actes, ni sur ce qui serait allégué avoir été dit avant, lors ou depuis les actes, encore qu'il s'agisse d'une somme ou valeur moindre de 150 fr.; il s'ensuit que des présomptions ne peuvent point être admises dans les mêmes cas. — C. civ., art. 1341, 1352.

70. — Un tribunal ne peut, en se fondant sur de simples présomptions non établies par la loi, décider qu'il y a eu de la part d'une partie renonciation au bénéfice d'un droit à elle acquis par un jugement passé en force de chose jugée. — *Cass.*, 13 juin 1838 (t. 1er 1838, p. 646), Cesbron c. Bourjuge et Montel.

71. — Si de simples présomptions tirées des faits et circonstances de la cause ne peuvent jamais détruire un titre emportant obligation, il n'en est pas de même des présomptions tirées des explications que les parties ont fournies contradictoirement à l'audience. — *Cass.*, 10 juill. 1838 (t. 2 1838, p. 402), Andriot c. Poulain.

72. — Jugé même que les juges peuvent s'aider de présomptions pour expliquer le sens d'une convention obscure ou douteuse, sans que leur décision puisse donner prise à la censure de la Cour de cassation. Spécialement : lorsqu'un bailleur s'est obligé de nourrir un certain nombre de bestiaux du preneur, dans le cas où les eaux grasses ne seraient pas suffisantes à leur nourriture, les juges ont pu décider que, d'après l'intention réelle des parties, l'obligation prise à sa charge par le bailleur ne devait pas être gratuite, mais donner lieu à une indemnité en sa faveur; sans que leur décision donne prise à la censure de la Cour de cassation, sous le prétexte qu'ils auraient admis des présomptions non autorisées par la loi. — *Cass.*, 10 nov. 1829, Bruncamps c. Bethefort.

73. — Quoique, en thèse générale, lorsqu'il existe une obligation par écrit, le débiteur ne puisse être admis à prouver sa libération que par une quittance ou une décharge aussi par écrit; la preuve par témoins doit en être reçue, s'il existe un commencement de preuve par écrit, ou des présomptions graves, précises et concordantes, qui portent à croire que ce débiteur a satisfait à son obligation. — *Toulouse*, 25 nov. 1831, Lescure c. Lacaze-Dori.

74. — Les notaires peuvent sur la simple représentation des minutes des actes par eux reçus poursuivre ceux qui y sont parties en paiement de leurs honoraires et déboursés. La foi due à ces actes ainsi représentés ne peut être détruite par de simples présomptions de paiement. — *Cass.*, 14 oct. 1811, Meynard c. Massias.

75. — Lorsqu'une dette est établie par des jugemens et arrêts définitifs, les juges ne peuvent, s'il n'y a point de commencement de preuve par écrit, ou si aucun fait de dol ou de fraude n'est constaté, faire résulter la libération du débiteur de simples présomptions tirées de l'appréciation des faits et des circonstances de la cause. — *Cass.*, 30 mars 1836, Teyssèdre c. Romain.

76. — Lorsqu'une demande n'est point appuyée sur des titres, mais sur de simples allégations; les juges ne sont point assujettis à rechercher la preuve de la libération dans les quittances, mais ils peuvent se fonder sur l'appréciation des circonstances de la cause. — *Cass.*, 7 nov. 1838 (t. 2 1838, p. 495), Watier de Saint-Alphonse c. Blain.

77. — Il n'y a pas lieu d'admettre des présomptions pour faire considérer une obligation comme donation déguisée lorsqu'il n'existe, à cet égard, aucun commencement de preuve par écrit, et que l'on n'articule aucun fait de dol ou de fraude. — *Nancy*, 25 avr. 1833, Petit c. Bruyères.

78. — Mais il n'est pas besoin d'attaquer un acte authentique par la voie de l'inscription de faux lorsque l'on n'en attaque pas les énonciations mais seulement l'intention des parties qui aurait été d'éluder la loi, en faisant, par exemple, à l'une d'elles un avantage indirect; il suffit alors de présomptions graves, précises et concordantes. — Ainsi : il y a présomption suffisante que le mari a voulu faire à sa femme un avantage direct en l'admettant à concourir avec lui dans une acquisition d'immeubles, alors que, mariée sous le régime de séparation de biens et ne possédant lors de son mariage aucun propre, la femme n'a rien acquis, depuis, d'aucune manière et se trouve ainsi dans l'impossibilité de justifier de la possession d'aucune valeur au moyen de laquelle elle eût pu acquitter sa part du prix de vente. — *Angers*, 15 janv. 1846 (t. 2 1848, p. 310), Aubri.

79. — La renonciation à un contrat de vente devant être écrite, ne peut résulter de présomptions même graves et précises. — *Cass.*, 13 juin 1827, Mécusson c. Lalaisse.

80. — L'arrêt qui, d'après les actes produits au procès et les circonstances de la cause, déclare qu'un subrogé tuteur a acquis, non pour lui, mais pour ses mineurs, les droits d'un acquéreur à réméré des biens de ces mêmes mineurs, et que c'est d'après la promesse du subrogé tuteur et la confiance qu'il inspirait que le réméré n'a point été fait dans le délai au profit des mineurs; cet arrêt ne peut être annulé comme violant les principes en matière de présomption. — *Cass.*, 4 mai 1825, Girod.

81. — Une Cour d'appel peut, sans violer les art. 1353 et 2124 C. civ., apprécier des actes produits devant elle et les considérer comme ayant opéré une transmission de propriété immobilière, bien que cette transmission ne résulte pas textuellement des actes invoqués. — Spécialement : l'abandon d'un immeuble par un père au profit de ses enfans a pu être déclaré résulter soit de ce que, après le partage par les enfans des biens de leur mère, dans lequel ceux-ci ont compris le domaine appartenant au père, et après hypothèque consentie par l'un d'eux sur cet immeuble, le père aurait déclaré qu'il n'avait aucun droit à exercer sur les biens que celui de ses fils à qui cet immeuble était échu avait recueillis comme héritier de sa mère, soit de ce que le père aurait ratifié la vente, déjà faite par son fils, de cet immeuble. — *Cass.*, 12 juin 1838 (t. 2 1838, p. 261), Rogère-Préban c. Chedouet.

82. — La demande en paiement d'une obligation ne peut être écartée par des présomptions, lorsque, la somme excédant celle pour laquelle la loi admet la preuve testimoniale, le trib ne reconnaît aucun commencement de preuve par écrit, et que l'acte n'est point attaqué pour cause de fraude ou de dol. — *Cass.*, 29 juill. 1817, Vallet c. Guttin.

83. — Les présomptions ne suffisent pas pour que l'on déclare libéré le créancier d'une so excédant 150 fr. — *Rennes*, 24 janv. 1812, Au de Lucy c. Deschiens.

84. — Lorsqu'il s'agit d'une somme excédant 150 fr., les juges ne peuvent motiver une condamnation sur une énonciation vague de faits de pièces dont ils n'énoncent pas même q soit résulté un commencement de preuve écrit. — *Cass.*, 3 nov. 1812, Fradiel c. Simonn

85. — De même on ne peut, lorsqu'il s'agit plus de 150 fr., induire qu'un paiement fait à tiers, qui n'avait pas pouvoir de recevoir, a ratifié par le créancier, en se fondant sur simples présomptions, sans commencement preuve par écrit. — *Cass.*, 17 août 1831, Mignot c. Fenon.

86. — Lorsque, en se fondant sur le défaut renouvellement d'une inscription, les aveux à l'audience par le tuteur, et autres docum un jugement a déclaré acquittée, au préjud d'un mineur, une obligation notariée au-d de 150 fr., ce jugement, s'il ne contient appréciation des circonstances de la cause échappe à la censure de la Cour de cassat. — *Cass.*, 7 déc. 1829, Letors c. Séguin et De

87. — Quelque fortes que soient les présom tions à l'aide desquelles on veut établir l' tence d'une vente qui est déniée et dont l' rêt est au-dessus de 150 fr., ces présomptions peuvent être admises dans le cas où la loi n' met pas la preuve testimoniale. — *Bourges*, 11 1815, Moreau c. Lhuissier.

88. — Lorsqu'il s'agit d'une somme de plus de 150 fr. réclamée à titre de salaire par l'héritier d'un notaire pour le mandat rempli par celui-ci à une époque reculée, les tribunaux peuvent, en l'absence d'une convention établissant que le mandat n'était pas gratuit, se fonder tant sur de simples présomptions que sur la profession de notaire du mandataire pour allouer le salaire demandé. — *Cass.*, 24 (et non 23) juill. 1832, de Barnawal c. Pugens.

89. — Les art. 1341 et 1353 du Code civil, qui prohibent la preuve testimoniale, quand il s'agit d'une obligation au-dessus de 150 fr., ne sont point applicables à des actes de procédure qui se passent sous les yeux des juges et qui sont à leur connaissance personnelle. De pareils actes ne sont pas susceptibles d'être évalués en argent.—Ainsi, dans le cas où il s'agit de décider si les héritiers d'une partie à laquelle une assignation a été donnée depuis son décès ont sciemment et malgré la connaissance qu'ils avaient du vice de l'assignation plaidé sous le nom de leur auteur et renoncé par là à faire valoir la nullité dont l'assignation était entachée; les juges peuvent, d'après de simples présomptions et bien que la valeur du litige excède 150 fr., décider que l'intention des héritiers du défunt a été de plaider sous le nom de leur auteur, comme s'ils avaient été assignés en nom personnel. — *Cass.*, 31 août 1831, Albert c. Layrolles.

90. — Puisque des présomptions peuvent être admises dans les cas où la loi admet la preuve testimoniale, il s'ensuit qu'on doit les admettre : 1° quand il y a un commencement de preuve par écrit; 2° lorsqu'il n'a pas été possible au créancier de se procurer une preuve littérale; 3° enfin en matière commerciale. — Duranton, t. 13, n° 531. — V., au surplus, PREUVE TESTIMONIALE.

91. — 1° *Commencement de preuve par écrit.* — Les présomptions nécessaires pour compléter la preuve du paiement d'une rente, peuvent résulter des actes et perceptions faits par la régie des domaines pendant l'émigration du créancier. — En tout cas, le serment supplétoire peut être déféré. — *Rennes*, 20 avr. 1820, Méherenc de Saint-Pierre c. Chevalier.

92. — La remise d'une dette peut se prouver par des présomptions autres que celles énoncées dans les art. 1282 et suiv. du Cod. civ., lorsqu'il y a d'ailleurs commencement de preuve par écrit. — *Caen*, 3 mai 1826, Cosnard c. Delavoine et Durosier. — V. REMISE DE LA DETTE.

93. — Quoique la novation ne se présume point, elle peut néanmoins être prouvée par des présomptions graves, précises et concordantes, accompagnées d'un commencement de preuve par écrit. — *Cass.*, 14 mars 1834, Mahoudeau c. Wagon; 9 juill. 1834, Desessarts c. Capitain. — V. NOVATION.

94. — ... Et alors même que l'acte ne renferme aucune trace de novation. — *Cass.*, 14 mars 1834, Mahoudeau c. Wagon.

95. — On peut, sur des présomptions graves, précises et concordantes, accompagnées d'un commencement de preuve par écrit, prononcer la nullité des billets restés entre les mains de celui en faveur de qui ils ont été souscrits, et dont il demande le paiement.—*Paris*, 14 mai 1812, Dumoulin c. B... N...

96. — Un interrogatoire sur faits et articles peut être considéré comme un commencement de preuve par écrit, et autoriser par suite les juges à admettre des présomptions pour établir la preuve des faits contestés.—*Amiens*, 23 nov. 1822, Robigny c. Gueudet; *Cass.*, 22 août 1832, Robtin c. Lecouturier. — V. COMMENCEMENT DE PREUVE PAR ÉCRIT.

97. — ... Ou pour établir la simulation d'un acte authentique. — *Cass.*, 19 mars 1835, Monte-Albano c. Guernon de Ranville.

98. — Il en est de même des aveux d'une partie résultant de déclarations reconnues mensongères, faites par elle lors d'une comparution à l'audience. — *Toulouse*, 16 janv. 1841 (t. 1er 1841, p. 441), Mutet c. Caze. — V. AVEU, COMMENCEMENT DE PREUVE PAR ÉCRIT.

99. — Lorsqu'un individu (par exemple un notaire) a reconnu être dépositaire d'un billet de telle somme, *autant que sa mémoire pouvait le lui rappeler*, souscrit par une personne au profit d'une autre, sans toutefois que rien indique quand et comment le billet est arrivé dans son étude ni l'emploi qui a dû en être fait, cette déclaration établit contre celui qui l'a faite, non-seulement un commencement de preuve par écrit, mais encore une présomption légale de la détention du billet, et, dès lors, elle peut devenir contre lui la base d'une condamnation au paiement de la somme indiquée, sans qu'il y ait violation, ni de l'art. 1353 du Code civil, sur la force des présomptions, ni de l'art. 1356, sur l'indivisibilité de l'aveu. — *Cass.*, 9 mai 1831, Rousseau c. Pouponneau.

100. — Le mandat verbal donné par la femme à son mari peut résulter des déclarations par elle faites à l'audience et qui forment un commencement de preuve par écrit. — *Toulouse*, 16 janv. 1841 (t. 1er 1841, p. 441), Mutet c. Caze.

101.—Une vente verbale d'objets dont la valeur excède le taux déterminé par la loi pour l'admission de la preuve testimoniale peut néanmoins être considérée comme constante lorsque la preuve en résulte de présomptions appuyées d'ailleurs d'un acte constituant aux yeux des juges un commencement de preuve par écrit. — *Cass.*, 18 mai 1806, Destrez. — Merlin, *Rép.*, v° *Présomption*, § 4, n° 2.

102. — La renonciation de la part des parties contractantes à une convention même écrite, telle qu'une vente, peut être induite par les juges de présomptions graves, précises et concordantes, appuyées du commencement de preuve par écrit. — *Cass.*, 14 nov. 1831, Bancillon c. Liautard.

103. — On peut être admis à prouver, à l'aide de présomptions, lorsqu'il existe un commencement de preuve par écrit, l'existence et le contenu d'une clause d'un acte de société qui n'est point représenté. — *Cass.*, 17 avril 1834, Mallez c. Comp. du Rieu-du-Cœur. — V. SOCIÉTÉ.

104.— La preuve de l'existence de conventions d'après lesquelles les concessionnaires d'une mine se seraient obligés envers le propriétaire de la surface au paiement d'une redevance déterminée peut résulter de présomptions graves, précises et concordantes, alors surtout que ces conventions sont rendues vraisemblables par des écrits émanés des concessionnaires ou de leurs auteurs. — *Cass.*, 10 déc. 1845 (t. 2 1846, p. 423), Albert c. Novallet.

105. — 2° *Impossibilité de se procurer une preuve écrite.* — Lorsque, par acte notarié, deux sœurs mariées ont transigé sur la succession de leur mère commune, que la transaction ne se trouve plus dans les minutes du notaire, et qu'elle est déniée par l'une des parties, les tribunaux peuvent considérer comme formant un commencement de preuve par écrit et établissant des présomptions graves de l'existence de l'acte un billet souscrit par le mari de l'une des deux sœurs, le jour même de la transaction, et payé par lui, ainsi que la mention de la transaction sur le répertoire du notaire et le registre de l'enregistrement. Dans ce cas, les tribunaux peuvent, même sans ordonner la preuve testimoniale, prononcer que la transaction sera refaite. — *Cass.*, 17 mars 1825, Denivelle c. Saunier.

106. — Une vente peut être prouvée par de simples présomptions, lorsque le vendeur s'est trouvé dans une impossibilité morale de s'en procurer une preuve écrite. — Spécialement : le jardinier-fleuriste qui revendique, en vertu de l'art. 2102, des arbustes et des fleurs, qu'il prétend avoir fournis à un particulier, est recevable à établir par des présomptions le fait de la vente et l'époque de la livraison, en se fondant sur ce que l'usage et quelques circonstances particulières ne lui ont pas permis de se procurer une preuve littérale. — *Paris*, 9 avril 1831, Trésor c. Nicolas.

107.—Pour établir par témoins le fait du concubinage, il n'est pas nécessaire qu'il y ait commencement de preuve par écrit, des présomptions graves, précises et concordantes sont suffisantes. — *Cass.*, 15 nov. 1826, Cottun c. Gousseaume.

108.— Lorsque la longue possession reconnue en faveur d'une partie par un jugement au possessoire ne réunit pas les conditions nécessaires à la prescription, la partie adverse peut, en l'absence même d'un commencement de preuve par écrit, revendiquer la propriété, par la voie du pétitoire, en s'appuyant des simples présomptions que l'art. 1353 C. civ. abandonne aux lumières et à la prudence des magistrats. — *Cass.*, 31 juill. 1832, Commune de Pressigny c. Pierrot.

109. — Une vente à réméré, avec relocation au vendeur, peut être annulée, s'il résulte de circonstances graves, précises et concordantes qu'elle n'est dans la réalité qu'un contrat pignoratif renfermant des stipulations usuraires. Du moins, l'arrêt qui le décide, en fait, échappe à la censure de la Cour de cassation. — *Cass.*, 3 mars 1825, Bernard c. Devaux.

110. — Celui qui attaque un acte sous seing privé comme étant le résultat d'un abus de blanc seing ne peut être admis à justifier ce moyen par de simples présomptions qu'autant que l'existence antérieure du blanc seing serait elle-même établie d'une manière légale, c'est-à-dire par écrit ou à l'aide d'un commencement de preuve par écrit. — *Toulouse*, 5 déc. 1838 (t. 2 1839, p. 331), Duffaut.

111. — La violence exercée pour arracher un consentement a toujours le caractère de dol, et les faits de violence articulés contre un acte peuvent être appréciés par les tribunaux d'après les présomptions qu'en matière de dol et de fraude l'art. 1353 du Code civil abandonne aux lumières et à la prudence du magistrat. — *Cass.*, 5 févr. 1828, Commune de Bagnères c. Soulerat.

112.—Lorsqu'un acte authentique est attaqué, non comme faux, mais comme arraché par violence, et dénué du consentement des parties, les faits de violence et d'extorsion peuvent, comme tous ceux qui constituent des délits et quasi-délits, être établis par la preuve testimoniale et par des présomptions de nature à former la conviction du juge, sans qu'il soit nécessaire de recourir à l'inscription de faux. — Même arrêt.

113. — La demande en résolution d'un contrat de vente à rente viagère, fondée sur ce que l'acquéreur aurait voulu attenter à la vie du vendeur, est suffisamment justifiée, lorsqu'il résulte de présomptions graves, précises et concordantes, que l'assassinat commis ultérieurement sur la personne du créancier par le père du débiteur de la rente, n'a été que la suite de la première tentative faite par le débiteur lui-même, et qu'il a été concerté avec lui. — *Orléans*, 12 août 1828, Rivière c. Denis.

114. — Il n'est pas douteux que les présomptions puissent encore être admises pour établir la fraude ou le dol, qui sont de simples faits, dont on ne peut exiger qu'il soit représenté une preuve écrite. Malgré ce qu'il peut y avoir d'obscur à cet égard dans la rédaction de la dernière partie de l'art. 1353, la doctrine des auteurs et des arrêts sur ce point est unanime. — Toullier, t. 9, nos 172 et suiv.; Duranton, t. 10, n° 596, et t. 13, n° 530; Bonnier, *Des preuves*, n° 643; Chardon, *Dol et fraude*, t. 1er, n° 97.

115. — Jugé en conséquence que lorsqu'un acte est attaqué pour dol et fraude, les faits de dol et de fraude peuvent être prouvés à l'aide de présomptions graves, précises et concordantes. — *Paris*, 8 avr. 1808, Millet c. Sagot; *Cass.*, 20 févr. 1811, Carmagnola c. Operti; 1er févr. 1832, Ruby c. Biedcharuton.

116. — Un contrat peut être déclaré nul, quoiqu'il paraisse régulier dans sa forme, si des présomptions graves, précises et concordantes établissent qu'il est entaché de dol et de fraude. — *Paris*, 21 juill. 1812, Giguet.

117. — De simples présomptions sont admissibles pour établir qu'une obligation notariée est infectée de dol, de fraude et d'usure, alors surtout que le créancier a été condamné comme usurier. Les juges peuvent, en un tel cas, déférer d'office au débiteur le serment sur le montant de la créance. — *Riom*, 16 janv. 1827, Chaussy c. Moska.

118. — Une obligation causée pour prêt d'argent peut, quoiqu'il n'y ait point de commencement de preuve par écrit, être annulée sur des présomptions de dol et de fraude résultant, par exemple, de l'état de la fortune des parties, de l'impossibilité par le prêteur d'avoir en sa possession les deniers prêtés; enfin du défaut de garantie de la part de l'emprunteur, de la faiblesse et des goûts duquel on a dû abuser. — *Cass.*, 20 déc. 1832, Guérard c. de Beauney.

119. — En pareil cas, on ne peut soutenir que de simples présomptions n'étaient point admissibles en ce sens que la Cour d'appel a déclaré, dans son dispositif, l'acte nul, non comme étant le produit du dol, mais comme étant sans cause réelle, si, en tête de son arrêt, elle a posé la question relative au dol, et si, dans ses motifs, elle en a reconnu l'existence.—Même arrêt.

120. — Les présomptions graves, précises et concordantes que l'art. 1353 C. civ. autorise les tribunaux à admettre contre les actes attaqués pour cause de fraude et de dol peuvent résulter des documens d'une procédure criminelle. — *Cass.*, 2 juin 1840 (t. 2 1840, p. 254), Rossigneux c. Caussade.

121. — Lorsque, pour repousser une action formée en vertu d'un acte authentique, le débiteur allègue la fraude du créancier, des présomptions ne peuvent être admises pour enlever la foi due à l'acte, que si la fraude alléguée tombe sur l'acte même et non sur un fait postérieur imputable au créancier. — *Cass.*, 20 mars 1826, Audiguier c. Cadell.

122. — La nullité d'un acte pour dol ou fraude peut être demandée par une des parties elles-mêmes, si c'est à son égard que la fraude ou le dol ont été pratiqués à l'effet de surprendre son consentement. — Toullier, t. 9, nos 172 et 173; Merlin, *Rép.*, vo *Preuve*, sect. 2e, § 3, art. 1er; Duranton, t. 13, no 530. — V. PREUVE TESTIMONIALE.

123. — Ainsi : jugé que, pour prononcer entre les parties contractantes l'annulation d'un acte entaché de dol et de fraude, des présomptions suffisent comme à l'égard des tiers, même en l'absence de tout commencement de preuve par écrit. — *Cass.*, 3 juin 1835, Denivelle c. Masse.

124. — Quand un acte est attaqué pour dol et fraude, c'est aux juges du fond qu'il appartient de décider souverainement de la gravité, de la précision et de la concordance des présomptions invoquées. — *Paris*, 8 avr. 1808, Millet c. Sagot; *Cass.*, 1er févr. 1832, Ruby c. Biedcharuton.

125. — De même : quand un acte est attaqué comme entaché de simulation et de fraude à une loi d'ordre public; il appartient aux juges du fait, pour déterminer le véritable caractère de cet acte, d'admettre au nombre des élémens de leur appréciation les présomptions tirées de l'ensemble des faits de la cause, et de décider si ces présomptions réunissent elles-mêmes tous les caractères voulus par la loi. — *Cass.*, 14 nov. 1843 (t. 1er 1844, p. 560), Prudhomme c. Jamber.

126. — Ainsi, ils ont pu décider, d'après les présomptions de la cause, qu'une vente de biens présens et de biens que laissera le vendeur à son décès, faite avec réserve d'usufruit au profit du vendeur et de son épouse, moyennant un prix déclaré payé comptant pour partie, et payable pour l'autre partie aux héritiers du vendeur, ne constituait en réalité qu'une institution d'héritier ou une stipulation sur succession future. — En pareil cas, bien que l'acquéreur, sous le prétexte qu'il y avait eu deux ventes, offrît de faire porter sur les biens présens la partie du prix déclarée payée comptant, les juges ont pu, indépendamment du motif de simulation et de fraude à la loi, déclarer l'acte nul pour le tout, par la raison que les deux ventes faites pour un seul et même prix formaient un tout indivisible; et qu'un traité doit être déclaré nul pour le tout lorsqu'il résulte d'une seule et même opération réglée par un prix unique. — Même arrêt.

127. — Une décision qui annule un contrat pour cause de fraude peut être appuyée sur des présomptions qu'il n'appartient pas à la Cour de cassation d'apprécier. — *Cass.*, 2 août 1836, Weckersen c. Magnier-Granprez.

128. — La déclaration d'une cour qu'il résulte des circonstances qu'on peut soupçonner qu'il y a eu fraude dans un acte peut suffire pour l'autoriser à en prononcer la nullité. — *Cass.*, 1er févr. 1825, Freissinet c. Vernière.

129. — Bien qu'elle se soit proposé principalement la question de savoir si un acte obligatoire, contre lequel on prétend prouver le dol et la fraude, doit être annulé comme frauduleux, une Cour d'appel a pu le déclarer nul, pour défaut de cause, soit comme acte à titre onéreux, soit comme acte à titre gratuit, en se fondant seulement *sur les faits et circonstances de la cause* et quoique ces faits, reconnus non frauduleux en première instance, ne soient pas explicitement qualifiés frauduleux dans les motifs de l'arrêt. — *Cass.*, 7 janv. 1829, Héon c. Montier-Grandière.

130. — Un tribunal ne peut admettre des présomptions de fraude résultant de faits matériels, sans ordonner la preuve de ces faits. — *Rennes*, 14 mai 1825, Laveaux c. Devay.

131. — Lorsqu'un acte est attaqué comme fait en fraude d'une loi, et notamment d'une loi qui intéresse l'ordre public, les simples présomptions sont admissibles, quoiqu'il s'agisse d'une chose excédant 150 fr. — Cette règle est surtout applicable lorsqu'il s'agit de prouver qu'une obligation a pour cause une dette de jeu de bourse. — *Cass.*, 30 nov. 1826, Gervais-Deslonchamp c. Bourdon. — Merlin, *Rép.*, vo *Jeu*, no 4; Toullier, t. 6, no 381, art. 9, no 36; Chardon, *Dol et fraude*, no 560 et 561.

132. — Lorsqu'il s'agit de prouver une fraude à la loi, dans le but de porter préjudice à un tiers : notamment d'établir qu'un cohéritier a reçu de l'auteur commun des valeurs excédant la quotité disponible; des présomptions graves, précises et concordantes sont admissibles. — *Bordeaux*, 7 mars 1835, Blanchet c. Valleteau.

133. — Lorsqu'il résulte d'un interrogatoire sur faits et articles ordonné pour savoir si une vente faite par un père à un étranger est ou non sérieuse, que le notaire qui a passé l'acte n'a rien demandé à l'acquéreur ni pour l'enregistrement ni pour ses honoraires; on peut en conclure que le soi-disant acquéreur n'était que le prête-nom de celui de ses enfans auquel le père voulait faire passer son bien au préjudice de ses autres héritiers, c'est aux juges à rapprocher les réponses de l'interrogé sur faits et articles des énonciations contenues en l'acte, et à en déduire la simulation : si ces réponses sont en contradiction avec le prétendu acte de vente. — *Orléans*, 27 déc. 1816, Perrault c. Caranda.

134. — Lorsqu'un testament est attaqué de nullité, comme renfermant une donation au profit d'un incapable, sous le nom d'une personne interposée, l'interposition et la qualité des véritables légataires peuvent être recherchées par la preuve testimoniale et par des présomptions graves, précises et concordantes. — *Cass.*, 27 avr. 1830, Scheneider c. Ebert.

135. — La preuve testimoniale et les présomptions sont également admissibles à l'effet d'établir la quotité des sommes qu'a pu s'approprier la personne interposée qui s'est immiscée dans la succession. — Même arrêt.

136. — La clause d'un contrat de mariage, constatant un prétendu apport par la future, peut être déclarée feinte et simulée sur la demande et à l'égard d'un enfant du premier lit, en ce qu'elle n'a eu pour but que d'avantager la future épouse au préjudice de cet enfant; et, dans ce cas, les juges peuvent prendre pour base de cette décision, des présomptions graves et concordantes. — *Cass.*, 31 juill. 1833, Corbie c. Labrousse.

137. — Avant le Code : s'il était permis aux juges de recevoir, sans un commencement de preuve par écrit, la preuve de la simulation des actes entre parties contractantes, par des présomptions qui n'étaient point établies par la loi et qui étaient abandonnées à leurs lumières et à leur prudence, aucune loi ne leur défendait de la déclarer non recevable, lorsque l'admission leur en paraissait dangereuse. — *Cass.*, 13 juill. 1813, Belca c. Dilor. — Merlin, *Quest.*, vo *Simulation*, § 1er, no 2.

138. — L'obligation ainsi conçue : *Je reconnais devoir....* est valable tant qu'on ne prouve pas que la cause en est fausse ou illicite. L'arrêt qui annule une semblable obligation, en se fondant sur des présomptions, n'échappe point à la censure de la Cour suprême, sous prétexte qu'il s'agit d'une appréciation de faits (sol. implic.). — *Cass.*, 29 août 1831, Gelit c. Bruyères.

139. — Quand toutes les parties reconnaissent que la cause exprimée dans un acte obligatoire est simulée, les tribunaux peuvent rechercher par des présomptions quelle en est la véritable cause et décider, d'après les circonstances, que l'obligation est sans cause et, par suite, nulle. — *Cass.*, 8 avr. 1835, Razand c. Pascal.

140. — L'appréciation des circonstances et présomptions qui peuvent établir la simulation et la nullité d'une vente rentre exclusivement dans le domaine des juges du fond. — *Cass.*, 21 août 1837 (t. 2 1837, p. 461), Roufflac c. Soulages.

141. — Les parties contractantes ne sont point recevables à prouver à l'aide de présomptions la simulation des actes qu'elles ont consentis, alors surtout qu'elles ne produisent aucun commencement de preuve par écrit. — *Paris*, 26 nov. 1836 (t. 1er 1837, p. 274), André c. Dreux; *Cass.*, 30 avr. 1838 (t. 2 1838, p. 112), mêmes parties.

142. — Les juges peuvent, sans qu'il soit besoin de recourir à l'inscription de faux, admettre sur la demande d'un tiers intéressé de simples présomptions pour établir la simulation frauduleuse d'un acte authentique qui énonce que *les espèces ont été nombrées et comptées* en présence du notaire et des témoins. — *Cass.*, 10 juin 1816, Delabrousse.

143. — Les juges peuvent, sans violer les art. 1341 et 1353 C. civ., qui défendent d'admettre de simples présomptions contre et outre le contenu aux actes, décider, d'après les faits et circonstances de la cause, que des enfans, qui, conjointement avec leur père, ont figuré comme vendeurs, dans un contrat de vente, n'ont profité d'aucune portion du prix, quoique le contrat porte que *le prix a été payé aux vendeurs en présence des notaires et des témoins.* — *Cass.*, 17 déc. 1828, Renaud c. Bruneau.

144. — Pour annuler des actes authentiques ou privés faits par un débiteur en fraude de ses créanciers, les juges peuvent, sans qu'il soit besoin de preuves, se déterminer par de simples présomptions. — *Cass.*, 17 août 1829, Belin.

145. — Que lorsqu'un titre est égaré par un événement de force majeure, les juges peuvent recourir aux présomptions pour reconnaître quelles en sont les énonciations. Et l'appréciation de ces présomptions est abandonnée souverainement à leur prudence. — *Spécialement* : l'arrêt qui pour décider qu'un adjudicataire avait fait dans le procès-verbal d'adjudication élection de domicile chez un avoué, se fonde, en l'absence du procès-verbal, qu'il déclare avoir été égaré au greffe, sur ce que l'adjudicataire a dû se faire délivrer une expédition de ce procès-verbal, et que, faute par lui de la produire, il doit être présumé avoir fait l'élection de domicile dont il s'agit, échappe à la censure de la Cour de cassation. — *Cass.*, 7 avr. 1839 (t. 2 1839, p. 404), des Michels c. Roux.

146. — 3o *Matières commerciales.* — L'art. 1353, qui, combiné avec l'art. 1341 C. civ., défend d'admettre les présomptions contre et outre le contenu aux actes, ou pour choses excédant la somme ou valeur de 150 fr., n'est point applicable en matière commerciale.

147. — Ainsi : jugé qu'en matière de commerce les juges peuvent se déterminer par des présomptions, lorsqu'elles leur paraissent graves, précises et concordantes, aussi bien que par la preuve testimoniale. — *Cass.*, 10 juin 1835, Tempier c. Gardenty; 25 mai 1837 (t. 2 1837, p. 229), Baron c. Léon. — *Contrà*, Pardessus, t. 1, p. 500; Boulay-Paty, t. 2, p. 387.

148. — Jugé, en conséquence, que le tribunal de commerce peut admettre des présomptions graves, précises et concordantes pour décider que la valeur d'un billet n'a pas été fournie par celui qui en réclame le paiement. — *Rennes*, 13 juin 1814, Plaine c. N...

149. — ... Qu'on peut à l'aide de présomptions graves, précises et concordantes, décider que des lettres de change, quoique régulièrement endossées au profit du porteur ne lui ont été remises qu'à titre de gage et non de propriété. — *Cass.*, 10 juin 1835, Tempier c. Gardenty.

150. — ... Qu'encore bien qu'un endossement soit régulier, les tribunaux de commerce peuvent admettre la preuve testimoniale, et même de simples présomptions, pour établir que l'endosseur est étranger à la négociation de l'effet. — *Cass.*, 28 mars 1821, Poullain-Dumesnil c. Bouteiller.

151. — Les tribunaux de commerce peuvent même induire l'existence même d'une convention de présomptions graves, précises et concordantes. Et, *spécialement*, l'existence légale d'un traité qui se trouve simplement transcrit sur le registre des délibérations du conseil extraordinaire d'une société anonyme peut être déclarée résulter, indépendamment de cette inscription, des correspondances, des délibérations de l'assemblée générale des actionnaires, et surtout de l'exécution qui a été donnée à ce traité par toutes les parties, sans que l'arrêt qui le décide ainsi, par appréciation des actes et des faits, puisse tomber sous la censure de la Cour de cassation. — *Cass.*, 9 mars 1841 (t. 1er 1844, p. 484), Société des mines du Creuzot c. Chagot.

152. — En matière commerciale les engagemens même au-dessus de 150 francs peuvent être prouvés par présomptions et par témoins. — Notamment l'existence d'un gage ou nantissement peut être prouvée par de simples présomptions, la production d'un écrit n'est nécessaire que relativement à la question de privilége et de préférence entre créanciers. — *Cass.*, 31 mai 1836, Vaissièr-Four c. Deleuze.

153. — La règle qu'en matière de commerce les juges peuvent se déterminer par des présomptions, lorsqu'elles leur paraissent graves, précises et concordantes, ne souffre pas d'exception alors même qu'il s'agit de savoir s'il y a *destination spéciale* avec emploi déterminé de nature à autoriser la revendication permise par l'art. 583 C. comm. en matière de faillite. — Ainsi les juges peuvent, sans violer l'art. 583, et sans que leur arrêt puisse tomber sous la censure de la Cour de cassation décider, en se fondant sur des présomptions, dont la gravité et la précision rentrent exclusivement dans leur domaine, que des effets revendiqués ont été remis au failli, à titre de simple provision, avec destination spéciale de servir des engagemens déterminés. — *Cass.*, 25 mai 1837 (t. 2 1837, p. 229), Baron c. Léon.

154. — De même en matière commerciale on peut, par des présomptions graves, précises et concordantes, établir la libération du débiteur d'un billet à ordre de plus de 150 francs. — Ainsi, en pareil cas, on peut admettre comme présomptions suffisantes de libération que le créancier, avant sa mort, avait consenti devant plusieurs individus à faire au débiteur la remise de l'obligation résultant du billet à ordre par lui souscrit, que ce fait a été constaté dans un procès-verbal dressé par le juge de paix, et qu'enfin il y a eu déclaration conforme de la part du gendre même du créancier. — *Caen*, 14 janv. 1836, Chauvet c. Lebouteiller.

155. — Lorsque, pour garantie d'une lettre de change, dont il voulait faire opérer le recouvrement par un banquier, un individu non-commerçant a reçu un billet de ce banquier ; on a pu, sur l'action en paiement de ce billet, décider que, l'objet de la contestation étant un acte commercial, le tribunal de commerce avait dû en connaître, et que ce tribunal avait pu d'après de simples présomptions, tirées des livres du banquier, déclarer que le billet avait été payé. — *Cass.*, 21 juin 1827, Tiffes c. Tayac.

156. — Lorsqu'il est constant et reconnu qu'il a existé un registre servant à constater les paiemens faits à la société, et que l'un des associés, pour prouver le versement d'une certaine somme qu'il prétend avoir fait entre les mains de son coassocié, en même temps caissier et dépositaire de ce registre, en demande l'exhibition ; le refus que fait ce dernier de le produire peut, surtout en matière commerciale, être considéré par le juge comme une présomption suffisante que la somme a été effectivement versée dans la caisse sociale, et pour déférer le serment d'office à l'associé qui articule le paiement. — *Cass.*, 22 janv. 1828, Angu c. Peras.

157. — En matière commerciale, la libération peut être prouvée à l'aide de présomptions graves, précises et concordantes. — *Cass.*, 10 déc. 1834, Bourlon c. Mion-Bouchard.

158. — De même, les juges peuvent se décider d'après de simples présomptions pour reconnaître l'existence d'une créance. — *Cass.*, 26 août 1835, Périssé c. Puthod.

159. — En matière commerciale, l'existence d'une créance dont le titre n'est pas représenté peut être établie par des présomptions résultant d'actes produits et des circonstances de la cause. — *Cass.*, 27 janv. 1836, Debonnay c. Labouré. — Pardessus, t. 1er, n° 264.

160. — L'art. 1347 C. civ., qui exige la représentation du titre primordial, ou celle d'un titre récognitif qui en relate spécialement la teneur, n'est point applicable en matière commerciale. En pareille matière, au contraire, les juges peuvent s'arrêter à des présomptions pour reconnaître l'existence de la créance. — *Cass.*, 28 déc. 1835, Fonade c. Chaumont.

161. — Les juges consulaires qui puisent dans les faits seuls de la cause et la correspondance des parties la preuve d'un mandat commercial ne violent pas les principes du droit en matière de preuves. — *Cass.*, 5 mars 1834, Proby-Bowler c. Goldsmith.

162. — Jugé aussi que le cautionnement et la solidarité peuvent être prouvés par témoins, en matière commerciale. — *Cass.*, 26 mai 1829, Coutel c. Reveu.

163. — ... Que, lors même qu'un acte portant obligation de payer une somme déterminée pour prêt précédemment fait n'est point attaqué pour dol ni pour fraude ; un arrêt a pu, en matière commerciale, décider que cet acte n'est dans la réalité qu'une garantie pour un crédit ouvert, et soumettre celui en faveur de qui il est contracté à rendre compte des sommes réellement fournies. — *Cass.*, 23 mars 1824, Rion-Kerhallet c. Delarue.

164. — En matière commerciale, indépendamment de la preuve testimoniale, qui est toujours admissible, les tribunaux peuvent admettre les présomptions graves, précises et concordantes, dans tous les cas, *sauf ceux de dol et de fraude*. — *Cass.*, 6 avr. 1841 (t. 2 1841, p. 421), Barraignes c. Caprat.

165. — Il semblerait résulter de ce dernier arrêt que les présomptions ne peuvent être admises, en matière commerciale, dans les cas de dol et de fraude. Ce n'est pas là ce que la Cour avait à juger dans l'espèce qui lui a été soumise. Et il ne nous semble pas d'ailleurs possible que telle ait pu être la pensée de la Cour ; car, puisque les présomptions sont admises pour établir le dol et la fraude, même en matière civile (V. *suprà*), à plus forte raison doit-il en être ainsi en matière commerciale, où la Cour elle-même a déclaré que l'on devait admettre d'une manière générale les présomptions et la preuve par témoins. — V. *suprà*, et v° PREUVE TESTIMONIALE.

166. — Ainsi, jugé qu'en matière commerciale, en cas surtout de dol et de fraude les juges peuvent décider d'après de simples présomptions. — Rennes, 18 janv. 1820, Pacaud c. Leguen et Perrier.

V. aussi et principalement ACTE ANCIEN, ACTE AUTHENTIQUE, ACTE DE COMMERCE, ACTES DE L'ÉTAT CIVIL, ACTE SOUS SEING PRIVÉ, APPROBATION DE SOMME, ASSURANCE MARITIME, AVEU, BAIL, BOISSONS, CAUTIONNEMENT, CHOSE JUGÉE, COMMENCEMENT DE PREUVE PAR ÉCRIT, COMMISSIONNAIRE DE TRANSPORTS, CONTRE-LETTRE, COUR D'ASSISES, DOL, DONATION DÉGUISÉE, DOT, ENREGISTREMENT, FORFAIT, FRAUDE, LÉGITIMITÉ, LETTRE DE CHANGE, LIVRES DE COMMERCE, PAPIERS DOMESTIQUES, PREUVE TESTIMONIALE, SERMENT JUDICIAIRE ET EXTRAJUDICIAIRE.

PRÉSOMPTION LÉGALE.

C'est celle qui est attachée par une loi spéciale à certains actes ou à certains faits. — C. civ., art. 1350. — V. PRÉSOMPTION. — V. aussi PREUVE.

PRESSE.

1. — Pris dans son acception la plus générale, ce mot désigne la manifestation de la pensée et sa publication par la voie de l'impression.

2. — La presse fut introduite en France vers le milieu du quinzième siècle. — V. IMPRIMERIE, IMPRIMEUR.

3. — Mais, dès sa naissance, elle fut soumise à la surveillance du gouvernement et à la rigueur de lois spéciales et des arrêts du Parlement.

4. — La liberté d'écrire a en effet, de tout temps, excité les inquiétudes des gouvernemens monarchiques, et la censure a précédé chez nous la découverte de l'imprimerie. — V. CENSURE DES ÉCRITS, nos 6 et suiv.

5. — La révolution de 1789 affranchit, pour la première fois, la presse de toute entrave préventive.

6. — Mais l'ère de liberté qu'elle avait ouverte ne fut pas de longue durée, et ce n'est qu'après bien des vicissitudes que la Charte de 1830 a consacré enfin le principe fondamental : que les Français ont le droit de publier et de faire imprimer leurs opinions, en se conformant aux lois. — V. LIBERTÉ DE LA PRESSE.

7. — Une législation spéciale et rigoureuse a du reste été créée sous la monarchie constitutionnelle, dans le but de réprimer les moindres écarts de la presse. — V. DÉLITS DE PRESSE, LIBERTÉ DE LA PRESSE.

8. — Les journaux et écrits périodiques notamment ont été l'objet de nombreuses dispositions particulières, et soumis à une pénalité sévère. — V. ÉCRITS PÉRIODIQUES. — V. aussi DIFFAMATION ET INJURE, OFFENSE, OUTRAGE.

9. — La dispense de toute autorisation antérieure à la publication, l'affranchissement de toute restriction préventive ne s'appliquaient même qu'aux écrits imprimés. Les représentations théâtrales, les dessins et gravures restaient soumis à la nécessité d'une approbation préalable de l'autorité administrative. — V. CENSURE DRAMATIQUE, DESSINS, GRAVURES, LITHOGRAPHIE.

10. — Peu de jours après la révolution de février 1848, le gouvernement provisoire, voulant donner satisfaction aux vives réclamations qu'avait excitées l'excessive rigueur de certaines dispositions des lois de sept. 1835, rendit un décret ainsi conçu : « La loi du 9 sept. 1835, sur les crimes, délits et contraventions de la presse et des autres moyens de publication, est abrogée. — Décr. 6 mars 1848, art. 1er. — Jusqu'à ce qu'il ait été statué par l'Assemblée nationale constituante, les lois antérieures relatives aux délits et contraventions en matière de presse sont exécutées dans les dispositions auxquelles il n'a pas été dérogé par les décrets du gouvernement provisoire. — *Ibid.*, art. 2. — Sont abrogés les art. 4, 5, 7, de la loi du 9 sept. 1835, sur les Cours d'assises, le 4e § de l'art. 341 du Code d'instr. crim., l'art. 347 du même Code, tels qu'il ont été rectifiés par la loi du 9 sept. 1835. — *Ibid.*, art. 3.

11. — Un autre décret du gouvernement provisoire, en date du 22 mars 1848, apporta également un terme à des abus qu'avaient maintes fois signalés la presse et les jurisconsultes les plus éminens, en déclarant que les fonctionnaires publics ne pourraient plus saisir les tribunaux civils d'actions en dommages-intérêts pour des diffamations ou injures dont ils auraient été l'objet à raison d'actes de leurs fonctions.

12. — L'action civile résultant des délits commis par la voie de la presse ou par toute autre voie de publication contre les fonctionnaires ou contre tout citoyen revêtu d'un caractère public, ne pourra dans aucun cas être poursuivie séparément de l'action publique. Elle s'éteindra de plein droit par le seul fait de l'extinction de l'action publique. — Décr. 21 mars 1848, art. 2.

13. — Les tribunaux civils sont incompétens pour connaître des diffamations, injures et autres attaques dirigées par la voie de la presse ou par tout autre moyen de publication contre les fonctionnaires ou contre tout citoyen revêtu d'un caractère public, à raison de leurs fonctions ou de leur qualité. — Ils renverront devant qui de droit toute action en dommages-intérêts fondée sur des faits de cette nature. — Décr. 22 mars 1848, art. 1er.

14. — La Constitution du 4 nov. 1848 a de nouveau consacré ce principe, en déclarant, dans son art. 84, que le jury statue seul sur les dommages-intérêts réclamés pour faits ou délits de presse.

15. — Dans ce cas, la décision se forme régulièrement à la simple majorité.

16. — Certaines qualifications des lois du 17 mai 1819 et du 25 mai 1822 ne se trouvaient plus en harmonie avec les principes et la forme du gouvernement républicain ; un décret du 11 août 1848 a rectifié ces qualifications, sans apporter, du reste, de modifications à la nature des faits réprimés et aux peines dont ils étaient punis.

17. — Une innovation importante fut, au contraire, introduite à la législation sur le cautionnement des journaux, par un décret du 9 août 1848.

18. — Le cautionnement que les propriétaires de tout journal ou écrit périodique sont tenus de fournir doit être versé en numéraire au trésor, qui en paie l'intérêt au taux réglé pour les cautionnemens. — Le taux du cautionnement pour les départemens de la Seine, de Seine-et-Oise et de Seine-et-Marne est fixé comme il suit : Si le journal ou écrit périodique paraît plus de deux fois par semaine, soit à jour fixe, soit par livraisons et irrégulièrement, le cautionnement sera de 24,000 fr. — Le cautionnement est de 18,000 fr. si le journal ou écrit périodique ne paraît que deux fois par semaine. Il est de 12,000 fr. si le journal ou écrit périodique ne paraît qu'une fois par semaine. Il est de 6,000 fr. si le journal ou écrit périodique paraît seulement plus d'une fois par mois. — Le cautionnement des journaux quotidiens publiés dans les départemens autres que ceux de la Seine, de Seine-et-Oise et de Seine-et-Marne est de 6,000 fr. dans les villes de 50,000 âmes et au-dessus, il est de 3,600 fr. dans les villes au-dessous, et respectivement de la moitié de ces deux sommes pour les journaux ou écrits périodiques qui paraissent à des termes même rapprochés. — Déc. 9 août 1848.

19. — Ces dispositions, votées pour un temps limité, ont été prorogées jusqu'à la promulgation de la loi organique sur la presse. — L. 25 juill. 1849, art. 8.

20. — L'impôt du timbre sur les écrits périodiques, supprimé par un décret du gouvernement provisoire, du 4 mars 1848 (art. 3), n'a pas été rétabli.

21. — Enfin une dernière loi, du 27 juill. 1849, est venue combler quelques lacunes que l'expérience avait révélées dans la législation existante, et introduire plusieurs améliorations dans la procédure spéciale aux délits de presse.

22. — D'après cette loi : les art. 1er et 2 du décret du 11 août 1848 sont applicables aux attaques contre les droits et l'autorité que le président de la République tient de la Constitution, et aux offenses envers sa personne. — La poursuite est exercée d'office par le ministère public. — L. 27 juill. 1849, art. 1er.

23. — Toute provocation par l'un des moyens énoncés en l'art. 1er de la loi du 17 mai 1819, adressée aux militaires des armées de terre et de mer, dans le but de les détourner de leurs devoirs militaires et de l'obéissance qu'ils doivent à leurs chefs, est punie d'un emprisonnement d'un mois à deux ans et d'une amende de 25 fr. à 4,000 francs ; sans préjudice des peines plus graves prononcées par la loi, lorsque le fait constitue une tentative d'embauchage ou une provocation à une action qualifiée crime ou délit. — *Ibid.*, art. 2.

24. — Toute attaque par l'un des mêmes moyens contre le respect dû aux lois et à l'inviolabilité des droits qu'elles ont consacrés, toute apologie de faits qualifiés crimes ou délits par la loi pénale est punie d'un emprisonnement d'un mois à deux ans et d'une amende de 16 fr. à 1,000 fr. — *Ibid.*, art. 3.

25. — La publication ou reproduction, faite de mauvaise foi, de nouvelles fausses, de pièces fabriquées, falsifiées ou mensongèrement attribuées à des tiers, lorsque ces nouvelles ou pièces sont de nature à troubler la paix publique, est punie d'un emprisonnement d'un mois à un an et d'une amende de 50 fr. à 1,000 francs. — *Ibid.*, art. 4.

26. — Il est interdit d'ouvrir ou d'annoncer publiquement des souscriptions ayant pour objet d'indemniser des amendes, frais, dommages-intérêts prononcés par des condamnations judiciaires. La contravention est punie, par le tribunal correctionnel, d'un emprisonnement d'un

mois à un an et d'une amende de 500 fr. à 1,000 fr. — *Ibid.*, art. 5.

27. — Tous distributeurs ou colporteurs de livres, écrits, brochures, gravures et lithographies doivent être pourvus d'une autorisation, qui leur est délivrée : pour le département de la Seine, par le préfet de police ; et pour les autres départemens, par les préfets. — Ces autorisations peuvent toujours être retirées par les autorités qui les ont délivrées. — Les contrevenans sont condamnés, par les tribunaux correctionnels, à un emprisonnement d'un mois à six mois et à une amende de 25 francs à 500 fr., sans préjudice des poursuites qui pourraient être dirigées, pour crimes ou délits, soit contre les auteurs ou éditeurs de ces écrits, soit contre les distributeurs ou colporteurs eux-mêmes.—*Ibid.*, art. 6.

28. — Indépendamment du dépôt prescrit par la loi du 21 octobre 1814, tous écrits traitant de matières politiques ou d'économie sociale et ayant moins de dix feuilles d'impression, autres que les journaux ou écrits périodiques, doivent être déposés, par l'imprimeur, au parquet du procureur de la République du lieu de l'impression, vingt-quatre heures avant toute publication ou distribution. — L'imprimeur devra déclarer, au moment du dépôt, le nombre d'exemplaires qu'il a tirés. — Il est donné récépissé de la déclaration. — Toute contravention à ces dispositions est punie, par le tribunal de police correctionnelle, d'une amende de 100 fr. à 500 fr. — *Ibid.*, art. 7.

29. — Aucun journal ou écrit périodique ne peut être signé par un représentant du peuple, en qualité de gérant responsable. En cas de contravention le journal est considéré comme non signé, et la peine de 500 francs à 3,000 francs d'amende est prononcée contre les imprimeurs et propriétaires. — *Ibid.*, art. 9.

30. — Il est interdit de publier les actes d'accusation et aucun acte de procédure criminelle avant qu'ils aient été lus en audience publique, sous peine d'une amende de 100 francs à 2,000 francs. — En cas de récidive, commise dans l'année, l'amende peut être portée au double, et le coupable condamné à un emprisonnement de dix jours à six mois. — *Ibid.*, art. 10.

31. — Il est interdit de rendre compte des procès pour outrages ou injures et des poursuites en diffamation où la preuve des faits diffamatoires n'est pas admise par la loi. — La plainte peut seulement être annoncée sur la demande du plaignant. — Dans tous les cas, le jugement peut être publié. — Il est interdit de publier les noms des jurés, excepté dans le compte-rendu de l'audience où le jury aura été constitué ; de rendre compte des délibérations intérieures soit des jurés, soit des cours et tribunaux. — L'infraction à ces dispositions est punie d'une amende de 200 francs à 3,000 francs. — En cas de récidive commise dans l'année, la peine peut être portée au double. — *Ibid.*, art. 11.

32. — Les infractions aux dispositions des deux articles précédents sont poursuivies devant les tribunaux de police correctionnelle. — *Ibid.*, art. 12.

33. — Tout gérant est tenu d'insérer en tête du journal les documens officiels, relations authentiques, renseignemens et rectifications qui lui sont adressés par tout dépositaire de l'autorité publique. La publication doit avoir lieu le lendemain de la réception des pièces, sous la seule condition du paiement des frais d'insertion. Toute autre insertion réclamée par le gouvernement, par l'intermédiaire des préfets, est faite de la même manière, sous la même condition, dans le numéro qui suit le jour de la réception des pièces. Les contrevenans sont punis, par les tribunaux de police correctionnelle, d'une amende de 50 fr. à 500 fr.—L'insertion doit être gratuite pour les réponses et rectifications prévues par l'art. 11 de la loi du 25 mars 1822, lorsqu'elles ne dépassent pas le double de la longueur des articles qui les ont provoquées ; dans le cas contraire, le prix d'insertion est dû pour le surplus seulement. — *Ibid.*, art. 13.

34. — En cas de condamnation du gérant pour crime, délit ou contravention à la presse, la publication du journal ou écrit périodique ne peut avoir lieu, pendant toute la durée des peines d'emprisonnement et d'interdiction des droits civiques et civils, que par un autre gérant remplissant toutes les conditions exigées par la loi. Si le journal n'a qu'un gérant, les propriétaires ont un mois pour enprésenter un nouveau ; et, dans l'intervalle, ils sont tenus de désigner un rédacteur responsable. Le cautionnement entier demeure affecté à cette responsabilité. — *Ibid.*, art. 14.

35. — La suspension autorisée par l'art. 15 de la loi du 18 juill. 1828 peut être prononcée par les cours d'assises toutes les fois qu'une deuxième ou ultérieure condamnation pour crime ou délit est encourue, dans la même année, par le même gérant ou par le même journal. — La suspension peut être prononcée, même par un premier arrêt de condamnation, lorsque cette condamnation est encourue pour provocation à l'un des crimes prévus par les art. 87 et 91 du Code pénal. — Dans ce dernier cas, l'art. 28 de la loi du 26 mai 1819 cesse d'être applicable. — *Ibid.*, art. 15.

36. — Le ministère public a la faculté de faire citer directement à trois jours, outre un jour par cinq myriamètres de distance, les prévenus devant la Cour d'assises, même après qu'il y a eu saisie. — La citation doit contenir l'indication précise de l'écrit ou des écrits, des imprimés, placards, dessins, gravures, peintures, médailles ou emblèmes incriminés, ainsi que l'articulation et la qualification des délits qui ont donné lieu à la poursuite. — Dans le cas où une saisie a été ordonnée ou exécutée, copie de l'ordonnance ou du procès-verbal de ladite saisie est notifiée au prévenu, en tête de la citation, à peine de nullité. — *Ibid.*, art. 16.

37. — Si le prévenu ne comparaît pas au jour fixé par la citation, il est jugé par défaut, par la Cour d'assises, sans assistance ni intervention de jurés. — L'opposition à l'arrêt par défaut doit être formée dans les trois jours de la signification à personne ou à domicile, outre un jour par cinq myriamètres de distance, à peine de nullité. L'opposition emporte de plein droit citation à la première audience. — Si, à l'audience où il doit être statué sur l'opposition, le prévenu n'est pas présent, le nouvel arrêt rendu par la Cour est définitif. — *Ibid.*, art. 17.

38. — Toute demande en renvoi, pour quelque cause que ce soit ; tout incident sur la procédure suivie doivent être présentés avant l'appel et le tirage au sort des jurés, à peine de forclusion. — *Ibid.*, art. 18.

39. — Après l'appel et le tirage des jurés, le prévenu, s'il a été présent à ces opérations, ne peut plus faire défaut. — En conséquence : tout arrêt qui intervient, soit sur la forme, soit sur le fond, est définitif, quand bien même le prévenu se retirerait de l'audience et refuserait de se défendre. Dans ce cas, il est procédé, avec le concours du jury, comme si le prévenu était présent. — *Ibid.*, art. 19.

40. — Aucun pourvoi en cassation, sur les arrêts qui ont statué, soit sur les demandes en renvoi, soit sur les incidents de procédure, ne peut être formé qu'après l'arrêt définitif, et en même temps que le pourvoi contre cet arrêt, à peine de nullité. — *Ibid.*, art. 20.

41. — Le pourvoi en cassation doit être formé dans les vingt-quatre heures, au greffe de la Cour d'assises ; vingt-quatre heures après, les pièces sont envoyées à la Cour de cassation. — Dans les dix jours qui suivent l'arrivée des pièces au greffe de la Cour de cassation l'affaire est instruite et jugée d'urgence, toutes autres affaires cessantes. — *Ibid.*, art. 21.

42. — Si, au moment où le ministère public exerce son action, la session de la Cour d'assises est terminée, et s'il ne doit pas s'en ouvrir d'autre à une époque rapprochée, il peut être formé une Cour d'assises extraordinaire par ordonnance motivée du premier président. Cette ordonnance prescrit le tirage au sort des jurés, conformément à la loi. — Les dispositions de l'art. 81 du décret du 6 juill. 1806 sont applicables aux Cours d'assises extraordinaires formées en exécution du paragraphe précédent. — *Ibid.*, art. 22.

43. — L'art. 463 du Code pénal est applicable aux délits prévus par la présente loi.—Lorsqu'en matière de délit le jury a déclaré l'existence de circonstances atténuantes, la peine ne peut s'élever jamais au-dessus de moitié du maximum déterminé par la loi. — *Ibid.*, art. 43.

44. — Certaines obligations spéciales sont imposées à ceux dont la profession consiste à imprimer et publier des ouvrages périodiques ou non périodiques. — V. IMPRIMEUR, LIBRAIRE.

45. — Ils sont tenus notamment d'obtenir un brevet délivré par l'autorité administrative et de prêter serment. — V. IMPRIMEUR, LIBRAIRE.

46. — Tout possesseur ou dépositaire d'imprimerie clandestine est passible d'une amende de 10,000 francs et d'un emprisonnement de six mois. — V. IMPRIMEUR, n°° 62 et suiv.

47.—Dans le cas où une ou plusieurs villes sont légalement déclarées *en état de siège*, la législation ordinaire sur la presse reçoit, dans leur circon-

scription, deux modifications de la plus haute importance.

48. — Ainsi, d'une part, l'autorité militaire a le droit d'interdire les publications qu'elle juge de nature à exciter ou à entretenir le désordre. — L. 10 août 1849, art. 9.

49. — D'un autre côté, aussitôt l'état de siège déclaré, les tribunaux militaires peuvent être saisis de la connaissance des crimes et délits contre la sûreté de la République, contre la Constitution, contre l'ordre et la paix publique, quelle que soit la qualité des auteurs principaux et des complices. — L. 10 août 1849, art. 8.

50. — Lors de la discussion de cet article on avait proposé de faire une exception pour les délits de presse, qui auraient continué à être de la compétence exclusive du jury ; mais cette proposition a été repoussée.

V. CENSURE, CENSURE DRAMATIQUE, DÉLITS DE PRESSE, DESSINS, DIFFAMATION ET INJURE, ÉCRITS PÉRIODIQUES, GRAVEUR, GRAVURES, LITHOGRAPHIE, IMPRIMEUR, LIBRAIRE, LIBERTÉ DE LA PRESSE, OFFENSE, OUTRAGE.

PRESSEURS DE POISSON.

Presseurs de poisson de mer, — presseurs de sardines. — Patentables de 4ᵉ classe ; — droit fixe basé sur la population ; — droit proportionnel du 20ᵉ de la valeur locative de l'habitation et des lieux servant à l'exercice de la profession. — V. PATENTE.

PRESSOIR (Maîtres de).

1. — Maîtres de pressoir à manège, — patentables de 6ᵉ classe ; — droit fixe basé sur la population ; — droit proportionnel du 20ᵉ de la valeur locative de l'habitation et des lieux servant à l'exercice de la profession.

2. — Maîtres de pressoirs à bras, — patentables de 8ᵉ classe ; — même droit fixe que les précédens, sauf la différence de classe ; — droit proportionnel du 40ᵉ de la valeur locative de leurs locaux qu'ils occupent, mais seulement dans les communes de 20,000 âmes et au-dessus.—V. PATENTE. — V. aussi BIENS, BOISSONS, CONTRIBUTIONS INDIRECTES.

PRESTATION.

C'est l'action de fournir quelque chose. On l'emploie, par extension, la chose fournie. Ce mot est surtout employé pour indiquer une redevance ou rente soit en argent, soit en nature.

PRESTATION EN NATURE.

V. MERCURIALES. — V. aussi CHEMINS VICINAUX, CONTRIBUTIONS DIRECTES, ÉLECTIONS.

PRESTATION DE SERMENT.

V. SERMENT.

PRÉSUCCESSION.

V. ÉMIGRÉS.

PRÉSURIERS.

Patentables de 7ᵉ classe. — Droit fixe basé sur la population ; — droit proportionnel du 40ᵉ de la valeur locative de tous les locaux qu'ils occupent, mais seulement dans les communes de 20,000 âmes et au-dessus. — V. PATENTE.

PRÊT.

Table alphabétique.

fier, c'est d'être gratuit. — C. civ., art. 1876. — Mais dans le prêt de consommation, la loi autorise la stipulation d'une redevance à la charge de l'emprunteur. — Art. 1905. — Cette redevance est ordinairement la condition de tous les prêts d'argent. Elle se nomme *intérêt*. De là on a appelé *prêt à intérêt* le prêt de consommation dans lequel cette redevance est stipulée.

CHAPITRE Ier. — *Prêt à usage ou commodat.*

2. — Le prêt à usage ou commodat est un contrat par lequel l'une des parties livre gratuitement une chose à l'autre pour s'en servir, à la charge par cette dernière de la rendre après s'en être servie. C. civ., art. 1875 et 1876.

Sect. Ire. — *Nature du prêt à usage.* — *Caractères constitutifs.* — *Preuve.*

4. — Il résulte de la définition que nous venons de donner du prêt à usage, que c'est seulement l'usage de la chose qui est accordé à l'emprunteur. Le prêteur conserve la propriété (art. 1877),

3. — Il y a deux sortes de prêt : celui des choses dont on peut user sans les détruire, et celui des choses qui se consomment par l'usage qu'on en fait. La première espèce s'appelle *prêt à usage ou commodat*. La deuxième *prêt de consommation ou simplement prêt.* — C. civ., art. 1874.

3. — Un élément essentiel du prêt à usage, et que la volonté des parties ne peut jamais modi-

et même la possession de cette chose; l'emprunteur n'en a qu'une simple détention. — Pothier, *Du prêt à usage*, no 4; Duranton, t. 17, no 480; Zachariæ, *Cours de droit civil français*, t. 3, p. 88.

5. — L'usage de la chose doit être accordé gratuitement. — C. civ., art. 1876. — Si un prix était stipulé, ce ne serait plus un commodat ; mais un louage si le prix était en argent, et un contrat sans nom si le prix consistait en autre chose que de l'argent. — Pothier, no 3; Duranton, no 491; Duvergier, no 24; Troplong, *Du prêt*, no 4.

6. — Il est encore de l'essence du contrat de prêt à usage que la chose soit prêtée pour un usage déterminé et que le droit de s'en servir soit donné à l'emprunteur dans son intérêt personnel. Ainsi : il n'y aurait pas prêt à usage si une chose était confiée à quelqu'un pour la voir, l'examiner, l'essayer ou l'estimer, ou si elle était prêtée pour le seul avantage du prêteur. — Pothier, nos 93 et suiv.; Duranton, nos 496 et 497; Duvergier, no 23.

7. — Mais il n'est pas impossible que le contrat de prêt à usage ait lieu pour l'avantage du prêteur et de l'emprunteur en même temps. M. Duranton cite à l'appui de cette opinion un exemple tiré des lois romaines. — V. no 494.

8. — De ce que la remise de la chose est exigée pour la perfection du contrat de prêt à usage, Pothier (no 6) en a conclu que ce contrat devait être rangé dans la classe des contrats *réels* : c'est-à-dire de ceux qui ne se forment que par la tradition de la chose. Cette doctrine n'est qu'une réminiscence de la législation romaine, où la livraison de la chose était un élément *essentiel* de l'existence du contrat de prêt. Il est également aujourd'hui hors de doute que c'est la délivrance de la chose prêtée qui fait naître l'obligation principale de l'emprunteur : celle de restituer, qui, le plus généralement, rend applicables les art. 1875 et suivans du Code civil. — Duranton, no 486. — Mais ce ne serait jamais qu'en partant de ce point de vue qu'on pourrait appliquer au contrat de prêt à usage la dénomination de contrat *réel*. Car notre législation considérant, d'une manière absolue, le consentement des parties comme suffisant pour rendre obligatoire la convention intervenue entre elles, il en résulte que la simple promesse de prêter à usage ne doit pas être, comme sous le régime des lois romaines, dénuée de tout effet jusqu'à ce qu'elle ait été suivie de la tradition de la chose prêtée. — Duvergier, nos 25 et 26. — Suivant M. Troplong, au contraire, l'obligation du prêteur consistant à rendre la chose prêtée, il est impossible de concevoir un contrat de prêt tant que la chose n'a pas été préalablement livrée. D'où il conclut que la tradition est de l'essence du prêt. — *Louage*, no 6.

9. — Jugé que la promesse de livrer un local pour un usage déterminé est une sorte de commodat qui doit recevoir son exécution, si elle ne renferme aucune stipulation illicite. — Colmar, 8 mai 1845 (t. 1er 1846, p. 161), Feilmann et Jeantit c. Mathebs.

10. — En cas de refus d'accomplir une promesse de commodat, celui qui l'a faite peut être condamné envers l'autre partie à des dommages-intérêts. — Duranton, t. 17, no 487; Duvergier, no 27.

11. — L'omission d'une mise en demeure peut être un empêchement aux dommages-intérêts, mais elle n'élève pas une fin de non-recevoir contre la demande qu'on en fait. — Colmar, 8 mai 1845, précité.

12. — Si la chose promise à titre de prêt à usage est une chose certaine et déterminée qui se trouve entre les mains de l'auteur de la promesse, les tribunaux doivent même en ordonner la saisie et la remise à l'emprunteur. — Duvergier, *loc. cit.*

13. — Il n'en pourrait être différemment qu'autant que le refus de la part de celui qui s'est engagé à prêter un chose à usage d'accomplir sa promesse, serait fondé sur un besoin imprévu qui lui serait survenu de cette chose. — Duvergier, *ibid.*

14. — Du reste, il n'est pas nécessaire, pour la perfection du contrat de prêt à usage, que la tradition de la chose soit réelle ; il suffit, lorsque l'objet qu'on veut prêter est déjà dans les mains de l'emprunteur, à quelqu'autre titre, par exemple à titre de dépôt, que le maître consente à ce qu'il s'en serve à titre de commodat. — Pothier, no 6; Duranton, no 488.

15. — Il n'est pas nécessaire non plus, pour qu'il y ait commodat, que la chose soit remise à l'emprunteur lui-même ; elle peut l'être à quelqu'un désigné par lui, par exemple à son associé. — Duranton, *ubi suprà.*

16. — La chose peut aussi être remise à l'emprunteur par un autre que le prêteur, par exemple par son mandataire. — Duranton, *ibid.*

17. — Nous avons vu précédemment que le contrat de prêt à usage doit contenir l'indication de l'usage auquel on destine la chose prêtée. Il est également de la nature de ce contrat d'être fait pour un temps déterminé, à l'expiration duquel seulement le prêteur a le droit de demander la restitution de la chose. C'est ce dernier caractère qui distingue le contrat de prêt à usage du *précaire*. Le précaire est un contrat peu usité aujourd'hui et par lequel une personne remet une chose à une autre pour s'en servir, avec réserve de faire cesser l'usage qu'elle accorde, quand bon lui semble, et à la charge par l'emprunteur de rendre la chose à la première réquisition. — L. 1, ff., *De precario*; Cujas, IV, *Observat.* 7; Domat, *Lois civiles*, liv. 1er, t. 5, introd.; Pothier, n° 56; Duranton, n° 493; Duvergier, nos 119 et suiv.; Troplong, t. 14, n° 28.

18. — En l'absence de fixation de la durée de l'engagement, dans l'acte; ce sont les tribunaux qui doivent apprécier cette durée, suivant les circonstances. — *Colmar*, 8 mai 1845 (t. 1er 1846, p. 161), Fellmann et Jeantit c. Mathebs.

19. — Il n'est pas nécessaire, pour la validité du prêt à usage, qu'il y ait un acte écrit. Le contrat de prêt à usage peut se former verbalement, comme tous les autres contrats.

20. — Seulement, dans ce dernier cas, la preuve par témoins, non appuyée d'un commencement de preuve par écrit, ne peut être admise, si la valeur de l'objet réclamé excède 150 francs; à moins que le prêt n'ait eu lieu dans une circonstance particulière, où il n'aurait pas été possible de le constater par écrit. — C. civ., art. 1341, 1347 et 1348. — Pothier, n° 8; Duranton, n° 498; Duvergier, nos 50 et suiv.

21. — Jugé, au contraire, que le prêt à usage peut toujours être prouvé par témoins; qu'ici ne s'applique pas la règle qui veut qu'il soit passé acte de toutes choses excédant la valeur de 150 francs. — *Colmar*, 18 avr. 1806, agent judiciaire du trésor public c. Sitter.

22. — Spécialement : lorsqu'un propriétaire a reçu gratuitement dans sa cave des vins appartenant à un tiers, que celui-ci y a fait conduire et soigner par son tonnelier; le tiers qui revendique ces vins peut toujours, quelle qu'en soit la valeur, être admis à prouver par témoins, même en cas de faillite du propriétaire de la cave, que c'est à titre de prêt à usage qu'ils y ont été introduits. — Même arrêt.

23. — En ce qui concerne la preuve du prêt, M. Troplong (t. 14, nos 61, 62, 63, 64 et 65) propose une distinction. Partant de ce principe incontesté qu'un meuble ne peut être revendiqué que contre l'emprunteur personnellement, tandis qu'un immeuble peut être suivi sur tous; cet auteur se résume ainsi : S'agit-il de meubles? La possession valant titre, le possesseur étant par cela seul propriétaire, nulle preuve testimoniale n'est admise, à moins qu'il ne soit justifié d'un contrat, quasi-contrat, délit ou quasi-délit. S'agit-il d'immeubles? La détention n'étant qu'un indice cédant à preuve contraire et la propriété se manifestant par des faits qui rentrent essentiellement dans le domaine testimonial, il est d'une vérité incontestable et respectée que la revendication peut être prouvée tant par titre que par témoins.

24. — Lorsque le prêt à usage est constaté par acte sous seing privé, cet acte n'a pas besoin d'être fait en double original. Cette formalité n'est exigée que dans le cas où le contrat est parfaitement synallagmatique. — Duranton, n° 499; Voët, *De rebus creditis*, n° 2; Troplong, *Du prêt*, n° 7. — V. aussi *Colmar*, arrêt précité. — *Contrà*, Toullier, t. 6, n° 19.

Sect. 2e. — *Choses qui peuvent être l'objet du prêt à usage.*

25. — Toutes les choses qui sont dans le commerce et qui ne se consomment pas par l'usage peuvent faire la matière du contrat de prêt à usage ou commodat. — C. civ., art. 1878.

26. — Les choses qui se consomment par l'usage, comme du blé, du vin, etc., ne peuvent devenir l'objet d'un commodat. La raison en est que, dans ce contrat, l'emprunteur est tenu de conserver la chose qui lui est prêtée et de la rendre *in individuo* à l'époque fixée par la convention (art. 1875). — Pothier, n° 17; Duranton, t. 17, n° 502; Duvergier, n° 18; Troplong, *Prêt*, n° 10.

27. — Toutefois ce dernier principe reçoit exception lorsque les choses qui sont de nature à se consommer par l'usage sont prêtées non pour l'usage naturel auquel ces choses sont destinées, mais seulement pour la montre : *ad ostentationem*. — Pothier, *loc. cit.*; Duranton, n° 503; Duvergier, n° 19; Aubry et Rau sur Zachariæ, t. 3, p. 88, note 3.

28. — Ce sont les meubles qui sont le plus ordinairement l'objet du prêt à usage. Mais on peut aussi prêter à usage des immeubles, comme une maison ou un appartement dans une maison. — Pothier, n° 14; Duranton, n° 501; Troplong, *Du prêt*, nos 9 et 10. — V. *Colmar*, arrêt précité (nos 9, 12 et 18).

29. — L'utilité que l'on peut tirer des choses qui ne se consomment pas par l'usage consiste dans les *services* qu'elles peuvent rendre ou dans les *fruits* qu'elles produisent. Le droit de l'emprunteur à la jouissance des services auxquels sont destinées les choses prêtées peut être étendu à la perception des fruits. Toutefois la chose qui n'est propre à aucun service et ne produit que des fruits, n'est pas susceptible d'être prêtée à usage. — Duvergier, nos 16 et 30.

30. — Il faut en outre, ainsi que nous l'avons vu, que les choses qui ne se consomment pas par l'usage, pour pouvoir faire la matière du contrat de commodat, soient dans le commerce; d'où il suit qu'on ne peut prêter à usage des choses déshonnêtes, ou qui, par des lois spéciales, sont placées hors de la circulation : comme, par exemple, des livres immoraux, des images licencieuses, de la poudre et des armes de guerre. — V. Pothier, n° 16; Duranton, n° 504; Duvergier, n° 31.

31. — Des choses qui sont dans le commerce ne peuvent pas non plus être l'objet d'un commodat valable, si elles sont remises pour servir à un usage illicite. Ainsi : dans le cas où un individu prêterait à un autre une échelle pour l'aider à commettre un vol, un fusil pour commettre un meurtre; il n'y aurait pas un contrat de prêt à usage, mais une complicité de crime. — Duranton, n° 505; Duvergier, n° 32.

32. — Dans ces cas et autres semblables, M. Duranton (*ibid.*) pense qu'il ne saurait y avoir lieu à l'action du contrat de prêt soit pour faire condamner celui à qui la chose a été remise aux dommages-intérêts pour la non-restitution de cette chose qui aurait péri par sa faute, ou qui aurait été confisquée et détruite par ordre de la justice, soit même pour se la faire rendre dans le cas où elle existerait encore.

33. — Nous admettons bien, avec M. Duranton, que, lorsque la chose prêtée a péri, même par la faute de l'emprunteur, ou a été confisquée et détruite par ordre de la justice, le prêteur ne peut avoir d'action en dommages-intérêts contre l'emprunteur. Mais quand la chose existe encore dans les mains de ce dernier, il nous semble comme à M. Duvergier (*ubi suprà*) que ce serait exagérer la répression et outre-passer le but de la loi que de refuser à celui qui a coopéré à des conventions illicites ou déshonnêtes le droit de la revendiquer. Non-seulement, en effet, on infligerait par ce moyen au prêteur une peine que la loi n'a pas prononcée, mais encore on permettrait au coupable, à celui qui a emprunté la chose pour un usage illicite et déshonnête, de s'enrichir aux dépens d'autrui.

34. — Il n'est pas nécessaire que la chose prêtée appartienne à celui qui la prête pour que le contrat de prêt produise ses effets entre lui et l'emprunteur. — Pothier, n° 18; Duranton, n° 514; Duvergier, n° 33; Aubry et Rau sur Zachariæ, t. 3, p. 88, note 2.

35. — Une chose volée peut même faire l'objet d'un contrat de prêt. — Mêmes auteurs. — V. cependant Troplong, *loc. cit.*

36. — Mais on ne peut prêter à quelqu'un sa propre chose : *Commodatum rei suæ esse non potest.* Toutefois cette règle souffre exception, lorsque c'est celui qui a le droit de la posséder ou d'en jouir qui la prête au propriétaire. — Pothier, n° 19; Duvergier, n° 35. — Ainsi celui qui a l'usufruit d'une chose peut la prêter au nu propriétaire. — Duvergier, *ibid.*; Aubry et Rau, *ubi suprà.*

Sect. 3e. — *Personnes entre lesquelles peut avoir lieu le prêt à usage.*

37. — Le contrat de prêt à usage ne peut, comme tous les contrats, avoir lieu en général qu'entre personnes capables de contracter. — Pothier, n° 13; Duranton, t. 17, n° 506. — Mais l'art. 1125 C. civ., qui veut que les personnes capables de s'engager ne puissent opposer l'incapacité de celui avec qui elles ont contracté, doit recevoir ici son application. — Duvergier, n° 37.

38. — En conséquence, lorsqu'un prêt à usage est fait à un mineur, à une femme mariée ou à un interdit; le prêteur ne peut redemander la chose avant l'expiration du temps pour lequel il la leur a prêtée, ni se refuser aux autres conséquences de ce contrat : par exemple à rembourser à l'emprunteur le montant des impenses qu'il a faites pour la conservation de la chose. — Duranton, n° 507; Duvergier, n° 38.

39. — A l'égard du mineur, de la femme mariée ou de l'interdit, le contrat de prêt n'étant pas valable; ceux-ci peuvent rendre la chose prêtée, même avant l'expiration du terme convenu, s'ils le jugent convenable. A l'expiration de ce terme, ils seront tenus de la restituer, non par l'action qui naît du prêt, mais en vertu de ce principe d'équité qui ne permet pas qu'on puisse retenir la chose d'autrui. — Duranton et Duvergier, *loc. cit.*

40. — De ce que le prêt est nul à l'égard du mineur, femme mariée ou interdit, il en résulte que si la chose vient à périr pendant la durée du prêt, même par leur fait, ils ne sauraient en être déclarés responsables. — Duranton, *ibid.*; Duvergier, n° 39. — Néanmoins, si la perte de cette chose leur avait profité, ils devraient compte au prêteur de la somme dont ils se seraient enrichis. — Duvergier, *eod. loc.*

41. — Mais l'incapable qui serait cependant *doli capax* serait responsable de la perte de la chose prêtée, encore bien que cette perte n'eût point tourné à son profit, si cette perte avait eu lieu de sa part par fraude et méchamment. — Duranton, n° 508; Duvergier, n° 40; Troplong, *Prêt*, art. 53.

42. — Le mineur qui, après sa majorité, conserve la chose qui lui a été prêtée, ratifie le contrat de prêt et en accepte toutes les conséquences. — Duvergier, n° 41.

43. — Lorsque le prêt à usage, au lieu d'être fait au mineur, a été fait par lui à une personne capable, ce prêt est valable si le mineur a agi avec l'autorisation du tuteur. Dans le cas contraire il est nul, et la chose prêtée peut être redemandée avant le temps convenu. Mais l'emprunteur n'en est pas moins tenu de toutes les obligations résultant du contrat soit pour la conservation, soit pour la restitution de la chose. — Duranton, n° 509; Duvergier, n° 43.

44. — S'il a fait des dépenses pour la conservation de la chose, il peut les répéter, non pas en vertu du contrat de prêt, puisqu'il est nul, mais parce que les incapables sont obligés de tenir compte de ce dont ils ont profité. — Mêmes auteurs.

45. — La règle qui veut qu'un mineur ne puisse valablement faire ou recevoir un prêt sans l'autorisation de son tuteur, doit souffrir exception lorsque le prêt rentre dans les actes d'administration que le mineur a le droit de faire. — Duvergier, n° 45.

46. — Il semble que le mineur émancipé, qui a capacité pour affermer ses domaines, louer ses maisons, toucher ses revenus et en donner décharge, sans l'assistance de son curateur, doit pouvoir également prêter à usage. C'est ce qu'enseignent M. Duranton (n° 510) et M. Troplong (n° 55). Mais M. Duvergier (n° 46) soutient l'opinion contraire, en se fondant sur ce que le mineur émancipé ne peut faire aucun autre acte que ceux de pure administration.

47. — MM. Duranton et Troplong (*loc. cit.*) appliquent la même décision à celui qui est placé sous l'assistance d'un conseil judiciaire. Mais M. Duvergier (n° 48) persiste également à leur égard dans son opinion.

48. — L'interdit déclaré incapable de contracter aucune obligation (C. civ., art. 502) ne peut prêter à usage, sans l'autorisation de son tuteur, pour quelque cause que ce soit. Mais celui qui a reçu le prêt ne peut se prévaloir de son incapacité pour se soustraire aux conséquences du contrat. — Duranton, n° 513.

49. — La femme séparée de biens ayant repris la libre disposition de son mobilier (C. civ., art. 1449), peut valablement, sans l'autorisation de son mari, le prêter à usage. — Duranton, n° 512; Duvergier, n° 47. — Il en est de même de la femme mariée sous le régime dotal, à l'égard d'un objet paraphernal. — Duranton, *loc. cit.*

50. — Les engagemens qui se forment par le commodat passent aux héritiers de celui qui prête, et aux héritiers de celui qui emprunte. — Mais si l'on n'a prêté qu'en considération de l'emprunteur et à lui personnellement, alors les

héritiers ne peuvent continuer de jouir de la chose prêtée. — C. civ., art. 1879.

51. — L'intention de restreindre à la personne de l'emprunteur les effets du commodat ne se présume pas; il faut qu'elle résulte clairement ou des termes de l'acte, ou des circonstances. Autrement l'héritier serait excusable de s'être servi de la chose prêtée pour le même usage, tant que le prêteur ne lui aurait pas fait connaître une volonté contraire. — Duranton, n° 500; Duvergier, n° 49. — V. aussi Troplong, n° 45.

Sect. 4e. — *Engagemens de l'emprunteur.*

§ 1er. — *Obligation de conserver la chose et de ne l'employer qu'à l'usage auquel elle est destinée.*

52. — L'art. 1880 C. civ. veut que l'emprunteur soit tenu, à peine de dommages-intérêts, de veiller en bon père de famille à la garde et à la conservation de la chose prêtée, et de ne se servir de cette chose que pour l'usage déterminé par sa nature ou par la convention.

53. — Pour savoir quels soins l'emprunteur doit apporter à la conservation de la chose, ou, en d'autres termes, de quelle faute il est responsable, il faut distinguer si le prêt est fait pour le seul intérêt de l'emprunteur ou dans l'intérêt commun du prêteur et de l'emprunteur, ou pour l'intérêt exclusif du prêteur.

54. — Dans le premier cas, il est du devoir de l'emprunteur d'apporter à la conservation de la chose prêtée tous les soins possibles, la plus grande vigilance, *exactissimam diligentiam*. Il ne suffirait pas qu'il y donnât les mêmes soins qu'à ses propres choses. Ainsi, il est responsable de la perte, si, avec plus de vigilance, il avait pu la prévenir. — Pothier, n° 48; Duranton, n° 521; Duvergier, n° 55; Delvincourt, t. 3, notes, p. 403. — M. Troplong est d'avis, au contraire, que le C. civ. n'a pas voulu reproduire le système de la faute très-légère, et que, dès lors, l'emprunteur ne doit être tenu qu'à la diligence du bon père de famille; c'est-à-dire de l'homme diligent considéré d'une manière abstraite, et offert comme type et comme exemple à la conduite du gardien de la chose d'autrui. — *Ibid.*, nos 77 et 78.

55. — Dans le second cas, Pothier (n° 51) et M. Duranton (n° 212) pensent que l'emprunteur n'est obligé qu'à un soin ordinaire, qu'il n'est pas tenu *de levissimâ culpâ*, qu'il ne répond que de la faute ordinaire, *de levi culpâ*, c'est-à-dire de cette faute que ne commet pas ordinairement un bon père de famille. M. Duvergier (n° 56), qui n'admet pas la division des fautes en lourdes, légères et très-légères, enseigne que la circonstance que le prêt a eu lieu en même temps dans l'intérêt de l'emprunteur et dans celui du prêteur devra être une raison, pour les tribunaux, appelés à prononcer sur la responsabilité de l'emprunteur, de se montrer moins sévères.

56. — La rigueur des tribunaux devra nécessairement être moindre encore, si c'est dans l'intérêt exclusif du prêteur que le prêt a eu lieu. — Duvergier, *ubi suprà*. — Dans ce cas, le dol et la faute lourde seront imputables à l'emprunteur. — Troplong, *ibid.*, n° 81; Pothier, n° 51.

57. — Si la chose prêtée a un accessoire, par exemple, si c'est une jument qui a un poulain, l'emprunteur doit apporter à la conservation de l'accessoire le même soin qu'à la conservation de la chose elle-même. — Pothier, n° 54; Duranton, n° 524.

58. — Lorsque le prêt a été fait dans l'intérêt exclusif de l'emprunteur, ce dernier est responsable de la perte de la chose arrivée parce qu'il n'a pas apporté à sa conservation la plus grande vigilance, *exactissimam diligentiam*, encore bien qu'il soit incapable de cette extrême vigilance. C'était à lui à mesurer auparavant ses forces, et à ne point contracter une obligation qu'il était dans l'impossibilité de remplir. — Pothier, n° 49.

59. — Néanmoins, les tribunaux doivent avoir égard à la condition de l'emprunteur pour régler l'étendue du soin qu'il doit apporter à la conservation de la chose. Ainsi on ne doit pas, par exemple, exiger le même soin d'un écolier à qui on a prêté un cheval, que d'un écuyer ou d'un maréchal. — Pothier, *loc. cit.*; Duvergier, n° 57; Troplong, *ibid.*, n° 82.

60. — La responsabilité de l'emprunteur doit être la même dans le cas où le prêt a été fait spontanément et celui où il a été sollicité par l'emprunteur. « Le bienfait que me fait le prêteur, dit Pothier (n° 52), en me prêtant la chose dont il sait que j'ai besoin, sans attendre que je l'en prie, en est d'autant plus grand. Il n'est pas raisonnable que la grandeur du bienfait doive diminuer l'obligation où je suis d'apporter à la chose tout le soin possible. » V., dans le même sens, Duvergier, n° 58.

61. — S'il a été stipulé que l'emprunteur ne sera obligé qu'à un soin ordinaire, on ne peut pas en demander davantage; et même, s'il a été convenu qu'il ne sera obligé à rien pour la conservation de la chose prêtée, on ne peut exiger de lui que de la bonne foi. — Pothier, n° 50; Duranton, n° 523; Duvergier, n° 59.

62. — L'obligation imposée à l'emprunteur de veiller en bon père de famille à la garde et à la conservation de la chose prêtée continue de subsister après l'expiration du temps fixé pour la restitution de cette chose, si elle reste entre ses mains. Mais le fait seul de n'avoir pas restitué la chose à l'époque fixée, est considéré par la loi comme une faute qui lui est imputable; et cette faute le rend responsable de la perte de la chose, arrivée même par cas fortuit. — C. civ., art. 1881.

63. — La perte même amenée par cas fortuit doit également être supportée par l'emprunteur, s'il a employé la chose à un autre usage que celui auquel elle était destinée. — Même art.

64. — Dans ces deux cas l'emprunteur ne pourrait-il pas, pour se soustraire à cette responsabilité, dire que, à raison de ses liaisons avec le prêteur, il a pu naturellement croire que celui-ci aurait consenti à ce surcroît d'usage, s'il eût prévu qu'il lui serait nécessaire? M. Duranton (n° 518) soutient la négative, en se fondant sur ce que, indépendamment de ce que cette prétention de l'emprunteur, reposant sur une supposition d'intention de la part du prêteur, serait d'une application difficile dans la pratique, elle se trouve en opposition avec les termes généraux et absolus de l'art. 1881 précité. Au contraire, selon M. Duvergier (n° 64), la preuve de l'intention du prêteur peut être faite, et alors l'art. 1881 doit cesser d'être applicable. — V. aussi, en ce sens, Pothier, n° 21.

65. — Si la chose eût péri, encore bien que l'emprunteur ne l'eût pas détournée de sa véritable destination, ou quoiqu'il l'eût restituée exactement au jour fixé, il est évident qu'il ne devrait pas supporter cette perte; elle demeurerait à la charge exclusive du prêteur. — Duranton, n° 520; Duvergier, nos 62, 63 et 64.

66. — En principe, l'emprunteur n'est pas tenu de la perte arrivée par force majeure ou cas fortuit pendant qu'il emploie la chose à l'usage pour lequel on la lui a prêtée et dans le temps convenu. — Duvergier, n° 60.

67. — Mais ce principe doit recevoir exception, lorsque l'événement qui a occasionné la perte de la chose a été amené par une faute de l'emprunteur. A cet égard, les tribunaux se décideront d'après les circonstances. — Pothier, n° 57; Duranton, n° 528; Troplong, n° 100.

68. — La loi a elle-même, dans deux cas, rendu l'emprunteur responsable de la perte de la chose, arrivée par cas fortuit; ces cas sont: 1° celui où l'emprunteur aurait pu empêcher la perte de la chose prêtée, en employant la sienne; 2° celui où, ne pouvant conserver que l'une des deux, il a préféré la sienne. — Art. 1882.

69. — Dans la première hypothèse on s'est demandé s'il fallait, pour que l'emprunteur fût responsable, qu'il eût prévu qu'en employant la chose prêtée il l'exposait à un danger, et qu'il l'eût employée précisément pour ne pas y exposer la sienne; ou s'il fallait que la chose prêtée eût péri, et que la perte n'eût pas eu lieu, si l'emprunteur se fût servi de sa chose, sans que d'ailleurs il y eût eu de sa part prévoyance du péril et intention d'y soustraire sa propre chose? Pothier (n° 59) enseigne que l'emprunteur n'est tenu de la perte que lorsque, au moment où il a fait l'emprunt, il prévoyait le danger auquel il voulait exposer la chose prêtée et soustraire la sienne, et lorsque, d'ailleurs, pour obtenir le prêt qu'il demandait, il a dissimulé au prêteur qu'il avait une chose propre au même usage que la sienne. Selon M. Duvergier (n° 65), l'espèce de dol indiqué par Pothier n'est pas nécessaire pour qu'il y ait lieu à l'application de l'art. 1882. Toutefois, la perte seule, arrivée par cas fortuit, pendant que l'emprunteur employait de bonne foi et sans aucun calcul la chose prêtée, à l'usage auquel elle était destinée, ne suffit pas pour engager sa responsabilité. Il faut qu'il ait prévu la perte et qu'il ait sciemment fait courir à la chose prêtée des chances dont il a voulu affranchir la sienne. Nous adoptons la doctrine enseignée par M. Duvergier.

PRÊT, ch. 1er, sect. 4e, § 1er.

70. — Dans la seconde hypothèse, ne doit-on pas distinguer entre le cas où la chose prêtée et celle qui appartient à l'emprunteur sont du même prix, ou ne diffèrent pas beaucoup de valeur, et celui où la chose prêtée est moins précieuse? Pothier (n° 56) et M. Duranton (n° 526) repoussent toute distinction. L'art. 1882 est également conçu en termes généraux. Cependant, lorsque la chose appartenant à l'emprunteur est d'une valeur supérieure à celle qui a été prêtée, le sacrifice que cet article exige de l'emprunteur ne peut plus se justifier. Il semble alors raisonnable de rendre toute sa force au sentiment qui porte chacun à préférer sa chose à celle d'autrui. Mais quelle différence doit-il y avoir entre la valeur de la chose prêtée et celle de la chose qui appartient à l'emprunteur? Il est évident qu'une légère supériorité dans cette dernière ne saurait être suffisante pour autoriser une exception à l'art. 1882. Les tribunaux devront, à cet égard, apprécier la valeur des deux choses et décideront, suivant les circonstances. — Duvergier, nos 66 et 67.

71. — Si, dans un incendie, par exemple, l'emprunteur, au lieu de sauver la chose qui lui a été prêtée, sauve les papiers desquels dépend sa fortune tout entière; il n'est pas douteux qu'il ne puisse être responsable de la perte de la chose prêtée, car il n'a pas eu, moralement parlant, la liberté du choix. — Duranton, n° 527; Duvergier, n° 68.

72. — L'emprunteur ne serait pas tenu non plus de la perte de la chose prêtée, arrivée dans un incendie, encore bien que les choses sauvées fussent de moindre valeur, si le tumulte a été tellement grand qu'il lui ait été impossible de faire aucun choix et qu'il n'ait pu sauver qu'à la hâte quelques effets et comme ils se sont présentés sous sa main. — Pothier, n° 56; Duranton, *loc. cit.*, Duvergier, n° 69.

73. — Le principe que l'emprunteur répond de la perte de la chose prêtée, arrivée par cas fortuit, lorsqu'il eût pu la sauver en laissant périr la sienne, doit recevoir encore exception: quand le contrat a eu lieu dans l'intérêt des deux parties, parce qu'alors l'emprunteur n'est obligé qu'à un soin ordinaire. — Duranton, n° 526.

74. — L'emprunteur peut être responsable de la perte de la chose prêtée, qui a lieu par cas fortuit, encore bien qu'aucune espèce de faute ne lui soit imputable, s'il s'est soumis volontairement à cette responsabilité et que le prêt ait été fait expressément à cette condition. — Pothier, n° 61; Duranton, n° 532.

75. — Il est censé s'être chargé de tous risques, lorsqu'il a reçu la chose prêtée avec estimation. Si son intention n'est point conforme à celle que lui suppose la loi, il doit s'en expliquer formellement. — Art. 1883.

76. — La convention par laquelle les parties arrêtent que l'estimation ne met point les cas fortuits à la charge de l'emprunteur a pour effet de déterminer d'avance le montant des dommages-intérêts dus au prêteur au cas où la chose viendra à périr ou à subir des détériorations par la faute de l'emprunteur. — Duranton, n° 532; Duvergier, n° 71.

77. — Mais, soit que cette convention existe, soit qu'elle n'existe pas, l'estimation donnée à la chose n'en confère point la propriété à l'emprunteur. Cette propriété continue de résider sur la tête du prêteur. — Duranton, n° 533; Duvergier, n° 72.

78. — Obligé de veiller en bon père de famille à la garde et à la conservation de la chose, l'emprunteur doit être responsable des détériorations qu'elle a éprouvées par sa faute. Mais il n'est point tenu de la détérioration provenant du seul effet de l'usage pour lequel la chose a été empruntée, s'il n'y a aucune faute de sa part. — Art. 1884.

79. — L'emprunteur doit faire les dépenses nécessaires pour user de la chose prêtée et ces dépenses demeurent à sa charge. L'art. 1886 C. civil dit en effet qu'il ne peut les répéter. Il est également responsable des suites que peut avoir un usage sans entretien convenable, quoique ces dépenses d'entretien ne soient pas nécessaires pour l'usage. — Duvergier, nos 76 et suiv. — Mais les dépenses extraordinaires qu'il est obligé de faire pour la conservation de la chose doivent lui être remboursées par le prêteur. — V. *infrà*, n° 116.

80. — Lorsque plusieurs individus ont conjointement emprunté la même chose, ils en sont solidairement responsables. — C. civ., art. 1887.

81. — A qui appartient-il de prouver le défaut de soins? C'est à l'emprunteur à établir qu'il a pris toutes les précautions possibles et que ce-

pendant elles ont été déçues. — Troplong, *Prêt*, n° 87.

§ 2. — *Obligation de restituer la chose prêtée.*

82. — L'emprunteur doit rendre la chose prêtée au jour convenu, soit que les parties l'aient désigné précisément par sa date, soit qu'elles l'aient déterminé, en indiquant le temps pour lequel le prêt est fait; ou, s'il n'a point été fixé de terme, après qu'il l'a employée à l'usage pour lequel on la lui a prêtée. — Pothier, n° 24; Duranton, n° 535; Duvergier, n° 81.

83. — L'emprunteur qui ne rend pas la chose au terme fixé ou après s'en être servi se trouve par cela même constitué en demeure. C'est une exception au principe général consacré par l'art. 1349 C. civ., savoir : que la mise en demeure du débiteur ne résulte que d'une sommation ou d'une stipulation formelle insérée dans le contrat. — Duranton, n° 530; Duvergier, n° 82. — Il résulte de là que l'emprunteur est tenu, à compter du moment même où il devait restituer la chose, de la perte arrivée même par cas fortuit. — V. *suprà*, nos 62 et suiv.

84. — C'est au lieu fixé par la convention que la chose prêtée doit être rendue. Mais si la convention garde le silence, où la restitution doit-elle se faire? Pothier (n° 36) pense que c'est au domicile du prêteur, à moins qu'il ne résulte des circonstances qu'elle doive avoir lieu dans un autre endroit. Nul doute que cette doctrine ne soit suivie si l'emprunteur a reçu la chose au domicile du prêteur. Mais dans le cas où il l'a prise ailleurs, c'est là qu'il doit la restituer. Il est de principe en effet, dans notre législation, que le paiement, lorsqu'il s'agit d'un corps certain et déterminé, doit être fait dans le lieu où était, au temps de l'obligation, la chose qui en est l'objet. — Art. 1247. — Toutefois, ce principe peut se trouver modifié par les circonstances dans lesquelles le prêt a eu lieu. — Voët (n° 20), Merlin (*Rép.*, v° *Prêt*, § 2, n° 12) et MM. Duranton (n° 531), Duvergier (n° 87), Troplong (nos 276 et suiv.) estiment que le remboursement doit se faire au lieu où la chose a été livrée à l'emprunteur.

85. — Lorsque la chose prêtée doit être restituée au domicile du prêteur; si celui-ci vient à changer de domicile, et que, entre le nouveau domicile et l'ancien, il y ait une distance considérable : l'emprunteur ne peut être tenu de rendre la chose au lieu où il a plu au prêteur de transférer son domicile. Mais s'il n'y a qu'une faible distance entre les deux domiciles, l'emprunteur ne saurait se soustraire à l'obligation de restituer la chose en la nouvelle demeure du prêteur. — Pothier, n° 37; Duvergier, *ubi suprà*.

86. — La restitution de la chose prêtée doit être faite par l'emprunteur ou son mandataire au prêteur ou à celui qui a mandat exprès ou tacite de la recevoir pour lui. — Duvergier, n° 84.

87. — Si la chose prêtée vient à périr entre les mains de celui que l'emprunteur a chargé de la rapporter au prêteur, l'emprunteur doit-il être responsable de cette perte? Selon Pothier (n° 53), lorsque le choix a été tellement bon, qu'il est impossible de supposer que le mandataire se soit rendu coupable d'infidélité ou de négligence, l'emprunteur ne doit pas être tenu de cette perte. Mais cette doctrine est contraire au premier alinéa de l'art. 1384 C. civ., ainsi conçu : « On est responsable non-seulement du dommage que l'on cause par son propre fait, mais encore de celui qui est causé par le fait des personnes dont on doit répondre, ou des choses que l'on a sous sa garde. » En présence d'une disposition aussi absolue on ne peut en effet faire aucune distinction. L'emprunteur doit donc répondre de la perte de la chose prêtée, arrivée lorsque cette chose était entre les mains de celui dont il a fait choix; sans qu'il puisse invoquer le soin et la fidélité dont son préposé a toujours fait preuve. — Duvergier, *ubi suprà*, et n° 85.

88. — Cependant il est juste de faire supporter la perte de la chose par le prêteur, si cette perte a été causée par un cas fortuit; si, par exemple la chose a été volée à main armée au préposé de l'emprunteur. — Duvergier, *ibid.*

89. — Lorsque le prêteur est décédé, c'est à ses héritiers que la chose doit être rendue. S'il a changé d'état, par exemple s'il a été interdit, ou si c'est une fille qui a fait le prêt et qu'elle ait contracté mariage, la restitution doit être faite au tuteur ou au mari. — Pothier, nos 32 et suiv.

90. — La chose doit être rendue à celui qui l'a prêtée, encore bien qu'elle ne lui appartienne pas; car tant qu'elle n'est pas réclamée par un tiers, le prêteur est en droit de la répéter : alors même qu'il l'aurait volée. — Pothier, n° 46; Duranton, n° 514; Duvergier, n° 88.

91. — L'emprunteur qui découvre que la chose qui lui a été prêtée a été volée et sait quel est le véritable propriétaire doit, à peine de dommages-intérêts, lui dénoncer le prêt, et en même temps lui faire sommation de réclamer la chose prêtée dans un délai déterminé et suffisant. Si le propriétaire ne se conforme pas à cette sommation, la chose sera alors valablement restituée au prêteur. — Pothier, *loc. cit.*; Duvergier, n° 89.

92. — Lorsque la chose prêtée a été volée, l'emprunteur peut même être obligé de la rendre au véritable propriétaire, qui la revendique, avant le temps convenu ou avant qu'il l'ait employée à l'usage pour lequel il l'avait reçue. — Duranton, n° 547. — Nous verrons plus loin si le prêteur devrait, dans ce cas, des dommages-intérêts à l'emprunteur.

93. — L'emprunteur ne peut, pour se soustraire à l'obligation de rendre la chose, opposer qu'il est créancier du prêteur. L'art. 1885 C. civ. porte, en effet, que « l'emprunteur ne peut pas retenir la chose par compensation de ce que le prêteur lui doit. » Cet article, comme le fait remarquer M. Toullier (t. 7, n° 383), présente un vice de rédaction. Ainsi, lorsque les choses qui ont été prêtées ne se consomment pas par l'usage (et ce sera le cas le plus fréquent); il est évident qu'il ne peut y avoir lieu à aucune compensation, puisque les choses fongibles sont seules susceptibles de compensation (C. civ., art. 1291). La compensation n'aurait donc pu se faire, si la loi ne l'eût pas proscrite, que dans le cas où les choses prêtées à usage auraient été des choses fongibles. Mais ce que l'art. 1885 a voulu dire, c'est : que l'emprunteur ne peut, sous quelque prétexte que ce soit, retenir la chose prêtée, en gage de ce que le prêteur lui doit. — Toullier, *ubi suprà*; Duvergier, n° 94.

94. — Si la chose prêtée a péri par la faute de l'emprunteur : comme alors son obligation de restituer se trouve convertie en une obligation de payer au prêteur une somme à titre de dommages-intérêts; il peut valablement opposer la compensation de cette somme avec celle que lui doit le prêteur, si cette dernière est également exigible. — Pothier, n° 44; Duranton, n° 537; Duvergier, n° 93; Zachariæ, t. 3, p. 91.

95. — Cependant s'il était établi que l'emprunteur a détruit la chose prêtée, pour se constituer débiteur de dommages-intérêts et parvenir ainsi à se payer, par voie de compensation, des sommes qui lui sont dues par le prêteur; les tribunaux devraient refuser la compensation. — Duvergier, *loc. cit.*

96. — L'emprunteur ne peut-il pas au moins retenir la chose prêtée, tant qu'il n'est pas payé des dépenses qu'il a faites pour sa conservation? Aux termes de l'art. 2102 (n° 3) C. civ., les dépenses faites pour la conservation de la chose sont privilégiées; et l'on a toujours reconnu que pour assurer l'exercice de ce privilége, le créancier a le droit de retenir la chose. Ce principe a été appliqué spécialement au cas de dépôt (art. 1947 et 1948). On ne voit pas pourquoi le silence sur ce point du Code civil, au titre *Du prêt*, autoriserait à faire en cette matière une exception à ce principe, qui est général et fondé sur une raison vraiment juste : à savoir que le propriétaire de la chose conservée ou ses créanciers ne peuvent en profiter avant que celui qui l'a conservée soit indemnisé. — V. en ce sens Pothier, n° 43; Duvergier, n° 92. — *Contrà*, Duranton, n° 538.

97. — L'emprunteur pourrait encore être dispensé de rendre la chose prêtée, au terme convenu, s'il ne pouvait la restituer incontinent sans s'exposer à un grand dommage (Pothier, n° 42), à moins que le prêteur n'eût lui-même un grand intérêt à en obtenir immédiatement la restitution. — Duvergier, n° 95.

98. — Encore bien qu'il se soit écoulé plus de trente ans depuis que l'emprunteur a reçu la chose prêtée, le prêteur peut néanmoins la revendiquer, si elle se trouve encore entre ses mains, ou dans celles de son héritier; car l'emprunteur, possédant à titre précaire, ne peut jamais prescrire. — Pothier, n° 47; Duranton, nos 542; Duvergier, n° 96.

99. — Mais lorsque la chose n'existe plus dans les mains de l'emprunteur ou de ses héritiers : soit qu'ils l'aient fait périr, soit qu'elle ait péri par cas fortuit; si l'emprunteur s'est chargé des risques, l'action en dommages-intérêts du prêteur se prescrit par trente ans. — Duranton, *loc. cit.*; Duvergier, n° 97.

100. — La restitution à laquelle est tenu l'emprunteur doit comprendre non-seulement la chose prêtée, mais encore les accessoires de cette chose et les fruits qu'elle a pu produire pendant que l'emprunteur en a eu la détention. — Pothier, nos 73 et 74; Duvergier, n° 99.

101. — L'action qui naît du contrat de prêt se divise entre les héritiers du prêteur et ceux de l'emprunteur. — Pothier, n° 66; Duranton, n° 543; Duvergier, n° 103.

102. — Sur la question de savoir si le détournement d'une chose confiée à titre de prêt à usage constitue l'abus de confiance prévu et puni par l'art. 408 C. pén., V. ABUS DE CONFIANCE, nos 63 et suiv. — V. aussi *Pau*, 1er avr. 1845 (t. 2 1845, p. 388), Pecheu. — Troplong, *Prêt*, nos 46 et 91.

Sect. 5e. — *Engagemens du prêteur.*

103. — Le prêteur n'est pas tenu de faire jouir l'emprunteur; il contracte seulement l'obligation de lui laisser la chose pendant tout le temps pour lequel elle lui a été prêtée : soit que ce temps ait été déterminé par la convention, soit qu'il se trouve indirectement indiqué par l'usage pour lequel la chose a été empruntée. Ce n'est alors qu'à l'expiration de ce temps qu'il a le droit de la retirer. — Art. 1888.

104. — Néanmoins, si pendant le délai convenu, ou avant que le besoin de l'emprunteur ait cessé, il survient au prêteur un besoin pressant et imprévu de sa chose; le juge peut, suivant les circonstances, obliger l'emprunteur à la lui rendre. — Art. 1889. — Troplong, t. 15, n° 147.

105. — Cet article étant une dérogation aux principes généraux du droit ne doit être appliqué qu'avec réserve. Ainsi : dans le cas où le besoin survenu au prêteur, quoique pressant, a pu être prévu par lui, il ne doit pas être recevable à demander la restitution de la chose. Car s'il a pu prévoir le besoin qui lui est survenu, en prêtant sa chose sans réserve il a évidemment consenti, pour l'avantage de l'emprunteur, à se priver à tout événement de l'usage de cette chose pendant tout le temps pour lequel il l'a prêtée. — Pothier, n° 25; Duranton, n° 545; Duvergier, n° 106; Troplong, *Prêt*, nos 151 et 152.

106. — Il faut aussi, pour qu'il y ait urgence, dans le sens de l'article précité, que le prêteur ne puisse satisfaire le besoin qui lui est survenu en employant une chose de même espèce qui serait à sa disposition. — Duranton, *loc. cit.*

107. — Si, encore bien que le besoin survenu au prêteur soit pressant et imprévu, l'emprunteur doit éprouver un préjudice considérable par la remise immédiate de la chose prêtée, les tribunaux ont le droit de ne pas ordonner cette remise. — Duvergier, *ubi suprà*; Troplong, *Du prêt*, n° 153.

108. — Et, dans ce cas, l'emprunteur ne peut être tenu de faire l'équivalent de la restitution, en procurant, par exemple, au prêteur une chose semblable jusqu'à ce qu'il puisse lui rendre la sienne. En effet : dès que la restitution est reconnue impossible, il y aurait quelque iniquité à obliger l'emprunteur à fournir l'équivalent de cette restitution. — V., en ce sens, Duvergier, n° 107. — *Contrà*, Pothier, n° 25; Duranton, n° 546.

109. — La disposition exorbitante de l'art. 1889 précité ne pouvant être étendue au delà de ses termes, il s'ensuit que si, par suite d'un besoin pressant et imprévu que le prêteur a eu de sa chose, il en a loué une semblable, au lieu de demander la sienne, l'emprunteur ne lui doit aucune indemnité à raison de ce fait. — Duranton, n° 545.

110. — Le cas d'un besoin pressant et imprévu n'est pas le seul dans lequel le prêteur ait le droit de réclamer la restitution de la chose prêtée, avant l'expiration du temps fixé par la convention. La mort de l'emprunteur, arrivée avant ce temps, lui donne aussi le droit de se faire rendre la chose immédiatement, si cette chose n'a été prêtée que pour l'usage *personnel* de l'emprunteur et non également en considération de ses héritiers. — V. *suprà* n° 50.

111. — *Quid* si l'emprunteur n'a pu jouir, par exemple, parce qu'il aurait été surpris par maladie? — Barthole et le président Favre (*Sur la loi 17, § 3, Commod.*) décident que le temps ne sera pas prolongé, et M. Troplong (n° 148) partage leur avis.

112. — Lorsque la chose prêtée a été estimée au moment du prêt, cette circonstance n'autorise point le prêteur à réclamer, à son gré, la chose ou l'estimation. C'est seulement la chose prêtée qu'il doit demander. Il n'a droit à l'estimation qu'en cas de perte de cette chose. — Duranton, n° 533; Duvergier, n° 72.

113. — De l'obligation pour le prêteur de laisser jouir l'emprunteur pendant le temps convenu, il résulte que le prêteur doit être garant du trouble ou de l'éviction provenant de son fait. — Pothier, n° 78; Duvergier, n° 109.

114. — Si l'éviction ou le trouble provient du fait d'un tiers : par exemple, du fait du véritable propriétaire de la chose prêtée ; le prêteur ne peut être assujetti à des dommages-intérêts envers l'emprunteur qu'autant qu'il y a eu mauvaise foi de sa part, c'est-à-dire qu'autant qu'il savait que la chose prêtée ne lui appartenait pas et pouvait être, par conséquent, réclamée avant l'expiration du temps convenu. — Pothier, nos 79 et 80; Duranton, n° 547; Duvergier, n° 110; Zachariæ, t. 3, p. 92.— V. aussi Troplong, *loc. cit.*, n° 154.

115. — Au nombre des obligations du prêteur est celle d'avertir l'emprunteur des défauts de la chose prêtée qui peuvent causer du préjudice à celui qui s'en sert. Le défaut d'avertissement en pareil cas est considéré par la loi comme un dol ou au moins comme une faute lourde qui rend le prêteur responsable envers l'emprunteur du dommage que ce dernier a éprouvé par suite des défauts de la chose prêtée. — Art. 1891. — V., cependant, Troplong, nos 163 et suiv.

116. — Une autre obligation du prêteur, c'est de rembourser à l'emprunteur les dépenses que celui-ci a faites ; non pas pour user de la chose (car les dépenses qui ont pour objet l'usage de la chose sont à la charge de l'emprunteur), mais pour la conserver. « Si, pendant la durée du prêt, porte l'art. 1890, l'emprunteur a été obligé, pour la conservation de la chose, à quelque dépense extraordinaire, nécessaire, et tellement urgente qu'il n'ait pas pu en prévenir le prêteur, celui-ci sera tenu de la lui rembourser. »

117. — Le prêteur est également tenu de remplir cette obligation quoique la chose soit venue à périr, soit naturellement, soit par quelque accident de force majeure, mais sans qu'aucune faute puisse être imputée à l'emprunteur. — Pothier, n° 83; Duranton, n° 548; Duvergier, n° 116.

118. — La restitution, de la chose prêtée volontairement, faite par l'emprunteur au prêteur, ne constitue point au profit de ce dernier une fin de non-recevoir contre l'action en remboursement des sommes avancées par l'emprunteur. — Pothier, *loc. cit.*

119. — Du reste, il faut, pour l'application de l'art. 1890 précité, que l'emprunteur n'ait pu prévenir le prêteur de la nécessité des dépenses qu'il a faites. Si ces dépenses pouvaient être différées, le prêteur sera fondé, dans certains cas, par exemple si la dépense est supérieure à la valeur de la chose, à en refuser le remboursement à l'emprunteur. Mais il devra alors abandonner la chose, autrement il s'enrichirait aux dépens d'autrui. — Duvergier, n° 114.

CHAPITRE II. — *Prêt de consommation ou simple prêt.*

120. — Le prêt de consommation, connu en droit romain sous le nom de *mutuum*, est un contrat par lequel l'une des parties livre à l'autre une certaine quantité de choses qui se consomment par l'usage, à la charge, par cette dernière, de lui en rendre autant de même espèce et qualité. — C. civ., art. 1892. — Cujas (XI, observ. 37) définit ainsi le *mutuum* : *Est creditum quantitatis datæ ea lege, ut eadem ipsa quantitas reddatur in genere, non in specie eâdem.* — V. Troplong, *Du prêt*, n° 181.

Sect. 1re. — *Conditions essentielles à la validité du contrat de prêt de consommation.*

121. — Ces conditions sont au nombre de cinq. Il faut : 1° Qu'il y ait consentement réciproque de prêter et d'emprunter ; 2° que la chose qui fait l'objet du prêt puisse se consommer par l'usage, et soit prêtée pour être consommée ; 3° qu'elle ait été livrée à l'emprunteur ; 4° que le prêteur et l'emprunteur aient capacité pour s'obliger et aliéner ; 5° qu'il y ait, de la part de l'emprunteur, obligation de rendre les choses prêtées en même quantité et qualité.

§ 1er. — *Consentement des parties.*

122. — Le prêt de consommation, étant un contrat, ne peut se former que par le concours de la volonté de celui qui prête et de la volonté de celui qui emprunte. — C. civ., art. 1108. — Pothier, *Du contrat de prêt de consomption*, n° 16; Duranton, t. 17, n° 569 (3e édit.) ; Duvergier, *Du prêt de consommation*, n° 137.

123. — En conséquence : si l'une des parties croit faire un dépôt, et que l'autre pense recevoir un prêt ; il n'y a ni prêt, ni dépôt. De même, si l'une des parties croit faire un prêt de consommation, et que l'autre ne pense recevoir qu'un commodat, il n'y a ni prêt ni commodat. — Pothier et Duranton, *ubi suprà ;* Duvergier, n° 138.

124. — ... Et celui qui a livré la chose a le droit d'en exiger la restitution, si elle existe en nature, ou d'en demander l'équivalent, si elle a été consommée. — Mêmes auteurs, *ibid.* — Dans le cas où la chose viendrait à périr dans les mains de celui qui l'a reçue, elle périrait pour le compte de celui qui l'a livrée. — Pothier, *loc. cit.*

125. — On a pu considérer comme un simple prêt l'acte de dépôt, dans lequel les espèces de monnaie qui composent la somme déposée n'ont pas été spécifiées. — *Besançon*, 13 nov. 1811, Arcelin c. Roch.

126. — Lorsqu'une personne a livré à une autre une chose, avec intention de la lui donner ; tandis que cette autre personne ne l'a reçue que dans la pensée que c'était un prêt qui lui était fait : que faut-il décider ? Y a-t-il donation ? Y a-t-il prêt ? Pothier (n° 17) enseigne qu'il n'y a ni prêt ni donation, et que, par conséquent, celui qui a livré la chose avec intention de faire une donation peut la revendiquer tant qu'elle reste entière ; mais que si celui qui l'a reçue l'a consommée, l'action en revendication doit être repoussée par l'exception de mauvaise foi : la consommation ayant eu lieu conformément à la volonté du donateur. M. Duranton (n° 570) semble également partager cette opinion. Cependant, ne peut-on pas dire, avec M. Duvergier (nos 139, 140 et 141), que celui qui consent à donner sa chose, à s'en dépouiller irrévocablement, consent, à plus forte raison, à transmettre la propriété sous la condition qu'on lui rendra des choses en même nombre et de même qualité ; et que, dès lors, le consentement nécessaire à la formation du prêt a été émis de part et d'autre : du côté de l'emprunteur d'une manière expresse, et implicitement du côté du prêteur ? D'après ce système, la restitution ne pourrait être exigée qu'à l'époque qui aurait été fixée dans la pensée de l'emprunteur.— V. conf. Troplong, *Du prêt*, n° 195.

127. — Le contrat de prêt peut se prouver par écrit ou par témoins. On doit faire ici l'application des règles générales sur la preuve des conventions.

128. — Une note trouvée chez un débiteur après sa mort, suffit pour constater qu'une chose lui a été prêtée. — *Rennes*, 31 mai 1813, Leserre c. N...

§ 2. — *Choses qui peuvent faire l'objet d'un contrat de prêt de consommation.*

129. — Toutes les choses qui sont dans le commerce et qui se consomment par l'usage peuvent être la matière de ce contrat. — Art. 1892. — Duvergier, n° 143.

130. — On distingue trois espèces de choses qui se consomment par l'usage. La première espèce est celle des choses qui se consomment *naturellement*, comme du blé, du vin, du bois à brûler ; ces choses cessent d'exister par l'usage qu'on en fait. — La seconde espèce comprend les choses qui se consomment *civilement :* comme du numéraire, dont l'usage qu'on en fait consiste à le dépenser, ou comme du papier, qu'on emploie pour écrire ou pour imprimer un ouvrage. Enfin, la troisième espèce est celle des choses qui se consomment *par le changement de forme :* comme du drap, de la toile, dont on fait des vêtemens, du linge (Pothier, nos 22 et suiv.). L'art. 1892 embrasse toutes ces choses. — Duranton, t. 17, nos 550 et 551 ; Troplong, *ibid.* nos 172, 173 et suiv.

131. — Des choses qui ne se consomment point par l'usage peuvent quelquefois devenir l'objet d'un prêt de consommation. Ce qui a lieu lorsque ces choses sont prêtées avec l'intention que celui qui les reçoit pourra ou les détruire ou les aliéner, à la charge de rendre des choses de la même espèce et de la même qualité. — Ducaurroy, *Institutes de Justinien nouvellement expliquées*, t. 2, n° 949 (6e édition) ; Duranton, t. 17, n° 554 ; Duvergier, *Du prêt à usage*, n° 19.

132. — Ainsi, quand un libraire à qui l'on demande un certain nombre d'exemplaires d'un ouvrage, de telle édition, les emprunte à un de ses confrères ; le contrat qui se forme entre eux est un contrat de prêt de consommation : parce que les exemplaires qu'il doit rendre sont, non pas les exemplaires mêmes qu'il a empruntés, mais des exemplaires semblables, c'est-à-dire du même ouvrage et de la même édition. — Ducaurroy et Duvergier, *ubi suprà ;* Duranton, n° 552 ; Troplong, *loc. cit.*

133. — Des animaux eux-mêmes sont susceptibles de devenir la matière d'un prêt de consommation. Par exemple lorsqu'un fournisseur manquant de chevaux pour la remonte d'un régiment s'adresse à un autre fournisseur qui lui procure ce dont il a besoin mais à la charge de rendre ultérieurement autant de chevaux du même âge, de même taille, en un mot réunissant les mêmes qualités, c'est un véritable prêt de consommation. — Il en serait de même si un boucher prêtait à un autre quatre moutons pour lesquels ce dernier s'obligerait à donner le mois suivant quatre moutons de même pesanteur, etc. — Mêmes auteurs, *loc. cit.* — V., en outre, Duvergier, *Du prêt de consommation*, n° 143 ; Troplong, *ibid.*, n° 177.

134. — Mais si on laisse aux choses leur destination ordinaire, leur usage habituel, si ce sont les mêmes animaux qui doivent être rendus, il ne peut plus y avoir lieu qu'à un contrat de prêt à usage ou de commodat. — C'est ce que veut dire l'art. 1894 du Code civil ainsi conçu : « On ne peut pas donner à titre de prêt de consommation, des choses qui, quoique de même espèce, diffèrent dans l'individu, comme les animaux. »

§ 3. — *Délivrance de la chose. — Effets du prêt de consommation, relativement à la propriété de la chose prêtée.*

135. — Le prêt de consommation ne se forme que par la délivrance faite à l'emprunteur de la chose prêtée. — Pothier, n° 3; Duranton, t. 17, n° 556 ; Duvergier, n° 144; Troplong, *ibid.*, n° 182.

136. — La simple promesse de prêter ne constitue donc pas le prêt proprement dit. — Duranton, *ubi suprà.*

137. — On a conclu de là (V. Pothier, n° 20 ; Duranton, *ibid.*) que le prêt de consommation est un contrat réel. Mais est-ce un contrat réel dans le sens du droit romain ? A Rome les contrats réels étaient ceux dans lesquels la partie qui s'était engagée à livrer une chose, n'était point liée par sa seule promesse ; l'engagement ne recevait sa perfection que de la tradition de la chose. Or, aujourd'hui, la promesse de livrer une chose à titre de prêt de consommation est-elle absolument sans effet, tant qu'elle n'a point été suivie de la délivrance de la chose ? Non, et M. Duranton lui-même le reconnaît, l'inexécution de cette promesse peut donner lieu à des dommages-intérêts de la part de celui qui l'a faite. Celui qui a reçu cette promesse pourrait même, afin d'en obtenir l'accomplissement, faire saisir les corps certains et déterminés qui sont l'objet du contrat, s'ils se trouvent dans les mains de celui qui s'est engagé à les prêter.— Duvergier, n° 144.

138. — Toutefois, si la tradition de la chose est nécessaire pour la constitution du prêt, cette tradition n'a pas toujours besoin d'être réelle ; elle peut n'être que fictive, de brève main (*brevis manûs*). — Ainsi : lorsqu'une personne déjà détenteur de deniers, qui lui ont été confiés à titre de *dépôt*, les conserve par une convention nouvelle, à titre de *prêt ;* le prêt est formé du moment même où cette convention est intervenue. — Pothier, n° 3 ; Duranton, n° 559 ; Duvergier, n° 186.

139. — Si, lorsque le dépôt de deniers a été fait, le déposant et le dépositaire sont convenus que ce dernier pourra les employer à ses besoins, si cela lui convient, à la charge de lui en rendre autant, il y a eu prêt du moment où les deniers ont été employés. — Pothier, *loc. cit. ;* Duranton, n° 560; Duvergier, n° 187.

140. — La convention par laquelle il est arrêté qu'un individu débiteur envers un autre de diverses sommes, à titre de *mandat*, devra désormais ces mêmes sommes à titre de *prêt*, renferme aussi une tradition feinte (*brevis manûs*) suffisante pour la constitution du prêt de consommation. — Duranton, n° 561.

141. — Enfin il y a également prêt lorsque vous me demandez de l'argent à emprunter et que, n'en ayant pas, je vous livre, par exemple, des couverts d'argent pour les vendre, et garder, à titre de prêt, le prix qui en proviendra ; c'est comme si vous m'aviez remis le prix de la vente et que je vous eusse remis à mon tour les deniers pour vous en faire un prêt. — Duranton, n° 562; Duvergier, n° 189.

142. — Lorsque des fonds ont été prêtés par acte notarié, la délivrance en est valablement constatée par la quittance contenue en cet acte. Dès lors, si l'emprunteur a laissé ses fonds entre les mains du notaire, jusqu'à la justification des déclarations hypothécaires, et que le notaire les ait détournés; il ne peut les réclamer de nouveau du prêteur.— *Amiens*, 7 déc. 1836 (t. 1er 1837, p. 396), Briet c. Ber; *Cass.*, 7 mars 1842 (t. 1er 1842, p. 430), Grevin c. Lescallet.

143. — Jusqu'à présent, nous avons supposé que c'était le prêteur lui-même qui effectuait la tradition de la chose prêtée; mais cette tradition peut aussi être valablement faite par un autre en son nom. De même, la chose peut être reçue par un tiers pour le compte du débiteur. — Pothier, nos 28 et suiv.; Duranton, nos 557 et 558; Duvergier, nos 180 et suiv.; Troplong, nos 192 et suiv.

144. — La chose, qui fait l'objet du prêt de consommation, étant prêtée pour être consommée, la propriété de cette chose doit nécessairement être transmise à l'emprunteur. « Il est de l'essence du contrat de prêt de consomption, disait Pothier (n° 4), que la propriété de la chose prêtée soit transférée à l'emprunteur ; il ne suffit pas qu'il lui en ait été fait une tradition réelle, si cette tradition ne lui en a pas transféré la propriété. » Ce principe a été consacré par l'art. 1893 C. civ. Cet article dispose formellement que « par l'effet du prêt de consommation, l'emprunteur devient le propriétaire de la chose prêtée. » — « Deux choses sont exigées, dit M. Troplong (n° 182): délivrance et translation de la propriété. »

145. — Par une conséquence forcée, de cette transmission de propriété, le même article ajoute que c'est pour l'emprunteur que périt la chose prêtée, de quelque manière que cette perte arrive.

146. — Mais à partir de quelle époque la responsabilité des risques peut-elle commencer à peser sur l'emprunteur? M. Duranton (n° 556), se fondant sur ce que le prêt de consommation ne se forme que par la tradition des choses qui en sont l'objet, et que ce n'est que par la tradition que l'emprunteur en devient propriétaire, enseigne que cette tradition seule le rend responsable des choses prêtées. Ce système est combattu par M. Duvergier (n° 146). Selon cet auteur, le contrat qui intervient entre celui qui promet de livrer une chose, à titre de prêt de consommation, et celui à qui est faite cette promesse doit être régi par l'art. 1158 C. civ. Or, aux termes de cet article, l'obligation de livrer une chose est parfaite par le seul consentement des parties; elle rend le créancier propriétaire et met la chose à ses risques, dès l'instant où elle a du être livrée. Dans l'opinion de M. Duvergier, les risques de la chose prêtée sont pour l'emprunteur, conformément à cet article, du moment où les volontés sont échangées. Cependant le législateur, en exigeant pour la constitution du contrat de prêt de consommation la délivrance de la chose, ne semble-t-il pas avoir voulu déroger à cet article, et n'attribuer à la promesse dont il s'agit d'autres effets que ceux que nous avons indiqués plus haut (V. *suprà*, n° 137)? Nous sommes portés à le penser ; car si cette promesse eût du être régie par les principes du droit commun, à quoi bon soumettre à des règles spéciales le contrat qu'elle a eu pour but de former?

§ 4. — *Personnes entre lesquelles le prêt de consommation peut avoir lieu.*

147. — Le prêt de consommation ayant pour but et pour effet, comme nous l'avons vu, de transmettre la propriété des choses prêtées, il s'ensuit qu'il ne peut être régulièrement consenti que par celui qui est propriétaire et qui est capable de contracter et d'aliéner.— Pothier, nos 4 et 21; Duranton, t. 17, n° 563; Duvergier, n° 149.

148. — Ainsi : le prêt qui est fait par un associé n'est valable que pour sa part, à moins que, à raison de la nature de la société, le prêt ne puisse être considéré comme un acte d'administration. — Duranton, *ibid.*; Duvergier, n° 151; Troplong, *De la société*, t. 2, n° 744, et *Du prêt*, n° 208.

149. — Celui qui est fait par un mineur non émancipé ou émancipé, ou par un interdit, ou par celui qui est pourvu d'un conseil judiciaire, doit être déclaré nul.— Pothier, n° 4; Duranton, n° 567; Duvergier, nos 150 et 160; Troplong, *Du prêt*, nos 202, 203 et 204.

150. — En conséquence, les choses qui ont fait l'objet du prêt peuvent être revendiquées contre celui qui les a reçues, tant qu'elles existent dans ses mains, par l'administrateur des biens de l'incapable. — Duranton, *loc. cit.*

151. — Dans le cas où l'emprunteur aurait consommé les choses prêtées, cette consommation, qu'elle ait été faite de bonne foi ou de mauvaise foi, aurait pour effet de valider le prêt. Mais elle ne placerait pas les parties, comme l'a prétendu M. Duranton (*eod. loc.*), avec Pothier (n° 7 *in fine*), dans la position où elles seraient par suite d'un prêt valable. Car l'action qui naît du prêt ne peut être exercée qu'à l'échéance du terme fixé par le contrat; tandis que l'action en restitution résultant de la nullité du prêt pour défaut de capacité du prêteur peut être intentée à quelque époque que ce soit, sans que l'emprunteur ait le droit, pour la repousser, d'invoquer le bénéfice du terme. — Duvergier, nos 152 et 155.

152.—C'est en faveur de l'incapable seulement que la nullité du prêt qu'il a fait a été établie. A l'égard de celui qui a reçu les choses objet de ce prêt, le contrat doit produire tous ses effets. La propriété lui a été transmise, et si les choses prêtées viennent à périr entre ses mains, même par cas fortuit, c'est lui qui doit supporter la perte. — Duranton, n° 568; Duvergier, n° 154.

153. — Dans le cas où un prêt d'argent a été contracté par un mandataire au nom de son mandant: s'il est établi que ce prêt a été le résultat d'une manœuvre frauduleuse entre le mandataire et le prétendu prêteur, il y a lieu d'en prononcer la nullité ; mais cette nullité ne saurait être opposée au tiers de bonne foi cessionnaire de ce prêt. — V. l'arrêt de Dijon du 5 juill. 1841, rapporté avec celui de cassation du 2 août 1842 (t. 2 1842, p. 609) : Bouhard c. Laillet.

154. — Lorsque le prêt d'une chose a été fait par quelqu'un à qui elle n'appartenait point, celui-ci ne peut se prévaloir de la nullité du prêt pour demander la restitution avant l'époque fixée par la convention. Le droit d'invoquer cette nullité n'appartient qu'au véritable propriétaire (Duvergier, nos 153 et 157), et encore l'action de ce dernier demeurera-t-elle, dans certains cas, inefficace.

155. — Par exemple, si l'emprunteur est de bonne foi ; il ne peut, lorsque les choses existent encore entre ses mains, en être évincé par l'action en revendication du véritable propriétaire. Il est de principe, en effet, dans notre droit, qu'*en fait de meubles la possession vaut titre* (C. civ., art. 2279). Le principe ne reçoit exception que lorsqu'il s'agit de choses volées ou perdues. Hors ce cas, la bonne foi de l'emprunteur valide le prêt. — Duranton, n° 566 ; Duvergier, n° 157.

156. — Quand les choses ont été consommées par l'emprunteur, s'il a été de bonne foi au moment du contrat, il ne peut également être tenu de restituer les choses prêtées, en même quantité et qualité qu'à l'époque convenue. En cas de mauvaise foi de sa part, il serait obligé de payer au véritable propriétaire la valeur des choses prêtées avec tels dommages-intérêts que de droit. — Pothier, n° 7 ; Duranton, n° 565 ; Duvergier, *ubi suprà*.

157. — Du reste, il est à remarquer que les droits et l'action qui naissent du prêt n'appartiennent en principe qu'au prêteur seul : alors même qu'il aurait volé les choses qu'il a prêtées ou que le véritable propriétaire aurait ratifié le prêt. Mais le véritable propriétaire pourrait exercer les droits et actions du prêteur contre l'emprunteur, conformément à l'art. 1166 du Code civil ; toutefois, il ne pourrait les exercer exclusivement et par préférence à tous les autres créanciers du prêteur. — Pothier, n° 34; Duvergier, *loc. cit.*, et nos 158 et 159. — *Contrà*, Duranton, *ubi suprà*.

§ 5. — *Obligation de rendre les choses prêtées, en même quantité et qualité.*

158. — L'obligation de rendre les choses prêtées, en même qualité et quantité est une des conditions essentielles de l'existence du contrat de prêt de consommation. — Pothier, n° 13.

159. — En effet, s'il y avait obligation de rendre identiquement (*in individuo*) les choses qui ont été reçues, il n'y aurait pas prêt de consommation, mais commodat. — V. *suprà*, n° 134.

160. — Si l'emprunteur devait rendre des choses d'une autre espèce, par exemple du vin, lorsqu'il a reçu du blé, ce serait un échange.

161. — Nous reviendrons plus loin (section 3e) sur l'obligation de rendre les choses prêtées, en même quantité et qualité, pour en examiner l'étendue et les effets.

Sect. 2e. — *Obligations du prêteur.*

162. — M. Duranton (nos 578 et 581) reproche aux rédacteurs du Code d'avoir intitulé cette section, *Des obligations du prêteur.* Selon lui, le prêt de consommation est de sa nature un contrat unilatéral qui ne produit d'obligation que du côté de l'emprunteur. Si le prêteur est assujetti à quelques obligations, ces obligations ne dérivent pas du contrat de prêt; mais de la bonne foi, qui doit présider à toutes les conventions. Cette opinion a été puisée dans Pothier (n° 51). Mais, dans une savante dissertation, M. Duvergier (*Du prêt de consommation*, nos 191 et suiv.) s'est attaché à justifier les mots *obligations du prêteur* employés par les rédacteurs du Code. Une obligation, soit qu'elle dérive de la nature du contrat, soit qu'elle naisse de la bonne foi qui règne dans toutes les conventions, n'en est pas moins, en effet, une obligation. D'ailleurs, ne peut-on pas, à la rigueur, considérer les obligations du prêteur comme dérivant également du contrat de prêt; puisque sans ce contrat elles n'existeraient pas?

163. — Quoi qu'il en soit, la première obligation du prêteur est d'avertir l'emprunteur des défauts de la chose prêtée. Si, les connaissant, il ne l'a point averti, il est responsable de la perte que ces défauts ont pu lui causer. — Art. 1898.

164. — Toutefois, il ne suffirait pas, pour l'application de cet article, que le prêteur, connaissant les vices de la chose prêtée, n'en eût point informé l'emprunteur. Il faudrait encore que ce dernier eût été dans l'impossibilité de les connaître lui-même. Mais la simple ignorance de l'emprunteur ne lui donnerait point le droit de réclamer du prêteur des dommages-intérêts. C'est à lui en effet de soumettre la chose à l'examen d'un plus expérimenté. — Duranton, t. 17, n° 580.

165. — La seconde obligation du prêteur consiste à laisser la chose entre les mains de l'emprunteur jusqu'au terme fixé par le contrat de prêt. — Art. 1899.

166. — Mais toutes les causes qui privent le débiteur du bénéfice du terme sont applicables ici. — V. OBLIGATIONS.

167. — Lorsqu'il n'a point été fixé de terme pour la restitution, le juge peut accorder à l'emprunteur un délai suivant les circonstances. — Art. 1900.

168. — Il peut aussi ordonner la restitution immédiate de la chose, l'art. 1900 précité lui en laisse la faculté. Il consultera à cet égard l'intention des parties au moment du contrat. — Duranton, n° 583 ; Duvergier, n° 200.

169. — S'il a été convenu que l'emprunteur paiera quand il le pourra ou quand il en aura les moyens, l'art. 1901 veut que le juge fixe un terme de paiement suivant les circonstances.

170. — L'obligation souscrite par l'administrateur de la compagnie d'exploitation d'une mine, pour avances faites à ladite compagnie, et stipulée payable sur les premiers fonds dont la société pourrait disposer, constitue une obligation pour prêt dont l'époque d'exigibilité, n'étant pas fixée, peut être déterminée par le juge. — *Bordeaux*, 22 juin 1833, de Pompignan c. Rovère.

171. — M. Duranton (*loc. cit.*) a pensé que dans ce dernier cas les tribunaux devaient nécessairement accorder un délai. Cependant si les tribunaux reconnaissent que l'emprunteur peut *payer* dès maintenant, qu'il en a les moyens, ne feraient-ils pas un acte contraire au véritable esprit de la convention, en accordant un nouveau délai? C'est ce qu'enseigne M. Duvergier (n° 202).

172. — L'emprunteur peut aussi s'engager à restituer les choses empruntées, à la volonté du créancier; et celui-ci se réserver la faculté d'exiger cette restitution, en prévenant trois mois d'avance. — V., en ce sens, *Rennes*, 12 juin 1831, Lannux et Resgralle c. Leconte.

173. — Lorsque le prêt d'une somme d'argent a été stipulé payable à la volonté de l'emprunteur, le prêteur a le droit d'exiger la restitution de cette somme à la mort de l'emprunteur. —

Toulouse, 20 mars 1835, Falier et Canbère c. Séguin.

174. — Celui qui s'est porté caution d'un prêt a qualité pour intervenir dans une instance engagée à l'occasion de ce prêt, afin de compléter la défense du prêteur et de faire maintenir le privilége auquel il prétend avoir droit. — *Rouen*, 29 déc. 1847 (t. 1er 1848, p. 1re), Lehon c. Declercq.

Sect. 3e. — *Obligations de l'emprunteur.*

175. — L'emprunteur doit rendre la même quantité de choses que celle qu'il a reçue et en même qualité. — Art. 1902. — La consommation des choses prêtées le met en effet dans l'impossibilité de les restituer identiquement.

176. — De cette obligation de restituer les choses en même quantité et qualité, il résulte que l'emprunteur rendra souvent une valeur beaucoup plus grande ou beaucoup plus petite que celle qu'il aura reçue. Rien n'est variable comme le prix des denrées. Mais on n'a pas voulu que l'emprunteur fût tenu de rendre des choses valant au jour de la restitution ce que valaient au jour du contrat celles qu'il a reçues, pour éviter les difficultés de l'appréciation aux deux époques. — Duvergier, no 168.

177. — Lorsque le prêt de consommation a pour objet des choses dont la valeur est légalement constatée, telles que des espèces monnayées, l'emprunteur ne doit pas rendre autant de choses de même espèce et de même qualité. « L'obligation qui résulte d'un prêt en argent, porte l'alinéa 1er de l'art. 1895, n'est toujours que de la somme numérique énoncée au contrat. »

178. — Dans le cas où le cours de la valeur numérique des espèces prêtées vient à changer entre l'époque du prêt et celle du paiement, l'emprunteur doit rendre la somme *numérique* prêtée et ne doit rendre que cette somme *dans les espèces ayant cours au moment du paiement* (art. 1895, alin. 2). — *Bruxelles*, 27 nov. 1829, Hoensbroeck c. Wespier. — Il est bien entendu qu'il ne s'agit pas de cours commercial s'établissant de lui-même par l'abondance ou la rareté du numéraire; mais seulement du cours officiellement fixé par la loi. — Troplong, *Du prêt*, no 229.

179. — La clause insérée dans le contrat que le paiement aurait lieu *en mêmes valeurs* ne fait point obstacle à ce qu'il en soit ainsi. Dans un pays bien organisé, le prêteur ne peut être autorisé à refuser la monnaie pour sa valeur légale. — V., en ce sens, l'arrêt de Bruxelles précité. — Pothier, no 37; Duvergier, no 177. — *Contrà*, Duranton, t. 17, no 577.

180. — Cependant, le prêteur peut valablement stipuler que l'emprunteur sera tenu de lui rendre des pièces de monnaie de la même espèce que celles qu'il remet; par exemple, que le prêt fait en or sera remboursé en espèces de même métal. Une telle convention ne porte point atteinte au principe consacré par l'art. 1895. — Duvergier, nos 178 et 179.

181. — *Quid* s'il avait été stipulé que dans le cas d'augmentation légale de la monnaie l'emprunteur serait indemnisé de la perte occasionnée? Une telle clause serait radicalement nulle, comme contraire à l'ordre public, substituant des volontés particulières à la volonté de la loi, et comme attentatoire au droit de la souveraineté. — Dumoulin, no 294; Pothier, no 37; Merlin, *Rép.*, vo *Prêt*, no 7; Troplong, *Du prêt*, no 240. — V. aussi *Bruxelles*, arrêt précité (no 178).

182. — Au reste, la disposition de cet art. 1895 n'est applicable qu'autant qu'il s'agit d'espèces monnayées. Elle cesse d'avoir son effet, si le prêt a été fait en lingots. — Art. 1896.

183. — Si ce sont des lingots ou des denrées qui ont été prêtées, quelle que soit l'augmentation ou la diminution de leur prix, le débiteur doit toujours rendre la même quantité et qualité, et ne doit rendre que cela. — Art. 1897.

184. — Soit que le prêt consiste en espèces monnayées, soit qu'il consiste en denrées ou lingots, la restitution des choses prêtées doit se faire au terme convenu (art. 1902) ou au terme indiqué par le juge, lorsqu'il n'en a point été fixé par la convention.

185. — Dans quel lieu ces choses doivent-elles être rendues? Le Code ne s'est pas positivement expliqué à cet égard. Mais dans l'art. 1247, au titre *Des contrats ou Des obligations conventionnelles*, il dispose que, hors le cas où il y a convention sur le lieu du paiement et celui où la dette est d'un corps certain, le paiement doit être fait au domicile du débiteur. Nul doute que si les parties sont convenues d'un lieu, la restitution des choses prêtées ne doive se faire en ce lieu. Mais, en l'absence de toute convention, doit-on appliquer l'art. 1247? Il importe, pour la solution de cette question, de distinguer entre le prêt de sommes d'argent et le prêt de choses fongibles.

186. — Lorsque c'est une somme d'argent qui a été prêtée, on peut supposer, par application de la disposition générale de l'article précité, que les parties ont entendu que le paiement serait fait au domicile de l'emprunteur. — V., en ce sens, Duranton, t. 17, no 586; Duvergier, no 207; Troplong, *ibid*, no 280.

187. — En principe, c'est également au domicile de l'emprunteur que doivent être restituées les choses fongibles. Mais les parties peuvent être présumées avoir voulu que la restitution se fît dans le même lieu que le prêt. Cette intention se présume facilement, par exemple, lorsque le prêt est d'une pièce de vin ou de toutes autres choses dont la valeur dans un lieu est quelquefois de plus du double de leur valeur dans un autre lieu. — V. Pothier, no 46; Duranton, no 585; Duvergier, no 208. — Cependant, M. Troplong estime (*Du prêt*, no 279) qu'à moins de conventions contraires le remboursement doit être effectué au lieu où la livraison a été faite.

188. — C'est au prêteur que doit être faite la restitution des choses prêtées. Ainsi, on a pu rembourser au père, depuis la majorité de ses enfans, le prêt par lui fait, durant leur minorité, d'une somme qui leur appartenait. — *Riom*, 12 janv. 1809, Fourrit c. Serres.

189. — Lorsque l'emprunteur est dans l'impossibilité de rendre les choses prêtées, en même quantité et qualité; il est tenu d'en payer la valeur, eu égard au temps et au lieu où la chose devait être rendue d'après la convention. Si la convention est muette sur le temps et le lieu de la restitution, la valeur des choses prêtées doit se calculer eu égard au temps et au lieu où l'emprunt a été fait. — Art. 1903.

190. — Par l'*impossibilité* dont parle cet article, il ne faut pas entendre seulement l'impossibilité réelle où se trouve l'emprunteur, par l'effet de circonstances survenues depuis le prêt, de se procurer les choses elles-mêmes. L'emprunteur devrait également être condamné à payer la valeur des objets prêtés, s'il se refusait par pure mauvaise volonté à les restituer en même quantité et qualité. — Duranton, t. 17, no 588; Duvergier, no 209.

191. — Toutefois, le droit qui appartient au prêteur étant celui de réclamer les choses mêmes; il en résulte que si l'emprunteur a en sa possession des choses de même espèce et qualité que celles qui ont été prêtées, le prêteur peut se faire autoriser à s'en saisir. — Duvergier, no 210.

192. — L'art. 1904 C. civ. porte que « si l'emprunteur ne rend pas les choses prêtées ou leur valeur au terme convenu, il en doit l'intérêt du jour de la demande en justice. »

193. — Cet article ne prévoit que le cas où un terme a été fixé pour la restitution; mais si, le contrat ne contenant aucune indication de terme, les juges, conformément aux art. 1900 et 1901, accordent un délai à l'emprunteur, les intérêts ne doivent dans ce cas commencer à courir qu'à l'expiration de ce délai. — Duranton, no 592; Duvergier, no 219; Troplong, *Du prêt*, no 303.

194. — Lorsqu'il a été convenu que l'emprunteur paierait *quand il le pourrait*, ou *quand il en aurait les moyens*, les juges peuvent même, en fixant un terme de paiement, ordonner que les intérêts ne commenceront à courir que d'une autre époque. — Duranton, *ubi suprà*.

195. — Mais si, dans le cas où le contrat contient un terme, les juges, prenant en considération la position du débiteur, lui donnent un certain temps pour s'acquitter (art. 1244), alors les intérêts n'en sont pas moins dus du jour de la mise en demeure. — Duvergier, no 220.

196. — Les dommages-intérêts dus pour le retard dans la restitution des choses prêtées semblent, d'après l'art. 1904, avoir été bornés par le législateur à l'intérêt légal depuis le jour de la demande. MM. Duranton (no 590) et Duvergier (nos 217 et 218) enseignent, en effet, que le prêteur ne peut réclamer aucuns dommages-intérêts à raison de l'augmentation ou de la diminution de valeur que les choses ont pu éprouver depuis la demande jusqu'au jour du jugement ou de la restitution.

197. — Enfin l'emprunteur assigné en paiement de la somme représentative des choses prêtées ne peut ultérieurement offrir ces choses pour se dispenser d'en payer le prix. Autrement, la chance de diminution des denrées serait en sa faveur; tandis que le prêteur serait privé de celle d'augmentation. — Duranton, no 591; Duvergier, no 222.

CHAPITRE III. — *Du prêt à intérêt.*

198. — Le prêt à intérêt a été considéré par les rédacteurs du Code civil sous un double point de vue, ou comme prêt ordinaire, ou comme un contrat de constitution de rente, suivant que le capital est de droit commun exigible ou non.

199. — La constitution de rente a ses règles particulières (C. civ., art. 1909 à 1914), qui se trouvent exposées ailleurs. — V. RENTE.

200. — En ce qui concerne le prêt à intérêt, proprement dit, il peut avoir pour objet non-seulement une somme d'argent, mais encore des denrées ou autres choses mobilières. « Il est permis, porte, en effet, l'art. 1905 C. civ., de *stipuler* des intérêts pour simple prêt soit d'argent, soit de denrées, ou autres choses mobilières. »

201. — Mais toutes choses mobilières, fongibles ou non, sont-elles comprises dans les termes de cet article? En ajoutant les mots *ou autres choses mobilières* à celui de *denrées*, le législateur semble avoir voulu proscrire toute distinction. Cependant lorsque les choses se donnent à la charge d'être rendues en nature et moyennant une somme annuelle, c'est alors un louage et non un prêt. Le prêt de denrées ne se comprend véritablement qu'à l'égard des choses fongibles. — V. Duvergier, *Du prêt à intérêt*, no 251, note. — M. Cotelle (*Des intérêts*, no 53) enseigne même, en se fondant sur ce qu'on ne peut qu'abuser de ces mots *et autres choses mobilières*: qu'il serait à propos de les retrancher. — Toutefois, dans le silence de nos lois sur le taux de l'intérêt des denrées, MM. Rolland de Villargues (*Prêt à intérêt*, no 29) et Troplong (*Prêt*, t. 14, no 361, *in fine*) estiment qu'il n'y a rien d'illicite dans la stipulation qui obligerait l'emprunteur, par exemple, de 100 mesures d'huile, pommes, etc., à en rendre 112 ou 115 à la récolte suivante.

202. — Il ne suffirait pas pour qu'un prêt d'argent ou de choses fongibles devînt productif d'intérêts que la somme ou que les choses eussent été remises à l'emprunteur; il faut que les intérêts aient été stipulés : c'est ce qui résulte de l'art. 1905 précité. D'où il suit que le prêt à intérêt est en même temps consensuel et réel. — Cotelle, no 75.

203. — L'art. 1907, alin. 2, C. civ., exige même que la stipulation soit écrite. Mais cette disposition, introduite à une époque où, le taux des intérêts du prêt étant purement arbitraire et abandonné à la volonté des parties, il importait d'empêcher les usuriers de pousser trop loin leurs exactions, ne devrait point aujourd'hui, ainsi que nous l'avons établi sous les mots INTÉRÊTS et USURE (V. ces deux mots), être appliquée dans toute sa rigueur. Des présomptions ou inductions pourraient établir la preuve de l'intention des parties de faire produire des intérêts au capital ou aux choses fongibles qui ont été prêtés.

204. — Les rédacteurs du Code civil ont d'ailleurs eux-mêmes supposé que le prêt à intérêt pouvait être tacite, en disant dans l'art. 1906 C. civ. que « l'emprunteur qui a payé des intérêts qui n'étaient pas stipulés ne peut ni les répéter ni les imputer sur le capital. »

205. — Toutefois s'il était bien démontré que ce n'est que par erreur, ou par suite de dol et de fraude de la part du créancier, que le débiteur a payé des intérêts non stipulés, ou en a payé de plus forts que ceux qui avaient été tacitement convenus (Duranton, t. 17, no 600; Zachariæ, *Cours de droit civil français*, t. 3, p. 95), ou s'il était constant qu'il en a payé de plus élevés que ceux dont la loi autorise la perception, la répétition ou l'imputation serait admise.

206. — Quel est donc le taux auquel il est permis de porter les intérêts des sommes d'argent et des choses fongibles qui sont l'objet d'un contrat de prêt? L'art. 1907 C. civ. permettait que l'intérêt conventionnel pût excéder celui de la loi toutes les fois que la loi ne le prohibait pas. Mais le taux de l'intérêt ne se trouvant alors réglé par aucune loi, l'intérêt conventionnel était tout à fait arbitraire. Ce fut la loi du 3 sept. 1807, aujourd'hui encore en vigueur, qui vint définitivement régler la matière des intérêts. Depuis cette loi, l'intérêt conventionnel ne différant plus de l'intérêt légal, ne peut excéder 5 0/0 en matière civile, ni 6 0/0 en matière commerciale (art. 1er et 2).

207. — Il en est ainsi, encore bien que les in-

térêts des capitaux ou choses fongibles qui ont été prêtés soient fixés en denrées.

208. — Toute convention qui aurait pour objet de porter, soit directement, soit par des voies détournées, l'intérêt conventionnel au-dessus du taux fixé par la loi du 3 sept. 1807, serait entachée d'usure et, comme telle, pourrait être déclarée nulle ou devrait donner lieu à répétition, réduction ou imputation. — V. USURE.

209. — Nous avons dit précédemment que, sauf le cas d'erreur, de dol ou de fraude et d'usure, le débiteur qui avait volontairement payé des intérêts non stipulés ne pouvait ni les répéter ni les imputer sur le capital prêté. Mais ici se présente la question de savoir si le paiement d'intérêts non stipulés pendant plusieurs années autorise le prêteur, en cas de refus du débiteur, de continuer à réclamer pour l'avenir le paiement de ces intérêts. M. Cotelle (n° 84) l'a résolue négativement. Cependant il nous semble que les tribunaux pourraient, suivant les circonstances, induire de ces paiements successifs d'intérêts la preuve d'une convention tacite de payer les intérêts.

210. — Dans tous les cas, nous ne croyons pas, comme M. Cotelle (n° 85), que le refus du débiteur de continuer le service des intérêts puisse donner au prêteur le droit de faire résoudre le contrat de prêt. Car le prêt peut être gratuit et le défaut de stipulation d'intérêts peut conduire à penser que telle a été la condition du contrat.

211. — Mais la stipulation qu'une somme prêtée à terme deviendra exigible faute de paiement des intérêts doit-elle être considérée comme la clause résolutoire apposée à un contrat de constitution de rente (art. 1912)? La question est controversée. — V., pour l'affirmative, *Bruxelles*, 24 mai 1809, Powis c. Dewalsche; pour la négative, *Paris*, 24 janv. 1815, Leblond c. Surcouf.

212. — Quant aux prêts faits en matière de commerce, ils affectent des formes particulières et sont soumis à des règles spéciales dont nous n'avons point à nous occuper ici. — V. à cet égard BANQUIER, COMMISSIONNAIRE, COMPTE-COURANT, CRÉDIT OUVERT, ESCOMPTE, PRÊT A LA GROSSE.

V. aussi ABUS DE CONFIANCE, ACTE AUTHENTIQUE, ACTE SOUS SEING PRIVÉ, ANNUITÉ, ANTICHRÈSE, AVEU, AYANT CAUSE, COMMENCEMENT DE PREUVE PAR ÉCRIT, COMPÉTENCE COMMERCIALE, DOUBLE ÉCRIT, PRÉSOMPTION, PREUVE TESTIMONIALE.

PRÊT SUR GAGES.

V. COMMISSIONNAIRE AU MONT DE PIÉTÉ, GAGE, MAISON DE PRÊT SUR GAGES, MONT DE PIÉTÉ, PRÊT.

PRÊT A LA GROSSE.

Table alphabétique.

PRÊT A LA GROSSE. — 1. — Le prêt à la grosse aventure, qu'on nomme aussi, par abréviation, *prêt à la grosse*, est une convention par laquelle l'une des parties, qu'on appelle *prêteur* ou *donneur*, prête à l'autre, qu'on appelle *emprunteur* ou *preneur*, une certaine somme d'argent, sur des objets exposés à des risques maritimes : avec condition que si ces objets arrivent heureusement, le prêteur recevra, outre son capital, une somme convenue qu'on appelle *profit maritime*; et que s'ils viennent à périr en tout ou en partie par fortune de mer, il ne pourra rien réclamer au delà de la valeur de ce qui restera de ces objets.

2. — On donne encore au prêt à la grosse la dénomination générique de *contrat à la grosse aventure* ou *contrat à la grosse*, on l'appelle aussi *contrat* ou *prêt à retour de voyage*.

3. — Ces termes : *à la grosse aventure* ou simplement *à la grosse* viennent de ce que le prêteur ou donneur expose son argent à l'aventure de la mer, et qu'il contribue aux grosses avaries.

SECT. 1re. — *Historique.* — *Caractère du prêt à la grosse*, (n° 4).

SECT. 2e. — *Qui peut prêter ou emprunter à la grosse* (n° 23).

SECT. 3e. — *Choses essentielles au prêt à la grosse* (n° 41).

§ 1er. — *Chose prêtée* (n° 42).

§ 2. — *Choses affectées au prêt* (n° 45).

§ 3. — *Risques* (n° 71).

§ 4. — *Profit maritime* (n° 103).

SECT. 4e. — *Formes du contrat à la grosse* (n° 117).

SECT. 5e. — *Effets du contrat à la grosse* (n° 137).

§ 1er. — *Mode et effets de la négociation du contrat à la grosse* (n° 137).

§ 2. — *Quand et comment le prêteur peut exiger son remboursement* (n° 150).

§ 3. — *Privilége du prêteur* (n° 160).

§ 4. — *Action, compétence, prescription* (n° 189).

SECT. 6e. — *Exceptions et déductions à opposer au prêteur* (n° 197).

SECT. 7e. — *Nullité et ristourne du contrat à la grosse* (n° 228).

Sect. 1re. — *Historique.* — *Caractères du prêt à la grosse.*

4. — *Historique.* — Le contrat à la grosse aventure ou le prêt à la grosse est un des contrats maritimes les plus anciennement connus. A Rome, on l'appelait *pecunia trajectitia*; ou encore *pecunia nautica, fœnus nauticum.*

5. — Suivant le droit romain, il était permis de prêter à la grosse pour le voyage entier ou pour un temps déterminé. Quand l'argent trajectice n'avait été prêté que pour une partie du voyage, on faisait ordinairement embarquer un esclave à qui le principal et le profit maritime étaient remis du moment que les risques cessaient d'être à la charge du créancier. — Goujet et Merger, *Dict. de dr. comm.*, v° *Grosse aventure* (*prêt à la*), n° 2.

6. — Une peine pécuniaire était stipulée pour le cas où le preneur était en retard de remplir ses obligations, ou cette peine était exigible par la seule échéance du terme. Toutefois, si personne ne se présentait pour recevoir le paiement, cette peine se confondait avec l'intérêt de terre au delà duquel on ne pouvait rien exiger; ce même intérêt de terre remplaçait également le change maritime, toutes les fois que les risques de la mer cessaient d'être à la charge du créancier. — Goujet et Merger, *ibid.*

7. — Le taux de l'intérêt maritime était arbitraire et par suite était presque toujours considérable; mais Justinien défendit de le porter au delà de 12 pour 0/0. — L. 26, C., *De usuris.*

8. — Dans le moyen âge, le contrat à la grosse était connu dans divers pays et surtout en Italie sous le nom d'*hypothèque*; dans le Nord, on le désignait sous le nom de *bomerie* (du flamand *bome*, quille de vaisseau, ou *bomerie*, quille équipée ou vaisseau garni). Il n'avait lieu que sur corps et quille du navire. — Wolf appelle *argent trajectice* l'argent donné sur les marchandises, et *bomerie* l'argent donné sur le corps.

9. — *Caractères.* — Le contrat à la grosse, tel qu'il existe chez nous, n'est ni un prêt proprement dit, ni une vente, ni une société, ni une assurance, ni un composé de ces divers contrats; mais un contrat tout à fait spécial, qui a ses caractères propres. — Pothier, *Prêt à la grosse*, n° 6; Boulay-Paty, *Dr. marit.*, t. 3, p. 8.

10. — Suivant M. Bravard-Veyrières (*Man. de dr. comm.*, p. 377): le prêt à la grosse est un contrat consensuel, en ce que chez nous, à la différence de ce qui avait lieu dans le droit romain, la convention de prêter est valable par elle-même et forme contrat. Mais l'action du prêteur étant subordonnée à l'existence de la chose sur laquelle le prêt a été fait, le contrat est réel en ce dernier sens. — Geujet et Merger, n° 8.

11. — Il faut même dire que le contrat est plus réel que personnel, puisque la navigation forme son objet unique; que le change maritime est en quelque sorte une portion des profits du voyage: que si le navire périt, le donneur n'a rien à demander; et que si rien n'a été exposé aux risques, le contrat n'a jamais été à la grosse. — Goujet et Merger, n° 7.

12. — Le contrat à la grosse est un contrat aléatoire; car ses effets quant aux avantages et aux pertes dépendent, pour toutes les parties, ou du moins pour l'une d'entre elles, d'un événement futur et incertain. — C. civ., art. 1964.

13. — De plus, comme on le verra, le contrat à la grosse est un contrat à titre onéreux, de droit strict, et enfin du droit des gens.

14. — Les conditions requises pour les contrats en général le sont également pour le contrat de prêt à la grosse, mais avec des modifications spéciales déterminées par la nature de ce contrat; il faut, outre le consentement des parties, qui est de l'essence de tous les contrats, qu'il y ait: 1° un capital ou une chose prêtée; 2° des choses sur lesquelles le prêt soit affecté; 3° des risques auxquels ces choses soient exposées et dont le prêteur se charge; 4° un profit maritime, c'est-à-dire la stipulation d'une somme, en sus du capital prêté, qui soit, pour le prêteur, la compensation de la chance qu'il court de perdre son capital. — L. 1 à 5, ff., *De nautic. fen.*; L. 1, 2, 4, C., *eod.* — Emerigon, t. 2, p. 393; Boulay-Paty, t. 3, p. 10.

15. — Le contrat à la grosse ne doit pas être confondu avec certains contrats ou sociétés nautiques, tels que: 1° celles pour l'armement d'un navire passées entre le propriétaire et l'armateur; 2° les contrats *di colonna* intervenus entre le propriétaire du navire, le capitaine et les gens de l'équipage pour que la navigation soit faite à frais communs; 3° les conventions pour vente d'une pacotille à frais communs. — Goujet et Merger, n° 13.

16. — Tout en ayant des principes qui lui sont propres, le contrat d'assurance ne laisse pas d'offrir de grandes affinités avec le contrat à la grosse. En effet, on voit chargé des risques, dans l'un le prêteur, et dans l'autre l'assureur. Les prix des risques maritimes, c'est-à-dire dans l'un le profit, et dans l'autre la prime, sont supportés d'après les mêmes règles et peuvent être modifiés de la même manière. Le taux de ce profit ou de cette prime est plus ou moins élevé, suivant la durée et la nature des risques ou la convention. Les deux contrats ne produisent effet qu'autant que les objets affectés au prêt ou assurés sont exposés à des risques maritimes et que les mêmes événemens ou circonstances font commencer et finir. Enfin, dans l'un et l'autre cas, c'est au demandeur à prouver que la condition a été accomplie. — Clairac, sur l'art. 2, ch. 18 du *Guidon de la mer*; Pothier, n° 6; Pardessus, n° 887.

17. — Aussi, lors de la rédaction du Code de commerce, cette affinité avait-elle déterminé la Cour de Rennes à demander que le titre du contrat à la grosse fût fondu avec celui du contrat d'assurance sous ces trois divisions: 1° Dispositions communes aux deux contrats; 2° Du contrat à la grosse; 3° Du contrat d'assurance. — Mais, tout en convenant des traits de ressemblance, la commission rejeta cette proposition en faisant observer que le contrat à la grosse et le contrat d'assurance différaient dans leur forme, dans leur exécution, ainsi que dans les stipulations du contrat, et que, principalement, les formes du délaissement étaient inconnues à l'égard du prêteur à la grosse.

18. — En effet, on remarque bien des différences entre les deux contrats: dans le contrat à la grosse, le prêteur fournit réellement une certaine somme qui sert à l'achat des effets des risques desquels le prêteur se charge. Dans le contrat d'assurance, l'assureur ne fournit rien à l'assuré; au contraire, il reçoit une prime qui lui est souvent payée au moment de la convention et qui, lors même qu'elle n'est pas payée comptant, est une créance certaine qu'il peut céder. Dans le contrat à la grosse, il faut des choses susceptibles d'être la matière d'un gage. Dans l'assurance il suffit de pertes possibles. En se chargeant des risques que courent les choses sur lesquelles il prête, le prêteur à la grosse ne contracte aucune obligation envers l'emprunteur. Au contraire, l'assureur s'oblige envers l'assuré, à l'indemniser des pertes qu'il pourra essuyer, jusqu'à concurrence de la somme assurée. — Boulay-Paty, t. 3, p. 12 et 13; Pardessus, n° 888.

19. — Il existe également plusieurs différences dans l'exécution des deux contrats et principalement dans l'application de la règle que tout demandeur doit faire la preuve de son droit. — Dans le prêt à la grosse, le prêteur qui s'est dessaisi de son argent, ne pouvant l'exiger, avec le profit convenu, qu'en cas d'heureuse arrivée, est tenu de prouver cet événement ou toute autre cause légitime d'exigibilité. L'emprunteur, n'ayant rien à demander, n'est assujetti à aucune diligence pour faire connaître les sinistres et autres accidens qui pourront lui servir d'exceptions, il suffit qu'il en justifie lorsqu'il est attaqué; et s'il doit s'en procurer la preuve, c'est dans l'intérêt de ses exceptions. — Dans le contrat d'assurance, l'assureur ayant promis d'indemniser l'assuré de ses pertes; ce dernier est demandeur, c'est donc à lui à en faire la preuve dans les délais déterminés. L'assureur n'a point à agir; il attend et peut fonder ses exceptions sur l'insuffisance, l'irrégularité ou la tardiveté des preuves rapportées par l'assuré. — Pardessus, n° 889.

20. — Enfin, en cas de naufrage, le prêteur à la grosse a un privilége sur la totalité des effets sauvés, sans que l'emprunteur puisse être admis en concours avec lui; au lieu que l'assuré vient, pour son découvert, en concours avec ses propres assureurs, sur les objets assurés. — Boulay-Paty, *loc. cit.*

21. — Autrefois certains docteurs, entre autres Straccha (*Des assur.*, nos 26 et suiv.), Luca (*De usur.*, disc. 3, nos 7, 8 et 9), contestaient la légitimité du prêt à la grosse, en la considérant comme usuraire; mais cette doctrine était repoussée par le plus grand nombre des auteurs qui ont écrit avant le Code de commerce. — Emerigon, t. 2, p. 389; Valin, *Contrat à la grosse*, t. 2, p. 2; Pothier, n° 2.

22. — Le prêt à la grosse ne peut jamais être pour l'emprunteur un moyen de gagner, mais seulement un moyen de ne pas perdre.

Sect. 2e. — *Qui peut prêter ou emprunter à la grosse.*

23. — Pour pouvoir prêter à la grosse, il faut avoir la capacité de faire un prêt en général (V. PRÊT). De plus, comme la loi répute acte de commerce « tout emprunt ou prêt à la grosse » (C. comm., art. 633, § 5), il faut avoir la capacité de faire des actes de commerce. — V. ACTE DE COMMERCE et COMMERÇANT.

24. — Les mêmes conditions sont requises pour pouvoir emprunter à la grosse. Mais, de plus, comme l'emprunteur doit affecter au prêt des choses sur lesquelles la loi confère un privilége au prêteur, il faut que l'emprunteur ait qualité pour faire cette affectation.

25. — En général: le propriétaire des objets affectés au prêt a seul qualité pour consentir le contrat, puisqu'il y a là une aliénation éventuelle des objets qui en sont l'aliment. — Goujet et Merger, n° 113.

26. — Ainsi les syndics d'une faillite ne peuvent, sans l'autorisation du juge-commissaire, contracter un emprunt à la grosse, pour faire naviguer un navire qui se trouve dans le patrimoine de la faillite. — *Rouen*, 12 juin 1821, N....

27. — Toutefois, comme les accidens de la navigation ne permettent pas que le propriétaire soit toujours présent quand il est nécessaire d'emprunter à la grosse, il est certains cas où la loi dispose qu'un tiers est réputé avoir reçu mission du propriétaire pour emprunter en son nom. A ce sujet, il faut distinguer entre les emprunts faits sur le corps du navire et ceux faits sur les marchandises.

28. — La règle qu'en fait de meubles possession vaut titre n'est point applicable aux navires. La détention du navire n'est donc point un titre suffisant en faveur du possesseur. Dès lors, le prêteur doit se faire représenter les titres de propriété de l'emprunteur et s'imputer sa négligence s'il ne s'assure pas de la qualité de celui avec lequel il contracte. — Pardessus, n° 909.

29. — Cependant si la propriété du navire est indivise entre plusieurs, la majorité en intérêts ou en somme fait loi et son consentement suffit. — Bravard-Veyrières, *Manuel de droit commercial*, p. 379.

30. — Le capitaine, dans le lieu de la demeure des propriétaires du navire, ou de leurs fondés de pouvoirs, ne peut, sans leur autorisation spéciale, emprunter à la grosse sur le corps du navire. — C. comm., art. 232. — V. CAPITAINE DE NAVIRE, n° 384. — En pareil cas, l'emprunt fait sans l'autorisation authentique des propriétaires ou leur intervention dans l'acte ne donne action et privilége que sur la portion que ce capitaine peut avoir au navire et au fret. — C. comm., art. 321.

31. — Toutefois, sont affectées aux sommes empruntées, même dans le lieu de la demeure des intéressés, pour radoub et victuailles, les parts et portions des propriétaires qui n'auraient pas fourni leur contingent pour mettre le bâtiment en état dans les vingt-quatre heures de la sommation qui leur en sera faite. — C. comm., 322.

32. — Le copropriétaire d'un navire, investi de la qualité d'armateur ou d'administrateur ne peut, dans le lieu de la demeure de ses copropriétaires, souscrire un billet de grosse ni engager leurs parts sans leur consentement ou sans une sommation préalable de payer la portion à leur charge dans les sommes nécessaires pour les besoins du navire. — Le porteur de ce billet n'a d'action que sur la part de celui qui l'a souscrit. Par suite: si la part du souscripteur ne forme pas la majorité, le porteur ne peut pratiquer des exécutions dont le résultat amènerait la vente du navire. — Trib. de *Marseille*, 30 janv. 1833 (*Journ. Marseille*, t. 12, p. 58).

33. — Si, pendant le cours du voyage, il y a nécessité de radoub, ou d'achat de victuailles, le capitaine, après l'avoir constaté par un procès-verbal, signé des principaux de l'équipage, peut, en se faisant autoriser, en France par le tribunal de commerce ou, à défaut, par le juge de paix, chez l'étranger par le consul français ou, à défaut, par le magistrat des lieux, emprunter sur le corps et quille du vaisseau jusqu'à concurrence de la somme que les besoins constatés exigent. — C. comm., 234. — V. CAPITAINE DE NAVIRE, nos 408 et suiv.; 508 et suiv.

34. — L'autorisation de contracter un emprunt à la grosse, que le capitaine d'un navire français est tenu, aux termes de l'art. 234 du Code de commerce, d'obtenir du consul de France à l'étranger, peut régulièrement, même depuis l'ordonnance du 26 octobre 1833, être accordée par le vice-consul, une pareille autorisation ne constituant pas un acte de juridiction. — En conséquence, est valable l'emprunt à la grosse contracté au cap de Bonne-Espérance par un capitaine français avec l'autorisation du vice-consul résidant au Cap. — *Cass.*, 24 août 1847 (t. 2 1847, p. 563), Thompson c. Lamatte.

35. — Depuis les ordonnances de 1833, sur le corps du consulat: un vice-consul n'a pu autoriser un emprunt à la grosse dans les termes de l'art. 234 du Code de commerce. — On ne peut même lui en reconnaître la capacité putative, sous le prétexte que l'erreur commune ou un usage général lui attribuent un semblable pouvoir. — *Rouen*, 4 janv. 1844 (t. 1er 1844, p. 113), Thompson c. Lamatte.

36. — L'emprunt à la grosse fait par un capitaine (même étranger, sur un navire de sa nation) a pour effet d'obliger les propriétaires du chargement vis-à-vis du prêteur, malgré l'inobservation des formalités prescrites par l'art. 234 du Code de commerce: celles-ci ayant été seulement établies dans l'intérêt du capitaine. — *Cass.*, 9 juill. 1845 (t. 2 1845, p. 558), Delessert c. Meinel.

37. — Si toutes les dispositions prescrites par l'art. 234 du Code de commerce n'ont pas été remplies, le capitaine engage sa responsabilité: tant envers les prêteurs qu'envers les propriétaires. — Goujet et Merger, n° 125. — V. aussi CAPITAINE DE NAVIRE, *loc. cit.*

38. — Quant aux marchandises, le détenteur, en étant, à moins de preuve contraire, réputé propriétaire, a qualité pour les affecter à un emprunt à la grosse. — Goujet et Merger, n° 130.

39. — Le capitaine peut également, en cas de

nécessité dûment constatée, emprunter à la grosse sur les marchandises composant le chargement de son navire pour le faire radouber ou acheter des victuailles (arg. C. comm. 234). — V. CAPITAINE DE NAVIRE, *loc. cit.*

40. — Toutefois le propriétaire de la cargaison d'un navire qui a été affectée au remboursement d'un emprunt à la grosse, peut former tierce opposition au jugement qui a ordonné la vente de cette cargaison, pour satisfaire à l'emprunt, s'il n'a pas été appelé à figurer dans le jugement. — *Rennes*, 18 déc. 1832, Gillac c. Lebras.

Sect. 3e. — *Choses essentielles au prêt à la grosse.*

41. — On a vu (*suprà*, n° 14) qu'il y avait quatre choses essentielles au contrat de prêt à la grosse, savoir : 1° une chose prêtée; 2° une ou plusieurs choses affectées au prêt; 3° des risques à la charge du prêteur sur les choses affectées au prêt; 4° et enfin un profit maritime en faveur du prêteur. — Ce sera l'objet des divisions suivantes :

§ 1er. — *Chose prêtée.*

42. — Dans l'usage, la chose prêtée est ordinairement une somme d'argent; mais elle peut consister dans toute espèce de choses appréciables (Boulay-Paty, t. 3, p. 16; Dageville, t. 2, p. 476), comme dans le contrat de prêt ordinaire : c'est-à-dire qu'elle peut consister dans toutes celles *quæ pondere, usu, numero et mensurâ constant, et quæ usu consumuntur.* — L. 2, § 1er, ff., *De reb. cred.* — Pothier, *Prêt à la grosse*, n° 8.

43. — Jugé, en ce sens, qu'un billet de grosse est valable, bien qu'il n'ait pas pour cause une somme d'argent, si d'ailleurs une valeur réelle a été fournie lors de la souscription. Ainsi, le montant d'une facture de marchandises vendues et dont l'acquit est remis contre un billet de grosse de la même somme, souscrit par l'acheteur, est un aliment valable et suffisant pour le contrat à la grosse. — Trib. *Marseille*, 30 août 1827, Bourly (*Journ. de Marseille*, 10, 1, 282).

44. — Ce sont moins les choses données que leur prix qui fait en réalité la matière du contrat. On devrait donc voir plutôt un louage à la grosse qu'un prêt dans la convention par laquelle les mêmes objets devraient être rendus, s'ils ne périssaient pas par accidens maritimes, soit après due réparation, soit en en payant la détérioration avec le profit maritime. — Pardessus, t. 2, p. 524; Dageville, t. 2, p. 476.

§ 2. — *Choses affectées au prêt.*

45. — En règle générale : tout ce qui peut faire l'objet d'une assurance maritime peut également le faire du contrat à la grosse, pourvu que les risques maritimes et l'aliment de ces risques soient réels de part et d'autre et que rien ne répugne à l'essence du contrat. — Pardessus, n° 892. — V. aussi ASSURANCE MARITIME, nos 6 et suiv.

46. — Par la même raison, ne peuvent être affectées au prêt à la grosse les choses qui, par leur nature ou par une disposition prohibitive de la loi, ne peuvent être l'objet d'une assurance : telles que le fret à faire, les profits espérés ou les loyers des gens de mer. — Pardessus, n° 892.

47. — Cependant il est des choses qui ne peuvent être l'objet du prêt à la grosse, bien que le contrat d'assurance leur soit applicable. En effet, le prêt à la grosse entraînant l'affectation réelle des choses sur lesquelles on emprunte; il faut nécessairement que ces choses soient vénales: condition qui n'est pas exigée pour le contrat d'assurance, qui n'a pour objet que de garantir les choses assurées des risques possibles.—Ainsi, on peut faire assurer la vie ou la liberté d'une personne ; mais on ne pourrait les affecter à un prêt à la grosse. — Pardessus, *ibid.*

48. — Les emprunts à la grosse peuvent être affectés, sur le corps et quille du navire, sur les agrès et apparaux, sur l'armement et les victuailles. — C. comm., 315.

49. — De simples sloops de pêche peuvent servir de base à un contrat de prêt à la grosse, encore qu'ils ne soient pas employés à des voyages de long cours mais à des courses réitérées sur les côtes. Il suffit pour la validité du contrat à la grosse qu'il ait eu lieu pour un temps déterminé, quel qu'il soit. — *Rouen*, 23 mai 1840 (t. 2 1840, p. 206), Leroux c. syndics de la Société du Tréport; *Cass.*, 20 févr. 1844 (t. 1er 1844, p. 547), mêmes parties.

50. — L'argent donné sur le corps et quille du navire s'entend du prêt d'une somme fournie pour être employée au paiement des frais de radoub, ce qui comprend l'achat des matériaux nécessaires et les journées des ouvriers. Le prêt fait sur les agrès et apparaux s'applique aux mâts, voiles, cordages, vergues, poulies et autres ustensiles du navire; celui qui est fait sur l'armement et les victuailles concerne les canons, armes, munitions de guerre et de bouche ainsi que les avances faites à l'équipage, et tous les frais faits jusqu'au départ du navire. — Valin, sur l'art. 2; Boulay-Paty, t. 3, p. 110; Dageville, t. 2, p. 497; Delvincourt, t. 2, p. 301.

51. — Dans l'usage, à moins que le contraire ne résulte de la convention ou des circonstances, le prêt sur corps et quille affecte cumulativement les agrès, apparaux, armement et victuailles. — Dageville, t. 2, p. 497; Boulay-Paty, t. 3, p. 114; Emerigon, t. 2, p. 501; Valin, sur l'art. 2; Delvincourt, t. 2, p. 301.

52. — Le prêt peut encore être fait sur le chargement ou facultés (C. com., art. 315). Dans ce cas, il comprend toutes les marchandises dont est composée la cargaison du navire; même celles qui seront chargées, pendant le voyage, pour le compte du preneur, si le contrat renferme la clause de faire échelle. — Boulay-Paty, t. 3, p. 111.

53. — Si le chargement n'a été convenu que pour l'*aller*, il n'affecte point les marchandises que le preneur aurait achetées au lieu de la destination, ou pendant la traversée de retour; mais s'il a été fait pour l'*aller* et le *retour*, il comprend ces marchandises: pourvu qu'elles soient chargées sur le navire désigné dans l'acte. — Emerigon, t. 2, p. 501; Delvincourt, t. 2, p. 301; Boulay-Paty, t. 3, p. 111.

54. — L'emprunt peut être fait sur la totalité des objets ci-dessus, conjointement, ou séparément, ou sur une partie déterminée de chacun d'eux. — C. comm., art. 315.

55. — Lorsqu'on emprunte cumulativement sur le corps et quille du navire et sur le chargement, ou, en d'autres termes, lorsqu'on emprunte sur *corps* et *facultés*, le donneur jouit d'un privilége solidaire sur l'un et sur l'autre. — Emerigon, t. 2, p. 502; Dageville, t. 2, p. 498; Boulay-Paty, t. 3, p. 116.

56. — En thèse générale, l'énonciation qui porte sur *tel navire* doit s'appliquer au corps du navire; mais elle peut aussi, d'après les circonstances, et l'intention présumée des parties, s'appliquer aux facultés: par exemple, si le preneur avait tout à la fois intérêt et dans la propriété du navire et dans celle de la cargaison. — Emerigon, t. 2, p. 503; Valin, sur l'art. 2; Dageville, t. 2, p. 499; Boulay-Paty, t. 3, p. 117.

57. — Le prêt fait sur *telles* marchandises spécialement désignées ne s'applique pas aux autres marchandises appartenant au preneur et chargées dans le même navire. — Boulay-Paty, t. 3, p. 113. — Toute ambiguïté, toute insuffisance dans l'énonciation des objets affectés doit s'interpréter contre le preneur. — Dageville, t. 2, p. 499.

58. — Dans l'usage, le prêt sur facultés embrasse l'intérêt entier qui appartient au preneur tant sur la cargaison que sur les pacotilles. Mais il peut affecter séparément l'emprunt : soit sur son intérêt dans la cargaison, soit sur les pacotilles. — Dageville, t. 2, p. 497; Boulay-Paty, t. 3, p. 112.

59. — Si la stipulation portait que l'emprunt est fait *soit sur corps, soit sur facultés :* le preneur n'aurait pas le droit de déterminer l'affectation après l'événement; et l'emprunt devrait affecter la totalité de l'intérêt qu'il a dans l'un et l'autre objet, ou dans les deux à la fois. — Dageville, t. 2, p. 499; Boulay-Paty, t. 3, p. 116.

60. — De ce que le prêt à la grosse ne peut jamais être pour l'emprunteur un moyen de gagner mais seulement un moyen de ne pas perdre, il suit qu'on ne peut emprunter que sur ce que l'on a et que l'on court risque de perdre. Il est donc de toute nécessité que les choses sur lesquelles l'emprunt est fait soient acquises à l'emprunteur au moment du contrat.

61. — Ainsi : on ne peut emprunter sur le fret à faire, ni sur le profit espéré des marchandises. — Le prêteur, dans ce cas, n'a droit qu'au remboursement du capital, sans aucun intérêt (C. comm., art. 318); si ce n'est du jour de la demande qu'il en fait. — Pothier, n° 14; Boulay-Paty, t. 3, p. 133.

62. — Mais le prêt est permis sur le profit acquis des marchandises. Par exemple un commerçant emprunte à la grosse jusqu'à concurrence de leur valeur, sur des marchandises qu'il expédie en Amérique et dont les retraits doivent être faits en France; le capitaine arrivé à destination y vend quarante mille francs le chargement, qui ne valait que vingt mille francs au départ: de sorte que la cargaison de retour vaudra le double de celle de l'aller. Ce commerçant peut alors emprunter à la grosse une nouvelle somme de vingt mille francs sur l'excédant du chargement, parce que ce n'est plus alors un bénéfice espéré. — Delvincourt, t. 2, p. 304; Dageville, p. 517; Pardessus, t. 3, n° 892.

63. — De même on peut emprunter sur des prises maritimes que l'on a faites, quoiqu'elles ne soient pas arrivées à leur destination et qu'elles puissent être reprises; car des bâtimens capturés sur l'ennemi sont des bénéfices réels et existans, et par conséquent susceptibles d'être affectés à un emprunt à la grosse. — Boulay-Paty, t. 3, p. 138.

64. — Quant au fret, la prohibition ne doit pas s'étendre au fret acquis; quand même le paiement de ce fret dépendrait de l'événement d'une condition : ainsi un affrétement peut être fait avec la condition que les marchandises chargées en Amérique seront débarquées au premier port d'Europe, où le navire abordera, moyennant un fret déterminé qui sera augmenté dans telle proportion, si le navire continue sa route jusqu'à Marseille. Dès que le navire a abordé dans un port d'Europe, le fret stipulé est acquis; et l'armateur peut emprunter à la grosse sur ce fret, s'il entreprend de conduire le navire à son lieu de destination. — Dageville, t. 2, p. 518; Boulay-Paty, t. 3, p. 135.

65. — Valin (sur l'art. 15, tit. *Des assur.*) et Pothier (n° 36), entendent encore par fret *acquis* le fret qui, aux termes de la charte partie, doit être payé au propriétaire du navire *à tout événement*, dans le cas de perte du vaisseau et des marchandises comme dans celui de l'heureuse arrivée. — Mais ce fret, qui ne doit courir aucun risque, n'est pas susceptible de devenir l'aliment d'un contrat à la grosse. — Dageville, t. 2, p. 519.

66. — Nul prêt à la grosse ne peut être fait aux matelots ou gens de mer sur leurs loyers ou voyages (C. comm., art. 319); sans cela ils n'auraient plus d'intérêt à la conservation du navire. — Le prêteur n'a, dans ce cas, aucune action sur les salaires des matelots, même pour le remboursement du capital. — Pardessus, t. 3, n° 893; Boulay-Paty, t. 3, p. 143; Delvincourt, t. 2, p. 314.

67. — Comme le voyage d'aller et le voyage de retour doivent, sauf convention contraire, être considérés comme des voyages distincts et séparés: si le navire a fait heureusement le voyage d'aller, les loyers de l'équipage, à raison de ce voyage, sont définitivement acquis à l'équipage; bien que le navire périsse dans le voyage de retour. En conséquence un emprunt à la grosse peut être contracté par le capitaine pour payer les loyers dont il s'agit. — *Rouen*, 29 déc. 1831, Assur. marit. c. Heurtault.

68. — La prohibition, établie par l'art. 319, C. comm., de tout prêt à la grosse aux matelots ou gens de mer sur leurs loyers ou voyages n'est pas applicable aux salaires des capitaines comme aux loyers des matelots. — Spécialement : les salaires acquis, c'est-à-dire gagnés et réalisés pour le capitaine par le fait de l'heureuse arrivée du navire, sont accessoirement affectés, avec ses autres biens, au remboursement des billets de grosse qu'il a souscrits en cours de voyage, pour les besoins de son navire, avec engagement personnel de sa part, alors surtout que le remboursement de ces billets de grosse est poursuivi sur les salaires et le droit du capitaine, en exécution de condamnations judiciaires prononcées contre lui pour cette cause et auxquelles il a acquiescé. — *Aix*, 24 janv. 1834, Hesse c. Barbarowich.

69. — Mais rien n'empêche les gens de mer d'emprunter sur les marchandises, qu'ils chargent pour leur propre compte; à cet égard, ils sont à l'instar de tout autre chargeur. — Emerigon, t. 2, p. 507; Boulay-Paty, t. 3, p. 143; Dageville, t. 2, p. 522.

70. — Si des marchandises étaient déjà garanties par un contrat d'assurance, elles ne pourraient être l'objet d'un emprunt à la grosse; à moins que ces marchandises n'aient une valeur supérieure à la somme assurée, auquel cas l'excédant de cette valeur pourrait être affecté à un prêt à la grosse. — Il en est de même dans l'hypothèse d'un emprunt préexistant, qui n'affecterait pas le montant de la valeur de la chose sur laquelle le prêt est fait; on peut emprunter sur l'excédant de cette valeur. — Pardessus, t. 3, n° 893; Boulay-Paty, t. 3, p. 138.

§ 3. — *Risques.*

71. — La responsabilité du prêteur à la grosse relativement aux risques des choses affectées au prêt, est en général la même que celle de l'assureur en matière d'assurance. — C. comm. — V. ce qui a été dit à cet égard vo ASSURANCE MARITIME, nos 92 et suiv.

72. — Cependant nous retracerons ici quelques applications qui ont été faites des principes au prêt à la grosse, particulièrement. A cet effet nous considérerons les risques 1o quant à leur nature, 2o quant au temps, 3o quant au lieu.

73. — 1o *Nature des risques.* — Le prêteur à la grosse répond de toutes pertes et dommages qui peuvent arriver aux objets affectés au prêt, par cas fortuit maritime. — C. comm., art. 325 et 350. — Pothier, no 16; Valin, sur l'art. 11; Boulay-Paty, t. 3, p. 189; Dageville, t. 2, p. 541.

74. — On entend par cas fortuits, en matière de prêt à la grosse, tous les accidens de force majeure, et de ce nombre est la prise du bâtiment: soit qu'elle ait eu lieu de bonne guerre ou par brigandage. — *Rennes*, 12 mai 1818, Haentyens c. de Molière.

75. — La responsabilité du prêteur peut, du reste, être modifiée suivant les conventions des parties; mais s'il peut s'affranchir des avaries simples, il ne peut se dispenser de contribuer, à la décharge de l'emprunteur, aux avaries grosses. — C. comm., art. 330. — Pardessus, t. 3, no 895.

76. — Le prêteur ne répond point des risques de terre; si donc des marchandises sont pillées ou incendiées après avoir été mises à terre, ces risques ne sont point à sa charge. — Boulay-Paty, t. 3, p. 176.

77. — Les déchets, diminutions et pertes qui arrivent par le vice propre de la chose, et les dommages causés par le fait de l'emprunteur, ne sont point à la charge du prêteur. — C. comm., art. 326. — Ce ne sont pas là des risques de mer proprement dits.

78. — Pour le navire, le *vice propre* consiste: dans son mauvais état, dans sa vétusté; pour les marchandises, le *vice propre* s'entend du cas où elles ont été perdues ou détériorées par un des accidens auxquels leur nature les rendait sujettes. — Locré, sur l'art. 326; Dageville, t. 2, p. 542.

79. — Le coulage des marchandises qui y sont sujettes est, par cela même, considéré comme un vice qui leur est propre, à moins qu'il ne devienne extraordinaire, par suite de fortune de mer, ou qu'on ne puisse l'attribuer au mauvais arrimage des marchandises dans le navire. — Boulay-Paty, t. 3, p. 173.

80. — Quant au fait de l'emprunteur, il peut avoir pour principe ou la fraude, ou la négligence, ou la contravention aux lois. — Locré, sur l'art. 326; Dageville, t. 2, p. 542.

81. — Le fait de l'emprunteur comprend: celui du capitaine, qui est son préposé. Mais le prêteur peut, comme l'assureur, prendre à sa charge la baraterie de patron, pourvu que l'emprunteur ne soit pas lui-même le patron. — Boulay-Paty, t. 3, p. 175 et 178; Locré, sur l'art. 326; Dageville, t. 2, p. 543.

82. — De même, le prêteur peut prendre à sa charge les conséquences du vice propre de la chose; pourvu que ces conséquences n'existent pas encore au moment de la convention. — Valin, sur l'art. 12; Dageville, t. 2, p. 544.

83. — Enfin, le prêteur peut se charger des risques qui peuvent résulter de la contrebande à faire à l'étranger; mais non de ceux qui peuvent résulter de l'importation en France de marchandises prohibées. — Dageville, t. 2, p. 544.

84. — 2o *Temps des risques.* — Le contrat à la grosse peut avoir lieu pour un voyage entier, c'est-à-dire pour l'aller et le retour, ou seulement pour l'aller, ou seulement pour le retour, ou pour un temps limité.

85. — Un contrat de prêt à la grosse peut être fait soit pour un seul voyage, soit pour toutes les expéditions à entreprendre pendant un temps limité. — *Rouen*, 23 mai 1840 (t. 2 1840, p. 206), Leroux c. syndics de la Société du Tréport.

86. — Dans les contrats à la grosse pour un temps limité les jours de relâche que le navire peut passer dans un port de la route, doivent être comptés dans le temps limité; parce que, dans cet intervalle, le navire est exposé à périr par fortune de mer. — Emerigon, t. 2, p. 543; Dageville, t. 2, p. 657; Boulay-Paty, t. 3, p. 201.

87. — Lorsque le contrat de grosse fait pour un temps limité, contient en même temps la désignation du voyage; le prêteur est déchargé des risques au terme fixé, quoique le voyage ne soit pas accompli. — Emerigon, t. 2, p. 544; Dageville, t. 2, p. 657.

88. — La perte du navire, dont on n'a plus de nouvelles, est présumée être arrivée dans le temps limité, c'est-à-dire dans le temps des risques; sauf au prêteur à la grosse à prouver le contraire. — Arg. de l'art. 376. — Emerigon, t. 2, p. 542; Boulay-Paty, t. 3, p. 211.

89. — Si le temps des risques n'est point déterminé par le contrat, il court, à l'égard du navire, des agrès, apparaux, armemens et victuailles, du jour que le navire a fait voile jusqu'au jour où il est ancré ou amarré au port ou lieu de sa destination. — C. comm., art. 328.

90. — Le port ou lieu de la destination est celui où se rend le navire, lorsque le prêt est fait seulement pour l'aller ou le retour; c'est celui du départ, si le prêt a été fait pour l'aller et le retour. — Boulay-Paty, t. 3, p. 208.

91. — A l'égard des marchandises, le temps des risques court du jour qu'elles ont été chargées dans le navire, ou dans les gabares pour les y porter, jusqu'au jour où elles sont délivrées à terre. — C. comm., art. 328.

92. — Mais il faut que le transport par gabares se fasse du port même ou de la rade où le vaisseau est ancré. Car s'il s'agissait de remonter ou de descendre une rivière pour parvenir au navire, ce risque ne serait pas à la charge du donneur; à moins d'un pacte spécial. — Emerigon, t. 2, p. 14; Boulay-Paty, t. 3, p. 209; Dageville, t. 2, p. 552.

93. — Lorsque le navire vient à périr postérieurement à la cessation du risque du prêteur à la grosse, celui-ci ne peut étendre son privilége sur les assurances faites par le propriétaire et dans lesquelles la somme prêtée n'a pas été comprise. — *Aix*, 26 mai 1818, Chicalat c. Guérin.

94. — 3o *Lieu des risques.* — Les accidens dont le donneur à la grosse est responsable ne demeurent à sa charge qu'autant qu'ils arrivent non-seulement dans le temps mais encore dans le lieu des risques. Le lieu des risques peut être envisagé d'abord quant au voyage, et ensuite quant au navire où doivent être chargées les marchandises affectées à l'emprunt.

95. — Si le navire fait un autre voyage que celui pour lequel le prêt a été fait, ou si, faisant le même voyage, il change de route sans nécessité, soit par l'ordre de l'emprunteur, soit par le fait du capitaine, le prêteur est déchargé des risques. — Boulay-Paty, t. 3, p. 164. — *Secùs* si le navire a dérouté par fortune de mer. — Boulay-Paty, t. 3, p. 163.

96. — Il en est de même si le capitaine relâche dans un port sans y être obligé par fortune de mer, lorsque le contrat ne renferme pas la permission de faire échelle. — Delvincourt, t. 2, p. 310.

97. — Le prêteur est même déchargé des sinistres qui surviendraient dans la véritable route qu'aurait reprise ensuite le navire, parce que le déroutement volontaire rompt irrévocablement et ne fait pas que suspendre le voyage convenu. — Boulay-Paty, t. 3, p. 164.

98. — Le capitaine armateur et propriétaire d'un navire, souscripteur d'un billet de grosse pour un voyage désigné, qui, pendant son séjour dans un port de relâche, annonce dans les feuilles publiques son navire en charge pour un voyage différent, rompt, par cela même, le premier voyage; et faisant cesser les risques du billet de grosse, en demeure, dès ce moment, personnellement débiteur. — Il en doit être ainsi quoique le capitaine emprunteur, n'ayant pas trouvé à charger pour le nouveau voyage, se soit décidé à reprendre le premier voyage, et quoique le navire ait péri pendant qu'il était en route pour retourner à la destination indiquée dans le billet de grosse. — *Aix*, 19 novemb. 1830, Cannac c. Bonnet.

99. — Le prêteur à la grosse sur marchandises chargées dans un navire désigné au contrat ne supporte pas la perte de ces marchandises, même par fortune de mer, si elles ont été chargées sur un autre navire, à moins qu'il ne soit légalement constaté que ce chargement a eu lieu par force majeure. — C. comm., art. 324. — On doit entendre ici par force majeure les cas de naufrage et d'innavigabilité, et celui où le navire est pris pour les besoins de l'Etat et par ordre supérieur. — Boulay-Paty, t. 3, p. 159; Dageville, t. 2, p. 579.

100. — Si l'événement de force majeure qui nécessite un changement de navire cause une détérioration à la marchandise affectée au prêt, cette diminution de valeur est à la charge du donneur à la grosse. — Boulay-Paty, t. 3, p. 160; Dageville, t. 2, p. 539. — Il supporte également le surcroît de fret, qui peut être exigé pour la location du navire subrogé en cas de changement nécessaire. — Boulay-Paty, t. 3, p. 159; Dageville, *loc. cit.*

101. — Mais le prêteur n'est pas tenu, par la nature du contrat à la grosse, des pertes et dommages qui peuvent arriver par suite des fautes, de l'impéritie ou de la prévarication du capitaine; à moins qu'il ne se soit chargé, par une convention expresse, de la baraterie de patron. — Boulay-Paty, t. 3, p. 162.

102. — Lorsque les marchandises affectées au prêt ont été chargées sans nécessité sur un autre navire, le prêteur a droit, non-seulement au remboursement du capital prêté, mais encore au profit maritime, pourvu que les risques aient commencé à courir sur le navire désigné. — C. com., art. 351. — Boulay-Paty, t. 3, p. 163; Dageville, t. 2, p. 539.

§ 4. — *Profit maritime.*

103. — Le profit maritime, appelé aussi *change nautique* ou *profit aventureux*, ou encore *intérêt de mer*, consiste dans la stipulation, au profit du prêteur, d'une somme en sus du capital prêté. C'est la compensation de la chance que court le prêteur de perdre son capital.

104. — Il résulte de là que le profit maritime doit être variable comme les chances que le prêteur prend à sa charge, et qu'il ne doit pas, comme l'intérêt ordinaire, ou intérêt dit *de terre*, être restreint à un taux déterminé. Il peut être fixé par les parties comme elles l'entendent, et n'est point réductible pour cause d'excès. — Boulay-Paty, t. 3, p. 69; Dageville, t. 2, p. 477.

105. — On a vu (*suprà* no 7) que le taux du profit maritime avait été fixé, en dernier lieu, sous le droit romain. Il n'en fut pas ainsi dans notre ancien droit (Pothier, *Prêt à la grosse*, no 20), et aucune disposition de nos lois nouvelles ne limite non plus le taux du profit maritime.

106. — Cependant, bien que ce taux soit entièrement subordonné à la convention des parties, surtout en temps de guerre, à cause de l'augmentation des risques; l'usage le renferme dans certaines limites, en temps de paix. Il varie de 3 à 10 et 12 p. 0/0 pour cabotage, et de 15 à 20 et 25 p. 0/0 pour les voyages de long cours et au Canada. Pour les côtes de Guinée, il est depuis 25 jusqu'à 30 0/0. — Goujet et Merger, no 21.

107. — Le prêt à la grosse qui ne contiendrait pas de profit maritime et qui, cependant, offrirait à l'emprunteur la chance de ne pas rembourser en cas de sinistre, serait une sorte de donation mêlée d'une clause aléatoire. — Pothier, no 19; Pardessus, t. 2, p. 530.

108. — Ordinairement le profit maritime consiste en une somme d'argent; mais il peut également consister en autres choses évaluables, même dans une part des bénéfices à faire sur les objets affectés. Cependant, une telle convention devrait plutôt être considérée comme une espèce d'association en participation. — Boulay-Paty, t. 3, p. 67.

109. — Le profit maritime peut être fixé à une somme déterminée pour tout le voyage, quelle qu'en soit la durée; ou à tant pour cent par mois soit pour l'aller, soit pour le retour. On peut aussi convenir que le profit maritime croîtra ou décroîtra dans des cas prévus, selon la durée du voyage; par exemple, qu'il augmentera au cas où le navire n'arriverait pas au temps indiqué. — Pothier, no 21; Boulay-Paty, t. 3, p. 68; Dageville, t. 2, p. 477.

110. — On peut aussi stipuler une augmentation du profit maritime, en cas de guerre; ou, si le contrat a été fait pendant la guerre, une réduction du profit maritime, en cas de paix. — Mais, en l'absence de convention formelle, la survenance de la paix ou de la guerre, après le risque commencé, ne change rien à la quotité du profit maritime stipulé. — Emerigon, t. 2, p. 433; Boulay-Paty, t. 3, p. 73; Dageville, t. 2, p. 477. — Cependant Pothier (no 22) incline à accorder au prêteur une augmentation de profit, en cas de guerre; par analogie de ce qui a lieu pour l'assureur, dans le même cas.

111. — Le profit maritime est acquis au prêteur, dès l'instant que les risques ont commencé à courir. — Pothier, no 40; Emerigon, t. 2, p. 433.

112. — Le change ou profit maritime d'un prêt à la grosse n'est pas dû au prrteur qui n'a couru absolument aucun risque ou fortune de mer, par exemple, lorsqu'il s'est fait consentir une lettre de change pour le paiement de la somme prêtée, même dans le cas de perte du navire. — En ce cas, l'emprunteur est libéré par le paiement de la lettre de change qu'il a souscrite. — *Bordeaux*, 5 févr. 1839 (t. 2 1839, p. 155), Delbos c. Postel.

113. — Lorsqu'en vertu d'une stipulation d'un contrat à la grosse le capitaine du navire remet au prêteur des lettres de change pour le montant du prêt et du profit maritime, cette remise n'opère pas novation ; on ne peut la considérer que comme un mode de restitution du prêt : en cas de non-paiement des effets, l'action en remboursement du prêt à la grosse reste en son entier. — Le fait de la part des propriétaires du navire d'avoir, par un acte postérieur au prêt à la grosse, donné au prêteur une hypothèque pour garantie du remboursement, n'emporte pas non plus novation. — *Bruxelles*, 5 janv. 1822, Pedermach c. Huning.

114. — Si le voyage est rompu avant le commencement des risques, le prêteur n'a pas droit au profit maritime. Quant à l'intérêt de la somme prêtée, il faut distinguer si la rupture du voyage provient d'un cas fortuit ou du fait de l'emprunteur. Dans le premier cas, l'intérêt ne commence à courir qu'à partir de la mise en demeure de l'emprunteur ; dans le second, au contraire, l'intérêt court de plein droit à partir du jour du prêt. — Boulay-Paty, t. 3, p. 169.

115. — Lorsque le prêt a été fait sur facultés, pour l'aller et le retour, et que le retour n'a pas lieu, le profit maritime n'en est pas moins dû en entier. Ce n'est pas le cas d'appliquer, par analogie, la disposition de l'art. 356, au titre des assurances, et de décider que les deux tiers proportionnels seulement du profit maritime sont dus. — Pardessus, t. 3, nº 913 ; Boulay-Paty, t. 3, p. 197. — *Contrà*, Valin sur l'art. 15 ; Pothier, nº 41 ; Emerigon, t. 2, p. 541.

116. — Lorsqu'un prêt à la grosse est fait sur le corps d'un navire pour un voyage d'aller et de retour, le change maritime stipulé pour le voyage est dû en entier quoique l'emprunteur rompe le voyage commencé et ne fasse pas revenir le navire au lieu du départ. — Si le change maritime a été stipulé pour le voyage d'aller et le retour à tant par mois, l'emprunteur ne doit que le prorata couru jusqu'au moment où il notifie au prêteur la rupture du voyage. — Trib. de *Marseille*, 18 juin 1821 (*Journ. Marseille*, 2, 1, 192), Madgille.

Sect. 4e. — *Formes du contrat à la grosse.*

117. — Le contrat à la grosse est fait devant notaire, ou sous signature privée (C. comm., art. 311). — En pays étranger le notaire est remplacé par le chancelier du consulat de France, dans le cas où les lois, règlemens et usages lui en donnent le pouvoir. — Pardessus, t. 3, nº 898 ; Dageville, t. 2, p. 473.

118. — A défaut d'acte, la preuve du contrat peut être établie par l'aveu de la partie, par le serment décisoire ou par les livres des contractans. — Locré, sur l'art. 311 ; Pardessus, *loc. cit.*

119. — Peut-il être prouvé par la preuve testimoniale? La Cour d'appel de Rennes avait fait la proposition de prohiber indéfiniment la preuve testimoniale. Mais cette proposition n'ayant pas été admise, on en a conclu, d'après le droit commun, que la preuve testimoniale pouvait être admise, à quelque somme que s'élevât le contrat, s'il y avait un commencement de preuve par écrit (Pardessus, *loc. cit.*) ; et que, lorsqu'il n'existait pas de commencement de preuve par écrit, la preuve par témoins pouvait encore avoir lieu, s'il s'agissait d'une somme au-dessous de cent cinquante francs. — Locré, sur l'art. 311 ; Dageville, t. 2, p. 474 ; Boulay-Paty, t. 3, p. 42.

120. — Dageville va même jusqu'à soutenir que les juges de commerce peuvent, suivant les circonstances, admettre la preuve par témoins, des contrats de grosse excédant cent cinquante francs : bien qu'il n'y ait pas de commencement de preuve par écrit (t. 2, p. 475). — V. aussi Delvincourt, *Instit. commerc.*, t. 2, p. 321 ; Laporte, sur l'art. 311.

121. — Toutefois il faut remarquer que dans tous les cas où l'existence d'un contrat à la grosse non écrit est établie par l'un des moyens qui viennent d'être indiqués il ne produit d'effet qu'entre les contractans et qu'il ne confère aucun privilége à l'égard des tiers (Pardessus, nº 898 ; Boulay-Paty, t. 3, p. 44), à moins que le jugement duquel résulte la preuve du contrat n'ait été soumis aux formalités prescrites par l'art. 312. — Dageville, t. 2, p. 476 ; Boulay-Paty, *loc. cit.*

122. — Le contrat à la grosse doit énoncer, 1º le *capital prêté* (C. comm., art. 311) ; c'est-à-dire la somme prêtée, ou la valeur des choses livrées à l'emprunteur. Car, dans ce dernier cas, ce n'est pas des choses prêtées qu'il se rend débiteur, mais du prix de leur estimation. — Pardessus, nº 902.

123. — ...2º La *somme convenue pour le profit maritime* (C. comm., art. 311). — Si cette énonciation ne se trouvait pas dans l'acte, la nullité du contrat ne s'ensuivrait pas. Par interprétation de la volonté des parties, on pourrait voir dans une pareille convention : soit un contrat de prêt ordinaire avec donation de capital en cas d'événement prévu (Pardessus, t. 3, nº 902), soit un simple prêt à l'abri des risques maritimes qui ne devrait produire aucune espèce d'intérêt pour le prêteur. — Locré, sur l'art. 311 ; Boulay-Paty, t. 3, p. 57.

124. — Mais si ce défaut d'énonciation n'était que le résultat d'une omission, et qu'il n'y eût aucune équivoque sur la nature de l'acte et sur la volonté respective des parties de se lier par un contrat de grosse ; on pourrait suppléer à la stipulation omise, en accordant au prêteur le change maritime au cours de la place à la date du contrat. — Pardessus, nº 902 ; Boulay-Paty, t. 3, p. 58 ; Dageville, t. 2, p. 476.

125. — ...3º Les *objets sur lesquels le prêt est affecté* (C. comm., art. 311). — Cette désignation est essentielle, puisque le prêteur n'a droit au remboursement de la somme prêtée et au profit maritime que dans le cas d'heureuse arrivée des objets affectés au prêt ; et que dans le cas d'accident, son droit est restreint aux objets sauvés. Cette désignation est encore importante, afin qu'on puisse discerner si le prêteur n'a pas emprunté au delà de la valeur des objets mis en risque.

126. — ... 4º Les *noms du navire et du capitaine* (C. comm., art. 311). — L'omission de l'une de ces énonciations ou les erreurs qu'elles pourraient contenir ne sauraient influer sur la validité du contrat, si l'identité du navire était d'ailleurs facile à constater. — Dageville, t. 2, p. 481.

127. — ...5º Les *noms du prêteur et de l'emprunteur* ; — 6º *si le prêt a lieu pour un voyage* ; — 7º *pour quel voyage et pour quel temps* ; — 8º l'*époque du remboursement*. — V. à cet égard, de même que pour les énonciations précédentes, ce qui a été dit vº ASSURANCE MARITIME, nºs 131 et suiv.

128. — L'ordonnance de 1681 ne s'était pas expliquée sur la question de savoir si l'acte de prêt à la grosse était négociable par la voie de l'endossement ; mais l'usage avait introduit des billets de grosse à ordre, et la jurisprudence les avait admis. — Emerigon, t. 2, p. 525.

129. — Le Code de commerce a converti l'ancienne jurisprudence en disposition de loi. « Tout acte de prêt à la grosse, porte l'art. 313, peut être fait à ordre et négocié par la voie de l'endossement. » — Quant aux effets de cette négociation, V. *infrà* nºs 137 et suiv.

130. — Le contrat à la grosse peut également être stipulé *au porteur*. — Pardessus, t. 3, nº 898.

131. — Dans quelque forme que soit rédigé l'acte de contrat à la grosse, il faut, s'il est fait en France, qu'il soit enregistré dans les dix jours de sa date, au greffe du tribunal de commerce, à peine pour le prêteur de perdre son privilége : et, si le contrat est fait à l'étranger, il doit être préalablement autorisé par le consul français, ou à défaut par le magistrat des lieux, sur le vu d'un procès-verbal du capitaine, signé des principaux de l'équipage et constatant la nécessité de l'emprunt. — C. comm., art. 234 et 312. — Cette disposition n'était pas dans l'ordonnance ; mais Valin et Emerigon, qui en avaient compris l'importance, l'avaient provoquée depuis longtemps.

132. — Le contrat passé devant notaires est assujetti à l'enregistrement, comme celui qui est fait sous signatures privées. — Boulay-Paty, t. 3, p. 22.

133. — Le tribunal de commerce, ou le tribunal civil qui en tient lieu, lorsqu'il n'existe pas de tribunal de commerce dans l'arrondissement (Locré, sur l'art. 312 ; Dageville, t. 2, p. 490), est celui du *domicile* de l'emprunteur ; c'est là, en effet, que ceux qui veulent traiter avec lui vont prendre leurs renseignemens. — Boulay-Paty, t. 3, p. 24.

134. — Le contrat de prêt à la grosse peut être valablement déposé au greffe du tribunal de commerce du lieu où il a été passé et où les parties contractantes ont élu domicile, encore que ce lieu ne soit pas celui où le navire est amarré. — *Rouen*, 23 mai 1840 (t. 2 1840, p. 206), Leroux c. Société du Tréport.

135. — ... Ou, encore, bien que ce ne soit pas le tribunal du domicile du prêteur, ou celui du lieu où l'emprunteur exerce son négoce. — *Cass.*, 20 févr. 1844 (t. 1er 1844, p. 547), mêmes parties.

136. — Si l'enregistrement avait lieu après les dix jours, le privilége du prêteur ne serait pas éteint d'une manière absolue ; seulement il ne remonterait pas au jour de l'acte, et il ne produirait ses effets qu'à partir du moment de l'enregistrement. En effet, cette formalité n'ayant été prescrite que pour prévenir la fraude à l'égard des tiers ; à quelque époque qu'elle ait été remplie, elle doit conserver le privilége du prêteur vis-à-vis des créanciers postérieurs à l'enregistrement tardif. — Locré, sur l'art. 312 ; Dageville, t. 2, p. 490 ; Boulay-Paty, t. 3, p. 23.

Sect. 5e. — *Effets du contrat à la grosse.*

§ 1er. — *Mode et effets de la négociation du contrat à la grosse à ordre.*

137. — Tout acte de prêt à la grosse pouvant être fait à ordre et négocié par la voie de l'endossement, la négociation de cet acte a, dans ce cas, les mêmes effets et produit les mêmes actions en garantie que celle des autres effets de commerce. — C. comm., 313. — Cependant la garantie de paiement ne s'étend pas au profit maritime, à moins que le contraire n'ait été expressément stipulé. — C. comm., art. 314.

138. — Quand l'acte de prêt à la grosse n'est pas à ordre, c'est une créance ordinaire, qui ne peut être transmise que par la voie du transport, en suivant les formalités tracées par les art. 1690 et suiv. du Code civil. — Mais lorsque l'acte de grosse est à ordre, on doit le considérer comme un véritable effet de commerce, pour lequel il faut observer, tant à l'égard du débiteur que des endosseurs, les règles établies pour les effets de commerce. — Locré, sur l'art. 312 ; Dageville, t. 2, p. 493 ; Boulay-Paty, t. 3, p. 98.

139. — Le cessionnaire par voie d'endossement régulier, acquiert la créance avec les chances et conditions qui s'y trouvent attachées : c'est-à-dire qu'il est passible des risques maritimes à la charge de son cédant ; et qu'en cas d'heureuse arrivée, le profit maritime lui appartient.

140. — On ne peut opposer au tiers porteur de bonne foi d'un contrat à la grosse négociable les exceptions dont le prêteur serait passible. — *Cass.*, 27 févr. 1810, Bouten c. Van Lerius.

141. — Le porteur d'un contrat à la grosse, qui n'a pour titre qu'un endossement en blanc, est présumé simple mandataire du prêteur, surtout lorsqu'il ne paraît pas qu'il ait compté la valeur du contrat. — En conséquence, il ne peut invoquer le privilége de tiers porteur et devient passible des exceptions que le débiteur pourrait avoir à invoquer. — *Bordeaux*, 5 févr. 1839 (t. 1 1839, p. 155), Delbos c. Postel.

142. — Pour qu'un acte de grosse soit négociable il n'est pas nécessaire qu'il y soit exprimé qu'il est *à ordre*, si les parties ont employé des expressions équipollentes. — Dageville, t. 2, p. 497 ; Boulay-Paty, t. 3, p. 99.

143. — La clause dans un contrat à la grosse qu'il est payable *au porteur légitime* a pour effet de le rendre négociable. Il n'est pas nécessaire qu'il soit dit expressément qu'il est *à ordre*. — *Cass.*, 27 févr. 1810, Bouten c. Van Lerius.

144. — Lorsque le billet de grosse a une échéance fixe, par exemple lorsqu'il est fait pour un temps déterminé, tant de *mois*, tant de *jours*, ou remboursable à *telle* époque, la règle sur la nécessité de faire le protêt le lendemain de l'échéance est facile à appliquer. Mais dans beaucoup d'autres cas elle doit être modifiée selon la nature des choses. Si l'époque de l'échéance est indéterminée, si les risques, par exemple, ne doivent durer que jusqu'à *telle hauteur* en mer, le porteur du billet ne peut le faire protester, que lorsqu'il est instruit de l'événement qui donne naissance à l'exigibilité du contrat ; mais il doit le faire le lendemain, à peine de déchéance. C'est aux tribunaux à apprécier, par les circonstances, les exceptions de déchéance qu'on essayerait de faire valoir contre lui. — Dageville, t. 2, p. 493 ; Boulay-Paty, t. 3, p. 104.

145. — Il en est de même lorsque la cessation des risques arrive par un événement imprévu, et que l'exigibilité du contrat est amenée par le fait de l'assuré ; par exemple par la rupture du voyage commencé, ou par un déroutement. — Dageville, t. 2, p. 494.

146. — En général, le porteur d'un contrat à la grosse qui est à ordre et qui a été négocié par la voie de l'endossement, doit le faire protester faute de paiement dans les vingt-quatre heures de son échéance, et avant d'introduire l'action en garantie contre les endosseurs qui le précèdent. — Spécialement : dans le cas où l'exigibilité du contrat à la grosse est amenée par le déroutement du navire, le porteur est tenu de faire protester le lendemain du jour où il a notifié le déroutement aux endosseurs. — Le défaut de protêt établit une fin de non-recevoir, en faveur des endosseurs, contre la demande du porteur. — Trib. *Marseille*, 19 avril 1820, Jumelin (*Journ. Mars.*, 1, 1, 138).

147. — Le porteur d'un billet de grosse souscrit par un capitaine de navire à raison d'une somme prêtée pour *deux mois obligés et deux mois à prorata*, ne peut avoir action contre le capitaine et sur le navire qu'après *quatre mois* à compter de la date de la souscription du billet. — Trib. *Marseille*, 6 juill. 1832, Rotruzo (*Journ. Mars.*, 13, 1, 228).

148. — Le porteur d'un contrat à la grosse souscrit par le capitaine en cours de voyage en nom qualifié, pour les besoins et avec affectation spéciale du navire, peut, dès l'instant où le navire arrive au lieu du reste et avant l'échéance du terme fixé pour le paiement, recourir à des mesures conservatoires, telles que la saisie-arrêt du fret dans les mains des consignataires du chargement, pour empêcher la disparition des objet soumis au privilége de la créance. — Trib. *Marseille*, Bonisson (*Journ. Mars.*, 6, 1, 73).

149. — Le porteur d'un contrat à la grosse ne peut opposer à l'emprunteur une sentence arbitrale rendue entre ce dernier et les assureurs, et à laquelle ce porteur du contrat à la grosse a été totalement étranger. — *Aix*, 25 janv. 1832, Lecesne c. Lemée.

§ 2. — *Quand et comment le prêteur peut exiger son remboursement.*

150. — En cas d'heureuse arrivée des objets sur lesquels le prêt a été fait, l'emprunteur est tenu de rembourser la somme prêtée et de payer en outre le profit maritime convenu. — Il en est de même lorsque les choses affectées au prêt existent au lieu et au temps déterminés pour la fin des risques, ou lorsque les risques ont cessé par le fait de l'emprunteur. — Pardessus, t. 3, nº 915.

151. — Le droit du prêteur est ouvert aussitôt que la condition dont dépendait l'obligation est accomplie, à moins qu'un délai n'ait été fixé dans le contrat. — En tout cas, l'emprunteur ne doit l'intérêt ordinaire que du jour de la demande ; à moins d'une stipulation expresse, qui le fasse courir de plein droit. — Pardessus, t. 3, nº 917 ; Locré, sur l'art. 328. — *Contrà*, Boulay-Paty, t. 3, p. 89 ; Dageville, t. 2, p. 485.

152. — Les prêts à la grosse deviennent exigibles, même avant que le navire soit arrivé au but de sa destination primitive, s'il résulte des circonstances, telles que le congédiement de l'équipage et le désarmement du navire, que le voyage a été rompu et terminé au port de relâche. — *Cass.*, 31 mai 1843 (t. 2 1843, p. 706), Jennequin c. Lacheurié.

153. — L'intérêt que doit l'emprunteur, soit en vertu d'une demande judiciaire, soit en vertu de la convention des parties, doit être calculé aussi bien sur la somme prêtée que sur le profit maritime. — Locré, sur l'art. 328 ; Boulay-Paty, t. 3, p. 90 ; Dageville, t. 2, p. 487.

154. — Les intérêts de terre, sur le montant d'un billet de grosse, ne courent pas de plein droit en l'absence de protêt, du jour de son exigibilité. En conséquence le porteur qui n'a pas fait constater à l'échéance le défaut de paiement par un protêt, ne peut exiger les intérêts de terre que du jour de la mise en demeure ou demande en justice. Ces intérêts, au reste, ne doivent être calculés que sur le principal du billet de grosse seulement, ils ne peuvent être exigés en outre sur le montant du change maritime. — Trib. *Marseille*, 16 mai 1832, Loiry (*Journ. Mars.*, 13, 1, 177).

155. — L'ancienne jurisprudence avait admis en principe que les intérêts de terre du capital prêté et du profit maritime étaient dus, *ipso jure*, depuis la cessation des risques, sans qu'il fût besoin de demande judiciaire ou de stipulation expresse. — Emerigon, t. 2, p. 439.

156. — Le capital et les profits aventureux d'un contrat à la grosse passé le 16 octobre 1789, produisent intérêt, de plein droit, à compter du jour fixé par la loi ou stipulé par les parties pour le remboursement. — *Rennes*, 7 mars 1820, de Kerlaly c. de la Brosse.

157. — Le paiement doit être fait, s'il n'y a aucune convention contraire, dans le lieu où se trouve le navire au moment de la cessation des risques. S'il ne se trouve personne dans ce lieu, qui ait qualité pour recevoir au nom du prêteur, l'emprunteur peut ou consigner ou conserver les deniers ; mais, dans le dernier cas, il ne doit aucun intérêt jusqu'au paiement. — Pardessus, *loc. cit.*

158. — Le paiement doit être fait, à défaut de stipulation contraire, en la monnaie qui avait cours dans le lieu et au temps du contrat. — Pardessus, nº 916.

159. — En cas de vente des marchandises, le capitaine doit, comme représentant les armateurs, être condamné à indemniser le propriétaire de ces marchandises ; sauf déduction du fret et contribution aux avaries. — *Rennes*, 18 déc. 1832, Illiac c. Lebras.

§ 3. — *Privilége du prêteur.*

160. — Le prêteur a, pour tout ce qu'il a droit de répéter, un privilége sur les objets affectés à l'emprunt, privilége qu'il exerce dans l'ordre établi par l'art. 191 C. comm. : ainsi qu'il suit.

161. — Le privilége acquis au prêteur à la grosse existe aussi bien pour les intérêts, au taux commercial, de la somme prêtée, courus depuis l'expiration des risques jusqu'au remboursement, que pour le capital lui-même et pour le profit maritime. — *Cass.*, 20 févr. 1844 (t. 1er 1844, p. 547), syndics de la Société du Tréport c. Leroux.

162. — Il suffit qu'un contrat à la grosse ait été formé pour que le prêteur soit en droit de réclamer le privilége pour l'intérêt qui lui est dû, alors même que les effets attachés aux contrats à la grosse auraient été anéantis par la rupture du voyage avant le risque commencé : cette circonstance n'ayant pu avoir pour résultat que de réduire le profit maritime stipulé, à l'intérêt ordinaire. Mais, dans ce cas, le privilége cesse d'exister, lorsque les parties ont déclaré faire novation au contrat à la grosse pour le réduire à un simple prêt ordinaire. — *Caen*, 28 févr. 1844 (t. 2 1844, p. 387), Lecordier c. Valette.

163. — Lorsque le prêt est fait sur le corps et quille du vaisseau, le navire, les agrès et apparaux, l'armement et les victuailles, même le fret acquis sont affectés par privilége au paiement du capital prêté et du profit maritime. Il en est de même à l'égard du chargement, lorsque le prêt est fait sur le chargement. S'il est fait sur un objet particulier du navire ou du chargement, le privilége n'a lieu que sur l'objet et dans la proportion de la quotité affectée à l'emprunt. — C. comm., art. 320.

164. — L'extension du privilége du prêteur au fret acquis n'implique pas contradiction avec l'art. 318, qui défend d'emprunter sur le fret à faire : le fret acquis représente la moins-value que le voyage a occasionnée au navire ; il en est devenu l'accessoire, et comme tel il doit être soumis au même privilége. Si donc, en cas de naufrage, il y a eu des marchandises sauvées, l'emprunteur sur corps et quille n'est libéré du prêt qu'en abandonnant le fret des objets sauvés. — Boulay-Paty, t. 3, p. 148 ; Dageville, t. 2, p. 523 ; Delvincourt, t. 2, p. 324. — Il en est de même du fret payé d'avance. — Dageville, *loc. cit.*

165. — Si le prêt a été fait sur corps et sur facultés, le privilége est indivisible : de telle manière que si, le navire périssant, les marchandises sont sauvées, elles restent affectées à la totalité du prêt, et réciproquement, sans qu'il soit nécessaire de justifier que l'emploi a été conforme à l'affectation. — Pardessus, t. 3, nº 918 ; Dageville, t. 2, p. 524.

166. — Le prêteur conserve son privilége sur les retraits chargés dans le navire désigné pour compte du preneur, lorsque le prêt à la grosse sur chargement a été fait pour l'aller et le retour du navire. — Pothier, nº 34 ; Boulay-Paty, t. 3, p. 150 ; Delvincourt, t. 2, p. 325.

167. — S'il y avait deux prêts distincts, l'un sur le corps et quille, et l'autre sur les agrès et apparaux, auquel des deux serait affecté le fret ? Les agrès et apparaux ayant contribué, comme le navire lui-même, au gain du fret, le prêteur sur ces objets pourrait réclamer, dans le fret, une part égale à leur valeur comparée à celle du navire. — Delvincourt, t. 2, p. 325.

168. — La convention par laquelle le preneur serait dispensé d'abandonner, en cas de naufrage, le fret acquis serait nulle, comme contraire aux principes du contrat à la grosse. — Emerigon, t. 2, p. 560 ; Boulay-Paty, t. 3, p. 149 ; Dageville, t. 2, p. 524.

169. — L'emprunteur à la grosse sur corps d'un navire naufragé ou vendu pour innavigabilité ne peut, dans le compte qu'il rend au prêteur des nolis gagnés par le navire, porter en déduction les avances faites à l'équipage avant le départ. — Trib. comm. de *Marseille*, 6 avr. 1830 (V. sous *Aix*, 19 nov. 1830), Cannac c. Bonnet.

170. — Le prêteur sur chargement est préféré même à celui qui a vendu le chargement ; mais son privilége ne lui donne pas le droit de suite, c'est-à-dire le droit de suivre l'objet dans les mains tierces. — Arg. tiré de l'art. 307. — Delvincourt, t. 2, p. 325.

171. — Le prêteur ne peut, dans aucun cas, perdre son privilége par suite d'une vente que l'emprunteur aurait faite des objets affectés au prêt, ou par suite d'une cession d'intérêt qu'il aurait consentie dans le chargement. — Pardessus, nº 918 ; Delvincourt, t, 2, p. 325.

172. — Les associés en participation ont collectivement, sur les fonds ou marchandises qu'ils ont mis en commun, un droit de copropriété qui doit être préféré au privilége accordé par l'un d'eux sur ces marchandises pour emprunt à la grosse. — *Aix*, 14 juill. 1823 (sous *Cass.*, 19 juin 1826), Jullien c. Olive.

173. — Le prêt à la grosse fait à un associé en participation dans la cargaison d'un navire ne donne pas privilége au premier créancier, pour le remboursement des sommes prêtées, sur la part revenant à l'emprunteur dans les marchandises qui font l'objet de la cargaison, au préjudice même des engagemens que cet associé avait pris avec ses coassociés, lorsqu'il n'est pas établi que le contrat de prêt eût une date antérieure à l'acte d'association, et alors surtout que les moindres recherches eussent mis le prêteur à même de connaître l'existence de l'association et des droits respectifs des associés sur le navire. Du moins, l'arrêt qui le décide ainsi, d'après les circonstances, échappe à la censure de la Cour de cassation. — *Cass.*, 19 juin 1826, Jullien c. Olive.

174. — Celui qui est porteur à la fois d'un billet à la grosse à l'égard duquel ont été remplies les formalités prescrites par l'art. 312 C. comm. et d'un autre billet non transcrit dans les termes de cet article ne peut imputer sur le billet irrégulier la somme qu'il aurait touchée en cours de voyage, alors même que ce billet contiendrait stipulation de paiement au lieu où la somme a été reçue. — L'imputation doit, au contraire, avoir lieu, vis-à-vis des tiers, sur le billet de grosse enregistré, et jouissant dès lors du privilége. — Cette stipulation de paiement en cours de voyage est d'ailleurs, comme exorbitante du droit commun, de nature à faire suspecter la sincérité du titre non transcrit. — *Aix*, 10 août 1838 (t. 1er 1839, p. 151), Barry c. Laurent.

175. — Bien qu'un contrat à la grosse ait été transcrit au tribunal de commerce du lieu de l'armement d'un navire, il n'en résulte pas que le privilége, résultant de ce contrat, ne puisse être purgé par la vente volontaire du navire faite au même lieu de l'armement et suivie d'un voyage en mer de soixante jours, sous le nom et aux risques de l'acquéreur, conformément à l'art. 193 C. comm. Dans le cas de cet article, il n'y a aucune distinction à faire entre les priviléges rendus publics et ceux qui ne l'ont pas été. — *Aix*, 22 déc. 1824, Tamisier c. Collin.

176. — Le privilége est acquis au donneur à la grosse, soit que les deniers aient été comptés aux propriétaires eux-mêmes, soit qu'ils aient été fournis au capitaine en cours de voyage, et dans la forme prescrite par l'art. 234 C. comm. ; mais si l'emprunt est fait par le capitaine dans le lieu de la demeure des propriétaires du navire, sans leur autorisation authentique ou leur intervention dans l'acte, cet emprunt ne donne action et privilége que sur la portion que le capitaine peut avoir au navire et au fret. — C. comm., art. 321.

177. — Cette disposition doit également s'appliquer au cas où les propriétaires ont des fondés de pouvoirs sur les lieux. — C. comm., art. 232. — Valin sur l'art. 8, tit. 5, liv. 3.

178. — Quoique le privilége du prêteur soit, dans le cas de l'art. 321, restreint à la portion que le capitaine peut avoir dans le navire, cependant les deniers dont l'emploi utile aura été justifié devront être remboursés avec les intérêts de terre. — Dageville, t. 2, p. 532.

179. — Sont affectées aux sommes empruntées,

même dans le lieu de la demeure des intéressés, pour radoub et victuailles, les parts et portions des propriétaires qui n'auraient pas fourni leur contingent pour mettre le bâtiment en état dans les vingt-quatre heures de la sommation qui leur en sera faite. — C. comm., art. 322. — Une simple sommation ne suffit pas; elle doit être suivie d'une autorisation du juge, accordée sur simple requête. — Arg. tiré de l'art. 233. — Boulay-Paty, t. 3, p. 153; Locré sur l'art. 322; Dageville, t. 2, p. 532.

180. — Les emprunts faits pour le dernier voyage du navire sont remboursés par préférence aux sommes prêtées pour un précédent voyage, quand même il serait déclaré qu'elles sont laissées par continuation ou renouvellement. — Les sommes empruntées pendant le voyage sont préférées à celles qui auraient été empruntées avant le départ du navire; et s'il y a plusieurs emprunts faits pendant le même voyage, le dernier emprunt sera toujours préféré à celui qui l'aura précédé. — C. comm., art. 323.

181. — S'il était prouvé qu'un contrat de grosse n'est que le renouvellement déguisé d'un précédent emprunt, la préférence devrait être accordée au prêteur qui a réellement fourni des deniers pour le dernier voyage. — Valin, sur l'art. 10, tit. 5, liv. 3; Locré, sur l'art. 323; Delvincourt, t. 2, p. 326; Dageville, t. 2, p. 535; Pardessus, t. 3, nº 919.

182. — Lorsque plusieurs prêts ont eu lieu, avant le départ, sur les mêmes objets, ils prennent tous la date du départ; et viennent en concours, sans avoir égard à leur date respective. On ne peut pas dire, en effet, que l'un a conservé le gage de l'autre. — Pardessus, t. 3, nº 919; Delvincourt, t. 2, p. 526.

183. — Si les divers emprunts qui ont eu lieu pendant le voyage ont été faits au même endroit de la route, et pour les même besoins; on doit les ranger dans la même classe, et les faire concourir ensemble. — Pardessus, t. 3, nº 919; Dageville, t. 2, p. 534; Delvincourt, t. 2, p. 327.

184. — Emerigon (t. 2, p. 510) pense qu'on ne peut plus emprunter à la grosse, après le départ du navire, et au lieu du départ, sur les objets mis en risque. Suivant lui : le navire une fois expédié, le privilége qui n'est accordé que pour encourager et faciliter l'expédition n'a plus d'objet; l'autoriser malgré cela, ce serait donner ouverture à la fraude. En effet, le commerçant qui a emprunté pour opérer son chargement pourrait, après le départ, simuler un nouvel emprunt; et, par ce moyen, venir en concours sur les marchandises sauvées, en cas de sinistre. Valin, au contraire (sur l'art. 16, tit. *De la saisie*), décide qu'il importe peu que le prêt ait été fait *avant* ou *depuis* le départ, parce que la présomption est que les deniers ont servi, dans ce dernier cas, à rembourser les dépenses utiles pour les objets affectés au prêt. — Aucune disposition du Code ne prohibant les emprunts faits après le voyage, l'opinion de Valin doit être préférablement suivie. — Delvincourt, t. 2, p. 326. — *Contrà*, Boulay-Paty, t. 3, p. 155.

185. — L'emprunteur à la grosse ne peut, à l'encontre du prêteur qui réclame d'être payé sur le reliquat des profits du navire, faire venir en concours, sur ce reliquat, les autres billets de grosse affectés sur le même navire qu'il a antérieurement acquittés. — Trib. *Marseille*, 6 avr. 1830 (V. sous *Aix*, 19 nov. 1830), Cannac c. Bonnet.

186. — Tout emprunt fait pendant le voyage par le propriétaire pour ses besoins personnels, et non par le capitaine, pour ceux de la navigation, doit être rejeté dans la classe des prêts faits avant le départ. — Pardessus, t. 3, nº 919; Dageville, t. 2, p. 535. — Il en serait de même des emprunts contractés après le départ du navire pour accroître le chargement. — Delvincourt, t. 2, p. 526.

187. — Les sommes que le capitaine a empruntées pendant le voyage à titre de prêt ordinaire, doivent jouir du même privilége que si elles avaient été données à la grosse; pourvu que le prêteur et le capitaine se soient conformés aux formalités tracées par l'art. 234. — Boulay-Paty, t. 3, p. 156; Dageville, t. 2, p. 535.

188. — Le privilége subsiste quand même le voyage serait rompu; mais il n'a lieu que pour le capital prêté : le profit maritime n'étant pas dû au prêteur, puisqu'il n'a couru aucun risque. — Boulay-Paty, t. 3, p. 126; Pardessus, nº 931; Delvincourt, t. 2, p. 317.

§ 4. — *Action, compétence, prescription.*

189. — *Action.* — On a vu *suprà* (nº 151) que le prêteur pouvait actionner l'emprunteur en restitution du capital prêté et en paiement du profit maritime aussitôt que les risques étaient terminés. Cependant quelquefois le prêteur est, d'après une stipulation particulière, tenu d'attendre un certain délai avant de pouvoir former une demande judiciaire. — Goujet et Merger, nº 223.

190. — Lorsque pendant le voyage le capitaine a emprunté, en cette qualité, des deniers à la grosse pour les besoins de son navire, et que l'exigibilité de la créance a été fixée à un certain délai après l'arrivée du navire; le prêteur peut, en attendant l'époque de l'échéance, faire des actes conservatoires pour assurer son privilége soit sur le navire, soit sur le fret. — Dageville, t. 2, p. 525.

191. — *Compétence.* — Le prêteur peut assigner l'emprunteur pour l'obliger à payer ce qu'il lui doit devant les juges du lieu où les risques ont pris fin. — L'emprunteur peut s'adresser aux mêmes juges pour faire le dépôt, si personne ne se présente, à l'effet de recevoir la part du prêteur, à moins que, d'après des stipulations expresses, le paiement ne doive avoir lieu dans un autre temps et un autre lieu. — Boulay-Paty, t. 3, p. 65.

192. — Du reste, l'art. 420 C. proc. est applicable en pareille matière. En conséquence, le tribunal du lieu où le billet de grosse est payable est compétent pour condamner le capitaine et le propriétaire du navire. — *Aix*, 26 mars 1825, G... c. Bernaert. — Goujet et Merger, nos 226 et 227.

193. — Le contrat à la grosse passé en pays étranger mais payable en France, doit être régi, quant à ses effets, par la loi française. — Boulay-Paty, t. 3, p. 108. — Arg. *Cass.*, 27 févr. 1810, Bouten c. Van Lerius.

194. — Le Français qui réclame en France le remboursement de sommes qu'il a prêtées à la grosse dans un pays étranger à un capitaine étranger peut valablement invoquer les principes du droit maritime français. — *Cass.*, 9 juill. 1845 (t. 2 1845, p. 558), Delessert c. Meinel.

195. — Jugé, au contraire, que l'emprunt à la grosse fait par le capitaine étranger sur un navire de sa nation ne peut être régi que par la loi de cette nation, encore bien que le prêteur soit Français, et que l'emprunt ait été contracté dans un port français. — *Rouen*, 21 août 1841 (t. 1er 1843, p. 433), Delessert c. Meinel.

196. — *Prescription.* — Toute action dérivant d'un contrat à la grosse est prescrite après cinq ans, à compter de la date du contrat (C. comm., art. 432) : à moins qu'il n'y ait cédule, obligation, arrêté de compte ou interpellation judiciaire. — C. com., art. 434. — V. ce qui a été dit, à ce sujet, vº ASSURANCE MARITIME, nos 1166 et suiv.

Sect. 6e. — *Exceptions et déductions à opposer au prêteur.*

197. — L'emprunteur à la grosse contracte envers le prêteur l'obligation de lui rendre la somme prêtée, et de payer en outre le profit maritime convenu; mais il ne la contracte pour le capital et pour le profit que sous une condition : c'est qu'il ne survienne pas quelque accident de force majeure, qui cause la perte totale ou partielle des objets sur lesquels le prêt a été fait. — Pothier, nº 33; Boulay-Paty, t. 3, p. 8.

198. — Si les effets sur lesquels le prêt à la grosse a eu lieu sont entièrement perdus, et que la perte soit arrivée par cas fortuit, dans le temps et dans le lieu des risques, la somme prêtée ne peut être réclamée. — C. comm., art. 325.

199. — Les cas de délaissement établis pour le contrat d'assurance sont communs au contrat à la grosse. En conséquence, le sinistre majeur existe relativement au contrat à la grosse, comme il existe relativement au contrat d'assurance, par la perte ou détérioration des trois quarts. — *Aix*, 5 déc. 1827, Fesquet c. Fournier.

200. — Le propriétaire du navire ne peut rejeter sur le prêteur à la grosse les résultats d'un échouement, lorsqu'au lieu de se borner au recouvrement des effets le capitaine a pris sur lui de faire relever et réparer le navire, et de le conduire au lieu de sa destination, en contractant de nouveaux emprunts excédant la valeur du navire. Dans de telles circonstances, le fait des réparations et de la continuation du voyage constitue, de la part du capitaine, une faute dont le propriétaire est responsable et qui le rend non recevable à opposer au premier prêteur à la grosse l'extinction de son contrat. — *Aix*, 25 janv. 1832, Lecesne c. Lemée.

201. — Le preneur est tenu de justifier qu'il y avait, pour son compte, des marchandises chargées jusqu'à concurrence de la somme empruntée; sans cela, il n'est point libéré par la perte du navire et du chargement. — C. comm., art. 329.

202. — Mais la loi n'exige pas que le preneur justifie qu'il a employé les deniers empruntés, en tels ou tels effets. — Boulay-Paty, t. 3, p. 215; Pardessus, nº 893.

203. — Le preneur a pu emporter avec lui l'argent prêté, pour en faire l'emploi pendant le cours du voyage. Dans ce cas il suffit qu'il soit justifié que la somme prêtée a été exposée aux risques de la mer, et qu'elle se trouvait dans le navire lors du sinistre. — Delvincourt, t. 2, p. 315; Boulay-Paty, t. 3, p. 215.

204. — En cas de prêt à la grosse autorisé par une délibération d'actionnaires pour subvenir au paiement des *droits, devoirs et dus de certains bâtimens* il suffit que le contrat de prêt énonce lui-même la destination conforme pour qu'il doive recevoir son exécution, alors même que par une fraude dont le prêteur ne saurait être responsable l'emploi des fonds provenant du prêt aurait été changé. — *Cass.*, 20 févr. 1844 (t. 1er 1844, p. 547), Société du Tréport c. Leroux.

205. — L'art. 329 ne parle que de la justification du chargement; parce que le navire est un objet réel, dont l'existence n'a pas besoin de preuves. Il ne peut y avoir matière à discussion que si l'estimation en avait été faite au-dessus de sa valeur. — Valin, art. 56, tit. 6, liv. 3; Boulay-Paty, t. 3, p. 217; Dageville, t. 2, p. 661.

206. — Si cette estimation n'est pas faite ou si elle est contestée, le preneur a le droit, pour justifier de la valeur du navire, de joindre à l'évaluation de la coque celle des agrès et apparaux, dépenses de radoub, armement et victuailles, avances payées à l'équipage et généralement celle de tous les frais faits pour mettre le navire en état de prendre la mer. — Dageville, t. 2, p. 513; Boulay-Paty, t. 3, p. 123.

207. — Pour justifier l'existence du chargement, on doit recourir d'abord au connaissement, ensuite aux déclarations du capitaine et généralement à tous les moyens de preuve admis en pareil cas, dont le mérite est livré à l'appréciation souveraine des tribunaux. — Boulay-Paty, t. 3, p. 218; Pardessus, nº 929.

208. — Quant à la valeur des objets chargés, la justification doit être faite suivant les règles établies par l'art. 339 C. comm. au titre *Des assurances*. — V., à cet égard, ASSURANCE MARITIME, nos 610 et suiv.

209. — On peut, dans le contrat même, donner une évaluation aux objets mis en risque; si, par exemple, on emprunte 1,000 francs sur dix tonneaux de vin évalués 100 francs chacun, il suffira, en cas de perte, de justifier qu'ils ont été chargés : l'évaluation étant présumée exacte, jusqu'à preuve contraire. — Dageville, t. 2, p. 662.

210. — Si le prix des marchandises est établi par des factures en monnaies étrangères on doit réduire cette valeur à celle de la monnaie du lieu où le contrat de grosse a été passé, suivant le cours à l'époque de la signature du contrat. — Arg. C. comm., art. 338. — Boulay-Paty, t. 3, p. 123.

211. — Lorsque l'acte de grosse renferme la permission de faire échelle et que le chargement excède le capital prêté, l'emprunteur ou son mandataire peut faire décharger dans les lieux de relâche une partie du chargement; pourvu que la partie laissée à bord excède ou égale la somme prêtée : de sorte que, si le navire périt en continuant sa route, l'emprunteur est complétement libéré et qu'il n'est pas obligé de rembourser au prêteur les deniers empruntés dans la proportion des marchandises qui ont été sauvées par suite du déchargement. — Valin sur l'art. 36 *Des assurances*; Pothier, *ibid.*, nº 80; Emerigon, ch. 12, sect. 2, § 3; Delvincourt, t. 2, p. 315; Dageville, t. 2, p. 662.

212. — L'accident qui a occasionné la perte des objets qui ont fait la matière d'un contrat à la grosse doit être légalement justifié. — *Rennes*, 13 mai 1818, Haentyeus c. de Molière.

213. — En cas de naufrage, le paiement des sommes empruntées à la grosse est réduit à la valeur des effets sauvés et affectés au contrat, déduction faite des frais de sauvetage. — C. comm., art. 327.

214. — Quoique la loi ne parle que du cas de naufrage, cette disposition doit cependant être étendue à toutes les autres fortunes de mer. — Arg. C. comm., art. 325. — Pothier, nº 47; Locré sur l'art. 327; Delvincourt, t. 2; Boulay-Paty, t. 3, p. 179; Dageville, t. 2, p. 545.

215. — L'emprunteur par contrat à la grosse est tenu du paiement de la somme empruntée, encore qu'il ait fait abandon du navire, si une des parties des marchandises affectées au contrat arrive à sa destination. — *Bordeaux*, 18 févr. 1831, Tourel (*Jur. comm. de Bordeaux*, 8, 1, 84).

216. — Quant au profit maritime, le prêteur n'a le droit de l'exiger que si les objets sauvés sont d'une valeur supérieure au capital prêté; et il ne peut l'exiger que jusqu'à concurrence de cet excédant de valeur. — Emerigon, t. 2, p. 575; Locré sur l'art. 327; Boulay-Paty, t. 3, p. 181; Dageville, t. 2, p. 546.

217. — Si le prêt a été fait sur un chargement entier d'une valeur supérieure au capital prêté, et qu'une partie seulement en ait été sauvée; le prêteur a droit, pour son remboursement, à la totalité des objets sauvés, en supposant toutefois qu'il n'excède pas ce qui lui est dû. — Pothier, n° 49; Emerigon, t. 2. p. 576; Locré, sur l'article 327; Boulay-Paty, t. 3, p. 182; Dageville, t. 2, p. 549. — *Contrà* : Valin (sur l'article 11) enseignait que le prêteur devait venir à contribution avec l'emprunteur, au prorata de leur intérêt. Mais cette opinion, déjà repoussée par la jurisprudence, sous l'empire de l'ordonnance, doit être d'autant moins suivie, aujourd'hui, que le Code étend les droits du prêteur *sur tous les objets affectés au contrat.*

218. — Mais si le prêt ne porte que sur une partie du chargement : il doit y avoir, conformément au sentiment de Valin, contribution entre le prêteur et l'emprunteur, chacun dans la proportion de leur intérêt au chargement. — Locré sur l'art. 327; Boulay-Paty, t. 3, p. 185; Dageville, t. 2, p. 549.

219. — Dans le cas de prêt à la grosse sur facultés, si, malgré la perte du navire, tous les objets affectés au prêt sont sauvés, et qu'on puisse les transporter à destination sur un autre navire, le prêteur est tenu seulement de la détérioration que la perte et le changement de navire ont pu occasionner, ainsi que de l'excédant du fret (arg. tiré de l'art. 393); mais, si l'on n'a pas pu se procurer d'autre navire, le preneur est déchargé de son obligation, en rendant compte des objets sauvés. Il en est de même au cas d'innavigabilité. — Delvincourt, t. 2; Boulay-Paty, t. 3, p. 186; Dageville, t. 2, p. 550.

220. — S'il y a contrat à la grosse et assurance sur le même navire ou sur le même chargement, le produit des effets sauvés du naufrage, ou de toute autre fortune de mer, est partagé entre le prêteur à la grosse, *pour son capital* seulement, et l'assureur, pour les sommes assurées, au marc le franc de leur intérêt respectif, sans préjudice des priviléges établis à l'art. 191. — C. comm., art. 331.

221. — Cet article contient une innovation à l'ordonnance de 1681, qui accordait la préférence au prêteur; mais cette innovation se justifie par le développement qu'a pris, depuis, le contrat d'assurance, et par la nécessité de favoriser un contrat qui rend plus de services à la prospérité du commerce maritime que le prêt à la grosse. — Locré, *Exposé des motifs*, sur l'art. 330.

222. — Il résulte de la restriction mise à la fin de l'article, que, si, pendant le voyage, le capitaine emprunte à la grosse pour les besoins de l'expédition, et affecte le navire déjà assuré, le prêteur doit primer les assureurs, non-seulement pour son capital, mais encore pour le profit maritime; parce qu'ayant prêté pour secourir la chose assurée, il est censé avoir prêté pour le compte des assureurs eux-mêmes. — Locré sur l'art. 331; Delvincourt, t. 2; Boulay-Paty, t. 5, p. 232; Dageville, t. 2, p. 670.

223. — Les prêteurs à la grosse contribuent, à la décharge des emprunteurs, aux avaries communes. — Les avaries simples sont aussi à la charge des prêteurs, s'il n'y a convention contraire. — C. comm., art. 330.

224. — La raison de cette différence, c'est que les impenses résultant des avaries communes comme les rachats, les compositions, les jets concourent absolument au salut commun du navire et du chargement et procurent au prêteur la conservation de son argent, qui eût été, sans cela, perdu avec le bâtiment, tandis que les avaries simples n'ont pas la même influence et ne concourent pas aussi puissamment à l'accomplissement de la condition du contrat et à l'arrivée du navire. — Emerigon, t. 2, p. 505; Favard, *Rép.*, v° *Prêt à la grosse*, § 6, n° 1er; Boulay-Paty, t. 3, p. 223; Pardessus, n° 926.

225. — Lorsque les avaries sont communes, le prêteur doit tenir compte à l'emprunteur de ce qu'il est obligé de payer pour sa contribution ou de la valeur estimative des choses affectées au prêt qu'on a sacrifiées pour le salut commun; sauf à recevoir à sa place ce que les autres chargeurs sont obligés de payer pour leur contribution. Quand les avaries sont simples, soit qu'elles consistent en détériorations ou pertes, soit qu'elles consistent en dépenses pour réparations, séjours forcés, changement de navire, prix de rachat, etc., le prêteur supporte la somme à laquelle elles sont évaluées et n'obtient de subrogation que si l'emprunteur a droit de s'en faire rembourser ou garantir par d'autres. — Pardessus, n° 926.

226. — Si le prêt n'a été fait que sur une partie du chargement, la contribution est supportée proportionnellement par le prêteur et l'emprunteur. De même, au cas d'avaries simples la perte est répartie entre eux au prorata de leur intérêt. — Dageville, t. 2, p. 665; Delvincourt, t. 2; Pardessus, n° 926.

227. — Les sommes pour lesquelles le prêteur doit ainsi contribuer s'imputent sur le capital prêté à la grosse, à l'effet de diminuer le profit maritime; mais seulement à partir du jour où il a été mis en demeure de contribuer. — Valin, sur l'art. 16; Locré, sur l'art. 330; Pardessus, *ibid.*; Boulay-Paty, t. 3, p. 225; Dageville, t. 2, p. 665.

Sect. 7e. — *Nullité et ristourne du contrat à la grosse.*

228. — Il y a plusieurs causes qui entraînent soit la nullité, soit la résolution ou *ristourne* du contrat à la grosse.

229. — Un contrat à la grosse est nul, lorsque la valeur n'en a pas été fournie réellement pour le voyage qui y est désigné. — *Rouen*, 12 juin 1821, N...

230. — On ne peut réputer nuls, à l'égard des assureurs, des billets de grosse sur lesquels il a été fait une assurance, en ce que la totalité des deniers prêtés n'a pas été réellement employée au voyage projeté et entrepris par les assureurs. — *Aix*, 8 déc. 1820, Crozet et Bargmann.

231. — Il y a nullité du prêt à la grosse lorsqu'il a pour objet le fret à faire ou le profit espéré des marchandises (C. comm., art. 318). Comme, dans ce cas, le donneur et le preneur sont également en faute, la nullité du prêt peut être invoquée par l'une et l'autre des parties. — Dageville, t. 2, p. 515.

232. — Lorsqu'il y a fraude de la part de l'emprunteur, l'emprunt à la grosse fait pour une somme excédant la valeur des objets sur lesquels il est affecté peut être déclaré nul à la demande du prêteur. — C. comm., art. 316.

233. — Cette nullité a pour effet de forcer le preneur à rembourser d'abord la somme totale, car le contrat n'est pas même valable jusqu'à concurrence du chargement, et ensuite les intérêts de terre à raison de demi pour cent par mois depuis le jour du prêt. Cette dernière conséquence de la nullité prononcée par l'art. 316 est combattue par quelques auteurs. Ils se fondent sur le silence que garde cet article en présence de la disposition expresse de l'art. 317, et sur cette considération que le donneur est suffisamment favorisé puisque même en cas de perte il peut profiter de la nullité. — Delvincourt, t. 2, p. 318; Valin, sur l'art. 3, *Titre du contrat à la grosse*. — Mais à cela on peut répondre que les intérêts de terre étant dus lorsqu'il y a simple réduction pour cause d'erreur, ils doivent être accordés à plus forte raison dans le cas de fraude. — Dageville, t. 2, p. 511; Boulay-Paty, t. 3, p. 127; Pardessus, t. 3, n° 931.

234. — C'est au prêteur à prouver la fraude; l'appréciation des faits articulés appartient aux tribunaux. Mais on peut dire qu'il y a présomption de fraude contre le preneur qui aurait emprunté sur des effets déjà assurés, ou qui aurait fait assurer des objets déjà affectés à un prêt à la grosse, ou qui, ayant emprunté et fait faire à la fois des assurances sur le même chargement, n'aurait pas, en délaissant aux assureurs, fait les déclarations à l'aide desquelles ceux-ci pussent vérifier si le prêt et l'assurance réunis égalent ou excèdent la valeur de ce chargement. — Dageville, t. 3, p. 512; Pardessus, n° 930; Delvincourt, t. 2, p. 318.

235. — La nullité ne peut être prononcée que sur la demande du prêteur. L'emprunteur, en effet, ne peut arguer de sa propre faute. De là il résulte qu'en cas d'heureuse arrivée le prêteur peut poursuivre l'exécution du contrat, et qu'en cas de sinistre il peut, au contraire, en demander la nullité; et exiger ainsi le remboursement de son capital, qui, sans la faute de l'emprunteur, se fût trouvé perdu. — Pardessus, n° 931; Boulay-Paty, t. 3, p. 124; Dageville, t. 2, p. 511; Delvincourt, t. 2, p. 317.

236. — Quoique l'art. 316 ne parle que du prêteur, le porteur d'un billet de grosse, qui se trouve subrogé à tous les droits du prêteur, peut également faire prononcer la nullité du contrat s'il y a lieu. — Pardessus, t. 3, n° 931; Dageville, t. 2, p. 512; Boulay-Paty, t. 3, p. 124.

237. — S'il n'y a pas fraude de la part de l'emprunteur, le contrat est valable jusqu'à la concurrence de la valeur des effets affectés à l'emprunt, d'après l'estimation qui en est faite ou convenue; — le surplus de la somme empruntée est remboursé avec intérêt au cours de la place. — C. comm., art. 317. — En d'autres termes, il y a ristourne pour le surplus.

238. — L'estimation des marchandises doit être basée sur le prix courant des objets au lieu du chargement, et non pas sur celui qu'ils pourraient avoir au lieu de la destination. — Delvincourt, t. 2, p. 314.

239. — Si le chargement n'a pas eu lieu le contrat est annulé, et il y a lieu au remboursement de la somme prêtée, avec l'intérêt de terre seulement, et ce quand même le défaut de chargement proviendrait du fait de l'emprunteur. — Dageville, t. 2, p. 513; Delvincourt, t. 2, p. 319.

240. — La nullité du contrat n'est prononcée que pour l'excédant du capital prêté sur les objets mis en risque. Cette nullité peut être demandée par l'emprunteur aussi bien que par le prêteur, lorsqu'il prouve sa bonne foi. — Pardessus, t. 3, n° 932; Delvincourt, t. 2, p. 314. — L'excédant du contrat de grosse ne constitue qu'une créance ordinaire, dont le remboursement peut être exigé en cas de perte comme en cas d'heureuse arrivée. — Pardessus et Delvincourt, *loc. cit.*; Dageville, t. 2, p. 512.

241. — S'il y a eu plusieurs emprunts successifs sur les mêmes objets, et que tous réunis ils en excèdent la valeur; la ristourne a lieu jusqu'à concurrence de la valeur des objets affectés, en commençant par les plus récens en date. — Dageville, t. 2, p. 513; Delvincourt, t. 2, p. 319.

242. — Dans les cas d'annulation ou de réduction dont il vient d'être parlé, le prêteur peut-il, comme l'assureur, aux termes de l'art. 349, exiger, outre les intérêts, demi pour cent sur la somme en ristourne? Valin (sur l'art. 15) soutient l'affirmative, mais seulement dans le cas où le donneur, ayant fait assurer lui-même le capital prêté, doit cette indemnité de demi pour cent à son assureur. Emerigon décide dans le même sens, mais il exige que le défaut de chargement procède du fait de l'emprunteur (ch. 6, sect. 1re, § 2). — Quelle que soit la cause du défaut de chargement, Pardessus accorde l'indemnité de demi pour cent comme une sorte de dédommagement des peines, droit de signature et démarches que le contrat a pu occasionner (t. 3, n° 928). — Mais l'opinion contraire nous paraît préférable. Dans le silence du Code, l'intérêt de terre est la seule indemnité à laquelle le prêteur puisse prétendre. — Delvincourt, t. 2, p. 320; Dageville, t. 2, p. 515.

PRÊTE-NOM.

1. — On appelle ainsi celui qui figure dans un acte à la place du véritable contractant, qui ne veut pas paraître. — Rolland de Villargues, *Rép. du not.*, v° *Prête-nom*.

2. — Le prête-nom, dit M. Troplong (v. *Mandat*, n° 40), ne doit pas être confondu avec le mandataire. Le prête-nom est revêtu d'un titre apparent, qui lui donne, dans ses rapports avec les tiers, tous les droits du propriétaire. — Il est, à leur égard, non pas un agent intermédiaire, qui se meut sous l'influence de la volonté d'autrui, mais un maître qui dispose de sa chose. Sans doute entre les parties celui dont le rôle a été réduit, par une contre-lettre, à la simple qualité de prête-nom, n'est pas autre chose qu'un mandataire. Mais ce mandat, donné sous forme de cession, lie le mandataire d'une manière plus étroite; il lui interdit de critiquer les actes par lesquels le prête-nom s'est engagé envers les tiers.

3. — La présence d'un prête-nom dans un acte n'entache donc pas cet acte de nullité, lorsque d'ailleurs son intervention n'a pas pour objet d'éluder les prohibitions légales relatives aux interpositions de personnes. — Toullier, t. 6, n° 178.

4. — Ainsi, une obligation contractée envers un tiers qui ne fait que prêter son nom au véritable créancier, auquel il donne ensuite procuration d'agir en son nom et auquel il rétrocède l'obligation, est valable.— En vain prouverait-on qu'il n'est rien dû au prête-nom, s'il était en même temps établi que, dans son origine, l'obligation a été réellement consentie pour une cause légitime au véritable créancier qui a emprunté le nom d'un tiers. — *Cass.*, 17 mai 1808, Boulainvilliers. — Toullier, *loc. cit.*

5. — Toullier enseigne même (nº 179) que le véritable créancier peut, sans prendre ni procuration ni cession, laisser le prête-nom agir dans son nom propre; car ce n'est qu'un mandataire tacite.

6. — Ainsi : des poursuites sont valablement dirigées par le cessionnaire apparent d'une créance, quoique, en réalité, il ne soit pas propriétaire de cette créance. — *Cass.*, 7 avr. 1813, Audie c. Teissier. — V. ACTION, nº 297.

7. — Toutefois, l'emploi du prête-nom, par cela même qu'il introduit dans les actes une simulation, un déguisement, peut souvent donner naissance à de sérieuses difficultés : aussi fera-t-on sagement de s'en abstenir.

8. — La Cour de cassation a jugé qu'on devait considérer comme nulle la cession d'actions industrielles consentie par leur propriétaire apparent, simple prête-nom, lorsque le cessionnaire savait que le cédant, bien que les actions fussent inscrites à son nom, n'en était pas le véritable propriétaire. — *Cass.*, 9 févr. 1848 (t. 2 1848, p. 129), Charlet c. Bourgoin. — V. PROPRIÉTAIRE APPARENT.

9. — Le plus souvent on n'a recours à un prête-nom que pour éluder une prescription de la loi.

10. — Il est évident, dans ce cas, que l'intervention du prête-nom ne peut produire aucun effet du moment que la simulation est prouvée.

11. — Les parties en fraude desquelles la simulation a été pratiquée sont même fondées, selon les circonstances, à réclamer des dommages-intérêts.

12. — Il est défendu aux notaires de servir de prête-nom en aucune circonstance, même alors qu'il ne s'agirait pas d'actes que les règlemens leur interdisent. — Ord. régl., 4 janv. 1843, art. 12. — Rolland de Villargues (*loc. cit.*, nº 6) ajoute que ceci s'applique au cas où les notaires voudraient faire remplir des procurations à eux adressées du nom de leurs clercs. — V., au reste, NOTAIRE.

V. CONTRE-LETTRE, DISPOSITION A TITRE GRATUIT, FIDÉICOMMIS, MANDAT, PERSONNE INTERPOSÉE.

PRÉTÉRITION.

On appelait ainsi, dans le droit romain, et ensuite dans les pays de droit écrit, l'omission d'instituer dans un testament ceux à qui le testateur devait au moins une portion légitimaire. — V. TESTAMENT. — V. aussi EXHÉRÉDATION, LÉGITIME, PLAINTE D'INOFFICIOSITÉ, QUOTITÉ DISPONIBLE.

PRÊTRE.

Tout ce qui concerne les devoirs des ministres du culte a été exposé avec détail vº CULTE. — V. aussi CLERGÉ, CONCORDAT, CURE, CURÉ, ÉVÊCHÉ, ÉVÊQUE, SÉMINAIRES, etc., etc. — V. aussi MINISTRES DES CULTES.

PRÊTRES DÉPORTÉS.

1. — On connaît l'origine de la déportation prononcée contre les prêtres insermentés par les lois de la Révolution. L'Assemblée constituante ayant prescrit aux évêques et curés, par un décret du 12 juillet-24 août 1790, de prêter, en présence des officiers municipaux, du peuple et du clergé, le serment solennel de veiller avec soin sur les fidèles de leur diocèse ou de leur cure, d'être fidèles à la nation, à la loi et au roi, et de maintenir de tout leur pouvoir la Constitution décrétée par l'Assemblée nationale et acceptée par le roi, un grand nombre des ecclésiastiques auxquels s'appliquait ce décret différèrent de se soumettre à la mesure qui leur était imposée, d'autres s'y refusèrent ouvertement.

2. — Cette résistance donna lieu au décret du 27 nov.-26 déc. 1790, qui fixa le délai dans lequel le serment devait être prêté. Ce délai était de huit jours pour ceux qui étaient alors dans leur cure ou dans leur diocèse, d'un mois pour ceux qui en étaient absens sans avoir quitté la France, et de deux mois pour ceux qui se trouvaient à l'étranger. — L'art. 2 du même décret étendit l'obligation du serment aux vicaires des évêques, aux supérieurs et directeurs de séminaires, aux vicaires des curés, aux professeurs des séminaires et colléges, et à tous autres ecclésiastiques fonctionnaires publics.

3. — Ceux qui n'auraient pas prêté leur serment dans le délai prescrit devaient être réputés avoir renoncé à leur office. — Quant à ceux qui manqueraient à leur serment après l'avoir prêté, ils étaient déclarés rebelles à la loi, privés de leur traitement, déchus de leurs droits de citoyen actif, et incapables de fonctions publiques. — Les mêmes peines étaient prononcées contre ceux qui, après avoir refusé de prêter leur serment, continueraient leurs fonctions; ils devaient être poursuivis comme perturbateurs du repos public.

4. — Plus tard, l'Assemblée législative, sur un rapport du Comité des douze, « considérant que les troubles excités dans le royaume par les ecclésiastiques non sermentés exigeaient qu'elle s'occupât sans délai de les réprimer, » rendit d'urgence un décret par lequel elle prononçait la déportation des ecclésiastiques qui n'auraient pas prêté le serment auquel ils étaient assujettis par la loi du 26 déc. 1790, et de ceux qui, n'étant pas soumis à cette loi, n'auraient pas prêté le serment civique postérieurement au 3 sept. 1791, jour auquel la Constitution française avait été déclarée achevée. — Décr. 27 mai 1792.

5.—La déportation était prononcée par le directoire de département sur la demande de vingt citoyens actifs du même canton et sur l'avis du directoire de district.

6. — Bientôt ces mesures parurent insuffisantes. Le décret du 26 août 1792, après avoir accusé les prêtres non sermentés d'exciter des troubles dans le royaume, et d'être ainsi la première cause des dangers de la patrie, ordonna à tous les ecclésiastiques qui n'auraient pas prêté le serment auquel ils avaient été assujettis, ou qui, après l'avoir prêté, l'auraient rétracté et auraient persisté dans leur rétractation, de sortir sous huit jours des limites du district et du département de leur résidence, et dans quinzaine hors du royaume.

7. — Passé ce délai, les ecclésiastiques qui n'auraient pas obéi aux dispositions précédentes devaient être déportés à la Guyane française.

8. — La peine de dix années de détention était prononcée contre tout ecclésiastique qui serait resté dans le royaume après avoir fait sa déclaration de sortir, ou qui y rentrerait après en être sorti.

9. — Ces dispositions étaient également applicables à tous ecclésiastiques non sermentés séculiers et réguliers, prêtres, simples clercs, minorés ou frères lais, encore bien qu'ils ne fussent point assujettis au serment, lorsque leur éloignement était demandé par six citoyens actifs domiciliés dans le même département, ou lorsqu'ils avaient occasionné des troubles venus à la connaissance des corps administratifs.

10. — Etaient seuls dispensés de sortir du royaume les sexagénaires et les infirmes. La déportation était, à leur égard, remplacée par une sorte de réclusion. Ils devaient être réunis dans une maison commune, au chef-lieu du département, sous l'inspection et la police de la municipalité. — Art. 8 et 9.

11. — Le décret du 23-24 avr. 1793 vint ajouter encore à la rigueur de ces mesures. Il prescrivait d'embarquer et de transférer sans délai à la Guyane française tous les ecclésiastiques séculiers, réguliers, frères convers et lais qui n'avaient pas prêté, avant le 23 mars précédent, le serment de maintenir la liberté et l'égalité, conformément à la loi du 15 août 1792, ainsi que ceux qui seraient dénoncés pour cause d'incivisme par six citoyens du canton. — Il transformait en véritable réclusion la mesure prise contre les sexagénaires et les infirmes par le décret du 26 août 1792.

12. — Enfin, il ordonnait que les déportés qui rentreraient sur le territoire de la République seraient punis de mort dans les vingt-quatre heures.

13. — Le 17 sept. 1793, la Convention rendit un décret par lequel elle déclarait applicables en tout point aux prêtres déportés les dispositions des décrets relatifs aux émigrés. Elle les frappait ainsi de mort civile, en même temps qu'elle prononçait la confiscation de tous leurs biens.

14. — Déjà une première assimilation avait été faite entre les émigrés et les déportés par le décret du 14 sept. 1792, qui déclarait annulés et résiliés les baux de biens nationaux qui auraient pu être passés au profit des uns ou des autres.

15. — Les prêtres non sermentés continuèrent cependant à être l'objet de dispositions législatives spéciales. — Le décret des 29 et 30 vend. an II prononça la peine de mort : 1º contre les prêtres, sujets à la déportation, pris les armes à la main soit sur les frontières, soit en pays ennemi; 2º contre ceux qui auraient été ou se trouveraient saisis de congés ou passe-ports délivrés par des chefs français émigrés, ou par des commandans des armées ennemies, ou par les chefs des rebelles; 3º contre ceux qui seraient munis de quelques signes contre-révolutionnaires; 4º contre ceux qui auraient été ou seraient arrêtés sans armes dans les pays occupés par les troupes de la République s'ils avaient été précédemment dans les armées ennemies ou dans des rassemblemens d'émigrés ou de révoltés, ou s'ils y étaient à l'instant de leur arrestation.

16. — Ces prêtres devaient être jugés par une commission militaire composée de cinq officiers de l'état-major de la division dans l'étendue de laquelle ils avaient été arrêtés. — Le fait demeurait constant par la déclaration orale ou écrite de deux témoins. — L'exécution avait lieu dans les vingt-quatre heures de la condamnation.

17. — Les dispositions suivantes ordonnaient d'embarquer sans délai et de transférer à la côte de l'ouest de l'Afrique, depuis le 23º jusqu'au 28º degré : 1º Tous les ecclésiastiques assujettis au serment, qui ne l'auraient pas encore prêté; 2º ceux qui l'auraient rétracté, quand bien même ils l'auraient prêté de nouveau après leur rétractation; 3º ceux qui auraient été dénoncés pour cause d'incivisme par six citoyens du canton, lorsque la dénonciation avait été jugée fondée par le directoire du département sur l'avis du directoire du district. — Art. 10, 11 et 12.

18. — Tout citoyen convaincu d'avoir recélé un prêtre sujet à la déportation était puni de la même peine. — Art. 19. — Il était enjoint à tout citoyen de dénoncer l'ecclésiastique qu'il saurait être dans le cas de la déportation, de l'arrêter ou faire arrêter et conduire devant l'officier de police le plus voisin. Une récompense de cent livres était accordée au dénonciateur. —Art. 18.

19. — Les prêtres déportés volontairement et avec passe-port, ainsi que ceux qui avaient préféré la déportation à la réclusion, étaient réputés émigrés. — Art. 17.—La déportation, la réclusion, et la peine de mort emportaient la confiscation des biens. — Art. 16.

20. — Toutefois ces dispositions n'étaient pas applicables aux simples prêtres habitués ou communalistes. — Décret 11 brum. an II.

21. — Le 9 vent. an II, la Convention rendit un décret par lequel elle prescrivait des mesures pour la découverte des biens des prêtres déportés atteints par la confiscation; et le 22 du même mois, en déclarant de nouveau leurs biens acquis à l'Etat, elle déterminait l'époque à partir de laquelle la confiscation produirait ses effets. — C'était à partir du 17 sept. 1793, pour ceux qui avaient été déportés nominativement ou qui avaient été reclus comme sexagénaires ou comme infirmes. — Art. 4. — Pour les déportés volontaires, à partir de leur sortie du territoire français. — Art. 7. — A l'égard de ceux qui avaient été déportés pour cause d'incivisme, à partir du jour de l'arrêté en vertu duquel la déportation s'était effectuée. — Art. 9. — Enfin à l'égard de ceux déportés depuis le 17 sept. 1793, à partir du jour de la dénonciation prescrite par le décret du 30 vend. an II et autres postérieurs.

22.— Les agens chargés de veiller à l'exécution de ces lois ayant plus d'une fois reculé devant le terrible ministère dont ils étaient investis, la Convention, par un décret du 22 niv. an III, enjoignit aux accusateurs publics et aux agens nationaux de toute la République, sous peine de privation des droits de citoyen pendant six ans et de confiscation de la moitié de leurs biens, de poursuivre et faire juger, sans délai, les prêtres déportés, suivant toute la rigueur des lois.

23. — Quelques-uns de ceux que la loi atteignait étaient parvenus à rentrer en France et à s'y cacher. Un décret du 12 floréal an III leur enjoignit, sous peine de mort, de quitter le territoire de la République, dans le délai d'un mois. Mais cette peine fut remplacée bientôt par le bannissement à perpétuité hors du territoire de la République.—Décr. du 20 fruct. an III, art. 1ᵉʳ. — Toutefois, ceux contre lesquels le bannissement était prononcé devaient continuer à être traités comme émigrés dans le cas où ils rentreraient sur le territoire.

24. — L'art. 6 du même décret décidait en principe que les biens des prêtres déportés, dont la confiscation avait été prononcée seraient re-

titués à leur famille et chargeait les comités de législation et de finances de lui présenter, sur ce point, une loi dans le délai de trois jours. — Le décret du 22 du même mois vint en effet régler le mode et les conditions de cette restitution.

25. — La formule du serment jusqu'alors imposé aux prêtres fut modifiée par le décret du 7 vend. an IV, tit. 1er, art. 6, et remplacée par la déclaration suivante : Je reconnais que l'universalité des citoyens français est le souverain, et je promets soumission et obéissance aux lois de la République. — Le bannissement perpétuel était prononcé contre ceux qui modifieraient ou rétracteraient cette déclaration, et la gêne à perpétuité contre ceux qui après avoir été bannis rentreraient en France.

26. — La déclaration dont nous venons de donner le texte fut bientôt elle-même remplacée par le serment de haine à la royauté et à l'anarchie, d'attachement et de fidélité à la République et à la Constitution de l'an III. — Décr. 19 fruct. an IV, art. 26.

27. — Pour compléter l'ensemble de ces mesures, le Directoire exécutif fut investi du pouvoir de déporter par des arrêtés individuels les prêtres qui troubleraient dans l'intérieur la tranquillité publique. — Même décr., art. 24.

28. — Les ecclésiastiques qui, étant assujettis à la déportation, étaient sortis du territoire français, pour obéir à la loi, furent éliminés de la liste des émigrés par un arrêté des consuls du 28 vend. an IX.

29. — Mais le sénatus-consulte du 6 flor. an X (art. 12), qui accordait une amnistie aux émigrés, plaça les individus amnistiés, ainsi que ceux qui avaient été éliminés ou rayés définitivement de la liste des émigrés, depuis l'arrêté du 28 vend. an IX, sous la surveillance spéciale du gouvernement, pendant dix ans à partir de la radiation, élimination, ou délivrance du certificat d'amnistie. Cette surveillance pouvait même s'étendre à la durée de la vie de ceux contre lesquels cette mesure aurait été jugée nécessaire. — La surveillance ne faisait point obstacle à la jouissance des droits de citoyen.

30. — Au moment de leur rentrée, les amnistiés devaient déclarer, devant des commissaires délégués à cet effet, qu'ils rentraient sur le territoire de la République en vertu de l'amnistie (art. 3). — Cette déclaration devait être suivie du serment d'être fidèle au gouvernement établi par la Constitution, et de n'entretenir ni directement ni indirectement aucune liaison ni correspondance avec les ennemis de l'État. — Art. 4.

31. — Étaient exceptés de l'amnistie les archevêques et évêques qui, méconnaissant l'autorité légitime, avaient refusé de donner leur démission.

32. — Les amnistiés ne pouvaient, en aucun cas et sous aucun prétexte, attaquer les partages de présuccession, succession ou autres actes et arrangemens faits entre la République et les particuliers avant l'amnistie. — Ceux de leurs biens qui étaient encore entre les mains de la nation (autres que les bois et forêts déclarés inaliénables par la loi du 2 nivôse an IV, les immeubles affectés à un service public, les droits de propriété ou prétendus tels sur les grands canaux de navigation, les créances qui pouvaient leur appartenir sur le trésor public, et dont l'extinction s'est opérée par confusion au moment où la République a été saisie de leurs biens, droits et dettes actives) leur étaient rendus sans restitution des fruits. — Art. 16 et 17.

33. — Les prêtres déportés ont dû naturellement être appelés à prendre part à l'indemnité accordée par la loi du 28 avril 1825 aux anciens propriétaires de biens-fonds confisqués et vendus au profit de l'État en vertu des lois sur les émigrés, les déportés et les condamnés révolutionnairement. — V., pour tout ce qui concerne cette indemnité, v° ÉMIGRÉ.

34. — Sous l'empire ou par application des lois dont il vient d'être donné l'analyse, il a été jugé que, sous la loi du 19 fructidor an V, un prêtre inscrit sur la liste des émigrés et arrêté sur le territoire français devait être traduit devant une commission militaire. En conséquence, l'accusateur public commettait un excès de pouvoir en ordonnant sa mise en liberté. — *Cass.*, 8 germ. an VII, Couren.

35. — ... Que, de ce que la loi du 20 fructidor an III disposait que les prêtres déportés seraient traités comme émigrés, s'ils rentraient sur le territoire français, il ne résultait pas que la loi du 25 brumaire an III pût être appliquée aux personnes qui avaient recélé des prêtres sujets à déportation. Cette loi était purement relative à ceux qui recélaient des émigrés. — *Cass.*, 1er germ. an VIII, Gervais.

36. — ... Que la vente faite en 1792 par un ecclésiastique dépouillé de ses fonctions et placé sur la liste des déportés ne peut être déclarée nulle, en alléguant que le vendeur était alors frappé de mort civile. — *Orléans*, 5 mai 1813, Maucourt c. Massoncau.

37. — ... Que la mort civile prononcée par les lois de la Révolution contre les prêtres déportés se trouve exclusivement réglée par ces lois quant à son ouverture, sa cessation, et ses effets, sans qu'on puisse invoquer à cet égard les disposition du droit commun. — *Cass.*, 21 déc. 1840 (t. 2 1840, p. 798), Grault et Salamo c. Ribes.

38. — Jugé aussi que les tribunaux ne peuvent sur de simples présomptions et contre la preuve légale résultant de l'inscription d'un prêtre non sermenté sur la liste des émigrés décider que ce prêtre n'est jamais sorti de France, et qu'il n'a pas été, par conséquent, frappé de mort civile. — *Cass.*, 4 sept. 1810, Roussel c. Lehoux.

39. — ... Que les ecclésiastiques que la loi du 29 vendémiaire an II désignait sous la dénomination de déportés volontairement, comme s'étant expatriés pour obéir à la loi du 26 août 1792, ont été frappés de mort civile comme ceux qui avaient été condamnés à la déportation par jugement. — *Cass.*, 2 déc. 1807, Vernède c. Lomet.

40. — Mais c'est à partir seulement de la publication de la loi du 17 septembre 1793, qui les a assimilés aux émigrés, et non à partir de leur déportation que les prêtres déportés volontairement ont encouru la mort civile. — En conséquence : leurs biens ont été dévolus à ceux qui étaient habiles à leur succéder au moment où la mort civile a été encourue, et non pas à ceux qui étaient leurs héritiers présomptifs à l'époque de la déportation. — *Cass.*, 24 févr. 1813, Sarrabère c. Darnaing ; 10 nov. 1823, Signol c. Legendre (cet arrêt casse un arrêt de la Cour d'appel de Rouen, du 2 août 1820, qui avait jugé le contraire) ; 17 déc. 1823, Deshayes c. Betan.

41. — De même, un prêtre déporté en vertu de la loi du 26 août 1792, et contre lequel n'avait été rendu aucun jugement ni arrêt de condamnation à la déportation ou réclusion à vie, n'a pas été frappé de mort civile à dater de sa déportation. — Cette mort civile a été seulement prononcée par la loi du 17 septembre 1793, qui assimile les prêtres déportés aux émigrés. — Dès lors, la succession de ce prêtre a été dévolue à tous les parens héritiers à l'époque de cette dernière loi et de sa mort naturelle ; préférablement au parent, seul héritier au moment de la publication de la loi du 26 août 1792. — *Pau*, 11 mai 1822, Epherre.

42. — Jugé encore que les ecclésiastiques restés en France sans avoir prêté le serment prescrit par les lois des 26 août 1792 et 17 septembre 1793 ont encouru la mort civile à partir de cette dernière loi, alors même qu'aucun jugement ni arrêt ne les eût condamnés à la déportation. — En conséquence, leur succession a été ouverte à cette époque et ceux qui avaient été appelés à la recueillir, par les lois alors en vigueur, en ont été irrévocablement saisis et ont pu en disposer. — *Cass.*, 9 fruct. an XIII, Gauthier c. Tourrès.

43. — Sous l'empire de la loi du 22 fructidor an III, qui rapportait les décrets qui avaient assimilé les prêtres déportés aux émigrés, quant à la confiscation de leurs biens, le débiteur d'une rente viagère constituée sur la tête d'un prêtre déporté n'en devait pas moins continuer à payer provisoirement la rente jusqu'à l'époque à fixer pour l'extinction des rentes dues aux émigrés, sans pouvoir exiger que la régie nationale justifiât de l'existence des rentiers, à moins qu'il ne prouvât que son créancier était du nombre des ecclésiastiques compris dans l'exception de la loi du 22 fructidor an III. — Jusqu'à cette preuve, le prêtre était réputé déporté volontairement et sans contrainte et, à ce titre, assimilé aux émigrés. — *Cass.*, 16 messid. an VI, Domaines c. Trouillon.

44. — Les ecclésiastiques inscrits sur la liste des émigrés, en vertu de la loi du 17 septembre 1793, sont restés, quoique rentrés en France, en état de mort civile, jusqu'à leur radiation, et, par suite, incapables de tester. — *Cass.*, 4 sept. 1810, Roussel c. Lehoux.

45. — Il n'en était pas de même des prêtres reclus par mesure de sûreté générale, en vertu de la loi du 3 brumaire an IV. — Cet état de réclusion n'entraînant pas la mort civile ne les a pas rendus incapables de disposer de leurs biens. — *Nîmes*, 19 germ. an XI, Vidal c. Talagran.

46. — La restitution ordonnée par les lois des 20 et 22 fructidor an III des biens confisqués sur les prêtres déportés ou reclus, en faveur de leurs héritiers présomptifs, n'a pu profiter qu'aux héritiers naturels et non aux héritiers testamentaires. — *Cass.*, 24 messid. an X, Andrieux.

47. — La remise des biens du prêtre déport faite à ses héritiers, en exécution de l'art. 3 de la loi du 22 fructidor an III, n'était pas subordonnée à la rentrée et à la réintégration du déporté. — *Cass.*, 10 nov. 1823, Signol c. Legendre ; 17 déc. 1823, Deshayes c. Betan. — V. aussi *Rouen*, 24 déc. 1821, Deshayes c. Betan.

48. — Les ecclésiastiques déportés en vertu de la loi du 26 août 1792 n'ont pas recouvré la propriété de leurs biens, en rentrant en France. En conséquence, ils n'ont pu, sans avoir été relevés des effets de leur déportation, disposer de ces biens au préjudice de leurs héritiers présomptifs appelés à les recueillir en vertu de la loi du 20-22 fructidor an III. — *Cass.*, 12 prair. an X, Maury c. Cabanel. — Merlin, *Quest. de droit*, v° *Émigré* § 16.

49. — Les prêtres insermentés ont dû être assimilés aux émigrés tant pour la mort civile que pour la confiscation des biens, et, dès lors, ils étaient incapables de recueillir aucune succession. — Ils n'ont pu, même après leur réintégration dans leurs droits civils, réclamer une succession ouverte durant leur mort civile. — *Cass.*, 14 juin 1815, Ribes c. de Siran ; *Toulouse*, 21 mai 1834, Puel c. Allaux et Gausserand.

50. — ... Alors même qu'elle se serait ouverte depuis la publication des lois des 20 et 22 fructidor an III, qui révoquèrent la confiscation prononcée contre les prêtres déportés et ordonnèrent la restitution de leurs biens à leurs héritiers présomptifs. — *Cass.*, 2 déc. 1807, Vernède c. Lomet.

51. — Le prêtre déporté qui avait été inscrit sur la liste des émigrés, a été rendu à la vie civile par le seul effet de la publication de l'arrêté des consuls du 28 vendémiaire an IX, et avant même que son arrêté de radiation lui ait été remis, après sa prestation de serment de fidélité à la Constitution. — *Nîmes*, 16 mai 1812, Pical et Dupuy c. Pical.

52. — Le prêtre déporté, rentré en France en vertu du sénatus-consulte du 6 floréal an X et qui avait prêté serment de fidélité, a dû être considéré comme relevé, dès lors, de la mort civile. — En conséquence, il a pu, même avant d'avoir obtenu la délivrance de son certificat d'amnistie, faire tous actes conservatoires et prendre des inscriptions hypothécaires. — *Cass.*, 5 sept. 1810, de Crussol d'Uzès c. Duclusel.

53. — ... Compromettre sur ses intérêts. — *Cass.*, 17 janv. 1809, Lainé.

54. — ... Disposer de ses biens par testament. — *Cass.*, 5 niv. an XIII, Costé c. de Boulmont.

55. — On a dû réputer nul le paiement fait, par le débiteur d'un prêtre déporté, à la caisse nationale, à une époque où le créancier avait été réintégré dans ses droits civils. — *Poitiers*, 29 therm. an XII, Freminy c. Delage.

56. — Le droit de présuccession en faveur des héritiers présomptifs des prêtres déportés, quoiqu'il fût déclaré ouvert au moment même de la sortie du territoire français, était néanmoins subordonné à la condition que le prêtre resterait et mourrait en état de mort civile. Ce droit, purement éventuel, s'évanouissait *de plano* lorsque, avant la mise en possession de ses héritiers, le prêtre s'était fait relever de l'état de déportation. En conséquence, l'héritier présomptif du prêtre déporté ne peut revendiquer, *jure suo*, les biens réclamés par le prêtre lui-même depuis sa réintégration à la vie civile, et qui ont été refusés à ce dernier par décisions administratives passées en force de chose jugée. — *Montpellier*, 16 mai 1839 (t. 2 1839, p. 232) ; *Cass.*, 21 déc. 1840 (t. 2 1840, p. 798), Grault et Salamo c. Ribes.

57. — Les biens d'un prêtre déporté n'on point été irrévocablement acquis à ses héritiers présomptifs, à son préjudice, si ceux-ci n'ont obtenu la mainlevée du séquestre et l'envoi en possession avant l'amnistie qui l'a réintégré dans ses droits civils, lors même que, de fait, ces héritiers ont eu la jouissance de ces biens après la loi du 22 fructidor an III. — *Caen*, 7 mars 1812, Sansrefus.

58. — Les héritiers d'un prêtre déporté envoyés en possession de ses biens par l'autorité administrative ont pu être réputés avoir renoncé au bénéfice de cet envoi en possession, alors qu'ils ont toléré que le prêtre, de retour en France, reprît la jouissance des biens et fît acte de propriétaire. — Le prêtre ainsi réintégré a pu valablement disposer à titre gratuit. — *Cass.*, 10 mars 1813, Labourdonnaye c. de la Menardeau.

59. — Les héritiers présomptifs d'un prêtre déporté qui ont, après son amnistie, traité avec lui de la restitution de ses biens, ne peuvent faire annuler la transaction *comme sans cause*, ou comme reposant sur une fausse cause, par cela seul que la loi du 22 fructidor an III leur garantissait la propriété incommutable des biens du déporté; s'il est certain qu'ils ont connu la loi, on ne doit voir là qu'une erreur de droit : ce qui ne peut donner matière à l'annulation de la transaction. — *Cass.*, 17 janv. 1809, Lainé; 22 juill. 1811, Cabiro c. Caussade.

60. — La Cour de Caen a jugé de même, le 22 mars 1825, que les héritiers d'un prêtre déporté avaient pu, en lui faisant la remise volontaire de ses biens, stipuler qu'il n'en approprierait pas l'un de ses héritiers au préjudice des autres, et qu'une pareille convention n'avait rien d'illicite, surtout à l'époque de l'an XIII, parce qu'alors il était au moins très-douteux que les prêtres rentrés eussent le droit de forcer leurs héritiers présomptifs, envoyés en possession, à leur remettre les biens qu'ils possédaient avant leur exil.

61. — Un décret du 19 brumaire an XIII avait décidé 1° que l'abandon accordé par l'administration centrale ayant été fait par une application des lois relatives aux biens des prêtres déportés, les héritiers sont devenus de bons propriétaires des biens dont s'agit; 2° que leur titre de propriété n'a pu éprouver aucune altération par la restitution d'existence civile, accordée ultérieurement audit prêtre.

62. — Néanmoins, il a été jugé que l'envoi en possession autorisé par l'art. 3 de la loi du 22 fruct. an III en faveur des héritiers présomptifs des prêtres déportés volontairement n'a été que précaire et conditionnel. Et que les prêtres rendus à la vie civile ont pu, à quelque époque que ce fût, demander la remise de leurs biens aux envoyés en possession, comme ils auraient eu le droit de la demander à l'État si l'État fût resté en possession. — *Rouen*, 17 févr. 1823, Taillet; *Caen*, 4 juin 1826, Morel c. Coltée; *Cass.*, 4 mars 1840 (t. 1er 1840, p. 298), Buhot c. Lemaignen et Buisson.

63. — En conséquence, on doit réputer valable, comme contenant disposition de chose à lui appartenante, et, dès lors, comme obligatoire pour ses héritiers lors de l'ouverture de la succession naturelle, la transaction par laquelle un prêtre rendu à la vie civile a consenti que les héritiers envoyés en possession demeurassent propriétaires moyennant le paiement d'une somme convenue. Et le bénéfice de cette transaction a profité seulement à ceux des héritiers présomptifs qui se trouvaient en possession, et non pas, en outre, à ceux qui auraient pu avoir des droits analogues aux leurs. Du moins, l'arrêt qui, appréciant les termes de la transaction, décide qu'il n'a été stipulé que dans l'intérêt personnel de ceux qui y figuraient, échappe à la censure de la Cour de cassation. — *Même arrêt.*

PREUVE.

Table alphabétique.

PREUVE. — 1. — Ce mot, pris dans le sens le plus large, désigne tout moyen direct ou indirect d'arriver à la connaissance d'une convention, d'un fait.

2. — La théorie des preuves, en général, se rattache aux premiers principes des connaissances humaines, est du ressort de la philosophie. C'est à la philosophie qu'il faut demander de nous éclairer sur l'appréciation de la force des preuves en général, sur les signes auxquels on peut reconnaître la certitude ou l'erreur.

3. — La jurisprudence, qui ne s'occupe que d'objets d'une utilité pratique, écarte les doctrines purement spéculatives, et prend pour constant qu'il existe des moyens de découvrir la vérité. Elle se borne à tracer aux juges quelques règles pour les guider dans la recherche et dans l'appréciation de ces moyens. C'est de ces règles que nous devons nous occuper. — V., toutefois, sur les preuves en général, sous le point de vue philosophique, Toullier, t. 8, n° 2; Gabriel, *Essai sur la nature*, *les différentes espèces et les divers degrés de preuves*; Solon, *Essai histor. sur les divers genres de preuves en usage depuis les premiers siècles jusqu'à nos jours*; Bonnier, *Traité des preuves*, n° 3 et suiv.

4. — On peut diviser d'abord les preuves employées devant les tribunaux en deux espèces principales : celles que la loi veut qu'on tienne pour sûres et auxquelles le magistrat ne peut se dispenser de conformer son jugement, quand même il ne serait pas personnellement persuadé ou convaincu; et celles dont l'effet est abandonné à la prudence du magistrat qui doit en apprécier la force, sans être obligé d'y conformer son jugement. — Toullier, *Dr. civ.*, t. 8, n° 5; Duranton, *Dr. franç.*, t. 13, n° 9; *Dict. du not.*, v° *Preuve*, n° 1er.

5. — On a divisé aussi les preuves en *pleines* et *moins pleines*, ou *semi-pleines*. Cette division critiquée par des jurisconsultes d'un grand nom (Cujas, *In tit. Cod. ad leg. Jul. maj.*; Merlin, *Rép.*, v° *Preuve*, sect. 3), a été néanmoins reconnue, sous le Code, par Toullier (t. 8, n° 78), Solon (n° 42), Duranton (t. 13, n° 14 et 42).

6. — Les preuves sont encore *directes* ou *indirectes* : *directes* lorsqu'elles prouvent précisément le fait dont il s'agit; *indirectes* lorsqu'elles établissent un fait de la certitude duquel on peut induire la vérité de celui dont il s'agit. — Toullier, t. 8, n° 9; Duranton, t. 13, n° 13.

7. — Une autre distinction, peu utile dans l'application, consiste à diviser les preuves en *artificielles* et *inartificielles*. Les premières sont ainsi nommées parce que c'est l'art ou l'esprit qui les fait trouver, et qui les crée en quelque sorte ; elles sont dues principalement à l'art de l'orateur, et appartiennent plus particulièrement aux règles de l'art oratoire. Quant aux preuves *inartificielles*, ce sont celles que l'orateur trouve toutes faites, qui existaient indépendamment de l'art, et que le raisonnement ne fait que mettre en œuvre avec plus ou moins d'habileté. — Toullier, t. 8, n° 9; Duranton, n° 9; Solon, n° 498 et suiv.

8. — Enfin une dernière distinction est encore signalée par Toullier (t. 8, n° 10) entre les *preuves de fait* et *preuves de droit*. Mais cette distinction peut rentrer dans celle qui précède. — Toullier, *ibid.*, et Solon, n° 39 et 41, 44 à 52.

9. — Le Code, au surplus, a indiqué lui-même cinq espèces de preuves ou cinq manières d'établir les obligations et leur paiement ; la *preuve littérale*, la *preuve testimoniale*, les *présomptions*, l'*aveu de la partie*, le *serment*. — C. civ., art. 1316. — V. ces différentes mots.

10. — Nous nous bornerons à poser sous cet article quelques principes généraux qui dominent la matière des preuves en général.

11. — En thèse générale, tout fait allégué en justice doit être prouvé. La raison veut que celui qui réclame d'un autre l'exécution d'une obligation soit tenu d'en prouver l'existence, faute de quoi le défendeur doit être renvoyé absous. *Semper necessitas probandi incumbit illi qui agit.* — L. 21, ff., *De probat.*, 22, 3.

12. — Mais si le défendeur allègue des faits ou autres moyens pour fonder sa défense, c'est à lui de les prouver; car il est, à cet égard, considéré comme demandeur. *Nam reus in exceptione actor est* (L. 1re ff., *De except.*, 44, 1). *In exceptionibus di-*

cendum est reum partibus actoris fungi oportet; ipsumque exceptionem velut intentionem implere. — L. 19, ff., *De probat.*, 22, 3. — Toullier, t. 8, n° 14.

13. — Ces principes consacrés par les lois romaines ont été reproduits dans l'art. 1315 C. civ., ainsi conçu : «Celui qui réclame l'exécution d'une obligation doit la prouver ; réciproquement, celui qui se prétend libéré doit justifier le paiement ou le fait qui a produit l'extinction de son obligation.»

14. — Ainsi jugé que le tiers qui a déposé dans les bureaux de l'administration publique le compte en vertu duquel il se présente comme créancier est tenu à la nouvelle représentation de ce compte, à l'égard d'anciens régisseurs qu'il actionne et qu'il prétend être ses débiteurs personnels.— *Paris*, 22 avr. 1825, Momet c. Delatour.

15. — ... Que, lorsque, postérieurement à la demande en revendication d'un immeuble, le titre sur lequel repose la possession du défendeur est annulé, c'est néanmoins au demandeur en revendication qu'incombe l'obligation de prouver son droit à la propriété des biens revendiqués, surtout si le défendeur en avait pris possession tant en vertu du titre annulé qu'en vertu d'une transaction antérieure. — *Cass.*, 5 janv. 1831, de Lagonde c. Commune d'Bagnon.

16. — Que celui qui revendique une propriété par action pétitoire ne peut, en se fondant sur sa possession actuelle, se dispenser de prouver le bien-fondé de sa demande, et rejeter le fardeau de la preuve sur le tiers qui, par voie d'exception, invoque en sa faveur des droits de propriété. — *Cass.*, 18 avril 1835, Commune d'Esserval c. préfet du Jura.

17. — ...Que l'exception par laquelle un conseil remplacé prétend que le congé de réforme dont est porteur son remplaçant ne lui a pas été délivré pour cause provenant du service militaire, et par conséquent ne le libère pas de ce service le remplacé, est une exception réelle, dont la preuve doit être rapportée par celui qui l'a proposée. — *Cass.*, 28 déc. 1848, Lordereau et Boursin c. Fradot.

18. — ... Que celui qui 'offre de prouver qu'une créance réclamée en entier a été payée en partie doit être débouté de cette demande, s'il ne s'appuie pas sur des faits capables d'en faire apprécier le mérite, et le juge n'y a... article aucun, ou s'il ne déclare pas que cette preuve résulte de documens écrits qu'il offre de représenter. — *Rouen*, 7 mars 1820, Chiron de Kerlaly c. Guillet de la Brosse.

19. — ... Que le défendeur sur une question de propriété, qui, sans aucun titre, demande à fournir la preuve qu'il a prescrit l'immeuble en litige par une possession trentenaire, devient alors *demandeur* et doit voir ses prétentions repoussées, s'il ne parvient à prouver les droits qu'il réclame. — *Cass.*, 23 nov. 1840 (t. 1er 1841, p. 337), Commune de Sinceny c. Caron.

20. — Lorsqu'un individu était en possession d'un chemin au moment où ce chemin a été classé comme vicinal, c'est à la commune qui en revendique la propriété, et non au possesseur, qu'il appartient de justifier de son droit de propriété. — *Cass.*, 22 nov. 1847 (t. 1er 1848, p. 177) Renault c. Commune de Vélizy.

21. — Bien que le défendeur à une action pétitoire ait produit ses titres parmi lesquels figure un acte de vente nationale, dont un arrêt a ordonné l'interprétation par l'autorité administrative ; le demandeur n'a pas été pour cela affranchi de faire la preuve de sa propriété, si le défendeur ne doit pas être présumé avoir consenti que le débat s'engageât uniquement sur ses titres et renoncé par là au bénéfice de sa position de défendeur. — *Cass.*, 11 avril 1829, Grignard c. Deq...

22. — Si, sur la poursuite d'une partie civile, le prévenu de délit rural élève la question préjudicielle de propriété, le tribunal ne peut, en renvoyant les parties à fins civiles sans charger spécialement aucune d'elles de poursuivre, assigner à celle-ci la position où elles seront avancées l'action ; et, par conséquent, c'est le plaignant qui introduit l'instance civile, il ne peut se dispenser de prouver son droit de propriété et faire retomber cette obligation sur le défendeur. — *Bourges*, 1er avril 1829, Clairvaux c. Robin.

23. — Lorsque le tribunal correctionnel devant lequel un prévenu a excipé de sa propriété a renvoyé les parties à fins civiles sans charger spécialement aucune d'elles de poursuivre, elles demeurent dans la position où elles étaient avant l'action ; et, par conséquent, c'est le plaignant qui introduit l'instance civile, il ne peut se dispenser de prouver son droit de propriété et faire retomber cette obligation sur le défendeur. — *Bourges*, 1er avril 1829, Clairvaux c. Robin.

24. — Lorsque, sur la plainte d'une partie qui demande, devant le tribunal correctionnel, à être réintégrée dans la propriété d'un terrain dont elle prétend avoir été dépouillée, le prévenu a opposé que ce terrain lui appartenait, et que, par suite, les parties ont été renvoyées à fins civiles; c'est à la partie qui, dans le principe, a demandé à être réintégrée dans la propriété, à faire, devant le tribunal civil, la preuve de cette propriété, encore bien que ce soit l'autre partie qui ait saisi les juges civils. — *Cass.*, 7 déc. 1831, Commune de la Roche-Vanneau c. Meugnot. — V., au surplus, QUESTION PRÉJUDICIELLE.

25. — Lorsque le demandeur a pour lui une présomption légale, c'est-à-dire celle qui est établie par la loi, il est dispensé de toute preuve (C. civ., art. 1352), ou plutôt cette même présomption est une preuve en sa faveur. — Toullier, t. 8, n° 14.

26. — Ainsi, celui qui possède et dont le titre est conforme à sa possession n'est tenu à aucune preuve pour se maintenir dans sa propriété; que si le titre annonce qu'originairement le droit de propriété a été soumis, pour être parfait, à certaines conditions, c'est au défendeur, qui soutient qu'*elles n'ont pas été remplies* et qu'ainsi le droit n'est pas acquis, à prouver la défaillance de ces conditions. — *Cass.*, 21 nov. 1826, Baillon c. Declercq-Wissocq. — Bonnier, *Traité des prescript.*, n° 31.

27. — En l'absence de titres probans, la possession d'un immeuble suffit seule pour en justifier la propriété. — Dès lors, les juges peuvent adjuger la propriété à celle des parties qui originairement était en possession. — Ils peuvent, à raison de l'ancienneté du litige, et des autres circonstances de la cause, écarter la preuve testimoniale offerte et puiser la preuve de la possession originaire dans les actes respectivement produits, quels qu'en soient la forme et le caractère. A cet égard, leur appréciation est souveraine et échappe à la censure de la Cour suprême. — *Cass.*, 26 août 1839 (t. 2 1839, p. 636), Commune de Serres c. Lafont.

28. — Dans le cas d'une action en revendication par une commune un arrêt peut, *en l'absence de tout titre de propriété de la part de l'une ou de l'autre des parties*, décider, sans violer la règle *Onus probandi incumbit actori* et par appréciation d'une enquête et d'une expertise, que le défendeur doit être condamné à délaisser, parce qu'il n'a fait aucun acte de possession *exclusive* capable de fonder la prescription par lui proposée et qu'au contraire les habitans de la commune demanderesse ont fait, de temps immémorial, des actes de jouissance commune avec lui. — *Cass.*, 29 janvier 1840 (t. 2 1840, p. 787), Hunot c. Comm. de Saint-Clément.

29. — Jugé cependant et d'une manière générale que la preuve de la propriété d'immeubles ne peut être reçue autrement que par titres. — *Rennes*, 28 juill. 1830, Salaun c. Tizien.

30 — Il n'est pas non plus nécessaire de prouver les faits qui sont naturellement certains ou dont la vérité est présumée. Ainsi : l'héritier institué n'a pas besoin de prouver que le testateur jouissait de sa raison, puisqu'il est naturellement présumé que tout homme a l'usage de sa raison. On peut en dire autant du cas où la vérité d'un fait est légalement présumée. Mais on ne reconnait plus aujourd'hui de *faits notoires* qui, d'après le droit canonique et les interprètes, n'avaient pas besoin d'être prouvés. — Toullier, t. 8, n°s 12, 13 et 14.

31. — Ainsi, ce n'est pas à celui qui agit en qualité de seul ayant droit aux biens d'une succession, en vertu d'un testament qui l'institue légataire universel, à prouver qu'il n'existe pas d'héritiers à réserve. La preuve de l'existence de ces héritiers est à la charge de celui qui l'assigne. — *Aix*, 26 juillet 1808, Faverge c. Mézeric.

32. — De même : lorsque les faits avancés par le demandeur à l'appui de son action sont avoués par le défendeur, *il devient inutile d'en ordonner la preuve*. Le tribunal, en ce cas, doit en donner acte au demandeur, pour statuer ensuite ce que de droit. — *Bordeaux*, 3 août 1841 (t. 2 1841, p. 642), Chastin-Amiaud c. Reveillaud.

33. — Mais si de simples aveux, lorsqu'il en existe plusieurs semblables les uns aux autres, et qu'ils sont appuyés d'une possession conforme, peuvent, suivant les circonstances, être réputés titres suffisans de propriété, c'est seulement quand ils contiennent des énonciations positives, non équivoques, et applicables aux immeubles en contestation. — A défaut de ces caractères, ils ne suffisent pas pour évincer des détenteurs qui justifient d'une possession publique, paisible et autorisée. — *Rennes*, 7 mars 1827, Abiven c. Lacase et Touzel.

34. — Celui à qui on oppose un écrit qu'il dénie, n'a pas à en établir la fausseté; il peut cependant être admis à combattre par la preuve testimoniale les moyens adoptés par celui qui se prévaut de cet écrit. — *Besançon*, 12 juin 1812, Joly c. Fèvre. — V. ACTE SOUS SEING PRIVÉ.

35. — La maxime *Actore non probante*, etc., souffre quelques modifications à raison du serment décisoire que le juge peut déférer à l'une des parties quand la demande ou l'exception n'est pas pleinement justifiée, et qu'elle n'est pas non plus totalement dénuée de preuves. — C. civ., art. 1367. — Toullier, t. 8, n° 42; Rolland de Villargues, *ibid.*, n° 153; Duranton, t. 13, n° 5; Bonnier, *Tr. des pr.*, n° 42. — Il y a aussi une modification, lorsque le juge peut se déterminer par des présomptions : car les présomptions tiennent lieu de preuves. — Duranton, *ibid.*

36. — Tant que le demandeur n'a pas fait la preuve, le défendeur n'a rien à prouver; et il doit être renvoyé de la demande. *Actore non probante, qui convenitur, etsi ipse nihil præstet, obtinebit.* L. 4, *in fine, Cod. de edendo.* — *Actor quod asseverat probare se non posse profitendo, reum necessitate monstrandi contrarium non adstringit, cùm per rerum naturam factum negantis, probatio nulla sit.* L. 23, *Cod. de probat et præsumpt.* C'est sur ce principe qu'est fondé l'art. 150 C. proc. civ. — Toullier, t. 8, n°s 14 et 16; Duranton, t. 13, n°s 2 et 3; Bonnier, *Tr. des pr.*, n°s 39 et 40; Rolland de Villargues, *Rép. du notar.*, v° *Preuves*, n° 138.

37. — Le défendeur n'étant assujetti à aucune preuve n'est point obligé de communiquer au demandeur les pièces qu'il peut avoir : *Nemo tenetur edere contrà se.* Ce dernier doit s'imputer la faute d'avoir formé son action avant de s'être assuré de ses preuves. Il faut excepter toutefois les livres de commerce (V. LIVRES DE COMMERCE), et les pièces communes telles que les titres d'une succession. — V. SUCCESSION. — Toullier, t. 8, n°s 20 et 21.

38. — La maxime que *Nul n'est tenu de produire contre soi* ne s'applique point en matière commerciale et lorsqu'il s'agit de registres de commerçans. — *Paris*, 29 mai 1832, Thorel c. Bastide.

39. — Les principes que nous venons de rappeler, et qui résultent de l'art. 1315 C. civ., souffrent-ils exception, lorsque le fait qui sert de base à la demande ou à la défense est un fait *négatif?* — En d'autres termes : lorsque le fait qui sert de fondement à la demande ou à la défense est un fait *négatif*, le demandeur ou le défendeur sont-ils, dispensés d'en faire la preuve et peuvent-ils, en conséquence, rejeter le fardeau de la preuve sur leur adversaire?

40. — Dans l'ancien droit, quelques commentateurs, faisant une fausse application des termes de la loi 23 C. *De probat., cùm per rerum naturam factum negantis, probatio nulla sit*, avaient introduit une foule de distinctions subtiles. Ainsi ils enseignaient qu'on peut et qu'on doit prouver la négative d'un droit; par exemple, qu'un acte n'est pas valable. De même encore, ils soumettaient à l'obligation de la preuve la négative d'une qualité de droit commun; par exemple, que telle personne qui se présente pour héritière n'est pas légitime. Enfin, quant à la négative d'un fait : ils décidaient que l'on pouvait prouver la négative d'un fait défini, comme de n'avoir pas été tel jour dans tel lieu; mais ils soutenaient qu'on ne pouvait jamais prouver, ni directement ni indirectement, un fait indéfini; par exemple, de n'avoir jamais prêté une telle somme à tel individu; et ils substituaient en conséquence dans ce dernier cas, à la maxime, que c'est au demandeur à prouver, celle que la preuve incombe à celui qui affirme et jamais à celui qui nie.

41. — Ces subtilités, rejetées dans l'ancien droit par beaucoup d'interprètes, *Bartole*, *Mascardus*, *Cocceius*, sont aujourd'hui bannies de notre législation, car l'art. 1315 ne distingue pas lorsqu'il dit que le demandeur doit *prouver le fait qu'il allègue*. La généralité de ces termes saurait d'autant moins souffrir d'exception, que 1° l'on peut concevoir certaines circonstances où l'on arrive à la démonstration d'un fait négatif indéfini; ainsi, quoiqu'il soit très-difficile en général de prouver qu'on n'a jamais prêté de l'argent à quelqu'un, l'on conçoit cependant qu'on puisse arriver à cette démonstration, par exemple, au moyen de lettres émanées de celui qui réclame la somme, ou même en établissant que l'on a été toujours dans un état de fortune tel qu'il a été impossible que l'on ait pu disposer de la somme en question.

42. — ... 2° Si la preuve d'une proposition négative indéfinie est très-difficile, et même dans certains cas impossible, cela tient à la généralité de la proposition, non à sa qualité de négative; car il en est de même d'une proposition affirmative indéfinie : par exemple si j'affirme en général que vous avez été corrompu, que vous avez malversé, sans pouvoir préciser en quoi ni comment, voilà une proposition affirmative qui ne sera pas non plus susceptible de preuve, parce qu'elle est indéfinie.

43. — ... 3° Enfin il serait contraire à la justice et à la raison que celui qui réclame quelque chose en justice pût rejeter sur son adversaire le fardeau de la preuve, par ce motif qu'il lui est impossible de prouver ce qu'il soutient. S'il en est ainsi, pourquoi vient-il entretenir la justice de ses réclamations? A ce compte, les propositions les plus insoutenables seraient les plus commodes à alléguer; puisque l'impossibilité même de les prouver mettrait la preuve du contraire à la charge du défendeur. — Toullier, t. 8, n°s 16, 17, 18; Solon, n°s 229 et suiv., *Dict. not.*, v° *Preuve*, n° 5; Bonnier, *Tr. des pr.*, n°s 31 à 38; Rolland de Villargues, *Rép.*, v° *Preuve*, n° 140.

44. — De ce que nous venons de dire il résulte qu'un débiteur peut se défendre en alléguant qu'il n'a *point reçu la somme* dont il a donné une reconnaissance, dans l'espoir qu'elle lui serait comptée; mais c'est à lui de prouver son exception, et il peut le faire par témoins dans les cas où cette sorte de preuve est admissible. L'exception, *non numeratæ pecuniæ*, particulière au droit romain, n'a pas été maintenue par le Code. — Toullier, t. 8, n° 19; Rolland de Villargues, *ibid.*, n° 141; Bonnier, *ibid.*, n° 36.

45. — Pour connaître quel doit être l'effet des preuves, en général, et quel égard on doit y avoir, le juge doit examiner deux choses. 1° *Si les formalités prescrites par la loi ont été observées.* Ainsi : dans le cas où la preuve par témoins peut être reçue, il faut voir si leurs dépositions sont accompagnées de toutes les formalités exigées pour leur validité; et quand c'est par un écrit qu'on peut prouver un fait, il faut examiner si l'écrit est en bonne forme et tel qu'il puisse servir de preuve. 2° *Si la vérité des faits est prouvée*; en d'autres termes : si les preuves sont concluantes, ou si ce sont seulement des présomptions, des conjectures, etc. — Toullier, t. 8, n° 38.

46. — Ainsi qu'on l'a vu (v° LOIS, n° 652) : le mode de preuve d'une convention ne tenant pas à la forme de procéder, mais se rattachant essentiellement au fond; c'est d'après la loi en vigueur au moment de la convention que la preuve doit en être administrée. — *Cass.*, 16 août 1831, Lorphelin c. Janmotte. — V., également, *Bruxelles*, 29 mars 1815, Francken c. Gillyns; 24 nov. 1819, hospices de Bruxelles c. Debusscher; *Rennes*, 20 avr. 1820, Meherenc de Saint-Pierre c. Chevalier; *Bruxelles*, 13 mars 1824, Bergerand c. Chappel; *Cass.*, 12 déc. 1827, S... L... c. Laguens; *Pau*, 30 juin 1830, Gros c. Mérillon. — Toullier, t. 9, n° 44.

47. — Décidé ainsi à l'égard de la preuve testimoniale. — *Colmar*, 19 therm. an XII, Montavon c. Poupel; *Cass.*, 18 nov. 1806, Canosio c. Operti; 9 avr. 1811, Carrani c. Negri; 21 avr. 1812, Enregistrement c. Kalgraff; *Riom*, 10 juill. 1811, Tribaudino c. Brun; *Cass.*, 24 août 1813, Domaines c. Zoppi. — V. PREUVE TESTIMONIALE.

48. — Décidé, de même, au sujet des simples présomptions. — *Cass.*, 22 mars 1810, Rey; 24 août 1813, Domaines c. Zoppi; *Bruxelles*, 13 mars 1824, Bergerand c. Chappel. — *Contrà*, *Pau*, 6 août 1834, Chuhando c. Papegny. — V. PRÉSOMPTION.

49. — Décidé, de même, en ce qui concerne les caractères du commencement de preuve par écrit. — *Cass.*, 17 nov. 1829, Laguerinière c. Fabrique de Saint-Florent. — V. COMMENCEMENT DE PREUVE PAR ÉCRIT.

50. — Jugé, en conséquence, qu'un contrat passé en Belgique avant le C. civ. peut être attaqué de simulation par l'une des parties contractantes, et cette simulation peut être constatée par une preuve morale et artificielle. — *Bruxelles*, 29 mars 1815, Francken c. Gillyns.

51. — ... Qu'une Cour d'appel, en s'appuyant sur les documens de la cause, peut, sans violer les principes de la coutume de Normandie, ni ceux du C. civ., etc., sur les preuves et les présomptions, déclarer une personne propriétaire d'un immeuble provenant de la succession de son aïeul paternel, lorsqu'elle possède cet immeuble et qu'elle l'a recueilli dans la succession de sa mère, réservée par contrat de mariage à la succession paternelle (Cout. Normandie, art. 527 et 529). — *Cass.*, 26 août 1823, Duchemin c. Domnesque.

52. — ... Que dans les pays de droit écrit, et notamment dans le ressort du parlement de Toulouse, les apports dotaux de la femme étaient suffisamment établis, même à l'égard des créanciers du mari, par la quittance sous seing privé que ce dernier en avait fournie, sans qu'il fût nécessaire que la femme produisît son contrat de mariage. — *Pau*, 30 juin 1830, Gros c. Merillon.

53. — La preuve des pertes maritimes n'est pas astreinte aux formes prescrites du droit civil. Cette preuve est valablement faite par les seules solennités du droit des gens. — Ainsi, des avaries éprouvées dans des parages lointains ont pu, dans un port où il n'existe pas de consul français, être constatées suivant les usages de ce port : c'est-à-dire par un certificat délivré par des négocians et agens de commerce, dont les signatures ont été légalisées par les autorités compétentes. — *Bordeaux*, 22 févr. 1842 (t. 1 1845, p. 238), assureurs c. Durin.

54. — Depuis le C. civ. on peut encore être admis à prouver un point de jurisprudence ancienne, par des actes de notoriété. — *Bruxelles*, 15 févr. 1810, Fauconnier c. Grégoire; 24 juill. 1810, Crousse c. Corbisier.

55. — ... Et même qu'une loi est tombée en désuétude. — *Bruxelles*, 24 juillet 1810. Crousse c. Corbisier.

56. — Jugé, au contraire, que c'est d'après les dispositions du C. civ., et non d'après les lois existant au moment de la naissance, que doit se faire la preuve de la reconnaissance d'un enfant naturel, dont les père et mère sont décédés postérieurement à la promulgation du même Code. — *Bruxelles*, 27 juill. 1827, d'A...

57. — Le juge doit permettre aux parties de prouver le contraire des faits allégués par leur adversaire, pourvu que les faits dont elles demandent à faire preuve soient *concluans* et *admissibles. Concluans*, c'est-à-dire tels qu'en les supposant vrais ils soient de nature à faire triompher la partie qui les allègue; autrement il serait superflu d'en ordonner la vérification : *Frustrà probatur quod probatum non relevat. Admissibles* : c'est-à-dire non impossibles en eux-mêmes, et que la loi n'en défende pas la preuve. — C. proc., art. 253, 254. — Toullier, t. 8, n° 22; Rolland de Villargues, *ibid.*, n° 142; *Dictionn. not.*, *ibid.*, n° 6; Bonnier, *ibid.*, n°s 43 à 47.

58. — Lorsqu'une partie articule des faits et demande à en faire preuve, un tribunal ne peut pas rejeter cette preuve sans déclarer les faits non pertinens ni admissibles. — Spécialement : lorsqu'un des héritiers demande à prouver que son cohéritier a été avantagé par l'auteur commun; les juges ne peuvent rejeter la preuve offerte, par le seul motif que la somme formant cet avantage serait comprise dans celle que le même cohéritier aurait été condamné précédemment à restituer comme coupable de spoliation de la succession. — *Cass.*, 14 févr. 1825, Josan c. Arsac.

59. — Cependant : les juges peuvent refuser d'admettre à faire enquête sur des faits même admissibles et pertinens, si leur religion est suffisamment éclairée par les documens qu'on leur a fournis dans la cause. — *Cass.*, 9 nov. 1814, Seyssel c. Cordon.

60. — Le juge apprécie souverainement la question de savoir si une preuve est ou non frustratoire. — *Cass.*, 13 août 1833, Luzet c. Boulard-Deslandes.

61. — Bien que les titres de l'une des parties ne paraissent pas dès à présent parfaitement concluans, ce n'est pas un motif d'en refuser l'application : s'il y a lieu de penser qu'ils puissent le devenir par le résultat de cette application et de la preuve testimoniale qui est offerte en même temps pour établir la prescription de la propriété. — *Bordeaux*, 8 avr. 1839 (t. 2 1839, p. 178), Deschamps c. Commune de Gauriac.

62. — Ne viole aucune loi l'arrêt qui, après avoir déclaré, en fait, que la jouissance d'une partie, se rattachant à ses titres, desquels résultent des droits de propriété, n'est pas contestée, écarte, par ce motif, l'offre de preuve d'une possession exclusive, faite par la partie adverse. — *Cass.*, 9 févr. 1841 (t. 1er 1841, p. 460), Commune de Colombier c. Porcheron et Montagu.

63. — A moins d'une exception formelle, c'est en jugement même et contradictoirement avec l'autre partie que la preuve doit être faite. La nouvelle législation n'admet pas les enquêtes à *futuro* déjà proscrites par l'ordonnance de 1667 (tit. 13, art. unique). — Toullier, t. 8, n° 23; *Dict. du not.*, *ibid.*, n° 7; Rolland de Villargues, *ibid.*, n° 143.

64. — En appel, il faut représenter les preuves qui ont été fournies en première instance. — Toullier, t. 8, n°s 24, 25.

65. — L'offre d'une preuve, constituant non une demande nouvelle, mais seulement un moyen nouveau, peut être faite en cause d'appel. — V. DEMANDE NOUVELLE, n°s 225 et suiv., 266 et suiv.

66. — Quoique, dans un arrêt interlocutoire, les juges aient déclaré des titres insuffisans pour établir le droit réclamé et aient ordonné une enquête pour les compléter, ils peuvent, pour l'arrêt définitif, s'ils annulent l'enquête faite, puiser leur décision dans les mêmes titres et les déclarer suffisans. — *Toulouse*, 2 janv. 1841 (t. 1er 1841, p. 449), de Galard c. Mouset.

67. — Les règles du droit criminel sur l'admission des preuves ne peuvent être modifiées par les règles du droit civil qu'autant que ces preuves auraient pour résultat d'établir l'existence d'une obligation civile contre la prohibition de la loi. — *Cass.*, 21 août 1834, Hélitas.

68. — Sur l'influence réciproque qu'ont l'une sur l'autre, relativement aux preuves, la chose jugée en matière criminelle et celle jugée en matière civile, V. CHOSE JUGÉE, n°s 640 et suiv.

69. — Mais les preuves acquises dans une instance peuvent-elles être invoquées dans d'autres instances soit entre les mêmes parties, soit contre des tiers ? — La négative paraît devoir être adoptée. Plusieurs fois, en effet, on a découvert après un jugement rendu la fausseté des preuves qui l'avaient motivé. Il est donc rationnel de ne pas rendre l'effet des preuves invariable, et qu'elle ne continuent pas de nuire aux mêmes parties dans d'autres instances. — Arg. C. proc., art. 401. — Il est d'ailleurs de principe que le jugement même rendu dans une instance ne peut être opposé dans une autre à celui contre lequel il a été rendu, *à moins que la chose demandée ne soit la même*. — C. civ., art. 1351. — On ne peut, à plus forte raison, opposer aux tiers les preuves acquises dans une instance entre d'autres personnes. — Toullier, t. 8, n°s 26, 27, 28 et 29; Rolland de Villargues, v° *Preuve*, n° 144. — V., à ce sujet, CHOSE JUGÉE, n°s 745 et suiv.

70. — Quoique les jugemens rendus en matière criminelle n'aient pas force de chose jugée au civil, cependant les juges peuvent les invoquer comme élément de conviction. — *Colmar*, 7 mai 1836, Ritzentaler, Kœnig et Chauffour c. Baltzinger.

71. — Jugé cependant que la loi a établi des règles différentes pour l'audition des témoins en matière civile et en matière criminelle. Ainsi, un tribunal civil ne peut pas prendre pour base de sa décision sur l'action civile résultant d'un délit les déclarations des témoins reçues par l'officier de police judiciaire. — *Cass.*, 22 mess. an VII, Peudefer c. Langlois.

72. — Que les enquêtes faites, dans une instruction criminelle, sur une plainte de banqueroute frauduleuse, ne peuvent être invoquées au civil pour prouver des faits de dol et de fraude à l'appui d'une demande en nullité du concordat. — *Paris*, 13 août 1836, Lefaucheux et Rossigneux c. Caussade. — Mais cet arrêt a été cassé le 2 juin 1840 (t. 2 1840, p. 254).

73. — L'aveu même, fait par une partie, dans une instance, ne forme point preuve complète dans une autre instance. — Merlin, *Quest. de droit*, v° *Confession*, § 1er; Rolland de Villargues, *ibid.*, n° 145. — V. AVEU.

74. — Les magistrats ne doivent point, pour juger, suivre les connaissances personnelles qu'ils peuvent avoir du fait soumis à leur décision, plutôt que le résultat des preuves acquises pendant le cours de la procédure. — Toullier, t. 8, n° 39; Duranton, t. 13, n° 9; Thomine, n° 296. — *Contrà*, Solon, n°s 248 et suiv.

75. — Jugé que les magistrats ne peuvent décider d'après leur seule connaissance personnelle un point de fait contesté entre les parties, ils doivent recourir aux moyens d'instruction autorisés par la loi. — *Riom*, 3 nov. 1809, Bougier c. Bec et Ribeyrolles.

76. — De même : que la connaissance personnelle que les juges ont des localités, ne peut pas les dispenser d'ordonner une preuve, par titres ou par témoins, des faits articulés par les parties. — *Rennes*, 29 févr. 1820, Damour c. Matard.

77. — Lorsque les preuves sont insuffisantes ou douteuses, il faut prononcer en faveur du défendeur; car c'est le demandeur qui doit prouver, et d'ailleurs l'on doit, dans le doute, prononcer en faveur de la libération. — Toullier, t. 8, n° 40; Rolland de Villargues, *ibid.*, n° 152.

78. — Des interprètes du droit canonique et même du droit civil osaient autrefois soutenir que le doute devait, dans certaines causes, lorsqu'il s'agissait de certaines personnes, se résoudre par la faveur qu'elles méritaient. Cette fausse doctrine avait même égaré quelques auteurs au point d'admettre qu'il existe des cas où l'amitié peut faire pencher la balance : *casus pro amico*. De pareilles doctrines n'ont pas besoin aujourd'hui de réfutation. — Toullier, t. 8, n° 48; Rolland de Villargues, *ibid.*, n°s 154, 155.

V. en outre et principalement : ABSENCE, ACQUIESCEMENT, ACTE ANCIEN, ACTES DE L'ÉTAT CIVIL, ACTE DE NOTORIÉTÉ, ACTE SOUS SEING PRIVÉ, ACTION POSSESSOIRE, ADULTÈRE, AGENT DE CHANGE, ALIGNEMENT, ASSURANCE MARITIME, ASSURANCE TERRESTRE, AUTORISATION DE FEMME MARIÉE, AVEU, BAIL, BAIL A CHEPTEL, BILLET A ORDRE, BREVET D'INVENTION, BRUITS ET TAPAGES, CAPITAINE DE NAVIRE, CESSION DE BIENS, CHEMINS VICINAUX, CHOSE JUGÉE, COMMENCEMENT DE PREUVE PAR ÉCRIT, COMMISSIONNAIRE, COMMISSIONNAIRE DE TRANSPORTS, COMMUNAUTÉ, COMMUNE, COMPÉTENCE COMMERCIALE, COMPLOT, CONNAISSEMENT, CONTRIBUTIONS INDIRECTES, COPIE DE PIÈCES, COUR D'ASSISES, DÉLITS DE PRESSE, DEMANDE NOUVELLE, DÉNONCIATION CALOMNIEUSE, DÉPÔT, DIFFAMATION, DISPOSITION A TITRE GRATUIT, DONATION DÉGUISÉE, DOT, ÉCRITURE (acte), ENDOSSEMENT, ENFANT ADULTÉRIN, ENFANT NATUREL, ENQUÊTE, ENREGISTREMENT, ERREUR, FÉODALITÉ, FORÊTS, FRAUDE, FRUITS, GAGE, GESTION D'AFFAIRES, LÉGITIMITÉ, LETTRE DE CHANGE, LIVRES DE COMMERCE, OBLIGATION, PAPIERS DOMESTIQUES, PRÉSOMPTION, PREUVE TESTIMONIALE, RÉPÉTITION, SERMENT JUDICIAIRE ET EXTRAJUDICIAIRE.

PREUVE CERTAINE.

V. PREUVE.

PREUVE CONTRAIRE.

V. ACTE DE COMMERCE, ACTE AUTHENTIQUE, CAPITAINE DE NAVIRE, ENQUÊTE, FORÊTS, FRAUDE, PREUVE, PREUVE TESTIMONIALE, PRÉSOMPTION, PROCÈS-VERBAL.

PREUVE PAR COMMUNE RENOMMÉE.

1. — C'est celle qui se fait au moyen d'une espèce d'enquête où les témoins déposent, sur l'existence ou la valeur des biens que quelqu'un possédait, à une certaine époque, d'après ce qu'ils ont vu eux-mêmes ou entendu dire.

2. — L'inventaire par commune renommée est celui qui est précédé de cette espèce d'enquête.

3. — Dans cette enquête, dit Proudhon, le témoin ne doit pas se borner à déclarer ce qu'il a vu ou entendu. Il doit énoncer son opinion sur la valeur estimative des choses dont on cherche la consistance, comme s'il avait été nommé expert pour en faire l'appréciation; et les élémens de son opinion peuvent résulter non-seulement de ce qu'il a vu par lui-même, mais encore de l'opinion publique, telle qu'il a pu l'apprécier dans le temps, et c'est là ce que nous indiquent assez ces expressions *par commune renommée*. — Proudhon, *Des droits d'usufr.*, t. 1er, n° 169; Toullier, t. 14, n° 4; Duranton, t. 14, n° 239; Bellot, *Du contrat de mariage*, t. 2, p. 80, art. 1687.

4. — On voit par là que ce genre de preuve, si vague, qui repose sur des ouï-dire, renferme quelque chose de dangereux et de contraire au droit commun en matière d'enquête. Aussi n'est-il admis par le Code que dans des cas assez rares, et une pareille mesure est-elle considérée comme tout à fait exceptionnelle.

5. — Lorsqu'il est échu à une femme des biens meubles qui ne doivent pas entrer en communauté, et que le mari a négligé d'en faire l'inventaire; leur consistance et leur valeur peuvent être justifiées par la commune renommée. — C. civ., art. 1415 et 1504.

6. — On doit donner la même solution sous le régime de la communauté réduite aux acquêts, et, malgré le silence de l'art. 1499, accorder, par identité de motifs, à la femme le droit de prouver par la commune renommée que tels meubles proviennent d'une succession à elle échue pendant le mariage.

7. — Si les époux s'étaient mariés sous le régime dotal ou sous l'un des régimes d'exclusion de la communauté, il faudrait encore permettre à la femme, toujours en raison de son état de dépendance, de prouver par commune renommée la consistance et la valeur du mobilier échu depuis le mariage. — Delvincourt, t. 3, p. 98; Bellot, t. 3, p. 341 et 343.

8. — La commune renommée est pour la femme ou ses héritiers un moyen de suppléer à l'in-

ventaire, dont le défaut pourrait lui préjudicier sous un double rapport : d'un côté le mari pourrait prétendre que la succession échue à la femme est considérable, et qu'elle doit contribuer dans une forte proportion au paiement des dettes de la communauté et vice versâ ; prétendre que la succession qu'il a reçue est en grande partie composée de meubles, afin de mettre à la charge de la communauté une grande portion de dettes. — Duranton, t. 14, n° 239.

9. — La preuve par commune renommée (à défaut d'inventaire), de la consistance et de la valeur du mobilier apporté par la femme à son mari, peut être faite non-seulement contre le mari, mais même à l'égard des tiers.— Bordeaux, 30 juin 1836, Ferchat c. Faure.

10. — Le mari n'est pas recevable à faire cette même preuve (C. civ., art. 1415) ; parce qu'il est en faute de n'avoir pas fait procéder à l'inventaire, conformément aux prescriptions de la loi. — Duranton, ibid.

11. — La commune renommée est encore reçue comme moyen de remplacer l'inventaire, lorsque après la dissolution de la communauté l'époux survivant, époux ou femme, n'a pas fait faire d'inventaire des biens qui la composent. — C. civ., art. 1442.

12. — Lorsqu'à défaut, par le survivant des deux époux, d'avoir fait en temps utile dresser l'inventaire des biens de la communauté il est procédé à cet inventaire à la requête des héritiers de l'époux décédé, qui dès le commencement font des réserves pour prouver par témoins et par commune renommée l'insuffisance des objets, ces héritiers ne sont pas non recevables à faire cette preuve après la clôture de l'inventaire, alors surtout que cette clôture n'a eu lieu que nonobstant leurs protestations les plus formelles. — Douai, 1er juin 1847 (t. 1er 1848, p. 334), Durin c. Dams.

13. — De ce que la preuve par commune renommée n'est admise que dans les cas exceptionnels prévus par les art. 1415, 1442 et 1504 C. civ., il suit qu'un héritier ne peut faire admis à prouver par commune renommée que tel objet dépendait de la succession. — Bordeaux, 9 juin 1841, Pinet c. Pénaud.

14. — ... Que, lorsqu'un individu est décédé depuis longtemps, les juges ne sont pas tenus d'accorder la preuve par commune renommée, de la valeur du mobilier qu'il a laissé. — Rennes, 26 juill. 1820, Desfonds c. N...

15. — ... Que celui qui épouse une femme ayant des enfans d'un premier lit n'étant point tenu de faire inventaire, les héritiers de celle-ci ne peuvent être admis à prouver par commune renommée que la valeur du mobilier apporté par la femme aurait été frauduleusement dissimulée au second mari au delà de la quotité disponible. — Caen, 23 juin 1841 (sous Cass., 19 déc. 1842, t. 2, p. 309]), Corbin.

16. — ... Qu'on ne peut ordonner une enquête par commune renommée à l'effet de constater les forces d'une communauté en société taisible qui a existé entre des frères ; ici ne s'applique pas l'art. 1442 C. civ. relatif à la société conjugale. — Bourges, 27 juill. 1825, Robin.

17. — Jugé toutefois que la régie de l'enregistrement peut recourir aux règles du droit commun pour constater les omissions et les insuffisances dans les déclarations estimatives des meubles objet des mutations. Ainsi , elle peut établir ces insuffisances au moyen de la preuve par commune renommée. — Cass., 2 mars 1846 (t. 2 1846, p. 510], Enregistrement c. Deverdière.

18. — Ce genre de preuve est au fond une véritable enquête. Nul doute, dès lors, qu'il ne soit assujetti aux règles des enquêtes ordinaires. En effet, « lorsque, dans les cas spécifiés par les art. 1415 et 1442 C. civ., dans ceux analogues, dit la Cour de cassation, il est nécessaire d'établir par commune renommée la consistance des biens d'une succession, lors de l'ouverture de laquelle il n'y a pas eu d'inventaire ; cette preuve ne peuvant résulter que des témoignages reçus dans les formes prescrites par les enquêtes, et le droit d'entendre des témoins, de leur faire prêter serment, la puissance de les contraindre à déposer et celle de statuer sur les reproches appartient exclusivement au ministère du juge, c'est devant lui que s'il y a lieu de renvoyer, à cet effet, et non devant un notaire. — Cass., 17 janv. 1838 (t. 1er, p. 490), Dupont c. Ledoux. — Pigeau, Procédure du Châtelet, t. 2, p. 449 ; Toullier, t. 19, n° 4.

19. — Jugé également qu'en ordonnant un inventaire par commune renommée un tribunal ne peut commettre un notaire pour entendre des

témoins et compulser des actes publics et autres. Ces missions appartiennent exclusivement au ministère des juges.—Douai, 1er juin 1847 (t. 1er 1848, p. 334), Durin c. Dams.

20. — Toutefois les juges peuvent, en ordonnant un inventaire, permettre d'y entendre les personnes désignées par les parties, pour s'expliquer sur les faits qui sont à leur connaissance et pour déclarer quelle est dans leur opinion la valeur estimative des biens qu'on cherche à constater.—Bellot, t. 2, p. 449.

21. — Dans tous les cas, il appartient aux magistrats d'apprécier les déclarations des témoins, de les concilier, d'adopter, en un mot, l'opinion qui paraît la plus convenable. Néanmoins on ne peut se dissimuler que dans cette sorte d'enquête les témoins font une vraie estimation et remplissent pour ainsi dire les fonctions d'experts, et il deviendra difficile, en général, de s'écarter de leur avis. — Bellot, ibid.; Proudhon, Droits d'usufruit, t. 1er, n° 163.

V. au surplus INVENTAIRE.

PREUVE LITTÉRALE.

1. — C'est celle qui est consignée dans un écrit. — V. PREUVE.

2. — Les écrits qui renferment la preuve littérale sont : 1° les actes authentiques; 2° les actes sous seing privé, parmi lesquels on comprend les livres des marchands, les papiers domestiques , les écritures sur feuilles volantes, à la marge, au dos ou à la suite d'un écrit signé; 3° les copies de titres; 4° les actes récognitifs et confirmatifs.— C. civ., art. 1317 et suiv.

3. — Les tailles sont aussi rangées parmi les preuves littérales. — C. civ., art. 1333. — V. TAILLES.

4. — C'est l'acte authentique qui donne à la preuve testimoniale le plus grand degré de foi. Dressé par des fonctionnaires publics qui ont reçu de la loi une mission expresse, la certitude morale qui résulte de leur témoignage ne laisse plus rien à désirer.— C. civ., art. 1317 et suiv. — Toullier, t. 8, n° 49.— V. ACTE AUTHENTIQUE.

5. — Les actes sous seing privé ne forment pas par eux-mêmes une preuve complète , attendu qu'ils peuvent être déniés par ceux à qui on les oppose et que, dans ce cas, l'écriture en doit être reconnue ou vérifiée en justice. — C. civ., art. 1322 et suiv. — V. ACTE SOUS SEING PRIVÉ.

6. — Outre ce qu'on appelle proprement des actes privés il y a des écritures qui, quoique non signées, font en certains cas une preuve même complète contre ceux qui les ont faites, quelquefois même en leur faveur. Ce sont :

7. — ... 1° Les livres des marchands. — C. civ., art. 1330.— V. LIVRES DE COMMERCE.

8. — ... 2° Les registres et papiers domestiques. — C. civ., art. 1331.— V. PAPIERS DOMESTIQUES.

9.—...3° Les écritures restées en la possession de leur auteur, qui sont sur feuilles volantes, et non point à la suite, en marge ou au dos d'une obligation. — Pothier, n° 725 ; Toullier, t. 8, n° 357.— V. FEUILLES VOLANTES.

10. — ... 4° Les écritures qui sont à la suite, en marge ou au dos d'un acte signé. — C. civ., art. 1332. — V. ÉCRITURE (ACTE).

V. aussi ACTES DE L'ÉTAT CIVIL, APPROBATION DE SOMME, CONTRE-LETTRE, COMMENCEMENT DE PREUVE PAR ÉCRIT, PRÉSOMPTION, PREUVE.

PREUVE TESTIMONIALE.

Table alphabétique.

PREUVE TESTIMONIALE. — **1.** — C'est celle qui résulte des dépositions de personnes qui ayant connaissance d'un fait sont appelées en justice pour en témoigner.

—

Sect. 1re. — *De la preuve testimoniale en général.*

2. — L'usage de la preuve testimoniale remonte aux temps les plus reculés. On conçoit en effet qu'avant l'invention de l'écriture et même depuis, alors que les écrits étaient peu usités, la preuve testimoniale fût à peu près l'unique mode de prouver tant les faits que les conventions.

3. — Depuis l'usage de l'écriture, on continua d'admettre la preuve testimoniale. Elle était reçue chez les Juifs, chez les Grecs, chez les Romains : ces derniers lui accordaient la même force qu'aux actes écrits et l'admettaient généralement, quelles que fussent la valeur de la chose demandée et l'espèce d'action intentée. — L. 15, C., *De fid. instr*; L. 1, § 1er, *De testib*. — Justinien le premier sentit la nécessité de défendre en certains cas la preuve testimoniale. — L. 18, C., *De test*.

4. — Toutefois, ce ne fut que bien des siècles après lui qu'on songea à étendre les entraves qu'il avait mises à l'admission indéfinie de la preuve testimoniale. L'ancienne maxime, *Témoins passent lettres*, longtemps suivie en France, prouve quel était le degré de force accordé à ce genre de preuve.

5. — L'Italie moderne donna la première l'exemple, au quinzième siècle, de restrictions à la liberté de la preuve. Un statut de Bologne de

1453, approuvé par le pape Nicolas V, défendit la preuve par témoins des paiements au-dessus de 50 livres et des contrats au-dessus de 100 livres. Les statuts de Milan en 1498 interdirent aussi la preuve testimoniale en certains cas.

6. — Enfin, en 1556, l'ordonnance de Moulins, due à la sagesse du chancelier de l'Hôpital, restreignit en France l'usage, jusqu'alors illimité, de la preuve testimoniale, moins encore pour diminuer le nombre des faux témoignages que *pour obvier*, dit l'ordonnance, à la multiplication des procédures et *involutiona de procès* qu'entraînent les enquêtes.

7. — L'art. 54 ordonne que : « Dorénavant, de toutes choses excédant la somme ou valeur de 100 livres, pour une fois payées, seront passés contrats par devant notaires et témoins; sur lesquels contrats seulement sera faite et reçue toute preuve desdites matières sans recevoir aucune preuve par témoins, outre le contenu audit contrat, ni sur ce qui seroit allégué avoir été dit ou convenu avant icelui, lors et depuis.»

8. — Cette ordonnance, qui opérait une véritable révolution dans les habitudes, souleva de vives critiques : *plerisque visa est et dura, et odiosa, et juri contraria. Dura* en ce qu'elle astreignait à des écrits gênans et souvent coûteux les parties qui pouvaient auparavant s'en passer. *Odieuse* en ce qu'elle favorisait la mauvaise foi, tant qu'elle n'était pas bien connue de tous; en ce qu'elle défendait en quelque sorte aux hommes de se fier les uns aux autres, comme s'il n'y avait plus de bonne foi parmi eux. Enfin *contraire au droit*, c'est-à-dire au droit romain. — Hâtons-nous d'ajouter que, malgré ces critiques, l'ordonnance fut hautement approuvée par les esprits les plus graves, et notamment par le Parlement de Paris. C'est ce que nous apprend Boiceau : *Nulla toto hoc seculo constitutio ac lex regia sanctior ac probatior visa fuit amplissimo nostro Galliæ senatui.*

9. — Quoi qu'il en soit, ces dispositions furent adoptées et renouvelées dans le siècle suivant par l'édit perpétuel des archiducs de Flandre du 11 juill. 1611, par l'ord. de 1667 (tit. 20, art. 2), qui y introduisit quelques changemens et additions; et, enfin, par l'art. 1341 C. civ., qui a copié presque littéralement l'ord. de 1667. — Toullier, t. 9, n°s 1, 2, 3, 4, 12, 13, 14, 15, 16, 17, 18; Duranton, t. 13, n° 295 à 298; Rolland de Villargues, *Preuve*, n° 38; Solon, n°s 138 à 140; Bonnier, *Traité des preuves*, n°s 88, 89, 96, 97.

10. — L'art. 1341 C. civ. porte: « Il doit être passé acte devant notaires ou sous signature privée de toutes choses excédant la somme ou valeur de 150 fr., même pour dépôt volontaire; et il n'est reçu aucune preuve par témoins contre et outre le contenu aux actes, ni sur ce qui serait allégué avoir été dit avant, lors ou depuis les actes, encore qu'il s'agisse d'une somme ou valeur moindre de 150 fr.—Le tout sans préjudice de ce qui est prescrit dans les lois relatives au commerce.

11.—Il est encore des pays où aucune restriction à la preuve testimoniale n'est admise, par exemple en Autriche (V. C. autrich., art. 883). Il paraît qu'il en est de même en Danemark, en Suède et en Norvège. D'autres pays, tels que l'Angleterre, n'exigent d'écrits que pour certains actes, par exemple pour les conventions relatives à des immeubles valant au moins 40 livres sterling. Enfin, dans la plupart des codifications modernes, notamment dans le Code prussien (tit. des Contrats, art. 131), le système français a été admis. Quelquefois cependant on y a apporté un tempérament, en élevant le chiffre pour lequel la preuve testimoniale peut être reçue. Ainsi, le Code sarde (art. 1454) fixe ce chiffre à 300 francs; le Code du canton de Vaud (art. 995) le porte à 800 francs. — Cette diversité de législation s'explique assez facilement. La question de l'admissibilité de l'enquête est une de ces questions de moralité et de discipline nationale dont la solution doit varier de peuple à peuple. — Bonnier, *ibid.*, n° 93.

12. — Une observation importante, c'est que le principe *Lettres passent témoins*, principe inverse de celui admis autrefois, est aujourd'hui assez généralement suivi en Europe. Il s'est même dans des pays qui n'admettent pas l'exclusion de la preuve testimoniale, avec la même étendue que la loi française. Ainsi : le Code autrichien (art. 885-887), qui permet en général de prouver aussi bien par témoins que par écrit, ajoute cependant que s'il y a contrat écrit, les dépositions orales sont sans effet. — En Angleterre, où, comme nous l'avons vu, les restrictions à la preuve testimoniale sont moins étendues que chez nous, la preuve orale n'est pas cependant

admissible, même dans les cours d'équité, pour annuler ou pour modifier la teneur d'un titre.— De même, le Code du canton de Berne (art. 686, 687, 691), après avoir établi qu'un écrit ne sera exigé que dans des cas déterminés par la loi, veut cependant qu'on ne puisse alléguer contre un contrat écrit les conventions faites avant la rédaction de ce contrat ou au même temps. Bonnier, *ibid.*, n° 90.

13. — Comme le mode de preuve d'une convention ne tient pas à la forme de procéder, mais se rattache essentiellement au fond du droit (V. PREUVE, n° 46), c'est d'après la législation en vigueur au moment de la convention, et non d'après celle en vigueur lors de la contestation, qu'il faut décider si la preuve par testimoniale est admissible. — Merlin, *Rép.*, v° *Preuve*, sect. 2, § 3, art. 1er, n° 4; Favard, *Rép.*, v° *Preuve*, § 1er, n° 2, et *Effet rétroactif*, sect. 3, § 9; Rolland de Villargues, v° *Preuve*, n° 45; *Dict. not.*, v° *Preuve*, n° 13; Toullier, t. 9, n° 4; Duranton, t. 13, n° 310.

14. — Jugé, en ce sens, que la preuve par témoins tient au droit, et non à la forme; en sorte que l'admission ou le rejet de cette preuve doit être apprécié par la loi en vigueur au moment où les parties ont contracté, et non par celle existante à l'époque où il s'agit de faire la preuve. — *Colmar*, 19 therm. an XII, Montaroc c. Poupel; *Cass.*, 9 avril 1811, Carrani c. Negri; *Riom*, 10 juill. 1813, Tribaudino c. Bran; *Cass.*, 24 août 1813, Domaines c. Zoppi.

15. — Ainsi : l'ordonnance de 1667 n'ayant jamais eu force de loi dans le pays de Porentruy, réuni à la France seulement depuis la Révolution; on a pu, au sujet d'une convention antérieure à l'époque de cette réunion, décider que, d'après la jurisprudence d'Allemagne, la preuve testimoniale était admissible indéfiniment, à quelque somme que s'élevât l'objet de la contestation.— *Colmar*, 19 therm. an XII, Montavon c. Poupel.

16. — De même : les obligations contractées par un individu sous l'empire des lois sardes, qui permettaient d'attaquer les actes faits par le prodigue antérieurement à son interdiction, ont continué à être régies par ces lois, tout à la fois quant à leur validité et quant au mode de preuve par lequel elles pouvaient être combattues, quoique la datlon du conseil judiciaire fut postérieure à la promulgation du Code civil. — Ainsi, depuis le Code, la preuve par témoins, qu'autorisaient les lois sardes, contre les engagemens souscrits par le prodigue, sous leur empire, n'a pas cessé d'être admissible. — *Cass.*, 18 nov. 1806, Canosio c. Operti.

17. — La demande de redevables des départemens de la rive gauche du Rhin d'établir par la preuve testimoniale la féodalité des rentes dont ils étaient grevés ayant pour objet un point de fait relatif à une époque où la loi et la jurisprudence admettaient la preuve testimoniale, et la cause ne présentant pas une simple question de procédure mais un point soulevé du droit *decisorium litis*; il a été permis aux juges d'appliquer l'ancienne jurisprudence du pays et de prononcer l'admission de la preuve testimoniale sans contrevenir aux lois nouvelles, dont la règle est sans application dans cette matière. — *Cass.*, 21 avr. 1812, Enregistrement. c. Kaigerad.

18. — Lorsque, sous l'ancien droit, des communes avaient, par suite de leur réunion et, par conséquent, à défaut d'intérêt, négligé de conserver les titres constitutifs de droits d'usage dont antérieurement à cette réunion elles jouissaient l'une contre l'autre, elles pouvaient, après les avoir ainsi perdus et lors de leur séparation ultérieure, en établir l'existence, tant par la preuve testimoniale que par des présomptions graves, précises et concordantes, comme s'il se fût agi d'un partie résultant de force majeure. — *Cass.*, 23 mai 1832, Ville de Schelestadt c. Commune de Kintzheim

19. — Sous l'ancienne législation les servitudes discontinues et notamment les droits d'usage dans les forêts s'acquéraient en Alsace par la possession immémoriale, la preuve de cette possession pouvait, pour le temps antérieur à l'édit de 1529, être faite par témoins ou par présomption. — Même arrêt.

20. — Sous l'ordonnance de 1667, l'admission de la preuve testimoniale, dans les cas où la loi la permettait, était purement facultative pour les juges.—*Cass.*, 25 vent. an XI, Dasson c. Fosse.

21. — L'art. 253 C. proc. porte que « si les faits sont admissibles, qu'ils soient déniés, et que la loi n'en défende pas la preuve, elle *pourra* être ordonnée. » Il suit de là que les juges sont également libres d'admettre ou non la preuve testimoniale.

22. — Ainsi : les juges peuvent refuser d'admettre la preuve testimoniale, s'il y a, dans le procès, d'autres élémens suffisans pour déterminer la conviction.

23. — Jugé, en conséquence, que les juges peuvent refuser d'admettre à faire enquête sur des faits même admissibles et pertinens, si leur religion est suffisamment éclairée par les documens qu'on leur a fournis dans la cause. — *Cass.*, 9 nov. 1814, Seyssel c. Cordon.

24. — ... Qu'ils peuvent rejeter la demande tendant à faire ordonner une enquête destinée à constater une possession, lorsque les titres produits au procès établissent que cette possession n'a pas existé. — *Cass.*, 18 août 1836 (t. 1er 1837, p. 472), Commune de Gagnac c. Danlon.

25. — ... Que les juges saisis d'une action en désaveu peuvent, lorsque le recel de la naissance et l'adultère leur paraissent établis, et que les circonstances de la cause leur donnent la conviction de l'illégitimité de l'enfant, déclarer cette illégitimité sans être obligés de recourir à la preuve testimoniale. — *Cass.*, 4 avr. 1837 (t. 1er 1837, p. 512), Ducasse et Lacase.

26. — ... Que, même, en matière d'état civil, les juges ne sont pas tenus d'ordonner la preuve testimoniale s'ils trouvent dans les élémens du procès des documens de nature à former leur conviction. — *Grenoble*, 18 janv. 1839 (sous *Cass.*, 22 avr. 1840 [t. 2 1840, p. 461]), de Conférand c. Martin.

27. — ... Et cette règle est applicable, même en matière de réclamation d'état. — *Cass.*, 19 mai 1830, Haitze c. David.

28. — A plus forte raison les juges pourront refuser d'admettre la preuve testimoniale si les faits articulés ne sont pas admissibles. L'appréciation de l'admissibilité leur appartient exclusivement.

29. — Ainsi les juges peuvent refuser d'admettre la preuve testimoniale, en se fondant sur ce que les faits articulés sont *invraisemblables* ; sans qu'une pareille décision puisse être annulée pour défaut de motifs ou pour violation des lois sur l'admissibilité de la preuve testimoniale. — *Cass.*, 21 juin 1827, Dornier c. Vintel.

30. — Les juges peuvent rejeter la preuve de faits articulés pour établir l'absence des conditions prescrites par la loi en matière d'adoption, en se fondant sur ce qu'ils ne sont pas pertinens et concluans ; encore que la preuve soit offerte tant par titres que par témoins. — *Cass.*, 24 août 1831, Humbert et Quivault c. Chenin.

31. — Les juges saisis d'une demande à fin de preuve étant toujours libres d'écarter les faits qu'ils estiment non précis et non concluans, il en résulte que celui qui poursuit cette preuve est sans intérêt légal à se plaindre de ce que les juges ne l'auraient autorisé à l'administrer qu'à la charge de préciser lui-même certains faits dans un délai déterminé. — *Cass.*, 5 mai 1847 (t. 1er 1848, p. 516), Marrast c. Claverie.

32. — Bien qu'il y ait un commencement de preuve par écrit, tel qu'un interrogatoire sur faits et articles, un tribunal peut ne pas ordonner une preuve testimoniale demandée, lorsque le système du demandeur se trouve en opposition formelle avec les documens qu'il a lui-même produits. — *Cass.*, 31 mai 1848 (t. 2 1848, p. 534), Collardeau c. Alexandre.

33. — Les questions de nécessité ou de surabondance de preuves testimoniales offertes sont laissées à l'appréciation des cours et tribunaux. — *Cass.*, 3 juill. 1828, Mejean c. de Calvière.

34. — Le tribunal devant lequel une preuve est demandée n'est pas tenu d'admettre les faits tels qu'ils sont articulés, et d'attendre le résultat de l'enquête pour les apprécier. — *Cass.*, 16 déc. 1823, Primat.

35. — Les juges d'appel peuvent, en matière de séparation de corps, refuser d'admettre la preuve de faits même pertinens mais articulés pour la première fois en appel, s'il leur paraît résulter de leur omission devant les premiers juges et des circonstances de la cause qu'ils sont invraisemblables et si, en outre, ils sont convaincus qu'ils ne produiront aucun résultat utile pour la justice. — *Limoges*, 24 nov. 1826, B....

36. — En matière de testament mystique, lorsque les juges, sans déclarer inadmissible la preuve de la cécité du testateur, ou de son impuissance de lire, rejettent néanmoins cette preuve comme inutile et frustratoire ; une telle décision ne donne point ouverture à cassation. — *Cass.*, 8 févr. 1820, de Clermont-Lodève c. Perrin de Jonquières.

37. — Lorsque deux propriétaires voisins prétendent avoir droit à une même partie des héritages limitrophes ; on ne peut admettre l'un d'eux à établir sa possession par la preuve testimoniale, lorsqu'il n'existe aucun signe matériel sur lequel les témoins puissent baser leurs dépositions pour déterminer dans quelles limites la jouissance a eu lieu. — *Amiens*, 12 mars 1840 (t. 1er 1842, p. 101), Dumesnil de Merville c. Baldi-Bartet.

38. — Enfin, en règle générale, les juges ont toujours le pouvoir d'apprécier souverainement les faits dont la preuve est offerte et de la déclarer non admissible comme impossible et frustratoire. — *Cass.*, 18 avr. 1832, Commune de Nasbinals c. Granier.

39. — ... Ou de juger souverainement de la vraisemblance et de la pertinence des faits dont la preuve est offerte. — *Cass.*, 6 févr. 1843 (t. 1er 1843, p. 669), Imbault c. Renoufve.

40. — Mais si les voies d'instruction sont laissées à la prudence et à l'arbitrage des juges du fait, ce n'est qu'autant que la loi ne porte pas, à cet égard, de prescriptions spéciales pour certaines matières ou certains cas particuliers. — *Cass.*, 18 août 1836 (t. 1er 1837, p. 472), Commune de Gagna c. Danlon.

41. — Ainsi : en cas de nullité d'un procès-verbal de délit forestier, le tribunal ne peut refuser d'ordonner la preuve testimoniale qui lui est offerte. — *Cass.*, 30 déc. 1811, Forêts c. Martel.

42. — Et même, en règle générale, toutes les fois que la preuve testimoniale n'est pas prohibée par la loi, les juges ne peuvent pas l'écarter par une simple fin de non-recevoir. — *Cass.*, 18 août 1832, Commune de Nasbinals c. Granier.

43. — Lorsque la preuve testimoniale a été offerte en première instance et illégalement refusée, le tribunal ne peut, sans violer la loi, se dispenser d'admettre cette preuve et de renvoyer à une autre audience. — *Cass.*, 30 déc. 1811, Forêts c. Martel.

44. — Toutefois : lorsqu'une partie articule des faits et demande à en faire preuve, un tribunal ne peut pas rejeter cette preuve sans déclarer les faits non pertinens ni admissibles. — *Cass.*, 15 févr. 1825, Josan c. Arsac.

45. — Les tribunaux peuvent même, dans certains cas, ordonner d'office la preuve testimoniale, pour déterminer leur conviction. — C. proc., art. 254.

46. — Ainsi : les tribunaux auxquels on demande la nullité d'un acte, pour cause de démence notoire à l'époque de sa passation, peuvent ordonner la preuve testimoniale de la démence, sans que le demandeur y ait conclu ; lorsque les moyens proposés par celui-ci ne leur paraissent pas suffisans. — *Metz*, 1er décemb. 1819, Schweitzer.

47. — La preuve testimoniale se fait au moyen d'une enquête dont les formes sont tracées par le C. de proc. civ. — V. ENQUÊTE.

48. — Toutefois, c'est la loi ancienne et non le C. de proc. qui doit régler l'instruction des enquêtes ordonnées depuis ce Code dans les instances commencées auparavant. — *Cass.*, 20 oct. 1812, Pagès c. Clara ; 26 février 1816, mêmes parties.

49. — La preuve testimoniale tire sa force d'une double présomption : 1° que le témoin *ne s'est pas* trompé, et qu'il n'a *pas été* trompé ; 2° qu'il ne *veut pas* tromper. — Pour s'en assurer, les magistrats doivent considérer trois choses : la nature et la qualité des faits à prouver ; la qualité et la personne des témoins ; enfin, le témoignage en lui-même et comparé à la déposition d'autres témoins ou à d'autres faits déjà constans. Sur ces différens points fort importans, mais qui sont hors du domaine de la loi, et appartiennent exclusivement à la doctrine, V. les développemens remarquables présentés par Toullier (t. 9, nos 236 et suiv.) et Merlin (*Rép.*, v° *Preuve*, sect. 2, § 3, art. 2).

50. — Anciennement, la déposition d'un seul témoin était généralement insuffisante pour faire preuve d'un fait. Cette règle, établie par les lois de Moïse, avait été confirmée par les lois romaines, d'après lesquelles il fallait au moins deux témoins ; un seul ne suffisait pas, quelque élevé qu'il fût en dignité : *etium si præclaræ curiæ honore profulgeat.* — L. 9, § 1er, C., *De testib.* ; L. 12, ff., *De testib.* — De là ce brocard du palais : *Testis unus, testis nullus.* — Cette règle, qui était suivie dans l'ancienne jurisprudence, et que des philosophes et des publicistes avaient même adoptée (Wolf, *Jus nat.*, part. 5, § 1037 ; Montesquieu, *Espr. des lois*, liv. 12, ch. 111), n'a pas été reproduite par nos lois nouvelles : d'où la conséquence que les magistrats peuvent, selon leur conviction, admettre comme constant un fait attesté par un seul témoin, ou en rejeter un autre certifié par un plus grand nombre. — C. proc., art. 1041 ; C. civ., art. 1353. — Merlin, *Rép.*, *loc. cit.* ; Toullier, t. 9, nos 317 et suiv. ; Favard, *Rép.*, v° *Preuve*, § 2, n° 1er ; *Dict. not.*, v° *Preuve*, n° 34. — *Contrà*, Duranton, t. 13, nos 397, 398, 399.

51. — *A plus forte raison* lorsqu'un fait se trouve composé de plusieurs circonstances, ou de plusieurs faits particuliers ; il suffit, pour former une preuve, qu'il y ait sur chaque circonstance, ou sur chaque fait particulier, un témoin unique. Il en était même ainsi sous l'ancienne jurisprudence. — Pothier, *Oblig.*, n° 818 ; Merlin, *ibid.* ; Toullier, n° 321 ; Duranton, t. 13, n° 400.

52. — Ainsi : jugé que la disposition de la loi du 30 avr. 1790 sur la chasse, qui, pour la preuve des délits qu'elle prévoit, exige un nombre déterminé de témoins, a été abrogée par le C. d'instr. crimin., qui laisse le juge libre de former sa conviction sur la déposition de tel nombre de témoins qu'il jugera convenable. — *Cass.*, 19 févr. 1836, Butler.

53. — Le délit de soustraction et de recélé est-il suffisamment prouvé par les dépositions de deux témoins qui déclarent seulement avoir entendu le défendeur en faire l'aveu (*Non explicitement résolu.*) ? — *Paris*, 8 janvier 1813, B..... c. J.....

54. — Sous l'ancienne jurisprudence, on admettait que le juge ne pouvait se dispenser de tenir pour prouvé un fait que deux ou plusieurs témoins non reprochés certifiaient s'être passé sous leurs yeux. Aujourd'hui il est de principe que la religion du juge n'est point liée par les dépositions des témoins. Sans doute le magistrat prudent, qui sait que le meilleur juge est celui qui s'abandonne le moins à l'arbitraire, se décidera difficilement à rendre un jugement contraire aux dépositions uniformes de plusieurs témoins ; mais s'il a de fortes raisons de croire qu'elles ne sont pas conformes à la vérité, le jugement qui les rejetterait ne pourrait évidemment être cassé. — Locré, sur le Code de proc. civ. ; Toullier, t. 9, n° 322 ; Favard, v° *Preuve*, § 2, n° 2 ; *Dict. du not.*, *ibid.*, nos 35, 36. — Par la même raison : le juge pourrait accueillir ou ordonner d'office d'autres complémens de preuve, à l'effet de déterminer sa conviction.

55. — Ainsi : par cela que les juges ont admis la preuve testimoniale, il ne s'ensuit pas qu'ils ne puissent plus ensuite déférer le serment. — *Cass.*, 8 sept. 1807, Simon c. Lefèbre.

56. — De même : quand le résultat de l'enquête et le commencement de preuve par écrit ne paraissent pas suffisans aux juges pour déterminer leur conviction, ils peuvent alors déférer le serment d'office à l'une des parties. — *Cass.*, 29 prair. an XIII, Saint-Aubin c. Descornais.

57. — Par la même raison, la partie qui a fait ordonner un interrogatoire sur faits et articles peut, après cet interrogatoire, être admise à la preuve par témoins. — *Cass.*, 6 frim. an XIII, Nallet c. Churlet.

58. — De même, le serment prêté par celui qui subit un interrogatoire sur faits et articles et qualifié purgatif et décisoire par la partie qui l'a provoqué n'est pas un obstacle à l'admission ultérieure de la preuve testimoniale sur les mêmes faits — *Cass.*, 9 févr. 1808, Monnier c. Bardon.

59. — Les juges qui ont admis la preuve testimoniale pour compléter un commencement de preuve résultant d'un interrogatoire sur faits et aticles, peuvent se fonder, tant sur l'interrogatoire que sur l'enquête, pour établir les faits qu'il s'agissait de prouver. — *Cass.*, 11 janv. 1827, Juves c. Duchaussoy.

60. — Dans le cas où la preuve testimoniale est inadmissible, le juge peut cependant avoir égard aux déclarations des parties et déférer à l'une d'elles le serment supplétif. — *Cass.*, 5 juill. 1808, Letellier c. Lemire.

61. — L'enquête portant sur des faits qui dans leur exécution ne sont pas susceptibles de division ne peut être déclarée nulle au regard de l'une des parties, si elle est parfaitement régulière au regard d'une autre partie ayant le même intérêt. — *Spécialement*, la preuve ayant pour objet de reconnaître et de régler la hauteur du déversoir d'un étang est indivisible à l'égard des copropriétaires. — *Cass.*, 9 août 1831, Gand et Magot c. Commune de Liouville.

62. — Les preuves acquises dans une instance au civil peuvent-elles faire foi dans un procès criminel, et *vice versâ* ? — V. CHOSE JUGÉE, PREUVE.

Sect. 2e. — *Prohibition de la preuve testimoniale.*

§ 1er. — *Prohibition de la preuve testimoniale en général.*

63. — L'art. 1341 contient deux principes fondamentaux relatifs à la prohibition de la preuve testimoniale : 1° Il doit être passé acte devant notaire ou sous signature privée de *toutes choses excédant la somme ou valeur de* 150 *fr.*, même pour dépôt volontaire; 2° il n'est reçu aucune preuve par témoins *contre et outre le contenu aux actes*, ni sur ce qui serait allégué avoir été dit avant, lors et depuis les actes, encore qu'il s'agisse d'une somme ou valeur de moins de 150 fr. — V. les deux paragraphes suivans.

64. — Aucune loi n'a défendu la preuve testimoniale en général, mais seulement dans les cas exceptés. L'admission de cette preuve est la règle, la prohibition de la recevoir est l'exception. — Toullier, t. 9, nos 26, 27 ; *Dict. du not.*, vo *Preuve*, no 39 ; Rolland de Villargues, vo *Preuve*, no 35.

65. — En sorte que dans le doute si la loi permet ou non la preuve testimoniale, les juges doivent l'admettre. — Toullier, t. 9, no 28 ; Rolland de Villargues, *ibid.*, no 36.

66. — Cependant la preuve par témoins est prohibée, quelque modique que soit l'objet réclamé, quand la loi exige que l'acte soit rédigé par écrit, comme, par exemple, pour la donation, le legs, l'hypothèque, le contrat de mariage, les transactions, etc. — Duranton, t. 13, nos 299 et suiv.

67. — Ainsi, on ne peut prouver par témoins l'existence d'une sentence rendue en 1789 dans une sénéchaussée de l'Amérique. — *Rennes*, 28 janvier 1820, Brelet c. Bredou.

68. — L'existence d'un testament olographe ne peut être établie par témoins, lorsqu'il n'y a point de commencement de preuve par écrit. — *Paris*, 17 août 1821, Noguès.

69. — La révocation d'un testament ne pouvant résulter que d'un acte, les tribunaux ne peuvent admettre la preuve d'une prétendue condition révocatoire verbale. — *Cass.*, 1er sept. 1812, Samson c. Sauzeau.

70. — En conséquence, n'est pas admissible au moyen de la preuve vocale la déclaration faite par le dépositaire d'un testament : que le testateur ne lui en a remis un second, révoquant le premier, qu'en lui recommandant de ne le remettre qu'au légataire institué par le premier, dans le cas où il survivrait à lui testateur, avec faculté d'en faire ce qu'il jugerait à propos. — Même arrêt.

71. — La preuve testimoniale n'est point admissible pour prouver l'accomplissement d'une formalité dont la loi ordonne que l'observation sera constatée par écrit, par exemple pour prouver l'apposition d'affiches prescrite en matière de licitation de biens indivis avec des mineurs. — *Cass.*, 7 déc. 1810, Bloquel c. Losserand.

72. — De même on ne peut admettre une partie à prouver par témoins que les formalités requises pour la validité d'un acte ont été remplies, lorsque cet acte ne mentionne pas l'accomplissement de ces formalités. — *Liége*, 1er mars 1829, N....

73. — La preuve testimoniale n'est pas admissible à l'appui d'une action en revendication d'immeubles. Cette action doit être fondée sur des titres. — *Liége*, 16 mars 1820, bureau de bienfaisance de Huy c. Darquenne.

74. — Il en est de même du bail qui n'a encore reçu aucun commencement d'exécution. — Duranton, t. 13, no 304 ; Toullier, t. 9, nos 32 et 33. — V. aussi Bonnier, *Tr. des pr.*, nos 116, 117, 118, et *Dict. du not.*, vo *Preuve*, no 40.

75. — Ainsi, jugé que la preuve testimoniale n'est pas admissible pour établir les conditions d'un bail verbal dont l'exécution a commencé. — *Nîmes*, 6 juin 1823, de Blandas c. Cayre et Valette.

76. — En matière de bail : un congé verbal non suivi d'exécution ne peut être prouvé par témoins, quelque modique que soit le loyer. L'art. 1715 s'applique au congé comme au bail lui-même. — *Cass.*, 12 mars 1816, Bonnet c. Froidevaux. — V., au surplus, BAIL.

77. — La preuve testimoniale n'est pas admissible pour prouver que les frais d'un procès ont été payés volontairement et sans protestation, d'où résulterait qu'il y aurait eu acquiescement à la chose jugée. — *Toulouse*, 15 janv. 1807, Arthus c. Marty ; *Bruxelles*, 7 oct. 1816, Deronck c. Baker.

78. — On ne peut être admis à prouver la dissolution d'une société commerciale prouvée par écrit et dont le terme n'est point encore expiré. — *Bordeaux*, 15 nov. 1827, Bourdet c. Larfeuil.

79. — On ne peut prouver par témoins la reddition d'un compte de tutelle ainsi que la remise des pièces à l'appui, alors qu'il n'existe aucun commencement de preuve par écrit. — *Toulouse*, 6 févr. 1835, Barrau c. de Paulo.

80. — Les règles qui établissent la prohibition de la preuve testimoniale sont-elles en général d'ordre public, en sorte que la volonté des parties ne puisse y déroger ? — Cette question, agitée depuis le 16e siècle, n'a pas été tranchée par nos codes modernes. L'opinion suivie autrefois par le plus grand nombre des arrêts consistait à s'attacher à ces expressions des ordonnances reproduites par l'art. 1341 du Code civil, *il n'est reçu aucune preuve par témoins*, pour soutenir que la prohibition s'adresse directement aux juges. Le double motif tiré du danger de la subornation des témoins et de la multiplication des procès, subsiste ici, dit-on, dans toute sa force. La disposition est donc d'ordre public. — Toullier, t. 9, nos 37 à 40 ; Merlin, vo *Preuve*, sect. 2, § 3, art. 1er, no 28 ; Boncenne, t. 4, p. 225.

81. — Ainsi, jugé que les parties ne peuvent, par une convention particulière, déroger à une prohibition de droit public ; par exemple consentir à la preuve testimoniale, dans le cas où la loi repousse ce genre de preuve. — *Caen*, 24 vent. an IX, Fizet c. Cotelle.

82. — ... Que la partie qui, dans un interrogatoire sur faits et articles, a consenti à la preuve testimoniale, peut ensuite se rétracter et soutenir que cette preuve n'est pas admissible. — Même arrêt.

83. — Cependant il nous semble que l'ordre public n'est nullement intéressé dans une pareille question. Que la faculté de s'opposer à l'enquête soit toujours une arme laissée à la discrétion des parties, rien de plus juste ; mais lorsque l'une d'elles demande l'enquête, que la partie intéressée à la repousser déclare l'admettre, parce qu'elle a confiance dans la bonne foi de l'adversaire et des témoins qui seront entendus, pourquoi la loi se montrerait-elle plus défiante que la partie intéressée elle-même ? Par cela même que la constatation dépendra toujours de la bonne foi de l'adversaire, il est peu à craindre que l'on s'y fie d'habitude et que de tels procès soient bien fréquens. Il y a au surplus quelque chose d'odieux dans une doctrine qui permet au défendeur d'obtempérer en apparence à une enquête frustratoire, en se réservant la faculté de l'attaquer, si elle lui est défavorable, et de tout remettre en question. — Duranton, t. 13, no 308 ; Bonnier, *Tr. des pr.*, no 115 ; Favard, *Rép.*, vo *Enquête*, sect. 1re, § 1er, no 3 ; Boitard, *Leçons de procéd.*, t. 2, p. 173.

84. — Jugé, par suite, que les juges peuvent recevoir la preuve testimoniale dans des matières qui, aux termes de droit, n'y sont pas soumises, si la partie contre laquelle elle est faite y consent et renonce au bénéfice de la loi. — *Bourges*, 16 déc. 1826, Archambault c. Belier.

85. — ... Que la partie qui a consenti à se soumettre à la preuve testimoniale n'est plus recevable à soutenir que la loi s'opposait à l'admission de cette preuve. — Même arrêt ; *Bordeaux*, 16 janv. 1846 (t. 1er 1846, p. 477), Saunier c. Loubet.

86. — Lorsqu'au sujet d'un règlement de compte il a été commis un notaire du consentement des parties et qu'ensuite l'une d'elles, le demandeur, a établi, sans aucuns contredits de la part du défendeur présent, les articles de ses répétitions fondées sur des faits contre lesquels on ne pouvait opposer que des quittances ou des débats, le défendeur ne saurait prétendre plus tard que ces articles doivent être rejetés comme excédant 150 francs et n'étant pas justifiés par un écrit. — *Cass.*, 3 août 1836 (t. 1er 1837, p. 139), Dengler c. Scholer.

87. — Dans tous les cas, l'arrêt définitif qui est fondé sur des faits résultant de la preuve testimoniale ordonnée par un précédent arrêt interlocutoire ne peut être attaqué devant la Cour de cassation, en ce que la preuve par témoins a été admise hors des cas prévus par la loi, lorsque l'arrêt interlocutoire qui a admis cette preuve a acquis l'autorité de la chose jugée. — *Cass.*, 21 juill. 1830, Cassier c. Connétable.

88. — Cela serait se soustraire indirectement à la prohibition de la preuve testimoniale que de faire entendre des tiers qui viendraient déposer de faits contraires à un acte écrit ou tendant à établir seuls une obligation ou un paiement. — *Dict. du not.*, vo *Preuve*, nos 48, 49.

89. — Ainsi jugé, sous l'ordonnance de 1667, que lorsqu'un billet de plus de 100 livres avait été reconnu par celui qui l'avait souscrit, il eût été contraire aux dispositions de la loi, en matière de preuve testimoniale, d'admettre un tiers à affirmer qu'il avait payé ce même billet. — *Cass.*, 29 brum. an II, Guerrier c. Cuel.

90. — Jugé également, sous le Code civil, qu'un tribunal ne peut, dans le cas où la preuve testimoniale est interdite, ordonner qu'un tiers sera entendu à l'audience sur les faits d'une cause à laquelle il est étranger. — *Poitiers*, 18 janv. 1831, Guilbaut c. Barrat.

91. — ... Qu'une simple déclaration dressée et signée par un maire et deux témoins, attestant qu'au lit de la mort un créancier a reconnu avoir été payé, ne fait pas preuve de la libération contre des tiers créanciers du défunt. — *Metz*, 29 mai 1818, Pierret et Kurce c. Gouguenheim.

92. — ... Que les juges ne peuvent, lorsqu'il s'agit d'une valeur excédant 150 fr., ordonner que des personnes étrangères au litige comparaîtront à l'audience, pour y être entendues sur les faits de la cause ; c'est ordonner indirectement la preuve testimoniale, contre la prohibition de la loi. Il en doit être ainsi, quand bien même le jugement qui ordonne la comparution des tiers serait rendu sans rien préjuger et sauf à avoir aux déclarations des personnes tel égard que de raison. — *Amiens*, 26 janv. 1822, Brégeaux c. Ledoux.

93. — Jugé cependant qu'un tribunal peut, sans violer les principes de la preuve testimoniale, déclarer, sur des documens écrits émanant de tiers, qu'une partie a reçu une somme de plus de 150 francs. — *Cass.*, 18 janv. 1831, Lambert c. Hua.

§ 2. — *Prohibition de la preuve testimoniale au-dessus de 150 fr.*

94. — Il doit être passé acte de *toutes choses* excédant la somme ou valeur de 150 francs (C. civ., art. 1341). Que doit-on entendre par ces expressions ? Bien que l'ordonnance de 1566 employât ces expressions *toutes choses*, qui se retrouvent dans l'art. 1341, les auteurs contemporains s'attachant à l'expression pratique, *Il sera passé contrat*, assez mal à propos employée par les rédacteurs, interprétèrent l'ordonnance en ce sens qu'elle n'était applicable qu'aux contrats (V. Boiceau, *Pr. par tém.*, liv. 1er, ch. 11, et Pothier, *Oblig.*, no 786). L'ordonnance de 1667 ayant évité de se servir de ce terme de *contrat* et ayant dit *Seront passés actes de toutes choses*, on ne dut plus douter que sa disposition ne renfermât non-seulement les conventions ; mais généralement toutes les choses dont celui qui demande à faire preuve a pu se procurer une preuve par un écrit. Ainsi, le paiement, la remise de la dette, etc., doivent se constater par écrit. Et il en est généralement de même de tous les contrats, actes ou actions d'une valeur excédant 150 francs. — Pothier, *ibid.* ; Toullier, t. 9, no 20 ; Duranton, t. 13, no 315 ; Bonnier, *ibid.*, no 99.

95. — Toutefois il est à remarquer que les choses dont la preuve par témoins est défendue sont seulement celles qui font ou qui peuvent faire la matière des contrats ou des traités, lorsque leur valeur excède 150 francs : *toutes choses*, comme dit fort bien l'édit perpétuel, *dont nos sujets voudront traiter ou disposer*. — Toullier, t. 9, nos 16 et 20 ; Rolland de Villargues, *Rép.*, vo *Preuve*, nos 44, 45.

96. — La preuve testimoniale n'est pas admissible entre parties à l'effet d'établir qu'une convention d'une valeur supérieure à 150 francs a été passée en présence d'un notaire et que celui-ci a été chargé d'en rédiger l'acte ; mais cette preuve peut être faite contre le notaire. — *Limoges*, 4 juin 1840 (t. 1er 1841, p. 70), Arfouilloux et Breton c. Mathurin.

97. — Il n'y a pas violation de l'art. 1341 du Code civil en ce qu'une preuve a été ordonnée à l'effet de constater si l'objet vendu (dont la valeur est supérieure à 150 fr.) réunissait les conditions exigées dans l'intention des parties, si la réalité de la vente et le prix n'étaient pas contestés ; la preuve ordonnée n'a pu les atteindre. — *Cass.*, 25 août 1831, Aubert c. Aubry

98. — Lorsqu'un titre a été déclaré, par les experts, n'être pas émané de celui à qui on l'oppose on ne peut être admis à prouver par témoins les faits qu'il atteste, alors qu'il s'agit d'une valeur de plus de 150 fr. — *Bordeaux*, 22 janv. 1828, Coutant c. Boisseau-Laborderie.

99. — Jugé au contraire que quoiqu'il résulte d'un rapport d'experts qu'un titre de créance, sous seing privé, excédant 150 fr., n'est ni écrit, ni signé de celui à qui on l'attribue, les juges peuvent néanmoins, en se fondant sur la seule preuve testimoniale, décider que le titre émane du défendeur à la vérification, alors surtout que pour compléter cette preuve ils défèrent le serment aux créanciers.—*Cass.*, 19 déc. 1827, Ferrand c. Durand.

100. — On ne peut être admis à prouver par témoins que la prescription opposée à une demande dont l'objet excède 150 fr., a été interrompue par un des moyens auxquels la loi attache cet effet. — *Bruxelles*, 24 févr. 1825, P... c. bureau de bienfaisance de Renaix. — Delvincourt, t. 2, p. 623, note 8.

101. — Jugé cependant que la preuve par témoins d'un paiement de 150 fr. pour une année d'arrérages d'une rente, est admissible, à l'effet d'écarter la prescription trentenaire, quoique la demande et le capital de la rente excèdent cette somme. — *Bruxelles*, 10 déc. 1812, Caslesart c. Wastiau.

102. — La défense de prouver par témoins un dépôt excédant la valeur de 150 fr., ou d'une valeur indéterminée, qui n'est pas prouvé par écrit et dont il n'existe pas un commencement de preuve par écrit, a lieu en matière correctionnelle comme en matière civile. — *Metz*, 31 janv. 1821, Zay c. Muscat.

103. — De même, en matière criminelle comme en matière civile, le dépôt dont la valeur excède 150 fr. ne peut être prouvé par témoins, et la plainte en abus de confiance portée par le déposant n'est pas recevable lorsqu'il ne fournit pas un commencement de preuve par écrit. — *Cass.*, 2 déc. 1813, Courbé; *Paris*, 11 déc. 1837 (t. 1er 1838, p. 11), Bourdon c. Davesne.

104. — La prohibition s'applique aux exceptions et aux extinctions; par exemple, au paiement, aux résolutions conventionnelles des contrats, aux remises de dettes, quittances, etc. — Toullier, t. 9. n° 23.

105. — L'art. 1341 du Code civil qui prohibe la preuve testimoniale au-dessus de 150 fr. s'applique au paiement aussi bien qu'aux obligations. — *Turin*, 8 juin 1810 (et non 1812), Bonansea c. Pasoletto.

106. — Sous l'ancienne législation piémontaise on pouvait prouver par témoins le paiement d'une somme excédant 150 fr. — Même arrêt.

107. — De même la preuve de la libération d'une dette ne peut se faire par témoins, lorsque la dette établie par titre excède 150 fr. — *Cass.*, 12 janv. 1814, Vigny c. Burtey.

108. — Lorsqu'on fonde sur un prétendu arrêté de compte non représenté une demande excédant la somme de 150 fr., la preuve de l'existence de ce compte ne peut être faite par témoins.—*Cass.*, 23 févr. 1814, David c. Jarousseau.

109. — 1° *Manière de déterminer la valeur de la chose.* — Pour savoir si la valeur d'une chose excède 150 fr., il faut réunir au capital les intérêts qui sont demandés. — C. civ., art. 1342. — La prohibition s'applique, en effet, au cas où l'action contient, outre la demande du capital, une demande d'intérêts qui réunis au capital excèdent la somme de 150 fr. — Même art.

110. — Toutefois, cela ne s'applique point aux intérêts courus depuis le jour de la demande.— Duranton, t. 13, n° 319; Favard, *Rép.*, v° *Preuve*, § 1er, n° 10; Bonnier, *ibid.*, n° 104.

111. — On doit avoir égard à la valeur réelle de la chose, et non à celle que lui donne le demandeur; il n'en est pas ici comme en matière de compétence et de dernier ressort.— Duranton, t. 13, n° 318; Bonnier, *ibid.*, n° 103.

112. — Lorsqu'un acte sous seing privé contenant vente d'immeubles est nul par absence de la signature des parties, on peut être admis à prouver cette vente par témoins, s'il résulte de l'acte nul que le prix était inférieur à 150 fr., et cela bien que le débiteur représente un titre authentique de la propriété de l'immeuble.—*Douai*, 7 janv. 1836, Strudy c. Massy.

113. — Dans le silence du demandeur, la loi n'ayant déterminé aucun élément auquel il faille s'attacher pour rechercher si le litige dépasse ou non 150 fr., il semble que le juge doive avoir un pouvoir discrétionnaire pour faire cette évaluation, à l'aide des documens que présente la cause et en évitant de recourir, autant que possible, aux frais d'une expertise. — Bonnier, *ibid.*, n° 102; Duranton, t. 13, n° 317; Favard, *Rép.*, v° *Preuve*, § 1er, n° 8.

114. — Jugé cependant qu'on ne peut être admis à prouver par témoins la vente d'un immeuble dont la valeur est indéterminée, encore bien qu'il soit allégué que le prix de cette vente est inférieur à 150 fr. — En pareil cas il n'est même pas permis aux tribunaux de se livrer à des appréciations ou d'ordonner des expertises pour déterminer la valeur véritable de l'objet litigieux.—*Montpellier*, 24 mai 1842 (t. 2 1842, p. 330), Verdier c. Pitorre.

115. — 2° *Restriction de la demande primitive.* — Celui qui a formé une demande excédant 150 fr. ne peut plus être admis à la preuve testimoniale, même en restreignant sa demande primitive. — C. civ., 1343.—Il faut se reporter à l'obligation telle qu'elle a été réellement contractée.—Duranton, t. 13, n° 320.

116. — Il en serait de même si le créancier eût réduit sa demande, avant toute contestation en cause. — Toullier, t. 9, n° 43.

117. — La demande en restitution de fruits à laquelle se restreint en appel la partie originairement demanderesse ne peut être considérée comme une réduction de la demande à fin de preuve testimoniale d'un bail verbal, prohibée par les art. 1343 et 1715.—*Cass.*, 19 fév. 1840 (t. 1er 1840, p. 641), Ferrier c. Chabert.

118. — 3° *Somme faisant partie ou restant d'une somme supérieure.* — La preuve testimoniale sur la demande d'une somme même moindre de 150 francs ne peut être admise, lorsque cette somme est *déclarée* être le restant ou faire partie d'une créance, plus forte, qui n'est point prouvée par écrit. — C. civ., art. 1344. — Cette disposition est critiquée par Duranton, t. 13, n° 321. — V. aussi Favard, *Rép.*, v° *Preuve*, § 1er, n° 15.

119. — Le demandeur ne peut, en s'abstenant de déclarer que la somme qu'il réclame est le restant ou fait partie d'une plus forte, être maître d'éluder une disposition rigoureuse mais précise de la loi, il doit s'imputer de n'avoir pas exigé un acte de son débiteur. — Toullier, t. 9, n° 45.— *Contrà* : Malleville, sur l'art. 1344; Favard, *Rép.*, v° *Preuve*, *ibid.*; Duranton, t. 13, n° 323.

120. — Cependant on pourrait être admis à prouver par témoins que le débiteur s'est obligé de payer le restant d'une ancienne obligation, laquelle s'élevait à plus de 150 fr.; car c'est là une convention nouvelle, et rien n'empêche que la preuve testimoniale puisse en être admise. — Pothier, *Obligation*, n° 791; Toullier, t. 9, n° 46; Duranton, t. 13, n° 322.

121. — Il faudrait appliquer la même décision au cas où, l'obligation primitive étant par écrit, le créancier aurait remis le titre au débiteur, qui lui aurait promis en présence de témoins de lui payer le restant. — Toullier, t. 9, n° 47.

122. — 4° *Réunion de plusieurs demandes.* — Si, dans la même instance, une partie fait plusieurs demandes, dont il n'y ait point de titre par écrit, et que, jointes ensemble, elles excèdent la somme de 150 fr., la preuve par témoins n'en peut être admise, encore que la partie allègue que ces créances proviennent de différentes causes, et qu'elles se soient formées en différens temps, si ce n'était que ces droits procédassent, par succession, donation ou autrement, de personnes différentes. — C. civ., art. 1345.

123. — Toutes les demandes, à quelque titre que ce soit, qui ne sont pas entièrement justifiées par écrit, seront formées par un même exploit; après lequel les autres demandes dont il n'y aura point de preuves par écrit ne seront pas reçues. — C. civ., 1346.

124. — Il résulte de ces dispositions combinées que si on demande par un même exploit le paiement de deux créances, de 150 fr. chacune, ayant des causes différentes, la preuve orale n'en peut être admise; et que si l'on demande d'abord séparément la première créance pour être admis à la preuve, on ne pourra plus ensuite réclamer la seconde. — Toullier, t. 9, n° 49; Bonnier, *ibid.*, n° 104 et 105.

125. — La réunion de plusieurs demandes formant ensemble une somme de plus de 150 fr. n'autorise pas la preuve testimoniale, encore qu'il soit allégué : que les dettes proviennent de diverses causes, qu'elles se sont formées en différens temps; mais les causes exceptées de la prohibition de la preuve par témoins ne doivent pas être comptées dans la formation de ce chiffre. — Duranton, t. 13, n° 324.

126. — L'art. 1346, qui ordonne la jonction des demandes de diverses créances, ne s'applique pas : 1° aux créances non échues (Toullier, t. 9, n° 50; Favard, *Rep.*, v° *Preuve*, § 1er, n° 14; Duranton, t. 13, n° 327); 2° aux créances sous condition (Duranton, *ibid.*); 3° aux demandes qui sont de nature à être portées devant des tribunaux différens (Toullier, *ibid.*); 4° aux créances dont les causes procéderaient de diverses personnes, ou dont le créancier, au temps de sa demande, aurait eu une juste cause d'ignorer l'existence. — Duranton, *ibid.*

127. — Le créancier doit comprendre dans le même exploit les créances exigibles, au cas même où elles s'appuieraient sur un *commencement de preuve par écrit.* Car le commencement de preuve par écrit n'est pas une preuve écrite, et l'art. 1346 veut que le demandeur comprenne dans un même exploit toutes les demandes, à quelque titre que ce soit, *qui ne sont pas entièrement justifiées par écrit.* — Duranton, t. 13, n° 327; Bonnier, *ibid.*, n° 105. — Néanmoins, cette doctrine peut paraître rigoureuse.

128. — Il faudrait même, suivant M. Duranton (*ibid.*), adopter la même décision à l'égard des demandes qui auraient pour cause un quasi-contrat ou quasi-délit, et même un délit : dans le cas où le demandeur voudrait ensuite agir par la voie civile. L'art. 1346 dit en effet : « Toutes les demandes, à quelque titre que ce soit, » etc. Il n'y aurait exception qu'à l'égard des créances dont le demandeur ignorait les causes au moment où il a formé sa demande. Cette opinion de M. Duranton nous semble contradictoire à celle qu'il émet au n° 324, que les causes exemptes de la prohibition de la preuve par témoins ne doivent pas être comptées dans la formation du chiffre de 150 francs.

129. — La règle établie par l'art. 1345 contient une exception pour le cas où les droits procèdent, par succession, donation ou autrement, de *personnes différentes.* D'où il suit que je pourrai, par exemple, prouver par témoins que mon père, dont je suis héritier, vous a prêté une somme de 150 francs, et que je vous en ai prêté une semblable de mon côté; ou que mon père a prêté cette somme au vôtre, dont vous êtes l'héritier unique, et qu'il vous en a prêté une à vous-même, ou bien encore que j'ai prêté une telle somme à votre père et que je vous en ai prêté une pareille. Dans tous ces cas, en effet, les créances ne sont point entre les *mêmes personnes.* — Duranton, t. 13, n° 325.

130. — La décision serait la même si déjà votre créancier comme héritier de mon père, qui vous aurait prêté une somme de 150 francs, j'étais devenu de nouveau votre créancier, pour prêt de pareille somme depuis l'ouverture de la succession de mon père. — Duranton, *ibid.*

131. — Mais, un individu créancier d'un autre, sans preuve écrite, ni commencement de preuve par écrit, d'une somme de 300 francs, meurt laissant deux héritiers qui deviennent créanciers, chacun pour leur part, de 150 francs.— Ces héritiers ne peuvent être admis, en formant leur demande séparément, à prouver leur créance par témoins : car il s'agit d'une créance de 300 fr., quoique accidentellement divisée sur deux têtes; et c'est toujours à l'origine de la créance qu'il faut se reporter pour savoir si elle peut être prouvée par témoins. — Toullier, t. 9, n° 51.

132. — De même : un individu créancier de deux sommes de 150 francs sur un même débiteur, pour causes différentes, meurt laissant deux héritiers dont chacun recueille une des créances, ou deux légataires chacun d'une de ces créances; chaque héritier ou légataire ne peut, en agissant séparément, être admis à la preuve par témoins. Ici, en effet, les créances proviennent d'une *même personne*, et les héritiers ou légataires ne peuvent avoir plus de droit que leur auteur. — Solon, n° 144; *Dict. not.*, v° *Preuve*, n° 61.—*Contrà*, Toullier, t. 9, n° 52.

133. — Si le défendeur n'oppose point la fin de non-recevoir résultant de l'art. 1346, le juge peut-il la suppléer d'office? Oui, Jousse (sur l'art. 6 (tit. 29) de l'ordonnance de 1667). Non, sous le Code, malgré ces expressions de l'article *ne seront pas reçues*, car il s'agit là d'une fin de non-recevoir et toute d'intérêt privé. — Toullier, t. 9, n° 49; Duranton, t. 13, n° 328.

§ 3.—*Prohibition de prouver par témoins contre et outre le contenu aux actes.*

134. — Il n'est reçu aucune preuve par témoins *contre et outre* le contenu aux actes, ni sur ce qui serait allégué avoir été dit avant, lors ou depuis les actes, *encore qu'il s'agisse d'une somme ou valeur moindre de 150 francs.* — C. civ., art. 1341.

135. — Ainsi l'emprunteur ne serait pas admis à prouver que la somme prêtée est moindre que celle portée à l'acte, ni le prêteur que cette somme est plus forte.

136. — Le créancier ne pourrait prouver quelque chose d'où résulterait pour lui un droit que la loi ne lui donne pas; enfin dans le cas d'un contrat synallagmatique, ni l'une ni l'autre des parties ne peut prouver qu'il y a eu une modification quelconque dans leurs droits tels que l'acte les a établis.— Delvincourt, t. 2, p. 623, n. 8;

Dict. not., *ibid.*, n° 62; Duranton, t. 13, nos 330 et 331.

137. — Le débiteur pourrait-il soutenir qu'il ne doit plus, parce qu'il a payé? — Oui, suivant Delvincourt (p. 623, note 8), et M. Duranton (t. 13, n° 334). On donne pour motif que le débiteur, dans ce cas, n'attaque point l'acte, puisqu'il convient de tout ce qui y est contenu, et que la défense de prouver ce qui a été dit ou fait depuis l'acte ne s'entend que de ce qui aurait modifié la convention écrite; et non d'une convention nouvelle, qui suppose l'exécution de la première. Cette doctrine ne nous paraît pas admissible, car elle aurait pour effet de donner au débiteur le moyen d'éluder la loi en alléguant une convention postérieure; l'art. 1341 ne distingue pas, et son esprit ne nous permet pas de distinguer. — Favard, v° *Preuves*, § 1er, n° 7; *Dict. not.*, *ibid.*, n° 63; Bonnier, *Traité des preuves*, n° 99.

138. — Des présomptions ne suffisent pas pour faire admettre la preuve par témoins, de la libération d'une créance constatée par un titre écrit. — *Amiens*, 17 juin 1812, Breton.

139. — Sous l'ordonnance de 1667, lorsque, par le procès-verbal d'adjudication, qu'il a signé, l'adjudicataire s'est obligé de payer en sus de son prix les frais tels qu'ils étaient taxés, il ne saurait être admis à prouver par témoins que l'avoué poursuivant lui avait assuré que ces frais n'excéderaient pas une somme déterminée. — *Cass.*, 4 mai 1792, Bonneau c. Duguet.

140. — Sous l'ordonnance de 1667, la renonciation à une réserve de réméré contenue dans un acte authentique n'a pu faire l'objet d'une preuve testimoniale. — *Cass.*, 3 pluv. an VII, Sauceys c. Gaube.

141. — *Quid* si le paiement allégué n'excédait pas 150 fr., quoique la dette fût supérieure à ce chiffre? — Il n'est pas douteux, suivant M. Duranton (*loc. cit.*), que le paiement pourrait être prouvé par témoins; la loi ne prescrit, en effet, de passer actes pour *toutes choses*, par conséquent pour les paiemens comme pour les conventions et obligations, que lorsque la valeur excède cette somme. Ajoutons que la dernière partie de l'art. 1341, qui défend la preuve testimoniale *contre et outre* le contenu aux actes, *encore qu'il s'agisse d'une somme moindre de* 150 *fr.*, a été établie parce qu'on a pensé que lorsque les parties ont fait un acte on doit présumer qu'elles y ont inséré toutes leurs conventions; or ce motif est inapplicable au cas d'un paiement fait, qui est postérieur à ces mêmes conventions. — Duranton, *ibid.*

142. — Il en serait de même d'une remise, dit M. Duranton (*ibid.*, n° 335): quoiqu'il y eût, peut-être, dans ce cas plus de difficulté.

143. — La loi défend de prouver *outre* le contenu aux actes. Ainsi aucune des parties ne serait reçue à prouver par témoins qu'il y a eu une stipulation d'une prestation additionnelle, d'un délai, d'un lieu particulier de paiement, etc. — Pothier, *Oblig.*, n° 794; Duranton, t. 13, n° 336.

144. — Ainsi, on ne saurait être admis à la preuve de faits postérieurs dont on voudrait faire résulter des changemens et modifications à la convention écrite. — *Cass.*, 10 mai 1842 (t. 1er 1843, p. 98), Schmitt c. Mayer.

145. — Mais s'il est vrai que la date mise sur des billets fasse foi de l'époque à laquelle ils ont été souscrits, il n'en résulte pas nécessairement que le prêt qu'ils ont pour objet de garantir soit contemporain de la signature. — Dès lors, les tribunaux peuvent décider, par appréciation des faits et circonstances de la cause, que ces billets ont pour objet des dettes antérieures, remontant à telle ou telle époque, sans se mettre en contravention avec la règle qui défend d'admettre aucune preuve par témoins contre et outre le contenu aux actes. — *Cass.*, 14 juill. 1845 (t. 2 1845, p. 674), Guilhot c. de Lastours.

146. — Ce serait encore vouloir prouver *outre* le contenu à l'acte que de demander la preuve de ce qui est mentionné dans une apostille ou un renvoi non signé ni paraphé des parties, quoique écrit de la main du notaire. — Pothier, *Oblig.*, n° 795; Duranton, t. 13, n° 336.

147. — Mais ce n'est pas prouver *outre* le contenu en un acte que de prouver qu'il a été passé en tel temps, en tel lieu. — Pothier, *Oblig.*, n° 796; Danty, ch. 9, n° 4; Toullier, t. 9, n° 224.

148. — Toute preuve testimoniale étant interdite *outre* le contenu d'un acte, une partie ne serait pas recevable à faire entendre les témoins qui ont assisté à l'acte, ni même les notaires qui l'ont reçu, pour expliquer ce qui y est contenu et déposer de ce dont on est convenu lors de sa confection. — Domat, *Lois civiles*, part. 1re, l. 3, tit. 6, sect. 2, n° 7; Pothier, *Oblig.*, n° 797; Duranton, t. 13, n° 337.

PREUVE TESTIM., sect. 2e, § 3.

149. — On ne peut être admis à prouver par témoins la vérité de l'énonciation d'un procès-verbal d'adjudication, portant qu'un individu non-signataire de ce procès-verbal a acquis différens immeubles, soit en son nom, soit comme command de sa mère, lorsqu'on n'invoque d'autre commencement de preuve par écrit que l'acte par lequel le notaire chargé de la vente a constaté son transport au domicile du command prétendu, et la réponse faite par celui-ci à son interpellation, si l'acte ne porte d'ailleurs ni qu'il a été dressé sur la réquisition de l'adjudicataire prétendu, ni que ce dernier était présent lors de la rédaction, ni qu'il y a pris part. — *Cass.*, 27 nov. 1844 (t. 1er 1845, p. 198), Henry c. Miclo.

150. — On ne peut être fondé à revendiquer une propriété, sans titre, et contre un titre, au moyen de la preuve testimoniale. — *Colmar*, 24 flor. an XII, Clavé c. Baillon.

151. — Ce serait permettre la preuve testimoniale contre et outre le contenu aux actes que de permettre à un mari de prouver que sa femme s'est emparée, après son divorce, des effets qu'elle s'était constitués pour trousseau dans son contrat de mariage. — *Grenoble*, 1er juin 1810, Coche c. Bied.

152. — On ne peut, sans un commencement de preuve par écrit, établir par témoins qu'un billet a été négocié par le failli, après la faillite; surtout s'il porte une date antérieure à l'événement. — *Bourges*, 22 août 1817, Nolet c. Baudoin.

153. — Une partie ne peut être admise à prouver par témoins l'existence d'une prétendue convention verbale, lorsqu'elle a avoué qu'il existe une convention par écrit, sur le même objet, mais dont elle déclare ne vouloir faire aucun usage en justice. — *Bruxelles*, 18 déc. 1828, Vandermalen c. Huygh.

154. — Celui qui intervient pour réclamer des marchandises saisies sur des inconnus peut établir son droit de propriété par la preuve testimoniale; sans violer la foi due au procès-verbal, qui conserve tous ses effets sous le rapport de la contravention. — *Cass.*, 16 avr. 1825, Royer c. Douanes.

155. — L'arrêt qui d'après les actes produits au procès et les circonstances de la cause déclare qu'un subrogé tuteur a acquis, non pour lui, mais pour ses mineurs, les droits d'un acquéreur à réméré des biens de ces mêmes mineurs; et que c'est d'après la promesse du subrogé tuteur et la confiance qu'il inspirait, que le réméré n'a point été fait dans le délai au profit des mineurs: cet arrêt ne peut être annulé comme violant la règle qui défend d'admettre la preuve par témoins contre le contenu aux actes. — *Cass.*, 4 mai 1825, Girod.

156. — On ne peut sous l'empire d'une coutume qui ne contient aucune disposition sur la communauté tacite entre parens, admise en certains cas par quelques coutumes, et qui ne fait résulter aucune présomption légale de l'existence d'une communauté de cette nature d'après le concours de certains faits, être admis à la preuve testimoniale de ces faits à l'effet d'établir, contre la teneur même d'actes, l'existence de cette communauté. — *Bruxelles*, 4 avril 1831, Delepinne.

157. — La règle qui défend de prouver contre et outre le contenu aux actes, ne s'applique qu'aux faits ou clauses qui sont une dépendance de l'acte et non aux faits qui sont étrangers aux conventions des parties; par exemple, à l'énonciation, contenue dans un acte authentique, que la partie contractante est *dans son bon sens*. — V. ACTE AUTHENTIQUE, nos 141 et suiv.

158. — Sous l'ord. de 1667, comme sous le Code civil, la preuve testimoniale était admissible pour prouver la démence d'un individu qui avait contracté par acte authentique, encore bien que le notaire eût énoncé que cet individu était sain d'esprit. — *Pau*, 18 déc. 1807, Pascau c. Goursan.

159. — Des légataires sont non recevables à proposer comme moyen de cassation l'admission, sans commencement de preuve par écrit, de la preuve testimoniale d'un fait contraire à l'attestation des notaires, lorsque l'arrêt définitif qui annule le testament ne s'appuie point sur ce fait, mais seulement sur ce que le testateur *n'était pas sain d'esprit*. — *Cass.*, 22 (et non 29) nov. 1810, Pleumartin c. Jallet.

160. — Quand un acte est attaqué pour faux, on ne cherche pas à prouver contre et outre son contenu; puisque son existence même est mise en doute. La preuve testimoniale est donc admissible pour prouver la fausseté.

161. — Ainsi, celui à qui on oppose un écrit qu'il dénie n'a pas à en établir la fausseté; il peut être admis à combattre par la preuve testimoniale, les moyens employés par celui qui prévaut de cet écrit. — *Besançon*, 12 juin 1812, Joly c. Fèvre.

PREUVE TESTIM., sect. 2e, § 3.

162. — La règle que la preuve testimoniale n'est pas admise contre et outre le contenu aux actes, reçoit même exception, entre les parties contractantes, dans le cas où il y a un commencement de preuve par écrit. — C. civ., art. 1347. — Toutefois, si le commencement de preuve par écrit se référait à une époque antérieure à celle où l'acte a été passé ou à la même date; il serait à croire que les parties n'y ont eu aucun égard, et il ne devrait généralement pas servir à faire admettre la preuve par témoins contre et outre le contenu à l'acte. — Duranton, t. 13, n° 339.

163. — Les dispositions de la loi qui prohibent la preuve testimoniale *contre et outre* le contenu aux actes, sont-elles applicables aux matières criminelles? — On a vu (*suprà* nos 102 et suiv.) que la prohibition de la preuve testimoniale, quand il s'agit d'obligation excédant 150 fr., avait lieu, dans certains cas, devant les tribunaux criminels, par exemple lorsqu'on voulait prouver la violation d'un dépôt dont il n'existait pas même de commencement de preuve par écrit. — Les mêmes raisons servent à décider dans quels cas on peut ou non, en matière criminelle, prouver contre et outre le contenu aux actes.

164. — Les dispositions de l'ord. de 1667 (tit. 20, art. 2), qui prohibaient la preuve testimoniale contre et outre le contenu aux actes notariés, étaient seulement applicables aux matières civiles, et ne pouvaient être étendues aux matières correctionnelles. — *Cass.*, 18 vendém. an X, Méat et Noël c. Castellane. — Cette décision ne doit être accueillie qu'avec la distinction que nous venons de signaler.

165. — Lorsqu'une vente pure et simple est constatée par un écrit privé, on ne peut être admis, par voie correctionnelle, à prouver par témoins la suppression d'une condition qui aurait été convenue et que le rédacteur de l'acte aurait volontairement omis d'y insérer. — *Cass.*, 31 oct. 1811, Fusé c. Perret.

166. — Un tribunal de police correctionnelle peut, sans enfreindre la disposition de l'art. 1341 C. civ., admettre la preuve testimoniale, lorsque, au lieu d'être contraire à la teneur d'actes écrits, elle ne porte que sur le fait de leur exécution, et sur l'action criminelle qui en est résultée. — *Cass.*, 2 janv. 1817, Lecardé.

167. — La défense de prouver contre et outre le contenu aux actes ne s'applique qu'aux personnes qui y ont été parties, à leurs héritiers ou ayans cause; non aux tiers, au pouvoir desquels il n'a pas été de se procurer une preuve, écrite, de la vérité des faits. — Pothier, *Oblig.*, n° 801; Duranton, t. 13, n° 338; Toullier, t. 9, n° 165.

168. — Jugé, en conséquence, que le principe qu'on ne peut admettre la preuve par témoins contre et outre le contenu dans les actes n'est applicable qu'entre les parties contractantes, et non aux tierces personnes qui n'y ont pas figuré. — *Grenoble*, 18 déc. 1811, Morestin c. de Leytermoz; *Rennes*, 11 déc. 1817, N...; 24 janv. 1821, Dutertre c. Auffray; *Liège*, 24 mars 1824, Domaine c. Abbaye de Floreffe; *Cass.*, 24 mars 1829, Thiébaut c. Pestel; *Paris*, 14 févr. 1834, Rignon c. Carouget. — Duranton, t. 13, n° 338.

169. — Ainsi, à l'égard des tiers: la preuve par témoins est admissible pour établir qu'en passant un bail le tuteur a reçu du fermier entrant une commission de 300 fr., quoique l'acte de bail n'en parle pas. — *Rennes*, 11 déc. 1817, N...; 24 janv. 1821, Dutertre c. Auffray.

170. — Ainsi: des religieux qui ont acquis tous les bâtimens et biens situés dans une commune, ainsi qu'ils étaient exploités par d'autres religieux, peuvent être admis à prouver par témoins que telle pièce de terre faisait partie de cette exploitation, nonobstant l'existence d'un bail consenti antérieurement par un des religieux et qui prouve le contraire. — *Liège*, 24 mars 1824, Domaine c. Abbaye de Floreffe.

171. — Ainsi, encore, un garde forestier peut prouver par témoins qu'il a été autorisé à enlever des bois faisant partie d'une coupe, et que l'adjudicataire en avait été averti avant l'adjudication; bien que le cahier des charges porte que ces bois font partie de la vente, et ne pourront pas être mis à la disposition des gardes. — *Cass.*, 24 mars 1829, Thiébaut c. Pestel.

172. — Toutefois, il est des cas où même à l'égard des tiers la preuve testimoniale n'est pas admissible contre un acte écrit.

173. — Ainsi, la preuve testimoniale n'est pas admissible en matière électorale. En conséquence: le tiers qui réclame la radiation d'un électeur qui ne figure sur la liste qu'en qualité

de fermier en vertu d'un bail authentique, ne peut être admis à prouver par témoins que ce fermier a cédé son droit au bail. — *Orléans*, 28 nov. 1846 (t. 1er 1847, p. 39), Gaudrille c. Laurent.

174. — Le créancier qui prétend que les objets par lui compris dans une saisie immobilière sont échus à son débiteur par l'effet d'un partage, est recevable à prouver par témoins l'existence de ce partage. — *Bordeaux*, 14 mai 1835, Lacombe c. Espitalier.

Sect. 3e. — *Exceptions à la prohibition de la preuve testimoniale.*

175. — La prohibition de la preuve testimoniale, dans certains cas, souffre trois exceptions : 1° lorsqu'il existe un commencement de preuve par écrit (C. civ., art. 1347); 2° toutes les fois qu'il n'a pas été possible au créancier de se procurer une preuve littérale de l'obligation qui a été contractée envers lui (C. civ., art. 1348); 3° lorsqu'il s'agit d'affaires de commerce (C. civ., art. 1341 *in fine*).

§ 1er. — *Commencement de preuve par écrit.*

176. — La prohibition de la preuve testimoniale reçoit exception lorsqu'il existe un commencement de preuve par écrit. On appelle ainsi tout acte par écrit qui est émané de celui contre lequel la demande est formée, ou de celui qu'il représente, et qui rend vraisemblable le fait allégué. — C. civ., art. 1347. — V. COMMENCEMENT DE PREUVE PAR ÉCRIT.

§ 2. — *Impossibilité de se procurer une preuve littérale*

177. — Les règles relatives à la prohibition de la preuve testimoniale reçoivent exception toutes les fois qu'il n'a pas été possible au créancier de se procurer une preuve littérale de l'obligation qui a été contractée envers lui. — C. civ., art. 1348.

178. — Par l'impossibilité dont parle l'art. 1348, le législateur n'a pas eu seulement en vue une impossibilité physique, absolue, mais encore une impossibilité *morale*; une grande difficulté, locale ou momentanée, un grand embarras, de se procurer un écrit. C'est aux juges à apprécier les circonstances. — Delvincourt, t. 2, p. 625, note 3; Toullier, t. 9, nos 139, 200, 201, 203; Rolland de Villargues, vo *Preuve*, no 87; *Dict. du not.*, vo *Preuve*, no 69; Bonnier, *Des preuves*, no 110.

179. — Jugé, en ce sens, que l'admissibilité de la preuve testimoniale dans le cas où il n'a pas été possible au créancier de se procurer une preuve littérale, s'entend d'une impossibilité morale aussi bien que d'une impossibilité purement physique. — *Paris*, 9 avr. 1821, trésor c. Nicolas; *Bourges*, 24 nov. 1824, Levacher c. Bousquet; 19 mai 1826, Palmery c. Beaufils.

180. — Ainsi, une vente peut être prouvée par témoins lorsque le vendeur s'est trouvé dans une impossibilité morale de se procurer une preuve écrite. — *Paris*, 9 avril 1821, trésor c. Nicolas.

181. — Ainsi, lorsqu'une machine d'une valeur excédant 150 fr. a été trouvée parmi les effets d'un simple ouvrier attaché à une usine; le directeur de cette usine peut être admis à prouver qu'il est l'inventeur de cette machine, et que l'ouvrier qu'il employait habituellement ne l'avait exécutée que par son ordre et pour son compte. — *Bourges*, 24 nov. 1824, Levacher c. Bousquet.

182. — Ainsi, encore, l'impossibilité morale dans laquelle se trouve une fille qui a quitté la maison paternelle d'avoir la preuve écrite des effets qu'elle possédait chez ses père et mère lui rend applicable l'art. 1348, et l'autorise à en faire la preuve par témoins. — *Bourges*, 19 mai 1826 Palmery c. Beaufils.

183. — L'époux survivant est recevable à prouver par témoins le dépôt de deniers communs fait à son insu à un tiers par le prédécédé. — *Bruxelles*, 14 mai 1806, Bayot c. Dassonville.

184. — Des cohéritiers peuvent être admis à prouver par témoins qu'une somme excédant 150 fr. trouvée par l'un d'eux dans une maison qui lui est échue en partage appartenait à l'auteur commun, qui l'y avait cachée. — *Riom*, 26 fév. 1810, Pinet.

185. — On peut prouver par témoins la fausseté du motif qui avait déterminé le testateur à faire un legs; car l'héritier ne pouvait s'en procurer une preuve littérale. — Toullier, t. 9, no 222.

186. — Le locataire peut être admis à prouver par témoins que le bailleur a entravé la jouissance des lieux loués. — *Rennes*, 18 déc. 1835, Lesguer c. Moullieras.

187. — Le domestique qui ne justifie pas qu'il a été dans l'impossibilité de se procurer la preuve littérale des sommes, excédant 150 fr., par lui prêtées à son maître, ne peut être admis à la preuve testimoniale. — *Bordeaux*, 13 juin 1833, Marlet c. Besson.

188. — Le débiteur dont les fruits ont été saisis peut être admis à prouver par témoins que les gardiens ont remis les fruits saisis au créancier, quelle que soit la valeur. En ce cas, l'acte de saisie peut être considéré comme un commencement de preuve par écrit. — *Nîmes*, 31 janv. 1811, Lefèvre c. Jourdan.

189. — Mais on ne peut dire qu'il y a eu impossibilité de se procurer une preuve écrite pour un débiteur qui a remis une certaine somme à un créancier pour que celui-ci se départît d'une surenchère, le traité intervenu en pareil cas n'ayant rien d'illicite. — *Toulouse*, 10 févr. 1827, Trinquecostes c. Vieules.

190. — Le fait de l'exécution d'un contrat ou les fautes commises dans cette exécution, constituant presque toujours des faits dont ceux qui souffrent ne peuvent avoir la preuve écrite, peuvent être prouvés par témoins. Tel est le cas où un acheteur voudrait prouver par témoins que l'incendie de l'immeuble par lui acquis a été occasionné par la faute ou le fait du vendeur. — Duranton, t. 13, no 359.

191. — Ainsi encore, la preuve d'une ratification tacite peut être faite par témoins; on ne saurait l'exiger écrite. — *Caen*, 27 janv. 1846 (t. 1er 1846, p. 737), Billeux c. Lefèvre.

192. — Ainsi, on peut prouver par témoins, comme étant un fait dont on n'a pu se procurer la preuve littérale, l'exécution volontaire qu'un acte a reçue de la part de celui qui en demande la nullité; et cette preuve est admissible en ce qu'elle porte non sur l'existence de la convention en elle-même, mais seulement sur son exécution. — *Bordeaux*, 5 févr. 1830, Guérin c. Bigot.

193. — On peut être admis à prouver par témoins qu'une des parties retient la grosse d'un partage, qui appartient à toutes les parties. — *Rennes*, 29 juin 1816, Guillaume c. Conor.

194. — La preuve testimoniale est admissible contre un notaire pour établir qu'il n'a pas rédigé un acte dont les parties l'avaient chargé. — *Limoges*, 4 juin 1840 (t. 1er 1841, p. 70), Arfouilloux c. Mathurin.

195. — Le fait articulé contre un notaire qu'il a reçu un acte dont il refuse de délivrer la grosse, ou l'expédition, sous le prétexte que cet acte n'existe point, peut être prouvé par témoins; alors surtout que le demandeur produit une lettre écrite à son avoué par ce notaire, et dans laquelle celui-ci avoue avoir passé cet acte. — *Agen*, 16 févr. 1813, Serigniac c. Barres.

196. — Jugé cependant que lorsqu'une partie réclame contre un notaire l'expédition d'un acte qu'elle prétend avoir passé dans son étude, elle ne peut être admise à prouver par témoins, sur le refus du notaire, la passation de cet acte; si elle ne fournit aucune preuve de son existence, et que ses allégations soient, d'ailleurs, dénuées de vraisemblance. — *Rennes*, 28 août 1828, Guillemot c. Guillerm.

197. — Les faits de possession, et, à plus forte raison, les troubles de possession, qui généralement constituent des quasi-délits, et même très-souvent des délits, peuvent se prouver aussi par témoins. — Duranton, t. 13, no 360.

198. — La possession d'un immeuble par le défunt, sa transmission par voie de saisine au profit des héritiers légitimes constituent des faits pour lesquels la preuve testimoniale est admissible. — Néanmoins : la preuve de ces faits est insuffisante pour établir la part advenue à l'un des héritiers, s'il n'y joint pas la preuve d'une possession séparée et continue pendant le temps requis pour prescrire. — *Colmar*, 24 janv. 1832, Dreyfuss c. Slosskopf.

199. — On peut admettre la preuve testimoniale pour établir qu'une rente n'a pas été prescrite par le non-service des arrérages. — *Bruxelles*, 21 nov. 1814, Bodart c. fabrique de la paroisse de Fleurus.

200. — C'est encore l'impossibilité de s'en procurer une preuve littérale qui laisse admissible la preuve testimoniale des faits, lorsqu'ils sont étrangers à une convention et qu'ils n'ont rien de relatif à ce qui est contenu dans les actes. Tel est le cas où il s'agit de prouver les heures auxquelles ont été signifiés deux actes de procédure, ayant pour objet : l'un de demander la péremption de l'instance, et l'autre de continuer les poursuites. — Toullier, t. 9, no 223; Delvincourt, t. 2, p. 623, no 8.

201. — Ainsi, jugé que la preuve testimoniale est admissible pour établir la priorité de deux actes de procédure faits le même jour et sans indication d'heure. — *Cass.*, 15 juill. 1818, Cadena c. Marre.

202. — ... Ou pour établir la priorité entre deux exploits signifiés le même jour, quel que soit d'ailleurs l'intérêt attaché à la preuve. — *Bruxelles*, 23 mars 1831, Aertsens c. Van-Nes.

203. — On peut aussi prouver par témoins la date d'un acte, lorsque la loi n'exige point qu'il soit daté. Tel est, par exemple, le cas d'un mineur devenu majeur qui demande la rescision d'un acte non daté, souscrit en minorité; ou, d'une veuve qui veut faire annuler un acte non daté, prétendant qu'il a été fait pendant son mariage et sans l'autorisation de son mari, etc. — Toullier, t. 9, nos 224 et suiv.

204. — Ainsi, on peut être admis à prouver par témoins qu'un billet a été daté et signé par celui aux héritiers duquel on réclame le paiement. — *Rennes*, 4 avr. 1815, Cravec c. Moltref.

205. — Le Code énumère quatre cas où il y a impossibilité pour le débiteur de se procurer une preuve littérale, et où par suite la preuve par témoins est admise. De ce que nous avons vu (*suprà* no 178) que l'exception était applicable à l'impossibilité morale, il s'ensuit que cet article n'est point limitatif. — Favard, *Rép.*, vo *Preuve*, § 1er, no 20; Toullier, t. 9, nos 139, 200 et suiv.; Delvincourt, t. 2, p. 625, note 3.

206. — *1er cas.* — Obligations qui naissent des quasi-contrats et des délits ou quasi-délits. — C. civ., art. 1348, 1°.

207. — *Quasi-contrats.* — Les obligations qui naissent des quasi-contrats se forment sans le consentement, sans le fait de celui envers qui elles sont contractées. On ne peut donc refuser au créancier qui n'a pu s'en procurer une preuve littérale la faculté de faire la preuve par témoins, du fait qui produit ces sortes d'obligations. — Pothier, *Oblig.*, no 813; Toullier, t. 9, no 141.

208. — Par exemple si quelqu'un, pendant mon absence, a fait valoir mes terres, a fait la moisson, les vendanges, vendu les blés et vins qui en sont provenus, etc., il doit me rendre compte de cette administration. S'il disconvient de cette administration, la preuve testimoniale ne peut m'en être refusée; car je n'ai pu m'en procurer une autre preuve. — Pothier, *ibid.*; Toullier, t. 9, no 141; Delvincourt, t. 2, p. 625, note 4; Duranton, t. 13, no 358.

209. — Ainsi : on peut être admis à prouver par témoins le quasi-contrat de gestion des affaires d'autrui, encore bien qu'il s'agisse d'une somme de plus de 150 francs. — *Bourges*, 10 déc. 1830, Grandvergne.

210. — La même décision doit être appliquée au cas d'administration d'une chose commune, pour les dégradations ou impenses faites par l'un des communistes. — Duranton, t. 13, no 356.

211. — Mais il faudrait décider autrement si l'affaire gérée l'avait été au vu du maître, ou si, gérée en son absence, il en avait eu connaissance et avait pu exiger un acte. — Duranton, t. 13, no 357.

212. — Jugé même que, bien qu'on puisse prouver par témoins l'obligation résultant d'un quasi-contrat, celui qui a géré les affaires d'un absent ou d'un présent sans mandat ne peut prouver ainsi les avances et déboursés qu'il a faits, par la raison qu'il lui a été facile de tirer des quittances de ceux à qui il a fait des paiemens relatifs à son administration. — Et, *réciproquement*, la personne dont les affaires ont été *gérées* ne peut pas non plus prouver par témoins les recettes qu'elle prétend avoir été faites par son *negotiorum gestor*, puisqu'elle peut aussi s'en procurer une preuve par écrit au moyen des quittances qu'il a dû en délivrer. — *Bruxelles*, 13 janv. 1820, Vanhoullé c. Carrelle.

213. — Sous l'ordonn. de 1667, une fourniture d'alimens pouvait, comme engendrant un quasi-contrat, être prouvée par témoins, bien que sa valeur excédât 100 liv. — *Cass.*, 3 prair. an IX, Bonnemond c. Limeyrat.

214. — Quoiqu'il y ait *quasi-contrat* dans le fait d'un paiement d'une chose non due, le débiteur ne pourrait néanmoins être admis à prouver le paiement par témoins; parce qu'il a pu et dû retirer une quittance. — Delvincourt, t. 2, p. 625, note 4; Duranton, t. 13, no 358.

215. — *Délits et quasi-délits.* — C'est un principe

RÉP. GÉN. — X. 45

PREUVE TESTIM., sect. 3e, § 2.
PREUVE TESTIM., sect. 3e, § 2.

général admis en matière criminelle, que la preuve des crimes ou délits peut se faire par témoins, quel que soit leur objet, quelle qu'en soit la valeur. — Toullier, t. 9, nº 145.

216. — De même, l'action civile qui résulte d'un *délit* peut être prouvée par témoins, quelle que soit la valeur de la somme demandée à titre de dommages-intérêts, et bien que l'action soit portée devant les tribunaux civils. — Arg. C. civ., art. 1348, 1º, et C. instr. crim., art. 3. — Rolland de Villargues, *ibid.*, nº 98; Duranton, t. 13, nº 362.

217. — Ainsi jugé que celui qui réclame par la voie civile une somme d'argent qu'il prétend lui avoir été dérobée, peut être admis à prouver ce fait par témoins encore qu'il s'agisse d'une valeur excédant 150 fr. — *Cass.*, 6 mai 1822, Colombié c. Connezir.

218. — Ainsi encore, les mauvais traitemens entre mari et femme, sur lesquels sont fondées les demandes en séparation de corps, peuvent être prouvés par témoins. — Duranton, t. 13, nº 368.

219. — De ce que l'usure est un des principaux caractères du contrat pignoratif, et constitue, du reste, un dol, il résulte que celui qui attaque, comme n'étant qu'une simple impignoration, un acte de vente, qu'il a consenti, peut être admis à prouver par témoins que, postérieurement à cet acte, il a payé à l'acquéreur des intérêts usuraires sur le prix apparent de la vente. — *Bordeaux*, 7 avril 1827, Vielmont c. Delpech.

220. — Le principe que l'action civile résultant d'un *délit* peut être prouvée par témoins aurait pu devenir un moyen facile d'éluder la loi, s'il avait suffi, dans tous les cas, de porter plainte sur un fait, qualifié délit, pour être admis à la preuve testimoniale. L'on a donc admis la distinction suivante : si le délit présuppose l'existence d'une convention antérieure, dont la preuve par témoins n'est pas admise par la loi ; cette preuve ne peut être reçue, soit au civil, soit au criminel, s'il n'y a commencement de preuve par écrit ; — s'il ne s'agit, au contraire, que d'un fait coupable, qui ne suppose nullement l'existence d'un contrat antérieur, la preuve testimoniale de ce fait peut être admise. — Nouv. Denisart, vº *Dépôt*, § 1er; Merlin, *Quest. de dr.*, vº *Suppression de titres*; Rolland de Villargues, *ibid.*, nºs 93 à 97; Duranton, t. 13, nº 312; Toullier, t. 9, nºs 145 et suiv.

221. — C'est ainsi qu'il a été jugé par une jurisprudence constante que la preuve de la violation d'un dépôt dont l'existence ne serait prouvée par aucun commencement de preuve par écrit ne peut être admise devant les tribunaux, même correctionnels. — V. COMMENCEMENT DE PREUVE PAR ÉCRIT, DÉPÔT. — V. aussi les autorités citées au numéro précédent.

222. — Lorsque celui qui est inculpé d'avoir violé un dépôt excédant la somme ou valeur de 150 fr., et qui n'est pas prouvé par écrit, avoue ce dépôt, mais soutient que les objets qu'il représente sont les mêmes que ceux à lui confiés; le tribunal ne peut admettre le plaignant à prouver par témoins, de quelles choses le dépôt était composé. — *Cass.*, 26 sept. 1823, Combes c. Bresson.

223. — En matière de gage, comme en matière de dépôt, la preuve testimoniale n'est pas admissible, lorsque la valeur du gage excède 150 fr. — Ainsi, le détournement d'un gage excédant 150 fr., par le créancier à qui on prétend qu'il a été remis, ne peut être prouvé par témoins, devant le tribunal correctionnel, si l'existence du gage n'est pas, dès lors, établie ou reconnue. — *Nîmes*, 29 févr. 1828, Maluchon c. Vedel. — V. GAGE.

224. — Il ne suffit pas d'articuler le dol ou l'abus de confiance pour être admis, au moyen de l'action correctionnelle, à prouver par témoins, et sans aucun commencement de preuve par écrit, qu'un titre n'est point sérieux, ou qu'il a une autre cause que celle qui s'y trouve énoncée. — Spécialement : lorsque la propriété d'un billet à ordre a été transmise par un endossement régulier, on ne peut poursuivre correctionnellement le porteur comme coupable d'abus de confiance, en ce qu'il prétend s'approprier la valeur de l'effet, et se faire admettre à prouver par témoins que l'endossement fait à son profit n'était, dans la réalité, qu'un mandat pour négocier le billet et rapporter le montant de la négociation. — *Cass.*, 16 mai 1829, Armand c. Estelle.

225. — La juridiction correctionnelle doit, comme la juridiction civile, se conformer aux règles de droit civil, concernant la preuve testimoniale. L'abus de blanc seing ne peut donc, lorsqu'il s'agit d'une valeur excédant 150 fr., être prouvé par témoins qu'autant qu'il y a preuve ou commencement de preuve par écrit de l'existence du blanc seing. — *Paris*, 27 janv. 1838 (t. 1er 1838, p. 177), P...; *Nancy*, 8 févr. 1845 (t. 2 1845, p. 428), Gobille c. Clément; *Orléans*, 7 août 1845 (t. 2 1845, p. 344), Commune de Cléry c. Delaunay. — V., au surplus, ABUS DE BLANC SEING, nºs 42 et suiv.

226. — Celui qui attaque un acte sous seing privé comme étant le résultat d'un abus de blanc seing ne peut être admis à justifier ce moyen par la preuve testimoniale qu'autant que l'existence antérieure du blanc seing serait elle-même établie d'une manière légale, c'est-à-dire par écrit ou à l'aide d'un commencement de preuve par écrit. — *Toulouse*, 5 déc. 1838 (t. 2 1839, p. 331), Duffaut.

227. — De même : la remise d'un blanc seing ne peut, à part toutes circonstances de fraude, être prouvée par témoins, lorsqu'il n'existe aucun commencement de preuve par écrit. — En conséquence, la partie à laquelle on oppose un écrit dont la signature n'a pas été obtenue par des moyens frauduleux ne peut être admise à soutenir qu'il y a eu abus de blanc seing à son préjudice si elle ne produit, à l'appui de cette assertion, aucun commencement de preuve par écrit qui rende vraisemblables les faits qu'elle allègue. — *Cass.*, 3 mai 1848 (t. 2 1848, p. 281), Thivolet c. Gayet.

228. — Jugé cependant que les tribunaux correctionnels peuvent admettre la preuve testimoniale pour constater la remise d'un blanc seing entre les mains de celui à qui on impute d'en avoir abusé. — *Bruxelles*, 15 mai 1815, N. ..

229. — Le ministère public n'est pas recevable à prouver par témoins la fausseté d'un serment prêté, en matière civile, sur un objet excédant la somme ou valeur de 150 fr., s'il n'en existe un commencement de preuve par écrit. — *Cass.*, 5 sept. 1812 (intér. de la loi), Gilbert-Merlin; 17 juin 1813, Stein.

230. — Si, en règle générale, les faits criminels peuvent être prouvés par témoins, il n'en est pas de même des faits civils, autorisés par la loi civile, et dont la preuve a été assujettie par elle à la reproduction d'actes écrits. A l'égard de ces faits, la loi qui détermine le genre de preuve admissible étend son empire sur la procédure criminelle comme sur la procédure civile; et elle doit être observée par les juges criminels, même dans le cas où, le fait autorisé par la loi civile se liant par des rapports nécessaires et absolus au fait puni par la loi criminelle, la preuve du fait criminel ne peut être établie que par celle du fait civil et doit en être la conséquence. Ce principe est indistinctement applicable au ministère public et à la partie privée. — En conséquence, la fausseté d'un serment litisdécisoire, prêté en matière civile au sujet de l'existence d'un bail, d'un mandat, d'une transaction ou d'une rente dont le capital ou la valeur excéderait 150 fr., ne peut être établie par témoins, s'il n'existe pas de preuve écrite ou de commencement de preuve par écrit de l'obligation contre laquelle le serment prétendu faux a été prêté. — *Cass.*, 16 août 1844 (t. 2 1844, p. 225), Benoni; 29 mars 1845 (t. 2 1845, p. 105), Vincent; 25 avril 1845 (t. 2 1845, p. 105), Gardavaud; 13 nov. 1847 (t. 1er 1848, p. 174), Lacot.

231. — Jugé toutefois que la prestation du serment décisoire ayant pour effet de terminer le procès civil, la fausseté de ce serment établie par la voie criminelle ne confère à celui qui l'a déféré aucun droit de revenir contre le jugement du tribunal civil ni d'obtenir des dommages-intérêts quelconques devant la juridiction criminelle. — En conséquence : la poursuite de ce faux serment peut avoir lieu et la preuve en être faite, suivant les règles ordinaires, par le ministère public, bien que l'obligation à l'occasion de laquelle il a été rendu fût d'une valeur supérieure à 150 fr. — *Cass.*, 21 août 1834, Hélitas.

232. — Au criminel, la preuve de la fausseté d'un serment peut s'administrer, soit par témoins, soit par tout autre moyen propre à opérer la conviction, encore bien qu'elle tende à détruire un acte authentique, qu'il s'agisse d'une somme excédant 150 fr., et qu'il n'y ait point de commencement de preuve par écrit. — *Bruxelles*, 15 févr. 1821, K...

233. — Les règles du droit criminel sur l'admission des preuves ne peuvent être modifiées par les règles du droit civil qu'autant que ces preuves auraient pour résultat d'établir l'existence d'une obligation civile contre la prohibition de la loi. — *Cass.*, 21 août 1834, Hélitas.

234. — En matière criminelle, comme en matière civile, il ne peut être reçu aucune preuve testimoniale de la soustraction d'une contre-lettre sur une somme ou valeur excédant 150 fr. s'il n'y a aucun commencement de preuve par écrit de la préexistence de cette contre-lettre, ou si elle n'est pas avouée par le prévenu. — *Cass.*, 8 av. 1817, Desblancs.

235. — Lorsque, après reconnaissance de l'existence antérieure d'une dette, le débiteur soutient que cette dette est éteinte, et que remise lui a été faite du titre constitutif; le créancier, qui prétend que ledit titre lui a été soustrait frauduleusement, et qu'ainsi la dette n'est pas éteinte, est recevable à prouver par témoins le fait de cette soustraction. — *Cass.*, 18 nov. 1844 (t. 1er 1845, p. 396), Bondoumet c. Bardet.

236. — Il y a néanmoins des cas où les tribunaux criminels doivent retenir la connaissance d'un délit qui suppose un fait antérieur contesté dont la preuve testimoniale n'est pas admissible. Ainsi, lorsqu'après la mort d'un testateur un légataire prétend que l'héritier naturel a soustrait un testament qui lui conférait des droits; il peut rendre plainte au criminel, sans que les tribunaux civils aient préalablement décidé que le testament existait et qu'il contenait une disposition en faveur du plaignant. — Pourquoi? — Parce qu'il n'a pas été possible à ce légataire de se procurer la preuve littérale du testament, à la différence du déposant, par exemple, qui a pu et dû retirer une reconnaissance du dépôt de la violation duquel il vient se plaindre. — Toullier, t. 9, nº 156; Roll. de Villarg., *ibid.*, nºs 98, 99, 100.

237. — Ainsi jugé, que si la préexistence d'un testament olographe est préjudicielle au fait de sa soustraction, elle peut néanmoins, comme la soustraction, être prouvée par témoins, parce que l'héritier ou le légataire n'a eu aucun moyen de faire constater par écrit, pendant la vie du testateur, l'existence de ce testament. Ici ne s'applique pas l'art. 1341 du Code civil. — *Cass.*, 4 oct. 1816, Fiquet c. Tomy.

238. — Les tribunaux criminels peuvent être saisis directement de l'inculpation d'avoir soustrait un testament déposé dans les mains d'un tiers; et la preuve de cette soustraction peut se faire par témoins. Ce n'est point le cas d'appliquer les règles relatives au dépôt. — *Cass.*, 21 oct. 1824, Vicaire c. Mallendre.

239. — ... Lorsque le créancier a confié au débiteur, sur sa demande, le titre obligatoire, pour en prendre lecture, à la charge de le restituer immédiatement, et que le débiteur l'a supprimé; il y a lieu à l'admission de la preuve testimoniale, non-seulement du fait de la suppression du titre, mais encore de sa remise, lors même qu'il n'y aurait point de commencement de preuve par écrit, et que la somme excéderait 150 fr. — *Cass.*, 15 mai 1834, Gonnier.

240. — ... La prohibition de la preuve testimoniale, pour toutes choses excédant la somme ou valeur de 150 fr., lorsqu'il n'existe aucun commencement de preuve par écrit, n'est pas applicable au cas où un testament a été momentanément communiqué à un individu qui l'a aussitôt mis en pièces. — *Cass.*, 28 juin 1834, Vic.

241. — Mais, bien que la suppression d'un testament puisse être prouvée par témoins, les juges peuvent refuser d'en admettre la preuve, s'il résulte des circonstances que le défunt n'avait pas fait le testament qu'on prétend avoir été supprimé. — *Nîmes*, 27 déc. 1818, Boyer c. Sévenne.

242. — La demande tendant à établir, à l'aide de la preuve testimoniale, l'existence d'un testament olographe et sa suppression, rentre dans le domaine exclusif et souverain des juges du fait et ne peut donner ouverture à cassation. — *Cass.*, 14 mai 1834, Berger c. Dechampeaux.

243. — Et la même décision serait applicable au cas où un débiteur aurait soustrait à son créancier, l'obligation qu'il lui avait consentie et qui formait le seul titre de sa créance. — Toullier, *ibid.*; Rolland de Villargues, *ibid.*, nº 101.

244. — Lorsque les tribunaux criminels sont saisis de la connaissance de la soustraction furtive d'un titre, l'existence de ce titre peut être prouvée par témoins. — *Cass.*, 17 germin. an XIII, Goy c. Boucher.

245. — Lors même qu'un jugement a décidé que la preuve testimoniale n'était pas admissible à l'effet de prouver une augmentation de recette dans un compte, ce mode de preuve peut encore être admis à l'effet de prouver qu'il y a eu soustraction d'une quittance avec substitution d'un nouvel acquit antidaté et signé d'une autre personne. — *Bruxelles*, 20 janv. 1823, Vanhoulté.

246. — On peut être admis à prouver par témoins qu'un individu, appelé à assister à un inventaire, en qualité d'expert-priseur, a soustrait une quittance qu'il avait précédemment donnée. — *Cass.*, 4 déc. 1823, Faure c. Melquioud.

247. — La preuve de fait de dol et de fraude, par exemple de la soustraction d'une obligation trouvée dans les papiers d'une succession, ne peut être refusée, sur le fondement que ce serait établir, contrairement à l'art. 1341 du Code civil, l'existence et les clauses d'une convention entre le défunt et un tiers pour chose excédant 150 fr. — *Cass.*, 16 déc. 1823, Primat.

248. — La suppression du titre constatant une vente sous seing privé peut être prouvée par témoins, si la partie qui se plaint de cette suppression articule qu'elle a eu lieu par surprise ou par violence. — *Riom*, 1er mars 1826, Dauphan c. Poudrille.

249. — La preuve testimoniale est admissible dans tous les cas où il s'agit d'établir la suppression ou soustraction d'un acte par fraude. — Spécialement, on peut, même sous l'empire du Code, prouver par témoins le détournement frauduleux et par cela même l'existence d'un contrat de mariage sous seing privé passé sous la coutume de Normandie. — *Rouen*, 2 mai 1839 (t. 1er 1839, p. 543), Beaucousin c. Alline.

250. — On peut prouver par témoins, bien qu'il s'agisse d'objets excédant 150 fr., qu'une veuve a distrait des effets de la succession de son mari, pour se payer de ses reprises. C'est là un cas de fraude, qui se trouve dans l'exception de l'art. 1348 du Code civil. — *Bordeaux*, 18 juill. 1834, Faure et Eyma c. Guinchan.

251. — La preuve testimoniale d'une société de commerce est admissible de la part de l'héritier de l'un des associés, non dans le but de faire déclarer la validité de cette société et d'en tirer une action en faveur de l'héritier; mais bien pour constater le fait matériel de l'existence d'une société quelconque, et arriver par là à la preuve de la spoliation de la succession du défunt. — *Cass.*, 18 déc. 1828, Lefranc.

252. — Au civil, la preuve testimoniale des faits de soustraction et de recélé peut être admise sans commencement de preuve par écrit. — *Paris*, 3 juin 1813, B... c. G...

253. — La preuve testimoniale est toujours admissible contre et outre le contenu aux actes quand la nullité d'un contrat est demandée comme étant le résultat du dol et de la fraude. — V. DOL, nos 71 et suiv., et FRAUDE, nos 24 et suiv.

254. — Il en était de même sous l'ordonnance de 1667. — *Cass.*, 24 therm. an XIII, Borderolles c. N... — Rodier, quest. 1 et 3, tit. 20, art. 2 ord. 1667; Pothier, *Oblig.*, no 800.

255. — Ainsi la preuve testimoniale était admissible pour établir la fraude qui avait pu présider à un contrat de vente. — *Cass.*, 22 thermid. an IX, Duclos c. Combry.

256. — A plus forte raison la preuve testimoniale était-elle admissible, alors qu'il y avait un commencement de preuve par écrit. — *Nîmes*, 18 prair. an XIII, Bardon c. Monnier.

257. — Jugé également, sous le Code civil, que la preuve testimoniale du dol et de la fraude est également admissible contre un acte authentique, tel qu'un jugement d'adjudication. — *Colmar*, 21 juin 1814, Jehlé c. Schmitt et Reil; *Bordeaux*, 8 juill. 1833, Berg c. Duquesnoy; *Cass.*, 4 févr. 1836, Lemée c. Digne.

258. — De même : lorsqu'un acte sous seing privé est attaqué pour dol et fraude, les faits de dol et de fraude peuvent être prouvés par témoins. — *Cass.*, 1er févr. 1832, Ruby c. Biedcharuton.

259. — La fraude proprement dite ou le dol commis dans un acte, au préjudice d'une *tierce personne*, peut toujours être prouvé par témoins, car il n'a pas été possible à la personne lésée de s'en procurer une preuve écrite. — Arg. C. civil, art. 1167. — Toullier, t. 9, nos 164, 165, 166.

260. — Ainsi : le tiers détenteur qui est poursuivi en paiement d'une créance hypothécaire peut, lors même que cette créance s'élève à plus de 150 francs, être admis à prouver par témoins qu'elle a été acquittée par le débiteur direct, et que c'est collusoirement avec le créancier que celui-ci l'a fait revivre. — *Bruxelles*, 17 janv. 1810, Collard c. Cloué.

261. — La vente d'un immeuble dont la valeur n'excède pas 150 francs peut être établie par la preuve testimoniale, bien qu'il existe un second acquéreur muni d'un acte authentique; et alors surtout qu'il est allégué que cet acquéreur avait eu connaissance de la première vente, et qu'il avait employé des moyens frauduleux pour obtenir la seconde. — *Aix*, 27 févr. 1841 (t. 2 1841, p. 216), Noble c. Faucon.

262. — S'il s'agit de manœuvres frauduleuses employées par un des contractans pour déterminer l'autre à souscrire une obligation onéreuse, ou de violences exercées dans le même but; la preuve des manœuvres frauduleuses ou de la violence peut être admise, car il est impossible que la partie lésée ait pu se procurer une preuve écrite de faits dont elle ne s'est pas aperçue ou dont elle n'a pu se défendre. — Arg. C. civ., art. 1116, 1353. — Toutefois, il faut, dans toutes ces circonstances, articuler des faits précis et pertinens. — Merlin, *Rép.*, vo *Preuve*, section 2, § 3, art. 1er; Toullier, t. 9, nos 167 à 177; Duranton, t. 13, no 333; Chardon, *Traité du dol*, t. 1er, no 93.

263. — L'individu qui a souscrit une obligation peut être admis à prouver par témoins qu'elle est le résultat du dol et de la fraude. — *Colmar*, 26 févr. 1819, Dielhmann c. Rampp.

264. — Sous le Code civil, l'une des parties contractantes est recevable à prouver par témoins : que l'acte qu'elle a signé a été surpris par dol ou par fraude, et qu'il n'est pas, par conséquent, l'effet d'un consentement libre. — *Cass.*, 20 févr. 1811, Carmagnola c. Operti.

265. — Jugé, toutefois, qu'on ne peut, même sous prétexte de dol ou de fraude, être admis à la preuve par témoins d'une convention prétendue ajoutée à un contrat, lorsqu'il a été facile de se procurer une preuve écrite; et que les faits allégués ne constitueraient que des promesses fallacieuses, auxquelles on aurait eu l'imprudence de se fier. — *Cass.*, 12 nov. 1812, Maria c. Cardé.

266. — Une simple allégation de dol et de fraude ne suffit pas pour faire admettre la preuve testimoniale contre le contenu en un acte d'une valeur excédant 150 francs, si l'imputation ne porte que sur un fait en dehors de l'acte et étranger à sa perfection. Il faut que le demandeur produise en outre un commencement de preuve par écrit, ou qu'il justifie qu'il lui a été impossible de se procurer une preuve écrite du fait allégué. — Spécialement, celui qui a signé un endossement *valeur reçue comptant* n'est pas admissible à prouver par témoins que les espèces ne lui ont pas été réellement délivrées; que postérieurement il les a réclamées à plusieurs reprises, et que maintes fois la dette a été verbalement reconnue : lorsque du reste il n'articule pas que sa signature au bas dudit endossement lui a été surprise. — *Colmar*, 6 août 1845 (t. 2 1846, p. 220), Fabry c. Schmitt.

267. — En tout cas, la preuve testimoniale du dol, de la fraude et des faits de spoliation n'est pas nécessairement admissible; le juge du fait est investi d'un pouvoir discrétionnaire pour admettre ou rejeter la preuve offerte. — *Cass.*, 8 août 1837 (t. 2 1837, p. 615), Adelon c. Dervier.

268. — Mais il ne faut pas confondre le dol dont nous venons de parler et qui est employé pour déterminer une partie à souscrire une obligation, avec celui qui n'aurait été commis qu'*à l'occasion et par suite du contrat*. Cette seconde espèce de dol ne peut être prouvée par témoins, quand il s'agit d'une somme au-dessus de 150 francs; parce qu'il suppose toujours l'existence d'un fait qui aurait pu et dû être prouvé par écrit. — Toullier, t. 9, nos 178 et suiv., 190 et 191.

269. — Cette seconde classe de dol contient tous les dols commis contre l'une des parties ou contre ses héritiers, à l'occasion et par abus des contrats déguisés, des quittances données avant d'avoir reçu, des paiemens faits sans quittances, des blancs seings, procurations en blanc; en un mot, tous les abus de confiance, par dénégation ou rétention de la chose confiée, lorsqu'il n'y a pas de preuve écrite. — Toullier, *ibid.*

270. — Ainsi, on ne peut prouver par témoins que deux actes constatant chacun le paiement d'une somme pareille sont une seule et même chose, que l'un devait être remis en échange de l'autre, et que si cela n'a point eu lieu c'est par abus de confiance. Admettre cette preuve, ce serait l'admettre contre et outre le contenu aux actes. — *Cass.*, 20 oct. 1810, Gaudry c. Chiorando.

271. — Si le cessionnaire d'une valeur héréditaire, qui, par l'événement du partage, se trouve comprise dans un lot autre que celui du cédant, allègue, comme entachant le partage de dol et de simulation, une convention antérieure, passée entre les cohéritiers, il ne peut, quoique recevable à prouver le dol et la fraude, établir par témoins l'existence même de cette convention. — *Montpellier*, 11 juin 1839 (t. 2 1839, p. 329), Bouton c. Crispon.

272. — En matière de délit ou de quasi-délit, la preuve testimoniale n'est admissible que lorsque, le fait qualifié tel étant prouvé et reconnu, il ne s'agit plus que de l'appliquer, d'en rechercher les conséquences et d'apprécier les dommages-intérêts qui peuvent en résulter; autrement, ce serait porter atteinte au principe fondamental et prédominant qui prohibe, en matière civile, la preuve testimoniale au-dessus de 150 francs. — *Cass.*, 23 déc. 1835, Bidault c. Texier et Ernoult.

273. — Mais celui qui réclame une somme excédant 150 francs qu'il prétend avoir donnée au maire de sa commune pour être dispensé du service de la garde nationale mobilisée, sous la promesse de celui-ci de rendre cette somme à défaut d'emploi, ne peut être admis à la preuve par témoins, sous le prétexte qu'il s'agit d'une obligation dont il n'a pu se procurer une preuve écrite et qu'il y a eu quasi-délit. — *Cass.*, 31 mai 1820, Delafaye c. Goulard.

274. — La fraude à la loi rend admissible la preuve testimoniale. — *Cass.*, 7 mai 1836, Boulet c. Lapeyre.

275. — ... Alors surtout qu'il s'agit d'une loi qui intéresse l'ordre public ou les bonnes mœurs. — *Cass.*, 30 nov. 1816, Gervais-Deslongchamps c. Bourdon; 11 juin 1838 (t. 1er 1838, p. 663), Bessière c. Lavit.

276. — Tel est le cas où il s'agit de prouver qu'une obligation ou un billet a pour cause une dette de jeu. — *Cass.*, 30 nov. 1816, Gervais-Deslongchamps c. Bourdon; *Limoges*, 2 juin 1819, Martin c. Chabodié; *Grenoble*, 6 déc. 1823, Romieux c. Landre. — Merlin, *Rép.*, vo *Jeu*, no 4; Chardon, *Dol et fraude*, nos 560, 561; Toullier, t. 6, no 381, et t. 9, no 53.

277. — ... Encore bien qu'il s'agît d'une obligation notariée causée pour prêt. — *Lyon*, 21 déc. 1822, Pernety c. Sadan.

278. — De même : la loi n'accordant aucune action pour les dettes de jeu, il s'ensuit que les obligations, quelle que soit leur apparence, consenties pour de pareilles dettes ont une cause illicite et que la preuve testimoniale en est admissible. — *Limoges*, 8 janv. 1824, Boudet c. Ramboz, Bardenat et Descourières.

279. — Par la même raison : la preuve testimoniale est admissible pour établir qu'une promesse de mariage, avec clause pénale, a été déguisée sous l'apparence d'une obligation pour prêt, lors même qu'il n'y aurait point eu fraude envers la personne du souscripteur. — *Lyon*, 4 août 1831, Boulet c. Lapeyre; *Cass.*, 7 mai 1836, mêmes parties. — La Cour de cassation avait d'abord décidé le contraire. — V., ci-après, *Cass.*, 29 mai 1827.

280. — ... Ou que la reconnaissance d'une somme constituée en dot n'est en réalité qu'un dédit stipulé pour le cas d'inexécution d'une promesse de mariage. — *Cass.*, 11 juin 1838 (t. 1er 1838, p. 663), Bessière c. de Lavit.

281. — La preuve testimoniale doit être accueillie encore bien que ce fût une des parties contractantes qui voulût établir la fraude à la loi; par exemple, qu'une obligation a réellement pour cause une dette de jeu. — *Limoges*, 6 janv. 1824, Boudet c. Ramboz, Bardenat et Descourières.

282. — ... Ou bien encore que l'obligation eût pour cause la garantie d'opérations de contrebande. — *Colmar*, 26 févr. 1819, Dielhmann c. Rampp.

283. — Jugé, au contraire, que l'auteur d'un acte fait en fraude de la loi n'est point recevable à prouver cette fraude par témoins. Ainsi, le signataire d'un billet causé pour argent prêté ne peut être admis à prouver par témoins que le billet n'a, dans la vérité, pour cause, qu'un dédit de mariage. — *Cass.*, 29 mai 1827, Boulet c. Lapeyre.

284. — La simulation dans les actes peut-elle être prouvée par témoins? Il faut distinguer entre les parties contractantes ou leurs représentans et les tiers.

285. — Lorsqu'une des parties demande à prouver par témoins que le contrat intervenu entre elle et son adversaire a été déguisé sous la forme et l'apparence d'un autre contrat, on doit lui refuser la preuve demandée; car il ne tenait qu'à elle d'exiger une contre-lettre, et elle doit s'imputer, d'ailleurs, d'avoir voulu frauder la loi. — Toullier, t. 9, nos 178 à 184. — Toutefois, il y a exception : en cas de dol et de fraude, ou quand il y a un commencement de preuve par écrit.

286. — D'après les lois romaines, telles qu'elles étaient interprétées : les parties contractantes étaient recevables à prouver par témoins qu'une vente n'était pas réelle, mais simulée. — *Cass.*, 9 avr. 1811, Carrani c. Negri.

287. — Sous l'ordonnance de 1667 : la défense, pour les parties contractantes, de prouver contre et outre le contenu aux actes ne s'appliquait pas aux faits de simulation, alors qu'il y avait un commencement de preuve par écrit. — *Cass.*, 9 févr. 1808, Monnier c. Bardon.

288. — La simulation d'un acte ne peut être prouvée par témoins entre les auteurs même de la simulation, à moins qu'on ne se trouve dans quelqu'un des cas d'exception, tels que ceux de dol et de fraude, qui autorisent la preuve testimoniale : nonobstant la prohibition de l'art. 1341 C. civ. — *Cass.*, 6 août 1828, Bouchetal c. Favier.

289. — Lorsqu'une partie allègue des faits de fraude tendant à établir que des quittances produites ont été antidatées, les juges doivent admettre cette partie à prouver par témoins les faits articulés. — *Caen*, 20 juin 1825, Prodhomme c. Bouillon.

290. — Lorsqu'un acte de vente est argué de simulation par l'une des parties contractantes, la preuve par témoins de cette simulation ne peut être reçue, à moins d'un commencement de preuve par écrit, encore bien qu'on alléguât que la vente cache un contrat pignoratif et des *intérêts usuraires*. — *Turin*, 9 juill. 1817, Saint-Vital c. Bellone. — Cet arrêt n'est pas à l'abri de la critique, en ce qui concerne la preuve en matière d'intérêts usuraires. — V. INTÉRÊTS et USURE.

291. — Quand toutes les parties reconnaissent que la cause exprimée dans un acte obligatoire est simulée, les tribunaux peuvent rechercher par la preuve testimoniale quelle est la véritable cause et décider, d'après les circonstances, que l'obligation est sans cause et, par suite, nulle. — *Cass.*, 8 avr. 1835, Razand c. Pascal.

292. — Les parties contractantes ne sont pas recevables à prouver par témoins la simulation de l'acte qu'elles ont spontanément consenti. — *Cass.*, 8 (et non 4) janv. 1817, Enregistrement c. Devalois ; 5 déc. 1826, Grimaut c. Riant ; 26 nov. 1836 (t. 1er 1837, p. 274), André et Cottier c. Dreux ; 30 avr. 1838 (t. 2 1838, p. 112), mêmes parties.

293. — ... Alors surtout qu'elles ne produisent aucun commencement de preuve par écrit. — *Cass.*, 26 nov. 1836 (t. 1er 1837, p. 274), André et Cottier c. Dreux ; 30 avr. 1838 (t. 2 1838, p. 112), André c. Dreux. — V. COMMENCEMENT DE PREUVE PAR ÉCRIT.

294. — Jugé, toutefois, que les parties contractantes peuvent elles-mêmes attaquer pour simulation *frauduleuse* l'acte qu'elles ont consenti. La preuve de cette simulation peut se faire par témoins. — *Trèves*, 5 juin 1811, Reineck c. Cerf-Liermann.

295. — Cependant : il est des cas où bien que la simulation d'un acte n'ait été accompagnée d'aucune fraude de la part du contractant qui l'allègue, celui-ci peut être admis à en faire la preuve par témoins. — *Toulouse*, 9 janv. 1820, Darmenté c. Buzy.

296. — Tel est le cas où l'individu à qui il est survenu un enfant depuis un acte d'aliénation à titre onéreux, demande à prouver que cet acte n'est en réalité qu'une donation déguisée. — *Toulouse*, 9 janv. 1820, Darmenté c. Buzy. — En effet, dans cette circonstance il n'y a aucune turpitude à reprocher à celui qui se plaint du fâcheux effet qu'il éprouve d'une simulation à laquelle il s'est prêté sans prévoir l'événement qui cause ses regrets. — Chardon, *Dol et fraude*, t. 2, n° 55.

297. — Quant aux tiers, ils doivent toujours être admis à prouver par témoins la simulation d'un acte qui leur porte préjudice ; car il est de toute impossibilité pour eux de se procurer une preuve par écrit de conventions auxquelles ils ont été étrangers. Et il en est de même, à plus forte raison, en cas de fraude. — Pothier, *Oblig.*, n° 801 ; Toullier, t. 9, nos 166, 184 ; Proudhon, *De l'usufr.*, t. 3, n° 1308 ; Merlin, *Rép.*, v° *Preuve*, sect. 2, § 3, art. 1er, et vis *Paternité* et *Pignoratif* (contrat).

298. — Un tiers intéressé peut, sans recourir à la voie de l'inscription de faux, être admis à prouver par témoins la simulation frauduleuse d'un acte authentique, qui énonce que *les espèces ont été nombrées et comptées en présence du notaire et des témoins*. — *Cass.*, 10 juin 1816, Delabrousse.

299. — La preuve par témoins peut être admise contre la foi due à un acte authentique, attaqué par des tiers pour simulation, lorsqu'il existe un commencement de preuve par écrit. — Dans ce cas, la nullité d'une vente faite en vue du mariage peut être demandée si le mariage n'a pas eu lieu. — *Cass.*, 7 mars 1820, Desmares c. Delamotte.

300. — Bien que les parties contractantes et leurs héritiers ne soient pas recevables à faire preuve par témoins contre le contenu aux actes, un enfant à qui l'on oppose un acte fait par son père au profit d'un autre de ses enfans, et auquel il n'a point été partie, peut cependant en démontrer, par tous les moyens de preuve, soit la simulation, soit la non-existence. — *Bruxelles*, 21 janv. 1829, Vanbellingen c. Cossé. — En pareil cas il est un véritable tiers, relativement aux actes qu'il attaque. — V. AYANT CAUSE.

301. — De même, un fils légitime peut poursuivre, à l'aide de la preuve testimoniale, l'annulation de contrats à titre onéreux qu'il prétend être des donations déguisées portant atteinte à sa réserve. — *Paris*, 1er mai 1812, Richard c. de L.

302. — 2e *Cas*. — « Dépôts nécessaires, faits en cas d'incendie, ruine, tumulte ou naufrage ; et dépôts faits par les voyageurs, en logeant dans une hôtellerie : le tout suivant la qualité des personnes et les circonstances du fait. » — C. civ., art. 1348, 2°.

303. — L'exception pour les dépôts faits en cas d'*incendie*, *tumulte* ou *naufrage* doit être étendue aux autres accidens imprévus et de force majeure : tels que la guerre, l'invasion des ennemis, la contagion, la sédition, une émeute, etc. — Pothier, *Oblig.*, n° 814 ; Toullier, t. 9, n° 194.

304. — Celui qui réclame un dépôt fait dans ces circonstances, doit prouver, d'abord, l'événement qui a donné lieu au dépôt ; et, en second lieu, le dépôt lui-même. — Toullier, t. 9, n° 196 ; Chardon, *Traité du dol et de la fraude*, n° 116 ; Duranton, t. 13, n° 364 ; Favard de Langlade, v° *Preuve*, § 1er.

305. — Sous le nom de *voyageurs*, il faut entendre également les personnes qui venant des lieux circonvoisins déposent leurs effets dans une auberge pour vaquer plus librement à leurs affaires. — Les dépôts faits par des domiciliés non-voyageurs, ne seraient que des dépôts volontaires. — Duranton, t. 13, n° 365.

306. — Pour que l'hôtelier soit responsable, il n'est pas nécessaire que le dépôt ait été fait entre les mains de l'hôtelier ; il suffit qu'il l'ait été entre les mains de celui que l'hôtelier charge du soin de son hôtellerie. — Toullier, t. 9, n° 202 ; Rolland de Villargues, *ibid.*, n° 108.

307. — Il faut, au surplus, que le voyageur dont les effets ont été perdus, ou volés, ou détériorés, n'ait pas de faute à se reprocher. — Duranton, t. 13, n° 366.

308. — Les voituriers par terre et par eau étant assimilés aux aubergistes, quant à leurs obligations (C. civ., art. 1782) ; il en résulte que la remise des effets à eux confiés peut aussi être prouvée par témoins. — Favard de Langlade, *Rép.*, v° *Preuve*, § 1er ; Duranton, t. 13, n° 316.

309. — La remise de titres ou pièces confiés à un officier ministériel pour faire des poursuites doit être assimilée aux dépôts nécessaires, car il n'est pas plus d'usage de retirer un reçu de cet officier que d'un aubergiste. — Duranton, t. 13, n° 366.

310. — 3e *Cas*. — « Obligations contractées en cas d'accidens imprévus, où l'on ne pourrait pas avoir fait des actes par écrit. » — C. civ., art. 1348, 3°.

311. — Cette troisième partie de l'art. 1348 ne s'applique pas seulement comme la précédente aux dépôts nécessaires faits *in casu miserabili*, elle s'applique encore à *toutes les obligations* contractées en cas d'*accidens imprévus, heureux ou malheureux, où l'on ne pourrait pas avoir fait des actes par écrit*. — Toullier, t. 9, nos 198 et 199 ; Duranton, t. 13, n° 367 ; Favard de Langlade, *Rép.*, v° *Preuve*, § 1er, n° 25.

312. — La preuve testimoniale d'un accident imprévu n'est point admissible, lorsque celui qui s'en plaint aurait pu s'en procurer la preuve écrite. — *Spécialement* : un gardien judiciaire qui aurait négligé de faire constater la mort des bestiaux confiés à sa garde, ne pourrait pas la prouver par témoins. — *Cass.*, 5 juill. 1825, Martin.

313. — 4e *Cas*. — « Quand le créancier a perdu le titre qui lui servait de preuve littérale, par suite d'un cas fortuit, imprévu et résultant d'une force majeure. » C. civ., art. 1348, 4°.

314. — En pareil cas, il y a exception à la règle qui prohibe la preuve testimoniale de l'existence d'une obligation excédant 150 fr. Ainsi est admissible la preuve par témoins de la soustraction de titres qui établissent une obligation excédant 150 fr. — *Rennes*, 9 sept. 1814, Castellot c. Huguenot.

315. — La même raison, dit Pothier (*Obligat.*, n° 816), qui oblige d'admettre à la preuve testimoniale celui qui n'a pu s'en procurer une littérale, oblige aussi à y admettre celui qui, par cas fortuit et imprévu, a perdu le titre qui lui servait de preuve littérale. Ajoutons avec Toullier (t. 9, n° 204) : qu'il serait souverainement injuste de donner au hasard et au malheur l'effet de priver d'un droit légitimement acquis la personne qui s'est conformée à la loi, et à laquelle, par conséquent, on ne peut imputer aucune négligence.

316. — La preuve testimoniale de l'existence d'un testament détruit accidentellement par un incendie ou par tout autre événement de force majeure est admissible. — *Cass.*, 17 févr. 1806, Gérard c. Latour.

317. — Mais la perte, par suite de déplacement du greffe, du procès-verbal du greffier, constatant l'exécution d'un jugement emportant mort civile, n'est point un événement de force majeure, dont la preuve puisse être admise. — *Riom*, 28 nov. 1838 (t. 1er 1839, p. 107), de Vidal c. Chassagnon.

318. — En cas de force majeure on peut être admis à prouver par témoins la perte d'un acte sous seing privé aussi bien que celle d'un acte authentique. — *Poitiers*, 14 therm. an XI, Malecot c. Lanier.

319. — A plus forte raison lorsqu'il existe un commencement de preuve par écrit, la preuve testimoniale est admissible pour établir l'existence d'une convention écrite et résultant d'acte sous seing privé, aussi bien qu'elle l'est pour constater l'existence d'une convention verbale, alors que la partie allègue avoir perdu son titre et bien que le fait de force majeure ne soit pas établi. — *Cass.*, 31 mai 1831, Peyrard c. Jeunehomme.

320. — Lorsque, sous l'ancien droit, deux communes avaient, par suite de leur réunion et par conséquent à défaut d'intérêt, négligé de conserver les titres constitutifs de droits d'usage dont antérieurement à cette réunion elles jouissaient l'une contre l'autre, elles pouvaient, après les avoir ainsi perdus et lors de leur séparation ultérieure, en établir l'existence tant par la preuve testimoniale que par des présomptions graves, précises et concordantes, comme s'il se fût agi d'une perte résultant de force majeure. — *Cass.*, 23 mai 1832, Ville de Schelestadt c. Commune de Kinizheim.

321. — Lorsqu'un acte translatif de propriété a été perdu par force majeure, par exemple s'il a été brûlé en exécution d'un décret ; la preuve testimoniale de la propriété est admissible, bien qu'il n'y ait pas eu transcription de l'acte perdu sur un registre public. — Ici s'applique l'art. 1348 du Code civil, et non l'art. 1336. — *Montpellier*, 1er déc. 1835, Barate.

322. — Le demandeur qui prétend avoir perdu un titre doit prouver : 1° l'accident de force majeure, qui a été la cause de la perte du titre ; 2° la réalité de cette perte. — Pothier, *Oblig.* n° 815 ; Toullier, t. 9, n° 206 ; Merlin, *Quest. de dr.*, v° *Preuve*, § 7 ; Favard, v° *Preuve*, § 1er, n° 29.

323. — On ne peut être admis à prouver par témoins que des titres féodaux remis en 1793 à un officier municipal afin d'être détruits ont été conservés par l'héritier de cet officier, si l'on n'établit la remise par aucune preuve littérale ou bien qu'on ait été dans l'impossibilité physique ou morale d'obtenir un récépissé. — *Pau*, 3 déc. 1829, Marc c. Paune et Noyer.

324. — La preuve par témoins n'est pas admissible pour prouver soit l'existence d'un testament olographe, qui a disparu ; soit la sincérité de l'écriture et de la signature de ce testament, lors même qu'après avoir été présenté au président du tribunal il aurait été transcrit sur les registres du greffe et de l'enregistrement, s'il n'est pas allégué que la disparition ait eu lieu par cas fortuit, ou force majeure, et si cette disparition n'est imputable qu'à la négligence de ceux-là même qui demandent à en prouver l'existence. — *Lyon*, 22 fév. 1831, Chenal.

325. — Celui qui réclame le paiement d'une créance en vertu d'un titre qu'il prétend avoir été perdu dans un dépôt public, ne doit point être admis à la preuve qu'il offre de faire du dépôt du titre ; s'il n'offre, en outre, de prouver que le titre a été perdu soit par le fait de l'administration, soit par force majeure. — *Cass.*, 3 déc. 1833, Gloumeau c. Elmoing.

326. — Quoique le fait de force majeure allégué soit constant, les juges peuvent néanmoins refuser d'admettre la preuve de l'existence d'un titre de libération si l'existence de ce titre est entièrement dénuée de preuve. Ils peuvent même refuser, dans ce cas, d'admettre le serment offert par le demandeur. — *Rennes*, 27 juin 1818, Duveux c. Gelée.

327. — Il n'est pas nécessaire, sans doute, que les témoins déposent avoir vu brûler, enlever ou déchirer le titre ; car ce serait presque toujours exiger l'impossible. La seule preuve qu'on puisse exiger, c'est une simple *vraisemblance* ; et cette vraisemblance pourra résulter elle-même de ces deux faits : 1° la connaissance du lieu où le dé-

mandeur gardait ses papiers; 2° l'incendie ou le pillage de la maison, et, en particulier, du lieu où se gardaient les papiers. C'est aux juges, au surplus, à se décider dans ces matières, comme dans toutes celles où l'on juge sur de simples présomptions, d'après les faits et circonstances, la réputation du défendeur, etc. — Toullier, t. 9, nos 209, 210 et 211.

328. — Après la preuve de la perte du titre vient celle de sa *teneur*, sans quoi on ne pourrait savoir quel titre a été perdu. Or, pour connaître la teneur d'un titre, il faut l'avoir lu soi-même, ou entendu lire par des personnes dignes de foi et qui ne cherchent pas à tromper. — Toutefois, le Code n'exigeant point que les témoins aient eux-mêmes *tenu* et *lu* le titre perdu; il en résulte qu'il s'en rapporte à la prudence des juges sur le point de savoir si d'après les faits que rapportent les témoins, ils ont eu une connaissance suffisante de la teneur du titre. — Toullier, t. 9, nos 212, 213 et 214.

329. — Sous l'ordonnance de 1667 : on ne pouvait être admis à prouver par témoins le contenu en un acte que l'on alléguait avoir perdu, qu'autant qu'il était établi que la perte avait eu lieu par cas fortuit ou par force majeure. — *Cass.*, 7 vent. an XI, Sanceys c. Gaube.

330. — Ce n'est pas tout : lorsque l'acte perdu est un de ceux qui exigent certaines formalités particulières, il faut que les témoins déposent de l'accomplissement de ces formalités. — Toullier, t. 9, nos 216 à 218; Bonnier, *Tr. des pr.*, no 113.

331. — Ainsi : dans le cas où la preuve de l'existence d'un testament détruit accidentellement par les flammes a été ordonnée, la preuve doit établir que ce testament était régulier et qu'il était revêtu des formalités voulues par la loi. — *Cass.*, 17 févr. 1806, Gérard c. Latour.

332. — Mais, lorsque l'existence du testament est prouvée, les parties par le fait desquelles il a été détruit, et qui avaient intérêt à sa destruction, ne sont pas recevables à exiger la preuve de la régularité du testament détruit. — *Cass.*, 1er sept. 1812, Samson c. Sauzeau. — Furgole, sur l'ordonn. 1735, ch. 2, sect. 3, no 5; Toullier, t. 9, nos 218 et 219.

333. — Si l'on peut prouver par témoins qu'un titre a été *perdu* par cas fortuit ou par force majeure, l'on pourrait également recevoir cette preuve lorsqu'il est devenu *illisible* par accident. — Toullier, t. 9, no 220.

334. — Quoique l'art. 1348-4° ne parle que du titre perdu par le créancier, il est certain que ses dispositions s'appliquent également au débiteur qui dans les mêmes circonstances aurait perdu un titre de libération ou tout autre dont il aurait intérêt à se servir. *Ubi eadem ratio dicendi, ibi idem jus esse debet.* — Favard, vo *Preuve*, § 1er, no 29.

§ 3. — *Matières commerciales.*

335. — Sous l'ordonn. de 1667 (tit. 20, art. 2), la faveur du commerce et l'impossibilité ou la difficulté qui pouvait se trouver à passer des actes entre les commerçans avaient fait conserver la preuve par témoins dans les juridictions consulaires. — Duparc-Poullain, *Principes de droit*, t. 9, p. 315, no 48.

336. — Ainsi jugé, sous l'empire de cette ordonnance : que la preuve testimoniale était admissible en matière de commerce, sur toutes obligations entre marchands. — *Cass.*, 1er niv. an IX, Hadamar c. Gerardin.

337. — ...Que les tribunaux de commerce pouvaient admettre la preuve testimoniale pour une somme ou valeur excédant 100 fr., encore qu'il n'existât aucun commencement de preuve par écrit. — *Cass.*, 3 prairial an IX, Fouquet c. Denis.

338. — ...Que la prohibition de la preuve testimoniale, en matière civile, lorsque l'objet de la contestation excède 100 fr., n'avait pas lieu en matière de commerce. — *Colmar*, 19 niv. an XIII, Schwindenhammer c. Bien.

339. — Sous l'empire de l'ordonn. de 1667 et de la loi du 8 vent. an III, qui maintenait les marchés faits à un prix différent du maximum; la preuve qu'un marché commercial avait été passé à un prix au-dessus de ce maximum a pu être faite par témoins, alors même qu'il s'agissait d'une somme excédant 100 liv. — *Cass.*, 15 fruct. an IV, Fremin c. Pulvignon.

340. — L'art. 1341 C. civ., qui contient la règle de prohibition de la preuve par témoins, porte, dans sa disposition finale : « *Le tout sans préjudice de ce qui est prescrit dans les lois relatives au commerce.* » Or, en recourant au Code de commerce, on trouve que la preuve testimoniale est admissible : pour les sociétés en participation, et pour les achats et ventes; lorsque les tribunaux croient, dans ce cas, convenable de l'admettre. — C. comm., art. 49, 109. — De là la question de savoir si ces deux articles forment exception à la règle posée dans l'art. 1341-1° ; ou si, au contraire, ils doivent être considérés comme des applications particulières d'une règle générale, admise en matière de commerce, et qui permettrait, pour *toutes les affaires ayant un caractère commercial*, d'admettre la preuve par témoins, même au delà de 150 fr. — Cette dernière solution, la seule compatible avec les habitudes et les besoins du commerce, a été unanimement admise par la doctrine, et a prévalu aussi dans la jurisprudence. — Locré, sur l'art. 109 C. comm.; Toullier, t. 9, nos 230 et suiv.; Merlin, *Quest. de droit*, vo *Preuve*, § 5, 1°; Duranton, t. 13, no 341 ; Pardessus, *Cours de dr. comm.*, nos 241, 262, et 1375; Chardon, *Dol et fraude*, t. 1er, no 134; Roger et Garnier, *Ann. comm.*, t. 1er, p. 1re; E. Vincens, *Législ. comm.*, t. 1er, p. 99, et t. 2, p. 39; Bonnier, *Traité des preuves*, no 112.

341. — Ainsi : jugé que la preuve testimoniale est admissible en matière de commerce, même hors des cas prévus par l'art. 1341 C. civ. et par les art. 49 et 109 C. comm. — *Bordeaux*, 15 mars 1825, Marsault c. Lamourre.

342. — Toutefois, le Code de commerce ayant expressément exigé l'écriture pour certains contrats commerciaux, pour les contrats à la grosse (C. comm., art. 311), pour les contrats d'assurances (*ibid.*, art. 332), pour les sociétés en nom collectif et en commandite, et les sociétés anonymes (*ibid.*, art. 39 et suiv.); il en résulte que la preuve testimoniale devrait être écartée dans ces divers cas par les juges. — Duranton, t. 13, nos 305, 306; *Dict. not.*, vo *Preuve testimoniale*, no 66; Bonnier, *Traité des preuves*, no 117. — V. ASSURANCES MARITIMES, PRÊT A LA GROSSE, SOCIÉTÉS COMMERCIALES.

343. — Les tribunaux de commerce peuvent admettre en toute matière la preuve testimoniale au-dessus de 150 fr. — *Toulouse*, 3 janv. 1811, Carcenac c. Bonafous; *Cass.*, 9 nov. 1813, Mellis c. Duffaut; 1er juill. 1824, Salmaan c. Jobard ; 15 janv. 1828, Daligre c. Cailletet.

344. — La remise d'un effet de commerce faite à un percepteur des contributions, qui s'engage à en tenir compte, est une opération commerciale, au sujet de laquelle la preuve testimoniale est admissible quoiqu'il s'agisse de plus de 150 fr. — *Cass.*, 24 mars 1825, Rocher c. Jaladon.

345. — On peut prouver par témoins le paiement d'une dette excédant 150 fr., si cette dette a une origine commerciale; quand même la dette serait établie par un jugement définitif. — *Cass.*, 14 févr. 1827, Vimeux c. Beuvrier et d'Hallut.

346. — La règle qui défend de prouver par témoins en police correctionnelle l'existence d'un dépôt, excédant 150 fr., qu'on prétend avoir été violé par le dépositaire, n'est pas applicable en matière commerciale et entre négociants. — *Metz*, 5 août 1822, Coinon c. Cécile.

347. — En cas de revendication par un commerçant, à titre de propriétaire, des marchandises qui se trouvent dans les magasins d'un autre commerçant failli, les juges, encore que la valeur des marchandises excède 150 fr., et que le revendiquant n'ait aucun acte écrit établissant sa propriété, peuvent, en se fondant sur les faits reconnus au procès, admettre à prouver par témoins qu'il est intervenu, entre les parties, non pas un dépôt, mais une sorte de location gratuite, ou de commodat, sans que leur décision tombe sous la censure de la Cour de cassation. — *Cass.*, 15 mai 1827, Barre c. Fraisse.

348. — Mais la demande formée par un entrepreneur de messageries contre un individu non-négociant en restitution d'une somme que celui-ci a reçue par erreur étant une action purement civile; ce dernier ne peut être admis à prouver par témoins qu'il a reçu la somme réclamée, si cette somme excède 150 fr. — *Cass.*, 11 nov. 1835, Michelet c. Dameron.

349. — En matière commerciale, le juge peut admettre la preuve par témoins dans tous les cas où elle n'est pas exclue par une disposition formelle. — *Bruxelles*, 13 mars 1828, L... c. K...

350. — Les transactions commerciales autres que les achats et les ventes, notamment l'existence d'un cautionnement, à raison d'une obligation commerciale, peuvent être prouvées par témoins. — *Limoges*, 8 mai 1835, Bonnet c. Gallard.

351. — La preuve testimoniale peut être admise à l'effet d'établir qu'un paiement a été fait. — *Cass.*, 19 juin 1810, Pasquet c. Tarriot.

352. — ... Ou que, pour la libération d'une dette commerciale, il a été donné en paiement à un commerçant un fonds de commerce et des ustensiles qui en dépendaient. — *Amiens*, 30 juill. 1839 (t. 1er 1841, p. 314), Hennecart c. Pouret.

353. — Le cautionnement et la solidarité peuvent être prouvés par témoins en matière commerciale. — *Cass.*, 26 mai 1829, Courot c. Reveux.

354. — Le cautionnement est l'accessoire de l'obligation principale et participe de sa nature. Dès lors, un tribunal de commerce est compétent pour connaître d'un cautionnement fourni pour des achats et ventes en matière de commerce. Et, par suite, la preuve testimoniale étant admissible pour établir ces sortes d'engagemens au delà de 150 francs, l'est également pour prouver le cautionnement qui s'y rattache. — *Limoges*, 9 févr. 1839 (t. 1er 1839, p. 581), Corret c. Margaine et Larivière.

355. — En matière commerciale, la preuve testimoniale est admissible contre et outre le contenu aux actes. — *Cass.*, 10 juin 1835, Tempier c. Gardenty; 11 juin 1835, Fauré c. Forlané; *Colmar*, 16 févr. 1841 (t. 1er 1841, p. 733), Heymann c. Gyss.

356. — Ainsi, la preuve testimoniale peut être admise pour établir qu'une lettre de change causée valeur reçue comptant n'a été souscrite que conditionnellement. — *Cass.*, 11 (et non 10) juin 1835, Fauré c. Forlané.

357. — De même, le souscripteur d'un billet causé *valeur reçue comptant* peut être admis à prouver par témoins devant le tribunal de commerce, dont il décline la compétence, mais pour justifier son exception, que la cause réelle de ce billet n'a rien de commercial; que, par exemple, il n'a été souscrit que pour garantie de la représentation de deux autres billets dont la restitution est offerte. — *Colmar*, 16 févr. 1841 (t. 1er 1841, p. 733), Heymann c. Gyss.

358. — Encore bien qu'un endossement soit régulier, les tribunaux de commerce peuvent admettre la preuve testimoniale pour établir que l'endosseur est étranger à la négociation de l'effet. — *Cass.*, 28 mars 1821, Poullin-Dumesnil c. Bouteiller.

359. — On peut être admis à prouver par témoins, et sans qu'il y ait de commencement de preuve par écrit : qu'un marchand, porteur d'un billet à ordre en blanc, après avoir passé ce billet à un autre marchand, avec un endossement en blanc lui en a transféré la propriété par un autre acte extrinsèque. — *Cass.*, 17 déc. 1827, Deshays c. Fontaine.

360. — La preuve testimoniale peut être admise encore bien qu'elle tende à dénaturer la teneur d'un acte public. — *Toulouse*, 3 janv. 1811, Carcenac c. Bonafous.

361. — Elle est admise pour établir que la cause énoncée dans une transaction est fausse et illicite. — *Cass.*, 4 janv. 1808, Deloy c. Clavelin.

362. — De même : lorsqu'il existe un acte, mais que les parties, tout en reconnaissant que les choses ne se sont point passées comme il est exprimé dans cet acte, se contredisent sur ce qui a été véritablement convenu entre elles; le tribunal de commerce peut les admettre à prouver respectivement par témoins la vérité de ce qu'elles avancent. — *Trèves*, 9 janv. 1811, Marx c. Kleutgen.

363. — On peut être admis à prouver par témoins, et, par suite, par de simples présomptions : qu'il y avait provision pour le paiement d'une lettre de change. — *Bruxelles*, 12 févr. 1822, D..... c. B.....

364. — Cependant la jurisprudence qui dans toute matière commerciale déclare la preuve testimoniale admissible n'a pas été consacrée par toutes les cours.

365. — Ainsi, jugé que le principe que les tribunaux de commerce ont la faculté d'admettre la preuve testimoniale n'est point absolu et doit être restreint aux cas expressément prévus par la loi. — *Rennes*, 5 juill. 1814, Marouille c. N...

366. — ... Que la disposition de l'art. 1341 C. civ. qui défend la preuve testimoniale contre le contenu aux actes est applicable en matière commerciale. — *Angers*, 4 juin 1829, Quantin-Hardiau c. Lambron.

367. — ...Qu'en matière de commerce on ne peut admettre la preuve par témoins quand il y a des actes écrits et qu'il ne se rencontre aucun indice grave de fraude et de mauvaise foi. — *Paris*, 11 juill. 1812, Perrel c. Fusi.

368. — ...Qu'en matière commerciale on ne peut être admis à prouver par témoins qu'une vente de marchandises légalement constatée et qui a reçu son exécution ou n'est dans la réalité qu'une consignation ou un nantissement, alors surtout que les présomptions alléguées pour établir la simulation ne sont ni graves, ni précises, ni concordantes. Le jugement de la contestation élevée sur le mérite d'une pareille vente ne peut être retardé par une plainte en police correctionnelle, lorsque cette plainte n'a d'autre but que de parvenir à une preuve testimoniale que la loi repousse. — *Paris*, 15 mars 1828, Morice c. Legoués.

369. — Toutefois, la preuve testimoniale ne saurait être admise contre un individu à l'égard duquel les règles du droit commercial ne doivent point recevoir leur application.

370. — Ainsi : comme la demande en paiement d'une somme qu'une personne non-commerçante prétend avoir prêtée à un commerçant n'a rien de commercial, ni quant aux personnes, ni quant au fait en lui-même, une Cour d'appel a pu, sans violer les art. 1341 et 1347 C. civ. et 109 C. comm., refuser d'admettre la preuve testimoniale pour établir l'existence du prêt. — *Cass.*, 23 nov. 1846 (t. 1er 1847, p. 637), Desmares c. Lepiller.

371. — L'adhésion aux statuts d'une compagnie d'assurance mutuelle ne constitue de la part de l'assuré qu'un engagement purement civil, qui ne peut donner lieu à la preuve testimoniale que dans les cas où elle est permise en matière civile; cette preuve ne saurait donc être admise contre et outre le contenu aux actes. — *Caen*, 24 juin 1844 (t. 1er 1845, p. 278), Lebreton c. Haupois.

372. — La preuve testimoniale peut être admise contre le courtier qui a fait une opération commerciale, mais non contre le commettant qui est demeuré étranger à cette opération. — *Bordeaux*, 17 juill. 1847 (t. 1er 1848, p. 207), Laffargue c. Vigier.

373. — La règle d'après laquelle la preuve testimoniale est admissible, en matière de commerce, à l'effet d'établir les ventes et achats quelle que soit la valeur de la contestation, doit recevoir son application alors même que la preuve est offerte par voie d'exception contre un non-commerçant demandeur devant le tribunal de commerce. — *Aix*, 21 mai 1811, Guieu c. Fabre; *Agen*, 6 janv. 1828, Bonnet c. Quillot.

374. — De ce que le tribunal de commerce a été déclaré compétent pour connaître de la demande à la fois formée contre le débiteur principal commerçant et contre la caution non-commerçante, il ne s'ensuit pas qu'à l'égard de cette dernière il y ait lieu d'appliquer les règles du droit commercial et qu'ainsi on puisse autoriser contre elle la preuve testimoniale du cautionnement d'une obligation excédant 150 fr. (sol. implic.). — *Bordeaux*, 25 mai 1841 (t. 2 1841, p. 180), Pautrot c. Pingeon.

375. — Dans une instance devant un tribunal de commerce, celui qui a accepté la preuve testimoniale à l'effet d'établir les conditions d'une convention n'est plus recevable à soutenir après l'enquête que, n'étant pas négociant et n'ayant point fait acte de commerce, ce mode de preuve ne pouvait pas être admis à son égard. — *Bordeaux*, 16 janv. 1846 (t. 1er 1846, p. 477), Saunier c. Loubet.

376. — Si les juges consulaires *peuvent* admettre la preuve testimoniale pour toutes les affaires commerciales, en général, et même lorsqu'il s'agit de prouver contre et outre le contenu aux actes qui se réfèrent à ce genre d'affaires, il est évident par cela même qu'ils *peuvent* aussi refuser de l'admettre. Dans ces matières, comme dans les matières civiles, les juges conservent une pleine liberté d'appréciation. — Arg. C. comm., art. 49 et 109.

377. — Jugé, en ce sens, qu'en matière de commerce, l'admission de la preuve testimoniale est purement facultative. Les juges peuvent l'accorder ou la refuser, suivant les circonstances. — *Bourges*, 26 août 1806, N... ; *Rennes*, 2 déc. 1815, Cheret c. N... ; 5 janv. 1826, Leproux c. Mercié.

378. — Il en était de même sous l'ordonnance de 1667. — *Cass.*, 24 ventôse an IX, Chapsal c. Pétel.

379. — Ainsi : quand les faits articulés ne paraissent pas suffisans aux yeux des juges, la preuve testimoniale doit être rejetée. — *Limoges*, 8 mai 1835, Bonnet c. Gallard.

380. — Si la preuve testimoniale est admissible dans tous les cas en matière de commerce, ce n'est qu'autant que les faits sont vraisemblables et pertinens. — *Besançon*, 21 nov. 1843 (t. 1er 1844, p. 639), Jacquot.

381. — Réciproquement : la preuve testimoniale est admissible en matière commerciale, quand les faits sont pertinens. — *Bordeaux*, 26 fév. 1830, Loche c. Colombet.

382. — La preuve par témoins peut être refusée, même en matière commerciale : quand il s'agit de prouver contre le contenu aux actes; et l'arrêt qui rejette cette preuve, en jugeant en fait : que les conventions paraissent sérieuses et sincères, échappe à la censure de la Cour de cassation. — *Cass.*, 15 juin 1829, Morice c. Legoués.

383. — Bien qu'en matière commerciale, où la preuve testimoniale est admissible presque dans tous les cas, on doive se montrer moins sévère dans l'application du principe de l'indivisibilité de l'aveu, on ne saurait néanmoins déroger à ce principe qu'autant que des circonstances graves s'opposeraient à son application. — *Pau*, 11 nov. 1834, Semmartin c. Begué.

V. en outre et principalement : ABUS DE BLANC SEING, ABUS DE CONFIANCE, ACQUIESCEMENT, ACTE AUTHENTIQUE, ACTE DE L'ÉTAT CIVIL, ACTE SOUS SEING PRIVÉ, ADULTÈRE, ANTICHRÈSE, AVEU, BAIL, CASSATION (mat. civ.), CHOSE JUGÉE, COMMENCEMENT DE PREUVE PAR ÉCRIT, COMMUNAUTÉ, CONTRIBUTIONS INDIRECTES, DÉPÔT, DESTRUCTION DE TITRES, DISPOSITION A TITRE GRATUIT, DON ENTRE CONCUBINS, DON MANUEL, DONATION DÉGUISÉE, DOUANES, ENDOSSEMENT, ENREGISTREMENT, FAUX INCIDENT, FORÊTS, GAGE, PRÉSOMPTION, PREUVE, SERMENT JUDICIAIRE ET EXTRAJUDICIAIRE.

PRÉVARICATION.

La prévarication se confond avec la malversation, et s'entend de tout crime ou délit commis par un fonctionnaire public dans l'exercice de ses fonctions. — V. MALVERSATION. — V. aussi CONCUSSION, CORRUPTION DE FONCTIONNAIRE, PÉCULAT.

PRÉVENTION, PRÉVENU.

1. — La prévention commence, en matière criminelle, lorsqu'une ordonnance de la chambre du conseil a renvoyé celui qui est l'objet d'une poursuite devant le tribunal de police correctionnelle, pour être jugé à raison des faits qui lui sont imputés; ou devant la chambre des mises en accusation, appelée à décider si ces faits constituent un crime et si les charges sont suffisantes pour nécessiter un renvoi devant la Cour d'assises. — On nomme prévenu celui qui est en état de prévention.

2. — Cependant, dans le langage usuel, on donne le nom de prévenu à tout individu auquel on impute un fait qualifié délit par la loi pénale, que ce soit avant ou après sa mise en prévention ou sa comparution devant un tribunal correctionnel. — V. ACCUSATION, no 14; — V. aussi CHAMBRE DES MISES EN ACCUSATION, CHAMBRE DU CONSEIL.

PRÉVOT, PRÉVOTÉ.

1. — Le titre de prévôt était autrefois donné dans certaines provinces aux juges inférieurs : soit royaux, soit seigneuriaux. — Dans d'autres provinces ces juges recevaient tantôt le nom de châtelains, tantôt celui de vicomtes (Normandie) ou de viguiers (*vicarii* [Languedoc et Provence]). — Guyot, *Rép.*, vo *Prévôt*.

2. — Le mot de prévôté désignait la place et fonction de prévôt; il signifiait aussi la juridiction exercée par le prévôt, et l'auditoire où il rendait la justice.

3. — Les prévôts étaient inférieurs aux baillis et sénéchaux, qui avaient inspection sur eux et même pouvaient, dans l'origine, les destituer; droit qui leur fut retiré en 1190 par Philippe-Auguste. — *Encyclopédie méthodique* (partie de jurisprudence), vo *Prévôts royaux*.

4. — Les prévôtés étaient d'abord affermées aux enchères par les baillis et sénéchaux, qui ne pouvaient les vendre à leurs parens ni à des nobles; d'où le nom de prévôts-fermiers, donné alors à ces officiers. — C'est saint Louis qui, le premier, en 1251, refusa de donner à ferme la prévôté de Paris. Puis Philippe de Valois, par ordonnances des 15 févr. 1345 et 20 janv. 1346, fit défense générale de plus donner les prévôtés à ferme, « attendu les grands griefs et dommages que les sujets du roi en souffraient, » et prescrivit de les donner à l'avenir en garde à des personnes convenables qui seraient élues dans la forme qu'il indiquait. — Mais, dès le 22 juin 1349, il permit de nouveau de donner les prévôtés à l'enchère. Charles V, à son tour, défendit et autorisa successivement ce mode de collation d'office par ordonnances de 1356 et 1357. Ce ne fut qu'à partir du 7 janv. 1407 que les prévôts royaux furent constitués définitivement en titre d'office comme les autres offices de judicature. — Guyot, *loc. cit.*

5. — Les prévôts royaux connaissaient en première instance de toute cause et matière civile personnelle et possessoire et de toute convention entre roturiers et non-nobles domiciliés dans l'étendue de leurs justices, et en général de toutes les autres matières ordinaires dont la connaissance n'appartenait point aux baillis et sénéchaux ou à quelques autres juges. — Les nominations de tuteurs et curateurs, la confection des inventaires étaient aussi de leur compétence; ils apposaient les scellés sur les biens des roturiers décédés. — Edit de Cremieux, déclaration de juin 1559. — V. aussi arrêts du Parlement de Paris des 27 sept. 1624, 11 déc. 1627, 20 avr. 1660, 9 août 1684, 13 août 1698.

6. — Les causes pour lesquelles les ecclésiastiques étaient obligés de plaider devant les juges ordinaires étaient portées devant eux ainsi que celles des églises, chapelles, communautés, abbayes, commanderies, hôpitaux et maladreries situés dans leur ressort; à moins que ces églises, communautés n'eussent des lettres de garde gardienne, ou qu'il ne s'agît de la propriété, qualité ou quotité des droits et domaines de ces églises, etc. — Il en était de même des causes où les maires et échevins des villes de leur circonscription étaient parties, et des contestations relatives aux réparations des portes, tours, murs et fortifications, quais, chemins et sentiers des villes; lorsque la connaissance n'en avait point été attribuée formellement à d'autres juges, et à moins qu'il ne s'agît de la propriété ou du fonds même de ces biens. — *Ibid.* — V. encore arrêts du Parlement de Paris des 23 mai 1626, 1er et 11 déc. 1627, 5 janv. 1659, 17 janv. 1708, 27 juin 1741.

7. — Ils connaissaient de toutes actions réelles et hypothécaires concernant les héritages roturiers, ainsi que des décrets des immeubles roturiers saisis. — Edit de Cremieux, art. 8.

8. — Il en était de même des cas royaux simples et ordinaires, de tout ce qui concernait les priviléges royaux, et des causes concernant les fermes du domaine du roi, lorsque les droits n'étaient pas contestés. — Arrêt du Parlement de Paris du 9 août 1684.

9. — Les oppositions aux mariages, mariages clandestins ou faits contre la disposition des ordonnances, l'exécution des sentences consulaires, l'homologation des sentences arbitrales entre non-nobles étaient encore de leur compétence. — Arrêt du Parlement de Paris du 16 juill. 1708 (*Journ. des audiences*); édits de février 1556, novembre 1563 et mars 1697.

10. — Le prévôt de Paris, chef du Châtelet, justice royale ordinaire de la capitale du royaume, n'était, à la différence des autres prévôts, subordonné à aucuns baillis ou sénéchaux, il les précédait même tous. Il était chargé non pas seulement de rendre la justice, mais encore, comme les comtes, du gouvernement politique et des finances dans toute l'étendue de la ville, prévôté et vicomté de Paris; le plus ancien connu, qui vivait en 1060, se nommait Estienne. — Guyot, *loc. cit.*

11. — Le prévôt de Paris était dans l'origine chargé de recevoir les actes de juridiction volontaire et de les faire expédier, mais saint Louis le débarrassa de ce soin en créant à cet effet soixante notaires. — *Encyclopédie méthodique*, partie de jurisprudence, vo *Prévôt de Paris*.

12. — Le prévôt de Paris rendait autrefois assidûment la justice, l'ordonnance du Châtelet de 1485 lui enjoignait même d'être au Châtelet à 7 heures du matin et d'y être tous les jours où les conseillers du Parlement y étaient. — Dans les affaires de la prévôté qui étaient portées au Parlement et dans lesquelles le roi était intéressé, c'était le prévôt de Paris qui parlait pour le roi. — *Encyclopédie méthodique*, *ibid.*

13. — Lorsque, en 1674, la juridiction du Châtelet fut séparée en deux, il fut établi deux prévôts, l'un pour le nouveau, l'autre pour l'ancien Châtelet, tous deux égaux en dignités, rang, honneurs, prérogatives; mais, lorsque le nouveau Châtelet fut supprimé en 1684 et réuni à l'ancien, les deux offices de prévôt de Paris furent réunis et le titulaire de cet office unique fut autorisé à prendre le titre de conseiller en conseils du roi. — *Ibid.*

14. — Joly (t. 2, p. 1827) rapporte une ordonnance aux termes de laquelle il fallait pour pouvoir être pourvu de l'office de prévôt de Paris être né dans cette ville.

15. — Le prévôt de Paris était le chef du Châtelet, où il représentait la personne du roi pour le fait de la justice. En cette qualité, il était le premier juge ordinaire, civil et politique de la ville de Paris; il pouvait siéger quand il le jugeait à propos tant au parc civil qu'en la chambre du conseil, et y avait voix délibérative. Il n'avait pas la prononciation à l'audience, mais lorsqu'il était présent la prononciation se faisait en ces termes : *Il, le prévôt de Paris dit, nous ordonnons,* etc. Il signait les délibérations de la compagnie à la chambre du conseil. — Guyot, *loc. cit.*

16. — Il existe un assez grand nombre d'anciennes ordonnances adressées au prévôt de Paris, à qui le roi enjoignait de les faire publier; ce qu'il faisait en vertu de ces lettres. — Guyot, *ibid.*

17. — Il avait douze gardes, appelés sergens de la douzaine, qui étaient armés de hallebardes, et l'accompagnaient à l'auditoire et dans toutes les cérémonies.

18. — L'office du prévôt de Paris ne vaquait jamais; lorsque le siège était vacant, c'était le procureur général du roi qui le remplissait.— *Ibid.*

19. — Les prévôtés et prévôtés ont disparu en 1790, lors de l'institution nouvelle de la justice en France. Depuis on a établi, dans des circonstances extraordinaires ou pour connaître de certains crimes, des tribunaux spéciaux, qui reçurent le nom de Cours prévôtales; mais ces institutions n'avaient rien de commun avec les anciennes juridictions des prévôts. Elles ont à leur tour été supprimées ainsi que tous autres tribunaux spéciaux. — V. TRIBUNAUX SPÉCIAUX.

PRÉVOT DES MARCHANDS.

1. — Magistrat qui présidait au bureau de la ville, pour exercer, avec les échevins, la juridiction qui leur était confiée. — *Encyclop. méthodique*, partie de jurisprud:, v° *Prévôt des marchands.*

2. — L'office de prévôt des marchands était municipal. — Il n'y en avait que deux en France : un à Paris, l'autre à Lyon. — Ailleurs, le chef du bureau de la ville prenait plus communément le nom de maire. — *Ibid.*

3. — L'exercice des fonctions du prévôt des marchands de Lyon, sa nomination, la durée de sa mission ont été réglés par lettres patentes des 31 août 1764 et 24 sept. 1780.

4. — Cette institution est fort ancienne: Ce prévôt était nommé par le roi, pour deux ans; mais sa commission était renouvelable trois fois et pouvait durer huit années. — Il avait le titre de chevalier. — Il a cessé d'exister à la révolution de 1789.

PRÉVOT DES MARÉCHAUX.

1. — Officier chargé autrefois de veiller à la sûreté des chemins; de prendre connaissance de certains crimes et délits, et de les juger sans appel. — Guyot, *Rép.*, v° *Prévôt des maréchaux.*

2. — Dans l'origine, l'office de prévôt des maréchaux consistait à exercer, sous l'autorité des maréchaux de France, la juridiction militaire qui était attachée à leur commandement. Dans l'impossibilité de veiller seuls sur toutes les troupes disséminées dans les diverses parties du royaume, ces officiers se faisaient représenter par des lieutenans chargés d'informer des excès commis par les gens de guerre. Louis XI permit même, en 1493, au prévôt des maréchaux de commettre en chaque province un gentilhomme pour le représenter, avec pouvoir d'assembler au besoin les autres nobles et gens du pays pour s'opposer aux gens de guerre aventuriers et vagabonds débandés des armées, courant les champs, et opprimant le peuple; les prendre et saisir au corps, et les rendre aux bailis et sénéchaux pour en faire justice. — Plus tard, ces commissions furent érigées en offices pour diverses provinces, sous le règne même de Louis XI il ne resta presque aucune province qui n'eût un prévôt des maréchaux. — *Encyclop. méthod.*, partie de jurisprud., v° *Prévôt des maréchaux.*

3. — Ces prévôts pouvaient se choisir des lieutenans et un certain nombre d'archers pour servir sous leurs ordres. — Les prévôts des grands gouvernemens, tels que ceux de Normandie, Guienne, etc., prenaient le titre de prévôts généraux de telle province; ceux des gouvernemens d'une telle lieu: on les appela aussi prévôts provinciaux.

4. — Comme on le voit, les prévôts des maréchaux n'avaient d'abord juridiction que sur les gens de guerre.—V. édit de François I° du mois de janvier 1514.—Plus tard, en 1536 et 1537, on

leur donna, momentanément, mission de connaître des cas appelés depuis *prévôtaux;* et juridiction sur les voleurs et vagabonds. Ce ne fut que par un édit de François I°, du 3 oct. 1544, qu'ils eurent, par concurrence et prévention avec les baillis et sénéchaux, la justice, correction et punition des gens de guerre qui abandonnaient le service ou la garnison; et de tous les vagabonds et autres malfaiteurs qui courent les champs pour y connaître des vols, des violences et autres semblables crimes.

5. — Les prévôts des maréchaux étant ainsi tenus de résider dans leurs provinces, on établit, pour suivre les troupes, d'autres prévôts des maréchaux auxquels on donna plus spécialement le nom de prévôts de l'armée.

6. — Les prévôts généraux des maréchaux, en dernier lieu, au nombre de trente-trois (Guyot, *Rép., loc. cit.*), avaient tous le titre d'écuyers et conseillers du roi. Ils avaient rang et séance aux présidiaux après le lieutenant criminel. Ils ne pouvaient posséder aucun autre office, et n'étaient justiciables que du parlement pour les fautes commises dans l'exercice de leurs fonctions.

7. — Ils avaient ordinairement un assesseur pour leur servir de conseil, parfois aussi un lieutenant. Ils avaient encore, dans quelques sièges, un procureur du roi pour la juridiction de la maréchaussée; ailleurs, cette fonction était remplie par le procureur du roi au présidial.

8. — Leurs compétence et fonctions étaient réglées notamment par des lettres patentes des 5 févr. 1459, 14 oct. 1563, août 1564; par l'ordonnance de Moulins de 1566; par l'ordonnance criminelle de 1670; enfin, par la déclaration du 5 févr. 1731, qui formait le dernier état de la matière.

9. — Les prévôts des maréchaux ont cessé d'exister avec la maréchaussée, remplacée aujourd'hui par la gendarmerie.

PRÉVOT MILITAIRE.

V. TRIBUNAUX EXTRAORDINAIRES, TRIBUNAUX SPÉCIAUX.

PRIME.

1. — Suivant les uns: de *prima pars*, c'est-à-dire première part, portion privilégiée, sur le gain. Suivant les autres : de *primò*, avant toute chose.

2. — On appelle *prime* le prix ou le coût de l'assurance, c'est-à-dire la somme moyennant laquelle l'assureur consent à répondre des risques mis à sa charge.— V. ASSURANCE MARITIME, ASSURANCE SUR LA VIE, ASSURANCE TERRESTRE.

3. — La prime de la prime est la somme que l'assuré s'oblige de payer en sus, en cas d'heureuse arrivée, à l'assureur, qui, de son côté, s'engage à ne pas exiger le paiement de la prime en cas de perte. La prime est alors l'objet de l'assurance; et comme la prime de la prime doit être elle-même assurée, il s'ensuit qu'il est permis de stipuler une prime des primes à l'infini. — V., au surplus, ASSURANCE MARITIME, n°s 39 et suiv., et ASSURANCE TERRESTRE, n° 34.

4.—En matière d'assurances maritimes, on appelle *prime liée* : celle qui s'applique à une seule et unique assurance, pour l'aller et le retour. Alors la prime de l'aller est considérée, en quelque sorte, comme liée à celle du retour. — V. ASSURANCE MARITIME, n°s 309 et suiv.

5. — On donne encore le nom de *primes* aux sommes que le gouvernement accorde, dans certains cas, à titre d'encouragement, par exemple :

6. — ... 1° Pour la destruction des animaux nuisibles. — V. BATTUE, n° 33 et suiv.

7. — ... 2° Pour encourager la fabrication et l'exportation de certaines marchandises. — V. DOUANES, n° 209 et suiv.

8. — ... 3° Pour l'amélioration des races de chevaux. — V. HARAS, n° 20 et suiv.

9. — ... 4° Pour l'encouragement de certaines pêches. — V. PÊCHE MARITIME.

10. — Enfin, on appelle encore *prime* la somme que l'acheteur d'effets publics paie à son vendeur pour se départir du marché, dans certains cas, de son marché. — V. AGENT DE CHANGE, n°s 141 et suiv.

PRIMOGÉNITURE.

1. — De *primogenitus*, premier-né. En termes de jurisprudence, c'est le droit d'aînesse.

2. — Cependant l'aînesse et la primogéniture ne sont pas toujours la même chose. En effet, si, au moment de l'ouverture de la succession, le

premier-né des mâles est mort naturellement ou civilement, s'il renonce à la succession ou s'il est incapable de succéder, en ce cas le cadet devient l'aîné de la famille et recueille toutes les prérogatives de l'aînesse bien qu'il n'ait pas l'avantage de la primogéniture.— Coquille sur la Cout. du Nivernais, chap. 30, art. 4°; Rolland de Villargues, *Rép., du not.*, v° *Primogéniture.* — V. AÎNESSE (droit d').

3. — Aujourd'hui les enfans ou leurs descendans succèdent à leurs ascendans, sans distinction de sexe ni de primogéniture. — C. civ., art. 745. — V. SUCCESSION.

PRINCE.

V. ACTE AUTHENTIQUE, ÉTRANGER, SOUVERAINETÉ.

PRIORITÉ.

V. ASSURANCE, BREVET D'INVENTION, CHARTE PARTIE, DATE, DONATION, HYPOTHÈQUE, ORDRE, PRIVILÈGE, SAISIE-ARRÊT, SUBROGATION, TRANSPORT-CESSION.

PRISE DE CORPS.

V. ORDONNANCE DE PRISE DE CORPS.

PRISES D'EAU.

V. CANAL, COURS D'EAU, IRRIGATIONS, USINES.

PRISE MARITIME.

Table alphabétique.

PRISE MARITIME. — 1.—Arrestation qui est faite en mer d'un bâtiment quelconque pour le compte ou sous l'autorité d'une puissance belligérante, dans le dessein : soit de se l'approprier avec les effets qu'il contient, soit seulement de se rendre maître de la totalité ou d'une partie de sa cargaison.—Merlin, Rép., v° Prise maritime.

SECT. 1re. — *Historique.* — *Caractères et exercice du droit de prise* (n° 2).

Sect. 1re. — *Historique.* — *Caractères et exercice du droit de prise.*

2. — *Historique.* — Le droit de prise maritime, qui, comme conséquence du droit de guerre, est un droit exorbitant, a dû perdre de son importance à mesure que la civilisation a fait des progrès et que les règles du droit des gens ont été adoptées par toutes les nations, ou du moins par le plus grand nombre.

3. — En France, différentes ordonnances, déclarations, édits ou lois ont successivement légitimé ou proscrit le droit de prise maritime: les unes ont dû nécessairement disparaître avec les causes d'hostilité existantes avec telle ou telle nation ; les autres, dictées dans l'intérêt général de la navigation et du commerce maritime de toutes les nations, ont dû toujours rester en vigueur dans toutes celles de leurs dispositions qui n'ont pas été expressément abrogées.

4. — Parmi ces dernières on remarque principalement l'ordonnance de 1584, la déclaration du 22 septembre 1658, celle du 1er février 1650, l'ordonnance sur la marine de 1681, l'ordonnance du 5 septembre 1712, le règlement du 26 juillet 1778, la loi du 21-22 août 1790, l'arrêté du 2 prairial an XI, la loi et la loi du 10 avril 1825.

5. — Quant au jugement des prises maritimes, il était autrefois attribué à l'amiral; et il résulte d'anciennes ordonnances, notamment de celles de 1400, 1517, 1543 et 1584, que ce droit était exercé par les officiers de l'amirauté comme représentant l'amiral.

6. — Par des lettres patentes du 20 déc. 1659, et de maîtres des requêtes fut adjointe au grand maître de la navigation, qui avait remplacé les celles qui seraient faites : sauf l'appel au Conseil d'Etat.

7. — La charge d'amiral ayant été rétablie, un règlement du 9 mars 1695 rendit le droit de juridiction à l'amiral et aux commissaires choisis et nommés par Sa Majesté pour tenir conseil près de lui.

8. — Divers arrêts du Conseil d'Etat continuèrent, pour les guerres ultérieures déclarées, de fixer les fonctions du Conseil des prises, dont les attributions restèrent à peu près ce que le règlement de 1695 les avait faites.

9. — La révolution de 1789 apporta à cet ordre de choses des modifications qui ne tardèrent pas elles-mêmes à être abrogées. On en verra l'analyse *infra* n° 225 et suiv., lorsque nous parlerons des tribunaux compétents pour statuer sur la validité des prises.

10. — Seulement, nous ne ferons remarquer ici, avec M. de Gérando, que la juridiction, dans une matière toute politique, comme celle des prises, a été constamment exceptionnelle et constante...

ment réservée, en dernier ressort, au Conseil du roi. Les lois se sont bornées à poser le principe, en chargeant le gouvernement de régler le mode à suivre pour le jugement des prises. » — *Institut. de dr. administr.*, t. 2, p. 129; Chavot, *De la propriété mobilière*, t. 2, n° 420.

11. — *Caractères et exercice du droit de prise.* — Le droit de prise maritime, comme conséquence du droit de guerre, appartient exclusivement au souverain, et s'exerce principalement par les navires de l'Etat; cependant, en certains cas, le gouvernement le délègue à des navires du commerce, auxquels il délivre des lettres de marque et qui prennent le nom de *corsaires*.—Goujet et Merger, *Dict. de dr. commerc.*, v° *Prise maritime*, n° 1er; Chavot, *De la propriété*, t. 2, n° 397. — Les prises forment alors le but spécial des armemens en course; et c'est sous ce point de vue seulement que nous nous en occuperons.

12. — Le droit de prise maritime est exercé par chaque puissance, non-seulement sur son territoire maritime, c'est-à-dire sur la partie de la mer soumise à sa domination, mais même sur la pleine mer qui n'appartient à personne et est commune à toutes les nations. La limite du territoire maritime de chaque pays est en général mesurée par la portée du canon; elle est fixée le plus ordinairement à deux lieues des côtes. — Merlin, *Rép.*, v° *Prises maritimes*, § 4; Favard de Langlade, *Rép.*, *eod. verbo*, § 3, n° 1er; Ortolan, *Diplomatie de la mer*, t. 1er, p. 180; Goujet et Merger, n° 2.

13. — Il est interdit de poursuivre dans le territoire maritime d'une puissance neutre le bâtiment qu'on a attaqué en pleine mer. — Merlin, § 4, n° 2. — *Contrà*, Casaregis, *Disc.*, 175, n° 11.

14. — Ainsi est nulle la capture faite à demi-lieue du territoire d'une puissance neutre, alors surtout que le bâtiment capturé paraît neutre. — *Cons. des prises*, 27 therm. an VIII, *l'Effronté c. la Perle*. — Valin, *Des prises*, ch. 4, sect. 3, nos 4 et 5, t. 1er, p. 45.

15. — Ainsi encore un navire, quoique non muni d'un passe-port et d'un rôle d'équipage en règle, peut être admis à prouver qu'au moment de sa capture il était sous le canon d'un port d'une nation neutre, et il ne peut être confisqué de suite sous prétexte que l'irrégularité de ses pièces de départ le fait considérer comme pirate. — *Cass.*, 23 vent. an VII, *le Saint Michel c. le Hardi.*

16. — Mais les baies ouvertes ou rades foraines qui ne sont pas sous la portée du canon neutre, ne mettent pas le navire ennemi à couvert de la prise. — Merlin, § 4, n° 3; Goujet et Merger, n° 5.

17. — Le fait d'avoir navigué trop près des côtes de nos Antilles sans s'être signalé au large comme pour se soumettre à visite, ne suffit pas pour autoriser la capture du navire étranger qui s'est trop approché de nos parages coloniaux. — *Cass.*, 25 nov. 1824, navires anglais et américains.

18. — Jugé aussi qu'on devait relâcher tout navire poussé par les tempêtes sur les côtes de France, alors surtout que la neutralité du navire réfugié paraît établie. — *Cons. des prises*, 13 vent. an IX, *la Diane* c. contrôleur de la marine.

19. — Quant aux bateaux qui font le cabotage, on a décidé que lorsque leur navigation n'offrait rien d'irrégulier selon les lois du pays, et qu'ils n'étaient pas ennemis, il n'y a pas lieu de les capturer. — *Cons. d'Etat*, 3 déc. 1828, *le Nisus*.

20. — Et à cet égard, pour juger de la régularité de la navigation de ces bateaux, il faut consulter les usages du pays auquel ils appartiennent. — Même ordonnance.

21. — Pour qu'un navire et sa cargaison puissent être valablement capturés, il faut que la guerre existe entre les deux Etats auxquels appartiennent le navire capturé et le navire capteur au moment même de la capture. — Goujet et Merger, n° 7.

22. — Le délai après lequel l'état de guerre doit être considéré comme notoire, varie selon les circonstances. — Goujet et Merger, n° 9.

23. — A défaut de délai déterminé par les traités, il appartient aux juges de décider, en fait, si la paix a été connue du navire capteur. — Goujet et Merger, n° 11.

24. — C'est à l'époque de la prise qu'on doit s'arrêter, sans égard au temps postérieur, pour savoir s'il y avait hostilité entre la France et le pays auquel appartient un navire capturé et apprécier ainsi si la prise doit être confirmée. — *Cons. d'Etat*, 20 nov. 1815, Jongh c. *le Renard*.

25. — Jugé qu'on n'a pu appliquer la loi du 29 nivôse an VI à un navire chargé de marchandises anglaises et pris à une époque où cette loi n'était pas promulguée sur les côtes où il a été capturé. — *Cass.*, 3 flor. an VII, *le Ferdinand-Henri c. l'Epervier.*

26. — Mais bien qu'en fait, au moment du départ d'un navire, on ait ignoré l'existence du décret du 21 novembre 1806 qui prononce le blocus continental contre l'Angleterre, il suffit que ce décret ait pu être connu pour qu'il y ait lieu à son application. — *Cons. d'Etat*, 29 mai 1808, *le Napoléon c. le Wermont.*

27. — La révocation des lois qui ont autorisé une prise ne peut empêcher la déclaration de validité de cette prise si, à l'époque où elle a eu lieu, les capitaines des vaisseaux capteurs n'avaient pu encore avoir connaissance de la révocation, à défaut de notification de cette disposition nouvelle. — *Cons. d'Etat*, 29 déc. 1819, *le Dolly* c. Raoul.

28. — Est nulle la prise d'un navire appartenant à une nation neutre, quoique chargé de marchandises de nature ennemie, si, à l'époque du chargement, il n'a pu connaître la loi déclarant de bonne prise tout bâtiment chargé de pareilles marchandises. — *Cass.*, 14 vent. an VII, *la Christiana c. le Patriote.*

29. — En règle générale: il est défendu aux navires de commerce, sous peine de confiscation de la prise au profit de l'Etat et de punition contre le capitaine, de faire aucune capture, à moins qu'ils ne soient porteurs d'une lettre de marque. — Arrêté 2 prair. an XI, art. 34.

30. — Il y a exception : 1° quand un bâtiment de commerce, d'ailleurs muni de passe-port ou congé de mer, prend, en se défendant, le navire qui l'avait attaqué. — Même article. — 2° Lorsque des Français prisonniers chez des puissances avec lesquelles la nation française est en guerre, enlèvent en s'évadant des bâtimens ennemis. — Décr. 18 vend. an II. — 3° Lorsque la capture d'un navire a lieu pour cause de piraterie. Dans ce cas, les navires de commerce sont assimilés aux bâtimens pourvus de lettres de marque. — L. 10 avril 1825, art. 10. — Goujet et Merger, n° 22.

31. — L'autorité maritime peut imposer à un corsaire qui demande à courir sus à un vaisseau battu par la tempête, signalé par les vigies du port, la condition d'y concourir avec les bâtimens de l'Etat prêts à appareiller, soit pour lui donner des secours s'il est ami, soit pour le capturer s'il est ennemi. — Cette condition, dans la conjoncture, est équivalente à la réquisition de concours autorisée par l'art. 23 de l'arrêté des consuls du 9 vent. an IX. — *Cons. des prises*, 2 nov. 1808, Dufresne c. *le Duc de Dantzic.*

32. — Mais, quel que soit le caractère valable ou non d'une prise faite par un corsaire français, un second corsaire ne doit pas chercher à s'en emparer, sauf aux autorités françaises à juger du mérite des prétentions du capteur originaire. — Le navire ainsi capturé contrairement aux lois françaises doit être confisqué au profit de l'Etat, sauf la part des hommes de l'équipage du corsaire et les autres déductions légales. — *Cons. d'Etat*, 17 avril 1816, Leclerc c. Boyer-Fonfrède.

33. — Les corsaires sont indéfiniment soumis dans leurs expéditions à l'exécution des traités et conventions du gouvernement avec les puissances étrangères. — En conséquence : le gouvernement reste maître, sans être tenu d'aucune indemnité vis-à-vis des corsaires, de modifier les traités publics par des traités particuliers, de donner des exemptions de la course, et même de faire remise des captures régulièrement opérées. — *Cons. d'Etat*, 17 juill. 1816, *le Giuseppino c. le Brave.*

34. — Dans le cas où une transaction intervient entre le capteur et le capturé, le Conseil d'Etat est seul compétent pour la sanctionner si elle est loyale et régulière. — *Cons. d'Etat*, 4 juin 1809, Tilgham c. Andrian.

35. — Mais une transaction n'a pu être homologuée par le Conseil des prises après son jugement sur validité de la capture, alors même que cette transaction était antérieure au jugement de la prise rendu dans l'ignorance de son existence. — Même arrêt.

36. — Si après une prise régulière il intervient une transaction entre les capteurs et les capturés; le Conseil d'Etat doit se borner à examiner s'il y a lieu d'homologuer cette transaction, sans qu'il y ait lieu à statuer sur la validité de la prise. — *Cons. d'Etat*, 20 févr. 1822, *l'Invincible Napoléon.*

37. — Cette homologation doit être ordonnée lorsque la transaction dont s'agit a été librement convenue entre les parties, et que le ministre de la marine y a acquiescé dans l'intérêt de la caisse des invalides de la marine. — Même arrêt.

38. — La donation d'un navire par le capitaine capteur ne peut être validée en France au préjudice des véritables propriétaires. Dans ce cas, les marins qui ont ramené le navire et auxquels il était donné peuvent seulement être considérés comme sauveteurs en pleine mer et à ce titre ils ont droit au tiers de la valeur du navire. — *Cons. des prises*, 18 août 1813, Denouel.

39. — La convention conclue à Paris le 25 avr. 1818 et ratifiée le 25 juin de la même année a libéré le gouvernement français de toutes réclamations que pourraient faire des sujets des puissances alliées contre la France; en conséquence, l'étranger propriétaire d'un navire capturé avant ladite convention, que la capture soit valable ou non, n'est pas recevable à réclamer : soit la valeur de son bâtiment, soit une indemnité égale à la perte de son fret et aux frais encourus. — *Cons. d'Etat*, 2 févr. 1821, Pinto de Vasconcellos.

Sect. 2e. — *Nature des prises.*

ART. 1er. — *Bonnes prises.*

40. — Bien que la prise soit un moyen de guerre et semble ne devoir s'appliquer qu'aux navires ennemis ou pirates, il y a certaines circonstances où l'on peut déclarer de bonne prise les navires neutres ou alliés. — Goujet et Merger, v° *Prise maritime*, n° 28.

41. — Bien plus, la prise de navires français est légitime : soit quand ils se trouvent abandonnés par suite de tempêtes ou autre cas fortuit (V. ÉPAVES), soit quand on les reprend sur les ennemis ou les pirates. — V. RECOUSSE. — Goujet et Merger, n° 29.

§ 1er. — *Navires ennemis.*

42. — Sont de bonne prise tous les bâtimens appartenant aux ennemis de l'Etat. — Arrêté 2 prair. an XI, art. 51.

43. — Par suite ont été déclarés de bonne prise : 1° Un bâtiment qu'il était constant être sorti d'un port ennemi. — *Cons. d'Etat*, 20 oct. 1819, Rougemont.

44. — ... 2° Des navires voyageant dans les parages d'un pays ennemi, sans être munis d'aucun papier de bord. — *Cons. d'Etat*, 18 juill. 1844, *le Carmen.*

45. — ... 3° Le bâtiment qui après avoir stationné dans les ports de l'Angleterre, en 1808, a pris une licence anglaise, et a voyagé sous l'escorte de bâtimens anglais; peu importe à quelle distance des côtes la capture a été faite. — *Cons. d'Etat*, 17 mai 1809, Miers c. *le Tilsit.*

46. — Toutefois, sont réputés neutres, bien qu'on soit en guerre avec leur nation, les bateaux destinés à la pêche sur les côtes; en conséquence, ils ne sont pas de bonne prise. — *Cons. des prises*, 9 thermid. an IX, *la Nostra Segnora de la Piedad c. la Carmagnole.*

47. — C'est là une espèce de convention tacite entre tous les peuples relativement à leurs pêcheurs respectifs, à moins que ces derniers ne se rendent coupables d'espionnage. — Merlin, *Rép.*, v° *Prises maritimes*, § 3, art. 1er, n° 3; Favard de Langlade, *Rép.*, *eod. verb.*, § 2, n° 3; Goujet et Merger, v° *Prise maritime*, n° 31.

48. — On n'a point égard aux passe-ports accordés par les puissances neutres ou alliées tant aux propriétaires qu'aux maîtres des bâtimens sujets des Etats ennemis, s'ils n'ont été naturalisés et s'ils n'ont transféré leur domicile dans les Etats de ces puissances; et même, ils ne peuvent profiter de cette naturalisation si, depuis qu'ils l'ont obtenue, ils sont retournés dans les Etats ennemis pour y continuer leur commerce. — Règlem. 26 juill. 1778, art. 6.

49. — Les bâtimens de fabrique ennemie ou qui ont eu un propriétaire ennemi ne peuvent être réputés neutres ou alliés s'il n'est trouvé à bord quelques pièces authentiques, passées devant des officiers publics, qui puissent en assurer la date, et qui justifient que la vente ou cession en a été faite, à quelqu'un des sujets des puissances alliées ou neutres, avant le commencement des hostilités, et si l'acte translatif de propriété, de l'ennemi ou sujet neutre ou allié, n'a été dûment enregistré par-devant le principal officier du lieu du départ et signé du propriétaire ou du porteur de ses pouvoirs. — *Ibid.*

50. — Quant aux bâtimens de fabrique ennemie qui ont été pris par les vaisseaux de l'Etat, des alliés ou des particuliers, pendant la guerre, et qui ensuite ont été vendus aux sujets des Etats alliés ou neutres, ils ne peuvent être réputés de bonne prise s'il se trouve, à bord, des actes en bonne forme, passés devant des officiers publics à ce préposés, justificatifs tant de la prise que de la vente ou adjudication qui en aurait été faite ensuite, aux sujets des Etats alliés ou neutres, soit en France, soit dans les ports des Etats alliés; mais faute de pièces justificatives tant de la prise que de la vente, ces bâtimens sont de bonne prise. — *Ibid.*, art. 8.

51. — Un navire et sa cargaison sont de bonne prise, lorsqu'il résulte de l'acte d'affrétement qu'il appartient à l'ennemi. — *Cass.*, 4 pluv. an VII, *le Nordelfalk* c. *la Revanche*.

52. — Lorsque la nationalité ennemie d'un bâtiment capturé est prouvée par les papiers de bord et les aveux du capitaine et de l'équipage, nul n'est admis à prouver le contraire par des pièces produites après coup et placées hors de bord. — *Cons. d'Etat*, 20 nov. 1815, Romonkamp c. Leyris.

53. — Un navire d'origine ennemie ne peut être revendiqué par un neutre qu'autant que l'acquisition par lui alléguée serait prouvée par pièces authentiques, antérieures à la date des hostilités avec la nation à laquelle appartenait originairement le navire capturé. — *Cons. d'Etat*, 24 avril 1808, Carl Ludwig.

54. — Il ne suffit pas même de pièces authentiques ayant date antérieure aux hostilités; il faut que ces pièces soient enregistrées en un lieu quelconque, conformément à l'art. 7 du règlement du 26 juill. 1778. — *Cons. d'Et.*, 24 avr. 1808, Carl Ludwig.

55. — Lorsqu'un navire d'origine et de construction ennemies est destiné, au milieu de la guerre, à une expédition qui le met en relation avec une puissance ennemie; si l'on prétend qu'il est devenu propriété neutre par la vente qui en aurait été faite, il faut que le prétendu neutre apporte des preuves irrécusables de la bonne foi de son acquisition. — *Cons. des prises*, 30 prair. an XIII, *le Haabet* c. *l'Heureux*.

56. — Mais ne peut faire preuve de neutralité un acte de vente sous seing privé dépourvu d'acte de construction, de jaugeage, et d'aucun acte authentique antérieur à la vente, à l'effet d'en garantir la bonne foi. — Même décr.

57. — Si la confiscation d'un navire capturé dans de telles circonstances doit être prononcée : lorsque le corsaire qui s'en est emparé s'est permis de tirer à mitraille sur ce navire, sans l'avoir préalablement semoncé; lorsqu'il l'a attaqué en arborant un faux pavillon, et qu'enfin, au mépris des règles du droit, le corsaire n'a conservé aucun papier du navire capturé, le capitaine du corsaire et les armateurs doivent être déchus de toute participation à la prise, et, sauf la part revenant aux gens de l'équipage, la prise entière doit être attribuée au gouvernement. — Même décr.

58. — En conséquence : il y a lieu de prononcer la confiscation d'un navire dont la neutralité n'est pas mieux établie, alors que sa construction ennemie est certaine, que son équipage a été arrêté en pays ennemi, et qu'une grande partie du chargement, dépourvue de connaissemens, est composée de marchandises ennemies. — Même décr.

59. — Sont de bonne prise tous bâtimens étrangers sur lesquels il y a un subrécargue, marchand commis ou officier major d'un pays ennemi, ou dont l'équipage est composé, au delà du tiers, de matelots sujets des Etats ennemis, ou qui n'ont pas, à bord, de rôle d'équipage arrêté par les officiers publics des lieux neutres d'où les bâtimens sont partis. — Règlem. 26 juill. 1778, art. 9.

60. — N'a point dû être confisqué le navire dont l'équipage était composé de plus d'un tiers de matelots habitant le Hanovre, dont le roi d'Angleterre, ennemi de France, était électeur, si le capitaine a pu croire, d'après un traité passé entre la Prusse et la France, que les habitans du Hanovre, compris dans la ligne de démarcation tracée par ce traité, devaient être regardés comme neutres. — *Cass.*, 24 germ. an VII, *la Jeune Catherine* c. *le Hasard*.

61. — Les marchandises chargées sur un bâtiment ennemi sont, par cela seul, présumées de bonne prise, quoiqu'elles puissent appartenir à des neutres, alliés, amis, ou même à des Français qui ne justifient pas de leur propriété. — Ordonn. 1681, tit. *Des prises*, art. 7. — Favard de Langlade, *Rép.*, vo *Prises maritimes*, § 2, nos 1 et 2; Merlin, *eod. verbo*, § 3, art. 1er, no 2; Bardon, *Code des prises*, t. 2, p. 731.

62. — Aussi, d'après les décrets impériaux, toute cargaison qui, par ses pièces de bord, ne justifiait pas de son origine, était de bonne prise. — *Cons. d'Etat.*, 13 août 1808, Harm-Kuleknon c. *San Josepho*.

63. — La loi du 29 niv. an VI (depuis abrogée par celle du 23 frim. an VIII) n'autorisait la confiscation des navires capturés en mer que lorsqu'ils étaient chargés de marchandises d'origine anglaise; et cette disposition ne s'entendait nullement des marchandises qui, par la loi du 10 brum. an V, étaient simplement réputées d'origine anglaise. — *Cass.*, 11 vendém. an VIII, Jacobs c. Larroulet.

64. — Ainsi n'étaient pas de bonne prise les étoffes non réellement d'origine anglaise, mais appelées anglaises à cause de leur nature. — *Cass.*, 6 prair. an VII, *le Packet* c. *la Gageure*.

65. — Bien plus, aux termes des décrets de Berlin et de Milan, des 21 nov. 1806 et 17 déc. 1807, tout navire chargé de marchandises anglaises était de bonne prise. — *Cons. d'Etat.*, 1er déc. 1819, Philippe.

66. — Mais on ne doit point confisquer la partie des marchandises, qui, d'après des connaissemens trouvés sur le bâtiment, appartient à des négocians de pays neutre. — *Cass.*, 4 pluv. an VII, *le Nordel-Falk* c. *la Revanche*.

67. — Un navire est de bonne prise, si le passe-port d'une puissance neutre, dont il est muni, a été expédié à une époque où il n'était pas dans un port de cette puissance. — *Cass.*, 12 vendém. an VIII, *le Zénodore* c. *la Charitas*.

68. — Ou bien si le passe-port n'a pas été délivré en présence même du navire, et que, par conséquent, il puisse s'appliquer indistinctement à tout bâtiment de capacité à peu près analogue. — *Cons. des prises*, 30 prair. an XIII, *le Haabet* c. *l'Heureux*.

69. — N'est pas valable la capture d'un navire, quoique muni d'un passe-port délivré par le roi de Prusse, lorsqu'il était dans le port d'Amsterdam, si, étant de fabrique ennemie, il avait été déjà pris par un corsaire français et vendu dans le port à un Prussien qui, pour le faire naviguer, avait dû demander un passe-port à son souverain. — *Cass.*, 25 frim. an VII, *l'Elisabeth* c. *le Bon-Ordre*.

70. — Est valable la prise d'un navire appartenant à des sujets d'un Etat ennemi, quoique munis d'un passe-port accordé par une puissance neutre; s'ils n'ont obtenu ce passe-port et transféré leur domicile dans les pays de cette puissance, avant la déclaration de guerre. — *Cass.*, 18 therm. an VI, *l'Actéon* c. *le Friendship*.

71. — Lorsqu'un navire a doubles expéditions, les pièces cachées à bord et non produites au moment de la capture ne peuvent contrebalancer la preuve que ce navire est ennemi telle qu'elle résulte des pièces produites, des aveux faits originairement et surtout de l'aveu implicite qui résulte de la fuite, pendant plusieurs heures, devant le corsaire français qui lui donnait la chasse. — *Cons. d'Etat*, 13 janv. 1816, Ribas c. *l'Audacieux*.

72. — Est nulle la prise d'un navire dont le capitaine est muni d'un sauf-conduit lui permettant de se rendre dans un pays neutre avec un chargement de marchandises. — *Cass.*, 9 niv. an VII, *la Dame Jestok* c. *le Neptune*.

73. — Il en est de même d'un navire muni d'un sauf-conduit qui l'autorise à approvisionner les armées françaises, bien que ce sauf-conduit date de deux ans, si le bâtiment capturé est réellement employé à l'approvisionnement de l'armée, et s'il est trouvé dans des parages qui justifient sa destination. — *Cons. d'Etat*, 7 août 1816, Leclerc c. *le San Antonio*.

§ 2. *Navires pirates.*

74. — Sont de bonne prise tous bâtimens commandés par des pirates, forbans ou autres gens courant la mer sans commission spéciale d'aucune puissance, ou armés et naviguant sans être ou avoir été munis pour le voyage de passe-port, rôle d'équipage ou autres actes constatant la légitimité de l'expédition. — Arrêté 2 prair. an XI, art. 51; L. 10 avril 1825, art. 1er, no 1er. — *Cons. d'Etat*, 17 avril 1822, *le Saint François*.

75. — Tout Français, domicilié ou non en France, qui, sans la permission du gouvernement français, prend une commission en course, d'une puissance étrangère, doit être considéré et traité comme pirate. — *Cons. d'Etat*, 23 avril 1823, *l'Amour de la Patrie*. — V. PIRATE.

76. — Peu importe que les navires des pirates soient capturés par les bâtimens de l'Etat ou par ceux des corsaires. — *Commiss. des prises* de l'île Bourbon, 24 déc. 1840, *le Pocha* (sous *Cons. d'Etat*, 24 février 1842).

77. — Cette disposition générale s'applique à tous les navires qui se trouvent dans un ou plusieurs des cas de piraterie prévus par la loi : soit qu'ils appartiennent à des ennemis, des neutres ou des alliés. — Goujet et Merger, vo *Prise maritime*, no 47. — V., à ce sujet, PIRATE, PIRATERIE.

78. — Doivent être déclarés de bonne prise 1o tous navires trouvés non munis de papiers de bord et se rendant sur une côte bloquée par les armées françaises. — *Cons. d'Etat*, 22 août 1814, *le Carmen*.

79. — ... 2o Le navire dont le passe-port est nul et dont les papiers de bord ont été soustraits. — *Cons. d'Etat*, 9 déc. 1810, *l'Elisa*.

80. — ... 3o Le bâtiment armé qui est porteur de pièces de bord qui ne lui sont pas applicables. — *Cons. d'Etat*, 24 avril 1833, *le Ferdinand VII*.

81. — ... 4o Le navire qui navigue sans passe-port proprement dit, et avec un rôle d'équipage irrégulier. — *Cons. des prises*, 6 therm. an VIII, *la Carolina-Wilhelmina* c. *le Dragon*.

82. — ... 5o Le navire non muni d'un rôle d'équipage arrêté par les officiers publics des lieux d'où il est parti et mentionnant l'origine, la demeure et la qualité des personnes qui le montent. — *Cass.*, 1er brum. an VII, *la Gertruida* c. *le Juste*.

83. — ... 6o Le navire qui navigue sous le commandement d'un individu qui s'en est emparé violemment et qui est porteur de papiers de bord qui ne légitiment pas son commandement. — *Cons. d'Etat*, 2 juill. 1828, *le Cantabre*.

84. — ... 7o Le navire naviguant armé avec plusieurs pavillons et dont les papiers n'attestent pas une expédition légitime. — *Cons. d'Etat*, 11 févr. 1844, *la Maria-Annetta*.

85. — Mais on a déclaré nulle la prise 1o du navire dont les pièces de bord n'étaient pas simulées, bien qu'elles offrissent quelques irrégularités de forme. — *Cons. d'Etat*, 31 oct. 1827, *la Minerva*.

86. — ... 2o D'un navire dont les pièces et papiers de bord constataient suffisamment la légitimité de son expédition, et qui ne se trouvait dans aucun des cas prévus par le règlement du 22 mai 1803. — *Cons. d'Etat*, 13 août 1828, *la Diane*.

87. — ... 3o D'un navire dont les papiers de bord étaient réguliers, bien que son arrestation eût été justifiée par des manœuvres qui le faisaient soupçonner de piraterie. — *Cons. d'Etat*, 19 juin 1828, *le San Antonio*.

88. — Au reste : les pièces de bord ne sont pas applicables à un navire, lorsqu'il est capturé loin de la route tracée par le passe-port dont il excipe, lorsque le nombre d'hommes qui compose l'équipage excède celui du rôle représenté, alors que, sans recourir à aucune autorité compétente, le capitaine s'est contenté d'ajouter une liste au rôle primitif. — *Cons. d'Etat*, 24 avr. 1833, *le Ferdinand VII*.

89. — Pour qu'un navire soit déclaré de bonne prise, il ne suffit pas qu'il navigue sans papiers de bord qui légitiment son expédition; il faut encore qu'il soit armé en guerre. — *Cons. d'Etat*, 26 déc. 1830, *la Vigilante*.

90. — Dès lors sont de bonne prise : 1o Le navire qui, pendant la paix, est armé en course et court la mer sans lettres de marque. — *Cons. d'Etat*, 13 août 1828, *le Panayotti*.

91. — ... 2o Tout bâtiment armé qui, au moment où il a été arrêté, naviguait avec des papiers qui ne légitimaient point son expédition. — *Cons. d'Etat*, 12 mai 1830, *le Cupidon*; 24 févr. 1842, *le Pocha*.

92. — ... 3o Un navire armé trouvé sans papiers de bord et sans pavillon, bien que les autorités du pays auquel ce navire appartient attestent qu'à l'époque de sa prise les bâtimens commerçant d'une île à une autre dans l'Archipel sont dans l'usage de naviguer armés et sans passe-ports. — *Cons. d'Etat*, 13 mai 1829, *mistik grec*.

93. — Mais la prise ne saurait être déclarée valable lorsqu'un équipage et un armateur sont poursuivis pour crime de piraterie, et qu'il n'est pas suffisamment prouvé que le navire fût armé. — *Cons. d'Etat*, 18 janv. 1831, *l'Eclair*.

94. — Lorsqu'un navire n'est point armé, l'irrégularité ou l'absence de quelques pièces de bord ne suffisent pas pour le constituer en état de piraterie et le faire déclarer de bonne prise. — *Cons. d'Etat*, 1er mars 1826, Plough-Boy c. *la Jeanne-d'Arc*.

95. — On ne saurait considérer comme armé pour la piraterie un navire à bord duquel on ne trouve, au milieu d'autres armes, qu'un canon de huit en fonte. En conséquence, on ne doit pas, sur ce chef, le déclarer de bonne prise. — *Cons. d'Etat*, 25 janv. 1831, *la Corinne*.

96. — Tout navire qui refuse d'amener ses voiles après la semonce qui lui en a été faite, peut y être contraint; en cas de résistance et de combat, il est de bonne prise. — Arrêté 2 prair. an XI, art. 57.

97. — Dès lors : quand un bâtiment, quelle que soit sa nation, n'amène pavillon qu'après résistance et combat, il doit être déclaré de bonne prise. — *Cons. d'Etat*, 20 oct. 1819, Rougemont.

98. — La fuite d'un navire au coup de semonce, donne le droit à un corsaire de contraindre le navire semoncé à amener ses voiles et à se laisser visiter; mais elle ne l'autorise pas à l'arrêter malgré les preuves de sa neutralité. — *Cons. d'Etat*, 3 juill. 1816, Arnemanne c. *le Général Pajol*.

99. — Tout bâtiment qui après avoir amené pavillon renouvelle le combat, doit être déclaré de bonne prise. — *Cons. des prises*, 23 vend. an X, *le Rodolphe* c. *la Laure*.

100. — Lorsqu'il s'agit de savoir si un corsaire français a tiré le coup de semonce et fait une prise sous pavillon étranger, les juges doivent interroger l'équipage du navire capturé ainsi que celui du bâtiment capteur. — *Cass.*, 19 germ. an VII, Laforez c. Deboer.

101. — Il est défendu à tous capitaines de bâtimens armés en guerre d'arrêter ceux, des Français, amis ou alliés, qui ont amené leurs voiles et représenté leur charte partie ou police de chargement, et, sous les peines prononcées par les lois, de prendre ou souffrir qu'il soit pris aucun effet à bord de ces bâtimens. — Arrêté 2 prairial an XI, art. 58.

102. — Quoi qu'il en soit, un navire peut n'être pas déclaré de bonne prise et cependant l'équipage révolté peut être poursuivi pour crime de traite des noirs. — *Cons. d'Etat*, 26 déc. 1830, *la Vigilante*.

103. — Dès qu'un navire se trouve dans des circonstances telles qu'on doit le soupçonner de piraterie, c'est le cas de l'arrêter; mais si l'information et les renseignemens transmis prouvent qu'il voulait seulement se livrer à la contrebande en pays étranger, le conseil ne doit pas déclarer la prise valable et il y a lieu d'ordonner la mainlevée du navire capturé. — *Cons. d'Etat*, 24 déc. 1828, *le San Bartholomeo*.

104. — Tout Français qui sans la permission du gouvernement français a pris une commission en course d'une puissance étrangère doit être considéré comme pirate. En cas de prise du navire par lui armé en course, on ne doit pas le remettre avec ses agrès et apparaux à la puissance qui a délivré la permission et sous le pavillon de laquelle était le navire lors de sa capture; ce bâtiment est de bonne prise. — *Cons. d'Etat*, 23 avr. 1823, *l'Amour de la Patrie*.

§ 3. — *Navires neutres ou alliés.*

105. — La neutralité, qui est en temps de guerre le seul lien des relations sociales et des communications utiles entre les hommes, doit être religieusement respectée, comme un vrai bien public. — Portalis, disc. du 14 flor. an VIII.

106. — En conséquence, doit être annulée toute prise de navires appartenant à une puissance contre laquelle le gouvernement français n'a pas autorisé la course et qui sont neutres. — *Cons. d'Etat*, 16 mars 1807, Constantini.

107. — Le capitaine d'un navire neutre ne devient pas ennemi de la France, et son navire ne peut être de bonne prise, par le seul fait qu'une puissance ennemie de la France occupe la province dont il est originaire, mais qu'il a quittée pour se fixer en pays neutre. — *Cons. d'Etat*, 7 oct. 1807, Muraour c. Audrich.

108. — Les navires des puissances neutres ne peuvent être arrêtés, lors même qu'ils sortiraient des ports ennemis ou qu'ils y seraient destinés. — Règlem. 26 juillet 1778, art. 1er.

109. — Les marchandises ennemies chargées sur des navires neutres sont insaisissables, en vertu du principe : *Le pavillon couvre la marchandise*. — Règl. 26 juill. 1778; L. 9 mai 1793, 1er nivôse an III, 23 frim. an VIII; arrêté 12 ventôse an V. — Merlin, *Rép.*, v° *Prise maritime*, § 3, art. 3; Favard de Langlade, *Rép.*, *eod. verbo*, § 2, nos 17 et 18; Goujet et Merger, n° 57.

110. — Toutefois, les puissances belligérantes sont autorisées à surveiller et à prévenir les fraudes d'une neutralité feinte. Si l'ennemi connu est toujours manifeste, le neutre peut cacher un ennemi réel sous la robe d'ami; il est alors frappé par le droit de guerre, et il mérite de l'être. — Portalis, disc. du 14 floréal an VIII.

111. — Par suite, sont de bonne prise soit les bâtimens, soit leurs chargemens en tout ou en partie, dont la neutralité n'est pas justifiée conformément aux règlemens ou traités. — Arrêté 2 prairial an XI, art. 53.

112. — Il ne suffit pas qu'un navire ait fait naufrage, pour qu'il doive être relâché; il faut que sa neutralité soit constatée, sans quoi on devrait le déclarer de bonne prise. — *Cons. des prises*, 29 fruct. an VIII, *la Maria-Arendz*.

113. — Les maîtres des bâtimens neutres sont tenus de justifier sur mer de leur propriété neutre par les passe-ports, connaissemens, factures et autres pièces de bord, l'une desquelles au moins doit constater la propriété neutre ou en contenir une énonciation précise. — Règlem. 26 juill. 1778, art. 2.

114. — La neutralité d'un navire ne peut être prouvée par de prétendus actes de vente faits en vertu de pouvoirs non datés, ni énoncés dans le contrat, et revêtus de la signature et du sceau d'un juge de paix pour forme de légalisation, et sans date. Les actes de vente invoqués, fussent-ils authentiques, ne pourraient, conformément à l'art. 7 du règlement du 26 juillet 1778, empêcher la confiscation qu'autant qu'ils auraient été visés et enregistrés en un lieu quelconque.

115. — Le passe-port est la preuve spécifique que l'on n'est pas l'homme de l'ennemi, et que l'on voyage sous la protection d'une puissance neutre; il prouve que le pavillon n'est pas un masque, que la propriété du navire n'est pas devenue ennemie. — *Cons. des prises*, 6 thermidor an VIII, *la Carolina-Wilhelmina* c. *le Dragon*.

116. — Un passe-port ou congé ne peut servir que pour un seul voyage. — Règl. 26 juill. 1778, art. 4.

117. — Toutefois : le navire destiné à la caravane a un passe-port régulier, bien qu'il soit délivré sans une destination précise. — *Cons. des prises*, 6 therm. an VIII, *le Quintus* c. *l'Epervier*.

118. — Le passe-port ou congé cesse de protéger le navire, quand ceux qui l'ont obtenu se trouvent y avoir contrevenu; ou lorsqu'il exprime un nom de bâtiment, différent de l'énonciation qui est faite dans les autres pièces de bord : à moins que les preuves du changement de nom avec l'identité du bâtiment ne fassent partie de ces mêmes pièces, et qu'elles n'aient été reçues par des officiers publics du lieu du départ et enregistrées devant le principal officier public du lieu. — Règl. 26 juill. 1778, art. 5.

119. — On ne peut contester la neutralité d'un navire sous le prétexte que le passe-port lui donne un nom différent de celui que lui donnent les pièces de bord, si le capteur n'a pas prouvé ni même allégué que ce navire était de construction ennemie ou a appartenu à un ennemi. — *Cass.*, 24 therm. an VII, *l'Anne-Louise* c. *l'Entreprenant*.

120. — La relâche forcée n'est point une infraction au passe-port, pouvant donner lieu à la saisie d'un navire neutre. — *Cass.*, 2 flor. an VII, *la Retrieve* c. *l'Impromptu*.

121. — Le passe-port d'un navire se disant américain, suivi d'une affirmation non signée ni de l'officier public devant lequel elle aurait été faite, ni de la partie qui aurait fait ce serment est nul. — *Cons. des prises*, 6 thermidor an VIII, *le Républicain* c. *le Spartiate*.

122. — N'est point de bonne prise le navire muni d'un passe-port délivré pour naviguer pendant un an en divers lieux sous le pavillon d'un souverain neutre ou allié, lorsque, obligé de relâcher dans un port qui n'appartient pas à ce souverain, il en sort avec le même passe-port. — *Cass.*, 19 germ. an VII, Deboer c. Laforez.

123. — Un passe-port est valide encore que la demande en soit faite d'un port étranger à la domination du prince qui le délivre et qu'il soit signé avant que le navire qui le demande soit entré sous la domination de ce souverain, il suffit que le passe-port ne soit remis et délivré qu'au moment où le bâtiment auquel il est destiné est dans un port de la domination du souverain qui le délivre. — *Cons. des prises*, 3 mess. an VIII, *la Constance* c. *les Deux Amis*.

124. — Mais : est de bonne prise le navire se prétendant neutre qui n'a point de passe-port, mais seulement des lettres de franchise relatives aux douanes et n'indiquant ni le lieu de son départ ni sa destination. — *Cass.*, 22 flor. an VII, *le Thuys'kon*.

125. — Si dans la mer Baltique on n'a pas de passe-ports proprement dits, on se contente d'un certificat de construction et de propriété : c'est qu'elle est une mer close; mais le certificat ne suffit pas aux navires qui sortent de la Baltique. — *Cons. des prises*, 6 thermidor an VIII, *la Carolina-Wilhelmina* c. *le Dragon*.

126. — En tout cas, la nullité du passe-port n'emporterait pas confiscation si d'autres pièces prouvaient la neutralité du navire capturé. — *Cons. des prises*, 3 mess. an VIII, *la Constance* c. *les Deux Amis*.

127. — Jugé, également, que la nullité du passe-port d'un navire ne peut être prononcée sur de simples présomptions, et qu'elle n'entraîne la saisissabilité de ce navire qu'à défaut d'autres pièces de bord justifiant sa neutralité. — *Cass.*, 17 pluv. an VII, *le Furet* c. *l'Elisabeth*.

128. — La neutralité d'équipage résulte du rôle d'équipage arrêté par les officiers publics du lieu du départ. — *Cons. des prises*, 6 therm. an VIII, *la Carolina-Wilhelmina* c. *le Dragon*.

129. — Sont en général de bonne prise tous bâtimens étrangers qui n'ont pas à bord le rôle d'équipage arrêté par les officiers publics des lieux neutres d'où les bâtimens sont partis. — Règl. 26 juill. 1778, art. 9.

130. — Toutefois cette disposition n'est pas applicable aux nations qui, comme les Etats-Unis d'Amérique, sont dispensées du rôle d'équipage par un traité diplomatique, tel que l'art. 25 du traité du 6 févr. 1778. — Goujet et Merger, n° 78.

131. — Jugé qu'un navire des Etats-Unis d'Amérique ne peut être déclaré de bonne prise, quoiqu'on n'ait pas trouvé dans les papiers de bord la permission des officiers de marine du lieu de départ de recevoir à bord les individus portés dans le rôle d'équipage et de les embarquer. — *Cass.*, 12 pluv. an VII, *le Nelly-Kelly* c. *le Vautour*.

132. — Est de bonne prise le navire dont le rôle d'équipage n'indique point les lieux de la demeure des matelots. — *Cass.*, 16 messid. an VII, *l'Ancienne Amitié* c. *l'Alte-freundschaft*; 24 vend. an VIII, *la Julie* c. *l'Anna*.

133. — Le défaut de désignation dans le rôle d'un équipage des noms, origine et domicile des hommes qui le composent n'autorise point la confiscation d'un navire, si ce rôle d'équipage a été arrêté suivant les lois du pays et s'il résulte des interrogatoires de ces hommes qu'ils ne sont ni natifs ni habitans d'un pays ennemi. — *Cass.*, 25 frim. an VII, *l'Elisabeth* c. *le Bon Ordre*.

134. — Un rôle d'équipage n'est pas nul par cela seul que les officiers qui l'ont arrêté n'y auraient pas mentionné leur qualité, pourvu qu'elle soit bien constatée. — *Cass.*, 24 therm. an VII, *l'Anne-Louise* c. *l'Entreprenant*.

135. — N'est pas de bonne prise le navire dont le rôle d'équipage n'est pas signé par les témoins, si, toutefois, il est revêtu de la signature du notaire régulièrement attestée et de celle de l'officier naval. — *Cass.*, 2 flor. an VII, *la Retrieve* c. *l'Impromptu*.

136. — Un rôle d'équipage arrêté dans un autre port que celui du départ et chargé de ratures non approuvées doit être soupçonné de fraude. — *Cons. des prises*, 6 therm. an VIII, *la Carolina-Wilhelmina* c. *le Dragon*.

137. — Un rôle d'équipage peut être régulier encore qu'il ne soit revêtu d'aucun sceau, pourvu qu'il soit régulièrement signé. — *Cons. des prises*, 3 mess. an VIII, *la Constance* c. *les Deux Amis*.

138. — En cas de perte, le rôle primitif d'un équipage peut être régulièrement remplacé par un nouveau rôle délivré par le consul du pays auquel appartient le navire. — *Cons. d'Etat*, 7 octobre 1807, Muraour c. Audrich.

139. — N'est pas valable la capture d'un navire muni d'un passe-port délivré pour naviguer sous le pavillon d'un souverain neutre ou allié, lorsque ce navire a été forcé de renouveler son équipage dans un port de relâche et que le rôle a été arrêté par les officiers publics de ce lieu. — *Cass.*, 19 germin. an VII, Deboer c. Laforez.

140. — Il en est de même du navire qui a renouvelé son équipage dans un pays neutre, même à défaut de preuve de la nécessité de ce renouvellement. — *Cass.*, 11 frim. an VII, *le Phénix* c. *l'Aigle*.

141. — Le rôle d'équipage doit être particulier pour chaque voyage. — *Cons. des prises*, 6 therm. an VIII, *le Républicain* c. *le Spartiate*. — Règlem. 26 juill. 1778, art. 9. — Favard, *Rép.*, v° *Prise maritime*, § 2, n° 13.

142. — Aux termes des art. 2 et 11 du règlement du 26 juill. 1778, la neutralité des marchandises composant le chargement d'un navire doit être prouvée par les pièces de bord. A défaut de cette preuve ces marchandises doivent être déclarées de bonne prise, à la charge, pour le capteur, de payer au capitaine du navire capturé le fret qui lui est dû. — *Cons. d'Etat*, 11 déc. 1814, Compagnie d'assurances de New-York c. *l'Eléonore.*

143.—Est de bonne prise le navire muni d'une charte partie se rapportant à d'autres marchandises que celles chargées, et de connaissemens signés seulement par le capitaine.—*Cass.*, 8 brum. an VIII, *l'Anne* c. *l'Æolus.*

144. — Un navire chargé à cueillette ne peut être confisqué pour défaut de représentation de charte partie, si le capitaine capturé est muni de connaissemens. —*Cass.*, 28 flor. an VII, *la Méditerranée* c. *l'Autour.*

145. — Les connaissemens tiennent lieu de charte partie et sont valides, quoique le capitaine n'ait signé que l'exemplaire remis au chargeur, et n'ait à son bord que les doubles signés du chargeur, se réservant de signer les doubles qui sont à lui quand bon lui semblera. — *Cons. des prises*, 3 messid. an VIII, *la Constance* c. *les Deux Amis.*

146. — Mais la neutralité d'un chargement ne peut s'établir par des connaissemens signés par le capitaine, s'ils ne le sont par les chargeurs. — *Cass.*, 29 brum. an VII, *l'Epervier* c. *la Liberté*; 22 flor. an VII, *le Thuys'kon*; 8 brum. an VIII, *l'Anne* c. *l'Æolus.*

147. — En tout cas : l'absence d'un connaissement, s'il y en a plusieurs, autorise bien la confiscation des marchandises auxquelles il se rapportait, mais non celle de tout le navire.—*Cass.*, 28 flor. an VII, *la Mediterranée* c. *l'Autour.*

148. — Sont réputées pièces de bord et probantes de la neutralité de la cargaison d'un navire celles présentées après la capture et l'arrivage au port, s'il est constant qu'elles étaient à bord lors de la capture. — *Cons. des prises*, 3 messid. an VIII, *l'Antoinette* c. *le Bordelais.*

149. — Les navires chargés de marchandises de contrebande de guerre destinées à l'ennemi, ne sont valablement retenus que si ces marchandises composent les trois quarts de la valeur du chargement. Dans le cas contraire les marchandises sont confisquées, mais les bâtimens sont relâchés. — Règlem. 26 juill. 1778, art. 1er.

150. — Les marchandises dites de contrebande de guerre comprennent les armes et les munitions de guerre de toute espèce, telles que la poudre, les balles, les bombes, les effets d'équipement et d'habillement militaires; les chevaux, les mulets, et généralement toutes choses expédiées pour l'usage et le service des places, escadres et armées, et destinées au service de la guerre. — Ordonn. 1681, tit. *Des prises*, art. 11. — Merlin, *Rép.*, vo *Prise maritime*, § 3, art. 3, no 6; Luchesi Palli, *Dr. publ. marit.*, p. 166.

151. — Mais il en est autrement des vivres et autres objets de première nécessité, et des matières premières ou marchandises de toute espèce propres aux usages pacifiques, bien qu'elles puissent aussi servir à la guerre, s'il n'est pas établi qu'elles y soient destinées. — Ortolan, *Diplomatie de la mer*, t. 2, p. 166; Goujet et Merger, vo *Prise maritime*, no 61.

152. — Les bois de construction des bâtimens de guerre, propriétés neutres, ne sont pas des objets de contrebande de guerre pour la France, lorsqu'ils sont portés par des bâtimens neutres dans des ports ennemis; ils ne peuvent donc motiver la confiscation du navire dont ils composent la cargaison. — *Cons. d'Etat*, 9 sept. 1807, *l'Etoile de Bonaparte* c. *il Volante.*

153. — Si l'arrêté du directoire exécutif du 12 vent. an V a rangé les bois de construction des bâtimens de guerre parmi les objets de contrebande de guerre c'est contre les Américains seulement, qui avaient souffert qu'il en fût ainsi à leur égard par les Anglais. — D'ailleurs, cet arrêté a été depuis rapporté. — Même ordonn.

154. — Si la neutralité d'un navire peut être détruite par la qualité de la cargaison, qui, en tout ou en partie, serait ennemie ou de contrebande (L. 29 niv. an VI); toujours est-il qu'il faudrait que cette partie fût assez considérable pour indiquer la fraude du tout. — *Cons. des prises*, 6 thermid. an VIII, *le Hasard* c. *la Statira.*

155. — Dès lors, la neutralité d'un navire, aux termes du règlement du 26 juill. 1778, remis en vigueur par la loi du 23 brum. an VIII, ne peut être altérée par sa cargaison : à moins que pour les trois quarts cette cargaison ne soit ou ennemie ou de contrebande. — Même décis.

156. — D'où il suit que si sur un navire neutre se trouvent des marchandises de contrebande d'une valeur au-dessous des trois quarts de la cargaison, ces marchandises sont de bonne prise; mais non le restant de la cargaison, ni le navire même.—*Cass.*, 25 frim. an VII, *l'Elisabeth* c. *le Bon Ordre.*

157. — Etaient réputées marchandises anglaises, et par conséquent de contrebande, celles qui provenaient d'une île dont les Anglais s'étaient emparés et qu'ils occupaient, bien qu'aucun traité n'eût consacré et reconnu leur domination. — *Cons. des prises*, 6 therm. an VIII, *le Républicain* c. *le Spartiate.*

158. — La bonne foi du capitaine et le malheur d'un naufrage ne suffisaient pas pour préserver de la confiscation les marchandises anglaises échouées sur les côtes de France; elles étaient réputées marchandises ennemies mises hors du commerce comme marchandises de contrebande.—*Cons. d'Etat*, 19 mars 1808, *l'Horizon.*

159. — Lorsque sous l'empire du décret du 21 novembre 1806 un bâtiment américain a été capturé et déclaré de bonne prise, à cause de son long séjour en Angleterre et du défaut de certificat d'origine de ses marchandises, à l'effet de prouver qu'elles ne proviennent ni de l'Angleterre ni de ses colonies, la capture a dû être réputée faite sur les Anglais — *Cons. d'Etat*, 19 oct. 1808, Lacoste.

160. — Une cargaison d'origine ennemie (anglaise), mais déjà prise par un corsaire français, et ensuite vendue à des sujets d'une puissance neutre, a cessé de pouvoir être considérée comme de production ennemie.—*Cass.*, 29 fruct. an VII, *le Saint-Vincent* c. *la Tonnante.*

161. — Un bâtiment neutre qui une première fois a été capturé et racheté par le propriétaire au moment où il allait être déclaré de bonne prise, pour contravention au décret du 21 nov. 1806, peut, lorsqu'il a été réexpédié de nouveau, être capturé une seconde fois et confisqué pour la même contravention.—*Cons. des prises*, 23 juill. 1808, Barrère c. *le Requin.*

162. — La circonstance que ce bâtiment a déposé les marchandises qu'il avait à son bord à l'époque de sa contravention et qu'il a pris une nouvelle cargaison dans un port allié, ne suffit point pour le mettre à l'abri de cette confiscation; la contravention originaire ne pourrait être purgée qu'autant qu'il aurait subi une condamnation fondée sur la fréquentation des ports anglais, et qu'après une expropriation réelle un autre propriétaire aurait fait une expédition toute nouvelle. — Même décis.

163. — La neutralité d'un navire, résultant des pièces de bord, peut être combattue à l'aide de la preuve testimoniale, par la déposition des gens de l'équipage. — Merlin, *Rép.*, vo *Prises maritimes*, § 3, art. 3, no 4; Favard, *eod. verbo*, 2, no 5.

164. — Elle peut aussi être détruite par quelques-unes des pièces secrètes, trouvées à bord, ou dans les papiers du capitaine, portant que la propriété est réellement ennemie. — *Cons. des prises*, 17 brum. an IX, *la Molly* c. *l'Eole*; 17 brum. an X, *le Winyau* c. *l'Ariége.*

165. — Par suite, le capitaine d'un corsaire capturé doit être admis à prouver par témoins qu'un navire naviguant sous pavillon neutre est parti directement d'un port ennemi. — *Cass.*, 29 brum. an VII, *l'Epervier* c. *la Liberté.*

166. — De plus : les navires neutres doivent, à peine d'être capturés valablement, respecter toutes autres règles de la neutralité, que des conventions internationales ont pu établir.

167. — L'ordre de courir sus donné contre les bâtimens neutres chargés de grains ne suffit pas pour entraîner la confiscation de ceux desdits bâtimens qui n'auraient pas enfreint les règles de la neutralité, telles qu'elles étaient entendues au jour de cet ordre.—*Cons. d'Etat*, 18 mars 1816, *le Sédiman.*

168. — Le gouvernement de la République Argentine a pu stipuler avec le commandant de nos forces navales les règles déterminées par le règlement du 23 avril 1839, spécialement applicables aux navires de ladite république; en conséquence, les navires qui ont violé ces règles, soit en s'abstenant de faire viser les manifestes de leurs marchandises par le consul français, soit en ne déposant pas la caution exigée, soit enfin en suivant une ligne de navigation qui leur était interdite, doivent être déclarés de bonne prise. — *Cons. d'Etat*, 14 mars 1845 *le Monte-Alegre.*

169. — Sont de bonne prise les bâtimens des puissances neutres qui portent des secours à des places bloquées, investies ou assiégées. — Règl. 26 juill. 1778, art. 1er.

170. — Ainsi : est valable la prise d'un navire neutre qui prévenu du blocus et averti par le commandant de l'escadre, dont l'avertissement est mentionné sur les papiers du navire capturé, a tenté de violer la ligne du blocus, bien qu'il ne fût chargé d'aucune marchandise de contrebande de guerre. — *Cons. d'Etat*, 4 mars 1830, Morteo ; même jour, Stellato.

171. — Au cas de blocus d'un port ennemi, les règlemens arrêtés avec un gouvernement non ennemi relativement à la navigation dans les parages du port bloqué sont obligatoires pour tous les navires de ce gouvernement.—*Cons. d'Etat*, 20 juin 1844, *la Santa Rosa*; 22 août 1844, *le Carmen*; 17 sept. 1844, *le San Jose-Labrador.*

172.— En conséquence : doivent être déclarés de bonne prise les navires qui ont contrevenu à ces conventions, soit en ne faisant pas viser par le consul français le manifeste de leurs marchandises, soit en portant d'autres marchandises que celles comprises au manifeste visé par ce consul, soit en suivant dans leur navigation une ligne expressément interdite. — *Cons. d'Etat*, 20 juin 1844, *la Santa Rosa*; 17 sept. 1844, *le San Jose-Labrador.*

173. — Et pour cela il n'est pas besoin que les navires employés au blocus donnent préalablement aux autres navires avis du blocus, et le mentionnent, comme d'usage, sur leur rôle d'équipage. — *Cons. d'Etat*, 22 août 1844, *le Carmen.*

174.—Jugé, au contraire, qu'un navire neutre ne peut être légitimement capturé en cas de blocus, qu'autant qu'il a été spécialement averti de l'existence et de l'étendue dudit blocus et que mention de l'avertissement a été inscrite sur le rôle d'équipage; il ne suffit point que le blocus ait été notifié aux agens des puissances étrangères par les agens français. — *Cons. d'Etat*, 17 juill. 1843, *la Joséphine.*

175. — Toutefois, la convention intervenue pendant la durée d'un blocus entre le commandant des forces navales chargées d'en assurer l'exécution et un gouvernement, pour régler les conditions auxquelles seraient soumis les bâtimens dudit gouvernement, a pu être considérée comme excluant à l'égard de ces bâtimens la nécessité d'un avertissement spécial et d'une mention sur le rôle d'équipage. — *Cons. d'Etat*, 19 juill. 1843, *le Robert.*

176. — Par suite : si lesdits bâtimens sont surpris tentant de violer la ligne de blocus (première espèce) et dépourvus de tous papiers de bord (première et deuxième espèce), ce qui les met dans l'impossibilité de justifier qu'ils se soient conformés aux prescriptions du règlement; ils ont pu être valablement capturés, bien que n'ayant pas reçu d'avertissement spécial et qu'aucune mention n'ait été faite sur leur rôle d'équipage. — Même ordonn.

177. — Lorsqu'il est constant que c'est volontairement, et non par ordre ni pour compte de son gouvernement, qu'un navire est entré dans un port occupé par les troupes françaises, que, du reste, il n'y a été retenu par aucun fait de l'administration après le chargement de la cargaison, mise en réquisition et payée, il n'y a pas lieu de payer le prix du navire tombé ultérieurement au pouvoir de l'ennemi. — *Cons. d'Etat*, 24 mars 1819, N....

178. — Quant aux navires alliés, ils peuvent établir leur nationalité par tous les genres de preuves et par toutes autres pièces que celles de bord. — Avis Cons. d'Etat 13-18 août 1811.

179. — Décidé qu'aux termes de cet avis du 13-18 août 1811 les propriétaires de vaisseaux sujets des puissances alliées de la France ont dû être admis postérieurement à la capture, à justifier de la propriété du chargement. — *Cons. d'Etat*, 8 juill. 1816, Boissaert c. *l'Actif.*

180. — Mais avant ce même avis, dont le privilége était particulier aux puissances alliées, le défaut d'énonciation de la propriété du chargement était un motif suffisant d'arrestation. — Même ordonnance.

181. — Les principes du droit des gens qui font déclarer de bonne prise les choses dont une puissance ennemie s'est emparée et qu'on lui arrache, doivent être suivis lorsque la capture est faite sur les rebelles d'une puissance alliée. — *Cons. d'Etat*, 19 janv. 1811, *Don Joseph-Napoléon.*

182. — Tous vaisseaux pris, de quelque nation qu'ils soient, neutre ou alliée, desquels il est constaté qu'il y a eu des papiers jetés à la mer ou autrement supprimés ou distraits sont déclarés de bonne prise, avec leurs cargaisons, sur la seule preuve des papiers jetés à la mer, et sans qu'il soit besoin d'examiner quels étaient ces papiers, par qui ils ont été jetés, et s'il en est resté suffisamment à bord pour justifier que le navire et son chargement appartiennent à des amis ou alliés. — Règlem. 26 juill. 1778, art. 3.

ART. 2. — *Prises illégitimes. — Dommages-intérêts.*

183. — Lorsqu'un navire a été capturé hors

des cas légitimes, la restitution doit en être faite ainsi que de tous les autres objets capturés. De plus : des dommages-intérêts peuvent être prononcés contre le capteur, s'il a agi de mauvaise foi.

184. — Ainsi, est nulle la prise faite pour contravention à un règlement que le navire capturé n'a pu connaître et qui n'existait pas lors de son départ. — *Cons. d'Etat*, 7 mai 1808, *la Princesse Elisa* c. *l'Alexander*.

185. — De même encore : quand l'illégitimité d'une capture est telle que les autorités du port où le navire capturé est conduit en font immédiatement remise, et que cette remise s'exécute, la prise doit être déclarée nulle et les armateurs, capitaine et intéressés du corsaire capteur doivent être condamnés à des dommages-intérêts. — *Cons. d'Etat*, 14 janv. 1818, Schmidt c. *le Sédiman*.

186. — Mais le capteur ne doit pas être condamné à des dommages-intérêts quand il n'est pas prouvé qu'il a agi de mauvaise foi, et que les circonstances tendent, au contraire, à démontrer sa bonne foi.

187. — Pour qu'un capteur soit tenu à des dommages-intérêts envers le capturé, il ne suffit pas que la prise ne soit pas valide ; il faut encore que l'ensemble des circonstances qui ont accompagné la prise n'ait pas donné au capteur un motif suffisant pour arrêter le navire ensuite relaxé. — *Cons. d'Etat*, 3 juill. 1816, Boissaert c. *l'Actif*.

188. — Ainsi : lorsqu'une partie de la cargaison est dépourvue de connaissement, cela suffit pour excuser la capture et empêcher les capteurs d'être condamnés à des dommages-intérêts. — *Cons. des prises*, 23 vent. an X, *le Wilhelmsbourg* c. *la Revanche*.

189. — De ce que c'est dans les eaux d'une puissance neutre qu'un bâtiment a été capturé, il ne s'ensuit pas que les capteurs aient agi de mauvaise foi, et, par là, se soient rendus passibles de dommages-intérêts, si le capturé n'allègue aucune autre circonstance qui établisse la mauvaise foi des capteurs. — *Cons. d'Etat*, 4 août 1819, Lecourtois c. Ricot.

190. — Dans le cas de capture d'un navire pour contravention à un règlement récemment publié ; le capteur ne doit pas non plus de dommages-intérêts, si, dans les parages et le temps où la prise a été faite, ce règlement devait être présumé connu. — *Cons. d'Etat*, 7 mai 1808, *la Princesse Elisa* c. *l'Alexandre*.

191. — De même : lorsqu'un navire français a simulé un pavillon pour se soustraire à la surveillance de l'ennemi, le capteur de ce navire ne peut être passible d'aucuns frais. — *Cons. d'Etat*, 20 nov. 1815, Vaniseghen.

192. — Tout reproche d'irrégularité d'une prise pour cause de violation de territoire d'une puissance neutre est présumé sans fondement, lorsque le gouvernement de ce pays, après avoir d'abord séquestré la prise, l'a ensuite relâchée et en a permis la vente d'après les ordres des autorités françaises. — *Cons. d'Etat*, 27 mai 1816, Palau c. *les Trois Montrouges*.

193. — La demande en restitution d'un navire qu'on prétend avoir été illégitimement capturé, ainsi qu'un paiement de dommages-intérêts, peut, comme toute autre action, être repoussée par des fins de non-recevoir.

194. — Si pendant le cours d'une instance en nullité d'une prise, il intervient une convention diplomatique dont l'application rend inutile la réclamation des capturés, les contestations contre l'application de cette convention ne sont pas recevables par la voie contentieuse. — *Cons. d'Etat*, 24 mars 1824, *la Nueva Mariana*.

195. — Lorsqu'un navire capturé est rendu par le corsaire et que le propriétaire de ce navire a formé une action en dommages-intérêts devant les tribunaux de commerce, où est intervenu jugement qui a acquis autorité de chose jugée ; il n'est plus recevable à porter, à ce sujet, aucune demande devant le Conseil d'Etat. — *Cons. d'Etat*, 31 janv. 1817, Poully c. Michaud.

196. — Mais, d'un autre côté, lorsque le capitaine et l'équipage d'un vaisseau sont incarcérés et menacés d'être conduits prisonniers en France, leur renonciation à toutes poursuites et action en nullité de la capture doit être déclarée nulle et de nul effet, comme n'ayant pas été un acte libre de leur volonté. — *Cons. d'Etat*, 7 août 1816, Leclerc c. *le San Antonio*.

197. — Si la prise est déclarée illégitime par les juges compétens (V. *infrà* nos 225 et suiv.), la restitution est ordonnée ; mais cette restitution n'a lieu, en réalité, qu'autant que le comporte la nature des choses.

198. — En cas de non-validité de la prise ; lorsque la vente du navire a été légalement faite, les armateurs du corsaire ne peuvent être passibles que de la restitution du produit de la vente. — *Cons. d'Etat*, 8 oct. 1810, *le Brutus* c. *la Dame Ernouf*.

199. — En cas de restitution d'un navire capturé, le corsaire n'est point responsable des avaries éprouvées par le navire, encore qu'elles proviennent d'un mauvais mouillage, si le corsaire avait confié à un pilote lamaneur la conduite du navire jusqu'à l'amarrage. — *Cons. d'Etat*, 3 janv. 1815, John Dielh c. *l'Espoir*.

200. — Jugé, cependant, que lorsqu'une prise est nulle et illégale, et que, par suite de cette prise, les objets capturés ont péri par cas fortuit dans le port où ils ont été conduits par le corsaire capteur, la perte doit retomber plutôt sur le capteur que sur le propriétaire. — *Cass.*, 22 niv. an X, Dupuis c. Strafforello.

201. — ... Que quand la mainlevée d'une prise maritime a été prononcée sans dommages-intérêts ni dépens, les frais de déchargement du navire, de son gardiennage, de l'emmagasinement des marchandises et de la nourriture de l'équipage doivent être remboursés au capteur. — *Rennes* (et non *Paris*), 27 germ. an X, Metois c. Boitwigg.

202. — Le capitaine d'un navire pris et ensuite relâché à cause de sa neutralité doit obtenir le paiement du fret, non d'après une liquidation à faire par experts, mais au taux réglé par les chargeurs, et une indemnité pour le retard qu'il a éprouvé. — *Cass.*, 28 fruct. an VII, *le Raskeboude* c. *le Zénodore*.

203. — Lorsqu'il y a eu infraction aux ordonnances dans la manière dont les marchandises capturées ont été vendues, c'est à prix de factures d'acquisition, et non à prix de vente, que doit avoir lieu la restitution des marchandises qui ne sont pas déclarées de bonne prise. — *Cons. d'Etat*, 2 févr. 1808, *l'Arabe* c. *le Felice*.

204. — Lorsqu'un jugement, en déclarant illégale une prise maritime, condamne en même temps à la restitution l'armateur et tous dépositaires, il en résulte pour le capturé le droit de faire restituer aux actionnaires les dividendes par eux touchés. — *Cass.*, 18 mars 1810, Teker-Gayen c. Acquart.

205. — Dans le cas où le corsaire capteur est condamné à des dommages-intérêts, ces dommages-intérêts doivent être de la différence entre le prix de vente de la cargaison et le prix réel des marchandises qui la composent d'après les factures et les comptes d'achat. — *Cons. d'Etat*, 3 juill. 1816, Arnemanne c. *le Général Pajol*.

206. — La liquidation des restitutions à faire en cas d'annulation de la capture de bâtimens neutres ne doit être faite que sur les pièces de bord, peu importe que la capture ait été faite par des corsaires ou des bâtimens de l'Etat. — *Cons. d'Etat*, 6 févr. 1822, Mac-Pherson c. ministre de la marine.

207. — Les capturés sont mal fondés à prétendre que les pièces de bord ont été perdues par le fait des capteurs et que la liquidation demandée doit être faite sur pièces nouvellement produites, lorsqu'un inventaire des pièces de bord a été dressé en présence du capitaine du navire capturé et que cet inventaire a été signé par lui sans réserves ni protestations.

208. — La réception des pièces de bord sans inventaire, sans réserve et sans protestation établit une fin de non recevoir contre la demande en dommages-intérêts que le capturé forme ultérieurement. — *Cons. d'Etat*, 4 août 1819, Lecourtois c. Ricot.

Sect. 3e. — *Obligations des capteurs après la prise.*

209. — Aussitôt après la prise d'un navire, les capitaines capteurs doivent : 1° se saisir des congés, passe-ports, lettres de mer, chartes parties, connaissemens et autres papiers existans à bord ; 2° déposer le tout dans un coffre ou sac en présence du capitaine pris, lequel est interpellé de le sceller de son cachet ; 3° faire fermer les écoutilles et autres lieux où il y a des marchandises et se saisir des clefs des coffres et armoires. — Arrêté du 2 prair. an XI, art. 59.

210. — Lorsque, après la prise d'un navire, le capitaine capteur s'est emparé des pièces de bord et les a mises dans une boîte sans interpeller le capitaine capturé de la sceller de son cachet, le navire ne peut être confisqué ; surtout s'il résulte d'autres pièces de bord qu'il était muni d'un passe-port délivré par un souverain neutre. — *Cass.*, 28 flor. an VII, *la Méditerranée* c. *l'Autour*.

211. — Toutefois : est valable la prise faite par un corsaire bien qu'il ne représente pas les pièces saisies à bord du navire capturé, s'il a été empêché de faire cette production par force majeure. — Avis Cons. d'Etat 20 oct. 1810.

212. — Il est défendu, à tous capitaines, officiers et équipages des vaisseaux preneurs, de soustraire aucun papier ou effet du navire pris, à peine de deux ans d'emprisonnement, conformément à l'ordonnance de 1681, et de peines plus graves dans les cas prévus par la loi. — Arrêté du 2 prair. an XI, art. 60.

213. — Les capitaines qui ont fait des prises doivent les amener ou envoyer, autant qu'il est possible, au port où ils ont armé ; s'ils sont forcés, par des causes majeures, de conduire ou d'envoyer leurs prises dans quelque autre port, ils doivent en prévenir immédiatement les armateurs. — Art. 61.

214. — Si le chef conducteur d'un navire pris fait dans sa route quelques autres prises, elles appartiennent à l'armement dont il fait partie ou à la division à laquelle il est attaché. — Art. 62.

215. — Si le navire capturé est repris par l'ennemi durant le voyage, le chef conducteur est jugé à son retour comme le sont, en pareil cas, les commandans des bâtimens de l'Etat. — Art. 63.

216. — Il est défendu, sous peine de mort, à tous individus faisant partie de l'état-major de l'équipage d'un corsaire, de couler à fond les bâtimens pris et de débarquer les prisonniers sur des îles ou côtes éloignées, dans le dessein de celer la prise (ord. 1681, art. 18). — Dans le cas où les preneurs, ne pouvant se charger du vaisseau pris ni de l'équipage, enlèveraient seulement les marchandises ou le relâcheraient, le tout par composition, ils sont tenus de se saisir des papiers et d'amener au moins les deux principaux officiers du vaisseau pris, à peine d'être privés de ce qui pourrait leur appartenir dans la prise, et d'autre punition s'il y échet. — Arrêté du 2 prair. an XI, art. 63.

217. — Tout corsaire qui fait une prise sans saisir les papiers de bord et sans amener de prisonniers perd tous ses droits de prise, qui doivent être confisqués au profit de la caisse des invalides de la marine. — *Cons. d'Etat*, 23 déc. 1815, Leclerc.

218. — Est réputée rançon arbitraire la prise de marchandises sur un bâtiment rendu à la liberté sans que le capteur ait amené, au moins, les deux principaux officiers du bâtiment capturé, encore qu'il soit déclaré par le capteur que ses forces ne lui ont pas permis d'amariner le navire capturé et qu'il n'ait pu le dégarnir de ses hommes sans l'exposer à ne pouvoir faire route. Dans ce cas le capteur est sans droit sur les marchandises capturées, qui doivent être remises à la disposition du gouvernement pour en disposer, suivant le droit et la justice, au cas où elles seraient réclamées. — *Cons. des prises*, 19 therm. an VIII, *la Caroline* c. *la Nancy*.

219. — Toutes les prises sont conduites dans les ports, sans pouvoir rester dans les rades ou aux approches de ces ports au delà du temps nécessaire pour leur entrée dans ces mêmes ports. — Arrêté du 2 prair. an XI, art. 67.

220. — Il est défendu de faire aucune ouverture des coffres, ballots, barriques, tonneaux ou armoires, de transporter ni vendre aucune marchandise de la prise, et à toutes personnes d'en acheter ou recéler, jusqu'à ce que la prise ait été jugée ou que la vente en ait été légalement autorisée, sous peine de restitution du quadruple de la valeur de l'objet détourné et de punitions plus graves suivant la nature des circonstances. — Art. 65.

221. — Aussitôt que la prise a été amenée dans quelque port ou rade de France, le chef conducteur est tenu de faire son rapport à l'officier d'administration de la marine, de lui représenter et remettre, sur inventaire et récépissé, les papiers et autres pièces trouvées à bord, ainsi que les prisonniers faisant partie du navire pris, et de lui déclarer le jour et l'heure où le bâtiment a été pris, en quel lieu et à quelle hauteur ; si le capitaine a fait refus d'amener les voiles ou de faire voir sa commission ou son congé, s'il a attaqué ou s'il s'est défendu, quel pavillon il portait, et les autres circonstances de sa prise et de son voyage. — Art. 66.

222. — Quand le capitaine d'un navire armé en course a conduit une prise dans un des ports de France, il est tenu d'en faire la déclaration au bureau de la douane. — Art. 67.

223. — Toutes les lettres généralement quelconnues trouvées sur les bâtimens ennemis qui sont pris, sont immédiatement remises au fonctionnaire supérieur de la marine ou à l'agent commercial dans le port où la prise aborde; celui-ci les fait passer au ministre de la marine. Les lettres trouvées sur des bâtimens neutres sont ouvertes et lues en présence de l'armateur ou de son représentant; celles qui sont de nature à donner des éclaircissemens sur la validité de la prise sont jointes à la procédure, les autres lettres sont adressées au ministre de la marine. — Art. 68.

Sect. 4e. — *Jugement de la prise.*

224. — Toute prise doit être jugée par des tribunaux chargés de vérifier si elle a été faite dans des circonstances licites, et si elle doit être déclarée valable ou nulle. — Goujet et Merger, v° *Prise marit.*, n° 104.

ART. 1er. — *Tribunal compétent.*

225. — Les circonstances dans lesquelles chaque prise a été faite déterminent la puissance qui a droit de statuer sur sa validité. Les juges compétens sont tantôt ceux du pays du capteur, tantôt ceux du pays du capturé, et enfin quelquefois ceux du pays où la prise a été conduite. — Goujet et Merger, n° 105.

226. — Les juges du pays du capteur sont seuls compétens: 1° lorsque la prise d'un bâtiment ennemi a eu lieu en pleine mer, et a été conduite dans le pays du capteur; 2° lorsque la prise d'un navire ennemi, faite aussi en pleine mer, a été amenée dans un port neutre, s'il n'y a pas de disposition contraire dans les traités; 3° lorsqu'un bâtiment neutre ou allié, pris en pleine mer, a été conduit dans un port neutre d'une puissance autre que celle du capteur et du capturé. — Merlin, *Rép.*, v° *Prise marit.*, § 7, ar. 1er; Favard de Langlade, *eod. verbo*, § 4, n° 1er; Goujet et Merger, n° 106.

227. — Au contraire, c'est aux juges du pays du capturé à connaître de la prise quand le navire neutre ou allié, pris en pleine mer, a été amené dans le pays du capturé. — Déclarat. 22 sept. 1638, édit 5 févr. 1650; ordonn. 1681, tit. *Des prises*, art. 15. — Favard de Langlade, v° *Prise marit.*, § 4, n° 2; Merlin, *eod. verbo*, § 7, art. 5.

228. — Enfin, c'est aux juges du pays où la prise a été conduite qu'il appartient de se prononcer: 1° quand la prise d'un bâtiment ennemi a été faite sous le canon d'une puissance neutre ou alliée et a été amenée dans un port de cette puissance; 2° dans tous les cas où la prise a été faite par un corsaire sans commission d'aucune puissance. — Merlin, § 7, art. 1er; Favard, § 4 n° 1er; Goujet et Merger, n° 108.

229. — Décidé, cependant, d'une manière générale, qu'en matière de prise maritime le jugement appartient exclusivement aux tribunaux du capteur; et les décisions émanées de ces tribunaux doivent être exécutées sur le territoire et contre les sujets des puissances neutres sans aucune révision préalable et sur la simple vérification de leur forme extérieure comme si elles avaient été rendues par les juges mêmes de la puissance neutre. — *Cass.*, 29 mars 1809, *l'Aventurier* c. *l'Europe; Lyon*, 10 avril 1810, mêmes parties.

230. — Le jugement des prises appartint d'abord aux tribunaux de commerce (L. 14-21 févr. 1793). Il fut ensuite attribué à un conseil exécutif provisoire (L. 18-19 brum. an II); puis rendu plus tard aux tribunaux de commerce (L. 3 brum. an IV), et les appels des jugemens de ces tribunaux furent attribués aux tribunaux de département. — L. 8 flor. an IV.

231. — D'après l'art. 5 de cette dernière loi, les consuls et vice-consuls prononçaient, comme les tribunaux de commerce, sur la validité des prises.

232. — Une loi du 26 ventôse an VIII ravit encore aux tribunaux le jugement sur la validité des prises, et un arrêté du 6 germinal suivant en investit un conseil qui fut appelé le *Conseil des prises* (V. ce mot). Un décret du 11 juin 1806 permit de déférer les décisions de ce conseil au Conseil d'Etat.

233. — Enfin les ordonnances des 9 janvier et 23 août 1815 ont supprimé le *Conseil des prises* et conféré ses attributions au Conseil d'Etat, encore juge souverain sur cette matière.

234. — Ainsi, jugé qu'il appartient au roi, en Conseil d'Etat, de statuer sur la validité de prises maritimes qui n'ont pas été faites sous pavillon ennemi. — *Cons. d'Etat*, 14 mars 1845, *le Monte-Alegre.*

235. — De plus, dans les colonies et en pays étranger, comme on le verra plus loin, ce sont des commissions qui statuent en premier ressort sur la validité des prises.

236. — Toutefois, c'est aux tribunaux à connaître 1° des contestations sur intérêts privés entre les corsaires et les armateurs pour leur portion dans les prises; 2° de la liquidation et du partage du prix, des questions d'ordre et de privilége. — Cormenin, *Droit administ.*, v° *Prise*, t. 2, p. 406, § 4; Bravard, *Manuel de dr. commerc.*, p. 483, note de Royer-Collard.

237. — Cette succession de dispositions législatives sur les juges appelés à connaître de la validité des prises, a donné lieu principalement aux décisions suivantes sur les questions de compétence.

238. — Même au temps où les tribunaux connaissaient de la validité des prises maritimes, ils étaient incompétens pour décider si la prise d'un navire ennemi faite par les gens de l'équipage d'un corsaire, montés sur une chaloupe portant pavillon étranger et ami, pendant qu'on appareillait leur vaisseau, devait appartenir au gouvernement français ou à celui dont le propriétaire de la chaloupe était sujet. — *Cass.*, 17 frim. an VIII, *l'Adélaïde* c. *le Luron.*

239. — Le Conseil des prises était compétent pour prononcer la confiscation de toute propriété anglaise, même d'une créance sur un Français. Mais il était tenu de renvoyer à l'autorité judiciaire les questions d'époque d'exigibilité, de mode de libération, d'intérêts échus et de retenue dont ils étaient susceptibles, qui étaient des contestations indépendantes de la confiscation. — *Cons. des prises*, 29 déc. 1813, le Domaine c. Guerre.

240. — L'autorité compétente pour connaître de la validité des prises est, par cela même, compétente pour déterminer, entre plusieurs prétendans, celui auquel la prise doit être attribuée. — On l'a décidé ainsi relativement au Conseil des prises. — *Cons. d'Etat*, 10 avril (et non 18 mai) 1816, *le Marsouin* c. *le Théophile.*

241. — La connaissance des suites d'un jugement qui déclare nulle une prise maritime, appartient aux tribunaux ordinaires et non au Conseil d'Etat. — *Cass.*, 22 nivôse an X, Dupuis c. Strafforello. — *Cons. d'Etat*, 18 avril 1816, Egge c. Sébastiani.

242. — De même, les tribunaux de commerce connaissent exclusivement des contestations qui naissent des décisions du Conseil des prises. — *Rennes*, 15 avril 1817, Allen c. N...

243. — La question de propriété d'un navire ne peut être jugée par les tribunaux de commerce lorsqu'elle est subordonnée à la question de savoir si ce navire, capturé par l'ennemi, mis en adjudication par lui et revendu ensuite à des Français, peut être considéré comme ayant été valablement capturé par les ennemis de la France. — *Cons. d'Etat*, 19 mars 1817, Perier c. de la Morinière.

244. — C'est au Conseil d'Etat, et non point aux tribunaux ordinaires, à statuer sur la revendication formée par les anciens propriétaires d'un navire capturé par l'ennemi, puis revendu à des Français, lorsque, dans l'espèce, il s'agit de prononcer, non pas sur une prise faite en mer, mais sur une confiscation par une armée navale, et sur une capitulation dont les conséquences ne peuvent être jugées que par le gouvernement. — *Cons. d'Etat*, 11 févr. 1818, Perier c. de la Morinière.

245. — Le Conseil d'Etat, compétent pour connaître de la revendication du navire, doit, après l'avoir déclarée mal fondée, renvoyer devant l'autorité judiciaire l'action en dommages-intérêts à raison de la saisie. — *Cons. d'Etat*, 22 juill. 1818, Perier c. Vaucresson.

246. — Lorsque l'illégitimité d'une capture est telle que les autorités du port où le navire capturé est conduit en font immédiatement la remise et que, par suite, des dommages-intérêts sont dus par le corsaire capteur, c'est le tribunal de commerce qui doit procéder à la liquidation de ces dommages-intérêts. — *Cons. d'Etat*, 14 janv. 1818, Schmidt c. *le Sédiman.*

247. — C'est au Conseil d'Etat que doit être soumise l'homologation des transactions passées entre les capteurs et les capturés. — Mais le conseil est incompétent pour procéder à la liquidation et répartition de ladite somme. — *Cons. d'Etat*, 19 déc. 1821, Caisse des invalides de la marine c. Duchesne.

ART. 2. — *Mesures provisoires et instruction.*

248. — Après avoir reçu le rapport du conducteur de la prise, l'officier chargé de l'instruction de la procédure doit se transporter immédiatement sur le bâtiment capturé, dresser procès-verbal de l'état dans lequel il se trouve, et poser, en présence du capitaine pris, ou de deux officiers ou matelots de son équipage, d'un préposé des douanes, du capitaine ou autre officier du navire capteur, et même des réclamans, s'il s'en présente, les scellés sur tous les fermans. Ces scellés ne peuvent être levés qu'en présence d'un préposé des douanes. — Arrêté 2 prair. an XI, art. 69.

249. — Le préposé des douanes prend à bord un état détaillé des balles, ballots, futailles et autres objets, qui sont mis à terre ou chargés dans les chalands et chaloupes. Un double de cet état est envoyé à terre et signé par le garde-magasin, pour valoir réception des objets y portés. — A mesure du déchargement des objets et au moment de leur entrée en magasin il est dressé inventaire en présence d'un visiteur des douanes, qui en tient état et le signe à chaque séance. — Art. 70.

250. — Il est établi à bord un surveillant, lequel est chargé, sous sa responsabilité, de veiller à la conservation des scellés et autres objets confiés à sa garde. — Art. 71.

251. — Si, avant la déclaration de validité de sa prise, le corsaire capteur a été spolié dans les ports d'une puissance neutre, sous prétexte de contravention à ses règlemens diplomatiques; il ne peut réclamer aucune indemnité contre l'Etat par la voie contentieuse et se fonder à ce sujet sur les conventions passées entre la France et la puissance spoliatrice. — *Cons. d'Etat*, 3 septemb. 1823, Rougemont.

252. — Toute action en raison de spoliation commise dans le port sur un navire capturé est de la compétence de l'autorité judiciaire. — *Cons. d'Etat*, 7 août 1816, ministre de la marine.

253. — Il est procédé de suite, ou, au plus tard, dans les vingt-quatre heures de la remise des pièces, à l'instruction de la procédure pour parvenir au jugement des prises. — Arrêté 2 prair. an XI, art. 72.

254. — Lorsque le corsaire capteur ne produit pas les pièces de bord, il n'y a pas moins lieu de statuer après un délai suffisant donné au capteur pour la production de ces pièces. — Dans ce cas, la nationalité alliée du navire capturé est jugée sur les rapports des diverses autorités françaises qui ont vu et apprécié les pièces de bord lors de l'arrivée de la prise. — *Cons. d'Etat*, 27 mai 1816, Castro c. Aldecoa.

255. — L'instruction est faite, savoir: 1° Lorsque la prise est conduite dans un port de France, par l'officier d'administration de la marine de ce port; — 2° lorsque la prise est conduite dans un port des colonies françaises, par l'officier d'administration désigné par l'autorité administrative de la colonie; — 3° lorsque la prise est conduite dans un port étranger, par le consul, assisté de deux assesseurs choisis, s'il est possible, parmi les citoyens français immatriculés et établis dans le lieu de la résidence de ce consul, à moins toutefois que les traités n'aient disposé autrement. — Arr. 6 germ. an VIII, art. 23; 2 prair. an XI, art. 72, 113. — Goujet et Merger, v° *Prise maritime*, n° 113.

256. — Le sous-commissaire de la marine du quartier maritime où une prise est conduite est compétent pour procéder à l'instruction de cette prise. — *Cons. d'Etat*, 10 avril (et non 18 mai) 1816, *le Marsouin* c. *le Théophile.*

257. — Cette instruction consiste dans la vérification des scellés, la réception et l'affirmation des rapports et déclarations du chef conducteur, l'interrogatoire de trois prisonniers, au moins, dans le cas où il s'en trouve un pareil nombre, l'inventaire des pièces, états ou manifestes de chargement qui ont été remis ou qui sont trouvés à bord, la traduction des pièces de bord par un interprète juré, lorsqu'il y a lieu. — Arrêté 2 prair. an XI, art. 73.

258. — Lorsqu'aucun inventaire n'a été dressé au moment de la prise bien que le connaissement d'une marchandise ne soit pas trouvé à bord d'un navire capturé, l'existence à bord de cette marchandise peut être prouvée par le duplicata de ce connaissement reçu par le chargeur au moment du départ du navire et par la correspondance du destinataire, alors qu'aucune collusion n'est possible entre le réclamant, le capitaine et le chargeur. — *Cons. d'Etat*, 2 févr. 1808, *l'Arabe* c. *le Felice*.

259. — S'il ne suffit pas de la déclaration de deux passagers pour établir une preuve complète d'une soustraction commise et de ses auteurs, le corsaire capteur n'est pas moins responsable du vol commis, lorsque le procès-verbal de capture ne mentionne aucune apposition de scellés au moment même de la capture, que dans le premier port de relâche le capteur n'a fait aucune déclaration de la prise et qu'il ne représente pas le capitaine du bâtiment capturé. — Même arrêt.

260. — Le défaut de représentation des pièces de bord et des interrogatoires nécessaires dans l'instruction de la prise, lorsque cette représentation a été empêchée par une force majeure n'élève pas une fin de non-recevoir contre la déclaration de validité de la prise. — *Cons. d'Etat*, 20 oct. 1819, Rougemont.

261. — Il est loisible au sous-commissaire de la marine chargé de l'instruction de procéder à de seconds interrogatoires pour éclairer des faits restés obscurs, sans qu'on soit tenu d'appeler tous les prétendans à la capture lorsque les capturés sont entendus une seconde fois; ni les armateurs des corsaires lorsque les capitaines choisis par eux sont entendus sur des faits dont les armateurs n'étaient pas témoins. — *Cons. d'Etat*. 10 avril (et non 18 mai) 1816, *le Marsouin* c. *le Théophile*.

262. — Si le bâtiment est amené sans prisonniers, charte partie ni connaissement; l'équipage du navire capteur est interrogé séparément sur les circonstances de la prise, pour faire connaître, s'il se peut, sur qui la prise a été faite. — Arrêté 2 prair. an XI, art. 74.

263. — L'officier chargé de l'instruction est assisté, dans tous les actes, du principal préposé des douanes et appelle en outre le fondé de pouvoirs des équipages capteurs, s'il y en a. A défaut de fondé de pouvoirs: l'équipage est représenté par le conducteur de la prise, réputé fondé de pouvoirs. — Art. 75.

264. — Dans le cas d'avarie de tout ou partie de la cargaison, l'officier d'administration de la marine, en apposant les scellés, en ordonne le déchargement et la vente dans un délai fixé. Cependant la vente n'en peut avoir lieu qu'après avoir été préalablement affichée dans le port de l'arrivée et dans les communes et ports voisins, et après qu'on a appelé le principal préposé des douanes et le fondé de pouvoirs des équipages capteurs ou, à son défaut, le conducteur de la prise. Le produit de ces ventes est provisoirement déposé dans la caisse des invalides de la marine. — Art. 76.

265. — Aussitôt que la procédure d'instruction est terminée il est procédé, sans délai, à la levée des scellés et au déchargement des marchandises, qui sont inventoriées et mises en magasin; lequel est fermé de trois clefs différentes, dont l'une demeure entre les mains de l'officier supérieur de l'administration de la marine, la seconde entre celles du receveur des douanes, et la troisième est remise à l'armateur ou à celui qui le représente. — Art. 78.

266. — Il est également procédé, sans délai, à la vente provisoire des effets sujets à dépérissement, soit sur la réquisition de l'officier d'administration, soit à la requête de l'armateur ou de celui qui le représente. — Art. 79.

267. — L'officier supérieur de l'administration peut même, lorsque les prises sont évidemment ennemies, permettre la vente tant du navire que des cargaisons, sans attendre le jugement de bonne prise; laquelle vente doit se faire dans le délai fixé par cet officier supérieur, et, toutefois, après que les formalités prescrites par l'art. 76 auront été remplies. — Même art.

268. — Si la prise a été faite sous pavillon neutre ou n'est pas évidemment ennemie, la vente, même provisoire, ne peut avoir lieu sans le consentement du capitaine capturé. En cas de refus, s'il y a nécessité de vendre: cette nécessité est constatée par une visite d'experts nommés contradictoirement par l'armateur ou son représentant et ce même capitaine, ou d'office par l'officier supérieur de l'administration de la marine. — Art. 80.

269. — S'il se présente des réclamans, les effets par eux réclamés peuvent leur être délivrés par l'officier d'administration, suivant l'estimation qui en est faite à dire d'experts, pourvu que ces réclamations soient fondées en titre; et à la charge, pour celui qui les a faites, de donner caution, faute de quoi il est passé outre. — Art. 81.

270. — Le corsaire privé de sa capture ne peut former, dans l'instance relative à la prise, une demande en indemnité, à raison de l'emploi de ses bâtimens à la course des navires chargés de grains. C'est là une demande étrangère à la question de prise, et qui doit d'abord être portée au ministre compétent. — *Cons. d'Etat*, 18 mars 1819, *le Sédiman*.

271. — Aux colonies, l'administrateur colonial ou celui qui le remplace a le droit, soit avant le jugement, en cas d'avarie ou de détérioration, soit après le jugement, d'ordonner le déchargement et la vente conformément à ce qui est prescrit en France. — Arrêté 2 prair. an XI, art. 114. — Goujet et Merger, n° 126.

272. — En pays étranger, le même droit appartient au consul de France à moins de disposition contraire dans les traités. — Arrêté 6 germ. an VIII, art. 23.

ART. 3. — *Décision*.

273. — Lorsqu'il résulte de l'instruction faite par l'officier d'administration du port dans lequel la prise a été amenée que le bâtiment a été pris sous pavillon ennemi ou qu'il est évidemment ennemi et que, dans le délai de dix jours, depuis cette instruction, il n'y a pas eu de réclamation dûment notifiée à l'officier d'administration, qui est tenu d'en donner un reçu, il est statué sur la validité de la prise. — Arrêté 6 germ. an VIII, art. 23.

274. — A cet effet, l'officier d'administration s'adjoint l'officier chargé, dans le même port, des fonctions de contrôleur de la marine et le commissaire de l'inscription maritime. — Même arrêté.

275. — Si la prise est conduite dans un port où l'officier d'administration ne puisse s'adjoindre les deux autres individus, il envoie son instruction et les pièces de bord dans le port le plus voisin où se trouvent les trois personnes précédemment désignées pour prononcer sur la prise. — Art. 10.

276. — La décision est rendue à la pluralité des voix, et l'officier d'administration envoie une expédition de cette décision au secrétariat du Conseil d'Etat. — Art. 9.

277. — La décision porte: 1° sur la validité de la prise en elle-même; 2° sur les prétentions respectives des capteurs différens, qui demandent que la prise leur soit attribuée.

278. — Sur le premier point, les juges statuent d'après les principes ci-dessus exposés et déclarent la prise valable ou illégitime.

279. — La décision du Conseil qui déclare bonne et valable une prise n'est autre chose qu'une déclaration de propriété sur le bâtiment pris, faite en faveur de l'armateur du corsaire capteur contre le bâtiment capturé. — *Cons. d'Etat*, 3 sept. 1823, Rougemont.

280. — On doit décider les contestations, en matière de prise, d'après les règles et les circonstances existantes à l'époque de la prise, sans tenir compte de ce qui existe lors du jugement. — *Cons. d'Etat*, 20 nov. 1815, Connenburg c. *la Sophie*.

281. — A défaut d'instruction dans le port où une prise est conduite, et aussi à défaut de la représentation des papiers de bord qui constatent qu'une prise est faite, il n'y a lieu d'adjuger la prise au capteur. — *Cons. d'Etat*, 26 mars 1817, Legris.

282. — Des juges ne peuvent valider la prise d'un bâtiment s'ils n'ont point déclaré qu'il y eût preuve qu'il fût de construction ennemie. — *Cass.*, 28 vent. an VII, *l'Offnung* c. *l'Anonyme*.

283. — On a décidé, avant l'arrêté du 6 germ. an VIII, qu'un jugement était nul lorsqu'il n'indiquait point la loi française d'après laquelle il déclarait valable une prise maritime et qu'il se fondait sur un règlement étranger. — Même arrêt.

284. — Sur le second point, c'est-à-dire sur la question d'attribution de la prise, les juges pèsent les raisons de chacun des prétendans et décident par suite à qui la prise doit être attribuée.

285. — Décidé que quand un navire est battu par la tempête et qu'il est en un tel état de détresse qu'il ne peut ni veut opérer aucune résistance aux corsaires, aucune intimidation n'étant nécessaire ou utile, dans ce cas le capteur est seulement celui des corsaires qui est devenu le premier occupant du navire en danger et qui l'a conduit ensuite dans un port français. — *Cons. d'Etat*, 10 avril (et non 18 mai) 1816, *le Marsouin* c. *le Théophile*.

286. — ... Que, lorsqu'un maître canonnier d'une frégate se trouve détaché avec quelques hommes pour garder une côte, et qu'alors il capture un navire négrier, il n'est pas censé avoir agi en son propre nom et pour son compte. — La prise est réputée faite par le bâtiment de l'Etat sur lequel est employé le capteur, et le produit doit en être distribué à l'équipage entier selon les droits de chacun. — *Cons. d'Etat*, 23 oct. 1835, Lebrasse.

287. — ... Que, pour être admis au partage d'une prise, il ne suffit pas d'avoir été en vue et d'avoir donné chasse au navire, il faut encore avoir concouru, par sa présence et par ses manœuvres, à intimider l'ennemi et à lui couper la retraite pour le forcer à se rendre. — *Cons. d'Etat*, 20 mars 1810, *la Princesse de Bologne*.

288. — ... Que les bâtimens ennemis enlevés en pleine mer par des Français qui s'y trouvent prisonniers, sont de bonne prise pour les capteurs. — *Cons. des prises*, 26 therm. an XIII, Gaultier.

289. — ... Que lorsque la mouche d'un corsaire dont la lettre de marque n'est pas expirée fait une prise, c'est au corsaire, bien qu'il soit déjà désarmé, et non à l'Etat que la prise doit être adjugée. — *Cons. des prises*, 17 prair. an IX, *le Volney* c. *le Jésus-Maria-Joseph*.

290. — ... Qu'on doit réputer faite par le corsaire lui-même la prise qui a été faite par sa mouche qu'il a envoyée à la découverte à deux lieues de distance et qui est montée d'hommes de son équipage. En conséquence, le navire capturé ne doit pas être adjugé au profit de l'Etat au détriment du corsaire. — *Cons. d'Etat*, 20 nov. 1815, Albertin.

291. — S'il y a réclamation après l'instruction ou après le jugement, ou si la prise n'a pas été faite sous pavillon ennemi, ou n'est pas trouvée évidemment ennemie, ou enfin si le jugement ne prononce pas la validité de la prise, l'officier d'administration envoie, dans les dix jours, au secrétariat du Conseil d'Etat, tous les actes par lui faits et toutes les pièces trouvées à bord. — Arrêté 6 germ. an VIII, art. 12.

292. — Aux colonies l'officier d'administration qui a fait l'instruction la remet dans le plus bref délai, avec toutes les pièces y relatives, au préfet colonial (aujourd'hui le gouverneur), qui s'adjoint l'officier du ministère public ou celui qui le représente, l'officier chargé de l'instruction, l'inspecteur de la marine et le commissaire à l'inscription maritime, à l'effet de statuer tant sur le mérite de la procédure que sur la validité de la prise. — Arrêté 2 prair. an XI, art. 115.

293. — Quant à la composition de la commission, elle a été, depuis l'arrêté du 2 prairial an XI (art. 116), modifiée par différentes ordonnances. — V., à cet égard, COMMISSION DES PRISES (colonies), nos 2 et suiv.

294. — Dans tous les cas l'administrateur colonial adresse sans retard l'instruction, les pièces y relatives et le jugement rendu pour chaque prise, au ministre de la marine, qui les fait parvenir au secrétariat du Conseil d'Etat, toutes les fois que l'affaire est de nature à y être jugée; et comme les pièces originales pourraient être perdues, l'administrateur est obligé d'en garder des copies collationnées. — Arrêté 2 prair. an XI, art. 119.

295. — Au surplus, les dispositions ordonnées pour les prises en France sont exécutoires dans les colonies. — Art. 120.

296. — En pays étranger, le consul français remplit toutes les fonctions qui sont confiées en France à l'officier d'administration, en se faisant assister de deux assesseurs, à moins toutefois qu'il n'existe une disposition contraire dans le traité conclu entre la France et la puissance chez laquelle ce consul est établi. — Arrêté 6 germ. an VIII, art. 23.

297. — Il envoie l'instruction de la prise et toutes les pièces devant servir à faire prononcer sur sa validité, au ministre de la marine, pour les transmettre au Conseil d'Etat, et il en garde des copies collationnées. — Art. 24.

298. — Lorsqu'une prise a été conduite dans un port étranger et qu'il y a eu réclamation appuyée d'un sauf-conduit français, le consul n'a pu rendre qu'une décision provisoire soumise à l'examen du Conseil des prises. — *Cons. d'Etat*, 7 août 1816, Leclerc c. *le San Antonio*.

299. — Les formes à suivre pour le jugement devant le Conseil d'Etat sont celles tracées par l'arrêté du 6 germ. an VIII, concernant le Conseil des prises qu'il a remplacé. — Goujet et Merger, n° 139.

300. — Les jugemens rendus sur les prises, soit en France, soit dans les colonies ou en pays étranger, par des commissions sont sujets à l'appel devant le Conseil d'Etat, et néanmoins sont susceptibles d'exécution provisoire à charge de donner caution et de demeurer responsable des dommages-intérêts. — Arrêté du 2 prair. an XI, art. 117.

301.—Il semblerait résulter d'une ordonnance du Conseil d'Etat (17 avr. 1822, *le Saint François*) que lorsqu'il s'agit de prises faites par les bâtimens de l'Etat, les jugemens rendus par les commissions des prises établies dans les colonies ne sont que provisoires et doivent être soumises au Conseil d'Etat pour devenir définitives. Mais, comme le disent avec raison MM. Goujet et Merger (nº 143), cela n'est exact qu'autant qu'il y a, dans le délai légal, recours au Conseil d'Etat.

302. — Si dans la quinzaine des jugemens il n'y a de réclamation de la part d'aucune des parties, ces jugemens sont définitifs; et dans ce cas il n'y a pas lieu à cautionnement.—Les réclamations, pour être valables, doivent être notifiées au greffier de la commission, qui est tenu d'en donner un reçu. — Arrêté du 2 prair. an XI, art. 118.

303. — Le délai de dix jours qui était donné auparavant pour interjeter appel d'un jugement en matière de prise maritime, ne courait que du jour de la signification de ce jugement. — *Cass.*, 18 frim. an VII, *l'Entreprenant* c. *l'Aigle*.

304. — Les jugemens rendus en matière de prises dans les îles françaises d'Amérique sont soumis aux mêmes délais, pour l'appel, que les autres jugemens rendus par les tribunaux des colonies. — Décr. 16 mars 1807.

305. — Les décisions du Conseil d'Etat en matière de prises sont attaquables par toutes les voies de droit ordinaires énoncées au règlement du 22 juill. 1806. — Goujet et Merger, nº 145.

306. — Ces mêmes décisions ne peuvent être exécutées, à la diligence des parties intéressées, qu'avec le concours du principal préposé des douanes. — Arrêté 2 prair. an XI, art. 84.

Sect. 5e. — *Vente des prises.*

307. — Lorsqu'il a été rendu par une commission française une décision qui déclare un bâtiment de bonne prise; si cette décision ne donne lieu, pendant le délai de quinzaine, à aucune réclamation notifiée au greffier de la commission, il est procédé à la vente. — Arr. 6 germ. an VIII, art. 11, et 2 prair. an XI, art. 118. — Goujet et Merger, vº *Prise maritime*, nº 148.

308.—S'il y a eu recours au Conseil d'Etat dans les huit jours qui suivent le jugement de la validité de la prise; le secrétaire général dudit Conseil est tenu d'en envoyer une expédition au ministre de la marine, qui la fait passer à l'officier d'administration, ou à celui qui le remplace, pour être ensuite procédé à la vente de la prise: si fait n'a été. — Arr. 2 prair. an XI, art. 84. — Goujet et Merger, nº 149.

309.—Les effets provenant d'une prise peuvent être transportés dans une ville où l'on pense qu'ils seront vendus plus avantageusement. — *Rennes*, 15 avr. 1817, Allen c. N...

310.—Les armateurs sont tenus d'envoyer des états, ou inventaires détaillés, des effets qui composent les prises, avec indication du jour de leur vente fixé par l'officier supérieur de l'administration de la marine, dans les principales places de commerce, pour y être affichés à la bourse, et il en est délivré, sur les ordres du préfet de police à Paris et des préfets des départemens ou de leurs préposés dans les places où il y a une bourse de commerce, un certificat où il est fait mention dans le procès-verbal de vente. — Arr. 2 prair. an XI, art. 82.

311. — La vente est faite, à la diligence des parties intéressées, par l'officier d'administration ou celui qui le remplace, suivant le lieu où la prise a été conduite, et avec le concours du principal préposé des douanes.—Arr. 6 germ. an VIII, art. 23 et 25, et 2 prair. an XI, art. 83. — Goujet et Merger, nº 151.

312. — Les marchandises sont exposées en vente et criées par parties ou par lots, suivant qu'il a été convenu entre les intéressés à la prise. En cas de contestation l'officier d'administration ou celui qui le remplace règle la forme de la vente, qui ne peut, dans aucun cas, être faite en bloc. — Arr. 2 prair. an XI, art. 85.

313.—Le prix est payé comptant ou en lettres de change acceptées à la satisfaction de l'armateur et à deux mois d'échéance au plus tard. —La livraison des effets vendus et adjugés commence le lendemain de la vente et est continuée sans interruption. — Même art.

314.—Dans le cas où quelque adjudicataire ne se présenterait pas à l'heure indiquée ou au plus tard dans les trois jours après la livraison faite des derniers articles vendus, il est procédé à la revente à la folle enchère des objets qui lui ont été adjugés. — Art. 86.

315. — Il est défendu, sous peine de destitution, et de plus grande peine, s'il y échet, à tous officiers, administrateurs, agens diplomatiques et commerciaux et autres fonctionnaires appelés à surveiller l'exécution des lois sur la course et les prix, ou à concourir au jugement de la validité des prises faites par les croiseurs français, de se rendre directement ou indirectement adjudicataires de marchandises provenant de prises et mises par eux en vente. — Art. 122.

316. — Les dispositions prescrites par les lois pour les déclarations à l'entrée et à la sortie, ainsi que pour les visites et paiemens des droits, doivent être observées, relativement aux prises maritimes, dans tous les cas où il n'y est pas dérogé. —A ce sujet, les directeurs, inspecteurs et receveurs des douanes prennent les mesures nécessaires pour prévenir toutes fraudes ou soustractions, à peine d'en demeurer personnellement responsables.—Arr. 2 prair. an XI, art. 87.

317. — Les droits sur les objets de prise sont à la charge des acquéreurs et doivent toujours être acquittés, avant la livraison, entre les mains du receveur des douanes, avec lequel l'officier supérieur de l'administration de la marine se concerte pour indiquer l'heure de la livraison. — Même art.

318. — Parmi les marchandises provenant des prises et qui sont prohibées à l'entrée, les unes ne peuvent être vendues qu'à charge de réexportation et les autres sont admises à la consommation en France sous certaines conditions.—Même art.; décr. 24 juin 1808.

319. — Est administrative, et non judiciaire, la question de savoir, parmi des marchandises saisies, quelles sont confiscables, quelles doivent être rendues en exécution du décret qui ordonne la restitution, non de la totalité, mais de certaines catégories de marchandises. — *Cons. d'Etat*, 4 juin 1816, Grant-Webb.

320.—Le corsaire qui a capturé un navire, qui lui a été adjugé, ainsi que ses marchandises, ne peut obtenir d'indemnité à raison des marchandises prohibées dont le brûlement a eu lieu : soit parce que le décret du 19 oct. 1810 ne dit rien à cet égard, soit parce que l'avis du Conseil d'Etat du 8 mars 1811, approuvé le 17, qui accordait indemnité, devait, pour devenir applicable, être suivi d'un règlement d'exécution, qui n'a pas été fait, et que cet avis n'a jamais été suivi d'application. — *Cons. d'Etat*, 8 sept. 1819, Soulages.

321. — On ne peut comprendre dans une demande de frais de brûlement de marchandises anglaises d'autres frais, non spéciaux à cet article, qui ont dû rentrer dans l'indemnité accordée pour le dommage éprouvé par le capteur, pour la perte de la marchandise elle-même. — *Cons. d'Etat*, 5 juill. 1826, Roignon.

322. — En cas de vente de prises dans les ports étrangers : le consul de France qui a procédé à la vente ne peut prétendre qu'à une rétribution d'un demi p. 100, qui est prélevé sur le produit net de cette vente. — Arrêté 2 prair. an XI, art. 121.

323. — Le versement du montant de la prise, opéré dans les mains du consul, constitue un véritable dépôt; et si les fonds périssent par force majeure, les armateurs n'ont aucun recours contre le gouvernement.—*Cons. d'Etat*, 21 sept. 1827, Dienne et Rouzée.

Sect. 6e. — *Revendication des marchandises françaises.*

324. — D'après la déclaration du 22 sept. 1638, les Français dont les marchandises ont été prises en mer par l'ennemi et depuis introduites en France ont le droit de les revendiquer.

325. — Cette déclaration est applicable même au cas où celui qui a introduit la marchandise en France est étranger et a ignoré qu'elles fussent françaises et déprédées sur des Français, alors même qu'après la capture le navire sur lequel ces marchandises étaient chargées aurait fait naufrage.— *Aix*, 26 août 1809, Ivanich c. ses assureurs.

326.—Elle est encore applicable aux marchandises françaises qui étant expédiées sur un navire simulé et étant simulées elles-mêmes ont été prises en mer par les ennemis des propriétaires apparens, déclarées de bonne prise par les juges du capteur et par suite vendues publiquement; ces marchandises peuvent, dès lors, si elles sont introduites en France, être revendiquées par les propriétaires français.—*Cass.*, 19 oct. 1809, Bacry c. Roux.

327. — En pareil cas, le Français qui revendique ses marchandises n'est pas tenu de prouver sa propriété par des pièces de bord. Le règlement de 1778, qui exige des pièces de bord, ne dispose qu'en faveur des Français capteurs contre les capturés. — *Aix*, 26 août 1809, Ivanich c. ses assureurs.

328. — La revendication peut se faire devant les tribunaux. — *Cass.*, 19 oct. 1809, Bacry c. Roux. — Merlin, vº *Prise maritime*, § 4.

329. — Le tiers qui veut réclamer la cargaison d'un navire déclaré de bonne prise en arguant de simulation des pièces de bord relatives à l'origine de cette cargaison, doit, à peine de déchéance, former sa réclamation dans les vingt jours de l'entrée de la prise dans le port où la prise doit être instruite. — *Cons. d'Etat*, 7 mai 1808, Béhreus.

330. — Lorsqu'un navire français a été capturé par les Anglais comme appartenant aux ennemis de la Grande-Bretagne, que la confiscation a été prononcée par la vice-amirauté anglaise, que, par suite, il y a eu vente aux enchères du navire, achat par des négocians anglais, puis revente à des Français qui ont ramené le navire en France; le propriétaire primitif, sur qui ont été faites les prise et confiscation du navire, ne peut revendiquer le navire et faire juger de nouveau en France la validité de la prise et de la confiscation dont il a été victime, on ne peut assimiler ce cas à celui où il y a recousse. — *Cons. d'Etat*, 22 juill. 1818, Perrier c. Vaucresson.

331. — L'ordonnance qui déclare nulle et de nul effet la saisie-revendication d'un navire et en prescrit la restitution, a nécessairement compris dans cette restitution le fret du navire. — *Cons. d'Etat*, 26 août 1818, Vaucresson c. Perrier.

Sect. 7e. — *Liquidation des prises.*

332. — Il y a deux espèces de liquidations des prises : la liquidation particulière et la liquidation générale. — La liquidation particulière est celle qui concerne chaque prise, soit que le même corsaire en ait fait une seule ou plusieurs. — La liquidation générale comprend toutes les prises faites par le même corsaire. — Goujet et Merger, vº *Prise maritime*, nº 167.

333. — Les liquidations tant générales que particulières des prises faites par des corsaires seuls, et les contestations pouvant s'élever sur ces liquidations, sont jugées, savoir : les liquidations particulières, par le tribunal de commerce du lieu où chaque prise a été conduite; et les liquidations générales par le tribunal de commerce du lieu de l'armement du navire capteur. — Arrêtés 6 germin. an VIII, art. 17, et 2 prair. an XI, art. 68, 89, 90. — Goujet et Merger, nº 168.

334. — S'il s'agit de liquidations tant générales que particulières de prises faites concurremment par des bâtimens de l'Etat et des corsaires, elles sont jugées par le conseil d'administration des ports; et les contestations qui peuvent s'élever sur la part revenant à chacun des navires capteurs sont portées devant le ministre de la marine. — Arrêté 6 germ. an VIII, art. 16 et 18; Goujet et Merger, nº 169.

335. — Toutefois, même dans ce cas, les liquidations et contestations subsidiaires entre l'armateur du corsaire et les intéressés, rentrent dans la compétence du tribunal de commerce. — Même arrêté, art. 17; Goujet et Merger, nº 170.

336. — Jugé que la liquidation des prises et la question d'ordre et de privilége que soulève cette liquidation, appartiennent aux tribunaux de commerce et non à l'autorité administrative. — *Cons. d'Etat*, 11 août 1819, préfet des Bouches-du-Rhône.

337. — Mais la compétence spéciale attribuée par le décret du 2 prairial an XI au tribunal de commerce du lieu de l'armement d'un corsaire pour la liquidation des prises maritimes, ne concerne que le règlement des parts revenant aux intéressés dans les prises; elle ne s'applique pas à la distribution par contribution de l'actif entier de l'armateur pour le compte duquel ces prises ont été faites. Cette instance rentre dans le droit commun, quant à la compétence. — *Cass.*, 23 déc. 1840 (t. 1er 1841, p. 518), Perret c. Pollan.

338. — La déclaration du 26 juillet 1778 est la seule loi qui puisse régir les liquidations des prises maritimes antérieures à l'an VII de la République. — *Rennes*, 30 juin 1821, Cossin c. administration de la marine.

339. — Dans le mois qui suit la livraison complète des effets vendus, l'armateur ou son commissionnaire doit déposer au greffe du tribunal de commerce le compte du produit de la prise, avec les pièces justificatives, sous peine de privation de son droit de commission; et même sous plus forte peine, s'il y a lieu: dans le cas où le produit ne serait pas complet. — Toutefois, le tribunal peut accorder à l'armateur, sur sa simple requête et sans frais, quinze autres jours pour rapporter les pièces manquantes. — Arr. 2 prair. an XI, art. 88.

340. — Il doit être procédé à la liquidation particulière dans le mois du jour où le compte de la vente et les pièces justificatives auront été déposés au greffe du tribunal de commerce; sans que l'arrêté de cette liquidation puisse être suspendu, sous prétexte d'articles qui ne seraient pas encore en état d'être liquidés: lesquels sont tirés pour mémoire, sauf à les comprendre ensuite dans la liquidation générale. — Art. 89.

341. — Les armateurs sont tenus de déposer au greffe du tribunal de commerce du lieu de l'armement une expédition de chaque liquidation particulière aussitôt qu'elle leur est parvenue et au plus tard dans un mois de sa date. — Art. 90.

342. — Dans le mois après la course finie, ou lorsque la perte du corsaire est certaine, ou au moins présumée, l'armateur dépose au greffe du tribunal de commerce du lieu de l'armement le compte des dépenses, des relâches et du désarmement pour être procédé à la liquidation générale du produit de la course, par les juges de ce tribunal, dans un mois après la remise de toutes pièces et sauf à laisser pour mémoire les articles qui peuvent donner lieu à un trop long retard, lesquels sont ensuite réglés par un supplément sommaire à la liquidation générale. Faute par l'armateur de faire ce dépôt, il est privé de tout droit de commission. — Art. 94.

343. — Les tribunaux de commerce chargés de la liquidation des produits de l'armement en course vérifient les pièces produites par l'armateur et rejettent les dépenses exagérées. — Circ. min. 20 avr. 1807.

344. — Lorsqu'un tribunal, en liquidant une prise, a rejeté une somme de la décharge du compte de l'armateur, un autre tribunal ne peut adjuger à celui-ci une partie de cette somme. — *Rennes*, 5 juin 1817, administr. de la marine c. armateurs du *Lucifer*.

345. — Le membre d'une commission préposé seul au transport et à la vente de la cargaison d'un navire capturé ne peut porter en dépense une somme qu'il aurait payée pour traitement à un employé salarié, alors qu'il n'excipe d'aucun ordre à lui donné à cet égard. — *Cons. d'Etat*, 3 juill. 1822, Joumard.

346. — Lorsque déjà il y a un article de dépense pour transport et livraison, il ne peut demander l'allocation d'une seconde somme pour frais de livraison; s'il ne justifie pas qu'ils n'ont point été compris dans l'article déjà admis en dépense. — *Cons. d'Etat*, 3 juill. 1822, Joumard.

347. — Doit être maintenue la liquidation en répartition d'une prise faite conformément aux lois du temps par un jugement du tribunal de commerce passé en force de chose jugée. — *Cons. d'Etat*, 9 sept. 1818, Grant-Webb c. Pieche.

348. — Les liquidations générales sont imprimées et il en est envoyé des exemplaires au ministre de la marine et au greffe des tribunaux de commerce des villes dans lesquelles il y a des actionnaires, qui peuvent en prendre communication gratis; il en est envoyé, en outre, aux intéressés et actionnaires d'une somme de 3,000 fr. et au-dessus. — Arrêté du 2 prair. an XI, art. 96.

349. — En cas de pillage, divertissement d'effets, déprédations ou autres malversations, il en est informé, par l'officier en chef de l'administration de la marine, à la requête de l'inspecteur, pour être, lesdites procédures, envoyées au ministre de la marine et être, par le Conseil d'Etat, prononcé telle amende ou peine civile qu'il appartiendra. S'il y a lieu de prononcer des peines afflictives, les procédures sont renvoyées aux tribunaux maritimes pour être procédé jusqu'à jugement définitif. — Art. 97.

350. — La liquidation opérée, il est fait une retenue, au profit des invalides de la marine, de 5 cent. par franc (L. 9 mess. an III; arrêté du 2 prair. an XI, art. 32. V., au surplus, CAISSE DES INVALIDES DE LA MARINE, nos 21 et suiv.). — Le surplus est partagé entre les propriétaires du navire capteur et l'équipage de ce navire. — V. *infrà* nos 353 et suiv.

351. — Le produit des prises dont la liquidation et la répartition n'ont pas été consommées avant l'arrêté du 4 brumaire an VIII est soumis à la retenue d'un décime par franc établie par cet arrêté. — *Cass.*, 14 germ. an XII, sous-inspecteur de la marine à Bordeaux.

352. — L'arrêté du 14 brumaire an VIII, qui ordonnait la retenue d'un décime par franc sur le produit net des prises déjà faites, mais dont la liquidation ne serait pas encore consommée, n'était pas applicable au cas de plusieurs prises liquidées, chacune en particulier, au moment de l'arrêté, bien que la liquidation générale n'ait eu lieu que longtemps après. — *Cass.*, 22 messid. an XII, agent de la marine c. Bustarèche.

Sect. 8e. — *Partage des prises.*

353. — Les prises se partagent entre les propriétaires du navire capteur et les hommes de l'équipage de ce navire.

354. — Les propriétaires du navire capteur ont droit aux deux tiers ou aux quatre cinquièmes de la prise, selon que le navire est armé en guerre ou en guerre et marchandises. — Arrêté 2 prair. an XI, art. 91 et 92. — V. ARMEMENT EN COURSE.

355. — La répartition entre les divers propriétaires du navire capteur, de leur part de prise, est réglée par le droit commun. Elle a lieu proportionnellement à leur part dans la propriété du navire, s'il n'y a convention contraire. — Goujet et Merger, vo *Prise maritime*, no 187.

356. — L'armateur ne peut réclamer un bénéfice résultant d'une loi antérieure à la liquidation, mais postérieure à la prise. — *Rennes*, 30 juin 1821, Cossin c. administration de la marine.

357. — Ainsi la disposition de l'art. 7 (arrêté 2 prair. an XI) portant « qu'il sera alloué à l'armateur 1/2 p. 0/0 pour négociation des traites qui lui auront été remises pour la valeur des prises vendues dans un port autre que celui de l'armement, » doit être considérée comme expliquant seulement ces termes de l'art. 29 déclar. 24 juill. 1778, « avec sur le tout 1/2 p. 0/0 pour la négociation des lettres de change, » et conséquemment elle ne peut être appliquée à des liquidations de prises antérieures à la promulgation de cet arrêté. — Même arrêt.

358. — Aux termes des lois et règlemens sur les prises maritimes, et spécialement de l'art. 17 de l'arrêté du 6 germin. an VIII: c'est à l'autorité judiciaire qu'il appartient de connaître des contestations d'intérêt privé entre des armateurs, pour leurs portions respectives dans les prises. — *Cons. d'Etat*, 14 juill. 1819, Aviérino c. Thiébaut.

359. — Le tiers du produit des prises faites par un bâtiment armé en guerre appartient à l'équipage du bâtiment capteur. Mais le montant des avances payées est déduit sur les parts de ceux qui les ont reçues. — Arrêté 2 prairial an XI, art. 91.

360. — Les équipages des bâtimens armés en guerre et marchandises n'ont que le cinquième des prises; et il ne leur est fait aucune déduction pour les avances comptées à l'armement ou pour les mois payés pendant le cours du voyage — Art. 92.

361. — Il ne peut être promis, avant l'embarquement, aucune part dans les prises aux officiers majors, officiers mariniers, volontaires, soldats, matelots ou autres; mais elles sont réglées immédiatement après le retour du corsaire, à proportion du mérite et du travail de chacun, dans un conseil tenu à cet effet dans le lieu des séances du tribunal de commerce, en présence des juges de ce tribunal et du commissaire à l'inscription maritime. — Art. 99.

362. — Ce conseil est composé du capitaine et des premiers officiers majors, suivant l'ordre du rôle d'équipage, au nombre de sept, le capitaine compris, s'il se trouve assez de lieutenans pour compléter ce nombre. Ces officiers prêtent, devant le tribunal de commerce, dans huit jours au plus tard après la course finie, le serment de procéder fidèlement et en leur âme et conscience au règlement et à la répartition des parts. Ledit règlement, signé par le président du tribunal et par le commissaire à l'inscription maritime, conjointement avec les capitaine et les officiers majors, est déposé au greffe dudit tribunal. — Même article.

363. — Si, par l'effet de la perte du corsaire, de son absence sans nouvelle, ou de la prise qui aurait été faite par l'ennemi, les officiers majors ne peuvent être rassemblés pour procéder audit règlement des parts; il y est procédé, à la requête du commissaire à l'inscription maritime, par un procès-verbal, qui est signé par les juges et par ledit commissaire. — A la suite du procès-verbal le tribunal rend son jugement, qui énonce les noms des officiers et équipage du corsaire, les qualités et les nombres des parts attribués à chaque grade, enfin le nombre d'heures qui a été employé à cette opération et qui ne peut excéder celui de six. — Art. 100.

364. — Les canonniers de terre qui ont concouru à la prise d'un bâtiment ennemi doivent avoir part au produit. La répartition se fait de la manière prescrite par les lois et règlemens généraux pour les prises faites concurremment par plusieurs bâtimens de l'Etat ou armés en course. Si le fait de coopération est contesté, c'est au Conseil d'Etat à statuer et à régler quelles personnes ont droit à la capture. — Avis Cons. d'Etat 4 avril 1809.

365. — Les matelots des corsaires ont, comme ceux des vaisseaux de l'Etat, une part dans les prises maritimes, lorsqu'ils ont débarqué pour cause de maladie et que les prises ont eu lieu dans le mois de leur débarquement. Il n'est pas nécessaire que leur maladie ait été contractée à bord. — *Cass.*, 12 flor, an VIII (et non an IX), Bellas c. Lauruc.

366. — Le marin qui, embarqué sous un faux nom, a concouru aux prises et n'a pas quitté le bâtiment, soit pendant le voyage, soit dans une relâche, a droit à la moitié de sa part des prises comme assimilé à la classe la plus favorable des déserteurs. — *Cons. d'Etat*, 29 mai 1822, Hamme c. ministre de la guerre.

367. — Il en est de même, bien que l'individu inscrit sous de faux noms soit un déserteur de l'armée de terre. — *Cons. d'Etat*, 29 mai 1822, Hamme; 18 juin 1823, Poullard.

368. — Le marin ainsi réputé déserteur est assimilé aux déserteurs qui repris avant le départ du corsaire y ont été rembarqués et non aux déserteurs qui ont quitté le bâtiment pendant le voyage ou dans une relâche sans y reparaître. En conséquence: il a droit à la moitié des parts, et ne peut être privé de la totalité de sa part. — *Cons. d'Etat*, 18 juin 1823, Poullard.

369. — Lorsque le tableau de répartition des parts de prises et le rôle d'équipage s'accordent également sur le fait de la désertion d'un marin et sur le jour où cette désertion a eu lieu, bien que ces pièces aient été dressées plus de six ans après la désertion, et qu'il soit prouvé que ce marin a été remplacé en cours de voyage, c'est le cas de confirmer la décision du ministre de la marine qui a considéré le marin comme déserteur et a déclaré qu'il avait perdu tout droit à la répartition de la prise. — *Cons. d'Etat*, 12 août 1829, Mayard.

370. — Doivent être déclarés déchus de toute part dans la prise le capitaine et l'armateur du corsaire qui n'aurait pas arboré les couleurs françaises pour semoncer et canonner le navire capturé, et qui, après la capture, l'aurait remorqué sous pavillon étranger. — *Cons. d'Etat*, 17 avril 1816, Leclerc c. Boyer-Fonfrède.

371. — Le coffre du capitaine pris ni les pacotilles ou marchandises qui peuvent lui appartenir, dans quelque endroit du bâtiment qu'elles soient chargées, ne peuvent, dans aucun cas, être distribués au capitaine du corsaire qui a fait la prise; mais l'armateur peut stipuler en faveur du capitaine et pour lui tenir lieu de dédommagement une somme proportionnée à la valeur de la prise, laquelle somme ne peut toutefois excéder 2 p. 0/0 du montant net de la liquidation particulière de cette prise. — Arrêté 2 prair. an XI, art. 93.

372. — L'arrêté du ministre de la marine, de 1781, qui, dérogeant à l'art. 29 déclar. 24 juill. 1778, fixait à 2 p. 0/0 le droit de commission dû au capitaine, était légal et renfermait la prohibition d'une plus forte commission. — *Rennes*, 30 juin 1821, Cossin c. administrat. de la marine; *Cass.*, 26 janv. 1825, mêmes parties.

373. — Par suite: les tribunaux sont autorisés à réduire au taux de 2 p. 0/0 le droit de commission du capitaine, encore que la fixation arrêtée entre les parties soit supérieure et *soit*, par exemple, de 5 p. 0/0. — Même arrêt de *Cass.* — V. cependant l'arrêt de *Rennes* précité.

374. — Jugé encore que les tribunaux peuvent, sans contrevenir à la *loi*, rejeter du compte des dépenses de l'armateur constitué mandataire des actionnaires les honoraires par lui payés aux avocats et les frais de procédure et de voyage qu'il a avancés pour parvenir à la liquidation des prises, sur le fondement qu'il est suffisamment indemnisé par son droit de commission; et lorsqu'il n'a pas justifié qu'ils avaient été utiles, indispensables ou nécessaires. — *Cass.*, 26 janv. 1825, Cossin c. administrat. de la marine.

375. — Il ne peut être accordé au capitaine plus de douze parts; au capitaine en second, plus de dix; aux deux premiers lieutenans, huit; au premier maître, à l'écrivain ou commis aux revues et autres lieutenans, six; aux enseignes, au maître chirurgien et au second maître, quatre; aux conducteurs de prises, pilotes, contre-maîtres, capitaines d'armes, maîtres canonniers, charpentiers, trois; aux seconds canonniers, charpentiers, calfats, maîtres de chaloupe, voiliers, armuriers, quartiers-maîtres et seconds chirurgiens, deux; aux volontaires, une part ou deux au plus; aux matelots, une part ou part et demie; aux soldats, une demi-part ou une part; aux novices, une demi-part ou trois quarts de part; aux mousses, un quart ou demi-part, suivant leurs services respectifs et leurs forces. — Arrêté 2 prair. an XI, art. 101.

376. — Le nombre de parts attribuées à chaque grade ne peut être diminué qu'à la pluralité de deux voix; mais la pluralité d'une seule voix suffit pour déterminer le plus ou le moins attribué aux volontaires, matelots, soldats, novices et mousses. En cas de partage d'avis, le capitaine a voix prépondérante. L'écrivain n'a de voix que pour remplacer chacun des officiers majors, qui est tenu de se retirer lorsqu'il s'agit de fixer ses parts. — Art. 102.

377. — L'Etat, ainsi qu'on l'a vu (v° ARMEMENT EN COURSE, n°s 55 et suiv.), accorde aux équipages des corsaires particuliers, et à titre d'encouragement, certaines gratifications, qui sont acquittées sur les fonds de la caisse des invalides de la marine.

378. — Ainsi, il est payé : 1° aux navires de commerce chargés de marchandises, 40 francs pour chaque prisonnier amené dans les ports; 2° aux bâtiments dits *lettres de marque*, armés en guerre et marchandises, 140 francs pour chaque canon du calibre de 4, et au-dessus jusqu'à 12; 160 francs pour celui de 12 et au-dessus; 45 francs pour chaque prisonnier amené dans les ports; 3° aux corsaires particuliers armés en guerre seulement et aux petits bâtiments de l'Etat, tels que bricks, cutters, lougres, etc., 160 francs pour chaque canon du calibre de 4 à 12; 240 francs pour celui de 12 et au-dessus; 50 fr. par prisonnier amené dans les ports.—Arrêté 2 prair. an XI, art. 26.

379. — La totalité de ces gratifications est répartie, entre les capitaines, officiers et équipages, proportionnellement à la quotité des parts revenant à chacun dans le produit des prises. — Art. 27.

380. — Le règlement des parts assigne, à titre de gratification, sur le produit des prises, une somme aux officiers ou autres gens de l'équipage qui ont été blessés ou estropiés dans le combat et aux veuves et enfans de ceux qui ont été tués ou qui sont morts de leurs blessures. Ces sommes sont payées, à ceux à qui elles sont accordées, en sus de leurs parts de prise, pourvu que ces gratifications n'excèdent pas le double de la valeur desdites parts. — Art. 103.

381. — Dans le cas où deux ou plusieurs corsaires, sans être unis par aucune société, ont fait concurremment une prise, le produit en est partagé entre eux en proportion du calibre des canons, caronades et obus montés sur affûts en batterie et prêts à tirer, dont chaque corsaire est armé, et du nombre d'hommes composant l'équipage de chacun d'eux. Une caronade de 12 livres de balles sera considérée comme un canon de 6; une caronade de 24, comme un canon de 12; et ainsi de suite; trois pierriers d'une livre de balles chacun sont évalués comme un canon de 3. — Décr. 9 sept. 1806, art. 1, 2 et 3.

382. — Le nombre et le calibre des canons sont constatés sur le procès-verbal d'inventaire de la prise; et le nombre des prisonniers par les certificats des officiers, administrateurs ou agens à qui ils ont été remis. — Arrêté 2 prair. an XI, art. 26.

383. — Lorsque la prise de navires et bâtimens de mer pour cause de piraterie, a été faite par des navires de commerce; ces navires et leurs équipages étant (comme on l'a vu *suprà* n° 29) assimilés à des bâtimens pourvus de lettres de marque et à leurs équipages, il en est de même quant à l'attribution et à la répartition du produit.—L. 10 avril 1825, art. 10.

384. — Le règlement des parts arrêté comme il vient d'être dit, doit être définitivement exécuté. Il est défendu aux tribunaux d'admettre aucune action, plainte ni réclamation de la part des officiers ou gens de l'équipage à cet égard.—Décr. 2 prair. an XI, art. 104.

---

385. — Dans la huitaine du jour où la liquidation générale des prises faites pendant la croisière a été arrêtée par le tribunal de commerce, l'armateur est tenu de procéder au paiement des parts de prise revenant à l'équipage; en cas de refus ou de plus long retard il y est contraint à la requête de l'inspecteur ou sous-inspecteur de la marine, poursuite et diligence du commissaire à l'inscription maritime. — Art. 105.

386. — Le paiement des parts de prise ne peut se faire qu'au bureau de l'inscription maritime et sur l'état conforme au modèle joint à l'arrêt du Conseil du 15 déc. 1782, lequel est émargé par ceux des marins de l'équipage qui savent signer. Quant à ceux qui ne savent pas signer, le paiement des parts qui leur reviennent est certifié par le commissaire à l'inscription maritime. Les à-compte payés pendant la croisière ou avant la répartition générale ne sont alloués à l'armateur qu'autant qu'ils ont été payés au bureau de l'inscription maritime et certifiés par le commissaire chargé de ce service. — Art. 106.

387. — C'est aux tribunaux de commerce qu'il appartient de connaître des contestations qui s'élèvent sur la validité des paiemens faits sur les parts revenant à un équipage dans une prise que l'administration de la marine attaque comme faits en violation de l'art. 106 du règlement du 2 prair. an XI.—*Cons. d'Etat*, 4 déc. 1822, Boulon c. ministre de la marine.

388. — C'est également à ces tribunaux qu'il appartient de statuer sur la validité des paiemens faits aux gens de l'équipage, après toutefois que l'administration de la marine a visé et certifié les quittances justificatives de ces paiemens. La compétence de ces tribunaux ne se borne pas à déterminer le tiers revenant à l'équipage et à en ordonner le versement dans les bureaux de l'administration, qui, seule, aurait le droit d'apprécier le mérite des paiemens faits individuellement aux marins.—*Rennes*, 18 déc. 1824, administration de la marine c. Duchesne.

389. — L'armateur est tenu de remettre entre les mains du trésorier des invalides de la marine, dans le port où l'armement a été fait, le montant des parts et portions d'intérêt dans les prises appartenant aux morts ou absens faisant partie de l'équipage du corsaire, trois jours après la répartition qui a été faite au bureau de l'inscription maritime, conformément à l'état qui en est remis par le commissaire; le trésorier des invalides lui en donne décharge. — Arrêté 2 prair. an XI, art. 107.

390. — Les paiemens à-compte faits par des armateurs sur une simple quittance du trésorier de la marine sont valables.—*Cass.*, 2 niv. an X, Commissaire de la marine de Nantes c. Armateurs de *l'Hydre*.

391. — La disposition de l'édit de 1744 qui veut que la quittance soit donnée au bas d'un état de répartition, n'est applicable qu'aux quittances finales. — Même arrêt.

392. — Il n'est pas nécessaire à peine de nullité, que la quittance ait été transcrite sur le registre du contrôleur de la marine et visée par lui. — Edit 1720, tit. 5 et 6. — Même arrêt.

393. — Les parts de prise appartenant aux officiers, mariniers et matelots non résidens dans le port où la répartition a été faite sont envoyées dans les quartiers de leur résidence, ainsi qu'il se pratique pour la remise des parts de prise des gens de mer employés sur les vaisseaux de l'Etat. — Art. 108.

394. — Les inspecteurs de la marine sont spécialement chargés de poursuivre les armateurs qui ne se conforment pas aux dispositions précédentes, à l'effet de les faire condamner : tant à faire procéder aux liquidations générales qu'aux répartitions entre les preneurs, et au dépôt, entre les mains du trésorier des invalides, des parts de prise revenant aux marins morts ou absens. — Art. 109.

395. — Il est expressément défendu aux marins employés sur les corsaires de prendre à l'avance leurs parts de prise et à qui que ce soit de les acheter, sous peine de perdre les sommes qui pourraient avoir été payées pour cet effet. Les parts de prise ne sont payées qu'aux marins eux-mêmes, et l'on n'a aucun égard aux procurations qu'ils pourraient avoir données, pour en retirer le montant, à des personnes étrangères à leur famille. — Art. 110.

396. — Les parts qui reviennent aux marins dans les prises faites par les corsaires dont ils composent les équipages, ne peuvent être vendues à l'avance; il est défendu de les acheter, à peine de perdre les sommes payées. On n'a pas égard aux procurations données à des personnes étrangères à la famille des marins.—Règlement du

---

2 prair. an XI.—En conséquence, le fournisseur qui a reçu en paiement des mandats tirés à cet effet sur la caisse des invalides n'est pas fondé à demander l'annulation de la décision ministérielle qui aurait rejeté sa demande en paiement. —*Cons. d'Etat*, 19 mars 1811, Thuré.

397. — Le mandataire de l'ayant droit à des parts de prise, est tenu de justifier de l'existence de son mandant; et s'il n'en justifie pas, il est non recevable dans la demande de remise de sommes entre ses mains. — *Cons. d'Etat*, 19 avr. 1826, Dreux et Barbier.

398. — Les parts de prise des marins, comme leurs salaires, sont insaisissables. On n'a aucun égard aux réclamations ou oppositions qui pourraient être formées par ceux qui se prétendraient porteurs d'obligations de ces marins, à moins que les sommes réclamées ne soient dues par eux ou par leur famille pour loyer de maison, subsistances et vêtemens, qui leur auraient été fournis du consentement du commissaire à l'inscription maritime, et que cette avance n'ait été préalablement apostillée sur les registres et matricules des gens de mer.—Arrêté 2 prair. an XI, art. 111.

399. — Les parts des prises des marins sont insaisissables comme leurs salaires, si ce n'est pour les porteurs d'obligations résultant de sommes dues, soit par les marins eux-mêmes, soit par leurs familles, pour loyers de maison, subsistances et vêtemens. — *Cons. d'Etat*, 2 août 1836, Lassauris.

400. — Le principe d'insaisissabilité établi, par l'ordonnance du 1er novembre 1745, pour la solde des matelots, ne peut s'étendre à la commission due au capitaine sur le produit de la vente des prises. — *Cass.*, 44 vent. an X, Malleux.

401. — Une inscription de rente, déléguée par le ministre de la marine à un armateur, comme part de prise, mais encore comprise dans les états journaliers de la caisse des invalides, peut être frappée de sursis par le ministre dans l'intérêt des gens de mer et de cette caisse. — *Cons. d'Etat*, 23 avril 1823, Desgraviers c. Caisse des invalides.

402. — Lorsque le ministre de la marine a maintenu une saisie-arrêt faite pour somme dues à un équipage sur la part de prises revenant à la caution d'un corsaire, cette décision ministérielle doit être entendue en ce sens qu'elle maintient la saisie-arrêt dont s'agit jusqu'à ce que la partie intéressée ait fait annuler la saisie par les tribunaux compétens. — *Cons. d'Etat*, 10 déc. 1817, Drouet c. administrateurs de la marine de Hambourg.

V. aussi ARMEMENT EN COURSE, ASSURANCE MARITIME, AVARIES, CAISSE DES INVALIDES DE LA MARINE, CAPITAINE DE NAVIRE, COMPÉTENCE ADMINISTRATIVE, CONSEIL DES PRISES, FRANCISATION, FRET.

PRISE A PARTIE.

Table alphabétique.

PRISE A PARTIE. — **1.** — La prise à partie est une voie extraordinaire ouverte au plaideur contre le juge prévaricateur, à l'effet de le faire déclarer responsable du préjudice qu'il lui a causé.

Sect. 1re. — Historique.

1. — Toutes les législations ont admis que le juge était responsable de sa sentence dans de certaines limites. Il en était ainsi notamment à Rome. — *Instit. de Justinien*, liv. 4, tit. 5, *De oblig.*

2. — En France, tout fut d'abord soumis aux règles du point d'honneur (V. Montesquieu, *Espr. des lois*, liv. 28, ch. 27). Les juges étaient donc obligés de descendre dans l'arène pour soutenir leurs sentences.

3. — Au combat judiciaire auquel étaient assujettis le seigneur ou les pairs, succéda une autre manière de procéder. Les juges furent appelés devant leurs supérieurs. — V. édit de Philippe VI de 1344, lettres de Charles VI du 29 juill. 1336. — Boutellier, *Somme rurale*, liv. 1er, t. 3; Coquille, *Comm.*, sur la coutume du Nivernais, t. 1er, *Introd.*, t. 2, p. 7 et 26.

5. — Plus tard l'ordonnance de Blois (mai 1579), qui resta en vigueur jusqu'à Louis XIV, permit de prendre les juges à partie lorsqu'ils avaient jugé par dol, fraude ou concussion, ou lorsqu'il y avait faute manifeste de leur part.

6. — L'art. 8, tit. 1er de l'ordonnance de 1667, déclara tous arrêts et jugemens donnés contre la disposition des ordonnances, édits et déclarations, nuls et de nul effet, et les juges responsables des dommages et intérêts des parties. Mais, d'après cet article, c'était un pouvoir royal qu'il appartenait de statuer sur les cas où il pouvait y avoir lieu à prise à partie.

7. — Tel était l'état de la législation, lorsque survint la révolution de 1789. La matière de la prise à partie dut être réglementée de nouveau. Elle a été régie depuis et est encore aujourd'hui régie par les art. 505 et suiv. du Code de procédure civile et quelques dispositions du Code pénal.

Sect. 2e. — De la prise à partie en matière civile.

8. — La voie de la prise à partie est ouverte en matière civile dans toutes les causes sans exception, qu'il s'agisse d'un jugement ou d'un acte isolé des juges soit des tribunaux de commerce, soit des tribunaux ordinaires, soit enfin d'un juge de paix. En matière électorale, les juges sont soumis à ce recours. — V. ÉLECTIONS LÉGISLATIVES, n° 1115. — Mais il en est autrement en matière administrative.

§ 1er. — Caractères de la prise à partie. — Personnes qui peuvent être prises à partie.

9. — La prise à partie, bien que les art. 505 et suivans du Code de procédure soient placés dans le livre 4, qui traite des *voies extraordinaires* pour attaquer les jugemens, ne tend pas *directement*, comme la tierce opposition et la requête civile, à l'infirmation, à la rétractation de la sentence. Son but est de faire déclarer le juge responsable de sa prévarication, et de le faire condamner à des dommages-intérêts pour réparation du préjudice qu'il occasionne. Toutefois, l'admission de la prise à partie ouvre un recours contre la sentence, qui peut, par suite, être annulée.

10. — A la différence de l'action en forfaiture, prévue par les art. 421 et 483 C. pén., qui est une action criminelle, l'action résultant de la prise à partie est purement civile, et, par conséquent, du ressort de la juridiction civile.

11. — Cette action, de plus, est de droit strict, et ne peut être exercée que dans les cas et d'après les conditions spécialement indiquées par la loi. — V. *infra* n° 30 et suiv.

12. — Celui qui se prétend lésé par le fait d'un magistrat, résultant de l'exercice de ses fonctions, ne peut obtenir des dommages-intérêts contre lui que par cette voie. L'action civile ordinaire créée par les art. 1382 et suiv. du Code civil lui est fermée, quand même les circonstances sur lesquelles la demande serait motivée ne rentreraient pas dans les prévisions des art. 505 et suiv. C. proc. civ. — V. Favard, *Rép.*, v° *Prise à partie*, t. 4, p. 534; Poncet, *Des jugemens*, t. 2, p. 393; Lepage, p. 342; Chauveau, sur Carré, *Lois de la procédure*, quest. 1807 *bis*; Bioche, *Dict. de procéd.*, v° *Prise à partie*, n° 5.

13. — Les actes du juge, lorsqu'ils se rattachent à l'exercice de ses fonctions, ne peuvent, en effet, engager sa responsabilité que dans les cas de prise à partie expressément prévus par l'art. 505 précité, qui dispose, à cet égard, d'une manière *limitative*, ni autoriser d'autres poursuites que celles indiquées par les art. 509 et suiv. du même Code. Ainsi, la poursuite dirigée contre le juge, à raison des actes de son ministère, par la voie de demande principale en dommages-intérêts, doit être repoussée comme non recevable et comme mal fondée. — *Cass.*, 25 août 1825, Blain c. Gras de Preigne; 24 mai 1842 (t. 2 1842, p. 616), Bordères c. Archidet.

14. — L'action ouverte par les art. 505 et suiv. C. proc. dure trente ans, et il est indifférent qu'elle dérive d'un délit ou quasi-délit ou d'une contravention; car elle est tout à fait indépendante de l'action criminelle. Sans doute elle suivra le sort de l'action criminelle, quand elle en sera l'accessoire; mais si elle se produit isolément, elle est alors soumise aux règles ordinaires. — Chauveau sur Carré, quest. 1820° bis; Souquet, *Dictionnaire des temps légaux*, v° *Prise à partie*, 532, tabl., 1re col.; Bioche, n° 6. — V. cependant n° 732 et suiv. — *Contrà*, Poncet, t. 2, p. 398; Thomine, t. 1er, p. 758; Mangin, *Act. publ.*, n° 363 à 369. — V. aussi ACTION, n° 373 et suiv.

15. — D'après l'art. 505, tous les juges sont soumis à la prise à partie. Le mot *juge* employé par cet article est, en effet, général, et s'applique à tous ceux qui administrent la justice.

16. — Il comprend les officiers du ministère public. — *Cass.*, 17 juill. 1832, Turpin. — Merlin, *Rép.*, v° *Prise à partie*, § 3; Carré et Chauveau, quest. 1800°; Favard, *Rép.*, t. 4, p. 532; Lepage, p. 345; Poncet, t. 2, p. 386; Thomine, t. 1er, p. 755; *Praticien français*, t. 3, p. 353; Bioche, n° 12.

17. — On a prétendu que l'action ne pouvait être formée contre les membres du ministère public, sans l'autorisation préalable du conseil d'État, conformément à l'art. 75 de la Constitution du 22 frim. an VIII, parce qu'ils sont à la fois magistrats et agens du gouvernement. Mais les art. 483 et 486 de la même Constitution condamnent implicitement cette doctrine en admettant le même mode de poursuites contre les officiers du ministère public et les juges proprement dits. Enfin, un avis du conseil d'État du 17 mars 1812 a décidé qu'il n'y avait pas lieu à autorisation pour poursuivre des magistrats prévenus de délits commis dans et hors leurs fonctions. La Cour suprême avait cependant décidé le contraire par arrêts des 30 frim. an XII (M... P...) et 25 frim. an XIV (N...). — V. aussi, en ce qui précède, Carnot, *Inst. crim.*, t. 1er, p. 389, n° 35.

18. — Les juges de paix peuvent aussi être pris à partie (C. proc. civ., art. 509), même à raison de leurs fonctions dans un conseil de famille. — *Cass.*, 29 juill. 1812, Pellegrini. — Carré et Chauveau, quest. 1811; Demiau, p. 587; Mangin, *Traité des minorités*, t. 1er, n° 353; Thomine, t. 2, p. 497; Souquet, tabl. 353, 3e col.; Bioche, n° 9; Favard, v° *Avis de parens*, t. 1er, p. 280, n° 3; Delvincourt, t. 2, p. 436, n° 4; Hautefeuille, t. 3, p. 324; Merlin, *Quest. de droit*, v° *Justice de paix*, § 4. — V., au surplus, JUSTICE DE PAIX, n° 949 et suiv.

19. — L'art. 505 C. proc. civ. n'admet aucune distinction. Il comprend aussi bien les juges des Cours d'appel et de la Cour de cassation que les juges des tribunaux de première instance. — Merlin, *Rép.*, v° *Prise à partie*, § 3; Carré et Chauveau, quest. 1801.

20. — Peuvent aussi être pris à partie les juges de commerce au tribunal de commerce. — C. proc. civ., art. 509.

21. — ... Ceux qui n'exercent le pouvoir judiciaire qu'accidentellement, comme les juges suppléans, les avocats et les avoués appelés à compléter le tribunal, mais à raison seulement de l'exercice accidentel de ce pouvoir. — Poncet, t. 2, n° 592; Bioche, n° 10.

22. — Les prudhommes peuvent également être pris à partie. — V. PRUDHOMMES.

23. — Sur la question de savoir si les arbitres forcés, les arbitres volontaires et les arbitres forcés amiables compositeurs peuvent être pris à partie, V. ARBITRAGE, n° 1136 et suiv. — La cour d'Agen a décidé conformément à l'opinion que nous avons émise sous ces numéros, que les arbitres amiables compositeurs ne pouvaient être l'objet de la prise à partie. — Agen, 27 août 1845, Judici c. Dussol. — V. *infra* n° 46.

24. — Les greffiers et les commis greffiers, ne faisant qu'écrire sous la dictée du juge, ne peuvent être assimilés aux magistrats qui rendent la justice, et, par conséquent, ne sont attaquables par les formes ordinaires qu'à raison des fraudes ou des délits qu'ils commettent dans l'exercice de leurs fonctions. — Thomine, t. 1er, p. 756; Favard, t. 4, p. 538; Poncet, t. 2, p. 385 et suiv.; Chauveau sur Carré, quest. 1801 *ter*; Bioche, n° 13.

25. — Toutefois, il y a exception à cette règle dans les cas prévus par les art. 164 et 370 C. instr. crim. Ainsi, d'après ces articles, les greffiers peuvent être pris à partie, lorsque la minute du procès-verbal n'a pas été signée dans les vingt-quatre heures par les juges qui l'ont rendu. — V. JUGEMENT (mat. crim.), n° 413 et 438.

26. — La prise à partie peut être exercée non-seulement contre les juges personnellement, mais même contre un tribunal tout entier. — Carré et Chauveau, quest. 1801; Favard, t. 4, p. 532.

27. — Celui qui ne s'est pas porté partie civile dans la plainte mais qui s'est seulement réservé de le devenir, peut attaquer par la voie de la prise à partie l'arrêt intervenu par suite de sa plainte. — *Cass.*, 17 juill. 1832, Turpin de Jouhé c. Tolozé.

28. — Le rapporteur d'un jugement ou arrêt ne pourrait être pris personnellement à partie, à raison de ce jugement, qu'autant qu'il aurait commis un déni de justice en son particulier, comme si, par exemple, il avait soustrait une pièce à l'examen de ses collègues. — Merlin, *Rép.*, vo *Prise à partie*, § 3; Poncet, t. 2, p. 386; Carré et Chauveau, quest. 1802; Bioche, no 17.

29. — Celui qui cause préjudice à autrui, par un délit ou quasi-délit, obligeant ses héritiers comme il s'oblige lui-même à le réparer (C. civ., art. 1382; C. instr. crim., art. 2), il s'ensuit que l'action en prise à partie peut être valablement formée contre les héritiers du juge : encore bien qu'aucune poursuite n'ait été exercée contre ce dernier de son vivant. — Thomine-Desmazures, t. 1er, p. 756; Carré et Chauveau, quest. 1803.

§ 2. — *Cas où il y a lieu à prise à partie.*

30. — La prise à partie a lieu dans quatre cas : 1o s'il y a dol, fraude ou concussion; 2o si elle est expressément prononcée par la loi; 3o si la loi déclare les juges responsables, à peine de dommages-intérêts; 4o s'il y a déni de justice. — C. proc., art. 505.

31. — Les termes de la loi sont limitatifs; on ne peut les étendre à des cas autres que ceux qui sont nominativement désignés, quelle que soit leur gravité. — Carré et Chauveau, quest. 1804; Thomine, t. 1er, p. 757; Pigeau, *Proc.*, t. 1er, p. 792; Bioche, no 4. — V. aussi *suprà* no 13.

32. — Il a été jugé notamment, par application de ce principe, que les juges ne pouvaient, hors des cas légaux de prise à partie, être tenus de venir personnellement discuter et justifier les décisions auxquelles ils ont concouru; et qu'il en était ainsi alors même qu'attaqués directement et nominativement à l'occasion de ces décisions, ils auraient formé contre l'auteur de ces attaques une action en dommages-intérêts. — *Cass.*, 5 mai 1847 (t. 1er 1848, p. 516), Marrast c. Claverie.

33. — ... Qu'on ne peut prendre à partie le juge qui s'est abstenu dans une procédure au civil, et qui, sur une plainte incidente en faux témoignage, exerce, plus tard, les fonctions de directeur du jury. Il n'y a pas non plus motif de prise à partie dans le compulsoire ordonné par ce magistrat de deux dépositions arguées de faux. — *Cass.*, 12 nov. 1806, Hereau c. Lacan.

34. — ... Qu'un plaideur n'est pas fondé à prendre une Cour d'appel à partie, par cela seul qu'en appréciant un fait, dont son adversaire s'est prévalu, elle l'a qualifié d'une manière propre à porter atteinte à son honneur et à sa considération. — *Cass.*, 22 févr. 1825, de Forbin-Janson c. Cour de Paris.

35. — Toutefois : une partie est recevable à présenter requête à la Cour d'appel aux fins de prendre à partie un tribunal de première instance pour cause de suspicion légitime, bien que cette espèce de récusation ne se trouve pas au nombre des cas compris au tit. 2, liv. 4, C. proc. — *Orléans*, 14 juin 1822, Moreaux de Milly c. procureur général d'Orléans.

36. — Le premier cas de prise à partie énuméré par l'art. 505 C. proc. civ., est celui de dol ou de fraude. Or il y a dol ou fraude, de la part d'un juge dans l'exercice de ces fonctions, lorsqu'il prononce par faveur ou par haine, ou altère le sens d'une réponse d'une partie ou de la déposition d'un témoin.

37. — Faut-il assimiler au dol la faute grossière? M. Chauveau sur Carré (quest. 1805) estime que la faute grossière, la faute lourde ne doit pas être légèrement admise; mais qu'il est des fautes tellement grossières, qu'elles doivent être assimilées au dol et qu'en ce cas une réparation devient nécessaire tant dans l'intérêt de la morale publique que dans celui de la justice. — V. aussi, en ce sens, Favard, t. 4, p. 532; Poncet, t. 2, p. 390 et suiv. — Il nous semble, toutefois, que la faute, quelque grossière qu'elle fût, ne pourrait rentrer dans les termes de l'art. 505, qu'autant qu'elle serait accompagnée de faits qui prouveraient qu'elle a été volontaire; parce que alors elle pourrait être assimilée au dol ou à la fraude. C'est là une conséquence du sens limitatif attribué à l'article précité. Ce dernier système, consacré par arrêt de la Cour de cassation du 17 juill. 1832 (Turpin de Jouhé c. Tolozé de Jabin), a été admis par Pigeau (*Procéd.*, t. 1er, p. 792) et par MM. Thomine-Desmazures (t. 1er, p. 757) et Bioche (no 24).

38. — Mais jugé (sous l'empire de la loi du 3 brum. an IV) : que la prise à partie peut être exercée contre un directeur du jury, qui, par inimitié ou par abus de pouvoir, a instruit contre quelqu'un une procédure correctionnelle et décerné un mandat d'amener pour un fait qui n'était pas de nature à constituer un délit. — *Cass.*, 23 juill. 1806, Deboileau c. Dubellay.

39. — Le second cas de prise à partie est celui de concussion, délit qui consiste à ordonner de percevoir, à exiger ou à recevoir ce qu'on sait ne pas être dû ou excéder ce qui est dû pour droits, taxes, salaires ou traitemens. — C. pén., art. 174. — V. CONCUSSION.

40. — La loi ne contient aucune disposition qui en matière civile ou commerciale prononce expressément la prise à partie, cette voie n'est formellement prononcée par la loi qu'en matière criminelle. — V. *infrà* nos 94 et suiv.

41. — Quant aux cas où la loi déclare les *juges responsables, à peine de dommages-intérêts*; ce sont ceux 1o où un juge de paix laisse tomber l'instance en péremption (art. 15 C. proc.); 2o où il fait la levée des scellés avant l'expiration des trois jours depuis l'inhumation (art. 928 même Code); 3o où un juge a prononcé la contrainte par corps, hors des cas prévus par la loi (art. 2063 C. civ.); 4o où il se rend coupable d'attentat à la liberté civile (art. 114, 117 et 119 C. pén.). — Poncet, t. 2, p. 395 et suiv.; Chauveau sur Carré, quest. 1807; Pigeau, *Proc.*, t. 1er, p. 791.

42. — Tout ce qui se rapporte au cas où la prise à partie est fondée sur un déni de justice, a été traité au mot DÉNI DE JUSTICE. — V. ce mot.

43. — Le juge de paix qui au mépris des récusations qui lui ont été notifiées, juge les contestations qui lui sont soumises, sans statuer également sur la demande en sursis formée devant lui jusqu'au jugement des récusations, se rend coupable de dol et de déni de justice; il peut, dès lors, être pris à partie, aux termes de l'art. 505 C. proc. (nos 1er et 4). — *Amiens*, 22 mars 1825, Bonnefond c. N....

§ 3. — *Tribunal compétent.*

44. — Aux termes de l'art. 509 du Code de proc. : s'il s'agit d'un juge de paix, d'un tribunal de commerce ou de première instance, ou de quelqu'un de leurs membres, ou d'un juge de Cour d'appel ou de Cour d'assises, la prise à partie est portée devant la Cour d'appel du ressort.

45. — Un tribunal civil est donc incompétent pour statuer sur la prise à partie dirigée contre un membre d'un tribunal civil. — *Cass.*, 25 août 1825, Blain c. Gras de Preigne.

46. — Nonobstant la disposition précitée de l'art. 509 : la prise à partie contre un juge de paix, etc., pourrait être portée devant la Cour de cassation, si elle était incidente à une plainte en forfaiture. — Merlin, *Rép.*, vo *Prise à partie*, § 3, t. 9, p. 693; Favard, t. 4, p. 533.; Carré et Chauveau, quest. 1812.

47. — Sous la Constitution de l'an VIII, une prise à partie contre un tribunal entier ne pouvait être autorisée que par le tribunal de cassation. — *Cass.*, 28 vent. an X, Harcourt et Roussel.

48. — Si la prise à partie a lieu contre une Cour d'assises, contre une Cour d'appel, ou contre l'une des sections de ces Cours, l'art. 509 (§ 2) voulait que l'action fût portée devant la Haute-Cour. — Mais depuis la suppression de la Haute-Cour dont parle cet article, la prise à partie a dû être portée devant la Cour de cassation. — Poncet, t. 2, p. 399; Favard, t. 4, p. 533; Bioche, no 45; Carré et Chauveau, quest. 1811; Tarbé, *De la Cour de cassation*, p. 310. — La compétence de la Cour de cassation à cet égard n'a point été modifiée depuis la révolution de février.

49. — Jugé notamment, sous l'empire de la Charte de 1814, que la prise à partie contre une Cour royale n'a pu être portée devant la Chambre des pairs, bien que l'un des membres de cette Cour soit revêtu de la dignité de la pairie; mais devant la Cour de cassation, seule compétente pour en connaître. — *Cass.*, 22 févr. 1825, Forbin-Janson c. Cour de Paris.

50. — La Cour de cassation (chambre des requêtes) est compétente pour apprécier les faits de prise à partie articulés contre les juges d'un tribunal de première instance et les conseillers d'une Cour d'appel, dans une requête produite à la suite d'un pourvoi en cassation. — *Cass.*, 29 nov. 1836, (t. 1er 1837, p. 632), Melchior-Clain c. Tribunal de Cambrai.

51. — Aucun texte ne prévoyant le cas où la prise à partie atteindrait un membre de la Cour de cassation; on peut appliquer, par analogie, le § 1er de l'art. 509, qui attribue aux Cours d'appel la connaissance de l'action dirigée contre un de ses membres et décide que la Cour de cassation doit elle-même être appelée à en connaître. — Bioche, no 30.

52. — Lorsqu'une action en prise à partie n'est point encore introduite devant la Cour qui d'après la loi doit en connaître, on est non recevable à demander, pour cause de suspicion légitime, le renvoi de cette action devant une autre cour. — Dans ce cas la demande en renvoi doit être rejetée, comme prématurément introduite. — *Cass.*, 25 avr. 1827, de Preigne c. Blain.

53. — Il n'y a pas connexité entre une demande en dommages et intérêts contre les avoués et une action en prise à partie contre les juges du même tribunal; de telle sorte qu'on doive renvoyer cette action devant le tribunal saisi de la demande en dommages et intérêts, ou devant la Cour dans le ressort de laquelle ce tribunal est situé. — Même arrêt.

§ 4. — *Procédure. — Jugement. — Amendes. — Dommages-intérêts.*

54. — Aucun juge ne peut être pris à partie sans permission préalable du tribunal devant lequel l'action doit être portée. — C. proc. civ., art. 510.

55. — « A cet effet, porte l'art. 511, il sera présenté une requête signée de la partie ou de son fondé de procuration authentique ou spéciale, laquelle procuration sera annexée à la requête, ainsi que les pièces justificatives, à peine de nullité. »

56. — Si la partie ne sait pas ou bien ne peut pas signer, il est indispensable qu'elle donne pouvoir à un tiers de le faire. La mention inscrite par l'avoué, au bas de la requête, de l'impossibilité de signer où son client s'est trouvé, ne suffirait pas. — Bioche, no 55; Demiau, p. 356; Chauveau sur Carré, quest. 1815 *bis*.

57. — La requête doit contenir les faits et les moyens sur lesquels elle s'appuie. S'il y a des preuves écrites, on les joint à la requête (Pigeau, *Proc.*, t. 1er, p. 794 et 795; Thomine, t. 1er, p. 757). — Mais, le plus souvent, les faits ne pourront être prouvés que par voie d'enquête.

58. — Il ne peut être employé aucun terme injurieux contre les juges, à peine, contre la partie, de telle amende et, contre son avoué, de telle injonction ou suspension qu'il appartiendra. — C. proc. civ., art. 512.

59. — L'action en prise à partie est dispensée du préliminaire de conciliation. — Carré et Chauveau, quest. 1813; Thomine, t. 1er, p. 764; Bioche, no 53.

60. — Mais est-il nécessaire de donner préalablement communication au juge de la requête? La négative nous paraît certaine. En effet, l'art. 511 ne mentionne pas cette formalité et l'esprit du Code la repousse. — Thomine, t. 1er, p. 764; Chauveau sur Carré, quest. 1816 *bis*; Bioche, no 56. — Sous le Code de brumaire, l'affirmative avait cependant été adoptée par la Cour suprême. — V. arrêt du 8 therm. an XI, Sombret c. N....

61. — Le ministère public prend communication de la requête et donne ses conclusions. — Carré et Chauveau, quest. 1813 et 1822; Thomine, t. 1er, p. 764; Bioche, no 59; Locré, t. 2, p. 352; Pigeau, *Comm.*, t. 2, p. 111; Poncet, t. 2, p. 400.

62. — C'est en chambre du conseil, et non à l'audience, que l'autorisation à fin de prise à partie est accordée, ou refusée. — Bioche, no 60; Carré et Chauveau, quest. 1821.

63. — Ainsi, le requérant n'est pas admis à présenter des explications orales (V., en ce sens, outre les auteurs précités, *Paris*, 30 janv. 1836, Raspail c. Zangiacomi); ni le magistrat poursuivi, recevable à intervenir. — *Amiens*, 22 août 1837 (sous *Cass.*, 6 mai 1839 [t. 2 1843, p. 284]), Nusse et Villacrose.

64. — Sous la loi du 16-24 août 1790 (tit. 2, art. 14) le jugement qui autorisait une prise à partie était nul s'il avait été rendu en séance publique. — *Cass.*, 28 vent. an X, d'Harcourt et Roussel. — Il en serait de même aujourd'hui d'après ce qui vient d'être dit.

65. — Si la requête est rejetée, la partie est condamnée à une amende qui ne peut être moindre de 300 francs; sans préjudice des dommages-intérêts envers les parties, s'il y a lieu. — C. proc. civ., art. 512.

65. — Les arbitres étant soumis à la prise à partie, le rejet de la requête donne lieu à l'application de l'amende comme à l'ouverture d'une action en dommages-intérêts au profit des arbitres. — Chauveau et Carré, quest. 1823 *ter*. — V. *suprà* no 23.

67. — Il a été jugé que des arbitres forcés n'étant pas soumis à la prise à partie, le rejet de la requête ne donnait pas lieu à l'application de l'amende. — *Limoges*, 1er août 1814, Navarron. — Cette solution est contestable sous tous les rapports : d'abord parce que les arbitres peuvent, comme les autres juges, être pris à partie (V. *supra* n° 23), ensuite parce qu'en admettant le contraire les termes de l'art. 513 ne permettent pas de distinguer entre le cas où la requête est rejetée par un moyen du fond ou par une fin de non-recevoir. — Chauveau et Carré, quest. 1823 *ter*.

68. — Cette amende est acquise au fisc. Elle doit donc être prononcée d'office. Il en est autrement à l'égard des dommages-intérêts. Si cependant les juges avaient omis de condamner le requérant à l'amende, celle-ci ne serait pas due de plein droit. — Thomine, t. 1er, p. 730; Chauveau sur Carré, quest. 1734 et 1815-6°; Bioche, n° 78.

69. — Les dommages-intérêts peuvent-ils être demandés par voie d'intervention? — Pigeau (*Comm.*, t. 2, p. 444) répond négativement, l'intervention avant la décision étant prématurée : «Car, dit-il, ou la requête sera admise, et alors ce sera seulement dans l'instance en prise à partie que les tiers pourront intervenir; ou la requête sera rejetée, et alors ils pourront se pourvoir par voie principale. » — Bioche, n° 79. — *Contrà* Chauveau sur Carré, quest. 1815-4°.

70. — L'affiche et l'impression du jugement qui rejette la requête à fin de prise à partie peut être ordonnée. — *Cass.*, 17 juill. 1832, Turpin. — Pigeau, *Proc.*, t. 1er, p. 796; Bioche, n° 81.

71. — Lorsqu'une partie a exécuté sans protestations ni réserves la disposition d'un arrêt qui lui porte préjudice, elle n'est pas recevable à se pourvoir en cassation contre cet arrêt. — *Spécialement* : lorsqu'en admettant une demande en prise à partie un arrêt a réduit à certains faits la preuve des griefs articulés, le demandeur qui a spontanément plaidé ensuite au fond sans réserves est non recevable à se pourvoir contre l'arrêt qui a rejeté le surplus de ses articulations. — *Cass.*, 6 mai 1839 (t. 2 1843, p. 284), Nusse c. N...

72. — Si la requête est admise, elle est signifiée dans les trois jours au juge pris à partie (C. proc. civ., art. 514); et cette signification est faite à la personne du juge ou à son domicile, puisque l'article précité ne prescrit pas, comme l'art. 307 pour le cas de déni de justice, qu'elle ait lieu au greffe. On rentre alors dans les voies ordinaires, et l'inobservation de cette formalité entraînerait la nullité de l'exploit. — Chauveau sur Carré, quest. 1816; Demiau, p. 356; Bioche, n° 69. — M. Carré (*loc. cit.*) pense cependant que la signification faite au greffe ne serait pas nulle.

73. — Il est donné en même temps copie 1° de l'arrêt d'admission (art. 29 du Tarif; Carré et Chauveau, quest. 1818; Demiau, p. 356; Bioche, n° 80); et 2° des pièces justificatives, s'il en existe (C. proc. civ., art. 65; Bioche, n° 67). Mais cette formalité n'est pas prescrite à peine de nullité.

74. — En outre : la signification doit contenir assignation, afin que le juge sache le jour auquel il doit comparaître. Une assignation par acte séparé serait assurément valable, mais elle n'entrerait pas en taxe. — Chauveau sur Carré, quest. 1816 *ter*; Tarif, t. 2, p. 26; Bioche, n° 68.

75. — Le délai de trois jours accordé pour cette signification n'est pas fatal, aucune déchéance n'étant prononcée par l'art. 514. — Pigeau, *Proc.*, t. 1er, p. 794; Demiau, p. 356; Lepage, p. 349; Carré et Chauveau, quest. 1817; Bioche, n° 70.

76. — Dans les huit jours de la signification de l'assignation, le juge est tenu de signifier ses défenses (C. proc. civ., art. 514). Mais ce délai n'est pas plus fatal que celui qui est accordé à la partie pour signifier la requête. — Thomine-Desmazures, t. 1er, p. 765; Chauveau sur Carré, quest. 1818 *bis*; Bioche, n° 72.

77. — Ces défenses sont signifiées par un simple acte, contenant, par conséquent, constitution d'avoué. Le juge étant devenu partie, est assujetti en effet, comme tout autre plaideur, à constituer un avoué. — Delaporte, t. 2, p. 93; Demiau, p. 356; Chauveau sur Carré, quest. 1818 *bis*; Bioche, n° 72.

78. — La partie a le droit de répondre à la requête du juge, non pas, comme le dit Carré (quest. 1819), parce que l'art. 29 du Tarif prévoit ce cas; mais par analogie avec l'art. 78 du Code de procédure. — Chauveau sur Carré, *loc. cit.*; Pigeau, *Proc.*, t. 1er, p. 798; Bioche, n° 73.

79. — Ensuite, la prise à partie est portée à l'audience, par un simple acte, et elle est jugée par une autre section que celle qui a admis la requête (C. proc. civ., art. 515). Ainsi : comme il

n'y a qu'une chambre civile, à la Cour de cassation; c'est la chambre criminelle, qui juge la prise à partie. — *Cass.*, 27 févr. 1812, Coché c. N... — Favard, t. 4, p. 534; Bioche, n° 74.

80. — Le ministère public, comme avant l'admission de la requête est entendu lors du jugement de prise à partie, dans ses conclusions, et les pièces lui sont préalablement communiquées. — C. proc. civ., art. 83, § 5.

81. — Si le fait qui motive la prise à partie est de nature à donner lieu à une poursuite criminelle, les juges doivent surseoir à prononcer jusqu'à ce qu'il ait été statué par les tribunaux criminels (Pigeau, *Comm.*, t. 2, p. 444; Biocho, n° 88) : pourvu, toutefois, que des réquisitions aient été faites, à cet égard, par le ministère public, avant le jugement. — Berriat, p. 471, n° 23; Bioche, *eod.*

82. — Il n'en est pas du jugement qui statue sur la prise à partie comme de celui qui statue sur la requête à fin de poursuite. Le premier doit être rendu à l'audience après plaidoiries. C'est ce qui résulte formellement de l'art. 515, qui veut que la cause soit portée à l'audience. — Bioche, n° 76; Carré et Chauveau, quest. 1821.

83. — Tout demandeur débouté est condamné, comme dans le cas de rejet de la requête, à une amende qui ne peut être moindre de 300 fr., sans préjudice des dommages-intérêts réclamés par les parties. — C. proc. civ., art. 516

84. — Sous la loi du 16-29 septembre 1791 : un tribunal criminel ne pouvait pas admettre, par la voie de l'intervention, une prise à partie, incidemment à l'action de discipline correctionnelle exercée contre un juge de paix. — *Cass.*, 5 oct. 1792, Colson c. Lachaulme.

85. — La poursuite en prise à partie, dirigée concurremment contre deux magistrats, peut-être continuée contre l'un d'eux, bien qu'elle soit suspendue à l'égard de l'autre. — *Cass.*, 23 juill. 1806, Deboileau c. Dubellay.

§ 5. — *Effet de la prise à partie.*

86. — Lorsque l'autorisation à fin de prise à partie a été accordée, le juge est obligé de s'abstenir jusqu'au jugement de la prise à partie, non-seulement de la connaissance du procès qui a donné lieu à la prise à partie, mais encore de la connaissance de toutes les causes que la partie poursuivante ou ses parens en ligne directe ou son conjoint peuvent avoir devant le tribunal. Et cette obligation lui est imposée à peine de nullité d'un jugement sur les contestations soumises au tribunal. — C. proc. civ., art. 514.

87. — Mais par quelle voie fera-t-on prononcer la nullité? Il faut distinguer : si la prise à partie a été dirigée contre un seul juge et que, nonobstant sa présence, le tribunal soit en nombre, on aura recours à l'opposition, si le jugement est susceptible d'opposition, sinon à l'appel, s'il est en premier ressort, ou à la requête civile, s'il est en dernier ressort; mais si le tribunal n'est plus en nombre, il faudra s'adresser à la Cour suprême. — Pigeau, *Comm.*, t. 1er, p. 112; Chauveau sur Carré, quest. 1817 *bis*; Bioche, n° 82.

88. — Mais si l'action en prise à partie, dirigée contre un tribunal ou une Cour d'appel en entier, n'a pas été régulièrement introduite, cette action n'oblige le tribunal ou la cour à s'abstenir. — *Paris*, 18 mars 1819, Boudard c. Selves.

89. — Sous l'ordonnance de 1667, les parties avaient la faculté de consentir à ce que la cause fût jugée par le magistrat pris à partie. Mais aujourd'hui cette faculté ne leur appartient plus, la nullité résultant de la participation au jugement étant d'ordre public. — Carré et Chauveau, quest. 1820; Favard, t. 4, p. 534; Bioche, n° 84. — Ainsi, le jugement serait radicalement nul, et chaque partie serait recevable à l'attaquer, malgré son consentement.

90. — Si la prise à partie est accueillie, le juge doit être condamné, envers la partie qui l'a intentée, à des dommages-intérêts pour l'indemnité du préjudice qu'il lui a causé. — Carré et Chauveau, quest. 1822; Bioche, n° 86.

91. — Quant à l'acte ou au jugement qui a motivé l'action en prise à partie, il ne tombe pas *ipso facto* par cela seul que cette action a été admise et, par conséquent, les juges, en statuant sur la prise à partie, ne peuvent le déclarer nul et non avenu. Celui qui a intenté l'action en prise à partie pourrait cependant en demander et en faire prononcer la nullité, si la partie qui a obtenu s'était rendue complice de la prévarication du juge pris à partie. Mais si elle

avait été de bonne foi, l'acte ou le jugement devrait conserver tout son effet. — Carré et Chauveau, quest. 1423-4°; Poncet, t. 2, p. 402; Thomine-Desmazures, t. 2, p. 766; Bioche, n° 87. — V. cependant Pigeau, *Proc.*, t. 1er, p. 799.

92. — Dans le cas où la partie qui a obtenu jugement s'étant rendue complice du juge, ce jugement pourrait être annulé; la demande en nullité devrait être intentée par voie d'appel, si le jugement était en premier ressort, ou par la voie de la requête civile, s'il était en dernier ressort (Chauveau et Carré, et Thomine-Desmazures, *loc. cit.*) : et non par la voie d'un pourvoi devant la Cour de cassation. — V., cependant, Bioche, *loc. cit.*

93. — Après le jugement qui déclare la prise à partie mal fondée, le juge reprend sa liberté; sauf le cas où il aurait demandé des dommages-intérêts, conformément à l'art. 513. — V. art. 390 et V RÉCUSATION. — Conf. Thomine, t. 1er, p 766; Chauveau sur Carré, quest. 1823 *bis*; Bioche, n° 83.

Sect. 3°. — *De la prise à partie en matière criminelle.*

94. — La prise à partie constituant une action purement civile, on n'en résulte que les dispositions du Code de procédure sont applicables en matière criminelle. Ainsi : tous les cas qui donnent ouverture à cette action en matière civile, y donnent également ouverture en matière criminelle.

95. — Jugé qu'il n'y a pas dol de la part du juge d'instruction qui refuse de faire mettre en liberté un prévenu arrêté sur un mandat qu'il a décerné, alors qu'ayant agi en vertu d'une délégation limitée il n'avait pas le pouvoir de statuer sur ce mandat. — *Paris*, 30 janv. 1836, Raspail c. Zangiacomi.

96. — Ni dans le refus de ce magistrat de recevoir la plainte du prévenu en arrestation arbitraire, alors que le prévenu ayant lui-même refusé de répondre à toutes les questions, et même de donner ses noms, l'a mis dans l'impossibilité de recevoir aucune réclamation légale. — Même arrêt.

97. — Un juge d'instruction peut même, sans se rendre coupable de forfaiture, saisir et ouvrir des lettres adressées à un prévenu alors sous le coup d'une procédure criminelle, surtout si cette ouverture a lieu en présence du prévenu et après demande à lui faite d'y consentir. — Même arrêt.

98. — Le Code d'instruction criminelle énumère certains cas dans lesquels la prise à partie est expressément autorisée. Ce sont ceux prévus par l'art. 77 de ce Code (V. INSTRUCTION CRIMINELLE, n°s 408, 433, 456 et suiv.), l'art. 112 (V. MANDAT D'EXÉCUTION, n°s 76 et 208), l'art. 164 (V. JUGEMENT [mat. crim.], n°s 413 et suiv.), et l'art. 271 (V. MINISTÈRE PUBLIC).

PRISÉE.

1. — Synonyme d'estimation. Mais ce mot s'applique plus particulièrement aux estimations de meubles corporels faites par certains officiers publics ou par des experts.

§ 1er. — *Cas où il y a lieu à la prisée* (n° 2).

§ 2. — *Par qui la prisée doit être faite* (n° 11).

§ 3. — *Objet et mode de la prisée* (n° 36).

§ 1er. — *Cas où il y a lieu à la prisée.*

2. — La prisée des meubles décrits dans les inventaires était depuis longtemps en usage dans les pays de droit coutumier. Un grand nombre de coutumes l'ordonnaient expressément. — V., entre autres, Cout. Anjou, art. 93; Bourbonnais, art. 483; Berry, art. 1er, ch. 4; Châlons, tit. *Des tuteurs*, art. 9; Normandie, art. 93; Tours, art. 348. — D'autres coutumes, sans ordonner la prisée, supposaient néanmoins qu'il était d'usage de la faire.—Calais, art. 78; Paris, art. 288.

3. — Dans les pays de droit écrit et dans quelques autres provinces on ne faisait pas ordinairement la prisée des meubles dans les inventaires. On suivait en cela le droit romain, qui ne la prescrivait pas, et l'on faisait seulement une exacte description des meubles. Lorsque les meubles inventoriés n'avaient point été vendus publiquement et qu'il s'agissait d'en fixer la valeur, on en faisait l'estimation sur la description portée en l'inventaire.—Rolland de Villargues, *Rép. du not.*, v° *Prisée*, n° 2.

4. — Aujourd'hui, tout inventaire doit contenir l'estimation ou prisée des objets qui y sont décrits.—C. proc., art. 943.—V. INVENTAIRE.

5. — Dans le cas où le père ou la mère du mineur préfère garder, pour les remettre en nature, les meubles du mineur dont ils ont la jouissance légale, ils en font faire, à leurs frais, la prisée ou estimation à juste valeur par un expert qui est nommé par le subrogé tuteur et prête serment devant le juge de paix.—C. civ., art. 453.

6. — L'opération d'une prisée est encore nécessaire, à défaut d'inventaire régulier, pour parvenir à un partage dans lequel sont intéressés des absens, des mineurs ou des interdits; ou bien sur lequel il s'élève des contestations. — C. civ., art. 823.—V. PARTAGE.

7. — Lorsque des bagues et joyaux ont été saisis, ils ne peuvent être mis en vente sans une estimation préalable par des gens de l'art; ils ne peuvent non plus être vendus au-dessous de l'estimation. — C. proc., art. 621. — V. SAISIE-EXÉCUTION.

8. — Une estimation ou prisée est encore indispensable dans les états annexés aux donations d'effets mobiliers. — V. DONATION ENTRE-VIFS, n°s 444 et suiv.

9. — Elle est le plus souvent utile dans les ventes d'effets mobiliers et dans les états annexés à des traités de société. — Rolland de Villargues, n° 8.

10. — C'est principalement des prisées d'inventaire qu'il y a lieu de s'occuper ici, comme étant d'un intérêt plus général. Les règles des autres prisées sont ordinairement déterminées par les conventions des parties.

§ 2. — *Par qui la prisée doit être faite.*

11. — La prisée dans les inventaires ne peut être faite que par des officiers-priseurs institués par la loi, c'est-à-dire par des commissaires-priseurs, des notaires, des greffiers ou des huissiers.—L. 21-26 juill. 1790; L. 17 sept. 1793, art. 1er; L. 27 vent. an IX, art. 1er; L. 28 avr. 1816, art. 89. —C. proc., art. 935.

12. — Les notaires, greffiers et huissiers ont, à l'exclusion des simples particuliers, le droit de faire les prisées de meubles après décès dans les lieux où il n'y a pas de commissaires-priseurs; et les parties ne peuvent appeler des experts que pour apprécier les objets dont la prisée exige des connaissances spéciales. — *Bourges*, 8 juin 1832, huissiers de Bourges c. Dalbet. — Thomine, *Comment. du C. proc.* (sur l'art. 935); Renou, *Manuel des commissaires-priseurs*, t. 1er, p. 300.

13. — Jugé, au contraire, que le droit de procéder aux prisées et estimations dans les inventaires n'appartient pas exclusivement aux commissaires-priseurs, et à leur défaut aux notaires, greffiers et huissiers; et qu'elles peuvent être faites par de simples particuliers.—*Nîmes*, 22 févr. 1837 (t. 2 1837, p. 276), huissiers d'Orange c. Pons.

14. — ... Que les notaires, greffiers, huissiers et commissaires-priseurs n'ont pas exclusivement le droit de procéder à la prisée ou estimation des meubles lors de l'inventaire dressé à la requête du tuteur dans le cas prévu par l'art. 453 C. civ., et que cette prisée peut être faite par toute autre personne choisie à cet effet comme expert. — *Rennes*, 14 janv. 1835, Rion c. Boitté; *Grenoble*, 5 déc. 1839 (t. 1er 1843, p. 465), huissiers c. notaires de Grenoble.

15. — En faveur de cette dernière opinion on dit que l'estimation dont parle l'art. 453 C. civ. est une estimation particulière que doit faire faire l'usufruitier légal et qui est indépendante de celle qui est consignée dans l'inventaire. Cette estimation particulière peut être faite par de simples experts; elle est aux frais du survivant. Mais il en doit être autrement de l'estimation comprise dans des inventaires.—Rolland de Villargues, n° 15.

16. — Un greffier de justice de paix qui rédige un procès-verbal de reconnaissance et levée des scellés, peut, en même temps, faire la prisée des meubles. — Il n'y a pas là d'incompatibilité, et il en peut résulter quelque économie pour les parties. — Rapport de M. Gillon, séance de la Chambre des députés du 1er mars 1834.

17. — Dans les lieux où il n'y a point de commissaire-priseur les notaires peuvent, ainsi qu'on l'a vu (v° INVENTAIRE, n° 67), faire eux-mêmes la prisée des meubles qu'ils inventorient. — Circ. min. 29 frim. et 14 niv. an XIII.

18. — Jugé, en ce sens, que les notaires et les greffiers ont qualité pour procéder à la prisée d'objets mobiliers en même temps qu'ils en font l'inventaire ou la description. — *Grenoble*, 5 déc. 1839 (t. 1er 1843, p. 465), huissiers c. notaires de Grenoble.

19. — Cependant l'officier public chargé d'une prisée peut n'avoir pas toujours les connaissances nécessaires pour estimer tous les objets à inventorier. Il y a dès lors nécessité de lui adjoindre, dans certains cas, des personnes qui ont les connaissances requises, c'est-à-dire des experts.

20. — C'est ce qu'autorisaient l'édit de février 1556 et celui du 15 mai 1703, et enfin ce qu'a en vue l'art. 935 C. proc. lorsqu'il règle le mode de nomination des commissaires-priseurs ou *experts*.

21. — Jugé, dès lors, qu'un notaire peut, en qualité d'expert, procéder hors de son ressort à la prisée d'objets mobiliers, lors d'un inventaire, après décès dressé, par un notaire du lieu où se fait cet inventaire. — *Douai*, 26 août 1835, huissiers d'Avesnes c. Delahaye.

22. — ... Que le notaire chargé de procéder à un inventaire après décès peut, dans le but de s'éclairer sur la valeur et la prisée des objets inventoriés, se faire assister par un tiers ou expert (par exemple, par un marchand de meubles). — *Cass.*, 19 déc. 1838 (t. 1er 1839, p. 380), huissiers de Montargis c. Meunier.

23. — En pareil cas, le marchand de meubles qui a procédé comme expert à la prisée ne saurait être querellé par des créanciers : sous prétexte qu'il leur a porté préjudice. — *Orléans*, 22 août 1837 (t. 2 1837, p. 474), Meunier c. huissiers de Montargis.

24. — De même: on ne peut voir dans l'intervention de ce marchand aucun empiétement sur les attributions des officiers publics investis du droit de faire les estimations dans les inventaires, alors qu'il est constant qu'il a été appelé du consentement des parties pour servir d'auxiliaire au notaire, qu'il n'a fait que donner un simple avis, et qu'après cet avis donné c'est le notaire seul qui a fait les prisées et estimations.— *Cass.*, 19 déc. 1838 (t. 1er 1839, p. 380), huissiers de Montargis c. Meunier.

25. — D'après un règlement du conseil du 28 févr. 1723, la prisée des bibliothèques ou cabinets de livres, de même que celle des imprimeries et fonds de librairie, ne pouvait être faite que par deux libraires, ou imprimeurs, dans la forme d'un catalogue annexé à l'inventaire. Mais, plus tard, un autre règlement, du 14 juill. 1727, ordonna que la prisée des bibliothèques et cabinets de livres ne pourrait être faite que par les huissiers-priseurs en présence et de l'avis d'un ou de deux libraires qui y seraient appelés et convenus par les parties intéressées, et que les notaires continueraient à inventorier et décrire les livres comme les autres meubles et effets sujets à prisée. — Tel est l'usage constamment suivi, en faisant observer, toutefois, que le concours des libraires n'est pas indispensable; que, dans ce cas, comme en général, c'est aux officiers-priseurs ou aux parties qu'il appartient de juger s'il convient d'appeler des experts. — Rolland de Villargues, n° 90.

26. — Quant aux fonds de librairie et d'imprimerie; les règlemens précités en attribuaient exclusivement la prisée aux libraires et imprimeurs, qui devaient procéder dans la forme d'un catalogue annexé à l'inventaire. Mais cette disposition a été abrogée par les lois nouvelles qui ont attribué aux officiers-priseurs la prisée de tous les effets mobiliers sans distinction, sauf à se faire aider au besoin d'experts à ce connaissant. — Rolland de Villargues, n° 91.

27. — La prisée des marchandises d'un fonds de commerce doit se faire par un ou deux notables marchands du même commerce choisis par les parties. — Acte de notor. du Châtelet de Paris 25 mai 1703. — Toutefois, il est à remarquer que ce concours des experts n'est point d'obligation rigoureuse à peine de nullité.—Rolland de Villargues, n° 92.

28. — La prisée des bagues, pierreries, joyaux, galeries de tableaux, statues, objets d'art et meubles précieux se fait avec l'aide d'un ou de deux joailliers ou experts appelés par les parties. — Edit de février 1556, acte de notor. 25 mai 1703.

29. — Une femme pourrait-elle être appelée pour estimer le mobilier? «Dans nos villes, répond Carré (sur l'art. 935), on appelle souvent des femmes dont le commerce consiste dans l'achat et la vente de vieux meubles, et que l'on appelle *revendeuses*. Nous croyons qu'aucune loi n'interdisant d'appeler une femme pour estimer le mobilier, on ne pourrait critiquer le prisage qu'elle eût fait après serment.» A plus forte raison une femme peut être appelée lorsqu'il ne s'agit que de donner son avis. — Rolland de Villargues, n° 21.

30. — Le choix des experts qui doivent aider l'officier-priseur appartient aux parties et non à cet officier. En cas de désaccord, l'on a recours au président du tribunal de première instance. — C. proc., art. 935.

31. — Dans le cas de l'art. 453 C. civ., la nomination de l'expert appartient au subrogé tuteur. — *Rennes*, 14 janv. 1835, Rion c. Boitté.

32. — D'après l'art. 935, les experts doivent prêter serment devant le juge de paix. Toutefois, on fait une distinction relativement à la nécessité de prêter ce serment. Lorsque de simples particuliers procèdent à une prisée aux lieu et place des officiers-priseurs, ils doivent préalablement prêter serment. — *Grenoble*, 5 déc. 1839 (t. 1er 1843, p. 465), huissiers c. notaires de Grenoble.

33. — Mais, lorsqu'un expert est appelé pour assister seulement un officier-priseur; il peut être dispensé de prêter serment de donner son avis en âme et conscience. — *Cass.*, 19 déc. 1838 (t. 1er 1839, p. 380), huissiers de Montargis c. Meunier.

34. — En tout cas, lorsque c'est un notaire ou autre officier public déjà assermenté, qui fait la prisée, il n'a pas besoin de prêter le serment exigé par l'art. 453 C. civ.

35. — Le serment des experts doit être prêté devant le juge de paix (C. proc., art. 935), même dans le cas où il n'y a pas eu d'apposition de scellés.—V. Carré, sur l'art. 935.— *Contrà*, Pigeau, t. 2, p. 599.

§ 3. — *Objet et mode de la prisée.*

36. — La prisée doit comprendre tous les objets mobiliers qui peuvent être consommés ou soustraits, et qui ne portent pas avec eux-mêmes leur propre estimation. — Rolland de Villargues, n° 25.

37. — La prisée doit être faite à juste valeur et sans crue. — C. proc., art. 943-3°. — V. CRUE.

38. — Toutefois, les règles relatives à la crue sont encore applicables aux stipulations de préciput faites anciennement dans les contrats de mariage. — Rolland de Villargues, n° 84.

39. — Pour faire la prisée à juste valeur, on doit peser, compter et mesurer tous les objets qui se vendent ordinairement au poids, au compte et à la mesure. En cas de contestation on peut recourir au bureau de pesage, mesurage et jaugeage publics s'il s'en trouve dans le lieu. — Rolland de Villargues, n°s 85 et 87. — V. PESAGE ET MESURAGE PUBLICS.

40. — Il est d'usage de peser la vaisselle et les matières d'or et d'argent. D'ailleurs, l'art. 943-4° du Code de procédure prescrit formellement que l'inventaire doit contenir la désignation des qualité, poids et titre de l'argenterie.

41. — Quant aux ustensiles d'étain, de cuivre et de gros fer, ils ne sont pesés et le poids n'en est indiqué qu'autant qu'il est considérable. Dans le cas de pesage, la pesée se fait à raison de tant le kilogramme sans tenir compte des façons. — Boucher d'Argis, *Traité de la crue*, chap. 5.

42. — On doit, autant qu'on le peut, faire la prisée des grains et fourrages, d'après les mercuriales ou les prix courans des marchés les plus voisins. — Rolland de Villargues, n° 86. — V. MERCURIALES.

43. — La prisée des marchandises se fait ordinairement au prix d'emplette ou de facture. Mais si les marchandises étaient depuis longtemps en magasin et que le prix d'emplette eût changé, ce serait évidemment celui du temps de l'inventaire qu'il faudrait prendre pour base. — Rolland de Villargues, n° 93.

44. — La prisée est toujours exprimée dans l'inventaire, et l'officier qui l'a fait n'en dresse pas un procès-verbal séparé. Mais cet officier et les experts signent l'inventaire. — Acte de notoriété 25 mai 1703.

V., aussi, COMMISSAIRE-PRISEUR, HUISSIER, INVENTAIRE.

PRISONS.

Table alphabétique.

PRISONS. — 1. — Ce sont les lieux destinés par l'autorité à la garde des prévenus et accusés, en attendant que la justice ait prononcé sur le fait pour lequel ils sont poursuivis, et à l'incarcération des condamnés.

Sect. 1ʳᵉ. — *Historique.*

2. — Les prisons destinées à recevoir les prévenus et les condamnés ont toujours été distinctes. A Rome, il y avait la prison des accusés et celle des condamnés. L'une se nommait *carcer* et l'autre *vincula publica* ou *latomia*. Si le même local servait à ces deux prisons, elles devaient être soigneusement séparées.

3. — En France, dans l'origine, il y avait deux sortes de prisons : les *chartres*, particulièrement destinées à la garde des *malfaiteurs*, et les *prisons* ou *geôles*, exclusivement affectées à la garde des accusés décrétés de prise de corps et des condamnés. Un édit de François 1ᵉʳ, du 12 juin 1522, avait confié la surveillance et la police des prisons aux lieutenans criminels.

4. — L'ordonnance criminelle de 1670 vint remplacer la législation antérieure sur les prisons. Le régime de ces prisons fut réglementé par le titre 13 de cette ordonnance, qui en donna l'administration à l'autorité judiciaire seule.

5. — Un système nouveau fut introduit par le décret du 15 sept. 1791. Ce décret contenait la distinction absolue des accusés et des condamnés, il voulait que les maisons d'arrêt ou de justice fussent entièrement établies pour peines ; et que jamais un homme condamné ne pût être mis dans la maison d'arrêt, et réciproquement. — Tit. 14, art. 1ᵉʳ et 11.

6. — La classification admise dans le décret précité et le système de surveillance et d'administration qui y ont été consacrés ont été reproduits par le Code du 3 brum. an IV et se retrouvent également, sauf quelques modifications nécessitées par les changemens qu'on subis l'organisation administrative et l'organisation judiciaire, dans le chap. 2, tit. 7 du C. d'instr. crim., dont les dispositions ont été complétées par une foule d'ordonnances, de règlemens et de circulaires.

7. — Un projet de loi, qui tendait à introduire dans la réforme des prisons le principe de l'isolement des condamnés, fut présenté dans la session de 1840, à la Chambre des députés. Ce projet, n'ayant pu être discuté dans le cours de cette session, fut retiré, modifié et représenté en 1843. La discussion en eut lieu devant la Chambre des députés dans la session de 1844, et il y fut adopté. Envoyé à la Chambre des pairs, celle-ci exprima le vœu que la Cour de cassation et les Cours d'appel fussent consultées. Par suite des observations faites par la Cour de cassation et les Cours d'appel, le ministre de l'intérieur nomma une nouvelle commission qu'il chargea de revoir le précédent projet et de préparer une rédaction définitive. Ce travail terminé, le projet fut de nouveau soumis à la Chambre des pairs; elle nomma une commission pour l'examiner. Le rapport au nom de cette commission fut fait par M. Bérenger (de la Drôme) dans la séance du 24 août 1847. Mais la discussion du projet amendé par la commission ne put avoir lieu, et les choses en sont restées là.

Sect. 2ᵉ. — *Des différentes sortes de prisons.*

8. — Les prisons se divisent en prisons préventives et en prisons pour peines. Les prisons destinées à recevoir les prévenus et les accusés sont les maisons d'arrêt et de justice. Les prisons pour peines sont les maisons centrales, les maisons de correction départementales et les bagnes. — V. le mot BAGNES. — Il y a aussi les prisons municipales et cantonales, établies les premières dans les communes, et les secondes dans les cantons, aux chefs-lieux des justices de paix.

§ 1ᵉʳ. — *Maisons d'arrêt et maisons de justice.*

9. — Il doit y avoir dans chaque arrondissement, près du tribunal de première instance, une maison d'arrêt pour y retenir les prévenus, et, près de chaque Cour d'assises, une maison de justice pour y arrêter ceux contre lesquels il a été rendu une ordonnance de prise de corps. — C. instr. crim., art. 603.

10. — Les maisons d'arrêt et de justice doivent être entièrement distinctes des prisons établies pour peines. — C. instr. crim., art. 604. — Mais rien ne s'oppose à ce que ces trois sortes de prisons soient confondues dans un même local ; il suffit qu'il y ait entre les maisons d'arrêt et de justice, et celles de correction, lorsqu'elles sont placées dans le même local, une séparation qui rende chacune d'elles distincte.

11. — C'est dans les maisons d'arrêt que doivent être conduits tous les prévenus de crimes ou délits, contre lesquels a été décerné par le magistrat compétent, et dans les cas prévus par la loi, un mandat de dépôt ou d'arrêt. — C. instr. crim., art. 107, 110 et 111.—Ces maisons sont destinées aussi à recevoir les prévenus renvoyés par la chambre du conseil devant le tribunal correctionnel pour fait entraînant la peine d'emprisonnement (art. 130), les prévenus de crimes contre lesquels a été rendu une ordonnance de prise de corps, tant que cette ordonnance n'a pas été suivie d'un arrêt de renvoi à la Cour d'assises (art. 438, 233, 242 et 243), et ceux qui commettent à l'audience ou en tout autre lieu où se fait publiquement une instruction judiciaire les délits punis par les art. 504 et suiv. du Code pénal.

12. — Doivent être également maintenus dans les maisons d'arrêt les prévenus dont la chambre du conseil a ordonné la mise en liberté pendant le délai accordé au ministère pour former opposition à l'ordonnance d'élargissement (C. instr. crim., art. 135), et jusqu'au jugement de cette opposition (art. 229); les prévenus acquittés par un tribunal correctionnel, pendant le délai fixé pour interjeter appel (art. 205) et durant l'instance d'appel (art. 207), et les individus déjà détenus, condamnés à plus d'un an d'emprisonnement, jusqu'à leur transfèrement dans les maisons centrales et de correction. — Arr. 20 oct. 1810, art. 11; circ. 4 avr. 1817.

13. — Nous avons dit précédemment qu'il existait auprès de chaque cour d'assises une maison de justice destinée à recevoir ceux contre lesquels avait été rendue une ordonnance de prise de corps, laquelle est prononcée par un arrêt de renvoi devant la Cour d'assises.—C. instr. crim., art. 603 et 609. — En conséquence, tout arrêt de renvoi contient l'ordre de conduire l'accusé dans la maison de justice établie près la Cour d'assises devant laquelle il est renvoyé. — Art. 233. — La translation dans la maison de justice a lieu vingt-quatre heures après la signification à l'accusé, de l'arrêt de renvoi. — Art. 242 et 243.

14. — Si la maison d'arrêt où se trouve détenu le *prévenu* devenu *accusé* est à la fois *maison d'arrêt* et *maison de justice*, le gardien en chef le fait passer du quartier des prévenus dans celui des accusés et transporte son écrou du registre de la maison d'arrêt sur le registre de la maison de justice. — Règl. 30 oct. 1841, art. 14.

15. — En attendant leur translation au bagne ou dans une maison centrale ou de correction, les condamnés par la Cour d'assises continuent à être gardés dans la maison de justice; mais ils doivent être placés dans un quartier distinct de celui où sont renfermés les accusés. — Circul. 15 avr. 1833, 7 août 1834, et 19 juill. 1839.

§ 2. — *Maisons centrales.*

16. — Les maisons centrales se subdivisent en *maisons de force* et en *maisons de correction*. Les *maisons de force* sont celles dans lesquelles sont renfermés les individus de l'un et de l'autre sexe condamnés à la réclusion (C. pén., art. 21), les femmes et les filles condamnées aux travaux forcés (C. pén., art. 16) et les hommes condamnés à la même peine, soit à temps, soit à perpétuité, dès qu'ils ont atteint l'âge de 70 ans accomplis. (C. pén., art. 27). — Les *maisons de correction* sont destinées à recevoir les individus des deux sexes condamnés à un emprisonnement *de plus d'une année* (ordonn. 6-9 juin 1830) et les individus âgés de moins de 16 ans accomplis, qui, ayant agi avec discernement, ont été condamnés soit à la même peine, soit à une peine plus forte (C. pén., art. 67). — D'après l'ordonnance du 2 avr. 1817 (art. 1er), il suffisait, pour qu'un individu de l'un ou de l'autre sexe pût être renfermé dans une maison centrale de correction, qu'il eût été condamné *à un an* d'emprisonnement. Cette disposition a été abrogée par l'ordonnance précitée de 1830.

17. — La raison pour laquelle l'ordonnance du 6 juin 1830 a voulu qu'il n'y eût que les condamnés *à plus d'un an* d'emprisonnement qui pussent être transférés dans les maisons centrales de correction, est que ces condamnés seuls sont passibles des peines aggravantes de la récidive et que, sous ce rapport, ils forment une classe à part parmi les condamnés correctionnels. Or, deux ou plusieurs condamnations successives à moins d'une année, encore bien que, réunies ensemble, elles excèdent un an, n'ayant pas pour effet de rendre applicables les peines de la récidive, il s'ensuit que le condamné qui les a encourues doit les subir, non dans une maison centrale, mais dans la prison départementale. Si cependant il était déjà détenu dans une maison centrale par suite d'une autre condamnation, rien ne s'opposerait à ce que l'administration l'y laissât pour subir sa peine à l'emprisonnement de moins d'une année. Il s'agit là uniquement d'une mesure administrative, à laquelle l'administration peut déroger. — V., en ce sens, Chauveau et Hélie, *Théorie du C. pén.* (édit. de 1837), p. 351 et 352.

18. — Les maisons centrales de détention avaient été établies par suite des dispositions des art. 20 à 25 du Code pénal du 23 sept.-6 oct. 1791. Un décret du 16 juin 1808, en ordonnant l'établissement de maisons centrales de détention dans plusieurs départemens, en a en même temps réglé l'organisation, et c'est encore principalement par les dispositions de ce décret que ces maisons continuent à être régies.

19. — Les maisons centrales sont, pour toute la France, celles de: Saint-Lazare (Seine), Beaulieu (Calvados), Cadillac (Gironde), Clairvaux (Aube), Clermont (Oise), Embrun (Hautes-Alpes), Ensisheim (Haut-Rhin), Eysses (Lot-et-Garonne), Fontevrault (Maine-et-Loire), Gaillon (Eure), Haguenau (Bas-Rhin), Limoges (Haute-Vienne), Loos (Nord), Melun (Seine-et-Marne), Montpellier (Hérault), Doullens (Somme), Mont-Saint-Michel (Manche), Nîmes (Gard), Poissy (Seine-et-Oise), Rennes (Ile-et-Vilaine), Riom (Puy-de-Dôme), Vannes (Morbihan). A ces maisons il faut encore ajouter celle de Pierre-Châtel, où sont transférés les condamnés au bannissement qui n'obtiennent pas la faculté de se rendre dans un pays étranger. — Ordonn. 2-11 avr. 1817.

20. — Comme on le voit, les départemens de la France ont été, relativement au régime pénitentiaire, divisés en arrondissemens, en circonscriptions, dans un et pour chacun desquels une maison centrale a été formée. Cette division a eu lieu en vertu du décret du 16 juin 1808 (art. 1er). Quoique chaque maison ait été établie spécialement pour recevoir les individus condamnés par les cours et tribunaux dépendant de sa circonscription, un préfet peut cependant, dans beaucoup de circonstances, en en référant au ministre, diriger des condamnés vers des maisons centrales d'une circonscription autre que celle dans laquelle son département se trouve compris. — Circul. 19 juill. 1830 et 15 avr. 1833.

21. — Dans le cas où une maison centrale renferme toute la population dont elle est susceptible, le ministre de l'intérieur peut aussi diriger les condamnés sur la maison centrale d'une autre circonscription. — Ordonn. 2 avr. 1817, art. 7.

22. — D'après un arrêté ministériel du 6 avr. 1839, aucune maison centrale ne doit recevoir de condamnés des deux sexes. Cependant, les maisons de Clairvaux, Beaulieu, Fontevrault, Limoges et Loos renferment des condamnés des deux sexes; celles de Cadillac, Clermont, Haguenau, Montpellier et Vannes ne contiennent que des femmes. Les autres sont uniquement composées d'hommes. Dans les maisons de détention qui reçoivent de jeunes détenus, il doit y avoir pour eux un quartier spécial et distinct. — Circul. min. des 22 mars 1816 et 15 avr. 1833.

23. — Plusieurs circulaires ministérielles, notamment celles des 26 mars 1833, 7 août 1834 et 4 mars 1835, ont prescrit également de placer dans des quartiers distincts, séparés, les condamnés pour faits de presse ou pour faits purement politiques, qui sont enfermés dans des maisons centrales où se trouvent en même temps des condamnés pour tous autres crimes ou délits. L'ordonnance du 2-11 avr. 1807, celle du 5 mai 1833 et une autre du 22 janv. 1835 ont même spécialement affecté à l'incarcération des condamnés politiques la citadelle du Mont-Saint-Michel et celle de Doullens.

24. — Le transfèrement dans une maison centrale d'un condamné qui doit y subir sa peine, ne peut avoir lieu qu'en vertu d'ordres donnés par le préfet. A cet effet, le ministère public adresse à ce fonctionnaire un extrait sommaire de la condamnation, en l'invitant à faire procéder au transfèrement du condamné (C. instr. crim., art. 376); et les préfets sont tenus d'envoyer exactement dans les maisons centrales les condamnés criminels et correctionnels, en commençant par les premiers (circul. 5 avril 1817, 22 juin 1825, 19 juill. 1830, 30 oct. 1841 et 25 août 1849). — Au moment où la translation a lieu, ils doivent, de leur côté, en donner avis au ministère public (circul. 26 juill. 1817 et 17 juill. 1822).

25. — Si des motifs graves, comme des cas de maladie, s'opposaient à la translation immédiate dans les maisons centrales des condamnés, le préfet pourrait, sur l'avis du ministre de l'intérieur, surseoir provisoirement à la translation (instr. minist. 15 avril 1833 et 10 févr. 1841, circul. 15 juin 1839). — Il ne peut même, en aucun cas, ordonner le transfèrement de condamnés pour faits politiques sans avoir au préalable pris les ordres du ministre. — V. notamment les circulaires citées au n° 23.

26. — La surveillance des maisons centrales est confiée au préfet du département où elles sont situées, sous l'autorité du ministre de l'intérieur; qui est chargé de faire les règlemens nécessaires (ordonn. 2 avril 1817, art. 10), et d'ordonnancer les dépenses relatives à ces maisons (même ord., art. 5): ordonnancement qui a lieu sur le budget particulier de ces dépenses, lequel est dressé par le préfet.

27. — Les comptabilités des maisons centrales sont revisées et définitivement arrêtées en conseil de préfecture; et, en cas de contestation sur les arrêtés qui interviennent à cet effet, les comptabilités contestées sont renvoyées devant la Cour des comptes, qui les règle et revise définitivement: sauf décision préalable du ministre de l'intérieur sur les questions qui sont de sa compétence (même ordonn., art. 15). — Les comptabilités comprennent quatre caisses distinctes: celle dite de réserve, celle des fonds de dépôt des détenus, celle des gardiens, et enfin celle du trésor; lesquelles sont tenues séparément par le greffier comptable.

28. — D'après le décret du 16 juin 1806, les dépenses annuelles des maisons centrales, telles que les dépenses de consommation, d'entretien et d'administration, devaient être supportées par les départemens formant la circonscription pour laquelle chacune de ces maisons avait été établie (art. 6). Mais ces dépenses sont aujourd'hui à la charge des fonds de l'Etat (V. lois des finances depuis 1838 environ). Il en est de même des frais de transfèrement des condamnés dans les maisons centrales (L. 10 mai 1838, art. 12), frais que l'ordonnance du 2 avril 1817 (art. 8) avait mis à la charge des départemens.

§ 3. — *Maisons de correction.*

29. — Chaque département doit avoir une maison de correction. Deux départemens peuvent cependant s'entendre pour n'en avoir qu'une qui leur soit commune. — Arrêté minist. 20 oct. 1810, art. 6; circul. 5 avril 1817.

30. — Les maisons de correction peuvent n'être pas isolées des maisons d'arrêt et de justice, et se trouver, par exemple, confondues comme dans le cas où les maisons d'arrêt et de justice offrent assez d'espace pour recevoir les condamnés correctionnellement; il suffit seulement qu'ils soient placés dans un quartier séparé, n'ayant point de communication avec la partie réservée pour la maison d'arrêt et de justice. — Circul. 5 nov. 1812, 20 oct. 1813 et 19 juill. 1830.

31. — Les maisons de correction renferment les condamnés à un emprisonnement correctionnel, qui n'excède pas une année (C. pén., art. 40; ordonn. 6 juin 1830); — les individus âgés de moins de seize ans, qui, ayant agi avec discernement, ont été condamnés à un emprisonnement, même de plus d'une année (C. pén., art. 67 et 69), et ceux qui, acquittés comme ayant agi sans discernement, ont été néanmoins renvoyés dans une maison de correction pour être élevés et détenus pendant un nombre d'années déterminé, qui ne peut excéder l'époque où ils auront accompli leur vingtième année (C. pén., art. 66). Mais les enfans âgés de moins de seize ans doivent être entièrement séparés de tous les autres condamnés. — Règlem. 30 oct. 1841, art. 108.

32. — Sont reçus aussi dans les maisons de correction les enfans de l'un ou de l'autre sexe renfermés par suite de mesures prises dans l'exercice de la puissance paternelle (C. civ., art. 375 et suiv., 468; arrêté minist. 20 oct. 1811, art. 11; règlem. 30 oct. 1841, art. 112). Mais s'il n'y a point, dans une maison de correction, de local spécial et convenable dans lequel puissent être placées les jeunes filles détenues par voie de correction paternelle, celles-ci peuvent alors être renfermées dans une maison de refuge ou de charité (règlem. 30 oct. 1841, art. 114). — Les jeunes filles dont la détention correctionnelle a été ordonnée par application de l'art. 66 du C. pénal, peuvent aussi être placées dans une maison de refuge ou de charité (même règlement, art. 113).

33. — Les frais de nourriture et d'entretien des enfans détenus, non en vertu d'une condamnation, mais par voie de correction, sont à la charge des familles; à moins que, pour cause d'indigence, le ministre n'en ait autorisé le paiement sur le fonds des dépenses ordinaires de la prison, d'après la proposition du préfet. — Même règlem., art. 112.

34. — Les individus condamnés à un emprisonnement de plus d'une année peuvent, pour des motifs graves, légitimes, être autorisés à subir leur peine dans une maison de correction (instr. minist. 15 avril 1833, circul. 23 août 1849). — Mais alors une indemnité est due au département pour l'entretien du condamé dans cette maison (ordonn. 2 avril 1817, art. 6). Cette indemnité est due un jour après celui où l'extrait de la condamnation a été remis à l'autorité administrative (instr. minist. 10 févr. 1841).

35.—La police administrative peut également conduire dans une maison de correction les filles publiques, pour y être traitées, dans des quartiers séparés, des maladies dont elles sont atteintes. — Arrêtés minist. 20 oct. 1810, art. 11.

36. — Les condamnations qui emportent détention dans une maison de correction doivent être subies non dans la maison de correction du département où réside le condamné, ni dans celle du département où le jugement a été confirmé sur appel ; mais dans celle du département où les condamnations ont été prononcées en première instance.—Circulaires 17 mai 1806, 17 juin 1822 et 17 janv. 1839. — Toutefois, le condamné peut obtenir l'autorisation de subir sa peine, mais alors à ses frais, dans une maison de correction d'un autre département. — Circ. 5 avril 1815, 15 avril 1833, 7 août 1834 et 10 févr. 1841.

37. — On doit néanmoins compter pour l'expiation d'une peine correctionnelle la durée de la détention subie dans la maison de correction du lieu de l'arrestation, quoique ce ne soit pas celle du lieu où la condamnation a été prononcée. — *Cass.*, 23 févr. 1833, Puylaroque.

38. — Par une ordonnance du 9 avril 1819, la surveillance intérieure des prisons départementales a été confiée à une commission de trois à sept membres nommés par le ministre de l'intérieur. — Art. 13 et suiv. — Et, par le règlement du 30 août 1841, pour les prisons départementales, le ministre de l'intérieur a déterminé tout ce qui est relatif à la nomination et aux fonctions des employés, au régime économique, à l'infirmerie et au travail des détenus, au régime disciplinaire et de police, au régime moral et religieux. L'art. 128 du même règlement autorise, en outre, la commission de surveillance à faire tout règlement qu'elle jugera convenable dans l'intérêt de l'ordre et de la police de la prison.

§ 4. — *Prisons cantonales et municipales.*

39. — Il y a dans chaque arrondissement de justice de paix, au chef-lieu du canton, une prison qu'on appelle cantonale, et dont les dépenses sont à la charge de tous les habitans du canton. — Instr. 8 niv. an X, arr. 20 oct. 1810.— Mais, indépendamment de cette prison, il existe ou il peut exister dans les communes une prison municipale, que, suivant les usages, on nomme maison de dépôt, salle de police, chambre de sûreté, et qui est établie et entretenue aux frais des communes. — Instr. 8 niv. an X.

40.—L'art. 120 C. pén. reconnaît, en effet, l'existence de *maisons de dépôt*, lesquelles sont nécessairement destinées à recevoir les inculpés qui ne sont encore sous le coup ni de mandat d'arrêt, ni d'une ordonnance de prise de corps, ni d'une condamnation quelconque ; par exemple, les inculpés qui pris en flagrant délit doivent être mis en lieu de sûreté pendant que l'officier de police judiciaire procède à la constatation de ce délit et se met à même de saisir l'autorité supérieure compétente. — *Nîmes*, 22 févr. 1838 (t. 1er 1838, p. 423), Guibal

41. — Les prisons cantonales et municipales servent à l'emprisonnement, d'une part, des condamnés par voie de police municipale (C. pén., art. 464 et suiv.) et, de l'autre, des gardes nationaux condamnés à l'emprisonnement, s'il n'y a pas de prison spéciale pour les recevoir (L. 22 mars 1831 et 14 juill. 1837, art. 20 et 22). C'est aussi dans ces prisons que doivent être déposés les prévenus ou accusés qu'on conduit dans une prison préventive, et les condamnés qu'on transfère d'une prison dans une autre (arr. 20 oct. 1810, art. 8).

42. — Nous avons dit que les prisons municipales étaient établies et entretenues aux frais des communes. Il ne s'agit pas ici seulement des frais d'entretien des bâtimens de la prison. Les frais de nourriture et de couchage des détenus sont également à la charge des communes. Mais, à l'égard des frais occasionnés par le séjour, dans les prisons municipales, des condamnés étrangers à la juridiction municipale, et dont le transfèrement a lieu d'une prison à une autre ; ils doivent être supportés par le département, proportionnellement à l'usage qu'il fait de ces prisons. Si la prison sert exclusivement à la commune : c'est cette dernière seule qui doit payer les gardiens, dont la nomination appartient alors au maire. Si, au contraire, la prison intéresse à la fois la commune et le département, le gardien est nommé par le préfet et payé par la commune et par le département. — Bost, *De l'organisation et des attributions des corps municipaux*, t. 2, p. 560.

RÉP. GÉN. — X.

43.—Dans les villes où il y a une maison d'arrêt, la maison de police municipale peut y être placée dans un quartier distinct et séparé. — Arr. 20 oct. 1810, art. 3 ; ord. 20 oct. 1820, art. 202.

44. — Indépendamment des prisons municipales, il existe, sur les grandes routes, des dépôts de sûreté destinés à servir de gîte aux condamnés transférés. Toutes les dépenses occasionnées par ces dépôts sont à la charge exclusive du département. — Circ. 11 juill. 1811. — S'il y a dans ces dépôts un gardien, il est nommé par le préfet.

45. Il est établi aussi dans chaque caserne de gendarmerie, située dans des lieux où il ne se trouve ni maison de justice ou d'arrêt, ni prison, une chambre de sûreté, particulièrement destinée à recevoir les prisonniers qui doivent être conduits de brigade en brigade. Ces prisonniers y sont gardés par les gendarmes de la résidence. — Ord. 20 oct. 1820 sur la gendarmerie, art. 203.

46. — S'il n'existe dans une commune ni prison municipale, ni dépôt ou chambre de sûreté ; les prévenus ou prisonniers sont déposés dans l'une des salles de la mairie, où ils sont gardés à vue.

Sect. 3e. — *Surveillance.* — *Visites.*

47.—L'administration intérieure et supérieure et la surveillance des prisons, dans tout ce qui ne touche pas immédiatement à la personne des détenus, sont dans les attributions du ministre de l'intérieur (L. 10 vend. an IV), qui a près de lui un conseil général des prisons organisé par une ordonnance du 9 avril 1819.

48. — Ce conseil est composé de vingt-quatre membres choisis par le ministre parmi les membres de la Société pour l'amélioration des prisons. — Ordonn. 9 avril 1819, art. 5. — Les membres de ce conseil sont renouvelés par tiers tous les cinq ans. Les membres sortans sont désignés par le sort. Ils peuvent être réélus. Les nominations nouvelles ont lieu sur une liste triple de candidats présentée par le conseil au ministre. — Art. 6. — Ce conseil est chargé de présenter, au ministre de l'intérieur, ses vues sur toutes les parties de l'administration et du régime intérieur, de reconnaître et constater l'état des prisons, et d'indiquer les moyens d'amélioration.— Art. 7, 8 et 9. — Les fonctions des membres du conseil général des prisons ont été d'ailleurs réglementées par une ordonnance du 7 août 1819.

49. — Indépendamment de ce conseil général des prisons, le ministre de l'intérieur peut charger soit quelques membres de ce conseil, soit tous autres, de l'inspection spéciale des établissemens répressifs. Les personnes auxquelles est confiée cette inspection ont une qualité officielle et forment le conseil des inspecteurs généraux. L'inspection générale des prisons se compose de deux inspecteurs généraux de première classe, de quatre de seconde classe, et de deux inspecteurs généraux adjoints sans traitement. — Arr. min. 10 nov. 1837, 25 mai 1838, 25 janv. et 5 mars 1839.

50. — Il existe aussi, dans les départemens, des commissions de trois à sept personnes choisies par le ministre de l'intérieur, sur la proposition du préfet, et parmi lesquelles figure le procureur de la République. Le siége de ces commissions est dans chacune des villes où se trouvent une ou plusieurs maisons de détention. Leur objet est la surveillance intérieure des prisons et de tout ce qui concerne la salubrité, la discipline, la tenue régulière des registres, le travail, la distribution du travail, l'instruction religieuse et la réforme morale des détenus, la conduite, envers ceux-ci, des concierges et des gardiens. Elles transmettent au préfet tous les renseignemens et documens relatifs à l'état et au régime de chaque prison, ainsi que leurs vues, propositions et demandes dont cet état serait susceptible. Ces documens et avis doivent être mis, par l'intermédiaire du ministre de l'intérieur, sous les yeux du conseil général des prisons. — Ord. 9 avril 1819, art. 16.

51. — La nomination d'inspecteurs généraux pour les maisons centrales ne dispense pas le préfet du département dans lequel elles sont situées d'exercer la surveillance qui lui est confiée par le Code d'instruction criminelle. « Le préfet, porte l'art. 611, § 3 de ce Code, est tenu de visiter au moins une fois par an toutes les maisons de justice et prisons et tous les prisonniers du département. » Les prisons situées dans les chefs-lieux d'arrondissement doivent être visitées spécialement, au moins tous les mois, par les sous-préfets, qui sont tenus de rendre compte de leurs observations au préfet. — Règl. 30 oct. 1841, art. 124.

52. — Le maire de chaque commune où il y a soit une maison d'arrêt, soit une maison de justice, soit une prison, et dans les communes où il y a plusieurs maires le préfet de police, ou le commissaire général de police, doivent aussi, au moins une fois par mois, faire la visite de ces maisons (C. instr. crim., art. 612), dont la police leur appartient (même Code, art. 613). Les maires, le préfet de police, ou le commissaire général de police, sont chargés, en outre, de rendre tous les trois mois un compte détaillé de la conduite des condamnés, et d'indiquer les dispositions de clémence qu'ils leur paraissent avoir méritées (ordonn. 6 févr. 1818). Cette mission leur impose une surveillance active.

53. — A l'égard des prisons de Paris, l'administration en a été confiée, par l'ordonnance du 9 avril 1819 (art. 19 et suiv.), à un conseil spécial de douze membres formé dans le conseil général des prisons. Mais les maisons de dépôt, d'arrêt, de justice, de force et de correction à Paris, ainsi que celle de répression située à Saint-Denis, ont été placées, par un arrêté du 12 mess. an VIII, et sont encore sous la surveillance du préfet de police. — V. PRÉFET DE POLICE.

54. — Les maisons d'arrêt et de justice sont placées à la fois sous la surveillance de l'autorité administrative et de l'autorité judiciaire. Ainsi, aux termes de l'art. 611 C. instr. crim., le juge d'instruction est tenu de visiter au moins une fois par mois les personnes retenues dans la maison d'arrêt de l'arrondissement ; et une fois au moins dans le cours de chaque session de la Cour d'assises, le président de cette Cour est tenu de visiter les personnes retenues dans la maison de justice. Le juge d'instruction et le président des assises peuvent en outre donner respectivement tous les ordres qu'ils croient nécessaires pour l'instruction et le jugement, et ces ordres doivent être exécutés dans les maisons d'arrêt et de justice.—Même Code, art. 613, § 2.

55. — C'est exclusivement au pouvoir discrétionnaire du président de la Cour d'assises qu'appartient l'appréciation des griefs articulés par un accusé contre le régime intérieur de la maison de justice où il est renfermé. — *Haute-Cour de justice*, 19 mars 1849 (t. 1er 1849, p. 205), Raspail.

56. — Le juge d'instruction consigne la preuve de la visite qu'il est obligé de faire tous les mois sur les registres de la maison d'arrêt ; et il rend compte de sa visite au procureur général à la fin de chaque mois. S'il découvre quelque détention arbitraire, il doit en dresser un procès-verbal qu'il transmet immédiatement au procureur général. — Massabiau, *Manuel du ministère public*, n° 2872.

57. — La surveillance exercée par l'administration sur les prisons pour peines n'est pas non plus exclusive de celle de l'autorité judiciaire. Ainsi, le ministère public doit visiter fréquemment les prisons pour s'assurer s'il y a des détentions arbitraires ou illégales ; si les détenus ont quelque réclamation à lui adresser sur la manière dont leur peine est subie, ou quelque plainte contre les gardiens ou fournisseurs ; si les prisons sont administrées de la manière la plus propre à réformer les mauvaises inclinations et les habitudes criminelles des détenus ; si les prisonniers sont distribués dans des quartiers séparés suivant leur âge, leur sexe, et la nature de leur peine ; si les détenus sont généralement soumis, ou s'ils ne peuvent être contenus que par des châtimens sévères. — Circul. minist. 9 août 1828.

58. — Le ministère public doit même se faire rendre, tous les trois mois, des comptes détaillés de la conduite des détenus en vertu d'arrêts et de jugemens, par les directeurs ou les gardiens-chefs des prisons ; et, d'après ce rapport, il adresse chaque année au ministre de l'intérieur une liste des condamnés qui se sont fait remarquer par leur bonne conduite, et ont mérité de participer à la clémence du gouvernement. — Ordonn. 6 févr. 1818, circul. minist. 4 mars et 16 oct. 1818.

59. — Il est aussi chargé de constater par un état descriptif le matériel de chaque prison, quant aux choses les moins sujettes à changer, et il doit informer le ministre de la justice de toutes les modifications qui pourraient survenir, et des améliorations qui pourraient être faites.— Circul. minist. 15 sept. 1829. — Mais il doit éviter avec le plus grand soin de s'immiscer dans les attributions qui appartiennent exclusivement à l'autorité administrative. — Massabiau, n° 2876.

48

— Aussi il convient que cette mission soit remplie par le procureur de la République lui-même plutôt que par ses substituts. — Circul. minist. 14 mars 1848.

Sect. 4e. — *Régime intérieur des prisons.*

§ 1er. — *Administration.* — *Gardiens.* — *Ecrou.*

60. — Dans les maisons centrales, le personnel des agens préposés à l'administration et à la garde de ces maisons se compose d'un directeur, d'un inspecteur, d'un greffier, d'un ou de plusieurs commis aux écritures, d'un gardien-chef et d'un ou deux premiers gardiens et de gardiens ordinaires. — Règl. 30 avr. 1822, art. 1er. — Une ordonnance du 17 déc. 1844 avait aussi établi des sous-directeurs près des maisons les plus importantes; mais ils ont été supprimés par le décret du 7 mars 1849. — Il y a aussi dans chaque maison un aumônier, un ou plusieurs docteurs en médecine, un pharmacien, et un instituteur pourvu d'un brevet de capacité. — Ordonn. 17 déc. 1844. — Indépendamment de cet instituteur, il peut y avoir également un instituteur spécial dans les maisons où les jeunes détenus sont appliqués aux travaux agricoles. Enfin un architecte ou inspecteur des bâtimens peut être attaché au service de chaque maison centrale non située au chef-lieu du département. — Même ordonn.

61. — Les agens employés dans les maisons centrales sont nommés et révoqués par le ministre de l'intérieur. Le cadre de ces agens a été fixé pour chacune de ces maisons par un arrêté du 16 juill. 1849. Un règlement du 5 oct. 1841 avait déterminé les attributions des divers employés. C'est également aujourd'hui au ministre de l'intérieur qu'il appartient de les régler. — Ordonn. 17 déc. 1844, décr. 7 mars 1849. — Ces mêmes ordonnance et décret fixent les conditions que doit réunir un employé pour passer de la position qu'il occupe à une position supérieure, et le traitement des différens employés.

62. — Il n'a été apporté aucune modification à l'arrêté du 5 oct. 1831, qui exige que les greffiers comptables soient tenus de fournir un cautionnement en espèces, en rentes 5 p. %, ou en immeubles : cautionnement dont le montant varie suivant l'importance de la maison.

63. — Le directeur d'une maison centrale de détention, placé, par ses fonctions, sous les ordres immédiats et n'agissant qu'en vertu de la délégation directe de l'autorité préposée à la gestion des intérêts publics, est un agent du gouvernement. Dès lors il ne peut être poursuivi qu'en vertu de l'autorisation du Conseil d'Etat, à raison des faits qui rentrent dans les attributions inhérentes à sa qualité, spécialement pour une contravention de police résultant du refus de faire opérer la vidange des latrines de la maison de détention, lesquelles exhalaient une odeur insalubre. — *Cass.*, 13 nov. 1846 (t. 1er 1847, p. 426), Dupille.

64. — Le règlement du 30 avril 1822 a désigné les personnes parmi lesquelles doivent être choisis le gardien-chef et les autres gardiens (art. 44 et 45), assimilé ces gardiens à la troupe de ligne pour la discipline et l'ordre du service, déterminé leurs grades, réglé leur équipement, leur armement et leur uniforme, et enfin leur a prescrit de porter constamment cet uniforme pendant l'exercice de leurs fonctions (art. 4 et suiv.).

65. — Dans les maisons d'arrêt, de justice et de correction, le personnel se compose, suivant l'importance des établissemens, d'un directeur, d'un commis greffier, d'un gardien-chef, d'un ou plusieurs gardiens, de sœurs religieuses ou surveillantes, d'un médecin, d'un aumônier, d'un instituteur, et de tous autres employés ou agens que l'autorité administrative juge utile de préposer au service des prisons. — Règl. 30 oct. 1841, art. 1er. — Le nombre des employés, gardiens et autres agens et le traitement attribué à chaque emploi sont réglés par le ministre, pour chaque prison, sur la proposition du préfet (art. 2). La dénomination de *geôlier*, *guichetier* a été supprimée et remplacée par celle de gardien (art. 3).

66. — Le directeur des prisons précitées est nommé par le ministre sur la présentation du préfet, l'avis du maire et celui de la commission de surveillance (règl. 30 oct. 1841, art. 45). Les gardiens de ces prisons sont nommés par les préfets (C. instr. crim., art. 606). Les autres employés sont également nommés par eux. Aux préfets appartient aussi le droit de révoquer et ces employés et les gardiens. Mais la révocation ne devient définitive que lorsqu'elle a été approuvée par le ministre (règl. de 1841, art. 5). Le même règlement détermine l'uniforme que le directeur, le gardien-chef et les gardiens sont tenus de porter dans l'exercice de leurs fonctions (art. 34).

67. — Nul ne peut être nommé gardien-chef s'il ne sait lire, écrire, compter, s'il n'est âgé au moins de trente ans et en a plus de quarante; à moins d'autorisation spéciale accordée par le ministre (règl. 30 oct. 1841, art. 13). Les gardiens ordinaires doivent aussi savoir lire et écrire; ils ne peuvent être nommés avant vingt-cinq ans et après quarante. Il en est de même des portiers (même règl., art. 25). Les gardiens ordinaires et les portiers sont placés immédiatement sous les ordres du gardien-chef, auquel ils doivent obéir exactement (art. 26).

68. — Lorsque dans une même maison d'arrêt ou de justice, ou dans une même prison, il existe à la fois des hommes et des femmes, la garde de celles-ci est confiée à des personnes de leur sexe; mais, comme les gardiens ordinaires, les surveillantes des femmes détenues sont placées sous les ordres du gardien-chef. — Règl. 30 oct. 1841, art. 26 et 27.

69. — Le gardien-chef relève lui-même du directeur, dont l'action s'étend à toutes les parties du service et à tous les employés indistinctement. Le directeur est, en outre, spécialement chargé, sous l'autorité du maire et de la commission de surveillance, de l'exécution des règlemens généraux et particuliers et de la police de la prison, du classement des prisonniers et de l'exécution des marchés de fournitures. — Règl. 30 oct. 1841, art. 9.

70. — Le directeur tient registre de tous les effets appartenant à la prison, de l'argent de dépôt et des bijoux de chaque détenu; il tient la comptabilité des ateliers : il peut être chargé, par arrêté du préfet, de la tenue des caisses. — Article 11. — Dans les prisons où il n'y a pas de directeur le gardien-chef peut être chargé, par arrêté du préfet, de la comptabilité des ateliers et de celle de la caisse des dépôts, et il est responsable, comme le serait le directeur, des effets ci-dessus mentionnés. — Art. 24. — Le directeur, le gardien-chef et autres gardiens sont, en outre, responsables des dégâts et dégradations apportés au mobilier des prisons. — Art. 23, 24 et 26.

71. — Les gardiens-chefs des maisons d'arrêt, de justice et des prisons sont tenus d'avoir un registre d'écrou, lequel est signé et paraphé, à toutes les pages, par le juge d'instruction pour les maisons d'arrêt, par le président de la Cour d'assises ou, en son absence, par le président du tribunal de première instance pour les maisons de justice et par le préfet pour les prisons pour peines. — C. instr. crim., art. 607. — Lorsque le même local sert à la fois de maison d'arrêt et de justice et de prison et qu'il n'y a qu'un seul gardien-chef, ce dernier doit tenir pour chacune d'elles un registre séparé. — Instr. minist. 26 août 1831 et 4 janv. 1832. — Il doit aussi tenir séparément un registre d'écrou pour les détenus pour dettes envers les particuliers et les condamnés de simple police, si la maison dont la garde lui est commise sert aussi à la détention de ces derniers. — Règl. 30 oct. 1841, art. 14. — Enfin, les détenus des deux sexes, par suite de condamnation, doivent être inscrits sur des registres particuliers.

72. — Nul gardien ne peut, à peine d'être poursuivi et puni comme coupable de détention arbitraire, recevoir ni retenir aucune personne qu'en vertu soit d'un mandat de dépôt ou d'arrêt décerné selon les formes prescrites par la loi (V. MANDAT D'EXÉCUTION), soit d'une ordonnance de prise de corps (V. ce mot) ou d'un arrêt de renvoi devant une Cour d'assises, soit d'un arrêt ou jugement de condamnation à peine afflictive ou infamante ou à un emprisonnement (C. instr. crimin., art. 609), soit d'un jugement ou arrêt portant contrainte par corps, soit d'un ordre délivré par le président du tribunal civil dans le cas d'incarcération d'enfant par voie de correction paternelle, et sans que la transcription de l'acte en vertu duquel a lieu la détention ait été faite sur le registre d'écrou (C. instr. crimin., art. 609). Cette transcription est, en effet, le seul moyen de constater que la détention n'a lieu que suivant les prescriptions de la loi. — Constitut. de 1848, art. 2.

73. — Le gardien doit également mentionner sur le registre d'écrou, en marge de l'acte de remise du détenu, lequel doit être écrit en présence de l'exécuteur de l'ordre d'arrestation et signé par ce dernier ainsi que par le gardien, qui doit, en outre, en délivrer copie, pour sa décharge à l'exécuteur (C. instr. crim., art. 608), la date de la sortie du prisonnier, et copier l'acte en vertu duquel a lieu sa mise en liberté — Même Code, art. 640.

74. — Lorsqu'il s'agit de l'incarcération d'un enfant par voie de correction paternelle, le gardien ne doit inscrire sur le registre d'écrou ni les motifs d'incarcération ni les noms de l'enfant; il suffit que l'ordre délivré par le président du tribunal civil, ordre qui ne doit contenir aucun motif, lui soit remis, l'exhibition seule de cet ordre justifie la légalité de la détention. — C. civ., art. 378, argum.; règl. 30 oct. 1841, art. 113.

75. — Spécialement préposés à la garde des détenus, le gardien-chef et tous autres gardiens sont responsables de leur évasion; laquelle peut donner lieu contre eux à des peines plus ou moins graves, suivant les circonstances. — V. ÉVASION, nos 101 et suiv.

76. — Mais le gardien-chef n'est pas seulement préposé à la garde des détenus; il doit aussi veiller à la propreté, à la décence, à l'ordre de la prison, à la conservation des effets des prisonniers (règl. 30 oct. 1841, art. 15 et 16). Il lui est expressément interdit de recevoir, dans aucun cas et sous aucun prétexte, les détenus dans son logement (art. 19), de même qu'il ne doit jamais laisser entrer ses enfans et sa femme dans les lieux occupés par les détenus (art. 18).

77. — Le gardien-chef et les gardiens ne peuvent, sous aucun prétexte, être détournés du service de la prison. — Ainsi, il leur est défendu d'exercer aucune autre fonction. C'est au préfet seul qu'il appartient de leur accorder des congés. Mais le directeur peut les autoriser à s'absenter momentanément. Les gardiens ordinaires peuvent également sortir de la prison avec la permission du gardien-chef. Toutefois, aucun employé, gardien ou préposé, ne peut faire aucune commission pour les détenus. Un commissionnaire est établi à cet effet dans chaque prison. Mais ce commissionnaire n'a aucun rapport direct avec les détenus, qui ne doivent s'adresser qu'au gardien-chef. — Règl. 30 oct. 1841, art. 32, 35 et 36.

78. — Il est expressément défendu à tout employé, gardien ou préposé, sous peine de la mise aux arrêts, de la suspension de ses fonctions, ou même de la révocation, d'occuper les détenus à son service particulier, de recevoir aucun présent d'eux ou de leurs parens, de faciliter leur correspondance et l'introduction de choses prohibées, de boire ou de manger avec les détenus, de retarder par faveur le départ de condamnés désignés par l'autorité administrative pour être transférés aux bagnes ou dans les maisons centrales, etc. — Même règlement, art. 41 et 42.

79. — En cas de décès dans les prisons, sur la manière dont il est constaté, V. ACTES DE L'ÉTAT CIVIL, nos 444 et suiv.

§ 2. — *Police.* — *Discipline.* — *Infractions.*

80. — Nous avons vu précédemment que, dans toutes les prisons, les détenus doivent être classés suivant leur âge, leur sexe et la nature de la condamnation qu'ils ont encourue. Les détenus renfermés ensemble dans un même quartier sont soumis à des prescriptions rigoureuses devenues nécessaires pour l'ordre et la sûreté de la maison. Ainsi, les cris et les chants sont défendus; le silence est obligatoire pendant le repas et le travail et dans les dortoirs. Dans les maisons centrales, les détenus ne peuvent même s'entretenir entre eux à voix basse ou par signes. — Arr. 10 mai 1839. — Le règlement du 30 oct. 1841, pour les maisons départementales, interdit seulement toute réunion bruyante, toute conversation à haute voix — Art. 100. — Toute demande ou pétition collective est défendue.

81. — Dans les maisons centrales, comme dans les maisons départementales, la correspondance des prisonniers à l'arrivée et au départ doit être examinée par le directeur, et, à son défaut, par le gardien-chef. Sont exceptées de cet examen les lettres que les condamnés adressent soit à l'autorité administrative, soit à l'autorité judiciaire. — Ordonn. 19-29 déc. 1835, art. 6; règlem. 30 oct. 1841, art. 9 et 17. — Dans les maisons centrales, sauf les circonstances extraordinaires à apprécier par le directeur, les détenus ne doivent même être autorisés à correspondre qu'avec leurs plus proches parens et avec le tuteur et le subrogé tuteur qui leur ont été nommés en exécution de l'art. 29 C. pén. — Circul. 1er septembre 1836.

82. — Aux termes de l'ordonnance du 19-29 déc. 1835, qui a réglé spécialement la police de la maison de détention de Doullens, les condamnés ne peuvent être visités sans l'autorisation du directeur que par leurs femmes, leurs pères, mères et autres ascendans, leurs frères et sœurs, enfin par les tuteurs et subrogés tuteurs qui leur ont été nommés en exécution de l'art. 29 C. pén. Toute autre personne ne pourra communiquer avec eux que sur une autorisation du ministre de l'intérieur. — Art. 4. — L'art. 5 de la même ordonnance autorise le directeur à refuser les permissions de communiquer aux condamnés qui tiennent une conduite répréhensible, ainsi qu'aux parens qui en ont abusé d'une manière quelconque et ont violé les règlemens.

83. — Les maisons centrales ne peuvent être visitées qu'en vertu de permissions du directeur, qui doit ne les accorder qu'avec la plus grande réserve. Le directeur doit cependant toujours admettre à visiter la maison les membres des assemblées législatives, les magistrats de l'ordre judiciaire et toutes les autres personnes nominativement désignées par le ministre ou par le préfet. — Règl. minist. 5 oct. 1831.

84. — Dans les maisons départementales, les condamnés ne peuvent recevoir de visites qu'en vertu d'autorisations spéciales délivrées par les préfets et sous-préfets. Ces autorisations sont un ordre obligatoire pour le gardien, à moins que le détenu désigné dans le permis ne soit en punition; et sans préjudice des ordres qui ont pu être donnés par le juge d'instruction ou par le président des assises, en vertu de l'art. 613 C. instr. crim. Pour les père, mère, femme, mari, frères, sœurs, oncles, tantes et tuteurs des condamnés, l'autorisation du maire suffit.—Règl. 30 oct. 1841, art. 39 et 106.—La communication avec les prisonniers ne peut avoir lieu qu'au parloir et en présence des gardiens, à moins d'une dispense spéciale. Les détenus de classes et de sexes différens ne peuvent y être admis en même temps. En aucun cas, les visiteurs ne peuvent boire ni manger avec les prisonniers. Enfin : quant à la durée et aux jours des visites, ils sont déterminés par le règlement particulier de la prison. — Même règl., art. 92.

85. — On voit, d'après ce qui précède, que lorsqu'un individu a été condamné, c'est à l'autorité administrative qu'il appartient d'accorder l'autorisation de communiquer avec lui. A l'égard des détenus préventivement : le permis de communiquer ne peut être délivré que par le juge d'instruction, tant que ce magistrat est saisi de la prévention; le droit de délivrer le permis appartient, au contraire, au ministère public, lorsque le juge d'instruction s'est dessaisi par la remise des pièces de l'instruction. Lorsque, par suite d'un arrêt de renvoi devant la Cour d'assises, le prévenu est devenu accusé, le président des assises peut seul, alors, accorder le permis; s'il n'est pas sur les lieux, ce droit est exercé par le ministère public.

86. — Le juge d'instruction peut refuser, s'il juge cette mesure utile dans l'intérêt de la vérité, tout permis de communiquer avec un détenu. Il peut même ordonner que ce dernier soit soumis à une surveillance plus particulière, et même qu'il lui soit interdit de communiquer avec les autres détenus. Le ministère public a le droit de requérir que ces mesures soient ordonnées par le juge d'instruction. — Massabiau, *Manuel du ministère public*, n° 2874.

87. — La communication, lorsqu'elle est permise, a lieu, ainsi que nous l'avons dit, sous la surveillance des gardiens. Cette surveillance a pour but d'empêcher qu'aucun objet, de quelque nature qu'il soit, ne soit introduit dans la prison ou n'en sorte. — Règl. 30 oct. 1841, art. 40. —Ainsi : il est spécialement défendu de procurer aux détenus des rasoirs ou tout autre instrument, sans une autorisation expresse délivrée par le maire sur l'avis de la commission de surveillance.—Même règl., art. 99.—Il est également interdit aux condamnés détenus tant dans les maisons départementales que dans les maisons centrales d'avoir de l'argent sur eux. Quant aux prévenus et accusés, ils ne peuvent avoir en leur possession au delà de 5 fr. — Art. 103. — Enfin, l'introduction de jeux est interdite. — Art. 99.

88. — Les individus qui sont détenus pour dettes dans des maisons qui ne leur sont pas exclusivement affectées, doivent occuper des locaux séparés de telle façon qu'aucune communication ne puisse leur être permise avec les autres prisonniers — Règl. 30 octob. 1841, art. 115. — Les règles disciplinaires auxquelles ils sont soumis sont déterminées par un règlement particulier.

89. — Les prisonniers doivent obéir au directeur et aux gardiens en tout ce qu'ils leur prescrivent pour le maintien du bon ordre et l'exécution des règlemens (règl. 30 oct. 1841; art. 95), qui sont affichés de manière qu'ils puissent les lire (art. 120). Or l'art. 96 de ce dernier règlement veut que chaque prisonnier soit obligé de faire son lit, et d'entretenir sa chambre, ou la place qu'il occupe au dortoir, dans un état constant de propreté; que les dortoirs et corridors soient balayés et lavés par les prisonniers à tour de rôle, et plus généralement que ceux-ci soient obligés de faire à tour de rôle tout ce qui leur est prescrit pour la propreté et la salubrité de la prison. Dans les maisons où il y a des locaux susceptibles d'être affectés spécialement à la réunion des prisonniers pendant le jour, l'entrée des dortoirs leur est interdite entre le lever et le coucher du soleil. — Même règl., art. 97.

90. — La Constitution du 22 frim. an VIII qualifiait de crimes toutes rigueurs autres que celles autorisées par les lois, employées dans les détentions (art. 82). Aucun acte législatif n'a reproduit cette disposition de la Constitution de l'an VIII. Mais il n'en est pas moins défendu à tous gardiens de faire aux détenus aucun mauvais traitement ni outrage, même d'employer contre eux aucune violence; à moins qu'il n'y ait résistance ou rébellion, auquel cas seulement les gardiens sont autorisés à repousser par la force les voies de fait commises contre eux dans l'exercice de leurs fonctions (règl. minist. 30 avril 1822, art. 24). L'ordonnance du 19 déc. 1835, relative à la maison de Doullens, défend même aux gardiens, sous peine de destitution, d'adresser la parole ou de répondre aux condamnés, si ce n'est pour le service. — Art. 2.

91. — Les infractions aux règlemens en vigueur dans les prisons peuvent être punies, suivant les circonstances, de la privation de la promenade, de l'école, de l'interdiction de correspondre ou de communiquer avec ses parens ou amis, de la privation des secours du dehors, et de tout ou partie du produit du travail; de la mise au pain et à l'eau, de la mise au cachot, et de la réclusion solitaire avec ou sans travail (arr. minist. 10 mai 1839, art. 9; règl. 30 oct. 1841, art. 101). Si la prison a un directeur, les punitions sont prononcées par lui sur le rapport du gardien-chef et après avoir entendu le détenu. A défaut de directeur, ce droit appartient au gardien-chef (règl. 30 oct. 1841, art. 37). Aucun autre gardien ne peut infliger de punition à un prisonnier.

92. — L'art 614 C. instr. crim. prévoit le cas où un prisonnier use de menaces, injures ou violences, soit à l'égard du gardien ou de ses préposés, soit à l'égard des autres prisonniers, et il veut que ce prisonnier puisse être, sur les ordres des fonctionnaires à qui appartient la police de la prison (le maire, le directeur, ou, à Paris, le commissaire général de police), resserré plus étroitement, enfermé seul, mis aux fers en cas de fureur ou de violence grave, sans préjudice des poursuites auxquelles il peut avoir donné lieu : si, par exemple, les faits dont il s'est rendu coupable constituent un cas de rébellion. — V. RÉBELLION. — Toute autre mesure plus rigoureuse, toute autre espèce de punition, tout instrument de gêne ou de torture sont sévèrement interdits, sous les peines portées en l'art. 186 C. pén. — Massabiau, *Manuel du ministère public*, n° 2873 *in fine*.

93. — Toutefois, la durée de la séquestration disciplinaire ne peut être illimitée. Autrement, cette séquestration dégénérerait en une peine afflictive. Le fonctionnaire qui lui imprimerait une durée indéfinie, excéderait donc les pouvoirs qui lui sont confiés. Cette durée doit être proportionnée à la gravité du fait imputé au prisonnier et renfermée dans les limites que prescrivent l'humanité et le respect des garanties légales.

94. — Les mesures disciplinaires dont parle l'art. 614 C. instr. crim. peuvent être ordonnées aussi bien contre les prévenus et accusés, lorsque cela est nécessaire, que contre les condamnés. Seulement, les premiers ont droit à plus d'égards, à plus de ménagemens que les autres. — Massabiau, n° 2873.

95. — Le gardien-chef est tenu d'avoir un registre spécial sur lequel il inscrit, à la suite du nom de chaque détenu, une note indicative du degré auquel sa conduite a été plus ou moins régulière, ainsi que toutes les peines et corrections qu'il a subies pendant chaque année; et chaque article est visé par le maire, en regard du nom du détenu. — Règl. 30 oct. 1841, art. 38. — Il est tenu également d'en avoir un pour inscrire les réclamations de chaque détenu : soit à raison de ses besoins, soit à raison de mauvais traitemens qu'il éprouverait de la part des employés de la prison. — Même règl., art. 41.

§ 3. — *Nourriture. — Vêtement. — Chauffage. — Maladie.*

96. — Aux termes de l'art. 605 C. instr. crim., les différentes prisons doivent être non-seulement sûres; mais propres, et telles que la santé des prisonniers ne puisse être aucunement altérée. — L'art. 613 du même Code exige que la nourriture qui leur est donnée soit suffisante et saine.

97. — Ainsi que nous l'avons fait remarquer précédemment, la nourriture et le chauffage des détenus dans les prisons municipales sont à la charge des communes. Mais c'est l'Etat qui doit fournir la nourriture aux prisonniers dans les maisons centrales, dans les maisons d'arrêt, de justice et de correction. La composition de cette nourriture a été déterminée par l'art. 56 du règlement du 30 oct. 1841.

98. — Autrefois les fournitures de vivres étaient faites par les gardiens pour le compte de l'Etat, comme elles sont encore faites par eux dans les prisons où la population est peu considérable et très-variable. Mais, hors ce dernier cas, il est défendu aujourd'hui aux gardiens de se charger de la fourniture des alimens. — Instr. min. 19 frim. an VI et 22 vendém. an VIII. — L'Etat met ordinairement en adjudication la fourniture des vivres et l'entretien des prisonniers, ainsi que les réparations d'entretien des bâtimens des prisons. Toutes les obligations de l'entrepreneur sont tracées par un cahier des charges dressé par l'administration. Un cautionnement est exigé de lui pour la garantie de ces obligations. La forme des marchés de fournitures pour les prisons, est, au surplus, réglée par l'ordonnance du 4 déc. 1826. — V. MARCHÉS DE FOURNITURES.

99. — A l'exception des condamnés aux travaux forcés à temps, à la réclusion ou à la détention, qui, pendant la durée de leur peine, sont en état d'interdiction légale (C. pén., art. 29), et ne peuvent, dès lors, recevoir aucune somme, aucune provision, aucune portion de leurs revenus (même C., art. 31), les prisonniers peuvent être autorisés par le préfet ou le sous-préfet, sur l'avis de la commission de surveillance, à recevoir de leurs familles ou amis, ou à faire venir du dehors, les alimens dont l'usage a été autorisé par le règlement de la prison. — Règlem. 30 oct. 1841, art. 62, 104 et 105. — Mais dans les maisons centrales les prisonniers ne peuvent avoir à leur disposition plus de 5 francs. — Arr. minist. 10 mai 1839, art. 3.

100. — La charité publique ne peut intervenir pour adoucir le sort des prisonniers que dans les limites tracées par l'administration. — Instr. 7 août 1838. — Les dons et legs qui sont faits en leur faveur ne sont point autrement acceptés que pour le produit en être remis aux prisonniers indigens à leur sortie.

101. — L'usage de l'eau-de-vie, du vin et de toute autre boisson spiritueuse, ainsi que l'usage du tabac, est formellement interdit aux condamnés. — Règl. 30 oct. 1841, art. 63.

102. — Mais les enfans, les femmes, et surtout les femmes enceintes, peuvent être autorisés par la commission de surveillance, d'après l'avis motivé du médecin, non-seulement à recevoir une ration supplémentaire, mais même à faire usage de vin. La ration supplémentaire est formellement autorisée par le règlement du 30 oct. 1841, art. 56.

103. — Les prévenus ou accusés ne pouvaient être soumis à la même rigueur que les condamnés. Ils peuvent donc faire venir du dehors, à leurs frais, les vivres dont ils ont besoin, et alors ils cessent d'avoir droit aux vivres de la maison. — Règl. 30 oct. 1841, art. 58. — Le règlement particulier de chaque prison détermine dans quel cas et en quelle quantité ils peuvent faire usage du vin et autres boissons fermentées. — Art. 59.

104. — Il existait autrefois dans les prisons des établissemens connus sous le nom de *cantine*, et qui étaient tenus par les gardiens. L'abus de ces cantines ne tarda pas à se faire sentir, et elles furent supprimées par l'art. 27 de l'arrêté du 25 déc. 1819. L'art. 4 de l'arrêté du 4 nov. 1820 et l'art. 61 du règlement de 1841 en ont maintenu la prohibition.

105. — Les détenus pour dettes envers par-

ticuliers peuvent, dans les limites fixées par le règlement particulier, recevoir leur nourriture du dehors, traiter même à cet égard de gré à gré avec le concierge, ou prendre les vivres de la prison au prix du marché conclu avec l'entrepreneur. — Arr. 4 nov. 1820, art. 4, règl. 30 oct. 1841, art. 60. — Toutefois, s'ils se nourrissent eux-mêmes, le prix des vivres qu'ils se font apporter ne doit pas dépasser sensiblement le montant de la consignation alimentaire. — Instr. 27 mai 1842. — Le directeur ou gardien-chef qui exigerait ou recevrait, pour consignation d'alimens, une somme plus forte que celle fixée par la loi (L. 17 avril 1832, art. 29), se rendrait passible de destitution. — Arr. 4 nov. 1820, art. 1er.

106.—Les détenus débiteurs de l'Etat par suite de condamnations pour crimes, délits ou contraventions, incarcérés à la requête de l'agent du Trésor public ou de tout autre fonctionnaire public, sont, aux termes du décret du 4 mars 1808 et de la loi du 17 avril 1832, soumis, pour tout ce qui concerne le régime alimentaire, à la même règle que les autres prisonniers. La dépense occasionnée par la nourriture de ces détenus est comprise chaque année au nombre de celles du département de l'intérieur pour le service des prisons. — Règl. 30 oct. 1841, art. 84.

107. — Comme la nourriture, les vêtemens, le blanchissage, le chauffage et l'éclairage, pour les détenus condamnés, sont à la charge de l'Etat, la forme de leurs vêtemens varie suivant les maisons dans lesquelles ils sont renfermés. Cette forme a été déterminée pour les maisons centrales et de correction par le règlement du 30 oct. 1841, art. 65 et suiv. L'art. 70 du même règlement détermine la composition du coucher que chaque maison doit fournir aux prisonniers. — Les condamnés peuvent être dispensés par le préfet de porter le vêtement de la maison, ou autorisés pour raison de santé à employer des vêtemens supplémentaires. — Même règl., art. 61 et 68.

108. — Aux termes de l'art. 64 du règlement précité : les prévenus et les accusés peuvent conserver leurs vêtemens personnels, à moins que l'autorité administrative ou judiciaire ne croie devoir en ordonner autrement. Ils peuvent aussi, sur l'avis de la commission de surveillance, être autorisés par le préfet à faire venir du dehors les effets de coucher dont ils désirent faire usage. — Même règl., art. 71.

109. — La location, connue sous le nom de *pistole*, est prohibée dans toutes les prisons pour peines, et, quelle que soit leur fortune ou leur position, les condamnés ne peuvent être autorisés à habiter dans des chambres dites de *pistole*. — Règl. 30 oct. 1841, art. 74. — Mais il n'en est pas de même des prévenus ou accusés : la permission d'habiter dans des chambres de *pistole* peut leur être accordée. — Même règl., art. 72.

110. — Les chambres dites de *pistole* sont, au contraire, autorisées dans les prisons pour dettes. Les prévenus y peuvent faire apporter du dehors les meubles et effets de coucher pour leur usage sur l'autorisation du préfet ou sous-préfet, qui détermineront les objets dont l'introduction sera permise. Ils peuvent aussi, s'ils le préfèrent, en louer du gardien, au taux fixé par le tarif du préfet. — Règl. 30 oct. 1841, art. 73.

111.—Il doit y avoir dans chaque prison deux salles d'infirmerie entièrement séparées : l'une pour les hommes, l'autre pour les femmes. — Règl. 30 oct. 1841, art. 75.—...Et, s'il y a impossibilité absolue d'établir dans la prison des salles d'infirmerie, les prisonniers atteints de maladies graves seront placés dans une salle spéciale de l'hôpital du lieu où est située la prison. — Même règl., art. 76. — L'ordre de transfèrement dans un hospice à défaut d'infirmerie dans la prison est délivré par le maire et d'après le consentement, savoir : du juge d'instruction, s'il s'agit d'un prévenu; du président des assises ou du président du tribunal civil, s'il s'agit d'un accusé, et du préfet ou du sous-préfet, s'il s'agit d'un condamné ou d'un détenu pour dettes. — Même article.

112.— L'aliénation mentale dont un détenu est atteint donne lieu à son transfèrement, soit dans un hospice, soit dans un établissement spécial d'aliénés, lorsque ce détenu est une cause de désordre dans la prison ou qu'il n'y a pas possibilité de le séparer des autres détenus. — Instr. 15 avril 1833. — Mais le transfèrement ne peut avoir lieu que par l'ordre du préfet ou du sous-préfet, sur le rapport des directeurs des maisons de détention. — V. ALIÉNÉS, n° 109.

113.—Il est pourvu dans les hospices à la garde des détenus, à la diligence de ceux qui ont autorisé et consenti la translation. — L. 4 vend. an VI, art. 16 ; circul. 27 juin 1807. — Le règlement de 1841 veut, comme on l'a vu, que les détenus malades soient soignés dans une chambre spéciale. Déjà, un décret du 8 janvier 1810 (art. 12) avait prescrit au ministre de l'intérieur de faire établir dans les hospices ou hôpitaux, pour les recevoir, une chambre de sûreté. —Immédiatement après leur guérison, les détenus doivent être réintégrés dans la prison.—Circul. 27 juin 1807.

114. — Les frais de médicamens et de nourriture des prisonniers admis à l'infirmerie de la prison ou à l'hospice sont supportés par l'entrepreneur chargé de l'entretien de la prison et de la fourniture des alimens, si le cahier des charges en contient la stipulation. Dans le cas contraire, ils sont à la charge de l'Etat. Lorsqu'il s'agit d'individus détenus pour dettes, l'excédant des frais de médicamens et de nourriture sur le taux de la consignation est payé sur les fonds départementaux. Ceux qui ne veulent pas entrer à l'infirmerie, ou à l'hospice, et préfèrent rester dans des chambres particulières, doivent pourvoir par eux-mêmes à la dépense de leur traitement. — Règl. 30 oct. 1841, art. 80.

115.— Quant à la nourriture que doivent recevoir les détenus soignés à l'infirmerie, il était naturel qu'il n'appartînt qu'aux médecins de la régler ; et il était inutile d'insérer, à cet égard, une disposition, dans le règlement du 30 oct. 1841.— V. art. 78 et 79. — Le même règlement s'est également occupé de déterminer la composition du coucher des malades. — Art. 77.

116. — Les prescriptions du médecin sont toujours faites par écrit ; et elles sont remises au pharmacien, qui doit les reproduire à l'appui de son mémoire. Le médecin fait chaque jour une visite à la prison, et, tous les quinze jours, il en fait une dans les ateliers, dortoirs, lieux de punition, etc. ; il propose les moyens de salubrité, et consigne ses observations sur un registre *ad hoc*. Il adresse, chaque année, à l'autorité un rapport sur les maladies qui ont régné dans la prison et sur leurs causes. — Règl. 30 oct. 1841, art. 46, 47 et 48.

§ 4. — *Travail.* — *Enseignement moral et religieux.*

117.—L'exécution de la peine ne doit pas avoir seulement pour objet la *réparation* du délit ou du crime ; elle doit tendre aussi à la *moralisation* des détenus, à l'*amendement* des coupables. Au nombre des moyens que peut employer l'administration pour l'amendement ou la moralisation des détenus sont le travail et l'enseignement moral et religieux.

118. — *Travail.* — Aux termes des articles 21 et 40 du Code pénal, tout individu de l'un ou de l'autre sexe, renfermé, selon la condamnation dont il a été l'objet, soit dans une maison centrale, soit dans une maison de correction, doit y être employé à l'un des travaux établis dans cette maison, selon son choix, et dont le produit peut être appliqué en partie à son profit.

119. — Un arrêté du ministre de l'intérieur du 8 pluv. an IX avait prescrit l'organisation d'ateliers de travail dans toutes les maisons de détention, centrales et autres. L'établissement de ces ateliers a été maintenu, en exécution des articles précités du Code pénal, par un arrêté ministériel du 20 oct. 1810 et par le règlement du 30 oct. 1841 (art. 85). Si l'administration ne peut traiter avec des fabricans ou des compagnies pour le travail à fournir aux détenus, elle doit faire travailler pour son compte. — Arr. 8 pluv. an IX.

120. — Les détenus n'ont pas seulement la faculté de participer au travail organisé dans chaque maison ; ils y sont obligés. Ceux qui ayant été reconnus en état de travailler refuseraient de le faire, ne recevraient que le pain et l'eau pour toute nourriture ; sans préjudice des autres punitions, s'il y avait lieu. On a voulu qu'aucun condamné ne pût rester oisif. — Règl. 30 oct. 1841, art. 85 et 86.

121.—Il n'y a point lieu de distinguer, relativement à l'obligation du travail, entre les condamnés de l'un ou de l'autre sexe. Les jeunes détenus correctionnellement ou par voie de puissance paternelle doivent aussi être soumis à un travail approprié à leur âge et à leurs forces. Au lieu de les employer à des travaux dans la prison, on peut cependant les placer dans des colonies agricoles, comme celles de Mettray, de Petit-Quevilly (près Rouen), ou les mettre en apprentissage chez des particuliers. Ceux qui ne justifient pas par leur conduite la faveur dont ils ont été l'objet sont réintégrés dans la prison. — Règl. 30 oct. 1841, art. 110.

122. — Une portion du produit du travail des détenus leur est accordée.—Le règlement du 30 oct. 1841 (art. 87) avait fixé aux deux tiers de ce produit la portion qui leur appartenait. Mais d'après une ordonnance du 27 déc. 1843, cette portion est de 4/10 pour les condamnés à la réclusion et de 5/10 pour les condamnés à l'emprisonnement de plus d'un an. Cette portion se trouve diminuée pour les condamnés récidivistes, à raison du nombre des condamnations précédentes. Toutefois, elle ne peut jamais être moindre de 1/10. La portion appartenant aux détenus est divisée en deux parties, dont l'une est mise à leur disposition pour leur procurer des adoucissemens, s'ils le méritent, et l'autre tenue en réserve pour leur être remise à leur sortie. Si cette dernière partie s'élève au-dessus de 20 fr., cette somme seule leur est remise ; l'excédant leur est adressé sans frais à domicile. — Circul. 8 juill. 1829.

123. — Les prévenus et accusés peuvent, sur leur demande, être employés à l'un des travaux établis dans la maison où ils se trouvent. Mais alors ils sont assujettis à la règle commune prescrite pour l'organisation et la discipline du travail. Le produit de leur travail leur appartient. Toutefois, une portion de ce produit peut être mise en réserve pour ne leur profiter qu'après jugement. Il est statué, à cet égard, par le préfet ou le sous-préfet, sur la proposition de la commission de surveillance. — Règl. 30 oct. 1841, art. 88.

124. — Le directeur de la prison, ou, à son défaut, le gardien-chef, est chargé du classement des prisonniers relativement au travail et de la surveillance des travaux. Il doit assister à toutes les réceptions d'ouvrages, et recevoir les réclamations relatives aux travaux. En cas de demande en réduction du prix des mains d'œuvre pour malfaçon, soustraction ou dégradation de matière, il statue, sauf l'approbation du préfet ou du sous-préfet. — Même règl., art. 10.

125. — Après la révolution du 24 février 1848, le Gouvernement provisoire rendit, le 24 mars 1848, un décret par lequel « considérant que la spéculation s'est emparée du travail des prisonniers, lesquels sont nourris et entretenus aux frais de l'État, et qu'elle fait ainsi une concurrence désastreuse au travail libre et honnête ; considérant que les travaux d'aiguille ou de couture, organisés dans les prisons, ont tellement avili le prix de la main d'œuvre, que les mères, les femmes et les filles des travailleurs ne peuvent plus, malgré un labeur excessif et des privations sans nombre, faire face aux besoins de première nécessité ; considérant qu'il y aurait à la fois injure et danger à tolérer plus longtemps un état de choses qui engendre la misère et provoque l'immoralité, » il suspendit le travail dans les prisons.

126. — Mais ce décret a été abrogé par la loi du 9-13 janv. 1849 (art. 1er), qui a rétabli le travail dans les prisons en déterminant des garanties pour que l'industrie libre ne puisse pas souffrir de ce travail. Cette loi est applicable dans toutes les prisons, même aux prisons départementales de la Seine. Mais elle ne régit point les maisons de correction pour les jeunes détenus. — Art. 6.

127. — D'après cette loi, les produits fabriqués par les détenus des maisons centrales et de correction ne peuvent pas être livrés sur le marché ; ils doivent être consommés par l'Etat, autant que possible, et conformément à un règlement d'administration publique. — Art. 2 et 3.

128. — Dans le cas où le travail des détenus se fait à l'entreprise, les objets laissés pour compte à l'entrepreneur, par l'Etat, ne peuvent être livrés sur le marché qu'après une autorisation spéciale du tribunal de commerce dans la circonscription duquel est établie la maison centrale ou de correction. — Même loi, art. 4.

129. — Les condamnés avancés en âge, infirmes, ou que le directeur reconnaît ne pouvoir être employés autrement, sont occupés à des travaux dont la nature est déterminée par un règlement d'administration publique, et les produits peuvent être exportés ou vendus à l'intérieur. — Art. 5.

130. — Le décret du 24 mars 1848 (art. 2) avait déclaré résiliés immédiatement, sauf indemnité, les marchés passés par l'Etat avec des entrepreneurs pour le travail des prisonniers. — La loi du 9 janv. 1849 ne détruit point les engagemens contractés par l'Etat, elle dispose (art. 6) que ces dispositions ne seront exécutoires, dans les maisons actuellement soumises à une entreprise générale ou spéciale, qu'à l'expiration ou à la résiliation de ces engagemens.

131. — *Enseignement.* — Un instituteur remplissant les conditions d'aptitude et de capacité exigées par la loi du 28 juin 1834 peut être nommé par le préfet, dans les prisons dont la population le comporte (règl. 30 oct. 1841, art. 55), afin d'y tenir une école élémentaire, où l'enseignement primaire est donné à tous ceux des détenus que la commission de surveillance juge dignes et capables de profiter de cet enseignement. — Même règl., art. 55 et 121.

132. — Il doit, de plus, être établi, dans chaque prison, un dépôt de livres à l'usage des détenus. Le choix des livres est approuvé par le préfet, sur l'avis du maire et celui de la commission de surveillance. Aucun ouvrage ne peut être introduit dans la prison sans l'autorisation du préfet. — Même règl., art. 120.

133. — Les frères de la doctrine chrétienne étaient depuis longtemps chargés de tenir les écoles élémentaires dans la plupart des prisons, d'un règlement spécial du 4 juill. 1843 avait déterminé leur service. Il paraît que quelque temps après la révolution du 24 fév. 1848, sur la demande de leur supérieur général, ils ont abandonné ce service.

134. — Quant au service religieux, il est fait, dans chaque prison, par un aumônier qui est nommé par le préfet sur la proposition de l'évêque (règl. 30 oct. 1841, art. 50). Cet aumônier célèbre la messe les dimanches et fêtes dans l'établissement, et peut choisir parmi les détenus, d'accord avec le chef de la prison, les servans de la chapelle (même règl., art. 50 et 51) ; il doit, en outre, faire aux détenus une instruction religieuse une fois par semaine au moins, et-le catéchisme aux jeunes détenus qui n'ont pas fait leur première communion. — Art. 50.

135. — L'aumônier doit visiter les infirmeries et se rendre auprès des malades qui le font demander. Ses visites périodiques dans la prison doivent avoir lieu au moins deux fois par semaine. Enfin, il doit être informé de chaque décès. — Même règl., art. 52 et 53.

136. — Les détenus appartenant à un des cultes autres que le culte catholique, reconnu par l'État, reçoivent les secours religieux du ministre de leur communion (même règl., art. 119), et ils ne peuvent être enfermés ni retenus dans une prison où le culte qu'ils professent n'est pas professé. — Arr. min. 10 mai 1839, art. 2.

Sect. 5°. — *Prisons militaires.*

137. — Les prisons militaires sont de trois sortes : les maisons d'arrêt, les maisons de correction et les pénitentiers.

138. — Les pénitentiers militaires sont destinés à recevoir les militaires qui ont à subir l'emprisonnement simple soit en vertu de jugement, soit en vertu de condamnation de la peine à laquelle ils avaient été précédemment condamnés. — Circ. minist. 15 avr. 1833, règl. milit. 28 janv. 1839, ord. 3 déc. 1832.

139. — Les punitions disciplinaires de quinze jours au plus, encourues par les militaires de la réserve, peuvent aussi, lorsque le pénitentier est trop éloigné, être subies dans les prisons ordinaires. — Circ. minist. 19 août 1836.

140. — Les pénitentiers sont dans les attributions du ministre de la guerre. L'organisation de ces maisons centrales de détention a été déterminée par une ordonnance du 3-18 déc. 1832.

141. — Les militaires qui doivent être conduits dans un pénitentier ne cessent pas d'appartenir à l'armée. Il en est différemment de ceux qui sont condamnés non à l'emprisonnement simple, mais à une peine afflictive et infamante. Ces derniers, après avoir été dégradés, sont mis à la disposition de l'autorité administrative, et conduits dans les maisons centrales de détention comme les autres condamnés. — Circ. minist. 31 janv. et 15 avr. 1833.

142. — Les prisonniers militaires, qui, au lieu de subir leur peine dans un pénitentier, sont enfermés dans une maison centrale ou de correction ordinaire, doivent être, autant que possible, placés dans des quartiers distincts de ceux des autres détenus.

143. — La translation des militaires dans les pénitentiers se fait par les soins et aux frais de l'administration de la guerre. — Décr. 18 juin 1811, ord. 3 déc. 1832, circ. 16 et 17 avr. 1847. — C'est également cette administration qui doit supporter les frais de nourriture et d'entretien des militaires, lorsqu'ils subissent leur peine dans une prison ordinaire. — Circ. 19 août 1836.

PRISONNIERS DE GUERRE.

1. — On appelle ainsi tout individu pris sur terre ou sur mer pendant la guerre.

2. — Ne sont pas réputés prisonniers de guerre les individus simplement attachés au service des armées et qui ne font pas partie des combattans. — Décr. 25 mai 1793, art. 7.

3. — Dans le principe, les prisonniers étaient impitoyablement mis à mort. Plus tard, on les réduisit à l'état d'esclavage et les guerres devinrent moins désastreuses. Dans cet état du droit des gens, les enfans des prisonniers ainsi faits esclaves étaient esclaves comme eux. — V. GUERRE.

4. — Aujourd'hui les individus pris pendant la guerre sont placés dans l'intérieur du territoire sous la surveillance et l'autorité du gouvernement, qui pourvoit aussi à leur nécessaire ; ils sont ensuite rendus purement et simplement à la liberté à l'occasion de quelque événement important, ou mis en liberté sous caution, ou par suite d'une rançon, ou échangés par voie de *cartel* avec d'autres prisonniers de la nation qui les retient.

5. — Le décret du 25 mai 1793 dispose qu'aucun prisonnier fait sur l'ennemi ne pourra être forcé à servir dans les troupes de la République, et que les généraux en chef des armées exigeront la même réciprocité des généraux ennemis. — Art. 17.

6. — La police des prisonniers de guerre a été l'objet, en France, de quelques dispositions législatives que nous allons rapidement analyser.

7. — La loi du 20 juin 1792 place les prisonniers de guerre sous la sauvegarde de la nation, et dispose qu'ils seront protégés, comme les citoyens français, contre toute insulte ou outrage. — Art. 1er et 2.

8. — Ils peuvent être admis à prendre, en présence des officiers municipaux des villes où ils sont transférés, l'engagement d'honneur de ne pas s'écarter du lieu qui leur aura été désigné pour demeurer ; et, dans ce cas, ils ont la ville pour prison, et sont seulement soumis aux appels qui se font aux heures indiquées par l'autorité militaire. — Art. 9 et suiv.

9. — « Les prisonniers de guerre, porte l'art. 22 de cette loi, jouiront, au surplus, du droit commun à tous les Français ; ils pourront se livrer à toute espèce de profession, en remplissant les conditions prescrites par les lois. Ils seront traduits devant les tribunaux ordinaires en cas de délit, y seront poursuivis pour révolte, et ne recevront la réparation des injures dont ils auraient à se plaindre. »

10. — Le décret du 17 frimaire an XIV soumet les délits commis par les prisonniers de guerre à la juridiction militaire. — Art. 1er.

11. — Tout prisonnier de guerre, ayant rang d'officier, et tout otage, qui, après avoir donné sa parole, la viole, doit, s'il est repris, être considéré et traité comme soldat, sous le rapport de la solde et des rations, et resserré dans une citadelle, fort ou château. — Décr. 4 avril 1811, art. 2.

12. — Le Français qui dans la vue d'augmenter la force de l'ennemi aurait tenté de procurer à des prisonniers de guerre le moyen de s'évader, devrait être traduit devant une Cour d'assises et il encourrait la peine de mort aux termes de l'art. 77 du Code pénal. — *Cass.,* 5 juin 1812, Raufast.

13. — Les officiers, prisonniers de guerre, qui, après s'être évadés, nonobstant la parole d'honneur qu'ils avaient donnée, sont repris les armes à la main, doivent être traduits devant une commission militaire (aujourd'hui une commission de guerre), afin de faire reconnaître leur identité et de constater les faits, puis condamnés à mort.— Avis Cons. d'État 25 avril 1812, approuvé le 4 mai suiv.

14. — La loi du 9 prairial an III soumettait les prisonniers de guerre sortis, sans permission du gouvernement, du lieu fixé pour leur résidence, à une commission militaire dont elle réglait la composition. V., sur le même objet, décr. 17 frim. an XIV.

15. — Cette même loi de prairial prononçait contre ces prisonniers la peine de six ans de fers, et, s'ils étaient trouvés dans le département de Paris, la peine de mort.

16. — À ces dispositions que les représailles pouvaient rendre funestes aux Français prisonniers de guerre à l'ennemi, le décret impérial du 4 avril 1811 a substitué des peines plus douces, plus humaines et, il faut le reconnaître, plus en rapport avec l'infraction qu'elles devaient atteindre. Elles consistent, pour tous prisonniers,

à être plus étroitement resserrés dans une citadelle, fort ou château, et, pour les officiers ou otages, à être assimilés, pour la ration et la solde, aux prisonniers simples soldats.

17. — L'art. 3 du décret du 17 frim. an XIV dispose : « Toute mutinerie, résistance à la gendarmerie, à la garde nationale, tout complot dont se rendraient coupables les prisonniers de guerre, seront punis de mort. »

18. — Un décret du 23 février 1811 organisa les prisonniers de guerre en bataillons, pour être employés aux travaux des fortifications et des ponts et chaussées.

19. — Une ordonnance du 22 janvier 1824 avait réglé le mode d'admission du temps des prisonniers de guerre dans la liquidation des soldes de retraite, demi-soldes et pensions des marins. Cette ordonnance a été remplacée, pour les prisonniers de guerre de l'armée de terre, par l'art. 7 de la loi du 11 avril 1831, et, pour l'armée navale, par l'art. 7 de la loi du 18 du même mois. — D'après ces deux lois, toutes les dispositions antérieures sur le même objet sont abrogées.

20. — Sur les prisonniers de guerre maritimes, V. ordonn. 4 nov. 1760, arrêté 5 vendém. an VI, et arrêté 2 prair. an XI (art. 35 à 39).

21. — Quant aux règles relatives à l'échange des prisonniers, V. L. des 19 sept. 1792, 16-24 mai 1793, 25 mai 1793, 18 sept. 1793, 15 vendém. an II, 5 brum. an II, 15 frim. an II, 25 brum. an II, 9 avril 1814, 13 avril 1814, 20 nov. 1815.

V., en outre, ABSENT (militaire), ACTES DE L'ÉTAT CIVIL, AUBAINE (droit d').

PRIVILÉGE.

Table alphabétique.

1. — Le privilége est un droit réel, qui, ne résultant ni d'un jugement ni d'une convention, mais uniquement de la qualité de certaines créances, leur permet de primer les hypothèques elles-mêmes, sans égard à l'antériorité du temps.

—

CHAPITRE 1er. — *Historique. — Dispositions générales.*

2. — Les priviléges, dont on retrouve quelques traces dans les législations antérieures, étaient formellement reconnus par les lois romaines; mais ils ne jouissaient pas alors d'une faveur aussi étendue que celle qui leur est attribuée aujourd'hui. — Nous nous bornerons à signaler ici quelques différences essentielles.

3. — Indépendamment des priviléges attachés à la faveur de la cause, les Romains faisaient dépendre certains priviléges de la seule qualité de la personne; par exemple, ceux du fisc et de la république. — Pothier, *Pandectes*, t. 3, p. 485, no 19, et p. 486, no 34; Cujas, *Observ.*, lib. 10, ch. 22.

4. — De plus, les priviléges, quels qu'ils fussent, *soit à raison de la cause, soit de la personne*, étaient purement *personnels*, et n'affectaient la chose qu'en cas de stipulation expresse. — Cujas, *Recit. solem. Qui potior in pignore*, L. 7; Loyseau, *Offices*, lib. 3, cap. 8.

5. — De là cette conséquence que le privilége était primé par les simples hypothèques. « *Eos qui acceperunt pignora, cùm in rem actionem habeant, privilegiis omnibus quæ personalibus actionibus competunt, præferri constat.*»—C., L. 9, *Qui potior.*—Domat, *Legum delectus*, lib. 9, tit. 4, § 11.

6. — L'hypothèque privilégiée, c'est-à-dire celle à laquelle un privilége personnel se trouvait joint, primait l'hypothèque simple. — L'hypothèque simple primait le privilége, le privilége primait la créance chirographaire. — Troplong, *Privil. et hyp.*, ch. 2, no 20.

7. — Sous l'ancienne jurisprudence française, les priviléges étaient à peu près les mêmes que ceux de l'art. 2101 et suiv. C. civ.—Toutefois l'admission de quelques-uns d'entre eux donnait lieu aux plus graves controverses. — Ainsi on ne considérait généralement comme privilégiés pour fourniture de subsistances que les boulangers et les bouchers, et encore ces derniers n'étaient presque jamais admis sans difficultés. — Les frais de justice n'étaient privilégiés que dans le cas seulement où ils avaient été faits pour parvenir à la vente et à la distribution du prix. — Le vendeur de l'héritage, dont la créance était considérée comme éminemment favorable, était primé pour le seigneur pour paiement des lods, cens et rentes et autres droits seigneuriaux. — La jurisprudence du Châtelet et les arrêts du Parlement refusaient un privilége à ceux qui avaient prêté leurs deniers pour payer les ouvriers et qui s'étaient fait subroger à leurs droits.

8. — Quant aux ouvriers eux-mêmes, ce fut longtemps un point vivement controversé que celui de savoir si le privilége devait leur être accordé dans tous les cas: qu'ils eussent ou non agi avec devis et marchés. Mais un arrêt du Parlement du 17 juin 1763 fixa la jurisprudence sur cette matière, en décidant que les ouvriers, soit pour constructions, soit pour réparations, devaient être préférés à tous autres pour leur dû, tant en principal qu'en intérêts, qu'ils rapportassent ou non un devis ou marché; sous la condition que par expert nommé d'office il aurait été préalablement dressé procès-verbal de l'état des lieux et des ouvrages à exécuter, et que ces travaux seraient, en outre, reçus par expert dans l'année de leur perfection. L'art. 2103-§ 4 du Code civil a été depuis calqué sur cette disposition.

9. — Entre autres différences qu'il serait trop long de signaler ici, nous croyons qu'il n'est pas sans intérêt de rappeler que la coutume de Paris (art. 176) accordait au vendeur d'une *chose mobilière* le droit de la suivre, en quelque lieu qu'elle fût transportée, pour être payé de son prix; et qu'enfin la même coutume (art. 177) permettait, même au vendeur qui avait *donné terme* pour le paiement, d'empêcher la vente de la chose par lui livrée, lorsqu'elle était saisie entre les mains du débiteur par un autre créancier. — V., sur ce point, Denisart, t. 3, vo *Privilége*; Louet, lettre C, no 29; Guyot, *Rép. de jurisprudence*, vo *Privilége*; Loyseau, *Offices*, liv. 3, ch. 8; Basnage, *Hypoth.*, ch. 11.

10. — La loi du 9 mess. an III, qui, du reste, n'a jamais reçu d'exécution, faisait table rase de tous les priviléges et n'accordait plus de préférence sur les créances plus anciennes que la contribution foncière pour une année échue et celle courante au bailleur de fonds pour le prix qui lui en serait dû, et enfin aux ouvriers pour frais de récolte et de coupe des fruits non recueillis et des bois non coupés lors de la vente de la chose hypothéquée.

11. — La loi du 11 brum. an VII, qui précéda immédiatement le Code civil, admettait à titre de privilége et sans qu'il fût besoin d'inscription : 1o les frais de scellés et d'inventaires; 2o la contribution foncière pour une année échue et celle courante; 3o les frais de dernière maladie et d'inhumation; 4o les gages des domestiques pour une année et ce qu'il y aurait d'échu sur l'année courante. — Tous ces priviléges, à l'exception de la contribution foncière, ne s'exerçaient sur les immeubles que subsidiairement, et ils ne pouvaient préjudicier aux hypothèques antérieures à la publication de cette loi dans les lieux où ils n'étaient point admis. — Un cinquième privilége était enfin accordé aux ouvriers et à leurs cessionnaires, mais seulement jusqu'à concurrence de la plus-value provenant du fait de ces ouvriers et existant au moment de l'aliénation de l'immeuble; ce privilége n'avait d'ailleurs effet que par l'inscription avant le commencement des travaux du procès-verbal des experts chargés de constater l'importance et l'utilité des ouvrages projetés.

12. — La loi du 28 vent. an XII, réunie le 30 du même mois aux divers titres qui composent le C. civ., a établi les priviléges tels qu'ils existent encore aujourd'hui. Il est à présumer que d'importantes modifications seront apportées au système actuel. Déjà, sous la monarchie, le titre 18e du C. civ. avait été soumis à l'examen critique et approfondi des diverses Cours et des Facultés de droit. Plus récemment encore, plusieurs propositions ont été déposées sur le bureau de l'Assemblée nationale et renvoyées au Conseil d'État. Quoi qu'il en soit, nous devons, quant à présent, nous borner à l'examen des lois demeurées en vigueur.

13. — Quant aux législations étrangères, on sait qu'elles se partagent, sur les priviléges et hypothèques, entre deux systèmes principaux : le système allemand et le système français. — V., sur ce point, M. de Saint-Joseph, *Concordance entre les lois hypothécaires étrangères*.

14. — Sous l'empire du C. civ., le privilége n'est, à vrai dire, que l'hypothèque privilégiée des Romains. Et, en effet, comme l'hypothèque, il a le caractère d'un *droit réel;* il affecte la chose et la suit, lorsqu'elle est immobilière, en quelque main qu'elle passe. — De plus, il puise dans sa cause originelle une faveur qui manque aux hypothèques ordinaires. C'est à cette double prérogative que les créances privilégiées doivent leur préférence sur les hypothèques elles-mêmes. — C. civ., art. 2095.

15. — Les priviléges, prenant rang de la seule qualité de la créance, sont préférés aux hypothèques et se classent entre eux, sans égard à l'antériorité des titres (C. civ., art. 2096). *Privilegia non ex tempore æstimantur sed ex causâ.* — L. 32, ff., *De rebus auct. jud. possed.*

16. — Les créanciers privilégiés qui sont dans le même rang sont payés par concurrence (art. 2097). *Privilegiatus contra æquè privilegiatum non utitur privilegio.* — Pothier, *Pand.*, t. 3, p. 186, n° 34; Domat, lib. 3, sect. 5, art. 2.

17. — Les priviléges prennent leur source dans des considérations d'ordre public, d'équité et quelquefois même dans un sentiment d'humanité. — Ainsi : ils résultent ou de ce qu'un créancier a fait les affaires des autres, et conservé le gage commun, ou de ce que la créance intéresse la fortune publique, ou enfin de ce qu'il s'agit de fournitures de première nécessité que la loi doit spécialement encourager.

18. — Ils existent par la seule volonté de la loi et indépendamment de toute convention des parties. Toutefois, quelques-uns sont subordonnés à l'accomplissement de formalités essentielles : tels sont ceux du créancier gagiste, du bailleur de fonds et des architectes et entrepreneurs.

19. — Les actes législatifs qui établissent un privilége doivent être interprétés et appliqués dans le sens le plus restrictif, *sunt strictissimæ interpretationis* et ne sauraient être étendus d'un cas à un autre par voie d'analogie. — *Cass.*, 18 mai 1831, Gérard-Schmind c. Bouvatier; 3 août 1847 (t. 2 1837, p. 151), Guillemin c. Godefroy. — Grenier, t. 2, p. 384; Zachariæ, t. 2, § 256.

20. — Les priviléges étant de droit strict, il en résulte qu'un débiteur ne peut, par des conventions particulières et hors des cas prévus par la loi, créer, sur des sommes qui lui sont dues à lui-même par des tiers, un privilége en faveur de l'un de ses créanciers. — *Cass.*, 12 déc. 1831, Doré c. Fradin.

21. — Les tribunaux de commerce sont incompétens pour statuer sur les questions d'hypothèque et de privilége qui s'élèvent accessoirement à une contestation sur un engagement commercial. — *Paris*, 25 janv. 1820, Drouhin c. Cabanis; *Orléans*, 2 déc. 1846 (t. 1er 1847, p. 403), Bourreau-Guerinière c. Renard.

22. — Le juge des référés est incompétent pour reconnaître au profit d'un créancier l'existence d'un privilége. — *Cass.*, 3 août 1847 (t. 2 1847, p. 565), Caisse des consignations c. Coignet. — Bioche et Goujet, *Dictionn. de procéd.*, v° *Référés*, n° 31; de Belleyme, *Ordonn. sur req. et référés*, t. 2, p. 204 (2e édit.). — V. cependant *Paris*, 12 sept. 1839 (t. 2 1839, p. 292), Oudard c. Cavardy.

23. — Les tribunaux ne peuvent déclarer l'existence d'un privilége hors de la présence des autres créanciers qui ont intérêt à le contester. — *Cass.*, arrêt précité (n° 22).

24. — En conséquence, la caisse des consignations peut et doit refuser de payer lorsque le seul titre produit par le créancier qui se prétend privilégié consiste dans une ordonnance de référé rendue avec le débiteur seulement et en l'absence des autres parties intéressées. — Même arrêt.

25. — Est nul, pour défaut de motifs, l'arrêt qui déclare une créance privilégiée, sans préciser les causes de préférence. — *Cass.*, 4 mai 1824, Lescouvé c. Lecarpentier.

26. — Le privilége, réclamé par un créancier, n'est pas censé reconnu parce qu'il n'a pas été contesté dans une instance incidente, dont il n'était pas le principal objet. — *Cass.*, 1er mai 1815, Varnier c. Leroy de la Glazière.

27. — L'acte de cession contenant subrogation en termes généraux et sans restriction a pour effet de transporter au cessionnaire le privilége attaché à la créance, encore bien que ce privilége résulte de la qualité du cédant. — *Douai*, 7 mai 1842 (t. 2 1842, p. 394), Darambide c. Pajot.

28. — A la différence des hypothèques qui ne frappent que les immeubles, les priviléges peuvent s'exercer tout à la fois sur les meubles et sur les immeubles. — C. civ., art. 2099.

29. — Il y a trois classes de priviléges : les priviléges généraux sur les meubles et sur les immeubles, les priviléges sur certains meubles, les priviléges sur certains immeubles.

30. — Toutefois : en ce qui concerne les meubles, le droit résultant du privilége est plus restreint que celui qui s'exerce sur les immeubles. En effet : lorsqu'un privilége frappe sur les immeubles, il les suit en quelque main qu'ils passent. Mais les meubles n'ayant pas de suite (art. 2279 C. civ.), il en résulte que le privilége ne peut être exercé sur les meubles qu'autant qu'ils restent en la possession du débiteur; et qu'en cas d'aliénation, il est considéré comme n'existant plus. — Loyseau, *Offices*, liv. 3, ch. 5, n° 23; Troplong, *loc. cit.*, n° 100.

31. — Selon Zachariæ (t. 2, § 290), tous les priviléges sur les meubles, établis par le Code civil, peuvent se rattacher à l'une des causes suivantes : 1° Constatation et conservation de la masse commune, réalisation de cette masse et distribution du prix; 2° propriété censée retenue, tant qu'on n'a pas reçu le prix d'une chose aliénée à titre onéreux; 3° conservation d'une chose particulière; 4° détention de bonne foi, résultant d'une convention de gage expresse ou tacite; 5° motifs d'humanité ou d'ordre public.

CHAPITRE II. — *Priviléges généraux sur les meubles et les immeubles.*

32. — Aux termes de l'art. 2104 C. civ., les priviléges qui s'étendent sur les meubles et sur les immeubles sont ceux énoncés en l'art. 2101 ainsi conçu : « Les créances privilégiées sur la généralité des meubles sont celles ci-après, et s'exercent dans l'ordre suivant : 1° Les frais de justice; 2° les frais funéraires; 3° les frais quelconques de dernière maladie, concurremment entre ceux à qui ils sont dus; 4° le salaire des gens de service, pour l'année échue et ce qui est dû pour l'année courante; 6° les fournitures de subsistances faites au débiteur et à sa famille, savoir : pendant les six derniers mois par les marchands en détail, tels que boulangers, bouchers et autres; et pendant la dernière année, par les maîtres de pension et marchands en gros.

33. — Au nombre des priviléges qui frappent sur les meubles et sur les immeubles, il y a lieu d'ajouter celui du Trésor public sur les biens des comptables. — Art. 2 et 4 de la loi du 5 sept. 1807.

34. — Toutefois il est admis que les priviléges ci-dessus énoncés ne s'exercent sur les immeubles que *subsidiairement*, c'est-à-dire en cas d'insuffisance du mobilier. — Troplong, *Hyp.*, n° 252; Tarrible, ch. 1er, sect. 1re, n° 3; Grenier, t. 2, p. 191; Zachariæ, t. 2, § 259. — C'est, du reste, ce qui résulte de l'art. 2105 C. civ.

35. — Jugé, par application de ce principe, que les créanciers privilégiés sur les meubles et immeubles ne peuvent, au préjudice des créanciers hypothécaires, se faire colloquer sur les immeubles qu'après avoir discuté le mobilier. — *Bruxelles*, 21 août 1820, Vanhavre c. Delhiennes; *Amiens*, 24 avr. 1822, Auquin et Marion c. de Flavigny.

36. — Néanmoins, s'ils se présentent à l'ordre ouvert sur le prix des immeubles, avant la discussion du mobilier, il est indispensable pour que leurs droits, le cas échéant, puissent avoir effet sur les immeubles : ou que l'ordre soit suspendu entre les créanciers hypothécaires, ou que les créanciers privilégiés soient éventuellement colloqués pour le montant de leurs créances; à la charge par eux de discuter le mobilier dans un délai déterminé, et sauf la réduction de leur collocation aux sommes qui leur resteraient encore dues. — Même arrêt. — Troplong, *Hyp.*, n° 254.

37. — « Par cette mesure, observe avec raison ce dernier auteur, tous les intérêts se trouvent protégés, et l'on empêche que, sous prétexte de la discussion préalable d'un mobilier souvent insuffisant, le créancier ne laisse échapper l'occasion de se faire payer sur l'ordre qui est ouvert. » — *Loc. cit.*

38. — L'équité exige également que les créanciers hypothécaires n'aient point à souffrir de la négligence des créanciers privilégiés. Aussi, lorsque ces derniers perdent volontairement, en ne se présentant pas à la distribution, les droits qu'ils avaient sur le prix du mobilier, ils sont non recevables à se faire colloquer sur les immeubles. — *Paris*, 9 févr. 1809, Parent c. Allais et Chauvin; *Cass.*, 22 août 1836, Domaines c. Michel. — Grenier, t. 2, n° 371; Delvincourt, t. 3, p. 271; Persil, art. 2104, n° 3, et *Quest.*, t. 1er, liv. 1er; Troplong, n° 251 *bis;* Malleville, *Analyse raisonnée du C. civ.*, t. 4, p. 455.

39. — Mais c'est à ceux qui repoussent l'exercice du privilége à établir qu'il existait un mobilier suffisant en la possession du débiteur. — *Lyon*, 14 déc. 1832, Pin c. Bost.

40. — Les priviléges de l'art. 2101 étant généraux, comprennent tous les meubles quelconques et frappent, par conséquent, sur l'argent comptant, les pierreries, les livres, les médailles, chevaux, équipages, linge de corps, vins, grains, foins et autres denrées. Le mot meuble est pris ici, comme on le voit, dans une acception beaucoup plus étendue que dans l'art. 533 du C. civ. — Delvincourt, t. 3, p. 268; Persil, art. 2101; Pigeau, t. 2, p. 183; Troplong, n° 106.

Sect. 1re. — *Frais de justice.*

41. — Les frais de justice sont des dépenses qui ont été faites soit pour conserver les biens du débiteur, soit pour les convertir en prix d'argent : seule forme sous laquelle, à moins de conventions exceptionnelles, les créances peuvent être payées. L'équité et la raison veulent donc que le prix des biens n'arrive dans les mains des créanciers qu'après défalcation et paiement préalable des frais de justice, sans lesquels ce prix n'existerait pas pour eux. — Renouard, *Traité des faillites*, t. 2, p. 197.

42. — Ainsi, sont frais de justice, les frais de scellé et d'inventaire, ceux de vente ou d'adjudication des biens, ceux de l'ordre et de la distribution; en un mot, tous ceux qui, ayant pour objet la conservation et la liquidation de la chose, tournent au profit des créanciers. — Tarrible, *Rép.*, v° *Privilége*, ch. 1er, sect. 2, § 1er; Domat, *Lois civiles*, tit. *Des gages et hypoth.*, sect. 5, art. 25; Delvincourt, t. 3, p. 499, note 5; Troplong, *Comm. sur les hypoth.*, t. 1er, n° 130; Persil, *Règl. hypoth.* sur l'art. 2101, § 2, note 1re; Battur, *Traité des privil. et hypoth.*, t. 1er, p. 31; Duranton, t. 19, p. 41, n° 39.

43. — La préférence attribuée aux frais de justice n'étant, à vrai dire, que la juste indemnité d'un service rendu soit à la masse des créanciers, soit à quelques-uns d'entre eux; il en résulte que ce privilége est purement relatif, et c'est ce qui explique comment les frais de justice, bien que placés en tête de toutes les créances privilégiées, ne peuvent, en raison de leur utilité plus ou moins circonscrite, être opposés à certaines créances qui n'en ont aucunement profité.

44. — Il en résulte également que ce privilége n'est *général* qu'autant que les frais ont protégé la généralité des meubles et des immeubles composant le patrimoine du débiteur. — Troplong, n° 131.

45. — Mais si les frais de justice n'ont procuré qu'un avantage *spécial*, leur privilége est spécial comme sa cause. Ainsi, les frais de vente et de saisie soit d'un meuble, soit d'un immeuble, n'ont de privilége que sur ce meuble ou sur cet immeuble. — Troplong, n° 131; Delvincourt, t. 3, p. 169; Pigeau, t. 2, p. 267.

46. — Mais il ne faut pas confondre avec les frais privilégiés de l'art. 2101 tous les dépens qui peuvent être exposés en justice; car il n'y a de privilége que pour les frais qui ont profité aux créanciers ayant des droits à exercer sur le gage. — *Cass.*, 20 août 1821, Cheverry c. Trocmé; *Rouen*, 2 déc. 1841 (t. 2 1842, p. 443), Vasseur c. Gaultier. — L. 8, Dig. *Depositi vel contra.* — Grenier, *Hyp.*, t. 2, n° 300; Tarrible, *Rép.*, v° *Privil.*, sect. 3, § 1er, n° 29; Persil, art. 2101, n° 7; Troplong, nos 122 et 130; Duranton, t. 19, n° 39; Zachariæ, t. 2, § 260; Valette, nos 22 et 118; Delvincourt, t. 3, p. 268, note; Rolland de Villargues, n° 16.

47. — Le privilége de l'art. 2101 C. civ., établi dans l'intérêt exclusif des créanciers, ne s'applique pas aux frais et dépens des procès que le débiteur soutient soit en vue d'augmenter son patrimoine, soit pour le conserver dans son intégrité. Peu importe, à cet égard, que les créanciers, dont les biens du débiteur sont le gage, aient intérêt à l'issue de ces procès, cet intérêt éloigné n'étant pas celui que la loi a considéré lorsqu'elle a protégé les frais de justice par le privilége exorbitant de l'art. 2101. — *Douai*, 16 juill. 1847 (t. 2 1847, p. 261), Waton c. Roger et Alglade.

48. — Du reste, il a été jugé que l'art. 2101 du C. civ. laisse au juge à définir la nature des frais de justice qui profitent aux créanciers et doivent dès lors avoir sur eux privilége. — *Aix*, 12 janv. 1838 (t. 1er 1838, p. 245), Drogant c. Fusinger.

49. — Les frais de saisie et de vente de l'objet grevé, profitant à tous les créanciers, qui ont un égal intérêt à la conversion de la chose en argent, sont toujours frais de justice dans le sens de la loi et jouissent de l'avantage d'être colloqués les premiers. — L. 72, ff., *Ad leg. Falcid.* — L. *ult.*, § 9, C., *De jure delib.* — C. de procéd. civ., art. 657. — Troplong, n° 123; Tarrible, ch. 1er, sect. 3, § 1er.

50. — Ces frais se divisent en frais ordinaires et extraordinaires. Les premiers, tels que les frais du procès-verbal de saisie, d'enregistrement, de dénonciation, d'affiches, etc., sont ceux qui ont lieu de droit et dans tous les cas possibles depuis le procès-verbal de saisie jusqu'à l'adjudication définitive. Les seconds sont ceux qui sont occasionnés par des incidens, tant en première instance qu'en appel. — Chauveau, sur Carré, art. 713, quest. 2398; Troplong, *loc. cit.*; Huet, p. 207; Favard de Langlade, t. 5, p. 69; Thomine-Desmazures, t. 2, p. 262; Persil, *Comm.*, p. 234, n° 281.

51. — Les frais ordinaires de saisie immobilière étant payés par l'adjudicataire, en sus de son prix; il n'y a pas lieu à privilége, en ce qui les concerne. — C. de procéd. civ., art. 713. — Delvincourt, t. 3, n° 269, notes; Troplong, n° 123; Persil, *loc. cit.*

52. — Mais, dans les saisies mobilières, l'adjudicataire n'étant pas chargé des frais de saisie, ces frais doivent être payés par premier privilége sur le prix. — Troplong, *ibid.*; Persil, *ibid.*

53. — Les frais extraordinaires de saisie, soit mobilière, soit immobilière, ne sont pas privilégiés *de plano*; mais ils peuvent jouir de la faveur attribuée aux frais de justice par l'art. 2101 C. civ., lorsque le tribunal reconnaît qu'ils ont été faits de bonne foi, dans l'intérêt des créanciers, et qu'ils sont exempts d'exagération. — C. de procéd. civ., art. 714. — Bretonnier sur Henrys, t. 2, p. 265 et 268; Pigeau, t. 2, p. 154, 267 et 182; Persil, *loc. cit.*; Troplong, *ibid.*

54. — Jugé que, sous la nouvelle comme sous l'ancienne législation, toutes les fois que des jugemens ou arrêts, intervenus sur saisie immobilière, ont prononcé que les dépens seraient employés *en frais extraordinaires*, il en résulte implicitement que ces frais sont privilégiés et doivent être pris sur la chose en premier ordre et par préférence à tous créanciers. — *Riom*, 30 août 1826, Serriant c. Longevialle. — Chauveau sur Carré, quest. 2399 *ter*.

55. — Jugé que les frais extraordinaires de poursuite jouissent d'une telle faveur qu'ils doivent être alloués de préférence aux reprises dotales de la femme du saisi. — *Riom*, 3 août 1828, Servant c. Longevialle. — Chauveau sur Carré, quest. 2399.

56. — ... Qu'il n'est pas nécessaire à peine de déchéance que les frais extraordinaires causés par un incident de saisie immobilière soient déclarés privilégiés par le jugement même qui prononce sur l'incident, et qu'ils peuvent l'être valablement par un jugement ultérieur. — *Toulouse*, 16 mai 1831, Boursinhac c. Claerne.

57. — M. Chauveau, sur Carré (quest. 2399 *bis*), approuve cette décision: par le motif que les créanciers qui ont intérêt à contester le privilége peuvent, dans l'un et l'autre cas, faire valoir les moyens contraires à cette prétention, et que d'ailleurs on ne peut créer une déchéance que la loi n'a pas formellement établie. — V. cependant *contrà*: Carré, *ibid.*; Thomine-Desmazures, t. 2, p. 263; Huet, sur l'art. 716; Demiau-Crouzilhac, p. 440; et Persil, *Comm.*, p. 236, n° 285.

58. — Les frais faits par le saisissant et par l'adjudicataire sur l'appel des saisis doivent être pris comme frais extraordinaires et par privilége sur le prix d'adjudication. — *Bordeaux*, 8 juin 1832, Jourdinneau c. Gerbeaud.

59. — Les frais faits pour forcer un tiers détenteur à payer, en cette qualité, et ensuite pour parvenir à l'expropriation, doivent être considérés comme frais privilégiés. — *Riom*, 5 févr. 1821, Maurin.

60. — Mais jugé qu'en matière de saisie immobilière il ne faut considérer comme frais extraordinaires que ceux nécessités par la marche de la procédure en expropriation, et qu'en conséquence les frais de surenchère ne sauraient être payés par privilége sur le prix de l'adjudication. — *Toulouse*, 17 févr. 1841 (t. 1er 1841, p. 687), Flambant c. Lavavé.

61. — ... Et que l'on n'est pas recevable à demander, en cause d'appel, que les frais extraordinaires de poursuite soient payés par privilége sur le prix, lorsque cette demande n'a pas été formée en première instance. — Même arrêt. — Du reste, ceci n'est que l'application de ce principe général: qu'une Cour d'appel ne peut statuer que sur les chefs de demande qui ont été directement et formellement soumis aux premiers juges. — C. de proc. civ., art. 464. — V. DEMANDE NOUVELLE.

62. — Jugé que les frais exposés par un avoué pour faire rejeter une demande en rescision de vente d'immeubles, doivent être colloqués par privilége dans l'ordre ouvert ultérieurement sur le prix de ces immeubles. — *Aix*, 12 janv. 1838, Drogoul c. Folinger.

63. — ... Que les frais de la signification du jugement d'adjudication définitive doivent être, dans l'ordre, colloqués par privilége. — *Grenoble*, 20 juill. 1825, Allard.

64. — Le créancier, qui, en poursuivant l'annulation d'un acte, a fait rentrer des biens dans l'actif du débiteur, peut obtenir la collocation privilégiée de ses frais. Cette collocation privilégiée n'a lieu qu'à l'égard des créanciers qui profitent des résultats de l'annulation. — *Bordeaux*, 28 mai 1832, Sou c. Jadot.

65. — L'huissier résidant dans un chef-lieu d'arrondissement est privilégié, même pour les frais de transport, sur le prix des meubles qu'il a saisis dans un canton éloigné, encore bien que ces frais eussent été moins considérables si la saisie avait été pratiquée par un officier ministériel plus rapproché du débiteur. — *Cass.*, 17 févr. 1830, Meunier c. Bonneau. — Bioche, *Dict. de proc.*, v° *Huissier*, n° 253; Carré, *De la taxe en matière civile*, p. 31.

66. — On doit considérer comme frais de justice, et, par suite, réputer privilégiés, ceux faits par l'acquéreur pour assurer la validité de la consignation de son prix opérée en vertu de l'art. 2186 C. civ. et pour obtenir mainlevée des inscriptions qui frappent l'immeuble vendu. — *Orléans*, 13 août 1840 (t. 2 1840, p. 531), Richer c. Leseurre.

67. — Les frais de poursuite d'ordre et de radiation des inscriptions hypothécaires profitent à tous les créanciers, puisque, d'une part, tous ceux qui réclament un rang utile ont intérêt à la collocation et que, d'autre part, il est plus facile de trouver des acquéreurs quand les inscriptions ont été radiées. — Il est donc juste que ces frais soient prélevés par privilége. — C. de proc. civ., art. 759. — Pigeau, t. 2, p. 276; Troplong, n° 127.

68. — Voici, du reste, comment on procède à cet égard: le juge-commissaire alloue les frais de radiation dans chacun des bordereaux qu'il délivre aux créanciers colloqués; mais ces derniers ne touchent pas ces sommes, qui demeurent en définitive à l'adjudicataire au profit duquel distraction est faite par le bordereau. — Troplong, *loc. cit.*

69. — Mais les frais de cette espèce ne devant obtenir une collocation privilégiée que lorsqu'ils ont lieu dans l'intérêt commun des créanciers, il en résulte que les frais d'expropriation forcée non suivie d'adjudication ne sont pas susceptibles d'être colloqués par privilége. — *Paris*, 4 août 1807, Morel c. Jumelin, Blanc et Mavit.

70. — De même les frais faits par un créancier pour parvenir à l'expropriation d'un immeuble du débiteur, en vertu d'une clause de voie parée, ne doivent pas être colloqués par privilége, lorsqu'ils n'ont pas procuré la vente de cet immeuble vendu volontairement par le débiteur lui-même. — *Bordeaux*, 6 juill. 1841 (t. 2 1841, p. 355), Rimonenq c. Pieck et Southard.

71. — Jugé également que le privilége accordé pour les frais au créancier saisissant, ne doit avoir lieu que sur le prix des effets saisis et provenant d'une vente consommée; que ce créancier est mal fondé à les prévaloir, lorsqu'il a été justement décidé que la vente ne devait pas s'effectuer. — *Bordeaux*, 3 févr. 1838 (t. 2 1840, p. 317), Leydet c. Saboureau.

72. — Les frais ordinaires de la distribution du prix n'ont, comme les autres frais de justice, la prééminence qu'en raison de leur utilité. En conséquence, ils ne sont pas privilégiés à l'égard des créanciers dont les droits étaient hors de contestation et qui, par suite, n'avaient pas d'intérêt dans la procédure en distribution. — Troplong, n° 125.

73. — Par la même raison, les frais de discussion du mobilier ne doivent pas être prélevés sur la masse immobilière au préjudice des créanciers hypothécaires. — Zachariæ, t. 2, § 260.

74. — Ainsi: les frais faits pour contester une collocation indûment admise, sont privilégiés avant les créanciers contestans; mais ils ne sauraient être préférés aux créanciers antérieurs, qui n'avaient aucun intérêt à la contestation. — C. proc., 768. — Troplong, n° 128.

75. — Ceci résulte formellement des dispositions de l'art. 768 C. proc., ainsi conçu: « Les frais de l'avoué qui aura représenté les créanciers contestans seront colloqués par préférence à toutes autres créances sur ce qui restera de deniers à distribuer, *déduction faite* de ceux qui auront été employés à acquitter les créances antérieures à celles contestées. » — Mais, en ce qui concerne les créanciers particuliers; l'avoué a-t-il privilége *dans tous les cas*, même lorsqu'il a succombé dans la contestation?

76. — M. Tarrible, considérant ces frais comme *nécessaires*, est d'avis qu'il n'y a pas lieu de distinguer, et qu'en conséquence ils doivent, en toute hypothèse, être colloqués au premier rang.

77. — Carré, dans son Analyse (n° 2393), avait d'abord adopté cette opinion; mais depuis (V. Chauveau, sur Carré, quest. 2605) il s'est rangé à l'opinion contraire, soutenue par la majorité des auteurs, et notamment par Berriat Saint-Prix (p. 621, note 35). « Cet auteur, dit Carré (*loc. cit.*), fait observer avec raison que, dans toute contestation judiciaire, des frais sont nécessaires, et qu'il ne s'ensuit pas de là, et par cela seul, qu'on doive les obtenir lorsqu'on les a faits et surtout mal à propos. Dans l'hypothèse, ajoute Berriat, le débiteur dont on distribue les deniers ne doit certainement pas supporter les dépens que des créanciers ont occasionnés par leur prétention mal fondée à une collocation plus avantageuse que celle que leur donnait l'état du commissaire. Au surplus, l'art. 766 prononce positivement, et sans doute d'après ces principes, que les parties qui succombent supportent les dépens sans pouvoir les répéter. » — *Sic*, Pigeau, t. 2, p. 194; Troplong, n° 128; Bioche, *Dict. de procéd.*, v° *Ordre entre créanciers*, n° 288.

78. — Jugé, en ce sens, que les dépens qu'occasionnent, dans un ordre, les contestations élevées entre créanciers, et auxquels le débiteur saisi est étranger, ne doivent pas être prélevés par privilége sur la somme à distribuer, mais doivent être mis à la charge des contestans qui succombent. — *Agen*, 12 janv. 1825, Daurons c. Sougaret; *Bordeaux*, 24 janv. 1837 (t. 2 1838, p. 433), Guy-Labarthe c. Guiraud.

79. — Toutefois, l'avoué, lorsqu'il a succombé, doit être payé de préférence aux créanciers qu'il a représentés et en déduction de ce qui sera dû à ces derniers. De cette manière les frais de justice obtiendront le privilége qui leur est accordé par la loi, et le débiteur ne supportera pas les dépens d'un procès qui lui était étranger. — Chauveau, sur Carré (*loc. cit.*); et *Commentaire du Tarif*, t. 2, p. 258, n° 87.

80. — Quant à l'huissier qui instrumente dans l'intérêt des contestans, il n'est que le mandataire de celui qui l'emploie; il n'est créancier que de celui-ci, et nullement du débiteur saisi, D'où il suit qu'on ne saurait lui accorder, par analogie, un privilége pour le remboursement de ses frais. — *Colmar*, 12 fructid. an XIII, N... c. Houssemann et Schauffler. — Chauveau, sur Carré, quest. 2606; Troplong, n° 128. — V. cependant Berriat Saint-Prix, p. 621, note 35.

81. — Cependant, si l'huissier avait été payé par l'avoué des contestans; celui-ci pourrait demander, comme faisant partie de ses frais, les sommes qu'il aurait avancées à cet égard, et s'en faire rembourser par privilége. — Troplong, *ibid.*; Carré, *ibid.*

82. — Mais les honoraires de l'avocat ne sont pas des frais de justice. En conséquence, l'avoué qui les a payés ne peut réclamer, pour leur remboursement, le privilége de l'art. 2101. — Tribun. de la *Seine*, 28 févr. 1843.

83. — Le commissaire-priseur, qui a procédé à la vente du mobilier d'une succession vacante, ne peut prétendre à un privilége sur le prix qui en est provenu, au préjudice des autres officiers ministériels qui, antérieurement à la vente, avaient, soit apposé les scellés, soit inventorié et estimé le mobilier. — En conséquence, en cas d'insuffisance du prix pour les désintéresser intégralement, il y a lieu, entre eux, à contribution. Toutefois, chacun d'eux prélève d'abord ses déboursés, et le surplus seulement est réparti au marc le franc. — *Cass.*, 8 déc. 1825, Maillet c. Montferrand.

84. — Lorsqu'une obligation hypothécaire consentie par un majeur, tant en son nom personnel qu'au nom d'un mineur copropriétaire de l'immeuble hypothéqué, a été suivie d'un partage et d'une licitation qui ont attribué au majeur seul

la propriété dudit immeuble, les frais de licitation et partage ne peuvent point, à l'égard du créancier vis-à-vis duquel l'obligation hypothécaire avait été contractée, et qui a fait vendre, par suite de saisie immobilière, convertie, depuis la licitation, en vente sur publications volontaires, l'immeuble hypothéqué, être considérés comme frais de justice privilégiés sur le prix de ladite vente. — *Paris*, 10 mars 1849 (t. 1er 1849, p. 551), Saint-Amand c. Cuny et Marchais.

85. — Jugé que, dans une instance en partage et licitation, les avoués colicitans, dont le contrôle profite à tous les créanciers, ont droit, par privilége, ainsi que l'avoué poursuivant, non-seulement à la remise proportionnelle, mais encore aux émolumens ordinaires. — C. de proc., art. 972 et suiv.; Tarif de 1841, art. 11, et Tarif de 1807, art. 113, — Tribunal civil de *Louviers*, 22 mai 1846, Butté. — V. le journal *le Droit*, n° du 30 juill. 1846.

86. — ...Mais qu'il ne peut être question de privilége qu'entre des créanciers exerçant des droits divers sur les biens d'un même débiteur, et qu'en conséquence l'avoué qui a obtenu la distraction des dépens dans une instance à fin de compte, liquidation d'une communauté et d'une succession dans laquelle aucuns créanciers ne se présentaient, n'a point de privilége à exercer pour le recouvrement de ses frais. — *Cass.*, 11 déc. 1834, Arnaud c. Tamissier.

87. — Jugé également que les frais et honoraires dus au notaire à l'occasion d'un partage entre héritiers, ne doivent pas être assimilés aux frais de justice et jouir du privilége des art. 2101 et 2104 C. civ. — *Lyon*, 17 août 1822, Lagrange c. Portier.

88. — Les mêmes principes s'appliquent aux frais de scellés et d'inventaire. — « Les frais de scellés, dit M. Troplong (n° 131), ont servi à empêcher le divertissement des objets mobiliers et des titres de propriété qui assurent la possession des immeubles. Les frais d'inventaire ont constaté les forces de la succession et certifié l'existence des titres; ils ont empêché qu'on ne profitât de la lacune opérée par le décès pour se livrer à des dilapidations ou à des usurpations. Ces frais doivent donc s'étendre par privilége sur les meubles et sur les immeubles. »

89. — Jugé en ce sens que les frais occasionnés pour des scellés apposés soit après décès, soit même après faillite, ayant pour objet la conservation des droits de tous les créanciers soit chirographaires, soit hypothécaires, jouissent, à l'égard de ces derniers, du privilége général de l'art. 2101 C. civ. — *Paris*, 28 janv. 1812, Boursier c. Allais. — Delvincourt, t. 3, p. 169; Troplong, n° 131.

90. — Toutefois, nous croyons devoir faire remarquer dès à présent que cette question peut offrir de sérieuses difficultés lorsque le privilége réclamé pour frais de scellés et d'inventaire se trouve en présence du privilége du locateur. — V., à cet égard, les nos 641 et suiv., où nous traitons de l'ordre et du rang des priviléges.

91. — Jugé que les frais de bénéfice d'inventaire doivent également être considérés comme frais de justice et par suite être employés par privilége sur le prix des immeubles de la succession, à défaut du mobilier. — *Cass.*, 11 août 1824, de Mory c. de Bouthilier. — Conf. *Paris*, 28 janv. 1812, Boursier c. Allais; *Amiens*, 24 avril 1822, Auquin et Marcin c. Flavigny; *Douai*, 16 juill. 1847 (t. 2 1847, p. 261), Walen c. Roger et Alglave. — Troplong, n° 131; Conflans, *Jurispr. sur les success.*, p. 264.

92. — ...Et que l'usufruitier doit être colloqué par privilége et préférence à tous autres créanciers sur le prix de l'immeuble dont il a la jouissance pour les travaux de réparations de cet immeuble, ainsi que pour le montant de l'exécution de dépens qui lui a été délivré. — *Amiens*, 23 févr. 1821, Delunel c. Mancy. — V. nos 320 et suiv.

93. — Au nombre des frais de justice, il convient enfin de ranger les frais de l'administration des faillites. — « En effet, tous les créanciers, dit M. Troplong (n° 129), sont intéressés à ce qu'une administration vigilante conserve autant que possible les gages qui répondent de leurs créances. — Art. 2101 et 2104 C. civ. et art. 565 C. de comm. — Renouard, *loc. cit.* — V. n° 569.

94. — Les frais, faux frais et honoraires des liquidateurs d'une société, même nommés par justice, ne doivent pas être considérés comme frais de justice dans le sens de l'art. 2101 C. civ., et le paiement n'en peut être ordonné sur le prix des immeubles par privilége et préférence aux créanciers hypothécaires de la société. — *Paris*, 20 janv. 1842 (t. 2 1842, p. 207), liquidateurs de la Société l'Hydrotherme c. Jollivet.

Sect. 2e. — *Frais funéraires.*

95. — Les frais funéraires prennent rang immédiatement après les frais de justice. La faveur qui leur est accordée s'explique d'elle-même. Elle prend sa source non-seulement dans ce respect religieux que les morts ont inspiré dans tous les temps, mais encore dans l'obligation qui est imposée à l'État de veiller à la salubrité publique. — *Non minus interest reipublicæ homines viventes conservari quàm mortuos sepeliri.* — Loyseau, *Offic.*, liv. 3, chap. 8, n° 50; Grotius, *De jure pacis et belli*, lib. 2, chap. 2, n° 2; Decius, *Conseil*, 691, n° 9; Troplong, n° 132.

96. — Le privilége des frais funéraires était formellement reconnu par les lois romaines. « *Impensa funeris* », dit notamment la loi 45, ff. *De rel. et sumptibus funerum*, « *ex hereditate deducitur, quæ etiam omne creditum solet præcedere, quùm bona solvendo non sint.* » Ce privilége était même le seul qui, contrairement aux principes du droit romain, fût préféré aux hypothèques. — L. 44, § 1er, ff., *De relig. et sumpt. fun.*

97. — Dans notre ancien droit, la créance des frais de sépulture fut d'abord assimilée à une hypothèque privilégiée (Loyseau, *Offic.*, liv. 3, chap. 8, n° 23); et plus tard on lui assigna le premier rang parmi les priviléges, lorsqu'il fut admis que ces derniers devaient l'emporter sur les hypothèques elles-mêmes. — Basnage, *Hypothèques*, chap. 9; Bourjon, *Droit commun*, t. 2, p. 687, n° 64; Pothier, *Proc. civ.*, p. 193.

98. — Toutefois, les frais funéraires se distinguaient alors en frais de premier et de second ordre. Les frais de premier ordre primaient seuls toutes les autres créances privilégiées, et ne comprenaient que le *port du corps* et l'*ouverture de la fosse*. — Les frais de second ordre s'appliquaient à toutes les autres dépenses et se payaient par contribution avec les autres créances privilégiées. — Pothier, *Cout. Orléans, introd.*, t. 20, § 9, n° 117. — Et ce privilége s'étendait alors comme aujourd'hui sur le prix des meubles, et sur celui des immeubles en cas d'insuffisance du mobilier. — Arrêt du 21 juin 1707. — Merlin, *Rép.*, v° *Frais funéraires.*

99. — « Les frais funéraires, dit Merlin (*loc. cit.*), comprennent les billets d'invitation, la tenture, la cire, l'ouverture de la terre, l'honoraire des prêtres, et autres frais *nécessaires* et utiles, *selon la qualité des personnes.* — Zachariæ, § 260; Troplong, n° 135. — V. cependant Pigeau (t. 2, p. 182 et 183), qui n'admet ni les émolumens de la fabrique ni les honoraires des ministres du culte.

100. — Mais ils ne s'étendent pas aux dépenses de luxe (L. 14, § 6, ff., *De relig. et impensis funerum*); ils devront donc être réduits s'ils ont été excessifs, car l'ostentation des funérailles ne doit point être payée par les créanciers. — Merlin, *loc. cit.*; Renouard, t. 2, p. 206; Troplong, n° 135; Persil, sur l'art. 2101; Zachariæ, *loc. cit.*; Grenier, t. 2, n° 301.

101. — Ne sont pas privilégiés les frais occasionnés par le service anniversaire dit du *bout de l'an.* — Merlin, *loc. cit.*; Troplong, n° 136, note 1re.

102. — Le deuil de la veuve est-il compris dans le privilége des frais funéraires? Cette question est fort controversée. Pour l'affirmative, on rappelle que le deuil était mis au rang des frais funéraires dans l'ancien usage de Paris; et l'on ajoute que cette pratique se recommandant par un sentiment de haute convenance et de décence publique, on ne saurait s'en écarter en l'absence de toute disposition contraire. — V., en ce sens, arrêts des Parlemens de Paris et de Toulouse rapportés par Denisart, v° *Deuil*, nos 21 et suiv. — *Rennes*, 18 mai 1811, Jourand c. Henriot de Langle; *Caen*, 15 juill. 1836 (t. 2 1837, p. 433), Forfait-Bellecour c. Dumesnil-Dubuisson. — Pothier, *De la communauté*, n° 678; Proudhon, *De l'usufruit*, n° 212; Tarrible, *Rép.*, v° *Privilége*, sect. 3, § 1er, n° 3; Favard de Langlade, v° *Privilége*; Persil, *Quest. sur les privil.*, t. 1er, p. 23; Toullier, t. 13, n° 269; Duranton, t. 19, n° 48; Battur, t. 1er, n° 32.

103. — Pour la négative on répond que le deuil ne saurait rentrer dans la définition des frais funéraires telle que nous l'ont transmise les lois romaines, c'est-à-dire les dépenses faites exclusivement *propter funus.* — V., en ce sens, ff., *De relig. et impens. fun.*, L. 12 et 14. — Arrêts du Parlement de Bordeaux (Salviat, *Jurisp. du Parlem.*, p. 505). — Lapeirère, lettre F, n° 63, et lettre P., n° 108; Basnage, *Traité des hypoth.*, ch. 9; Merlin, *Rép.*, v° *Deuil*; Grenier, *Hypoth.*, t. 2, n° 301; Rolland de Villargues, *Rép.*, v° *Funéraires*, n° 4; Troplong, n° 136; Zachariæ, t. 2, § 260.

104. — Quant au deuil des domestiques, il est généralement repoussé. « En effet, dit M. Duranton (*loc. cit.*), la nécessité de cette dépense n'est pas la même que pour le deuil de la veuve ou des enfans, et, de plus, ces frais seraient supportés, en définitive, par les créanciers en cas d'insuffisance de la succession.

105. — Les frais faits pour les funérailles des enfans du débiteur ou de ses proches doivent être prélevés par privilége sur le prix de ses biens. — Duranton, t. 19, n° 50. — V., cependant, *contrà*, Persil, art. 2101, et Valette, n° 26.

106. — Le privilége des frais funéraires n'est pas conféré à la personne, il dérive de la nature même de la créance. Il en résulte que celui qui a payé ces frais, avec intention de faire un prêt au débiteur direct de ces dépenses, peut réclamer son remboursement par privilége, bien qu'il ait négligé de stipuler une subrogation à son profit. — Troplong, *Hyp.*, n° 136 *bis*; Delvincourt, t. 3, p. 270, n° 2; Renouard, t. 2, p. 206. — *Contrà*, Persil, *loc. cit.*, § 2, n° 3.

107. — L'art. 593 du Code de procédure, remarque avec raison M. Troplong, fournit en faveur du prêteur un argument décisif. Cet article accorde, en effet, une subrogation de droit à celui qui a prêté les deniers pour acheter des alimens. Or, les motifs qui ont dicté cette disposition s'appliquent évidemment à la créance plus favorable des frais funéraires.

108. — Le privilége des frais funéraires s'exerce non-seulement sur les biens du défunt, mais encore sur ceux de la personne qui était chargée de l'inhumation. — L. 47, ff., *De rebus auct. jud. possid.* — Duranton, n° 50.

Sect. 3e. — *Frais de dernière maladie.*

109. — Les frais de la dernière maladie sont ceux qui sont dus aux médecins, pharmaciens, chirurgiens, garde-malades, pour leurs honoraires ou fournitures. — Pothier, *Procéd. civ.*, p. 194; Troplong, n° 137; Persil, art. 2101; Duranton, n° 53; Delvincourt, t. 3, notes, p. 270, n° 2; Tarrible, *loc. cit.*, § 1er, n° 4.

110. — Ils ont toujours joui en France d'un privilége éminent. Ils étaient même préférés à la créance pour alimens (V. les arrêts du Parlement de Paris rapportés par Brodeau, lettre C, n° 9). — Cette faveur est parfaitement justifiée par l'importance du service rendu et par le crédit obligé, que la délicatesse et l'humanité imposent à tous ceux auxquels ces frais peuvent être dus. — Ulpien, L. 1re, § 2, D., *De variis et extraord. cognit.* — Troplong, n° 139.

111. — Mais la loi exige-t-elle nécessairement que la dernière maladie pour laquelle les frais sont réclamés par privilége, ait entraîné la mort du débiteur? — M. Duranton (n° 54) soutient que le médecin qui a sauvé la vie du malade ne saurait être plus mal partagé que celui qui l'a vu mourir entre ses mains; que, d'ailleurs, les termes dont s'est servi le législateur, « *frais de la dernière maladie,* » se prêtent à cette interprétation. Mais M. Troplong (n° 137) répond que lorsque la maladie n'est pas mortelle rien ne s'oppose à ce que ceux qui ont donné assistance au malade exigent avec promptitude ce qui leur est dû, et qu'ainsi il n'y a pas, dans l'un et l'autre cas, la même raison d'accorder un privilége. — Grenier (t. 2, p. 20, n° 302) partage cette dernière opinion.

112. — Suivant ce dernier auteur il n'existe qu'un seul cas où l'on puisse exiger les frais de maladie, à titre de privilége, *du vivant du débiteur*, c'est lorsqu'il est tombé en faillite ou en déconfiture. — Mais M. Renouard (*loc. cit.*, p. 210) ne paraît point adopter cette distinction, car il déclare d'une manière générale que, par respect pour l'esprit et le vrai sens de la loi, l'art. 2101 ne doit pas être interprété judaïquement et que l'équité et l'humanité conseillent d'accorder le privilége lors même qu'il ne s'agit pas d'une maladie ayant entraîné la mort du débiteur.

113. — « Toutefois, ajoute M. Renouard, la rigueur du droit exige que les frais de maladie ne soient pas à la charge de la masse quand ils sont faits postérieurement à la faillite du débiteur. Dans ce cas ceux qui ont donné des soins au failli étaient suffisamment avertis par la déclaration de faillite que le malade n'offrait plus aucune garantie. Ce qu'il y a de dur dans cette solution juridiquement inévitable, est tempéré dans ces cas par les devoirs de la charité. — *Traité des faillites, ibid.*

114. — Ces frais comprennent toute espèce de dépenses faites durant la dernière maladie, *pourvu que l'état du malade les ait exigées*. Celles qui n'ont eu lieu que pour satisfaire de simples fantaisies ne jouissent du privilége qu'autant qu'elles ne sont pas hors de proportion avec la fortune du défunt. — Zachariæ, *loc. cit.*; Persil sur l'art. 2101, § 3.

115. — Mais lorsque le débiteur a succombé à une maladie chronique qui a duré plusieurs années, le privilége ne s'étend pas à l'intégralité des frais occasionnés par cette dernière maladie. — M. Duranton (n° 54) accorde un privilége pour tout ce qui ne serait point prescrit aux termes des art. 2272 et 2274 du Code civil. — Grenier, dans son rapport au Tribunat, et Persil (*loc. cit.*) n'admettent comme privilégiés que les frais faits depuis le moment où le mal s'est aggravé au point de devenir mortel. — Enfin Zachariæ (t. 2, § 260) restreint le privilége aux dépenses faites depuis l'époque où le malade s'est trouvé menacé d'une mort prochaine.

116. — Du reste, il appartient aux tribunaux d'apprécier équitablement ces circonstances; de même que c'est à eux à régler avec convenance et modération le montant des frais. — Renouard.

117. — Jugé qu'il faut nécessairement distinguer dans le mémoire du médecin les frais de la dernière maladie *seuls privilégiés* et les honoraires qui lui sont dus pour des soins donnés antérieurement. — *Rennes*, 18 mai 1811, Journand c. Henriot de l'Angle.

118. — Les frais de dernière maladie ne comprennent que les dépenses ayant spécialement pour objet la guérison du malade. En conséquence, dit M. Persil (*ibid.*), le privilége qui leur est attribué ne s'étend pas aux bouchers pour les fournitures qu'ils ont faites au malade. — Cette conclusion est fort juste; toutefois elle offre peu d'intérêt, puisque les bouchers, comme on le verra ci-après (nos 142 et suiv.), ont un privilége pour fournitures de subsistances : à moins toutefois qu'on ne prétende, contrairement à l'opinion des auteurs précités, que le privilége s'étend à tous les frais de la dernière maladie, quelle qu'ait été sa durée.

119. — Ce privilége s'applique non-seulement à la maladie du débiteur lui-même; mais encore au traitement des personnes qu'il avait à sa charge, telles que sa femme et ses enfans. — Duranton, n° 55.

120. — Tous ceux qui sont créanciers pour frais de dernière maladie concourent entre eux au marc le franc (C. civ., art. 2101); et cela doit être ainsi, puisque, leur privilége procédant de la même cause, ils ne doivent prétendre qu'à un rang unique. — Troplong, n° 140.

121. — Les tiers qui ont payé de leurs deniers les médecins ou pharmaciens, sont subrogés de plein droit au privilége. — Duranton, n° 56; Troplong, n° 141 *bis*; Delvincourt, t. 3, p. 270, note 3.

122. — La question de savoir si le privilége pour frais de dernière maladie s'étend sur les immeubles, a été longtemps controversée sous l'ancienne jurisprudence (Troplong, n° 140). Elle est définitivement tranchée par l'art. 2104 du Code civil.

Sect. 4e. — *Salaires des gens de service.*

123. — Le privilége des gens de service est d'une origine beaucoup plus récente que les précédens. Malgré la faveur bien légitime qui lui est attribuée aujourd'hui, il était généralement inconnu sous l'ancienne jurisprudence. On en retrouve à peine quelques traces sous la coutume de Paris, et encore n'y était-il fondé que sur l'usage. Pothier, tout en regrettant qu'il ne soit pas suivi ailleurs, ajoute qu'il n'a jamais vu ce privilége employé dans les ordres et distributions. — Pothier, *Procéd. civ.*, p. 197; Loyseau, *Off.*, liv. 3, ch. 8, n° 50.

124. — Jugé que, sous la coutume de Paris, les domestiques avaient, par l'usage, un privilége subsidiaire sur les immeubles pour leurs gages et salaires. — *Paris*, 15 therm. an XI, Bellanger c. P...

125. — Ce privilége, qui, jusque-là, ne s'appliquait qu'aux domestiques *de ville*, fut étendu à ceux des campagnes par la loi de brum. an VII, mais aux domestiques seulement. — Duranton, n° 57.

126. — Le C. civ., en considérant comme privilégiés les gens de service en général, est allé plus loin encore, car, si tout domestique est un homme de service, tout homme de service n'est pas un domestique. — Duranton, n° 58.

127. — Les commis marchands doivent être compris, pour le paiement de leurs appointemens, dans la classe des gens de service. — *Metz*, 4 mai 1820, B... c. A...; *Colmar*, 10 déc. 1822, Dournay c. Walter-Rambourg; *Montpellier*, 12 juin 1829, Ribes c. Mecle; *Lyon*, 1er févr. 1831, Garnier c. B...; *Paris*, 19 août 1834, Jousse c. Bonny; 15 févr. 1836, Lenormand c. Molinos. — Troplong, n° 142; Tarrible, sect. 5, § 1er, n° 5; Duranton, n° 58; Zachariæ, § 260.

128. — Mais ce privilége doit-il être restreint aux six derniers mois pour les salaires dus au commis ou à l'homme de service employé à tant par mois? — Un arrêt de la Cour de Metz du 4 mai 1820 (B... c. A...) se prononce pour l'affirmative; mais cet arrêt nous paraît, sous ce rapport, en contradiction avec l'art. 2101 C. civ. — En effet, cet article (n° 4) déclare les salaires des gens de service privilégiés pour l'année échue et ce qui est dû sur l'année courante. Ainsi, dès que l'on considère les commis comme gens de service dans le sens de l'art. 2101, il semble naturel de leur appliquer cet article dans toute son étendue, et de ne soumettre leur privilége à la prescription que pour ce qui excède l'année échue, et ce qui est dû sur l'année courante. — Dira-t-on qu'il faut distinguer entre les gens de service qui s'engagent à l'année, et ceux dont le salaire est fixé par mois? On répondra que l'art. 2101 n'admet point cette distinction, et que l'art. 2271, dont la Cour s'est prévalue, n'est pas décisif pour la solution donnée. Cet article porte que « l'action des maîtres et instituteurs des sciences et arts pour les leçons qu'ils donnent au mois, celles des ouvriers et gens de travail pour le paiement de leurs journées, fournitures et salaires, se prescrivent par six mois. » Or, comme il n'est nullement question dans cet article des gens de service dont parle l'art. 2101, qu'on ne peut pas les assimiler à des instituteurs de sciences et arts, et encore moins à des ouvriers qu'on paie à la journée, il paraît naturel d'en conclure qu'on doit d'autant moins leur appliquer par analogie l'art. 2271, que leurs droits sont réglés spécialement par l'art. 2101.

129. — Les ouvriers salariés à la pièce, au mois ou à la journée, ne doivent pas être assimilés aux gens de service et n'ont, par conséquent, aucun droit au privilége de l'art. 2101 C. civ., — *Bourges*, 14 févr. 1823, Remy c. Delvincourt; *Paris*, 30 juill. 1828, Feuillet c. Duguet du Pointé; 1er août 1834, Maison c. verrerie de Choisy-le-Roi. — Grenier, t. 2, n° 303; Troplong, n° 142; Persil, sur l'art. 2101; Zachariæ, *loc. cit.*; Delvincourt, t. 3, p. 270, note 1re. — *Contrà*, *Paris*, 19 août 1834, Jousse c. Bony; *Lyon*, 25 avr. 1836, Meunier c. Coindre. — Tarrible, sect. 3, § 1er, n° 5.

130. — Jugé, dans ce sens, que les voituriers qui, dans certaines villes, sont attachés pour toute l'année à des maisons de commerce sous le titre de *brouelliers*, moyennant un prix proportionné à l'importance de leurs transports, ne peuvent invoquer le privilége accordé aux gens de service par l'art. 2101. — *Cass.*, 10 févr. 1829, Lecouteux c. Ricœur. — Troplong, n° 142.

131. — ... Et que les conducteurs de travaux, ou contre-maîtres, louant leur peine ou leur industrie pour un temps déterminé, et pour un prix proportionné à la nature de leurs services, ne peuvent réclamer le privilége de l'art. 2101. — *Paris*, 29 mars 1837 (t. 1er 1837, p. 298), Parot c. Lagour. — *Contrà*, *Colmar*, 20 déc. 1822, Dournay c. Walter-Rambourg.

132. — Du reste, nous croyons devoir faire remarquer que l'art. 549 de la loi du 28 mai 1838, sur les faillites, semble avoir tranché définitivement la question de privilége en ce qui concerne les ouvriers et les commis marchands. En effet, cet article admet au même rang que le privilége établi par l'art. 2101 C. civ., pour le salaire des gens de service, d'une part les ouvriers employés directement par le failli pendant le mois qui aura précédé la déclaration de la faillite; et d'autre part, les commis pour les six mois qui auront précédé cette déclaration. — V., au surplus, v° *Faillite*, n° 2065 et suiv.

133. — Le mandataire salarié qui reçoit un traitement annuel ne peut, tant à raison de ce traitement que des bénéfices proportionnels qui lui sont promis, prétendre au privilége accordé aux gens de service par l'art. 2101-n° 4, C. civ. — *Cass.*, 8 janv. 1839 (t. 2 1839, p. 256), Delerre c. Belz.

134. — Les commis voyageurs ne sont que de simples mandataires salariés auxquels ne saurait s'étendre le privilége des gens de service. — *Montpellier*, 12 juin 1829, Ribes c. Mècle. — Favard de Langlade, v° *Privilége*, sect. 1re, § 1er, n° 6; Troplong, n° 142; Persil, art. 2101, n° 5.

135. — Les professeurs attachés à une maison d'éducation n'ont pas, pour le paiement de leurs honoraires, privilége sur le prix de l'établissement. — *Toulouse*, 7 déc. 1838 (t. 2 1840, p. 436), Galaux c. Salze. — Troplong, n° 147.

136. — Jugé, cependant, que les maîtres d'études d'un pensionnat, qui y sont attachés d'une manière permanente et y reçoivent un traitement fixe et annuel, ont droit, pour le paiement de leurs salaires, au privilége accordé aux gens de service par le § 4 de l'art. 2101 C. civ. — Jugement du tribunal civil de la Seine du 28 déc. 1849 (journal *le Droit*, du 16 janv. 1850), Delahaye.

137. — Que les clercs d'un officier ministériel, en donnant leurs services moyennant salaire pour des fonctions déterminées, et pour des heures limitées, ne cessent pas d'exercer chez autrui des fonctions libérales et qu'en conséquence ils ne sauraient être assimilés aux gens de service. — *Aix*, 21 mars 1844 (t. 2 1844, p. 273), Bonhomme c. Chaillet. — *Contrà*, Troplong, n° 142; Zachariæ, *loc. cit.*

138. — Le privilége des gens de service ne s'étend qu'à ce qui est dû pour l'année échue et pour l'année courante. — C. civ., art. 2101.

139. — Les frais et avances exposés par des gens de service et à l'occasion de leur service doivent être considérés comme un accessoire nécessaire, et doivent jouir, à ce titre, du même privilége (sol. implic.). — *Rouen*, 27 août 1825, Ricqueur c. Lecouteulx. — *Contrà*, Delvincourt, t. 3, p. 270; Persil, *loc. cit.*

140. — Mais ce privilége ne s'étend point aux dommages-intérêts qu'ils ont obtenus contre leurs maîtres pour inexécution des obligations contractées envers eux. — *Douai*, 7 mai 1842 (t. 2 1842, p. 394), Darambide c. Pajol.

141. — Ce privilége a effet à compter du jour de la faillite et non pas de la vente des meubles et immeubles. — *Colmar*, 10 déc. 1822, Dournay c. Walter-Rambourg.

Sect. 5e. — *Fournitures de subsistances.*

142. — Le privilége pour fournitures de subsistances comprend les fournitures faites non-seulement au débiteur lui-même; mais encore à toutes les personnes qui vivent sous le même toit et à sa table, qui sont, en un mot, à sa charge.

143. — Il a pour but d'encourager la fourniture de toutes les choses nécessaires à la vie, en diminuant les risques du crédit accordé par les fournisseurs. Il prend donc sa source dans un motif d'humanité.

144. — L'ancienne jurisprudence l'avait également consacré, ainsi que le constate Brodeau dans ses remarques sur Louet (lettre A, som. 17, note 6, et lettre C, som. 9).

145. — La loi n'accorde ce privilége que pour les fournitures faites par les marchands en détail tels que boulangers, bouchers et autres pendant les six derniers mois et pendant la dernière année par les maîtres de pension et marchands en gros. — Art. 2101, n° 5.

146. — Mais ces mots de l'art. 2101, *bouchers*, *boulangers*, ne sont aucunement limitatifs. Ce privilége profite à tous autres fournisseurs d'objets nécessaires à la vie.

147. — Ainsi les marchands de bois sont admis au privilége pour les fournitures jugées nécessaires à la cuisson des alimens. — Renouard, *loc. cit.*, p. 214.

148. — Nous pensons qu'ils devraient être également privilégiés pour les fournitures du bois nécessaire au chauffage, car ici s'appliquent évidemment les motifs qui ont inspiré le § 5 de l'art. 2101.

149. — ... Et qu'il en doit être de même du blanchissage, la propreté étant incontestablement de première nécessité.

150. — Cependant M. Troplong (n° 145) est d'avis que les subsistances ne doivent s'entendre, comme le mot *cibaria* des Romains, que des comestibles et des fournitures de bouche, et il en conclut que les fournitures de vêtemens, même indispensables, ne sauraient être admises au privilége de l'art. 2101.

151. — Il en conclut également que les maîtres de pension ne doivent jouir d'aucun privilége soit à raison des frais d'instruction, soit à raison de leurs avances pour achats de livres, papiers et autres objets de cette nature (*loc. cit.*, n° 147). — *Sic* Favard, *Rép.*, v° *Priv.*, sect. 1re, § 1er, n° 7;

Persil, art. 2101, § 5, nº 5. — *Contrà*, Grenier, t. 2, p. 204; Merlin, *Rép.*, vº *Pension*, nº 1er.

152. — Ce privilége doit être restreint à ce qui est raisonnablement nécessaire au débiteur et à sa famille pendant les espaces de temps indiqués. Ainsi lorsqu'un boucher ou un boulanger ont fourni plus de subsistances que n'en ont dû consommer, pendant un espace de six mois, le débiteur et sa famille, le privilége doit être réduit à la quantité jugée réellement nécessaire. — Tarrible, *loc. cit.*

153. — Ce privilége ne saurait s'étendre aux fournitures de luxe, telles que celles de vins fins, de liqueurs et autres objets de cette nature. — Troplong, nº 146; Tarrible, *loc. cit.*

154. — Du reste, le juge doit, dans tous les cas, prendre en considération l'état habituel de la maison du débiteur et sa position sociale. — Renouard, *loc. cit.*

155. — Ce privilége considère l'homme et non le commerçant, de là la conséquence que les subsistances fournies *pour être revendues* ne donnent lieu qu'à une créance ordinaire. Ainsi les farines vendues à un boulanger, les bestiaux livrés à un boucher; ainsi le pain ou la viande fournis à un restaurateur, à un aubergiste pour l'exercice de leur commerce, et non pour leur subsistance personnelle et celle de leur famille, ne confèrent pas un privilége. — Renouard, *Traité des faillites*, t. 2, art. 546 à 550.

156. — Jugé, dans ce sens, que le privilége pour fournitures ne s'étend pas aux fournitures reçues par un aubergiste dans un but d'exploitation et consommées par ses pratiques. — *Rouen*, 14 juill. 1819, Lavalette c. Courtois; *Lyon*, 14 déc. 1832, Pin c. Bost.

157. — ...Et que les fournitures faites à un maître de pension par un marchand boucher ne sont privilégiées qu'autant qu'elles ont été faites pour la subsistance du maître lui-même, de sa famille et des domestiques attachés à son service personnel. — *Paris*, 5 mars 1838 (t. 1er 1838, p. 357), Potier c. Cournaud.

158. — Les fournitures de subsistances faites par toute autre personne que les marchands et maîtres de pension ne sont pas privilégiées, quelque favorable que soit d'ailleurs la créance. — Persil, art. 2101, § 5; Grenier, t. 2, p. 304; Troplong, nº 147 *bis*; Zachariæ, § 260, note 13.

159. — Les fournitures de subsistances ne sont privilégiées que pour les six mois ou pour l'année qui ont immédiatement précédé la mort, la faillite ou la déconfiture du débiteur. — *Paris*, 28 janv. 1812, Boursier c. Allais; *Bordeaux* 28 août 1844 (t. 1er 1845, p. 574), Favereau c. Dubero et Demonchy. — Duranton, t. 19, nº 63.

160. — Ce privilége ne peut donc être réclamé pour des fournitures antérieures, et cela alors même qu'il y aurait eu action en paiement intentée contre le débiteur avant l'expiration des six mois ou de l'année (Duranton, *ibid.*). Toutefois l'arrêt de Bordeaux du 28 août 1844, cité au numéro précédent, semble admettre le privilége pour une époque plus reculée, dans le cas où une action aurait été formée dans les six mois de la livraison.

161. — Mais un fournisseur ne saurait faire remonter son privilége jusqu'au commencement d'une période de six mois antérieure à un règlement de compte intervenu entre lui et son débiteur. — Toullier, t. 5, nº 410; Rolland de Villargues, nº 4; Bonnier, nº 615.

162. — Les tailles corrélatives avec les échantillons font foi en faveur du marchand qui prétend au privilége de l'art. 2101, même contre les autres créanciers du débiteur (Toullier, t. 5, nº 410; Rolland de Villargues, nº 4; Bonnier, nº 615). Toutefois ce dernier auteur fait observer que les tailles représentées doivent, pour être admises, avoir acquis une sorte de date certaine.

163. — Lorsqu'au moment de la déconfiture d'un débiteur il n'existe aucun mobilier sur lequel puisse s'exercer le privilége des fournisseurs, ceux-ci ne peuvent être déclarés non recevables à réclamer leur collocation par privilége dans l'ordre ouvert sur le prix d'un immeuble : par le motif qu'ils n'ont pas fait leurs diligences pour se faire colloquer sur le prix provenant de la vente du mobilier. — *Lyon*, 14 déc. 1832, Pin c. Bost.

164. — Tous les marchands et fournisseurs étant aux yeux de la loi également favorables, il en résulte qu'ils doivent être payés par concurrence lorsque les biens du débiteur sont insuffisans pour les payer tous intégralement. — Tarrible, *loc. cit.*

CHAPITRE III. — *Priviléges sur certains meubles.*

165. — Aux termes de l'art. 2102 C. civ., les créances privilégiées sur certains meubles sont : 1º les loyers et fermages des immeubles, sur les fruits de la récolte de l'année, et sur le prix de tout ce qui garnit la maison louée ou la ferme, et de tout ce qui sert à l'exploitation de la ferme; savoir : pour tout ce qui est échu, et pour tout ce qui est à échoir, si les baux sont authentiques, ou si, étant sous signature privée, ils ont une date certaine, et, dans ces deux cas, les autres créanciers ont le droit de relouer la maison ou la ferme pour le restant du bail, et de faire leur profit des baux ou fermages, à la charge toutefois de payer au propriétaire tout ce qui lui serait encore dû. — C. 1717. — Et, à défaut de baux authentiques, ou lorsque étant sous signature privée, ils n'ont pas une date certaine, pour une année à partir de l'expiration de l'année courante; le même privilége a lieu pour les réparations locatives et pour tout ce qui concerne l'exécution du bail; néanmoins, les sommes dues pour les semences ou pour les frais de la récolte de l'année sont payées sur le prix de la récolte, et celles dues pour ustensiles, sur le prix de ces ustensiles, par préférence au propriétaire, dans l'un et l'autre cas. — C. 1753, 1813. — Pr. 593, s. 609, 662, 819. — Le propriétaire peut saisir les meubles qui garnissent sa maison ou sa ferme lorsqu'ils ont été déplacés sans son consentement, et il conserve sur eux son privilége, pourvu qu'il ait fait la revendication, savoir : lorsqu'il s'agit du mobilier qui garnissait une ferme, dans le délai de quarante jours, et dans celui de quinzaine, s'il s'agit de meubles garnissant une maison. — Pr. 826, s. — 2º La créance sur le gage dont le créancier est saisi. — C. 2073. — 3º Les frais faits pour la conservation de la chose. — C. 1890, 1947 s.. — 4º Le prix d'effets mobiliers non payés, s'ils sont encore en la possession du débiteur, soit qu'il ait acheté à terme ou sans terme. — C. 1657. — Si la vente a été faite sans terme, le vendeur peut même revendiquer ces effets tant qu'ils sont en la possession de l'acheteur, et en empêcher la revente, pourvu que la revendication soit faite dans la huitaine de la livraison, et que les effets se trouvent dans le même état dans lequel cette livraison a été faite. — C. 2279. — Pr. 608, 826 s. — Le privilége du vendeur ne s'exerce toutefois qu'après celui du propriétaire de la maison ou de la ferme, à moins qu'il ne soit prouvé que le propriétaire avait connaissance que les meubles et autres objets garnissant sa maison ou sa ferme n'appartenaient pas au locataire; il n'est rien innové aux lois et usages du commerce sur la revendication. — 5º Les fournitures d'un aubergiste sur les effets du voyageur qui ont été transportés dans son auberge. — 6º Les frais de voiture et les dépenses accessoires sur la chose voiturée. — 7º Les créances résultant d'abus et de prévarications commis par les fonctionnaires publics dans l'exercice de leurs fonctions, sur le fonds de leur cautionnement et sur les intérêts qui peuvent en être dus.

Sect. 1re. — *Locateur.*

166. — Parmi les priviléges s'appliquant spécialement à certains meubles, le premier qui se présente est celui du propriétaire pour le remboursement des loyers ou fermages qui lui sont dus. La faveur qui est attribuée à ce privilége a pour fondement non pas, comme on l'a souvent prétendu, le respect dont il convient d'entourer la propriété, mais bien, comme le remarque M. Renouard (*Traité des faillites*, t. 2, p. 233), une puissante considération de bien-être privé et d'intérêt social. L'inévitable inégalité de la distribution des biens ne permettant pas d'assurer à chacun la propriété du sol ou des bâtimens qui lui sont nécessaires, l'humanité comme la prudence commandaient de rendre facile et certaine la location de la propriété d'autrui; et le seul moyen d'y parvenir était de diminuer pour le propriétaire les chances de non-paiement. Telle est la véritable cause de ce privilége, que toutes les législations ont tenu comme éminemment favorable.

167. — Chez les Romains les propriétaires de maisons avaient sur les meubles introduits par les locataires une hypothèque tacite, dont les effets étaient les mêmes que ceux du privilége de l'art. 2102 C. civ. — *Eo jure utimur ut quæ in prædia urbana inducta, illata sunt, pignori esse credantur quasi id tacitè convenerit. In rusticis prædiis contrà observatur.* — L. 4, ff., *In quibus causis pignus vel hypotheca tacitè contrah.* — Toutefois, comme l'indique le texte qui précède, il y avait cette différence notable entre les héritages urbains et les héritages ruraux (*prædia rustica*) qu'à l'égard de ces derniers l'hypothèque tacite n'affectait pas le mobilier du locataire, mais uniquement les fruits de l'héritage donné à bail : *fructus qui ibi nascuntur.* — L. 7, ff., *De quibus causis.* — Ces fruits offrant une garantie suffisante au propriétaire. — Cujas, sur la loi 4, ff., *De pactis.*

168. — Dans l'ancien droit français c'était une question fort controversée que celle de savoir s'il y avait lieu d'admettre la distinction du droit romain entre les maisons de ville et les propriétés rurales. Plusieurs coutumes, et notamment celle de Paris, accordaient *dans tous les cas* au propriétaire un privilége sur les meubles et effets garnissant les lieux donnés à bail. — V., en ce sens, Brodeau, *Cout. de Paris*, art. 161; Loisel, *Inst. cout.*, vº *Louage*, nº 7; Pothier, *Louage*, nos 227 et 228. — *Contrà*, Ricard, *Cout. de Paris*, art. 171; Ferrière, *ibid.*; Auzanet, *ibid.*

169. — Cette question est définitivement tranchée par le Code civil, qui assied le privilége 1º sur les fruits de la récolte de l'année; 2º sur le prix de tout ce qui garnit la maison ou la ferme; 3º sur le prix de tout ce qui sert à l'exploitation des propriétés rurales.

170. — Il existe entre les art. 2101 et 2102 cette différence notable que la série de numéros employés par le premier article est une véritable série d'ordre. L'art. 2102, au contraire, se borne à énumérer les priviléges spéciaux, sans rien préjuger quant à leur degré de préférence. On verra *infrà* (nos 641 et suiv.) que le classement méthodique *à priori* de ces priviléges donne lieu à d'insurmontables difficultés.

ART. 1er. — *A qui profite le privilége du locateur.*

171. — Le privilége de l'art. 2102 s'applique non-seulement au propriétaire qui loue sa propre chose, mais encore au locataire ou fermier qui cède sa jouissance à un tiers. Le contrat de son bail est, en effet, de la même nature que le bail émané directement du propriétaire et doit jouir, par conséquent, de la même faveur. — Ferrière, *Cout. de Paris*, art. 17; Pothier, *Louage*, part. 4, art. 1er, § 2; Tarrible, *Rép.*, vº *Privilége*, sect. 3, § 2, nº 3; Troplong, nº 152; Duranton, t. 19, nº 70; Persil, art. 2102, § 1er, nº 11.

172. — On peut tirer argument, dans le même sens, de l'art. 819 C. procéd. civ., qui permet formellement au principal locataire, comme au propriétaire lui-même, de faire saisir-gager pour loyers ou fermages échus les effets du sous-locataire et les fruits recueillis par le sous-fermier.

173. — Ce privilége appartient également à l'usufruitier qui donne à bail les immeubles soumis à son usufruit, car il a les mêmes droits que le propriétaire non-seulement à la jouissance mais encore aux avantages qui y sont attachés. — Ferrière, t. 2, nos 1040, 1042, 1049; Tarrible, *Rép.*, vº *Privilége*, sect. 3, § 2, nº 3; Duranton, *loc. cit.*, Troplong, *id.*

174. — Il en est ainsi du vendeur à réméré, dans le cas où les baux passés par l'acquéreur dureraient encore lors de l'exercice du rachat. — Duranton, *loc. cit.*

175. — Même décision à l'égard des biens de la femme dont les baux ont été passés soit avant le mariage, soit depuis par le mari. Dans le premier cas ce dernier a privilége, et dans le second, sa femme ou ses héritiers l'ont pareillement, si le bail dure encore à la dissolution du mariage. — Duranton, *ibid.*

176. — Ce privilége profite, en un mot, à tous ceux qui sont aux droits du propriétaire, car le privilége n'est pas attaché à la personne, il dérive du gage, il passe à tous ceux à qui appartiennent les loyers. — Troplong, *loc. cit.*

177. — Jugé, toutefois, que le locataire d'une usine qui en cédant son bail à un tiers lui a loué moyennant certaines stipulations particulières les machines garnissant l'usine et qui sont sa propriété personnelle, ne peut réclamer pour le paiement du loyer de ces machines le privilége attribué au locateur par l'art. 2102. — *Grenoble*, 20 févr. 1843 (t. 1er 1844, p. 733), Argond c. Lasserre.

178. — Cet arrêt se fonde sur ce motif que, dans l'espèce, le bail des machines était tellement *principal* que la résolution était stipulée pour le cas où le cédant viendrait à vendre les machines donnés en location, et il en conclut que ce dernier doit être traité de la même manière que tout autre propriétaire d'appareil industriel qui l'aurait loué pour être placé dans des bâtimens appartenant au preneur lui-même. Nous avons tout lieu de penser que cette décision eût été différente, si le bail eût porté directement sur l'immeuble et n'eût compris le matériel de l'usine que comme l'accessoire de cet immeuble.

179. — Le privilége du propriétaire peut-il être exercé par celui qui a cessé de l'être, bien qu'il s'agisse de droits à lui acquis pendant que la propriété résidait sur sa tête? M. Persil se prononce pour la négative (V. *Comm.*, art. 2102, § 1er, nº 24). Ce privilége, dit-il, existe seulement au profit de celui qui est propriétaire au moment de la saisie, puisque l'art. 819 C. proc. n'accorde le droit de saisir-gager qu'au *propriétaire actuel* ou principal locataire exclusivement.

180. — La doctrine et la jurisprudence s'accordent, en effet, sur ce point que le droit de saisir-gager, même pour loyers échus antérieurement à la vente, ne peut être exercé par celui qui cesse d'être propriétaire. — *Nîmes*, 31 janv. 1820, Champonhet c. Hilaire. — Chauveau sur Carré, quest. 2793 *bis*.

181. — Et il en doit être ainsi alors même que celui qui a cessé d'être propriétaire se serait, dans l'acte de vente, expressément réservé son privilége sur le prix des effets garnissant les lieux. — *Orléans*, 23 nov. 1838 (t. 1er 1839, p. 127), Vidy c. Percheron.

182. — En effet, cette convention donne bien au vendeur le droit de se faire colloquer avant le propriétaire actuel dans la distribution du prix des meubles et effets du locataire; mais non d'asseoir une saisie-gagerie sur ces mêmes meubles et d'user ainsi d'une voie d'exécution, tout exceptionnelle, qui n'a été introduite qu'en faveur du propriétaire actuel des lieux loués ou affermés, et comme conséquence de son privilége.

183. — L'ordonnance du 23 décembre 1672 en disposant que les marchands de bois qui occupent les terrains des propriétaires riverains de l'Yonne ne pourront faire travailler à leurs trains qu'après avoir payé l'occupation de ces terrains établit en faveur desdits propriétaires non un droit de privilége, mais un droit de rétention destiné à garantir le paiement de l'indemnité à eux due en raison de l'occupation. — En conséquence, et ce droit de rétention étant exclusif du droit de suite, qui se rattache aux priviléges, les propriétaires ne peuvent exiger le paiement de l'indemnité à laquelle ils ont droit par préférence sur le prix des bois déjà enlevés de leurs terrains. Bien que l'ordonnance du 23 décembre 1672 et la loi du 28 juill. 1824 ne s'occupent que des bois de chauffage et n'aient pas compris les bois de charpente dans leurs dispositions, les juges appelés à régler l'indemnité due à l'occasion du dépôt de ce dernier genre de bois peuvent, alors surtout qu'ils tiennent compte de la différence existant entre les deux natures de bois, prendre pour bases les règles et indications établies, dans l'ordonnance et la loi précitées, pour le dépôt du bois de chauffage. — L'obligation imposée par la loi aux riverains de l'Yonne de supporter le dépôt fait sur leurs terrains des trains de bois des marchands ne peut être considérée comme donnant naissance à un contrat de location et n'attribue point, par suite, aux riverains le privilége de locateur, écrit dans l'art. 2102 C. civ. — *Cass.*, 9 mai 1848 (t. 2 1848. p. 283), Bonneau et Cagnat c. Durand.

ART. 2. — *Étendue du privilége du locateur.*

184. — Le privilége accordé au propriétaire par l'art. 2102 s'exerce indistinctement pour loyers ou pour fermages. La distinction que nous avons cru devoir adopter, à cet égard, dans le but de faciliter les recherches, ne saurait être d'une exactitude rigoureuse. Aussi croyons-nous devoir faire remarquer que plusieurs propositions, bien que placées sous le mot *loyers*, s'appliquent également aux fermages; le caractère général de ces dispositions est, du reste, facile à reconnaître.

§ 1er. — *Loyers.*

185. — Le propriétaire a privilége sur le prix de tous les objets qui ont été apportés par le locataire pour *garnir* la maison, c'est-à-dire pour la meubler, pour l'orner, pour y rester à demeure ou pour y être consommés. — Troplong, nº 151; Duranton, t. 19, nº 79.

186. — Les livres composant une bibliothèque, le linge de corps, les habits et vêtemens, quoi qu'ils ne soient pas meubles meublans, sont néanmoins soumis au privilége, d'après l'opinion commune des docteurs. — Ferrière, *Cout. de Paris*, art. 171, glose nº 18; Troplong, nº 151; Duranton, t. 19, nº 88.

187. — Le privilége frappe pareillement les provisions de toutes sortes, qui se trouvent dans la maison ou dans la ferme. — Duranton, *ibid.*

188. — S'il s'agit d'une usine, ce privilége s'étend non-seulement sur les meubles meublans; mais encore sur tous les objets qui servent à l'exploitation de cette manufacture, et sur les marchandises qui servent à la fabrication. — *Orléans*, 20 mai 1825, Cardon c. Gabet. — Duranton, nos 85 et 88; Troplong, nº 151.

189. — La même solution était admise sous l'ancienne jurisprudence française. Pothier (*Tr. du louage*, nº 249) le constate en ces termes: « Le droit du locataire s'étend sur tous les effets qui garnissent chacune des parties de sa maison, suivant le genre d'exploitation de chaque partie; par conséquent: le locateur ayant fait une boutique, un magasin, d'une partie de sa maison, l'exploitant comme boutique, comme magasin, les effets qui garnissent cette partie en tant que boutique, en tant que magasin doivent être obligés au locateur et, par conséquent, les marchandises sont le garnissement naturel d'une boutique et d'un magasin. »

190. — Jugé, toutefois, que le privilége du bailleur ne peut s'exercer sur l'actif en général des preneurs tombés en faillite, il doit être restreint aux objets spécialement désignés par l'art. 2102 C. civ. — *Bordeaux*, 7 août 1833, Vielle c. de Gombault.

191. — Ne sont pas soumis à ce privilége les objets qui, par l'usage ou par leur nature, ne sont pas d'ordinaire mis en évidence et ne sauraient être considérés comme meublans, tels que numéraire, bijoux, pierreries, diamans, joyaux et autres objets semblables. — ff., L. 7, § 1, *In quibus causis pignus*; L. 32 *de pign.* — Ferrière, *Corps de tous les commentateurs*, t. 2, nos 1043, 1049; Grenier, t. 2, p. 306; Persil, art. 2102, § 1, nº 5; Troplong, t. 1er, nº 151; Duranton, t. 19, *loc. cit.*; Zachariæ, t. 1, § 261.

192. — Il en est de même des créances dont les billets, cédules ou autres titres se trouvent dans la maison occupée par le locataire, car le propriétaire n'a pu regarder comme sa garantie que les choses apparentes et non celles dont l'existence est toujours inconnue. — Persil, art. 2102, § 1er, p. 92; Duranton, *loc. cit.*; Troplong, *loc. cit.*

193. — Cette décision s'appliquerait même, suivant M. Duranton, aux *billets de banque* ou autres titres au porteur, par ce motif que ces billets ne sont autre chose qu'une créance sur la banque et font l'office de numéraire. — *Ibid.*

194. — Mais que faut-il décider relativement aux objets appartenant à des tiers? Sous l'ancien droit français, le paiement des loyers et fermages avait paru si favorable, que le droit de gage du bailleur sur les choses qui garnissaient la maison primait le droit des tiers qui s'en prétendaient propriétaires. C'est ce qui résulte notamment de l'art. 456 de la Coutume d'Orléans, ainsi conçu: « Si un créancier *autre que de loyers de maison, arrérages de rentes ou moison* (fermages), fait prendre par exécution aucuns biens meubles qu'il prétend appartenir à son débiteur, et qu'un tiers opposant maintienne lesdits bien lui appartenir, il y sera reçu. »

195. — Cette exception introduite en faveur du locateur, par la plupart de nos anciennes coutumes, semble avoir été maintenue par les inductions du Code civil. C'est dans cet esprit, dit M. Duranton (t. 19, nº 86), qu'a été conçue la disposition de l'art. 2102, et cela est encore confirmé par l'art. 1813 du Code civil.

196. — Pour que les meubles introduits dans un appartement loué ne soient pas frappés du privilége du locateur, il faut que celui-ci soit instruit, au moment même de leur introduction, qu'ils n'appartiennent pas au locataire. La notification de non-propriété doit être faite au domicile du locateur. — *Paris*, 26 mai 1814, Delavigne c. Delaporte. — Grenier, t. 2, nº 311; Delvincourt, t. 3, p. 152; Persil, sur l'art. 2102, § 1, nº 3; Troplong, nº 151; Valette, nº 56; Zachariæ, t. 2, § 261, note 1.

197. — Ainsi, l'individu qui, soit à titre de dépôt, soit à titre de nantissement, a remis des meubles au locataire, est tenu, comme le serait le vendeur de ces meubles, de souffrir le privilége du propriétaire; car il devait savoir que tous les objets apportés dans la maison étaient le gage de ce dernier, et qu'il n'existait d'autre moyen de les soustraire à son privilége que de lui faire connaître le dépôt ou le nantissement. — Arg. du § 4 de l'art. 2102. — Persil, sur l'art. 2102, § 1er, nº 3.

198. — Toutefois, M. Duranton (*loc. cit.*), tout en conseillant de faire une notification en forme, quand l'objet est de quelque importance et doit rester un certain temps dans les mains du locataire, est d'avis que le propriétaire de la chose louée, prêtée, remise en dépôt, ou donnée en gage, devrait être reçu à prouver par tous les moyens de droit: que le bailleur n'ignorait pas à quel titre le locataire se trouvait en possession de cette chose, et il se fonde, à cet égard, sur le nº 4 de l'art. 2102.

199. — Jugé que le propriétaire d'une maison n'a pas le droit d'exercer le privilége que la loi lui accorde, sur tout ce que cette maison renferme, sans distinction des objets appartenant au locataire et de ceux qui ne lui appartiennent pas; de ceux, par exemple, qui lui auraient été confiés à titre de dépôt, des marchandises brutes qui lui auraient été remises pour les mettre en œuvre. — *Cass.*, 22 juill. 1823, Gallien c. Sellier et Leroy.

200. — Les objets mobiliers qui n'ont été déposés dans les lieux loués que pour y être travaillés par le locataire, puis restitués aux tiers à qui ils appartiennent, ne peuvent être considérés par le propriétaire de la maison comme le gage de ses loyers, alors surtout que ces objets ont été confectionnés avec les matériaux fournis par les tiers qui, en vertu d'un brevet d'invention, ont seuls le droit de les construire et livrer au commerce. — *Paris*, 8 mars 1841 (t. 1er 1841, p. 443), Leroy c. d'Hubert. — Domat, liv. 3, tit. 1er, sect. 5, nº 16; Merlin, *Rép.*, *Privilége des créanciers*, sect. 3, § 2; Troplong, *Comm. des priv.*, t. 1er, nº 151; Pothier, *Contrat de louage*, nº 245, qui résume son opinion en ces termes: « Le linge qu'on donne à une blanchisseuse pour le blanchir, l'étoffe que l'on donne à un tailleur pour faire des habits, les montres qu'on donne à un horloger pour les raccommoder, les livres qu'on donne à un relieur pour les relier, et autres choses semblables, ne sont point censés exploiter les maisons de ces personnes, et ne répondent point des loyers qu'elles en doivent. »

201. — Dans tous les cas, le privilége ne s'appliquerait pas, soit aux objets confiés ou déposés pour quelques jours seulement, soit à ceux que l'on tient d'ordinaire cachés ou renfermés. — Duranton, *ibid.*; Tarrible, *Rép.*, ch. 1er, sect. 3, § 2; Troplong, nº 151.

202. — Ainsi ne sont pas soumis au privilége les effets d'une personne reçue passagèrement par le locataire et à titre d'hospitalité. — Duranton, nº 82.

203. — ... Ni dans le cas d'un *dépôt nécessaire* fait chez le locataire ou fermier, quelle que soit la nature des objets déposés, à moins que le peu d'empressement du déposant à les revendiquer, nonobstant la saisie du locateur, ne fasse présumer qu'ils étaient engagés au paiement des loyers. — Duranton, *ibid.*

204. — Lorsqu'il est notoire que les meubles n'appartenaient pas au locataire, les tribunaux peuvent, d'après les circonstances et sans qu'il y ait eu signification préalable, admettre que le privilége n'a pas eu lieu. — Troplong, *loc. cit.*

205. — Jugé, dans ce sens, que le bailleur n'a pas privilége sur les meubles que des pensionnaires apportent chez son locataire, maître de pension, lorsqu'il est d'usage, notoirement connu, que les parens fournissent ces meubles à leurs enfans. — *Poitiers*, 30 juin 1825, Gairaud c. Richard.

206. — ... Que le maître d'un hôtel garni ne peut retenir pour le paiement de ses loyers un piano loué par un tiers à son locataire et introduit dans les lieux longtemps après l'entrée de ce dernier. — *Paris*, 2 mars 1829, Faivrel c. Pleyel-Anal; 14 mars 1842 (t. 1er 1842, p. 487), Giraudeau c. Pinceau.

207. — M. Troplong (*loc. cit.*) approuve cette décision par le motif que le propriétaire louant *en garni* n'avait pas pu espérer se faire payer sur les meubles du locataire, puisque ce dernier n'en avait apporté aucun dans l'appartement au moment où il y était entré.

208. — Le privilége accordé au bailleur par l'art. 2102 C. civ. ne s'étend pas aux objets sur lesquels il a dû savoir que le preneur n'avait aucun droit: soit par suite de la connaissance qui lui en a été donnée, soit par la nature même de l'exploitation exercée dans les lieux loués. — Spécialement, le bailleur d'un moulin ne peut se prévaloir de ce privilége contre les tiers qui revendiquent et établissent en leur faveur la propriété des farines qui s'y trouvent déposées....... alors même que le preneur se serait obligé par son bail à ne travailler que des blés à lui appartenant. — *Paris*, 18 déc. 1848 (t. 1er 1849, p. 21), Savalète c. Morisseau et Monnet.

209. — Le propriétaire d'une maison qui l'a louée pour servir de salle de spectacle, et qui savait que les costumes et décors n'appartenaient pas au locataire, n'a pas un privilége sur ces décors, bien qu'il ait eu la connaissance de la propriété d'une tierce personne : autrement que par une notification antérieure à leur introduction dans le théâtre. — *Cass.*, 30 déc. 1833, Tardif, Dupré et Bertrand c. Thomas.

210. — Une cour d'appel peut décider, d'après la notoriété publique, que des marchandises déposées dans un magasin appartiennent aux tiers déposans ou consignateurs, et non au locataire; que, par suite, elles ne garnissent pas ce magasin et ne sont pas soumises au privilége établi par l'art. 2102 C. civ., en faveur du propriétaire. — *Cass.*, 21 mars 1826, Pécoul c. Laffitte.

211. — Jugé, au contraire, que le propriétaire a, pour le paiement de ses loyers, un privilége sur les marchandises consignées entre les mains de son locataire, et qui se trouvent dans des magasins faisant partie de sa location. — Et que le droit du propriétaire est incontestable, surtout dans le cas où les marchandises ont été introduites dans les lieux à son insu et sans notification préalable de la part des consignateurs qu'elles n'appartenaient pas au locataire. — *Paris*, 5 mai 1828, Desétables, Royer c. Moreau.

212. — M. Duranton (t. 19, p. 107, note 1re), après avoir rappelé les deux décisions qui précèdent, n'hésite pas à qualifier de *mauvais arrêt* celui du 5 mai 1828. D'accord avec M. Persil (art. 2102, § 1er, p. 91), cet auteur est d'avis qu'il n'y a pas lieu au privilége du locateur sur les marchandises déposées chez un commissionnaire.

213. — En effet, on ne peut pas dire que ces marchandises sont destinées à garnir les magasins, puisqu'elles n'y sont placées que transitoirement et pour le compte d'un autre que le locataire. Le locateur devait savoir en louant ces magasins que les marchandises qui y seraient apportées appartiendraient à des tiers et cela suffit pour qu'il ne puisse prétendre exercer son privilége au préjudice des commettans. S'il en était autrement, l'exercice de cette profession deviendrait impossible; car aucun négociant ne consentirait à confier ses marchandises, dans la crainte de les voir saisir et vendre pour l'acquittement des loyers. — Du reste, la déclaration faite par le locataire de son état de commissionnaire équivaut à la déclaration que les marchandises contenues dans ses magasins ne lui appartiennent pas. — Duranton, *ibid.*, Persil, *ibid.*

214. — Il en est tout autrement lorsqu'il s'agit de marchands ordinaires vendant pour leur propre compte. Dans ce cas, la règle reprend tout son empire. La circonstance que le locateur savait que le prix de telle marchandise était encore dû lorsqu'elle a été apportée dans son magasin ne l'empêcherait pas d'exercer son privilége par préférence au vendeur non payé : attendu que le Code de commerce n'accorde pas de privilége au vendeur de marchandises, mais uniquement un droit de revendication fort restreint dont nous parlerons ci-après. D'ailleurs, si l'on pouvait exciper de la connaissance qu'aurait eue le propriétaire du non-paiement des marchandises garnissant les magasins ou boutiques, le privilége du locateur n'aurait pour ainsi dire jamais lieu, puisque tout le monde sait que les marchands en détail sont dans l'usage d'acheter à crédit des marchands en gros et des fabricans. — Duranton, *loc. cit.*, n° 88.

215. — Pour les choses volées ou perdues que le locataire aurait introduites dans la maison, il est incontestable que le propriétaire de ces choses peut les revendiquer pendant trois ans, à partir du jour de la perte ou du vol (art. 2280), et que le privilége du locateur ne saurait en aucune façon lui préjudicier. — Duranton, n° 81; Persil, art. 2102, § 1er, p. 91.

216. — Le privilége du bailleur pour le paiement de ses loyers et fermages, sur tout ce qui garnit la maison louée ou la ferme (art. 2102), s'étend même aux meubles appartenant à la femme du preneur, séparée de biens ou non, si elle n'a pas instruit le bailleur de son droit de propriété sur ces meubles. — *Aix*, 19 déc 1809, Campen c. Gaudemar; *Paris*, 2 juin 1831, Buisson c. Leroy; *Grenoble*, 4 août 1832, Massonnet c. Duvert.

217. — Le propriétaire qui a donné à bail par un seul acte et pour un seul et même prix plusieurs immeubles à une seule personne peut exercer son privilége pour la totalité des loyers sur le prix de meubles apportés dans les lieux par le locataire et déposés dans un seul des immeubles. — Jugement du tribunal de la *Seine* (*Gazette des Tribunaux*), 21 mars 1837.

218. — Le propriétaire peut, dans une faillite, exercer son privilége, non-seulement pour le prix porté en son bail; mais encore pour les bons souscrits séparément et formant un supplément de loyers que les parties avaient voulu dissimuler, encore bien que les bons fussent causés valeur reçue comptant. — *Paris*, 13 févr. 1830, Parault c. Laperche.

219. — Un propriétaire doit, pour s'assurer son privilége de locateur, former opposition sur les deniers de la vente des meubles de son locataire, dans le même délai que les autres créanciers de celui-ci. — *Bruxelles*, 10 juin 1833, Gros-Jean c. Hochstein.

220. — Le locateur ne peut exercer son privilége sur le prix des meubles garnissant sa maison si, avant toute opposition de sa part, ils ont été vendus, et si le prix en a été remis au créancier qui les a saisis sur le locataire. — Même arrêt.

221. — Du reste, le locataire n'a, en aucun cas, le droit de s'opposer à la saisie et à la vente des objets soumis à son privilége. — *Cass.*, 16 août 1814, Domaine c. Molliel.

222. — En cas de cession de bail ou de sous-location, le propriétaire a les mêmes droits sur les meubles du cessionnaire ou sous-locataire. La raison en est que le privilége est fondé sur l'occupation des meubles et non sur le bail. Peu importe donc que le propriétaire n'ait pas contracté avec le sous-locataire. Par cela seul que les meubles occupent la maison, ils sont affectés aux droits du propriétaire. — L. 11, § 5, ff., *De pignorat. act.*; C. de procéd. civ., art. 820. — Troplong, n° 151 *bis*; Rolland de Villargues, v° *Privilége*, n° 53; Grenier, n° 308; Persil, art. 2102, § 1er, n° 11.

223. — Toutefois, comme le remarque M. Troplong (*loc. cit.*), le sous-locataire n'est tenu vis-à-vis du propriétaire, que dans la mesure des obligations qu'il a contractées avec celui qui lui a sous-loué; et, en conséquence, il ne peut être poursuivi par le propriétaire pour la totalité des loyers dus par le locataire principal, mais uniquement jusqu'à concurrence du prix de la sous-location. — L. 11, ff., *De pignorat. act.*, § 5; Coutume de Paris, art. 162. — Duvergier, Continuation de Toullier, t. 18, n° 387; Toullier, t. 7, n° 81.

224. — La Coutume d'Orléans (art. 408) déclarait, au contraire, que les meubles de chacun des sous-locataires étaient affectés au paiement de tous les loyers dus au propriétaire, mais (comme le démontre Pothier, *Introduct. Cout. d'Orléans*, nos 37 et 58) cette disposition s'écartait du droit commun.

225. — Jugé que le sous-locataire n'est tenu, vis-à-vis du propriétaire, que jusqu'à concurrence de la sous-location, même au cas où le sous-bail n'a pas acquis date certaine, et où il n'a pas été fait suivant les formes prescrites dans le bail primitif, surtout si le propriétaire l'a exécuté en recevant des loyers directement du sous-locataire. — *Cass.*, 2 avr. 1806, Régie des Domaines c. Martin.

226. — De plus : le sous-locataire peut opposer les paiemens faits au locataire principal, à moins qu'ils n'aient eu lieu de mauvaise foi et par anticipation. — C. civ., art. 1753; C. procéd., art. 820. — Troplong, *ibid.*; Tarrible, *Rép.*, v° *Privilége*, p. 23 et 26.

227. — Le propriétaire conserve son privilége sur les meubles garnissant les lieux loués nonobstant la vente, même sérieuse, qui en aurait été faite par le principal locataire à un sous-locataire en lui cédant son fonds de commerce, et encore bien *que cette cession* ait eu lieu *par suite de la faculté accordée à cet égard par le propriétaire dans le bail.* — *Paris*, 28 févr. 1832, Faucart c. Mottet. — Troplong, t. 1er, n° 151 *bis*; Persil, *Régime hypoth.*, sur l'art. 2102, § 1er, n° 11, et Delvincourt, t. 3, p. 274.

228. — Le propriétaire a pour le prix de la location, et la valeur des dégradations causées à ses bâtimens, un privilége sur les marchandises qui garnissent les lieux loués, lors même que le locataire en a transféré la propriété. — Ce privilége donne au propriétaire le droit d'exiger de celui qui, prétendant avoir acheté les marchandises, veut en prendre livraison, un cautionnement de la valeur entière des marchandises qui se trouvent dans les magasins loués. — Mais les juges ne doivent pas ordonner le versement en numéraire du montant de ce cautionnement dans la caisse du receveur de l'arrondissement. — *Rennes*, 9 juill. 1811, Mollié c. le général Humbert.

229. — Le paiement de l'impôt des portes et fenêtres étant à la charge du locataire, ce privilége s'y rattache également. — *Paris*, 25 avril 1846 (t. 2 1846, p. 170), Blaise c. Legoguey.

230. — Le privilége du locateur ayant pour origine et pour objet d'assurer l'exécution du bail, il en résulte que ce privilége s'étend non-seulement aux loyers mais à toutes les obligations résultant du bail telles que réparations locatives, dommages-intérêts pour détériorations, et avances faites au preneur pour le mettre en état de se livrer à son exploitation. — L. 2, ff., *Quibus causis pignus.* — Grenier, t. 2, p. 309; Persil, art. 2102, § 1er, n° 27; Troplong, t. 1er, n° 154; Zachariæ, t. 2, § 261; Delvincourt, t. 3, n° 273.

§ 2. — *Fermages.*

231. — La privilége du bailleur d'un héritage rural s'étend : 1° sur les fruits de la récolte de l'année; 2° sur le prix de tout ce qui garnit la ferme, c'est-à-dire sur les meubles meublans du fermier, et sur le prix de tout ce qui sert à l'exploitation de la ferme. — Art. 2102, § 1er.

232. — Ce privilége s'exerce sur les fruits de la récolte de l'année : soit détachés au moment de la saisie, soit encore pendans à cette époque. — Peu importe que les fruits pendans par branches ou racines soient déclarés immeubles par l'art. 528 C. civil et qu'il s'agisse ici d'un privilége sur les meubles; car, en n'envisageant que l'époque de la maturité et de la cueillette des fruits, ils sont regardés comme des meubles, et ils prennent effectivement ce caractère, d'après le même article, dès l'instant où ils sont séparés du fonds. C'est par saisie mobilière et saisie-brandon qu'on saisit les fruits pendans, et c'est par contribution, suivant l'art. 633 du Code procéd. civile, que se fait la distribution du prix d'une récolte saisie sur pied. Le privilége, dans ce cas, ne laisse donc pas que d'appartenir à la classe des priviléges sur certains meubles. — Ferrières, art. 171, *Coutume de Paris*, nos 19 et 20; Tarrible, *Rép.*, v° *Privilége*, sect. 3, § 2, n° 4; Duranton, t. 19, n° 73; Rolland de Villargues, v° *Privilége*, n° 73; Troplong, n° 158.

233. — La qualification d'immeubles, dit ce dernier auteur, donnée aux fruits pendans par racines, doit être restreinte en général aux cas de succession, et autres semblables, dont elle doit régler les effets. C'est pourquoi ces fruits peuvent être saisis comme objets mobiliers, pourvu que la saisie soit faite dans un temps voisin de la récolte et en se conformant à l'usage des lieux. — *Ibid.*

234. — *Quid* pour les fruits déjà récoltés? A cet égard trois hypothèses se présentent. Ou les fruits ont été serrés dans une grange dépendant de la ferme, ou dans une grange appartenant au fermier, ou enfin dans une grange appartenant à des tiers.

235. — Dans le premier cas, et bien que l'art. 2102 ne semble accorder un privilége que sur les fruits de la récolte de l'année, le propriétaire n'en doit pas moins être admis par préférence sur les fruits des années précédentes. On est généralement d'accord sur ce point que le législateur ne s'est exprimé comme il l'a fait que parce qu'il a supposé que les fruits des années antérieures seraient vendus, et que l'art. 2102 n'est aucunement limitatif à cet égard. Dans tous les cas il est évident que si le privilége échappait au locateur, sous ce rapport, il l'obtiendrait néanmoins sur ces mêmes fruits considérés comme denrées, comme objets garnissant la ferme. — Duranton, *loc. cit.*, n° 79; Persil, *ib.*, n° 40.

236. — ... Et il en serait ainsi lors même que ces fruits *non encore enlevés* auraient été vendus. Mais une fois que l'acheteur les a transportés hors de la ferme, le bailleur, comme nous le verrons ci-après, ne peut les revendiquer.

237. — Dans les deux autres cas, la loi n'exigeant pas, pour que les fruits soient affectés au privilége du bailleur, qu'ils se trouvent, au moment de la saisie, dans les bâtimens de la ferme, il nous paraît constant que le privilége s'étend sur les fruits même engrangés hors de la ferme, pourvu toutefois que le bailleur prouve que ce sont bien les fruits de son fonds et les *fruits de l'année.* — Et encore, dans la troisième hypothèse, le bailleur sera-t-il primé par le privilége du propriétaire des bâtimens où les fruits ont été transportés, à moins que ce dernier n'ait été verti du privilége qui les frappait. — Duranton, n° 76; Delvincourt, t. 3, n° 274; Persil, *loc. cit.*, n° 9.

238. — Sous la coutume de Normandie, le propriétaire d'une métairie avait pour le paiement de ses fermages un privilége sur les meubles morts et vifs comme sur les levées et récoltes qui constituent le *namps* de la ferme. — Le mot *namps* était pris dans l'acception la plus générale; il comprenait, suivant Denisart (v° *Namps*), tant les meubles morts, c'est-à-dire les meubles meublans, blés, grains, etc., que les meubles vifs, tels que bestiaux, volailles, etc. — V. sur ce point Houard (*Dictionn. du droit normand*, v° *Namps*) et l'arrêt de *Rouen* du 21 mess. an X (Begouen c. Lecaron).

239. — Aux termes de l'art. 2102 C. civ., le propriétaire d'une ferme a un privilége sur le prix de tout ce qui la garnit pour sûreté de ses fermages. La loi, en accordant ce privilége au propriétaire, n'y a mis aucune distinction ni restriction d'aucune espèce; en sorte qu'il doit s'étendre généralement sur le prix de tous les objets qui garnissent ladite ferme. — *Poitiers*, 28 janv. 1819, Sapin c. Tallery.

240. — La loi restreint le privilége du locateur aux objets existans dans la ferme : soit qu'ils s'y trouvent encore, soit qu'ils en aient été enlevés dans les délais de la revendication. — En conséquence, le propriétaire de forges n'a pas de privilége sur des objets qui, bien que destinés à l'exploitation, n'étaient pas *dans la dépendance* des biens affermés. — *Bourges*, 2 juill. 1807, Delarue c. Robire.

241. — Un propriétaire a un privilége sur tous les blés qui garnissent sa ferme : quand bien même il serait reconnu qu'une partie de ces blés provient d'autres terres que les siennes, affermées par son colon. — *Poitiers*, 30 déc. 1823, Boulaud c. Gabet. — Pothier, *Traité du louage*, n°s 244 et 245; Grenier, t. 2, p. 33; Persil, *loc. cit.*, n° 11.

242. — Les bestiaux qui garnissent une ferme sont soumis au privilége du propriétaire, si la notification du bail à cheptel souscrit par le fermier au profit d'un tiers n'a pas été faite au propriétaire avant l'introduction des bestiaux dans la ferme. — *Cass.*, 9 août 1812, Monnier c. Quinzart. — Troplong, *Hypoth.*, t. 1er, n° 186, et Duranton, t. 19, n° 86.

243. — Mais, en cette matière comme en toute autre, la notification peut être remplacée par des équipollens, notamment par la preuve que le propriétaire a eu connaissance que le cheptel appartenait à autrui. — Troplong, *Louage*, t. 3, n° 1159. — V. BAIL A CHEPTEL.

244. — Il en serait ainsi lors même qu'il aurait été stipulé que le preneur ne pourrait introduire de bestiaux sur la ferme qu'autant qu'il en aurait l'autorisation écrite du bailleur. — Troplong, *loc. cit.*

245. — Il a néanmoins été jugé que la connaissance que le propriétaire aurait eue du cheptel ne faisait pas obstacle à son privilége. — *Paris*, 31 juillet 1818, Muguet de Varenge c. Boulinois. — Mais nous croyons, avec M. Troplong, que la notification n'étant qu'un moyen de prévenir une méprise et d'empêcher que le bailleur de la ferme ne fonde des espérances trompeuses sur le crédit et l'actif de son fermier, il ne faut pas appliquer la loi d'une manière judaïque, et exiger des formalités inutiles, quand le même résultat a eu lieu par des moyens équipollens.

246. — Ces principes s'appliquent aussi bien au colon partiaire qu'au fermier proprement dit. — Duranton, t. 17, n° 284; Troplong, *loc. cit.*, n° 1162.

247. — Le propriétaire qui donne à ferme la totalité d'un domaine, et cède au preneur tous ses droits contre le fermier d'une partie de ce domaine, renonce à l'exercice de son privilége de bailleur contre le fermier partiaire, pour le recouvrement des fermages qui lui sont dus. — *Cass.*, 14 févr. 1827, de Laterrade c. Millot.

248. — Avant le Code, le bailleur avait également un privilége sur la portion de fruits dévolue au colon partiaire : tant pour le montant de ses loyers que pour les dommages résultant de l'inexécution du bail. — *Nîmes*, 7 vent. an XII, Soulier c. Crémieu.

249. — Toutefois, en ce qui concerne les avances faites au fermier; Pothier (*Traité du louage*, part. 4e, ch. 1er, art. 2) et Zachariæ (t. 1er, § 261) distinguent entre les avances qui ont eu lieu lors de la passation du bail, et celles qui n'ont été faites que postérieurement. « Dans le premier cas, dit Pothier (*loc. cit.*), le propriétaire doit avoir privilége, parce que la loi lui accorde une préférence pour toutes les obligations résultant du bail; dans le second, il doit venir par concurrence : parce que son titre n'est qu'un simple contrat de prêt. »

250. — M. Persil, tout en admettant que le prêt fait postérieurement ne peut jouir d'un privilége, quelle que soit la destination des deniers empruntés, ajoute néanmoins : « Ce ne serait qu'autant que les deniers empruntés auraient été employés pour les semences et les récoltes que le propriétaire serait préféré aux autres créanciers, mais ce serait en vertu d'un autre privilége (dont nous parlerons sur l'alinéa 4e de l'art. 2102). »

251. — M. Troplong (n° 154) va plus loin encore; il accorde au propriétaire un privilége pour toutes les avances sans distinction qu'il a faites au fermier, et cette doctrine se trouve consacrée par un arrêt de la Cour d'Angers du 27 août 1821 (Rouillon c. Poidevin).

252. — Le privilége du bailleur ayant lieu non-seulement pour les loyers et fermages, mais encore pour tout ce qui concerne l'exécution du bail; un maître de forges peut exercer son privilége à raison du prix du bois qu'il s'est engagé, par le bail, à vendre à ses locataires pour l'entretien de la forge. — *Bordeaux*, 7 août 1833, Vielle c. de Gombault.

253. — L'art. 1753 du Code civil, bien que placé à la section des règles particulières aux baux à loyer, n'en est pas moins applicable aux baux à ferme. — Dès lors, le privilége de l'art. 2102 du même Code ne s'exerce sur les récoltes du sous-fermier que dans la mesure des engagemens qu'il a pris dans son sous-bail. — *Toulouse*, 5 févr. 1845 (t. 1er 1845, p. 624), Labruyère c. Bataillier.

254. — Le privilége résultant d'une saisie-gagerie ne peut s'exercer que sur les objets saisis, et ne doit pas être étendu à d'autres objets : tels que grains récoltés ou animaux nés depuis la saisie, sous le prétexte que ces grains et animaux seraient la représentation de ceux qui avaient été saisis et qui n'existeraient plus. — *Cass.*, 19 déc. 1843 (t. 1er 1844, p. 102), Labille c. Clément et Drouilly.

ART. 3. — *Nature du titre. — Baux authentiques ou sous seing privé. Tacite réconduction.*

255. — Il y a une distinction à faire, quant à l'étendue du privilége du locateur, entre le bail soit authentique, soit sous seing privé, mais ayant date certaine, et le bail sous seing privé sans date certaine ou purement verbal.

256. — Si le bail est authentique, ou si, étant sous signature privée, il a reçu une date certaine, le propriétaire a un privilége pour *tout ce qui est échu* et pour *tout ce qui est à échoir*. — Art. 2102 C. civ.

257. — Il peut paraître surprenant que la loi autorise, dans ce cas, le bailleur à exiger le paiement d'une dette avant son échéance. Mais cette anticipation est justifiée par la nature du privilége, qui affecte tellement la chose, pour la sûreté du paiement, qu'on a mieux aimé anticiper le terme que de compromettre les intérêts du créancier privilégié. — Tarrible, *loc. cit.*, n° 5; Troplong, n° 155.

258. — Néanmoins, le bailleur ne peut exiger le paiement par anticipation que lorsqu'il se présente d'autres créanciers qui menacent, par leur concours, d'absorber ses garanties. Mais lorsqu'il a des sûretés suffisantes pour les fermages et l'exécution entière du bail, il doit se contenter des termes échus. — *Cass.*, 8 déc. 1806, Debar c. Dechizelles. — Tarrible, *loc. cit.*; Grenier, t. 2, n° 309; Troplong, *loc. cit.*; Persil, art. 2102, § 1er, n° 16.

259. — Dans le cas où le bailleur exerce son privilége pour tous les loyers échus ou à échoir, les autres créanciers ont le droit de relouer la maison ou la ferme pour le restant du bail, et de faire leur profit des baux ou fermages, à la charge, toutefois, de payer au propriétaire tout ce qui lui en serait encore dû. — Art. 2102, § 1er, C. civ.

260. — Les créanciers ont-ils le droit de sous-louer, lorsque cette faculté a été interdite au locataire par une clause expresse du bail?

261. — Pour la négative, on soutient qu'aux termes de l'art. 1717 du Code civil, la défense de sous-louer est toujours de rigueur, et qu'il n'existe aucun cas où le débiteur puisse la faire fléchir; que ses créanciers n'ayant pas plus de droits que lui, ils sont nécessairement sans qualité et sans droit pour faire un acte qu'on a formellement déclaré leur interdire. — V., en ce sens, *Paris*, 24 févr. 1825, Leduis c. Candas.

262. — Mais on répond avec raison que ce qui doit trancher toute difficulté, c'est cette réflexion, bien essentielle, que si l'art. 2102 n'eût pas voulu accorder aux créanciers un droit extraordinaire qu'ils pussent exercer *quelles que fussent les conditions du bail* il n'aurait rien dit de la faculté de sous-louer que les créanciers auraient d'ailleurs pu invoquer, en vertu de l'art. 1166, toutes les fois qu'il n'y aurait pas eu de prohibition. Si donc cet art. 2102 accorde indéfiniment cette faculté, c'est parce qu'aucune loi ne l'avait formellement accordée pour le cas d'une prohibition insérée dans le bail. — *Sic* Persil, *loc. cit.*, n° 20; Troplong, n° 155; Rolland de Villargues, n° 66; Grenier, n° 309.

263. — Les créanciers qui usent de la faculté que la loi leur accorde de relouer la maison ou la ferme, sont obligés de désintéresser complétement le bailleur. Toutefois, dans le cas où le produit du mobilier n'a servi qu'à acquitter une partie du bail à échoir, les créanciers ne sont tenus de payer au propriétaire tout ce qui lui est encore dû pour les années à courir, que lorsqu'ils veulent relouer pour le *restant du bail*. Mais s'ils veulent se contenter de relouer pour le temps dont les loyers sont déjà payés au propriétaire, ce dernier n'a aucune raison plausible de les en empêcher et ne peut rien exiger au delà. — Rolland de Villargues, n° 59; Persil, art. 2102, § 1er, n° 28.

264. — Telle n'est pas, cependant, l'opinion de M. Duranton. Cet auteur, tout en enseignant que le propriétaire n'aurait pas le droit d'exiger de suite, de la part des créanciers qui veulent relouer et faire leur profit du restant du bail, le surplus de ce qui est à échoir, n'admet pas que ces derniers puissent scinder les conditions du bail, quant à sa durée, et faire ainsi ce que leur débiteur n'eût pu faire lui-même. — *Loc. cit.*, n° 92.

265. — M. Duranton pense, du reste, qu'il serait juste que la loi obligeât le propriétaire, ainsi que tout autre créancier dont la créance ne serait pas échue, à subir, sur ce qu'il touche par anticipation, la défalcation d'une somme représentative de l'intérêt ordinaire; car, sous une loi qui autorise le prêt à intérêt, celui qui est payé d'avance reçoit, en réalité, au delà de ce qui lui a été promis. Nous nous associons à ce vœu, qui nous paraît de toute justice.

266. — Si le bail est verbal, ou si, étant sous signature privée, il n'a pas date certaine, le propriétaire n'a de privilége que pour une année, à partir de l'année courante. — Art. 2102.

267. — Le bailleur a-t-il sur le prix des effets mobiliers garnissant l'immeuble loué un privilége pour tous les loyers échus, lors même que le bail n'a point une date certaine?

268. — Trois opinions se sont formées sur cette question. La première veut que le privilége ne soit accordé au propriétaire que pour une année, celle qui suit l'année courante, et le refuse pour tous les loyers échus. — V. en ce sens *Bordeaux*, 12 juin 1825, de Mariecenne c. Carmignac; 17 déc. 1839 (t. 1er 1843, p. 212), Barbourc et Laffite c. Esper. — Grenier, *Des privil. et hyp.*, t. 2, n° 309; Tarrible, *Rép.*, *loc. cit.*, sect. 3, § 2, n° 5; Coulon, t. 2, dial. 54, p. 81; Favard, *Rép.*, v° *Privil.*, sect. 1re, § 2, n° 4.

269. — « Cette limitation du privilége du bailleur, dit ce dernier auteur, a été déterminée, ainsi qu'on le voit dans la discussion qui eut lieu au Conseil d'Etat à ce sujet, par la crainte de la collusion à laquelle la trop grande étendue de ce privilége aurait pu donner lieu entre le propriétaire et le fermier au préjudice des créanciers légitimes. »

270. — La seconde opinion refuse aussi le privilége pour les loyers échus, mais elle l'accorde pour deux années : l'année courante et celle qui suit. — Persil, *loc. cit.*, n° 22; Delvincourt, t. 3, p. 146.

271. — M. Persil justifie ainsi cette interprétation du § 1er de l'art. 2102 : « On lit dans les procès-verbaux de la discussion au Conseil d'État qu'après avoir accordé au propriétaire, qui a fait un bail authentique ou sous signature privée dont la date est certaine, un privilége absolu pour tout ce qui est échu et pour tout ce qui est à échoir, on voulut, pour éviter la fraude et la collusion, restreindre les droits du propriétaire qui n'a consenti qu'un bail verbal ou sous signature privée dont la date n'est pas certaine, et ne lui accorder qu'un privilége pour une année. Or, cette année ne peut être celle durant laquelle on est réellement en jouissance, puisque le propriétaire est alors et pour cette année seulement dans une situation aussi avantageuse que celle de celui qui a fait un bail authentique; que l'exercice public du bail écarte toute idée de fraude, et que, comme ce dernier, le propriétaire qui a

PRIVILÉGE, ch. 3, s. 1re, a. 4.

un bail non authentique ayant la propriété des fruits ou un droit de gage sur les meubles jusqu'au parfait paiement des fermages ou loyers, il n'avait pas besoin que la loi lui accordât un privilége qu'il avait déjà. Ainsi il est à présumer que, voulant ajouter au droit que donnait la qualité de propriétaire, on n'a pu le faire que pour les fermages ou loyers à échoir et pour lesquels sa qualité ne fournirait encore aucun privilége. D'après cela, il doit arriver que, quoique notre article ne paraisse accorder privilége au propriétaire qui a consenti un bail sous signature privée dont la date n'est pas certaine, que pour une année; celui-ci l'exerce cependant pour deux, savoir pour l'année courante et pour celle qui la suit.»

272. — Enfin la troisième opinion accorde le privilége au propriétaire n'ayant même qu'un bail sans date certaine, *pour tous les fermages échus*. — *Rouen*, 22 août 1821, Martin c. Hurier; 12 juill. 1823, Hallouin c. Monneveu; *Cass.*, 28 juill. 1824, Nabrin c Fignet; 6 mai 1835, Almooz c. Dechangrand; *Grenoble*, 28 déc. 1838 (t. 1 1843, p. 211), Amat c. Bontoux; *Paris*, 25 avril 1846 (t. 2 1846, p. 170), Blaise c. Legoguey; *Lyon*, 28 avr. 1847 (t. 2 1847, p. 235), Parent c. Dumont.—Troplong, *Priv. et hyp.*, nº 156; Zachariæ, t. 2, § 261, note 12; Duranton, t. 19, nº 92.

273. — Voici comment ce dernier auteur résume à son tour les motifs qui ont fait prévaloir ce dernier système : «Mais a-t-on entendu, dans le cas d'un bail sans date certaine, restreindre le privilége à ce qui serait dû pour l'année courante et pour l'année suivante?... Nous ne le pensons pas; nous croyons que le propriétaire a ce privilége pour tout ce qui lui serait dû *antérieurement*, pour l'année courante et pour l'année future. Toute autre interprétation suppose des vues inconséquentes au législateur. En effet, il ne peut pas avoir voulu accorder le privilége pour une année à partir de l'année courante, pour une année future, pour ce qui n'est pas encore dû, pour ce qui ne le sera peut-être jamais, et avoir voulu le refuser pour le temps écoulé, pour ce qui est échu, pour ce qui est réellement dû. Il a voulu seulement limiter l'étendue du privilége pour le temps à venir, en le restreignant à une année à partir de la fin de l'année courante, à la différence du cas où le bail a date certaine, cas où le privilége a lieu même pour tout ce qui est à échoir, c'est-à-dire pour toute la durée du bail.» On peut ajouter à ces raisons que l'intention du législateur d'étendre le privilége aux années échues se révèle clairement dans les art. 661, 662 et 819 C. proc. civ.

274. — Le propriétaire a également, en cas de bail sans date certaine, privilége pour le montant des réparations inexécutées par le fermier pendant les années déjà écoulées de sa jouissance. — *Rouen*, 12 juill. 1823, Hallouin c. Monneveu.

275.—En matière de faillite, un bail non enregistré n'est, à l'égard des créanciers, qu'un bail purement verbal qui leur permet de donner congé sans être même tenus de payer les loyers pendant une année à partir de l'expiration de l'année courante.—*Paris*, 16 juill. 1831, Albouy c. Besigen. — La difficulté résulte de l'espèce d'antinomie que semblent présenter les art. 1328, 1736 et 2102 C. civ. L'art. 1328 ne permet pas d'opposer aux tiers un acte qui n'a point de date certaine. Doit-on considérer comme de véritables tiers les créanciers du failli? L'art. 2102 fait une distinction et, assurant l'exécution entière des baux authentiques, limite seulement à une année à partir de l'expiration de l'année courante, celle des baux sous seing privé qui n'ont pas de date certaine. Cet article ne semble-t-il pas résoudre la question, puisque dans tous les cas il maintient le bail nonobstant l'art. 1328? On prétend concilier les art. 2102 et 1328, en soutenant que le premier article n'est applicable que dans le cas où les créanciers consentent à exécuter le bail, à ne point donner congé, et renoncent ainsi au droit commun que leur offre l'art. 1328. Cette interprétation a été repoussée par un arrêt émané de la même chambre de la Cour le 28 avril 1831 (Bony c. Chanlaire).

276. — Lorsque le bail sous seing privé et non enregistré a été reconnu en justice, le jugement imprime à cet acte un caractère d'authenticité qui remonte au jour où il a été souscrit; et, dès lors, la disposition du § 2 de l'art. 2102 relative aux baux qui n'ont pas date certaine, ne peut plus être opposée au locateur. — *Paris*, 1er déc. 1821, Labrebis c. Moisson-Devaux. — *Contrà* Tarrible, *Rép.*, vº *Privilége*, sect. 3, § 2, nº 5; Grenier, t. 2, nº 309; Persil, *loc. cit.*, nº 3.

277. — Jugé que la tacite réconduction qui suit un bail écrit doit être assimilée à un bail purement verbal et ne confère au propriétaire un privilége que pour une année à partir de l'année courante. — *Bordeaux*, 12 juin 1825, Marcienne c. Carmignac et Descombes. — V. BAIL.

278. — M. Troplong, tout en reconnaissant (nº 157) que la question n'est pas sans difficulté, critique cette décision. Il pense, au contraire, qu'il faut appliquer au cas de tacite réconduction les mêmes principes qu'aux baux authentiques qui ont précédé. — Quant à M. Duranton (*loc. cit.*, nº 94), il accorde bien, en cas de tacite réconduction, et contrairement à l'arrêt que nous rapportons, un privilége pour les loyers échus; mais il limite ce privilége, quant au surplus, à l'année courante et à une seule année à partir de cette dernière.

279. — Il est au moins incontestable, aux termes des art. 1774 et 1776 du C. civ., que, si, à l'expiration des *baux ruraux écrits*, le preneur est laissé en possession, il s'opère un nouveau bail qui est censé fait pour autant d'années qu'il y a de *soles*, lorsque les terres labourables données à loyer sont divisées par soles ou saisons.

280. — En cas de bail sans écrit d'un héritage rural, c'est l'art. 1775 et non l'art. 1736 C. civ. qui détermine les délais de congé à donner au fermier. — Il suffit, pour que le congé soit valable, qu'il ait eu lieu avant que le fermier n'ait fait des actes de culture desquels on pourrait induire la tacite réconduction. — *Colmar*, 4 sept. 1806, Chaval c. Montargis; *Trèves*, 27 mai 1808, Coblenz c. Demées.

ART. 4. — *Droit de revendication.*

281. — Bien qu'en général les meubles n'aient pas de suite (art. 2119 et 2279), la loi accorde au propriétaire le droit de saisir-revendiquer les meubles que le locataire a déplacés sans son consentement : pourvu que cette revendication ait lieu, s'il s'agit d'un héritage rural, dans un délai de quarante jours, et de quinzaine s'il s'agit de meubles garnissant une maison. — C. civ., art. 2102, § 1er.

282. — Le délai de quinzaine ou de quarante jours commence à courir du jour où les objets sont sortis de la maison ou de la ferme et non pas seulement du jour où le propriétaire prétendrait avoir eu connaissance de leur sortie; sauf, toutefois, le cas où le déplacement aurait eu lieu clandestinement et par suite d'un concert frauduleux entre le tiers ou fermier ou locataire. — Duranton, *loc. cit.*, nº 100; Persil, art. 2102, § 1er, nº 2; Troplong, nº 161; Delvincourt, t. 3, p. 274.

283. — Dans tous les cas, il ne peut être procédé à la saisie-revendication qu'en vertu d'une ordonnance du président du tribunal de première instance rendue sur requête à peine de dommages-intérêts tant contre la partie que contre l'huissier qui aurait procédé à la saisie. — C. proc., art. 826.

284. — Le propriétaire peut exercer indistinctement son privilége sur tous les objets garnissant les lieux loués, qu'ils soient ou non la propriété du locataire, et par suite il peut revendiquer tous les objets déplacés sans son consentement. — *Rennes*, 19 août 1817, Quillevéré c. N... — V. Carré, *Lois procéd.*, t. 2, p. 453; Pigeau, t. 1er, nos 586 et 611, et t. 2, p. 42, et Demiau, p. 330.

285. — Le propriétaire a le droit de saisir-revendiquer les meubles garnissant les lieux loués, lorsqu'ils ont été déplacés sans son consentement, soit par le fait du fermier, soit par suite d'une saisie pratiquée sur ce dernier à la requête de l'un de ses créanciers. — *Poitiers*, 17 févr. 1834, Corbin c. Laubier.

286. — Peu importe que le consentement du propriétaire soit exprès ou *tacite*. La simple connaissance du transport des meubles sans réclamation de sa part suffirait pour lui ôter les droits à la revendication. — Troplong, nº 163; Delvincourt, t. 3, p. 274; Persil, art. 2102, § 1er, nº 3; Zachariæ, t. 1er, § 261, art. 3.

287. — Il s'est élevé la question de savoir si la revendication peut s'exercer sur les fruits de la ferme. — MM. Persil (art. 2102, § 1er, nº 5), Tarrible (*Rép.*, vº *Privilége*, sect. 3, § 2, nº 7) et Delvincourt (p. 223, nº 4) refusent ce droit au propriétaire par le motif que l'art. 2102 établit une distinction entre les fruits et les meubles meublans et que les fruits étant naturellement destinés à être vendus, l'intention du législateur a dû être d'inspirer à l'acheteur une entière confiance, en le délivrant de la crainte d'une revendication.

288. — L'opinion contraire est soutenue par Favard (*Rép.*, vº *Saisie-gagerie*, nº 2) et Troplong (nº 164). «Le quatrième alinéa de l'art. 2102, disent-ils, emploie les mots meubles et mobiliers comme synonymes. Or, d'après l'art. 535, le sens légal de l'expression *mobilier* embrasse toute espèce de meubles; le droit de revendication doit donc exister à l'égard de toute espèce de meubles et par conséquent à l'égard des fruits. L'on ne saurait objecter que la signification des mots meubles et mobiliers se trouve limitée par l'expression *garnir*, car ce serait donner à ce mot un sens restreint qu'il n'a pas. Les greniers et les fenils ne se meublent pas de meubles *meublans*, ils ne sont garnis, suivant leur destination naturelle, que par des grains et des foins qui sont meubles, qui font partie du mobilier.»

289. — Nous pensons également que la revendication s'applique aux fruits tout aussi bien qu'aux meubles proprement dits; car les fruits sont souvent la principale garantie du locateur et la distinction sur laquelle s'appuient les partisans de l'opinion contraire ne nous paraît pas ressortir assez clairement du texte de la loi pour autoriser, dans ce cas, une exception aussi importante à la règle générale qui protége le locataire contre les chances possibles de non-paiement.

390. — Mais ne peuvent être revendiqués les objets qui, tels que des marchandises ou des fruits, étaient, à la connaissance du bailleur, destinés à être vendus, lorsqu'ils ont été livrés à un acheteur de bonne foi. — Troplong, nos 163 et 164; Delvincourt, t. 3, p. 274; Duranton, nº 100 *ter*; Zachariæ, t. 2, § 261, art. 3.

291. — Jugé que le privilége accordé au propriétaire par l'art. 2102 C. civ. pour loyers et fermages sur les fruits des immeubles ne peut s'exercer sur ces fruits, lorsque, transportés chez un commissionnaire pour y être vendus, ils ont été en effet vendus et ainsi dénaturés. — *Lyon*, 24 févr. 1836, Fournier c. Monnier.

292. — Le propriétaire de bestiaux donnés à cheptel, et qui ont été vendus par le fermier, ne peut plus les revendiquer, si plus de quarante jours se sont écoulés depuis que ces bestiaux ont été enlevés de la ferme. — *Cass.*, 6 mai 1835, Monroy c. Bourgeois.

293. — Celui qui a affermé des pièces de terre sans bâtiment d'exploitation, n'a pas le droit de faire saisir-revendiquer chez son fermier les blés qui en proviennent; et il ne peut exercer de privilége par préférence au propriétaire des bâtimens. — *Poitiers*, 30 déc. 1833, Boutaud c. Gabet.

294. — La revendication des meubles et effets garnissant une maison ou une ferme peut-elle être exercée contre un second propriétaire dans les bâtimens duquel ces meubles et effets auraient été transportés? — La raison de douter vient de ce que l'art. 2101 accorde une égale protection au locataire dont l'appartement est actuellement garni de meubles et à celui qui revendique dans les délais utiles les meubles déplacés par son locataire.

295. — «Dans ce conflit de raisons également fortes, dit M. Persil (*loc. cit.*, nº 7), nous pensons qu'il faut se décider en faveur de celui qui avait le premier reçu dans ses appartemens le mobilier du locataire; car ce mobilier était grevé de son privilége au moment où il a été transporté chez le second propriétaire, et assujetti à un droit de suite comme dans le cas de l'art. 2279 C. civ. Sans doute, le locataire ne pouvait pas voler les meubles, puisqu'on ne vole pas sa propre chose, mais en les déplaçant furtivement il volait en quelque sorte l'usage ou la rétention de ses meubles; ce qui laissait au premier locateur le droit d'obtenir la réparation du dommage, à la seule condition qu'il exercerait la revendication dans les délais utiles.»

296. — Le locataire peut-il enlever une partie des meubles, pourvu que ceux qu'il laisse dans les lieux soient reconnus, à l'amiable ou judiciairement, d'une valeur suffisante pour répondre des loyers échus et à échoir? — Pour affirmative, *Cass.*, 8 déc. 1806, Debas c. Delhizelles; *Bordeaux*, 11 janv. 1826, Grosbot c. Marchenaud-Gaury.—Négative, *Paris*, 2 oct. 1806, Leix c. Gallo; *Poitiers*, 28 janv. 1819, Sapin c. Tallery.

297. — Le refus du propriétaire, en pareil cas, nous paraissant dénué de droit et d'intérêt, nous n'hésitons pas à adopter l'affirmative d'accord avec la presque unanimité des commentateurs. — V., Pothier, *Louage*, nº 268; Duvergier, *ibid.*, t. 2, Continuation de Toullier, t. 19, nos 17 et 18; Troplong, *ibid.*, nº 532, *Privil. et hyp.*, nº 164; Grenier, *Privil. et hyp.*, t. 2, nº 311; Favard de Langlade, *Rép.*, vº *Saisie-gagerie*, nº 1er; Duranton, t. 17, nº 154, et t. 19, nº 103; Zachariæ, t.

PRIVILÉGE, ch. 3, s. 1re, a. 4.

2, § 261, art. 3 *in fine*; Chauveau, sur Carré, quest. 2796.

298.—Jugé que le fait, de la part du locataire, d'avoir fait enlever une partie du mobilier garnissant les lieux, ne donne pas au propriétaire le droit de faire rétablir les meubles enlevés, alors qu'il a négligé de les revendiquer et qu'il reste un mobilier suffisant pour répondre du loyer. — *Bordeaux*, 11 janv. 1826, Grosbot c. Machenaud-Gaury.— V. vo BAIL, nos 1086 et suiv.

Sect. 2e. — *Semences et frais de récolte. — Ustensiles.*

ART. 1er. — *Semences et frais de récolte.*

299. —Les sommes dues pour les semences ou pour les frais de récolte de l'année sont payées sur les prix de la récolte par préférence au propriétaire. —C. civ., art. 2102, § 1er.

300. — Ce privilége s'exerce uniquement sur le prix de la récolte de l'année. Dans le cas où elle aurait été vendue sans réclamation de la part du créancier, il ne pourrait recourir sur les récoltes antérieures et sur les récoltes suivantes que par une action purement personnelle. —Persil, *loc. cit.*; Rolland de Villargues, no 88.

301.—On doit considérer comme faisant partie des frais de récoltes le prix de barriques fournies pour loger une récolte de vin, et ces frais doivent être prélevés préférablement au loyer du propriétaire du fonds.—*Bordeaux*, 2 août 1831, Montesquiou c. Dubuch.

302.—Mais jugé que le fournisseur de simples engrais, tels que des poudres végétatives, ne peut réclamer le privilége accordé sur le prix des récoltes aux sommes dues pour semences ou pour les frais de ces récoltes.— *Caen*, 28 juin 1837 (t. 2 1837, p. 319), Duguey c. de Saint-Cricq.—M. Duranton (t. 19, no 99, note 1re) pense, au contraire, que la loi n'ayant pas spécifié les frais de récolte, les engrais doivent y être compris.

303. — Le privilége des gens de labour était consacré par l'ancienne jurisprudence.—V. Basnage, *Hyp.*, ch. 14; Pothier, sur Orléans, introd., tit. 20, no 119. — Il en est de même sous l'empire du Code civil.

304. — Le domestique du fermier, qui a travaillé à la récolte, jouit du privilége que la loi accorde aux colons et métayers sur les grains de l'année. — Ce privilége ne s'efface pas par la vente de ces grains, lorsqu'il n'y a point d'enlèvement. — Il prime celui du propriétaire locateur de la ferme. — *Paris*, 23 juin 1812, Goislard c. Foisy et Gauthier. — Duranton, no 99; Persil, art. 2102, § 1er.

305. —Le journalier n'est pas privé de son privilége sur les vignes qu'il a façonnées, pour avoir négligé de réclamer au fur et à mesure le paiement de ses journées. — *Cass.*, 24 juin 1807, Chaussonet c. Lardillet. — Duranton, *loc. cit.*, no 99.

306. — Mais ce privilége ne peut être invoqué que par les domestiques destinés à la culture des terres, et ne s'applique pas à ceux qui sont employés au service de la maison. — Persil, art. 2102, § 1er; Rolland de Villargues, no 87.

ART. 2. — *Ustensiles.*

307. — Les sommes dues pour *ustensiles* sont aussi privilégiées sur le prix de ces ustensiles par préférence au propriétaire. — C. civ., art. 2102, § 1er.

308.—Ulpien (L. 8, ff., *De instr. vel instrum. leg.*) nous enseigne, dans les termes suivans, ce qu'il faut entendre par ustensiles (*instrumentum*) : « *In instrumento fundi ea quæ fructus* querendi, cogendi, conservandi *gratiâ parata sunt, Sabinus in libris ad Vitellium evidenter enumerat.* » Ce qui comprend, d'après l'énumération faite par cette loi, les charrues, les bêches, les sarcloirs, les faux, les fourches, les corbeilles, les tonneaux, les charrettes, et *ea quæ similia dici possunt*. Et c'est en ce sens que l'entendent aujourd'hui MM. Troplong (no 166) et Duranton (no 99). — V. aussi Victor Pannier, no 21.

309. — Ce privilége peut être exercé par celui qui a vendu les ustensiles, par celui qui les a raccommodés ou qui a fourni les fonds pour l'une ou l'autre de ces dépenses. — Persil, art. 2102, § 1er; Rolland de Villargues, no 90.

310. — Toutefois, il y a une distinction à faire entre les ustensiles vendus ou réparés dans le courant du bail, et les ustensiles apportés par le fermier lors de son entrée en jouissance. Dans le premier cas, le privilége existe par préférence au bailleur qui n'a pas dû compter sur ces choses pour le paiement de ses fermages; dans le second cas, le privilége du bailleur s'exerce avant celui du vendeur ou de l'ouvrier : à moins qu'il ne soit prouvé que le bailleur savait, lors de l'apport de la chose dans la ferme, que le prix de la vente ou de la réparation était encore dû. —Duranton, *loc. cit.*, no 99.

311.—Celui qui a fait ou réparé des ustensiles, ne peut prétendre, au préjudice du propriétaire de la ferme, à un privilége : soit sur le prix d'ustensiles autres que ceux qu'il a faits ou réparés, soit sur le prix de la récolte. — *Cass.*, 12 nov. 1839 (t. 2 1839, p. 517), Roussel c. Roger. — Persil, *loc. cit.*; Grenier, *Traité des hyp.*, t. 1er, no 31; Troplong, no 166.

312. — Jugé que le privilége du maréchal, du charron et du bourrelier s'exerce de préférence à celui du propriétaire sur le prix des ustensiles par eux fournis ou réparés, lors même qu'il s'agirait d'ustensiles destinés à l'exploitation d'un moulin ou d'une usine. — *Amiens*, 20 nov. 1837 (t. 1er 1838, p. 655), de la Briffe c. Gratus.—*Contrà*, Troplong, no 166.

Sect. 3e. — *Privilége sur le gage.*

313. — Le contrat de gage, pris dans le sens le plus restreint, est un contrat de nantissement d'une chose mobilière que le débiteur remet à son créancier pour sûreté de la dette. — C. civ., art. 2073. — Cette matière ayant déjà été traitée au mot GAGE (V. ce mot), nous nous bornerons ici à la compléter au point de vue spécial de l'art. 2102 du Code civil.

314. — Le créancier nanti d'un gage a privilége sur le prix qui en provient par préférence à tous les autres créanciers du même débiteur. — C. civ., art. 2102, § 2.

315. — Le créancier ne peut prétendre à un privilége sur le gage, qu'autant que la chose qui en fait l'objet lui a été remise et est restée, soit en sa possession, soit en la possession d'un tiers convenu entre les parties. — C. civ., art. 2076.

316. — Jugé que le § 2-art. 2102 du Code civil doit avoir le même sens que l'art. 181 de la Coutume de Paris, qui portait : « *Contribution n'a lieu sur le gage* dont on est saisi; » et qu'en conséquence, d'après les commentaires sur cet article de la Coutume, il est nécessaire que le créancier soit saisi du gage, c'est-à-dire qu'il en ait une possession réelle et actuelle et non une possession civile, feinte, simulée, précaire, pour qu'il puisse prétendre au privilége de l'art. 2102 C. civ. —*Bruxelles*, 11 déc. 1806, Danoot c. Vaudemont; *Aix*, 12 juin 1823, Paillasson, Tessier et Jouvencel c. Marabout.

317. — Le privilége sur le gage s'exerce pour l'intégralité de la créance et de ses accessoires. Les avances faites pour la conservation du gage jouissent de la même faveur.—Arg. de l'art. 2082 C. civ. — Persil, art. 2102, § 2.

318. — Aux termes de l'art. 2082 C. civ., lorsque le débiteur contracte une nouvelle dette envers le créancier engagiste, et que cette dette devient exigible avant le paiement de la première, le créancier peut retenir le gage jusqu'au paiement intégral de l'une et de l'autre dette, lors même qu'il n'y aurait eu aucune stipulation pour affecter le gage au paiement de la seconde. — Mais il n'en est pas de même vis-à-vis des autres créanciers du débiteur. Le privilége ne s'exerce à leur égard que pour la créance au paiement de laquelle le gage avait été expressément affecté. — Persil, *loc. cit.*; Rolland de Villargues, no 96.

319. — Le Code de commerce contient, en outre, sur le privilége du créancier gagiste, diverses dispositions spéciales.—V., à cet égard, les mots COMMISSIONNAIRE et CONNAISSEMENT, FAILLITE.

Sect. 4e. — *Frais faits pour la conservation de la chose.*

320. — Les frais faits pour la conservation de la chose sont privilégiés sur le prix qui en provient. — C. civ., art. 2102, § 3.

321. — Celui qui a conservé la chose, a fait l'affaire de tous les créanciers, *salvam fecit totius pignoris causam* (L. 6, ff., *Qui potior.* — Pothier, *Pand.*, t. 1er, p. 573, no 26). Il est donc souverainement équitable de lui accorder un privilége pour le remboursement de ses frais.

322. — C'est de l'application de ce principe que le privilége des frais de justice tire son origine. — V. *suprà* no 41.

323. — Il n'est pas indispensable, pour que le privilége existe, que le créancier ait prévenu la perte totale de la chose. Il suffit qu'il ait empêché la diminution de valeur. Mais, dans ce cas, le créancier n'a privilége que jusqu'à concurrence de la valeur conservée. — Renouard, *Traité des faillites*, t. 2, art. 546 à 550, § 9.

324. — Ce privilége a pour objet les frais faits pour la conservation d'une chose *mobilière* animée ou inanimée. Ainsi les frais faits soit pour la nourriture d'un cheval, soit pour son pansement, en cas de maladie, sont privilégiés en vertu du § 3 de l'art. 2102 du Code civil. Quant aux frais faits sur des immeubles, ils sont régis par l'art. 2103 du même Code. — Duranton, no 106.

325. — Il est indifférent que la chose conservée se trouve ou non en la possession du créancier au moment où il réclame son privilége. Il suffit qu'il prouve qu'il a fait les frais de conservation et qu'ils lui sont encore dus, sauf le cas de prescription prévu par l'art. 2271 du Code civil. — Duranton, *loc. cit.*; Zachariæ, t. 2, § 261, no 3.

326. — Mais ce privilége ne peut s'exercer que sur la chose elle-même et non sur les objets à la confection desquels elle aurait servi. — *Colmar*, 7 mars 1812, Dolfus c. Haberstoch; *Rouen*, 18 juin 1825, Langlois-Ferrand c. Cuit.

327. — Ce privilége ne saurait s'étendre non plus à une autre chose que l'objet conservé, sous prétexte que cet objet le représente. Ainsi le créancier n'aurait point privilége sur le prix de la chose vendue et non payée, ni sur un autre objet donné en échange de celui sur lequel les frais auraient été faits.— Duranton, no 116; Persil, *loc. cit.*; Rolland de Villargues, no 105.

328. — De ce principe que le privilége n'a lieu que sur la chose elle-même et non sur celle qui lui aurait été substituée, il ne faut cependant pas conclure que le privilége s'éteindrait dans le cas où la chose conservée aurait reçu plus tard des changemens plus ou moins importans : par exemple, si le blé conservé avait été réduit en farine; pourvu toutefois que les changemens ne fussent pas tels qu'on dût en inférer une transformation équivalente à l'extinction de cette chose. — Duranton, *ibid.*

329. — Aux termes d'un règlement du mois d'août 1667, déclaré exécutoire par lettres patentes enregistrées au Parlement le 13 août 1669, les teinturiers avaient un privilége sur les marchandises qu'ils avaient teintes pour les teintures des deux dernières années, « attendu, y est-il dit (art. 60), que c'est œuvre de main et que lesdites teintures augmentent le prix desdites marchandises, » et pour le surplus de leur dû ils venaient par contribution.

330. — Un autre règlement fait spécialement pour les manufacturiers et ouvriers de Lyon, le 2 juin 1667, leur accordait également un privilége pour délivrances d'ouvrages faits dans les deux dernières années qui avaient précédé la faillite du débiteur.—Toutefois quant aux ouvriers, en général, qui avaient travaillé ou façonné quelque chose, Pothier était d'avis que leur privilége ne durait que tant que la chose était en leur possession. — V. *Traité de la procéd.*, art. 4, ch. 2, sect. 4 *in fine.*

331. — Jugé, dans ce sens, que le privilége accordé par le règlement du 2 juin 1667, art. 14, aux ouvriers et manufacturiers de Lyon sur les marchandises qu'ils avaient fabriquées, cessait du moment où ces marchandises étaient sorties des mains des entrepreneurs. — *Cass.*, 12 brum. an XI, Mejat c. Bodin et Feron.

332. — Sous l'empire du Code civil, la question de savoir 1o si l'ouvrier a un privilége ou simplement un droit de rétention sur le prix des choses qu'il a travaillées, et 2o quelle doit être l'étendue de son droit de rétention dans le cas où le droit au privilége lui est refusé, dépend essentiellement des circonstances de la cause. — Si la main-d'œuvre a eu pour objet la conservation de la chose, il ne saurait y avoir de difficulté. Tous les auteurs sont d'accord pour accorder à l'ouvrier le privilége de l'art. 2102. Dans le cas, au contraire, où il s'agit non plus de la conservation proprement dite de la chose, mais de simples perfectionnemens ou améliorations, la question devient plus délicate et donne lieu, tant de la part de la doctrine que de celle de la jurisprudence, à des solutions fort souvent inconciliables.

333. — Jugé, en ce sens, que l'ouvrier ou l'artiste qui a reçu des matières premières pour les mettre en œuvre et les perfectionner, a un privilége sur celles dont il se trouve nanti au moment de la faillite du propriétaire, pour raison du prix de sa main-d'œuvre et de ses avances, non-seulement à l'égard des marchandises qui sont en sa possession, mais même à l'égard de celles qu'il a précédemment livrées et dont il devait être payé comptant.—*Colmar*, 7 mars 1842, Dolfus c. Haberstoch.

334. — ... Qu'un teinturier a privilége sur les cotons qu'il a entre ses mains, non-seulement pour la teinture de ces cotons, mais encore pour celle des cotons précédemment livrés et qui lui avaient été envoyés en même temps que ceux qu'il détient. — *Rouen*, 18 juin 1825, Langlois-Ferrand c. Cuit.

335. — ... Et que l'ouvrier auquel des pièces d'étoffe ont été remises pour être imprimées a le droit, encore bien qu'il ait rendu imprimées un certain nombre de ces pièces, de retenir celles qui restent entre ses mains pour sûreté du paiement de tout ce qui peut lui être dû.—Alors d'ailleurs qu'il résulte des circonstances que les marchandises déjà livrées et celles par lui retenues, soumises à une même opération en vertu d'un seul et même traité, formaient un tout non susceptible de division. — Alors même que chaque envoi aurait fait l'objet de factures dont le montant aurait été réglé en mandats. — *Cass.*, 9 déc. 1840 (t. 2 1840, p. 764), Grillet de la Bouglise c. Dolfus et Mieg. — Toutefois la rédaction de cet arrêt, qui n'a été rendu qu'après un long délibéré, prouve que la Cour n'a entendu statuer que dans une espèce particulière, à raison de faits spéciaux et notamment de l'existence d'un seul et même traité qui faisait des marchandises un tout non susceptible de division.

336. — Grenier (t. 2, p. 36, n° 314), Zachariæ (t. 2, § 261, n° 3) et Battur (t. 1er, n° 49) sont d'avis que le privilége pour la conservation de la chose s'étend également aux améliorations.

337. — MM. Troplong (t. 1er, n° 176), Persil (art. 2102, § 3), Delvincourt (t. 3, p. 274, note 13) et Duranton (*loc. cit.*, n° 115) soutiennent, au contraire, que pour les dépenses d'amélioration l'ouvrier a seulement le droit de retenir la chose s'il en est encore nanti, jusqu'à ce que son salaire ou ses avances lui aient été remboursés; et qu'en cas de dessaisissement, il ne lui reste plus qu'une simple action personnelle. — Pothier (*Procéd. civ.*, p. 197, édit. Dupin) était autrefois de cet avis. — V., en outre, Voët, *Ad pand. de comp.*, n° 20.

338. — Le droit d'accession que l'ouvrier, l'artiste ou l'artisan peuvent avoir sur les choses dont ils ont, par leur main-d'œuvre, augmenté la valeur ou la durée, ne peut être exercé par eux que sur celles de ces choses demeurées entre leurs mains. — *Paris*, 24 avr. 1827, Didot c. Dalibon.

339. — Les ouvriers n'ont privilége sur les marchandises ouvrées qu'autant qu'ils les détiennent encore; celles qu'ils reçoivent à ouvrer ensuite ne peuvent être affectées au paiement de ce qui était dû aux ouvriers pour le travail fait aux marchandises rendues, s'il n'y a eu convention formelle à ce sujet. — *Grenoble*, 14 janv. 1815, Ferlat.

340. — L'ouvrier chargé de tisser des toiles a, sur les pièces dont il est en possession, un privilége pour les frais de confection de ces pièces, et de celles qu'il a rendues au fabricant, si, lors de chaque remise, il a retenu une partie des objets fabriqués; il n'importe que ce ne soit pas constaté par écrit, et que l'ouvrier ait accepté des traites qui lui auraient rempli de ce qui lui était dû. — *Rouen*, 1er mars 1827, Mattard c. Taupin-Poitevin.

341. — L'ouvrier qui à des époques différentes a reçu plusieurs livraisons de marchandises, pour les travailler et leur donner une plus grande valeur, ne peut réclamer un privilége pour les marchandises rendues, sur d'autres marchandises postérieurement livrées; mais lorsque, sur chaque envoi qu'il reçoit, l'ouvrier garde dans ses mains une portion de la marchandise qui lui est livrée, son privilége se conserve sur la partie restante de chaque livraison *in quâlibet parte*. — *Rouen*, 17 déc. 1828, Duruflé c. Petit.

342. — Un filateur a privilége sur les laines qu'il a entre ses mains, seulement pour le prix de la filature de ces laines, et non pour le prix de la filature d'autres laines qui lui avaient été précédemment envoyées, et qu'il avait remises en recevant celles qu'il détient. — *Cass.*, 17 mars 1829, Pastor c. Boizard.

343. — Mais si le filateur, sur chaque livraison, conserve entre ses mains une partie de la laine, pour se couvrir de ses avances et de sa main-d'œuvre; les laines ainsi retenues sont affectées à son privilége, qu'il exerce à droit de rétention. — *Rouen*, 25 févr. 1829, Duruflé c. Béranger.

344. — Un blanchisseur n'a pas, sur le linge qui est encore en sa possession, un privilége pour le paiement du blanchissage du linge qu'il a déjà livré. Si le linge livré revient entre les mains du blanchisseur, il ne peut réclamer un privilége sur ce linge pour le paiement du premier blanchissage. — *Paris*, 31 mai 1827, Laflèche c. Gasse et Rousse.

345. — Le blanchisseur qui a reçu d'un fabricant des toiles à blanchir, a privilége pour le paiement du blanchissage. Mais il n'y a pas privilége sur les pièces restées entre ses mains pour le salaire des travaux faits, tant à ces pièces qu'à celles qu'il a rendues, et il ne peut, à cet égard, se prévaloir d'une lettre dans laquelle le fabricant, demandant la remise de plusieurs pièces, a déclaré que celles restant à la blanchisserie garantissaient le paiement du blanchissage. — *Angers*, 6 juill. 1826, N.... — Conf. *Rouen*, 9 juin 1826, Pelletier c. Granché.

346. — C'est aux juges du fait qu'il appartient de décider quand des avances de fonds ont été faites pour la conservation de la chose, et, par suite, s'il y a lieu d'accorder le privilége établi par l'art. 2102, § 3, C. civ.—*Cass.*, 13 mai 1835, Pellegrino c. Bels.

347. — Doivent être considérées comme frais faits pour la conservation de la chose et dès lors comme privilégiées des avances faites pour aider au recouvrement d'une créance.—Même arrêt.—Zacharie, t. 2, § 261, n° 3, note 18.

348. — Le mandataire salarié qui fait des avances pour la gestion de l'affaire qui lui était confiée, n'a pas nécessairement droit, à raison de ces avances, au privilége accordé, par l'art. 2102, § 3, C. civ., aux frais faits pour la conservation de la chose. — *Cass.*, 8 janv. 1839 (t. 2 1839, p. 256), Delare c. Bels; *Paris*, 27 nov. 1845 (t. 1er 1846, p. 341), Gauthier-Bouvier c. Bellocq et Collot. — V. AGENT D'AFFAIRES, nos 33 et suiv.

349. — Les fournitures faites à un pensionnat, alors que la maison est dirigée par un homme à la tête de ses affaires, ne peuvent être privilégiées sur l'établissement, dans le sens de l'art. 2102, § 3, comme ayant été effectuées pour la conservation de la chose.—*Paris*, 5 mars 1838 (t. 1er 1838, p. 357), Potier c. Cournand.

350. — La législation si incomplète des assurances terrestres ne s'explique point sur la question de savoir si l'on doit ou non considérer comme privilégiés l'assureur pour primes et les tiers, commissionnaires ou autres, qui auront fait l'avance des frais de l'assurance. Toutefois, dit M. Renouard (*Traité des faillites*, t. 2, art. 546 à 550, § 9), ce contrat d'assurance est tellement favorable, tant au propriétaire qu'aux créanciers, qu'il ne nous semble pas douteux qu'un privilége doive leur être accordé en vertu de l'art. 2103 C. civ. pour le cas de sinistre. Car, d'une part, c'est la prime qui a non-seulement conservé mais même créé le droit à l'indemnité, et, d'autre part, ceux qui ont fait l'avance des frais ont évidemment concouru à la conservation de la chose.— V. ASSURANCES TERRESTRES, nos 150 et suiv.

Sect. 5e. — *Objets vendus et non payés.*

ART. 1er. — *Privilége proprement dit.*

351. — L'art. 2102-§ 4 attribue au vendeur d'effets mobiliers deux droits distincts, savoir : 1° un privilége, proprement dit, sur le prix de revente, 2° la revendication des objets vendus.

352. — La loi romaine reconnaissait bien au vendeur le droit de retenir la chose jusqu'au paiement du prix (ff., *Pignoris loco*, L. 22, *De hæred. vel act. vend.*); mais, en cas de dessaisissement, la loi ne lui accordait ni privilége ni droit de suite et le réduisait à une simple action personnelle, à moins de stipulation contraire.—L. 5, ff. *De trib. act. inst. de rer.*

353.—La loi romaine distinguait en outre entre les ventes faites à terme ou sans terme. Dans le premier cas le vendeur était considéré comme ayant suivi la foi de l'acheteur, et il ne pouvait exercer qu'une action personnelle en paiement du prix; dans le cas contraire il pouvait soit retenir la chose s'il ne l'avait pas encore livrée, soit la reprendre comme n'ayant point encore cessé de lui appartenir.—L. 19, ff., *De cont. empt.*

354. — Ces principes n'ont point été admis par les rédacteurs du Code civil. L'art. 2102 dispose, en effet, de la manière la plus formelle que le vendeur est privilégié, que la vente ait eu lieu à *terme ou sans terme.*

355. — Toutefois, la loi exige, pour que le privilége puisse être exercé, que le meuble vendu soit encore en la possession de l'acheteur. — Art. 2102, n° 4. — Il ne pourrait donc plus avoir lieu si la chose achetée avait été revendue et livrée à un tiers.

356. — Mais si l'acheteur, quoique ayant vendu, n'avait pas livré, ou bien si, sans avoir vendu, il ne s'était dessaisi de la chose que pour la confier à un fondé de pouvoir, le vendeur primitif conserverait son privilége. — Troplong, n° 184 *bis*; Delvincourt, t. 3, p. 275, notes; Grenier, t. 2, n° 316.

357. — Le privilège n'existerait pas si la chose vendue avait été mise en gage par l'acheteur, car dans ce cas il n'y aurait plus possession suffisante. — Troplong, n° 185. — *Contrà*, Zachariæ, t. 2, § 261, n° 4, note 22.

358. — Le privilége que la loi accorde au vendeur d'effets mobiliers ne peut être exercé que sur le prix de ces effets. On ne pourrait pas l'étendre aux suites naturelles du contrat comme dépens, dommages et intérêts; et s'il arrivait que, pour assurer l'exécution de leurs conventions, les parties y ajoutassent une clause pénale, il faudrait n'accorder le privilége que pour le prix principal et renvoyer le vendeur à se faire payer la peine stipulée par concurrence avec les créanciers chirographaires — Persil, art. 2102, § 4, n° 6.

359. — Les tiers qui ont fait l'avance des fonds pour l'acquisition des meubles peuvent, s'ils se sont fait subroger au droit du vendeur, exercer le privilége sur les meubles non payés.—Domat, *Comm.*, tit. *des hypoth.*, sect. 5, n° 5; Persil, *loc. cit.*; Rolland de Villargues, n° 118; Duranton, n° 127.

360. — Le vendeur d'objets mobiliers (de machines à vapeur par exemple) n'a plus, dès qu'ils sont devenus immeubles par destination par le fait de leur incorporation à un immeuble, ni privilége ni droit de revendication vis-à-vis des créanciers hypothécaires inscrits sur cet immeuble. — *Cass.*, 19 juin 1847 (t. 1er 1847, p. 708), Maire c. Guillermier.

361. — Cette solution fort précise a d'autant plus d'importance, que jusqu'ici les divers arrêts rendus par la Cour de cassation sur cette question pouvaient, par l'ambiguïté de leurs termes, laisser quelque obscurité. — Ainsi, par un premier arrêt du 22 janv. 1833 (Mirault c. Baugmartin), la Cour de cassation avait, il est vrai, décidé que le privilége du vendeur d'effets mobiliers se perd par l'immobilisation; mais les motifs de cet arrêt reconnaissaient que l'art. 593 C. de procéd. donne au vendeur un moyen de détruire l'immobilisation en détachant l'immeuble pour le faire vendre séparément, afin d'exercer son privilége sur le prix : d'où il semblait résulter que, dans la pensée des rédacteurs de l'arrêt, l'existence du privilége du vendeur était attachée à l'exercice du droit de saisie-exécution, qui en était la condition essentielle et inséparable.

362. — L'arrêt du 9 juin 1847 pose fort nettement en principe que le privilége se perd d'une manière absolue par l'immobilisation, que l'art. 593 du C. de procéd. n'a eu en vue que les objets dont le caractère mobilier n'a pas cessé par l'incorporation; et que cet article n'a pas voulu déroger aux dispositions du Code civil sur le régime hypothécaire, qui a pour base la publicité. — *Grenoble*, 18 janv. 1833, Mazade c. Leydier; *Paris*, 6 avril 1836, Chrétien c. Liévois; 24 nov. 1845 (t. 2 1845, p. 690), Hallette c. Clary; 25 juill. 1846 (t. 2 1846, p. 562), Maire c. Guillermier. — Duvergier, *Vente*, t. 1er, Contin. de Toullier, t. 16, n° 439,

363. — M. Troplong (n° 113) soutient, au contraire, que dans ce cas il faut nécessairement se décider en faveur du privilége. « En effet, dit-il, tant que le prix n'est pas payé, le vendeur conserve un droit réel sur la chose. Or on ne peut admettre que l'acheteur, en imprimant à cette chose une qualité purement métaphysique, et en changeant sa destination pour sa propre commodité, ait pu altérer les droits précis et intimes du vendeur et lui soustraire son gage; il n'était en son pouvoir de donner aux choses vendues qu'une destination imparfaite et subordonnée aux droits du vendeur. — V., en outre, *Vente*, t. 2, p. 631 et suiv., add. à l'art. 1654. — V., dans ce dernier sens, *Rouen*, 29 nov. 1837 (t. 2 1839, p. 184), N...; *Dijon*, 16 août 1842 (t. 1er 1846, p. 339), Hugon c. Franon; et Collect. belge, à leur date : *Bruxelles*, 16 août 1832, K... c. W...; *Gand*, 24 mai 1833, B... c. X... — V. BIENS, nos 110 et suiv.

364. — Dans tous les cas le privilége ne pourrait plus s'exercer si l'acquéreur avait changé l'espèce de la chose, et qu'au moyen de cette transformation la chose livrée eut cessé d'être ce qu'elle était; car, dans cette hypothèse, la perte du privilége serait fondée sur la perte de la chose elle-même. — Troplong, *loc. cit.*

365. — Des ouvriers qui ont vendu et mis en œuvre des bois et des planches employés à des constructions par eux faites pour le compte d'un locataire et sur le terrain loué par celui-ci, ne peuvent pas exercer le privilége accordé au vendeur par l'art. 2102-§ 4 C. civ. — Ils auraient seulement le droit de réclamer le privilége accordé par l'art. 2103, § 4, même Code, aux ouvriers employés pour construire un ouvrage quelconque, s'ils avaient rempli les formalités prescrites par cet article. — *Paris*, 30 déc. 1825, Oudet c. Cabanette-Conte.

366. — Jugé cependant que la circonstance que des objets vendus et non payés auraient été dénaturés et, par exemple, que des bois auraient été convertis en charbon n'empêche pas l'exercice du privilége du vendeur non payé sur ces bois, si leur identité est constante. — *Nancy*, 28 déc. 1829, Neltancourt c. Felvert.

367. — ... Et que ce privilége a lieu lorsque la vente a eu pour objet une mécanique ou tout autre effet mobilier toujours reconnaissable. — *Rouen*, 13 janvier 1824, Collier et Sevène c. Rouvin.

368. — Le vendeur d'une chose mobilière, qui a accepté en paiement du prix un billet souscrit par l'acheteur, ne conserve pas un privilége sur la chose vendue. — *Paris*, 14 déc. 1846, Perret c. de Fusi. — V. NOVATION.

369. — Le consentement que donne un vendeur originaire d'objets mobiliers à ce que le prix de la revente soit versé en partie aux mains d'un second vendeur, emporte renonciation à son propre privilége sur les objets vendus. — *Rouen*, 5 juin 1840 (t. 2 1840, p. 710), Mondet c. Legendre.

370. — Le vendeur d'une créance qui est encore en la possession de l'acheteur a, pour le paiement du prix de la vente, un privilége sur les sommes provenant de la créance vendue. — *Cass.*, 28 nov. 1827, Chamerois c. Bigot. — Troplong, no 187; Delvincourt, t. 3, p. 275, notes; Favard, vo *Privilége*, sect. 1re, § 2; Duranton, no 126. — *Contrà*, *Paris*, 18 mai 1825, Chamerois c. Bigot. — Persil, art. 2102, § 4, no 4.

371. — ... Et il ne saurait être considéré comme ayant renoncé à son privilége en acceptant une sûreté hypothécaire pour le paiement du prêt. — *Limoges*, 16 mai 1840 (t. 2 1840, p. 433), Raignol c. Albin.

372. — Lorsqu'il s'agit de marchandises proprement dites, on est généralement d'accord pour refuser au vendeur le privilége et ne lui accorder que le droit de revendication. — Tarrible, *Rép.*, vo *Privilége*, sect. 3, § 2, no 11; Grenier, t. 2, no 318; Pardessus, t. 4, p. 362 et 498; Boulay-Paty, t. 2, p. 20; Troplong, no 200. — *Contrà*, Persil, art. 2102, § 4.

373. — Lorsqu'un marchand, dit M. Troplong (*loc. cit.*), vend à un autre des objets destinés à entrer dans son commerce, il sait que ces objets seront mis en circulation; et il n'est pas possible qu'il vende avec espérance d'exercer un privilége, puisque le privilége ne peut avoir lieu qu'à la condition que la chose vendue est en la possession de l'acheteur. Il sait aussi que, le crédit faisant la base du commerce, les marchandises qui vont entrer dans les magasins de son acheteur appelleront la confiance, que le public y verra une garantie et apportera ses fonds dans la pensée qu'un actif suffisant reposant sur les marchandises répondra des sommes prêtées. La cause du vendeur est donc effacée ici par celle du public, et la vente des marchandises est par elle-même exclusive du privilége.

374. — Mais le contraire doit être décidé lorsque l'acheteur a acheté des objets qui ne devaient pas entrer dans son commerce, tels que meubles meublans, instrumens aratoires, glaces, bois de chauffage domestique. — La raison en est que ces choses ne sont pas destinées à être jetées dans le mouvement commercial et qu'elles ne peuvent tromper la confiance des prêteurs. — Tels sont les principes dont l'application dépend de l'appréciation souvent difficile d'actes de commerce réciproques. — Troplong (*loc. cit.*).

375. — Jugé, en ce sens, qu'il n'y a lieu au privilége sur le prix au profit du vendeur que lorsqu'il s'agit non de marchandises proprement dites, c'est-à-dire d'objets mobiliers achetés pour être revendus, mais de meubles que l'acheteur entend conserver. — *Aix*, 10 nov. 1834, Pontier c. A...; *Paris*, 5 avril 1838 (t. 1er 1838, p. 476), Foubert c. Charet. — *Contrà*, *Turin*, 16 déc. 1806, Curti c. Camesson.

376. — Le vendeur d'objets mobiliers non payés, et, spécialement, de métiers destinés à une filature, conserve, malgré la vente de la manufacture et des ustensiles qui en font partie, son privilége, pourvu qu'il l'ait réclamé avant la vente de cette manufacture, et bien qu'il ait laissé opérer cette vente sans exercer la revendication. — *Rouen*, 22 mai 1811, Godet c. Duquesnoy. — Delvincourt, t. 2, p. 275; Grenier, t. 2, p. 316; Persil (*loc. cit.*), § 4; Troplong, no 184.

377. — Le brevet, l'achalandage et le matériel d'une imprimerie peuvent servir de base au privilége de l'art. 2102-§ 4 du Code civil, si, malgré le temps écoulé depuis la vente, ces diverses valeurs peuvent être reconnues et appréciées, et s'il est possible de les considérer comme étant encore en la possession de l'acquéreur primitif ou de ses représentans à titre universel. — Peu importe que, dans l'intervalle, les objets soumis au privilége aient été cédés à un tiers, si cette cession a été plus tard annihilée par une rétrocession et si, au moment où s'exerce le privilége, ces objets se retrouvent en nature dans la possession du débiteur. — Il en est ainsi alors même que la rétrocession aurait eu lieu depuis la promulgation de la nouvelle loi sur les faillites. — *Rouen*, 7 août 1841 (t. 2 1841, p. 688), Achaintre c. Boussard.

378. — L'achalandage d'un fonds de commerce doit être rangé dans la classe des effets mobiliers pour le prix desquels l'art. 2102 accorde un privilége au vendeur. — C. civ., art. 2102, § 4. — Ce privilége s'étend sur le prix des meubles et ustensiles ayant fait partie de la vente, et dont l'identité peut être constatée. — *Paris*, 8 févr. 1834, Duguy c. Chevalier; 1er déc. 1834, Gesser c. Drouat.

379. — Mais jugé que le prix de vente de l'achalandage d'un fonds de commerce de détail, qui de sa nature est chose indéterminée et variable, n'est pas susceptible du privilége spécifié par l'art. 2102, § 4, C. civ., sous le prétexte que ce qui en est l'objet est encore en la possession du débiteur. — Dans le paiement qui a été fait en partie tant de ce fonds de commerce que des meubles et ustensiles nécessaires à son exploitation, il y a lieu d'imputer plutôt ce paiement à l'extinction de ce qui est dû pour ces meubles et ustensiles, comme étant plus onéreux, qu'à ce qui est dû pour le surplus. — *Paris*, 26 novemb. 1833, Rouquier c. Yon. — V. Pothier, *Oblig.*, nos 567; Delvincourt, *Cours de Code civil*, t. 2, p. 557; Toullier, *Droit civil*, t. 7, nos 179, et Duranton, *Droit français*, t. 12, no 199.

380. — Quant à la question de savoir si le privilége a lieu en matière de faillite: elle est désormais tranchée par l'art. 550 de la loi du 28 mai 1838, qui supprime, en cas de faillite, le privilége et le droit de revendication établis au profit du vendeur d'effets mobiliers par le no 4 de l'art. 2102 du Code civil. Cette innovation est, du reste, fondée sur ce motif indiqué par Troplong, que ces réserves occultes conservées au profit du vendeur étaient de nature à ébranler profondément le crédit commercial. — Renouard, *Tr. des Faillites*, t. 2, art. 546 à 550. — V. FAILLITE.

381. — Avant la loi nouvelle sur les faillites, le privilége du vendeur sur un fonds de commerce non payé pouvait être exercé, même en cas de faillite, sur le prix du fonds ou sur celui des ustensiles et dépendances cédés avec le fonds. — *Paris*, 2 avril 1840 (t. 1er 1840, p. 694), Vigoureux c. Brunet. — La jurisprudence paraissait fixée en ce sens sur ce point.

382. — Ainsi il a été jugé que le commerçant vendeur d'effets mobiliers avait, en cas de non-paiement de la part de l'acheteur tombé en faillite, un privilége sur le prix de la chose vendue, lors même qu'il ne pouvait pas exercer l'action en revendication. — *Cass.*, 23 déc. 1829, Aubry c. Collier; *Paris*, 25 juin 1831, Charre c. Marsault.

383. — Et qu'on ne pouvait opposer au vendeur le concordat consenti au failli par ses autres créanciers, lorsque aucune réclamation ne s'était élevée sur la réserve faite par le vendeur de son privilége. — *Paris*, 23 mai 1838 (t. 2 1838, p. 89), Leroux c. de Guingand.

384. — Jugé, en outre, que le vendeur d'un fonds de commerce avait, en cas de faillite de l'acheteur, un privilége non-seulement pour le prix des effets mobiliers par lui vendus, et qui se trouveraient encore en la possession de l'acheteur au moment de la revente, mais encore pour le prix de l'achalandage. — *Paris*, 8 juin 1837 (t. 2 1837, p. 18), Damême; *Cass.*, 2 janvier 1838 (t. 1er 1838, p. 125), Chevalier c. Duguy. — *Contrà*, *Paris*, 11 déc. 1822, Muraine c. Prudhon.

385. — Les mots *effets mobiliers* s'appliquent-ils aux offices et, en conséquence, l'officier ministériel démissionnaire a-t-il, sur le prix de la revente faite par son cessionnaire, le privilége de l'art. 2102? — « Dans les cas ordinaires de simple déconfiture, dit M. Renouard (*Traité des faillites*, t. 2, art. 550), le privilége du vendeur d'un office est reconnu par la jurisprudence. Le législateur ferait acte de haute sagesse s'il supprimait absolument cet imprudent appât à l'exagération du prix des charges. — Tout en nous associant à ce vœu, nous sommes forcés de reconnaître avec M. Troplong (no 187) qu'en présence des dispositions combinées des art. 535 et 529 qui placent les meubles incorporels, tels que *créances et offices*, dans la classe des effets mobiliers et de l'art. 2102 qui donne privilége au vendeur d'effets mobiliers il semble difficile, sous la législation actuelle, d'échapper à cette conséquence que la vente des créances ou offices doit être accompagnée d'un privilége. — V., du reste, vo OFFICE, nos 527 et suiv., de nombreuses décisions rendues sur cette matière.

ART. 2. — *Revendication.*

386. — Le second droit accordé au vendeur par l'article 2102 Code civ.-§ 4, est celui de revendiquer les objets mobiliers vendus et non payés.

387. — L'origine de ce droit remonte aux lois romaines, qui, nonobstant la tradition, ne considéraient la propriété comme transmise à l'acheteur qu'autant que le prix avait été payé: *si pretium solverit*; à moins que ce dernier ne fût en mesure de prouver que le vendeur avait entendu transmettre immédiatement et sans autre condition la propriété de la chose vendue. — Justinien, *Inst.*, *De divisione rerum*, § 41; Pothier, *Pand. Just.* 41, 1, 60.

388. — C'est ce qui explique pourquoi la revendication ne peut être admise que dans le cas où la vente a eu lieu *sans terme*. Trois autres conditions sont, en outre, imposées par le Code civil: 1o que la chose vendue soit encore en la possession de l'acheteur; 2o qu'elle existe en nature; 3o que la revendication soit exercée dans un délai de huitaine, à partir de la livraison. — C. civ., art. 2102, § 4.

389. — La revendication accordée par l'art. 2102 C. civil au vendeur de meubles et d'objets mobiliers, lorsqu'elle est reconnue régulière et bien fondée, met obstacle à l'exercice du privilége du propriétaire de la maison dans laquelle les meubles ont été apportées pour la garnir. — *Paris*, 24 juill. 1847 (t. 2 1847, p. 251), de Belbœuf c. Joly-Leclerc. — Nous avons vu *suprà* que le privilége du bailleur ne s'étend aux meubles introduits dans les lieux loués qu'autant qu'ils sont, au moins en apparence, la propriété du preneur. Si donc il est notoire, même pour le propriétaire, que les meubles n'appartiennent point au locataire, le privilége n'a point lieu. A plus forte raison en doit-il être ainsi alors qu'au moyen d'une revendication régulière le vendeur reprend ce dont il est réputé n'avoir point été dessaisi.

390. — Jugé que sous l'empire de la coutume de Paris le vendeur à terme d'effets mobiliers n'avait pas le droit de les revendiquer lorsqu'ils avaient été saisis sur l'acheteur, mais qu'il avait un privilége sur le prix de ces effets. — *Paris*, 9 vent. an XI, Lardenois c. Jaulais.

391. — Le vendeur d'objets mobiliers non payés ne peut exercer son droit de revendication que si les objets vendus se trouvent encore en la possession de l'acheteur. Dès lors la revendication n'est plus possible si l'acheteur a lui-même disposé des objets mobiliers en faveur d'un tiers, et si ce tiers, bien que ne s'emparant pas matériellement des objets vendus, a cependant indiqué son droit de propriété et la livraison qu'il prenait des objets par des signes apparens, usités dans le commerce, en raison de la nature particulière des choses objet de la vente; si, par exemple, les objets mobiliers vendus étant des bois destinés à la marine, le tiers, sans les faire enlever immédiatement du chantier, les a pourtant marqués de son marteau. — *Rouen*, 23 mars 1844 (t. 1er 1844, p. 617), Leroux et Leméo c. Marais. — Pardessus, t. 2, p. 313; Troplong, no 195.

392. — Le négociant vendeur de marchandises, qui n'a pas été payé de son prix, peut revendiquer les marchandises vendues, s'il se trouve dans le cas prévu par le Code de commerce; mais il ne peut, en vertu de l'art. 2102, réclamer un privilége sur le prix des choses qu'il ne peut plus revendiquer. — *Turin*, 16 fév. 1810, Cure c. Bert;

Douai, 25 avr. 1836, Gangel c. Curru-Delannoy. — Merlin, *Rép.*, vº *Privilége de créance*, sect. 3, § 2, nº 11, et *Quest.*, vº *Privilége*, § 1er; Favard, vº *Faillite*; Grenier, *Des hypothèques*, t. 2, nº 318; Troplong, t. 1er, nº 200; Pardessus, t. 4, p. 462, et Boulay-Paty, t. 2, nº 358.—*Contrà* Persil, *Régime hypoth.*, sur l'art. 2102.

393. — Du principe que les objets mobiliers vendus doivent exister en nature au moment de la revendication, il résulte qu'elle ne pourrait plus être exercée si le vin vendu avait été mis en bouteilles ou si des comestibles avaient été entamés. — Tarrible, *Rép.*, sect. 3, § 2, nº 12; Troplong, nº 196.

394. — Des arbres plantés depuis quelques jours seulement ont subi par la plantation même un changement d'état qui les rend non susceptibles de revendication.—*Paris*, 9 avr. 1821, Trésor c. Nicolas.

395. — En exerçant l'action en revendication, le vendeur d'objets mobiliers non payés n'est pas censé renoncer à son privilége, surtout s'il se l'est expressément réservé.—*Nancy*, 28 déc. 1829, Nettancourt c. Folvert.

396. — La revendication accordée par l'art. 2102 C. civ. au vendeur de meubles et d'objets mobiliers, met, lorsqu'elle est régulière et bien fondée, obstacle à l'exercice du privilége du propriétaire de la maison dans laquelle les meubles ont été apportés pour la garnir. — *Poitiers*, 30 juin 1825, Guiraud c. Ricard; *Paris*, 24 juill. 1847 (t. 2 1847, p. 251), Belbœuf c. Joly-Leclerc. — Troplong, nº 151.

397.—Le délai de huit jours fixé pour la revendication étant écoulé, le vendeur perd son droit de revendiquer; mais il peut recourir à un moyen moins direct mais plus large: à l'action en résolution du contrat, qui lui est unanimement accordée. Ainsi une triple garantie est offerte au vendeur non payé, savoir: le privilége et la revendication, dont parle l'art. 2102-§ 4, et l'action en résolution, autorisée par les art. 1656 et 1184 du Code civil. — Troplong, nº 198.—V. RÉSOLUTION.

Sect. 6e. — *Aubergistes.*

398.—L'aubergiste est privilégié pour ses fournitures sur les effets des voyageurs qui ont été transportés dans son auberge. — Art. 2102, § 5.

399. — Ce privilége a lieu pour la nourriture, le logement et autres accessoires fournis au voyageur; mais non pour les avances faites à l'aubergiste, qui rentrent dans la classe des créances ordinaires. — Duranton, nº 128.

400. — Il existe également en faveur des logeurs en garni (Duranton, *ibid*). Mais il ne saurait s'étendre à ceux qui tiennent des mauvais lieux, ni aux cabaretiers, ni à ceux qui donnent uniquement à boire et à manger. — Dumoulin sur l'art. 175 de la coutume de Paris; Troplong, nº 202.

401. — Ce privilége s'exerce sur le prix des chevaux, bœufs et équipages qui auraient été introduits dans l'auberge. — Troplong, nº 204; Delvincourt, t. 3, nº 276; Grenier, t. 2, nº 319.

402.—Toutefois: bien que ce privilége s'étende à tous les objets transportés dans l'auberge, il n'y faudrait pas comprendre les habits qui couvrent le voyageur. — Arrêt du Parlement de Paris du 18 mars 1595. — Troplong, nº 204.

403. — Jugé que le privilége de l'aubergiste ne s'étend que sur les effets apportés par le voyageur et qui lui appartiennent; et non sur ceux loués à ce dernier, surtout lorsque l'aubergiste a connaissance du contrat de louage. — *Colmar*, 26 avr. 1816, Schol c. Strub.

404.—Nous ne pouvons dissimuler, dit M. Persil (*Quest. sur les priviléges et hypoth.*, t. 1er, p. 55), que cet arrêt nous paraît basé sur des principes entièrement erronés. Ce n'est qu'en ajoutant à la loi et qu'en altérant même ses dispositions qu'on a pu dire que les effets des voyageurs dont parle le § 5 de l'art. 2102 n'étaient autres que ceux qui lui appartenaient, et, pour nous servir des expressions de l'arrêt, ceux qui étaient sa propriété. Non, la loi ne dit pas cela et ne pourrait pas le dire. Quand un voyageur arrive dans une auberge et qu'il y séjourne, l'aubergiste ne peut savoir si la malle qu'il porte, si les chevaux, la voiture qu'il amène lui appartiennent ou non: pour l'aubergiste, la présomption est qu'ils sont sa propriété; et comme en fait de meubles la possession vaut titre, tous les effets sont à lui par cela seul qu'il les possède. Autrement, voyez les inconvéniens et les nombreuses contradictions qu'on supposerait à la loi. L'aubergiste ne serait jamais tranquille pour le paiement de ses avances, de ses fournitures: vainement le voyageur présenterait une grande solvabilité; vainement son attirail, ses équipages, ses autres effets paraîtraient plus que suffisans pour payer sa dépense, puisqu'au moment où l'aubergiste voudrait les saisir un officieux ami viendrait les revendiquer.

405. — MM. Troplong (nº 204) et Duranton partagent cette opinion; toutefois ils pensent qu'il faudrait refuser le privilége dans le cas où il serait prouvé que l'aubergiste avait été averti que les effets transportés chez lui n'appartenaient pas au voyageur.

406.—Comme le créancier auquel on a donné un gage, l'aubergiste ne peut exercer son privilége qu'autant qu'il est encore nanti des effets, chevaux et équipages du voyageur. S'il les lui laisse emporter ou emmener hors de l'auberge, il est censé avoir renoncé à son privilége et il n'a plus qu'une créance ordinaire. — Troplong, nº 206; Persil, art. 2102, § 5, nº 3.

407. — Avant le Code civ., le droit de rétention et de privilége accordé à l'aubergiste sur les effets des voyageurs ne s'étendait pas aux fournitures faites lors d'un précédent voyage. — *Rouen*, 16 mess. an VIII, Clément c. Baudoin. — Il en serait de même sous le Code civ. — Delvincourt, t. 3, p. 276; Grenier, t. 2, nº 319; Troplong, t. 1er, nº 206; Rolland de Villargues, nº 126; Duranton, nº 129.—En effet, en n'exerçant pas ce droit de rétention lors des précédens voyages, il est censé avoir renoncé à son privilége, et ce privilége ne peut s'exercer que lorsque les effets sont encore entre ses mains. — V., en outre, Tarrible, *Rép.*, vº *Privilége*.—Quant au droit de rétention et de privilége, il était, avant le Code, consacré par un grand nombre de coutumes.—Cout. Paris, art. 135; Calais, art. 243; Melun, art. 328; Etampes, art. 154; Montfort, art. 180; Mantes, art. 188; Reims, art. 395; Berry, tit. 29, art. 20; Bourbonnais, art. 135, etc.

Sect. 7e. — *Voituriers.*

408. — Les frais de voiture et les dépenses accessoires sont privilégiés sur la chose voiturée. —Art. 2102, § 6.

409. — Par frais accessoires, on entend toutes les dépenses qui ont eu lieu à l'occasion du transport ou dans l'intérêt de la chose transportée: telles que réparations de tonneaux contenant des liquides, droits de douane, d'entrée, et autres semblables. — Persil, *loc. cit.*, § 6, nº 4; Rolland de Villargues, nº 129; Duranton, nº 133.

410. — Peu importe que le transport ait eu lieu par terre ou par eau, la loi ne fait aucune distinction. — Duranton, *ibid.*

411. — Le voiturier ne peut exercer le privilége de l'art. 2102-§ 6 sur les marchandises par lui transportées et restées en sa possession que pour le prix du transport de ces mêmes marchandises, et non pour le prix non payé de transports antérieurs de marchandises dont la remise a été faite au destinataire. Il en est ainsi alors même que tous ces transports auraient eu lieu en exécution d'une convention unique qui aurait fixé à l'avance et pour un temps déterminé le prix de chacun d'eux. — *Rouen*, 5 juin 1847 (t. 2 1849, p. 171), Blanche c. Compagnie du chemin de fer de Paris à Rouen; *Cass.*, 13 févr. 1849 (t. 2 1849, p. 171), mêmes parties. — Troplong, nº 207 *bis*; Vanhuffel, *Du contrat de louage appliqué aux voituriers*, nº 64.

412. — Un arrêt rendu par la Cour de cassation, le 23 juillet 1819 (Bourgoin c. Feuillet), semble contrarier cette jurisprudence; mais on remarquera que la Cour de cassation ne décide point d'une manière explicite que l'entrepreneur de flottage est privilégié sur le bois qui lui est confié actuellement, non-seulement pour le prix de ce flottage, mais encore pour celui non payé de tous les flottages antérieurs qu'il a conduits pour le même marchand de bois: elle n'a point proscrit les moyens du pourvoi par des raisons contraires; elle n'en a même point examiné le mérite. Le demandeur en cassation argumentait comme s'il eût été certain, *en point de fait*, que les bois revendiqués avaient été amenés dans le port de Clamecy par le dernier flottage. La Cour a examiné d'abord si ce point de fait était exact: elle a reconnu qu'il ne s'était élevé entre les parties litigantes aucun débat sur la question de savoir à quel flot appartenait la partie de bois qui formait l'objet de la contestation; et de ce que l'arrêt dénoncé n'établissait point en fait que les bois saisis appartenaient au dernier flottage et ne provenaient pas des divers flottages dont le prix était réclamé, la Cour régulatrice en a tiré cette conséquence, rigoureuse mais juste, que la Cour de Bourges n'avait violé aucune loi en décidant que les bois dont s'agit étaient affectés au privilége établi par l'art. 2102 C. civ.

413. — MM. Goujet et Merger (*Dict. du droit commercial*, vº *Voiturier*, nº 64) proposent sur ce point la distinction suivante: « Quand la chose à transporter, disent-ils, est l'objet d'autant de contrats séparés qu'il y a de transports, le privilége ne saurait s'étendre d'un voyage à un autre. Mais il en est autrement quand il s'agit de transport en bloc d'objets déterminés, lequel ne peut s'effectuer qu'au moyen de plusieurs transports partiels et réitérés. Il n'y a, dans ce cas, qu'un seul contrat, un seul prix, et chaque partie des objets transportés est affectée par privilége à la sûreté du paiement de la totalité de ce prix. Le voiturier peut donc réclamer, lors de la livraison des derniers transports, le paiement de ce qui lui est dû pour le transport de tous les objets. » Cette distinction nous paraît équitable et ne renferme rien qui soit contraire au texte et à l'esprit de la loi.

414. — Jugé qu'un entrepreneur de transports, et spécialement un entrepreneur de flottage de bois, peut se faire payer sur le prix de chaque partie de la chose transportée, non-seulement du prix du transport de cette partie de la chose, mais du prix du transport de la totalité de la chose. — *Bourges*, 13 déc. 1817, Feuillet c. Bourgoin.

415. — Le voiturier perd-il le privilége que lui assure le § 6 de l'art. 2102, lorsqu'il s'est dessaisi de la chose voiturée? Cette question est fort controversée. —V., pour l'affirmative, *Rouen*, 28 mars 1844 (t. 1er 1844, p. 607), Leroux et Lemée c. Marais. — Delvincourt, t. 3, p. 212, note du nº 3; Persil, sur l'art. 2102, § 6, nos 1 et 2. — *Contrà*, *Paris*, 2 août 1809, Caquet c. Brucelle. — Pardessus, *Cours de droit commercial*, t. 3, nº 1205; Troplong, t. 1er, nº 1205; Duranton, nº 134; Goujet et Merger, *Dict. du droit comm.*, vº *Voiturier*, nº 60.

416. — Il n'y a pas de délai nécessaire, dit M. Duranton (*loc. cit.*), dont nous adoptons complétement l'opinion, pour l'exercice du privilége du voiturier. Il n'est pas non plus nécessaire qu'il soit nanti des objets. Mais, s'il repartait sans être payé et sans se mettre en mesure par des poursuites judiciaires, ou s'il se dessaisissait de la lettre de voiture ou qu'il reçût en paiement un billet du débiteur, son privilége cesserait.

417. — Si, en principe, le privilége du voiturier sur la chose voiturée ne peut plus s'exercer lorsque cette chose n'est plus en sa possession, et surtout lorsqu'elle est passée en mains tierces, on ne peut le décider ainsi lorsque, bien que vendue, et frappée de la marque de l'acquéreur, la chose voiturée (des bois, par exemple) est demeurée sur un port entrepôt commun où elle était déposée tant en faveur du voiturier, pour l'exercice de son privilége, que du propriétaire pour la mise en vente; dans ce cas on ne saurait dire que les bois ne sont plus en la possession du voiturier, et il peut, tant qu'il n'y a pas eu déplacement et enlèvement de ces bois, réclamer son privilége. — *Cass.*, 13 avr. 1840 (t. 1er 1840, p. 597), Vassal c. l'agent général de la compagnie des petites rivières du département de la Nièvre.

418. — Celui qui loue à un voiturier par eau son travail et ses chevaux pour la remonte d'un bateau chargé de marchandises n'a pas privilége sur les marchandises transportées, pour le paiement de son salaire et du louage de ses chevaux. Il ne peut agir directement, mais seulement en qualité de créancier des voituriers contre les propriétaires de la chose voiturée. — *Nîmes*, 19 août 1812, Fournier c. Martouset et Métra.

419. — Si les frais de voiture ont été acquittés par un tiers sans subrogation dans le droit du voiturier, le privilége est éteint et le tiers n'est admis que comme un simple créancier chirographaire. — Persil, *loc. cit.*; Rolland de Villargues, *ibid.*

Sect. 8e. — *Cautionnement des fonctionnaires publics.*

420. — Les cautionnemens des fonctionnaires publics sont soumis à un double privilége. Le premier a lieu soit au profit de l'Etat, soit au profit des particuliers pour l'acquittement des condamnations résultant d'abus ou de prévarications commis par les fonctionnaires publics dans l'exercice de leurs fonctions. — C. civ., art. 2102, § 7.

421. — Des lois spéciales affectent, en outre, le cautionnement des fonctionnaires publics, sous certaines conditions déterminées, en faveur des personnes qui en ont fourni les fonds en tout ou en partie. — V. L. du 25 niv. et du 6 vent. an XIII, décr. des 28 août 1808 et 22 déc. 1812.— Les diverses questions auxquelles donne lieu ce double privilége ayant été traitées *in extenso* sous les mots : *Cautionnement des fonctionnaires publics* et *Faits de charge*, nous nous bornerons à enregistrer ici la décision suivante, postérieure à la publication de ces articles. — V. CAUTIONNEMENT DES FONCTIONNAIRES PUBLICS, FAITS DE CHARGE.

422. — Le bailleur de fonds du cautionnement d'un comptable ou d'un officier ministériel ne peut obtenir le privilége de second ordre qu'autant qu'il y a une déclaration notariée en sa faveur et que cette déclaration a été inscrite à la caisse d'amortissement. — *Cass.*, 4 décemb. 1848 (t. 1er 1849, p. 1re), Crassous c. Richardson.

CHAPITRE IV. — *Privilége sur les immeubles.*

423. — Il y a des créanciers qui sont privilégiés sur les immeubles ; ce sont : 1° le vendeur, sur l'immeuble vendu, pour le paiement du prix ; 2° ceux qui ont fourni les deniers pour l'acquisition d'un immeuble ; 3° les cohéritiers sur les immeubles de la succession ; 4° les architectes, entrepreneurs, maçons, etc., pour constructions et réparations faites par eux ; 5° les prêteurs de deniers destinés au paiement des ouvriers. — C. civ., art. 2103.

Sect. 1re. — *Vendeur.*

424. — Le vendeur d'un immeuble a privilége sur l'immeuble vendu pour le paiement du prix. S'il y a plusieurs ventes successives dont le prix soit dû en tout ou en partie, le premier vendeur est préféré au second, le deuxième au troisième, et ainsi de suite. — C. civ., art. 2103.

425. — Il est indifférent que l'acte de vente soit authentique ou sous seing privé. Il suffit qu'il soit constant que le prix est dû et que le contrat de vente constate cette dette. — Tarrible, *Rép.*, v° *Privilége*, sect. 4, n° 1er ; Duranton, n° 159.

426. — Indépendamment du privilége que lui accorde l'art. 2103 du C. civ., le vendeur d'immeubles non payé a un droit tout à fait distinct et beaucoup plus étendu, en vertu duquel il peut, sans être assujetti aux mêmes formalités, demander la résiliation de la vente tant contre les créanciers de l'acheteur que vis-à-vis de l'acheteur lui-même. — *Cass.*, 2 déc. 1811, Mugnot c. Renaud ; *Rouen*, 4 juill. 1815, Morel c. Duroule ; *Paris*, 11 mars 1816, Dubos c. Roinville ; *Cass.*, 3 décemb. 1817, Commune de Chappes c. Cham-Saint-Flour. — Troplong, n° 222 ; Duranton, nos 151 et suiv.

ART. 1er. — *A qui profite le privilége.*

427. — Le bailleur à rente est privilégié pour le paiement du prix.— *Cass.*, 7 mars 1811, Corot c. Juin. — V. RENTE FONCIÈRE.

428. — Le vendeur d'un droit d'usufruit d'immeuble peut aussi, en cas de non-paiement, exercer le privilége de l'art. 2103 (n° 1er), et demander la résiliation du contrat. — Duranton, n° 154.

429. — Le cessionnaire du vendeur jouit du même privilége que le vendeur lui-même, et exerce les mêmes droits en son lieu et place. — Troplong, n° 217.

430. — L'échangiste a privilége pour le montant du retour stipulé en argent.— *Turin*, 10 juill. 1813, Tribaudino c. Brun. — Cette question, résolue affirmativement par les motifs de l'arrêt, l'est également dans ce sens par M. Troplong (n° 215). « Ce retour, dit-il, est un véritable prix, et rien ne s'oppose à ce que la vente se trouve mêlée avec l'échange, et alors elle doit produire tout son effet et jouir de tous ses priviléges. — V. aussi, en ce sens, Grenier, *Hyp.*, t. 2, n° 387 ; Delvincourt, t. 3, p. 280, note 5 ; Persil, art. 2103, § 1er, nos 11 et 12 ; Duranton, n° 155 ; Zachariæ, t. 2, § 263, n° 1er, note 7.

431. — Mais jugé qu'il n'y a pas lieu au privilége de vendeur au profit de l'échangiste, en raison de la garantie éventuelle pour le cas d'éviction. — Même arrêt. — Troplong, n° 200 *bis* ; Duranton, n° 155.

432. — ... Ni pour le paiement des dommages-intérêts auxquels il soutient avoir droit pour raison de la non-jouissance momentanée de la chose qu'il a reçue en contre-échange. — *Paris*, 20 janv. 1834, Mallet c. Lavaisse.

433. — Le privilége ne pourrait non plus être étendu à l'acquéreur à pacte de réméré qui n'aurait pas été remboursé de tout ou partie du prix. Le réméré n'est pas une vente nouvelle, mais une simple résolution de la vente consommée. — Tarrible, sect. 4, § 5, n° 5 ; Grenier, t. 2, n° 390 ; Troplong, n° 214 ; Duranton, n° 157.

434. — Toutefois : l'acquéreur à pacte de rachat qui n'a consenti à la revente des biens par son vendeur qu'à la condition qu'il serait payé sur le prix, a, pour son remboursement, un droit de préférence sur les créanciers hypothécaires du vendeur inscrits depuis la vente. — *Colmar*, 12 juin 1816, Clauss. — Cette décision nous paraît sans difficulté, en raison de la condition apposée par l'acquéreur au consentement qu'il donnait à la vente : condition dont l'accomplissement pouvait seul faire réputer utilement exercée une faculté de rachat sans laquelle les hypothèques consenties depuis la vente n'avaient aucune force.

435. — Lorsqu'un acquéreur sous faculté de rachat a été chargé par son contrat de payer une dette privilégiée sur l'immeuble et que ce paiement a eu lieu, le privilége est éteint ; dès lors celui qui, s'étant rendu cessionnaire de la faculté de rachat, l'a exercée en remboursant à l'acquéreur les sommes par lui payées, ne peut, s'il est attaqué par d'autres créanciers hypothécaires, leur opposer ce privilége, et prétendre qu'il est subrogé aux droits du créancier remboursé. — *Paris*, 9 févr. 1822, Vinchon c. Dupuis. — Merlin, *Répert.*, v° *Privilége de créance*, sect. 4e, § 5, n° 5.

436. — Le donateur ne saurait être assimilé au vendeur. Il n'a donc pas droit au privilége de l'art. 213. Il a seulement une action en résolution en cas d'inexécution des clauses de la donation (art. 954 C. civ.) — Troplong, n° 216 ; Grenier, t. 2, n° 387 ; Delvincourt, t. 3, p. 280, à la note ; Duranton, n° 156.

437. — Le privilége du vendeur ne peut de plein droit être étendu au créancier, au profit duquel l'acquéreur s'est obligé, en diminution du prix d'acquisition, de servir une rente. — *Bruxelles*, 14 janv. 1817, Dombrise c. Thiriar.

438. — L'acte par lequel le propriétaire d'un immeuble en vend une partie à un tiers et forme en même temps avec l'acquéreur une société dans laquelle il apporte la portion non vendue, laquelle lui est assurée par un nombre équivalent d'actions, ne lui donne droit au privilége de vendeur que sur la partie de prix représentative de ce qui a fait l'objet de la vente, et non sur la totalité du prix de l'immeuble. — *Cass.*, 13 juill. 1841 (t. 2 1841, p. 233), Lesterps c. Chagot.

439. — Le propriétaire d'un mur dont la mitoyenneté a été acquise par le voisin ne peut pas, pour le paiement du prix de cette mitoyenneté, invoquer le privilége accordé au vendeur par l'art. 2103 C. civ. — *Paris*, 23 juill. 1833, Hagermann c. Lavaysse.

440. — L'action que l'acquéreur évincé a le droit d'exercer contre son vendeur en répétition de ce qu'il lui a payé ne constitue pas à son profit une créance privilégiée qui puisse venir par préférence aux autres créanciers du vendeur failli. — *Liége*, 8 déc. 1831, Donckier c. Dubois.

441. — L'adjudicataire ne peut être colloqué par privilége pour l'indemnité qui lui est due, à raison des dégradations commises sur l'immeuble saisi postérieurement à l'apposition des affiches. Il a seulement une action pour faire condamner, même par corps, l'auteur de ces dégradations à des dommages-intérêts. — *Paris*, 2 janv. 1810, Pezé de Corval c. Grandin. — V. Carré, n° 2314, et Thomine, t. 2, p. 227.

ART. 2. — *Sur quoi s'exerce ce privilége.*

442. — Le privilége du vendeur ne s'exerce que sur l'immeuble vendu et non sur d'autres acquisitions contiguës qui auraient été faites, encore que l'acquéreur eût formé du tout un seul et même enclos. — Duranton, n° 158 ; Persil, art. 2103, § 1er, n° 8.

443. — Ce privilége est restreint au prix de l'immeuble seul et ne peut être étendu à la valeur des constructions que l'acquéreur a fait élever sur le terrain vendu. — *Lyon*, 26 janv. 1835, Piolat c. Rivet.

444. — Mais le privilége ne subsisterait pas moins si l'immeuble vendu avait été dénaturé, si, par exemple, on y avait fait des plantations ou des constructions nouvelles ; car le privilége comme l'hypothèque (art. 2133 C. civ.) s'étend à toutes les améliorations. — Duranton, *loc. cit.*

445. — Jugé cependant qu'on ne peut considérer comme améliorations, dans le sens de l'art. 2133 C. civ., des constructions élevées, depuis la vente, sur un terrain entièrement nu ; et le privilége du vendeur ne peut s'étendre à ces constructions, encore bien que ce privilége ait été stipulé par le contrat. — C. civ., art. 2133. — *Paris*, 6 mars 1834, Périssé c. Robart.

446. — Le créancier qui a privilége sur plusieurs immeubles vendus dont le prix est à distribuer, peut l'exercer sur celui de ces immeubles qu'il veut choisir. — *Paris*, 31 août 1810, N... — V. ORDRE.

ART. 3. — *Sommes auxquelles le privilége du vendeur s'applique.*

447. — Lorsqu'une rente viagère fait partie intégrante du prix d'une vente, elle jouit, comme le prix principal, du privilége que la loi accorde à tout vendeur d'immeubles. — *Orléans*, 8 juill. 1846 (t. 2 1845, p. 492), Chevalier c. Pelletier.

448. — Le privilége de vendeur d'un immeuble s'étend-il au supplément du prix qui lui aurait été alloué par une convention ou décision postérieure à la vente ? — L'affirmative a été décidée par un arrêt de Bordeaux du 23 avr. 1836 (Gardonne c. Collier).— « Mais cette décision que les circonstances de la cause justifiaient, dit M. Troplong (n° 219, à la note), ne porte aucune atteinte au principe que nous avons posé, qu'il ne faut considérer comme privilége que le prix *tel qu'il est stipulé dans le contrat.* » — M. Duranton (n° 160) approuve, au contraire, l'arrêt ci-dessus. « Il ne faut pas douter, dit-il à son tour, que le privilége n'existe aussi pour le supplément du prix ; car, dans le cas de vente à vil prix, il peut être considéré comme faisant partie du prix dans les rapports du vendeur avec l'acheteur. »

449. — Le privilége du vendeur embrasse, indépendamment du capital, tous les intérêts échus depuis l'acte de vente. — Sous l'ancienne jurisprudence, on colloquait au même rang que le capital les intérêts non prescrits. — V. Despeisses, t. 1er, tit. *Achats et ventes* ; Larocheflavin, liv. 6, tit. 54, art. 1er ; Catelan, liv. 6, chap. 5 ; Lamoignon, tit. *De la vente* ; D'Héricourt, chap. 11, sect. 2e, n° 39 ; Serres, liv. 2, tit. 1er, n° 40 ; Rousseaud Lacolombe, v° *Vente*, sect. 4e ; D'Olive, *Quest. not.*, liv. 4, chap. 21 (qui atteste qu'au Parlement de Paris et au Parlement de Bordeaux on colloquait pour les intérêts au même rang que pour le capital, tandis qu'à Toulouse les intérêts n'étaient colloqués qu'après tous les capitaux).

450. — La Cour de Nîmes avait cependant jugé, le 12 déc. 1811 (Fouard c. Margier), que l'inscription prise par le vendeur ne conservait le privilége que pour deux années d'intérêts et l'année courante. — C'est aussi l'opinion de M. Persil (*Régime hyp.*, art. 2151, n° 8), de Delvincourt (p. 359, note 10) et d'Hua (*Comment.* sur l'art. 17 L. 11 brum. an VII).—V. aussi Grenier, *Des hyp.*, t. 1er, n° 103. — Mais la Cour de cassation, par son arrêt du 5 mars 1816 (Sapey c. Lambilly et Jourdan), nous paraît avoir fixé le véritable sens de la loi. — La Cour d'appel d'Angers, devant laquelle la cause fut renvoyée, s'étant prononcée, par arrêt du 12 juill. 1816, dans le sens de la Cour de Rennes, un débat solennel s'engagea devant la Cour de cassation, qui, par un arrêt du 1er mars 1817, annula l'arrêt d'Angers. — La Cour de Paris, saisie du renvoi, se rangea, par arrêt du 31 mai 1818, à l'opinion de la Cour de cassation. — Conf. *Cass.*, 16 mars 1820, Grandjaquet c. Pillot ; *Bourges*, 25 mai 1827, Daiguzon c. Fauconneau ; 24 mai 1829, Potherat c. Delaforêt et Champion ; *Paris*, 7 déc. 1831, Levrat c. Poullain, Dumont et Gillot ; *Cass.*, 9 juill. 1834, Poullain c. Levrat ; *Bordeaux*, 23 avr. 1836 (t. 1er 1837, p. 50), Gardonne c. Collier. — Favard de Langlade, *Inscript. hyp.*, sect. 7, n° 12 ; Troplong, *Comment. sur les hyp.*, t. 1er, n° 119 ; Duranton, t. 19, n° 160 ; Mailher de Chassat, *Comment. approfondi sur le Code civil*, t. 2, p. 211, n° 7 ; Zachariæ, t. 2, § 263, n° 1 ; Rolland de Villargues, v° *Privilége*, n° 167.

451. — Le privilége accordé au vendeur, pour le principal et les intérêts, s'étend également aux frais du contrat de vente et à ceux de transcription que le vendeur aurait pu avancer, sauf son recours contre l'acquéreur. Ce sont là encore des accessoires du prix ; ces frais sont occasionnés par la nécessité de régulariser le titre de créance, afin de mettre le vendeur à même de se faire payer. — Grenier, t. 2, no 384 ; Rolland de Villargues, no 168 ; Troplong, no 220.

452. — Jugé cependant que le privilége accordé au vendeur sur l'immeuble vendu, pour le paiement du prix, ne s'étend pas aux frais du contrat et à ceux d'enregistrement qu'il a été forcé de rembourser au notaire. — *Caen*, 7 juin 1837 (t. 2 1837, p. 417), Hebert et Saffray c. Letouzey et Thomasse. — Persil, art. 2103, no 3 ; Duranton, no 162.

453. — Mais le vendeur n'a aucun privilége pour les dommages-intérêts qui peuvent lui être dus pour dégradations ou inexécution du contrat ; les dommages-intérêts ne font pas partie du prix et ne s'y rattachent qu'indirectement. — Troplong, no 221 ; Delvincourt, t. 3, p. 280, no 5 ; Grenier, t. 2, no 384 ; Rolland de Villargues, no 169 ; Duranton, *loc. cit.*, à la note.

ART. 4. — *Renonciation tacite, quittance, billets à ordre.*

454. — Le privilége du vendeur ne peut être exercé qu'autant que le contrat de vente ne porte pas quittance du prix. La production d'une contre-lettre établissant que le prix n'a pas été payé ne suffirait pas pour établir le privilége du vendeur, car, aux termes de l'art. 1321 C. civ., les contre-lettres sont sans effet à l'égard des tiers. — Tarrible, sect. 4, § 1er ; Grenier, no 385 ; Rolland de Villargues, no 171 ; Persil, art. 2103, § 1er, no 7.

455. — Le vendeur conserve son privilége, bien que dans l'acte de vente d'un immeuble le prix ait été stipulé en rente. — *Liége*, 18 janv. 1812, Corswaremme c. Poirin ; *Bruxelles*, 3 juin 1817, Dupuis et Vankrikengen c. Joris et Moretus.

456. — La question de savoir si le vendeur conserve son privilége lorsque le contrat porte que le prix a été payé en billets à ordre est controversée. — Le motif sur lequel s'appuient les partisans de l'affirmative, c'est que le paiement en billets est toujours subordonné à la condition de l'encaissement. — V., en ce sens, Pardessus, t. 2, p. 158 ; Merlin, *Rép.*, vo *Novation* ; Troplong, no 199 *bis*. — Dans l'opinion contraire, on soutient qu'il y a eu nécessairement novation. — V. Domat, liv. 5, t. 1er, sect. 5, no 4 ; Grenier, no 385 ; Rolland de Villargues, no 172. — V. NOVATION.

457. — Dans tous les cas, le vendeur d'un immeuble qui a reçu en billets le prix de la vente, avec réserve de son privilége, peut l'exercer pour la portion de ce prix non payée. — *Turin*, 20 avr. 1813, Giani c. Morelli ; 3 mai 1837 (t. 2 1837, p. 114), Sancan c. Mourlan.

458. — Les billets à ordre donnés en paiement du prix d'une vente d'immeubles jouissent du privilége du vendeur, même dans les mains des tiers, lorsque le contrat de vente constate ce mode de paiement, que les billets sont causés pour prix d'immeubles vendus, et que d'ailleurs l'identité de ces billets est constante. — Les tiers auxquels ces billets ont été transmis ont le droit de se faire payer le montant entier de la créance, quoique des à-compte non émargés sur les billets eussent été payés par le débiteur ; surtout si ce dernier, présent au transport, a déclaré que la créance était due en totalité. — *Cass.*, 15 mars 1825, Picard c. Cheveraux.

459. — Lorsqu'un acte de vente sous seing privé, qui porte quittance du prix, a été déposé par l'acquéreur, qui a reconnu que le prix n'avait pas été payé comptant, mais en billets, et qui a déclaré que pour sûreté du paiement de ces billets il hypothèque l'immeuble vendu, et consent, au surplus, à ce que les vendeurs conservent leur privilége sur ledit immeuble, et lorsque d'ailleurs ces deux actes ont été suivis de transcription et d'inscription d'office au profit des vendeurs, les créanciers de l'acquéreur sont mal fondés, si leurs droits ne sont nés qu'à une époque postérieure à l'inscription d'office, à contester le privilége du vendeur, sous prétexte que l'acte porte quittance du prix. — *Cass.*, 4 déc. 1823, Baille c. Goiral.

460. — Le vendeur qui se présente à un ordre, pour être payé de ce qui lui est dû sur les deniers à distribuer, fait un acte positif par lequel il ratifie la revente faite par son acquéreur, et s'interdit par conséquent le droit de faire résoudre ce qui a été consommé avec sa participation. — Troplong, no 225.

461. — De ce que le vendeur en recevant partie de son prix en sommes provenant de biens dotaux aurait reconnu que ces sommes formaient un emploi du fonds social, il n'est pas pour cela censé avoir renoncé à exercer son privilége de vendeur pour le surplus du prix. — *Aix*, 7 déc. 1832, Royer c. Bouchet.

462. — Le mari qui s'oblige solidairement avec sa femme et autorise en même temps cette dernière à hypothéquer un immeuble sur lequel il a privilége, comme vendeur, renonce, par cela même, en faveur du créancier, à l'exercice de son droit. — *Bordeaux*, 17 mars 1830, Tardy c. Bourgon et Laloubière.

Sect. 2e. — *Préteurs de fonds.*

463. — Sont également privilégiés sur le prix de l'immeuble vendu ceux qui ont fourni les deniers pour l'acquisition de cet immeuble, pourvu qu'il soit authentiquement constaté, par l'acte d'emprunt, que la somme était destinée à cet emploi et, par la quittance du vendeur, que ce paiement a été fait des deniers empruntés. — C. civ., art. 2103, § 2.

464. — Ce privilége, qui n'est autre que celui du vendeur, s'exerçant en sous-ordre et par voie de subrogation, est acquis de plein droit au bailleur de fonds, à la condition qu'il remplira les formalités requises en général pour opérer la subrogation sans le concours de la volonté du créancier. — Art. 2103 et 1250-no 2 C. civ. — V. SUBROGATION.

465. — Pour que la subrogation dans le privilége du vendeur pût avoir lieu au profit du prêteur, il fallait, sous l'ancienne législation, comme il le faut sous la nouvelle, qu'elle eût été formellement stipulée dans l'acte d'emprunt et constatée par acte authentique. — L. 1re, C., *De his qui in priorem creditorum.* — Edit de mai 1609, arrêt de règlement du parlement de Paris du 6 juill. 1690. — C. civ., art. 1250 et 2103. — *Cass.*, 14 nov. 1833, Kanakiah c. Bouchez.

466. — Sous l'empire du droit romain, au contraire, le prêteur n'avait une hypothèque privilégiée sur l'immeuble vendu qu'en cas de stipulation expresse, et il suffisait que l'emploi des fonds fût prouvé d'une manière quelconque. — Loyseau, *Offices*, liv. 3, chap. 8, no 44. — Le motif qui a déterminé le législateur, sous l'ancien droit comme sous le Code civil, à exiger une preuve authentique, c'est la crainte que le vendeur ne fît revivre son privilége, au préjudice des autres créanciers, au moyen d'un emprunt simulé.

467. — Le prêt doit être nécessairement constaté par un acte public. C'est ce qui résulte du rapprochement des art. 2103-no 2 et 1250-no 2 du C. civ. Un acte sous seing privé, même enregistré, serait insuffisant pour donner droit au privilége. — Troplong, no 231.

468. — Le § 2-art. 2103 est applicable au prêteur de deniers, sans lequel un jugement prononçant la dépossession de l'acquéreur d'un immeuble allait être exécuté faute de paiement. Il n'est pas nécessaire, dans ce cas, pour la validité de l'inscription du privilége du prêteur, que le bordereau fasse mention de la quittance du vendeur. — *Rennes*, 23 mai 1827, Doucet et Ronsard c. Maigret.

469. — Le bailleur de fonds doit être subrogé aux droits du vendeur. Toutefois ce dernier n'en conserve pas moins son droit de préférence pour tout ce qui lui reste dû sur le prix, et les créanciers qu'il aurait délégués pour recevoir cette partie du prix devraient eux-mêmes être préférés au bailleur de fonds. — Troplong, no 234 ; Grenier, t. 2, no 394.

470. — Il n'est pas indispensable que l'emprunt précède l'acquisition. Il peut indifféremment la précéder, la suivre ou l'accompagner. Cependant il est de l'intérêt du prêteur que l'emprunt et le paiement du prix aient lieu par un seul et même acte ; car dans ce cas le prêteur n'a pas à craindre que ses deniers soient employés à un autre objet. — Duranton, no 175.

471. — Aucun délai n'étant fixé pour l'emploi des deniers empruntés, c'est aux tribunaux qu'il appartient de décider, d'après les circonstances, si l'acquisition est faite avec les fonds empruntés. — Troplong, no 232 ; Grenier, t. 2, no 393 ; Rolland de Villargues, no 192.

472. — Ils peuvent cependant refuser le privilége, si l'emploi et l'emprunt des fonds étaient tellement éloignés qu'on pût supposer que les deniers n'ont pas reçu l'emploi auquel ils étaient destinés. — Mêmes auteurs, *loc. cit.*

473. — Les intérêts dus aux bailleurs de fonds doivent, comme ceux dus au vendeur, être payés par préférence. — V. *suprà* nos 449 et suiv. — V. aussi VENDEUR, § 3.

474. — Lorsqu'un mari acquiert un immeuble par acte public avec déclaration qu'une partie des deniers provient des droits de sa femme, que dans l'acte il se reconnaît débiteur envers elle de la somme qu'elle fournit, et que la quittance du vendeur est conforme à la déclaration du mari, on peut considérer la femme comme bailleur de fonds, et lui en attribuer le privilége, sur l'immeuble acquis, conformément au § 2-art. 2103 C. civ. — *Toulouse*, 19 févr. 1823, Calmel c. Escudier. — *Contrà*, Duranton, no 176. — Nous pensons, avec ce jurisconsulte, que la doctrine qui a triomphé ici est contraire aux vrais principes. En effet, comme le soutient avec raison M. Duranton, on ne peut pas dire que les deniers aient été prêtés au mari et qu'ils l'aient été en vue de l'acquisition, d'où il suit que les conditions exigées par l'art. 2103 du Code civil ne se rencontrent pas dans l'espèce. D'ailleurs la femme peut accepter l'acquisition à titre de remploi, et, en cas de refus, elle a sur l'immeuble acquis une hypothèque légale pour sûreté de son remboursement. — Art. 2135 C. civ.

475. — Les cessionnaires des prêteurs de deniers peuvent exercer le privilége de leurs cédans en leur lieu et place. — Art. 2112 C. civ.

476. — Lorsqu'un créancier privilégié sur un immeuble a transporté successivement plusieurs parties de sa créance, les cessionnaires doivent être payés par concurrence et non suivant la priorité ou la date de leurs transports. — *Cass.*, 4 août 1817, Pannier c. Legras de Longval. — Renusson, ch. 14 ; Grenier, t. 2, no 389 ; Rolland de Villargues, no 199 ; Duranton, no 175 ; Troplong, no 235.

477. — Pour résoudre la difficulté qui peut s'élever entre deux cessionnaires, il faut distinguer si le créancier a établi un ordre de paiement entre les différens cessionnaires ou s'il a transporté à chacun une portion de ses droits sans régler entre eux la question de préférence. — Dans le premier cas nul doute que l'ordre indiqué ne doive être observé lors du paiement, parce que cet ordre est une condition des conventions faites entre le débiteur originaire et ceux qu'il a mis à sa place. Dans le second cas, au contraire, les cessionnaires n'ayant qu'un titre commun, sans stipulation particulière, chacun d'eux a dû croire que les garanties du paiement étaient les mêmes pour tous ; dès lors ils sont tous au même rang et participent ainsi au même privilége par application de l'art. 2097 C. civ.

478. — S'il est de principe que les créanciers privilégiés qui sont au même rang soient payés par concurrence, si ce principe peut être également invoqué par les différens cessionnaires d'une même créance privilégiée, lorsque le cédant n'a pas manifesté l'intention de créer au profit du premier cessionnaire un droit d'antériorité, il en est autrement lorsque cette intention résulte nécessairement des termes employés dans les actes de cession. — Ainsi, la cession faite sous promesse de garantir, fournir et faire valoir, avec subrogation dans tous les droits, priviléges et hypothèques, de partie d'une créance privilégiée, dont le cédant a conservé le surplus, établit au profit du cessionnaire un droit d'antériorité sur tout cessionnaire postérieur de la portion de créance que le cédant s'était réservée. — *Paris*, 17 avril 1834, Maugin c. Marduel.

479. — Lorsque la nue propriété d'un immeuble a été vendue avec clause que le bien serait livré en bon état de réparation, l'usufruitier qui postérieurement à la vente et après avoir obtenu l'autorisation de la justice a fait faire de grosses réparations à l'immeuble est censé avoir rempli l'obligation du vendeur ou de ses créanciers. — Il peut en conséquence être colloqué par privilége, pour le montant de ses réclamations, sur le prix de la nue propriété, encore bien qu'il n'ait rempli aucune des formalités prescrites par les art. 2103 et 2106 C. civ. — *Cass.*, 30 juill. 1827, Dumirat c. Delunel. — Proudhon, *Traité des droits d'usufruit, d'usage*, etc., t. 3, no 1684.

480. — L'acquéreur qui, en vertu de son contrat, paie le prix encore dû à un précédent vendeur, n'est pas subrogé au privilége de ce dernier (résolu par la Cour d'appel seulement). — *Cass.*, 27 avril 1826, Pierrot c. Regnault.

481. — La loi du 2 juin 1841, sur les ventes judiciaires de biens immeubles, renferme, en ce qui concerne les prêteurs de fonds pour l'acquisition d'un immeuble saisi, une disposition toute spéciale que nous croyons devoir mentionner ici. — Après avoir admis (art. 687) que l'aliénation de l'immeuble faite par le débiteur, *à compter de la transcription de la saisie*, aliénation dont l'art. 686 prononce la nullité de plein droit, aurait néanmoins son exécution dans le cas où l'acquéreur consignerait, avant le jour fixé pour l'adjudication, une somme suffisante pour désintéresser intégralement les créanciers inscrits et le saisissant, le législateur ajoute dans l'art. 688, qui n'est du reste que la reproduction textuelle de l'ancien art. 693 du C. de procéd. civ. : « Si les deniers ainsi déposés ont été empruntés, les *prêteurs n'auront d'hypothèque* que postérieurement aux créanciers inscrits lors de l'aliénation. »

482. — Pour se rendre compte de cette disposition, il suffit de se rappeler ce que nous avons dit plus haut : que le privilége du bailleur de fonds n'est autre chose que celui du vendeur. Or il est clair que le prêteur légalement subrogé aux droits de ce dernier, ne saurait avoir vis-à-vis des créanciers inscrits plus de droits que le vendeur lui-même. — V. SAISIE IMMOBILIÈRE.

Sect. 3e. — *Cohéritiers et copartageans.*

483. — Les cohéritiers ont privilége, sur les immeubles de la succession, pour la garantie des partages faits entre eux, et des soulte ou retour de lots. — C. civ., art. 2103, § 3.

484. — Le privilége pour soulte ou retour de lots subsiste lors même que le partage aurait eu lieu par un acte sous seing privé. — Rolland de Villargues, nº 206 ; Grenier, nº 402.

485. — Ce privilége n'est pas limité aux seuls héritiers, comme sembleraient l'indiquer les termes de l'art. 2102 : il s'applique indistinctement à tous copartageans (art. 2109). Ainsi il s'étend soit aux partages entre associés ou communistes (art. 1819), soit au partage de la communauté entre époux (art. 1476). — Duranton (nº 179 ; Persil, art. 2103, § 3, nº 3 ; Grenier, t. 2, nº 399 ; Favard de Langlade, vº *Privilége*, sect. 1re, § 3, nº 7 ; Troplong, nº 238.

486. — Il a lieu également pour la garantie des lots en cas de partage par des ascendans entre leurs descendans ; ceci ne saurait plus faire question aujourd'hui que les partages d'ascendans sont assimilés à tous les autres partages. — Grenier, nº 407 ; Rolland de Villargues, nº 207 ; Persil, art. 2103, § 3, nº 4.

487. — Il profite à tous ceux qui sont subrogés aux droits des héritiers. Ainsi le cessionnaire de droits successifs peut l'exercer comme l'aurait fait son cédant lui-même. — Persil, *loc. cit.*, § 3, nº 2 ; Rolland de Villargues, nº 211.

488. — Ce privilége existe pareillement dans le cas de l'art. 886 pour la garantie, pendant cinq ans à compter du partage, de la solvabilité du débiteur d'une rente mise dans le lot de l'un des cohéritiers, si toutefois le débiteur était insolvable au moment du partage. — Duranton, nº 188 *in fine*.

489. — Le privilége pour soulte, retour de lot ou prix de licitation des cohéritiers, ou copartageans, sur les biens de chaque lot ou sur les biens licités, n'a pas été aboli par la loi du 11 brumaire an VII. — *Rennes*, 23 mars 1812, Leclerc c. Thomas.

490. — Le privilége accordé aux cohéritiers sur le bien licité pour le prix de la licitation, est indivisible de sa nature : il grève indistinctement tous les immeubles mis en licitation pour la totalité de ce prix. — *Paris*, 4 janv. 1823, Fontaine.

491. — La question de savoir si le privilége pour les soulte ou retour de lots frappe tous les biens de la succession ou s'il doit être limité au lot de celui qui est chargé de la soulte, est controversée. — M. Delvincourt (t. 2, p. 47, édit. de 1819) est d'avis que le copartageant auquel une soulte est due n'a de privilége que sur les biens du lot qui en est chargé. — M. Tarrible (sect. 4, § 3) soutient, au contraire, en s'appuyant sur les art. 2103 et 2109 du Code civil, que le privilége a lieu *sur tous les immeubles de la succession* aussi bien pour les soultes que pour la garantie du partage. *Sic* Persil (*Quest.*, ch. 5. § 7). — M. Duranton partage cette dernière opinion (t. 19, nº 188), mais à la condition qu'en cas d'insolvabilité de la part de l'héritier débiteur de la soulte l'égalité entre tous les copartageans sera complétement respectée. — V., en outre, Troplong, nos 236 et 237.

492. — Le privilége accordé aux cohéritiers sur les immeubles de la succession par l'art. 2103, § 3, du Code civil, ayant un double objet, celui de la garantie des partages faits entre eux, et celui de la garantie des soultes ou retours de lots, s'étend à la créance résultant pour un cohéritier du paiement qu'il a fait pour son copartageant de la portion des dettes de la succession mises à la charge de ce dernier. — *Cass.*, 2 avril 1839 (t. 2 1839, p. 310), Salin c. Lardellier. — Cette question, fort controversée entre les auteurs, n'avait pas été jusque-là soumise à la Cour de cassation. La doctrine de l'arrêt ci-dessus est celle de Pothier (*Communauté*, nº 762), de Persil (*Comment. des priv. et hyp.*, sur l'art. 2103, § 3, nº 4, et *Quest.*, tit. 1er, liv. 2, ch. 5, § 11) et de M. Troplong (*Priv. et hypoth.*, t. 1er, nº 239). — A l'opinion contraire se sont rangés M. Grenier (*Des hypoth.*, t. 2, nº 399) et M. Duranton (t. 19, nos 187 et 188). — Nous croyons utile de reproduire ici l'opinion de M. Troplong, qui réfute, selon nous, d'une manière victorieuse, l'opinion contraire. « Quelquefois, dit-il, un héritier est obligé par le fait de payer une dette qui, dans le partage, a été mise dans le lot de son cohéritier. Alors il lui est dû une récompense, et il n'y a pas de doute que cette récompense, qui doit seule rétablir l'égalité, ne soit privilégiée. C'est par suite du même principe que Pothier est d'avis que, lorsque le mari a payé, après le partage de la communauté, des dettes qui faisaient partie du lot de la femme ou de ses héritiers, il a privilége sur les conquêts échus à la femme par ce partage. En effet, la femme ne peut prendre part aux biens de la communauté qu'à la charge de payer les dettes. — Quelque juste que soit cette décision, M. Grenier veut cependant qu'on la rejette. Ses motifs sont qu'en fait de partage, il n'y a de privilége que pour deux objets : le premier, pour la garantie des lots en cas d'éviction ; le second, pour les soultes et retours de lots. Au premier cas, ajoute M. Grenier, le privilége tient à l'exercice d'un droit de propriété ; au second, il se place sur la ligne d'un privilége pour prix de vente. Ces motifs ne se présentent pas pour le cas dont il s'agit. Le mari ne fait qu'exercer une action en répétition de ce qu'il a payé pour autrui... — Je crois qu'on peut répondre victorieusement à cette argumentation. Et d'abord, quels sont les motifs qui ont fait établir ce privilége ? Je l'ai dit ci-dessus : c'est la nécessité de maintenir l'égalité ; or, lorsque le mari *se trouve forcé* de payer une obligation qui était dans le lot de sa femme, l'égalité serait renversée si son action en indemnité n'était pas privilégiée. La portion de la femme a dû être d'autant plus opulente que la charge était plus considérable ; et il serait injuste que le mari la payât pour elle, lui qui n'a abandonné ses droits sur la portion indivise des biens échus à la femme que sous la condition tacite qu'elle acquitterait la dette. C'est donc réellement comme propriétaire que le mari agit ici par privilége sur les conquêts de la communauté... — La raison donnée par M. Grenier, que le mari ne fait, dans l'espèce, qu'exercer une action en répétition pour ce qu'il aurait payé pour autrui, serait bonne si le mari avait payé, depuis le partage, volontairement et pour rendre un office d'affection. Alors il serait comme un simple créancier qui a payé la dette d'un autre. Mais on doit supposer, au cas particulier, que le mari a été contraint, par quelque action solidaire ou autre, de payer ce qui était devenu, par le partage, une charge du lot de la femme. »

493. — En admettant en principe que le privilége accordé aux cohéritiers par l'art. 2103 du Code civil, pour la garantie des partages faits entre eux et des soultes et retours de lots, s'étende à la créance d'un cohéritier contre un autre cohéritier pour la restitution des sommes payées en l'acquit de ce dernier pour sa quote-part dans les dettes de la succession, ce privilége ne peut cependant exister qu'autant que le cohéritier a été contraint de payer la dette par suite de quelque action solidaire ou autre. — En conséquence, le cohéritier qui a payé sans contrainte la dette de son cohéritier, non-seulement ne peut pas réclamer le privilége établi par l'art. 2103, mais même n'a aucun droit à demander la séparation des patrimoines du défunt et du débiteur, s'il ne s'est conformé aux dispositions des art. 880 et 2111 du Code civil. — *Toulouse*, 15 janv. 1841 (t. 1er 1841, p. 703), Desserres c. Senilh.

494. — Le privilége de copartageant, établi par l'art. 2103 du Code civil, n'existe qu'en faveur des créances qui dérivent directement de l'acte de partage. — Ainsi un cohéritier ne peut prétendre à un pareil privilége à raison de la créance résultant à son profit de la condamnation prononcée, après partage, contre son cohéritier, en restitution de sommes dissimulées par celui-ci lors du partage et détournées de la succession. — *Agen*, 22 déc. 1846 (t. 2 1847, p. 89), Casse c. Layniac.

495. — Le privilége établi par l'art. 2109 C. civ. au profit d'un héritier sur les biens échus à son cohéritier, s'étend à la créance de cet héritier pour la restitution des fruits perçus par son cohéritier. — *Cass.*, 11 août 1830, Légnie de Nirande c. Tavernier. — Troplong, nº 239 ; Grenier, t. 1er, p. 334 et 605.

496. — Ce privilége a lieu même pour les jouissances postérieures à la date des hypothèques acquises par des tiers. — *Riom*, 3 juill. 1822, Vidal c. Ducros.

497. — Les cohéritiers n'ont point de privilége sur les portions de biens échus à leur cohéritier, pour la restitution des fruits dus par celui-ci. — En tout cas, ce privilége ne pourrait être conservé que par une inscription. — *Toulouse*, 9 juin 1824, Avison c. Bousquet et Galaup ; *Grenoble*, 21 juill. 1826, Belluard c. Perrichon. — *Contrà*, *Riom*, 14 févr. 1828, Tavernier c. Ampillac. — V. aussi *Toulouse*, 10 mars 1821 et 22 août 1822, Lafond c. Foulcher. — Conflans, *Jurisp. sur les success.*, p. 320.

498. — Le cohéritier ou copartageant n'a pas privilége pour les intérêts qui peuvent lui être dus, de même que ces intérêts ne peuvent pas prendre rang avec la soulte. — Dumoulin, art. 89 Cout. de Paris ; Troplong, nº 240.

499. — La femme, pour sa part dans les biens de la communauté, n'a pas une hypothèque légale, mais seulement un privilége de copartageant, assimilé à celui accordé au cohéritier sur les biens de la succession, et soumis pour sa conservation aux mêmes règles. — *Paris*, 8 déc. 1836, Leduc et Gallois c. Montfleury et Baron.

500. — Lorsque le mari a payé, après le partage de la communauté, des dettes qui faisaient partie du lot de sa femme ou de ses héritiers, il a privilége sur les conquêts échus à la femme par ce partage. — Pothier, *De la communauté*, nº 762 ; Persil, *loc. cit.*, § 4 ; Rolland de Villargues, nº 209 ; Troplong, nº 239. — *Contrà*, Grenier, *loc. cit.*, nº 399 ; Duranton, nº 188.

501. — L'hypothèque légale qui appartient à la femme, sur les immeubles de son mari, pour ses apports et reprises matrimoniales, ne s'étend pas à la part qu'elle peut avoir à recueillir dans la société d'acquêts qui existe entre eux. — La femme n'a pour garantie de cette part que le privilége de copartageant, à la charge de prendre inscription dans les soixante jours de l'acte de partage ou de la licitation. — *Bordeaux*, 2 mars 1848 (t. 2 1848, p. 66), Ferrand et Geoffroy c. Deleyre.

502. — Bien que la cession de droits successifs faite par un héritier à l'un de ses cohéritiers seulement doive être assimilée à un partage, en ce qui concerne l'action en rescision, le privilége qui en résulte pour le cédant n'est pas le simple privilége de copartageant, soumis à l'inscription dans les soixante jours de l'acte constitutif, conformément à l'art. 2109 C. civ., mais bien celui de vendeur. — ... Alors d'ailleurs qu'il ne résulte pas des termes de l'acte que les parties ont voulu faire un partage. — *Toulouse*, 9 janv. 1847 (t. 2 1847, p. 40), Besse c. Lazare Fort.

503. — C'est un point controversé que celui de savoir quel est le véritable caractère des cessions de droits successifs. — En général on reconnaît qu'une pareille cession faite par un cohéritier à son cohéritier ne peut être assimilée à un partage, et par suite donner lieu à la fiction de l'art. 883, qu'autant qu'elle a pour effet de faire cesser l'indivision entre tous les cohéritiers, et non pas seulement entre le cédant et le cessionnaire. — *Cass.*, 6 mai 1844 (t. 2 1844, p. 411), Legendre c. Courtois, et la note. — V. aussi DROITS SUCCESSIFS, nos 14 et suiv., 19 et suiv. — On décide, d'un autre côté, qu'elle est considérée comme partage, dans le sens de l'art. 888 et sous le rapport de l'action en rescision, bien qu'elle ne fasse pas cesser l'indivision entre tous les cohéritiers. — *Cass.*, 20 mars 1844 (t. 2 1844, p. 25), Cusin c. Thevenet, et la note. — V. aussi DROITS SUCCESSIFS, nos 21 et suiv. — Enfin deux arrêts des cours de *Bourges* (26 janv. 1844 [t. 2 1845, p. 795] Goussot) et *Montpellier* (21 déc. 1844 [t. 2 1845, p. 795] Miquel) ont décidé qu'une pareille cession, même faite entre quelques-uns des cohéritiers seulement, doit être assimilée à un partage, quant à la détermination de ses effets relativement au privilége. — V., *eod. verb.*, nos 32 et suiv. — Au reste, la Cour de cassation reconnaît aux parties le droit d'assigner à leur gré le caractère d'un partage ou celui d'une vente à une cession de droits successifs, pour faire produire à cette cession le privilége attaché à l'un ou à l'autre de ces contrats, et elle considère la preuve de l'intention des contractants, à cet égard, comme rentrant dans l'appréciation des juges du fond. — *Cass.*, 25 juin 1845 (t. 1er 1846, p. 241), Prothon c. Clément, et la note. — V., *eod. verb.*, nos 36 et suiv. — Dans l'espèce qui a donné lieu à l'arrêt que nous recueillons, la Cour constate en fait que dans l'intention des parties l'acte de cession ne constituait pas un partage.

504. — Si l'acquéreur des droits successifs venant au partage du chef de son vendeur n'a pas dans son lot les biens, objet de la vente qui lui a été faite, le vendeur n'en doit pas moins exercer son privilége sur les autres biens échus à son acquéreur comme subrogé à ses droits. — *Rennes*, 28 mai 1817, Petiet c. Serec; *Paris*, 19 juin 1817, Minot c. Huyot.

Sect. 4e. — *Architectes, entrepreneurs et ouvriers.*

ART. 1er. — *Comment s'acquiert le privilége.*

505. — Sont privilégiés, les architectes, entrepreneurs, maçons et autres ouvriers employés pour édifier, reconstruire ou réparer des bâtimens, canaux ou autres ouvrages quelconques, pourvu néanmoins que, par expert nommé d'office, à la requête du propriétaire, par le tribunal de première instance dans le ressort duquel les bâtimens sont situés, il ait été dressé préalablement un procès-verbal à l'effet de constater l'état des lieux relativement aux ouvrages que le propriétaire déclarera avoir dessein de faire, et que les ouvrages aient été, dans les six mois au plus de leur perfection, reçus par expert également nommé d'office. — C. civ., art. 2103, 4o.

506. — Rien ne s'oppose à ce que le même expert dresse le premier et le second procès-verbal, pourvu qu'il soit nommé chaque fois par le tribunal. — Fremy-Ligneville, no 1357; Lepage, *Lois des bâtimens*, t. 2, partie 2e, sect. 6.

507. — La question de savoir si, en principe, le procès-verbal de constatation de l'état des lieux exigé par l'art. 2103 doit être préalable à tous travaux, sous peine de perte absolue du privilége, ne manque pas de gravité. D'après la jurisprudence consacrée par plusieurs arrêts de Cours d'appel, il semble nécessaire de faire, à cet égard, la distinction suivante : Ou la constatation des lieux est chose facile, même au cours des travaux, et alors le constructeur pourra, même au moyen d'une constatation tardive, acquérir privilége. Tel serait le cas, par exemple, où des constructions auraient été élevées sur un terrain nu, ou bien encore celui où les modifications apportées à l'état ancien seraient de peu d'importance.

508. — ... Ou bien, au contraire, la constatation est impossible, comme, par exemple, lorsque des démolitions et reconstructions considérables ont déjà eu lieu; et alors la condition essentielle imposée par l'art. 2103 à l'exercice du privilége ne pouvant recevoir son accomplissement, le privilége par cela même ne peut être exercé. — V., dans le sens de cette distinction, *Bordeaux*, 2 mars 1826, Jaubert c. Trouillet; *Paris*, 6 mars 1834, Perissé c. Robert; 17 août 1838 (t. 2 1838, p. 103), Bénard c. Arnould.

509. — Dans l'espèce de l'arrêt de Bordeaux, des constructions fort importantes avaient été élevées à la place d'une échoppe de peu de valeur et décrite d'ailleurs dans le procès-verbal de l'expert. Dans l'espèce des arrêts de Paris, il s'agissait de constructions élevées sur un terrain entièrement nu. Les juges ont accordé l'exercice du privilége, bien que le premier procès-verbal n'eût été constaté qu'en cours de travaux. Cette distinction est également admise par MM. Troplong (*Hyp.*, t. 1er, no 245 en note) et Persil (art. 2103, no 4, § 1er).

510. — Jugé, au contraire, que l'entrepreneur chargé de reconstruire des bâtimens ne peut acquérir privilége sur la plus-value donnée à l'immeuble par le fait de ses travaux, qu'autant qu'il a fait constater par expert l'état préalable dans lequel se trouvait cet immeuble *avant toute démolition*. — *Paris*, 26 mars 1836, Chéronnet; *Cass.*, 20 nov. 1839 (t. 2 1839, p. 499), Gilbert et de Pastoret c. Lachèze. — V., en outre, *Bordeaux*, 26 mars 1834, Monluguet c. Apiau.

511. — Ce privilége s'appliquant non-seulement aux constructions nouvelles, mais encore aux reconstructions et réparations; il importe peu que les constructions existantes soient anciennes ou qu'elles aient été faites par d'autres ouvriers, il suffit que la première expertise établisse une ligne de démarcation bien tracée entre les travaux antérieurs et ceux faits postérieurement. — *Paris*, 17 août 1838 (t. 2 1838, p. 103), Bénard c. Arnoult.

512. — Le procès-verbal de l'expert chargé de constater l'état des lieux préalablement aux travaux à exécuter fait foi des faits qui se rattachent à la mission de cet expert jusqu'à inscription de faux. — *Paris*, 2 déc. 1835, de Villapoix c. Drouin.

513. — Si le propriétaire d'un immeuble en faisant un marché avec un entrepreneur, avait promis d'établir un privilége en faveur de ce dernier; avant de commencer les travaux l'entrepreneur aurait droit de demander lui-même que l'état des lieux fût dressé, et que les travaux qui lui seraient commandés fussent énoncés au procès-verbal. — Lepage, t. 2, p. 90.

514. — Lorsqu'au moment de la réception des travaux il s'élève des difficultés entre les parties, et que ces difficultés ne sont pas de nature à empêcher l'expert de terminer le procès-verbal de réception; les parties qui ont intérêt se pourvoient afin que le privilége, quoique bien établi, puisse être exercé en proportion des droits de chacun. Le jugement qui intervient sur le vu du procès-verbal de réception fixe la part de chacun dans le privilége établi sur les ouvrages. Alors, si le procès-verbal de réception n'a pas encore été inscrit; il est porté au bureau des hypothèques avec le jugement, et la date du privilége remonte à celle de l'inscription du procès-verbal de la première visite. — Lepage, t. 2, p. 91.

ART. 2. — *Sur quels objets s'exerce le privilége des architectes, etc.*

515. — Le privilége ne s'exerce que sur la plus-value résultant des travaux exécutés. Si, depuis la confection des travaux, une circonstance particulière avait augmenté la valeur de l'immeuble, les architectes et autres n'auraient aucun droit sur cette plus-value. — Art. 2103, § 4. — Grenier, no 412; Persil, *Comm.*, 2103, § 4, nos 4, 5 et 6; Rolland de Villargues, no 219.

516. — On établit la plus-value au moyen d'une ventilation du prix porté au contrat de vente ou dans l'adjudication, et en comparant la valeur au moment de la vente ou de l'adjudication avec la valeur qu'avait l'immeuble au moment de la confection des travaux. — Pothier, *Proc. civ.*, part. 4, chap. 2; Fremy-Ligneville, no 1361; Troplong, no 244.

517. — Si la plus-value est inférieure à la valeur des travaux; l'architecte a un droit d'hypothèque pour l'excédant de sa créance, à la date de l'inscription du premier procès-verbal, et les à-compte qu'il a pu recevoir ne sont pas imputés seulement sur la partie privilégiée, mais sur l'ensemble de la créance. — Lepage, t. 2, part. 2, chap. 1er, sect. 8; Grenier, t. 2, no 412; Fremy-Ligneville, no 1363; Rolland de Villargues, nos 222 et 224; Persil, art. 2103, § 4; Troplong, no 244. — Si, au contraire, la plus-value excédait le montant des travaux; les ouvriers et architectes ne toucheraient que jusqu'à concurrence de ce qui leur serait dû, le surplus de l'augmentation profiterait au propriétaire ou à ses autres créanciers. — Troplong, no 246 *bis*; Lepage, t. 2, part. 2, chap. 1er, sect. 8.

518. — La plus-value résultant de constructions nouvelles, sur laquelle l'entrepreneur réclame son privilége, doit être déterminée d'après la valeur de l'immeuble au jour de l'aliénation, et non d'après sa valeur au temps où ces constructions y ont été faites. — *Bordeaux*, 2 mai 1826, Jaubert c. Trouillot.

519. — Lorsque les réparations sont nécessaires à la conservation de la chose, le privilége est admis pour la totalité de la dépense supérieure à la plus-value. — *Cass.*, 11 nov. 1824, Beauvilliers c. Chenard. — Persil, sur l'art. 2103, § 4, no 8. — *Contrà*, Troplong, no 243.

520. — Celui qui aurait fait des réparations nécessaires est privilégié sur celui qui n'aurait fait que des réparations utiles, le privilége de ce dernier se réduisant à la plus-value. — L. brum. an VII, art. 12. — Troplong, no 243.

521. Lorsqu'un tiers acquéreur, qui a fait faire des constructions sur l'immeuble qu'il a acheté, en opère le délaissement par hypothèque, les constructeurs, bien qu'ils n'aient pris aucune inscription, ont privilége sur l'indemnité due au tiers détenteur à raison de la plus-value que les constructions par lui ordonnées ont procurée à l'immeuble. — *Cass.*, 11 nov. 1824, Beauvilliers c. Chenard-Fréville; *Paris*, 6 juill. 1833, Bony c. Panier.

522. — Lorsque des à-compte ont été payés aux architectes ou ouvriers, et que le montant du privilége ne s'élève pas au montant de la créance, l'imputation doit se faire proportionnellement, et sur la partie privilégiée et sur celle qui ne l'est pas; car il n'y a qu'une seule dette et la division en partie privilégiée et en partie non privilégiée n'existait pas au moment où les à-compte ont été reçus, ce n'est que lors de la vente de l'immeuble qu'on peut connaître la plus-value et, par conséquent, le montant du privilége. — Duranton, t. 19, no 191; Grenier, t. 2, no 412.

523. — Les ouvriers ne peuvent avoir privilége pour les intérêts qui leur seraient dus ou qui auraient été stipulés dans la convention. — Ils peuvent seulement obtenir hypothèque en vertu d'un jugement, et, dans ce cas, ils ne prennent rang que du jour de l'inscription. — Troplong, no 246; Fremy-Ligneville, no 1375.

524. — En matière d'ordre, le privilége des architectes, maçons, etc., ne peut être étendu au delà du montant du procès-verbal de réception des travaux. — *Paris*, 2 mai 1816, Ychery c. Coppinger.

ART. 3. — *A qui profite le privilége des entrepreneurs.*

525. — Les cessionnaires des architectes et ouvriers sont comme eux privilégiés sur la plus-value résultant des travaux. — C. civ., art. 2112.

526. — La disposition de l'art. 2103 (no 4) n'est applicable qu'aux architectes, entrepreneurs, maçons ou ouvriers personnellement, elle ne saurait s'étendre aux sous-traitans qui auraient fait les travaux pour le compte d'autrui. — Persil, *Comm.*, 2103, § 4; Rolland de Villargues, no 213; Battur, 1, 77.

527. — L'individu qui a vendu des bois employés à la construction d'un immeuble ne peut prétendre au privilége de l'art. 2103, no 4, alors, d'ailleurs, qu'il n'a pris aucune part à la mise en œuvre des matériaux fournis par lui. — *Rennes*, 2 juill. 1849 (t. 2 1849, p. 374), Baillebache c. Lassus. — Ceci est de toute évidence. Le no 4 de l'art. 2103 ne s'applique pas aux fournisseurs de matériaux. Le privilége de l'art. 2102 n'aurait pu lui-même être invoqué dans l'espèce. C'est ce qui résulte *à fortiori* d'un arrêt de la Cour de cassation du 25 juillet 1846 (t. 2 1846, p. 562), cité plus haut (Maire c. Guillarmien).

528. — L'acquéreur évincé par une surenchère doit être, par privilége, remboursé non-seulement des dépenses nécessaires et *urgentes* qu'il a faites et qui sont justifiées par procès-verbaux homologués, mais encore des frais de ces procès-verbaux et de leur homologation; et ce, en sus de la plus-value absorbée par le coût des impenses principales. — *Cass.*, 11 nov. 1824, Beauvilliers c. Chenard Fréville. — Conf. *Cass.*, 4 mai 1808, Capon c. Mottard; *Turin*, 30 mai 1810, Gilardini c. Meuta; *Cass.*, 29 juill. 1819, Agnerre c. Cuzemajor. — Pothier, *Proc. civ.*, t. 4, chap. 2, p. 265; Grenier, *Hyp.*, t. 2, no 411; Tarrible, vo *Privilége*; Battur, t. 2, p. 60; Troplong, *Hypoth.*, t. 1er, no 243, et t. 3, nos 830 et suiv.

529. — L'acquéreur d'une concession, qui s'est engagé par un contrat à faire les travaux nécessaires pour l'achèvement de l'entreprise concédée ne peut, en cas d'éviction par les créanciers inscrits, prétendre à un privilége à raison de la plus-value provenant des travaux qu'il a exécutés. — Et cela, alors même qu'il aurait rempli les formalités prescrites par l'art. 2103, no 4 du Code civil, pour le privilége du constructeur. — *Cass.*, 8 juill. 1840 (t. 2 1840, p. 516), Prévost de la Chauvellière c. Bordet.

530. — L'usufruitier qui a payé les frais de grosses réparations faites à l'immeuble dont il a la jouissance, après en avoir fait constater la nécessité avec le propriétaire, a un privilége pour le remboursement de ses avances, ainsi que pour le montant des frais qu'il a été obligé de faire pour obtenir l'autorisation de réparer. — *Amiens*, 23 févr. 1821, Delunel c. Mancy; *Cass.*, 30 juill. 1827, Demirat c. Delunel. — Proudhon, *Des droits d'usufruit*, t. 3, p. 567, no 1684. — *Contrà*, Duranton, t. 19, no 193.

531. — Le locataire qui, avant de faire faire à l'immeuble qui lui est loué des réparations et améliorations, ne s'est point conformé aux dispositions des art. 2103 et 2110 C. civ., ne peut, au préjudice des créanciers inscrits sur cet immeuble, ni prélever sur le prix le montant de ses impenses et améliorations, ni être autorisé à enlever ces impenses ou améliorations, ni en réclamer la plus-value. Décider autrement, ce serait indirectement lui accorder un privilége que la loi lui refuse.—*Amiens*, 24 févr. 1823, Rouillon c. Doresmieux.

532. — Le fermier a droit d'être colloqué par privilége sur le prix des immeubles vendus sur saisie immobilière pour le montant des réparations qu'il a fait faire à ses frais avant la vente, et qui ont amélioré les immeubles saisis. — *Rennes*, 3 janv. 1821, Plassoux c. Dacosta. — Il est à remarquer, dans l'espèce, que l'arrêt pose en fait que les opérations faites par le fermier ont été *avantageuses* aux créanciers, et ont engendré une *plus-value*. — V., au surplus, sur la distinction des impenses nécessaires ou utiles, et sur les droits du *tiers détenteur*, *Cass.*, 11 nov. 1824, Beauvilliers c. Chenard-Fréville.

533. — Ce privilége ne s'applique qu'à des ouvrages d'art et non à de simples travaux d'agriculture tels, par exemple, que des travaux de défrichement. — Tarrible, *Rép.*, vo *Privilége*, sect. 4, § 4; Zachariæ, t. 2, § 263, no 4, note 13.— V. DÉFRICHEMENT.

534. — Aux termes de l'art. 1798 du Code civil, les ouvriers employés à la construction d'un bâtiment et autres ouvrages faits à l'entreprise ont, en outre, en cas de faillite de l'entrepreneur, une *action directe* contre le propriétaire qui leur permet de se faire payer par préférence à tous autres créanciers sur les sommes qui restent dues à l'entrepreneur. — *Douai*, 30 mars 1833, Godin c. Fernaut; *Paris*, 10 févr. 1847 (t. 1er 1847, p. 451), Berge c. Tissier et Foulon. — Troplong, *Louage*, t. 3, no 1048; Duvergier, *ibid.*, t. 2, Contin. de Toullier, t. 19, no 381; Duranton, t. 17, no 262. — *Contrà*, Delvincourt, t. 3, p. 257, notes. — V. LOUAGE D'OUVRAGE.

535. — Celui qui détient un immeuble à titre de simple administrateur et comme mandataire du propriétaire ne peut exercer le droit de rétention, à raison des dépenses et améliorations qu'il a faites. — *Bruxelles*, 27 oct. 1819, Delvigne c. Jourd'heuil. — Le droit de rétention est fondé sur la maxime d'équité naturelle que nul ne doit s'enrichir aux dépens d'autrui. Il consiste en ce que le possesseur d'une chose appartenant à un autre est autorisé à la retenir jusqu'à ce qu'il soit payé de ce qui lui est dû à certains titres. Les lois romaines l'ont formellement consacré (V. les lois 15, ff., *De impens. in res dotal. fact.*; 26, § 4, ff., *De condict. indeb.*; 25, 26 et 30, ff., *De procurat.*; 5, ff., *De dol. præleg.*). Ce droit était reçu dans l'ancienne jurisprudence française et belge (V. *Nouveau rép.*, vo *Privilége*, sect. 4, § 5; Van Leeuwen, *Cens. for.*, liv. 4, ch. 37; Van Zutphen, *Nederl. pract.*, vo *Retentie*; Voët, *Ad Digestum*, liv. 6, tit. 1er, no 31; liv. 13, tit. 6, no 10; liv. 13, tit. 7, nos 6 et 10; liv. 14, tit. 3, no 9; liv. 16, tit. 2, nos 15, 20 et 21, et liv. 19, tit. 2, no 40). Il se retrouve dans plusieurs dispositions du Code civil, notamment à l'art. 1749, ainsi conçu : « Les fermiers ou locataires ne peuvent être expulsés qu'ils ne soient payés par le bailleur, ou, à son défaut, par le nouvel acquéreur, des dommages-intérêts ci-dessus expliqués; » et à l'art. 2082, § 2, portant : « S'il existait de la part du même débiteur, envers le même créancier, une autre dette contractée postérieurement à la mise en gage, et devenue exigible avant le paiement de la première dette, le créancier ne pourra être tenu de se dessaisir du gage avant d'être entièrement payé de l'une et de l'autre dette, lors même qu'il n'y aurait eu aucune stipulation pour affecter le gage à ce paiement de la seconde. » Selon la doctrine des auteurs, il n'est pas nécessaire, pour pouvoir exercer le droit de rétention, d'avoir la possession civile; il peut être exercé par celui qui n'a que la simple détention naturelle : plusieurs textes du droit romain et les deux articles qu'on vient de citer en fournissent une preuve sans réplique. Mais un mandataire qui détient un immeuble dont il a l'administration peut-il invoquer le droit de rétention pour ses impenses et améliorations? L'affirmative semble résulter des lois 25 et 26, ff., *De procuratoribus* : « *Si retentione aliquâ procurator uti velit, non facilè ab eo lis erit transferenda, nisi dominus ei solvere paratus sit.* » Telle est aussi l'opinion de Pothier (*Contr. de mandat*, no 59). « Observez néanmoins, dit-il, que le mandataire n'est obligé de restituer au mandant les corps certains qui lui sont parvenus de sa gestion qu'à la charge par le mandant de le rembourser au préalable des déboursés qu'il a faits pour sa gestion; jusqu'à ce, le mandataire peut les retenir *veluti quodam jure pignoris.* » Wesenbeck enseigne la même doctrine : « *Æquum est enim nusquam illi officium esse damnorum; quin et retentione quæsitarum rerum, procurator uti potest* (*Ad Digest.*, liv. 3, tit. 3, no 8). » Voët est du même sentiment (liv. 14, tit. 3, no 9).

Sect. 5e. — *Préteurs de fonds pour payer les ouvriers.*

536. — Un sénatus-consulte de l'empereur Marc-Aurèle accordait une hypothèque privilégiée à celui qui avait avancé les fonds nécessaires pour la reconstruction d'un bâtiment ou payé les ouvriers pour le compte du propriétaire.—L. 1re, ff., *In quibus causis pignus*.—Domat, *Legum delectus*, ch. 20, tit. 2.

537. — Le Code civil accorde également un privilége à ceux qui ont prêté les deniers pour payer ou rembourser les ouvriers, pourvu, toutefois, que cet emploi soit authentiquement constaté par l'acte d'emprunt et par la quittance des ouvriers : ainsi qu'il est dit ci-dessus pour ceux qui ont prêté les deniers pour l'acquisition d'un immeuble. — C. civ., art. 2103, no 5.

538. — Les cessionnaires des prêteurs de fonds exercent, aux lieu et place de leurs cédans, tous les droits de ces derniers. — C. civ., art. 2112.

539. — Le bailleur de fonds peut, en vertu de la subrogation à lui consentie par un entrepreneur particulier, réclamer le privilége de constructeur pour l'entière plus-value résultant des travaux accomplis, lorsqu'il est établi dans l'acte d'emprunt et dans la quittance notariée que le subrogeant s'est présenté en qualité d'entrepreneur général, et alors surtout que le privilége n'est pas attaqué par d'autres entrepreneurs particuliers, mais uniquement par des créanciers qui n'avaient pu compter sur ces constructions pour la garantie de leurs droits antérieurement acquis. — *Paris*, 2 déc. 1835, de Villapoix c. Drouin.

Sect. 6e. — *Séparation des patrimoines.*

540.—La loi du 11 brum. an VII ne considérait pas la séparation des patrimoines comme un privilége proprement dit, et le Code civil lui-même, qui lui donne ce nom (art. 2111) et l'assujettit, pour sa conservation sur les immeubles, aux mêmes formalités que les autres priviléges sur cette nature de biens, ne l'a cependant pas comprise parmi les priviléges des art. 2103 et 2104. — Nous traiterons ci-après (nos 825 et suiv.) des diverses questions qui se rattachent spécialement à l'art. 2111 du Code civil, et nous renvoyons, pour le surplus, aux mots SÉPARATION DES PATRIMOINES, SUCCESSION.

CHAPITRE V. — *Priviléges établis par le Code de commerce.*

Sect. 1re. — *Commissionnaires.*

541. — L'art. 93 du Code de commerce accorde au commissionnaire ou consignataire, pour le remboursement de ses avances, intérêts et frais, un privilége sur les marchandises à lui expédiées d'une autre place pour être revendues pour le compte d'un commettant. — Toutefois, cet article exige que les marchandises soient à sa disposition dans ses magasins ou dans un dépôt public; à moins qu'il ne puisse constater, avant leur arrivée, par un connaissement ou une lettre de voiture, l'expédition qui lui en a été faite.

542. — Lorsque les marchandises ont été vendues et livrées pour le compte du commettant, le commissionnaire se rembourse sur le produit de la vente du montant de ses avances, intérêts et frais, par préférence aux créanciers du commettant. — Art. 94.

543. — Quant aux prêts, avances ou paiemens qui pourraient être faits sur des marchandises déposées ou consignées par un individu résidant dans le lieu du domicile du commissionnaire; ils ne donnent privilége au commissaire ou dépositaire, qu'autant qu'il s'est conformé aux dispositions prescrites par le Code civil (liv. 3, tit. 17) sur les prêts sur gage ou nantissement. — C. comm., art. 95. — Le privilége du commissionnaire a déjà fait l'objet d'un article fort étendu. — V. COMMISSIONNAIRE, nos 123 et suiv. — Nous nous bornerons donc à recueillir ici les décisions postérieures qui le complètent.

544. — Le privilége accordé au commissionnaire pour le remboursement de ses avances, intérêts et frais, s'applique aux droits de commission aussi bien qu'aux déboursés, tels que loyers de magasin, assurances, salaires des commis et des gens de service. — *Colmar*, 3 mars 1847 (t. 1er 1848, p. 441), OEhl et Huser c. Rochat et Kœchlin.

545. — Les sommes payées pour fret et droit de douanes par un commissionnaire ou par celui qui est régulièrement substitué à ses droits sur des marchandises expédiées pour être vendues, peuvent être réclamées par privilége sur le prix de ces marchandises, en vertu de l'art. 2102, § 3, C. civ., comme dépenses faites pour la conservation de la chose. — *Cass.*, 16 déc. 1846 (t. 1er 1847, p. 685), Lefébure c. Dumesnil et Bellanger.

546. — Le tiers qui, sur la consignation de marchandises expédiées d'une autre place à un commissionnaire primitif pour être vendues à charge d'avances à faire, et sans que ces marchandises soient entrées dans les magasins de ce commissionnaire, fournit à celui-ci les fonds nécessaires aux avances, a droit au privilége de l'art. 93 C. comm., bien que tous deux résident dans le même lieu. — Même arrêt.

547. — Le commissionnaire n'a un privilége sur le prix des marchandises qui lui ont été expédiées d'une autre place que pour les avances par lui faites à son commettant postérieurement à la réception soit des marchandises, soit du connaissement ou de la lettre de voiture constatant l'expédition qui lui en a été faite. Ce privilége ne s'étend pas au prix des marchandises vendues par le commissionnaire lui-même au commettant, alors même que, depuis la vente, ces marchandises lui ont été expédiées pour être vendues pour le compte de l'acheteur. — Il en doit être ainsi alors même que l'acheteur aurait promis, lors de la vente, de consigner les marchandises achetées entre les mains du commissionnaire, avec autorisation de les vendre et de se payer sur le prix. Une pareille convention, en l'absence des formalités prescrites par les art. 2073 et 2074 C. civ., ne peut non plus conférer au commissionnaire ni droit de gage sur les marchandises consignées, ni privilége de vendeur : l'art. 550 C. comm. refusant au vendeur d'effets mobiliers un privilége en cas de faillite. — *Rouen*, 27 mai 1846 (t. 2 1847, p. 208), Levasseur c. Pâris.

548. — Lorsque le commettant reste à la tête de ses affaires, il n'y a pas lieu d'examiner si le commissionnaire a ou non un privilége sur la valeur des marchandises à lui expédiées. L'existence du compte-courant et la simple qualité de créancier chirographaire suffit pour l'autoriser à imputer et à compenser cette valeur sur leurs créances. — *Lyon*, 9 août 1848 (t. 2 1848, p. 457), Ganneron c. Mayet et Bunod.

549. — Le privilége accordé au commissionnaire, à raison des avances par lui faites sur les marchandises qui lui sont expédiées, existe alors même qu'avant l'arrivée de ces marchandises, et au moment des avances, le commissionnaire n'a pas encore en sa possession la lettre de voiture ou le connaissement. — Il lui suffit, pour l'exercice de ce privilége, de justifier ultérieurement, par la lettre de voiture ou le connaissement, que les marchandises étaient bien réellement en cours d'expédition au moment des avances. — *Paris*, 18 nov. 1848 (t. 1er 1849, p. 6), Grenard c. Labroueisse.

550. —... Et il importe peu que le commissionnaire et le commettant demeurent dans le même lieu, dès lors qu'il y a expédition des marchandises de place en place. — *Rouen*, 8 déc. 1847 (t. 2 1848, p. 80), Crouzet c. Charreau et Ray. — Renouard, *Traité des faillites*, t. 2, p. 249.

551.—Jugé, au contraire, que le commissionnaire n'a pas de privilége, pour les avances qu'il a faites, sur la valeur des marchandises à lui expédiées pour être vendues, lorsqu'au moment de ces avances il n'avait à sa disposition ni les marchandises, ni la lettre de voiture ou le connaissement en constatant l'expédition. — C. comm., art. 93. — Peu importe qu'il excipe ensuite d'un connaissement portant une date antérieure aux avances, si ce connaissement ne lui est parvenu que depuis les avances faites. — *Cass.*, 4 déc. 1848 (t. 1er 1849, p. 1re), Crassous c. Richardson.

552. — Le privilége de l'art. 93 C. comm., soit qu'on l'étende aux avances antérieures à l'arrivée des marchandises et du connaissement, soit qu'on le restreigne aux avances postérieures, n'existe tout au moins que lorsque les avances ont été faites en vue et contemplation de la marchandise, et que, s'il s'agit d'avances antérieures, la marchandise a été spécialement affectée à leur remboursement, alors même qu'il existerait un compte courant entre le commettant et le commissionnaire. — Le privilége n'existe pas au

RÉP. GÉN. — X. 51

profit de celui que l'expéditeur a seulement indiqué comme devant être payé sur le produit des marchandises adressées au consignataire et qui n'a dès lors été nanti, ni réellement ni symboliquement.—*Bordeaux*, 22 déc. 1847 (t. 1er 1848, p. 702), Bizat et Roussel c. Montluc et Pédron.

553. — Le commissionnaire auquel des marchandises ont été expédiées sur connaissement à ordre pour sûreté d'avances à faire, peut, sans l'intervention et le consentement de l'expéditeur, user de la voie de l'endossement pour transmettre ce connaissement au tiers qui fait réellement les avances, et la transmission ainsi opérée assure à ce dernier le privilége établi par l'art. 93 C. comm.—*Cass.*, 16 déc. 1846 (t. 1er 1847, p. 685), Lefébure c. Dumesnil et Bellanger.

554. — S'il est vrai que le commissionnaire peut, à raison de ses avances, invoquer le privilége établi par l'art. 93 C. comm., encore que les marchandises ne lui aient pas été expédiées directement, et que la qualité de commissionnaire ne lui ait été conférée que par la transmission du connaissement ou de la lettre de voiture, il est vrai également que ce commissionnaire ne peut se prévaloir de la transmission qui lui a été faite d'une lettre de voiture par voie d'endossement qu'autant que cette lettre était à ordre.—On prétendrait à tort que la mention faite par le vendeur, sur la lettre de voiture, que les marchandises sont expédiées à un commissionnaire intermédiaire, pour les tenir à disposition du destinataire indiqué, doit faire considérer cette lettre de voiture comme à ordre, et comme susceptible, dès lors, d'être transmise par le destinataire par voie d'endossement. — *Cass.*, 26 janv. 1848 (t. 1er 1848, p. 239), Berty c. Pellon et Laroze.

555. — La simple remise d'un connaissement non fait à ordre de marchandises expédiées ne transmet pas à un tiers le privilége accordé au commissionnaire par l'art. 93 C. comm. — Dès lors : le privilége du vendeur des marchandises portées au connaissement continue de subsister au détriment du tiers, qui, contre la simple remise du connaissement, aurait fait des avances sur ces marchandises pour le compte du commissionnaire.—*Caen*, 1er déc. 1846 (t. 1er 1848, p. 678), Cau c. Sire.

556. — L'endossement d'une lettre de voiture confère au commissionnaire privilége sur les marchandises indiquées dans cette lettre, alors même que cet endossement est irrégulier en ce qu'il n'énonce pas la valeur fournie. Une pareille énonciation n'est nécessaire que dans les endossemens translatifs de propriété. — *Rouen*, 9 déc. 1847 (t. 2 1848, p. 80), Crouzet c. Charreau et Ray.

557. — Les avances et les fournitures nécessaires à l'entretien et à la *faisance valoir* d'une habitation sont, d'après les usages et la jurisprudence constante des tribunaux des colonies, placées au nombre des créances privilégiées. — En conséquence : ceux qui, sous le titre de commissionnaires, ont prêté aux colons des sommes indispensables pour la *faisance valoir*, ont droit à un privilége sur les prix des produits de l'exploitation ; on ne peut les écarter en leur opposant que, d'après l'art. 93 C. comm., les commissionnaires n'ont de privilége pour les marchandises qu'autant qu'il y a eu remise d'une place sur une autre.— *Cass.*, 3 janv. 1837 (t. 1er 1837, p. 602), Lemoy c. Bellaud.

Sect. 2e. — *Navires, fret, chargement.*

558. — Sont privilégiées sur les navires et dans l'ordre où elles sont rangées, les dettes ci-après : 1° les frais de justice et autres faits pour parvenir à la vente et à la distribution du prix ;—2° les droits de pilotage, tonnage, cale, amarrage et bassin ou avant-bassin ;—3° les gages du gardien et frais de garde du bâtiment, depuis son entrée dans le port jusqu'à la vente (C. comm. 192 3°) ; — 4° le loyer des magasins où se trouvent déposés les agrès et les apparaux (C. comm. 192 3°) ;— 5° les frais d'entretien du bâtiment et ses agrès et apparaux, depuis son dernier voyage et son entrée dans le port (C. civ. 2102 3°, C. comm. 192 3°) ; — 6° les gages et loyers du capitaine et autres gens de l'équipage employés au dernier voyage (C. comm. 192 4°, 194, 250, 271) ; — 7° les sommes prêtées au capitaine pour les besoins du bâtiment pendant le dernier voyage et le remboursement du prix des marchandises par lui vendues pour le même objet (C. civ. 2102 3° ; C. comm. 192 5°, 194, 311 s.) ;—8° les sommes dues au vendeur, aux fournisseurs et ouvriers employés à la construction, si le navire n'a point encore fait de voyage, et les sommes dues aux créanciers pour fournitures, travaux, main-d'œuvre, pour radoub, victuailles, armement et équipement avant le départ du navire, s'il a déjà navigué (C. comm. 192 6°, 194) ;—9° les sommes prêtées à la grosse sur le corps, quille, agrès, apparaux, pour radoub, victuailles, armement et équipement avant le départ du navire (C. comm. 192 7°, 311 s.) ;—10° le montant des primes d'assurances faites sur le corps, quille, agrès, apparaux, et sur armement et équipement du navire, dues pour le dernier voyage (C. comm. 192 8°, 194, 332 s.) ;—11° les dommages et intérêts dus aux affréteurs pour le défaut de délivrance des marchandises qu'ils ont chargées, ou pour remboursement des avaries souffertes par lesdites marchandises par la faute du capitaine ou de l'équipage (Cod. civ. 1149, 1832 ; C. comm. 192 9°) ; — les créanciers compris dans chacun des numéros du présent article viendront en concurrence, et au marc le franc, en cas d'insuffisance du prix (C. civ. 2093, C. pr. 656 s., C. comm. 191).

ART. 1er. — *Navires.*

559. — Le vendeur non payé d'un navire conserve son privilége sur les deniers provenant de la vente du bâtiment, même après que le navire a fait plusieurs voyages. — Le capitaine, qui est en même temps copropriétaire du navire, a un privilége pour toutes les avances qu'il a faites pendant la durée de l'armement. — *Rouen*, 19 juill. 1839 (t. 2 1839, p. 519), Mulot c. Gueroult. — Ces solutions, qui peuvent avoir été dictées par des considérations d'équité, se concilient difficilement avec les principes rigoureux du droit.— C. comm., 191, §§ 6, 7 et 8.

560. — L'art. 550 de la nouvelle loi des faillites, qui refuse désormais au vendeur d'effets mobiliers le privilége de la revendication établi par le n° 4 de l'art. 2102 du C. civ., n'a aucunement dérogé à l'art. 191, § 8, du C. comm. En conséquence, le vendeur d'un navire conserve son privilége, même en matière de faillite. — Renouard, t. 2, p. 264.

561. — Les ouvriers et fournisseurs qui ont travaillé à la construction et confection d'un navire, par l'ordre du constructeur, et non par celui du propriétaire, n'ont pas de privilége sur le navire, lorsque le constructeur avec lequel ils ont traité est tombé en faillite. — *Rennes*, 7 mai 1848, Weisbrod c. divers ouvriers et fournisseurs. — On citait, à l'appui de ce système, Valin (sur l'art. 17, ord. de la marine, tit. *Des saisies*) : « Une observation importante à faire, dit-il, au sujet des charpentiers et autres ouvriers employés à la construction et au radoub d'un navire, est, que, pour être en état de l'exercer, il faut qu'ils aient travaillé *par l'ordre du propriétaire.* S'ils n'ont été employés que par un entrepreneur à qui le propriétaire ait payé le prix convenu entre eux deux, ils n'ont alors aucun privilége à prétendre sur le navire ; et il ne leur reste qu'une action simple contre l'entrepreneur dont ils ont suivi la foi. » Valin appuie cette doctrine sur l'autorité du consulat de la mer, de Domat, de le Camus, sur l'art. 176 Cout. Paris. « Dans le même cas, poursuit-il, si le propriétaire n'a pas payé l'entrepreneur en entier, ils n'ont que la voie de saisir, entre les mains du propriétaire, ce qu'il peut lui devoir, pour en demander la délivrance à leur profit. Tout cela, dit-il en finissant, s'entend néanmoins si les ouvriers et fournisseurs ont su que l'ouvrage était à l'entreprise et qu'ils n'avaient affaire qu'à l'entrepreneur. — V. conf. *Rouen*, 31 mai 1826, Lemère c. Frimont ; *Caen*, 21 mars 1827, Helouin c. Vauquelin ; *Poitiers*, 23 avr. 1846 (t. 1er 1848, p. 249), Amblard c. Renaud. — Décl. de 1747. — Delvincourt, *Instit. du droit comm.*, t. 1er, p. 185, sur l'art. 191 C. comm. ; Persil, *Traité des privil.*, et *Régime hypoth.*, p. 137, et Battur, *Des priv.* ; Favard de Langlade, *Rép.*, v° *Privilége*, sect. 1re, § 2, n° 19 ; Pardessus, t. 3, n° 943 ; Boulay-Paty, *Cout. du dr. marit.*, t. 1er, p. 124 et suiv. ; Emerigon, t. 2, chap. 12, sect. 3, p. 594.

562. — Mais les fournisseurs seraient admis à faire valoir leur privilége, s'ils avaient ignoré que le constructeur travaillait pour le compte d'autrui. — *Aix*, 30 mai 1827, Teissère et Maurice c. Portanier ; *Cass.*, 30 juin 1829, mêmes parties.

563. — L'appréciation des faits qui tendent à prouver si la foi des fournisseurs et ouvriers a pu être trompée, est abandonnée à la conscience et à la sagesse des tribunaux. — *Caen*, 21 mars 1827, Helain c. Vauquelin.

564. — L'armateur qui a traité *à forfait* avec un constructeur pour la confection d'un navire, n'est pas dans l'obligation de notifier ce traité aux ouvriers et fournisseurs employés par ce constructeur. — *Rennes*, 7 mai 1848, Weisbrod c. divers ouvriers et fournisseurs.

565. — Le privilége du vendeur, des fournisseurs et employés à la construction ne s'étend pas au prix de l'assurance, dans le cas où le navire viendrait à périr. — Pardessus, n° 957 ; Delvincourt, t. 2, p. 186 ; Boulay-Paty, t. 1er, p. 135.

566. — Ceux qui ont prêté des fonds pour le paiement du vendeur, des fournisseurs ou des employés à la construction ne jouissent du privilége de l'art. 191 C. comm. qu'autant qu'ils y ont été expressément subrogés. — Pardessus, n° 954.

ART. 2. — *Fret.*

567. — Le capitaine est préféré pour son fret, sur les marchandises de son chargement, pendant quinzaine après leur délivrance, si ces marchandises n'ont pas passé en mains tierces. En cas de faillite des chargeurs ou réclamateurs avant l'expiration de la quinzaine, le capitaine est privilégié sur tous les créanciers pour le paiement de son fret et des avaries qui lui sont dues. — C. comm., art. 307 et 308. — V. FRET, nos 207 et suiv., et 213 et suiv.

ART. 3. — *Chargement.*

568. — Dans le cas de jet et de contribution, l'art. 428 du Code de comm. accorde un privilége au capitaine et à l'équipage, sur les marchandises ou le prix en provenant, pour le montant de la contribution. — C. comm., art. 428. — V. JET, NAVIRE.

Sect. 3e. — *Frais de faillite.*

569. — Doivent être prélevés par privilége sur le prix provenant de la vente des meubles du failli et des recouvremens mobiliers, les frais occasionnés par le recouvrement des deniers à distribuer, les frais de vente, les secours à distribuer au failli, les dépenses d'administration, tels que frais généraux, de conseil, de plaidoiries, voyages, etc., etc. — C. comm., art. 565 ; C. civ., art. 2101 et 2104. — Pardessus, t. 4, p. 325 ; Troplong, n° 129 ; Boulay-Paty, *Faillite*, n° 331.

570. — Les dépenses de l'administration d'une faillite sont toujours comprises sous la dénomination de frais de justice et, par suite, elles sont douées d'un privilége général sur les meubles qui, en cas d'insuffisance de meubles, peut s'étendre sur les immeubles. — *Colmar*, 4 juillet 1832, Teutsch c. Essein-Jeanneson. — M. Tarrible ne considère, en effet, comme frais de justice que ceux qui sont exposés pour procurer la vente du gage commun et la distribution du prix entre les créanciers ; ou, en d'autres termes, ceux qui ont pour objet la conservation et la liquidation de la chose. — V. *Rép.*, v° *Privilége*, sect. 3e, § 1er. — Quant à Grenier, il rappelle et adopte les idées de M. Tarrible ; et il conclut « qu'un créancier privilégié ne doit contribuer en rien dans les frais d'une administration d'une faillite, lorsque son privilége sur certains objets a pu s'exercer indépendamment et abstraction faite de la faillite. » Le même raisonnement paraît devoir s'appliquer également au cas d'un créancier hypothécaire. — V. son *Traité des hypoth.*, t. 2, part. 1re, chap. 4, § 1er, p. 15, édit. 2e. — V. conf., *Rouen*, 6 nov. 1812, Larsonnier et Dujardin c. Mathéus.

571. — Toutefois, M. Renouard (*Traité des faillites*, t. 2, p. 198) croit devoir conclure des dispositions formelles de l'art. 662 du C. procéd. civ. : que les frais de gestion ne peuvent être admis au préjudice des créanciers qui n'avaient aucun intérêt à la constitution légale et aux opérations de la faillite. Ainsi le créancier hypothécaire, le créancier nanti d'un gage, le propriétaire qui avait sûreté suffisante par les meubles garnissant les lieux loués, ne seront point obligés de laisser passer avant ceux qui à leur égard n'ont rien eu à conserver.

572. — Jugé que les syndics d'une faillite n'ont pas privilége sur le prix des immeubles du failli (à défaut de mobilier), pour les frais faits par eux dans l'intérêt exclusif des créanciers chirographaires. — *Paris*, 27 avril 1836, Loret c. Lebras; *Bordeaux*, 20 août 1836 (t. 2 1837, p. 465), Dubreuille et Gros c. Courréjolle. — *Contrà*, *Rouen*, 6 nov. 1812, Larsonnier et Dujardin c. Mathéus. — Boulay-Paty, *Des faillites et banquer.*, n° 231.

573. — En conséquence, c'est à bon droit que les juges repoussent le privilége ainsi réclamé lorsqu'ils décident en même temps que les frais faits par le syndic ne l'ont pas été dans l'intérêt des créanciers hypothécaires et n'ont pas eu pour cause la distribution du prix de l'immeuble hypothéqué. — *Cass.*, 8 mars 1848 (t. 1er 1848, 381), Petit.

574. — Le syndic qui a reçu pouvoir d'agir au nom et dans l'intérêt d'une masse de créanciers, ne peut réclamer solidairement contre chacun d'eux le montant de ses avances. — *Paris*, 21 juin 1837 (t. 2 1837, p. 7), Roussille c. Carol.

575. — La partie qui a fait rentrer des biens dans une masse par des poursuites en annulation d'un acte, n'a privilége pour ses frais qu'à l'égard de la masse qui profite de cette rentrée. — *Bordeaux*, 28 mai 1832, Son c. Jardot.

576. — Décidé encore que les frais de scellés et d'inventaire, au cas de faillite, sont bien payables par préférence aux créanciers hypothécaires du failli, mais que ces créanciers doivent être payés avant l'acquittement des frais particuliers de la faillite : tels que ceux faits pour l'ouverture de la faillite, les convocations et assemblées de créanciers; tous frais qui n'ont pas eu pour objet la conservation de leur gage. — *Rouen*, 2 déc. 1841 (t. 2 1842, p. 443), Vasseur c. Gauthier.

577. — Les frais de scellés faits après faillite sont privilégiés indistinctement sur les meubles et les immeubles, comme en cas de décès. — *Paris*, 28 janv. 1812, Boursier c. Allais. — Zachariæ, t. 2, § 260.

578. — Le poursuivant a le droit de faire valoir contre la masse le privilége pouvant lui appartenir sur les objets saisis à raison des frais par lui faits avant la faillite. — *Rouen*, 6 janv. 1843 (t. 1er 1843, p. 646), Onfroi c. Fleury; *Paris*, 21 juin 1845 (t. 1er 1845, p. 208), Daras c. Dormoy.

579. — Les fournitures de subsistances faites à une personne tombée en faillite, ne sont privilégiées que pour les six mois qui ont précédé cette faillite. — *Paris*, 28 janv. 1812, Boursier c. Allais.

CHAPITRE VI. — *Privilége du Trésor.*

580. — Le privilége à raison des droits du Trésor et l'ordre dans lequel il s'exerce, sont réglés par des lois spéciales. — Néanmoins, le Trésor ne peut obtenir le privilége au préjudice des droits acquis à des tiers. — C. civ., art. 2098.

581. — L'exception contenue dans l'art. 2098 C. civ. à l'exercice du privilége du trésor public, en ce qui concerne les droits acquis à des tiers, s'applique seulement aux droits acquis avant la promulgation des lois qui ont organisé le privilége du Trésor, et non aux droits antérieurs à toute époque où la créance privilégiée a pris naissance. — *Paris*, 4 mars 1839 (t. 1er 1839, p. 431), trésor public c. Rollac. — Troplong, *Comm. des priv.*, t. 1er, n° 90; Tarrible, *Rép. de jurisp.*, v° *Privilége de créance*, sect. 2, § 2, n° 7, et Duranton, n° 231.

582. — La loi qui subrogeait les comptables dans les priviléges et hypothèques du gouvernement n'y comprenait pas le privilége de l'imprescriptibilité spécialement et privativement réservé au gouvernement par la déclaration du 7 janv. 1670. — *Cass.*, 24 août 1813, Palissot c. Liger. — L'art. 2227 C. civ., en déclarant que l'Etat, les communes et les établissemens publics sont soumis aux mêmes prescriptions que les particuliers, a tranché désormais cette difficulté, qui sous la législation actuelle n'avait plus d'intérêt que dans le cas prévu par l'art. 2281 C. civ. — V. PRESCRIPTION.

583. — Le privilége du trésor public ne peut se discuter devant le juge-commissaire d'une faillite. — *Cass.*, 9 janv. 1815, Droits réunis c. Bonnet.

Sect. 1re. — *Contributions directes et indirectes.*

ART. 1er. — *Contributions directes.*

584. — Le privilége du Trésor pour le recouvrement des contributions directes est réglé ainsi qu'il suit, par la loi du 8 nov. 1808. Il s'exerce avant tout autre : 1° pour la contribution foncière de l'année échue et de l'année courante, sur les récoltes, fruits, loyers et revenus des biens immeubles sujets à la contribution; 2° pour l'année échue et l'année courante des contributions mobilières, des portes et fenêtres, et de toute autre contribution directe et personnelle, sur tous les meubles et autres effets mobiliers appartenant aux redevables en quelque lieu qu'ils se trouvent. — V. CONTRIBUTIONS DIRECTES, nos 823 et 826.

585. — Sous l'empire de la loi du 11 brum. an VII (art. 11, n° 2), le Trésor était privilégié sur les immeubles des contribuables pour le recouvrement de la contribution foncière. — Il résulte clairement de l'exposé des motifs de la loi du 12 nov. 1808, et des dispositions formelles de l'ordonnance du 19 mars 1820, que le privilége du Trésor, pour quelque contribution que ce soit, ne s'étend plus sur les immeubles. En cas de vente, le Trésor n'a plus sur le prix des immeubles que les droits d'un créancier ordinaire. — Troplong, n° 96; Duranton, n° 230; Durieu, *Poursuites en mat. de contributions directes*, p. 166.

586. — L'action du Trésor pour le recouvrement de cette contribution n'est suspendue ni par la faillite, ni par l'ouverture d'une succession. — Durieu, art. 3 et 11 (*loc. cit.*).

587. — Le privilége du Trésor pour le recouvrement de la contribution directe des patentes atteint les meubles des redevables dès le moment où l'année commence à courir, et non à partir seulement de l'émission des rôles; mais il ne suit pas de là qu'il atteigne, dans la main des tiers, les meubles régulièrement aliénés de bonne foi et sans fraude par les redevables avant l'exercice de toutes poursuites. — *Cass.*, 17 août 1847 (t. 2 1847, p. 597), Quentin c. Contributions directes. — Duranton, t. 19, n° 230; Persil, *Régime hyp.*, art. 2098, n° 15; Delvincourt, t. 3, p. 271; Favard de Langlade, *Rép.*, v° *Saisie-Gagerie*.

588. — Durieu (*Poursuites en matière de contributions directes*, t. 1er, n° 120) fait remarquer, avec raison, qu'à supposer que la bonne foi ne puisse être contestée et que la vente soit inattaquable sous ce rapport, tout n'est pas terminé; qu'il faut même : 1° que le prix ait été payé par l'acquéreur; 2° que la vente ait une date antérieure aux poursuites; 3° enfin, que les meubles vendus aient été livrés à l'acquéreur et aient passé dans ses mains. — La Cour de cassation a également reconnu, en matière de contributions indirectes, que les meubles des redevables pouvaient être valablement aliénés avant toute contrainte ou saisie. — *Cass.*, 18 mai 1819, Contrib. indir. c. Aimé et Thuillier.

589. — Les fermiers, locataires, receveurs, économes, notaires, commissaires-priseurs et autres dépositaires et débiteurs de deniers provenant du chef des redevables et affectés au privilége du trésor public sont tenus, sur la demande qui leur en est faite, de payer en l'acquit des redevables, et sur le montant des fonds qu'ils doivent ou qui sont entre leurs mains, jusqu'à concurrence de tout ou partie des contributions dues par ces derniers. — L. 8 nov. 1808, art. 2.

590. — Lorsque les percepteurs sont demeurés trois ans sans faire de poursuites, depuis la mise en recouvrement du rôle, ou bien lorsqu'ayant commencé des poursuites ils les ont suspendues pendant trois années, ils sont déchus même du droit d'être payés d'aucune manière que ce soit. — L. 3 frim. an VII.

591. — Les tiers détenteurs de sommes affectées au privilége du trésor public sont tenus d'en verser le montant entre les mains du percepteur des contributions directes, lorsqu'ils en sont requis. — En conséquence, doit être cassé le jugement qui a décidé que le débiteur d'un redevable, entre les mains duquel un créancier de ce dernier a formé une saisie-arrêt, ne pouvait déférer à la demande du percepteur avant qu'il eût été statué par voie judiciaire sur le mérite des oppositions. — *Cass.*, 21 avr. 1819 (int. de la loi). — Roger, *Saisie-Arrêt*, nos 47 et suiv., et Durieu, *Poursuites en matières de contributions directes*, t. 2.

ART. 2. — *Contributions indirectes.*

592. — L'art. 47 de la loi du 1er germinal an XIII confère un privilége à la régie des contributions indirectes, sur les meubles et effets mobiliers des redevables, par préférence à tous autres créanciers, à l'exception des frais de justice, de ce qui est dû pour les six mois de loyer, seulement, et sauf aussi la revendication formée par les propriétaires des marchandises encore sous balle ou corde. — V. CONTRIBUTIONS INDIRECTES, nos 59 et suiv.

593. — Le privilége de la régie des contributions indirectes sur les meubles des redevables n'interdit pas à ceux-ci la disposition de leur mobilier, même après une contrainte décernée contre eux; il suffit que la vente ait eu lieu avant que le mobilier ait été saisi à leur préjudice. — *Cass.*, 18 mai 1819, Contributions indirectes c. Aimé et Thuillier.

594. — Jugé, de même : que le privilége de la régie sur les meubles des redevables, ne l'autorise point à les revendiquer dans les mains de ceux qui les ont acquis de bonne foi avant toute contrainte par saisie. — *Nîmes*, 9 juill. 1832, Contributions indirectes c. Lavoudès.

595. — Le privilége de la régie des contributions indirectes sur les meubles et effets mobiliers des redevables peut être exercé pour l'intégralité de sa créance, nonobstant la faillite du débiteur et le concordat qui l'a suivie. — Ce privilége subsiste, avec la contrainte par corps attachée aux obligations souscrites par le redevable, sur tous les objets mobiliers qui existent ou surviennent entre les mains du failli. — *Paris*, 29 août 1836, Kropff c. Contributions indirectes. — Duranton, n° 240.

Sect. 2e. — *Biens des comptables publics.*

596. — L'art. 2 de la loi du 5 septembre 1807 fixe les droits du Trésor sur les meubles des comptables; il est ainsi conçu : Le privilége du Trésor a lieu sur tous les biens meubles des comptables, même à l'égard des femmes séparées de biens pour les meubles trouvés dans la maison d'habitation du mari; à moins qu'elles ne justifient légalement que lesdits meubles leur sont échus de leur chef ou que les deniers employés à l'acquisition leur appartiennent. Ce privilége ne s'exerce, néanmoins, qu'après les priviléges généraux et particuliers énoncés aux art. 2101 et 2102 du C. civ. — V. COMPTABLES PUBLICS.

597. — La femme d'un comptable ne peut justifier de sa propriété qu'au moyen d'actes authentiques, la preuve testimoniale fût-elle même fondée sur un commencement de preuve par écrit serait, à cet égard, inadmissible. — Persil, art. 2098, n° 3.

598. — Aux termes de l'art. 22 de la loi du 22 août 1791 la régie a privilége sur tous les meubles et effets mobiliers des comptables pour leurs délits, et sur les immeubles acquis par les comptables depuis le commencement de leur gestion.

599. — Le trésor public a un privilége sur la généralité des biens meubles et immeubles d'un receveur des contributions, pour le recouvrement du délit de ce comptable. — *Rennes*, 25 juin 1818 Trésor c. N.... — Il est à remarquer que l'art. 4 de la loi du 5 septembre 1807 n'accorde privilége que sur les immeubles acquis à titre onéreux par les comptables postérieurement à leur nomination et sur ceux acquis au même titre et depuis cette nomination par leurs femmes. — Persil, *Régime hyp.*, t. 1er, sur l'art. 2098, nos 2 et suiv.; Troplong, n° 92 *bis*, et Duranton, n° 234.

600. — La prescription des droits du trésor public, établie dans l'art. 2227 C. civ., court au profit des comptables du jour où leur gestion a cessé. — L. 5 sept. 1807, art. 10.

601. — Les fournisseurs des armées ne peuvent être considérés comme ayant le maniement des deniers de l'Etat, lors même qu'ils auraient reçu par anticipation les capitaux de l'Etat et que ces capitaux excéderaient le montant de leurs fournitures. En conséquence, on ne saurait appliquer à ces fournisseurs les dispositions qui assurent au Trésor un privilége sur les biens des comptables des deniers publics. — *Cass.*, 3 mai 1843 (t. 2 1843, p. 91), trésor public c. Seguin. — Grenier, t. 1er, n° 288; Troplong, n° 430; Merlin, v° *Hyp.*, sect. 2, § 3, art. 4, n° 4; Duranton, t. 19, n° 323.

Sect. 3e. — *Frais de justice en matière criminelle, correctionnelle ou de police.*

602. — Le Trésor a aussi privilége sur tous les meubles du condamné pour frais de poursuites en matière criminelle, correctionnelle et de police. — L. du 5 sept. 1807.

603. — « Le recouvrement des droits de timbre et des amendes de contravention y relatives sera poursuivi par voie de contrainte, et, en cas d'oppositions, les instances sont instruites et jugées selon les formes prescrites par les lois des 22 frim. an VII et 27 vent. an IX sur l'enregistrement. — En cas de décès des contrevenans, lesdits droits et amendes seront dus par leurs successeurs et jouiront, soit dans les successions, soit dans les faillites ou tous autres cas, du privilége des contributions directes. » — L. 28 avril 1816, art. 76.

604. — Le privilége sur les meubles et immeubles que la loi du 5 sept. 1807 accorde au Trésor pour le recouvrement des frais de justice doit être exercé de la même manière que les priviléges généraux sur les meubles et les immeubles établis par le Code civil. — Dès lors, le Trésor ne peut exercer son privilége sur les immeubles du débiteur qu'autant qu'il n'a pas négligé de le faire valoir sur le mobilier. — *Cass.*, 22 août 1836, Domaines c. Michel. — Maleville, *Analyse raisonnée du Code civil*, t. 4, p. 455; Persil, *Régime hypoth.*, sur l'art. 2104, et Troplong, *Comment. sur les priviléges et hypoth.*, t. 1er, no 94 *ter*; Duranton, no 233.

605. — Le privilége du trésor public pour recouvrement des frais de justice en matière criminelle, correctionnelle et de police s'exerce sur les meubles et effets mobiliers des condamnés au préjudice de ceux de leurs créanciers qui ont des titres antérieurs à l'arrêt de condamnation, mais qui n'ont exercé de poursuites qu'après qu'il a été prononcé. — *Cass.*, 6 juin 1809, Enregistrement c. Descarreaux. — Troplong, *Hypoth.*, t. 1er, no 90, et Persil, *Quest. hypoth.*, t. 1er, p. 7; Duranton, no 233.

606. — Le trésor public n'a point privilége sur le cautionnement d'un agent de change pour les amendes encourues par celui-ci dans l'exercice de ses fonctions et pour le paiement des frais de la procédure. Il ne peut même, dans ce cas, obtenir le concours avec les créanciers qui ont le cautionnement pour gage, surtout lorsque la créance du fisc est postérieure à la faillite du débiteur. — *Cass.*, 7 mai 1816, Enregistrement c. Soumain. — Mollot, *Bourses de commerce*, no 440.

607. — L'amende prononcée pour abus de dépôt par la loi du 3 fruct. an III au profit du trésor public, n'est pas exigible, par privilége, sur les biens du condamné. — *Rouen*, 13 oct. 1806, Enregistrement c. Julliot.

Sect. 4e. — *Droits de douane.*

608. — Aux termes de la loi du 22 août 1791 (t. 13, art. 22), la régie des douanes a privilége sur les meubles et effets mobiliers des comptables pour délits et des redevables pour les droits, et ce par préférence à tous créanciers, à l'exception des frais de justice et autres priviléges, de ce qui serait dû pour six mois de loyer seulement et aussi de la revendication dûment formée par le propriétaire des marchandises en nature qui seront encore sous balles et sous corde. — V. DOUANES.

609. — Les frais privilégiés dont parle cet article sont, indépendamment des frais de justice, les frais funéraires, ceux de dernière maladie, les salaires des domestiques, les fournitures de subsistances; en un mot, les priviléges énoncés en l'art. 2101 du Code civil. — Troplong, no 34; Duranton, no 240.

610. — Le privilége de l'administration des douanes, pour le recouvrement des droits qui lui sont dus, n'est pas restreint aux seules marchandises passibles de l'impôt. — Ce privilége est général et s'étend sur tous les biens de toute nature des redevables. — *Cass.*, 14 déc. 1824, Guérin c. Douanes. — Duranton, no 234. — Le privilége de l'administration des douanes est reconnu par les arrêts de cassation des 17 oct. 1814 (Bouissan c. Douanes) et 14 mai 1816 (Charvet c. Douanes).

611. — La régie des douanes a, pour le recouvrement des droits, un privilége sur les meubles des cautions de redevables. — Conf. *Cass.*, 12 déc. 1822, Defrondat c. Douanes. — *Paris*, 23 août 1821, mêmes parties.

612. — Les cautionnemens des officiers publics tels que notaires, avoués, agens de change, etc., étant spécialement affectés aux faits de charge, la régie n'a pas de privilége sur ces cautionnemens. — Troplong, no 209, Persil, *Quest.*. ch. 1er, § 3.

613. — Le privilége de l'administration des douanes peut être exercé contre un failli par voie ordinaire de contrainte ou de saisie-arrêt, sans que l'administration soit tenue de suivre les formalités de vérification de créance et autres imposées aux créanciers de la faillite. — *Douai*, 12 août 1829, Douanes c. Black. — V: *Cass.*, 9 mars 1808, Enregistrement c. Messet; *Bruxelles*, 12 août 1811, Douanes c. Vanhove; *Bourges*, 12 nov. 1811, Trésor c. Robert; *Cass.*, 9 janv. 1815, Droits réunis c. Bonnet. — Merlin, *Rép.*, vo *Faillite*, § 2, art. 7.

Sect. 5e. — *Droits de mutation.*

614. — L'art. 32 de la loi du 22 frim. an VII accorde un droit de suite à la régie de l'enregistrement pour les droits de mutation sur les revenus de l'immeuble héréditaire, en quelques mains qu'il ait passé. — V. ENREGISTREMENT, nos 3215 et suiv.

615. — La loi du 22 frim. an VII ne s'expliquant pas assez clairement à cet égard, on a agité la question de savoir si la régie avait un privilége ou seulement un droit de suite sur les revenus des biens à déclarer. — Toutefois, la presque unanimité des auteurs et la Cour de cassation tranchent la question en faveur du privilége. — *Cass.*, 9 vend. an XIV, Leprêtre c. Enregistrement; *Limoges*, 18 juin 1808, Lavareille; *Cass.*, 3 déc. 1839 (t. 2 1839, p. 671), Enregistrement c. Bidault; *Rouen*, 8 août 1846 (t. 1er 1847, p. 69), Lefèvre. — Grenier, t. 2, no 418; Favard de Langlade, vo *Privilége*, sect. 2, § 2; Persil, art. 2098, no 24; Troplong, t. 1er, no 97. — *Contrà*, *Dijon*, 5 févr. 1848 (t. 1er 1849, p. 238). — Duranton, no 233.

616. — « Toutefois, il faut remarquer, ajoute M. Troplong (*loc. cit.*), que la loi ne donne à la régie d'action privilégiée que sur les revenus et que, par conséquent, cette action ne s'étend pas au prix des immeubles. » — C'est ce qui explique comment la Cour de cassation a décidé (le 6 mai 1816, Enregistrement c. Maublanc) que la régie ne peut exercer sur le prix d'un immeuble sujet au droit de mutation aucune action au préjudice des créanciers hypothécaires du défunt. — Rolland de Villargues et Trouillet, *Dictionnaire de l'enregistrement*, vo *Privilége du Trésor*, no 28; Rolland de Villargues, *Rép. du not.*, vo *Privilége*, no 346; Masson-Delonpré, *Code de l'enregistrement*, no 875; Bilhard, *Bénéfice d'inventaire*, p. 516.

617. — Dans tous les cas, le tiers acquéreur est à l'abri de toute recherche. L'art. 32 de la loi du 22 frim. an VII ne concerne que les héritiers donataires ou légataires. — Avis Cons. d'Etat, 4 sept. 1810.

618. — Une saisie-arrêt, fondée en titre authentique, régulière dans sa forme et frappant sur des deniers dus au redevable de la régie de l'enregistrement, ne peut être annulée sous prétexte que ces deniers sont le gage d'une créance hypothécaire de la femme de ce dernier, surtout s'il n'a pas été statué contradictoirement avec celle-ci et toutes autres parties intéressées, sur le mérite de cette créance ainsi que sur le droit de préférence réclamé par la régie comme exerçant le privilége du Trésor. — D'ailleurs, et en supposant même la créance de la femme préférable à celle de la régie, ce ne serait pas une raison d'annuler la saisie, qui ne doit pas moins conserver tous ses effets sur les deniers restés entre les mains du tiers saisi après l'acquittement des droits reconnus ainsi privilégiés. — *Cass.*, 15 juin 1824, Enregistrement c. Criquet. — V. Instr. de la régie, art. 1146, § 19, et le *Dictionn. des dr. d'enreg.*, vo *Saisie-arrêt*, no 17.

Sect. 6e. — *Entrepreneurs de travaux publics, fournisseurs.*

619. — L'Etat a un privilége ou une hypothèque légale sur les biens des entrepreneurs publics. — *Cass.*, 12 janv. 1833, préfet des Basses-Pyrénées c. de Gayrosse. — Il en est ainsi à l'égard des fournitures de l'Etat. — V. MARCHÉS DE FOURNITURES, TRAVAUX PUBLICS.

CHAPITRE VII. — *Priviléges établis par des lois ou règlemens spéciaux.*

Sect. 1re. — *Sous-traitans, sous-fournisseurs et ouvriers.*

620. — Lorsqu'un entrepreneur de fournitures ou de travaux publics a recours à des sous-fournisseurs ou à des ouvriers pour exécuter son entreprise, il est juste que ceux-ci aient un privilége sur le prix des fournitures ou des travaux qui sont leur chose. Ce privilége est d'ailleurs, pour les sous-traitans, un puissant motif d'émulation et d'encouragement, qui tourne au profit de l'intérêt général. La loi du 26 pluv. an II l'a consacré par ses art. 3 et 4, qui donnent aux ouvriers et aux sous-fournisseurs le droit exclusif de former opposition sur les sommes dues par le gouvernement; et celui d'en toucher le montant, par préférence à tous autres créanciers. Depuis, deux décrets, des 13 juin et 12 déc. 1806, ont porté plusieurs dispositions spécialement relatives au paiement des fournitures faites pour le service de la guerre. Le premier de ces décrets a ordonné que les pièces justificatives des dépenses seraient produites, à peine de déchéance, dans les six mois qui suivraient le trimestre où elles auraient eu lieu. Le décret du 12 déc. est ainsi conçu: « Art. 1er. Tout sous-traitant, préposé ou agent d'une entreprise soumise aux dispositions de notre décret du 13 juin 1806, qui, à dater de la publication du présent, se croirait fondé à ne pas remettre les pièces justificatives de ses fournitures à l'entrepreneur principal, dans les délais fixés par ce décret, pour n'avoir pas été payé de son service par le traitant, devra les déposer, dans les mêmes délais, entre les mains du commissaire ordonnateur de la division militaire, qui lui donnera en échange un bordereau certifié, constatant le nombre et la nature des pièces versées ainsi que l'époque et la quotité des fournitures dont elles justifient. — Art. 2. Les bordereaux délivrés en exécution de l'article ci-dessus par les commissaires ordonnateurs aux sous-traitans, préposés ou agens auront pour ceux-ci, lorsqu'ils les présenteront aux tribunaux, la même valeur que les pièces dont la remise aura été faite; et lorsqu'ils les présenteront au trésor public, ils leur tiendront lieu d'opposition tant sur les fonds que le gouvernement pourrait redevoir aux entrepreneurs que sur le cautionnement que le ministre aurait exigé desdits entrepreneurs... Le trésor public recevra les oppositions des sous-traitans porteurs des bordereaux arrêtés par les ordonnateurs. Ils auront un privilége spécial sur les sommes à payer aux entrepreneurs, jusqu'à concurrence du montant de ce qui leur sera dû pour les fournitures comprises auxdits bordereaux. — Art. 3. Les sous-traitans, préposés ou agens qui ne se seront pas conformés aux dispositions des articles précédens encourront la déchéance voulue par notre décret du 13 juin. En conséquence, les pièces justificatives des fournitures qu'ils auraient faites, en cette qualité, ne pourront leur servir de titre à réclamation contre qui que ce soit. » Ces dispositions tracent aux sous-traitans la marche qu'ils ont à suivre pour exercer leur privilége, et il en résulte cette vérité incontestable : que celui qui, ayant conservé ses pièces dans les mains, ne les aurait pas remises à l'ordonnateur, dans le délai fixé par le décret de juin 1806, serait déchu non-seulement de son privilége, mais même de sa créance. Mais le dépôt direct des pièces dans les mains de l'ordonnateur n'est-il, pour le sous-traitant, qu'une simple faculté, destinée à le protéger contre la fraude ou la négligence de l'entrepreneur principal? ou bien est-il, au contraire, une condition essentielle et rigoureuse de l'existence ou de la conservation du privilége? En d'autres termes, l'agent secondaire qui, au lieu de remettre les pièces à l'ordonnateur, dans les six mois, les aurait remises au traitant, dans le même délai, ne jouirait-il pas aussi du bénéfice de ce privilége?

621. — Jugé dans le sens de l'affirmative que le sous-traitant qui n'a pas déposé entre les mains du commissaire ordonnateur, conformément à l'art. 1er, décr. du 12 déc. 1806, les pièces constitutives de sa créance, n'en conserve pas moins son privilége sur les sommes dues par l'Etat à l'entrepreneur général et sur son cautionnement, s'il a remis directement ses titres de créance à l'entrepreneur général dans le délai prescrit par le décret du 13 juin 1806. — *Cass.*, 12 mars 1822, Brodermann c. Fortin.

622.—... Et que les fonds destinés aux entrepreneurs de travaux pour le compte de l'Etat sont spécialement affectés au paiement des fournitures faites pour l'exécution de ces travaux; que, dès lors, les créanciers particuliers des entrepreneurs n'y ont droit qu'après le paiement de ces fournitures, et par conséquent le désintéressement des sous-traitans. — Même arrêt.

623. — Le privilége accordé aux sous-traitans de se faire payer directement du trésor public, en y déposant leurs pièces de comptabilité, ne peut être étendu à ceux qui ont fait les livraisons pour le compte des sous-traitans. —*Cass.*, 3 janv. 1822, Desmont-Vuillemet c. Boubée. — V. *Metz*, 2 juill. 1817, Lestrade c. Démont et Petit.

624. — Le privilége accordé aux sous-traitans par l'art. 2, décr. du 12 déc. 1806, sur les sommes dues par l'Etat à l'entrepreneur principal, n'est pas uniquement restreint aux sommes représentatives des fournitures faites par les sous-traitans. — Ce privilége s'étend généralement à toutes les sommes dues aux traitans par l'Etat, en exécution et par suite de leur traité, notamment aux sommes qui leur sont accordées à titre d'indemnité. — *Cass.*, 20 févr. 1828, Lefebvre et Martineau c. Gueniffey. — Conf. *Cass.*, 10 mars 1818, Lemaire c. le Trésor.

625. — Le sous-traitant a un privilége sur les sommes dues par le gouvernement à l'entrepreneur général, et sur les immeubles donnés en cautionnement. — Si ces biens ont été vendus, il peut, par une opposition, conserver son privilége sur les sommes dont l'acquéreur est encore débiteur. — *Paris*, 30 juill. 1810, Bachot c. Royer.

626.— Jugé, au contraire, que le privilége des sous-traitans et fournisseurs sur les sommes dues par l'Etat aux entrepreneurs de travaux publics, ne s'étend pas au cautionnement fourni par ceux-ci. La disposition contraire contenue dans le décret du 12 déc. 1806, étant spéciale au service de la guerre, ne peut recevoir aucune application aux fournitures faites pour des services civils. En conséquence, la cession de son cautionnement faite par l'entrepreneur à un tiers, et régulièrement signifiée antérieurement à toute opposition, est valable et confère au cessionnaire un droit de préférence sur le cautionnement. — *Bordeaux*, 21 nov. 1848 (t. 2 1849, p. 311), Debrousse c. Darlaud. — Pour établir ses droits au privilége sur le cautionnement de l'entrepreneur, le sous-traitant s'appuyait, dans l'espèce, non-seulement sur le décret du 12 déc. 1806; mais, en outre, sur celui du 26 pluv. an II, lequel déclare, d'une part, que les créanciers particuliers des entrepreneurs de travaux publics ne pourront faire aucune saisie-arrêt sur les fonds déposés dans les caisses publiques pour être *délivrés* aux adjudicataires et, d'autre part (art. 3 et 4), admet une exception à la règle qu'il vient de poser en faveur *des fournisseurs* ayant livré des matériaux aux adjudicataires. Mais il a été victorieusement répondu que ces mots: *fonds déposés dans les caisses publiques pour être délivrés*, etc., ne peuvent s'entendre du cautionnement; car on ne délivre pas un cautionnement à celui qui l'a versé pour garantie de sa gestion, mais on le *lui remet* quand les ouvrages sont terminés et reçus. D'où il suit que, dans la pensée du législateur, le privilége des fournisseurs ou sous-traitans devait être limité aux sommes dues par l'Etat en paiement des travaux exécutés par l'entrepreneur général.

627.—Les créances non privilégiées sur les entrepreneurs généraux, que des tiers porteurs ont cédées au gouvernement, ou qu'il réclame de leur chef, ne peuvent primer le privilége des sous-traitans. Ces créances ne peuvent, au détriment des sous-traitans, et malgré leurs oppositions mises avant celles du Trésor, se compenser avec la dette du gouvernement envers les entrepreneurs généraux. Lorsque, ni en première instance, ni sur l'appel, on n'a opposé des décrets qui auraient admis cette compensation, l'arrêt qui la rejette ne peut être cassé, comme contraire à ces actes d'administration. — *Cass.*, 18 mars 1818, Lemaire c. le Trésor.

628.—Les fournisseurs de matériaux qui ont servi à la confection des travaux publics ont, à raison de leurs fournitures, un privilége sur les fonds affectés au paiement de ces travaux (décr. 26 pluv. an II, art. 3 et 4), sans qu'il y ait lieu de restreindre ce privilége aux fournitures faites pour le service de la guerre. — *Cass.*, 21 juill. 1847 (t. 1er 1848, p. 192), Monard c. Legrand.

629.—Le privilége accordé par la loi du 26 pluv. an II aux fournisseurs sur les fonds dus par l'Etat aux entrepreneurs de travaux publics ne s'étend qu'au prix des objets et matériaux qui ont servi aux constructions de l'Etat et qui lui restent. Ainsi : celui qui a fourni des fers bruts qui ont été employés à la confection d'outils pour les ouvriers et de wagons destinés à l'exécution des travaux de terrassement ne peut, pour le prix de ces matériaux, réclamer un privilége, ces objets restant en la possession, non de l'Etat, mais de l'entrepreneur. — *Dijon*, 25 août 1846 (t. 2 1848, p. 365), Girardot c. Dumarchey.

630. — Les fournisseurs et ouvriers employés par les entrepreneurs des travaux publics, qui ont, aux termes du décret du 26 pluv. an II, un privilége sur les sommes dues par le gouvernement à ces entrepreneurs, conservent ce privilége, en cas de faillite de ces derniers, à l'exclusion des autres créanciers. Le tribunal de commerce, qui est le juge de la faillite, n'est pas en ce cas compétent pour statuer sur la validité des oppositions formées au Trésor à la requête des créanciers privilégiés. — *Paris*, 28 août 1846, Varin et Delage.

631. — Jugé que les simples ouvriers n'ont aucun privilége sur les sommes dues par l'Etat aux entrepreneurs de travaux exécutés pour le compte du gouvernement. — *Colmar*, 31 déc. 1841 (t. 1er 1842, p. 563), Maille c. Mayer.

632. — Ceux qui ont sous-traité pour le service des fournitures de l'hôtel des Invalides ont un privilége sur les sommes dues par l'administration à l'entrepreneur principal, comme tous les sous-traitants, agens ou préposés d'une entreprise relative au service de la guerre. — *Cass.*, 20 févr. 1828, Lefebvre et Martineau c. Gueniffey.

633. — Le sous-traitant d'une entreprise pour le transport des tabacs appartenant à l'administration des contributions indirectes, n'a pas, pour le paiement de son prix, privilége sur les sommes dues par le Trésor à l'entrepreneur général. — *Cass.*, 18 mai 1831, Gérard Schmimb c. Bouvattier. — Cet arrêt, tout en décidant qu'il y aurait abus manifeste à étendre aux transports de tabacs de l'administration la loi du 26 pluv. an II, qui ne s'applique qu'aux travaux de constructions, et le décret du 12 déc. 1806, relatif au service de ce genre, reconnaît toutefois, dans ses motifs, que ce dernier décret comprend le service de la marine, parce que c'est là une branche du service de la guerre.

Sect. 2e. — *Priviléges divers.*

634. — Aux termes de la loi du 16 sept. 1807 (art. 23), relative aux desséchemens des marais, les indemnités dues aux concessionnaires ou au gouvernement, à raison de la plus-value résultant des desséchemens, auront privilége sur toute ladite plus-value, à la charge seulement de faire transcrire l'acte de concession, ou le décret qui ordonnera le desséchement au compte de l'Etat, dans le bureau de l'arrondissement des marais desséchés. L'hypothèque de tout individu inscrit avant le desséchement sera restreinte, au moyen de la transcription ci-dessus ordonnée, sur une portion de propriété égale en valeur à la première valeur estimative des terrains desséchés. — V. en outre L. du 21 avril 1810, art. 20 et 21. — V. MARAIS.

635. — Sont aussi privilégiés ceux qui ont avancé les fonds nécessaires pour l'exploitation d'une mine. — Décrets des 16 sept. 1807 et 21 avr. 1810. — V. MINES.

636.—...Les facteurs de la halle aux farines de Paris pour le prix des farines livrées aux boulangers de cette ville, sur le produit des sacs de farine formant le dépôt de garantie du boulanger débiteur. — Décret du 27 fév. 1811. — V. FACTEURS AUX HALLES ET MARCHÉS.

637. — La ville de Paris est privilégiée pour le remboursement des frais faits par la caisse de Poissy sur le cautionnement des bouchers, sur la valeur estimative des étaux vendus à des tiers, ou supprimés et rachetés par le commerce de la boucherie, et sur ce qui est dû aux bouchers pour viande fournie. — Décr. du 6 févr. 1811, art. 31. — Un autre décret, du 15 mai 1813, art. 4, a étendu le privilége sur les créances des bouchers pour peaux et suifs. — V. BOUCHER, BOUCHERIE, n° 113.

638.—Le décret du 23 prair. an XII sur les sépultures porte : « Art. 2. Les fabriques des églises et les consistoires jouiront seuls du droit de fournir les voitures, tentures et ornemens et de faire généralement toutes les fournitures quelconques nécessaires pour les enterremens et pour la décence ou la pompe des funérailles. Les fabriques et les consistoires pourront affermer ce droit d'après l'approbation des autorités civiles sous la surveillance desquelles ils sont placés. » — Toutefois il a été jugé que tout privilége étant de droit étroit, il s'ensuit qu'un marché fait pour l'entreprise des funérailles, en vertu du décret du 23 prair. an XII, ne confère pas le privilége exclusif de fournir les bières ou cercueils. — *Cass.*, 27 nov. 1816, Bouveret c. Hebero. — V. INHUMATIONS.

639. — Les actions des canaux d'Orléans et de Loing concédées aux anciens militaires et déclarées incessibles et insaisissables par les décrets des 1er mars 1808 et 3 mars 1810, si ce n'est pour les créances énoncées en l'art. 2101 C. civ., ne peuvent pas être déléguées à un tiers avec subrogation dans le privilége des créances de cette nature, encore bien que le titulaire de l'action reconnaisse que la somme qu'il a reçue du délégataire a servi à payer ces créances privilégiées. — *Paris*, 8 févr. 1834, Thomas c. Bourdon.

640. — Les priviléges et hypothèques réservés par l'art. 161 de la loi du 24 août 1793, contre les propriétaires lors actuels d'inscriptions sur le grand-livre de la dette publique, ont été supprimés par les lois subséquentes. — *Paris*, 12 vent. an XII, Sicard. — V. DETTE PUBLIQUE, RENTES SUR L'ÉTAT.

CHAPITRE VIII. — *Ordre et rang des priviléges.*

641. — La priorité d'origine est sans influence sur le rang des priviléges, qui doivent être classés d'après les règles suivantes : 1° Les priviléges généraux sur les meubles s'exercent dans l'ordre indiqué par l'art. 2101 C. civ.; 2° le rang respectif des priviléges généraux sur les meubles en concours avec des priviléges spéciaux sur des objets de même nature, se règle d'après le degré de faveur que mérite chacun de ces priviléges en particulier; 3° le rang des priviléges spéciaux sur les meubles en concours entre eux se détermine de la même manière, lorsqu'il n'est pas fixé par une disposition spéciale de la loi; 4° les priviléges généraux sur les meubles sont préférés aux priviléges sur les immeubles, lorsqu'à défaut de mobilier ils sont exercés sur la masse immobilière; 5° le rang des priviléges spéciaux sur les immeubles en concours entre eux, doit être déterminé d'après le degré de faveur que mérite chaque privilége; 6° les diverses créances qui jouissent d'un privilége commun établi par les mêmes dispositions légales viennent par concurrence. — Zachariæ, t. 2, § 289.

642. — Dès lors, les créanciers spécialement privilégiés sur les meubles, lorsqu'ils sont en concours entre eux, doivent être classés dans l'ordre suivant : 1° le créancier dont le nantissement est exprès ou tacite; 2° le conservateur de la chose; 3° le vendeur. Lorsque le concours s'établit entre des priviléges généraux et des priviléges spéciaux sur les meubles, leur rang doit être ainsi fixé : 1° frais de justice; 2° nantissement; 3° les priviléges généraux autres que les frais de justice; 4° et les priviléges des frais de conservation d'une chose particulière et du prix de vente. — Zachariæ, § 290. — V., en outre, sur le classement des priviléges, Thémis, t. 6, p. 130; Troplong, t. 1er, nos 30 et suiv.

643. — C'est la date du privilége, et non la date de l'inscription, qui règle le rang dans lequel la créance privilégiée doit être colloquée. —*Orléans*, 8 juill. 1845 (t. 2 1845, p. 493), Chevalier c. Pelletier.

644. — En cas de concours entre plusieurs créanciers dont quelques-uns se prétendent privilégiés, les tribunaux ne peuvent déclarer l'existence d'un privilége sans que les autres créanciers que ce privilége primerait aient été appelés en cause. — *Cass.*, 3 août 1847 (t. 2 1847, p. 565), Caisse des consignations c. Coignet.

645. — Une simple opposition au décret de l'immeuble saisi sur le débiteur, formée avant tout jugement de condamnation, n'a pu, depuis le nouveau régime hypothécaire, donner au créancier privilégié le droit de se faire colloquer par privilége, à la date de son opposition, pour les intérêts de sa créance. — *Paris*, 26 mars 1808, d'Aligre-Hohenzollern et Deleclaze c. de Salm-Kirbourg.

Sect. 1re. — *Privilége sur les meubles. — Concours des privilèges généraux et spéciaux.*

646. — Les privilèges désignés en l'art. 2101 et dont nous avons parlé ci-dessus (V. nos 32 et suiv.) s'étendent également sur les immeubles : l'ordre dans lequel ils doivent être classés est déterminé par l'art. 2105 C. civ., ainsi conçu :

647. — Lorsqu'à défaut de mobilier les privilèges énoncés en l'art. 2101 se présentent pour être payés sur le prix d'un immeuble en concurrence avec les créanciers privilégiés sur l'immeuble, les paiemens se font dans l'ordre qui suit : 1° les frais de justice et autres énoncés en l'art. 2101 ; 2° les créances désignées en l'art. 2103.

648. — Les privilèges généraux sur les meubles ne priment pas nécessairement les privilèges spéciaux sur certains meubles. La préférence doit se déterminer d'après les différentes qualités de ces privilèges. — *Caen*, 8 mars 1838 (t. 2 1838, p. 310), Lefebvre c. Paris et Olivier. — En l'absence de toute disposition du Code qui règle l'ordre à suivre en cas de concours des privilèges généraux et des privilèges spéciaux sur ces meubles, trois systèmes différens ont été proposés par les auteurs. — Les uns admettent que les privilèges généraux doivent toujours primer les privilèges spéciaux. — V. Malleville, *Esprit du Code civil*, t. 4, p. 250; Tarrible, *Rép.*, v° *Privilége*; Grenier, *Des hypoth.*, t. 2, n° 298; Favard de Langlade, *Répert.*, v° *Privilége*; Troplong, *Des privilég.*, art. 2096, n° 73. — Les autres, au contraire, accordent dans tous les cas l'antériorité aux privilèges spéciaux. — *Rouen*, 17 juin 1826, Ducormier. — Persil, *Quest. sur les hypoth.*, t. 1er ; Pigeau, *Proc. civ.*, t. 2, p. 184. — Enfin, les derniers soutiennent que la qualité de privilége général ou de privilége spécial ne peut nullement influer sur le rang, et que c'est uniquement par la faveur de la cause qu'il faut se déterminer. — *Limoges*, 15 juill. 1813, C... c. N... ; *Cass.*, 4 août 1817, Pannier c. Legras de Longval; 14 déc. 1824, Guérin c. Douanes; *Rouen*, 12 mai 1828, Lehec c. Lemare; *Poitiers*, 30 juill. 1830, N.... — Demante, Dissertation insérée dans *la Thémis*; Duranton, t. 10, n° 203.

649. — Aux termes de l'art. 3 de la loi du 5 sept. 1807, le privilége général du Trésor sur les biens du condamné ne doit être classé qu'après les privilèges généraux énumérés dans les articles 2103 et 2101 C. civ.

650. — Jugé que le privilége général accordé aux frais de justice sur les meubles par l'art. 2101 du Code civil, prime le privilége spécial consacré en faveur des propriétaires, par l'art. 2102 du même Code, pour raison de leurs loyers ou fermages. — *Limoges*, 15 juin 1818, C... c. N...

651. — ... Et spécialement que le privilége du locateur doit primer celui des frais de scellés apposés après la mort du locataire. — *Paris*, 25 nov. 1814, Prague c. Cartier.

652. — Jugé cependant que les frais par lesquels le privilége du propriétaire est primé comme étant les frais de justice ne doivent s'entendre que de ceux conservatoires de son droit, et non de ceux nécessités par la mise en faillite de son locataire. — *Lyon*, 1er avril 1841 (t. 2 1841, p. 671), Contrib. indir. c. Chatard, Rothan, Stein et Lipps. — Conf. *Paris*, 25 nov. 1814, Prague c. Cartier; *Cass.*, 20 août 1821, Chevercy c. Trocmé; *Lyon*, 14 déc. 1825, Charbogne c. de Bigny; *Lyon*, 27 mars 1821, Grillet et Barre c. Lapierre. — V. aussi Troplong, *Priv. et hypoth.*, t. 1er, n° 129; Merlin, *Rép.*, v° *Privilége*, sect. 1re, n° 2; Delvincourt, t. 3, p. 268; Persil, *Régime hypoth.*, sur l'art. 2102; Denisart, v° *Loyers*, nos 15 et 16; Actes de notoriété des 7 févr. 1688 et 4 août 1692, rapportés par le même dans son Recueil, p. 54 et 108; Pigeau, *Procéd. civ.*, t. 2, p. 187.

653. — Le propriétaire doit être payé pour ses loyers sur les meubles garnissant la maison louée, par préférence au syndic du failli pour frais de gestion de la faillite. — Le tribunal de commerce est compétent pour statuer sur semblable contestation. — *Rouen*, 31 déc. 1818, Groult c. Poupel. — Despréaux, *Comp. du trib. de comm.*, n° 628.

654. — Le privilége du propriétaire pour loyers doit être colloqué avant les frais de justice faits pour l'administration de la faillite du locataire, et n'a dû être primé que par les frais de saisie et de vente des meubles garnissant les lieux loués. — *Lyon*, 27 mars 1821, Grillet et Barre c. Lapierre.

655. — Le propriétaire créancier pour loyers n'est pas fondé à contester la collocation par préférence à lui des frais faits pour préparer et opérer la vente. — *Liége*, 14 avril 1823, Pitry c. Collin.

656. — En matière de faillite, les frais de scellés et d'inventaire ne peuvent point passer avant la créance du propriétaire locateur auquel ces frais ne profitent pas. — *Lyon*, 14 déc. 1825, Charboyne c. de Bigny; *Rouen*, 2 déc. 1841 (t. 1er 1842, p. 443), Vasseur c. Gauthier; *Lyon*, 17 mars 1846 (t. 1er 1849, p. 473), Faurax c. Missol; *Caen*, 24 mars 1846 (t. 1er 1849, p. 474), Sehier c. Legrix. — V. au reste FAILLITE, n° 2054.

657. — Le privilége spécial accordé par l'art. 2102 du Code civil, au propriétaire pour le paiement de ses loyers, prime les privilèges généraux sur les meubles énoncés en l'art. 2101, notamment celui relatif aux salaires des gens de service. — *Paris*, 25 févr. 1832, Moisson-Devaux c. Louis.

658. — Le privilége de l'administration des contributions indirectes sur les meubles et effets mobiliers des redevables, doit primer celui du locateur pour ce qui excède le prix de six mois de loyer. — *Lyon*, 1er avril 1841 (t. 2 1841, p. 671), Contrib. indir. c. Chatard, Rothan, Stein et Lipps.

659. — Il suffit que le montant des réparations locatives joint au dernier terme des loyers, ne s'élève pas à six mois de loyers pour que les juges puissent reconnaître au propriétaire le droit d'en être payé par privilége aux droits du Trésor sur le prix des meubles. — *Cass.*, 27 févr. 1833, Enregistrement c. Couturier; 15 juill. 1835, Contrib. indir. c. Roussel. — Mais V. Troplong, *Comment. sur les priv. et hypoth.*, t. 1er, n° 99. — V. aussi *Cass.*, 28 août 1837 (t. 1er 1838, p. 136), Contributions indirectes c. Gondal.

660. — Le privilége du vendeur ne s'exerce qu'après celui du propriétaire de la maison ou de la ferme, à moins qu'il ne soit prouvé que le propriétaire avait connaissance que les meubles et autres objets garnissant sa maison ou sa ferme n'appartenaient pas au locataire.

661. — C'est au vendeur qui réclame la préférence à prouver que le locateur a eu connaissance que les objets introduits n'appartenaient pas au locataire. — M. Tarrible conseille au vendeur jaloux d'assurer son privilége, de notifier par acte au propriétaire de la maison ou de la ferme la vente qu'il fera au fermier ou au locataire. — *Rép.*, v° *Privilége*, p. 25, n° 6, col. 2; Troplong, n° 186.

662. — Cependant le privilége du vendeur est préféré à celui du propriétaire dans deux cas : 1° sur les récoltes pour le prix des semences, et sur les ustensiles aratoires pour le prix de ces ustensiles; 2° sur tout autre objet vendu lorsque le locateur savait que le prix n'en était pas payé.

663. — Le propriétaire doit être payé de ses loyers sur le prix des meubles garnissant les lieux loués, par préférence au créancier qui a fourni des subsistances au locataire. — *Caen*, 8 mars 1838 (t. 2 1838, p. 310), Lefebvre c. Paris et Olivier.

664. — Les créances qui ont privilége sur l'universalité du mobilier doivent être préférées à celles qui n'ont qu'un privilége spécial sur certains objets. — Par exemple, le boulanger et le boucher doivent être préférés, sur le prix d'un objet mobilier, à celui même qui l'a vendu. — *Rouen*, 12 mai 1828, Lehec et Papin c. Lemare. — Troplong, nos 74 et suiv.; Malleville, t. 4, p. 240; Tarrible, *Rép.*, v. *Privilége*, sect. 2, § 2, n° 2; Grenier, *Hyp.*, t. 2, n° 298, et Favard de Langlade, *Rép.*, sect. 3, § 1er, n° 1er. — Mais V. Persil (*Quest. sur les priv. et hypoth.*, t. 1er, p. 59) et Pigeau (*Proc.*, t. 2, p. 184). — V. aussi la théorie développée par M. Demante (*Thémis*, t. 6, p. 255), qui, sans adopter ni exclure la règle générale posée par l'arrêt ci-dessus, se détermine uniquement par la faveur de la cause de chaque privilége pour lui assigner un rang.

665. — Le privilége du maréchal, du charron et du bourrelier s'exerce de préférence à celui du propriétaire sur le prix des ustensiles par eux fournis ou même réparés, lors même que ce ne sont pas des ustensiles aratoires. — Néanmoins l'application des fers à cheval ne peut être considérée comme une opération conservatrice des chevaux, ni additionnelle à leur valeur, et ne saurait, par conséquent, donner naissance à un privilége. — Ces artisans, quand le prix de leurs fournitures excède celui de leur main-d'œuvre, ne doivent pas être considérés comme de simples ouvriers et gens de travail, passibles de la prescription de six mois établie par l'art. 2271 du Code civil; mais plutôt comme des marchands, auxquels on ne peut opposer que la prescription annale de l'art. 2272 du Code civil. — *Amiens*, 20 nov. 1837, de la Briffe c. Gratus.

666. — Les frais faits pour la conservation de la chose peuvent se trouver en concurrence avec tous les privilèges existans ; car tout ce qui est meuble est susceptible de perte et, par conséquent, de réparation ou de conservation. — Tarrible, *Privilége*, p. 11, col. 1, alinéa 6; Troplong, n° 48.

667. — Le créancier qui, par ses dépenses, a empêché la chose de périr, ayant agi dans l'intérêt de tous, devra être préféré à ceux dont les créances n'ont qu'une faveur purement individuelle. — Troplong, n° 59.

668. — Mais s'il y avait des créanciers nantis de gages dont le privilége n'aurait pris naissance qu'après les dépenses faites pour la conservation du gage, les frais de conservation seraient primés par les créanciers nantis du gage; car ces frais n'auraient pas été faits dans leur intérêt, leur privilége n'existant pas encore à l'époque où les frais de conservation avaient eu lieu. — Troplong, n° 62.

669. — Le privilége de l'aubergiste pour logement et nourriture fournis dans son auberge, sur le prix des effets qui s'y trouvent déposés, ne s'exerce pas avant celui du vendeur, lorsque l'aubergiste a eu connaissance, dans le temps du transport des effets, non-seulement qu'ils n'étaient pas payés, mais que la vente en était conditionnelle et résoluble. — *Bruxelles*, 12 juill. 1806, Duweltz c. Gosseau. — Persil, art. 2102, § 5; Grenier, t. 2, n° 319; Troplong, t. 1er, n° 204.

670. — Le privilége des frais faits pour la conservation de la chose depuis qu'elle est dans l'auberge, prime celui de l'aubergiste. Quant aux frais faits antérieurement à l'apport de la chose dans l'auberge, l'aubergiste les prime à moins qu'il ne sût, quand la chose a été apportée chez lui, que les frais étaient encore dus. — Duranton, n° 131.

671. — Si le voyageur est venu mourir dans l'auberge, le privilége des frais funéraires prime celui de l'aubergiste. — Duranton, n° 132.

Sect. 2e. — *Privilèges spéciaux sur les immeubles.*

672. — Les cinq classes de créanciers spécialement privilégiés sur les immeubles se réduisent en réalité à trois; puisque les bailleurs de fonds se trouvent placés sur la même ligne que les créanciers qu'ils ont payés, en ce qui regarde les autres créanciers. Les privilèges du vendeur et du copartageant reposant tous deux sur la faveur due à la propriété, la prééminence de l'un sur l'autre doit être déterminée par la priorité de la vente ou du partage. Le privilége des ouvriers et architectes ne portant que sur l'excédant de valeur provenue des constructions ou réparations, doit, quant à cette plus-value, primer le privilége du vendeur et du copartageant. — Zachariæ, n° 291; Demante, *Thémis*, p. 46, n° 250; Troplong, n° 81.

673. — Les créanciers privilégiés sur les immeubles, sont : 1° Le vendeur sur l'immeuble vendu pour le prix ; 2° le prêteur de deniers employés à l'acquisition; 3° le cohéritier sur les immeubles de la succession pour la garantie du partage et des soulte ou retour; 4° les architectes, entrepreneurs et ouvriers sur la plus-value des immeubles par eux édifiés et reconstruits ou réparés, et celui du prêteur de deniers employés à ces ouvrages (C. civ., art. 2103); 5° le bailleur de fonds pour l'exploitation d'une mine, sur le prix de la mine (L. 21 avril 1810); 6° le concessionnaire aux frais duquel s'est opéré le dessèchement d'un marais (L. 16 sept. 1807); 7° le Trésor sur les immeubles d'un condamné et des comptables (L. 5 sept. 1807); 8° le Trésor sur les immeubles acquis à titre onéreux par les comptables. — Avis du *Cons. d'Etat*, 25 févr. 1808.

674. — Lorsqu'un créancier pour frais de réparations se présente à l'ordre en même temps qu'un vendeur, ou qu'un copartageant; il faut déterminer la valeur de l'immeuble à l'époque où les travaux ont été entrepris, et allouer cette valeur entière au vendeur ou copartageant. La plus-value résultant des travaux, après avoir été estimée au moment de la vente, doit être attribuée à l'ouvrier jusqu'à concurrence et en déduction du montant de sa créance. — Troplong, n° 80; Tarrible, *Rép.*, v° *Privilége*.

675. — Les créanciers hypothécaires inscrits sur un immeuble assuré n'ont pas, en cas d'incendie, de droit de préférence sur l'indemnité due par la compagnie d'assurance. — *Cass.*, 28 juin 1831, Pinel c. Duthuit; *Grenoble*, 27 févr. 1834, Campana et Maury c. Dussert et Blava.

676. — Le privilége du vendeur sur l'immeuble dont il n'a pas reçu le prix, et le privilége du constructeur pour raison des travaux faits depuis la vente, peuvent concourir et s'exercer à la fois, en telle sorte que la plus-value résultant de ces travaux doive être affectée au privilége du constructeur dans le cas même où le vendeur ne trouve pas de quoi se remplir de la totalité de son prix (C. civ., art. 2103). Le droit de préférence accordé au vendeur pour le paiement de son prix est transmissible par voie de transport et cession. Ce droit ne peut pas être transmis par voie de subrogation, en ce sens que, dans le concours de divers prêteurs dont les uns ont été simplement subrogés au privilége du vendeur et les autres ont été expressément subrogés et au privilége et au droit de préférence, ces derniers doivent être colloqués avant les premiers. Mais, au contraire, tous les bailleurs de fonds doivent venir par concurrence entre eux. — *Paris*, 13 mai 1815, Tessier c. Dobilly. — Merlin, *Rép.*, vo *Privilége*, sect. 2, § 2, no 5; Persil, *Rég. hypoth.*, art. 2103, § 4, no 11; Favard de Langlade, vo *Privilége*, sect. 2, § 2, no 1er; Grenier, *Traité des hypoth.*, t. 2, p. 259, no 411. — Mais V. Troplong, *Comment. sur les hypoth.*, t. 1er, no 80 *bis*.

677. — Celui qui a fourni les deniers pour l'acquisition d'un immeuble peut, en inscrivant utilement son privilége, primer les créanciers hypothécaires inscrits avant lui, tant que l'immeuble acquis est dans les mains de l'acquéreur. — *Toulouse*, 19 févr. 1823, Calmet c. Escudier.

678. — Le privilége que l'art. 2103, no 4, C. civ. accorde aux ouvriers et architectes à raison de leurs travaux, doit être exercé sur la plus-value que ces travaux ont donnée à l'immeuble et sur les revenus immobiliers préférablement à celui du vendeur non payé. — *Cass.*, 22 juin 1837 (t. 2 1837, p. 272), Vastel c. Pézéril. — Troplong, *Privil. et hyp.*, t. 1er, no 80; Persil, sur l'art. 2103, no 7, 2e éd.; Favard de Langlade, vo *Privilége*, sect. 3, § 2, no 1; Tarrible, *Rép.*, vo *Privilége*, sect. 4, § 2, no 5. — *Contrà*, Pigeau, t. 2, p. 267; Maleville, sur l'art. 2103.

679. — Lorsque le privilége de l'architecte se trouve en concours avec le privilége du vendeur qui réclame son prix, on détermine d'abord la valeur de l'immeuble à l'époque où les travaux ont été entrepris et cette valeur est allouée en entier au vendeur; on estime ensuite la plus-value que les travaux ont donnée à l'immeuble, d'après sa valeur au moment de l'adjudication, et l'on attribue cette plus-value en totalité à l'architecte, etc. — Troplong, no 80 *bis*; Fremy-Ligneville, no 1374.

680. — Si deux architectes qui successivement auraient travaillé au même immeuble se trouvaient en concours, ils devraient être colloqués séparément et distinctement sur la plus-value apportée à l'immeuble par leurs travaux; pourvu que cette plus-value existât pour chacun d'eux au moment de l'aliénation. — Rolland de Villargues, no 225.

681. — Le privilége de l'architecte prime les créances antérieures aux travaux qui ont amélioré l'immeuble; mais ces créances priment le privilége de l'architecte, inscrit seulement après elles. — Troplong, no 322; Persil, art. 2140; Delvincourt, t. 3, p. 288; Fremy-Ligneville, no 1373.

Sect. 3e. — *Privilége du trésor public.*

682. — Le privilége des contributions personnelle et mobilière, des portes et fenêtres et des patentes, portant sur la généralité des meubles, peut se trouver en concours avec tous les priviléges généraux énumérés dans l'art. 2101 du C. civ. et qui portent sur la généralité des meubles: ce sont les frais de justice, les frais funéraires, ceux de dernière maladie, le salaire des gens de service, les fournitures de subsistances faites au débiteur ou à sa famille. — E. Durieu, t. 1er, p. 188.

683. — Le privilége des contributions directes doit primer celui des frais funéraires, de dernière maladie, du salaire des gens de service, etc. — Loi du 12 nov. 1808.

684. — MM. Grenier, Favard de Langlade, Persil, Rolland de Villargues, Rogron et Troplong s'accordent à donner à la créance des frais de justice la préférence sur celle des contributions directes. — M. Pigeau est d'avis contraire.

685. — Jugé que le décret du 1er germ. an XIII, qui donne à l'administration des contributions indirectes, pour le recouvrement des droits, un privilége sur les meubles des redevables, n'a été abrogé ni par le Code de procéd., ni par la loi du 5 sept. 1807, et que ce privilége n'est primé que par les frais de justice et par six mois de loyer. — *Cass.*, 28 août 1837 (t. 1er 1838, p. 136), Contributions indirectes c. Gondal.

686. — Il peut encore se trouver en concours avec les créances privilégiées seulement sur certains meubles (art. 2102 du C. civ.), telles que la créance du propriétaire sur les meubles qui garnissent la maison ou la ferme et sur les fruits et récoltes du fermier, etc.

687. — Le privilége de la contribution personnelle et mobilière, des portes et fenêtres et des patentes prime celui du propriétaire sur les meubles du contribuable qui garnissent la ferme ou la maison louée. — E. Durieu, t. 1er, p. 198.

688. — Le privilége du Trésor prime celui du propriétaire locateur, sur les fruits de la récolte de l'année et sur ce qui garnit la maison louée ou la ferme. — Malleville, Tarrible; *Répert. de Jurispr.* de Merlin, Favard de Langlade, Grenier et Troplong. — *Contrà*, M. Persil.

689. — Le privilége accordé au vendeur d'effets mobiliers non payés, celui accordé aux ouvriers employés par les entrepreneurs de travaux publics, et même ceux accordés à la Régie des contributions indirectes, sont primés par celui de la contribution directe. — E. Durieu, t. 1er, p. 217.

690. — Le privilége des droits de timbre et amendes se trouve au même rang que celui des contributions directes; ils doivent s'exercer ensemble, au *prorata* du montant de chaque créance. — *Ibid.*, p. 218.

691. — Le Trésor n'étant pas obligé de produire à la distribution, les frais particuliers de cette procédure ne priment pas le privilége de la contribution directe. — *Ibid.*, p. 192.

692. — La contribution personnelle et mobilière prime le privilége de l'aubergiste sur les effets du voyageur, qui ont été transportés dans son auberge, et du voiturier sur la chose voiturée. — *Ibid.*, p. 203.

693. — Le privilége du Trésor prime celui accordé au créancier sur le gage qui lui a été donné en nantissement, et dont il est saisi. — *Ibid.*, p. 204.

694. — La loi du 1er germin. an XIII, qui crée deux priviléges distincts en faveur de l'État, l'un sur les biens des redevables, l'autre sur ceux des comptables, n'a point été abrogée quant aux redevables par la loi du 5 sept. 1807. En conséquence, ce privilége a été seulement déclaré primer celui du propriétaire sur les meubles du redevable. — *Cass.*, 11 mars 1835, Mougeot c. le directeur de la caisse des dépôts et consignations. — Troplong, *Comment. sur les hypoth.*, t. 1er, nos 34 *bis* et 74.

695. — La chambre des requêtes avait prononcé en sens opposé le 27 février 1833. — La difficulté naissait de la différence qui existe dans la rédaction du décret du 1er germinal an XIII, qui détermine le privilége de la régie sur les meubles et effets mobiliers des *comptables* pour leurs débets, et des *redevables* pour leurs droits; et celle de la loi du 5 septembre 1807, qui, en s'occupant du privilége du Trésor pour le faire primer par le privilége général des art. 2101 et 2102, ne parle *expressément* et *nominativement* que des *comptables*, sans parler des *redevables*. — Duranton, no 131.

696. — L'art. 1er du décret du 1er germinal an XIII, qui accorde au privilége du propriétaire préférence sur celui du Trésor, à raison de *ce qui sera dû pour six mois de loyer seulement*, doit être combiné avec l'art. 2102, § 1er du Code civil. — Il faut l'interpréter en ce sens qu'au moment où il s'agit de régler la concurrence du Trésor et du propriétaire sur le prix des biens meubles du débiteur, le propriétaire a toujours droit par préférence à six mois de loyer, soit qu'il s'agisse de loyers échus ou de loyers à échoir, exigibles suivant l'art. 2102. — Mais les paiemens partiels faits au propriétaire depuis la saisie pratiquée par le Trésor (alors d'ailleurs que le débiteur était encore maître de ses droits) ne sauraient être imputés sur son privilége. — En vain dirait-on que les deniers employés au paiement étaient, par suite de la saisie, affectés au privilége du Trésor. — *Cass.*, 18 févr. 1840 (t. 1er 1840, p. 535), Rousseau et Moisant c. Contrib. indir. et Gabaud.

697. — Jugé que le propriétaire ne doit pas être colloqué, par privilége, avant le Trésor, seulement pour six mois de loyer, mais que sa collocation doit embrasser la totalité de ses loyers échus. — *Cass.*, 27 févr. 1833, Enregistrement c. Couturier. — V. *Rouen*, 14 juill. 1819, de Lavalette c. Courtois et Pothaire; *Lyon*, 14 déc. 1832, Pin c. Bost. — V., sur le privilége du Trésor, Troplong, *Comm. sur les hypoth.*, t. 1er, nos 32 et suiv.; Duranton, no 131.

698. — Le privilége du trésor public pour frais de poursuite motivée par des faits antérieurs à la faillite prime toute autre créance, encore que la condamnation à ces frais soit postérieure à la faillite. — *Paris*, 4 mars 1839 (t. 1er 1839, p. 431), trésor public c. Rollac.

699. — Les frais de poursuite pour la distribution des deniers saisis doivent être considérés, à l'égard de l'administration des contributions indirectes, comme frais de justice, et à ce titre primer sa créance. — *Cass.*, 27 févr. 1833, Enregistrement c. Couturier.

700. — Le privilége de la douane est primé: 1o par les frais de justice, 2o par le privilége pour contributions directes, 3o par les frais funéraires, 4o par les frais de dernière maladie, 5o par les gages des serviteurs, 6o par les fournitures de subsistances, 7o par les loyers pour six mois échus, 8o par le vendeur qui revendique les marchandises en nature. — Troplong, no 34; Duranton, no 240.

701. — Le privilége de l'administration des douanes prime, sur le prix du navire et de son chargement, le privilége des sommes prêtées à la grosse sur les corps, quille, agrès et chargement du navire. — *Cass.*, 14 déc. 1824, Guérin c. Douanes.

702. — Les amendes prononcées par les tribunaux au profit du fisc, ne doivent pas, dans le cas de concours de la régie de l'enregistrement avec d'autres créanciers, être colloquées par privilége. — *Paris*, 3 fruct. an XII, Enregistrement c. Vains de la Saussaie. — Le privilége accordé au Trésor pour les *frais de justice* en matière criminelle, ne doit pas être étendu aux amendes. — V. lettre du grand juge, 19 mars 1808. — Delvincourt, t. 3, p. 624; Pannier, *Traité des hypoth.*, p. 21; Duranton, no 233.

703. — S'il y a concours et insuffisance dans la distribution du prix des meubles entre les créanciers privilégiés, le trésor public, le défenseur de l'accusé, et des créanciers cédulaires, les créanciers privilégiés seront colloqués les premiers: le trésor public devra être colloqué le second, mais il devra céder son droit au défenseur à concurrence du montant de la taxe; et le trésor public, pour le recouvrement de cette part cédée, devra concourir avec tous les créanciers cédulaires par contribution au marc le franc. — Tarrible, *Rép.*; Merlin, vo *Hypothèques*; Troplong, nos 36 et 94 *bis*; Duranton, no 239.

704. — Sur les biens des comptables le privilége du Trésor vient concurremment avec les autres créanciers. — L. 12 oct. 1808. — Grenier, t. 2, no 305; Troplong, t. 1er, no 96; Durieu, *Poursuites en mat. de contrib. dir.*, p. 166; Duranton, no 230.

CHAPITRE IX. — *Comment se conservent les priviléges.*

705. — Entre les créanciers, les priviléges ne produisent d'effet, à l'égard des immeubles, qu'autant qu'ils sont rendus publics par l'*inscription* sur les registres du conservateur des hypothèques, de la manière déterminée par la loi, et à compter de la date de cette inscription. — C. civ., 2106. — V. HYPOTHÈQUES, INSCRIPTION HYPOTHÉCAIRE.

706. — Par ces mots: *à compter de la date de l'inscription*, il ne faut pas entendre le rang de la créance privilégiée; ils signifient uniquement que le privilége ne peut être valablement exercé vis-à-vis des tiers qu'après avoir été inscrit. — Troplong, no 266; Rolland de Villargues, no 242; Tarrible, *Rép.*, vo *Privilége*, no 40; Grenier, t. 2, no 376.

707. — Le privilége inscrit, même postérieurement à l'acte dont il émane est censé avoir commencé en même temps que cet acte; il arrive même souvent qu'il prime des hypothèques antérieures à l'époque de sa naissance. — C. civ., art. 2135. — Troplong, no 266 *bis*.

708. — Le défaut d'inscription constitue une nullité d'ordre public, et tout créancier peut s'en prévaloir. — Grenier, t. 1er, p. 131; Troplong, no 267.

709. — Si, le privilége perdu faute d'inscription, on ne se trouve plus à temps de s'inscrire comme créancier hypothécaire, les créancier chirographaires auront qualité pour se prévaloir du défaut d'inscription. — Troplong, n° 268.

710. — Il n'est pas nécessaire, pour la conservation d'un privilége, qu'il soit nommément énoncé. L'inscription, une fois prise dans la forme prescrite par la loi, conserve le droit du créancier, tel qu'il résulte du titre. — *Paris*, 9 déc. 1811, Bernault c. Boislevin.

Sect. 1re. — *Priviléges dispensés d'inscription.*

711. — Sont exceptées de la formalité de l'inscription les créances énoncées en l'art. 2101 : ce sont les frais de justice, les frais funéraires, ceux de dernière maladie, les salaires des gens de service et les fournitures de subsistance. — C. civ., 2107.

712. — Cependant, dans le cas d'accomplissement des formalités pour la purge et la transcription, l'art. 834 C. proc. est applicable, et les créanciers désignés en l'art. 2101 doivent prendre inscription dans la quinzaine de la transcription ; sans quoi l'immeuble passe dans les mains de l'acquéreur affranchi de ses créances. — Grenier, t. 2, p. 351 et suiv., n° 457 ; Delvincourt, t. 3, p. 271, note ; Persil, *Comm.*, art. 2107 ; Troplong, n° 375 ; Rolland de Villargues, n° 246.

713. — Sous la loi du 11 brum. an VII, le créancier privilégié sur le prix des biens vendus ou licités n'était pas obligé, pour conserver son privilége, de prendre inscription dans un délai donné. — *Rennes*, 23 mars 1812, Leclerc c. Thomas.

714. — Jugé, toutefois, que le privilége ou l'hypothèque constitués avant le Code civil, et qui n'ont pas été inscrits dans les délais voulus par la loi du 11 brum. an VII, n'ont rang qu'à partir de la date de l'inscription. — *Caen*, 9 déc. 1824, Huchon c. Herrier,

715. — Sous la loi du 11 brum. an VII, la créance du Trésor résultant de la recette de deniers publics, n'était pas dispensée d'inscription, et elle n'était pas préférée aux créanciers inscrits avant elle. — *Trèves*, 22 thermid. an XI, Kretz c. Charton. — Troplong, *Hypoth.*, t. 2, n° 431.

716. — La femme d'un émigré, créancière privilégiée, à raison de sa dot, sur les biens de son mari, était tenue, pour conserver son privilége, de faire inscrire sa créance, soit en vertu de la loi du 11 brum. an VII, soit en vertu de celle du 16 vent. an IX. — *Montpellier*, 29 mars 1813, Peresve c. de Tremolety.

717. — Dans les pays de droit écrit, le privilége d'*insistance* était personnel à la femme et ne passait point à ses héritiers. — *Nîmes*, 30 frim. an XIII, Brunet c. Paulham ; *Bordeaux*, 4 fructid. an XIII, N... ; 16 août 1814, N... — Ce privilége, que l'on appelait, en pays de droit écrit, droit d'*insistance*, de *nantissement* ou de *rétention*, dérivait du droit d'hypothèque légale. En vertu de cette hypothèque, la femme était supposée nantie de tous les biens du mari qui en étaient grevés ; et comme, de droit commun, tout créancier nanti d'un gage ne pouvait être tenu de s'en dessaisir, avant d'être entièrement payé, la femme, lorsque arrivait le moment de la restitution de la dot, se trouvait autorisée à retenir les biens de son mari, à titre de nantissement, jusqu'à son remboursement intégral. — V. Tessier, *Traité de la dot*, t. 2, p. 350. — « *Jus dotis est, inter cætera, ut eo nomine possit mulier bona mariti retinere in quorum possessione reperitur, in tempore quo maritus moritur, licet non sit inserta dotalibus tabulis clausula constituti, cùm habeat illa jure pignoris obligata, si non semper expressè, saltem tacitè.* » V. la loi *Unic.*, § 1er, C., *De rei ux. act.* ; la loi 12, C., *Qui potior* : « *Nam et ob chirographariam pecuniam pignus retineri potest.* » — Faber et son annotateur, liv. 5, t. 7, p. 513 ; Vedel, sur Catelan, liv. 4, chap. 76, tit. 2, p. 123. — V. aussi *Cass.*, 19 prair. an VII, int. de la loi, et les arrêts indiqués à la note.

718. — Il suffit que le privilége réclamé par la femme ait été reconnu sur le procès-verbal du juge-commissaire, pour qu'il y ait, à cet égard, contrat judiciaire formé avec les divers acquéreurs qui ont reconnu l'existence de ce privilége. — Le contrat judiciaire n'existe pas relativement à la quotité de la somme réclamée, quand il est certain qu'il y a eu erreur dans la fixation de cette somme de la part du créancier contre lequel on veut exciper de la reconnaissance. — *Limoges*, 15 avr. 1817, Decroisane c. Donnariat. — Le contrat judiciaire a été aussi déclaré constitué dans le cours d'une procédure d'ordre par les décisions suivantes : *Paris*, 22 messid. an XII, Dufour c. Chéron ; *Metz*, 15 févr. 1812, Poullain c. Paté.

719. — La femme mariée sous l'empire d'un statut qui lui accordait un privilége sur les meubles pour sûreté de sa dot, avec la clause expresse que *ses droits seraient exclusivement réglés par ce statut*, ne peut plus en invoquer le bénéfice dans le cas où, postérieurement au mariage, le mari aurait transféré son domicile sous une autre coutume, qui ne reconnaît point un pareil privilége. — *Paris*, 17 févr. 1821, Sellier c. Nouvellet. — V. les *Mémoires* de Froland, concernant la qualité des statuts ; Dumoulin, *in Consuetud. Paris.* ; Dargentré, *in Consuetud. gen. Britanniæ* ; Godefroy, *Comment.* ; Bérauld et Basnage, sur la cout. de Normandie ; Buridan, sur la cout. de Reims ; les *Notes* de Berroyer et de De Laurière, sur le *Traité de la commun.* de Duplessis ; Burgundus, *in Tract. controvers. ad Consuetudinem Fland.*, etc.

Sect. 2e. — *Privilége du vendeur.*

ART. 1er. — *Loi de brumaire an VII.*

§ 1er. — *Transcription.*

720. — Aux termes de la loi du 11 brum. an VII, la vente, quoique parfaite quant à la chose, au prix et au consentement, n'opérait la translation de la propriété à l'égard des tiers, que lorsque la transcription du contrat de vente avait eu lieu. Le privilége du vendeur se conservait par la transcription faite même par l'acquéreur ; le conservateur devait, dans l'intérêt du vendeur, prendre une inscription d'office. — L. 11 brum. an VII, art. 26 et suiv. — Troplong, n 276 ; Tarrible, sect. 5, n° 5.

721. — Si l'acquéreur faisait une revente de l'immeuble, il était certain que le droit du vendeur originaire demeurait sain et entier tant que le sous-acquéreur n'avait pas fait transcrire.

722. — Sous la loi du 11 brum. an VII, les créanciers de l'acquéreur qui avaient pris avant la transcription du contrat de vente, des inscriptions sur l'immeuble vendu, ne devaient pas être préférés au vendeur dont le privilége n'avait été inscrit que lors de cette transcription. — *Turin*, 24 janv. 1810, Barra c. Biscaretti. — Conf. *Colmar*, 6 déc. 1806, Baur c. Kuntz ; *Nîmes*, 12 déc. 1811, Fouar c. Margier. — Tarrible, *Rép.*, v° *Transcription* ; Grenier, t. 2, p. 201 et suiv.

723. — Sous la loi du 11 brum. an VII l'acquéreur qui n'avait pas fait transcrire son contrat ne pouvait conférer hypothèque à ses créanciers au préjudice du vendeur, bien que celui-ci n'eût pas lui-même fait inscrire son privilége. — *Nîmes*, 20 févr. 1808, Blanc c. Combe.

724. — Les vendeurs qui sous la loi du 11 brum. an VII n'ont pas fait transcrire et n'ont pas pris inscription, ont conservé leur privilége par des inscriptions prises depuis le Code civil. — Le privilége de chacun des vendeurs s'exerce sur la portion du prix, correspondant à la part que chacun d'eux avait dans la propriété. — *Liége*, 26 juin 1812, Denis c. Hermans.

§ 2. — *Inscription.*

725. — La loi de brumaire ne fixait aucun délai pour l'inscription du privilége du vendeur, et il pouvait être inscrit utilement jusqu'à la transcription du contrat de vente.

726. — Mais lorsque la vente avait eu lieu antérieurement à la loi de brumaire an VII, le privilége du vendeur devait être inscrit dans les trois mois de la publication de la loi ; faute de quoi le privilége dégénérait en simple hypothèque et ne prenait rang que du jour de l'inscription. — L. 11 brum. an VII, art. 37, 38, 39, 47.

727. — Tant que l'immeuble vendu est dans les mains de l'acquéreur, l'inscription prise par le vendeur conserve le privilége de ce dernier, même contre les créanciers hypothécaires du premier, inscrits antérieurement. Cette inscription ne conserve pas le privilége pour plus de deux années d'intérêts et l'année courante. — *Nîmes*, 12 déc. 1811, Fouard c. Margier. — Conf. *Cass.*, 7 mars 1811, Corot c. Juin ; *Rennes*, 21 août 1811, Landron c. Bernard. — *Contrà*, *Cass.*, 5 mars 1816, Sapey c. Lambilly et Jourdan ; 1er mai 1817, mêmes parties ; *Paris*, 31 janvier 1818, mêmes parties ; *Bourges*, 25 mai 1827, Daiguzon c. Fauconneau-Dufresne ; 23 mai 1829, Portherat c. de Laforêt et Champion ; *Paris*, 7 déc. 1831, Levrat c. Dumont et Gillot ; *Bordeaux*,

23 avr. 1836 (t. 1er 1837, p. 50), Gardonne c. Collier. — Favard de Langlade, v° *Inscription hypothécaire*, sect. 7, n° 12 ; Grenier, t. 1er, n° 103 ; Duranton, t. 10, n° 169, et t. 20, n° 152 ; Troplong, t. 1er, n° 219 ; Delvincourt, t. 3, p. 359, n° 10 ; Persil, *Régime hypoth.*, art. 2151, n° 9.

728. — Le créancier dont l'inscription est postérieure au Code civil ne peut opposer au vendeur de l'immeuble les dispositions de la loi du 11 brum. an VII (art. 37 et 39) qui imposaient à ce dernier l'obligation de faire inscrire son privilége dans un délai déterminé sous peine de perdre ce privilége, qui dégénérait alors en simple hypothèque. — *Cass.*, 16 mars 1830, Grand-Jacquet c. de Pillot.

729. — Le privilége du vendeur, antérieur à la loi du 11 brumaire an VII, et qui n'a pas été inscrit dans les trois mois de la publication de cette loi, a dégénéré en simple hypothèque, même à l'égard des créanciers de l'acquéreur qui n'ont pris inscription que depuis le Code civil. — En conséquence, ces créanciers doivent être préférés au vendeur ou à ses héritiers dont le privilége n'a été inscrit que postérieurement à leurs hypothèques. — *Cass.*, 17 déc. 1846 (t. 2 1848, p. 484), de Fontenay c. Piel.

730. — Le privilége qui au moment de la promulgation de la loi du 11 brum. an VII appartenait au vendeur d'un immeuble antérieurement aliéné s'est éteint et a dégénéré en une simple hypothèque, faute par le vendeur de l'avoir fait inscrire au bureau des hypothèques dans le délai fixé par l'art. 37 de la loi précitée. — *Cass.*, 16 fruct. an XIII, Desfours c. Fauchier.

731. — Le vendeur qui avait un privilége, à raison de son prix, sur l'immeuble vendu antérieurement à la loi du 11 brum. an VII, a dû prendre inscription, pour conserver son privilége, dans le délai fixé par cette loi. — Il n'a pu suppléer à cette formalité en faisant transcrire le contrat de vente après la publication du Code civil et, par ce moyen, arrêter l'effet des inscriptions prises antérieurement par des créanciers de l'acquéreur, postérieurs à la vente. — *Cass.*, 2 juin 1824, de Piennes c. de Juigné.

732. — Un ancien privilége dégénéré en simple hypothèque à défaut d'inscription dans le délai fixé par les art. 37 et 39 de la loi du 11 brum. an VII n'a pu revivre par la transcription du contrat de vente opérée sous l'empire du Code civil, au préjudice des anciens créanciers de l'acquéreur qui ne sont eux-mêmes inscrits que depuis ce Code mais antérieurement au vendeur. — *Pau*, 17 janv. 1827, Lacave c. Labourdette.

733. — Le privilége du vendeur qui a pris naissance avant la loi du 11 brum. an VII s'est éteint faute d'inscription dans les délais fixés par cette loi et par celles des 16 pluv. et 17 germ. même année. En conséquence ce privilége, bien qu'inscrit depuis la promulgation du Code civil comme créance hypothécaire, a été primé par l'hypothèque légale de la femme de l'acquéreur, qui a frappé les biens de celui-ci, indépendamment de toute inscription, du moment où a été publiée la loi nouvelle sur les hypothèques. — *Cass.*, 16 nov. 1846 (t. 2 1846, p. 736), Malart c. Sabaté.

734. — L'art. 37 de la loi du 11 brum. an VII, qui ordonne l'inscription des priviléges et hypothèques dans un certain délai, à peine de perdre leur rang, ne doit pas être appliqué au vendeur qui a aliéné sous l'édit de 1771 : son privilége subsiste tant que l'acquéreur n'a pas fait transcrire. — *Grenoble*, 11 août 1808, Roche c. Josserand.

735. — Le vendeur dont le privilége était acquis avant le Code civil est fondé à prétendre que les effets en doivent être réglés par cette loi, lorsque les créanciers avec lesquels il est en concurrence n'ont acquis leurs droits que depuis le Code. — *Cass.*, 5 mars 1816, Sapey c. Lambilly et Jourdan.

736. — Le vendeur dont l'ancien privilége n'a pas été inscrit conformément à l'art. 37 de la loi du 11 brum. an VII l'a néanmoins conservé par une inscription prise sous le Code civil, au préjudice des créanciers de l'acquéreur qui n'ont eux-mêmes inscrit ou n'ont été dispensés d'inscrire leur hypothèque que depuis le Code. — *Et particulièrement* : la femme de l'acquéreur qui n'a point requis d'inscription sous l'empire de la loi de brumaire, pour sûreté de ses reprises matrimoniales, mais pour qui la publication du Code civil a valu inscription, ne peut primer l'ancien vendeur dont le privilége n'a été inscrit que depuis le Code. — *Grenoble*, 13 févr. 1822, Deydier c. Magnan. — Les priviléges des vendeurs n'étaient dégénérés en simples hypothèques que relativement aux créanciers qui avaient eu des droits acquis et conservés sous l'empire de la loi du

11 brum. an VII. Or, dans l'espèce, la femme ni le vendeur n'ayant pris d'inscription sous cette loi, et aucun d'eux n'ayant, par conséquent, de droits acquis, l'un au préjudice de l'autre, à l'époque de la publication du Code civil, il est évident que c'est par les dispositions de ce Code que leurs droits doivent être appréciés; et le privilége, de sa nature, prime l'hypothèque, même légale.

737. — Lorsque le titre constitutif d'une rente portait privilége pour toutes fautes, il a suffi, pour conserver ce privilége à l'égard des arrérages antérieurs à l'inscription, d'en exprimer le montant en prenant inscription pour le principal. — Les arrérages échus postérieurement à l'inscription ne peuvent être compris dans la collocation qu'autant qu'ils sont évalués. L'énonciation du privilége serait insuffisante. — *Liége*, 13 mars 1811, Degrady c. Vosen.

738. — La réserve par le vendeur de la propriété de l'immeuble vendu jusqu'à parfait paiement, sous une législation allemande antérieure au régime hypothécaire de l'an VII, lui confère, depuis la publication de cette loi, soit le droit de revendication, soit un privilége sur les créanciers de l'acquéreur, sans le secours de l'inscription. — *Trèves*, 27 mai 1807, N...

ART. 2. — *Code civil.*

§ 1er. — *Transcription, inscription.*

739. — «Le vendeur privilégié conserve son privilége par la transcription du titre qui a transféré la propriété à l'acquéreur, et qui constate que la totalité ou partie du prix lui est due; à l'effet de quoi la transcription du contrat faite par l'acquéreur vaudra inscription pour le vendeur et pour le prêteur qui lui aura fourni les deniers payés, et qui sera subrogé aux droits du vendeur par le même contrat : sera néanmoins le conservateur des hypothèques tenu, sous peine de tous dommages et intérêts envers les tiers, de faire d'office l'inscription sur son registre, des créances résultant de l'acte translatif de propriété, tant en faveur du vendeur, qu'en faveur des prêteurs, qui pourront aussi faire faire, si elle ne l'a été, la transcription du contrat de vente, à l'effet d'acquérir l'inscription de ce qui leur est dû sur le prix.» C. civ., art. 2108.

740. — Les dispositions du Code civil ont quelque ressemblance avec celles de la loi du 11 brum. an VII; il est à remarquer cependant que la transcription n'est plus un élément nécessaire de la transmission de la propriété, mais seulement un moyen de parvenir à la purge des hypothèques. — Tarrible, sect. 5, n° 5.

741. — Dans le cas ou l'acquéreur ne ferait pas purger les hypothèques, le vendeur peut lui-même requérir la transcription pour établir son privilége. — Troplong, n° 285; Grenier, n° 395; Rolland de Villargues, n° 250.

742. — Le vendeur doit être admis à s'inscrire ou à faire transcrire, même après que les créanciers hypothécaires de l'acquéreur ont pris leurs inscriptions. — *Rennes*, 21 août 1811, Landron c. Bernard. — La loi n'ayant pas fixé de délai, le vendeur est en temps utile pour se faire inscrire tant que la propriété n'est pas purgée. — Troplong, n° 279.

743. — Le privilége du vendeur peut, indépendamment de la transcription, se conserver par une simple inscription. — La loi n'a pas limité de terme à l'inscription de ce privilége, qui, à quelque époque qu'il soit mentionné sur les registres du conservateur des hypothèques, prime les créanciers de l'acquéreur inscrits antérieurement. — *Rennes*, 21 août 1811, Landron c. Bernard.

744. — Le privilége du vendeur est suffisant pour lui donner le droit de primer des créanciers hypothécaires de l'acquéreur, dont les inscriptions sont antérieures à la sienne, lorsqu'il n'y a point eu transcription du titre translatif de propriété. — *Colmar*, 6 déc. 1806, Baur c. Kuntz. — Les raisons de décider se puisent dans l'art. 2108. Cet article ne fixe point un délai dans lequel la transcription d'un contrat de vente doive être faite par l'acquéreur ou par le vendeur, pour la conservation du privilége, et, de cela même, on doit conclure qu'en quelque temps que se fasse cette transcription, ainsi que l'inscription d'office qui doit en être la suite, le privilége du vendeur doit être conservé quelle que soit la date des inscriptions prises sur l'acquéreur par les créanciers personnels de ce dernier, et lors même que ces inscriptions seraient antérieures à la transcription et à l'inscription d'office. On doit dire la même chose dans le cas où, comme dans l'espèce, la transcription n'ayant pas lieu, ces inscriptions précéderaient celle qui serait prise personnellement par le vendeur.—Grenier, *Traité des hypoth.*, t. 2, p. 201. — Mais l'art. 834 C. proc., a introduit dans la législation hypothécaire un changement notable, en ce que cet article étend, par un droit nouveau, la faculté de l'inscription, pour tout créancier ayant une hypothèque judiciaire ou conventionnelle, jusqu'à la quinzaine qui suit la transcription; il comprend même dans cette catégorie les créanciers ayant privilége sur les immeubles. Toutefois, l'art. 34 ajoute : « Sans préjudice des autres droits résultant au vendeur des art. 2108 et 2109 C. civ. » Or qu'a voulu le législateur par ces dernières expressions? Il a voulu que, si la vente qui constituait le droit privilégié du vendeur avait été transcrite dans le temps, ce droit, une fois acquis, et valant inscription, ne reçût aucune dérogation par l'art. 834, et que le privilége fût conservé sans une nouvelle inscription personnelle de la part du vendeur. Ainsi, point de difficulté, *dans le cas de vente unique*. Le vendeur n'a nullement besoin de répéter *son inscription dans le délai de quinzaine*. Il est certain que, dans le cas de deux ventes successives, le premier vendeur ne serait pas plus tenu de répéter *son inscription dans la quinzaine* si le premier contrat de vente avait été transcrit, puisque cette transcription vaudrait inscription en sa faveur. Voilà sans doute les *autres droits résultant au vendeur* que le législateur a entendu lui réserver. Mais il peut arriver qu'il y ait eu plusieurs ventes successives, dont celle sur laquelle le privilége serait réclamé n'aurait pas été transcrite. Alors n'y ayant point de transcription qui conservât le privilége, à l'égard de celui qui aurait consenti cette vente, il est évident que ce vendeur serait tenu de se conformer à l'art. 834 C. proc., et de prendre inscription dans la quinzaine de la transcription de la vente ultérieure. —Tarrible, *Rép. de jurisp.*, v° *Transcription*, et Grenier, *Traité des hypothèq.*, t. 2, p. 207 et suiv.

745. — Les vendeurs conservent leur privilége et doivent être assignés pour être présens à l'ordre, alors même qu'il y a seulement transcription du titre translatif de propriété sans inscription de leur part. — *Paris*, 31 mai 1813, Lamy c. Marchand et Labrune.

746. —L'inscription prise par le vendeur lorsque l'immeuble est encore dans les mains de l'acquéreur, conserve le privilége et lui assure un rang préférable à celui des créanciers de l'acquéreur inscrits avant lui.— *Besançon*, 15 juill. 1812, Petit-Guyot c. Lanchy.

747.—L'inscription prise par le vendeur lorsque l'immeuble vendu est encore entre les mains de l'acquéreur conserve le privilége et prend rang rétroactivement à compter du jour de la vente, bien que, dans l'intervalle, l'acquéreur ait consenti une hypothèque qui a été inscrite avant celle du vendeur. — *Bruxelles*, 2 févr. 1821, N... c. Ducroquet.

748. — Le vendeur qui veut conserver le privilége résultant du contrat de vente doit en requérir la transcription dans le même délai qu'il eût dû faire l'inscription dont elle lui tient lieu. — *Cass.*, 12 juill. 1824, Vallée c. Gantrelle.

749. — La transcription n'est pas indispensable pour la conservation du privilége du vendeur. Ce privilége est conservé par la simple inscription prise par le vendeur en vertu de l'acte de vente sous seing privé. — *Cass.*, 6 juillet 1807, Lagrange c. Itier; 7 mars 1811, Corot c. Juin; *Rennes*, 21 août 1811, Landron c. Bernard. — Delvincourt, t. 3, p. 283; Grenier, t. 2, n° 386; Persil, *Régime hypoth.*, sur l'art. 2108, n° 7, et Troplong, t. 1er, n° 285 *bis*; Merlin, *Répert.*, v° *Hypothèque*, sect. 2, § 2, art. 6.

750. — La transcription du contrat de vente, même sous seing privé, à quelque époque qu'elle soit opérée, conserve le privilége du vendeur, même après la revente de l'immeuble, nonobstant les droits que des tiers ont pu acquérir dans le temps qui s'est écoulé depuis le contrat de vente jusqu'à sa transcription. — *Grenoble*, 8 févr. 1810, Barry c. Bernard. — V. avis du conseil d'État du 12 flor. an XIII. — Delvincourt, t. 3, p. 513, note 10; Merlin, *Répert.*, v° *Hypothèque*, sect. 2, § 2, art. 6; Grenier, t. 2, n° 386; Persil, *Régime hypoth.*, sur l'art. 2108, n° 7; Battur, *Traité des priv. et hypoth.*, t. 1er, n° 116; Troplong, t. 1er, n° 285 *bis*, et Henrion, *Résumé de jurisp. sur les priv. et hypoth.*, v° *Privilége*, § 9, n° 5.

751. — Une simple inscription mentionnant la date et la nature du titre suffit pour conserver le privilége du vendeur, quoiqu'elle ne l'énonce pas expressément. — *Cass.*, 7 mars 1811, Corot c. Juin; *Agen*, 27 nov. 1812, Lalende c. Tronchet.

752. — Le privilége et l'hypothèque du vendeur sur l'immeuble vendu subsistent nonobstant la faillite de l'acquéreur, et quoique la transcription du contrat de vente et l'inscription au profit du vendeur n'aient eu lieu que postérieurement à cette faillite. — *Paris*, 20 mai 1809, Bolleret c. Boudier-Dapremont. — Tarrible, *Rép.*, v° *Hypothèque*, n° 10; Persil, *Régime hypoth.*, art. 2146, n° 3. — *Contrà*, *Cass.*, 16 juill. 1818, Berthier c. Rachais; 12 juill. 1824, Vallée c. Gantrelle. — V. aussi Troplong, *Hypoth.*, t. 3, n° 650.

753. — Le privilége du vendeur est conservé entier par la transcription, quoiqu'il y ait erreur dans l'inscription d'office à l'égard de la somme restant due sur le prix. — *Paris*, 31 août 1810, N... — Troplong, *Hypoth.*, t. 1er, n° 286; Favard, v° *Privilége*, sect. 4, n° 5, et Persil, *Régime hypoth.*, sur l'art. 2108, n° 21.

754. — Le privilége du vendeur existe, jusqu'à l'expiration du terme prescrit par les art. 2108 et 834 C. proc. civ., par la force de la loi, et en l'absence d'inscription. Peu importe dès lors qu'une inscription prise surabondamment soit tombée en péremption faute de renouvellement. — *Toulouse*, 7 janv. 1846 (t. 1er 1846, p. 136), Popis c. Guilhamède.

755. — L'adjudicataire d'un immeuble, qui justifie du paiement intégral de son prix entre les mains des créanciers utilement colloqués, doit obtenir la radiation pure et simple de l'inscription d'office prise au profit du vendeur, alors même qu'il devrait encore aux créanciers chirographaires le prix de certains objets mobiliers qui ont été livrés avec l'immeuble. — *Bordeaux*, 24 juill. 1844 (t. 1er 1845, p. 758), Gay c. syndic Laugère.

756. — Le vendeur a pu régulièrement faire inscrire son privilége à une époque où la succession de son débiteur était déclarée vacante. — *Besançon*, 15 juill. 1812, Petit-Guyot c. Lanchy.

757. — Le privilége du vendeur ne peut être conservé utilement par une inscription prise sur la succession de l'acquéreur, acceptée sous bénéfice d'inventaire. — *Toulouse*, 2 mars 1826, Fournès c. Hérisson et Darnis. — *Cass.*, 16 juill. 1818, Berthier c. Rachais, et 12 juill. 1824, Vallée c. Gantrelle. — *Contrà*, Grenier, *Traité des hypoth.*, nos 125 et 376.

758. — Le créancier du vendeur auquel celui-ci a délégué une partie du prix de la vente n'est pas, comme le vendeur, dispensé de prendre inscription pour la conservation de ses droits. — *Limoges*, 26 juin 1820, Calignon c. Bertrand. — Delvincourt, t. 3, p. 283, et Grenier, t. 2, n° 388. — V. cependant Persil, *Régime hypoth.*, sur l'art. 2108, n° 3.

759. — Le créancier subrogé au privilége du vendeur sur un immeuble ne peut l'exercer utilement sur le prix de cet immeuble, qu'autant qu'il l'a conservé par la voie de l'inscription; et à défaut, les créanciers personnels de l'acquéreur, dont les créances ont été inscrites, doivent être colloqués de préférence à lui dans la distribution de ce prix. — Le motif de considération pris de ce que ce créancier peut user du droit de faire résoudre la vente, à défaut de paiement, n'est pas suffisant pour déterminer la collocation de sa créance, sous prétexte qu'il sera plus avantageux aux créanciers inscrits de ne pas courir la chance de cet événement. Le sous-acquéreur à qui le paiement de la créance privilégiée a été indiqué, et qui en est en outre tenu personnellement pour sa part et portion, comme héritier du précédent acquéreur, dont il est lui-même créancier, est recevable, en cette dernière qualité, à opposer au créancier privilégié le défaut d'inscription de sa créance. — *Amiens*, 27 nov. 1824, Chasnet c. Locquet.

760. — Lorsqu'une vente de droits successifs n'a pas le caractère de licitation, le vendeur a privilége sans aucune condition et sans aucun délai, de sorte qu'il suffit pour qu'il exerce ce privilége qu'il y ait eu inscription à quelque époque que ce soit. — *Rennes*, 23 mai 1817, Pellet c. Serec. — Persil, *Régime hypoth.*, t. 1er, art. 2103, § 1er, nos 1er et suiv., et art. 2109.

761. — La transcription faite sous l'empire du Code civil d'un acte de vente antérieur à la loi du 11 brum. an VII sur le régime hypothécaire, n'a pas conservé le privilége du vendeur au préjudice des créanciers personnels de l'acquéreur inscrits antérieurement. — *Cass.*, 17 mai 1809, Dinet c. Desbordeaux. — V. conf. *Cass.*, 16 fruct.

an XIII, Desfours c. Fauchier; 26 févr. 1806, voir plus haut. — Merlin, *Rép.* vº *Hypothèque*, sect. 2, § 2, art. 14, nº 2.

762. — Celui qui, sous la loi du 11 brum. an VII, a vendu un immeuble et n'a pas fait transcrire son contrat, a pu, nonobstant une revente non transcrite, exercer, depuis le Code civil, son privilége, par priorité aux créanciers de l'acquéreur inscrits avant lui. — *Rouen*, 24 févr. 1812, Damour c. Petit. — *Grenoble*, 8 févr. 1810, et la note, Barry c. Bernard.

§ 2. — *Transcription par un second acquéreur.*

763. — Sous le Code civil, et avant le Code de procédure, la vente était irrévocable par elle-même et sans le secours de la transcription, qui n'était qu'un moyen d'arriver à la purge des hypothèques et priviléges inscrits au moment de la vente. Dès lors, si le vendeur originaire laissait aliéner l'immeuble sans requérir inscription ni transcription, son privilége était éteint, soit que l'acte de vente eût été ou non transcrit. — *Cass.*, 13 déc. 1813, Ailhaud c. Joannis; *Paris*, 16 mars 1816, Richardot c. Carteret; *Cass.*, 12 juill. 1824, Vallée c. Gantrelle. — Duranton, t. 19, nº 210; Troplong, t. 1er, nº 280, et Hervieu, *Résumé de jurisp. hypoth.*, vº *Privilége*, § 9, nº 5. — L'opinion contraire à celle que nous venons d'émettre a été embrassée par la cour d'appel de Grenoble dans l'arrêt ci-dessus. Elle est défendue par Grenier (t. 3, p. 205), Delvincourt (t. 3, p. 512, note 9), Battur (*Tr. des hypoth.*, t. 1er, p. 96) et Victor Pannier (*Tr. des hypoth.*, p. 81).

764. — Depuis la promulgation de l'art. 834 C. procéd., c'est jusqu'à l'expiration de la quinzaine de la transcription de la revente que le vendeur originaire peut requérir l'inscription de son privilége ou la transcription de son contrat d'aliénation. — *Nîmes*, 12 déc. 1811, Fouard c. Margier; *Cass.*, 26 janv. 1813, Wiart c. Durieux; *Paris*, 24 mars 1817, Collias et Jacquetard c. Thibault. — Persil, *Régime hypoth.*, sur l'art. 2108, nº 23; Duranton, t. 19, nº 210; Grenier, t. 2, nº 377; Victor Pannier, p. 84; Tarrible, *Rép.*, vº *Transcription*, § 3, nº 6; Battur, t. 1er, p. 97 et suiv., et Troplong, t. 1er, nºs 281 et 282.

765. — Mais, lorsque le vendeur n'a pas fait transcrire son contrat, ou n'a pas pris inscription pour son privilége dans la quinzaine de la transcription, il perd son privilége tant à l'égard des sous-acquéreurs que des créanciers hypothécaires. — Troplong, nº 283.

766. — Le vendeur qui aurait négligé de faire inscrire son privilége en temps utile, pourrait, pour recouvrer ses droits, exercer l'action résolutoire pour défaut de paiement du prix.

767. — La condition formellement imposée à un acquéreur de faire transcrire dans un délai déterminé et avant aucune aliénation des biens vendus, peut, si elle n'a été remplie, militer en faveur du privilége du vendeur contre des sous-acquéreurs qui ont aussi négligé de faire transcrire. Dans cette hypothèse, le vendeur originaire, resté créancier d'une partie de son prix, peut, en vertu d'une inscription, poursuivre l'expropriation des mêmes biens sur les derniers acquéreurs. — *Riom*, 14 mai 1817, Bravard c. Douhet; *Cass.*, 22 nov. 1820, Grellet c. Jolly de Fleury. — Persil, *Quest. sur le régime hypoth.*, t. 1er, p. 5.

768. — La transcription, sans inscription d'office, d'un contrat qui n'exprime point de prix déterminé ne suffit pas pour conserver le privilége du vendeur contre un second acquéreur. — *Bruxelles*, 17 mars 1806, Levac c. Corbisier. — Troplong, *Hypothèques*, t. 1er, nº 283.

769. — Lorsqu'un immeuble a subi plusieurs mutations successives, le privilége du premier vendeur, qui n'a fait ni transcrire ni inscrire, est purgé par la transcription du dernier contrat: alors même que le dernier acquéreur n'aurait pas fait transcrire les contrats antérieurs. En d'autres termes: le privilége du premier vendeur, à défaut de transcription de son contrat, ne pouvait se conserver que par une inscription prise avant la seconde vente, sous l'empire du Code civil; et dans la quinzaine de la transcription de cette seconde vente, depuis la publication du Code de procéd. — *Cass.*, 13 déc. 1813, Ailhaud c. Joannis; *Paris*, 16 mars 1816, Richardet c. Carteret; *Cass.*, 14 janv. 1818, Danglemont c. Dumesnil. — V. aussi *Nîmes*, 12 déc. 1811, Fouard c. Margier. — Merlin, *Rép.*, vº *Transcription*, § 3, nº 3.

770. — Lorsque le premier vendeur d'un immeuble, non payé du prix de la vente, a produit à l'ordre ouvert pour la distribution du prix de la revente, et a obtenu un bordereau de collocation, il est, par là, subrogé au privilége du second vendeur; et, dès lors, son privilége est conservé par la transcription de la revente ou par l'inscription prise par lui à quelque époque que ce soit, pourvu que l'immeuble soit encore entre les mains du second acquéreur. — *Bordeaux*, 3 juin 1829, Mazens c. de Laloubie.

771. — Sous le Code civil la transcription du second acquéreur a purgé le privilége non inscrit d'un précédent vendeur, quoique le premier acquéreur n'ait point transcrit. Et plus particulièrement, les créanciers inscrits du premier acquéreur qui n'a point transcrit peuvent se prévaloir de la transcription du second acquéreur contre un précédent vendeur dont le privilége n'a pas été inscrit. — *Paris*, 16 mars 1816, Richardot c. Carteret. — V. conf. *Cass.*, 13 déc. 1813, Ailhaud c. Joannis; 12 juill. 1824, Vallée c. Gantrelle. — Troplong, *Hypoth.*, t. 1er, nº 280; Duranton, t. 19, nº 218; Hervieu, *Résumé de jurisp. hyp.*, vº *Privilége*, § 9, nº 5. — Mais V. *Grenoble*, 8 févr. 1810, Barry c. Bernard. — Grenier, t. 3, p. 205; Delvincourt, t. 2, p. 512; Battur, t. 1er, p. 96, ett. 3, p. 513; Victor Pannier, *Tr. des hypoth.*, p. 81.

772. — Lorsqu'un immeuble a été l'objet de deux ventes successives, la transcription faite par le second acquéreur de son contrat d'acquisition conserve le privilége du premier vendeur, bien qu'il n'ait pas fait transcrire, si le second contrat mentionne la créance du premier vendeur. — *Bruxelles*, 3 juin 1817, Dupuis et Vankrikengen c. Joris et Moretus. — *Contrà*, *Cass.*, 14 janv. 1818, Danglemont c. Dumesnil.

773. — Dans le cas de deux ventes successives du même immeuble, la transcription du second contrat ne conserve pas le privilége du premier vendeur: alors même que ce contrat fait mention de la première vente (C. civ., 2108). Dans le même cas, le premier vendeur ne peut profiter de l'inscription d'office prise en faveur du second, alors même que le contrat de revente lui fait délégation du prix, si d'ailleurs il n'y a pas été partie pour accepter la délégation et s'il n'est fait aucune mention de lui dans l'inscription. — *Cass.*, 29 avril 1845 (t. 2 1847, p. 433), Reinhard c. Douanes. — La Cour de cassation avait déjà jugé que la transcription faite par un sous-acquéreur de son contrat d'acquisition ne conserve pas le privilége du précédent vendeur qui n'a pas fait transcrire son contrat. — *Cass.*, 14 janv. 1818, Danglemont c. Dumesnil. — Et cette doctrine a été accueillie par les auteurs. — V. Persil, *Quest.*, t. 1er, ch. 6; Delvincourt, t. 3, p. 283 (notes); Grenier, t. 2, nº 377; Troplong, *Hypoth.*, t. 1, nº 284. — « Le privilége du vendeur, dit cet auteur, ne se conserve que par la transcription du contrat d'où il résulte, et non par celle des contrats postérieurs: car celui-là seul donne publicité à la créance du vendeur. » — V., en outre, *Rouen*, 30 mai 1840 (t. 2 1840, p. 276), Paturel c. Godard, et la note; et *Poitiers*, 13 mai 1846 (t. 2 1847, p. 296), Musseau c. Garnier et Morilleau, et la note. — L'arrêt que nous citons applique ce principe même au cas où le second contrat contient mention du premier. — *Contrà*, *Bruxelles*, 3 juin 1817, Dupuis et Vankrikengen c. Joris et Moretus. — Mais la question pourrait être plus douteuse, si, au lieu d'une simple mention, les termes ou la substance du premier contrat se trouvaient rappelés dans le second.

774. — L'effet de la prescription par dix ou vingt ans, acquise par le possesseur, de bonne foi et en vertu de juste titre, d'un immeuble, est de libérer l'immeuble de toutes les charges qui le grevaient, spécialement de l'action en résolution appartenant au vendeur primitif non payé, et de l'action hypothécaire résultant pour lui de son privilége de vendeur. — Peu importe que le privilége du vendeur ait été conservé par des inscriptions successives, celles-ci n'étant nullement interruptives à l'égard des tiers acquéreurs. — *Cass.*, 31 janv. 1844 (t. 2 1844, p. 6), Calmelet c. Bougrel. — V. conf. *Colmar*, 6 mars 1830, Laroche c. Bachman et Mietsch; *Cass.*, 12 janv. 1831, Maillfer c. Martin; *Grenoble*, 4 août 1831, Rivoire c. Bouvard; *Rouen*, 28 déc. 1831, Meslion c. Mouchet; *Orléans*, 14 déc. 1832, Broutain c. Gallois; *Bordeaux*, 24 déc. 1832, Devaux c. Mathieu. — Troplong, *De la prescript.*, nº 851. — *Contrà*, *Paris*, 4 déc. 1826, préfet de la Seine et Mariette c. Degars de Courcelles; *Grenoble*, 19 mars 1829, Salamand c. Charmeil; *Paris*, 4 mars 1835, Mercier c. Cottin; — V. aussi *Limoges*, 21 août 1811, Téziac c. Mausange; *Metz*, 15 févr. 1822, Gaulcher c. Courtois; *Paris*, 20 janv. 1826, Féronne c. Huet; *Cass.*, 22 févr. 1831, Bagueirolles c. Romane; 8 mai 1832, préfet du Haut-Rhin c. Belin, et 10 mai 1832, préfet du Bas-Rhin c. Champy; *Bourges*, 11 janv. 1839 (t. 1er 1839, p. 626), Maratrat c. Douheret et Fourré.

775. — Le vendeur peut, pour la conservation de son privilége à l'égard des sous-acquéreurs, suppléer à l'inscription par une clause substantielle et suspensive de la vente, insérée au contrat, qui oblige l'acquéreur de faire transcrire avant que de pouvoir procéder à aucune revente. — *Cass.*, 22 nov. 1820, Grellet c. Jolly de Fleury. — Il est à remarquer que, dans l'espèce de cet arrêt, la Cour de cassation a basé sa décision sur la convention particulière et essentielle que les parties avaient insérée dans leur contrat. Mais si la question se fût présentée dégagée de cette clause spéciale, la solution eût été différente; car il est constant que, sous le Code civil, la revente faite par l'acquéreur sans que le vendeur eût pris inscription effaçait complétement le privilége, qui ne pouvait plus être opposé au sous-acquéreur. — V. *Cass.*, 13 déc. 1813, Ailhaud c. Joannis. — Merlin, *Rép.*, vº *Transcription*. — V. aussi, sur cette question, Persil, *Régime hypoth.*, t. 1er, p. 240, art. 2108, nº 9, et *Quest. hypoth.*, t. 1er, p. 115.

§ 3. — *Inscription d'office.*

776. — Le conservateur des hypothèques est tenu, sous peine de tous dommages et intérêts envers les tiers, de faire d'office l'inscription sur son registre, des créances résultant de l'acte translatif de propriété, tant en faveur du vendeur qu'en faveur des prêteurs, qui pourront aussi faire, si elle ne l'a été, la transcription du contrat de vente, à l'effet d'acquérir l'inscription de ce qui leur est dû sur le prix. — Troplong, nº 274.

777. — L'inscription d'office que le conservateur est tenu de prendre dans l'intérêt du vendeur, n'est pas indispensable; c'est une mesure d'ordre prescrite dans l'intérêt des tiers, et l'omission de cette formalité ne peut nuire au privilége du vendeur. — Troplong, nº 286; Delvincourt, t. 3, p. 285 (note); Persil, *Comm.*, art. 2108, nº 15.

778. — La transcription sans inscription d'office d'un contrat de vente qui n'exprime point de prix déterminé ne suffit pas pour conserver le privilége du vendeur contre un second acquéreur. — *Bruxelles*, 17 mars 1806, Levac c. Corbesier. — Troplong, *Comment. des hypoth.*, t. 1er, nº 289 *bis*.

§ 4. — *Renouvellement de l'inscription.*

779. — Un avis du Conseil d'Etat, du 22 janv. 1808, ordonne le renouvellement de l'inscription d'office, dans les dix ans: c'est au créancier à requérir le renouvellement.

780. — Le renouvellement devrait avoir lieu quand même le privilége du vendeur n'aurait été conservé que par la transcription. — Troplong, nº 286 *bis*.

781. — A défaut de renouvellement de l'inscription d'office du privilége du vendeur, celui-ci est réputé sans inscription et peut toujours s'inscrire valablement, comme tout vendeur non inscrit, tant que l'immeuble est entre les mains de son acquéreur. — Dès lors, l'inscription nouvelle qu'a prise le vendeur, après la péremption de la première et avant la revente de l'immeuble, conserve son privilége à l'encontre des hypothèques inscrites antérieurement du chef de l'acquéreur. — *Cass.*, 23 déc. 1845 (t. 1er 1845, p. 354), Rigot c. Deszilles. — V. conf., *Paris*, 24 mars 1817, Collas et Jacquetard c. Thibault, et 20 févr. 1834, Hossard c. Chavannes. — Jugé cependant d'une manière générale que l'inscription prise d'office au profit du vendeur devait, comme toute autre inscription, être renouvelée dans les dix ans. — *Cass.*, 27 avril 1826, Pierrot c. Regnault; *Toulouse*, 25 mars 1829, Guibert c. Basque. — Mais en se reportant aux faits de ces espèces, on verra que la déchéance n'a été encourue que parce que le renouvellement de l'inscription ne pouvait plus avoir lieu par suite de l'expiration du délai fixé par l'art. 834 C. proc. — « Faute d'opérer le renouvellement, dit M. Troplong (*Hypothèques*, nº 282 *ter*), le vendeur se trouverait évidemment réduit à la condition de celui dont le titre n'aurait jamais été transcrit, ou dont le privilége ne se serait jamais produit par l'inscription. Il ne pourrait s'inscrire à nouveau, après les dix ans expirés, que si l'immeuble était dans les mêmes mains, ou si, ayant été aliéné, la quinzaine de la transcription n'était pas encore écoulée. Dans l'un et l'autre cas, le privilége se trouverait intact au moyen de l'inscription. »

782. — Le privilége du vendeur est éteint si plus de dix années se sont écoulées entre son inscription et l'ouverture de l'ordre, sans que cette inscription ait été renouvelée, et lors même que l'adjudication aurait eu lieu avant l'expiration des dix années. — *Liége*, 29 déc. 1823, Collardin c. Raskin. — V. conf., *Bruxelles*, et 16 avr. 1823, Delcour c. Daulmerie et Lison; 5 nov. 1823, N...

783. — Le vendeur dont le privilége a été conservé par la transcription suivie de l'inscription d'office, perd ce privilége à défaut de renouvellement de l'inscription dans les dix ans. — *Bruxelles*, 5 nov. 1823, N... — Conf. *Bruxelles*, 16 avr. 1823, précité, et *Liége*, 29 déc. 1823, Collardin c. Raskin.

784. — Le vendeur, à défaut de renouvellement dans les dix ans de l'inscription d'office, perd son privilége, bien que l'immeuble hypothéqué ait été vendu par suite de licitation. La vente sur licitation ne peut pas être considérée, comme pourrait l'être la vente par expropriation forcée, comme ayant fait produire à l'inscription tout son effet. — *Bruxelles*, 16 avr. 1823, Delcourt c. Daulmerie et Lison. —V. aussi les arrêts précités de *Bruxelles*, 15 oct. 1822 et 5 nov. 1823.

785. — L'inscription d'*office* conserve le privilége du premier vendeur, quoiqu'elle n'ait pas été renouvelée dans le délai de dix ans, et il suffit qu'il prenne une nouvelle inscription dans la quinzaine qui suit la transcription de la seconde vente. — *Paris*, 24 mars 1817, Collas et Jacquetard c. Thibault.—V. aussi *Paris*, 20 févr. 1834, Hossard c. Chavannes.

786. — Le vendeur qui, après avoir laissé périmer sa première inscription, n'en prend une nouvelle sur son acquéreur qu'après la transcription du contrat de revente de l'immeuble et postérieurement à d'autres créanciers, doit être primé par ceux-ci, sans pouvoir réclamer de privilége, encore bien que, dans le second contrat, une partie du prix lui ait été déléguée. — *Metz*, 18 janv. 1822, Chatel c. Carquin.

Sect. 3e. — *Privilége des cohéritiers et copartageans.*

787. — Sous la loi du 11 brum. an VII, l'héritier créancier pour soulte d'un partage était tenu de prendre inscription pour conserver son privilége sur les immeubles échus au lot de son copartageant. — *Paris*, 26 déc. 1807, Potain c. Pinkin et Bastion.

788. — Le colicitant, qui, sous l'empire de la loi du 11 brum. an VII, s'est rendu adjudicataire de l'immeuble licité, a pu le grever d'hypothèques au préjudice du privilége acquis à ses colicitans sur le prix de la licitation, si ceux-ci ont négligé de conserver ce privilége par une inscription. — L'inscription est d'obligation pour le colicitant mineur dépouillé par la licitation.— *Paris*, 19 juin 1817, Minot c. Huyot; *Paris*, 7 févr. 1833, Benard. — Troplong, t. 1er, no 291, et Duranton, t. 19, nos 184 et 211.

789. — L'art. 819 du Code civil permettant aux parties majeures de procéder au partage par acte sous signatures privées, l'inscription peut être requise en vertu d'un acte sous seing privé : pourvu toutefois qu'il ait été soumis à la formalité de l'enregistrement. — Tarrible, sect. 5, no 7; Troplong, no 292.

790. — Le partage d'une succession et la liquidation qui en est faite longtemps après peuvent être considérés comme une seule et même opération, qui n'a d'effet à l'égard d'un héritier mineur que du moment où ces actes ont été homologués; et l'inscription prise dans les soixante jours de l'homologation conserve au mineur le privilége réservé à chaque cohéritier inscrit, pour la garantie des clauses du partage. — Le créancier de la succession peut réclamer l'effet du privilége appartenant à l'un des cohéritiers sur les biens échus à l'autre, à l'exclusion de leurs créanciers respectifs, et se faire colloquer sur le prix de ces biens au lieu et place de l'héritier privilégié.—*Cass.*, 17 févr. 1820, Castelnau c. Landon.— Mais il est reconnu en principe que c'est à partir du tirage des lots et non pas seulement à partir de la liquidation définitive que court le délai de soixante jours. — V. *Cass.*, 23 juill. 1839 (t. 2 1839, p. 65), Galopin c. Midan. —V. aussi l'annotation sous cet arrêt; et l'exposé de l'opinion de M. Troplong, qui ne considère l'arrêt du 17 février 1820 que comme un arrêt d'*espèce*.

791. — Le cohéritier ou copartageant conserve son privilége sur les biens de chaque lot ou sur le bien licité, pour les soultes ou retours de lots, ou pour le prix de la licitation, par l'inscription faite à sa diligence, dans soixante jours, à dater de l'acte de partage ou de l'adjudication par licitation, durant lequel temps aucune hypothèque ne peut avoir lieu sur le bien chargé de soultes, ou adjugé par licitation, au préjudice du créancier de la soulte ou du prix. — C. civ., art. 2109.

792. — Si un copartageant ne prend inscription que le soixantième jour après l'acte de partage, il aura néanmoins privilége sur toutes hypothèques antérieurement inscrites. — Troplong, no 266 *bis*.

793. — Si le copartageant, sans avoir laissé périmer son privilége, avait seulement tardé jusqu'au soixantième jour, pour le faire inscrire, et que, dans les dix jours qui ont suivi l'inscription, le débiteur fût tombé en faillite, cette inscription serait nulle. — C. comm., art. 443, et C. civ., art. 2146. — Troplong, no 268.

794. — Le jour de l'acte de partage et de licitation n'est pas compris dans ce délai de soixante jours. — Troplong, no 314.

795. — Bien que l'acte de partage soit sous seing privé, le délai de soixante jours court à compter de la date de l'acte et non de la date de l'enregistrement. — Troplong, no 314 *bis*; Persil, *Comm.*, art. 2109, no 7; Favard de Langlade, *Privilége*, sect. 4, no 8; Tarrible, *Privilége*, sect. 5, no 7.

796. — Le tirage au sort des lots d'une succession et la liquidation qui en est faite, quelque temps après, peuvent être considérés comme une seule et même opération de partage, qui n'a d'effet à l'égard d'un cohéritier mineur que du moment où ces actes ont été homologués. En conséquence, l'inscription prise dans les soixante jours de l'homologation conserve à l'héritier mineur le privilége réservé à chaque cohéritier inscrit pour la garantie de la soulte qui peut lui être due par suite d'un acte de partage.—*Cass.*, 11 août 1830, Cornilleau c. Aubert; *Colmar*, 17 mars 1847 (t. 2 1847, p. 637), Mérian-Boucard c. Adam. —Mais V., en sens contraire, *Bordeaux*, 15 juin 1831, Papon c. Faugère; *Lyon*, 22 févr. 1832, Chamberon c. Perret et Villène; *Paris*, 7 févr. 1833, Rousset c. Salmon; *Paris*, 3 déc. 1836, Ledne et Gallois c. Montfleury et Baron; *Cass.*, 23 juill. 1839 (t. 2 1839, p. 65), Galopin c. Midan; 15 juin 1842 (t. 2 1842, p. 306), Gallois c. de Montfleury; *Montpellier*, 4 janvier 1845 (t. 1er 1845, p. 643), Darlignon c. Guilméat. — Le doute venait de ce que, tant qu'il n'y a pas eu liquidation, qu'il n'y a eu que tirage des lots au sort, les cohéritiers qui ont droit soit à une soulte, soit à une restitution de fruits, ignorent la somme dont ils seront créanciers, et si même leur créance ne sera pas compensée ou éteinte de quelque manière; de telle sorte qu'ils sont dans l'impossibilité de prendre inscription pour une créance certaine, tant que la liquidation n'a pas été opérée. Cette raison prend un caractère de gravité plus fort encore lorsque le partage et la liquidation intéressent des mineurs : pour eux, en effet, il n'y a de partage définitif qu'après l'homologation; ce n'est donc qu'après le jugement qui l'a prononcée qu'il peut être pris une inscription valable en leur nom. Mais à cela on répond que l'art. 2109 est absolu; qu'il ne parle que du partage ou de la licitation; qu'il ne distingue point entre les mineurs et les majeurs; que l'intention du législateur a été que le sort des propriétés fût fixé promptement, que nulle surprise ne pût exister à l'égard des tiers, et qu'ils ne fussent pas exposés à recevoir des garanties qui plus tard deviendraient illusoires; que ce serait méconnaître le texte et l'esprit de l'art. 2109 que de réduire son application au cas d'une liquidation définitive des droits et reprises de tous les cohéritiers; qu'il y a partage, en effet, dans le sens de la loi, lorsque l'indivision des immeubles susceptibles de privilége et d'hypothèque a cessé, et que le tirage a attribué à chaque copartageant une propriété définitive et distincte; qu'en vain on objecte que les mineurs, avant l'homologation, ne sauraient pour quelle somme prendre inscription. Il est de principe, et c'est l'art. 2109 lui-même qui le dit, que l'inscription doit être prise pour *tout le prix*, sans distinction des parts individuelles attribuées à chacun des ayans droit. — V., en ce sens, Troplong, *Priviléges et hypoth.*, t. 1er, no 239, et nos observations détaillées sous l'arrêt *Cass.*, 23 juill. 1839, déjà cité.

797. — Il y a partage, dans le sens de l'art. 2109 C. civ., lorsque l'indivision des immeubles susceptibles de privilége et d'hypothèque a cessé, et que le tirage des lots a attribué à chaque copartageant une propriété définitive et distincte. Dès lors, c'est à partir de ce tirage, et non à partir seulement de la liquidation définitive des droits et reprises de chaque cohéritier, que court le délai de soixante jours accordé par cet article au cohéritier pour prendre l'inscription conservatrice de son privilége. — *Cass.*, 23 juill. 1839 (t. 2 1839, p. 65), Galopin c. Midan. — M. Troplong s'exprime ainsi sur la question : « Un partage est un acte qui fait cesser l'indivision, et déclare la part distincte et séparée qui revient à chaque héritier dans les choses de la succession; toutes les fois que, par une opération quelconque, un immeuble ou un meuble sortent de l'état d'indivision entre plusieurs pour tomber dans le domaine exclusif d'un seul, il y a partage. A la vérité ce partage peut n'être que partiel; il peut laisser l'indivision se continuer à l'égard d'autres émolumens héréditaires, et ne pas embrasser la totalité de l'actif et des charges; des répétitions et des retours peuvent être encore en suspens; en un mot, les bases d'une égalité complète et définitive peuvent n'avoir pas été encore arrêtées, mais il n'est pas moins évident qu'en ce qui concerne l'immeuble licité l'indivision n'existe plus : or, là où il n'y a pas d'indivision, il n'y a plus lieu à partage, d'avance le partage a été consommé; un intérêt exclusif a pris la place d'un intérêt commun. Ces idées tranchent la question sous le point de vue logique; et quand on invoque la liquidation non encore effectuée, pour jeter des doutes sur l'existence définitive du partage, on confond deux momens très-distincts dans l'apurement d'une succession, savoir : l'attribution de la propriété et le règlement de l'égalité entre successeurs. La première opération peut précéder et précède souvent la seconde, et elle se suffit à elle-même comme contenant investissement de droits certains. Toutes ces notions se comprendront aisément si on veut surtout ne pas prendre le mot *partage* dans le sens large qu'on lui attribue souvent, dans la vue d'embrasser, sous une expression complexe, la série d'opérations assez compliquées qui ont pour but de fractionner une succession, une communauté, en parties égales ou proportionnelles. Dans le sens exact, le mot *partage* a beaucoup moins de portée : il n'implique que l'idée du contraire de l'indivision; dès l'instant que l'indivision s'évanouit tout est dit en fait de partage. Il peut bien y avoir une liquidation ultérieure à faire pour conserver l'équilibre, mais le partage proprement dit n'en est pas moins réalisé. Ce que le raisonnement vient de nous dire, le texte de l'article 2109 le proclame hautement; chacune de ses expressions démontre que l'attente de la liquidation n'a nullement frappé le législateur : supposant qu'une licitation a eu lieu entre cohéritiers, il pose pour point de départ de la liquidation, non l'époque à laquelle les parties se sont réglées sur leurs retours, récompenses et répétitions respectives, mais l'époque de l'adjudication. Et cependant il n'ignorait pas que la part que chacun des héritiers pourrait avoir à prendre dans le prix dépend souvent des compensations et des calculs qu'une liquidation est seule de nature à établir, mais cette part n'est pas ce qui importe au législateur; car l'inscription a la faculté de s'étendre sur la totalité du prix, par ce moyen tous les droits sont garantis. Mais, ce qui a frappé le législateur, c'est la cessation de l'indivision, c'est cette transformation du droit de tous en un droit exclusif; c'est cette attribution de la propriété, qui, ouvrant un ordre de choses tout nouveau, place les intéressés en demeure de prendre inscription. — V. *Comment. sur les privil. et hypoth.*, t. 1er, p. 493 (2e édit.).

798. — Le privilége accordé aux cohéritiers, pour garantie des partages faits entre eux et des soultes ou retours de lots, dégénère, lorsqu'il n'a été inscrit qu'après les délais fixés par l'art. 2109 C. civ., en une simple hypothèque, qui ne prend rang, vis-à-vis des autres créanciers hypothécaires, que du jour de son inscription. — *Cass.*, 4 juin 1849 (t. 1er 1849, p. 353), Gandon c. Paris et Gardin.

799. — Le délai de soixante jours, que l'art. 2109 C. civ. accorde au copartageant pour prendre inscription à l'effet de conserver son privilége pour soulte et retour de lots, court du jour où l'indivision des immeubles a cessé, et non pas seulement de celui où les comptes respectifs des cohéritiers ont été définitivement liquidés. — Spécialement le délai pour prendre inscription court, dans un partage fait en justice, à partir du tirage des lots, bien que la délivrance n'ait pas eu immédiatement lieu et qu'elle ait été seulement prononcée par le jugement homologatif du tirage. — On doit le décider ainsi aussi bien dans le cas où les copartageans sont mineurs que dans celui où ils ont atteint l'âge de majorité. — *Montpellier*, 4 janv. 1845 (t. 1er 1845, p. 643), Dulignon c. Guilhémat.

800. — Le délai de soixante jours dans lequel les copartageans doivent, afin de conserver leur privilége, prendre inscription pour le montant de tout ce qu'ils peuvent avoir à réclamer, court à compter du jour de l'adjudication sur licitation, et non du partage exécuté postérieurement. — *Lyon*, 21 févr. 1832, Chamberon c. Perret et Villène.

801. — Dans le cas de partage d'ascendans : si le partage est fait par acte entre-vifs, le délai de soixante jours court de l'acceptation ; s'il est fait par testament, le délai court du jour du décès. — Troplong, no 315 ; Grenier, t. 2, no 407 ; Persil, *Quest.*, t. 1er, chap. 6, § 8.

802. — C'est dans les soixante jours de la licitation et non dans les soixante jours de l'acte antérieur ou postérieur de partage que le cohéritier qui veut conserver son privilége sur les immeubles héréditaires licités doit prendre inscription sur ces immeubles pour le montant du prix de la licitation. — *Paris*, 7 févr. 1833, Bénard.

803. — Le copartageant qui n'a pris inscription sur les biens des autres lots que plus de soixante jours après le partage ou la licitation a perdu son privilége, et, dans le cas d'un ordre, il doit être seulement colloqué à la date de son inscription. — *Bordeaux*, 15 mars 1833, Richet c. Povit. — V. Persil, *Régime hypothécaire*, t. 1er, p. 237, art. 2109, et Persil, t. 1er, no 318.

804. — Le délai fixé par l'art. 2109 C. civ. n'est pas obligatoire pour les actes de partage ou de licitation antérieurs à la publication de ce Code. — *Rennes*, 23 mars 1812, Leclerc c. Thomas.

805. — Le privilége que l'ancienne jurisprudence accordait aux légitimaires sur les biens de la succession pour la restitution des fruits dus par un des cohéritiers a été soumis, depuis le Code civil, à la formalité de l'inscription, et cette inscription a dû être faite dans les soixante jours de l'acte de partage comme au cas de soulte ou de retour de lots. — *Toulouse*, 30 août 1825, Olombel c. Mialhe.

806. — Quand un immeuble indivis entre des cohéritiers a été, sur licitation, adjugé à l'un d'eux, les autres cohéritiers sont obligés pour conserver leur privilége, à raison du prix de la licitation, de prendre inscription dans les soixante jours de la licitation lors même que, les opérations du partage n'étant pas entièrement achevées, ils ne savent pas si une soulte leur sera due. — Ils doivent, en ce cas, prendre inscription pour le prix total de l'adjudication, sauf la réduction de l'inscription. — *Bordeaux*, 15 juin 1831, Papon c. Faugère.

807. — Le délai de soixante jours dans lequel un cohéritier est tenu de prendre inscription, pour la conservation de son privilége sur les biens échus à son cohéritier, ne court qu'à partir du partage définitif, lors duquel les parties se sont fait compte et ont fait rapport de toutes les sommes par elles dues à la succession ; ainsi : le jugement qui divise les immeubles de la succession entre les héritiers, mais les renvoie devant un notaire, pour procéder au compte des fruits à restituer par l'un d'eux, n'est pas un partage définitif, en ce qui touche la restitution des fruits, et le cohéritier qui a droit à cette restitution n'est pas tenu de prendre inscription, dans les soixante jours du jugement, pour conserver son privilége. — *Cass.*, 11 août 1830, Legal de Nirande c. Tavernier. — V. Troplong, *Comment. sur les hypoth.*, t. 1er, no 314 *ter*.

808. — Lorsque l'époux survivant cède à l'héritier de son conjoint prédécédé tous ses biens, et de plus tous ses droits dans la communauté : cet acte, quelle que soit sa dénomination, doit être réputé partage pour la partie des biens indivis entre le cédant et le cessionnaire, et le cédant n'a droit, en cette partie, qu'au privilége du copartageant ; lequel ne produit effet qu'à la charge de l'inscription dans les soixante jours du partage. — *Paris*, 13 déc. 1845 (t. 1er 1846, p. 68), Richer c. Lesieur. — Troplong, *Priv. et hypoth.*, t. 1er, no 318.

809. — Le délai de soixante jours accordé aux copartageans par l'art. 2109 C. civ. pour faire inscrire leur privilége sur les immeubles adjugés à l'un d'eux, par suite de licitation, court, aussi bien à l'égard des mineurs qu'à l'égard des majeurs, du jour de la licitation, et non pas seulement du jour du jugement qui homologue la liquidation. — *Cass.*, 15 juin 1842 (t. 2 1842, p. 306), Gallois c. de Montfleury.

810. — Le délai de soixante jours fixé par l'art. 2109 C. civ. pour l'inscription du privilége accordé aux copartageans sur les immeubles adjugés à l'un d'eux, par licitation, court, bien que quelques-uns des copartageans soient mineurs, à partir du jour de l'adjudication, et non pas seulement du jugement d'homologation. — *Paris*, 3 déc. 1836, Leduc c. Montfleury.

811. — Si l'immeuble affecté à la soulte ou au prix de la licitation était revendu par l'héritier, avant l'expiration du délai de soixante jours accordé au copartageant : ce dernier ne conserverait la faculté de surenchérir vis-à-vis le nouvel acquéreur, qu'en accélérant son inscription et en la plaçant au moins dans la quinzaine de la transcription de la vente ; mais, à l'égard des autres créanciers, le privilége du cohéritier ou copartageant reste intact jusqu'après l'expiration du délai de soixante jours accordé par l'art. 2109, et le droit de préférence peut être exercé si l'inscription a été requise dans les soixante jours. — Troplong, no 317 ; Grenier, no 400 ; Persil, *Comm.*, 2109 ; Rolland de Villargues, no 269.

Sect. 4e. — *Architectes, entrepreneurs, etc.*

812. — Les architectes, entrepreneurs, maçons et autres ouvriers employés pour édifier, reconstruire ou réparer les bâtiments, canaux, ou autres qui ont, pour les payer et rembourser, prêté les deniers dont l'emploi a été constaté, conservent, par la double inscription faite, 1o du procès-verbal qui constate l'état des lieux, 2o du procès-verbal de réception, leur privilége à la date de l'inscription du premier procès-verbal. — C. civ., 2110.

813. — En l'absence des formalités prescrites pour la conservation du privilége des architectes, ces derniers ne sont pas admis à prétendre que leur privilége est dégénéré en hypothèque et leur en attribue tous les droits. — *Bordeaux*, 26 mars 1834, Montluguet c. Apiau.

814. — L'entrepreneur de travaux qui veut acquérir le privilége du constructeur est tenu de se soumettre aux conditions imposées par l'art. 2103 C. civ. En conséquence, il doit nécessairement prendre deux inscriptions pour la conservation de ce privilége : 1o celle du procès-verbal qui constate l'état de l'immeuble préalablement à toute construction ; 2o celle du procès-verbal de réception des travaux. — *Paris*, 22 août 1847 (t. 2 1837, p. 392), Marquant c. Bocquet.

815. — L'inscription des deux procès-verbaux est valable quoique prise séparément, si elle a lieu en temps utile. — Fremy-Ligneville, no 1369 ; Troplong, no 320.

816. — Jugé cependant que les architectes et autres ouvriers employés pour édifier ou reconstruire des bâtimens ne sont pas tenus, pour conserver leur privilége sur ces immeubles, de faire inscrire et le procès-verbal constatant l'état des lieux, et le procès-verbal de réception, au plus tard dans la quinzaine de la transcription du contrat de vente de ces immeubles ou de leur adjudication définitive sur expropriation forcée. — Le privilége est conservé lorsque le seul procès-verbal constatant l'état des lieux a été inscrit avant l'expiration de ce délai. — *Lyon*, 13 mars 1830, Richard c. Carle. — Delvincourt, t. 3, p. 288 ; Persil, *Régime hypothéc.*, t. 1er, art. 2110, no 3, et Troplong, t. 1er, no 322. — Mais V. Tarrible, *Répert.*, vo *Privilége*, sect. 5e, no 8 ; Favard, vo *Privilége*, sect. 4e, no 9, et Grenier, t. 2, no 410.

817. — L'art. 2110 C. civ., qui exige, pour la conservation du privilége accordé aux architectes et constructeurs, la double inscription du procès-verbal constatant l'état des lieux, et du procès-verbal de réception des travaux, est absolu et reconnaît par conséquent le droit d'opposer l'inaccomplissement de cette formalité à tous les créanciers intéressés, que leurs droits soient ou non antérieurs aux travaux desquels proviendrait la plus-value prétendue sur laquelle devrait porter le privilége. — *Cass.*, 17 juill. 1848 (t. 2 1848, p. 603), Féry.

818. — Le privilége accordé au constructeur par l'art. 2103 C. civ. est nul s'il n'a été inscrit que postérieurement au jugement déclaratif de faillite, encore bien que la procédure tracée par la loi pour arriver à l'établissement de ce privilége ait été commencée avant ce jugement. — *Limoges*, 1er mars 1847 (t. 2 1847, p. 325), Chiron c. Lenoir. — Le privilége n'a de valeur, à l'égard des tiers, que par l'inscription ; cette inscription doit être faite en temps utile : or, l'art. 448 C. comm. ne l'autorisant que jusqu'au jugement déclaratif de faillite, il est évident que, prise postérieurement, elle est comme non avenue et ne peut produire aucun effet. — V. FAILLITE, nos 594 et suiv.

819. — Un entrepreneur qui a fait des constructions d'une grande valeur sur un terrain de peu d'importance ne peut, lorsqu'il a négligé de faire inscrire son privilége, demander à être payé par préférence aux créanciers du propriétaire inscrit sur l'immeuble, sous prétexte qu'il est lui-même copropriétaire de cet immeuble. — *Cass.*, 6 janv. 1829, Davia c. Pitois.

820. — Si l'immeuble est vendu avant l'achèvement des travaux et si l'acquéreur s'oppose à leur continuation, il suffit, pour conserver le privilége, d'inscrire le premier procès-verbal dans la quinzaine de la vente ; il n'est pas nécessaire que l'inscription du second procès-verbal soit prise dans le même délai. — Troplong, no 321 ; Fremy-Ligneville, art. 1370.

821. — Lorsque l'acquéreur consent à la continuation des travaux, l'architecte est dispensé de prendre inscription dans la quinzaine de la vente pour conserver son privilége. — Troplong, no 321 ; Fremy-Ligneville, *ibid.*

822. — Mais si les travaux étaient terminés et non encore reçus avant la vente, l'acquéreur pourrait purger le privilége de l'architecte qui ne ferait pas inscrire le second procès-verbal dans la quinzaine de la vente. — Troplong, *ibid.* ; Fremy-Ligneville, *ibid.*

823. — Lorsque l'architecte ou l'ouvrier n'a pas fait inscrire le procès-verbal d'expertise avant le commencement des travaux, son privilége ne prend rang qu'à la date de son inscription et ne prime pas les hypothèques prises depuis le commencement des travaux : en l'absence de toute inscription, ceux qui ont traité avec le propriétaire ne pouvaient savoir que la plus-value était réservée au constructeur ; et la négligence de l'architecte pourrait leur porter préjudice. — Troplong, no 322 ; Persil, *Comm.* art. 2110, no 3 ; Delvincourt, t. 3, no 288. — *Contrà*, Grenier, t. 2, p. 40 ; Rolland de Villargues, no 277.

824. — Le tiers détenteur qui a fait des améliorations sur l'immeuble qu'il possède n'est pas tenu, pour conserver son privilége, de faire, comme le constructeur, précéder ses travaux d'un procès-verbal constatant l'état des lieux, conformément à l'art. 2103, no 4 C. civ. — *Cass.*, 28 nov. 1838 (t. 2 1838, p. 655), Houyeau c. Moreau-Maugars. — Troplong, *Hyp.*, t. 3, no 839 *bis*.

Sect. 5e. — *Prêteurs de deniers.*

825. — Le prêteur de deniers peut prendre inscription, en vertu des actes constatant la destination et l'emploi des fonds fournis par lui. — Grenier, t. 2, p. 235 ; Troplong, no 289.

826. — Sous la loi du 11 brumaire an VII, le prêteur des fonds qui avaient servi à désintéresser le vendeur d'un immeuble ne devait pas, pour conserver son privilége, se borner à faire inscrire l'acte portant promesse d'emploi ; il devait énoncer dans son inscription la date de l'acte, qui, en consommant la subrogation, avait constitué le privilége à son profit. — *Cass.*, 16 mars 1813, Grimod d'Orsay c. de Balincourt. — Sous le Code civil (art. 2108), la transcription du contrat de vente vaut inscription pour le prêteur qui a fourni les deniers payés et qui est *subrogé aux droits du vendeur par le contrat.* Ces dernières expressions doivent être coordonnées avec le no 2 de l'art. 2103 ; dès lors, elles n'impliquent pas la nécessité d'une subrogation consentie par le contrat de vente même. La transcription profitera au prêteur, pourvu que, par des actes séparés, la destination et l'emploi des deniers prêtés soient prouvés. Le contrat de vente ne mentionnera pas le nom du prêteur, et le conservateur des hypothèques ne pourra prendre pour lui inscription d'office ; mais le prêteur étant subrogé par le fait aux droits du vendeur, il est également subrogé au bénéfice qui résulte pour lui de la transcription. — V. Tarrible, *Rép.*, vo *Privilége* ; Troplong, *Hyp.*, t. 1er, no 289. — Ce dernier auteur ajoute : « Au surplus, le prêteur de deniers peut prendre inscription en vertu des *actes* constatant la *destination* et l'*emploi*. Il jouit des mêmes droits que le vendeur. » Cette opinion, qui applique, sous le Code civil, la doctrine de l'arrêt rendu sous la loi du 11 brumaire an VII, et rapporté ci-dessus, est aussi celle de Grenier (*Traité des Hyp.*, t. 2, no 395). — V., cependant, *Cass.*, 26 nov. 1816, Delore c. Lullier.

827. — Le coacquéreur d'un immeuble, qui paie la totalité du prix et fait rayer l'inscription d'office sans prendre inscription de son chef, pour conserver le privilége, ne doit pas être considéré comme ayant renoncé à la subrogation légale. — L'arrêt qui décide que, dans de pareilles circonstances, le privilége a été conservé au profit du coacquéreur qui a payé de ses deniers, échappe à la censure de la Cour de cassation comme basé sur une interprétation d'actes. — *Cass.*, 26 avr. 1830, Pasquier c. Léger.

Sect. 6°. — *Séparation de patrimoine.*

828. — Les créanciers et légataires qui demandent la séparation du patrimoine du défunt, conformément à l'art. 878, au titre Des successions, conservent, à l'égard des créanciers des héritiers ou représentans du défunt, leur privilége sur les immeubles de la succession, par les inscriptions faites sur chacun de ces biens dans les six mois à compter de l'ouverture de la succession. — C. civ., art. 2111. — V. SÉPARATION DE PATRIMOINE, SUCCESSION.

829. — Le légataire qui a pris inscription sur les biens de la succession dans les termes de l'art. 2113 C. civ. n'acquiert pas, pour cela, un droit de préférence sur ses colégataires non inscrits. — *Paris*, 14 nov. 1838 (t. 1ᵉʳ 1838, p. 57), Guéland c. Provent.

Sect. 7°. — *Trésor public.*

830. — Le privilége du Trésor sur les immeubles de ses comptables n'est pas général; il ne frappe que les immeubles acquis à titre onéreux par ces comptables postérieurement à leur nomination et les immeubles acquis au même titre et depuis cette nomination par leurs femmes, même séparées de biens. Il se conserve, ainsi que le privilége pour le recouvrement des frais de justice criminelle, par l'inscription dans les deux mois ou de l'enregistrement de l'acte translatif de propriété, ou du jugement de condamnation. — L. 5 sept. 1807.

831. — L'État conserve ses droits sur les domaines nationaux par lui aliénés, sans être tenu à aucune inscription ni formalité. — *Colmar*, 21 juill. 1813, Champy c. Bichshoffer.

832. — Le privilége du Trésor pour le recouvrement des droits de mutation par décès, n'est pas dispensé de l'inscription; il est éteint s'il n'est inscrit (conformément à l'art. 834 du Code de procédure) dans la quinzaine de la transcription. — *Cass.*, 8 mai 1811, Barret c. le domaine.

CHAPITRE X. — *Comment s'éteignent les priviléges.*

833. — Les priviléges s'éteignent par les mêmes causes que les hypothèques; telles que : 1° l'extinction de l'obligation principale; 2° la renonciation expresse ou tacite du créancier; 3° l'accomplissement des formalités de la purge; 4° la prescription. — C. civ., art. 2180. — V., en outre, les art. 1234 et suiv., 1263, 1278, 1279 et 2148 même Code. — V., au surplus, HYPOTHÈQUES, nᵒˢ 292 et suiv., de la rubrique DES PRIVILÉGES ET HYPOTHÈQUES.

834. — Le concours du créancier à l'aliénation de l'immeuble qui lui a été affecté implique-t-il de sa part renonciation à son privilége? C'est là une question de fait qui doit être décidée d'après les circonstances particulières à l'espèce. — *Paris*, 19 janv. 1812, Gondemetz et Pierron c. Marbais et Saint-Kirbourg; *Cass.*, 23 janv. 1815, Anglès c. Trouilloud. — Grenier, t. 2, p. 503 et suiv.; Battur, t. 4 p. 762, et suiv.; Merlin, *Rép.*, vᵒ *Radiation*.

835. — Le créancier qui s'est dessaisi de la chose qui formait son gage et le vendeur qui a livré l'objet vendu ont perdu, l'un le privilége de créancier gagiste et l'autre le droit de rétention autorisé par l'art. 577 du Code de commerce.—*Orléans*, 30 déc. 1845 (t. 1ᵉʳ 1847, p. 80), Bourguignon c. d'Essling.

836. — En matière de faillite, le créancier privilégié ou nanti d'un gage, en votant un concordat, ne perd son droit de privilége ou gage qu'autant qu'il tient ce droit directement du chef du failli. — En conséquence, la remise accordée au failli, dans le concordat, par un créancier chirographaire ne libère point le cobbligé

solidaire qui avait donné sur ses biens, pour sûreté de la dette, un cautionnement hypothécaire. — *Cass.*, 9 août 1842 (t. 2 1842, p. 520), Carbonnet c. Loyvet; *Paris*, 24 juin 1847 (t. 2 1847, p. 212), Lamirault c. Soupault.. — V. FAILLITE, nᵒˢ 2004 et suiv.

PRIVILÉGE D'ARRÊT.

1. — Droit qu'avaient autrefois les habitans de certaines villes d'y faire arrêter, sans titre exécutoire, les effets ou la personne de leur débiteur, qui n'y était pas domicilié. — On donnait le nom de *villes d'arrêt* aux villes où ce droit pouvait être exercé. — V. *Villes d'arrêt.*

2. — Les priviléges d'arrêt n'avaient pas la même étendue dans toutes les villes où ils pouvaient s'exercer; cela dépendait des titre, charte, coutume, lettre patente qui les avaient fondés; tantôt ils ne s'appliquaient qu'aux effets, tantôt à la personne même des débiteurs; tantôt ils n'appartenaient qu'aux bourgeois de la ville même, tantôt ils étaient concédés aux forains, dans l'étendue de la ville, ou bien ils ne s'exerçaient que pour certaines créances ou s'étendaient à toutes. — Les principales villes d'arrêt étaient Paris, Reims, Amiens, Calais, Rennes, Saint-Malo, Montpellier, Metz, Orléans, Melun, Montargis, La Rochelle, Sens, Verdun, Saint-Flour, Arras, Saint-Omer, etc.

3. — Les magistrats des cours souveraines, n'étant justiciables que des compagnies dont ils étaient membres, ne pouvaient être arrêtés ni contraints de plaider devant les juges d'une ville d'arrêt. — Il en était de même des officiers qui avaient le droit de *committimus.* — Merlin, *loc. cit.*, § 3.

4. — C'était une question controversée de savoir si le privilége d'arrêt pouvait être exercé seulement contre les habitans du territoire dépendant d'une ville d'arrêt, mais demeurant hors de cette ville; ou bien contre toutes personnes, même domiciliées dans le ressort d'une autre coutume. — Chopin, Dufresne et Brodeau citent des arrêts du Parlement de Paris qui sembleraient l'avoir ainsi décidé; cependant Merlin conteste la vérité de cette décision.

5. — L'arrêt, soit personnel, soit réel, était attributif de juridiction. — Cependant le débiteur forain avait, suivant la plupart des coutumes, la faculté de demander la mainlevée de ses biens et la liberté de sa personne, en donnant caution.

6. — Il n'y a plus aujourd'hui de ville d'arrêt, partout en France la loi est la même; et on ne peut faire arrêter son débiteur, forain ou non, ou saisir-arrêter ses biens mobiliers, qu'en se conformant aux dispositions de la loi. — V. CONTRAINTE PAR CORPS, SAISIE-ARRÊT.

7. — Toutefois le privilége d'arrêt, ou du moins quelque chose qui lui ressemble, existe encore à l'égard des étrangers, que leurs créanciers français peuvent faire arrêter provisoirement sur le sol français. — V. CONTRAINTE PAR CORPS, ÉTRANGERS.

PRIVILÉGE PARLEMENTAIRE.

V. REPRÉSENTATION NATIONALE.

PRIX.

1. — On nomme *prix* la valeur réputée représentative de la chose vendue.

2. — Le prix principal peut être productif d'intérêt, soit en vertu de la convention, soit à raison de la nature de la chose vendue, soit par suite de l'accomplissement de certaines formalités auxquelles la loi attribue l'effet de le faire courir.

3. — En général, le prix consiste en argent.— Il doit être certain et sérieux.

4. — S'il n'y avait pas de prix, il n'y aurait pas de vente. — Si le prix était vil, la vilité pourrait, dans certaines limites, donner naissance à l'action en rescision.

5. — Le prix est exigible à l'époque convenue entre les parties ou à celle fixée par la loi elle-même.

6. — Le paiement du prix est, au profit du vendeur, assuré par un privilége. — V. PRIVILÉGE.

7. — En outre, le défaut de paiement donne droit, au vendeur, de demander la résolution. — V. PRIVILÉGE, PURGE, VENTE.

PROCÉDURE.

1. — Se dit de l'ensemble des règles à observer, des actes à faire pour obtenir une décision judiciaire; ou, dans quelques cas, le règlement amiable de certains droits.

2. — La procédure se divise, en conséquence, en *procédure judiciaire* et en *procédure extrajudiciaire.*

3. — La première comprend les règles tracées pour arriver à un jugement; la seconde, les formalités à observer pour arriver à régler des droits respectifs sans recourir aux tribunaux. Telle est, par exemple, la procédure de distribution ou d'ordre amiable devant notaire.

4. — La procédure judiciaire se subdivise en *procédure civile, commerciale, criminelle, administrative;* selon qu'elle embrasse les règles établies pour obtenir une décision de l'une des diverses juridictions civile, commerciale, criminelle, ou administrative.

5. — L'ensemble des règles relatives à la procédure civile a été réuni en un code spécial. — V. CODE DE PROCÉDURE.

6. — Ce code contient également les règles de la procédure commerciale.

7. — Tout ce qui concerne la procédure ou l'instruction criminelle fait aussi l'objet d'un code particulier. — V. CODE D'INSTRUCTION CRIMINELLE.

8. — Il n'existe pas de code de procédure administrative; cette matière est réglementée par des lois diverses. — V. COMPÉTENCE ADMINISTRATIVE, CONSEIL D'ÉTAT, CONSEIL DE PRÉFECTURE, ÉLECTIONS, TRIBUNAUX ADMINISTRATIFS.

9. — Quelques lois spéciales règlent également certaines procédures particulières en matière civile ou en matière criminelle. — V. CASSATION, COLONIES, CONTRIBUTIONS, DÉLITS DE PRESSE, DOUANES, ÉLECTIONS, EXPROPRIATION POUR UTILITÉ PUBLIQUE, PATENTE, TRIBUNAUX EXTRAORDINAIRES, TRIBUNAUX MARITIMES, etc.

PROCÉDURE CRIMINELLE.

V. ACTION PUBLIQUE, ALGÉRIE, CASSATION (matière crim.), CHAMBRE DES MISES EN ACCUSATION, CHAMBRE DU CONSEIL, COMMUNICATION AU MINISTÈRE PUBLIC, COPIES DE PIÈCES, COUR D'ASSISES, DÉNONCIATION, FLAGRANT DÉLIT, INSTRUCTION CRIMINELLE, INTERROGATOIRE DES ACCUSÉS, LIBERTÉ PROVISOIRE, MANDATS D'EXÉCUTION, PLAINTE, TRIBUNAL CORRECTIONNEL, TRIBUNAL DE POLICE, etc.

PROCÈS-VERBAUX.

Table alphabétique.

PROCÈS-VERBAUX. — **1.** — Actes par lesquels les fonctionnaires, agens de l'autorité ou de la force publique et officiers publics constatent les faits dont ils ont vérifié l'existence et dont la recherche rentre dans leurs attributions.

2. — Le mot *procès-verbal* paraît venir de ce qu'à une époque où l'écriture n'était pas encore généralement répandue les agens chargés par l'autorité de rechercher certains délits remplissaient souvent leur mission en faisant des rapports verbaux sur les faits qui étaient parvenus à leur connaissance. Les procès-verbaux sont maintenant des actes écrits.

3. — Nous avons traité, sous des articles séparés, des procès-verbaux qui sont prescrits soit par le Code civil, soit par le Code de procédure civile. — V., notamment, DISTRIBUTION PAR CONTRIBUTION, ENQUÊTE, EXPERTISE, INVENTAIRE, ORDRE, SCELLÉS, etc. — Ceux qui sont dressés par des officiers publics ou ministériels, en matière civile, ont fait l'objet de notre examen, lorsque nous avons traité de la compétence et des attributions de ces officiers. — V. ENREGISTREMENT, GREFFIER, HUISSIER, NOTAIRE, TIMBRE, etc.

4. — Enfin, en examinant, dans de nombreux articles, les devoirs et les attributions des magistrats, fonctionnaires et officiers publics auxquels il appartient de rechercher et de constater les crimes, délits et contraventions, soit en matière criminelle ordinaire, soit dans les matières spéciales, nous avons donné les règles qui doivent présider à la rédaction de leurs procès-verbaux. — V., notamment, BOISSONS, CARTES A JOUER, CHASSE, CONTRIBUTIONS INDIRECTES, DOUANES, FORÊTS, MATIÈRES D'OR ET D'ARGENT, MINES, OCTROI, PÊCHE, POSTES, POUDRES ET SALPÊTRES, ROULAGE, TABACS, TRAVAUX PUBLICS, VOIRIE, etc. — Nous n'avons à nous occuper ici que des principes communs à tous les procès-verbaux dressés en matière criminelle et de la foi qui leur est due.

SECT. 1re. — *Règles générales communes aux divers procès-verbaux* (n° 5).

§ 1er. — *Idonéité du rédacteur* (n° 5).

§ 2. — *Rédaction, signature, date* (n° 15).

§ 3. — *Affirmation, enregistrement* (n° 38).

SECT. 2e. — *Foi due aux procès-verbaux* (n° 53).

§ 1er. — *Notions générales* (n° 53).

§ 2. — *Procès-verbaux faisant foi jusqu'à inscription de faux* (n° 88).

§ 3. — *Procès-verbaux ne faisant foi que jusqu'à preuve contraire* (n° 108).

§ 4. — *Procès-verbaux valant comme simples renseignements* (n° 128).

Sect. 1re. — *Règles générales communes aux divers procès-verbaux.*

§ 1er. — *Idonéité du rédacteur.*

5. — La première de toutes les conditions pour la validité des procès-verbaux est la compétence de l'officier public de qui ils émanent. Les règles par lesquelles se détermine la compétence des magistrats et officiers publics, pour la recherche et la constatation des faits punissables, font l'objet d'articles séparés, auxquels nous devons renvoyer. — V. COMMISSAIRE DE POLICE, GARDE CHAMPÊTRE, GARDE FORESTIER, JUGE D'INSTRUCTION, JUSTICE DE PAIX, MAIRE, PROCUREUR DE LA RÉPUBLIQUE, etc.

6. — Il est hors de doute que lorsqu'un officier public, sortant des limites des attributions qui lui sont propres, s'ingère de verbaliser dans des matières qui sont étrangères à ces attributions, les procès-verbaux qu'il dresse sont radicalement nuls.

7. — La Cour de cassation a fait souvent application de ce principe général. C'est ainsi qu'elle a jugé qu'un procès-verbal dressé par un maire ou son adjoint, ou par un commissaire de police, pour constater une contravention à la loi du 19 br. an VI, commise par un orfèvre domicilié, devait être annulé pour cause d'incompétence, parce que cette loi ne charge ces officiers publics que de la constatation des contraventions commises par les marchands ambulans. — *Cass.*, 15 avr. 1836, Balet. — Mangin, *Procès-verbaux*, n° 10; Morin, *Dict. de dr. crim.*, v° *Procès-verbaux*.

8. — ... Que le procès-verbal dressé par un garde champêtre pour constater une contravention à la loi du 18 novembre 1814, sur la célébration des fêtes et dimanches, devait être annulé pour cause d'incompétence, les maires et les commissaires de police ayant seuls reçu de cette loi le droit de verbaliser contre les infractions qu'elle punit. — *Cass.*, 22 avr. 1820, Cosson.

9. — ... Et qu'il y a lieu d'annuler, pour cause d'incompétence, un procès-verbal dressé par un garde forestier pour constater un délit de chasse commis en plaine, cet agent n'ayant qualité que pour constater les délits commis dans les bois et forêts. — *Cass.*, 18 oct. 1827, Euvrard.

10. — Lorsqu'un officier ne procède à une opération judiciaire qu'il n'est pas, de sa nature, dévolue aux fonctions de son office, qu'à raison de l'absence de ceux à qui elle appartient, ou parce qu'il se trouve seul dans le lieu où l'opération se fait, le procès-verbal qu'il dresse doit, pour présenter un caractère de légalité, faire mention de toutes ces circonstances. — *Bordeaux*, 9 fruct. an VIII, Vignes c. assureurs de Bordeaux.

11. — Il y a encore nullité du procès-verbal qui constate un délit commis hors du ressort dans lequel l'officier public rédacteur exerce ses fonctions. — *Cass.*, 27 frim. an VIII, Rouch.

12. — On s'est demandé si la parenté qui existerait entre le rédacteur du procès-verbal et le prévenu serait une cause de nullité du procès-verbal. Carnot (*Instr. crim.*, art. 11, n° 4) se prononce pour l'affirmative, en assimilant les fonctionnaires ayant qualité pour verbaliser, aux témoins qui déposent en justice, pour lesquels la parenté avec le prévenu est une cause de reproche. Mais Legraverend (*Instr. crim.*, t. 1er, p. 213) et Mangin (p. 44, n° 16) embrassent, avec raison, l'opinion contraire, en faisant remarquer que le caractère dont les officiers publics sont revêtus ne permet pas de les mettre sur la même ligne que les témoins. C'est, du reste, dans ce dernier sens que s'est prononcée la jurisprudence. — *Cass.*, 16 ventôse an XIII, Giabico-Angély; 4 nov. 1808, N...; 7 nov. 1817, Delpech; 18 oct. 1822, Forêts c. Beauchet.

13. — Bien qu'il soit convenable que les officiers publics soient revêtus du costume que leur attribue la loi, lorsqu'ils rédigent des procès-verbaux, aucune loi ne subordonne la validité d'un procès-verbal à ce que son rédacteur ait été porteur des insignes de ses fonctions. — *Cass.*, 6 juin 1807, Planche; 10 mars 1815, Mauriès; 18 févr. 1820, Souffland; 11 oct. 1821, Menessier; 11 nov. 1826, Giot; 20 sept. 1833, Roquet; 14 févr. 1840 (t. 1er 1841, p. 92), Lemarchand. — Legraverend, t. 1er, p. 243; Mangin, p. 42, n° 17.

14. — Les agens chargés de rechercher et de constater les délits dans certaines matières, sont autorisés par la loi à procéder au besoin à des visites domiciliaires; mais sous la condition qu'ils seront assistés de fonctionnaires que la loi désigne. Les procès-verbaux de ces agens sont-ils valables, lorsqu'ils ont procédé à ces visites sans requérir cette assistance? — V. CONTRIBUTIONS INDIRECTES, n° 111 et suiv.; FORÊTS, n°s 1968 et suiv.

§ 2. — *Rédaction, signature, date.*

15. — Tout procès-verbal doit porter en lui la preuve de sa validité, et, dès lors, toutes les formalités dont il ne constate pas l'accomplissement doivent être considérées comme ayant été omises. — *Cass.*, 29 mars 1810, Paira; 30 juill. 1812, Dauré.

16. — On peut diviser les formalités qui sont requises pour la complète régularité des procès-verbaux en deux classes: celles qui sont intrinsèques et celles qui sont extrinsèques. Les premières s'entendent de tout ce qui concerne la rédaction du procès-verbal, sa signature et sa date; les secondes sont celles auxquelles on soumet le procès-verbal lorsqu'il est déjà clos, c'est-à-dire l'enregistrement et l'affirmation: ces dernières formalités ne s'appliquent qu'à une certaine classe de procès-verbaux.

17. — Les procès-verbaux doivent être signés par l'officier public rédacteur; ils doivent contenir l'indication des noms, demeures et qualités des fonctionnaires qui les dressent; constater l'existence du délit en précisant toutes les circonstances de temps et de lieu, rapporter toutes les preuves, tous les indices, présenter, en un mot, tous les renseignements qui peuvent éclairer la justice.

18. — La date qui doit être indiquée sur le procès-verbal est toujours une formalité importante. Nous croyons même qu'il est des cas dans lesquels son omission serait une cause de nullité du procès-verbal; et que c'est ce qu'on doit décider, en général, à l'égard des procès-verbaux qui doivent être affirmés ou enregistrés dans un certain délai, ou, contre lesquels on peut employer la voie de l'inscription de faux. Dans ces diverses hypothèses, le procès-verbal serait nul si l'absence de date enlevait tout moyen de savoir si les divers délais prévus par la loi ont été observés. Il en serait peut-être autrement si quelque circonstance particulière donnait les moyens de suppléer à l'absence de date et de fixer cette date avec certitude. — Mangin, n°s 147 et 201.

19. — La Cour de cassation a décidé qu'une erreur matérielle dans la date du procès-verbal ne peut en entraîner la nullité. — *Cass.*, 3 janv. 1833, Axé. — Les observations qui précèdent s'appliquent à cette hypothèse.

20. — L'indication de l'heure n'est pas exigée à peine de nullité dans la rédaction des procès-verbaux. — *Cass.*, 9 févr. 1821, Gogain; 11 mars 1825 (int. de la loi), Dolezac.

21. — Jugé qu'en matière de contravention aux lois sur les douanes un procès-verbal est nul, lorsque la date de l'original n'est pas conforme à celle de la copie signifiée au prévenu. — *Cass.*, 8 juillet 1808, Douanes c. Smagge.

22. — L'indication du lieu où le délit a été commis est une formalité dont l'accomplissement est désirable sans doute, mais dont l'omission ne peut être imputée à nullité des procès-verbaux qui ne font foi que jusqu'à preuve contraire. — *Cass.*, 9 févr. 1821, Gogain. — Quand ils ceux qui font foi jusqu'à inscription de faux, Mangin (n° 160) est d'avis que l'absence de toute désignation du lieu du délit empêche le procès-verbal de faire foi contre le prévenu; car celui-ci serait dans l'impossibilité de s'inscrire en faux pour établir soit son alibi, soit celui de l'officier public rédacteur.

23. — Il n'est pas de l'essence d'un procès-verbal d'être entièrement écrit de la main de l'officier public qui l'a dressé. Ces actes peuvent même, en général, être écrits par un tiers, quel qu'il soit. Ce n'est que dans certains cas que la loi donne qualité à certaines personnes exclusivement pour écrire un procès-verbal en remplacement de l'officier public qui devrait le dresser, comme lorsqu'un garde champêtre ne peut écrire convenablement. — V. GARDE CHAMPÊTRE. — Mangin, n° 22; Morin, v° *Procès-verbaux*.

24. — Jugé que les art. 11 et 139 C. instr. crim. n'ont pas dérogé aux lois des 27 déc. 1790-8 janv. 1791 et 28 sept.-6 oct. 1791, qui confèrent aux juges de paix, à leurs suppléans et à leurs greffiers l'attribution de recevoir, de rédiger et d'écrire les procès-verbaux des gardes champêtres lorsque ceux-ci sont incapables ou dans l'impossibilité de les dresser eux-mêmes. — *Cass.*, 10 févr. 1843 (t. 2 1843, p. 675 [intérêt de la loi], Barbier.

25. — Mais la signature du procès-verbal est évidemment une formalité indispensable.

26. — Quant aux ratures, surcharges et interlignes, non approuvés, il faut distinguer si les énonciations qui en sont l'objet sont substantielles ou non. Dans le premier cas, le procès-verbal est nul. — *Cass.*, 4 janv. 1821, Hubert. — Dans le second, il conserve sa validité ; seulement, ce qui n'est pas approuvé par le rédacteur est considéré comme n'existant pas. — *Cass.*, 9 févr. 1811, Cibiel. — Mangin, n° 23. — Les parties raturées sont réputées n'avoir jamais été insérées dans le procès-verbal.

27. — Jugé que le procès-verbal d'un garde forestier est nul lorsqu'il y a, tant sur la date de l'affirmation que sur celle de l'enregistrement, une surcharge non approuvée qui ne permet pas de juger si ces formalités ont été remplies dans le délai légal. — *Grenoble*, 2 janv. 1829, Forêts c. B...

28. — L'approbation est valable, quoiqu'elle ne soit revêtue que du paraphe de l'officier public rédacteur du procès-verbal. — *Cass.*, 23 juill. 1824, Forêts c. Bonnefoi.

29. La présence du contrevenant à la rédaction du procès-verbal n'est pas une formalité substantielle pour la plupart des procès-verbaux. Elle n'est pas exigée notamment pour ceux qui constatent des contraventions de police. — *Cass.*, 5 oct. 1820, Paton et Gobert ; 9 févr. 1821, Gogain ; 14 août 1829, Pelissier ; 15 oct. 1829, Rumeau. — Legraverend, t. 1er, p. 228.

30. — De même l'obligation pour le rédacteur du procès-verbal d'en donner lecture au contrevenant n'existe qu'autant qu'une loi spéciale en prescrit l'accomplissement sous peine de nullité. — *Cass.*, 11 mars 1825 (int. de la loi), Dotezac.

31. — Jugé que le contrevenant qui n'est pas même dénommé dans un procès-verbal ne doit pas être nécessairement requis de le signer. — *Cass.*, 26 brum. an VII, Douanes c. Cochet.

32. — Aucune loi ne frappe de nullité les procès-verbaux dans lesquels les mesures que ces procès-verbaux doivent constater ne sont point déterminées conformément au système métrique. — *Cass.*, 11 déc. 1812, Clost-Todter.

33. — Il arrive quelquefois que, tout en instituant des agens spéciaux pour rechercher et constater dans certaines matières les délits et les contraventions, la loi appelle dans certains cas à participer à cette mission des agens d'un autre ordre dont les fonctions habituelles et spéciales ont un tout autre objet, on s'est demandé si ces derniers fonctionnaires sont alors obligés de suivre, pour les procès-verbaux qu'ils dressent, les formes spéciales à la matière dans laquelle ils opèrent exceptionnellement. Mangin (p. 31, n° 13) se prononce pour la négative.

34. — En rappelant les diverses règles qui précèdent, nous n'avons entendu prévoir que les cas les plus généraux : c'est-à-dire ceux dans lesquels aucune loi spéciale ne prescrit l'accomplissement de telle formalité à peine de nullité. On doit se reporter aux différentes matières spéciales : soit pour trouver le développement de ces règles, soit pour l'indication des exceptions qu'y ont apportées des lois particulières. — V. notamment CONTRIBUTIONS INDIRECTES, DOUANES, FORÊTS.

35. — La cour de cassation a jugé, dans ce sens, que les procès-verbaux dressés par les gendarmes pour constater les délits de chasse, ne sont pas soumis à la formalité de l'affirmation imposée aux gardes champêtres. — *Cass.*, 30 juill. 1825, Walter. — La loi du 3 mai 1844, sur la chasse, n'a enlevé à cette décision rien de sa valeur.

36. — Jugé aussi que les procès-verbaux dressés par les gendarmes et les commissaires de police en matière de contraventions aux lois sur la fabrication et le débit des cartes à jouer et du tabac, ne sont pas soumis aux formes que les employés des contributions indirectes doivent observer. — *Cass.*, 4 sept. 1813, Droits réunis c. Durand. — V. aussi *Cass.*, 24 mai 1821, Genoudet ; 10 févr. 1826, Contributions indirectes c. Dupré.

37. — Toutefois : les fonctionnaires qui procèdent en vertu de l'extension que la loi a donnée à leurs fonctions habituelles, peuvent se conformer aux règles spéciales à la matière dans laquelle ils verbalisent. — Mangin, *loc. cit.*

§ 3. — *Affirmation, enregistrement.*

38. — L'affirmation est le serment prêté par l'officier public sur la sincérité de son procès-verbal.

39. — L'affirmation n'est obligatoire que pour certains fonctionnaires publics auxquels la loi impose cette formalité d'une manière expresse. Nous verrons plus loin quels sont ces fonctionnaires, par qui et dans quel délai l'affirmation doit être reçue dans chaque cas particulier. Il est regrettable que les lois diverses qui prescrivent cette formalité n'aient pas été rédigées dans des vues d'ensemble qui permissent de les rattacher à des règles générales. — Faustin-Hélie, *Traité des procès-verbaux de Mangin*, préface.

40. — Quoi qu'il en soit, il est certain que les termes *affirmation*, *affirmé* ne sont pas sacramentels ; il suffit que la déclaration de celui qui atteste la sincérité de son procès-verbal soit faite avec serment. — *Cass.*, 19 janv. 1810, Droits réunis c. Garabaglia ; 16 août 1811, Forêts c. Laverone ; 3 juill. 1812, Régie des sels et tabacs c. Natili. — Merlin, *Rép.*, v° *Serment*, § 3, n° 1er ; Carnot, *Code instr. crim.*, art. 43, n° 4.

41. — La loi n'exige point que les actes d'affirmation rappellent en détail les faits ou délits énoncés dans les procès-verbaux qui les constatent. — *Cass.*, 19 févr. 1808, Forêts c. Mouraine et Hart.

42. — L'irrégularité de l'affirmation entraîne la nullité du procès-verbal. C'est ce qui a lieu lorsque le procès-verbal a été affirmé devant un officier public qui n'est pas celui qu'indique la loi pour le recevoir ; par exemple, lorsqu'il a été affirmé devant le maire ou l'adjoint d'une commune autre que celle dans laquelle le délit a été commis. — *Cass.*, 5 brum. an XII, N... ; 30 mars 1809, Forêts c. Avrillon. — Merlin, *Rép.*, v° *Procès-verbal*, § 6, n° 6.

43. — Mangin (n° 26) fait observer, avec raison, que le fonctionnaire compétent peut recevoir l'affirmation même en dehors du territoire dans lequel il exerce ses fonctions.

44. — L'acte d'affirmation doit être signé non-seulement par l'officier public qui le dresse, mais par celui qui affirme le procès-verbal. — *Cass.*, 8 mai 1818, Contrib. indir. c. Métayer ; 1er avr. 1830, Forêts c. Truche. — Merlin, *Rép.*, v° *Procès-verbaux*, § 4, n° 5 *bis* ; Morin, *loc. cit.* — Néanmoins il n'y aurait nullité qu'autant que l'acte d'affirmation ne serait pas signé par l'officier public devant lequel il est procédé à cette formalité ; la signature de l'affirmant n'est pas indispensable.

45. — Le défaut de mention, dans l'acte d'affirmation, de la lecture du procès-verbal à l'affirmant, n'est pas une cause de nullité. — *Metz*, 18 mars 1822, Kremer.

46. — Jugé que, lorsque l'erreur de date qui s'est glissée dans l'acte d'affirmation d'un procès-verbal se trouve clairement rectifiée par l'ordre dans lequel sont placées les écritures du procès-verbal de l'affirmation et de la relation d'enregistrement, faisant suite les unes aux autres, cette erreur n'opère pas nullité. — *Cass.*, 28 août 1812, Gen. — Et que la seule omission du millésime, dans l'acte d'affirmation d'un procès-verbal, n'est pas une cause de nullité, lorsqu'il est prouvé, par la date du procès-verbal même, et par celle de son enregistrement, que l'affirmation a eu lieu dans le délai prescrit. — *Cass.*, 30 nov. 1811, Forêts c. Ligeret et Javelle ; même jour, Droits réunis c. Ibos ; même jour, Droits réunis c. Arnault.

47. — Décidé cependant qu'un procès-verbal est nul, lorsque l'original, tout en contenant la mention de l'affirmation faite dans le délai de la loi, laisse douter, à raison de la substitution non datée du nom d'un maire à celui d'un autre, si l'affirmation a été faite en temps utile devant l'autorité compétente. — *Metz*, 2 juill. 1821, Dalhem c. Forêts.

48. — Les procès-verbaux doivent en général être enregistrés. Il y a même des cas où la loi les soumet à cette formalité, sous peine de nullité. Nous avons exposé v° ENREGISTREMENT (V. notamment n°s 636 et suiv., 664 et suiv.) les règles tracées, sur ce point, par les lois, ordonnances ou décisions rendues en matière d'enregistrement, et nous avons vu que la presque totalité des procès-verbaux dressés en matière criminelle s'enregistrent *en débet*.

49. — Décidé que la défense faite aux tribunaux par la loi de rendre aucun jugement sur des actes non enregistrés ne s'applique qu'au cas où il s'agit d'intérêts privés et ne s'étend pas aux actes qui intéressent l'ordre et la vindicte publique. — L. 22 frimaire an VII, article 34 et 47. — En conséquence, un procès-verbal constatant contravention de police ne peut être annulé pour défaut d'enregistrement. — *Cass.*, 31 mars 1848 (t. 1er 1848, p. 710), Redoulez. — V., sur la validité des procès-verbaux, dressés en matière criminelle, qui, contrairement aux prescriptions de la loi, n'auraient pas été enregistrés, ENREGISTREMENT, n°s 637 et suiv.

50. — On peut poser en principe général que, pour la supputation des délais prescrits pour l'affirmation et l'enregistrement des procès-verbaux, le jour de l'échéance du délai (*dies ad quem*) doit être compris dans le délai, si la loi ne l'a expressément déclaré franc. Mais le jour qui sert de point de départ (*dies à quo*) ne doit pas être compté. — *Cass.*, 7 oct. 1809, Droits réunis c. Ricouard ; 14 juin 1834, Contributions indirectes c. Daron. — Merlin, *Rép.*, v° *Délai*, § 3, sect. 1re.

51. — Lorsqu'un procès-verbal n'a pas été soumis à une formalité que la loi déclare substantielle, le prévenu peut invoquer la nullité qui en résulte, par voie d'exception, devant le tribunal de répression.

52. — L'exception de nullité peut, dans ce cas, être proposée pour la première fois en Cour d'appel et même devant la Cour de cassation, les nullités en matière criminelle étant d'ordre public. — Merlin, *Rép.*, v° *Procès-verbal*, § 4, n° 13 ; Legraverend, t. 1er, p. 234 ; Mangin, n° 14.

Sect. 2e. — *Foi due aux procès-verbaux.*

§ 1er. — *Notions générales.*

53. — La foi due aux procès-verbaux varie suivant la nature des faits qu'ils sont destinés à constater, et suivant le caractère et la compétence de l'officier public de qui ils émanent. Les uns font foi de leur contenu à tel point que les tribunaux sont contraints de tenir pour vrai ce qu'ils attestent tant qu'ils ne sont pas attaqués par la voie de l'inscription de faux. Les autres, bien que faisant foi des faits qu'ils rapportent, ne conservent leur force probante que tant que la preuve contraire n'a pas été administrée. Il en est, enfin, qui, dressés par un officier public incompétent, ou viciés par quelque nullité, ne font pas foi de leur contenu et ne valent que comme simples renseignemens.

54. — Il faut remarquer que la distinction qui précède n'est pas fondée sur cette idée générale que le degré de force probante attaché aux divers procès-verbaux serait en raison soit de l'importance des fonctions des officiers ou des agens qui les rédigent, soit de la gravité du fait qu'ils doivent constater. Ainsi les procès-verbaux que rédigent les préposés des administrations fiscales ont plus de force probante que ceux que rapportent la plupart des officiers de police judiciaire.

55. — Cependant il résulte du rapprochement des divers élémens de la législation sur la matière, qu'on peut considérer comme principes à peu près généraux : 1° que plus les traces laissées par le fait coupable sont fugitives, et plus est grand le degré de force probante que la loi attache au procès-verbal qui le constate ; 2° que le degré de force probante qu'elle attache aux diverses espèces de procès-verbaux que peut rapporter le même fonctionnaire est en raison inverse de la gravité de la peine dont elle punit le fait constaté.

56. — Le même agent n'imprime pas toujours la même autorité à tous les procès-verbaux qu'il rédige, ni même à toutes les parties d'un même procès-verbal. C'est ainsi que la foi attachée aux procès-verbaux des gardes forestiers et des employés des administrations fiscales lorsqu'ils constatent seulement des contraventions en matière de contributions ou de délits forestiers n'est plus aussi grande lorsque leurs procès-verbaux constatent soit des actes de rébellion, soit des voies de fait ou des injures. Dans ce dernier cas, les prévenus peuvent toujours administrer la preuve contraire. — Merlin *Rép.*, v° *Procès-verbal*, § 4 et § 6, n° 10 ; Legraverend, t. 1er, chap. 8, p. 217 ; Carnot, *Instr. crim.*, art. 16, n° 20.

57. — C'est ainsi que le procès-verbal d'un garde forestier constatant un délit de chasse commis dans un bois, n'a pas la même force probante que celui qu'il rapporte pour constater un véritable délit forestier. — Mangin, n° 31.

58. — Les procès-verbaux qui font foi jusqu'à inscription de faux sont soumis, quant à leurs effets, aux règles générales qui s'appliquent aux actes authentiques. — V. ACTE AUTHENTIQUE. — Cependant quelques difficultés, nées de l'exécution de lois spéciales, se sont élevées sur ce point dans diverses matières. — V. CONTRIBUTIONS INDIRECTES, n°s 306 et suiv. ; DOUANES, n°s 804 et suiv. ; FORÊTS, n°s 2155 et suiv.

59. — Une procédure d'inscription de faux peut être dirigée contre un procès-verbal qui ne peut être débattu par la preuve contraire, indépendamment de toutes poursuites criminelles contre le rédacteur du procès-verbal. En général la loi a pris soin d'indiquer, dans chaque matière spéciale, suivant quelles formes cette procédure serait instruite. Ainsi elle est réglée : en matière de délit forestier, par les art. 179 et suiv. du Code forestier (V. FORÊTS, nos 2155 et suiv.); en matière de contributions indirectes, par le décret du 1er germ. an XIII (V. CONTRIBUTIONS INDIRECTES, nos 331 et suiv.); en matière de douanes, par la loi du 9 flor. an VII (V. DOUANES, nos 852 et suiv.). Dans le silence des lois spéciales la procédure serait soumise aux principes qui régissent le faux incident : soit civil, soit criminel; principes que nous avons exposés sous le mot FAUX INCIDENT.

60. — Il est de principe admis en jurisprudence que les tribunaux devant lesquels on produit contre le prévenu un procès-verbal faisant foi jusqu'à preuve contraire, ne peuvent l'acquitter en déclarant seulement que la preuve du délit ou de la contravention n'est pas résultée des débats; il faut qu'ils aient reconnu et qu'ils déclarent par leur jugement : que les assertions du procès-verbal, sur ce point, ont été détruites par une preuve plus forte, que le prévenu a administrée. — *Cass.*, 11 mai 1810, Lafournière; 4 sept. 1813, Droits réunis c. Durand; 5 mars 1818, Allard; 20 août 1818, Lacroix; 26 nov. 1829, Lallemant; 3 juin 1813, Chabert; 25 sept. 1834, Gleize. —Merlin, *Quest. de droit*, v° *Tribunal de police*, § 4, note; Legraverend, t. 1er, p. 210; Carnot, art. 154, n° 4; Mangin, n° 38.

61. — Un tribunal ne peut se fonder sur une prétendue notoriété publique ou sur ses notions personnelles pour écarter les assertions d'un procès-verbal faisant foi jusqu'à preuve contraire.— *Cass.*, 24 juill. 1835, Havard.

62.— Lorsqu'une contravention se trouve constatée par un procès-verbal affirmé sous serment et que la preuve contraire n'a été ni offerte ni rapportée, le juge ne peut renvoyer les prévenus par des motifs en contradiction avec le procès-verbal. — *Cass.*, 28 sept. 1834, Fontenai.

63. — La connaissance personnelle que le juge pourrait avoir des faits qui ont donné lieu à un procès-verbal de contravention ne saurait détruire la foi due à ce procès-verbal. — *Cass.*, 21 mars 1833, Boudrel; 9 août 1838 (t. 1er 1839, p. 510), Beuret.

64.— La preuve testimoniale, nécessaire pour détruire la force probante d'un procès-verbal faisant foi jusqu'à preuve contraire, ne saurait consister dans la déclaration de personnes entendues à titre de renseignement et sans prestation de serment. — *Cass.*, 21 févr. 1822, Deschamps; 16 déc. 1826, Salicetti; 20 juin 1828, Louineau; 14 déc. 1832, Auvray. — Mangin, n° 39.

65. — Un rapport d'expert ne détruit la force probante des procès-verbaux qu'autant que l'expert a prêté serment, conformément à l'art. 44 C. instr. crim.— *Cass.*, 7 déc. 1833, Giloux; 9 oct. 1834, Malachanne; 24 juill. 1835, Chenau. — Mangin, *ibid.*

66. — Une descente de police ne pourrait également avoir pour effet de détruire la foi due au procès-verbal qu'autant qu'elle aurait été régulièrement ordonnée. — *Cass.*, 9 déc. 1830, Duval c. Roy; 27 sept. 1833, Magnier.

67.— Un tribunal ne peut méconnaître la foi due à un procès-verbal régulier, en se fondant sur les énonciations contraires d'un autre procès-verbal imparfait, bien que ce dernier se trouve relaté dans un troisième procès-verbal régulier. — *Cass.*, 6 oct. 1832, Forêts c. Lassoubre.

68. — Jugé que lorsqu'un procès-verbal régulier et non débattu par la preuve contraire constate qu'un individu a fait construire, joignant le chemin vicinal, un mur qui présente une usurpation sur la largeur légale de ce chemin, le tribunal saisi de la connaissance de cette contravention ne peut, sans violer la foi due audit procès-verbal, se dispenser d'ordonner la démolition de la construction : sous le prétexte que le prévenu n'a commis aucune usurpation de terrain. — *Cass.*, 16 mai 1846 (t. 1er 1849, p. 237), Chartier.

69. — Lorsqu'il est constaté par un procès-verbal régulier et non débattu par la preuve contraire : qu'un individu a fait passer dans un chemin très-étroit, et ne servant qu'à l'exploitation des terres, des troupeaux de moutons, qui, à raison du peu de largeur du chemin, ont fait un tort considérable aux récoltes riveraines; le tribunal de police ne peut refuser d'appliquer à cet individu les dispositions de l'art. 475, § 10 C. pén., relatives au passage sur les terres ensemencées ou chargées de récoltes sur pied, sous le prétexte qu'aucune partie civile n'a porté plainte, qu'il s'agissait de l'usage d'un chemin vicinal, n'ayant pas la largeur voulue, et qu'enfin il ne serait pas prouvé que les bestiaux eussent passé sur le terrain longeant le chemin et causé quelque dommage. C'est là en même temps violer la foi due au procès-verbal et admettre des excuses non autorisées par la loi. — *Cass.*, 24 mars 1848 (t. 2 1848, p. 142), Abonneau.

70. — Lorsqu'il résulte d'un procès-verbal régulier qu'un boulanger faisait distribuer à l'une de ses pratiques un pain qui n'avait pas le poids fixé par le règlement de police, le tribunal de police saisi de cette contravention ne peut relaxer le prévenu par l'unique motif que le consommateur auquel le pain était destiné avait commandé de lui donner une seconde cuisson, ce qui était la cause de la diminution du poids constatée par le procès-verbal, alors qu'aucun témoin entendu ou aucune preuve produite n'ont pu servir à former la conviction du tribunal ou l'autoriser à ajouter à la teneur des constatations résultant de ce procès-verbal. — *Cass.*, 27 févr. 1847 (t. 2 1847, p. 427), Barneau.— V. BOULANGER, nos 45 et suiv., 97 et suiv.

71. — Lorsqu'il résulte d'un procès-verbal régulièrement dressé qu'une voiture non attelée et non enrayée a été trouvée, contrairement à un règlement de police, dans une rue en pente, le tribunal de police saisi de cette contravention ne peut relaxer le propriétaire de la voiture, dont le nom est inscrit sur la plaque, et qui, sans offrir la preuve, soit écrite, soit testimoniale, qu'il était étranger à la contravention, et sans même indiquer la personne à laquelle il aurait prêté sa voiture, se borne à soutenir que cette contravention ne lui est pas imputable. — *Cass.*, 30 mai 1846 (t. 1er 1849, p. 518), Labiche

72. — Lorsqu'il résulte d'un procès-verbal régulièrement dressé par le commissaire de police, et non combattu par la preuve contraire, qu'une voiture a été trouvée stationnant sur la voie publique, pendant la nuit, encombrant la circulation et dénuée de lanterne, le tribunal de police ne peut relaxer le prévenu sous prétexte que, le procès-verbal n'indiquant aucun laps de temps entre l'arrivée du commissaire et l'intervention du conducteur, l'abandon de la voiture ne paraissait pas avoir existé. — *Cass.*, 28 août 1846 (t. 1er 1849, p. 358), Gonat.

73. — Lorsqu'un procès-verbal régulier, non débattu par la preuve contraire, constate l'existence d'une coupure faite à la voie publique et d'un barrage qui a occasionné l'inondation du chemin, ainsi que les aveux du prévenu à cet égard, le tribunal de police ne peut, sans méconnaître la foi due audit procès-verbal, et alors qu'il ne dément pas le fait du barrage incriminé, relaxer de la poursuite le prévenu : sur le motif qu'il n'est pas établi que ce soit lui qui a opéré la coupure. — *Cass.*, 7 févr. 1845 (t. 2 1848, p. 286), Bertrand.

74. — Lorsqu'un procès-verbal régulier, non débattu par la preuve contraire, constate que le prévenu a fait creuser sur son terrain, le long d'un chemin vicinal, les fondations d'une construction, sans avoir obtenu l'alignement préalable, le tribunal de simple police ne peut, sans excès de pouvoir, et sans violer la foi due au procès-verbal, le renvoyer de la poursuite, sur le motif qu'il aurait entrepris ladite construction non point le long du chemin, mais au centre de sa propriété. — *Cass.*, 27 juin 1845 (t. 2 1848, p. 262), Giudicelli.

75. — Lorsqu'un procès-verbal régulier constate que le prévenu a construit sur la rue un mur qui rétrécit d'un mètre la largeur que cette rue doit avoir, le tribunal, en l'absence de toute preuve contraire, ne peut, sans violer la foi due audit procès-verbal, renvoyer ce prévenu des poursuites en décidant qu'il a observé la largeur fixée par l'autorité. — *Cass.*, 21 févr. 1845 (t. 2 1848, p. 420), Lepesqueur.

76. — Lorsqu'un procès-verbal régulier, non débattu par la preuve contraire, constate qu'un certain nombre d'individus ont été trouvés buvant et jouant dans un cabaret après l'heure fixée par un arrêté du maire pour la fermeture des cafés, cabarets et autres lieux publics, le cabaretier ne peut être renvoyé des poursuites exercées contre lui, à raison de ces faits, sur le motif que ces individus étaient des gens connus et du pays, qui passaient paisiblement la soirée chez lui, ainsi qu'il est résulté de l'audience. — *Cass.*, 18 avr. 1845 (t. 2 1848, p. 433), Dubouil.

77. — Lorsqu'un procès-verbal de flagrant délit, dressé sur la clameur publique, constate qu'un individu a occasionné la blessure d'un cheval par le jet d'une boule, le tribunal de police viole la foi due au procès-verbal et contrevient aux dispositions du Code d'instruction criminelle, qui déterminent les formes de l'instruction à suivre devant les tribunaux de police, s'il relaxe le prévenu de la poursuite sur le motif unique que le procès-verbal ne constate pas suffisamment qu'il soit l'auteur du fait incriminé et sans que ledit prévenu ait été interrogé ni aucun témoin entendu. — *Cass.*, 7 févr. 1845 (t. 2 1848, p. 433), Boullo.

78. — Lorsqu'il résulte d'un procès-verbal régulier que des ouvriers qui jetaient des matériaux dans une rivière, en contravention à un arrêté du maire, agissaient de la sorte en exécution des ordres d'une personne qu'ils ont désignée, cette personne peut être légalement poursuivie comme auteur du fait; et le tribunal méconnaît la foi due au procès-verbal, en la renvoyant des poursuites, sur sa simple dénégation et en l'absence de toute preuve contraire, par le motif qu'elle n'a pas commis personnellement ladite contravention. — *Cass.*, 6 mars 1845 (t. 2 1848, p. 338), Gorse.

79. — La laitière dont un procès-verbal, non débattu par la preuve contraire, a constaté, au moyen du galactomètre, que le lait contenait un tiers d'eau, ne peut, sans qu'il y ait violation de la foi due au procès-verbal, être relaxée de la poursuite du ministère public : sous prétexte que le galactomètre n'est pas un instrument infaillible. — *Cass.*, 11 sept. 1847 (t. 1er 1848, p. 412), Brabant.

80. — Lorsqu'il résulte d'un procès-verbal régulièrement dressé en présence du contrevenant, et non débattu par la preuve contraire, qu'un boulanger avait dans sa boutique un pain d'un poids inférieur à celui qu'il devait avoir, le tribunal de police saisi de cette contravention ne peut, sans méconnaître la foi due à ce procès-verbal, relaxer le prévenu : sur le motif que le pain dont il s'agit n'ayant pas été saisi par le commissaire de police, le tribunal se trouve dans l'impossibilité de s'assurer de l'existence de la contravention déniée par le prévenu. — *Cass.*, 12 mars 1847 (t. 2 1847, p. 426), Bourgery-Breton.

81. — La foi due au procès-verbal constatant qu'un berger a fait paître son troupeau sur un bien communal affecté, par délibération du conseil municipal, à la dépaissance des bestiaux des indigens, ne peut être infirmée que par la preuve contraire fournie conformément à l'art. 154 du Code d'instruction criminelle; mais le tribunal de police ne saurait admettre comme preuve une simple lettre écrite par le maire, et déclarant que le lieu dont il s'agissait était un abreuvoir servant à tout le monde. — *Cass.*, 12 sept. 1846 (t. 1er 1849, p. 608), Menez.

82. — Dans les cas où les procès-verbaux de délits ou de contraventions ne font pas foi jusqu'à inscription de faux, la loi s'en rapporte à la conscience des magistrats sur la pertinence des faits articulés contre ces procès-verbaux. En conséquence, un prévenu ne peut se faire un moyen de cassation du refus fait par un tribunal de l'admettre à la preuve contraire du contenu au procès-verbal dressé contre lui.—*Cass.*, 2 févr. 1816, Noizet c. Forêts.

83. — La foi due aux procès-verbaux ne porte que sur les faits que leurs rédacteurs ont reconnus eux-mêmes et qu'ils ont constatés par l'usage de leurs propres organes. — V., sur l'application de ce principe incontestable, CONTRIBUTIONS INDIRECTES, DOUANES, FORÊTS.

84. — Il est aussi de principe que les procès-verbaux de toute nature, quel que soit le degré de force probante que la loi y attache, ne font foi que des faits matériels qu'ils constatent, et des conséquences qui en sont inséparables. Les conséquences que les rédacteurs tirent, de ces faits, en ne les appuyant que sur leur opinion personnelle, n'ont aucune force probante.—Mangin, n° 32. — La jurisprudence a fait de nombreuses applications de ce principe : notamment en matière de contributions indirectes, de douanes et de forêts. — V. ces trois mots.

85. — Il est également certain que, lorsque le fait matériel a été constaté par un procès-verbal régulier, ce procès-verbal constate avec le même degré de force probante les aveux et les déclarations des prévenus que les rédacteurs y ont consignés, lorsque ces aveux se rattachent à la matérialité du délit ou qu'ils sont propres à en faire connaître les auteurs. — *Cass.*, 10 avr. 1830, Tissier c. Morel; 6 août 1834, Forêts c. Tarby; 16 avr. 1835, Maurice.—Mangin, n° 33; Bourguignon, *Jurisp. du dr. crim.*, t. 1er, p. 93; Merlin, *Rép.*, v° *Procès-verbaux*, § 4, n° 13. — Mais le procès-verbal ne fait pas foi de la véracité de l'aveu ou de la déclaration. — V. FORÊTS nos 2146 et suiv.

86. — La rétractation d'un témoin signataire d'un procès-verbal régulier ne pourrait détruire la foi qui lui est due, ni empêcher les tribunaux d'en appliquer les conséquences. — *Cass.*, 19 oct. 1809, Forêts c. Goetz. — Mangin, n° 36.

87. — Nous devons rappeler ici une distinction importante. En matière criminelle ordinaire, les procès-verbaux ne sont qu'un des moyens de preuve des crimes, délits et contraventions; et, à leur défaut, il y est suppléé par d'autres élémens, notamment par la preuve testimoniale. C'est ce qui résulte d'un grand nombre de dispositions du Code d'instruction criminelle. Mais il n'en est pas ainsi dans certaines matières spéciales. « En matière ordinaire, dit M. Faustin-Hélie (*Traité des procès-verbaux de Mangin* [préface]), il est suppléé au témoignage du procès-verbal par d'autres témoignages. Les crimes et délits laissent des traces qui ne disparaissent pas immédiatement, et qu'il est possible de retrouver après leur perpétration. Il n'en est plus ainsi dans les matières spéciales où les contraventions ne consistent que dans de simples omissions, où, rapides et fugitives, elles passent sans laisser aucune trace de leur existence. Il est indispensable, pour éviter d'arbitraires poursuites, que ces contraventions soient constatées immédiatement et au moment même où elles ont été commises. De là toute la théorie des procès-verbaux; de là cette maxime fondamentale : *Point de saisie, point d'action;* de là la faveur accordée à la défense, qui, avant même d'aborder le fond, peut opposer *in limine litis* l'absence ou la nullité du procès-verbal. » — V. CONTRIBUTIONS INDIRECTES, DOUANES, INSTRUCTION CRIMINELLE, TRIBUNAUX CORRECTIONNELS,

§ 2. — *Procès-verbaux faisant foi jusqu'à inscription de faux.*

88. — Les procès-verbaux dressés en matière criminelle auxquels la loi confère le privilége de faire foi en justice jusqu'à inscription de faux, sont : 1° Ceux des agens forestiers, c'est-à-dire des conservateurs, inspecteurs, sous-inspecteurs et gardes généraux des forêts; 2° ceux des simples gardes forestiers ou brigadiers. — V. AGENT FORESTIER, FORÊTS (nos 2128 et suiv.). — V. aussi GARDE FORESTIER.

89. — Mais, en matière de délit forestier, les procès-verbaux ne font foi, jusqu'à inscription de faux, d'une manière absolue, qu'autant qu'ils sont dressés et signés par deux agens ou gardes. Ceux qui n'émanent que d'un seul agent ou garde n'ont ce privilége que lorsque le délit ou la contravention n'entraîne pas une condamnation de plus de 100 fr. tant pour amende que pour dommages-intérêts. Dans le cas contraire, le procès-verbal peut être combattu par les moyens de preuve ordinaires. — C. forest., art. 177 et suiv. — Les gardes forestiers peuvent aussi verbaliser comme officiers de police judiciaire. — V. *infrà*, n° 116.

90. — Les procès-verbaux des gardes des bois et forêts des particuliers ne font foi que jusqu'à preuve contraire. — C. forest., art. 188.

91. — Les procès-verbaux dressés par les gardes forestiers doivent être affirmés le lendemain de leur clôture, devant le juge de paix, ou devant le maire, à peine de nullité. — C. forest., art. 165. — Ceux qui sont dressés par les agens forestiers sont dispensés de l'affirmation. — Art. 166.

92. — Ces procès-verbaux doivent être enregistrés, à peine de nullité, dans les quatre jours à partir de celui de l'affirmation ou de celui de la clôture du procès-verbal, s'il n'est pas sujet à affirmation. — C. forest., art. 170.

93. — Jugé que le procès-verbal duquel il résulte qu'un arbre a été abattu, que le garde, rédacteur du procès-verbal, a détaché de la souche un fragment qui, appliqué par lui à la portion de bois trouvée au domicile d'un individu, s'y adaptait dans tout son contenu, et présentait, avec ladite portion, une identité complète, tant sous le rapport de l'essence que sous le rapport de l'écorce, contient non-seulement une appréciation raisonnée du fait qu'il avait pour objet de constater, mais en outre les élémens matériels de cette appréciation. — ... Que, dès lors, ce procès-verbal, lorsque la réparation du délit n'excède pas 100 fr., ne peut être combattu par la preuve contraire. — *Cass.*, 12 févr. 1847 (t. 1er 1847, p. 587), Forêts c. Barrayre.

94. — Les procès-verbaux dressés par les agens et gardes forestiers, et constatant des délits de chasse, sont régis exclusivement par l'art. 24 de la loi du 3 mai 1844. — Dès lors, ils doivent, à peine de nullité, être affirmés dans les vingt-quatre heures du délit. Et l'énonciation précise de l'heure à laquelle l'affirmation a eu lieu est la condition absolue et irritante de l'accomplissement de cette formalité. — *Cass.*, 4 sept. 1847 (t. 1er 1848, p. 510), Falangin.

95. — Lorsqu'il résulte d'un procès-verbal non attaqué qu'un arbre réservé s'est trouvé manquant au récolement opéré par l'inspecteur et le sous-inspecteur forestier, mais que la grosseur de cet arbre n'a pu être reconnue parce que l'arbre lui-même avait été enlevé, et qu'il était devenu impossible de distinguer sa souche au milieu des souches de tous les autres arbres légalement abattus, le tribunal ne peut, sans violer la foi due à ce procès-verbal jusqu'à inscription de faux, refuser d'appliquer la disposition de l'art. 34, § 2, C. for., en se fondant sur l'allégation des gardes du triage, appelés comme témoins, qu'ils se rappelaient parfaitement que l'arbre dont il s'agissait, et qu'ils avaient remarqué maintes fois dans leurs tournées journalières (mais qu'ils ne disaient pas avoir mesuré), ne portait pas plus de 5 décimètres de circonférence. — *Cass.*, 2 oct. 1847 (t. 2 1848, p. 85), Forêts c. Gillet-Baudet

96. — ... 2° Ceux des garde-pêche, lorsque ces procès-verbaux sont dressés et signés par deux agens ou garde-pêche de l'administration. Lorsque le procès-verbal n'émane que d'un seul garde ou agent, il ne fait foi, jusqu'à inscription de faux, qu'autant que le délit n'entraîne pas une condamnation de plus de 50 francs tant pour amende que pour dommages-intérêts. — L. 15 avril 1829, art. 53 et suiv. — V. GARDE-PÊCHE.

97. — Les procès-verbaux dressés par les garde-pêche particuliers font foi seulement jusqu'à preuve contraire. — Même loi, art. 66.

98. — Les procès-verbaux de ces agens doivent être affirmés au plus tard le lendemain de leur clôture devant le juge de paix ou le maire. — Même loi, art. 44.

99. — ... 3° Ceux des employés de l'administration des contributions indirectes (V., ce mot, nos 306 et suiv.). — Ces procès-verbaux doivent être affirmés au moins par deux des saisissans, dans les trois jours, devant le juge de paix, ou l'un de ses suppléans (décr. 1er germ. an XIII, art. 25). — Ils sont enregistrés dans les quatre jours de leur date. — L. 22 frim. an VII, art. 20, § 2. — V. même mot, nos 523 et suiv.

100. — Jugé que la constatation, faite dans les procès-verbaux des employés des contributions indirectes, que le liquide contenu dans la chaudière d'un brasseur, allumée sans déclaration, n'est autre chose que des matières de bière, et non du levain de bière, et, par conséquent, que ce brasseur était surpris en flagrant délit de fabrication clandestine, ne peut être combattue que par voie d'inscription de faux. — *Cass.*, 20 août 1846 (t. 1er 1847, p. 482), Contrib. indir. c. Falaise.

101. — ... Et que lorsqu'un procès-verbal dressé par les employés des contributions indirectes constate : 1° qu'ils ont trouvé chez le prévenu, ex-débitant de boissons, cinq hommes et deux femmes buvant et mangeant dans des pièces et à des tables différentes, faisant deux écots séparés, et auxquels plusieurs bouteilles de vin étaient servies; 2° qu'il y avait dans l'écurie de cet ex-débitant, alors absent, deux chevaux étrangers, et que deux voitures attelées stationnaient devant sa porte, il résulte de ces faits ainsi constatés que le prévenu donnait à boire et à manger, et dès lors il est passible des peines portées par les art. 94 et suivans de la loi du 28 avril 1816, s'il a négligé de faire à la régie la déclaration prescrite par l'art. 50 de ladite loi; et de se munir d'une licence, conformément à l'art. 144. — Qu'en présence des faits constatés dans ce procès-verbal et s'il n'est pas argué de faux, les juges ne peuvent renvoyer le prévenu de la poursuite : sous prétexte que les personnes qui buvaient et mangeaient chez lui au moment où les employés s'y sont transportés étaient venues pour affaires, et qu'on leur avait offert de se rafraîchir. — *Cass.*, 15 oct. 1847 (t. 2 1847, p. 746), Petit. — V. les diverses décisions analogues rapportées v° BOISSONS, nos 363 et suiv., 374 et suiv., 382 et suiv.

102. — ... 4° Ceux des employés des octrois (V. OCTROI, nos 406 et suiv.). — Ces procès-verbaux doivent être affirmés devant le juge de paix, dans les vingt-quatre heures de leur date, sous peine de nullité, et ils doivent être enregistrés dans le délai de quatre jours. — L. 22 frim. an VII, art. 20; 27 frim. an VIII, art. 8. — Même mot, nos 396 et suiv.

103. — ... 5° Ceux des receveurs et contrôleurs des bureaux de garantie pour les matières d'or et d'argent (V. MATIÈRES D'OR ET D'ARGENT, nos 216 et suiv.). — Ces procès-verbaux sont dispensés de l'affirmation. — Même mot, n° 203.

104. — ... 6° Ceux des préposés des douanes (V. ce mot nos 804 et suiv.). — Ces procès-verbaux doivent être affirmés par deux saisissans devant le juge de paix (L. 9 flor. an VII, tit. 4, art. 10). — Ils sont enregistrés dans les quatre jours de leur date. — Même mot, nos 756 et suiv., 788 et suiv.

105. — ... 7° Ceux des gardes des fortifications et du génie (V. ce mot, n° 8). — Ces procès-verbaux sont affirmés devant le maire, dans les vingt-quatre heures de leur date, à peine de nullité (circ. min. guerre 15 mai 1823). — Ils sont enregistrés en débet. — Même mot, nos 18 et 19.

106. — ... 8° Les procès-verbaux dressés par les officiers de police administrative ou judiciaire en cas d'outrage dirigé contre leur personne ou de délit commis en leur présence (V. C. instr. crim., art. 509). — Si le fait constaté par le procès-verbal, dans ce cas, avait les proportions d'un crime, le procès-verbal pourrait être débattu par la preuve contraire devant la juridiction de répression; car l'affaire devrait être portée devant le jury, qui n'est pas obligé de baser sa conviction sur les énonciations d'un procès-verbal.

107. — ... 9° Ceux des portiers-concierges des places de guerre (décr. 16 sept. 1811, art. 19). — Les procès-verbaux de ces agens doivent être affirmés dans les vingt-quatre heures devant le juge de paix ou devant le maire ou son adjoint. — V. PLACES DE GUERRE.

§ 3. — *Procès-verbaux ne faisant foi que jusqu'à preuve contraire.*

108. — Les procès-verbaux qui ne font foi que jusqu'à preuve contraire sont : 1° Ceux des juges d'instruction et des procureurs de la République et de leurs substituts. — V. FLAGRANT DÉLIT, INSTRUCTION CRIMINELLE.

109. — ... 2° Ceux des juges de paix, des commissaires de police, maires et adjoints, et des officiers de police judiciaire en général. — Ces procès-verbaux ne doivent pas être affirmés. — V. chacun de ces mots.

110. — Jugé que le tribunal de police saisi d'une contravention à l'arrêté d'un maire qui défend de troubler les spectacles par des huées et sifflets, contravention constatée par le procès-verbal d'un commissaire de police, ne peut, sans méconnaître la foi due à ce procès-verbal, déclarer la contravention non suffisamment justifiée, et renvoyer le prévenu de la poursuite, en se fondant uniquement sur la dénégation de celui-ci. — *Cass.*, 11 avril 1844 (t. 2 1844, p. 150), Parlange. — V. *Cass.*, 16 janv. 1841 (t. 1er 1843, p. 194), et la note.

111. — ... Que lorsqu'un procès-verbal d'un commissaire de police constate l'existence d'une contravention, les contrevenans ne peuvent être renvoyés de la poursuite sans que le procès-verbal ait été débattu par la preuve contraire. — *Cass.*, 15 juin 1844 (t. 1er 1845, p. 434), Bourchet et Martins. — V. *Cass.*, 4 mai 1844 (qui précède).

112. — ... Que les procès-verbaux dressés par les maires ou leurs adjoints ne font foi que jusqu'à preuve contraire. — Qu'en conséquence le tribunal ne peut, sous le prétexte que le procès-verbal fait foi jusqu'à inscription de faux, refuser de faire droit aux conclusions du prévenu, qui demande à établir par témoins la fausseté des énonciations de ce procès-verbal. — *Cass.*, 13 déc. 1821 (intérêt de la loi), Bouillaud; 30 mai 1835, Molimer; 10 mai 1845 (t. 2 1845, p. 562), Tangay.

113. — ... 3° Ceux des préfets dans les départemens et du préfet de police dans le cas où ces fonctionnaires croiraient devoir faire dresser eux-mêmes des procès-verbaux. — C. instr. crim., art. 10.

114. — Jugé que les procès-verbaux des juges de paix et des gendarmes, constatant, l'un que le prévenu avait été conduit devant le juge de paix, l'autre que ce juge a ordonné son arrestation, font foi jusqu'à preuve contraire. — *Cass.*, 28 avril 1836, Solassol.

115. — ... 4° Ceux qui sont dressés par la gendarmerie. — V. GENDARME, GENDARMERIE, nos 224 et suiv. — Ces procès-verbaux sont dispensés de l'affirmation (même mot, nos 220 et suiv.) et de l'enregistrement (nos 240 et suiv.).

116. — ... 5° Ceux des gardes forestiers et garde-pêche des particuliers. Quant à ceux de ces agens qui sont attachés soit à l'administration, soit aux communes : il faut remarquer que lorsque ces gardes dressent un procès-verbal,

non comme agens ou préposés de l'administration, mais comme officiers de police judiciaire, le procès-verbal ne fait foi, dans tous les cas, que jusqu'à preuve contraire. C'est ce qui arrive lorsqu'en vertu de l'art. 16 C. instr. crim. les gardes forestiers des bois de l'Etat, des communes ou des établissemens publics constatent des délits ou contraventions dans les bois des particuliers. — Mangin, n° 123.

117. — Depuis la loi du 3 mai 1844, les procès-verbaux des gardes forestiers et garde-pêche qui constatent des délits de chasse, ne font plus foi que jusqu'à preuve contraire, sans distinction (art. 22). Sous la législation antérieure, de semblables procès-verbaux faisaient foi jusqu'à inscription de faux. — V. CHASSE, n°s 558 et suiv.

118. — ... 6° Ceux des gardes champêtres (V. ce mot, n°s 118 et suiv.), et il n'y a aucune distinction à faire à cet égard entre les gardes communaux et les gardes champêtres des particuliers.

119. — La foi due, jusqu'à preuve contraire, conformément à l'art. 154 C. instr. crim., au procès-verbal régulièrement dressé par un garde champêtre, ne peut être considérée comme infirmée par la seule production d'un certificat émané du garde, rédacteur de ce procès-verbal, et contenant des déclarations contraires. — Un pareil certificat ne saurait avoir en lui-même aucune force probante ni comme preuve écrite, ni comme preuve testimoniale. — Cass., 5 févr. 1840 (t. 1er 1840, p. 592), Pietri.

120. — Les procès-verbaux des gardes champêtres doivent être affirmés. Cette formalité se régie par l'art. 11 de la loi du 28 flor. an X, qui porte: «l'affirmation des procès-verbaux des gardes champêtres continuera d'être reçue par le juge de paix; ses suppléans pourront néanmoins la recevoir pour les délits commis par la commune où ils résideront, lorsqu'elle ne sera pas celle de la résidence du juge de paix; les maires, et, à défaut des maires, leurs adjoints, pourront recevoir cette affirmation, soit par rapport aux délits commis dans les autres communes de leur résidence respective, soit même par rapport à ceux commis dans les lieux où résident le juge de paix et ses suppléans, quand ceux-ci seront absens.» — Mangin, n° 111.

121. — Les procès-verbaux des gardes champêtres qui constatent des délits de chasse doivent être affirmés dans les vingt-quatre heures du délit, à peine de nullité, devant le juge de paix, ou l'un de ses suppléans, ou devant le maire, ou l'adjoint, soit de la commune de leur résidence, soit de celle où le délit a été commis. — L. 3 mai 1844, art. 24. — V. CHASSE, n° 569.

122. — Le défaut de signature du garde champêtre, sur l'acte d'affirmation d'un procès-verbal, par lui dressé, n'est pas une cause de nullité. — Bruxelles, 25 févr. 1830, N...

123. — Aucune loi n'exige que le maire qui reçoit l'affirmation d'un procès-verbal dressé par le garde champêtre, accompagne sa signature de l'indication de sa qualité de maire; il suffit que cette qualité soit constante. — Cass., 17 janv. 1845 (t. 2 1848, p. 369), Berger.

124. — Mangin (n° 142) pense avec raison que lorsqu'un procès-verbal de garde-champêtre contient l'indication de l'heure à laquelle il a été clos, l'affirmation doit avoir lieu dans les vingt-quatre heures à partir de celle de la clôture; mais que lorsque l'heure de la clôture n'a pas été indiquée, il suffit que le procès-verbal soit affirmé le lendemain.

125. — Ces procès-verbaux sont enregistrés en débet. — V. ENREGISTREMENT, n° 679 et suiv.

126. — ... 7° Ceux des directeurs, contrôleurs et inspecteurs des postes. Ces procès-verbaux ne sont soumis ni à l'affirmation ni à l'enregistrement.

127. — ... 8° Ceux dressés, en matière de voirie, par les agens voyers, ingénieurs ou conducteurs des ponts et chaussées, cantonniers, préposés aux ponts à bascule, etc. — V. VOIRIE. — Ces procès-verbaux doivent être affirmés devant le juge de paix. Ceux qui constatent des contraventions à la police des routes peuvent être affirmés devant le maire. Ils ne sont pas enregistrés.—Ord. du 29 août 1821.

§ 4. — Procès-verbaux valant comme simples renseignemens.

128.—On doit ranger parmi les procès-verbaux qui, ne faisant pas foi en justice, ne peuvent valoir que comme simples renseignemens, ceux qui sont dressés par les agens de police. — Cass., 7 août 1829, Maler.—Merlin, Quest. de droit, v° Fonctionnaire public.—V. AGENT DE POLICE.

129. — Jugé aussi que les rapports des agens de police ne font pas foi en justice; que, dès lors, ils peuvent être entendus comme témoins, sur les faits relatés dans leurs procès-verbaux. — Cass., 13 août 1841 (t. 1er 1844, p. 347), Piffart.

130. — De même, un simple rapport dressé par des sergens de ville ne fait pas foi jusqu'à preuve contraire. Dès lors, le prévenu d'une contravention constatée par un semblable rapport peut être renvoyé de la plainte alors même que, n'avouant pas la contravention, il se borne à dire qu'il ignore si elle a eu lieu; et que d'ailleurs aucun témoin n'a été produit. — Cass., 15 oct. 1842 (t. 1er 1843, p. 168), Tresfel.

PROCÈS-VERBAL DE CARENCE,

V. CARENCE (Procès-verbal de).

PROCÈS-VERBAL DES DÉBATS.

V. COUR D'ASSISES.

PROCESSION.

1. — Tout ce qui concerne la matière a été expliqué v° CULTE.

2. Depuis la publication de ce mot il a été jugé: que le fait d'avoir forcé le passage avec une voiture et traversé une procession en marche, de manière à interrompre la cérémonie, constitue le délit de trouble à l'exercice d'un culte, prévu et puni par l'art 261 C. pén. — Paris, 28 août 1846 (t. 1er 1849, p. 227), David. — V. CULTE, n°s 554 et suiv.

V. en outre, v° GARDE NATIONALE, n°s 4585, 4659.

PROCURATION.

1. — C'est la même chose que le mandat. — C. civ., art. 1984.—V. MANDAT.

2. — On donne encore le nom de procuration à l'acte par lequel on réalise le mandat.

3. — Les procurations sont faites par acte notarié ou par acte sous seing privé. — Toutefois, il est des cas où elle ne peuvent l'être que par acte notarié. — V. MANDAT, n° 32 et suiv.

4. — Quand les procurations sont faites par actes notariés, il est des cas où elles peuvent être délivrées en brevet; mais il en est d'autres aussi où il en doit rester minute. — V. ACTE NOTARIÉ, BREVET (Acte en).

5. — On appelle procuration en blanc celle où le nom du mandataire est laissé en blanc.

6. — On a vu (v° BLANC, n° 8) que la prohibition de laisser aucun blanc dans un acte notarié avait toujours reçu exception pour les procurations délivrées en brevet.

7.—La raison en est sensible. C'est l'acte même dressé par le notaire, qui est délivré: cet acte reçoit ultérieurement son complément par le fait de la partie, entre les mains de laquelle il reste; par suite, on ne saurait faire au notaire le reproche d'une insertion faite après coup et en l'absence de la partie. Mais il n'y a plus même raison de décider quand le notaire garde minute de la procuration; car alors il peut, en l'absence du mandant, remplir le blanc du nom du mandataire que bon lui semble: il pourrait même se faire que, sur l'expédition délivrée, la partie remplît le blanc du nom d'un autre mandataire. Pour obvier à ces inconvéniens, il faut donc nécessairement appliquer les prescriptions de la loi.

8. — Aussi jugé qu'un notaire est passible d'amende, lorsque, dans les procurations reçues en minute, il laisse en blanc le nom du mandataire. — Nancy, 20 janv. 1842 (t. 1er 1843, p. 94), Labouille; Douai, 12 déc. 1842 (t. 2 1843, p. 656), N...— Contrà, Caen, 28 avril 1843 (t. 2 1843, p. 656), N...

V. aussi ACTES DE L'ÉTAT CIVIL, ACTES RESPECTUEUX, ANNEXE DE PIÈCES, APPEL, CAISSE D'ÉPARGNE, COMMERÇANT, COMMUNAUTÉ, CONSEIL DE FAMILLE, DÉFENSE, DÉLIT DE PRESSE, DONATION ENTRE-VIFS, ENFANT NATUREL, ENREGISTREMENT, EXTRAIT D'INSCRIPTION SUR LE GRAND-LIVRE, HYPOTHÈQUE LÉGALE, INVENTAIRE, NOTAIRE.

PROCUREUR.

1. — Nom donné autrefois aux officiers appelés aujourd'hui avoués.

2. — Le ministère des procureurs n'était pas obligatoire dans toutes les juridictions, telles, par exemple, que les justices seigneuriales.

3. — L'établissement des procureurs est fort ancien. Ils étaient d'abord désignés sous le nom d'attornés. — V. ce mot, n°s 1er et 2. — Dès le xive siècle, il y avait des procureurs au Châtelet et au Parlement de Paris. Ils formaient une confrérie. — Encyclopédie méthod., v° Procureur; Merlin, Rép., v° Procureur ad lites; Bioche, Dictions. de procéd., v° 2.

4. — Dans le principe, le nombre des procureurs n'était pas limité; ils étaient nommés par les juges, et l'on pouvait être à la fois avocat et procureur. — Ibid. — V. aussi lettres de Philippe VI, de 1327; l'Hôpital, Traité de la réformation de la justice, t. 1er, 255; Boncenne, Introduction, t. 1er, ch. 19.

5. — Pour être reçu procureur, il fallait être laïque, âgé de 25 ans et, lors de la réception, prêter serment de garder les ordonnances, arrêts et réglemens.

6. — Plus tard leur nombre fut limité et ceux du Parlement de Paris furent réduits à quarante par lettres de Charles V, du 16 juill. 1378. Mais Charles VI revint sur cette réduction (lettres du 11 nov. 1393) et ordonna que tous ceux qui voudraient exercer l'état de procureur pourraient le faire, pourvu que trois ou quatre avocats notables certifiassent au prévôt de Paris: qu'ils en étaient capables. — Encyclop. méthod., v° Procureur; Merlin, Rép., v° Procureur ad lites, § 1er; Bioche v° Avoué, n° 2.

7. — Par suite de cette mesure le nombre des procureurs au Parlement s'accrut tellement, que Charles VI lui-même se vit obligé de le réduire (lettres du 13 novembre 1403); et, en 1498, Louis XII, puis François Ier et François II renouvelèrent ces ordres de réduction, qui ne furent jamais complètement exécutés.

8. — L'usurpation des fonctions de procureur était punie par l'ancienne législation. — Ordonn. de Charles VII, de 4445; de Louis VII, de 4507; édit de Henri II, du 29 juin 1549; Parlement de Paris, du 15 janv. 1675. — V. POSTULATION.

9.—Des arrêts du 19 mars 1692 leur défendirent sous le nom de leurs confrères, à peine d'interdiction et d'amende arbitraire.—V. AVOUÉ, n° 298. — Nous avons vu aussi, v° POSTULATION (n° 8), qu'il leur était interdit, sous de peines sévères, de prêter leur concours à ceux qui se livraient à la postulation illicite.

10.—A l'audience, le procureur assistait l'avocat qui plaidait la cause de sa partie; il venait à la barre, et l'usage avait introduit que les procureurs plaidassent sur les demandes où il s'agissait plus de fait et de procédure que de droit.— V. AVOUÉ, n° 212.

11. — Les offices de procureurs ont été supprimés par la loi du 29 janv.-20 mars 1791.

PROCUREUR FONDÉ.

Synonyme de mandataire. — Ce mot était autrefois plus en usage qu'aujourd'hui. On l'employait pour distinguer le procureur constitué, ou investi de pouvoirs spéciaux, du procureur en office, exerçant ses fonctions près des diverses juridictions.—V. MANDAT.

PROCUREUR-GÉNÉRAL.

Magistrat placé à la tête du parquet dans chaque Cour.—V. ALGÉRIE, COLONIES, COUR D'ASSISES, COUR DE CASSATION, COUR DES COMPTES, COUR ROYALE, MINISTÈRE PUBLIC, ORGANISATION JUDICIAIRE.

PROCUREUR AD LITES.

— V. AGENT D'AFFAIRES, AVOUÉ, MANDAT.

PROCUREUR DE LA RÉPUBLIQUE.

Magistrat placé à la tête du parquet des tribunaux de première instance. — V. MINISTÈRE PUBLIC, ORGANISATION JUDICIAIRE, TRIBUNAL CIVIL, TRIBUNAL CORRECTIONNEL.—V. aussi COMMISSAIRE DU GOUVERNEMENT PRÈS LES TRIBUNAUX, COMMISSAIRE DU ROI.

PRODIGUE.

1. — La prodigalité n'est plus une cause d'interdiction comme dans l'ancien droit, mais elle peut donner lieu à la nomination d'un conseil judiciaire.

2. — Tout ce qui concerne la matière a été traité v° CONSEIL JUDICIAIRE. — V. aussi INTERDICTION. — Depuis la publication de ces mots, il a été jugé :

3. — ... 1° Qu'un prodigue a capacité pour procéder seul, sans l'assistance de son conseil, à un inventaire dans une succession à laquelle il est appelé avec d'autres héritiers, et à la mainmise sur les valeurs mobilières qui peuvent en dépendre. — *Rouen*, 49 avr. 1847 (t. 1er 1847, p. 590), Lemoine c. de Normanville. — V. CONSEIL JUDICIAIRE, n° 74.

4. — 2° Que le jugement qui autorise un prodigue à plaider sans l'assistance de son conseil judiciaire ne fait pas, lorsqu'il a été rendu sans contradicteur, autorité de chose jugée, sur la question de validité de cette autorisation. — *Orléans*, 45 mai 1847 (t. 2 1847, p. 54), Bruzeau.

PRODUCTION.

V. DISTRIBUTION PAR CONTRIBUTION, ORDRE.

PRODUITS CHIMIQUES (Manufacturiers de).

Patentables. — Droit fixe de 25 francs par cinq ouvriers et au-dessous et de 3 francs par chaque ouvrier en sus, jusqu'au maximum de 300 francs ; — droit proportionnel du 20e de la valeur locative de l'habitation, des magasins de vente complétement séparés de l'établissement industriel, et du 40e de cet établissement. — V. PATENTE.

PROFESSEURS.

Les professeurs de belles-lettres, sciences et arts d'agrément sont exempts de la patente. — L. 25 avr. 1844, art. 13, n° 3. — V. PATENTE. — V. aussi COLLÉGES, CONCOURS, ÉCOLES, ENSEIGNEMENT, FACULTÉS.

PROFESSION.

V. APPEL, n° 4281 et suiv. ; COMMERÇANT, ENQUÊTE, EXPLOIT, LIBERTÉ DU COMMERCE ET DE L'INDUSTRIE. — V. aussi BRUITS ET TAPAGES.

PROFIT.

1. — Gain, émolument, avantage, utilité.

2. — Celui qui recueille les profits et les avantages d'une chose doit en supporter les charges et les inconvénients. — L. 148, D. *De reg. jur.* — V. AVANTAGE.

3. — Le profit tiré de la chose donne lieu à l'action de *in rem verso*. — V. IN REM VERSO (action de).

4. — Quand les incapables sont admis à se faire restituer contre leurs engagements, ils ne peuvent exiger le remboursement de ce qui a été payé en conséquence : lorsqu'on prouve que ce qui a été payé a tourné à leur profit. — C. civ., art. 4312. — V. INTERDICTION, MINEUR, NULLITÉ, OBLIGATION.

5. — L'héritier n'est pas tenu de rapporter à la succession les profits qu'il a pu retirer des conventions passées avec le défunt, si, en cela, il n'y a eu aucun avantage indirect. — C. civ., art. 853. — V. RAPPORT A SUCCESSION.

6. — Le profit espéré des marchandises assurées ne saurait être lui-même l'objet d'un contrat d'assurance. — C. comm., art. 347. — V. ASSURANCE MARITIME. — V. aussi ASSURANCES TERRESTRES.

7. — Tout emprunt à la grosse sur le profit espéré des marchandises est prohibé. — C. comm., art. 348. — V. PRÊT A LA GROSSE.
V. aussi BAIL A CHEPTEL, PÉTITION D'HÉRÉDITÉ.

PROFIT JOINT.

V. JUGEMENT PAR DÉFAUT.

PROFIT MARITIME.

V. PRÊT A LA GROSSE.

PROFITS ET PERTES.

1. Termes employés en style commercial pour indiquer les bénéfices ou les pertes qui résultent d'une balance.

2. Dans la série des comptes en partie double tenus par les commerçans, le compte des profits et pertes balance tous les autres : soit par son crédit pour les bénéfices, soit par son débit pour les pertes. — V., au surplus, LIVRES DE COMMERCE, n° 70.

PROHIBITION.

V. DOUANES.

PROJET D'ACTE.

1. Lorsqu'un acte notarié présente des difficultés et des complications dans sa rédaction, souvent le notaire en dresse ce qu'on appelle le projet. Ce travail est pour lui seul, ou bien il le communique aux parties. Tels ont toujours été les anciens usages du notariat. — Blondela, *Traité des connaissances nécessaires à un notaire*, t. 1er, p. 340; Rolland de Villargues, *Rép. du not.*, v° *Projet d'acte*, n° 1er.

2. — Comme l'acte est réputé l'œuvre du notaire, et qu'il est placé sous sa responsabilité, c'est à celui-ci qu'il appartient de lui donner la forme convenable, de le rédiger. D'où il suit que les notaires ne sauraient être contraints de se soumettre aux projets qui peuvent leur être présentés par les parties. — Rolland de Villargues, n° 2 et 3.

3. — Cependant ce principe a été contesté. Dans la séance du Conseil des Anciens du 28 germ. an VII, un député, M. Sedillez, s'exprimait ainsi à l'occasion d'un projet de résolution sur le notariat : « *Recevoir* un acte ne signifie pas nécessairement le rédiger; recevoir l'acte appartient au notaire, le rédiger appartient à l'homme de confiance. Ces deux opérations sont essentiellement divisibles, quoiqu'elles se trouvent réunies. » A cela un autre orateur, M. Jousselin, répondant, dans la séance du 13 prair. suivant : « Les notaires, malgré toute injonction, à la différence des huissiers, doivent toujours rester maîtres de la rédaction de leurs actes. On ne peut pas supposer qu'un juge ou un tribunal leur ordonnera de recevoir un acte conforme au modèle qui serait présenté ; le juge lui-même ou le tribunal, en pareil cas, s'exposeraient aux peines prononcées par les lois et à des dommages-intérêts. » — Rolland de Villargues, n° 3.

4. C'est surtout lorsque le notaire est contraint par la justice, qu'on ne saurait exiger de lui qu'il accepte le travail préparé par un tiers ou par l'une des parties. — Comme exemple, V. PARTAGE, n° 2 et 3.

5. Cependant il peut arriver qu'un notaire se trouve obligé, sans qu'il puisse en résulter d'inconvéniens, de suivre littéralement le projet qui lui est présenté. Tel est le cas d'un acte fait par la femme hors de la présence de son mari, alors que celui-ci l'a autorisée à passer cet acte : dans les termes conformes à la formule transcrite en tête de l'acte contenant l'autorisation. — Cette même circonstance peut encore se présenter à l'égard d'un mandataire, ou dans le cas d'une condition sous seing privé. — Rolland de Villargues, n° 6.

6. Mais s'il n'y a point d'obligation pour les notaires d'accepter les projets d'actes que leur présentent les parties, il ne leur est point défendu non plus de les suivre pour la rédaction de leurs actes, et de les transcrire même littéralement, pourvu qu'ils ne contiennent rien de contraire aux lois et à l'ordre public. L'usage est constant. — Rolland de Villargues, n° 4.

7. Quand le notaire accepte le projet qui lui est présenté, il doit s'assurer si ce projet renferme en effet l'expression régulière des volontés des parties. — Il convient de plus qu'il fasse mention, à la fin de l'acte, qu'il l'a dressé sur un projet présenté par les parties et à elles rendu ; tel est, au reste, l'usage. C'est le moyen de prévenir des reproches et de mettre sa responsabilité à couvert. — Rolland de Villargues, n° 5 et 7.

8. — Les notaires ne sont pas obligés de représenter les brouillons et projets de leurs actes. — Arrêt 24 févr. 4555; Ferrière; Massé, *Parfait notaire*, liv. 1er, ch. 25. — V., aussi, ACTE IMPARFAIT, ENREGISTREMENT.

PROMESSE.

1. — Se dit en général d'un engagement que l'on contracte. Dans un sens plus restreint, le mot *promesse* s'emploie pour exprimer un engagement qui doit être pris dans l'avenir.

2. — Prises dans l'acception générale, les promesses forment un lien obligatoire ; mais à la condition d'être acceptées : jusque-là elles ne constituent que de simples pollicitations. — V. OBLIGATION, n° 30 et suiv.

3. — Toutefois, pour être obligatoire, la promesse doit de plus contenir l'intention sérieuse de s'engager. — Zacharie, *Dr. civ.*, t. 2, p. 407. — V., au surplus, OBLIGATION, n° 7 et suiv., et n° 204.

4. — De plus, elle doit réunir les autres conditions des obligations quant à son objet et à sa cause. — C. civ., art. 4108. — V. OBLIGATION, n° 365 et suiv., 380 et suiv.

5. — La promesse du fait d'autrui est nulle. — C. civ., art. 1449. — V. FAIT D'AUTRUI, OBLIGATION, n° 169 et suiv.; STIPULATION POUR AUTRUI.

6. — Quant aux promesses prises dans les termes d'un engagement futur, on agitait vivement autrefois la question de savoir : si elles devaient se résoudre en dommages-intérêts, ou bien s'il en résultait inévitablement l'obligation de passer contrat (Tiraqueau, *Du retrait*, n° 41). Suivant Rolland de Villargues (*Rép. du notar.*, v° *Promesse*, n° 10), la question doit se résoudre par une distinction.

7. — ... Ou bien la promesse contient l'engagement d'un fait extérieur et corporel que nul autre que le promettant ne peut accomplir ; et alors, d'après la maxime *Nemo præcisè cogi potest ad factum*, la promesse, en cas d'inexécution, se résoudra seulement en dommages-intérêts. — C. civ., art. 1142. — Rolland de Villargues, n° 41.

8. — ...Ou, au contraire, le fait qui fait l'objet de la promesse n'est pas un fait extérieur et corporel de la part du promettant ; et alors il peut se suppléer par l'intervention de la justice, qui déclare que, faute par le débiteur de vouloir réaliser le contrat, le jugement en tiendra lieu. — Pothier, *Vente*, n° 480; Ferrière, *Dict. de droit*, v° *Promesse*; Rolland de Villargues, n° 42.

9. — Toute la difficulté reste à savoir dans quels cas l'engagement, ou l'obligation, objet de la promesse, devra être réputé obligation de l'une ou l'autre espèce. — V., à cet égard, OBLIGATION, n° 556 et suiv., 584 et suiv.

10. — Considérées sous le point de vue de leur réalisation, les promesses sont faites : soit par paroles, soit par écrit.

11. — Les promesses verbales sont valables lorsqu'elles sont avouées ou qu'on en fait la preuve par témoins, dans le cas où cette preuve est autorisée par les lois. — Merlin, *Rép.*, v° *Promesse*.

12. — Les promesses par écrit peuvent être sous seing privé ou devant notaire; mais, dans l'usage, les promesses proprement dites ne s'entendent que de celles qui sont sous seing privé : on les appelle aussi *billets*. Tandis que quand elles sont passées devant notaire on les appelle *obligations* ou *contrats* selon la forme et les clauses de l'acte. — Merlin, *ibid.*

13. — On donne particulièrement le nom de *simple promesse* à l'effet de commerce, qui, étant dépourvu des caractères exigés par la loi, ne vaut que comme obligation ordinaire. — C. comm., art. 112, 413 et 188. — V. BILLET A ORDRE, COMPÉTENCE COMMERCIALE, LETTRE DE CHANGE.
V. aussi COMMISSIONNAIRE, COMPLICITÉ, COUR D'ASSISES, DOT, ENREGISTREMENT, ESCROQUERIE, EXÉCUTION DES ACTES ET JUGEMENS, EXÉCUTION PROVISOIRE, FAUX CERTIFICAT, FAUX TÉMOIGNAGE, OFFRE, PROMESSE DE MARIAGE.

PROMESSE D'ÉGALITÉ.

V. ÉGALITÉ (promesse d').

PROMESSE DE GARDER SUCCESSION.

V. CONTRAT DE MARIAGE, n° 54; COUTUME DE NORMANDIE, n° 495; DONATION PAR CONTRAT DE MARIAGE, n° 443 et 170.

PROMESSE D'INSTITUER.

La promesse d'instituer un des futurs pour son héritier faite dans le contrat de mariage, équivaut à l'institution elle-même. — V. DONATION PAR CONTRAT DE MARIAGE, n° 342 et suiv.

PROMESSE DE MARIAGE.

1. — Promesse faite par une personne à une autre d'un sexe différent de s'unir à elle par les liens du mariage.

2. — Dans le droit romain primitif, une pareille promesse était nulle et ne produisait aucun effet dans le for extérieur : *Libera matrimonia antiquitus placuit, ideoque pacta ne liceret divertere non valere et stipulationes quibus pœnæ irrogarentur... ratas non haberi constat* (L. 2, C. *De inutil. stipul.*). *Inhonestum visum est vinculo pœnæ matrimonia obstringi* (L. 134, D., *De verb. oblig.*). *Pœnæ metus aufert libertatem eligendi matrimonii* (L. 71, § 1er, *De condit. et dem.*).

3. — L'empereur Léon abrogea cette ancienne jurisprudence ; mais pour empêcher qu'on n'abusât des promesses de mariage : *ne sursùm deorsùmque ferantur*, il voulut que les clauses pénales attachées à l'inexécution du mariage eussent leur plein et entier effet. — Nov. 18. — V. aussi Bynkershœch, *Observ. sur les Nov. de l'empereur Léon*, liv. 4, ch. 1er, et la note de Silberad sur l'*Histoire du droit* d'Heineccius, § 404 ; Pezzani, *Traité des empêchem. au mariage*, n° 72 *in fine*.

4. — Le droit canonique non-seulement adopta la novelle de l'empereur Léon, mais encore ajouta à la force obligatoire des promesses de mariage par des peines canoniques. Il en naissait une action qui donnait lieu contre celui qui violait sa promesse à une amende dont le taux était fixé par le juge. — Pothier, *Traité du mariage*, n° 49. — Quant aux dédits que contenaient ces promesses, Grégoire IX, dans une de ses décrétales, les déclare non valables. — Bœhmer, *Jus ecclesiasticum*, t. 3, p. 1186.

5. — Les Capitulaires de Charlemagne semblent aussi avoir reconnu la validité des promesses de mariage : « *Si quis filiam alienam ad conjugium quæsierit, præsentibus suis et puellæ parentibus et posteà se retraxerit, et eam uxorem accipere noluerit, bis mille quingentis denariis... culpabilis judicetur.* » (*Cap. reg. Franc.*, t. 1er, col. 523).

6. — Mais bientôt dans tous les pays de droit écrit on adopta la loi 2 au Code *De inutilib. stipul.*, et la grande majorité des arrêts, considérant les promesses de mariage comme contraires à la liberté des mariages et par suite aux bonnes mœurs, les déclara nulles ainsi que les clauses pénales attachées à leur inexécution. — Pezzani, *Traité des empêchem. au mariage*, n° 75. — Saint Louis (au ch. 124 de ses *Etablissemens*) décide : que si les parens d'un fils et ceux d'une fille s'étaient promis, sous une clause pénale, le mariage du fils et de la fille, la peine ne serait pas tenable par droit. — Ordonn. de Secousse, t. 1er, p. 212.

7. — « Dans notre jurisprudence, dit Pothier (*Traité du contrat de mariage*, n° 44), on n'a aucun égard aux stipulations pénales par lesquelles un homme et une femme se promettent réciproquement une somme d'argent ou quelque autre chose, en cas de refus d'exécuter les promesses de mariage qu'ils se sont faites, lorsque la somme ou la chose promise excède ce que le juge estime être dû pour les dommages-intérêts. »

8. — Barthole considérait même comme attentatoires aux bonnes mœurs les demandes en dommages-intérêts formées en pareil cas : et lorsque le fiancé et la fiancée s'étaient donné des arrhes (V. FIANÇAILLES) ; la partie qui les avait données, et qui, sans aucun juste sujet, refusait d'accomplir son engagement, ne laissait pas d'en avoir la répétition, lorsqu'elles étaient considérables, sous la déduction seulement de la somme à laquelle le juge réglait les dommages-intérêts, dus à la partie qui les avait reçues, pour l'inexécution de la promesse de mariage. — C'est ce qu'avait jugé un arrêt de la troisième chambre des enquêtes du Parlement de Paris, du 20 août 1680 (V. *Journal du Palais* publié par Blondeau et Guéret, 4e édit., 1755, 2e vol., p. 177). « La raison en est, ajoute Pothier (n° 43), qu'étant d'une extrême importance pour le bien de la société civile que les mariages soient parfaitement libres une partie ne doit pas être mise dans la nécessité de souffrir une trop grosse perte, si elle refusait d'accomplir les promesses de mariage pour l'exécution desquelles elle a donné des arrhes trop considérables. »

9. — Aujourd'hui certains pays admettent la validité des promesses de mariage. Les Allemands, les Hollandais tiennent pour maxime : que l'on peut employer tous les moyens juridiques pour contraindre le réfractaire à célébrer le mariage, même la contrainte par corps. Bien plus, le magistrat peut, en certains cas, prononcer, par un jugement solennel, que le mariage sera tenu pour accompli ; par exemple, lorsqu'il s'agit de donner un état à des enfans conçus sous le voile d'une promesse de mariage. — V. Voët, *in Pandectas*, tit. *De spons.*, n° 12 ; Huberus, *eod. op.*, *eod. tit.*, n° 19 ; Bœhmer, *Jus ecclesiast.*, liv. 4, tit. 1er, t. 3, p. 1186, n° 130. — V. Toullier, t. 6, n° 299. — Le Code prussien, sans aller aussi loin, contient à cet égard des dispositions fort sages. — V. part. 2, t. 1er, *Du mariage*, art. 112 et suiv.

10. — La jurisprudence anglaise punit aussi de peines pécuniaires les violations de promesses de mariage. — V. à ce sujet un article du *Journal des Débats* du 9 juin 1816, à l'article Londres, 4 juin 1816, dans lequel on voit que le lieutenant Peyton, fils de l'amiral de ce nom, fut condamné par la Cour du Banc du roi, à payer 300 guinées de dédommagement à madame veuve Along, à qui il avait promis de l'épouser immédiatement après la mort de l'amiral.

11. — Dans les Etats-Sardes, les promesses de mariage par acte authentique ou sous seing privé donnent une action en dommages-intérêts à défaut d'exécution. — Code sarde, art. 106. — Il en est de même dans le royaume des Deux-Siciles, si elles sont faites devant l'officier de l'état civil. — Code des Deux-Siciles, art. 148. — Et dans le canton de Vaud : si elles le sont devant le juge de paix, devant un notaire ou publiées en chaire. — C. civ. du canton de Vaud, art. 61.

12. — En France, les fiançailles n'étaient déjà plus guère dans nos habitudes lorsque la loi du 20 septembre 1792 vint régénérer le régime du mariage. Cette loi ne fit pas mention des promesses de mariage, et le Code civil, qui lui a succédé, ne leur a donné aucune place dans ses dispositions ; elles ne sont ni maintenues ni abrogées formellement. — De ce silence on conclut avec certitude qu'elles ne sont plus une institution positive de notre droit civil. — Vazeille, *Traité du mariage*, t. 1er, n° 145. — Et dès lors il semble que la question de savoir si de telles promesses sont valables doivt être décidée suivant les principes généraux établis par le Code civil.

13. — Il est de principe que toute obligation par laquelle une personne lie indéfiniment sa liberté pour quelque cause et de quelque manière que ce soit, est nulle comme contraire aux mœurs. — Arg., art. 1780. — Toutefois, des exceptions à ce principe résultent : soit de textes formels, soit de l'esprit manifeste de la loi. Mais aucune exception n'a été faite pour les promesses de mariage, et elle saurait d'autant moins se présumer qu'elle violerait ce principe de droit public : que c'est au moment même de la célébration du mariage qu'il faut exiger le consentement libre des parties, et qu'il n'est pas permis d'aliéner jusque-là cette liberté absolue de détermination. — C. civ., art. 6 et 1172. — Duranton, t. 10, n° 321 ; Marcadé, *Comm.* du tit. 5 *du mariage*, appendice ; Demolombe, t. 3, n° 31 ; Chardon, *Dol et fraude*, t. 3, n° 426.

14. — D'autre part, nous avons vu (V° MARIAGE) combien la loi a pris soin d'entourer l'acte du mariage de formalités, de démarches diverses, dans le but d'éveiller l'attention et la réflexion des futurs époux. Dès lors, comment pourrait-on penser qu'après avoir exigé tant de circonstances pour assurer la publicité et, par là, la liberté et la plénitude du consentement le législateur aurait pu reconnaître comme obligatoire la promesse d'un mariage futur faite sans aucune de ces circonstances ? — Marcadé, *ibid.*

15. — Enfin, si l'obligation ainsi contractée était valable ; les juges pourraient condamner le défendeur à l'exécuter et lui impartir même à cet effet un délai, ainsi que cela a lieu pour les obligations *de faire* en général, ne prononçant des dommages-intérêts que d'une manière subsidiaire et par suite de la maxime : *Nemo præcisè cogi potest ad factum.* Or, dans le cas de promesse de mariage, il est impossible d'admettre que le juge puisse condamner, ni directement, ni indirectement, ni principalement, ni subsidiairement, le défendeur à l'exécution même de sa promesse ; par conséquent cette promesse est nulle et s'applique à un fait qui n'est pas susceptible d'être l'objet d'une condamnation, ni par conséquent d'une obligation. « Le juge, dit Pothier (n° 54), en condamnant la partie qui refuse d'accomplir les promesses de mariage à une somme pour les dommages-intérêts ne doit pas ajouter cette alternative : *Si mieux n'aime épouser.* Cette prononciation est indécente et paraît blesser la liberté des mariages ; la Cour l'a défendue par arrêt du 10 mars 1713. » — Demolombe, t. 3, n° 31.

16. — Ajoutons que si la promesse de mariage était déclarée obligatoire, elle aurait, dans notre droit actuel, un effet beaucoup plus étendu que celui des fiançailles dans l'ancienne jurisprudence. Car, le moyen de briser un pareil lien, le plus souvent formé avec légèreté, n'existant plus aujourd'hui, en se présentant devant le juge ecclésiastique (V. FIANÇAILLES, n° 18), une telle promesse ne pourrait être rescindée par un tribunal, et celui qui l'aurait souscrite se trouverait forcé ou de garder le célibat ou d'épouser la personne à laquelle il ne voulait pas se lier. — Marcadé, *loc. cit.*

17. — La jurisprudence, dont les arrêts présentèrent d'abord quelque divergence sur cette question, semble aujourd'hui fixée conformément à ces principes. — Ainsi jugé qu'une promesse mutuelle de mariage est nulle comme contraire aux bonnes mœurs et à l'ordre public. — *Cass.*, 21 déc. 1814, Devérité c. Barbier ; 30 mai 1838 (t. 1er 1838, p. 661), Bouvier c. Coutreau. — Duranton, t. 10, n° 321 ; Chardon, *Dol et fraude*, t. 3, n° 426.

18. — ... Cette promesse eût-elle été faite même par contrat notarié. — *Poitiers*, 29 mai 1834, Bouvier c. Coutreau.

19. — ... Que, le mariage étant un acte libre, les parties ont la faculté de se rétracter, jusqu'à ce qu'elles aient comparu devant l'officier de l'état civil, sans s'exposer à des dommages-intérêts. — *Lyon*, 18 déc. 1810, Michalon c. Flandin.

20. — ... Alors surtout qu'elle émanè d'un mineur. — *Besançon*, 8 mai 1811, Philippe c. Galliot.

21. — A plus forte raison le refus fait par une jeune fille de consentir à un mariage après avoir signé le contrat qui en devait régler les conventions civiles, ne peut être rangé parmi les violences et voies de fait punies par l'art. 605 C. 3 brum. an IV et ne peut, sous aucun rapport, être regardé comme un délit. — *Cass.*, 22 messid. an XIII, Rumfort c. Ferdinand.

22. — Celui auquel une promesse de mariage aurait été faite, n'aurait donc pas aujourd'hui le droit, qui appartenait autrefois au fiancé, de former opposition au mariage du réfractaire avec une autre personne. — Pothier, nos 48 et 81. — V. aussi FIANCAILLES, n° 21. — L'art. 176 du C. civ. refuse, en effet, ce droit aux personnes à qui la loi ne l'a pas accordé, et les art. 172 et 188 ne l'accordent qu'à la personne engagée *par mariage* avec l'une des parties contractantes.

23. — Jugé, en ce sens, que la personne à qui on a fait, par écrit, la promesse de l'épouser, ne peut former opposition au mariage de l'auteur de la promesse avec une autre personne. — *Turin*, 14 floréal an XIII, Sanino c. Ratti.

24. — Il en est autrement en Espagne, où les promesses de mariage sont un empêchement. — Loi. 7, tit. 7, p. 4.

25. — Toutefois, plusieurs auteurs recommandables, et entre autres Toullier, ont pensé que les promesses de mariage étaient obligatoires. Suivant ce dernier auteur, il n'y a de contraires aux bonnes mœurs que les promesses dont l'objet blesse la morale. Or le but des promesses de mariage est sans contredit le plus honnête, le plus louable, le plus conforme aux lois et à la morale, puisque c'est l'accomplissement d'un mariage. — Toullier (édit. Duvergier), nos 293 à 303. — V. aussi Rolland de Villargues, v° *Promesse de mariage* ; Merlin, v° *Double écrit*.

26. — Le vice de ce raisonnement est facile à démontrer. Sans doute, le mariage est une chose licite et conforme à la morale ; mais dans une promesse de mariage l'objet de l'obligation n'est pas de contracter mariage, mais bien de contracter mariage *in futurum* et c'est précisément cette circonstance qui rend cet objet illicite. Le mariage est un contrat à part, un contrat spécial, qui demande une complète liberté, et toute stipulation, tout engagement fait à l'avance doit être interdit par la raison qu'il faut, pour la validité d'un mariage, que la volonté soit exempte de toute contrainte, de toute influence étrangère au moment où le contrat est formé. — Duranton, t. 10, n° 520 ; Pezzani, n° 87 ; Vazeille, n° 145 ; Marcadé, *loc. cit.* ; Demolombe, n° 31.

27. — Jugé, toutefois, qu'une promesse de mariage est un contrat synallagmatique, obligatoire, qui contient l'engagement de faire, et dont l'inexécution, sans motifs légitimes, donne lieu à des dommages-intérêts. — *Colmar*, 29 juill. 1806, Bourguarde c. Erhard ; *Trèves*, 5 févr. 1808, Theysson c. Schmitt ; *Toulouse*, 16 févr. 1813, Fabarou c. Danos ; *Rennes*, 10 nov. 1832, C...

28. — ... Lesquels dommages-intérêts doivent être appréciés en raison de la fortune et de l'état des parties. — *Toulouse*, 16 févr. 1813, Fabarou c. Danos.

29. — ... Qu'une promesse de mariage (contenue dans un contrat de mariage) est un contrat bilatéral, valable en soi, et qui, en cas d'inexécution, peut donner lieu à des dommages-intérêts contre le refusant ; et que les dommages-intérêts, s'ils sont dus, doivent être alloués, encore bien qu'après un refus formel celui-ci offrirait, à l'audience même, d'exécuter la promesse. — — *Toulouse*, 8 mars 1827, Regagnon c. Castex.

30. — ... Que lorsque postérieurement à un contrat de mariage passé entre une fille majeure et un mineur assisté de son aïeule maternelle ce dernier se marie avec une autre personne, il est passible de dommages-intérêts *pour inexécution du contrat.* — *Colmar*, 1er mars 1825, Specht c. Leininger.

31. — ... Que celui qui ayant fait une promesse prétend avoir agi dans un état d'imbécillité doit être jugé avoir agi avec discernement, si des poursuites d'interdiction commencées par lui n'ont pas été suivies. — Qu'il ne peut être admis après la suspension de ces poursuites, à prouver sa démence. — *Rennes*, 10 nov. 1832, C....

32. — ... Que, sous l'empire de la loi du 20 sept. 1792, une promesse de mariage a pu être stipulée par une majeure de vingt-un ans, sans le consentement de ses père et mère. — *Nîmes*, 6 août 1806, Rey c. Magalon.

33. — ... Que serait nulle aujourd'hui la promesse de mariage souscrite par un mineur de vingt-cinq ans *sans le consentement de ses père et mère.* — *Liége*, 18 juill. 1822, C... c. B....

34. — ... Qu'une promesse de mariage peut être stipulée par un tiers comme se faisant fort pour l'un des futurs époux. — *Nîmes*, 6 août 1806, Rey c. Magalon.

35. — Dans l'opinion des auteurs qui accordent la validité à la promesse de mariage, c'est un véritable contrat synallagmatique; et, par conséquent, s'il était fait sous seing privé, il devrait être rédigé en double original. — Rolland de Villargues, n° 4.

36. — Aux promesses de mariage est quelquefois ajoutée une clause par laquelle on s'engage à payer une certaine somme pour le cas d'inexécution. C'est ce qu'on appelle ordinairement clause pénale ou dédit. Quelle est la valeur de ces clauses pénales?

37. — Si la promesse de mariage est nulle, ainsi que nous le pensons (V. *suprà*, nos 13 et suiv.), la nullité de l'obligation principale entraîne celle de la clause pénale. — C. civ., art. 1227.

38. — Jugé, en ce sens, qu'une promesse de mariage étant nulle, la nullité de cette obligation principale entraîne celle de la clause pénale. — *Amiens*, 21 déc. 1814, Devérité c. Barbier; *Rouen*, 7 déc. 1825, Beauvais c. Brandebourg; *Nîmes*, 29 nov. 1827, Faucon c. Roubaud; *Toulouse*, 5 juill. 1833, Daris c. Moher; *Cass.*, 7 mai 1836, Boulet c. Lapeyre; *Nîmes*, 25 janv. 1839 (t. 1er 1839, p. 209), de Lavit c. Bessière.

39. — ... Que doivent être considérées comme illicites les conventions tendant à gêner la liberté des mariages, telles que celles qui contiennent une clause pénale en cas de dédit; que, dès lors, un arrêt échappe à la censure de la Cour de cassation lorsqu'il déclare, en fait: que si un projet de mariage est resté sans effet ce n'a pas été par un simple changement de volonté de la part de celui qui ne l'a pas réalisé, et que cette inexécution n'a porté aucun préjudice à l'époux délaissé. — *Cass.*, 6 juin 1821, Chenneveau c. Champigny.

40. — ... Que les dommages et intérêts stipulés pour le cas de l'inexécution d'une promesse de mariage peuvent être réduits, s'ils sont excessifs. — *Colmar*, 27 juin 1821, Bourquard c. Collot.

41. — ... Mais que l'acte par lequel après l'annulation sur la demande de ses père et mère d'un mariage contracté sans leur consentement un individu constitue une rente au profit de la personne qu'il avait épousée, en déclarant d'une part qu'il se croit engagé d'honneur à la secourir, en raison du préjudice qu'il a pu lui occasionner, et d'autre part que la rente cessera lorsqu'elle aura contracté mariage, soit avec lui, soit avec un autre, peut être considéré comme renfermant plutôt un engagement licite et obligatoire, à titre de réparation d'un préjudice causé, qu'un dédit de mariage, prohibé par la loi, et qu'à cet égard la décision des juges du fond ne saurait donner ouverture à cassation. — *Cass.*, 5 mars 1838 (t. 1er 1838, p. 546), Guillemet c. Fortin.

42. — Toutefois on dit pour l'opinion contraire: que les parties ont le droit de déterminer d'avance elles-mêmes le chiffre des dommages-intérêts qui seront dus en cas d'inexécution de l'obligation (C. civ., art. 1152, 1226, 1229), et que l'inexécution d'une promesse de mariage peut donner lieu à des dommages-intérêts (V. *infrà* nos 44 et suiv.); que c'est même pour ces sortes d'hypothèses que la clause pénale est plus que jamais utile, puisqu'elle sert à prévenir les difficultés, les frais, les incertitudes de l'appréciation qu'il faudrait faire du dommage causé par suite de l'inexécution de l'obligation; qu'au surplus on ne saurait dire qu'une pareille convention est contraire à l'ordre public, attendu, que la promesse de mariage étant la promesse de faire une chose morale et honnête, on ne voit pas pourquoi elle ne pourrait être, comme toute autre convention licite, accompagnée d'une clause pénale (C. civ., art. 1229); que, par conséquent, les juges devront condamner le futur réfractaire au paiement de la clause pénale, sans pouvoir ni l'augmenter ni la diminuer (art. 1152). — V., dans ce sens, *Nîmes*, 6 août 1806, Rey c. Magalon; *Trèves*, 5 févr. 1808, Theyson c. Schmitt; *Rouen*, 28 févr. 1815, Debonnaire c. Delahuppe. — Toullier, t. 3 (édit. Duvergier), n° 301; Merlin, *Rép.*, v° *Peine contractuelle*.

43. — Mais les raisons sur lesquelles on fonde cette opinion tombent devant les observations que nous avons présentées *suprà* (n° 26): ajoutons qu'il importe d'autant plus aujourd'hui de maintenir les principes par nous posés, que, d'une part, les juges n'ont plus, comme autrefois (Pothier, *Des oblig.*, n° 345), le pouvoir de réduire et de modérer les peines stipulées par les parties (C. civ., art. 1152); que, d'un autre côté, toutes les clauses de ce genre sont, en général, fort peu honnêtes, et que, si elles peuvent être un moyen de séduction contre l'*innocence* et la *simplicité* (Toullier, t. 3, édit. Duvergier, n° 301), elles sont aussi très-souvent surprises aux égaremens de la passion ou commandées par elle. — Demolombe, t. 3, n° 32; Duranton, t. 10, n° 320; Pezzani, n° 88; Vazeille, n° 150.

44. — De ce qu'une promesse de mariage est nulle en droit, même à l'égard des clauses pénales qu'elle contient, s'ensuit-il qu'elle ne puisse pas donner lieu à des dommages-intérêts en cas d'inexécution? En principe, nous pensons que le fait *seul* de n'avoir pas exécuté la promesse ne saurait servir de base à des dommages-intérêts. Mais si celui qui abandonne sans motif légitime un projet de mariage cause à un futur époux un dommage réel, il doit être tenu de le réparer. — Art. 1382. — Duranton, t. 10, nos 520 et suiv.; Vazeille, nos 145 et suiv.; Pezzani, nos 77 et suiv. — « Sans doute, dit M. Demolombe (t. 3, n° 28), tout projet de mariage est conditionnel et chacun des futurs époux conserve jusqu'au moment de la célébration la faculté de s'en départir; mais n'en concluez pas pourtant que l'un d'eux puisse se jouer de l'autre impunément, et qu'après l'avoir constitué en frais il lui soit permis de l'abandonner par caprice, par inconstance, par cupidité, peut-être, et pour faire un établissement meilleur: les magistrats apprécieront donc. »

45. — Pour l'estimation de ces dommages-intérêts quelques auteurs proposent d'appliquer les dispositions de l'art. 1149, d'après lequel les dommages-intérêts dus sont, en général, de la perte faite et du gain manqué: *quantùm mihi abest quantùmque lucrari potui* (L. 13, D. *Ratam rem hab.*); ce qu'on exprime encore par ces mots: *damnum emergens* et *lucrum cessans.* — Toullier, t. 3, n° 301; Merlin, *Rép.*, v° *Peine contractuelle*, § 3, n° 3; et *Quest.*, v° *Double écrit;* Zachariæ, § 457. — Mais il résulte des différens arrêts rendus sur cette matière que, quels que soient les motifs de l'inexécution d'une promesse de mariage, elle ne donne jamais lieu à des dommages-intérêts à raison du gain que manque de faire la personne que l'on refuse d'épouser; que cette personne a seulement droit à des dommages-intérêts à raison de la perte qu'elle éprouve. — Cette opinion est aussi enseignée par MM. Maleville (sur l'art. 172), Duranton (t. 2, n° 187; t. 10, nos 319 à 321 et 369), Vazeille (*Du mariage*, t. 1er, nos 145 à 152) et Favard de Langlade (*Rép.*, v° *Obligation*, sect. 2, n° 2).

46. — Jugé cependant, d'une manière générale: que des dommages-intérêts peuvent être prononcés contre celui qui ayant souscrit une promesse de mariage refuse ensuite de remplir sa promesse. — *Cass.*, 17 août 1814, Dupuy-Daubignac c. Aldebert. — V. aussi *Cass.*, 5 févr. 1808, Theysson c. Schmitt.

47. — ... Que l'inexécution, sans motifs graves, de la part du futur époux, d'une promesse de mariage passée devant notaire et suivie de publications, peut donner lieu à des dommages-intérêts au profit de la femme, indépendamment du remboursement des dépenses faites. — *Colmar*, 13 mai 1818, Mager c. Freyss.

48. — ... Que l'inexécution d'une promesse de mariage peut donner lieu à des dommages-intérêts, surtout lorsque c'est la fille qui est refusée. — Et que, dans ce cas, les dommages-intérêts doivent être calculés, eu égard à la fortune respective des parties et à leur condition. — *Colmar*, 28 janv. 1812, Oberlé c. Rioth. — V. aussi *Colmar*, 29 juill. 1806, Bourguardé c. Erhard; 13 mai 1818, Mager c. Freyss.

49. — ... Que les tribunaux doivent avoir égard, dans l'appréciation de ces dommages-intérêts, à la gravité du préjudice éprouvé, aux besoins de celui qui en souffre et à la fortune de celui qui doit la réparation. — *Grenoble*, 16 juill. 1841 (t. 1er 1842, p. 552), Ducommun c. Bernachot.

50. — Mais la Cour de cassation a décidé, avec plus de raison, suivant nous, que l'inexécution d'une promesse de mariage peut donner lieu à des dommages-intérêts au profit de la partie qui en éprouve un préjudice *réel.* — *Cass.*, 21 déc. 1814, Devérité c. Barbier.

51. — Il en est ainsi, par exemple, si le futur non réfractaire a été déterminé à céder à des cohéritiers sa part dans une succession ouverte à son profit. — *Lyon*, 14 déc. 1832, Burdiat c. Désigaux.

52. — Jugé aussi qu'il n'y a pas lieu à dommages-intérêts pour inexécution d'une promesse de mariage, lorsque la promesse, faite sans solennité, écrite au crayon sur l'un des doubles, et suivie peu de temps après d'un dédit conçu en termes non injurieux, n'a causé aucun préjudice. — *Nîmes*, 29 nov. 1827, Faucon c. Roubaud.

53. — ... Que celui qui refuse d'exécuter la promesse, doit indemniser l'autre partie des dépenses qu'elle a faites en vue de ce mariage. — *Besançon*, 8 mai 1811, Philippe c. Galliot; *Colmar*, 18 juin 1818, Mahler c. Will; *Nîmes*, 29 nov. 1837, Faucon c. Roubaud; *Cass.*, 27 juin 1833, Coutot c. Leloussey et Pelletier; *Nîmes*, 25 janv. 1839 (t. 1er 1839 p. 209), de Lavit c. Bessière.

54. — ... Que ces dommages-intérêts ne sont dus qu'à raison du préjudice réel éprouvé et non à raison des avantages perdus. — *Agen*, 2 avr. 1810, Rouchi c. Lagelée; *Lyon*, 18 déc. 1810, Michalon c. Flandin; *Nîmes*, 25 janv. 1839, de Lavit c. Bessières. — Toullier, *Droit civil*, t. 3, nos 293 et suiv.; Duranton, *Droit français*, t. 10, n° 410, et Chardon, *Dol et fraude*, t. 3, n° 426.

55. — ... Et qu'on ne peut requérir des dommages-intérêts si l'auteur de la promesse était mineur quand il l'a donnée, et si d'ailleurs l'inexécution ne provient pas de son fait. — *Turin*, 14 flor. an XIII, Sanino c. Ratti; *Besançon*, 8 mai 1811, Philippi c. Galliot, et la note. — Toullier, *Droit civil*, t. 6, nos 293 et suiv.

56. — Les dommages-intérêts, en cas de l'inexécution d'une promesse de mariage, ne sont dus qu'à raison du préjudice matériel, et non à raison d'un préjudice moral. — *Cass.*, 11 juin 1838 (t. 1er 1838, p. 663), Bessière c. de Lavit; *Riom*, 11 août 1846 (t. 2 1846, p. 458), Constant B... c. Br....

57. — Jugé cependant que le refusant est tenu à des dommages et intérêts soit à raison des dépenses que l'espérance d'une union prochaine a dû nécessairement occasionner, soit à raison de l'injure faite à la personne refusée. — *Toulouse*, 8 mars 1827, Regagnon c. Castex.

58. — ... Que les dommages-intérêts doivent s'étendre jusqu'au tort moral causé à la femme par un refus qui n'est fondé sur aucun motif déterminant et que, pour que la femme ait droit à une indemnité, il n'est pas indispensable qu'elle justifie d'un dommage réel, par exemple de dépenses pour cadeaux de noces, publications, etc. — *Colmar*, 23 janv. 1833, Berschi c. Reeb; *Cass.*, 5 mars 1838 (t. 1er 1838, p. 546), Guillemet c. Fortin.

59. — ... Que l'inexécution d'un contrat de mariage de la part du futur époux qui en vertu de l'autorisation que lui donnait ce contrat a aliéné des immeubles appartenant à la future donne à celle-ci le droit de demander des dommages-intérêts en réparation du préjudice qui lui a été causé soit dans sa réputation, soit dans ses intérêts pécuniaires. — *Montpellier*, 20 mars 1835, Fournier c. Andrieu.

60. — ... A moins, bien entendu, qu'il n'y ait eu diffamation de la part de la partie réfractaire, car la diffamation est un délit qui peut faire condamner son auteur à des réparations pécuniaires. — Vazeille, n° 146.

61. — Mais peut-on fonder une demande en dommages-intérêts sur une grossesse, suite de la promesse de mariage? La Cour de cassation semble avoir décidé la négative par son arrêt du 17 août 1814 (V. *suprà*, n° 46), puisqu'elle rejette le pourvoi formé contre un arrêt de la Cour de Nîmes du 14 janvier 1814: en se fondant sur ce que ce n'est pas sur des motifs pris de la paternité alléguée que l'arrêt s'est fondé pour adjuger les dommages-intérêts, mais sur le préjudice qui est résulté de la non-exécution de la promesse.

62. — Ainsi, jugé que les dommages-intérêts qu'entraîne l'inexécution d'une promesse de mariage doivent être appréciés seulement à raison du préjudice *matériel* occasionné: tel que frais de contrat, de nourriture et autres de cette espèce; qu'ils ne s'étendent pas au préjudice *moral:* même à celui résultant de la grossesse de la future, abandonnée sans motifs qui lui puissent être reprochés. — *Toulouse,* 13 mai 1842 (t. 1ᵉʳ 1843, p. 740), Bés c. Poujade.

63. — Jugé, au contraire, que si la promesse a facilité un commerce illicite, qui a été suivi de la naissance d'un enfant, dont le mineur s'est déclaré le père, il y a lieu d'accorder des dommages-intérêts pour l'indemniser des dépenses occasionnées par l'accouchement et l'alimentation de l'enfant. — *Liège,* 18 juill. 1822, C... c. B....

64. — ... Que les juges peuvent puiser dans la clause pénale ajoutée à une promesse de mariage le principe des dommages occasionnés à l'une des parties, à la femme par exemple, s'il y a eu publication de bans et naissance d'un enfant. — *Toulouse,* 5 juillet 1833, Daris c. Molier.

65. — ... Que celui qui abusant de la crédulité d'une mineure contracte mariage avec elle devant l'église seulement, en lui persuadant que la cérémonie religieuse suffit pour rendre leur union valable, peut, pour ce seul fait, et à raison du dommage qu'il cause à la personne ainsi trompée, être condamné envers elle à des dommages-intérêts. — *Bastia,* 3 févr. 1834 (et nᵒⁿ 1814), F... c. P....

66. — Mais évidemment une fille ne peut se plaindre d'avoir éprouvé un préjudice par le refus que fait un individu d'exécuter une promesse de mariage à elle faite, lorsque ce refus est fondé sur ce que, depuis la promesse, elle est accouchée d'un enfant dont le refusant n'était pas le père. — *Rouen,* 20 mars 1843, Fouquet c. Duchemin; 7 déc. 1825, Beauvais c. Brandebourg.

67. — Au surplus, la question de savoir s'il y a eu préjudice causé rentre dans le domaine souverain des juges du fond. — *Rouen,* 7 déc. 1825, Beauvais c. Brandebourg; *Cass.,* 30 mai 1838 (t. 1ᵉʳ 1838, p. 662), Bouvier c. Coutreau. — Demolombe, nᵒ 29; Duranton, nᵒ 524.

68. — Quel mode de preuve sera-t-il admissible à l'égard d'une demande en dommages-intérêts fondée sur l'inexécution d'une promesse de mariage? Est-il nécessaire que les promesses de mariage soient, comme autrefois les fiançailles, (Pothier, nᵒ 30), prouvées par écrit ou par l'aveu du défendeur, ou suffit-il de la preuve par témoins ou par présomptions, même sans commencement de preuve par écrit?

69. — Pour soutenir la première opinion on se fonde, d'une part, sur les art. 1341, 1348 et 1353, desquels il résulte que la preuve par témoins et par présomptions n'est recevable que lorsqu'il a été impossible de se procurer une preuve écrite; d'autre part, sur le danger qu'il y aurait pour les mœurs et l'honnêteté publique à ce que les tribunaux vissent débattre devant eux de simples allégations de promesses de mariage. — Merlin, *Rép.,* vᵒ *Fornication,* § 2, nᵒ 2.

70. — Jugé, en ce sens, que lorsqu'une promesse de mariage est bien représentée, et qu'elle n'est appuyée d'aucun commencement de preuve par écrit, les juges ne peuvent pas déférer le serment aux parties, sur le fait de savoir si elle a réellement existé. — *Rouen,* 28 févr. 1815, Debonnaire c. Delahaye.

71. — Dans l'opinion commune on fait remarquer que l'obligation de réparer le préjudice causé dérive non pas de l'inexécution d'une convention, mais d'un quasi-délit de l'art. 4382; or : les obligations résultant des quasi-délits peuvent être prouvées par témoins et par présomptions. — C. civ., art. 1348 4ᵒ. — Demolombe, nᵒ 33.

72. — Ainsi jugé que la preuve testimoniale est admissible, même sans commencement de preuve par écrit, lorsque le fait que l'on veut établir est contraire à la loi et aux bonnes mœurs, spécialement dans le cas où la reconnaissance d'une somme constituée en dot n'est, en réalité, qu'un délit stipulé pour le cas d'inexécution d'une promesse de mariage. — *Cass.,* 11 juin 1838 (t. 1ᵉʳ 1838, p. 663), Bessière c. de Lavit.

73. — Jugé, de même, que cette preuve peut être admise pour établir qu'une promesse de mariage, avec clause pénale, a été déguisée sous l'apparence d'une obligation pour prêt, lors même qu'il n'y aurait point eu fraude envers la personne du souscripteur. — *Cass.,* 7 mai 1836, Boulet c. Lapeyre.

74. — Quoi qu'il en soit, les promesses de mariage peuvent servir de commencement de preuve par écrit pour établir les relations qu'on nierait.

75. — Si la promesse de mariage est nulle, ainsi que nous l'avons pensé (V. *suprà,* nᵒˢ 13 et suiv.), la convention par laquelle des parens s'obligent d'avance à marier leurs enfans entre eux et stipulent une clause pénale, en cas d'inexécution, est, à plus forte raison, nulle. — Duranton, t. 10, nᵒ 319; Chardon, *Dol et fraude,* t. 3, nᵒ 617.

76. — Toullier propose, cependant, à ce sujet, une distinction : « Si la peine, dit-il, était stipulée contre celui des deux pères qui s'opposerait au mariage ou qui refuserait son consentement, la convention ne serait pas nulle; dans l'un ou l'autre contraire à la liberté des mariages, elle favoriserait cette liberté. Mais si la peine était stipulée en cas que l'un des enfans refusât d'accomplir le mariage, elle ne serait pas exigible: car elle tendrait à gêner la liberté du mariage : le père, étant personnellement intéressé à l'accomplissement du mariage, pourrait abuser de sa puissance, pour contraindre l'inclination de son enfant. » — T. 3 (édit. Duvergier), nᵒ 303.

77. — Néanmoins, nous pensons, avec M. Demolombe (t. 3, nᵒ 33), que le père, chargé, par la loi, de protéger son enfant, relativement au mariage, ne peut pas renoncer à ce devoir ni se rappeler d'avance des moyens de l'exercer et que, dès lors, il faut rejeter toute convention qui tendrait à gêner le père dans cette mission.

PROMESSE DE VENTE.

1. — On appelle promesse de vente l'acte (unilatéral ou synallagmatique) par lequel l'une des parties s'engage envers l'autre à lui vendre une certaine chose; ou bien encore les deux parties conviennent, l'une de vendre, l'autre d'acheter, une chose déterminée.

2. — La promesse de vente vaut vente, s'il y a consentement réciproque des parties sur la chose et sur le prix. — C. civ., 1589. — V. VENTE. — V. aussi PACTE DE PRÉFÉRENCE.

PROMULGATION DES LOIS.
V. LOIS.

PROPOSITION D'ERREUR.
V. REQUÊTE CIVILE, RÉVISION.

PROPRE.

1. — On appelle ainsi tout ce qui n'est point acquêt.

2. — On distingue notamment les propres de communauté et les propres de succession. Dans ces derniers étaient autrefois compris les propres considérés par rapport au retrait lignager et à la disponibilité. — Merlin, *Rép.,* vᵒ *Propre,* nᵒˢ 1ᵉʳ et 2.

3. — Considérés par rapport à la communauté, les propres désignent toutes les choses qui appartiennent à l'un des époux privativement à l'autre. Le mot propre avait la même signification chez les Romains. — L. 35, D., *De legatis* 2.— V. COMMUNAUTÉ.

4. — Les autres propres comprennent tous les biens immeubles, ou réputés tels, qui, nous sont transmis par succession ou par une voie qui imite la succession. — Merlin, *ibid.,* nᵒ 2.

5. — La division la plus générale qu'on puisse faire de ces propres, est : en propres conventionnels ou fictifs et en propres légaux.

6. — Les propres conventionnels ou fictifs sont ceux qui sont formés par les conventions, c'est-à-dire par les clauses d'un contrat de mariage portant que certains effets de l'un des époux, qui, par leur nature, devaient entrer en communauté, lui tiendront lieu de propre. C'est là la clause de réalisation. — Merlin, *ibid.,* vᵒ *Communauté.*

7. — Les propres légaux sont ceux que la loi déclare tels. On les divise : 1ᵒ en propres naissans et propres anciens ; 2ᵒ en propres paternels et propres maternels; 3ᵒ en propres de ligne et en propres sans ligne. — Merlin, *ibid.*

8. — Les propres naissans sont les immeubles que nous tenons immédiatement d'un de nos parens qui les possédait comme acquêts. On les appelle ainsi parce que c'est dans nos mains qu'ils commencent d'être propres. — Les propres anciens sont ceux qui nous ont été transmis par un parent dans la main duquel ils existaient déjà comme propres. — Merlin, *ibid.,* nᵒ 3.

9. — Les propres paternels sont les biens que nous avons reçus à titre successif ou réputé d'un de nos parens du côté paternel; et les propres maternels sont ceux que nous devons à un de nos parens du côté maternel. — Merlin, *ibid.,* nᵒ 4.

10. — Les propres de ligne sont, suivant Pothier, ceux qui sont affectés aux parens d'un seul côté; et les propres sans ligne sont, suivant le même auteur, les propres naissans qui me viennent de la succession d'une personne qui m'était parente tant du côté de mon père que du côté de ma mère. Ils sont appelés sans ligne parce qu'ils ne sont pas plus affectés à une ligne qu'à l'autre, ou à un côté qu'à l'autre. — Merlin, *ibid.,* nᵒ 5.

11. — Ces distinctions ont disparu, et la loi ne reconnaît plus aucune différence dans la nature des biens, ou dans leur origine, pour en régler la succession. — L. 47 niv. an II, art. 62; C. civ., art. 732. — Merlin, *ibid.,* nᵒ 6; Rolland de Villargues, *Rép. du not.,* vᵒ *Propre,* nᵒ 7. –V. SUCCESSION.

PROPRIÉTAIRES ou LOCATAIRES.

Les propriétaires ou locataires louant accidentellement une partie de leur logement personnel sont exempts de la patente. — L. 25 avr. 1844, art. 43, nᵒ 4. — V. PATENTE ; V. aussi LOGEURS, nᵒˢ 7 et suiv.

PROPRIÉTAIRE APPARENT.

1. — Comme c'est principalement à l'égard de l'héritier que s'agitent les questions concernant le propriétaire apparent, il faut se reporter à ce qui a été dit à ce sujet vᵒ HÉRITIER APPARENT et surtout vᵒ PÉTITION D'HÉRÉDITÉ.

2. — Jugé, de plus, que les baux ne constituent que de simples actes d'administration, il s'ensuit que, quand ils ont été passés par le propriétaire apparent, le véritable propriétaire n'est pas recevable à former tierce opposition aux arrêts rendus sur leur exécution entre les fermiers et le propriétaire apparent. — *Cass.,* 19 nov. 1838 (t. 1ᵉʳ 1843, p. 494), Godard c. Gounon.

3. — Ainsi, c'est décider implicitement que ces baux sont valables vis-à-vis du véritable propriétaire et que celui-ci est obligé de les respecter. — V., à cet égard, vᵒ BAIL, nᵒ 423 et suiv.

4. — L'hypothèque consentie par un propriétaire apparent tombe avec l'acte même qui servait de base au prétendu droit de celui-ci, alors d'ailleurs que le bénéficiaire de cette hypothèque ne prouve point une bonne foi fondée sur une erreur commune invincible. — *Cass.,* 25 janv. 1847 (t. 2 1848, p. 704), Barroil c. Joly. — V., au surplus, HYPOTHÈQUE CONVENTIONNELLE, nᵒ 49 et suiv.

V. aussi CHOSE JUGÉE, COMMENCEMENT DE PREUVE PAR ÉCRIT, CONTRE-LETTRE, ÉLECTIONS LÉGISLATIVES, EXPROPRIATION POUR UTILITÉ PUBLIQUE, VENTE.

PROPRIÉTÉ.

Table alphabétique.

PROPRIÉTÉ. — **1.** — La propriété est, aux termes de l'art. 544 C. civ., le droit de disposer des choses de la manière la plus absolue, pourvu qu'on n'en fasse pas un usage prohibé par les lois ou par les règlemens.

2. — Cette définition est complétée par l'art. 537, ainsi conçu: « Les particuliers ont la libre disposition des biens qui leur appartiennent, sous les modifications établies par les lois. — Les biens qui n'appartiennent pas à des particuliers sont administrés et ne peuvent être aliénés que dans les formes et suivant les règles qui leur sont particulières. »

CHAP. Ier. — *Historique* (no 3).

CHAP. II. — *Elémens et limites du droit de propriété* (no 38).

  SECT. 1re. — *Eléments* (no 38).

  SECT. 2e. — *Limites* (no 73).

CHAP. III. — *Choses susceptibles de propriété privée* (no 98).

CHAP. IV. — *Divers modes d'acquisition de la propriété* (no 153).

  SECT. 1re. — *Occupation* (no 195).

    ART. 1er. — *Invention* (no 204).

      § 1er. — *Trésor* (no 202).

      § 2. — *Choses perdues* (no 203).

      § 3. — *Effets jetés à la mer, ou rejetés par elle* (no 214).

    ART. 2. — *Butin fait à la guerre* (no 224).

    ART. 3. — *Pêche et chasse* (no 232).

  SECT. 2e. — *Accession* (no 233).

  SECT. 3e. — *Tradition* (no 238).

CHAP. V. — *Perte de la propriété* (no 239).

CHAP. VI. — *Actions relatives à la propriété. — Revendication* (no 264).

CHAPITRE Ier. — Historique.

3. — La propriété a sa base dans la *nécessité*. En effet, l'homme a besoin, pour vivre, de s'assujettir certaines portions de la nature physique; car l'air, la lumière, les vêtemens lui sont aussi indispensables que les alimens.

4. — Cependant, le droit de propriété, tel qu'il est formulé dans les codes des nations modernes, ne s'est ainsi formé qu'avec les progrès de la civilisation et n'a pas toujours été reconnu comme un droit individuel.

5. — Ainsi, nous voyons qu'à l'origine la propriété rentrait, à part un petit nombre d'objets, dans une sorte de communauté. L'ensemble du pays occupé par une peuplade, prairies ou forêts était commun aux membres de cette peuplade, qui seule était propriétaire. — V. Agnès, *De la propriété et de l'hérédité*, t. 2, no 384.

6. — Quoique postérieure à cet état de communauté primitive, la division des propriétés remonte à la plus haute antiquité. On était dans l'usage de marquer par des arbrisseaux et des pierres les limites de ses possessions. Cet usage paraît avoir pris naissance au milieu de l'Egypte. — V. l'historien Josèphe.

7. — Au rapport d'Hérodote, Sésostris fit le partage des terres par portions égales et donna une part à chacun des citoyens désigné par le sort. D'autres ont prétendu que le partage n'eut pas lieu entre les citoyens, mais seulement entre les diverses classes de citoyens.

8. — On retrouve chez les Hébreux le partage des terres, auquel présidaient les princes des tribus avec le grand-prêtre Eléazar et Josué.

9. — A Sparte, le pouvoir suprême fut partagé entre deux monarques. Lycurgue fit neuf mille parts du territoire de Sparte et les distribua aux citoyens qui l'habitaient. Il partagea en trente mille portions le reste du pays et les distribua aux diverses classes de citoyens. — V. Agnès, no 406, t. 2.

10. — Les lois de Solon reconnaissaient la propriété comme un droit. Les Athéniens étaient partagés en quatre classes : ceux dont les terres rapportaient cinq cents mesures au moins de grains ou d'huile; ceux dont les terres rapportaient de trois cents mesures et qui pouvaient entretenir un cheval pour la guerre; ceux dont les revenus étaient au-dessous; la dernière classe n'avait que le droit de voter dans les assemblées du peuple.

11. — Une loi de Philolaüs de Corinthe établit que le nombre des portions de terre et celui des hérédités serait toujours le même. Cette loi était vraisemblablement faite pour les Thébains. — V. Montesquieu, *Esprit des lois*, liv. 8, chap. 16.

12. — A Rome, la loi Licinia disposait que toute propriété qui n'avait pas plus d'étendue que celle autorisée par cette loi, et qui n'aurait été ni extorquée par violence, ni dérobée, ni prêtée, devait être protégée contre les tiers.

13. — La propriété romaine est à considérer à trois époques de son histoire : à l'époque de la loi des *Douze-Tables*, au temps de Gaïus et à celui de Justinien.

14. — Sous la loi des Douze-Tables, le droit de propriété était expressément consacré : « *Uti legassit super pecuniâ tutelave suœ rei, ita jus esto ;* » portait cette loi, au rapport de Gaïus (*Inst.* comm. 2, § 224) et d'Ulpien (*Regul.*, 11, § 14).

15. — La loi des Douze-Tables ne connaissait qu'une sorte de propriété : le citoyen romain pouvait seul en être investi, à l'exclusion des *peregrini*. On l'appelait, suivant les jurisconsultes, *dominium ex jure quiritium* (domaine quiritaire). Quiconque n'avait pas le domaine quiritaire n'était pas propriétaire. — V. Gaïus, *Comm.* 2, § 40, et Cicéron, 3, *In verrem*, 2, 12.

16. — Au temps de Gaïus on distinguait deux sortes de domaines : le domaine quiritaire et le domaine *in bonis*. A quelle époque la division rapportée par Gaïus fut introduite. On peut croire, vraisemblablement, qu'elle se rapporte à l'introduction du droit des gens après la conquête de l'Italie.—V. Oriolan, *Inst. expl.*, 2e édit., p. 201; Gaïus, *Comm.* 2, § 47.

17. — Le domaine quiritaire était à celui qui avait acquis la chose par un moyen reconnu du droit civil. On avait le domaine *in bonis*, lorsque le droit civil ne reconnaissait pas le moyen qui avait mis la chose au pouvoir de l'acquéreur.— V. Gaïus, *Comm.* 2, § 41.

18. — Le domaine quiritaire pouvait être réuni avec le domaine *in bonis* au profit de la même personne. Ainsi, quand on avait acquis d'après un moyen de droit civil, et du véritable propriétaire, ou qu'ayant acquis de bonne foi du non-propriétaire, on avait possédé pendant un an ou deux ans, suivant qu'il s'agissait de meubles ou d'immeubles, ou qu'ayant acquis du véritable propriétaire une chose *mancipi* par un moyen tiré du droit des gens, on non reconnu par le droit civil, on y avait joint l'usucapion ; on était propriétaire *ex jure quiritium* et propriétaire *in bonis*. Dans ce cas, le propriétaire avait sur sa chose le droit le plus absolu. Il pouvait en user et en percevoir les produits, en disposer et la revendiquer, contre tout possesseur, tant qu'il ne l'avait pas aliénée. — V. Gaïus, *Comm.* 2, § 40 et 41.

19. — Le domaine quiritaire était souvent séparé du domaine *in bonis*. Cela avait lieu, notamment, quand celui qui avait acquis du véritable propriétaire une chose *mancipi* autrement que par un moyen du droit civil ne l'avait point usucapé. — Gaïus, qui indique ce moyen d'acquérir le domaine *in bonis*, nous apprend aussi que l'acheteur des biens que les créanciers d'un débiteur faisaient vendre, devenait propriétaire *in bonis* par l'envoi en possession que lui accordait le prêteur, et que l'usucapion était nécessaire pour qu'il arrivât au domaine quiritaire. — M. Ortolan enseigne donc à tort que nous ne connaissons d'autre moyen d'obtenir le domaine *in bonis* que le cas de vente par le véritable maître d'une chose *mancipi*, sans les formalités du droit civil. — Quand l'acquéreur avait reçu la chose *in bonis*, l'ancien propriétaire restait *dominus ex jure quiritium*. — Le propriétaire *in bonis* avait le pouvoir d'user et de percevoir tous les produits de la chose; mais le pouvoir de disposer et de revendiquer restait, suivant le droit strict, au propriétaire *ex jura quiritium*. — V. Gaïus, *Comm.* 2, § 88; 3, § 80.

20. — En réalité cependant, le propriétaire *ex jure quiritium* ne pouvait pas disposer de la chose; s'il la revendiquait, il était repoussé par l'exception de dol. Le propriétaire qui avait la chose *in bonis* pouvait conférer à un autre le domaine *in bonis*; et le domaine plein ou quiritaire, quand il avait accompli l'usucapion. Cela nous paraît clairement ressortir du pouvoir que le maître qui possédait un esclave *in bonis* avait de le rendre affranchi latin. — V. D., l. 21, § 3, tit. *Exceptio rei venditæ et traditæ*, et Gaïus, *Comm.* 1, § 54.

21. — Lorsqu'un esclave était dans le domaine *in bonis* de quelqu'un, et dans le domaine quiritaire d'un autre, la puissance dominicale était à celui qui avait l'esclave *in bonis*, à l'exclusion du maître *ex jure quiritium*. — En définitive ce dernier n'avait sur l'esclave aucun droit direct, il ne pouvait ni l'affranchir, ni exercer sur lui la puissance dominicale, ni acquérir par lui. Seulement il était chargé de sa tutelle légitime, quand il s'agissait d'une femme affranchie. — V. Gaïus, *Comm.* 1, § 54, et § 167; *Veter. jure cons. fragm. de manum.*, § 11.

22. — Dès avant Justinien, la distinction effective entre les deux domaines n'existait plus. Aussi l'empereur dit-il, dans la constitution où il la supprime définitivement: « Ce nom de domaine *ex jure quiritium* ne diffère aucunement d'une énigme; vainement le cherche-t-on; on ne le rencontre pas en réalité; ce n'est qu'un vain mot qui, dès leurs premières études, vient épouvanter l'esprit des jeunes gens. » Il n'y avait donc plus qu'un seul domaine, reconnu et protégé par les dispositions législatives. — Code, *Const. Just.*, 7, 25.

23. — Sous la monarchie française, trois époques sont à considérer quant à la propriété et à la division des propriétés. La première s'étend depuis la fin du cinquième siècle jusqu'à la fin du dixième; la deuxième depuis la fin du dixième jusqu'à la révolution de 1789, et la troisième s'étend de 1789 jusqu'à nos jours.

24. — Dans la première période on rencontre trois sortes de propriétés: la propriété allodiale, la propriété bénéficiaire, et la propriété tributaire. — Guizot, *Essais sur l'Hist. de France*, 4e essai, ch. 1er. — V. FRANC-ALLEU, FIEF.

25. — L'alleu, de *as* et *loos* (un lot), désignait primitivement les terres prises ou reçues en partage par les Francs, au moment de la conquête. — V. L. des Bourguignons, tit. 54, § 1er. — Suivant M. Guizot, la terre salique n'était rien autre chose que l'alleu primitif. — V. 4e essai, ch. 1er.

26. — Souvent, cependant, le mot *alleu* désigne la masse des biens, y compris les meubles. Il s'entend des biens meubles et immeubles possédés en toute propriété par une personne de condition libre. Cette propriété était reconnue et protégée spécialement par les dispositions des lois germaniques. — V. L. des Bavarois, tit. 1er, rubriq.; L. salique, tit. 62, ch. 6; L. des Ripuaires, tit. 56; L. des Thuringiens, tit. 6; L. des Bav., II, 1, § 3; Formules de Marculfe, II, 10; Cap. de Charles-le-Chauve, ans 853 et 860, dans Baluze, II, col. 54, 144 et 145.

27. — La propriété bénéficiaire comprenait les terres données en présent par les rois et les hommes puissans aux guerriers qu'ils voulaient retenir ou attirer à eux. Ces présens étaient appelés *bénéfices*. Les bénéfices étaient: ou temporaires, ou concédés à vie, ou donnés héréditairement. En fait, les bénéfices étaient à chaque instant révoqués arbitrairement aux concessionnaires. Ce ne fut que par le laps de temps et par la force des choses que l'hérédité devint la condition commune et respectée des bénéfices, et seulement quatre siècles après l'établissement de la monarchie; sous la fin du règne de Louis-le-Débonnaire, les bénéfices finirent même par se confondre avec les fiefs. — V. Grégoire de Tours, liv. 7, ch. 33; Baluze, t. 2, p. 118; L. des Lombards, liv. 3, tit. 8, § 3; Livre des fiefs, liv. 1er, tit. 1er; Constit. de Clotaire, dans Baluze, t. 1er, p. 8; et Baluze, t. 2, p. 264, 1400 et 1405. — V., du reste, Vo FIEF.

28. — Les terres tributaires étaient celles qui étaient assujetties envers un supérieur à une redevance, à un tribut ou cens, et dont celui qui les cultivait ne possédait point la pleine et libre propriété. Ces terres existaient dans la Gaule, comme tributaires avant l'invasion des barbares. — V. Salvien, *De gubernatione Dei*, lib. 5, et Montlosier, *Hist. de la monarchie française*, t. 1er, p. 9 et 339.

29. — Les capitulaires de nos rois de la seconde race en font mention en maint endroit, où nous voyons qu'elles étaient protégées et maintenues dans les mains du possesseur tant qu'il satisfaisait, lui ou ses successeurs, aux redevances auxquelles il s'était soumis. — V. Capit. de Charlemagne, an 805, § 20, dans Baluze, t. 1er, p. 428; an 812, § 10, Baluze, p. 498; Capit. de Louis-le-Débonnaire, an 819, § 2, dans Baluze, t. 1er, p. 611.

30. — Tout donne lieu de croire qu'à la fin du dixième siècle la plupart des cultivateurs exploitaient des terres tributaires: cela ressort surtout de la concentration progressive de la propriété foncière et de l'immense étendue des domaines des hommes puissans. — V. Guizot, *Essais sur l'Histoire de France*, 4e essai, ch. 1er *in fine*.

31. — La propriété était protégée, contre les atteintes illicites, au moyen d'une composition fixée par la loi, et qu'on appelait *wehrgeld*. Le wehrgeld était payé à l'offensé ou à sa famille. Si le dommage était de sa nature appréciable en argent, la valeur effective de la chose détruite, détériorée ou enlevée, devait être, en outre, restituée. — V. L. salique, tit. 13; et Klimrath, *Hist. du droit public et privé de la France*, t. 1er, p. 366, § 174.

32. — Sous la troisième race de nos rois, la propriété était une à l'égard des meubles. Il en était de même des héritages qui étaient en franc-alleu. — Pothier, *Traité de la propriété*, 1re partie, no 3. — V. FRANC-ALLEU.

33. — A l'égard des héritages tenus en fief ou en censive, on distinguait, au contraire, deux domaines: le domaine direct et le domaine utile. — Pothier, *loc. cit.*

34. — Le domaine direct, qui appartenait aux seigneurs de fief ou de censive, était le domaine ancien, originaire et primitif de l'héritage, dont on avait détaché le domaine utile. Ce n'était qu'un domaine de supériorité qui donnait aux seigneurs le droit de se faire reconnaître comme seigneurs par les possesseurs d'héritages tenus d'eux, et d'exiger certains devoirs et redevances récognitifs de leur seigneurie. — Pothier, *loc. cit.* — V. BAIL A CENS et FIEF.

35. — Celui qui avait le domaine utile pouvait: percevoir les fruits, disposer à son gré de l'héritage; à la charge par l'acquéreur de reconnaître le domaine direct. Le domaine utile s'appelait domaine de propriété. — Pothier, *loc. cit.*

36. — Le domaine direct laissait au propriétaire un droit sur la chose, qui lui permettait de se faire reconnaître comme seigneur par tous possesseurs du fief et d'exiger l'acquittement des redevances ou obligations convenues. — Pothier, *loc. cit.* — V. FIEF.

37. — De nos jours, sous l'empire de nos lois modernes, il n'existe qu'un seul domaine, on est propriétaire ou on ne l'est pas. Le domaine direct a disparu avec les seigneurs et les vassaux. Le droit de propriété a été reconnu et solennellement proclamé par l'Assemblée constituante dans la *Déclaration des droits de l'homme* (art. 2) par la Charte de 1814, par celle de 1830 (art. 8), enfin par la Constitution du 22 nov. 1848 (art. 11).

CHAPITRE II. — *Éléments et limites du droit de propriété.*

Sect. 1re. — *Éléments.*

38. — Les élémens essentiels au droit de propriété sont: une personne, sujet du droit, et une chose, objet de ce droit. — Pothier, *Traité de la propriété*, no 15.

39. — Le droit de propriété est complexe; il comprend le droit d'user, le droit de jouir et celui de disposer de la chose à son gré: c'est-à-dire d'en changer la forme, de la détruire, de l'engager et même de l'abdiquer. — Pothier, *loc. cit.*, no 5; Delvincourt, t. 1er, p. 148; Toullier, t. 3, nos 82 et suiv.; Duranton, t. 4, no 260; Chavot, *Tr. de la propr. mobil.*, t. 1er, nos 200 et suiv.

40. — Le propriétaire a le droit de repousser toute entreprise de la part des tiers et de s'opposer judiciairement à tous actes d'empiétement.

41. — Ainsi jugé que le trouble apporté par un voisin qui s'oppose, par un mémoire présenté à l'autorité administrative, à ce que le propriétaire fasse des travaux à sa chose, donne lieu à une action contre ce voisin. — *Cass.*, 5 avr. 1837 (t. 2 1837, p. 80), Cornu.

42. — La loi du 28 sept. 1791 a modifié les arrêts du conseil de 1706 et 1755 sur la voirie, en ce que les entrepreneurs de routes sont tenus d'avertir les propriétaires avant de pouvoir faire des fouilles dans leur terrain. — *Toulouse*, 10 mars 1834, d'Augas. — Pardessus, *Traité des servitudes*, no 140; Toullier, t. 3, no 206, et Duranton, t. 5, no 181.

43. — Jugé même, par un jugement du 2 déc. 1836, rendu par le tribunal de Péronne, qu'un propriétaire peut, pour donner du jour à sa maison, être autorisé à faire blanchir à ses frais le mur de son voisin, que celui-ci a fait peindre en noir, si toutefois il n'y a, pour ce dernier, aucun préjudice. Nous ne saurions souscrire à cette décision, qu'aucun texte de loi ne motive.

44. — Mais le droit de disposer et de jouir, qui appartient au propriétaire, doit être entendu sainement, et ne peut aller jusqu'à permettre à un testateur de paralyser le droit de ses héritiers quant aux biens qu'il leur laisse. — *Lyon*, 7 avr. 1835, Rapin.

45. — Selon le droit naturel et la loi civile, tout bien est libre dans les mains du propriétaire légitime; la prohibition de l'aliéner ne peut résulter que d'une loi formelle et spéciale. — *Cass.*, 15 mars 1837 (t. 2 1837, p. 186), de Soubise c. l'Etat.

46. — C'était une maxime incontestable de l'ancien droit public français, que les rois de France furent toujours dans l'impuissance de porter aucune atteinte aux propriétés de leurs sujets. — *Cass.*, 19 juill. 1827, de Forbin-Janson c. Dautant.

47. — Le propriétaire d'un bien grevé d'hypothèques conserve la plénitude de son droit de propriété et peut en user et en abuser comme il l'entend, tant qu'une saisie n'est pas venue modifier son droit. — *Cass.*, 10 juin 1841 (t. 2 1841, p. 97), Jauffret.

48. — La loi du 12 mai 1825, qui attribue la propriété des arbres existant, lors de sa promulgation, sur le sol des routes royales et départementales, aux particuliers qui les ont acquis à titre onéreux ou plantés à leurs frais en exécution des anciens règlemens, est applicable aux anciens seigneurs voyers. — *Cass.*, 24 déc. 1835, Saint-Aldegonde.

49. — Le droit de propriété existe au profit d'une personne indépendamment d'une autre personne, et sans qu'il soit besoin de prétendre une obligation personnelle de celui qui la possède; c'est un droit réel sur la chose, *jus in re*. — Pothier, *loc. cit.*; Marcadé, *Elém. du droit français*, t. 2, p. 387, sur l'art. 526 C. civ.

50. — Le *jus ad rem* ne constitue qu'un droit personnel, par lequel nous pouvons contraindre un *débiteur* à s'acquitter de son obligation envers nous, droit que nous pouvons cependant poursuivre *contre* une chose déterminée. De ce nombre sont le droit du fermier, le droit du créancier hypothécaire. Il diffère essentiellement du *jus in re*, précisément en ce qu'il présuppose une obligation. — Marcadé, *loc. cit.*, p. 386.

51. — L'art. 544 C. civ. semble ne reconnaître que deux élémens dans le droit de propriété: celui de jouir et celui de disposer. Néanmoins, il est facile de concevoir, pour certains objets, que le droit de jouir soit distinct du droit d'user et, par conséquent, qu'un troisième élément, celui d'user, vienne constituer le droit de propriété. Il en est ainsi des animaux, qui sont susceptibles de donner des fruits, des produits, et d'être employés au travail. Cependant, comme dans le fait, et à part l'exemple cité, le droit d'user et le droit de jouir n'existent jamais séparément, la fusion que les auteurs du Code ont faite du droit d'usage et du droit de jouir s'explique assez naturellement par le désir qu'ils avaient de se rapprocher de la réalité, quoique souvent cette fusion amène des idées fausses. — Marcadé, sur l'art. 544 C. civ.

52. — On distingue la propriété *pleine* ou *parfaite* de la propriété *imparfaite*. — La propriété est parfaite quand celui qui l'a en a la plénitude, c'est-à-dire lorsqu'aucun démembrement n'existe sur cette propriété au profit d'une autre personne. — Pothier, *loc. cit.*, n° 8.

53. — La propriété est *imparfaite*, au contraire, lorsqu'elle est sujette à s'évanouir par suite de quelque circonstance, comme une résolution; ou encore, lorsqu'elle est démembrée au profit d'un tiers. — Pothier, *loc. cit.*; Proudhon, *Domaine de propriété*, n° 13.

54. — On appelle *nue propriété* celle d'un fonds dont l'usufruit ou la jouissance appartient à un autre qu'au propriétaire. — Proudhon, *loc. cit.*

55. — On appelle *usage* ou *droit d'usage* le simple droit d'user de la chose, comme chez les Romains sous le droit d'*usus*; et *usufruit* le droit de jouir qui appartient à un tiers sur la propriété d'une personne. — V. USAGE et USUFRUIT.

56. — Outre les droits réels d'usage et d'usufruit, il existe encore dans notre droit français plusieurs autres droits réels, distincts de celui de propriété, notamment: la servitude, le gage, l'hypothèque, le domaine congéable, l'emphytéose. — V. BAIL A CONVENANT, EMPHYTÉOSE, GAGE, HYPOTHÈQUE.

57. — Celui qui a acquis de bonne foi et à juste titre du propriétaire dont le droit n'était pas parfait, peut rendre son droit parfait par prescription. — V. PRESCRIPTION.

58. — Le Code civil ni aucune loi n'excluant les diverses modifications et décompositions dont le droit de propriété est susceptible, les juges peuvent, tout en reconnaissant un individu propriétaire, décider qu'un droit de passage qu'il a cédé à un tiers sur ce terrain est tellement exclusif qu'il fait obstacle à ce que le propriétaire du sol y passe lui-même. Une telle décision ne blesse pas les principes en matière de propriété et de servitude, en ce que la servitude aurait ici pour effet d'anéantir la propriété. — *Cass.*, 25 juin 1834, Dejean.

59. — Jugé, de même, que la faculté qui appartient à tout propriétaire de couper les veines d'eau qui passent sous son fonds peut être modifiée par des conventions privées. — *Cass.*, 19 juill. 1837 (t. 2 1837, p. 115), Dufour.

60. — Le droit de propriété est toujours subordonné à l'omnipotence de la loi, puisque le propriétaire n'en peut jamais faire un usage prohibé par les lois ou par les règlemens. — C. civ., art. 544.

61. — Jugé qu'un arrêt a pu, même en l'absence de titres, et d'après un état de possession reconnu au possessoire, déclarer que, de deux copropriétaires d'une chaussée, l'un n'avait droit qu'aux arbres et l'autre aux herbes de la chaussée. — *Cass.*, 13 févr. 1834, Lemoine c. Caquelard.

62. La réintégration d'une commune dans la possession et jouissance d'un bois litigieux emporte l'attribution, sur ce même bois, d'un droit de propriété absolue, et non d'un simple droit d'usage. — *Cass.* 22 mai 1834, préfet de l'Yonne c. Comm. de Coulange.

63. — Jugé que le droit accordé à une commune de cultiver un terrain, d'ensemencer et de récolter chaque troisième année, sauf, au profit du concédant, la perception d'une quote-part des fruits, constitue, au profit de la commune, un droit de copropriété, qui peut faire, de la part du concédant, la base d'une action en partage, et ne constitue pas simplement un droit d'usage. — *Cass.*, 31 janv. 1838 (t. 1er 1838, p. 368), Comm. de Laperière c. Magnoncourt.

64. — Jugé de même que la concession à titre d'usage *perpétuel et à toujours*, au profit d'une commune, constitue un droit de propriété et non un simple droit d'usage. — *Cass.*, 22 mars 1836, Comm. de Préty; 18 juin 1839 (t. 2 1839, p. 377), Comm. de Marave.

65. — Jugé que des marais, qui sont reconnus avoir été productifs pour le ci-devant seigneur, ne rentrent pas dans la classe des biens vains et vagues, que les lois des 28 août 1792 et 10 juin 1793 attribuent gratuitement aux communes: qu'ils sont la propriété du ci-devant seigneur ou de ses héritiers. — *Cass.*, 3 janv. 1842 (t. 1er 1842, p. 166), Comm. de Vauvert.

66. — Si partie de ce marais était en état de production, avant 1789, tandis que le reste était improductif, l'ancien propriétaire ne doit être maintenu que dans la partie productive. — Même arrêt.

67. — Bien que le propriétaire de la surface d'un fonds de terre soit légalement présumé propriétaire du dessous (C. civ., art. 552), la propriété du dessous n'emporte pas la propriété du dessus. — Ainsi: le propriétaire du tréfonds d'une ardoisière peut ne pas l'être de la surface, qui peut appartenir à un tiers. — *Cass.*, 7 mai 1838 (t. 2 1838, p. 388), Parizelle c. Comm. de Château-Regnault. — V. ACCESSION.

68. — La possession faisant présumer de droit la propriété, celui qui est actuellement en possession d'un immeuble est, par cela même, dispensé de justifier de son droit à la propriété. — *Metz*, 25 août 1813, préfet des Forêts c. Lacave. — Conf. *Cass.*, 21 nov. 1826, Baillon. — Pothier, *De la possession*, n° 82, et Toullier, *Droit civil*, t. 7, n° 28.

69. — Si le titre annonce qu'originairement le droit de propriété a été soumis, pour être parfait, à certaines conditions, c'est au défendeur qui soutient qu'elles n'ont pas été remplies, et qu'ainsi le droit n'est pas acquis, à prouver la défaillance de ces conditions. — *Cass.*, 21 nov. 1826, Baillon c. Declercq-Wissocq. — Toullier, *Droit civil*, t. 8, nos 20 et suiv., et Duranton, *Droit français*, t. 13, nos 2 et suiv.

70. — Jugé même qu'en l'absence de toute possession utile comme de tout titre les tribunaux peuvent admettre, comme des preuves suffisantes de propriété, les énonciations du cadastre, le silence de l'une des parties sur ces énonciations, et le paiement des contributions pour la partie adverse. — *Cass.*, 13 juin 1838 (t. 2 1838, p. 403), Merseillou c. Grazide.

71. — Jugé également que, dans une contestation relative à la propriété des fossés qui séparent une forêt des terres labourables, les juges peuvent, à défaut de titres et d'actes possessoires de nature à faire acquérir la propriété, prendre les motifs de leur jugement dans les usages locaux adoptés pour l'exécution de l'ord. de 1669. — Qu'il importe peu que, dans ce cas, l'acte de vente des terres labourables, consenti par le propriétaire de la forêt, porte que les terres *tiennent aux bois*. Les juges peuvent, sans contrevenir à l'art. 1602 C. civ., qui veut que tout pacte obscur s'interprète contre le vendeur, attribuer la propriété des fossés à ce dernier. — *Cass.*, 20 mars 1828, Dassonvillez c. Péraut.

72. — Le propriétaire dont les immeubles sont grevés d'hypothèques, et qui y commet des dégradations, capables d'altérer leur valeur, peut être poursuivi et condamné à des dommages-intérêts proportionnés à ces dégradations. — *Paris* 26 août 1809, Monty.

Sect. 2e. — *Limites.*

73. — De la disposition de l'art. 544 C. civ., qui limite le droit du propriétaire au droit de faire de sa chose tout ce qui n'est pas prohibé par les lois ou par les règlemens, découle ce principe qu'un propriétaire ne peut rien faire sur son héritage qui soit nuisible à celui du voisin. — V. Teulet, d'Auvilliers et Sulpicy, *Codes annotés*, sur l'art. 544 C. civ.

74. — Ainsi jugé que le droit de propriété n'est pas tellement absolu que l'on puisse faire de sa chose un usage qui, bien que non contraire aux lois et règlemens, est cependant nuisible à autrui. — *Metz*, 10 nov. 1808, Lingard c. Harichaux.

75. — ... Et que le droit qu'a un propriétaire d'user et d'abuser de sa chose est limité, dans son exercice, par le préjudice qui en résulte pour ses voisins, et ces derniers sont fondés à prévenir le dommage et à en exiger la réparation. — *Bordeaux*, 30 janv. 1839 (t. 2 1843, p. 552), Pennetier c. Boucherie.

76. — Les tribunaux peuvent, en ce cas, ordonner les travaux propres à faire cesser le dommage résultant de l'abus du droit de propriété et, par exemple, à faire cesser les évaporations désagréables et insalubres d'un atelier qui incommode les voisins. — *Metz*, 10 nov. 1808, Lingard c. Harichaux. — V. la loi 61, ff., *De reg. jur.*; la loi 1re, § 12, ff., *De aquâ*; Pothier, *Appendice au contr. de société*, n° 235; Toullier, t. 3, nos 327 et 328. — V. conf. *Metz*, 16 août 1820, Marcy. — L'autorisation conférée par l'autorité administrative, pour l'établissement d'un atelier incommode ou insalubre, ne fait pas obstacle à l'action en indemnité que les voisins peuvent intenter devant les tribunaux pour le dommage qu'ils éprouvent. — V. *Cass.*, 11 et 19 juill. 1826, Rigaud-Arbaud, et *Nancy*, 14 janv. 1830, Ancelon.

77. — Le droit qu'a tout propriétaire de disposer de sa chose de la manière la plus absolue ne s'oppose pas à ce qu'une vérification soit ordonnée pour savoir si les travaux qu'il exécute sur son fonds ne seront pas nuisibles aux droits des tiers, et spécialement à l'exercice d'une servitude. — *Cass.*, 20 janv. 1845 (t. 2 1845, p. 205), de Pennautier c. Coste.

78. — Lorsqu'un canal construit de main d'homme sur une propriété donne lieu à des infiltrations préjudiciables aux propriétés voisines, le propriétaire du canal peut être contraint à faire cesser ce dommage, quoique ces infiltrations, reçues dans une fosse creusée sous le sol de ce dernier ne se soient introduites dans les fonds voisins que par suite de l'ouverture de la fosse opérée par eux, mais sans qu'il y ait faute de leur part, et en creusant eux-mêmes dans leur sol une fosse semblable. — *Cass.*, 12 nov. 1838, Société de Rimogne.

79. — De même, il n'appartient aux villes de supprimer une rue et d'en aliéner le terrain qu'à la charge d'indemniser les riverains du dommage que cette suppression peut causer à leurs propriétés, et notamment de la privation de leurs entrées et sorties sur la voie publique. — *Cass.*, 5 juill. 1836, Aribert.

80. — Il n'appartient ni à l'autorité administrative ni à l'autorité municipale de prendre des arrêtés tendant à interdire aux propriétaires de terrains voisins des établissements d'eaux minérales le droit d'y faire des fouilles et recherches. La faculté de pratiquer celles-ci résulte, pour ces propriétaires, des art. 544 et 552 C. civ. — *Cass.*, 13 avril 1844 (t. 1er 1844, p. 781), Brosson.

81. — Mais une simple incommodité causée à autrui sans envie de nuire, n'est pas un obstacle à l'exercice du droit de propriété.

82. — La simple dénonciation de *nouvel œuvre* ne suffit pas pour faire cesser les travaux commencés, sans que l'intervention du juge soit nécessaire. — *Cass.*, 11 juill. 1820, Pradet.

83. — Celui qui, malgré l'opposition qui lui a été signifiée, a fait construire une portion du mur de sa maison sur le terrain de son voisin, ne peut être dispensé de le démolir: sur le motif qu'il a suivi l'alignement prescrit par l'autorité municipale, et que ce bâtiment occupe la place d'un mur mitoyen vieux à la réparation et à la reconstruction duquel ce voisin s'est refusé de contribuer. — *Cass.*, 22 avril 1823, Morlet.

84. — Le propriétaire dont l'héritage borde un canal appartenant à son voisin, ne peut faire des constructions sur ce canal, alors même qu'il n'en résulte aucun préjudice pour le propriétaire du canal. — *Cass.*, 9 déc. 1818, Regnault.

85. — Les cours d'eau non navigables ni le lit qui en forme l'accessoire ne sont la propriété des riverains, mais ils forment des dépendances du domaine public sur lesquelles les riverains n'ont que des droits d'usage réglés par la loi. — En conséquence, celui dont le fonds est traversé par un cours d'eau non navigable ni flottable ne peut, quoiqu'il puisse obtenir l'autorisation de construire un barrage sur toute la ligne du lit, s'opposer à ce qu'un autre riverain puisse, à l'aide de petits bateaux, parcourir ce cours d'eau dans l'étendue de ce fonds. — *Douai*, 18 déc. 1845 (t. 2 1846, p. 9), Dupas c. Laurelle.

86. — Lorsqu'il y a lieu de substituer un mur à une clôture en bois mitoyenne établie anciennement par le père de famille, le mur doit être construit sur l'emplacement de la clôture bien que les fondations à faire doivent se prendre uniquement dans la cave de l'un des copropriétaires. En d'autres termes, l'un des voisins ne peut forcer l'autre à lui céder une partie de sa propriété. — *Cass.*, 5 déc. 1832, Lallemand.

87. — Le particulier auquel il est interdit, pour arriver à sa maison, de passer, mais seulement avec chevaux et voitures, sur un terrain dépendant de la voie publique, ne peut invoquer le principe qui consacre le libre exercice du droit de propriété. — *Cass.*, 18 mai 1830, Bouchеron c. Delamartinière.

88. — L'état de communauté existant entre deux ou plusieurs personnes apporte plusieurs limites aux droits de chacun des copropriétaires.

89. — Ainsi, lorsqu'un terrain est indivis entre plusieurs copropriétaires, l'un d'eux ne peut se permettre des actes qui tendraient à détériorer la propriété commune. — *Angers*, 22 avr. 1825, Peccate c. Commune de Saint-Calais.

90. — De même le communiste ne peut faire aucune innovation à la chose commune, sans le consentement du copropriétaire. — *Grenoble*, 12 janv. 1818, Gras c. Riondet.

91. — Jugé encore que la réunion des qualités de foncier et de domanier n'autorise pas un des codomaniers à changer le mode de jouissance indivise. — *Rennes*, 25 nov. 1811, Le Scraigne c. Lereste.

92. — Mais une cour servant nécessairement, à la campagne, à recevoir des dépôts de bois, fumiers, voitures, etc., chacun de ceux qui y ont droit peut y déposer ces objets, de manière toutefois à ne point gêner ses copropriétaires. — *Bourges*, 31 janv. 1814, Chailloux c. Souris.

93. — Les chemins d'exploitation sont présumés avoir été établis par suite d'une convention entre tous les propriétaires intéressés à leur établissement... Dès lors on doit réputer copropriétaires du chemin non-seulement ceux dont il borde ou traverse les héritages, mais encore tous ceux dont les propriétés sont à portée d'être desservies par lui. Ce droit à la copropriété peut, à défaut de titres, s'établir par la possession, contrairement à ce qui a lieu en matière de servitude de passage. En conséquence, celui dont la propriété est traversée par le chemin ne peut en interdire l'usage pendant aucun temps de l'année aux propriétaires qui, depuis plus de trente ans, s'en servent pour l'exploitation d'héritages même non limitrophes. — *Colmar*, 22 janv. 1842 (t. 1er 1843, p. 92), Monnier c. Ledoulal.

94. — Jugé qu'en cas de contestation sur le mode de l'exploitation d'une verrerie indivise entre plusieurs particuliers, il faut préférer le mode en usage sur les lieux (Vosges), lequel donne à chaque propriétaire le droit d'exploiter pour sa part simultanément avec ses copropriétaires, au mode alternatif, c'est-à-dire au mode d'après lequel chacun d'eux exploiterait le tout pendant un temps limité. — *Nancy*, 20 févr. 1826, Schmitt c. Irroy. — V. la loi 28, ff., *De commun. divid.*; Delvincourt, *Cours de Code civil*, t. 3, p. 226, et Rolland de Villargues, *Rép. du not.*, vo *Indivis*, nos 14 et suiv.

95. — Des changemens à la chose commune qui, en lui conservant son état et sa destination, n'ont pour objet que de faciliter, pour l'un des associés ou communistes, l'usage qu'il a droit d'en faire, sans nuire d'ailleurs aux droits des autres associés ou communistes, ne sont point interdits par l'art. 1859-§ 4 C. civ., qui ne s'applique qu'aux changemens susceptibles d'altérer la nature de la chose. — *Toulouse*, 30 mai 1828, Doumerc c. Février. — Favard, *Rép.*, vo *Société*, chap. 2, sect. 3e, § 2, no 5.

96. — Jugé que les aliénations que fait le copropriétaire sont valables lorsqu'elles n'excèdent pas sa part dans l'objet indivis. — *Paris*, 10 juill. 1813, Devisme c. Lefrançois. — Cette décision doit être entendue, en ce sens que l'aliénation est valable jusqu'au partage, et sera maintenue après le partage, si l'objet aliéné tombe dans le lot du copropriétaire vendeur. Mais si l'objet ne tombe point dans son lot, l'aliénation ne saurait être maintenue ; aux termes de l'art. 883 C. civ., qui dispose que chacun des cohéritiers est censé avoir succédé seul et immédiatement à l'objet qui est tombé dans son lot. Une des conséquences nécessaires de cet article, c'est que le copropriétaire dans le lot duquel l'objet ne sera pas tombé n'aura pu consentir que des droits résolubles. — Marcadé, sur l'art. 883.

97. — Jugé même qu'un copropriétaire ne peut seul disposer de la chose commune. — *Paris*, 30 juill. 1811, Ballay c. Gillet. — Cette décision n'est admissible qu'autant que l'objet vendu ne tombe pas dans le lot du communiste vendeur. — V. ce que nous avons dit sur l'arrêt qui précède.

CHAPITRE III. — *Choses susceptibles de propriété privée.*

98. — Le droit de propriété s'applique à toutes les choses mobilières ou immobilières, corporelles ou incorporelles, qui, soit par le droit naturel, soit par la loi civile, n'ont pas été placées hors du commerce. — Proudhon, *Traité du domaine de propriété*, t. 1er, nos 10 et 11.

99. — Les créances, les droits réels sur les choses d'autrui, les droits de nationalité, les divers genres de capacité qui se rattachent à l'âge, au sexe et aux droits civils et politiques des cités, la liberté individuelle, les qualités personnelles de l'homme, sont des droits de propriété. — V. Proudhon, *ib.*, no 11. — V. DROITS CIVILS, DROITS POLITIQUES, HABITATION, OBLIGATION, SERVITUDES, USAGE, USUFRUIT, etc.

100. — Les noms propres des personnes sont également la propriété des membres de la famille qui porte ce nom. Nul ne peut changer son nom qu'en vertu d'une ordonnance. — V. L. 1er avril 1803, ordonn. 23 avril 1837. — V. NOM ET PRÉNOM.

101. — Jugé que le principe de l'imprescriptibilité des églises et chapelles consacrées au culte divin s'applique seulement aux églises dans lesquelles le culte divin est publiquement et actuellement célébré. — Ce principe est sans application soit à une ancienne église ou chapelle mise hors de la disposition de l'évêque, et dont une fabrique ou une commune aurait destiné l'usage à tout autre service, soit à une église ou chapelle d'une maison particulière ou d'un établissement particulier quelconque, quoique le culte divin y soit publiquement célébré. — Une chapelle de cette nature est susceptible d'une possession privée; à ce titre elle peut être l'objet des actions civiles et ordinaires, et notamment d'une action possessoire. — *Cass.*, 4 juin 1835, Commune de Mayenne c. hospice de Mayenne.

102. — Lorsque celui qui a fait construire sur son propre terrain une église pour la communauté, a stipulé qu'il lui serait permis d'y avoir une chapelle à son particulier; il devient propriétaire ou usager exclusif de cette chapelle. — Dès lors il devient aussi propriétaire de tout ce que la chapelle peut contenir et de tous les ornemens qui y sont attachés. — En conséquence il peut, et après lui ses héritiers peuvent faire enlever de la chapelle une statue qu'il y avait fait placer à ses frais et pour son usage ou pour son culte particulier. — *Aix*, 19 févr. 1839 (t. 1er 1839, p. 639), Commune et Fabrique de Saint-Martin c. Boisgelin.

103. — C'était autrefois une question controversée que celle de savoir si celui qui avait droit à une chapelle pouvait en jouir exclusivement et empêcher le peuple d'y entrer, pour y occuper les places vacantes, et d'y rien placer sans son consentement, pas même un confessionnal. Ce droit exclusif n'était reconnu qu'à ceux qui avaient leur chapelle bâtie hors de l'ancien enclos de l'église (ce qui se présume toujours lorsque la chapelle est construite hors des ailes et qu'elle a sa voûte à part); mais il était dénié à ceux qui avaient droit à une chapelle bâtie sous la grande voûte de l'église. — V. Loyseau, *Traité des seigneuries*, chap. 11, no 52; Jousse, *Du gouvernement des paroisses*, p. 71; Poitier de la Germondaye, p. 258; et Durand de Maillane, *Dictionnaire de droit canonique*, vo *Chapelle*, t. 1er, p. 450. — Mais V. de Boyer, *Principes sur l'administration des paroisses*, t. 1er, p. 180. — Sous la nouvelle législation l'art. 72 du décret du 30 décembre 1809, accordant à celui qui aura entièrement bâti une église, ou à celui qui en aura été le bienfaiteur ou le donateur, la propriété sans limitation d'un banc ou d'une chapelle, suppose un droit exclusif de l'usage, qui ne peut être modifié qu'en cas de nécessité constatée. — Carré, *Traité du gouvernement des paroisses*, no 303. — Dans l'espèce que nous rapportons, le droit exclusif de propriété ou d'usage résultait d'une convention : ainsi que la Cour d'Aix l'a reconnu. — V. CHAPELLE, ÉGLISE.

104. — Une croix, monument religieux, qui se trouve dans un champ, est susceptible d'une propriété privée. — *Cass.*, 13 juin 1839 (t. 2 1839, p. 304), Coquet.

105. — Jugé qu'on peut acquérir par une possession constante et non interrompue la propriété d'une lande. — *Rennes*, 9 mars 1814, Commune de Soudan c. Poirier.

106. — La propriété étant l'empreinte de la personnalité sur la nature physique, la nature morale ne peut s'accommoder à cette empreinte. De là découlait chez les Romains le principe que l'esclave fugitif ne pouvait être usucapé, parce qu'il se possédait lui-même, et qu'il ne pouvait se posséder que pour le compte de son maître. — V. *Instit. de Justin.*, liv. 11, tit. 6.

107. — Néanmoins, et par dérogation à ce principe, l'homme fut considéré à Rome, et jusque sous le moyen âge, comme une *chose* et, par suite, comme pouvant être l'objet d'un droit de propriété. La faculté de se vendre, l'impossibilité de satisfaire ses créanciers, le droit de la guerre, furent les causes ou plutôt le prétexte de cette violation du droit naturel. — V. Gaïus, *Comm.* 1er, § 9, et *Comm.* 4, § 21. — V. *Inst. de Just.*, liv. 1er, tit. 4, § 4; L. salique, tit. 61.

108. — Notre droit moderne était venu ressusciter, sous une forme plus odieuse, l'antique esclavage que le moyen âge avait vu disparaître du sein des nations civilisées, et consacrer dans les colonies du Nouveau-Monde le droit de propriété du vainqueur sur les vaincus (V. ESCLAVAGE, TRAITE DES NOIRS). — L'avénement de la République a mis un terme, du moins en France, à cet état de choses : un décret du Gouvernement provisoire du 27 avr. 1848 a formellement aboli l'esclavage.

109. — La preuve de la jouissance d'un droit de pêche aboli est inadmissible, encore bien que celui qui le réclame allègue l'avoir possédé depuis la suppression du régime féodal. — Le motif de rejet de cette preuve est une conséquence nécessaire de l'abolition du droit litigieux. — *Cass.*, 29 juill. 1828, d'Harville c. Compagnie des canaux.

110. — Les choses qui ne peuvent pas être renfermées dans les bornes étroites du domaine de l'homme, ne sont pas susceptibles d'un droit de propriété. Ainsi, la lumière, les astres, la mer, l'eau courante, considérée en général et comme élément. On appelle ces choses *choses communes*. — C. civ., art. 714. — V. Proudhon, *op. et tom. cit.*, no 2.

111. — La loi civile a placé hors du domaine de propriété privée les routes, les forteresses, les terrains militaires, les rivières, les ports de mer, etc. Nul individu ne peut s'en prétendre maître à l'exclusion des autres. Ces objets sont appelés choses du domaine public, et font partie des *choses publiques*. — Proudhon, no 10; Garnier, *Eaux*, no 14; Duranton, t. 5, no 200, et art. 538 C. civ. — V. aussi vis EAU et VOIRIE, et *Inst.*, liv. 2, tit. 1er § 1er, et suiv. — V. DOMAINE PUBLIC.

112. — Celui qui se prétend copropriétaire d'un chemin qu'il soutient être un chemin d'exploitation, doit prouver son droit par des titres ou être dans des circonstances qui ne font pas admettre la publicité du chemin. — *Rouen*, 24 déc. 1825, Tourailles.

113. — Jugé qu'un monument élevé en vertu d'une souscription volontaire, avec l'autorisation administrative, est un édifice public dont la démolition peut être ordonnée par le pouvoir exécutif. — Ord. Cons. d'Et. 6 déc. 1836, Commiss. du monument du duc de Berry. — V. Cormenin, *Droit adm.*, vis *Rejet des requêtes*, t. 1er, p. 99, et *Voirie*, t. 2, p. 461; Cotelle, *Droit adm.*, t. 3, p. 143.

114. — Les rivages de la mer sont également hors du domaine de la propriété privée, et font partie des choses publiques. Le rivage de la mer est la portion de terrain que la mer couvre habituellement par son flot le plus élevé. La portion de terrain que la mer couvre accidentellement n'est point le *rivage* de la mer. On doit en dire autant des terrains bordant les fleuves voisins de la mer. — V. D., loi 96, tit. *De verb. sign.*, frag. de Celse. — V. C. civ., art. 538. — Duranton, t. 4, no 194; Toullier, t. 3. no 31; Merlin, *Quest.*, vo *Rivages de la mer*.

115. Jugé, ainsi, que les bords d'une rivière, à son embouchure, sont susceptibles de propriété privée, lorsque, quand la marée est basse, ils ne sont pas couverts par la mer. — *Rennes*, 27 janv. 1831, Bazin c. préfet du Finistère.

116. — Jugé, de même, que les terrains bordant une rivière qui se jette dans la mer ne sont point rivages de la mer, encore même qu'ils soient couverts par la mer à l'époque du grand flot de mars, surtout si ces terrains ont toujours été considérés par l'administration comme propriété privée. — *Rennes*, 23 juin 1830, Riou.

117. — Il suffit que ce ne soit que par accident que les eaux de la mer recouvrent des terrains, pour qu'ils ne puissent être considérés comme rivages de la mer. — *Cass.*, 4 mai 1836, préfet de la Charente-Inférieure. — V. Ordonn. 1681, liv. 4, tit. 7, art. 1er. — V. LAIS ET RELAIS DE LA MER, MER.

118. — Dans le ressort du parlement de Toulouse, le lit abandonné des rivières navigables appartenait aux riverains et non pas à l'Etat. L'ordonnance de 1669 (tit. 7, art. 41) n'avait pas, dans ce ressort, abrogé en ce point le droit romain. — *Toulouse*, 2 mai 1834, Fournier c. Boscus.

119. — Sous l'empire des principes qui nous régissent actuellement, il est certain qu'on ne saurait soutenir que le lit des rivières navigables ou flottables appartient aux riverains. L'art. 538 C. civ. décide expressément le contraire. — V. COURS D'EAU.

120. — Du reste, aujourd'hui, une digue construite transversalement sur une rivière navigable et flottable peut être, comme immeuble, l'objet d'une propriété privée, sauf, toutefois, l'exécution des lois et règlemens concernant l'intérêt général. — *Cass.*, 16 juin 1835, préfet de la Haute-Garonne c. propriétaire du moulin du Bazacle.

121. — D'ailleurs, à supposer qu'il n'en fût pas ainsi, il n'appartiendrait qu'à l'Etat de demander la nullité de la stipulation consentie par le concessionnaire. — *Cass.*, 17 févr. 1841 (t. 1er 1841, p. 643), Mortier et autres c. Blacheyre. — V. DIGUES.

122. — Jugé, du reste, que les îles, îlots, atterrissemens formés dans le lit d'une rivière navigable, n'appartiennent à l'Etat qu'autant qu'il n'y a ni titre ni prescriptions contraire.—*Rennes*, 27 janv. 1831, Bazin c. préfet du Finistère. — V. ILES.

123. — Jugé que les bras non navigables ni flottables des rivières navigables ou flottables sont, comme ces rivières, propriété de l'Etat. — Arrêt du Conseil, 10 août 1694; 22 janv. 1824, Hache. — V. ALLUVION.

124. — Sous l'empire du droit coutumier, la propriété des rivières non navigables appartenait, ainsi que celle du lit abandonné, au seigneur haut-justicier. Cette jurisprudence existait même en pays de franc-alleu, notamment en Franche-Comté, quoique, dans le cas où la coutume était muette, on dût, en général, appliquer le droit romain. — *Nancy*, 18 juin 1827, Michelin; *Besançon*, 19 juill. 1830, Buyer. — Henrion de Pansey, *Comp. des j. de paix*, p. 233.—*Contrà* Henrys, t. 2, liv. 3, quest. 49.

125. Jugé que, malgré l'abolition des lois féodales, les cessionnaires des ci-devant seigneurs, en vertu de titres irrévocables, ont continué d'être propriétaires des petites rivières, vis-à-vis même des riverains. Vainement on prétendait que leurs droits se sont éteints avec ceux de leurs cédans. — *Cass.*, 23 vent. an X, Comm. de Graisembach. — Merlin critique cette décision, qui contrarie les lois abolitives de la féodalité; lesquelles ne font exception en faveur des tiers acquéreurs, qu'autant qu'ils peuvent invoquer la *possession quinquennale*. — V. Merlin, *Quest.*, t. 6, p. 122, v° *Cours d'eau*; Proudhon, *Du domaine public*, t. 3, p. 335; Foucard, *Droit public et adm.*, t. 2, p. 591, 2e édit. — V., dans le sens de l'arrêt de la Cour suprême, Toullier, t. 3, n° 144; Pardessus, *Traité des servitudes*, n° 77; Duranton, t. 5, n° 208; Daviel, *Lég. et pratique des cours d'eau*; Garnier, *Rég. des eaux*, t. 1er, n° 21.

126. — Jugé, au contraire, dans le sens de Merlin, que la propriété du lit des cours d'eau non navigables ni flottables n'appartient ni aux riverains ni à l'Etat. Cette propriété est dans le domaine de tous, dans la grande communauté négative; sauf toutefois le droit de l'Etat, d'en disposer dans l'intérêt public. — *Colmar*, 6 févr. 1839 (t. 2 1839, p. 83), Marchal c. Michel Champy.

127. — Il résulte aussi d'un arrêt de la Cour de cassation, que le propriétaire riverain d'une rivière non navigable ni flottable ne peut prétendre que, par cela seul qu'il est en possession de son héritage, il possède la moitié du lit de la rivière. — *Cass.*, 11 févr. 1834, Pavin c. Montravel.

128. — Une digue, construite jadis par un seigneur sur une rivière, n'était pas une propriété particulière, en ce sens qu'un riverain n'en puisse profiter aujourd'hui moyennant indemnité. Les conventions qui auraient eu lieu à ce sujet sont susceptibles de modifications d'après les lois nouvelles. — V. *Cass.*, 18 juin 1806, Sudre, et L. 6 oct. 1791.

129. — En l'absence de titre contraire, le droit qui a été accordé au propriétaire d'une digue de s'appuyer sur le fonds d'un riverain, n'emporte à son profit qu'un droit de servitude sur ce fonds, et non la propriété du sol occupé et couvert par les ouvrages qui forment l'appui. Dès lors, l'alluvion profitant exclusivement au propriétaire riverain (C. civ., 556); c'est à ce propriétaire, et non au propriétaire de la digue, que profite l'alluvion superposée à la partie de cette digue qui s'appuie et s'enfonce dans le fonds riverain. — *Cass.*, 8 nov. 1843 (t. 1er 1844, p. 392), de Brignac c. de Fontenelle.

130. — V., au surplus, tant sur la solution de ces questions que pour la détermination des rivières navigables ou flottables, COURS D'EAU.

131. — La qualité de riverains d'un ruisseau, alors même qu'il est pavé et curé aux frais de la commune, leur donne droit à la jouissance de ses eaux, en leur qualité de riverains. L'autorité judiciaire est seule compétente pour prononcer sur les contestations relatives à cette jouissance. — *Cons. d'Etat*, 7 oct. 1807, Grillon.

132. — Les travaux faits par l'administration des ponts et chaussées dans l'intérêt des riverains d'une rivière qui n'est ni navigable ni flottable, et par suite des dégradations commises par eux, ou leurs fermiers, sont à la charge de ces riverains. — Décision *Cons. d'Etat*, 8 avr. 1809, Martin.

133. — Un arrêt peut, sans encourir la censure de la Cour de cassation, déclarer, par appréciation des faits et des titres, qu'un terrain désigné dans un acte authentique ancien sous le nom de *sables* d'une rivière, et séparant de cette rivière un héritage voisin, constituait, en qualité de terrain vain et vague, une propriété particulière, et en conclure, par suite, que les alluvions formées sur ce terrain ne peuvent profiter au propriétaire de l'héritage situé au delà. — *Cass.*, 26 févr. 1840 (t. 2 1840, p. 788), Despeuilles.

134. — Un canal creusé de main d'homme, bien qu'alimenté par les eaux d'une rivière navigable à laquelle il aboutit, ne doit pas, par cela seul, être considéré comme une dépendance de cette rivière, et, à ce titre, comme faisant partie du domaine de l'Etat, si d'ailleurs il est constant qu'il ne sert qu'à l'irrigation des propriétés particulières qu'il traverse, et si rien n'établit que ce soit l'Etat qui l'ait creusé ou qui l'entretienne. Il y a présomption qu'un tel canal a été établi par les propriétaires riverains sur leurs propres fonds, et, par suite, présomption de propriété en leur faveur, jusqu'à preuve contraire. — *Pau*, 16 juin 1834, préfet des Hautes-Pyrénées c. Berdizier.

135. — Jugé, dans le même sens, qu'un canal de navigation pratiqué de main d'homme, ainsi que ses banquettes, constitue une propriété particulière, et que les riverains ne peuvent y faire des percées pour arroser leurs terres.—*Paris*, 19 thermidor an IX, Aviat c. Quinot.

136. — Les dispositions de l'art. 546 C. civ., et de l'ancien droit général de la France, d'après lesquelles un canal fait de main d'homme est présumé appartenir au propriétaire de l'usine qu'il fait mouvoir, et dont il n'est que l'accessoire, ne sont pas tellement positives et impératives que les tribunaux ne puissent s'en écarter, lorsque des titres contraires s'opposent à leur application. — *Cass.*, 21 déc. 1830, Dommange c. Calvet.

137. — La propriété du lit d'un canal n'emporte pas nécessairement celle de ses francs-bords. — *Pau*, 21 février 1838 (t. 1er 1840, p. 80), Camdauga c. Liabat. — V. aussi Daviel, *Régime des eaux*, t. 2, p. 406, 437 et 512; Chardon, *De l'alluvion*, t. 2, p. 29 et suiv.

138. — Les francs-bords d'un canal creusé de main d'homme ne sont pas légalement présumés appartenir au propriétaire du canal. Une simple présomption invoquée par ce propriétaire devrait céder devant une présomption contraire, notamment s'il n'existait de travaux d'art que sur une seule des rives, et sur une partie de cette rive seulement. — *Bourges*, 24 août 1838 (t. 1er 1841, p. 183), Dumay c. Cissoigne.

139.—Les francs-bords d'un canal artificiel qui sert à alimenter une usine ne sont présumés dépendre de ce canal et appartenir à l'usine, comme le cours d'eau lui-même, qu'autant qu'ils en sont un accessoire indispensable. — *Bourges*, 1er avril 1840 (t. 1er 1841, p. 190), Lebel c. Commune de Villabon.—V. en ce sens *Cass.*, 4 déc. 1838 (t. 1er 1839, p. 30).—V. aussi *Douai*, 5 mai 1840 (t. 2 1840, p. 209), et la note.

140. — Un canal fait de main d'homme est non-seulement l'accessoire, mais une portion intégrante du moulin qu'il fait mouvoir, de telle sorte que la propriété du canal entraîne celle des francs-bords, et que nul autre que le propriétaire du moulin ne peut prendre l'eau au canal, à moins d'une servitude établie par titre. — *Cass.*, 20 déc. 1842 (t. 1er 1843, p. 357), Courcelles c. Garnot.

141.—Lorsqu'un canal se divise en deux bras, dont l'un met un moulin en mouvement, et l'autre sert à l'arrosage des terres, le maître de l'usine ne peut prétendre à la propriété exclusive de la partie de ce canal supérieur au point de séparation, lors surtout qu'il résulte des titres produits que l'entretien est à la charge des riverains. Cette portion doit être déclarée commune entre eux et lui. — *Aix*, 8 juin 1841 (t. 1er 1843, p. 520), Martin c. Nicreur.

142. — Les biens qui appartiennent à des corporations font partie des *choses publiques*. L'usage en est commun à tous les membres de la corporation. La propriété en appartient exclusivement à la corporation entière. De ce nombre sont les propriétés des communes, celles des établissemens publics.—V. *Institut.*, liv. 2, tit. 1er, § 1er et suiv. — V. COMMUNES, ÉTABLISSEMENT PUBLIC.

143. — Les rues des villes qui ne sont pas le prolongement des grandes routes constituent pour ces villes une propriété communale affectée par la loi à l'usage public. — *Cass.*, 5 juill. 1836, Aribert. — La clôture provisoire de ces rues, ordonnée par simple acte administratif, ne porte point atteinte aux droits de propriété de la commune, jusqu'à ce qu'elle ait consenti une aliénation d'après les formes légales. — Même arrêt.

144. — Le sol d'un passage ou d'une galerie formé d'un côté par des maisons et de l'autre par des piliers qui contiennent les premiers étages, doit être réputé appartenir à une ville, quand il résulte de l'état des lieux et de la possession constante des habitans non contredite par des titres particuliers, que ce passage a toujours été considéré comme voie publique. — *Cass.*, 19 juill. 1841 (t. 2 1843, p. 718), Harau.

145. — De même, lorsqu'un chemin présente tous les signes d'un chemin public, c'est à celui qui prétend qu'il est sa propriété privée à prouver ce fait. — *Bourges*, 18 avril 1822, Marotte c. Rochu.

146. — Dans les communes rurales, ainsi que dans les villes, la présomption est que tout l'espace compris entre les lignes des maisons fait partie de la rue, et qu'une portion quelconque n'en peut être possédée qu'à titre précaire. — *Nancy*, 30 mars 1833 (sous *Cass.*, 20 juin 1834), Noël c. Nogent.

147. — Lorsqu'une route nationale a été établie sur l'emplacement d'une ancienne rue communale, les parcelles de terrain restées en dehors du tracé de la route appartiennent à l'Etat comme dépendance de celle-ci, et ne peuvent être réclamées par les communes traversées, alors surtout que ces dernières ne prouvent point qu'elles aient fait acte de propriété sur lesdites parcelles. — *Cass.*, 21 nov. 1843 (t. 1er 1844, p. 316), ville de Laon c. préfet de l'Aisne.

148.—Bien qu'un chemin pratiqué de temps immémorial par le public ait de plus été classé par l'administration au nombre des chemins ruraux, il ne s'ensuit pas nécessairement que le sol soit la propriété de la commune ou qu'elle l'ait prescrit. Cette propriété ne peut s'établir que par titres ou par la prescription résultant de la possession *animo domini*. — *Agen*, 23 juill. 1845 (t. 2 1845, p. 739), de Pezet c. Commune de Flaujac. — Pardessus, *Des servitudes*, n° 216; Proudhon, *Du domaine public*, n° 634.

149. — La présomption de propriété des arbres plantés sur le sol des grandes routes, établie en faveur de l'Etat, ne peut, d'après la loi du 12 mai 1825, être écartée par des propriétaires riverains que par la preuve ou qu'ils ont acquis les arbres à titre onéreux ou qu'ils les ont plantés à leurs frais. — Le fait d'avoir élagué et remplacé ces arbres depuis plus de trente ans est insuffisant pour en faire prescrire la propriété contre l'Etat, si ce fait n'a eu lieu qu'à titre de tolérance de la part de l'administration. — *Cass.*, 22 janvier 1845 (t. 1er 1845, p. 480), Donzelot c. préfet de Seine-et-Oise.

150.—Les corporations religieuses ne peuvent acquérir ni biens immeubles ni rentes qu'en vertu d'une autorisation du chef du gouvernement. La même autorisation est nécessaire pour l'aliénation qu'elles voudraient en faire. — L. 2 janv. 1817.—V. aussi CULTE, DISPOSITION A TITRE GRATUIT.

151. — Les hospices, fabriques et autres établissemens publics sont soumis à des règles particulières quant à l'administration et à la disposition de leurs biens. — V. FABRIQUE D'ÉGLISE, HOSPICE.

152. — La dotation établie au profit du sénat n'attribuait point à ses membres un droit de propriété ou d'usufruit sur les biens et revenus composant cette dotation. C'était plutôt un traitement. — *Cass.*, 12 févr. 1835, Saur.

CHAPITRE IV. — *Divers modes d'acquisition de la propriété.*

153. — L'occupation est le premier mode d'acquisition qui ait été pratiqué et reconnu par les hommes. Par le fait seul de la prise de possession, tout homme devint propriétaire du poisson par lui pêché sur les bords des rivières ou de la mer, ainsi que du gibier qu'il avait arrêté ou tué sur les terres. — De même, il devint propriétaire des bois dont il s'était saisi dans les forêts, pour son usage, et des fruits qu'il avait le premier recueillis, pour sa nourriture personnelle ou pour celle de ses troupeaux.

154. — Quant à la propriété exclusive des terres, elle ne dut s'introduire que plus tard dans l'usage, parce que l'homme n'eut d'abord pas besoin de cette propriété exclusive, vu la grande étendue des terres relativement à la population, et aussi parce que la possession ne s'exerce pas aussi facilement et d'une manière aussi continue sur les fonds que sur les choses mobilières. — Proudhon, *Traité du dom. publ.*, n° 31.

155. — Cet état dut changer à mesure que la multiplication des hommes fit accroître leurs besoins et obligea leur industrie à s'exercer à les satisfaire. — Celui qui construisit le premier une cabane, qui défricha un champ et le féconda, se considéra comme propriétaire de cette cabane, de ce champ; de là l'origine de la propriété foncière : l'*occupation*. — Proudhon, *loc. cit.*, n°s 31 et 32.

156. — Quant à la transmission du droit de propriété, il est conforme à la raison et à la nature que cette mutation ait dû avoir lieu par la *tradition* faite du consentement respectif de celui qui livrait la chose et de celui qui la recevait. — V. Proudhon, *loc. cit.*, n° 33.

157. — La personnalisation du patrimoine fut la source des institutions civiles qui reconnurent le droit de disposer de ses biens autrement que par tradition, et donna naissance à la faculté de tester qui est considérée comme la plus haute puissance du droit de propriété. — V. Agnès, *De la propriété ou de l'hérédité*, t. 2, n° 399.

158. — Sous la loi des Douze-Tables, les moyens d'acquérir du droit romain étaient : l'*occupation*, qui faisait acquérir le butin et les esclaves pris sur l'ennemi. La *tradition* était probablement admise dès cette époque pour les choses de moindre importance, qui étaient rangées par la loi des Douze-Tables elle-même dans la classe des choses *nec mancipi*. En effet, il est difficile, d'une part, d'admettre que les Romains recourussent aux formalités compliquées de la mancipation pour tous les actes usuels de la vie, et relatifs aux moindres objets; d'autre part on ne pourrait comprendre que la loi des Douze-Tables distinguât les choses *mancipi* des choses *nec mancipi*, sans admettre nécessairement que le *mancipium* (la mancipation) s'appliquât exclusivement, comme le mot l'indique, aux choses *mancipi*. Or il résulte clairement du témoignage de Gaïus que la loi des Douze-Tables distinguait les choses *mancipi* des choses *nec mancipi*. — V. Domenget, *Inst. de Gaïus trad. et annotées*, p. 113, note.

159. — A côté de l'*occupation* et de la *tradition*, qui n'étaient que des moyens d'acquérir d'après le droit naturel, le droit civil reconnaissait plusieurs modes de transférer la propriété. C'était le *mancipium*, aliénation solennelle qui se faisait entre citoyens romains seulement, en présence de témoins citoyens romains, avec une balance, un lingot de métal, et en employant des paroles solennelles. — V. Sénèque, ep. 72; Lucrèce, 3, 984, et Pline, *Hist. nat.*, liv. 33, chap. 3.

160. — L'usage (*usus auctoritas*), lorsqu'il avait duré deux ans, pour les choses du sol, un an, pour les autres choses, rendait propriétaire celui qui avait reçu de bonne foi et suivant un mode du droit civil, du non-propriétaire, une de ces choses. — L'usage rendait encore propriétaire, d'après le droit civil, celui qui avait reçu du véritable propriétaire, et par la simple tradition, une chose qui ne pouvait être transférée ainsi. — V. L. des Douze-Tables, table 6e, et Cicéron, *Top.* 4.

161. — Il est probable que la cession devant le magistrat (*cessio in jure*), quoiqu'elle ne fût pas encore appelée de ce nom qu'elle portait certainement au temps de Cicéron, et dont Gaïus s'occupe très-longuement et en détail, était reconnue par la loi des Douze-Tables comme moyen d'acquérir. Ce qui le prouve incontestablement, c'est qu'un des modes solennels d'affranchissement établis par cette loi (l'affranchissement par la *vindicte*) consistait précisément dans les solennités qui nous sont tracées par les jurisconsultes romains pour la cession devant le magistrat. — Ortolan, *Inst. expl.*, 2e édit., p. 36 et 107.

162. — L'*adjudication* était encore un des moyens civils d'acquérir le domaine, suivant la loi des Douze-Tables. Nous verrons plus bas dans quel cas elle s'appliquait. Il est probable qu'elle ne portait pas encore le nom d'*adjudication*. — V. D., liv. 10, tit. 2, l. 1er, *Fragm. de Gaïus*, où il est dit que l'action *familiæ erciscundæ* vient de la loi des Douze-Tables, et Cicéron, *De leg.*, 1, 21.

163. — La loi était encore un moyen d'acquérir dans certains cas, notamment en matière de legs *per vindicationem*, ainsi qu'il résulte d'un passage de la loi des Douze-Tables rapporté par Gaïus et déjà cité. — V. Gaïus, *Comm.* 2, § 224.

164. — A l'époque de Gaïus, le domaine *in bonis* était acquis à celui qui avait reçu du véritable propriétaire une chose *mancipi* par la simple tradition, et qui ne l'avait pas encore usucapée. — V. Gaïus, *Comm.* 2, § 41.

165. — Les moyens d'acquérir le domaine quiritaire se divisaient en moyens d'acquérir d'après le droit naturel et moyens d'acquérir d'après le droit civil. — V. Gaïus, *Comm.* 2, § 65.

166. — Les moyens d'acquérir du droit naturel étaient l'*occupation* et la *tradition*. — V. Gaïus, *Comm.* 2, § 65 et 66.

167. — L'*occupation* s'appliquait aux objets qui n'avaient pas de maître, tels que les animaux sauvages qui peuplent la terre, la mer et les airs; et aussi aux choses qui n'existant plus sous leur première forme, et ne pouvant plus y revenir, ne pouvaient pas être revendiquées par l'ancien maître, comme *res extinctæ*. Elles appartenaient à celui à la chose duquel elles s'étaient incorporées et dont elles étaient considérées comme l'accessoire. Ainsi, l'alluvion (mais non la partie *distincte* de votre champ) qui s'est incorporée à mon champ; ainsi votre plante qui a pris racine dans mon champ, et a formé une plante nouvelle que j'occupe au moyen de mon champ; ainsi l'écriture que vous avez mise sur mes tablettes ou sur mon parchemin, et qui est incorporée à ces tablettes ou à ce parchemin; ainsi, votre toile qui est absorbée, éteinte comme toile par ma peinture, toutes ces choses me sont acquises par occupation en vertu de ce principe qu'elles n'existent plus séparément comme objets distincts, et ne peuvent plus être revendiquées par vous. — V. Gaïus, *Comm.* 2, §§ 66 et suiv.

168. — La *tradition* était un mode d'aliénation propre aux choses *nec mancipi*. Appliquée à ces choses, elle en transférait le domaine quiritaire. Elle ne pouvait s'appliquer qu'aux choses corporelles, et ne rendait l'acquéreur propriétaire que si elle était faite par le véritable maître. Il n'était besoin de recourir à aucune solennité pour la tradition. — V. Gaïus, *Comm.* 2, § 19 et 20.

169. — A l'*occupation* et à la *tradition*, plusieurs commentateurs ont voulu adjoindre l'*accession* comme moyen d'acquérir la propriété romaine suivant le droit naturel; et les rédacteurs du Code civil ont, d'après Pothier, consacré ce troisième moyen par des dispositions expresses. Quoi qu'il en soit des dispositions qui régissent aujourd'hui cette matière, il nous paraît certain que le droit romain n'a pas consacré et ne devait pas consacrer ce mode d'acquisition. — V. ACCESSION.

170. — Les moyens d'acquérir, d'après le droit civil, étaient au temps de Gaïus : la mancipation, l'usucapion, la cession devant le magistrat (*cessio in jure*), l'adjudication, la loi.

171. — La mancipation se faisait au moyen de paroles solennelles, en présence d'un porte-balance, et de cinq témoins, tous citoyens romains et pubères. L'acquéreur disait en présence des témoins : « Je prétends que cette chose est mienne d'après le droit quiritaire, et que je l'ai achetée avec cet airain et au moyen de cette balance. » Après cela il frappait la balance avec le morceau d'airain, qu'il donnait comme prix à celui qui lui transférait la chose. — Gaïus, *Comm.* 1er, § 119.

172. — La mancipation des choses mobilières exigeait la présence de la chose : on n'en pouvait manciper à la fois qu'autant qu'on en pouvait tenir dans la main. Celle des immeubles n'exigeait pas la présence de la chose : on pouvait même en manciper plusieurs à la fois. La mancipation n'était applicable qu'aux choses *mancipi*, et ne pouvait avoir lieu qu'entre les citoyens romains, les Latins coloniens, les Latins juniens et les pérégrins admis au *jus commercii*. — V. Ulpien, règle 19, 3, 4, 6.

173. — L'*usucapion* était un moyen civil d'acquérir par une possession d'un an ou de deux ans, suivant qu'il s'agissait de meubles ou d'immeubles. Elle s'appliquait aux choses corporelles et aux choses incorporelles, aux choses *mancipi* et aux choses *nec mancipi*. Elle était utile quand on avait reçu de bonne foi du non-propriétaire; et aussi lorsqu'on avait reçu du véritable propriétaire une chose *mancipi* par simple tradition. Elle s'appliquait aux choses *mancipi*, qu'elles fussent sur le sol italique ou dans les provinces, notamment aux esclaves. Pour les immeubles provinciaux, qui n'étaient pas susceptibles d'une propriété privée, le possesseur qui avait possédé pendant dix ans entre présens et vingt ans entre absens, avait une exception appelée *præscriptio longi temporis*, par laquelle il repoussait l'ancien propriétaire. Mais il ne pouvait pas, comme celui qui avait usucapé, exercer la revendication alors qu'il venait à perdre la possession : il n'était protégé que par une action prétorienne. Il avait cependant un avantage sur celui qui avait usucapé : c'était de posséder la chose librement, purgée des droits réels que l'ancien propriétaire aurait pu y établir, et que l'ayant droit n'avait pas exercés pendant les dix ou vingt ans de possession du prescrivant. Au contraire, celui qui avait usucapé avait la chose grevée des droits réels créés par l'ancien propriétaire. — V. D., 41, 3, 44, § 5, fr. de Papin.; 44, 3, 12, fr. de Paul; Code, 7, 39, 8; Gaïus, *Comm.* 2, § 54, et Domangel, note sous ce paragraphe.

174. — La cession devant le magistrat s'opérait en présence de trois personnes : celui qui cédait la chose, celui auquel on la cédait, et le magistrat qui attribuait la propriété. Celui qui voulait acquérir prononçait ces paroles : « Je prétends que cette chose est mienne d'après le droit des Quirites. » Le préteur demandait au cédant si, de son côté, il ne vendiquait pas la chose. Celui-ci ou gardait le silence, ou disait qu'il ne revendiquait pas, et alors le préteur attribuait la propriété à celui qui l'avait vendiquée. La cession devant le magistrat s'appliquait aux choses *mancipi* et aux choses *nec mancipi*; mais quant aux choses *mancipi*, il était rare qu'on y appliquât la mancipation : parce que, dit Gaïus, il est peu de personnes qui emploient un mode difficile d'aliénation, alors qu'on peut facilement produire le même effet par un moyen plus facile (la mancipation). La cession *in jure* s'appliquait surtout aux droits réels qui, à part les servitudes d'héritages ruraux, n'étaient pas susceptibles d'être aliénés par la mancipation. Elle s'appliquait également aux droits d'hérédité. Les provinces n'étaient pas susceptibles de recevoir l'application de la *cessio in jure*. Il est à croire, cependant, qu'un esclave pouvait être cédé *in jure* même dans les provinces. Cela ressort du § 22 du comm. 2 des Inst. de Gaïus. — V. Gaïus, *Comm.* 2, § 24 et suiv.; 4, § 16; Ulpien, règle 19, 1.

175. — L'adjudication était l'attribution de la propriété que faisait le juge (non le préteur) en jugeant. Elle n'avait lieu que relativement au partage d'une hérédité ou d'une chose commune, ou encore dans l'action en bornage. L'adjudication s'appliquait aux choses *mancipi* comme aux choses *nec mancipi*. — V. Ulpien, règle 19, § 16.

176. — La loi était encore un moyen d'acquérir, dans certains cas, commun aux choses *mancipi* et *nec mancipi*. Le legs par vendication et le legs *caduc* de la loi Papia Poppæa sont acquis en vertu de la loi. — V. Ulpien, règle 19, § 17.

177. — Les moyens généraux d'acquérir étaient les successions (testamentaires ou *ab intestat*), l'adrogation, la vente des biens en masse, et l'adjudication faite à celui qui s'engageait à maintenir les affranchissemens. Nous n'avons pas à nous en occuper ici. — V. ADOPTION, SAISIE IMMOBILIÈRE, SUCCESSION. — V. aussi Gaïus, *Comm.* 2, § 97 et suiv.; *Comm.* 3, § 1er et suiv., § 77 et suiv.

178. — Au temps de Justinien, l'occupation et la tradition sont conservées comme moyens d'acquérir d'après le droit naturel. La mancipation et la cession devant le magistrat ont disparu, par suite de la suppression de la distinction des choses en *mancipi* et *nec mancipi*. L'usucapion est fondue par Justinien avec la prescription. Sous cet empereur, trois ans de possession pour les meubles et dix ou vingt ans pour les immeubles font acquérir la propriété à celui qui les a acquis avec juste titre et bonne foi du non-propriétaire. L'adjudication et la loi sont conservées. La donation est un moyen d'acquérir en certains cas. Les moyens généraux d'acquérir, d'après le droit civil, sont conservés avec certaines modifications. — V. *Institutes* de Justinien, liv. 2, tit. 1er, 6, 7, 10 et suiv.; liv. 3, tit. 1er et suiv.

179. — Sous les deux premières races de nos rois, la tradition, la possession d'an et jour, la prescription étaient les moyens d'acquérir à titre singulier. L'hérédité (testamentaire ou *ab intestat*) et l'adoption étaient les moyens d'acquérir à titre universel. L'occupation était consacrée comme moyen d'acquérir du droit des gens les choses sans maître, notamment le butin fait à la guerre. Sur cette dernière proposition, V. la loi des Bourguignons, tit. 54, § 1er, et toutes les lois germaniques de la même époque.

180. — Pour que la tradition opérât son plein et entier effet, elle devait être suivie de formes solennelles et symboliques. Régulièrement, elle se faisait en justice, dans le ressort même de la situation de l'immeuble. Pour symbole on employait un fétu de paille, une branche d'arbre, un brin d'herbe, une motte de terre ou une touffe de gazon, qu'on jetait dans le sein de l'acquéreur ou du juge comme personne interposée. Un écrit n'était pas nécessaire pour la confection et la validité de l'acte. L'ancien possesseur se déclarait dépouillé de son droit sur la chose et allait investir son successeur, qui prenait possession avec de nouvelles formes solennelles. Si les parties n'avaient pas présent l'objet dont on voulait transférer la propriété, la tradition se faisait devant témoins : l'investiture était garantie par des cautions.— V. Grimm, *Deusche Rechts-Alterthümer*, p. 112 et suiv., 122 et suiv., 130, 555 et suiv.; Bouquet, 4, dipl. 91, an 702; Meichelbec, *Hist. Frisingæ*, 1, dipl. 607, an 839; et Capit. de Louis-le-Débonnaire, an 819, cap. 1er, ch. 6.

181. — La possession d'un an et un jour rendait incommutables les droits du possesseur sur sa chose. Cela ressort assez clairement de plusieurs textes de lois de la première et de la seconde race. — V. Loi salique corrigée, tit. 47, § 4, et tit. 48; Cap. de Charlemagne, an 803, cap. 4, ch. 33; Cap. de Louis-le-Débonnaire, de l'an 819, cap. 1er, ch. 11, et cap. 4, ch. 3.

182.—La possession, tantôt de quinze ou trente ans (chez les Bourguignons), selon qu'on possédait avec l'assentiment du propriétaire, ou sans cet assentiment; tantôt de trente ou cinquante ans (chez les Visigoths), tantôt de cinq, trente, quarante ou soixante ans (chez les Lombards), était un moyen d'acquérir la propriété des immeubles. On ajoutait souvent le délai d'an et jour à cette possession. — V. Lois des Bourguign., 79; des Visig. X, 2; de Rothaire, 230 et 231; Luitpr. VI, 1, 16, 24 et 62; Bouquet, t. 4, dipl. 62, an 680.

183. — Une universalité de biens, tant meubles qu'immeubles, recevait l'application des règles établies quant à l'aliénation des immeubles. Quant aux meubles singuliers, la simple tradition sans solennité faite par le propriétaire lui faisait perdre son droit de propriété. En cas de vol, il aurait pu la revendiquer : il en était de même en cas de perte. — V. Lois des Bavarois, tit. 15, ch. 11; des Ripuaires, tit. 48; des Visigoths, tit. 5, ch. 4, § 8, tit. 8, ch. 5, § 8; salique corrigée, tit. 49; des Ripuaires, tit. 33, § 1er; et Cap. de Charlemagne, an 803, cap. 4, ch. 48.

184. — Les biens que laissait un défunt étaient déférés à ceux qu'il avait institués dans son testament. D'après la loi salique, le testament devait être fait en justice comme la tradition des immeubles. D'après les lois bourguignonne et visigothe, il suffisait que le testament fût fait devant témoins. On ne pouvait disposer ainsi que des meubles et des acquêts, les propres étant réservés aux mâles ou parens par les mâles. — V. L. salique corrigée, tit. 48; des Bourguignons, tit. 43, tit. 60, § 1er; des Visigoths, tit. 2, ch. 5, § 12; cap. 4, an 803, et Formules de Marculfe, 2, 12.

185. — Si le défunt mourait sans testament, ses biens étaient dévolus, chez les Francs, la masse commune (meubles et acquêts) aux enfans, à leur défaut aux père et mère, à défaut de ceux-ci aux frères et sœurs, puis aux oncles et tantes, en dernier lieu au plus proche lignager paternel. Les propres étaient toujours réservés aux mâles. Les femmes n'y avaient droit qu'autant qu'il n'y avait pas de lignagers successibles. Chez les Bourguignons, la fille était exclue par les fils et leurs descendans mâles : elle précédait les autres lignagers, même pour les propres. Chez les Lombards, les fils excluaient les filles, lesquelles succédaient à tous les biens à leur défaut; après elles venaient les autres collatéraux. Il n'était pas fait mention des ascendans non plus que dans la loi bourguignonne. Chez les Allamands, les fils excluaient les filles qui, à leur tour, excluaient tous autres : à défaut de descendans le père était appelé.—V. Lois salique corrigée, tit. 62, § 1er à 6; ripuaire, tit. 56, § 1er à 3; bourguign.. tit. 14; lombarde, 1, 1, 111, 4; des Allamands, c. 57, tit. 92. — V. Klimrath, *Hist. du droit franç.*, § 157 et suiv.

186. — L'adoption n'était le plus souvent au fond qu'une institution contractuelle. L'institué acquérait, du vivant même de l'adoptant, les mêmes droits que ceux qu'auraient eus les héritiers du sang. — V. Marculfe, II, 13, et Grimm., p. 146, 163 et suiv., 464, et aussi Klimrath. *loc. cit.*

187. — Sous les rois de la troisième race, les moyens d'acquérir se divisent en moyens du droit naturel ou des gens, et en moyens du droit civil. — V. Pothier, *De la propriété*, chap. 2.

188. — Les manières d'acquérir le domaine de propriété d'une chose étaient, d'après le droit naturel et des gens, l'*occupation*, l'*accession* et la *tradition*. Ces trois modes étant passés dans notre Code civil, tels qu'ils sont exposés dans Pothier, nous remettrons à nous en occuper alors que nous expliquerons les articles de notre Code qui y sont relatifs.

189. —Le domaine de propriété des choses se transmettait, d'après le droit civil, d'une personne à une autre, sans tradition ni prise de possession, en plusieurs cas, soit à titre universel, soit à titre particulier. — V. Pothier, *De la propriété*, part. 1re, chap. 2, sect. 5, n° 248.

190. — Il se transmettait à titre universel par succession soit *ab intestat*, soit testamentaire. — V. Pothier, *loc. cit.*; et vis SUBSTITUTION, SUCCESSION.

191. — Le droit civil transmettait à titre singulier dans le cas d'un legs particulier ou d'un fidéicommis particulier, sans qu'il fût besoin de tradition pour faire acquérir au légataire ou au fidéicommissaire. — V. Pothier, *loc. cit.*, et vis FIDÉICOMMIS, LEGS.

192. — Les adjudications faites en justice étaient également un moyen du droit civil qui faisait acquérir à titre singulier.—V. ADJUDICATION.

193. — Enfin, la prescription acquisitive (usucapion) était aussi une manière d'acquérir du droit civil à titre singulier. — V. PRESCRIPTION et Pothier, *Traité de la prescription*.

194. — Aux termes des art. 711 et 712 du Code civil la propriété des biens s'acquiert et se transmet par succession, par donation entre-vifs ou testamentaire, et par l'*effet des obligations*. Elle s'acquiert aussi par accession ou incorporation, et par prescription. L'occupation et la tradition sont également consacrées par les principes du Code civil. Nous n'avons à nous occuper ici que de l'*occupation*, de l'*accession* et de la *tradition*. Quant aux autres moyens d'acquérir, ils font l'objet de mots spéciaux auxquels il nous suffira de renvoyer, V. notamment ADOPTION, ALLUVION, DISPOSITION A TITRE GRATUIT, DONATION ENTRE-VIFS, LEGS, OBLIGATION, PRESCRIPTION, SAISIE EXÉCUTION, SAISIE IMMOBILIÈRE, SUCCESSION, TESTAMENT, VENTE, etc., etc. V. aussi CESSION, SUBSTITUTION, TRANSPORT.

Sect. 1re. — *Occupation.*

195.—L'occupation ou prise de possession consiste dans le fait de s'emparer, pour en devenir maître, d'une chose qu'on ne possédait pas auparavant, et qui n'appartenait encore ou n'appartenait plus à personne. Toutefois, l'occupation qui résulte du fait de la guerre diffère de l'occupation ordinaire : en ce sens que les choses qu'elle nous fait acquérir appartenaient privativement au peuple conquis; et que ce n'est que par une subtilité qu'on a considéré ces choses comme n'ayant *plus* de maître.—V. *Instit.*, liv. 2, tit. 1er, § 4, et suiv.; Gaïus, *Comm.* 2, § 55 et suiv.; Proudhon, *Domaine de propriété*, t. 1er, nos 335 et suiv., n° 358; D., liv. 41, tit. 1er, l. 3.

196. — On considère l'occupation comme un moyen d'acquérir *originaire* parce qu'on acquiert par là une chose qui n'était dans le domaine de personne. On la considère encore comme un moyen d'acquérir *primaire* parce qu'elle a été la première base du droit de propriété, aussi ancienne que les premiers peuples. Les moyens qui nous font acquérir la propriété d'une chose qui appartenait antérieurement à une autre personne, sont, au contraire, considérés comme moyens *dérivés* ou *secondaires* d'acquérir. — V. *Inst.*, liv. 2, tit. 1er; Ortolan, *Expl. des Inst.*, sur ce livre, et Ducaurroy, *eod. loc.*

197. — Sous les principes du droit romain, ainsi qu'on l'a vu précédemment, l'occupation s'appliquait à toutes les choses qui n'avaient pas de maître, soit que ces choses fussent mobilières ou immobilières. Aujourd'hui, au contraire, l'occupation ne nous confère jamais que la propriété des choses mobilières, et ne s'applique *qu'aux choses qui n'appartiennent à personne* (choses *nullius*) : notamment aux coquillages trouvés sur les bords de la mer, aux animaux sauvages qu'on tue ou dont on s'empare, à l'eau qu'on puise dans un fleuve ou dans une rivière, au poisson qu'on y pêche, conformément aux lois sur la pêche; aux oiseaux qu'on prend à la chasse, etc. — V. Proudhon, *op. et tom. cit.*, n° 360.

198. — On doit en dire autant du trésor ou d'une chose abandonnée qui sont également acquis à titre d'occupation à celui qui les trouve, sauf, quant au trésor, la part qu'on considère comme l'accessoire du fonds où il était caché.— V. Duranton, t. 4, n° 268 et suiv.; Delvincourt, t. 2, p. 3.

199. — Quant aux immeubles, ils ne sont plus aujourd'hui acquis au moyen de l'occupation. Les art. 339 et 713 du Code civil attribuent à l'État les biens vacans et sans maître; ce qui s'entend particulièrement des immeubles abandonnés. — V. Proudhon, *loc. cit.*

200. — L'occupation des choses se fait par la *mainmise* réelle sur l'objet qu'on veut posséder avec l'intention de l'acquérir. — V. Pothier, *De la propriété*, n° 63. —La pêche et la chasse sont les deux modes les plus importans d'acquérir les choses animées. — V., pour ces deux modes, vis CHASSE et PÊCHE.

ART. 1er. — *Invention.*

201. — On appelle *invention* l'occupation d'une chose inanimée. L'invention a lieu par rapport au trésor, aux choses perdues, au butin fait à la guerre, aux choses qui croissent et se trouvent sur les rivages de la mer.

§ 1er. — *Trésor.*

202. — Le trésor est, suivant le Code civil (art. 716), toute chose cachée ou enfouie, qui est découverte par le pur effet du hasard et sur laquelle personne ne peut justifier sa propriété. — V. TRÉSOR.

§ 2. — *Choses perdues.*

203. —L'art. 717 C. civ. dispose que : « les droits sur les choses perdues, dont le maître ne se représente pas, sont réglés par des lois particulières. » Comme aucune loi postérieure au Code civil n'est venue régler les droits sur les choses trouvées, il faut se reporter aux règles antérieures et aux usages.

204. — On donne à ces choses le nom générique d'*épaves* (V. ce mot). On les appelait aussi autrefois *gayves*.

205. — On attribue généralement la propriété des choses perdues à l'inventeur par droit d'occupation, pourvu, toutefois, que le maître ne se soit pas fait connaître.

206. — Mais le maître doit avoir été mis en demeure de les réclamer par tous les moyens de publicité. Il est donc bon, non-seulement que l'inventeur fasse sa déclaration et même le dépôt des objets qu'il a trouvés, à l'autorité, mais encore que l'épave soit publiée; c'est ce qui avait lieu autrefois dans la plupart des coutumes. — V. ÉPAVES, nos 22 et suiv., 85 et suiv.

207. — L'inventeur qui, ayant trouvé un objet perdu, nie sa découverte lorsque le propriétaire vient lui en faire la réclamation, manifeste suffisamment par sa dénégation l'intention de s'approprier la chose d'autrui et doit être puni des peines portées par l'art. 401 C. pén. — *Cass.*, 4 avr. 1823, Mallet; 5 juin 1817, Bouvet; *Nîmes*, 16 juin 1819, Alméras. — *Contrà*, Carnot, *C. pén.*, t. 2, p. 253, n° 1er, p. 273, n° 3; Legraverend, t. 2, ch. 2, p. 129; Bourguignon, *C. crim.*, art. 376, *C. pén.*, t. 3, p. 361. — V., au surplus, VOL.

208. — Quant aux objets assimilés ou assimilables aux épaves, tels que ceux confiés aux entrepreneurs de roulage ou de messageries, les bestiaux égarés, les effets déposés dans les greffes, conciergeries et autres lieux publics, V. ÉPAVES, nos 87 et suiv., 100 et suiv.

209. — La loi du 11 germ. an IV dispose que les effets abandonnés et non réclamés dans les greffes criminels et civils et dans les conciergeries, seront vendus au profit de l'Etat. Mais les propriétaires peuvent réclamer le prix desdits objets pendant une année, à partir du jour de la vente. Après ce délai, aucune réclamation n'est admise. Néanmoins, cette dernière disposition de l'art. 3 de la loi précitée est abrogée par l'art. 2279 C. civ. Aujourd'hui, le produit de la vente des objets déposés aux greffes et conciergeries n'est acquis à l'Etat qu'après le délai de trente ans; aux termes d'une ordonnance royale du 22 févr. 1829, qui fait application de l'art. 2262 C. civ. (art. 2 de l'ord.). On objecterait en vain, pour repousser cette décision, l'art. 2279 C. civ., attendu que cet article ne concerne que le possesseur de bonne foi qui a reçu la chose, dans l'ignorance qu'elle était perdue ou volée, et pour en devenir propriétaire. L'Etat ne se trouve point dans cette position, puisqu'il n'a reçu la chose qu'à titre de dépôt, et que l'action de dépôt dure trente ans. — V. Duranton, t. 4, n° 330.

210. — L'ordonnance du 9 juin 1839 qui ordonne la remise des objets déposés aux préposés de l'administration des domaines de six mois en six mois, pour être vendus, excepte (art. 4) de cette mesure les papiers appartenant à des condamnés ou à des tiers, lesquels resteront déposés dans les greffes, pour être remis à qui de droit, s'il y a lieu.

211. — Une ordonnance du 22 févr. 1829 a déclaré que les mesures relatives aux épaves de greffes, de messageries et de roulages seraient applicables aux colonies. — Art. 1er et 2.

212. — Doit-on considérer comme épaves les objets abandonnés au mont-de-piété après engagement? Non; car le déposant contracte, par le dépôt, l'obligation de laisser vendre les objets déposés, s'il ne les a pas retirés dans l'année après avertissement : sauf à lui à réclamer la différence du prix de vente au prix fourni par le dépositaire au déposant, prix auquel il faut joindre l'intérêt autorisé. — V. MONT-DE-PIÉTÉ.

213. — *Quid* des objets remis ou déposés chez un fabricant ou marchand, et qui ne sont pas réclamés? Il est certain qu'on ne peut pas considérer ces objets comme des épaves, car ce ne sont point des biens vacants et sans maître. En effet, le propriétaire peut à chaque instant venir les réclamer et son action ne s'éteindra que par le délai de trente ans. A quel titre pourrait-on en attribuer la propriété au domaine?

§ 3. — *Effets jetés à la mer, ou rejetés par elle.*

214. — Le paragraphe premier de l'art. 717 C. civ. porte : « Le droit sur les effets jetés à la mer, sur les objets que la mer rejette, et de quelque nature qu'ils puissent être, sur les plantes et herbages qui croissent sur les rivages de la mer, sont réglés par des lois particulières. »

215. — Aucune loi nouvelle n'étant venue postérieurement à notre article régler les objets dont il est question, il est nécessaire de recourir aux lois particulières antérieures qui réglaient cette matière. Ce sont l'ordonnance de la marine, d'août 1681, liv. 4, tit. 8 et 9; celle du 10 janv. 1770, et la loi du 9 août 1791.

216. — En principe : l'ordonnance de 1681 attribue la propriété des épaves au domaine, sauf une portion réservée à l'inventeur. Du reste elle distingue avec soin les objets du cru de la mer qui n'ont appartenu à personne, des effets qui constituaient certainement une propriété privée et qui sont tirés du fond de la mer ou trouvés sur les flots ou échoués sur les grèves ou rivages. — V., sur ces divers points, ÉPAVES, nos 46 et suiv.

217. — En ce qui concerne les vaisseaux trouvés en pleine mer abandonnés de leur équipage, V. NAUFRAGE.

218. — Quant aux varechs ou goëmons et autres herbes marines, soit qu'ils aient été détachés et jetés sur les grèves, soit qu'il s'agisse de la récolte de ceux encore attachés aux rochers, V. VARECH.

219. — La loi du 9 août 1791 donne au juge de paix la mission de veiller à la conservation des effets provenus d'échouement, bris ou naufrage; de vendre de suite les objets qui ne sont pas susceptibles de se conserver; et s'il ne se présente pas de réclamations dans le mois, il doit procéder, en présence du chef des classes le plus prochain, à la vente des marchandises les plus périssables; et sur les deniers en provenant payer les salaires des ouvriers, suivant la taxe qu'il en aura faite provisoirement et sans frais. — L. 9 août 1791, tit. 1er, art. 3 et 6, art. 1er du tit. 5. — V. ÉCHOUEMENT, NAUFRAGE.

220. — Pour les épaves des fleuves et rivières soit navigables et flottables, soit flottables seulement, soit non navigables ni flottables, V. ÉPAVES, nos 65 et suiv.

ART. 2. — *Butin fait à la guerre.*

221. — Le butin fait à la guerre est attribué au vainqueur par droit d'occupation. Les Romains considéraient comme *choses n'ayant pas de maître* les choses de l'ennemi vaincu, et les attribuaient au premier occupant. Toutefois, ils distinguaient entre les choses occupées individuellement et celles qui étaient prises par l'ensemble de l'armée. Ces dernières appartenaient à l'Etat. — D., liv. 41, tit. 1er, l. 5, § 7, *De acquir. rerum dominio; Inst.* liv. 2, tit. 1er, § 17.

222. — La légitimité de l'acquisition par occupation des choses prises sur l'ennemi peut s'appuyer sur plusieurs passages de l'Ecriture qui la consacrent. — V. *Ecclésiaste*, ch. 3, vers. 11; *Genèse*, ch. 14, vers. 20, ch. 48, vers. 22; *Deutéronome*, ch. 20, vers. 14; *Josué*, ch. 22, vers. 8; *Nombres*, ch. 31, vers. 53; *Paul aux Hébreux*, ch. 7, vers. 4.

223. — Saint Ambroise la reconnaissait, le droit canon la consacrait. La plupart des philosophes anciens et modernes l'approuvent également; et notre droit international moderne ne l'a pas méconnue. — V. *Decret., part.* 2, *causâ* 23, *quæst.* 5; Grotius, *De jure belli et pacis*, ch. 6, no 2; Proudhon, *Domaine de propriété*, t. 1er, nos 343 et suiv.

224. — Plusieurs conditions sont requises pour que ce genre d'occupation puisse être une juste cause du droit de propriété. Il faut tout d'abord qu'il ne s'agisse pas d'une guerre civile; qu'en outre la guerre soit patente et publique, déclarée préalablement par l'une des puissances belligérantes : autrement ce ne serait dans le premier cas qu'une confiscation, dans le second qu'une piraterie.

225. — Mais il n'est pas nécessaire pour que la conquête soit légitime que la guerre fût juste dans son entreprise; car quel tribunal sur la terre pourrait statuer sur la légitimité ou l'illégitimité de la guerre? — V. Grotius, *De jure belli et pacis*, liv. 3, ch. 6, no 2, et Proudhon, *op. cit.*, no 350.

226. — Les choses prises sur l'ennemi deviennent la propriété du vainqueur, qu'elles fussent la propriété du prince ou celle de ses sujets; et les biens que le prince possédait à titre particulier seraient également acquis au vainqueur : à moins que celui-ci n'eût exempté du butin les propriétés particulières, auquel cas les biens privés du prince lui resteraient propres comme ceux de ses anciens sujets resteraient leur propriété. — Proudhon, *ibid.*, no 351.

227. — Jugé, en ce sens, que le droit de conquête ne frappe sur les biens des princes qu'autant qu'ils les possèdent en leur qualité de princes, mais il n'atteint pas les biens qu'ils détiennent comme simples particuliers. — *Cass.*, 11 déc. 1816, Séguin c. de Looz-Corswarem.

228. — Les dépouilles de l'ennemi ne sont pas indistinctement acquises au premier occupant. Bien au contraire, le soldat n'étant que le mandataire du pouvoir exécutif, c'est pour le trésor public que le butin est pris à l'ennemi, et ce n'est que dans les cas où le général qui commande l'armée conquérante a permis le pillage que les objets occupés individuellement sont acquis à ceux qui s'en emparent. — V. D., liv. 48, tit. 13, l. 13, *ad legem Juliam peculatûs*; liv. 49, tit. 14; l. 31, *De jure fisci*; Code liv. 8, tit. 54, l. 36, § 1er, *De donationibus*. — V. aussi Vinnius, *Instit. de rer div.*, § 7; Chavot, *Tr. de la propriété mobilière*, t. 2, nos 392 et suiv.

229. — L'empereur Napoléon était dans l'usage de prendre pour lui-même les biens conquis sur l'ennemi, pour en composer son *domaine extraordinaire* : à l'aide duquel il fournissait aux récompenses de ses lieutenans. La loi du 2 mars 1832 supprima le domaine extraordinaire et attribua à l'Etat les dépouilles de l'ennemi, sauf les objets qu'une loi particulière attribuerait la couronne. — V. cette loi, art. 25. — V. DOMAINE EXTRAORDINAIRE.

230. — En général, les propriétés particulières sont laissées à leurs anciens maîtres; et c'est par une déduction logique de ce principe du droit des gens que l'arrêt de la Cour suprême rapporté plus haut a décidé que les terres possédées par le prince à titre particulier, lui étaient laissées en propriété. — V. D., liv. 21, tit. 2, l. 11, et liv. 49, tit. 15, l. 20, § 1er.

231. — Pour les prises faites en cas de guerres maritimes, V. PRISE MARITIME.

ART. 3. — *Pêche et chasse.*

232. — Ces matières sont réglées par des lois particulières : V. CHASSE, PÊCHE.

Sect. 2e. — *Accession.*

233. — L'accession consiste dans la réunion accessoire ou incorporation, soit naturelle, soit artificielle, d'une chose à une autre.

234. — L'accession est mobilière ou immobilière.

235. — L'accession mobilière comprend l'adjonction ou commixtion, la spécification et le mélange ou confusion. — V. ACCESSION.

236. — L'accession immobilière s'applique aux constructions et plantations, aux alluvions et atterrissemens, îles, lits abandonnés des rivières, aux mines, minières, carrières, tourbières, aux animaux immeubles par destination, tels que lapins, pigeons, poissons, etc. — V. ACCESSION, ALLUVION, CARRIÈRES, ILES, MINES, MINIÈRES, TOURBIÈRES, etc.

237. — Le Code civil donne aussi le nom d'accession au produit de toute chose mobilière, ou immobilière, tel que fruits, croît des animaux, intérêt d'argent, etc. — V. ACCESSION. — V. aussi BAIL, FRUITS, INTÉRÊTS, RENTE, USUFRUIT, etc.

Sect. 3e. — *Tradition.*

238. — Le troisième moyen d'acquérir la propriété, d'après le droit des gens, est la tradition, qui a lieu lorsqu'une personne, qui a droit d'aliéner une chose, nous en transfère la possession dans l'intention de nous en faire avoir la propriété. — V. TRADITION.

CHAPITRE V. — *Perte de la propriété.*

239. — On perd la propriété : soit volontairement, soit involontairement. — V. Pothier, *De la propriété*, no 264.

240. — Volontairement, lorsque, étant capable d'aliéner, on transfère des droits sur sa chose à une autre personne. — Pothier, *ibid.* — V. aussi DISPOSITION A TITRE GRATUIT, DONATION, LEGS, OBLIGATION, RENTE, TESTAMENT, VENTE.

241. — Les mineurs en tutelle, les interdits sont incapables d'aliéner seuls et volontairement; mais ils le peuvent avec l'autorisation de leurs tuteurs, en observant toutefois les formes légales. Ce n'est qu'ainsi qu'on peut dire qu'ils perdent volontairement la propriété de ce qui leur appartient. — Pothier, no 266. — V. INTERDICTION, MINORITÉ, TUTELLE.

242. — Le mineur en curatelle peut aliéner volontairement ses biens meubles dans les limites d'une sage administration. Hors de ces limites, il ne peut rien aliéner que dans des formes spéciales tracées par la loi. — V. ÉMANCIPATION.

243. — Les personnes morales, telles que l'Etat, les communes, les hospices, etc., ne peuvent aliéner qu'en vertu de certaines formalités spéciales, toutes les fois que ces aliénations excèdent les bornes de l'administration. — V. COMMUNE, DOMAINES DE L'ÉTAT, ÉTABLISSEMENS PUBLICS.

244. — Une femme mariée ne peut jamais aliéner qu'avec le consentement du mari dans l'acte, ou son consentement par écrit; sauf le cas où étant judiciairement ou contractuellement séparée de biens, elle agit dans les limites d'une sage administration. — Art. 217 et 1449 combinés.

245. — Dans les cas où le consentement du mari est nécessaire à la femme, ce consentement peut être suppléé par le juge. — C. civ., art. 219. — V. AUTORISATION DE FEMME MARIÉE.

246. — La femme marchande publique peut s'obliger pour ce qui concerne son négoce. Elle n'a pas besoin d'une autorisation spéciale de son mari. — C. civ., art. 220. — V. COMMERÇANT.

247. — Les biens dotaux ne peuvent être aliénés pendant le mariage, même avec autorisation du mari, si ce n'est dans les cas spécialement prévus par la loi, ou lorsque l'aliénabilité en a été stipulée par le contrat de mariage. — V. DOT.

248. — On peut perdre volontairement la propriété de sa chose en l'abandonnant, alors même qu'on ne la transfère pas à autrui. Pour qu'il y ait perte de propriété dans ce cas, il est nécessaire qu'on ait volontairement délaissé sa chose et dans l'intention de ne pas la conserver en propriété. — Pothier, *ibid.*; Toullier, t. 3, no 341.

249. — Mais on peut reprendre la propriété d'une chose ainsi abandonnée, tant qu'un autre ne s'en est pas emparé. On acquiert ainsi par l'occupation un domaine nouveau sur la chose. — Pothier, no 267.

250. — On peut abandonner la portion indivise d'une chose dont on est copropriétaire. Mais on ne peut abandonner pour une portion indivise une chose dont on est propriétaire pour le tout, car on n'abandonne réellement une chose qu'autant qu'on n'en retient rien. — V. D., l. 3, tit. *Pro derelicto*; Pothier, no 268.

251. — Mais rien ne s'oppose à ce que je fasse l'abandon d'une parcelle déterminée de mon champ, sans abandonner le surplus de mon héritage. Dans ce cas, je ne retiens rien sur cette parcelle; au lieu que la portion indivise d'une chose qui m'appartient en totalité ne peut faire la matière d'un abandon réel. — Pothier, no 269.

252. — En principe, nul ne peut être contraint de céder sa propriété, si ce n'est pour cause d'utilité publique, et moyennant une juste et préalable indemnité. — C. civ., art. 545.

253. — Toutefois, ce principe n'est pas tellement absolu qu'il ne souffre quelques exceptions.

254. — Ainsi, la perte involontaire de la propriété a lieu par suite de l'expropriation forcée poursuivie par les créanciers d'un débiteur ou pour un motif d'utilité publique. — V. SAISIE-EXÉCUTION, SAISIE-IMMOBILIÈRE.

255. — L'acquéreur qui ne purge pas les hypothèques grevant l'immeuble acquis et qui est condamné au délaissement perd également la propriété de sa chose malgré lui. — V. PURGE DES HYPOTHÈQUES.

256. — Il en faut dire autant de celui dont la chose a été prise en guerre par l'ennemi. — Pothier, n° 275; Toullier, n° 371.

257. — Le séquestre de guerre ne produirait pas le même résultat. Il n'a pour effet que de priver de la jouissance le propriétaire ou ses héritiers. — *Cass.*, 24 juin 1839 (t. 2 1839, p. 208), duc de Richmond. — V. SÉQUESTRE DE GUERRE.

258. — Celui contre lequel la confiscation spéciale est prononcée par une condamnation criminelle perd aussi involontairement la propriété de sa chose. — V. CONFISCATION.

259. — Il en faut dire autant de celui qui a encouru la mort civile, et du donataire d'une personne à laquelle il survient des enfants. — Toullier, nos 359 et suiv. — V. DONATION ENTRE-VIFS, MORT CIVILE.

260. — La prescription acquise au profit d'un tiers fait également perdre la propriété de sa chose à l'ancien propriétaire et contre sa volonté. — V. PRESCRIPTION.

261. — La perte de la possession ne suffit pas pour nous faire perdre la propriété de notre chose, alors même que nous ignorerions absolument ce qu'elle est devenue. La revendication peut en être faite tant qu'un tiers n'en a pas acquis le domaine. — Pothier, n° 277.

262. — Néanmoins : la perte de la possession entraîne celle de la propriété, à l'égard des choses qui n'appartiennent à personne. Tels sont les animaux sauvages. — Gaïus, D., *De acq. rer. dom.*, l. 3, § 2 et liv. 5; Pothier, *loc. cit.*; Toullier, t. 3, nos 372 et suiv. — V. POSSESSION.

263. — Jugé qu'une concession du gouvernement qui crée un droit de propriété au profit d'un particulier peut cesser par la volonté du gouvernement pour raison d'un intérêt public supérieur à celui qui avait déterminé la concession. — *Caen*, 3 avril 1824, Langin c. Dœuve.

CHAPITRE VI. — *Actions relatives à la propriété. — Revendication.*

264. — Du domaine de propriété que nous avons des choses particulières naît l'action réelle qu'on appelle *revendication*. Du domaine de propriété que nous avons d'une hérédité naît l'action réelle qu'on appelle *pétition d'hérédité*. — Pothier, *Tr. de la propriété*, 2e part. *in princip.*

265. — Le droit romain a eu plusieurs systèmes sur les actions. Sous le système des actions de la loi, l'action *sacramenti* était seule en usage pour la poursuite des droits réels. Elle s'appliquait à la réclamation de la propriété et à celle des droits réels sur la propriété. — V. Domenget, *Instit. de Gaïus*, note sous le § 130 du comm. 4e; V. aussi Ortolan, *Inst. expliq.*, sous le titre 6, 4e liv.

266. — Sous le système formulaire, et dans les premiers temps de ce système, la poursuite du droit de propriété avait lieu tantôt par la formule *per sponsionem*, tantôt par la formule pétitoire. Le nom de *rei vindicatio*, qui a passé dans notre droit, désignait l'action réelle relative à la réclamation de la propriété à titre singulier. — V. les auteurs cités au n° précédent.

267. — La *petitio hæreditatis* était accordée à celui qui avait le domaine d'une hérédité contre ceux qui la lui contestaient.

268. — A part ces actions tendantes à la réclamation de la propriété, les droits réels étaient réclamés à l'aide des actions confessoire et négatoire; qui consistaient : la première à faire reconnaître un droit réel sur la chose d'autrui, la seconde à nier un droit prétendu de servitude qu'on voulait exercer sur votre chose. — Domenget, *loc. cit.*

269. — Le droit prétorien avait introduit plusieurs actions soit par extension de celles qui étaient données par le droit civil, soit de sa création. L'action publicienne, l'action contraire à la publicienne, l'action paulienne, l'action servienne, et l'action quasi-publicienne, étaient des actions réelles de création prétorienne. — Domenget et Ortolan. *loc. cit.*, et v° ACTIONS.

270. — Les actions réelles *préjudicielles* étaient également de création prétorienne, sauf celle où l'on examinait si quelqu'un était libre. — *Instit. Just.*, liv. 4, n° 6, § 13. — V., au surplus, ACTIONS.

271. — Dans notre ancien droit français, la revendication et la pétition d'hérédité étaient consacrées pour la réclamation des droits de propriété. L'action confessoire et l'action négatoire, les actions préjudicielles étaient également admises.

272. — Toutes les choses particulières dont nous avons le domaine de propriété sont susceptibles de la revendication, qu'elles soient mobilières ou immobilières. — D. tit. *De rei vind.*, l. 1er, § 1er. — Pothier, n° 282.

273. — Toutefois des matériaux de construction achetés, enlevés et employés de bonne foi à l'édification d'un bâtiment ne sont pas susceptibles de revendication. — *Paris*, 8 févr. 1808, Demarche c. Lombard. — Cette solution repose sur des principes d'une haute antiquité, sur la disposition de la loi des douze tables qui avait créé l'action *de ligno juncto* et sur cet axiome *Res extinctæ vindicari non possunt.* — Toullier (t. 3, n° 26) estime que l'art. 554 C. civ. doit être restreint aux matériaux. — « Mais, ajoute-t-il, s'il avait plu au propriétaire d'insérer dans son édifice une statue appartenant à autrui, une colonne d'un marbre rare ou d'un ouvrage précieux, le propriétaire de la statue ou de la colonne pourrait les réclamer. » — V., en ce sens, Malleville, sur l'art. 554.

274. — Le propriétaire d'une maison ayant une porte sur une rue dont une ordonnance royale a autorisé de vendre le terrain ne peut pas être privé, sans indemnité préalable, de son droit de passage sur le terrain vendu, sous prétexte que l'exhaussement du sol de la rue a rendu le passage impossible; lorsque cet exhaussement n'a pas existé un temps suffisant pour faire présumer l'extinction de la servitude. La revendication du droit de passage est admissible même dans ce cas. — *Cass.*, 11 févr. 1828, Brière.

275. — L'action en revendication s'applique à une universalité de choses, parce qu'elles ne sont considérées que comme choses particulières et diffèrent d'une universalité de biens. Ainsi, un troupeau, un fonds de commerce, sont susceptibles de la revendication. — Pothier, n° 283.

276. — L'action en revendication n'est régulièrement intentée que par le propriétaire, ou en son nom ou pour son compte. En conséquence : le dépositaire qui aurait employé les deniers placés chez lui en dépôt, pourrait seul exercer la revendication de l'objet qu'il aurait acheté avec ces deniers. Le déposant ne serait pas fondé à revendiquer cet objet, à moins que l'achat n'eût été fait en son nom. — V. D., tit. *De rei vindicatione*, l. 6 ; Pothier, n° 287.

277. — Mais on peut revendiquer, quoiqu'on ne soit pas propriétaire irrévocable. Par exemple, le grevé de restitution est admis à revendiquer tant que la substitution n'est pas ouverte. — Pothier, n° 288.

278. — On peut également revendiquer quoiqu'on n'ait pas la propriété pleine. Ainsi, le nu propriétaire revendique utilement la chose grevée d'un droit d'usufruit ou autre droit réel. — D., tit. *De verb. signific.*, l. 25.

279. — De même, le copropriétaire indivis d'un héritage ou autre bien, peut le revendiquer pour sa part, quoique cette chose ne soit pas susceptible de portions réelles. — Pothier, n° 291.

280. — L'action en revendication peut quelquefois être intentée par celui qui n'était pas encore propriétaire au moment où il a perdu la possession, mais qui était en chemin de le devenir. Ainsi, celui qui a acquis un immeuble à juste titre et bonne foi pourra le revendiquer contre tous possesseurs autres, toutefois, que le véritable propriétaire. Il ne pourra le revendiquer contre ce dernier qu'autant que sa possession aurait duré dix ans ou vingt ans avant que le propriétaire en eût repris la possession. L'action du possesseur est celle qu'on désigne en droit romain sous le nom d'action *publicienne.* — Pothier, nos 292 et 294 ; D., tit. *De publ. act.*, l. 16.

281. — Toutefois, pour que la publicienne puisse être exercée, même contre les tiers, il faut que le possesseur n'ait pas été privé de la possession pendant plus d'une année. — C. civ., art. 2243.

282. — Ordinairement même ce n'est que contre un possesseur sans titre que la publicienne pourra être exercée ; car si le nouveau possesseur a un titre, il doit avoir la préférence : puisqu'il est dans la même condition que l'ancien possesseur, et que *In pari causa melior est causa possidentis.* — Pothier n° 294.

283. — Toutefois, si le véritable propriétaire avait consenti à la vente faite à l'ancien possesseur; ce dernier serait préféré au possesseur actuel, malgré son juste titre et sa bonne foi. — D., tit. *De publ. act.*, l. 14.

284. — De même, si le possesseur actuel est celui qui, ayant aujourd'hui juste titre et bonne foi, avait vendu la chose à l'ancien possesseur avant d'en être propriétaire ; ou si ce possesseur actuel a reçu la chose de celui-là même qui l'avait vendue à l'ancien possesseur. — D., tit. *De dolo malo et except.*, l. 4, § 32.

285. — Mais le possesseur qui n'aurait pas de titre, ne pourrait pas intenter d'action publicienne, alors même qu'il aurait été privé de sa possession pendant moins d'un an, parce que, jusqu'à l'accomplissement d'une possession trentenaire, il est absolument sans droit sur la chose, et qu'il ne pourrait invoquer, pour fonder sa revendication, aucun titre.

286. — Ainsi, pour être fondé dans la revendication d'un immeuble, le demandeur doit prouver non-seulement qu'il a eu possession à titre de propriétaire, mais encore que sa possession, par lui ou par les siens, a duré trente ans. — *Poitiers*, 31 mars 1830 (sous *Cass.*, 23 févr. 1831), préfet de Vienne c. Vadier.

287. — Quelle peut être l'utilité de l'action publicienne dans notre droit, où l'action en réintégrande compète au possesseur d'un héritage qui en a été dépossédé *avec ou sans violence* (Curasson, *Comp. des juges de paix*, t. 2, p. 46)? Quelle peut être son utilité en présence de ce que nous avons dit, en nous appuyant sur l'art. 2243 C. civ., que la publicienne ne pourrait, pas plus que la réintégrande, être intentée contre celui qui a possédé pendant l'an et jour? Ne suffira-t-il pas de la réintégrande, dans tous les cas où on pourrait agir par la publicienne? et cette dernière n'est-elle pas toujours moins étendue que la réintégrande?

288. — Si l'on admet, contrairement à la jurisprudence de la Cour de cassation, que la réintégrande ne peut être intentée que par l'ancien possesseur, qui avait possédé pendant l'an et jour, il est certain que la publicienne sera fréquemment applicable, et qu'on en fera usage toutes les fois qu'on aura perdu une possession avec juste titre et bonne foi, mais qui n'avait pas encore l'an et jour. — V. ACTION POSSESSOIRE.

289. — En admettant même, avec la Cour suprême, que la réintégrande puisse être exercée par celui qui n'a pas encore la possession d'an et jour, la publicienne sera encore utile à l'ancien possesseur qui veut agir contre celui qui aura été mis en possession avec titre *mais sans bonne foi* : car *dans le cas où il y a titre* la réintégrande ne peut pas être exercée. — V. ACTION POSSESSOIRE.

290. — En général, c'est le propriétaire, et le propriétaire seul, qui peut intenter la revendication. Le possesseur ne le peut que dans les cas où l'action publicienne est encore applicable. Toutefois, certains propriétaires ne peuvent pas intenter seuls l'action réelle. D'autres fois, au contraire, celui qui n'est pas propriétaire peut intenter cette action, alors même qu'il n'agit pas par la publicienne et en son nom. — *Inst. Just.*, liv. 4, t. 10.

291. — Ainsi, la femme mariée ne peut pas, sans le consentement de son mari ou de justice, agir en justice. — C. civ., art. 215.

292. — De même le mineur en tutelle ne peut pas agir en justice, aux termes de l'art. 464 C. civ.

293. — De même encore le mineur émancipé ne peut intenter une action immobilière, ni y défendre. — C. civ., art. 482.

294. — A l'inverse : le mandataire, soit légal, soit conventionnel, intente valablement une action réelle au nom de son mandant, bien qu'il ne soit pas propriétaire. — C. civ., art. 1983.

295. — Des particuliers, agissant *ut singuli*, qui réclament individuellement la propriété d'un terrain sur lequel ils ont des droits en mesure inégale, peuvent nommer un syndic qui les représente et plaide pour eux en leur nom. — *Nîmes*, 4 juill. 1810, Martin c. Allanche.

296. — Quoiqu'il soit généralement nécessaire d'avoir un titre pour intenter la revendication, il est cependant des cas où des présomptions suffisent. Nous en avons vu des exemples au mot ALLUVION, à l'égard du propriétaire d'un canal dont la propriété fait présumer celle des francs-bords.

297. — Ainsi : les juges peuvent, sans violer

l'art. 691 C. civ., relatif aux servitudes, accorder la préférence à celui de deux individus qui allègue une possession trentenaire, alors que l'autre partie invoque une possession annale; à l'appui d'un droit de propriété immobilière. — *Cass.*, 16 févr. 1836, Jarn.

298. — Quant au point de savoir quels sont les droits du propriétaire de la chose volée, notamment lorsque cette chose a été dénaturée depuis le vol : V. POSSESSION.

299. — La possession des objets mobiliers fait également présumer la propriété et suffit, en conséquence, pour donner la revendication. — C. civ., art. 2279. — V. POSSESSION.

300. — De même : la prescription trentenaire, étant accomplie, suffit pour donner droit au possesseur, d'intenter la revendication. — Arg. des art. 712, 2219 et 2224 C. civ. — V. PRESCRIPTION.

301. — Lorsque deux particuliers revendiquent tous deux la propriété d'un terrain, mais que ni l'un ni l'autre n'a en sa faveur titre ou prescription ; les juges peuvent se décider d'après des présomptions tirées des circonstances de la localité. Et en un tel cas, si le terrain litigieux se trouve situé sur le bord d'un cours d'eau ; il ne suffirait pas à l'un des prétendans droit d'établir qu'il est aux droits d'un ancien seigneur ou propriétaire d'eau, pour que les juges dussent nécessairement en conclure que le terrain litigieux est sa propriété. — *Cass.*, 20 nov. 1834, Laroche c. Michaud.

302. — Jugé qu'il n'y a pas ouverture à cassation contre l'arrêt qui décide que des lettres missives dans lesquelles le possesseur d'un immeuble revendiqué par un tiers paraît reconnaître qu'il le détient plutôt à titre de créancier pour sommes supérieures à la valeur de cet immeuble, qu'à titre de propriétaire acquéreur direct, ne constituent pas, au préjudice de ce dernier, des actes interruptifs de la prescription trentenaire par lui opposée à l'action judiciaire en revendication. — *Cass.*, 21 déc. 1830, Revé c. Tanays. — Toullier, *Droit civil*, t. 10, n° 307; Troplong, *Prescription*, t. 2, n° 644, et Pardessus, *Lettres de change*, t. 1, n° 335.

303. — L'action en revendication s'exerce contre celui qui possède la chose revendiquée. — Pothier, n° 298.

304. — Elle est régulièrement intentée contre celui-là même qui possède au nom d'autrui. Mais lorsque le possesseur précaire indique celui de qui il tient la chose, l'action ne peut être régulièrement suivie que contre le possesseur légal, c'est-à-dire contre celui qui a constitué le possesseur précaire. — Pothier, n° 298.

305. — La revendication d'un héritage indivis ne peut être intentée par celui qui a perdu la possession que contre les tiers autres que le copropriétaire. On n'a contre ce dernier que l'action personnelle *communi dividundo* ; à moins qu'il ne dénie la copropriété du demandeur, auquel cas la revendication se donne contre lui. — Pothier, n° 299.

306. — Si celui contre lequel la revendication est introduite dénie posséder la chose, l'action réelle ne peut être suivie contre lui qu'après avoir prouvé que la dénégation est mensongère. Mais de faire cette preuve, on est déclaré non recevable; sauf à introduire une nouvelle demande, si par la suite le défendeur vient à posséder. — Pothier, n° 300.

307. — Toutefois, il peut arriver que la revendication soit bien fondée même contre celui qui ne possède pas actuellement : si, par exemple, il a cessé de posséder par dol, s'il était possesseur depuis l'introduction de la demande. — D., tit. *De rei viad.*, l. 27, § 3.

308. — Cela prouve que le caractère essentiel et distinctif de l'action réelle n'est pas en ce que l'action réelle se donne contre tous possesseurs et contre le possesseur seulement. Ce qui le prouve plus péremptoirement encore, c'est que certaines actions personnelles se donnent contre tout détenteur, notamment les actions *ad exhibendum*, *quod certo loco* et *quod metûs causa*. Les Romains citaient encore les actions noxales, qui n'existent plus dans notre droit. — V. ACTION.

309. — Ce qui distingue essentiellement l'action réelle de l'action personnelle, c'est que dans la première on réclame un droit absolu sur une chose, abstraction faite de toute idée d'obligation, au lieu que dans l'action personnelle on fonde sa demande sur une obligation préexistante. — V. ACTION. — V. aussi Ducauroy, *Inst. expl.*, liv. 4, sous le § 1er; Ortolan, *Inst. expl. des Inst.*, p. 1052; Domenget, *Inst. de Gaïus*, comm. 4, § 130, note.

310. — L'action réelle, à la différence de l'action personnelle, ne se poursuit contre l'héritier qu'autant qu'il possède ; au lieu que l'action personnelle se poursuit contre l'héritier et pour sa part, alors même qu'il ne possède aucun bien de l'hérédité. — Pothier, n° 302.

311. — Mais l'héritier possesseur, obligé de délaisser, par suite de la revendication, a son recours en garantie contre ses cohéritiers. — Pothier, n° 303.

312. — Quoique l'héritier ne soit tenu de la demande en revendication qu'autant qu'il possède, il n'en est pas moins, alors même qu'il ne possède pas, tenu des obligations accessoires à cette demande, dont son auteur pouvait être tenu. La raison en est que ces accessoires naissent d'obligations.

313. — Ainsi : l'héritier d'un possesseur de mauvaise foi sera tenu pour sa part, de la restitution des fruits que son auteur aurait dû faire, cela quoiqu'il ne possède point l'objet revendiqué. — Pothier, n° 304.

314. — De même l'héritier d'un possesseur de bonne foi sera tenu, pour sa part, de la restitution des fruits perçus depuis l'introduction de la demande en revendication, et, aussi pour sa part, des dégradations faites depuis cette introduction par le défunt. — Pothier, n° 305.

315. — Les tribunaux civils connaissent seuls, à l'exclusion des tribunaux administratifs, des questions de propriété. — V. COMPÉTENCE.

316. — Les tribunaux civils sont seuls compétens pour connaître des questions de propriété concernant l'Etat et les particuliers. — Le 24 août 1790, tit. 4, art. 4. — En conséquence : les tribunaux saisis d'une question de propriété, soulevée par l'Etat, doivent retenir la cause, alors même que le préfet élèverait un déclinatoire tendant au renvoi des parties devant lui pour opérer la délimitation des terrains contestés ; la délimitation entraînant forcément attribution de propriété. — Les lois ne confèrent en effet à l'autorité administrative que des attributions purement relatives à l'action administrative dans le rapport de celle des services publics, attributions qui ne portent aucune atteinte à la juridiction exclusive attribuée à l'autorité judiciaire sur la question de propriété. — *Lyon*, 21 déc. 1848 (t. 1er 1849, p. 444), préfet de l'Ain c. Desmarquets.

317. — Le tribunal de commerce est incompétent pour statuer sur une question de propriété ou de validité de saisie-arrêt, quoique élevée incidemment, par suite de l'intervention d'un tiers, à une demande principale de nature commerciale dont il était complètement saisi. — C. comm. 631. — En conséquence, ce tribunal doit surseoir à statuer sur la demande principale jusqu'à la décision, par l'autorité compétente, de la question de propriété ou de validité de la saisie-arrêt. — *Douai*, 1er juill. 1846 (t. 1er 1849, p. 494), Saint-Gest et Denibas c. Tutrice.

318. — Lorsqu'un tiers se prétendant propriétaire de tout ou partie d'un immeuble possédé par une commune a formé opposition à la mise en ferme de cet immeuble comme propriété communale, c'est au tribunal civil, et non à l'autorité administrative, qu'il appartient de statuer sur la demande en mainlevée de cette opposition. — *Riom*, 9 janv. 1849 (t. 1er 1849, p. 509), Teilhard c. Commune de la Veyssière.

319. — Pendant l'instance, et jusqu'au jour où la condamnation de délaisser est intervenue, le possesseur doit être laissé en possession, sauf l'application du deuxième alinéa de l'art. 1961 C. civ. lorsqu'il y a lieu. Cette possession est appelée intérimaire.

320. — Mais lorsque sur une contestation relative à la propriété d'un héritage s'élève celle de la possession provisoire dudit héritage ; cette possession provisoire doit être accordée à celui qui à la détention du titre, joint des titres qui établissent en sa faveur de fortes présomptions de la possession la plus ancienne. — *Rennes* 49 juin 1824, de Sérent et Lemounier c. Questel et Leporho.

321. — La question de savoir à laquelle des deux communes appartient un terrain d'alluvion est de la compétence du tribunal du lieu où est situé ce terrain. — *Cass.*, 14 févr. 1840 (t. 1er 1840, p. 404), Commune d'Arnion c. Commune de Boulbon (régim. de juges).

322. — Celui qui demande le délaissement d'une maison est censé demander le délaissement de la basse-cour, écurie et jardins qui en dépendent ; surtout si tous ces objets ne forment qu'un seul et même corps de propriété, et sont enclavés dans les confins exprimés dans l'exploit introductif d'instance. — *Toulouse*, 22 déc. 1808, Sost c. Bizer.

323. — Un particulier peut prouver par témoins son droit de propriété sur un canal conduisant les eaux pluviales d'un village dans son pré, bien qu'il s'agisse d'un intérêt excédant 150 francs, alors que ce particulier a perdu le titre qui lui servait de preuve littérale, par suite d'un cas fortuit et résultant de force majeure (C. civ., art. 1340). — La propriété de ce canal peut, du reste, être acquise par prescription, lors même qu'il passe sous un chemin public, non vicinal, pourvu qu'il ne nuise pas à la circulation publique. — *Rennes*, 22 mars 1848 (t. 1er 1849, p. 64), Vallin c. Bonhommeau.

324. — La restitution de l'objet litigieux se fait au demandeur qui a obtenu gain de cause. Elle est faite soit par le défendeur, s'il a été maintenu en possession provisoire, soit par le séquestre, si la chose avait été mise dans les mains d'un séquestre. La contrainte par corps peut être prononcée par un second jugement, contre celui qui ne délaisse pas quand un premier jugement l'y a condamné. — C. civ., art. 2060, 4°, et 2061.

325. — Lorsque la restitution est impossible par le fait du défendeur, le juge ne peut prononcer qu'une condamnation pécuniaire. L'acceptation de ces dommages-intérêts tient lieu de restitution et empêche le demandeur de renouveler sa revendication. — Pothier, n°s 362 et 364.

326. — Quand le demandeur a des restitutions à faire au défendeur possesseur évincé, par exemple à lui rembourser les sommes payées aux créanciers hypothécaires que ce défendeur a satisfaits, il le peut exiger le délaissement qu'après avoir remboursé capital et intérêts ; jusque-là, le défendeur exerce le droit de rétention. — Pothier, n° 342 et suiv.

327. — Quant à la pétition d'hérédité, à ses effets, et à la détermination du tribunal compétent, V. PÉTITION D'HÉRÉDITÉ.

V. AUTORISATION DE PLAIDER, AVEU, COMMENCEMENT DE PREUVE PAR ÉCRIT, PRÉSOMPTION, PREUVE.

PROPRIÉTÉ ARTISTIQUE.

Table alphabétique.

PROPRIÉTÉ ARTISTIQUE. — **1.** — On appelle ainsi le droit exclusif, mais temporaire, d'exploitation, qui appartient à celui qui a inventé ou créé un objet concernant les arts, relativement à cet objet.

Sect. 1re. — *Choses qui peuvent être l'objet de la propriété artistique.*

§ 1er. — *Peintures, dessins, gravures, etc.*

2. — Avant la loi du 19 juillet 1793, la propriété des peintures, dessins ou gravures était régie par les *Nouveaux règlemens* accordés en mars 1750 à l'académie de Saint-Luc des arts de peinture, sculpture, gravure, dessin, etc., dans l'étendue de la ville et faubourg de Paris. L'art. 1er de la loi du 19 juillet 1793 est ainsi conçu : « Les peintres et dessinateurs qui feront graver des tableaux ou dessins jouiront durant leur vie du droit exclusif de vendre, faire vendre, distribuer leurs ouvrages, et d'en céder la propriété en tout ou en partie...» La propriété du peintre, du dessinateur et du graveur a été depuis encore formellement garantie par l'art. 425 Code pénal.

3. — Il semble, d'après la rédaction de l'art. 1er précité de la loi de 1793, que les peintres ou dessinateurs n'aient la propriété de leurs peintures ou dessins qu'autant qu'ils les ont *fait graver*. Cependant leur propriété n'est point subordonnée à cette condition. Il faut conclure, au contraire, de la disposition de l'article précité, que les peintres et dessinateurs ont la propriété exclusive, non-seulement de l'original de leurs peintures et dessins, mais aussi des gravures qu'ils en font faire. La loi de 1793 doit être entendue, en effet, d'une manière extensive plutôt que restrictive. — Gastambide, n° 289 ; Goujet et Merger, n° 56.

4. — Les peintres ou dessinateurs n'ont pas non plus seulement le droit de reproduire leur œuvre originale par la gravure, ils ont aussi seuls le droit d'en faire des copies à la main (Gastambide, n°s 290, 304 et 305 ; Goujet et Merger, n° 55) ; mais ils n'ont pas, du moins en principe, le droit exclusif de reproduire leurs peintures ou dessins par la sculpture (Gastambide, n° 310).

5. — Quoique la lithographie ne fût point encore connue en 1793, elle n'en serait pas moins, comme tout autre procédé de gravure, protégée par la loi. — Goujet et Merger, n° 57 ; Renouard, n° 39. — Le mot *gravure* est d'ailleurs un terme générique qui comprend la lithographie ou tout autre procédé analogue. — Gastambide, p. 287, note 3.

6. — Comme toutes les autres propriétés artistiques, la propriété du peintre, du dessinateur et du graveur existe sans distinction de genre et de mérite. Mais le peintre, le dessinateur et le graveur ne sont propriétaires exclusifs que de ce qu'ils ont produit. Or, dans leurs productions, il y a ordinairement quelque chose qui n'est pas l'œuvre de leur esprit, de leur génie, qu'ils prennent dans la nature ou dans le domaine public, et quelque chose qui est le résultat de leur création, soit que ce quelque chose suppose de l'esprit ou du génie, ou simplement du discernement ou du goût. Ce n'est que du produit quelconque de leur création qu'ils ont la propriété. Ce qui est dans la nature ou dans le domaine public ne saurait leur appartenir, par cela seul qu'ils l'ont reproduit. — Gastambide, n° 278.

7. — Ainsi le tableau représentant une bataille est assurément une propriété de l'art, et, comme tel, la propriété de son auteur ; cependant ni le sujet, ni les personnages, ni les costumes, ni les détails mêmes ne sont de son invention : ce qui constitue l'invention, la création, ce sont l'arrangement des choses, ou l'ordonnance et la composition du sujet, la pose des personnages, l'expression des figures, etc. Un autre peintre ou dessinateur peut représenter la même bataille sans commettre de contrefaçon, s'il ne reproduit rien de ce qui est sorti de l'esprit, du génie de celui qui en a fait le premier le tableau. — Gastambide, *loc. cit.*, et n°s 279 et 285 ; Goujet et Merger, n° 54.

8. — La distinction que nous venons de faire en ce qui concerne une bataille s'applique également à l'égard d'un portrait. Si la personne représentée n'est point la création du peintre, de l'artiste, il n'en est pas de même de l'expression, de la pose qui lui est donnée, des détails, en un mot de tout ce qui constitue l'*exécution*. C'est l'ensemble du portrait, en d'autres termes l'exécution qui appartient à l'auteur, que la loi protège et défend de copier, de reproduire. Mais rien n'empêche qu'un autre artiste ne prenne la même personne pour modèle et n'en fasse un nouveau portrait, qui devienne aussi sa propriété exclusive. Ce qu'il importe donc seulement, c'est que le portrait primitif et le nouveau ne puis-

sent être considérés comme étant imités l'un de l'autre. — *Cass.* (et non *Paris*), 26 sept. 1828, Boc-Saint-Hilaire c. Brossard de Beaulieu. — Gastambide, n°s 278 (p. 278 et 279) et 282 ; Goujet et Merger, n° 59. — M. Gastambide (*loc. cit.*) cite aussi, dans le même sens, un arrêt de *Paris*, du 21 avril 1833 (Delpech c. Hersent).

9. — Le peintre ou le graveur ne peuvent reproduire par la peinture ou la gravure un modèle de sculpture. Une reproduction en gravure ou en lithographie nuit, en effet, au débit du modèle de sculpture, en se répandant plus facilement et à meilleur marché. Cette reproduction constituerait donc le délit de contrefaçon. — Gastambide, n° 391.

10. — Le droit de reproduire un monument national, par exemple la statue de Napoléon, placée sur la colonne de la place Vendôme, soit à l'aide de la peinture, soit à l'aide de la gravure, de la lithographie ou de toute autre manière, est un droit qui est dans le domaine public, qui appartient à tous. Mais la reproduction qu'en est faite confère à son auteur un droit exclusif. Ainsi, la lithographie ou gravure représentant la statue de Napoléon sur la place Vendôme est la propriété de son auteur ; mais il ne peut s'opposer à ce que tout autre artiste reproduise la même statue par le même procédé. Il n'y aurait contrefaçon qu'autant que la lithographie nouvelle ne serait qu'une copie exacte et servile de celle précédemment publiée. — Gastambide, n° 282 ; Goujet et Merger, n° 60.

11. — Il en est des formes et des ornemens des vieux modèles de l'architecture gothique tombés dans le domaine public comme de la statue de Napoléon. Ces formes et ces ornemens peuvent être l'objet de reproductions successives par des artistes différens, l'emploi et l'application qu'ils en peuvent faire à un sujet donné constituent en leur faveur une véritable propriété. Spécialement : les encadremens de saints dans des vignettes gothiques, dont l'arrangement est l'œuvre d'un artiste, son travail, sa création, sont sa propriété exclusive, encore bien que les ornemens de ces encadremens soient tombés dans le domaine public. — *Paris*, 4 août 1828, Texier (arrêt cité par Gastambide, *loc. cit.*). — Gastambide, n° 281 ; Goujet et Merger, n° 62.

12. — Le législateur, en établissant le droit de propriété sur les ouvrages de peinture, gravure, lithographie, ne s'est nullement préoccupé, ainsi que nous l'avons déjà fait remarquer, de l'importance ou du mérite de la composition. En conséquence, de simples bordures ou décorations faites à un plan peuvent être l'objet d'une propriété exclusive. C'est ce que la Cour de Paris a spécialement décidé par arrêt du 7 juin 1828 (Saint-Eloy), relativement à des bordures et décorations servant d'ornement à un tableau figuratif de la Chambre des députés. — V. aussi, en ce sens, Gastambide, n°s 9 et 281 ; Goujet et Merger, n° 61.

13. — Un dessin représentant les principaux coups de billard est la propriété de son auteur ; mais en ce qui concerne le sujet, mais en ce qui concerne la composition et l'exécution. Ainsi, tout artiste peut représenter les mêmes coups de billard en les dessinant d'après nature. Celui qui copierait un dessin précédemment fait, portrait atteinte à la propriété de l'auteur de ce dessin. — Gastambide, n° 283 ; Goujet et Merger, n° 63.

14. — Les cartes géographiques n'étant que l'indication des choses qui sont dans la nature, doivent dès lors être considérées plutôt comme une propriété d'art que comme une propriété littéraire. — Gastambide, n° 40. — Comme tout autre travail d'art, elles donnent à leur auteur un droit de propriété, et la reproduction de ces cartes sans changement dans les dimensions constituent une contrefaçon. Ce que nous disons des cartes géographiques s'applique aux cartes de minéralogie, de botanique, de stratégie, de statistique, etc. — Goujet et Merger, n°s 64 et 65.

15. — On s'est demandé si les peintures, dessins ou gravures posthumes peuvent être l'objet d'un droit exclusif de propriété. Mais la solution affirmative de cette question ne saurait être douteuse. — Gastambide, n° 287 ; Goujet et Merger, n° 66.

§ 2. — *Compositions musicales.*

16. — Comme les auteurs d'ouvrages littéraires, de peintures et dessins, les compositeurs de musique jouissent du droit exclusif de vendre, faire vendre, distribuer leurs ouvrages, et d'en céder la propriété en tout ou en partie. — L. 19 juill. 1793, art. 1er.

17. — La loi de 1793 attribue le droit exclusif de propriété non pas seulement aux compositeurs d'une grande partition, mais aussi à l'auteur d'une romance ou d'une ariette, et, en général, de toute composition musicale quelle que soit son importance, sa nature. — Gastambide, nº 246; Goujet et Merger, vº *Propriété artistique*, nº 5.

18. — Elle ne se préoccupe pas non plus de la qualité de l'auteur. L'auteur étranger a droit, relativement à l'œuvre musicale qu'il publie en France et qui n'a point été publiée ailleurs, à la même protection que l'auteur français. Il résulte de là que le Français cessionnaire d'un étranger, du droit d'imprimer, de graver et de vendre exclusivement en France un ouvrage musical non encore publié en pays étranger, a, pourvu qu'il se conforme aux formalités prescrites par la loi de 1793, l'exercice exclusif de la propriété par lui acquise, et doit jouir de tous les autres avantages accordés par la loi précitée. — *Cass.*, 23 mars 1810, Sieber c. Erard. — Gastambide, nº 249; Goujet et Merger, nº 9.

19. — Une œuvre musicale publiée en pays étranger n'est-elle pas par cela seul acquise au domaine public? La Cour de cassation, par un arrêt ancien, du 17 nivôse an XIII (Pleyel c. Sieber), s'est prononcée pour l'affirmative; et elle a jugé spécialement qu'un marchand de musique à Paris avait pu y faire graver des compositions musicales publiées en Allemagne par un auteur non Français. Mais la Cour de Paris n'a point admis ce système; ainsi, elle a décidé que la publication faite à l'étranger d'une œuvre musicale ne suffisait pas pour donner ouverture aux droits du domaine public en France, et qu'il fallait de plus que le domaine public en eût pris possession par une publication faite sur le territoire français par tout autre que par l'auteur. —*Paris*, 26 nov. 1828, Troupenas c. Pleyel et Aulagnier. — Nous croyons, avec M. Gastambide (nº 36 *in fine*), qu'il y a lieu de revenir à la jurisprudence consacrée par l'arrêt de cassation du 17 nivôse an XIII, et d'attribuer à la seule publication à l'étranger l'effet de faire tomber l'œuvre musicale dans le domaine public en France.

20. — La cause efficiente de la propriété musicale, comme celle des autres productions de l'esprit, est la création, l'invention. Mais que doit-on entendre ici par *création, invention?* Dans le langage des arts, la création ne consiste pas seulement à faire de rien quelque chose. Il y a également création dans le simple fait de déposer dans une œuvre quelque chose de sa pensée, quelque chose de nouveau soit par le sujet, soit par la forme, soit par la composition, soit même par les accessoires. — Gastambide, nº 278; Goujet et Merger, nº 4. — V. aussi *suprà*, nº 6 et suiv.

21. — Par exemple, le compositeur qui arrange un thème qu'il prend dans le domaine public ou dans les œuvres d'un auteur, avec la permission de ce dernier, en *variations, valses* ou *contredanses* est propriétaire de ces variations, valses ou contredanses; et, plus généralement, il est propriétaire de toutes les broderies et changemens qu'il a introduits à ce thème. — *Paris*, 16 févr. 1836, Masson du Puit-Neuf c. Musard. — Gastambide, nº 246; Et. Blanc, p. 508; Renouard, *Des droits d'auteur*, nº 78; Goujet et Merger, nº 6.

22. — Indépendamment du droit exclusif d'impression, de vente et de distribution, la propriété musicale confère à son auteur un autre droit non moins exclusif, le droit d'exécution publique ou de représentation publique. — Gastambide, nº 265; Goujet et Merger, nº 33.

23. — La loi du 19 janvier 1791 reconnaît, en effet, à tous les auteurs le droit exclusif de faire représenter leurs ouvrages sur les théâtres publics, sans établir de distinction entre les ouvrages de littérature ou dramatiques et les ouvrages de musique. Et l'art. 428 du Code pénal protége les auteurs de compositions musicales, comme les auteurs d'ouvrages dramatiques, contre le délit de représentation illicite. « Tout directeur, porte cet article, tout entrepreneur de spectacle, toute association d'artistes qui aura fait représenter sur son théâtre des ouvrages dramatiques au mépris des lois et règlemens relatifs à la propriété des auteurs, sera puni d'une amende de 50 à 500 francs et de la confiscation des recettes. »

24. — Il est vrai que cet article ne parle que des *ouvrages dramatiques*. Mais par ces mots il faut entendre non-seulement tout ouvrage représentant une action tragique ou comique, comme un drame, une comédie, un vaudeville; mais aussi les compositions musicales. Les mots *ouvrages dramatiques* désignent toute œuvre susceptible d'être reproduite, représentée par un moyen quelconque sur un théâtre. — Gastambide, nº 264; Le Senne, nº 43; Goujet et Merger, nºs 36 et 39.

25. — Et par *théâtre* ou *spectacle public* il nous semble qu'il faut entendre, en cette matière, les concerts et, en général, tous les lieux publics dans lesquels le public est admis et où la musique est un des objets principaux. — Décr. 13 août 1811. — Gastambide, nºs 264 et 270; Goujet et Merger, nº 35. — Mais la reproduction d'un air isolé dans un concert qui serait donné dans une salle particulière et où le public serait admis, non en payant, mais sur la représentation de simples lettres d'invitation, pourrait ne pas être considérée comme une représentation illicite. — Renouard, nº 29; Le Senne, nº 45; Goujet et Merger, nºs 39, 40 et 50.

26. — Il pourrait même arriver que la reproduction, sans le consentement de l'auteur, d'un air isolé, extrait d'une symphonie entière, d'une pièce nouvelle, dans un concert public, ne fût point regardée comme une atteinte aux droits de l'auteur, comme lui causant préjudice : Si, par exemple, la reproduction de cet air n'avait eu lieu qu'une seule fois et était insuffisante par elle-même pour faire connaître la symphonie ou la pièce nouvelle. Il faut donc que la reproduction ou l'exécution publique, pour être illicite, soit susceptible de causer à l'auteur un dommage réel. On comprend, dès lors, qu'il est impossible de donner sur ce point une règle fixe. Tout dépendra des circonstances, dont les tribunaux sont souverains appréciateurs. — Renouard, nº 29; Goujet et Merger, nº 49.

27. — La loi protégeant contre le délit de représentation illicite toute composition musicale, il s'ensuit qu'il importe peu que cette composition ait été, dans l'origine, faite simplement pour l'impression ou destinée à un théâtre. — Gastambide, nº 266.

28. — ... Ou qu'elle soit manuscrite, imprimée ou gravée. La composition musicale qui a été imprimée ou gravée n'est donc pas susceptible d'être exécutée en public, sans le consentement de son auteur. Celui-ci conserve son droit de propriété, nonobstant l'impression ou la gravure. L'impression ou la gravure d'une œuvre musicale a pour but unique, en effet, d'en opérer la vente; c'est un mode d'exercice du droit de propriété : ce fait ne saurait, par conséquent, en autoriser la reproduction sans le consentement du compositeur, dans un spectacle. — Gastambide, nº 271.

29. — Peu importe aussi le genre de la composition musicale. Ainsi, une chanson dialoguée rentre dans la catégorie des ouvrages dont la représentation ne peut avoir lieu sur un théâtre sans le consentement de l'auteur. Quoique la publicité donnée à cette chanson, par sa représentation sur un théâtre, puisse en favoriser la vente et servir à la réputation de l'auteur, il n'en est pas moins vrai que cette représentation constitue une atteinte à sa propriété, dont il est maître absolu de disposer comme bon lui semble, avec ou sans droits. La représentation ou la production qui en a eu lieu sur un théâtre sans le consentement de l'auteur constitue, par elle-même, un préjudice à l'égard de ce dernier, préjudice dont il a le droit de poursuivre la réparation. — Renouard, nº 77; Goujet et Merger, nº 42.

30. — Une œuvre musicale peut se composer de paroles et de musique : telles sont les compositions musicales, qui, comme les opéras et les opéras-comiques, sont destinées au théâtre. Ces sortes de compositions sont à la fois musicales et théâtrales. M. Renouard (nº 29) pense que la musique théâtrale, exécutée sans accompagnement de paroles et de jeu scénique, perdant son caractère d'œuvre dramatique, n'est point protégée par la loi. Mais nous ne croyons pas que cette opinion puisse être admise. Car la loi ne protége pas seulement dans son ensemble la composition musicale théâtrale, elle protége aussi chaque partie de cette composition. D'ailleurs, qui ne sait que dans une composition de cette nature la musique a souvent une bien plus grande valeur que les paroles! L'auteur de cette composition éprouve, dès lors, un préjudice plus considérable de la reproduction de la musique sans son consentement que de la reproduction des paroles. Cette reproduction partielle doit donc tomber sous le coup d'une répression pénale. — Goujet et Merger, nº 41.

31. — Ordinairement, les auteurs d'opéras et d'opéras-comiques, en traitant avec les directeurs, se réservent le droit d'arranger ou de faire arranger les principaux motifs en contredanses ou variations, et aussi de les faire exécuter sur les autres théâtres et dans les concerts publics.

32. — Des airs ou romances détachés d'un opéra ou d'un opéra-comique ne peuvent, sans l'autorisation des auteurs ou de leurs cessionnaires, être transportés sur un théâtre autre que celui sur lequel est représenté l'opéra ou l'opéra-comique, ni être exécutés publiquement. Un arrêté ministériel du 25 avr. 1807 le décide ainsi, à l'égard des airs ou romances qui font partie des opéras ou opéras-comiques représentés sur un théâtre de Paris. Cet arrêté ne fait que reconnaître un droit qui a sa source dans la loi elle-même; et le principe qu'il consacre doit, par conséquent, recevoir son application non-seulement à Paris, mais encore dans toute la France. — Gastambide, nº 268; Goujet et Merger, nºs 47 et 48.

33. — Les airs composés pour un théâtre sont également la propriété exclusive des auteurs. Ainsi, l'auteur qui a fait graver et publier un recueil d'airs, qu'il fait chanter sur un théâtre, a le droit de s'opposer à ce qu'on les chante sur d'autres théâtres sans son consentement. Il serait contraire, en effet, à tous les principes sur la propriété des auteurs, qu'une œuvre musicale, parce qu'elle serait de minime importance, ne fût pas protégée. L'emprunt, même le plus faible, fait à un auteur, peut quelquefois lui causer un préjudice notable. — Gastambide, nº 269; Renouard, nº 75; Goujet et Merger, nºs 44 et 45.

34. — Nous avons dit précédemment (V. *suprà*, nº 21) que le compositeur de musique qui arrangeait un thème en *variations, valses* ou *contredanses* était propriétaire de ces symphonies, encore bien qu'il ne le fût pas du thème. Il en est ainsi, quoiqu'il ait été chargé par un entrepreneur de concerts publics d'arranger ces symphonies; et il peut, après la résiliation de l'engagement qu'il a contracté avec cet entrepreneur, s'opposer à ce qu'il continue à les exécuter. Une cession de sa propriété aurait seule pour effet de le dépouiller de ce droit. — *Paris*, 16 févr. 1836, Masson du Puit-Neuf c. Musard. — Goujet et Merger, nº 51; Gastambide, nº 271.

35. — Lorsqu'un auteur, chargé de composer des symphonies et quadrilles, pour un concert public, s'est réservé la propriété de ses manuscrits, l'entrepreneur de ce concert est tenu d'indiquer sur ses affiches le nom de l'auteur en regard des compositions musicales qu'il annonce. — Gastambide, *loc. cit.*; Goujet et Merger, nº 52.

§ 3. — *Sculpture.*

36. — Avant 1789, la propriété des sculpteurs était garantie par des règlemens spéciaux : notamment par une sentence de police du 11 juill. 1702, un règlement de mars 1730 accordé à la communauté des peintres et sculpteurs de l'académie de Saint-Luc de la ville et faubourgs de Paris, une sentence de police du 16 juill. 1766, approuvée par un arrêt du Parlement de Paris du 30 du même mois, et enfin une déclaration du roi du 15 mars 1777. D'après ces différens documens, les fondeurs, ciseleurs, bijoutiers, orfévres et, en général, tous ceux qui faisaient des modèles avaient droit à une égale protection; et la propriété de leurs ouvrages était protégée à la fois contre le contre-moulage et la copie.

37. — L'art. 7 de la loi du 19 juill. 1793, qui protége les ouvrages de littérature et de gravure *ou toute autre production de l'esprit ou du génie appartenant aux beaux-arts*, embrasse nécessairement, par la généralité de ces dernières expressions, les ouvrages de sculpture. Aussi, le législateur de 1810, dans l'art. 427 C. pén., a-t-il ordonné la confiscation des planches, *moules* ou *matrices* des objets contrefaits. Une ordonnance du roi rendue, sur l'avis du Conseil d'Etat, le 10 sept. 1814, par interprétation de la loi de 1793, mais non insérée au *Bulletin des lois*, a même formellement reconnu le droit de propriété des sculpteurs sur leurs ouvrages. Ce droit a été, d'ailleurs, également consacré par la jurisprudence et la doctrine. — *Cass.*, 17 nov. 1814, Romagnesi c. Robin. — Gastambide, nº 352; Goujet et Merger, nº 106.

38. — Mais que doit-on entendre par la *sculpture?* L'*Encyclopédie des sciences et des arts* (vº *Sculpture*) la définit : « L'art qui, par le moyen du dessin et de la matière solide, imite avec le ciseau les objets palpables de la nature. » Dans son sens le plus général, la sculpture est donc l'art de dessiner avec le burin ou l'ébauchoir, en creux ou en relief, sur quelque matière que ce soit. Et il n'y a pas lieu, pour appliquer à une production de sculpture la qualification d'*objet d'art*, de distinguer si cette production est bonne ou mauvaise. Toute production de l'esprit ou du génie, quelle qu'elle soit, est la propriété de celui qui en est l'auteur, qu'il soit artiste ou non. — Gastambide, nos 353 et 371.

39. — De ce que les ouvrages de sculpture sont implicitement compris dans les mots *ou toute autre production* de la loi de 1793, il s'ensuit que les sculpteurs ont le droit exclusif de reproduire leurs ouvrages en bronze ou de toute autre manière; qu'ils ont pu transmettre à d'autres ce droit; et que, spécialement, les fabricans de bronzes, qui ont acquis des sculpteurs les modèles faits par ceux-ci, se trouvent subrogés à tous les droits de ces sculpteurs; lesquels fabricans peuvent alors poursuivre les contrefacteurs, en vertu de la loi de 1793 et du Code pénal. — Gastambide, n° 355; Goujet et Merger, n° 111. — M. Gastambide (*loc. cit.*) cite aussi, en ce sens, deux arrêts de Paris des 22 juin 1818 et 23 janv. 1829.

40. — Les fondeurs en fer, ayant recours à l'art de la sculpture, doivent être assimilés, quant à la propriété de leurs ouvrages, aux sculpteurs. Ainsi, sont des objets d'art, des chenets en fonte de fer, représentant une tête de cheval avec des ornemens (Gastambide, n° 356; Goujet et Merger, n° 115), ainsi qu'un marteau de porte en fonte de fer, ayant la forme d'un dauphin battant sur une coquille (Gastambide, *loc. cit.*; Goujet et Merger, n° 114), et la propriété exclusive en appartient à leur auteur.

41. — L'estampage est un genre de sculpture employé sur presque tous les métaux, et les ouvrages qui en proviennent doivent aussi être considérés comme des ouvrages d'art et protégés par les lois sur la propriété des auteurs. Spécialement, des panonceaux de notaire en cuivre estampé, dans lesquels un graveur a dessiné et exécuté des armoiries qu'il a composées pour orner le sceau de l'Etat, constituent un ouvrage d'art dont il a la propriété exclusive, aux termes de la loi du 19 juill. 1793. — *Paris*, 9 févr. 1832, Ameling c. Duclos. — Gastambide, n° 357; Goujet et Merger, n° 113; Et. Blanc, p. 568.

42. — Est encore la propriété exclusive du graveur qui l'a créé : le poinçon nouveau et de forme et de dessin, destiné à servir à l'estampage des objets de bijouterie. — Gastambide, n° 357 *in fine*.

43. — L'auteur d'un modèle d'orfévrerie, et notamment de modèles de vaisselle, conserve également la propriété exclusive de ces modèles, encore bien qu'ils n'aient été exécutés que pour un amateur, tant qu'il ne s'est pas dessaisi en faveur de ce dernier, d'une manière formelle, de la propriété. — Gastambide, n° 358; Goujet et Merger, n° 116.

44. — Celui qui reproduit en bronze, en marbre ou en porcelaine, un objet d'art, a le droit exclusif de fabriquer le modèle par lui créé. Ainsi, celui qui, s'inspirant du tableau d'Horace Vernet représentant le *Massacre des Janissaires*, invente et fabrique des flacons en porcelaine, sur lesquels il imite le pacha qui figure dans ce tableau, acquiert un droit exclusif à la reproduction de son œuvre, et le fabricant qui reproduit, sans son consentement, le même modèle se rend coupable de contrefaçon. — *Paris*, 24 mai 1837 (t. 1er 1837, p. 560), Chazaux c. Jacob Petit. — Goujet et Merger, n° 117.

45. — Plus généralement, les modèles de sculpture en porcelaine ou faïence, sculptés en terre ou moulés en plâtre, constituent au profit de leur auteur une propriété protégée par la loi de 1793. — Gastambide, n° 359.

46. — On voit, d'après ce qui précède, qu'on ne doit pas considérer seulement comme des sculptures les statues, les bas-reliefs et les médailles. Aux cas d'ouvrages de sculpture précédemment indiqués, il faut en ajouter d'autres. Ainsi, doivent encore être rangés parmi les sculptures, les cristaux, qu'ils soient taillés ou moulés; le carton-pierre, les pâtes et compositions avec lesquelles on fait des ornemens d'architecture et de sculpture, les sculptures en bois, en ivoire, en marbre, en nacre, etc. — Gastambide, nos 353, 360, 361 et 362.

47. — Les moulures en plâtre et en terre sont également des sculptures dont la propriété appartient exclusivement à ceux qui en sont les inventeurs. La Cour de Paris avait cependant, par arrêt du 12 juin 1810, refusé de condamner comme contrefacteur un individu qui avait reproduit une statue fabriquée par un figuriste mouleur en plâtre, sous le prétexte que la profession de *figuriste mouleur en plâtre* était un *métier* et non un *art*. Mais cette distinction a été avec raison repoussée. — Gastambide, nos 353 *in fine* et 355 *bis*.

48. — La planche faite au burin par le graveur en taille-douce est aussi une sculpture. Mais, au point de vue légal, cette planche doit être considérée, ainsi que le fait remarquer M. Gastambide (p. 361, note), non comme un ouvrage de sculpture, mais comme une œuvre de dessin, parce qu'elle n'est pas livrée au public et qu'elle n'est qu'un instrument pour imprimer des estampes.

49. — Pour qu'un ouvrage de sculpture puisse devenir l'objet d'un droit exclusif de propriété, il ne suffit pas qu'il appartienne aux beaux-arts; il faut, de plus, qu'il soit une production de l'esprit ou du génie, c'est-à-dire qu'il soit une *création*. Or, si un sculpteur reproduit isolément, sans accessoires, un objet emprunté à la nature, par exemple un cheval, un chien, il n'acquiert pas assurément le droit exclusif de reproduire des chevaux, des chiens, lesquels sont dans le domaine public. Mais s'il avait donné au cheval ou au chien une pose, une expression, un caractère particuliers, cette pose, cette expression, ce caractère constitueraient alors une véritable production, une véritable création, qui serait l'objet d'une propriété exclusive pour l'auteur. — Gastambide, n° 364; Goujet et Merger, n° 119.

50. — Ainsi, le fabricant de bronzes qui fait un vase ayant la forme du vase dit *de Médicis*, mais en lui donnant des proportions différentes et en y appliquant des bas-reliefs de sa composition, crée un travail qui est la production de son esprit; et il a le droit de poursuivre ceux qui ont contrefait son vase avec les mêmes proportions et les mêmes ornemens. — Gastambide, n° 365; Goujet et Merger, n° 120.

51. — De même, les accessoires de sa composition qu'un fabricant de porcelaines ajoute à une figure de pacha assis dont il prend l'idée dans le tableau d'un peintre qui y consent et qu'il dispose pour flacon; ou dont un graveur sur métaux entoure le sceau de l'Etat dans les panonceaux des notaires, constituent la propriété du fabricant ou du graveur, quoique l'idée principale (la figure ou le modèle du sceau de l'Etat) ne leur appartienne pas. — *Paris*, 9 févr. 1832, Ameling c. Duclos et Henrionnet; 24 mai 1837 (t. 1er 1837, p. 560), Chazaux c. Petit. — Gastambide, nos 366 et 367.

52. — Jugé aussi que le fabricant de bronzes qui a réduit la Cléopâtre antique et en a fait un modèle de pendule, a, par ce travail de réduction et d'appropriation, créé un modèle qui lui est propre et dont la reproduction, sans son consentement, constitue une contrefaction. — Gastambide, n° 368; Goujet et Merger, n° 121.

53. — Plus généralement, la réduction d'un objet d'art tombé dans le domaine public, spécialement d'une statue antique, confère à l'auteur de cette réduction un droit de propriété sur l'objet réduit. — *Paris*, 17 déc. 1847 (t. 1er 1848, p. 352), Susse, Collas et Barbedienne c. Galantomini.

54. — Le même droit existe au profit du sculpteur figuriste qui fait un groupe de *Psyché et l'Amour* d'après le groupe de Canova, qui est aujourd'hui dans le domaine public, non en copiant exactement l'original, mais en y faisant des changemens. — Gastambide, n° 369; Goujet et Merger, n° 122.

55. — Mais la loi du 19 juillet 1793, ne protégeant que les *productions* de l'esprit ou du génie, ne pouvait s'appliquer à l'opération qui consiste à prendre une empreinte sur une figure d'homme au moyen du moulage, cette opération étant purement matérielle et n'exigeant ni esprit, ni génie, ni aucune connaissance de l'art du sculpteur. En conséquence, la reproduction par la simple opération du moulage, du masque d'une personne morte, ne constitue point la propriété exclusive de celui qui l'a exécutée. — Gastambide, n° 369; Goujet et Merger, n° 123.

§ 4. — *Architecture.*

56. — Nous avons dit précédemment (V. *suprà*, n° 46) que les ornemens d'architecture étaient pour l'auteur de ces ornemens l'objet d'une propriété exclusive. Il en est de même des dessins et des plans dressés par un architecte. L'architecte, en effet, est un artiste, et peut, à ce titre, invoquer le bénéfice de la loi du 19 juill. 1793, qui embrasse « toutes les productions de l'esprit et du génie appartenant aux beaux-arts. »

57. — Mais lorsque ces plans et dessins ont été exécutés, l'architecte peut-il poursuivre comme contrefacteurs ceux qui se les approprient et les imitent : soit qu'ils les copient servilement, soit qu'ils ne les reproduisent qu'en partie? « On ne peut se dissimuler, dit M. Renouard (n° 35), que, lorsqu'il s'agit de la copie d'un monument par un monument pareil, en tout comme en partie, dans les mêmes proportions comme dans des proportions différentes, la nature particulière des productions de cet art, leur destination immobilière, l'impossibilité d'un préjudice sérieux, semblent devoir faire écarter toute prétention à un droit exclusif. » Aussi il n'y a pas d'exemple d'une plainte en contrefaçon formée par un architecte soit contre un autre architecte, soit contre un peintre ou un dessinateur. La concurrence ne présente pas, en effet, les mêmes dangers pour un architecte que pour un peintre ou un graveur. L'architecte n'a donc pas un droit exclusif à la reproduction des édifices qu'il a fait exécuter. — V. aussi, en ce sens, Goujet et Merger, nos 154 et 155.

58. — Il en doit être ainsi, à plus forte raison, de l'architecture des jardins, dont les dessins ne peuvent guère se réaliser que retouchés et variés par l'action de la nature. — Renouard, *loc. cit.*

Sect. 2e. — *Du dépôt.*

59. — D'après la loi du 19 juill. 1793 (art. 6), tout citoyen qui met au jour un ouvrage de littérature ou de gravure, dans quelque genre que ce soit, est obligé d'en faire le dépôt de deux exemplaires à la Bibliothèque nationale ou au cabinet des estampes. Une ordonnance royale du 24 oct. 1814, ajoutant aux dispositions de la loi précitée, a exigé le dépôt de cinq exemplaires des estampes et planches gravées, accompagnées d'un texte ou sans texte (art. 3, 4, 8 et 9). La nécessité du dépôt a été étendue par l'ordonnance royale du 8 oct. 1817 (art. 2) aux impressions lithographiques. Enfin, une dernière ordonnance royale du 9 janv. 1828 a réduit le nombre de cinq exemplaires à déposer, à deux pour les estampes et planches gravées accompagnées d'un texte, et à trois pour les épreuves des estampes et planches gravées sans texte.

60. — La nécessité du dépôt n'est pas seulement une mesure relative à la police de l'imprimerie, une mesure de sûreté publique; mais c'est aussi le seul moyen d'établir la propriété des auteurs. L'auteur d'une gravure ou d'une lithographie, qui n'en a pas fait le dépôt préalable, de trois exemplaires ou épreuves, n'a pas conservé la propriété exclusive de cette gravure ou lithographie. — Gastambide, n° 317; Goujet et Merger, n° 69.

61. — La loi n'exigeant la condition du dépôt que pour les ouvrages de gravure et de lithographie, il s'ensuit que les ouvrages de peinture non gravés ou les dessins à la main ne sont point assujettis à cette formalité. Ainsi, l'auteur d'un tableau ou d'un dessin en conserve la propriété, tant qu'il ne le fait pas graver, sans être tenu à aucun dépôt. — Gastambide, n° 318; Goujet et Merger, n° 68.

62. — Pour conserver la propriété, le dépôt doit être préalable à la publication ou à la mise en vente. Si cependant une circonstance de force majeure eût empêché l'auteur d'une gravure ou d'une lithographie d'en effectuer préalablement le dépôt et que, cette circonstance ayant cessé d'exister, l'auteur eût rempli cette formalité, il devrait alors être considéré comme ayant toujours eu la propriété exclusive de son œuvre; et celui qui, postérieurement au dépôt, continuerait de reproduire la gravure ou la lithographie sans le consentement de l'auteur, pourrait être poursuivi comme contrefacteur. — M. Gastambide (n° 320) cite aussi dans le même sens un arrêt de Paris du 3 juill. 1834, Jazet. — Goujet et Merger, n° 76.

63. — La loi, en soumettant, comme on l'a vu, tout ouvrage de gravure, *dans quelque genre que ce soit*, à la formalité du dépôt, a nécessairement compris dans sa disposition toute musique gravée, imprimée ou reproduite par des procédés analogues. Mais l'auteur d'une musique qui n'est pas encore gravée n'est point assujetti à en faire le dépôt pour en conserver la propriété. — Gastambide, nos 21, 22, 23 et 252; Goujet et Merger, nos 10 et 12.

64. — Toute musique gravée, qu'elle soit accompagnée de texte ou qu'elle soit sans texte, doit être déposée, pour que l'auteur puisse en conserver la propriété. — *Paris*, 25 nov. 1837 (t. 2 1837, p. 592), Schlesinger; *Cass.*, 30 mars 1838

(t. 2 1838, p. 6), même aff. — Renouard, n° 122. — Seulement, si la musique est accompagnée d'un texte, il ne doit en être déposé que deux exemplaires; dans le cas contraire, il en doit être déposé trois. C'est ce qui résulte de l'ordonnance précitée du 9 janv. 1828. — V. aussi, en ce sens, Gastambide, n° 253; Goujet et Merger, n° 11.

65. — Nous avons dit précédemment (V. *suprà*, n° 22) que l'auteur d'une composition musicale avait sur son œuvre un double droit : celui d'impression et celui de représentation. L'auteur d'une composition musicale non gravée qui la fait représenter en public, sans en faire le dépôt, ne perd ni le droit exclusif d'impression, ni celui de représentation. En cas d'impression, il n'en conserve pas moins le droit exclusif de représentation : nonobstant le défaut de dépôt. — Gastambide, nos 274, et 217 et suiv.; Goujet et Merger, n° 13.

66. — Relativement aux ouvrages de sculpture, la propriété n'en est subordonnée à aucune espèce de dépôt. La loi du 19 juill. 1793 n'exige cette formalité que pour les ouvrages de *littérature* et de *gravure*. Les ouvrages de sculpture n'y sont point soumis : soit que les auteurs s'en tiennent aux originaux de ces ouvrages, soit que, par le moyen du moulage, ils en tirent des épreuves ou exemplaires. — *Cass.*, 17 nov. 1814, Romagnesi c. Robin. — Merlin, *Rép.*, v° *Contrefaçon*, § 16; Renouard, n° 221; Gastambide, nos 395 et 396; Goujet et Merger, n° 125.

67. — Ainsi, la formalité du dépôt ne s'applique point aux ouvrages d'art exécutés sur les métaux, sur le marbre, le bois, l'ivoire ou toute autre matière solide. Spécialement : ne doivent pas être déposés des panonceaux de notaire sur lesquels des ornemens nouveaux ont été gravés, ni des marteaux de porte en fonte de fer. — Gastambide, *loc. cit.*

68. — La loi du 18 mars 1806, qui prescrit pour les dessins de fabrique le dépôt au greffe du tribunal de commerce, n'est pas plus applicable aux ouvrages de sculpture que celle de 1793. L'auteur d'un ouvrage de sculpture n'est donc pas obligé d'en effectuer le dépôt au greffe pour conserver sa propriété. — Gastambide, n° 397.

69. — L'arrêté du 5 germ. an XII, qui ordonne que deux exemplaires de chaque médaille en bronze seront déposés à la monnaie du Louvre, et deux à la Bibliothèque nationale, n'a pas fait davantage de ce dépôt une condition de la conservation de la propriété du graveur. Cet arrêté n'a créé, en effet, qu'une formalité de pure police. — Gastambide, n° 398; Goujet et Merger, n° 126.

Sect. 3e. — *Durée et cession.*

70. — *Durée.* — La propriété des peintures, dessins et gravures et des œuvres musicales est régie, quant à sa durée, par la loi du 19 juill. 1793. Les auteurs de ces sortes d'ouvrages en jouissent pendant toute leur vie. Leurs héritiers ou cessionnaires ont les mêmes droits durant l'espace de dix ans après la mort des auteurs. — Loi précitée, art. 1er et 2.

71. — Le décret du 5 févr. 1810, sur la *direction de l'imprimerie et de la librairie*, qui a étendu à vingt années le droit des héritiers et cessionnaires après la mort des auteurs, est spécial pour les ouvrages de littérature et ne s'applique ni aux peintures, dessins et gravures ni aux compositions musicales. — Avis du Conseil d'Etat du 23 août 1811. — Gastambide nos 255 et 324; Goujet et Merger, nos 15, 17 et 72.

72. — Mais la loi du 3 août 1844 qui a accordé aux veuve et enfans des auteurs d'ouvrages dramatiques le droit d'en jouir pendant vingt ans après le décès de leur auteur, régit la durée de la propriété des compositions musicales qui peuvent être rangées parmi les ouvrages dramatiques. Il n'a rien été innové à la loi de 1793 relativement aux autres compositions musicales. — Goujet et Merger, nos 16 et 18.

73. — Les peintures, dessins, gravures et compositions musicales *posthumes* sont la propriété des héritiers de leurs auteurs, pendant le même temps que les productions des mêmes auteurs publiées de leur vivant. — Gastambide, n° 325.

74. — La propriété des ouvrages de sculpture est soumise à la durée déterminée par la loi du 19 juill. 1793. — Gastambide, n° 399; Goujet et Merger, n° 128.

75. — La personne sur la tête de laquelle réside la propriété d'un modèle de sculpture, par exemple, n'est pas toujours celle qui l'a exécuté. Il arrive, en effet, souvent qu'un fabricant conçoit l'idée d'un modèle et en confie la réalisation aux soins d'un artiste. Dans ce cas, le véritable auteur, celui qui jouit du droit exclusif de propriété, et sur la vie duquel se mesure la durée de ce droit, est le fabricant. Il en est de même lorsque c'est le fabricant qui met au jour un modèle de sculpture imaginé et exécuté par un artiste auquel il l'a demandé, et attache son nom à ce modèle. — Gastambide, nos 400 et 401.

76. — *Cession.* — Aux termes de la loi du 19 juillet 1793 (art. 1er), les artistes ont seuls, comme les auteurs littéraires, le droit de *vendre* leurs ouvrages et d'en *céder* la propriété en tout ou en partie. Dans le langage des arts, *vendre* un ouvrage n'est pas nécessairement en *céder* la propriété. — Gastambide, n° 402. — Ainsi, un artiste peut vendre l'original de son ouvrage et retenir le droit de le graver; réciproquement, il peut vendre ce dernier droit et retenir la propriété de l'original. — Goujet et Merger, n° 73.

77. — Il résulte de là, que celui auquel appartient la première conception d'un ouvrage de beaux-arts a, relativement à cet ouvrage, deux droits distincts : celui de *vendre* et faire vendre l'ouvrage, et celui d'en *céder* la propriété. La *vente* dont il s'agit ici se rapporte uniquement à l'objet matériel de l'ouvrage, et la *cession* concerne ce qui a rapport à la conception du même ouvrage et est le fruit du génie de son auteur. La cession de la propriété doit nécessairement emporter la vente de l'objet matériel; mais la vente de l'objet matériel ne comprend pas la cession de la propriété.

78. — Le peintre qui vend un tableau à un particulier conserve-t-il, en l'absence de toute stipulation à cet égard, le droit de le reproduire par la gravure et la lithographie? Si l'acquéreur du tableau est un homme qui fait commerce de tableaux, de peintures et de gravures, il est vraisemblable qu'il a acquis non-seulement l'original, mais aussi le droit de le faire graver ou lithographier. Si, au contraire, le tableau a été acheté par un amateur pour orner son cabinet ou sa galerie, il semble qu'alors la vente ne doive point emporter la jouissance exclusive, et qu'elle ne doive pas empêcher l'auteur de reproduire lui-même son œuvre par la gravure ou la lithographie. Le droit de graver n'est pas, en effet, un accessoire du tableau vendu; le peintre, nonobstant la vente, reste propriétaire de sa pensée et libre de la reproduire par tous les moyens qui lui semblent convenables, pourvu qu'il ne nuise point aux droits de propriété de l'acquéreur. Nous voyons donc que l'auteur d'un tableau vendu à un particulier ne perd le droit de le reproduire par la gravure ou la lithographie, qu'autant qu'il cède expressément ce droit ou qu'il est censé l'avoir compris dans la vente du tableau. — *Paris*, 2 févr. 1842 (t. 2 1843, p. 331), Bulla c. Lahoche. — Gastambide, n° 322; Et. Blanc, p. 529 et suiv.; Renouard, n° 175. — — V., cependant, en sens contraire, *Cass.*, 27 mai 1842 (t. 1er 1843. p. 215), Vallot c. Gavard. — Goujet et Merger, n° 74.

79. — L'acquisition de la planche gravée d'un tableau ne confère à l'acheteur que le droit exclusif de reproduction par la gravure et autres procédés analogues; elle ne lui transmet pas le droit de reproduire le tableau par la sculpture. — *Paris*, 2 févr. 1842 (arrêt cité au n° qui précède), Goujet et Merger, n° 76.

80. — Ce que nous avons dit du peintre s'applique au sculpteur. Ainsi : le sculpteur qui vend une statue conçue et exécutée par lui, ne se dépouille que de la propriété de son ouvrage envisagé matériellement; il reste propriétaire de ce qui, dans cet ouvrage, est le fruit de sa conception et de son génie, et forme un droit particulier de propriété qui lui est garanti par la loi. Pour être comprise dans la vente de la statue, la cession du droit de propriété doit être *formellement* exprimée. Il peut cependant y avoir un cas où il y aurait convention *tacite* que le sculpteur ne reproduirait pas son œuvre : c'est lorsqu'il vend son œuvre à un fabricant qui doit l'exploiter. Alors le sculpteur est en tout point assimilable au peintre qui vend un tableau à un marchand. — Gastambide, n° 403.

81. — Lorsque la vente d'un tableau ou de tout autre objet d'art n'emporte point avec elle la cession du droit de reproduction, l'exercice de ce dernier droit, par l'auteur, est soumis toutefois à la condition de ne pas nuire à l'acheteur. On comprend, par exemple, que le peintre puisse reproduire le tableau qu'il a vendu, par la gravure ou la lithographie, parce que la gravure ou la lithographie, étant d'un genre différent, n'enlève rien au mérite et à la valeur de l'ouvrage primitif. Mais nous ne pensons pas qu'il ait le droit de le reproduire en en faisant une copie; car l'existence d'une copie, faite surtout par l'auteur lui-même, peut ôter beaucoup de prix à l'original. — Goujet et Merger, n° 75. — *Contrà*, Gastambide, n° 323.

82. — Nous avons dit qu'en général la vente seule d'un tableau, ou d'une statue, faite à un particulier n'emportait pas la cession du droit de propriété, du droit de reproduction. Il en doit être de même lorsque la vente est faite au gouvernement. Le peintre ou le sculpteur vend, en effet, au gouvernement un objet d'art et de décoration, mais il ne lui vend pas le droit d'exploiter sa pensée. Un avis du Conseil d'Etat, du 2 avril 1823, a décidé cependant que le gouvernement qui achetait un tableau ou une statue acquérait, par la seule tradition de l'œuvre, le droit de reproduction. Mais cet avis n'a point été inséré au Bulletin des lois. Du reste, quelle que soit l'autorité qu'on doive y attacher, les tribunaux pourront toujours apprécier les intentions des parties et décider, selon les circonstances, sans violer les principes, que l'auteur n'a entendu vendre, au gouvernement, que son œuvre matérielle, ou que la vente l'a dessaisi du droit de propriété. — Gastambide, nos 322 et 405.

83. — Ce n'est, dans tous les cas, d'après l'avis précité du Conseil d'Etat, que la tradition qui rend le gouvernement propriétaire du tableau ou de la statue et du droit de les reproduire. Mais les gravures de ce tableau ou de cette statue faites avant la vente appartiendraient à l'auteur, qui pourrait postérieurement à la tradition les reproduire de nouveau. La propriété de ces gravures serait soumise à la durée ordinaire.

84. — Au lieu d'acheter à un peintre un tableau qu'il a composé, le gouvernement peut lui en commander un d'après un sujet donné. Dans ce cas, le gouvernement est assurément seul propriétaire de l'original de ce tableau. Il a aussi seul le droit d'en autoriser la gravure, lorsque la livraison lui en a été faite. Il semble également que, par suite de l'ordre d'exécution donné par le gouvernement et accepté par le peintre, ce dernier ne puisse, avant la livraison, faire graver le tableau commandé par le gouvernement. Cependant il a été jugé qu'il ne pouvait être dépouillé du droit de le faire graver avant la livraison que par une convention expresse. — *Paris*, 3 févr. 1831, Godefroy (arrêt rapporté par Gastambide, n° 322).

Sect. 4e. — *Contrefaçon.*

§ 1er. — *Principes généraux.*

85. — Nous avons vu que la loi reconnaissait la propriété artistique, et nous avons dit en quoi elle consistait. Cette propriété étant reconnue, il fallait en protéger, en garantir la jouissance, l'exercice, contre les atteintes directes ou indirectes qui pouvaient lui être portées. De là, l'art. 425 C. pén. : « Toute édition, porte cet article, de composition musicale, de dessin, de peinture, ou de toute autre production, imprimée ou gravée en partie ou en entier, au mépris des lois et règlemens relatifs à la propriété des auteurs, est une contrefaçon, et toute contrefaçon est un délit. »

86. — La contrefaçon suppose de la mauvaise foi de la part du contrefacteur. Le contrefacteur qui a agi de bonne foi ou par ignorance échappe à toute pénalité. Mais il peut cependant être condamné à des réparations civiles envers l'auteur de l'ouvrage contrefait, à raison du préjudice qu'il a pu causer par son fait à cet auteur. — Gastambide, n° 408; Goujet et Merger, n° 148.

87. — Ainsi, celui qui, ayant acheté le fonds d'un mouleur, y a trouvé parmi les modèles de l'établissement des modèles contrefaits, dont il ignorait l'origine frauduleuse, et en a fait usage, peut, malgré sa bonne foi, être condamné à faire l'abandon des objets contrefaits et des moules à titre de réparations civiles pour le préjudice causé à l'inventeur. — M. Gastambide (*ubi suprà*) cite, en ce sens, un arrêt de Paris du 26 févr. 1825) Léna.

88. — Le préjudice causé à l'auteur d'un objet d'art par une contrefaçon de mauvaise foi, et l'usurpation intégrale ou partielle de cet objet, sont les élémens constitutifs du délit de contrefaçon dans les arts comme dans la littérature. — Gastambide, n° 291; Goujet et Merger, n° 78.

89. — L'usurpation est intégrale, lorsqu'il y a reproduction de la pensée, de la composition et de l'exécution. Dans ce cas, le préjudice n'est pas moins évident que le larcin. Mais la reproduction peut être intégrale, quoiqu'elle ne soit point isolée, lorsque, par exemple, la chose est introduite dans une composition plus vaste ou jointe à d'autres choses. Dans ce dernier cas, le préjudice n'est pas direct comme dans le premier; mais il n'en existe pas moins, et sa gravité dépend des circonstances. La reproduction dont il s'agit constitue donc également une contrefaçon. — *Paris*, 23 janv. 1828 (arrêt cité par Gastambide, n° 294). — Gastambide, nos 293 et 294; Goujet et Merger, n° 81.

90. — La reproduction partielle consiste dans les emprunts qui sont faits à une œuvre, dans les imitations de cette œuvre. Cette reproduction partielle ne peut être considérée comme une contrefaçon, si elle ne cause aucun préjudice à l'auteur. Le droit d'emprunt, d'imitation, doit, en effet, être concilié avec les droits d'auteur. Le préjudice est donc l'élément le plus important de la contrefaçon partielle. — Gastambide, n° 295; Goujet et Merger, n° 82.

91. — La contrefaçon existe, encore bien qu'il soit impossible de se méprendre entre l'original et la copie, soit que la copie, de même grandeur que l'original, lui soit, sous le rapport de l'exécution, bien inférieure, soit que cette copie soit d'une dimension moindre ou plus considérable. — Renouard, nos 33 et 37; Gastambide, n° 292; Goujet et Merger, nos 79 et 80.

92. — Les peines auxquelles donne lieu le délit de contrefaçon consistent dans l'amende et la confiscation (C. pén., art. 427 et 429). En principe, la confiscation ne doit porter que sur les objets contrefaits. Mais si l'objet contrefait est lié d'une manière inséparable à d'autres objets qui ne sont pas entachés de contrefaçon, la confiscation doit porter sur le tout. Si, au contraire, la partie contrefaite peut être détachée de la partie non contrefaite, la première, seule, doit être confisquée, à moins que, par suite de la séparation, l'objet principal ne soit mutilé et devienne hors d'usage. Ce sera le plus souvent aux tribunaux à apprécier s'il convient de scinder l'objet contrefait ou de maintenir la confiscation pour le tout. — Gastambide, n° 409; Goujet et Merger, nos 151 et 152.

93. — Par exemple : lorsqu'il s'agit d'une peinture ou d'un dessin gravé ou imprimé, il n'est guère possible de scinder l'objet de la confiscation. Mais la contrefaçon d'un modèle de pendule en bronze n'entraîne pas la confiscation du mouvement. De même, la contrefaçon de *figures* n'emporte pas la confiscation du socle et des accessoires, si ces parties sont distinctes et peuvent être détachées. — Gastambide, *loc. cit.*

94. — Quant à la preuve du délit de contrefaçon, elle peut résulter des circonstances de la cause. La saisie des objets argués de contrefaçon n'est pas indispensable pour l'établir. — *Paris*, 17 déc. 1847 (t. 1er 1848, p. 352), Susse, Collas et Barbedienne c. Galantomini.

95. — Ainsi, les tribunaux peuvent condamner comme contrefacteur le mouleur chez lequel on a trouvé de bonnes épreuves portant les traces d'un contre-moulage, encore bien qu'on n'ait saisi ni les moules ni les épreuves contrefaites. — Même arrêt.

§ 2. — *Peintures, dessins, gravures, etc.*

96. — Le fait de reproduire un tableau ou un dessin, en en changeant les dimensions, constitue une contrefaçon, s'il résulte de cette reproduction un préjudice pour l'auteur. — *Colmar*, 27 mars 1844 (t. 2 1844, p. 510), Lagier c. Schwilgué. — Renouard, n° 35; Gastambide, n° 298; Goujet et Merger, n° 86.

97. — Il y a également contrefaçon d'un portrait dans le fait de le copier, en y introduisant de légers changemens dans les accessoires. — *Cass.* (et non *Paris*), 26 (et non 27) sept. 1828, Boc-Saint-Hilaire c. Brossard de Beaulieu.

98. — .... D'un dessin d'ornemens dans le fait de reproduire quelques-uns de ces ornemens en presque totalité et les autres en partie.

99. — L'artiste qui a acheté de l'auteur d'un tableau le droit de le graver au trait, ne se rend pas seulement passible de dommages-intérêts envers cet auteur dans le cas où il fait du tableau une gravure achevée : il commet le délit de contrefaçon. La contrefaçon ici est partielle : elle existe pour tout ce qui n'a pas fait l'objet de la vente. — Goujet et Merger, n° 87.

100. — L'identité du procédé de reproduction, l'identité d'usage et de destination ne laissent aucun doute sur l'existence de la contrefaçon. Ainsi, le peintre qui fait à la main des copies de tableaux pour les répandre dans le commerce, peut être poursuivi comme contrefacteur par l'auteur de ces tableaux. Mais on ne doit pas considérer comme contrefaçon la copie d'un tableau faite dans la seule vue d'*étude*. — Gastambide, nos 301 et 304.

101. — Lorsque l'auteur d'un tableau ou d'un dessin, en le vendant au gouvernement, lui a en même temps cédé le droit de reproduction, si ce tableau ou ce dessin a été ensuite placé dans l'un des musées ouverts au public, il est par là tombé dans le domaine public, et chacun a alors le droit d'en faire des copies et même de livrer ces copies au commerce. — Gastambide, n° 304 *in fine*. — MM. Goujet et Merger (n° 99) prétendent, au contraire, que si quelquefois on vend des copies de tableaux exposés dans les musées, ce n'est que par une tolérance de l'administration, qui a le droit de s'opposer à cette vente.

102. — Jugé que nul ne peut copier ni faire graver un tableau dépendant d'un musée appartenant, soit à un particulier, soit à une commune, soit à une corporation, soit enfin à l'État, sans la permission du propriétaire, sauf, en outre, la permission du propriétaire du droit de copie, si le droit de propriété de l'œuvre matérielle et le droit de reproduction ont été détachés. — Renouard, n° 176; Goujet et Merger, n° 100.

103. — Le peintre ou dessinateur qui a vendu son tableau ou dessin a aliéné le droit de le reproduire de la même manière, par le même procédé. La copie qu'il en ferait ainsi lui-même le constituerait contrefacteur à l'égard de l'acheteur du tableau ou du dessin original. Mais l'auteur de ce tableau ou dessin pourrait-il le reproduire par un autre procédé? — V. *suprà*, n° 78.

104. — La reproduction par le même procédé n'est pas une condition essentielle de l'existence de la contrefaçon à cette matière. Il peut y avoir aussi contrefaçon dans la reproduction qui a lieu d'un art dans un autre, ou d'une destination à une autre destination. Par exemple, il y a contrefaçon dans la reproduction d'une peinture ou d'un dessin par la gravure, la lithographie ou tout autre procédé analogue. — Gastambide, nos 301, 302 et 303.

105. — .... Dans la reproduction de lithographies dans des tableaux exécutés par la lithochromie, c'est-à-dire à l'aide d'un procédé qui consiste à transporter les lithographies sur la toile pour ensuite les enduire de couleurs. — Renouard, n° 38; Goujet et Merger, n° 89; Gastambide, n° 306.

106. — .... Dans le fait de calquer ou copier des gravures, lithographies ou dessins, même en partie, pour les colorier ou enluminer. Mais l'enluminure seule d'une gravure, d'une lithographie ou d'un dessin, ne constitue point une opération illicite. — Renouard, *loc. cit.*; Goujet et Merger, n° 90.

107. — ... Dans le fait de copier des gravures ou lithographies pour les reproduire sur des enveloppes de bonbons, quoique l'auteur de ces gravures ou lithographies les ait destinées à un usage différent, par exemple à prendre place dans des albums ou autres collections. — M. Gastambide (n° 307) cite, en ce sens, un arrêt de Paris du 7 avril 1829.

108. — ... De faire lithographier pour *paravens* ou *devans de cheminées* des gravures qui ne sont pas tombées dans le domaine public, sans l'autorisation des auteurs ou concessionnaires. Ces lithographies, en effet, quelles que soient leur dimension, leur exécution plus ou moins imparfaite et leur destination, sont une reproduction ou entière ou partielle des gravures; et cette reproduction porte préjudice aux propriétaires, d'une part, en les privant du bénéfice qu'ils peuvent retirer de la vente du droit de reproduire ces gravures, et, d'une autre part, en dépréciant la composition des mêmes gravures, auxquelles la faveur s'attache d'autant moins qu'elles deviennent plus communes. — Gastambide, n° 308; Goujet et Merger, n° 93.

109. — ..... De reproduire sur porcelaine, verres et cristaux, des peintures sur toile, sans le consentement de l'auteur de ces peintures. — Et. Blanc, p. 542; Gastambide, n° 309; Goujet et Merger, n° 92.

110. — Nous venons de voir que la reproduction par le même procédé ou par un procédé analogue avec changement de destination n'empêchait pas qu'il n'y eût contrefaçon. Mais la reproduction qui a lieu à l'aide d'un art différent constitue-t-elle une contrefaçon? Par exemple, y a-t-il contrefaçon dans le fait du sculpteur qui prend modèle sur un tableau ou sur une gravure pour en faire un ouvrage de sculpture? Il semble que le droit de propriété d'un tableau ou d'une gravure ne doive pas s'étendre jusqu'à empêcher la reproduction de ces ouvrages au moyen d'un art essentiellement distinct dans ses procédés comme dans ses résultats, et qu'ainsi l'imitation d'un tableau ou d'une gravure, en tout ou partie, par l'art de la sculpture, de la moulure, de la ciselure, ne doive pas constituer le délit de contrefaçon : car ce qui caractérise ce délit, c'est autant la possibilité d'une concurrence commerciale pouvant causer un préjudice à l'auteur, que l'imitation plus ou moins complète; or, cette concurrence peut ne pas exister entre des ouvrages de peinture ou de gravure et des ouvrages de sculpture ou de moulure. — *Paris*, 14 déc. 1831, Bertren c. Villoz. — Toutefois, cette doctrine ne saurait être admise d'une manière absolue. Sans doute, en général, l'imitation ou la reproduction d'un tableau ou d'une gravure par le procédé d'un autre art essentiellement distinct, tel que la sculpture, n'est point une concurrence à l'ouvrage du peintre ou du graveur, de nature à causer préjudice à ces derniers. Si cependant cette imitation ou cette reproduction pouvait nuire même indirectement aux droits que le peintre ou le graveur tiennent expressément de la loi, elle devrait alors être considérée comme une contrefaçon. La solution de la question dépendra donc des circonstances. — Renouard, n° 41; Et. Blanc, p. 543; Gastambide, n° 310; Goujet et Merger, nos 95 et 96.

111. — Voyons maintenant quand le délit de contrefaçon est complet. Ce délit est accompli non-seulement par l'impression sur le papier, mais aussi lorsque la planche qui doit servir à la reproduction est achevée. Il n'est nullement nécessaire qu'il y ait eu tirage ni mise en vente. — Gastambide, n° 313; Et. Blanc, p. 539; Renouard, t. 2, n° 20; Goujet et Merger, n° 97. — Mais si la planche était inachevée, il serait difficile de voir dans le fait de cette composition incomplète un délit de contrefaçon. — Gastambide, *loc. cit.* — V. *infrà* n° 134.

112. — Il n'est pas nécessaire non plus, pour qu'il y ait contrefaçon, que le débit se joigne au fait de la reproduction. Ainsi, c'est avec raison qu'il a été jugé que le simple tirage fait par un imprimeur de gravures contrefaites et destinées à l'étranger, constituait la contrefaçon. — M. Gastambide (nos 66 et 314) cite comme ayant jugé en ce sens un arrêt de *Paris*, du 14 mars 1837, Renduel c. Gellée.

§ 3. — *Compositions musicales.*

113. — Nous avons indiqué précédemment les caractères généraux de la contrefaçon, lesquels consistent dans la reproduction entière ou partielle et le préjudice causé. D'après cela, c'est commettre le délit de contrefaçon, non-seulement que de copier et de reproduire un livre entier de musique, mais aussi que d'extraire d'un opéra un air détaché, pour le publier séparément. — Et. Blanc, p. 511; Gastambide, n° 257; Goujet et Merger, n° 24.

114. — .... Ainsi que d'intercaler soit dans un opéra, soit dans un recueil d'airs, une romance ou un air publiés séparément. — Et. Blanc, *loc. cit.*; Gastambide, n° 259; Goujet et Merger, n° 25.

115. — Le fait de simplifier des airs d'opéras pour les accommoder aux couplets de vaudeville, et de les faire imprimer par le procédé de l'*autographie* sans l'autorisation des éditeurs de la musique originale, constitue également le délit de contrefaçon. — *Paris*, 29 juin 1827, Janet, Cotelle et Pollet c. Fay. — Gastambide, n° 261; Et. Blanc, p. 592.

116. — Il en est de même du fait de prendre, sans la permission d'un compositeur, dans une œuvre musicale qui lui appartient, par exemple, dans un opéra, un thème, plusieurs motifs, et de les arranger en contredanses, valses et fantaisies. Ces variations ne peuvent pas plus être exécutées publiquement que livrées à l'impression sans le consentement du propriétaire du thème ou des motifs. Toutefois, il n'en peut être ainsi qu'autant que les variations portent atteinte aux droits de ce dernier, lui causent un préjudice appréciable. — Renouard, n° 28; Gastambide, n° 260; Goujet et Merger, nos 27 et suiv.

117. — Les copies de musique faites à la main constituent aussi une contrefaçon, lorsqu'elles ont un but de spéculation. — Gastambide, n° 262; Renouard, nos 18 et 20; Goujet et Merger, n° 32.

118. — Mais le compositeur qui emprunte à un opéra quelques mesures pour les intercaler dans

un nouvel opéra, ou pour en composer un air détaché auquel il donne un caractère propre, ne se rend point coupable de contrefaçon. Car si, par le fait de cet emprunt, il y a reproduction partielle, cette reproduction ne cause aucun préjudice qui soit appréciable. — Gastambide, n° 258.

119. — Plus généralement, le compositeur qui, sur un thème ou des motifs extraits d'une œuvre musicale appartenant à un autre, arrange des variations qui sont de nature à constituer une œuvre à part et en quelque sorte originale, ne commet point de contrefaçon.—Goujet et Merger, n° 28.

§ 4. — Sculpture.

120. — Quant aux ouvrages de sculpture, ils peuvent être frauduleusement reproduits de deux manières : par le contre-moulage et la copie. Comme la législation actuelle, les anciens réglemens prohibaient ces deux modes de reproduction.—V. *supra* n° 36.

121. — Le contre-moulage est un procédé de contrefaçon qui est spécial à la sculpture, et n'a point d'analogie ni dans l'impression ni dans la gravure. Il consiste dans le moulage opéré directement sur un des exemplaires de l'ouvrage original que le contrefacteur achète ou se procure. Il reproduit avec une complète exactitude le modèle, et dispense le contrefacteur, non-seulement des frais d'invention ou de composition, mais encore des frais matériels de sculpture. Aussi l'emploi de ce procédé doit-il être sévèrement réprimé, même lorsque le modèle original ne présente que très imparfaitement le caractère d'une création. — Gastambide, n° 374 ; El. Blanc, p. 567 ; Goujet et Merger, n° 132.

122. — La copie aboutit au même résultat que le contre-moulage. Seulement elle en diffère en ce qu'elle n'épargne point au contrefacteur les frais de composition ou de sculpture ; elle ne le dispense que des frais d'invention. Par ce procédé de contrefaçon, le copiste reproduit servilement un ouvrage original ; il exécute, à l'imitation de cet ouvrage, un modèle sur lequel il moule ensuite, et dont il tire autant d'exemplaires qu'il veut. On voit par là que la copie, pour constituer la contrefaçon, doit, comme le contre-moulage, tendre à la reproduction illicite de l'ouvrage. — Gastambide, n° 375.

123. — Il n'est donc pas nécessaire, pour qu'il y ait contrefaçon en matière de sculpture, qu'on ait eu recours au procédé du contremoulage ; la contrefaçon existe toutes les fois qu'il y a eu une imitation assez parfaite pour établir une concurrence commerciale. Ainsi, des marteaux de porte ont pu être considérés comme une imitation, comme contrefaits, encore bien qu'il y eût entre ces marteaux et le modèle une différence dans les dimensions et dans quelques changemens accessoires. — *Bordeaux*, 21 janv. 1836 (cité par Gastambide), *loc. cit.*

124. — Il est indifférent, pour l'existence de la contrefaçon, que la reproduction par le contre-moulage ou la copie soit intégrale ou partielle. Mais la reproduction partielle doit être de nature à porter préjudice à l'auteur. Ce sera, dans ce cas, aux tribunaux à décider d'après les circonstances. — Gastambide, n° 376, 377 et 379 ; Goujet et Merger, n° 134 et 138.—V. aussi *supra* n° 90.

125. — Nous avons vu déjà qu'une différence dans la dimension n'empêchait pas qu'il y eût contrefaçon. La différence de destination, d'*usage*, n'est pas non plus un obstacle à l'existence de la contrefaçon. — Gastambide, n° 378.

126. — Il n'est pas douteux que le fabricant qui contrefait des modèles de sculpture appartenant à des fabricans de même profession ne porte atteinte aux droits de ces derniers, ne leur cause préjudice. Mais le droit du sculpteur n'est pas limité au genre d'exploitation qu'il a choisi. Tout mode de reproduction autre que celui qu'il a lui-même adopté, est interdit ; il suffit que ce mode de reproduction puisse préjudicier, même indirectement, à l'exploitation de l'auteur, pour qu'il constitue le délit de contrefaçon. On voit, d'après cela, qu'il peut y avoir contrefaçon, non-seulement d'une industrie à une même industrie, mais aussi d'une profession à une autre.—Gastambide, n°s 380 et 381.

127. — Ainsi, le mouleur en pierre artificielle qui reproduit le modèle d'un figuriste mouleur en plâtre se rend coupable de contrefaçon. — Gastambide, n° 383 ; Goujet et Merger, n° 141.

128. — Il en est de même du figuriste mouleur en plâtre qui copie les modèles d'un fabricant de

bronzes. — Gastambide (n° 386) cite, en ce sens, un arrêt de Paris du 23 juin 1829 (Lorin).

129. — ... Du fabricant de porcelaines qui reproduit les modèles d'un fabricant de bronzes, du fabricant de bronzes qui reproduit les modèles d'un fondeur en fer, et réciproquement. — Gastambide, n°s 384, 385 et 387.

130. — Il est cependant des cas où la reproduction, bien qu'identique, ne constitue pas le délit de contrefaçon. C'est ce qui a lieu, notamment, de la reproduction en bas-relief, sur des tabatières, ou sur de petits objets de tabletterie, des ouvrages de sculpture exécutés primitivement en ronde-bosse ou dans de grandes dimensions. La raison en est que le sculpteur ne peut empêcher que les reproductions qui, par leur analogie avec le mode qu'il a choisi d'abord, peuvent nuire à ses droits, et que la reproduction dont il s'agit ici ne saurait lui causer de préjudice. — Gastambide, n°s 389 et 390 ; Goujet et Merger, n° 443.

131. — Nous avons examiné précédemment (V. *supra*, n° 110) la question de savoir si un sculpteur pouvait reproduire la composition d'un peintre. La même question se présente aussi à l'égard d'un peintre ou d'un graveur relativement aux ouvrages de sculpture. La solution de cette question est subordonnée à la possibilité de préjudice. Si la sculpture ne peut pas nuire aux droits du peintre, du graveur, il n'en est pas de même de la peinture, de la gravure, relativement aux droits du sculpteur. La reproduction par la peinture ou la lithographie d'une sculpture, peut, en effet, empêcher la vente de ce dernier ouvrage. Mais s'il était établi cependant que le fait de reproduction ne causât aucun préjudice au sculpteur, cette reproduction ne constituerait point une contrefaçon punissable. — Gastambide, n° 391 ; Goujet et Merger, n° 444.

132. — Comme on l'a vu plus haut, la copie, pour être une contrefaçon, doit avoir un but d'exploitation, de commerce. Le simple particulier qui imite, ou le chef d'école qui donne à imiter à ses élèves un objet d'art qu'il achète ou emprunte, et qui n'est pas dans le domaine public, ne se rendent pas coupables de contrefaçon, parce qu'ils ne se proposent qu'un *sujet d'étude* et qu'ils ne tirent du travail de reproduction aucun profit au préjudice du propriétaire du modèle. —Spécialement, un directeur d'une école des arts et métiers, a pu, sans se rendre contrefacteur, faire contre-mouler en bronze par ses élèves un buste de Napoléon, dont le modèle en plâtre appartient à un figuriste. — Gastambide, n° 392; Goujet et Merger, n° 445.

133. — Mais le particulier qui, sans se proposer un objet d'étude, fait mouler sur un ouvrage de sculpture qu'il emprunte, afin de s'épargner les frais d'acquisition, occasionnera par là un préjudice réel à l'auteur de cet ouvrage, qui a seul le droit de le distribuer, de le vendre, commet le délit de contrefaçon, encore bien qu'il n'ait pas eu l'intention de revendre l'ouvrage qu'il a fait mouler. — Gastambide, n° 393 ; El. Blanc, p. 569 ; Goujet et Merger, n° 446.

134. — Nous avons fait remarquer précédemment (V. *supra*, n° 441) qu'en matière de gravure le délit de contrefaçon était accompli par la seule confection de la planche. De même, en matière de sculpture, pour qu'il y ait contrefaçon, il suffit que le moule ait été fait ; il n'est pas nécessaire qu'il ait servi. — V., en ce sens, jugement du tribunal de la Seine, rapporté avec l'arrêt de Paris du 17 déc. 1847 (t. 1ᵉʳ 1848, p. 352), Susse, Collas et Barbedienne c. Galantomini.

Sect. 5ᵉ. — Débit d'ouvrages contrefaits.

135. — Le *débit* d'objets contrefaits constitue un délit spécial, distinct de celui de contrefaçon. Il en est de même de l'*introduction* en France d'objets contrefaits. « Le *débit* d'ouvrages contrefaits, porte l'art. 426 C. pén., l'*introduction* sur le territoire français d'ouvrages qui, après avoir été imprimés en France, ont été contrefaits chez l'étranger, sont un délit de la même espèce que la contrefaçon.» — Seulement, l'amende prononcée contre le débitant est moins forte que celle qui atteint le contrefacteur (C. pén., art. 427).

136. — Quoique l'art. 426 ne parle que du débit et de l'introduction d'ouvrages *imprimés*, il y a lieu néanmoins de l'appliquer toutes les fois qu'un objet, quel qu'il soit, débité ou introduit, est le résultat de la contrefaçon. Ainsi, il comprend le débit et l'introduction d'une *gravure*, d'une *peinture* contrefaites, et même le débit et l'introduction d'un ouvrage de *sculpture*, qui est

le produit de la contrefaçon, encore bien que cet ouvrage ne soit point, en général, susceptible d'impression. — Gastambide, n°s 315 et 394.

137. — De même que le délit de contrefaçon n'existe qu'autant qu'il y a mauvaise foi de la part du contrefacteur, de même la mauvaise foi est une condition essentielle du délit de débit et d'introduction. C'est aux juges qu'il appartient d'apprécier la bonne ou la mauvaise foi du débitant ou de l'introducteur. — V., au surplus, à cet égard, PROPRIÉTÉ LITTÉRAIRE.

138. — Il a été jugé spécialement que les colporteurs et brocanteurs de gravures ne devaient pas être facilement reçus à prétendre qu'ils ignoraient l'origine illicite des choses qu'ils exposaient en vente. Car, d'une part, ils doivent s'informer, et, de l'autre, il est bien rare qu'ils n'en soient pas instruits. — Gastambide, n° 316; Goujet et Merger, n° 103.

139. — Ainsi, un colporteur ne pourrait, pour établir sa bonne foi, exciper de bordereaux d'acquisition constatant qu'il a acheté les épreuves contrefaites à l'hôtel Bullion, aux enchères dirigées par un commissaire-priseur.— Gastambide, *loc. cit.*

140. — Un marchand d'estampes ne pourrait pas davantage. Mais la bonne foi doit se supposer plus facilement chez les imprimeurs chargés de l'impression des gravures, parce qu'ils ne sont pas, comme les marchands, versés dans la connaissance de tout ce qui peut être dans le commerce. — Gastambide, *loc. cit.*; Goujet et Merger, n° 104.

141. — Lorsqu'un fabricant et un débitant se sont entendus pour contrefaire et vendre des objets d'art, le délit doit alors être considéré comme ayant été commis conjointement, et les condamnations peuvent être prononcées solidairement contre eux. Mais s'il n'y avait point eu concours entre le fabricant et le débitant, ils ne pourraient être condamnés solidairement.

142. — Le contrefacteur, le débitant ou l'introducteur qui, à raison de leur bonne foi, n'encourent aucune pénalité, peuvent néanmoins être condamnés envers l'auteur dont les ouvrages ont été contrefaits, à des réparations civiles. — V. *supra*, n° 86.

PROPRIÉTÉ INDUSTRIELLE.

Table alphabétique.

PROPRIÉTÉ INDUSTRIELLE. — **1.** — On entend par propriété industrielle le droit exclusif qui appartient à un inventeur ou à un fabricant d'exploiter un dessin, un modèle et un procédé nouveau de fabrication, et à un fabricant de se servir d'une marque spéciale pour distinguer les produits de ceux des fabricans exerçant la même industrie.

Sect. 1re. — *Dispositions générales.*

2. — La propriété industrielle comprend, en première ligne, toutes les découvertes et tous les procédés nouveaux qui sont susceptibles de brevets d'invention. En traitant des brevets d'invention nous avons fait connaître les inventions et découvertes qui pouvaient être brevetables. — V. BREVET D'INVENTION.

3. — Depuis l'impression de ce dernier mot, il a été jugé notamment que la substitution d'une matière à une autre dans la confection des objets déjà tombés dans le domaine public (par exemple la substitution du fer au bois dans la construction des serres basses ou châssis de couches) ne constituait ni une invention brevetable, ni l'application nouvelle d'un moyen connu à un produit industriel. — *Paris*, 20 mars 1847 (t. 2 1847, p. 481), Payen et Lefèvre c. Tronchon.

4. — La loi ne s'est pas bornée à reconnaître la propriété des découvertes et procédés nouveaux à l'auteur de ces inventions. Elle l'a également protégée contre les atteintes qui pouvaient lui être portées, en créant au profit de l'auteur une action en contrefaçon. — V. BREVET D'INVENTION, n°s 418 et suiv., CONTREFAÇON.—Celui notamment qui usurpe une partie essentielle d'un procédé commet le délit de contrefaçon, lors même qu'il a apporté des modifications à ce procédé, si toutefois ces modifications laissent subsister l'idée première, son application capitale et son résultat industriel. — *Douai*, 30 mars 1846 (t. 2 1847, p. 352), Descat c. Jourdan.

5. — Certains produits de la sculpture, comme les chenets, les marteaux de porte, les produits en terre cuite, sont aussi plutôt des objets industriels que des objets artistiques. Mais la sculpture industrielle et la sculpture artistique étant régies par les mêmes lois, nous avons parlé de l'une et de l'autre au mot PROPRIÉTÉ ARTISTIQUE, auquel nous nous bornons ici à renvoyer pour ce qui concerne la sculpture industrielle.

6. — La clientèle, l'achalandage que le fabricant ou commerçant se crée par sa probité, son habileté, sa bonne renommée, sont également du domaine de la propriété industrielle. — V. ACHALANDAGE, CLIENTÈLE, FONDS DE COMMERCE.

7. — Il en est de même de l'*enseigne* qu'un fabricant ou commerçant fait apposer sur la partie extérieure de sa maison comme emblème de la désignation de sa fabrication ou de son commerce. — V. ENSEIGNE.

8. — La propriété industrielle embrasse encore les dessins ou modèles de fabrique, le nom et la marque d'un fabricant ou d'un commerçant. Nous avons déjà examiné tout ce qui concerne la propriété du nom sous le mot NOM COMMERCIAL. Il nous reste à parler ici des dessins de fabrique, et des marques, dans lesquelles se trouve souvent confondu le nom d'un fabricant ou d'un commerçant.

Sect. 2e. — *Des dessins de fabrique.*

9. — On entend par *dessins de fabrique* les dessins de manufactures sur toutes étoffes, notamment sur soies, satins, châles, cachemires, velours, toiles, calicots, tapis, toiles cirées, dentelles, tissus de passementerie, etc., et même sur toutes matières, telles que papiers, cuirs, bois, faïences, porcelaines, châles, pourvu que ces dessins n'appartiennent pas, par leur relief, à l'art de la sculpture. — Et. Blanc, *Traité de la contrefaçon*, p. 579 et suiv.; Gastambide, *Des contrefaçons*, n° 328; Goujet et Merger, *Dictionn. de droit comm.*, v° *Propriété industrielle*, n°s 4 et 23.

§ 1er. — *De la propriété des dessins de fabrique.* — *Caractères de ces dessins.*

10. — Deux règlemens, l'un de 1737 et l'autre de 1744, sont les premières dispositions législa-

tives qui ont consacré la propriété des dessins de fabrique. Ces deux règlemens ne disposent toutefois que pour les fabriques de la ville de Lyon. Mais un arrêt du Conseil du 14 juillet 1787 en a étendu les dispositions à toutes les manufactures de soieries de la France.

11. — Ces règlemens restèrent en vigueur jusqu'en 1789, époque à laquelle la propriété des dessins de fabrique sans distinction tomba sous l'empire du droit commun et fut assimilée à toutes les autres productions de l'art. La loi du 19 juill. 1793 ne contient aucune disposition spéciale pour les dessins de fabrique. Mais en garantissant par son art. 1er, d'une manière générale, aux *dessinateurs* le droit exclusif de vendre, faire vendre et distribuer leurs ouvrages, et d'en céder la propriété en tout ou en partie, elle les a protégés comme toutes les autres productions des arts. Elle ne distingue pas, en effet, entre le dessinateur *artiste* et le dessinateur *industriel.* — Gastambide, n° 327 ; Goujet et Merger, *Dict. de dr. comm.*, v° *Propriété industrielle*, n°s 6 et 11.

12. — Cependant la loi de 1793 précitée n'ordonnant expressément le dépôt conservateur de la propriété que pour les ouvrages de littérature et de *gravure*, des doutes s'étaient élevés sur la propriété des dessins de fabrique. Ils ont été tranchés par la loi du 18 mars 1806. Cette loi, qui créait dans la ville de Lyon un conseil de prud'hommes et autorisait le gouvernement à établir des conseils semblables dans tous les lieux de fabriques où ils seraient nécessaires, a en effet formellement reconnu la propriété des dessins de fabrique et prescrit relativement à la conservation de cette propriété des mesures spéciales, qui diffèrent, comme on le verra plus loin, de celles établies par la loi de 1793.

13. — Le privilège ou le droit de propriété des inventeurs sur les dessins des étoffes de soie fabriquées à Lyon, est resté exclusivement régi par la loi précitée du 18 mars 1806. — *Cass.*, 14 janv. 1828, Guiraudet et Liesching c. Bouillet.

14. — Plus tard, le Code pénal de 1810, dans son art. 425, a confondu dans le délit de contrefaçon et les infractions à la loi de 1793 et celles à la loi du 18 mars 1806. — Gastambide, n° 327 ; Goujet et Merger, n° 11.

15. — Enfin une ordonnance royale du 17-29 août 1825, généralisant les dispositions de la loi de 1806, a garanti la propriété des dessins pour les fabriques situées hors du ressort d'un conseil de prud'hommes. — V. *infrà*, n° 46 et suiv.

16. — Mais quels sont les dessins de fabrique dont le droit de propriété est garanti par la législation qui précède ? Il est vrai que la loi de 1806 avait principalement en vue les *étoffes de soie*, qui sont tout le commerce de la ville de Lyon, pour laquelle elle fut spécialement rendue. Cependant les expressions dans lesquelles elle est conçue, sont générales. — « *Tout fabricant*, porte, en effet, l'art. 15 de cette loi, *qui voudra pouvoir revendiquer par la suite... la propriété d'un dessin de son invention.* » Ainsi, si la loi de 1806 a été faite spécialement pour la ville de Lyon, il résulte de la généralité des expressions dont elle s'est servie, qu'elle n'a pas seulement voulu parler seulement des *dessins sur étoffes de soie.* Il n'a pu être douteux, surtout depuis l'ordonnance de 1825, qu'elle n'ait voulu embrasser *tous les dessins* de fabrique. — Gastambide, n° 328 ; Goujet et Merger, n° 22.

17. — La législation précitée s'applique donc à *toutes les industries* à peinture et à dessins, comme aux arts de la peinture et du dessin. Il suffit que le dessin, qui quelque étoffe qu'il se produise, soit une *invention* (L. 18 mars 1806, art. 15), une création de l'esprit, ou, comme l'a dit la Cour de cassation par son arrêt du 15 mars 1843 (t. 1er 1846, p. 372), Joyeux c. Petit-Jean, le produit d'une idée nouvelle. — V. aussi, en ce sens, *Paris*, 26 déc. 1835, Barbet c. Depouilly et Godnard. — Gastambide, n° 327 et 329 ; Goujet et Merger, n° 13.

18. — Ainsi, la loi du 18 mars 1806 protège les dessins des manufactures sur toutes étoffes ; lorsque ces dessins sont le résultat de l'invention ; et, pour *dessins de manufactures*, il faut entendre ceux qui sont applicables à des objets de fabrique, et en même temps reproductibles par des procédés faciles et rapides. — Gastambide, n° 328.

19. — La loi de 1806 régissant, comme nous venons de le dire, la propriété des dessins sur *toutes étoffes*, il s'ensuit que cette loi s'applique aux dessins sur toiles peintes (*Paris*, 26 déc. 1833, Barbet et Girard c. Gros, Odier et Roman), sur toiles de cotons, sur satins, velours, châles, tapis, toiles cirées, papiers peints, reliures, cuirs, blondes, dentelles, sur calottes grecques, tissus de passementerie, etc. — Gastambide, *loc. cit.*; Goujet et Merger, nº 25.

20. — Les dessins sur étoffes damassées ou brochées, qui résultent d'une disposition particulière du tissu, sont également régis par la loi de 1806. — Gastambide, p. 328, note 2.

21. — Mais le *chinage* appliqué sur du fil ne constitue pas un dessin, mais seulement un des élémens destinés à composer des dessins lorsque le fil sera réuni en tissu ; il n'est point dès lors protégé par la loi précitée. — *Rouen*, 2 févr. 1837 (t. 2, 1839, p. 512), Cellier. — Gastambide, nº 329 *bis*; Goujet et Merger, nº 19. — V. cependant E. Blanc, p. 581.

22. — On doit considérer comme dessins de fabrique, régis par la loi précitée, les décorations sur porcelaine, faïence, terre cuite ou sur toute autre matière, quand la reproduction peut en être faite par des procédés mécaniques ou très-rapides. Mais les peintures ou dessins sur les mêmes matières, tracés à la main, ainsi que les peintures ou dessins sur quelque étoffe que ce soit, faits de la même manière, exigeant pour leur reproduction un travail nouveau, sont des œuvres d'art régies par la loi de 1793. — Gastambide, nº 328 ; Goujet et Merger, nº 24.

23. — Pour que les dessins de manufacture, sur quelque matière qu'ils soient reproduits, puissent être protégés par la loi de 1806, il faut qu'ils n'appartiennent pas, par leur relief, à l'art de la sculpture. Ainsi, par exemple, cette loi est inapplicable aux dessins de *porcelaines* en relief. — Gastambide, nº 328 *in fine*.

24. — L'invention étant un caractère constitutif du droit de propriété sur les dessins de fabrique, celui qui ne fait que copier l'ouvrage d'autrui ne peut réclamer les avantages attachés à ce droit. — *Cass.*, 5 brum. an XIII, Letourmy c. Huet-Perdoux. — *Paris*, 29 déc. 1835, Barbet c. Depouilly et Godmard. — Gastambide, nº 329 ; Goujet et Merger, nº 14.

25. — Spécialement, n'est pas propriétaire exclusif de son ouvrage, et recevable à exercer l'action en contrefaçon, le fabricant de papiers peints qui réunit en un seul deux dessins inventés par autrui. — V. arrêt de *Cass.* du 5 brum. an XIII, cité au numéro qui précède.

26. — Au reste, pour les dessins de fabrique, comme pour les dessins en général (V. PROPRIÉTÉ ARTISTIQUE, nº 6), l'*invention* n'est pas et ne doit pas être absolument une création du génie. Il suffit d'une combinaison nouvelle, d'un arrangement particulier. — Gastambide, nº 329. — Peu importe aussi l'étendue, la complication ou la simplicité du dessin. Ainsi, toute représentation d'une forme, d'une figure quelconque, constitue un dessin, lors même que cette représentation ne consiste que dans la configuration du contour. — *Nîmes*, 28 juin 1843 (t. 1er 1846, p. 369), Joyeux c. Rouvière-Cabane. — C'est également l'opinion qui a été exprimée par M. Hippolyte Dieu dans le journal *Le Moniteur des conseils de prud'hommes* du 1er septembre 1843.

27. — Par suite de ce principe, les choses naturelles, les produits de l'art, les objets géométriques, et tous ceux que peut créer l'imagination, peuvent être le sujet d'un dessin qui, représenté sur une étoffe, est un dessin de fabrique susceptible de devenir une propriété particulière. — V., en ce sens, l'arrêt de Nîmes, cité au numéro qui précède.

28. — Jugé spécialement que la création d'un dessin sur papier, quelque peu compliqué qu'il puisse être, constitue pour celui qui l'a exécuté une propriété : peu importe qu'il soit l'imitation d'un objet d'un *genre* différent. Il y a dans ce cas un dessin *nouveau* qui doit être considéré comme l'œuvre propre de son auteur. — *Paris*, 24 juin 1837 (t. 2 1837, p. 30), Brun c. Marguerie.

29. — Des crêtes ou lézardes appliquées sur des papiers peints auxquels elles servent de bordures sont aussi la propriété de celui qui, le premier, en a fait usage, encore bien que ces crêtes ou lézardes soient antérieurement connues dans la passementerie. Mais cette application nouvelle ne donne aucun droit sur le dessin même. Le droit de propriété est limité à l'application, de sorte que le même dessin peut encore être appliqué à d'autres produits. — Goujet et Merger, nos 15 et 16; Et. Blanc, p. 580.

30. — Décidé, en effet, que l'application nouvelle à un tissu nouveau d'un dessin de fabrique déjà connu ne constitue pas une invention dont la propriété puisse être garantie à son auteur par la loi du 18 mars 1806, cette loi ne concernant que la conservation des droits attachés à la conception des dessins de fabrique nouvellement imaginés ou exécutés pour la première fois sous la forme créée par l'art du dessin. — *Cass.*, 16 nov. 1846 (t. 2 1846, p. 749), Rouvière-Cabane c. Joyeux.

31. — L'invention pouvant résulter, en matière de propriété industrielle, ainsi que nous l'avons fait remarquer, non-seulement de la création d'objets nouveaux, mais aussi de la combinaison de nuances ou de sujets déjà inventés, il s'ensuit que le simple assemblage de tissus connus, mais combinés de manière à produire un effet nouveau, doit constituer un dessin susceptible de propriété privée. — Cette question s'est présentée devant la Cour de Lyon, qui, sans s'expliquer absolument sur la solution qu'elle devait recevoir, a refusé cependant d'adopter les motifs du jugement qui lui avait été déféré par voie d'appel, et décidé que l'assemblage dont il s'agit n'était pas susceptible d'une propriété particulière. — V. arrêt du 9 juill. 1847 (t. 1er 1848, p. 114), Brioude c. Descours.

32. — Le gaufrage des étoffes, à l'aide d'un procédé mécanique, constitue aussi un dessin nouveau de fabrique, quoique par ce procédé on ne fasse que reproduire un dessin qui depuis longtemps se faisait à la main au moyen de l'aiguille. Le caractère distinctif du dessin de fabrique est, en effet, « l'application nouvelle de moyens connus pour l'obtention d'un résultat ou d'un produit industriel. » — L. 5 juill. 1844, art. 2. — V., en ce sens, Goujet et Merger, nº 18. — V., au surplus, sur les caractères généraux de l'invention, BREVET D'INVENTION, nos 26 et suiv.

33. — Toutefois la reproduction par le moyen du gaufrage de dessins déjà exécutés de la même manière ne saurait, par cela seul que ces dessins sont plus ou moins grands, constituer un dessin nouveau, qui pût être l'objet d'une propriété particulière. — Goujet et Merger, *loc. cit.*

34. — Si les élémens d'un dessin sur étoffe ont été pris dans le domaine public, cette circonstance n'empêche pas que ce dessin ne puisse devenir l'objet d'une propriété exclusive; ce qui a lieu, par exemple, lorsque ces élémens ont été coordonnés d'une manière particulière, par un certain assemblage des rayons et des couleurs. L'auteur obtient par là une disposition qui n'existait pas jusqu'alors, et qui, sans être une invention proprement dite, a cependant le caractère d'une véritable nouveauté. — *Lyon*, 25 mars 1846 et 25 nov. 1847 (t. 2 1848, p. 696), Lecomte et Maupin c. Martin, Barlet c. Maussier et Revollier. — Goujet et Merger, nº 17.

35. — Il nous semble, d'après cela, qu'on doit considérer comme présentant le caractère d'invention exigé par la loi, les figures diverses produites par la combinaison des pleins et des vides formés par les mailles d'un métier, encore bien que ce métier fonctionne suivant un système tombé dans le domaine public. Tels sont les dessins exprimés par des pleins et des vides en forme de broderie sur la dentelle, le tulle ou autres tissus. La confection des fleurs, figures ou contours que représentent ces dessins a exigé évidemment du goût, du travail, une certaine conception. Cela doit suffire pour les faire considérer comme des dessins de fabrique, susceptibles d'une propriété privée. C'est ce qu'enseigne formellement M. Hippolyte Dieu dans le journal *Le Moniteur des Prud'hommes* du 1er sept. 1843. — V. aussi, en ce sens, Goujet et Merger, nº 20.

36. — Mais il nous paraît difficile d'attribuer à une forme nouvelle donnée soit aux coiffes destinées à garnir l'intérieur des shakos de soldats, soit aux marmottines (sortes de bonnets de femme), le caractère d'un dessin de fabrique dans le sens de la loi de 1806. — V. aussi, en ce sens, Goujet et Merger, nos 26 et 27.

37. — Il appartient, du reste, aux tribunaux d'apprécier les faits qui leur sont soumis; et lorsqu'ils décident, par appréciation de ces faits, que le dessin présenté constitue ou non un dessin de fabrique, et est ou non la propriété exclusive de la partie qui la revendique, leur décision est souveraine et ne saurait dès lors donner ouverture à cassation. — *Cass.*, 15 mars 1845 (t. 1er 1846, p. 372), Joyeux c. Petit-Jean. — Goujet et Merger, nº 18 *in fine*.

38. — Un tribunal peut même se dispenser d'admettre l'offre d'une enquête tendant à prouver qu'un fabricant n'est point l'inventeur d'un dessin, lorsque les circonstances lui paraissent établir une démonstration contraire. — *Cass.*, 14 janv. 1828, Guiraudet et Liesching c. Bouillet.

39. — Mais la déclaration faite par un arrêt qu'un dessin de fabrique est nouveau et n'est pas encore tombé dans le domaine public ne constitue pas une simple décision de fait qui échappe à la censure de la Cour de cassation, alors qu'il résulte clairement des termes mêmes dans lesquels cette déclaration a eu lieu qu'elle a été faite en considérant le dessin non en lui-même et quant à sa conception, mais exclusivement dans son rapport avec le produit présenté. — *Cass.*, 16 nov. 1846 (t. 2 1846, p. 749), Rouvière-Cabane c. Joyeux.

40. — Il ne nous paraît pas nécessaire que les dessins à l'usage des fabriques aient été appliqués à l'industrie, c'est-à-dire à la confection des produits fabriqués ou manufacturés, pour qu'ils puissent devenir l'objet d'un droit de propriété. Ces dessins sont par eux-mêmes, selon nous, abstraction faite de toute application, la propriété exclusive de l'inventeur, du dessinateur ou du fabricant qui les a acquis en les commandant. L'auteur d'un dessin de fabrique a donc un droit exclusif sur les dessins de son invention, ainsi que l'a jugé d'ailleurs la Cour de Paris par arrêt du 10 juill. 1846 (t. 1er 1847, p. 294), Lubiensky c. Bourgeois et Bataille. On ne voit pas, en effet, comment le droit de propriété, qui n'est point contesté lorsque le dessin a reçu son application dans l'industrie, ne prendrait naissance qu'au moment de cette application. L'œuvre, pour l'inventeur, n'a pas besoin de ce complément d'existence. — V. cependant Goujet et Merger, nº 21.

41. — Nous pensons même que l'inventeur qui vendrait son dessin à un fabricant, sans qu'il fût stipulé qu'il s'interdisait de le vendre à d'autres, conserverait le droit de le céder et de l'exploiter comme bon lui semblerait. Ainsi, après l'avoir vendu à un fabricant d'étoffes, il pourrait le vendre encore à un autre fabricant d'étoffes. Son droit ne pourrait être limité, à cet égard, que par une disposition prohibitive intervenue entre lui et l'acquéreur. — V. cependant Goujet et Merger, nº 64.

42. — Mais le dessinateur qui exploite son dessin en pays étranger le fait tomber dans le domaine public, quoiqu'il ait fait des réserves en ce qui concerne sa propriété en France, et que même il ait effectué le dépôt prescrit par la loi de 1806. — *Paris*, 10 juill. 1846 (t. 1er 1847, p. 294), Lubiensky c. Bourgeois et Bataille.

43. — Quant à la durée de la propriété des dessins de fabrique, elle est définie par l'art. 18 de la loi du 18 mars 1806. « En déposant son échantillon, est-il dit dans cet article, le fabricant déclarera s'il entend se réserver la propriété exclusive pendant une, trois ou cinq années, ou à perpétuité; il sera tenu note de cette déclaration. » Il résulte de cette disposition que l'artiste qui crée une composition originale n'aura qu'un droit temporaire; tandis que s'il applique le dessin qu'il a composé à un objet manufacturé, son droit pourra être perpétuel. — Et. Blanc, p. 592.

44. — A l'expiration du délai fixé par la déclaration de l'inventeur, si la réserve est temporaire, tout paquet d'échantillons déposé sous cachet dans les archives du conseil doit être transmis au Conservatoire des arts de la ville de Lyon, et les échantillons y contenus être joints à la collection du conservatoire. — L. 18 mars 1806, art. 28, § 2. — La même mesure doit être exécutée dans toutes les villes où il y a des conservatoires. — Gastambide, p. 351, note.

45. — La perpétuité dont il est question dans l'art. 18 précité, ne se borne pas à la durée de la vie de l'inventeur ou du fabricant. Le mot *perpétuité* doit être pris ici dans le sens le plus large. A la différence de la propriété artistique et littéraire, la propriété industrielle est donc une propriété *indéfinie*. C'est ce qui résulte de la manière la plus formelle du discours prononcé par le tribun Camille Pernon devant le corps législatif, dans la séance du 18 mars 1806. — V. aussi en ce sens Gastambide, nº 347; Et. Blanc, p. 592; et Goujet et Merger, nº 59. — Au surplus, cette propriété indéfinie ne saurait avoir d'inconvéniens, parce qu'elle a toujours pour limites les changemens de mode et les caprices du goût. — Et. Blanc, *loc. cit.*

§ 2. — *Dépôt.* — *Contrefaçon.* — *Peines.* — *Compétence.*

46. — *Dépôt.* — Il pouvait être douteux, sous l'empire de la loi du 19 juill. 1793, qui n'ordonne expressément le dépôt que pour les ouvrages de littérature et de gravure, que le dépôt fût exigé comme un moyen de constater la propriété des inventeurs de dessins de fabrique. Mais la loi du 18 mars 1806 a exigé formellement l'accomplissement de cette formalité dans les villes de fabriques où il existe un conseil de prud'hommes; et l'ordonnance du 17 août 1825, pour les villes où un conseil de prud'hommes n'a point encore été établi.

47. — D'après la loi du 18 mars 1806 (art. 15), le dépôt doit être fait aux archives des conseils de prud'hommes pour les fabriques situées dans le ressort de ces conseils, et, pour les autres, il doit être fait au greffe du tribunal de commerce du lieu de la situation, ou, à défaut de tribunal de commerce, au greffe du tribunal civil, ainsi que cela résulte de l'art. 2 de l'ordonnance du 17 août 1825.

48. — La constitutionnalité de cette dernière ordonnance a été plusieurs fois, mais à tort, mise en doute devant les tribunaux. Le gouvernement n'est pas, en effet, sorti des limites de son droit, lorsque, par cette ordonnance, il a établi pour toute la France un mode de déclaration et de constatation de propriété, que la loi de 1806 n'avait prescrit que pour la ville de Lyon, dont elle s'occupait exclusivement, mais qui, dans les intentions mêmes de cette loi, devait s'étendre à d'autres localités, puisque l'art. 34 autorisait le gouvernement à créer des prud'hommes partout où il le jugerait convenable. En ordonnant le dépôt dans les greffes des tribunaux, l'ordonnance précitée n'a pas transporté une attribution judiciaire d'une juridiction à une autre; elle n'a fait que déplacer un acte de greffe, déplacement que le gouvernement pouvait faire sans excéder ses pouvoirs. La constitutionnalité de l'ordonnance de 1825 a du reste été formellement reconnue par arrêt de la Cour de Paris, du 26 déc. 1833, Barbet et Girard c. Gros, Odier et Roman — V. aussi, dans le même sens, Gastambide, n° 337; Goujet et Merger, n° 38.

49. — Le dépôt ayant pour objet non-seulement de constater la priorité d'invention, mais aussi d'avertir les tiers que le fabricant inventeur s'est réservé la propriété de son dessin, ne peut être fait qu'au lieu indiqué par la loi. Ainsi, le dépôt qui, lorsqu'il existe un conseil de prud'hommes dans l'endroit où est située la fabrique, serait fait, non aux archives de ce conseil, mais au greffe du tribunal de commerce, ne saurait conserver la propriété au déposant. Il en serait de même du dépôt qui serait fait au greffe du tribunal civil, si, dans le même lieu, il existait un tribunal de commerce. — Gastambide, n° 338; Goujet et Merger, nos 44, 45 et 46. — V. cependant Et. Blanc, p. 584.

50. — Le fabricant inventeur, qui possède deux fabriques situées dans des ressorts différens, n'est pas tenu de déposer dans les deux endroits. Un seul dépôt suffit, parce que ce dépôt produit son effet dans toute l'étendue de la France. — Gastambide et Et. Blanc, *loc. cit.*; Goujet et Merger, n° 42; Mollot, *Des prud'hommes*, p. 319.

51. — Le dépôt doit se faire de la manière suivante : le fabricant inventeur remet aux archives du conseil des prud'hommes ou au greffe du tribunal un *échantillon* plié sous enveloppe, revêtu de ses cachet et signature; et lorsque le dépôt a lieu aux archives du conseil des prud'hommes, le cachet de ce conseil est de plus apposé sur l'enveloppe. — L. 18 mars 1806, art. 15; ordonn. des 17-19 août 1825, art. 1er et 2.

52. — Il suffit donc au fabricant qui veut conserver la propriété d'un dessin d'en déposer des échantillons soit aux archives des conseils de prud'hommes, soit au greffe du tribunal de commerce pour les fabriques situées hors du ressort d'un conseil de prud'hommes, dans les formes prescrites par la loi. — *Paris*, 26 déc. 1833, Barbet et Girard c. Gros, Odier et Roman.

53. — La loi, comme on l'a vu, exige, non le dépôt du dessin inventé, mais le dépôt d'un *échantillon*. Or, par *échantillon*, on entend un coupon, une portion de l'objet fabriqué et fini. Ce coupon, en effet, rend les choses plus appréciables que le dessin même. Ainsi, il indique non-seulement la forme, les couleurs, mais aussi le travail de la fabrication. Il fait donc mieux que le dessin connaître l'originalité du produit. Il peut arriver cependant que le dépôt de l'échantillon ne soit pas possible, à cause, par exemple, du volume, du peu de solidité ou de la valeur de l'objet fabriqué. Alors le dessin doit suppléer l'échantillon. Seulement, dans ce cas, le fabricant ne doit pas se borner à déposer le dessin proprement dit. Il est utile qu'il y joigne les couleurs. Rien ne s'oppose non plus toutefois, dans le cas où un échantillon de l'objet fabriqué peut être obtenu, à ce que, au lieu de déposer cet échantillon, le fabricant fasse le dépôt du dessin colorié. La loi indique seulement ce qui est préférable. — Gastambide, n° 340; Et. Blanc, p. 391; Goujet et Merger, n° 40.

54. — Le dépôt doit être inscrit sur un registre tenu *ad hoc* par le conseil des prud'hommes ou par le greffier du tribunal, et il est délivré au déposant un certificat rappelant le numéro d'ordre du paquet déposé et constatant la date du dépôt. — L. 18 mars 1806, art. 16; ordonn. 1825, art. 1er et 2.

55. — Lorsque le dépôt a lieu aux archives du conseil des prud'hommes, l'inventeur doit, en l'effectuant, acquitter entre les mains du receveur de la commune une indemnité qui est réglée par le conseil des prud'hommes, et ne peut excéder un franc pour chacune des années pendant lesquelles il veut conserver la propriété exclusive de son dessin, et est de dix francs pour la propriété perpétuelle. — L. 18 mars 1806, art. 19. — Si le dépôt est fait au greffe d'un tribunal, en vertu de l'ordonnance de 1825, il n'y a pas lieu à percevoir cette indemnité. L'art. 2 de l'ordonnance précitée veut, en effet, que le dépôt fait aux greffes soit reçu gratuitement, sauf le droit du greffier pour la délivrance du certificat.

56. — L'art. 17 de la loi du 18 mars 1806 prévoit le cas de contestation entre deux ou plusieurs fabricans sur la propriété d'un dessin qu'ils ont simultanément déposé. Le conseil des prud'hommes procède, dans ce cas, à l'ouverture des paquets qui lui ont été déposés par les parties, et il fournit un certificat indiquant le nom du fabricant qui a la priorité de date. Là se bornent les attributions du conseil des prud'hommes; il ne pourrait, en délivrant des certificats de priorité de date des dépôts, statuer sur la question de propriété des dessins de fabrique. — *Nîmes*, 28 juin 1843 (t. 1er 1846, p. 369), Joyeux c. Rouvière-Cabane. — V., au surplus, PRUD'HOMMES.

57. — Les art. 15 et 17 de la loi du 18 mars 1806, en autorisant les inventeurs de dessins sur étoffe à en faire le dépôt aux archives du conseil des prud'hommes, ne font qu'ouvrir au déposant une voie pour pouvoir revendiquer par la suite la propriété des dessins de son invention, sans rien déterminer actuellement sur cette propriété. — *Cass.*, 31 mai 1827, Marescal c. Suriray.

58. — L'arrêt qui constate en fait qu'une partie qui a fait exécuter un dessin sur étoffe pour meubles en a conservé la propriété exclusive par le dépôt prescrit par la loi doit être entendu en ce sens, que cette partie a effectué le dépôt prescrit par la loi du 18 mars 1806 et par l'ordonnance du 17 août 1825. — *Cass.*, 6 août 1847 (t. 1er 1848, p. 211), Roussel et Winoc-Choquel.

59. — Le dépôt ne préjuge donc pas plus qu'il ne crée la propriété des dessins de fabrique. Cette propriété est préexistante, comme l'a d'ailleurs formellement reconnu la Cour de cassation, par arrêt du 17 mai 1843 (t. 2 1843, p. 497), aff. Delon c. Coumert et autres. Le dépôt a seulement pour but de la conserver. En conséquence, il ne peut conférer un droit de propriété à un fabricant sur un dessin qui serait déjà tombé dans le domaine public (*Cass.*, 31 mai 1827, Marescal c. Suriray), ou qui aurait déjà paru en pays étranger. — Gastambide, n° 345. — V. aussi Goujet et Merger, n° 51.

60. — Le dépôt est, de plus, une condition préalable de l'exercice de l'action qui a pour objet la revendication de la propriété du dessin. Ainsi, le dépôt n'autorise pas seulement l'inventeur d'un dessin à poursuivre celui qui l'a contrefait postérieurement au dépôt. — *Paris*, 29 déc. 1835, Barbet c. Depouilly et Godmard. — Il lui donne aussi le droit d'intenter une action à raison de faits de contrefaçon antérieurs au dépôt — Arrêt de cass. du 17 mai 1843, cité au numéro qui précède). — Goujet et Merger, n° 47. — Mais V. *contrà*, sur le dernier point, *Lyon*, 9 juill. 1837 (t. 1er 1848, p. 114), Brioude c. Descours.

61. — De ce que la propriété est préexistante au dépôt, il en résulte, sans doute, d'une manière incontestable, que le contrefacteur d'un dessin peut être poursuivi à raison de faits de contrefaçon commis avant que le dépôt ait été effectué, si antérieurement à ce dépôt le dessin n'a point été livré au public. Mais l'inventeur qui met en vente ou livre au commerce un dessin sans en faire préalablement le dépôt, doit être présumé faire l'abandon de sa propriété, qu'il ne peut plus ressaisir par un dépôt ultérieur. L'art. 6 de l'arrêt du conseil du 14 juill. 1787 contenait, à cet égard, une disposition formelle, qui est, sinon dans les termes, au moins dans l'esprit de la loi de 1806. En permettant au fabricant de se réserver la propriété pour une, trois ou cinq années, selon qu'il en fait la déclaration, cette loi lui a reconnu le droit de jouir du *monopole* de son invention pendant le temps qu'il détermine. Or, ainsi que le fait remarquer avec raison M. Gastambide (p. 348, note), il est indispensable que cette déclaration soit faite avant la mise dans le commerce : sans cela le fabricant pourrait prolonger indéfiniment son monopole, en attendant, pour faire le dépôt et la déclaration, qu'un contrefacteur se fût emparé de son dessin. La mise en vente ou dans le commerce, sans l'accomplissement de la formalité du dépôt, fait donc perdre à l'inventeur la propriété de son dessin, lequel est dès lors tombé dans le domaine public. — V., en ce sens, Goujet et Merger, n° 48, et Blanc, p. 586.

62. — On cite ordinairement, mais à tort, comme ayant jugé en sens contraire, un arrêt de la Cour de cassation du 14 janv 1828 (Gutraudet et Lieshing c. Bouillet) : cet arrêt, en effet, ne décide pas la question de savoir si le dépôt, *après la mise en vente* d'un dessin, peut en conserver la propriété à l'inventeur; il juge tout simplement, ce qui n'est pas contestable, que la propriété peut exister avant le dépôt. Dans l'espèce qui a donné lieu à cet arrêt, il était établi que la contrefaçon avait précédé le dépôt. Mais il ne ressortait pas des faits qu'il y eût eu, avant l'accomplissement de cette formalité, mise en vente par l'inventeur, de son dessin.

63. — La propriété préexistant au dépôt, l'inventeur d'un dessin en conserve la propriété, encore bien qu'un tiers, surprenant le secret de cet inventeur, ait contrefait le dessin et l'ait livré au commerce. La mise en vente, pour constituer une présomption d'abandon de propriété, doit, en effet, être imputable à l'inventeur. Dans ce cas, la priorité d'invention pourrait s'établir par témoins ou par toutes autres preuves. — Et. Blanc, p. 590; Gastambide, n° 342; Goujet et Merger, n° 50.

64. — La priorité d'invention pourrait être prouvée de la même manière, si le contrefacteur avait devancé l'inventeur dans la formalité du dépôt. L'art. 17 de la loi de 1806, qui veut que la priorité de date du dépôt serve à fixer le droit de propriété entre deux fabricans qui le réclament, ne peut être applicable que lorsque ces deux fabricans sont de bonne foi, mais non lorsque l'un est présumé avoir dérobé l'idée de l'autre. — Gastambide, n° 343; Goujet et Merger, n° 52.

65. — *Contrefaçon.* — La contrefaçon des dessins de fabrique constitue un délit qui est prévu et puni par l'art. 425 C. pén., lequel s'applique, en effet, à la contrefaçon de tous les dessins en général. Or, pour qu'il y ait contrefaçon, il faut le concours de deux circonstances : reproduction entière ou partielle du dessin original, et préjudice résultant de cette reproduction.

66. — La reproduction est entière lorsque le dessin reproduit est *identiquement* le même que le dessin original. Aussi il n'est pas douteux que celui qui copie et imite un dessin ne se rende coupable de contrefaçon. — *Paris*, 29 déc. 1835, Barbet c. Depouilly et Godmard.

67. — Il y a également contrefaçon entière d'un dessin qui représente des *crêtes* destinées à faire des bordures pour papier de tenture, lorsque ce dessin a été *exactement* copié, et que la reproduction a eu lieu à l'aide du calque ou par un procédé semblable. — *Paris*, 24 juin 1837 (t. 2 1837, p. 30), Brun c. Marguerie.

68. — Mais il n'y a pas que l'imitation servile qui puisse constituer en cette matière la contrefaçon. Des changemens de détail ou reproductions partielles peuvent aussi, à raison du préjudice qu'ils sont de nature à causer à l'inventeur, être considérés comme une contrefaçon. Ce sera donc le préjudice possible qui devra servir à déterminer si une reproduction partielle doit ou non être condamnable. — Gastambide, n° 332.

69. — Spécialement : il y a contrefaçon partielle d'un dessin, toutes les fois que l'imitation qui en a été faite est de nature, par sa ressemblance avec le dessin contrefait, à nuire au débit des étoffes sur lesquelles est imprimé le dessin dont la loi garantit la propriété. — Jugement du tribunal correctionnel de *Paris*, du 8 août 1835, rapporté par Gastambide (p. 334, note).

70. — Des différences entre le dessin reproduit et le dessin original, si elles laissent apparaître la volonté d'imiter, et à plus forte raison de simples changemens opérés dans la dimension des fleurs d'un dessin dont une partie notable a été reproduite, n'empêchent pas qu'il y ait contrefaçon. — Goujet et Merger, n° 68.

71. — Le droit de propriété qui appartient à l'auteur d'un dessin de fabrique n'est point un droit absolu. Ainsi, cet auteur peut bien exploiter seul son dessin par tous les moyens qui sont en son pouvoir; il peut, par exemple, l'appliquer à des étoffes de soie, à des étoffes de laine, ou à des étoffes de toute autre nature; et, au moyen du dépôt, il conserve son droit sur le dessin pour les genres d'exploitation qu'il a choisis. Mais il

ne peut empêcher que son dessin ne soit exploité par des procédés qu'il n'a point employés. Ainsi, celui qui le reproduit en l'appliquant à des étoffes dont l'inventeur ne s'est point servi, ne se rend pas coupable de contrefaçon, si d'ailleurs le mode de reproduction ne peut porter aucun préjudice à l'auteur du dessin; d'où il suit que si la différence des genres n'empêchait pas qu'il pût y avoir préjudice, le reproducteur pourrait être condamné comme contrefacteur. — Gastambide, no 333; Goujet et Merger, no 69.

72. — Il peut, par exemple, y avoir contrefaçon dans le fait d'avoir reproduit sur étoffes de coton des dessins de soieries, ou sur papiers peints des dessins pour étoffes. — Gastambide, *loc. cit.*; Goujet et Merger, no 71.

73. — Jugé, au contraire, que le fabricant qui, sans inventer un dessin, s'est contenté d'appliquer à un nouveau tissu de laine un dessin déjà connu et appliqué à d'autres tissus, ne peut valablement exercer l'action en contrefaçon contre ceux qui se livrent à cette application nouvelle. — *Cass.*, 16 nov. 1846 (t. 2 1846, p. 749), Rouvière-Cabane c. Joyeux.

74. — Nous avons dit précédemment qu'un simple assemblage d'élémens déjà connus pouvait en cette matière constituer une propriété privée. Mais si ces élémens étaient tombés dans le domaine public, un autre pourrait y puiser des inspirations, arriver même, par une combinaison semblable, à reproduire un dessin analogue, sans qu'il y eût contrefaçon. Ainsi, encore bien qu'un fabricant ait, en combinant avec une étoffe en satin de laine, double fond, une rayure et un dessin cachemire, qui sont dans le domaine public, produit une nouveauté, un autre fabricant peut avec les mêmes élémens produire une étoffe d'un genre analogue. — Goujet et Merger, nos 74 et 75.

75. — Mais la composition ou l'assemblage de divers élémens qui ne constitue pas un dessin de fabrique ne peut, en cas de reproduction même identique, donner lieu à une poursuite en contrefaçon. Ainsi, le *chinage* ne formant pas un dessin de fabrique (V. *suprà* no 21), l'auteur de ce chinage ne peut poursuivre, comme coupable de contrefaçon, celui qui aurait imité son travail, encore bien qu'il en ait déposé des échantillons au greffe des prud'hommes. — *Rouen*, 2 févr. 1837 (t. 2 1839, p. 512), Cellier.

76. — Au surplus, la loi ne traçant aucune règle sur la manière dont le juge doit former sa conviction, en matière de contrefaçon de dessins de fabrique, il suffit que, pour déclarer l'existence de la contrefaçon d'un dessin de cette nature, l'arrêt suppose nécessairement une comparaison du dessin imité avec le dessin produit de l'imitation. — *Cass.*, 6 août 1847 (t. 1er 1848, p. 211), Roussel.

77. — Est suffisamment motivé pour justifier l'application des peines de la contrefaçon l'arrêt qui déclare qu'une partie a conservé la propriété d'un dessin sur étoffe, et que le prévenu a reproduit ce dessin sur une étoffe semblable. — Même arrêt.

78. — Celui qui a contrefait un dessin de fabrique ne saurait, pour échapper aux peines encourues par la contrefaçon, établir sa bonne foi en justifiant qu'il a fait acquisition de l'échantillon en pays étranger. — *Paris*, 27 janv. 1845 (t. 1er 1845, p. 568), Demy-Doisneau c. Roussel.

79. — L'introduction sur le territoire français de dessins contrefaits à l'étranger donne lieu, en effet, aux mêmes poursuites et aux mêmes peines que la contrefaçon opérée en France. C'est ce qui résulte des art. 426 et 427 C. pén.

80. — Il en est de même du débit de dessins contrefaits. Si, cependant, le débitant avait agi de bonne foi, dans l'ignorance, par exemple, de l'origine frauduleuse des dessins, il ne pourrait être condamné aux peines prononcées par le Code pénal; mais il n'échapperait pas à la condamnation aux dommages-intérêts que, par son fait, il aurait causés au propriétaire du dessin contrefait. — Gastambide, no 334.

81. — *Peines.* — Quant aux peines encourues par le contrefacteur, l'introducteur ou le débitant, elles consistent tant en une amende prononcée contre eux qu'en la confiscation des dessins contrefaits et des planches qui ont servi à la contrefaçon. — C. pén., art. 427. — V., au reste, CONTREFAÇON, no 26.

82. — Toutefois, il est à remarquer qu'il n'est pas indispensable pour la poursuite en contrefaçon, ni même pour la condamnation, que les dessins contrefaits aient été saisis. Si, en effet, le délit ne pouvait être établi que par la saisie de ces dessins, les auteurs de ce délit resteraient souvent impunis. La preuve peut en être faite de toute autre manière. — *Nîmes*, 28 juin 1843 (t. 1er 1846, p. 369), Joyeux c. Rouvière-Cabane. — Les juges peuvent même asseoir leur conviction sur l'ensemble des circonstances de la cause dont ils sont saisis.

83. — Déjà, nous avons dit que le débitant de bonne foi pouvait, cependant, être condamné à des dommages-intérêts. Cette condamnation peut, à plus forte raison, être prononcée contre les contrefacteurs, introducteurs et débitans, auxquels il est fait application des dispositions pénales de la loi. Ces dommages-intérêts sont évalués par les tribunaux, qui sont, à cet égard, souverains appréciateurs. — V. aussi PROPRIÉTÉ ARTISTIQUE, nos 142.

84. — Il a même été jugé que le contrefacteur d'un dessin de fabrique pouvait être déclaré passible de dommages-intérêts, aussi bien pour les imprimés tirés pour son propre compte que pour ceux que, par sa négligence, il a laissé à un tiers la liberté de tirer pour lui-même. — *Cass.*, 17 mai 1843 (t. 2 1843, p. 497), Delon c. Coumert.

85. — *Compétence.* — Lorsqu'il s'agit de l'action en revendication de la propriété d'un dessin de fabrique, action purement civile, elle doit être portée devant le tribunal de commerce, ainsi que cela résulte de l'art. 15 de la loi du 18 mars 1806.

86. — Mais la connaissance des contrefaçons de dessins de fabrique n'appartient pas exclusivement au tribunal de commerce. — *Paris*, 19 févr. 1835, Rondeau-Pouchet c. Gros.

87. — Si l'action a pour objet de faire appliquer à la contrefaçon la loi pénale, elle doit être portée devant le tribunal de police correctionnel, qui seul est compétent pour en connaître. — V., en ce sens, arrêt de Paris du 19 févr. 1835, cité au numéro qui précède; Gastambide, no 348; Goujet et Merger, nos 79 et 80; et Blanc, p. 599.

88. — De même, l'action qui, outre la réparation civile, comprend un chef de conclusion tendant à la saisie et à la destruction des objets contrefaits et des planches servant à la fabrication, est de la compétence, non du tribunal de commerce, mais du tribunal correctionnel. — *Colmar*, 30 juin 1828, Zuber c. Mœglin. — V. aussi les auteurs précités.

89. — Si, au contraire, l'action a pour but unique d'obtenir des réparations civiles pour atteinte à la propriété d'un dessin de fabrique, c'est le tribunal de commerce qui est compétent pour en connaître, comme il l'est pour statuer sur les questions relatives à la propriété même de ces dessins. — *Cass.*, 17 mai 1843 (t. 2 1843, p. 497), Delon c. Coumert.

90. — Mais ni les tribunaux civils ni les conseils de prud'hommes ne sont compétens pour prononcer sur les actions civiles résultant des délits de contrefaçons des dessins de fabrique. — Blanc, p. 600; Gastambide, no 349; Goujet et Merger, no 82. — V., au surplus, PRUD'HOMMES.

Sect. 3e. — *Des marques.*

91. — Il existe plusieurs genres de marques, les marques légales, les marques particulières à certains objets industriels, comme aux objets de quincaillerie ou de coutellerie, ou à certaines villes; mais communes à tous les fabricans de la même ville, comme la marque pour savons d'huile d'olive de la ville de Marseille, et les lisières pour les draps fabriqués dans différentes villes, et enfin les marques communes à tout un genre de produits, par exemple aux savons autres que ceux à l'huile d'olive fabriqués à Marseille. Nous examinerons successivement ces différentes marques.

§ 1er. — *De la marque légale.*

92. — La marque légale est celle que tout manufacturier ou artisan peut appliquer sur les produits de sa fabrication. Lorsque cette marque réunit les caractères et les conditions exigés par la loi, le manufacturier ou artisan en a la propriété exclusive, et la contrefaçon qui en est faite rend l'auteur de cette contrefaçon passible des peines prononcées contre le faux en écriture privée, indépendamment des dommages-intérêts auxquels il peut être condamné envers le propriétaire de la marque contrefaite. C'est ce qui résulte formellement de l'art. 1er de la loi du 22 germ. an XI, relative aux fabriques et manufactures en général, par laquelle est régie la marque légale.

93. — La marque légale diffère des marques vulgaires consistant en une étiquette, ou enveloppe, etc., en ce qu'elle est appliquée sur la marchandise de telle sorte qu'elle en soit inséparable et n'en puisse être détachée pour servir à revêtir d'autres objets. — Gastambide, no 415. — « Les marques choisies par les manufacturiers sont, en effet, destinées à constater l'identité des marchandises sorties de leur fabrique, auxquelles elles sont appliquées et inhérentes. » — V. Motifs de l'arrêt de cassation du 22 janv. 1807, Mira c. Laugier. — La contrefaçon de cette marque est considérée comme crime de faux, parce qu'elle est assimilée à la signature même du fabricant. — Gastambide, *loc. cit.* — Au contraire, la contrefaçon des marques vulgaires ne donne lieu à l'application d'aucune peine; elle autorise seulement une action en dommages-intérêts.

94. — Spécialement, à l'égard des liquides, les marques des fabricans, pour être légales, doivent être appliquées sur les vases qui les renferment, de telle sorte que, tant qu'ils seront dans le commerce, ces marques ne fassent qu'un seul corps avec eux, et que les liquides ne puissent en être extraits sans rompre les marques et détruire leur application aux vases. — V., en ce sens, l'arrêt de cassation du 22 janv. 1807, cité au numéro qui précède.

95. — Ainsi, on doit considérer comme marque de fabrique celle que les fabricans de vins de Champagne apposent sur la partie du bouchon qui entre dans la bouteille. — *Cass.*, 12 juill. 1845 (t. 2 1845, p. 655), Besnard. — Aucune loi n'exige que les marques soient appliquées d'une manière ostensible. Les marques légales peuvent donc être non apparentes.

96. — Il en est de même de l'empreinte imprimée seulement sur un papier attaché aux objets manufacturés. — *Cass.*, 28 mai 1822, Guérin c. Forest. — Cette empreinte ne peut, en effet, être séparée de la marchandise sur laquelle elle est apposée et transportée à un autre objet sans rupture ou destruction.

97. — Une étoile imprimée sur un carton de couleur sans lettres initiales indicatives du nom du fabricant ou du lieu de fabrication, est également, dans le sens légal, une marque qu'on ne peut imiter à peine de contrefaçon, bien qu'elle ne contienne pas le nom du fabricant ni le lieu de la fabrication. — *Rouen*, 30 nov. 1840 (t. 1er 1841, p. 232), Lelarge c. Bresson.

98. — La marque que tout fabricant ou marchand a le droit d'appliquer sur les objets de sa fabrication doit de plus être assez distincte des autres marques pour qu'elles ne puissent être confondues et prises l'une pour l'autre. — Décr. 20 févr. 1810, art. 5. — Ce principe a été appliqué par arrêt de la Cour de Riom du 18 févr. 1834, Dumas c. Bernard.

99. — Ainsi, lorsqu'un fabricant, ajoutant un chiffre à son nom, a pris depuis longtemps la marque de *Dumas* 32, un autre fabricant ne peut, en ajoutant aussi un chiffre au nom de son associé, prendre la marque *Dumas* 132. — Il y a trop peu de différence entre ces deux marques pour qu'elles ne puissent être confondues et prises l'une pour l'autre; en conséquence, la marque *Dumas* 132 doit être interdite. — V. arrêt de Riom du 18 févr. 1834, cité au numéro qui précède.

100. — Le fabricant qui adopte une marque doit la disposer d'une manière telle qu'elle ne puisse être confondue avec celle dont d'autres fabricans font déjà usage, même dans le cas où il s'agit de simples lettres initiales des noms des fabricans. — *Cass.*, 28 mai 1822, Guérin c. Forest.

101. — Les conseils de prud'hommes, dans les localités où il en existe, sont arbitres de la suffisance ou de l'insuffisance des différences entre les marques déjà adoptées et qui seraient proposées, ou même entre celles déjà existantes. Si la voie d'arbitrage ne réussit pas, la difficulté est portée devant le tribunal de commerce, qui prononce après avoir vu l'avis du conseil des prud'hommes. — Même décr., art. 6. — Il est à remarquer qu'il ne s'agit ici que des contestations élevées à l'occasion de marques plus ou moins semblables présentées au dépôt et l'attribution qui est donnée ici aux conseils de prud'hommes laisse intactes les poursuites criminelles pour le cas de contrefaçon. — Gastambide, p. 422, note.

102. — L'avis du conseil des prud'hommes sur la suffisance ou l'insuffisance des différences entre telles marques et telles autres, ne constitue pas un premier degré de juridiction. Le jugement du tribunal de commerce, qui statue, en vertu de l'art. 6 du décr. du 20 févr. 1810, sur la contestation, est en premier ressort, et, par conséquent, susceptible d'appel. — *Riom*, 18 févr. 1834, Dumas c. Bernard. — Et. Blanc, p. 166; Goujet et Merger, n° 119.

103. — La condition exigée pour donner à la marque un caractère régulier, de nature à permettre les poursuites criminelles contre les contrefacteurs, est celle du dépôt : « Nul, porte l'art. 18 de la loi du 22 germ. an XI, ne peut former action en contrefaçon de sa marque, s'il ne l'a préalablement fait connaître d'une manière légale, par le dépôt d'un modèle au greffe du tribunal de commerce d'où relève le chef-lieu de la manufacture ou de l'atelier. » Indépendamment de ce dépôt, le décret du 20 févr. 1810 (article 7) en prescrit un autre au secrétariat du conseil des prud'hommes, s'il en existe un dans le lieu de la situation de l'atelier ou de la manufacture. Dans les localités où les tribunaux civils remplissent les fonctions de tribunaux de commerce, c'est au greffe des tribunaux civils que doit être fait le dépôt.

104. — Lorsque le dépôt a lieu au secrétariat du conseil des prud'hommes, il en est dressé procès-verbal sur un registre en papier timbré ouvert à cet effet, et qui est coté et paraphé par le conseil des prud'hommes. Une expédition de ce procès-verbal est remise au fabricant pour lui servir de titre contre les contrefacteurs. — Décret 20 févr. 1810, art. 8.

105. — Toutefois, en cette matière, comme en matière de propriété artistique, le dépôt n'est pas déclaratif de propriété, il n'est qu'une déclaration de l'intention où est le propriétaire de la marque de poursuivre les contrefacteurs comme faussaires. Il suit de là que la plainte en contrefaçon est recevable, alors même que celui qui la forme n'avait point fait le dépôt de sa marque au greffe du tribunal ou au secrétariat des prud'hommes; il suffit que le dépôt ait précédé la plainte. — *Cass.*, 28 mai 1822, Guérin c. Forest. — Et. Blanc, p. 170; Gastambide, n° 419; Goujet et Merger, nos 122 et 123. — V. *infrà* n° 137.

106. — Quant à la durée de la propriété des marques de fabrique, aucune disposition de la loi ne l'a limitée. Les propriétaires de ces marques peuvent non-seulement s'en servir personnellement, mais même les transmettre. Ces marques passent aussi à leurs héritiers, qui ont exclusivement le droit de s'en servir, s'ils continuent l'industrie de leurs auteurs, soit par eux-mêmes, soit par des représentans ou cessionnaires. — Goujet et Merger, nos 129 et 130.

107. — Pour qu'il y ait contrefaçon d'une marque industrielle, deux circonstances sont nécessaires. Il faut 1° qu'il y ait usurpation, reproduction matérielle ou falsification de la marque; et 2° qu'il y ait une fraude qui soit préjudiciable. — Et. Blanc, p. 179; Gastambide, n° 420.

108. — L'application à des produits identiques, analogues, de la marque usurpée, constitue évidemment une fraude préjudiciable. Car, dans cette application, il y a à la fois fait et intention de s'approprier la clientèle d'autrui, de nuire au fabricant ou marchand dont on emploie la marque. Mais l'application de la marque d'autrui à des produits différens ne peut guère être un délit de contrefaçon. Quel préjudice, en effet, peut causer à un fabricant d'eau de Cologne le maître de forges qui appose sur ses fers la marque dont ce fabricant d'eau de Cologne recouvre ses flacons? — Gastambide, *loc. cit.*; Et. Blanc, p. 180; Goujet et Merger, n° 133.

109. — Le fabricant qui, sans le savoir, emploie une marque déjà adoptée par un de ses confrères, ne se rend pas non plus coupable de contrefaçon, mais les tribunaux peuvent le contraindre à modifier sa marque pour éviter toute confusion. — Gastambide, *loc. cit.*; Goujet et Merger, n° 134.

110. — Par exemple, une maison de commerce peut exiger qu'une autre maison, faisant le même négoce, se serve d'une marque ou estampille différente de celle qu'elle est elle-même en possession d'imprimer depuis longtemps sur ses expéditions et demander la suppression de celle dont l'effet serait de créer une confusion fâcheuse dans leurs expéditions respectives. — *Poitiers*, 12 juill. 1833, E. Seignette c. A. Seignette et Poutier.

111. — Si la marque d'un négociant énonciative de son nom est une propriété qui ne peut être usurpée (NOM COMMERCIAL), toutefois les personnes qui ont les mêmes noms patronymiques ont un droit égal à s'en servir, et l'une d'elles ne peut interdire cet usage à l'autre. — *Bordeaux*, 25 juin 1841 (t. 2 1841, p. 321), Mounier c. Jobit.

112. — La loi n'exige pas, pour l'existence du délit de contrefaçon, que la reproduction de la marque légale soit identique. Une reproduction partielle ainsi qu'une imitation complète peut occasionner une méprise préjudiciable. La contrefaçon peut donc résulter d'une reproduction partielle, s'il y a possibilité de confusion entre la marque imitée et la marque contrefaite et possibilité d'un préjudice par suite de cette reproduction. — Gastambide, n° 420; Goujet et Merger, n° 135.

113. — La marque légale ne s'appliquant qu'aux *produits fabriqués*, que doit-on entendre par ces mots? Parmi les objets de fabrication, on doit sans aucun doute ranger les étoffes pleines ou mélangées, en laine ou en coton, et plus généralement toutes les espèces de tissus. Ces produits doivent être revêtus d'une marque indiquant le nom de la ville ou de l'arrondissement où ils sont fabriqués, et le nom du fabricant, ou tel chiffre ou signe qu'il lui plaît de choisir. — Ordonn. 18 août 1816. — Les produits de la bonneterie de coton ou de laine sont assujettis à la même marque. — Même ordonnance.

114. — Les cotons filés sont également des produits fabriqués. Aux termes d'une ordonnance du 26 mai 1819, tout paquet de cotons filés, en sortant de la presse, et avant qu'on le recouvre de l'enveloppe accoutumée, doit être entouré d'une bande de papier immédiatement appliquée sur les écheveaux, et empreinte de la marque du fabricant; les deux bouts de cette bande sont réunis sous un seul et même cachet.

115. — Enfin, la loi du 28 juillet 1824, applicable à *toutes les fabrications* en général, distingue la contrefaçon de marque et la contrefaçon de nom, contrefaçons qui avaient été jusqu'alors confondues par la loi du 22 germ. an XI. La contrefaçon de la marque, dont le nom du fabricant ou celui du lieu de la provenance des marchandises est la partie principale, est aujourd'hui régie par la loi du 28 juillet 1824, qui a laissé subsister, pour la contrefaçon de toutes les autres marques, la législation antérieure. L'art. 1er de cette loi consacre, en effet, formellement au profit de *tout* fabricant le droit d'inscrire sur ses produits son nom ou celui du *lieu de fabrication*.

116. — Si l'on avait quelquefois pu, avant la loi du 28 juillet 1824, refuser de voir de la contrefaçon dans les produits d'agriculture transformés par une opération quelconque, tels que vins, eaux-de-vie, etc., la loi précitée a fait cesser tous les doutes à cet égard. Ainsi, les vins doivent être placés dans la classe des produits fabriqués ou manufacturés dont la contrefaçon doit être réprimée. — *Cass.*, 12 juill. 1845 (t. 2 1845, p. 655), Besnard et Ouvrard; 8 juin 1847 (t. 2 1847, p. 100), Fabre de Rieunègre c. de Laloubie. — Goujet et Merger, nos 140 et 141.

117. — En conséquence, les propriétaires et vignerons d'un cru réputé jouissent, pour les vins provenant de leur récolte, de la protection que la loi du 28 juillet 1824 accorde aux fabricans d'objets manufacturés; et, dès lors, ils ont tous le droit exclusif de marquer les vaisseaux contenant leur vin par une estampille qui rappelle ce cru, encore bien que leurs celliers ou cuves vinaires soient hors du territoire où il est situé. — *Cass.*, 8 juin 1847, cité au n° qui précède.

118. — Maintenant, que doit-on entendre par le *lieu de fabrication* dont parle la loi du 28 juillet 1824? On ne doit pas seulement entendre par là, ainsi que l'a décidé la Cour de cassation par arrêt du 12 juillet 1845 (t. 2 1845, p. 655), Besnard-Ouvrard et autres, les lieux où les produits sont *récoltés* ou *préparés*. La loi du 28 juillet 1824 n'a pas eu, en effet, pour objet d'établir entre les fabricans d'une même localité des distinctions fondées sur le fait de leur résidence *intra* ou *extra muros*. Ces mots *lieu de fabrication* doivent être pris dans un sens général : ils sont synonymes de ceux de *centre de fabrication* ou *de production*.

119. — Ainsi, des draps fabriqués ou, pour mieux dire, tissés dans les environs de Sedan, avec les mêmes procédés et les mêmes matières que ceux qu'on emploie dans cette ville, et qui reçoivent à Sedan même les dernières opérations, telles que le tondage, la teinture, etc., sont des *draps de Sedan*, susceptibles, dès lors, d'être marqués de ce nom, encore bien que les fabricans de ces draps soient domiciliés hors de l'enceinte de la ville. — *Cass.*, 28 mars 1844 (t. 1er 1844, p. 794), Loupot-Fortier.

120. — Plus généralement, tous les propriétaires de fonds situés dans l'étendue d'un même territoire désigné sous un nom général, peuvent vendre les vins que ces fonds produisent avec une estampille marquée à ce nom; et c'est en vain que le propriétaire du domaine plus spécialement désigné sous ce nom prétendrait avoir le droit exclusif de le prendre comme marque distinctive. — *Bordeaux*, 24 mars et 2 avr. 1846 (t. 2 1846, p. 581), Chadeuil c. Villeneuve-Durfort; Fabre de Rieunègre c. Laloubie.

121. — Jugé aussi que le fabricant de produits minéraux, tels que la chaux, qui, sans être propriétaire exclusif de la carrière où il puise la matière première, désigne ses produits par le nom générique du canton où la carrière est située, ne peut empêcher un autre fabricant de produits analogues, qui puise dans la même carrière, de donner à ses produits la même dénomination. — *Cass.*, 24 févr. 1840 (t. 2 1841, p. 320), de Laleu c. Grignon.

122. — Le nom du lieu d'où sont tirés les produits d'une fabrication ne peut devenir la propriété d'un fabricant à l'exclusion de tous ceux qui exploitent le même lieu. Ce nom appartient à la marchandise. — Même arrêt. — V., au surplus, NOM COMMERCIAL.

123. — La preuve de la contrefaçon se fera, le plus ordinairement, par la saisie des marques contrefaites ou des objets qui en sont revêtus. Mais comment la saisie peut-elle avoir lieu? M. Gastambide (n° 426 *in fine*) pense qu'elle peut être ordonnée suivant les règles de l'instruction criminelle et seulement lorsque la poursuite a lieu criminellement. Selon M. Et. Blanc (p. 200), tout officier ministériel ou de police peut, à la réquisition du propriétaire de la marque, et sur la simple représentation de l'acte de dépôt, procéder à la saisie. Nous croyons, au contraire, avec MM. Goujet et Merger (n° 152), que la saisie doit être autorisée par le président du tribunal civil comme en matière de brevets d'invention.

124. — Lorsque la marque contrefaite est apposée sur une boîte qui renferme des marchandises, il n'est pas nécessaire de saisir ces marchandises; il suffit de saisir la boîte. — Et. Blanc, p. 201.

125. — Lorsqu'un artisan, poursuivi en contrefaçon comme ayant dans ses ateliers des objets de fabrication indûment frappés d'une marque acquise par un autre, offre de prouver sa possession antérieure à l'acquisition de cette marque, une telle demande de preuve a pu être rejetée comme non concluante, sans qu'il en résulte une ouverture à cassation. L'appréciation de la pertinence des faits dont la preuve est offerte rentre dans les attributions exclusives des juges du fond. — *Cass.*, 13 avr. 1841 (t. 1er 1841, p. 752), Fauchery c. Chassaigne.

126. — En l'absence de la saisie, la contrefaçon peut être établie soit à l'aide de factures, soit à l'aide de témoins, soit même à l'aide de simples présomptions. — *Rouen*, 28 janv. 1847 (t. 1er 1849, p. 39), Roduwick et Cacheux c. Lefrançois.

127. — La loi du 22 germ. an XI ouvre aux propriétaires de marques légales, en cas de contrefaçon une double voie : l'action criminelle et l'action civile. — Art. 16. — V. aussi décr. 20 févr. 1810, art. 4, 6 et 12.

128. — La contrefaçon des marques proprement dites étant assimilée, comme nous l'avons vu, au crime de faux, par l'art. 16 de la loi de germ. an XI, et punie de la réclusion, conformément à l'art. 142 C. pén., l'action criminelle est de la compétence de la Cour d'assises. — Et. Blanc, p. 202; Gastambide, n° 425. — Mais ce dernier auteur fait remarquer que, comme la gravité de la peine est trop souvent une cause d'acquittement, l'usage est de suivre la voie civile.

129. — Lorsqu'il s'agit de la contrefaçon d'une marque dont le nom du fabricant ou celui du lieu de la fabrication forme la partie principale, ce ne sont plus la loi du 22 germ. an XI et l'art. 142 C. pén. qui doivent être appliqués; mais l'art. 1er de la loi du 28 juill. 1824, qui substitue, pour ce cas, l'art. 423 C. pén. à l'art. 142 précité. De sorte que c'est alors le tribunal de police correctionnelle qui est compétent pour statuer sur le délit de contrefaçon. — *Cass.*, 12 juin 1845 (t. 2 1845, p. 655), Besnard et Ouvrard; 3 juin 1846 et 29 nov. 1847 (t. 2 1847, p. 670), Bulla. — V., au surplus, CONTREFAÇON DES MARQUES DU COMMERCE, nos 12 et suiv.

130. — Lorsqu'on suit la voie civile, la contestation doit être portée d'abord devant le conseil des prud'hommes, s'il en existe un dans la localité. — Décr. 20 févr. 1810, art. 12. — Ce conseil fait l'office d'arbitre ou de conciliateur, c'est un préliminaire de conciliation. — *Riom*, 18 févr. 1834, Etienne et Gilbert Dumas c. Bernard et Dumas. — Si le conseil des prud'hommes ne parvient pas à concilier les parties, ou s'il n'y a pas de conseil de prud'hommes, la contestation est portée devant le tribunal de commerce, dont le jugement est susceptible d'appel. — Gastambide, n° 426.

131. — Les condamnations qui peuvent être

prononcées par la voie civile sont les dommages-intérêts, la suppression de la marque contrefaite, l'affiche et l'insertion du jugement dans un ou plusieurs journaux, si les tribunaux le jugent à propos. — Gastambide, *loc. cit.*

132. — Mais, pour obtenir des dommages-intérêts à raison de la contrefaçon de la marque de fabrique qu'il a constamment apposée sur ses produits, un fabricant doit justifier qu'il a rempli les conditions prescrites par la loi pour conserver la propriété de sa marque. S'il n'a pas rempli ces conditions, il n'a droit qu'à la valeur réelle des exemplaires indûment tirés par le prévenu. — *Paris*, 26 août 1836 (t. 1er 1837, p. 234), Saissy c. Wittersheim. — *Contrà*, Gastambide, n° 419.

133. — Le manufacturier qui a fait le dépôt au greffe du tribunal de commerce compétent, de sa marque particulière, pour l'appliquer sur les objets de sa fabrication, peut agir contre celui qui, bien que jugé non coupable de contrefaçon, s'est servi d'une marque qui présente des rapprochemens propres à la confondre avec la sienne, pour lui faire interdire l'usage de cette marque imitative et le faire condamner à des dommages-intérêts. — *Bruxelles*, 15 mars 1821, Orban c. N....

134. — Lorsqu'un négociant a porté plainte en contrefaçon de sa marque de fabrique, sans toutefois se porter partie civile, il ne peut être déclaré par le tribunal civil responsable des poursuites exercées par le ministère public contre le prévenu, bien qu'une ordonnance de la chambre du conseil ait déclaré qu'il n'y avait lieu à suivre contre ce dernier, par les motifs que les points de ressemblance existant entre les deux marques ne pouvaient présenter le caractère de la contrefaçon. — Même arrêt.

135. — Le négociant qui vend, comme étant d'un fabricant, des produits qui sont sortis d'une autre fabrique, et qui emploie sur ses factures et ses étiquettes le nom de ce fabricant, se rend passible de dommages-intérêts envers celui dont il a ainsi usurpé le nom. — *Paris*, 13 mars 1841 (t. 1er 1841, p. 561), Royer et Duranton c. Bertèche, Bonjean et Chesnon. — Et. Blanc, p. 213 et suiv.; Gastambide, n° 482.

136. — La législation sur les marques de fabrique, et dont nous avons précédemment reproduit les principales dispositions, ne protége que l'industrie française, que les marques appartenant à des établissemens français. Ainsi, aucune protection n'est accordée par la loi française contre la contrefaçon aux marques des fabriques établies en pays étrangers. Les propriétaires de ces fabriques ne peuvent, pas plus par action civile que par action criminelle, poursuivre les atteintes portées à leurs marques par les contrefaçons qui en sont faites en France. Il importe peu que ceux à qui appartiennent ces fabriques soient étrangers ou Français. — Gastambide, n° 434; Goujet et Merger, nos 145 et 146. — V., cependant, Et. Blanc, p. 181. — A l'égard de l'usurpation du nom d'un fabricant étranger, V. ÉTRANGER, n° 111, et NOM COMMERCIAL, nos 26 et suiv.

137. — Un fabricant français n'acquiert donc pas le droit exclusif d'employer la marque qu'il a adoptée pour les produits d'une fabrique qu'il possède en pays étranger, encore bien qu'il ait effectué le dépôt de cette marque en France, conformément aux lois françaises. — *Paris*, 26 mars 1822, Merat et Desfrancs c. Trotry de la Touche.

138. — Un fabricant étranger ne peut intenter devant les tribunaux français une action en réparation des dommages commerciaux à lui causés par l'emploi que des Français auraient fait de son nom en l'apposant sur des produits par eux fabriqués, qu'autant qu'il a été admis à jouir des droits civils en France, ou qu'il existe, en ce qui concerne l'exercice d'un pareil droit, entre la France et le pays auquel cet étranger appartient, un traité international consacrant la réciprocité. — *Cas.*, 11 juill. 1848 (t. 2 1848, p. 36), Guéland c. Rowland et Bouveret.

139. — En cet état, un Français, chargé en France d'un dépôt de produits du fabricant étranger, et opérant, dans son intérêt personnel, la vente de ces produits, n'a pas davantage qualité pour se plaindre de l'emploi du nom du fabricant étranger, celui-ci n'ayant pu lui transmettre un droit d'action devant les tribunaux français dont lui-même n'était pas investi. — Même arrêt.

140. — Mais les étrangers, qui possèdent en France des établissemens de commerce ou d'industrie, peuvent jouir, pour les produits de ces établissemens, en remplissant les formalités précédemment indiquées, des bénéfices de la loi de germ. an IX, c'est-à-dire se faire allouer des dommages-intérêts et faire condamner aux peines de la loi les contrefacteurs de leurs marques, encore bien qu'il n'y ait point réciprocité pour les Français qui ont créé en pays étranger des établissemens industriels. — Gastambide, n° 423; Goujet et Merger, n° 147.

141. — Il en est ainsi, surtout, lorsque ces étrangers ont été autorisés à résider en France; et vainement, pour sa défense, le contrefacteur alléguerait que, depuis le dépôt, il a cessé d'usurper les marques de ces étrangers. — *Paris*, 7 août 1832, Schmid-Bory c. Abat. — Nous avons fait remarquer plus haut (V. *suprà*, n° 59), en effet, que le dépôt n'était point attributif de propriété, laquelle est préexistante. La décision précitée est une conséquence de ce principe.

142. — Les détenteurs d'objets saisis comme portant une marque contrefaite ont un recours contre le vendeur, lorsque ces objets, bien que portant une marque de fabrication française, sont néanmoins en réalité d'origine étrangère. — L. 21 avril 1818, art. 44. — Toutefois, ils ne sont fondés à exercer ce recours qu'autant qu'il est constant qu'ils ont été induits en erreur sur l'origine desdits objets. — *Paris*, 14 août 1846 (t. 2 1846, p. 766), Delau et Stevens c. Levasseur.

143. — L'absence d'une marque de fabrication sur les marchandises peut être considérée comme un indice suffisant pour l'acheteur de leur provenance étrangère, et exclut, par conséquent, la possibilité d'un recours de sa part contre son vendeur. — Même arrêt.

144. — Un fabricant étranger a le droit de faire supprimer son nom et sa signature apposés, en France, par un fabricant français, sur les étiquettes, flacons et enseignes du même produit, alors même que la fabrication de ce produit serait du domaine public. — *Paris*, 30 nov. 1840 (t. 2 1840, p. 685), Guesnot-Lagoutte c. Rowland.

145. — Enfin, la législation sur les marques de fabrique n'est pas applicable aux marques étrangères que les fabricans français opposent sur celles de leurs marchandises qui sont destinées à l'exportation. Autrement, on pourrait par le dépôt de ces marques interdire à tous autres la possibilité d'exercer leur industrie sur la même partie et s'attribuer le monopole d'une branche entière de fabrication. — Goujet et Merger, n° 150.

§ 2. — *Quincaillerie et coutellerie.*

146. — En 1745, des lettres patentes, spéciales pour les ouvrages de quincaillerie qui se fabriquaient dans la ville de Thiers, autorisèrent chaque fabricant, en déposant les poinçons de sa marque, à les faire incruster sur une table de plomb, et à poursuivre les contrefacteurs. Ces lettres patentes restèrent en vigueur jusqu'à la révolution de 1789.

147. — A cette époque, l'industrie française cessa d'avoir des marques obligatoires; on n'autorisa même plus les marques facultatives. Cependant le besoin pour certaines industries d'avoir une marque distinctive se faisait vivement sentir. Le 28 mess. an VII, une pétition de fabricans de quincaillerie et de coutellerie fut recommandée au pouvoir exécutif par le Conseil des Cinq-Cents. De là l'arrêté du 23 niv. an IX, qui autorisa les fabricans de quincaillerie et de coutellerie à frapper leurs ouvrages d'une marque particulière assez distincte des autres marques pour ne pas être confondue avec elles. Cet arrêté régit encore, avec un décret du 5 sept. 1810, les marques des fabricans de quincaillerie et de coutellerie.

148. — Aux termes de l'arrêté du 23 niv. an IX, les fabricans de quincaillerie et de coutellerie sont autorisés à frapper leurs ouvrages d'une marque particulière assez distincte des autres marques pour ne pouvoir être confondue avec elles; mais la propriété de cette marque n'est assurée qu'à ceux qui l'ont fait empreindre sur des tables communes établies à cet effet.

149. — D'après l'arrêté précité, ces tables devaient être déposées dans l'une des salles du chef-lieu de la sous-préfecture. Le décret du 5 sept. 1810 a modifié en ce point le décret de l'an IX. Le décret de 1810 a voulu, en effet, que les tables destinées à recevoir l'empreinte des marques de quincaillerie et de coutellerie fussent déposées tant au tribunal de commerce qu'au secrétariat des conseils de prud'hommes, dans les localités où ces conseils existaient. — Art. 3 et 4.

150. — Avant de recevoir le dépôt d'une marque et d'en dresser procès-verbal, les conseils des prud'hommes peuvent, comme arbitres, apprécier la suffisance ou l'insuffisance de différence entre les marques déjà adoptées et celle qui est présentée. Et s'ils estiment que la différence n'est pas de nature à rendre la confusion impossible, ils peuvent refuser d'admettre la marque nouvelle. Le même droit n'appartient pas aux greffiers de tribunaux, qui sont obligés de recevoir tout ce qui leur est présenté. — Gastambide, n° 440; Et. Blanc, p. 204; Goujet et Merger, n° 171.

151. — Mais, en pareil cas, les conseils de prud'hommes ne rendent pas une décision judiciaire; ils ne font que donner un simple avis comme arbitres. Ce sont les cours et tribunaux qui sont seuls compétens pour statuer sur les difficultés qui peuvent s'élever à l'occasion d'une marque présentée à l'admission et contestée à cause de sa ressemblance avec d'autres marques. — Gastambide, p. 434, note. — V. *suprà*, n° 101.

152. — Lorsque, nonobstant un arrêt qui a admis la marque présentée par un fabricant de coutellerie, le conseil des prud'hommes refuse cette marque pour cause de similitude avec une autre déjà existante, le fabricant doit, pour poursuivre les conséquences de l'arrêt, se pourvoir devant la Cour même, et non devant le tribunal de commerce. — Dès lors ce fabricant peut, bien qu'il ait saisi ce tribunal, et même après jugement, demander par une simple requête et obtenir de la Cour l'injonction de faire porter cette marque sur la table d'argent. — *Riom*, 6 août 1844 (t. 2 1845, p. 236), Goutte-Granetias.

153. — L'arrêté du 23 niv. an IX exigeait seulement qu'il fût délivré un titre constatant le dépôt. D'après le décret du 5 sept. 1810 (art. 5), il doit être dressé procès-verbal des dépôts sur un registre en papier timbré, ouvert à cet effet, et coté et paraphé. Une expédition de ce procès-verbal est ensuite remise au propriétaire de la marque pour lui servir de titre contre les contrefacteurs.

154. — Cette formalité du dépôt n'est exigée qu'afin de donner à tel ou tel signe particulier le caractère légal de marque et afin de motiver l'action correctionnelle en contrefaçon. Cette dernière action ne pourrait être intentée à l'occasion d'une marque non déposée, laquelle ne serait protégée que par l'action civile en dommages-intérêts. — Gastambide, n° 435.

155. — Ainsi, il y a contrefaçon de marque dans l'empreinte sur des limes de noms isolés de fabricans se confondant et ne faisant qu'un avec la marque, alors d'ailleurs que cette marque, apposée depuis longues années sans réclamation, sur les limes livrées au commerce, a moins pour objet de faire connaître l'origine de la fabrication que de désigner la nature ou la qualité de la marchandise. Mais le fabricant, étranger aussi bien que français, est non recevable à poursuivre les contrefacteurs de cette marque, s'il n'a pas rempli les formalités prescrites par l'arrêté du 23 niv. an IX et par le décret du 5 sept. 1810. — *Cass.*, 28 janv. 1846 (t. 2 1848, p. 260), Spencer et Stubs c. Meunier et Huré.

156. — Il est défendu de contrefaire les marques que, par l'arrêté du 23 niv. de l'an IX, les fabricans de quincaillerie et de coutellerie sont autorisés à mettre sur leurs ouvrages, sous peine, pour la première fois, d'une amende de 300 fr., dont le montant est versé dans la caisse des hospices de la commune; et au cas de récidive, d'une amende double et d'un emprisonnement de six mois. — Décr. 5 sept. 1810, art. 1er.

157. — De plus, les objets contrefaits, c'est-à-dire, ainsi que le fait remarquer avec raison M. Gastambide (n° 436 *in fine*), les produits fabriqués sur lesquels est apposée la fausse marque, sont saisis et confisqués au profit du propriétaire de la marque, le tout sans préjudice des dommages-intérêts qu'il peut y avoir lieu de lui adjuger. — Même décr., art. 2.

158. — Spéciaux pour la marque que les fabricans de quincaillerie et de coutellerie sont autorisés à mettre sur leurs ouvrages, l'arrêté du 23 niv. an IX et le décret du 5 sept. 1810 sont sans autorité lorsqu'il s'agit d'usurpation de nom, d'apposition du nom d'un fabricant autre que celui qui avait fabriqué les ouvrages. Ce dernier fait est prévu et réprimé par la loi du 28 juill. 1824, dont les dispositions sont conçues en des termes généraux qui n'admettent aucune exception. — *Cass.*, 8 déc. 1827, Grange c. Pradier. — E. Blanc, p. 206; Gastambide, n° 441; Goujet et Merger, n° 180.

159. — La saisie des ouvrages dont la marque a été contrefaite a lieu sur la simple réquisition du propriétaire de cette marque, les officiers de police sont tenus de l'effectuer sur la présentation du procès-verbal de dépôt. La contestation est ensuite portée devant le conseil des prud'hommes, s'il y en a un dans la commune, et, s'il n'y en a point, devant le juge de paix du canton. — Décr. 5 sept. 1810, art. 8. — Le conseil des prud'hommes, et, à son défaut, le juge de paix, prononcent, après avoir entendu les parties et leurs témoins, leur jugement, lequel est mis à exécution sans appel, ou à la charge de l'appel, avec ou sans caution, suivant l'importance de la cause, conformément au décret du 3 août 1810, art. 9. — L'appel est porté devant le tribunal de commerce.

160. — On s'est demandé si, par les dispositions qui précèdent du décret du 5 sept. 1810, les conseils de prud'hommes et les juges de paix n'étaient pas investis à la fois d'une juridiction civile et d'une juridiction correctionnelle. — M E. Blanc (p. 206) s'est prononcé pour l'affirmative. Mais nous croyons, au contraire, avec M Gastambide (nº 438), que ce décret n'a attribué aux conseils de prud'hommes et aux juges de paix qu'une juridiction civile. En effet, le décret du 3 août 1810, auquel renvoie l'art. 9 du décret du 5 sept. 1810, n'admet l'appel ou la caution qu'en matière civile. D'un autre côté, les conseils de prud'hommes et les juges de paix prononceraient donc une amende de 600 fr. et un emprisonnement de six mois. Mais il est évident qu'une semblable extension de leurs attributions ne peut s'induire de la seule rédaction d'une loi ; elle doit être expresse. Or le législateur n'eût pas manqué de s'expliquer formellement à cet égard, s'il eût voulu attribuer en cette matière aux conseils de prud'hommes et aux juges de paix une juridiction correctionnelle spéciale. Son silence sur ce point et le renvoi au décret du 3 août 1810 nous font penser que ces conseils et juges de paix n'ont ici l'autorité d'une juridiction qu'autant qu'ils statuent civilement sur une marque arguée de contrefaçon, et que l'action correctionnelle appartient aux tribunaux correctionnels. — V. aussi en ce sens Goujet et Merger, nº 175.

161. — Tout jugement de condamnation, civil ou correctionnel, en matière de contrefaçon de marque de quincaillerie et de coutellerie, doit être imprimé et affiché aux frais du contrefacteur, sans que les parties puissent transiger à cet égard. — Décr. 5 sept. 1810, art. 11.

§ 3. — *Savons.*

162. — Comme tous les autres fabricans, les fabricans de savons peuvent apposer sur leurs produits une marque qui leur est particulière et que régissent les règles générales que nous avons précédemment exposées. Mais indépendamment de cette marque facultative, il y a, pour les fabricans de savons, une marque légale, obligatoire. — « Tout fabricant de savon, porte en effet l'art. 1er du décret du 1er avr. 1811, est tenu d'apposer sur chaque brique de savon sortant de sa fabrique une marque déposée au tribunal de commerce et au secrétariat du conseil des prud'hommes. »

163. — Cette marque est différente pour le savon fabriqué à l'huile d'olive, pour celui fabriqué à l'huile de graine et pour celui fabriqué au suif ou à la graisse. — Même décret, art. 2. — La forme particulière à la marque de chaque espèce de savon est déterminée par l'art. 1er du décret du 18 sept. 1811.

164. — Un décret du 22 déc. 1812 a établi une marque particulière pour les savons à l'huile d'olive fabriqués à Marseille. — Art. 2. — Les savons fabriqués à Marseille avec de l'huile de graine, du suif ou de la graisse, doivent porter la même marque que celle qui est prescrite pour les savons de cette nature par le décret du 18 sept. 1811. — Décr. du 22 déc. 1812, art. 6.

165. — A la suite de chaque marque obligatoire pour les différens savons, laquelle doit être en caractères assez gros pour être aperçus sans difficulté, le fabricant est tenu d'apposer son nom et celui de la ville où il fait sa résidence. — Décr. 18 sept. 1811, art. 1er, alin. 4, et 22 déc. 1812, art. 2.

166. — Tout fabricant convaincu d'avoir versé dans le commerce des savons non revêtus de la marque obligatoire est puni, pour la première fois, d'une amende de 1,000 fr., et, en cas de récidive, cette amende est double. — Décr. 18 sept. 1811, art. 2.

167. — Le fabricant qui met dans le commerce des savons marqués comme savons à l'huile, quand ils sont à la graisse, ou marqués d'une fausse marque, encourt une amende qui ne peut excéder 3,000 fr., et, en cas de récidive, 6,000 fr., sans préjudice des autres peines portées par les lois et règlemens (décr. 1er avr. 1811, art. 3), c'est-à-dire anciennement par la loi du 22 germinal an XI et maintenant par la loi du 28 juill. 1824.

168. — La même pénalité est applicable au fabricant convaincu, par la décomposition, d'avoir fraudé dans la fabrication du savon par l'introduction d'une quantité surabondante d'eau ou de substances propres à en altérer la qualité. — Décr. 1er avr. 1811, art. 4.

169. — Tout particulier établi dans une ville autre que celle de Marseille, qui répand dans le commerce des savons revêtus de la marque établie pour les savons de cette ville, est puni, pour la première fois, d'une amende de 1,000 fr. ; en cas de récidive, cette amende est double. — Décr. 22 déc. 1812, art. 3.

170. — Les prud'hommes des villes où il y a des fabriques de savon ont, sur les magasins où le savon fabriqué se dépose ou dans les lieux de débit, le droit d'inspection pour l'exécution des dispositions qui précèdent. — Décr. 1er avr. 1811, art. 5.

171. — Dans tous les cas d'infraction à ces dispositions, la saisie des savons a lieu dans les magasins des fabriques ou chez les marchands, à la diligence des prud'hommes, de tout officier de police judiciaire et municipale ou à la réquisition de toute partie intéressée. — Décr. 1er avr. 1811, art. 3. — Le décret du 22 déc. 1812 accorde à tous ceux des fabricans de la ville de Marseille qui sont munis de patente le droit de provoquer la saisie des savons qui sont faussement revêtus de la marque appartenant à cette ville. — Art. 4.

172. — Les contraventions aux dispositions sur la marque obligatoire des savons et les contestations auxquelles donne lieu la saisie de ces savons sont portées devant les cours et tribunaux comme matières de police. — Décr. 18 sept. 1811, art. 3 ; 22 déc. 1812, art. 4.

173. — Indépendamment des peines portées contre les auteurs des infractions aux dispositions des décrets précités, la confiscation des savons saisis doit être prononcée : le montant de cette confiscation appartient moitié aux hospices et moitié aux officiers de police ou aux parties requérantes. — Décr. 1er avr. 1811, art. 3. — Le montant de la confiscation des savons saisis dans le cas d'infraction au décret du 22 déc. 1812, spécial pour la ville de Marseille, ainsi que celui de l'amende doivent être versés dans la caisse des hospices du lieu où les savons ont été vendus ; et dans les cas où il n'y a point d'établissemens de ce genre, dans celle des hospices de la commune voisine. — Décr. 22 déc. 1812, art. 3.

174. — Toutes les dispositions qui viennent d'être rapportées ne sont applicables qu'aux savons destinés aux blanchisseries, teintures et dégraissages, et non à la fabrication des savons de luxe et de toilette. — Décr. 1er avr. 1811, art. 6 ; 18 sept. 1811, art. 2.

175. — Si un marchand de savons adoptait une marque particulière, distincte de la marque obligatoire, cette marque particulière serait protégée contre les atteintes dont elle pourrait être l'objet par la loi du 22 germinal an XI et par les art. 142 et 143 C. pén. — Décr. du 1er avr. 1811, art. 3, et du 22 déc. 1812, art. 7. — V. aussi Gastambide, nº 443, 5°.

§ 4. — *Lisières des draps.*

176. — La marque des draps réside dans une lisière particulière et déterminée. La différence des lisières sert encore aujourd'hui, comme autrefois, à distinguer les draps des diverses provenances.

177. — La ville de Louviers fut la première à laquelle fut reconnu le droit d'avoir une lisière particulière. Un décret du 25 juill. 1810, remettant en vigueur pour cette ville l'arrêt du Conseil d'Etat du 5 déc. 1782, autorisa exclusivement ses fabricans à avoir à leurs draps une lisière jaune et bleue, et fit défense aux fabricans de draps des autres villes d'employer la même lisière, sous peine d'une amende de 3,000 francs ; et de 6,000 francs, en cas de récidive.

178. — Le décret du 22 déc. 1812 a généralisé la faveur accordée à la ville de Louviers, et admis toutes les villes de manufactures de draps de France à solliciter une lisière particulière à chacune d'elles. — Art. 1er.

179. — Aux termes de l'art. 2 du décret précité, ces lisières spéciales sont accordées sur le vœu émis par les chambres du commerce ou les chambres consultatives des manufactures, sur l'avis du préfet auquel la demande est communiquée, et qui la transmet ensuite au ministre du commerce, sur le rapport duquel le chef du gouvernement statue en conseil d'État.

180. — La lisière une fois accordée, tous les fabricans de la ville qui l'a obtenue sont obligés de la mettre aux draps qu'ils établissent ; et l'infraction à cette obligation les rend passibles de l'amende portée dans l'art. 479 C. pén., amende qui est versée dans la caisse des hospices de la commune. — Art. 3.

181. — L'art. 8 du même décret prévoit le cas de contrefaçon d'une lisière, et indique le mode de poursuite. Cet article est ainsi conçu : « La saisie des draps dont la lisière aura été contrefaite aura lieu sur la réquisition d'un ou de plusieurs fabricans de la ville à laquelle cette lisière appartient. Les officiers de police sont, en conséquence, tenus de l'effectuer sur la présentation de la patente de ces fabricans ; ils renverront ensuite les parties devant le conseil des prud'-d'hommes, s'il y en a un dans la commune, comme arbitre, aux termes de l'art. 12 du décret du 20 févr. 1810, et, pour la prononciation de la peine, devant les cours et tribunaux. Si les parties n'ont pas été conciliées sur leurs intérêts civils, les mêmes cours et tribunaux prononceront. »

182. — Cet article ne s'occupe que de la marche à suivre pour l'obtention des dommages-intérêts dus à raison de la contrefaçon. Quant au délit de contrefaçon, il est puni, comme la contrefaçon des marques particulières, conformément à la loi du 22 germin. an XI : c'est-à-dire comme le crime de faux. En conséquence, la poursuite de la contrefaçon doit être portée devant la Cour d'assises, qui est la seule juridiction compétente pour prononcer les peines en cette matière (décr. du 22 déc. 1812, art. 4) ; tandis que, comme on l'a vu au numéro qui précède, ce sont les prud'hommes ou les tribunaux ordinaires qui statuent sur les dommages-intérêts.

183. — La disposition précitée du décret de 1812 est générale et abroge, en ce qui concerne la peine, le décret du 25 juill. 1810, relatif à la ville de Louviers. — Et. Blanc, p. 212 et 213 ; Gastambide, nº 444, p. 447 ; Goujet et Merger, nº 206.

184. — A l'égard des débitans de draps portant une lisière contrefaite, ils ne peuvent être poursuivis pour raison de cette contrefaçon à moins que, pris en contravention, ils ne se refusent à donner les renseignemens nécessaires pour faire découvrir l'auteur de la contrefaçon. — Décret du 22 déc. 1812, art. 5.

185. — Comme en matière de contrefaçon de marque de quincaillerie et de coutellerie, tout jugement qui en matière de contrefaçon des lisières de draps emporte condamnation doit être imprimé et affiché aux frais du contrefacteur sans que les parties puissent, en aucun cas, transiger sur l'affiche et la publication. — Même décr., art. 10.

186. — En permettant aux villes manufacturières de solliciter une lisière générale pour tous ceux qui y fabriquent des draps, le décret de 1812 ne fait point obstacle à ce que chaque fabricant de ces villes adopte une marque particulière qui devient sa propriété. Mais alors cette marque est régie par la loi du 22 germ. an XI. — Gastambide, nº 444 *in fine* ; Goujet et Merger, nº 209.

187. — Tel est l'état actuel de la législation sur les lisières de drap. Il est probable que les décrets précités sont strictement observés. Chaque ville manufacturière a, en effet, trop d'intérêt à attacher à ses produits une marque qui les distingue de ceux des autres villes. Mais il n'y a pas d'exemple que des poursuites aient été exercées pour infraction aux dispositions de ces décrets. Il peut même s'élever quelques doutes sur le point de savoir s'ils sont restés en vigueur. — Goujet et Merger, nº 210.

PROPRIÉTÉ LITTÉRAIRE.

Table alphabétique.

PROPRIÉTÉ LITTÉRAIRE.—1. — On entend par *propriété littéraire* le droit exclusif qui appartient à tout auteur sur toutes les créations de son intelligence, écrites ou orales, importantes ou non, durables ou éphémères, droit qui est, quant à sa durée, limité, et, quant à son exercice, soumis à certaines conditions.

—

§ 1er. — *Historique et législation.*

2. — Avant l'imprimerie, dont la découverte remonte au xve siècle (V. IMPRIMERIE), la difficulté de la reproduction et les frais considérables de copie assuraient aux auteurs la propriété de leurs œuvres. Quoique cette propriété ne fût pas plus contestable qu'elle ne l'est aujourd'hui, elle n'avait été cependant l'objet d'aucune législation. Ce ne fut que dans le courant du xve siècle qu'apparurent les premiers actes législatifs garantissant cette propriété et en réglementant l'exercice, ainsi que les premiers contrats passés entre les libraires et les auteurs pour la production des œuvres littéraires.

3. — Avant l'ordonnance de Moulins, différens actes ayant force de loi avaient accordé indistinctement au roi, aux Parlemens, à l'Université et au prévôt de Paris le droit de conférer à des imprimeurs le privilège d'imprimer et de débiter certaines œuvres littéraires. Mais ils ne s'occupaient point encore des droits des auteurs vis-à-vis des imprimeurs.

4. — L'ordonnance de Moulins, de 1566, reconnut et assura, la première, aux auteurs la jouissance exclusive de leurs œuvres. Elle ne consacra point cependant en leur faveur, d'une manière absolue, le droit de les reproduire. Elle soumit, en effet, à l'obtention, d'une concession royale toute publication par la voie de l'imprimerie. Ce fut la création du régime du *privilège*.

5. — Cet état de choses fut maintenu et développé par la déclaration de Charles IX, du 16 avril 1574, et par les lettres patentes de Henri III, du 12 oct. 1586.

6. — Jusque-là on ne s'était guère occupé que de déterminer les conditions nécessaires pour obtenir le privilège de faire imprimer et de vendre les productions littéraires, et de régler l'exercice du droit de censure auquel ces productions étaient soumises. — V. CENSURE DES ÉCRITS.

7. — Les auteurs ou ceux qui avaient obtenu le privilège de la publication d'un ouvrage avaient seuls le droit de le vendre. De là la nécessité de dispositions répressives de la contrefaçon. Un règlement de 1618 fit, en effet, défense aux libraires et imprimeurs, et même aux relieurs, de contrefaire les livres pour lesquels il y avait privilège.

8. — Le privilège constituait si bien alors une propriété privée, qu'un arrêt du Conseil, du 17 sept. 1665, permit aux possesseurs de privilèges de faire saisir tous les exemplaires contrefaits et de poursuivre les contrefacteurs devant le Conseil du roi.

9. — Les contrefacteurs ne furent punis, dans l'origine, que par des condamnations purement civiles. Mais un arrêt du Conseil du 27 févr. 1682, un édit du mois d'août 1686, et enfin un règlement du 28 févr. 1723, vinrent déterminer les peines applicables au cas de contrefaçon : c'étaient la déchéance de la maîtrise, l'interdiction du commerce de libraire ou d'imprimeur, et même une peine corporelle en cas de récidive.

10. — Sous l'empire de cette législation, la durée de la propriété ou des droits d'auteur dépendait de la durée du privilége lui-même. Mais, au moyen des prorogations de privilége qui ne se refusaient point, cette propriété se perpétuait en quelque sorte dans les familles. — Gastambide, *Tr. des contrefaçons*, etc., n° 1 (édit. de 1837, p. 38 *in fine*).

11. — L'incertitude qui existait à cet égard, rendit nécessaire une législation plus précise. Deux arrêts de règlement du 30 août 1777, dont quelques dispositions furent éclaircies par un autre arrêt du 30 juill. 1778, fixèrent, en effet, la durée des droits d'auteur. Ainsi, si l'auteur obtenait le privilége en son nom, il en jouissait ainsi que ses héritiers à perpétuité, à la condition cependant qu'il ne le cédât point à un libraire : alors, le privilége s'éteignait avec la vie de l'auteur. Si le privilége était concédé à l'imprimeur ou au libraire, la durée en était fixée par le garde des sceaux, suivant le mérite ou l'importance de l'ouvrage, sans qu'elle pût être de moins de dix années.

12. — Les arrêts de règlement précités autorisèrent, en outre, tous les possesseurs ou cessionnaires de priviléges à faire saisir chez les libraires et imprimeurs les ouvrages contrefaits, et à visiter leurs magasins en se faisant assister d'un inspecteur de librairie, ou, à son défaut, d'un juge ou commissaire de police. Ils érigèrent aussi des peines contre les contrefacteurs. Indépendamment des dommages-intérêts dont ils étaient passibles envers les possesseurs de priviléges, et de la confiscation des éditions contrefaites, les contrefacteurs pouvaient être condamnés à une amende de 6,000 livres, et à la destitution en cas de récidive.

13. — Cette législation subsista jusqu'en 1789. Les décrets du mois d'août de cette année, d'une part, en abolissant tous les priviléges, de l'autre, en proclamant la liberté de la presse, permirent aux auteurs de publier désormais leurs ouvrages sans avoir besoin d'aucune autorisation, et placèrent leur propriété, comme toutes les autres propriétés, sous l'empire du droit commun.

14. — Les droits des auteurs et imprimeurs étaient tellement confondus avant cette époque, qu'on a soutenu que l'abolition du privilége d'imprimerie avait anéanti aussi les droits d'auteur ; mais cette question a été vidée par la Cour de cassation, qui a établi la distinction et consacré les droits des écrivains. — Arr. du 29 therm. an XI, Buffon.

15. — Après la Révolution, une loi du 19 janv. 1791 a établi d'abord, au profit des auteurs, un mode nouveau d'exercer leur propriété, en leur accordant le privilége de faire représenter leurs ouvrages sur le théâtre, privilége dont la durée fut restreinte toutefois dans des limites assez étroites.

16. — La loi du 19-24 juill. 1793 est venue ensuite réglementer la propriété littéraire. L'existence de cette propriété n'a plus été subordonnée à une concession de l'autorité, mais à la formalité d'un dépôt préalable. Quant à sa durée, elle a été limitée à la vie des auteurs et à dix années après leur mort. C'est encore aujourd'hui cette loi qui, sauf quelques modifications qui y ont été ultérieurement apportées, régit principalement la matière de la propriété littéraire.

17. — La loi du 19-24 juill. 1793 ne s'était point occupée des ouvrages posthumes. Les droits des propriétaires de ces ouvrages ont été déterminés, par un décret du 1er germ. an XIII.

18. — Un autre décret du 5 févr. 1810 a apporté à la loi précitée une modification importante. Ce décret, en effet, a garanti aux veuves pendant toute leur vie, pour le cas où leurs conventions matrimoniales ne s'y opposaient point, un droit de propriété sur les ouvrages de leurs maris, et aux enfans le même droit pendant vingt ans après la mort de leur père.

19. — Le Code pénal, dans ses art. 425 et suiv., a déterminé les peines applicables à la contrefaçon.

20. — Enfin, le 3 août 1844 fut rendue une loi applicable aux veuves et héritiers des auteurs dramatiques, et qui porta à vingt ans la conservation du droit de représentation après la mort de l'auteur.

§ 2. — *Choses qui peuvent ou non être l'objet du droit de propriété littéraire.*

21. — On ne pouvait contester à l'écrivain un droit de propriété sur la production de sa pensée, sur l'œuvre de sa création. Mais, pour que cette propriété fût productive dans ses mains, il fallait lui reconnaître le droit exclusif d'en disposer, de l'exploiter. C'est ce qu'a fait la loi du 19 juill. 1793, dont l'art. 1er porte que « les auteurs d'écrits en tout genre, les compositeurs de musique, les peintres et dessinateurs qui feront graver des tableaux ou dessins jouiront, durant leur vie entière, du droit exclusif de vendre, faire vendre, distribuer leurs ouvrages dans le territoire de la République et d'en céder la propriété en tout ou en partie. »

22. — Il est évident que la *création* est la cause efficiente de ce droit de propriété. Ainsi, un écrivain ne peut, par le fait seul de l'occupation, s'attribuer la propriété exclusive d'un ouvrage délaissé et déjà tombé dans le domaine public. — Gastambide, n° 3, p. 46 et suiv.

23. — Mais il est indifférent que l'écrit soit étendu ou non, qu'il soit un livre ou ne forme qu'une page ; il importe peu aussi que cet écrit soit bon ou mauvais. Il suffit qu'il soit une création, un produit nouveau de l'intelligence, de l'imagination. — Gastambide, n° 4, p. 49.

24. — Le droit de propriété s'étend même aux ouvrages immoraux, séditieux ou diffamatoires : la loi punit l'immoralité, la diffamation de l'auteur ; mais elle ne permet pas que ces ouvrages soient imprimés ou reproduits, sans sa volonté. — Renouard, *Des droits d'auteurs*, t. 2, n° 47 ; Goujet et Merger, *Dict. de droit comm.*, v° *Propriété littéraire*, n° 36.

25. — Du principe que le droit de propriété s'étend à tout ouvrage dans lequel un écrivain a mis quelque chose qui est l'œuvre de son esprit, il suit qu'une *traduction* est la propriété de celui qui la fait. — *Paris*, 23 juill. 1824, Ladvocat c. Bobie. — Et. Blanc, p. 289 ; Gastambide, n° 5 ; Goujet et Merger, n° 37. — Mais la traduction ne confère au traducteur aucun droit de propriété sur l'œuvre originale, qui peut alors être traduite par tout autre dans la même langue. — Gastambide, n° 4, p. 49 *in fine*.

26. — L'abrégé d'un ouvrage tombé dans le domaine public est également pour l'auteur de cet abrégé l'objet d'un droit de propriété exclusive. L'ordre des matières, le choix et la nature des extraits, les transitions, la composition en un mot, sont, en effet, un acte de création, d'intelligence. — Gastambide, n° 6 ; Goujet et Merger, n° 51 ; Et. Blanc, *Traité de la contrefaçon*, n° 315. — Mais les textes copiés ou extraits ne peuvent en aucun cas devenir la propriété exclusive de l'auteur de l'abrégé. — Gastambide, *loc. cit.*

27. — Si l'ouvrage n'est point encore tombé dans le domaine public, à l'auteur seul de cet ouvrage appartient sans doute, en principe, le droit d'en faire l'abrégé. Néanmoins, l'abrégé de cet ouvrage fait par un autre peut constituer au profit de ce dernier un droit exclusif de propriété si, par exemple, il n'a ni le même titre, ni le même plan, si la rédaction en est différente, si en un mot il est plutôt une refonte faite avec discernement et sagacité qu'une reproduction de l'ouvrage. Il y a là, on le comprend, une question d'appréciation dont les tribunaux sont juges souverains. — Goujet et Merger, n° 241

28. — Les *additions*, *annotations* ou *commentaires* sur un ouvrage tombé dans le domaine public, attribuent-ils à celui qui en est l'auteur un droit de propriété ? L'arrêt de règlement du 30 août 1777 (art. 2) n'accordait ce droit à l'auteur des travaux dont il s'agit qu'autant que l'augmentation qu'ils produisaient était au moins du quart de l'ouvrage. On a prétendu aussi qu'il résultait du décret du 1er germ. an XIII, qu'il fallait que les *additions* ou *commentaires* fussent imprimés à part. Mais ces deux actes législatifs ont cessé d'être en vigueur. Ainsi, aujourd'hui, tous *commentaires* ou *additions* ajoutés à un ouvrage déjà tombé dans le domaine public, n'en sont pas moins la propriété de celui qui les a faits, quoiqu'ils ne forment pas le quart de l'ouvrage, et soit qu'ils soient ou non distincts et séparés du texte même de cet ouvrage. — *Paris*, 9 nov. 1831, Warée c. Tulipe de Foulan ; 7 nov. 1835, Beuchot c. Furne ; *Cass.*, 27 févr. 1845 (t. 1er 1848, p. 586), Richault c. Colombier. — Renouard, t. 2, n° 52 ; Gastambide, n° 7 ; Etienne Blanc, n° 305 ; Goujet et Merger, n° 52. — V. cependant, en sens contraire, *Cass.*, 23 oct. 1806, Bruysset c. Joly. — Favard de Langlade, *Rép.*, v° *Propr. littér.*, § 1er, 3, 4, 5 et 10.

29. — Toutefois, si les additions ou commentaires étaient tellement confondus dans le texte même de l'ouvrage qu'ils n'en pussent être distingués et que le tout fût publié sous le nom de l'auteur commenté ; ces additions ou commentaires devraient alors être considérés comme un accessoire de cet ouvrage, dont ils suivraient le sort. — Et. Blanc, p. 306 ; Goujet et Merger, n° 53.

30. — Les *compilations* ou les *recueils* qui se font avec des ciseaux et n'exigent qu'un travail de manœuvre ne méritent point à leurs artisans le titre d'auteurs et ne sont pas dès lors compris dans les termes de la loi de 1793. Mais il en est autrement des compilations et des recueils qui ont exigé dans leur exécution le discernement du goût, le choix de la science, le travail de l'esprit ; qui, en d'autres termes, loin d'être la copie d'un ou de plusieurs autres ouvrages, sont tout à la fois le produit de conceptions étrangères à l'auteur et de conceptions qui lui ont été propres. Ainsi, ce sont le titre, la forme et l'ordre adoptés dans ces recueils ou compilations qui constituent la propriété de leurs auteurs. Et cependant cette propriété n'est point un obstacle à la reproduction par d'autres des mêmes ouvrages sous un titre, dans une forme et dans un ordre différens. — *Cass.*, 2 déc. 1814, Leclère c. Willeprend. — Merlin, *Rép.*, v° *Contref.*, § 11 ; Renouard, t. 2, n° 97 ; Et. Blanc, p. 318 ; Gastambide, n° 8 ; Goujet et Merger, n° 54 ; Favard de Langlade, *Rép.*, v° *Propr. littér.* ; Pardessus, t. 2, n° 175.

31. — Jugé, spécialement, qu'un exemplaire du *Dictionnaire de l'Académie française*, chargé de notes marginales et interlinéaires, destiné à servir de type pour une nouvelle édition, est une véritable propriété littéraire dont la contrefaçon constitue un délit. — *Cass.*, 7 prair. an XI, Bossange c. Moutardier.

32. — Le droit de propriété littéraire s'applique aussi à un tableau *nominatif* : par exemple, à un plan de la Chambre des députés qui a pour objet principal d'indiquer exactement la place occupée par chacun des députés. — *Paris*, 21 déc. 1831, Saint-Eloy c. Marquis. — Gastambide, n° 9 ; Goujet et Merger, n° 55. — V. *infrà*, n° 226.

33. — ... A un *tableau synoptique* du budget. — *Paris*, 22 mars 1830, cité par Gastambide, n° 11. — Goujet et Merger, n° 56.

34. — ... Et même à une simple *notice*, par exemple à une notice sur le clyso-pompe. — Gastambide, n° 12 ; Goujet et Merger, n° 57.

35. — La loi de 1793 assurant aux auteurs d'*écrits* EN TOUT GENRE la jouissance exclusive de leurs ouvrages, les articles insérés dans les journaux ou dans les revues ou autres publications périodiques ne pouvaient être placés en dehors du droit commun. Toutefois, à l'égard des articles insérés dans les journaux il est équitable de faire une distinction. Ainsi, nul doute que les *articles* de journaux qui supposent une création de la pensée, comme les articles scientifiques, politiques, littéraires ou juridiques, ne soient la propriété de leurs auteurs ou des journaux dans lesquels ils se trouvent. Mais les articles *nouvelles* qui ne contiennent que l'annonce de faits plus ou moins publics en France ou en pays étranger, appartenant par leur nature au domaine public, ne peuvent former une propriété privée. — *Paris*, 24 juill. et 29 oct. 1830, Anselme Petetin c. Gauja. — Gastambide, n° 13 ; Goujet et Merger, n° 49.

36. — A l'égard des premiers articles, une grande liberté de citation doit cependant être admise de journal à journal. La nécessité de la discussion et la rapidité de la rédaction font souvent excuser bien des emprunts. — Renouard, t. 2, n° 55 ; Gastambide et Goujet et Merger, *loc. cit.*

37. — Parmi les articles de journaux constituant une propriété privée, il n'est pas douteux qu'on ne doive ranger aussi les articles de *correspondance étrangère*, car ils sont le fruit de travaux exceptionnels rémunérés. — Et. Blanc, n° 316 ; Gastambide, et Goujet et Merger, *ibid.*

38. — La loi du 19-24 juill. 1793, dont l'art. 1er consacre le droit de propriété au profit des auteurs, ne parle que d'*écrits* : doit-on en conclure qu'elle ne protége que les auteurs d'*écrits* ; et qu'elle est inapplicable aux productions *orales*, comme les discours et les leçons des professeurs ?

39. — A l'égard des *leçons orales* d'un professeur ; si elles ne sont que la reproduction d'un ouvrage, d'un *cours* qu'il a précédemment publié ou fait publier : leur publication constitue alors

évidemment une réimpression du livre et par conséquent une véritable contrefaçon. — *Paris*, 27 août 1828, Pouillet c. Gosselin. — Gastambide, n° 21; Et. Blanc, p. 280.

40. — Lorsque le professeur n'a point fait antérieurement imprimer son cours, on se fonde, pour soutenir que ses leçons orales ne constituent pas à son profit une propriété exclusive, sur ce que la loi de 1793 ne parle que d'*écrits*, que le professeur est salarié et doit ses leçons au public, que la publicité de ces leçons ne doit pas se limiter dans l'enceinte de l'école, et enfin sur ce que le dépôt seul peut être un titre de propriété et que, les leçons orales ne pouvant être déposées, le terme de comparaison manque d'ailleurs aux juges pour décider s'il y a contrefaçon réelle. — Mais on répond, avec raison, que, si une *leçon orale* a l'apparence d'une improvisation, l'écriture peut la précéder ou la suivre, qu'ainsi cette leçon est un *écrit* dans l'acception rationnelle et loyale de ce mot, que, si, en échange du salaire qu'il reçoit, le professeur doit à ses élèves le tribut de ses travaux, ce tribut se réduit à une simple communication de ses pensées et n'en confère pas la propriété, et qu'au surplus les leçons publiques ne sont assujetties au dépôt que lorsqu'elles sont imprimées, mais que la propriété n'en est pas réservée aux professeurs, indépendamment du dépôt, impossible à faire quand les leçons ne sont pas imprimées. Aussi est-ce ce dernier système qui a prévalu. — *Paris*, 30 juin 1836, Blondeau c. E...; 18 juin 1840 (t. 2 1840, p. 147), Cuvier c. Madeleine de Saint-Azy. — Renouard, t. 2, nos 58 et 66; Gastambide, *loc. cit.;* Goujet et Merger, n° 43.

41. — Néanmoins, la connaissance que le professeur aurait eue de la publication de son cours, et l'adhésion au moins passive par lui manifestée, établissent une tolérance suffisante pour légitimer cette publication et en autoriser la continuation, sans que toutefois ces circonstances soient de nature à faire perdre au professeur son droit à la propriété de ses leçons, droit dont il ne peut être dépouillé que par son consentement positif et formel. — Arrêt de Paris précité du 18 juin 1840.

42. — Un *discours* prononcé dans une *solennité nationale* est également la propriété de son auteur. — Gastambide, n° 23; Goujet et Merger, n° 45. — Ainsi, il a été jugé spécialement que le discours prononcé par Chénier dans la solennité qui eut lieu au Champ de Mars le 20 prair. an VII, en l'honneur des ministres plénipotentiaires assassinés à Rastadt, n'avait pu être imprimé et vendu sans son consentement. — *Paris*, 12 vent. an IX, Chénier c. Gratiot.

43. — Il en est de même des *discours* prononcés dans les *assemblées législatives*. — Toutefois, les journaux peuvent rendre compte de ces discours et même les rapporter textuellement. C'est une conséquence nécessaire de la publicité des séances de ces assemblées. Mais il est défendu de les réimprimer à part ou de les publier sans le consentement des auteurs. — Gastambide, n° 26; Goujet et Merger, n° 46.

44. — Le même droit et la même prohibition existent pour les journaux à l'égard des leçons publiques des professeurs. — Goujet et Merger, n° 44.

45. — Ce qui vient d'être dit des leçons orales des professeurs et des discours prononcés dans les assemblées législatives, s'applique en tous points aux discours prononcés dans les séances publiques de l'Académie ou dans toute autre réunion de même nature. — Gastambide, n° 28; Goujet et Merger, n° 45.

46. — .... Ainsi qu'aux discours religieux prononcés en chaire par un prêtre. — *Lyon*, 17 juill. 1845 (t. 2 1845, p. 433), Marle c. Lacordaire.

47. — .... Et aux *réquisitoires* du ministère public, et aux *plaidoyers* des avocats. — Gastambide, n° 27; Goujet et Merger, n° 48.

48. — Un ouvrage *en manuscrit* doit être assimilé aux leçons orales des professeurs et aux discours prononcés en public. L'auteur en a la propriété exclusive comme s'il était imprimé, et cette propriété se conserve indépendamment de tout dépôt. — Gastambide, nos 22 et 130. — MM. Goujet et Merger (V. n° 26) pensent, au contraire, que l'auteur d'un ouvrage en manuscrit n'a qu'un droit soumis aux principes généraux qui régissent la propriété, mais non le droit spécial désigné sous le nom de propriété littéraire.

49. — La loi ne s'attache point, comme nous l'avons dit (V. *suprà*, n° 23), pour asseoir le droit de propriété, à la forme ou à la longueur de l'écrit. Ainsi, une *lettre* particulière est une propriété littéraire, et la publication n'en peut avoir lieu sans le consentement de l'auteur. — Gastambide, n° 14; Le Senne, n° 171; Goujet et Merger, n° 50. — Mais une lettre adressée à un journal qui l'a publiée peut être reproduite par d'autres journaux sans l'assentiment de l'auteur. — Gastambide, *loc. cit.*

50. — Le *titre* d'un ouvrage, résultat souvent d'une longue méditation, doit être, comme toute autre production de l'esprit, l'objet d'une propriété littéraire, surtout lorsqu'il consiste dans des expressions qui portent avec elles un cachet d'individualité propre. Il forme alors, avec l'ouvrage auquel il est attaché, et dont il fait quelquefois la fortune, un privilége susceptible d'être protégé contre la contrefaçon, lorsqu'il est légalement acquis au propriétaire. — Merlin, *Quest. de droit*, v° *Propriété littéraire*, § 1er; Le Senne, n° 68; Goujet et Merger, n° 77. — *Contrà*, Gastambide, nos 15 et 195; Et. Blanc, p. 604. — V. *infrà*, n° 227.

51. — Mais le *titre* d'un ouvrage ne peut constituer une propriété littéraire qu'autant qu'il s'applique à une œuvre terminée ou à une œuvre qui, susceptible de publications partielles et successives, a déjà reçu une existence réelle par l'importance de ces publications et à l'égard de laquelle la formalité du dépôt a été remplie. — *Paris*, 8 oct. 1835, Forfelir c. de Saint-Priest.

52. — Indépendamment de ces conditions, il faudrait, pour que le titre d'un ouvrage constituât une propriété, que ce titre ne pût s'appliquer par sa spécialité qu'à l'ouvrage auquel il est destiné: l'adoption que ferait un auteur d'expressions (ainsi, par exemple, celles d'*Encyclopédie catholique*) généralement employées pour désigner une branche particulière de connaissances, ou un genre particulier d'ouvrages, ne pourrait avoir pour effet d'en déposséder le domaine public, pour son avantage particulier. — Même arrêt. — Et. Blanc, p. 608 et suiv.

53. — La loi de 1793 n'a excepté de la disposition par laquelle elle consacre le droit de propriété littéraire aucun écrit, et n'a point imposé à l'auteur qui veut conserver cette propriété d'autre condition que le dépôt. Il suit de là qu'un ouvrage *anonyme*, dont le dépôt a été effectué, ne tombe point dans le domaine public, et peut faire l'objet d'une propriété privée. — Gastambide, n° 32; Goujet et Merger, n° 39.

54. — Il en est de même des *ouvrages posthumes* Les dispositions des lois sur la propriété exclusive des auteurs et sur sa durée sont donc applicables à ceux qui en sont propriétaires. Ils ont sur ces ouvrages les droits qu'auraient eus les auteurs. — Décret du 1er germ. an XIII.

55. — Toutefois, la jouissance de la propriété dans ce cas est subordonnée à une condition: c'est que les œuvres posthumes soient imprimées séparément, et ne soient point jointes à une nouvelle édition des ouvrages déjà publiés et tombés dans le domaine public. — Même décr.

56. — Si une œuvre posthume est jointe à une nouvelle édition des ouvrages de l'auteur déjà publiée, mais non encore tombée dans le domaine public; elle ne suit pas le sort de ces ouvrages. Ainsi: lorsque ces ouvrages viennent à tomber dans le domaine public, elle n'en continue pas moins à rester propriété privée. Elle ne peut perdre ce caractère que lorsqu'elle est jointe à des ouvrages déjà devenus propriété publique. — Gastambide, n° 33; Goujet et Merger, n° 41; Renouard, t. 2, n° 71.

57. — Mais que doit-on entendre par *ouvrage posthume!* Le décret du 1er germ. an XIII, dans ses considérans, appelle ainsi tout ouvrage *inédit* du vivant de l'auteur. Qu'est-ce donc qu'un ouvrage inédit? C'est celui qui n'a point été *imprimé* du vivant de l'auteur. Il résulte de là que cette expression comprend même les leçons d'un professeur, et les discours, ainsi que les pièces représentées, qui n'ont point été imprimés du vivant de leurs auteurs. — Gastambide, *loc. cit.;* Renouard, t. 2, n° 70; Goujet et Merger, n° 42.

58. — Le fait qu'un ouvrage a été couronné dans un concours ne lui enlève point le caractère de propriété privée. Des doutes cependant s'étaient élevés. Mais ils ont été tranchés par la loi du 9 fruct. an IV, qui réserve aux auteurs d'ouvrages couronnés spécialement dans un concours pour la composition des livres élémentaires la propriété exclusive de ces ouvrages, et leur confère même, dans certains cas, la faculté de les faire imprimer aux frais de l'Etat.

59. — Sur la question de savoir si les évêques ont un droit de propriété exclusive sur les *mandemens*, *catéchismes* et autres ouvrages qu'ils composent pour l'instruction religieuse de leurs diocèses, et quelle est la nature de leur droit sur ceux qui ont été composés par leurs prédécesseurs, V. le mot LIVRES D'ÉGLISE.

60. — Il résulte encore de la généralité des termes de la loi de 1793 que les *recueils* de mémoires et travaux quelconques publiés par les soins des académies et en général de toutes les corporations savantes, sont la propriété exclusive de ces académies et corporations. Mais, considérés isolément, les ouvrages fournis à la collection demeurent la propriété de leurs auteurs. — Gastambide, n° 30.

61. — Nous avons déjà dit plus haut (V. n° 22) que les ouvrages tombés dans le domaine public ne pouvaient devenir l'objet d'une propriété privée. On doit assimiler à ces sortes d'ouvrages les *lois* et *règlemens*. Chacun a le droit de les imprimer et de les débiter. Il paraît même qu'il n'est plus nécessaire pour cela, comme autrefois, d'attendre que ces lois et règlemens aient été insérés au *Bulletin des lois*. — Renouard, t. 2, n° 60; Goujet et Merger, n° 63. — *Contrà*, Gastambide, n° 24. — Cependant, en fait, leur publication, en forme de *recueil* surtout, a lieu rarement avant leur insertion à ce Bulletin.

62. — Les *circulaires*, *instructions ministérielles*, *lettres officielles*, étant des actes d'administration publique, appartiennent aussi à tous et peuvent être publiées en toute liberté. — Gastambide, *loc. cit.;* Renouard, t. 2, n° 61; Goujet et Merger, n° 60.

63. — Il en est de même des *comptes-rendus* sur l'administration de la justice, des finances, etc., que fait chaque ministre; des *exposés des motifs* et des *rapports* qui précèdent la discussion des lois. — Gastambide, n° 25; Renouard, t. 2, n° 60; Goujet et Merger, n° 64.

64. — ...Des *jugemens* et *arrêts* rendus par les tribunaux et les cours. — Renouard, n° 61; Goujet et Merger, n° 67.

65. — Il a même été jugé que le bulletin du prix courant des marchandises rédigé et publié par les courtiers de commerce d'une ville, était un document officiel qu'il était libre à chacun de reproduire sans commettre de contrefaçon. — *Douai*, 21 avr. 1842 (t. 1er 1842, p. 568), courtiers de commerce de Lille c. journal l'*Echo du Nord; Cass.*, 12 août 1843 (t. 2 1843, p. 398), arrêt qui rejette le pourvoi formé contre la Cour de Douai.

66. — Enfin, ne faut-il pas, pour qu'un ouvrage puisse être l'objet du droit exclusif consacré par l'art. 1er de la loi de 1793, qu'il soit publié pour la première fois en France? Cette question a été diversement résolue. Après avoir jugé d'abord que la protection de la loi ne pouvait s'appliquer à un ouvrage imprimé et publié pour la première fois en pays étranger (V. arrêt du 17 niv. an XIII, Pleyel c. Sieber), la Cour de cassation a, par un second arrêt, en date du 30 janv. 1818 (M... c. Cléry), décidé, au contraire, que l'impression d'un ouvrage en pays étranger par l'auteur français ne pouvait être considérés comme emportant de sa part renonciation à l'exercice de son droit d'auteur en France.

67. — La loi de 1793 ne semble pas, il est vrai, se préoccuper du fait de l'impression, du lieu où l'auteur français fait imprimer son œuvre et la fait vendre pour la première fois; mais c'est un principe que ce qui est publié chez une nation tombe chez les autres dans le domaine public. Dès lors, par le fait de la publication à l'étranger, le domaine public en France a acquis sur l'ouvrage un droit que l'auteur ne peut anéantir par une nouvelle publication faite en France. Le système contraire aurait d'ailleurs pour résultat d'encourager les auteurs français à publier d'abord leurs ouvrages à l'étranger, ce qui n'a pu être dans la pensée du législateur. — V., en ce sens, Gastambide, n° 36; Goujet et Merger, n° 69.

68. — Mais est-ce le fait seul de la publication à l'étranger qui donne ouverture au droit du domaine public en France? N'est-il pas au moins nécessaire que le domaine public ait pris possession de l'ouvrage par une publication faite sur le territoire français par tout autre que l'auteur? La Cour de Paris s'est prononcée pour la nécessité de cette prise de possession, et a conservé par conséquent le droit de propriété à l'auteur qui, après avoir publié à l'étranger, avait encore publié en France avant tout autre. — Arrêt du 26 nov. 1828, Troupenas c. Pleyel et Aulagnier. — Mais cette décision a été, de la part de M. Gastambide (*loc. cit.*), l'objet d'une juste critique. — V. *infrà*, n° 117.

69. — L'auteur qui a d'abord publié son ouvrage en France n'y perd point évidemment la jouissance du droit exclusif qu'il y a acquis, en faisant publier de nouveau ce même ouvrage en pays étranger. — Renouard, t. 2, n° 74; Goujet et Merger, n° 70.

70. — Le privilége littéraire s'étend à tous les ouvrages, à toutes les productions de l'esprit: quel que soit leur genre. Ainsi, les ouvrages dramatiques sont, comme tous autres, susceptibles de propriété littéraire; seulement, il existe entre les ouvrages dramatiques et les autres une importante distinction : c'est qu'à l'égard des ouvrages littéraires en général le privilége ne confère que le droit de publication et de vente, tandis qu'à l'égard des ouvrages dramatiques il confère de plus le droit de représentation. Ce dernier droit a été garanti aux auteurs et à leurs héritiers par les lois des 13-19 janv. et 19 juill. et 6 août 1791 et par le décret du 8 juin 1806 (art. 12).

71. — Il a été jugé que le double privilége conféré par les lois précitées s'appliquait à tout ouvrage susceptible d'être représenté, exécuté, déclamé ou chanté en public, quels que fussent d'ailleurs la nature, la forme, le mérite de cet ouvrage; et qu'en conséquence la réunion d'une œuvre littéraire, quelle que fût son importance, à un ouvrage musical, ne pouvait dans aucun cas mettre obstacle à l'exercice du droit qu'a l'auteur des paroles d'interdire la représentation publique de son ouvrage. — *Paris*, 19 avr. 1845 (t. 1er 1845, p. 546), Colin c. Vatel.

§ 3. — *A qui appartient le droit de propriété littéraire.*

72. — Le droit exclusif de propriété sur un ouvrage appartient à celui qui l'a composé : c'est le prix de son travail, de sa création.

73. — L'individu sous le nom duquel un ouvrage est publié est présumé en être l'auteur. Toutefois, cette présomption peut être détruite par la preuve contraire. — Goujet et Merger, n° 121.

74. — L'auteur, même notoirement connu, d'un ouvrage qu'il a créé, n'est pas non plus toujours celui qui en a la propriété. Cette propriété peut résider sur la tête d'un autre : par exemple, de l'individu qui a fait composer cet ouvrage et en a pris pour lui la composition à son compte. — Merlin, *Quest. de droit*, v° *Contrefaçon*, § 2; Goujet et Merger, n° 99; Renouard, t. 2, n° 110; Le Senne, n° 133.

75. — Lorsque le prix de la rédaction d'un livre commandé à un auteur par un libraire a été fixé par feuilles, il n'y a pas lieu de déduire les feuilles qui comprennent les titres des chapitres, les textes de lois et les divers documens et pièces justificatives ainsi que la table des matières. Mais si le nombre de feuilles a été limité, le libraire ne peut être obligé au paiement de celles qui sont livrées en sus. — Goujet et Merger, n° 178.

76. — Le droit de propriété littéraire n'a point été créé au profit des auteurs français exclusivement. Ce droit appartient également à l'auteur étranger sur toute espèce d'écrits dont il fait la première publication en France : soit qu'il ait été admis par l'autorisation du gouvernement à y établir son domicile (C. civ., art. 11, 13 et 16), soit qu'il n'y réside pas. — Décr. du 5 févr. 1810, art. 40. — Merlin, *Quest. de droit*, v° *Propriété littéraire*; Goujet et Merger, n° 107; Le Senne, n° 123.

77. — De ce que le droit de propriété littéraire prend naissance dans le fait seul de la création, il s'ensuit qu'il existe indépendamment de la capacité civile de l'auteur. — Goujet et Merger, n° 100; Le Senne, n° 124.

78. — Ainsi, une femme mariée a la propriété exclusive des œuvres qu'elle produit. — Le Senne, *loc. cit.* — Mais elle ne peut, pour leur publication, contracter avec un imprimeur ou un libraire sans l'autorisation de son mari. — Renouard, t. 2, n° 91; Cubain, *Des droits des femmes*, n° 98; Goujet et Merger, n° 105; Nion, p. 103 et suiv.

79. — L'ouvrage composé par un mineur ou par un interdit, est également leur propriété. — Le Senne, *loc. cit.*

80. — Toutefois, si l'auteur mineur n'est pas émancipé, il est indispensable pour qu'il puisse faire publier son œuvre d'avoir préalablement obtenu le consentement de ses père et mère ou de son tuteur. S'il est émancipé, il peut publier seul l'ouvrage dont il est l'auteur : sous la condition cependant de ne disposer pour l'impression de ces ouvrages que de ses revenus. — Nion, p. 112 et suiv., et p. 120; Goujet et Merger, n° 106.

81. — A l'égard de l'interdit, il faut distinguer si l'interdiction dont il est frappé est légale ou judiciaire. — Si l'interdiction est légale, c'est-à-dire si l'auteur a été condamné aux travaux forcés à temps, à la détention ou à la réclusion, il ne peut disposer de son œuvre, en autoriser la publication, quoique cependant la propriété réside sur sa tête. — Renouard, t. 2, n° 93; Nion, p. 121; Goujet et Merger, n° 104.

82. — L'auteur judiciairement interdit peut, au contraire, mais avec l'autorisation de son tuteur, publier l'ouvrage par lui créé. — Goujet et Merger, n° 106. — On s'est demandé si le tuteur pouvait, sans l'assentiment de l'auteur, faire publier cet ouvrage. Mais la question a été résolue négativement. On comprend en effet qu'il soit réservé à l'auteur seul de décider si son manuscrit doit ou non être livré à la publicité. Toutefois, le tuteur pourrait seul faire réimprimer l'ouvrage que l'auteur, avant son interdiction, aurait lui-même fait imprimer. — Nion, p. 121 et suiv.

83. — L'individu qui a été placé sous la surveillance d'un conseil judiciaire, soit pour faiblesse d'intelligence, soit même pour prodigalité, ne peut pas davantage, sans l'assistance de ce conseil, publier le livre qu'il a antérieurement composé. — Nion, p. 123; Goujet et Merger, *loc. cit.*

84. — L'état de faillite d'un auteur ne l'empêche point d'avoir sur les ouvrages qui sont le produit de sa création un droit exclusif. Ainsi, l'auteur failli peut seul exploiter ses ouvrages : soit par lui-même, soit en les cédant à un tiers. Mais le droit dont il est investi fait partie de la masse de ses biens mobiliers, et les bénéfices qui résultent de l'exercice ou de l'exploitation de ce droit appartiennent à ses créanciers. — Nion, p. 124 et suiv.; Goujet et Merger, n° 101.

85. — La mort civile n'est point non plus un obstacle à l'acquisition du droit d'auteur. Ainsi : celui qui compose un ouvrage après que la mort civile l'a frappé, en a la propriété exclusive. Capable quant aux contrats du droit des gens, il peut le publier lui-même, le vendre ou le céder; mais il ne peut en disposer par donation ou par testament, ces actes lui étant interdits par la loi civile. — Renouard, t. 2, n° 95; Nion, p. 102; Goujet et Merger, p. 103; Le Senne, n° 125.

86. — Lorsqu'un ouvrage formant un tout indivisible est le résultat d'une collaboration collective, et a été publié sous le nom des divers auteurs ou sous une dénomination collective; si la composition de cet ouvrage a été l'objet d'une société, soit civile, soit commerciale, c'est à la société, être moral, qu'appartient le droit de propriété. — Le Senne, n° 128. — Mais si l'on ne peut induire d'aucun acte la preuve que la composition de l'ouvrage ait été de la part des différens auteurs l'objet d'une société, la propriété réside alors sur la tête de chacun d'eux; et les survivans doivent compte aux héritiers du prédécédé des bénéfices de l'exploitation. — Renouard, t. 2, n° 97; Goujet et Merger, n° 108.

87. — Si l'œuvre collective a été publiée sous le nom d'un seul auteur, c'est à cet auteur que la propriété est présumée en appartenir pour le tout. Mais ses coauteurs peuvent établir et revendiquer leur part dans cette propriété. — V. *suprà*, n° 73.

88. — Les travaux de recherches ou accessoires ne confèrent pas le droit d'auteur. Ainsi : les écrivains qui ont concouru à l'exécution d'un ouvrage dont le plan a été conçu par un autre, qui a dirigé cette exécution, ne peuvent être considérés comme copropriétaires de cet ouvrage, alors surtout qu'ils ne se sont réservé aucun droit. La propriété en appartient soit à l'auteur principal qui a dirigé ou fait diriger les travaux, soit à celui qui a entrepris la publication de l'ouvrage. C'est ce qui a lieu ordinairement pour les recueils d'arrêts, les répertoires et dictionnaires. Les collaborateurs de ces ouvrages ne pourraient donc disposer des articles qu'ils auraient fournis et les faire entrer dans des ouvrages du même genre. — Pardessus, *Droit comm.*, n° 312; Renouard, t. 2, n° 99; Goujet et Merger, nos 111 et suiv.

89. — Quoique, dans une œuvre commune, le travail de chacun des collaborateurs soit distinct, que leurs articles soient détachés et signés, la propriété de cette œuvre, prise dans son ensemble, appartient encore, soit à l'auteur principal, s'il est nommé, soit au directeur ou propriétaire de l'entreprise. Mais chacun des collaborateurs conserve la propriété de ses articles, et il peut les reproduire, soit isolément, soit en recueil. — Renouard, n° 103; Goujet et Merger, n° 117; Le Senne, n° 132.

90. — L'auteur d'une œuvre littéraire (d'une *nouvelle*) dont on s'empare pour le théâtre ne peut pas être déclaré collaborateur et copropriétaire de la pièce mise en scène. Mais il a droit à une indemnité, à raison de la reproduction littérale et servile de son œuvre. — *Paris*, 27 janv. 1840 (t. 1er 1840, p. 244), Lefranc, Labiche et Michel c. Paul de Musset.

91. — Nous avons vu déjà que le privilége pouvait reposer sur un être moral comme une société civile ou commerciale (V. *suprà*, n° 86). Il peut appartenir aussi à une corporation telle qu'une académie ou une congrégation religieuse légalement constituées. — Renouard, t. 2, n° 104; Goujet et Merger, n° 118; Le Senne, n° 120; Bories et Bonassies, t. 2, v° *Propriété littéraire*, n° 13.

92. — L'Etat peut aussi être investi d'une propriété littéraire. Ainsi, c'est à lui qu'appartiennent, les manuscrits des archives des différents ministères, de ceux des bibliothèques nationales, départementales ou communales, soit que ces manuscrits existent dans les dépôts auxquels ils appartiennent, soit qu'ils en aient été soustraits ou que leurs minutes n'y aient pas été déposées aux termes des règlemens; personne n'a le droit de les imprimer et publier sans une autorisation préalable. — Décret du 20 févr. 1809, art. 1er.

93. — Il peut alors revendiquer comme faisant partie du domaine public un manuscrit, un autographe qui a fait partie des collections de la Bibliothèque nationale et qui se trouve au pouvoir d'un tiers.

94. — Les administrations publiques sont également propriétaires exclusives des ouvrages qu'elles font composer. Ainsi l'administration des Postes est propriétaire du *Dictionnaire des postes aux lettres*. — Gastambide, n° 31; Bories et Bonassies, n° 15.

95. — Nous avons fait remarquer précédemment que les ouvrages anonymes ou pseudonymes pouvaient être l'objet d'une propriété privée. Cette propriété est assise, provisoirement du moins, sur la tête de l'éditeur. L'auteur peut reprendre cette propriété, en se faisant connaître. Mais jusque-là c'est l'éditeur qui jouit des avantages qui y sont attachés. — Renouard, t. 2, n° 107; Goujet et Merger, n° 122; Le Senne, n° 133.

96. — L'éditeur d'un ouvrage, qui, du consentement de l'auteur, y fait des changemens et additions ne devient pas par cela seul copropriétaire de l'ouvrage. — *Paris*, 7 sept. 1837 (t. 1er 1838, p. 279), Raissac c. Bourdin, Pathouot et Dépic.

§ 4. — *Dépôt.*

97. — Le *dépôt*, dont l'usage remonte à une époque reculée, fut d'abord imaginé comme un moyen d'enrichir les bibliothèques publiques. Un édit de 1617, rendu sous Louis XIII, imposa, dans ce but, aux libraires-imprimeurs l'obligation de déposer deux exemplaires de chaque ouvrage imprimé : l'un à la Bibliothèque royale et l'autre dans celle du chancelier. Cet édit fut observé jusqu'en 1793.

98. — La formalité du dépôt a été maintenue également par la loi du 19 juill. 1793, dont l'art. 6 est ainsi conçu : « Tout citoyen qui mettra au jour un ouvrage, soit de littérature ou de gravure, dans quelque genre que ce soit, sera obligé d'en déposer deux exemplaires à la Bibliothèque nationale et au Cabinet des estampes de la République, dont il recevra un reçu signé par le bibliothécaire; faute de quoi il ne pourra être admis en justice pour la poursuite des contrefacteurs. »

99. — Le décret du 5 février 1810 a imposé à chaque imprimeur l'obligation de déposer à la préfecture de son département, et à Paris à la préfecture de police, cinq exemplaires, au lieu de deux, de chaque ouvrage, savoir : deux pour la bibliothèque impériale, un pour le ministre de l'intérieur, un pour la bibliothèque du Conseil d'Etat, et un autre pour le directeur général de la librairie. — Art. 48. — Modifié depuis par la loi du 21 oct. 1814 et l'ordonnance du 24 du même mois, le nombre des exemplaires à déposer est enfin resté fixé par l'ordonnance du 9 janv. 1828 à deux exemplaires pour les œuvres littéraires. Un de ces exemplaires est destiné à la Bibliothèque nationale et l'autre est envoyé au ministère de l'intérieur.

100. — L'art. 14 de la loi du 21 oct. 1814 a en outre indiqué le lieu où le dépôt doit être fait; et elle a modifié en ce point la loi de 1793. Les deux exemplaires, dont le dépôt est prescrit, doivent être remis, d'après l'art. précité, savoir : à Paris au ministère de l'intérieur, et, dans les départemens, au secrétariat de la préfecture.

101. — La préfecture dont il s'agit ici est celle du domicile de l'imprimeur. Si le dépôt était effectué à une autre préfecture, il serait nul; et, pour se soustraire à la déchéance résultant de cette nullité, l'imprimeur ou l'auteur ne pourrait exciper de ce que l'autorité préfectorale compétente aurait refusé de recevoir le dépôt. Il en se-

rait autrement, si le refus de recevoir le dépôt avait été constaté par une mise en demeure régulière ou par tout autre acte équivalent. — V., en ce sens, *Bruxelles*, 28 juin 1832, N...

102. — On avait longtemps douté que la loi du 21 octobre 1814 eût abrogé la disposition de la loi de 1793, qui exige le dépôt de deux exemplaires à la Bibliothèque nationale, et lui eût substitué la formalité du dépôt à Paris au ministère de l'intérieur, et dans les départemens au secrétariat des préfectures. La Cour de cassation a même jugé par arrêt du 30 juin 1832 (Chapsal et Noël c. Simon) que le dépôt prescrit par la loi de 1793 était nécessaire indépendamment de celui ordonné par la loi du 21 octobre 1814. Mais, depuis, la Cour de cassation est revenue sur cette jurisprudence, et, par arrêt du 1er mars 1834 (Terry c. Marchant), rendu sur les conclusions conformes de M. le procureur général Dupin, a décidé qu'il suffisait du dépôt prescrit par la loi du 21 octobre 1814; la disposition de la loi de 1793 qui exige le dépôt à la Bibliothèque nationale ayant été abrogée.—V. aussi, en ce sens, *Paris*, 23 mai 1833, Méquignon-Junior c. Montarsolo. — Gastambide, nº 129; Et. Blanc, p. 360; Renouard, t. 2, nº 220; Foucard, *Droit administratif*, t. 3, nº 396; Le Senne, nº 308; Goujet et Merger, nº 94. — V., au surplus, IMPRIMEUR, nos 163 et suiv.

103. — Le motif du dépôt n'est plus, comme autrefois, d'enrichir la Bibliothèque nationale. Il n'est pas davantage exigé comme moyen de conférer à un auteur la propriété de l'ouvrage qu'il met au jour. Cette propriété est préexistante au dépôt. Le dépôt a pour but unique de rendre l'auteur recevable à poursuivre en justice les contrefacteurs. La disposition de l'art. 6 de la loi du 19 juill. 1793, qui prononce contre l'auteur, faute de dépôt, déchéance relativement à la poursuite en contrefaçon, a continué de subsister depuis la promulgation des actes législatifs postérieurs.—Arrêt de cassation précité du 1er mars 1834. — Le Senne, nº 308. — V. aussi, en ce sens, *Cass.*, 29 therm. an XII, Malassis c. Busseuil.

104. — Toutefois, la formalité du dépôt n'est pas générale; elle s'applique seulement aux ouvrages qui, par leur nature, sont susceptibles d'être placés dans une bibliothèque, c'est-à-dire aux ouvrages de littérature ou de science, reproduits par l'imprimerie ou la gravure (*Paris*, 9 févr. 1832, Ameling c. Duclos), et lorsqu'ils sont mis au jour. Ainsi: l'obligation du dépôt ne s'applique pas aux discours prononcés en public, ni aux leçons publiques des professeurs salariés par l'Etat. La propriété de ces discours et de ces leçons existe au profit de l'auteur, comme celle d'un manuscrit, indépendamment de tout dépôt, et l'auteur conserve toujours le droit d'en empêcher la reproduction. — *Paris*, 12 vent. an IX, Chénier c. Gratiot; 27 août 1828, Pouillet c. Gosselin; 18 févr. 1836, Frédérick-Lemaître c. Barba; 30 juin 1836, Eberhard c. professeurs des écoles; 18 juin 1840 (t. 2 1840, p. 147), Cuvier c. Madeleine de Saint-Azy; *Lyon*, 17 juill. 1845 (t. 2 1845, p. 433, Marie c. Lacordaire.—Gastambide, nº 130; Goujet et Merger, nº 92; Le Senne, nº 310.

105. — La propriété d'un ouvrage dramatique non imprimé se conserve également indépendamment de tout dépôt.—Arrêt de Paris précité du 27 août 1828.

106. — Ainsi, l'auteur qui fait représenter sa pièce sans dépôt préalable n'abandonne pas le droit de la publier par la voie de l'impression. — *Paris*, 18 févr. 1836, Frédérick-Lemaître c. Barba.

107.—Parmi les écrits reproduits par l'impression, aucune distinction ne doit être faite. La formalité du dépôt est exigée pour tous les écrits imprimés en général. La propriété même des articles de journaux et feuilles périodiques ne se conserve qu'au moyen du dépôt. Ainsi l'éditeur qui insère dans les colonnes de son journal des articles publiés dans d'autres journaux, recueils ou revues, dont le dépôt a été effectué conformément à la loi, se rend coupable du délit de contrefaçon. — *Paris*, 21 juill., et *Cass.*, 29 oct. 1830, Petetin c. Gauja. — Et. Blanc, p. 357; Goujet et Merger, nº 91.—Gastambide pense, au contraire, que le dépôt n'est nécessaire que pour les articles de revues (nº 128), et non pour les articles de journaux (nº 127).

108. — Par un jugement en date du 13 juill. 1836, rapporté avec l'arrêt de Paris du 25 nov. 1836 (t. 1er 1837, p. 314 [le journal *l'Estafette* c. *le Constitutionnel*]), le tribunal de commerce de Paris a décidé, conformément à l'opinion que nous avons émise au numéro qui précède, que les articles de journaux périodiques étaient, comme tous autres écrits, soumis au dépôt préalable. Saisie de l'appel de ce jugement, la Cour de Paris n'a point statué sur ce point. Mais elle a jugé que la reproduction d'articles de journaux, dont le dépôt n'avait point été fait, rendait le reproducteur passible de dommages-intérêts envers l'auteur ou le propriétaire du journal auquel ils avaient été cédés. Cette décision vient évidemment corroborer ce système, à savoir que la propriété littéraire est préexistante au dépôt. — V. cependant Goujet et Merger, *loc. cit.*

109. — Les tribunaux ne peuvent même fixer un délai après lequel la reproduction des articles de journaux, non déposés, pourra être autorisée, en déterminant d'avance l'indemnité due à raison de l'infraction à cette disposition : ce serait statuer par voie de disposition générale et réglementaire.—Arrêt de Paris précité du 25 nov. 1836.

110.—L'obligation du dépôt, lorsqu'il y a lieu de remplir cette formalité, n'est pas imposée personnellement à l'auteur, mais à quiconque met au jour un ouvrage. D'où il suit que cette obligation pèse également sur l'imprimeur, aussi bien dans son intérêt que dans celui de l'auteur. Le décret de 1810 (art. 48) et la loi du 21 octobre 1814 (art. 11) ne laissent aucun doute à cet égard. La loi de 1814 punit même d'une amende de 1,000 francs l'imprimeur qui ne fait pas le dépôt. — V., au surplus, Le Senne, nº 311.

111. — Et, quand l'imprimeur a satisfait à la formalité du dépôt, l'auteur est recevable à poursuivre un contrefacteur, encore bien qu'il n'ait pas lui-même effectué de dépôt. — *Paris*, 23 mai 1833, Méquignon-Junior c. Montarsolo.

112. — Si le dépôt est nécessaire pour l'exercice de l'action en contrefaçon; il n'en est pas moins vrai, selon nous, ainsi que nous l'avons fait remarquer plus haut, que la propriété littéraire est préexistante au dépôt, qui, dès lors, n'a pas pour effet de l'établir. «Comment concevoir, dit avec raison M. Le Senne (nº 308), qu'un orateur qui a acquis un privilége par la simple émission orale, en soit déchu irrévocablement par cela seul qu'il fait débiter son discours imprimé sans en avoir déposé deux exemplaires?» Personne n'est présumé, d'ailleurs, abandonner sa propriété. Que conclure de là? C'est que l'auteur qui a négligé de remplir la formalité du dépôt, lors de la mise au jour de l'ouvrage qu'il a fait imprimer, peut, même après la reproduction de cet ouvrage sans son consentement, en effectuer le dépôt; et l'accomplissement de cette formalité le rend recevable à poursuivre le reproducteur comme coupable de contrefaçon.—Trib. crim. de la Seine, 8 fruct. an XI, Lassaulx c. Bertrandet. — Le Senne, nº 308 *in fine*. — Mais M. Gastambide (nos 124, 125 et 125 *bis*) s'est formellement prononcé pour la doctrine contraire, que paraissent également avoir admise MM. Goujet et Merger (nº 90).

113. — Par un arrêt du 8 oct. 1835 (Forfelier c. de Saint-Priest), la cour d'appel de Paris semble aussi, cependant, avoir consacré la doctrine enseignée par M. Gastambide. Ainsi : elle a jugé, par cet arrêt, que le dépôt d'un prospectus ou même d'une livraison unique, informes soit sous le rapport typographique, soit sous le rapport de la rédaction, pouvait n'être pas considéré comme réalisation de l'œuvre projetée, suffisante pour la faire réputer commencée et susceptible d'en *assurer* la propriété.

114. — Quoi qu'il en soit, le dépôt irrégulier, tel serait, par exemple, le dépôt d'un prospectus, ou celui qui serait effectué ailleurs qu'au lieu indiqué par la loi (V. *suprà*, nº 100), devrait être considéré comme nul (Et. Blanc, p. 358) et ne pourrait, par conséquent, rendre l'auteur recevable à intenter l'action en contrefaçon.

115. — L'auteur français, qui a fait imprimer et publier son ouvrage en pays étranger, l'ayant fait tomber par là, ainsi que nous l'avons dit, dans le domaine public en France, ne peut, à raison de la reproduction qui en sera faite, exercer l'action en contrefaçon. Toutefois, il n'est pas irrévocablement déchu du privilége d'auteur en France. Ainsi, si, faisant réimprimer son ouvrage en France, il y effectue le dépôt prescrit par la loi, l'accomplissement de cette formalité lui donne le droit de poursuivre en France comme coupables de contrefaçon tous ceux qui, sans son consentement, reproduiraient ultérieurement en France son ouvrage. — *Cass.*, 17 niv. an XIII, Pleyel c. Sieber; 30 janv. 1818, Chamerot c. Michaud. — Gastambide, nº 126; Merlin, *Quest. de droit*, vº *Contrefaçon*, § 7, nº 3; Et. Blanc, p. 273.

116. — Il a été jugé, par application du même principe, que le dépôt effectué régulièrement par le Français à qui un auteur étranger avait cédé le droit d'imprimer et de vendre exclusivement en France un ouvrage de sa composition non encore imprimé en pays étranger, le rendait recevable à poursuivre devant les tribunaux français les contrefacteurs de cet ouvrage. — *Cass.*, 23 mars 1840, Sieber c. Erard.—V. aussi Merlin, *Quest.*, vº *Propriété littéraire*, § 2.

117. — Décidé, au contraire, que, lorsqu'un auteur étranger publie un ouvrage à l'étranger, le dépôt qu'il fait ensuite en France du même ouvrage ne lui conserve pas la propriété exclusive de son œuvre, si déjà, par suite de la publication faite en pays étranger, cette œuvre a été publiée en France. L'ouvrage, en ce cas, reste dans le domaine public et peut être imprimé par toute personne, sans qu'il y ait contrefaçon. — *Paris*, 26 nov. 1828, Troupenas c. Pleyel et Aulagnier.— V. *suprà*, nº 68.

§ 5. — *Durée.*

118. — Sous l'empire de l'arrêt du Conseil du 30 août 1777, l'auteur qui obtenait en son nom le privilége de son ouvrage et ses héritiers jouissaient de ce privilége à perpétuité. Mais si l'auteur le cédait à un libraire, la durée en était, par ce seul fait, réduite à celle de sa vie. Sa mort le faisait alors tomber dans le domaine public.

119. — Les décrets du 5 août 1789, qui ont aboli tous les priviléges alors existans, n'ont pas atteint et annulé les priviléges des auteurs sur leurs ouvrages. Ces priviléges ont continué d'avoir leur effet, mais ils ont été régis, quant à leur durée, par la loi du 19 juill. 1793. — *Cass.*, 29 therm. an XI, Buffon c. Boehmer.—Gastambide, nº 133.

120. — Cette loi a maintenu, au profit de l'auteur, la jouissance de la propriété littéraire durant sa vie entière. A l'égard de ses héritiers, elle l'a réduite à l'espace de dix ans après sa mort (art. 1er); ses cessionnaires jouissent aussi durant le même temps du droit qui leur a été transmis (art. 2).

121. — Les auteurs qui ont pu profiter du bénéfice de la loi précitée sont ceux qui, à la promulgation de cette loi, étaient encore propriétaires de leurs ouvrages. Les droits de ceux qui ont acquis des propriétés littéraires avant cette loi ont dû être réglés exclusivement par les lois en vigueur au moment de la cession, et non par la loi nouvelle. Ainsi : le cessionnaire d'un ouvrage qui est tombé, d'après la législation sous l'empire de laquelle la cession a été contractée, dans le domaine public à la mort de l'auteur, n'a pu se prévaloir de la loi de 1793 pour prétendre que son privilége devait se prolonger encore pendant dix ans après la mort de l'auteur. — *Cass.*, 27 prair. an XI, Ducaurroy et Lenormand c. Bruisset; 16 brum. an XIV, Bruisset c. Guichard.— Gastambide, *loc. cit.*; Le Senne, nº 215.

122. — Plus tard le décret du 5 févr. 1810, *sur la librairie*, maintenant, à l'égard de l'auteur, la jouissance pendant sa vie du droit de propriété littéraire, a garanti également à sa veuve pendant sa vie la même jouissance, si les conventions matrimoniales de celle-ci lui en donnaient le droit. A l'égard des enfans, le même privilége leur a été garanti pendant vingt ans, à partir du décès des auteurs (art. 39). L'art. 40 du même décret permet aux auteurs de céder leur droit pour toute la durée déterminée par l'art. 39.

123. — Ce décret, par suite du principe de non-rétroactivité consacré par l'art. 2 C. civ., n'a pu disposer que pour l'avenir. Ainsi, les contrats de cession passés antérieurement à ce décret ont continué à être régis, quant à leurs effets, par la loi en vigueur au moment de leur formation. De même, l'augmentation de la durée du privilége ouvert sur des ouvrages publiés antérieurement à sa promulgation au profit des veuves et enfans n'a pu profiter à ces derniers. — Renouard, t. 2, nos 240 et suiv.; Gastambide, nº 134; Le Senne, nº 164.

124. — La durée du privilége peut donc, d'après la législation qui régit actuellement cette matière, se diviser en deux périodes : l'une qui embrasse la vie de l'auteur, l'autre qui commence après sa mort et varie suivant les personnes qui sont investies de ce privilége.

125. — S'il n'y a qu'un auteur, la première période commence à la publication de l'ouvrage et finit avec la vie naturelle ou civile de l'auteur. Si la propriété de l'œuvre repose non sur la tête de l'auteur, mais sur celle de celui pour le compte duquel l'œuvre a été faite, la durée du privilége ne peut plus se régler sur l'existence de l'auteur, encore bien que l'ouvrage ait été publié sous son nom; elle doit se régler sur celle du véritable propriétaire. — Renouard, t. 2, nº 103; Goujet et Merger, nos 193 et 195.

126. — Lorsqu'il s'agit d'articles signés, fournis à des revues, encyclopédies, dictionnaires, répertoires, lesquels articles forment pour les auteurs l'objet d'un privilége à part, la durée de ce privilége, qui consiste pour l'auteur à pouvoir reproduire ces articles en un corps d'ouvrage, est soumise à son égard et à l'égard de ses héritiers aux règles ordinaires. — Renouard, Goujet et Merger, *loc. cit.* — La durée du privilége relativement aux revues, dictionnaires, etc., considérés dans leur ensemble, dépend de la durée de l'existence du propriétaire de ces revues, dictionnaires, etc. — Gastambide, n° 138.

127. — La mort de l'auteur survenue avant qu'il ait publié son livre a-t-elle pour effet de supprimer la première période de jouissance et d'obliger les héritiers à publier pendant la seconde période qui leur est accordée, sous peine de voir, à l'expiration de cette période, l'ouvrage tomber dans le domaine public? Non. Le décret du 1er germ. an XIII substitue à l'auteur lui-même l'héritier qui fait la publication. Les deux périodes se calculent alors comme dans le cas ordinaire de publication faite par l'auteur. L'héritier a donc pendant toute sa vie la jouissance exclusive de l'œuvre posthume qu'il publie; et cette jouissance passe à ses héritiers personnels pour tout le temps pendant lequel il en aurait été lui-même investi, si l'auteur eût publié de son vivant. — Et. Blanc, p. 380; Nion, p. 133 et 134; Goujet et Merger, n° 194.

128. — Lorsqu'un ouvrage a été composé par plusieurs auteurs, sans que la part de chacun soit distincte, il est impossible qu'une portion indivise de la propriété de cet ouvrage tombe dans le domaine public. La jouissance exclusive de cette propriété se conserve, pour les héritiers des auteurs prédécédés, aussi longtemps que le survivant conserve cette jouissance. Il y a plus : c'est à la mort du dernier auteur que commence, pour tous les héritiers des auteurs, la seconde période. Ainsi, si l'un des auteurs laisse une veuve et des enfans, et l'autre des ascendans ou collatéraux, la seconde période s'ouvre à la mort du survivant pour la veuve et les enfans de l'auteur prédécédé; et les ascendans ou collatéraux, héritiers de celui des auteurs qui avait survécu, jouissent du droit de propriété pendant le même temps que la veuve et les enfans. — Et. Blanc, p. 372; Gastambide, n° 139; Goujet et Merger, n° 192.

129. — Nous avons reconnu précédemment que les académies et toutes autres sociétés savantes pouvaient avoir, sur les ouvrages qu'elles publiaient collectivement, un droit de privilége. Mais quelle doit être la durée de ce droit? Selon MM. Et. Blanc (p. 380) et Gastambide (n° 142) ce droit est perpétuel. M. Renouard pense, au contraire, que la durée de la jouissance de ce droit ne peut être indéfinie; il la limite à la vie du dernier des membres de l'académie ou de la corporation qui existaient au moment où le privilége s'est ouvert (t. 2, n° 104). M. Nion (p. 135 et suiv.) accorde à cette jouissance une durée moindre encore. L'assimilant à un usufruit, il la limite à trente années qui doivent commencer à courir du jour de la publication de l'ouvrage.

130. — M. Nion (*loc. cit.*) soumet à la même durée de trente ans le privilége de l'Etat sur les ouvrages qui ont été rédigés par son ordre, tandis que MM. Renouard (t. 2, n° 105) et Gastambide (n° 141) accordent au privilége de l'Etat une durée indéfinie. — Il est évident qu'il existe sur ce point, comme sur le précédent, dans la législation actuelle, une lacune qu'il serait très important de combler à raison même de la divergence à laquelle il a donné lieu parmi les auteurs.

131. — Le décret du 5 févr. 1810 (art. 39) ne garantit à la veuve, pendant sa vie, le droit de propriété sur les ouvrages de son mari, que « si la convention matrimoniale de celle-ci lui en donnait le droit. » Ce sont donc les conventions matrimoniales qui doivent servir à déterminer l'étendue et la durée du droit de propriété littéraire qui peut appartenir à la femme sur les ouvrages de son mari. Ainsi : s'il est stipulé dans le contrat de mariage que le droit de la veuve au privilége s'étendra à toute sa vie, l'exécution de cette disposition est garantie par le décret précité. Si le contrat de mariage ne s'explique pas à cet égard, ce décret cesse d'être applicable. La veuve n'a alors, sur les ouvrages publiés par son mari, d'autres droits que ceux qui peuvent lui appartenir soit comme héritière, donataire ou commune en biens. La jouissance du privilége littéraire est restreinte au délai de dix ans fixé par l'art. 2 de la loi du 19 juill. 1793. — Gastambide, n° 136; Le Senne, n°s 147 et suiv.; Et. Blanc, p. 378; Goujet et Merger, n° 203.

132. — A l'égard des héritiers, la durée du privilége varie suivant la qualité de ces héritiers. Si ce sont des *enfans*, et par cette expression il faut entendre aussi bien les descendans du dernier degré que les descendans des degrés supérieurs (Gastambide, *loc. cit.*; Nion, p. 143 et 144; Le Senne, n° 154), leur droit dure pendant vingt ans, qui commencent à courir, soit après la mort de l'auteur, soit après celle de sa veuve, selon les circonstances. — Goujet et Merger, n° 202. — Il n'y a pas lieu non plus de distinguer entre les enfans de différens lits, ni entre les enfans légitimes et les enfans adoptifs. — Nion et Le Senne, *loc. cit.*

133. — Les enfans naturels, qui ne recueillent les biens de leurs père et mère décédés qu'à défaut d'héritiers légitimes, les recueillant en vertu d'un droit qui leur est personnel, qu'ils ne tiennent que d'eux-mêmes, ne peuvent réclamer qu'une jouissance exclusive de dix années et non de vingt ans. Mais lorsqu'ils se trouvent en concours avec des héritiers légitimes, le législateur ne les considère plus seulement dans leur qualité d'enfans naturels; il les assimile, dans le règlement de leurs droits, à des enfans légitimes (C. civ., art. 757), ce qui leur donne le droit de participer, dans ce cas, au bénéfice de la prolongation de délai garantie aux enfans par le décret de 1810. — Le Senne, n° 154 *in fine*; Nion, p. 144 et suiv.

134. — Tous les autres héritiers des auteurs, c'est-à-dire les ascendans, les frères, sœurs et leurs descendans, et tous les collatéraux, ne peuvent prétendre, conformément à l'art. 2 de la loi du 19 juill. 1793, qu'à une jouissance exclusive de dix années, à partir de la mort des auteurs. Les donataires et légataires doivent être, relativement à la durée du droit de propriété littéraire, assimilés aux successeurs ordinaires; et, à l'expiration des dix années, le droit revient à la veuve et aux enfans, s'il y a lieu. — Gastambide, n° 136.

135. — L'art. 7 de la loi du 19 juillet 1793, qui accordait aux héritiers d'un auteur la propriété exclusive de ses ouvrages pendant dix années après sa mort, comprenait non-seulement les ouvrages de littérature et de gravure; mais encore toutes les productions de l'esprit et du génie qui appartiennent aux beaux-arts, et, par suite, les pièces de théâtre. Or la propriété exclusive dont parle cet article ne devait pas s'entendre seulement du droit de *publication* et de *vente*; mais aussi du droit de *représentation*. La loi de 1793 avait abrogé sur ce point les lois des 13 janvier et 19 juillet 1791, qui avaient fixé à cinq années après le décès des auteurs la durée pour leurs héritiers du droit de représentation. — *Paris*, 16 août 1842 (t. 2 1843, p. 322), Troupenas c. Dormoy; *Cass.*, 5 déc. 1843 (t. 1er 1844, p. 268), mêmes parties.

136. — En étendant à vingt années après le décès des auteurs les droits de leurs veuves, héritiers et cessionnaires, sur leurs ouvrages, le décret du 5 février 1810 n'avait fait aucune exception pour les ouvrages dramatiques. Néanmoins, des doutes s'étaient élevés, comme sous l'empire de la loi de 1793, au sujet du droit de représentation. Mais ils ont été définitivement tranchés par la loi du 3 août 1844, ainsi conçue : « La veuve et les enfans des auteurs d'ouvrages dramatiques auront, à l'avenir, le droit d'en autoriser la *représentation* et d'en conférer la jouissance pendant vingt ans, conformément aux dispositions des art. 39 et 40 du décret du 5 février 1810. »

137. — Relativement au cessionnaire, la durée de son droit peut être déterminée d'une manière fixe et précise par le contrat de cession. Si ce contrat comprend à la fois la période de la vie de l'auteur et celle qui commence après sa mort, la durée du droit du cessionnaire varie suivant que l'auteur laisse une veuve, des descendans ou d'autres héritiers. — L. 19 févr. 1793, art. 2; décr. 5 févr. 1810, art. 40; Gastambide, *loc. cit.*; Goujet et Merger, n° 205. — Si l'ouvrage cédé appartient à plusieurs auteurs; il conserve, s'il existe une stipulation à cet égard, la jouissance exclusive du privilége, aussi longtemps que ce privilége se maintient dans les familles des auteurs. — Et. Blanc, p. 373; Goujet et Merger, n° 206.

138. — Si l'ouvrage est dû à une femme, doit-on appliquer à son mari et à ses enfans le décret de 1810? M. Gastambide (n° 136, p. 170 *in fine*) se prononce pour l'affirmative. Selon cet auteur, le mari peut, après la mort de sa femme, réclamer sur les œuvres littéraires de celle-ci le droit exclusif de propriété pendant le même temps que le décret précité accorde à la veuve le même droit sur les ouvrages du mari. Les enfans peuvent aussi prétendre au même droit pendant vingt ans à partir de la mort de leur père. Mais le mari ne pourrait invoquer le décret de 1810 que sous la même condition imposée à la femme, c'est-à-dire qu'autant que son contrat de mariage lui conférerait le droit exclusif de propriété pendant sa vie, après la mort de sa femme, sur les ouvrages de celle-ci. Le décret de 1810 paraît, au contraire, à M. Le Senne (n° 158), exclusif du mari et des enfans : auxquels il n'accorde de droits sur les ouvrages d'une femme auteur, que dans la limite fixée par la loi du 19 juill. 1793 et par le Code civil.

139. — Le privilége littéraire acquis en France par un auteur étranger est soumis, quant à sa durée, aux mêmes règles que celui qui appartient à un auteur national. C'est ce qui nous paraît résulter de l'esprit et des termes de l'art. 40 du décret du 5 février 1810. Ainsi, si l'auteur étranger a des enfans, le privilége leur appartient pendant vingt ans à partir du décès de leur père, bien qu'ils soient étrangers. Aucun doute ne peut s'élever à cet égard, surtout si l'auteur étranger se trouve dans les conditions prévues par les art. 11 et 13 du Code civil. La femme, quoique étrangère, d'un auteur étranger, peut aussi invoquer le bénéfice du décret du 5 févr. 1810. — Le Senne, n°s 160 et 161.

§ 6. — *Cession.*

140. — Les œuvres littéraires étant dans le commerce, la propriété peut en être transmise, comme toute autre propriété, par la voie de la cession ou vente. La loi du 19 juillet 1793 (art. 1er) a formellement consacré à cet égard le principe du droit commun posé dans l'art. 1598 du Code civil; et ce principe s'applique aussi bien aux auteurs étrangers qu'aux auteurs nationaux. — Décr. 5 févr. 1810, art. 40.

141. — La cession peut être faite de plusieurs manières. La loi du 19 juillet 1793 (art. 1er) s'exprime sur ce point d'une manière générale : « Les auteurs d'écrits en tout genre, y est-il dit, jouiront du droit exclusif d'en céder la propriété *en tout* ou *en partie*. » La cession peut donc comprendre la propriété de l'ouvrage entier d'une manière absolue et sans restrictions, ou bien ne porter que sur une partie des avantages attachés à cette propriété. La cession absolue d'un ouvrage ne peut toutefois conférer au cessionnaire que le droit de faire une édition de cet ouvrage. L'auteur est toujours présumé s'être réservé la jouissance directe de son droit de propriété pour les éditions subséquentes. La cession de la propriété à toujours, c'est-à-dire de toutes les éditions, quel qu'en soit le nombre, doit donc être formelle, expresse.

142. — Il résulte de ces observations que la cession peut porter ou sur une seule édition, ou sur un nombre limité d'éditions, ou sur toutes les éditions que le cessionnaire jugera convenable, utile, de faire. Il n'est pas nécessaire, pour que la cession puisse avoir lieu, que l'ouvrage qui en fait l'objet soit dès maintenant achevé. Un ouvrage à faire peut être également cédé. — Le Senne, n° 165.

143. — Lorsque la cession n'a pour objet qu'une partie des avantages attachés à la propriété littéraire, par exemple une part dans un ouvrage; si la nature de la propriété ne permet pas de la diviser et d'en faire deux lots égaux, l'auteur, qui s'est uni par l'effet de la cession partielle en communauté avec l'acquéreur, est tenu de souffrir la licitation demandée par ce dernier. Le principe que nul ne peut être contraint de demeurer dans l'indivision s'applique à toute espèce d'indivision de choses mises dans le commerce. — *Paris*, 11 janv. 1845 (t. 1er 1845, p. 111), Laroche c. Charpentier.

144. — L'auteur qui s'associe avec un imprimeur, pour la publication et la vente de son ouvrage, et qui a souscrit des billets à raison de cette association, ne fait pas acte de commerce et n'est pas, par conséquent, contraignable par corps pour l'exécution de ces engagemens. — *Paris*, 23 déc. 1840 (t. 1er 1841, p. 252), Despréaux c. Ber. — Mais il en serait autrement si l'œuvre, au lieu d'être littéraire, constituait une opération commerciale. — *Paris*, 9 févr. 1841 (t. 1er 1841, p. 253), George c. Daumas. — V. au surplus ACTE DE COMMERCE, n°s 126, 182 et suiv.

145. — La convention qui intervient entre un auteur et un imprimeur par laquelle le premier cède au second la propriété de son œuvre jusqu'à concurrence d'un nombre d'exemplaires déterminé, à la condition de supporter les dépenses et de profiter des bénéfices par moitié, après quoi l'auteur reprendra sa propriété, ne constitue pas une vente ou cession à chances aléatoires; mais une véritable société en participation, dont les difficultés doivent être soumises à des arbitres forcés.— *Paris*, 16 févr. 1844 (t. 1er 1844, p. 379), Kleffer c. Deguernel.

146. — Si la cession d'un ouvrage peut ne comprendre qu'une édition ou que quelques éditions, il est évident qu'elle peut aussi être faite pour un certain temps, pour un nombre d'années déterminé. Rien ne s'oppose, en effet, à ce qu'un auteur stipule qu'il pourra, à l'expiration d'un certain temps, soit que le cessionnaire ait ou non vendu tous les exemplaires provenant de l'édition ou des éditions cédées, vendre à tout autre le même ouvrage pour être exploité immédiatement, ou se livrer lui-même à l'exploitation de cet ouvrage. Il importe, comme on le voit, que dans tout traité de cession l'étendue, la nature de cette cession, les conditions sous lesquelles elle est faite soient clairement et formellement exprimées. A défaut de traité, l'objet de la cession se déterminera d'après l'intention présumée des parties. — Pardessus, *Droit comm.*, n° 340; Le Senne, nos 167 et 172.

147. — L'auteur d'un ouvrage peut-il en céder la propriété non-seulement pendant sa vie, mais aussi pour la période pendant laquelle la loi réserve après sa mort la jouissance de cette propriété à sa veuve et à ses héritiers? M. Nion (p. 284 et suiv.) s'est, avec raison ce nous semble, prononcé pour l'affirmative. La propriété littéraire n'est, en effet, dans les mains de l'auteur, qu'un droit de la même nature que tout autre droit de propriété. L'auteur peut donc en disposer d'une manière absolue pendant sa vie. Aucune loi ne lui a interdit cette faculté; et celle qui a garanti à sa veuve et à ses héritiers, pendant un temps déterminé, le privilége littéraire, a supposé évidemment que le législateur le laissait dans sa succession. — Le Senne, n° 144.

148. — Si l'on s'en tenait à la lettre de l'art. 3 de la loi du 19 juill. 1793, il semblerait que la cession ne pût être faite que *par écrit;* et c'est même l'opinion qui a été soutenue dans le *Répertoire* de Favard de Langlade, v° *Propriété littéraire.* Mais tel n'est pas le sens des mots *par écrit* qui se trouvent dans l'art. 3 précité. Ces mots signifient seulement, en effet, que le prévenu de contrefaçon peut faire tomber les poursuites dont il a été l'objet en justifiant d'une cession *écrite*, ou plus généralement d'une cession *valablement* consentie en sa faveur. Ils ne sauraient impliquer qu'une formalité spéciale fût exigée pour la validité de la cession. Cette cession est soumise aux règles du droit commun, qui n'exige pour la validité des contrats que le consentement (C. civ., art. 1583). — Elle peut donc être faite aussi bien verbalement que par écrit soit sous seing privé, soit authentique. Cette doctrine, qui résulte implicitement d'un arrêt de la Cour de Paris, du 13 juill. 1830 (Darthenay c. Mesnier), est d'ailleurs formellement enseignée par MM. Gastambide (nos 89 et 90), Et. Blanc (p. 333), Goujet et Merger (n° 137), Nion (p. 282 et 283) et Le Senne (*loc. cit.*).

149. — Par suite, la circonstance qu'un acte de cession n'a point été enregistré et n'a point acquis ainsi date certaine, n'empêche pas le cessionnaire d'un auteur de poursuivre celui qui s'est rendu coupable de contrefaçon par une reproduction illégitime. — *Cass.*, 27 mars 1835, Bocquart c. Pistole et Bidolet.

150. — Lorsque la cession alléguée est déniée par le prétendu cédant et présente un caractère purement civil, la preuve peut en être faite d'après les règles ordinaires établies pour tous les contrats. Ainsi nul doute que la preuve testimoniale ne soit admissible s'il y a un commencement de preuve par écrit (C. civ., art. 1347), ou si l'on se trouve dans les cas prévus par l'art. 1348 du même Code. Si la cession alléguée constitue une opération commerciale, la preuve testimoniale est reçue conformément à l'art. 109 du Code de commerce. — Gastambide, n° 90; Nion, p. 283 et 284; Le Senne, n° 168.

151. — La possession d'un manuscrit n'est pas par elle-même, assurément, équivalente à un titre; elle n'a pas non plus la même forme que lorsqu'il s'agit de meubles ordinaires (C. civ., art. 2279). — Néanmoins elle forme en faveur du possesseur une grave présomption de l'existence d'une cession. Cette présomption est telle qu'elle impose, à ceux qui la contestent, qui veulent en détruire l'effet, l'obligation de prouver que la détention du manuscrit est irrégulière ou illégitime. — *Paris*, 13 nov. 1841 (t. 2 1841, p. 656), Hévilien-Broussais c. Montègre. — Gastambide, *loc. cit.;* Pardessus, n° 308; Goujet et Merger, nos 142 et 143.

152. — Il est à remarquer que dans l'espèce de l'arrêt précité de la Cour de Paris (13 nov. 1841) il s'agissait d'un manuscrit qui avait été remis par Broussais père, en mourant, de la main à la main, à Montègre, qui l'avait publié malgré l'opposition du fils du savant. En décidant par cet arrêt: que la détention du manuscrit emportait pour le détenteur présomption de propriété, la Cour de Paris valida implicitement le don manuel que Montègre prétendait lui en avoir été fait. Cependant, par un arrêt bien antérieur, du 4 mai 1816 (Lesparda c. Chénier), elle avait établi en principe que la tradition de manuscrits de la part d'un auteur mourant, ne pouvant être faite que dans la vue de la mort, devait être réputée à cause de mort, et, comme telle, soumise aux formalités des testamens. L'arrêt de 1841 semble être le point de départ d'une jurisprudence nouvelle. Depuis, en effet, la Cour de Bordeaux a formellement décidé que le manuscrit d'un ouvrage littéraire pouvait, quel qu'en fût le mérite, devenir l'objet d'un don manuel, et que le détenteur en était présumé propriétaire. — V. arrêt du 4 mai 1843 (t. 2 1843, p. 789), de Montagnac c. Lafourcade. — Goujet et Merger, n° 144; Renouard, t. 2, n° 167. — V. DON MANUEL, nos 14 et suiv., et DONATION A CAUSE DE MORT, n° 56.

153. — La cession d'articles faite à un journal n'emporte pas abandon absolu de la propriété de ces articles. L'auteur est toujours présumé s'être réservé le droit de les recueillir en un corps d'ouvrage. Mais la cession qu'il en a consentie à l'entreprise d'un journal lui interdit de faire de ses articles une réimpression telle qu'elle pût nuire à cette entreprise, et surtout d'en autoriser l'impression dans un autre journal. Toutefois, la réimpression préjudiciable au journal auquel les articles ont été cédés, donnerait lieu à une action civile, et non à une action en contrefaçon. — Gastambide, n° 116; Renouard, t. 2, n° 164; Goujet et Merger, n° 140; Le Senne, n° 173. — Ce que nous disons des articles de journaux doit également s'appliquer à l'égard des articles composés pour les biographies, les revues, les dictionnaires, les répertoires et les encyclopédies, — Goujet et Merger, *loc. cit.*, Le Senne, n° 174.

154. — L'auteur qui autorise un éditeur à publier un travail qu'il a fait comme annexe à une autre composition littéraire, par exemple comme introduction, commentaire, supplément, n'en cède pas la propriété à l'éditeur d'une manière absolue, de telle sorte que cet éditeur puisse le publier séparément.—Pardessus, n° 340; Goujet et Merger, n° 177.

155. — Lorsqu'un ouvrage a été composé par plusieurs auteurs, la cession n'en peut être valablement faite qu'autant que tous les auteurs l'ont consentie. Si l'un de ces auteurs ne peut seul céder cet ouvrage, il ne peut, à plus forte raison, l'exploiter par lui-même sans le consentement de ces coauteurs.

156. — Ainsi, lorsqu'une pièce a été composée par trois auteurs, dont l'un refuse de ratifier la cession du droit d'imprimer consentie par ses deux collaborateurs, et de délivrer le manuscrit, celui qui, en vertu de la cession, fait sténographier la pièce dans un théâtre où elle est représentée, et la fait imprimer, se rend coupable du délit de contrefaçon à l'égard de l'auteur non consentant. — *Paris*, 18 févr. 1836, Frédérick-Lemaître c. Barba.

157. — Si cependant l'un des collaborateurs était généralement considéré comme l'auteur apparent de l'ouvrage, la cession qu'il en aurait faite seul devrait recevoir ses effets à l'égard du cessionnaire de bonne foi. — Renouard, t. 2, n° 191.

158.—Les obligations imposées par la cession, soit au cédant, soit au cessionnaire, sont, en règle générale, celles qui résultent du contrat de vente, sauf quelques modifications particulières. A l'égard du cédant, son obligation principale est de livrer le manuscrit, si, au moment de la cession, il est terminé, et cette obligation passe à ses héritiers. La cession d'un ouvrage terminé en confère, en effet, la propriété au cessionnaire, à l'instant même du contrat. L'obligation de livrer le manuscrit est donc une obligation déterminée, certaine; et c'est à tort, dès lors, ce nous semble, que M. Pardessus enseigne (n° 309) que l'auteur ou ses héritiers peuvent, malgré la cession, refuser de livrer le manuscrit, en renonçant à sa publication. —V., dans le sens de l'opinion que nous émettons ici, Gastambide, n° 118; Nion, p. 291 et suiv.

159. — MM. Goujet et Merger (n° 161) font remarquer avec raison que les traités qui interviennent entre un auteur et un éditeur sont, en général, déterminés par une confiance mutuelle. Il semble résulter de là que, si, avant la livraison du manuscrit, l'éditeur était tombé en faillite; l'auteur ne pourrait être tenu de le remettre aux syndics de la faillite, quand même ceux-ci en paieraient intégralement le prix. Car la cession d'un ouvrage faite à tel éditeur n'a pas seulement pour but, de la part de l'auteur, le prix qui en fait l'objet: l'auteur ne l'a consentie à tel éditeur que parce que celui-ci lui a paru réunir les conditions nécessaires pour propager le succès matériel et intellectuel du livre. La cause du contrat cesse lorsque la position de l'éditeur vient à changer et que ses affaires ne sont plus administrées par lui, mais par des syndics. Si l'ouvrage avait été remis à l'éditeur avant sa faillite; l'auteur pourrait, par la même raison, le revendiquer, en restituant les sommes qu'il aurait reçues. — V. cependant Le Senne, n° 204. — Mais si la cession avait été faite à l'éditeur *et à ses ayans cause*, l'auteur serait alors obligé de livrer le manuscrit, soit à ses cessionnaires, soit à ses héritiers, soit même aux syndics de sa faillite, parce que la cession ne pourrait plus être considérée comme faite en considération personnelle de l'éditeur. C'est, du reste, ce qui a été décidé par un jugement du tribunal de commerce de Paris, du 26 janv. 1831, rapporté par M. Gastambide, n° 119.

160. — Si la cession a pour objet un ouvrage à composer, l'obligation que contracte l'auteur n'est plus celle de livrer un corps certain; mais une obligation de faire, qui, en cas d'inexécution, se résout en dommages-intérêts. — C. civ., art. 1142. — Gastambide, *loc. cit.;* Nion, p. 294; Goujet et Merger, n° 158; Le Senne, n° 199. — Il résulte de là que l'auteur qui s'est obligé envers une personne à composer un ouvrage peut contracter le même engagement envers une autre personne; et celle-ci pourra en obtenir l'exécution, sans que la première ait le droit de s'y opposer. Celle envers laquelle l'engagement n'est point exécuté n'a qu'une action en dommages-intérêts contre l'auteur.— Le Senne, *loc. cit.*

161. — Lorsqu'un libraire éditeur a chargé un auteur auquel il a payé une somme déterminée de faire une traduction, et qu'il n'est intervenu entre les parties aucune convention sur la propriété de ladite traduction, ni sur le nombre d'exemplaires qu'en pourrait tirer l'éditeur, on doit conclure de là que l'auteur n'avait pas l'intention de se réserver le droit de propriété. Dès lors, l'auteur ne peut vendre à un autre libraire le droit de publier une nouvelle édition de cette traduction. Le libraire éditeur n'a pas non plus le droit de publier une seconde édition avec un frontispice revêtu d'énonciations qui peuvent faire supposer qu'elle a été revue et corrigée par l'auteur. — *Paris*, 28 nov. 1832, Pariset c. Méquignon-Marvis.

162. — La livraison du manuscrit doit être faite par l'auteur à l'époque fixée par le contrat et de la manière convenue. S'il n'y a point eu de délai fixé, le cessionnaire peut sommer l'auteur, soit de livrer son manuscrit dans un temps limité, soit de convenir d'un délai. A défaut par l'auteur d'obtempérer à la sommation, le cessionnaire peut faire résilier le contrat et obtenir des dommages-intérêts. — Nion, p. 295; Goujet et Merger, nos 150 et 151. — Toutefois, dans l'usage, surtout lorsqu'il s'agit d'un ouvrage à faire, les conventions intervenues entre le cédant et le cessionnaire ne sont point rigoureusement exécutées. Les clauses pénales qui y sont stipulées sont généralement considérées comme comminatoires, et les tribunaux se montrent faciles à accorder à l'auteur une prolongation de délai.

163. — A l'obligation de délivrer se joint, pour l'auteur, celle de garantir au cessionnaire la possession paisible, la jouissance utile de l'ouvrage cédé. Ainsi, non-seulement, après la cession faite, le cédant ne peut plus renoncer à son droit exclusif sur son ouvrage et donner au public la faculté de le publier librement; mais il ne peut le publier lui-même ni y faire des changemens qui seraient de nature à diminuer les chances de vente, ou à exposer le cessionnaire à un surcroît de dépenses. Si, cependant, l'auteur portait atteinte à la propriété qu'il s'est engagé à garantir, quelle serait la sanction? Le cessionnaire aurait assurément, quelle que fût la nature de cette atteinte, une action en dommages-intérêts contre le cédant. Mais si l'atteinte consistait dans une réimpression ou reproduction totale ou partielle de l'ouvrage cédé, le cédant ne pourrait-il pas être même déclaré contrefacteur? La Cour de Paris s'est prononcée pour la négative par un arrêt du 29 janv. 1835, dont le texte est rapporté par M. Gastambide, p. 141, note. Cet arrêt a été avec raison l'objet de critiques de la part de cet auteur. — V. n° 109. — Aucune disposition de la loi ne s'oppose, en effet, à ce qu'une réimpression, faite par l'auteur lui-même, puisse être considérée comme une contrefaçon. Par la cession, l'auteur s'est dessaisi de son droit de propriété littéraire, qui est passé dans les mains du cessionnaire. Or, du moment qu'il porte atteinte par une réimpression illégitime à la propriété de son cessionnaire, à l'égard duquel il n'est plus qu'un étranger, il commet, comme tout autre individu, le délit de contrefaçon. Deux voies sont donc ouvertes, suivant les circonstances, contre l'auteur qui méconnaît la cession qu'il a consentie : l'action civile en dommages-intérêts et l'action en contrefaçon. — V. aussi, en ce sens, Nion, p. 296 et 297; Le Senne, n° 184. — V. *infrà* n° 276.

164. — C'est par le traité de cession que se déterminent ordinairement les obligations et les droits du cédant. Ainsi : l'auteur qui, en cédant une édition de son ouvrage, s'est interdit de faire avant l'épuisement de cette édition une autre édition, s'est dépouillé jusqu'à l'épuisement de l'édition cédée de tout droit d'exploitation. En conséquence : s'il contrevient à cette clause du traité, et fait publier une nouvelle édition sans attendre l'épuisement de la première; il ne se rend pas seulement passible de dommages-intérêts, mais il commet le délit de contrefaçon. — *Paris*, 28 nov. 1826, Dentu c. Guillaume. — Gastambide, n° 111; Goujet et Merger, n° 154.

165. — La lenteur même du débit d'un ouvrage, si elle n'est pas imputable à la négligence de l'éditeur, ne peut apporter aucune modification à la clause du traité fixant la durée du privilége conféré à ce dernier. Mais s'il n'existe dans le traité aucune stipulation sur la durée de ce privilége, les tribunaux sont alors investis d'un pouvoir souverain d'appréciation. Ainsi, ils peuvent, dans ce cas, reconnaître à l'auteur qui a cédé à un éditeur la première édition d'un recueil de lois, ordonnances et instructions, lorsqu'un long temps s'est écoulé depuis la publication de cette édition, et encore bien que celle-ci ne soit point épuisée, le droit d'en publier une seconde augmentée des documens législatifs et administratifs intervenus depuis la première. — *Paris*, 27 janv. 1845 (t. 1er 1845, p. 112), Laurent c. ministre de la marine. — *Contrà*, *Cass.*, 22 févr. 1847 (t. 1er 1847, p. 378), mêmes parties.

166. — L'auteur qui cède, sans aucune réserve, la propriété de tous ses ouvrages, mais successivement et à mesure qu'il les compose, ne peut, sans se rendre coupable de contrefaçon, publier plus tard ces mêmes ouvrages en *œuvres complètes*. Si, au contraire, s'étant réservé le droit de publier ses ouvrages en *œuvres complètes*, mais avec cette restriction que ces œuvres ne pourront paraître qu'*en entier*, il les publie par feuilles, *par livraisons*; il ne commet pas alors le délit de contrefaçon, mais il est passible de dommages-intérêts envers l'éditeur auquel il a cédé partiellement ses ouvrages, avec la faculté pour ce dernier de les vendre séparément. — Gastambide, nos 112 et 113.

167. — De même, le cessionnaire qui a acquis partiellement les ouvrages d'un auteur ne peut, sous peine de dommages-intérêts, les publier sous le titre d'*œuvres complètes*. — Gastambide, n° 106.

168. — Si un libraire cède à un autre libraire un nombre déterminé d'exemplaires d'un ouvrage, avec déclaration formelle que ces exemplaires sont les seuls qui existent encore; cette cession emporte pour le cédant interdiction de réimprimer l'ouvrage tant qu'il reste des exemplaires dans les magasins du cessionnaire, sous peine de dommages-intérêts (Gastambide, n° 117) : à moins, toutefois, qu'il ne soit établi que si le cessionnaire ne s'est pas, au bout d'un certain temps, défait des exemplaires qui restent dans ses magasins, cela tient ou à sa négligence, ou à sa mauvaise foi; on comprend en effet qu'il ne peut dépendre de sa volonté de paralyser les droits du cédant.

169. — De son côté le cessionnaire d'un ouvrage à la condition de l'éditer, ne peut, sous un prétexte quelconque, refuser de remplir son obligation. En cas d'inexécution de cette obligation, l'auteur n'a pas seulement le droit de demander la résolution de la convention; mais aussi celui de réclamer des dommages-intérêts pour le préjudice que lui cause cette inexécution. — Le Senne, nos 186 et 188.

170. — Relativement aux effets de la cession d'un manuscrit, quoique faite sans aucune réserve; ils ne sont pas les mêmes que ceux produits par la vente des propriétés ordinaires. Le cessionnaire n'acquiert pas le droit absolu de disposer de l'ouvrage, un droit semblable en tout à celui de l'auteur. Il n'acquiert que le droit de publier l'œuvre cédée. C'est un usufruitier qui doit jouir en bon père de famille en conservant la substance de l'ouvrage. Il ne peut y faire, sans le consentement de l'auteur, des changemens, additions ou suppressions. L'auteur n'aliène pas l'espoir de réputation qu'il peut attacher à son œuvre, telle qu'il l'a exécutée et livrée. — Gastambide, n° 95; Pardessus, n° 310; Goujet et Merger, nos 164 et 165; Nion, p. 298 et suiv.; Le Senne, nos 185 et 186; Renouard, t. 2, n° 192. — Néanmoins, si des changemens avaient été faits sans le consentement de l'auteur; les tribunaux pourraient, à raison du peu d'importance, de ces changemens, et de l'absence de préjudice, ne pas prononcer de dommages-intérêts contre le cessionnaire. — Renouard, *loc. cit.*; Goujet et Merger, n° 165.

171. — La mort du cédant ne confère point au cessionnaire de nouveaux droits. Le cédant est alors remplacé par sa veuve et ses héritiers, sans le consentement desquels le cessionnaire ne peut introduire dans l'ouvrage des modifications, changemens ou additions. Le cessionnaire ne peut même, sans le consentement de la veuve et des héritiers du cédant, publier l'ouvrage en séparant du texte de cet ouvrage les additions dont il croit utile de le faire accompagner et en indiquant que ces additions sont dues à un autre qu'à l'auteur. — V. cependant Renouard, t. 2, n° 193; Goujet et Merger, n° 166.

172. — Dans le cas où l'auteur a cédé toutes les éditions de son ouvrage, le cessionnaire peut se refuser, lorsqu'il y a lieu de faire imprimer une nouvelle édition, à ce que l'auteur fasse à son ouvrage des corrections ou additions : quand même l'auteur ne lui demande pas un supplément de prix. Mais il sera rarement de l'intérêt du cessionnaire de publier telle quelle une nouvelle édition d'un ouvrage. Les progrès de la science rendent souvent nécessaires des modifications. Si le cessionnaire ne consent point à les admettre, l'auteur peut publier les additions séparément. — Pardessus, n° 310; Goujet et Merger, n° 167.

173. — Le traité de cession peut avoir pour objet le droit ou privilége d'auteur, ou l'original matériel de l'ouvrage; ou ces deux choses à la fois. Dans l'un et l'autre cas, le cessionnaire est engagé à publier l'ouvrage, à en faire au moins une édition, si le traité ne s'explique pas sur le nombre des éditions à faire. Quoique la cession ne porte littéralement que sur l'original matériel de l'ouvrage, cet ouvrage n'a été vendu évidemment que pour être publié. C'est donc à tort, ce nous semble, que M. Le Senne (n° 189) ne reconnaît l'obligation pour le cessionnaire de publier l'ouvrage, que lorsque c'est le droit d'auteur qui a été cédé.

174. — Si l'auteur a vendu la toute propriété de son ouvrage, le cessionnaire est-il obligé, après chaque édition, d'en faire une nouvelle? — En ne s'expliquant pas sur ce point dans le traité de cession, l'auteur semble avoir voulu s'en rapporter au cessionnaire pour le nombre et l'opportunité des éditions. Cependant il ne peut dépendre du mauvais vouloir d'un éditeur de paralyser le droit de l'auteur, que celui-ci n'a cédé qu'à la condition pour le cessionnaire de publier. La solution de la question posée plus haut dépendra donc souvent des circonstances, dont l'appréciation appartient souverainement aux tribunaux. — Gastambide, n° 96; Renouard, t. 2, n° 187; Goujet et Merger, n° 174; Nion, p. 209.

175. — Au surplus, comme il s'agit là d'un droit qui intéresse à la fois l'auteur et le public, si le cessionnaire ne pouvait être contraint à faire une nouvelle édition de l'ouvrage cédé, l'auteur pourrait être autorisé à le publier : soit par lui-même, soit par un autre. — Pardessus, n° 310; Goujet et Merger, *loc. cit.*,

176. — Lorsqu'une édition seulement d'un ouvrage a été cédée, et que le cédant s'est interdit la faculté de faire une seconde édition avant l'épuisement de la première, le cessionnaire ne peut, sans s'exposer à des dommages-intérêts, ralentir, par calcul ou négligence, la vente des exemplaires de cette première édition et retarder ainsi la publication d'une nouvelle. — Gastambide, n° 97; Goujet et Merger, n° 173.

177. — Le cessionnaire ne peut porter aucune atteinte aux droits que s'est réservés l'auteur dans l'acte de cession. Si donc l'auteur, en vendant ses œuvres complètes à un libraire, se réserve de publier avec lui, à profits communs, une édition populaire et par souscription de l'un des ouvrages compris dans la vente, le cessionnaire ne peut céder à un journaliste le droit de publier ce même ouvrage en feuilletons. Le cédant a le droit non-seulement de s'opposer à cette publication, mais aussi de poursuivre le cessionnaire en dommages-intérêts. — Goujet et Merger, n° 175.

178. — Mais l'obligation contractée par un libraire de ne publier qu'un corps d'ouvrage et non quelques œuvres d'un auteur, n'enlève point à ce libraire la faculté de les comprendre dans une édition des œuvres complètes du même auteur publiée par livraisons, dites pittoresques, surtout s'il résulte de l'ordre dans lequel chaque livraison a paru, et de la pagination des feuilles qui se suivent par volume, que le libraire n'a pas vendu séparément un ou plusieurs ouvrages. — *Paris*, 12 mars 1836, Barba c. Charpentier. — Et. Blanc, p. 390; Gastambide, n° 113.

179. — Quant à l'impression et à la publication de l'ouvrage cédé, elles doivent être faites dans le délai et dans la forme convenus par le traité de cession. Ainsi l'éditeur qui a acheté le droit de publier un ouvrage en volumes in-octavo, ne peut, sous peine de dommages-intérêts, le publier par livraisons. — Gastambide, n° 102; Goujet et Merger, n° 171. — Il ne peut pas davantage, lorsqu'il a acquis le droit de publier un ouvrage dans le format in-octavo, le publier dans un format in-dix-huit, quoique le tirage dans ce dernier format ne porte pas le titre de deuxième édition. — Goujet et Merger, n° 170. — Il n'a pas non plus le droit de substituer une édition illustrée à une édition sans gravures. — *Lyon*, 23 juin 1847 (t. 2 1847, p. 325), Girard c. Fabvier.

180. — Le cessionnaire est tenu de publier l'ouvrage qui lui a été cédé sous le nom de l'auteur; et s'il y a deux ou plusieurs auteurs, il doit placer leurs noms dans l'ordre qui lui a été indiqué. — Gastambide, nos 98 et 99; Goujet et Merger, n° 168. — Il est tenu également de conserver le titre donné à l'ouvrage par l'auteur. — Goujet et Merger, *loc. cit.*

181. — Cependant, il peut être fait exception à la règle qui veut que l'auteur, même en vendant son ouvrage en toute propriété, conserve le droit d'exiger que nulle modification ne soit apportée dans sa rédaction, et que aucun nom ne soit ajouté ou substitué au sien, dans le cas où il résulte de la nature de l'entreprise à laquelle les travaux de cet auteur sont destinés : que les parties ont entendu attribuer à l'entrepreneur le droit de disposer desdits ouvrages pour le plus grand intérêt de sa spéculation. — *Paris*, 12 févr. 1848 (t. 2 1848, p. 588), Vergnaud c. Rorel.

182. — Il ne peut, pour faciliter l'épuisement des exemplaires qui lui restent de l'édition cédée, faire de nouvelles couvertures portant de nouvelles énonciations et un nouveau prix. Indépendamment de ce que ce fait est de nature à tromper le public, il porte un grave préjudice à l'auteur. — Gastambide, n° 103.

183. — Le contrat de cession qui intervient entre un auteur et un éditeur ayant pour base, ainsi que nous l'avons fait observer plus haut (V. *suprà* n° 159), une confiance mutuelle, il en résulte, ce nous semble, que l'éditeur doit exploiter par lui-même. MM. Gastambide (n° 101) et Nion (p. 299) enseignent, au contraire, qu'il peut céder son droit à un tiers, si cette faculté ne lui est pas formellement interdite. Mais la base que nous avons donnée au contrat de cession étant admise, la faculté pour l'éditeur de céder son droit devient, selon nous, une exception qui doit être exprimée.

184. — Mais si le cessionnaire doit exploiter par lui-même, rien ne s'oppose à ce qu'il puisse remettre à un libraire, en paiement de ce qu'il doit à ce dernier, divers exemplaires de l'ouvrage cédé; et, si ce libraire se trouve dans la nécessité de réaliser promptement la somme que représentent les exemplaires par lui reçus, il peut non-seulement les vendre au rabais sur le prix de l'éditeur, mais encore annoncer ce rabais par la voie des journaux. — Goujet et Merger, n° 180.

185. — L'ouvrage cédé peut être une contrefaçon. L'éditeur qui le publie peut, comme l'auteur, être l'objet de l'action qui naît de ce délit. S'il a été de bonne foi, l'auteur doit le garantir des conséquences civiles de cette action. — Gastambide, n° 108.

186. — Jusqu'ici nous avons supposé que la cession était volontaire. Mais une œuvre littéraire peut-elle être saisie et vendue à la requête des créanciers de l'auteur? Deux hypothèses peuvent se présenter : ou l'œuvre est encore en manuscrit, ou elle a été déjà publiée.

187. — Dans la première, la raison de douter se tire de ce que les manuscrits n'ont point été compris dans les choses que la loi déclare insaisissables. Mais la nature de l'œuvre manuscrite s'oppose à ce que cette œuvre puisse être saisie et vendue par les créanciers de l'auteur. Tant qu'elle est tenue secrète, c'est une propriété toute personnelle. L'auteur peut y faire des changemens et même la détruire. Cette œuvre est encore à l'état de pensée; et elle doit être inviolable : soit que l'auteur existe encore, soit qu'il n'existe plus. — *Paris*, 11 janv. 1828, Vergue.— Gastambide, nº 122, Renouard, t. 2, nº 207; Le Senne, nº 213.

188. — Mais l'œuvre littéraire une fois publiée devient une propriété saisissable et susceptible d'être vendue à la requête des créanciers de l'auteur. Seulement, celui-ci conserve toujours le droit de faire à son œuvre les changemens qu'il juge utiles. — Gastambide, *loc. cit.*; Le Senne, nº 211.

189. — L'impression d'une œuvre littéraire ne peut jamais avoir lieu que du libre consentement de l'auteur, de son vivant ou de celui de ses héritiers, après sa mort, pendant la durée du droit exclusif de publication qui leur est accordé par la loi. Il résulte de là que l'expropriation pour cause d'utilité publique ne saurait atteindre la propriété littéraire. L'auteur ne peut pas plus être contraint de céder pour cette cause son manuscrit inédit que les droits d'auteur qui y sont attachés.—*Cass.*, 3 mars 1826, Muller c. Guibal.— Delalleau, *De l'expropriation pour cause d'utilité publique*, nº 14; Gastambide, nº 121; Le Senne, nº 214.

190. — Enfin, la cession confère au cessionnaire le droit de poursuivre lui-même les contrefacteurs. — Gastambide, nº 93.

§ 7. — *Contrefaçon.*

191. — Nous avons dit que l'auteur d'un écrit avait seul le droit de le vendre, faire vendre et distribuer dans toute l'étendue du royaume, et que ce droit constituait une véritable propriété, la propriété littéraire. Il résulte de là que toute atteinte portée à l'exercice de ce droit est une violation de la propriété. Cette violation est désignée sous le nom de *contrefaçon*. La contrefaçon consiste non-seulement dans la reproduction identique d'un écrit ou d'un livre, mais encore dans tout usage que l'on fait d'un ouvrage appartenant au domaine d'autrui, comme si on le possédait dans son propre domaine, ou comme si tout le public avait droit sur cet ouvrage. — Renouard, t. 2, nº 4; Gastambide, nºs 37 et 38; Goujet et Merger, nº 210.

192. — Toutefois, il ne suffit pas, pour qu'il y ait atteinte à la propriété littéraire ou contrefaçon, qu'on ait dérobé à l'auteur tout ou partie de son œuvre, il faut de plus que ce fait lui occasionne un préjudice ou crée pour lui la possibilité d'un préjudice. — Et. Blanc, p. 407; Goujet et Merger, nº 212; Gastambide, nº 39. — Or la possibilité d'un préjudice peut résulter même d'un commencement d'exécution matérielle, si à ce commencement d'exécution se joint, de la part du reproducteur, l'intention d'en retirer un profit pécuniaire (Le Senne, *Livre des nations*, nºs 12 et suiv.) : intention, du reste, qui se suppose toujours en cette matière. Les tribunaux apprécieront aussi la possibilité du préjudice. — Gastambide, *loc. cit.* — V., au surplus, *infrà*, nº 243. — Il a été jugé notamment que lorsque les juges de première instance avaient, dans une affaire de contrefaçon, déclaré qu'il n'y avait pas eu de la part du prévenu intention de nuire, la Cour, en énonçant dans son arrêt que celui-ci avait publié sciemment des poésies qu'il savait être la propriété exclusive des auteurs ou de leurs représentans, et en le rendant coupable de contrefaçon, constatait suffisamment l'existence de l'intention de nuire. — *Cass.*, 15 juin 1844 (t. 2 1844, p. 482), Guérin et Didier c. Charpentier.

193. — C'est le préjudice que la reproduction ou l'imitation, sans le consentement de l'auteur, est susceptible d'apporter à son privilége, à son droit exclusif d'exploitation, qui sert de ligne de démarcation entre la contrefaçon et le plagiat. Le plagiat consiste à s'approprier, à donner mensongèrement comme sien ce qui vient d'un autre, ce qu'on a pillé dans l'ouvrage d'autrui, sans possibilité de préjudice pour le privilégié. Ainsi, le plagiat, comme la contrefaçon, résulte d'emprunts faits à des ouvrages publiés. Mais la limite dans laquelle il s'est renfermé ne permet pas de le considérer comme portant atteinte à la propriété. Sa sanction est, non dans la loi, mais dans l'opinion publique.— Le Senne, nº 11; Nion, p. 56; Goujet et Merger, nºs 274 et 252.

194. — Par exemple, lorsque les emprunts faits à un ouvrage sont peu de chose relativement à cet ouvrage et au livre où on les introduit, comme la réimpression dans le *Livre des jeunes personnes* de quatre pièces de vers empruntées aux *Feuilles d'automne* de M. Victor Hugo, l'absence de préjudice pour l'auteur de l'ouvrage auquel les emprunts ont eu lieu fait qu'il y a plagiat et non contrefaçon. — Gastambide, nº 51; Goujet et Merger, nº 249.

195. — Jugé aussi que l'insertion dans un ouvrage de science ou de littérature de quelques passages ou formules d'un autre ouvrage du même genre ne constitue pas une contrefaçon, mais simplement un plagiat. — *Cass.*, 3 juill. 1812, Dentu c. Malte-Brun; 25 févr. 1820, Hacquart c. Virey.

196. — Plus particulièrement, l'auteur d'un ouvrage de pharmacie ne commet pas le délit de contrefaçon, lorsqu'en le réimprimant il comprend dans sa nouvelle édition différentes formules empruntées d'un ouvrage nouveau sur le même sujet, si toute méprise entre les deux ouvrages devient impossible à raison de leur différence dans le plan, la division et le format. — Arrêt de cass. précité du 25 févr. 1820.

197. — De même, il y a plagiat et non contrefaçon dans le fait de l'emprunt par l'auteur d'une géographie en 19 volumes à un autre ouvrage d'un très-grand nombre de passages littéralement transcrits mais épars dans les 19 volumes. — Goujet et Merger, nº 250.

198. — La question de savoir quand le plagiat devient une contrefaçon punissable par les tribunaux est donc, comme on le voit, plutôt une question de fait qu'une question de droit. — *Cass.*, 3 juill. 1812, Dentu c. Malte-Brun. — Et les juges ont un pouvoir discrétionnaire pour décider si les emprunts faits à un ouvrage littéraire constituent un simple plagiat ou le délit de contrefaçon. — *Cass.*, 24 mai 1845 (t. 2 1845, p. 622), N....

199. — La loi n'indique comme constituant la contrefaçon que deux modes de reproduction : l'impression et la gravure. L'art. 425 C. pén. définit, en effet, la contrefaçon : Toute édition d'écrits *imprimée* ou *gravée* en entier ou en partie, au mépris des lois sur la propriété des auteurs. Cependant la contrefaçon est indépendante du procédé de reproduction. L'impression et la gravure n'ont pu être indiquées que comme étant ceux qui portent l'atteinte la plus grave au monopole de l'auteur. La reproduction par tout autre procédé rentre également dans les dispositions de la loi pénale. Ainsi, c'est contrefaire un ouvrage que de le reproduire par la lithographie, l'autographie, ou même par des copies à la main. — Gastambide, nºs 40 et 64; Renouard, t. 2, nº 18; Et. Blanc, p. 392; Goujet et Merger, nº 213.

200. — Il a été fait spécialement application de ce principe à la reproduction par le moyen de l'autographie. La Cour de Paris a jugé, en effet, par arrêt du 29 juin 1827 (Janet, Cotelle et Pollet c. Fay), que l'impression, au moyen de l'autographie, de tous les rôles séparés d'un ouvrage dramatique, sans l'assentiment de l'auteur ou de ses cessionnaires, constituait une véritable contrefaçon. Cette impression a causé à l'auteur ou à ses concessionnaires un préjudice en empêchant la vente d'autant d'exemplaires de l'ouvrage dramatique (dans l'espèce il s'agissait du *Mariage de raison*) qu'il y avait de rôles. — Gastambide, nºs 64 et 262; Et. Blanc, p. 392.

201. — La reproduction par la sténographie des leçons faites par un professeur dans un cours public, surtout lorsque ces leçons ne sont que le développement d'un ouvrage imprimé, publié antérieurement par ce professeur, constitue aussi une véritable contrefaçon. — *Paris*, 27 août 1828, Pouillet et Béchet c. Grosselin.

202. — Jugé aussi que l'éditeur qui fait lithographier des cours publics et les publie sans le consentement des professeurs, commet le délit de contrefaçon.— *Paris*, 30 juin 1836, Eberhard c. les professeurs des écoles.

203. — Si le procédé de reproduction est indifférent pour l'existence du délit de contrefaçon, il en est de même, à plus forte raison, du mode de reproduction. Par exemple, la différence dans le genre d'édition, dans le format et le nombre des volumes, n'empêche pas la contrefaçon d'exister. — Goujet et Merger, *loc. cit.* — Il en est de même de quelques différences qui peuvent se rencontrer, non pas dans la forme, mais quant au fond, entre l'ouvrage original et l'ouvrage contrefait. On voit par là que la reproduction non-seulement totale, mais aussi partielle; non-seulement directe et patente, mais déguisée : peut constituer le délit de contrefaçon. La loi est générale et elle laisse en outre aux tribunaux le soin de mesurer la répression sur la gravité du délit, sur l'étendue du préjudice. — Gastambide, nºs 39 et 43; Goujet et Merger, nº 215.

204. — Toutefois, il ne faut pas confondre la reproduction déguisée avec les emprunts qui peuvent être faits à un ouvrage déjà publié. On peut emprunter, en effet, à cet ouvrage, sans commettre de délit, les principes et les opinions qui y ont été développés, pourvu que l'emprunteur se les approprie et en fasse en quelque sorte un travail nouveau. La possibilité d'une méprise entre l'original et la reproduction est assurément un signe distinctif de la contrefaçon. Mais ce serait à tort qu'on prétendrait que l'impossibilité d'une méprise entre l'original et la reproduction empêcherait qu'il y eût contrefaçon. Ce délit existe par cela seul qu'il y a *larcin* et *préjudice*. C'est encore aux tribunaux qu'il appartient d'apprécier si les limites de l'emprunt ont été excédées, si l'emprunt n'est qu'une reproduction déguisée. — Gastambide, nº 42.

205. — Le cas le plus frappant, mais aussi le plus rare, de contrefaçon, est incontestablement celui de reproduction entière et identique d'un ouvrage, c'est-à-dire celui de réimpression pure et simple; en d'autres termes, dans la même forme et dans les mêmes dimensions. Mais un ouvrage n'en est pas moins reproduit en entier et identiquement, lorsque, au lieu de l'être isolément, il se trouve fondu, inséré dans un autre ouvrage. Par exemple, il y a contrefaçon entière dans le fait de réimpression dans un ouvrage de deux volumes d'un mémoire ou écrit de quelques pages publié séparément. Cette réimpression nuit évidemment à la vente isolée de ce mémoire ou écrit.— Gastambide, nº 45; Renouard, t. 2, nº 9; Goujet et Merger, nºs 216 et 217; Le Senne, nº 22.

206. — Il n'y a pas lieu de distinguer entre la réimpression totale ou l'imitation parfaite d'un ouvrage, et la réimpression du texte et du titre de cet ouvrage, mais avec des additions, corrections et changemens. Il est évident que cette dernière réimpression est, comme la première, une atteinte au privilége de l'auteur. Autrefois, le contraire avait cependant été jugé. Mais aucun doute ne peut aujourd'hui s'élever sur ce point. — Merlin, *Quest. de droit*, vº *Contrefaçon*, § 4; Renouard, t. 2, nº 11; Et. Blanc, p. 413; Gastambide, nºs 45 *in fine* et 47; Goujet et Merger, nº 218; Le Senne, nº 23.

207. — La reproduction partielle peut constituer également, ainsi que nous l'avons dit, le délit de contrefaçon. Cette reproduction peut être déguisée ou avouée. Elle est déguisée, lorsque le reproducteur, procédant par voie d'emprunt, dissimule la source où il a puisé; elle est avouée, lorsqu'il procède par voie de citation. La question de savoir quelles sont les limites légales de la liberté d'emprunt ou de citation est assurément des plus délicates, des plus difficiles; et il est presque impossible de donner à cet égard une règle fixe. La difficulté ne pourra souvent, en effet, se résoudre que par une appréciation des faits. Il est évident, toutefois, qu'il ne suffira pas aux tribunaux, pour admettre la contrefaçon, de constater l'existence de l'emprunt ou de la citation; il faut aussi qu'ils examinent s'il résulte ou peut résulter de cet emprunt ou de cette citation un préjudice pour l'auteur. — *Cass.*, 24 mai 1845 (t. 2 1845, p. 622), Muller. — Gastambide, nº 46; Goujet et Merger, nºs 221 à 224; Renouard, t. 2, nº 10; Le Senne, nº 25.

208. — Les tribunaux prendront surtout en considération l'étendue, la nature des emprunts et des citations. Ainsi, il n'est pas douteux qu'il n'y ait un larcin susceptible de causer un préjudice à l'auteur dans le fait de réimprimer, sans son consentement, une partie notable, importante et marquante de son ouvrage. — Renouard, t. 2, nº 12; Goujet et Merger, nº 226; Le Senne, *loc. cit.*

209. — Spécialement, constitue une contrefaçon partielle, le fait d'emprunter, par exemple, à la traduction d'*Ivanhoé*, par Defauconpret, les onze premiers chapitres et de les reproduire presque complètement dans une traduction nouvelle de ce roman.—*Paris*, 1er mars 1830, Aubrée c. Gosselin.—Gastambide, nº 49; Goujet et Merger, nº 227.

210. — ... Le fait de réunir en un corps d'ouvrage de nombreuses pièces de poésie de divers auteurs, choisies parmi celles qui ont eu le plus de succès, sans l'autorisation de ces auteurs, et dans un intérêt de spéculation commerciale. —

Paris, 19 août 1843 (t. 1er 1844, p. 210), Charpentier c. Didier.

211. — ... La reproduction, par un journal, de quelques chapitres d'un roman et de l'ensemble de la table des chapitres, si elle suffit pour faire connaître le plan général et les détails les plus importans de l'ouvrage et pour en empêcher l'acquisition ; alors surtout que les lignes dont cette reproduction a été précédée ne peuvent être considérées comme une critique. — *Paris*, 13 juill. 1830, Darthenay c. Mesnier.

212. — Il en devrait être de même, ce nous semble, encore bien qu'une reproduction de la nature de celle dont il s'agit eût été précédée d'une véritable critique. Car, si la presse jouit, relativement à la critique, de quelque liberté, de quelques licences, ce ne peut être qu'à la condition de respecter la propriété d'un ouvrage. « S'il en était autrement, dit avec raison M. Gastambide (n° 60), un journal pourrait, dans plusieurs numéros successifs, réimprimer un ouvrage tout entier ; il pourrait en reproduire les parties principales, et le livre ne se vendrait plus ou se vendrait beaucoup moins. »

213. — La reproduction de la table analytique d'un ouvrage qui en contient en substance et en résumé les principaux élémens est par elle-même une reproduction partielle constitutive du délit de contrefaçon. — Et. Blanc, p. 413 ; Goujet et Merger, n° 239.

214. — Jugé aussi qu'il y a contrefaçon partielle lorsqu'on trouve dans les deux ouvrages (sur l'escrime) assimilation dans les termes, analogie dans les élémens, même ordre dans l'exécution pour la partie empruntée au premier, dans le second, à quelques mouvemens près qu'on a supprimés. — *Cass.*, 3 mars 1826, Muller c. Guibal.

215. — Mais ce n'est pas commettre le délit de contrefaçon que de citer textuellement, dans un ouvrage, pour en faire la réfutation ou la critique, quelques passages ou articles isolés d'un livre. — Le Senne, n° 25.

216. — Nous avons vu plus haut que la circonstance que la réimpression totale d'un livre a eu lieu avec des notes et commentaires n'empêchait pas qu'il n'y eût contrefaçon. De même : emprunter à un dictionnaire de la langue française une partie de son texte, tout en lui faisant subir des corrections, retranchemens, augmentations, même de notables améliorations, pour en composer un nouveau sous le même titre, c'est se rendre coupable de contrefaçon. — *Cass.*, 28 flor. an XII, Smith c. Leclerc. — Gastambide, n° 47 ; Goujet et Merger, nos 243 et 244.

217. — A l'égard de certains ouvrages, comme les dictionnaires de droit, les encyclopédies et répertoires, dont le but est de donner l'analyse ou le résumé de tout ce qui est épars dans une foule de livres, la faculté de reproduction, soit par la voie d'emprunt, soit par la voie de citation, ne peut être renfermée dans d'étroites limites. L'emprunt fait aux livres qui servent à la rédaction, à la composition de ces dictionnaires, encyclopédies et répertoires, ne peut constituer une atteinte à la propriété des auteurs, et par conséquent une contrefaçon, qu'autant qu'il est trop considérable, qu'il n'est que la reproduction de parties textuelles et étendues de ces livres. Mais de dictionnaire à dictionnaire, d'encyclopédie à encyclopédie, de répertoire à répertoire, la faculté de reproduction par emprunt ou même par citation est plus restreinte. — Renouard, t. 2, n° 15 ; Goujet et Merger, n° 242 ; Gastambide, n° 48.

218. — Il peut y avoir contrefaçon d'une compilation dans le fait de lui emprunter, de lui prendre quelques-unes des choses qui lui appartiennent en propre, comme le choix des matières, la rédaction, l'ordre général ou les détails. Mais ce n'est pas commettre le délit de contrefaçon que de reproduire, dans l'ordre où ils y ont été placés, les détails d'une compilation, si les matériaux qui ont servi à la composition de cette compilation sont dans le domaine public et si l'ordre suivi dans leur arrangement est le seul possible. — Gastambide, n° 55 ; Goujet et Merger, n° 245.

219. — Il peut donc arriver qu'une similitude, même assez complète, qui existe entre deux ouvrages, et surtout entre deux compilations de même nature, ne puisse être considérée comme constitutive de la contrefaçon. Les auteurs de ces sortes d'ouvrages puisant ordinairement à des sources communes, les matières traitées ne sauraient être différentes quant au fond. — Et. Blanc, p. 410 ; Goujet et Merger, n° 246. — La nouveauté, l'invention ne consiste alors que dans l'ordre, le classement, la distribution des matières. La reproduction, hors le cas indiqué au numéro qui précède, des mêmes matières dans le même arrangement serait une atteinte à la propriété.

220. — Spécialement : est une contrefaçon la réimpression faite, sans la permission de l'auteur, d'un livre composé de passages d'ouvrages anciens, mais choisis et disposés dans un certain ordre. — *Cass.*, 2 déc. 1814, Leclerc c. Willeprend et Brunet.

221. — Mais le seul fait qu'un nouveau dictionnaire orthographique d'une langue contient un grand nombre de mots qui se trouvent dans un autre dictionnaire de la même espèce ne suffit pas pour le faire considérer comme une contrefaçon du précédent, surtout s'il n'est pas publié comme une édition nouvelle de celui-ci, s'il en diffère par le titre et si, outre les mots radicaux, il fait connaître les dérivés et composés, indique la prononciation et contient une foule d'additions et de changemens. — *Bruxelles*, 31 mai 1828, Siegenbeck c. Lauts. — Et. Blanc, p. 301.

222. — Les remaniemens ou augmentations introduits dans un ouvrage tombé dans le domaine public ne peuvent, lorsqu'ils sont reconnus être le résultat de corrections propres à leur auteur, être reproduits servilement, sans le consentement de ce dernier. Cette reproduction servile constituerait une contrefaçon. — *Cass.*, 27 févr. 1845 (t. 1er 1848, p. 586), Richault c. Colombier.

223. — L'abrégé d'un ouvrage, c'est-à-dire la reproduction de cet ouvrage dans des proportions moindres, est une contrefaçon ; car cet abrégé, pouvant être d'un débit plus facile que l'ouvrage même, est une cause de préjudice pour l'auteur, sans le consentement duquel il a été fait. — Gastambide, n° 47 *bis*. — Il en est ainsi quoique cet abrégé soit accompagné de notes ou commentaires. Si cependant l'abrégé d'un ouvrage ne portait pas le même titre, s'il ne renfermait ni le même plan ni la même rédaction, si, en un mot, l'auteur de cet abrégé, s'inspirant de l'ouvrage original, en avait refondu plutôt que reproduit les parties principales, par suite d'un travail qui avait exigé de sa part du discernement, de la sagacité, il n'y aurait pas contrefaçon. — Renouard, t. 2, n° 13 ; Goujet et Merger, n° 241 ; Le Senne, n° 26.

224. — Lorsqu'un ouvrage contient plusieurs sujets distincts ; en prendre une partie pour la publier séparément, c'est commettre une contrefaçon. Par exemple, se rend coupable de ce délit celui qui emprunte à un ouvrage intitulé *Les jeunes voyageurs en Europe*, quelques articles séparés, distincts, pour en faire un autre ouvrage intitulé *Les petits voyageurs en Espagne*, *en France*, etc. Par la reproduction de ces articles dans ce dernier ouvrage il nuit en effet au succès du premier, auquel il enlève une classe déterminée d'acheteurs. — Gastambide, n° 53 ; Goujet et Merger, n° 229.

225. — Dans un tableau chronologique, historique, descriptif ou figuratif, les pensées et le style ne peuvent guère être l'objet d'une contrefaçon. Il en est différemment de la nature des matières, de l'ordre dans lequel elles sont disposées ; et il n'est pas nécessaire que ces matières ou leur ordre de disposition soient reproduits complétement, l'imitation partielle même est punissable. — Gastambide, n° 56 ; Goujet et Merger, nos 230 et 231.

226. — Un plan figuratif de la Chambre des députés (ou représentans), qui a pour objet principal l'indication exacte de la place qu'occupe chaque député dans la Chambre, étant une propriété littéraire (V. *suprà*, n° 32), l'imitation de ce plan dans une de ses parties essentielles constitue le délit de contrefaçon. — *Paris*, 21 déc. 1832, Saint-Eloy c. Marquis.

227. — Nous avons précédemment (V. *suprà*, n° 50) considéré le titre d'un ouvrage comme susceptible d'une propriété littéraire. Il s'ensuit que celui qui s'en est emparé se rend coupable de contrefaçon. Or, la contrefaçon d'un titre peut avoir lieu de deux manières, soit en se l'appropriant identiquement, soit en le reproduisant même avec quelques modifications. Dans ce dernier cas, il appartient surtout aux tribunaux d'apprécier si l'usurpation constitue une véritable contrefaçon ou simplement un plagiat. — Renouard, t. 2, n° 56 ; Le Senne, n° 68 ; Goujet et Merger, nos 78 et 79. — *Contrà*, Gastambide, n° 195.

228. — Jugé spécialement qu'il y a délit de contrefaçon lorsque, sans la permission du propriétaire, un ouvrage littéraire est réimprimé sous le même titre que l'édition originale, même avec des changemens et des additions, et lorsque, d'ailleurs, la nouvelle édition est annoncée comme faite à une autre époque, comme sortie des presses d'un autre imprimeur et comme mise en vente chez un autre libraire. — *Cass.*, 28 (et non 18) flor. an XII, Bossange et Masson c. Moutardier et Leclerc.

229. — Les changemens qui n'ont pour but que de déguiser l'usurpation d'un titre ne peuvent, en effet, empêcher la contrefaçon d'exister. Il suffit, pour constituer ce délit, qu'il y ait possibilité de méprise entre le titre original et le titre contrefait. Cette méprise établit évidemment, entre les deux ouvrages, une confusion préjudiciable à l'auteur de celui dont le titre a été usurpé. — Et. Blanc, p. 611 ; Goujet et Merger, nos 82 et 83.

230. — Mais si les dissemblances existant entre les deux titres, et les différences de prix et d'étendue des deux ouvrages, ne permettent aucune confusion, il ne saurait y avoir usurpation de titre. Ainsi, un ouvrage a pu être publié sous le titre de : *Biographie universelle classique* ou *Dictionnaire historique portatif en six volumes*, quoiqu'il en existât déjà un autre, en cinquante-deux volumes, intitulé : *Biographie universelle*. — *Paris*, 8 déc. 1833, Michaud c. Furne.

231. — Il n'y a pas non plus contrefaçon, si un journal, bien que publié sous un titre abandonné depuis longtemps par un autre recueil, présente, par son format, le contexte de son titre et les époques de publication, une différence notable avec l'ancien recueil. — *Paris*, 15 avr. 1834, Grimaut de Caux c. Guérin.

232. — L'usurpation d'un titre peut être une contrefaçon, encore bien qu'il ait été attaché par l'usurpateur à un ouvrage d'un contenu différent de celui auquel il a été emprunté. — Le Senne, n° 68 *in fine*.

233. — Dans tous les cas, il n'est pas douteux que l'usurpation du titre d'un ouvrage ne soit un fait dommageable et ne donne lieu à une action en dommages-intérêts de la compétence des tribunaux civils. — *Paris*, 3 mars 1830, N...

234. — Mais, à la différence du titre d'un ouvrage, qui est une production de l'intelligence, le nom n'étant acquis que par la naissance, le mariage, l'adoption, ne peut, au contraire, être, par lui seul, l'objet d'une contrefaçon. Toutefois, le nom est une propriété privée, et son usurpation donne lieu à une action en dommages-intérêts, à raison du tort que causent au propriétaire de ce nom cette usurpation et l'application de son nom à un ouvrage dont il n'est pas l'auteur. — *Paris*, 20 mars 1826, Lerouge c. Fouché d'Otrante. — Gastambide, n° 202 ; Et. Blanc, p. 604 ; Renouard, t. 2, n° 57 ; Goujet et Merger, n° 87 ; Le Senne, n° 69. — Mais l'usurpation du nom d'un auteur peut, suivant les circonstances, devenir un élément constitutif de contrefaçon. — Le Senne, *loc. cit.*

235. — Traduire un ouvrage publié en France, est-ce commettre le délit de contrefaçon ? — On dit, pour l'affirmative : Que le législateur n'a point subordonné l'existence de ce délit à la reproduction dans le même idiome, qu'il n'a considéré comme le constituant que la reproduction de la pensée, de quelque manière qu'elle s'opère. Or, la traduction d'un ouvrage n'en est-elle pas l'imitation la plus complète ? D'un autre côté, cette traduction est susceptible de causer à l'auteur de l'œuvre originale un préjudice, en diminuant le nombre des acheteurs de cette œuvre. C'est en faveur de cette solution, admise d'une manière formelle par la loi belge du 25 janv. 1817, que se sont prononcés MM. Pardessus (*Cours de droit comm.*, nos 164 et 167) et Et. Blanc (p. 416).

236. — La Cour de Rouen a jugé aussi, par arrêt du 7 nov. 1845 (t. 1er 1846, p. 658 [Girardin c. Rosa]), que la traduction d'un ouvrage français en langue étrangère constituait le délit de contrefaçon.

237. — Mais, dans le système contraire, on répond, d'une part : Que le législateur n'a entendu protéger que les ouvrages écrits en langue française contre la reproduction dans le même idiome, et que l'interdiction de traduire ces ouvrages dans une autre langue n'est pas dans la loi, et ne saurait se suppléer ; de l'autre : Que si une traduction est la reproduction de l'original, pensée par pensée, mot par mot, elle ne peut cependant préjudicier aux droits de l'auteur, soit à cause de l'infériorité de cette traduction sur l'original, soit à cause de la différence de l'idiome, du style, soit enfin à cause de la différence des lecteurs auxquels elle s'adresse. Ce système nous paraît, quant à nous, le plus conforme tant à l'esprit de la législation sur la propriété littéraire, qu'à la règle de loi naturelle qui assure à chaque individu, indépendamment de la nationalité, la jouissance intellectuelle de tous les ouvrages qui se publient et aux progrès littéraires et scientifiques. Ainsi, nous pensons qu'il n'y a pas contrefaçon, soit dans la traduction d'un ouvrage français en langue étrangère, soit dans la traduction en langue française d'un ouvrage publié en France dans une langue étrangère, soit enfin dans la traduction d'un ouvrage publié en France en langue étrangère dans une autre langue étrangère. — V. aussi, en ce sens, Renouard, t. 2, n° 16; Gastambide, n° 58; Goujet et Merger, n° 220; Le Senne, n° 31.

238. — Une traduction, une fois faite et publiée, doit, au contraire, être protégée contre les atteintes qui peuvent lui être portées, comme toute autre œuvre littéraire. Lors donc qu'il existe entre une première traduction et une nouvelle traduction du même ouvrage une ressemblance tellement frappante qu'il est impossible de l'attribuer à une rencontre fortuite entre les deux traducteurs, la seconde traduction doit être considérée comme une contrefaçon de la première. — *Cass.*, 23 juill. 1824, Ladvocat c. Bobée. — Gastambide, n° 57; Goujet et Merger, n° 228.

239. — Nous avons dit précédemment qu'il était permis aux journaux de se faire mutuellement des emprunts. Cette faculté, toutefois, doit être resserrée dans de justes limites. Par exemple, si les emprunts faits à un journal sont de nature à porter préjudice soit au journal lui-même, soit à l'auteur des articles empruntés et dont le dépôt a été effectué, ils dégénèrent évidemment en contrefaçons — *Cass.*, 29 oct. 1830, Petetin c. Gaja. — Le préjudice, à l'égard du journal dans lequel les articles reproduits ont été pris, est d'autant moins contestable, d'autant plus grand, réel, que la reproduction en est faite à une époque plus rapprochée de leur première publication, parce qu'alors cette reproduction fait une concurrence plus directe au journal dans lequel les articles ont été primitivement imprimés. — Gastambide, n° 61; Goujet et Merger, n°s 233 et 234.

240. — Comme on le voit, la circonstance de publication à une époque rapprochée n'est qu'une aggravation de préjudice en matière de contrefaçon entre journaux, mais non une condition *sine quâ non*, comme on l'a prétendu quelquefois, de l'existence de la contrefaçon. Il suit de là que la reproduction dans un journal d'un article emprunté à un autre journal, quoique faite plus ou moins longtemps après la première publication qui en a eu lieu, peut encore être une contrefaçon. S'il est possible, en effet, qu'une reproduction reculée ne puisse plus nuire au journal, en tant que journal, à l'entreprise du journal, auquel l'article est emprunté, elle peut être préjudiciable à l'auteur de cet article, qui en conserve la propriété et a le droit de le publier sous telle forme et autant de fois qu'il le juge convenable. Cela est vrai surtout pour les articles de *littérature* ou de *politique générale*. — Gastambide, *loc. cit.*; Goujet et Merger, n° 235.

241. — Ce que nous disons des *articles de journaux* s'applique, à plus forte raison, aux articles insérés dans les *revues*, qui ont encore un intérêt plus durable que les premiers. Les articles des revues, qui ont été déposés conformément à la loi, ne peuvent donc être reproduits, à quelque époque que ce soit, en tout ou en partie, soit par les journaux, soit dans tout autre ouvrage ou recueil périodique, sans contrefaçon. — Gastambide, n° 62; Goujet et Merger, n° 237. — A l'égard de la reproduction des *articles* dont il n'a point été fait dépôt, V. *suprà* n°s 107 et suiv.

242. — Il n'y a pas que les ouvrages écrits dont la reproduction puisse constituer une contrefaçon. Il y a également contrefaçon dans le fait d'imprimer, sans le consentement de leur auteur, les productions orales, comme les sermons des prédicateurs, les leçons des professeurs. Le privilége littéraire s'étend, en effet, à ces productions, comme aux productions écrites (V. *suprà*, n° 39). — *Lyon*, 17 juill. 1845 (t. 2 1845, p. 433), Marle c. Lacordaire. — Goujet et Merger, n° 238.

243. — La tentative d'un délit n'étant punissable, d'après les principes du Code pénal, qu'autant que la loi s'en est formellement expliquée, il s'ensuit que la tentative en matière de contrefaçon n'est pas condamnable. Mais le délit de contrefaçon peut exister quoiqu'il n'y ait qu'un commencement d'exécution. Ainsi il y a contrefaçon, et non seulement simple tentative, lorsque quelques feuilles contrefaites d'un ouvrage ont été imprimées. A plus forte raison, n'est-il pas nécessaire qu'il y ait eu débit, pour que la contrefaçon se trouve réalisée. — *Cass*, 2 juill. 1807, Clémendot c. Giguet et Michaud. — Et. Blanc, p. 403; Renouard, t. 2, n° 20; Gastambide, n° 66; Goujet et Merger, n° 254. — M. Gastambide (*loc. cit.*) rapporte aussi, comme ayant jugé dans le même sens, un arrêt de Paris du 16 mars 1837 (Renduel c. Gelée).

244. — L'auteur français ne conserve, ainsi que nous l'avons dit (V. *suprà*, n° 115), la propriété exclusive de son œuvre qu'autant qu'il en fait la publication en France. Comme la publication de cette œuvre en pays étranger la fait tomber dans le domaine public, celui qui la reproduit en France ne se rend pas coupable de contrefaçon. Il n'y a même pas lieu de distinguer si le reproducteur est étranger ou Français. — Gastambide, n° 67. — V. cependant Le Senne, n° 36. — V. *suprà*, n° 117

245. — Réciproquement, peu importe, pour l'existence de la contrefaçon, la qualité, la nationalité du reproducteur. La loi ne considère que le fait illégitime de reproduction. La contrefaçon même commise par l'Etat ou ses agens est aussi répréhensible que celle qui est commise par des particuliers. — Gastambide, n° 70.

246. — Pour être susceptible de causer un préjudice à l'auteur, la reproduction doit être faite dans un but de spéculation. Celle qui n'a lieu que comme objet d'étude ne peut avoir ce caractère. Il a même été jugé que tout chef d'école avait le droit de rédiger et de distribuer à ses élèves, dans la forme de cahiers, des élémens d'instruction extraits de tous les ouvrages publiés relatifs aux matières enseignées dans cette école, pourvu qu'aucun de ces cahiers ne soit vendu ou distribué hors du nombre des élèves. — Arrêt de *Cass.*, du 29 janv. 1829, qui rejette le pourvoi formé contre un arrêt de *Paris* du 22 mars 1828, (Muller c. Durfort). Mais cette décision est à juste titre critiquée par tous les auteurs. — Renouard, t. 2, n° 19; Et. Blanc, p. 394; Gastambide, n° 71; Goujet et Merger, n° 266. — Ainsi que le font, en effet, observer ces auteurs, si un chef d'école pouvait distribuer à ses élèves des extraits d'ouvrages propres à l'enseignement et destinés à être vendus dans les écoles, ce serait rendre la propriété des auteurs de ces ouvrages improductive, illusoire. Une pareille reproduction leur cause donc un préjudice réel et doit dès lors être considérée comme une véritable contrefaçon. — V. aussi *Paris*, 14 juill. 1838 (t. 2 1838, p. 535), Marin et Prina c. Mac-Carthy.

247. — En règle générale, l'auteur principal de la contrefaçon est celui qui la conçoit et l'exécute. Avant le Code pénal de 1810, on pouvait douter qu'il pût exister des complices en matière de contrefaçon. Mais la généralité des termes de l'art. 60 de ce Code a fait cesser toute espèce de doute. Ainsi, est complice du délit de contrefaçon, celui qui, sans y avoir directement participé, en a, avec connaissance, provoqué, aidé ou facilité la consommation. Mais l'éditeur qui fait exécuter par un tiers la réimpression illégitime d'un ouvrage, ou l'imprimeur qui prête sciemment ses presses à l'auteur ou à l'éditeur de cette réimpression, doit être considéré comme coauteur principal de la contrefaçon, et non pas seulement comme complice. — *Cass.*, 2 juill. 1807, Clémendot c. Giguet et Michaud. — Gastambide, n°s 72, 73 et 74; Goujet et Merger, n°s 262 et 263.

248. — La publication frauduleuse d'un ouvrage faite par l'auteur qui en a cédé l'exploitation, et le tirage fait par le cessionnaire à un plus grand nombre d'exemplaires qu'il n'est stipulé, peuvent, suivant les circonstances, constituer le délit de contrefaçon, ou ne donner lieu qu'à une action civile, à une action en dommages-intérêts. — Gastambide, n°s 68 et 69; Et. Blanc, p. 390 et 415; Goujet et Merger, n°s 257 et 260. — V. aussi *Paris*, 18 oct. 1843 (t. 1er 1844, p. 587), Bourdin c. de Las-Cases. — Il en est de même de la reproduction d'un article ou d'un abrégé faite dans une encyclopédie par l'auteur de cet article ou abrégé, lorsqu'il en a antérieurement cédé la propriété. — Et. Blanc, p. 415; Goujet et Merger, n° 258. — V. au surplus *suprà*, n° 153.

249. — Mais il n'y a pas contrefaçon dans le fait d'un cessionnaire qui, ayant acquis tous les ouvrages d'un auteur, les publie sous le titre d'*œuvres complètes*, bien que l'auteur se soit formellement réservé le droit de les publier sous ce titre, ou qui, ayant traité avec l'auteur pour une seule édition, vend le reste des exemplaires de cette édition comme provenant d'une édition nouvelle, ou qui enfin publie, contrairement à la vérité, une édition comme revue, corrigée et considérablement augmentée. Ce fait est de nature cependant à occasionner à l'auteur un préjudice dont il peut poursuivre la réparation au moyen de l'action en dommages-intérêts. C'est ici le cas seulement d'appliquer l'art. 1382 C. civ. — Et. Blanc, *loc. cit.*; Goujet et Merger, n° 261; Le Senne, n° 18.

250. — Nous avons fait remarquer plus haut (V. n° 192) qu'en matière de contrefaçon il était de principe que l'intention de nuire fût toujours supposée. La bonne ou la mauvaise foi ne doit donc pas être prise en considération pour l'appréciation du délit de contrefaçon. Ce délit existe par cela seul qu'il y a atteinte au droit de propriété littéraire et préjudice ou possibilité de préjudice. Les tribunaux ne peuvent tenir compte de la bonne foi que pour atténuer les peines encourues. C'est en ce sens que se sont prononcés MM. Renouard (t. 2, n° 6), Nion (p. 55) et Le Senne (n° 17). — MM. Gastambide (n° 75) et Goujet et Merger (n° 256) enseignent, au contraire, que la bonne foi doit être admise; mais que, si elle fait disparaître le délit, elle laisse subsister l'atteinte au droit de propriété, dont la répression se trouve dans l'art. 1382 C. civ.

251. — Dans tous les cas, l'auteur de la contrefaçon ne peut échapper à la peine qu'il a encourue, en alléguant que le manuscrit lui aurait été remis par une commission militaire, formée pour l'instruction des soldats, et que l'impression en aurait été approuvée par une ordonnance royale, s'il ne représente pas le prétendu manuscrit remis, et si l'ordonnance ne fait aucune mention de l'ouvrage contrefait. — *Cass.*, 3 mars 1826, Muller c. Guibal.

252. — Lorsqu'un ouvrage est publié avec le concours de plusieurs auteurs, en ayant tous au même titre la rédaction, la direction, si, par le fait de l'un d'eux, une partie importante, notable, de l'ouvrage d'un autre y a été reproduite, il nous semble que la responsabilité qui pèse indistinctement sur tous les auteurs du nouvel ouvrage doit faire considérer comme commun à leur égard le délit de contrefaçon. Si, au contraire, la part de chacun dans la rédaction était déterminée, définie, le délit de contrefaçon ne devrait exister qu'à l'égard de celui qui s'est approprié une partie de l'ouvrage d'autrui. Mais cette circonstance ne pourrait empêcher que le nouvel ouvrage ne fût en entier saisi et confisqué. Les auteurs étrangers à la contrefaçon n'auraient, dans ce dernier cas, qu'une action en réparation du préjudice que leur causeraient la saisie et la confiscation contre celui d'entre eux qui aurait commis la contrefaçon.

§ 8. — *Débit.* — *Introduction.*

253. — Le débit des ouvrages contrefaits est la réalisation complète du délit de contrefaçon. Mais le débit d'ouvrages contrefaits ne se confond pas dans le délit de contrefaçon. C'est un délit distinct, mais de la même espèce. C'est ce qui résulte de l'art. 426 C. pén.

254. — La loi du 19 juill. 1793 voulait (art. 5) que tout débitant d'édition contrefaite fût tenu de payer au véritable propriétaire une somme équivalente au prix de cinq cents exemplaires de l'édition contrefaite. Mais elle n'indiquait point la base d'après laquelle cette somme devait être fixée. Ainsi, l'indemnité adjugée par l'art. 5 précité a pu être basée, non sur le *prix des marchands*, mais sur le *prix* annoncé *pour le public*. — *Cass.*, 29 frim. an XIV, Vahlen c. Guillaume.

255. — D'après les art. 426 et 427 C. pén., les peines que fait encourir le débit d'ouvrages contrefaits sont de la même nature que celles auxquelles donne lieu le délit même de contrefaçon. Or, ces peines sont l'amende et la confiscation. Seulement, l'amende contre le débitant est moins forte. Elle ne peut excéder 500 francs ni être moindre de 25 francs (art. 427).

256. — La loi n'exige point comme circonstance constitutive du débit qu'il y ait eu vente effective et réelle des exemplaires contrefaits. Ainsi, lorsque des exemplaires contrefaits ont été trouvés et saisis dans les magasins de marchands libraires, ce fait suffit pour établir une présomption légale de débit et motiver une condamnation contre les libraires. — *Toulouse*, 3 juill. 1835, Hacquart c. Devers, Payart et Rodière; 17 juill. 1835, Nyon c. Douladoure et Dagalier. — Merlin, *Rép.*, v° *Contrefaçon*, § 9; Renouard, t. 2, n° 23; Le Senne, n° 39; Goujet et Merger, n° 269.

257. — Le fait le plus nuisible à la vente de l'ouvrage original est le fait matériel même du débit de l'ouvrage illégitime. Ce débit ne consiste pas seulement dans la vente réelle ou dans la possession à l'effet de vendre de l'ouvrage contrefait, mais aussi dans le fait du louage de ce même ouvrage. Ainsi, celui qui tient un cabinet de lecture commet le délit de débit par cela seul qu'il introduit avec intention au nombre de ses livres un exemplaire de l'ouvrage contrefait. — Renouard, *loc. cit.*; Le Senne, n° 40; Goujet et Merger, n° 270.

258. — Le délit de débit suppose nécessairement une intention mauvaise de la part du débitant, la connaissance de l'origine frauduleuse de la marchandise. Mais le débitant peut être de bonne foi. L'appréciation de ce fait sera le plus souvent laissée aux tribunaux, qui devront se montrer d'autant plus faciles à admettre la bonne foi du débitant, que la contrefaçon consistera dans une reproduction moins servile. — Gastambide, n° 77.

259. — Au nombre des circonstances propres à établir la mauvaise foi, peut être rangée l'annonce d'une édition contrefaite insérée dans le catalogue d'un libraire. Cette annonce fait autant que la possession par un libraire de l'ouvrage contrefait, présumer de sa part l'intention de le vendre. Il nous semble que, suivant les circonstances, les tribunaux peuvent voir dans le fait seul de l'annonce, comme dans le fait de possession, une présomption légale de débit. — V., cependant, *Cass.*, 2 déc. 1808, Bernardin de Saint-Pierre c. Stapleaux. — Gastambide, n° 78; Renouard, n° 23; Goujet et Merger, n° 273.

260. — Comment pourrait-il en être autrement, lorsqu'on reconnaît que l'existence d'un seul exemplaire dans le magasin d'un libraire suffit pour le faire considérer comme coupable de débit? — Gastambide, n° 79. — Il y a quelque chose de plus même dans le fait de l'annonce que dans le fait de possession : il y a une espèce de mise en vente. Or, il n'est pas douteux que la mise en vente ne soit constitutive du délit de débit.

261. — Toutefois : le détenteur d'un livre produit de contrefaçon, qui ne l'a pas acheté pour le revendre, ne peut être poursuivi ni comme coupable du débit, ni comme complice de ce délit. — Le Senne, n° 39. — Il en est de même, à plus forte raison, de celui qui n'a pris ce livre qu'à loyer. — Le Senne, n° 41.

262. — Le débitant d'un ouvrage contrefait ne peut prétendre à sa mise hors de cause sur les poursuites dont il a été l'objet à raison du débit de cet ouvrage, en indiquant l'auteur de la contrefaçon. On décidait même, avant la promulgation du Code pénal de 1810, que l'ordonnance de 1667 n'était pas applicable en matière de contrefaçon, et qu'ainsi il n'y avait pas lieu à la responsabilité des garans. — *Cass.*, 16 vent. an X, Jean c. Auber.

263. — La contrefaçon d'un ouvrage et le débit des exemplaires contrefaits sont deux délits tout à fait distincts. Il suit de là que le débit d'ouvrages contrefaits ne cesse pas d'être punissable quoique la contrefaçon ne puisse plus l'être. Ainsi, bien que le délit de contrefaçon soit couvert par la prescription, le contrefacteur peut encore être poursuivi et condamné à des réparations civiles comme débitant de l'édition contrefaite. — *Paris*, 26 juill. 1828, Brossard c. Box-Saint-Hilaire.

264. — Le prévenu de débit d'ouvrages contrefaits peut être traduit, comme tout auteur de contrefaçon (V. *infrà* n° 300), devant le tribunal du lieu du délit, celui de sa résidence ou celui où il est trouvé. Mais, par tribunal du lieu du délit, il faut entendre ici celui où les ouvrages sont mis en vente, vendus ou livrés. Ainsi, si les ouvrages contrefaits ont été expédiés de Limoges à la destination d'Amiens, en passant par Paris, celui qui a fait l'envoi ne peut être traduit devant le tribunal correctionnel de Paris, où les ouvrages ont été saisis, comme étant le tribunal du lieu du délit. Le lieu de la saisie ne peut être dans ce cas considéré comme étant le lieu du délit. — *Cass.*, 22 mai 1835, Chapsal c. Barbou.

265. — Un délit analogue à celui de débit résulte du fait de représenter ou faire représenter sur un théâtre, sans le consentement de l'auteur, un ouvrage dramatique de quelque genre qu'il soit. Le droit de représentation est tout à fait distinct, ainsi que nous avons eu déjà l'occasion de le faire remarquer, du droit de propriété : de telle sorte que la cession de ce dernier n'emporte pas la cession du premier. — Le Senne, n° 43.

266. — Mais qu'est-ce qu'un ouvrage dramatique? M. Le Senne (*loc. cit.*) en donne la définition suivante : « Par ouvrage dramatique, dit-il, il faut entendre tout ouvrage représentant une action soit tragique, soit comique, soit mixte, et destiné à être mis en scène : ce qui comprend non-seulement une tragédie, un drame, une comédie, un vaudeville, et toutes autres pièces où la parole joue un principal rôle, mais encore les compositions musicales quand elles sont accompagnées de paroles et de jeu scénique, et les pièces mêlées de paroles et de jeu mimique ou de jeu mécanique. » — V. aussi Gastambide, n° 208. — V. également PROPRIÉTÉ ARTISTIQUE.

267. — La réunion d'un pays à la France ne donne pas aux libraires de ce pays le droit de débiter, au mépris de la propriété des auteurs français, des ouvrages qui avaient été contrefaits dans ce pays avant sa réunion à la France. — *Cass.*, 29 therm. an XI, Buffon c. Behmer; 29 frim. an XIV, Valhen c. Guillaume. — Merlin, *Répert.*, v° *Contrefaçon*, § 9.

268. — Le législateur a assimilé, non pas au délit de débit, mais au délit même de contrefaçon, l'introduction sur le territoire français d'ouvrages qui, après avoir été imprimés en France, ont été contrefaits chez l'étranger. L'art. 427 du Code pénal la punit, en effet, d'une amende de 100 fr. à 2,000 fr., tandis que le débit d'ouvrages contrefaits n'est passible que de 25 fr. à 500 fr. d'amende.

269. — L'introducteur n'est pas seulement celui qui *importe* les objets contrefaits, mais aussi celui qui se fait expédier par un libraire étranger des livres contrefaits. — Et. Blanc, p. 420; Gastambide, n° 83, où cet auteur cite comme ayant jugé en ce sens un arrêt de Paris du 20 février 1835, Jules Renouard c. Granger; Goujet et Merger, n° 375.

270. — Quant au délit d'introduction, il existe, il est consommé du moment que les ouvrages contrefaits sont entrés sur le territoire français. Peu importe que ces ouvrages aient été introduits en France pour y être vendus ou pour être ensuite réexportés. — Arrêt de Paris précité. — Gastambide, n° 84; Goujet et Merger, n° 77.

271. — L'introduction en France d'ouvrages contrefaits forme un délit distinct de celui qui résulte du débit de ces mêmes ouvrages. C'est au délit d'introduction seulement que s'applique l'amende de 100 à 2,000 fr. Le débit de contrefaçons introduites doit être assimilé au débit d'ouvrages contrefaits en France, et puni alors de l'amende de 25 à 500 fr. — Gastambide, n° 85.

272. — Le débitant d'ouvrages contrefaits introduits en France peut, pour échapper à l'action dirigée contre lui, exciper de sa bonne foi. C'est alors aux tribunaux à apprécier si cette excuse doit être admise, à décider si le débitant a ou non agi en connaissance de cause. — Gastambide, n° 87.

273. — Au délit d'introduction vient se joindre, lorsque les livres contrefaits sont saisis par la douane à leur entrée en France, un autre délit, celui d'importation de marchandises prohibées, prévu par les lois des 28 avril 1816 et 27 mai 1817. Ces deux délits peuvent être poursuivis en même temps devant le tribunal correctionnel à la requête du ministère public et de l'administration des douanes. Bien que la confiscation soit ordonnée à la fois pour les deux délits, et qu'elle soit prononcée au profit de l'Etat, parce que les auteurs des ouvrages contrefaits ne se sont point portés parties civiles, elle doit néanmoins profiter à ces derniers. — Gastambide, n° 88; Goujet et Merger, n° 281.

§ 9. — *Poursuites. — Compétence. — Peines. — Dommages-intérêts, etc.*

274. — En donnant aux auteurs un privilége sur leurs œuvres littéraires, le législateur leur en a en même temps garanti, assuré, ainsi qu'à leurs veuves, enfans, héritiers et cessionnaires, l'exercice, la jouissance exclusive. Cette jouissance est donc protégée par l'action en contrefaçon et par l'action en dommages-intérêts. — Nous avons indiqué, aux n°s 97 et suiv., à quelle formalité préalable était soumis l'exercice de l'action en contrefaçon.

275. — L'action civile résultant du préjudice occasionné par une reproduction illégitime, par une contrefaçon, appartient incontestablement à tous ceux qui ont le droit de propriété, qui sont investis du privilége. On avait voulu contester à l'éditeur auquel le droit de faire une seule édition d'un ouvrage avait été cédé, l'exercice de l'action en dommages-intérêts, en se fondant sur ce qu'il n'était pas propriétaire de l'ouvrage. Mais il a été fait justice de cette prétention. « Il est, a dit en effet la Cour de cassation (motifs de l'arrêt du 7 prairial an XI, Bossange c. Moutardier et Leclerc), dans le texte comme dans l'esprit de la loi que le véritable propriétaire à indemniser par le contrefacteur soit le propriétaire de l'édition originale, c'est-à-dire l'éditeur. » — V. aussi, en ce sens, Gastambide, n° 159.

276. — L'action en contrefaçon peut être exercée par les mêmes personnes que celles qui ont le droit d'exercer l'action civile. — L'arrêt précité de *Cass.*, du 7 prairial an XI a jugé spécialement que le cessionnaire du droit de propriété d'un ouvrage littéraire, ou du droit de publier une édition d'un livre, avait qualité pour en poursuivre en son nom les contrefacteurs. — V. aussi Le Senne, n° 304.

277. — L'éditeur d'un ouvrage, qui, du consentement de l'auteur, y fait des changemens et additions, ne pouvant être par cela seul considéré comme coauteur et copropriétaire, n'est point recevable à exercer de son chef, en cette qualité, l'action en contrefaçon, qui ne lui appartient toujours qu'en sa qualité de cessionnaire. — *Paris*, 7 déc. 1837 (t. 1er 1838, p. 280), Raissac c. Bourdin, Pathouot et Dépée.

278. — Le droit de poursuivre les contrefacteurs appartient à l'éditeur cessionnaire d'un ouvrage littéraire, aussi bien qu'à l'auteur lui-même, encore que l'acte de cession n'ait acquis date certaine que postérieurement au délit de contrefaçon. — *Cass.*, 27 mars 1835, Hacquart c. Pistole et Ridolet; *Toulouse*, 3 juill. 1835, Hacquart c. Devers, Payart et Rodière. — Et. Blanc, p. 334.

279. — Le mineur, l'interdit, la femme mariée, propriétaires, comme tous autres, des œuvres littéraires qu'ils produisent, ont le droit d'en empêcher la reproduction. Ils ne peuvent néanmoins exercer l'action en contrefaçon sans l'assistance de leur tuteur, conseil judiciaire ou mari. — Renouard, t. 2, n° 91; Le Senne, n° 305.

280. — Mais la contrefaçon étant un délit (C. pénal, art. 425), le ministère public n'a pas besoin, pour en poursuivre les auteurs, d'être provoqué par une plainte de la partie lésée. L'exercice de l'action en contrefaçon lui appartient d'office. — *Cass.*, 28 vent. an IX, Louvet; 7 prair. an XI, Bossange c. Moutardier. — Aucune loi ne déroge, en effet, à l'égard du délit de contrefaçon, aux règles établies par le Code d'instruction criminelle (art. 3 et 67), pour l'exercice de l'action publique. — *Cass.*, 27 mars 1835 (motifs), Hacquart c. Pistole. — V. Gastambide, n° 155.

281. — Le ministère public peut, même sans le concours d'un agent du trésor public, poursuivre d'office la contrefaçon d'un ouvrage dont la propriété réside dans les mains de l'Etat, auquel le droit d'intervention comme partie civile est toujours réservé. — Arrêt de cassation précité du 7 prair. an XI.

282. — L'action publique en contrefaçon n'ayant pas besoin, pour être mise en mouvement, de l'intervention ou du concours de la partie lésée, il s'ensuit que le ministère public peut continuer la poursuite et requérir les peines prononcées par la loi, encore bien que le plaignant se soit arrangé avec le contrefacteur et ait par suite de cet arrangement renoncé à l'action civile. — Gastambide, n° 155 *in fine*.

283. — Pour que l'action en contrefaçon puisse être accueillie, le poursuivant doit non-seulement établir qu'il a le droit exclusif d'exploitation et qu'il a fait le dépôt exigé, mais aussi prouver le délit de contrefaçon. Pour faciliter cette dernière constatation, la loi autorise la saisie des produits de la contrefaçon. Les officiers de paix, c'est-à-dire les juges de paix et commissaires de police pour les livres contrefaits en France, et les préposés aux douanes pour les livres venant de l'étranger, ont qualité pour procéder à cette saisie. Ils sont tenus d'obtempérer à la réquisition qui leur est adressée à cet égard par les parties intéressées. — L. 19 juill. 1793, art. 3; décr. 3 févr. 1810, art. 45. — Renouard, t. 2, n° 226; Le Senne, n° 314 : Goujet et Merger, n° 285.

284. — Au nombre des parties intéressées se trouve incontestablement le cessionnaire. Ce dernier peut requérir la saisie, sans avoir besoin de produire un titre écrit et enregistré. Le ministère public peut aussi faire opérer la saisie des ouvrages contrefaits. — Gastambide, n°s 148 et 149.

285. — Les dispositions légales qui confèrent aux officiers de paix le droit de pratiquer la saisie ne font point obstacle à l'application des règles communes en matière d'instruction criminelle. Ainsi, les membres du parquet, en cas de flagrant délit, les juges d'instruction, et par délégation de ceux-ci, les maires et les officiers de gendarmerie, sont compétens pour opérer la saisie. — Gastambide, n° 150.

286. — Les agens de police, n'ayant aucun caractère public, ne peuvent être compris parmi les officiers de paix ayant qualité pour saisir. En conséquence, les procès-verbaux de ces agens sont insuffisans pour constater une saisie d'exemplaires contrefaits trouvés dans les magasins d'un libraire. — *Cass.*, 9 messid. an XIII, Bidault c. Louvet. — Merlin, *Rép.*, v° *Contrefaçon*, § 14, Gastambide, *loc. cit.*

287. — Nous avons vu que les officiers de paix étaient tenus d'opérer la saisie à la réquisition des parties. Ils pourraient cependant s'y refuser, si le saisi leur représentait une permission écrite de l'auteur, ainsi que cela résulte de l'art. 3 de la loi de 1793, ou si tous autres motifs graves les empêchaient de considérer la saisie comme une mesure nécessaire, mais ils ne pourraient refuser de saisir, si la saisie avait été autorisée par une ordonnance du président du tribunal ou ordonnée par une commission rogatoire du juge d'instruction. — Gastambide, n° 147.

288. — La saisie ne doit être opérée que lorsque le fait imputé est de nature à constituer le délit de contrefaçon. Mais il est indifférent que le poursuivant se propose de suivre la voie civile ou la voie correctionnelle. La loi autorise d'une manière générale, sans distinction, la saisie des éditions imprimées au mépris de la propriété des auteurs. — Gastambide, n° 145. — Les officiers de paix ne peuvent exiger que, préalablement à la saisie, le requérant forme plainte en contrefaçon.

289. — La saisie doit être faite dans les formes prescrites par les articles 38 et 39 C. instr. crim. Et, bien que les dispositions de ces articles ne soient point exigées à peine de nullité, les tribunaux peuvent néanmoins déclarer qu'un procès-verbal de saisie d'ouvrages contrefaits ne mérite aucune foi sur le motif que la visite a été faite sans qu'on ait appelé le prévenu ni personne de sa maison s'il était absent, à l'effet de leur faire reconnaître les objets qui pouvaient être trouvés, en constater avec eux la découverte, et en assurer l'identité. — *Cass.*, 5 flor. an XIII, Buisson c. Joly. — Gastambide, n° 151.

290. — Si la saisie a lieu à la requête du ministère public ou en vertu d'une commission rogatoire du juge d'instruction, l'officier de paix peut saisir non-seulement les objets contrefaits et les planches, moules ou matrices de ces objets, mais aussi tout ce qui peut être utile à la découverte, à la manifestation de la vérité, comme les papiers, registres, correspondances. Au contraire, lorsque la saisie a lieu à la réquisition de la partie lésée, elle ne doit comprendre que les objets contrefaits et ceux qui ont servi à la contrefaçon. — Gastambide, n°s 152 et 153.

291. — Le procès-verbal de saisie est un mode de constatation de la contrefaçon. Si ce procès-verbal a été dressé par un individu ayant qualité pour cela et est régulier, si d'ailleurs il est digne de confiance, il peut être la base d'une condamnation, mais il n'en est jamais la base nécessaire. De sorte que l'absence de la saisie préalable de l'ouvrage argué de contrefaçon, ou la nullité de la saisie pratiquée, n'empêche pas l'exercice de l'action en contrefaçon. — *Cass.*, 27 mars 1835, Hacquard c. Pistole et Ridolet. — Gastambide, n° 167.

292. — Il suffit donc, pour établir le délit de contrefaçon, que des exemplaires de l'ouvrage argué de contrefaçon aient été saisis dans les magasins d'une imprimerie, d'une librairie, ou ailleurs, et que cette saisie se trouve constatée par un procès-verbal régulier. En présence de cette saisie, le poursuivant est dispensé de prouver qu'il y a eu vente effective de l'ouvrage contrefait. — *Toulouse*, 3 juill. 1835, Hacquart c. Devers; 17 juill. 1835, Nyon c. Douladoure.

293. — Lorsque la matérialité du fait est constatée par un procès-verbal régulier de saisie, cela suffit pour l'exercice de l'action. Le coauteur du délit ne peut se soustraire à la poursuite dirigée en général contre les auteurs de la contrefaçon, sur le prétexte qu'il n'est pas nommé personnellement dans le procès-verbal qui la constate. — *Cass.*, 2 juill. 1807, Clémendot c. Giguet.

294. — Mais le procès-verbal de saisie n'est pas le seul moyen de constater les délits de contrefaçon. Si ce procès-verbal est insuffisant, le délit peut être prouvé tant par les correspondances, registres et factures, que par témoins. Les expertises peuvent aussi être employées comme un moyen d'arriver à constater la contrefaçon littéraire. — Gastambide, n°s 168 et suiv.; Goujet et Merger, n° 286; Et. Blanc, p. 427; Le Senne, n° 312. — V. aussi *Nîmes*, 28 juin 1843 (t. 1er 1846, p. 369), Joyeux c. Rouvière-Cabane.

295. — Si l'action en contrefaçon donne lieu à une contestation sur le droit de propriété, cette contestation doit être préalablement vidée. Mais comme il s'agit de la preuve d'un droit, d'un contrat, et non plus d'un délit, il faut suivre alors les règles tracées par les art. 1315 et suiv. C. civ. — Gastambide, n° 171.

296. — Le plaignant en contrefaçon qui a succombé dans son action en première instance pour n'avoir pas produit ses titres de propriété, est recevable à les produire en appel. — *Cass.*, 5 flor. an XIII, Buisson c. Joly.

297. — Avant la promulgation du Cod. pén., quelques doutes s'étaient élevés sur le point de savoir si la contrefaçon était un délit. La raison de douter était que la loi de 1793 ne prononçait pas l'*amende*, mais seulement la *saisie*. Ce point était important relativement à la compétence du tribunal qui devait connaître de la contrefaçon. La Cour de cassation, se fondant sur ce que la loi de 1793 n'avait pas dérogé à l'ancienne législation qui avait toujours porté des peines contre la contrefaçon, puisque cette loi prononçait la confiscation, qui, aux termes du Code pénal de l'an IV, était une peine, décida que la contrefaçon d'un ouvrage littéraire était un délit dont les tribunaux correctionnels devaient connaître. — V. arrêts des 28 vent. an IX, Louvet; 7 prair. an XI, Bossange c. Moutardier; 12 (et non 21) prair. an XI, Buffon c. Behmer. — Le Cod. pén. de 1810 a levé tous les doutes, en disposant (art. 425) d'une manière formelle que « toute contrefaçon est un délit. » Et le délit, ainsi que cela résulte de la combinaison des art. 9 et 427 du même Code, est de la compétence des tribunaux correctionnels.

298. — Il est fait exception à cette règle pour le cas où le délit de contrefaçon est commis par un militaire en activité de service. Ce délit est alors de la compétence des tribunaux militaires. — *Cass.*, 9 févr. 1827, Durfort c. Muller. — Parant, *Lois de la presse*, p. 255; de Grattier, *Comment. sur les lois de la presse*, t. 1er, p. 403, n° 8. — Mais, ainsi que le fait remarquer M. Gastambide (n° 157), dans la pratique il n'arrivera jamais qu'une plainte en contrefaçon soit portée devant un conseil de guerre, par la raison qu'un tribunal militaire n'a pas le droit de prononcer des réparations civiles. Les parties intéressées préféreront suivre la voie civile.

299. — Si le fait argué de contrefaçon est imputé à un agent du gouvernement, et est relatif à ses fonctions; cet agent ne peut être poursuivi sans l'autorisation du Conseil d'Etat, conformément à l'art. 75 L. 22 frim. an VIII. Mais il n'est pas nécessaire d'obtenir cette autorisation, si le fait de contrefaçon ne rentre pas dans les attributions de l'agent du gouvernement qui l'a commis. — Gastambide, n° 158.

300. — L'action correctionnelle intentée à raison du délit de contrefaçon peut être portée indistinctement devant le tribunal correctionnel du lieu du délit ou du lieu de la résidence du prévenu, ou bien du lieu où il est trouvé. — *Cass.*, 22 mai 1835, Chapsal c. Barbou. — Le Senne, n° 290; Gastambide, n° 164.

301. — Mais l'auteur d'une contrefaçon ne peut être cité devant le tribunal dans le ressort duquel le débit a eu lieu, si ce n'est à raison de la connexité, c'est-à-dire dans le cas où le débitant est lui-même poursuivi. — *Paris*, 17 sept. 1827, Muller c. Degouy; Gastambide, n° 164; Et. Blanc, p. 452.

302. — L'action civile pour contrefaçon peut être portée, principalement par la partie lésée, devant le tribunal correctionnel ou devant le tribunal civil, à son choix. Elle peut se poursuivre devant la juridiction correctionnelle de deux manières : par voie de citation directe, ou en portant plainte au ministère public et en se constituant partie civile.

303. — Toutefois, il est à remarquer que le tribunal correctionnel ne peut déclarer l'action civile recevable qu'autant que l'action publique est elle-même reconnue fondée. Ainsi, le tribunal correctionnel qui décide que le fait qui lui est soumis ne présente pas le délit de contrefaçon, ne peut prononcer des dommages-intérêts au profit de la partie civile. Il doit se borner alors à réserver au plaignant son action civile devant les tribunaux ordinaires, s'il y a lieu. — Gastambide, n° 160; Le Senne, n° 328.

304. — A la question de contrefaçon peut se rattacher une question préjudicielle, celle par exemple de l'existence du privilége. Saisi de l'action en contrefaçon, le tribunal correctionnel est compétent aussi pour statuer sur la question de propriété, par suite du principe que le juge du délit est juge de l'exception, principe auquel il n'a pas été dérogé en matière de propriété littéraire. Toutefois, cette compétence extraordinaire du tribunal correctionnel doit être strictement limitée aux cas où les questions proposées accessoirement forment des défenses à l'action principale. — Gastambide, n° 163, où cet auteur rapporte comme ayant jugé en ce sens un arrêt de Paris du 1er avril 1830, Massey de Tyronne c. Pellet; Le Senne, n° 301.

305. — Lorsque l'action est dirigée principalement au civil, elle doit être déférée, savoir : au tribunal de la justice de paix, qui statue en dernier ressort si la demande n'excède pas la valeur de 100 fr., et en premier ressort depuis 100 jusqu'à 200 francs; et au tribunal civil de première instance, qui, au-dessus de 100 francs, statue en dernier ressort jusqu'à la valeur de 1,500 francs, et, en premier ressort, au dessus de cette dernière valeur. L'action portée devant le tribunal civil n'est point dispensée du préliminaire de conciliation. — Le Senne, n° 300.

306. — La contrefaçon consistant dans la violation d'un droit de propriété donne à examiner non-seulement la question de savoir s'il y a infraction aux lois sur la propriété littéraire, mais avant tout celle de l'existence du privilége. Or, les tribunaux civils sont seuls compétents pour résoudre cette dernière question. Les tribunaux de commerce ne peuvent donc être valablement saisis d'une action civile pour contrefaçon. — E. Blanc, p. 447; Le Senne, n° 302. — *Contrà*, Renouard, t. 2, n° 243; Gastambide, n° 160 (p. 188, note 1re).

307. — Le tribunal de commerce est surtout incompétent pour statuer sur une demande en dommages-intérêts, résultant d'une contrefaçon, lorsque le demandeur, au lieu de se borner à poursuivre la réparation du tort qu'il éprouve, conclut en outre à la saisie et à la destruction des objets contrefaits. — *Colmar*, 30 juin 1828, Zuber c. Meglin.

308. — L'individu poursuivi, soit par voie correctionnelle, soit par voie civile, pour contrefaçon, par le cessionnaire de l'auteur de l'ouvrage, n'a pas qualité, s'il ne se prétend pas lui-même propriétaire de l'ouvrage, pour opposer à ce cessionnaire le défaut de date certaine de son titre. — *Cass.*, 27 mars 1835, Hacquart c. Pistole et Ridolet, — V. aussi *suprà*, n° 278.

309. — Quant à l'exercice de l'action civile ou correctionnelle, il n'est soumis à aucune règle spéciale : soit quant à la capacité des parties, ainsi que nous l'avons vu plus haut, soit quant à l'instruction, aux formes et aux délais de la procédure.

310. — Les condamnations à prononcer pour le fait de contrefaçon varient suivant que la poursuite a lieu devant les tribunaux correctionnels ou devant les tribunaux civils. Les condamnations pénales consistent dans l'amende et la confiscation (C. pén., art. 427 et 429); les condamnations civiles, dans la remise des objets contrefaits, des recettes confisquées provenant de la vente de ces objets, les dommages-intérêts, l'affiche et l'insertion dans les journaux (même Code, art. 429). Les tribunaux correctionnels peuvent prononcer cumulativement des condamnations pénales et des condamnations civiles. Mais les tribunaux civils ne peuvent prononcer que des condamnations civiles. Ainsi ils n'ont pas qualité pour appliquer la confiscation proprement dite. — Gastambide, n° 175.

311. — L'amende et la confiscation étant des peines (C. pén., art. 11 et 427), il s'ensuit que non-seulement elles ne peuvent être prononcées que par les tribunaux correctionnels, mais que même elles ne peuvent être prononcées que sur la seule réquisition du ministère public (C. instr. crim., art. 1er). Elles ne sauraient l'être, en aucun cas, sur les seules conclusions de la partie civile. — Gastambide, n°s 174 et 175. — Au contraire, les dommages-intérêts ne peuvent être prononcés que sur les conclusions de la partie civile; ils ne pourraient l'être d'office. — Gastambide, n° 188.

312. — La peine de l'amende avait été infligée aux contrefacteurs par l'ancienne législation. Mais elle ne fut point reproduite dans la loi du 19 juill. 1793. Le Code pénal de 1810 l'a rétablie. L'amende à prononcer contre le contrefacteur est, d'après l'art. 427 de ce Code, de 100 francs au moins et de 2,000 francs au plus. Cette amende ne peut jamais être allouée à la partie civile. Elle appartient à l'Etat.

313. — A la différence de l'amende, la confiscation a le double caractère de peine et de réparation civile. C'est ce qui résulte de la combinaison des art. 427 et 429 C. pén., et ce que M. Gastambide (n° 175, p. 201) explique nettement en ces termes : « La confiscation ici a deux objets, dit-il: le premier est d'empêcher la continuation du délit, cela ne peut appartenir qu'à l'action publique; le second est d'indemniser la partie lésée, voilà ce qui appartient à l'action civile. — V. aussi, en ce sens, Le Senne, n° 318.

314. — La confiscation supposant nécessairement l'existence du délit de contrefaçon et ne pouvant être prononcée que dans le cas où cette existence est constatée, il s'ensuit que les tribunaux correctionnels, qui, primitivement saisis d'une action en contrefaçon, statuent seulement sur les réparations civiles, ne peuvent prononcer la confiscation comme peine; mais ils doivent néanmoins ordonner au profit de la partie lésée, la remise des recettes, produits et objets provenant du fait dommageable. — Le Senne, *loc. cit.*

315. — Toutefois, la confiscation, lorsqu'il y a lieu de la prononcer, ne peut l'être qu'à l'égard des objets qui ont été saisis. Les juges ne peuvent autoriser la partie civile à faire saisir, partout où ils pourront être trouvés, les objets, et en prononcer d'avance la confiscation. Chaque saisie nouvelle peut seulement donner lieu à une nouvelle action.—Le Senne, n° 319.—*Contrà*, Gastambide, n° 178.

316. — Mais les tribunaux correctionnels peuvent ordonner la confiscation et la remise à la partie intéressée des objets qui ne sont pas sous la main de la justice, si le prévenu de contrefaçon reconnaît l'existence de ces objets, leur illégitimité. Dans le même cas, les tribunaux civils peuvent ordonner la remise, nonobstant l'absence de saisie, des objets contrefaits à la partie lésée.—Le Senne, n° 320.

317. — La confiscation de l'ouvrage contrefait peut offrir quelquefois une certaine difficulté dans l'exécution. S'il est matériellement impossible de séparer la partie contrefaite d'une même publication de celle qui ne l'est pas, les tribunaux doivent ordonner la confiscation de l'ouvrage en entier. Les termes de l'art. 427 C. pén. sont impératifs et absolus.—Gastambide, n° 177, Le Senne, n° 323.—Si, au contraire, la séparation des parties contrefaites d'avec celles qui ne le sont pas peut avoir lieu facilement, les tribunaux doivent l'ordonner et prononcer la confiscation des premières seulement. — Gastambide, *loc. cit.* — V. aussi Renouard, t. 2, n°s 259; Goujet et Merger, n° 296.

318. — Si les tribunaux correctionnels reconnaissent que le prévenu de contrefaçon a agi de bonne foi, ils peuvent non-seulement ne prononcer que le minimum de l'amende, en vertu de l'art. 463 C. pén., applicable en cette matière comme en toute autre, mais ils peuvent même ne pas prononcer la peine de l'amende. Au contraire, la bonne foi du prévenu ne peut jamais empêcher que la confiscation soit ordonnée. Car cette mesure a plutôt pour objet d'atteindre le corps du délit que le délinquant lui-même. — Gastambide, n° 181.

319. — Jugé que l'imprimeur qui a imprimé, sans l'autorisation de l'auteur demeuré propriétaire de son œuvre, un discours prononcé publiquement, n'est passible d'aucune condamnation civile, s'il établit sa bonne foi. — *Paris*, 12 vent. an IX, Chénier c. Gratiot.

320. — Mais le libraire poursuivi pour contrefaçon, qui excipe de sa bonne foi, en se fondant sur ce qu'il a acheté d'un autre que l'auteur les exemplaires trouvés dans son magasin, ne peut détruire par cela seul le délit qui lui est imputé. Il faut qu'il rapporte la preuve du fait qu'il avance. — *Cass.*, 18 juin 1847 (t. 2 1847, p. 322), Philippon de la Madelaine c. Didier.

321. — Néanmoins, la confiscation des exemplaires saisis ne peut être prononcée lorsque l'auteur a à s'imputer d'avoir laissé en la possession du cessionnaire un titre apparent de propriété auquel il n'aurait été dérogé que par une correspondance tenue secrète.—Même arrêt.

322. — Aux termes de l'art. 4 de la loi du 19 juill. 1793, tout contrefacteur était tenu de payer au véritable propriétaire, à titre de dommages-intérêts, une somme équivalente au prix de 3,000 exemplaires de l'édition originale. Mais cette disposition a été abrogée par les art. 427 et 429 C. pén.; et aujourd'hui, l'indemnité doit être réglée par les juges suivant les circonstances de la cause. Le montant de cette indemnité est déterminé ordinairement par le préjudice que la contrefaçon a pu occasionner. — *Cass.*, 26 juin 1835, Hacquart c. Gadrat; *Toulouse*, 3 juill. 1835, Hacquart c. Devers; 17 juill. 1835, Nyon c. Douladoure; *Colmar*, 27 mars 1844 (t. 2 1844, p. 510), Lagier c. Schwilgué. — Et. Blanc. p. 462; Le Senne, n° 322.

323. — L'indemnité accordée au véritable propriétaire de l'ouvrage contrefait peut même ne consister que dans la remise des ouvrages trouvés chez les contrefacteurs. — Arrêt de Toulouse précité du 3 juill. 1835.

324.—L'art. 429 C. pén. veut que le produit des confiscations et des recettes confisquées soit remis au propriétaire pour l'indemniser d'autant du préjudice qu'il a souffert. Or, il n'est pas nécessaire, pour l'application de cet article, de faire procéder à la vente des objets confisqués, pour le *produit* en être remis au propriétaire. Ce sont les objets confisqués eux-mêmes, en nature, dont la remise doit être ordonnée à son profit; et la valeur de ces objets peut être arbitrée par le tribunal, soit d'office, après avoir entendu les parties contendantes, soit d'après estimation faite par un expert commis à cet effet.—*Paris*, 26 déc. 1833, Barbet c. Gros. — Gastambide, n°s 179 et 183; Le Senne, n° 321.

325. — Si la valeur attribuée aux objets confisqués ne suffit pas pour couvrir le propriétaire de l'indemnité entière prononcée à son profit, le surplus doit être réglé par les voies ordinaires. — C. pén., art. 429. — Ces expressions *par les voies ordinaires* n'imposent point aux juges l'obligation d'ordonner une expertise. Ils peuvent d'office, d'après les renseignemens pris dans les pièces du procès, arbitrer eux-mêmes le surplus de l'indemnité que le contrefacteur reste devoir au propriétaire. — *Cass.*, 30 janv. 1818, Chaumerot c. Michaud. — Merlin, *Rép.*, v° *Contrefaçon*, § 13; Gastambide, n° 187; Bioche et Goujet, *Dict. de procéd.*, v° *Expertise*, n° 4. — *Contrà*, *Cass.*, 6 niv. (et non 25 pluv.) an XIII, Williams c. Collignon.

326. — Lorsqu'un libraire public avec l'édition d'un ouvrage qu'il a droit d'imprimer un autre ouvrage dont il n'a pas la propriété, les dommages-intérêts à raison de cette contrefaçon partielle ne doivent pas être basés sur la valeur de l'édition entière, mais seulement sur le prix des exemplaires de l'ouvrage original qui a été contrefait. — *Cass.*, 4 sept. 1812, Dentu c. Guillaume. — Pic, *Code des libraires et imprimeurs*, t. 1er, n° 227; Merlin, *Quest.*, v° *Contrefaçon*, § 8; Et. Blanc, p. 468; Gastambide, *loc. cit.*

327. — Nous avons dit que les produits de la confiscation devaient servir à indemniser le propriétaire lésé. Deux hypothèses peuvent se présenter : ou le propriétaire lésé s'est constitué partie civile, ou la poursuite a eu lieu seulement à la requête du ministère public. Dans le premier cas, la confiscation doit être prononcée au profit du propriétaire; dans le second, elle doit l'être au profit de l'État. Mais alors l'État doit remettre les objets confisqués au propriétaire lésé. L'art. 429 C. pén., en effet, est conçu d'une manière générale. Il ne subordonne pas son application à la condition pour le propriétaire lésé de se porter partie civile. — Gastambide, n°s 175 (p. 200) et 180 *in fine*.

328. — Si un ouvrage avait été publié abusivement sous le nom d'autrui, les tribunaux peuvent ordonner la suppression de cet ouvrage, et, à l'effet de réaliser cette suppression, la décomposition des formes d'impression et la représentation de tous les exemplaires. Il ne peut être fait, dans ce cas, remise des exemplaires à celui dont le nom a été emprunté, puisqu'il n'est pas propriétaire de l'ouvrage. Pour que la condamnation à représenter tous les exemplaires imprimés ne soit pas illusoire, les tribunaux peuvent fixer une somme à payer pour chaque exemplaire non représenté. — *Paris*, 20 mars 1826, Lerouge c. Fouché d'Otrante.

329. — En condamnant un prévenu comme coupable de contrefaçon, les tribunaux correctionnels ou civils ne peuvent lui faire défense, sous peine de dommages-intérêts, de reproduire à l'avenir l'ouvrage qu'il a contrefait, parce que c'est prononcer pour l'avenir par voie de disposition générale : ce qui excède leurs attributions. — C. civ., art. 5. — Gastambide, n° 185.

330. — Un autre mode de réparation en matière de contrefaçon consiste dans l'impression et l'affiche du jugement de condamnation. Cette réparation étant civile, et non pénale, le ministère public ne peut la requérir. Ce droit n'appartient qu'à la partie civile. Quoique demandées par la partie civile, l'impression et l'affiche du jugement peuvent, néanmoins, ne pas être ordonnées par les tribunaux correctionnels ou civils. Ces tribunaux sont souverains appréciateurs de ce qu'exigent les circonstances du procès dont ils sont saisis; et ils sont libres aussi de n'ordonner l'affiche de leur jugement qu'en tel nombre qu'ils veulent. — *Cass.*, 31 déc. 1822, Vermont c. Delarue.— Gastambide, n° 189; Le Senne, n° 325.

331. — Le prévenu de contrefaçon qui, par suite de conventions intervenues entre lui et la partie civile qu'il a désintéressée, ne peut être l'objet d'une condamnation, doit néanmoins supporter les dépens. — *Paris*, 7 nov. 1835, Beuchot c. Furne.

332. — D'après l'art. 55 C. pén., tous les individus condamnés pour un même délit sont tenus solidairement des amendes, restitutions, dommages-intérêts et frais. Ainsi, il y a solidarité entre tous les individus qui ont participé au délit de contrefaçon, soit comme auteurs principaux, soit comme complices, et entre ces mêmes individus et les débitans. Mais, à l'égard des débitans entre eux, la solidarité ne peut leur être applicable qu'autant qu'il est établi qu'ils ont tous, par suite d'un concert, concouru au délit commis par chacun d'eux. — Gastambide, n° 191; Le Senne, n° 327.

333. — Il y a lieu aussi d'appliquer en cette matière les art. 467 et 469 C. pén., qui autorisent les tribunaux à prononcer la contrainte par corps pour le paiement des amendes, restitutions, dommages-intérêts et frais quel qu'en soit le chiffre. — Le Senne, n° 329.

334. — La partie civile qui succombe dans son action, soit civile, soit correctionnelle, doit être condamnée aux dépens. Mais elle peut en outre être condamnée à des dommages-intérêts envers le prévenu, à raison du préjudice que lui a causé dans son commerce ou dans sa réputation l'action dont il a été l'objet. — Gastambide, n° 192; Le Senne, n° 332.

335. — Les règles ordinaires de la prescription sont applicables au délit de contrefaçon. Ainsi : l'action publique et l'action civile résultant de ce délit se prescrivent après trois années révolues à compter du jour où le délit a été commis, ou à compter du dernier acte d'instruction fait pour la poursuite de ce délit. — C. instr. crim., art. 637 et 638.—Les peines correctionnelles se prescrivent par cinq années à compter de l'arrêt définitif ou du jour où le jugement ne peut plus être attaqué par voie d'appel.—Art. 636.—Quant aux condamnations civiles, elles ne se prescrivent que par trente ans. — Art. 642.

336. — Les jugemens rendus en cette matière peuvent être attaqués, soit par la voie de l'opposition, s'ils sont par défaut; soit par la voie de l'appel, s'ils sont contradictoires. Les jugemens et arrêts en dernier ressort peuvent aussi être déférés à la Cour de cassation. — Gastambide, n° 165 *bis*; Le Senne, n°s 333 et suiv.

337. — Mais lorsque le prévenu de contrefaçon a été acquitté en première instance, et qu'il n'a a eu appel que par la partie civile; aucune peine ne peut lui être infligée, bien que les juges d'appel reconnaissent l'existence du délit de contrefaçon. — *Paris*, 7 nov. 1835, Beuchot c. Furne.

338. — Les juges d'appel peuvent cependant ordonner la saisie et la destruction des exemplaires contrefaits, et prononcer contre le prévenu au profit de la partie civile une condamnation à des dommages-intérêts. — *Paris*, 19 août 1843 (t. 1er 1844, p. 210), Charpentier c. Didier et Guérin.

339. — La partie civile qui se pourvoit en cassation contre un jugement ou arrêt rendu en matière de contrefaçon, est sans qualité pour se plaindre devant la Cour suprême de ce que les formes légales n'ont pas été appliquées au prévenu reconnu coupable. — *Cass.*, 26 juin 1835, Hacquart c. Gadrat.

PROROGATION D'ENQUÊTE.

— V. ENQUÊTE.

PROROGATION DE JURIDICTION.

1. — C'est l'extension de la juridiction ordinaire d'un tribunal.

2. — La juridiction est prorogée de deux manières : ou par le consentement des parties, ou par la force de la loi. Dans le premier cas, on l'appelle *volontaire*; dans le second, *légale* ou *forcée*.

SECT. 1re. — *Prorogation volontaire* (n° 3).

§ 1er. — *Dans quels cas elle a lieu* (n° 3).

§ 2. — *Par quelles personnes et comment elle doit être consentie* (n° 39).

§ 3. — *Effets de la prorogation* (nº 46).
SECT. 2e. — *Prorogation légale ou forcée* (nº 54).

—

Sect. 1re. — *Prorogation volontaire.*

§ 1er. — *Dans quels cas elle a lieu.*

3. — La compétence (comme on l'a vu, vº COMPÉTENCE, nos 18 et suiv.; INCOMPÉTENCE, nos 16 et suiv.) est tantôt d'*ordre public* et *absolue*, tantôt d'*intérêt privé* et *relative*.

4. — La compétence absolue se saurait jamais être prorogée par les parties. Il ne leur appartient pas, en effet, de déroger à une règle d'ordre public. La compétence relative peut, au contraire, recevoir de leur consentement une certaine extension, parce que rien ne s'oppose à ce qu'elles modifient une règle introduite dans leur intérêt particulier.

5. — En conséquence, la prorogation volontaire peut avoir lieu dans cinq cas : 1º Lorsque l'incompétence du juge ne se tire que du domicile du défendeur ou de la situation de l'objet litigieux.

6. — Une partie citée, en matière personnelle, devant un juge autre que celui de son domicile; en matière réelle, devant un juge autre que celui de la situation de l'objet litigieux : peut décliner la juridiction saisie; mais il dépend d'elle de renoncer à cette faculté; et si elle consent à se défendre, la juridiction du tribunal se trouve prorogée. — V. EXCEPTION, nos 43 et suiv.; INCOMPÉTENCE, nos 57 et suiv.

7. — Il est également possible de soumettre à un tribunal autre que celui de l'ouverture de la succession les actions qui intéressent cette succession. — V. INCOMPÉTENCE, nos 27 et suiv.

8. — Ce principe s'applique à toutes les juridictions, à la juridiction extraordinaire comme à la juridiction ordinaire; c'est-à-dire à la justice de paix et au tribunal de commerce, comme au tribunal civil. — *Cass.*, 30 août 1818, Biderman c. Michaux et Larosière, et la note; *Colmar*, 25 avr. 1817, Carbriston. — V. JUSTICE DE PAIX, nº 737.

9. — ... 2º Lorsque l'incompétence, bien qu'existant à raison de la matière, n'est pas d'ordre public.

10. — Ainsi, en principe, les tribunaux extraordinaires sont absolument incompétens à l'égard des causes attribuées aux tribunaux ordinaires; mais ceux-ci ne le sont que relativement à l'égard des causes attribuées aux tribunaux extraordinaires. — V. COMPÉTENCE COMMERCIALE, nos 626 et suiv.; JUSTICE DE PAIX, nos 216 et suiv.

11. — La juridiction d'un tribunal civil, par rapport à une contestation de nature commerciale, est donc valablement prorogée par les parties. — V. INCOMPÉTENCE, nos 22 et suiv.

12. — Cependant, en matière de justice de paix la jurisprudence s'est prononcée pour l'incompétence absolue des tribunaux ordinaires. — V. INCOMPÉTENCE, nos 51 et suiv.; JUSTICE DE PAIX, nos 221 et suiv.

13. — Si l'incompétence du tribunal extraordinaire n'existe qu'à raison du taux de la demande, *propter quantitatem*, la prorogation est valable. — V. JUSTICE DE PAIX, nº 739.

14. — Mais, la prorogation n'étant jamais possible lorsque l'incompétence existe *de re ad rem* on consentirait vainement à ce qu'un tribunal civil connût d'une action criminelle (V. INCOMPÉTENCE, nº 17), ... ou d'une affaire administrative. — V. *eod. verb.*, nos 18 et 19.

15. — Et, réciproquement, à ce qu'un tribunal criminel connût d'une instance civile, à moins qu'elle n'eût pour but la réparation d'un délit (V. ACTION CIVILE et COMPÉTENCE CRIMINELLE, nos 333 et suiv.); ... ou un tribunal administratif, d'une cause de nature civile ou criminelle. — V. COMPÉTENCE ADMINISTRATIVE, nos 14 et suiv. et 289 et suiv.

16. — La juridiction du président, statuant en état de référé, est pareillement restreinte *ad certum genus causarum* et, par conséquent, non prorogeable. — V. INCOMPÉTENCE, nos 20 et 21, et RÉFÉRÉ.

17. — Une cour d'appel n'a pas non plus juridiction pour statuer sur une contestation qui serait portée devant elle *omisso medio*. — V. APPEL, nº 1375, et COUR ROYALE, nos 128 et suiv.; DEGRÉ DE JURIDICTION, nº 25.

18. — ... Pas plus qu'un tribunal de première instance pour connaître de l'appel d'un jugement rendu par un autre tribunal de première instance. V. APPEL, DEGRÉ DE JURIDICTION.

19. — Néanmoins, M. Bioche (vº PROROGATION DE JURIDICTION, nº 16) enseigne que les parties pourraient porter *de plano* devant une Cour royale, pour y être jugée, une cause qui excéderait les limites du dernier ressort.

20. — L'incompétence des tribunaux français pour connaître d'une instance entre étrangers, est purement relative, du moins en thèse générale (V. ÉTRANGERS, nos 355 et suiv.). — Mais les tribunaux restent toujours maîtres de refuser de statuer s'ils le jugent convenable. — Leur juridiction est purement facultative de leur part. — V. INCOMPÉTENCE, nº 38.

21. — Les tribunaux sont astreints à prononcer suivant les règles de droit. Par conséquent, toute prorogation qui aurait pour but de les dispenser de ces règles en leur attribuant la qualité d'amiables compositeurs, serait entachée d'une nullité radicale. — Un juge ne peut se mettre au-dessus de la loi. — V. ARBITRES, nos 326 et suiv.

22. — ... 3º Lorsque les parties renoncent par avance au bénéfice de l'appel.

23. — Cette renonciation, qui diffère de l'acquiescement, était autorisée en droit romain. — L'ancienne législation la prohibait au contraire. Mais la loi du 16-24 août 1790 l'a formellement permise par son art. 6, tit. 4, et aucune disposition du Code n'indique l'intention du législateur d'abroger cette règle. — V. APPEL, nos 1435 et suiv.

24. — Seulement la renonciation doit être expresse, tandis que l'acquiescement peut être tacite.

25. — S'en rapporter à justice, par exemple, ce n'est pas renoncer à la voie de l'appel, ce n'est pas proroger la juridiction des premiers juges. — V. ACQUIESCEMENT, nos 38 et suiv., et APPEL, nº 1391.

26. — Enfin, cette renonciation n'enlève pas, comme l'acquiescement, la voie du recours en cassation; parce qu'un compromis est toujours restreint à son objet. — V. ACQUIESCEMENT.

27. — Au surplus, la raison dit hautement que les effets de la renonciation anticipée au bénéfice du second degré s'appliquent à tous les jugemens à intervenir, préparatoires ou interlocutoires, sans exception aucune. — *Cass.*, 1er flor. an IX, Aurran c. Bon.

28. — Elle dit encore qu'en prorogeant la juridiction des juges de premier degré on proroge forcément celle des juges du second degré, et que, par exemple, attribuer à un juge de paix la connaissance d'une action pure personnelle s'élevant à 1,600 fr. c'est attribuer la connaissance de l'appel au tribunal de première instance.

29. — Nul doute que le tribunal dont la juridiction a été prorogée, ne soit compétent pour juger les difficultés qui s'élèveraient à propos de l'exécution de sa sentence. — Carré, *Org. judic.*, t. 1er, p. 635. — Sauf le cas : 1º où le tribunal prorogé serait un tribunal d'exception, car il n'y a que les tribunaux ordinaires qui soient compétens pour connaître de l'exécution des jugemens et actes. — Carré, *ut suprà*; — 2º celui où la loi attribuerait *spécialement* la connaissance de l'exécution à un autre tribunal. — Même auteur.

30. — ... 4º Lorsque des parties consentent à ce que les juges d'appel évoquent le fond dans des cas où l'évocation n'est pas de droit. — V. ÉVOCATION, nos 18 et suiv.

31. — Peu importe qu'à raison de sa quotité la demande ne soit pas susceptible du second degré de juridiction. — V. ÉVOCATION, nos 92 et suiv.

32. — ... 5º Enfin, lorsque d'avance, et à propos de l'exécution d'un acte quelconque, les parties prennent l'engagement de porter les contestations auxquelles ces actes donneraient naissance devant un tribunal autre que celui de leur domicile ou de la situation de l'immeuble litigieux; c'est là ce qu'on appelle une soumission de juridiction. — Elle s'opère le plus souvent au moyen d'une élection de domicile. — V. DOMICILE, nos 187 et suiv.

33. — Il est indifférent que la nature de l'action soit réelle ou personnelle. La soumission de domicile produit son effet, à moins qu'il n'y ait incompétence absolue.

34. — On comprend toutefois que la soumission de juridiction ne puisse nuire aux tiers. Ainsi une saisie immobilière doit toujours être poursuivie devant le tribunal de la situation, quelles que soient les clauses de l'acte d'obligation à cause des créanciers. — Carré, *Organ. judic.*, nos 270 et suiv. — V. SAISIE IMMOBILIÈRE.

35. — L'ordre public s'oppose encore à ce qu'un Français renonce à la justice du pays, de sorte que s'il a succombé devant la juridiction étrangère, et que son adversaire demande aux tribunaux français le *visa* ou *pareatis*, le Français a le droit de s'y opposer et de débattre la chose jugée. — V. EXÉCUTION DES ACTES ET JUGEMENS, nos 228 et suiv.; ÉTRANGERS, nos 547 et suiv.

36. — Cependant, si le Français a actionné hors de France un étranger, sans que son action ait été nécessitée par l'impuissance où il se trouverait d'actionner utilement, en France, cet étranger, il est non recevable à porter de nouveau devant les tribunaux français sa demande. — V. *eod.*, nº 549, et LITISPENDANCE.

37. — La juridiction du juge de paix ne peut être prorogée s'il n'existe pas de litige. Autrement, un juge de paix remplirait l'office d'un notaire. — V. JUSTICE DE PAIX.

38. — Mais, de ce que le jugement rendu dans une espèce où il n'existait pas de litige est irrégulier, il n'en vaut pas moins comme jugement, tant qu'il n'a pas été réformé; et quand il réunit les conditions exigées pour constituer la chose jugée, il devient inattaquable. En vain objecterait-on, que si les véritables jugemens ne sont soumis qu'à certaines voies de recours, cette règle n'est pas applicable à un acte qui, bien qu'émané d'un tribunal, manque de l'une des conditions constitutives du jugement, car la question de savoir si cet acte présente ou non les caractères d'un jugement, ne peut être soumise à un juge sans qu'on le saisisse en même temps, de l'action directe de nullité des jugemens que le Code a voulu proscrire. — *Cass.*, 27 mai 1840 (t. 2 1840, p. 50), Hubert c. Enregistrement; *Paris*, 19 août 1841 (t. 2 1841, p. 524), Philibert c. Lebardy; *Cass.*, 13 nov. 1843 (t. 2 1843, p. 794), Triané c. Pougnier; *Cass.*, 6 janv. 1845 (t. 1er 1845, p. 147), Acklin et Lebarbey c. Travot.

§ 2. — *Par quelles personnes et comment elle peut être consentie.*

39. — Pour consentir une prorogation de juridiction, il faut être majeur et maître de ses droits; car c'est là un compromis. — Carré, *Organ. judic.*, art. 260; Bioche, vº *Prorogation de juridiction*, nº 29.

40. — Ce principe ressort visiblement de l'article 639 du Code de commerce, qui ne permet aux tribunaux de commerce de prononcer en dernier ressort sur les causes sujettes au second degré de juridiction, qu'autant qu'il y aura consentement de la part des parties justiciables de ces tribunaux, et *maîtresses de leurs droits*. — V. d'ailleurs COMMUNES, nos 212 et suiv., 434 et suiv.; CONSEIL JUDICIAIRE, nos 70 et suiv.; ÉTABLISSEMENS PUBLICS, nos 86 et suiv.; FABRIQUES D'ÉGLISE, nos 583 et suiv.; INTERDICTION, nº 255; MINEUR, TUTELLE.

41. — On peut proroger la juridiction d'un tribunal soit expressément, soit tacitement.

42. — Il y a prorogation expresse dans deux cas : 1º lorsque les parties conviennent à l'avance, d'une soumission de juridiction ou d'une renonciation à l'appel; 2º lorsqu'au début de l'instance elles déclarent se soumettre à la juridiction saisie.

43. — La prorogation est tacite lorsqu'elle s'induit des circonstances, comme dans le cas où le défendeur pose qualités au fond au lieu de proposer le déclinatoire. — V. EXCEPTION, INCOMPÉTENCE.

44. — En justice de paix, cependant, la prorogation doit être expresse. — V. JUSTICE DE PAIX, nº 745. — A moins qu'il ne s'agit d'une incompétence à raison du domicile, lorsque d'ailleurs la cause rentre dans les attributions du juge de paix. Alors l'art. 169 C. proc. civ. est applicable; et non l'art. 7, qui ne prévoit que les cas où la comparution est volontaire.

45. — Au surplus, si la déclaration des parties qui se présentent volontairement devant un juge de paix pour proroger sa juridiction et lui demander jugement en dernier ressort, dans une contestation qui excède sa compétence ordinaire, doit indiquer le sujet du différend soumis à la juridiction de ce juge, cette condition est suffisamment remplie par la triple circonstance 1º que les parties déclarent, en tête du procès-verbal, qu'elles demandent jugement en dernier ressort sur une réclamation *que le demandeur a* l'intention de former ci-après; 2° qu'elles signent cette déclaration, 3° et qu'immédiatement, sur le même procès-verbal, elles prennent des conclusions qui expliquent le point à juger. — *Cass.*, 2 août 1831, Lehmann c. Silber.

§ 3. — *Effets de la prorogation.*

46. — La prorogation de juridiction donne au juge le pouvoir de juger; la compétence, en un mot.

47.—Mais oblige-t-elle le juge à prononcer? La négative est enseignée par MM. Carré, *Org. jud.*, art. 261; Merlin, *Rép.*, v° *Prorogation de juridiction*, n° 554; Pigeau, *Comm.*, t. 1er, p. 383; Boncenne, t. 3, p. 254 et 255; Favard, t. 2, p. 459; Thomine, t. 1er, p. 320; Boitard, t. 2, p. 22; Carré et Chauveau, quest. 721; Bioche, *eod.*, n° 38.

48. — A l'appui de ce système, on dit : La justice distributive est une dette du citoyen élevé à l'honorable fonction de juge. Mais il n'est rigoureusement tenu de la rendre qu'à ceux sur lesquels la loi lui assigne juridiction, sans quoi le tribunal qui aurait une grande réputation de sagesse, d'équité, de lumières, qui obtiendrait une confiance générale, pourrait être, par le consentement des parties, surchargé d'affaires au delà de ses forces physiques et au détriment de ses justiciables. — Lorsque la loi romaine a permis aux parties de se choisir des juges autres que ceux qui leur étaient indiqués par l'organisation judiciaire, c'est une conséquence de la faculté accordée de se faire juger par des arbitres; et alors leur consentement mutuel a l'effet du compromis et participe à sa nature. — Le tribunal adopté par des individus qui ne sont pas ses justiciables rentre dans la classe des arbitres, il n'est plus que juge volontaire; il a seulement, de plus que les arbitres, un caractère public qui imprime à ses décisions l'authenticité la plus complète, et leur assure une exécution actuelle. Mais, de même que les arbitres sont maîtres d'accepter ou de refuser le compromis qui les constitue juges du différend, de même aussi un tribunal peut accepter ou refuser la prorogation. — C'est ce qu'enseigne aussi Becmann dans ses *Annotations sur Boehmer*.

49. — Jugé dans ce sens qu'un tribunal compétent, *ratione materiæ*, peut refuser de juger des parties qui ne sont pas ses justiciables, quoiqu'elles consentent à plaider devant lui. — *Cass.*, 11 mars 1807, Bégué c. Aubagès. — *Contrà, Rennes*, 17 mai 1815, Lemasson c. Solidu.

50. — La prorogation est restreinte à ses plus strictes limites. Elle n'emporte renonciation au double degré de juridiction qu'autant qu'il y a convention expresse sur ce point.

51. — Les formes ordinaires de la procédure doivent être exactement suivies, et les règles de droit appliquées. — V. *suprà*, n° 21.

52. — On a déjà vu plus haut que la prorogation du juge de première instance emporte prorogation du juge d'appel. — V. n° 28 et JUSTICE DE PAIX, n° 753. — ... Et que le tribunal prorogé est juge de l'exécution de son jugement, à moins qu'il ne fût un tribunal d'exception. — V. n° 29.

53. — La prorogation de juridiction ne produit jamais d'effet qu'à l'égard des parties qui l'ont consentie. Elle ne saurait, sous aucun prétexte, être opposée aux tiers appelés ultérieurement en cause à titre de garans ou de coobligés. — Bioche, v° *Prorogation de juridiction*, n° 43.

Sect. 2e. — *Prorogation légale ou forcée.*

54. — On entend par prorogation de juridiction légale ou forcée celle qui s'opère par la seule force de la loi, indépendamment du concours des parties.

55. — Cette prorogation se rencontre dans les demandes reconventionnelles, et dans celles incidentes en garantie.

56. — On appelle demande reconventionnelle celle que forme incidemment le défendeur contre le demandeur. Par exemple, Paul assigne Pierre en paiement de 1,000 fr.; mais Pierre est créancier de 1,200 fr. de Paul, à titre verbal. Il conclura à ce que Paul soit condamné à lui payer 1,200 fr., dont 1,000 fr. seront compensés avec pareille somme qu'il lui doit; les autres 200 fr. lui seront versés en espèces.

57. — Comme la demande reconventionnelle est une action principale, elle devrait être portée devant le tribunal du domicile de l'adversaire, suivant la maxime : *Actor sequitur forum rei*, mais les parties sont en présence. La juridiction du juge est prorogée par le vœu de la loi, afin d'éviter double instance et doubles frais. — V. RECONVENTION.

58. — Toutes les règles de la *reconvention* sont expliquées sous ce mot. — V. RECONVENTION.

59. — Quant aux demandes incidentes en garantie, l'art. 181 C. pr. c. pose en principe : que les parties assignées en garantie sont tenues de procéder devant le tribunal où la demande originaire est pendante, encore qu'elles dénient être garantes.

60. — Cependant, s'il paraît, par l'évidence du fait ou par écrit, que la demande originaire n'a été formée que pour traduire hors de leur tribunal les parties appelées en garantie, elles y seront renvoyées. — Art. 181.

61. — On voit que, dans cette hypothèse encore, si l'on appliquait la maxime : *Actor sequitur forum rei*, la demande appartiendrait au juge du domicile du garant; la juridiction du juge saisi de la demande originaire se trouve donc légalement prorogée.

62. — Au surplus, pour que l'appel en garantie soit régulier, il faut que la demande originaire ait été portée devant un tribunal compétent, non-seulement *ratione materiæ*, mais encore *ratione personæ*; sinon l'appelé en garantie a le droit d'exciper du vice de l'exploit introductif d'instance, bien que le défendeur principal l'ait couvert en concluant au fond ou ait déclaré renoncer à proposer l'incompétence. — V. GARANTIE, nos 61 et suiv.

63. — Tout ce qui concerne l'exception de garantie a été traité v° GARANTIE.

PROSPECTUS.

V. BREVET D'INVENTION, COMMISSIONNAIRE DE TRANSPORTS, CONTREFAÇON, IMPRIMEUR, TIMBRE.

PROSTITUTION.

1.—En parlant, dans divers articles, des attentats aux mœurs (V. ATTENTAT AUX MOEURS, ATTENTAT A LA PUDEUR, EXCITATION A LA DÉBAUCHE, OUTRAGE PUBLIC A LA PUDEUR), nous avons réservé l'examen des règles de police qui concernent la prostitution. Cette partie des attributions de l'administration municipale est l'une de celles auxquelles se rattachent les questions les plus délicates de morale, d'hygiène et de sûreté.

2. — A diverses époques, en France, de grands efforts furent faits pour réprimer la prostitution. Les Capitulaires de Charlemagne (an 800) portent la peine du fouet, et de nombreuses ordonnances tendirent au même but. Une ordonnance de saint Louis rétablit les Capitulaires de Charlemagne, et ordonna la confiscation des biens des prostituées et des maisons de prostitution, etc. Mais une autre ordonnance, se fondant sur l'inutilité et le danger de ces mesures, *régularisa* la prostitution. Néanmoins, divers parlemens ordonnèrent plusieurs fois le bannissement des filles publiques de leur ressort.

3. — L'ordonnance de police du 6 nov. 1778 (art. 1er) défendit à toutes femmes et filles de débauche de raccrocher sur la voie publique, dans les promenades, ou même par les fenêtres, sous peine d'être *rasées* et *enfermées*.

4. — Le même article fit défense aux cabaretiers et autres marchands de boisson de recevoir chez eux des femmes de débauche, à peine de 400 livres d'amende. — V. aussi ordonn. de pol., 21 mai 1784, art. 7, et ordonn. 8 nov. 1780, art. 14.

5. — Aux termes des art. 2 et 3 de l'ordonn. de 1778, les propriétaires et principaux locataires ne purent louer ou sous-louer aux femmes de débauche aucuns appartemens ni chambres, à peine de 500 livres d'amende. Ils furent tenus, s'il s'en introduisait dans leurs maisons, d'en faire la déclaration, dans les vingt-quatre heures, au commissaire de police du quartier, contre les individus qui les auraient trompés, pour, les délinquans, être punis de 400 livres d'amende, sur le rapport du commissaire.

6. — En outre, l'art. 4 fit défense aux logeurs en garni de donner à loger auxdites femmes et filles de débauche, à peine de 400 livres d'amende. — V. au reste v° HOTEL, HOTELIER, nos 137 et suiv.

7.—Ces dispositions sont, en partie, du moins, tombées en désuétude. Toutefois, dit M. Trébuchet (v° *Mœurs*), comme elles n'ont été abrogées par aucune loi, elles pourraient, dans certains cas, recevoir leur application.

8. — Les choses demeurèrent dans cet état jusqu'à la loi du 24 août 1790. Cette loi, en confiant aux maires la police des cafés, théâtres et autres lieux publics, et celle du 19-22 juill. 1791 (tit. 1er, art. 10), en autorisant les commissaires de police et officiers municipaux à pénétrer, en tout temps et à toute heure, dans les lieux notoirement destinés à la débauche, toléraient implicitement l'existence des maisons de prostitution.

9. — Cette tolérance de la loi, aggravée encore par l'effervescence des agitations politiques, porta le mal à un si haut degré que, même dans le sein de la Convention, de graves plaintes s'élevèrent. Elles eurent pour résultat d'amener un arrêté de la commune de Paris, du 21 niv. an II, qui prohiba la prostitution et prononça le bannissement contre les coupables. Mais cette répression demeura presque sans succès.

10. — Le 17 nivôse an IV, le Directoire exécutif adressa un message au conseil des Cinq-Cents, pour qu'une loi fût rendue sur la matière. — Ce rapport déclare : « que les lois répressives contre les filles publiques consistent dans quelques ordonnances tombées en désuétude ou dans quelques règlemens de police purement locaux et trop incohérens pour atteindre un but si désirable... » Mais ce message demeura également sans résultat. — Merlin, *Rép.*, v° *Bordel*, p. 246.

11. — Depuis l'époque de la création de la préfecture de police jusqu'à ce jour, on s'est occupé, à diverses reprises, dans les bureaux de l'administration, de projets de loi sur la prostitution; mais ces projets ne furent jamais soumis au pouvoir législatif, et c'est toujours au nom de la sûreté publique et des principes constitutifs de l'autorité municipale que l'on a régi les prostituées : soit qu'il se soit agi de règlemens, d'inscriptions, de régime sanitaire; soit qu'il ait fallu imposer des taxes, condamner à la prison ou bannir de la ville. — Parent-Duchâtelet, *De la prostitution dans la ville de Paris*, t. 2, p. 473 et suiv.

12. — Il est donc constant qu'en principe général l'administration municipale puise, dans les pouvoirs qu'elle tient de la loi, et dans la nature même de sa mission (V. POUVOIR MUNICIPAL), le droit et le devoir de surveiller tous les établissemens dans lesquels on se livre à la prostitution, et toutes les personnes qui s'adonnent à ce honteux métier. — Tous les règlemens que l'intérêt de la morale, de l'hygiène, de la santé publique l'engagent à faire sur ce point doivent être exécutés.

13. — A Paris, et dans la plupart des grandes villes, les filles publiques sont tenues de se faire inscrire sur un registre spécial. — Le but de cette inscription est d'assurer l'ordre, la sûreté et particulièrement la santé publique. En conséquence, les filles publiques inscrites sont soumises à la visite des médecins du dispensaire, et la carte qui leur est délivrée doit faire mention de chaque visite.

14. — L'inscription des filles publiques, dit M. Trébuchet (*Dict. de pol.*, v° *Mœurs*), est une des attributions de la police à laquelle se rattachent les questions les plus délicates de pouvoir, de morale et de sûreté publique. Le silence de la loi sur tous les cas de prostitution qui ne constituent pas un attentat aux mœurs, place les administrateurs municipaux dans une position délicate. S'il est indispensable de connaître, d'enregistrer et de soumettre à des précautions sanitaires les filles qui descendent à ce dernier degré d'abjection, que de prudence ne faut-il pas pour discerner la nuance, trop souvent insensible, qui sépare les prostituées des femmes dont la conduite immorale inspire bien un égal mépris, mais ne présente pas cependant toutes les conditions qui caractérisent la prostitution, et qui les soumettraient aux règles imposées aux filles publiques !

15. — A Paris, ajoute le même auteur, l'administration prend toutes les mesures de prudence nécessaires pour ne pas remplacer les dangers résultant de l'insoumission des filles par le scandale d'inscriptions incomplètement justifiées. Le service est organisé de telle sorte qu'aucune famille ne peut éprouver la honte de compter parmi ses membres une fille inscrite, sans avoir été mise à même de la détourner de la voie dans laquelle le vice ou le besoin l'a engagée. Ce n'est qu'après avoir essayé la ressource des interventions de famille, si puissante dans les circonstances où l'honneur est compromis; ce n'est qu'après avoir demandé au maire de la commune où elle est née un extrait de naissance délivré sans frais, et avoir réclamé son concours auprès des parens, qu'une fille qui se présente spontanément, ou celle que ses débordemens

ont livrée au public, ou qui essaie de se soustraire aux mesures hygiéniques réclamées par la société, reçoit le stigmate de l'inscription au nombre des prostituées.

16. — M. Lerat de Magnitot (*Dict. de dr. adm.*) rapporte qu'un arrêt de cassation, du 4 juin 1836, a jugé que l'inscription sur le registre des filles publiques n'est pas un acte administratif dont la réformation ne puisse être demandée qu'à l'autorité administrative supérieure, que c'est là plutôt une simple note de police constituant une présomption de nature à être détruite par la preuve contraire devant les tribunaux.

17. — Les filles qui doivent être définitivement inscrites au nombre des filles publiques sont tenues de signer une déclaration constatant l'inscription et l'engagement de se conformer exactement à toutes les règles prescrites pour la surveillance et la salubrité. — Parent-Duchâtelet, t. 1er, p. 276.

18. — M. Parent-Duchâtelet ajoute (t. 1er, p. 382) que lorsqu'une fille n'est pas pervertie, lorsqu'elle est saine, lorsqu'elle annonce de bons sentimens et que tous les renseignemens et tous les indices prouvent qu'elle ne se fait inscrire que par dépit ou désespoir, on la renvoie dans son pays avec un passe-port, souvent même avec des secours de route, mais toujours lorsque son individualité a été suffisamment reconnue.

19. — Une des questions les plus graves que soulève cette matière, est celle de savoir jusqu'à quel point l'autorité doit admettre l'inscription des filles mineures. M. Parent-Duchâtelet (t. 2, p. 383 et suiv.) présente à cet égard des observations fort sages; il se demande si en présence de l'état de minorité l'autorité peut sanctionner une demande d'inscription, dont le résultat est de détruire à jamais la réputation de l'inscrite et de couvrir sa famille d'opprobre. Mais il ajoute qu'il paraît que la préfecture de police de Paris a constaté, en fait, l'impossibilité de n'admettre l'inscription qu'à l'âge de majorité, un grand nombre de filles qui se prostituent étant repoussées avant cet âge par leurs familles, et continuant à se prostituer malgré tout ce qu'on peut faire pour les détourner de cette voie funeste. — Et le même auteur constate qu'aujourd'hui l'âge de seize ans est regardé par la préfecture de police comme l'époque légale à laquelle on peut admettre les prostituées sur les registres de la police, celles qui sont inscrites avant cet âge ne présentant que des exceptions à la règle générale, et qu'au reste la bonne ou la mauvaise conduite des parens, leur état d'aisance ou de misère extrême, l'impossibilité où ils peuvent être de suivre leurs filles et de pourvoir à leurs besoins font varier singulièrement la conduite de l'administration à l'égard des jeunes prostituées. — T. 1er, p. 390.

20. — Quoi qu'il en soit de ces prétendues *impossibilités* et de cette prétendue *nécessité* qui semblent se dresser incessamment comme des obstacles insurmontables toutes les fois qu'il s'agit de mesures relatives à la prostitution, nous pensons que l'autorité administrative doit se montrer très-réservée lorsqu'il s'agit de mineures. Gardienne de l'honneur des familles, elle ne doit pas oublier que l'inscription sur ses registres est un stigmate d'infamie en quelque sorte indélébile. Ce n'est donc qu'après avoir épuisé tous les moyens d'action que la loi met à sa disposition, qu'elle doit accorder la honteuse faveur qui lui est demandée.

21. — Lorsque des filles mineures, appartenant aux enfans trouvés ou orphelins, placés par l'administration civile de Paris, viennent se présenter à l'enregistrement des prostituées, on ne les inscrit pas, mais on les garde dans un lieu séparé jusqu'à ce qu'on en ait averti l'administration des hospices. Au reçu de cet avis, les chefs de division, réunis en commission de tutelle, examinent les pièces et décident s'il y a lieu de se pourvoir, devant le tribunal de première instance, pour obtenir la mise en correction. Cette décision n'a de force qu'autant qu'elle est approuvée par le conseil général des hôpitaux. — Parent-Duchâtelet, *loc. cit.*

22. — Les filles publiques qui renoncent à la prostitution ont le droit d'obtenir leur radiation. Aucune radiation ne peut avoir lieu si la demande n'en est faite par écrit et par la personne même. On exige ordinairement sa présence pour s'assurer de son état sanitaire. — Parent-Duchâtelet, p. 410. — Les motifs de radiation définitive du registre des prostituées sont : le mariage, des moyens d'existence bien prouvés, la cessation de la prostitution dûment constatée, la remise de la fille à ses parens, la vieillesse, les infirmités. — Lerat de Magnitot, *Dict. adm.*, vº *Prostitution*, p. 420. — En cas de mariage, cette radiation ne souffre aucun délai; mais on exige pour cela l'exhibition du contrat de mariage ou la présentation d'un certificat de l'état civil que les formalités nécessitées pour le mariage sont bien commencées. — Dans toute autre circonstance, on soumet à une épreuve de deux ou trois mois la personne qui réclame la radiation. — Parent-Duchâtelet, p. 410.

23. — Les filles qui, après avoir été rayées, se présentent d'elles-mêmes à la réinscription, ou celles qui sont surprises par des inspecteurs provoquant à la prostitution, sont de nouveau inscrites; mais lorsqu'une fille a été rayée à la sollicitation de ses parens, on ne la reçoit que lorsqu'il est constaté que la famille l'abandonne à ses penchans vicieux et désespère de pouvoir la ramener à de meilleurs sentimens. Dans ce cas, les inspecteurs ont ordre de la surveiller de la manière la plus attentive. — Parent-Duchâtelet, *loc. cit.*

24. — Il est enjoint aux filles publiques de représenter leur carte à toutes réquisitions des officiers ou agens de police.

25. — Elles sont tenues de se présenter une fois tous les quinze jours au dispensaire de salubrité pour y être visitées. — Il leur est défendu de paraître sur la voie publique avant la nuit, de manière à s'y faire remarquer, et d'y rester après onze heures du soir. — Leur mise doit être décente : la coiffure en cheveux leur est interdite. — Défense expresse leur est faite de provoquer à la débauche, de tenir des propos indécens, de fréquenter les cabarets et de s'enivrer. — Elles ne peuvent, à quelque heure et sous quelque prétexte que ce soit, se montrer à leurs fenêtres, qui doivent être tenues constamment fermées et garnies de rideaux. — Il leur est défendu de stationner sur la voie publique, d'y former des groupes, d'y circuler en réunion, d'aller et venir dans un espace trop resserré, et de se faire suivre ou accompagner par des hommes. — Les passages, les jardins et abords du Palais-Royal, des Tuileries, du Luxembourg, du Jardin du Roi, leur sont interdits à toute heure. — Les Champs-Elysées, l'esplanade des Invalides, les boulevards extérieurs et généralement les rues et lieux déserts et obscurs leur sont également interdits après la chute du jour. — Les filles publiques doivent s'abstenir, lorsqu'elles seront dans leur domicile, de tout ce qui pourrait donner lieu aux plaintes des voisins et des passans. — Il leur est expressément défendu de fréquenter les établissemens publics ou maisons particulières où l'on favorise clandestinement la prostitution.

26. — Ces règlemens, comme on peut s'en convaincre, n'ont rien de sévère, et ne protégent que dans les limites les plus strictes les intérêts de la morale publique. Il serait convenable au moins que, tels qu'ils sont, ils fussent exécutés. Il est fâcheux surtout que les efforts honorables, plusieurs fois tentés par quelques administrateurs pour purger certaines parties de la voie publique de cette lèpre qui les déshonore et les rend inaccessibles pour les personnes honnêtes, aient échoué devant ce que, par une tolérance de convention et mal justifiée, on a appelé la *nécessité*.

27. — Autrefois, le service médical du dispensaire établi à Paris était assuré par une taxe perçue sur les femmes de mauvaise vie; mais la perception de cette taxe ayant donné lieu à des imputations fâcheuses pour l'administration, en même temps qu'elle détournait les inspecteurs de leur service et qu'elle favorisait la prostitution clandestine, un arrêté de la préfecture de police, du 16 déc. 1828, en a prononcé la suppression.

28. — Il a été jugé que le règlement municipal qui oblige les femmes inscrites comme filles publiques, soit isolées, soit habitant les maisons de tolérance, à se faire visiter à des époques déterminées et à faire constater les visites sur leur livret, est légal et obligatoire tant qu'il n'a pas été infirmé par l'autorité supérieure. — La contravention à un pareil arrêté par une fille inscrite ne saurait être excusée sous prétexte que les faits qui auraient pu la soumettre à la visite sanitaire n'étaient pas suffisamment établis. — *Cass.*, 3 déc. 1847 (t. 1er 1848, p. 110), Corbin.

29. — En général, les prostituées atteintes de la syphilis doivent être traitées dans un hôpital et non ailleurs; c'est le seul mode de guérison qui puisse mettre à couvert la responsabilité de l'administration et assurer à la santé publique des garanties suffisantes. — Parent-Duchâtelet, t. 2, p. 243.

30. — En 1815 la préfecture de police eut le projet d'assujettir à la visite du dispensaire les vagabonds, mauvais sujets et gens sans aveu qui partagent toutes les habitudes des prostituées, et qui sont amenés journellement, après avoir été arrêtés chez elles, à la préfecture de police. Ce projet est resté sans exécution. — Parent-Duchâtelet, t. 2, p. 405.

31. — Les filles publiques *isolées*, c'est-à-dire celles qui sont dans leurs meubles ou dans les maisons garnies, et qui forment habituellement à Paris les deux tiers de celles inscrites, sont visitées, au dispensaire, deux fois par mois. Les filles dites *de maison* (V. *infrà*) qui habitent les lieux de prostitution connus sous le nom de *maisons de tolérance*, sont visitées toutes les semaines et chaque fois qu'elles changent de maison. — Même auteur.

32. — On appelle *insoumises* les filles non encore inscrites, qui sont arrêtées ou amenées au dispensaire comme se livrant à la prostitution depuis plus ou moins de temps. — Les agens de l'autorité qui arrêtent les prostituées insoumises doivent, dans leur rapport, donner tous les détails qui peuvent rendre certain le fait de prostitution habituelle qui entraîne l'inscription sur le livre de la police. Il faut prendre d'autant plus de soin d'imprimer aux actes de l'autorité les caractères de la justice et de l'exactitude, que l'on procède en dernier ressort et d'après des règles arbitraires. — Parent-Duchâtelet, *De la prostitution*, t. 1er, p. 396.

33. — Les lieux dans lesquels on se livre, sous la surveillance de l'autorité, à la prostitution, ont pris le nom de *maisons de tolérance*. « Les autorisations nécessaires pour tenir ces maisons, dit M. Trébuchet (*Nouv. dict. de police*, vº *Maisons de tolérance*), ne sont accordées qu'après les plus prudentes investigations, et avec une circonspection qui témoigne hautement de l'intérêt qu'inspire la morale publique. Ainsi, aucune maison de tolérance n'est autorisée dans le voisinage des pensionnats, des établissemens publics, des églises. »

34. — « Mais, dit M. Bost (t. 1er, p. 270), les autorités municipales ne pourraient ordonner que les maisons de tolérance seront placées dans telle rue ou dans tel quartier de la ville; ce serait jeter sur ces quartiers une défaveur marquée et porter atteinte à la propriété. » — V. POUVOIR MUNICIPAL.

35. — A Paris, les autorisations nécessaires pour tenir les maisons de tolérance ne sont accordées qu'après les plus prudentes investigations, qu'avec la plus grande circonspection. — Toute femme, pour obtenir un brevet de tolérance, doit en faire la demande par écrit et l'adresser au préfet de police. — Avant de rien statuer, le préfet de police prend tous les renseignemens nécessaires dans l'intérêt de l'ordre et de la santé publique. — Si la demande est accordée, on fait venir la femme pour lui donner connaissance des obligations qui lui sont imposées et des mesures de police auxquelles elle est soumise; on lui délivre aussi un livret sur lequel est spécifié le nombre des filles que la maîtresse de maison en instance doit avoir sous sa direction, et qui porte en tête l'avertissement des obligations qui lui sont imposées pour l'inscription à la préfecture de police des filles qui se présentent chez elle pour y demeurer. — Parent-Duchâtelet.

36. — Chaque maîtresse d'une pareille maison doit, dans les vingt-quatre heures, faire enregistrer à la préfecture toute femme qui se présente chez elle pour y être à demeure. Elle a deux jours pour faire cet enregistrement, si c'est le samedi qu'une femme se présente chez elle. En outre, lorsqu'une femme qui a demeuré dans sa maison vient à quitter; la maîtresse est tenue d'en faire également la déclaration au bureau administratif, et ce dans les vingt-quatre heures ou dans les deux jours suivant les cas indiqués ci-dessus. — Trébuchet, *loc. cit.*

37. — Les maisons de tolérance sont assimilées aux auberges et aux maisons garnies pour la tenue des livres de police : toute personne qui y couche, même une seule nuit, doit y être inscrite. — L. 19-22 juill. 1791, art. 5; ordonn. pol. 15 juin 1832, art. 3 et 4. — V. HOTEL, HOTELIER.

38. — Les officiers de police peuvent entrer en tout temps dans les lieux notoirement livrés à la débauche. — En général toutes les règles concernant les lieux publics leur sont applicables. — V. LIEUX PUBLICS.

39. — Les punitions imposées administrativement aux maîtresses de maison de tolérance sont ordinairement : l'amende, la perte de la liberté, le retrait pendant un temps plus ou moins long du brevet de tolérance, et la clôture de l'établissement. — Parent-Duchâtelet, p. 437.

40. — Le fait de tenir une maison de tolérance ne constitue pas un acte de commerce.

41. — Nous avons vu v° BAIL que l'introduction de filles publiques dans une maison pouvait être une cause de résiliation de bail.

42. — La surveillance qui s'exerce sur les lieux publics doit s'étendre à la recherche des cabinets noirs disposés d'ordinaire chez les marchands de vins et liqueurs pour favoriser la prostitution. Il importe de constater la présence, dans ces cabinets, des personnes de mauvaise vie, de les arrêter même, si elles ne justifient pas de leur position ou si elles sont soupçonnées d'attentat aux mœurs ou de quelque délit.—Circ. dir. gén. de la police du 11 févr. 1815; instr. du préf. de pol. du 1er août 1819. — Trébuchet, v° *Cabinets noirs*.

43. — Toutes les dispositions qui précèdent sont indépendantes de celles qui s'appliquent aux actes de prostitution ou d'excitation à la prostitution qui constitueraient les attentats aux mœurs prévus et punis par les art. 330 et suiv. C. pén. — V., à cet égard, v° ATTENTAT A LA PUDEUR, EXCITATION A LA DÉBAUCHE, OUTRAGE PUBLIC A LA PUDEUR.

44. — Il a été jugé que les livrets remis par la police aux filles publiques ne sont que la suite d'une mesure sanitaire et ne leur donnent dès lors ni le droit de se livrer à la débauche, et que pareil cas ce régime disciplinaire est laissé au libre arbitre de l'administration, qui, toutefois, ne doit jamais s'écarter des devoirs qu'impose l'humanité. Aux termes des anciennes ordonnances, les filles publiques se trouvaient, par le seul fait de leur prostitution, hors du droit commun. — Bost, *Organisation municipale*, t. 1er, p. 70.

46. — A Paris, les prostituées que la police arrête pour leur indiscipline sont interrogées par un commissaire de police spéciale ment attaché au bureau des mœurs; ce commissaire ordonne son rapport au préfet, lequel ordonne la mise en liberté ou envoie la femme dans une prison spéciale pour un temps dont la durée est subordonnée à une foule de circonstances et d'exigences particulières.—Cet emprisonnement est souvent de plusieurs mois. — Parent-Duchâtelet, t. 2, p. 245, 337 et suiv. La maison de correction des prostituées est actuellement la prison dite de *Saint-Lazare*.

47. — Il existe à Paris et dans plusieurs villes de province des maisons de refuge ouvertes aux filles publiques qui, touchées de repentir, renoncent à la prostitution. Ces maisons appartiennent, en général, à des congrégations religieuses de femmes connues sous le nom de *dames de Saint-Michel*. — V. MAISON DE REFUGE.

48. — La jurisprudence fournit au sujet de la prostitution certains documens qu'il importe de reproduire.

49. — Ainsi, la Cour de Paris a jugé que l'ordonnance du 6 nov. 1778, relative à ceux qui donnent asile à des femmes de mauvaise vie, est encore aujourd'hui en vigueur. Et qu'en conséquence ceux qui, à l'insu des propriétaires, ont introduit dans leurs maisons des femmes de mauvaise vie, sont passibles des peines déterminées par cette ordonnance. — Cass., 13 févr. 1846 (L. 1er 1846, p. 272), Schempperlé et Morlencourt.

50. — En tout cas, il est incontestable que l'arrêté d'un maire qui fait défense à tous propriétaires ou locataires de louer aucune chambre à des filles ou femmes débauchées, de les loger ou recueillir chez eux est obligatoire pour les logeurs en garni. — Cass., 11 sept. 1840 (t. 1er 1841, p. 69), Jamson.

51. — Est également obligatoire l'arrêté municipal qui défend aux maîtres de café et autres établissemens analogues de loger chez eux des filles publiques et de s'établir des communications intérieures entre les lieux que ces filles habitent et leurs établissemens. — Cass., 3 juill. 1835, Willalbaé.

52. — Jugé même que le règlement municipal, dûment approuvé, qui défend à tous propriétaires ou locataires de louer aucune chambre aux filles publiques et de les loger ou recueillir chez eux, est légal et obligatoire, non-seulement pour les aubergistes, cafeliers ou loueurs en garni, *mais pour tous les habitans.* — Cass., 19 juin 1846 (L. 1er 1819 p. 447), Maucolin.

53. — L'ordonnance du 8 nov. 1780 (art. 1er) défend à tous marchands ou autres de louer ou prêter des hardes, vêtemens ou ajustemens, pour se parer, à peine de 300 fr. d'amende et de confiscation des objets dont elles se trouveraient saisies.

54. — La Cour de cassation a considéré, et avec raison, comme légal et obligatoire, l'arrêté d'un maire qui défend aux filles prostituées de stationner pendant le jour sur la voie publique et d'y paraître après une certaine heure du soir, encore bien qu'elles ne fassent rien pour attirer à elles les passans.—Cass., 23 avr. 1842 (L. 2 1842, p. 163), Rousseau.

55. — Jugé, néanmoins, par d'autres arrêts, 1° qu'il n'y a contravention à un arrêté municipal qui défend à des femmes notoirement connues pour se livrer à la prostitution de sortir sous aucun prétexte de leurs demeures, et de paraître sur la voie publique après sept heures du soir, que lorsque ces femmes ont été vues et surprises sur la voie publique postérieurement au moment où il leur est interdit de s'y montrer. Il ne suffit pas, pour constituer l'infraction à l'arrêté municipal, qu'elles aient été absentes de leur domicile à telle heure du soir.—Cass., 23 juill. 1842 (t. 1er 1843, p. 697), Courtin.

56. — ... 2° Qu'el'arrêté municipal qui défend aux femmes qui se livrent à la prostitution de sortir de leurs demeures sous aucun prétexte après une certaine heure n'est point applicable à celles qui, bien qu'absentes de chez elles après l'heure fixée, n'ont point été trouvées sur la voie publique.—Cass., 29 mars 1844 (t. 2 1844, p. 24), Revaire.

57. — Mais ces arrêts semblent difficiles à concilier avec la jurisprudence, qui n'admet pas d'excuse en matière de contravention (V. CRIMES, DÉLITS ET CONTRAVENTION); car il paraîtrait en résulter qu'il n'y a de contravention à un règlement qui ordonne ou défend certains actes qu'autant que les inconvéniens qu'on a voulu prévenir se sont produits.

58. — On s'est demandé si l'art. 334 C. pén., qui punit l'excitation à la débauche des mineurs, est applicable lorsqu'il s'agit de filles publiques. — V., à cet égard, v° EXCITATION A LA DÉBAUCHE, n°s 50 et suiv.

59. — Lorsque la prostitution d'une fille mineure a été favorisée et facilitée par sa mère, celui à qui elle l'a prostituée peut-il être poursuivi et puni comme complice? — V. COMPLICITÉ, n°s 210 et suiv.

PROTESTANT.

V. ACTES DE L'ÉTAT CIVIL, CONSISTOIRE PROTESTANT, CULTE.

PROTESTATION (Acte de).

C'est l'acte que le propriétaire d'une lettre de change perdue et dont on lui refuse le paiement doit faire pour la conservation de ses droits. — C. comm., art. 153. — V. LETTRE DE CHANGE, PROTÊT.

PROTESTATION, RÉSERVES.

1. — On appelle *protestation* la déclaration que l'on n'entend pas subir les conséquences de tel ou tel acte, de tel ou tel fait; que l'on n'entend pas admettre comme constans ni comme réguliers les dires et déclarations d'une partie adverse.

2. — On nomme *réserves* la déclaration que l'on n'exerce pas immédiatement tel ou tel droit, on ne l'abandonne pas pour cela. — L'effet des réserves est de détruire la présomption d'acquiescement ou de renonciation soit à un droit, soit à une fin de non-recevoir.—V. ACQUIESCEMENT, DÉSISTEMENT.

3. — Dans la plupart des cas les réserves renferment une protestation implicite. — Ainsi, quand un débiteur attaque une obligation comme nulle en la forme, en se réservant de l'attaquer ultérieurement par des moyens tirés du fond, s'il venait à succomber dans son action, par exemple, pour dol et fraude, il est évident qu'il proteste contre l'acte.

4. — Cependant on peut faire des réserves qui ne contiennent pas de protestation. Ainsi le vendeur impayé, et qui a négligé l'inscription de son privilège, produira à l'ordre ouvert sur le prix de l'immeuble, en se réservant le droit de poursuivre la résolution de la vente, dans l'hypothèse où les créanciers inscrits ne consentiraient pas à ce qu'il fût payé, nonobstant sa non-inscription du privilège.

5. — Réciproquement, une protestation peut ne pas contenir de réserves. Par exemple, un fait étranger à la cause, mais cependant de nature compromettante, a été avancé par une partie; l'adversaire protestera contre cette allégation.

6. — Les protestations suivent presque toujours la chose contre laquelle on réclame. Mais quelquefois aussi elles la devancent. Ainsi, une femme que son mari contraint à le cautionner, peut faire d'avance ses protestations, à l'effet de réclamer un jour contre son cautionnement — Merlin, *Rép.*, v° *Protestation.*

7. — De même, un créancier proteste souvent à l'avance contre un acte qu'il présume devoir être fait, par son débiteur, en fraude de ses droits.

8. — La protestation, pour être valable, doit être faite aussitôt qu'on a été en liberté de la faire, ou que la fraude a été connue. — Merlin, *Rép.*, n° 2.

9. — Merlin ajoute qu'une protestation qui n'est que verbale ne sert à rien, à moins qu'elle ne soit faite en présence de témoins. — ... Et que les protestations faites chez un notaire méritent peu d'attention, à moins qu'elles ne soient accompagnées de preuves qui justifient du contenu aux protestations. — ... Enfin, que l'on regarde comme inutiles celles qui sont faites par quelqu'un qui avait la liberté d'agir autrement qu'il ne l'a fait.

10. — C'est, en effet, un principe admis par tous les auteurs et consacré par la jurisprudence, que des protestations ne peuvent contraires au fait ne valent. *Protestatio actui contraria tollit protestationis effectum* (Toullier, t. 6, n°s 306 et 309). Ainsi, par exemple, vainement protesterait-on contre un jugement que l'on exécuterait volontairement. — V. ACQUIESCEMENT.

11. — Par exemple, encore, une saisie-exécution a été arguée de nullité, des protestations ont été insérées dans le procès-verbal; mais on a laissé qu'il sollicité un sursis à la vente, et même on a payé des à-compte au lieu d'agir et de demander l'annulation des poursuites : il ne sera plus temps de les attaquer. — V., au surplus, EXCEPTION.

12. — Une des conditions essentielles de la validité des protestations et des réserves est qu'elles soient précises, et non conçues en termes généraux et vagues.

13. — Les réserve et protestation énoncées dans une quittance ne s'appliquent pas à la somme reçue et qui fait l'objet de cette quittance. — *Bordeaux*, 18 mars 1809, Laulaire et Maugin.

14. — Il est encore beaucoup de praticiens qui ne manquent pas de terminer les actes les plus insignifians par cette formule banale et de style ; *sous toutes réserves de fait et de droit.* Quelle peut être la valeur d'une pareille déclaration ? Évidemment elle est nulle.

15. — Nous avons eu occasion de développer cette théorie v° ENQUÊTE (n°s 548 et suiv.) et nous avons dit notamment que les nullités de la citation à témoins et celles de l'assignation à partie étaient couvertes par la comparution de celle-ci, si elles n'étaient accompagnées que de réserves générales. Il importe donc au plus haut degré d'exprimer nettement sur quoi portent les protestations et les réserves.

V. d'ailleurs APPEL, ACQUIESCEMENT, ARBITRAGE, ASSURANCE MARITIME, AVARIE, AVOUÉ, CAPITAINE DE NAVIRE, CASSATION, COMMANDEMENT, COMMISSIONNAIRE DE TRANSPORT, CONSUL, DÉSAVEU, DÉSISTEMENT, ENQUÊTE, EXCEPTION, EXÉCUTION DES ACTES ET JUGEMENS, EXPERTISE, EXPLOIT, EXPROPRIATION POUR UTILITÉ PUBLIQUE, NULLITÉ, SURENCHÈRE.

PROTÊT.

Table alphabétique.

PROTÊT.— 1.—C'est l'acte par lequel le porteur d'une lettre de change ou d'un billet à ordre fait constater que le tiré ou souscripteur a refusé d'accepter ou de payer.

2. — Ainsi le protêt a pour but de constater la non-exécution de la promesse faite soit par le tireur d'une lettre de change, de la faire accepter ou de faire trouver à l'échéance la provision à la disposition du porteur; soit par le souscripteur d'un billet à ordre, d'en acquitter le montant.

3. — Nous considérons donc ici le protêt non pas seulement comme un simple acte de procédure, mais encore sous le rapport des actions ou des déchéances qui en sont la suite.

4. — Il y a deux espèces de protêts, l'un faute d'acceptation et l'autre faute de paiement. Des dispositions de la loi leur sont communes, d'autres leur sont spéciales. De là les divisions suivantes :

CHAP. Iᵉʳ. — *Protêt faute d'acceptation* (nᵒ 5).

CHAP. II. — *Protêt faute de paiement* (nᵒ 35).

SECT. 4ʳᵉ. — *Du protêt en général* (nᵒ 35).

§ 4ᵉʳ. — *Nécessité du protêt. — Quels actes en sont susceptibles* (nᵒ 35).

§ 2. — *Quand le protêt doit être fait* (nᵒ 49).

§ 3. — *Dispense de protêt. — Force majeure, — Retour sans frais, etc.* (nᵒ 75).

§ 4. — *Effets du protêt* (nᵒ 434).

§ 5. — *Intervention* (nᵒ 451).

SECT. 2ᵉ. — *Suites du protêt. — Action en garantie. — Déchéances* (nᵒ 456).

4ᵉʳ. — *Action du porteur contre le tiré* (nᵒ 456).

§ 2. — *Action du porteur contre les endosseurs et de l'endosseur contre ses cédans. — Dénonciation. — Assignation* (nᵒ 468).

§ 3. — *Action du porteur ou de l'endosseur qui a remboursé, contre le tireur ou le souscripteur* (nᵒ 256).

§ 4. — *Action du porteur contre l'un des obligés, en cas de faillite* (nᵒ 290).

§ 5. — *Saisie conservatoire* (nᵒ 319).

CHAP. III. — *Règles communes au protêt faute d'acceptation et au protêt faute de paiement* (nᵒ 326).

SECT. 4ʳᵉ. — *Formalités du protêt* (nᵒ 326).

§ 4ᵉʳ. — *A la requête de qui le protêt doit être fait* (nᵒ 327).

§ 2.— *Où le protêt doit être fait* (nᵒ 331).

§ 3. — *Par quel officier ministériel le protêt doit être fait* (nᵒ 365).

§ 4. — *Formes de l'acte* (nᵒ 371).

SECT. 2ᵉ. — *Conséquences du défaut ou de la nullité du protêt* (nᵒ 393).

§ 4ᵉʳ. — *Conséquences à l'égard des parties* (nᵒ 393).

§ 2. — *Recours contre l'officier ministériel* (nᵒ 402).

CHAP. IV. — *Protêt des effets de commerce venant de l'étranger, ou de ceux payables à l'étranger* (nᵒ 443).

CHAPITRE Iᵉʳ. — *Protêt faute d'acceptation.*

5. — Le protêt faute d'acceptation a lieu pour constater le refus d'acceptation de la lettre de change par le tiré. —C. comm., art. 119; ord. 1673, tit. 5, art. 2.

6. — L'acceptation étant dans l'intérêt du porteur, il peut se dispenser de faire un protêt pour constater le refus de cette acceptation. Cependant le protêt est nécessaire dans les délais de l'art. 160 C. comm. pour constater le refus d'acceptation d'une lettre de change payable à un certain temps de vue.

7. — Jugé qu'un protêt faute de paiement d'une lettre de change à plusieurs jours de vue, fait à l'époque indiquée par une acceptation irrégulière, n'est pas valable, au moins comme protêt faute d'acceptation, et ne peut, en conséquence, servir à déterminer l'échéance de la lettre de change. — Nonobstant un tel protêt, le porteur qui se trouve encore dans les délais fixés par l'art. 160 C. comm. conserve son recours contre les endosseurs en faisant faire et notifier de nouveaux protêts faute d'acceptation et de paiement. — *Cass.*, 28 déc. 1824, Steigner c. Salines de l'est.

8. — Le protêt est nécessaire quand le tireur ou les endosseurs ont imposé au porteur l'obligation de requérir l'acceptation (V. LETTRE DE CHANGE, nos 343, 344), et qu'il y a eu refus de la part du tiré. Car c'est le seul moyen de mettre le tireur ou ses endosseurs à même d'agir contre le tiré, dont ils ont intérêt à connaître la bonne volonté.

9. — Cependant le porteur qui dans ce cas n'aurait point fait de protêt ne perdrait pas pour cela son recours contre le tireur et les endosseurs à défaut de paiement à l'échéance. — *Bruxelles*, 20 avr. 1811, Klaust c. Steenkist. — Mais il pourrait être passible de dommages-intérêts envers eux s'il était résulté pour eux quelque préjudice du défaut de protêt. — E. Vincens, *Législ. comm.*, t. 2, p. 248.

10.—Ce que nous disons du porteur, on l'a appliqué au mandataire. Ainsi, jugé que celui qui ayant reçu et promis de faire accepter ou protester faute d'acceptation une lettre de change, a négligé ce mandat, est responsable en cas de faillite du tireur.— *Aix*, 23 avr. 1813, Contamine c. Jourdan-Serane.

11. — D'un autre côté, si le tireur ou les endosseurs avaient écrit sur la lettre qu'elle n'était *pas susceptible d'acceptation*; le porteur qui l'aurait présentée à l'acceptation nonobstant cette défense, et aurait fait constater le refus par un protêt, devrait supporter les frais de ce protêt, outre qu'il ne serait fondé à exercer aucun recours contre les signataires. — Nouguier, *Lettres de change*, t. 1er, p. 221.

12.—La loi ne fixe aucun délai pendant lequel doit être fait le protêt faute d'acceptation. Il peut donc se faire tant que la lettre de change n'est pas échue. — Favard de Langlade, *Rép.*, vo *Lettre de change*, sect. 4, § 2, no 7; E. Persil, *Lettre de change*, art. 119, no 3. — Toutefois il faut avoir égard aux exceptions prévues par l'art. 160 C. comm., qui fixe les délais pendant lesquels doit être requise l'acceptation des lettres de change payables à plusieurs jours, mois ou usance de vue.

13. — L'acceptation d'une lettre de change pouvant être restreinte quant à la somme acceptée, le porteur est tenu, dans ce cas, de faire protester la lettre pour le surplus. — C. comm., art. 124.

14.—Quand le protêt est fait, il n'y a point de délai fatal pendant lequel le porteur doive agir contre les signataires de la lettre. — Pardessus, *Contr. de change*, no 163.

15. — Sur la notification du protêt faute d'acceptation, les endosseurs et le tireur sont respectivement tenus de donner caution pour assurer le paiement de la lettre de change à son échéance, ou d'en effectuer le remboursement avec les frais de protêt et de rechange. — C. comm., art. 120.

16. — Le porteur d'une lettre de change peut la faire protester faute d'acceptation, et exiger caution pour sûreté du paiement, encore bien qu'un aval ait été apposé sur cette lettre.— Dans ce cas, le donneur d'aval est, comme le tireur et les endosseurs, tenu de fournir caution ou de rembourser à l'instant le montant de la traite.— *Toulouse*, 12 déc. 1827, Maupas c. Orliac.

17. — Le porteur d'une lettre de change non acceptée ne peut point obtenir condamnation contre le successible du tireur encore dans les délais pour faire inventaire et délibérer. — Il ne peut non plus obtenir jugement pour prendre hypothèque sur les immeubles de la succession. — *Aix*, 11 déc. 1824, Fontaine c. Combe.

18. — Le droit conféré au porteur d'une lettre de change d'exiger, en cas de non-acceptation du tiré, caution pour sûreté du paiement à l'échéance, ou le remboursement immédiat de la traite, peut être exercé par le vendeur au profit duquel une lettre de change a été souscrite, en paiement du prix de la vente, bien qu'il eût été stipulé que la vente serait de nul effet, en cas de non-paiement à l'échéance. — La garantie résultant de l'engagement conçu sous la forme d'une lettre de change est indépendante des diverses stipulations de l'acte de vente.—*Bordeaux*, 10 avr. 1832, Queyrens c. Pépin.

19. —La notification du protêt faute d'acceptation peut être faite par correspondance; l'endosseur auquel il a été ainsi notifié ne peut se plaindre de ce qu'il ne lui a pas été dénoncé par exploit, et de ce que le porteur, malgré son refus d'accepter une telle notification, n'a pas fait protester à l'échéance, faute de paiement.—*Paris*, 19 déc. 1837 (t. 2 1837, p. 568), de Beauvais-Blanchard c. Miller et Manem.

20. — Celui qui serait assigné pour donner caution ou pour rembourser pourrait éviter l'effet de cette demande en justifiant que la personne qui a accepté pour lui ou pour un signataire qui lui doit garantie, a la solvabilité suffisante pour être caution en matière commerciale. — Pardessus, *Dr. com.*, no 387.

21. — Le tireur peut-il, sur le protêt faute d'acceptation, se refuser à donner caution au premier endosseur, en disant qu'il est prêt à rembourser la lettre alors qu'elle se trouve encore en circulation?—M. Pardessus (*Dr. comm.*, no 387) pense qu'alors le droit d'option est paralysé, et que le tireur ne peut que donner caution. — M. Horson (*Quest. sur le Cod. comm.*, no 75) est d'avis que dans l'esprit de la loi, le remboursement ne peut avoir lieu. Les fonds ne sauraient être remis à l'endosseur qui n'a pas encore remboursé; par la remise de ces fonds, le tireur serait exposé à payer deux fois. Il y a donc lieu d'ordonner le dépôt à la caisse des consignations des fonds que le tireur déclare avoir à sa disposition.

22. — Le porteur ne peut agir que dans le cas où l'acceptation est donnée par un autre que par le tiré. Si celui-ci, après le protêt, acceptait, soit pour le tireur, soit pour un des endosseurs, il n'y aurait plus lieu à exiger ni remboursement ni caution. — Pardessus, *Dr. comm.*, no 387.

23. — La caution soit du tireur, soit de l'endosseur n'est solidaire qu'avec celui qu'elle a cautionné. — C. com., 120.

24. — M. Nouguier (*Lettres de change*, t. 1er, p. 262) conclut de là que, bien que l'un des endosseurs ait fourni une caution solvable, le porteur peut encore astreindre les autres signataires à en fournir également.

25. — Le signataire poursuivi qui ne peut pas donner de caution, a la faculté de déposer à la caisse des dépôts et consignations le montant de la lettre et des accessoires. — Pardessus, *Contr. de change*, no 170.

26. — Si l'un des endosseurs ou même le tireur rembourse par suite du protêt faute d'acceptation, il ne peut retenir l'intérêt pour escompte du jour de ce remboursement au jour de l'échéance. — Pardessus, *Contr. de change*, nos 167 et 169.

27. — Jugé, cependant, que, dans le cas où le remboursement d'une lettre de change aurait eu lieu avant l'échéance, le porteur, banquier, doit subir l'escompte des intérêts à courir depuis le paiement jusqu'à cette échéance. — *Montpellier*, 12 mars 1841, sous *Cass.*, 11 juill. 1843 (t. 1er 1844, p. 542), Villa c. Delrieu. — Mais les habitudes du commerce sont généralement contraires à ce principe.

28. — L'endosseur qui, sur la poursuite du porteur, a préféré rembourser, ne peut refuser la caution offerte par l'endosseur subséquent ou par le tireur.—Pardessus, *Contr. de change*, nos 167 et 168.

29. — C'est le tribunal du domicile du tireur ou de l'un des endosseurs que doit saisir le porteur qui n'a pu obtenir à l'amiable ni caution ni remboursement; et tous les autres signataires mis en cause sont tenus de comparaître devant ce tribunal. — Nouguier, *Lettres de change*, t. 1er, p. 462. — Mais le tiré ne peut, sous prétexte qu'il se serait obligé à donner son acceptation, être assigné devant ce même tribunal, si ce tribunal n'est pas celui de son domicile. — Pardessus, *Contr. de change*, no 539.—V., au surplus, COMPÉTENCE COMMERCIALE.

30. — Jugé que lorsque le remboursement d'une lettre de change avec intérêts légitimes est ordonné avant son échéance, sur protêt faute d'acceptation, le bénéficiaire n'a droit aux intérêts qu'à compter de l'échéance, et non à partir du protêt, qui ne peut valoir comme demande en justice, ni à partir du jugement. — *Cass.*, 11 juill. 1843 (t. 1er 1844, p. 542), Villa c. Delrieu.

31. — Cette solution qui précède établit la différence qui existe entre l'action en remboursement d'une lettre de change, sur protêt *faute d'acceptation*, et la même action sur protêt *faute de paiement*. Dans ce dernier cas, les intérêts courent de plein droit à partir du protêt. — C. comm., 184. — La raison de cette différence est fondée sur ce que les intérêts de la lettre de change sont réputés avoir été englobés dans sa valeur lors de sa création, et s'étendre jusqu'à son échéance. — V. aussi *infrà*, no 143.

32. — Lors du protêt faute d'acceptation, la lettre de change peut être acceptée par un tiers intervenant pour le tireur ou pour l'un des endosseurs. — L'intervention est mentionnée dans l'acte du protêt; elle est signée par l'intervenant. — C. comm., 126.

33. — L'intervenant est tenu de notifier sans délai son intervention à celui pour qui il intervient. — C. comm., 127.

34. — Les tireurs, endosseurs d'une lettre de change et les donneurs d'aval, sont garans du paiement de cette lettre, mais chacun d'eux n'a promis qu'à défaut du tiré; il est donc nécessaire que le refus de celui-ci soit constaté. C'est cette constatation qui est l'objet du protêt.

CHAPITRE II. — *Protêt faute de paiement.*

Sect. 1re.—*Du protêt en général.*

§ 1er. — *Nécessité du protêt. — Quels actes en sont susceptibles.*

35.—Sous l'ord. de 1673, le protêt était considéré comme un acte tellement important, qu'il ne pouvait être suppléé par aucun autre acte. — Ord. 1673, tit. 5, art. 10. — L'art. 175 C. comm. porte également que nul acte de la part du porteur ne peut suppléer l'acte de protêt hors le cas prévu par les art. 150 et suiv., touchant la perte de la lettre de change.

36. — Par conséquent, le protêt ne saurait être suppléé par des présomptions. — *Cass.*, 25 (et non 23) août 1813, Pinot c. Rouxel.

37. — Par la même raison, quelle que soit la cause originaire d'une lettre de change, le porteur est tenu de suivre les règles prescrites pour le protêt à l'effet de conserver son recours contre les accepteurs et les endosseurs. Ainsi, par cela qu'une lettre de change aurait été souscrite au profit de l'Etat, par un adjudicataire de coupes de bois, le porteur n'en est pas moins tenu, sous peine de déchéance vis-à-vis de l'accepteur et des endosseurs, de faire faire le protêt faute de paiement, et d'exercer des poursuites contre eux dans le délai voulu par la loi. — *Cass.*, 8 nov. 1825, Germain c. Gley et Antoine.

38. — Sous l'ord. de 1673, à la différence des lettres de change qu'on devait faire protester à l'échéance, et dont le protêt ne pouvait être suppléé, le porteur d'un billet à ordre n'était tenu que de *faire ses diligences* contre le débiteur pour obtenir sentence de condamnation. — *Cass.*, 26 févr. 1838 (t. 1er 1838, p. 348), Ardent c. Charvet. — Et il était réputé avoir fait ses diligences contre le débiteur lorsqu'il l'avait sommé ou poursuivi d'une manière quelconque. — Merlin, *Rép.*, vo *Ordre* (*Billet à*), § 1er, no 3.

39. — Jugé cependant que sous l'empire de l'ordonnance de 1673, des billets à ordre, causés *valeur en quittance du prix d'immeubles vendus*, constituant des effets négociables, étaient assujettis au protêt dans le délai prescrit pour les effets de commerce, à peine de déchéance, pour le porteur, de son recours en garantie contre les endosseurs. — *Cass.*, 1er avril 1811, Julienne c. Sorbier.

40. — Mais cette question ne peut plus faire matière à difficulté aujourd'hui, puisque le Code de commerce déclare applicables aux billets à ordre les dispositions relatives aux lettres de change concernant le protêt. — C. comm., 187.

41. — Il a été jugé, à la vérité, que le porteur d'un billet à ordre souscrit pour une cause non commerciale et qui ne porte la signature d'aucun commerçant, n'est pas tenu de faire protester ce billet dans le délai prescrit pour les effets de commerce, et que le souscripteur d'un pareil billet qui a comparu en conciliation et a défendu à la demande en paiement, est non recevable à exciper ensuite de ce que la demande n'a pas été

précédée d'un protêt. — *Toulouse*, 28 mars 1832, Cassan c. Esquilat.

42. — Mais cet arrêt nous paraîtrait conre aux principes. En effet, le billet à ordre peut être souscrit pour une cause civile et entre non-commerçans. Or, du moment qu'il y a billet à ordre, il doit produire tous les effets propres aux actes de cette nature.

43. — Le protêt doit-il être fait quand il s'agit d'effets qui ne sont ni lettres de change ni billets à ordre? Non, car le protêt et ses suites sont une exception au droit commun. Or, toute exception doit se borner au cas pour lequel elle a été créée. — *Contrà*, E. Vincens, *Législ. comm.*, t. 2, p. 371.

44. — Aussi jugé qu'un simple billet qui n'est point à ordre, et qu'un négociant a remis, revêtu de son acquit, à un autre négociant, son créancier, en paiement de ce qu'il lui doit, n'est point aux risques et périls de ce dernier, à défaut de poursuites à l'échéance. — En conséquence, si le souscripteur de cet effet vient à faire faillite, et que le porteur n'ait fait aucunes diligences, celui qui l'a donné en paiement n'est pas moins tenu d'en rembourser le montant à son créancier. — *Besançon*, 27 mars 1811, Bernard c. Monnot.

45. — Que faudrait-il décider relativement à un billet qui ne serait point à ordre, mais que les détenteurs successifs auraient fait circuler au moyen d'endossemens dans la forme légale? « Il faut, dit M. Horson (*Quest. sur le Code de commerce*, nos 90 et 91), distinguer. Relativement au souscripteur, on ne peut le rendre passible de compte de retour et de frais de protêt, car on ne peut dénaturer le titre et ses effets. Mais quant aux endosseurs qui ont concouru à le dénaturer ou l'ont accepté dénaturé, ils ont entendu, à leur égard, donner au titre le caractère négociable; ils doivent donc en subir les conséquences, et le porteur est tenu d'exercer son action dans le délai à peine de déchéance.

46. — Mais la déchéance prononcée par l'art. 168 du Code de commerce, pour défaut de protêt et de recours en garantie dans un délai déterminé, étant une exception au droit commun, en ce qui concerne les lettres de change et les billets à ordre, n'est point applicable à l'espèce d'engagement connu dans le commerce sous le nom de *mandat*. — *Bordeaux*, 4 juill. 1832, Douanes c. Perrens.

47. — Les effets de la trésorerie n'ayant jamais eu le caractère d'effets de commerce, il s'ensuit que l'endosseur ne pourrait, comme l'endosseur de pareils effets, éviter le recours du porteur, en excipant du défaut de protêt à l'échéance. — *Cons. d'Etat*, 7 mars 1808, Lang-Hupaix c. agent du Trésor.

48. — Lorsque le porteur ne reçoit qu'un à-compte sur la lettre de change ou sur le billet à ordre, le tireur ou souscripteur et les endosseurs n'étant alors libérés que d'autant, il est tenu de faire protester pour le surplus. — C. comm., 156, 187.

§ 2. — *Quand le protêt doit être fait.*

49. — Sous l'ordonnance de 1673 (tit. 5, art. 4) le protêt faute de paiement devait être fait dans les dix jours après celui de l'échéance.

50. — Jugé que le protêt d'un billet à ordre ne pouvait être fait lorsqu'il y avait lieu aux dix jours de grâce, avant l'expiration de ces dix jours. — *Cass.*, 23 frim. an XI, Dandin c. Guitre.

51. — Toutefois, cette disposition n'était point applicable aux lettres de change payables à Lyon. Elles devaient être protestées le lendemain de l'échéance. — Arrêt de règl. 2 juin 1667; ordonn. 1673, tit. 5, art. 7; arrêt de règl. 28 janv. 1726. — Merlin, *Rép.*, vo *Lettre et billet de change*, § 4, no 17.

52. — Il y avait encore exception quand la lettre de change était indiquée payable à jour fixe. En ce cas, le protêt devait être fait le jour même de l'échéance. — *Cass.*, 7 niv. an VII, Anoteau c. Bougnols; 6 oct. 1806, Debaussay c. Charvet et Rivoire.

53. — Dans le ressort du ci-devant parlement de Rouen, le mot *fixe* ajouté au jour de l'échéance n'empêchait pas que le porteur d'un billet à ordre n'eût dix jours pour le faire protester. — *Rouen*, 3 pluv. an XII, Gouger c. Gense.

54. — De plus, l'usage fondé sur l'utilité du commerce, avait introduit un délai de faveur plus long pour le paiement des billets causés *valeur en marchandises*. — Deux déclarations, l'une du 28 septembre 1713, et l'autre du 20 février

1714, avaient étendu ce délai de grâce à *un mois*.

55. — Jugé, en conséquence, que le protêt d'un billet à ordre causé *valeur en marchandises* était réputé prématuré, et conséquemment nul, lorsqu'il avait été formé le trentième jour après l'échéance, sans aucun égard pour l'espace de temps assigné à la révolution du mois. — En d'autres termes, c'était par mois et non par jours qu'on devait, en ce cas, compter le délai pour le protêt. — *Paris*, 11 mars 1806, Aubert-Lepage c. Saint-Martin.

56. — L'art. 162 du Code de commerce, applicable aux lettres de change et aux billets à ordre, porte que le protêt doit être fait *le lendemain de l'échéance*.

57. — Aussi: jugé que le protêt est nul, s'il est fait le jour même de l'échéance. — *Florence*, 18 déc. 1811, Walker c. Arbid; *Agen*, 2 avril 1824, Carreve-Lagarrière c. Sainterat; *Bordeaux*, 10 déc. 1832, Servière c. Gassies.

58. — Et cela à quelque heure avancée que ce soit du jour de l'échéance, par la raison que ce jour tout entier est accordé au tiré ou au souscripteur pour faire les démarches nécessaires à l'effet de payer. — Pardessus, *Contrat de change*, no 358, et *Dr. comm.*, no 420.

59. — A plus forte raison, le protêt ne peut-il être fait avant l'échéance; car alors l'obligation n'est pas échue. — Il en était de même sous l'ordonnance de 1673. — Savary, *Parfait négociant*, par. 16.

60. — Cependant comme, sous l'empire de l'ordonnance de 1673, le porteur d'un billet à ordre n'était pas tenu de le faire protester à son échéance, et qu'il suffisait qu'il fît les diligences nécessaires pour obtenir sentence de condamnation; un protêt dressé la veille du jour de l'échéance d'un billet à ordre payable à jour *fixe*, lorsque cette échéance tombait un jour de dimanche, à supposer qu'il fût irrégulier, pouvait toujours valoir comme sommation ou commencement de poursuites. — *Cass.*, 26 févr. 1838 (t. 1er 1838, p. 348), Ardent c. Charvet.

61. — Toutefois, il est un cas où le protêt peut être fait avant l'échéance: c'est lorsque l'accepteur fait faillite avant l'échéance. — V. ci-après no 270 et suiv.

62. — Il a été jugé que le principe en vertu duquel, en matière de traite, le mois se compose du délai qui sépare la date de la création de la même date du mois suivant, quel que soit d'ailleurs le nombre de jours qui s'écoulent dans ce délai, ne subit d'exception que dans le cas où la date de la création ne se rencontre pas dans le mois de l'échéance indiquée. Ainsi l'échéance d'une lettre de change créée le 30 novembre, à quatre mois, tombe non le 31 mars suivant, dernier jour de ce mois, mais le 30, et le protêt fait seulement le 1er avril est tardif. — *Paris*, 15 mars 1849 (t. 1er 1849, p. 556), Dauphiné c. Saubinet — V., au reste, à cet égard, vo LETTRE DE CHANGE, nos 485 et suiv.

63. — Les protêts de lettres de change souscrites antérieurement au Code de commerce, mais échues depuis sa promulgation, ont dû être faits selon l'ordonnance de 1673, le jour même de l'échéance, et non pas le lendemain, ainsi que le prescrit l'art. 162 C. comm. — *Bruxelles*, 28 juill. 1810, Depacpe c. Deheyme.

64. — L'art. 135 C. comm., qui abroge tous délais de grâce relativement aux lettres de change et billets à ordre, étant applicable même aux effets souscrits avant sa promulgation, le porteur d'un billet à ordre souscrit, avant cette promulgation, mais échu depuis, qui ne l'a fait protester qu'après l'expiration du délai de grâce, perd son recours en garantie contre les endosseurs. — *Bordeaux*, 11 janv. 1810, Mantz et Stechelin c. Balguerie.

65. — On doit croire que celui qui a fait protester le lendemain de l'échéance, s'était présenté le jour pour obtenir le paiement. S'il en était autrement, il pourrait être tenu de tous dommages-intérêts, dans le cas où on pourrait en faire la preuve, chose d'ailleurs fort difficile. — Pardessus, *Droit comm.*, no 420.

66. — Le porteur est réputé s'être présenté lorsqu'il a fait, sur l'accepteur et dans le délai de la loi, le protêt de la traite, faute de paiement à l'époque fixée, ou plutôt changée lors de l'acceptation. — *Cass.*, 18 germin. an VIII, Philippe et Admirauld c. Dumoustier.

67. — Si le lendemain du jour de l'échéance est un jour férié légal, le protêt doit être fait le jour suivant. — C. comm., art. 162. — V. JOURS FÉRIÉS.

68. — Le 1er janvier est un jour férié légal au-

quel est applicable l'art. 162 du C. de comm. — Avis Cons. d'Etat 13 mars 1810, appr. le 19. — On considérait également comme légalement férié le jour de la fête du roi. — Persil, art. 162, no 13.

69. — Comme il n'y a de fêtes légales que celles qui sont déclarées telles par la loi, le protêt ne saurait être ajourné au lendemain, sous prétexte que la Bourse et les autres établissemens commerciaux auraient été fermés à l'occasion d'une solennité purement locale. — Horson, no 111.

70. — Si l'échéance était mal indiquée; par exemple, si l'on pouvait lire tout aussi bien *six* que *dix*: le protêt à l'une ou à l'autre de ces deux dates devrait être réputé valable. Car le porteur ne peut être victime de l'incertitude du titre, et les endosseurs doivent s'imputer d'avoir reçu et transmis un effet dont l'échéance n'était pas clairement indiquée. — Horson, no 110.

71. — D'après l'art. 160 C. comm., le porteur d'une lettre de change payable à vue doit en exiger, dans les six mois de sa date, le paiement ou l'acceptation. La présentation de cette lettre dans les six mois n'en fixe pas l'échéance au point qu'il faille protester le lendemain du jour de la protestation; et le porteur conserve la faculté de faire protester jusqu'à l'expiration des six mois. — Horson, no 107.

72. — Il a été jugé que lorsqu'une lettre de change a été endossée après son échéance, le porteur n'est pas tenu de la faire protester dans un délai déterminé. — *Grenoble*, 27 germin. an IX, Johannis c. Besson. — V. ENDOSSEMENT, nos 94 et suiv.

73. — Savary (*Parf. négoc.*, parère 36) pense qu'en pareil cas le protêt est inutile. — Pardessus (*Contr. de change*, nos 368 et 369) est d'avis, et avec raison, ce nous semble, qu'il faut distinguer. Sans doute les endosseurs antérieurs à la date de l'échéance et le tireur qui a fait provision pourront opposer la déchéance; mais le cédant et les endosseurs postérieurs à l'époque de l'échéance ne le pourraient pas. A leur égard, le protêt est nécessaire; car ils ne peuvent être tenus de garantir la créance cédée qu'autant qu'il est constant que la lettre n'a pas été payée. — D'un autre côté, le retard ne priverait pas de l'action en garantie contre le tireur qui ne prouverait pas qu'il y eût provision. Au contraire, tant qu'il n'y a point de protêt, le porteur n'a point d'action contre lui.

74. — Il n'y a légalement de protêt que celui qui est fait au jour indiqué par la loi. — Ainsi, jugé que la prescription des effets de commerce établie par l'art. 189 du Code de commerce commence à courir du jour où le protêt devait être fait, c'est-à-dire du lendemain de l'échéance, encore qu'il n'ait pas eu lieu ce jour-là; et cette prescription n'est pas interrompue par un acte qualifié protêt, signifié postérieurement à ce jour: un tel acte ne pouvant produire les effets d'un protêt formé en temps utile ni être assimilé à une poursuite juridique dans le sens de l'art. 189 du Code de commerce, non plus qu'à un des actes spécifiés par l'art. 2244 du Code civil. — *Cass.*, 4 nov. 1846 (t. 2 1846, p. 563), Vesque c. Garbille. — V. aussi les arrêts cités vo LETTRE DE CHANGE, nos 684 et suiv.

§ 3. — *Dispense de protêt. — Force majeure, retour sans frais, etc.*

75. — Le protêt étant un acte de vigueur d'où naissent des droits et obligations réciproques, les causes de dispense ne doivent pas en être généralement admises.

76. — Le porteur n'est point dispensé du protêt faute de paiement par le protêt faute d'acceptation. — C. comm., art. 163.

77. — Cependant, lorsque le protêt faute d'acceptation d'une lettre de change a été suivi contre le tireur et les endosseurs d'une condamnation au paiement passée en force de chose jugée avant l'échéance, il n'y a plus lieu de constater à cette échéance le refus de paiement par un nouveau protêt. — En pareil cas, les droits du porteur sont conservés tant contre le tireur que contre les endosseurs par la condamnation déjà prononcée contre le premier. — *Cass.*, 27 juin 1842 (t. 2 1842, p. 387), Bernard c. Boucarne.

78. — De même, lorsqu'à défaut d'acceptation d'une lettre de change un jugement a condamné les signataires à fournir caution, sinon à payer, si la caution n'a pas été fournie, le porteur n'est pas tenu d'obtenir une seconde condamnation après l'échéance de la traite. — *Toulouse*, 2 janv. 1815, Olivier-Dufaget c. Delor.

79. — Le porteur n'est point dispensé du protêt par la mort du tiré. — C. comm., art. 163. — Il en était de même sous l'ordonnance de 1673. — Pothier, *Contr. de change*, nº 146; Merlin, *Rép.*, vº *Protêt*, § 6.

80. — Il n'en est pas non plus dispensé par la faillite du tiré. — C. comm., art. 163.

81. — La perte de l'effet de commerce ne dispense pas non plus le porteur de faire le protêt. Il en était de même sous l'ordonnance de 1673. — Jousse, sur l'art. 4, tit. 5. — Seulement, et par la nature même des choses, le porteur se trouve dispensé de transcrire la lettre de change dans le protêt. — Pothier, *Contr. de change*, nº 145.

82. — Sous l'ordonnance de 1673, la force majeure relevait le porteur de la déchéance encourue pour défaut de protêt ou de dénonciation dans les délais, et cela par application de la maxime : *Impossibilium nulla obligatio*. — Savary, *Parf. négoc.*, parère 70; Pothier, *Contr. de change*, nº 144. — Et toutefois Becane disait que ce n'est qu'avec beaucoup de réserve qu'il faut appliquer cette maxime : *Impossibilium nulla obligatio*. Car on ne peut faire tomber sur autrui le malheur qui nous arrive, quel que soit le degré d'intérêt qu'on puisse inspirer. — Becane, sur l'ord. de 1673, tit. 5, art. 15.

83. — Lors de la discussion du Code de commerce, la question fut agitée au conseil d'Etat. Les uns voulaient admettre positivement l'exception, les autres voulaient l'exclure; le conseil arrêta, après une longue délibération, « qu'afin de ne pas ouvrir la porte aux abus, en liant la conscience des tribunaux par une règle trop précise, il ne serait pas inséré dans le Code de commerce de disposition sur l'exception de force majeure. » — Locré, t. 2, p. 207 et 270, alin. 2 et 3.

84.—Depuis le Code, jugé que le porteur d'une lettre de change peut invoquer les événemens de force majeure qui l'ont empêché, soit de faire le protêt le lendemain de l'échéance, soit de le dénoncer dans le délai légal. — *Paris*, 30 août 1809, Gandelet-Dubernard c. Picardes; 29 novembre 1809, Crémieux c. Michel; *Cass.*, 28 mars 1810, Bodin c. Oneto; 23 févr. 1831, Lanelle c. Grenet; *Bruxelles*, 20 juin 1831, N... — Merlin, *Rép.*, vº *Prescription*, sect. 1re, § 2, art. 2, quest. 10e, et *Quest.*, vº *Protêt*, § 7 et 8; Pardessus, *Contr. de change*, nº 366; Pardessus, *Dr. comm.*, nº 426; E. Vincens, t. 2, p. 209; E. Persil, art. 162, nº 11; Nouguier, t. 1er, p. 381 et 386. — *Contrà*, *Paris*, 25 janv. 1810, Puech c. Doumerc et Debray; 12 mars 1812, Cabarrus c. Bouchevot.

85. — L'exception tirée de la force majeure est applicable aux cas de l'invasion de l'ennemi et des événemens de guerre pour relever le porteur de lettres de change et de billets à ordre de la déchéance prononcée par le Code de commerce, à défaut de protêt à l'échéance et de dénonciation dans les délais, et l'application, selon les circonstances, est abandonnée à la prudence des juges. — Av. Cons. d'Etat 25 janv. 1814, appr. le 27.

86. — Il y a lieu d'appliquer aux protêts la décision du tribunal de commerce de Paris du 31 juill. 1830, portant : Les échéances des effets de commerce payables à Paris depuis le 26 juillet jusqu'au 15 août inclusivement, sont prorogés de dix jours pour cause de force majeure, par suite des événemens des 27, 28 et 29 juillet, qui ont appelé les citoyens à la défense commune. — *Paris*, 31 juill. 1830, N... — V. aussi le décret du 23 mars 1848, rendu après la révolution de février. — V. *infrà*, nos 175.

87. — Toutefois, il faut que le protêt ait lieu et que les diligences soient faites aussitôt que l'obstacle a cessé. — Savary, *Parf. négoc.*, parère 70; Pothier, *Contr. de change*, nº 144; Merlin, *Rép.*, vº *Protêt*, § 4, nº 1er, et *Quest.*, vº *Protêt*, § 8; Locré, sur l'art. 164; Pardessus, *Contr. de change*, nº 366; E. Vincens, t. 2, p. 209.

88. — Ainsi, la force majeure résultant de l'état de guerre ne relève de la déchéance encourue pour défaut de dénonciation de protêt, en temps utile, aux tireurs et endosseurs, qu'autant et que pour le temps qu'il est constant qu'il a été réellement un empêchement. — *Cass.*, 25 janv. 1821, Delabarietta c. Quesnel.

89. — La question de savoir s'il y a eu force majeure est abandonnée à la lumière et à la prudence des juges du fait. — *Cass.*, 28 mars 1810, Bodin c. Oneto; 21 juin 1810, Salignon c. Vollan; 25 janv. 1821, Delabarietta c. Quesnel. — Pardessus, *Droit comm.*, nº 426; Nouguier, t. 1er, p. 386.

90. — Ainsi, on a pu considérer comme cas de force majeure l'impossibilité où le porteur aurait été de faire parvenir l'effet au domicile du débiteur à cause de la contrariété des vents. — *Cass.*, 23 févr. 1831, Lanelle c. Grenet.

91. — En 1840, le Conseil d'Etat, consulté par le ministre de la justice sur la question de savoir si, dans le cas d'interruption de communication par des événemens de force majeure, il appartenait au gouvernement de suspendre ou modifier par une ordonnance royale les effets du Code de commerce à l'égard des porteurs de lettres de change, et de relever de la déchéance prononcée par ce Code pour défaut de protêts à l'échéance et de dénonciations dans les délais prescrits, a été d'avis qu'il appartenait, non à l'administration, mais aux tribunaux, dans l'exercice de leur juridiction, d'apprécier les circonstances de force majeure, sous le double rapport du fait et du droit. — Avis Cons. d'Etat 12 nov. 1840.

92. — Lorsque entre le jour où une lettre de change était négociée, et celui où le protêt devait être fait, il n'y avait pas un intervalle suffisant, en raison des distances, pour faire protester dans le délai prescrit, en prenant les voies ordinaires, c'est-à-dire par la poste, le porteur ne perd point son recours contre son cédant, faute de protêt à l'échéance. — *Nîmes*, 31 août 1809, Barre-Desmon c. Bonnaud; *Bourges*, 8 mai 1813, Etienne c. Bonneau.

93. — Mais c'est là une exception particulière du porteur à son endosseur. Elle n'empêche pas que les effets du défaut de protêt ne puissent être invoqués par les autres intéressés. — Pardessus, *Dr. comm.*, nº 426.

94. — Il est à remarquer que des retards provenant de la poste ne peuvent être légèrement admis. Il faudrait qu'on alléguât des retards forcés et dûment constatés. — Pardessus, *Contr. de ch.*, nº 366.

95. — Le porteur ne peut, pour être relevé de la déchéance résultant de la tardiveté du protêt, vis-à-vis de son cédant, exciper de ce qu'il n'y a pas eu, à raison des distances, un intervalle suffisant entre le jour de l'endossement et celui où le protêt devait être fait, si le cédant l'avait prévenu qu'il était urgent de faire les diligences nécessaires, et, qu'en fait, il n'y avait pas impossibilité absolue de faire le protêt. — *Nîmes*, 11 janv. 1810, Salignon c. Vollan; *Cass.*, 21 juin 1810, mêmes parties.

96. — Lors même qu'une lettre de change n'est parvenue que le lendemain de son échéance entre les mains du banquier chargé d'en opérer le recouvrement, il est néanmoins responsable du défaut de protêt en temps utile, s'il est constant qu'il a encore eu tout le temps nécessaire pour faire protester. — *Paris*, 25 août 1831, Fould-Oppenheim c. Poilièvre.

97. — Si la lettre était adressée à un correspondant pour la toucher, et que celui-ci mourût avant de s'être présenté, le propriétaire serait recevable à exercer l'action en garantie en faisant protester le plus tôt possible. — Merlin, *Rép.*, vº *Protêt*, § 4, nº 1er.

98. — Il a été jugé que, bien que le protêt à faire au domicile de la personne indiquée pour payer *au besoin* doive, en règle générale, être fait le lendemain de l'échéance, si la personne indiquée *pour le besoin* exige, avant de payer, qu'on lui remette le protêt sur le débiteur principal enregistré, l'obligation de faire enregistrer ce protêt peut être considérée comme une force majeure qui suspend le délai du protêt à faire au domicile *du besoin*, jusqu'après l'enregistrement, sauf aux juges à apprécier la durée de cette force majeure. — *Caen*, 1er févr. 1825, Guilbert c. Legentil.

99. — Mais M. Horson pense qu'une pareille décision tendrait à prolonger arbitrairement la responsabilité des endosseurs, en subordonnant leur libération à la solvabilité de l'intervenant, et peut-être même à son caprice, jusqu'au lendemain de l'enregistrement du protêt, soit pendant cinq jours entiers. Le législateur n'a pas voulu cela : « C'est le *jour du protêt* que l'intervenant doit payer à défaut du souscripteur. C'est donc au porteur à se mettre en mesure de recevoir, et à exiger que les fonds lui soient comptés ce jour-là; à défaut de quoi il protestera définitivement sur le *besoin* comme sur le souscripteur. — Horson, nº 104.

100. — Si la loi exige que le refus de paiement à l'échéance soit constaté par un protêt, cette disposition n'intéresse ni l'ordre public ni les bonnes mœurs. On peut donc y déroger par des conventions expresses. — *Cass.*, 20 juin 1827, Tayac c. Baudens; 8 avr. 1834, Defos-Letheulle c. Segris-Gilbert; 23 déc. 1835, Gentil c. Binet. — Horson, nos 122 et suiv.

101. — Jugé, en conséquence, que l'endosseur d'une lettre de change est tenu de l'action en garantie, quoique le protêt ne lui ait pas été dénoncé, s'il a dispensé le porteur de lui faire cette dénonciation. — *Paris*, 2 déc. 1812, Nabon c. Laimant.

102. — La dispense, soit du protêt, soit de la dénonciation de ce protêt peut être faite non-seulement en termes exprès, mais encore en termes équivalens.

103.—Ainsi, celui qui a endossé une lettre de change échue, en promettant de garantir le porteur de toute prescription, n'est pas recevable à lui opposer la déchéance pour défaut de protêt et de dénonciation de protêt en temps utile. — *Cass.*, 11 juill. 1820, Clavel c. Petit.

104. — L'arrêt qui décide que la dispense du protêt faute du paiement résulte d'une promesse pure et simple de payer donnée par l'endosseur, échappe à la censure de la Cour de cassation. — *Cass.*, 20 juin 1827, Tayac c. Baudens.

105. — Si, par un acte d'ouverture de crédit, deux négocians sont convenus que le créditeur ne pourrait exercer aucune poursuite contre le crédité, faute de paiement aux échéances des billets fournis par celui-ci, il suit de là que le créditeur, porteur des billets, n'est pas garant envers le crédité de la déchéance encourue par le défaut de protêt. — En conséquence, le crédité n'est pas fondé à demander que les billets ne soient pas portés au compte du crédit comme argent comptant. — *Cass.*, 23 déc. 1835, Gentil c. Binet.

106. — Le porteur d'une lettre de change n'est point dispensé d'en faire le protêt en temps utile, par l'endossement ainsi conçu : *payez à l'ordre de..., valeur reçue comptant, avec garantie jusqu'à parfait paiement*. Le défaut de protêt peut lui être opposé, même par l'auteur de l'endossement, et il ne peut prétendre que cette clause constitue un aval qui le dispense du protêt. — *Nîmes*, 22 juin 1829, Favant c. Richard.

107. — Le porteur d'une lettre de change peut prouver par témoins ou autrement qu'il a été dispensé par son cédant de faire protester faute de paiement, et par suite agir contre lui, bien que le protêt n'ait pas eu lieu le lendemain de l'échéance. — Dans ce cas, l'endosseur actionné par le porteur peut également prouver par témoins que le tireur avait ratifié la dispense du protêt et, par suite, exercer son recours contre lui. — *Cass.*, 31 (et non 30) juill. 1832, Assy-Jalabert c. Cousin-Jullion; 5 juill. 1843 (t. 2 1843, p. 778), Duboul. — *Contrà Paris*, 28 févr. 1830, arrêt cassé par celui de 1832, par le motif : que le protêt, ne pouvant être suppléé par aucun acte, ne saurait, à plus forte raison, l'être par la preuve testimoniale. — Mais, comme on le voit, ce motif est erroné : car il s'agit de prouver non le fait du protêt, mais l'existence d'une convention en dehors de l'acte.

108. — L'engagement pris par l'endosseur d'un billet à ordre protesté d'en rembourser le montant à son cessionnaire, dispense ce dernier de lui faire la dénonciation de ce protêt dans la quinzaine. — *Cass.*, 8 janv. 1848 (t. 1er 1848, p. 428), Seigneurin c. Riboulet.

109. — On peut non-seulement dispenser le porteur de faire le protêt, mais encore lui faire une loi expresse de son omission. — Cette défense se formule ordinairement en ces mots : *retour sans protêt* ou *sans frais*. — En prenant la lettre qui porte une telle énonciation, le porteur s'oblige à faire connaître amiablement et sans frais le défaut de paiement. — *Paris*, 7 janv. 1845 (t. 1er 1845, p. 103), Bonnier c. Lecarpentier. — Pardessus, *Droit comm.*, nº 425.

110. — Ces mots, *retour sans frais*, ajoutés par le tireur d'une lettre de change au bas de sa signature, sont obligatoires, même pour tous les porteurs ultérieurs, à moins de dérogation expresse dans l'endossement, et dispensent le porteur de l'obligation de faire protester pour conserver son recours soit contre le tireur, soit contre les endosseurs. — *Angers*, 15 juin 1831, Defos-Letheulle c. Segris-Gilbert; *Cass.*, 8 avril 1834, mêmes parties; *Agen*, 9 janv. 1838 (t. 2 1838, p. 470), Laroque c. Molié.

111. — Il n'y a point d'ouverture à cassation contre un jugement qui décide que la clause *sans frais*, apposée sur une lettre de change, dispensait le porteur, d'après l'intention des parties, de faire le protêt à l'échéance, ainsi que de l'obligation de recourir judiciairement contre les endosseurs et garans. — *Cass.*, 1er déc. 1841 (t. 1er 1842, p. 377), Laligant c. Delhomel.

112. — La condition de *retour sans frais* peut-elle être apposée par les endosseurs? Oui, car la loi ne la prohibe pas.

113. — Aussi jugé que cette mention, apposée par les endosseurs, a dispensé le tiers porteur, en cas de non paiement à l'échéance, des actes judiciaires entraînant des frais, tels que le protêt et la dénonciation du protêt. — *Paris*, 7 janv. 1845 (t. 1er 1845, p. 103), Bonnier c. Lecarpentier.

114. — Seulement, une pareille mention sera sans influence sur les mesures à prendre vis-à-vis des signataires précédens, et sur les justifications qu'ils seront en droit de demander. Ainsi, à l'égard de ceux-ci, il faudra toujours qu'il y ait protêt et dénonciation dans le délai et dans les formes prescrites.

115. — Mais *quid* à l'égard des signataires postérieurs? L'endosseur qui n'aura pas répété la mention de *retour sans frais*, sera-t-il lié par cette mention écrite dans l'endossement précédent? Non. La restriction n'étant pas dans le titre même, elle ne doit avoir d'effet qu'à l'égard de celui qui l'a écrite. On ne pourra répéter contre lui les frais du protêt; mais aussi il ne pourra se prévaloir du défaut de protêt ou de dénonciation. Il n'a modifié que sa position, il n'a pas modifié le titre lui-même. L'endosseur subséquent qui n'a rien dit est censé avoir voulu rester dans le droit commun. Le porteur est donc tenu de faire le protêt à son égard.

116. — Jugé en ce sens que l'endosseur dont l'endossement est pur et simple est fondé à opposer aux endosseurs subséquens le défaut de protêt, encore bien qu'il y eût sur l'effet la mention de *retour sans frais* apposée par le premier endosseur. — *Cass.*, 6 déc. 1831, Aubert c. Lemoyne. — Pardessus, *Droit comm.*, n° 425. — *Contrà*, Nouguier, t. 1er, p. 136.

117. — Jugé que la mention *retour sans frais* n'indique que la prohibition ou la dispense de protester, sans apporter aucune dérogation aux stipulations contenues dans le titre. — *Colmar*, 8 déc. 1845 (t. 2 1846, p. 215), Bébenesse-Sylvestre c. Saglio-Haas.

118. — Pour faire partie du contrat, la mention de *retour sans frais* doit être renfermée dans le corps de la lettre ou ratifiée successivement par chaque signataire. — Horson, nos 122 et suiv.

119. — En conséquence, jugé que la condition de retour sans frais n'est obligatoire, avec ses conséquences, qu'autant qu'elle fait partie intégrante de la lettre de change ou qu'elle est reconnue par toutes les parties pour avoir existé lors de son émission. — Il ne suffirait pas, par exemple, qu'elle fût écrite *après* la signature du tireur pour être admise contre un des endosseurs qui nierait qu'elle ait existé au moment où la lettre de change lui aurait été transmise. — Toutefois, cette exception ne serait pas opposable de la part de celui des endosseurs qui aurait apposé à sa signature la même condition. — *Agen*, 9 janv. 1838 (t. 2 1838, p. 470), Laroque c. Molié.

120. — Lorsqu'une lettre de change a été tirée avec la mention de retour sans frais, cette clause, qui devient une condition à laquelle se soumettent les divers intéressés, est tellement obligatoire pour le porteur de la traite, que, s'il fait protester, il ne peut répéter les frais du protêt. — *Paris*, 24 janv. 1835, Lambert c. Pérardel-Brochart; *Angers*, même arrêt que *suprà* n° 110.

121. — Ces mots, *sans frais*, s'appliquent non-seulement aux frais de protêt et de dénonciation, mais à tous frais quelconques. — Nouguier, t. 1er, p. 137. — Ainsi le porteur ne peut point faire de retraite.

122. — Toutefois le tireur est tenu de restituer les frais de timbre, d'amende et d'enregistrement que le porteur aurait acquittés. — *Paris*, 24 janv. 1835, Lambert c. Pérardel-Brochart.

123. — Lorsque la mention de *retour sans frais* n'a été apposée que par des endosseurs, ce n'est qu'à leur égard qu'il y a lieu d'appliquer ce qui vient d'être dit relativement aux frais.

124. — On a jugé que le porteur d'une lettre de change contenant la mention de *retour sans frais* apposée par le tireur, ne conserve son recours soit contre le tireur, soit contre les endosseurs, qu'autant qu'il leur a fait connaître, dans le délai ordinaire, le défaut ou refus de paiement de la part du tireur. — *Agen*, 9 janv. 1838 (t. 2 1838, p. 470), Laroque c. Molié; *Paris*, 7 janv. 1845 (t. 1er 1845, p. 103), Bonnier c. Lecarpentier.

125. — Jugé, au contraire, que par la mention de *retour sans frais* apposée sur une lettre de change, le porteur est dispensé, vis-à-vis de celui qui a apposé cette clause ou de ceux qui l'ont acceptée, non seulement de faire protester à l'échéance et de faire citer les endosseurs dans la quinzaine, mais encore de prévenir, dans le même délai, du non-paiement de la lettre. — Dans ce cas le porteur n'est, à l'égard de son cédant, qu'un mandataire ordinaire, responsable seulement des fautes de sa gestion. — *Limoges*, 28 janv. 1835, Flageat c. Rigonnaud.

126. — Jugé également qu'il n'y a pas ouverture à cassation contre le jugement qui décide que la clause *sans frais* dispensait le porteur de prévenir les endosseurs du non-paiement dans les délais fixés par la loi. — *Cass.*, 1er déc. 1841 (t. 1er 1842, p. 377), Laligant c. Delhomel.

127. — La dispense du protêt et de la signification écrite par l'endosseur d'un effet de commerce peut être appliquée au cas même où un second billet créé pour le besoin de la circulation en renouvellement du premier demeuré en la possession du créancier, n'a pas été payé. L'arrêt qui, interprétant les conventions des parties, décide en pareille circonstance, que le premier billet a repris ses effets, avec la dispense de protêt et de signification qui y était attachée, ne viole aucune loi. — *Cass.*, 7 févr. 1848 (t. 1er 1848, p. 692), Pellot c. Namur.

128. — Si le porteur d'un billet en vertu d'un endossement en blanc peut utiliser ce billet à son profit en complétant cet endossement par un ordre régulier, alors qu'il en a fourni la valeur; il ne peut, à moins d'intention contraire de l'endosseur, résultant des faits et circonstances, y apposer un aval ou une dispense de protêt qui, soumettant cet endosseur aux mêmes conditions que le souscripteur, l'empêche d'opposer le défaut de protêt à l'échéance. — *Limoges*, 25 mars 1846 (t. 2 1848, p. 598), Malbay de Chirac c. B...

129. — Jugé que le porteur d'un billet non protesté par suite de la dispense qu'en a donnée l'endosseur son cédant a droit néanmoins, nonobstant la disposition de l'art. 175 C. comm., d'être admis à la faillite de cet endosseur pour le montant du billet. — *Paris*, 28 août 1847 (t. 2 1847, p. 528), Bénard c. Bunel.

130. — ... Et que la dispense de dénonciation de protêt consentie par l'endosseur avant sa faillite peut, après la faillite, être opposée à ses créanciers. — *Cass.*, 16 juin 1846 (t. 2 1846, p. 742), Tassel-Godeau c. Marcotte.

§ 4. — *Effets du protêt.*

131. — Le protêt a principalement pour effet de constater les diligences du porteur, et de lui donner, par suite, le droit d'exercer son action en garantie contre les signataires de l'effet de commerce. — V. *infrà*, nos 168 et suiv.

132. — De plus, il fait courir l'intérêt du principal de la lettre de change ou du billet à ordre protesté faute de paiement. — C. comm. 184. — Cette disposition est renouvelée de l'art. 7, tit. 6 de l'ordonnance de 1673, qui, en ce qui concernait les lettres de change, portait que l'intérêt du principal et du change était dû du jour du protêt, encore qu'il n'eût été demandé en justice.

133. — Toutefois, sous cette ordonnance, il fallait qu'un effet eût réellement le caractère de lettre de change pour que les intérêts courussent de plein droit, du jour du protêt, au profit de celui qui avait payé par intervention — *Cass.*, 5 vendémiaire an XI, Boubert c. Desfontaines.

134. — Quant aux billets à ordre, le protêt n'en faisait point courir les intérêts de plein droit, ils n'étaient dus qu'à partir de la demande judiciaire. — *Bourges*, 26 mars 1813, Fromenteau c. Angineau; *Cass.*, 1er déc. 1823, Delaunay c. Prudhomme. — Merlin, *Rép.*, v° *Ordre* (*Billet à*), § 1er, n° 3.

135. — A plus forte raison, en devait-il être de même s'il n'y avait point protêt. — *Cass.*, 3 brum. an VIII, Moreau c. Massin.

136. — Jugé également que les intérêts n'ont point couru du jour du protêt contre le non-commerçant qui a garanti le paiement d'un billet à ordre causé valeur reçue comptant et souscrit par un non-marchand. — *Paris*, 25 mai 1807, Sancède c. Corbie.

137. — Le C. comm, appliquant aux billets à ordre les dispositions relatives aux lettres de change et concernant les intérêts (art. 187), il s'ensuit que les intérêts d'un billet à ordre courent de plein droit à compter du jour du protêt. — *Bordeaux*, 21 mars 1828, Cauteyron c. Bousquet.

138. — Cette disposition de la loi étant exorbitante du droit commun ne peut être appliquée par extension. Toutes les fois donc qu'il n'y a ni lettre de change ni billet à ordre, le protêt ne fait point courir les intérêts.

139. — Mais la disposition doit-elle toujours recevoir son application en matière de billets à ordre?

140. — Jugé qu'elle n'est pas applicable aux billets à ordre souscrits par un non-commerçant pour cause non commerciale et que, dans ce cas, s'agissant d'une obligation purement civile, les intérêts ne courent que du jour de la demande en justice. — *Bordeaux*, 22 mai 1837 (t. 2 1837, p. 553), Durand c. Lafontaine.

141. — Cette décision nous semble erronée. Du moment qu'il y a billet à ordre, les dispositions du Code doivent être appliquées en tout ce qui concerne les effets de cette nature. De plus: par cela même que la loi a excepté de certaines dispositions rigoureuses (par exemple de la contrainte par corps) les billets à ordre souscrits par un non-commerçant pour cause non commerciale, elle a nécessairement entendu qu'ils resteraient sous l'empire de ses autres dispositions.

142. — Comme c'est le protêt seul qui fait courir les intérêts, il s'ensuit que les intérêts d'un effet protesté longtemps après l'échéance ne sont dus que du jour du protêt et non de celui où le billet est échu. — *Cass.*, 26 janv. 1818, Prisset c. Gauvenet.

143. — Les intérêts ne peuvent être adjugés à partir du protêt faute d'acceptation: sous prétexte qu'il y a présomption que le protêt faute de paiement a existé, mais que la date en est incertaine. — *Cass.*, 25 (et non 23) août 1813, Pinot c. Rouxel. — V. *suprà* n° 30.

144. — Pour que le protêt fasse courir les intérêts à compter de sa date, il faut qu'il soit suivi de poursuites et d'un jugement. — *Metz*, 12 janvier 1819, Carry c. Brincourt.

145. — Une créance provenant d'une lettre de change protestée, et alors d'ailleurs qu'elle est entrée dans un compte courant, a pu produire des intérêts sans demande judiciaire, lesquels intérêts sont prescriptibles par cinq années. — *Cass.*, 6 nov. 1832, Dupuy c. Puthod.

146. — L'endosseur doit-il les intérêts à compter du jour du protêt, ou seulement à compter du jour où le remboursement lui est demandé? En faveur de ce dernier système, on dit que l'endosseur peut avoir ses fonds prêts pour le remboursement, et qu'il ne doit pas souffrir du retard qu'on met à s'adresser à lui. — Mais on répond avec raison pour le premier système, qu'un endosseur ne se met pas en mesure pour tous les remboursemens auxquels il est exposé; et que d'ailleurs étant garant solidaire du paiement, il ne peut invoquer une condition différente de celle du tireur ou de l'accepteur. — Horson, n° 130; Persil, art. 184, n° 1er.

147. — Si le protêt a pour effet de constater les diligences du porteur et de faire courir les intérêts, il n'est nullement indispensable pour conserver la nature du titre. Nonobstant le défaut de protêt, le titre reste ce qu'il était auparavant.

148. — Ainsi, sous le Code de commerce, comme sous l'ordonnance de 1673, le défaut de protêt à l'échéance d'une lettre de change régulière en la forme, n'a point pour effet de la faire considérer comme simple promesse dont la connaissance n'appartient point aux juges consulaires ou qui affranchisse le tireur de la contrainte par corps. — *Cass.*, 13 (et non 25) fructid. an IX, Jeanninck c. Vanderveldin; 25 (et non 24) mai 1824, Terrein c. Barbousse.

149. — Le protêt a encore d'autres effets moraux; c'est presque toujours de porter atteinte au crédit des individus tenus de payer ou de faire les fonds à l'échéance, et de déterminer par suite leur mise en état de faillite.

150. — Aussi a-t-il été jugé qu'un protêt subi par un commerçant, malgré le soin par lui pris de faire les fonds aux mains du correspondant chez lequel un mandat est payable, cause à ce commerçant un préjudice dont il lui est dû réparation. — *Rouen*, 27 mai 1844 (t. 2 1844, p. 584), N....

§ 5. — *Intervention.*

151. — Lorsqu'une lettre de change est protestée, elle peut être payée par tout tiers intervenant pour le tireur ou pour l'un des endosseurs. — C. comm., 158. — Le protêt préalable est une condition essentielle. — Pothier, *Contr. de change*, n° 114.

152. — L'intervention et le paiement doivent être constatés dans l'acte de protêt ou à la suite de l'acte. — C. comm., art. 158.

153. — Bien que la loi accorde quatre jours pour l'enregistrement des exploits d'huissiers, l'original du protêt doit être enregistré dans le jour même, si l'intervenant déclare qu'il ne veut payer que sur la remise des titres et du protêt enregistré. Car, ainsi que nous l'avons vu, c'est le jour même du protêt que l'intervenant doit payer à défaut du souscripteur ou du tiré. — Horson, nº 104.

154. — Quant au mode et aux effets du paiement par intervention, V. LETTRE DE CHANGE, nºˢ 641 et suiv.

155. — Jugé que lorsque domicile a été élu par le souscripteur, pour le paiement d'un billet à ordre, chez un banquier, et que plus tard un besoin a été indiqué chez le même banquier par un endosseur, avec prière d'intervenir en cas de non-acquittement par le souscripteur, le paiement que fait le banquier à l'échéance et avant protêt est légalement présumé fait pour le compte du souscripteur débiteur principal, et libère les endosseurs sans que la preuve contraire puisse être admise. — C'est en vain que celui qui a payé chercherait à s'assurer un recours contre les endosseurs, et spécialement contre celui qui l'avait indiqué au besoin et prié d'intervenir en faisant dresser un protêt après son paiement. — *Cass.*, 14 févr. 1848 (t. 1ᵉʳ 1848, p. 561), Guilbert c. Ganneron. — Pardessus, *Dr. comm.*, t. 2, nº 405.

Sect. 2ᵉ.— *Suites du protêt. — Actions en garantie. — Déchéances.*

§ 1ᵉʳ. — *Action du porteur contre le tiré.*

156. — Il faut distinguer entre le cas où il n'y a point eu acceptation, et celui où l'acceptation a eu lieu. — Dans le premier cas, le tiré n'ayant point contracté d'engagement, le porteur n'a directement aucune action contre lui.

157. — Il en serait décidé de même encore bien que le tiré eût entre les mains provision pour payer, ou bien qu'il se fût engagé à accepter. Car l'un et l'autre de ces faits sont en dehors du contrat de change réalisé par la lettre; et c'est dans cette lettre que le porteur peut puiser le fondement d'une action directe.

158. — Cependant le porteur pourrait, comme exerçant les droits du tireur, dont il serait le créancier (C. civ., art. 1166), actionner le tiré à raison de la non-exécution de ses engagemens. Il pourrait, à ce titre, obtenir des dommages-intérêts auxquels le tireur aurait droit. Mais, de son côté, le tiré pourrait opposer au porteur toutes les exceptions qu'il aurait à faire valoir contre le tireur.

159. — Mais, dans ce cas, le tiré ne peut être distrait de ses juges naturels sous prétexte de garantie. S'il s'est engagé vis-à-vis du porteur, c'est un débat à vider entre eux, suivant les règles ordinaires de la compétence. — V. COMPÉTENCE COMMERCIALE, nº 209.

160. — Le porteur pourrait encore avoir une action contre le tiré, dans le cas où le protêt ayant été tardivement fait ou dénoncé le tireur prouverait qu'à l'échéance il y avait provision entre les mains du tiré. En pareil cas, le porteur est subrogé de plein droit dans l'action du tireur contre le tiré. — Mais cette action ne résulterait pas, à proprement parler, du contrat de change, puisque n'ayant point accepté le tiré n'a contracté aucune obligation directe. — Pardessus, *Droit comm.*, nº 416.

161. — Une fois que le tiré a accepté, il est devenu débiteur direct et principal; il se doit à son acceptation, comme le dit la langue commerciale : il est donc tenu de payer le montant de la lettre (V. LETTRE DE CHANGE, nºˢ 429 et suiv.). A défaut de paiement il est exposé, de la part du porteur, à toutes les actions accordées au créancier contre son débiteur, sauf à opposer l'exception de dol ou de fraude dans l'acceptation donnée, s'il pouvait l'établir contre le porteur de mauvaise foi. — Pardessus, *Droit comm.*, nº 415.

162. — Le porteur d'une lettre de change qui la passe au compte courant du tireur, ne perd point pour cela son recours contre l'accepteur. On ne peut pas dire qu'il y ait là novation. — *Bruxelles*, 18 juill. 1810, Laperg c. Oket.

163. — Lorsque l'accepteur de plusieurs traites à diverses échéances, laisse protester les premières; ce défaut de paiement donne-t-il ouverture à quelque droit pour le porteur relativement aux traites non échues?

164. — Jugé que le porteur peut exiger caution dans le cas de protêt du premier de ces effets, faute de paiement, et qu'il peut encore être admis à continuer les poursuites afin d'obtenir caution, lorsque, depuis la demande qu'il en a formée, il a reçu sans réserve le paiement de l'effet protesté. — *Bruxelles*, 3 janv. 1808, N... c. Vanhove.

165. — Au contraire, M. Horson (nº 113) pense, et avec raison, ce nous semble, que le créancier ne peut demander condamnation que pour son titre échu ou la mise en faillite de son débiteur

166. — L'acceptation constituant le tiré débiteur direct et principal, il n'est pas nécessaire que les poursuites du porteur contre lui soient exercées à une époque ou dans un délai déterminés. Elles peuvent l'être pendant tout le temps que durent les actions relatives aux lettres de change, c'est-à-dire pendant cinq ans. — Il en était de même sous l'ordonnance de 1673. — V. Jousse sur l'art. 11, tit. 5.

167. — Tout ce que nous venons de dire relativement au tiré qui a accepté, est nécessairement applicable au souscripteur d'un billet à ordre. Car celui-ci, comme le premier, est débiteur direct et principal, et ce n'est qu'à son défaut qu'on s'adresse aux autres signataires.

§ 2. — *Action du porteur contre les endosseurs, et de l'endosseur qui a remboursé contre ses cédans. — Dénonciation. — Assignation.*

168. — Le porteur d'une lettre de change ou d'un billet à ordre protesté faute de paiement, peut exercer son action en garantie contre les endosseurs ou individuellement ou collectivement. — C. comm., art. 164 et 187.

169. — Sous l'ordonnance de 1673 (tit. 5, art. 13) les endosseurs de lettres de change devaient être poursuivis en garantie dans la quinzaine à partir du lendemain du protêt, s'ils étaient domiciliés dans la distance de dix lieues et au delà, à raison d'un jour par cinq lieues, sans distinction du ressort des Parlemens.

170. — Jugé, par suite, qu'en cas de protêt d'une lettre de change, le délai pour l'action en garantie contre les tireurs et endosseurs domiciliés hors de la distance de dix lieues, lequel était fixé à raison d'un jour par cinq lieues, ne devait bien être calculé sur toute cette distance que déduction faite des dix premières lieues pour lesquelles l'ordonnance accordait une quinzaine; mais chaque endosseur avait droit au même délai pour exercer ses poursuites contre son cédant. — *Paris*, 5 (et non 26) déc. 1806, Desprès et Récamier c. Danet.

171. — Lorsque le domicile des endosseurs n'était ni indiqué dans la lettre de change ni connu du porteur, celui-ci n'en était pas moins tenu de dénoncer le protêt dans la quinzaine. — Ordonn. 1673, tit. 5, art. 13. — *Cass.*, 22 juill. 1807, Bouchard c. Oudot et Blondel.

172. — Mais l'ordonnance de 1673 ne fixait aucun délai dans lequel le porteur d'un billet à ordre dût exercer son action en garantie contre les endosseurs.

173. — D'où l'on a conclu que les tribunaux ne pouvaient à cet égard que se conformer aux usages établis dans les différentes places de commerce. — *Cass.*, 24 flor. an XIII, Cuenin c. Piquar.

174. — Ainsi on a pu décider que le délai de quinzaine pour exercer la garantie à l'égard d'un billet négociable, courait du lendemain du jour du protêt. — *Bruxelles*, 3 mars 1807, Baden et Soupé c. Sacys.

175. — Aujourd'hui le porteur soit d'une lettre de change, soit d'un billet à ordre protesté, doit exercer son action en garantie dans les quinze jours qui suivent la date du protêt, en faisant notifier ce protêt et citer en jugement à défaut de remboursement. — C. comm., art. 165. — Après la révolution de février, le décret du 29 mars 1848 avait provisoirement prorogé le délai de quinze autres jours, outre les délais de déférence, mais ce décret a été abrogé par la loi du 3 janvier 1849.

176. — Si les défendeurs sont domiciliés à plus de cinq myriamètres du lieu où la lettre de change était payable, le délai de quinze jours doit être augmenté d'un jour par deux myriamètres et demi excédant les cinq myriamètres. — C. comm., art. 165.

177. — Lorsqu'il y a lieu à augmentation d'un délai à raison des distances, il faut ajouter autant de jours qu'il y a de fois deux myriamètres et demi à parcourir, et un jour en sus pour la fraction excédante, quoiqu'elle ne soit que de quelques kilomètres. — *Bordeaux*, 5 juill. 1825, Marchais-Delaberge c. Machenaud-Gaury; *Cass.*, 19 juill. 1826, mêmes parties; *Bordeaux*, 5 juill. 1835, Marchais et Delaberge c. Lebœuf. — Pigeau, *Proc. civ.*, t. 1ᵉʳ, p. 55; Carré, *Lois de la procéd.*, nº 20; Bioche, *Dict. de procéd.*, vº *Effets de commerce*, nº 140.

178. — Les lettres de change tirées de France, et payables hors du territoire continental de la France, en Europe, étant protestées, les tireurs et endosseurs résidant en France doivent être poursuivis dans les délais : 1º de deux mois pour celles qui étaient payables en Corse, dans l'île d'Elbe ou de Capraja, en Angleterre et dans les Etats limitrophes de la France; 2º de quatre mois pour celles payables dans les autres Etats de l'Europe; 3º de six mois pour celles payables aux Echelles du Levant et sur les côtes septentrionales de l'Afrique; 4º d'un an pour celles payables aux côtes occidentales de l'Afrique, jusques et y compris le cap de Bonne-Espérance, et dans les Indes Occidentales; 5º de deux ans pour celles payables dans les Indes Orientales. — Ces délais sont observés dans les mêmes proportions pour les recours à exercer contre les tireurs et les endosseurs résidant dans les possessions françaises situées hors d'Europe. — Les délais ci-dessus de six mois, d'un an et de deux ans sont doublés en temps de guerre maritime. — C. comm., art. 166.

179. — Jugé que le délai dans lequel le protêt d'une lettre de change payable en France, doit être dénoncé aux tireur et endosseurs français résidant en pays étranger, est réglé, non pas d'après la distance entre le lieu où la traite est payable, et le domicile du procureur impérial près le tribunal saisi de la demande, mais d'après la distance du domicile réel des tireur et endosseurs, suivant les règles établies par l'art. 166 C. comm. — *Gênes*, 13 août 1812, Carpanelo c. Gervino. — V. aussi *infrà* nºˢ 414 et suiv.

180. — Bien que l'art. 165 n'impose la notification du protêt que dans le cas de poursuites individuelles, cette notification doit avoir lieu également dans le cas de poursuites collectives, car il y a même raison de décider, et dans l'un et l'autre cas l'endosseur poursuivi doit avoir connaissance du protêt.

181. — Le porteur d'un effet de commerce protesté qui exerce individuellement son recours contre son cédant est dispensé de lui notifier le protêt, lorsque celui-ci rembourse volontairement. — *Cass.*, 10 nov. 1812, Bihel c. Henry et Bodin.

182. — La notification a lieu par acte d'huissier. — Jugé, en conséquence, sous l'empire de l'ord. 1673, que le porteur ne conservait pas son recours en garantie contre les endosseurs, en se bornant à leur donner, par lettres missives, avis du protêt faute de paiement. — *Cass.*, 24 vendém. an XII, Vanrobais c. Chardon.

183. — Si l'on avait omis de notifier le protêt, cette omission serait-elle couverte par l'assignation? Oui, selon Pothier (*Contr. de ch.*, nº 150), attendu que le défaut d'avoir donné copie des pièces dans un exploit d'assignation n'emporte pas nullité. — Non, selon Merlin (*Rép.*, vº *Endossement*, nº 7), attendu que chaque formalité a son objet particulier, et qu'il ne suffit pas de poursuivre et de faire condamner l'endosseur, mais qu'il faut encore le mettre à même de pouvoir agir contre son propre garant. — Cette seconde opinion paraît, sans contredit, préférable.

184. — La notification du protêt peut précéder l'assignation et être faite séparément, pourvu que celle-ci soit donnée dans le délai fixé. — Pardessus, *Contr. de change*, nºˢ 387 et 390.

185. — Cependant, le plus souvent la notification du protêt et la citation en justice sont données par un seul et même acte. Ce mode de procéder, reconnu régulier par le Conseil d'État, offre l'avantage de ne pas multiplier les frais. — Locré sur l'art. 167.

186. — Sous l'ord. 1673 on était, à raison de l'obscurité des termes qu'elle employait, divisé sur la question de savoir si une fois la dénonciation du protêt faite, l'assignation était nécessaire. Les uns soutenaient l'affirmative (V. Denisart, vº *Lettre de change;* Merlin, *Rép.*, vº *Endossement*, nº 6). — D'autres penchaient pour la négative, par la raison que l'acte de dénonciation de protêt était un commencement de poursuite en garantie ; et que, dès lors, cette dénonciation faite, le porteur avait cinq ans pour assigner. — Savary, *Parf. négoc.*, parère 8; Pothier, *Contr. de ch.*, nº 149.

187. — Aujourd'hui, en présence des termes de l'art. 165 C. comm., le doute n'est plus permis, l'assignation doit être donnée dans les délais.

— Pardessus, *Contrat de change*, nos 391 et suiv., et *Dr. comm.*, no 431.

188. — Jugé, en conséquence, que la notification du protêt d'un effet de commerce, dans la quinzaine de l'échéance, ne suffit pas pour conserver le recours, si la demande judiciaire n'est pas formée dans le même délai. — *Cass.*, 22 juin 1812, Delaporte c. Mayeux.

189. — A la différence du protêt qui peut être fait au nom du mandataire du propriétaire (V. *infrà*, no 327), l'assignation ne peut être donnée qu'à la requête du propriétaire de l'effet de commerce; par la raison que *nul en France ne plaide par procureur.* — Merlin, *Rép.*, vo *Protêt*, § 1er. — Il en était de même avant le Code. — Jousse, ord. 1673, tit. 5, art. 11; Pothier, *Contr. de change*, no 151.

190. — Jugé néanmoins que tout porteur qui veut exercer son recours contre les endosseurs doit, à peine de déchéance, leur dénoncer le protêt et les assigner dans les délais fixés par la loi, sans qu'il y ait lieu de distinguer s'il agit comme propriétaire ou s'il n'est que porteur par procuration. — *Colmar*, 5 févr. 1826, Stahl c. Rist.

191. — Dans le cas de poursuites collectives, le délai pour la comparution des endosseurs se calcule à raison de la distance du domicile le plus éloigné: mais chacun doit être assigné dans les délais prescrits à son égard. Le porteur ne pourrait appliquer à tous le délai plus long qui peut être commandé par l'éloignement de l'un d'entre eux. — Pardessus, *Dr. comm.*, no 432.

192.—On ne peut pas assigner tous les garans à un même domicile. Les art. 165 et 166 supposent d'autres principes, puisqu'ils graduent les délais suivant les distances des domiciles.—Pardessus, *Contr. de change*, no 389.

193. — Jugé, au contraire, sous l'ordonnance de 1673, que les tireurs et endosseurs d'une lettre de change étaient valablement assignés en la personne de l'un d'eux et devant le juge du domicile de l'assigné. Toutefois, les endosseurs ainsi assignés en la personne de l'un d'eux ne pouvaient sur cette demande exercer leur action en garantie contre leurs cédans.—*Nîmes*, 30 mess. an XIII, Rubichon c. Desgrand.

194. — Dans le cas de poursuites individuelles, le porteur doit assigner devant le tribunal de celui à qui il demande son remboursement. Dans le cas de poursuites collectives, il a le choix du tribunal de l'un des défendeurs devant lequel tous ceux-ci sont tenus de comparaître.

195. — L'art. 420 C. proc., qui permet au demandeur d'assigner à son choix devant le tribunal dans l'arrondissement duquel la promesse a été faite et la marchandise livrée, n'est pas applicable au cas de souscription ou négociation de lettre de change, l'expression *marchandise* n'embrassant point la *monnaie* ou *numéraire métallique.* Dès lors, l'assignation doit être donnée, non devant le tribunal de commerce du lieu où la lettre de change a été souscrite et la valeur fournie, mais devant celui du domicile des tireurs ou endosseurs. — *Toulouse*, 12 janv. 1833, Marabelle c. Brouel.

196. — L'assignation doit-elle être suivie d'un jugement? «Oui, dit M. Persil, car si une simple citation suffisait, elle serait sans motif; on pourrait se borner à exiger la notification du protêt. — Persil, art. 165, no 5. — D'autres auteurs soutiennent la négative par le motif que la loi ne l'exige pas; or, dans l'absence d'une disposition formelle, le porteur ne peut être privé de son recours. D'ailleurs si le demandeur ne suit pas sur son assignation, il a à craindre la péremption de l'instance. — Horson, no 115; Nouguier, t. 1er, p. 379.

197. — Jugé, dans ce dernier sens, que le porteur d'une lettre de change qui, après avoir notifié dans le délai légal le protêt au tireur, avec citation en condamnation devant le tribunal de commerce, néglige de poursuivre un jugement sur cette citation, n'est pas réputé avoir abandonné son action, et ne doit pas en être déclaré déchu.—*Bourges*, 12 mars 1813, Thomas-Varenne c. Nettement; *Cass.*, 28 juill. 1824, Lefebvre c. Harel.

198. — Jugé également que le porteur d'un billet à ordre n'est point déchu de son recours contre les endosseurs, sous prétexte qu'au jour indiqué par l'assignation, il n'a pas pris jugement contre eux, mais seulement contre le souscripteur qui s'est présenté. Il peut valablement donner à un autre jour une nouvelle assignation à ces endosseurs. — *Cass.*, 11 mars 1835, Jay et Briant c. Pesnel.

199. — L'assignation peut être donnée même devant des juges incompétens.—*Bourges*, 12 mars 1813, Thomas-Varenne c. Netlement.

200. — Jugé également que les principes généraux du Code civil étant applicables en matière commerciale dans les points sur lesquels le Code de commerce n'a pas de disposition spéciale qui repousse cette application; on doit assimiler aux prescriptions, et considérer comme régies par les mêmes règles, les déchéances prononcées par la loi pour laps de temps, et spécialement la déchéance prononcée contre le porteur d'une lettre de change ou d'un billet à ordre, faute par lui d'avoir exercé dans les délais légaux l'action qui lui est ouverte; et que dès lors cette déchéance est interrompue par l'assignation donnée, dans le délai légal, même devant un tribunal incompétent. — *Caen*, 1er févr. 1842 (t. 2 1842, p. 551), Delomosne c. Deschamps.

201. — A défaut de protêt en temps utile et d'action en remboursement formée contre eux dans les délais déterminés par la loi, le porteur est déchu de tous droits contre les endosseurs. — *Cass.*, 21 oct. 1812, Larsonnier et Lejemble c. Rondeaux; 17 janv. 1820, Royer-Willot c. Personneau.

202. — La déchéance a lieu lors même qu'il y a des mineurs, sauf leur recours contre leur tuteur, ou que la veuve et les héritiers sont encore dans les délais pour faire inventaire et délibérer. —*Cass.*, 24 flor. an XIII, Cuénin c. Piquar.—Merlin, *Rép.*, vo *Protêt*, § 6; Pardessus, *Contrat de change*, nos 331 et 387, et *Droit comm.*, no 424.

203. — La déchéance que les endosseurs peuvent invoquer contre le porteur à défaut de protêt et de dénonciation, a lieu sans qu'ils soient tenus de prouver que le tiré avait provision à l'échéance.

204.—Il en était autrement sous l'ordonnance de 1673. — Jugé, toutefois, que l'art. 16, tit. 5 de cette ordonnance, qui portait que les tireurs ou endosseurs d'une lettre de change étaient tenus de prouver, en cas de dénégation, que le tiré leur était redevable ou avait provision, ne concernait que les lettres de change. Cette disposition n'était point applicable aux billets à ordre. — *Cass.*, 28 janv. 1811, Bremant c. Branchu.

205. — Le tiers porteur d'un billet à ordre ne peut se prévaloir contre le premier endosseur de la circonstance que ce dernier n'en a pas, avant l'échéance, fourni la valeur au souscripteur, pour exiger de lui le remboursement malgré le défaut de protêt ou de diligences utiles. L'exception portée dans l'art. 117 C. comm. est spéciale à la lettre de change. — Horson, no 60.

206. — Lors même que le souscripteur d'un billet à ordre serait un être imaginaire, les endosseurs ne sont pas moins affranchis de tout recours de la part du porteur, à défaut de protêt en temps utile. — *Lyon*, 20 mars 1828, Pascal c. Duplay; *Cass.*, 17 mars 1829, Juif c. Brolemann. — Savary, *Parfait négoc.*, liv. 3, chap. 6; Pardessus, *Contr. de change*, no 395, et *Droit comm.*, no 452; Horson, nos 95 et 96; Nouguier, t. 1er, p. 167.

207. — Toutefois la déchéance ne s'étend pas au premier endosseur, qui, en pareil cas, doit être réputé tireur de l'effet. Pour tous les autres endosseurs, il y a eu réellement créance existante au moment de la cession; et chacun d'eux peut seulement être tenu de faire connaître au porteur son cédant immédiat.— *Cass.*, 17 (et non 15) mars 1829, Juif c. Brolemann.

208. — Alors l'action du porteur contre le premier endosseur n'est point une action de change, mais une demande en réparation d'un délit. — Pardessus, *Droit comm.*, no 435.

209. — Jugé que lorsqu'il est reconnu par les parties (en l'absence même de tout jugement) que la signature du tireur est fausse, et que le faux est l'ouvrage du premier endosseur, le tribunal de commerce peut, sans excéder les bornes de sa compétence, décider que le porteur n'a pas besoin de faire protester ni d'assigner dans les délais de l'art. 165 C. comm. pour conserver action contre cet endosseur, qui, dans ce cas, est assimilé au tireur lui-même. — *Cass.*, 10 mars 1824, Lallemand c. Clicquot.

210. — Lorsque, sur la poursuite en paiement d'un billet, un des endosseurs prétend qu'il y a altération dans le chiffre de la part d'un endosseur intermédiaire, et qu'il s'inscrit en faux; les juges ne peuvent se refuser à surseoir au jugement sur le fond, sous prétexte que, la négociation ayant été faite de bonne foi entre les endosseurs subséquens, le porteur est fondé à agir indistinctement contre tous.— *Cass.*, 20 nov. 1833, Meslier c. Caron.

211. — Mais le tribunal ne peut point surseoir à prononcer aucune condamnation contre le souscripteur lorsque celui-ci, reconnaissant sa propre signature, se borne à arguer de faux la signature de l'un des endosseurs, et qu'il résulte des documens du procès que l'allégation du débiteur n'a d'autre objet que d'éloigner le terme du paiement. — *Cass.*, 2 févr. 1836, Thierce. — Bioche, *Dictionn. de procédure*, vo *Faux incident civil*, no 14. — V. FAUX INCIDENT, no 194.

212. — Le cas de force majeure relève le porteur de la déchéance encourue pour défaut de dénonciation de protêt dans les délais. — V. *suprà*, nos 82 et suiv.

213. — Il en est de même du cas de dispense du protêt ou de mention de *retour sans frais*, relativement à ceux pour qui cette condition est obligatoire. — V. *suprà*, nos 775 et suiv.

214. — La déchéance n'est pas d'ordre public: par conséquent, les endosseurs sont maîtres d'y renoncer; et elle ne peut être suppléée d'office par les juges. — Horson, no 117; Nouguier, t. 1er, p. 412.

215. — La déchéance ne pourrait donc être invoquée par l'endosseur qui conviendrait que la lettre de change lui a été renvoyée avec le protêt dans le délai. — Pothier, *Contr. de change*, no 148.

216. — Les effets de la déchéance cessent en faveur du porteur contre celui des endosseurs qui depuis l'expiration du délai a reçu, par compte, compensation ou autrement, les fonds destinés au paiement de la lettre de change. — C. comm., art. 171. — Ordonn. 1673, tit. 5, art. 17.

217. — Il en est de même lorsque, sur l'action en remboursement formée par le porteur contre l'endosseur, celui-ci s'est borné à demander un délai pour payer.—*Bordeaux*, 14 mars 1828, Cayrefour c. Delarue. — Nouguier, t. 1er, p. 406.

218. — La déchéance ne peut non plus être invoquée par l'endosseur qui, malgré la tardiveté du protêt ou de la dénonciation, aurait remboursé volontairement le porteur. L'erreur ne peut se présumer en pareil cas. — Pardessus, *Dr. comm.*, no 433; Nouguier, t. 1er, p. 407. — *Contrà*, Persil, art. 165, no 12.

219. — Toutefois il faudrait décider autrement si le remboursement était le résultat du dol et de la fraude. — Pardessus, no 434.

220. — Le porteur d'une lettre de change peut être admis à prouver par témoins que, s'il n'a pas dirigé de poursuites contre l'endosseur dans le délai de l'art. 165 C. com., c'est le résultat d'un accord qui a eu lieu entre eux. En pareil cas, la matière est essentiellement commerciale. — *Cass.*, 5 juill. 1843 (t. 2 1843, p. 778), Duboul c. Sans et Authier. — V. aussi, sur la dispense de protêt, *suprà*, nos 100 et suiv.

221. — Le bénéfice de la déchéance prononcée par les art. 168 et 169 C. comm., profite-t-il au donneur d'aval?

222. — A cet égard il a été jugé que celui qui par lettre se porte garant jusqu'à concurrence d'une certaine somme, et pendant un temps déterminé, des *endossemens* consentis par un tiers par suite d'un crédit ouvert, se constituant donneur d'aval, peut, à ce titre, exciper, pour repousser les effets de son aval, de ce que le tiers porteur, après avoir fait le protêt à l'échéance et l'avoir dénoncé aux endosseurs, ne l'a pas dénoncé à lui donneur d'aval, et ne s'est pas conformé aux dispositions des art. 165, 168, 187 et 142 C. comm. — *Rouen*, 15 mars 1844 (t. 2 1844, p. 372), Dubos c. Cauvet.

223. — Jugé encore que celui qui a garanti par un aval l'engagement résultant d'un *endossement*, peut, comme le pourrait l'endosseur lui-même, invoquer le défaut de dénonciation du protêt dans la quinzaine, conformément à l'art. 165, C. comm. — *Cass.*, 25 janv. 1847 (t. 1er 1847, p. 179). Même affaire.

224. — Mais celui qui a garanti un *billet à ordre* ne peut, comme pourrait le faire l'endosseur, invoquer le défaut ou l'irrégularité du protêt. — *Poitiers*, 16 déc. 1847 (t. 2 1848, p. 524), Bossière c. Bouche. — V., au reste, vo AVAL, nos 81 et suiv.

225. — Jugé que le protêt d'effets de commerce dont un tiers s'est, sous l'ord. de 1673, rendu caution par acte séparé, n'a pas besoin d'être dénoncé à cette caution comme à un endosseur ordinaire. — *Paris*, 13 déc. 1813, Taillepied de la Garenne c. de Presle.

226. — Le donneur d'aval qui, assigné, avec notification des protêts dans les délais de la loi, en paiement des effets qu'il a cautionnés, s'est borné, en première instance, à discuter l'étendue de son cautionnement, et à alléguer que, le débiteur principal n'ayant pas été discuté, et la garantie n'ayant été donnée que sous la réserve de la non-solidarité, il ne pouvait être prononcé de condamnation contre lui quant à présent, mais qui n'a point requis formellement la discussion de ce même débiteur, ni indiqué les biens à discuter, et encore moins offert les deniers suffisans pour faire la discussion ; qui n'a pas non plus dénoncé les protêts au débiteur principal, ni exercé de poursuites contre lui, est non recevable à opposer en instance d'appel au créancier qui n'a pas agi contre le débiteur principal la déchéance prononcée par les art. 165, 167 et 168 C. comm. —*Colmar*, 24 nov. 1840 (t. 1er 1841, p. 180), Schwindenhammer c. Bastard.

227. — Jugé que le donneur d'un cautionnement consenti avec réserve de solidarité, lequel constitue un aval, est considéré comme endosseur ; et que dès lors si les formalités prescrites par l'art. 165 C. comm. ont été remplies vis-à-vis de lui en temps utile, il ne peut se prévaloir de l'exception que l'endosseur antérieur a le droit d'opposer au créancier pour défaut desdites formalités à son égard. — *Colmar*, 5 août 1843 (t. 1er 1844, p. 39), Schwindenhammer c. Bastard.

228. — La caution d'effets de commerce qui, par la notification des protêts et la citation qui a suivi, à une époque où le délai de l'action en garantie du tiers porteur contre l'endosseur n'était pas encore écoulé, a été ainsi mise en demeure d'empêcher la déchéance, ne peut se prévaloir de cette déchéance contre le tiers porteur, sur le motif qu'il n'aurait pas agi en temps utile contre ledit endosseur, débiteur principal. — Même arrêt.

229. — La déchéance encourue par le porteur n'est pas une simple nullité de forme ; elle constitue une véritable prescription, par conséquent on peut l'invoquer en tout état de cause. — *Cass.*, 29 juin 1819, Valet c. Doré. — Nouguier, t. 1er, p. 412.

230. — Le porteur d'une lettre de change protestée qui la passe au compte courant du tireur ne perd point pour cela son recours contre les endosseurs. On ne peut pas dire qu'il y ait là novation. — *Bruxelles*, 18 juill. 1810, le Perg c. Oket.

231. — Par cela que le porteur d'une lettre de change a consenti à la mise en liberté du tireur, qu'il avait fait recommander, l'endosseur, condamné solidairement avec le tireur à payer le montant de cette lettre, ne peut se prétendre affranchi des poursuites du porteur. — L'art. 2037 C. civ. n'est point applicable en pareil cas. — *Agen*, 10 juill. 1837 (t. 2 1843, p. 702), Millasseau c. Roch-Dayres. — V., au reste, sur la question de savoir si l'art. 2037 est applicable au cas du cautionnement solidaire, vo CAUTIONNEMENT, nos 294 et suiv., 304 et suiv. — La disposition de l'art. 2037 ne peut être invoquée dans le cas où les droits n'ont été acquis par le créancier que postérieurement au cautionnement. Ainsi, elle ne peut être opposée par les endosseurs d'un effet de commerce au tiers porteur qui, en recevant un à-compte de l'accepteur, s'est départi de l'inscription qu'il avait prise sur les biens de ce débiteur principal. — *Cass.*, 17 janv. 1831, Dumesnil-Dubuisson c. Forfait-Bellecourt ; 12 mai 1835, Baillet c. Louchet.

232. — *Recours des endosseurs contre leurs cédans.* — Les endosseurs poursuivis en garantie par le porteur ont le droit d'exercer le même recours ou individuellement ou collectivement contre leurs cédans dans le même délai. — C. comm., 167.

233. — Il n'est pas même nécessaire que celui qui veut exercer cette garantie ait payé ; dès qu'il se trouve assigné par le porteur, il a droit d'appeler ceux qui lui doivent garantie devant le tribunal où il est traduit. — C. proc., art. 181. — Pardessus, *Dr. com.*, no 442.

234. — Mais celui qui a souscrit des billets dans l'intérêt d'un individu n'est point recevable à former une demande en garantie contre lui, avant d'avoir payé ces mêmes billets. — *Rennes*, 5 janv. 1826, Leproux c. Mercié.

235. — Sous l'ordonnance de 1673, les délais accordés à l'endosseur pour exercer son recours contre son cédant, couraient du jour où cet endosseur avait été poursuivi en garantie, et il ne pouvait jouir des délais qui avaient appartenu à chacun des endosseurs subséquens s'ils avaient voulu en user. — *Bruxelles*, 7 janv. 1808, Soloyns-Gambier c. Vandenneste.

236. — Pour exercer son recours contre les endosseurs qui le précèdent, l'endosseur d'un effet de commerce a le même délai de quinzaine, soit qu'il exerce des poursuites collectives ou individuelles, soit qu'il ait été poursuivi lui-même avec ces endosseurs à fin de condamnation solidaire. — C. comm., 167. — Ce délai court du jour où l'assignation lui a été donnée à lui-même, et non pas seulement de la date des dernières poursuites faites en vertu du jugement obtenu contre lui. — *Bourges*, 18 nov. 1812, Thomas c. Boutron.

237. — L'endosseur qui a remboursé un effet protesté volontairement et dans la quinzaine du protêt, peut, sans avoir fait la notification prescrite par l'art. 165, C. comm., exercer son recours contre les précédens endosseurs dans le délai de quinzaine. — *Cass.*, 10 nov. 1812, Bihel c. Henry ; 9 mars 1818, Lecuyer c. Pannetier. — V. aussi *Cass.*, 2 fév. 1846 (t. 1er, 1846, p. 239), Cazelles c. Holland

238. — Mais cet endosseur ne peut, outre le délai de quinzaine qu'il a de son chef pour exercer son recours, jouir des délais accordés aux autres endosseurs. — Il n'a, dans tous les cas, qu'un délai de quinzaine. — *Cass.*, 7 sept. 1815, Delcros c. Priot-Letourmy ; *Colmar*, 11 janvier 1816, Rieff c. Vetter ; *Cass.*, 29 juin 1819, Valet c. Doré. — Pardessus, *Contr. de change*, no 388, et *Dr. comm.*, no 430.

239. — Jugé, au contraire, que l'endosseur qui, après protêt, paie volontairement un billet, n'en a pas moins, pour exercer son recours, les délais accordés, par l'art. 167 C. comm., aux différens endosseurs successifs : pour qu'il ait le bénéfice de ces délais, il n'est pas nécessaire qu'il soit cité en justice. — *Bourges*, 28 févr. 1812, Gouré-Corvol c. Renault.

240. — Le délai de quinzaine accordé à l'endosseur qui a remboursé volontairement un effet de commerce protesté pour exercer son recours contre les précédens endosseurs, court du jour du remboursement par lui effectué. — *Cass.*, 7 sept. 1815, Delcros c. Priot-Letourmy ; *Colmar*, 11 janv. 1816, Rieff c. Vetter et Coubajon ; *Cass.*, 9 mars 1818, Lecuyer c. Pannetier ; *Lyon*, 22 août 1826, Fontanel c. Baudit ; *Cass.*, 2 févr. 1846 (t. 1er 1846, p. 239), Cazelles c. Holland. — Pardessus, *Dr. comm.*, no 444. — *Contrà*, Bruxelles, 6 avril 1821, N...

241. — A défaut par les endosseurs d'avoir agi dans les délais prescrits, ils sont déchus de toute action en garantie contre leurs cédans. — C. comm., art. 169.

242. — L'endosseur d'un effet de commerce qui s'est laissé condamner à en payer le montant au porteur, sans exercer, dans le délai utile, son recours contre le précédent endosseur, son cédant, ne peut agir contre lui comme cessionnaire du porteur, en vertu d'une subrogation à lui consentie par ce dernier dans sa quittance du montant de la lettre de change. — *Bordeaux*, 21 déc. 1831, Charron c. Figerou.

243. — L'endosseur d'une lettre de change qui en a remboursé le montant sur le jugement de condamnation prononcé contre le souscripteur est fondé à demander que ce jugement soit rendu exécutoire à son profit, bien qu'il n'y ait pas été partie. — *Bordeaux*, 18 juin 1835, Fontemoing c. Decazes.

244. — Les mêmes causes qui empêchent d'invoquer la déchéance contre le porteur doivent recevoir leur application à l'égard des recours à exercer par les endosseurs. — V. *suprà*, nos 212 et suiv.

245. — Ainsi, l'exception de déchéance cesse d'être opposable quand, depuis l'expiration des délais, il y a eu, de la part des garans, reconnaissance ou aveu de la dette. — *Agen*, 19 janv. 1833, Balette et Saint-Antonin c. Despax.

246. — Sous l'ordonnance de 1673, l'endosseur n'était pas recevable à exciper d'un défaut de date dans l'endossement pour se soustraire à l'observation du délai prescrit pour l'exercice de l'action en garantie. — *Bruxelles*, 7 janv. 1808, Solvyns-Gambier c. Vandenneste et Vandenzande.

247. — La déchéance encourue par l'endosseur pour n'avoir pas exercé son recours contre les endosseurs précédens dans les délais déterminés par la loi, est une véritable prescription. Dès lors, elle peut être opposée en tout état de cause et même en appel. — *Agen*, 19 janv. 1833, Balette c. Despax. — V. *suprà* no 229.

248. — L'endosseur doit rembourser au demandeur non-seulement le montant de l'effet protesté et les frais de protêt et de dénonciation, mais encore tous les faux frais occasionnés par le non-paiement de l'effet. — Il faudrait, cependant, excepter les dépenses causées par la faute du demandeur.

249. — Ainsi, comme il est dit vo TIMBRE, lorsqu'une lettre de change n'est pas écrite sur un papier du timbre prescrit, le premier endosseur est, à défaut d'accepteur, passible d'une amende de 6 p. 0/0 du montant de la somme exigée. — L. 24 mai 1834, art. 19. — Or, jugé : que lorsqu'une pareille lettre de change donne lieu à l'amende lors du protêt, par la faute d'un endosseur qui n'a point payé l'effet, quoiqu'il eût provision, cet endosseur est non recevable à exercer son recours contre le premier endosseur, comme étant passible de cette amende. — *Bordeaux*, 11 mai 1839 (t. 2 1839, p. 524), Niolle c. Ducros.

250. — Lorsque l'endosseur qui a payé veut assigner un ou plusieurs des endosseurs précédens en remboursement, il doit suivre les règles de compétence que nous avons vues tracées plus haut relativement au porteur. — V. *suprà*, no 195.

251. — Celui qui, ayant payé un supplément pour des lettres de change acquittées à l'étranger, veut demander le remboursement de ce supplément à son endosseur, doit porter cette demande non devant le tribunal du lieu où les lettres de change ont été négociées, mais devant le juge du domicile du défendeur. — *Cass.*, 4 oct. 1808, d'Hervas c. Maystre.

252. — Si l'endosseur poursuivi assigne simplement ses cédans en garantie, la demande doit, ainsi qu'on l'a vu *suprà* (no 233), être portée devant le tribunal saisi de la demande principale. — C. proc., art. 181.

253. — Sous l'ordonnance de 1667 il devait être statué par un seul jugement sur les demandes principales et sur celles en garantie, lorsqu'elles étaient en état d'être jugées. — *Cass.*, 17 frim. an V, Tarbé c. Letailleur. — Il en serait de même aujourd'hui. — C. proc., art. 184.

254. — Mais il n'en serait pas de même si le jugement de la cause principale devait être retardé par la mise en cause des garans. — C. proc., art. 178. — V. GARANTIE.

255. — Ainsi le porteur d'un effet de commerce qui a formé sa demande en paiement tout à la fois contre le tireur et l'un des endosseurs, peut, sans attendre l'issue du recours en garantie exercé contre qui de droit par ce dernier, requérir qu'il soit passé outre à la condamnation du tireur. — Le jugement qui, au lieu de déférer à cette réquisition, prononce un sursis, est plutôt un jugement définitif qu'un jugement préparatoire, et il est par conséquent susceptible d'appel. — *Cass.*, 27 juin 1810, Barthelon c. Vincendon. — V. APPEL.

§ 3. — *Action du porteur ou de l'endosseur qui a remboursé, contre le tireur ou le souscripteur.*

256. — Deux cas sont à considérer dans la position du tireur actionné soit par le porteur, soit par un endosseur qui a remboursé : 1o ou bien le tireur justifie qu'il y avait provision à l'échéance, 2o ou bien il ne fait pas cette justification. Dans ce second cas, on doit assimiler au tireur le souscripteur d'un billet à ordre.

257. — Lorsque le tireur a fait provision à l'échéance, il est évident qu'il a fait tout ce qu'il avait à faire pour que le contrat de change reçût son exécution. Il n'est donc plus tenu que de garantir, en cas de non-paiement.

258. — En ce cas, le porteur qui n'a pas été payé peut exercer son action en garantie contre le tireur seul ou contre le tireur conjointement avec les endosseurs ; et comme l'action en garantie n'est ouverte que par le défaut de paiement constaté, il faut qu'il y ait protêt et dénonciation du protêt. — C. comm., art. 170.

259. — Les protêt et dénonciation de protêt doivent être faits et signifiés dans les délais et les formes ci-dessus indiqués en cas de poursuites contre les endosseurs. — C. comm., art. 165 et 166.

260. — Ainsi, il y aurait lieu de décider aujourd'hui, comme on l'a fait sous l'ordonnance de 1673, que le porteur ne conserve pas son action en garantie contre le tireur en se bornant à donner par lettres missives avis du protêt faute de paiement. — *Cass.*, 24 vendém. an XII, Vanrobais c. Chardon.

261. — Sous l'empire de la même ordonnance de 1673, quand le domicile des tireurs n'était ni indiqué dans la lettre de change, ni connu du porteur, celui-ci devait faire la dénonciation par cri public : conformément à l'art. 9, tit. 2, de l'ordonnance de 1667. — *Cass.*, 22 juill. 1807, Bouchard c. Oudot et Blondel.

262. — L'endosseur qui est poursuivi en paiement ou qui a remboursé volontairement peut exercer contre le tireur : soit l'action en garantie, soit l'action en remboursement qu'on a vu ci-dessus qu'il pouvait exercer contre ses cédans. Mais pour cela il faut qu'il agisse contre le tireur dans les mêmes délais, sous peine de déchéance. C. comm., art. 169 et 170.

263. — Le porteur ou l'endosseur à qui le tireur oppose l'exception de provision fournie, n'a rien à prouver ; il peut se borner à dénier l'existence de la provision, parce qu'à son égard le fait que le tiré n'a pas payé est une présomption qu'elle n'avait pas été effectuée. — Pardessus, *Droit comm.*, n° 435.

264. — Bien que l'acceptation suppose la provision, si cette provision était déniée le tireur serait encore tenu de prouver qu'elle existait à l'échéance. — C. comm., art. 117.

265. — Mais le tireur ne peut jamais, au moyen d'une déchéance, se dispenser de prouver qu'il y a provision. Autrement il pourrait arriver qu'il gagnât la valeur sans avoir rien déboursé. — Bécanne sur l'ordonn. 1673, tit. 5, art. 16.

266. — De plus pour pouvoir exciper du défaut de protêt ou de poursuites contre le porteur, il ne suffirait pas que le tireur prouvât qu'il y avait provision à l'échéance, il faudrait encore qu'il prouvât que les fonds composant la provision eussent été touchés si on se fût présenté. Ainsi la faillite du tiré ou de l'accepteur ne rendant plus disponibles les sommes qu'ils peuvent avoir entre les mains (Frémery, *Etudes de droit comm.*, p. 113), le tireur serait obligé de prouver qu'il avait pris ses mesures pour que la lettre fût acquittée à l'échéance nonobstant la faillite du tiré ou de l'accepteur.

267. — Aussi jugé sous l'empire de l'ordonnance de 1673 que le porteur d'une lettre de change n'a pas été déchu de son recours contre le tireur pour n'avoir pas fait protester en temps utile contre l'accepteur tombé en faillite avant l'échéance, si par l'effet de cette faillite la provision faite par le tireur a été reconnue détruite entre les mains de l'accepteur. — *Paris*, 19 niv. an XII, Bontemps c. Chaurand.

268. — Le porteur ou l'endosseur qui ne poursuivent qu'après les délais prescrits le tireur qui justifie de l'existence de la provision à l'échéance, sont déchus de toute action contre lui. — C. comm., art. 170.

269. — Lorsqu'au lieu de faire protester une lettre de change à l'échéance, le porteur promet à l'accepteur de n'en exiger le paiement qu'après l'événement d'une certaine condition; il perd tout recours contre le tireur qui en a fait les fonds, quand même la condition paraîtrait avoir été apposée dans l'intérêt de ce dernier. — *Grenoble*, 16 févr. 1809, Chambaud c. Grand.

270. — Jugé également que le porteur d'une lettre de change est déchu de son recours contre le tireur lorsqu'au lieu de faire protester le lendemain de l'échéance, il a accordé à l'accepteur une prorogation de délai, encore bien qu'il n'ait consenti à cette prorogation que pour éviter l'amende qu'il aurait fallu payer en cas de protêt, parce que la traite était écrite sur un papier qui avait cessé d'avoir cours. — *Cass.*, 14 déc. 1824, Boudin c. Hubert. — Frémery, *Etudes de droit comm.*, p. 111.

271. — Lorsque, par suite de la rature sur une lettre de change entre les mains du porteur, de l'acceptation du tiré, le paiement de la lettre de change est refusé par les personnes indiquées au besoin pour l'effectuer, s'il y avait provision entre les mains de ces personnes, le porteur est non recevable à exercer son recours contre les endosseurs et le tireur, bien que, depuis le refus de paiement, le porteur aurait obtenu du tiré la réapposition de sa signature sur la traite; en pareil cas, la rature équivaut à la concession d'un terme; et si l'un des endosseurs a payé le porteur, cet endosseur ne pouvant avoir plus de droit que le porteur, est privé de tout recours contre le tireur. — *Lyon*, 25 juin 1827, Novellit c. Bodin.

272. — Les juges du fond ont pu décider qu'en gardant entre ses mains une lettre de change non acquittée, plusieurs jours après son échéance, au lieu de la retourner de suite à son endosseur, et en en réclamant depuis le montant en principal et intérêts à la succession du tiré, le porteur devait être réputé avoir fait novation en acceptant le tiré pour seul débiteur, et avoir déchargé le tireur. — *Cass.*, 16 nov. 1841 (t. 2 1843, p. 424), Maymat c. Machenaud.

273. — Mais jugé aussi que la conversion de traites en plusieurs coupures faites par le porteur, de concert avec l'accepteur, n'opère point de novation à l'égard du tireur, en sorte que, si l'accepteur tombe en faillite avant l'échéance de ces traites, le porteur perde son recours contre ce porteur. — *Paris*, 2 août 1809, Dittemer c. Compte.

274. — Les effets de la déchéance que pourrait invoquer le tireur qui justifierait avoir fait la provision à l'échéance cessent en faveur du porteur ou de l'endosseur qui est subrogé à ses droits, s'il est prouvé que, depuis l'expiration des délais pour le protêt et les poursuites, le tireur a reçu, par compte, compensation ou autrement, les fonds destinés au paiement de la lettre de change. — C. comm., 171.

275. — Il n'y a point non plus de déchéance à opposer de la part du tireur auquel, sur sa demande, le protêt n'a pas été notifié, et qui s'est fait remettre le titre par le porteur pour en poursuivre le paiement contre l'accepteur. — *Bordeaux*, 21 mars 1828, Delpech c. Cardoze; *Cass.*, 3 janv. 1832, mêmes parties.

276. — Le tireur qui a été régulièrement poursuivi dans les délais, par un des premiers endosseurs, ne peut exciper de ce que les mêmes formalités n'auraient pas été observées à l'égard des endosseurs postérieurs, lorsque ceux-ci ont consenti à un retour sans frais. — *Bruxelles*, 15 déc. 1814, Champon c. Van Landen.

277. — Le porteur ou l'endosseur frappé de déchéance vis-à-vis du tireur qui justifie qu'il y avait provision à l'échéance, ne conserve d'action que contre le tiré. — C. comm., 170.

278. — Lorsque le tireur n'a pas fait la provision à l'échéance, ou qu'il n'en justifie pas, il ne peut invoquer la déchéance contre le porteur et les endosseurs, à défaut de protêt ou de dénonciation dans les délais. — C. comm., 170.

279. — Et il en est ainsi quand même il y aurait eu acceptation. Bien que l'acceptation suppose la provision, le tireur n'en est pas moins tenu de prouver l'existence de cette provision à l'échéance. — C. comm., 117.

280. — Quant au souscripteur de billets à ordre, comme il est le débiteur direct et principal, il ne peut invoquer la déchéance à défaut de protêt ou de dénonciation dans les délais. — C. comm., 170 et 187. — *Douai*, 3 juill. 1841 (t. 1er 1842, p. 12), Deherrypont c. Hovett. — Pardessus, *Contrat de change*, nos 464 et 465.

281. — Jugé à cet égard que le protêt tardif d'un billet à ordre causé *valeur reçue*, sans indiquer l'espèce de cette valeur, n'empêche pas le recours du porteur contre le tireur. — *Trèves*, 1er févr. 1812, Dufau c. Spath.

282. — *Quid* quand le souscripteur d'un billet à domicile prouve qu'à l'échéance les fonds se trouvaient à l'endroit indiqué? Nous avons vu v° BILLET A DOMICILE, nos 32 et suiv., que le souscripteur n'était pas fondé à invoquer la déchéance à défaut de protêt ou de poursuites dans les délais. Cependant l'opinion contraire a ses partisans. — Goujet et Merger, *Dict. de droit comm.*, v° *Billet à domicile*, n° 14.

283. — Quant aux règles de compétence à suivre pour assigner le tireur ou souscripteur, soit individuellement, soit collectivement avec des endosseurs, elles sont les mêmes que celles tracées ci-dessus en cas de poursuites individuelles ou collectives contre les endosseurs. — V. *suprà*, nos 193 et suiv.

284. — Le souscripteur d'un billet à ordre peut être poursuivi devant le tribunal de l'endosseur, lors même que l'endossement a eu lieu après l'échéance. — *Paris*, 24 nov. 1807, Laurent c. Angouillant.

285. — Le tireur d'une lettre de change non acquittée peut être appelé en garantie par celui sur qui il a été fait retraite devant le tribunal où celui-ci est assigné en paiement de la lettre tirée en retraite. — *Paris*, 8 juin 1808, Lancel-Carré c. Bellon-Depont.

286. — Sous l'ordonnance de 1673, le tireur devait non-seulement rembourser aux endosseurs la valeur de la lettre de change protestée au cours du change lors de la négociation, mais les garantir de toutes les condamnations prononcées contre eux. — *Cass.*, 17 frim. an V, Tarbé c. Letailleur.

287. — Il en serait de même sous le Code de commerce; mais le tireur ne serait pas tenu de rembourser les sommes que chacun des endosseurs pourrait avoir données pour se procurer la lettre qu'ils ont ensuite négociée. — Pardessus, *Droit comm.*, n° 437.

288. — Lorsque le souscripteur et les endosseurs d'un effet de commerce ont été condamnés solidairement au paiement, et que l'un de ces endosseurs a également obtenu jugement qui condamne le souscripteur à garantir, cet endosseur ne peut exercer son recours contre le souscripteur qu'autant qu'il a remboursé, et qu'il est fait dans les actes de poursuite mention de ce remboursement, alors surtout qu'il s'agit de mettre à exécution la contrainte par corps. — *Lyon*, 10 avril 1826, Robert et Desplagnes c. Barge.

289. — Lorsque le débiteur d'une lettre de change lui a substitué un contrat d'obligation qu'il a consenti en faveur de son créancier, à la charge par ce dernier de le garantir de toutes poursuites au sujet de la lettre de change, ce même créancier ne peut, à l'échéance de la lettre de change, refuser la garantie promise, sous le prétexte qu'il n'est pas entièrement payé de la somme portée au contrat, et, sur ce fondement, opposer la compensation à l'action en garantie formée contre lui par le souscripteur de la lettre de change poursuivi en paiement. — *Aix*, 29 mars 1817, Fournier c. Bouchard.

§ 4. — *Action du porteur contre l'un des obligés en cas de faillite.*

290. — Pour conserver son recours contre les tireur et endosseur, le porteur n'est point dispensé du protêt par la faillite du tiré (C. comm., 163); car il peut se faire que nonobstant l'état de faillite du tiré, des fonds aient été disposés chez lui pour le paiement à l'échéance.

291. — Il en était de même sous l'ordonnance de 1673, tit. 5, art. 15. — *Cass.*, 6 oct. 1806, Debaussay c. Charvet et Rivoire; 3 déc. 1806, Lacoste c. Roffiac; 24 mai 1809, Mortier c. Van Outrive.

292. — Et cette dispense de protêt n'a pas lieu, lors même que le tiré a accepté. — Savary, *Parf. nég.*, par. 45; Pothier, *Contr. de ch.*, n° 147; Pardessus, *Contr. de ch.*, n° 365; Favard, *Rép.*, v° *Lettre de change*, sect. 4, § 2, n° 6.

293. — Les raisons de décider à l'égard de l'accepteur qui est débiteur direct et principal de la traite, sont nécessairement applicables au souscripteur d'un billet à ordre.

294. — Aussi jugé, sous l'ordonnance de 1673 et sous le Code de commerce, que, sous l'ordonnance de 1673, la faillite du souscripteur d'un billet à ordre ne dispensait pas le porteur d'en faire faire le protêt et de le dénoncer aux endosseurs dans les délais requis. — *Paris*, 2 juin 1810, Frossard c. de Tonniges; *Cass.*, 17 janv. 1820, Royer-Willot c. Personneau.

295. — Dans le cas de faillite de l'accepteur, avant l'échéance, le porteur peut faire protester, et exercer son recours. — C. comm., art. 163.

296. — ... Et cela alors même que la faillite n'a point été déclarée par un jugement; il suffit que l'état de faillite soit notoire par la cessation des paiemens. — *Bordeaux*, 10 déc. 1832, Servières c. Gassies.

297. — Le protêt d'une lettre de change a pu être valablement fait le jour même de l'échéance, si, à cette époque, l'accepteur était notoirement en état de faillite, quoique cette faillite ne fût pas encore judiciairement déclarée, alors surtout que par jugement postérieur la faillite a été reportée à une date antérieure à l'échéance. — *Florence*, 28 mai 1811, Doppieri c. N...

298. — Sous l'ordonnance de 1673, un effet de commerce pouvait être protesté avant l'échéance, quand le souscripteur avait fait faillite, et dans ce cas les endosseurs pouvaient également, avant l'échéance, être actionnés en garantie. — *Cass.*, 11 pluv. (et non niv.) an X, Garnot c. Blanquart.

299. — L'ancien art. 448 du Code de commerce portait que l'ouverture de la faillite rendait exigibles les dettes passives non échues, et qu'à l'égard des effets de commerce sur lesquels le failli se trouverait être l'un des obligés, les autres obligés ne seraient tenus que de donner caution pour le paiement à l'échéance, s'ils n'aimaient mieux payer immédiatement. — Ainsi, le principe était l'exigibilité non-seulement à l'égard du failli, mais aussi à l'égard des coobligés. — Toutefois, pour ceux-ci on admettait une légère faveur, on les dispensait de payer, à la charge de donner caution.

300. — Jugé que quand la faillite donne ouverture aux droits du porteur avant l'échéance, il n'est pas nécessaire que l'action en garantie soit dirigée contre les endosseurs dans les quinze jours de la date du protêt. — *Cass.*, 16 mai 1810, Beaumarie c. Gombault.

301. — Cette disposition de la loi avait de graves inconvéniens, car la faillite d'un endosseur pouvait être réputée ouvrir le droit de recours contre les autres obligés. On pouvait penser qu'il suffisait que la faillite d'un obscur endosseur survînt pour qu'on fût en droit de demander caution à l'accepteur, fût-il le banquier le plus renommé d'une place. En 1811, on songea, au Conseil d'État, à remédier à cet inconvénient; mais on fut arrêté par cette considération que le Code de commerce n'était publié que depuis trois ans. Toutefois, il faut ajouter que dans le commerce on a rarement usé de cette faculté accordée aux tiers porteurs.

302. — Aussi a-t-on jugé qu'en cas de faillite

de l'un des endosseurs d'un effet de commerce, le porteur ne pouvait, avant l'échéance, exercer son recours contre les autres obligés. — *Cass.*, 16 mai 1810, Beaumarié c. Gombault. — Persil, art. 163, n° 3.

303. — Aujourd'hui, l'art. 444 du C. comm. modifié porte : Le jugement déclaratif de faillite *rend exigibles, à l'égard du failli*, les dettes passives non échues. En cas de faillite du souscripteur d'un billet à ordre, de l'accepteur d'une lettre de change, ou du tireur à défaut d'acceptation, les autres obligés seront tenus de donner caution pour le paiement à l'échéance, s'ils n'aiment mieux payer immédiatement.

304. — En cas de protêt avant l'échéance, par suite de la faillite du souscripteur, le porteur ne peut faire un compte de retour sur l'endosseur, avant que celui-ci ait manifesté son option pour le remboursement ou le cautionnement, car on ne peut faire un compte de retour que pour une créance exigible. Or, ici, le paiement est pour l'endosseur une faculté et non une obligation. — Horson, n° 114.

305. — L'endosseur qui, par suite de la faillite du souscripteur, rembourse au lieu de donner caution, ne peut retenir les intérêts à courir jusqu'au jour de l'échéance. Car, s'il plaît à l'endosseur de faire un paiement anticipé, le porteur peut n'avoir point l'emploi actuel de ses fonds. — Horson, n° 114. — Lors de la discussion de la loi sur les faillites, du 28 mai 1838, on rejeta un amendement qui tendait à faire admettre la déduction de l'escompte des intérêts restant à courir pour les dettes que la faillite rendait exigibles.

306. — Jugé, cependant, que si les intérêts d'une somme due ayant été abondés en des billets à ordre, l'un des souscripteurs tombe en faillite, il doit être fait à celui qui, au lieu de donner caution, préfère les acquitter de suite, déduction desdits intérêts sur chaque billet à compter du jour du paiement jusqu'à celui de l'échéance ; ou bien, si le souscripteur donne caution, les intérêts judiciaires ne peuvent courir qu'à compter de l'expiration du délai fixé pour chaque billet. — *Angers*, 2 août 1816, Hardiau c. Boutard.

307. — Bien que le protêt ait été fait avant l'échéance, il n'en doit pas moins être renouvelé le lendemain de cette même échéance, si le porteur n'a pas, sur le premier protêt, mis en cause tous les signataires. En effet, le premier protêt n'était qu'un moyen de garantie offert au porteur. Aussi n'était-il que facultatif pour lui. Le second est indispensable pour constater le non-paiement à l'échéance et faire courir les délais de recours et les déchéances contre qui de droit.

308. — Le porteur qui, à cause de la faillite du souscripteur, a fait protester un effet de commerce avant son échéance, sans cependant exercer alors d'action en garantie contre les endosseurs, est recevable à exercer cette même action en garantie, lors du second protêt fait à l'échéance. — *Orléans*, 10 févr. 1809, Beaumarié c. Gombault.

309. — Lorsque le porteur d'une lettre de change à plusieurs jours de vue en fait le protêt, non faute d'acceptation, mais faute de paiement sur le tiré alors en faillite, il conserve par là son recours contre les endosseurs, sans qu'il soit nécessaire de faire ensuite aucun autre protêt. — *Aix*, 15 juin 1822, Martel c. Mallet. — Pardessus, *Dr. comm.*, n° 427.

310. — Le porteur d'un effet de commerce protesté faute de paiement n'est pas dispensé par la faillite de l'endosseur, son cédant, d'assigner celui-ci en paiement dans les délais fixés par l'art. 165 C. comm. — *Besançon*, 21 mai 1818, Kœchlin c. Sahler-Bernard.

311. — Le porteur d'une lettre de change, qui la transmet à un tiers, postérieurement à la faillite du tireur, est tenu d'en rembourser le montant, lors même qu'il n'a pas endossé la lettre de change et qu'il n'existe d'autre preuve de sa transmission que son aveu, auquel il a ajouté que la cession a été faite sans garantie. Cette obligation du cédant existe, quand bien même la lettre de change n'aurait pas été protestée en temps utile. — *Cass.*, 31 (et non 3) juill. 1817, Rodrigue c. Pontengon. — Car tout cédant est garant de l'existence de l'objet cédé au temps de la cession.

312. — Jugé, également, que celui à qui un billet à ordre a été passé depuis la faillite du souscripteur peut, nonobstant le défaut de protêt à l'échéance, s'en faire rembourser le montant par son endosseur, sur le fondement que la créance cédée n'existait plus alors, avec la même étendue et les mêmes droits. — *Cass.*, 20 déc. 1821, Pelletier c. Marquèze.

313. — Mais celui à qui le billet est parvenu avant la faillite du souscripteur est privé de son recours sur les endosseurs immédiats, par le défaut de protêt dans le délai de la loi. — Même arrêt.

314. — Le porteur de lettres de change non payées par suite de la faillite du tireur, et en garantie desquelles il avait remis à ce dernier un billet à ordre souscrit par lui, ne peut point se fonder sur ce qu'il s'est agi entre le tireur et lui, non d'une opération de change, mais bien d'un contrat d'échange d'effets de commerce, pour en demander la résolution, aux termes des art. 1184 et 1705 C. civ., et en conséquence se refuser au paiement du billet à ordre. — Il ne peut ni exercer l'action en revendication aux termes des art. 583 et 584 C. comm., ni opposer la compensation. — *Cass.*, 23 févr. 1829, Noirot-Peignot c. Daguenez.

315. — Sous l'ordonnance de 1673, lorsque le porteur d'une lettre de change acquiesçait sans réserve au concordat passé entre l'accepteur et ses créanciers, il perdait son recours contre les endosseurs, quand bien même il eût fait protester la lettre de change à son échéance. — *Bruxelles*, 1er frim. an X, Tiberghien c. Kempeneers; *Paris*, 18 niv. an X, Lecomte c. Sarus; 10 niv. an XIII, Lecomte c. Sarus.

316. — Aujourd'hui l'art. 545 du C. comm. (L. 28 mai 1838) porte que, nonobstant le concordat, les créanciers conservent leur action pour la totalité de leur créance contre les coobligés du failli. — Duranton, t. 10, n° 540, et t. 12, n° 376.

317. — Lorsqu'une lettre de change acceptée a été renouvelée postérieurement à l'ouverture de la faillite du tireur par une autre lettre dans la même forme, avec le concours des mêmes parties, et accomplies par le même individu, les créanciers unis du tireur failli ne peuvent pas s'opposer à ce que l'accepteur l'acquitte au porteur, et à revendiquer le paiement pour le faire entrer dans la caisse de l'union. — *Paris*, 10 flor. an XIII, Duchemin c. Daudrez.

318. — Les protêts qu'un accepteur failli fait sur lui-même en qualité de mandataire des porteurs de traites n'opèrent point confusion. — *Paris*, 2 août 1809, Dittemer, Brelaz c. Compte.

§ 5. — *Saisie conservatoire.*

319. — Indépendamment des formalités prescrites pour l'action en garantie, le porteur d'une lettre de change protestée faute de paiement, peut, en obtenant la permission du juge, saisir conservatoirement les effets mobiliers des tireur, accepteurs et endosseurs. — C. comm., art. 172. — Il en était de même sous l'ordonn. 1673, tit. 5, art. 12.

320. — Le même droit appartient au porteur d'un billet à ordre contre les souscripteur et endosseurs. — *Orléans*, 26 août 1820, N... ; 26 août 1830, Jahau c. Tissard.

321. — ... Et cela, lors même que la cause de ce billet ne serait pas commerciale. — Bioche, *Dict. de proc.*, v° *Saisie conservatoire*, n° 3.

322. — Quel est le juge compétent pour ordonner cette saisie? M. Pardessus (*Contrat de change*, n° 406) avait d'abord pensé que c'était le président du tribunal civil, par le motif qu'il s'agissait d'un acte d'exécution. — On peut opposer cependant qu'il ne s'agit point en pareil cas d'un acte d'exécution. C'est une mesure de la nature de celles que l'art. 417 C. de procéd. place dans les attributions du président du tribunal de commerce, savoir : de permettre d'assigner de jour à jour et d'heure à heure, et de *saisir les effets mobiliers*. D'ailleurs, il en était ainsi sous l'ordonn. de 1673, tit. 5, art. 12. C'est donc le président du tribunal de commerce qui doit autoriser la saisie conservatoire. Au reste, M. Pardessus a lui-même adopté cette seconde opinion, *Droit comm.*, n° 412.

323. — Jugé implicitement en ce sens que les tribunaux de commerce peuvent ordonner la saisie conservatoire. — *Orléans*, 26 août 1820, N... ; 26 août 1830, Jahau c. Tissard.

324. — Mais lorsque le président du tribunal de commerce a autorisé la saisie conservatoire, le tribunal de commerce est incompétent pour ordonner la saisie définitive et la vente des effets. — *Nîmes*, 4 janv. 1819, Maury c. Demaffey.

325. — La saisie conservatoire n'empêche pas la dénonciation du protêt et les poursuites dans les délais voulus. La raison en est que la saisie est dans l'intérêt du porteur, et que la notification et les poursuites sont dans l'intérêt des garans. — Favard de Langlade, *Rép.*, v° *Lettre de change*, sect. 4, § 2, n° 13.

CHAPITRE III. — *Règles communes au protêt faute d'acceptation et au protêt faute de paiement.*

Sect. 1re. — *Formalités du protêt.*

326. — L'édit du 26 janv. 1664 est la première loi qui ait déterminé des formalités spéciales pour les protêts. Ces dispositions furent confirmées par l'ord. de 1673, et elles ont été consacrées avec modification par le C. comm.

§ 1er. — *A la requête de qui le protêt doit être fait.*

327. — Le protêt peut être fait à la requête non-seulement du propriétaire de l'effet de commerce, mais encore de son mandataire en vertu d'un endossement irrégulier. — Pardessus, *Contr. de change*, nos 352 et 353, et *Dr. comm.*, n° 418; E. Persil, art. 173, n° 3. — C'est en quoi il diffère de l'assignation judiciaire. — Merlin, *Rép.*, v° *Protêt*, § 1er.

328. — Toutefois, cela doit être entendu en ce sens que le débiteur serait fondé à exiger, en offrant les fonds, que le requérant justifiât du mandat qu'il a de recevoir. — Horson, n° 121.

329. — Le simple détenteur de la lettre n'aurait pas un pouvoir suffisant pour faire un protêt à sa requête. — Nouguier, t. 1er, p. 418.

330. — Toutefois, la détention de la lettre l'autorise suffisamment à charger un officier ministériel de faire le protêt à la requête de celui que le dernier endossement a constitué porteur ; car à quelque titre qu'il ait cette lettre dans les mains, il doit veiller à la conservation des droits qui en résultent. — Pardessus, *Dr. comm.*, n° 418.

§ 2. — *Où le protêt doit être fait.*

331. — En règle générale, le protêt faute d'acceptation et le protêt faute de paiement des lettres de change doivent être faits au domicile du tiré. — C. comm., art. 173.

332. — Le protêt faute d'acceptation doit être fait au lieu où l'acceptation doit être requise et non à celui que la lettre indique pour le paiement, si ce lieu était autre que le domicile du tiré. — Pardessus, *Dr. comm.*, n° 381.

333. — Bien que le protêt faute de paiement d'un effet de commerce, et, spécialement, d'un mandat à ordre, ait lieu après la faillite du tiré, il n'en doit pas moins être fait à la personne et au domicile de celui-ci et non à la personne et au domicile du syndic. — *Cass.*, 6 févr. 1849 (t. 1er 1849, p. 421), Bougourd-Lambert c. Fouenard. — Pardessus, *Contr. de change*, nos 359-365; E. Vincens, t. 2, p. 388.

334. — En effet, il peut se faire que les fonds pour payer aient été remis au failli par le tireur ; il faut donc qu'il soit constaté que le paiement au jour de l'échéance n'a pas été fait au lieu et par la personne indiquée, pour que le recours puisse être justement exercé contre le signataire de l'effet. — Goujet et Merger, *Dict. dr. comm.*, v° *Protêt*, n° 52. — Peu importerait que le tiré eût accepté la traite, car il peut se faire que les fonds destinés à la provision ne soient entre ses mains qu'à titre de dépôt. — Savary, *Parf. nég.*, parère 45; Pothier, *Contr. de change*, n° 147; Favard de Langlade, *Rép.*, v° *Lettre de change*, sect. 4, § 2, n° 6.

335. — Jugé encore que le protêt faute de paiement d'une lettre de change doit, à peine de nullité, être fait au lieu où l'accepteur avait le siége de son commerce et où il payait habituellement, encore bien que cet accepteur eût son domicile dans un autre endroit, et qu'étant en faillite, il eût fermé son comptoir. — *Bordeaux*, 11 janv. 1814, Delvaille c. Posso. — E. Persil, art. 173, n° 11. — V. aussi *infrà*, n° 340.

336. — Lorsque la lettre est payable dans un lieu autre que le domicile même du tiré, le protêt faute de paiement doit être fait au lieu indiqué par l'accepteur. — Pardessus, *Dr. comm.*, n° 421.

337. — *Quid* si le tiré refusait d'accepter et par conséquent d'indiquer une maison où se fera le paiement? Les uns pensent que le protêt doit être fait au domicile du tiré. — Pardessus, *Dr. comm.*, nº 421 ; Horson, nºs 118, 119 et 120 ; E. Persil, art. 173, nº 7.

338. — D'autres sont d'avis que le protêt doit être fait au lieu indiqué pour le paiement sauf à à le faire précéder d'un acte de perquisition quelque illusoire que paraisse cet acte, et cela avec d'autant plus de raison qu'il peut se faire que les endosseurs aient indiqué des besoins. — Nouguier, t. 1er, p. 434.

339. — Le protêt faute de paiement d'un billet à ordre doit être fait au domicile du souscripteur.

340. — Il en était de même sous l'ordonnanee de 1673, en cas de non-paiement d'un billet ayant pour cause une obligation non commerciale, et alors surtout que le billet était causé pour valeur reçue comptant. — *Colmar*, 5 janv. 1806, Maglin c. N...

341. — Quand il existe une élection de domicile pour le paiement d'un billet à ordre, il faut que la sommation de payer soit adressée au débiteur chez celui où le domicile a été élu. — *Bordeaux*, 3 janv. 1840 (t. 1er 1840, p. 408), Henry c. Changeur.

342. — Lorsqu'une personne, au domicile de laquelle un billet à ordre est payable, change de domicile, et que son nouveau domicile est connu, le protêt peut être valablement fait à ce nouveau domicile. — *Cass.*, 19 juill. 1814, Grozier c. Duquesney.

343. — Le protêt est valablement fait au domicile indiqué par l'effet lui-même, lorsque la personne à laquelle la copie est remise déclare à l'huissier que le souscripteur demeure encore dans la maison, quoiqu'il soit absent. Il en est ainsi, bien qu'il existe à la mairie une déclaration de changement de domicile, si, d'ailleurs, pareille déclaration n'a pas été faite à la mairie du lieu où l'on prétend que le domicile aurait été transporté. — *Cass.*, 1er juin 1842 (t. 2 1842, p. 351), Boucille c. Pillon.

344. — Si la personne au domicile de laquelle l'effet de commerce était payable a changé de domicile, et qu'on ne connût pas le nouveau, le protêt devrait être fait à son dernier domicile connu. — C. comm., art. 173.

345. — L'individu à l'ordre duquel un billet a été souscrit payable à son domicile, et qui l'a endossé sans indiquer le lieu de ce domicile, lequel n'était désigné d'aucune manière dans le corps du billet, n'est pas recevable à se prévaloir du défaut de protêt à ce domicile, ou d'acte de perquisition qui y supplée. Il suffit, à son égard, que le protêt ait été fait au domicile de l'un des endosseurs qui l'avait indiqué *au besoin*. — *Cass.*, 31 mars 1841 (t. 2 1841, p. 153), Viguerie c. banque de Toulouse.

346. — Le protêt doit-il être signifié au domicile même? Est-il nul s'il est fait à la personne du tiré hors de son domicile? — Un arrêt de la Cour de Bordeaux, du 18 juin 1834 (Durand c. Rouchon), a jugé l'affirmative. — Et certains auteurs, en approuvant cette doctrine, disent qu'il n'y a pas même lieu de distinguer s'il y a eu préjudice causé aux parties. — Favard, *Rép.*, vº *Lettre de change*, sect. 4, § 2, nº 1er ; Nouguier, t. 1er, p. 433. — Un avis du Conseil d'Etat, du 25 janv. 1807, antérieur, par conséquent, à la publication du Code de commerce, l'avait également décidé ainsi.

347. — Mais d'autres auteurs ont pensé, au contraire, qu'une pareille doctrine serait contraire à l'équité, qui doit prévaloir en matière commerciale; et ils ont fait observer, d'ailleurs, qu'en ordonnant la signification du protêt à domicile, la loi ne l'exige pas à peine de nullité. — Locré, *Esprit du C. comm.*, t. 2, p. 291 ; Pardessus, *Droit comm.*, nº 419; Bioche *Dict. de procédure*, vº *Effets de commerce*, nº 103.

348. — ... Et la Cour de cassation a reconnu qu'il n'y a pas nullité de l'acte du protêt lorsqu'il a été signifié à la personne du tiré hors de son domicile, au lieu de l'être à son domicile, ainsi que le prescrit l'art. 173 C. comm., si, d'ailleurs, il n'est résulté de là aucun préjudice pour les parties intéressées. — *Cass.*, 20 janv. 1835, Beurlot c. Quevremont et Lindet-Dupont.

349. — En cas de faillite du souscripteur d'un billet à ordre, il suffit que le protêt soit fait au domicile du failli, sans qu'il soit nécessaire de le signifier aux syndics. — *Bruxelles*, 5 mars 1818, Rogiers c. Pullinex. — V. aussi *suprà* nº 335.

350. — La loi du 30 juin 1838 sur les aliénés, en donnant aux tribunaux la faculté d'annuler, suivant les circonstances, les significations faites au domicile de l'aliéné, au lieu de l'avoir été à la personne de son administrateur provisoire, fait une exception à l'égard des protêts. — Art. 35.

351. — Le protêt doit être fait, en outre, aux domiciles des personnes indiquées pour payer l'effet de commerce *au besoin*. — C. comm., art. 173. — La raison en est que si le tireur s'oblige de faire payer la somme énoncée dans l'effet, le porteur s'oblige de son côté à aller recevoir cette somme. — Merlin, *Rép.*, vº *Protêt*, § 2, nº 3.

352. — Avant le Code de commerce, il n'existait aucune disposition de loi qui obligeât le porteur à faire protester au domicile des personnes indiquées pour payer au besoin ; et on soutenait que jamais le porteur n'y était tenu. Pothier, le premier (*Contr. de change*, nº 137), fit prévaloir l'opinion contraire.

353. — Il a été jugé que le porteur d'une lettre de change ou d'un billet à ordre n'est tenu de les faire protester qu'aux domiciles *des besoins* indiqués par le titre, et non à ceux *des besoins* indiqués par les endosseurs. — *Cass.*, 24 mars 1829, Rebut et Feyerick c. Meuron ; *Dijon*, 14 avr. 1831, Juif c. Brolemann ; *Cass.*, 3 mars 1834, mêmes parties ; *Paris*, 16 févr. 1837 (t. 1er 1837, p. 140), Carette et Minguet c. Lefrançois ; 19 mai 1841 (t. 2 1841, p. 220), Martigue et Bigourdan c. Bechet. — Pardessus, *Contr. de change*, nºs 152 et 360.

354. — Pour l'opinion contraire on répond : L'art. 173 ne dit pas que le protêt sera fait contre les besoins lorsqu'ils ont été indiqués par le tireur et dans le corps du titre. Cette restriction n'est pas dans la loi, et elle ne devait pas y être, parce que la loi n'a pas dû refuser à chaque endosseur la facilité de faire retirer le titre au moment du protêt. Quant à l'impossibilité prétendue de protester aux divers besoins indiqués, elle n'est qu'imaginaire, ainsi que le prouve l'expérience de chaque jour. — Enfin, l'indication d'un nouveau payeur, de la part d'un endosseur, ne saurait dénaturer l'obligation du porteur ; car l'obligation de protester chez les divers besoins indiqués est imposée au dernier porteur, qui, ayant reçu le titre avec toutes les indications mises par les endosseurs précédens, savait très bien à quoi il s'obligeait en le prenant. — Horson, nº 116 ; E. Vincens, t. 2, p. 300 ; Persil, art. 173, nº 15 ; Fremery, *Études du droit comm.*, p. 153 ; Nouguier, t. 1er, p. 437.

355. — Jugé qu'un endosseur peut valablement apposer à son endossement la condition de faire accepter au besoin par mission, avant protêt, la lettre de change par un tiers désigné, et que, dès lors, le porteur qui a accepté un pareil endossement doit remplir la condition imposée; sinon, au cas de refus du tiré, il perd son recours contre l'endosseur. — *Cass.*, 3 juin 1839 (t. 2 1839, p. 419), Pelissier c. Michel.

356. — Si l'un des endosseurs s'est indiqué lui-même pour payer au besoin, le porteur est-il tenu de faire le protêt au domicile de cet endosseur? — Nég. *Cass.*, 31 mars 1829, Rebut et Feyerick c. Meuron. — Horson, nº 116. — En effet, l'endosseur est déjà tenu par sa qualité et comme obligé solidaire de la lettre de change, une telle désignation renfermerait une contradiction; et il suffit de poursuivre l'endosseur en cette qualité, dans les formes et délais prescrits par la loi. — Pardessus, *Dr. comm.*, nº 421. — M. E. Persil pense, au contraire, que la loi ne défendant pas à un endosseur de s'indiquer *au besoin*, il le peut; qu'en cette qualité il doit être considéré comme tiers, et que le protêt doit être fait à son domicile, et non pas seulement dénoncé dans la quinzaine. — Persil, art. 173, nº 12.

357. — Lorsque la lettre de change a été acceptée par un tiers intervenant, il faut protester tant au domicile du tiré qu'à celui de ce tiers (C. comm., 173). Car, de ce que l'intervenant s'est obligé au paiement de la lettre, à défaut d'acceptation du tiré, il ne s'ensuit pas que ce dernier ne soit pas tenu de payer. — Pardessus, *Dr. comm.*, nº 421.

358. — Si la personne indiquée au besoin ou le tiers qui a accepté par intervention avaient changé de domicile, il y a lieu d'appliquer la règle prescrite à l'égard du tiré; le protêt devrait être fait à leur dernier domicile connu.

359. — La présentation de l'officier ministériel aux différens domiciles que nous venons d'indiquer doit être constatée par un seul et même acte (C. comm., 173). Cependant, s'il lui était tout à fait impossible de terminer l'acte le même jour, il pourrait, en en faisant mention dans le protêt, renvoyer la suite de l'opération au lendemain ou au jour suivant, en mettant la plus grande diligence possible. — Pardessus, *Dr. comm.*, nº 422 ; Nouguier, t. 1er, p. 140.

360. — La personne indiquée pour payer au besoin étant en droit d'exiger que le protêt fait sur le débiteur principal soit revêtu de l'enregistrement, il s'ensuit que le porteur peut être obligé de faire deux protêts successifs, l'un sur le débiteur principal et l'autre après l'enregistrement du premier, sur la personne indiquée au besoin. — *Caen*, 1er févr. 1825, Guilbert c. Legentil.

361. — En cas de fausse indication de domicile, le protêt est précédé d'un acte de perquisition (C. comm., 173). Par cet acte l'officier instrumentaire constate qu'il s'est adressé à toutes les personnes capables de lui donner des indications sur le tiré, le souscripteur ou les besoins.

362. — A la suite du procès-verbal de perquisition, l'officier instrumentaire dresse le protêt, et du tout il affiche une copie à la principale porte du tribunal de commerce et en remet une autre au procureur de la République, qui vise l'original. — C. proc., art. 69, § 8. — Pardessus, *Dr. comm.*, nº 423.

363. — Le procès-verbal de perquisition ne peut tenir lieu du protêt; il faut nécessairement que ce dernier acte soit dressé à la suite. — *Rouen*, 8 juill. 1811, Goguely c. Lamiral ; *Nancy*, 29 janv. 1831, Houette c. C.... ; *Cass.*, 8 déc. 1831, Aubert c. Lemoyne.

364. — Dans le cas où un effet de commerce est payable dans un lieu qui, ayant plusieurs homonymes en France, ne porte aucune indication de nature à repousser les méprises, c'est d'après les circonstances que les juges doivent décider si le protêt est nul et qui doit en supporter les frais. Dans le doute, il faut prêcher en faveur des tiers porteurs de bonne foi, et décider contre les souscripteurs qui ont à se reprocher leur négligence.

§ 3. — *Par quel officier ministériel le protêt doit être fait.*

365. — Les protêts doivent être faits par deux notaires ou par un notaire et deux témoins, ou par un huissier et deux témoins. — C. comm., art. 173. — Déclar. du roi du 26 janv. 1664 ; ord. de 1673, tit. 5, art. 8.

366. — En donnant aux notaires le droit de faire les protêts, concurremment avec les huissiers, on a considéré qu'il s'agissait là d'actes qui participent des juridictions volontaire et contentieuse, puisque le refus de payer peut être fondé sur des motifs plausibles. Cependant les notaires usent peu de cette faculté, si ce n'est à Lyon et à Bordeaux.

367. — Sous l'ordonnance de 1673, l'absence de recors au procès-verbal de protêt n'en entraînait pas la nullité. — *Cass.*, 9 déc. 1812, Talon c. Ribot. — C'était une jurisprudence presque générale depuis l'établissement du contrôle que les huissiers étaient dispensés de se faire accompagner de recors ou témoins dans les actes de protêt.

368. — L'officier ministériel qui se présente pour faire le protêt doit, en règle générale, être muni de l'effet qu'il s'agit de protester ; car il peut se faire que la personne sur laquelle il doit protester veuille payer.

369. — En tout cas, le protêt n'est pas nul par cela que l'effet a été présenté, non par l'huissier ou par le notaire, mais par le porteur lui-même. — *Rouen*, 30 août 1813, Véron et Detours c. Chevraux et Guttinger.

370. — Mais le protêt serait-il absolument nul, si l'effet de commerce n'était pas representé? C'est là une question de fait qui dépend des circonstances et que les juges peuvent seuls résoudre.

§ 4. — *Formes de l'acte.*

371. — L'acte de protêt doit contenir la transcription littérale du titre, de l'acceptation, des endossemens et des recommandations qui y sont indiquées, la sommation de payer le montant de l'effet. — C. comm., art. 174.

372. — De plus, il doit énoncer la présence ou l'absence de celui qui doit payer. — C. comm., art. 174. — Si celui-ci fait dire qu'il n'est pas visible, l'huissier n'est pas obligé de se représenter. — Nouguier, t. 1er, p. 419.

373. — Ainsi, un protêt est valable, bien qu'il n'ait pas été fait, en parlant à la personne du tiré, s'il a été fait à son domicile, en parlant à son domestique, qui a répondu que son maître n'était pas visible, et qu'il lui en donnerait connaissance. — *Cass.*, 23 nov. 1829, Gregori c. Rossi. — Pardessus, *Dr. comm.*, n° 419.

374. — Est valable le protêt signifié au domicile du tiré avec cette énonciation : *Parlant à un voisin, trouvé dans ledit domicile, et chargé de répondre pour le tiré.* — *Paris*, 14 avr. 1835, Raymond c. Martin.

375. — Le portier d'une maison étant préposé au service de tous les locataires qui l'habitent, un protêt fait en parlant au portier est valable. Toutefois, il n'est pas nécessaire d'indiquer le sexe du portier. — *Lyon*, 25 mai 1816, Chevelu c. Veuillet-Durand.

376. — Enfin l'acte de protêt énonce les motifs du refus de payer et l'impuissance ou le refus de signer. — C. comm., art. 174.

377. — L'huissier, en faisant un protêt, a bien qualité pour constater le refus de paiement; mais il ne peut, par le seul fait de son attestation, constater la reconnaissance de l'engagement lorsqu'il n'existe pas une preuve du consentement de la partie, et qu'elle n'a pas elle-même approuvé la réponse insérée dans l'exploit par l'huissier. — *Bordeaux*, 3 avr. 1832, Delaborde c. Bonniot.

378. — Selon M. Pardessus, toute énonciation mensongère dans le récit des faits, dans la réponse, et même dans la transcription des pièces serait un faux. — Pardessus, *Dr. comm.*, n° 419. — Il en était ainsi sous l'ordonnance de 1673, tit. 5, art. 9.

379. — Cette décision est par trop absolue; il faut distinguer entre les résultats de la fraude et ceux de l'inadvertance. Dans le premier cas, il peut y avoir lieu à faux; mais, dans le second, les erreurs ou omissions pourraient être telles qu'elles ne devraient pas même entraîner la nullité du protêt, mais faire seulement retomber les frais sur le porteur ou sur l'officier instrumentaire.

380. — L'omission des formes prescrites pour la rédaction des protêts en entraîne-t-elle la nullité? On a reconnu au conseil d'Etat que des distinctions étaient nécessaires; que, dans certains cas, la nullité pourrait être prononcée, tandis que, dans d'autres cas, les protêts devaient être maintenus, et, qu'à cet égard, il convenait de s'en rapporter à la sagesse des tribunaux. — Nouguier, t. 1er, p. 421.

381. — En conséquence, jugé que l'omission des énonciations prescrites par l'art. 174 (2e partie) n'emporte pas nécessairement nullité du protêt. — Tel est le cas où le protêt ne contient pas la signature du débiteur, bien que l'huissier ait terminé son acte par ces mots : *Lequel, sommé de signer, a obéi;* cette absence de la signature que le débiteur avait consenti à donner, ainsi que cela est attesté par l'acte lui-même, ne faisant que confirmer d'autant plus le refus de payer, constaté d'ailleurs par l'huissier. — *Cass.*, 14 déc. 1840 (t. 1er 1840, p. 793), Decaindry c. Roulland.

382. — Jugé d'un autre côté que c'est sous peine de nullité que le protêt doit contenir les motifs du refus de paiement, et que l'irrégularité de l'original résultant de cette omission ne pourrait, à l'égard des endosseurs, être réparée par les énonciations de la copie signifiée. — *Bordeaux*, 3 janv. 1840 (t. 2 1840, p. 408), Henry c. Changeur.

383. — Outre les formalités prescrites par le Code de commerce pour les actes de protêt, il en est d'autres qui sont commandées, soit par le Code de procédure civile, soit par loi du 25 ventôse an XI et autres lois, suivant que les protêts sont faits par les huissiers ou par les notaires. Leur violation annulerait le protêt dans les mêmes cas où les exploits ou actes notariés sont frappés de nullité. — Pardessus, *Dr. comm.*, n° 419. — V. ACTE NOTARIÉ, EXPLOIT.

384. — Ainsi, est applicable à un protêt, alors même qu'il a été signifié par un notaire, l'art. 1037 C. procéd., qui fixe les heures pendant lesquelles une signification doit être faite, et l'inobservatipn de cet article entraîne la nullité de l'acte. — *Bruxelles*, 22 mai 1818, Deroi-Powis c. N.....

385. — L'usage des banquiers, dans certaines villes, notamment à Paris, de fermer leurs bureaux et leur caisse avant l'heure déterminée par le Code de procédure pour la signification des exploits, n'empêche pas qu'un effet de commerce puisse être valablement protesté après cette heure, pourvu que ce soit avant celle prescrite par l'art. 1037 C. procéd. civ. — *Rouen*, 27 mai 1844 (t. 1er 1844, p. 584), Marie c. Grenet et Calon.

386. — Sous les lois de fructid. an IV et de brum. an VI, un protêt n'était pas nul, faute par l'huissier d'avoir déclaré la juridiction où il était immatriculé et qu'il était pourvu d'une patente. — Il en eût été autrement s'il n'eût point fait mention de la patente de ceux pour qui il instrumentait. — *Cass.*, 7 niv. an VII, Anoteau c. Bougnols.

387. — L'original du protêt est remis par l'officier instrumentaire au porteur de la lettre de change ou du billet à ordre.

388. — Toutefois un acte de protêt n'est point nul par cela que le notaire en a gardé minute. — *Rouen*, 30 août 1813, Véron et Detours c. Chevreaux et Guttinger.

389. — Les notaires et les huissiers sont tenus, à peine de destitution, dépens et dommages-intérêts envers les parties, de laisser copie exacte des protêts. — C. comm., 176.; ord. 1673, tit. 5, art. 9. — Malgré cette injonction formelle, il est d'usage à Paris de ne jamais délivrer de copies des protêts.

390. — Il est rare que, lors du protêt, celui sur qui la lettre est tirée paie; cependant cela est possible. Les frais sont alors à sa charge, parce qu'il devait s'acquitter le jour de l'échéance. — Pardessus, *Dr. comm.*, n° 419.

391. — Mais *quid*, s'il prétend qu'on ne s'est pas présenté, ou bien que le porteur n'ayant aucun endossement qui lui attribuât la propriété de l'effet, ou du moins mandat pour recevoir, les frais ne doivent pas être à sa charge? Ce serait aux tribunaux à décider d'après les circonstances. — Pardessus, *Dr. comm.*, n° 419.

392. — Les notaires et les huissiers doivent inscrire les protêts en entier, jour par jour et en ordre de dates, dans un registre particulier tenu dans la forme des répertoires. — C. comm., art. 176. — V. REGISTRES DE PROTÊTS.

Sect. 2e. — *Conséquences du défaut ou de la nullité du protêt.*

§ 1er. — *Conséquences à l'égard des parties.*

393. — Ce que nous avons dit des effets du défaut de protêt, relativement aux recours que les parties peuvent exercer ou aux déchéances qu'elles encourent, s'applique évidemment au cas où le protêt est reconnu ou jugé nul.

394. — Ainsi, sous l'ord. de 1673, la nullité du protêt dégageait les endosseurs de la garantie et du recours exercé contre eux par le tiers porteur. — *Paris*, 11 mars 1806, Aubert-Lepage c. Adam.

395. — Restent quelques questions particulières relatives aux cas où les parties ont agi nonobstant le défaut ou la nullité du protêt.

396. — Jugé que celui qui a remboursé un effet protesté, quoique le protêt fût nul et par suite l'action en garantie éteinte, ne peut répéter ce qu'il a payé. — *Cass.*, 7 mars 1815, Quetin c. Aubé.

397. — Jugé également que l'endosseur qui, après un protêt nul, a remboursé le montant d'une lettre de change, ne peut point répéter ce que, dans l'ignorance de la nullité du protêt, il a payé au porteur, sans fraude, dol ou surprise de la part de ce dernier. — *Cass.*, 22 mai 1833, Roulland c. Harel-Legentil. — Pardessus, *Droit comm.*, n° 434; Persil, art. 168, n° 1er; Mongalvy sur le C. comm., t. 1er, p. 270, alin. 6 et 7.

398. — ... Et que lorsqu'un protêt est nul pour ne pas contenir les motifs du refus de paiement, celui des endosseurs qui, nonobstant cette nullité dont il s'agit, rembourse le porteur du billet à ordre et n'oppose pas l'exception qui en dérive, perd par là même son recours contre lui, et n'est plus recevable à l'attaquer pour le préjudice que lui occasionne le protêt déclaré nul. — *Bordeaux*, 3 janv. 1840 (t. 1er 1840, p. 408), Henry c. Changeur.

399. — Jugé encore que lorsqu'un endosseur d'un effet de commerce protesté à défaut de paiement en rembourse le montant, sans faire de réserve, il est censé avoir renoncé par là à se prévaloir, contre son cédant, de la nullité du protêt. — *Cass.*, 29 août 1832, Juriol c. Clarenc.

400. — .... Et que la faute du porteur qui a occasionné la nullité du protêt ne suffit pas pour l'obliger à restituer, à titre de réparation, la somme qu'il a touchée de l'endosseur garant. — *Cass.*, 22 mai 1833, Roulland c. Harel-Legentil.

401. — Jugé au contraire que si l'endosseur a remboursé une lettre de change après un protêt tardif, il peut répéter ce qu'il a payé au porteur, dans l'ignorance de la tardiveté du protêt. — *Bruxelles*, 28 juill. 1810, Depaepe c. Deheyme.

§ 2. — *Recours contre l'officier ministériel.*

402. — L'officier instrumentaire qui a fait un protêt nul, est passible de recours de la part de celui qui éprouve un préjudice par suite de cette nullité. C'est la conséquence des art. 1382 et 1383 C. civ., et des art. 71 et 1031 C. proc. — Pardessus, *Dr. com.*, n° 419.

403. — Ainsi, l'huissier chargé de faire le protêt, et qui n'a fait que le procès-verbal de perquisition, est garant du défaut de protêt. — *Rouen*, 8 juill. 1811, Goguely c. Lamiral; *Nancy*, 29 janv. 1831, Houette.

404. — A l'égard de qui la responsabilité a-t-elle lieu? Jugé que l'huissier n'est responsable de la nullité du protêt que vis-à-vis du porteur au nom duquel il a protesté, parce qu'il ne tient son mandat que de lui. — *Toulouse*, 8 mai 1830, Juriol c. Clarenc; *Cass.*, 29 août 1832, mêmes parties. — Nouguier, t. 1er, p. 426.

405. — ... Et que les endosseurs qui ont remboursé l'effet malgré cette nullité n'ont aucun recours contre lui. — *Cass.*, 17 juill. 1837 (t. 2 1837, p. 71), Cabure c. Grenet; *Rouen*, 4 mai 1842 (t. 2 1842, p. 368), mêmes parties; 1er juin 1843 (t. 1er 1844, p. 605), mêmes parties.

406. — Jugé également qu'un endosseur ne pourrait pas davantage invoquer ladite nullité en se prétendant subrogé, par le paiement, aux droits du tiers porteur. — *Rouen*, 1er juin 1843 (t. 1er 1844, p. 605), Grenet c. Cabure.

407. — Jugé, au contraire, que l'huissier est responsable à l'égard de tous les endosseurs indistinctement, et non pas seulement à l'égard de celui qui l'a chargé du protêt. — *Paris*, 8 janv. 1834, Cabure c. Grenet.

408. — Jugé, en tous cas, que l'endosseur qui a remboursé sans faire de réserve serait censé avoir renoncé par là à se prévaloir, contre l'huissier, de la nullité du protêt. — *Cass.*, 29 août 1832, Juriol c. Clarenc; *Rouen*, 1er juin 1843 (t. 1er 1844, p. 605), Grenet c. Cabure.

409. — Dans les cas où l'action en responsabilité est admissible contre l'huissier, il peut, pour faire réduire les dommages-intérêts réclamés contre lui, être admis à prouver l'insolvabilité de la personne contre laquelle il devait agir. — *Nancy*, 29 janv. 1831, Houette c. C....

410. — L'action en dommages-intérêts ou en garantie formée contre l'officier instrumentaire est de la compétence non du tribunal de commerce, mais du tribunal civil. La raison en est qu'il ne s'agit pas là du paiement d'effets de commerce, mais d'un compte de mandat ou de gestion d'affaires. — *Cass.*, 20 juillet 1815, Desheaux c. Daliphard. — Pardessus, *Dr. comm.*, nos 419 et 1348; Nouguier, t. 1er, p. 427; Coffinières, *Journ. des avoués*, sur l'art. 181.

411. — Ainsi jugé que, lorsqu'un protêt est argué de nullité, le tribunal de commerce saisi de la demande en paiement de l'effet protesté, n'est pas compétent pour connaître de l'action en garantie formée par le porteur contre l'huissier ou le notaire qui a rédigé le protêt. — *Cass.*, 30 nov. 1813, Millard c. Lecerf-Lamiral; 2 janv. 1816, Chaber c. Neveu; 15 mai 1816, Tondereau c. Descamps; 2 juin 1817, Hignard c. Chevreux. — *Contrà*, *Rouen*, 8 juill. 1811, Gaguely c. Lamiral.

412. — Et l'incompétence est telle que le tribunal de commerce doit s'abstenir de statuer sur ce point, bien que le déclinatoire n'ait point été proposé. — *Cass.*, 2 janv. 1816, Chaber c. Neveu.

CHAPITRE IV. — *Protêts des effets de commerce venant de l'étranger, ou de ceux payables à l'étranger.*

413. — Ce sont les lois et usages en vigueur dans les pays où la lettre de change est payable qui déterminent l'échéance, le nombre de jours de grâce et par conséquent le temps utile pour faire le protêt en cas de non-paiement. — *Cass.*, 18 brum. an XI, Coppens c. Néef.

414. — Les droits étant partout l'œuvre d'officiers ministériels, ceux-ci doivent suivre les seules formes avouées par la loi de laquelle ils tiennent le droit d'instrumenter. Ainsi : le protêt d'une lettre tirée de l'étranger sur la France, doit être fait dans les formes déterminées par la loi française. — Pothier, *Contr. de change*, n° 165;

Dupuy, *Art des lettres de change*, chap. 4; Jousse, sur l'ordonnance 4673, tit. 3, art. 4; Pardessus, *Contr. de change*, n° 5 et 573, et *Dr. comm.*, n°s 1497 et 1498; Nouguier, t. 4er, p. 422.

415. — Par la même raison : le vœu de la loi française, pour la formation des actes qu'elle ordonne, est rempli, lorsqu'on s'est conformé à l'usage des lieux en pays étranger. Ainsi : la déclaration d'un notaire à Saint-Pétersbourg, qui énonce, suivant l'usage y établi, s'être présenté chez les personnes indiquées au besoin sur la traite, doit être considérée comme un acte de protêt. — *Paris*, 13 août 1831, Fould-Oppenheim c. Delbos. — Merlin, *Rép.*, v° *Lettre de change*, § 2, n° 8, et *Protêt*, § 9; Pardessus, *Dr. comm.*, n° 4485; É. Vincens, t. 2, p. 182.

416. — Jugé encore que le protêt d'une lettre de change payable en pays étranger doit être fait suivant les formes de ce pays. — Ainsi : un protêt fait à Séville a pu, d'après la loi espagnole, être fait sur copie, alors surtout que le défaut de paiement a eu pour cause l'absence de provision, et non le défaut de représentation de l'original. — *Cass.*, 3 juill. 1843 (I. 2 1843, p. 778), Duboul c. Sans.

417. — Les effets du protêt sont régis par la loi du lieu où la lettre est payable. — *Trèves*, 4 juill. 1812, Lindeman c. Thugnot. — Pardessus, *Dr. comm.*, n° 1498.

418. — Lorsqu'une lettre de change tirée de l'étranger sur la France est ensuite endossée en différens pays étrangers, le recours en garantie que le porteur doit exercer est pris de la loi du pays où cette lettre est payable. — Boullenois, *Des statuts personnels et réels*, t. 4er, p. 372; Merlin, *Rép.*, v° *Protêt*, § 9, n° 2; Pardessus, *Dr. comm.*, n° 4497.

419. — Mais chaque endosseur assigné en garantie doit assigner en recours suivant la loi de la garantie, et non suivant la loi du garant. — Merlin, Pardessus, *ibid.*

420. — On a vu ci-dessus (n° 478) les délais fixés par l'art. 166 du C. comm. pour les poursuites à exercer contre les tireurs et endosseurs, résidant en France, de lettres de change tirées de France et payables hors du territoire continental de la France.

421. — Jugé que ce n'est qu'aux traites de France sur la France que s'applique le délai proportionnel de distance établi par l'art. 165 C. comm., pour l'exercice du recours en garantie après protêt d'une lettre de change. Quant au délai de la garantie pour les traites de la France sur l'étranger, ou de l'étranger sur la France, il est fixé par l'art. 166 C. comm. — *Trèves*, 27 juill. 1810, Fresauf c. Delamme.

422. — Le recours exercé contre le tireur étranger par l'endosseur français, dès le jour même où le protêt a été notifié à celui-ci, et dans la quinzaine de cet acte, doit être réputé régulier, quoique, d'après la loi du pays auquel le tireur appartient, le protêt eût dû lui être notifié le jour même de sa date. — *Aix*, 5 févr. 1832, Schilizzi c. Pastré et Fresquet.

V. aussi ACTE NOTARIÉ, AVAL, BILLET A ORDRE, COMPÉTENCE COMMERCIALE, DEGRÉ DE JURIDICTION, ENDOSSEMENT, EXPLOIT, LETTRE DE CHANGE.

PROTUTEUR.

Administrateur nommé pour gérer, sous sa responsabilité, les biens appartenant au mineur, hors du territoire continental. — Quand le mineur domicilié en France possède des biens dans les colonies, ou réciproquement, l'administration spéciale de ces biens peut être donnée à un protuteur. — C. civ., art. 447. — En ce cas, le tuteur et le protuteur sont indépendans et non responsables l'un envers l'autre pour leur gestion respective. — Même article. — V. TUTELLE.

PROVISION.

1. — Ce mot comporte plusieurs significations. Tantôt on dit qu'il y a provision à l'échéance d'une lettre de change celui sur qui elle est fournie est redevable au tireur, ou à celui pour compte de qui elle est tirée, d'une somme au moins égale au montant de la lettre de change. V. LETTRE DE CHANGE.

2. — Dans le commerce on donne assez souvent à la provision ainsi entendue le nom de *couverture*.

3. — On appelle encore, mais improprement, *provision*, la rétribution que reçoit celui entre les mains duquel ont mis les fonds nécessaires à l'acquittement de la dette. Il serait plus convenable de l'appeler *commission*, comme toutes les

autres espèces de rétributions payées au mandataire. — Pardessus, *Contr. de change*, n° 400.

4. — On entend aussi par *provision* la somme qui est adjugée provisoirement à l'une des parties, en attendant le jugement définitif. En matière de séparation de corps, par exemple, la femme peut obtenir, à titre d'alimens ou pour subvenir aux frais du procès, une somme que le tribunal arbitre. — V. SÉPARATION DE CORPS.

5. — Il a encore été jugé que l'on peut obtenir par provision, nonobstant appel, et sous caution, une provision alimentaire de celui qui administre un bien dont il doit compte. — *Rennes*, 28 mars 1821, Bonnet c. Saint-Georges.

6. — ... Qu'on peut également, pendant une instance en désaveu de paternité, adjuger une provision à l'enfant sans qu'il soit tenu de donner caution. — *Aix*, 6 avr. 1807, Fredey. — V. LÉGITIMITÉ.

7. — ... Que l'enfant dont la légitimité, mais non la filiation, est contestée par les héritiers de son père, a droit, durant l'instance, à une provision alimentaire sur les biens de ce dernier. — *Besançon*, 23 mai 1806, Margeret. — V. *ibid.*

8. — ... Et qu'une provision accordée aux créanciers contre un héritier bénéficiaire peut être exécutée contre lui personnellement et avant toute reddition de compte de sa part, alors surtout que l'héritier est réputé nanti de sommes suffisantes dépendant de la succession. — *Paris*, 7 mai 1829, Monaco. — V. SUCCESSION BÉNÉFICIAIRE.

9. — Les provisions alimentaires sont insaisissables (art. 581 C. proc. civ.), à moins que ce ne soit pour cause d'alimens (art. 582). — V. SAISIE-ARRÊT.

10. — La demande d'une provision est une demande incidente qui est formée conformément à l'art. 337 du Code de procédure civile.

11. — On dit encore d'un acte ou d'un jugement qu'il est exécutoire *par provision*, lorsque son exécution n'est pas paralysée par le recours dirigé contre lui, et peut être poursuivie jusqu'à sa réformation. — V. EXÉCUTION PROVISOIRE.

12. — Il est de maxime que provision est due au titre, et aux termes de l'art. 806 du Code de procédure, c'est au juge des référés qu'il appartient de décider *par provision* les difficultés qui s'élèvent sur les actes tendant à l'exécution des jugemens et arrêts. — V. ACTE AUTHENTIQUE, n°s 459 et suiv.; RÉFÉRÉ.

PROVISOIRE.

V. ACTE CONSERVATOIRE, APPEL, CONTRAINTE PAR CORPS, EXÉCUTION PROVISOIRE, JUGEMENT, LIBERTÉ PROVISOIRE, PROVISION, RÉFÉRÉ.

PROVOCATION.

Table alphabétique.

PROVOCATION. — **1.** — Parmi les excuses spéciales, c'est-à-dire applicables à certains crimes ou délits seulement, la loi place la *provocation*. — La provocation ne peut être invoquée comme excuse que dans les crimes ou délits soit de *meurtre*, soit de *coups et blessures*.

§ 1er. — *De la provocation en général* (n° 2).

§ 2. — *Coups ou violences graves envers les personnes* (n° 25).

§ 3. — *Outrage violent à la pudeur.* — *Castration* (n° 58).

§ 4. — *Adultère flagrant de la femme* (n° 65).

§ 5. — *Escalade ou effraction, pendant le jour, des clôtures d'une maison habitée* (n° 88).

—

§ 1er. — De la provocation en général.

2. — Deux principes distincts sont ici en présence et doivent être conciliés : l'un qui laisse intact le droit naturel de la défense personnelle; l'autre qui défend à chacun de se faire justice à soi-même. Or, quand la personne attaquée a pu craindre justement pour sa propre sûreté, et si elle n'a pas excédé les limites d'une défense nécessaire, il est impossible de lui en imputer les effets, et l'homicide ou les blessures et coups qu'elle a commis ou faits dans cet état, sont non-seulement excusés, mais encore justifiés. — Mais si l'attaque ne pouvait lui inspirer d'inquiétude sur sa santé ni sur sa vie, si négligeant de recourir aux pouvoirs chargés de lui assurer réparation, elle a, sans nécessité, préféré repousser la violence par la violence; si, enfin, au lieu de défendre elle s'est vengée, si qu'au delà des nécessités de sa défense elle se soit fait justice, elle est coupable et doit être punie.

3. — Mais il serait inique de ne point tenir compte des circonstances au milieu desquelles elle a agi : poussée par la colère, sa culpabilité s'affaiblit d'autant plus que l'irritation était chez elle mieux motivée; elle n'encourt donc qu'une peine mitigée, et les voies de fait, l'outrage dont elle a été l'objet peuvent ainsi devenir, sinon une cause de justification complète, du moins, un motif d'excuse.

4. — Toutefois, toute espèce de provocation ne peut constituer une excuse. — Le Code, sans définir les caractères, veut qu'il soit *violenta* et d'une violence telle, disait l'orateur du gouvernement, que le coupable n'ait pas eu, au moment même de l'action qui lui est reprochée, la liberté nécessaire pour agir avec une mûre réflexion. »

5. — Sous le Code du 3 brumaire an IV, il y avait nécessité de poser au jury toutes les questions relatives aux faits constituant la défense de l'accusé. — Art. 374. — Dès lors, quand la provocation violente avait été constamment alléguée par l'accusé, soit dans l'information faite devant l'officier de police judiciaire, soit dans ses interrogatoires ou aux débats, elle devait, à peine de nullité, la question en devait être posée aux jurés à peine de nullité. — *Cass.*, 27 frim. an VI, Delfau; 12 fruct. an VII, Bouzenet; 9 vend. an VIII, Mairot; 7 brum. an X, Tartanson; 23 janv. 1807, Mazerat; 49 févr. 1807, Wilhelmans; 44 avril 1808, Falleto.

6. — Il en était de même lorsque la provocation violente était référée dans l'acte d'accusation. — *Cass.*, 9 pluv. an VII, Duffay; 12 fruct. an VII, Bouzenet; 24 vent. an XII, Quichand-Lion; 27 flor. an VIII, Zandor; 7 fruct. an VIII, Mercourt et Royer.

7. — L'acte d'accusation lui-même était nul s'il ne mentionnait pas la provocation alléguée par l'accusé dans le cours de l'instruction. — *Cass.*, 16 pluv. an VIII, Amsler; 24 messid. an XIII, Tarré.

8. — Comme les questions les plus favorables devaient être posées les premières, il y avait nullité si, dans une accusation d'homicide, la question de violente provocation avait été posée la dernière. — *Cass.*, 16 prair. an VII, Dernois; 7 brum. an X, Tartanson.

9. — ... Ou si elle avait été posée avant celle de savoir si les coups avaient été portés volontairement. — *Cass.*, 17 frim. an XII, Griffet.

10. — Un arrêt avait même jugé qu'il ne suffisait pas de poser au jury la question relative à la provocation violente : il fallait en poser une seconde sur le point de savoir si cette provocation violente rendait l'accusé excusable. — *Cass.*, 27 flor. an VIII, Zandor. — Et cette décision avait été rendue sur les conclusions conformes de M. Merlin (*Rép.* v° *Excuse*, n° 6).

11. — Mais il a été jugé depuis : que la question de droit de savoir si tels ou tels faits peuvent rendre un accusé excusable n'est point de nature à être soumise à la décision du jury, qui ne doit être consulté que sur des faits d'excuse et non sur l'excusabilité qui peut en résulter.—*Cass.*, 6 vent. an IX, Rigollet. — Et Merlin (*loc. cit.*) est revenu à cette opinion.

12. — ... Au surplus, et comme le dit lui-même Merlin, la question a été tranchée dans ce sens par les art. 339 et 367 C. instr. crim., qui n'attribuent au jury que la connaissance du fait présenté comme excuse et réservent à la Cour d'assises le droit de déclarer si ce fait constitue légalement une excuse.

13. — En matière d'homicide, la question de préméditation résultant de l'acte d'accusation n'est pas un obstacle à ce que celle de provocation soit également posée au jury lorsqu'elle est reconnue résulter des débats. — *Cass.*, 15 nov. 1811, Vanderstraeten. — En effet, il ne peut y avoir aucune contradiction entre ces deux questions, dès qu'elles viennent d'une source différente, il est tout naturel que les débats aient modifié l'accusation. D'ailleurs, l'art. 339 C. instr. crim. est impératif et prononce même la peine de nullité.

14. — Sous l'empire du Code d'instruction criminelle, des doutes s'élevèrent sur la nécessité où était la Cour d'assises de poser au jury des questions d'excuse. Plusieurs arrêts de la Cour de cassation décidèrent même que la Cour d'assises avait essentiellement le droit de juger si les faits de provocation allégués par un accusé étaient de nature à produire une excuse légale et, par suite, de refuser de soumettre une question spéciale au jury si elle n'était pas résultée des débats.—*Cass.*, 15 nov. 1811, Vanderstraeten; 15 mai 1812, N..... ; 27 janv. 1814, N...; 2 févr. 1815, Leroy; 16 avril 1819, Denat; 29 mars 1827, Gogin; 28 août 1828, Paysan; 29 juin 1826, Falba; 9 juill. 1830, Humbert.

15. — Mais cette doctrine, vivement attaquée (Legraverend, *Lég. cr.*, t. 2, p. 226; Bourguignon, *C. instr. crim.*, art. 339), a été proscrite par la loi du 28 avril 1832, qui a rendu obligatoire la position de toute question d'excuse proposée par l'accusé.—*Cass.*, 14 déc. 1833, Court-Payet; 15 mai 1834, Tranchart; 1er oct. 1835, Virgitté; 22 sept. 1836 (t. 2 1837, p. 95), Chevat; 23 janv. 1840 (t. 1er 1841, p. 125), Dubeton.

16. — Toutefois, il faut que l'excuse, telle que l'allègue l'accusé, soit expressément admise comme telle par la loi et, notamment, que la provocation réunisse les conditions nécessaires pour en faire une excuse. — Par suite, la question de provocation ne peut être posée, même sur la demande de l'accusé, qu'autant qu'il articule que la provocation consistait en coups et violences graves. — *Cass.*, 19 mars 1835, Margaine.

17. — Mais le jury ne peut, de son chef, suppléer à l'abstention de la Cour d'assises, et il excède ses pouvoirs lorsque, sur une accusation de meurtre, il résout une question de provocation qui ne lui a pas été soumise.— *Cass.*, 11 juill. 1833, Casanova; 9 mai 1834, Pallinacce.

18. — Jugé que, lorsqu'un accusé de meurtre a demandé d'une manière générale la position d'une question d'excuse fondée sur la provocation, la Cour d'assises ne peut rejeter sa demande sur le motif qu'il ne résulte pas de l'instruction ni du débat qu'il y ait eu provocation dans telle rue ni dans tel moment; — et qu'en limitant ainsi sa déclaration, comme elle ne statue que sur une partie de sa demande, son arrêt doit être cassé. — *Cass.*, 10 mars 1826, Chevalier.

19. — Lorsque, après avoir déclaré l'accusé coupable de tentative de meurtre volontaire, le jury a répondu sur une question relative à la provocation : *Oui, des coups ont été portés auparavant à l'accusé, mais ils ne constituent pas la provocation*, la Cour d'assises ne peut scinder cette déclaration pour déclarer qu'il y a eu provocation, et n'appliquer que les peines portées par l'art. 326 pour les cas d'excuse. — *Cass.*, 30 juill. 1831, Girardin. — Les jurés ont en effet seuls le droit d'apprécier le fait que l'accusé présente comme constituant une provocation. Si la déclaration paraît à la Cour d'assises obscure ou contradictoire, celle-ci doit renvoyer les jurés dans la chambre de leurs délibérations pour l'expliquer; mais, en aucun cas, elle ne peut soit la scinder, soit l'interpréter.

20. — Du reste, la provocation qui rend excusables le meurtre, les blessures et les coups, est simplement une circonstance atténuante et non le fait principal. En conséquence, avant la loi du 4 mars 1831, lorsque la question relative à la provocation avait été résolue par le jury, à la majorité simple, la Cour d'assises n'avait pas à en délibérer. — *Cass.*, 15 oct. 1813, Blendi; 1er juill. 1819, G....—Merlin, *Rép.*, v° *Juré*, § 4; Carnot, *C. instr. crim.*, art. 351, n° 10.

21. — « Lorsque le fait d'excuse sera prouvé, porte l'art. 326 C. pén., s'il s'agit d'un crime emportant la peine de mort ou celle des travaux forcés à perpétuité, ou celle de la déportation, la peine sera réduite d'un an à cinq ans; s'il s'agit de tout autre crime, elle sera réduite à un emprisonnement de six mois à deux ans. — Dans ces deux premiers cas, les coupables pourront de plus être mis par l'arrêt ou le jugement sous la surveillance de la haute police pendant cinq ans au moins et dix ans au plus. — S'il s'agit d'un délit, la peine sera réduite à un emprisonnement de six jours à six mois. »

22. — L'abaissement des peines prononcées en vertu de cet article n'empêcherait nullement qu'elles ne fussent encore atténuées en vertu de l'art. 463 C. pén. — Aucune loi en effet ne défend de faire concourir ces deux articles; leur application doit donc être combinée et leur bénéfice acquis *cumulativement* à l'accusé, si, d'une part, il est déclaré excusable et si, d'un autre côté, on reconnaît l'existence en sa faveur de circonstances atténuantes.—Carnot, *Code pén.*, art. 326; Rauter, *Droit crim.*, t. 2, p. 54; Chauveau et Hélie, *Th. C. pén.*, t. 6, p. 26.

23. — Lorsque l'accusé a été déclaré coupable d'un meurtre excusable, et que la Cour d'assises, par une fausse interprétation de la déclaration du jury, faisant application de l'art. 419 C. pén., sur l'homicide involontaire, a condamné l'accusé à deux années d'emprisonnement, cette peine étant prise dans les limites de celle que la Cour d'assises avait le droit de prononcer, il n'y a pas lieu de casser son arrêt, malgré la fausse application de la loi pénale. — Néanmoins, si, par suite de la même erreur, la Cour d'assises avait prononcé, outre l'emprisonnement, une amende de 200 francs, qui n'est pas autorisée par l'art. 326 C. pén., son arrêt devrait être cassé dans cette disposition excédant ses pouvoirs. — *Cass.*, 19 déc. 1828, Giraud.

24. — La loi admet la provocation comme excuse du meurtre ou des blessures et coups dans quatre cas; c'est quand ils ont été provoqués : 1° par des coups ou violences graves envers les personnes; 2° par un outrage violent à la pudeur; 3° par l'adultère flagrant de la femme; 4° par l'escalade ou l'effraction, pendant le jour, des murs, des clôtures ou entrée d'une maison habitée ou dépendances.

§ 2. — *Coups ou violences graves envers les personnes.*

25. — « Le meurtre, ainsi que les blessures et les coups, dit l'art. 321 du C. pén, sont excusables s'ils ont été provoqués par des coups ou violences graves envers les personnes. »

26. — La provocation doit donc consister en coups ou violences, c'est-à-dire en violences physiques. — Par conséquent, de simples outrages ou des injures ne pourraient être considérés comme une provocation dans le sens de la loi. — Chauveau et Hélie, *Théor. Code pén.*, t. 6, p. 6; Carnot, *Code pén.*, art. 321, n° 10.

27. — ... Sauf au juge à apprécier si l'outrage ne pourrait point rentrer dans la classe des circonstances atténuantes. — Farinacius, *quæst.* 125, n° 98.

28. — Ainsi, la question de provocation ne peut être posée sur la demande de l'accusé qu'autant qu'il articule que la provocation consistait en coups et violences graves. — *Cass.*, 19 mars 1835, Margaine.

29. — ... Et il n'y a lieu de statuer sur un fait de provocation proposé comme excuse du crime de meurtre qu'autant qu'il s'agit d'une provocation violente, telle qu'elle est spécifiée en l'art. 321 C. pén. — *Cass.*, 4 sept. 1828, Bernardini.

30. — Ainsi encore, on ne peut admettre comme excuse l'imputation faite verbalement d'un délit prouvé constant par un jugement passé en force de chose jugée. — *Cass.*, 27 févr. 1813, Fioravanti.

31. — Il en serait de même si la provocation résultait de menaces non accompagnées de voies de fait. — Chauveau et Hélie, *ibid.*, p. 8.

32. — Il n'est pourtant point nécessaire qu'il y ait eu réellement des blessures effectuées, il ne faudrait point prendre ici la loi trop à la lettre; et si la menace était telle et faite dans de telles circonstances que la personne menacée ait dû nécessairement croire à leur réalisation, il y aurait provocation excusable. C'est ce qu'a décidé la Cour de cassation en jugeant que la provocation violente, qui rend le meurtre excusable, peut exister par la seule menace avec une arme meurtrière approchée du corps, surtout de la part d'un insensé auquel l'usage des armes serait familier. — *Cass.*, 15 messid. an XIII, Féron. — Farinacius, *quæst.* 125, n° 70; Chauveau et Hélie, *ibid.*, t. 6, p. 8.

33. — Bien que la loi se serve du mot *meurtre*, ce qui indique un *homicide volontaire*, il nous paraît néanmoins certain que l'homicide occasionné par des coups portés volontairement, mais sans intention de donner la mort, pourrait également être excusé par la provocation. Le Code de 1810 n'ayant point prévu ce crime, n'avait pu s'en occuper dans l'art. 321; mais comme la jurisprudence le rangeait parmi les meurtres, on ne faisait donc point de doute, avant 1832, que la provocation pût lui servir d'excuse. Il est impossible d'admettre qu'après la loi de 1832, dont les dispositions tendent à un adoucissement de notre système pénal, les accusés de cette espèce de crime dussent se trouver dans une plus fâcheuse position, précisément parce que, uniquement dans leur intérêt, le législateur a introduit dans l'art. 309 un paragraphe qui ferait de ce fait un crime distinct du meurtre, dont la peine ne pourrait plus, dès lors, être appliquée.—Chauveau et Hélie, *Th. C. pén.*, t. 6, p. 27.

34. — Une autre condition de cette excuse est que les violences soient *graves*, c'est-à-dire, ainsi que le disait M. Faure dans l'exposé des motifs du Code pénal, « de nature à faire la plus vive impression sur l'esprit le plus fort; » sauf à apprécier, selon M. Monseignat, rapporteur de la commission du Corps législatif, « l'isolement, la position, la qualité physique ou morale du coupable, des violences, et de la personne qui les éprouve. » Il suit de là que la *gravité* des violences résulte non point tant de leur intensité matérielle que de l'intention de leur auteur, et qu'il faut surtout consulter l'émotion qu'elles ont dû faire naître.

35. — De plus, pour que des violences graves rendent un meurtre excusable, il faut qu'elles aient été exercées *envers des personnes*, et il doit être fait mention de cette circonstance dans la déclaration de culpabilité, à peine de nullité. — *Cass.*, 7 févr. 1812, Danely. — Carnot (sur l'art. 65 C. pén., t. 1er, p. 256, n° 5) dit avec raison qu'il y aurait nullité si la Cour d'assises avait déclaré l'accusé excusable, sans avoir préalablement soumis l'excuse à l'appréciation du jury; mais c'est à tort qu'il cite cet arrêt comme l'ayant ainsi jugé. Le texte dément son assertion, et, d'ailleurs, on remarquera que la question ne pouvait même pas être agitée dans l'espèce; car l'arrêt dénoncé avait été rendu par une cour spéciale, qui jugeait sans concours de jurés. — Legraverend, t. 2, chap. 7, p. 521, note 4.

36. — Par conséquent, des coups donnés à des animaux n'excuseraient point le meurtre commis ou les blessures faites par le propriétaire de ces animaux. — Chauveau et Hélie, *ibid.*, t. 6, p. 10. — Ces auteurs citent, comme l'ayant ainsi décidé, un arrêt de cassation du 7 février 1814, mais cela paraît être une erreur; rien dans cet arrêt (qui n'est autre que l'arrêt précité de 1812) ne faisant supposer que les blessures qui causaient la poursuite eussent été provoquées par des coups portés à un animal.

37. — La provocation serait suffisante si les violences étaient exercées sur une personne autre que l'accusé de meurtre ou coups. La loi ne fait pas de distinction : elle dit seulement *envers des personnes*; il n'est point permis d'être plus sévère qu'elle. C'était déjà le sentiment des anciens criminalistes : Farinacius (*quæst.* 125, nos 289 et suiv.), Damhouderius (*Prax. crim.*, cap. 80), Barthole (in l. 3 ff., nos 1 et suiv., *De justitiâ et jure*), et cette solution nous paraît à plus forte raison incontestable si ces personnes tierces se trouvaient précisément être les ascendans, enfans, conjoint ou autres proches de l'accusé. — Chauveau et Hélie, *ibid.*, t. 6, p. 11.

38. — C'est ainsi qu'il a été jugé que, lorsqu'un accusé de meurtre a proposé pour excuse une provocation par des violences graves envers son domestique, la question doit en être soumise au jury, à peine de nullité. — *Cass.*, 15 messid. an XIII, Feron.

39. — Il est également essentiel que les violences sur lesquelles se fonde la provocation soient illégitimes et injustes, c'est-à-dire non commandées par la loi ou la nécessité. Les violences légitimes commises par des agens de l'autorité ou dépositaires de la force publique dans l'exercice de leurs fonctions, ne sauraient excuser une résistance violente ni des voies de fait. — Farinacius, *quæst.* 125, n° 112; Chauveau et

Hélie, *ibid.*, t. 6, p. 15.—V., aussi, LÉGITIME DÉFENSE, n° 32.

40.—Mais qu'arriverait-il si les fonctionnaires ou agens de la force publique avaient eux-mêmes commis des violences graves non justifiées par la nécessité? — Ces violences graves ne devraient-elles point être considérées comme une provocation excusant le meurtre ou les blessures dont ils seraient victimes? — La Cour de cassation a plusieurs fois décidé la négative. — *Cass.*, 13 mars 1817, Boissin; 5 janv. 1821, Bernard; 8 avril 1826, Barbelin.

41. — Jugé encore d'après le même principe que l'art. 321 n'a été établi que relativement aux crimes et délits envers les particuliers, et que l'excuse de provocation ne peut être étendue au cas de meurtre ou de violence envers les dépositaires ou agens de la force publique. — *Cass.*, 30 avril 1847, (t. 2 1847, p. 267), Pietri.—Anal. (en cas d'outrages), *Rouen*, 11 janv. 1844 (t. 2 1844, p. 122), Godallier.

42.—.... Et qu'en conséquence la réponse affirmative du jury à la question de provocation n'entraîne aucune atténuation de peine et que, si une atténuation a été prononcée, l'accusé ne peut opposer comme fin de non-recevoir au ministère public, qu'il n'a élevé aucune réclamation contre la position d'une semblable question au jury. — Même arrêt de cassation.

43. — Mais il nous est impossible d'adopter une semblable doctrine qui nous paraît contraire au texte comme à l'esprit de l'art. 321 du Code pénal, lequel ne fait aucune distinction et n'admet par suite aucune exception. — Du reste les motifs de notre opinion se trouvent exposés avec détail dans la troisième édition du *Journal du Palais*, en tête de l'arrêt de cassation du 5 janvier 1821, et dans une note qui accompagne celui du 8 avril 1826 (Barbelin). — Nous nous contenterons donc d'y renvoyer le lecteur, en nous bornant ici à rappeler les auteurs qui, en très-grand nombre, ont adopté une solution contraire. — Chauveau et Hélie, *Théor. C. pén.*, t. 4, p. 406; Carnot, *C. pén.*, art. 186, n° 6, et *C. instr. crim.*, art. 337, n° 20; de Grattier, *Comm. loi de la presse*, t. 1er, p. 153; Coffinières, *De la lib. individuelle*, t. 2, p. 389.—V. aussi Bourguignon, *Juripr. s. C. crim.; C. instr. crim.*, art. 97, t. 1er, p. 227; Chassan, *Trait. des dél. de la par.*, t. 1er, p. 302.

44. — Enfin la Cour d'assises de la Moselle a jugé, le 9 décembre 1841 (t. 2 1842, p. 717 [Jost]), que la provocation est une excuse légale aussi bien pour les crimes commis envers les fonctionnaires ou agens de la force publique que pour ceux commis envers les simples particuliers. — En d'autres termes, que l'art. 321 du Code pénal s'applique à toutes les provocations.

45. — Du reste, les violences exercées contre un agent dépositaire de la force publique, et notamment contre un gendarme dans l'exercice de ses fonctions, justifient et n'excusent pas seulement ce gendarme qui a repoussé la violence par la violence et a tué l'assaillant. En pareil cas il est dans le cas de légitime défense. — *Cass.*, 20 janv. 1825, Maître.

46. — Mais la question de savoir si l'homicide volontaire commis par un fonctionnaire public dans l'exercice de ses fonctions a été provoqué par des coups et violences graves ne peut pas remplacer celle qui a pour objet de savoir si l'accusé a agi sans motifs légitimes, et ce n'est qu'en ce cas qu'une question de provocation peut être posée au jury. — *Cass.*, 5 déc. 1822, Louvry. — V. LÉGITIME DÉFENSE.

47. Il est bien certain que pour faire accepter comme excuse la provocation, l'accusé doit prouver que son crime en est la conséquence directe et immédiate; et qu'il l'a commis alors qu'il était encore sous l'empire de l'émotion violente causée par la provocation, ce qui serait bien difficile à admettre si, entre ce crime et la prétendue provocation, il s'était écoulé un intervalle suffisant pour laisser refroidir la colère et naître la réflexion. — Mais quel est l'intervalle nécessaire? — La loi ne le dit pas et elle ne pouvait le dire. — Elle a laissé ce point à la sagesse du juge, qui doit se décider d'après les circonstances particulières du fait. — C'était également une doctrine admise parmi les anciens criminalistes (Farinacius, *quæst.* 125, n° 342; Baïardus, *Ad Jul. Clarum*, § *Homicid.*, n° 113; Boerius, *dec.* 168, n° 6; Jousse, *Just. crim.*, t. 3, p. 513), et qui, de nos jours, ne paraît avoir éprouvé aucune contradiction. — Chauveau et Hélie, *Théor. C. pén.*, t. 6, p. 47.

48. — Farinacius pensait que la simultanéité entre la provocation et l'homicide devait être réputée exister : « *Etiam post rixam, dummodò cessante calore rixæ et iræ offensus non deverterit ad extraneos actus* » (*quæst.* 125, *num.* 342). — Boïardus était d'avis que « *propulsatio injuriæ dicitur facta incontinenti si die sequente facta fuerit.* » — Mais MM. Chauveau et Hélie font remarquer avec raison (t. 6, p. 48) que la vengeance qui s'exerce le lendemain de l'outrage n'est plus cet acte impétueux que la loi excuse parce que la volonté a été impuissante à le retenir. — Et il ne leur semble pas que, le plus souvent, l'intervalle qui sépare les deux actes puisse s'étendre au delà de quelques instans.

49. — C'est donc avec raison que la Cour de cassation a décidé qu'on ne pouvait admettre la provocation comme excuse, lorsqu'il s'est écoulé entre la provocation et le crime un délai de quinze jours ou de quatre semaines. — *Cass.*, 27 messid. an X, Schera; 10 mars 1826, Chevalier.

50. — Bien que l'arrêt précité de l'an X ait été rendu sous l'empire des dispositions du Code pénal de 1791, dont l'art. 9 (tit. 2, part. 2, sect. 1re) voulait que le meurtre fût la SUITE *d'une provocation*, etc., nous ne doutons point que, dans des circonstances identiques, la même solution n'intervînt encore aujourd'hui.

51. — Jousse cite comme un cas où la réplique de l'offense, quoique faite quelque temps après, est censée faite sur-le-champ, celui où une personne restée étourdie d'un coup à la tête n'aurait repris ses sens que longtemps après; et apercevant son ennemi, se serait jetée sur lui et l'aurait blessé ou tué dans un mouvement de colère. — *Traité de la just. crim.*, t. 3, p. 513.

52. — L'art. 323 du Code pénal apporte une première exception aux dispositions de l'art. 421; il est ainsi conçu : « Le parricide n'est jamais excusable. »

53. — Cet article est conçu en termes généraux et ne fait exception à l'art. 321 que pour le cas de parricide : il n'est donc point permis de l'étendre, sous prétexte d'analogie et de respect pour l'esprit de la loi, à d'autres cas, et notamment aux blessures ou coups dont l'accusé s'est rendu coupable à l'égard de ses ascendans. — En matière pénale il est de règle rigoureuse de se renfermer strictement dans la lettre de la loi, à peine de tomber dans l'arbitraire. — La Cour de cassation s'est prononcée en ce sens par arrêt du 10 janvier 1812 (Ciampi), et la doctrine a adopté son interprétation. — Bourguignon, *Jur. C. crim.*, C. pén., art. 323, n° 1er; Carnot, *C. pén.*, art. 323, n° 8; Chauveau et Hélie, *Théor. C. pén.*, t. 6, p. 22.

54. — Cependant la Cour supérieure de Bruxelles a rendu deux arrêts contraires et décidé que la provocation violente ne rendait pas plus excusables les coups portés par un enfant à son père, que l'homicide commis sur sa personne. — *Bruxelles*, 16 mars 1815, Englebert de N...; 28 sept. 1822, N...

55. — L'homicide commis sur un père par son enfant qui lui aurait volontairement porté des coups mais sans intention de donner la mort, constituant aux termes du § 2 de l'art. 309 C. pén. un crime spécial, ne devrait point être assimilé au parricide, — dès lors, à son égard, il faudrait prendre la même décision que pour les simples coups et blessures, et dire qu'il peut être excusé, comme eux, par une provocation violente. — Chauveau et Hélie, *ibid.*, p. 22.

56. — Et même, si l'enfant coupable de parricide était âgé de moins de seize ans et déclaré avoir agi avec discernement, nous pensons que la prohibition de l'art. 323 ne ferait point obstacle à l'application de l'excuse résultant en sa faveur des dispositions de l'art. 67, qui sont générales et ne paraissent même point, par leur nature, susceptibles d'exceptions. — Chauveau et Hélie, *Th. C. pén.*, t. 6, p. 23. — V. DISCERNEMENT, EXCUSE et PARRICIDE.

57. — Une seconde exception a été introduite par l'art. 324 pour le cas de meurtre commis par un époux sur son conjoint.—V. *infrà* nos 69 et suiv.

§ 3. *Outrage violent à la pudeur. — Castration.*

58. — Les outrages à la pudeur sont, comme les coups ou violences graves, susceptibles d'exciter l'irritation de la victime et de lui enlever toute liberté d'esprit. — Ils doivent donc également être considérés comme provocation emportant excuse. — D'ailleurs, ils constituent véritablement des *violences graves envers des personnes;* et à ce titre seul ils devraient rentrer dans les prévisions de l'art. 321 C. pén., abstraction faite de toute disposition spéciale.

59. — Suivant l'art. 325 C. pénal, « le crime de castration, s'il a été immédiatement provoqué par un outrage violent à la pudeur, est considéré comme meurtre ou blessures excusables. »

60. — Il semble, d'après ce que nous venons de dire, que cet article soit superflu, puisque, l'outrage violent à la pudeur étant une violence grave envers une personne, la castration, comme toute autre blessure ou comme le meurtre, doit y trouver un motif d'excuse. — Cependant, comme en général la castration suppose une espèce de préméditation, l'art. 325 a pour but de prévenir les doutes qui pourraient s'élever sur le point de savoir si l'art. 321, qui suppose précisément l'irréflexion et l'emportement, doit lui être appliqué. — Sous ce point de vue, il est donc utile.

61. — L'*outrage violent* à la pudeur dont parle l'art. 325 comprend tous les attentats à la pudeur consommés ou tentés avec violence, c'est-à-dire, ainsi que l'expliquent très-bien MM. Chauveau et Hélie (*Th.*, C. pén., t. 6, p. 31), les « violences physiques de nature à offenser la pudeur; » d'où la conséquence qu'un outrage à la pudeur qui ne se traduirait point en violence physique et serait seulement commis *à la vue* d'une personne n'excuserait point la castration.

62. — Quant au *viol :* le meurtre commis, les blessures ou la castration faites par une femme pour le repousser et s'y soustraire, rentreraient dans l'exercice de la légitime défense et seraient dès lors non point seulement excusables; mais, de plus, *justifiés.* — Telle était la doctrine adoptée par les anciens criminalistes d'après la loi romaine. — L. 1, § *ult.*, ff., *ad leg. Corn. de sicariis.* — Farinacius, *quæst.* 125, n° 44; Jousse, *Mat. cr.*, t. 3, p. 748. — Nous pensons qu'il faut la suivre encore aujourd'hui; cependant, après le viol consommé, la femme ne serait plus dans le cas de légitime défense, et le meurtre ou les blessures qu'elle commettrait ne seraient plus qu'un acte de vengeance excusable seulement en vertu des art. 321 ou 325. — Chauveau et Hélie, *Th. C. pén.*, t. 6, p. 29.

63. — Suivant Carnot (C. pén., art. 325, n° 3) l'art. 325 suppose *nécessairement* que la personne outragée n'a pas eu d'autre moyen de rendre vaines les violences exercées contre elle. — C'est, ce nous semble, aller trop loin : l'admission de l'excuse se fonde uniquement sur le trouble que l'outrage a fait naître, et il n'est guère présumable qu'en pareille occurrence la personne outragée ait l'esprit assez libre pour récapituler tous les moyens de salut qui se trouvent à sa disposition et pour choisir le plus légal.

64. — Nous pensons également que, dans le cas de l'art. 321, la castration serait excusable alors même qu'elle aurait été commise par des personnes autres que celle sur laquelle l'outrage à la pudeur aurait eu lieu, pourvu toutefois que ce soit dans les termes précis de l'art. 325 : c'est-à-dire *immédiatement* et comme représaille d'un *outrage violent.* — A cet égard, nous étendrions même aux étrangers l'excuse que la loi romaine n'admettait que si l'outrage s'adressait soit à l'accusé lui-même, soit à ses parents, *sibi vel suis.* — MM. Chauveau et Hélie, qui professent la même doctrine, en exceptent pourtant le cas où un complot aurait été formé à l'avance pour l'exécution de la mutilation, et où l'outrage violent n'aurait été que le résultat d'une provocation faite à l'offenseur (*Th. C. pén.*, t. 6, p. 32). — Cette proposition n'est susceptible d'aucune controverse; il est évident qu'ici la préméditation exclut l'entraînement, l'irréflexion présumés par les articles 321 et 325, qui dès lors ne sont plus applicables. — V. CASTRATION.

§ 4. — *Adultère flagrant de la femme.*

65. — L'art. 324 du Code pénal renferme une exception au principe d'excuse posé dans l'art. 321 pour le cas de provocation : exception non applicable cependant dans deux hypothèses qu'il prévoit, et lors de la réalisation desquelles la règle conserve tout son empire. — Cet art. 324 est ainsi conçu : « Le meurtre commis par l'époux sur l'épouse ou par celle-ci sur son époux, n'est pas excusable si la vie de l'époux ou de l'épouse qui a commis le meurtre n'a pas été mise en péril dans le moment même où le meurtre a eu lieu. — *Néanmoins*, dans le cas d'adultère prévu par l'art. 336, le meurtre commis par l'époux sur son épouse, ainsi que sur le complice, à l'instant où il les surprend *en flagrant délit dans la maison conjugale*, est excusable. »

66. — L'exception consacrée par le premier alinéa de cet article se fonde sur ce qu'aucune excuse n'est admissible à l'égard de personnes obligées par état de vivre ensemble et de n'épargner aucun sacrifice pour maintenir entre elles une parfaite union. (Exposé des motifs.)

67. — La disposition spéciale dudit alinéa premier de l'art. 324 atteint également l'époux qui est l'auteur du meurtre et celui qui s'en est rendu complice en aidant et assistant l'auteur de ce même crime dans les faits qui l'ont préparé, facilité et consommé. Dès lors : l'époux complice ne pourrait être excusé, alors même que l'auteur principal aurait fait admettre en sa faveur l'excuse de provocation prévue par l'art. 321. — *Cass.*, 19 janv. 1838 (t. 1er 1838, p. 393), Musard. — Chauveau et Hélie, *Th., C. pén.*, t. 6, p. 43.

68. — Mais rien n'empêcherait le complice de l'époux, si lui-même avait été l'objet de violences, d'invoquer la provocation, quoiqu'elle n'excuse point l'autre époux auteur principal du meurtre. — Chauveau et Hélie, *Th. C. pén.*, t. 6, p. 43.

69. — L'article ne parle que du *meurtre* commis par un époux sur l'autre; il en résulte, comme au cas de parricide, que les simples coups et blessures dans lesquels on ne pourrait voir la tentative du meurtre, ne rentreraient point dans l'exception et pourraient être excusés. — Chauveau et Hélie, *ibid.*, p. 42.

70. — La première hypothèse dans laquelle la règle continue d'être applicable, est celle où la vie du meurtrier était en péril quand il a tué son conjoint. — Quelques doutes se sont élevés sur ce point. — On avait pensé que par cela seul que la vie de l'époux était en péril, il se trouvait dans le cas de la légitime défense : or, l'art. 324 ne le considérant que comme excusable et non comme justifié, on voyait dans cette disposition une restriction, à la charge des époux, aux règles générales sur le droit de légitime défense.

71. — Il résulterait de cette doctrine cette anomalie, que, tandis que le parricide lui-même est justifié par la nécessité de la défense, le meurtre d'un époux par l'autre ne pourrait jamais être qu'excusé. — Ce ne peut donc être là le vrai sens de l'article 324, et l'explication qu'en donnent MM. Chauveau et Hélie (*Th. C. pén.*, t. 6, p. 44), infiniment plus rationnelle, nous paraît concilier parfaitement l'art. 324 avec l'art. 328. — « La vie de l'un des époux peut être mise en péril par les violences de l'autre, disent ces auteurs, sans qu'il soit dans la nécessité de repousser ces violences par l'homicide : il peut, en effet, soit appeler du secours, soit se dérober à ces violences par la fuite. S'il a la faculté d'employer un de ces moyens et qu'au lieu de le faire il commette volontairement l'homicide, cet homicide sera excusable; mais s'il n'avait d'autres moyens de sauver sa vie qu'en tuant l'agresseur, le meurtre ne serait pas seulement excusable : aux termes de l'art. 328, il ne constituerait ni crime ni délit. » — V. aussi M. Haus, *Observat. sur le proj. du C. belge*, t. 2, p. 245.

72. — La seconde hypothèse dans laquelle l'excuse peut être invoquée, est relative à l'adultère de la femme surprise par son mari dans le domicile conjugal.

73. — A Rome, le père de famille qui surprenait sa fille, encore en sa puissance, en flagrant délit d'adultère, dans sa propre maison ou dans celle de son gendre, pouvait la tuer, ainsi que son complice, sans encourir de peine; mais il fallait, pour cela, qu'il les tuât tous les deux, il n'aurait pu légalement tuer le complice en pardonnant à sa fille. — L. 20 et seq. ff., *Ad legem Jul. de adulteriis*.

74. — Quant au mari, il n'avait point le même droit; et Papinien donne pour raison de cette différence : *Quod plerùmque pietas paterni nominis consilium pro liberis capit; cæterum mariti calor et impetus, facile decernantis fuit refrenandus.* — L. 22, ff., *ibid.* — Si, cependant, il tuait la coupable surprise en flagrant délit, la peine par lui encourue était mitigée; à moins que le complice de la femme ne fût une personne vile, c'est-à-dire, un esclave, un affranchi, un baladin, un homme flétri par jugement public, auquel cas il était affranchi de toute peine. — L. 24, ff., *ibid.*

75. — Nos anciens criminalistes ne reconnaissaient point au père le droit que lui concédait la loi romaine, mais ils excusaient le mari. — Jousse, *Mat. crim.*, t. 3, p. 491; Fournel, *Tr. de l'adultère*, p. 261; Leprêtre, *Cent.* 4, ch. 61, no 17; Papon, l. 2, t. 99, add. no 5; Henrys, t. 1er, l. 4, ch. 6, quest. 65; Laroche-Flavin, *Arrêts*, l. 1er, tit. 7, no 4.

76. — C'est cette dernière doctrine que consacre l'art. 324; le meurtre commis par le mari est puni, mais comme simple délit et non plus comme crime. — Toutefois, il faut le reconnaître, le plus souvent les jurés, usant du pouvoir d'appréciation intime que leur laisse la loi, acquittent l'accusé. — Quant au meurtre qu'aurait commis le père, il rentrerait dans les crimes ordinaires et ne serait, aux yeux de la loi, susceptible d'aucune excuse légale.

77. — Deux conditions sont nécessaires pour rendre l'excuse admissible. La première est que le meurtre ait été perpétré au moment même où l'adultère se commettait.

78. — Le flagrant délit dont l'existence est ici nécessaire, n'est pas le même que celui prévu par l'art. 41 (V. FLAGRANT DÉLIT) et qui existe, non-seulement quand le crime se commet ou vient de se commettre, mais encore lorsque le prévenu est poursuivi par la clameur publique, ou est trouvé nanti d'objets faisant présumer sa culpabilité. — En matière d'adultère, il n'y a flagrant délit qu'autant que le fait se commet *actuellement*. — Monseignat (rapp. au Corps législatif) : « Comment, disait-il, ne pas excuser l'époux offensé dans l'objet le plus cher à son honneur et à ses affections, qui, *au moment* où il est outragé dans sa propre maison, immole *dans les bras du crime* et l'adultère et son complice? »

79. — On devrait considérer l'adultère comme se commettant actuellement, dans le sens de l'article : non-seulement lorsque l'acte qui le consomme s'exécute, mais, de plus, lorsque les circonstances qui l'accompagnent sont telles qu'il n'est point douteux que l'adultère va être ou vient d'être commis. — L'appréciation, du reste, assez délicate de ces circonstances rentre tout entière dans le domaine du juge, et il ne nous paraît guère possible d'établir, comme cherchaient à le faire nos anciens criminalistes, des règles bien certaines. — V. notamment Mathæus, t. 3, l. 48, ff., *De pœn. adult.*, no 15; Becanius, l. 9, cap. 15, no 15. — V. aussi Chauveau et Hélie, *Th. C. pén.*, t. 6, p. 52. — V. aussi ADULTÈRE.

80. — L'excuse serait toujours admissible quand même le mari, désarmé au moment où il surprend les coupables, serait allé se munir d'une arme, et toujours sous l'impression de l'irritation qu'a fait naître en lui la trahison dont il est l'objet, serait immédiatement revenu pour commettre le meurtre. — Chauveau et Hélie, *Th. C. pén.*, t. 6, p. 53.

81. — Mais si, au lieu de revenir de suite, il laissait écouler assez de temps pour que l'émotion pût se calmer ou au moins s'amortir, il ne pourrait plus invoquer d'excuse et rentrerait dans le droit commun. — Chauveau et Hélie, *ibid.*

82. — Le meurtre serait encore excusable bien que le mari, soupçonnant l'infidélité de sa femme, l'ait épiée pour la surprendre en flagrant délit. Il n'en serait pas de même si, sûr déjà de son déshonneur, il ne s'était caché que pour arriver à une vengeance plus sûre, ou pour placer sous la protection d'une excuse légale un meurtre inspiré par des motifs étrangers à l'adultère. Dans ce dernier cas, ce serait un assassinat qu'il aurait commis; or, l'excuse n'est appliquée par la loi qu'au simple meurtre, c'est-à-dire au fait de tuer dans un moment d'irritation et d'égarement, mais sans préméditation.

83. — Les complices du mari ne pourraient invoquer l'excuse qui lui est spéciale; ils n'éprouvent point les mêmes impressions, ne sont point placés dans les mêmes conditions d'atténuation, et, à leur égard, le meurtre conserve entiers tous ses caractères criminels (Chauveau et Hélie, p. 56). — Il pourrait même arriver, s'ils avaient été apostés par le mari, qu'on pût voir dans cette précaution une préméditation qui, même à son égard, rendrait inapplicable, ainsi que nous l'avons vu dans le no précédent, le bénéfice de l'excuse.

84. — La seconde condition exigée pour rendre le meurtre excusable, est qu'il ait été commis *dans la maison conjugale*. Telle était déjà la prescription de la loi romaine. — L. 22, ff., *ad leg. Jul., de adulteriis*.

85. — Le domicile conjugal est là où réside le mari, et où il peut contraindre sa femme de venir habiter; c'est la maison commune. — V. SÉPARATION DE CORPS. — Il résulte de cette exigence de l'art. 324 cette conséquence assez rigoureuse : que la séparation de corps donnant à la femme le droit de se choisir un domicile indépendant, il n'y a plus, dans le sens de la loi pénale, de domicile conjugal; et dès lors le meurtre commis par le mari sur sa femme, séparée de corps, surprise par lui en flagrant délit d'adultère, ne sera jamais excusable.

86. — Le fait par le mari d'avoir entretenu une concubine dans le domicile conjugal, le priverait du droit d'invoquer l'excuse que reconnaît en sa faveur l'art. 324. En effet, cet article ne parle que de l'adultère *prévu par l'art.* 336; or, l'art. 336 prive le mari du droit de dénoncer l'adultère de la femme : *lorsqu'il aura entretenu une concubine dans le domicile conjugal.* Or, si en pareil cas le mari ne peut provoquer la punition de sa femme, comment pourrait-on l'excuser de l'avoir punie lui-même? — Chauveau et Hélie, *Théor. C. pén.*, t. 6, p. 59.

87. — L'art. 324 n'applique l'excuse qu'au mari : elle ne pourrait donc être étendue à la femme, quelles que soient d'ailleurs les raisons d'analogie. Peut-être le silence de la loi à son égard tient-il à cette espèce de dépendance où elle la place, à cette soumission qu'elle lui impose, et qui, aux yeux du monde, rend plus grave la transgression de devoirs plus étroits; peut-être n'est-ce qu'une concession, sans doute fâcheuse, à cette tendance de nos mœurs et à ce préjugé qui, regardant avec indifférence l'inconduite du mari, réserve toutes ses rigueurs pour les fautes de la femme, et attache à sa chute l'honneur même de la famille? Quoi qu'il en soit, le texte est précis; et nous ne pensons point qu'il soit prudent, ni même possible de s'en écarter. — MM. Chauveau et Hélie (*Théor. C. pén.*, t. 6, p. 59) regrettent ce qu'ils considèrent comme un grave oubli de la part du législateur.

§ 5. — *Escalade ou effraction, pendant le jour, des clôtures d'une maison habitée.*

88. — Art. 322 C. pén. : « Les crimes et délits mentionnés au précédent article (le meurtre ainsi que les coups et blessures) sont également excusables, s'ils ont été commis en repoussant pendant le jour l'escalade ou l'effraction des clôtures, murs ou entrée d'une maison ou d'un appartement habités ou de leurs dépendances. Si le fait est arrivé pendant la nuit, ce cas est réglé par l'article 329. »

89. — Les anciennes législations faisaient entre l'escalade de jour et celle de nuit la même distinction que l'art. 322. Dans la première ils voyaient une simple cause d'excuse; dans la seconde, au contraire, un motif de justification de l'homicide ou des blessures commis par l'individu assailli. — Exode, cap. 22, vers. 2 et 3; Lois de Solon (*Demosth. orat. adv. Timocr.*); L. 4 ff., *ad. leg. Aquil.*; Capit. de Charlemagne (Baluze, l. 5, no 343). — Farinacius, *quæst.* 25, no 199; Jousse, *Just. crim.*, t. 3, p. 501

90. — La raison de cette différence est que pendant le jour il est plus facile de reconnaître les assaillans, de pénétrer leurs projets, d'obtenir de prompts secours : le péril est en général moins grand. Mais la réalité peut être en opposition avec ces présomptions, et les circonstances être telles que, même pendant le jour, la vie ou la sûreté des personnes enfermées dans la maison soient sérieusement compromises; dès lors elles rentrent dans le droit naturel de la défense légitime, et leurs actes sont pleinement justifiés.

91. — Il ne faut donc point prendre trop à la lettre les termes de l'art. 322. Puisque la loi a vu dans l'escalade et l'effraction mentionnées audit article une espèce de provocation, il faut en restreindre l'application au cas où l'agression ne va pas au delà ou ne reste pas en deçà d'une véritable provocation. C'est au juge qu'il appartient, d'après le rapporteur du Corps législatif, de donner au fait son véritable caractère, « d'après l'isolement, la position, les qualités physiques ou morales du coupable, des violences et de la personne qui les éprouve. » C'est plutôt un exemple de provocation qu'une règle absolue que l'art. 322 a posée; il suffit pour qu'il devienne applicable que les actes d'agression soient de nature à impressionner la personne renfermée et à porter le trouble dans son esprit, sans cependant lui faire craindre pour sa vie. — Chauveau et Hélie, *Théor. C. pén.*, t. 6, p. 35.

92. — La provocation pourrait exister et l'excuse être admise, même alors que l'escalade ou l'effraction n'aurait pas encore été effectuée, pourvu que les circonstances aient été telles qu'aucun doute ne dût exister sur l'intention des assaillans et que la personne attaquée n'ait point eu d'autres moyens sûrs de les repousser. — Farinacius, *Quæst.* 125, no 195. — Néanmoins, cette solution ne doit être admise qu'avec la plus grande circonspection; car, si cette personne a agi avec trop d'empressement, sans utilité constatée et au moment où les agresseurs avaient déjà renoncé à leurs projets, elle ne serait plus excusable. — Chauveau et Hélie, *Th. C. pén.*, t. 6, p. 37.

93. — L'excuse serait encore admissible après l'introduction de l'agresseur dans la maison, si les voies de fait avaient pour but de le repousser; les raisons sont absolument les mêmes que pour l'escalade ou l'effraction flagrantes.—Chauveau et Hélie, t. 6, p. 36.

94.—Mais si le crime que se proposaient les assaillans était consommé, les violences exercées soit pour les arrêter, soit (en cas de vol) pour recouvrer les objets volés, ne sauraient être excusées. Il n'y a plus au même degré trouble de l'esprit, émotion vive, crainte d'un danger peut-être personnel; mais plutôt ressentiment, désir de vengeance, regret de perdre. Ces dernières raisons ne sont plus suffisantes pour atténuer les violences que se permettrait le spolié, il n'est donc point excusable. La solution était autrefois contraire, surtout si les objets enlevés avaient une grande valeur.—Farinacius, quæst. 25, n° 168 et 171; Jousse, Just. crim., t. 3.—Aujourd'hui, nous pensons qu'il faut rejeter une pareille décision.—Chauveau et Hélie, Th. C. pén., t. 6, p. 38.

95.—V., au surplus (anal.), ce que nous avons dit v° LÉGITIME DÉFENSE, n° 26 et suiv.

96.—La loi ne parle ici que des *maisons habitées.* On ne pourrait donc appliquer ses dispositions aux bâtimens *destinés à l'habitation* mais non habités. L'excuse basée sur la provocation ne peut s'appliquer évidemment qu'aux personnes, et se fonde plutôt sur leur sûreté personnelle que sur celle de leurs biens; il ne faudrait donc point en étendre les cas d'application et invoquer ici la définition de la maison habitée donnée par l'art. 390 du Code pénal, pour le cas exprès où la loi a pour but principal de protéger la propriété.—Chauveau et Hélie, Th. C pén., t. 6, p. 40.

97.—Quant aux dépendances de la maison ou de l'appartement habités, elles renferment tous les lieux situés dans l'enceinte générale de l'habitation et qui peuvent y donner accès. La définition de l'art. 390 pén. recevrait ici son application.

98.—L'art. 322 ne fait aucune distinction; par conséquent, il faudrait l'appliquer non-seulement à celui même dont l'appartement ou la maison seraient menacés, mais aussi aux autres personnes qui habitent la même maison et même aux étrangers qui ont concouru à repousser l'escalade et l'effraction.—Chauveau et Hélie, Th. C. pén., t. 6, p. 41.

V. DÉLIT DE PRESSE, PILLAGE ET DÉGATS DE MARCHANDISES, SÉPARATION DE CORPS.

PROXÉNÈTE.

V. ATTENTAT A LA PUDEUR, EXCITATION A LA DÉBAUCHE, PROSTITUTION.

PRUD'HOMMES.

Table alphabétique.

—

CHAPITRE Ier. — *Historique et législation. — Caractère des prud'hommes.*

PRUD'HOMMES.—**1.**—On donnait autrefois le nom de prud'hommes (*homo prudens*) tantôt aux officiers municipaux, tantôt aux juges qui composaient les tribunaux ordinaires, tantôt aux experts commis par justice. C'est surtout à cette dernière classe de personnes qu'on appliquait habituellement cette qualification.—Mollot, *Justice industrielle des prud'hommes*, p. 1er et suiv.

2.—Sous le règne de Philippe le Bel, un conseil de vingt-quatre prud'hommes fut créé par une délibération prise par le conseil de la ville de Paris pour statuer sur les contestations qui pourraient s'élever entre les marchands et les fabricans fréquentant les foires. Plus tard, un édit donné à Nogent-le-Roi par Louis XI, le 19 avril 1464, permit aux bourgeois de la ville de Lyon de nommer aussi un prud'homme dans le même but.

3.—Après l'abolition des jurandes et des maîtrises par la loi du 2 mars 1791, de graves désordres sortirent de la liberté illimitée à laquelle fut alors abandonnée l'industrie. Plus tard, on tenta de remédier à ces abus et de régulariser les rapports des patrons et des ouvriers; tel fut le but de la loi du 22 germinal an XI relative aux manufactures, fabriques et ateliers.

4.—Cette loi créa pour l'industrie une juridiction particulière et spéciale, mais qui ne rappelait que d'une manière bien imparfaite l'institution des prud'hommes. Suivant son art. 19, toutes les affaires de simple police entre les ouvriers et apprentis, les manufacturiers, fabricans et artisans devaient être portées à Paris devant le préfet de police, devant les commissaires de police dans les villes où il y en avait d'établis et dans les autres lieux devant le maire ou l'un des adjoints. Ces fonctionnaires devaient prononcer sans appel les peines applicables aux divers cas, selon le Code de police municipale. Les différends purement civils devaient être portés devant les tribunaux ordinaires.—Art. 20.

5.—Tel était l'état des choses en 1806, lorsque l'empereur passant à Lyon, les fabriques de soieries et leurs chefs d'ateliers lui représentèrent l'insuffisance de la loi de l'an XI, comme n'ayant créé qu'une juridiction incomplète, mal définie et exercée par des magistrats dépourvus des connaissances spéciales à l'accomplissement de leur mission. Ils lui parlèrent d'une institution qui avait existé autrefois dans leur ville et qui avait disparu en 1791. C'était un bureau ou un tribunal commun ayant mission de concilier les différends qui s'élèvent si souvent dans les fabriques. Ils demandèrent à l'empereur de leur donner une institution analogue; de là la loi du 18 mars 1806, portant établissement d'un conseil de prud'hommes pour la ville de Lyon.

6.—Il faut remarquer que ce décret, bien que rendu pour la ville de Lyon, réservait au gouvernement la faculté d'établir, par un règlement d'administration publique délibéré en Conseil d'État, des conseils de prud'hommes dans les autres villes de fabrique où cela paraîtrait utile.

—Art. 34. — L'art. 35 ajoutait même que la composition du conseil de prud'hommes pourrait être différente selon les lieux, mais que ses attributions *seraient les mêmes*.

7. — Trois ans après, les principes de l'institution ont été développés et agrandis par deux décrets ayant force de loi : l'un du 11 juin 1809, publié de nouveau et rectifié le 20 févr. 1810, et le second du 3 août 1810. — Boncenne, *Théorie de la proc. civ.*, t. 1er, n° 380.

8. — Enfin, depuis la révolution de février 1848, la composition des conseils a été organisée sur de nouvelles bases par le décret du 27 mai-5 juin 1848.

9. — Les lois ou décrets que nous venons d'indiquer contiennent les principes généraux conformément auxquels les conseils de prud'hommes doivent fonctionner. Il existe en outre un grand nombre d'ordonnances spéciales qui ont créé des prud'hommes dans diverses villes de France ou qui ont étendu les attributions de conseils préexistans. — V., à la fin du présent article, la nomenclature de ces villes, avec l'indication de la date des ordonnances ou arrêtés qui ont créé les divers conseils ou qui en ont complété ou modifié l'organisation.

10. — A Paris, un conseil de prud'hommes a été créé, par ordonnance du 29 déc. 1844, pour l'industrie des métaux. La juridiction de ce conseil a été étendue par une autre ordonnance du 9 juin 1847. Par une autre ordonnance du même jour, 9 juin 1847, trois nouveaux conseils ont été créés : l'un pour l'industrie des tissus, l'autre pour celle des produits chimiques, et le troisième pour diverses industries (maçons, charpentiers, etc.).

11. — Il existe dans plusieurs villes maritimes de la Méditerranée des prud'hommes connus sous le nom de prud'hommes pêcheurs, qui ont pour mission de juger les contraventions en matière de pêche maritime et les contestations qui s'élèvent entre les pêcheurs dans l'exercice de leur profession. Leur organisation, tout exceptionnelle, est conforme aux anciennes traditions que la législation n'a fait que reconnaître. Elles ont pour type l'ancienne institution des prud'hommes pêcheurs de Marseille.

12. — La juridiction des prudhommes pêcheurs a été décrite par Valin (*Comment. de l'ordonn. de la marine de* 1681, liv. 5, tit. 8, art. 1er, t. 2, p. 798 et suiv.) : « Chaque année, dit-il, à la seconde fête de Noël, les patrons pêcheurs, qui sont en grand nombre à Marseille, s'assemblent dans leur salle, en présence du lieutenant ou de son représentant, et du procureur du roi de l'amirauté, qui sont invités à y assister. Ils élisent quatre prud'hommes d'entre eux, qui deviennent leurs juges souverains pour tout ce qui concerne la police de la pêche aussitôt qu'ils ont prêté serment. La manière dont ces prud'hommes exercent leur juridiction est toute singulière. Ils ne tiennent leurs audiences que le dimanche, à deux heures de relevée. Par le privilége qu'ils ont de juger *souverainement, sans forme ni figure de procès, sans écriture*, ni qu'il soit question d'avocats ou de procureurs; ils n'ont pas non plus de greffier, parce que leurs jugemens *ne s'écrivent point et s'exécutent sur-le-champ*. Rien de plus sommaire que la procédure usitée dans cette sorte de tribunal. Le pêcheur qui a quelque plainte à former contre son confrère pour contravention à la police de la pêche, ou quelque demande à lui faire à l'occasion de leur profession, va trouver le garde de la communauté, et, en mettant 2 sous dans la boîte, il dit d'assigner *un tel*. Le dimanche suivant, le défendeur, avant d'être écouté, met aussi 2 sous dans la boîte, et ce sont là toutes les épices des juges. Cela fait, les deux parties disent leurs raisons; après quoi les prud'hommes prononcent leur jugement. Celle des parties qui succombe paie sur-le-champ et sans appel la somme à laquelle elle est condamnée; faute de quoi le garde va saisir sa barque et ses filets, dont mainlevée n'est accordée que moyennant le paiement du jugé. On ne connaît point d'autres formalités dans cette juridiction, et la chicane n'y a du tout point entrée... Cette juridiction a de quoi surprendre par sa singularité et par le droit de souveraineté qui y est attaché; mais on ne sera pas moins étonné de son ancienneté et de l'attention que nos rois ont eue de la maintenir dans tous les temps, » etc.

13. — Des arrêts du conseil du roi, du 16 mai 1738, du 9 nov. 1776, du 8 oct. 1778, et du 20 mars 1786 (Walker, *Collection des anciennes lois françaises demeurées en vigueur*, t. 3, p. 41; t. 4, p. 456, et t. 5, p. 32 et 40), ont réglementé ce qui concernait cette juridiction. — Tous ces règlemens ont été maintenus par la législation qui a suivi la révolution de 1789. — V. les lois des 3 et 9 sept. 1790, 8-12 déc. 1790, 9-19 janv. 1791, 16-20 avr. 1791, et l'arrêté des consuls du 23 messid. an IX. — V. Pardessus, *Collection des lois maritimes antérieures au dix-huitième siècle*, t. 4, p. 238 et 414, note 2.

14. — La Cour de cassation a décidé que la disposition du règlement de 1738, qui oblige le demandeur en cassation, sous peine de non-recevabilité de son pourvoi, à produire la copie signifiée ou l'expédition de la décision attaquée, est absolue, et s'applique même au cas où il s'agit d'une juridiction qui, par la nature exceptionnelle de son institution, est investie du droit de statuer *sans forme ni figure de procès* et *même sans écriture*. — ... Qu'ainsi les jugemens rendus par la juridiction des prudhommes pêcheurs étant dispensés de la formalité de l'écriture, il en résulte que de pareils jugemens, non écrits, intervenus en matière civile, sont, par cela même et nécessairement, affranchis du cours direct en cassation. — *Cass.*, 13 juill. 1847 (t. 2 1847, p. 179), Prud'hommes pêcheurs c. marquis de Galliffet. — V., au reste, PÊCHE MARITIME.

15. — En instituant les conseils de prudhommes le législateur s'est proposé, non de donner une juridiction au commerce et à l'industrie en général, mais de réglementer spécialement et exclusivement le *travail industriel*, c'est-à-dire le travail auquel on se livre dans les fabriques, manufactures et ateliers. C'est ce que prouverait au besoin la rédaction des lois et ordonnances sur la matière. — Mollot, *Compétence des conseils de prud'hommes*, p. 31.

16. — Aussi le pouvoir pour le gouvernement de créer des conseils de prudhommes est-il restreint aux villes de *fabrique*. Il ne saurait appliquer ce système de juridiction à toutes les villes industrielles. La raison en est probablement dans la crainte de voir trop multiplier les tribunaux exceptionnels, et dans la difficulté de trouver des juges spéciaux pour chaque genre d'industrie. — Mollot, n° 28; Goujet et Merger, *Dict. de dr. comm.*, v° *Prudhommes*, n° 7.

17. — C'est, au surplus, au gouvernement qu'il appartient de déterminer ce qu'on doit entendre par *fabrique*. Il n'est pas toujours facile de distinguer les fabriques des établissemens industriels analogues. — V. FABRICANT, FABRIQUE.

18. — Le droit de créer des conseils de prud'hommes appartient au gouvernement seul. Il n'a pas besoin de l'intervention des pouvoirs législatifs, et il peut, aux termes de l'art. 34 de la loi de 1806, soit de son propre mouvement, soit sur la demande des parties intéressées, établir, par un règlement d'administration publique, délibéré en conseil d'Etat, un conseil de prud'hommes dans les villes de fabrique où il le juge convenable. — Goujet et Merger, *Dict. dr. comm.* — V. PRUD'HOMMES, n° 6.

19. — Le gouvernement a incontestablement le droit de désigner dans chaque localité quelles fabriques il entend soumettre à la juridiction des prud'hommes. Il peut, dans une même ville, ne soumettre à la juridiction des prud'hommes qu'une espèce de fabrique. Les conseils devront se conformer à cet égard aux prescriptions de l'ordonnance de création. — Mollot, *Comp.*, p. 35.

20. — Le ressort du conseil des prud'hommes n'est pas limité au canton dans lequel il est établi. Le gouvernement y soumet valablement des fabriques situées dans des cantons voisins; pourvu qu'elles soient toutes assises dans l'arrondissement judiciaire du tribunal de commerce, qui est saisi, par appel, des contestations jugées au premier degré par le conseil des prud'hommes. Il peut aussi doter une simple commune d'un conseil de prud'hommes, de même qu'il peut établir deux ou plusieurs conseils dans une même localité. — Goujet et Merger, n° 9; Mollot, nos 25 et suiv.

21. — Quand la chambre du commerce ou les chambres consultatives des manufactures jugent utile l'établissement d'un conseil de prud'hommes dans une localité de leur arrondissement, elles doivent en faire une demande motivée; laquelle est communiquée au préfet, et, par son entremise, au ministre du commerce. Si la création est autorisée, le local nécessaire pour la tenue des séances du conseil est fourni par la ville où le conseil est établi; et les dépenses de premier établissement sont également acquittées par la ville, ainsi que celles ayant pour objet le chauffage, l'éclairage et autres menus frais. — Décr. 11 juin 1809, art. 2, 68, 69.

22. — Les prud'hommes font-ils partie de l'ordre judiciaire? Cette question a été portée devant la Cour de cassation à propos de celle de savoir si les prud'hommes sont compris dans les termes de l'art. 383 du Code d'instruction criminelle qui établit une incompatibilité entre les fonctions de juge et celles de juré. La Cour de cassation a décidé que bien qu'exerçant une juridiction, les prud'hommes ne doivent pas être considérés comme des juges proprement dits; qu'ils n'ont qu'une compétence exceptionnelle de la même nature que celle des conseillers de préfecture; que n'étant pas institués par le pouvoir exécutif, ils ne sont que des fonctionnaires de l'ordre administratif que rien n'empêche de faire partie d'un jury. — *Cass.*, 24 sept. 1825, Aymard.

23. — Cependant, la même cour, saisie depuis de la question de savoir si les prud'hommes doivent faire partie de la garde nationale, a jugé que, si, à la vérité, ils ne sont pas des *magistrats ayant le droit de requérir la force publique* dans les termes de l'art. 11 de la loi du 18 mars 1831, et si, dès lors, leurs fonctions ne sont pas *incompatibles* avec le service de la garde nationale, ils doivent être *assimilés* aux *membres des cours et tribunaux* dont parle l'art. 28 de la même loi, ce qui leur permet de se dispenser du service malgré leur inscription sur les contrôles. — *Cass.*, 7 mars 1845 (t. 1er 1846, p. 352), Mancel.

24. — Malgré les termes de ce dernier arrêt, qui n'établit du reste qu'une assimilation, nous croyons que les prud'hommes ne peuvent être rangés parmi les membres de l'ordre judiciaire, et qu'on doit suivre la doctrine de l'arrêt du 24 septembre 1825. Magistrats purement électifs, ils diffèrent des juges civils et même des membres des tribunaux de commerce : en ce qu'ils ne reçoivent aucune investiture du pouvoir exécutif, ce qui ne permet pas de leur reconnaître un caractère véritablement judiciaire. Tel est l'avis de Mollot, *Comp.*, p. 87, n° 117.

25. — La Cour de Montpellier a jugé que les prud'hommes pêcheurs ont le caractère de juges; qu'ils exercent une juridiction de police et une juridiction civile; que par conséquent ils ont droit à la garantie exceptionnelle que la loi accorde à tous les membres de l'ordre judiciaire poursuivis à raison de crimes relatifs à leurs fonctions; que c'est donc conformément à l'art. 484 du Code d'instruction criminelle qu'on doit procéder contre un prud'homme pêcheur inculpé d'un crime relatif à ses fonctions, par exemple de concussion et de corruption. — *Montpellier*, 17 mars 1846 (t. 2 1847, p. 175), Hostalrich.

26. — Mais la Cour de cassation a décidé depuis que les prud'hommes pêcheurs inculpés d'un délit commis soit dans l'exercice de leurs fonctions, soit hors de leurs fonctions, ne peuvent revendiquer la juridiction extraordinaire établie au profit de certains magistrats et fonctionnaires par les art. 479 et 483 du Code d'instruction criminelle. — *Cass.*, 19 juin 1847 (t. 2 1847, p. 176), de Galiffet c. Prud'hommes pêcheurs de Martigues. — Legraverend (t. 1er, p. 499), Teulet, d'Auvilliers et Sulpicy, *Codes annotés*, art. 479, n° 27.

27. — Quoique n'exerçant pas leur juridiction à titre de magistrats de l'ordre judiciaire, les prud'hommes peuvent être pris à partie. — L'art. 33 de la loi du 18 mars 1806 porte : « En cas de plaintes en prévarication portées contre les membres du conseil des prud'hommes, il sera procédé contre eux suivant la forme établie à l'égard des juges. »

28. — Jugé que les prud'hommes pêcheurs ne peuvent, à l'occasion d'un jugement qu'ils ont rendu et mis à exécution, être traduits devant le tribunal correctionnel; ils pourraient seulement être poursuivis par la voie de la forfaiture et de prise à partie, conformément aux art. 166 et 167 du Code pénal. — *Cass.*, 19 juin 1847 (t. 2 1847, p. 176), de Galiffet c. Prud'hommes pêcheurs de Martigues.

29. — Les prud'hommes peuvent être récusés. Suivant l'art. 54 du décret du 11 juin 1809, ils peuvent être l'objet d'une récusation : 1° quand ils ont un intérêt personnel à la contestation; 2° quand ils sont parens ou alliés de l'une des parties jusqu'au degré de cousin germain inclusivement; 3° si dans l'année qui a précédé la récusation il y a eu procès criminel entre eux et l'une des parties ou son conjoint, ou ses parens ou alliés en ligne directe; 4° s'il y a eu procès civil existant entre eux et l'une des parties ou son conjoint; 5° s'ils ont donné un avis écrit dans l'affaire.

30. — La partie qui veut récuser un prud'homme est tenue de former la récusation et d'en exposer les motifs par un acte qu'elle fait signifier au secrétaire du conseil par le premier huissier requis. L'exploit est signé, sur l'original et la copie, par la partie ou son fondé de pouvoir. La copie est déposée sur le bureau du conseil et communiquée immédiatement au prud'homme qui est récusé (art. 55). — Le prud'homme est tenu de donner, au bas de cet acte, dans le délai de deux jours, sa déclaration par écrit, portant ou son acquiescement à la récusation ou son refus de s'abstenir, avec ses réponses aux moyens de récusation. — Art. 56.

31. — Dans les trois jours de la réponse du prud'homme qui se refuse de s'abstenir, ou faute par lui de répondre, une expédition de l'acte de récusation ou de la déclaration du prud'homme, s'il y en a, est envoyée par le président du conseil au président du tribunal de commerce dans le ressort duquel le conseil est situé. La récusation y est jugée en dernier ressort dans la huitaine, sans qu'il soit besoin d'appeler les parties. — Art. 57.

32. — Les prud'hommes peuvent poursuivre devant la Cour d'assises, en vertu des lois de 1819, la diffamation dont ils ont été l'objet dans l'exercice de leurs fonctions. — Mollot, *Comp.*, p. 88.

33. — Les fonctions de prud'hommes négocians fabricans sont purement gratuites. — Décr. 18 mars 1806, art. 30. — *L'art.* 32 ajoute que toutes les fonctions des prud'hommes et de leur bureau sont entièrement gratuites vis-à-vis des parties, et qu'ils ne peuvent réclamer pour les formalités remplies par eux d'autres frais que le remboursement du papier et du timbre. — Carré, *Organ.*, t. 2, p. 697.

34. — Bien que l'art. 30 ne parle que des prud'hommes négocians fabricans, il est certain que les fonctions des prud'hommes chefs d'atelier, contre-maîtres et ouvriers sont également gratuites. — Mollot, *Justice ind.*, p. 47.

35. — Les membres des conseils de prud'hommes sont autorisés à porter pour insigne, dans l'exercice de leurs fonctions, soit à l'audience, soit au dehors, une médaille d'argent suspendue à un ruban noir en sautoir. — Ord. roy., 12 nov. 1828, art. 1er. — Ce modèle a été changé, depuis 1830, par une note ministérielle, insérée au *Moniteur universel* du mois d'août 1832.

CHAPITRE II. — *Composition des conseils. — Élection. — Renouvellement.*

Sect. Ire. — *Composition des conseils. — Conditions d'éligibilité.*

36. — Sont éligibles aux fonctions de prud'hommes tous les patrons, chefs d'atelier, contre-maîtres, ouvriers, compagnons, âgés de 25 ans, sachant lire et écrire, et domiciliés depuis un an au moins dans la circonscription du conseil. — L. 27 mai 1848, art. 10. — Néanmoins les chefs d'atelier et les contre-maîtres ne peuvent former plus du quart des membres du conseil. — Art. 13.

37. — Suivant l'art. 2 de la même loi, une instruction ministérielle doit déterminer le nombre des membres de chaque conseil; mais ce nombre doit être au *minimum* de six membres et au *maximum* de vingt-six et toujours en nombre pair. Le nombre des prud'hommes ouvriers est toujours égal à celui des prud'hommes patrons.

38. — Les dispositions qui précèdent ont modifié d'une manière essentielle, et sous plusieurs rapports, la législation précédente. Ainsi, le décret du 11 juin 1809 (art. 1er) appelait au conseil les marchands fabricans, les chefs d'ateliers, les contre-maîtres et les teinturiers ou ouvriers *patentés*. La condition de patente n'est plus exigée des ouvriers sous l'empire de la loi nouvelle.

39. — Avant la loi de 1848, l'élément patron dominait en principe, et, pour qu'il dominât en fait, on avait introduit les nombres impairs dans la composition des conseils. Les patrons y avaient toujours un membre de plus que les contre-maîtres, chefs d'atelier et ouvriers. — Décr. 1809, art. 1er. — On adoptait généralement les chiffres de cinq, sept, neuf ou quinze membres. Il n'y avait du reste aucun *maximum* ni *minimum* fixés d'une manière expresse. On concluait seulement de la rédaction de plusieurs dispositions que le législateur avait entendu déterminer un *maximum* de quinze membres et un *minimum* de cinq membres.

40. — Les fabricans patrons sont ceux qui font fabriquer des matières premières par des ouvriers travaillant sous leurs ordres et pour leur compte, pour les revendre ensuite en gros ou en détail. — Binot de Villiers, *Manuel des conseils de prud'hommes*, p. 1re, not. 2.

41. — Le contre-maître d'une fabrique est un ouvrier supérieur qui dirige les autres pour le compte du fabricant. Il représente le maître; il reçoit un traitement fixe : à la différence des autres ouvriers, qui sont payés à la journée ou à la façon.

42. — Le chef d'atelier est un entrepreneur d'ouvrages à façon, qui, recevant les matières premières du patron, possède chez lui un atelier et des ouvriers pour les y confectionner. — Mollot, *Justice ind.*, p. 15.

43. — Suivant Mollot (*Comp.*, p. 45, n° 36), les patrons et les ouvriers qui sont appelés par la loi à composer le conseil doivent appartenir aux fabriques mêmes comprises dans le ressort de ce conseil par l'ordonnance de création. Autrement les prud'hommes seraient étrangers aux justiciables, et le but capital de la loi ne serait pas rempli. Nous venons de voir, du reste, que les patrons ou ouvriers qui ne seraient pas domiciliés depuis plus d'un an dans la circonscription du conseil ne peuvent être élus.

44. — L'art. 18 du décret du 11 juin 1809 voulait qu'à chaque conseil fussent attachés deux suppléans, dont l'un devait être choisi parmi les marchands fabricans et l'autre parmi les contre-maîtres, chefs d'atelier, teinturiers et ouvriers. Ces suppléans ont été supprimés par l'art. 15 du décret du 27 mai 1848, qui porte : « Les prud'hommes rempliront désormais leurs fonctions au même titre. Toute distinction entre les titulaires et les suppléans est en conséquence supprimée. »

45. — Aux termes de l'art. 3 du décret du 18 mars 1806, nul ne pouvait être nommé prud'homme s'il n'avait six ans d'exercice de sa profession. Dans la discussion de l'art. 10 du décret du 27 mai 1848, un représentant, M. Nachet, avait demandé le maintien de cette condition d'éligibilité. Le rapporteur de la commission proposait d'exiger trois années d'exercice; mais l'une et l'autre proposition ont été repoussées sur les observations du ministre du commerce. M. Duvergier (*Coll. des lois*, t. 48, p. 316, not. 2) fait observer avec raison que cette suppression de toute condition d'exercice pendant un certain temps est regrettable, car il est à craindre que certains prud'hommes manquent des connaissances spéciales nécessaires pour résoudre les difficultés qui se présentent journellement dans la fabrique.

46. — Les conseils de prud'hommes des villes de Lyon, Saint-Chaumond et Saint-Etienne avaient demandé que les marchands-fabricans, même après avoir cessé leur état, pussent être élus prud'hommes. Mais le conseil des manufactures, consulté sur cette question, n'a pas été de cet avis. — Mollot, *Comp.*, p. 48.

47. — Ne peuvent être électeurs ni éligibles les étrangers, les faillis non réhabilités, toute personne enfin qui aurait subi une condamnation pour un acte contraire à la probité. — L. 27 mai 1848, art. 11. — V. aussi, sur les faillis, les dispositions semblables de l'art. 8 décr. 18 mars 1806, et de l'art. 14 décr. 11 juin 1809.

48. — Les faillis sont exclus des conseils de prud'hommes tant qu'ils n'ont pas été réhabilités, conformément aux art. 604 et suivans du Code de commerce. Peu importe qu'ils aient obtenu ou non un concordat.

49. — L'art. 3 du décret de 1806 déclarait inéligibles aux fonctions de prud'hommes les chefs d'atelier qui seraient rétentionnaires de matières données à employer par les ouvriers. Cette disposition n'a pas été reproduite dans la loi nouvelle.

Sect. 2e. — *Élection. — Renouvellement.*

50. — Sous la législation antérieure au décret du 27 mai 1848, les prud'hommes étaient nommés dans une assemblée générale de tous les électeurs compris sur la liste électorale, qui devait être préalablement dressée à cet effet soit par le maire, soit par le préfet. Le nouveau décret changeant la composition des conseils, a dû en prescrire la réélection dans toutes les villes de France où il en existe; mais il a été procédé à cette opération d'après un mode électoral tracé par le décret lui-même, et tout à fait différent du système qui était suivi antérieurement.

51. — « Dans le délai de quinzaine à partir de la promulgation du présent décret, porte l'art. 3, il sera procédé à une nouvelle élection des membres des conseils. »

52. — « Les patrons et ouvriers, ajoute l'art. 4, seront convoqués séparément par le préfet pour procéder, par scrutin de liste, à la majorité relative, à la désignation, dans leurs catégories respectives, d'un nombre de *candidats* triple de celui des membres à nommer. L'assemblée des ouvriers sera présidée par le juge de paix et l'assemblée des patrons par le suppléant du juge de paix.

53. — La liste des candidats ainsi nommés sera transmise par le président de chaque assemblée aux maires de la circonscription du tribunal des prud'hommes, pour être publiée et affichée. — Art. 5.

54. — Dans les huit jours qui suivront cette publication, les patrons et les ouvriers seront convoqués de nouveau pour procéder séparément et sur la liste des candidats dressée conformément à l'art. 3 : les patrons, à l'élection des prud'hommes ouvriers; et les ouvriers, à l'élection d'un même nombre de prud'hommes patrons. Cette élection sera faite à la majorité absolue. — Art. 6.

55. — Il sera dressé procès-verbal des opérations électorales. Si ces opérations n'ont donné lieu à aucune protestation, le président de chaque assemblée proclamera prud'hommes ceux qui auront obtenu le plus de suffrages. En cas d'égalité de suffrages, le plus âgé sera préféré. — Art. 7.

56. — En cas de protestation, le procès-verbal, avec les pièces à l'appui, sera envoyé au préfet; par qui il sera transmis au conseil de préfecture, qui statuera dans le délai de huit jours. — Art. 8.

57. — Tous ceux qui, depuis plus d'un an, paient la patente et occupent un ou plusieurs ouvriers, sont considérés comme patrons et votent dans l'assemblée des patrons. Les contre-maîtres et chefs d'atelier votent également dans l'assemblée des patrons. — Art. 12.

58. — Nous avons vu que les contre-maîtres et les chefs d'atelier ne peuvent former plus du quart des membres du conseil des prud'hommes. M. Beaumont (de la Somme) avait demandé le retranchement de cette disposition. Le rapporteur en a demandé le maintien au nom de la commission. « Comme les contre-maîtres et les chefs d'atelier sont, a-t-il dit, à la fois patrons et ouvriers, qu'ils tiennent des deux natures, il ne faut pas que l'élément mixte que vous introduisez dans la catégorie des patrons domine l'élément patron. Or, si vous autorisez les ouvriers à nommer une moitié des membres du conseil dans les contre-maîtres et chefs d'atelier, l'autre moitié étant composée d'ouvriers, vous aurez anéanti complétement l'élément patron, et alors la juridiction ne répondra plus aux justes exigences des patrons. »

59. — Le système qui est consacré par les dispositions qui précèdent, et qui consiste, comme on voit, à faire nommer les prud'hommes patrons par les ouvriers et les prud'hommes ouvriers par les patrons, est une innovation très-importante. On a voulu que chaque prud'homme pût se considérer comme nommé par tous les électeurs des deux catégories. « Il y aura pour les magistrats une autorité immense, disait M. Waldeck-Rousseau (membre de la commission). En effet, les juges ouvriers et les juges patrons, arrivés par la voie du concours des suffrages de tous à la position de prud'hommes, ne se considéreront pas : les uns comme les représentans des ouvriers, les autres comme les représentans des patrons; ils se considéreront comme les représentans de tous; ils sentiront qu'il est des devoirs de justice et d'équité à remplir non-seulement pour les ouvriers, mais pour les patrons; non-seulement pour les patrons, mais pour les ouvriers; et ils s'appuieront, pour rendre la justice, une justice impartiale, sur le principe de leur institution. » — Duvergier, p. 316, col. 1re. — Ce n'est du reste qu'après une vive discussion que ce système a prévalu.

60. — Le décret de 1848 s'est contenté, comme on le voit, de régler par ses dispositions la réélection à laquelle il a dû être procédé après sa promulgation, sans indiquer comment les élections se feront à l'avenir. Ce décret n'a, en effet, qu'un caractère purement provisoire, ainsi que l'ont déclaré à plusieurs reprises le ministre du commerce et le rapporteur de la commission. — Néanmoins, lorsqu'un conseil de prud'hommes sera créé à l'avenir on devra, dans le silence de l'arrêté de création, suivre les erremens de ce décret pour la nomination de ses membres tant qu'il ne sera pas intervenu une loi définitive sur la matière.

61. — C'est d'après les bases et suivant les règles fixées par le décret du 27 mai 1848 que se sont faites les élections de prud'hommes en 1850.

62. — Les prud'hommes étaient astreints par

l'art. 20 du décret de 1809 à prêter serment d'obéissance aux lois, de fidélité à l'empereur, et de remplir leurs devoirs avec zèle et intégrité. Depuis ils ont dû prêter le serment réglé par la loi du 31 août 1830. Mais le serment politique a été aboli par le décret du 1er mars 1848; et celui du 27 mai, spécial pour les conseils de prud'hommes n'en exige aucun de ces magistrats.

63. — Les conseils de prud'hommes sont soumis à un renouvellement annuel. Sous l'empire des décrets de 1806 et de 1809, il était procédé à cette opération d'après des combinaisons qui variaient selon que le conseil se composait de cinq, sept, neuf ou quinze membres. Ces divers modes de procéder sont devenus inconciliables avec le décret nouveau, qui n'admet que des nombres pairs; aussi ce décret porte-t-il (art. 14) : « Les conseils seront renouvelés par tiers tous les ans. Le sort désigne ceux des prud'hommes qui doivent être renouvelés la première et la seconde année. Les prud'hommes sont rééligibles. »

CHAPITRE III. — *Attributions des prud'hommes.*

64. — Les attributions des prud'hommes sont de deux natures. Tantôt ils exercent une juridiction proprement dite, tantôt ils ne font que remplir le rôle d'agens de la police administrative ou judiciaire.

Sect. 1re. — *Attributions judiciaires.*

65. — Les prud'hommes exercent une juridiction sous deux rapports différens : 1° ils prononcent comme juges civils sur les contestations que fait naître le travail de la fabrique; 2° ils statuent sur certaines contraventions comme juges de police.

§ 1er. — *Compétence des prud'hommes en matière civile.*

66. — « Nul n'est justiciable des conseils des prud'hommes (porte le décret du 11 juin 1809, art. 10), s'il n'est marchand, fabricant, chef d'atelier, contre-maître, teinturier, ouvrier, compagnon ou apprenti; ceux-ci cessent de l'être dès que les contestations portent sur des affaires autres que celles qui sont relatives à la branche d'industrie qu'ils cultivent, et aux conventions dont cette industrie a été l'objet. Dans ce cas, ils doivent s'adresser aux juges ordinaires. »

67. — On a vu plus haut ce que l'on doit entendre par marchand fabricant, chef d'atelier et contre-maître. — En ce qui concerne les compagnons et les apprentis, V. APPRENTI, COMPAGNON.

68. — Les marchands en gros et en détail ne sont donc justiciables du conseil des prud'hommes qu'autant qu'ils seraient en même temps fabricans. Quant aux ouvriers, il n'y a pas à distinguer entre ceux qui travaillent dans les ateliers du fabricant et ceux qui travaillent chez eux pour la fabrique. Cependant M. Mollot (*Just. ind.*, p. 22, et *Compét.*, p. 259) paraît admettre une distinction de ce genre en ce qui concerne les artistes, modeleurs, peintres et dessinateurs. Nous croyons que l'exception qu'on ferait pour les ouvriers quels qu'ils soient travaillant chez eux serait contraire à la pensée de la loi, et que tous les hommes qui travaillent pour le compte d'un fabricant doivent être justiciables des conseils de prud'hommes.

69. — Décidé que la juridiction du conseil des prud'hommes étant exclusivement établie pour prononcer sur les contestations élevées entre fabricans, ouvriers et autres individus employés aux travaux de la fabrique, et sur les engagemens qu'ils forment entre eux, le conseil des prud'hommes n'est pas compétent pour connaître d'une demande en dommages-intérêts contre un individu non fabricant qui emploie au préjudice d'un manufacturier, d'un contre-maître, etc., un ouvrier sorti d'une fabrique sans livret réglé, portant certificat d'acquis de ses engagemens, lors même que cette demande serait jointe à l'action principale dirigée contre l'ouvrier. — *Cass.*, 11 nov. 1834, Defer c. Duquesnoy.

70. — La juridiction des prud'hommes n'est relative qu'aux ateliers et manufactures, et est limitée aux rapports respectifs des chefs d'atelier avec leurs subordonnés; elle n'existe pas entre un commerçant et un ouvrier qui n'est pas son subordonné. — *Cass.*, 12 déc. 1836 (t. 1er 1837, p. 620), Garrigou c. Rives.

71. — Il résulte du décret de 1809 que les contestations relatives à une convention passée entre un fabricant et son ouvrier pour le cas où ce dernier deviendrait fabricant lui-même, et qui s'élèvent à une époque où il n'existe plus entre eux aucun rapport de subordination, rentrent dans la compétence non du conseil des prud'hommes, mais du tribunal de commerce. — *Cass.*, 28 juin 1842 (t. 2 1842, p. 589), Royer c. Brasil.

72. — De même, un conseil de prud'hommes est incompétent pour statuer sur une contestation entre un fabricant et son contre-maître au sujet de l'exécution d'une convention intervenue entre eux *avant que le contre-maître travaillât pour le compte du fabricant.* — *Aix*, 11 juin 1840 (t. 2 1840, p. 69), Decory c. Euzières.

73. — Jugé encore que la juridiction des conseils de prud'hommes est limitée aux individus travaillant pour la fabrique du lieu ou du canton de la fabrique, et n'embrasse que les difficultés qui s'élèvent entre les fabricans et leurs subordonnés relativement aux opérations de la fabrique. — *Cass.*, 1er avril 1840 (t. 1er 1840, p. 680), Weck et Ballenecker c. Wickmann.

74. — La juridiction des prud'hommes est spéciale et exceptionnelle, et elle ne s'applique qu'aux seules branches d'industrie qui sont appelées par l'ordonnance qui institue chaque conseil de prud'hommes à concourir à l'élection de ce conseil. — Ainsi les contestations qui s'élèvent entre les peintres en bâtiment et leurs ouvriers ne peuvent être jugées par le conseil des prud'hommes si la profession de peintre en bâtiment est étrangère à la composition de ce conseil. — *Cass.*, 19 févr. 1833, Jacquemet c. Thenance; 1er avril 1840 (t. 1er 1840, p. 680), Weck et Ballenecker c. Wickmann; *Aix*, 11 juin 1840 (t. 2 1840, p. 69), Decory c. Euzières. — Pardessus, *Cours de droit comm.*, n° 1421; Bioche, *Dictionn. de proc. civ.*, v° *Prud'hommes*, n° 49; Goujet et Merger, *Dictionn. de dr. comm.*, v° *Prud'hommes*, n° 49.

75. — Jugé encore que les prud'hommes ne sont compétens pour connaître entre le maître et l'ouvrier que des contestations relatives aux conventions dont l'industrie spéciale des parties a été l'objet. Et que dès lors ils ne peuvent connaître d'une demande en dommages-intérêts formée par un ouvrier contre son maître, pour un fait préjudiciable qu'il lui impute. — Le juge de paix, ne devant connaître que des contestations relatives aux engagemens respectifs des maîtres et des ouvriers, est également incompétent. — *Douai*, 15 oct. 1843 (t. 2 1844, p. 250), Chapuis c. Lyndeberg.

76. — Les contestations qui s'élèvent entre les maîtres et leurs ouvriers ou apprentis sont attribuées à la juridiction des juges de paix par l'article 5 (§ 3) de la loi du 25 mai 1838 dans les villes où il n'existe pas de prud'hommes. — V. JUSTICE DE PAIX, nos 465 et suiv.

77. — Décidé que la loi du 25 mai 1838, dont l'art. 5 (§ 3) attribue aux juges de paix, à défaut de prud'hommes, la connaissance des contestations relatives aux engagemens respectifs des maîtres et de leurs ouvriers, n'est pas applicable à un ouvrier *hallier* employé à la fabrication des tuiles et briques, alors que, par suite de son engagement, il doit être considéré plutôt comme un entrepreneur que comme un simple ouvrier. — *Paris*, 6 mars 1843 (t. 1er 1844, p. 694), Billion c. Chevalier-Brilliat.

78. — La juridiction exceptionnelle des prud'hommes, n'embrassant que les contestations qui naissent des rapports respectifs des chefs et des subordonnés, ne peut s'appliquer aux contestations qui s'élèvent entre marchands, fabricans, chefs d'atelier au sujet du loyer ou du travail d'ouvriers employés dans la branche d'industrie qu'ils exercent avec une complète indépendance l'un de l'autre. — En conséquence, un conseil de prud'hommes ne peut être valablement saisi du point de savoir si un fabricant doit ou non être responsable envers un autre à défaut d'avoir eu égard, en employant un ouvrier sortant des ateliers de celui-ci, aux énonciations portées sur le livret de cet ouvrier. — *Cass.*, 18 mars 1846 (t. 1er 1846, p. 621), Reynier c. Gauthier.

79. — Jugé que le conducteur d'une locomotive de chemin de fer est un *ouvrier*. — Par suite : les contestations survenues entre lui et sa compagnie ressortissent au conseil des prud'hommes, et à la justice de paix là où il n'y a pas de prud'hommes, aux termes de la loi du 25 mai 1838, art. 5. — *Paris*, 6 janv. 1841 (t. 1er 1841, p. 251), chemin de fer de Saint-Germain.

80. — Les commis dont la mission se borne à vendre les produits de la fabrique et à tenir les écritures ne sont pas des ouvriers, et le conseil n'a pas juridiction sur eux. Cependant quelques ordonnances de création de conseils ont déclaré les commis justiciables des prud'hommes; mais c'est à tort, car ce n'est pas à une ordonnance qu'il appartient de régler des questions de compétence.

81. — Les conseils de prud'hommes ne sont pas compétens pour connaître de la demande en paiement d'ouvrages faits pour le compte du propriétaire d'une filature, lorsque ces ouvrages ne rentrent pas dans l'objet de son commerce; une telle demande est de la compétence des tribunaux ordinaires. — *Rouen*, 25 févr. 1841, Plet c. Sevenne et Thellière. — Bioche, v° *Prud'hommes*, n° 27.

82. — Mais la demande en paiement de mémoires de foulage de draps, formée par un foulonnier contre un fabricant, est de la compétence du conseil des prud'hommes, et non du tribunal de commerce. — *Rouen*, 1er déc. 1815, Thouot c. Bertinot.

83. — La Cour de Toulouse a jugé que les contestations survenues entre un maître et son apprenti, relativement à l'exécution du contrat d'apprentissage, sont exclusivement de la compétence des tribunaux de paix dans les lieux où il n'est point établi de conseil de prud'hommes, encore bien que le maître fût lui-même commerçant et que l'industrie de l'apprenti contribuât à la fabrication des objets de son commerce. — *Toulouse*, 30 nov. 1843 (t. 2 1843, p. 659), Portes c. Monge et Lacan. — V. JUSTICE DE PAIX.

84. — La juridiction des conseils de prud'hommes s'étend sur tous les marchands fabricans, les chefs d'ateliers, les contre-maîtres, teinturiers, ouvriers, compagnons et apprentis travaillant pour la fabrique du lieu ou du canton de la situation de la fabrique, suivant qu'il est exprimé dans les décrets particuliers d'établissement de chacun des conseils, à raison des localités, quel que soit l'endroit de la résidence desdits ouvriers. — Décr. 1809, art. 11.

85. — Suivant M. Mollot, ceux qui ne sont pas justiciables des conseils de prud'hommes, soit parce qu'ils n'appartiennent pas à la fabrique, soit parce qu'ils sont attachés à des fabriques non comprises dans le ressort du conseil, peuvent déférer leur contestation aux prud'hommes et ceux-ci puisent alors dans la volonté des parties le pouvoir de concilier et de juger. Nous croyons qu'il y a lieu de distinguer à cet égard. Sans doute rien n'empêche des personnes attachées à une fabrique placée hors de la compétence territoriale d'un conseil de prud'hommes, de déférer leurs contestations à ce conseil lorsque ces contestations sont relatives à la fabrication (V. C. proc., art. 7); mais nous ne pouvons admettre que des personnes étrangères à la fabrique puissent, sans violer les principes qui règlent les compétences, prendre pour juge un conseil de prud'hommes.

86. — Nous venons de voir que les conseils de prud'hommes ne sont institués que pour régler les rapports des chefs avec les subordonnés; ils ne peuvent donc connaître des difficultés qui divisent soit les ouvriers entre eux, soit les fabricans entre eux.

87. — Ainsi les conseils de prud'hommes ne sont pas compétens pour connaître des contestations élevées entre des marchands et les entrepreneurs d'une filature, relativement à des laines que les premiers avaient données à filer aux seconds. — On ne peut, dans ce cas, considérer les entrepreneurs de filature comme de simples ouvriers, et les marchands à leur égard comme maîtres. — *Cass.*, 5 févr. 1825, Ribouleau et Jourdain c. Prestat.

88. — Les prud'hommes ont une juridiction en matière de marques de fabrique qui doivent être apposées sur les objets de coutellerie et de quincaillerie. Le décret du 5 septembre 1810, spécial pour ces marques, porte que la saisie des ouvrages dont la marque aura été contrefaite, aura lieu sur la réquisition du propriétaire de cette marque; que les officiers de police sont tenus de l'effectuer sur la présentation du procès-verbal de dépôt : sauf à renvoyer ensuite les parties devant le conseil des prud'hommes (art. 8). — L'art. 9 ajoute : « Le conseil des prud'hommes entendra d'abord les parties et leurs témoins; *il prononcera ensuite son jugement.* » — V. aussi *infrà*, nos 103 et suiv.

89. — Le taux de la compétence des conseils de prud'hommes en premier ressort avait été fixé à 60 francs par l'art. 23 du décret du 11 juin 1809. — Ce taux a été porté depuis à 100 francs par le décret spécial du 3 août 1810, art. 1er.

90. — La légalité de cette dérogation faite au

décret de 1809 par celui du 3 août 1810, est contestée par Carré (*Organ. jud.*, t. 2); mais une jurisprudence constante valide les décrets de l'empire qui ne sont pas contraires aux constitutions politiques postérieures. — V. LOIS, n° 417.

91. — La Cour de cassation a jugé que l'art. 2 de la loi du 3 août 1810, en déclarant que l'appel des jugemens des conseils de prud'hommes ne serait recevable qu'autant que la condamnation s'élèverait au delà de 100 fr., a eu pour but de déterminer par la condamnation le dernier ressort, qui était auparavant fixé par la demande suivant les termes de l'art. 23 du décret du 11 juin 1809. — Mais que cette modification au décret de 1809 ne reçoit son application qu'au cas où le défendeur serait condamné au paiement d'une somme en argent. Si, au contraire, la demande est indéterminée ou que le demandeur soit débouté d'une demande excédant 100 francs, dans ce cas l'appel est recevable. — *Cass.*, 10 janv. 1842 (t. 1er 1842, p. 89), Cailleux et Launoy c. Jeantel.

§ 2. — *De leur compétence comme juges de police.*

92. — La juridiction des prud'hommes comme juges de police est définie et réglée par l'art. 3 du décret du 3 août 1810. Tout délit, porte cette disposition, tendant à troubler l'ordre et la discipline de l'atelier, tout manquement grave des apprentis envers leurs maîtres, pourront être punis par les prud'hommes d'un emprisonnement qui n'excédera pas trois jours, sans préjudice de l'exécution de l'art. 19, tit. 5 de la loi du 22 germ. an XI, et de la concurrence des officiers de police et des tribunaux. L'expédition du prononcé des prud'hommes, certifiée par leur secrétaire, sera mise à exécution par le premier agent de police ou de la force publique sur ce requis.

93. — La Cour de cassation a décidé que les décisions par lesquelles les prud'hommes pêcheurs répriment les infractions de leur compétence doivent être assimilées à celles qui émanent des juridictions disciplinaires et ne font point, dès lors, obstacle à l'action publique, qui peut être exercée sans qu'il en résulte violation de la maxime *Non bis idem.* — *Cass.*, 8 avr. 1836, Canisse. — Toutefois, il ne faut pas s'exagérer la portée de cette décision; qui s'explique par les faits de la cause, mais qui ne peut être considérée comme un arrêt-principe sur l'institution des prud'hommes.

94. — Les prud'hommes ne sont compétens pour juger les délits qui troublent l'ordre dans les fabriques qu'autant que les délinquans appartiennent eux-mêmes à la fabrique. S'ils y étaient étrangers, le conseil devrait renvoyer devant les tribunaux compétens. La loi suppose également qu'il s'agit de fabriques placées sous la juridiction du conseil par l'ordonnance de création. — Mollot, *Comp.*, p. 248 et 249.

95. — Si l'insubordination qui éclate dans la fabrique prenait les proportions d'un délit ou d'un crime, les prud'hommes ne pourraient évidemment en connaître. — Mollot, *Just. ind.*, p. 129. — Ils devraient se dessaisir de l'affaire et renvoyer devant qui de droit.

96. — Les prud'hommes ne peuvent être saisis que par la plainte des parties intéressées. — En effet, d'une part le décret ne leur permet pas de se saisir d'office de l'affaire et, de l'autre, ils ne peuvent en être saisis par le ministère public; car il n'existe aucun fonctionnaire de cet ordre près de leur juridiction. — Mollot, *loc. cit.*

97. — Quant aux formes à suivre pour la procédure et le jugement, elles sont les mêmes que lorsqu'il s'agit d'une contestation civile. — V. *infrà*, nos 162 et suiv.

98. — On s'est demandé si les jugemens des conseils de prud'hommes portant condamnation à trois jours (ou moins de trois jours) d'emprisonnement peuvent être frappés d'appel. Ce qui peut faire hésiter sur la solution de cette question, c'est que l'art. 4 du décret du 3 août 1810 porte : « sans préjudice de l'exécution de l'art. 19 de la loi du 22 germ. an XI. » Or, cette loi, qui donne au préfet de police à Paris et aux commissaires généraux de police dans les départemens le pouvoir de statuer sur des infractions analogues, interdit tout appel des jugemens rendus par ces fonctionnaires en pareil cas. Mais nous croyons que les lois et décrets sur la juridiction des prud'hommes ne contenant aucune disposition de ce genre, on ne peut enlever au condamné une faculté de recours que lui confère le droit commun. C'est dans ce sens que se prononce M. Mollot (*Just. ind.*, p. 132).

99. — Les conseils de prud'hommes ne sont pas investis du droit de faire détenir préventivement le prévenu traduit à leur barre; mais ils sont compétens pour statuer sur les dommages-intérêts réclamés pour réparation du préjudice amené par les délits dont il leur appartient de connaître. — Mollot, *Comp.*, p. 258 et suiv.; Goujet et Merger, n° 148.

100. — Lorsque le prévenu est acquitté par le motif que les faits préjudiciables, bien que constans, ne constituent pas un délit, le conseil des prud'hommes peut-il allouer des dommages-intérêts? M. Mollot (*Comp.*, p. 280) se prononce pour l'affirmative, parce que les prud'hommes sont tout à la fois juges civils et juges criminels.

101. — Dans les affaires qui peuvent occasionner du scandale, les prud'hommes ont, comme les tribunaux ordinaires, le droit d'ordonner le huis clos. Telle est la jurisprudence du conseil de Lyon. — Mollot, *Comp.*, p. 261.

102. — « Les faits mentionnés dans le décret, dit M. Mollot (*loc. cit.*), sont assimilés à des contraventions de police : il paraît rationnel, dans le silence du décret du 3 août 1810, de leur appliquer la prescription d'un an ou de deux ans, suivant la distinction établie par les art. 639 et 640 C. instr. crimin. — V. PRESCRIPTION (mat. crim.).

Sect. 2e. — *Attributions des prud'hommes comme agens de la police judiciaire ou administrative.*

§ 1er. — *Conservation et vérification des marques de fabrique.*

103. — Les conseils de prud'hommes ont des attributions spéciales, en matière de marques de fabrique. Ils sont chargés, par les lois sur la matière, de la vérification et de la conservation de ces marques, qui doivent être déposées au secrétariat de chaque conseil. — L. 22 germin. an XI, art. 18.

104. — Les conseils de prud'hommes réunis sont *arbitres* de la suffisance ou de l'insuffisance de la différence entre les marques déjà adoptées et les nouvelles qui seraient déjà proposées et même entre celles déjà existantes. En cas de contestation il y a lieu de saisir le tribunal de commerce, qui prononce après avoir eu l'avis du conseil des prud'hommes. On voit que les fonctions des prud'hommes sont, sous ce rapport, purement administratives. — V. PROPRIÉTÉ INDUSTRIELLE.

105. — Décidé que les conseils de prud'hommes ne doivent connaître que comme arbitres de la suffisance ou de l'insuffisance de différence entre les marques des fabricans déjà adoptées et les nouvelles qui seraient proposées, ou même celles déjà existantes. C'est aussi en cette même qualité d'arbitres qu'ils doivent connaître des contestations entre marchands et fabricans pour les marques. Dans les cas ci-dessus spécifiés, les arbitres doivent donner un simple avis et non une décision judiciaire formant un premier degré de juridiction. — *Riom*, 18 févr. 1834, Dumas c. Bernard.

106. — Deux décrets spéciaux des 21 sept. 1807 et 9 déc. 1810 veulent que les marques de fabrique dont doivent être revêtus les draps fabriqués en France et destinés aux Echelles du Levant soient vérifiées par un fonctionnaire spécial assisté des prud'hommes dans les villes où il en existe, mais ces décrets ne paraissent pas avoir été jamais exécutés. — V. ÉTOFFES. — Un décret du 22 déc. 1812 contient des prescriptions analogues pour les lisières des draps de fabrication française. — V. le même mot.

107. — Une ordonnance du 8 août 1816, rendue pour assurer l'exécution des lois de douane qui prohibent l'entrée en France de certains tissus étrangers, exige que les tissus français de même nature portent une marque particulière, dont la suffisance ou l'insuffisance doit être appréciée par les prud'hommes. — V. ce même mot.

108. — Les conseils de prud'hommes ont encore la surveillance des marques particulières qui doivent être apposées sur les objets de quincaillerie et de coutellerie (décret du 5 sept. 1810) et sur les savons (décret du 1er avril 1811). — V. PROPRIÉTÉ INDUSTRIELLE. — Nous avons vu qu'en matière de quincaillerie et coutellerie les prud'hommes ont en outre juridiction pour connaître des contestations résultant d'une contrefaçon des marques de fabrique.

§ 2. — *Règlemens de compte entre les fabricans et les chefs d'atelier. — Livres d'acquit.*

109. — La loi du 18 mars 1806 a donné aux prud'hommes une branche spéciale d'attributions, en leur confiant la surveillance des *livres d'acquit* par lesquels cette loi veut que se règlent les comptes des fabricans et des chefs d'atelier. Les conseils de prud'hommes ont tout à la fois un pouvoir de police et une juridiction, sous ce rapport; car ils sont appelés à statuer comme juges sur les difficultés auxquelles ces livres peuvent donner lieu. C'est du moins ce qui résulte implicitement des termes de la loi.

110. — Tous les chefs d'atelier actuellement établis, porte l'art. 20 de cette loi, ainsi que ceux qui s'établiront à l'avenir, sont tenus de se pourvoir, au conseil de prud'hommes, d'un double livre d'acquit pour chacun des métiers qu'ils feront travailler, dans la quinzaine, à dater du jour de la publication pour ceux qui travaillent, et sous la huitaine du jour où commenceront à travailler ceux qu'ils monteront à neuf. Sur ce livre d'acquit, paraphé et numéroté, et qui ne peut leur être refusé, seront inscrits les nom, prénoms et domicile du chef d'atelier.

111. — Il est tenu, au conseil de prud'hommes, un registre sur lequel lesdits livres d'acquit seront inscrits; le chef d'atelier signera, s'il le sait, sur le registre et sur le livre d'acquit qui lui sera délivré. — Art. 21.

112. — Le chef d'atelier doit déposer le livre d'acquit du métier qu'il destine au négociant manufacturier entre ses mains, et peut, s'il le désire, en exiger un *récépissé*. — Art. 22.

113. — Lorsqu'un chef d'atelier cesse de travailler pour un négociant, il est tenu de faire noter, sur le livre d'acquit, par ledit négociant, que le chef d'atelier a soldé son compte; ou, dans le cas contraire, la déclaration du négociant spécifie la dette du chef d'atelier. — Art. 23.

114. — Il faut remarquer, dit M. Mollot (*Comp.*, p. 332), que la déclaration du fabricant ne fait pas foi sur la question du salaire et des sommes payées à-compte. Le principe de l'art. 1781 C. civ. n'est pas, en effet, applicable au chef d'atelier, dont la profession ne rentre pas dans le louage de service. Il faut donc que la déclaration du fabricant soit acceptée par le chef d'atelier. S'il y a difficulté entre eux sur ce point, la contestation sera vidée par le conseil des prud'hommes. — V. aussi Goujet et Merger, n° 150.

115. — Lorsque le chef d'atelier reste débiteur du négociant manufacturier pour lequel il a cessé de travailler, celui qui voudra lui donner de l'ouvrage fera la promesse de retenir la huitième partie du prix des façons dudit ouvrage en faveur du négociant dont la créance est la plus ancienne sur ledit registre, et ainsi successivement dans le cas où le chef d'atelier aurait cessé de travailler pour ledit négociant, du consentement de ce dernier ou pour cause légitime; dans le cas contraire, le négociant manufacturier qui voudra occuper le chef d'atelier est tenu de solder celui qui sera resté créancier en compte de matières, nonobstant toute dette antérieure, et le compte d'argent jusqu'à 500 francs. — Art. 25.

116. — La date des dettes que les chefs d'atelier ont contractées avec les négocians qui les ont employés sera regardée comme certaine vis-à-vis des négocians et maîtres d'atelier seulement, et à l'effet des dispositions qui précèdent après l'apurement des comptes, l'inscription de la déclaration sur le livre d'acquit, et le visa du bureau des prud'hommes. — Art. 26. — Le visa peut être donné par le bureau particulier des prud'hommes. — Goujet et Merger, n° 151; Mollot, p. 335 et suiv.

117. — Lorsqu'un négociant manufacturier aura donné de l'ouvrage à un chef d'atelier dépourvu de livre d'acquit pour le métier que le négociant veut occuper, il sera condamné à payer comptant tout ce que ledit chef d'atelier pourrait devoir en compte de matières et en compte d'argent jusqu'à 500 francs. — Art. 27. — Cette disposition a pour but de prévenir l'embauchage. — Mollot, *Comp.*, p. 335.

§ 3. — *Inspection et visite des ateliers.*

118. — Le conseil des prud'hommes, porte l'art. 29 de la loi du 18 mars 1806, tiendra un registre exact du nombre des métiers existans et du nombre d'ouvriers de tout genre employés dans la fabrique, pour les renseignemens être communiqués à la chambre du commerce toutes les fois qu'il en sera requis. A cet effet, les prud'hommes sont autorisés à faire dans les ateliers une ou deux inspections par an pour recueillir les informations nécessaires.

119. — L'art. 64 du décret du 11 juin 1809 ajoute: l'inspection dans les ateliers autorisée par l'art. 29-tit. 4 de la loi du 18 mars 1806 n'aura lieu qu'après que le propriétaire de l'atelier aura été prévenu deux jours avant celui où les prud'hommes devront se rendre à son domicile. Celui-ci est tenu de leur donner un état exact du nombre de métiers qu'il a en activité et des ouvriers qu'il occupe. — Il est à regretter que cette inspection, prescrite par les lois sur la matière dans le but de donner aux prud'hommes les moyens d'éclairer l'autorité sur les besoins de l'industrie, soit si rarement mise en usage.

120. — L'inspection des prud'hommes a pour objet unique d'obtenir des informations sur le nombre de métiers et d'ouvriers, et en aucun cas ils ne peuvent en profiter pour exiger la communication des livres d'affaires et des procédés nouveaux de fabrication qu'on voudrait tenir secrets. — Même décr., art. 65.

121. — Si, pour effectuer leur inspection, les prud'hommes ont besoin du concours de la police municipale, cette police est tenue de leur fournir tous les renseignemens et toutes les facilités qui sont en son pouvoir. — Art. 66.

§ 4. — *Constatation des contraventions aux lois et règlemens sur les fabriques.*

122. — Suivant l'art. 10 de la loi du 18 mars 1806, le conseil des prud'hommes est spécialement chargé de constater, d'après les plaintes qui peuvent lui être adressées, les contraventions aux lois et règlemens nouveaux ou remis en vigueur. — Les prud'hommes ne pourraient, pas plus pour la constation que pour le jugement des contraventions agir d'office.

123. — L'art. 11 ajoute : « Les procès-verbaux dressés par les prud'hommes pour constater ces contraventions seront renvoyés aux tribunaux compétens ainsi que les objets saisis. »

124. — On voit, par cette rédaction, que les contraventions que les conseils de prud'hommes ont mission de constater ne sont pas seulement celles dont ils doivent connaître ensuite comme juges; ce sont toutes celles qui seraient faites aux lois et règlemens sur les fabriques. — Mollot, *Comp.*, p. 344 ; Goujet et Merger, n° 157.

125. — Nous avons vu que les contraventions dont il leur appartient de connaître comme juges de police sont celles qui sont qualifiées délits de simple police par le décret du 3 août 1810. Quant aux contraventions qui doivent être portées devant une autre juridiction, V. les art. 413, 414, 415, 416, 417, 418, 419, 420, 423, 424, 440 et 443 Cod. pén., 222, 223 C. proc. et V[is] COALITION ENTRE MAITRES ET ENTRE OUVRIERS, COMMERCE, HAUSSE ET BAISSE, INDUSTRIE, OUTRAGES, PILLAGE ET DÉGATS DE MARCHANDISES ET DENRÉES, SECRETS DE FABRIQUE.

126. — Le conseil des prud'hommes, porte l'art. 12 de la loi du 18 mars 1806, constatera également, sur les plaintes qui lui seront portées, les soustractions de matières premières qui pourraient être faites par les ouvriers au préjudice des fabricans et les infidélités commises par les teinturiers. M. Mollot (*Justice ind.*, p. 33) estime que par le mot infidélités la loi entend parler de simples abus de confiance.

127. — Suivant MM. Goujet et Merger (n° 160), le mot soustraction comprend les abus de confiance et les vols. — Les tribunaux correctionnels, disent-ils, ou même la Cour d'assises, en connaissent; mais, si le fabricant préfère la voie civile, il peut soumettre aux prud'hommes sa demande en réclamation d'objets soustraits et détournés, et ceux-ci sont compétens pour la juger.

128. — Il résulte de l'art. 13 que les prud'hommes doivent, pour la validité de leurs procès-verbaux, être au nombre de deux, au moins, lors des constatations, et se faire assister d'un officier public. Les procès-verbaux constatant les soustractions et infidélités sont adressés au bureau général et envoyés, ainsi que les objets formant pièces de conviction, aux tribunaux compétens.

129. — Aucune disposition de loi ne disant que les procès-verbaux des prud'hommes doivent faire foi jusqu'à inscription de faux (Cod. instr. crim., art. 154), il semble qu'ils peuvent être débattus par la preuve contraire. — V. cependant Mollot, *Comp.*, p. 159.

CHAPITRE IV. — *Organisation intérieure des conseils de prud'hommes, et manière de procéder devant eux.*

Sect. 1re. — *Organisation intérieure. — Du bureau particulier et du bureau général.*

130. — Chaque conseil de prud'hommes se divise en deux bureaux : le bureau particulier ou de conciliation et le bureau général ou de jugement. Les dispositions du décret du 27 mai 1848, sur cette organisation, ne font guère que confirmer celles qui existaient auparavant. — V. le décret de 1809, art. 21 et suiv.

131. — Une audience au moins par semaine doit être consacrée par le bureau particulier aux conciliations. Cette audience est tenue par deux prud'hommes : l'un patron et l'autre ouvrier. — Décr. 1848, art. 22.

132. — Le bureau général se réunit au moins deux fois par mois pour juger les contestations qui n'auraient pu être terminées par voie de conciliation : le conseil est alors composé de quatre prud'hommes patrons et quatre prud'hommes ouvriers. — Art. 23. — « La fixation du nombre des membres nécessaire pour prononcer, dit M. Duvergier, sur cet article, n'était pas insérée dans le projet de loi. Sur l'observation qui en a été faite, le rapporteur et le ministre du commerce ont répondu : qu'*on s'en référait à la législation existante*, qui exigeait quatre prud'hommes patrons et quatre prud'hommes ouvriers; mais, pour plus de clarté, on a mis dans la loi une disposition formelle.

133. — Il faut remarquer que le décret du 11 juin 1809 (art. 24) disait seulement que le bureau général ne pourrait prendre de délibération que dans une séance où les deux tiers au moins de ses membres se trouveraient présens. Cependant les législateurs de 1848 ont exigé le nombre de huit prud'hommes en déclarant s'en référer à la législation existante. Il résulte de ce rapprochement que le décret de 1848 raisonne dans l'hypothèse où le conseil se composerait de douze membres au moins, et que toutes les fois que le nombre des titulaires sera moindre la disposition générale du décret de 1809 devra continuer à s'appliquer.

134. — La présidence des conseils est alternativement déférée par voie d'élection à un patron et à un ouvrier titulaire. La présidence donne voix prépondérante. — Décret du 27 mai 1848, art. 16.

135. — La durée de la présidence est de trois mois. — Art. 17. — Les patrons élisent, à la majorité absolue, le président ouvrier, et les ouvriers élisent, à leur tour et en la même forme, le président patron. Le sort décide de la première présidence. — Art. 18. — En cas de partage, le plus âgé est élu. — Art. 19.

136. — Les dispositions qui précèdent s'appliquent à l'élection du vice-président, lequel est pris dans la même catégorie que le président. — Art. 20. — Le président et le vice-président sont rééligibles. — Art. 21.

137. — Sous l'empire du décret de 1809, les président et vice-président du conseil étaient nommés pour un an. — Art. 29.

138. — L'art. 26 de ce dernier décret porte : « Il sera attaché au bureau général des prud'hommes un secrétaire pour avoir soin des papiers et tenir la plume pendant leurs séances; il sera nommé à la majorité absolue des suffrages. Il pourra être révoqué à volonté; mais, dans ce cas, la délibération devra être signée par les deux tiers des prud'hommes. » Cette disposition est toujours en vigueur.

139. — Ce secrétaire remplit les fonctions de greffier. La loi n'exigeant de lui aucune condition d'âge ni de capacité, il appartient au conseil d'apprécier si le candidat au secrétariat présente des garanties suffisantes sur ces deux points. Selon M. Mollot (*Comp.*, p. 84), ce secrétaire est un officier public mais non un fonctionnaire public.

140. — Les fonctions du secrétaire ne sont pas identiquement semblables à celles des greffiers; aussi ne pourrait-on lui appliquer la loi du 27 germin. an VII, qui établit une incompatibilité en cas de parenté du greffier ou commis greffier d'un tribunal avec l'un des juges.

141. — Les fonctions du secrétaire sont salariées. — V. l'art. 34 du décret du 18 mars 1806, qui alloue un traitement de 1,000 fr. au secrétaire du conseil des prud'hommes de Lyon.

Sect. 2e. — *Procédure devant le bureau particulier.*

142. — Les contestations qui rentrent dans la compétence des prud'hommes ne peuvent être jugées par eux qu'après avoir subi l'épreuve de la conciliation. La principale mission des conseils est en effet de concilier les parties. Le conseil de prud'hommes est institué, porte l'art. 6 de la loi du 18 mars 1806, pour terminer par la voie de la conciliation les petits différends qui s'élèvent journellement soit entre des fabricans et des ouvriers, soit entre des chefs d'atelier et des compagnons ou apprentis. — Mollot, *Comp.*, p. 184.

143. — Les règles tracées par le tit. 6 du décret du 11 juin 1809 pour la tenue des audiences du bureau particulier et du bureau général sont calquées sur les articles 8 à 18 du Code de procédure civile relatifs à la tenue des audiences des juges de paix. — V. JUSTICE DE PAIX, n°s 896 et suiv.

144. — La comparution devant le bureau particulier peut être volontaire. « Les parties, porte l'art. 58 du décret du 11 juin 1809, peuvent toujours se présenter devant le bureau des prud'hommes, pour y être conciliées. Dans ce cas, elles sont tenues de faire une déclaration de leur intention et de la signer. Si elles ne peuvent ou ne savent signer, mention en est faite dans le procès-verbal rédigé sans frais.

145. — M. Mollot (*Comp.*, p. 191) fait observer avec raison que si un enfant est sans tuteur ou si une ouvrière est abandonnée par son mari, le conseil doit, à l'exemple de celui de Rouen, alors qu'il ne s'agit que d'un faible salaire, écouter leur demande sans exiger la nomination d'un tuteur ou l'autorisation maritale. — V. du reste, pour les principes généraux, AUTORISATION DE FEMME MARIÉE, TUTELLE.

146. — La comparution devant le bureau particulier peut avoir lieu par suite de lettre ou de citation. « Tout marchand fabricant, porte l'art. 29 du décret de 1809, tout chef d'atelier, tout contre-maître, tout teinturier, tout ouvrier, compagnon ou apprenti appelé devant les prud'hommes sera tenu, sur une simple lettre de leur secrétaire, de s'y rendre en personne, au jour et à l'heure fixés, sans pouvoir se faire remplacer, hors le cas d'absence ou de maladie; alors seulement il sera admis à se faire représenter par l'un de ses parens, négociant ou fabricant, exclusivement, porteur de sa procuration.

147. — Le but de la loi a été d'éloigner les défenseurs salariés ; mais M. Mollot (p. 199) pense, avec raison, que si c'est un ouvrier qui se trouve empêché, et qu'il n'ait pas de parent négociant ou fabricant, il peut valablement se faire représenter par un parent ouvrier. Tel est aussi l'avis de MM. Goujet et Merger, n° 81.

148. — Régulièrement, la procuration exigée par la disposition qui précède devrait être écrite et enregistrée; mais les conseils de prud'hommes se contentent habituellement d'une procuration verbale. — Mollot, *Comp.*, p. 200.

149. — Le droit de libre défense, ajoutent MM. Goujet et Merger (*loc. cit.* n° 82), exige du reste que chaque partie puisse se faire assister d'un conseil si elle le juge nécessaire.

150. — Si le particulier qui a été invité par le secrétaire à se rendre au bureau particulier ou au bureau général des prud'hommes ne paraît pas, il lui est envoyé une citation qui lui est remise par l'huissier attaché au conseil. Cette citation, qui doit contenir la date du jour, mois et an, les nom, profession et domicile du demandeur, les nom et demeure du défendeur, énonce sommairement les motifs qui le font appeler. — Art. 30.

151. — La citation est notifiée au domicile du défendeur, et il y a un jour au moins entre celui où elle a été remise et le jour indiqué pour la comparution si la partie est domiciliée dans la distance de trois myriamètres; si elle est domiciliée au delà de cette distance, il est ajouté un jour par trois myriamètres. Dans le cas où les délais n'auraient pas été observés, il est délivré une nouvelle citation et les frais de la première restent à la charge du demandeur. — Art. 31.

152. — L'art. 66 du C. proc. interdit aux huissiers d'instrumenter pour leurs parens et alliés. M. Mollot (p. 494) estime que, les lois spéciales aux conseils de prud'hommes n'ayant pas reproduit cette interdiction, la citation qui serait donnée devant un de ces conseils par l'huissier du conseil, contrairement aux prescriptions de cet article, ne serait pas nulle. Mais le même auteur ajoute que l'huisser attaché au conseil des prud'hommes fera, en pareil cas, sagement de s'abstenir.

153. — Les parties doivent s'expliquer avec modération et se conduire avec respect. Si elles ne le font pas, elles sont d'abord rappelées à leur devoir; puis, en cas de récidive, elles peuvent être condamnées à une amende de 10 fr. au plus, avec affiche dans la ville où siége le conseil. — Art. 33.

154. — Dans le cas d'insulte ou d'irrévérence grave, le bureau particulier en dresse procès-verbal et peut condamner celui qui s'en est rendu coupable à un emprisonnement dont la durée ne peut excéder trois jours. — Décret de 1809, art. 34. — Cette disposition est semblable à celle de l'art. 11 C. procéd. Si le délit d'audience, au lieu d'avoir le caractère d'une contravention de simple police, constituait un délit correctionnel, le bureau devrait se contenter de dresser procès-verbal et renvoyer devant le tribunal compétent. — Mollot, *Justice ind.*, p. 93. — V. DÉLIT D'AUDIENCE.

155. — Les jugemens, rendus tant contre ceux qui ont manqué de respect ou de modération, que contre ceux qui se sont rendus coupables d'insulte ou d'irrévérence grave, sont exécutoires par provision. — Décret du 11 juin 1809, art. 35.

156. — Lorsque le défendeur a une exception d'incompétence à faire valoir, il doit la présenter devant le bureau de conciliation; mais dès que le renvoi devant le bureau général a été prononcé sans opposition des parties, sa compétence ne peut plus être contestée par elles. — Goujet et Merger, nº 86.

157. — Si le demandeur résiste au déclinatoire, la question doit être renvoyée au bureau général. — Mêmes auteurs, nº 87.

158. — Les demandes en nullité d'exploit, en garantie, se présentent et se décident devant le bureau de conciliation, d'après les règles de procédure ordinaire. — Mêmes auteurs, nº 88.

159. — Jugé, avec raison, qu'un tiers étranger aux rapports légaux qui fixent la compétence des prud'hommes ne peut être appelé devant eux *à titre de garantie.*—*Cass.*, 11 nov. 1834, Defer c. Duquesnoy.

160. — Lorsque le bureau particulier ne peut parvenir à une conciliation il renvoie les parties au bureau général, qui statue sur-le-champ. — Décr. 11 juin 1809, art. 36. — Le secrétaire tient note sur son registre d'audience des dires et moyens proposés pour obtenir la conciliation, et ce registre est communiqué au bureau général.

161. — En cas d'urgence, le bureau particulier peut ordonner des mesures provisoires : comme le dépôt au greffe; la mise sous les scellés des objets en litige (même décr., art. 25), ou celle des pièces dont l'écriture est déniée par la partie à laquelle on les oppose. — Goujet et Merger, nº 91.

Sect. 3e. — *Procédure devant le bureau général.*

162. — Lorsque le bureau particulier n'a pas réussi à concilier les parties il doit les renvoyer devant le bureau général, qui statue sur-le-champ. — Décr. 1809, art. 36.

163. — Le mode de citation des parties devant le bureau général est le même que devant le bureau particulier. Si le défendeur ne défère pas à l'invitation que lui fait, par lettre, le secrétaire de se présenter devant le conseil, il lui est délivré une citation par l'huissier attaché au conseil. — V. *suprà* nos 146 et suiv.

164. — Ce que nous venons de dire de la comparution des parties et de la police de l'audience devant le bureau de conciliation, s'applique au cas où les parties se présentent devant le bureau de jugement.

165. — Si au jour indiqué par la citation de l'huissier l'une des parties ne comparaît pas, la cause est jugée par défaut; à moins que dans le cas où il y a un délai de distance, ce délai n'ait pas été observé (art. 41). S'il y a plusieurs défendeurs et qu'un seul comparaisse : M. Mollot (*Justice ind.*, p. 101) pense avec raison que le conseil devrait, pour empêcher une contrariété possible de jugemens, rendre un jugement de

défaut profit joint, et faire réassigner le défaillant.

166. — La partie condamnée par défaut peut former opposition dans les trois jours de la signification faite par l'huissier du conseil. L'opposition doit contenir sommairement les moyens de la partie et l'assignation au premier jour de séance du conseil de prud'hommes, en observant, toutefois, les délais prescrits pour les citations; elle indique en même temps l'heure et le jour de la comparution, et est notifiée ainsi qu'il est dit ci-dessus. — Décr. 1809, art. 42.

167. — Si le conseil des prud'hommes sait par lui-même ou par les représentations qui lui seraient faites par les proches, les voisins ou amis du défendeur, que celui-ci n'a pu être instruit de la contestation, il pourra, en adjugeant le défaut, fixer, pour le délai de l'opposition, le temps qui lui paraîtra convenable; et, dans le cas où la prorogation n'aurait été ni accordée d'office, ni demandée, le défaillant pourra être relevé de la rigueur du délai et admis à opposition en justifiant qu'à raison d'absence, ou de maladie grave, il n'a pu être instruit de la contestation. — Art. 43.

168. — Les deux dispositions qui précèdent, tout en admettant le défendeur à former opposition, dans certains cas, après le délai de trois jours, ne lui laisse pas la latitude dont il jouirait d'après le droit commun, Ainsi, devant la juridiction des prud'hommes, on ne peut former opposition jusqu'à l'exécution du jugement. — C. procéd., art. 158. — Mollot, *Comp.*, p. 231. — Il en résulte aussi que les jugemens des prud'hommes ne tombent pas en péremption. — Mollot, p. 232; Goujet et Merger, nº 123.

169. — Toutes les fois qu'un ou plusieurs prud'hommes jugent devoir se transporter dans une manufacture ou dans des ateliers pour apprécier par leurs propres yeux l'exactitude de quelques faits qui auraient été allégués ils sont accompagnés de leur secrétaire, qui apporte la minute du jugement préparatoire. — Art. 46. — Il est bien entendu que le jugement préparatoire ne peut être rendu que par le bureau entier.

170. — Les jugemens qui ne sont pas définitifs ne sont pas expédiés lorsqu'ils ont été rendus contradictoirement et prononcés en présence des parties. Lorsque le jugement ordonne une expertise à laquelle les parties doivent assister, il indique le lieu, le jour et l'heure, et la prononciation vaut citation. — Art. 45.

171. — Les conseils de prud'hommes peuvent commettre un tiers étranger au conseil pour faire un examen spécial à titre d'expert. M. Mollot fait remarquer avec raison (*Comp.*, p. 236) qu'il n'y aurait pas lieu d'astreindre cet expert à prêter serment.

172. — Nous avons dit que le bureau général ne peut prendre de délibération que dans une séance où les deux tiers au moins de ses membres se trouvent présens. Les délibérations sont formées par l'avis de la majorité absolue des membres présens (de la moitié plus un). — Art. 24.

173. — Les questions sont résolues à la majorité absolue; le président n'a pas voix prépondérante aux cas de partage, il y a lieu alors d'adjoindre un ou trois membres pour le faire cesser.

174. — Les minutes de tout jugement doivent être portées par le secrétaire sur la feuille de la séance, signées par les prud'hommes présens et contre-signées par lui. — Même décret, art. 40. — Quant aux expéditions, elles sont signées par le président, le vice-président et le secrétaire. — — Art. 27.

175. — Les prud'hommes peuvent prononcer la contrainte par corps pour assurer l'exécution de leurs jugemens, mais seulement dans les cas où il est permis aux tribunaux ordinaires d'appliquer cette voie de rigueur. On peut donner pour exemples le cas où une condamnation est prononcée contre un fabricant pour salaire dû à un ouvrier lorsqu'il s'agit de 200 francs au moins (L. 17 avr. 1832, art. 1er) et celui où il s'agit de dommages-intérêts excédant 300 francs. — Mollot, p. 103; Goujet et Merger, nº 101. — *Contrà* Despréaux, nº 403. — V. CONTRAINTE PAR CORPS.

176. — Les jugemens des conseils de prud'hommes sont exécutoires par provision et nonobstant appel jusqu'à concurrence de 300 francs, sans qu'il soit besoin, pour la partie qui a obtenu gain de cause, de fournir caution. Au-dessus de 300 francs, ils sont exécutoires par provision, en fournissant caution. — Décret du 3 août 1810, art. 3. — Cette disposition ne fait que reproduire et combiner les art. 27 et 39 du décret de 1809.

177. — L'exécution provisoire des jugemens des conseils de prud'hommes a donc toujours lieu, en observant la distinction qui vient d'être indiquée, soit que le conseil l'ait ordonnée, soit qu'il ait gardé le silence à cet égard. Il en est autrement devant les tribunaux de commerce et les juges de paix.

178. — Rien ne s'oppose à ce que le conseil se contente d'une caution personnelle, sur l'admissibilité de laquelle il peut prononcer. — Mollot, *Justice ind.*, p. 127.

179. — Dans le cas où le serment est déféré par l'une des parties à l'autre, les prud'hommes peuvent recevoir l'affirmation. — Goujet et Merger, nº 102.

180. — Si les parties sont contraires en faits de nature à être constatés par témoins et dont le conseil des prud'hommes trouve la vérification utile et admissible, il peut ordonner la preuve en en fixant précisément l'objet. — Décr. 11 juin 1809, art. 48.

181. — La preuve par témoins ne pouvant être administrée qu'autant que les faits sont de nature à être constatés par témoins, il y a lieu de distinguer si la contestation est commerciale ou civile. Dans le premier cas, la preuve est admissible quel que soit le taux de la demande (C. comm., art. 109). Dans le second, il ne peut y avoir lieu à enquête que lorsque la preuve testimoniale est permise par les art. 1341 et suiv. du Code civil. — Mollot, *Comp.*, p. 229.

182. — Il est incontestable qu'il y a lieu à permettre au défendeur de provoquer une contre-enquête. C'est le droit commun.

183. — Au jour indiqué, les témoins, après avoir dit leurs noms, profession, âge et demeure, feront le serment de dire la vérité et déclareront s'ils sont parens ou alliés des parties, et à quel degré, et s'ils sont leurs serviteurs ou leurs domestiques. — Art. 49. — Les autres dispositions du décret sur l'audition des témoins et les reproches qui peuvent être proposés sont conformes au droit commun. — V. ENQUÊTE, nos 557 et suiv.

184. — La loi ne disant pas comment les témoins doivent être appelés, il y a lieu de croire qu'ils doivent l'être par une lettre du secrétaire; et que ce n'est que lorsqu'ils ne comparaissent pas, qu'il y a lieu de les citer par exploit d'huissier. Le conseil ne peut condamner les défaillans à l'amende, car aucune disposition ne l'y autorise. — Mollot, *Comp.*, p. 142.

185. — Les témoins doivent être entendus devant le bureau tout entier. Un de ses membres ne pourrait être délégué pour procéder à l'enquête.

186. — Dans les causes sujettes à appel, il est tenu, par le secrétaire, procès-verbal de l'audition des témoins. Il en est autrement dans les causes de nature à être jugées en dernier ressort, mais le juge énonce les noms, âge, profession et demeure des témoins, leur serment, leurs déclarations relatives à la parenté, alliance ou qualité de serviteurs ou domestiques des parties, les reproches et le résultat des dépositions (art. 52 et suiv.). — V., au reste, ce qui est dit au sujet des enquêtes faites devant les juges de paix, vis ENQUÊTE et JUSTICE DE PAIX.

187. — L'art. 61 du décret de 1809 fixe la taxe des témoins. Cette taxe est d'une ou deux journées de travail si le témoin a une profession, et de 2 francs s'il n'en a pas. Il ne leur est pas passé de frais de voyage, s'ils sont domiciliés dans le canton où ils sont entendus. S'ils sont domiciliés hors du canton à une distance de plus de deux myriamètres et demi du lieu de la comparution, il leur est alloué 4 francs par cinq myriamètres de distance entre leur domicile et le lieu où la déposition a été faite. Quant au mode de paiement, on doit, dans le silence du décret, se référer à l'art. 277 C. proc. Le conseil doit faire la taxe sur la copie de l'assignation, qui vaut exécutoire. — V., cependant, Mollot, *Comp.*, p. 245.

188. — Les prud'hommes peuvent apprécier les motifs du refus que fait un manufacturier de délivrer aux ouvriers qu'il emploie leur congé de sortie, malgré l'avertissement qu'il a reçu dans les délais fixés par l'usage des lieux. La loi, à cet égard, n'est qu'énonciative et non limitative. Ainsi, par exemple, le fait qu'il y aurait de la part des ouvriers coalition tendant à forcer une augmentation de salaire peut être considéré comme motivant ce refus. — *Cass.*, 1er juill. 1824, Martin c. Tallon.

189. — Les principes généraux sur le premier et le dernier ressort, s'appliquent à la juridiction des prud'hommes. — V. DEGRÉS DE JURIDICTION. — Si, par exemple, un conseil prononçait une condamnation d'une somme inférieure à 100 francs, avec contrainte par corps : le chef relatif à la contrainte ne donnerait pas le droit d'appeler du chef principal (Mollot, *Comp.*, p. 227) ; sauf à la partie condamnée la faculté d'appel quant à la contrainte par corps, etc.

190. — L'appel des jugemens des conseils de prud'hommes n'est pas recevable après les trois mois de la signification faite par l'huissier attaché à ces conseils.—Décr. 44 juin 1809, art. 38.

191. — L'appel est porté devant le tribunal de commerce de l'arrondissement où siége le conseil de prud'hommes dont le jugement est attaqué, et, à défaut de tribunal de commerce, devant le tribunal civil de première instance du même arrondissement. — Décr. de 1806, art. 29; de 1809, art. 27; du 3 août 1810, art. 2. — Le tribunal d'appel connaît alors de l'affaire à quelque chiffre que s'élève l'importance du débat. — Mollot, *loc. cit.*

192. — Il est incontestable qu'on peut opposer le déclinatoire d'incompétence devant les conseils de prud'hommes, et que même ils doivent déclarer d'office leur incompétence toutes les fois qu'ils la reconnaissent. De même : si une affaire qui appartient à leur compétence était portée devant une autre juridiction, le tribunal saisi devrait se déclarer incompétent.

193. — En cas d'inscription de faux, ou de dénégation d'écriture : les prud'hommes doivent sursoir et renvoyer l'affaire devant les juges auxquels en appartient la connaissance (décr. 41 juin 1809, art. 37), c'est-à-dire devant le tribunal civil (V. FAUX INCIDENT, VÉRIFICATION D'ÉCRITURE) ; à moins que la pièce déniée ou arguée de faux ne soit relative qu'à un des chefs de la demande, auquel cas le conseil statue sur les autres chefs. Il peut, au reste, ordonner toutes les mesures de conservation ou de vérification jugées nécessaires, s'il reconnaît qu'il n'aurait pas fait procéder le bureau particulier. — *Ibid.*

194. — Indication des villes appartenant ou ayant appartenu à la France où il a été établi des conseils de prud'hommes.

ABBEVILLE, 19 mai 1819,
AIX-LA-CHAPELLE, 1er avril 1808.
ALAIS, 11 avril 1811.
ALENÇON, 28 avril 1813.
AMIENS, 26 octobre 1814.
AMPLEPUIS, 6 janvier 1811.
ANGOULÊME, 4 septembre 1847.
ARMENTIÈRES, 22 mai 1825.
AUBUSSON, 11 mars 1834.
AVIGNON, 2 février 1808.
BAPAUME, 8 avril 1832.
BAR-LE-DUC, 29 novembre 1814.
BEDARIEUX, 15 avril 1818.
BERNAY, 13 juin 1845.
BISCHWILLER (Bas-Rhin), 20 février 1848.
BOLBEC, 8 octobre 1813.
CAEN, 21 août 1822.
CALAIS, 19 janvier 1825, 3 janvier 1848.
CAMBRAY, 21 septembre 1823.
CARCASSONNE, 22 octobre 1808.
CASTRES, 16 avril 1833.
CATEAU (Nord), 18 juillet 1844.
CHALONS, 9 mars 1896.
CHOLET, 4 septembre 1822.
CLERMONT (Hérault), 6 juillet 1810.
COLOGNE, 20 avril 1811.
CONDÉ-SUR-NOIREAU, 9 janvier 1832.
COUVALDT, 19 janvier 1811.
DOUAI, 13 avril 1825.
DUBIN, 17 mai 1813.
ELBEUF, 21 avril 1813.
ÉVREUX, 2 février 1836.
FLERS, 30 juillet 1847.
GAND, 28 août 1810.
LAVAL, 12 juin 1843.
LE PUY, 18 juin 1843.
LILLE, 20 mai 1810, 3 septembre 1834.
LIMOGES, 3 mars 1825, 20 février 1848.
LIMOUX, 15 octobre 1809.
LODÈVE, 22 juin 1810.
LOUVIERS, 14 mars 1825, 26 février 1828,
LYON, L. 18 mars 1806; ord. 15 janvier 1832, 21 juin 1833, 21 déc. 1834.
MAMERS, 4 mai 1813, 27 mai 1850.
MARSEILLE, 5 septembre 1810, 13 décembre 1812, 10 juillet 1818.
MAYENNE, 20 mai 1840.
METZ, 17 mai 1813.
MONTJOIE, 17 mai 1813.
MULHAUSEN, 7 mai 1808, 7 juin 1820.
NANCY, 5 avril 1827, 10 février 1830.
NANTES, 31 juillet 1840, 21 octobre 1848.
NIMES, 27 septembre 1807, 2 février 1820.
NIORT, 6 mai 1818, 16 septembre 1848.
ORANGE, 14 juin 1826.

PRUNEAUX ET PRUNES SÈCHES.

Marchands en gros de pruneaux et prunes sèches.— Patentables de 4e classe ; — droit fixe basé sur la population, — droit proportionnel du 20e de la valeur locative de l'habitation et des lieux servant à l'exercice de la profession. — V. PATENTE.

PUBERTÉ.

1. — La puberté est l'âge auquel un individu peut, dans l'ordre naturel, contracter mariage, et, dans l'ordre civil, faire certains actes d'administration et de disposition.

2. — Les lois romaines la fixaient à quatorze ans accomplis pour les mâles et à douze ans pour les filles. Elles distinguaient aussi les impubères qui étaient en enfance (jusqu'à sept ans), ceux qui étaient proches de l'enfance (quand ils se rapprochaient plus de l'enfance que de la puberté) ; enfin, les impubères près de la puberté (ceux qui se rapprochaient plus de la puberté que de l'enfance).

3. — Toutes ces dénominations ont disparu de notre droit. Quant au mariage, l'art. 144 fixe (sauf le cas extraordinaire de dispense) l'âge à dix-huit ans pour les mâles et à quinze ans pour les filles. — D'un autre côté, dans l'ordre civil, la capacité des mineurs est déterminée par des règles précises, suivant la nature des actes (V. TESTAMENT) et suivant qu'ils sont ou non émancipés (V. TUTELLE, ÉMANCIPATION). — V. aussi MINEUR. — Et quant aux délits qu'ils peuvent commettre, V. DISCERNEMENT.

PUBLICATIONS.

V. MARIAGE, SAISIE IMMOBILIÈRE, SOCIÉTÉS COMMERCIALES.

PUBLICATION DES INTERDICTIONS.

1. — La publication des jugemens ou arrêts prononçant interdiction ou nomination de conseils judiciaires, a lieu pour avertir les tiers qui auraient désormais des intérêts à traiter avec ceux que ces décisions ont frappés.

2. — Avant le Code, la publication des sentences d'interdiction était également exigée. — Denisart (v° *Interdiction*, n° 49) rapporte que l'ancien usage du Châtelet de Paris était de *faire crier* et publier dans Paris les sentences d'interdiction, et que la publication à l'audience et à cri public, aux carrefours et marchés, avait été prescrite par arrêt de règlement du 48 mars 1614 et par un autre arrêt rendu le 4 août 1748. — Mais, ajoute-t-il, les dispositions de ces arrêts ne s'exécutent pas.

3. — Dans l'usage généralement suivi (et indépendamment de l'insinuation à laquelle les sentences d'interdiction étaient assujetties par les art. 5 et 14 de l'édit de déc. 1703 et par l'art. 9 du tarif des insinuations du 29 sept. 1722), signification en était faite aux notaires de Paris en la personne de leur doyen. — Arr. du 17 juill. 1764. — Il existe, d'ailleurs, des arrêts de règlement des 13 nov. 1621 et 11 févr. 1633 qui ont ordonné qu'à la diligence du syndic des notaires

du Châtelet il serait fait un tableau contenant les noms et surnoms de toutes les personnes interdites, qui serait apposé en la chapelle du Châtelet, et que chacun des notaires serait tenu d'en prendre copie et de la tenir publiquement dans son étude, le tout à peine de répondre, tant par le syndic qu'entre notaires, de tous dépens, dommages et intérêts que les parties contractantes pourraient souffrir faute de l'exécution de l'arrêt. — Denisart, v° INTERDICTION, n° 45.

4. — Les formalités aujourd'hui en usage, et prescrites d'ailleurs par la loi, sont à peu près les mêmes. — V., sur ce point et sur les effets de la publication, v° INTERDICTION.

PUBLICATION DES LOIS.

C'est le moyen par lequel la loi et sa promulgation sont portées ou réputées portées à la connaissance du public. — V. LOIS.

PUBLICITÉ.

V. DIFFAMATION, INJURE, OUTRAGE, OUTRAGE A LA PUDEUR.

PUBLICITÉ DES AUDIENCES ET DES JUGEMENS.

V. AUDIENCE, JUGEMENT, HUIS CLOS. — V., aussi CASSATION, ENREGISTREMENT.

PUBLICITÉ DES DÉBATS.

V. COUR D'ASSISES, TRIBUNAL CORRECTIONNEL, TRIBUNAL DE SIMPLE POLICE, TRIBUNAUX EXTRAORDINAIRES, TRIBUNAUX MARITIMES, TRIBUNAUX MILITAIRES, TRIBUNAUX SPÉCIAUX.

PUISAGE.

V. SERVITUDES.

PUISARDS.

V. CLOAQUES, ÉGOUTS.

PUISSANCE MARITALE.

La puissance maritale est l'ensemble des pouvoirs que le mari a sur les biens et la personne de sa femme. — V., à cet égard, v° AUTORISATION DE FEMME MARIÉE, COMMERÇANT, COMMUNAUTÉ, MARIAGE, SÉPARATION DE BIENS, SÉPARATION DE CORPS.

PUISSANCE PATERNELLE.

Table alphabétique.

Recours, 97 s.
Respect, 64.
Revendication, 79.
Séparation de corps, 36 s.
Subrogé tuteur, 80 s.
Surveillance. 70.
Tutelle, 46, 60 s., 104.
Tutelle officieuse, 44.
Tuteur, 33 s., 59.
Usufruit légal, 23 s., 50, 104.
Violences, 71.

PUISSANCE PATERNELLE. — 1. — C'est l'autorité que la loi donne au père ou à la mère sur la personne et les biens de leurs enfans. — Merlin, *Rép.*, vº *Puissance paternelle*, sect. 1re, nº 1er.

2. — Cette puissance, qui dérive du droit naturel, est consacrée et réglée par le droit civil.

§ 1er. — *Historique* (nº 3).
§ 2. — *A qui appartient la puissance paternelle* (nº 16).
§ 3. — *Effets de la puissance paternelle* (nº 64).

—

§ 1er. — *Historique.*

3. — A Rome, la puissance paternelle était une véritable institution politique. *Jus potestatis quod in liberos habemus, proprium est civium romanorum : nulli enim sunt homines qui talem in liberos habeant potestatem, qualem nos habemus* (*Inst., tit. De patr. potest.*).

4. — Elle était l'attribut du *père de famille* et s'étendait sur ses enfans et petits-enfans; elle n'appartenait au père qu'autant qu'il était lui-même le père de famille; elle ne passait jamais à la mère; elle ne cessait ni par la majorité, ni par le mariage de ceux qui y étaient soumis.

5. — Dans le principe, la puissance du père de famille sur son enfant était absolue. C'était celle du maître sur l'esclave, il pouvait le revendiquer et le vendre même jusqu'à trois fois; il avait sur lui, au moins comme magistrat domestique, droit de vie et de mort. *Endo liberis jus vitæ ac necis venumdandique potestas esto*, L. 12 tab. — L'enfant n'avait rien à lui, tout ce qu'il acquérait était, comme lui, la chose du père; biens, liberté, existence, tout était concentré dans les mains du père de famille. — Merlin, sect. 1re, nº 2.

6. — Cette puissance contre nature fut modifiée d'abord par les mœurs, puis par les constitutions des empereurs, qui ne laissèrent au père de famille qu'un droit de correction modéré, et qui établirent successivement différens *pécules* dont les enfans conservaient la propriété. — Merlin, nº 2. — V. USUFRUIT LÉGAL.

7. — Dans les premiers temps de notre ancienne monarchie, la puissance paternelle fut aussi portée à l'excès. Sous les capitulaires, les pères pouvaient vendre leurs enfans (liv. 6, ch. 4). Beaumanoir dépose du même usage (ch. 45, p. 254). Le *Grand Coutumier* dit : « Un legs ou don qui est fait à mon enfant étant en ma puissance vient à mon profit. » Il atteste, ainsi que Bouteiller, que la puissance paternelle avait lieu généralement dans le royaume (*Gr. Cout.*, liv. 2, ch. 40, p. 263; *Somme rurale*, p. 442). Jean Faber nous apprend que, par la coutume de France, l'épouse passait sous la puissance du mari, sans cesser cependant d'être encore soumise à la puissance du père. — Merlin, nº 3; Laferrière, *Hist. du dr. français*, p. 155 et 156.

8. — Vers le XIVe siècle, après le grand mouvement imprimé à l'esprit humain par les croisades, le pouvoir paternel perdit de ce caractère absolu. Il devint un pouvoir de protection : ce qu'exprimaient généralement les mots de *mainbournie, vourie, advonrie*, dont les coutumes se servaient pour exprimer et caractériser le pouvoir du père. — On vit même prévaloir dans les pays de coutume cette maxime que *droit de puissance paternelle n'a lieu;* maxime adoptée par la plupart des docteurs, consacrée par une disposition expresse de la coutume de Senlis, et dont le sens n'était pas l'abolition de toute autorité de la part des père et mère, mais la proscription de l'institution toute romaine de la puissance du père de famille. — Loisel, tit. 1er, ch. 1er, règl. 37; Merlin, nº 4; Cout. de Senlis, art. 221.

9. — Le pouvoir paternel ne reprit une nouvelle et dure énergie que lorsque la royauté tendit au pouvoir absolu. On remit aux mains du père l'arme patricienne de l'exhérédation; la puissance paternelle étant regardée, au XVIIe siècle, non-seulement comme le soutien de l'ordre, mais comme le *supplément nécessaire de la puissance souveraine.* — Laferrière, t. 1er, p. 423 et 424.

10. — Dans les pays coutumiers, la puissance paternelle appartenait au père, à son défaut à la mère, et quelquefois même aux ascendans. Elle cessait à la majorité des enfans. Mais, dans les pays de droit écrit, elle avait conservé le caractère et les effets que lui avait donnés la législation des derniers empereurs; elle n'appartenait qu'au père et lui conférait, sur la personne et sur les biens de ses enfans, des droits qui ne cessaient qu'avec sa vie. — V. USUFRUIT LÉGAL.

11. — La loi du 24 août 1790, sur l'organisation judiciaire, régla, pour toute la France, le droit de correction paternelle et, pour les cas très-graves, en soumit l'exercice, entre les mains des pères et mères, au jugement d'un tribunal de famille et à l'autorisation du président du tribunal civil. — Tit. 10, art. 15, 16 et 17.

12. — La loi du 28 août 1792 généralisa, pour toute la France, la disposition qui, dans la plupart des coutumes, faisait cesser la puissance paternelle à la majorité : « Les majeurs ne seront plus soumis à la puissance paternelle; elle ne s'étendra que sur la personne des mineurs. »

13. — Cette loi a produit effet du jour de sa promulgation et a fait cesser immédiatement les droits que le père avait, tant sur la personne que sur les biens de ses enfans majeurs. — *Besançon*, 22 nov. 1808, Bardenel c. Blandin; *Cass.*, 26 juill. 1810, mêmes parties; 13 mars 1816, Parent c. Chapuis. — Et l'abrogation de la puissance paternelle sur les enfans majeurs a entraîné celle de cette même puissance sur les petits-enfans encore mineurs. — *Cass.*, 5 août 1812, Guy c. Bouvier. — Merlin, sect. 5, nº 7. — V. USUFRUIT LÉGAL.

14. — Aujourd'hui, la puissance paternelle a lieu dans toute la France; mais elle n'a pas tous les effets que le droit romain et quelques coutumes en faisaient dériver. C'est un droit fondé sur la nature et confirmé par la loi qui donne au père et, à son défaut, à la mère, avec un droit de correction sur leurs enfans, la surveillance de leurs personnes, l'administration et la jouissance de leurs biens. — Merlin, sect. 1re, nº 5; Toullier, nº 1044. — Après la majorité, cette puissance n'est plus que de conseil et d'assistance. — Toullier, t. 2, nº 1049.

15. — Les dispositions du Code civil qui ont restreint ou étendu la puissance paternelle, ont dû recevoir leur exécution du jour même de leur promulgation. — *Turin*, 7 fructid. an XII, Garonne c. Amerio; *Paris*, 3 germ. an XII, Longepierre c. d'Assy; *Lyon*, 1er fruct. an XIII, Richini; *Cass.*, 11 mai 1819, Boultechoux c. de Chavannes. — *Contrà*, *Agen*, 7 prair. an XIII, Lescure c. Tenans. — V. USUFRUIT LÉGAL.

§ 2. — *A qui appartient la puissance paternelle.*

16. — La puissance paternelle, fondée aujourd'hui sur le droit naturel, non moins que sur le droit civil, appartient au père et à la mère. — C. civ., art. 371 et 372,

17. — Mais la mère ne peut exercer cette puissance, pendant le mariage, parce qu'elle est elle-même sous la puissance de son mari. — C. civ., art. 373. — Toullier, nº 1043. — C'est donc au père qu'appartient la garde des enfans, et le droit de les placer où et comme bon lui semble. — *Paris*, 9 août 1813, Tixier.

18. — Il est cependant certains droits que, par une disposition spéciale de la loi, la mère peut exercer concurremment avec le père. — C. civ., art. 151, 184, 191, 346, 361. — V. ADOPTION, MARIAGE.

19. — L'exercice de la puissance paternelle passe à la mère, avec tous les droits qui y sont attachés, par la mort naturelle ou civile du père. Elle lui passe encore, même durant le mariage, mais lorsque le père est, par suite d'une condamnation criminelle, privé de sa puissance ou lorsqu'il se trouve, pour cause d'absence ou d'interdiction, dans l'impossibilité de l'exercer. — Vazeille, t. 2, nº 405; Delvincourt, t. 1er, p. 245. — V. ABSENCE, INTERDICTION.

20. — La puissance paternelle peut-elle être enlevée au père dans d'autres circonstances que celles expressément prévues par la loi? Il est impossible de répondre d'une manière absolue. L'autorité paternelle n'est établie ni, comme à Rome, dans l'intérêt exclusif du père de famille, ni dans l'unique intérêt de l'enfant. Elle n'est pas un droit nécessairement indivisible, et elle souffre les démembremens que nécessitent les circonstances et la position des parties intéressées.

21. — Ainsi, pendant le mariage, le père ne peut être privé de l'administration de la personne de ses enfans, même sur l'avis d'un conseil de famille et pour cause d'inconduite notoire, de dissipation et d'insolvabilité. — *Paris*, 29 août 1825, Decambray c. Alaine.

22. — Mais il peut être privé de l'administration de leurs biens. — Même arrêt. — *Cass.*, 16 déc. 1829, Bier. — Et la délibération qui le destitue a pu être homologuée sur la poursuite directe de celui des parens qui avait provoqué la convocation du conseil de famille et sans l'intervention d'un subrogé tuteur. — Même arrêt.

23. — Peut-il être privé de l'usufruit légal? — V. USUFRUIT LÉGAL.

24. — Il a été jugé qu'un testateur peut priver le père de l'enfant qu'il institue son légataire de l'usufruit des biens légués; mais qu'il ne peut le priver de l'éducation de cet enfant. Une pareille clause doit être réputée non écrite. — *Besançon*, 15 nov. 1807, Magnoncourt c. Magny; *Rennes*, 18 déc. 1835, Janières c. Terrier; *Paris*, 22 févr. 1838 (t. 1er 1838, p. 388), Limousin c. Hersant.

25. — ...Qu'il ne peut même le priver de l'administration des biens légués. — *Paris*, 16 janv. 1741, Pomponne; 9 févr. 1764, Chambon; *Besançon*, 13 juin et 15 nov. 1807, Magnoncourt; *Caen*, 11 août 1825, Manchon c. Seyer; *Bruxelles*, 5 mai 1831, G.... — Merlin, sect. 5; Favard de Langlade, sect. 2, § 3, nº 10; Toullier, t. 2, nº 1068; Coulon, *Quest. de dr.*, t. 2, p. 181.

26. — La condition est nulle, alors même qu'elle est apposée à un legs fait à un mineur sous la tutelle de sa mère après la dissolution du mariage et même après le convol de la mère tutrice. — *Caen*, 11 août 1825, Manchon c. Seyer.

27. — La clause testamentaire par laquelle le testateur qui a institué pour légataire universelle une mineure placée sous la puissance paternelle a donné la saisine à un exécuteur testamentaire jusqu'à la majorité de la légataire, est nulle et réputée non écrite. D'ailleurs cette saisine cesse par l'émancipation de la légataire, qui, dans ce cas, doit avoir l'administration de tous les biens légués pour en jouir et disposer; toutefois avec l'assistance de son curateur dans les cas où son concours est exigé, notamment pour la réception des valeurs mobilières, des meubles corporels et des capitaux. — *Caen*, 5 avril 1843 (t. 2 1843, p. 806), Baussard c. Delamare.

28. — Cependant, on pense généralement que la clause qui enlève au père l'administration des biens légués ou donnés ne doit pas toujours, et en principe, être réputée non écrite; qu'il est possible de concilier les précautions prises par le testateur avec les droits de la puissance paternelle; que si la condition n'a pas été dictée contre le père par un sentiment d'inimitié et de vengeance, mais inspirée par l'intérêt même des légataires, elle doit être considérée comme non contraire aux lois ni aux bonnes mœurs, et par conséquent exécutée. — Duranton, t. 3, nº 375, note, et t. 8, nº 144; Proudhon, t. 1er, nos 240 et suiv.; Vazeille, t. 2, nº 458, et sur l'art. 900, nº 24; Rolland de Villargues, vº *Puisssance paternelle*, nº 30; Zachariæ, t. 1er, § 99, nº 11.

29. — Ainsi : la clause par laquelle un testateur charge un tiers d'administrer les biens qu'il lègue à des enfans mineurs, doit, même vis-à-vis des père et mère des enfans, recevoir son exécution. — *Paris*, 20 juin 1781, Dubois c. Bataille; *Paris*, 24 mars 1812, Sevenet c. Compigny.

30. — L'aïeul, en léguant la quotité disponible à ses petits-enfans mineurs, peut imposer comme condition du legs que l'administration des biens légués n'appartiendra pas au père des légataires. — *Paris*, 8 mai 1827, Legay; *Nîmes*, 20 déc. 1837 (1838, t. 2, p. 343), Bonnefoi c. Mille.

31. — ... Surtout quand les enfans se trouvent placés, par la mort de leur mère, sous la simple tutelle de leur père, le droit d'administration légale n'existant que pendant le mariage et non après sa dissolution. — *Cass.*, 11 nov. 1828, Legay.

32. — Un testateur pourrait également imposer à l'administration des biens légués la nécessité pour les père et mère de fournir caution; et cette obligation pourrait s'induire des termes du testament. — *Cass.*, 30 avr. 1833, Bonnet c. Plasse.

33. — Si un testateur a nommé un tuteur au mineur par lui institué et a chargé ce tuteur de l'administration des biens légués, ces deux dispositions ne sont point indivisibles; et si la première doit être annulée et réputée non écrite comme contraire à la loi, le pouvoir d'administrer les biens légués n'en doit pas moins être

maintenu à la personne désignée. — *Paris*, 22 févr. 1838 (t. 1er 1838, p. 388), Limousin c. Hersant.

34. — Ainsi encore, la clause d'un testament portant donation au profit d'enfans mineurs et legs d'une rente viagère au profit de leurs père et mère, avec condition expresse que la direction physique et morale des enfans sera confiée à un tiers légataire usufruitier des biens du testateur, à l'exclusion de ses père et mère, et que ce tiers paiera tous les frais de cette éducation, est nulle en ce qui touche l'éducation ou le mode d'éducation de ces enfans, et doit être exécutée dans toutes ses autres dispositions. Si les enfans sont en conséquence placés par les père et mère dans une maison d'éducation, leur dépense doit être payée directement, par le légataire usufruitier, sans que les père et mère puissent exiger que les fonds leur soient comptés. Si les parens et le légataire usufruitier ne s'entendent pas pour les frais d'éducation, ces frais doivent être fixés par les tribunaux. — *Rennes*, 18 déc. 1835, Janières c. Terrier.

35. — D'autres circonstances peuvent encore, du vivant même du père, appeler la mère à une participation active de quelques-uns des droits de la puissance paternelle. Ainsi, avant la loi abolitive du divorce, l'art. 302 du C. civ. conférait aux tribunaux la faculté d'attribuer à la mère la garde des enfans, la puissance légale continuant d'ailleurs de résider dans la personne du père.

36. — En doit-il être de même en cas de séparation de corps? La loi garde sur ce point un silence absolu. Il a été jugé que l'art. 302 C. civ. est applicable à la séparation de corps; que l'enfant doit être remis à celui des époux qui a obtenu la séparation, et qu'il ne peut être dérogé à cette règle que sur la demande expresse du ministère public ou de la famille. — *Montpellier*, 4 févr. 1835, de Chesnel. — ... Surtout quand cela est conforme à l'intérêt de l'enfant. — *Caen*, 4 août 1810, H...; *Limoges*, 27 août 1821, Debrettes.

37. — D'autres arrêts ont décidé, au contraire, que le père contre lequel la séparation avait été provoquée et même prononcée devait rester chargé de la garde des enfans communs, en vertu de sa puissance paternelle. — *Liége*, 25 août 1809, V... — ... A moins qu'il n'existât de motifs graves pour le priver de cette puissance. — *Bruxelles*, 8 mai 1807, Marnef; *Paris*, 12 juill. 1808, Tresse.

38. — Mais il est aujourd'hui constant en jurisprudence que la seule règle à suivre en cette matière est le plus grand avantage des enfans. — Toullier, t. 2, n° 777; Duranton, t. 2, n° 636; Vazeille, t. 2, n° 591.

39. — Ainsi, les tribunaux peuvent, sans violer les droits de la puissance paternelle, confier la garde des enfans : soit à la mère qui a obtenu la séparation de corps. — *Caen*, 19 juin 1807, Duronceray; *Bruxelles*, 28 mars 1810, D...; *Metz*, 18 juill. 1811, André; *Cass.*, 28 juin 1815, Perès; *Limoges*, 27 août 1821, Debrettes; *Paris*, 11 déc. 1821, Ducayla; *Lyon*, 16 mars 1825, de S...; *Cass.*, 23 juin 1841 (t. 2 1841, p. 225), Rion.

40. — ... Soit à une tierce personne. — *Cass.*, 24 mai 1824, Chawe; *Rennes*, 21 févr. 1826, D...; *Bordeaux*, 2 avril 1830, et 9 juin 1832, Brulo.

41. — ... Soit même à l'époux contre lequel la séparation a été prononcée. — Motifs de *Cass.*, 23 juin 1841 (t. 2 1841, p. 225), Rion. — En conséquence : l'arrêt qui décide que, d'après les circonstances de la cause, la position respective des époux et de l'enfant, et notamment en raison d'une action précédemment intentée par le père contre cet enfant, celui-ci restera confié à sa mère jusqu'à sa majorité, ne contient pas une violation des règles de la puissance paternelle et ne présente aucune ouverture à cassation. — Même arrêt.

42. — La garde des enfans peut même être retirée à celui des époux qui l'a primitivement obtenue et être confiée à un tiers. — *Rouen*, 21 fruct. an XII, Mazier c. Burbe. — Et à plus forte raison être retirée à un tiers et être remise à un autre, malgré l'opposition de l'un des époux. — *Bordeaux*, 9 juin 1832, Brulo.

43. — Mais la femme demanderesse en séparation de corps et qui a obtenu la garde de ses enfans ne peut être autorisée à employer la contrainte par corps contre son mari, pour faire réintégrer sous sa garde les enfans qu'il a soustraits par surprise. — *Paris*, 27 juin 1810, Foubert. — Et le refus par la mère de rendre l'enfant au père, malgré le jugement qui l'y condamne, ne peut élever une fin de non-recevoir contre sa demande en séparation de corps. — *Rennes*, 31 juill. 1811, Ch.... — V. SÉPARATION DE CORPS.

44. — La tutelle officieuse ne prive pas le père de la puissance paternelle. — V. ADOPTION, n° 112.

45. — La puissance paternelle appartient aussi aux père et mère sur leurs enfans naturels reconnus. « La puissance seule, disait Tronchet au Conseil d'État, établit des devoirs entre les parens et les enfans naturels; ces enfans doivent être sous une direction quelconque : il est juste de les placer sous celle des personnes que la nature oblige à leur donner des soins.

46. — Ainsi : les père et mère naturels ont, comme les père et mère légitimes, la tutelle légale de leurs enfans, lorsqu'ils les ont reconnus. — *Grenoble*, 21 juill. 1836, Grimard c. Marchand. — V. TUTELLE.

47. — Ils ont le droit de les émanciper, mais sans pouvoir, non plus que les père et mère légitimes, leur nommer un curateur. — *Limoges*, 2 janv. 1821, Adélaïde c. Fourmans.

48. — Le père qui a reconnu un enfant déposé à l'hospice des enfans trouvés, a qualité, en vertu de ses droits de puissance paternelle, pour intenter, au nom de cet enfant, une action en recherche de maternité. Il peut intenter cette action, même avant d'avoir réclamé et de s'être fait remettre l'enfant. — *Colmar*, 5 avril 1838 (t. 1er 1839, p. 606), F... c. H....

49. — Cependant, les père et mère naturels n'ont pas des droits de puissance paternelle aussi étendue que les père et mère légitimes. — L'art. 383 ne se réfère expressément qu'aux art. 376, 377, 378 et 379 du C. civ., et laisse ainsi une grande latitude aux tribunaux. — *Caen*, 27 août 1828, D... c. de la G....

50. — Ainsi, les père et mère naturels n'ont pas l'usufruit légal des biens de leurs enfans reconnus. — V. USUFRUIT LÉGAL.

51. — Le père naturel ne peut revendiquer l'exercice exclusif de la puissance paternelle qui appartient au père légitime pendant le mariage. — Les tribunaux peuvent, d'après les circonstances, et pour le plus grand avantage de l'enfant, confier sa garde, son éducation, et même l'administration de ses biens, à la mère naturelle, préférablement au père. — *Agen*, 16 frim. an XIV, Laperche c. Mansac; *Rennes*, 30 juill. 1812, N...; *Pau*, 13 févr. 1822, Lalanne c. Quelheillat; *Bruxelles*, 23 déc. 1830, W... c. N....

52. — Et le père n'en doit pas moins subvenir aux frais d'entretien et d'éducation de cet enfant... Ou payer une pension à la mère à cet effet. — *Agen*, 16 frim. an IV, Laperche c. Mansac; *Bruxelles*, 23 déc. 1830, W... c. N....

53. — Lorsqu'un legs a été fait à un enfant naturel sous la condition expresse qu'il serait élevé sous la surveillance exclusive d'un tiers, loin de sa mère, et dans un pensionnat jusqu'à son mariage ou sa vingt-cinquième année, il suffit que la mère ait demandé l'envoi en possession de ce legs, sans réclamer contre la condition, pour qu'elle soit non recevable à demander plus tard le placement de son enfant dans un pensionnat de la ville qu'elle habite, avec faculté de l'avoir chez elle aux jours de sortie et pendant les vacances. — *Amiens*, 12 août 1837, A....

54. — Lorsque la mère d'un enfant naturel reconnu a fait des dispositions testamentaires relativement à la surveillance et à l'éducation de cet enfant, le père qui a pris envers ceux que la mère a chargés de cette surveillance l'engagement de respecter ces dispositions ne peut pas plus tard se refuser à leur exécution. — *Caen*, 27 août 1828, D... c. de la G....

55. — Jugé même qu'en ordonnant l'exécution de ces dispositions et de l'engagement qui en a été la suite, les tribunaux peuvent les modifier pour les rendre d'une exécution plus facile et plus avantageuse à l'enfant. — Même arrêt.

56. — La puissance paternelle n'est pas exclusivement personnelle au père et à la mère. A leur défaut, l'enfant mineur ne devient pas *sui juris*; quelques attributs de la puissance de ses père et mère passent aux ascendans, au tuteur, à un conseil de famille. — V. TUTELLE.

57. — Cette puissance ne cesse qu'à la majorité ou par l'émancipation des enfans. — Ainsi, un père n'a pas qualité pour agir en justice au nom de ses enfans majeurs. — *Angers*, 3 avril 1811, Roussel c. Maubert.

58. — Il n'a plus, depuis la majorité de son fils, le droit de réclamer le paiement de la pension alimentaire que la mère, séparée de biens, avait été condamnée à lui payer pour l'entretien et l'éducation de son enfant. — Celui-ci devenu majeur est seul capable de recevoir directement la pension, quoiqu'il n'ait pas été partie au jugement de condamnation. — *Rouen*, 8 juin 1824, Titaire.

59. — Pour déterminer à qui du tuteur ou de la mère destituée de la tutelle doit appartenir la garde des enfans, il faut consulter le plus grand intérêt de ces derniers. — *Bastia*, 31 août 1826, Guittera.

60. — Mais, en principe, la mère qui, par un second mariage, a perdu la tutelle de ses enfans, n'en conserve pas moins le droit de diriger leur éducation. La tutelle et l'éducation ne sont pas indivisibles. Il faudrait les motifs les plus graves pour enlever à la mère cet attribut de la puissance paternelle. — *Paris*, 17 janv. 1594; 13 juill. 1701, Faure c. Guillaume; *Poitiers*, 15 févr. 1811; *Bruxelles*, 28 janv. 1824, N... — Merlin, v° *Education*; Toullier, n° 1183; Duranton, n° 527. — V. TUTELLE.

61. — Jugé, au contraire, que c'est au tuteur, sous l'inspection du conseil de famille, qu'appartient dans ce cas le droit de diriger l'éducation des enfans. S'il y a désaccord entre la mère et le tuteur sur le mode d'éducation et sur le choix de la pension, la volonté du tuteur doit prévaloir. — *Colmar*, 5 août 1822, Hirtz c. Vidal; *Lyon*, 5 avril 1827, Ducharne c. Durix.

62. — Le père ou la mère qui se rendent coupables de crimes ou délits envers leurs enfans, peuvent être, suivant les circonstances, privés de tout ou partie des droits qui constituent la puissance paternelle. — V. ÉDUCATION, n° 4; INTERDICTION, USUFRUIT LÉGAL.

63. — La même privation peut, en outre, dans certains cas prévus par la loi, être la conséquence d'une condamnation prononcée pour crime ou délit commis envers des tiers. — V. INTERDICTION.

§ 3. — *Effets de la puissance paternelle.*

64. — L'enfant, à tout âge, doit honneur et respect à ses père et mère. « *Honora patrem et matrem, ut sis longævus super terram.* — *Exod.*, cap. 20, v. 10. — Art. 371 C. civ.

65. — Il ne peut intenter contre eux d'accusation déshonorante. — Art. 380 C. pén. — Duranton, t. 3, n° 350. — Il ne peut obtenir contre eux la contrainte par corps. — *Bastia*, 31 août 1826, Guittera. — Ni exercer comme cessionnaire d'une créance, celle que le cédant aurait fait prononcer contre eux. — Duranton, *ibid.*

66. — Mais il peut former contre eux toutes actions civiles et exercer toutes exécutions sur leurs biens. — Duranton, *ibid.* — A Rome, une amende de 50 écus était prononcée contre les enfans qui faisaient citer leurs parens en justice, même en matière civile, sans la permission du magistrat. — L. 6 et 24, *Dig.*, *De in jus vocando.*

67. — Le concours d'un fils à la délibération du conseil de famille où il s'agit de destituer un père de la tutelle de ses enfans mineurs, ne suffit pas, malgré son inconvenance, pour annuler la délibération. — *Cass.*, 16 déc. 1829, Beer.

68. — Après la majorité, la puissance paternelle n'est plus que de conseil et d'assistance. — L'enfant ne peut se marier ni être adopté sans avoir obtenu le consentement ou du moins demandé le conseil de ses père et mère. — Toullier, n° 1040.

69. — Des juges ne commettent pas un attentat à la liberté individuelle en ordonnant qu'une fille majeure, au mariage de laquelle le père a formé opposition, sera tenue de quitter le domicile de celui avec lequel elle veut contracter mariage; et d'habiter, jusqu'au jugement définitif, dans une maison désignée, avec la liberté la plus entière de voir sa famille, ses amis et son défenseur. — *Paris*, 21 févr. 1825, C.... — V. ACTE RESPECTUEUX, MARIAGE.

70. — Avant la majorité, elle est toute de direction et de surveillance. — La détermination de son étendue et de ses effets est livrée à l'appréciation des tribunaux.

71. — Elle ne peut jamais dégénérer en excès. — Ainsi : la mère qui s'est rendue coupable sur la personne de son enfant des actes de violence prévus par l'art. 309 C. pén. doit être punie, sans que la qualité de mère et les droits de la puissance paternelle puissent constituer une excuse légale. — *Cass.*, 17 déc. 1819, Baron.

72. — La puissance paternelle confère aux parens le droit d'élever leurs enfans. Ce droit est même pour eux la conséquence d'un devoir. — Les père et mère sont donc obligés et autorisés à surveiller et à diriger la conduite de leurs enfans, à régler leur genre de vie ainsi que le mode de leur éducation, et même, s'il y a lieu, à leur infliger des punitions.

73. — Jugé que si l'enfant qui veut former établissement n'a pas d'action contre ses père et mère pour en obtenir une espèce d'avancement d'hoirie, il n'en est pas de même lorsqu'il s'agit des dépenses que peuvent entraîner les études servant de complément à de premières études déjà faites et indispensables à l'exercice d'une profession à laquelle le fils a aspiré d'après les conseils du père. — *Bordeaux*, 6 juill. 1832, Porge. — Vazeille, t. 2, p. 282.

74. — Toutefois si, en principe, c'est contre le père que l'instituteur doit diriger son action en paiement de la somme qui lui est due à raison de l'entretien et de l'éducation par lui donnés à ses enfans mineurs, alors surtout que le père est usufruitier légal, cette action n'écarte pas nécessairement celle que l'instituteur peut avoir contre les enfans eux-mêmes, en vertu de l'art. 1375 C. civ., dans le cas où des poursuites dirigées contre le père en temps utile n'ont pas été suivies de succès. — Peu importerait d'ailleurs que les mineurs aient eu des biens personnels, soumis à l'usufruit légal, et dont le revenu devait être affecté aux dépenses d'éducation, alors qu'il est constant que leur actif a été dissimulé aux yeux de leurs créanciers. — *Aix*, 11 août 1812, Coulomb c. Daumont; *Cass.*, 18 août 1813, Lucas c. Dundrésit; 18 août 1835, Brisard c. Fréduaux-Dumas; 29 juin 1843 (t. 2 1843, p. 385), Cousin c. Feynier.

75. — Les moyens par lesquels cette autorité se réalise et s'exerce sont principalement : 1° l'obligation pour l'enfant de ne pas quitter la maison paternelle ; 2° le droit pour le père d'user des voies de correction déterminées par la loi. — C. civ., art. 374 et 375.

76. — *Résidence au domicile paternel.* — Les enfans ne peuvent quitter, sans permission, ni la maison paternelle ni celle où ils ont été placés pour leur éducation. — C. civ., art. 374. — Toullier, 1048.

77. — Les père et mère peuvent même employer la voie de contrainte personnelle pour les obliger à y rentrer. Mais ce simple moyen de coercition ne peut dégénérer en contrainte par corps caractérisée ni en véritable séquestration. — Dalloz, t. 11, p. 490, n° 3.

78 — Ainsi, le refus de la part d'une fille, de rentrer chez son père, et sa persistance à rester chez sa mère divorcée n'autorisent pas le père à user du droit de détention que lui donne la loi. Il ne peut faire valoir ses droits que par les moyens puisés dans l'usage ordinaire de l'autorité paternelle. — *Bruxelles*, 2 pluv. an XII, M... c. sa fille.

79. — Les père et mère ont aussi une action analogue à la revendication romaine pour réclamer leurs enfans contre toute personne qui les retiendrait de gré ou de force. — Zachariæ, t. 3, p. 675. — V. C. pén., art. 354.

80. — Leurs droits sont tellement inflexibles et absolus qu'un père veuf ne peut pas être contraint à envoyer son enfant visiter ses aïeuls maternels, même lorsque l'aïeul est le subrogé tuteur de l'enfant. — Cela est vrai surtout lorsque le père offre à l'aïeul de lui laisser voir l'enfant dans la maison paternelle ou même chez un ami commun. — *Nîmes*, 10 juin 1825, Poncet c. Chapelain. — Vazeille, t. 2, n° 405.

81. — La défense de quitter la maison paternelle sans la permission des père et mère, n'admet que deux exceptions : la première en cas d'enrôlement volontaire après l'âge de vingt ans révolus (L. 21 mars 1832, art. 32), la seconde en cas de mauvais traitemens de la part des parens. — V. *Disc. au Cons. d'Etat*, Locré, t. 7, p. 20, n° 3 ; Toullier, t. 2, n° 613 ; Duranton, t. 2, n°s 414 et 415 ; Vazeille, t. 2, n° 515.

82. — Mais les tribunaux admettant une fille à prouver que le séjour de la maison paternelle est dangereux pour elle, ne peuvent dès ce moment lui adjuger une provision alimentaire. Ce n'est que par le jugement définitif et en connaissance de cause qu'une provision ou une pension peut lui être adjugée. — *Bruxelles*, 21 niv. an XIII, A....

83. — Les père et mère peuvent être obligés de fournir des alimens à leur enfant hors de leur domicile, lorsqu'il est constant que l'enfant n'a quitté ce domicile que pour se soustraire à leurs mauvais traitemens. — La preuve de ces mauvais traitemens ne saurait être écartée comme irrévérente. — *Aix*, 3 août 1807, Rosélly ; *Bordeaux*, 20 juin 1832, D... c. M.... — V. ALIMENS.

84. — Quelques raisons qu'une fille mineure puisse avoir de se plaindre de son père, elle n'a pas le droit de quitter la maison paternelle, sans y être autorisée par justice, et si elle a quitté cette maison, sans autorisation, elle ne peut réclamer des alimens sans l'avoir préalablement réintégrée. — *Caen*, 31 déc. 1811, D.... — V. ALIMENS.

85. — Jugé même, mais à tort selon nous, que les père et mère ne sont pas obligés de fournir des alimens à leur fille, hors de leur domicile, alors même que la fille offrirait de prouver qu'elle n'a quitté ce domicile que par suite des mauvais traitemens qu'elle y essuyait : cette preuve étant irrévérente et inadmissible; surtout lorsque l'enfant est en état de gagner sa vie. — *Nîmes*, 12 fruct. an XII, Dufour.

86. — *Moyens de correction.* — Les père et mère qui ont des sujets de mécontentement très-graves sur la conduite d'un enfant ont la faculté de le faire détenir. — Ce droit de détention est tiré de la loi 3, *Cod. de pat. potest.*, et des art. 15 à 17, tit. 10 de la loi du 24 août 1790. — C. civ., art. 375 à 381.

87. — La loi ne désigne pas le lieu de la détention, pour laisser, à cet égard, toute latitude soit aux parens, soit au magistrat chargé de délivrer l'ordre d'arrestation. — Ainsi, l'enfant ne doit pas être nécessairement détenu dans une maison de correction (Locré, sur l'art. 376). — Par l'art. 3 du décret du 30 septembre 1807, les dames charitables dites du Refuge de Saint-Michel sont autorisées à recevoir, dans leur maison, les personnes qui y sont envoyées par mesure de correction paternelle. — Zachariæ, t. 3, p. 675, note 13.

88. — Le droit de détention ne peut être exercé qu'avec le concours de l'autorité publique, parce que tout ce qui concerne la liberté des citoyens sort des bornes du droit privé. — Toullier, n° 1050.

89. — Les parens doivent donc s'adresser au président du tribunal de première instance dans le ressort duquel ils ont leur domicile. Ce magistrat chargé de délivrer l'ordre d'arrestation est, dans certains cas, tenu de déférer à la demande qui lui en est faite, sans avoir le droit de se faire rendre compte des motifs sur lesquels elle est fondée et d'en apprécier le mérite. — Dans d'autres cas, au contraire, les motifs de la demande d'arrestation doivent lui être soumis. Il est chargé de les peser, et il peut accorder ou refuser l'ordre d'arrestation après en avoir conféré avec le procureur de la République. — Cet ordre est donc, suivant les circonstances, soit réclamé par *voie d'autorité* et délivré sans connaissance de cause, soit demandé par *voie de réquisition* et accordé ou refusé en connaissance de cause. — C. civ., art. 381 et 382. — Locré, sur l'art. 375 ; Toullier, t. 2, n° 1051.

90. — L'ordre d'arrestation peut être réclamé par *voie d'autorité* et doit être délivré sans connaissance de cause, lorsque la demande en est formée par un père non remarié contre un enfant de moins de seize ans qui n'a point de biens personnels et qui n'exerce aucun état. — C. civ., art. 376 combiné avec les art. 377, 380, 381 et 382. — Toullier, n° 1052.

91. — L'ordre d'arrestation ne peut être demandé que par *voie de réquisition* et ne doit être délivré qu'en connaissance de cause : — 1° lorsque la demande est formée par une mère appelée, soit par le décès du père, soit par toute autre cause, à exercer les droits de la puissance paternelle.

92. — La mère ne peut même faire détenir ses enfans que du consentement des deux plus proches parens paternels (C. civ., art. 381) ; et à défaut de parens dans la ligne paternelle, qu'avec le concours de deux amis du père. — Toullier, n° 1057 (à la note). — La demande formée par la mère sans le concours de ces personnes ou sur leur refus, doit donc être rejetée. — Locré, sur l'art. 381 — *Contrà*, Lassaulx, t. 2, p. 266.

93. — La mère remariée perd même le droit de requérir la détention de ses enfans du premier lit, sauf à l'exercer, comme tutrice et avec l'autorisation du conseil de famille, si la tutelle lui a été conservée. — C. civ., art. 381 et 468. — Duranton, t. 3, n° 359. — Elle recouvre ce droit après la mort de son second mari : *Cessante causâ, cessat effectus.* — Toullier, t. 2, n° 1058 ; Vazeille, t. 2, n° 425.

94. — ... 2° Lorsque la demande est formée par un père remarié contre des enfans du premier lit. — C. civ., art. 380. — Le père recouvre, toutefois, après la mort de sa seconde femme le droit de les faire détenir par voie d'autorité. — Zachariæ, p. 677, note 21. — *Contrà*, Lassaulx, t. 2, p. 206.

95. — ... 3° Lorsque l'enfant est âgé de plus de seize ans. — Cod. civ., art. 377.

96. — ... 4° Lorsque, même âgé de moins de seize ans, il a des biens personnels ou exerce un état. — Art. 382, 1er alinéa. — Toullier, n° 1053.

97. — A la distinction qui précède viennent se rattacher deux autres distinctions relatives l'une à la durée de la détention, l'autre au recours à diriger contre l'ordre d'arrestation.

98. — La détention par voie d'autorité ne peut avoir lieu que pour un mois au plus; mais le président du tribunal de première instance n'a pas le droit, en délivrant l'ordre d'arrestation, de réduire au-dessous de ce terme, contre la volonté du père, la durée de la détention. — C. civ., art. 376.

99. — La détention par voie de réquisition peut être demandée et ordonnée pour six mois au plus. — Mais le président a le droit d'abréger le temps de la détention requis par le père ou la mère. — C. civ., art. 377 combiné avec art. 380, 381 et 382. — Zachariæ, p. 678, note 22.

100. — Aucun recours n'est ouvert à l'enfant contre l'ordre d'arrestation, dans le cas où la détention a lieu par voie d'autorité. — Au contraire, l'enfant détenu par voie de réquisition peut adresser un mémoire au procureur général près la Cour d'appel. Celui-ci se fait rendre compte par le procureur de la République et fait son rapport au premier président de la Cour d'appel, qui, après en avoir donné avis au père et après avoir recueilli tous les renseignemens, peut révoquer ou modifier l'ordre délivré par le président du tribunal de première instance. — Locré, sur l'art. 382 C. civ. — *Contrà*, Lassaulx, t. 2, p. 207.

101. — Il n'y a du reste aucune différence à faire entre la détention par voie d'autorité et la détention par voie de réquisition. Dans l'un et l'autre cas, l'ordre d'arrestation est délivré sur demande verbale et sans formalités judiciaires. — Cet ordre, qui doit être donné par écrit, n'énonce pas les motifs de la détention. — Il n'est délivré que sur la soumission souscrite par la personne qui la réclame, de payer tous les frais et de fournir les alimens convenables. — C. civ., art 378. — Zachariæ, p. 679, note 23.

102. — La personne qui a réclamé l'ordre d'arrestation est toujours le maître d'abréger la durée de la détention. — Si, après sa sortie, l'enfant tombe dans de nouveaux écarts, la détention peut être de nouveau ordonnée suivant les formes et les distinctions ci-dessus établies. — C. civ., art. 379.

103. — Toutes ces dispositions s'appliquent évidemment à la mère comme au père. — Delvincourt, sur l'art. 379 C. civ. ; Zachariæ, p. 679, note 24.

104. — On doit encore considérer comme des conséquences de la puissance paternelle : — 1° le droit en vertu duquel le père administre pendant le mariage les biens personnels de ses enfans mineurs (C. civ., art. 389) ; — 2° le droit de tutelle légale établi au profit du survivant des père et mère (C. civ., art. 390. — V. TUTELLE) ; — 3° le droit accordé au dernier mourant des père et mère de choisir un tuteur testamentaire à ses enfans mineurs (C. civ., art. 397. — V. TUTELLE) ; — 4° le droit d'émanciper ses enfans avant leur majorité (C. civ., art. 477. — V. ÉMANCIPATION) ; — 5° le droit d'usufruit légal (C. civ., art. 384. — V. USUFRUIT LÉGAL).

105. — C'est également en vertu de la puissance paternelle que les père et mère, et même les ascendans du mineur émancipé ou non émancipé, quoiqu'ils ne soient ni tuteurs ni curateurs, peuvent accepter pour lui une donation (C. civ., art. 935. — V. DONATION). — En conséquence, l'acceptation d'un domaine faite par le roi pour son petit-fils, sur le simple rapport de l'intendant général de sa maison, et sans le contre-seing d'un ministre responsable, est un acte valable parce que le roi n'agit point comme chef de l'Etat, y exerçant le pouvoir souverain, mais seulement en qualité de père de famille. — *Cass.*, 3 févr. 1841 (t. 2 1841, p. 440), préfet de Loir-et-Cher c. de Pastoret.

PUITS.

1. — Trou pratiqué et construit dans la terre pour en tirer de l'eau provenant de source ou d'infiltration.

2. — Tout propriétaire peut faire creuser sur son terrain, à tel endroit qu'il lui plaît, des puits aussi profonds et aussi larges que bon lui semble, sans avoir à s'inquiéter si cet établissement fera ou non tarir les sources ou les puits voisins. — Merlin, *Rép.*, v° *Droits facultatifs*; Lepage, t. 1er, p. 126 ; Daviel, *Cours d'eau*, n° 896.

3. — Toutefois, certaines précautions doivent être prises soit dans l'intérêt des voisins, soit pour la sûreté publique, soit enfin pour la sécurité des ouvriers chargés d'y travailler.

4. — Ainsi : lorsqu'un puits est creusé à proximité d'une fosse d'aisances appartenant au voisin, il doit y avoir, à Paris, un contre-mur d'un mètre 33 cent. d'épaisseur. Ailleurs c'est l'usage qui règle l'épaisseur de ce contre-mur, à défaut d'usage il y a lieu de recourir à des experts. — Perrin, *C. des constructions*, n° 2380. — V. FOSSE D'AISANCES.

PURGE DES PRIVILÉGES ET HYPOTHÈQUES.

PUITS.

5. — De même, tous les puits doivent, quel que soit leur genre de construction, être entourés d'une mardelle en maçonnerie ou de barreaux avec un appui en fer. — Ceux situés dans des marais doivent être entourés d'un mur en maçonnerie ou en terre d'un mètre de hauteur et à un mètre au moins du puits. — Toussaint, n° 1830.

6. — Si le puits est construit dans un lieu public, l'autorité municipale peut même exiger qu'il soit couvert. C'est ce qui résulte d'un arrêt du conseil du 28 mai 1659.

7. — Un décret du 7 mars 1808 défend de creuser des puits à moins de cent mètres des cimetières nouvellement établis hors des maisons d'habitation. — Les puits déjà existans peuvent, après visite contradictoire d'experts, être comblés en vertu d'un arrêté du préfet. — Pardessus, n° 144.

8. — Toutefois, dans ce dernier cas le propriétaire du puits serait fondé à demander une indemnité. — L. du 7 juill. 1833.

9. — Une ordonnance de police du 8 mars 1815 prescrit, à Paris, aux propriétaires et principaux locataires de tenir les puits de leurs maisons en bon état, afin qu'on puisse y trouver toujours de l'eau en cas d'incendie.

10. — Le puits qui est à moins de deux mètres de distance de l'héritage voisin ne peut être converti en cloaque ni être destiné à recevoir les eaux des toits, des cours, des fumiers, ménagères, etc. — Desgodets, art. 247 Cout. Paris, n° 3 ; Perrin, n° 2284.

11. — En l'absence de conditions particulières avec l'entrepreneur, un puits devait, aux termes de l'art. 191 Cout. Paris, fournir au moins deux pieds d'eau aux plus basses eaux. — Camus, art. 191 de la Coutume de Paris.

12. — Lorsqu'il a été convenu que les travaux de creusement seront continués jusqu'à ce qu'il y ait une suffisante quantité d'eau, il faut distinguer si le travail est fait en hiver ou en été. Dans le premier cas il suffit que les travaux soient poussés aussi loin que les eaux le permettent, alors même que dans le temps des basses eaux la profondeur ne soit pas assez grande. Dans le second cas l'ouvrier n'est tenu de procurer qu'un mètre, au-dessus du rouet, de hauteur d'eaux souterraines et non de pluies ou semis d'eau, qui se tarissent trop facilement. — Toussaint, *C. de la propriété*, n° 973 ; Lepage, t. 1er, p. 135.

13. — Quand le puits creusé est à proximité d'un mur, mitoyen ou non, ou d'une construction appartenant au voisin, il doit être fait un contre-mur fondé plus bas que le sol et montant jusqu'au niveau du terrain comme la maçonnerie sur laquelle pose la mardelle. L'épaisseur de ce contre-mur est d'ordinaire, à moins d'usage contraire, d'environ un mètre y compris le mur et le contre-mur. — Perrin, *C. des constructions*, n° 598.

14. — Si le puits n'est pas établi dans le voisinage d'une construction, il suffit que le contre-mur ait moitié de l'épaisseur susdite. — Perrin, *ibid.* ; Solon, *Servit.*, n°s 252 et 254.

15. — Dans le cas où deux puits voisins seraient séparés par un mur mitoyen, chacun des propriétaires contigus pourrait diminuer son contre-mur de moitié de l'épaisseur dudit. — Lepage, t. 1er, p. 126.

16. — S'il n'existait pas entre deux voisins de mur mitoyen, celui qui le dernier voudrait creuser un puits pourrait forcer son voisin à contribuer aux frais de la maçonnerie à établir entre les deux puits. — *Ibid.*

17. — Suivant M. Pardessus (n° 7), celui qui a la mitoyenneté d'un puits en est copropriétaire. — Toutefois : la division n'en peut être demandée, à moins qu'il ne puisse plus remplir sa destination. — Même auteur, n° 8.

18. — L'entretien, le curage, les réparations et reconstructions d'un puits communs sont à la charge de tous les intéressés, qui ne peuvent s'affranchir de cette charge qu'en abandonnant leur droit de propriété à moins toutefois que les réglemens locaux ne prescrivent l'établissement d'un puits dans chaque maison. — Ordonn. de pol. 20 janv. 1727. — Perrin, n° 2389.

19. — La réparation ou le curage d'un puits doit, surtout si l'on présume que l'eau en est corrompue, être précédée de l'autorisation municipale. — Les ouvriers qui sont descendus à l'intérieur doivent, tant que dure l'extraction des pierres ou autres matières, être ceints d'un cordage dont l'extrémité est tenue, en dehors, par d'autres ouvriers en nombre égal aux premiers. — Toussaint, n° 1830.

20. — Une ordonnance de police du 23 oct. 1819 prescrit, en outre, certaines mesures de précaution, nous nous bornerons à indiquer les principales. — « Avant de descendre dans un puits, y est-il dit, pour quelque cause que ce soit, il faut s'assurer de l'air qui y existe. A cet effet, on y descend, jusqu'à la surface de l'eau, une lanterne allumée; on la retire, et on la replonge, si elle n'est pas éteinte, après avoir toutefois agité l'eau au moyen d'un poids attaché à une corde que l'on coule jusqu'au fond. Si, à cette seconde épreuve, la lumière ne s'éteint pas, les ouvriers peuvent commencer leurs travaux en se munissant d'un appareil désinfectant et d'une briduge. — Si la lumière s'éteint dans le puits, il n'y faut pas descendre sans en avoir préalablement renouvelé l'air au moyen d'un ventilateur. Pour ce faire, on bouche hermétiquement l'ouverture du puits avec des planches, du plâtre et de la glaise. Au milieu de ce couvercle on fait un trou d'un décimètre, on y place une réchaud de terre ou tôle qui ne puisse recevoir d'air que celui du puits; on ajuste près de la mardelle un tuyau de plomb ou tôle descendant dans le puits jusqu'à un décimètre de la surface de l'eau. On remplit ensuite ce réchaud de charbon allumé, on le recouvre d'une calotte de terre cuite ou de tôle surmontée d'un bout de tuyau de poêle. Une heure ou deux après, suivant la profondeur du puits, on découvre et on introduit de nouveau la lanterne. Si elle s'éteint à peu de distance de l'eau, il faut mettre le puits à sec, attendre quelques jours, l'épuiser de nouveau et en recommencer l'opération. — Si on ne peut pas établir de fourneau ventilateur, on y substitue un ou deux soufflets de forge que l'on adapte au tuyau prolongé jusqu'à la surface de l'eau. Ces soufflets, mis en action pendant un quart d'heure ou deux, déplacent l'air vicié du puits. Enfin, on redescendra la lanterne; et, cette fois, si elle s'éteint, il n'y a plus de remède, il faut combler le puits. »

21. — Lorsqu'on est parvenu à connaître la nature du gaz délétère, on peut le détruire par les moyens suivans : 1° pour neutraliser l'*acide carbonique* on verse dans le puits, à sec, de l'arrosoire, plusieurs seaux de lait de chaux, et l'on agite ensuite l'eau fortement; 2° pour détruire le *gaz hydrogène sulfurique* ou *carboné* on fait descendre au fond du puits, par le moyen d'une corde, un vase, ouvert, contenant un mélange de manganèse et de muriate de soude arrosé d'acide sulfurique; 3° lorsque le gaz est de l'*azote* il faut avoir recours au fourneau ventilateur ou au soufflet, et en vérifier l'effet par l'épreuve de la lanterne allumée. »

22. — D'après une instruction ministérielle, citée par Toussaint (*C. de la propr.*, n° 1906), les ouvriers qui en travaillant à un puits y rencontrent des objets qui pourraient faire soupçonner un crime ou un délit, doivent en informer la police ou l'autorité locale. Ils ne doivent pas se saisir de ces objets, sous peine d'être punis comme coupables de soustraction frauduleuse.

23. — On ne peut puiser dans le puits d'un voisin sans le consentement du propriétaire, excepté dans le cas d'incendie. — L. 2, ff., *De rivis.*

24. — Si un puits était grevé de la servitude de puisage, le propriétaire ne pourrait se décharger du soin de l'entretenir et réparer qu'en abandonnant la propriété et en livrant sur son terrain le passage nécessaire pour l'exercice de la servitude. — Solon, *Servit.*, n° 370.

25. — Lorsque le droit de puisage est compris dans le bail, le preneur doit trouver toujours dans le puits au moins 33 centimètres de bonne eau : sinon, il peut exiger que la quantité d'eau nécessaire à son ménage lui soit fournie; ou demander la résiliation du bail, avec dommages-intérêts s'il y a lieu. — Lepage, t. 1er, p. 135; Toussaint, *Code de la propriété*, n° 283, 293; Perrin, n° 2324.

26. — Les maîtres cureurs de puits sont rangés dans la 8e classe des patentables : droit fixe, basé sur la population; droit proportionnel du 40e de la valeur locative de tous les locaux qu'ils occupent, mais seulement dans les communes de 20,000 âmes et au-dessus. — V. PATENTE.

PUPILLE.

Mineur placé sous la puissance d'un tuteur.
V. TUTELLE. — V. aussi CHOSE JUGÉE, CONTRAINTE, DÉLIT DE PRESSE, FORÊTS, JUSTICE DE PAIX.

PURGE DES PRIVILÉGES ET HYPOTHÈQUES.

Table alphabétique.

PURGE DES PRIVILÉGES ET HYPOTHÈQUES. —

1. — La purge des priviléges et des hypothèques est une procédure qui a pour but de consolider la propriété sur la tête des acquéreurs d'immeubles, en leur donnant les moyens de n'être tenus que jusqu'à concurrence du prix de vente des priviléges et hypothèques qui grèvent l'immeuble vendu.

Sect. 1re. — *Purge des priviléges et des hypothèques inscrites.*

§ 1er. — *Notions générales; transcription du titre, inscriptions.*

2. — En droit romain, on admettait bien que l'expropriation forcée avait pour effet de purger les hypothèques dont l'immeuble était grevé; mais en matière de vente volontaire il n'y avait aucun système organisé sur ce point. Aussi n'est-ce pas dans le droit romain qu'il faut chercher l'origine de la procédure de purge; cette procédure a sa source dans le droit français.

3.—Dans l'ancien droit français les acquéreurs qui voulaient purger les hypothèques inscrites sur les immeubles qu'ils avaient achetés avaient recours au décret volontaire, qui, dit Loyseau, sert d'un très-utile expédient pour purger les hypothèques.—*De l'act. hyp.*, liv. 3, ch. 1er, no 18. — Nous avons indiqué, vo DÉCRET D'IMMEUBLES, nos 11 et suiv., en quoi consistait le décret volontaire.

4. — Cette dernière procédure donnait naissance à des frais tellement énormes qu'ils absorbaient souvent la valeur de l'immeuble. L'édit de Louis XV de juin 1771 lui substitua les lettres de ratification. Nous avons expliqué, vo HYPOTHÈQUE, no 23 et suiv., en quoi consistait ce nouveau mode de purge. — V. LETTRES DE RATIFICATION.

5. — Un tout autre système fut adopté par la loi du 11 brumaire an VII, dont l'art. 26 voulait que tout acte d'aliénation fût transcrit pour pouvoir être opposé aux tiers. Par la transcription, les droits du vendeur étaient transférés à l'acquéreur à la charge des dettes et hypothèques dont cet immeuble était grevé. Aussi l'acquéreur était-il obligé, pour purger les hypothèques, de notifier dans le mois de la transcription, aux créanciers : 1o son contrat d'acquisition, 2o le certificat de transcription, 3o l'état des charges et hypothèques assises sur la propriété, avec déclaration d'acquitter sur-le-champ celles échues et celles à échoir; le tout jusqu'à concurrence du prix stipulé.

6.—Les créanciers pouvaient requérir la mise aux enchères dans le mois de la notification, en s'obligeant à faire porter le prix à un vingtième en sus. Faute de cette réquisition le prix restait fixé au taux porté dans le contrat, et l'acquéreur était libéré en le payant sur ce taux.

7. — Le Code civil a rejeté le principe adopté par la loi de brumaire an VII, suivant lequel l'aliénation non transcrite n'était pas opposable aux tiers; mais quant aux formalités qu'il a prescrites pour la purge il s'est beaucoup rapproché de cette loi, qui avait elle-même suivi, en le perfectionnant, le système des lettres de ratification.

8. — « Les contrats translatifs de la propriété d'immeubles ou de droits réels immobiliers que les tiers détenteurs voudront purger de priviléges et hypothèques, porte l'art. 2181, seront transcrits en entier par le conservateur des hypothèques dans l'arrondissement duquel les biens sont situés. Cette transcription se fera sur un registre à ce destiné, et le conservateur sera tenu d'en donner reconnaissance au requérant. »

9. — Pendant tout le temps qui s'écoula entre la promulgation du Code civil et celle du Code de procédure, la vente purgeait par elle-même les hypothèques non inscrites indépendamment de toute transcription. En effet, en abandonnant le système de la loi du 11 brum. an VII, qui déclarait sans force à l'égard des tiers tout acte de vente non transcrit, le Code civil avait, par cela même, repoussé cette autre règle, qui n'était que la conséquence de la première, à savoir que les hypothèques pouvaient être utilement inscrites même après la vente et jusqu'à la transcription. C'est du reste ce qu'avait déclaré Grenier dans son rapport au Tribunal, et un avis du Conseil d'Etat du 11 fruct. an XIII avait reconnu la même vérité.

10. — La transcription n'était donc, avant le Code de procédure, qu'un moyen prescrit par le législateur pour arriver à la purge des hypothèques inscrites au moment de la vente. — *Angers*, 23 avril 1809, Turpin c. Lecrosnier et Wuillaume; *Paris*, 22 déc. 1809, Perrot c. Laubé; *Turin*, 20 nov. 1810, Noli c. Mollea; *Cass.*, 16 oct. 1810, Bolsée c. Clément; *Bruxelles*, 6 août 1811, Goossens c. Weyd; *Turin*, 11 déc. 1812, Domaine c. Salmatoris; *Cass.*, 13 déc. 1813, Ailhaud c. Joannis; 22 févr. 1825, Duval c. Renaud. — Grenier, *Hypoth.*, t. 2, p. 117; Merlin, *Rép.*, vo *Inscription*, p. 451; Tarrible, vo *Transcription*. — Elle servait aussi de point de départ pour faire courir la prescription. V. HYPOTHÈQUES, nos 321 et suiv.

11. — Cet état de la législation contrariait manifestement les intérêts de la régie de l'enregistrement, car il devait amener une diminution dans le produit des inscriptions et des transcriptions; aussi, nonobstant l'avis précité du Conseil d'Etat, prétendit-elle que les hypothèques pouvaient être inscrites jusqu'à la transcription. Bien que cette prétention parût peu fondée en droit, on crut devoir entrer dans les vues de la régie, en adoptant le système qu'elle voulait faire prévaloir, et sa résistance eut pour effet d'amener l'insertion dans le Code de procédure civile de deux dispositions nouvelles qui sont devenues les art. 834 et 835 de ce Code.

12. — L'art. 834 C. procéd. porte : « Les créanciers qui, ayant une hypothèque aux termes des art. 2123, 2127 et 2128 C. civ., n'auront pas fait inscrire leurs titres antérieurement aux aliénations qui seront faites à l'avenir des immeubles hypothéqués, ne seront reçus à requérir la mise aux enchères, conformément aux dispositions du chap. 8-titre 18 du liv. 3 du C. civ., qu'en justifiant de l'inscription qu'ils auront prise depuis l'acte translatif de propriété et au plus tard dans la quinzaine de la transcription de cet acte. Il en sera de même à l'égard des créanciers ayant privilége sur des immeubles, sans préjudice des autres droits résultant, au vendeur et aux héritiers, des art. 2108 et 2109 C. civ. — V. SURENCHÈRE.

13.—L'art. 835 ajoute : « Dans le cas de l'article précédent, le nouveau propriétaire n'est pas tenu de faire, aux créanciers dont l'inscription n'est pas antérieure à la transcription de l'acte, les significations prescrites par les art. 2183 et 2184 C. civ.; et dans tous les cas, faute par les créanciers d'avoir requis la mise aux enchères dans le délai et dans les formes prescrits, le propriétaire n'est tenu que du paiement du prix, conformément à l'art. 2186 du C. civ.

14. — Il résulte de ces deux dispositions que, bien que les créanciers qui ont fait inscrire leur hypothèque dans la quinzaine de la transcription soient placés, quant au droit de suite qui leur appartient, dans la même position que ceux qui ont fait inscrire la leur antérieurement (V. HYPOTHÈQUES, nos 259 et suiv.; SURENCHÈRE), l'acquéreur n'est pas obligé de leur faire les notifications de purge. Les art. 2181 et suiv. du Code civ. sont donc étrangers à ces créanciers. Mais lorsque l'acquéreur a rempli les formalités indiquées par l'art. 2194 pour purger les hypothèques légales non inscrites, doit-il faire les notifications de purge ordinaire, prescrites par les art. 2181 et suiv., aux créanciers qui se seraient fait inscrire dans le délai de deux mois? — V. *infrà* no 34.

15. — Il y a lieu de purger, et par conséquent de transcrire, tous les actes d'aliénation qui n'obligent pas personnellement l'acquéreur à la dette hypothécaire. Ainsi, les ventes sous seing privé sont transcrites comme les ventes authentiques. — Avis du conseil d'Etat du 3 floréal an XIII, approuvé le 12 du même mois. — Il faut seulement remarquer que lorsque la vente a eu lieu sous seing privé, et que le vendeur n'a pas reconnu sa signature, l'acquéreur ne peut avoir autant de sécurité que lorsque la vente est authentique, et que si l'immeuble était revendu sur enchère; l'adjudicataire pourrait être recherché par le vendeur qui ne reconnaîtrait pas sa signature.

16. — Les actes contenant des legs particuliers ou des donations particulières peuvent être transcrits à la requête du légataire ou donataire, lorsque les biens auxquels s'applique le legs ou la donation sont grevés d'hypothèques qu'il importe de purger. A la vérité, l'art. 2181 ne parle que de contrats, et un testament n'est pas un contrat; mais on doit considérer cette expression comme un vice de rédaction. Quant aux légataires et donataires à titre universel, ils sont tenus des dettes du donateur ou testateur et, dès lors, ils ne peuvent purger. — V. du reste, quant à ce qu'on entend par tiers détenteur, en matière de législation hypothécaire, vo TIERS DÉTENTEUR.

17. — On sait qu'en ce qui concerne la donation, la transcription n'est pas seulement la première formalité à remplir par le donataire pour purger les hypothèques; c'est aussi une des solennités nécessaires pour que l'acte puisse être opposé aux tiers.—V. DONATION ENTRE-VIFS.

18. — Lorsqu'une adjudication d'immeuble a eu lieu sur expropriation forcée, il n'y a pas lieu, pour l'adjudicataire, d'avoir recours à la purge des priviléges et hypothèques; toutes les charges qui grèvent l'immeuble sont purgées par l'adjudication elle-même. La raison en est que la procédure de saisie immobilière est accompagnée d'une publicité telle que les créanciers ne peuvent ignorer les poursuites. Dès lors il est inutile de leur faire des notifications de purge pour leur faire connaître soit ces poursuites, soit l'adjudication. La chose passe franche et libre entre les mains de l'adjudicataire, et les hypothèques inscrites sont converties en droit sur le prix. — Loyseau, liv. 3, ch. 6, no 26; Basnage, *Hypoth.*, ch. 17, p. 92; Pothier, *Procéd. civ.*, p. 262; Tarrible, *Inscript.*, p. 215; Troplong, t. 4, no 705; Grenier, t. 2, p. 174. — V., quant aux hypothèques légales, *infrà* nos 133 et suiv.

19.— ... Et le créancier qui ne se serait pas fait inscrire avant l'adjudication n'aurait même aucune préférence à prétendre sur le prix; il devrait être considéré comme un simple créancier chirographaire.

20. — L'adjudication sur expropriation forcée ne purge, du reste, les priviléges et hypothèques qu'autant que toutes les formalités de procédure exigées par la loi ont été observées. Elle n'aurait pas cet effet à l'égard du créancier auquel on n'aurait pas fait les notifications et sommations prescrites par le Code de procédure. — Tarrible, *Rép.*, vo *Saisie immobilière*, § 6, art. 1er, no 15.

21. — Il a été jugé, avant la loi du 2 juin 1841 sur les ventes judiciaires de biens immeubles, que l'adjudication sur expropriation forcée ne purgeait pas l'hypothèque du créancier auquel on n'avait pas notifié le placard, conformément à l'art. 695 du C. proc. — *Liége*, 11 août 1814, Léonardiz c. Lyz; *Caen*, 28 nov. 1825, Augenon c. Fleuriel.

22. — Les mêmes principes doivent être appliqués aux adjudications par surenchère, qui, aux termes de l'art. 2187 C. civ., ont lieu suivant les formes établies pour les expropriations forcées. — Grenier, t. 2, p. 175; Troplong, t. 4, no 908. — Ces adjudications purgent les priviléges et hypothèques qui grèvent l'immeuble ainsi vendu.

23. —Mais il ne faudrait pas assimiler aux ventes sur expropriations forcées certaines aliénations qui, bien que faites par autorité de justice, diffèrent de ces ventes, en ce que les créanciers hypothécaires ne sont pas appelés directement à y intervenir. Ainsi, l'adjudicataire devra purger, conformément aux art. 2181 et suiv. du Code civil, dans tous les cas où il s'agit de l'aliénation, soit de biens immeubles appartenant à des mineurs, soit de biens dotaux, conformément à l'art. 1558 du même Code, soit d'immeubles appartenant à des interdits ou dépendant d'une succession bénéficiaire ou d'une succession vacante, soit des biens immeubles d'un failli, soit d'immeubles vendus par licitation, soit enfin de ceux de ces biens qui appartiennent à un débiteur qui a fait cession de biens.—*Caen*, 18 nov. 1825, précité. — Tarrible, *Rép.*, vo *Transcription*, p. 33, no 7; Grenier, t. 2, p. 173 et 174; Troplong, t. 4, no 909.

24. —La Cour de Caen a jugé que les formalités prescrites par la loi pour la vente des biens d'un failli ne remplacent point, à l'égard des créanciers inscrits, les formalités qu'elle indique pour la purge des hypothèques.— ... Et que, dans ce cas, un créancier hypothécaire non payé, et qui n'a pas été appelé à l'ordre ouvert par suite de l'adjudication des biens du failli, ne peut être déclaré non recevable à saisir immobilièrement, sur l'adjudicataire, les biens affectés à sa créance, sous le prétexte qu'il aurait été représenté, lors de la vente, par le syndic de la faillite, qui seul aurait qualité pour vendre les biens du failli.— *Caen*, 28 nov. 1825, Augenon c. Fleuriel.— Merlin, *Répert.*, vo *Saisie immob.*; Troplong, t. 4, no 907; Bioche, *Dict. de procéd.*, vo *Purge*, no 32.

25. — Cependant la même Cour a jugé depuis, mais à tort, que les art. 2183 et suiv. C. civ. ne s'appliquent pas aux ventes faites sur faillite, qui sont de véritables ventes forcées. Dès lors, l'acquéreur n'est pas obligé de notifier son contrat aux créanciers inscrits. — *Caen*, 29 mai 1827, Dubusq et Lenfant c. Roussel.

26. — Les formalités prescrites par les art. 2181 et suiv. s'appliquent à toutes les hypothèques *inscrites* quelle qu'en soit l'origine. Ainsi, lorsqu'une hypothèque légale a été rendue publique par l'inscription, elle devient, au regard de l'acquéreur, dans les mêmes conditions que les hypothèques ordinaires, en ce sens qu'elle est comprise parmi celles auxquelles s'applique la procédure ordinaire de purge tracée par les mêmes articles.

27.—Les dispositions des art. 2181 et suiv. s'appliquent non-seulement aux hypothèques, mais aux priviléges; même à ceux qui sont dispensés de l'inscription, tels que les priviléges généraux indiqués par l'art. 2204 C. civ. Si l'inscription de ces priviléges est inutile tant qu'il ne s'agit que du droit de préférence, elle devient nécessaire lorsque le créancier veut exercer un droit de suite et conserver la faculté de surenchérir. D'ailleurs, l'art. 834 C. procéd. veut que les priviléges soient inscrits, de même que les hypothèques, au plus tard dans la quinzaine de la transcription. — Troplong, t. 4, n° 922.

28. — La notification de purge devant contenir offre de payer le prix (art. 2284. — V. *infrà* n° 46) produit nécessairement une obligation. Cette formalité ne peut donc être remplie que par ceux qui sont capables de s'obliger. Ainsi, le mineur ne peut notifier que par l'entremise de son tuteur. Grenier (t. 2, n° 459) pense même que le tuteur doit se faire préalablement autoriser par le conseil de famille. Mais cette opinion ne paraît pas justifiée; car il s'agit, dans cette hypothèse, non d'aliéner un immeuble appartenant à un mineur (C. civ., art. 457), mais seulement de s'obliger à payer une somme d'argent.

29. — La femme mariée ne peut remplir les formalités de purge sans l'autorisation de son mari. Si elle est mariée sous le régime dotal, son offre de payer ne pourra donner aucune action sur ses biens dotaux et inaliénables. — M. Troplong (t. 4, n° 923) est d'avis que la dot mobilière pourrait dans ce cas être engagée. — Grenier (t. 2, p. 360) est d'opinion contraire. — V. DOT, n°s 497 et suiv.

30. — Jugé avec raison que l'acquéreur, en remplissant les formalités prescrites pour purger les hypothèques de son vendeur, ne purge pas l'action personnelle résultant de l'obligation que, par le contrat de vente, il a contractée envers un créancier du vendeur. — *Paris*, 27 pluv. an XI, Cappy c. Caillette.

31. — Celui qui a acquis un immeuble du propriétaire apparent, qu'il savait n'être que le prête-nom du véritable propriétaire, n'est pas tenu, pour purger cet immeuble de toute hypothèque, de remplir les formalités de la purge, non-seulement à l'égard du vendeur apparent, mais encore à l'égard du vendeur réel. — Dans ce cas l'immeuble est affranchi de toute hypothèque, lorsque les formalités prescrites pour le purger ont été remplies à l'égard du vendeur apparent. — *Cass.*, 29 mars 1830, Voyer d'Argenson c. Godon.

32. — Un acquéreur peut purger les hypothèques, légales ou autres, qui grèvent les immeubles qu'il a achetés, même après en avoir revendu une partie notable. — *Cass.*, 5 mai 1847 (t. 1er 1847, p. 618), Aurès c. Tardres.

33. — Mais les formalités de la purge hypothécaire ne peuvent être valablement remplies que par celui qui, lors de leur accomplissement, est propriétaire de l'immeuble hypothéqué. — Jugé, dans ce sens, que les notifications qu'un précédent acquéreur aurait faites aux créanciers inscrits après la revente, par lui consentie, de l'immeuble, ne mettent pas obstacle à ce que le délaissement soit poursuivi contre le détenteur actuel qui ne s'est pas personnellement conformé aux dispositions de l'art. 2166 C. civ. — *Angers*, 15 avr. 1847 (t. 2 1847, p. 168), Cochonneau c. Tardif et Baguelan.

34. — Il y a des cas où, quoique l'immeuble soit purgé et l'hypothèque ou le privilége éteints à son égard, le droit de préférence sur le prix est conservé. Ainsi, suivant M. Troplong (n° 95 *bis*), le privilége du Trésor pour le recouvrement des frais en matière criminelle reste entier lorsqu'une inscription a été prise en son nom sur un immeuble du condamné dans les deux mois du jugement. Le Trésor est alors assimilé au copartageant dont parle l'art. 834 C. procéd.

35. — De même le cohéritier qui n'a pas pris inscription sur l'immeuble successif dans la quinzaine au plus tard de la transcription de la vente qu'en a faite son cohéritier, perd le droit de suite contre l'acquéreur; mais conserve néanmoins son droit privilégié sur le prix, pourvu qu'il ait pris inscription dans les deux mois à partir de la vente ou adjudication. — C. civ., art. 2109.

36. — Il en est encore ainsi lorsque le conservateur a omis de mentionner dans le certificat qu'il a délivré une ou plusieurs des charges inscrites. L'immeuble devient affranchi de ces charges entre les mains de l'acquéreur, sans que cette circonstance influe sur le droit de préférence qui appartient aux créanciers.

37. — Nous avons vu que la première formalité prescrite à l'acquéreur qui veut purger est la transcription du titre. — Bien que, suivant l'art. 2281, il soit nécessaire de transcrire *en entier* l'acte d'aliénation, il ne faut pas en conclure qu'il faille transcrire tout au long l'acte par lequel plusieurs immeubles distincts et séparés seraient vendus si l'acquéreur n'a intérêt à purger que les hypothèques inscrites sur l'un de ces immeubles. Il suffirait, pour remplir le vœu de la loi, de transcrire la partie de l'acte relative à l'immeuble qu'on voudrait purger.

38. — Il faut en dire autant du cas où le même acte porte vente de domaines différens à plusieurs particuliers. Mais la transcription doit reproduire l'acte dans son entier lorsqu'il est indivisible ou lorsque toutes les clauses dépendent les unes des autres. — Grenier, t. 2, n° 569; Troplong, t. 4, n° 911; Persil, *Rég. hyp.*, art. 2181 et 2182, n°s 14 et 15.

39. — Lorsqu'un immeuble a été vendu à deux individus chacun pour moitié, la transcription de l'acte entier faite par l'un des acquéreurs peut servir à l'autre pour purger les hypothèques assises sur sa portion. — Décis. min. de la just. 17 mars 1809.

40. — Lorsque deux immeubles situés dans deux arrondissemens différens ont été échangés par un acte, chacun des contractans doit, au contraire, faire transcrire dans l'arrondissement où est situé l'immeuble qui lui est attribué par l'acte d'échange.

41. — On s'est demandé si, lorsqu'un immeuble a été l'objet de plusieurs ventes successives, le dernier acquéreur qui veut purger doit transcrire non-seulement son contrat, mais encore toutes les ventes précédentes. M. Tarrible se prononce pour l'affirmative. — *Rép.*, v° *Transcription*, § 3, n° 2, p. 102.

42. — Delvincourt (t. 3, p. 363, n° 2), Merlin (*Rép.*, v° *Transcription*, p. 106, note), Grenier (t. 2, p. 166) et M. Troplong (t. 4, n° 913) sont d'avis qu'il n'est pas nécessaire que la transcription s'applique à toutes les ventes successives, lorsque le dernier contrat contient la nomenclature complète de ces ventes. La transcription du contrat est alors suffisante pour donner l'éveil soit aux créanciers hypothécaires du dernier vendeur, soit à ceux qui tiennent leurs droits des vendeurs précédens; et ces créanciers perdent tout droit hypothécaire s'ils ne se font inscrire dans la quinzaine de la transcription ainsi faite. Mais lorsque la dernière vente ne relate pas les mutations antérieures, les mêmes auteurs estiment que tous les contrats successifs doivent être transcrits.

43. — La Cour de cassation n'adopte aucune de ces deux opinions, et sa jurisprudence reconnaît comme suffisante, dans tous les cas et sans distinction, la transcription faite par le dernier acquéreur de son contrat particulier. — *Cass.*, 13 déc. 1813, Allhaud c. Joannis; 14 janv. 1818, Danglemont c. Duménil. — Il est peut-être regrettable que cette cour n'ait pas sanctionné par sa jurisprudence le système mixte défendu par MM. Delvincourt, Troplong, Merlin et Grenier, système qui a l'avantage de sauvegarder, par une publicité efficace, les intérêts des créanciers des anciens vendeurs sans imposer au dernier acquéreur des frais de transcription trop onéreux.

44. — La simple transcription des titres translatifs de propriété sur les registres du conservateur ne purge pas les hypothèques et priviléges établis sur l'immeuble. Le vendeur ne transmet à l'acquéreur que la propriété et les droits qu'il avait lui-même sur la chose vendue. Il les transmet sous l'affectation des mêmes priviléges et hypothèques dont il était chargé. — Art. 2182.

§ 2. — *Formalités que l'acquéreur doit remplir; notification de contrat, offre de payer.*

45. — Si le nouveau propriétaire veut se garantir de l'effet des poursuites des créanciers privilégiés ou hypothécaires, il est tenu, soit avant les poursuites, soit dans le mois au plus tard, à compter de la première sommation qui lui est faite, de notifier aux créanciers aux domiciles par eux élus dans leurs inscriptions: 1° Extrait de son titre contenant seulement la date et la qualité de l'acte, le nom et la désignation précise du vendeur ou du donateur, la nature et la situation de la chose vendue ou donnée; et s'il s'agit d'un corps de biens, la dénomination générale seulement du domaine et des arrondissemens dans lesquels il est situé, le prix et les charges faisant partie du prix de la vente, ou l'évaluation de la chose, si elle a été donnée; 2° extrait de la transcription de l'acte de vente; 3° un tableau sur trois colonnes, dont la première contiendra la date des hypothèques et celle des inscriptions; la seconde, le nom des créanciers; la troisième, le montant des créances inscrites.

46. — L'acquéreur ou le donataire déclare par le même acte qu'il est prêt à acquitter sur-le-champ les dettes et charges hypothécaires jusqu'à concurrence seulement du prix, sans distinction des dettes exigibles ou non exigibles. — Art. 2184.

47. — Les avoués ont seuls, à l'exclusion des huissiers, le droit de composer et signer les extraits du contrat de vente et du certificat de transcription, ainsi que le tableau des inscriptions qui doivent être notifiées par l'acquéreur aux créanciers inscrits, en exécution de l'art. 2183 C. civ., pour arriver à la purge des hypothèques ordinaires. — *Cass.*, 20 août 1845 (t. 2 1845, p. 332), huissiers de Tours c. avoués de la même ville.

48. — La sommation dont parle l'art. 2183 est la même que la sommation de purger ou de délaisser indiquée par l'art. 2169, et c'est à tort que la Cour de Nîmes a cru qu'on pouvait faire au tiers détenteur une sommation de purger. — *Nîmes*, 4 juin 1807, Gourdon et Boissier c. Audemart; 6 juill. 1812, Boyer c. Réginel et de Blacas. — Un pareil acte serait frustratoire. — Troplong, t. 3, n° 793; t. 4, n° 916. — Ces deux points sont passés en jurisprudence. — *Bruxelles*, 20 oct. 1820, Devriés c. Liefmans; *Cass.*, 18 févr. 1824, Daydé; *Orléans*, 4 juill. 1828, Lendormi c. Mollinet; *Colmar*, 6 déc. 1834, Bichler c. Singrissen; *Toulouse*, 7 déc. 1830, Ducros c. Desclaux. — V. SOMMATION.

49. — La simple sommation faite à l'acquéreur de notifier son contrat dans le mois avec la déclaration prescrite par l'art. 2184, ne peut avoir pour effet de provoquer la déchéance de la faculté de purger. — *Bruxelles*, 20 oct. 1820 Devriés c. Liefmans.

50. — Si plusieurs significations avaient été faites par différens créanciers, c'est à partir de la sommation première en date que courrait le délai d'un mois.

51. — La sommation qu'un créancier fait aux tiers détenteurs de payer ou de délaisser, et les notifications qui en ont été la suite, peuvent être considérées comme frustratoires lorsque ce créancier, présent à la vente, a reconnu que le prix en devait suffire pour le désintéresser. — *Rouen*, 25 juill. 1840 (t. 1er 1841, p. 420), Thieulin c. Dubos.

52. — Les termes de l'art. 2183 ne cadrent pas exactement avec ceux de l'art. 2169, quant au délai que prescrivent ces deux dispositions. En effet, ce dernier article déclare que les créanciers hypothécaires ont droit de faire vendre la chose *trente jours* après commandement fait au débiteur originaire et sommation faite au tiers détenteur de payer la dette exigible ou de délaisser l'héritage. D'un autre côté, l'art. 2183 veut que les notifications de purge soient faites par l'acquéreur au plus tard *dans le mois* à compter de la sommation. Or, il est de principe général que lorsque la loi parle de mois, il faut calculer le nombre de jours en suivant le calendrier grégorien. Il pourrait donc arriver, si l'on calculait ainsi, que lorsque le mois a 31 jours, les créanciers hypothécaires pourraient faire saisir l'immeuble le trente-unième, en vertu de l'art. 2169; tandis que suivant l'art. 2183, le tiers détenteur serait encore, ce même jour, dans le délai pour purger: ce qui implique contradiction.

53. — Grenier (t. p. 2, 104 et 105) pense cependant que le délai d'un mois prévu par l'art. 2183 doit varier suivant la longueur effective du mois d'après le calendrier grégorien. Mais nous croyons avec M. Troplong (t. 3, n° 793) que cet article se référant nécessairement à l'art. 2169, on doit entendre par *mois* l'espace de trente jours: interprétation qui lève toute difficulté.

54. — On ne doit comprendre dans le délai de trente jours ni celui où la sommation a été signifiée, ni le jour de l'échéance ou *dies ad quem*. — Battur, t. 2, p. 104 et 105.

55. — Le tiers détenteur qui aurait négligé de faire la notification prescrite par l'art. 2183 dans le mois à compter de la sommation serait déchu du droit de purger, quand même la sommation aurait été abandonnée par le créancier poursuivant qui aurait été désintéressé. La déchéance accomplie profiterait à tous les créanciers inscrits, et il n'y aurait pas lieu de signifier une nouvelle sommation. — *Cass.*, 30 juill. 1822, Garnier c. Melin. — Les tribunaux ne pourraient relever le tiers détenteur de la déchéance. — *Paris*, 18 mai 1832, Vervet c. Hymmes; *Caen*, 17 juin 1833, Surbled c. le Trésor; *Toulouse*, 29 juin 1836 (t. 1er 1837, p. 183), Laurent c. Vernhettes; 5 juin 1837 (t. 2 1837, p. 21), Esmonnet c. Marcille.

56. — Décidé que le tiers détenteur auquel un créancier a fait sommation de payer ou de délaisser encourt la déchéance prononcée par l'art. 2183 C. civ. s'il ne fait, dans le mois au plus tard de cette sommation, la notification nécessaire pour opérer la purge, alors même qu'il aurait formé opposition à la sommation, et que, sur cette opposition, il aurait contesté, devant les juges compétens, le titre du créancier poursuivant et la validité des poursuites. — *Limoges*, 14 juill. 1847 (t. 1er 1848, p. 75), Doumaud c. Clasgnaux. — Rolland de Villargues, *Rép. du notariat*, vo *Purge*, no 11.

57. — Si le tiers détenteur ne recevait aucune sommation de la part des créanciers; il pourrait faire les notifications de purge quand bon lui semblerait, sans être astreint à aucun délai. — Troplong, t. 4, no 916.

58. — La notification faite par l'acquéreur aux créanciers inscrits de son contrat d'acquisition le rend débiteur personnel envers eux du montant du prix, de telle sorte que, dans le cas de vente faite par le mari, d'un immeuble grevé de l'hypothèque légale de sa femme, les créanciers personnels de celle-ci peuvent valablement former saisie-arrêt entre les mains de l'acquéreur comme débiteur de leur débitrice. — *Bordeaux*, 19 nov. 1832, de Lalande c. de Lamarthonie. — Grenier, *Traité des hypothèques*, no 458; Persil, *Régime hypothécaire*, sur l'art. 2184; Bioche, *Dictionnaire de procédure*, vo *Purge*, no 70.

59. — C'est par un vice de rédaction que l'article 2183 prescrit seulement au tiers détenteur de signifier un extrait de la transcription de l'*acte de vente*. La transcription s'appliquant à des actes contenant aliénation à tout autre titre qu'à celui de vente, les expressions employées par la loi ne sont pas assez générales.

60. — La notification doit être faite par un huissier commis à cet effet, sur simple requête, par le président du tribunal de première instance de l'arrondissement où cette notification a lieu. Elle doit contenir constitution d'avoué près le tribunal où la surenchère et l'ordre devront être portés. — C. proc., art. 832.

61. — Si la notification était faite par un huissier qui n'aurait pas été commis, il y aurait nullité substantielle. En prescrivant cette formalité, la loi a voulu s'assurer que les notifications seraient exactement faites aux créanciers.

62. — Jugé que la notification que l'art. 2183 C. civ. exige de l'acquéreur d'un immeuble qui veut purger sa propriété est nulle et comme non avenue pour n'avoir été faite ni dans le délai fixé par cet article, ni par un huissier commis, selon le vœu de l'art. 832 C. proc. civ. — Dans ce cas, le créancier hypothécaire qui a fait faire la sommation et le commandement prescrits par l'article 2169 C. civ., a pu passer outre à la saisie immobilière contre le tiers acquéreur, sans avoir besoin de la faire précéder d'un nouveau commandement à celui-ci, suivant l'art. 673 C. proc. civ. — *Paris*, 28 mars 1808, Guérin c. Ausselin; *Metz*, 14 avril 1812, Farcy c. Rosières; 31 mars 1821, Ermann et Britnacher c. Prinz.

63. — L'huissier doit être commis par le président du tribunal de l'arrondissement de la situation des biens. En effet, suivant l'art. 832 C. proc., c'est le président du tribunal de l'arrondissement où la notification a lieu qui est compétent. Or la notification a lieu aux domiciles élus par les créanciers dans les inscriptions, et l'art. 2148 exige que ce domicile soit élu dans l'arrondissement de la situation des biens.

64. — Pour purger valablement les hypothèques, rendre définitif son contrat de vente, et faire courir le délai de la surenchère, l'acquéreur doit notifier son contrat à tous les créanciers inscrits soit du chef de son vendeur immédiat, soit du chef du vendeur de son vendeur. — *Cass.*, 5 mai 1835, Laurens c. Coulet.

65. — La notification de purge ne doit être faite qu'aux créanciers inscrits avant la transcription. Nous avons vu que l'art. 835 C. proc. dispense le tiers détenteur de notifier à ceux qui n'auraient fait inscrire leur privilége ou leur hypothèque que dans la quinzaine de la transcription, bien que ces derniers puissent exercer leur droit de suite et leur droit de préférence comme les autres.

66. — Le créancier auquel l'acquéreur aurait omis de faire une notification, conserve tous ses droits, et il peut surenchérir même après l'expiration du délai donné aux autres créanciers pour former une surenchère. Il pourrait même inquiéter plus tard celui qui deviendrait adjudicataire par suite de surenchère. Mais si l'omission venait de ce que le conservateur a délivré au nouveau propriétaire un état sur transcription inexact, l'immeuble passerait entre les mains de ce dernier franc et libre de l'hypothèque oubliée sur l'état, sauf le recours du créancier contre le conservateur. — C. civ., art. 2198.

67. — Les femmes et les mineurs dont les hypothèques ont été inscrites doivent être considérés par le tiers détenteur comme des créanciers ordinaires quant aux notifications. Il doit donc leur notifier lorsque l'inscription a précédé la transcription; mais il n'a aucune signification à leur faire lorsque leurs hypothèques n'ont été inscrites que dans la quinzaine de cette transcription, conformément à l'art. 835 C. proc. Mais, dans ce dernier cas, dans quel délai ces personnes peuvent-elles surenchérir? — V. SURENCHÈRE.

68. — Lorsque le prix se trouve énoncé d'une manière inexacte dans la notification, MM. Persil (art. 2183, no 8) et Grenier (t. 2, p. 309) pensent qu'il y a nullité. Delvincourt (t. 3, p. 364, note 4) et M. Troplong (t. 4, no 924) maintiennent, au contraire, la notification comme valable. Ces derniers auteurs distinguent entre le cas où le prix déclaré est supérieur à celui porté au contrat et celui où il lui est inférieur. Dans le premier cas, il y a lieu de forcer seulement l'acquéreur à verser entre les mains des créanciers la totalité du prix indiqué dans la notification. Si le prix déclaré est inférieur au prix réel, l'acquéreur devra payer ce dernier prix, et si la revente à la suite de surenchère ne donnait qu'un chiffre moindre, il serait tenu de la différence.

69. — M. Duranton (t. 20, no 387) estime que la notification ne serait pas annulée parce qu'elle contiendrait l'indication d'un prix supérieur au prix réel; mais qu'au contraire il y aurait nullité, si le prix déclaré était inférieur à celui qui est porté au contrat.

70. — Décidé, dans le sens de la doctrine de MM. Grenier et Persil, que la moindre réticence dans la déclaration du prix opère la nullité de la notification du contrat de vente. — *Turin*, 2 mars 1811, Allemandi c. Fassione.

71. — La notification qui ne contiendrait aucune déclaration de prix serait nulle; car elle n'offrirait aux créanciers hypothécaires aucune base pour surenchérir. — *Cass.*, 19 juin 1815, Reynaud c. de Rochefort.

72. — La Cour de Riom a décidé que l'acquéreur qui veut purger doit, dans la notification aux créanciers inscrits, indiquer le véritable prix de son acquisition. — Que si ce prix dépend d'une estimation par experts, le délai pour surenchérir est suspendu jusqu'à l'estimation. — *Riom*, 16 mars 1809, Beraud c. Astier.

73. — Aux termes des art. 2183 et 2184, lorsqu'il y a lieu de purger les hypothèques grevant un immeuble transmis par donation, la notification doit contenir une évaluation de la valeur de l'objet donné, avec offre de désintéresser les créanciers hypothécaires jusqu'à concurrence de cette valeur. La même évaluation doit être faite par le donataire à cause de mort ou légataire et par l'échangiste qui veut purger.

74. — Cependant la Cour de cassation a décidé que lorsqu'une partie du prix d'une vente consiste dans les prestations en nature l'acquéreur n'est pas tenu d'évaluer ces prestations en argent dans sa notification, et que cette évaluation doit être faite par le créancier qui voudrait ensuite surenchérir. — *Cass.*, 3 avril 1815, Capron c. Lesueur. — Cette décision nous paraît renverser les rôles, et c'est avec raison qu'elle est critiquée par M. Troplong (t. 4, no 925).

75. — La même Cour a décidé que l'acquéreur qui veut purger les hypothèques dont l'immeuble vendu peut être grevé, doit seulement notifier aux créanciers inscrits un extrait de son contrat de vente, en énonçant le prix et les charges qui lui sont imposées, tels qu'ils sont portés dans le contrat, sans qu'il soit nécessaire d'évaluer le capital d'une rente viagère, qui forme une portion du prix. — *Cass.*, 11 mars 1829, Mazière c. Saunier. — V. aussi *Aix*, 2 févr. 1821, Fabrice et Guy c. Mandine. — La doctrine de ces arrêts est combattue par MM. Grenier (t. 2, no 439), Troplong (*loc. cit.*), Delvincourt (t. 3, p. 243), et Persil (sur l'art. 2183, no 8).

76. — La Cour de Paris avait jugé, dans le sens de l'opinion de ces auteurs, que la notification d'un contrat de vente d'immeubles dont le prix consiste, pour le tout ou partie, en rentes viagères, dont elle ne détermine point les capitaux, est impuissante soit pour faire courir le délai de la surenchère, soit pour fonder la procédure d'ordre. — *Paris*, 5 févr. 1814, Huet de Thumery c. Demary.

77. — L'échangiste qui veut purger les hypothèques n'est point tenu dans ses notifications d'énoncer le prix porté au contrat; il a le droit d'évaluer le prix qu'il attache à l'immeuble reçu en contre-échange. — C. civ., art. 2183. — Peu importe que l'immeuble par lui abandonné avec une soulte en argent soit d'une valeur moins considérable que la soulte. Cette circonstance ne change pas la nature du contrat, qui n'en reste pas moins un contrat d'échange. — *Paris*, 26 juin 1847 (t. 2 1847, p. 217), Delaruelle c. Legendre. — V. néanmoins Pothier, *Traité des retraits*, et Troplong, *Vente*, t. 1er, no 10.

78. — Décidé que lorsqu'un immeuble a été vendu moyennant un prix fixé et en outre une rente viagère au profit d'un tiers, si ce dernier, par acte passé le même jour et devant le même notaire, renonce à la vente moyennant une somme une fois payée, ce capital fait partie du prix de la vente et doit être affecté au paiement des créanciers hypothécaires. Qu'il en serait ainsi, lors même que l'acquéreur n'aurait pas énoncé ce capital d'amortissement dans les notifications de son contrat faites aux créanciers inscrits, et qu'il ne serait survenu aucune surenchère. — C. civ., art. 2183 et 2184. — Que les créanciers chirographaires du vendeur ne peuvent profiter de ce capital. — *Bordeaux*, 28 mai 1832, Son c. Jadot, Charron et Boizel.

79. — Jugé que l'acquéreur d'un immeuble qui fait notifier son contrat aux créanciers inscrits n'est pas obligé de distinguer dans l'extrait de ce contrat les charges qui font partie du prix. C'est au créancier qui veut surenchérir à faire cette distinction, pour composer la somme à laquelle il doit porter sa surenchère. — *Cass.* 2 nov. 1813, Guillaume et Vignon c. Bajot d'Argensol. — Conf. Bioche et Goujet, *Dict. de procéd.*, vo *Surenchère*, no 32; Merlin, *Rép.*, vo *Surenchère*, no 3 *bis*.

80. — L'acquéreur qui veut purger les hypothèques, n'est pas tenu, pour satisfaire à l'article 2183 C. civ., non-seulement de notifier aux créanciers inscrits le tableau sur trois colonnes dont parle le no 3 de cet article, mais encore d'insérer ce tableau dans l'original de l'exploit de notification, ou tout au moins l'y annexer. — *Cass.*, 28 mai 1817, Bullet c. Billion.

81. — Bien que la notification faite conformément à l'art. 2183 C. civ. ne contienne que l'inscription d'un seul créancier, celui-ci ne peut, lorsqu'il existe en réalité d'autres inscriptions, et qu'ainsi il y a lieu à ordre, poursuivre l'acquéreur pour se faire rembourser sa créance. — Les frais de l'action mal à propos intentée doivent rester à la charge personnelle du créancier, qui pouvait par la publicité des registres du bureau des hypothèques s'assurer s'il était seul créancier inscrit. — *Paris*, 6 avril 1825, Delaistre c. Hainque.

82. — La notification prescrite par l'art. 2183 C. civ. est valablement faite à un créancier désintéressé, si le nouveau créancier a négligé de faire mentionner son titre sur les registres des hypothèques. — *Colmar*, 21 déc. 1832, Hirsch c. Freudenreich.

83. — Jugé que l'acquéreur qui notifie son contrat aux créanciers inscrits ne peut être par là considéré comme ayant approuvé leurs inscriptions. — *Cass.*, 23 juin 1812, Michel c. Bonaud.

84. — Le créancier qui a requis la surenchère est encore à temps d'opposer la nullité de la notification qui lui a été faite. — *Bordeaux*, 8 juill. 1814, Boniceau c. Maturas.

85. — La loi veut que l'acquéreur paie sans distinction des dettes exigibles ou non exigibles, et qu'il paie sur-le-champ. Au contraire, l'article 30 de la loi du 11 brum. an VII disposait que l'acquéreur devait offrir d'acquitter les charges dans les mêmes termes et de la même manière qu'elles lui avaient été constituées. Ainsi le nouveau propriétaire devait garder par devers lui les fonds nécessaires pour payer les créances éventuelles, en cas que l'événement prévu vînt à se réaliser. Il devait aussi, lorsqu'il y avait des rentes, garder somme suffisante pour en servir les arrérages. Ce système jetait de grands embarras dans les transmissions de propriété, et amenait de grandes complications dans les procédures d'ordre. Ces inconvéniens n'existent plus sous le régime établi par l'art. 2184 du Code civil.

86. — Lorsque la notification de purge a été faite par l'acquéreur, les créances à termes deviennent exigibles. Il en est de même des créances conditionnelles et de celles qui consistent en des rentes perpétuelles ou viagères. Quant aux difficultés auxquelles peut donner lieu la liquidation de ces dernières créances, V. HYPOTHÈQUES, nos 235 et suiv., 253 et suiv.

87. — L'acquéreur qui ne doit son prix qu'à différens termes, et qui veut purger, doit, à peine de nullité, offrir de payer immédiatement et sans délai les créances inscrites, exigibles ou non. — *Bordeaux*, 8 juillet 1814, Boniceau c. Maturas. — Delvincourt, t. 4, p. 355, et Troplong, t. 4, n° 928.

88. — Les termes de l'art. 2184 Code civ. ne sont pas sacramentels, en sorte qu'on peut remplir le vœu de cet article par des termes équivalens. — *Turin*, 2 mars 1811, Allemandi c. Fassione; *Cass.*, 28 mai 1817, Bullet c. Billion; *Caen*, 17 juin 1833, Surbled c. le Trésor. — Duranton, t. 20, n° 385.

89. — Il suffirait que l'acquéreur déclarât qu'il entend payer conformément à son contrat et suivant les obligations à lui prescrites par la loi sur les hypothèques. — *Cass.*, 28 mai 1817, Bullet c. Billion.

90. — L'acquéreur qui, par la notification de son contrat, faite en vertu de l'art. 2184 Code civil, déclare aux créanciers inscrits qu'il est prêt à payer et à acquitter à l'avenir les rentes et charges qui lui étaient imposées par ledit contrat et à se conformer à tout ce que de droit et à la loi, ne remplit pas le vœu de l'art. 2184. — *Caen*, 17 juin 1833, Surbled c. le Trésor.

91. — Jugé que la déclaration faite par l'acquéreur d'un immeuble, dans ses notifications aux créanciers inscrits, qu'il est prêt à acquitter toutes les dettes hypothécaires jusqu'à concurrence de son prix, ne l'oblige pas à rapporter immédiatement une portion de son prix qui, d'après le contrat, reste entre ses mains pour servir un usufruit qui grevait les biens vendus. — *Grenoble*, 20 janv. 1832, Barge de Certrau c. Janon.

92. — L'exploit de notification du contrat de vente d'un immeuble aux créanciers inscrits pour arriver à la purge est valable, bien qu'il ne fasse pas connaître le prix définitif, en ce que la quotité de ce prix est soumise par les stipulations du contrat à des éventualités, telles, par exemple, qu'un arpentage ultérieur, si d'ailleurs cet acte reproduit exactement les conditions de la vente. — En pareil cas, les créanciers doivent surenchérir sur le prix provisoirement fixé, sauf à profiter, s'il y a lieu, de la réduction stipulée pour le cas de diminution de contenance prouvée par l'arpentage. — *Orleans*, 8 janv. 1847 (t. 2 1847, p. 457), Frezot c. Allard de Jassy. — V. aussi *Toulouse*, 17 juill. 1844 (t. 2 1844, p. 217), Dorliac c. Duchan. — Chauveau sur Carré, *Lois de la procéd. civ.*, quest. 2457.

93. — Décidé que, bien que, dans le contrat de vente, il ait été stipulé qu'une partie du prix sera compensée avec ce que le vendeur doit à l'acheteur, ce dernier, s'il veut purger les hypothèques, doit payer l'intégralité de son prix d'acquisition. — *Liége*, 8 mai 1811, d'Helers et Theissen c. Hammer. — Troplong, *Hypoth.*, t. 4, n° 930 *bis*.

94. — Les intérêts du prix s'incorporent avec le capital et ils doivent être offerts avec ce capital. Au besoin, on considérerait cet intérêt comme l'une de ces *charges* de la vente qui doivent être comprises dans les offres, aux termes de l'art. 2184. Les intérêts échus appartiennent aux créanciers hypothécaires. — *Cass.*, 3 nov. 1813, Meriette c. Montalenghe. — Troplong, t. 4, n° 929. — V. cependant Grenier, t. 2, n° 444, p. 321, et t. 1er, p. 300.

95. — La convention qui fixe un terme pour le paiement du prix d'une vente d'immeubles, et qui dispense l'acquéreur de payer aucuns intérêts jusqu'à l'échéance, est licite à l'égard du vendeur; mais vis-à-vis des créanciers hypothécaires elle n'est pas obligatoire lorsque l'acquéreur veut remplir les formalités de la purge. En pareil cas, donc, l'acquéreur doit se soumettre à payer immédiatement le prix, et, en outre, il est tenu du paiement des intérêts à partir du jour de la notification. — *Montpellier*, 13 mai 1841 (t. 2 1842, p. 549), Herail c. André.

96. — Décidé, encore, que la notification que l'acquéreur fait de son contrat aux créanciers hypothécaires inscrits, avec déclaration qu'il est prêt à verser entre leurs mains le montant de son prix, a pour effet de rendre ce prix, en principal et intérêts échus et à échoir, la propriété des créanciers. — Qu'en conséquence, les intérêts produits par le prix de vente depuis la notification du contrat ne peuvent plus se compenser, au préjudice des créanciers, avec ceux d'une autre somme due par le vendeur à l'acquéreur. — *Nancy*, 16 mars 1838 (t. 2 1840, p. 538), Lippmann c. Catoire.

97. — Et la notification de son titre faite par l'acquéreur aux créanciers inscrits donne à ces derniers le droit d'exiger, à partir de ladite notification, les intérêts du prix de l'immeuble acquis, lors même qu'il aurait été expressément stipulé au contrat que ces intérêts ne courraient que du jour de la radiation des inscriptions, si d'ailleurs il n'est pas établi que la dispense de payer les intérêts (laquelle d'ailleurs n'est pas limitée à une époque fixée) fasse partie du prix de la vente. — *Bordeaux*, 19 juin 1835, Olard c. Espinasse.

98. — Le défaut d'énonciation exacte du point de départ des intérêts du prix de la vente n'entraîne pas la nullité des notifications. — Surtout lorsqu'il ne s'agit que d'une différence légère, nullement de nature à avoir de l'influence sur l'exercice du droit de surenchère. — *Paris*, 6 mai 1844 (t. 1er 1844, p. 766), Guetil c. Moreau-Chaslon.

99. — La Cour d'Amiens a décidé, avec raison, que le tiers détenteur qui, après avoir payé son prix au vendeur, le paie de nouveau sur la sommation de délaisser faite par les créanciers inscrits, est tenu envers ceux-ci des intérêts, non à compter du jour de la vente, mais seulement à compter du jour de la sommation. — *Amiens*, 10 juill. 1824, Bessat c. Dufay.

100. — Bien que l'art. 2184 ne parle que de l'*acquéreur*, il s'applique au donataire et à l'échangiste. L'édit de 1771 autorisait par une disposition formelle ces personnes à purger.

101. — L'acquéreur doit offrir d'acquitter sur-le-champ le capital d'une rente viagère qu'il s'est engagé par son contrat à servir au vendeur. — *Paris*, 5 févr. 1814, Huel de Thumry c. Demary.

102. — Lorsque, par le contrat de vente, l'acquéreur s'est engagé à servir une rente hypothéquée sur l'immeuble, il y a lieu de distinguer si le crédit rentier est antérieur aux autres créanciers hypothécaires ou s'il leur est postérieur. Dans le premier cas, l'offre de la rente ne doit pas être faite par la notification. Il en est autrement lorsque le crédit rentier est postérieur en hypothèque aux autres créanciers, car l'ordre seul peut faire connaître si l'on sera obligé d'arriver à la valeur représentative de la rente pour désintéresser les créanciers hypothécaires; une offre partielle serait donc insuffisante. — Troplong, t. 4, n° 930 *bis*.

103. — Jugé que la simple notification du contrat de vente faite, en exécution des art. 2183 et 2184 C. civ., par l'acquéreur volontaire qui veut purger la propriété, suffit pour rendre exigibles les capitaux des rentes inscrites sur l'immeuble, et dont cet acquéreur a été chargé par son contrat. — *Caen*, 24 janv. 1827, Chauvin c. Marie.

104. — ... Et que l'adjudicataire d'un immeuble, qui s'est chargé d'acquitter des rentes dont cet immeuble est grevé, ne peut, après avoir fait signifier son contrat aux créanciers inscrits, demander la retenue des capitaux nécessaires au service desdites rentes. — Il ne peut même prétendre à une indemnité. — *Turin*, 1er sept. 1813, Trucchi c. Calcagno.

105. — Lorsque le prix de vente contient certains frais que l'acquéreur doit payer à la décharge du vendeur, il faut distinguer si ces frais sont étrangers à la vente, ou s'ils en font partie. Lorsque les frais sont étrangers à la vente, il faut appliquer ce que nous venons de dire de la rente viagère. Lorsqu'ils se rattachent à la vente, au contraire, ils ne doivent pas être offerts dans la notification, car l'acquéreur ne peut être contraint d'offrir aux créanciers ce qu'il paie pour eux.

106. — Décidé que lorsque l'adjudicataire d'un immeuble notifie aux créanciers inscrits l'extrait de son acte d'acquisition et déclare qu'il est prêt à en acquitter le prix, sans faire aucune mention d'une clause du cahier des charges qui l'autorise à retenir sur ce prix des loyers payés d'avance, il n'est pas recevable à demander, dans l'ordre ouvert pour la distribution de son prix, la déduction à son profit du montant de ces loyers. — C. civ., art. 2183 et 2184. — *Paris*, 27 nov. 1841 (t. 2 1842, p. 475), Huc c. Pochet et Mouton.

107. — Grenier (t. 2, n° 458) pense que l'acquéreur ne pourrait revenir sur l'offre par lui faite dans la notification. Nous croyons cette opinion trop absolue, et nous croyons avec Troplong (t. 4, n° 931) que l'acquéreur peut rétracter son offre, tant que les quarante jours donnés aux créanciers pour surenchérir ne sont pas expirés, ou tant qu'une surenchère n'a pas été formée dans ce délai.

108. — Il suffit que l'acquéreur d'un immeuble, subrogé par son vendeur dans le droit d'exercer l'action en réméré contre un premier acquéreur, ait offert, dans les notifications faites aux créanciers inscrits, de payer le prix tel qu'il se trouve énoncé dans son acte de vente pour que ces offres soient devenues irrévocables après l'expiration des délais de la surenchère, et qu'il ne puisse, par suite, dans de nouvelles notifications être admis à déduire du prix de la vente les frais qu'il a dû faire pour exercer l'action en réméré. — *Paris*, 13 déc. 1834, Boiron et Heudebert c. Cousin. — Delvincourt, t. 3, p. 173, n° 4; Delaporte, p. 173, et Troplong, t. 4, n° 920.

109. — Dans le cas où le titre du nouveau propriétaire comprendrait des immeubles et des meubles, ou plusieurs immeubles, les uns hypothéqués, les autres non hypothéqués, situés dans le même ou dans plusieurs arrondissemens de bureaux, aliénés pour un seul et même prix, ou pour des prix distincts et séparés, soumis ou non à la même exploitation, le prix de chaque immeuble frappé d'inscriptions particulières et séparées doit être déclaré dans la notification faite par le nouveau propriétaire par ventilation, s'il y a lieu, du prix total exprimé dans le titre. — Art. 2192.

110. — Il a été jugé par application de cette disposition, que l'acquéreur de plusieurs immeubles compris sous un même prix dans un seul contrat, qui veut purger, ne satisfait pas à la loi en se bornant à signifier purement et simplement son contrat, sans ventilation du prix de chaque immeuble grevé d'hypothèques spéciales. — *Cass.*, 19 juin 1815, Reynaud c. de Rochefort. — Delvincourt, t. 3, p. 371, note 5; Grenier, t. 2, n° 456; Troplong, t. 4, n° 974.

111. — Celui qui achète, pour un prix unique, divers immeubles grevés en totalité d'une hypothèque générale et d'hypothèques spéciales au profit de différens créanciers, doit, dans la notification du contrat de purge faite aux créanciers, indiquer par ventilation le prix de chaque immeuble; ce n'est pas seulement au cas où partie seulement des immeubles est grevée d'hypothèque que la ventilation doit avoir lieu. — C. civ., art. 2192. — L'absence de cette ventilation emporte la nullité de la notification. — *Douai*, 18 mai 1836, Brazier c. Progan.

112. — Si la vente de plusieurs immeubles situés dans des arrondissemens différens est faite pour un seul prix, et que l'acquéreur n'ait point, dans la notification, fait la ventilation du prix, un créancier, bien qu'inscrit sur tous les immeubles vendus, peut faire procéder à la vente de ces immeubles, malgré toute ventilation postérieure et le consentement de l'acquéreur à la prorogation du délai de surenchère. — *Lyon*, 13 janv. 1836, Ballofflier c. Paradis. — Il y a, en effet, nécessité de faire une ventilation dans ce cas, car l'acquéreur est obligé de faire autant de procédures de purge qu'il y a d'arrondissemens différens. — Delvincourt, t. 3, p. 371, note 5; Grenier, t. 2, n° 456, et Troplong, t. 4, n° 974.

113. — Décidé par la Cour de Bourges, que la ventilation du prix exigée par l'art. 2192 est prescrite seulement en faveur des créanciers ayant hypothèque sur une portion des immeubles adjugés. — Que les créanciers dont l'hypothèque frappe la totalité des biens vendus sont non recevables à demander la nullité de la notification en se fondant sur ce que l'acquéreur aurait omis de faire cette ventilation. — *Bourges*, 1er avr. 1837 (t. 1er 1837, p. 584), Péras c. Nourrisson et Javon. — Il s'agissait, dans cette espèce, d'immeubles situés dans le même arrondissement.

114. — Jugé encore que l'acquéreur de plusieurs immeubles est tenu de déclarer, dans la notification, le prix par ventilation de chaque immeuble à l'égard du créancier qui a une hypothèque générale sur tous les immeubles et une hypothèque spéciale sur l'un d'eux. — *Caen*, 17 juin 1833, Surbled c. Trésor.

115. — ... Et que l'acquéreur de plusieurs immeubles, dont les uns sont libres et les autres grevés d'hypothèques, et qui, malgré les termes impératifs de l'art. 2192 C. civ., n'a fait qu'une déclaration en masse du prix d'acquisition de ces immeubles, en notifiant son titre aux créanciers inscrits, peut réparer l'irrégularité de la première notification, en se désistant et en la remplaçant par une seconde contenant la ventilation prescrite par l'article précité, même après que l'un des créanciers inscrits a surenchéri et présenté caution. — *Rennes*, 1er avril 1828, Dumoustier c. Gicqueaux.

116. — C'est à tort qu'il a été décidé par la Cour de Bordeaux que la dénonciation du contrat de vente qui porte sur différens immeubles, dont quelques-uns seulement sont grevés d'hypothèques, n'est pas nulle pour ne pas contenir la ventilation ordonnée par l'art. 2192 C. civ., et cette ventilation omise peut être réparée ultérieurement. — *Bordeaux*, 8 juill. 1814, Boniceau c. Maturas.

117. — Lorsqu'il y a lieu à ventilation, elle doit être faite par l'acquéreur, sauf à être contestée par le vendeur ou par les créanciers. — Tarrible, *Rép.*, v° *Transcription*, p. 127; Troplong, t. 4, n° 973. — Quant aux conséquences de la ventilation sur la surenchère que voudraient faire les créanciers, V. SURENCHÈRE.

§ 3. — *Effets de la purge.*

118. — Lorsque le nouveau propriétaire a fait la notification dans le délai fixé, tout créancier dont le titre est inscrit sur l'immeuble peut requérir la mise aux enchères dans les quarante jours de la date de la notification. — Art. 2285. — V. SURENCHÈRE. — A défaut par les créanciers d'avoir requis cette mise aux enchères, la valeur de l'immeuble demeure définitivement fixée au prix stipulé dans le contrat ou déclaré par le nouveau propriétaire, lequel est en conséquence libéré de tout privilége ou hypothèque en payant ledit prix aux créanciers qui sont en ordre de recevoir ou en le consignant. — Art. 2186.

119. — Il ne faudrait pas entendre les prescriptions de l'art. 2186 en ce sens que lorsqu'ils n'ont pas formé de surenchère, les créanciers ne pourraient élever de critique dans aucun cas contre la déclaration du prix dans le contrat de vente. S'il y avait une dissimulation frauduleuse d'une partie du prix véritable, les créanciers hypothécaires pourraient prouver cette dissimulation, même sans avoir surenchéri.

120. — Jugé en ce sens que le créancier inscrit qui n'a point usé du droit de surenchérir conserve néanmoins la faculté d'attaquer comme frauduleuse la vente faite par son débiteur. — *Cass.*, 14 févr. 1826, Choquet c. Douzenel; *Rouen*, 4 juill. 1828, Crevel c. Lemire; *Cass.*, 19 août 1828, Quinquin c. Emeric. — M. Troplong (t. 4, n° 957) cite un arrêt de la Cour de Nancy, du 24 juill. 1823, comme ayant consacré le même principe.

121. — Et c'est à tort qu'il a été décidé par la Cour de Bourges que, lorsque après la notification du contrat de vente les créanciers inscrits ont laissé passer quarante jours sans former de surenchère, ils ne sont plus recevables, dans l'ordre, à arguer le prix de simulation et à déférer sur ce point le serment à l'acquéreur. — *Bourges*, 25 mai 1827, Daiguzon c. Fauconneau-Dufresne.

122. — Le créancier hypothécaire, en cas de vente de l'immeuble qui lui est affecté, est fondé à réclamer la représentation non-seulement du prix énoncé au contrat, mais encore du supplément de prix stipulé par une contre-lettre. — Le créancier peut, pour réclamer ce supplément de prix, se servir de la preuve qui résulte à cet égard de la contre-lettre, quoique la loi sur l'enregistrement en prononce la nullité. — *Paris*, 2 germinal an XIII, Guyot-Mouton et Houveaux c. Guerre, Grandin et Delon. — Toullier, t. 2, n° 187.

123. — Mais la dissimulation de partie du prix n'autorise pas les créanciers hypothécaires qui n'ont pas surenchéri à exercer une action hypothécaire contre le sous-acquéreur de bonne foi. — Troplong, t. 4, n° 957 *bis*.

124. — Les créanciers chirographaires pourraient critiquer le prix de vente, quand même les créanciers hypothécaires l'auraient trouvé suffisant et n'auraient pas surenchéri. — Arrêt inédit de la Cour de *Nancy*, du 18 juin 1833, cité par M. Troplong, n° 957 *ter*.

125. — Si les créanciers hypothécaires n'étaient pas payés de ce qui leur est dû et qu'ils découvrissent qu'une partie du prix de vente a été dissimulée, les créanciers chirographaires ne pourraient prétendre l'attribution de cette portion de prix. Elle appartiendrait aux créances garanties par une hypothèque, quand même l'immeuble aurait été purgé. — Troplong, n° 958.

126. — Jugé que les créanciers hypothécaires inscrits sur un immeuble vendu peuvent exiger, de préférence aux créanciers chirographaires, que l'acquéreur paie entre leurs mains la partie du prix non portée dans le contrat, alors même qu'ils auraient négligé d'exercer leur droit de surenchère. — *Paris*, 8 févr. 1836, Arnault-Seccart c. Mottet.

127. — L'action que peuvent diriger les créanciers contre l'acquéreur par suite de la dissimulation de partie du prix, est une action mixte lorsque l'acquéreur est encore en possession, car c'est alors une action en résolution de la vente. Mais lorsque l'immeuble a été revendu à un sous-acquéreur de bonne foi, dont le titre est inattaquable, l'action n'a plus pour objet qu'une somme d'argent, et elle est personnelle. — Toullier, t. 6, n° 658.

128. — Les hypothèques inscrites sur un immeuble continuent de subsister, même après l'accomplissement des formalités de purge et après les notifications faites en vertu de l'art. 2183 C. civ., tant que l'immeuble n'en a pas été définitivement affranchi par le paiement ou la consignation du prix. — En conséquence, jusqu'à ce paiement ou cette consignation, les créanciers hypothécaires ont qualité pour poursuivre l'annulation d'un bail consenti sur l'immeuble au préjudice de leurs droits, ou celle de la vente dudit immeuble et des notifications qui en ont été la suite. — *Cass.*, 24 août 1847 (t. 2 1847, p. 751), Paris c. Stockleit. — Troplong, t. 14, n° 958 *ter*.

129. — La concession essentielle et dominante de validité de la purge est le paiement du prix. Lorsque la vente a été volontaire et qu'il y a plus de trois créanciers inscrits, il y a lieu d'ouvrir un ordre. L'acquéreur peut alors consigner son prix. MM. Tarrible (*Rép.*, v° *Transcription*, p. 131), Troplong (t. 4, n° 958 *quater*) et Grenier (t. 2, n° 463) sont d'avis que cette consignation peut être faite par l'acquéreur seul et directement, et qu'il suffit de la signifier aux créanciers sans qu'elle ait été précédée d'offres réelles. Pigeau (t. 2, p. 434) enseigne au contraire que les offres réelles sont indispensables dans ce cas. Nous croyons cette opinion peu fondée. Quant à la collocation des frais de consignation à l'ordre, V. ORDRE (nos 400 et suiv.).

130. — Décidé que l'acquéreur d'un immeuble qui, après avoir rempli les formalités prescrites pour la purge des hypothèques, veut se libérer de son prix en usant de la faculté de le consigner qui lui est accordée par l'art. 2186 C. civ., n'est pas obligé de faire précéder la consignation d'offres réelles aux vendeurs et aux créanciers hypothécaires inscrits sur l'immeuble par lui acquis, et d'y observer les formalités indiquées par les art. 1257 et suiv. C. civ. — *Paris*, 5 janv. 1824, Dyvrande c. Delondre et Herrieux : *Bordeaux*, 22 juin 1836 (t. 1er 1837, p. 218), Bertrand c. Cazaubon.

131. — Il a encore été jugé que l'adjudicataire qui veut se libérer sans attendre l'événement de l'ordre ne doit pas, avant de consigner son prix, faire précéder sa consignation d'offres réelles et d'un jugement qui l'autorise; qu'il doit consigner directement, sauf ensuite, s'il veut obtenir la mainlevée des inscriptions, à en former la demande contre les créanciers inscrits; et qu'il peut consigner, quoiqu'une clause de l'adjudication lui impose l'obligation de payer les créanciers ayant privilége de vendeur, nonobstant toutes inscriptions et oppositions. — *Orléans*, 22 août 1834, Deway c. Lebret.

132. — Le tiers détenteur qui n'a pas accompli les formalités de transcription et de purge est tenu de payer aux créanciers inscrits tous les intérêts du prix, à quelque somme qu'ils puissent monter, et ne peut opposer la prescription de cinq ans, alors qu'il existait un empêchement légal à ce que ces créanciers exigeassent leur paiement. — *Paris*, 23 mars 1846 (t. 1er 1846, p. 594), Mazurié c. Leprieur. — Troplong, *Prescription*, t. 2, n° 1009.

Sect. 2e. — *Purge des hypothèques légales non inscrites.*

133. — Les formalités de purge ordinaire tracées par les art. 2181 et suiv., pour les hypothèques manifestées par l'inscription devenaient impossibles à observer pour l'acquéreur qui veut se mettre à l'abri de l'action des créanciers dont l'hypothèque est occulte par un privilége de la loi; aussi le Code de procédure contient-il des dispositions spéciales pour la purge de l'hypothèque non inscrite de la femme et du mineur. Ces dispositions trouvent leur type dans l'édit de 1771, dont les prescriptions sur ce point ont passé dans ce Code avec quelques légères améliorations.

134. — Jugé que, sous l'édit de 1771, les femmes pour conserver leur hypothèque pour leur dot et augment dotal sur les biens du mari, n'étaient pas obligées de former opposition aux lettres de ratification obtenues par les acquéreurs de ces biens. — *Grenoble*, 1er juin 1824, Bourgeat c. Buisson.

135. — Jugé au contraire que dans les pays de droit écrit ou l'édit de 1771 avait été enregistré sans modification, l'hypothèque de la femme pour sûreté de sa dot était purgée par les lettres de ratification que prenait l'acquéreur, lorsqu'il n'y avait point d'opposition de sa part au sceau de ces lettres. — *Limoges*, 24 mai 1813, Sabataud-Lablanchardie c. Lagrange.

136. — La transcription ne joue plus aucun rôle dans la procédure spéciale créée par la loi pour la purge des hypothèques légales non inscrites. Elle est remplacée par la formalité plus efficace du dépôt au greffe de la copie dûment collationnée du contrat de vente avec affiche d'un extrait de ce contrat dans l'auditoire du tribunal.

137. — « Pourront les acquéreurs d'immeubles appartenant à des maris ou des tuteurs, porte l'art. 2193 du Code civil, lorsqu'il n'existera pas d'inscription sur lesdits immeubles à raison de la gestion du tuteur ou des dots, reprises et conventions matrimoniales de la femme, purger les hypothèques qui existeraient sur les biens par eux acquis. » — « A cet effet, ajoute l'art. 2194, ils déposeront copie collationnée du contrat translatif de propriété au greffe du tribunal civil du lieu de la situation des biens, et ils certifieront, par acte signifié, tant à la femme ou au subrogé tuteur qu'au procureur de la République près le tribunal, le dépôt qu'ils auront fait. Extrait de ce contrat contenant la date, les noms, prénoms, professions et domiciles des contractans, la désignation de la nature et de la situation des biens, le prix et les autres charges de la vente, sera et restera affiché pendant deux mois dans l'auditoire du tribunal, pendant lequel temps les femmes, les maris, tuteurs, subrogés tuteurs, mineurs, interdits, parens ou amis, et le ministère public, seront reçus à requérir, s'il y a lieu, et à faire faire, au bureau du conservateur des hypothèques, des inscriptions sur l'immeuble aliéné, qui auront le même effet que si elles avaient été prises le jour du contrat de mariage ou le jour de l'entrée en gestion du tuteur; sans préjudice des poursuites qui pourraient avoir lieu contre les maris et les tuteurs, pour hypothèques par eux consenties au profit de tierces personnes sans leur avoir déclaré que les immeubles étaient déjà grevés d'hypothèques, en raison du mariage ou de la tutelle. »

138. — Le ministère des avoués n'est pas obligatoire pour le dépôt fait au greffe de la copie collationnée du contrat par le tiers détenteur qui veut purger les hypothèques légales non inscrites. — Le greffier du tribunal est donc tenu de recevoir ce dépôt effectué par la partie ou son mandataire sans assistance d'avoué. — *Cass.*, 31 mars 1840 (t. 1er 1840, p. 606), avoués près le tribunal de première instance de Senlis c. Petré. — N. Carré, *Taxe en matière civile*, p. 462. — « L'art. 2194 C. civ., dit cet auteur, prescrit les formalités à remplir pour parvenir à la purge légale. Le ministère des avoués n'est pas nécessaire et le tarif ne contient l'allocation d'aucun droit à leur profit. Cependant ces officiers étant ordinairement chargés de remplir les formalités de la purge, il est juste qu'ils obtiennent une indemnité qu'on ne saurait d'ailleurs leur refuser comme mandataires. » — V., sur le détail des droits ordinairement alloués, les observations de M. N. Carré.

139. — La disposition qui oblige l'acquéreur à certifier le dépôt au greffe par acte signifié tant à la femme ou au subrogé tuteur qu'au ministère public, a été insérée dans l'art. 2194 sur la demande du Tribunat. Il n'est pas nécessaire que cette signification soit faite par un huissier commis. — Grenier, t. 2, p. 306; Troplong, t. 4, n° 978; Pigeau, t. 2, p. 441, n° 3.

140. — Il a été décidé par la Cour de Paris que les notifications faites par l'acquéreur d'un immeuble, pour parvenir à la purge de l'hypothèque légale de la femme, ne peuvent être laissées au domicile du mari, en parlant à la personne de celui-ci, surtout lorsque la femme habite séparément. — *Paris*, 25 févr. 1819, l'Etang c. de la Ribardière.

141. — Mais la Cour de cassation a jugé que le dépôt au greffe du contrat d'acquisition d'un immeuble du mari affecté à l'hypothèque légale de la femme est valablement notifié par l'acquéreur à cette dernière, même séparée de biens, lorsque la notification a été faite en parlant à son mari, avec lequel elle demeure. — *Cass.*, 14 juill. 1830, Doray c. Drieu. — V., dans le même sens, *Nîmes*, 27 nov. 1827, Génoyer c. Gérard; *Rouen*, 15 févr. 1828, Doray c. Savoye; *Caen*, 31 mai 1847 (t. 2 1847, p. 343), Évette c. Brière.

142. — L'original de la signification faite au parquet doit être visé par le procureur de la République, conformément aux art. 69 et 1039 du Cod. proc.

143. — Un avis du Conseil d'Etat des 9 mai et 1er juillet 1807 veut que lorsque la femme ou les personnes qui la représentent et le subrogé tuteur ne sont pas connus de l'acquéreur, celui-ci déclare dans la signification à faire au ministère public que ceux du chef desquels il pourrait être formé des inscriptions pour raison d'hypothèques légales n'étant pas connus, il fera publier ladite signification conformément à l'art. 683 (maintenant art. 696) du Cod. proc., c'est-à-dire par extrait inséré dans un journal.

144. — Aux termes du même avis du Conseil d'Etat, s'il n'y avait pas de journal dans le département, l'acquéreur doit se faire délivrer par le ministère public un certificat constatant qu'il n'y en a pas.

145. — Le délai de deux mois court à partir du jour de la publication dans un journal, ou du jour de la délivrance du certificat du ministère public portant qu'il n'existe pas de journal dans le département.—Même avis du Conseil d'Etat.— Mais il faut remarquer que cet avis du Conseil d'Etat ne s'occupe que de ceux qui, ayant qualité pour prendre inscription d'hypothèque légale, seraient cependant inconnus. Pour la validité de la procédure à l'égard de tous, il faut de plus qu'il se soit écoulé un délai de deux mois à partir de l'apposition de l'affiche dans l'auditoire du tribunal. — Troplong, t. 4, nº 981.

146. — Si l'acquéreur, bien que connaissant la femme ou le subrogé tuteur, ne leur avait fait aucune signification et s'était contenté de déclarer au ministère public qu'il ne les connaissait pas, on pourrait, en rapportant la preuve de ce fait, faire tomber la procédure de purge légale. — *Cass.*, 14 janv. 1817, Mazan c. Hubert.

147.—Il a été décidé que si les enfans mineurs du vendeur n'ont pas été pourvus d'un subrogé tuteur, la notification exigée par l'art. 2194 C. civ., pour la purge des hypothèques légales, est suppléée par les formalités prescrites par l'avis du Conseil d'Etat du 9 mai : l'acquéreur, bien qu'il connaisse l'existence des enfans mineurs, n'est pas tenu de provoquer la convocation d'un conseil de famille pour nommer un subrogé tuteur aux mineurs. — *Grenoble,* 20 août 1834 Rebour c. Badin.

148. — Mais la Cour de cassation et celle de Rouen ont jugé avec plus de raison que l'acquéreur qui veut purger les hypothèques légales des mineurs est tenu de provoquer la convocation du conseil de famille pour faire pourvoir d'un subrogé tuteur le mineur auquel il n'en a pas été nommé. — *Rouen*, 13 mars 1840, Lemercier c. Duboc; *Cass.*, 8 mai 1844 (t. 2 1844, p. 384), Joubert c. Sayetta.

149. — Jugé que le tiers acquéreur qui veut purger l'immeuble par lui acquis de l'hypothèque légale appartenant à la femme du vendeur doit, en cas de décès de cette dernière, notifier à son héritier le dépôt qu'il a fait au greffe de la copie de son contrat, à moins qu'elle n'eût renoncé à cette hypothèque légale en concourant à la vente consentie par son mari. — Et que la renonciation tacite à l'hypothèque légale consentie par la femme en faveur du premier acquéreur peut être invoquée par les acquéreurs subséquens du même immeuble.—Qu'en conséquence ils sont, comme lui, dispensés de notifier le dépôt de leur contrat à l'héritier de la femme, dans le cas où elle a concouru à la vente avec son mari. —*Bordeaux*, 24 juillet 1841 (t. 1er 1842, p. 9), Corbet c. Bardon.

150. — Jugé que lorsqu'un créancier du mari a fait inscrire la subrogation que lui a consentie la femme dans son hypothèque légale, l'acquéreur qui veut purger doit faire la notification prescrite par l'art. 2194 C. civ., non-seulement à la femme, mais encore au créancier subrogé. — *Angers*, 3 avril 1835, Hatton c. Auger-Croué.

151. — L'inscription prise dans le délai de deux mois produit un effet rétroactif au jour du mariage ou de l'entrée en gestion du tuteur.

152. — Si dans le cours des deux mois de l'exposition du contrat il n'a pas été fait d'inscription du chef des femmes, mineurs ou interdits sur les immeubles vendus, ils passent à l'acquéreur sans aucune charge à raison des dot, reprises et conventions matrimoniales de la femme ou de la gestion du tuteur, et sauf le recours, s'il y a lieu, contre le mari et le tuteur. S'il a été pris des inscriptions du chef desdites femmes, mineurs ou interdits, et s'il existe des créanciers antérieurs qui absorbent le prix en totalité ou en partie, l'acquéreur est libéré du prix ou de la portion du prix par lui payée aux créanciers placés en ordre utile, et les inscriptions du chef des femmes, mineurs ou interdits, seront rayées en totalité ou jusqu'à due concurrence. Si les inscriptions du chef des femmes, mineurs ou interdits sont les plus anciennes, l'acquéreur ne pourra faire aucun paiement du prix au préjudice desdites inscriptions, qui auront toujours, ainsi qu'il a été dit ci-dessus, la date du contrat de mariage ou de l'entrée en gestion du tuteur, et, dans ce cas, les inscriptions des autres créanciers qui ne viennent pas en ordre utile seront rayées. — Art. 2195.

153. — Il résulte des termes de l'art. 2195 que lorsque aucune inscription n'a été prise dans les deux mois, au nom de la femme mariée, sur l'immeuble vendu par son mari, l'hypothèque légale n'existe plus vis-à-vis de l'acquéreur qui est complétement affranchi de ses effets. Mais la femme perd-elle aussi, par le défaut d'inscription, le droit de se faire colloquer à son rang hypothécaire à l'ordre ouvert sur le prix de vente? La matière des hypothèques n'offre pas de question qui ait été plus controversée.

154. — La Cour de cassation tranche la question contre la femme mariée et, par une jurisprudence qui ne s'est pas démentie, elle décide que l'absence d'inscription dans le délai de la purge entraîne pour elle la perte non-seulement de son droit de suite contre l'acquéreur, mais encore de son droit de préférence à l'égard des autres créanciers. — *Cass.*, 30 août 1825, Nicole c. Laussot; 8 mai 1827, Dufour c. Tardif; 15 déc. 1829, Vischer c. Fischbach; 26 juil. 1831, Brès c. Tessier; 1er août 1837 (t. 2 1837, p. 177), Comitis c. Tomeuf; 18 déc. 1839 (t. 1er 1840, p. 12), Guilbert (dans ses motifs); 5 mai 1840 (t. 1er 1840, p. 664), Caisse hypothécaire c. Boisurvoise; 6 janv. 1841 (t. 1er 1841, p. 510), Paillet c. Dubarret; 3 févr. 1847 (t. 1er 1847, p. 312), Vabre.—V., dans le même sens, *Grenoble*, 8 juill. 1822, Rey c. M...; *Metz*, 5 févr. 1823, Quinot et Robert c. Dardenne; *Caen*, 15 janv. 1829, Tardif c. Dufour; *Bordeaux*, 28 mai 1830, Desforges c. Furt. — Cette doctrine est embrassée par MM. Grenier (nº 490 : il avait d'abord embrassé l'opinion contraire, sous le nº 266), Duranton (t. 20, nos 358 et 421 *bis*), Tessier (*Dot*, t. 2, nº 150), Benoît (*id.*, t. 2, nº 69) et Chardon (*Des puissances patern.*, etc., t. 2, p. 321.

155. — Mais un grand nombre d'arrêts consacrent le système contraire. — *Douai*, 14 avril 1820, Lebbe c. Bottin et Jansson; *Colmar*, 24 mai 1821, Rohmi c. Bourdin; *Nîmes*, 2 févr. 1833, Lavie c. Poudevigne; *Riom*, 8 mars 1834, Comitis c. Tomeuf; *Angers*, 3 avr. 1835, Hatton c. Augé-Croué; *Orléans*, 2 mars 1836, Despoix c. Enregistrement; *Montpellier*, 18 nov. 1836, Mazarin; *Rouen*, 9 janv. 1840 (t. 1er 1840, p. 449), Besson des Rotoirs c. Hache et de Lalonde; *Montpellier*, 2 juill. 1840 (t. 2 1840, p. 435), Gachon c. Cazalis; *Lyon*, 16 juill. 1840 (t. 1er 1840, p. 631), Guiblier c. Gandin; *Bordeaux*, 19 déc. 1840 (t. 1er 1841, p. 346), Chat c. Brun de Gadeau; *Nîmes*, 10 août 1841 (t. 1er 1842, p. 141), Menard c. Magalon et Clément; 3 août 1847, Vabre, et 17 nov. 1846 (t. 1er 1846, p. 268), Pejoux c. Berthon; *Aix*, 21 avril 1845 (t. 2 1845, p. 446), Vidal c. Cirlot.

156. — Les arrêts qui précèdent ont décidé que la femme qui n'a pris aucune inscription pendant le délai de l'art. 2194, peut cependant exercer son droit de préférence sur le prix : pourvu qu'elle se présente avant la clôture de l'ordre. C'est aussi l'avis de MM. Delvincourt (t. 3, p. 606), Troplong (t. 4, nos 984 et suiv.), Dupin (*Réquis. et plaid.*, t. 3, p. 89), Zachariæ (t. 5, § 295), Coulon (*Quest. de droit*, t 2, p. 39), Baudot (*Formal. hypoth.*, nº 362) et de Fremainville (*Des minorités*, t. 2, nº 1153).

157. — Quant à la Cour de Paris, après avoir embrassé cette dernière doctrine dans plusieurs arrêts : — 3 déc. 1836, Leduc et Gallois c. Montfleury et Baron; 3 déc. 1838 (t. 2 1839, p. 617), Paillet c. Dubarret; 20 août 1840 (t. 2 1840, p. 687), Dumont c. Corion; — elle s'est rangée à l'opinion de la Cour de cassation : — 29 juin 1844 (t. 2 1844, p. 77), Lanier et Bronchard c. Lecrosnier.

158. — Sans méconnaître les difficultés de cette question en présence des textes du Code civil que nous examinons, nous croyons que la Cour s'est montrée d'une excessive rigueur à l'égard de la femme mariée qui n'a pas fait inscrire son hypothèque dans les délais de la purge. Il est constant que la procédure de purge légale a été créée uniquement dans l'intérêt du tiers acquéreur, qu'elle a pour but de mettre à l'abri de toute atteinte de la part des créanciers à hypothèque occulte; cette procédure n'est pas destinée à régler les rapports de la femme mariée ou du mineur avec les autres créanciers ayant droit de préférence. D'un autre côté, il est certain que le droit de préférence peut continuer à subsister alors que le droit de suite a péri; et la loi elle-même nous en offre des exemples. Le défaut d'inscription de l'hypothèque de la femme dans le délai légal n'a donc pas pour conséquence nécessaire la perte de son rang hypothécaire, et, par suite, de son droit de préférence sur le prix en distribution ; et l'on comprend difficilement comment les autres créanciers pourraient profiter d'un accident ou d'une négligence survenus dans une procédure qui n'a pas été faite pour eux. Nous croyons donc qu'il serait désirable que la Cour suprême réformât sa jurisprudence sur ce point, qui touche aux intérêts les plus graves de personnes auxquelles la loi accorde habituellement la protection la plus efficace.

159. — On s'est demandé si l'expropriation forcée avait pour effet de purger les hypothèques légales non inscrites, de telle sorte qu'il n'y aurait pas lieu, pour l'adjudicataire, d'avoir recours aux formalités tracées par les art. 2193 et suiv. La jurisprudence a d'abord résolu affirmativement cette question, et elle a décidé que vis-à-vis des créanciers à hypothèques occultes la publicité qui est inhérente à la procédure de saisie immobilière avait les mêmes effets que la procédure de purge légale dans le cas de vente volontaire; et que, dès lors, lorsqu'une femme mariée n'avait pas fait inscrire son hypothèque avant l'adjudication, cette hypothèque était purgée. — *Cass.*, 21 nov. 1821, Freyss c Brucher; 30 août 1825, Nicolle c. Laussot; 26 juill. 1831, Brès c. Tessier. — C'est dans ce sens que se prononcent M. Grenier (t. 2, nº 490) et Troplong (t. 4, nº 996).

160. — Mais, depuis 1833, la jurisprudence de cette Cour a changé, et elle décide, au contraire, qu'aucune loi ne dispense l'adjudicataire sur expropriation forcée de remplir les formalités indiquées par les art. 2193 et suiv., s'il veut se mettre à l'abri de toute action de la part des créanciers à hypothèque légale. — *Cass.*, 22 juin 1833, Baron c. Bouviers; 30 juill. 1833, Gaston c. Bouches; 27 août 1833, Laporte c. Nalarte et Clauzel; 30 avr. 1834, Teissère c. Audibert; 13 août 1834, Gerbes de Tour c. Savoie; 26 mai 1836, Leplaideur c. Marion; 19 déc. 1839 (t. 1er 1840, p. 12), Guilbert. — V., dans ce sens, Delvincourt, t. 3, p. 361.

161. — Lorsque la jurisprudence considérait l'expropriation forcée comme purgeant les hypothèques légales non inscrites, on appliquait à cette hypothèse la question que nous avons traitée *suprà* (nos 152 et suiv.) et on se demandait si, lorsque la femme avait perdu le droit de suite en ne faisant pas inscrire son hypothèque avant l'adjudication, elle pouvait encore exercer son droit de préférence sur le prix en se présentant à l'ordre. Un grand nombre d'arrêts avaient tranché cette question par l'affirmative.—*Colmar*, 23 mai 1820, Humbert c. Masson ; *Grenoble*, 4 févr. 1824, Busco c. Fleury ; *Montpellier*, 19 mai 1824, Vivarié c. Tioch ; *Toulouse*, 6 déc. 1824, Casteret ; *Lyon*, 28 janv. 1825, Richarme c. Peillon ; *Caen*, 16 janv. 1826, Guillery c. Brunot ; *Riom*, 15 avr. 1826, Réal c. Monteil ; *Bordeaux*, 31 juill. 1826, Magens c. de Laloubie; *Grenoble*, 31 août 1827, Proby c. Rivoire, *Colmar*, 21 févr. 1828, Gayling c. Fischer ; *Toulouse*, 1er juill. 1828, Lacassin c. Clerc ; *Montpellier*, 21 août 1828, Vérinque c. Raudon ; *Paris*, 10 août 1831, Leplaideur et Jeannin c. Marion. — Mais ce système était repoussé par la Cour de cassation, V. les arrêts précités de cette Cour des 21 nov. 1821, 30 août 1825 et 26 juill. 1831.

162.—L'hypothèque que prend la femme, conformément à l'art. 2194, est une hypothèque spéciale, qui ne frappe que l'immeuble dont le purgement est provoqué par l'acquéreur.

163. — Lorsque la femme et le mineur ont pris inscription dans le délai de deux mois, l'acquéreur ne peut faire aucun paiement à leur préjudice, ainsi que le dit l'art. 2195. Le prix ou la partie du prix qui leur revient ne serait pas valablement payé entre les mains du mari ou du tuteur. Il pourra être convenu à l'ordre que le tiers détenteur conservera les fonds entre les mains ou qu'il les consignera jusqu'à ce que le moment soit venu de payer légalement. Lorsqu'il s'agit de droits éventuels de la femme ou du mineur, il peut être ordonné que les fonds seront versés entre les mains des créanciers qui viennent immédiatement après eux, à charge de fournir caution pour la restitution des deniers, le cas échéant.—Troplong, t. 4, nº 993.

164. — Décidé que, par l'accomplissement des formalités prescrites par l'art. 2194 C. civ. pour la purge des hypothèques légales, l'acquéreur ne contracte pas envers les créanciers dont l'hypothèque légale lui est connue l'obligation personnelle qui résulte, au contraire, de la notification faite aux créanciers inscrits, dans les termes des art. 2183 et 2184 C. civ., avec offre de payer son prix.—*Rouen*, 12 déc. 1840 (t. 1er 1841, p. 82), Frisard c. Durand.—Troplong, t. 4, nos 982 *bis* et 778 *ter* et *quater*.

165. — Bien que la loi dise que les hypothèques des créanciers venant après la femme ou le mineur doivent être rayées, il est certain que lorsque les droits de ces incapables sont indéterminés, comme cela arrive le plus souvent, il y a lieu non de rayer les hypothèques venant après la leur; mais de colloquer conditionnellement les créanciers auxquels appartiennent ces hypothèques, pour le cas où il y aurait des fonds restans après la collocation de la femme ou du mineur. —Tarrible, *Transcription*, p. 434; Delvincourt, t. 3, p. 376, note 4; Troplong, t. 4, n° 995.

166. — Quand la femme ou le mineur se sont fait inscrire dans le délai de la purge légale, il n'y a pas lieu de leur faire les notifications prescrites par l'art. 2183. Ces notifications seraient sans objet et frustratoires, puisque c'est dans le même délai de deux mois, à partir de l'insertion de l'extrait du contrat dans le journal ou à partir de l'affiche, que le mineur et la femme doivent surenchérir.— *Metz*, 14 juin 1837 (t. 1er 1838, p. 314), Georges c. Sturel.—Troplong, t. 4, n°s 982 et 995; Tarrible, *loc. cit.*; Grenier, t. 2, n° 457; Duranton, t. 20, n° 423; Persil sur l'art. 2195, n° 6. — V. SURENCHÈRE.

167. — Les frais de purge des hypothèques légales dispensées d'inscription sont exclusivement à la charge de l'acquéreur et ne peuvent lui être alloués comme frais de justice contre la masse des créanciers, quelles que soient, à cet égard, les stipulations du cahier des charges. —

Toulouse, 1er févr. 1839 (t. 1er 1839, p. 540), Bonnecarrère c. de Saint-Germain.

168. — L'acquéreur qui est en même temps créancier du vendeur, et qui, sans faire aucune réserve à cet égard, a fait notifier son contrat d'acquisition aux créanciers inscrits, et à lui-même produit ses titres de créances dans l'ordre qui a été ouvert, ne peut être déclaré déchu de faire postérieurement la purge des hypothèques légales.— *Angers*, 14 juill. 1809, Coudol c. Berthelot.— Carré, t. 3, p. 5, note 1er, n° 3, et Persil, t. 2, p. 422, § 4.

169. — La purge faite par l'acquéreur à réméré de l'hypothèque légale de la femme du vendeur a un effet définitif, qui survit à l'exercice de la faculté de réméré; alors surtout que cette faculté a été exercée non par le vendeur lui-même, mais par le cessionnaire de son droit — *Cass.*, 14 avr. 1847 (t. 1er 1847, p. 616), Montlaur c. Berthonien.

170. — Si l'acquéreur ne purge pas les hypothèques légales qui grèvent l'immeuble par lui acquis, le vendeur peut personnellement remplir cette formalité. Lorsque les hypothèques légales ont été ainsi purgées par le vendeur, l'acquéreur ne peut, lorsqu'il n'est survenu aucune inscription, se refuser au paiement du prix: sur le prétexte qu'il avait seul qualité pour purger et qu'on ne pouvait pas l'y contraindre.— *Toulouse*, 23 juin 1829, Lapoujade c. Delfau.— Duranton, t. 20, n° 424.

PURGEMENT DE SAISINE.

1. — La coutume de Liége appelait ainsi un acte ou un jugement par lequel un débiteur dépossédé ou exproprié, faute de paiement, de l'immeuble qu'il avait donné en hypothèque à son créancier, était admis à le reprendre moyennant le paiement de sa dette en principal, intérêts et frais. — C'est à peu près ce qu'on désignait en Languedoc sous le nom de *rabattement de dicret*, et en Bresse sous celui de *rachat stipulaire*.— Merlin, *Quest.*, v° *Purgement de saisine.*

2. —Aux termes des art. 1er et 27 du chapitre 43 des statuts et ordonnances pour le pays de Liége, on distinguait si la saisine avait été prise à titre personnel et mobilier, par exemple pour une somme d'argent une fois payée, quoique munie d'une hypothèque, ou si elle l'avait été à titre réel et immobilier comme pour rente foncière et hypothéquée. Dans le premier cas, l'action en purgement était perpétuellement admise; dans le second, elle devait être intentée dans l'année de la dépossession.—*Ibid.*

3. — Les purgemens de saisine ont cessé d'avoir effet dans le pays de Liége à partir de son annexion à la France, dont les lois, spécialement celles sur l'expropriation forcée, ont dû être dès lors seules suivies.

Q

QUAKER.
V. SERMENT.

QUALIFICATION.

V. CHAMBRE DES MISES EN ACCUSATION, CHAMBRE DU CONSEIL, COUR D'ASSISES, TRIBUNAL CORRECTIONNEL, TRIBUNAL DE POLICE CORRECTIONNELLE.—V. aussi APPEL, COMPÉTENCE CRIMINELLE, CRIMES, DÉLITS ET CONTRAVENTIONS, DÉLITS DE PRESSE, DIFFAMATION, INJURE, JUGEMENT, MANDATS D'EXÉCUTION, PEINES, PRESCRIPTION CRIMINELLE.

QUALITÉ.

1. — Diverses significations sont attachées à ce mot. Il sert à désigner la condition, l'état des personnes dans la société civile, comme l'état de Français ou d'étranger, de majeur ou de mineur, de célibataire ou de marié, de propriétaire, etc.

2. — Il ne faut pas confondre la qualité d'une personne avec sa profession. Dans les exploits, la loi veut que la profession soit énoncée; mais elle n'exige pas la mention de la qualité.

3. — Ce terme s'emploie encore pour désigner la capacité des personnes par rapport à tel ou tel acte. Ainsi, le tuteur a *qualité* pour représenter le mineur, pour administrer ses biens, et *vice versâ*, le mineur n'a pas qualité pour ester en justice.

4. — On a qualité de son chef, ou du chef d'autrui. — V. CRÉANCIER, n°s 36 et suiv.; SUBROGATION, TRANSPORT.

5. — Lorsque l'on agit du chef d'autrui, mention doit en être faite dans l'acte; sans quoi l'on est présumé agir pour son propre compte. Cependant, l'inobservation de cette règle n'entraînerait pas la nullité de la procédure. — V. Favard, v° *Qualité*; Bioche, v° *Qualité*, n° 4; Toullier, t. 12, n° 405.

6. — Le défaut de qualité constitue une fin de non-recevoir contre la demande, et non simplement une exception dilatoire. — V. FIN DE NON-RECEVOIR, n° 21 et suiv.

7. — *Qualité* est encore dans la pratique synonyme de conclusion. On dit, par exemple, que les qualités ont été posées pour indiquer que la remise des conclusions a été faite au greffier. — V. CONCLUSIONS, DÉFENSE, DÉFENSEUR, n° 23 et suiv.; JUGEMENT (mat. civ.), n°s 76 et suiv.; JUGEMENT PAR DÉFAUT, n° 207 et suiv.

8. — Enfin, on appelle *qualité* l'acte rédigé

pour lever expédition d'un jugement. — V. QUALITÉS DE JUGEMENT.

QUALITÉS DE JUGEMENT.

1. — Partie du jugement contenant les noms, professions et demeures des parties, les conclusions et les points de fait et de droit.—C. pr. 142.

2. — Devant les tribunaux civils de première instance, et devant les Cours d'appel, les qualités sont rédigées par l'avoué de la partie qui a gagné son procès. — V. JUGEMENT, n°s 4450 et suiv.

3. — Elles sont ensuite signifiées à l'avoué de la partie adverse, qui peut y former opposition pendant vingt-quatre heures.—V. JUGEMENT, n°s 4480 et suiv., 1489 et suiv.

4. — Dans ce cas il est statué sur le mérite de l'opposition par le juge qui a présidé l'audience à laquelle a été prononcé le jugement, ou, en cas d'empêchement, par le juge le plus ancien. — V. JUGEMENT, n° 1508.— C'est ce qu'on appelle *régler les qualités.*

5. — Ce règlement ne peut être fait que par un magistrat qui ait pris part au jugement. — *Cass.*, 23 juin 1845 (t. 2 1845, p. 93), Collard c. Jacob; 21 avr. 1847 (t. 1er 1847, p. 512), Sermet c. Lagarde; 14 févr. 1848 (t. 1er 1848, p. 439), Collonges c. Auzat. — ... De même qu'un jugement ne peut être valablement rendu que par des magistrats qui aient assisté à toutes les plaidoiries. — V. JUGEMENT, n°s 646 et suiv.

6. — La nullité provenant de ce que le juge qui a réglé les qualités n'avait pas participé au jugement est d'ordre public. Par conséquent elle n'est pas couverte par la comparution des avoués et leur concours au règlement des qualités sans aucune protestation.—*Cass.*, 23 juin 1845, précité.

7. — Toutefois cette règle souffrirait nécessairement une exception résultant de la force même des choses; si, le jugement n'étant levé qu'au bout d'un long espace de temps, il n'y avait plus parmi les membres du tribunal aucun des juges qui auraient concouru au jugement.

8. — La décision du juge qui règle les qualités n'est susceptible d'être attaquée ni par opposition devant le tribunal, ni par appel. Le jugement seul, tel qu'il est expédié, peut être déféré à la Cour d'appel. — *Agen*, 3 juill. 1830, Carère c. Sireau; *Orléans*, 28 déc. 1831, Mondrin c. Périn; *Cass.*, 17 mars 1835, même aff.; 27 déc. 1842 (t. 1er 1843, p. 493), Bordères.— *Contrà*, *Bordeaux*, 22 mai 1840 (t. 1er 1843, p. 493), Bordères. — V. ORDONNANCE.

9. — Devant les tribunaux de commerce et les justices de paix les qualités sont rédigées par le

greffier. — V. JUGEMENT, n° 1457; JUGEMENT COMMERCIAL, JUSTICE DE PAIX.

QUANTI MINORIS (Action).

L'action *quanti minoris* ou *æstimatoria* est celle à laquelle l'existence de vices rédhibitoires donne naissance au profit de l'acheteur contre le vendeur, concurremment avec l'action rédhibitoire proprement dite. Elle diffère de cette action en ce qu'elle ne tend qu'à une diminution de prix et non à la résolution du contrat.— V. VICES RÉDHIBITOIRES.

QUANTIÈME.

V. DÉLAI. — V. aussi APPEL, CALENDRIER.

QUARANTAINE.

1. — Séjour dans un lazaret imposé aux personnes et aux choses suspectes de contagion. On l'appelle aussi quelquefois *contumace*.

2. — Le nom de *quarantaine* a été donné à ce temps d'épreuve, parce qu'il doit, dans certains cas, durer quarante jours. Toutefois, depuis l'usage, on a conservé le même nom de *quarantaine* au temps d'épreuve quelle qu'en soit la durée, et lors même qu'il n'est que de quelques jours. — Merlin, *Rép.*, v° *Quarantaine*. — V. POLICE SANITAIRE.

QUART DE RAISIN.

1. — On appelait *quart*, *tiers* ou *demi-raisin*, dans certains pays de la rive gauche du Rhin réunis à la France jusqu'en 1814, des redevances consistant dans le quart, le tiers ou la moitié du produit des vignes.

2. — Ces redevances étaient présumées purement foncières, quand même elles étaient dues à des seigneurs et qu'il avait été stipulé que le bailleur pourrait rentrer dans les biens en cas de mauvaise culture ou d'aliénation sans son consentement. En conséquence, elles n'avaient pas été supprimées par les lois abolitives de la féodalité. — *Cass.*, 9 flor. an XIII, Comes et Kell c. préfet de la Sarre.

QUART DE RÉSERVE.

V. RÉSERVE (quart de).

QUARTE DU CONJOINT PAUVRE.

1. — On appelait ainsi, dans le droit romain et, par suite, dans les pays de droit écrit, la portion qu'un époux survivant pouvait, en cas d'indigence, demander sur la succession de son époux prédécédé. On l'appelait aussi *quarte de l'authentique Prœtereà*. — Merlin, *Rép.*, v° *Quarte du conjoint pauvre*.

2. — D'après les novelles 53, 74 et 117, dont on a composé ensuite l'authentique *Prœtereà C. undè vir et uxor* : lorsque l'époux survivant avait été marié sans dot, et que le prédécédé avait laissé des biens considérables, le premier devait avoir le quart des biens du second, s'il n'y avait que trois héritiers; et une part afférente, s'il s'en trouvait un plus grand nombre. — Merlin, *ibid.*, n° 1er.

3. — Dans l'un et l'autre cas : le survivant n'était qu'usufruitier de cette portion, si les héritiers étaient des enfans communs; mais il en était propriétaire lorsque le défunt n'avait laissé pour héritiers que des étrangers ou des enfans d'un autre mariage. — Merlin, *ibid.*

4. — L'authentique *Prœtereà* ne distinguait pas entre le mari et la femme; l'un et l'autre y avait droit. Toutefois, Lebrun (*Success.*, liv. 1er, ch. 7, n° 4) soutenait que, d'après la novelle 117 (ch. 5), le mari survivant ne pouvait réclamer la quarte du conjoint pauvre dans la succession de sa femme. Mais Boucher d'Argis (dans son *Traité des gains nuptiaux*, ch. 13, n° 4, p. 140) fait remarquer à ce sujet que le ch. 5 de la novelle 117, quoique postérieur à la novelle 53, n'était pas observé dans les pays de droit écrit : il invoque à son appui Accurse, *Sur l'authentique Prœtereà;* Dumoulin, cons. 24, *Des peines du mariage*, t. 1er, part. 1re, sect. 5, n° 26.

5. — La quarte du conjoint pauvre, établie par le droit romain, n'avait point été admise en pays coutumiers. On y pensait, avec raison, que la femme survivante avait ordinairement sa part dans la communauté, qui lui tenait largement lieu de la quarte de l'authentique *Prœtereà*. Quant aux pays de droit écrit, elle y avait été adoptée complétement. — Maynard, liv. 3, ch. 35; Catellan, liv. 4, ch. 40; Albert, lett. F, ch. 8; Boutaric, *Inst.*, p. 413; enfin : Boucher d'Argis (*Des gains nuptiaux*, p. 141, n° 5), qui rapporte un arrêt mémorable du parlement d'Aix du 21 févr. 1732.

6. — La loi du 17 niv. an II n'a point aboli le droit établi, dans les pays de droit écrit, sous le nom de *quarte du conjoint pauvre*, au profit des époux mariés sous l'empire de ce droit. — *Cass.*, 2 août 1831, Llaunel-Rousset c. Ribuanys.

7. — Il y a juste application de l'authentique *Prœtereà* au C. *undè vir et uxor* dans l'arrêt qui décide que la *quarte du conjoint pauvre* appartiendra *en toute propriété* à la mère, si elle survit à ses enfans; dès lors, cet arrêt ne saurait être cassé pour prétendue violation soit de la novelle 117 (ch. 5), soit de la loi du 17 niv. an II, en ce que son droit n'aurait pas été *hic et nunc* réduit à un simple droit d'usufruit. — Même arrêt.

8. — Mais l'authentique *Prœtereà* ou la quarte du conjoint pauvre a été abrogée par le Code civil. — Merlin, *ibid.*, n° 11.

9. — Peut-être, cependant, eût-il été convenable de rétablir ce droit dans notre code. — V. les raisons données, à l'appui de cette opinion, par M. Anthoine de Saint-Joseph (*Concord. des codes français avec les codes étrangers*, introd., p. 23) et par M. Benech (*De la portion disponible entre époux*, p. 199 et suiv.).

QUARTE FALCIDIE.

1. — Ce mot, suivant Merlin (*Rép.*, *hoc* v°), a différentes significations.

2. — La loi 8-§ 9 et 11 D. *De inofficios. testam.*, la loi 31 C. au même titre et la loi 5-§ 3 C. *ad leg. Juliam majestatis* l'employaient pour désigner la légitime due aux enfans sur les biens de leurs pères et de leurs mères.

3. — D'autres textes lui attribuaient le même sens qu'au mot *quarte trébellianique*; telles sont particulièrement la loi 1-§ 19, la loi 16-§ 9 et la L. 22-§ 2 D. *ad senatusc. trebell.*

4. — Mais plus communément on entend par *quarte falcidie* ou par *falcidie* la part que la loi Falcidie permettait à tout héritier testamentaire de conserver intacte, de telle sorte qu'il ne pût jamais être grevé de legs ni de fidéicommis au delà des trois quarts de sa part héréditaire.

5. — Le bénéfice de cette disposition fut étendu aux héritiers du sang non institués, et qui ne purent être privés par un testament d'une part de l'hérédité qui aurait excédé les trois quarts.

6. — La quarte falcidie s'applique par extension : 1° aux fidéicommis faits par testament ou par codicilles (L. 18 D., *ad leg. Falcid.*); 2° aux donations à cause de mort faites par des citoyens qui avaient laissé un testament (L. 20 D., *De leg. præst.*); 3° aux donations entre époux (L. 32-§ 1er D., *De donat. int. vir. et uxor.*); 4° aux donations à cause de mort faites par un intestat (L. 2 C. *De donat. mort. causâ*); 5° enfin, à tous les cas où l'on recevait à cause de mort (L. penult. C. *ad leg. Falcid.*).

7. — Quant aux donations entre-vifs, elles n'étaient jamais soumises à la falcidie; mais elles pouvaient subir une réduction, si, dans la succession, il ne se trouvait pas de quoi compléter la légitime.

8. — Le droit de réduction en vertu de la loi Falcidie n'appartenait jamais aux légataires ni aux fidéicommissaires sur les fidéicommis dont ils pouvaient être grevés à leur tour. — Dig. 35, 2, 47, § 1er.

9. — La quarte falcidie a été abrogée en France par l'art. 61 de la loi du 17 niv. an II, et le Code civil ne l'a pas recréée. — Merlin, *Rép.*, v° *Quarte falcidie*.

V. EXHÉRÉDATION, LÉGITIME, PLAINTE D'INOFFICIOSITÉ, QUOTITÉ DISPONIBLE.

QUARTE TRÉBELLIANIQUE.

1. — On appelait ainsi, dit Domat, le quart que, sous l'empire du droit écrit, les lois affectaient aux héritiers chargés d'un fidéicommis universel de l'hérédité ou d'une partie.

2. — Ainsi la trébellianique différait de la falcidie, en ce que celle-ci regardait les legs et les fidéicommis particuliers de certaines choses. — V., au surplus, Merlin, *Rép.*, v° *Quarte trébellianique*.

QUARTIER-MAITRE.

V. ACTES DE L'ÉTAT CIVIL.

QUASI-CONTRAT.

1. — Le quasi-contrat est le fait *licite*, purement volontaire de l'homme, dont il résulte un engagement quelconque envers un tiers, et quelquefois un engagement réciproque des deux parties. — C. civ., art. 1371.

2. — C'est-à-dire que le quasi-contrat est un engagement qui intervient sans convention. — C. civ., art. 1370.

3. — Le quasi-contrat diffère de la convention tacite, en ce que celle-ci n'a lieu qu'autant que tous les obligés ont concouru au fait qui la produit, avec connaissance présumée des obligations qui devaient en résulter, tandis que le quasi-contrat naît souvent du fait d'une seule des parties; qu'il n'exige pas la connaissance et ne suppose point l'adhésion de l'autre. — V. OBLIGATION.

4. — La loi romaine rangeait parmi les quasi-contrats tous les faits qui ne résultaient ni d'une convention, ni d'un délit, ni d'un quasi-délit (*Inst.*, lib. 3, tit. 13). — Cette définition comprenait la tutelle. — Mais cette division est aujourd'hui repoussée comme inexacte. — V. ENGAGEMENT, n° 29.

5. — Les engagemens qui se forment sans aucune convention se divisent en deux classes. Les uns résultent de l'autorité seule de la loi; les autres naissent à l'occasion d'un fait personnel à celui qui se trouve obligé (C. civ., art. 1370) ou quelquefois même à celui envers qui l'autre est obligé (arg. C. civ., art. 1375).

6. — Les engagemens qui résultent de l'autorité seule de la loi sont, par exemple : 1° ceux des tuteurs et des autres administrateurs qui ne peuvent refuser la fonction qui leur est déférée (C. civ., art. 1370); 2° ceux des propriétaires voisins (C. civ., art. 651 et 1370). — Rolland de Villargues, *Rép. du notar.*, v° *Quasi-contrat*, n° 7.

7. — Les faits d'où la loi fait résulter des engagemens sans convention sont licites ou illicites. — Les premiers sont compris sous le nom de *quasi-contrats*. — C. civ., art. 1370.

8. — Le Code ne donne que deux exemples de quasi-contrats : 1° celui qui résulte de la gestion purement volontaire des affaires d'un tiers, sans ordre ni mandat. — C. civ., art. 1372 et suiv. — V. GESTION D'AFFAIRES.

9. — ... 2° Celui qui résulte du paiement d'une chose qui n'est pas due, et par l'effet duquel celui qui a reçu ce qui ne lui était pas dû s'oblige à restituer. — C. civ., art. 1376 et suiv. — V. RÉPÉTITION DE L'INDU.

10. — Mais ces deux espèces sont simplement démonstratives et nullement limitatives, et la doctrine admet d'autres quasi-contrats.

11. — Ainsi est considérée comme tel l'acceptation d'une hérédité (L. 5, § 2, ff., *De obligat.*). Par son adition, l'héritier se soumet à payer toutes les dettes du défunt. Son engagement n'est pas produit par la loi seule; car il n'était nullement forcé d'accepter. — Favard, v° *Quasi-contrat*, n° 2.

12. — Suivant Merlin (*Rép.*, v° *Quasi-contrat*, n° 5), les jugemens sont aussi une sorte de quasi-contrat contre les personnes condamnées à donner ou à faire quelque chose. « Elles sont, dit-il, obligées d'exécuter ces jugemens, alors même qu'elles se prétendraient condamnées injustement; sauf les voies de droit qu'elles pourraient avoir pour se pourvoir contre ces jugemens. »

13. — De ce que ce n'est pas le consentement qui produit les obligations résultant du quasi-contrat, il s'ensuit que les personnes incapables de donner un consentement, telles que les mineurs et les interdits eux-mêmes, peuvent se trouver obligées envers un tiers par le quasi-contrat qu'aurait amené le fait de celui-ci ou leur fait propre. — Merlin, *Rép.*, *ibid.*, n° 6; Favard de Langlade, n° 8.

14. — Quant aux faits illicites d'où résultent des engagemens sans convention, ce sont les délits et quasi-délits. — V. ces mots.

15. — Enfin, il y a encore des engagemens sans convention qui semblent ne résulter ni de l'autorité seule de la loi, ni d'un fait personnel soit à celui qui se trouve obligé, soit à celui envers qui l'autre est obligé; ce sont : 1° ceux qui naissent des cas fortuits. — Domat, *Lois civ.*, liv. 2, tit. 9; Toullier, t. 11, n° 9.

16. — ... 2° Ceux qui sont la conséquence naturelle des conventions, bien qu'ils n'y soient pas exprimés. — V. OBLIGATION.

17. — Les actions résultant d'un quasi-contrat, telles que l'action en réparation de dégradations survenues pendant une indue possession, se prescrivent par trente ans et non par le laps de temps établi par la législation criminelle pour la poursuite des crimes et délits. — *Cass.*, 6 févr. 1816, Commune d'Agnos c. Courréges. — V. PRESCRIPTION, PRESCRIPTION CRIMINELLE.

QUASI-DÉLIT.

1. — C'est le fait par lequel sans malignité ou dessein de nuire, mais par faute, imprudence ou négligence, on cause du dommage à autrui. — C. civ., art. 1382 et 1383.

2. — Il n'y a pas quasi-délit dans un fait qui n'a nui à autrui que par suite d'une faute imputable à qui a souffert de ce fait : *Quod quis ex suâ culpâ damnum sentit, non intelligitur damnum sentire.* — L. 203, ff., *De reg. jur.* — Proudhon, *Usufruit*, t. 3, n° 1487; Zachariæ, *Droit civil français*, t. 3, p. 195.

3. — On ne peut non plus attribuer le caractère de quasi-délit à des actes qui rentrent dans l'accomplissement d'une obligation légale ou dans l'exercice d'un droit. — L. 24, § 12, ff., *De damno infect.* — Duranton, t. 13, n° 699; Toullier, t. 11, nos 119 et 144.

4. — Les obligations produites par les quasi-délits sont appelées par la loi *engagemens qui se forment sans convention*. — V. ENGAGEMENT, nos 16 et suiv.

5. — On est tenu du dommage causé non-seulement par son quasi-délit, mais encore par celui des personnes dont on doit répondre. — V. RESPONSABILITÉ.

6. — Le quasi-délit peut, par suite des circonstances qui l'accompagnent, entraîner pour son auteur, indépendamment de la responsabilité civile, des peines correctionnelles ou de simp police. — C. pén., art. 319, 320, 458 et 471.

7. — Pour que le quasi-délit existe, il est nécessaire que la faute ait été commise avec conscience de sa moralité. Aussi ne sont pas responsables même civilement les fous, les idiots, les furieux. Quant aux mineurs, les juges apprécient, suivant les circonstances, s'ils ont ou non agi avec discernement. — Toullier, t. 11, nos 260 et 270; Delvincourt, t. 3, p. 452, notes; Proudhon, nos 1526 et 1527; Rolland de Villargues, *Rép. du not.*, v° *Dommage*, nos 7 et 8.

8. — C'est à celui qui prétend qu'il lui est dû réparation par suite d'un dommage provenant d'un quasi-délit, à prouver que l'auteur du fait a commis une faute ou une négligence.

V. aussi ACTE DE COMMERCE, AUTORISATION DE FEMME MARIÉE, DOMMAGES-INTÉRÊTS, FAUTE, FRAIS (mat. crim.), OBLIGATION, OBLIGATION SOLIDAIRE, PREUVE TESTIMONIALE.

QUERELLE D'INOFFICIOSITÉ.

V. PLAINTE D'INOFFICIOSITÉ.

QUESTION (Torture).

1. — La question était, dans notre ancienne législation, une épreuve douloureuse et cruelle par laquelle on cherchait à arracher la vérité de la bouche d'un accusé ou d'un criminel.

2. — La question était rangée au nombre des peines, et ne pouvait conséquemment être ordonnée que par un jugement de condamnation. — Jousse, Just. crim., t. 2, p. 474-496.

3. — Ce n'est pas du reste seulement dans notre ancien droit que la question a été appliquée. Aristote nous apprend qu'elle existait chez les Grecs, et il est facile de se convaincre par le Code et le Digeste qu'elle a souvent été mise en usage chez les Romains. Ce fait nous est aussi attesté par ces paroles de Cicéron : *Dolorem fugientes multi in tormentis ementiti persæpe sunt, mœrique maluerunt, falsum fatendo, quàm inficiendo dolere.*

4. — Leur mode le plus général de donner la question était le chevalet, *equuleus*. Ils allaient même jusqu'à la faire subir aux témoins pour leur faire déclarer ce qu'ils avaient vu ou entendu. Les soldats en étaient exemptés.

5. — Parmi nos anciennes ordonnances relatives à la peine de la question, il faut citer surtout celle de 1670; d'après laquelle la torture pouvait être employée dans deux circonstances différentes, mais seulement dans le cas d'un crime capital. 1° Par l'art. 1er du tit. 19 : tout juge était autorisé à faire appliquer à la question l'accusé d'un crime constant et auquel la loi réservait la peine de mort lorsque les indices étant considérables contre l'accusé, la preuve ne se trouvait cependant pas être suffisante pour lui faire subir cette peine; c'était là la *question préparatoire*. 2° D'après l'art. 3 du tit. 19 : par le jugement de mort il pouvait être ordonné que le condamné serait *préalablement* appliqué à la question pour avoir révélation de complices; c'est ce qu'on appelait la *question préalable*.

6. — Les modes employés pour faire subir la question étaient différens dans presque tous les parlemens du royaume. Les plus douloureuses étaient : 1° celle du *brodequin*, dont l'usage était généralement répandu. Elle consistait à entourer les jambes du patient de petits ais forts et épais, que l'on liait ensemble, de manière que deux de ces ais se trouvassent entre les deux jambes; à introduire à coup de maillet des coins de fer ou de bois entre les deux ais qui séparaient les jambes; et il s'opérait par là une pression qui brisait les os.

7. — ... 2° Celle du *chevalet*. Cet instrument de torture consistait en un cheval de bois dont le dos allait en diminuant comme un tranchant de couteau. On asseyait sur cette machine ceux qu'on voulait tourmenter; et on leur attachait aux pieds et aux mains des poids, afin qu'ils souffrissent davantage. On suspendait aussi les patients sous ce chevalet par les pieds et les mains, et on les brûlait avec des flambeaux ardens ou on les déchirait avec des tenailles.

8. — ... 3° Enfin celle de l'*eau chaude*, que l'on faisait avaler au patient à pleins seaux; du *plomb fondu* que l'on versait dans les oreilles, les yeux, la bouche, etc.

9. — Louis XVI abolit la question préparatoire, la plus injuste et la plus barbare, et est vrai, puisqu'elle s'exerçait sur des infortunés dont la culpabilité n'était pas encore prouvée; mais il laissa subsister la question préalable, et ce n'est que par l'art. 29 de la loi du 9 octobre 1789 que l'usage de la question a été aboli dans tous les cas.

QUESTION D'ÉTAT.

1. — On appelle questions d'État les questions relatives à l'état des hommes, à ce qui constitue principalement leur condition dans la société et dans la famille; c'est-à-dire à la liberté, aux droits de citoyen, à la vie civile, au titre de mariage, à la filiation naturelle ou légitime. — Nouveau Denisart, v° Etat (Question d').

2. — Les tribunaux civils sont seuls compétens pour statuer sur les questions d'État. — C. civ., art. 326.

3. — Aucune action criminelle ne peut être introduite, même par le ministère public, avant qu'ils aient définitivement prononcé. — C. civ., art. 327.—V. LÉGITIMITÉ.

4. — Les cours d'appel ne peuvent juger les questions d'état qu'en audience solennelle. — V. AUDIENCE SOLENNELLE.

QUESTIONS AU JURY.

V. CIRCONSTANCES AGGRAVANTES, CIRCONSTANCES ATTÉNUANTES, COUR D'ASSISES, DÉFENSE, EXCUSE, LÉGITIME DÉFENSE, PROVOCATION, etc.

QUESTION PRÉJUDICIELLE.

Table alphabétique.

QUESTION PRÉJUDICIELLE. — **1.** — On appelle *question* ou *exception préjudicielle*, en matière criminelle, celle qui, soulevée dans le cours d'une poursuite, est de nature à influer sur le résultat de cette poursuite, et doit, dès lors, être résolue préalablement.

2. — Il ne faut pas confondre les questions *préalables* et les questions préjudicielles. Les premières s'attaquent à l'action elle-même, qu'elles ont pour but de faire déclarer éteinte. Celles-ci ne se proposent, au contraire, que de suspendre soit l'action elle-même, soit la procédure commencée, jusqu'à ce qu'elles aient été vidées. Les unes, telles que l'amnistie, l'exception de chose jugée, la prescription, ont pour objet d'écarter immédiatement et définitivement la poursuite. Les autres se bornent à demander, avant de la commencer ou de la continuer, l'appréciation d'un fait qui doit influer sur son résultat.—Faustin Hélie, *Traité de l'inst. crim.*, L. 3, ch. 2, § 151.

CHAP. Ier. — *Règles générales* (nº 3).

CHAP. II. — *Questions préjudicielles qui doivent être résolues par le juge saisi de la poursuite criminelle* (nº 23).

SECT. 1re. — *Délits résidant dans le contrat même avec lequel ils se confondent : escroquerie, usure habituelle, banqueroute frauduleuse, etc.* (nº 24).

SECT. 2e. — *Délits prenant leur source dans la violation d'un contrat préexistant : abus de confiance, détournement de titres, violation de dépôt, faux serment, etc.* (nº 32).

CHAP. III. — *Questions préjudicielles dont le juge ne peut connaître, et qui nécessitent un sursis à la poursuite* (nº 85).

SECT. 1re. — *Questions d'état* (nº 123).

§ 1er. — *État des enfans* (nº 123).

§ 2. — *État des époux. — Bigamie* (nº 124).

SECT. 2e. — *Questions préjudicielles relatives à des immeubles ou autres droits immobiliers* (nº 166).

CHAP. IV. — *Conditions nécessaires pour l'admission de l'exception préjudicielle* (nº 254).

SECT. 1re. — *Exceptions dont l'admission ferait disparaître toute criminalité* (nº 255).

SECT. 2e. — *Exceptions personnelles au prévenu* (nº 309).

SECT. 3e. — *Exceptions fondées sur un titre apparent ou sur des faits de possession équivalente* (nº 331).

CHAP. V. — *Matières spéciales dans lesquelles peuvent s'élever des questions préjudicielles* (nº 383).

CHAPITRE Ier. — *Règles générales.*

3. — Qui sera juge de la question préjudicielle ? — Ce point, l'un des plus ardus que présente le droit criminel, et l'un des plus fertiles en difficultés, a soulevé de telles dissidences parmi les auteurs et dans la jurisprudence, que la Cour de cassation, après maints arrêts contradictoires, a senti la nécessité de résumer et formuler d'une manière certaine les principes qui pourraient,

dans cette matière, lui servir de guide et ramener l'uniformité dans ses décisions, et, par là, dans la jurisprudence. — En conséquence, elle a, dans une réunion du 5 nov. 1813, discuté et décidé, à *l'unanimité*, les questions suivantes, dont la rédaction, due à M. le président Barris, a été approuvée, également à l'unanimité, dans une séance du 12 nov. suivant, puis adhérée sans restriction le 13 par M. le procureur général Merlin. Cette note de la Cour de cassation, recueillie, d'après M. le président Barris, par M. Mangin dans son *Traité de l'action publique* (nos 240 et 496), est tellement importante, et résume les principes de la matière avec tant de lucidité, que nous ne croyons point pouvoir nous dispenser de la reproduire dans son entier. — Elle est ainsi conçue :

4. — « 1º Il ne peut être prononcé que par les tribunaux civils sur l'existence, la validité et l'exécution des contrats dont la violation ne peut entraîner que des condamnations civiles.

5. — « 2º Les tribunaux criminels peuvent et doivent connaître des contrats dont la violation rentre dans l'application de l'art. 408 du Code pénal. — Lorsque l'existence du contrat est déniée devant eux par la partie qui est poursuivie à raison de ladite violation, les tribunaux doivent juger la question préjudicielle de l'existence du contrat, soit que le plaignant en rapporte l'acte, soit qu'il n'en rapporte qu'un commencement de preuve par écrit. Il est de principe que tout juge compétent pour statuer sur un point dont il est saisi, l'est, par là même, pour statuer sur les questions qui s'élèvent incidemment dans ce procès ; quoique, d'ailleurs, ces questions fussent hors de sa compétence, si elles lui étaient proposées principalement.—L. 3, *Cod. de judiciis* ; L. 1, *Cod. de ordine cogni.* — Il faut une disposition formelle de la loi pour ne pas faire une application de ce principe. La preuve du délit ne pouvant pas être séparée de celle de la convention, la compétence sur le délit qui forme l'action principale entraîne nécessairement la compétence sur le contrat dont la dénégation n'est que l'exception à cette action. — Les tribunaux criminels devant, d'ailleurs, prononcer sur les intérêts civils des parties, ils doivent avoir compétence pour juger le contrat auquel se rattachent ces intérêts civils. — La compétence d'un tribunal ne peut dépendre des formes fixées par la loi pour la preuve de la demande. — Si le contrat ne portait que sur un objet moindre de 150 francs, la preuve pouvant, dans ce cas, en être faite par témoins, la juridiction criminelle serait évidemment compétente pour en connaître ; elle doit avoir la même compétence dans le cas où, à raison d'une plus grande importance dans l'objet du contrat, la preuve n'en peut être établie par témoins. La Cour de cassation a jugé constamment que les tribunaux correctionnels sont compétens pour prononcer sur l'existence du contrat dénié, lorsqu'il en est produit un commencement de preuve, lorsqu'il en est produit un commencement de preuve par écrit ; elle a jugé que ces tribunaux ont caractère pour décider qu'il y a un commencement de preuve par écrit : elle doit donc juger aussi que ces tribunaux ont le droit de déclarer que l'acte produit forme la preuve complète de ce contrat. Le commencement de preuve par écrit est, en effet, comme l'acte constitutif de ce contrat, un acte écrit dont on doit apprécier le contexte, le sens et les conséquences.

3. » 3º Mais pour juger que le contrat dénié a existé, comme pour juger qu'il y a eu commencement de preuve par écrit, en ce qui la preuve testimoniale est admissible, les tribunaux correctionnels sont assujettis aux règles fixées par les art. 1341 et 1347 du Code civil. Les règles de preuve fixées dans ces articles ne sont pas, sans doute, attributives de juridiction en faveur des tribunaux civils, mais par cela même les tribunaux correctionnels sont tenus de les observer. — Ces règles sont des principes généraux communs à toutes les juridictions. — Les délits sont susceptibles, sans doute, de toute espèce de preuve, mais le délit n'est pas dans la convention dont la violation est l'objet de la poursuite ; il n'est que dans cette violation. — Le contrat, comme un acte civil, ne peut être prouvé, lorsqu'il est dénié, que d'après les règles communes à tous les contrats. — Les tribunaux correctionnels doivent prononcer sur les intérêts civils, la partie civile ne peut obtenir devant eux que ce qu'elle obtiendrait devant les tribunaux civils, et elle ne doit l'obtenir que d'après les preuves auxquelles elle serait soumise devant ces tribunaux. — Elle pourrait prouver, devant les tribunaux civils, la violation du contrat par des dépositions de témoins, conformément à l'art. 1348 du Code civil ; mais elle ne pourrait prouver la préexistence du contrat, s'il était dénié, que d'après les règles des art. 1341 et 1347 du même Code. — Mais les tribunaux criminels pourront-ils ordonner des informations pour prouver la préexistence du contrat, avant qu'on ait produit devant eux le commencement de preuve par écrit de ce contrat ; et suffira-t-il, pour faire maintenir leur jugement définitif, qu'avant ce jugement le commencement de preuve par écrit ait été découvert par ces informations ou par toute autre voie ? — S'il n'y a pas d'opposition, de la part du prévenu, à ces informations, sur le fondement de l'absence de toute preuve ou de commencement de preuve par écrit ; point de doute que le jugement définitif, qui est soutenu et justifié par une preuve testimoniale accompagnée d'un commencement de preuve par écrit, ne soit hors de toute atteinte, à raison de l'irrégularité dans le mode et l'ordre de l'instruction. — Mais si le prévenu avait demandé qu'il ne fût point entendu de témoins, jusqu'à ce que la partie poursuivante eût produit un commencement de preuve par écrit qui autorisât la preuve testimoniale ; cette réquisition, étant conforme à un principe général et positif rédigé dans l'art. 1341 du Code civil en termes prohibitifs, devrait être accueillie par les tribunaux correctionnels, et il y aurait lieu à cassation contre un jugement en dernier ressort qui l'aurait rejetée. — Cependant, s'il n'y avait pas de pourvoi contre ce jugement, et que, le commencement de preuve par écrit ayant été acquis, il fût intervenu un jugement de condamnation au fond, d'après la preuve testimoniale, accompagnée d'un commencement de preuve par écrit, on ne pourrait se prévaloir, à la Cour de cassation, contre ce jugement de condamnation, du rejet de la réclamation du prévenu, contre l'audition des témoins avant la production du commencement de preuve par écrit, parce que le jugement qui aurait prononcé ce rejet, n'ayant pas été attaqué par un pourvoi, aurait acquis l'autorité de la chose jugée, et que le jugement de condamnation serait justifié par le commencement de preuve par écrit qui lui aurait servi de base conjointement avec la preuve testimoniale. — Mais, relativement au délit d'habitude d'usure : il ne porte pas sur des faits extrinsèques à des contrats ; il ne suppose pas, comme le délit de violation de dépôt, la préexistence d'une convention ; il se forme dans les actes mêmes du prêt, il est inséparable du prêt et se confond avec lui ; et, dès lors, tout délit étant susceptible de toute espèce de preuve, il n'y a pas de doute que les stipulations d'intérêts usuraires dont peut se composer le délit d'habitude d'usure doivent être soumises à la preuve testimoniale, quoiqu'elles se rattachent à des contrats civils et que les clauses portées dans ces contrats ne puissent être altérées. — Ce délit ne peut donc faire naître la difficulté de la question préjudicielle, qui est traitée dans le nº 2.

7. — » 4º Si devant un tribunal de police correctionnelle, ou de police, le prévenu propose pour défense une exception de propriété qui soit nécessairement préjudicielle à l'action sur le délit, il y aura lieu de surseoir à cette action, et la question de propriété devra être renvoyée au jugement des tribunaux civils. La propriété des immeubles est essentiellement dans le domaine des tribunaux civils.

8. — » 5º Mais si l'exception de propriété ne porte que sur un effet mobilier, il n'y aurait lieu ni à sursis ni à renvoi ; les effets mobiliers sont la matière des vols, des détournemens, etc., dont l'attribution à la juridiction correctionnelle emporte avec elle le droit de connaître de toutes les exceptions proposées comme moyens de défense contre la prévention du fait criminel qui peut avoir été commis sur l'effet mobilier.

9. — » 6º Si l'exception porte sur une question de *possession* d'un objet *immobilier*, elle ne forme une question préjudicielle qui doive être jugée par les tribunaux civils que dans le cas où la preuve de la possession alléguée entraînerait celle de la propriété, ou si cette possession était l'effet d'un titre qui supposât la propriété. Dans ces deux cas, en effet, la question de possession se confond avec celle de propriété, et celle-ci est essentiellement civile. Mais, hors ce cas, la possession alléguée ne pouvant avoir d'effet que sur des jouissances de fruits se détermine toujours à des effets mobiliers, elle n'est qu'un *fait* étranger à la propriété immobilière ; et l'exception qui en est opposée doit, comme celle de la propriété des objets mobiliers, être de la compétence des tribunaux criminels, juges de l'action contre laquelle elle est proposée.

10. — » 7º Si le jugement sur le fait d'un délit ou d'une contravention dépend de l'interprétation d'un acte ou d'un contrat, le tribunal, juge du délit ou de la contravention a nécessairement caractère pour juger si, d'après l'acte ou le contrat produit, le délit ou la contravention existe ou n'existe pas ; il a donc caractère pour examiner l'acte ou le contrat, pour en rechercher ou déterminer le sens, l'effet et l'obligation. Cette décision rentre dans le principe que le juge d'une action est essentiellement juge de l'exception qui est opposée à cette action, comme il est juge de tous les élémens des preuves sur lesquelles l'action ou l'exception peuvent être fondées. Néanmoins, comme, dans les matières forestières, nous avons jugé, depuis l'arrêt du 2 messid. an XIII, que l'adjudicataire qui prétendait, devant le tribunal correctionnel, avoir eu le droit, d'après le cahier des charges, de faire ce que l'administration soutenait avoir été fait par lui en délit, devait être renvoyé devant les tribunaux civils, pour qu'il y fût statué sur le sens et les obligations du cahier des charges, et qu'une jurisprudence contraire ne peut pas convenablement être de suite adoptée ; il a été arrêté qu'on ne casserait point les jugemens rendus par les tribunaux ordinaires en matière forestière, lorsqu'ils auraient renvoyé les parties devant la juridiction civile, pour y faire prononcer sur l'interprétation du cahier des charges, ou d'autres actes qui auraient servi de base à la défense du prévenu.

11. — » 8º Si un individu accusé de bigamie propose, pour moyen de défense, la nullité de son premier mariage, la chambre d'accusation ou la Cour d'assises devront-elles surseoir à la mise en accusation, ou aux débats, ou à la condamnation, et renvoyer devant les tribunaux civils pour y être préalablement statué sur la validité de l'acte du premier mariage ? Cette question se décide par une distinction : Ou bien il s'agit d'une *nullité absolue*, c'est-à-dire d'une de ces nullités à raison desquelles le ministère public peut et doit demander la nullité du mariage, ainsi qu'il lui est prescrit par l'art. 190 du Code civil, et qui sont rappelées dans l'art. 184 du même Code, sous la modification portée dans l'art. 185, et, dans ce cas, il y a lieu à surseoir et à renvoyer devant les tribunaux civils. La nullité absolue n'opère pas, en effet, une simple résolution ou dissolution du mariage, elle fait que ce lien n'a jamais existé ; et d'après l'art. 340 du Code pénal, il n'y a crime de bigamie que dans un second mariage contracté par celui qui est engagé dans les liens d'un premier mariage. Ce genre de nullité, qui exclut, quand la nullité existe, le fait de la prévention ou de l'accusation, ne peut être jugé par les tribunaux criminels, parce que l'état civil du prévenu dépend du jugement qui doit être porté, et que les tribunaux civils, d'après l'art. 326 du Code civil, sont seuls compétens pour statuer sur les questions d'état. Ou bien la nullité proposée par le prévenu de bigamie contre son premier mariage n'est que *relative* : c'est-à-dire qu'elle ne rentre pas dans les art. 144, 147, 161, 162 et 163 du Code civil, ledit article 144 appliqué avec la modification de l'art. 185 ; et, dans ce cas, il n'y a lieu ni à sursis, ni à renvoi. L'exception de cette espèce de nullité, fût-elle prouvée, ne détruirait point l'accusation, parce que, si le mariage devait être dissous par un jugement sur cette nullité, il n'en était pas moins valable jusqu'à ce que cette dissolution fût prononcée par les tribunaux. Le prévenu était donc, jusqu'alors, engagé dans les liens d'un premier mariage ; son second mariage l'a donc rendu coupable du crime de bigamie, tel qu'il est caractérisé par l'art. 340 du Code pénal. La chambre d'accusation ou la Cour d'assises ont, sans difficulté, caractère pour décider dans quels articles du Code civil rentre la nullité proposée par le prévenu ; et, conséquemment, pour rejeter l'exception, si elle ne leur paraît porter que sur une nullité relative.

12. — » 9º Si un individu déclaré coupable devant une Cour d'assises d'avoir homicidé son père adoptif conteste la validité de l'adoption, et forme ainsi un débat sur cette circonstance, qui doit donner au meurtre le caractère de parricide, la Cour d'assises sera-t-elle compétente pour prononcer sur ce genre de défense de l'accusé ? La Cour d'assises aura caractère pour instruire et statuer sur les faits de la possession d'état de fils adoptif que peut avoir eue l'accusé ; et si ces faits de possession d'état se rattachent à un acte d'adoption, ils doivent suffire, quelle que puisse être la validité de cet acte, pour donner à l'homicide l'atrocité qui constitue le parricide et, conséquemment, pour entraîner l'application des art. 299 et 302 du Code pénal. En faisant cette application, la Cour d'assises ne jugera pas une question d'état ; elle ne jugera qu'une question de fait, une circonstance aggravante du crime de l'accusation. »

13. — Maintenant que les maximes de la Cour de cassation sont connues, nous entrerons dans les détails des innombrables difficultés que soulève cette matière ; en faisant toutefois remarquer que, pour se rendre un compte exact de la valeur réelle des décisions que nous aurons à enregistrer, il ne faudra jamais perdre de vue l'époque à laquelle elles ont été rendues, puisque leur antériorité ou leur postériorité à la date du 5 novembre 1813 donnera la mesure la plus certaine de leur autorité.

14. — En principe : le juge criminel est incompétent pour prononcer sur des questions de droit civil, si elles lui sont présentées par *action principale* et abstraction faite de tout délit ; mais lorsque ces questions ne s'élèvent qu'accessoirement à l'action publique, qu'elles naissent de l'instruction et de la défense des parties, ou se rattachent à l'un des élémens du fait de la poursuite, il en peut et doit connaître.

15. — Cette règle s'appuie sur la maxime consacrée par la loi romaine (C. L. 3 *De judiciis* et L. 1 *De ord. jud.*) et reconnue par toutes les législations que *le juge de l'action reste juge de l'exception*. — Elle résulte aussi manifestement de l'art. 3 C. instr. crim., qui subordonne l'action civile à l'action publique lorsqu'elles ont été exercées séparément ; et qui n'aurait pas permis de les former en même temps et devant les mêmes juges, si la seconde avait pu être entravée par la première. — Elle a pour but, d'ailleurs, de prévenir les conflits de juridiction, des lenteurs interminables, des fractionnemens dans l'instruction ; enfin, l'influence que pourraient exercer sur l'esprit du juge criminel des décisions émanées d'autres tribunaux. — Mangin, *Act. publ.*, nº 168.

16. — Ainsi, lorsque, devant le juge criminel, il s'élève accessoirement des questions de droit civil qui se rattachent au fait de la prévention ; l'exercice de l'action publique n'est pas subordonné à la décision de ces questions par les tribunaux civils, auxquels elles ne doivent point être renvoyées. Telle est la règle générale. — Mangin, *ibid.*

17. — Il n'y a d'exceptions à cette règle que celles formellement établies par la loi alors que, distrayant ces questions de la juridiction criminelle, elle en attribue la connaissance exclusive à une autre autorité.

18. — Il y a donc des exceptions préjudicielles qui doivent rester soumises à la juridiction répressive, et d'autres que cette juridiction ne peut résoudre et qu'elle doit, par conséquent, renvoyer à l'examen du juge compétent.

19. — Mais, en tout cas, l'examen et le jugement de l'exception préjudicielle, soit qu'ils émanent du juge criminel, soit qu'ils procèdent d'une juridiction différente, doivent nécessairement précéder le jugement du fond. — *Cass.*, 9 juin 1837 (t. 2 1837, p. 158), Commune de Real-et-Odeillo.

20. — Le jugement qui admet une exception préjudicielle doit, à peine de nullité, prescrire au prévenu de poursuivre la décision de cette exception, et fixer un bref délai dans lequel il devra saisir l'autorité compétente et justifier de ses diligences. — *Cass.*, 11 sept. 1847 (t. 2 1848, p. 95), Tessier.

21. — Le tribunal correctionnel qui ordonne un sursis pour le jugement d'une question préjudicielle ne préjuge rien, pour cela, et conserve toujours le droit d'apprécier le délit, avant même que cette question préjudicielle ait été décidée. — *Cass.*, 20 nov. 1840 (t. 2 1843, p. 787), Demaisons c. Ravelon.

22. — Dans toutes les affaires dont l'instruction est complète, les chambres d'accusation des Cours d'appel sont tenues de statuer de suite sur la prévention et le règlement de la compétence ; elles ne peuvent ordonner le sursis du procès, sans méconnaître les règles de leur juridiction. — Spécialement : lorsqu'à la suite des débats, la Cour d'assises a mis en état d'arrestation plusieurs témoins prévenus de faux témoignage et ordonné le renvoi de l'affaire à la prochaine session ; la chambre des mises en accusation ne peut, sans contrevenir aux règles de compétence et sans porter atteinte à l'autorité de la Cour d'assises qui a accordé la priorité à la prévention de faux témoignage, surseoir à statuer sur cette poursuite, dont l'instruction est complète, jusqu'à ce que la Cour ait prononcé sur l'accusation principale. — *Cass.*, 20 mai 1813, Gambette.

CHAPITRE II. — *Questions préjudicielles qui doivent être résolues par le juge saisi de la poursuite criminelle.*

23. — Pour reconnaître sûrement si une exception soulevée par le prévenu, dans le cours d'une poursuite criminelle, constitue une question préjudicielle ou ne présente qu'un simple moyen de défense, et si, par conséquent, il y a lieu de n'apprécier cette exception qu'avec le fond ou de suspendre la décision du fond pour s'occuper préalablement de l'exception, il est utile de distinguer : 1° Si le délit réside dans le fait, dans le contrat même qui motive cette poursuite ; 2° ou s'il prend sa source dans une obligation civile distincte et préexistante, dont il n'est que la violation.

Sect. 1re. — *Délits résidant dans le contrat même avec lequel ils se confondent : escroquerie, usure habituelle, banqueroute frauduleuse, etc.*

24. — Dans le premier cas, c'est-à-dire lorsque le contrat et le délit ne font qu'un, il ne s'élève aucune difficulté ; car le juge ne peut évidemment prononcer sur l'un sans statuer en même temps sur l'autre.

25. — Ainsi, s'agit-il d'un titre qu'on aurait fait souscrire à l'aide d'escroquerie, le juge criminel ne peut appliquer les peines de l'escroquerie sans connaître du dol dont ce titre se trouve infecté, et sans en avoir déclaré la nullité. — Mangin, *Act. publ.*, t. 1er, n° 169. — V. ESCROQUERIE.

26. — Dans une poursuite pour habitude d'usure, il ne peut se dispenser de rechercher et de déclarer si les obligations attaquées contiennent des stipulations d'intérêts usuraires, et de constater la simulation derrière laquelle se cache l'usure. — *Cass.*, 2 déc. 1813, Courbé ; 4 août 1820, Redaud ; 15 juin 1821, Pernier ; 24 déc. 1825, Duclos. — V. USURE.

27. — Le juge criminel doit décider si l'accusé de banqueroute est ou non commerçant. — *Cass.*, 23 nov. 1827, Ruault ; 1er sept. 1827, Montigny ; 22 janv. 1831, Bouloud ; 17 mars 1831, Bombard ; 11 août 1837 (t. 2 1837, p. 427), Grimardias. — V. BANQUEROUTE.

28. — ... Si cet accusé commerçant est réellement en état de faillite. — *Cass.*, 9 mars 1811, Ragoulleau c. Mondot-Lagorce ; 14 juill. 1814, N... ; 30 janv. 1824, Albis de Belbèze ; *Metz*, 18 déc. 1826, N... ; *Cass.*, 1er sept. 1827, Montigny ; 22 janv. 1831, Bouloud ; 23 juin 1832, Gaurent ; 28 déc. 1837 (t. 1er 1843, p. 350), Auger ; 20 sept. 1838 (t. 1er 1843, p. 351), Magallon.

29. — La Cour de cassation, au dernier alinéa du n° 3 de la note de 1813, décide, pour le cas particulier d'usure habituelle, que rien ne limite devant les tribunaux criminels l'emploi de la preuve testimoniale en ce qui concerne ce délit, lors même que les clauses des contrats civils auxquels il se rattache en pourraient être altérées. — V. en ce sens, *Cass.*, 2 déc. 1813, Courbé. — Les motifs sur lesquels s'appuie à cet égard la Cour suprême s'appliquent à tous les cas où le délit se confond avec le contrat et n'en peut être séparé. — « Il est donc évident, dit M. Lesellyer (n° 1479), que, dans tous ces cas, le tribunal criminel pourrait admettre la preuve testimoniale dans toute son étendue, même sans commencement de preuve par écrit, quelle que fût l'importance du procès.

30. — Lorsqu'un failli est accusé de banqueroute frauduleuse pour supposition de dettes, le juge criminel ne peut le condamner non plus que ses créanciers fictifs, sans avoir apprécié la simulation des dettes et prononcé leur annulation. — Mangin, *Act. publ.*, t. 1er, n° 169.

31. — Lorsque, par un premier jugement, un tribunal a sursis à statuer sur une demande en paiement d'une obligation jusqu'après le jugement à intervenir sur une plainte en escroquerie formée contre le porteur du titre, il suffit qu'une ordonnance de la chambre du Conseil portant qu'il n'y a lieu à suivre sur cette plainte, ait été frappée d'opposition, pour que le tribunal ne puisse passer outre au jugement de l'action civile avant la décision définitive à intervenir sur cette plainte. — *Paris*, 10 (et non 16) sept. 1829, Desmarets c. Bastiat.

Sect. 2e. — *Délits prenant leur source dans la violation d'un contrat préexistant : abus de confiance, détournement de titres, violation de dépôt, faux serment, etc.*

32. — Dans le second cas, c'est-à-dire lorsque le contrat civil et le délit dont il est l'élément forment des actes distincts dont l'un suppose nécessairement la préexistence de l'autre, le principe est encore applicable, et cette préexistence du contrat doit être également jugée par le juge criminel. — Merlin, *Rép.*, v° *Bigamie*, n° 2 ; Mangin, *Act. civ.*, n° 170.

33. — Ainsi, la Cour de cassation a décidé que la preuve du délit d'une violation de dépôt ne pouvant être séparée de celle de l'acte de dépôt, la compétence sur le délit qui formait l'action principale entraînait nécessairement la compétence sur le contrat dont la dénégation n'était qu'une exception contre cette action, et que la juridiction correctionnelle compétente pour connaître de la violation du dépôt avait donc aussi caractère pour prononcer sur la préexistence de ce dépôt. — *Cass.*, 2 déc. 1813, Courbé. — V. aussi ABUS DE CONFIANCE. — V., néanmoins, *Cass.*, 12 messid. an XI, Rollin c. de Vareilles ; 22 juin 1822, Marchal. — Carnot, *C. pén.*, art. 408, n° 2 ; Legraverend, *Législ. crim.*, t. 2, chap. 1er, § 10, p. 41, note 2.

34. ... Que, dans le délit de soustraction ou détournement d'une contre-lettre, la preuve de l'existence de la contre-lettre est, par sa nature, inséparable de celle du fait de la soustraction, que cette soustraction forme l'objet de l'action principale, et la dénégation de l'existence de la contre-lettre l'exception à cette action ; d'où il suit que les tribunaux correctionnels ayant caractère pour statuer sur les intérêts civils, l'ont conséquemment aussi pour prononcer sur le contrat qui s'y rattache. — *Cass.*, 25 mai 1816, Sanitas c. Larode.

35. — ... Que le tribunal correctionnel saisi d'une poursuite en détournement de traites avait pu décider si ces traites étaient sincères ou fictives. — *Cass.*, 7 thermid. an XIII, Bosset c. Michel.

36. — Cependant, Carnot et Toullier s'élèvent contre ces décisions. — D'après le premier, lorsque le dépôt est nié et qu'il est d'une valeur supérieure à 150 fr., il doit être sursis au jugement à intervenir sur la plainte en violation de dépôt, jusqu'à ce qu'il ait été prononcé sur sa réalité par les tribunaux civils. — Il cite même deux arrêts de cassation des 2 déc. 1813 et 5 mai 1815 comme ayant décidé en ce sens (Carnot, *C. pén.*, t. 2, p. 336). — Mais il se trompe ; ces deux arrêts jugent précisément le contraire.

37. — Toullier pense qu'à moins que le contrat civil et le délit ne constituent un fait indivisible, le juge criminel est obligé de surseoir au jugement de la plainte jusqu'à ce que les tribunaux civils aient statué sur l'existence ou la non-existence du contrat dont la violation constitue le délit : par exemple, dans le cas de violation de dépôt, d'abus de confiance ou de blanc seing, etc. — Toullier, *Dr. civ.*, t. 9, p. 244.

38. — Suivant cet auteur, la règle générale est que le juge criminel est toujours incompétent pour prononcer sur les questions préjudicielles de droit civil qui s'élèvent devant lui, et ce n'est que *par exception* qu'il devient compétent quand il s'agit d'escroquerie, de destruction ou soustraction de titres. — C'est donc à tort, selon lui, que l'on voudrait faire considérer les dispositions de la loi qui attribuent aux tribunaux civils la connaissance exclusive des questions d'état et de propriété immobilière comme des exceptions, puisqu'au contraire elles constituent la règle générale.

39. — Dans cette doctrine, on ne s'expliquerait point l'utilité des art. 326 et 327 du Code civil, relatifs aux questions d'Etat, et des art. 12, tit. 9, l. 15-29 sept. 1791, et 182 C. for. sur les exceptions tenant à des droits immobiliers, et on se trouve en opposition directe avec les paroles suivantes de l'orateur du gouvernement : « Ainsi, après avoir établi que les tribunaux civils sont seuls compétens pour statuer sur les réclamations d'état, le projet de loi, *par une disposition contraire au droit commun*, mais uniquement applicable à ce cas et évidemment utile, dispose que l'action criminelle contre un délit de suppression d'Etat ne pourra commencer qu'après le jugement définitif de la contestation. » Aussi, ce système n'a-t-il point été généralement adopté et se trouve-t-il contraire à celui qu'a admis la Cour de cassation dans sa note que nous avons transcrite ci-dessus. — Mangin, *Act. publ.*, t. 1er, n° 170.

40. — Toutefois, comme les moyens de preuve admis devant la juridiction criminelle sont infiniment plus étendus que devant les tribunaux civils, pour éviter que les parties lésées ne prissent la voie de la plainte, afin d'arriver à faire une preuve que la juridiction civile n'aurait point permise, si l'affaire lui avait été soumise, la jurisprudence a posé en principe que les règles du droit civil, en pareil cas, sont communes à toutes les juridictions. — *Cass.*, 1er juill. 1806, Panier, Messier et Masse ; 5 sept. 1812, Gilbert-Merlin ; 17 juin 1813, Stein ; 5 mai 1815, Delsaux ; *Metz*, 31 janv. 1821, Zay c. Muscat ; *Cass.*, 1er sept. 1832, Demerval ; *Paris*, 11 oct. 1837 (t. 1er 1838, p. 11), Bourdon c. Davesne ; 27 janv. 1838 (t. 1er 1838, p. 177), P.... — Carnot, *C. pén.*, art. 366, n° 7, et C. instr. cr., art. 330, n° 17 ; Legraverend, *Lég. crim.*, t. 1er, ch. 1er, p. 41 ; Mangin, *Act. publ.*, nos 173 et suiv. ; Merlin, *Quest.*, v° *Suppress. de titres*, § 1er ; Toullier, t. 9, n° 145 et suiv. ; Duranton, t. 13, n° 312 ; Garnier-Dubourgneuf, *Rev. de législ. et de jurispr.*, t. 8, p. 40 ; Lesellyer, n° 1485. — V. aussi les arrêts cités *infrà*.

41. — Dès lors, la poursuite n'est permise aux parties lésées, et même au ministère public, que dans les cas où, d'après la loi civile, la preuve testimoniale est admissible. Ainsi, si le délit ne réside pas dans le contrat, mais résulte seulement de sa violation, ce contrat reste un acte civil, et si son existence est déniée, elle ne peut être établie que suivant les règles communes à tous les contrats.

42. — En conséquence, s'agit-il de la destruction ou de la soustraction d'un titre, le juge criminel peut recevoir la plainte, procéder à l'audition des témoins, statuer sur l'existence du titre et sur les conséquences de sa disparition ; car, en cette matière, la preuve testimoniale est admise sans difficulté. — *Cass.*, 5 avr. 1817, Desblancs ; 15 mai 1834, Gonnier ; 28 juin 1834, Vic ; 22 août 1840 (t. 2 1844, p. 477), Dubois. — Merlin, *Quest.*, v° *Suppress. de titres*, § 1er ; Toullier, *Dr. civ.*, t. 9, p. 257 ; Mangin, *Act. publ.*, t. 1er, n° 172.

43. — Jugé, dès lors, que l'existence et la destruction ou suppression d'un testament olographe peuvent être prouvées par témoins, sans qu'il soit nécessaire d'en rapporter un commencement de preuve par écrit. — *Cass.*, 4 oct. 1816, Fiquet ; 21 oct. 1824, Vicaire c. Mallendu. — Car, disent ces arrêts, si la préexistence du testament olographe est un fait préjudiciel au fait de la soustraction, cette préexistence peut, comme la soustraction, être prouvée par témoins, parce que l'héritier ou le légataire n'ont eu aucun moyen de faire constater par écrit, pendant la vie du testateur, l'existence de ce testament, qui n'a été que son propre fait. — Merlin, *Quest. de droit*, v° *Suppress. de titres* ; Toullier, t. 9, n° 156 ; Rolland de Villargues, *Rép.*, v° *Preuve testimoniale*, nos 98 et suiv. ; Lesellyer, n° 1485 ; Mangin, n° 172 ; Bourguignon, *Jurispr. des C. crim.* sur l'art. 5 du C. d'instr. crim. — V. DESTRUCTION DE TITRES ET ACTES.

44. — Mais dans les cas prévus par l'art. 408 C. pén., tels que la violation de dépôt, l'abus de mandat, le détournement d'objets confiés pour un usage déterminé, etc., la partie ayant pu se procurer une preuve littérale du contrat dont elle allègue la violation, le juge criminel ne peut admettre la preuve de cette violation, si l'obligation est supérieure à 150 francs, qu'autant qu'elle est avouée par le prévenu ou qu'il en existe un commencement de preuve par écrit, ou que l'acte qui la constate est lui-même représenté.

45. — Ainsi jugé en matière de violation de dépôt ou de mandat. — *Cass.*, 10 avr. 1819, Sauseur c. Brazier ; 5 mai 1815, Delsaux ; 2 déc. 1813, Courbé ; 25 janv. 1838 (t. 1er 1840, p. 205), Roussenet ; 17 juill. 1841 (t. 2 1841, p. 314), B... c. D... ; 20 avr. 1844 (t. 2 1844, p. 604), Rumeau ; 12 avr. 1844 (t. 2 1844, p. 539), Gatoux ; 29 mars et 25 avr. 1845 (t. 2 1845, p. 105), Vincent, Gardavaud. — V. ABUS DE CONFIANCE.

46. — ... En matière d'abus de blanc seing, alors que la remise du blanc seing était niée. — *Cass.*, 5 mai 1831, Forest. — Plasman, *Contre-lettres*, p. 51 ; Lesellyer, n° 1488. — V. ABUS DE BLANC SEING.

47. — Jugé encore que quand la plainte en soustraction ou destruction de titres a pour objet une contre-lettre destinée à modifier une convention antérieure dont la preuve littérale est produite, cette plainte est non recevable, si l'existence de la contre-lettre n'est pas prouvée par écrit ou si on ne rapporte pas un commencement de preuve par écrit. — *Cass.*, 5 avr. 1817, Desblancs. — Legraverend, t. 1er, ch. 1er, p. 40 ; Plasman, *Contre-lettres*, p. 51. — *Contrà*, Lesellyer, no 1486.

48. — M. Lesellyer (*loc. cit.*) critique cet arrêt par ce motif qu'il n'a pas été possible à celui qui se plaint de la soustraction d'avoir un commencement de preuve par écrit, et, qu'en pareil cas, il doit être dispensé, aux termes de l'art. 1348 C. civ., de la nécessité d'un commencement de preuve de cette nature. « Admettre la doctrine de la Cour de cassation, dit-il en terminant, ce serait déclarer, en d'autres termes, que le délit de soustraction d'une contre-lettre ne peut être poursuivi, ce qui ne saurait être soutenu. »

49. — Jugé que le fait par l'une des parties contractantes d'avoir soustrait frauduleusement un acte sous seing privé contenant obligation et déposé chez un tiers constitue un vol. — Ce fait ne saurait dès lors être assimilé, quant aux règles à suivre, pour en atteindre la répression, à un abus de confiance, et la preuve testimoniale est admissible, encore même que le dépôt soit nié. — *Cass.*, 30 janv. 1846 (t. 1er 1846, p. 706), Mulot.

50. — ... Et que la prohibition de la preuve testimoniale pour toutes choses excédant une somme ou valeur de 150 fr., lorsqu'il n'existe aucun commencement de preuve par écrit, n'est pas applicable au cas où un testament a été communiqué à un individu qui l'a aussitôt mis en pièces. — *Cass.*, 28 juin 1834, Vic.

51. — Le crime de faux serment ne peut être poursuivi qu'autant que l'acte sur lequel le faux serment est intervenu est du nombre de ceux dont la loi civile autorise la preuve testimoniale, soit parce qu'il s'agit d'une valeur de moins de 150 fr., soit parce qu'il existe un commencement de preuve par écrit. — *Cass.*, 5 sept. 1812, Gilbert-Merlin; 17 juin 1813, Stein; 12 sept. 1816, Aubin; 16 août 1844 (t. 2 1844, p. 225), Bononi. — Merlin, *Rép.*, vo *Serment.*

52. — S'il résulte de la note de 1813, rapportée plus haut, que les tribunaux criminels peuvent prononcer sur l'existence du dépôt, mais à la condition de se conformer aux règles du droit civil pour l'admission de la preuve testimoniale, y a-t-il lieu à cet égard, comme l'enseigne M. Legraverend (t. 1er, p. 42), de distinguer entre les dépositaires volontaires et les dépositaires publics? — M. Legraverend (*loc. cit.*) est d'avis que *tous les genres de preuve peuvent être employés pour prouver la culpabilité des dépositaires publics*, et il s'appuie à cet égard sur les motifs qui ont inspiré au législateur, lors de la rédaction du Code pénal, les dispositions spéciales qui les concernent, c'est-à-dire la confiance obligée qui résulte de leurs fonctions, de leur qualité, de leur caractère et de la facilité qu'ils ont d'en abuser. — Mais nous croyons avec MM. Bourguignon (p. 474), Duvergier (sur Legraverend, t. 1er, p. 42, note 5) et Lesellyer (no 1491) : que les tribunaux criminels doivent, en ce cas, comme lorsqu'il s'agit du dépôt ordinaire, se conformer, relativement au mode de preuve, aux règles tracées par le Code civil. En effet, comme le fait remarquer M. Bourguignon (*loc. cit.*), la condition des comptables et dépositaires publics serait bien périlleuse s'il suffisait d'alléguer soit un dépôt, soit un versement de fonds pour être autorisé à prendre contre eux la voie criminelle. Il nous semble donc évident, en l'absence de toute disposition contraire, que, même à l'égard d'un dépositaire public, on ne saurait se dispenser d'administrer la preuve du dépôt, lorsqu'il est dénié, ou du moins un commencement de preuve par écrit. — V. en outre, sur ce point, Carnot sur l'art. 1348, observation 9e.

53. — Bien entendu que si l'obligation civile dont on poursuit la violation était d'une valeur inférieure à 150 fr., la preuve testimoniale en pourrait être faite malgré l'absence de tout titre ou commencement de preuve par écrit. — C. civ., art. 1341.

54. — C'est, au reste, au tribunal saisi de la plainte qu'il appartient de décider s'il existe un commencement de preuve par écrit suffisant pour autoriser la preuve testimoniale. — *Cass.*, 31 juill. 1812, Bourgeay, à la note.

55. — S'il s'agit de la violation d'un mandat commercial, la preuve testimoniale est admissible alors même qu'il s'agirait de moins de 150 fr. — *Cass.*, 1er sept. 1848 (t. 2 1848, p. 48), Battelot.

56. — De ce que le tribunal correctionnel saisi d'une plainte en violation de dépôt, compétent pour prononcer sur l'exception du prévenu qui soutient que les objets représentés sont identiquement les mêmes que ceux à lui confiés, doit, en y statuant, se conformer aux règles prescrites par la loi civile, il résulte qu'au correctionnel comme au civil l'aveu du prévenu sur l'existence et les circonstances d'un dépôt est indivisible. — *Metz*, 31 janv. 1821, Zay; *Cass.*, 26 sept. 1823, Combes. — *Note du présid. Barris*, nos 2 et 7, t. 11, p. 804 et 805. — La Cour de cassation a adopté, le 9 août 1821, les motifs d'un réquisitoire dans lequel le procureur général avait posé en principe que l'aveu n'est indivisible en matière criminelle qu'autant 1o qu'il y a absence absolue de toute autre preuve et de tous indices; 2o que les différentes parties de la confession sont également probables. Ces deux décisions semblent être en contradiction; mais nous ferons remarquer que, dans l'espèce de l'arrêt du 26 sept. 1823, les juges étaient obligés de se conformer aux règles du droit civil, à cause du contrat qui avait précédé le délit, tandis que dans l'espèce de celui du 9 août 1821, la matière était purement criminelle et soumise aux règles qui lui sont propres; or, en cette matière, la loi admet tous les genres de preuves et ne demande point compte aux juges des élémens de leur conviction, à moins qu'ils n'aient violé la foi qu'elle attache à certains actes. Il suit de là que si leur conscience avait divisé l'aveu du prévenu, celui-ci n'aurait pas le droit de s'en plaindre. Les conditions que, dans son réquisitoire, le procureur général a empruntées au *Nouveau Denisart* ne sont pas écrites dans la loi, et n'ont d'autre force que celle d'une simple théorie, toujours bonne à consulter. — V., aussi, *Cass.*, 12 avril 1844 (t. 2 1844, p. 539), Gatoux. — V. AVEU.

57. — Quand la poursuite embrasse plusieurs délits dont les uns sont susceptibles de la preuve testimoniale et les autres ne le sont pas, le tribunal devrait prohiber tout témoignage relatif au délit qui ne peut être établi par témoins, et ordonner qu'il ne sera tenu note que de la partie des dépositions concernant les autres délits. — *Cass.*, 1er août 1817, Girardin. — Mangin, *ibid.*, no 173; Lesellyer, no 1487.

58. — Jugé néanmoins que, dans ce cas, les témoignages sont indistinctement permis vu l'indivisibilité, lorsque le même fait est poursuivi, soit comme escroquerie, soit comme abus de confiance. — *Cass.*, 27 juin 1840 (t. 2 1840, p. 418), R...

59. — Le tribunal correctionnel saisi d'une demande comprenant deux chefs distincts ne peut, lorsqu'une exception préjudicielle est proposée pour l'un des deux seulement, ajourner sa décision sur la partie de la cause qui se trouve en état. — *Cass.*, 22 juill. 1836, Bouelle c. Société des fonderies de Romilly.

60. — La poursuite est interdite au ministère public, aussi bien qu'aux parties civiles, lorsque la preuve testimoniale n'est pas admissible. — *Cass.*, 5 déc. 1806, Pichonneau; 5 sept. 1812, Merlin; 17 juin 1813, Stein; 2 déc. 1813, Courbé; 12 sept. 1816, Aubin; 16 août 1824, Bononi; 5 mai 1811, Forset. — V. aussi, dans le même sens, Merlin, *Rép.*, vis *Serment*, § 2, art. 2, et *Dépôt*, § 1er; Mangin, *loc. cit.*, t. 1er, no 174; Lesellyer, no 1490.

61. — Lorsque le juge criminel est saisi d'une poursuite dans laquelle la preuve testimoniale n'est pas permise, il doit commencer par interroger le prévenu; car des aveux de ce dernier peut résulter la preuve ou un commencement de preuve par écrit de la convention dont on allègue la violation. — Mangin, *ibid.*, no 175.

62. — Mais si le prévenu, dans son premier interrogatoire, dénie la convention et si cette convention n'est pas prouvée par écrit ou s'il n'en existe pas un commencement de preuve littérale, la procédure criminelle doit être suspendue jusqu'à ce que les juges civils aient prononcé sur le fait de l'existence préalable de ladite convention. — *Cass.*, 20 fruct. an XII, Merlin-Hall c. Potter. — Merlin, *Rép.*, vo *Dépôt*, § 1er, no 6.

63. — Mangin critique avec raison cette doctrine, et pense que le tribunal correctionnel ayant pouvoir de décider, en pareil cas, dans les mêmes limites que le tribunal civil, doit simplement, si la preuve testimoniale n'est pas admissible, déclarer le poursuivant non recevable *quant à présent* (*Act. publ.*, t. 1er, no 175), et c'est aussi ce qu'a décidé la Cour de cassation le 2 déc. 1813 (Courbé).

64. — Mais le juge criminel ne devrait pas déclarer la plainte mal fondée; car, par là, il jugerait le fond. — V. *infrà*, no 96.

65. — Il ne doit pas non plus se déclarer incompétent; car il a juridiction sur tous les délits qu'on lui défère. — V. *infrà*, no 91.

66. — Si la preuve testimoniale ayant été indûment admise, le prévenu n'avait point réclamé, ou si après avoir réclamé, il ne s'était pas pourvu contre la décision qui la prononce, il ne pourrait plus faire réformer ou casser le jugement du fond qui le condamne, alors qu'un commencement de preuve par écrit aurait été découvert par suite de l'information irrégulièrement ordonnée. — *Cass.*, 31 juillet 1812, Bourgeay; 5 sept. 1812, Gilbert. — Merlin, *Rép.*, vo *Serment*, § 2, art. 2; Mangin, *ibid.*, no 176.

67 — Quand l'existence d'un délit dépend de l'interprétation d'un acte, la juridiction criminelle est compétente pour rechercher le sens de cet acte, en déterminer la portée, et décider si, d'après l'acte produit, le délit existe ou non. — *Cass.*, 13 juin 1818, Selves c. Seigle; 2 août 1821, Becherot; 25 juin 1830, Leaux c. Moreau.

68. — Néanmoins, si l'acte à interpréter émanait de l'autorité administrative, cette autorité en pourrait seule fixer le sens, à l'exclusion de l'autorité judiciaire. — *Cass.*, 9 mai 1828, Robert.

69. — Ainsi, lorsque l'acquéreur d'un domaine national poursuivi par l'administration forestière, pour introduction de bêtes à laine dans un bois de l'Etat, prétend que l'acte d'adjudication lui en donne le droit, le conseil de préfecture peut seul interpréter l'acte de vente, et la prétention du prévenu forme une question préjudicielle qui oblige le tribunal correctionnel à surseoir jusqu'après sa décision. — *Cass.*, 16 juin 1809, Forêts c. Valette. — Legraverend, t. 2, ch. 1er, p. 7, note 2e; Merlin, *Rép.*, vo *Usage* (*droits d'*) sect. 1re, no 4.

70. — Les baux de biens communaux passés par l'autorité municipale ne sont pas des actes administratifs, et, dès lors, l'interprétation en appartient au juge criminel saisi des délits qui en sont la suite, et qui ne doit pas recourir à l'autorité administrative pour en faire déterminer le sens. — *Cass.*, 2 janv. 1817, Lecardé; 4 sept. 1818, Aubin; 24 sept. 1825, Chapelle. — Merlin, *Quest.*, vo *Pouvoir judiciaire*, § 9, no 2; Mangin, *Action publique*, nos 179 et suiv.

71. — « Ici se reproduit, dit Henrion de Pansey (*Pouvoir municipal*, p. 63), notre distinction entre les officiers municipaux délibérant collectivement sous la présidence du maire, et ce même fonctionnaire ou ses adjoints agissant comme chargés de tous les actes d'exécution et de simple régie. Les délibérations des corps municipaux assimilées aux actes émanés du pouvoir administratif, et, par ce motif, soustraites à la juridiction ordinaire, ne peuvent être annulées, interprétées ou modifiées que par les corps administratifs supérieurs; mais on n'est pas allé jusqu'à couvrir de la même faveur les actes d'exécution et de simple régie faits par les maires ou leurs adjoints; on a senti que le bail à ferme d'une propriété communale ou un marché pour des réparations à la maison commune, n'avaient rien qui les fit sortir de la classe des conventions privées, puisque le maire n'y avait figuré que comme le représentant du corps municipal, qui, lui-même, n'est que le mandataire des habitans de la commune.

72. — Jugé que c'est aux tribunaux qu'il appartient d'interpréter les baux, lors même qu'ils ont été passés par l'autorité administrative. — *Cons. d'Etat*, 25 févr. 1818, Cellarier c. fermier du Bac de Bessan. — Dans cette espèce, il s'agissait du refus de payer le passage d'un bac auquel un habitant de la commune prétendait avoir droit, pour des bestiaux qui dépendaient d'un domaine situé dans une autre commune, ce que déniait le fermier; il fallait donc fixer le sens d'un article du cahier des charges sur lequel se fondaient les deux contendans. — V. aussi *Cass.*, 4 sept. 1818, Aubier c. Cellarier. — Mangin, *ibid.*, no 180.

73. — Les tribunaux sont encore seuls compétens pour interpréter les baux consentis par l'administration et en fixer le sens, si l'acte n'est point attaqué quant aux formes voulues pour la validité des actes administratifs, ou si une loi formelle n'en a pas attribué la connaissance exclusive à l'autorité administrative. — *Cons. d'Etat*, 9 juin 1824, d'Isar c. Allary; 30 juin 1813, Otten; 21 mars 1821, Commune de Vaisse c. Gaillard; 20 févr. 1822, d'Aubin.

74. — Cependant, un arrêt de la Cour de cassation porte, dans ses motifs, « que lorsqu'il s'agit de décider si le droit de péage sur un pont, un bac ou des bateaux, est ou n'est pas dû à raison des causes d'exemption qui peuvent se trouver en la personne et dans les qualités des passans, une telle question est purement civile et ne peut être jugée par les tribunaux de police qui doivent se déclarer incompétens sur la qualité de la demande, laquelle est purement personnelle, et renvoyer les parties devant le juge de paix en son audience civile. » — *Cass.*, 26 août 1826, Moreau; 11 juill. 1828, Falcon. — Mangin critique, avec raison, cet arrêt, dont on ne peut expliquer ni justifier l'opposition avec les principes précédemment admis. — Mangin, *Act. publ.*, t. 1er, p. 180.

75. — En matière forestière, quand l'adjudicataire d'une coupe de bois, prévenu d'un délit résultant de la violation des conditions de l'adjudication, est d'accord avec l'administration sur le sens des clauses de son bail et soutient seulement en fait qu'il ne les a pas violées, le tribunal correctionnel est compétent pour vérifier et constater les faits allégués. — *Cass.*, 25 janv. 1810, Arnoud, Laréal (deux arrêts); 3 nov. 1810, Reculard (et deux autres arrêts); 16 août 1811, Gossens. — Merlin, *Rép.*, v° *Délit forestier*, § 18.

76. — ... Et alors même que l'adjudicataire dénierait le sens attribué par l'administration aux clauses du cahier des charges, s'il fallait, pour savoir s'il y a délit, interpréter ces clauses, cette interprétation appartiendrait encore à l'autorité judiciaire et non à l'autorité administrative. — Mangin, *ibid.*, n° 178.

77. — La Cour de cassation a longtemps jugé que cette interprétation constitue une question préjudicielle excédant la compétence du tribunal correctionnel, et que celui-ci doit, dès lors, renvoyer à la décision de la juridiction civile. — *Cass.*, 2 mess. an XIII, Parent; 8 frim. an XIV, Coppée; 7 niv. an XIV, Tourmey; 10 janv. 1806, Aubé; 28 mars 1806, Dupuis c. Hautefeuille; 9 fév. 1811, N...

78. — Mais, depuis ces arrêts, la Cour de cassation, dans sa note du 12 nov. 1813 (V. *suprà* nos 4 et suiv.), sur les questions préjudicielles, paraît avoir adopté des principes différens, et reconnu, en pareil cas, l'applicabilité de la règle que le juge de l'action est également juge de l'exception. Ainsi : le tribunal criminel ne devrait pas surseoir jusqu'après la décision civile, et pourrait déterminer lui-même le sens des clauses du bail. — Mangin, *ibid.*, n° 178.

79. — Cependant, la Cour de Douai s'est prononcée, depuis, dans le sens desdits arrêts de la Cour de cassation en jugeant : que, lorsque, d'après la plainte, les concessionnaires de travaux publics avaient commis des délits en outrepassant les limites de leur mandat, il y a lieu de recourir préjudiciellement devant l'autorité administrative, à l'effet de faire décider s'ils ont excédé les termes de leur titre de concession et du cahier des charges. — *Douai*, 29 mai 1835, Piard et Urbain.

80. — Le prévenu qui n'a demandé ni en première instance ni en appel son renvoi à fins civiles, pour faire statuer sur la validité ou sur l'inutilité d'une lettre de change à lui confiée, et qu'on l'accuse d'avoir détournée en bâtonnant l'acceptation, est non recevable à se prévaloir pour la première fois de la question préjudicielle en Cour de cassation. — *Cass.*, 7 therm. an XIII, Bosset c. Michel.

81. — La loi qui donne au juge le droit de décider s'il y a crime ou délit, lui donne par cela même le droit de juger si le prévenu était en état de démence au moment de l'action. En conséquence, le point de savoir si le prévenu était en état de démence ne présente pas une question préjudicielle réservée aux juges civils de son domicile. — *Cass.*, 9 déc. 1814 (règl. de juges), Delalande. — V. conf. *Cass.*, 15 frim. an VIII, Verdolle. — Merlin, *Rép.*, v° *Démence*, § 2. — V. aussi *Cass.*, 8 vendém. an VII, Thézut; 12 frim. an X, Widersbach, et 8 frim. an XIII, Guillaume.

82. — Lorsqu'un individu arrêté comme ayant été condamné par contumace conteste l'identité, la Cour d'assises est compétente pour connaître, sans l'assistance du jury, de cette question préjudicielle qui présente le fait de l'identité dépourvu de tout caractère moral qui puisse donner lieu soit à un acquittement, soit à une déclaration de culpabilité. — *Assises de la Seine-Inférieure*, 28 juin 1824, Letoux et Gandoulf; *Cass.*, 6 févr. 1825, mêmes parties.

83. — M. Duvergier, annotateur de Legraverend (t. 2, p. 599, note 4), prétend que la difficulté peut paraître grave en théorie, mais que, dans l'application, elle n'offre pas un véritable intérêt. « Il est en effet certain, dit-il, que malgré l'arrêt de la Cour d'assises qui aurait déclaré l'identité; si les jurés étaient convaincus que l'individu présent n'est pas celui contre lequel la condamnation par contumace avait été précédemment rendue, et que, par conséquent, il n'est pas l'auteur du fait objet de l'accusation : ils prononceraient *non coupable*. Cette considération me semble décisive en faveur de l'attribution des jurés pour décider la question d'identité. » — C'est sans doute pour n'avoir pas suffisamment médité l'arrêt de la Cour d'assises de Rouen du 28 juin 1824, que cet auteur est tombé dans une pareille erreur. Il confond le jugement du fond avec le jugement de l'incident. La question d'identité n'a nullement pour objet de savoir si l'accusé est *coupable*, mais si l'individu présent est réellement l'individu *accusé*. « Il ne s'agit, dit la Cour de Rouen, que du fait d'identité essentiellement dépourvu de tout caractère *moral* qui puisse donner lieu soit à un acquittement, soit à une déclaration de culpabilité. » C'est une question préjudicielle qui précède la réunion du jury, et qui peut même rendre sa convocation inutile; car si l'individu présent n'est pas le même que celui qui a été condamné, son arrestation n'a pas eu pour effet d'anéantir la condamnation par contumace et, par conséquent, le jury est incompétent. Nous reconnaissons sans doute, avec M. Duvergier, que les jurés pourront, malgré l'arrêt portant qu'il y a identité, déclarer l'accusé *non coupable*; mais c'est une raison de plus pour réserver à la Cour une décision qui laisse entière l'indépendance du jury, et qui ne peut causer aucun préjudice à l'accusé. Les règles générales de l'instruction criminelle ne permettent pas qu'il en soit autrement. Remarquons, en effet, que le système de M. Duvergier aurait cette conséquence, que l'accusation se trouverait complétement vidée par la déclaration de non-culpabilité. Si donc le véritable accusé venait à tomber plus tard sous la main de la justice, on ne pourrait point lui appliquer l'arrêt de renvoi ni l'acte d'accusation; l'impossibilité de rechercher les motifs qui auraient déterminé les premiers jurés produirait une confusion et une difficulté inextricables. Il faudrait, dans cet état, commencer une nouvelle procédure, et cependant l'accusé serait bien le même. Nous avouerons en terminant que les art. 518 et 519 n'ont pas été faits précisément pour notre espèce; mais la nécessité de recourir à leurs dispositions et l'analogie la plus parfaite en justifient l'application. — V., au surplus, l'arrêt de la Cour de cassation du 5 août 1834 (Kartz) rendu en audience solennelle, qui nous semble devoir fixer irrévocablement la jurisprudence.

84. — Les questions préjudicielles doivent encore être résolues par le juge criminel dans certains cas où il s'agit de l'état des époux, notamment en matière de bigamie; mais ces cas ne pouvant être séparés de ceux plus nombreux où, s'agissant de questions d'état, les exceptions préjudicielles doivent être renvoyées aux tribunaux civils, nous les examinerons tous ensemble. — V. *infrà* nos 123 à 162.

CHAPITRE III. — *Questions préjudicielles dont le juge ne peut connaître, et qui nécessitent un sursis à la poursuite.*

85. — Les exceptions à la règle que la juridiction compétente pour connaître des délits l'est également pour statuer sur les questions de droit civil qui s'y rattachent, sont relatives aux questions d'état, ou concernent la propriété des immeubles ou les droits réels immobiliers, ou bien encore sont particulières à certains délits.

86. — Dans tous ces cas exceptionnels, néanmoins, il y a des principes généraux desquels il ne peut être permis de s'écarter, et dont quelques applications ne sont pas inutiles à rappeler ici.

87. — Le juge de paix devant lequel la poursuite serait portée comme juge de police ne pourrait point se constituer en juge civil pour statuer d'office sur la question préjudicielle. — *Cass.*, 2 therm. an XI, Bernardet-Chesne; 3 therm. an XI, N...; 7 flor. an XII, Crouet. — Merlin, *Rép.*, v° *Question préjudicielle*, n° 10; Carnot, *C. instr. crim.*, art. 3, n° 32 et art. 153, n° 2. — V. aussi *Cass.*, 29 (et non 28) flor. an VIII, Demeyter c. Vanderondel.

88. — ... Pas plus que le juge de paix saisi d'une affaire civile ne peut se transformer en tribunal de police. — *Cass.*, 1er avril 1813, Landrin.

89. — La même règle est applicable aux tribunaux correctionnels qui, par le même motif, ne pourraient reprendre leur rôle de tribunaux civils.

90. — Un tribunal de police, saisi de la connaissance de contraventions aux règlemens de l'autorité compétente qui assurent la perception des droits de péage sur les ponts, doit, lorsqu'il s'agit de décider si le droit de péage est ou n'est pas dû, à raison des causes d'exemption qui peuvent se trouver en la personne et dans les qualités des passans, se déclarer incompétent et renvoyer les parties à procéder devant le juge de paix, en son audience civile. — *Cass.*, 26 août 1826, Moreau et Duluc.

91. — Le juge criminel doit se borner à surseoir jusqu'à la décision des tribunaux compétens. — Mais il n'en reste pas moins saisi toujours de la poursuite, ainsi que nous l'avons expliqué *suprà*, et il ne pourrait, au lieu d'ordonner le sursis, se déclarer incompétent. — *Cass.*, 2 déc. 1826, Ancillon c. Avias; 29 août 1828, Martin; 28 nov. 1828, Gouvry; 20 juin 1829, Thorin; 17 mai 1833, Roque; 21 nov. 1833, Bobous; 25 févr. 1847 (t. 2 1847, p. 288), Forêts c. Malval; *Limoges*, 17 nov. 1847 (t. 1er 1848, p. 324), mêmes parties.

92. — Il ne pourrait non plus, dans le cas où on lui demanderait réparation d'un délit relatif à une propriété réclamée par toutes les parties, attribuer cette propriété à l'une d'elles, quelque évident que lui parût son droit. — *Cass.*, 31 août 1826, Poisle-Frulon c. Vivier-Deslandes.

93. — ... Ni déclarer qu'il n'y a lieu de prononcer aucune amende. — Par là : il rend une décision prématurée et viole les règles de compétence, de même qu'en se dessaisissant de la connaissance de la contravention. — *Cass.*, 9 mai 1828, Robert.

94. — ... Ni maintenir l'une des parties dans un droit de passage, par le motif que l'autre partie n'a pas fait statuer sur la question de propriété dans le délai qui lui avait été fixé. — *Cass.*, 25 nov. 1826, Feydeau de Brou.

95. — ... Ni prononcer lui-même sur l'exception, faute par le prévenu d'y avoir fait statuer. — *Cass.*, 23 sept. 1836, Hugon-Boige.

96. — ... Ni passer outre et prononcer définitivement. — *Cass.*, 10 févr. 1809, Palla c. de Forcallier; 27 sept. 1832, Carnillon; 19 juill. 1833, Reculot; 30 juill. 1835, Guillon; 16 avril 1836, Colleno.

97. — ... Ni, en matière d'anticipation sur un chemin public, prononcer l'acquittement du prévenu, sous le prétexte que la commune n'est pas en cause. — *Cass.*, 20 juin 1828, Thorin.

98. — ... Ni retenir la connaissance de l'exception. — *Cass.*, 12 juin 1807, Majeux; 4 août 1809, Deverbier; 12 mars 1829, Chabanis.

99. — ... Non plus que la rejeter. — *Cass.*, 19 juin 1829, Baillard.

100. — ... Ni déclarer inadmissibles les moyens présentés à l'appui de l'exception. — *Cass.*, 20 prair. an XIII, Avrillaud.

101. — ... Ni condamner la partie civile aux dépens. — *Cass.*, 29 août 1828, Martin.

102. — ... Ni, en matière de travaux confortatifs faits sans autorisation, condamner le contrevenant à l'amende, et surseoir seulement relativement aux conclusions du ministère public, tendantes à la démolition des travaux. — *Cass.*, 28 sept. 1838 (t. 2 1838, p. 442), Ch... — V. ALIGNEMENT.

103. — ... Ni renvoyer les parties devant l'autorité compétente.. — *Cass.*, 31 janv. 1833, Balloy. — V., cependant, *Cass.*, 9 mai 1828, Robert.

104. — Mais il ne commet aucun excès de pouvoir lorsqu'en ordonnant le sursis, il ordonne que le prévenu sera tenu de faire statuer par qui de droit sur la question de propriété. — *Cass.*, 23 août 1822, Pavy.

105. — De même, il ne viole aucune loi lorsqu'il se déclare incompétent et réserve les dépens sur le motif qu'il ne peut connaître de la contravention avant que la question préjudicielle qu'il ne doit pas apprécier soit décidée : dans ce cas, il ne déclare son incompétence que jusqu'au jugement de la question préjudicielle. — *Cass.*, 15 déc. 1827, Grandjean.

106. — Du reste : le renvoi à fins civiles pour la solution d'une question préjudicielle doit être ordonné d'office par le tribunal, sans qu'il soit nécessaire qu'il soit demandé par des conclusions formelles. — *Cass.*, 22 janvier 1836, Bergeret.

107. — Bien entendu que le tribunal de simple police ne peut prononcer un sursis sur le motif d'une question préjudicielle qui n'a point été élevée. — *Cass.*, 4 juill. 1835, Gademel.

108. — Le tribunal de police ne peut, en se fondant sur la connaissance personnelle qu'il a des faits, renvoyer un prévenu des poursuites exercées contre lui au sujet d'une contravention constatée par un procès-verbal régulier. — *Cass.*, 21 mars 1833, Bourdrel.

109. — L'exception de propriété ne pourrait non plus autoriser à surseoir sur la poursuite exercée contre celui qui a fait un défrichement contrairement à une prohibition expresse de la loi. — *Cass.*, 9 juill. 1807, Trétiral; 20 oct. 1832, Bessière. — Merlin, *Rép.*, v° *Délit forest.*, § 17, n° 2; Mangin, *Act. publ.*, n° 209.

110. — Le tribunal de police saisi de plusieurs chefs de demande dont l'un présente une question préjudicielle de propriété doit retenir et juger les autres. — *Cass.*, 4 brumaire an XIV, Chambon.

111. — La question préjudicielle de propriété ne peut pas être écartée sur le fondement d'un jugement rendu contre le fermier, et sans que le propriétaire ait été appelé. — *Cass.*, 22 therm. an XII, Paris-Labrosse.

112. — Le jugement de simple police qui se borne à astreindre un particulier à faire statuer sur l'exception préjudicielle de propriété, sans d'ailleurs prononcer contre lui aucune condamnation, n'est pas susceptible d'être attaqué par la voie de l'appel. — *Cass.*, 20 févr. 1829, Charpenel.

113.—Un pareil jugement ne peut être attaqué que par la voie de la cassation. — *Cass.*, 11 juin 1818, Colin; 31 déc. 1818, Saulnier de la Pinelais c. Plateau.

114. — Lorsque, sur l'exception préjudicielle de propriété élevée par le prévenu, le tribunal a déclaré simplement n'y avoir lieu à statuer quant à présent et a renvoyé les parties à fins civiles, le cours de la prescription est suspendu tant que la question préjudicielle n'a pas été jugée définitivement par l'autorité compétente. — *Cass.*, 30 janv. 1830, Carrère c. Laroque. — La maxime *Contrà non valentem agere non currit præscriptio* est applicable en matière criminelle comme en matière civile. — Mangin, *Traité de l'action publique*, t. 2, p. 176, n° 335. — V. PRESCRIPTION CRIMINELLE.

115. — Lorsque, par un premier jugement passé en force de chose jugée, le tribunal correctionnel a ordonné le sursis aux poursuites d'un délit de dépaissance jusqu'au jugement d'une question préjudicielle de propriété; si, sur la poursuite exercée contre un prévenu qui propose la même exception, le premier prévenu intervient comme civilement responsable et adhère à ses conclusions, les deux causes deviennent indivisibles et le tribunal ne peut refuser d'ordonner également le sursis dans le second procès. — *Cass.*, 23 nov. 1833, Mercier c. Montredon.

116. — Mais, lorsque le droit de propriété ou de jouissance proposé comme exception préjudicielle par le prévenu n'est point contesté, et que l'on soutient seulement que cette jouissance est soumise à certaines conditions, le tribunal de répression doit statuer lui-même sur l'exception, et non surseoir ou renvoyer à fins civiles. — *Cass.*, 1er juill. 1836, Forêts c. Dignant. — Cette décision repose sur le principe: *Frustrà probatur quod probatum non relevat.*

117. — Le jugement d'une contestation élevée sur le mérite d'une vente de marchandises que, malgré sa constatation légale et son exécution, on prétend n'être qu'une consignation ou un nantissement, ne peut être retardé par une plainte en police correctionnelle, lorsque cette plainte n'a d'autre but que de parvenir à une preuve testimoniale que la loi repousse.— *Paris*, 15 mars 1828, Morice c. Legouës.

118. — Lorsqu'une partie, après avoir opté pour la voie civile, prend la voie correctionnelle contre l'usage d'un titre qu'elle prétend simulé, elle ne peut demander qu'il soit sursis au jugement de l'action civile jusqu'au jugement de l'action correctionnelle; et si la Cour refuse de surseoir, puiser dans ce refus un moyen de cassation contre l'arrêt. Ce n'est qu'en cas d'exercice de l'action publique seulement que la Cour est tenue de surseoir. — *Cass.*, 15 juin 1829, Morice c. Legouës.

119. — Le prévenu est recevable à proposer en cause d'appel, l'exception préjudicielle de propriété, bien qu'elle n'ait point été opposée devant les premiers juges, et le tribunal d'appel ne peut se dispenser de surseoir jusqu'à la décision des juges civils. — *Cass.*, 10 avr. 1807, Scaronne; 16 mai 1834, Parmantier c. Elion.

120. — Lorsqu'en instance d'appel, le prévenu, tout en opposant des exceptions préjudicielles et se réservant de faire défaut sur le fond, a cependant cherché à se justifier du fait qui lui était imputé par l'allégation de circonstances atténuantes, la Cour a pu déclarer qu'il avait défendu au fond, et statuer par un seul et même arrêt, lequel est contradictoire et définitif. — *Cass.*, 22 sept. 1832, de Magnoncourt c. de Raucourt.

121. — Lorsque, nonobstant l'exception préjudicielle de propriété opposée par un prévenu d'une anticipation sur un chemin public, le tribunal de simple police l'a condamné à l'amende, le tribunal correctionnel qui, sur l'appel, admet l'exception proposée ne peut, tout en renvoyant à fins civiles pour faire statuer sur la question de propriété, retenir la connaissance de l'affaire. — *Cass.*, 19 juin 1846 (t. 2 1849, p. 220), Touchard.

122. — Lorsque les agens de l'administration des contributions indirectes ont dressé un procès-verbal, que le prévenu s'est inscrit en faux contre ce procès-verbal, et qu'il a été renvoyé devant le juge compétent pour faire statuer sur son inscription de faux; que par suite du refus du procureur de la République de suivre sur cette inscription, ledit prévenu a saisi le tribunal civil, qui s'est déclaré incompétent, le tribunal correctionnel saisi de nouveau de l'affaire ne doit pas se déclarer compétent et renvoyer à l'instruction devant l'un de ses membres : il doit au contraire se déclarer incompétent, surseoir à statuer, et renvoyer devant les juges compétens, qui sont les juges criminels. — *Paris*, 5 janv. 1843 (t. 1er 1843, p. 360), Contrib. indir. c. Delacourt.

Sect. 1re. — *Questions d'état.*

§ 1er. — *Etat des enfants.*

123. — L'action criminelle contre un délit de suppression ou de supposition d'état est suspendue tant qu'il n'a pas été définitivement statué au civil sur la question d'état (C. civ., art. 327). — Cette exception au principe général posé dans l'art. 3 du Code d'instruction criminelle, et qui a pour but de protéger l'ordre et la sécurité des familles, a donné lieu à d'importantes décisions qu'on trouvera rapportées v° ENFANT (crimes et délits contre l'), n°s 80 à 133.

§ 2. — *Etat des époux. — Bigamie.*

124. — L'exception formulée par les art. 326 et 327 du Code civil s'appliquant exclusivement à la supposition ou à la suppression d'état des enfans, il en résulte naturellement que la poursuite criminelle ne doit pas être suspendue jusqu'à la décision civile de la question d'état lorsque la supposition ou la suppression s'appliquent à l'état des époux. Dans ce dernier cas comme dans tous les autres on rentre sous l'empire du droit commun qui soumet tous les faits qualifiés crimes ou délits au libre exercice de l'action publique.—Cette distinction résulte d'ailleurs littéralement de l'art. 52 du C. civ., relatif aux faux et à l'altération commis dans les registres de l'état civil, et de l'art. 195 du Code pénal qui prévoit le cas de collusion entre les parties et l'officier de l'état civil. — En effet, de la combinaison des articles précités, qui déclarent que ces faits peuvent être poursuivis d'office par le ministère public, avec l'art. 194 du Code civil, aux termes duquel nul ne peut réclamer le titre d'époux s'il ne représente un acte de mariage, on doit inférer que tout crime de faux ou de destruction d'actes publics ayant pour objet la supposition ou la suppression de l'état d'époux, peut être poursuivi sans qu'il soit besoin de faire juger préalablement la question d'état (Mangin, n° 191; Faustin-Hélie, *Traité de l'inst. crim.*, t. 3, p. 227, § 154; Lesellyer, n° 1520). — Cependant M. Legraverend (t. 2, p. 40) enseigne que les questions d'état doivent indistinctement être renvoyées aux tribunaux civils.

125. — Des art. 52, 53, 165, 192, 193 et surtout 198 et 199 du C. civ., M. Mangin (*loc. cit.*) tire ce principe : « que la juridiction criminelle est compétente pour prononcer sur les questions touchant l'état des époux lorsque ces questions se rattachent aux délits dont elle est saisie, et que les jugemens qui en émanent tiennent lieu des actes mêmes que la loi a institués pour assurer la preuve de cet état. » — Il considère les art. 198 et 199 comme disposant en sens inverse des art. 326 et 327 : d'après ceux-ci l'action civile est préjudicielle; suivant les premiers, c'est l'action publique.

126. — M. Merlin (*Rép.*, v° *Légitimité*, sect. 4, § 4, n° 5) n'admet point ces résultats attribués à l'art. 198; il pense que son application doit être restreinte aux délits prévus par l'art. 52 : c'est-à-dire aux cas d'altération ou de faux sur les registres de l'état civil, et d'inscription d'un acte (ici, d'un acte de mariage) sur une feuille volante. — Mais cette opinion est combattue par Bourguignon (*Instr. C. crim.*, t. 1er, p. 44) et Locré (*Esp. C. Nap.*, t. 3, p. 428), d'après lesquels « l'art. 198 est général et applicable à *toute procédure criminelle* : à celle, par exemple, qui tendrait à faire condamner l'officier pour avoir omis de rédiger l'acte, ou à faire punir l'auteur des altérations faites aux registres. » — Lesellyer, n° 1522; Faustin-Hélie, *loc. cit.*

127. — L'art. 199 du Code civil, en disant : « Si les époux ou l'un d'eux *sont décédés* sans avoir découvert la fraude, » semble n'autoriser l'action publique qu'autant que les époux ou l'un d'eux n'existent plus. — M. Locré (*loc. cit.*, p. 431) fait observer que cet article a voulu dire seulement qu'à défaut des père et mère décédés, l'enfant dont la légitimité serait compromise par la prévarication de l'officier public, pourrait recourir à l'action criminelle aussi bien que le ministère public pour faire déclarer la validité du mariage, et cela dans le cas même où la fraude aurait été découverte du vivant des père et mère sans réclamation de leur part.

128. — Le fait par un individu d'avoir pris dans l'acte de célébration de son mariage, les noms et qualités d'une autre personne, ne présente aucune question préjudicielle, non plus qu'une suppression ou une réclamation d'état, mais une question d'identité de personnes dont la solution entièrement liée à la poursuite ne fait qu'une seule et même chose avec elle. — Dès lors il n'y a lieu à aucun sursis. — *Cass.*, 8 mai 1828, Fourneyron.

129. — Lorsqu'un maire est accusé d'avoir antidaté des actes de mariage dans le dessein de soustraire des jeunes gens à la conscription, le crime de faux qu'on lui impute est indépendant de la validité ou invalidité des mariages, et n'élève point une question d'état préjudicielle qui puisse autoriser un sursis aux poursuites. — *Bruxelles*, 12 mars 1816, N...

130. — Cependant la Cour de Grenoble a décidé que la plainte en faux portée par une femme contre son acte de mariage, ayant pour objet de réclamer contre l'état de femme mariée que cet acte lui donne, et contre l'état d'époux qu'il attribue à son prétendu mari, il y a également lieu au sursis jusqu'à ce qu'il ait été statué sur la question d'état par les tribunaux compétens. — *Grenoble*, 9 déc. 1822, Bouzon c. Guy et Deroux. — *Sic*, Legraverend, *Législ. crim.*, t. 1er, p. 39.

131.—Mangin (*ibid.*, n° 192) critique avec raison cet arrêt, en faisant remarquer que les art. 326 et 327 C. civ. ne portent pas que l'action publique et l'action civile concernant l'état des personnes seront suspendues toutes les fois que parmi les tiers intéressés à l'issue du jugement il se trouvera des enfans : « Ces articles, dit-il, ne s'occupent que des délits dirigés contre l'état des enfans eux-mêmes...; leur but est d'empêcher des étrangers de s'introduire dans une famille à l'aide d'une preuve testimoniale que les tribunaux criminels seraient forcés d'admettre, lorsque, au contraire, les tribunaux civils seraient obligés de la repousser. On voit que, dans l'espèce, il ne s'agissait point de la matière sur laquelle ces articles ont disposé. » Il soutient, au surplus, que, d'après les art. 198 et 199 C. civ., l'existence d'enfans sur lesquels peuvent rejaillir les conséquences de la décision à rendre par le juge criminel, n'influe aucunement sur sa compétence.

132. — Cette dernière doctrine, à laquelle nous croyons devoir nous rallier, est également adoptée par MM. Lesellyer (n° 1523) et Faustin-Hélie (*loc. cit.*, § 154, p. 235). « S'il suffisait, dit en concluant ce dernier auteur, que les enfans fussent intéressés à la question d'état des époux pour que l'action publique dût être suspendue, il est clair que cette question serait, dans la plupart des cas, préjudicielle et se confondrait avec celle de filiation et les art. 198 et 199 n'auraient plus d'application. »

133. — D'après Carnot (*Instr. crim.*, t. 1er, p. 23 et 84), lorsque, dans une accusation de bigamie, l'accusé oppose la nullité de l'un de ses mariages, la cour d'assises doit surseoir au jugement, toutes choses demeurant en état; car, dit-il, c'est aux tribunaux civils seuls qu'il appartient de connaître de la validité des mariages.

134. — Mais ce motif ne paraît pas fondé, et nous avons vu précédemment que le Code civil et le Code pénal renferment, au contraire, plusieurs dispositions qui autorisent les tribunaux criminels à prononcer sur la validité des mariages, notamment les art. 76 et 198 C. civ., relativement aux omissions ou altérations qui se trouvent dans les actes de cette nature.

135. — La commission de législation avait même pensé que la preuve acquise, par une instruction criminelle, de la célébration légale du mariage, devait avoir pour conséquence non de le faire déclarer valable, mais d'en faire ordonner la *réhabilitation* qui attesterait l'accomplissement des formalités. Mais cette proposition n'a pas été admise : d'une part, on a rejeté toute cepèce de réhabilitation; d'autre part, ou la célébration n'est point prouvée par l'instruction, et alors il ne pourrait y avoir de réhabilitation, ou elle est prouvée, et, dans ce cas, à quoi bon en faire renouveler les formalités, puisque la preuve juridique tiendrait lieu de celle résultant des registres s'ils eussent été réguliers? — Locré, *Esp. C. civ.*, t. 3, p. 429.

136. — Il y a donc lieu ici de revenir au principe d'après lequel le juge criminel est compétent pour connaître des questions civiles qui se présentent incidemment à sa poursuite, et, dès lors, il doit statuer sur les moyens de nullité que l'accusé de bigamie oppose à son second mariage, puisque c'est ce mariage qui constitue le crime et que l'exception de nullité tend à le faire disparaître. C'est aussi l'opinion de Mangin (*ibid.*, nº 193). — Merlin, *Rép.*, vº *Bigamie*, nº 2, p. 470; Chauveau et Hélie, t. 6, p. 288 et 289, et Lesellyer, *loc. cit.*, nº 1524.

137. — Jugé, en ce sens, que les tribunaux criminels ont qualité pour statuer, incidemment à une poursuite exercée pour fait de bigamie, sur les moyens de nullité opposés par l'accusé contre son second mariage. — *Cass.*, 18 févr. 1819, Sarrazin (solut. impl.).

138. — Mais quand c'est de son premier mariage que l'accusé de bigamie oppose la nullité, la difficulté devient plus sérieuse.

139. — La Cour de cassation avait d'abord jugé qu'un tribunal criminel n'était pas tenu de surseoir au jugement lorsqu'un accusé de bigamie excipait de la nullité de son premier mariage. — *Cass.*, 19 pluv. an XII, Clauss. — Mais une pareille décision était inadmissible.

140. — Ultérieurement, la cour de cassation, par un second arrêt, assez équivoque du reste, du 25 juillet 1811 (Barbier), a décidé que lorsqu'un accusé de bigamie conteste formellement l'existence du premier mariage, et qu'aucun acte de célébration n'est représenté, cette défense fait naître une question préjudicielle consistant à savoir s'il a réellement existé un premier mariage : question dont la connaissance doit être renvoyée devant les tribunaux civils.

141. — Mais, depuis, la question s'étant de nouveau présentée, elle a jugé également, après partage d'opinions, que l'individu accusé de bigamie pour avoir contracté un troisième mariage avant la dissolution du second, est recevable à opposer la nullité de ce second mariage, résultant de ce qu'il aurait lui-même été contracté avant la dissolution du premier, et que cette nullité forme une exception préjudicielle qui nécessite le renvoi devant les tribunaux civils, seuls compétens pour y statuer. — *Cass.*, 16 janv. 1826, Moureau.

142. — Le motif (trop absolu) de l'arrêt, que *les nullités de mariage ne peuvent être prononcées que par les tribunaux civils*, semblerait applicable aux nullités du second mariage comme à celles du premier; mais Mangin fait observer (*ibid.*, nº 194) qu'il faut en circonscrire le sens dans les limites de la question à juger, et ne l'appliquer, dès lors, qu'à la nullité du premier mariage.

143. — Du reste, cet auteur approuve la doctrine de la Cour de cassation, et invoque à l'appui le passage de l'exposé des motifs de M. Portalis qui se réfère aux art. 188 et 189 du Code civil, et duquel il résulte que la nullité ou validité du premier mariage est, non une de ces exceptions qui se lient à l'instance principale et sur lesquelles le juge doit prononcer en même temps qu'il statue sur le fond, mais une exception préjudicielle principale devant faire l'objet d'une instance séparée et dont le jugement doit nécessairement être préalable. Or, si en matière civile le juge saisi de la demande en nullité du second mariage ne peut statuer incidemment sur la validité du premier, et doit, au contraire, surseoir et fixer un délai dans lequel cette validité sera appréciée par le juge compétent, à plus forte raison le juge criminel, dont les droits ne sont pas plus étendus (qu'il soit saisi par la partie civile ou par le ministère public), et qui ne peut connaître des questions de droit civil qu'incidemment et jamais par voie d'action principale, doit-il procéder par les mêmes règles que le juge civil et prononcer le même renvoi.

144. — A l'appui de cette solution on peut invoquer par analogie cette disposition de l'art. 357 C. pén., d'après laquelle le ravisseur d'une jeune fille, qui, sur la poursuite des parens, excipe de son mariage avec elle, ne peut être condamné qu'après que ce mariage a été déclaré nul. — La nullité du mariage devient alors l'objet d'une question préjudicielle principale, et qui, devant être jugée séparément de l'action publique, appartient au juge civil. — Mangin, *ibid.*; Lesellyer, *ibid.*, nº 1525; Bourguignon, *Jurisp. des C. crim.*, nº 5, sur l'art. 3 C. instr. crim.; Chauveau et Hélie, t. 6, p. 289 et suiv.; Duranton, t. 2, nº 146.

145. — Si après la question préjudicielle élevée et le sursis ordonné pour faire prononcer la nullité du premier mariage, le premier conjoint de l'accusé de bigamie venait à mourir sans laisser d'héritier intéressé à la constatation de cette nullité : comme l'accusation ne peut rester continuellement en suspens et l'accusé rester toujours détenu; on devrait l'admettre à former sa demande en nullité contre le ministère public, qui deviendrait ainsi son contradicteur légitime. — Mangin, *ibid.*; Lesellyer, *ibid.*

146. — « De ce principe désormais incontestable que les nullités de mariage n'ont jamais lieu de plein droit (V. la discussion au Conseil d'Etat sur l'art. 202 C. civ., séance du 5 vendém. an X. — Toullier, t. 1er, nº 601; Duranton, t. 2, nºs 147 et 263), il y a lieu, dit M. Lesellyer (*loc. cit.*), de tirer les conséquences suivantes : 1º que la nullité, soit du premier, soit du second mariage, doit être invoquée par l'accusé de bigamie, pour que le tribunal criminel soit obligé ou d'en renvoyer la décision devant les juges compétens, ou de prononcer lui-même sur cette nullité selon les circonstances; 2º que la nullité invoquée par l'individu accusé de bigamie doit être du nombre de celles qu'il puisse personnellement invoquer et n'avoir pas été couverte. » — *Sic*, Mangin, nºs 195, 196 et 199; Duranton, t. 2, nº 147.

147. — Jugé dans ce sens : 1º Que le juge criminel n'est pas tenu de statuer sur la nullité même absolue du premier ou du second mariage, ou d'ordonner le sursis d'office, et que le prévenu doit toujours la proposer à peine de voir passer outre. — *Cass.*, 18 févr. 1819, Sarrasin.

148. — ... 2º Que les nullités n'ayant point lieu de plein droit, l'arrêt de renvoi aux assises ne peut pas être cassé sur le motif que la Cour aurait dû suppléer d'office l'exception proposée par l'accusé et s'abstenir de statuer sur la mise en accusation jusqu'au jugement de la question préjudicielle par les tribunaux civils. — *Cass.*, 16 janv. 1826, Moureau. — Mangin, nº 195.

149. — La Cour de cassation dans le nº 8 de sa note sur les questions préjudicielles (que nous avons rapportée en entier, nºs 4 et s.) et dans sa jurisprudence, fait, lorsque l'accusé de bigamie oppose la nullité de son premier mariage, une distinction entre les nullités *relatives* et les nullités *absolues*. Dans le premier cas elle décide qu'il n'y a lieu ni à sursis, ni à renvoi (V. sa note). Si, au contraire, la nullité proposée est absolue, le juge criminel doit surseoir et renvoyer devant les tribunaux civils. — *Cass.*, 19 nov. 1807, Bauzin. — Carnot (*Instr. crim.*, t. 1er, p. 93, et *C. pén.*, art. 340, nº 2) et Bourguignon (*Jurispr. C. crim.*, t. 1er, p. 38) embrassent la même doctrine. — V. aussi Toullier, t. 9, nº 152.

150. — Mangin (*ibid.*, nº 196) critique vivement cette théorie : il admet bien entre les nullités absolues et les nullités relatives une distinction fondée sur ce que les premières peuvent en tout temps être opposées soit par les époux, soit par le ministère public; tandis que les secondes ne peuvent l'être que par les parties en faveur desquelles elles ont été établies, et en tant seulement que ces parties n'y ont pas renoncé. Mais il veut que l'accusé soit admis à en exciper tant qu'il ne les a pas couvertes. Le système de la Cour de cassation n'a d'autre base que la proposition suivante : savoir qu'*un mariage qui n'est vicié que d'une nullité relative produit un lien, tandis que le mariage vicié d'une nullité absolue n'en produit point.* D'où la conséquence non-seulement que l'accusé de bigamie ne peut invoquer une nullité relative contre son premier mariage; mais encore que si, avant les poursuites, il avait fait prononcer l'annulation de ce mariage par les tribunaux civils, il n'en devrait pas moins être traduit et condamné comme bigame si cette annulation n'était motivée que sur des nullités relatives. — Or cette proposition n'est fondée sur aucune loi, et la conséquence ne paraît le résultat que d'une subtilité.

151. — En effet, quelque défectueux qu'il soit, un mariage n'est jamais nul *de plein droit*. — Il y a toujours un titre, une apparence qu'il n'appartient qu'au juge de détruire; jusque-là le mariage est réputé former un lien légal. — Si le crime de bigamie disparaît lorsque l'un des mariages est annulé pour une nullité absolue, c'est que la présomption qui le réputait former un lien a cessé pour faire place à la vérité; or, comme cette vérité a existé dès le moment que le mariage nul se contractait, et que le jugement n'est que *déclaratif* de cette vérité, c'est aussi à ce moment que remontent les effets de ce jugement. Evidemment il en doit être de même aussi bien dans le cas de nullité relative que dans celui de nullité absolue, et jamais un mariage nul, peu importe pourquoi, n'a pu produire aucun lien. Mangin invoque l'autorité de d'Aguesseau (43e plaid.), d'après lequel les nullités relatives ne diffèrent des autres qu'en ce qu'il n'appartient qu'à certaines personnes de s'en prévaloir et qu'elles peuvent être couvertes; et l'ancien droit criminel (Nouv. Denisart, t. 3, p. 517), qui tenait pour constant que le crime de bigamie n'existait qu'autant que les deux mariages étaient valables. — Il cite même deux arrêts des 11 mars 1660 (Chaubert) et 29 déc. 1781 (Giraud), décidant qu'il suffirait que le prévenu excipât, pour échapper à une accusation de ce genre, d'une nullité qu'il fût recevable à opposer.

152. — Il s'appuie, enfin, sur le système général du Code civil, sous l'empire duquel les effets de l'annulation d'un mariage sont les mêmes quelle que soit la nullité qui l'a motivée; sur l'opinion de Toullier, qui dit, sans faire de distinction, que l'effet des nullités est que les mariages déclarés nuls sont censés n'avoir point existé (*Droit civil*, t. 1er, nº 652); enfin, sur un réquisitoire de Merlin, du 8 août 1811 (*Rép.*, vº *Bigamie*), établissant qu'un mariage nul ne peut jamais engendrer le crime de bigamie et que la déclaration de cette nullité remonte nécessairement au jour où le mariage a été contracté. — Ces raisons nous paraissent péremptoires et nous n'hésitons pas à nous ranger à la doctrine de Mangin. — V. également, sur ce point, Lesellyer, nº 1528; Chauveau et Hélie, t. 6, p. 296 et 297.

153. — A la fin du nº 8 de sa note, la Cour de cassation ajoute encore que la chambre d'accusation et la Cour d'assises ont, sans difficulté, caractère pour décider dans quels articles du Code civil rentre la nullité proposée par le prévenu et, conséquemment, pour rejeter l'exception si elle ne leur paraît porter que sur une nullité relative. Il n'y a ici aucune contradiction à reconnaître au juge criminel le pouvoir de prononcer sur la recevabilité de l'exception, tandis qu'il ne peut statuer sur le fond même de cette exception. En effet, il faut distinguer les fins de non-recevoir qui se rattachent à une action déjà formée devant un autre tribunal que celui où on les oppose et celles relatives à une action encore non formée : dans le premier cas, leur jugement n'appartient qu'au juge saisi de l'action qu'elles tendent à écarter; dans le second, au contraire, le tribunal devant lequel on élève la fin de non-recevoir peut l'apprécier et l'admettre ou la rejeter. — Merlin (réq. du 11 août 1811), *Rép.*, vº *Bigamie*.

154. — « Ainsi, dit Mangin (nº 197), si l'accusé de bigamie avait formé sa demande en nullité du premier mariage qu'on lui oppose, il n'est pas douteux que le tribunal criminel incompétent pour statuer sur la nullité, le serait également pour prononcer sur les fins de non-recevoir qui s'opposent à l'action. Mais si la demande n'avait pas encore été formée, ce tribunal aurait tout pouvoir pour apprécier et déclarer les fins de non-recevoir; car il faut bien que le juge auquel on demande de surseoir aux poursuites examine si ce sursis aurait une base légale, c'est-à-dire si l'action qui le motiverait peut utilement être exercée. »

155. — C'est d'après ce principe qu'il a été jugé qu'il ne suffit pas, pour nécessiter le sursis et le renvoi à fins civiles, qu'un accusé de bigamie allègue vaguement que le premier mariage qui lui est imputé n'existe pas et que l'acte qu'on en présente s'applique à un autre individu que lui, s'il ne s'inscrit pas positivement en faux contre cet acte. — *Cass.*, 2 avril 1807, Jugo.

156. — ..... Que lorsque les nullités proposées par un accusé de bigamie contre son premier mariage sont couvertes aux termes d'une loi précise, la chambre d'accusation peut, sans y avoir égard, ordonner immédiatement la mise en accusation. — *Cass.*, 8 août 1811, Billecart. — Ce qui emporte nécessairement pour ces chambres d'accusation un droit d'examen desdites nullités.

157. — ... Que la chambre des mises en accusation ne viole aucune loi en renvoyant un individu devant la Cour d'assises comme accusé de bigamie, quoique la nullité de son premier mariage ait été prononcée, si c'est par un jugement rendu par défaut de constitution d'avoué, qui n'a pas été exécuté dans les six mois de sa date. — *Cass.*, 17 déc. 1812, Bernard. — Bourguignon, *Jur. C. crim.*, art. 3; C. instr. crim., t. 1er, p. 38.

158. — L'accusé de bigamie est recevable à faire valoir, en tout état de cause, l'exception résultant de la nullité de l'un de ses mariages; car cette exception, devant détruire l'existence du crime lui-même, est péremptoire. — Mangin, *ibid.*, nº 198; Lesellyer, *ibid.*, nº 1530.

159. — Il peut donc l'invoquer, soit devant le juge d'instruction, soit devant la chambre d'accusation, soit même pour la première fois devant la Cour d'assises. — Mangin, nº 198.

160. — Jugé, en conséquence, qu'un accusé de bigamie est recevable à proposer pour la première fois devant la Cour d'assises la nullité du mariage qui n'était pas encore dissous quand il en a contracté un nouveau.—*Cass.*, 16 janv. 1826, Moureau.

161. — Mais elle ne pourrait l'être devant la Cour de cassation, qui ne doit statuer que sur l'observation des formes prescrites par les lois et sur la juste application de leurs dispositions. — Même arrêt.

162. — Si l'accusé après avoir proposé cette exception devant la chambre d'accusation, avait négligé de se pourvoir contre l'arrêt de cette chambre qui l'aurait rejetée, il est incontestable que dans ce cas il ne pourrait reproduire le même moyen devant la Cour d'assises puisqu'il y aurait désormais chose jugée. — Mangin, nº 198; Lesellyer, nº 1530.

163. — L'admission de la question préjudicielle ne produit pas les mêmes effets en matière de suppression d'état qu'en matière de bigamie. En effet, dans le premier cas, la loi elle-même déclarant que la poursuite ne peut *commencer* avant le jugement définitif de la question d'état, il y a lieu, si elle a été intentée, de l'annuler d'office, et d'ordonner la mise en liberté de l'accusé. — Au cas de bigamie, au contraire, si l'accusé présente, ce qu'il est libre de ne pas faire, l'exception tirée de la nullité d'un de ses mariages, cette exception établit, non plus une fin de non-recevoir contre l'action même, mais un moyen de défense au fond que le juge n'est pas tenu de suppléer d'office; et la poursuite ayant été légalement intentée, puisque jusqu'à leur annulation ces mariages sont réputés valables, il n'y a lieu d'annuler, en prononçant le sursis, aucun des actes de la procédure.

164. — Dès lors l'accusé reste, pendant tout le temps que dure l'instance civile à laquelle son exception donne lieu, sous le poids des mandats qui ont été décernés contre lui, et la Cour d'assises qui surscoit aux débats doit ordonner qu'il restera en état de détention. — Mangin, nº 199; Lesellyer, nº 1531.

165. — Jugé, en conséquence, que la disposition par laquelle une cour d'assises, en renvoyant devant le tribunal civil une question préjudicielle de validité ou de nullité d'un premier mariage, maintient en état d'arrestation l'individu accusé de bigamie, ne rentre dans aucun des cas qui donnent ouverture à cassation. — *Cass.*, 25 juill. 1811, Barbier.—V., en outre, BIGAMIE, nos 56 et suiv.

Sect. 2e. — *Questions préjudicielles relatives à des immeubles ou autres droits immobiliers.*

166. — Lorsque le prévenu d'un délit portant sur un immeuble oppose à la poursuite qu'il est propriétaire de cet immeuble ou qu'il a sur lui un droit réel qui légitime le fait inculpé, cette exception constitue une question préjudicielle de la compétence exclusive des tribunaux civils.

167. — Cette dérogation à la règle que le juge de l'action l'est également de l'exception, n'a, en réalité, été établie formellement par la loi que pour un cas particulier : celui de délit forestier. L'art. 12-tit. 9 de la loi du 29 sept. 1791 est ainsi conçu : « Si, dans une instance en réparation de délit, il s'élève une question incidente de propriété, la partie qui en excipera sera tenue d'appeler le procureur général syndic du département de la situation des bois et de lui fournir copie de ses pièces dans la huitaine du jour où elle aura proposé son exception; à défaut de quoi il sera passé outre au jugement du délit, la question de propriété demeurant réservée. »

168. — La doctrine et la jurisprudence n'ont point hésité à généraliser cette règle toute spéciale, et à l'étendre à tous les cas où, sur un délit quelconque, s'élevait une question préjudicielle intéressant des droits immobiliers. On a pensé que cet article 12 faisait l'application d'une règle générale préexistante plutôt qu'il ne créait une règle pour un cas particulier, et que, d'ailleurs,

il n'y avait aucune raison pour restreindre la compétence des tribunaux criminels uniquement lorsqu'il s'agissait de propriété forestière.

169. — Les art. 182 du Code forestier et 59 de la loi sur la pêche fluviale, en maintenant et développant les prescriptions dudit art. 12, ont donné à l'interprétation générale une nouvelle force. — L'art. 182 du Code forestier porte : « Si, dans une instance en réparation de délit *ou contravention*, le prévenu excipe d'un droit de propriété ou autre droit réel, le tribunal saisi de la plainte statuera sur l'incident *en se conformant aux règles suivantes :* — L'exception préjudicielle ne sera admise qu'autant qu'elle sera fondée, soit sur un titre apparent, soit sur des faits de possession équivalents, *personnels au prévenu et par lui* articulés avec précision, et si le titre produit ou les faits articulés sont de nature, dans le cas où ils seraient reconnus par l'autorité compétente, à ôter au fait qui sert de base aux poursuites tout caractère de délit *ou de contravention*.—Dans le cas de renvoi à fins civiles, le jugement fixera un bref délai, dans lequel la partie qui aura élevé la question préjudicielle devra saisir les juges compétens de la connaissance du litige, et justifier de ses diligences; sinon, il sera passé outre. Toutefois, en cas de condamnation, il sera sursis à l'exécution du jugement sous le rapport de l'emprisonnement, s'il était prononcé; et le montant des amendes, restitutions et dommages-intérêts sera versé à la caisse des dépôts et consignations pour être remis à qui il sera ordonné par le tribunal qui statuera sur le fond du droit. »

170. — L'art. 59 de la loi du 15 avr. 1829 sur la pêche fluviale est conçu dans des termes identiques; à l'exception seulement des mots imprimés ci-dessus en italiques, qui ne s'y trouvent point reproduits.

171. — Toutes les questions préjudicielles de propriété, en quelque matière qu'elles s'élèvent, forestière ou autres, sont donc, sans aucune difficulté, réglées en conformité de ces articles. — *Cass.*, 19 mars 1835, Haran-Sansot; 14 avr. 1839 (t. 1er 1839, p. 563), Nelescot c. de Monti; 17 janv. 1845 (t. 2 1848, p. 337), Laumet.

172. — La propriété des immeubles étant dans le domaine des tribunaux civils, le prévenu qui, devant un tribunal correctionnel, excipe d'un droit de cette nature, doit obtenir un sursis, et le renvoi de la question de propriété devant le tribunal civil. — *Cass.*, 2 août 1821 (et non 1822), Bécherot.

173. — Ainsi : il y a question préjudicielle dont le tribunal de répression ne peut connaître, et qui l'oblige à surseoir jusqu'au jugement de l'exception par le tribunal compétent : Lorsque l'individu prévenu d'avoir enlevé la récolte d'un champ prétend avoir eu le droit de faire cet enlèvement en qualité de fermier. — *Cass.*, 10 janv. 1806, Corrège c. Barrèra.

174. — ... Lorsque le prévenu d'anticipation ou de dégradation d'un chemin ou de la voie publique prétend être propriétaire du terrain litigieux. — *Cass.*, 27 germ. an IX, Savard; 9 fruct. an X, Giron; 26 frim. an XI, Loché; 7 niv. an XII, Jacotot; 22 frim. an XIII, Verdrine; 16 vent. an XIII, Labrousse; 4 brum. an XIII, Cocagne; 7 nov. 1806, Paillon; 12 nov. 1807, Waubert; 30 janv. 1808, Gobin; 10 févr. 1809, Palla c. Forcaltier; 4 août 1809 (int. de la loi), Leverrier; 15 sept. 1826, Gauthey; 27 juill. 1827, Germa; 20 juin 1828, Thorin; 13 nov. 1834, Chaudesais; 23 janv. 1836, Chaudesais; 16 avr. 1836, Colleno.

175. — ... Notamment lorsqu'il soutient que ce chemin ne doit pas avoir les deux tiers de la largeur prétendue dans la plainte, et qu'il n'y a pas eu, dès lors, d'usurpation. — *Cass.*, 22 thermid. an XIII (int. de la loi), Pâris c. Labrosse.

176. — ... Lorsqu'un inculpé élève une question préjudicielle fondée sur ce que la pièce de terre qui lui appartient ne confronte point à la voie publique. — *Cass.*, 21 févr. 1833, Davin. — Mangin, *Traité de l'act. pub.*, t. 1er, p. 119.

177. — ... Ou lorsqu'il soutient qu'il ne doit pas de sentier au chemin pratiqué sur sa propriété. — *Cass.*, 23 frim. an XIII, Justin et Berger (deux affaires).

178. — ... Lorsqu'un individu traduit en simple police pour avoir établi une échoppe sur la voie publique, excipe de son droit de propriété. — *Cass.*, 27 sept. 1833, Ladureau.

179. — ... Lorsque le prévenu d'avoir déposé sur la voie publique du fumier donnant lieu à des exhalaisons nuisibles, excipe de la propriété du terrain où le dépôt a été fait. — *Cass.*, 3 vent. an XIII, Ménier c. Cartier; 11 prair. an XIII, Jouan c. Chateau.

180. — ... Lorsque celui qui est poursuivi pour

avoir embarrassé la voie publique, soutient que le terrain sur lequel il a déposé des matériaux lui appartient, et que son droit de propriété résulte non-seulement d'une possession suffisante pour prescrire, mais encore de titres et de jugemens dont il fait la production. — *Cass.*, 19 déc. (et non nov.) 1806, Billion; 19 (et non 9) oct. 1810, Thierriot; 1er oct. 1825, Mery; 19 juin 1829, Baillard.

181. — ... Lorsque l'individu prévenu d'avoir dérobé les fruits d'un arbre ou enlevé l'arbre lui-même excipe d'une litispendance sur la propriété de cet arbre (*Cass.*, 14 févr. 1806, Almy), ou d'un titre en vertu duquel il se prétend propriétaire du fonds.—*Cass.*, 30 août 1810, Biglione; 9 mai 1828, Carratier.

182. — ... Lorsqu'un prévenu traduit en simple police pour avoir fait passer sa charrue sur un champ soutient qu'il est propriétaire du lieu où a été fait le dommage. — *Cass.*, 19 prair. an IX (et non an XI), Gounon c. Pouliès.

183. — ... Lorsque celui qui est inculpé d'avoir passé avec ses bœufs et sa charrette sur un terrain dont le plaignant se prétend propriétaire exclusif, soutient au contraire que ce terrain fait partie d'un domaine qui leur appartient en commun, et qu'il n'a fait qu'user de son droit.— *Cass.*, 12 juin 1807, Majeux c. Bouchard; 17 févr. 1809, Devaux c. Capdevielle.

184. — ... Lorsque celui qui est inculpé d'avoir intercepté un chemin ou sentier longeant son héritage soutient que si ce sentier a été toléré pour les gens de pied pendant que les terres n'étaient pas ensemencées, il n'en saurait résulter un droit pour la conservation de ce chemin au préjudice de sa propriété. — *Cass.*, 21 févr. 1811, Locaron. — V. Carnot (sur l'art. 3 C. instr. crim., t. 1er, p. 77, nº 25), qui cite à tort cet arrêt sous la date du 24.

185. — ... Lorsque l'individu cité devant le tribunal correctionnel à raison de la destruction d'un mur se prétend propriétaire du terrain sur lequel ce mur a été construit. — *Cass.*, 8 janv. 1813, Copens; 28 août 1823, Goupil les Polières c. Fretel; 11 août 1837 (t. 2 1837, p. 477), Gomrel c. Michaud; 14 oct. 1842 (t. 2 1842, p. 740), Gillis.

186. — En effet, Carnot (sur l'art. 456 du Code pénal, t. 2, p. 506, nº 2) pose la question de savoir si le copropriétaire qui abattrait un mur ou comblerait un fossé mitoyen sans avoir obtenu l'agrément de l'autre copropriétaire commettrait un délit; et il la résout en ces termes : « Nous ne pensons pas que l'on puisse voir dans un acte de cette nature autre chose qu'un quasi-délit qui ne peut donner lieu qu'à une action en dommages-intérêts à exercer par la voie civile. Car si le copropriétaire de la clôture y a droit, celui qui l'a détruite y a même droit que lui; et il n'a fait qu'abuser de la chose commune, préjudice qui se résout en dommages-intérêts. La société n'ayant aucun intérêt à la répression d'une pareille voie de fait, il ne peut y avoir, par suite, de délit punissable. »

187. — ... Lorsqu'un individu traduit en simple police pour voie de fait commise en établissant des vannes, excipe de son droit de propriété sur le terrain où elles sont placées. — *Cass.*, 3 juin 1808, Charles et Roux.

188. — ... Lorsque l'individu prévenu d'avoir coupé des arbres en délit soutient être propriétaire de la forêt, le tribunal correctionnel doit surseoir jusqu'après la décision de la question de propriété. Mais il ne peut prononcer la peine contre le prévenu, bien qu'un précédent jugement ait défendu à celui-ci, sous peine de dommages-intérêts, de faire aucune coupe jusques après la décision définitive de la question de propriété. — *Cass.*, 9 juin 1837 (t. 2 1837, p. 158), Commune de Real-et-Odeillo; 15 mars 1839 (t. 1er 1844, p. 328), Meynier c. Commune de Simiane; 11 août 1842 (t. 2 1843, p. 357), Gilles; 14 oct. 1842 (t. 2 1842, p. 740), mêmes parties.

189. — ... Lorsqu'un individu traduit en simple police pour avoir fait planter des peupliers autour d'une mare soutient qu'il est propriétaire du terrain. — *Cass.*, 23 oct. 1806, Lecourt. — Cette plantation de peupliers, qui offre tous les caractères d'une affaire civile, était considérée comme une voie de fait prévue par l'art. 605 (nº 8) C. 3 brum. an IV.

190. — ... Lorsqu'un prévenu de délit rural soutient être propriétaire du terrain où le délit a été commis. — *Cass.*, 1er frim. an VIII, Messerchmit; 7 fructid. an XII, Nys c. Dastier; 14 germin. an XIII, Beaumier; 20 prair. an XIII, Avrillaud; 16 août 1808, Boutiaux; 5 janv. 1809, Darnis; 23 août 1822, Pavy; 24 sept. 1825, Chapelle.

191. — ... Lorsqu'un individu inculpé d'avoir intercepté un passage public excipe d'un droit de propriété sur ce passage. Cette exception nécessite le renvoi devant la juridiction civile.— *Cass.*, 30 juill. 1825, Bourin.

192.—...Enfin, toutes les fois qu'un prévenu de délit ou contravention excipe d'un droit de propriété immobilier. — *Cass.*, 7 pluv. an X, Locquin; 12 brum. an XII, Senger; 11 janv. 1819, Nicolas c. Domaine; 2 août 1821, Becherot; 2 déc. 1826, Ancillon c. Avas; 11 avril 1828, Blaise; 26 avril 1828, Vedel; 9 mai 1828, Robert; 29 août 1828, Martin; 25 juin 1830, Leaux c. Moreau; 27 sept. 1832, Cornillon; 17 mai 1833, Roque de Saint-Preignon; 30 juill. 1835, Guillon; 22 janv. 1836, Bergeret.

193. — L'arrêté municipal qui enjoint à un particulier d'ouvrir un fossé sur sa propriété ne préjuge pas la question de propriété au préjudice du contrevenant et ne le rend pas justiciable des tribunaux de simple police. — Le tribunal saisi de la contravention doit, en conséquence, renvoyer les parties à se pourvoir devant les juges compétens, tous les moyens à cet égard réservés. — *Cass.*, 3 mai 1833, Cabrillon.

194.—Le fait, par un individu, d'avoir travaillé un terrain communal voisin de sa propriété constitue une simple anticipation qui peut donner lieu à une action civile, mais non à une poursuite devant le tribunal de simple police. — En conséquence, le tribunal de police, saisi de la connaissance d'un pareil fait, doit se déclarer incompétent et renvoyer le prévenu devant les tribunaux civils; il ne peut donc, sur l'exception préjudicielle de propriété, élevée par ledit prévenu, se réserver la connaissance de l'affaire après que cette question préjudicielle aura été vidée. — *Cass.*, 31 juill. 1845 (t. 2 1848, p. 462), Balisoni.

195. — Lorsque, sur la poursuite dirigée contre l'ancien propriétaire d'un immeuble saisi immobilièrement, à raison d'un enlèvement de récoltes dont cet ancien propriétaire se serait rendu coupable au préjudice de l'adjudicataire définitif, le prévenu excipe de la litispendance existant sur le droit de propriété exclusive, invoqué par l'adjudicataire et résultant de ce que la validité du jugement d'adjudication est contestée, il y a lieu de surseoir à statuer sur la poursuite jusqu'à l'événement de cette litispendance. —C'est là une exception préjudicielle de propriété qui rentre dans les prévisions de la loi. — *Cass.*, 12 févr. 1848 (t. 2 1848, p. 368), Watton.

196. — Lorsqu'un prévenu de délit de pêche ayant excipé de la propriété de la nappe d'eau où il a pêché, le tribunal a sursis à statuer jusqu'au jugement de la question préjudicielle; il ne peut, s'il intervient une décision du conseil de préfecture, et que le prévenu l'attaque devant le Conseil d'État, être statué jusqu'à ce que cette dernière juridiction ait prononcé sur le recours exercé devant elle. — *Cass.*, 23 mai 1806, Besson.

197. — Jugé que l'exception préjudicielle de propriété est personnelle au prévenu d'un délit ou d'une contravention; et les tribunaux de répression ne peuvent la suppléer d'office et encore bien moins la décider au profit du prévenu, en déclarant le ministère public non recevable en son action.—*Cass.*, 7 mars 1839 (t. 1er 1844, p. 358), Lavigne.

198. — Jugé, néanmoins, que dès que le prévenu de destruction de monument public excipe pour sa défense d'un acte translatif de propriété, les tribunaux correctionnels doivent surseoir au jugement et ordonner le renvoi à fins civiles, pour l'examen et l'appréciation de l'acte invoqué, même dans le cas où le prévenu n'aurait pas pris de conclusions formelles à cet égard.—*Cass.*, 13 juin 1839 (t. 2 1839, p. 304), Coquet.

199. — Lorsque le prévenu d'anticipations par des constructions sur la voie publique élève une question préjudicielle de propriété, le tribunal de répression doit renvoyer devant les juges qui doivent en connaître. — *Cass.*, 15 févr. 1828, d'Aoust.

200. — Lorsqu'un prévenu de délit rural soutient que le chemin sur lequel il a passé est un chemin public, le tribunal de police ne peut faire droit à la demande sans qu'il ait été préalablement décidé au civil si réellement ce terrain est un chemin public ou la propriété du demandeur. — *Cass.*, 14 germin. an XII, Baumier.

201. — Lorsqu'un individu prévenu d'avoir anticipé sur un chemin qui n'a pas encore été classé par le préfet soutient que ce chemin n'est pas public, le tribunal doit surseoir jusqu'à la décision de cette question préjudicielle par l'autorité compétente et ne peut pas prononcer de suite au fond.—*Cass.*, 15 juill. 1836, Dubarry.

202. — Jugé encore que c'est à l'autorité administrative seule qu'il appartient de décider si un chemin est ou non public. Dès lors : si celui qui est prévenu d'avoir construit sur la voie publique sans alignement préalable prétend que le terrain le long duquel il a construit n'est pas un chemin public, c'est là une question préjudicielle dont le juge saisi de la prévention ne peut compétemment connaître et dont il doit renvoyer le jugement à l'autorité administrative. — *Cass.*, 12 juin 1845 (t. 1er 1846, p. 93), Lignon. — V. *contrà*, *Cass.*, 4 janv. 1828, Rémond.

203. — Lorsque le prévenu excipe, pour repousser les poursuites, de ce qu'un chemin n'est pas public, le tribunal ne peut s'abstenir de statuer sur les conclusions du ministère public tendantes à ce qu'il soit sursis à prononcer sur la prévention jusqu'à la décision de l'autorité compétente sur la question préjudicielle proposée. Le tribunal ne peut non plus, sans violer les règles de sa compétence, décider que ce chemin est, non pas une voie publique, ainsi que l'énonce le procès-verbal, mais une simple servitude de passage, et que le sol de cette voie appartient à un tiers dont le prévenu est le fermier. — *Cass.*, 11 oct. 1845 (t. 1er 1849, p. 236), Lebrun. — En ce sens, *Cass.*, 26 sept. 1845 (t. 2 1848, p. 287), Gineste.

204. — Lorsqu'un prévenu de dégradation ou d'usurpation sur un chemin public soutient que ce chemin n'est pas public et qu'il n'a été établi qu'à titre de servitude sur les propriétés voisines, comme chemin de desserte; le tribunal de simple police est incompétent pour connaître de cette exception, qui présente une question préjudicielle.—*Cass.*, 7 mars 1822, Haudard.

205. — L'individu poursuivi pour avoir commis une usurpation sur la largeur d'un chemin vicinal, et qui soutient que le terrain que l'on dit usurpé lui appartient, ne peut être renvoyé des poursuites par le tribunal correctionnel, mais il y a lieu d'ordonner un sursis jusqu'à ce que la question de propriété ait été résolue par l'autorité compétente. — *Cass.*, 17 sept. 1841 (t. 2 1841, p. 567), Maubuisson.

206. — Lorsqu'un prévenu de contravention aux règlemens de voirie excipe de la propriété du chemin qui fait l'objet de la contestation, et qu'il soutient être privé et de simple tolérance; le tribunal de police seul ne peut statuer sur cette question, qui est étrangère à sa compétence. — *Cass.*, 26 messid. an X, Lecomte.

207. — Lorsqu'un individu prévenu d'avoir passé avec chevaux et charrue sur des champs ensemencés oppose que l'état d'enclave de son fonds légitime son passage, aux termes de l'art. 682 C. civ.; cette exception constitue une question préjudicielle, sur laquelle il n'appartient qu'aux tribunaux civils de statuer. En conséquence : il y a lieu d'annuler le jugement du tribunal de police qui, au lieu de surseoir à statuer jusqu'après la décision des tribunaux civils sur la question préjudicielle, renvoie le prévenu de la poursuite, en se fondant sur l'état d'enclave. — *Cass.*, 24 juin 1837 (t. 1er 1844, p. 527), Jabbras.

208. — Les chemins ruraux ne sont pas régis par la loi du 21 mai 1836, qui ne concerne que les chemins vicinaux. — En conséquence : lorsque le prévenu d'anticipation sur un chemin rural excipe de sa propriété, le tribunal de simple police doit surseoir jusqu'à ce qu'il ait été statué sur la question de propriété. — *Cass.*, 8 mars 1844 (t. 1er 1844, p. 783), Sébastiani.

209. — Lorsque, sur la poursuite d'une contravention à une mesure de grande voirie, contravention résultant de ce qu'on aurait laissé subsister sur la voie publique des constructions au delà du temps pendant lequel l'administration les avait tolérées, les contrevenans excipent de ce qu'ils ont acquis, par la prescription, le droit d'avoir ces constructions sur la voie publique, le conseil de préfecture n'est pas tenu de surseoir et de renvoyer devant les tribunaux pour y faire décider la question préjudicielle de propriété. — Ord. Cons. d'Etat 3 févr. 1832, Perony. — Garnier, *Chemins*, nos 63 et suiv.

210. — Lorsque devant le tribunal de simple police le prévenu de dépôt de matériaux sur la voie publique élève une question préjudicielle, en prétendant que le terrain sur lequel le dépôt a eu lieu est sa propriété; ce tribunal doit surseoir à statuer sur la contravention, et fixer au prévenu un délai dans lequel il devra faire juger ce point par l'autorité administrative. Il y a excès de pouvoirs lorsqu'au lieu de surseoir il acquitte le prévenu : sur le motif qu'il y a doute sur le point en litige, et que ce doute doit être interprété en sa faveur. — *Cass.*, 11 août 1842 (t. 2 1843, p. 357), Gilles.

211. — De même, lorsqu'une commune appelée en garantie du dommage fait par des voyageurs en s'ouvrant un passage sur le fonds contigu à un chemin à cause de son impraticabilité, soutient que le chemin est de la classe de ceux qui doivent être entretenus à la charge du trésor public, le tribunal de police ne peut condamner la commune sans que la question préjudicielle ait été préalablement résolue par l'autorité administrative. — *Cass.*, 14 thermid. an XIII, Commune de Saint-Hippolyte.

212. — L'individu prévenu de n'avoir pas, conformément à un règlement de police, arraché les herbes le long de sa propriété, sur une rue, ne peut, s'il excipe de ce que ces herbes existent non sur la rue, mais sur le sol d'un chemin vicinal et en dehors de la voirie urbaine proprement dite, être relaxé immédiatement de la poursuite. Mais, la question soulevée par le prévenu ne pouvant être décidée que par le préfet, chargé par la loi non-seulement de classer les chemins vicinaux mais encore de fixer leur largeur, le tribunal de répression doit surseoir à statuer sur la prévention jusqu'à ce que cette exception préjudicielle ait été jugée par l'autorité compétente. — *Cass.*, 4 déc. 1847 (t. 2 1848, p. 286), Delaire. — V., en outre, vis CHEMINS RURAUX, CHEMINS VICINAUX.

213. — Lorsqu'une question préjudicielle de propriété est élevée par un individu prévenu d'avoir embarrassé un chemin public, le tribunal correctionnel commet un excès de pouvoir si, au lieu de se borner à fixer un délai pendant lequel le prévenu devra faire décider la question de propriété par les juges compétens, il retient cette question et ordonne que le maire sera mis en cause à la requête du ministère public. — *Cass.*, 22 févr. 1839 (t. 2 1843, p. 761), Gauthier de Migny.

214. — L'exception de propriété alléguée par le prévenu d'un délit forestier donne bien lieu à un sursis avec renvoi devant l'autorité compétente, mais elle ne peut, en aucun cas, autoriser le tribunal à statuer ou à se dessaisir définitivement sur la prévention. Dès lors il y a lieu d'annuler le jugement d'un tribunal correctionnel, qui, en pareille circonstance, a prononcé définitivement et déchargé les prévenus des poursuites dirigées contre eux. — *Cass.*, 10 juin 1847 (t. 2 1847, p. 595), Venturini. — V., en ce sens, *Cass.*, 25 févr. 1847 (t. 2, 1847, p. 288), Forêts c. Malval.

215. — Lorsque des habitans d'une commune, poursuivis à raison de l'introduction de bêtes à laine dans une forêt dont la défensabilité et la possibilité ont été d'ailleurs déclarées et fixées par l'administration forestière, excipent, en demandant le renvoi à fins civiles, d'un titre de nature à établir au profit d'une communauté dont ils prétendent que la commune fait partie des droits de propriété ou d'usage sur cette forêt; lorsqu'en outre le syndic de la communauté, intervenant au procès, déclare prendre fait et cause pour cette commune comme faisant partie de la communauté, et reproduit la demande de renvoi à fins civiles par elle proposée, l'arrêt qui, considérant cette exception comme préjudicielle, surseoit à prononcer, quant à l'existence de la contravention, jusqu'à ce qu'il ait été statué par la juridiction civile sur l'existence des droits de propriété ou d'usage invoqués, fait une juste application de l'art. 182 C. for. Peu importerait que l'administration forestière n'eût fait signifier ses procès-verbaux de défensabilité et de possibilité qu'au maire d'une commune à laquelle elle prétendrait avoir voulu en attribuer seule le profit, et non au syndic de la communauté. — *Cass.*, 13 août 1847 (t. 2 1847, p. 684), Forêts c. Commune de Chérautte.

216. — Lorsque des bestiaux ont été trouvés en délit sur une tranchée ouverte au travers de la forêt appartenant à une commune; le tribunal devant lequel l'administration forestière, agissant dans l'intérêt de la commune, a soutenu que cette tranchée, ouverte par ses soins, lui appartenait, ne peut renvoyer de la poursuite le propriétaire des animaux trouvés en délit : sur le motif que, suivant une enquête à laquelle il a fait procéder, la tranchée en question ne pouvait être considérée comme faisant partie de la forêt communale, mais qu'elle présente tous les caractères d'une route ou d'un chemin ordinaire. Le tribunal doit, en pareil cas, s'arrêter devant une question préjudicielle de propriété suffisamment élevée, et surseoir à statuer jusqu'à sa solution par l'autorité compétente. — *Cass.*, 6 sept. 1845 (t. 2 1848, p. 462), Grandjanin.

217. — Lorsque trois individus prévenus d'avoir ébranché des arbres sur un terrain national ont soutenu que ce terrain n'appartient pas au gouvernement, mais bien à eux; et lorsque, de son côté, l'un des prévenus a formé accessoirement contre les autres une demande en dommages-intérêts comme se prétendant propriétaire exclusif du terrain : s'il est reconnu que le gouvernement est sans aucun droit, il faut faire statuer par le tribunal civil sur la question de propriété entre les trois défendeurs avant que le tribunal correctionnel puisse prononcer sur le débat qui les concerne. — *Cass.*, 27 févr. 1808, Vallée c. Lechartier.

218. — Il en est de même lorsque des maîtres de forges se prétendant acquéreurs de la coupe prennent fait et cause pour leurs ouvriers prévenus d'avoir abattu les arbres d'une forêt, et que, d'un autre côté, le propriétaire intervient pour repousser cette exception. — *Cass.*, 20 juin 1806, Barbot c. Guinchet.

219. — Lorsqu'un entrepreneur de travaux publics poursuivi en police correctionnelle pour extraction de matériaux dans un bois communal soutient qu'il n'a fait que se renfermer dans les limites du cahier des charges de son adjudication, le tribunal saisi de la plainte ne doit pas se déclarer *de plano* incompétent; mais il doit surseoir à prononcer et renvoyer les parties devant l'autorité administrative pour expliquer et déterminer l'étendue et la portée du cahier des charges invoqué par le prévenu, sauf à vérifier ensuite s'il y a ou non délit ou contravention dans les faits qui lui sont imputés. — *Limoges*, 17 nov. 1847 (t. 1er 1848, p. 324), Forêts c. Malval.

220. — Les questions relatives à des droits réels, sont, comme celles de propriété immobilière et au même titre, de la compétence exclusive des tribunaux civils. — Si donc une semblable question s'élève dans le cours d'une poursuite correctionnelle, elle donne lieu à un sursis. — *Cass.*, 25 août 1830, Léaux c. Moreau.

221. — ... Par exemple, lorsque le droit de passage qui fait l'objet d'une poursuite est contesté. — *Cass.*, 2 therm. an XI, Bernardet-Chesne.

222. — ... Lorsque celui qui est prévenu d'avoir passé ou fait passer sur la propriété d'autrui pour faire transporter les matériaux nécessaires à la réparation de ses bâtimens, excipe d'un droit de passage. — *Cass.*, 12 juin 1807, Majeux c. Bouchard.

223. — Il en doit être ainsi lorsque le prévenu d'un délit de pâturage excipe d'un droit de vaine pâture sur le terrain où le délit a été commis. — *Cass.*, 16 vend. an XI, Commune de Mont-Saint-Étienne. — V., cependant, *Cass.*, 13 mars 1835, Valter.

224. — ... Ou que l'individu poursuivi pour avoir, en arrosant sa prairie, dégradé, en y déversant son excédant d'eau, la voie publique, soutient que la commune est grevée de la servitude de ses eaux. — *Cass.*, 17 mai 1806, Benquez.

225. — ... Lorsqu'un fermier, traduit en simple police pour avoir fait paître son troupeau sur le terrain d'autrui, excipe d'un droit de servitude de pâturage qu'il prétend exister au profit du propriétaire dont il exploite les terres. — *Cass.*, 3 mars 1809, Closset. — Merlin, *Rép.*, Vis *Douanes*, § 6, et *Amende*, § 1er, n° 6.

226. — ... Lorsqu'un prévenu de contravention à un arrêté administratif qui lui fait injonction de livrer au public un sentier sous vingt-quatre heures, sauf le renvoi devant l'autorité compétente en cas de contestation sur la propriété, nie positivement devoir aucun passage. — *Cass.*, 4 brum. an XIV, Villers.

227. — ... Ou qu'il propose un déclinatoire basé sur ce qu'on prétendrait établir sur son héritage une servitude de passage. — *Cass.*, 9 frim. an XIII, Richebois c. Commune de Rozoy.

228. — Lorsque, sur une action correctionnelle pour délit résultant du passage dans un bois taillis avec voiture et bœufs, le prévenu prétend qu'il a droit de passage dans cette forêt, le tribunal doit apprécier le mérite de l'exception; et s'il la reconnaît admissible, renvoyer les parties à fins civiles et surseoir à statuer jusqu'à la décision à intervenir dans cette exception : il ne peut, avant que cette exception ait été jugée, relaxer le prévenu des poursuites dirigées contre lui. — *Cass.*, 11 nov. 1836, Colard c. Fournier.

229. — Il en est de même lorsque celui qui est inculpé d'avoir exercé un droit de parcours sur une prairie malgré sa clôture, soutient que son droit est établi sur un titre qu'il produit. — *Cass.*, 20 nov. 1823, Maquart c. Pauffin. — V. aussi *Cass.*, 7 fruct. an XII, Nys c. Battier.

230. — Jugé qu'il y a lieu à sursis lorsqu'un propriétaire poursuivi par son fermier pour avoir exploité une lisière de bois, soutient qu'il s'en est réservé la jouissance à l'exclusion de ce dernier. — *Cass.*, 31 janvier 1825, Schneider c. Godfrin.

231. — Lorsque des individus traduits en police correctionnelle pour usurpation sur le sol d'une forêt, excipent : qu'ils sont en possession depuis plus d'un an et un jour de l'usage d'un ruisseau dont ils auraient détourné les eaux pour l'irrigation de leurs prairies, ce qui n'est pas contesté par l'administration forestière; cette défense élève une question préjudicielle de propriété qui nécessite le renvoi devant les juges civils pour être statué sur la contestation dans un délai déterminé. En conséquence : le tribunal qui, nonobstant cette exception, juge au fond qu'il n'y a ni délit ni contravention, excède sa compétence. — *Cass.*, 7 janv. 1832, Forêts c. Bannerot.

232. — Le renvoi à fins civiles autorisé par l'art. 182 C. for. s'applique aux actions possessoires comme aux actions sur le fond du droit; dès lors, celui qui est renvoyé à fins civiles peut saisir indifféremment le juge du possessoire ou celui du pétitoire : alors même qu'en élevant la question préjudicielle devant le tribunal de répression, il aurait excipé de sa qualité de propriétaire. — On ne peut assimiler cette simple déclaration à l'exercice d'une action pétitoire faisant obstacle à celui de l'action possessoire. — *Cass.*, 23 janv. 1844 (t. 1er 1844, p. 252), ville de Tours c. Chaudesais.

233. — Lorsque des prévenus cités en police correctionnelle pour avoir fait pâturer leurs bestiaux dans un taillis, excipent d'un titre d'échange et de la possession qui en a été la suite; le tribunal doit renvoyer les parties à se pourvoir sur la question préjudicielle devant les tribunaux compétens, et il commet une usurpation de pouvoirs en statuant sur ce qui résulte de l'acte d'échange et en allouant des dommages-intérêts au demandeur. — *Cass.*, 29 vend. an IX, Ledy c. Feltin.

234. — Lorsque le prévenu d'une contravention forestière résultant de ce qu'il aurait une usine à une distance d'une forêt communale, prohibée par le Code forestier, allègue et sa possession antérieure à ce Code, et un commencement de preuve par écrit tendant à établir sa propriété; il y a lieu de renvoyer devant les tribunaux civils sur la question de propriété. — *Cass.*, 13 mars 1829, Forêts c. Derber.

235. — La possession *animo domini* établit, de même que la propriété, une exception préjudicielle qui oblige les tribunaux correctionnels à surseoir au jugement des délits à l'occasion desquels elle est élevée. — *Cass.*, 2 oct. 1807, Réveillé et Pasquier.

236. — Jugé, toutefois, que lorsque les prévenus d'un délit de pacage excipaient, sous l'ordonnance de 1669, d'une possession immémoriale du droit de faire pacager leurs bestiaux dans le bois du plaignant, le tribunal ne pouvait pas rejeter leur exception : sous le prétexte qu'ils ne produisaient aucun titre, et qu'ils ne s'étaient pas conformés au tit. 19 de l'ordonnance. — *Cass.*, 26 vent. an IX, Leclerc et Gastellier. — On devrait décider de même sous le Code forestier.

237. — L'exception de propriété basée sur une possession immémoriale peut, même sans la production d'autres titres, être élevée par un prévenu de délit rural ou forestier, comme formant une question préjudicielle nécessitant un sursis et renvoi. — *Cass.*, 29 flor. an VIII, Demeyter c. Vanderondel; 7 mess. an IX, Esther et Cathelineau; 17 mai 1806, Benquer; 11 avr. 1828, Blaise; 19 juin 1829, Baillard; 11 nov. 1831, Coppin.

238. — Il y a lieu à sursis et à renvoi lorsque celui qui est inculpé d'avoir comblé un fossé et coupé quelques chefs ou jets d'une haie excipe d'une possession immémoriale. — *Cass.*, 7 brum. an IX, Jean c. Dumoulin.

239. — Jugé que la possession du terrain sur lequel un délit a été commis est un fait indépendant du droit de propriété, et qui reste soumis à l'appréciation du tribunal saisi de la connaissance du délit. — *Cass.*, 5 juill. 1828, Voury. — Mangin, p. 496, n° 203.

240. — Si l'exception de propriété ne portait que sur une chose mobilière, la règle reprendrait son empire et la question préjudicielle devrait être appréciée et jugée par le tribunal criminel. Ainsi, la compétence pour prononcer sur l'accusation de vol emporte avec elle le droit de connaître de toutes les exceptions proposées comme moyen de défense. — *Cass.*, 11 avr. 1817, Maillon; 25 juin 1830, Leaux; 22 janv. 1836, Bergeret; 24 mars 1842 (t. 2 1842, p. 323), Rowcliffe et Urruty c. Péthion. — Mangin, *Act. publ.*, n° 202.

241. — ... Par exemple, si celui qui est inculpé d'avoir volé un objet mobilier s'en prétend propriétaire. — *Cass.*, 29 mai 1828, Lacroix. — ... Notamment dans le cas où le propriétaire serait inculpé d'avoir volé des fruits au préjudice de son fermier. — *Cass.*, 27 mars (et non mai) 1807, Mayens.

242. — Jugé, néanmoins, que le tribunal correctionnel qui après avoir reconnu que d'après les titres produits par le prévenu les objets qu'on l'accuse d'avoir volés seraient sa propriété renvoie les parties à fins civiles, pour faire statuer sur la question préjudicielle, se conforme aux vrais principes de la matière, loin de violer la loi. — *Cass.*, 3 (et non 2) févr. 1827, Adams c. Rostan. — Cette solution semble contredire les principes que nous venons de poser et que la Cour de cassation elle-même a maintes fois consacrés; mais il résulte des faits de la cause, et il est même exprimé, dans une seconde proposition de l'arrêt, que le tribunal correctionnel avait pris connaissance de la question de propriété autant que cela était nécessaire pour prononcer sur la prévention de vol, que le renvoi à fins civiles, se fondant réellement sur ce que toute idée de délit disparaissait devant les titres produits, était définitif et la déclaration d'incompétence pure et simple.

243. — L'interprétation des baux appartient au juge criminel lorsqu'on les oppose incidemment à une poursuite portée devant lui. Cela tient surtout à ce que, réglant uniquement un mode de perception de fruits, ils ne concernent que des objets mobiliers et ne rentrent point, dès lors, dans la dérogation, introduite pour les immeubles seulement, à la règle que le juge de l'action l'est également de l'exception. — Legraverend, *Instr. crim.*, t. 1er, ch. 1er, p. 55.

244. — C'est ainsi que le fermier poursuivi pour avoir détruit des arbres, ne peut obtenir son renvoi devant la juridiction civile en soutenant que son bail lui donnait le droit de les abattre. — *Cass.*, 13 juin 1818, Selves c. Seigle.

245. — Encore bien qu'un fermier, prévenu d'avoir fait, nonobstant avertissement, une coupe illégale dans un bois taillis dépendant de l'immeuble à lui loué, prétende qu'il en avait le droit, en vertu de son bail, le tribunal correctionnel est compétent et n'est pas tenu de renvoyer à fins civiles. — *Cass.*, 10 août 1833, Milhiet c. d'Arenberg.

246. — Jugé que des individus prévenus d'avoir introduit des bestiaux dans un bois appartenant aux pauvres d'une commune et qui excipent d'un bail les y autorisant, ne doivent point obtenir de sursis et de renvoi. — *Cass.*, 2 août 1821, Bécherot.

247. — ... Non plus que celui qui ayant pénétré dans le jardin de son voisin à l'aide d'un bris de clôture, représenterait un bail authentique lui donnant le droit de jouir de ce jardin. — *Cass.*, 25 juin 1830, Leaux.

248. — Cependant la Cour de cassation a jugé que lorsque l'individu inculpé d'avoir mené paître ses moutons dans les herbages d'autrui excipe d'un sous-bail qui lui en donnait le droit, le tribunal saisi de la plainte excédait ses pouvoirs en se permettant de prendre connaissance de cette question qui appartenait à la justice civile. — *Cass.*, 10 janv. 1806, Corrége c. Barrera; 4 janv. 1810, Montagni c. Delmas.

249. — Ces arrêts consacrent donc une doctrine diamétralement opposée à celle que nous venons d'indiquer; mais Mangin fait observer avec raison, pour combattre l'autorité qu'on pourrait être tenté de leur accorder, qu'ils sont antérieurs à l'époque où la Cour de cassation a formulé les principes d'après lesquels les tribunaux doivent se régler en matière de question préjudicielle, et que, depuis lors, elle n'a jamais rendu une seule décision qui ne fût en parfaite concordance avec ces principes. — Mangin, *ibid.*, art. 204.

250. — Il faut, dans tous les cas, que le bail ne présente point une question litigieuse; car il y aurait lieu à renvoi si le propriétaire avait des motifs raisonnables de considérer le bail comme non existant. « En effet, dit Carnot (*C. instr. crim.*, art. 3, n° 20), l'appréciation de l'exception préjudicielle est toute de fait et entièrement subordonnée aux circonstances. »

251. — Le juge criminel serait également compétent s'il ne s'agissait que de simples tolérances ou permissions d'usage, qui doivent être appréciées par les juges de la répression comme tous autres moyens de défense; par exemple, lorsque le prévenu d'un délit de chasse allègue la permission du propriétaire. — *Cass.*, 22 janv. 1836, Bergeret.

252. — On trouve une autre application du même principe dans un arrêt de la Cour de cassation, portant que la déchéance d'un brevet d'invention, présentée par forme d'exception à la poursuite en contrefaçon, peut être décidée par le juge criminel. — La Cour de Rouen avait décidé le contraire à la date du 4 mars 1841, mais son arrêt a été cassé. — *Cass.*, 24 mars 1842 (t. 2 1842, p. 323), Rowcliffe et Urruty c. Pethion. — En pareil cas, seulement, la décision du tribunal correctionnel sur l'exception ne détruit pas la propriété du brevet d'une manière absolue, et n'a d'effet qu'à l'égard des parties en cause; à la différence de ce qui aurait lieu si la nullité ou la déchéance étaient prononcées sur action principale. — V. BREVET D'INVENTION.

253. — Lorsque l'exception opposée par un prévenu à la poursuite devant le tribunal correctionnel porte uniquement sur une question de possession ou jouissance, même d'un immeuble, et, particulièrement, lorsqu'elle se rattache à un bail, elle ne forme une question préjudicielle que dans le cas où elle se confond avec la question de propriété. — En conséquence : hors ce cas, il n'y a pas lieu au sursis. — *Cass.*, 2 août 1821 (et non 1822), Bécherot.

CHAPITRE IV. — *Conditions nécessaires pour l'admission de l'exception préjudicielle.*

254. — D'après les art. 182 du Code forestier et 59 de la loi sur la pêche fluviale (*suprà* nos 169 et 170), applicables, ainsi que nous l'avons dit, à toute espèce de délits où s'élèveraient des exceptions préjudicielles de propriété (*Cass.*, 19 mars 1835, Haran-Sansot), il ne suffirait point au prévenu, pour obliger le juge à prononcer un sursis, d'exciper en général d'un droit de propriété, ou d'un droit réel immobilier, ou d'une possession *animo domini* suffisante pour prescrire. — Le juge n'est tenu d'accueillir l'exception qu'autant qu'elle réunit trois conditions qui seules peuvent faire croire à son efficacité : 1° Elle doit être de nature à ôter au fait qui sert de base aux poursuites tout caractère de délit ou de contravention ; 2° être personnelle au prévenu ; 3° être fondée soit sur un titre apparent, soit sur des faits de possession équivalens. Il y a donc un examen préliminaire à faire par le juge criminel : s'il aperçoit ces trois caractères, il ordonne le sursis, sinon il doit passer outre.

Sect. 1re. — *Exceptions dont l'admission ferait disparaître toute criminalité.*

255. — Lorsque l'exercice d'un droit est réglé par la loi, l'infraction à ces règles ne cesse point de constituer une contravention : alors même que le droit lui-même resterait incontesté. — Dès lors, il n'y aurait pas lieu, si l'infracteur poursuivi alléguait son droit, de surseoir jusqu'à la décision des juges compétens; puisque cette décision, en la supposant favorable au prévenu, ne ferait point disparaître la criminalité, qui ne consiste que dans l'abus qu'il a fait de ce droit. — *Cass.*, 4 mess. an XI, Laburthe ; même jour, Cartaing; 22 juin 1826, Bouillac ; 9 sept. 1826, Furet; 14 sept. 1827, Pignatel ; 5 juill. 1828, Voury ; 25 mars 1837 (t. 1er 1838, p. 90), Forêts c. habitans de Colonne ; 5 mai 1837 (t. 2 1840, p. 162), de Muy c. Taxil.

256. — Il en est ainsi pour les droits d'usage dans les forêts, dont l'exercice est réglé par le Code forestier et, avant sa promulgation, l'était par l'ord. de 1669 : Les infractions aux règles prescrites sont des délits, et restent tels, malgré l'incontestabilité du droit lui même. — Il n'y aurait donc pas lieu de surseoir sur l'allégation opposée par le prévenu qu'il est usager.

257. — ... Ni lorsqu'il a pris des bois, sans délivrance, dans une forêt qu'il prétendrait appartenir à la commune. — *Cass.*, 26 flor. an XIII, André ; 7 avril 1809, Basseinhem c. Groeff; 28 janv. 1813, Zanini ; 18 (et non 10) févr. 1820, de Bouillon c. habitans d'Aulnay; 12 avril 1822, Monjé; 22 avr. 1824, Husson ; 30 avr. 1824, Delgujol ; 10 sept. 1824, Mornant ; 3 août 1827, Lacuquerin ; 23 janv. 1829, Marmagne; 19 nov. 1829, Bonnal ; 10 déc. 1829, Bousquet ; 3 avril 1830, Arlazouls ; 21 nov. 1833, Bobous ; 6 juin 1834, Giovansili ; 7 févr. 1835, Ladet. — Carnot, *Instr. crim.*, art. 3, n° 20.

258. — L'interdiction d'introduire des brebis et des moutons dans les forêts étant générale, absolue, et s'appliquant même aux usagers, l'exception d'un prétendu droit d'usage ne peut détruire le délit, et ne présente pas les caractères d'une question préjudicielle. — *Cass.*, 25 juin 1824, Forêts c. Monier.

259. — Bien que l'individu poursuivi pour délit forestier excipe du titre d'usager, il n'en doit pas moins être condamné s'il ne représente pas un acte de délivrance émané de l'administration. — *Cass.*, 25 mars 1837 (t. 1er 1838, p. 90), Forêts c. habitans de Colonne; 28 mars 1839 (t. 1er 1844, p. 320), Cassen. — En effet, à défaut de cet acte de délivrance, le titre d'usager ne ferait pas disparaître le délit.

260. — L'individu qui a été trouvé coupant en délit un arbre dans une forêt, ne peut être renvoyé sur la simple allégation qu'il avait reçu l'autorisation de couper cet arbre; alors que cette allégation n'est point justifiée et que les bois n'ont pas même été délivrés aux usagers, conformément à l'art. 79 C. forest. — Une semblable assertion, fût-elle établie, devrait être considérée comme nulle et ne pourrait même, par conséquent, constituer une exception préjudicielle, susceptible de faire ordonner par le tribunal de répression un sursis à statuer. — *Cass.*, 18 sept. 1830, Forêts c. Relati.

261. — Il n'y aurait pas non plus lieu à surseoir dans le cas où des propriétaires de mines seraient prévenus de les avoir exploitées sans la concession du gouvernement. — *Cass.*, 26 juill. 1833, Parmentier.

262. — ... Ni lorsque celui qui, sans autorisation spéciale, a coupé des arbres sur des dunes plantées aux frais et par les soins du gouvernement, excipe d'un droit de propriété ; cette exception, en la supposant prouvée, n'ôtant point au fait incriminé le caractère de contravention. — *Cass.*, 7 mai 1835, Forêts c. Dignan.

263. — Lorsque, sur la poursuite du ministère public, un prévenu de délit forestier prétend que le canton où il a coupé du bois est communal, et qu'il en avait le droit, en sa qualité d'habitant de la commune, il n'y a pas lieu de renvoyer à fins civiles, si le prévenu ne justifie pas d'une autorisation de l'administration municipale, puisque le fait n'en constituerait pas moins un délit. — *Cass.*, 4 messid. an XI, Laburthe.

264. — Il ne peut résulter de question préjudicielle d'un cahier des charges ou d'adjudication que lorsque l'adjudicataire en excipe pour justifier l'étendue de son exploitation, mais nullement lorsqu'il veut s'en prévaloir pour justifier un mode d'exploitation condamné par la loi ou un fait qu'elle caractérise comme un délit. — *Cass.*, 30 oct. 1807, Forêts c. Petit et Pichon. — Merlin, *Rép.*, v° *Question préjudicielle*, n° 4.

265. — Lorsque l'adjudicataire d'une coupe de bois a fait enlever des arbres avant qu'ils fussent marqués conformément au cahier des charges ; l'exception qu'il prétend tirer de ce que ces arbres font partie réellement de son adjudication ne suffisant pas pour effacer le délit, le tribunal correctionnel ne peut se dessaisir de l'affaire sous le prétexte d'une question préjudicielle. — *Cass.*, 15 av. 1808, Forêts c. Dupuy.

266. — Lorsque celui qui s'est permis de recombler un fossé ouvert dans une forêt royale, par ordre de l'administration forestière, prétend y avoir un droit de passage, cette allégation, qui ne le dispensait pas de s'adresser préalablement à l'autorité compétente pour en réclamer la conservation, ne présente pas le caractère d'une question préjudicielle. — *Cass.*, 27 nov. 1823, Forêts c. Rich.

267. — Lorsqu'un individu poursuivi pour avoir élevé un mur sur le sol d'une forêt, au lieu d'exciper d'un droit de propriété, reconnaît que son mur a été construit sur le sol forestier, et se borne à dire que le terrain qu'il a usurpé est communal ; comme il n'a pu le défricher, quel qu'en soit le propriétaire, il n'y a pas lieu à sursis et le tribunal doit statuer sur sa prévention. — *Cass.*, 21 nov. 1833, Forêts c. Bobous.

268. — Jugé encore que, lorsque des habitans d'une commune sont prévenus d'avoir coupé et enlevé des arbres dans une forêt dont la propriété est revendiquée par cette commune contre l'État, le tribunal correctionnel ne peut surseoir à statuer sur la prévention jusqu'à ce que la question de propriété ait été vidée par la juridiction compétente, puisque, à supposer même que la propriété de la forêt fût attribuée à la commune, le délit forestier, résultant d'actes isolés de la part des habitans, existerait encore. — *Cass.*, 10 juin 1847 (t. 2 1847, p. 595), Forêts c. Berfini. — V. FORÊTS (notamment, nos 2190 et suiv.).

269. — Une commune ne peut demander qu'il soit sursis à statuer, en soutenant qu'elle a des droits d'usage dans les bois où un troupeau a été introduit, lorsqu'il est constant que le pâtre de ce troupeau n'avait pas été choisi par l'autorité municipale (art. 72 C. forest.); que les animaux composant ce troupeau ne portaient pas la marque prescrite par l'art. 73; que tous, à l'exception d'un seul, n'étaient pas munis de clochette (art. 75); enfin, que ces animaux étaient des chèvres et des moutons dont l'introduction dans ces bois n'avait pas été autorisée par le propriétaire. — *Cass.*, 5 mai 1837 (t. 2 1840, p. 162), de Muy c. Taxil.

270. — Lorsque celui qui a pêché avec un engin prohibé dans un canal communiquant avec une rivière, soutient avoir la propriété de ce canal ; cette exception ne peut ôter au fait son caractère de délit, et ne présente pas les caractères d'une question préjudicielle autorisant le renvoi à fins civiles. — *Cass.*, 14 août 1823, Forêts c. Plohair. — V. PÊCHE FLUVIALE.

271. — L'exception tirée de la vicinalité d'un chemin ne constitue pas une question préjudicielle, lorsque les faits de la plainte sont de nature à entraîner la condamnation du prévenu : dans le cas même où le chemin serait reconnu vicinal. — *Cass.*, 6 mai 1826, Bourgeois. — Merlin, *Quest.*, v° *Question préjudicielle*, § 2.

272. — De même : lorsque, après avoir laissé rétablir un chemin, sans former opposition en temps utile à l'arrêté du préfet, un particulier se permet de l'intercepter; le tribunal saisi de la plainte doit statuer immédiatement et sans avoir égard à l'exception préjudicielle de propriété. — *Cass.*, 5 décembre 1833, Vincendon.

273. — Le tribunal de simple police saisi d'une action d'usurpation sur la largeur d'un chemin vicinal a bien le droit de vérifier en fait l'existence ou la non-existence de cette usurpation ; mais il doit repousser toute question préjudicielle de propriété qui serait de nature à arrêter l'action du ministère public. — *Cass.*, 8 mai 1841 (t. 2 1841, p. 288), Allain.

274. — Un tribunal ne peut surseoir à statuer sur une contravention commise sur un chemin vicinal, classé comme tel par l'administration : en se fondant sur ce qu'une instance est engagée sur la propriété du sol où la contravention a été commise. — *Cass.*, 4 août 1836, Loriferne.

275. — Lorsqu'il y a déclaration de vicinalité d'un chemin sur lequel une construction a été faite sans une autorisation préalable, l'exception de propriété, proposée par le prévenu, ne faisant pas disparaître la contravention, ne peut être un motif de surseoir jusqu'à ce qu'elle soit résolue. — *Cass.*, 24 août 1833, Violet.

276. — Jugé que l'arrêté préfectoral qui déclare un chemin vicinal et en fixe la largeur attribuant définitivement à ce chemin le sol compris dans les limites par lui déterminées, le droit des propriétaires riverains se résout en une indemnité qui doit être réglée, s'il y a lieu, conformément à l'art. 15 de la loi du 21 mai 1836. — Dès lors, le fait, par un propriétaire contigu à un chemin déclaré vicinal, d'avoir curé le fossé de ce chemin et employé une partie des terres enlevées à nettoyer un baradeau qui le longe, tandis qu'une autre partie a été transportée sur le champ voisin, le surplus restant sur la voie constitue une contravention aux nos 11 et 12 de l'art. 479 C. pén. relatifs à la dégradation des chemins publics et à l'enlèvement de terres de lieux appartenant aux communes. — En conséquence : le tribunal saisi de la poursuite doit infliger immédiatement au prévenu la peine par lui encourue et ne peut admettre l'exception préjudicielle de propriété, qui, en cette matière, ne peut être utilement proposée que lorsqu'il s'agit de l'ouverture et du redressement d'un chemin vicinal et que l'exécution de cette mesure rend nécessaire l'expropriation préalable du terrain dont elle exige l'occupation. — *Cass.*, 2 mai 1845 (t. 2 1848, p. 472), Ducasse et Duplantier. — V. CHEMINS VICINAUX.

277. — La contravention à un arrêté municipal qui défend aux propriétaires de terrains joignant les boulevards extérieurs d'une ville de faire, sur ces terrains, aucune plantation de haies vives avant d'avoir obtenu l'alignement, doit être immédiatement réprimée sans que le tribunal puisse surseoir jusqu'à ce qu'il ait été statué par les tribunaux civils sur l'exception préjudicielle de propriété proposée par le prévenu. — *Cass.*, 21 juill. 1838 (t. 1er 1844, p. 527), Breniller.

278. — Lorsqu'un individu, poursuivi pour avoir refait sans autorisation et sans alignement préalables un escalier usurpant sur la voie publique, soutient que cet escalier existait depuis plus de trente ans, et qu'il n'a pas nui à la commodité du chemin, son allégation n'étant pas de nature à faire disparaître la contravention ne constitue pas une exception préjudicielle qui oblige le tribunal à prononcer le sursis. — *Cass.*, 19 mars 1835, Barron.

279. — Mais jugé que, lorsqu'un individu, prévenu d'avoir construit un mur contre la voie publique, sans en avoir obtenu l'autorisation de l'autorité municipale, excipe de l'alignement que lui aurait donné un conseil municipal, en l'absence de l'adjoint, le tribunal de police doit, si le ministère public conteste la légalité de cet acte, surseoir à statuer, et fixer un délai dans lequel le prévenu sera tenu de rapporter la preuve de sa régularité. — *Cass.*, 3 janv. 1835, Jurié.

280. — Celui à qui un arrêté du conseil de préfecture concernant la petite voirie a été signifié sans qu'il l'ait attaqué par les voies de droit, ne peut, à l'aide d'une exception préjudicielle de propriété, en arrêter l'exécution. — *Cass.*, 14 août 1829, de Barrois. — En effet, la question d'alignement est indépendante de la question de propriété.

281. — Celui qui a détruit une haie établie sur un terrain dont un tiers a la possession *animo domini* ne pourrait, en excipant d'un droit de propriété, élever une question préjudicielle. — *Cass.*, 5 juill. 1828, Voury. — Dans l'espèce, le tribunal saisi de la poursuite était compétent pour décider que le plaignant avait la possession du terrain litigieux ; possession contestée par le prévenu : car le fait de la possession étant indépendant du droit de propriété ne pouvait dès lors devenir la matière d'une question préjudicielle. — V. aussi *Cass.*, 19 mars 1819, Commune de Séniac c. Jaconnet.

282. — Des officiers municipaux prévenus d'avoir commis des dévastations sur un terrain dont un particulier a la possession annale, ne peuvent, sous le prétexte que la commune est propriétaire de ce terrain, demander le renvoi devant les tribunaux civils à l'effet de statuer sur la question de propriété. — *Cass.*, 23 mai 1822, Balmain c. Bertrand.

283. — La possession annale, dit Mangin (*ibid.*, t. 1er, nº 210), est aux yeux de la loi une présomption juridique de propriété et la loi veut que cette possession soit respectée, jusqu'à ce que la présomption légale ait été détruite par un jugement rendu au pétitoire. — *Cass.*, 11 janv. 1819, Nicolas c. Domaine.

284. — Il en serait autrement et le sursis devrait être ordonné, si le plaignant n'avait pas la possession annale. — *Cass.*, 8 janv. 1813, Copend.

285. — Mais il est bien entendu, dans cette espèce, que, sans avoir la possession annale, le plaignant se prétend propriétaire; car, s'il ne réclamait ni la possession ni la propriété, il n'y aurait pas, à son égard, de propriété, et partant pas de question préjudicielle.

286. — Carnot (*Code pénal*, art. 456, nº 2) cite le même arrêt comme ayant jugé que si la possession d'an et jour était déniée ce serait au tribunal saisi de la plainte d'en connaître, parce que ce tribunal se trouvant juge de l'action le deviendrait nécessairement de l'exception. — Il ne nous paraît point du tout que semblable solution résulte de cet arrêt. D'ailleurs, le tribunal correctionnel ne peut connaître que de la pertinence de l'exception : ce n'est point la dénégation de la possession annale qui pourrait le rendre compétent, à moins qu'au lieu de prétendre à un droit qui lui fût personnel le prévenu n'excipât du droit d'un tiers; ce qui n'est pas la question.

287. — L'exception devrait encore être rejetée s'il s'agissait d'infractions commises soit aux prescriptions de jugemens ou d'actes de l'autorité publique, soit à des arrêtés municipaux qui, dans les limites légales, imposeraient aux citoyens l'obligation de faire ou de ne pas faire sur leurs propriétés certains travaux ou de s'abstenir de l'exercice de certains droits. — « L'ordre public, dit Mangin (*ibid.*, nº 211), serait sans cesse troublé, le pouvoir serait avili et impuissant pour protéger les personnes et les propriétés, s'il était permis aux citoyens d'opposer aux actes de l'autorité publique, qu'ils croiraient contraires à leurs droits, des violences et des voies de fait au lieu de déférer ces actes à l'autorité supérieure chargée de les examiner et de les réformer. »

288. — Il en est ainsi lorsqu'un prévenu traduit en simple police pour avoir passé sur un sentier dont un arrêté du maire interdisait l'usage, n'excipe pas d'un droit de propriété; mais seulement d'un droit de passage, qu'il prétend avoir acquis par la prescription. — *Cass.*, 4 sept. 1812, Franck.

289. — Pour entendre sainement cette décision il faut la rapprocher des dispositions de l'art. 691 du Code civil, qui porte que « les servitudes apparentes ou non apparentes ne peuvent s'acquérir par la prescription. » — Partant de ce principe, la Cour de cassation a jugé : que l'exception n'était pas de nature à détruire la contravention, et qu'il n'y avait point, conséquemment, question préjudicielle. Elle eût sans doute décidé le contraire, si, au lieu de fonder son exception sur une possession inefficace, le prévenu l'eût établie sur un titre légal; parce que les tribunaux de répression sont tout aussi incompétens pour connaître d'un droit de servitude que d'un droit de propriété, qui ne peuvent ni l'un ni l'autre être violés par l'autorité municipale. — C'est donc à tort qu'un arrêtiste a vu dans cette décision une distinction générale entre la propriété et la possession, quant à leurs effets sur l'action publique. — Legraverend, t. 1er, chap. 1er, p. 55.

290. — Le droit de passer avec ses bestiaux par un petit chemin dans un bois ne justifiant pas le fait d'avoir été surpris gardant une vache dans ce bois ne peut, conséquemment, être la matière d'une question préjudicielle. — *Cass.*, 28 niv. an XII, Weyts.

291. — Lorsqu'un individu, prévenu d'exploiter sans autorisation un établissement insalubre, soutient que son établissement existait avant le décret du 15 octobre 1810, cette exception ne soulevant aucune question de propriété et ne nécessitant point l'examen d'un acte administratif doit être jugée par le juge même de l'action. — *Cass.*, 14 févr. 1839 (t. 1er 1844, p. 527), Bennynck.

292. — Ainsi, lorsque, par infraction à un jugement qui a défendu aux habitans de la commune de faire aucune espèce de coupes dans les bois qui sont l'objet du procès, l'un d'eux se permet d'exercer le prétendu droit d'usage; l'instance introduite par la commune, sur le fond, ne peut pas légitimer cette voie de fait, et ne présente pas le caractère d'une exception préjudicielle. — *Cass.*, 28 août 1823, Mazelier c. Lagarde.

293. — Lorsque les habitans d'une commune, poursuivis pour avoir dévasté toutes les bruyères d'une lande affermée comme bien communal en exécution d'un arrêté du préfet et d'une délibération du conseil municipal, allèguent avoir des droits de propriété à exercer sur cette lande, leurs prétentions, en les supposant fondées, ne pourraient légitimer en aucun cas leur voie de fait et ne constituent pas une question préjudicielle. — *Cass.*, 5 déc. 1823, Chevalier.

294. — La contravention à la défense faite par l'autorité municipale à un particulier, par arrêté à lui notifié, de reconstruire le four de sa maison située dans l'intérieur d'une ville, ne pouvant être excusée par aucun motif; le tribunal de simple police ne peut surseoir à réprimer cette contravention jusqu'après la décision des tribunaux civils sur la question de savoir si le four n'a pas été établi avant les bâtimens qui l'entourent, puisque la solution de cette question, fût-elle favorable au prévenu, n'empêcherait pas la contravention d'exister. — *Cass.*, 16 nov. 1837 (t. 1er 1844, p. 527), Delille.

295. — La destruction, par voie de fait, d'ouvrages et de constructions exécutés sur des terrains communaux, de l'ordre de l'autorité administrative locale, constitue un crime ou un délit, sur lequel la chambre des mises en accusation ne peut surseoir à statuer, sous le prétexte que les prévenus ont formé opposition à l'arrêté qui ordonne les travaux, cette opposition n'ayant pas les caractères d'une question préjudicielle. — *Cass.*, 31 oct. 1828, Tronche et Gacon.

296. — Lorsque le terrain sur lequel les prévenus ont fait paître leur troupeau se trouve compris dans les limites d'un bois communal, d'après la délimitation faite par un agent forestier, en exécution d'une décision du ministre des finances, les prévenus ne sont pas recevables à élever au nom de la commune la question préjudicielle de propriété, sous le prétexte qu'elle s'est pourvue devant l'autorité compétente pour faire réformer cette délimitation. — *Cass.*, 1er mai 1830 (deux arrêts), Forêts c. Fau et Crouzet.

297. — Lorsque des constructions ont été faites en contravention aux règlemens de la petite voirie, l'exception préjudicielle de propriété ne peut jamais motiver un sursis, puisqu'une décision favorable au prévenu sur cette exception ne ferait pas disparaître la contravention. — L'art. 182 du Code forestier n'est pas applicable en pareil cas. — *Cass.*, 4 août 1837 (t. 2 1843, p. 781), Gayette.

298. — Lorsqu'un individu dont la maison est sujette à reculement a contrevenu à un arrêté qui lui défendait de recrépir la partie de cette maison donnant sur la rue, il ne peut être sursis à statuer sur la poursuite jusqu'à ce que le préfet ait statué sur la réclamation formée contre cet arrêté. — *Cass.*, 21 févr. 1840 (t. 2 1840, p. 786), d'Agar.

299. — Il en est de même lorsqu'un particulier qui a contrevenu à l'alignement qui lui avait été donné par le maire pour une construction bordant la rue, ou qui a bâti sur un terrain légalement déclaré faire partie de la voie publique sans en avoir demandé ni obtenu l'alignement de l'autorité locale, excipe de son droit de propriété du terrain. — *Cass.*, 14 sept. 1827, Pignatel; 19 déc. 1828, Voisin.

300. — Par le même motif, lorsqu'il est établi qu'un habitant a, contrairement à un arrêté municipal, intercepté les eaux d'un ruisseau, le tribunal de simple police ne peut surseoir à prononcer sa condamnation jusqu'à ce qu'il ait été statué sur un prétendu droit de propriété, puisque l'art. 645 C. civ. subordonne toujours aux mesures locales de police l'usage des cours d'eau. — *Cass.*, 5 nov. 1825, Huré.

301. — L'exception tirée de la propriété du terrain sur lequel sont dirigées des eaux insalubres, n'est pas de nature à effacer la contravention à l'arrêté municipal qui prohibe cet écoulement, et ne présente pas les caractères d'une question préjudicielle autorisant le sursis aux poursuites. — *Cass.*, 2 oct. 1824, Malaignes.

302. — Le propriétaire d'un aqueduc situé sous les rues d'une ville n'est point dispensé, par cette qualité, de se conformer à un arrêté du maire qui lui interdit de toucher aux pavés des rues pour le réparer, sans une autorisation. En cas de contravention, l'exception de propriété ne pouvant le disculper, ne présente pas les caractères d'une question préjudicielle. — *Cass.*, 27 juin 1823, Habitans d'Aix; 6 févr. 1823, Darrigrand. — Carnot, sur l'art. 471 C. pén., p. 562, nº 15.

303. — Le tribunal de répression, appelé à statuer sur l'infraction à un règlement de police qui prohibe le curage des fossés, ne peut surseoir à statuer, sous le prétexte que le contrevenant se prétend propriétaire de ces fossés. — En pareil cas, en effet, la propriété, fût-elle prouvée, ne ferait pas disparaître la contravention. — *Cass.*, 11 févr. 1830, Boudret. — V. aussi *Cass.*, 16 mai 1811, Adam et Farine.

304. — Celui dont les bestiaux laissés à l'abandon ont été trouvés pâturant dans la propriété rurale d'autrui, ne peut pas être excusé, sous le prétexte que le propriétaire s'est engagé à clore son héritage, de manière à empêcher les bestiaux de s'y introduire. — En conséquence, l'exception tirée de cette prétendue convention ne présente pas une question préjudicielle qui donne lieu au sursis jusqu'à ce qu'il ait été statué sur ladite convention par le juge compétent. — *Cass.*, 27 août (et non avril) 1819, Heudebourg.

305. — Le rejet de l'exception préjudicielle, dans ces espèces, est fondé sur ce que les délits sur la poursuite desquels elle était élevée consistent surtout dans une résistance coupable aux ordres ou défenses de l'autorité publique ; mais si cette autorité, pensant à tort qu'un immeuble appartient à l'Etat ou à une commune, en dispose ou en règle le mode de jouissance, celui qui sans voie de fait aurait fait acte de propriétaire, devrait être admis, sur la poursuite qui serait dirigée contre lui, à élever la question préjudicielle de propriété : « En pareil cas, dit Mangin (*ibid.*, nº 212), il n'y a aucune résistance aux actes de l'autorité publique, mais simplement l'exercice d'un droit antérieur à ces actes, qui en était absolument indépendant, et sur lequel ces actes n'avaient pas eu pour objet de prononcer. »

306. — Lorsqu'un individu, prévenu d'avoir passé avec chevaux et charrue sur des biens ensemencés, oppose que l'état d'enclave de son fonds légitime son passage, aux termes de l'art. 682 C. civ., cette exception constitue une question préjudicielle sur laquelle il n'appartient qu'aux tribunaux civils de statuer. — En conséquence est nul le jugement du tribunal de police qui, au lieu de surseoir à statuer jusqu'après la décision des tribunaux civils sur la question préjudicielle, renvoie le prévenu de la poursuite en se fondant sur l'état d'enclave. — *Cass.*, 24 juin 1837 (t. 1er 1844, p. 527), Jabbras.

307. — Lorsqu'un individu a barré une rue rangée par le plan d'alignement de la ville parmi les rues ouvertes et publiques, le tribunal, saisi de la poursuite, ne peut, en se fondant sur la question préjudicielle de propriété, surseoir à statuer sur la contravention. — *Cass.*, 10 sept. 1839 (t. 1er 1841, p. 298), Rissel.

308. — Le tribunal de simple police excède ses pouvoirs en ordonnant, avant faire droit sur la contravention dont il est saisi, la preuve que des contraventions semblables ont été déjà commises par d'autres individus, sans qu'ils aient été poursuivis. — *Cass.*, 12 sept. 1835, Cramier c. Terrelonge.

Sect. 2e. — *Exceptions personnelles au prévenu.*

309. — L'art. 182 du Code forestier exige, comme on l'a vu plus haut, pour l'admission de l'exception préjudicielle, que cette exception soit *personnelle au prévenu*. Il est évident, en effet, comme le fait remarquer M. Lesellyer (*loc. cit.*, no 1471), que le prévenu qui ne se prétend pas propriétaire de l'immeuble sur lequel un délit a été commis, n'a aucun intérêt à soutenir que cet immeuble appartient plutôt à tel individu qu'à tel autre; car la peine n'en est pas moins applicable.

310. — Ce principe s'étend même aux réparations civiles réclamées par une personne que le prévenu prétendrait n'être point le propriétaire du terrain. La raison qu'en donne Mangin (no 214) est que si la condamnation à des réparations civiles avait été prononcée en faveur d'un individu qui n'y aurait aucun droit, ce n'est plus contre le prévenu, désormais libéré, que le véritable propriétaire pourrait à son tour exercer son action.

311. — M. Lesellyer (no 1472), tout en admettant que le prévenu ne peut, en ce cas, invoquer comme exception préjudicielle, dans le sens absolu du mot, l'absence de la qualité de propriétaire chez le demandeur, puisqu'en définitive cette absence de qualité n'empêchera pas qu'il n'y ait eu délit commis, pense néanmoins qu'il peut invoquer une exception préjudicielle relative, c'est-à-dire une fin de non-recevoir tirée du défaut de qualité chez celui qui réclame la réparation civile, et il s'appuie, à cet égard, sur la disposition expresse de l'art. 1er du Code d'instruction criminelle.

312. — Jugé que la question préjudicielle de propriété ne peut être élevée que par ceux qui ont ou qui prétendent avoir le droit de l'engager comme propriétaires. Ainsi, l'allégation faite par un prévenu, sur la poursuite de l'administration forestière, que le terrain où il a commis un délit n'appartient pas au domaine, est insuffisante pour autoriser un tribunal correctionnel à surseoir jusqu'au jugement de la question de propriété. — *Cass.*, 30 oct. 1807, Forêts; 7 avril 1809, Basseinhem c. Groeff; 12 juill. 1816, Blanc; 24 oct. 1817, Soubielle; 22 juill. 1819, Andrieux c. Lemary. — Carnot, *C. instr. cr.*, art. 5, no 20; Merlin, *Rép.*, vo *Quest. préjud.*, § 2; Mangin, *Act. publ.*, no 214. — V. néanmoins un arrêt isolé de la Cour de cassation du 14 germ. an XII (int. de la loi), Baumier.

313. — Lorsque des individus, poursuivis à raison d'un délit forestier, soutiennent que le plaignant est sans qualité, en ce que son titre d'acquisition est nul; cette défense, dans laquelle les prévenus n'excipent pas d'un droit qui leur soit personnel, ne présente pas les caractères d'une question préjudicielle et ne peut pas donner lieu au sursis. — *Cass.*, 18 déc. 1829, Julien c. habitans de Saint-Martin.

314. — On ne peut, d'ailleurs, exercer les actions d'un tiers en excipant d'un droit réel qui lui appartient, et l'engager, malgré lui, dans un procès.

315. — Cette règle est applicable en toutes matières, qu'il s'agisse de délits forestiers, ruraux ou autres. — Toutefois il s'est élevé d'assez nombreuses difficultés lorsque des habitans excipaient des droits d'une commune dont ils faisaient partie. — A ce sujet il faut faire une distinction : si le droit de la commune est incontesté, les habitans peuvent agir individuellement pour s'en assurer l'exercice; mais si ce droit n'est pas reconnu, les habitans n'ont point qualité pour en poursuivre l'établissement judiciaire.

316. — Le maire et l'adjoint seuls ont l'exercice des actions qui peuvent appartenir à l'être moral appelé *commune*; seuls ils ont caractère pour demander ou défendre sur les droits qu'elle peut réclamer ou qui peuvent lui être contestés. Or, un simple habitant n'ayant pas qualité pour faire juger par les tribunaux civils si les droits qu'il dit appartenir aux habitans de la commune sont bien ou mal fondés, il s'ensuit nécessairement qu'il ne peut demander à être renvoyé devant ces tribunaux pour y faire statuer. — *Cass.*, 16 août 1822, Landenix c. Basterrèche.

317. — La jurisprudence et la doctrine sont unanimes sur ce point; et il a constamment été jugé que lorsqu'un prévenu excipe, pour sa défense, des droits qu'il prétend appartenir à la commune dont il est habitant, il n'y a pas lieu par les tribunaux de répression d'ordonner un sursis jusqu'à la décision de la juridiction compétente. — Merlin, *Quest.*, vo *Question préjudicielle*, § 2; Mangin, *loc. cit.*, no 214.

318. — Ainsi, cela a été décidé pour un individu inculpé d'avoir commis un délit dans une forêt qu'il prétendait appartenir à la commune qu'il habitait. — *Cass.*, 7 avril 1809, Basseinhem c. Groeff; 12 juill. 1816, Blanc; 22 juill. 1819, Andrieux c. Lémary; 16 août 1822, Landenix c. Basterrèche; 20 mars 1823, de Rohan c. Deporte; 28 août 1823, Mazelin c. Lagarde; 22 avril 1824, Rivière; 6 mai 1826, Bourgeois; 3 août 1827, Lacuquerin; 5 juill. 1828, Voury; 6 juin 1835, Giovansili; 7 févr. 1835, Lades.

319. — La possession immémoriale de couper de la bruyère dans le bois d'un particulier ne suffisant pas pour autoriser l'enlèvement d'une grande quantité de feuilles mortes, le tribunal ne peut, sur la simple allégation faite par le prévenu d'un prétendu droit d'usage appartenant à la commune, et même sur l'intervention du maire, renvoyer les parties à fins civiles. — *Cass.*, 15 oct. 1824, de Rohan c. Tastet.

320. — L'exception de vicinalité d'un chemin ne peut être opposée que par la commune et non par quelques-uns de ses habitans. — *Cass.*, 6 mai 1826, Bourgeois. — Merlin, *Quest.*, vo *Question préjudicielle*, § 2.

321. — Si, au lieu d'exciper de sa qualité d'habitant de la commune, celui qui est prévenu d'avoir fait pâturer son cheval sur un terrain dont la jouissance a été attribuée au curé par un arrêté du conseil municipal, revêtu de l'approbation du préfet, soutient que ce terrain est sa propriété particulière, le tribunal doit prononcer le sursis. — *Cass.*, 1er juill. 1818, Daunas.

322. — Lorsque des habitans de plusieurs communes poursuivis pour avoir usé d'un cours d'eau hors du temps prescrit par un règlement de l'autorité administrative, soutiennent conjointement avec les maires de leurs communes, intervenans dans la cause, que le règlement invoqué n'est pas applicable à ce cours d'eau et qu'ils en ont prescrit l'usage; leur prétention fait naître une question préjudicielle qui autorise le tribunal à surseoir jusqu'à ce qu'il ait été statué sur cette question par les tribunaux compétens. — *Cass.*, 12 mai 1826, Joepp c. N....

323. — Il se pourrait, néanmoins, que les droits invoqués par les habitans appartinssent réellement à la commune, et fissent par leur constatation disparaître toute idée de délit : ils doivent donc pouvoir arriver à cette constatation, et le moyen consiste à provoquer l'intervention de la commune par son maire, dans l'instance relative aux poursuites, et l'autorisation nécessaire à cette commune pour ladite intervention. — Le tribunal ne pourrait refuser d'impartir un délai à cet effet. — *Cass.*, 16 août 1822, Landenix c. Basterrèche. — Merlin, *Quest.*, vo *Question préjudicielle*, § 2.

324. — Si, dans le délai accordé par le juge criminel pour mettre en cause la commune, celle-ci n'a pas formé son intervention légalement autorisée, et adhéré à la demande du prévenu en renvoi pour faire prononcer par les tribunaux civils sur les droits qu'il disait lui appartenir; ou si elle s'est bornée à se présenter dans l'instance pour y prendre vaguement le fait et cause du prévenu, mais sans conclure formellement à l'admission de l'exception et au sursis : cette exception doit être rejetée, car alors elle n'est élevée que par le prévenu et non par la commune. — *Cass.*, 22 juill. 1819, Andrieux c. Lemary; 16 août 1822, Landenix c. Basterrèche.

325. — Si la commune, au contraire, est intervenue avec l'autorisation de l'autorité administrative et demande que le renvoi devant les tribunaux civils soit prononcé, alors se forme une véritable question préjudicielle puisque le jugement des poursuites dirigées contre le prévenu dépend de celui à rendre au civil sur les droits de la commune et que, par l'adjonction de celle-ci audit prévenu, il se forme une instance entre parties ayant qualité pour y paraître et y faire statuer. — Dans ce cas, le sursis doit être ordonné et c'est au plaignant à agir pour provoquer et accélérer le jugement civil et reprendre, ensuite, s'il y a lieu, les poursuites correctionnelles. — Même arrêt du 16 août 1822, Landenix.

326. — Cette doctrine est également fondée depuis la promulgation de la loi municipale du 18 juillet 1837, qui, par son art. 49, permet à tout contribuable inscrit au rôle de la commune d'exercer à ses frais et risques les actions qu'il croit appartenir à cette commune et qu'elle aurait refusé ou négligé d'exercer; car le droit dont exciperait le prévenu contribuable ne lui devient pas, pour cela, personnel, il ne peut l'exercer qu'après y avoir été autorisé par le conseil de préfecture et avec la mise en cause de la commune. — Il suit de là que, depuis comme avant cette loi du 18 juill. 1837, le prévenu ne peut pas obtenir immédiatement le sursis; et qu'il doit se borner à demander un délai à l'effet de provoquer soit l'intervention de la commune, soit l'autorisation de poursuivre lui-même l'action conformément à la disposition précitée. — V. COMMUNE.

327. — Les mêmes principes seraient applicables au cas où le prévenu, au lieu d'exciper du droit d'une commune, prétendrait qu'il exerce l'action d'un tiers et par son ordre. Dans ce cas, il devrait mettre ce tiers en cause; mais il ne pourrait, en son nom, faire prononcer un sursis. — *Cass.*, 24 oct. 1817, Soubielle.

328. — Ce tiers pourrait même intervenir volontairement dans l'instance correctionnelle, prendre le fait et cause du prévenu, et élever utilement la question préjudicielle. — Mangin, *ibid.*, no 217.

329. — Ne peut être considérée comme fondée sur un droit de possession personnel au prévenu, et, par suite, comme autorisant les juges à surseoir au jugement du délit, l'exception préjudicielle tirée de ce que ce prévenu, inculpé d'avoir fait pacager ses chèvres en délit, prétend en avoir obtenu le droit du propriétaire même du terrain. — *Cass.*, 22 mars 1839 (t. 1er 1844, p. 328), Cristofari.

330. — Mais jugé que celui qui prend le fait et cause du prévenu d'un délit forestier, en déclarant que celui-ci n'a agi que par ses ordres, peut proposer l'exception préjudicielle de propriété, pourvu que les titres ou faits de possession lui soient personnels. — *Cass.*, 13 nov. 1835, Forêts c. Robin.

Sect. 3e. — *Exceptions fondées sur un titre apparent ou sur des faits de possession équivalents.*

331. — L'exception pour être accueillie doit être vraisemblable, car il ne peut être permis aux parties d'arrêter le cours de la justice par des motifs futiles et à l'efficacité ou à la réalité desquels elles ne croient point elles-mêmes. L'exception n'est réputée vraisemblable aux yeux de la loi, et, par conséquent, du juge, qu'autant qu'à l'appui le prévenu peut invoquer soit des titres, au moins apparens, de façon qu'on ne puisse soupçonner la bonne foi de celui qui les produit, soit des faits de possession susceptibles de suppléer à des titres.

332. — En l'absence de toute production de titres, ou de toute articulation de faits de possession; l'exception, dénuée de la moindre apparence de fondement, doit être rejetée par le juge, qui passe outre au jugement de la prévention.

333. — Lorsqu'en matière forestière le prévenu se borne à alléguer qu'il est propriétaire du bois où le délit a été commis et qu'il en a joui de tout temps, ce qu'il offre de prouver; le tribunal ne peut ordonner le sursis : il faut que le prévenu produise à l'appui de son exception un titre de propriété ou allègue des faits de possession équivalant à un titre. — *Cass.*, 2 juin 1836, Forêts c. Malbec.

334. — Un tribunal de répression n'est pas autorisé à surseoir par cela seul que le prévenu a élevé une question de propriété; il faut de plus qu'il déclare que l'exception préjudicielle est fondée sur un titre apparent ou sur des faits de possession équivalens. — *Cass.*, 23 juill. 1836, Labory; 25 mai 1839 (t. 1er 1844, p. 358), Pagès.

335. — La simple allégation d'un prévenu, qu'il n'a fait qu'user de son droit, ne suffit pas pour rendre le sursis nécessaire, ni même pour l'autoriser; l'allégation doit être fondée sur un titre ou appuyée d'indices assez graves pour en faire supposer la réalité. — *Cass.*, 24 nov. 1809, N....

336. — Un tribunal pourrait même, ou plutôt devrait, rejeter *de plano* une demande en sursis et statuer, de suite, au fond, si cette demande en sursis ne lui paraissait avoir été formée que dans la vue de retarder le jugement. — *Cass.*, 12 févr. 1830, Coustat.

337. — Il ne suffirait donc point, pour la faire accueillir, qu'il fût allégué simplement, et sans autre preuve ou commencement de preuve, par un prévenu de pâturage en délit, qu'il est en possession d'exercer ce droit sur le terrain où il a été surpris. — *Cass.*, 11 août 1820, Decourt.

338. — ... Ou par un prévenu de délit forestier, qu'il est propriétaire de la forêt. — *Cass.*, 23 avr. 1824, Maisonnave. — Mangin, *Act. publ.*, nº 218.

339. — Jugé qu'en matière de délit de pacage sur des landes, les tribunaux peuvent repousser le moyen fondé sur une possession immémoriale en déclarant qu'aucun fait précis de possession n'a été articulé. — *Cass.*, 14 avr. 1839 (t. 1er 1839, p. 503), Malescot c. de Monti et de Cornulier.

340. — Le juge de l'action étant aussi le juge de l'exception toutes les fois qu'il n'en est pas ordonné autrement, et l'art. 182 C. for. ne reconnaissant comme préjudicielle et sortant de la compétence des juges de répression que l'exception fondée sur un droit de propriété ou sur tout autre droit réel; lorsqu'un prévenu excipe des clauses d'un contrat de louage d'industrie intervenu entre les personnes civilement responsables qui prennent son fait et cause et la partie civile, le tribunal saisi doit apprécier cette convention, pour fixer le caractère des faits incriminés, et non surseoir jusqu'à ce qu'il ait été statué par les juges compétens sur l'exception proposée. — *Cass.*, 7 avr. 1848 (t. 1er 1849, p. 9), Thiolier c. Aubineau.

341. — L'exception devrait surtout être rejetée si l'allégation sur laquelle elle se fonde était combattue par des titres contraires qui démontrent que la possession invoquée est insuffisante pour conférer au prévenu le droit dont il argue. — *Cass.*, 18 juin 1807, Peret c. de Chabrier; 4 févr. 1813, Boussuge; 11 août 1820, Decourt. — Carnot, *Instr. cr.*, art. 3, nº 20; Merlin, *Rép.*, vº *Quest. préjud.*, § 2, nº 7.

342. — ... Ou si celui qui la présente dans le cours d'une poursuite exercée contre lui pour exploitation illicite d'une mine, ayant déjà attaqué devant le Conseil d'Etat, par voie de tierce opposition, l'ordonnance royale portant concession à un tiers de cette mine, avait vu rejeter irrévocablement sa tierce opposition. — *Cass.*, 26 juill. 1833, Parmentier. — Dans ce cas, évidemment il y avait chose jugée sur l'existence du droit invoqué à l'appui de la question préjudicielle.

343. — C'est à celui qui élève une question préjudicielle, c'est-à-dire au prévenu, qu'incombe la charge d'en établir le bien-fondé et, si le juge criminel est incompétent pour y statuer, de faire toutes les diligences nécessaires pour provoquer la décision de la juridiction compétente, alors même que la personne lésée par le délit serait en cause en qualité de partie civile et aurait provoqué la poursuite. C'est ce qui résulte formellement des art. 182 du Code forestier et 59 de la loi sur la pêche fluviale (V. *suprà* nº 169), lesquels, du reste, n'ont fait que consacrer une jurisprudence invariable.

344. — Cette règle, fondée sur la maxime : *Reus excipiendo fit actor*, se justifie mieux encore par la nécessité. En effet, si, prétextant que la preuve du délit doit être faite par le ministère public et qu'il n'y a de délit qu'autant que le terrain sur lequel il a eu lieu appartient à un tiers, le tribunal qui admet l'exception exige du ministère public qu'il établisse que le prévenu n'est point propriétaire de ce terrain ou n'y a aucun droit réel; comme ce dernier n'a pas qualité pour intenter des actions civiles, et que, de son côté, le prévenu pouvait se garder de jamais provoquer la décision de la question par lui soulevée : il arriverait que l'action publique resterait arrêtée indéfiniment, ou, plutôt, serait complétement paralysée.

345. — Le ministère public n'a pas qualité pour poursuivre devant les tribunaux compétens le jugement d'une question préjudicielle de propriété. La charge d'intenter cette action ne peut concerner que le prévenu. — Dès lors, un tribunal de police n'a pu relaxer le prévenu sous prétexte que le ministère public ne justifiait, à cet égard, d'aucune poursuite exercée dans le délai déterminé par un précédent jugement. — *Cass.*, 4 juill. 1846 (t. 2 1849, p. 203), Delagarde. — V. conf. *Cass.*, 23 juill. 1836, Defoulers, et la note; 22 févr. 1839 (t. 2 1843, p. 761), Gauthier de Migny. — En effet, bien que ce soit au ministère public à prouver le délit dont il requiert la répression, il n'a aucune qualité pour poursuivre les actions civiles. — Mangin, *Act. publ.* — D'ailleurs, c'est à celui à qui on impute un fait punissable qu'il appartient de se justifier et, par suite, de faire toutes les démarches tendant à établir les faits desquels il prétend tirer la preuve de son innocence. — *Cass.*, 26 déc. 1846 (t. 1er 1847, p. 526), Levrier c. Mironneau, et 23 mars 1847 (t. 2 1847, p. 150), mêmes parties.

346. — Le même inconvénient se produirait si, la partie civile étant en cause, on lui imposait l'obligation de faire statuer sur la question préjudicielle, car, maîtresse par là de l'action publique, qui ne peut reprendre son cours qu'après le jugement civil, elle pourrait, à son gré, s'entendre avec le prévenu, transiger, mettre à prix enfin une inaction dont la conséquence nécessaire serait l'impunité pour le coupable. Un pareil pouvoir, abandonné aux parties intéressées dans une matière qui touche aussi essentiellement à l'ordre public, serait intolérable. — Merlin, *Quest.*, vº *Question préjudicielle*, § 3.

347. — Lorsque le tribunal correctionnel surseoit à statuer sur une question préjudicielle, il doit, à peine de nullité, désigner celle des parties qui sera tenue de provoquer le jugement. — *Cass.*, 4 janv. 1828, Rémond.

348. — L'obligation de faire statuer sur l'exception préjudicielle de propriété doit être mise à la charge du prévenu. — *Cass.*, 23 août 1822, Pavy; 31 janv. 1825, Godfrin; 27 juill. 1827, Germa; 20 févr. 1829, Charpenel; 19 juin 1829, Baillard; 23 juill. 1830; Ressès; 21 févr. 1833, Davin; 17 mai 1833, Roque; 19 juill. 1833, Reculot; 12 juill. 1834, Ducorail; 13 nov. 1835, Robin; 18 févr. 1836, Thibaux. — *Contrà*, *Orléans*, 10 mars 1829, Blondeau c. de Beauregard.

349. — ... Et non à la charge du ministère public, qui n'a ni qualité ni droit ni intérêt pour porter la contestation civile devant le tribunal compétent. — *Cass.*, 20 févr. 1829, Charpenel; 21 févr. 1833, Davin.

350. — Le prévenu devant poursuivre le jugement de son exception préjudicielle, doit justifier de ses diligences et prouver qu'il a mis l'autorité compétente en mesure de décider. — *Cass.*, 23 août 1822, Pavy; 19 juin 1829, Baillard; 12 juill. 1834, Ducorail; 18 sept. et 26 nov. 1840 (t. 2 1841, p. 435), Marmontel et Conget.

351. — La disposition du Code forestier qui, en cas de sursis prononcé sur une question préjudicielle soulevée par le prévenu, impose à celui-ci l'obligation de saisir le tribunal compétent et de prouver sa propriété, est applicable aux contestations entre particuliers et sur des intérêts privés aussi bien que dans le cas de poursuites à la requête de l'administration forestière ou du ministère public. — *Cass.*, 13 sept. 1845 (t. 2 1845, p. 768), Lavaud c. Charrière; *Angers*, 23 mars 1847 (t. 2 1847, p. 150), Mironneau c. Levrier.

352. — Ainsi, est nul le jugement qui, en prononçant un sursis, ordonne que la décision sur la question préjudicielle sera rapportée par la partie la plus diligente. — *Cass.*, 27 juill. 1827, Germa; 3 juin 1830, Rivière.

353. — ... Ou la met à la charge du ministère public. — *Cass.*, 21 févr. 1833, Davin; 12 juill. 1834, Ducorail; 25 sept. 1835, Moreau; 23 juill. 1836, Defoulert.

354. — Les exceptions tendant à sursis en matière de délits forestiers n'ont le caractère préjudiciel qu'autant qu'elles portent sur une question de propriété actuellement soumise à la juridiction qui seule peut en connaître, ou que le prévenu s'engage par des conclusions formelles à déférer à cette juridiction. En conséquence, lorsque le prévenu d'un délit de dépaissance dans une forêt excipe de ce que celui dont il se dit le fermier prétend, contre l'Etat, à la propriété du terrain sur lequel la dépaissance a eu lieu, et s'est pourvu, ainsi que d'autres propriétaires riverains, devant le conseil de préfecture, par opposition au procès-verbal de délimitation de la forêt, il n'y a pas lieu de surseoir au jugement de la prévention, une telle opposition n'ayant pas saisi la juridiction civile, seule compétente pour connaître de la question de propriété. Il en est ainsi surtout si, le bailleur du prévenu n'étant pas intervenu au procès correctionnel, le tribunal n'a pu lui fixer le bref délai dans lequel il aurait à saisir les juges compétens de la connaissance du litige. — *Cass.*, 4 juin 1847 (t. 2 1847, p. 596), Forêts c. Sidobre.

355. — Lorsque, tout en excipant d'un droit de propriété, le prévenu se refuse à faire juger lui-même la question préjudicielle, le tribunal de simple police doit passer outre au jugement de la prévention. — *Cass.*, 22 déc. 1838 (t. 1er 1844, p. 357), Lefebvre.

356. — Il doit être imparti un délai au prévenu pour faire la preuve du fait par lui allégué. « S'il en était autrement, dit un arrêt de la Cour de cassation (15 sept. 1826, Gauthey), ce prévenu, en ne faisant aucune diligence devant la justice civile, s'assurerait le fruit de son infraction, et toute infraction ou délit du même genre serait couverte, à son gré, et par le seul fait de son silence ou de son inaction, par une impunité funeste aux propriétés publiques et particulières. » — *Cass.*, 10 août 1821, Bezuchet; 23 août 1822, Pavy; 31 janv. 1825, Godfrin; 28 avr. 1827, Pasquier; 27 juill. 1827, Germa; 15 déc. 1827, Grandjean; 26 avr. 1828, Vedel; 9 août 1828, Gaultier; 29 août 1828, Martin; 19 juin 1829, Baillard; 3 juin 1830, Rivière; 23 juill. 1830, Ressès; 27 sept. 1832, Cornillon; 31 janv. 1833, Balloy; 21 févr. 1833, Davin; 17 mai 1833, Roque; 23 mai 1833, Bassé; 19 juill. 1833, Reculot; 20 sept. 1834, Cossault; 13 nov. 1835, Robin; 18 févr. 1836, Thiboux; 16 avr. 1836, Calleno.

357. — Le tribunal de répression qui, sur l'exception d'une question préjudicielle de propriété opposée par le prévenu, renvoie devant l'autorité compétente, ne peut se dessaisir de la connaissance de la prévention, mais doit, en suspendant son examen et sa décision, fixer un délai au prévenu pour faire statuer sur la question préjudicielle, après lequel il serait passé outre au jugement sur la poursuite en contravention. — *Cass.*, 15 févr. 1828, d'Aoust.

358. — Le tribunal qui, appelé à connaître d'un délit forestier, accueille l'exception préjudicielle de propriété, doit, à peine de nullité, fixer le délai dans lequel le prévenu devra justifier de ses diligences pour suivre l'affaire devant les juges compétens. — *Cass.*, 23 août 1839 (t. 1er 1844, p. 329), Barredon; 16 juill. 1846 (t. 2 1849, p. 339), Forêts c. Poissonnaille; 8 oct. 1846 (t. 2 1849, p. 32), Bailleau.

359. — Jugé néanmoins que le principe consacré par les art. 182 et 189 du Code forestier, relativement à l'obligation où sont les juges qui ordonnent un sursis de fixer un délai au prévenu, ne s'applique qu'aux poursuites exercées dans l'intérêt de l'Etat ou à la requête du ministère public. — *Orléans*, 10 mars 1829, Blondeau c. de Beauregard. — V. également *Bourges*, 1er avril 1829, Clairvaux, et *Cass.*, 12 août 1837 (t. 2 1837, p. 478), Rivals c. de Beauquesne et Taifhan.

360. — On a vu *suprà* (nos 169 et 170) que les art. 182 du Code forestier et 59 de la loi sur la pêche fluviale imposent aux tribunaux le devoir de fixer ce délai. — Il a été jugé qu'en pareille matière il y avait lieu d'annuler les jugemens qui, malgré des dispositions aussi précises, ont refusé ou omis de le faire. — *Cass.*, 23 août 1822, Pavy; 15 sept. 1826, Gauthey; 28 avril 1827, Pasquier; 27 juill. 1827, Germa. — Dans cette dernière espèce, le tribunal avait été formellement requis de fixer un délai. — Rien n'annonce qu'une semblable réquisition eût été faite dans les autres espèces. — V. PÊCHE FLUVIALE.

361. — Jugé encore que les art. 182 et 189 du Code forestier, aux termes desquels les tribunaux de répression devant lesquels une exception préjudicielle de possession, de propriété ou de copropriété est élevée, ne peuvent prononcer de sursis à l'action publique que sous la condition que le jugement de sursis fixera un bref délai dans lequel la partie qui a élevé la question préjudicielle devra saisir les juges compétens de la connaissance du litige et justifier de ses diligences, ne sont pas introductifs d'un droit spécial exclusivement relatif aux matières forestières, mais déclaratifs d'un principe de droit préexistant fondé sur la maxime *Feci sed jure feci*. — Ce principe est général et absolu, et s'applique par conséquent à tous les genres de délits et de contraventions et à toutes les poursuites portées devant les tribunaux de répression. — Il est également applicable soit qu'il s'agisse de poursuites intentées à la requête du ministère public ou d'une administration publique, ou à la requête d'un particulier. — *Cass.*, 26 décembre 1846 (t. 1er 1847, p. 526), Levrier c. Mironneau.

362. — Merlin (*Quest.*, vº *Question préjudicielle*, § 3, nº 2) pense que l'art. 182 C. forest. ni aucune autre disposition n'ayant dit que le jugement qui aurait omis d'impartir un délai au prévenu serait nul, on ne pourrait pas suppléer la peine de nullité, mais qu'elle devrait être prononcée en vertu des art. 408 et 413 C. instr. crim., s'il y avait eu réquisition formelle, et qu'à défaut de réquisition on devrait distinguer selon que le jugement contiendrait une disposition supposant nécessairement l'intention de n'assujettir le prévenu à aucun délai, ou ne contiendrait rien de semblable. — Dans le premier cas, l'auteur enseigne qu'il y a nullité; dans le second, il soutient qu'aucune loi n'attachant ni en termes exprès ni implicitement la peine de nullité à l'omission qui s'y trouve rien ne s'oppose à ce que cette omission soit réparée par un jugement subséquent.

363. — Mangin (*Act. publ.* nº 221) dit, au contraire, qu'en matière de délit forestier et de pêche l'omission d'imposer un délai au prévenu suffit pour donner lieu à la cassation, parce qu'il y a violation d'une loi positive; mais dans les autres matières, il n'adopte la nullité qu'autant qu'une réquisition a été faite.

364. — Il nous semble, ainsi qu'à Merlin, qu'en matière forestière, comme en toute autre matière, la simple omission ne suffit pas pour opérer nullité en l'absence d'une réquisition, qu'il faut pour cela que le tribunal ait jugé qu'il n'était pas tenu de fixer un délai; qu'autrement, l'omission peut facilement être réparée sans recourir à la nullité.

365. — C'est ainsi qu'il a été jugé qu'on peut réparer l'omission par une nouvelle demande légalement adressée au tribunal par le ministère public, qui y est toujours recevable après le jugement de sursis. — *Cass.*, 15 déc. 1827, Granean; 17 juill. 1829, Mabrie.

366.—Jugé, néanmoins, que l'art. 182 C. forest., portant que les tribunaux de répression qui accordent le sursis y mentionné fixeront, à peine de nullité, un bref délai dans lequel la partie qui a élevé la question préjudicielle de propriété devra saisir les juges compétens et justifier de ses diligences à cet effet, doit être observé, alors même que le ministère public n'a pas fait de réquisition formelle à cet égard. — *Cass.*, 17 janv. 1845 (t. 2 1848, p. 337), Laumet.

367. — Dans le cas où le tribunal, en ordonnant le sursis, a omis de fixer un délai, le prévenu ne peut pas être poursuivi de nouveau, faute d'avoir obéi au jugement, ni être condamné sous ce prétexte qu'à raison du délai qui s'est écoulé il est présumé avoir renoncé à son exception. — En effet, la loi n'a fixé aucun terme après lequel la déchéance de l'exception serait encourue et il n'existe point, dès lors, de présomption légale de la renonciation du prévenu à s'en prévaloir. — *Cass.*, 10 août 1821, Bezuchet.

368. — Il en serait autrement si un délai avait été imparti. A son expiration le prévenu devrait justifier de ses diligences à peine d'être réputé y avoir renoncé. — Cela résulte implicitement de l'arrêt précité, du 10 août 1821, et d'un autre du 28 sept. 1836 (Hugon-Boige), et est décidé expressément par les articles 182 C. forest. et 59 L. sur la pêche fluviale. — Cette règle est applicable en toutes matières. Quant aux restitutions dont parlent lesdits articles *in fine*, aucune loi ne les prescrivant pour les délits communs, elles restent spéciales aux délits de pêche ou forestiers.

369. — Jugé que lorsqu'à l'expiration du délai accordé pour faire juger le droit de propriété, le délinquant ne justifie pas de diligences régulièrement faites pour parvenir à ce but, le tribunal correctionnel doit passer outre et statuer sur la prévention. — *Montpellier*, 1er déc. 1845 (t. 1er 1846 p. 133), Bonafous.

370. — Sauf toutefois à ordonner, en cas de condamnation, que l'exécution en sera suspendue jusques après la décision de la question préjudicielle, et que le montant en sera versé à la caisse des consignations pour être remis à qui de droit. — *Cass.*, 11 févr. 1837 (t. 1er 1838, p. 144), Massoutier.

371. — Mais le tribunal de police correctionnelle ne pourrait, sans excès de pouvoir, maintenir l'une des parties dans un droit de passage, sur le motif que l'autre partie n'a pas fait statuer sur la question de propriété, dans le délai qui lui avait été fixé; car alors il jugerait lui-même l'exception, et, par là, une question en dehors de sa compétence. — *Cass.*, 25 nov. 1826, Feydeau de Brou.

372. — Lorsqu'un délai a été accordé à un prévenu, pour faire juger une question préjudicielle de propriété : l'assignation, pour revenir devant le tribunal correctionnel, peut lui être donnée avant l'expiration du délai fixé, si le jour de la comparution est postérieur à ce délai; sauf au demandeur à supporter les frais de la citation, si le défendeur justifie qu'il a satisfait au jugement interlocutoire. — *Cass.*, 21 mai 1836, Forêts c. Seube.

373. — Lorsqu'un sursis a été accordé sur l'exception de propriété opposée par la partie prévenue d'un délit forestier dans le bois d'une commune, cette partie, qui est tenue de saisir les juges civils, ne doit pas être frappée de déchéance comme n'ayant pas fait les diligences nécessaires dans le délai accordé si avant l'expiration de ce délai elle a présenté au préfet un mémoire tendant à faire autoriser la commune à ester en jugement. — *Cass.*, 3 nov. 1842 (t. 2 1843, p. 459), Bondes c. les Forêts.

374. — Puisque le tribunal qui ordonne un sursis reconnaît son incompétence pour statuer sur l'objet principal de la question préjudicielle, il doit, par voie de conséquence, se reconnaître incompétent pour statuer sur aucune question provisoire; et il excéderait de même ses pouvoirs en ordonnant des mesures de ce genre. — *Cass.*, 19 févr. 1808, Lefèvre. — Carnot, *Instr. crim.*, art. 3, nº 22.

375. — Cependant Carnot cite un arrêt de la Cour de cassation du 10 mai 1811, N..., lequel a rejeté le pourvoi formé contre un jugement qui en prononçant le sursis avait ordonné, sans préjudice du droit des parties, qu'un chemin serait désencombré : ce qui devenait une nécessité absolue pour que les communications ne fussent pas interceptées. — Et cet auteur en conclut que, suivant les circonstances plus ou moins impérieuses qui peuvent se présenter, le tribunal a le droit d'ordonner que les lieux litigieux seront provisoirement mis en état.

376. — Mangin (*ibid.*, nº 223) critique avec raison cette doctrine, qui choquerait tous les principes sur la compétence et serait en opposition flagrante avec l'arrêt du 19 févr. 1808. Il va même plus loin et démontre que l'arrêt du 10 mai 1811 n'a en aucune façon la signification que lui donne Carnot, qui en a tiré, dès lors, une fausse conséquence. — Il suffit, en effet, de se reporter à cet arrêt pour voir qu'il ne s'agissait nullement de question préjudicielle et que le tribunal n'avait ordonné aucun sursis, mais avait statué définitivement sur la prévention : la conséquence de sa décision devait être nécessairement le désencombrement du chemin intercepté. — Or la Cour de cassation, en disant, dans son arrêt de rejet, « que le tribunal de police n'avait statué que sur un provisoire qui n'empêchait pas la discussion ultérieure devant qui de droit, sur la question de savoir si le chemin était une propriété particulière ou publique, » ne signifiait rien autre chose sinon que, par cela seul qu'un chemin est public, les tribunaux de police peuvent réprimer les embarras qui en interceptent l'usage, sans que cette répression préjuge rien sur la question (qui est du ressort des tribunaux civils) de savoir s'il est ou non une propriété privée.

377. — Si, pendant la durée du sursis, ou l'instance civile, le prévenu renouvelait les actes qui ont motivé la poursuite dans le cours de laquelle a été élevée la question préjudicielle, le tribunal de répression devant lequel il serait de nouveau traduit à raison de cet acte ne pourrait en faire le motif d'une condamnation; car si l'exception préjudicielle est fondée les nouveaux faits pas plus que le premier ne constituent d'infraction, et, dès lors, il y a lieu d'attendre pour les apprécier que cette exception qui s'applique à tous indistinctement soit jugée. — *Cass.*, 20 juill. 1821, Barbier; 14 août 1823, Dubarret; 21 oct. 1824, Sérouart.

378. — Mangin (*Act. publ.*, nº 224) dit que cette jurisprudence n'est pas en contradiction avec les principes d'après lesquels l'exception préjudicielle ne peut être admise lorsqu'il s'agit de délits commis en contravention à des jugemens ou à des actes de l'autorité publique (*Cass.*, 28 août 1823, Mazelier c. Lagarde, et 5 déc. 1823, Chevalier), parce que, dans ces espèces, l'exception avait été précédemment admise et que, comme le fait remarquer l'arrêt du 20 juill. 1821, il y avait à cet égard chose jugée.

379. — Jugé que lorsqu'un jugement du tribunal de police qui refuse de fixer un délai dans lequel le prévenu sera tenu de faire statuer sur la question préjudicielle de propriété qu'il a opposée à la poursuite a acquis l'autorité de la chose jugée le ministère public est non recevable à renouveler son action avant la décision sur la question préjudicielle, alors même qu'il aurait préalablement et par acte extrajudiciaire fixé un délai à la partie pour faire statuer sur ladite question. — *Cass.*, 25 avr. 1844 (t. 2 1845, p. 574), Millet.

CHAPITRE V. — *Matières spéciales dans lesquelles peuvent s'élever des questions préjudicielles.*

380. — *Contributions indirectes.* — L'article 88 tit. 5 de la loi du 5 ventôse an XII, sur les contributions indirectes, porte : « Les contestations qui pourront s'élever sur le fond des droits établis ou maintenus par la présente loi seront portées devant les tribunaux de première instance, qui prononceront dans la chambre du conseil et avec les mêmes formalités prescrites pour le jugement des contestations qui s'élèvent en matière de paiement des droits perçus par la régie de l'enregistrement.

381. — Ainsi : lorsque, sur une poursuite pour contravention aux lois sur les contributions indirectes, le prévenu conteste le *fond du droit*, c'est-à-dire soutient qu'il n'est soumis à aucun droit; il élève par là une question préjudicielle de la compétence exclusive du tribunal civil, et nécessitant, par conséquent, du tribunal saisi de la contravention un sursis jusqu'à la décision sur l'exception. — *Cass.*, 17 vent. an XIII, Berger.

382. — La question de savoir si l'individu qui brasse pour la consommation de sa maison est exempt du paiement des droits réclamés par la régie, engage nécessairement un débat sur le fond du droit. — *Cass.*, 27 flor. an XIII, Vigneron; 16 juin 1808, Slaaff.

383. — ... Aussi bien que la question de savoir si le prévenu est acquéreur du vin saisi ou de la récolte qui l'a produit. — *Cass.*, 23 juill. 1807, Marthe.

384. — ... Ou la contestation élevée par le marchand qui prétend que le droit d'entrée n'est pas dû sur des boissons pour lesquelles il réclame l'entrepôt, alors surtout qu'il ne s'élève, de sa part, aucun indice de fraude. — *Cass.*, 16 juin 1809, Gaucher.

385. — ... Ou la prétention d'un débitant qui, traduit en justice pour n'avoir point représenté le congé d'une pièce de boisson faite avec de l'eau passée sur du marc de raisin, et pour n'avoir point justifié du paiement des droits, soutient que cette boisson en est exempte. — *Cass.*, 31 juill. 1812, Bandinelli.

386. — Merlin fait remarquer avec raison sur cet arrêt qu'il résulte de la manière dont il est motivé que si le fond du droit n'était contesté que par esprit de chicane et n'offrait pas de difficulté proprement dite, les juges correctionnels devraient prononcer immédiatement sans renvoyer le prévenu devant le tribunal civil. — Merlin, *Rép.*, vº *Quest. préjud.*, § 3, nº 8. — C'est, du reste, ce qui a été plus formellement décidé par la Cour de cassation par arrêts des 14 avril 1809 (Taffin) et 5 juin 1818 (Apport). — D'Agar, *Tr. du content. des contr. ind.*, t. 2, nos 455 et suiv., et 607; Mangin, *Act. publ.*, nº 226.

387. — Mais il n'y a pas contestation sur le fond du droit, ni, par suite, nécessité de renvoyer devant le tribunal civil, lorsqu'un brasseur, dont la qualité est reconnue, et qui ne prétend pas être dispensé du paiement des droits, ni de la déclaration, soutient seulement qu'il n'est pas assujetti aux exercices dans sa maison. — *Cass.*, 8 juill. 1808, Borcia; 9 avril 1824, Charronnier, et trois autres arrêts.

388. — ... Ou lorsqu'un cafetier qui soutient qu'une partie de ses boissons n'est pas assujettie aux exercices des commis, refuse de souffrir ces exercices. — *Cass.*, 9 déc. 1810, Brodet; 18 janv. 1830, de la Berge. — Mangin, *Act. publ.*, nº 226. — V. BOISSONS, CONTRIBUTIONS INDIRECTES.

389. — *Octrois.* — En matière d'octroi, les contestations sur le fond du droit sont de la compétence des juges de paix; mais les mesures prescrites par la loi du 2 vend. an VIII (art. 1er, 2 et 3) et par l'ordonnance du 9 déc. 1814 (art. 81) sont telles qu'aucunes questions préjudicielles ne peuvent s'élever dans le cours des poursuites auxquelles donnent lieu les contraventions.

390. — En effet, les personnes qui cherchent à introduire dans le rayon de l'octroi des objets que l'on prétend soumis aux droits, doivent déposer provisoirement le montant du droit réclamé entre les mains du receveur de l'octroi, et leur réclamation ne peut être examinée par le juge de paix qu'autant qu'elles lui justifient de ce dépôt provisoire. — Dans ce cas, le tribunal correctionnel ne peut avoir à se préoccuper d'une question nécessairement tranchée avant que lui-même soit saisi.

391. — Et, d'un autre côté, aucune contestation sur le fond du droit n'est admissible si le contrevenant a refusé de consigner provisoirement le droit, et a introduit les objets assujettis; puisque la contravention étant acquise par le fait seul de son refus et de cette introduction, la décision sur le fond du droit ne serait pas de nature à la faire disparaître. — *Cass.*, 7 mars 1818, Fouquet. — Mangin, *ibid.*, nº 227; d'Agar, *Tr. du content. des contrib. indir.*, t. 2, p. 279, nº 622. — V., néanmoins, *Cass.*, 18 avr. 1833, Chernault.

392. — La Cour de cassation a étendu aux droits

d'entrée perçus au profit du Trésor les dispositions spéciales aux droits d'octroi, en se fondant sur l'analogie qui existe entre les deux natures de perceptions et sur l'*à fortiori* qu'on pourrait invoquer en faveur des premières. — *Cass.*, 3 avr. 1830, Escatafal et Parotti.

392. — Nous ne pouvons admettre une semblable interprétation, qui blesse doublement le principe salutaire en vertu duquel les lois pénales et celles fiscales doivent être restreintes à leur sens le plus littéral et à leur application la plus étroite : en pareilles matières, et alors d'ailleurs qu'il s'agit de dispositions toutes spéciales et exceptionnelles, les raisonnemens par analogie, les inductions sont trop redoutables pour ne pas être rigoureusement interdits. — Mangin professe la même opinion (*ibid.*, n° 227).— V., au reste, OCTROI.

394. — *Dénonciation calomnieuse.* — Deux élémens distincts composent le délit de dénonciation calomnieuse : 1° la fausseté des faits dénoncés ; 2° la mauvaise foi du dénonciateur. — C. pén., 373. — Or, la vérité ou la fausseté des faits ne peut être appréciée ou déclarée que par l'autorité dans les attributions de laquelle rentre la connaissance de ces faits, car seule elle a à sa disposition les documens et les moyens de vérification nécessaires, et, le plus souvent, l'autorité judiciaire ne pourrait se livrer à une semblable investigation sans sortir des limites de ses attributions : ainsi, des méfaits administratifs imputés à un préfet ne peuvent être appréciés que par les ministres, d'autres reprochés à des maires, à des agens inférieurs, que par les préfets, des crimes ou délits communs, que par la chambre du conseil après une information préalable, des abus de fonctions que par l'autorité supérieure, etc. — D'un autre côté, la mauvaise foi du dénonciateur est de la compétence exclusive des tribunaux de répression qui doivent porter leur examen sur ce point unique.

395. — Il suit de là que quand un délit de dénonciation calomnieuse leur est soumis : comme il n'y a délit qu'autant que les faits dénoncés ont été déclarés faux, et qu'ils sont sans pouvoir pour faire eux-mêmes cette déclaration ; il y a nécessité pour eux de surseoir jusqu'à ce que l'autorité compétente ait statué sur ce point, si elle ne l'a déjà fait. Cette appréciation de la vérité ou de la fausseté des faits, cette décision qui doit être rendue préalablement par un autre pouvoir forment donc, dans les poursuites en dénonciation calomnieuse, une véritable exception ou question préjudicielle.

396. — Il est d'ailleurs bien entendu que la décision sur les faits doit émaner de l'autorité qui a seule compétence pour les apprécier, et que l'autorité judiciaire ne pourrait statuer sur des actes du ressort administratif et *vice versâ.* — *Cass.*, 25 oct. 1816, Maury c. Labesse ; 11 sept. 1817 (et non 4 août), Delambert c. Godefroi ; 25 sept. 1817, Lavenière ; 7 sept. 1833, Holleaux c. Lambert. — Legraverend, *Lég. crimin.*, t. 1er, ch. 5, sect. 2, p. 194 ; Bourguignon, *C. pén.*, art. 373, p. 346. — V. néanmoins Chauveau et Hélie, *Th. du C. pén.*, t. 6, p. 500 et suiv.

397. — Ces principes ont maintes fois été appliqués par la Cour de cassation : c'est ainsi qu'elle a jugé que le ministre de l'intérieur à qui une dénonciation a été faite contre un maire et un adjoint a caractère pour rendre sur les faits imputés la décision préalable à la plainte en dénonciation calomnieuse que voudraient former les fonctionnaires dénoncés. — *Cass.*, 25 oct. 1816, Maury c. Labesse.

398. — ... Que, lorsqu'une plainte a été adressée à un préfet contre un maire de son département ; la décision du préfet sur l'existence ou la fausseté des faits imputés à ce dernier fonctionnaire est obligatoire pour le tribunal saisi d'une action en dénonciation calomnieuse, qui n'a plus qu'à juger si la dénonciation a été faite méchamment et à dessein de nuire. — *Cass.*, 26 mai 1832, Dulard c. Pardé.

399. —... Qu'en matière de dénonciation calomnieuse contre un membre de l'ordre judiciaire, c'est au ministre de la justice et non aux tribunaux qu'il appartient de prononcer sur la vérité ou la fausseté des faits imputés. — *Cass.*, 22 déc. 1827, Beurel c. Marcadier.

400. —... Que l'autorité administrative est seule compétente pour déclarer vrais ou faux les actes de gestion faisant l'objet d'une dénonciation qui lui est adressée contre un maire. — *Cass.*, 7 févr. 1835, Soum et Roques.

401. —... Que les dénonciations calomnieuses au ministre des finances et aux administrateurs des eaux et forêts contre un conservateur, un inspecteur et un garde général des forêts sont imputées faites à des officiers de police administrative auxquels il appartient de statuer, sur leur vérité ou leur fausseté, préalablement aux poursuites criminelles. — *Rouen*, 13 août 1824, Tocqueville.

402. —... Que la chambre de discipline des avoués et le procureur de la République sont compétens pour statuer sur la vérité ou la fausseté des faits contenus dans une plainte qui leur a été adressée contre un avoué, lorsque ces faits sont de nature à entraîner une répression disciplinaire. — *Cass.*, 18 sept. 1830, Morel c. Bergé.

403. — ... Et, de même que le tribunal correctionnel est incompétent pour statuer sur la vérité du fait, de même, l'autorité chargée de prononcer sur ce point est sans pouvoir pour apprécier la mauvaise foi du dénonciateur. — Si donc celle-ci a donné sa décision, le premier doit passer outre au jugement du délit et violerait la loi s'il surseait jusqu'à ce que l'autorité compétente eût déclaré la plainte calomnieuse. — *Cass.*, 22 déc. 1827, Marcadier ; 18 sept. 1830, Morel c. Bergé. — Mangin, *Act. publ.*, t. 1er, n° 229.

404. — On voit, par là, qu'en pareille matière il ne peut s'élever de question préjudicielle qu'autant que le ministère public ou la partie civile n'ont pas attendu la décision de l'autorité supérieure sur la vérité des faits pour porter devant le tribunal de répression l'action en dénonciation calomnieuse ; alors le tribunal surseoit, puis, aussitôt cette décision rendue, il prononce son jugement au fond. — *Cass.*, 25 (et non 27) févr. 1826, Allix.

405. — Les ordonnances et arrêts de non-lieu rendus par la chambre du conseil ou la chambre d'accusation, bien que non définitifs en ce sens que les poursuites peuvent être reprises s'il survient de nouvelles charges, forment pourtant des décisions suffisantes pour autoriser la poursuite en dénonciation calomnieuse et la solution définitive par le tribunal correctionnel. — *Cass.*, 28 janv. 1819, Ménil-Dray c. Lebrun ; 12 févr. 1819, Sombret c. Richomme ; 1er févr. 1828, Lagard c. Bourguignon. — S'il en était autrement, ce serait vouloir l'impunité du délit de dénonciation calomnieuse ; et la rendre d'autant plus certaine que la dénonciation serait plus dénuée de preuves. — Mangin, *ibid.*, n° 230.

406. — Mais il serait possible que, devant le tribunal, le prévenu excipât de nouvelles charges survenues depuis l'ordonnance de non-lieu. — Cette exception ne peut élever une question préjudicielle ni motiver de sursis ; car le tribunal est incompétent pour apprécier ces nouvelles charges. — *Cass.*, 11 mars 1819, Gaulier et Boulaire ; 2 août 1822, Gorris c. Béthune ; 18 avril 1823, Gross. — Mangin, *ibid.*, n° 230.

407. — Il en serait autrement si, le prévenu s'étant adressé au procureur de la République, les poursuites avaient réellement été reprises, alors le tribunal devrait surseoir jusqu'à la nouvelle décision qui doit suivre ces poursuites. — *Cass.*, 2 août 1822, Gorris c. Béthune ; 18 avr. 1823, Gross.

408. — Une Cour d'appel qui surseoit à statuer sur une plainte en dénonciation calomnieuse jusqu'à ce qu'il soit intervenu une décision judiciaire sur l'existence et le caractère des faits dénoncés, ne peut, sans excès de pouvoir, ordonner que la dénonciation sera, à la diligence du procureur général, transmise, ainsi que les pièces qui s'y rapportent, au juge d'instruction de tel tribunal pour, sur les faits contenus en cette dénonciation, être préalablement instruit et jugé ainsi que de droit. — *Cass.*, 17 avr. 1846 (t. 2 1849, p. 303), Gueprotte. — Mangin, *Act. publ.*, n° 88 ; Massabiau, *Manuel du procureur du roi*, n° 1217 ; Ortolan et Ledeau, *Traité du ministère public*, n° 37.— Merlin, *Rép.*, v° *Tribunal de police*, sect. 2, § 3. — V. ACTION PUBLIQUE.

409. — Le tribunal correctionnel saisi d'une plainte en dénonciation calomnieuse, est incompétent pour connaître des charges nouvelles survenues depuis l'ordonnance de la chambre du conseil qui a déclaré n'y avoir lieu à suivre sur la dénonciation ; il ne peut, sur le fondement de ces nouvelles charges, prononcer le sursis, tant qu'elles n'ont pas été dénoncées au procureur de la République et au juge d'instruction. — *Cass.*, 2 août 1822, Gorris c. Béthune. — V., du reste, DÉNONCIATION CALOMNIEUSE.

410. — *Diffamation, outrages.* — En matière de diffamation, et d'après l'art. 25 de la loi du 26 mai 1819 : « lorsque les faits imputés seront punissables selon la loi, et qu'il y aura des poursuites commencées à la requête du ministère public, ou que l'auteur de l'imputation aura dénoncé ces faits, il sera durant l'instruction sursis à la poursuite et au jugement du délit de diffamation. » — Cet article n'a fait que répéter l'art. 372 du C. pén., avec cette différence que ce dernier ne prescrivait de surseoir qu'autant que le ministère public poursuivait d'office. — Mais, comme cette différence était plutôt dans les termes que dans l'esprit de ces articles, et que leur but est identique, la jurisprudence admise sous l'empire du premier est également applicable aujourd'hui. — Mangin, *ibid.*, n° 231.

411. — L'exception préjudicielle ne peut être admise et le sursis ordonné que si les faits imputés sont *punissables suivant la loi.* — Il suit de là qu'ils doivent constituer des crimes, délits ou contraventions ; et qu'il ne suffirait pas qu'ils portassent sur des vices, défauts, habitudes, etc., dont la loi pénale n'a fait l'objet d'aucune incrimination. — *Cass.*, 27 juin 1811, Royer ; 28 févr. 1812, Aublin c. Brion. — Merlin, *Rép.*, v° *Injure*, § 3, n° 4 ; Legraverend, *Lég. cr.* t. 2, ch. 3, p. 378.

412. — Il y aurait même lieu de rejeter la demande en sursis si les faits imputés, bien que constituant un délit ou un crime, n'avaient pas été dénoncés en temps utile, et se trouvaient, dès lors, à l'abri de toutes poursuites. Il en serait de même si les faits étaient prescrits ou couverts par une amnistie. — Mangin, *Act. publ.*, t. 1er, n° 232. — V., néanmoins, de Grattier, *Comm. des lois de la presse*, t. 1er, p. 489, n° 2.

413. — C'est d'après les lois pénales proprement dites que les faits doivent être punissables. — S'ils n'étaient de nature qu'à entraîner une simple peine disciplinaire, ils n'auraient point le caractère voulu par la loi pour donner lieu au sursis. — *Cass.*, 28 sept. 1815, Selves c. Lemit.

414. — L'exception préjudicielle ne peut encore être admise qu'autant qu'il y a des poursuites commencées par le ministère public ou que le prévenu de l'imputation a dénoncé les faits. A ce sujet il faut distinguer. Ou les faits n'ont été que dénoncés, sans que le ministère public ait cru devoir encore exercer des poursuites ; alors le tribunal peut examiner si ces faits sont ou non susceptibles de déterminer une condamnation pénale, et faire dépendre la prononciation du sursis de cet examen : c'est ce qui résulte de l'arrêt cité ci-dessus du 28 févr. 1812. — De Grattier, *Comm. des lois de la presse*, t. 1er, p. 490.

415. — Ou bien les poursuites sont commencées, et, dans ce cas, le tribunal n'étant pas juge d'une action qui ne lui est pas soumise est obligé de prononcer le sursis. — *Cass.*, 17 avril 1817, N.... — Mangin, *ibid.*, n° 233. — V. aussi de Grattier (*ibid.*, p. 490), qui fait remarquer que cet arrêt a été rendu sous l'empire de l'art. 472 C. pén., qui ne portait point, comme notre art. 25, qu'il y aurait sursis par cela seul que des poursuites seraient commencées par le ministère public.

416. — Mais il n'y aurait pas lieu à surseoir si les faits n'avaient été dénoncés par le prévenu qu'à un tribunal étranger. — *Cass.*, 7 mars 1817, Mendiri c. Galazra. — Carnot, se fondant sur ce que l'art. 25 de la loi du 26 mai 1819 ne fait aucune distinction, dit qu'il y a *dénonciation* et *poursuites* dans le sens de cet article, qu'elles aient lieu en France ou à l'étranger, et il en conclut que cet arrêt, bon sous le Code pénal, n'a plus la même force sous la loi de 1819, qui n'exige pas que la preuve des faits allégués soit rapportée par actes authentiques. — *C. pén.*, art. 372, n° 2.

417. — Mangin répond (*ibid.*, n° 233) que la loi de 1819 n'a eu en vue que les poursuites du ministère public français, et que cet article n'avait pu parler de preuve authentique puisqu'il exige un jugement ; or, un jugement rendu par un tribunal étranger étant sans autorité en France, comment la dénonciation à un tribunal étranger pourrait-elle tenir lieu d'une dénonciation faite à un tribunal français ? — V. aussi de Grattier, *ibid.*, t. 1er, p. 491 et la note ; Parant, *L. de la pr.*, p. 337 ; Chassan, *Dél. de la par.*, t. 2, p. 417, n° 16.

418. — Il a même été jugé que les faits punissables doivent, pour motiver un sursis, avoir été dénoncés à l'autorité judiciaire, seule compétente pour instruire et juger sur la dénonciation. — *Cass.*, 15 juin 1815, Vallée c. Guérin ; 28 sept. 1815, Selves c. Lemit ; 7 déc. 1833, Holleaux c. Lambert ; 7 févr. 1834, Soum c. Roques. — Mangin, *Act. publ.*, t. 1er, n° 233 ; Chassan, *Dél. de la par.*, t. 2, p. 417 ; Chauveau et Hélie, *Th. C. pén.*, t. 6, p. 508.

419. — De même, les faits qui font l'objet de la dénonciation doivent être identiquement les mêmes que ceux imputés à la partie qui se prétend diffamée et dont elle a rendu plainte. — *Cass.*, 9 juin 1815, Selves. — De Grattier, *ibid.*, p. 494 ; Mangin, *Act. publ.*, n° 233.

420. — Il suffit que les faits punissables aient

été dénoncés, bien que leur poursuite, à raison de leur nature ou de la qualité de celui qui les a commis, soit soumise par la loi à l'accomplissement de certaines conditions préalables; et tant que ces conditions peuvent être remplies, par exemple lorsque, s'agissant de fonctionnaires ou agens, il y a lieu de se pourvoir d'une autorisation auprès de l'autorité supérieure ou du Conseil d'Etat. — *Cass.*, 24 juin 1819, Cochenet c. Legendre. — De Grattier, *ibid.*, p. 492.

421. — La dénonciation des faits punissables, bien que faisant surseoir au jugement de la diffamation résultant de leur imputation publique, n'autoriserait point à injurier ensuite le plaignant. — Aussi, bien que les faits imputés soient l'objet d'une poursuite, il n'en devrait pas moins être passé outre au jugement des injures prononcées par le dénonçant. — *Cass.*, 27 juin 1811, Royer. — Note 13 du présid. Barris; Mangin, *Act. publ.*, n° 233; Parant, *L. de la pr.*, p. 348; Legraverend, *Lég. crim.*, t. 2, ch. 3, p. 378; Carnot, *C. pén.*, art. 372, n° 13.

422. — L'art. 25 de la loi du 26 mai 1819 est général et ne fait pas de distinction entre le cas où la poursuite ou la dénonciation des faits imputés a précédé la plainte en diffamation et celui où elle l'a suivie. — Dans les deux cas il y a lieu au sursis, les mêmes motifs existent. — *Cass.*, 26 juill. 1821, Mine c. Peyré. — De Grattier, *Comm. des lois de la pr.*, t. 1er, p. 5&7, n° 10; Parant, *L. de la pr.*, p. 336; Legraverend, *Législ. crim.*, t. 1er, p. 59; Chassan, *Dél. de la par.*, t. 2, p. 416 et 420; Mangin, *Act. publ.*, t. 1er, n° 234; Laporte, v° *Calomnie*, n° 5; Bourguignon, *Jur. C. crim.*, t. 3, p. 599.

423. — Quant aux outrages adressés à des fonctionnaires publics, Mangin dit que la Cour de cassation faisait, sous l'empire de l'art. 372 du Code pénal, une distinction entre les outrages par paroles et les outrages par écrit. Dans le premier cas, le sursis n'était pas autorisé; dans le second, au contraire, il devait être prononcé comme en matière de diffamation envers des particuliers. — Mangin, *Act. publ.*, n° 235.

424. — L'art. 25 a abrogé les dispositions du Code pénal; mais aux termes de l'art. 20, qui, d'abord abrogé par l'art. 18 de la loi du 25 mars 1822, a été remis en vigueur par l'art. 5 de la loi du 8 octobre 1830, il est loisible au prévenu de prouver ces faits, devant la juridiction saisie de l'action en diffamation, par toutes les voies ordinaires. — De Grattier, *ibid.*, p. 496, n° 8; Mangin, *ibid.*, n° 235

425. — Observons, toutefois, que notre article 25 ne s'applique point aux outrages réprimés par les art. 222 et suiv. du Code pénal; car les dispositions des lois pénales doivent être restreintes aux cas qu'elles prévoient et ne peuvent s'étendre aux délits prévus par le Code pénal, lesquels sont soumis, quant à la forme de procéder, aux formes de la procédure, aux seules règles du droit commun. — De Grattier, *ibid.*, p. 496.

426. — Mais si le ministère public ne donnait pas suite aux poursuites ou si le prévenu abandonnait sa dénonciation, le sursis à l'action en diffamation prendrait fin; car il ne peut dépendre d'une personne accusée de calomnie de paralyser l'action de la justice, sous prétexte d'une simple dénonciation qu'elle abandonnerait. — *Cass.*, 2 oct. 1817, Ferrets c. Minier. — Mangin, *ibid.*, n° 233; de Grattier, *ibid.*, p. 492. — V., néanmoins, *Cass.*, 8 déc. 1837 (t. 1er 1838, p. 621), Chalicarne c. Goujart.

427. — Si la diffamation porte tout à la fois sur des faits punissables et sur des faits non punissables : il doit être sursis sur le tout, au cas de dénonciation des premiers. — *Cass.*, 26 juillet 1821, Mine c. Peyré. — Mangin, *ibid.*, n° 233; de Grattier, *ibid.*, t. 1er, p. 489, n° 2.

428. — Le sursis peut être ordonné sur la réquisition du ministère public ou du prévenu, il peut même l'être d'office, et en tout état de cause, par le tribunal d'appel comme par celui du premier degré. — De Grattier, *ibid.*, p. 598. — V. DIFFAMATION, OUTRAGE.

429. — *Comptables publics.* — Les comptables publics prévenus de dilapidation ne pouvant (art. 160 et suiv. du Code pénal) en être déclarés coupables qu'autant qu'il a été préalablement décidé par l'autorité compétente, c'est-à-dire par l'autorité administrative dans le département de laquelle ils se trouvent placés, qu'ils sont reliquataires dans les comptes de leur gestion, il s'élève une question préjudicielle qui force les tribunaux à prononcer un sursis jusqu'à cette vérification. — *Cass.*, 15 juill. 1819, Fabry.

430. — Lorsqu'un employé des subsistances militaires accusé de malversations oppose un compte par lui produit, il élève une exception préjudicielle qui nécessite un sursis. Dès lors, il ne peut être condamné comme coupable tant qu'il n'a pas été préalablement décidé par l'autorité administrative, procédant à l'apurement de ce compte, que cet employé est reliquataire. — *Cass.*, 26 nov. 1842 (t. 2 1843, p. 529), Fabus. — C'est ce qui a déjà été décidé dans une affaire ayant beaucoup d'analogie avec l'affaire actuelle, celle du quartier-maître Fabry, condamné comme dilapidateur de deniers publics, alors qu'il était créancier d'après le compte produit. — V. *Ordonn. Cons. d'Etat*, 31 janv. 1817 et 12 mai 1819, Fabry. — *Cass.*, 15 juill. 1819, Fabry.

431. — Peu importe que le compte ait été arrêté en l'absence du comptable, car il ne peut, par des refus ou des lenteurs calculés, paralyser l'action de la justice. — *Cass.*, 28 mars 1816, Branzon. — Mangin, *Act. publ.*, n° 237. — V. DÉPOSITAIRES PUBLICS.

432. — L'autorisation du Conseil d'Etat n'est pas nécessaire pour poursuivre comme dépositaire infidèle un comptable dont la destitution est annoncée par des lettres du ministre des finances. — *Cass.*, 17 oct. 1840 (t. 1er 1844, p. 329), Durand.

433. — *Contrefaçon.* — Avant la loi du 25 mai 1838, la question de savoir si le juge de l'action en contrefaçon pouvait statuer sur l'exception de déchéance était fort controversée.

434. — L'affirmative était enseignée par Henrion de Pansey (*Compétence des juges de paix*, ch. 63), Foucart (t. 2, p. 69), Et. Blanc (*Traité de la contrefaçon*, p. 116).

435. — La négative était, au contraire, soutenue par Carré (*Justice de paix*, n° 1791) et par Biret (t. 1er, n° 334).

436. — Depuis la loi de 1838, on regarde généralement la question comme tranchée dans ce dernier sens : « J'avais pensé, dit M. Duvergier (sous l'art. 20 de la loi du 25 mai 1838), que, malgré les termes formels de cet article, les tribunaux correctionnels pourraient connaître des demandes en déchéance, lorsqu'elles seraient présentées devant eux comme défense à une plainte en contrefaçon, et je me fondais sur ce que, sous l'empire des lois antérieures, il était de jurisprudence constante que les juges de paix connaissaient des demandes en déchéance présentées exceptionnellement devant eux, quoiqu'elles fussent également attribuées aux tribunaux de première instance. Mais M. le garde des sceaux a, dans son discours de présentation à la Chambre des pairs, en 1837, annoncé l'intention formelle de renfermer rigoureusement les tribunaux correctionnels et les tribunaux civils dans les limites de leurs attributions respectives... »

437. — Voici, du reste, sur quels motifs s'est appuyé M. le garde des sceaux pour interdire aux tribunaux correctionnels ce qui était admis pour les juges de paix : « Si, a-t-il dit, le tribunal de paix connaît incidemment des actions de nullité et déchéance de brevets, c'est qu'il est juge en matière civile. Le tribunal correctionnel n'a pas le même pouvoir : dès qu'une action préjudicielle s'élève devant lui sur un droit de propriété, il en renvoie la décision aux juges civils et surseoit jusqu'à leur jugement pour statuer sur la répression du délit. L'attribution aux tribunaux correctionnels aura donc cet effet nécessaire, quoique indirect, sur lequel une disposition expresse était inutile, qu'à l'avenir les tribunaux de première instance prononceront autant sur les nullités et déchéances qui s'élèveront incidemment que sur celles qui feront l'objet d'une demande principale. »

438. — Jugé, depuis la loi du 25 mai 1838, que les tribunaux correctionnels saisis d'une action en contrefaçon d'un brevet d'invention sont compétens pour juger toutes les exceptions du prévenu *autres que celles ayant pour objet la nullité ou la déchéance du brevet.* Et qu'à cet égard la loi de 1838 n'a fait que transporter aux tribunaux correctionnels la connaissance des délits de contrefaçon attribuée aux juges de paix. — *Cass.*, 3 avr. 1841 (t. 2 1841, p. 361), Brillet et Nancy.

439. — Jugé toutefois qu'aucune loi ne rend la juridiction correctionnelle incompétente pour apprécier incidemment les difficultés qui touchent à des questions de propriété. Son incompétence, à cet égard, n'existe qu'en ce qui concerne la propriété immobilière. En conséquence, les tribunaux correctionnels saisis d'une poursuite en contrefaçon sont compétens pour statuer sur les exceptions du prévenu, alors même qu'elles sont fondées sur des faits qui seraient de nature à motiver une demande en nullité ou en déchéance du brevet. En pareil cas, la décision du tribunal correctionnel sur ces exceptions ne détruit pas la propriété du brevet d'une manière absolue, et n'a d'effet qu'à l'égard des parties en cause, à la différence de ce qui a lieu quand la nullité ou la déchéance sont prononcées sur une action principale. — *Cass.*, 24 mars 1842 (t. 2 1842), Rowcliffe et Urruty c. Pelhion. — Cette décision ne saurait être considérée comme consacrant une doctrine contraire à celle que nous venons d'établir, car, comme on le remarquera, le principe s'y trouve réservé. — V. CONTREFAÇON.

440. — *Recélé de déserteurs et faits de désertion.* — D'après l'art. 4 de la loi du 24 brum. an VI, « toute personne convaincue d'avoir recélé sciemment la personne d'un déserteur ou réquisitionnaire, ou d'avoir favorisé son évasion, ou de l'avoir soustraite d'une manière quelconque aux poursuites ordonnées par la loi, sera punie... » etc.

441. — Cet article suppose la désertion de celui dont le recel est poursuivi et, dès lors, c'est une question préjudicielle qui est du ressort exclusif de l'autorité militaire, et jusqu'à la solution de laquelle il doit être sursis par les tribunaux ordinaires au jugement du fait de recel. — *Cass.*, 14 mai 1825, Ottevaer.

442. — Du reste, il n'est pas nécessaire que la désertion ait déterminé une condamnation par le conseil de guerre. — Les officiers supérieurs ayant la faculté de dispenser les déserteurs de la peine qu'ils ont encourue et de les envoyer dans les compagnies de discipline, cette incorporation, pour cause de désertion, ne constate pas moins authentiquement le délit de désertion qu'une condamnation dans la forme ordinaire. — *Cass.*, 4 août 1827, Le Cocq. — Mangin, *Act. publ.*, t. 1er, p. 573.

443. — L'exception d'extranéité, opposée par un soldat traduit devant un conseil de guerre comme accusé de désertion, constitue une question d'état dont les tribunaux civils peuvent seuls connaître, aux termes de l'art. 26 de la loi du 21 mars 1832. Dès lors : si cette exception est appuyée d'un commencement de preuve par écrit, le conseil de guerre doit, jusqu'à ce qu'elle ait été vidée par les tribunaux compétens, surseoir à statuer sur l'accusation de désertion. — *Cass.*, 15 avr. 1843 (t. 2 1843, p. 208), Lagua.

444. — L'examen de la validité ou de la nullité de l'engagement d'un apprenti marin traduit devant les tribunaux de répression, ne pourrait faire l'objet d'une question préjudicielle qu'autant qu'il serait poursuivi pour fait de désertion. — *Cass.*, 7 janv. 1826, Gros.

445. — Il résulte aussi des motifs de cet arrêt que, si le prévenu de désertion excipe de la nullité de son engagement, par exemple en ce qu'il aurait été contracté avant l'âge requis, la question de validité de cet engagement doit d'abord être jugée. — V. DÉSERTION.

446. — *Juridiction commerciale.* — Les questions préjudicielles s'élèvent également devant les tribunaux de commerce. Ces tribunaux, en effet, ne peuvent connaître ni des questions de propriété, ni des questions d'état, ni des exceptions qui, de leur nature, sont en dehors de leur compétence. Nous nous bornerons ici à citer quelques exemples de questions préjudicielles en matière commerciale, et nous renverrons pour de plus amples développemens au mot COMPÉTENCE COMMERCIALE, n° 626 et suiv., où cette matière a déjà été traitée.

447. — Les tribunaux de commerce ne peuvent statuer même d'une manière incidente sur une question qui ne pourrait être portée devant eux par voie d'action principale. Ainsi : ils doivent surseoir à statuer sur la demande principale, jusqu'à la décision par l'autorité compétente d'une question de *propriété* qui s'élève incidemment à la demande dont ils étaient compétemment saisis. — *Cass.*, 13 oct. 1806, Dufaut c. Azimond; *Douai*, 1er juill. 1846 (t. 1er 1849), Saint-Gest et Denibas c. Tuirice. — Pardessus, n° 1348; Carré, *Compét.*, art. 384; Chauveau sur Carré, *Lois de la procéd.*, quest. 1527; Goujet et Merger *Dict. du droit comm.*, v° *Compétence*, n° 19 et suiv.

448. — Ils sont également incompétens pour statuer sur une question de validité de saisie-arrêt, quoique soulevée incidemment. — *Paris*, 31 déc. 1811, Amelis c. Durieux; *Cass.*, 27 juin 1821, Dumont et Gillot c. Poullain; *Douai*, 1er juill. 1846, arrêt précité.

449. — Jugé en vertu du même principe que le tribunal de commerce saisi d'une demande en paiement d'une certaine somme formée contre deux époux à raison d'engagemens commerciaux et qui condamne ces derniers comme débiteurs solidaires de la somme réclamée, est incompétent pour décider que cette somme devra être supportée pour moitié par chacun des époux, conformément à la prétention de l'un d'eux, alors que la solution de cette difficulté dépend de leur contrat de mariage et de la liquidation des droits de la femme.—*Caen*, 20 avr. 1846 (t. 1er 1849, p. 495), Legay.

450.—Il suffit que la signature d'une lettre de change soit méconnue pour que le tribunal de commerce soit tenu de surseoir si la partie persiste à s'en servir.—*Cass.*, 23 août 1827, Boutvey c. Mayor.

451.—Bien que les tribunaux de commerce soient compétens pour statuer entre commerçans sur la validité, l'interprétation et les effets de la vente d'un fonds de commerce; néanmoins l'action en révocation, intentée, relativement à cette vente, par la femme d'un commerçant failli, lorsqu'elle prétend que le fonds était inaliénable pour raison de dotalité, doit être portée devant les tribunaux civils. — Le tribunal de commerce de la faillite doit surseoir à prononcer jusqu'après la décision sur cette question de dotalité. — *Cass.*, 26 janv. 1842 (t. 1er 1843, p. 94), Julien c. Vivien.

452. — Mais la nullité d'une société de commerce à raison de la minorité de l'une des parties contractantes ne forme pas une question préjudicielle qui soit de la compétence exclusive du tribunal civil. — *Paris*, 2 févr. 1832, Beaunier c. Bettin.

453. — Lorsque les relations existantes entre deux parties ont été reconnues par arrêt passé en force de chose jugée avoir un caractère commercial; le tribunal de commerce a pu juger les contestations, encore bien que partie de ces relations ne seraient pas commerciales. — *Cass.*, 4 juin 1832, Vérac c. Cézan. — V. COMPÉTENCE COMMERCIALE.

454. — *Interprétation d'actes administratifs.* — Dans le cas où un piqueur des ponts et chaussées poursuivi correctionnellement pour avoir fait abattre des arbres et clôtures dépendant du domaine d'un particulier, excipe: 1° de sa qualité et des ordres que lui a donnés l'administration, 2° et de ce que le terrain où se trouvaient des arbres et clôtures fait partie de la route départementale; le tribunal doit surseoir jusqu'à ce qu'il ait été prononcé sur ces questions préjudicielles par l'administration, seule compétente à cet égard. — *Cons. d'Etat*, 28 août 1827, Constant c. Landais. — Cormenin, *Dr. adm.*, v° *Voirie*, t. 2, p. 483.

455. — Lorsqu'un particulier poursuivi pour avoir dégradé un chemin vicinal oppose pour sa défense qu'il est propriétaire de ce chemin en vertu d'un acte administratif, le tribunal saisi doit surseoir à statuer sur cette question préjudicielle jusqu'à ce que l'acte administratif ait été interprété par l'autorité administrative. — *Cons. d'Etat*, 8 févr. 1831, Cotley. — Cormenin, *Dr. adm.*, v° *Chemins vicinaux*, t. 1er, p. 304; Chevalier, *Jur. adm.*, *eod. verbo*, t. 1er, p. 87.

456. —Lorsque le tiers détenteur d'une maison contre lequel on poursuit le paiement des frais de premier pavage soutient que l'entrepreneur du pavage a été payé par le vendeur qui lui a souscrit un billet à ordre suivi d'obligation hypothécaire, il y a lieu de surseoir jusqu'à ce que les tribunaux civils aient prononcé sur cette question de novation. — *Cons. d'Etat*, 4 janv. 1833, Nodler et Pivent c. Lemoine et ville de Paris.

457. —La question de savoir si un entrepreneur de travaux publics a excédé l'autorisation résultant de son marché est une question préjudicielle sur laquelle les tribunaux, saisis d'une question de leur compétence, doivent surseoir à statuer jusqu'à la décision administrative. — *Cons. d'Etat*, 6 mars 1816, Depulchault; 16 mai 1827, Comm. de Saint-Barthélemy c. Fauchen; 1er juin 1828, Mayer-Lotten; 21 avr. 1830, ministre des cultes; 24 oct. 1832, Fraine; 7 nov. 1834, Laurent; 27 févr. 1835, Grillon.

458. — Lorsque les tribunaux ne peuvent statuer sur des saisies-exécutions qui sont la conséquence d'un ordre donné par un commandant militaire investi des pouvoirs du gouvernement dans une contrée en état de siége, sans se livrer à l'appréciation de cet acte administratif; ils sont obligés de surseoir jusqu'à la décision de l'autorité administrative. — *Poitiers*, 16 août 1833, Drouet d'Erlon c. habitans de la Vendée.

459. — Lorsque l'autorisation du conseil d'Etat est exigée pour diriger des poursuites contre un fonctionnaire, le tribunal de répression saisi ne peut même pas prononcer son acquittement avant la production de cette autorisation. — *Cass.*, 30 août 1833, Dercheux.

460. —Lorsqu'il y a recours contre l'arrêté du préfet qui ordonne la suppression d'une haie vive bordant une grande route, il doit être, en cas de contestation sur la propriété domaniale du terrain où la haie est plantée, sursis à cet arrêté jusqu'à ce qu'il ait été statué définitivement sur le recours. — *Cons. d'Etat*, 27 déc. 1833, Guillon de la Barre.

461. — Il n'appartient pas aux tribunaux, mais seulement à l'autorité administrative supérieure de décider si l'exécution d'un règlement de police est ou non impossible. — *Cass.*, 13 mars 1834, boulangers de Montauban.

462. — Les arrêtés de police pris par les maires n'étant pas soumis à l'approbation des préfets, le tribunal de simple police ne peut surseoir à statuer sur la contravention à un arrêté municipal jusqu'à ce que le ministère public ait rapporté cette approbation. — *Cass.*, 24 avril 1834, Prout.

463. — Lorsqu'il y a contestation sur la propriété de biens vendus par la caisse d'amortissement, les parties doivent être renvoyées par la juridiction administrative devant les tribunaux. — *Cons. d'Etat*, 3 janv. 1828, Bellident et Vialard c. Commune d'Ardcs.

464. — La question de savoir si des propriétaires d'usines sont propriétaires de la force motrice de la rivière appartenant aux tribunaux civils; l'autorité administrative doit surseoir à statuer sur la demande en indemnité pour chômage, jusqu'à la solution de cette question. — *Cons. d'Etat*, 10 juill. 1833, Truffault et hospice de Pontoise.

465.— Lorsqu'une prétention de propriété privée est opposée à une demande formée par le Domaine; le tribunal saisi de la contestation ne peut prononcer si, au préalable, on ne s'est point pourvu administrativement, conformément à l'art. 15 de la loi du 5 nov. 1790 — *Cass.*, 29 thermidor an XI, Domaine c. Sheper.

466. — Les tribunaux devant lesquels on oppose une question préjudicielle qui ne peut être résolue que par l'autorité administrative ne peuvent, en renvoyant devant cette autorité, se déclarer incompétens et se dessaisir, mais doivent se borner à un simple sursis en retenant la cause au fond. — *Cass.*, 15 janv. 1840 (t. 1er 1840, p. 344), Commune de Rouceux c. ville de Neufchâteau.

467. — Si la clause de la concession d'un chemin de fer présente de l'obscurité, les tribunaux doivent surseoir à statuer jusqu'à ce que l'interprétation ait été donnée par l'autorité administrative. — *Lyon*, 1er juill. 1836, Berthon et Durand c. Compagnie du chemin de fer de Saint-Etienne.

468. — Les tribunaux saisis d'une question de leur compétence, qui doit être résolue d'après l'interprétation d'actes administratifs, ne peuvent, en renvoyant les parties devant l'administration pour obtenir cette interprétation, se dessaisir du procès et se déclarer incompétens; ils doivent retenir la cause et se borner à surseoir au jugement du fond, l'interprétation n'étant provoquée par eux que par mesure d'instruction et avant faire droit. — *Cass.*, 23 août 1841 (t. 2 1841, p. 645), Commune de Caudiès c. préfet des Pyrénées-Orientales; *Rouen*, 28 mai 1845 (t. 1er 1846, p. 439), Depinay c. Stalban. — V. ACTE ADMINISTRATIF.

469. — Lorsque la compétence d'une cour d'appel a été reconnue par des décisions passées en force de chose jugée, cette cour peut rejeter le sursis réclamé par l'une des parties sous prétexte que l'affaire serait de la compétence de l'autorité administrative. — *Cass.*, 4 juin 1832, Vérac c. Cézan.

470. — Lorsque sur une demande en radiation d'une hypothèque prise en vertu d'un bail passé par le gouvernement à des régisseurs on oppose que la Cour des comptes n'a pas encore statué sur les comptes de ces derniers et déclaré s'ils étaient débiteurs ou non, il y a lieu par le tribunal de surseoir jusqu'à ce que la Cour des comptes ait prononcé.—*Cass.*, 10 (et non 12) août 1814, Trésor c. Marin.

471. — Les tribunaux compétens en général pour prononcer sur les questions de domanialité, peuvent, par conséquent, statuer sur toutes les exceptions auxquelles elles donnent lieu; à moins que des lois spéciales n'en attribuent la connaissance à la juridiction administrative. — Dès lors: aucune loi n'ayant spécialement attribué à cette juridiction la question de savoir où finit une rivière qui a son embouchure dans la mer et où commence la mer, les tribunaux devant lesquels cette question s'élève préjudiciellement sont compétens pour la résoudre. — *Caen*, 31 août 1841 (t. 1er 1844, p. 721), Domaine de l'Etat c. d'Anglade. — Garnier, *Rég. des eaux*, t. 1er, n° 42. — V. COURS D'EAU.—V. aussi MER.

472. — Lorsque, pour déterminer le caractère de la possession sur un cours d'eau, le juge du possessoire croit devoir consulter un règlement d'eau fait dans un intérêt d'ordre public, et sur lequel s'appuie l'une des parties; il est de son devoir, dans le cas où ce règlement présente de l'obscurité, de surseoir à statuer jusques après son interprétation par l'autorité administrative. — *Cass.*, 26 janv. 1841 (t. 1er 1844, p. 262), Debonnaire et Tourcher c. Payssé.

473. — L'individu qui poursuivi, en matière de petite voirie, pour avoir réparé sa maison en contravention à l'autorisation qu'il avait obtenue du maire prétend s'être renfermé dans les termes mêmes de cette autorisation, élève une question préjudicielle qui ne peut être décidée que par l'autorité administrative. — Dès lors, le tribunal saisi de la prévention doit surseoir à statuer et fixer au prévenu le délai dans lequel il sera tenu de justifier de ses diligences à l'effet d'obtenir cette décision; mais il ne peut passer outre et statuer au fond. — La question de savoir si des travaux sont confortatifs ou non ne peut être appréciée que par l'administration. — *Cass.*, 8 oct. 1842 (t. 1er 1843, p. 167), Bronstel.

474. — En exécutant, sans autorisation préalable, des travaux à un bâtiment sujet à reculement, un propriétaire se rend sans doute passible de l'amende; mais il ne doit être condamné à la démolition de ces travaux qu'autant que l'autorité compétente a décidé qu'ils sont confortatifs. — Dès lors: si le prévenu prétend qu'ils n'ont pas ce caractère, il y a lieu par les juges de surseoir à ordonner la démolition jusqu'à ce que l'administration ait apprécié cette exception préjudicielle. — *Cass.*, 13 septembre 1844 (t. 1er 1845, p. 783), Thomas.

475. — Lorsqu'un propriétaire prévenu d'avoir fait à la façade de sa maison des changemens non autorisés par l'arrêté qu'il avait obtenu du maire soutient qu'il s'est conformé à cet arrêté, le tribunal de police doit, non relaxer le prévenu, sur le motif qu'il n'a point contrevenu audit arrêté; mais surseoir à statuer jusqu'à la décision de l'exception préjudicielle par l'autorité administrative, seule compétente pour vérifier et déclarer, après la confection des travaux par elle autorisés, si l'autorisation qu'elle a accordée n'a point été outrepassée. — *Cass.*, 13 févr. 1845 (t. 2 1848, p. 420), Marin-Grégoire. —V. ALIGNEMENT.

476. —Lorsqu'un particulier traduit devant le tribunal de police comme prévenu d'avoir usé d'un droit au bac sur une rivière non navigable, au préjudice d'un fermier administratif, se défend en excipant d'un droit de propriété privée, la police des eaux rentrant exclusivement dans les attributions de l'autorité administrative, le tribunal ne peut surseoir au jugement de la contravention jusqu'à ce qu'il ait été statué sur la question de propriété. Ce sursis serait de sa part un excès de pouvoir, en ce qu'il paralyserait l'effet de l'acte administratif qui aurait affermé le bac.— *Cass.*, 24 févr. 1837 (t. 1er 1837, p. 319), Bardon. —V., cependant, *contrà*, *Cass.*, 22 août 1822, Pawy et Chapelle.

477. — Lorsqu'un individu prévenu d'exploiter sans autorisation un établissement insalubre soutient que son établissement existait avant le décret du 15 oct. 1810, cette exception, ne soulevant aucune question de propriété et ne nécessitant point l'examen d'un acte administratif, doit être jugée par le juge même de l'action comme fondée uniquement sur un droit résultant d'un fait.— *Cass.*, 14 févr. 1839 (t. 1er 1844, p. 527), Bennymk. — V. ACTE ADMINISTRATIF et ÉTABLISSEMENS INSALUBRES.

478. — *Traités diplomatiques.* — Les tribunaux criminels doivent encore surseoir lorsqu'ils sont saisis d'une poursuite dont l'issue dépend de l'interprétation d'un traité diplomatique. — Cette question préjudicielle est dans les attributions du gouvernement, et non dans celles des tribunaux. — *Cass.*, 15 mars 1822, Descamps; 16 juin 1822, Cramoisin.—Dans les affaires qui ont donné lieu à ces arrêts, la question préjudicielle consistait à savoir si l'extradition de déserteurs opérée par la Belgique, en exécution d'un traité du 16 octobre 1821, intervenu entre la France et les Pays-Bas, était légale ou irrégulière. — Evidemment c'était là avant tout une question politique du ressort exclusif du gouvernement.

479. —Lorsqu'un accusé, acquitté sur les faits qui avaient motivé son extradition, est reconduit à la frontière et remis entre les mains des autorités du pays qui l'avait livré, mais n'a pas été reçu dans ce pays; les tribunaux français ne peuvent le juger à raison d'autres faits, jusqu'à ce que le gouvernement ait décidé si cette interdiction du territoire équivaut à une seconde extradition. — *Cass.*, 4 sept. 1840 (t. 2 1840, p. 591), Darmenon.

480.—Jugé ainsi que lorsqu'un prévenu de désertion arrêté en pays étranger soutient que son extradition a été effectuée contrairement à une convention diplomatique, cette défense présente une question préjudicielle qui oblige le conseil de guerre à surseoir jusqu'à ce qu'il ait été décidé par le gouvernement si l'extradition est régulière. Le conseil de guerre ne peut en conséquence se déclarer purement et simplement incompétent. — *Cass.*, 15 mars 1822, Descamps; 6 juin 1822, Cramoisin; 4 sept. 1840 (t. 2 1840, p. 591), Darmenon.—Mangin, *Act. publ.*, t. 1er, p. 576, n° 238.

481. — Sur cette question, Legraverend (t. 1er, ch. 1er, p. 112, note 2) dit que la doctrine consacrée par ces deux arrêts lui paraît fausse; mais son annotateur, Duvergier, soutient au contraire qu'elle est tout à fait conforme aux principes développés par Legraverend lui-même, d'après lesquels le gouvernement est seul compétent pour demander, ordonner l'extradition, en régler les formes et en apprécier la régularité. — V. EXTRADITION.

482. — *Garde nationale.* — Le refus de service dans la garde nationale rend ceux qui en sont prévenus passibles d'une peine que les conseils de discipline sont appelés à prononcer. — L. 22 mars 1831, art. 84 et 87.— Mais si, devant le conseil de discipline, les prévenus prétendent qu'ils ne sont pas ou ne doivent pas être inscrits sur les contrôles, il s'élève sur ce point une question préjudicielle qui ne peut être tranchée que par le conseil de recensement ou de révision.

483. — L'art. 78, qui porte que le garde national commandé doit obéir provisoirement, sauf à réclamer, n'est applicable qu'autant que la qualité elle-même de garde national est incontestée; si elle devient litigieuse, le sursis doit être ordonné.

484. — Mais pour que le prévenu puisse se prévaloir de sa réclamation pour élever la question préjudicielle et la faire admettre, il faut que cette réclamation ait été formulée aussitôt que son inscription sur les contrôles lui a été connue. — *Cass.*, 18 nov. 1826, Moulle; 15 oct. 1831, de Cremoux; 13-20 oct. 1831, de Sepmanville et Petit-Colar; 18 nov. 1831, Villeneuve; 6 janv. 1832, de Lostanges; 18 févr. 1832, Vincent; 28 sept. 1833, Billant; 5 nov. 1835, Begué; etc., etc.

485. — Il en serait autrement si le prévenu n'avait formé sa demande en radiation que postérieurement à la poursuite : ne s'étant pas pourvu auparavant, il avait par là même accepté la qualité de garde national et devait provisoirement faire le service. — *Cass.*, 22 oct. 1831, de Chauvenet.

486. — Le conseil de discipline n'est pas tenu, comme dans le cas d'incompétence, de prononcer par un jugement séparé sur une question préjudicielle soulevée devant lui par un garde national; il suffit qu'il y soit statué par des motifs séparés. — *Cass.*, 16 juin 1832, Rolland. — V., au surplus, sur ces divers points, v° GARDE NATIONALE.

QUÊTE.

1. — On distingue deux sortes de quêtes : les quêtes à domicile et les quêtes dans l'église.

2. — Les quêtes à domicile ne sont autorisées par aucun acte du gouvernement, et elles ont des inconvéniens de diverses natures qui en justifient la défense par l'autorité administrative (décis. minist. an XI). — Elles pourraient même, à certains égards, être assimilées à la mendicité même, qui est interdite aux personnes valides. — Décis. minist. 1824. — Les quêtes à domicile pourraient, dans certains cas, être autorisées par l'administration, et se faire sous sa surveillance.

3. — Jugé que le fait par un individu d'avoir, sous un faux nom et à l'aide d'un faux certificat attestant des pertes imaginaires, obtenu d'un maire l'autorisation de quêter dans la commune, et d'avoir, au moyen de cette autorisation, surpris la charité publique, constitue le délit d'escroquerie. Mais le même fait ne saurait constituer en même temps le délit de mendicité. — Les valeurs ainsi escroquées et saisies sur le prévenu doivent, s'il est impossible de les rendre aux personnes trompées, être employées à remplir le trésor du montant des condamnations pécuniaires prononcées contre le prévenu. — *Rennes*, 15 déc. 1847 (t. 1er 1849, p. 332), Ducrohet et Tixier.

4. — Les quêtes dans les églises sont placées sous la direction de l'évêque, qui règle tout ce qui y est relatif.

5. — On range parmi les quêtes faites dans l'église, les troncs placés dans les églises. Ces quêtes sont autorisées et forment même une portion du revenu attribué aux fabriques.—Décr. 30 déc. 1809, art. 36, § 7 et 8.

6. — Elles ont ordinairement pour objet les frais du culte (même décret, art. 36, § 75) ou les pauvres — Même décr., art. 75. — Arr. min. int., 5 prair. an XI. — Mais elles peuvent aussi avoir pour objet toute autre destination spéciale, les articles précités n'ayant rien de limitatif.

7. — Ainsi, outre les quêtes susmentionnées, l'évêque peut en ordonner ou en autoriser dont le produit reste aux mains des curés, qui l'emploient suivant ses instructions. — Carré, *Du gouvern. des paroisses*, n° 311.

8. — Toutefois, dit M. Vuillefroy (*Tr. admin. du culte catholique*), le pouvoir qui appartient, à cet égard, à l'autorité ecclésiastique, est nécessairement subordonné aux mesures que l'autorité civile, chargée de surveiller tous les lieux de rassemblement public, croirait devoir prendre pour empêcher des quêtes dont le but annoncé pourrait être de nature ou servir de prétexte à troubler la tranquillité publique. — Avis com. int. 6 juill. 1831.

9. — L'évêque pouvait même autrefois, dans certains cas, prescrire et réglementer les quêtes à domicile, *per domos*. — V. Jousse, p. 25; Boyer, t. 1er, p. 354.—Mais aujourd'hui ces quêtes ne peuvent se faire sans l'autorisation du maire. — Affre, p. 150.

10. — Jugé, néanmoins, qu'on ne peut poursuivre comme coupable du délit de mendicité ceux qui font des quêtes dans une commune au nom des prêtres desservans de la paroisse. — *Cass.*, 11 nov. 1808, Bonnefond et Guépey; *Cass.*, 16 févr. 1824.

11. — Les quêtes qui ont pour objet les frais du culte ou tout autre objet sont autorisées, *sur le rapport des marguilliers*, par l'évêque, qui règle tout ce qui les concerne. — Même décret, art. 75. — Il est évident que l'avis des marguilliers et à plus forte raison leur refus ne lient pas l'évêque. — Avis com. int. 6 juill. 1831.

12. — Le produit des quêtes faites pour les frais du culte est versé dans la caisse de la fabrique.— Même décr., art. 36.

13. — Les bureaux de bienfaisance peuvent faire faire des quêtes pour les pauvres dans les églises. Bien qu'ils aient le droit incontestable de faire quêter quand ils le trouvent convenable (arr. min. int. 5 prair. an XI; décr. 30 déc. 1809, art. 75), cependant l'usage a prévalu que ces espèces de quêtes n'eussent lieu qu'aux principales ou à l'une des principales fêtes de l'année. — Affre, p. 151. — Dans certaines paroisses les quêtes ont lieu une fois par mois.

14. — Un maire ne pourrait, de son autorité privée, ordonner une quête dans l'église. L'art. 75 du décret de 1809 ne lui confère point cette faculté, non plus qu'aucune autre loi; et son titre de président du bureau de bienfaisance n'est point une qualité suffisante pour qu'il puisse suppléer par sa seule décision, celle des membres de ce bureau. — Affre, *ibid.*

15. — L'arrêté du ministre de l'intérieur du 5 prair. an XI accordait aux commissions administratives des hospices le même droit qu'aux bureaux de bienfaisance (V. HOSPICES, n°s 382 et suiv.); mais l'art. 75 du décret de 1809 ne l'ayant réservé nommément qu'au profit de ces bureaux, le ministre des cultes a décidé, le 15 fév. 1827, que le droit des hospices devait être considéré comme aboli. — M. Troplong (p. 469) pense que cette décision ne pourrait être considérée comme définitive que si elle avait été concertée avec le ministre de l'intérieur, chargé de la tutelle des hospices. — Reste toujours le silence du décret de 1809.

16. — La loi du 17 frim. an V ayant institué les bureaux de bienfaisance pour administrer les biens des pauvres, un avis du comité int., du 6 juill. 1831, a décidé que le produit de toute quête doit leur être remis exclusivement; et que les curés ne peuvent faire un semblable appel à la charité afin d'en distribuer eux-mêmes le produit aux pauvres honteux. — On sait, toutefois, que, dans l'usage, de pareilles quêtes, avec une pareille destination, ont lieu dans l'église; et les bureaux de bienfaisance ont compris qu'ils ne devaient élever aucune réclamation.

17. — Du droit général attribué à l'évêque de régler ce qui est relatif aux quêtes, résulte celui de désigner les personnes qui doivent être préposées à ces quêtes. Sous l'ancien droit la charge de quêter incombait aux marguilliers, qui pouvaient, cependant, se faire remplacer; mais sous la condition de ne choisir, à cet effet, que des personnes honnêtes. Aujourd'hui les suppléans des marguilliers, quand ceux-ci ne quêtent point eux-mêmes, sont presque toujours désignés par le curé, sous l'autorité supérieure de l'évêque. Ces principes ne peuvent faire difficulté, quand il s'agit des quêtes opérées pour les églises. — Mais sont-elles applicables à celles que fait faire le bureau de bienfaisance?

18. — Un arrêté du ministre de l'intérieur, du 5 prair. an XI, porte que ces administrations sont autorisées à *confier la quête soit aux filles de la charité vouées au service des pauvres, soit à telles autres dames charitables qu'ils jugeront convenables.* Cette disposition, qui est, du reste, conforme à l'usage général, ne saurait cependant faire loi et modifier le droit que le décret de 1809 a conféré aux évêques. — Affre, p. 349. — V. BUREAU DE BIENFAISANCE, n°s 53 et suiv.

19. — V., au reste, BUREAU DE BIENFAISANCE, n°s 53, 54, 57; CULTE, n°s 259 et suiv., 328; FABRIQUE D'ÉGLISE, n°s 199, 351 et suiv.

QUEUES DE BILLARD (Fabricans de).

1. — Fabricans de queues de billard pour leur compte. — Patentables de 6e classe. — Droit fixe basé sur la population, — droit proportionnel du 20e de la valeur locative de l'habitation et des lieux servant à l'exercice de la profession.

2. — Fabricans de queues de billard à façon. Patentables de 7e classe. — Même droit fixe que les précédens, sauf la différence de classe; — droit proportionnel du 40e de la valeur locative de tous les locaux qu'ils occupent, mais seulement dans les communes de 20,000 âmes et au-dessus. — V. PATENTE.

QUIDAM.

1. — Terme servant à désigner dans les poursuites criminelles l'auteur inconnu d'un crime ou d'un délit.

2. — Autrefois on portait plainte contre un quidam, et il était permis d'informer contre lui; on le décrétait; on faisait toute la procédure nécessaire; puis on le jugeait par contumace et on le condamnait s'il y avait lieu, l'exécution se faisait contre lui de même que contre tous autres contumax. — *Encyclopédie méthodique*, partie de jurisprudence, v° *Quidam*.

3. — Il n'en est plus ainsi; le Code du 3 brum. an IV voulait (art. 229) que l'accusé fût clairement désigné et dénommé dans l'acte d'accusation, on ne pouvait donc, sous l'empire de ce Code, mettre en accusation ni, à plus forte raison, juger par contumace un *quidam*.—*Cass.*, 9 pluv. an X, Petit-Cuenot. — V. aussi Merlin, *Rép.*, v° *Quidam;* Lacombe, *Mat. crim.*, part. 3, ch. 16, n° 25.

4. — L'indication qu'on ferait de la qualité de chasseur ou hussard ou canonnier qui appartiendrait au quidam ne suffirait pas, il doit être désigné nominativement. — Même arrêt.

5. — Suivant le Code d'instruction criminelle (art. 134 et 232), l'arrêt de renvoi, qui remplace l'ancien acte d'accusation, sous le rapport de la question, doit contenir le nom du prévenu, son signalement, son domicile, *s'ils sont connus*. On pourrait penser, en s'attachant à la construction grammaticale, que ces derniers mots : *s'ils sont connus*, s'appliquent au nom, comme au domicile et au signalement; mais rien n'annonce que telle ait été l'intention du législateur, et tout repousse, au contraire, cette interprétation. « L'accusation, dit Legraverend (t. 1er, p. 413), exige nécessairement une désignation. » — Le jugement ne doit pas être rendu contre un être imaginaire. « Ce serait, dit Carnot (sur l'art. 134 C. instr. crim.), une arme perfide dans les mains de celui qui voudrait en abuser. »

6. — C'est, du reste, également dans ce sens que s'est prononcée la Cour de cassation depuis la mise en vigueur du Code d'instruction criminelle. — *Cass.*, 7 janv. 1825, Fagi; 10 déc. 1825, Passy.— Merlin, *Quest.*, v° *Quidam;* Nouguier, *Encyclop. du droit*, v° *Accusé*, n° 2. — V. ACTION PUBLIQUE, n° 128.

QUINCAILLERIE, QUINCAILLIERS.

1. — Les fabricans de quincaillerie sont imposés, comme patentables, à un droit fixe de 25 francs pour dix ouvriers et au-dessous, plus 3 francs par chaque ouvrier en sus, jusqu'au maximum de 300 francs, et à un droit proportionnel du 20e de la valeur locative de l'habitation, des magasins de vente complétement séparés de l'établissement, et du 40e de l'établissement industriel.

2. — Marchands de quincaillerie en gros. — Patentables de 1re classe. — Droit fixe basé sur la population, — droit proportionnel du 15e de la valeur locative de l'habitation et des lieux servant à l'exercice de la profession.

3. — Quincailliers en demi-gros, quincailliers en détail. — Patentables, les premiers de 2e et les derniers de 4e classe. — Même droit fixe que les précédens, sauf la différence de classe; — droit proportionnel du 20e de la valeur locative de l'habitation et des lieux servant à l'exercice de la profession. — V. PATENTE.

QUINZE-VINGTS (Hospice des).

1. — L'hospice des Quinze-Vingts est un des cinq établissemens généraux de bienfaisance appartenant à l'Etat, qui les entretient à ses frais; principalement, par le moyen de subventions annuelles portées au budget. — V. ÉTABLISSEMENS GÉNÉRAUX DE BIENFAISANCE.

2. — La tradition présente la fondation des Quinze-Vingts comme due à saint Louis pour nourrir et loger trois cents chevaliers qu'il avait laissés en otage au soudan du Grand-Caire, et auxquels les Sarrasins avaient crevé les yeux... « Néanmoins Jean de Joinville, Guillaume de Nangis, Robert Gaguin et Paul-Emile se contentent de dire que saint Louis fonda à Paris la maison des Quinze-Vingts aveugles, sans faire mention de trois cents ou quinze-vingts chevaliers perfidement aveuglés par les Sarrasins. » — Dupin, *Réquisitoire devant la Cour de cassation* du 29 juin 1836.

3. — « Cet hôpital a été commencé en 1254 dans un grand bois, près Paris, nommé la Garenne. Saint Louis, par son ordonnance de 1269, au mois de mars, à Melun, donna en accroissement aux Quinze-Vingts aveugles de Paris trente livres parisis de rente annuelle et perpétuelle, pour convertir en potages le long de l'année. » — *Ibid.*

4. — « Le pape Jean XXII, par une bulle datée de Rouen, en 1422, la deuxième année de son pontificat, le 6 des ides de novembre, et octroyée à l'hôpital des Quinze-Vingts aveugles de Paris, exempta cette maison de la subjection de l'évêque de Paris, et la soumit à la juridiction, punition et correction du grand aumônier du roi (s'il est promu aux ordres sacrés); autrement, au premier chapelain de la chapelle. » — *Ibid.*

5. — « Ce fut de cette juridiction ecclésiastique, des grands aumôniers, qu'émanèrent les statuts de la maison du 29 juillet 1521, enregistrés au Parlement de Paris le 6 sept. 1522; et confirmés par lettres patentes de Fançois Ier, enregistrées au même Parlement, le 24 mai 1546. » — *Ibid.*

6. — Postérieurement furent rendues les lettres patentes du 20 avril 1561, et du mois de juillet 1610; lesquelles renouvelèrent et confirmèrent les priviléges de l'établissement des Quinze-Vingts, notamment en ce qui concerne le droit de succession sur le bien des aveugles décédés dans son sein.

7. — Au mois de décembre 1779, le roi autorisa la vente de l'enclos des Quinze-Vingts et la translation de l'établissement dans l'hôtel des Mousquetaires-Noirs, rue de Charenton, au faubourg Saint-Antoine, où il est toujours resté depuis.

8. — La loi du 18-25 février 1790 a mis au compte de l'Etat les dépenses de l'établissement des Quinze-Vingts, que l'ordonnance du 31 août 1830 avait placé, définitivement, dans les attributions du ministre de l'intérieur et qui, enfin, s'est trouvé classé, par l'ordonnance du 21 février 1841, au nombre des établissemens généraux de bienfaisance.

9. — Comme les autres établissemens de cette classe, l'hospice des Quinze-Vingts est placé sous la double action et d'un conseil général et d'un conseil particulier dont les attributions ont été déjà par nous examinées à l'égard d'un autre établissement. — V. CHARENTON (Maison de).

10. — Seulement quelques règles particulières existent quant à l'organisation et au régime intérieur de cet établissement, règles dont nous allons donner l'analyse.

11. — Le conseil d'administration a sous ses ordres un directeur et un trésorier nommés par le ministre de l'intérieur, qui est toujours tenu de consulter le conseil pour la nomination du trésorier. Le directeur et le trésorier résident nécessairement dans l'établissement.

12. — Un architecte, un médecin, un chirurgien et un aumônier sont encore attachés par le ministre au service de l'hospice, où se trouvent encore un commis aux écritures, un surveillant et plusieurs préposés de rang inférieur nommés par l'administration.

13. — L'hospice des Quinze-Vingts est disposé de manière à recevoir deux cents aveugles au moins, trois cents au plus, hommes ou femmes, pouvant occuper chacun un logement particulier.

14. — L'établissement accorde sur ses revenus des pensions à des aveugles externes. — Le nombre et la quotité des pensions sont fixés par le ministre de l'intérieur, d'après les ressources de l'établissement.

15. — On ne peut admettre comme membres soit internes, soit externes des Quinze-Vingts les aveugles qui sont reconnus posséder un revenu personnel de 600 francs s'ils sont célibataires, et de 800 francs s'ils sont mariés.

16. — Tout membre qui possède un revenu de 500 francs s'il est célibataire et de 700 francs s'il est marié, passe dans la classe des pensionnaires externes qui reçoivent annuellement 100 francs.

17. — L'hospice ne peut jamais recevoir des pensionnaires pour placement viager, autorisé par décret du 23 juin 1806, des capitaux dont la rente dépasserait la somme de 600 francs pour un célibataire, ou de 800 francs pour un membre marié.

18. — Chacun des aveugles internes reçoit, à titre de rétribution alimentaire et journalière, 1 fr. 30 c. par jour, soit 474 fr. 50 c. par an; dans laquelle somme est comprise celle de 31 francs, moitié calculée d'un habillement complet renouvelé tous les deux ans. Les maris et femmes voyans des aveugles reçoivent 30 cent. par jour, ou 109 fr. 50 cent. par an; chaque enfant au-dessous de quatorze ans, 15 cent.: soit 54 fr. 75 cent. par an. — Le tout sans préjudice des secours supplémentaires extraordinaires, ainsi spécialement pour la naissance, la première communion, l'instruction et la mise en apprentissage des enfans.

19. — Les veufs et veuves qui ont vécu cinq années en mariage avec un aveugle et ont résidé le même espace de temps continu avec lui à l'hospice, reçoivent, après sa mort, un secours de 50 cent. par jour; ils peuvent être, en outre, logés par tolérance dans l'hospice, s'il y a des cabinets vacans. Toutefois, les veufs n'ont droit à ces secours que s'ils sont âgés de soixante-dix ans au moment du décès de leur femme aveugle; les veuves en jouissent à tout âge. Ces avantages cessent toujours en cas de second mariage.

20. — Le conjoint de l'aveugle interne et leurs enfans peuvent demeurer avec lui dans l'hospice; ils peuvent aussi en être congédiés. Aucun fils âgé de plus de quinze ans et aucune fille âgée de plus de vingt et un ans, ne doivent être tolérés dans l'hospice, par le directeur, sans une décision spéciale du conseil d'administration.

21. — Les aveugles célibataires ne peuvent pas se marier sans la permission du conseil d'administration. Ces permissions sont données par délibération du conseil, après avoir entendu le rapport du directeur sur l'âge, la moralité, la santé, les charges et les ressources de la personne que l'aveugle se propose d'épouser.

22. — C'est le ministre de l'intérieur qui prononce les admissions. Aucun aveugle ne peut être admis qu'en vertu d'une décision émanée de lui. Tous les trois mois le directeur fait connaître au conseil d'administration les vacances survenues pendant le trimestre précédent, et réunit les renseignemens nécessaires pour que le conseil puisse s'occuper des présentations. Toutefois, le conseil d'administration ne peut faire de présentations en nombre supérieur à la moitié des vacances.

23. — En cas d'infirmité grave et habituelle, les aveugles peuvent être admis dans la section de l'hospice nommée l'*infirmerie*. Dans ce cas, le traitement journalier qui devrait leur être payé par la maison est porté en recette au profit de l'infirmerie pour acquitter d'autant la dépense occasionnée par leur entretien.

24. — Le directeur et le conseil d'administration doivent réclamer auprès du ministre contre toutes les nominations faites au profit de personnes qui ne pourraient justifier de leur *indigence* et de leur *cécité*: nul aveugle n'est définitivement admis qu'autant que la cécité a été constatée par le médecin et par le chirurgien de l'établissement.

25. — En cas de maladie les aveugles et leurs maris ou femmes qui sont portés à l'infirmerie subissent une retenue de 40 cent. par jour pour l'aveugle marié, de 60 cent. pour l'aveugle célibataire et de 30 cent. pour le mari et la femme voyans; il est pourvu au surplus de la dépense par la caisse générale de l'hospice.

26. — Il est défendu à tout membre interne ou externe de l'hospice de se livrer à la mendicité à peine de 15 francs de retenue pour la première fois, de 50 francs pour la deuxième et d'annulation du brevet de nomination pour la troisième.

27. — Les enfans des habitans de l'hospice sont conduits chaque jour aux écoles gratuites du quartier par le surveillant de la maison, toutes les fois que les parens n'auront pas pris de dispositions particulières pour leur éducation. Les enfans trop jeunes pour aller à l'école et les jeunes filles qui ne seraient point placées en apprentissage et qui auraient terminé leur éducation scolaire sont reçus dans un asile-ouvroir organisé à cet effet.

28. — Un exemplaire du règlement est remis à chaque aveugle interne à son entrée et le directeur reçoit de lui une déclaration passée devant le maire de l'arrondissement où l'hospice est situé en présence de deux témoins sachant signer, laquelle porte qu'il a été fait lecture du règlement à cet aveugle et qu'il a promis de s'y soumettre ainsi qu'à tous les autres statuts; et notamment à ceux homologués en 1522, par lesquels l'hospice a été constitué héritier des membres aveugles internes à l'exclusion des familles et sauf les concessions faites, en vertu de ces statuts, au profit des veuves et des enfans. — V. CHARENTON (Maison de), ÉTABLISSEMENS GÉNÉRAUX DE BIENFAISANCE.

QUIRATS, QUIRATAIRES.

On appelle *quirats* les portions d'un navire, et *quirataires* les propriétaires de ces portions. — V. NAVIRE, no 125.

QUITTANCE.

1. — C'est un acte par lequel le créancier déclare qu'il a reçu du débiteur tout ou partie de l'objet de l'obligation.

2. — Pour être valable, toute quittance doit avoir été donnée par le véritable créancier, ayant capacité de recevoir, ou par son fondé de pouvoir. — V. PAIEMENT, nos 40 et suiv.

3. — Quant à la forme, une quittance peut être donnée devant notaire ou sous seing privé.

4. — Les frais de paiement étant à la charge du débiteur (C. civ., art. 1248. — V. PAIEMENT, nos 228 et suiv.), c'est à celui-ci à supporter le coût de la quittance. — Pothier, *Oblig.*, no 514; Toullier, t. 7, no 94.

5. — Dès lors: si le débiteur veut que la quittance soit notariée, il doit en supporter les frais; s'il se contente d'une quittance sous seing privé, il doit payer le timbre du papier. — Pothier et Toullier, *ibid.* — V., au surplus, PAIEMENT, nos 229 et suiv.

6. — La caisse des consignations est tenue, comme tout autre débiteur, des frais des quittances relatives aux intérêts dus et payés par elle, des sommes déposées entre ses mains. — *Paris*, 30 déc. 1848 (t. 2 1849, p. 382), Barbereux c. Collas et Caisse des consignations.

7. — C'est au débiteur qu'appartient le choix de la forme de la quittance et même du notaire, lorsqu'il désire une quittance notariée. — Arg. C. civ., 1248. — Toullier, t. 7, no 94; Rolland de Villargues, *Rép. du not.*, vo *Quittance*, no 3.

8. — En général, les quittances peuvent être délivrées en brevet; mais il en est autrement si elles se rattachent à un acte antérieur. — V. BREVET (Acte en), nos 38 et suiv.

9. — La minute d'une quittance appartient au notaire de la partie qui fait le paiement. — Rolland de Villargues, *Rép. du notar.*, vo *Quittance*, no 11.

10. — Lorsqu'un notaire avait été constitué par un contrat de vente dépositaire du prix, la quittance se fait devant un collègue, mais à la suite de la minute de la vente, et elle reste au notaire qui paie. — Il en est de même quand un notaire exécuteur testamentaire paie à la suite d'un partage fait devant lui. Tel est l'usage à Paris. — Rolland de Villargues, *Ibid.*, no 12.

11. — Il est des cas où une quittance est valable sans qu'elle ait été passée devant notaire ni signée du créancier; par exemple: quand elle est mise par le créancier au dos du titre resté en sa possession (C. civ. 1332), ou bien qu'elle est énoncée par des registres et papiers domestiques. — C. civ. 1331. — V. ÉCRITURE (acte), PAPIERS DOMESTIQUES.

12. — Mais *quid* s'il s'agissait d'une quittance non signée par le créancier, mais entièrement écrite de sa main sur une feuille volante qui se trouve entre les mains du débiteur? — V. FEUILLES VOLANTES, nos 9 et suiv.

13. — Bien que la cancellation du titre de créance soit aussi un mode d'en établir le paiement (V. CANCELLATION), il est cependant tou-

jours plus prudent d'exiger une quittance; car le créancier pourrait prétendre que le titre n'a été raturé ou détruit que par quelque violence, quelque cas fortuit ou autre événement.— Toullier, t. 7, n° 340.

14.— On a vu (v° PAIEMENT, n°° 238 et suiv.) l'énoncé de plusieurs difficultés qui peuvent s'élever sur les termes dans lesquels sont conçues les quittances de paiement. Nous compléterons ces énonciations par les observations suivantes :

15.—1° La quittance qui indique la somme payée, mais sans exprimer la cause de la dette, ne laisse pas d'être valable; comme lorsqu'elle est ainsi conçue : « J'ai reçu de Paul la somme de 1,000 fr., dont quittance.»—Arg. C. civ. 1331.—Pothier, n° 746; Toullier, t. 8, n° 405.— V., cependant, PAIEMENT, n° 241.

16.— Si, dans ce cas, le créancier qui a donné la quittance avait plusieurs créances contre le débiteur, celui-ci pourrait faire l'imputation sur celle qu'il avait le plus d'intérêt à acquitter. — C. civ., 1256.—Pothier et Toullier, ibid.; Rolland de Villargues, n° 19.

17.— 2° Si la quittance n'exprime que la cause de la dette, sans exprimer la somme qui a été payée, elle est également valable, et elle fait foi du paiement de tout ce qui était dû pour la cause exprimée par la quittance au temps de cette quittance.— Pothier, n° 747 ; Toullier, ibid.

18.— Lorsque la dette dont la cause est exprimée par la quittance est une dette qui consiste en arrérages, rentes, loyers ou fermages, elle fait foi du paiement de tout ce qui a couru jusqu'au dernier terme d'échéance qui a précédé la date de la quittance ; mais elle ne s'étend pas à ce qui a couru depuis.—Pothier, Toullier, ibid.

19.— Si la quittance n'était pas datée : comme le débiteur ne peut alors prouver quel est le terme qui a précédé le temps de la quittance et jusqu'auquel il a payé, la quittance ne prouve autre chose sinon que le débiteur a payé au moins un terme; et par conséquent il ne peut la faire valoir que pour un terme (Pothier, ibid.). A quoi Toullier (ibid.) ajoute que la date peut être prouvée par témoins, attendu qu'il ne s'agit que de prouver un fait et que le créancier est en faute de n'avoir point daté la quittance.—Rolland de Villargues, n° 22.

20.— 3° Quand la quittance n'exprime ni la somme payée, ni la cause de la dette, comme lorsqu'elle est conçue en ces termes : «J'ai reçu d'un tel ce qu'il me doit,» cette quittance est générale et comprend toutes les différentes dettes qui étaient dues au temps de la quittance; car celui qui l'a donnée ne peut alleguer qu'une autre dette lui a été donnée. — Pothier, n° 748 ; Toullier, ibid.

21.— Si, entre les dettes, il y en avait qui fussent exigibles au temps de la date de la quittance et d'autres dont le terme de paiement ne fût pas encore échu, la quittance ne s'étendrait pas à celles-ci. — Pothier et Toullier, ibid.; Rolland de Villargues, n° 26.

22.— A plus forte raison, la quittance ne doit s'étendre aux principaux des rentes dues par les débiteurs; je le comprends que les arrérages échus jusqu'au dernier terme qui a précédé la date de la quittance.— Pothier et Toullier, n° 34 et 35.

23.— Elle ne comprendrait pas non plus les dettes dont il est vraisemblable que le créancier n'avait pas connaissance. — Pothier et Toullier, ibid.; Rolland de Villargues, n° 27.

24.— ..4° Lorsqu'on a exprimé dans la quittance toute la somme qui a été payée par la cause de la dette acquittée, il n'y a plus de difficulté. Si la somme payée excédait celle due pour la cause exprimée dans la quittance, en supposant qu'il ne dût rien autre chose, aurait la répétition de cet excédant. S'il était débiteur pour d'autres causes, il imputerait cet excédant sur celle à laquelle il a le plus d'intérêt de s'acquitter.—Pothier, n° 749; Toullier, ibid.; Rolland de Villargues, n° 28.

25.— ... 5° Enfin, la quittance du capital donnée sans réserve des intérêts en fait présumer le paiement et en opère la libération. — C. civ, art. 1908.

26.— Toutefois, elle n'est fait pas présumer le paiement de manière à exclure toute preuve contraire; ni ne s'agit là que d'une simple présomption de libération. — Duranton , t. 47, n° 608 ; Favard, Rép., v° Pothier, p. 472. — V. PAIEMENT, n°° 258 et suiv.

V. encore et principalement ACTE SOUS SEING PRIVÉ, APPROBATION DE SOMME, AYANT CAUSE, BAIL, CAISSE DES DÉPÔTS ET CONSIGNATIONS, CESSATION, CHOSE JUGÉE, COMMUNAUTÉ, COMMUNE, COMPTABILITÉ GÉNÉRALE, CONTRIBUTIONS DIRECTES, DONATION DÉGUISÉE, ENREGISTREMENT, ESCRO-

RÉP. GÉN. — X.

QUERIE, FAUX, GREFFE (droits de), HONORAIRES, HYPOTHÈQUE (droits d'), HYPOTHÈQUE LÉGALE, IMPUTATION DE PAIEMENT, NAVIRE, NOVATION, ORDRE, PRÉSOMPTION, PREUVE TESTIMONIALE.

QUITUS.

Acte constatant qu'un officier ministériel ou un comptable public qui a cessé ses fonctions s'est complètement libéré, et que rien ne s'oppose à ce qu'il retire le cautionnement déposé comme garantie de sa gestion. — V. CAUTIONNEMENT (fonct. publ., etc.), n°° 280 et suiv.

QUOTITÉ DISPONIBLE.

Table alphabétique.

66

QUOTITÉ DISPONIBLE. — 1. — On appelle *quotité* ou *portion disponible* la portion de biens dont il est permis de disposer à titre gratuit.

2. — La portion indisponible ou celle dont la loi défend de disposer à titre gratuit au préjudice de certains héritiers porte le nom de *réserve légale* ou de *réserve*. Les héritiers à qui cette réserve est due et qui sont les ascendans et les descendans, sont appelés, pour cela, *héritiers à réserve*.

3. — La réserve légale des héritiers prenait, dans les pays de droit écrit, le nom de *légitime*; d'où le nom de *légitimaires* pour ceux à qui les légitimes étaient dues. — Le nom de légitimaire est encore quelquefois employé aujourd'hui comme synonyme de *réservataire*.

ART. 1er. — *Revendication contre les donataires* (n° 847).

ART. 2. — *Revendication contre les tiers détenteurs* (n° 857).

SECT. 4e. — *Effets de l'action en réduction ou revendication* (n° 875).

SECT. 5e. — *Prescription de l'action en réduction ou revendication* (n° 893).

—

CHAPITRE 1er. — *Dispositions générales. — Droit ancien. — Législation intermédiaire et questions transitoires.*

Sect. 1re. — *Dispositions générales. — Droit ancien.*

4. — La limitation de la faculté de disposer à titre gratuit a sa source dans les devoirs que la nature et l'état de société imposent aux pères et aux enfans les uns envers les autres. — Rolland de Villargues, *Rép. du notar.*, v° *Réserve légale*, n° 2.

5. — Il est à remarquer toutefois que les ascendans, dont le droit s'élève avec moins d'énergie, ne doivent avoir de réserve qu'à défaut de descendans de celui qui a disposé, et que cette réserve est d'une moindre quotité que celle des descendans. — Rolland de Villargues, n° 3.

6. — Du moment donc qu'un homme a des descendans ou des ascendans, ses biens considérés relativement à la faculté d'en disposer à titre gratuit se divisent en deux portions : l'une dont il peut disposer, ou la quotité disponible ; et l'autre dont il ne peut pas disposer, ou la réserve. Tout ce qui n'entre pas dans l'une appartient nécessairement à l'autre. — Rolland de Villargues, *ibid.*, n° 1er.

7. — Aussi, sous toutes les législations, la question de la quotité disponible a toujours été corrélative à celle des réserves ou légitimes.

8. — On a expliqué v° LÉGITIME : quelle était autrefois la quotité disponible et la quotité non disponible, d'abord sous le droit romain, et ensuite sous notre ancien droit, tant dans les pays de droit écrit que dans les pays de coutumes. — V. donc ce mot. — V. aussi EXHÉRÉDATION, PLAINTE D'INOFFICIOSITÉ, QUARTE FALCIDIE.

9. — Toutefois, aux arrêts que nous avons rapportés, il convient de joindre les suivans, en ce qui concerne la légitime.

10. — Une ex-religieuse capable de succéder au moment du décès de ses père et mère a pu demander sa légitime sur une donation entre-vifs faite par contrat de mariage en 1788, à l'époque où elle était frappée d'incapacité. — *Cass.*, 20 nov. 1815, Desforges c. Maillefer.

11. — Les biens réservés, avec une clause de consolidation, qui sont rentrés dans la succession *ab intestat* par l'effet de la répudiation des biens à venir, ou des lois survenues postérieurement à la donation, ont dû servir à faire face aux légitimes et à diminuer d'autant le retranchement sur les biens présens, sans que les légitimaires puissent réclamer tout à la fois les réserves et leur légitime, par voie de retranchement sur ces biens présens. — *Grenoble*, 2 juin 1818, Voisin c. d'Audiffrat.

12. — Les conventions matrimoniales passées entre juifs à une époque où ils ne jouissaient pas des droits civils devant être observées, nonobstant toutes lois existantes alors ou survenues depuis, on a pu, à l'égard de pareilles conventions passées autrefois dans un pays de droit civil, n'avoir aucun égard à la légitime des enfans. — *Cass.*, 26 août 1835, Blocq c. Berr.

13. — Outre la légitime, l'intérêt et la conservation des familles avaient fait, sous certaines coutumes, déclarer indisponibles les portions de certains biens ; c'est ce qu'on appelait *réserves coutumières*. — V. ce mot.

14. — Enfin, d'autres coutumes accordaient aux enfans la propriété du douaire établi en faveur de la femme. — V. DOUAIRE.

15. — Plusieurs coutumes faisaient une distinction, quant à la portion disponible, entre les dispositions entre-vifs et les dispositions testamentaires. Elles permettaient bien de donner tous ses biens entre-vifs ; mais, dans les testamens et les donations à cause de mort, on ne pouvait disposer que d'une partie de ses propres.

Sect. 2e. — *Législation intermédiaire.*

16. — La loi du 8-15 avril 1791 proclama l'égalité dans le partage des successions *ab intestat*. A cet effet, elle déclara (art. 1er) abolir toute inégalité résultant entre héritiers *ab intestat* des qualités d'aîné ou de puîné, de la distinction des sexes ou des exclusions coutumières, soit en ligne directe, soit en ligne collatérale. — V. EXCLUSION COUTUMIÈRE.

17. — Différentes lois survenues depuis abolirent d'abord, rétablirent ensuite le droit de disposer à titre gratuit, surtout en ligne directe. — On va présenter l'analyse de ces différentes lois. — Quant aux décisions dont leur application a été l'objet, on ne rapportera ici que celles qui n'ont pas été placées sous les mots spéciaux. — V., principalement, COUTUME DE NORMANDIE, DISPOSITION A TITRE GRATUIT, DON MUTUEL, DONATION PAR CONTRAT DE MARIAGE, DONATION DÉGUISÉE, DONATION ENTRE ÉPOUX, DONATION ENTRE-VIFS, DOT, DOUAIRE, LÉGITIME, LEGS, TESTAMENT.

18. — *L. 7-11 mars* 1793. Elle contient cette disposition unique : « La faculté de disposer de ses biens, soit à cause de mort, soit entre-vifs, soit par donation contractuelle en ligne directe, est abolie ; en conséquence, tous les descendans auront un droit égal sur le partage des biens de leurs ascendans.

19. — Cependant, la loi du 7 mars 1793, en posant le principe de l'égalité entre les enfans, ne privait pas le père de famille du droit de faire à ses enfans, pendant sa vie, des dons particuliers, pour leur établissement, sauf réduction, si les dons blessaient l'égalité prescrite. — *Cass.*, 14 juin 1827, de Luxembourg c. de Bérenger.

20. — Lorsqu'un acte de donation est nul comme prohibé par la loi, par exemple en ce que, sous la loi du 7 mars 1793, prohibitive de toute libéralité en ligne directe, des père et mère auraient fait une donation à leurs enfans, les donateurs n'ont point été liés par cet acte et ont pu valablement disposer plus tard des mêmes objets. — *Nîmes*, 12 mai 1819, Ausset c. Calvet.

21. — Toutefois, la prohibition de disposer en ligne directe, établie par la loi du 7 mars 1793, n'a été créée qu'en faveur des héritiers naturels. Les auteurs des libéralités ne peuvent s'en prévaloir pour demander *eux-mêmes* la révocation des donations. — *Nîmes*, 15 mai 1827, Boet c. Riffard.

22. — *L. 5 brum. an II.* — L'art. 1er réputait non écrite toute clause impérative ou prohibitive insérée dans les actes passés même avant le décret du 5 sept. 1791, lorsqu'elle était contraire aux lois et aux mœurs ou qu'elle portait atteinte à la liberté religieuse, civile ou civique du donataire, de l'héritier ou du légataire.

23. — Les avantages stipulés entre les époux alors existans soit par leurs contrats de mariage, soit par des actes postérieurs, ou établis par des coutumes ou statuts, devaient avoir leur effet ; toutefois, s'il y avait des enfans de leur union, ces avantages, s'ils consistaient en simple jouissance, ne pouvaient s'élever au delà de la moitié du revenu des biens délaissés par l'époux décédé ; et s'ils consistaient en des dispositions de propriété, soit mobilière, soit immobilière, ils étaient restreints à l'usufruit des choses qui en étaient l'objet, sans qu'ils pussent jamais excéder la moitié du revenu de la totalité des biens. — Art. 2.

24. — La même disposition avait lieu à l'égard des institutions, dons ou legs faits, dans des actes de dernière volonté, par un mari à sa femme ou par une femme à son mari, dont les successions étaient ouvertes depuis la promulgation du décret du 7 mars lors dernier. — Art. 3.

25. — L'art. 9 ordonnait le partage égal entre les enfans, descendans ou héritiers en ligne collatérale, des successions des pères, mères ou autres ascendans, et des parens collatéraux, à partir du 14 juillet 1789, nonobstant toutes lois, coutumes, usages, donations, testamens et partages déjà faits. En conséquence, le rapport était dû par les successibles de tout ce qu'ils avaient reçu par l'effet des donations à eux faites par leurs ascendans ou parens collatéraux, depuis le 14 juillet 1789. — Art. 9.

26. — Toutefois, étaient exceptées les donations et dispositions faites par contrats de mariage en ligne collatérale. — Art. 10.

27. — Les dispositions de l'art. 9 ne faisaient point obstacle pour l'avenir à la faculté de disposer du dixième de son bien, si l'on avait des héritiers en ligne directe, ou du sixième, si l'on n'avait que des héritiers collatéraux, au profit d'autres que les personnes appelées par la loi au partage des successions. — Art. 11.

28. — Étaient nulles et de nul effet toutes les dispositions entre-vifs ou à cause de mort faites par des pères ou mères encore vivans, au préjudice de leurs enfans, ou en faveur de leurs collatéraux ou d'étrangers. — Art. 12.

29. — Il en était de même de toutes dispositions entre-vifs ou à cause de mort faites par des parens collatéraux au préjudice de leurs héritiers présomptifs, en faveur d'autres collatéraux ou d'étrangers, depuis le 14 juillet 1789. — Art. 13.

30. — *Loi 17 nivôse an II.* — Cette loi reproduit plusieurs des dispositions de la loi du 5 brumaire ; mais elle l'abroge ainsi que « toutes les lois, coutumes, usages et statuts relatifs à la transmission des biens par succession ou donation. » — Art. 61. — La loi du 17 nivôse a été interprétée et expliquée, sur plusieurs points, par celles des 22-23 ventôse et 29 fructidor an II.

31. — D'après l'art. 1er de la loi du 17 nivôse, les donations entre-vifs faites depuis et compris le 14 juillet 1789 sont nulles. Toutes celles au même titre, légalement faites antérieurement, sont maintenues. — Les institutions contractuelles et toutes dispositions à cause de mort, dont l'auteur était encore vivant ou n'était décédé que le 14 juillet 1789 ou depuis, étaient nulles, quand même elles auraient été faites antérieurement.

32. — La disposition faite par un père au profit de ses enfans sous l'empire des lois des 7 mars 1793 et 17 nivôse an II, est sans effet, bien que le père ne soit décédé que sous le Code civil. — *Bordeaux*, 25 mai 1808, Desbordes.

33. — De même, une institution universelle faite sous l'empire des lois de l'an II est entièrement nulle, même pour la portion disponible. — *Cass.*, 21 flor. an XI, Sellety c. Rostagny ; 11 mars 1834, de Moyria c. de Vogué.

34. — Jugé au contraire que les lois des 17 nivôse et 22 ventôse an II n'annulaient pas indistinctement toutes dispositions à titre universel, mais seulement celles qui excédaient la quotité disponible. — *Montpellier*, 30 août 1827, Clauzel c. Coffinhal.

35. — ... Qu'ainsi les dispositions en ligne directe faites sous les lois des 7 mars 1793 et 17 nivôse an II n'étaient pas nulles d'une nullité absolue, mais seulement réductibles en tant qu'elles excédaient la part égale que la loi réservait à chacun des héritiers. — *Montpellier*, 16 mars 1832, Raisin.

36. — ... Qu'il en était de même de la donation faite sous l'empire des lois des 7 mars 1793 et 17 nivôse an II, et dont l'auteur était mort depuis la publication du Code civil ; que cette donation était seulement réductible, en cas d'excès, jusqu'à concurrence de la portion disponible déterminée par ce code. — *Cass.*, 12 août 1823, Demautort c. Valton.

37. — Les donations contractuelles antérieures au 14 juillet 1789, qui renfermaient en même temps des libéralités entre-vifs et irrévocables, sous quelque dénomination qu'elles eussent été conférées, et une institution de biens à venir, ne devaient avoir leur effet que pour le don entre-vifs, et non pour les biens résultant de l'institution, si l'institué vivait encore ou n'était mort que le 14 juillet 1789 ou depuis. — Art. 2.

38. — La fille normande qui, parvenue à sa vingt-cinquième année, jouissait, par usufruit, d'une provision égale à son mariage avenant, est devenue propriétaire du fonds même de sa légitime, par l'effet de la loi du 17 nivôse an II. — *Caen*, 30 janv. 1815, de La Renaudière.

39. — La charge d'associer apposée à une institution universelle est irrévocable, si ce n'est en faveur de l'institué. Conséquemment, les lois nouvelles n'y ont apporté aucune atteinte en faveur des légitimaires. — *Riom*, 10 févr. 1816, Bellonte.

40. — Par son art. 9, la loi du 17 nivôse consacre, comme celle de brumaire, l'égalité dans le partage des successions directes ou collatérales et fixe, comme on va le voir, la même quotité disponible (art. 16) ; mais, de plus, elle ordonne le rapport des donations antérieures au 1er juill. 1789 ou ordonnées par les coutumes, « nonobstant toutes dispenses de rapport stipulées dans les lieux où elles étaient autorisées. » Art. 8.

41. — Une donation par préciput faite à l'un des successibles, sous l'empire d'une loi qui permettait de cumuler les qualités d'héritier et de donataire, n'est pas irrévocable, et le donataire venant à partage doit le rapport, lorsque la succession s'est ouverte sous l'empire de la loi du 17 nivôse an II. — *Cass.*, 23 mess. an IX, Milon c. Garsement; 16 brumaire an XIII, Pigenat c. Serpillon. — Grenier, *Donat.*, t. 2, p. 97; Merlin, *Rép.*, vº *Rapport à succession*, § 2, art. 4, nº 2. — V., cependant, en sens contraire, un arrêt antérieur de *Cass.* du 22 messidor an V, Rivoire.

42. — Sous la loi du 17 nivôse an II, et avant le rapport de l'effet rétroactif de cette loi, des légitimaires appelés en partage, par égalité avec l'héritier, ont pu, avant partage, toucher la totalité de la créance de la succession; leur quittance et la remise des titres, notamment de la grosse, au débiteur, ont libéré celui-ci. L'héritier institué qui n'est point partie dans la quittance n'a pas d'autre action que celle en partage et en rapport, s'il y a lieu, contre ses cohéritiers. — *Riom*, 3 juin 1815, Valadier c. Crozat.

43. — L'art. 12 réputait non écrite toute clause prohibitive ou impérative dans les mêmes conditions que sous la loi du 5 brumaire an II. — V. *suprà* nº 22.

44. — Les avantages singuliers ou réciproques stipulés entre époux encore existans, soit par leur contrat de mariage, soit par des actes postérieurs ou qui se trouvaient établis dans certains lieux par les coutumes, statuts ou usages, devaient avoir leur plein et entier effet, nonobstant les dispositions de l'art. 1er, auquel il était fait exception sur ce point. — Néanmoins, s'il y avait des enfans de leur union ou d'un précédent mariage, ces avantages, au cas qu'ils consistassent en simple jouissance, ne pouvaient s'élever au delà de la moitié du revenu des biens délaissés par l'époux décédé; et s'ils consistaient en des dispositions de propriété, soit mobilière, soit immobilière, ils étaient restreints à l'usufruit des choses qui en étaient l'objet, sans qu'ils pussent excéder la moitié du revenu de la totalité des biens. — L. 17 nivôse an II, art. 13.

45. — Les avantages légalement stipulés entre époux dont l'un était décédé avant le 14 juillet 1789 étaient maintenus au profit du survivant. A l'égard de tous autres avantages échus et recueillis postérieurement ou qui pouvaient avoir lieu à l'avenir, soit qu'ils résultassent des dispositions matrimoniales, soit qu'ils provinssent d'institutions, dons entre-vifs ou legs faits par un mari à sa femme ou par une femme à son mari, ils devaient également obtenir leur effet, sauf, néanmoins, leur conversion ou réduction en usufruit de moitié dans le cas où il y aurait des enfans, conformément à l'art. 13 ci-dessus. — Art. 14.

46. — Une ob igation contractée par une femme sous la coutume d'Auvergne, qui prohibait un engagement de cette espèce, n'a pu être assimilée à une libéralité entre époux permise par la loi du 17 nivôse an II. — *Cass.*, 11 avr. 1834, Lizet c. Degrenon.

47. — Sous l'empire de la loi du 17 nivôse an II, les avantages que les époux étaient autorisés à se faire entre eux, pouvaient concourir avec le legs de la quotité disponible fait à une personne non successible. — *Cass.*, 22 mess. an V, Rivoire.

48. — La donation contractuelle faite par le mari à la femme, sous l'empire de la loi du 17 nivôse an II, ne doit pas être réduite à l'effet de former la légitime réclamée par un enfant ou son héritier, lorsque cet enfant est issu d'un mariage postérieur à celui pendant l'existence duquel la donation a été faite. — *Poitiers*, 14 févr. 1823, Lamendeau c. Girault.

49. — La clause d'un contrat de mariage portant que le survivant des époux aura, outre sa moitié des acquêts de la communauté, l'usufruit de l'autre moitié, était, comme constituant une libéralité, comprise dans les prohibitions de la loi du 17 nivôse an II. — En conséquence, lorsqu'un contrat de mariage renfermant une clause de cette nature a été passé sous l'empire de cette loi, l'époux survivant à qui son conjoint a légué, depuis la promulgation du Code civil, toute la portion de biens dont il pouvait disposer en sa faveur, aux termes de l'art. 1094 C. civ., ne peut cumuler, avec la quotité disponible fixée par cet article, le bénéfice de la clause insérée dans le contrat de mariage. — *Angers*, 8 févr. 1840 (t. 1er 1844, p. 473), Bertron.

50. — La loi du 17 ventôse an II n'a fait que consacrer en faveur des époux le droit de se faire à l'avenir réciproquement tels avantages qu'ils jugeraient convenables, sauf la réduction en usufruit en cas d'existence d'enfans, abrogeant ainsi les lois, coutumes ou statuts antérieurs, qui avaient fixé certaines limites à la faculté de disposer; mais cette latitude accordée aux conjoints n'a pas eu pour effet de porter atteinte à la liberté de disposer l'un envers l'autre comme et de la manière qu'ils voudraient, soit en se dépouillant à l'instant même du contrat, soit en subordonnant la réalisation de la libéralité à l'accomplissement d'une condition. — *Colmar*, 26 juin 1845 (t. 1er 1846, p. 635), Béron c. Jung.

51. — Les créanciers du mari ne peuvent, sous l'empire du Code civil, demander la réduction des donations faites en propriété par un mari à sa femme sous la loi du 17 nivôse an II, nonobstant l'existence d'enfans du mariage. — *Colmar*, 31 août 1811, Wittmer c. Omayer.

52. — Les donations et dispositions faites par contrat de mariage au profit des conjoints depuis le 14 juillet 1789 et avant la promulgation du décret du 5 brum. an II, par tous citoyens, parens ou non parens des époux, pourvu que les donataires fussent sans enfans, étaient aussi exceptées de la nullité prononcée par l'art. 1er. Néanmoins, et dans le cas où le donataire était successible et devait prendre part à la succession du donateur, il ne le pouvait qu'en rapportant lesdites donations à la masse. — Art. 15.

53. — Les dispositions générales de la loi du 17 nivôse an II ne faisaient point obstacle, pour l'avenir, à la faculté de disposer du dixième de son bien, si l'on avait des héritiers en ligne directe, ou du sixième, si l'on n'avait que des héritiers collatéraux, au profit d'autres que des personnes appelées par la loi au partage des successions. — Art. 16.

54. — Sous l'empire de la loi du 17 niv. an II, une donation à titre universel faite par un père à l'un de ses enfans, et excédant la quotité disponible fixée dans l'art. 16 de cette loi, était nulle pour le tout. Une pareille donation n'était pas seulement réductible quand le donateur était mort sous l'empire du Code civil. — *Limoges*, 8 mars 1832, Coudert c. Chatard.

55. — Les legs particuliers faits sous l'empire des lois de l'an II sont valables jusqu'à épuisement de la quotité disponible, et doivent être délivrés sans réduction. — *Cass.*, 11 mai 1834, de Moyra c. de Vogué.

56. — Lorsqu'il a été fait, sous la loi du 17 niv. an II, donation contractuelle à un enfant d'une part dans la succession de son père, cette part ne peut être diminuée par le don ultérieur de la quotité disponible fait par préciput à un autre enfant sous le Code civil. — *Cass.*, 16 mai 1834, Sauriac.

57. — A l'égard des citoyens au profit desquels il avait été fait, à titre universel, des dispositions dont la nullité était prononcée par la loi du 5 brum., ils demeuraient autorisés à retenir soit le dixième, soit le sixième qu'elle rendait disponible, net et défalcation faite de toute espèce de charges, même des libéralités particulières, maintenues par la présente loi. — Art. 17.

58. — En cas que le titre universel s'appliquât à un simple usufruit, la retenue pouvait s'élever jusqu'à la jouissance du cinquième, si ce titre avait été conféré par une personne qui eût des enfans, et du tiers, si le donateur était sans enfans. — Art. 18.

59. — S'il y avait plusieurs institués légataires ou donataires au même titre universel déchus, ils concouraient pour la retenue portée par les articles précédens, et s'en divisaient le produit entre eux au marc la livre des portions qui leur étaient assignées. — Art. 19.

60. — En toutes successions rouvertes au moyen de la présente loi, celui au profit duquel se trouvait faite la disposition à titre universel annulée pouvait, en outre, conserver sur l'hérédité autant de valeurs égales au quart de sa propre retenue qu'il avait d'enfans au temps où il avait recueilli l'effet de la disposition. — Art. 20.

61. — Si l'institué donataire ou légataire à titre universel se trouvait successible, il pouvait, pour le passé, user de la retenue, d'après les règles ci-dessus, ou s'en tenir à sa part héréditaire. Dans aucun cas, il ne pouvait les cumuler. — Art. 21.

62. — Le descendant du successible qui n'avait aucun droit actuel à la succession et qui en faisait la remise d'après une disposition annulée, pouvait profiter de la retenue, quoique son ascendant prît part à la même succession. — Art. 22.

63. — Dans le cas où un époux décédé avant ou depuis le 14 juillet 1789 avait conféré au conjoint survivant la faculté d'élire un ou plusieurs héritiers dans ses biens, l'élection, si elle n'avait eu lieu que le 14 juillet 1789, ou depuis, demeurait nulle et de nul effet, et tous les héritiers présomptifs au préjudice desquels elle avait été faite étaient, nonobstant toute exclusion, appelés à partager la succession. — Art. 23.

64. — Tous actes portant institution nominative d'un héritier, néanmoins subordonnée au cas où un tiers ne disposerait pas autrement des biens compris en la même institution, étaient nuls et de nul effet, à dater du 14 juillet 1789, si, à cette époque, le droit de l'institué n'était pas devenu irrévocable, soit par le décès du tiers, soit par transaction authentique passée avec lui. — Art. 24.

65. — Toutes donations à charge de rentes viagères, ou ventes à fonds perdu en ligne directe ou collatérale, à l'un des héritiers présomptifs ou à ses descendans, étaient interdites, à moins que les parens du degré de l'acquéreur et de degrés plus prochains n'y intervinssent et n'y consentissent. — Toutes celles faites sans ce concours, depuis le 14 juill. 1789, aux personnes de la qualité ci-dessus désignée étaient annulées, sauf à l'acquéreur à se faire rapporter par son donateur ou vendeur, ou par ses héritiers tout ce qu'il justifiait avoir payé au delà du juste revenu de la chose aliénée; le tout sans préjudice des coutumes ou usages qui auraient validé de tels actes passés même avant le 14 juill. 1789. — Art. 26.

66. — La prohibition des ventes à fonds perdu à l'un des successibles, s'étendait, comme on l'a vu (vº DONATION DÉGUISÉE, nº 162), au conjoint de ce même successible. — *Cass.*, 28 vent. an VIII, Lebatteur c. Osmont; 4 germin. an X, mêmes parties.

67. — Jugé, au contraire, que l'époux n'était pas nécessairement réputé personne interposée. — *Cass.*, 18 fructid. an IX, Wagenard c. Delatre; *Paris*, 12 germin. an X, Leleu c. Gobert.

68. — La prohibition des ventes à fonds perdu, à l'un des héritiers, ne s'étendait pas non plus aux ascendans des héritiers. — *Cass.*, 6 prair. an X, Robin c. Dalau; *Poitiers*, 7 thermid. an X, Bonneau c. Dalleau. — Merlin, *Quest.*, vº *Avantages aux héritiers présomptifs*, § 2, nº 3.

69. — En pareil cas, la mère d'un incapable n'était pas réputée personne interposée. — *Cass.*, 21 vent. an IX, Camus c. Benoît; *Paris*, 10 fructid. an X, Thomas c. Darnay.

70. — Mais on n'a pu considérer comme vente à fonds perdu et comme prohibée à ce titre, la vente faite avec réserve d'usufruit pour le vendeur et d'une rente viagère pour sa femme, dans le cas où il viendrait à décéder avant elle. — *Cass.*, 27 avr. 1808, Christophe c. Richardier.

71. — D'un autre côté, la vente d'un immeuble avec réserve d'usufruit, ne pouvait pas être considérée comme une vente à fonds perdu, et, comme telle, déclarée nulle, si elle avait été faite entre successibles. — *Cass.*, 23 brum. an XII, Dumont c. Gallemand. — Merlin, *Quest.*, vº *Vente à fonds perdu*; Saint-Espès-Lescot, *Donat. entre-vifs et test.*, t. 2, p. 383.

72. — Pour la validité d'une vente à fonds perdu, par un père à l'un de ses enfans, il ne fallait pas absolument qu'elle eût lieu avec le concours actuel et simultané de tous les successibles; il suffisait que ceux des enfans qui, à raison de leur minorité ou de leur absence, n'y avaient pas concouru, l'eussent ultérieurement ratifiée. Et l'une des filles successibles aurait pu donner une ratification valable, avec le seul consentement de son mari, malgré la constitution générale de dot stipulée par son contrat de mariage. — *Montpellier*, 6 janv. 1829, Lagarde c. Verdier.

73. — L'héritier qui ne pourrait critiquer la disposition à titre gratuit faite par son auteur, ne peut davantage invoquer l'art. 26 de la loi du 17 niv. an II, pour faire déclarer nulle la cession par lui faite, à rente viagère ou à fonds perdu, à l'un de ses héritiers présomptifs. — *Paris*, 28 pluv. an X, Petit d'Ossonville c. Bassinet; *Cass.*, 6 pluv. an XI, N... c. Henry.

74. — La prohibition faite par l'art. 26 de la loi du 17 niv. an II, de toutes donations à charge de rente viagère au profit de successibles ou descendans de successibles, a été abrogée par la loi du 4 germin. an VIII. — *Cass.*, 21 vent. an XIII, Lesergeant c. Dubois.

75. — La loi du 17 nivôse devait être exécutée dans toutes ses dispositions, nonobstant toutes renonciations, transactions et jugemens intervenus antérieurement. — Art. 27.

76. — En toutes successions abandonnées par les héritiers naturels, les créanciers du défunt pouvaient, de leur propre chef, poursuivre le rapport des avantages annulés. — Art. 29.

77. — Dans le cas où les dispositions avaient été faites par un homme décédé sans parens, le donataire ou institué en conservait l'effet. — Art. 32.

78. — N'étaient pas comprises dans les dispo-

sitions de la loi du 17 nivôse, les donations qui, bien que grevées d'usufruit, étaient, quant à la propriété, ouvertes et échues avant le 14 juillet 1789. — Art. 33.

79. — Les dons et legs à titre particulier, faits depuis, et compris le 14 juillet 1789, étaient maintenus dans le concours de ces deux circonstances : 1° Si le donataire particulier ou le légataire n'avait pas, au temps où le don ou legs lui est échu, une fortune excédant un capital de 10,000 liv.; 2° et lorsque le don ou legs ne s'élevait pas lui-même au delà de cette somme.—Art. 34.

80. — Dans le cas où le donataire ou légataire avait des enfans, le maximum de la libéralité était de 10,000 liv., plus d'autant de fois 5,000 liv. qu'il avait d'enfans à l'époque du don ou du legs fait. —Art. 34 et 35. — Suivent différentes dispositions pour l'application de cette règle. — Art. 37 et suiv.

81. — Les avantages ou gratifications accordés aux exécuteurs testamentaires étaient également maintenus, pourvu qu'ils n'excédassent point la valeur d'une année des revenus du testateur, jusqu'à concurrence, toutefois, de 6,000 liv. — Art. 44.

82. — Les droits acquis, soit à des tiers possesseurs, soit à des créanciers hypothécaires et à tous autres, ayant une date certaine antérieure au 5 brum. dernier sur les biens compris dans les dispositions annulées par le décret du même jour, leur étaient conservés.—Art. 45.

83. — Le droit de réclamer le bénéfice de la loi, quant aux dispositions qu'elle annulait, n'appartenait qu'aux héritiers naturels, et à dater seulement du jour où leur droit était ouvert, sans que, jusque-là, il y eût lieu à aucune restitution de fruits.—Art. 57.

84. — Les droits restitués par la loi ne pouvaient être exercés que par ceux au profit desquels ils étaient rétablis. — Toutes ventes et cessions qui en étaient faites à des tiers étaient déclarées nulles. — Art. 60.

85. — *L. 5 flor., 9 fructid. an* III *et 3 vendém. an* IV. — De nombreuses réclamations s'étant élevées contre la loi du 17 niv. an II et contre les lois interprétatives des 22 vent. et 9 fructid. an II, le décret du 5 flor. an III suspendit d'abord toute action intentée ou procédure commencée à l'occasion de l'effet rétroactif résultant de la loi du 17 niv. Puis le décret du 9 fructid. an III ordonna que les lois des 5 brum. et 17 niv. an II n'auraient d'effet qu'à compter des époques de leur promulgation. Enfin, le décret du 3 vendém. an IV régla les effets de ces deux lois.

86. — Par son art. 1er, la loi du 3 vendém. an IV annule toutes aliénations et hypothèques consenties depuis la loi du 5 floréal sur les biens rapportés par celle du 9 fructid.; mais elle conserve, sauf le recours des héritiers rétablis contre les personnes déchues, les droits acquis à des tiers sur les mêmes biens, dans l'intervalle des lois des 5 brum. an II et 5 flor. an III.

87. — Le maintien intégral des libéralités entre époux existans au moment de la loi du 17 niv. an II n'opérant point d'effet rétroactif, n'a point été aboli par les lois des 9 fructid. an III et 3 vendém. an IV. — *Cass.*, 21 brum. an XIV, Lamarcellerie c. Lecarpentier.

88. — Après le rapport de l'effet rétroactif de la loi du 17 niv. an II, on ne peut annuler comme faites en fraude d'une institution contractuelle atteinte par cette loi, des aliénations à titre onéreux, passées pendant la durée de l'effet rétroactif, de biens compris dans l'institution. — *Cass.*, 26 mars 1810, Dupuy c. Dainval.

89. — Quant au mode de restitution des biens, cette restitution avait lieu dans l'état où ils se trouvaient, sauf l'action pour abatis de bois futaie. — Art. 3.

90. — Les personnes rappelées étaient subrogées aux droits de ceux qui avaient cessé de posséder ces biens avant le 5 flor. an III. Elles avaient droit au prix, s'ils avaient été aliénés à titre onéreux ou à leur valeur au temps où ils avaient été recueillis, s'ils étaient autrement sortis des mains du copartageant déchu. — Art. 4.

91. — Les fruits ou intérêts perçus avant la loi du 5 flor. an III n'étaient pas restituables. — Art. 2.

92. — Le copartageant déchu devait être préalablement remboursé de toutes dépenses qui avaient augmenté ou conservé la valeur des fonds, et de toutes charges par lui légitimement acquittées, autres que celles de simple jouissance, comme aussi de tous frais et déboursés relatifs au partage et autres actes annulés par la présente loi. — Art. 6.

93. — Il pouvait donner en paiement des restitutions auxquelles il était tenu soit le prix même des objets aliénés, soit les contrats et créances qu'il justifiait résulter du placement des deniers provenant des partages annulés, sans garantie de la solvabilité des débiteurs. — Art. 7.

94. — Les personnes déchues avaient la faculté de retenir en biens héréditaires, et proportionnellement sur chaque espèce de biens, le montant des portions légitimaires et supplémentaires et des autres droits qui leur appartenaient. Les paiemens qui pouvaient leur avoir été faits à-compte en argent ou assignats, ou de telle autre manière que ce pût être, soit avant ou après l'ouverture de la succession, ne pouvaient les priver de cette faculté dont elles jouissaient dans tous les cas, à la charge de rapporter dans la masse ce qu'elles avaient reçu, dans les mêmes espèces, ou la valeur réelle et effective en assignats au cours. Cette disposition était pareillement applicable aux légitimaires, dont les droits avaient été ouverts soit avant le 14 juill. 1789, soit depuis le 5 flor., lors dernier. — Art. 8.

95. — Les héritiers déchus par suite de l'abrogation de l'effet rétroactif de la loi du 17 niv. an II, ont eu le droit de retenir en nature de biens héréditaires leurs droits légitimaires et supplémentaires. — *Cass.*, 8 vent. an VI, Remuzat c. Agant.

96. — Le légitimaire qui, après un partage égal fait en vertu de l'effet rétroactif de la loi du 17 niv. an II, s'est trouvé réduit à sa légitime par la loi du 3 vendém. an IV, qui a rapporté cet effet rétroactif, a été autorisé à garder des biens héréditaires jusqu'à concurrence de sa légitime, alors même qu'avant la loi de niv. an II il avait été fait un premier partage qui réglait différemment ses droits. — *Cass.*, 19 vendém. an VI, Piard.

97. — Etaient abolis et annulés tous procès existans, tous jugemens intervenus, partages ou autres actes et clauses qui avaient leur fondement dans les dispositions rétroactives des lois des 5 brum. et 17 niv. an II, ou dans les dispositions des lois subséquentes rendues en interprétation. — Art. 11.

98. — *L. 18 pluv. an V.* — Cette loi contenait, en ce qui concerne la quotité disponible, les dispositions suivantes :

99. — « Les avantages, prélèvemens, préciputs, donations entre-vifs, institutions contractuelles et autres dispositions irrévocables de leur nature, légitimement stipulés, en ligne directe, avant la publication de la loi du 17 mars 1793, et en ligne collatérale ou entre individus non parens, antérieurement à la publication de la loi du 5 brum. an II, auront leur plein et entier effet, conformément aux anciennes lois tant sur les successions ouvertes jusqu'à ce jour, que sur celles qui s'ouvriraient à l'avenir. — Art. 1er.

100. — « Les réserves faites par les donateurs ou auteurs d'institutions contractuelles qui n'en auront pas valablement disposé, feront partie de la succession *ab intestat* et seront également partagées entre tous les héritiers autres que les donataires ou les institués, sans imputation sur les légitimes ou portions de légitimes dont des héritiers ou donataires auraient été grevés. Il n'est pas innové aux réunions desdites réserves déjà opérées en faveur des institués ou donataires, conformément à l'art. 28 de l'ordonnance du mois de février 1731, pour le décès des donateurs et des instituans arrivé avant la publication de la loi du 5 brum. an II. » — Art. 2.

101. — Sur l'application de l'art. 2 de la loi du 18 pluv. an V, relativement aux réserves faites par les donateurs dans des institutions contractuelles, V. ce qui a été dit, ainsi que les décisions rapportées v° DONATION PAR CONTRAT DE MARIAGE, nos 463 et suiv.; — V. aussi LÉGITIME; à quoi il faut ajouter :

102. — Sous l'empire de la loi du 18 pluv. an V, le légitimaire pouvait cumuler la réserve avec la légitime, même dans le cas où le paiement des légitimes n'avait point été imposé d'une manière expresse au donataire contractuel par l'auteur de l'institution. — *Toulouse*, 4 niv. an X, Sarlabous.

103. — Lorsque l'institution contractuelle a été faite avec la stipulation d'une réserve, et que le donateur est mort, sous l'empire de la loi du 18 pluv. an V, sans avoir disposé de cette réserve, les héritiers *ab intestat* peuvent cumuler la légitime de droit avec la réserve qui leur appartient exclusivement, sans qu'il y ait lieu à l'imputer sur la légitime. — *Cass.*, 1er frimaire an XI, Chassaing. — Chabot, *Quest. transit.*, v° *Réserve sur les biens donnés*, § 3; Grenier, *Donat.*, n° 442.

104. — La loi du 18 pluv. an V, qui a maintenu les institutions contractuelles et autres dispositions irrévocables, légitimement stipulées en ligne directe à cette époque, n'est point applicable à une institution faite par contrat de mariage, mais avec la clause qu'elle n'aurait d'effet qu'autant que l'instituant décéderait sans avoir fait d'autres dispositions. — *Cass.*, 23 mai 1821, de Fancal c. de Beaufort.

105. — « Les avantages entre époux, maintenus par les art. 13 et 14 de la loi du 17 nivôse an II, sur l'universalité des biens de l'auteur de la disposition, ne s'imputent point sur le sixième ou le dixième déclaré disponible entre toutes personnes par l'art. 16 de la même loi, et n'entrent point en concurrence avec les autres légataires dans la distribution au marc la livre ordonnée par l'art. 5. » — L. 18 pluv. an V, art. 6.

106. — « Les élections d'héritier ou de légataire et les ventes à fonds perdu, qui ont été annulées par les art. 23 et 26 de la loi du 17 nivôse, à compter du 14 juillet 1789, sont rétablies dans leur effet primitif, si elles ont été faites par actes ayant date certaine avant la publication de ladite loi du 17 nivôse. » — Art. 7.

107. — L'art. 14 de la loi du 3 vendémiaire qui autorise les personnes déchues à retenir en biens héréditaires le montant des portions légitimaires et supplémentaires et des autres droits qui leur appartiennent, tel que la dot ou le mariage avenant, n'est applicable qu'au cas où il y a eu un partage fait en vertu de l'effet rétroactif de la loi du 17 nivôse. Dans ce cas seulement, la personne déchue doit être maintenue dans les objets à elle échus par l'effet du partage, jusqu'à concurrence du montant desdits droits. » — Art. 14. — V. MARIAGE AVENANT, n° 2.

108. — « Quant aux autres légitimaires dont les droits sont ouverts avant la loi du 14 juillet 1789, ou qui étant rappelés par les lois des 5 brumaire et 17 nivôse n'ont pas fait de partage, les choses étant, à leur égard, dans le même état, leurs droits seront réglés comme ils l'auraient été précédemment et d'après les anciennes lois. » — Art. 15.

109. — « Dans le cas ci-dessus, la simple réception de la légitime faite en tout ou en partie après le décès des père et mère, ne préjudicie pas à l'action en supplément, à moins qu'il n'y ait été expressément renoncé après l'ouverture des successions; et, dans tous les cas, ce supplément, s'il est dû, ou tous autres droits, ainsi que les sommes qui resteraient à payer sur les légitimes, dots ou mariages avenans, seront exigibles en biens héréditaires, nonobstant toutes lois et usages contraires. » — Art. 16.

110. — Quelles qu'aient été les variations de jurisprudence de l'ancien Parlement du Dauphiné sur la question de savoir si la fille qui avait reçu en dot une partie de sa légitime payée en argent, était tenue de recevoir le supplément dans les mêmes espèces, ou si elle avait le droit de l'exiger en corps héréditaires, toute controverse à cet égard a été tranchée en faveur des légitimaires par l'art. 16 de la loi du 18 pluviôse an V, dont la disposition se trouve confirmée par l'art. 826 C. civ. — *Cass.*, 16 mars 1829, Romey c. Allcobert.

111. — « Les légitimaires et les filles dotées qui ont reçu des fonds en paiement de leur légitime, dot, ou mariage avenant, dans des successions ouvertes avant leur rappel, les conserveront irrévocablement, nonobstant toute faculté de rachat stipulée par suite de dispositions coutumières déjà abrogées par un décret du 30 septembre 1793. » — L. 18 pluv. an V, art. 17.

112. — *Loi du 4 germinal an VIII.* — Suivant l'art. 1er de cette loi, toutes libéralités faites par actes entre-vifs ou par actes de dernière volonté, dans les formes légales, étaient valables, lorsqu'elles n'excédaient pas le quart des biens du disposant, s'il laissait à son décès moins de quatre enfans; le cinquième, s'il laissait quatre enfans; le sixième, s'il en laissait cinq; et ainsi de suite, en comptant toujours pour déterminer la quotité disponible, le nombre des enfans plus un.

113. — Sous le nom d'*enfans* on comprenait les descendans en quelque degré que ce fût; néanmoins, ils n'étaient comptés que pour l'enfant qu'ils représentaient dans la succession du disposant. — Art. 2.

114. — Lorsque, sous la même loi, un époux a légué, dans un même testament, à un successible la moitié de ses biens, et à l'épouse de lui testateur l'autre moitié, la quotité disponible en faveur de l'époux doit être calculée sur l'universalité des biens, et non sur la moitié restant, après déduction de la libéralité faite au successible. — *Montpellier*, 30 août 1827, Clauzel c. Coffinhal.

115. — *L. 14-24 floréal an XI.* — Après avoir dit, dans son art. 1er, que l'état et les droits des enfans naturels dont les pères et mères étaient morts depuis la promulgation de la loi du 12 brumaire an II jusqu'à la promulgation des titres du Code civil *Sur la paternité* et *Sur les successions*, seraient réglés conformément à ces titres, cette loi ajoute dans son art. 2 :

116. — « Néanmoins, les dispositions entre-vifs ou testamentaires, antérieures à la promulgation des mêmes titres du Code civil, et dans lesquelles on aurait fixé les droits de ces enfans naturels, seront exécutées, sauf la réduction à la quotité disponible, aux termes du Code civil, et sauf aussi un supplément, conformément à l'art. 51 de la loi sur les successions, dans le cas où la portion donnée ou léguée serait inférieure à la moitié de ce qui devrait revenir à l'enfant naturel, suivant la même loi. — L. 14 flor. an XI.

117. — Par ces mots : *sauf la réduction à la quotité disponible, aux termes du Code civil*, la loi du 14 flor. an XI n'a pas entendu que cette réduction s'opèrerait d'après les principes du Code civil relatifs aux successions légitimes. Elle a voulu qu'elle ait lieu suivant les règles déterminant les droits des enfans naturels dans l'hérédité de ceux de leurs auteurs qui les ont reconnus. — *Cass.*, 22 mess. an XIII, Reynier.

118. — Jugé aussi que par les mêmes mots la loi du 14 flor. an XI a entendu parler de la quotité dont les père et mère pouvaient disposer en faveur d'un étranger; et non de celle fixée par l'art. 757 C. civ. — *Nîmes*, 24 flor. an XII, Saint-Gilles c. Amphoux.

119. — Etaient également valables, les libéralités faites dans les formes légales, par actes entre-vifs ou par actes de dernière volonté, lorsqu'elles n'excédaient pas : 1° la moitié des biens du disposant, s'il laissait soit des ascendans, soit des frères ou sœurs, soit des enfans ou petits-enfans des frères ou des sœurs; 2° les trois quarts, lorsqu'il laissait soit des oncles ou grands-oncles, tantes ou grand'tantes, soit des cousins germains ou cousines germaines, soit des enfans desdits cousins ou cousines. — Art. 3.

120. — Les enfans d'un cousin germain ne pouvaient, en vertu de l'art. 3 L. 4 germ. an VIII, prétendre à la réserve du quart sur la succession des enfans du cousin germain de leur père. — *Agen* 17 juill. 1807, Montarras c. Marzelle.

121. — Sous l'empire de la même loi, l'héritier testamentaire avait qualité pour contester la qualité d'héritier du sang, au degré de la loi, à ceux qui voulaient se faire attribuer un quart de la succession. — Même arrêt.

122. — A défaut de parens dans les degrés exprimés ci-dessus, les dispositions à titre gratuit, pouvaient épuiser la totalité des biens du disposant. — Art. 4.

123. — Une disposition universelle faite en l'an IX n'est pas nulle, mais seulement réductible. — *Amiens*, 21 mess. an X, Despaut c. Binant.

124. — Dans une succession ouverte sous l'empire de la loi du 4 germ. an VIII, la disposition universelle contenue dans un testament antérieur aux lois des 5 brum. et 17 niv. an II était nulle et non pas seulement réductible. — *Cass.*, 29 brum. an XII, Ulricq c. Noir-Homme.

125. — Les dons entre vifs faits sous l'empire de la loi du 4 germ. an VIII, au delà de la quotité disponible fixée par cette loi, bien que sous son empire ils eussent été frappés d'une nullité absolue, peuvent avoir effet si, le donateur étant décédé depuis la promulgation du Code civ., la donation n'excède pas la quotité disponible permise par ce Code. — *Riom*, 15 janv. 1825, Hurgon c. Delcher.

126. — Les libéralités autorisées par la loi pouvaient être faites au profit des enfans ou autres successibles du disposant, sans qu'elles fussent sujettes à rapport. — Art. 5.

127. — Toutes lois contraires étaient abrogées; néanmoins, il n'était dérogé ni à celles qui réglaient l'ordre des successions *ab intestat*, ni à celles qui concernaient les dispositions entre époux. — Art. 6.

128. — Sous l'empire de la loi du 4 germin. an VIII, l'époux qui n'avait point d'enfant pouvait disposer, au préjudice de ses collatéraux, et en faveur de l'autre époux, de la totalité de ses biens ; il pouvait donner à l'un de ses successibles la moitié. — *Montpellier*, 30 août 1827, Clauzel c. Coffinhal.

129. — Jugé au contraire que les mots *quotité disponible* n'ont qu'un sens relatif, qui se réfère nécessairement à la quotité dont il est permis de disposer au profit des enfans naturels, par les art. 757 et 908 du Code. — *Nîmes*, 6 mai 1806, Ferry ; *Paris*, 27 fév. 1819, Dalpeyron c. Lethiers. — Chabot, *Quest. transit.*, v° *Enfant naturel*, § 9.

Sect. 3e. — *Questions transitoires.*

130. — Les dispositions soit entre-vifs, soit par testament, qui excèdent la quotité disponible ne peuvent être réduites qu'à la mort naturelle ou civile du disposant (C. civ., 920); car, jusque-là, il n'y a point de succession, et par conséquent, point de réserve. Mais quand le droit de réduction est ouvert, quelle est la loi qui détermine la quotité disponible ? Est-ce la loi du jour de la disposition, ou bien la loi du jour du décès du disposant ?

131. — On fait à ce sujet une distinction. S'il s'agit de dispositions irrévocables, c'est, d'après la plupart des auteurs et la jurisprudence, la loi du jour de la libéralité qui doit fixer la quotité disponible. — Merlin, *Rép.*, v° *Effet rétroactif*, sect. 3, § 5, art. 6, n° 5; Chabot, *Quest. transit.*, v° *Donation*, § 3 ; Grenier, *Donat.*, t. 2, n° 441 ; Saint-Espès-Lescot, *Donat. et test.*, t. 2, n° 439.

132. — Ainsi jugé, d'une manière générale, que dans les donations irrévocables, c'est par la loi du temps où a été faite la libéralité, et non par celle de l'ouverture de la succession, que doit être réglée la quotité disponible. — *Paris*, 27 mai 1807, Boissy c. de Choiseul ; *Cass.*, 15 déc. 1807, Bolla ; *Grenoble*, 27 janv. 1809, Ricand c. Bouchet ; *Florence*, 13 mai 1811, Catelani ; *Cass.*, 16 (et non 7 ou 17) oct. 1811, Siraudin ; *Bourges*, 24 mai 1813, Ravisay c. Brossier ; *Paris*, 29 janv. 1814, de Rohan c. de Quérieu.

133. — Mais lorsqu'il s'agit de dispositions révocables, c'est la loi du jour du décès du disposant qu'il faut considérer. — *Grenoble*, 29 août 1806, Joannou. — Auteurs ci-dessus cités, et Rolland de Villargues, v° *Portion disponible*, n° 502.

134. — On peut voir l'application de ces principes, en ce qui concerne l'effet des dispositions à titre gratuit, en général, et par suite la fixation de la quotité disponible en particulier, v^{is} DISPOSITION A TITRE GRATUIT, DON MUTUEL, DONATION PAR CONTRAT DE MARIAGE, DONATION DÉGUISÉE, DONATION ENTRE-VIFS, LEGS, LOIS, TESTAMENT. — Nous y ajouterons quelques décisions ayant spécialement la quotité disponible pour objet.

135. — Pour régler la quotité disponible relativement à une institution antérieure à la loi du 5 brum. an II, il y a lieu d'appliquer l'art. 1er L. 18 pluv. an V. — *Cass.*, 5 nov. 1806, Sabouille c. Farne.

136. — Les donations faites en ligne directe sous la loi du 17 nivôse an II, peuvent être retenues jusqu'à concurrence de la portion virile, le donateur étant décédé, depuis le Code après avoir disposé de toute la quotité disponible. — *Riom*, 28 avril 1817, Bonnet.

137. — Lorsque la disposition réductible a été faite sous la loi du 4 germinal an VIII, et que le disposant est décédé sous le Code civil, la fixation de la légitime doit être réglée suivant le Code. — *Colmar*, 27 juill. 1816, Steffan.

138. — Une disposition universelle faite sous l'empire d'une loi qui l'autorisait, mais devenue excessive par l'effet d'une loi postérieure, est valable, sauf réduction. — *Cass.*, 13 nov. 1816, Besson c. Joubert.

139. — Une donation entre-vifs de tous biens présens faite sous la coutume de Paris, ne peut être réduite à la quotité disponible fixée par le Code civil, sous l'empire duquel le donateur est décédé. — *Paris*, 27 mai 1807, Boissy c. de Choiseul.

140. — La donation faite entre-vifs à un successible doit se régler, dans ses effets et son étendue relativement à la portion disponible, par la loi en vigueur au moment de la donation, et non par celle en vigueur au moment du décès du donateur. — *Nîmes*, 26 mars 1838 (t. 1er 1838, p. 651), Plantier.

141. — De même, pour la réduction d'une donation, il faut consulter la législation qui existait lorsqu'elle a été faite, afin de connaître quelle était, à cette époque, la légitime des enfans ; peu importe l'époque du décès du donateur. — *Bourges*, 4 mai 1825, Bossu c. Lauvergnat.

142. — Jugé cependant qu'en cas de donation excédant la quotité disponible, la quotité disponible se règle d'après la loi du décès, et non d'après la loi de la donation. — *Toulouse*, 7 juill. 1829, Cordié.

143. — Une donation entre-vifs que le père a faite à l'un de ses enfans par préciput et hors part, doit être régie pour la réduction, par la loi en vigueur au moment de la donation, et non par la loi nouvelle existant au décès du donateur. — *Cass.*, 27 août 1822, Thévenin.

144. — Les institutions contractuelles faites sous l'empire de l'ancien droit par une personne décédée depuis la promulgation du Code civil, doivent quant à la quotité disponible, être régies par les lois existantes à l'époque du contrat. — *Bordeaux*, 3 août 1841 (t. 2 1841, p. 637), Audière c. Faure.

145. — Par conséquent, dans les successions ouvertes sous l'empire du Code civil, la réduction des institutions contractuelles stipulées avant sa promulgation, doit être réglée d'après les lois en vigueur au moment du contrat de mariage. — *Turin*, 15 mars 1806, Orset c. Chabloz.

146. — Une donation faite par contrat de mariage à l'un des époux avant le Code civil, d'une somme à prendre par prélèvement sur la succession du donateur, ne peut être réduite à la quotité disponible fixée par le Code civil, sous l'empire duquel le donateur est décédé. — *Cass.*, 15 déc. 1807, Bolla.

147. — Dans le cas d'une institution contractuelle, la quotité des légitimes dues aux héritiers doit être réglée par la loi existante à l'époque du don, et non par celle existante au décès de l'instituant. — *Cass.*, 31 janv. 1832, Schmidtbourg c. Salis-Saglio.

148. — Jugé cependant que c'est par la loi existant à l'époque du décès de l'instituant ou donateur, et non par la loi existant à l'époque du don, qu'il faut régler la quotité des légitimes que les enfans peuvent réclamer par voie de retranchement sur le don d'un droit d'aînesse conféré par contrat de mariage. — *Cass.*, 26 août 1818, de Rohan-Rochefort.

149. — La dot que les père et mère ont solidairement constituée à des enfans sous l'empire de la loi du 17 nivôse an II, qui prescrivait l'égalité entre eux, ne peut être réduite au moyen du legs fait depuis par un des constituans, d'une quotité de biens par préciput et hors part à un autre enfant, en vertu de l'art. 913 du Code civil. — *Cass.*, 2 avril 1834, Josselin c. de la Renaudie.

150. — C'est par la loi en vigueur lors du contrat qu'une donation faite par un époux d'abord à son conjoint et ensuite à un tiers, doit être réglée, encore que le donateur soit décédé sous le Code civil. — *Agen*, 30 août 1831, Balex c. Gladi.

151. — Les dons de survie faits en contrat de mariage sont régis, quant à la quotité disponible, par la loi en vigueur à l'époque de la donation, et non par celle existant au jour du décès du donateur. — *Cass.*, 5 vend. an VII, Leclerc c. Chéron ; *Toulouse*, 17 décemb. 1811, Boitel c. Biargues.

152. — L'arrêt qui décide que le douaire constitué par un mari à sa femme, dans leur contrat de mariage antérieur au C. civ., et conformément aux dispositions de la coutume, présente un avantage qui doit s'imputer sur la portion déclarée disponible par ce Code, ne donne pas ouverture à cassation. — *Cass.*, 13 mai 1828, Gilly.

153. — Une donation mutuelle faite par contrat de mariage est réglée, quant à la quotité disponible par la loi en vigueur au moment du contrat et non par celle existant au jour où le droit est ouvert par le décès de l'un des époux. — *Paris*, 6 août 1810, Wirion ; *Cass.*, 9 juill. 1812, Dabadie c. Leclerc ; *Riom*, 18 févr. 1814, Dayat c. Terreyre.

154. — Par exemple, une donation mutuelle entre époux faite sous l'empire de la loi du 17 niv. an II, doit être réglée par cette loi, en ce qui concerne la quotité disponible, bien que le donateur soit décédé sous l'empire du Code. — *Cass.*, 1er févr. 1820, Brisa c. Paul.

155. — Le survivant des époux peut cumuler les avantages qui résultent des coutumes, statuts et usages en vigueur au temps où le mariage a été contracté, avec la portion déclarée disponible par le Code civil. — *Bruxelles*, 15 juin 1814, Deman c. Peytier.

156. — En conséquence, dans un don mutuel par contrat de mariage, la disposition en faveur du survivant de ce dont la loi actuelle permet de disposer, et même de tout ce qui sera disponible, d'après la loi existante lors du décès du prémourant, ne peut s'étendre au delà de la quotité disponible au moment de l'acte, bien que celle du moment du décès soit plus forte. — *Riom*, 18 févr. 1814, Dayat c. Terreyre.

157. — Par la même raison, un enfant naturel, reconnu dans son acte de naissance, antérieurement aux nouvelles lois, ne peut demander la réduction de la donation faite par son père à sa femme dans son contrat de mariage, pour prendre la portion attribuée par le Code civil aux enfans naturels. — *Cass.*, 9 juill. 1812, Dabadie c. Leclerc.

158. — Un don mutuel entre époux stipulé par contrat de mariage sous l'empire d'une loi qui laissait aux époux la liberté absolue de se donner réciproquement tous leurs biens, est affranchi de la réserve établie en faveur des ascendans par le Code civil, sous lequel l'époux donateur est décédé. — *Paris*, 6 août 1810, Wirion; *Cass.*, 18 mai 1812, mêmes parties.

159. — Une donation déguisée, faite avant le Code, mais dont l'auteur est décédé depuis sa publication, doit être réglée, quant à la quotité disponible, par la loi du décès du donateur et non par celle de l'époque de la donation. — *Cass.*, 2 juin 1835, Bellamy c. Dublanc.

160. — Les effets d'une donation déguisée sous la forme d'un contrat à titre onéreux se règlent en ce qui touche la quotité disponible, non d'après les lois existant au moment de l'acte, mais d'après les lois en vigueur à l'époque du décès du donateur; il en est ainsi notamment d'une donation déguisée consentie sous l'empire de la loi du 17 niv. an II, en faveur d'un successible. — *Bordeaux*, 20 juill. 1829, Carpentey.

161. — De même, une donation indirecte faite sous l'empire de la loi du 17 niv. an II doit être régie par les règles du Code civil, si le donataire est décédé depuis sa promulgation; en conséquence l'aliénation faite à charge de rente viagère, en faveur de l'un des successibles, en ligne directe, doit être imputée sur la portion disponible. — *Agen*, 27 déc. 1811, Lagarrigue c. Marabelle.

162. — Jugé, cependant, qu'en matière de libéralités déguisées, c'est la loi de l'époque de la libéralité et non celle du décès du donateur qui détermine la quotité disponible. — *Rouen*, 19 févr. 1814, Lanon c. Pinchon.

163. — Lorsque la législation a changé dans l'intervalle de temps qui s'est écoulé entre l'époque de la confection du testament et celle du décès du testateur, le sort des dispositions testamentaires, en ce qui touche la quotité disponible, doit être réglé par les lois en vigueur à cette dernière époque. — *Riom*, 26 juin 1824, Destaune c. Desbans.

164. — Ainsi, lorsqu'un testateur a légué à l'un de ses héritiers la portion de tous ses biens présens et à venir dont la loi lui permet de disposer, et qu'une loi, survenue depuis la disposition, a étendu la faculté de donner, la quotité disponible, comprise dans le legs, ne peut être que celle qui était fixée par la loi de l'époque du testament. — *Riom*, 2 janv. 1819, Giry c. Chambert.

165. — Lorsqu'un testateur a déclaré vouloir récompenser ses légataires, conformément à telle loi (alors en vigueur), c'est la loi existant au décès qui doit servir à déterminer la quotité disponible. — Du moins, l'arrêt qui décide l'affirmative, en se fondant sur l'appréciation de la volonté du testateur, échappe à la censure de la Cour de cassation. — *Cass.*, 23 mai 1822, Delahaye c. Lehugeur.

166. — De même, lorsqu'un testateur a donné *généralement tout ce dont la coutume lui permet de disposer*, il faut, pour juger de la validité et de l'étendue de cette disposition, suivre la loi existante au décès du testateur. — *Poitiers*, 21 frim. an IX, Jousseaume c. Sagne.

167. — Jugé cependant que lorsqu'un individu a fait, sous l'empire d'une coutume, un testament par lequel il a légué une portion de ses propres, conformément à la coutume, *et généralement tout ce dont il mourra vêtu et saisi*, cette dernière clause ne doit pas, si le testateur est décédé depuis la publication du Code civil, être interprétée de manière à comprendre tout ce dont le Code permet de disposer, mais qu'elle doit être interprétée conformément à la coutume. Décider autrement, ce serait contrarier l'intention clairement manifestée du testateur. — *Bourges*, 13 déc. 1814, Chaumereuil.

CHAPITRE II. — *Fixation de la quotité disponible.*

168. — C'est en faveur soit des enfans, soit des ascendans que la faculté de disposer est limitée. La quotité disponible est de ce que n'atteint pas leur réserve. — C. civ., art. 913, 914 et 915.

169. — Cependant une exception toute particulière avait été établie, à cet égard, par la loi du 2 mars 1832. — D'après l'art. 23 de cette loi, le roi pouvait disposer de son domaine privé soit par actes entre-vifs, soit par testament, sans être assujetti aux règles du Code civil qui limitent la quotité disponible.

170. — La faculté de disposer n'est pas restreinte par l'existence de frères et sœurs du défunt; car la loi n'établit, en leur faveur, aucune réserve.

171. — Les règles générales sur la fixation de la quotité disponible sont modifiées dans deux cas: 1° celui où la disposition est faite par un mineur. Pour le garantir des dangers dont l'entourent son inexpérience et la vivacité de ses passions, toute disposition lui est interdite au-dessous de seize ans, excepté par mariage. — C. civ., art. 913. — Parvenu à cet âge, il ne peut, toujours excepté par mariage, disposer que par testament; ce qui laisse moins de prise à la séduction, et seulement de la moitié des biens dont la disposition est permise au majeur. — C. civ., art. 914. — Rolland de Villargues, v° *Portion disponible*, n° 6. — V. *infrà* nos 251 et suiv.

172. — ... 2° Celui où la disposition est faite par un époux en faveur de l'autre. La portion disponible au profit de ce dernier n'est pas la même que celle fixée à l'égard de toute autre personne. — C. civ., art. 1094 et 1098. — Le législateur a voulu, en fixant d'autres limites, donner au disposant les moyens de concilier ses affections et ses devoirs envers son époux comme envers ses enfans. — Rolland de Villargues, n° 7. — V. *infrà* nos 278 et suiv.

173. — A la différence des coutumes, le Code civil ne fait point de distinction quant à la fixation de la quotité disponible entre les dispositions entre-vifs et les dispositions testamentaires. — Arg. C. civ., art. 913 et 915.

Sect. 1re. — *Quotité disponible quand il existe des enfans légitimes.*

174. — Les libéralités par acte entre-vifs ou par testament ne peuvent excéder la moitié des biens du disposant, s'il ne laisse à son décès qu'un enfant légitime; le tiers, s'il laisse deux enfans; le quart, s'il en laisse trois ou un plus grand nombre. — C. civ., art. 913.

175. — Par conséquent, la réserve légale est de moitié dans le premier cas, des deux tiers dans le second, et des trois quarts dans le dernier.

176. — Les enfans naturels légitimés par le mariage subséquent de leurs père et mère, ayant les mêmes droits que s'ils étaient nés de ce mariage (C. civ., art. 332 et 333; V. ENFANT NATUREL), doivent compter comme les enfans légitimes pour la fixation de la portion disponible. — Levasseur, nos 42 et 43; Grenier, t. 2, n° 559; Favard de Langlade, *Rép.*, v° *Portion disponible*, p. 320; Toullier, t. 5, n° 103; Vazeille, art. 913, nos 6 et 7; Poujol, *ibid.*, n° 6.

177. — Il en est de même de l'enfant adoptif, lequel a, sur la succession de l'adoptant, les mêmes droits qu'y aurait l'enfant né en mariage (C. civ., art. 350). S'il est mort laissant des enfans, ceux-ci le représentent et ont les mêmes droits qu'il aurait eus. — Mêmes auteurs. — V. ADOPTION.

178. — Sont compris sous le nom d'*enfans*, les descendans en quelque degré que ce soit; néanmoins, ils ne sont comptés que pour l'enfant qu'ils représentent dans la succession du disposant. — C. civ., art. 914. — V. ENFANT.

179. — *Quid*, s'il n'y a que des petits-enfans d'un enfant unique? On jugeait autrefois, dans quelques pays de droit écrit, que la réserve devait être fixée à raison du nombre des petits-enfans (Serres, *Sur les Institut.*, liv. 2, tit. 18); et, suivant Levasseur (*Portion disponible*, n° 39), il faudrait décider de même sous le Code civil, par le motif que les petits-enfans sont appelés de leur chef à la succession de leur aïeul et ne représentent pas leur père prédécédé.

180. — Mais ce système n'était pas adopté dans les pays coutumiers (Lebrun, *Success.*, liv. 2, ch. 3, n° 4), et il est inadmissible aujourd'hui. La quotité disponible pour l'aïeul ne saurait dépendre de cette circonstance que son enfant unique est décédé avant lui. Sans doute, les petits-enfans de celui-ci ne le représentent pas comme s'ils étaient en concours avec des oncles et tantes, mais ils le représentent quant au droit de la réserve. Ainsi, les petits-enfans d'un enfant unique n'ont droit entre tous qu'à la réserve qu'aurait eue leur père. — Delvincourt, t. 2, p. 218; Grenier, *Donat.*, t. 2, n° 558; Toullier, t. 5, n° 202; Duranton, t. 8, n° 290.

181. — L'enfant qui est mort civilement, au moment du décès du disposant, ne doit pas être compté pour le calcul de la quotité disponible (C. civ., art. 25 et 725). Mais s'il a laissé des descendans, ceux-ci le représentent dans la réserve comme dans la succession considérée en général, et cela encore bien qu'ils aient renoncé à sa propre succession. — C. civ., art. 744. — Grenier, n° 559; Levasseur, *Portion disponible*, n° 41; Duranton, t. 8, n° 295. — V. MORT CIVILE.

182. — Autrefois, les personnes qui avaient fait profession religieuse étaient dans une espèce particulière de mort civile, qui ne leur permettait pas de succéder et de faire nombre pour la computation de la légitime. Il n'en est plus de même aujourd'hui, depuis que la loi du 13 févr. 1790 les a rendues à la vie civile. — Rolland de Villargues, v° *Portion disponible*, n° 24.

183. — Jugé, en ce sens, que la profession religieuse n'entraînant plus aucune privation des droits civils, ceux qui y sont engagés doivent être comptés pour le calcul de la quotité disponible. — Peu importe que la donation ait été faite à une époque où les religieux étaient frappés de mort civile, alors que le donateur est décédé sous le Code. — *Amiens*, 17 août 1814, Desforges c. Maillefer; *Cass.*, 20 nov. 1815, mêmes parties.

184. — Les étrangers ayant été admis à succéder, en France, comme les Français (L. 14 juill. 1819. — V. ÉTRANGERS), il faut compter au nombre des enfans, pour la fixation de la quotité disponible, les enfans étrangers et les enfans nés Français qui auraient perdu cette qualité. — Rolland de Villargues, n° 25.

185. — Avant la loi de 1819, les enfans nés Français et naturalisés en pays étranger par autorisation du gouvernement, n'auraient pas été comptés, et les étrangers n'auraient été admis que dans le cas et de la manière dont un Français l'aurait été dans leur pays (C. civ., art. 726; décr. 26 août 1811, art. 6). — Toutefois, les enfans français des étrangers, ou des Français naturalisés en pays étranger sans autorisation, auraient pu les représenter, comme ceux des individus morts civilement. — Duranton, t. 8, n° 297.

186. — Un Français, propriétaire d'immeubles en pays étranger, ne peut point, sous l'empire du Code civil, excéder la quotité disponible en disposant de l'immeuble étranger au profit d'un de ses enfans, et le donataire ne peut, même sans renoncer à la succession pour s'en tenir à la donation, prélever le prix de la vente de l'immeuble étranger sur la succession française au delà de la quotité disponible. — *Riom*, 7 avril 1835, Onslow.

187. — D'ailleurs, en supposant que cette décision soit contraire à la loi étrangère, elle est à l'abri de la censure de la Cour de cassation dès l'instant qu'elle a eu pour conséquence le respect de la loi française. — *Cass.*, 28 août 1836, mêmes parties.

188. — L'enfant qui renonce à la succession doit-il être compté pour la fixation de la quotité disponible et de la réserve? Cette question, qui n'a d'intérêt qu'autant qu'il n'y a pas plus de deux héritiers acceptans, a pour objet de décider, en d'autres termes, à qui de l'héritier naturel ou de l'héritier institué accroît la part du renonçant dans la réserve.

189. — Suivant Delvincourt (t. 2, p. 216), qui suit en cela l'opinion de Ricard, en cas de renonciation gratuite l'enfant ne compte pas, et ainsi il y a accroissement en faveur de l'héritier institué.

190. — Mais l'art. 913 ne saurait admettre une pareille interprétation. En effet, il détermine la quotité disponible par le nombre des *enfans* que le donateur ou testateur laisse à son décès; et aucun autre article ne dit que ces enfans devront tous se porter héritiers. Ainsi, ce ne sont pas seulement tous les héritiers, mais tous les appelés, qui sont comptés pour la réserve. — *Caen*, 16 févr. 1826, Leduc c. Hulmel; 25 juill. 1837 (t. 2 1837, p. 440), Dudonney c. Dionis. — Grenier, t. 2, n° 564; Levasseur, *Portion disponible*, n° 40; Toullier, t. 5, n° 109; Duranton, t. 7, n° 258 et t. 8, nos 298 et 299; Vazeille, sur l'art. 913, n° 2; Poujol, *Donat.*, sur l'art. 913, n° 2, et sur l'art. 914, n° 4.

191. — Peu importe que la renonciation soit simple et gratuite, ou bien gratuite au profit d'un ou de plusieurs cohéritiers, ou enfin qu'elle ait lieu en faveur de tous les cohéritiers moyennant un prix; car, dans ces deux derniers cas, ceux qui profitent de la renonciation sont subrogés aux droits du renonçant. — Grenier, n° 565; Duranton, t. 7, nos 258 et 281.

192. — Sur la question de savoir si l'héritier qui renonce pour s'en tenir au don ou au legs qui lui a été fait, ne peut simplement que retenir le don ou réclamer le legs jusqu'à concurrence de la quotité disponible, ou s'il peut réclamer en outre sa part dans la réserve, V. *infrà*, nos 508 et suiv.

193. — Quoi qu'il en soit, si l'enfant renonçant est seul, la réserve ne saurait profiter aux collatéraux; car ils n'ont pas qualité pour demander la réduction (C. civ. 921). Il n'y a pas alors véritablement de réserve, et cette réserve ne peut exister qu'autant qu'il y a un réservataire qui accepte l'hérédité. — Duranton, t. 8, no 299.

194. — L'enfant exclu comme indigne doit-il être compté pour la fixation de la quotité disponible? Pour la négative, on dit que l'enfant est censé ne pas exister et qu'il doit être assimilé à celui qui renonce gratuitement. — Delvincourt, t. 2, p. 218; Favard, *Rép.*, vo *Portion disponible*.— Pour l'affirmative on répond qu'il n'est pas nécessaire (comme on l'a vu *suprà* no 190) d'être héritier pour être compté.—Duranton, t. 8, no 300.— D'ailleurs l'indigne a été saisi de la réserve dès le jour du décès comme les autres enfans; la réserve et conséquemment la quotité disponible ont été dès lors fixées, et l'exclusion postérieure de l'indigne ne saurait changer cette fixation. — Rolland de Villargues, vo *Portion disponible*, no 33; Vazeille, art. 913, no 9.

195. — Quant à l'enfant absent, il ne doit être compté qu'autant qu'on prouve son existence. — C. civ. 135.—Delvincourt, t. 2, p. 218; Toullier, t. 5, no 105; Vazeille, art. 913, no 10; Poujol, *ibid.*, no 8; Saint-Espès-Lescot, *Donat. et test.*, t. 2, no 323; Rolland de Villargues, no 34. — V. ABSENCE.

196. — Jugé, en conséquence, qu'en cas d'absence de l'un des héritiers la quotité disponible doit être calculée comme s'il n'existait pas.—C'est à ceux qui invoquent son existence pour faire restreindre la quotité disponible, à prouver cette existence. — *Toulouse*, 1er mai 1823, Puntis c. Lafont.

197. — Mais s'il a laissé des enfans, ceux-ci exercent tous les droits qu'il aurait eus, et ils font nombre comme aurait fait leur père. — C. civ. 136; Grenier, t. 2, no 567; Toullier, t. 5, no 105; Duranton, t. 8, no 301.

Sect. 2e. — *Quotité disponible quand il existe des ascendans.*

198. — Lorsqu'à défaut d'enfant, le disposant laisse un ou plusieurs ascendans dans chacune des lignes paternelle et maternelle, les libéralités par actes entre-vifs ou par testament ne peuvent excéder la moitié des biens; ils ne peuvent excéder les trois quarts, s'il ne laisse d'ascendans que dans une ligne.—C. civ., art. 915.

199. — Ainsi, la réserve légale est de moitié s'il y a des ascendans dans les deux lignes, et du quart s'il n'y a d'ascendans que dans une ligne.— Rolland de Villargues, vo *Portion disponible*, no 37.

200. — Toutefois, cette réserve subit une modification; c'est lorsque la disposition est faite par un époux au profit de l'autre. Dans ce cas, la quotité disponible se compose de tout ce dont il est permis de disposer en faveur d'un étranger, et en outre de l'usufruit de ce surplus (C. civ., 1094). — La réserve est donc alors réduite à la nue propriété de moitié, s'il y a des ascendans dans les deux lignes, ou d'un quart, s'il n'y a d'ascendans que dans une ligne.—V., au surplus, *infrà*, no 279 et suiv.

201. — A défaut d'ascendans et de descendans, les libéralités par actes entre-vifs ou testamentaires peuvent épuiser la totalité des biens (C. civ., 916). — Ainsi, les frères et sœurs n'ont aucune réserve.

202. — Jugé, en conséquence, que celui qui n'a ni ascendant ni descendant peut, par testament, donner son bien à tous ses héritiers, dans quelques degrés qu'ils soient, à charge de les partager dans leurs estocs et lignes, sans que les plus proches puissent exclure les plus éloignés. — *Rennes*, 1er août 1820, Elnère c. N....

203. — Les biens réservés au profit des ascendans sont par eux recueillis dans l'ordre où la loi les appelle à succéder. Ils ont seuls droit à la réserve dans tous les cas où un partage en concurrence avec des collatéraux ne leur donnerait pas la quotité de biens à laquelle elle est fixée. — C. civ., art. 915.

204. — Il suit de là que, si le père et la mère existent, chacun d'eux a une réserve du quart de la succession. Ainsi, cette réserve est égale à leur portion héréditaire lorsqu'il existe des frères et sœurs du défunt ou des descendans d'eux; elle est de moitié de leur portion héréditaire s'il n'en existe pas. — C. civ., art. 753. — Grenier, t. 2, no 574; Toullier, t. 5, no 116.

205. — Suivant Levasseur (*Portion disponible* no 50), et Delvincourt (t. 2, p. 214 et 215), lorsque les père et mère concourent avec des frères et sœurs ou des descendans de frères et sœurs, leur réserve ne devrait être que de moitié de leur part héréditaire, c'est-à-dire d'un huitième pour chacun. Mais cette opinion est évidemment contraire au texte de l'art. 915. Le mot *biens* ne peut s'y entendre que des biens du disposant, et non de la portion qui aurait été recueillie par les père et mère à défaut de dispositions. — Grenier, no 575; Rolland de Villargues, no 42.

206. — Lorsque le défunt a laissé des frères et sœurs, même un seul, ou des descendans de frères ou sœurs, qui se portent héritiers ou dont un seul se porte héritier, les ascendans autres que les père et mère n'ont pas de réserve à réclamer. En effet, ils se trouvent exclus de la succession et ne sont plus dans l'ordre où la loi les appelle à succéder. Ils sont dans la même position que s'il n'avait pas été fait de disposition. — Arg. C. civ., art. 750 et 915.—Delvincourt, t. 2, p. 215; Grenier, no 572; Toullier, t. 5, no 114; Duranton, t. 8, nos 309 et 310. — Ainsi, voilà un cas où celui qui a des ascendans peut néanmoins disposer de la totalité des biens, et la règle établie par l'art. 915 ne doit être entendue que des ascendans successibles. — Guilhon, *Donat.*, t. 1er, nos 233 et suiv.; Rolland de Villargues, no 44.

207. — Si le seul frère laissé par le défunt était absent lors de l'ouverture de la succession, les ascendans, pour avoir la réserve, ne seraient point tenus de prouver son décès. Il en serait de même, à plus forte raison, si l'absence était déjà déclarée. — Arg. C. civ., art. 136 et 915. — Duranton, t. 8, no 312.

208. — De ce que la réserve des père et mère se prend sur les *biens*, et n'est, par conséquent, pas une partie de la portion héréditaire, il suit que l'usufruit du tiers des biens auxquels ils ne succèdent pas, lequel leur est accordé par les art. 753 et 754 du Code civil, n'entre pas dans leur réserve et est entièrement disponible. — La loi a pu, sans inconséquence, retirer cet avantage à l'ascendant, lorsqu'il se trouve en concours avec un légataire universel qui a pour lui une vocation expresse du testateur et non plus seulement la présomption fort incertaine d'affection d'après laquelle ont été déterminés les droits des héritiers *ab intestat*. — Grenier, no 576; Rolland de Villargues, no 46. — *Contrà*, Levasseur, no 51.

209. — Les ascendans ayant seuls droit à la réserve dans tous les cas où un partage en concurrence avec des collatéraux ne leur donnerait pas la quotité de biens à laquelle elle est fixée (C. civ., 915), il s'ensuit que, si les biens laissés par le défunt ne fournissent pas le montant de la réserve dans la part qui reviendrait aux ascendans, il y a lieu de prélever la réserve des ascendans sur les biens laissés par le défunt; le surplus seul reste aux collatéraux. S'il ne reste rien, les collatéraux n'ont rien; et tant que la réserve n'est pas remplie, ils n'ont aucune part à prendre dans la succession. — Grenier, no 577; Delvincourt, t. 2, p. 215 et 216; Toullier, t. 5, no 115.

210. — La renonciation de l'ascendant à la succession dans laquelle il aurait un droit de réserve, ne pourrait, non plus que celle de l'enfant unique, faire profiter les collatéraux de la réserve. — On a cependant jugé le contraire. — *Caen*, 16 févr. 1826, Leduc c. Hulmel.

211. — Mais une pareille décision, dit Rolland de Villargues (no 49), contient une confusion de principes. Sans doute la renonciation profite à l'héritier du degré subséquent, et c'est par fiction que le renonçant est réputé n'avoir jamais été héritier; mais il ne suit pas de là que tous ses droits passent à l'héritier du degré subséquent. Le droit de réserve est un privilége, un droit particulier accordé à certains héritiers en considération de leur qualité. Il ne saurait donc être exercé par celui qui, comme le collatéral, n'a pas la qualité en faveur de laquelle la loi l'a créé.

212. — L'ascendant qui arrive à la succession par suite de la renonciation des frères ou sœurs du défunt, a droit à une réserve aussi bien que s'il était appelé directement. — *Paris*, 16 juill. 1839 (t. 2 1839, p. 82), Lucas c. Ledu; *Cass.*, 11 mai 1840 (t. 1er 1840, p. 650), mêmes parties. — Duranton, t. 8, nos 310 et 311; Poujol, *Donat.*, sur l'art. 915. — *Contrà*, Vazeille, sur l'art. 915, no 3. — Rolland de Villargues avait d'abord adopté cette dernière opinion (no 49).

213. — L'art. 915 n'accorde de réserve aux ascendans qu'autant que le testateur ne leur a pas donné une quotité égale à celle que leur assure la loi; elle leur est exclusivement affectée et ne peut être réclamée que par eux. — *Besançon*, 19 fév. 1847 (t. 1er 1847, p. 453), Bourgeat c. Grillet.

214. — D'après l'art. 747 C. civ., les ascendans succèdent, à l'exclusion de tous autres, aux choses par eux données à leurs enfans ou descendans décédés sans postérité, lorsque les objets donnés se retrouvent en nature dans la succession. Il résulte de ce droit de disposer pour l'enfant donataire que l'ascendant donateur n'a pas de réserve particulière à prétendre à raison des objets par lui donnés. — Rolland de Villargues, no 50. — V. RETOUR LÉGAL.

215. — L'adoptant n'a point un droit de réserve dans la succession de l'adopté. Sans doute, comme l'ascendant donateur, il reprend, à l'exclusion de tous autres, des choses par lui données à l'adopté, lorsqu'elles se trouvent en nature dans la succession de ce dernier. Mais ce n'est pas là un droit de successibilité proprement dite. Or, la réserve n'est qu'un droit de succéder modifié. — Grenier, *De l'adoption*, no 41; Rolland de Villargues, no 51.

216. — Les père et mère de l'enfant naturel légalement reconnu ont-ils une réserve sur les biens laissés par celui-ci? — Pour la négative, on s'appuie principalement sur le silence de la loi à cet égard. — *Nîmes*, 11 juill. 1827, Ville c. Mounier; *Douai*, 5 déc. 1840 (t. 1er 1841, p. 167), Regnier c. Sergent. — Chabot, sur l'art. 765; Delvincourt, t. 2, p. 66, notes; Malpel, *Success.*, no 167.

217. — Pour l'affirmative, on répond que les enfans naturels ayant eux-mêmes une réserve sur les biens de leur père et mère (V. *infrà* no 255), ceux-ci doivent, par réciprocité, en avoir une sur les biens de leurs enfans; que les obligations réciproques sont les mêmes entre parens naturels qu'entre parens légitimes; et que comme ces obligations sont le fondement de la réserve accordée aux uns, on ne saurait refuser cette réserve aux autres. — Loiseau, *Des enfans naturels*, p. 692, et *Append.*, p. 80; Grenier, t. 2, no 676; Merlin, *Rép.*, vo *Réserve*, sect. 4, no 20; Vazeille, art. 765, no 5; Delaporte, *Pand. franç.* no 180; Conflans, *Jurispr. des success.*, p. 133; Poujol, p. 328.

218. — On a donc jugé, en ce sens, que les père et mère ont un droit de réserve sur les biens laissés par leurs enfans naturels légalement reconnus. — *Bordeaux*, 24 avril 1834, Boutet; 20 mars 1837 (t. 2 1837, p. 610), Laburthe c. Faurel; *Paris*, 14 mars 1845 (t. 2 1845, p. 424), Rothberg c. Mangin; *Cass.*, 3 mars 1846 (t. 1er 1846, p. 676), mêmes parties.

Sect. 3e. — *Quotité disponible quand il existe des enfans naturels.*

219. — Comme la loi refuse à l'enfant naturel (C. civ., 756) la qualité d'héritier, on en a conclu qu'il n'avait aucun droit de réserve sur les biens de ses père et mère. — Chabot, sur l'art. 756, no 17.

220. — Jugé, en ce sens, que l'enfant naturel légalement reconnu n'a point de réserve sur les biens de ses père et mère. — *Rouen*, 31 juill. 1820, Bachelet; *Lyon*, 16 juill. 1828, Laforest.

221. — D'où il suit que le père peut, par un testament, réduire le droit d'un enfant naturel dans sa succession, en épuisant la quotité disponible. — *Pau*, 24 mai 1806, Picot.

222. — ...Que l'enfant naturel ne peut, pour obtenir le montant de sa prétendue réserve, demander la réduction des dispositions entre-vifs ou testamentaires. — *Rouen*, 31 juill. 1820, Bachelet.

223. — ... Ni attaquer, comme donations déguisées, des ventes faites par ses père ou mère. — *Lyon*, 16 juill. 1828, Laforest.

224. — D'un autre côté, quelques jurisconsultes accordent bien à l'enfant naturel un droit de réserve sur les biens laissés par le défunt, mais ils le lui refusent sur ceux dont il a été dessaisi par l'effet de donations entre-vifs. Ils se fondent pour cela sur les termes de l'art. 757 : « ... les biens de leur père ou mère *décédés*. » — Malleville sur l'art. 756; Delvincourt, t. 2, p. 47 et suiv.

225. — Mais une opinion bien plus générale est que la loi accorde à l'enfant naturel un droit de réserve plus restreint, il est vrai, que celui de l'enfant légitime, mais qui doit s'exercer de la même manière : c'est-à-dire s'étendre sur les donations entre-vifs comme sur les dispositions testamentaires. — Arg. C. civ., art. 756 et suiv., et 908. — Grenier, t. 2, nos 65 et suiv.; Levasseur, *Port. disponible*, no 65; Toullier, t. 4, no 263; Merlin, *Rép.*, vis *Réserve*, sect. 4, no 2, et *Succession*, ch. 4, sect. 1re, art. 1er, no 19, et *Quest.*, vo *Réserve*, sect. 2, § 4; Duranton, t. 6, no 309 et suiv.; Richefort, *De la paternité, Etat des personnes*, t. 2, nos 342 et suiv.; Saint-Espès-Lescot, *Donat. et test.*, t. 2, no 319.

226. — Jugé, en ce sens, que l'enfant naturel a une véritable réserve sur les biens de ses père et mère.—*Douai*, 14 août 1811, Evrard c. Philibert; *Cass.*, 27 avr. 1830, Muller; 28 juin 1831, Gabriel; 16 juin 1847 (t. 2 1847, p. 47), Duval c. Baffet.

227. — D'où il suit qu'il peut demander la réduction des dispositions testamentaires, par suite desquelles il se trouverait privé de tout ou partie de la quotité qui leur est accordée par la loi. — *Cass.*, 27 avr. 1830, Muller.

228. — ... Qu'il peut également demander la réduction, et même la nullité, des donations entre-vifs, qui absorbent cette réserve. — *Douai*, 14 août 1811, Evrard c. Philibert.

229. — ... Qu'enfin il peut aussi demander le rapport à l'enfant légitime et aux autres enfans naturels, dans le but de déterminer cette même réserve. — *Cass.*, 28 juin 1831, Gabriel.

230. — Y a-t-il lieu de distinguer entre les biens donnés entre-vifs avant la reconnaissance de l'enfant naturel et les biens donnés depuis? Pour l'affirmative, on dit que l'enfant naturel n'acquiert de droits à l'égard des tiers que par sa reconnaissance. — Grenier, t. 2, no 665; Toullier, t. 4, no 463; Merlin, *Rép.*, vo *Réserve*, sect. 4, no 9; Chabot sur l'art. 756, no 20 *in fine;* Loiseau, *Enf. nat.*, p. 698; Poujol, art. 756, no 14; Richefort, *Etat des personnes*, t. 2, no 348; Cadrès, *Enf. nat.*, nos 249 et 252; Favard, vo *Succession*, sect. 4, § 1er, no 12; Chardon, *Dol et fraude*, t. 3, no 378.

231.—Jugé, en ce sens, que l'enfant naturel reconnu ne peut faire réduire les donations entre-vifs faites par son père, sous prétexte qu'elles entament sa réserve, lorsque ces donations sont antérieures à sa reconnaissance.—*Rouen*, 27 janv. 1844 (t. 2 1844, p. 126), Duval c. Baffet.

232. — Mais on répond, pour la négative, que, dans ce système, l'enfant naturel né après la donation n'aurait jamais le droit de la faire réduire. Or, du moment que l'on reconnaît que la réserve de l'enfant naturel, dans sa restriction, s'exerce comme celle de l'enfant légitime, il s'ensuit que ce droit de réserve doit s'étendre sur les donations antérieures à sa reconnaissance, sauf aux donataires à attaquer cette reconnaissance, si elle n'avait été faite que pour préjudicier à leurs droits acquis. — Duranton, t. 6, no 313; Rolland de Villargues, vo *Portion disponible*, no 54; Malpel, no 162, Belost-Jolimont sur Chabot, art. 756, observ. 5; Saint-Espès-Lescot, *Donat. et test.*, t. 2, no 320.

233. — Jugé, en conséquence, que l'enfant naturel peut, pour former sa réserve, demander la réduction des donations faites par préciput à des enfans légitimes, encore que la date de ces dispositions soit antérieure à la reconnaissance et à sa naissance.—*Cass.*, 16 juin 1847 (t. 2 1847, p. 87), Duval c. Baffet.

234. — Le droit de réserve une fois reconnu pour l'enfant naturel, il y a lieu d'en fixer la quotité à raison de la qualité des parens légitimes avec lesquels il se trouve en concours, de la même manière que la loi a fixé dans les mêmes circonstances, la quotité de son droit à la succession totale. — Toullier, t. 4, no 265; Grenier, nos 671 et 672; Duranton, t. 6, no 314.

235.—Lorsqu'il y a concours d'enfans naturels et d'enfans légitimes, la réserve de l'enfant naturel est du tiers de ce qu'elle serait s'il était légitime. Pour la trouver, on admet momentanément l'enfant naturel au nombre des enfans légitimes; on cherche ce qu'il aurait eu en cette qualité, et on lui en donne le tiers. — *Cass.*, 26 juin 1809, Picot.—Toullier, Grenier et Duranton, *loc. cit.* — V. SUCCESSION IRRÉGULIÈRE.

236. — S'il y a un ou deux enfans légitimes et un enfant naturel en concours avec le légataire universel, on retranche de la masse la réserve de l'enfant naturel; on divise le restant d'après les règles ordinaires entre les héritiers légitimes et le légataire universel, de sorte que chacun de ceux-ci contribue pour une égale portion, comme l'équité l'exige, à la réserve de l'enfant naturel. — Duranton, t. 6, no 315; Toullier, *loc. cit.;* Merlin, *Quest.*, vo *Réserve.*

237. — Dans tous les autres cas, on ne doit plus opérer de la même manière. La portion disponible devant s'élever au quart et ne pouvant être moindre (C. civ., art. 913), on doit d'abord la prélever sur la masse, et le reliquat se partage ensuite entre les enfans légitimes et les enfans naturels, selon les règles tracées par l'art. 757. — Grenier, no 772; Toullier, *loc. cit.;* Duranton, t. 6, no 316.

238. — Lorsqu'il y a concours de l'enfant naturel avec des ascendans ou des frères et sœurs du défunt, sa réserve est de moitié de celle qu'il aurait eue s'il eût été légitime. — Toullier, t. 4, nos 266 et 267; Grenier, no 669; Duranton, t. 6, nos 218 et suiv.; Malpel, *Success.*, no 161; Belost-Jolimont, sur Chabot, t. 1er, p. 554; Poujol, sur l'art. 757, no 23.

239. — Dans ce cas, la réserve de l'enfant naturel doit être, comme dans les cas ci-dessus, une charge commune de la portion disponible et de la réserve des ascendans.—Toullier, no 266, Rolland de Villargues, no 78.

240. — La présence de descendans des frères et sœurs a-t-elle, comme la présence de ceux-ci, l'effet de réduire à moitié la réserve de l'enfant naturel? Pour la négative, on dit que l'art. 742 du Code civil, qui admet la représentation en faveur des frères et sœurs, s'applique uniquement aux successions régulières, et nullement aux successions irrégulières où l'enfant naturel ne vient pas à titre d'héritier; que par conséquent, dans ce cas, les enfans des frères et sœurs doivent être assimilés aux autres collatéraux. — Grenier, t. 2, no 668; Duranton, t. 6, no 324.

241.—Mais on répond, pour l'affirmative, qu'il s'agit de succession régulière lorsque les descendans du frère ou de la sœur sont appelés à la succession de leur oncle ou de leur tante, dans laquelle un enfant naturel réclame des droits. Que d'ailleurs il n'est pas vrai que la représentation ne soit pas admise en succession irrégulière quand il s'agit d'enfans naturels (arg. C. civ., art. 759 et 766). — L'enfant naturel qui se trouve en concours avec des neveux et nièces du défunt ne peut donc réclamer que la moitié de la réserve qu'il aurait eue s'il eût été légitime. — Delvincourt, t. 2, p. 50; Chabot, sur l'art. 757; Merlin, *Rép.*, vo *Représentation*, sect. 4, § 7; Toullier, t. 4, no 254; *Thémis*, t. 7, p. 113; Rolland de Villargues, no 86.

242. — Lorsqu'il y a concours de l'enfant naturel avec des collatéraux autres que les frères et sœurs et les descendans des frères et sœurs, la quotité héréditaire de l'enfant naturel serait des trois quarts; sa réserve est donc des trois quarts de celle qu'il aurait eue s'il eût été légitime. — Grenier, t. 2, no 667; Toullier, t. 4, no 264; Duranton, t. 6, nos 318 et 324.

243. — A défaut de descendans légitimes, d'ascendans et de frères et sœurs, l'enfant naturel a droit aux trois quarts de la succession totale de son père, non-seulement lorsque celui-ci décède *ab intestat*, mais encore lorsqu'il a disposé par testament, en faveur d'un étranger, du dernier quart de cette succession. — *Cass.*, 14 mars 1837 (t. 1er 1837, p. 330), Delaunay c. Tempe.

244. — Si le défunt ne laisse pas de parens au degré successible, la réserve d'un seul enfant naturel est de la moitié de la succession, c'est-à-dire de la même quotité que s'il eût été légitime (C. civ., art. 758 et 761). — Mais s'ils sont deux ou un plus grand nombre, ils pourront être réduits tous ensemble à la même quotité. — Levasseur, *Portion disponible*, no 89; Duranton, t. 6, no 326. — V., au surplus, SUCCESSION IRRÉGULIÈRE.

245. — L'incapacité de l'enfant naturel de rien recevoir sur la succession de ses père et mère au delà de ce que la loi accorde n'est point une incapacité radicale et absolue, mais seulement relative à l'intérêt des parens légitimes. — *Paris*, 16 juin 1838 (t. 2 1838, p. 75), Cazin c. Heim; *Toulouse*, 7 févr. 1844 (t. 2 1844, p. 660), Denuvayré. — Loiseau, *Enf. naturels*, p. 674; Levasseur, *Portion dispon.*, no 62.

246. — En conséquence, un légataire universel étranger à la famille n'a pas qualité pour demander la réduction d'une donation faite à l'enfant naturel qui excéderait la quotité dont il était permis de disposer au profit de celui-ci. — *Paris*, 16 juin 1838 (t. 2 1838, p. 75), Cazin c. Heim.

247. — Lorsque le legs fait à un enfant naturel par le testament olographe, qui le reconnaît comme tel a évidemment pour cause cette qualité, l'annulation de la reconnaissance comme irrégulière n'empêche pas que la disposition ne soit réduite à la quotité dont il est permis de disposer envers son enfant naturel. — *Nîmes*, 2 mai 1837 (t. 2 1837, p. 285), Chaix c. Benoît; *Cass.*, 7 déc. 1840 (t. 1er 1841, p. 433), Benoît c. Bernard.

248. — Jugé également que lorsqu'en instituant l'un de ses frères légataire universel, un père a conféré un legs particulier à son enfant naturel non encore reconnu, la reconnaissance qu'il fait postérieurement de cet enfant n'a pas pour résultat de rendre caduc le legs particulier. — En conséquence, l'enfant peut cumuler ce don avec les droits qui dérivent de sa qualité jusqu'à concurrence de la moitié des biens de la totalité de la succession. — *Bourges*, 16 nov. 1839 (t. 2 1840, p. 646), Leblanc de Sérigny.

249. — Le testateur qui a institué son enfant naturel pour légataire universel, doit être considéré comme ayant voulu par là lui laisser la portion la plus élevée que la loi lui permettait de recueillir. — Dans ce cas, les legs particuliers faits à des étrangers peuvent être mis à la charge des héritiers du sang non réservataires. — *Cass.*, 29 nov. 1825, Patureau c. Huart.

250. — Jugé cependant que les dispositions de l'art. 908 du Code civil, suivant lesquelles les enfans naturels ne peuvent, par donation entre-vifs ou par testament, rien recevoir au delà de ce qui leur est accordé au titre *Des successions*, sont absolus et ne comportent aucune exception; que par conséquent un enfant naturel ne saurait être admis, même en concours avec d'autres héritiers naturels comme lui, à retenir les dons et legs à lui faits directement ou indirectement, jusqu'à concurrence de la quotité disponible réglée par l'art. 913 entre enfans légitimes. — *Toulouse*, 8 févr. 1840 (t. 2 1840, p. 77), Azéma.

Sect. 4e. — *Quotité disponible pour le mineur.*

251. — Le mineur qui est âgé de moins de seize ans ne peut disposer que par contrat de mariage et seulement en faveur de son futur époux. — C. civ., art. 903 et 1095.

252. — Et encore faut-il qu'il ait, au moment du contrat, l'âge requis pour contracter mariage, ou qu'il ait obtenu des dispenses d'âge (arg. C. civ., art. 1398.—Delvincourt, t. 2, p. 198, notes; Duranton, t. 8, no 183.—V. MARIAGE); et, de plus, que le contrat de mariage soit fait avec le consentement ou l'assistance de ceux dont le consentement est requis pour la validité du mariage. — C. civ., art. 1091, 1309 et 139. — V., au surplus, CONTRAT DE MARIAGE.

253.—Le mineur, même âgé de moins de seize ans, qui, dans son contrat de mariage, est régulièrement assisté de ses parens, peut donner tout ce que la loi permet à l'époux majeur de donner à l'autre conjoint. — C. civ., art. 1095. — Rolland de Villargues, vo *Portion disponible*, no 100.

254.—Si le mineur est parvenu à l'âge de seize ans, il peut, en outre, disposer par testament, au profit de qui bon lui semble, mais seulement jusqu'à concurrence de la moitié des biens dont la loi permet au majeur de disposer. — C. civ., art. 904.

255. — Ainsi, le legs universel fait par un mineur de plus de seize ans et décédé sans ascendans ni descendans, n'est valable que pour la moitié. — *Turin*, 30 août 1809, Mondino c. Ricolfi.

256. — Le mineur qui laisse un enfant ne peut disposer que du quart de ses biens; s'il en laisse deux, il ne peut disposer que d'un sixième; enfin, s'il en laisse trois ou un plus grand nombre, ses dispositions doivent être réduites à un huitième. — Rolland de Villargues, no 103.

257. — Si le mineur laisse pour héritiers des ascendans dans les deux lignes, il ne peut disposer que du quart; s'il ne laisse d'ascendans que dans une ligne, il ne peut disposer que de trois huitièmes ou moitié des trois quarts. — Rolland de Villargues, nos 104 et 105.

258. — Lorsqu'un enfant naturel mineur laisse un ascendant ayant droit à la réserve du quart, la quotité dont cet enfant peut disposer est de la moitié des biens dont la loi donne au majeur la libre disposition, c'est-à-dire de la moitié des trois quarts restans. — *Bordeaux*, 24 avr. 1834, Boutet.

259. — Enfin, le mineur peut disposer de moitié quand il ne laisse pour héritiers que des frères ou sœurs ou des descendans d'eux. — Rolland de Villargues, no 106.

260. — Quant à la disposition testamentaire faite par le mineur au profit de son conjoint, la quotité disponible est réglée par les art. 904 et 1094 combinés; c'est-à-dire qu'elle est de moitié de celle fixée par l'art. 1094 pour le cas où le disposant serait majeur, cet art. 1094 n'ayant nullement dérogé à l'art. 904. — Grenier, t. 2, no 461; Duranton, t. 8, no 187; Vazeille, sur l'art. 904, no 3.

261. — Jugé, en ce sens, que le mineur ne peut, durant le mariage, disposer par testament en faveur de son conjoint que de la moitié de ce que la loi autorise le majeur à donner.—*Paris*, 11 déc. 1812, Lerebours c. Talon; *Limoges*, 15 janv. 1822, Dutheil c. Claux; *Caen*, 18 août 1838 (t. 1er 1843, p. 429), Guillonet c. le Révérend.

262. — Quand la quotité disponible est fixée, le partage du surplus ne présente aucune difficulté, si le défunt ne laisse qu'une seule espèce d'héritiers. — Rolland de Villargues, n° 108.

263. — Il en est de même dans le cas où le père et la mère se trouvent en concours avec des frères et sœurs. La réserve des père et mère ne variant point et étant égale à leur portion héréditaire, la portion disponible se prend sur celle des frères et sœurs. — Grenier, t. 2, n° 580; Toullier, t. 5, n° 117.

264. — Mais le partage de la portion indisponible présente plus de difficultés lorsqu'il y a concours d'ascendans d'une seule ligne avec les collatéraux de l'autre ligne.

265. — Lorsqu'un mineur âgé de plus de seize ans a légué la portion disponible, qui se réduit à la moitié des biens dont il aurait pu disposer étant majeur, et qu'il laisse pour héritier un ascendant à réserve dans une ligne et un collatéral dans l'autre, l'ascendant, après avoir prélevé sa réserve, n'a plus droit qu'à une moitié du surplus des biens, nonobstant toute clause contraire insérée au testament du mineur. — *Angers*, 16 juin 1825, Bruneau c. Gasnet. — Toullier, t. 5, n° 117; Grenier, édit. 3e, nos 583 *bis* et *ter*; Duranton, t. 8, nos 192 et 193; Levasseur, *Portion disponible*, n° 55; Delvincourt, note 4e sur la p. 61, t. 2; Coin-Delisle, *Comm. analyt.*, sur l'art. 904, n° 13, et sur l'art. 915, n° 16; Saint-Espès-Lescot, *Donat. et test.*, t. 2, n° 355.

266. — Si c'est le père ou la mère qui partage par moitié avec des collatéraux d'une autre ligne, il a, outre sa moitié, l'usufruit du tiers de la moitié revenant aux collatéraux. — C. civ., art. 754. — Grenier, n° 583 *ter*; Toullier, t. 5, n° 117; Vazeille, sur l'art. 915, n° 9.

267. — Ainsi jugé qu'outre l'usufruit résultant de son contrat de mariage, la veuve survivante, qui a été instituée légataire universelle par son fils mineur, a le droit, indépendamment de ce que la loi lui attribue, de réclamer la jouissance du tiers des biens dont la nue propriété est dévolue à ses cohéritiers, lorsqu'elle ne se trouve pas en concours avec les parens désignés dans l'art. 753 C. civ. — *Besançon*, 19 févr. 1847 (t. 1er 1847, p. 453), Bourgeat c. Grillet. — Toutefois cette solution en faveur de l'usufruit pour le père ou la mère n'est pas généralement adoptée, comme on va le voir.

268. — Lorsqu'un mineur âgé de seize ans décède laissant un ascendant, la quotité dont il peut disposer au profit d'un étranger est des trois huitièmes de ses biens. — En conséquence, le legs universel fait par le mineur doit être réduit à cette quotité sans que la renonciation de l'ascendant réservataire puisse avoir pour effet d'étendre, au préjudice des héritiers collatéraux de l'autre ligne, la libéralité du mineur jusqu'à la moitié de ses biens. — *Bourges*, 21 août 1839 (t. 1er 1847, p. 147), Houdaille c. Mathé.

269. — Dans le cas où le mineur laisse son père ou sa mère pour héritiers dans une ligne et des parens collatéraux autres que des frères et sœurs pour héritiers dans l'autre, et que, de plus, il a légué à cet ascendant toute la quotité disponible; quelle sera la part afférente, dans ce cas, à ce dernier? Les décisions varient sur ce point. Ainsi jugé :

270. — 1° Que la portion de l'ascendant dans la succession se compose d'abord de moitié comme part afférente à sa ligne; et, de plus, de la moitié de l'autre moitié pour ses droits dans la quotité disponible, à ce réduite attendu la minorité: ainsi soit pour l'ascendant les trois quarts, ou les douze seizièmes. — *Riom*, 15 mars 1824, Groane c. Figuières; *Aix*, 9 juill. 1838 (t. 2 1838, p. 538), Malosse. — Grenier, n° 583; Vazeille, art. 915, n° 10.

271. — ...Mais que le père n'a pas droit à l'usufruit du tiers de la quotité des biens revenant au collatéral. — *Riom*, 15 mars 1824, Groane c. Figuières.

272. — Si les collatéraux de l'autre ligne demandent la réduction de la disposition au profit du père à la moitié de la quotité disponible fixée pour les majeurs; ils ne peuvent, pour diminuer d'autant cette quotité, se prévaloir du droit de réserve, qui appartient au père. — Au contraire, la disposition, de la part d'un majeur, au profit de son père, ayant pu être de l'universalité des biens, la quotité indisponible doit alors être réduite à moitié; et, par suite, c'est au quart seulement que les collatéraux ont droit dans la succession, en supposant encore la charge d'usufruit établie par l'art. 754 C. civ. — *Bourges*, 28 janv. 1831, Sainson c. Ménard.

273. — ...2° Que la portion disponible à laquelle le père ou la mère a droit, ajoutée à sa réserve, embrasse les quinze vingt-quatrièmes de la succession. — Le surplus doit être abandonné aux héritiers collatéraux, sans que le père ou la mère puisse y prétendre même un droit d'usufruit. — *Besançon*, 23 nov. 1812, Loriferne.

274. — ... 3° Que l'ascendant a droit, 1° en vertu du legs, aux trois huitièmes, et non à la moitié de la succession; 2° à titre de réserve, à la moitié des cinq huitièmes restans, et à l'usufruit du tiers du surplus, et non au quart et à l'usufruit de l'autre quart. — *Poitiers*, 22 janv. 1838, Martineau. — Coin-Delisle, *Comm. anal.*, sur l'art. 915, n° 19.

275. — ... 4° Que l'ascendant a le droit de réclamer, en exécution des art. 753, 754, 915 du même Code combinés ensemble, les onze seizièmes de la succession et l'usufruit du tiers des cinq autres seizièmes. — *Toulouse*, 22 juill. 1840 (t. 2 1840, p. 427), Saint-German c. Anglade.

276. — Quoi qu'il en soit, le legs universel, fait par un mineur âgé de plus de seize ans, n'est pas valable pour la totalité, encore bien que le testateur ne décède qu'après avoir atteint sa majorité. — *Grenoble*, 7 juill. 1811, Candy; *Cass.*, 30 août 1820, Tricard c. Bernard.

277. — Lorsque le légataire universel d'un mineur s'est mis en possession de toute l'hérédité il n'y a que les héritiers, ou à défaut l'Etat, qui puissent se prévaloir contre le légataire de l'art. 904 C. civ., qui réduit alors la quotité disponible à la moitié des biens de la succession. — Spécialement : si le mineur est décédé pendant une instance, son légataire universel peut suivre cette instance, le testament n'étant pas attaqué, sans que l'autre partie soit recevable à lui contester son défaut de qualité pour représenter toute la succession. — *Cass.*, 25 juin 1834, Maraval c. Salm-Salm.

Sect. 5e. — *Quotité disponible entre époux. — Concours de dispositions en faveur d'un époux et d'un étranger.*

278. — La quotité disponible entre époux diffère beaucoup, suivant qu'ils n'ont pas ou qu'ils ont des enfans d'un précédent mariage.

ART. 1er. — *Époux sans enfans d'un précédent mariage.*

279. — L'époux qui n'a point d'enfant d'un précédent mariage n'est limité dans sa quotité disponible vis-à-vis de son conjoint, qu'autant qu'il laisse des enfans ou des ascendans. A défaut, il peut disposer de la totalité de ses biens en faveur de ce conjoint.

§ 1er. — *Cas où l'époux donateur laisse un ou plusieurs enfans.*

280. — Lorsque l'époux donateur laisse un ou plusieurs enfans, la loi fixe une quotité disponible, qui reste toujours la même, quel que soit le nombre des enfans. L'époux peut donner à son conjoint un quart en propriété et un quart en usufruit, ou la moitié de ses biens en usufruit seulement. — C. civ., art. 1094. — Ainsi, l'époux donataire peut, suivant les circonstances, avoir plus ou moins qu'un étranger.

281. — Par le quart en propriété dont parle l'art. 1094, il faut entendre le quart en toute propriété et non pas seulement en nue propriété. *Bruxelles*, 21 juill. 1810, Vanswae c. Scheltiens. — — Grenier, n° 585; Duranton, t. 9, n° 788.

282. — Sous l'empire de la loi du 17 niv. an II, les avantages stipulés entre époux devaient être réduits à l'usufruit de la moitié des biens qui en faisaient l'objet, lorsqu'il y avait des enfans du mariage ou d'un mariage précédent. En conséquence doit être cassé l'arrêt qui, en se fondant sur des considérations particulières, a liquidé le douaire de la femme à l'usufruit de la totalité des biens du mari, bien qu'il existât un enfant du mariage. — *Cass.*, 28 avril 1828, Cacheleu c. Boschumel.

283. — En règle générale : la disposition qui se trouve excéder la quotité disponible n'est pas nulle, mais simplement réductible. — Grenier, n° 450; Malleville sur l'art. 1096; Toullier, t. 5, n° 867; Duranton, t. 9, n° 790.

284. — Lorsque, par son contrat de mariage, l'époux a donné à son conjoint l'usufruit de la totalité de ses biens, avec clause de réduction en cas de survenance d'enfans, la disposition doit, ce cas arrivant, être réputée réduite par l'effet de la convention, et non par l'effet de la loi, à la moitié en usufruit. — *Toulouse*, 28 janv. 1843 (t. 1er 1844, p. 49), Roquefort.

285. — A défaut de clause contraire, ce n'est pas aux enfans qu'il appartient de délivrer, à leur choix, le quart en propriété et le quart en usufruit, ou la moitié en usufruit. L'option appartient à l'époux donataire, et on présume que telle a été l'intention du disposant, puisqu'il a donné le plus possible. — Delvincourt, t. 2, p. 220; Toullier, t. 5, n° 867; Duranton, t. 9, n° 790; Grenier, n° 450 (cet auteur avait d'abord émis l'opinion contraire).

286. — Mais le choix appartiendrait aux enfans comme débiteurs, si l'époux avait légué à son épouse, sous une forme alternative, *le quart de ses biens en propriété et le quart en usufruit*, ou *la moitié en usufruit seulement*; car alors le choix n'aurait pas été réservé à l'épouse. — C. civ., art. 1190. — Duranton, t. 9, n° 791.

287. — Si l'époux a donné à son conjoint l'usufruit universel de ses biens, la disposition doit être réduite à la moitié en usufruit, et non, selon le choix du conjoint, au quart en propriété et au quart en usufruit. En effet, le disposant n'a voulu donner qu'en usufruit et nullement en propriété. — Levasseur, *Portion disponible*, n° 87; Proudhon, *Usufr.*, nos 345 et 346; *Journ. du notar.*, art. 8727.

288. — Jugé, dans le même sens, que l'époux à qui son conjoint a laissé par testament l'usufruit de tous ses biens ne peut, si le legs est excessif et sujet à la réduction, prétendre retenir la portion disponible en toute propriété. — Au contraire, le legs doit être réduit au simple usufruit de la portion libre, le testateur n'ayant disposé qu'en usufruit. — *Amiens*, 15 févr. 1822, Blondin c. Watré; *Angers*, 8 juill. 1840 (t. 1er 1841, p. 375), Gautron.

289. — ... Que le don excessif d'usufruit fait par un mari en faveur de son épouse ne peut être converti en celui que détermine l'art. 1094 C. civ.; il est seulement sujet à retranchement jusqu'à concurrence du taux fixé par la loi. — *Besançon*, 27 juin 1811, Pecaud c. Coillot.

290. — Jugé, au contraire, que lorsqu'un époux laissant des enfans lègue à son conjoint l'usufruit de tous ses biens, celui-ci a le droit de demander soit l'usufruit de la moitié des biens du testateur, soit un quart de propriété et un quart en usufruit; les enfans n'ont que l'option d'acquiescer à cette demande ou d'exécuter le legs dans son entier. — *Poitiers*, 20 mars 1823, Roy c. Mercier.

291. — La renonciation faite par une veuve survivante au bénéfice d'une donation contractuelle en usufruit à elle faite par son mari, et épuisant à son profit la quotité disponible autorisée par l'art. 1094 C. civ., a pour effet de rendre toute efficacité légale aux libéralités qui, postérieurement à cette donation, auraient été consenties en faveur d'enfans du donateur dans les limites de l'art. 913 du même Code, alors qu'en définitive la réserve des enfans n'est pas entamée. — *Toulouse*, 15 avril 1842 (t. 1er 1844, p. 160), de Montlaur; *Cass.*, 20 déc. 1843 (t. 1er 1844, p. 160), mêmes parties; *Bordeaux*, 5 févr. 1844 (t. 2 1844, p. 469), Neuville; *Agen*, 22 avril 1844 (t. 2 1844, p. 469), Clarac; *Riom*, 6 mai 1846 (t. 2 1846, p. 345), Terrasse c. Bourg. — Benech, *Quotité disponible entre époux*, p. 448.

292. — Il en est ainsi bien que la veuve survivante n'ait pas renoncé à son usufruit d'une manière absolue, mais seulement en ce qui concernait les biens attribués aux enfans réservataires. — Peu importe encore que la donataire n'ait fait cette renonciation que plusieurs années après avoir été mise en possession de son usufruit, si cette saisine n'avait eu lieu qu'en vertu d'un partage qui a été judiciairement annulé pour cause de minorité de quelques copartageans. — *Riom*, 6 mai 1846 (t. 2 1846, p. 345), Terrasse c. Bourg.

293. — Toutefois, jugé que l'époux donataire en usufruit de tous les biens de son conjoint auquel il a survécu, ne peut, par un accord préjudiciable aux intérêts de ses autres enfans, réduire partie de son usufruit pour faire valoir une disposition qui transporterait, contrairement aux lois, une plus forte part de l'hérédité de l'époux prédécédé sur la tête d'un autre enfant. — *Agen*, 30 août 1831, Balex c. Gladi.

294. — La renonciation de la femme ne saurait, en pareil cas, être considérée comme frauduleuse et conséquemment être annulée, par cela seul que cette dernière aurait expressément déclaré qu'elle ne renonçait que dans le but de rendre valable la donation postérieure faite par son époux à l'un de ses enfans. — *Toulouse*, 15 avril 1842 (t. 1er 1842, p. 741), de Montlaur.

295. — Lorsque l'époux survivant, donataire

contractuel de l'usufruit des biens de son conjoint, est resté en possession de ces biens, il est réputé en avoir joui, en vertu de sa donation, et non en vertu de son droit d'usufruit légal sur les biens de ses enfans mineurs; car, dans une pareille donation, le donataire a été saisi, sans qu'il y ait eu besoin de délivrance, et chacun est censé exercer ses actions au meilleur titre qu'il peut avoir. — Dès lors : la donation ne pouvant être considérée comme répudiée, la valeur doit en être comptée pour calculer la portion disponible du donateur. — *Toulouse*, 28 janv. 1843 (t. 1er 1844, p. 45), Rocquefort.

296. — Y a-t-il atteinte à la réserve légale lorsque l'époux donateur dispense son conjoint de donner caution ou de faire emploi relativement à l'usufruit concédé à ce dernier suivant l'art. 1094 C. civ., et alors surtout que la donation dépasse la quotité disponible ordinaire? Cette question est controversée.

297. — Jugé que la dispense de donner caution, autorisée en droit commun par l'art. 601 C. civ., ne saurait être considérée comme portant atteinte à la réserve légale. — *Orléans*, 19 déc. 1822, Falquet c. Chauveau; *Rouen*, 13 juin 1840 (t. 2 1840, p. 218), Lhuintre; *Cass.*, 17 mai 1843 (t. 2 1843, p. 27), Claverie c. Coudar; *Limoges*, 8 août 1843 (t. 2 1845, p. 237), Massy c. Chazelas; *Paris*, 8 mai 1845 (t. 2 1845, p. 305), Laperche c. Tresse; *Limoges*, 9 juill. 1846 (t. 2 1846, p. 367), Bonnet c. Blanc; *Paris*, 19 déc. 1846 (t. 1er 1847, p. 447), Courtier. — Massé, *Parfait notaire*, t. 1er, p. 199 et suiv.; Delaporte, *Pandectes françaises*, t. 4, p. 584; Delvincourt, t. 1er, p. 522, note 10.

298. — Jugé, au contraire, que la réserve légale établie au profit des descendans et des ascendans ne pouvant être atteinte ni directement ni indirectement, la règle tracée par l'art. 601 C. civ. ne peut recevoir d'application au cas de donation par l'époux à son conjoint de l'usufruit d'une portion de ses biens alors qu'il existe des héritiers à réserve. — *Nancy*, 21 mai 1825, Michel c. Martin; *Douai*, 20 mars 1833, Guilles c. Sotomayor; *Paris*, 9 nov. 1836, Coustard; *Bourges*, 29 juin 1841 (t. 2 1845, p. 371), Gaudon c. Goblin; *Toulouse*, 27 nov. 1841 (t. 1er 1842, p. 448), D... c. Muguet; *Rouen*, 24 févr. 1842 (t. 1er 1842, p. 616), Radoux; *Douai*, 18 mars 1842 (t. 2 1843, p. 394), Guy-Lepant c. Danglehem; *Rouen*, 17 févr. 1844 (t. 1er 1844, p. 163), Blot c. Gilles. — Toullier, t. 3, no 422; Proudhon, *Usufruit*, t. 2, nos 824 et suiv.; Favard, *Rép.*, vo *Usufruit*; Maleville, t. 2, p. 77; Rolland de Villargues, *Rép. du not.*, vo *Usufruit*, no 142; Duranton, t. 4, no 611; Zachariæ, *Droit français*, t. 2, p. 9; Coin-Delisle, *Donation*, sur l'art. 1094, no 12; Marcadé, *Elémens de droit civil*, t. 4, sous l'art. 1094, no 4.

299. — ... Qu'en pareil cas, l'exception stipulée au profit des père et mère dans la dernière partie de l'art. 601 du Code civil doit fléchir, encore bien qu'il n'ait été donné que la moitié en usufruit, tandis que la donation eût pu embrasser un quart en usufruit et un autre quart en toute propriété. — *Douai*, 18 mars 1842 (t. 2 1843 p. 394), Guy-Lepant c. Danglehem.

300. — La fixation de la quotité disponible dans le cas de concours de l'époux donataire avec un étranger ou un héritier donataire par préciput, a donné lieu à de grandes difficultés. — Quatre systèmes ont été présentés à ce sujet.

301 — *Premier système.* — Les deux quotités disponibles des art. 913 et 1094 ne peuvent jamais être combinées ensemble; et dès que la quotité disponible ordinaire a été donnée, même en partie, la différence entre cette quotité et celle de l'art. 1094 ne peut plus être donnée, même à l'époux. — Grenier (no 584), qui avait d'abord embrassé ce système, l'a depuis abandonné.

302. — *Deuxième système.* — Les deux quotités disponibles peuvent concourir simultanément. De la sorte, la réserve des enfans pourrait se trouver presque nulle; tel serait le cas, par exemple, où le père d'un seul enfant aurait à la fois donné toute la quotité disponible et à un étranger, c'est-à-dire la moitié, et à sa femme, c'est-à-dire un quart en propriété et un quart en usufruit. L'enfant n'aurait plus alors qu'un quart en nue propriété. Un tel système est donc généralement repoussé. — Grenier, no 584; Delvincourt, t. 2, p. 220; Toullier, t. 5, no 870; Duranton, t. 9, no 792.

303. — *Troisième système.* — Les deux quotités peuvent exister simultanément, pourvu que réunies elles n'excèdent pas la quotité disponible la plus forte, seulement l'époux et l'étranger devront être réduits chacun à ce qu'il est permis de disposer en sa faveur. — Grenier, no 584; Delvincourt, p. 224; Toullier, no 870 et suiv. — Par exemple, le legs, dans un même testament, de la moitié en usufruit au profit du conjoint, et de la quotité disponible à l'un des enfans par préciput, donne droit pour celui-ci à un quart en nue propriété des biens grevés de l'usufruit du conjoint. — Grenier, no 584; Toullier, no 873; *Dictionnaire du notariat*, vo *Portion disponible*, no 150.

304. — Jugé, dans ce sens, que les quotités disponibles établies par les art. 913 et 1094 doivent être cumulées et combinées de manière à toujours atteindre la plus forte de ces deux portions. — *Agen*, 27 août 1810, Boucaut; *Turin*, 15 avr. 1810, Cotella c. Depetris; *Limoges*, 24 août 1822, Champeil; *Toulouse*, 1er févr. 1827, Turle; *Grenoble*, 13 déc. 1843 (t. 1er 1845, p. 305), Barnel c. Chabanne; 15 juill. 1845 (t. 2 1846, p. 644), Chenevaz; *Toulouse*, 13 févr. 1846 (t. 2 1846, p. 646), Beral c. Coste; *Paris*, 16 nov. 1846 (t. 2 1846, p. 645), Farina; *Agen*, 14 déc. 1846 (t. 1er 1844, p. 445), Derreq; *Paris*, 8 janv. 1848 (t. 1er 1848, p. 398), de Chanaleilles.

305. — *Quatrième système.* — Les deux quotités sont ou non admises concurremment, suivant la date des donations faites à l'époux et à l'étranger. La disposition de l'art. 1094 ne peut profiter qu'à l'époux. De sorte que si la quotité disponible ordinaire a été d'abord donnée à l'époux, la différence entre cette quotité et celle de l'art. 1094 ne pourra pas être donnée à l'étranger; tandis que l'époux pourrait recevoir cette différence s'il était donataire postérieur. — Duranton, t. 9, no 7096; Proudhon, *Usufr.*, t. 1er, no 360; *Journ. des notaires*, art. 8184. — *Contrà*, Toullier, t. 5, no 871 *bis*.

306. — Jugé, en ce sens, que la quotité disponible, telle qu'elle est fixée par l'art. 1094 C. civ., constitue, en faveur des époux, un privilége personnel, qui ne peut profiter qu'à eux seuls, et dont le bénéfice ne saurait dès lors être revendiqué soit par les enfans, soit par les étrangers. — *Cass.*, 7 (et non 16) janv. 1824, Ratard c. Rouxelles; 22 nov. 1843 (t. 2 1843, p. 798), Verchere c. Goyne; *Riom*, 6 mai 1846 (t. 2 1846, p. 345), Terrasse c. Bourg; *Cass.*, 9 nov. 1846 (t. 2 1846, p. 641), Lebraly; *Paris*, 17 févr. 1848 (t. 1er 1848, p. 365), Daiguirande c. de Préaux; *Cass.*, 27 déc. 1848 (t. 1er 1849, p. 22), Chenevaz; 7 mars 1849 (t. 1er 1849, p. 644), Farina. — V. aussi *Aix*, 18 avr. 1836 (t. 1er 1837, p. 354), Evrard; *Douai*, 24 févr. 1840 (t. 1er 1840, p. 612), Damereyez c. Debril; *Riom*, 23 août 1842 (t. 1er 1842, p. 419), Huguet c. Cottevielle.

307. — Par conséquent, lorsque la quotité disponible déterminée par l'art. 913 C. civ. a été épuisée par une disposition d'un époux envers son conjoint, l'époux donateur ne peut plus rien donner à un étranger, même la différence qui peut exister entre la quotité fixée par l'art. 913 et celle fixée par l'art. 1094. — *Cass.*, 7 (et non 16) janv. 1824, Ratard c. Rouxelle; *Paris*, 12 janv. 1848 (t. 1er 1848, p. 304), Reyé c. Bizet. — Duranton, t. 9, no 796; Proudhon, *Usufr.*, t. 1er, no 360; Toullier, t. 5, no 870; Delvincourt, t. 2, p. 221; Grenier (cet auteur avait d'abord embrassé l'opinion contraire [*Traité des donat.* (1re édit.), t. 3, no 584], mais il s'est rétracté dans les éditions suivantes (éd. 2e, t. 2, no 584, et éd. 3e, t. 2, p. 335), dans lesquelles il se range à l'avis de Toullier).

308. — Mais il ne résulte pas de là que, si le testateur a commencé par disposer en faveur, soit des enfans, soit des étrangers, dans les limites de l'art 913, il ne puisse ensuite épuiser, au profit de l'époux, tout ce dont la quotité disponible fixée par l'art. 1094 excède celle déterminée par l'art. 913. Dans ce cas, en effet, c'est le conjoint seul, et non l'enfant ou l'étranger, qui profite de la disposition exceptionnelle de l'art. 1094. — *Cass.*, 9 nov. 1846 (t. 2 1846, p. 641), Lebraly.

309. — Si un époux a disposé, en faveur de son conjoint, de tout ce que lui permet l'art. 1094, il ne lui reste plus la moindre disposition préciputaire envers qui que ce soit. Si, au contraire, la disposition entre époux n'épuise pas toute la quotité disponible autorisée par l'art. 913, l'excédant peut être donné en vertu dudit article. — *Agen*, 9 janv. 1849 (t. 1er 1849, p. 644), Lafforgue.

310. — En d'autres termes, le cumul des deux quotités fixées par les art. 913 et 1094 C. civ., ne peut avoir lieu, jusqu'à concurrence de la plus forte, qu'au cas de concours simultané des deux dispositions prévues par ces articles, ou au cas de l'antériorité de celle réglée par l'art. 913, mais non lorsque la disposition exceptionnelle autorisée par l'art. 1094 a précédé celle prévue par l'art. 913. — En effet, toute donation s'imputant de plein droit, quel que soit le donataire, sur la quotité ordinaire, il en résulte que, si la quotité disponible de l'art. 913 se trouve absorbée par la libéralité faite au conjoint, le droit du disposant est épuisé à l'égard de tous autres. — *Cass.*, 7 mars 1849 (t. 1er 1849, p. 644), Farina.

311. — Ainsi, la disposition faite par un époux en faveur de son conjoint, et la libéralité faite à l'un de ses enfans, doivent, lorsqu'elles se trouvent réunies dans le même acte, être considérées comme simultanées, quel que soit l'ordre dans lequel elles sont écrites, et il doit alors être admis que le disposant a eu l'intention d'user de la quotité disponible la plus élevée que la loi met à sa disposition. — En conséquence, ces deux dispositions doivent simultanément recevoir leur exécution jusqu'à concurrence de la quotité disponible établie par l'art. 1094 C. civ. — *Cass.*, 20 déc. 1847 (t. 1er 1848, p. 388), Ferret; 12 juill. 1848 (t. 2 1848, p. 661), Doney c. Rudigoz.

312. — De même, le testateur peut disposer de partie de ses biens tout à la fois au profit de l'un de ses enfans et de son épouse, et ces dispositions, doivent recevoir simultanément leur exécution lorsque leur ensemble n'excède pas la quotité disponible fixée par l'art. 1094, c'est-à-dire un quart en toute propriété et un autre quart en usufruit, et que ce qui dépasse le quart en propriété légué à l'enfant, avec ou sans réserve d'usufruit, ne peut profiter qu'au conjoint. — *Cass.*, 23 août 1847 (t. 1er 1848, p. 169), Manigonnas c. Grolleron.

313. — Sous l'empire de la loi du 17 niv. an II, les avantages que les époux étaient autorisés à se faire entre eux pouvaient concourir avec le legs de la quotité disponible faite à une personne non successible. — *Cass.*, 22 messid. an V, Rivoire.

314. — Lorsque la quotité disponible déterminée par l'art. 913 C. civ. a été absorbée par une disposition d'un époux envers son conjoint, l'époux donateur ne peut ensuite donner à un tiers, en totalité ou en partie, la quotité disponible fixée par l'art. 1094. — *Agen*, 30 août 1831, Balex c. Gladt.

315. — Mais l'époux, qui a donné à son conjoint tout ce dont il pouvait disposer, peut, par le même acte, ou même, et à plus forte raison, par un acte postérieur, appeler un tiers à recueillir cette libéralité, dans le cas où son conjoint n'en profiterait point. — *Toulouse*, 15 avr. 1842 (t. 1er 1842, p. 741), de Montlaur.

316. — Dans le cas de libéralités faites par un époux tout à la fois à son conjoint et à un étranger, le calcul de la quotité disponible varie suivant le nombre des enfans.

317. — Toutefois, il ne faut pas perdre de vue que la quotité disponible entre époux est déterminée non par l'art. 913 C. civ., mais bien par l'art. 1094 et que cette quotité est fixe, et tout à fait indépendante du nombre des enfans. — *Riom*, 8 mars 1842 (t. 2 1842, p. 658), Decouzon; *Montpellier*, 8 févr. 1843 (t. 2 1843, p. 311), Molinier c. Selva; *Cass.*, 3 déc. 1844 (t. 1er 1845, p. 207), mêmes parties. — Delvincourt, t. 2, p. 65; Toullier, t. 5, no 869; Grenier, *Donat.*, nos 259 et suiv.; Duranton, t. 9, no 793; Rolland de Villargues, *Rép.*, vo *Portion disponible*, no 149. — *Contrà*, Benech, *De la quotité disponible entre époux*, p. 101 et suiv.

318. — Ainsi, lorsque des époux se font réciproquement donation par contrat de mariage de l'usufruit des biens qu'ils laisseront à leur décès, et, en cas de survenance d'enfant, de *tout ce dont les lois actuelles et futures leur permettent et permettront de disposer en faveur l'un de l'autre*, cette donation, le cas échéant, comprend par la généralité de ses termes, la quotité disponible la plus étendue de l'art 1094 C. civ., c'est-à-dire un quart en propriété et un quart en usufruit. — *Caen*, 20 mars 1843 (t. 2 1843, p. 826), Massieu c. Porel.

319. — 1o *Existence d'un seul enfant.* — Dans ce cas, la quotité disponible la plus étendue est de la moitié des biens. — C. civ., 913.

320. — Mais l'époux ne peut, lorsqu'il n'y a qu'un enfant, recevoir au delà du quart en propriété et du quart en usufruit. Vainement voudrait-on argumenter des mots *enfans* ou *descendans* employés au pluriel dans l'art. 1094 pour prétendre que, dans ce cas, la quotité disponible est de la moitié. — Grenier, no 584; Proudhon, *Usufruit*, no 355; Delvincourt, t. 2, p. 221; Duranton, no 793. — *Contrà*, Benech, *De la quotité disponible entre époux*, p. 101 et suiv.

321. — Jugé dans ce sens : *Nîmes*, 10 juin 1807, Alauzun; *Riom*, 8 mars 1842 (t. 2 1842, p. 658), Decouzon; *Montpellier*, 8 févr. 1843 (t. 2 1843, p. 311), Molinier c. Selva; *Cass.*, 3 déc. 1844 (t. 1er 1845, p. 207), mêmes parties.

322. — Quand la moitié de la nue propriété a été donnée à l'étranger, le conjoint peut recevoir la moitié de l'usufruit. — Delvincourt, Duranton, *ibid.*

323. — Si, dans un même acte, l'époux a légué la moitié de ses biens à un étranger, et la moitié en usufruit à son conjoint, le premier legs ne s'appliquerait qu'à la nue propriété. — Proudhon, *Usufruit*, n° 362.

324. — S'il a été donné à l'époux un quart en toute propriété et un quart en usufruit, l'étranger ne peut recevoir que la nue propriété de ce dernier quart. — Le don à l'étranger de la pleine propriété d'un quart et de l'usufruit ou de la nue propriété d'un autre quart, ne permet plus à l'époux de recevoir que la nue propriété ou l'usufruit de ce dernier quart. — Proudhon, *ibid.*

325. — Lorsqu'une donation en usufruit faite par un mari à sa femme est excessive, elle doit être réduite au simple usufruit de la portion déclarée disponible par l'art. 1094, le donateur n'ayant disposé qu'en usufruit. — *Toulouse*, 1er févr. 1827, Turle.

326. — Ainsi, lorsqu'il n'existe qu'un enfant, c'est la portion disponible fixée par l'art. 913 C. civ., qui doit servir de règle, comme étant la plus étendue, et non celle déterminée par l'art. 1094. — Même arrêt.

327. — Lorsqu'il y a lieu à la réduction proportionnelle de dispositions excessives, et par conséquent à celles de ces dispositions qui sont en usufruit, comment l'usufruit est-il évalué? Ce doit être à raison de l'âge de l'usufruitier et des autres circonstances laissées à l'appréciation des juges. — Proudhon, n° 364; Duranton, t. 4, n° 632 (note) et t. 9, n° 795; *Dict. du not.*, v° *Portion disponible*, nos 132 et suiv.

328. — Ainsi, l'usufruit dont un époux a disposé en faveur de son conjoint doit être évalué, pour la fixation de la portion qui reste disponible en faveur d'un tiers, non d'après sa durée réelle, dans le cas par exemple où, l'usufruitier ayant survécu de peu de temps à l'époux donateur, la consolidation s'est promptement opérée, mais bien d'après sa valeur estimée, d'après les probabilités de durée au moment du décès du donateur. — *Caen*, 20 mars 1843 (t. 2 1843, p. 826), Massieu c. Poret.

329. — Dès lors, l'évaluation de l'usufruit, quand il s'agit de fixer la quotité disponible, doit être faite eu égard à l'âge et aux infirmités de l'usufruitier, et ne doit pas l'être, d'une manière invariable, à la moitié en propriété. — *Riom*, 23 août 1842 (t. 1er 1843, p. 449), Huguet c. Colteville.

330. — Toutefois, le Code civil n'ayant établi aucune règle générale sur la manière d'évaluer un usufruit, cette évaluation est laissée à la prudence et à la sagesse du juge. — *Cass.*, 7 (et non 16) janv. 1824, Ratard c. Rouxelle.

331. — D'après cela, il arrive le plus souvent aux tribunaux de prendre pour base de l'évaluation celle fixée par la loi du 22 frim. an VII, pour la perception du droit d'enregistrement, et qui donne à l'usufruit la moitié de la valeur de la pleine propriété. — Art. 14, § 9 et 11, et art. 15.

332. — Il n'y a donc point excès de pouvoir de la part du juge qui décide que l'usufruit de la moitié des biens équivaut au quart en propriété. — *Cass.*, 21 juill. 1813 (et non 1811) Hocquart.

333. — Il a été valablement jugé que la donation de moitié en usufruit équivaut à celle du quart en pleine propriété. — *Cass.*, 7 (et non 16) janvier 1824, Ratard c. Rouxelle; *Agen*, 1er juill. 1824, Lacaze c. Duffort; *Aix*, 18 avr. 1836 (t. 1er 1837, p. 354), Evrard; *Douai*, 24 févr. 1840 (t. 1er 1840, p. 612), Damereyez c. Debil; *Amiens*, 5 mars 1840 (t. 1er 1842, p. 92), Moet; *Paris*, 12 janv. 1848 (t. 1er 1848, p. 304), Reyé c. Bizet; *Paris*, 17 févr. 1848 (t. 1er 1848, p. 365), d'Aiguirande c. de Préaux.

334. — 2° *Existence de deux enfans.* — La quotité disponible, dans ce cas, est pour l'étranger d'un tiers, et pour l'époux d'un quart en pleine propriété et un quart en usufruit. La quotité disponible la plus forte est indiquée par le résultat de leur combinaison.

335. — Ainsi, en évaluant l'usufruit à la moitié de la valeur en toute propriété, le tiers des biens (ou huit vingt-quatrièmes) est inférieur au quart en propriété (ou six vingt-quatrièmes), et au quart en usufruit (ou trois vingt-quatrièmes), formant en tout neuf vingt-quatrièmes. Par conséquent, l'époux qui a disposé, au profit d'un étranger, du tiers de ses biens, peut encore donner à son conjoint un vingt-quatrième en propriété ou un douzième en usufruit. — Duranton, t. 9, n° 793.

336. — Lorsque deux époux qui se sont donné mutuellement, par contrat de mariage, l'usufruit de la moitié des biens composant leur succession, laissent deux enfans, cas auquel l'art. 913 fixe au tiers des biens la quotité disponible, comme la donation de moitié en usufruit n'équivaut qu'au quart en toute propriété, ils peuvent disposer encore de la différence du quart au tiers. — *Agen*, 9 janv. 1849 (t. 1er 1849, p. 644), Lafforgue.

337. — Mais si le tiers des biens avait d'abord été donné à l'époux, le conjoint ne pourrait plus disposer de rien au profit d'un étranger, d'après le système que ce n'est qu'en faveur des conjoints qu'a lieu l'extension de disponibilité de l'article 1094.

338. — 3° *Existence de trois enfans ou plus.* — L'époux peut toujours recevoir un quart en propriété et un quart en usufruit; mais un étranger ne peut recevoir plus d'un quart en propriété. — C. civ., 913, 1094.

339. — Dès lors, quand l'époux a d'abord donné à un étranger toute la portion disponible de l'art. 913, c'est-à-dire le quart en toute propriété, il ne peut plus donner à son conjoint que le complément pour atteindre toute la portion disponible fixée par l'art. 1094, c'est-à-dire le quart en usufruit.

340. — Mais si l'époux a d'abord donné à son conjoint la moitié en usufruit, pourra-t-il, en admettant que cet usufruit équivaille au quart en propriété, donner ensuite à un de ses enfans ou à un étranger la nue propriété d'un quart, pour atteindre toute la quotité disponible fixée par l'art. 1094? C'est là une des questions qui ont le plus divisé la jurisprudence. — V. Benech, *De la quotité disponible entre époux.*

341. — Jugé que, les quotités disponibles établies par les art. 913 et 1094 C. civ. devant être combinées de manière à toujours atteindre la plus forte de ces deux quotités, il en résulte que l'époux qui, par son contrat de mariage ou autrement, a disposé de la moitié de ses biens en usufruit en faveur de son conjoint, peut encore, dans le cas où il laisserait trois enfans ou plus, disposer en faveur de l'un d'eux, ou bien d'un étranger, d'un quart en nue propriété. — *Turin*, 15 avr. 1810, Cotella c. Depetris; *Agen*, 27 août 1810, Boucaut; *Limoges*, 24 août 1822, Champeil; *Lyon*, 10 févr. 1836, Verchère c. Goyne; *Toulouse*, 28 janv. 1843 (t. 1er 1844, p. 49), Roquefort; *Grenoble*, 13 déc. 1843 (t. 1er 1844, p. 705), Barnel c. Chabanne; *Toulouse*, 13 août 1844 (t. 1er 1845, p. 305), Flourens c. Darles; *Grenoble*, 15 juill. 1845 (t. 2 1846, p. 644), Chenevaz; *Toulouse*, 13 févr. 1846 (t. 2 1846, p. 644), Beral c. Coste; *Paris*, 16 nov. 1846 (t. 2 1846, p. 645), Farina; *Agen*, 14 déc. 1846 (t. 1er 1847, p. 445), Derrey; *Paris*, 8 janv. 1848 (t. 1er 1848, p. 398), Chanaleilles. — Toullier, t. 5, nos 870 et suiv.; Delvincourt, t. 2, p. 221; Grenier, *Donat.*, 2e édit., t. 2, n° 584, et 3e édit., t. 2, p. 335. (Il y rétracte l'opinion contraire qu'il avait émise dans sa première édition, t. 3, n° 584.)

342. — Jugé, au contraire, que, la quotité disponible fixée par l'art. 1094 étant spéciale et ne pouvant profiter qu'à l'époux donataire de son conjoint, l'époux qui ayant trois enfans ou plus a déjà disposé de l'usufruit de la moitié de ses biens en faveur de son conjoint, ne peut plus, par un acte ultérieur, disposer d'un quart en nue propriété au profit d'un de ses enfans ou d'un étranger. — *Cass.*, 21 juill. 1813, Hocquart; 24 juill. 1839 (t. 2 1839, p. 59), Verchère c. Goyne; *Besançon*, 13 févr. 1840 (t. 1er 1840, p. 487), Verchère c. Goyne; *Douai*, 24 févr. 1840 (t. 1er 1840, p. 612), Damereyez c. Debil; *Amiens*, 5 mars 1840 (t. 1er 1842, p. 92), Moet; *Grenoble*, 26 mars 1841 et *Cass.*, 21 nov. 1842 (t. 1er 1843, p. 121), Sayès c. Cret; *Cass.*, 22 nov. 1843 (t. 2 1843, p. 798), Verchère c. Goyne; *Riom*, 6 mai 1846 (t. 2 1846, p. 345), Terrasse c. Bourg; *Cass.*, 4 août 1846 (t. 1er 1847, p. 53), Naquet, et Flourens c. Darles (2 arrêts); *Paris*, 17 févr. 1848 (t. 1er 1848, p. 365), Daiguirande c. de Préaux; *Cass.*, 27 déc. 1848 (t. 1er 1849, p. 22), Chenevaz; *Cass.*, 7 mars 1849 (t. 1er 1849, p. 644), Farina. — Duranton, t. 9, n° 796; Proudhon, *Usufr.*, t. 1er, n° 360.

343. — ... Alors d'ailleurs qu'il est constant en fait que la disposition de la moitié en usufruit au profit de l'époux équivaut à l'attribution du quart en propriété établie par l'art. 913 C. civ., comme quotité disponible ordinaire. — *Amiens*, 5 mars 1840 (t. 1er 1842, p. 92), Moet; *Cass.*, 22 nov. 1843 (t. 2 1843, p. 798), Verchère c. Goyne; 4 août 1846 (t. 1er 1847, p. 53), Naquet, et Flourens c. Darles (2 arrêts); 27 déc. 1848 (t. 1er 1849, p. 22), Chenevaz.

344. — ... Ou bien encore qu'il n'est pas établi que cette donation en usufruit ne se trouve pas équivaloir, lors du décès du testateur, au quart en toute propriété qui forme la quotité disponible de sa succession. — *Cass.*, 7 mars 1849 (t. 1er 1849, p. 644), Farina.

345. — Et il en est ainsi, soit que l'époux ait disposé de la moitié de ses biens en usufruit au profit de son conjoint, avant comme depuis le Code civil. — *Limoges*, 26 mars 1833, Gory; *Cass.*, 21 mars 1837 (t. 1er 1837, p. 280), mêmes parties.

346. — Toutefois, la doctrine consacrée par ces derniers arrêts suppose que la quotité disponible de l'art. 1094 a d'abord été épuisée en faveur du conjoint donataire, et que la donation à l'enfant ou à un étranger n'a eu lieu que par un acte postérieur. Il en serait autrement, comme on l'a vu, si cette dernière donation avait précédé ou se trouvait dans le même acte que la donation faite au conjoint; alors la faveur due au conjoint permet d'épuiser la totalité de la quotité exceptionnelle de l'art. 1094.

347. — Jugé, dès lors, qu'un père de trois enfans, après avoir donné à l'un d'eux le quart de ses biens en propriété, a pu donner ensuite un quart en usufruit à la mère, en sorte que la réserve légale peut être affectée d'un quart en usufruit, lorsque les dispositions sont faites au profit du père ou de la mère survivant. — *Grenoble*, 10 avr. 1812, Revel c. Rabatel.

348. — ... Qu'un époux, laissant trois enfans ou plus, a pu, par son testament, donner à l'un d'eux le quart de tous ses biens en toute propriété, pour en jouir après le décès de son conjoint, et à celui-ci l'usufruit de ladite moitié des biens. — *Cass.*, 9 nov. 1846 (t. 2 1846, p. 641), Lebraly; 23 août 1847 (t. 1er 1848, p. 169), Maingonnas c. Grolleron.

349. — Lorsqu'un mari a, dans un même testament, légué, en premier lieu à sa femme, la jouissance de la moitié de ses biens, et par une clause postérieure à l'un de ses enfans, le quart de ses biens par préciput, la jouissance de la femme doit être maintenue intacte, frapper d'abord le préciput et ensuite les réserves par portions égales. — *Agen*, 23 nov. 1824, Labroutière c. Batbie.

350. — Lorsque le legs en usufruit fait à la femme concourt avec un legs en propriété fait à l'un des trois enfans, ce dernier legs doit supporter l'usufruit légué à la femme, si les deux dispositions exécutées autrement ont pour effet d'excéder la portion disponible. — *Agen*, 16 juin 1831, Troupel.

351. — 4° *Existence d'enfans naturels.* — La quotité disponible entre époux étant invariable, quel que soit le nombre des enfans légitimes, elle ne varie pas non plus par l'effet du concours d'enfans naturels; et elle est toujours d'un quart en propriété et d'un quart en usufruit. — Rolland de Villargues, v° *Portion disponible*, n° 243.

352. — Pour partager entre les enfans légitimes et naturels la portion indisponible, on calculera d'abord ce que l'enfant naturel aurait eu s'il avait été légitime, et on ne lui attribuera que le tiers de cette portion. — C. civ., art. 757.

353. — Lorsque le défunt ne laisse ni descendans légitimes ni ascendans, il n'y a d'autre réserve que celle des enfans naturels (C. civ., art. 757); tout le surplus est disponible. — Rolland de Villargues, n° 257.

§ 2. — *Cas où l'époux donateur ne laisse que des ascendans.*

354. — L'époux qui ne laisse que des ascendans peut disposer au profit de son conjoint de tout ce qu'il pourrait donner à un étranger, et, en outre, de l'usufruit de toute la portion dont la loi prohibe la disposition au préjudice des héritiers, c'est-à-dire de l'usufruit de la réserve des ascendans. — C. civ., art. 915, 916, 1094.

355. — Ainsi, l'ascendant plus âgé se trouve avoir la nue propriété de choses dont l'époux plus jeune a l'usufruit. Il semble qu'il eût mieux valu accorder la nue propriété à l'époux. — Malleville, sur l'art. 1094; Duranton, t. 9, n° 783. — A quoi Grenier (n° 449) répond que la disposition se justifie par l'intimité de l'union conjugale, et par cette considération, qu'il s'agira le plus souvent de biens acquis en commun et auxquels, par conséquent, l'époux survivant est présumé attaché. — Toullier (t. 5, n° 688) ajoute que si les ascendans sont dans le besoin, ils ont la faculté de vendre leur nue propriété.

356. — La disposition par laquelle un époux donne à sa femme la pleine propriété et jouissance des biens qu'il laissera à son décès comprend implicitement l'usufruit dont, aux termes de l'art. 1094 C. civ., le donateur peut disposer en sa faveur en outre de la quotité disponible. — *Cass.*, 30 juin 1842 (t. 2 1843, p. 637), Petit; *Riom*, 16 déc. 1846 (t. 2 1847, p. 138), Conichon c. Dubourget.

357. — Il en est de même de la disposition par laquelle un mari, après avoir donné à sa femme la toute-propriété d'une partie de son mobilier, lui lègue l'usufruit de tout le surplus de sa succession. — *Paris*, 30 déc. 1847 (t. 1er 1848, p. 10), Brachard.

358. — ... Ou bien de la disposition universelle faite purement et simplement par un époux en faveur de son conjoint. — *Agen*, 11 déc. 1827, Amouroux c. Sombal; *Grenoble*, 8 avril 1829, Clément c. Didier; *Angers*, 1er déc. 1842 (t. 2 1843, p. 163), Lemire; *Cass.*, 3 avril 1843 (t. 1er 1843, p. 576), Sillian c. Blanchard.

359. — ... Du moins l'arrêt qui, en reconnaissant que l'intention de l'époux donateur a été de donner à son conjoint toute la portion disponible, fait, pour le calcul de cette portion, application de l'art. 1094, ne viole aucune loi. — *Cass.*, 30 juin 1842 (t. 2 1843, p. 637), Petit; 3 avr. 1843 (t. 1er 1843, p. 576), Sillian c. Blanchard.

360. — Jugé, au contraire, que la disposition testamentaire faite par un époux au profit de son conjoint, dans les termes suivans : « Je lègue à mon mari mon entière succession, telle qu'elle se composera à l'époque de mon décès, et au moyen de quoi je l'institue pour mon héritier et pour mon légataire universel et général », ne comprend pas l'usufruit de la réserve légale de l'ascendant. — *Agen*, 28 nov. 1827, Cathala-Couture c. Bayle.

361. — La faculté que l'art. 1094 C. civ. laisse à l'époux de donner à son conjoint l'usufruit de la portion de biens dont la loi prohibe la disposition au préjudice des héritiers, ne porte que sur les biens frappés par la réserve légale, et non sur ceux dont l'incapacité de mineur l'empêche seule de disposer. En conséquence, l'époux mineur âgé de plus de seize ans qui décède sans enfans ne peut donner à son conjoint, outre l'usufruit de la moitié des biens formant la réserve légale des ascendans, l'usufruit de la moitié de ceux qui reviennent aux collatéraux par suite de son incapacité. — *Toulouse*, 27 nov. 1841 (t. 1er 1842, p. 448), D... c. Muguet.

362. — L'époux peut, en même temps, donner à un étranger la quotité disponible ordinaire, et donner en outre à son conjoint l'usufruit de la réserve des ascendans. Il n'est pas nécessaire, pour la validité de l'ensemble des dispositions, que le tout, la quotité disponible et l'usufruit de la réserve, soit donné au conjoint. — *Lyon*, 29 janv. 1824, Tardy; *Cass.*, 3 janv. 1826, Tardy c. Tendes; 18 nov. 1840 (t. 2 1840, p. 648), Bonnemain c. Fajon. — Grenier, n° 716 *ter*. — *Contrà*, Duranton, t. 9, n° 786.

363. — Si les ascendans se trouvent exclus de la succession par les frères et sœurs ou descendans d'eux, l'époux peut tout donner à son conjoint.

364. — Si les frères et sœurs ou leurs descendans renonçaient à la succession; comme les renonçans sont censés n'avoir jamais été héritiers, la réserve a lieu alors pour l'ascendant autre que le père ou la mère. — Duranton, t. 8, n° 311, et t. 9, nos 193, 784.

365. — L'ascendant qui arrive à la succession par suite de la renonciation des frères et sœurs du défunt, a droit à une réserve, aussi bien que s'il était appelé directement — *Paris*, 16 juill. 1839 (t. 2 1839, p. 82), Lucas c. Ledu; *Cass.*, 11 mai 1840 (t. 1er 1840, p. 650), mêmes parties.

ART. 2. — *Époux ayant des enfans d'un précédent mariage.*

366. — Comme les règles sur la quotité disponible, en cas de secondes noces, forment, pour ainsi dire, une matière à part, nous avons cru devoir réunir sous un même article tout ce qui y est relatif, bien que ce soit l'objet d'autant de divisions du mot. — Ainsi, on y a mis ce qui concerne le droit ancien, les questions transitoires, le mode à suivre pour la fixation ou la réduction de la quotité disponible en cas de secondes noces, sauf au lecteur à se reporter, sur chaque point, aux autres divisions du mot, pour l'examen des principes généraux, s'il y a lieu.

§ 1er. — *Droit ancien. — Questions transitoires.*

367. — Sous le droit romain, comme on l'a vu v° NOCES (secondes), n° 11, et d'après les lois 3 et 5 C. *De secund. nupt.*, l'époux qui se remariait ne pouvait donner à son nouvel époux au delà d'une part d'enfant, et la loi *Hâc edictali* (*eod. tit.*) voulait que l'époux ne pût, en se remariant, donner aucune portion des biens provenant du premier époux.

368. — Ces dispositions furent adoptées dans le droit français et consacrées sous François II par l'édit des secondes noces, de juillet 1560.

369. — La femme dont le mari est décédé avant le Code et qui convole, doit garder aux enfans du premier lit les avantages que son premier mari lui avait faits sous l'empire des lois romaines, alors même que son convol n'aurait eu lieu que depuis le Code. — *Grenoble*, 13 mai 1824, Dussert c. Roux.

370. — Sous l'empire des novelles 2, chap. 2, et 22, chap. 23, le mari qui convolait était, quant aux dispositions testamentaires qu'il avait reçues de sa femme, soumis aux peines des secondes noces; les biens légués passaient de plein droit aux enfans du premier lit, et ne pouvaient être grevés de l'hypothèque de la seconde femme. — *Grenoble*, 14 janv. 1825, Bossu c. Jourdan.

371. — L'application des peines des secondes noces pouvait être invoquée au profit d'un tiers détenteur. — Même arrêt.

372. — L'art. 28 de l'édit perpétuel de 1611 (édit rendu par des princes étrangers à une époque où ils possédaient la province d'Artois), lequel, en cas de convol de l'époux survivant, conserve aux enfans du premier mariage la propriété des dons qui lui avaient été faits par l'époux prédécédé, est applicable aux avantages stipulés par contrat de mariage. — *Cass.*, 3 juin 1817, Lemaire c. Delimal.

373. — La disposition de l'art. 28 de l'édit perpétuel de 1611 qui, dans le cas de convol, réservait aux enfans du premier lit les avantages faits à l'époux par son conjoint décédé, s'appliquait seulement aux dons faits pendant le mariage. — *Cass.*, 7 août 1832, Wagrez c. Hulin; 7 avril 1834, Basquin.

374. — La question de savoir si le douaire devait ou non être imputé sur la part d'enfant que l'époux, en cas de secondes noces, pouvait donner à son épouse, était controversée sous l'ancienne jurisprudence. — Pothier, *Du douaire*, n° 5; Lebrun, *Du douaire*, p. 420; Renusson, *ibid.*, ch. 2, art. 7; Bourjon, *Droit comm. de la France*, ch. 10, sect. 2; Merlin, *Rép.*, vis *Douaire*, sect. 1re, art. 4, § 7, et *Noces (secondes)*, § 4, art. 2, n° 7, sect. 4; Chabot, *Quest. transit.*, v° *Secondes noces*. — L'arrêt qui décide que le tuteur, nommé à la femme interdite, a pu simplement faire opter le conseil de famille entre ces deux libéralités, et spécialement pour la part d'enfant le moins prenant, ne viole aucune loi. — *Cass.*, 27 janv. 1833, Frécot c. Deschaleris.

375. — Sous l'empire de la coutume d'Anjou, on ne peut considérer le douaire et la chambre garnie comme dettes de la succession, payables sur la masse totale des biens. Ce sont de véritables libéralités imputables sur la quotité disponible. — *Angers* (et non *Amiens*), 5 août 1824, Gilly c. Cellier.

376. — La loi du 17 nivôse an II, ayant aboli toutes les anciennes lois et coutumes relatives à la transmission des biens et permis aux époux de s'avantager entre eux, les donations faites ou ouvertes sous l'empire de cette loi, ne sont point sujettes au premier chef de l'édit de 1560 concernant la quotité de biens disponibles en cas de secondes noces. — Chabot, *Quest. transit.*, v° *Secondes noces*. — V. aussi NOCES (secondes).

377. — Jugé, en ce sens, qu'un époux ayant des enfans d'un premier mariage, a pu, sous l'empire de cette loi, avantager par testament son conjoint de la moitié de ses biens en usufruit, et les enfans ne sont pas fondés à prétendre que ce legs doit être réduit à une part d'enfant le moins prenant. — *Cass.*, 8 juin 1808, Moreau.

378. — Mais le second chef de l'édit n'a pas été atteint par la loi du 17 nivôse an II, parce que cette loi n'a eu en vue que la transmission des biens, et nullement l'abolition des dispositions pénales établies pour le cas éventuel de second mariage. Or, la transmission au profit des enfans n'est qu'une conséquence et un effet des peines prononcées contre l'époux qui se remarie. — Chabot, *ibid.*

379. — Quant aux effets d'une donation faite soit sous la loi ancienne, soit sous la loi du 17 nivôse an II par un époux qui est décédé sous le Code civil, il s'agit de savoir si, comme on l'a dit (*suprà*, n° 131), il s'agissait d'une donation irrévocable ou d'une donation révocable. Dans le premier cas, la donation est régie par la loi en vigueur au moment où la donation a été faite; et dans le second cas, par la loi du temps du décès du disposant. — Chabot, *ibid.*; Grenier, nos 17 et suiv.

380. — C'est également par les mêmes principes qu'on doit décider la question de savoir si l'époux remarié depuis le Code civil a pu disposer des biens provenant de la libéralité de son premier époux. — Chabot, *ibid.*

381. — La donation d'une part d'enfant par contrat de mariage, faite par un veuf, sous l'empire des anciennes lois, ne doit point être réduite au quart, si le donateur est décédé depuis le Code. — *Colmar*, 27 août 1817, Dorlan c. Suchs.

382. — L'application des dispositions pénales touchant les secondes noces doit se régler d'après les lois existant au moment du décès du mari et du convol, et non d'après celles existant lors du premier mariage. — *Montpellier*, 19 déc. 1827, Suffre c. Lugagne.

383. — Ainsi, la femme mariée sous l'ancienne législation n'est pas privée d'une pension à elle faite par son mari lors de leur mariage, quoiqu'elle ait contracté un second mariage sans avoir rendu le compte de la tutelle de ses enfans du premier lit, et sans en avoir payé le reliquat, si le décès du mari et le convol ont eu lieu depuis le Code civil. — Même arrêt.

384. — Lorsque le conjoint ayant déjà des enfans et dont le contrat de mariage, passé sous la loi du 17 niv. an II, contient donation à sa future épouse de la moitié de ses biens en usufruit, plus d'une somme pour augment de dot et pour joyaux, est décédé sous le Code civil, l'arrêt qui donne aux héritiers du donateur l'option de délivrer à la veuve donataire le quart des biens en toute propriété, pour lui tenir lieu de l'usufruit de la moitié, de l'augment de dot et des joyaux, n'est point sujet à cassation. — *Cass.*, 5 janv. 1814, Antelme c. Lambert.

385. — Dans le cas où un père, qui est décédé sous le Code civ., en se mariant en secondes noces sous la loi de niv. an II, a fait à sa seconde épouse une donation de la moitié de tous ses biens en usufruit, et que, par une donation postérieure, il donne à l'un de ses enfans, par préciput, le quart en propriété de tous ses biens, cette seconde donation ne peut être maintenue, la première excédant toute la quotité disponible, fixée par l'art. 13 L. 17 niv. an II, et encore que l'enfant avantagé offre de supporter l'usufruit de la veuve sur le quart en préciput et sur un autre quart qu'il touche à titre de légitime. — *Agen*, 1er juill. 1824, Lacaze c. Duffort.

386. — Une institution contractuelle antérieure à la loi du 17 niv. an II soumise à l'élection de l'instituant et supprimée par cette loi, à défaut d'élection consommée, a repris toute sa force par l'effet de la loi du 18 pluv. an V. — Dans ce cas, les déterminations faites par l'instituant, d'après les anciennes coutumes, sont irrévocables, même non réductibles, comme ayant leur source dans l'institution elle-même, lorsqu'elle emporte dessaisissement du donateur, et bien qu'il soit décédé sous l'empire du Code civil. — *Cass.*, 11 nov 1828, Tuitant c. Cezeyrat.

§ 2. — *Cas de restriction de la quotité disponible en cas de secondes noces.*

387. — « L'homme ou la femme qui ayant des enfans d'un autre lit, contracte un second ou subséquent mariage, ne peut, dit l'art. 1098 C. civ., donner à son nouvel époux qu'une part d'enfant légitime le moins prenant, et sans que dans aucun cas ces donations puissent excéder le quart des biens. »

388. — La disposition testamentaire par laquelle une femme, ayant eu un enfant d'un premier mariage, lègue à son second mari la jouissance viagère de tous les biens meubles et immeubles qu'elle délaissait, doit être interprétée en ce sens qu'elle a entendu léguer non pas seulement l'usufruit des biens dont elle aurait pu disposer en pleine propriété, mais tout l'usufruit disponible. — *Douai*, 22 mars 1836, Delmetz c. Devulder.

389. — La convention matrimoniale ainsi conçue : « Si c'est le futur époux qui survit, il jouira viagèrement de tout ce dont la loi permet à la future épouse de disposer, » doit être entendue en ce sens que la veuve avec enfans qui se remarie n'a voulu donner qu'une part d'enfant le moins prenant en usufruit. — *Douai*, 18 juin 1841 (t. 2 1841, p. 742), Royer c. Belva.

390. — Quoique le mot *enfant* soit au pluriel dans l'art. 1094, la disposition est applicable à l'époux qui ne laisse *qu'un enfant* du précédent mariage. — Grenier, n° 679; Toullier, t. 5, n° 877; Duranton, t. 9, n° 800.

391. — Par le mot *enfant*, il faut entendre aussi les petits-enfans. Dans l'édit de 1560, on lisait : *ayant enfans ou enfans de leurs enfans.* — Mêmes auteurs.

392. — Quel que soit le nombre des petits-enfans, ils ne comptent tous que pour l'enfant qu'ils représentent. — Arg. C. civ., art. 914. — Duranton, nº 803.

393. — Si les enfans et petits-enfans du donateur décédaient tous avant lui, le conjoint pourrait recevoir autant qu'un étranger et de plus l'usufruit de la réserve de l'ascendant aux termes de l'art. 1094; car la raison de la prohibition de la loi n'existerait plus.

394. — Autrefois, quand il n'y avait que des petits-enfans descendant d'un seul auteur, la part de l'époux donataire se fixait d'après celle du petit-enfant le moins prenant, parce qu'autrement l'époux donataire aurait eu la moitié des biens. — Pothier, *Contr. de mariage*, nos 564 et 565. — Aujourd'hui, le même inconvénient n'est pas à craindre, puisque l'époux ne peut pas avoir plus du quart. — Grenier, nos 704 et 705; Delvincourt. t. 2, p. 422; Toullier, t. 5, nº 877; *Dict. du notar.*, vº *Noces (secondes)*, nº 20.

395. — *Quid*, si la donation avait été faite du vivant des enfans? Il faudrait distinguer d'après la volonté présumée du donateur: si la donation était expressément d'une *part d'enfant*, l'époux n'aurait que le quart des biens, conformément à l'art. 1098. — Delvincourt, t. 2, p. 445; Grenier, nº 683; Toullier, nº 887; Duranton, nº 824. — On suivait autrefois le même mode d'interprétation. — Ricard, part. 3, nº 1280; Pothier, nº 560.

396. — Jugé, cependant, que la donation de *part d'enfant* faite par un époux qui n'a pas laissé d'enfant, comprend, non la totalité, mais seulement la moitié des biens du donateur. — *Paris*, 14 mars 1825, Landelle c. Garnier.

397. — Mais si la donation était de la quotité disponible ou de tous les biens en général, ou encore d'objets déterminés qui composeraient toute la succession, le donataire aurait droit, comme tout étranger, à l'universalité des biens. Duranton, nº 825.

398. — Ainsi, pour fixer la part qu'en cas de convol l'époux donateur peut accorder à son nouveau conjoint, ainsi que la quotité des biens sur lesquels elle doit se prendre, il faut avoir égard seulement au temps du décès du donateur, et non à l'époque de la disposition. — En conséquence, si à l'époque du décès de l'époux donateur il n'y avait pas d'enfant du mariage précédent, la disposition faite au nouvel époux ne serait pas sujette au retranchement ou à la réduction établie par l'art. 1098 C. civ. Si, au contraire, il existait des enfans, la libéralité excédant la quotité disponible permise par cet article ne serait pas nulle, mais seulement sujette à réduction. — *Colmar*, 19 févr. 1845 (t. 1er 1846, p. 631), Wahl c. Léwy.

399. — La disposition de l'art. 1098 C. civ. est applicable à toute donation faite par l'époux à son nouveau conjoint, soit par leur contrat de mariage, soit pendant le mariage.

400. — Il y a plus; les époux ne peuvent se donner indirectement au delà de ce qui leur est permis (C. civ., art. 1099), il y aurait lieu de faire remonter la prohibition à toute donation antérieure au contrat de mariage, à moins que les circonstances et le long temps écoulé entre la donation et le contrat de mariage ne démontrassent que la donation a été faite de bonne foi au moment où les parties ne songeaient point encore au mariage contracté depuis. Dans ce cas, la donation ne serait plus réductible que conformément à l'art. 913. — Toullier, t. 5, nº 876; Pothier, nº 548.

401. — Lorsque l'époux contracte plus de deux mariages, peut-il donner une part d'enfant à chacun de ses nouveaux époux? L'édit des secondes noces qui défendait aux veuves ayant enfans de donner à leurs nouveaux maris au delà d'une part d'enfant le moins prenant, était interprété dans ce sens, qu'il fallait entendre tous les maris pris ensemble, de sorte que la femme qui avait donné cette part à un second mari, ne pouvait plus rien donner au troisième. — Ricard, nº 1321; Pothier, nº 586.

402. — La plupart des auteurs décident qu'il faut entendre de même l'art. 1098, cet article parlant d'un second ou *subséquent* mariage et ajoutant: « et sans que, *dans aucun cas*, ces donations puissent excéder le quart des biens. » Ainsi, le quart donné, l'époux veuf ne peut plus disposer au profit de son troisième conjoint. — Delvincourt, t. 2, p. 439; Toullier, nº 882; Grenier, nº 712; *Dict. du notar.*, vº *Noces (secondes)*, nº 12.

403. — M. Duranton (t. 9, nº 804) pense au contraire que le troisième époux peut recevoir jusqu'à concurrence de la quotité disponible fixée par l'art. 913. Ainsi, un veuf n'ayant qu'un enfant d'un premier mariage pourrait donner un quart à sa seconde femme, puis un autre quart à sa troisième. De la sorte, il n'aurait excédé ni le disponible de l'art. 913, ni celui de l'art. 1098, chacune des deux femmes n'ayant pas reçu plus du quart.

404. — Les deux quotités disponibles réglées par les art. 913 et 1098 ne sauraient être cumulées. — *Cass.*, 21 juill. 1813 (et non 1811), Hocquart; 2 févr. 1819, Jacomet.

405. — Si la donation faite au nouvel époux avait été précédée d'une disposition par acte irrévocable au profit d'un étranger de la quotité disponible de l'art. 913, le conjoint ne pourrait plus recevoir même une part d'enfant, car tout le disponible aurait été épuisé. — *Cass.*, 2 févr. 1819, Jacomet. — Grenier, nº 710; Delvincourt, t. 2, p. 444; Toullier, nº 884; Duranton, nº 815.

406. — De même, après avoir épuisé la quotité disponible par une donation entre-vifs, le mari ne peut encore disposer d'une quote-part sur la réserve au profit de sa seconde femme. — *Lyon*, 14 (et non 24) mai 1813, Burdy c. Chaumartin.

407. — De même encore la donation d'une part d'enfant faite par un homme veuf à sa nouvelle épouse, ne doit point produire son effet lorsque le donateur avait précédemment consenti, au profit de son fils du premier lit, des aliénations qui se trouvent réduites à la *quotité disponible* aux termes de l'art. 913. — *Paris*, 9 juill. (et non juin) 1825, Flandin.

408. — L'époux qui a des enfans d'un précédent mariage ne peut donner à son conjoint qu'une part d'enfant le moins prenant, pourvu que cette part n'excède pas le quart. Il ne peut donner toute sa quotité disponible à un enfant ou à un étranger, et faire peser un legs, fait à son second conjoint, sur les réserves de ses enfans. — *Agen*, 12 juill. 1810, Bressol c. Andral.

409. — De ce que la libéralité permise à l'époux en faveur de son second époux, par l'art. 1098, et celle autorisée par l'art. 913 C. civ., ne peuvent être cumulées, il suit que si un époux, ayant trois enfans, a donné par contrat de mariage, avant le Code civil, à son second époux l'usufruit de la moitié de ses biens évalué au quart en propriété, il ne peut faire un legs par préciput à l'un de ses enfans. — *Cass.*, 21 juill. 1813 (et non 1811), Hocquart.

410. — La donation faite par un époux à sa seconde femme de l'usufruit de la moitié de ses biens, donation réductible, en cas de survenance d'enfant du second lit, à une part d'enfant légitime le moins prenant, ne fait pas obstacle à ce que le père lègue la portion de la quotité disponible devenue libre par suite de la survenance d'enfans et de la réduction de la donation. — — Dans ce cas, le légataire peut profiter de la réduction de la donation. — *Grenoble*, 19 mai 1830, Huvet.

411. — Après avoir accordé aux futurs époux en général la plus grande latitude dans les stipulations matrimoniales qu'ils jugent à propos de faire, l'art. 1527 C. civ. ajoute: « Néanmoins, dans le cas où il y aurait des enfans d'un précédent mariage, toute convention qui tendrait, dans ses effets, à donner à l'un des époux au delà de la portion réglée par l'art. 1098, sera sans effet pour tout l'excédant de cette portion. »

412. — Le principe de communauté, stipulé dans le contrat de mariage, a toujours été considéré comme un avantage sujet à réduction quand il excède une part d'enfant. L'art. 1516 C. civ., qui le déclare une simple convention de mariage, ne concerne que la forme de l'acte. — Pothier, nº 549; Toullier, nº 692; Duranton, nos 805, 813.

413. — Jugé en ce sens que pour la coutume de Paris, le préciput était considéré comme un avantage sujet à retranchement en cas de secondes noces. — *Cass.*, 30 avril 1835, Spitalier.

414. — Le deuil de la veuve ne devrait être considéré comme avantage sujet à réduction qu'autant qu'il serait excessif, eu égard à la fortune et à l'état du mari. C'est même là une dépense que la loi commande à défaut de stipulation. — Pothier, nº 559; Toullier, nº 892; Duranton, nº 814.

415. — Il y aurait avantage indirect, et par conséquent sujet à réduction, si l'époux donateur avait dans son contrat de mariage fait un rapport plus considérable que l'époux donataire. — Pothier, nº 551; Toullier, nº 893; Duranton, nº 808; *Dictionn. du notar.*, nº 35.

416. — Et même cette inégalité d'apport pourrait exister, en l'absence du contrat de mariage, s'il s'agissait de mobilier qui dût tomber dans la communauté légale. En pareil cas, la loi suppose qu'il y a eu convention tacite. — Mêmes auteurs.

417. — Toutefois l'inégalité des apports n'existerait qu'à l'égard des capitaux et non à l'égard des revenus; qui sont censés devoir soutenir les charges du mariage. — Pothier, nº 552; Toullier, nº 895; Delvincourt, p. 438.

418. — L'inégalité des apports ne saurait être réputée compensée par l'industrie du nouvel époux qu'autant qu'il serait démontré que cette industrie a beaucoup contribué à l'augmentation de la communauté. — Pothier, nº 552; Toullier, nº 894; Duranton, t. 9, nº 811. — Suivant Delvincourt (t. 2, p. 436), il ne peut y avoir lieu en pareil cas à compensation, parce que les deux droits ne sont pas de même nature.

419. — A défaut de stipulation de la séparation de dettes, il y aurait avantage indirect, si les dettes du nouvel époux étaient plus fortes que celles de son conjoint, alors que les apports seraient égaux des deux côtés. — C. civ., art. 1496. — Delvincourt, t. 2, p. 435; Duranton, nos 805 et 806.

420. — Il pourrait en être de même, suivant les circonstances, si les époux étaient convenus de mettre en communauté toutes les successions, tant immobilières que mobilières, qui pourraient leur échoir. Cette dérogation à la loi, relativement aux immeubles, ferait présumer l'intention de se faire une libéralité. — Pothier, nº 555.

421. — Suivant Pothier (nº 553) et Toullier (nº 896), les successions mobilières qui, échues pendant le mariage à l'époux remarié, seraient tombées dans la communauté, ne constitueraient pas un avantage réductible, parce que l'inégalité des apports n'est à considérer qu'au moment du mariage et qu'il n'y a rien de certain ni de déterminé dans des successions à échoir. — Mais on répond, avec raison, que l'art. 1496 accorde aux enfans du premier mariage l'action en retranchement « lorsque la confusion du mobilier opère, au profit de l'un des époux, un avantage supérieur à celui qu'autorise l'art. 1098. » — La loi n'a égard ni à l'origine du mobilier, ni à l'intention d'avantager. D'ailleurs, l'art. 1527 déclare réductible toute convention qui tendrait *dans ses effets* à faire attribuer au delà du disponible de cet art. 1098. — Delvincourt, t. 2, p. 435; Duranton, t. 9, nº 807.

422. — Si le nouvel époux se réservait les successions futures il y aurait, à plus forte raison, avantage indirect de la part de l'époux remarié qui ne ferait pas la même réserve, alors surtout qu'il aurait l'expectative de quelque succession prochaine. — Pothier, nº 554; Toullier, nº 896.

423. — La stipulation d'une somme à forfait pour la part du nouvel époux dans la communauté constitue un avantage, si cette somme excède celle que le partage lui aurait attribuée et le montant de ses apports. — Pothier, nº 556; Delvincourt, t. 2, p. 436; Toullier, nº 897; Duranton, t. 9, nº 812.

424. — Mais « les simples bénéfices résultant des travaux communs et des économies faites sur les revenus respectifs, quoique inégaux, des deux époux, ne sont pas considérés comme un avantage fait au préjudice des enfans du premier lit. » — C. civ., art. 1527. — Il en était de même autrefois.

425. — La convention matrimoniale qui attribue au survivant des époux, indépendamment d'une part d'enfant, la totalité de la communauté mobilière, doit être considéré comme un avantage indirect, lorsque l'époux prédécédé a laissé des enfans d'un premier mariage, et ceux-ci sont fondés à soutenir que cet avantage est sujet à retranchement. — *Cass.*, 24 (et non 2) mai 1808, Richard.

426. — Toutefois, si les bénéfices de communauté peuvent bien, en cas d'inégalité des mises, être l'objet d'un partage égal, parce que les revenus de l'un des époux ont pu être compensés par les travaux et la bonne administration de l'autre, ces mêmes bénéfices ne pourraient être attribués pour la totalité au nouvel époux en cas de survie; car ce serait là un droit exorbitant, qui constituerait une vraie libéralité. — Delvincourt, t. 2, p. 437; Toullier, t. 5, nos 899 et 900; Duranton, t. 9, nº 810.

427. — Il y a lieu à la réduction de l'avantage indirect, lors même qu'il est déguisé sous la forme de donation rémunératoire, ou avec charge, ou même de donation mutuelle. — Pothier, nº 546; Grenier, nº 693; Delvincourt, t. 2, p. 434; Chabot, *Quest. transit.*, p. 132, nº 5.

§ 3. — *Caractère de la donation d'une part d'enfant. — Fixation de cette part.*

428. — La donation d'une part d'enfant faite par contrat de mariage est, comme les institutions contractuelles, subordonnée à la condition de survie du donataire. — Pothier, n° 595; Chabot, *Quest. transit.*, p. 147, n° 19; Grenier, n° 684; Delvincourt, t. 2, p. 445; Toullier, t. 5, n° 889; Duranton, t. 9, n° 826.

429. — Il en est de même à plus forte raison de la donation de part d'enfant faite durant le mariage soit par un acte de donation, soit par un testament. — Arg. C. civ., art. 1039 et 1096.

430. — La donation contractuelle d'une part d'enfant en faveur du second époux devient caduque par le prédécès de celui-ci, encore bien qu'il laisse des enfans issus du mariage. Le silence de l'art. 1098 à ce sujet doit être réparé par les dispositions de l'art. 1093, et non par celles de l'art. 1082. — Toullier, t. 5, n° 890, Duranton, t. 9, nos 826 et 827. — *Contrà*, Grenier, n° 684; Chabot, *ibid.*

431. — Quoi qu'il en soit, la donation d'une part d'enfant est toujours éventuelle et indéterminée, en ce sens qu'elle augmente ou diminue selon le nombre des enfans existans au décès du donateur. — Duranton, n° 823.

432. — Les enfans du second lit doivent être comptés pour la fixation de la part d'enfant; car l'époux qui se remarie ne doit pas avoir plus d'affection pour son nouvel époux que pour aucun de ses enfans. — Ricard, n° 1291; Chabot, p. 146, n° 17; Grenier, n° 696.

433. — Pour déterminer la part de l'époux donataire quand il n'existe pas de disposition au profit de l'un des enfans, on divise la masse par le nombre des enfans en comptant l'époux comme un enfant de plus. La part de l'époux est donc d'un cinquième s'il y a quatre enfans, d'un sixième s'il y en a cinq; et ainsi de suite sans que jamais l'époux puisse avoir plus du quart. — Grenier, nos 700 et 701; Toullier, n° 884.

434. — Les petits-enfans, comme on l'a déjà vu (*suprà* n° 392), ne comptent que pour les enfans qu'ils représentent, lors même qu'ils viennent de leur chef. — Duranton, n° 823.

435. — Si l'enfant se contentait d'une part moindre que celle qui lui revient légalement, c'est cette dernière et non pas l'autre que l'époux aurait droit de réclamer. — Ricard, n° 1257; Pothier, n° 561; Delvincourt, t. 2, p. 442; Grenier, n° 702.

436. — La part de l'enfant se calcule d'après la masse de la succession dans laquelle on a réuni fictivement toutes les donations par avancement d'hoirie faites soit avant, soit depuis le second mariage. — Delvincourt, p. 445; Grenier, nos 709 et suiv.; Toullier, n° 885; Duranton, t. 9, n° 882.

437. — La part d'enfant dont il est permis aux époux de s'avantager en cas de secondes noces, se prend sur tous les biens du défunt indistinctement; de telle manière que s'il y a des donations en avancement d'hoirie faites antérieurement au second mariage, elles doivent être rapportées à la succession de l'époux donateur. — *Paris*, 20 févr. 1809, Gonnery c. Sirot.

438. — Mais la femme donataire de son mari pour une part d'enfant ne peut être assimilée à un héritier; et par suite, bien qu'elle ait le droit de réclamer la réunion fictive des dons faits par le mari à ses enfans, à l'effet de déterminer la quotité de la part qui lui est due, elle ne pent en exiger le rapport réel. — *Paris*, 3 juin 1836, Moynier c. Noël.

439. — La femme à laquelle son mari a laissé une part d'enfant le moins prenant ne peut, pour faire fixer cette part d'enfant, exiger le rapport des dons et legs par préciput faits par son mari, qu'autant que les enfans eux-mêmes auraient droit de le demander. — *Paris*, 10 juill. 1833, Guilbeau et Brulé.

440. — Cependant : comme l'époux a droit pour une part égale à celle des autres enfans, sur la masse entière de la succession ; il en résulte qu'il profite indirectement du rapport des dons en avancement d'hoirie demandé par les héritiers, quoiqu'il n'ait pas lui-même droit de faire cette demande. — Duranton, n° 822.

441. — La donation en usufruit d'une part d'enfant par un veuf à sa seconde femme ne peut s'appliquer aux immeubles dont elle a l'usufruit de son chef, d'après un titre antérieur au mariage et indivis entre elle et son mari. — *Paris*, 23 janv. 1808, Lesné c. Godin.

442. — La donation faite par un mari à sa seconde femme d'une part d'enfant sur tous les biens meubles et immeubles qu'il délaissera à son décès, ne peut s'appliquer qu'aux biens qui composent réellement sa succession et non pas à ceux compris dans un partage anticipé antérieur à la donation et qui s'est trouvé annulé depuis le second mariage par la survenance d'un enfant. — En pareil cas la femme, quoique donataire d'une part d'enfant, n'a ni la qualité d'enfant, ni les droits attachés à cette qualité. — *Douai*, 30 déc. 1843 (t. 1er 1844, p. 211), Ducastel.

§ 4. — *Réduction des dispositions excessives.*

443. — La demande en réduction peut être formée par ceux-là seuls dans l'intérêt de qui cette réduction a été établie, c'est-à-dire par les enfans du premier lit; d'où il suit que si ceux-ci sont tous décédés, cette action ne saurait être formée par les enfans du second mariage. — Pothier, *Contr. de mariage*, n° 567; Delvincourt, t. 2, p. 438; Grenier, n° 697 et 698; Chabot, p. 139, n° 11; Toullier, t. 5, n° 879; Duranton, t. 9, n° 817; Coin-Delisle, sur l'art. 1098, n° 8.

444. — Bien que donataire d'une part d'enfant, le second époux n'a non plus ni la qualité d'enfant ni les droits attachés à cette qualité. — *Douai*, 30 déc. 1843 (t. 1er, 1844, p. 211), Ducastel.

445. — A plus forte raison l'époux donateur est sans droit pour demander la réduction. — *Colmar*, 19 févr. 1845 (t. 1er 1846, p. 631), Wahl c. Lewy.

446. — Jugé cependant que la femme qui s'est remariée ayant des enfants du premier lit et qui par une stipulation de communauté universelle de tous ses biens, tant meubles qu'immeubles, avait mis sa fortune entière à la disposition de son mari, avait pu, tant dans son intérêt personnel que dans celui de ses enfans du premier lit, demander après sa séparation de corps l'annulation de cette clause comme renfermant au profit de son mari, déjà donataire d'une part d'enfant, un avantage indirect réprouvé par la loi. — *Cass.*, 27 (et non 22) mars 1822, Gravier c. Regis-Leblanc.

447. — Dans le même cas, les enfans du premier lit ont le droit d'intervenir sur la demande en restitution formée par leur mère, contre la clause dont il s'agit, pour la conservation de leurs droits éventuels. — Même arrêt.

448. — Mais les enfans du second mariage peuvent profiter de la réduction si elle a été demandée par les enfans du premier lit. En effet, ils font nombre pour déterminer la part d'enfant; et puis, tous enfans du même père, ils doivent avoir des droits égaux, les uns ne sauraient s'enrichir aux dépens des autres. — Quant à cette circonstance que les enfans du second lit ne pourraient demander de leur chef la réduction, ce n'est pas là le seul cas où l'on puisse profiter d'une action ouverte par un autre sans qu'on puisse l'ouvrir soi-même. — Auteurs ci-dessus cités; Marcadé, *Elém. du dr. civ.*, t. 5, p. 297.

449. — Lorsque l'action a été une fois ouverte par les enfans du premier lit, il y a droit acquis pour les enfans du second : les premiers ne pourraient donc plus cesser d'agir ou faire remise de leur action au préjudice des seconds. — Mêmes auteurs.

450. — Les enfans du premier lit ne seraient pas liés par l'approbation qu'ils auraient faite de la donation du vivant du donateur; un pareil acte serait considéré comme arraché par crainte, ou comme pacte sur une succession future. — Pothier, n° 571; Delvincourt, t. 2, p. 438; Grenier, n° 713; Toullier, n° 904.

451. — Toutefois, l'action en retranchement pourrait être repoussée par toutes autres fins de non-recevoir résultant d'une approbation donnée librement, et avec connaissance de cause, par les enfans du premier lit.

452. — Ainsi, jugé qu'à raison des circonstances, des enfans d'un premier lit ne pouvaient contester à la veuve de leur père remarié la donation à elle faite par ce dernier, dans le contrat de mariage, de l'usufruit d'une maison dont la moitié leur appartenait en qualité d'héritiers de leur père. — *Colmar*, 17 avril 1812, Walter c. Pfleger.

453. — Autrefois, on était généralement d'avis que les enfans n'avaient pas besoin d'être héritiers du donateur pour pouvoir demander la réduction. — Ricard, n° 1300 et suiv.; Pothier, n° 568. — Mais aujourd'hui que la réserve est attachée à la qualité d'héritier, il faut nécessairement avoir cette qualité pour être recevable à demander la réduction, qui n'est que l'exercice du droit de réserve. — Delvincourt, t. 2, p. 440; Toullier, n° 880; Duranton, t. 9, n° 818; *Dict. du notar.*, v° *Noces (secondes)*, n° 48. — *Contrà*, Grenier, n° 706; Chabot, p. 140, n° 12.

454. — Les créanciers du donateur ne peuvent ni demander le retranchement, ni en profiter. — Arg., 921 C. civ. — Delvincourt, t. 2, p. 441; Grenier, n° 706; Toullier, n° 581; Duranton, t. 9, n° 819.

455. — La demande en réduction est tout à la fois personnelle et réelle; elle peut donc être formée contre les tiers détenteurs des immeubles aliénés par le donataire. — Pothier, n° 573; Grenier, n° 714.

456. — Pour juger si la donation est sujette à réduction, il faut composer la masse de la succession comme lorsqu'il s'agit de réserve. A cet effet, on procède de la même manière et à l'estimation des droits et à la fixation des dettes. — Pothier, nos 572 et suiv.; Delvincourt, t. 2, p. 442, Duranton, t. 9, n° 821.

457. — La disposition de l'usufruit de tous les biens, faite par une femme qui a des enfans d'un premier mariage, en faveur de son second époux, doit être réduite au quart en propriété. — *Besançon*, 22 mai 1823, Benoist c. Champereux.

458. — Jugé, et avec plus de raison, ce nous semble, que l'époux à qui son conjoint laisse par testament l'usufruit de tous ses biens ne peut prétendre retenir la portion disponible en toute propriété. Le legs doit alors être réduit au simple usufruit de la portion libre, le testateur n'ayant disposé qu'en usufruit. — *Amiens*, 15 févr. 1822, Bloudin c. Watré.

459. — Les objets provenant de la réduction des donations entre-vifs faites au nouvel époux ne doivent pas être imputés sur la légitime. — Delvincourt, t. 2, p. 444; Grenier, n° 707; Toullier, n° 883.

460. — L'époux donataire ne doit pas non plus être admis à y prendre part. Dans ce cas, ce qui excède une part d'enfant forme une espèce de réserve spéciale qui doit être attribuée exclusivement aux enfans pour qui elle est établie. — Ricard, n° 1320; Pothier, n° 594; Chabot, p. 141, n° 13; Grenier, n° 708. — *Contrà*, Delvincourt, t. 2, p. 453.

461. — Dans le cas où l'enfant d'un premier lit poursuit contre les tiers acquéreurs la réduction d'une donation faite par son auteur à son conjoint, on ne peut opposer à cet enfant, comme ratification ou exécution des ventes, qu'il en a reçu le prix, si c'est en paiement d'une dot qui lui avait été constituée, et d'ailleurs avant le convol qui lui a donné droit aux biens. — *Cass.*, 11 janv. 1825, Jammarin c. Paret.

Sect. 6e. — *Avantages indirects, déguisés ou par personnes interposées.*

462. — En assignant, dans certains cas, des limites au droit de disposer, la loi prohibe évidemment toutes dispositions qui auraient pour but de dépasser indirectement ces limites.

463. — Les dispositions faites en fraude à la loi peuvent avoir lieu par des donations indirectes, par des donations déguisées ou faites à des personnes interposées. — Arg. C. civ., art. 1099. — V., à cet égard, DONATION DÉGUISÉE.

464. — Lorsque, dans un acte authentique de liquidation après divorce, les droits et reprises d'une femme contre son mari étant fixés à une somme déterminée, il lui a été abandonné, pour la remplir, divers immeubles, et qu'ensuite, par un acte sous seing privé du même jour, qualifié d'addition au premier et de pacte de famille, la femme a rétrocédé à son mari une partie de ces mêmes immeubles, tout en le déclarant quitte envers elle; cette rétrocession doit être considérée comme une libéralité imputable sur la quotité disponible, si, au lieu de la motiver sur ce que les immeubles conservés équivalaient au montant des reprises, on s'est borné à dire que la rétrocession n'avait d'autre but que d'indemniser le mari des pertes supportées par lui pendant la Révolution et par suite de la dépréciation des immeubles. — L'arrêt qui décide le contraire n'échappe pas à la censure de la Cou de cassation, encore bien qu'il ait déclaré que .a rétrocession ainsi motivée par la dépréciation des immeubles devait être considérée comme un acte de justice et de conscience. — *Cass.*, 5 mai 1835, de la Rochefoucauld.

465. — La clause d'un contrat de mariage portant : « Il y aura société *par moitié* entre les futurs époux pour tous les acquêts qui seraient faits pendant le mariage, de la totalité desquels ils se sont faits donation réciproque en faveur du survivant, » doit être considérée comme contenant un avantage en matière de société conjugale permis par l'art. 1525 du Code civil et non une libéralité sujette à réduction d'après les principes qui régissent les donations. Du moins, l'arrêt qui le décide ainsi, par interprétation du contrat, est à l'abri de la censure de la Cour de cassation. — *Cass.*, 12 juill. 1842 (t. 2 1842, p. 479), Peyrusson c. Castaing.

466. — En tout cas, l'arrêt qui décide, en fait, que, d'après l'intention du testateur, la donation déguisée par lui faite à sa fille, et son testament au profit de son fils, devaient s'exécuter simultanément et au marc le franc sur la quotité disponible, n'encourt point la cassation. — *Cass.*, 3 août 1841 (t. 2 1841, p. 573), Verdal c. Veyre.

467. — En règle générale (et comme on l'a vu v° DONATION DÉGUISÉE) : les donations indirectes qui dépassent la quotité disponible ne sont pas nulles, mais seulement réductibles.

468. — Toutefois une grave controverse s'est élevée sur la question de savoir s'il en était ainsi à l'égard des donations déguisées ou faites par personne interposée, suivant le § 2 de l'art. 1099. — V., à cet égard, v° DONATION DÉGUISÉE, n°s 325 et suiv., à quoi il faut ajouter :

469. — ...Est radicalement nulle, et non pas seulement réductible à la quotité disponible, la donation déguisée ou indirecte faite pendant le mariage, par un époux ayant des enfans d'un premier lit, au profit de son conjoint du second mariage. — *Limoges*, 16 juill. 1842 (t. 1er 1844, p. 500), Gravellat c. Roby. — *Contrà*, *Colmar*, 19 févr. 1845 (t. 1er 1846, p. 632), Wahl c. Lewy.

470. — Celui qui épouse une femme ayant des enfans d'un premier lit n'étant point tenu de faire inventaire, les héritiers de celle-ci ne peuvent être admis à prouver par commune renommée que la valeur du mobilier apporté par la femme aurait été frauduleusement dissimulée pour avantager le second mari au delà de la quotité disponible. — *Caen*, 23 juin 1841 (V. sous *Cass.*, 19 déc. 1842 [t. 1er 1843, p. 209]), Corbin Desmannoteaux c. Corbin.

471. — En tout cas une Cour d'appel qui dans de telles circonstances admet la preuve testimoniale et rejette la preuve par commune renommée, ne fait qu'user d'un pouvoir discrétionnaire dont l'exercice ne peut donner ouverture à cassation. — *Cass.*, 19 déc. 1842 (t. 1er 1843, p. 209), mêmes parties.

472. — L'interposition de personne n'est une cause de nullité que lorsqu'elle tend à couvrir une infraction à la loi, c'est-à-dire à faire passer les biens à un incapable. — Delvincourt, t. 2, p. 446 ; Duranton, t. 8, n° 278. — V., au surplus, DONATION DÉGUISÉE, n°s 126 et suiv.

473. — Le legs que le père d'un enfant naturel fait à la mère de ce dernier doit être considéré comme fait à l'enfant par personne interposée; en conséquence : ce legs doit être fictivement réuni aux avantages directement accordés par le père à cet enfant; et réduit à la quotité déterminée par la loi, s'il l'excède. — *Pau*, 15 juin 1838 (t. 2 1843, p. 440), Anglade c. Bacqué.

CHAPITRE III. — *Dispositions d'usufruit ou de rentes viagères excédant la quotité disponible.*

474. — Si la disposition entre-vifs ou par testament est d'un usufruit ou d'une rente viagère dont la valeur excède la quotité disponible, les héritiers à réserve ont l'option ou d'exécuter cette disposition ou de faire l'abandon de la quotité disponible en toute propriété. — C. civ., art. 917.

475. — Jugé que, sous l'ancien droit comme sous le Code civ., art. 917, l'héritier avait l'option d'abandonner la propriété de la portion disponible, ou d'exécuter le don en usufruit sur une partie des biens excédant la portion disponible. — *Bourges*, 1er juill. 1816, Delafond c. Lagrave. — Il paraît cependant qu'à cet égard la question était controversée.

476. — L'art. 917 C. civ. est applicable aux libéralités faites par le conjoint remarié au profit de son nouvel époux en sorte que, lorsque des libéralités sont successives, l'enfant né du premier mariage doit, pour en obtenir la réduction, faire abandon en toute propriété de la portion disponible, encore bien que ces libéralités soient purement usufructuaires. — *Douai*, 22 mars 1836, Delmetz c. Devalder.

477. — L'art. 917 C. civ. est également applicable aux libéralités excessives faites par les époux qui se sont mariés sans enfans, à moins que ces libéralités ne comprennent que des jouissances usufructuaires ; cas auquel la réduction peut s'en effectuer conformément à l'art. 1094, c'est-à-dire, non par l'abandon en toute propriété de la quotité disponible, mais par la seule jouissance usufructuaire de la moitié des biens appartenant à l'époux prédécédé. — Même arrêt.

478. — L'exercice du droit d'option pour les héritiers est-il subordonné à la constatation que la quotité disponible a été excédée? Pour l'affirmative, on s'appuie sur un passage du tribun Joubert et sur ces mots de l'art. 917 : *dont la valeur excède la quotité disponible.* — Mais pour la négative on répond que la loi est favorable aux légitimaires, et que leur droit d'option n'est soumis à aucun préalable. — Conf. Observat. de Tronchet et Treilhard (discuss. au Cons.-d'Etat) ; Malleville, sur l'art. 917; Grenier, n° 638; Toullier, t. 5, n° 142 ; Delvincourt, t. 2, p. 247 ; Duranton, t. 8, n° 345 ; Proudhon, *Usufr.*, n° 338 ; Vazeille, sur l'art. 917, n° 1er ; Poujol, *eod.*, n° 2.

479. — L'héritier peut donc abandonner en propriété la portion disponible, lors même que la valeur de l'usufruit ou de la rente viagère paraîtrait inférieure à cette portion. — Mêmes auteurs.

480. — L'estimation de l'usufruit ou de la rente viagère donnés, peut avoir lieu entre donataires ou légataires, lorsqu'il y a des donations antérieures ou bien des legs de propriété avec le legs d'usufruit, et qu'on désire savoir s'il y a lieu à réduction, et dans quelle proportion les donataires ou légataires devront partager la quotité disponible abandonnée par l'héritier. — Delvincourt, p. 249 ; Duranton, t. 8, n° 347 ; Proudhon, n° 344 ; Vazeille, sur l'art. 917, n° 2 à 5 ; Poujol, n° 3.

481. — Le légataire de l'usufruit ou de la rente viagère à qui l'héritier abandonne la portion disponible, a toujours droit d'exiger que l'héritier prouve que les biens abandonnés équivalent à la propriété disponible. Cette preuve peut se faire soit par un inventaire légal et contradictoire, soit même par un simple état fourni au légataire. — Proudhon, n°s 339 et 340.

482. — Suivant Proudhon (n° 341) : par l'abandon que fait l'héritier de la quotité disponible, le legs reste toujours legs particulier ; et dès lors le légataire n'est tenu ni des dettes ni des charges de la succession. — Mais à cela on peut répondre que l'attribution d'une quotité dans une hérédité emporte nécessairement l'obligation des dettes et charges, et qu'ainsi le legs a changé de nature et est devenu legs à titre universel. — V. aussi Vazeille, sur l'art. 917, n° 8.

483. — Comme la loi n'exige pas que tous les héritiers consentent à l'option, chacun des légitimaires peut pour sa part exécuter la disposition ou abandonner la quotité disponible. — Delvincourt, t. 2, p. 247, notes ; Grenier, t. 2, n° 638 ; Proudhon, n° 342 ; Toullier, t. 5, n° 143 ; Vazeille, sur l'art. 917, n° 7 ; Poujol, n° 4. — Mais M. Duranton (*ibid.*) n'admet pas la division.

484. — En cas de concours d'héritiers collatéraux avec des ascendans, comme la réserve de ceux-ci ne peut, hors le cas de disposition entre époux, être grevée d'usufruit, la charge des legs d'usufruit ou de rente viagère doit peser sur les collatéraux exclusivement. Alors ceux-ci peuvent, s'ils craignent que la disposition ne soit trop onéreuse, ou accepter la succession sous bénéfice d'inventaire et se décharger de la rente ou de l'usufruit, ou bien faire vendre les biens de la succession et employer le prix, déduction faite des frais, à payer jusqu'à due concurrence le revenu du legs. — Proudhon, n° 351.

485. — A défaut d'inventaire, les collatéraux sont tenus de supporter le legs de la rente viagère sans réduction ou de fournir un supplément de revenu annuel, équivalant à ce qui manquerait à l'usufruit légué, distraction faite de la réserve des ascendans. — Proudhon, *ibid.*

486. — Les dispositions de l'art. 917 doivent s'appliquer aux droits d'usage et d'habitation, par l'analogie qui existe entre ces droits et l'usufruit.

487. — Lorsqu'une donation en usufruit porte sur des immeubles que le donateur possédait seulement à titre d'emphytéose, le donataire a droit de jouir de ces immeubles, selon l'étendue de sa donation, sans que l'héritier à réserve puisse exiger que la jouissance emphytéotique soit vendue et que le donataire soit réduit à toucher les intérêts du prix. — L'héritier à réserve ne peut même exiger que le donataire restitue, à la fin de l'usufruit, la différence de valeur qui sera survenue alors dans la jouissance emphytéotique. — *Paris*, 9 juillet 1822, Daroux.

488. — Quand, par contrat de mariage, deux époux ont fait donation au survivant d'eux de l'usufruit de la moitié de leurs biens, sous la condition que cet usufruit cesserait de plein droit en cas de convol ; la condition de viduité ainsi imposée par l'époux donateur au donataire continue à subsister, quoique l'héritier à réserve de l'époux prédécédé, usant de l'option que lui laisse l'art. 917 C. civ., ait abandonné au survivant, pour lui tenir lieu de l'usufruit auquel il avait droit, la portion disponible en toute propriété. — *Angers*, 18 févr. 1847 (t. 2 1847, p. 302), Davrille des Essarts c. Desmazières.

CHAPITRE IV. — *Avantages faits à un successible et leur imputation.*

Sect. 1re. — *Dons ou legs faits à un successible.*

489. — Chez les Romains, et ensuite dans les pays de droit écrit, on eut toujours le droit de choisir entre ses héritiers ceux qu'on voulait avantager soit par l'institution d'héritier, soit autrement. A Rome, la constitution éminemment aristocratique de la famille et de la cité exigeait même le choix d'un héritier testamentaire. — Rolland de Villargues, v° *Portion disponible*, n° 304.

490. — Il y avait dans nos coutumes une grande diversité sur cette matière. Quelques-unes permettaient que l'un des enfans fût à la fois donataire, légataire et héritier, et n'assuraient aux autres que leur légitime. D'autres distinguaient entre la ligne directe et la ligne collatérale, entre la qualité de donataire et celle de légataire. Plusieurs défendaient d'avantager l'héritier présomptif, de lui rien léguer, et ordonnaient le rapport de ce qu'il avait reçu par donation entre-vifs, lors même qu'il renonçait à la succession. — Rolland de Villargues, n° 305.

491. — Les lois des 7 mars 1793, 5 brum. et 17 niv. an II, consacrant d'une manière absolue le principe de l'égalité dans les successions, prohibèrent toute libéralité en faveur des successibles. — V. *suprà* n°s 18, 22 et suiv.

492. — Mais bientôt la loi du 4 germ. an VIII vint remédier à une prohibition aussi rigoureuse qui portait une atteinte pernicieuse à l'autorité paternelle. Elle permit dans de certaines limites les libéralités au profit des enfans ou autres successibles, avec dispense de rapport. — V. *suprà* n° 112.

493. — Cette règle a été maintenue par les rédacteurs du Code civil. Aujourd'hui, la quotité disponible peut être donnée en tout ou en partie, soit par acte entre-vifs, soit par testament, aux enfans ou autres successibles du donateur sans être sujette au rapport par le donataire ou le légataire venant à la succession, pourvu que la disposition ait été faite expressément à titre de préciput ou hors part. La déclaration que le don ou le legs est à titre de préciput ou hors part peut être faite, soit par l'acte qui contient la disposition, soit postérieurement dans la forme des dispositions entre-vifs ou testamentaires. — C. civ., art. 919.

494. — De plus et à plus forte raison, un père peut donner à ses enfans purement et simplement ou bien par avancement d'hoirie ce que la loi leur attribue à titre de réserve. — *Dijon*, 20 déc. 1845 (t. 2 1846, p. 719), Jannin.

495. — Les effets des libéralités au profit d'un successible varient donc nécessairement, suivant que le donataire sera ou non dispensé du rapport.

496. — Sur la question de savoir si une libéralité doit être réputée faite par préciput ou avec dispense de rapport, V. RAPPORT A SUCCESSION.

497. — Seulement nous ferons remarquer ici que la donation de moitié des biens présens et à venir, avec promesse de ne faire ni élire d'autre héritier que le donataire dans l'autre moitié, doit être considérée comme faite par préciput. — *Riom*, 27 nov. 1819, Peyrot.

498. — Lorsque l'héritier n'a pas été dispensé du rapport : il sera tenu de remettre à la masse de la succession toutes les libéralités qu'il a reçues, lors même qu'au moment de la donation il n'était pas héritier présomptif du donateur. — C. civ., art. 845, 846. — V. RAPPORT A SUCCESSION.

499. — Dans ce cas, puisque l'héritier rapporte à ses cohéritiers tout ce qu'il a reçu, il n'y a nulle raison pour qu'on élève la question de savoir comment l'héritier devra faire l'imputation de ce qu'il a reçu. Mais il n'en est plus de même dans le cas de concours avec un donataire étranger.

500. S'il s'agit d'une donation postérieure à celle du successible, l'étranger donataire peut exiger que l'héritier impute sur sa réserve tout ce qu'il a reçu. En effet, tout don ou legs au profit d'un successible est, en l'absence de toute volonté contraire, présumé fait en avancement d'hoirie. Or ce qui est imputable sur la part héréditaire l'est aussi sur la réserve. — Delvincourt, t. 2, p. 281, notes; Levasseur, n° 138; Grenier, t. 2, n° 596. — *Contrà*, Toullier, t. 5, n° 16.

501. — Lorsque le réservataire est en même temps légataire, il ne peut être admis à prélever sa réserve pour se remplir ensuite de son legs; mais il doit, au contraire, souffrir l'imputation du legs sur la réserve, sauf à la parfaire en cas d'insuffisance. — *Lyon*, 2 avril 1840 (t. 1er 1843, p. 461), Naville c. Cortey.

502. — Si la donation de l'étranger est antérieure à celle du successible, l'imputation de celle-ci doit se faire encore sur sa réserve. En effet, la donation de l'étranger ne peut être réduite qu'après l'épuisement de tous les biens laissés par le défunt et de toutes les donations postérieures. — Levasseur, n° 138.

503. — L'ascendant qui vient à la succession de son fils concurremment avec un légataire universel ne peut cumuler la réserve légale avec le legs qui lui a été fait qu'autant qu'il résulte du testament que le disposant a voulu respecter ladite réserve et y ajouter un legs particulier. — *Paris*, 17 mars 1846 (t. 1er 1846, p. 469), Delutire c. Géraldy. — Grenier, *Des donations*, n° 597; Duvergier, t. 7, n° 280; Coin-Delisle, *Donat.*, art. 919, nos 6 et suiv.

504. — Jugé, au contraire, que, dans ce cas, l'ascendant qui vient à la succession de son fils, concurremment avec un légataire universel, peut cumuler la réserve légale avec le legs qui lui a été fait par le défunt, quoiqu'il ne soit pas dit que le legs est fait à titre de préciput et avec dispense de rapport. — *Agen*, 28 déc. 1808, Montalembert c. Laroque; *Limoges*, 14 juill. 1818, Cheylard; *Agen*, 17 janv. 1824, Morand c. Gauté. — Toullier, t. 5, nos 112 et suiv.

505. — ... Qu'en d'autres termes le légataire universel n'a pas, à ce titre seul, qualité pour contester à l'ascendant le droit de cumuler son legs avec sa part dans la réserve, sous prétexte que le legs ne lui a pas été fait par préciput et hors part. — *Limoges*, 14 juill. 1818, Cheylard.

506. — ... Qu'ainsi, lorsque, par son testament olographe, une femme, sans postérité, a fait un legs à sa mère, et a institué son mari pour son héritier universel, le legs fait à la mère doit être recueilli en sus de la réserve qui lui est attribuée par la loi. L'héritier institué soutiendrait en vain que telle n'a point été l'intention de la testatrice. — *Agen*, 12 janv. 1824, Morand c. Gauté.

507. — D'après l'art. 845 C. civ., l'héritier qui renonce à la succession peut cependant retenir le don entre-vifs ou réclamer le legs à lui fait jusqu'à concurrence de la quotité disponible.

508. — Mais l'héritier renonçant peut-il retenir, outre la quotité disponible, sa part dans la réserve, peut-il cumuler l'une et l'autre? C'est là une question qui a été depuis longtemps et est encore aujourd'hui l'objet de vives controverses.

509. — Les auteurs sont généralement d'accord pour décider que l'héritier renonçant ne peut retenir, outre la quotité disponible, sa part dans la réserve, parce que la réserve est attachée à la qualité d'héritier. — Toullier, t. 5, n° 110; Levasseur, *Portion dispon.*, n° 146; Merlin, *Quest.*, v° *Réserve* (addit.); Grenier, *Donat.*, nos 566 et 566 *bis* (il avait d'abord embrassé l'opinion contraire); Favard, *Rép.*, v° *Renonciation*, § 2, n° 14; Duranton, t. 7, nos 282 et suiv.; Vazeille, sur l'art. 845, n° 4; Poujol, *eod.*, n° 4; Coin-Delisle, sur l'art. 919, nos 11 et 15; Belost-Jolimont, sur Chabot, art. 845, observ. 2e; Demante, t. 2, p. 271; *Dict. du notar.*, v° *Portion disponible*, nos 267 et suiv.; Marcadé, art. 849, n° 2, et art. 914, n° 3; Valette, Dissertat., *Droit* du 17 déc. 1845; Pont, *Revue de législation*, t. 2 1842, p. 435; Mailher de Chassat, *Comment. du C. civ.*, t. 2, p. 123; Guilhon, *Donat.*, n° 1169; Lagrange, *Revue du dr. franc. et étrang.*, t. 1er, p. 109; Souquet, *Dict. des temps légaux*, v° *Quotité disponible*, 572e tableau; Saint-Espès-Lescot, *Donat. et test.*, t. 2, n° 315.

510. — Jugé, en ce sens, que, la réserve légale étant attachée à la seule qualité d'héritier, il s'ensuit que l'enfant donataire par avancement d'hoirie qui renonce à la succession du donateur pour s'en tenir à son don, ne peut le retenir que jusqu'à concurrence de la quotité disponible. — *Bordeaux*, 30 janv. 1816, Laroque de Mons; *Grenoble*, 20 juill. 1832, Magnin c. Mounier; *Poitiers*, 7 août 1833, Suzannet c. de la Villegille; *Orléans*, 5 déc. 1842 (t. 1er 1843, p. 149), Fonteneau-Dufresnes c. Leroy; *Rouen*, 10 mars 1845 (t. 2 1845, p. 545), Dubosc c. Cœur-de-Roy; *Riom*, 25 avril 1845 (t. 1er 1846, p. 223), Rivet c. Morin; *Grenoble*, 4 août 1845 (t. 1er 1846, p. 221), Vien c. Bertrand.

511. — ... Qu'il ne pouvait retenir ou réclamer cumulativement et la quotité disponible et sa part dans la réserve. — *Bordeaux*, 30 janv. 1816, Laroque de Mons; *Cass.*, 18 févr. 1818, Laroque de Mons; *Riom*, 8 mai 1821, Rousserie; *Toulouse*, 27 juin 1821, Lafontan c. Renaud; *Montpellier*, 16 déc. 1822, Viala c. Vaur; *Riom*, 26 juin 1824, Destaune c. Desbans; *Bourges*, 4 mai 1825, Bossu c. Lauvergnat; *Grenoble*, 30 juin 1826, Bois c. Triolle; 22 janv. 1827, Champeau; 22 févr. 1827, Gallois; *Riom*, 14 mai 1829, Vernet; *Toulouse*, 11 juin 1829, Calvet c. Blancal; *Grenoble*, 20 juill. 1832, Magnin c. Mounier; *Poitiers*, 7 août 1833, Suzannet c. de la Villegille; *Orléans*, 5 déc. 1842 (t. 1er 1843, p. 149), Fonteneau-Dufresnes c. Leroy; *Rouen*, 10 mars 1845 (t. 2 1845, p. 545), Dubosc c. Cœur-de-Roy; *Riom*, 25 avril 1845 (t. 1er 1846, p. 223), Rivet c. Morin; *Grenoble*, 4 août 1845 (t. 1er 1846, p. 221), Vien c. Bertrand.

512. — En effet, la réserve ou portion indisponible assurée collectivement aux héritiers par l'art. 913 C. civ. ne peut être entamée à leur préjudice par celui qui, successible et donataire entre-vifs par acte en forme de partage d'une portion excédant la quotité disponible, déclare répudier la qualité d'héritier pour s'en tenir à sa donation. — *Poitiers*, 7 août 1833, Suzannet c. de la Villegille. — Arg. *Bordeaux*, 13 août 1840 (t. 2 1840, p. 736), de Brivazac c. Delaliman.

513. — D'où il suit que le don fait en avancement d'hoirie au successible qui renonce ensuite à la succession, ne peut être imputé sur la réserve. — *Agen*, 21 août 1826, Vignes; 20 juin 1827, Ricaud c. Gauthé; *Nîmes*, 19 août 1830, Duroure c. Castille; *Limoges*, 14 déc. 1831, Rabier c. Desbordes.

514. — ... Et cela encore bien que la quotité disponible ait été épuisée, postérieurement à la donation, par l'érection d'un majorat et par d'autres donations précipuaires. — *Nîmes*, 19 août 1830, Duroure c. Castille.

515. — Ainsi le droit de l'enfant donataire qui renonce se borne, dans ce cas, aux effets de la donation, lors même qu'il eût pu prétendre à une plus forte part comme héritier à réserve. — *Riom*, 14 mai 1829, Vernet.

516. — Ainsi encore, l'enfant donataire par avancement d'hoirie, qui renonce à la succession, ne peut retenir le don qui lui a été fait que jusqu'à concurrence de la portion disponible. — *Orléans*, 5 déc. 1842 (t. 1er 1843, p. 149), Fonteneau-Dufresnes c. Leroy.

517. — Par conséquent: si le donataire en avancement d'hoirie renonce à la succession paternelle pour s'en tenir à sa donation, la donation ultérieure de la quotité disponible se trouve inefficace jusqu'à concurrence du premier don. — *Agen*, 21 août 1826, Vignes; 20 juin 1827, Ricaud c. Gauthé.

518. — Quant au cumul, les uns l'admettent d'une manière absolue: c'est-à-dire que, suivant eux, le cumul peut s'exercer par voie d'action, aussi bien que par voie de rétention, ou, en d'autres termes, que l'héritier renonçant peut non-seulement retenir mais même réclamer la libéralité qui lui a été faite, jusqu'à concurrence et de la réserve et de la quotité disponible réunies. Pour cela, ils assimilent la réserve à l'ancienne légitime; laquelle était attachée à la qualité d'enfant (Lebrun, *Succ.*, liv. 2, ch. 3, sect. 6, n° 9, et liv. 3, ch. 8, sect. 2, n° 80; Ricard, *Donat.*, part. 3, nos 1056, 1063 et suiv.; Merlin, *Quest.*, v° *Légitime*, § 5) et non à celle d'héritier, et ne constituait point un droit héréditaire. — Proudhon, *Consultat.*; Chabot, *Comment. sur l'art.* 845, n° 9. (Toutefois, il est moins formel dans sa troisième édition que dans les deux premières.)

519. — Les autres n'admettent le système du cumul que par voie de rétention. Ils disent, en substance: Quand la donation entre-vifs réductible a été faite à l'un des successibles, l'art. 924 C. civ. permet à celui-ci de retenir, sur les biens donnés, la valeur de la portion qui lui appartiendrait comme héritier, dans les biens non disponibles s'ils sont de même nature. Ces mots *qui lui appartiendrait comme héritier* sont synonymes de ceux *qui lui appartiendrait s'il était héritier*. La loi a donc prévu le cas où le successible n'est pas héritier. De plus, il y aurait contradiction entre l'art. 924 et la première partie de l'art. 866. En outre, si les enfans ne prenaient la réserve qu'à titre d'héritier, il arriverait que les biens réservés, qui seraient rentrés dans la succession par la réduction exercée au profit de l'enfant, deviendraient le gage des créanciers héréditaires, qui les trouveraient dans la succession de leur débiteur. Or l'art. 921 C. civ. déclare positivement que les créanciers du défunt n'ont aucun droit sur les biens provenant de la réduction. C'est là reconnaître implicitement que ces biens ne font pas partie de la succession; par conséquent, les enfans n'ont pas besoin de se porter héritiers pour les réclamer. Enfin, l'héritier renonçant, ayant été saisi de sa part de réserve, ne demande qu'à conserver ce qu'un acte lui a transmis. Les cohéritiers ne sont pas fondés à s'en plaindre, puisque le défunt leur a laissé à chacun leur part de réserve. L'héritier renonçant peut donc toujours retenir par voie d'exception, s'il ne peut pas réclamer par voie d'action. — Delvincourt, t. 2, p. 113 et 248; Grenier, *Donat.*, t. 2, p. 566 et 594 (toutefois, il ajoute, dans sa 3e édit., qu'il faut se rendre à l'opinion de l'arrêt Laroque de Mons); Malpel, *Supplém. au traité des success.*, p. 16 (dans son *Traité* (n° 270), il avait d'abord repoussé tout cumul); Maleville, sur l'article 924.

520. — Jugé, en conséquence, que, la réserve légale étant attachée à la qualité d'enfant et non à celle d'héritier, l'enfant donataire en avancement d'hoirie, qui renonce à la succession pour s'en tenir à la donation, peut retenir ou même réclamer (les arrêts laissant quelquefois à désirer à cet égard) le don jusqu'à concurrence de la réserve et de la quotité disponible cumulées. — *Riom*, 28 janv. 1820, Letrau c. Laribette; *Toulouse*, 7 août 1820, Chamayou; *Paris*, 31 juillet 1821, Danot c. Delamarre; *Toulouse*, 17 août 1821, Rives; *Montpellier*, 18 déc. 1835, Gardes c. Belland; *Lyon*, 2 mars 1836 (t. 1er 1837, p. 381), Charreton c. Boissieux; *Bordeaux*, 14 juill. 1837 (t. 2 1837, p. 438), Brossard c. Bosredon; *Cass.*, 5 févr. 1840 (t. 1er 1840, p. 594), Despréaux c. Canillac; 17 mai 1843 (t. 2 1843, p. 380), Leproust; *Lyon*, 22 juin 1843 (t. 2 1844, p. 386), Allimand c. Guinet; 13 juin 1844 (t. 1er 1846, p. 220), Sandellon c. Dubief; *Montpellier*, 14 mai 1845 (t. 1er 1846, p. 220), N...; *Caen*, 4 août 1845 (t. 2 1845, p. 592), Hervieu-Duclos c. Lecesne; *Toulouse*, 9 août 1845 (t. 1er 1846, p. 448), Dougnac; *Montpellier*, 7 janv. 1846 (t. 1er 1847, p. 427), Gros c. Mazel; *Paris*, 3 févr. 1846 (t. 1er 1846, p. 139), Lecocq c. Compans; *Cass.*, 21 juill. 1846 (t. 1er 1847, p. 54), Lecesne c. Hervieu-Duclos; *Limoges*, 18 janv. 1847 (t. 2 1847, p. 239), Delaurent; *Rouen*, 29 avr. 1847 (t. 2 1847, p. 151), Lecesne c. Hervieu-Duclos; *Cass.*, 21 juin 1848 (t. 2 1849), Vien c. Bertrand.

521. — Jugé également que l'héritier réservataire, donataire en avancement d'hoirie, peut, nonobstant sa renonciation à la succession de l'auteur commun, retenir sa réserve sur sa donation, sinon par action, du moins par exception à la demande en réduction de la donation. — *Paris*, 7 avr. 1838 (t. 1er 1838, p. 640), Cochois.

522. — En effet: le donataire en avancement d'hoirie qui renonce à la succession pour s'en tenir à son don ne fait pas, à proprement parler, une véritable renonciation, et encore moins une répudiation de l'hérédité; il n'y a pas là exclusion du droit à la réserve. — *Agen*, 6 juin 1829, Dupouy.

523. — Dès lors s'il ne peut retenir son don sur la quotité disponible, attendu que le donateur a disposé de cette quotité par préciput et hors part au profit d'un autre; il a toujours le droit de retenir sur les biens donnés la part qui lui appartient comme héritier, la renonciation devant dans ce cas être considérée comme non avenue. — *Corse*, 24 juill. 1827, Arena c. Lola. — Sur la question de savoir si, en pareil cas, la renonciation peut être réputée conditionnelle, V. RAPPORT A SUCCESSION, SUCCESSION.

524. — La renonciation par le réservataire à la succession paternelle pour s'en tenir à la donation qui lui est faite, n'a d'autre résultat que de lui donner le droit de retenir, dans les limites de la loi, ce qui lui a été donné; mais non de lui faire perdre sa part dans la réserve légale qui est attachée à sa qualité d'enfant. — *Cass.*, 17 mai 1843 (t. 2 1843, p. 380), Leproust.

525. — Mais, en pareil cas, sur quoi la donation doit-elle être d'abord imputée, est-ce sur la quotité disponible ou bien sur la réserve?

526. — Si l'enfant est donataire par préciput,

le don est imputable, d'abord, sur la quotité disponible; puis, s'il y a excédant: l'enfant peut le conserver jusqu'à concurrence de sa part dans la réserve légale.—*Toulouse*, 7 août 1820, Chamayou; 17 août 1821, Rives.

527. — Mais s'il s'agit d'une donation faite en avancement d'hoirie à l'enfant qui a renoncé à la succession de son père pour s'en tenir à son don, l'imputation doit se faire d'abord sur la réserve légale. — Ce n'est que subsidiairement qu'elle a lieu sur la quotité disponible.—*Montpellier*, 7 (et non 17) janv. 1828, Mourgues; *Agen*, 6 juin 1820, Dupouy; *Toulouse*, 16 juill. 1829, Sicard; *Cass.*, 11 août 1829, Mourgues; *Toulouse*, 25 juill. 1832, Dufour c. Peyrefite; *Cass.*, 23 (et non 24) mars 1834, Decastille c. Duroure; *Aix*, 18 févr. 1835, mêmes parties; *Limoges*, 4 déc. 1835, Granger c. Peytavit; *Montpellier*, 18 déc. 1835, Gardes c. Bellaud.

528. — De même lorsqu'un héritier à réserve, à qui le testateur a fait un legs à peu près équivalent à sa réserve, renonce à ce legs pour s'en tenir à son droit légitime, les tribunaux peuvent décider que la réserve doit alors être acquittée par le légataire universel. — *Cass.*, 15 juill. 1828, Ducros c. Mahuzié.

529. — Il en est ainsi lors même que le donateur a ensuite disposé de la quotité disponible par préciput. — *Montpellier*, 7 (et non 17) janvier 1828, Mourgues; *Cass.*, 11 août 1829, mêmes parties; *Limoges*, 4 déc. 1835, Granger c. Peytavit; *Montpellier*, 18 déc. 1835, Gardes c. Bellaud; *Lyon*, 2 mars 1836 (t. 1er 1837, p. 381), Charreton c. Boissieux.

530. — S'il y a un légataire ultérieur, mais non par préciput, de la quotité disponible, ce légataire recueille ce qui reste de cette quotité après prélèvement du don en avancement d'hoirie. — *Agen*, 6 juin 1829, Dupouy; *Toulouse*, 16 juill. 1829, Sicard.

531. — Lorsqu'un héritier à réserve, donataire entre-vifs, a renoncé à la succession, la donation ne doit pas être imputée sur la quotité disponible, au préjudice du légataire de cette quotité, comme le serait celle faite à un étranger. — *Turin*, 1er avril 1812, Galleani c. Solaro.

532. — Lorsque le donataire en avancement d'hoirie d'une somme n'excédant pas sa réserve a déclaré renoncer à la succession, pour s'en tenir à son don; le légataire par préciput ne doit pas contribuer sur son préciput au paiement de cette donation, qui n'était point acquittée lors de l'ouverture de la succession. — Le paiement de cette donation doit être acquitté par égales portions entre les cohéritiers, mais après le prélèvement intégral de la quotité disponible. — *Cass.*, 30 mai 1836, Mourgues c. Jean-Jean.

533. — Quoi qu'il en soit, s'il s'agissait de libéralités faites dans un contrat de mariage passé sous l'ancienne législation; l'enfant donataire qui renonce à la succession de son père ou de sa mère, donateur, pour profiter de ces libéralités, est fondé à retenir sur ces mêmes libéralités, dont il est en possession, si la loi d'alors le lui permettait, et le montant de sa réserve légale et la quotité disponible, sans qu'il y ait contravention à l'art. 845 du Code précité. — *Cass.*, 5 févr. 1840 (t. 1er 1840, p. 594), Despréaux c. Canillac.

534. — Dès lors, si l'enfant (non-donataire) qui renonce à la succession purement et simplement perd, par cela même, sa qualité d'héritier, et par suite le droit de réclamer sa réserve, il en est autrement lorsqu'il ne renonce qu'en déclarant s'en tenir à ses droits légitimaires. — Dans ce cas, l'enfant qui renonce pour s'en tenir à ses droits légitimaires, étant héritier en cette partie, a le droit d'exiger des autres héritiers le rapport des dons et legs qui leur ont été faits et de prendre sur les biens rapportés la réserve légale à laquelle il se trouve réduit par l'effet de sa renonciation. — *Bordeaux*, 13 août 1840 (t. 2 1840, p. 736), de Brivazac c. de Laliman.

535. — Et l'enfant donataire qui a accepté bénéficiairement la succession ouverte depuis le Code doit souffrir sur sa donation l'imputation de la réserve de son cohéritier telle qu'elle est réglée par le Code, sans pouvoir exciper des lois relatives à la réserve existant lorsque la donation a été constituée. — Même arrêt.

536. — Si l'art. 845 du Code civil permet à l'héritier qui renonce à la succession de retenir le don entre-vifs jusqu'à concurrence de la portion disponible, c'est en ce sens que l'héritier renonçant doit d'abord exercer son droit de rétention sur la réserve légale et qu'en cas d'insuffisance de cette réserve, pour compléter le don, le droit de rétention s'exerce alors sur la portion disponible restée libre, mais toutefois sans que, dans aucun cas, la rétention puisse jamais excéder cette même portion disponible. — *Grenoble*, 22 janv. 1827, Champeau; 22 févr. 1827, Gallois; *Caen*, 25 juill. 1837 (t. 1er 1837, p. 440), Dudonney c. Dionis.

537. — En cas de concurrence entre plusieurs réservataires donataires en avancement d'hoirie le second doit également retenir sa réserve légale et ce qui restera de la quotité disponible, de manière, aussi, à ne toucher qu'une somme égale, au plus, à la quotité disponible; et ainsi de suite pour les autres donataires, jusqu'à l'épuisement de la quotité disponible. — Même arrêt de *Caen*.

538. — L'enfant qui a reçu en avancement d'hoirie sa réserve par donation entre-vifs le conserve à l'ouverture de la succession, mais à titre de donataire, et sans être tenu d'y joindre le titre légal d'héritier, si, renonçant à la succession, il ne demande rien au delà de l'objet de sa donation. Lorsque la quotité disponible est supérieure à une part d'enfant réservataire, le donataire peut retenir, outre sa part dans la réserve, imputable alors sur la portion disponible, tout ce dont cette portion disponible excède la réserve; de sorte que la totalité du don retenu puisse égaler la quotité disponible, mais sans pouvoir l'excéder jamais. Ainsi l'enfant donataire qui renonce à la succession de son père peut retenir les dons à lui faits par son père, jusqu'à concurrence de la quotité disponible et sans pouvoir l'excéder, et en imputant d'abord les dons sur sa réserve légale, et ensuite, s'il y a lieu, sur la quotité disponible.—*Dijon*, 20 déc. 1845 (t. 2 1846, p. 719), Jannin.

539. — Quelle que soit, d'ailleurs, l'interprétation de l'art. 845, nul doute que le père ne puisse, par une déclaration expresse dans la donation, obliger les enfans renonçans d'imputer ce qu'il donne sur leur réserve individuelle.—Duranton, t. 7, nº 291.

540. — La question d'imputation à faire du don au successible, soit sur la réserve, soit sur la quotité disponible, a, de plus, une grande importance: non plus dans l'intérêt du successible renonçant, mais dans celui des autres donataires postérieurs ou des légataires. Si le don s'impute sur la quotité disponible, le père est nécessairement limité dans ses dispositions ultérieures. Au contraire, si le don est imputable sur la réserve, la quotité disponible reste bien plus étendue pour le père donateur.

541. — On est généralement d'accord qu'en faisant un don en avancement d'hoirie, mais sans clause de préciput ou de dispense de rapport, l'intention du père a été de le faire porter d'abord sur la réserve, il est présumé avoir donné au titre qui restreint le moins son droit de disposer ultérieurement. Les avancemens d'hoirie sont ainsi encouragés, sans que le droit des autres légitimaires soit atteint. Enfin, la puissance paternelle en est d'autant plus favorisée. — Duranton, t. 7, nº 282 et suiv.

542. — Jugé, en ce sens, que le don en avancement d'hoirie, s'il n'est fait à titre de préciput ou avec dispense de rapport, n'enlève pas au père la faculté de disposer ultérieurement de la quotité disponible. — *Turin*, 1er août 1812, N...; *Grenoble*, 30 juin 1826, Bois c. Triolle; 22 janv. 1827, Champeau; 22 févr. 1827, Gallois; *Corse*, 24 juill. 1827, Arena c. Lota. — Cette proposition résulte encore de nombreux arrêts qui (comme on le verra *infrà*) décident que pour calculer la quotité disponible qui lui a été donnée ou léguée, un étranger a le droit de demander la réunion fictive des dons faits en avancement d'hoirie.

543. — ... Et d'en disposer par don ou legs, avec préciput et hors part. — *Grenoble*, 22 janv. 1827, Champeau; 22 févr. 1827, Gallois.

544. — Dès lors, si, depuis le don en avancement d'hoirie, le père a légué par préciput la quotité disponible à un autre enfant, le donataire ne peut, même en renonçant à la succession pour s'en tenir à son don, retenir ce don jusqu'à concurrence de la portion disponible. Il a seulement le droit de retenir sur les biens donnés la part qui lui appartient comme héritier, la renonciation devant, dans ce cas, être considérée comme non avenue. — *Corse*, 24 juill. 1827, Arena c. Lota.

545. — De même, le donataire en avancement d'hoirie ne peut, en renonçant à la succession du donateur, retenir le don sur la quotité disponible, lorsque le donateur a, même postérieurement au don, disposé expressément de cette quotité, soit au profit d'un étranger, soit au profit d'un autre héritier, par préciput ou hors part: le droit de rétention sur la quotité disponible ne peut être exercé que quand il n'y a pas eu disposition de cette quotité par le donateur.—*Limoges*, 14 déc. 1831, Rabier c. Desbordes.

546. — Jugé, au contraire, que le don en avancement d'hoirie fait par un père à un de ses enfans est réputé porter sur la quotité disponible, et cela quand bien même le donateur aurait ensuite disposé expressément de cette quotité en faveur d'un autre de ses enfans. — *Agen*, 21 août 1826, Vignes; 20 juin 1827, Ricaud c. Gauthé.

547. — ... Que, dès lors, si le donataire en avancement d'hoirie renonce à la succession paternelle pour s'en tenir à sa donation, la donation ultérieure de la quotité disponible se trouve inefficace jusqu'à concurrence du premier don. —*Agen*, 21 août 1826, Vignes; 20 juin 1827, Ricaud c. Gauthé.

548. — La donation contractuelle faite par un père au profit des enfans de sa fille ne peut être censée faite en avancement d'hoirie; dès lors le donateur ne peut plus disposer de la quotité disponible au préjudice des donataires. — *Cass.*, 16 juin 1830, Cannelli c. Mattei.

549. — Quoi qu'il en soit, la donation en avancement d'hoirie faite à un successible doit, dans le cas où celui-ci décède avant le donateur, être imputée sur la quotité disponible et non sur la réserve à laquelle il aurait eu droit s'il eût survécu. — En conséquence: la libéralité qu'aurait pu faire le donateur postérieurement ne doit recevoir d'exécution que sur ce qui reste libre de la quotité disponible, déduction faite de cette première donation. — *Cass.*, 19 févr. 1845 (t. 1er 1845, p. 521), Salichon.

550. — Il n'y a aucune analogie à établir entre ce cas et celui où l'héritier renonce pour s'en tenir à sa donation. — *Lyon*, 7 févr. 1844 (t. 2 1844, p. 320), Salichon.

551. — Les dots constituées à des enfans morts sans postérité avant leur père et mère, doivent être considérées comme des actes de pure libéralité; alors même que ces dots sont au-dessous de la légitime à laquelle ces enfans auraient pu prétendre, s'ils eussent survécu à leurs parens. — Ces dots, bien que dissipées, doivent être imputées sur la quotité disponible: de manière à empêcher les père et mère de disposer d'aucune partie de leur patrimoine, si elles absorbent à leur décès cette quotité. — *Cass.*, 19 juin 1819, Vesvrotte c. Siffredy.

552. — Lorsqu'une donation a été faite par préciput, ou avec dispense de rapport, au profit de l'héritier qui accepte la succession, l'imputation de ce don se fait seulement sur la quotité disponible. En disposant par préciput ou avec dispense de rapport, le donateur ou testateur a entendu que l'avantagé prît le don ou le legs en sus de la réserve; qu'il fût considéré à cet égard comme un étranger. — Grenier, nº 566; Levasseur, *Portion dispon.*, nº 160.

553. — De ce que l'héritier donataire par préciput ou avec dispense de rapport est considéré comme étranger, il suit qu'il est tenu de contribuer à sa propre réserve ainsi qu'à celle de ses cohéritiers. — Levasseur, *eod.*, nº 161.

554. — Sous l'ancienne jurisprudence, un legs d'usufruit n'était point imputable sur la légitime. — *Dijon*, 3 janv. 1818, Delorme c. Grandjean. — Merlin, *Rép.*, vº *Légitime*, sect. 8, § 3, art. 1er.

555. — Un père en disposant de la quotité disponible de ses biens en faveur de l'un de ses enfans, peut affecter un objet déterminé à l'acquittement de cette libéralité. Mais il ne peut assigner certains immeubles de son hérédité pour remplir à la fois ce même enfant de son droit au préciput et du montant de sa réserve sans violer l'égalité des partages et porter atteinte aux droits des autres réservataires, alors que ce n'est point à titre de partage fait du vivant du père et entre tous ses enfans qu'une pareille attribution de biens a eu lieu.—*Toulouse*, 14 janv. 1845 (t. 1er 1845, p. 617), Gay.

556. — Le père en faisant une donation par préciput à l'un de ses enfans, peut ne lui attribuer que des immeubles et désigner ceux dont il entend que cet avantage se compose. — Et, à défaut de désignation des biens sur lesquels doit frapper une partie du préciput légué ou donné à plusieurs des enfans, les juges peuvent, soit pour éviter le morcellement des biens, soit pour concilier les convenances, ordonner que le lot unique à former pour le préciput sera composé en totalité d'immeubles, sans que les légitimaires puissent trouver dans cette disposition un excédant d'avantage au profit des donataires. — *Bordeaux*, 23 nov. 1829, Desport c. Duroy.

557. — Le père de famille a droit, en donnant

ou léguant un préciput, de désigner nominativement les objets qui doivent le composer, pourvu qu'il ne porte aucune atteinte à la réserve légale. Conséquemment, il peut conférer au donataire ou légataire préciputaire la faculté de prendre dans la succession, pour le montant de son préciput, et toujours sous la réserve de la quotité disponible, les *immeubles qu'il lui plaira choisir*. — Mais les tribunaux ont le droit de s'enquérir de la manière dont cette faculté est exercée. — *Nîmes*, 13 déc. 1837 (t. 2 1838, p. 280), Ollivier.

558. — Lorsque après avoir partagé entre-vifs ses immeubles et ses rentes entre ses enfans un ascendant lègue à l'un d'eux, par préciput et hors part, tout son mobilier moins les rentes, ce legs doit recevoir son exécution s'il n'excède pas la quotité disponible. Les biens donnés doivent alors s'imputer sur la réserve. — *Caen*, 23 mars 1847 (t. 1er 1848, p. 359), Lechevallier c. Quernet.

559. — Toutefois, le droit pour le testateur de désigner les biens qui devront composer la quotité disponible est un droit personnel et incessible; dès lors, un père, en léguant la quotité disponible à l'un de ses enfans, ne peut lui transmettre le droit de choisir, après due estimation, les immeubles qui devront composer cette quotité. — *Rouen*, 25 févr. 1828 Cauvin c. Pochon.

560. — Les legs faits par préciput aux successibles en ligne directe deviennent caducs par l'épuisement de la portion disponible. — *Paris*, 11 déc. 1815, Guinemer c. Vasselin.

Sect. 2e. — *Aliénations faites à un successible, à charge de rente viagère, à fonds perdu ou avec réserve d'usufruit.*

561. — Dans l'ancienne législation, il n'y avait, sauf dans quelques coutumes, aucunes dispositions précises à cet égard; et les aliénations étaient ou maintenues ou annulées comme frauduleuses, suivant les circonstances.

562. — La loi du 17 nivôse an II (art. 26), comme on l'a vu *suprà* (no 65), prohibait toutes donations à charge de rentes viagères ou rentes à fonds perdu en ligne directe ou collatérale, à l'un des héritiers présomptifs ou à ses descendans, à moins que les parens du degré de l'acquéreur et des degrés plus prochains n'y intervinssent et n'y consentissent.

563. — Aujourd'hui l'art. 918 du Code civil porte: «La valeur en pleine propriété des biens aliénés, soit à charge de rente viagère, soit à fonds perdu, ou avec réserve d'usufruit, à l'un des successibles en ligne directe, est imputable sur la portion disponible; et l'excédant, s'il y en a, doit être rapporté à la masse de la succession. Mais cette imputation et ce rapport ne peuvent être demandés par ceux des autres successibles en ligne directe qui auraient consenti à ces aliénations, ni, dans aucun cas, par les successibles en ligne collatérale.»

564. — La loi du 17 nivôse voulait, comme on le voit, conserver l'égalité la plus parfaite entre les cohéritiers quels qu'ils fussent, tandis que le Code, en autorisant tous avantages jusqu'à concurrence de la quotité disponible, n'a pour but que de maintenir intacte la réserve due aux successibles en ligne directe.

565. — Ainsi, en règle générale, la vente à fonds perdu faite par un père à son fils n'est pas nulle; elle est seulement, comme donation déguisée, réductible à la quotité disponible. — *Colmar*, 15 nov. 1808, Knebel.

566. — L'aliénation au profit d'un successible, avec réserve d'usufruit, doit être considérée comme donation déguisée imputable sur la quotité disponible, encore bien que la réserve n'embrasse qu'une partie du fonds vendu. — *Poitiers*, 26 mars 1825, Verdier c. Courgeault.

567. — En se servant du mot générique *aliénés*, l'art. 918 étend sa disposition à tous actes translatifs de propriété: qu'ils soient qualifiés ventes, donations ou autrement. — Grenier, no 639.

568. — Ainsi, cet article s'applique aussi bien aux aliénations faites à titre de donation qu'à celles faites à titre onéreux. — *Douai*, 30 déc. 1843 (t. 1er 1844, p. 260), Portelance; *Cass.*, 7 févr. 1848 (t. 1er 1849, p. 107), de Sennecourt c. de Villemain.

569. — De même, l'art. 918 est applicable aux actes portant *donation*, à charge de rente viagère, aussi bien qu'à ceux qui sont qualifiés ventes. — En d'autres termes, l'expression de biens *aliénés*, employée dans cet article, comprend également le cas des *ventes* et celui des *donations expresses*. — *Rennes*, 20 mars 1826, Guillou.

570. — Bien plus, jugé: qu'on ne peut regarder comme une aliénation, dans le sens de l'art. 918 du Code civil, le fait de l'acquisition par un père, au nom de ses enfans mineurs, de rentes sur l'Etat, desquelles il s'est réservé l'usufruit. — *Paris*, 19 juill. 1833, Guilbeau.

571. — Par aliénation *à fonds perdu*, il faut entendre toute aliénation moyennant une prestation quelconque viagère pour le vendeur: telle est l'aliénation moyennant une rente viagère. — Merlin, *Rép.*, vo *Vente à fonds perdu*; Grenier, no 639; Toullier, t. 5, no 131.

572. — L'aliénation à charge de rente viagère est la même chose que l'aliénation à fonds perdu, bien que la rédaction vicieuse de l'art. 918 semble en faire deux espèces d'aliénations. — Toullier, no 131. — Il n'y a d'autre différence que celle du genre à l'espèce. — Saint-Espès-Lescot, *Donat. entre-vifs*, no 382.

573. — La vente avec réserve d'usufruit faite pour un prix déterminé n'est pas nécessairement une vente à fonds perdu, alors que le vendeur reçoit un prix effectif de la nue propriété par lui vendue. — Levasseur, no 170. — Il n'y a aliénation que suivant les circonstances.

574. — Cependant, la vente avec réserve d'usufruit peut être en même temps vente à fonds perdu; c'est quand le vendeur stipule en sa faveur une rente viagère pour prix de la nue propriété. — Toullier, no 131.

575. — La vente consentie par un père à l'un de ses enfans, avec réserve de l'usufruit de portion de l'immeuble vendu, ne peut être assimilée à une donation sujette à rapport, conformément à l'art. 918 du Code civil, lorsque cette réserve n'est que la représentation d'une rente que lui doit cet enfant. — *Amiens*, 20 août 1840 (t. 2 1842, p. 92), Broquère c. de Lamotte.

576. — La vente moyennant une rente perpétuelle peut-elle être considérée comme vente à fonds perdu? — Oui, dit M. Duranton (t. 7, nos 334 et 335): attendu que le capital n'étant point exigible, il y a là fonds perdu pour les cohéritiers auxquels la rente peut être bien moins avantageuse que les biens eux-mêmes ou un prix exigible. Mais, pour la négative, on répond avec raison que, bien que le capital de la rente ne soit pas exigible, il ne reste pas moins dans la succession, où il représente les biens vendus; la rente n'est donc pas un fonds perdu, et c'est le reconnaître que de dire qu'elle est moins avantageuse que les biens eux-mêmes ou un capital exigible. — Rolland de Villargues, vo *Portion disponible*, no 321.

577. — Jugé, en ce dernier sens, que l'art. 918 n'est point applicable à une vente faite moyennant une rente foncière. — *Cass.*, 12 nov. 1827, Leprestre.

578. — Comme la loi parle de l'aliénation des biens en général et sans faire de distinction, sa disposition s'applique à l'aliénation d'un capital moyennant une rente viagère. — Grenier, no 639; Delvincourt, t. 2, p. 65; Duranton, t. 7, no 332; Saint-Espès-Lescot, *Donat. et test.*, t. 2, no 391.

579. — De plus: la disposition de l'art. 918 est applicable au cas où la rente viagère n'a pas été constituée sur la tête de l'auteur commun, mais bien sur une tête étrangère. — *Angers*, 7 févr. 1829, Bidon; *Cass.*, 7 août 1833, mêmes parties.

580. — Mais l'art. 918 C. civ. doit être restreint au cas où un père vend et donne, à titre de rente viagère ou à fonds perdu, une partie de ses biens à l'un de ses successibles en ligne directe, et n'est point applicable au cas d'un partage fait par le père entre ses descendans. — *Grenoble*, 8 mai 1835, Dorey.

581. — Lorsque l'aliénation a lieu sans le consentement des autres successibles en ligne directe, il y a présomption légale d'un avantage indirect au profit de celui à qui l'aliénation est faite; et cette présomption ne saurait être combattue par la preuve contraire, puisque la loi n'a pas réservé cette preuve. — Toullier, nos 132 et 133; Duranton, t. 7, nos 328 et 331.

582. — Jugé, au contraire, que le caractère de gratuité repose sur une présomption qui n'est point tellement absolue qu'elle ne puisse être détruite par d'autres présomptions, tendant à établir qu'au contraire l'aliénation est affectée d'un caractère onéreux. — *Amiens* (sous *Cass.*, 19 août 1847 [t. 1er 1849, p. 105]), Van Russel c. de Laubrière.

583. — L'avantage conféré au moyen de l'aliénation est censé fait par préciput et hors part jusqu'à concurrence de la quotité disponible; et, par conséquent, le successible qui l'a reçu n'en doit pas le rapport, bien qu'il se soit porté héritier. — Duranton, *loc. cit.*; Malleville, sur l'art. 918.

584. — Mais si la quotité disponible avait été épuisée par des donations antérieures et irrévocables, la totalité de l'objet aliéné devrait être rapportée. — Delvincourt, t. 2, p. 225; Rolland de Villargues, no 329.

585. — A la différence de ce qui avait lieu sous la loi du 17 niv. an II (V. *suprà* nos 30 et suiv.), l'aliénation faite à un successible en ligne collatérale n'est pas réputée faite à titre gratuit et l'imputation sur la quotité disponible ni le rapport ne peuvent être demandés. — Grenier, no 640; Toullier, no 132.

586. — Jugé, cependant, que la vente faite à fonds perdu, même à l'un des successibles en ligne collatérale, est sujette à rapport, lorsqu'il est prouvé que ce n'est qu'une donation déguisée. — *Bruxelles*, 30 mars (et non mai) 1812, Paternoster c. Van Maldeghem. — Mais cet arrêt ne peut s'expliquer qu'en admettant l'opinion, accueillie d'abord par quelques Cours et repoussée aujourd'hui par une jurisprudence constante, que les donations déguisées sous la forme d'un contrat onéreux étaient nulles.

587. — A plus forte raison l'aliénation faite à un étranger avec les caractères énoncés en l'art. 918 serait réputée à titre onéreux et ne pourrait être attaquée par les héritiers à réserve. Néanmoins, il est prudent de qualifier l'acte de *vente* lorsque, dans l'intention des parties, cet acte est réellement fait à titre onéreux. — Grenier, no 641; Rolland de Villargues, no 337.

588. — L'aliénation à fonds perdu ou avec réserve d'usufruit faite au conjoint du successible ne tombe point sous le coup de l'art. 918, parce qu'on ne saurait étendre le cercle des présomptions légales et que, jusqu'à preuve contraire, l'aliénation doit être réputée faite à titre onéreux quand elle est faite à tout autre qu'au successible. — Rolland de Villargues, no 337.

589. — Mais si, d'après les dispositions de son contrat de mariage, le successible devait prendre part dans les biens acquis par son conjoint, l'art. 918 serait applicable comme si l'aliénation de cette part avait été faite directement en faveur de ce successible. — Rolland de Villargues, nos 38 et suiv.

590. — Le consentement donné à l'aliénation par les autres successibles et qui seul empêche l'imputation sur la quotité disponible, est, en réalité, une modification du principe général (C. civ., 1130) qui prohibe tous pactes quelconques sur une succession future. — Grenier, t. 2, no 642; Duranton, t. 6, no 475, et t. 7, no 331.

591. — Il suit de là que le consentement à toute autre convention que celles prévues en l'art. 918 ne serait point obligatoire pour les successibles qui l'auraient donné, et si l'acte ne contenait qu'une donation déguisée sous la forme d'une vente à vil prix, et non réellement une aliénation à charge de rente viagère ou avec réserve d'usufruit, l'approbation des autres successibles ne serait d'aucun effet. — Rolland de Villargues, no 347; Duranton, t. 7, no 331; Delvincourt, t. 2, p. 225; Saint-Espès-Lescot, *Donat. et test.*, t. 2, no 401.

592. — De même: comme l'art. 918 ne s'applique pas aux ventes moyennant une rente foncière, on ne pourrait opposer aux successibles la ratification qu'ils auraient faite d'une pareille vente du vivant de leur auteur. — *Cass.*, 12 nov. 1827, Leprestre.

593. — L'art. 918 est-il applicable à toute aliénation en faveur d'un successible, par cela seul que l'acquéreur s'oblige à servir une rente viagère au vendeur, alors qu'il lui est imposé d'autres charges, comme par exemple de servir une rente foncière ou de payer une somme d'argent? Cela dépend nécessairement de l'importance relative de la rente viagère et des charges; et il s'agit là évidemment d'une question d'interprétation abandonnée à l'appréciation des tribunaux. — Rolland de Villargues, no 350.

594. — Les mots *successibles en ligne directe* désignent les ascendans aussi bien que les descendans. Vainement on objecte que la présomption d'avantage ne saurait exister quand la vente a lieu de la part d'un ascendant. Le texte de la loi est précis et d'ailleurs un individu peut chercher à donner une partie de sa fortune à l'un de ses ascendans au préjudice d'un autre moins aimé, ou même d'un descendant contre lequel il aurait des préventions injustes. — Rolland de Villargues, n° 351; Delvincourt, t, 2, p. 224.

595. — Mais ils ne seraient point recevables à demander le rapport ou l'imputation des biens vendus, si la vente à laquelle ils ont consenti avait été faite à un descendant non successible. —*Grenoble*, 25 mars 1831, Clément c. Feugier.

596. — En exigeant le consentement des autres successibles la loi entend-elle parler des successibles au jour de l'acte ou au jour du décès? Des auteurs pensent que la disposition ne s'applique qu'aux successibles au jour de l'acte, parce que, dans le cas contraire, la loi exigerait le consentement des héritiers. — Grenier, n° 642; Toullier, n° 132. — Suivant M. Coin-Delisle (sur l'art. 918, n° 9), le mot *successible* de l'art. 918 n'exprime pas une idée autre que les mots *parent du degré de l'acquéreur* de la loi de nivôse. «Puisque, ajoute-t-il, la loi a donné un moyen de valider ces conventions, elle serait injuste si des événemens indépendans de la volonté de l'aliénataire suffisaient pour le dépouiller même en partie.

597. — D'autres auteurs font une distinction: les héritiers appelés à la succession par représentation ou à défaut des successibles au moment de l'acte, sont liés par le consentement de ceux-ci. Mais l'enfant né après l'aliénation ne peut être lié par le consentement de ses frères et sœurs, n'étant point appelé à la succession de son père par représentation ni à défaut d'aucun des successibles qui ont consenti; leur consentement ne saurait lui être opposé, et, à son égard, l'aliénation est réputée faite à titre gratuit. — *Poitiers*, 23 mars 1839 (t. 2 1839, p. 527), Broc. — Delvincourt, t. 2, p. 65, note 12; Poujol, sur l'art. 918, n° 4; Rolland de Villargues, nos 353 et 354.

598. — Jugé, également, en ce sens, que l'art. 918 C. civ. comprend dans sa disposition tous les successibles existans au moment du décès, même ceux qui seraient nés depuis l'aliénation, et d'un second lit, lorsque l'aliénation a été faite par le père commun. — *Cass.*, 25 nov. 1839 (t. 2 1839, p. 528), Labouré; *Rouen*, 31 juill. 1843 (t. 1er 1844, p. 107), Brayer c. Arsonnet, et la note.

599. — Dès lors, un enfant du second lit est recevable à attaquer l'abandon que le père commun aurait, avant sa naissance, fait à tous ses enfans du premier lit des biens qui lui appartenaient dans la première communauté moyennant une rente viagère et réserve d'usufruit, quand bien même l'acte d'abandon serait qualifié partage. — ...Et alors même qu'il contiendrait, outre la stipulation de rente viagère, quelques stipulations particulières à la décharge du vendeur. — *Cass.*, 25 nov. 1839 (t. 2 1839, p. 528), Labouré.

600. — Le rapport à la masse de l'excédant, s'il y en a, peut de plus être demandé par l'enfant naturel reconnu postérieurement à l'aliénation.—*Agen*, 29 nov. 1847 (t. 1er 1848, p. 420), Lescure-Coste c. Joubes.

601.— Quant au consentement exigé des autres successibles, il peut être donné, expressément ou tacitement, dans l'acte même d'aliénation ou postérieurement.

602. — Ainsi, une aliénation faite à titre onéreux à un successible est valable, quoique non revêtue des formalités des donations, si les autres successibles l'ont signée. — *Rennes*, 5 août 1812, Poussin.

603. — L'adhésion donnée par les successibles en ligne directe à la vente consentie par le défunt, sous réserve d'usufruit, au profit de l'un d'eux, les rend non recevables à demander plus tard la réduction de cette aliénation: aussi bien dans le cas où elle n'est intervenue qu'après l'acte de vente, que dans celui où elle en a été contemporaine. Il suffit qu'elle ait été sérieuse et donnée en pleine connaissance de cause. — *Cass.*, 19 août 1847 (t. 1er 1849, p. 105), Van Russel c. de Laubrière.

604. — La non-recevabilité de ces successibles a lieu au cas où ils ont volontairement exécuté le contrat, comme à celui où ils ont donné leur consentement dans l'acte d'aliénation lui-même. —*Cass.*, 30 nov. 1841 (t. 1er 1842, p. 736), Broquère c. Delamotte.

605. — A plus forte raison a-t-elle lieu lorsqu'ils ont consenti à la vente et reçu même une somme d'argent pour prix de leur adhésion. — *Toulouse*, 19 juill. 1825, Peyrière c. Vedel; *Cass.*, 2 janv. 1828, mêmes parties.

606. — Si quelques-uns des successibles devenus héritiers n'avaient pas donné leur consentement, l'aliénation serait considérée comme disposition gratuite à leur égard et comme disposition à titre onéreux à l'égard de ceux seulement qui auraient consenti; car les droits des héritiers à réserve sont divisibles entre eux. — Grenier, n° 644; Toullier, n° 132.

607. — D'après les dispositions de l'art. 918 C. civ., c'est la valeur en pleine propriété, et non la valeur en nue propriété seulement, des biens aliénés, avec réserve d'usufruit, au profit du donateur, à l'un des successibles en ligne directe, qui doit être imputée sur la quotité disponible. — *Caen*, 30 nov. 1842 (t. 1er 1843, p. 189), Legallais.

608. — Et la valeur d'un immeuble vendu est celle qu'a cet immeuble lors du décès du vendeur, et non celle qu'il pouvait avoir au moment de la vente. — *Bordeaux*, 17 juill. 1845 (t. 2 1846, p. 603), Graffeille.

609.— Le rapport doit se faire à la succession du vendeur, non en nature, mais seulement en valeur, et cette valeur doit être déterminée au jour de la succession et non à celle du contrat de vente. — *Orléans*, 2 avril 1824, Bidet c. Pinsard.

610. — Jugé, au contraire, que le rapport à faire jusqu'à concurrence de la quotité disponible, doit être fait en nature. — *Poitiers*, 26 mars 1825, Verdier c. Courgeault.

611. — Doit-on tenir compte au successible de ce qu'il a payé annuellement en sus des revenus des biens aliénés? Pour l'affirmative, on dit que, lors de la discussion au Conseil d'Etat sur l'art. 918, M. Portalis a entendu que la déduction serait opérée et que, d'ailleurs, si des libéralités déjà faites avaient épuisé la quotité disponible, l'aliénation alors assujettie au rapport n'aurait profité en rien au successible et le constituerait en perte si la déduction n'était pas admise: ce qui serait injuste. —Duranton, t. 7, n° 337.

612.—Pour la négative, on répond que le texte de l'art. 918, tel qu'il a été adopté, doit prévaloir sur l'opinion de M. Portalis dans la discussion au Conseil d'Etat. Les mots *La valeur en propriété*, qui commencent cet article, excluent l'admissibilité de la déduction; il y aurait contradiction à considérer comme onéreuse pour une partie une aliénation que la loi répute à titre gratuit pour le tout. C'était au successible à calculer les chances qu'il courait. —*Paris*, 9 juill. 1825, Flandin; *Cass.*, 26 janv. 1836, Bidon; *Poitiers*, 23 mars 1839 (t. 2 1839, p. 527), Broc.—Toullier, t. 5, n° 133; Delvincourt, t. 2, p. 438, note 12; Grenier, n° 643; Merlin, *Rép.*, v° *Réserve*, sect. 3, § 3, n° 7; Vazeille, sur l'art. 918, n° 9; Poujol, n° 3; Coin-Delisle, n° 11; Saint-Espès-Lescot, *Donat. et test.*, t. 2, n° 408.

613. — En tout cas: pour le rapport, les intérêts des capitaux et les annuités des rentes actives et passives ne doivent être calculés et comptés qu'à partir du décès de l'ascendant donateur. — *Poitiers*, 25 mars 1839 (t. 2 1839, p. 527), Broc.

614. — La solution ci-dessus présentée, bien que concernant spécialement l'aliénation à charge de rente viagère ou à fonds perdu, est également applicable au cas où l'aliénation est faite avec réserve d'usufruit. — Rolland de Villargues, n° 366.

615. — Quant aux impenses que l'héritier a faites sur les biens pour leur conservation, ainsi qu'aux améliorations prouvées; nul doute qu'en faisant le rapport, l'héritier ne soit autorisé à exiger qu'on lui en tienne compte. — Rolland de Villargues, n° 367.

616. — Le successible qui fait le rapport des biens a droit de répéter les impenses qu'il a faites tant pour la conservation que pour l'amélioration de ces mêmes biens. — *Paris*, 9 juill. (et non juin) 1825, Flandin.

CHAPITRE V. — *Masse à former pour fixer la quotité disponible*

617.—La quotité disponible est toujours facile à reconnaître, puisqu'il suffit pour cela de savoir le nombre et la qualité des héritiers à réserve laissés par le disposant. Mais, pour déterminer la valeur de cette même quotité, il faut former la masse des biens sur lesquels elle doit être prise.

618.—A cet égard, l'art. 922 du Code civil porte: «La réduction se détermine en formant une masse de tous les biens existans au décès du donateur ou testateur. On y réunit fictivement ceux dont il a été disposé par donations entre-vifs d'après leur état à l'époque des donations et leur valeur au temps du décès du donateur. On calcule sur tous ces biens, après en avoir déduit les dettes, quelle est, eu égard à la qualité des héritiers qu'il laisse, la quotité dont il a pu disposer.»

619. — Il y a donc lieu de s'occuper, 1° des biens existans au décès du donateur ou testateur; 2° de la réunion fictive des biens donnés entre-vifs; 3° de l'estimation des biens composant la masse; 4° enfin de la déduction des dettes.

620. — Toutefois, il va sans dire qu'il n'est nécessaire de procéder à ces diverses opérations qu'autant que l'héritier à réserve prétend que la donation ou le legs excède la quotité disponible.

621. — Dès lors, quand il a été jugé en fait que le donateur n'avait voulu donner que telle somme, et que l'héritier à réserve ne prétend pas que cette somme excède la portion disponible, il n'y a pas lieu d'ordonner la composition de la masse des biens du donateur.—*Cass.*, 6 févr. 1838 (t. 1er 1838, p. 526), Cayro c. Latour.

622. — D'un autre côté, l'héritier donataire entre-vifs qui renonce à la succession du donateur pour s'en tenir à sa donation n'est pas obligé de faire, préalablement à toute poursuite en paiement du montant de cette donation, procéder à la composition de la masse et régler le montant de la quotité disponible. — C'est, au contraire, aux héritiers qui excipent de ce que la libéralité est excessive, à former la demande en réduction. — *Pau*, 16 janv. 1838 (t. 1er 1840, p. 77), Casenave c. Prieu.

Sect. 1re. — *Biens existant en nature.*

623. — Le terme *biens* dont se sert l'art. 922 du Code civil est un terme générique qui comprend toutes les valeurs actives appartenant au donateur ou testateur. — Duranton, t. 8, n° 331.

624.—Ainsi l'achalandage d'un fonds de commerce doit, en règle générale, être estimé et compris dans la masse, aussi bien que les marchandises en dépendant.—Rolland de Villargues, n° 384.

625. — Les créances doivent également être comprises parmi les biens existant réellement, parce que celui qui a une action pour avoir une chose est censé avoir la chose elle-même. — Duranton, t. 8, n° 331.

626. — Mais quand un débiteur est insolvable, la créance ne doit pas entrer dans la masse active, sauf à partager plus tard ce qu'on pourra en retirer. — Delvincourt, t. 2, p. 235; Duranton, t. 8, n° 332; Poujol sur l'art. 922, n° 1er.

627. — Il en serait autrement si les donataires ou légataires offraient caution suffisante à l'héritier à réserve pour assurer le paiement de la créance mauvaise ou douteuse; ou bien s'ils offraient de la prendre pour leur compte. — Delvincourt, Duranton et Poujol, *ibid.*

628. — Toutefois, il peut se faire que l'insolvabilité du débiteur ne doive pas être prise en considération. Tel est le cas où le testateur lui a fait soit la remise de la dette à titre de legs, soit le legs d'une somme égale ou supérieure, avec laquelle il se passe compensation de la dette, car celui qui se paie à lui-même ou qui se libère par compensation est toujours solvable. — L. 66, *D.*, *Ad leg. falcid.*—Delvincourt et Duranton, *ibid.*

629. — Il y a lieu de comprendre la dette de l'héritier réservataire envers le défunt comme celle d'un étranger, bien que l'héritier ait accepté la succession purement et simplement. En effet, pour le calcul de la réserve, la confusion n'a point pour effet d'éteindre la dette, mais seulement de rendre impossible l'action.— Duranton, t. 8, n° 333.

630. — Si le défunt était propriétaire d'un usufruit ou d'une rente viagère sur la tête d'une tierce personne; l'estimation devrait en être faite, et le montant de l'estimation employé dans la masse. — Rolland de Villargues, n° 385.

631. — Les objets divertis ou recélés par l'héritier à réserve doivent entrer dans la composition de la masse. L'héritier coupable ne peut prendre sa part de réserve sur ces objets rapportés depuis à la succession. — C. civ., art. 792. — Delvincourt, t. 2, p. 235; Vazeille, sur l'art. 922, n° 7.

632. — Comme c'est le temps du décès qu'il faut considérer et pour la réunion fictive des biens donnés, et pour l'estimation des biens laissés par le donateur ou testateur, il suit que les fruits alors pendans par racines doivent être compris dans la masse, mais non ceux perçus depuis l'ouverture de la succession. — Delvincourt, t. 2, p. 242.

633. — Mais on ne doit porter aucune somme pour valeur des arbres et des crues de bois taillis, si ces bois sont compris dans des baux, parce qu'ils forment un des élémens du prix de ferme, lorsque la valeur des immeubles a été calculée en capitalisant ce prix de ferme. Il en est de même des foins des prairies. — *Grenoble*, 2 juin 1818, Voisin c. d'Audiffret.

634. — On doit comprendre dans la masse les augmentations survenues depuis l'ouverture de la succession, si elles proviennent d'une cause antérieure au décès ; par exemple, de la réalisation d'une condition apposée à un engagement contracté envers le défunt. — Delvincourt, t. 2, p. 241.

635. — Il en est de même des biens soumis à une éviction éventuelle, sauf, le cas arrivant, la garantie que se devraient l'héritier à qui la réserve est accordée et le donataire ou légataire. — Toullier, t. 5, n° 129 ; Vazeille sur l'art. 922, n° 4 ; Poujol, n° 2.

636. — Doivent également entrer dans la masse les biens donnés au défunt par ses ascendans donateurs demandeurs en réduction, et que ceux-ci auraient recueillis, à l'exclusion de tous autres héritiers, s'il n'y avait pas eu de disposition (C. civ., art. 747) ; car la réversion légale ne résout pas la donation comme le retour conventionnel (C. civ., art. 951 et 952). Dans ce cas, l'ascendant donateur ne reprend pas les biens donnés, indépendamment de sa réserve, mais seulement à valoir sur cette réserve. — Toullier, t. 5, n° 129 ; Rolland de Villargues, v° *Portion disponible*, n° 381 ; Vazeille, sur l'art. 922, n° 8.

637. — Dans le cas où le donateur a divorcé par consentement mutuel, il y a lieu de réunir également à la masse la moitié de ses biens dévolue aux enfans issus du mariage dissous par le divorce (C. civ., art. 305) : parce qu'il n'en saurait résulter un avantage tel que les autres enfans soient privés de la réserve légale. Toutefois cette réunion à la masse ne peut avoir lieu que dans l'intérêt des frères ou sœurs consanguins ou utérins, et non dans celui des donataires ou légataires étrangers. — Toullier, t. 2, n° 754, et t. 5, n° 127 ; Duranton, t. 7, n° 352. — *Contrà*, Saint-Espès-Lescot, *Donat. et test.*, t. 2, n° 488.

Sect. 2e. — *Réunion fictive des biens donnés entre-vifs.*

638. — L'art. 922 du C. civ. ordonne la réunion fictive des biens donnés entre-vifs, quand, sur la demande de l'héritier réservataire, il s'agit de déterminer la quotité disponible pour savoir si les donations sont réductibles.

639. — Cette réunion fictive n'a jamais paru susceptible de difficulté dans le cas où il s'agissait de réduction. Le texte de l'art. 922 est clair, il ne pouvait laisser aucun doute. — Rolland de Villargues, v° *Portion disponible*, n° 391.

640. — Mais la réunion doit-elle avoir lieu alors qu'il ne s'agit pas de statuer sur une demande en réduction, mais seulement de déterminer la quotité disponible ? En d'autres termes, les biens donnés en avancement d'hoirie doivent-ils entrer dans le calcul de la portion disponible ?

641. — Contre la réunion fictive des biens donnés en avancement d'hoirie, on dit : Par la donation, le donateur se trouve irrévocablement dépouillé et les objets donnés ne font plus partie de ses biens ; d'où il suit que le legs qu'il fait ensuite ne saurait porter sur les choses données. Le légataire ne peut exiger le rapport (C. civ., art. 857). Or la réunion fictive aurait le même effet, puisque la quotité disponible se trouverait déterminée sur la totalité des biens. L'art. 921 exclut le légataire du droit d'agir en réduction ; et la réunion fictive n'est ordonnée par l'art. 922 que dans l'intérêt de l'héritier à réserve, pour savoir s'il y a lieu à réduction.

642. — Jugé, en conséquence, que l'héritier qui est en même temps légataire par préciput de la portion disponible, ne peut exiger que ses cohéritiers fassent le rapport de ce qui leur a été donné en avancement d'hoirie, à l'effet de fixer l'étendue de la quotité disponible ; cette quotité disponible ne devant être calculée que sur les biens existant dans la succession au jour du décès du donateur. — *Cass.*, 30 déc. 1816, Lecour c. Villeneuve ; *Nîmes*, 8 juin 1819, Heiraud ; *Toulouse*, 7 août 1820, Chamayou ; *Cass.*, 27 mars 1822, Balsan ; 12 févr. 1824, Artaud ; *Agen*, 10 juin 1824, Gluzan c. Vergne ; *Angers* (et non *Amiens*), 5 août 1824, Gilly c. Cellier ; *Agen*, 23 nov. 1824, Labroutière c. Balbie ; *Cass.*, 8 déc. 1824, Lamothe c. Sabattier, Cassaignes (2 arrêts) ; 5 juill. 1825, Aubiau c. de Bourbol.

643. — En faveur de la réunion fictive, on répond, entre autres raisons : 1° Pour fixer la réserve, il faut nécessairement fixer la quotité disponible. On ne saurait donc avoir deux mesures différentes pour l'une et pour l'autre. Or l'art. 922 est le seul qui ait réglé ces deux opérations, et il ne fait aucune distinction entre le cas où il y a demande en réduction formée par l'héritier à réserve, ou demande du légataire au prélèvement de la quotité disponible.

644. — ... 2° Si l'art. 922 était limité au cas de la demande en réduction, il en résulterait des conséquences inadmissibles. Des enfans réduits à leur portion dans la réserve légale par la volonté de leur père, auraient néanmoins une part plus considérable, tandis que le légataire de la quotité disponible n'en obtiendrait qu'une partie, bien que le testateur eût le pouvoir et la volonté de la lui donner tout entière. De plus, si le père avait excédé la quotité disponible et que la réduction fût demandée, l'art. 922 serait applicable ; mais il ne le serait plus, si le père avait respecté les limites de la quotité disponible. Ainsi, le père pourrait facilement éluder la loi, en donnant au delà de la quotité disponible, et en forçant par là les héritiers eux-mêmes d'invoquer l'art. 922. Enfin, la quotité disponible pourrait varier au gré de l'héritier à réserve, suivant qu'il exercerait ou non l'action en réserve, ou même qu'il parlerait de réduction ou qu'il demanderait seulement qu'on déterminât la quotité du don par préciput.

645. — ... 3° Imputer les dons en avancement d'hoirie par la quotité disponible, c'est les dénaturer, c'est les confondre avec les dons préciputaires. Or, dans la pensée du disposant, ils n'étaient qu'un à-compte sur la succession, qu'une délivrance anticipée de la part héréditaire. Il est donc juste de les imputer sur la réserve.

646. — ... 4° Le système contraire tendrait à affaiblir la puissance paternelle, à nuire aux mariages et à l'intérêt des familles ; car pour ne pas épuiser ou trop réduire sa quotité disponible, un père ne fera pas ou fera peu de dons en avancement d'hoirie. Cependant le législateur a bien entendu laisser au père toute latitude pour la distribution de son patrimoine entre ses enfans, sous la seule restriction du droit de réserve. C'est ce que constatent les discussions au Conseil d'Etat et au Tribunat, sur l'art. 913.

647. — ... 5° Vainement on objecte l'art. 857. La réunion fictive diffère essentiellement du rapport. L'art. 857, sur les rapports, a pour but de maintenir l'égalité du partage entre cohéritiers. La réunion fictive n'est qu'une simple opération de calcul, et l'art. 922 règle seulement le mode de formation de la masse, dans l'intérêt combiné des héritiers à réserve et des légataires ou donataires qui peuvent être étrangers à la succession. Dans ce dernier cas, le donataire n'éprouve pas, comme dans le cas de rapport, un retranchement sur l'objet donné. Quant à l'irrévocabilité des donations, elle n'est point un obstacle à la réunion fictive, puisque le donataire ne subit de retranchement effectif que de la part de l'héritier dont la réserve a été entamée. — Grenier, *Donat.*, t. 2, n° 597 bis ; Chabot, sur l'art. 857, n° 4 ; Toullier, t. 4, n° 465 ; Duranton, t. 7, nos 296 et suiv., et t. 8, n° 333 ; Levasseur, *Portion dispon.*, n° 182 ; Favard, *Rép.*, v° *Partage de success.*, sect. 2e, § 2 ; Vazeille, sur l'art. 922, n° 1er, 2 et suiv. ; Conflans, *Jurispr. des success.*, p. 448 ; Coin-Delisle, *Comment. analyt.* sur l'art. 922, n° 22 ; Saint-Espès-Lescot, *Donat. et test.*, t. 2, n° 489.

648. — Aussi la Cour de cassation, revenant sur son premier système, a décidé, par un arrêt solennel, rendu le 8 juillet 1826, les chambres réunies, et sous la présidence du garde des sceaux, qu'il fallait joindre fictivement aux biens de la succession ceux dont il avait été disposé entre-vifs. — *Cass.*, 8 juill. 1826, Lamothe c. Sabatier.

649. — Depuis, la Cour de cassation a encore décidé dans le même sens. — *Cass.*, 13 mai 1828, Gilly ; *Cass.*, 19 août 1829, Delanoue.

650. — Jugé également que les biens donnés en avancement d'hoirie doivent être compris fictivement dans la masse de la succession pour déterminer le montant de la portion disponible léguée par préciput ; et que ce n'est pas le cas d'opposer l'art. 857 C. civ., qui porte que le rapport n'est pas dû aux légataires. — *Turin*, 1er août 1812, N... ; *Toulouse*, 27 juill. 1819, Jaubert c. Dubois ; *Agen*, 24 janv. 1821, Lafont ; *Bordeaux*, 22 juill. 1822, Gaburroche ; *Agen*, 11 mars 1824, Tricide ; 12 juillet 1825, Lamothe c. Sabatier ; *Pau*, 14 janv. 1825, Baron ; *Riom*, 16 nov. 1827, Boudol ; *Bastia*, 3 janv. 1837 (t. 1er 1840, p. 244), Marini c. Craziani ; *Paris*, 20 janv. 1838 (t. 1er 1838, p. 580), Cazalot c. Carayau-Latour ; *Limoges*, 21 juin 1838 (t. 2 1839, p. 575), Bouillaud c. Deviljovet ; *Lyon*, 7 févr. 1844 (t. 2 1844, p. 520), Salichon.

651. — Spécialement, si le legs par préciput est d'un objet déterminé ; il faut, pour décider s'il est ou n'est pas réductible, que les héritiers à réserve rapportent ce qu'ils ont reçu du défunt en avancement d'hoirie, et il n'y a lieu à réduction qu'autant que le legs excéderait la portion disponible ainsi calculée d'après l'importance des biens rapportés et de ceux existant dans la succession au moment du décès. — *Toulouse*, 27 juin 1819, Jaubert c. Dubois.

652. — Lorsque l'affectation contractuelle des acquêts aux enfans se trouve concourir avec le legs fait par l'un des époux à son conjoint d'un quart en propriété et d'un quart en usufruit ; il faut, pour déterminer l'étendue de cette dernière disposition, réunir, mais fictivement, la moitié d'acquêts de l'époux donateur à ses propres et calculer sur cette masse la valeur du legs, sauf à n'en répéter l'émolument que sur les propres de l'époux donateur. — *Bordeaux*, 2 juill. 1840 (t. 2 1840, p. 445), Bourinet-Laplante c. Dubut.

653. — L'usufruit coutumier ou stipulé par contrat de mariage, conformément à la coutume, au profit du survivant des époux, doit-il être considéré comme une donation qui, aux termes de l'art. 922 C. civ., doive être fictivement réunie à la masse de tous les biens existans au décès du donateur ou testateur, pour en déterminer la réduction ? — La Cour d'appel, après avoir prononcé sur ce point, comme préjudiciel, n'a pu laisser les parties à se pourvoir par action séparée, en prenant des conclusions en détermination de la portion disponible au quart, au lieu du tiers, sans contrevenir aux lois sur les deux degrés de juridiction ; elle a dû faire droit elle-même sur cette détermination, si les premiers juges ont déclaré nul le legs litigieux et si les conclusions des parties l'ont saisie du même litige. — *Bruxelles*, 24 juin 1816, Deman c. Peytier.

654. — Lorsqu'en faisant, par contrat de mariage, à plusieurs de leurs enfans, successivement, des donations, par avancement d'hoirie, les père et mère se réservent dans chacune d'elles d'avantager l'un de leurs enfans, et qu'ils établissent en effet un préciput au profit de l'un des enfans, il résulte de ces dispositions, encore bien que l'une des donations, postérieure à celle qui constitue le préciput, ne contienne plus la réserve d'avantager l'un des enfans, que le préciput doit être calculé sur l'universalité des biens, même sur ceux donnés en avancement d'hoirie. — *Riom*, 26 févr. 1825, Rochefort.

655. — Toutefois, lorsqu'un père de famille, après avoir fait, au profit de plusieurs de ses enfans, des donations entre-vifs, à titre d'avancement d'hoirie, a, par son testament, fait à un autre enfant un legs qui excède la quotité des biens dont la loi lui permettait de disposer ; le montant total de la réduction à opérer doit porter sur ce legs, et l'on ne peut y faire participer les enfans donataires en les forçant au rapport réel des donations qui leur ont été faites antérieurement. — *Cass.*, 2 mai 1838 (t. 1er 1838, p. 577), Fédas c. Lacoste.

656. — La réunion fictive des donations peut être demandée même par l'un des héritiers donataires qui renonce à la succession pour s'en tenir à sa donation. — *Cass.*, 17 mai 1843 (t. 2 1843, p. 380), Leproust.

657. — De même, la femme donataire par testement d'un quart en propriété et jouissance et d'un quart en usufruit, a droit de demander, pour fixer la valeur de la quotité disponible, la réunion fictive des biens donnés en avancement d'hoirie par son époux à sa fille dans son contrat de mariage. — *Cass.*, 8 (et non 19) janv. 1834, Guiard de Latour c. Lepicard de Veulles.

658. — Mais, si, en général, pour arriver à la liquidation d'une donation par contrat de mariage, il y a lieu à réunion fictive, à la masse active d'une succession, des biens précédemment donnés à des successibles par le défunt, c'est uniquement lorsque cette donation est *celle d'une portion disponible*. — Si donc les époux n'ont, par aucune disposition formelle, annoncé l'intention de se donner la *portion disponible*, les tribunaux sont investis du droit d'interpréter les termes de la donation pour connaître l'étendue de ses effets. — *Paris*, 7 mars 1840 (t. 1er 1840, p. 395), Payen c. Doumet.

659. — La réunion fictive doit être ordonnée alors même que c'est l'héritier à réserve qui demande la réduction des dispositions excédant la quotité disponible. — *Paris*, 30 janv 1838 (t. 1er 1838, p, 380), Cazalot c. Carayan-Latour.

660. — Ce qu'on vient de dire pour les donations en avancement d'hoirie est nécessairement applicable aux partages d'ascendant; car les raisons de décider sont les mêmes.

661. — Jugé donc que le partage anticipé qu'un ascendant fait de tout ou partie de ses biens entre ses enfans étant une donation, les biens ainsi partagés doivent, pour le calcul de la quotité disponible au décès du donateur, être réunis fictivement à ceux qui composent sa succession. — *Poitiers*, 7 août 1833, Suzannet c. de la Villegille; *Agen*, 11 avr. 1842 (t. 2 1842, p. 299), Benezit c. Nasse; *Cass.*, 13 déc. 1843 (t. 1er 1844, p. 406), mêmes parties; *Caen*, 26 juin 1846 (t. 2 1847, p. 16), Chevallier c. de Romilly; 23 mars 1847 (t. 1er 1848, p. 359), Lechevallier c. Quernel.

662. — ...Alors surtout qu'il apparaît que l'intention du père commun a été, dès le principe, de se réserver, sur l'universalité de ses biens, la disposition par préciput de la portion dont la loi lui permettait de disposer. — *Cass.*, 13 déc. 1843 (t. 1er 1844, p. 406), Benezit c. Nasse.

663. — De même: en admettant que la survenance d'un autre enfant, frappant de nullité un partage d'ascendant, fait par un père entre ses enfans, fasse rentrer les biens partagés dans le domaine du donateur (V. PARTAGE D'ASCENDANT, no 169); la part héréditaire de cet enfant, ainsi que le legs par préciput et hors part qui lui a été fait, se calcule non-seulement sur les biens dont le père ne s'était pas dépouillé, mais encore sur ceux compris dans le partage annulé. — *Caen*, 4 février 1843 (t. 2 1843, p. 809), Marie c. Bauquet-Lapaumerie.

664. — Toutefois, si les biens du père défunt ont été compris dans la donation-partage faite par la mère entre ses enfans; ces biens, ayant dû être répartis également entre les copartageans, ne doivent pas entrer dans la formation de la masse sur laquelle la réserve légale est calculée. — *Caen*, 26 juin 1846 (t. 2 1847, p. 16), Chevallier c. Romilly.

665. — Jugé, au contraire, que les biens présens partagés par des ascendans entre leurs descendans ne sont pas sujets au rapport prescrit par l'art. 922 C. civ.; et, qu'en conséquence, la quotité disponible doit, lors du décès de l'ascendant, se calculer sur les seuls biens qu'il possède à ce moment, sans qu'on puisse, pour opérer ce calcul, réunir fictivement à ces biens ceux qu'il aurait ainsi précédemment abandonnés. — *Agen*, 26 juill. 1832 (sous *Cass.*, 19 juill. 1836), de Montvert c. de Lachaise; *Cass.*, 4 févr. 1845 (t. 2 1845, p. 396), de Meillonas c. de Kolly; *Angers*, 25 avr. 1846 (t. 2 1846, p. 371), Pasquier c. Guittière.

666. — En tout cas, les juges du fond ont pu le décider ainsi: en se fondant sur ce que du rapprochement des deux actes il résultait que l'intention du testateur avait été de ne disposer que des biens qui se trouvaient réellement en sa possession au moment de son décès; de telle sorte que la portion préciputaire fût exclusivement prise sur ces mêmes biens, sans soumettre au rapport fictif ceux dont il s'était précédemment dépouillé. — *Cass.*, 19 juill. 1836, de Montvert c. de Lachaise.

667. — Mais il n'y a pas lieu à réunion fictive, lorsque le donateur ou testateur a expressément déclaré que la quotité disponible ne se calculerait que sur les biens libres de sa succession.

668. — Ainsi, la donation, faite à un nouvel époux par son conjoint, du *quart de tous les biens qui se trouveront composer sa succession au jour de son décès*, ne doit s'entendre que des biens existant en sa possession à l'époque de son décès et non des dots par lui constituées, avant le second mariage, aux enfans du premier lit. Dès lors, il n'y a pas lieu à la réunion fictive du montant de ces derniers objets. — *Paris*, 7 mars 1840 (t. 1er 1840, p. 395), Payen c. Doumet.

669. — De même le père, qui, dans son testament, a donné par préciput à l'un de ses enfans le quart de ses biens, *en quoi qu'ils consistent*, est censé avoir voulu que ce quart se calculât sur les biens qui lui appartiendraient au moment de son décès, et non compris ceux qu'il avait donnés de son vivant. — *Toulouse*, 7 août 1820, Chamayou.

670. — Dans le cas où le père, en dotant ses enfans en avancement d'hoirie, s'est réservé la disposition d'une partie de tous ses biens, et a soumis, à cet effet, les donataires à rapporter; le légataire par préciput ne peut exiger le rapport de ces biens pour la fixation de la quotité disponible, si le legs à lui fait par l'auteur commun ne frappe que sur les biens laissés au décès de ce dernier. — *Cass.*, 12 févr. 1824, Vital Artaud c. Artaud.

671. — Il n'y a pas lieu à réunion fictive si un père a fait donation contractuelle par préciput à sa fille du quart de ses biens présens et à venir, *tels qu'ils se trouveraient à son décès*. — *Cass.*, 8 déc. 1824, Cassaignes.

672. — De même, lorsqu'un testateur lègue le cinquième des biens meubles et immeubles *qu'il laissera à son décès*, cette disposition doit être calculée sur la valeur des biens qui composent effectivement la succession du testateur, sans que le légataire soit admis à y réunir fictivement, comme en matière de fixation de quotité disponible, des biens précédemment donnés à des enfans en avancement d'hoirie. — *Caen*, 4 févr. 1843 (t. 2 1843, p. 808), Marie c. Bauquet-Lapaumerie.

673. — Jugé, au contraire, que l'enfant à qui son père a légué par préciput une quote-part des biens *qu'il laissera à son décès* peut, aussi bien que s'il était légataire de la portion disponible, demander le rapport fictif à la succession des dons faits en avancement d'hoirie, à l'effet de déterminer le montant de son préciput. — *Riom*, 16 nov. 1827, Boudol; *Cass.*, 22 févr. 1831, Chaliès c. Enregistrement.

674. — ... Que le legs du quart en propriété et du quart en usufruit, fait par l'un des époux à son conjoint, des biens qui se trouvent composer la succession du testateur, constitue le don de la portion disponible, telle qu'elle est déterminée par l'art. 1094 C. civ., sans qu'on puisse prétendre que les termes employés réduisent la disposition aux seuls biens existans au moment du décès. — Par suite, le légataire, même étranger à la succession, a le droit de demander, pour fixer la valeur de la quotité disponible, le rapport fictif des biens donnés en avancement d'hoirie. — *Cass.*, 8 (et non 19) janv. 1834, de Latour c. Lepicard de Veulles.

675. — Quoi qu'il en soit, la volonté du disposant doit être interprétée dans un sens qui la rende susceptible d'exécution. Dès lors le don ou legs fait sur les biens *que je laisserai à mon décès* pourra autoriser la réunion fictive des biens dont j'ai déjà disposé par avancement d'hoirie, si l'objet de la nouvelle libéralité était égal ou supérieur à la quotité disponible. — Duranton, t. 7, no 300.

676. — Relativement aux biens dont la réunion fictive doit avoir lieu, et qui sont ceux dont il a été disposé par donation entre-vifs (C. civ., art. 922); il est adopté par tous les auteurs que les dispositions sur le rapport à succession sont applicables à la réunion fictive: en ce sens, du moins, que ce qui est susceptible de rapport, l'est aussi de la réunion. — V. RAPPORT A SUCCESSION.

677. — Ainsi, sont dispensés de la réunion comme du rapport: 1o les frais de nourriture, d'entretien, d'éducation, d'apprentissage; les frais ordinaires d'équipement, ceux de noces et présens d'usage. — C. civ., art. 852. — Delvincourt, t. 2, p. 240; Grenier, no 540; Toullier, t. 5, no 135; Duranton, t. 8, no 338.

678. — Jugé, en ce sens, que les frais de nourriture et d'entretien, n'étant pas sujets à rapport, ne peuvent pas être imputés sur la quotité disponible léguée par le testateur. — *Cass.*, 1er juillet 1828, Porcher.

679. — ... 2o Les fruits et intérêts de la chose donnée échus avant l'ouverture de la succession. — C. civ., art. 856 et 928. — Mêmes auteurs.

680. — ... 3o L'immeuble qui a péri par cas fortuit entre les mains du donataire et sans sa faute. — C. civ., art. 855. — Mêmes auteurs.

681. — Mais doivent être comprises dans la réunion: 1o les donations déguisées ou indirectes. — V. DONATION DÉGUISÉE. — Lorsque les aliénations que le défunt avait faites ont été annulées comme renfermant des donations déguisées, les biens qui en étaient l'objet doivent être comptés, pour le calcul de la portion disponible, de la même manière que s'ils s'étaient trouvés en nature à l'époque du décès. — *Cass.*, 20 juin 1821, Thouroud d'Aplot c. Guiry.

682. — ... 2o Les aliénations faites à l'un des successibles en ligne directe: soit à charge de rente viagère, soit à fonds perdu ou avec réserve d'usufruit. — C. civ., art. 918. — Toutefois, cette réunion ne saurait être ordonnée que dans l'intérêt des héritiers qui (comme on l'a vu) n'auraient pas consenti à ces aliénations.

683. — Lorsqu'un père, après avoir légué par préciput à l'un de ses enfans la quotité disponible, lui a consenti un bail de tous ses immeubles avec des conditions telles qu'il en résulte un avantage indirect considérable pour cet enfant, avantage que le père n'a pas expressément dispensé de rapport; les cohéritiers de l'enfant légataire sont fondés à demander la nullité de ce bail pour l'avenir, bien qu'il ait reçu un commencement d'exécution du vivant du père, plutôt que de recevoir le complément de leur réserve au moyen d'une réduction du legs de la quotité disponible. — *Angers*, 29 janv. 1840 (t. 1er 1844, p. 468), Simon c. Barangen.

684. — Les sommes ou valeurs mobilières données à un individu devenu depuis insolvable doivent-elles être comprises dans la masse disponible? Il faut distinguer. — Si c'est le premier donataire qui est devenu insolvable, le donataire postérieur devra subir la réduction; car ce sont seulement les biens péris par cas fortuit entre les mains du donataire qu'on doit retrancher de la masse, parce qu'il est présumable qu'ils auraient également péri entre les mains du donateur. Or, ici, l'insolvabilité est un fait imputable au donataire. — Delvincourt, t. 2, p. 244; Toullier, t. 5, no 137; Duranton, t. 8, no 332.

685. — Mais si c'est le second donataire qui est devenu insolvable, l'héritier peut, après avoir discuté le dernier donataire, s'adresser au premier pour avoir sa réserve. — Lebrun, *Successions*, liv. 2, chap. 3, sect. 8, no 25; Pothier, *Donations*, sect. 2, art. 3, § 5. — Cette opinion est consacrée formellement par l'art. 923 C. civ., qui ordonne que la réserve soit prise d'abord sur la dernière donation et subsidiairement sur les autres. — Grenier, no 632; Malleville, sur l'art. 930; Toullier, t. 5, no 147.

686. — Quant à l'insolvabilité des donataires d'immeubles, elle ne saurait jamais écarter l'emploi, dans la masse, du montant de la donation; puisque le recours est autorisé contre l'acquéreur. — C. civ, art. 930.

687. — Jugé que l'insolvabilité de l'héritier donataire dont la donation excède la part dans la succession ne met pas obstacle à ce que la donation soit rapportée fictivement pour déterminer la quotité disponible. — *Cass.*, 17 mai 1843 (t. 2 1843, p. 380), Leproust.

688. — D'après l'art. 40 du décret du 1er mars 1808, les enfans du fondateur d'un majorat qui ne seraient pas remplis de leur légitime peuvent en demander le complément sur les biens formant le majorat. Mais il n'y a lieu de considérer pour former la masse disponible que les biens constitués par le fondateur, et non pas ceux qui ont été donnés par le chef du gouvernement pour la dotation du titre. Ces biens ne sont, dans aucun cas, soumis à l'action en réduction. — Delvincourt, t. 2, p. 243.

689. — L'art. 922 C. civil, qui, pour calculer la portion disponible, porte qu'on doit réunir fictivement à la masse qui se trouve dans la succession les biens donnés entre-vifs, est applicable aux donations antérieures au Code. — *Cass.*, 26 juill. 1813, Anest.

690. — Pour déterminer la quotité disponible selon les fixations du Code civ., et pour opérer la réduction d'une donation ou d'un legs excédant cette quotité, il est nécessaire de réunir fictivement à la masse tous les biens dont le défunt a disposé pendant sa vie, même ceux donnés avant la promulgation du Code civil. — *Turin*, 20 janv. 1807, Marengo.

Sect. 3e. — *Estimation des biens composant la masse.*

691. — Suivant l'art. 922 C. civ., il est dit que la réunion fictive des biens donnés entre-vifs a lieu « d'après leur état à l'époque des donations et leur valeur au temps du décès du donateur. » — D'après l'art. 860 C. civ., le rapport de tout immeuble donné a lieu suivant sa valeur à l'époque de l'ouverture de la succession. — La même disposition doit avoir lieu à l'égard des autres biens, c'est-à-dire que c'est pour leur valeur au jour de la succession qu'ils devront figurer dans la masse.

692. — Ce qui fait prendre la valeur des biens donnés au jour du décès c'est qu'alors seulement s'est ouvert le droit du légitimaire, et que les biens sont considérés comme étant restés entre les mains du donateur. — Delvincourt, t. 2, p. 239; Malleville, sur l'art. 922; Grenier, t. 2, n° 636; Levasseur, *Portion dispon.*, n° 7 *ter*; Toullier, t. 5, n° 138.

693. — Ainsi, lorsque le donataire suivant un partage d'ascendant a aliéné un immeuble échu dans son lot; ce n'est pas le prix de l'aliénation qui doit être compris dans l'évaluation de la masse, mais la valeur réelle de l'immeuble au jour de l'ouverture de la succession. — *Caen*, 26 juin 1846 (t. 2 1847, p. 16), Chevallier c. de Romilly.

694. — Mais on doit avoir égard à l'état des biens au jour de la donation; parce que les changemens survenus n'étant pas du fait du donateur, ses héritiers ne doivent ni en profiter ni en souffrir. — Mêmes auteurs; Duranton, t. 8, n° 335.

695. — Toutefois, la règle cesserait d'être applicable si les changemens survenus n'étaient pas non plus le fait du donataire; les héritiers du donateur devraient alors en profiter ou en souffrir, suivant les cas. On peut citer pour exemples la croissance d'un taillis par le seul effet du temps, l'ouverture d'une route ou d'un canal qui facilite les abords des biens donnés, la suppression d'un chemin qui les rendait aisés. — Delvincourt, t. 2, p. 240; Duranton, t. 8, n° 337.

696. — Mais, quand les changemens sont le fait du destinataire; on doit avoir égard aux améliorations qu'il a pu faire (C. civ., art. 861), et laisser à sa charge les détériorations qu'il a causées (C. civ., art. 863).

697. — Ainsi, quelques améliorations que le donataire ait faites à l'immeuble donné, quelque augmentation de valeur qui en soit résultée, l'immeuble n'est toujours compris dans la masse que pour sa valeur au temps de la donation.

698. — L'excédant de valeur que présente un immeuble donné, eu égard à la quotité disponible, ne peut motiver aucune réduction de la donation au profit des héritiers à réserve, lorsqu'il résulte d'impenses faites par le donataire lui-même. — *Cass.*, 12 août 1840 (t. 2 1840, p. 394), de la Fremondière c. de Médine.

699. — Lorsque, par suite de retranchement opéré sur la donation, l'héritier reprend l'immeuble, quel sera le sort des améliorations faites par le donataire? Suivant Levasseur (*Portion dispon.*, n° 79), il faudrait appliquer les dispositions de l'art. 555 C. civ. moins la disposition finale. Mais on répond que le donataire soumis à une réduction éventuelle ne saurait être assimilé à un possesseur de mauvaise foi. Il a dû penser que le donateur voulait l'avantager à toujours. Celui-ci était peut-être sans enfant au moment de la disposition; d'ailleurs la réserve ne se conçoit qu'à la mort du disposant. Au surplus, le donataire est lui-même réputé de bonne foi; puisqu'il est dispensé de restituer les fruits perçus (C. civ., art. 549, 928). Le donataire peut donc exiger que l'héritier conserve les améliorations et lui rembourse soit la valeur des matériaux et le prix de la main-d'œuvre, soit une somme égale à l'augmentation de la valeur. — Toullier, t. 5, n° 139.

700. — Si le retranchement n'est que partiel, il y a lieu d'attribuer à l'héritier une part de l'immeuble proportionnelle au montant de la réduction. — Levasseur, n° 80.

701. — Dans le cas de détériorations commises par le donataire, l'immeuble est estimé comme s'il eût été conservé dans l'état où il était lors de la donation et abstraction faite des dégradations. — Dans cette hypothèse, si le retranchement à opérer est au-dessus de la valeur actuelle de l'immeuble; le donataire est tenu non-seulement d'abandonner l'immeuble, mais encore de payer le surplus à l'héritier. — Levasseur, n° 76; Grenier, t. 2, n° 636.

702. — Si le donataire qui a commis des dégradations était insolvable, on ne comprendrait les biens donnés dans la masse que d'après leur valeur au moment du décès, sans égard à leur état au temps de la donation, sauf à répartir entre les réservataires et les autres donataires ou légataires, proportionnellement à leurs droits respectifs, ce qu'on pourrait ultérieurement retirer de l'indemnité due par le donataire. Le montant de cette indemnité serait considéré comme une mauvaise créance. — Duranton, t. 8, n° 339.

703. — Les changemens de culture doivent être réputés améliorations ou dégradations, selon qu'ils ont augmenté ou diminué la valeur des biens. — Duranton, t. 8, n° 336.

704. — Tout ce qu'on vient de dire est applicable au surplus, soit que le donataire ait conservé l'objet donné, soit qu'il l'ait aliéné, et quel que soit, dans ce dernier cas, le prix qu'il en ait reçu. Les améliorations et dégradations faites par l'acquéreur sont réputées le fait du donataire lui-même. — Delvincourt, t. 2, p. 240; Duranton, t. 8, n° 340.

705. — Comme c'est la valeur des biens au jour du décès du donateur, dont parle l'art. 922; les augmentations ou diminutions de valeur survenues depuis le décès sont sans influence sur le calcul de la quotité disponible, c'est l'héritier saisi qui en profite ou en souffre. — Delvincourt, *ibid.*; Duranton, n° 341.

706. — Cependant, suivant Delvincourt (*ibid.*, p. 241), le profit ou le préjudice devrait être pour le donataire, quand le retranchement porte sur l'objet augmenté ou diminué; et si le donataire solvable avait vendu l'immeuble, l'héritier ne pourrait réclamer que le prix ou partie du prix selon la valeur au temps du décès. — Mais rien dans la loi n'autorise une pareille distinction.

707. — La disposition de l'art. 922 est-elle applicable à l'estimation des choses mobilières? — Autrefois la valeur du mobilier s'estimait au temps seulement de la donation, pour le calcul de la légitime comme pour le rapport. — Arg. ord. 1735, art. 15. — Grenier, n° 636; Duranton, n° 342. — D'un autre côté, l'art. 868 C. civ., sur les rapports, considère la valeur du mobilier au jour de la donation et non au temps du décès. — Mais, lors de la discussion au Conseil d'Etat, la distinction entre les meubles et les immeubles a été rejetée. — Malleville sur l'art. 922. — On en a donc conclu que la disposition devait être exécutée littéralement, dans un cas comme dans l'autre. — Toullier, t. 3, n° 139; Delvincourt, t. 2, p. 242. — Néanmoins, Levasseur (*eod.*, n°s 83 et 84) ajoute que si l'estimation au temps du décès paraît conforme au texte de l'art. 922, elle donne lieu à des décisions contraires à l'esprit du Code.

708. — Jugé que l'art. 922 C. civ. est applicable aux donations d'objets mobiliers, comme à celles d'objets immobiliers. Ce n'est pas le lieu d'appliquer l'art. 868 C. civ., qui porte que le rapport du mobilier se fait d'après la valeur des objets au moment de la donation. — *Aix*, 30 avril 1833, Vayson.

709. — Lorsque, pour déterminer la réduction des donations et des legs, on réunit fictivement aux biens laissés par le défunt ceux dont il avait disposé par donation entre-vifs, les *meubles* donnés entre-vifs, et notamment les contrats de rente, doivent, comme les *immeubles*, entrer en ligne de compte, d'après leur valeur à l'époque du décès du donateur, et non d'après leur valeur lors de la donation, encore qu'ils aient été donnés à un successible venant à la succession, et qu'aux termes de l'art. 868 C. civ. le rapport du mobilier doive se faire en moins prenant sur le pied de sa valeur lors de la donation. — *Cass.*, 14 déc. 1830, Vayson.

710. — Dans la composition de la masse d'une succession, pour opérer une réduction des donations et legs qui excèdent la portion disponible on doit comprendre les rentes sur l'Etat pour leur valeur au cours du jour du décès de l'auteur de la succession. — *Bordeaux*, 12 mars 1834, Dufau c. Deyme.

711. — La question de savoir si une donation est réductible, comme excédant la quotité disponible, ne peut être résolue qu'après l'estimation des biens héréditaires, par suite d'une demande en partage. Ainsi, on ne pourrait s'opposer à une demande en partage faite par le donataire universel : sous prétexte que les inscriptions grevant les immeubles, rendent la valeur de ces biens insuffisante pour payer les légitimes et, par conséquent, pour remplir la donation. — *Turin*, 7 févr. 1807, Gallo.

712. — Le cohéritier légataire de la portion disponible peut retenir l'immeuble sur lequel elle est assignée, en rapportant à la masse la somme excédant cette portion, d'après le prix de l'estimation de l'immeuble régulièrement faite, sans qu'il y ait lieu d'en différer le règlement jusqu'à la licitation d'un autre immeuble de la succession qui ne peut être partagé. — *Pau*, 26 mai 1824, Blondeau c. Bordenave.

713. — Il n'y a pas violation de la chose jugée par l'arrêt qui a décidé que les objets immobiliers compris dans une donation ne dépassent point la quotité disponible, lorsque, par un jugement antérieur qui a déclaré cette donation nulle, quant aux meubles, faute d'état estimatif, et devenu inattaquable, ce jugement n'a point réduit la donation au quart de la succession immobilière, mais au quart de la valeur de l'actif de toute cette succession. — *Cass.*, 26 juin 1832, Guiry c. d'Apiot.

Sect. 4e. — *Déduction des dettes.*

714. — Lorsque la valeur des biens donnés a été réunie fictivement à celle des biens existans, on calcule la quotité disponible sur tous ces biens après en avoir déduit les dettes. — C. civ., art. 922. — En effet, *non intelligentur bona nisi deducto ære alieno.*

715. — Cependant : si les dettes de la succession se trouvent excéder la masse composée comme il a été dit ci-dessus, l'art. 922 ne peut plus être littéralement appliqué. Autrement : si les dettes étaient payées sur la masse formée de tous les biens, même de ceux donnés entre-vifs, la réduction profiterait aux créanciers du défunt, ce qui serait contraire à l'art. 921. En pareil cas donc les biens donnés doivent seuls former la masse sur laquelle les légitimaires exercent leur réserve, sans être tenus des dettes postérieures aux donations. — Delvincourt, t. 2, p. 239, note 5; Grenier, n° 612; Levasseur, *Portion dispon.*, n°s 69 et 73; Toullier, t. 5, n° 144; Duranton, t. 8, n° 343; Merlin, *Rép.*, v° *Réserves*, sect. 3, § 1er, n° 6; Demante, t. 2, n° 286; Vazeille sur l'art. 922, n° 23; Poujol même art., n° 10; Coin-Delisle, *ibid.*, n° 37; Marcadé, *ibid.*, n° 1er; Saint-Espès-Lescot, *Donat. et test.*, t. 2, n° 460.

716. — La déduction des dettes prescrite par l'art. 922 C. civ. ne doit être opérée que lorsque l'actif de la succession est supérieur ou au moins égal au passif, défalcation faite du montant des donations entre-vifs. Mais, si le passif surpasse l'actif, la masse héréditaire doit se composer seulement du montant des donations, et c'est sur ce montant que doit être calculée la portion disponible. — *Metz*, 13 juill. 1833, Valin c. Schneider.

717. — La déduction des dettes sur la masse générale des biens pour la fixation de la quotité disponible ne doit pas précéder nécessairement la réduction prescrite par l'art. 922 C. civ., relativement aux donations et legs qui excèdent la réserve légale créée en faveur des héritiers légitimes par les art. 913 et 915 même Code. — *Rennes*, 21 févr. 1834, des Nétumières.

718. — L'enfant légataire de la quotité disponible ne peut se prévaloir de l'autorité de la chose jugée, résultant d'un jugement qui a déclaré que le douaire dû à la veuve, le droit d'habitation et le trousseau légués par le testateur sont une charge commune de la succession, à l'effet de prétendre que ces libéralités ne sont pas imputables sur le legs préciputaire. — Même arrêt.

719. — Dans le passif, on doit comprendre la créance que l'héritier pur et simple peut avoir contre le défunt; et l'art. 1300 C. civ. est inapplicable ici. — Delvincourt, t. 2, p. 236; Duranton, t. 8, n° 333.

720. — Si des dettes étaient sujettes à contestation et que l'on n'en eût pas fait la déduction, les légataires devraient garantir les légitimaires pour le cas où ceux-ci seraient obligés de payer ces dettes. Si, au contraire, la déduction en était faite, les héritiers à réserve devraient fournir des sûretés aux légataires : pour le cas où il serait décidé que les dettes n'existaient pas, et n'auraient pas dû, dès lors, être déduites de l'actif pour l'évaluation de la quotité disponible. — Delvincourt, t. 2, p. 236.

721. — S'il s'agissait de dettes solidaires entre le défunt et d'autres personnes : comme le créancier a le droit de demander le paiement intégral contre chacun des débiteurs, les dettes solidaires devraient être déduites pour la totalité; sauf à l'héritier, si la succession ne payait que sa part dans la dette, à tenir compte du surplus aux légataires. — Delvincourt, *ibid.*

722. — Pour la déduction des rentes viagères dues par la succession, on retranche un capital

dont le revenu, calculé au taux légal, égale le chiffre des rentes viagères. Mais comme ce capital n'est pas aliéné et qu'une portion en revient aux légataires au fur et à mesure de l'extinction des rentes, l'héritier réservataire est tenu de leur donner des sûretés pour la restitution de cette portion.—Delvincourt, t. 2, p. 237.—Cependant : comme il résulte de ce qui précède qu'à chaque extinction il y a lieu à une opération particulière pour le partage provisionnel entre le légitimaire et le légataire, on peut encore, pour éviter ces comptes multipliés, estimer les rentes et régler définitivement à forfait.

723. — L'héritier à réserve grevé de substitution sur tous les immeubles de la succession peut, lorsque cette disposition excède la portion disponible, demander qu'il soit fait distraction, sur la masse, de tels immeubles qu'il conviendra, à l'effet de composer avec l'actif mobilier la quotité réservée qui doit être affranchie de la substitution. Pour déterminer si la substitution entame la réserve, la valeur des biens est suffisamment fixée ; savoir : à l'égard du mobilier, par la prisée de l'inventaire contradictoire ; et, à l'égard des immeubles, par l'estimation d'un seul expert, lorsque ces opérations ont été faites du consentement du grevé et du tuteur à la substitution. — *Paris*, 14 juin 1836, Cazalot c. Carayon-Latour.

724. — Bien que l'art. 922 ne parle que des *dettes*, il faut entendre par là tout le passif de la succession. Ainsi, il y a lieu de déduire :

725. — ... 1° Les frais funéraires.—Grenier, t. 2, n° 612 ; Toullier, t. 5, n° 144.—Le deuil de la veuve en fait partie.—C. civ., art. 1481, 1570.—Proudhon, n° 212.

726. —... 2° Les frais de scellés, d'inventaire, de bénéfice d'inventaire, de compte, liquidation et partage. — Duranton, t. 8, n° 344.

727. — En effet, les frais de liquidation et de partage sont une charge qui domine l'actif. — *Paris*, 11 déc. 1815, Guinemer c. Vasselin.

728.—Les frais de scellés, inventaire et vente doivent être prélevés sur la masse de la sucession et l'héritier à réserve ne peut les faire supporter en totalité par le légataire de la quotité disponible. — *Paris*, 1er août 1812, Charles c. Prévost.

729. — ... 3° Les frais des procès soutenus par l'héritier, même bénéficiaire, sur les biens de la succession, pourvu qu'on n'ait pas de fautes graves à lui reprocher. — C. civ., art. 804. — Toullier, t. 4, n° 390 ; Proudhon, t. 4, n° 1732 ; Rolland de Villargues, n° 490.

730. — ... 4° Les frais de la demande en délivrance des legs, mais sans qu'il puisse en résulter de réduction de la réserve légale. — C. civ., art. 1016.

731. — Mais il en est autrement des droits de mutation, lesquels sont à la charge du légataire. — C. civ., art. 1016. — Proudhon, n° 1876. — V. ENREGISTREMENT.

732.— Quant aux contributions, il faut distinguer.—Les contributions foncières étant des fruits civils pour le gouvernement qui les perçoit, et une charge pour le propriétaire qui les paie (Proudhon, t. 4, n° 1804) ; elles sont dues jour par jour, et ne doivent être déduites de la masse que pour ce qui a couru jusqu'au décès. — Rolland de Villargues, n° 495.

733. — Il en est autrement de la contribution personnelle. Bien que payable aux mêmes termes que les autres contributions elle a été due en totalité par le défunt dès le premier jour de l'année, ou plutôt dès l'instant de son inscription sur le rôle. Il y a donc lieu de déduire la contribution personnelle de toute l'année.—Rolland de Villargues, n° 496.

734. — Enfin la contribution mobilière, celle des portes et fenêtres, le droit de patente et les loyers doivent, dans certains cas, n'être portés dans les dettes à déduire de la masse, que pour ce qui a couru jusqu'au jour du décès ; mais, dans d'autres cas, on doit y employer même ce qui a couru depuis le décès. — Rolland de Villargues, n° 497.

735. — Relativement aux gages des domestiques, il y a une distinction analogue à faire entre les services de ces domestiques. Les gages des domestiques attachés aux immeubles, comme ceux d'un jardinier, d'un concierge, d'un garçon de charrue, etc., sont des charges de la jouissance ; conséquemment, ils ne doivent être employés en déduction que pour ce qui a couru jusqu'au décès. — Rolland de Villargues, n° 498.

736.—Au contraire, les gages des domestiques attachés à la personne du défunt ou employés au service de sa maison, comme un valet de chambre, un cocher, etc., sont des charges personnelles ; l'on doit donc déduire non-seulement ce qui est dû aux domestiques lors du décès, mais encore ce qui leur est payé pour leur service jusqu'à leur sortie. — Tel est, au surplus, l'usage dans les liquidations de communauté et de succession, soit qu'il y ait ou non à déterminer la quotité disponible. — Rolland de Villargues, n° 499.

CHAPITRE VI. — *Réduction des donations et legs excédant la quotité disponible.*

Sect. 1re. — *Quand et par qui la réduction peut être demandée. — Fins de non-recevoir.*

737. — Les dispositions soit entre-vifs, soit à cause de mort, qui excéderont la quotité disponible, sont réductibles à cette quotité lors de l'ouverture de la succession. — C. civ., art. 920.

738. — La donation qui excède la quotité disponible ne peut pas être annulée, mais seulement réduite à la portion dont le donateur pouvait disposer. — *Cass.*, 7 juin 1808, Dupuy c. Dainval. — Grenier, n° 143.

739. — Ainsi, la donation faite par un époux à l'autre, dans leur contrat de mariage, d'une certaine somme à titre de gain de survie, est sujette à réduction pour la réserve des ascendans de l'époux donateur. — *Toulouse*, 21 déc. 1821, Armengaud c. Pons.

740. — La réduction n'a lieu qu'au jour du décès du donateur ou testateur, parce que ce n'est qu'à cette époque qu'on peut connaître la valeur des biens frappés de la réserve et calculer cette réserve d'après le nombre des descendans ou ascendans alors existans. Toutefois, comme on l'a vu (*suprà* n° 131), la réserve n'est pas toujours déterminée d'après la loi en vigueur au jour de l'ouverture de la succession.

741. — Les héritiers à réserve ont qualité pour demander la réduction d'une donation faite par leur auteur, sous le prétexte qu'elle excédait, au moment où elle a eu lieu, la portion dont la loi de l'époque permettait de disposer ; quoique d'ailleurs cette donation n'excède pas la portion disponible fixée par la loi sous l'empire de laquelle décède le donateur.— *Nîmes*, 26 mars 1838 (t. 1er 1838, p. 651), Plantier.

742. —La réduction des dispositions entre-vifs peut être demandée par ceux au profit desquels la loi fait la réserve, par leurs héritiers ou ayans cause ; les donataires, les légataires ni les créanciers du défunt ne peuvent demander la réduction ni en profiter. — C. civ., art. 921.

743. — Bien que cet article ne parle que des dispositions entre-vifs, il n'en est pas moins applicable aux dispositions testamentaires ; sauf ce qui regarde les créanciers.

744. — L'enfant adoptif a le droit, pour composer sa réserve, de demander la réduction des donations même antérieures à l'adoption. — *Trèves*, 22 janv. 1813, Théobald ; *Montpellier*, 8 juin 1823, Carrion-Nizas c. Rouch ; *Cass.*, 29 (et non 25) juin 1825, mêmes parties. — V., au surplus, ADOPTION, nos 148 et suiv.

745. — Les enfans naturels peuvent-ils demander la réduction des dispositions faites au préjudice de leur réserve ? La solution de cette question dépend évidemment de celle de savoir si les enfans naturels ont droit à cette réverve. — V., à cet égard, ce qui a été dit *suprà*, n° 225.

746. — Un légataire dont le legs vient concourir avec une donation universelle en usufruit faite par le mari à sa femme est recevable à demander la réduction de cette donation dans les limites de l'art. 1094 C. civ., pour faire valoir son legs dans les limites de l'art. 913 sur ce qui restera de la quotité disponible. — *Toulouse*, 1er févr. 1827, Turle.

747. — La réduction pour atteinte à la réserve ne doit pas être confondue avec la réduction pour cause d'incapacité du disposant, par exemple si un mineur avait excédé son droit de disposer. Dans ce second cas la réduction peut être demandée sur tout héritier, même non légitimaire. — Duranton, t. 8, n° 320.

748. — Avant le Code civil, et spécialement en Normandie, une donation pouvait être querellée, selon la mesure de son intérêt, par le tiers acquéreur qui, ayant acquis après la donation, se voyait recherché, aux fins de parfaire au donataire l'intégralité de l'objet donné. — *Cass.*, 15 nov. 1826, Cottun c. Gousseaume.

749. — Le donateur ne pouvant se plaindre de son propre fait, serait non recevable à demander la réduction des dispositions qu'il a faites. Il ne peut que demander des alimens au donataire et faire prononcer, s'il y a lieu, la révocation de la donation. — Vazeille sur l'art. 921, n° 1er.

750. — Jugé, en ce sens, que le donateur ne peut demander la réduction de la donation, et que c'est un droit qui n'appartient qu'à ses héritiers. — *Lyon*, 18 janv. 1838 (t. 2 1839, p. 270), Duvernay c. Lecomte.

751. — Par cette expression, *ayans cause*, de l'art. 921, il faut entendre les cessionnaires des héritiers et leurs créanciers. En effet, ces derniers peuvent toujours exercer les droits de leur débiteur. — C. civ., art. 1166. — Il était donc inutile de les désigner nommément comme le demandaient quelques membres du Tribunat. — Delvincourt, t. 2, p. 228 ; Grenier, t. 2, p. 593 ; Toullier, t. 5, n° 120 ; Poujol sur les art. 920, 921, 6°.

752. — Comme les représentans du donateur ne sauraient avoir plus de droits que lui, les donataires, légataires et créanciers du défunt devaient être exclus du droit de demander la réduction et d'en profiter. Toutefois, il faut faire une distinction à l'égard des créanciers. — Vazeille, sur l'art. 921.

753. — L'héritier à réserve n'est pas considéré comme l'ayant cause de son auteur lorsqu'il attaque des actes souscrits par celui-ci frauduleusement et dans le but de le priver de son héritage. — *Cass.*, 6 févr. 1838 (t. 1er 1838, p. 526), Cayro c. Latour.

754. — S'il s'agit de donations entre-vifs : l'action en réduction ne peut être accordée aux créanciers soit antérieurs, soit postérieurs à ces mêmes donations. En effet, les créanciers antérieurs doivent s'imputer leur négligence de n'avoir pas exigé de leur débiteur ou fait prononcer contre lui une garantie hypothécaire. Quant aux créanciers postérieurs, ils n'ont pas dû compter sur des biens qui n'appartenaient plus à leur débiteur. Ils ne peuvent donc qu'exercer les actions en révocation appartenant au défunt (C. civ., art. 1166), ou, s'il y a lieu, l'action en révocation des donations faites en fraude de leurs droits. — C. civ., art. 1167.

755. — Mais s'il s'agit de dispositions testamentaires, les créanciers ont droit d'en demander la réduction ; car les dettes grèvent la totalité de l'hérédité, et ce n'est qu'après leur paiement que les legs peuvent être délivrés.

756. — Par ces mots *la réduction ne peut profiter aux créanciers*, il faut entendre que les créanciers non hypothécaires ne peuvent exercer leurs droits sur les biens qui rentrent dans les mains du réservataire par l'effet de la réduction. Dans le projet du Conseil d'Etat, l'art. 921 était ainsi conçu : « La réduction ne pourra être demandée ni par les créanciers du défunt, sauf à ces créanciers à exercer leurs droits sur les biens recouvrés par l'effet de cette réduction. » — V. séance du 5 vent. an XI. — Mais cette disposition fut changée sur les observations du Tribunat.

757. — Cependant il peut arriver que les créanciers profitent indirectement de la réduction : tel est le cas où l'héritier à réserve accepte purement et simplement, et devient ainsi leur débiteur personnel. Mais alors s'ils ont des droits sur l'objet retranché de la donation, ce n'est plus comme créanciers du défunt.— Levasseur, n° 20 ; Toullier, t. 5, n° 121 ; Poujol, sur les art. 920, 621, n° 4.

758. — Pour empêcher que les créanciers du défunt ne s'emparent de sa réserve, l'héritier doit accepter sous bénéfice d'inventaire : comme il doit le faire encore pour n'être pas tenu, par une acceptation pure et simple, de payer aux légataires la totalité de leurs legs, bien qu'excédant la quotité disponible. — Duranton, t. 7, nos 269 et 276 ; Grenier, t. 2, n° 590 ; Vazeille, sur l'art. 921, n° 4 ; Poujol, sur les art. 920, 921, n° 4, et sur l'art. 930, n° 6.

759. — De ce que la réduction des dispositions entre-vifs ne peut être demandée que par ceux en faveur desquels la loi fait la réserve, et ne doit pas profiter aux légataires (art. 921 C. civ.), il résulte que si, après avoir donné contractuellement à son conjoint l'usufruit de la totalité de ses biens, et légué postérieurement à un ascendant le tiers de sa succession, un époux décède laissant un enfant, le legs ne saurait en aucun cas être réputé comprendre au delà du tiers de la nue propriété, demeurée libre par suite de la donation, bien que la survivance de l'enfant puisse donner ouverture (mais en faveur du réservataire seulement) à la réduction de cette donation. — En conséquence : l'arrêt qui, en pareille occurrence, attribue au légataire la moitié de cette nue propriété, doit être cassé. — *Cass.*, 5 août 1846 (t. 1er 1847, p. 52), Cassaigne c. Devaux.

760. — La réserve constituant une portion de l'hérédité et étant comme telle attachée à la qualité d'héritier, il s'ensuit que l'action en réduction ne saurait appartenir à celui qui renonce à la succession. Vainement on opposerait que le légitimaire se présente comme enfant et non comme héritier. Cette objection, outre qu'elle est mal fondée, comme on l'a vu, ne pourrait d'ailleurs s'appliquer qu'à la réserve des descendans et non à celle des ascendans. — Duranton, t. 7, no 256.

761. — L'héritier qui aurait renoncé à la réserve pourrait se rétracter tant que d'autres héritiers n'auraient point accepté la succession (C. civ., 790). — Et cela même quand l'acceptation n'aurait eu lieu que de la part d'un héritier institué ou d'un légataire universel, l'art. 790 ne disposant que relativement aux héritiers *ab intestat*. — Grenier, t. 2, no 646. — *Contrà*, Toullier, t. 5, no 164.

762. — Si la renonciation à la réserve avait été faite en fraude des droits des créanciers, ceux-ci pourraient exercer l'action appartenant à leur débiteur. Mais ils devraient supporter l'imputation sur la part du renonçant, des sommes qu'il aurait été tenu de rapporter à ses cohéritiers. — Delvincourt, t. 2, p. 230 ; Toullier, t. 5, no 162 ; Duranton, t. 8, no 322.

763. — On peut renoncer aussi bien tacitement qu'expressément à la réserve. Mais pour qu'une pareille renonciation produise son effet, il faut qu'elle résulte nécessairement des faits prouvés. — Toullier, t. 5, no 162.

764. — L'exécution d'une donation, par l'héritier du donateur, en conséquence d'un arrêt définitif qui a déclaré valable la donation attaquée pour cause de survenance d'enfans, élève une fin de non-recevoir contre la demande en réduction. — *Poitiers*, 24 déc. 1819, Girault c. Laurandeau.

765. — La nullité ou réduction d'un legs excessif fait à un enfant naturel ne peut être demandée par l'héritier qui a exécuté le testament, l'ordre public ni les bonnes mœurs ne s'opposant à une pareille ratification. — *Cass.*, 16 août 1841 (t. 2 1841, p. 399), Lafargue c. Stevenson ; *Rennes*, 26 juill. 1848 (t. 2 1844, p. 486), mêmes parties. — Toullier, t. 5, no 162 ; Merlin, *Rép.*, vo *Nullité*, § 3, no 12.

766. — De même, l'incapacité de l'enfant naturel, de rien recevoir sur la succession de ses père ou mère au delà des droits que la loi lui accorde, n'étant point une incapacité radicale et absolue, mais seulement relative à l'intérêt des parens légitimes, ces derniers sont irrecevables à attaquer une libéralité excessive faite à l'enfant naturel après l'avoir expressément ou tacitement ratifiée. — *Toulouse*, 7 févr. 1844 (t. 2 1844, p. 660), Penavayré.

767. — Jugé, au contraire, que la ratification ou exécution volontaire d'une donation par les héritiers ou ayans cause du donateur après son décès n'emporte de leur part que renonciation aux vices de forme, mais non au droit d'en demander la réduction si elle excède la quotité disponible. — *Cass.*, 12 juin 1839 (t. 2 1839, p. 16), Dessain ; *Nancy*, 6 mars 1840 (t. 2 1842, p. 470), Dessain. — Vazeille, sur l'art. 923, no 9 ; Poujol, sur l'art. 930, no 5.

768. — Lorsqu'il est constant qu'un acte de rétrocession d'immeubles faite par un mari à sa femme constituait réellement une libéralité, l'enfant qui a depuis ratifié, en termes généraux, l'acte de rétrocession dans tout son contenu et a reconnu, lors de la liquidation de la succession du père, que les immeubles rétrocédés n'avaient jamais cessé de faire partie de la fortune de celui-ci, n'est pas censé, par là, avoir renoncé à se prévaloir de la rétrocession comme d'une véritable libéralité. — *Cass.*, 5 mai 1835, de Larochefoucauld.

769. — L'ignorance de fait par suite de laquelle les héritiers à réserve, trompés sur la date du décès du testateur, auraient formé une demande en paiement de leurs legs particuliers, ne peut les rendre non recevables, quand la véritable date du décès leur est connue, à réclamer le montant de la réserve qui leur est attribuée par la loi du jour du décès. — *Lyon*, 6 août 1840 (t. 1er 1841, p. 227), Cortey.

770. — Sous l'empire des lois romaines, l'héritier qui, en défendant à la demande en délivrance d'une donation, avait demandé la révocation de la donation pour cause de survenance d'enfant, ne pouvait, après avoir succombé, demander ultérieurement la réduction de la donation, pour parfaire la légitime. La nouvelle demande était repoussée par l'exception de la chose jugée, surtout s'il paraissait que la question de réductibilité, quoique non élevée par les parties, avait été prévue par les juges. — *Poitiers*, 24 déc. 1819, Girault c. Laurandeau.

771. — La simple approbation du testament par l'héritier légitimaire n'entraîne pas nécessairement de sa part une renonciation au droit de réclamer, pour parfaire sa réserve, la réduction des legs qu'il renferme. — *Bruxelles*, 14 mai 1829, Vangoidsenhoven c. de la Pallière.

772. — Il faudrait pour cela que l'héritier n'eût pu ignorer que le testament portait atteinte à cette réserve. — Pothier, *Donat.*, sect. 3, art. 5 ; Grenier, t. 2, no 651 ; Toullier, t. 5, no 163.

773. — Si l'héritier avait payé tous les legs lorsqu'il s'aperçoit que sa réserve est entamée, ce serait d'après les circonstances qu'il y aurait lieu de le déclarer recevable ou non à répéter contre les légataires l'excédant de la quotité disponible. — Merlin, *Rép.*, vo *Légitime*, sect. 5, § 3, art. 3 ; Delvincourt, t. 2, p. 236.

774. — La quittance de la légitime donnée par le légitimaire ne forme point une fin de non-recevoir contre la nullité résultant de la prétérition. — *Riom*, 18 juill. 1809, Regal ; *Montpellier*, 22 avril 1831, Pons et Dupin c. Privat.

775. — Un héritier à réserve qui est en même temps légataire universel de l'usufruit, ne peut être présumé avoir renoncé à ses droits héréditaires pour s'être maintenu en jouissance des biens de la succession ou pour avoir traité relativement à l'usufruit mais avec réserve de ses droits quelconques. — *Bordeaux*, 24 avril 1834, Boutet.

776. — La réception pure et simple que ferait l'héritier de la somme qui lui a été léguée pour lui tenir lieu de réserve, ne suffirait pas par elle seule pour emporter renonciation à l'exercice de l'action en réduction. Car l'héritier étant saisi par la loi, ce n'est pas lui qui reçoit du légataire universel ; mais le légataire universel qui reçoit de lui. Tout dépendrait donc des termes de la quittance et des circonstances. — Grenier, no 650 ; Toullier, t. 5, no 165.

777. — L'héritier n'est pas déchu du droit de demander la réduction par cela seul qu'il se serait mis en possession des biens de la succession sans avoir fait inventaire. En effet, ce serait créer une déchéance qui n'existe pas dans la loi. D'ailleurs l'héritier à réserve est toujours considéré par la loi avec faveur. Enfin c'était aux donataires et légataires à provoquer l'apposition des scellés et l'inventaire. — Toullier, t. 5, no 166. — Suivant Grenier (t. 2, no 591), la demande en réduction ne peut être formée contre le donataire qu'autant que l'héritier a préalablement accepté sous bénéfice d'inventaire. Delvincourt (t. 2, p. 100 et suiv.) pense, au contraire, que l'héritier n'a pas besoin de prendre le bénéfice d'inventaire ; mais qu'un inventaire légal est la seule pièce qu'on puisse opposer au donataire. — Autrefois la question était partagée. Lebrun (liv. 2, ch. 3, no 43) insistait sur la nécessité d'un inventaire. — *Secùs*, Ricard, *Donat.*, part. 3, no 983 et suiv.

778. — Quoi qu'il en soit, l'héritier à réserve coupable d'infidélités commises dans l'inventaire des biens de la succession, serait déchu du droit de demander la réduction des legs. — C. civ., art. 801. — Grenier, Toullier, *ibid.*

779. — L'héritier bénéficiaire qui a commis sciemment des infidélités dans l'inventaire et qui, par son propre fait, se trouve ainsi dans l'impuissance d'établir le véritable état de la succession, doit être condamné à payer l'intégralité des legs faits par le défunt ; sans pouvoir en demander la réduction, sous prétexte qu'ils portent atteinte à la réserve légale. — *Cass.*, 16 janv. 1821, Bertrand c. Lafond.

780. — Le défaut d'inventaire ne saurait être opposé par les légataires à l'héritier à réserve qui n'aurait pas eu connaissance du testament, encore bien que la succession ne serait pas réduite par ce testament dans la proportion qui permet à l'héritier de rétracter son acceptation (C. civ., art. 783) ; car alors il n'y avait pour l'héritier ni intérêt ni obligation à faire faire inventaire. — Grenier, no 590.

781. — L'héritier à réserve qui n'a point fait inventaire n'est point pour cela non recevable à demander la réserve, dans le cas où il a fait apposer les scellés, le jour même du décès, mais n'en a point provoqué la levée. — *Bourges*, 11 déc. 1821, Laurendeau et Delorme c. Girault. — Merlin, *Rép.*, vo *Légitime*, sect. 5, § 5 ; Saint-Espès-Lescot, *Donat. et test.*, t. 2, no 446.

782. — L'héritier qui, sans inventaire préalable, s'empare du mobilier de la succession et en vend une partie, se rend par cela seul non recevable à demander la réduction des donations faites par le défunt ; à moins qu'il ne prouve que les valeurs dont il s'est emparé ne suffisent pas pas pour compléter la réserve. Dans ce cas, la valeur du mobilier peut être prouvée par commune renommée. — *Paris*, 11 févr. 1825, Farnault c. Auvray.

783. — Mais lorsqu'il a été reconnu, tant en première instance qu'en appel, que les héritiers à réserve, qui demandent la réduction d'une donation, comme excédant la quotité disponible, n'étaient saisis d'aucune partie de l'hérédité de leur auteur, ils ont pu être dispensés de rapporter la preuve de l'insuffisance des biens du défunt pour l'exercice ou le complément de la réserve légale. — *Cass.*, 14 avr. 1829, Schneider c. Valin.

784. — Pour que la demande en réduction puisse être accueillie, il ne suffit pas que celui qui l'intente ait qualité pour le faire et qu'il n'ait pas renoncé expressément ou implicitement à son action ; il faut encore et qu'il prouve cette même qualité, et qu'il démontre par l'établissement de l'actif de la succession que sa réserve a été entamée.

785. — Ainsi : celui qui, pour faire réduire certaines libéralités, excipe de l'existence d'un héritier à réserve, est tenu de prouver que cet héritier vivait au moment de l'ouverture de la succession. — *Bordeaux*, 11 janv. 1834, Paz et Oullié.

786. — Jugé, d'un autre côté, que les cohéritiers d'un donataire ne peuvent être admis à demander la nullité ou réduction des actes d'aliénation à titre gratuit, valables, du reste, dans leur substance, qu'autant que la réserve que la loi leur accorde sur la succession du donateur aurait été entamée. — *Agen*, 27 déc. 1841, Lagarrigue c. Marabelle.

787. — ...Et pour cela il faut qu'ils prouvent par l'établissement des forces et charges de la succession que les libéralités excèdent la portion disponible. — *Orléans*, 5 déc. 1842 (t. 1er 1843, p. 149), Fonteneau-Dufresne c. Leroy.

788. — Par la même raison, l'héritier ne peut poursuivre le recouvrement d'une créance de l'hoirie qui a été léguée à d'autres, sans avoir préalablement fait déclarer que le legs est réductible en sa faveur. — *Grenoble*, 14 mars 1812, Minjolat-Fournier.

789. — L'obligation imposée à un héritier de fournir hypothèque, pour garantie de l'administration d'un legs fait au profit de ses enfans mineurs, a pu être déclarée ne porter aucune atteinte à la réserve de cet héritier, en ce sens qu'il a la faculté d'accepter ou de répudier cette administration. — *Cass.*, 30 avril 1833, Bonnet. c. Plasse.

Sect. 2e. — *Dispositions susceptibles de réduction et ordre de la réduction.*

790. — Il y a lieu de distinguer, à cet égard, entre les dispositions testamentaires et les donations entre-vifs.

791. — Toutefois, les droits de l'héritier légitimaire, en ce qui concerne la partie indisponible, doivent rester entiers, soit qu'il vienne à la succession comme héritier *ab intestat*, soit qu'il y soit appelé par un testament — *Bruxelles*, 14 mai

1829, Vangoidsenhoven c. Guéroult de la Pallière.

792. — Et les légataires ne peuvent agir contre les héritiers bénéficiaires de l'héritier légitimaire, avant qu'il soit certain que les biens à eux légués ne seront pas absorbés par la quotité disponible. — Même arrêt.

ART. 1er. — *Réduction des dispositions testamentaires.*

793. — Lorsque la valeur des donations entre-vifs excède ou égale la quotité disponible, toutes les dispositions testamentaires sont caduques (C. civ. 925); il n'y a donc pas lieu, en pareil cas, à réduction de ces dispositions.

794. — Ainsi, la veuve légataire de l'usufruit de la moitié des biens de son mari n'a point droit à cet usufruit, lorsque le défunt a déjà donné par acte entre-vifs tout ce dont la loi lui permettait de disposer. — *Toulouse*, 20 juin 1809, d'Hautpoult c. Gardouch.

795. — Par suite, lorsque la cumulation des libéralités entame la réserve légale, il faut réduire ces libéralités à la disposition qui emporte la quote la plus étendue, et imputer, en conséquence, sur l'usufruit de la veuve ce que le donataire a eu au-dessus de cette quote, afin qu'en définitive la portion réservée reste entière à l'héritier légitime. — Même arrêt.

796. — Mais il en est autrement à l'égard des dispositions testamentaires qui excèdent soit la quotité disponible, soit la portion de cette quotité qui resterait après avoir déduit la valeur des donations entre-vifs. La réduction se fait alors, au marc le franc, sans aucune distinction entre les legs universels et les legs particuliers. — C. civ., 926.

797. — Comme tous les legs n'ont leur effet qu'à compter du décès du testateur, la différence de date entre les testamens qui les contiennent ne serait point une cause de préférence ni pour les uns par rapport aux autres ni à l'égard d'une donation entre-vifs. — Delvincourt, t. 2, p. 637; Grenier, n° 603; Toullier, t. 5, n° 145; Duranton, t. 8, n° 349.

798. — Il n'y aurait plus lieu de décider aujourd'hui, par application de la maxime *Specialia generalibus derogant*, que les legs particuliers ne peuvent être réduits qu'en cas d'insuffisance des legs universels ou à titre universel (Duplessis, *Cout. de Paris*, art. 298); car ce serait aller contre l'intention présumée du testateur, le legs universel indiquant un plus grand degré de bienveillance que le legs particulier. — Duranton, t. 8, n° 362.

799. — Lorsqu'un mineur de plus de seize ans a disposé par testament de plus de la moitié de ses biens, il y a lieu, conformément à l'art. 926 C. civ., à la réduction de tous les legs, en proportion des droits de chacun, sans distinction de ceux à titre particulier ou à titre universel. — *Orléans*, 7 avr. 1848 (t. 1er 1848, p. 732), Boscheron c. Poinloup.

800. — La réduction du legs principal donne lieu à la réduction proportionnelle des sous-legs dont il est grevé, lorsque rien ne manifeste une volonté contraire de la part du testateur. — *Angers*, 19 mars 1841 (t. 2 1842, p. 746), Charrault.

801. — « Néanmoins, porte l'art. 927 C. civ., dans tous les cas où le testateur aura expressément déclaré qu'il entend que tel legs soit acquitté de préférence aux autres celte préférence aura lieu, et le legs ne sera réduit qu'autant que la valeur des autres ne remplirait pas la réserve légale. »

802. — De ces termes *expressément déclaré* il faut conclure que des circonstances favorables ne sauraient faire présumer une préférence quelconque. — Levasseur, *Portion dispon.*, n° 104. — V., au surplus, LEGS, nos 392 et suiv.

803. — Toutefois, on a pensé que la nature du legs constitue une cause suffisante de préférence: 1° s'il s'agit d'alimens et d'une pension alimentaire, et que le legs ne soit pas trop considérable eu égard à la fortune et à l'état du testateur et du légataire (C. civ., 610 et 1015); 2° si la nue propriété a été donnée à un légataire, l'usufruit à un autre et l'usage à un troisième, l'usager devrait être réduit le dernier (Proudhon, *Usufr.*, n° 2742); 3° enfin, si le legs était fait à titre de restitution. — Merlin, *Rép.*, v° *Légataire*, § 6; Toullier, t. 5, n° 159; Vazeille, sur l'art. 927, n° 1er.

804. — Si, dans une succession où il y a un enfant donataire, il ne se trouve pas de quoi remplir les autres enfans de leur légitime, un légataire est sans droit pour contraindre le donataire à lui payer son legs: sous prétexte qu'il est rémunératoire. — *Paris*, 4 janv. 1814, Cavaignac c. Priou.

805. — Après une institution contractuelle, l'instituant ne peut point, par testament, désigner de ses biens immeubles pour former la part héréditaire de l'un de ses enfans légitimaires; ni faire, au préjudice de l'institution, aucun legs en sa faveur, même à titre rémunératoire. — *Riom*, 28 juill. 1819, Domingon.

806. — Lorsqu'un débiteur a légué à son créancier certains immeubles à la charge de renoncer à sa créance, le montant du legs doit être imputé sur la créance et le surplus sur la quotité disponible; il ne peut y avoir lieu à réduction que dans le cas où, après le prélèvement de la créance, les objets légués excéderaient la quotité disponible. — *Toulouse*, 24 janv. 1822, Ribaut.

807. — La volonté du testateur qu'un legs soit acquitté de préférence à un autre ne peut résulter des dispositions du testament, s'il n'en contient la déclaration formelle. — *Lyon*, 17 avril 1822, Desnoyer c. Lardet.

808. — Si le legs a pour objet deux ou plusieurs immeubles successivement désignés par le testateur et dont la valeur excède la portion disponible, le légataire n'est pas fondé à prétendre que le retranchement de l'excédant doive, de préférence, s'opérer sur les derniers. — *Rennes*, 21 fév. 1834, Nétumières.

809. — Aujourd'hui que l'art. 926 ne fait aucune distinction, les legs de corps certains ne sont pus réputés faits par préférence. Peu importe, d'ailleurs, qu'ils soient indivisibles de leur nature, comme un cheval. — Delvincourt, t. 2, p. 237; Toullier, t. 5, nos 157 et 182; Duranton, t. 8, n° 365; Poujol, sur l'art. 927, n° 6.

810. — Au cas d'insuffisance des deniers héréditaires pour acquitter le legs d'une somme d'argent, les legs de corps certains doivent subir, ainsi que le legs d'argent, une réduction au marc le franc; bien que cette réduction n'ait point lieu pour remplir la réserve légale, et qu'on oppose que le legs d'un corps certain contient en lui-même l'indication d'une préférence de la part du testateur. — *Cass.*, 11 janv. 1830, hospice de Sainte Marie c. Foissy.

811. — L'héritier à réserve ne peut pas commencer par prélever cette réserve sur la masse de la succession, puis abandonner le surplus aux différens légataires. Chaque légataire doit recevoir l'objet spécial qui lui a été légué, sauf à subir un réduction sur cet objet même. — Delvincourt, t. 2, p. 238; Duranton, t. 8, n° 366.

812. — Ainsi, le légataire d'une somme d'argent devra recevoir en moins sur l'argent qui lui a été légué; le légataire d'un immeuble devra abandonner une partie de cet immeuble. — Levasseur, n° 105.

813. — Sous la coutume de Paris, la réduction d'une disposition testamentaire ne pouvait avoir lieu qu'en faveur des enfans du testateur; et un légataire universel ne pouvait demander la réduction d'un legs particulier de rente viagère, ni sa conversion en une somme d'argent une fois payée. — *Cass.*, 3 messid. an II, Fricot c. Dijon.

814. — Lorsqu'il n'y a que des légataires particuliers; la réduction ne peut souffrir de difficulté, elle se fait au marc le franc.

815. — Lorsqu'il y a tout à la fois un légataire universel, ou des légataires à titre universel, et des légataires particuliers, on fixe d'abord ce que chaque légataire aurait eu s'il n'y avait pas d'héritier à réserve; puis on fait sur chaque legs, et au marc le franc, une réduction proportionnée à la réserve. — Delvincourt, t. 2, p. 238; Toullier, t. 5, n° 160; Duranton, t. 8, n° 368.

816. — Les legs particuliers ne peuvent être prélevés sur la masse de la succession, avant partage, entre le légataire universel et l'héritier de la réserve, de manière à réduire cette réserve. — *Aix*, 22 frim. an XIV, Dauthier c. Drogoul.

817. — Mais comment concilier l'art. 926 qui exige une réduction proportionnelle « sans distinction entre les legs universels et les legs particuliers, avec les art. 1009 et 1012 qui mettent les legs particuliers à la charge des légataires universels; sauf le cas de réduction, ainsi qu'il est expliqué aux art. 926 et 927? »

818. — On dit: le legs sera caduc, si le legs particulier égale ou excède le montant de la succession. Il doit l'être dans le concours des héritiers à réserve, comme il le serait en l'absence de ces mêmes héritiers; autrement la réserve se trouverait profiter au légataire universel. Ainsi, dans ce cas, ce dernier ne sera qu'une sorte d'exécuteur testamentaire. Dans tous les autre cas, il y aura lieu à une réduction proportionnelle. — Delvincourt, t. 2, p. 237; Grenier, nos 619, 622; Toullier, n° 161; Duranton, t. 8, n° 363.

819. — Le légataire particulier n'est pas fondé à réclamer une indemnité contre le légataire universel à raison de la réduction qu'il aurait subie. Autrement, l'égalité proportionnelle prescrite par l'art. 926 n'existerait plus. Les mots « *sans distinction*, » etc., qui terminent cet article ont été ajoutés pour éviter l'équivoque qui naîtrait, si l'on invoquait l'ancienne jurisprudence; jurisprudence qui, comme on l'a vu, n'atteignait les légataires particuliers qu'après avoir fait supporter la réduction au légataire universel. — Grenier, n° 622; Vazeille, sur l'art. 926, n° 1er. — Levasseur (*Portion dispon.*, n° 106) pense, au contraire, que l'art. 926 a pour but d'autoriser l'héritier à demander la réduction contre tous les légataires indistinctement, et que c'est l'art. 1009 qui règle les obligations respectives des légataires entre eux.

820. — En cas de concours de legs purs et simples avec des legs conditionnels, ces derniers doivent être considérés comme n'existant pas; seulement les légataires purs et simples donnent caution de restituer ce qu'ils ont reçu de trop, si les conditions viennent à se réaliser. — Vazeille, sur l'art. 926, n° 3.

821. — Quoi qu'il en soit, le mode de réduction au marc le franc tracé par l'art. 926 C. civ. n'intéresse que les légataires entre eux. Dès lors, les réservataires, dont la réserve est assurée, sont sans qualité pour contester le mode de réduction adopté par les légataires. — Spécialement: les réservataires sont sans qualité pour se plaindre de ce que la donation faite par un époux de la moitié en usufruit de ses biens à son conjoint, et d'un quart en toute propriété à l'un de ses enfans, a été, d'après l'art. 1094 C. civ., réduite à un quart en usufruit et un quart en propriété, sous prétexte que cette réduction aurait dû porter proportionnellement sur les deux libéralités et non pas uniquement sur la donation d'usufruit. — *Cass.*, 12 juill. 1848 (t. 2 1848, p. 661), Doney c. Rudigoz.

ART. 2. — *Réduction des donations entre-vifs.*

822. — D'après l'art. 923 C. civ., qui reproduit les dispositions de l'ordonnance de 1731, art. 34, il n'y a jamais lieu à réduire les donations entre-vifs qu'après avoir épuisé la valeur de tous les biens compris dans les dispositions testamentaires.

823. — Jugé, en conséquence, que des donations entre-vifs n'ont pu être réduites pour fournir la réserve qu'après l'épuisement de la valeur de tous les biens compris dans les dispositions testamentaires. — *Paris*, 11 août 1820, Guyot c. Maricourt.

824. — La réduction se fait en commençant par la dernière donation, et ainsi de suite en remontant des dernières aux plus anciennes. — Même art. 923.

825. — Les donations indirectes ou déguisées sous la forme de contrats onéreux subissent la réduction comme les autres.

826. — Ainsi, lorsque les donations faites à diverses époques ont été déguisées sous la forme de ventes, dans le but de frauder la quotité indisponible, le mode de leur réduction, pour fournir la réserve, doit être le même que pour les donations faites sous la forme ordinaire. — *Cass.*, 9 juill. 1817, Joannis c. Dupuget.

827. — Dès lors, bien qu'il soit reconnu que l'intention du donateur et des donataires a été de frustrer l'héritier légitime de sa réserve, les divers donataires ne peuvent être contraints à contribuer tous pour fournir la quotité indisponible, sans égard à la date de leurs donations; mais la réduction doit avoir lieu en commençant par la plus récente. — Même arrêt.

828. — Bien que l'art. 923 ne parle que des donations entre-vifs, il faut mettre sur la même ligne les dispositions qui entraînent un droit irrévocable dont l'effet est renvoyé au décès du donateur; telles sont les institutions contractuelles, les donations entre époux, les donations de biens à venir. Le droit acquis qui en résulte doit leur faire donner la préférence sur les dispositions purement testamentaires. — Delvincourt, t. 2, p. 243; Grenier, n° 606; Duranton, t. 8, n° 336.

829. — Le partage d'ascendant constituant une donation quand il est fait par acte entre-vifs, est susceptible de réduction : suivant son rang d'ancienneté. — Delvincourt, t. 2, p. 228.

830. — La donation par contrat de mariage doit subir la réduction avant les donations entre-vifs ou legs postérieurs qui ne sont que de sommes modiques, à titre de récompense ou autrement. C. civ., 1083.

831. — Le donataire de biens présens et à venir qui renonce aux biens acquis depuis la donation pour s'en tenir aux biens présens lors de l'acte (C. civ., 1084) devenant alors un véritable donataire entre-vifs, n'est plus soumis à la réduction qu'à la date de son titre. — Ordonn. 1731, art. 37. — Grenier, n° 608.

832. — A l'égard des donations dans lesquelles le donateur s'est réservé la faculté de disposer d'une somme ou de certains objets, il faut distinguer: s'il s'agit d'une donation ordinaire, il n'y a pas de difficulté possible; les biens font partie de la succession du donateur (C. civ., art. 946) et contribuent, dès lors, à la légitime avant toute autre libéralité. — V. DONATION ENTRE-VIFS, n°s 564 et suiv.

833. — Si le donateur n'a pas disposé de l'objet réservé, cet objet doit subir la réduction avant les donations entre-vifs postérieures; car le don de cet objet était révocable, et les dons révocables doivent être toujours atteints les premiers. — Duranton, n° 358.

834. — Lorsque, dans une donation précipuaire de la totalité de la quotité disponible, le donateur s'est réservé le droit de disposer d'une certaine somme, cette réserve peut avoir son effet, encore bien qu'une donation antérieure au profit d'un tiers dépasserait déjà le chiffre de la somme réservée. — *Cass.*, 7 juill. 1835, Des-Assis c. Chantagru.

835. — Lorsqu'en donnant ses biens à ses enfans, conformément à l'art. 1075 C. civ., un père, tout en disant que la donation était faite *par préciput et hors part*, a néanmoins déclaré conserver la libre disposition des biens non compris dans la donation, cette réserve a pu être considérée comme ne s'appliquant qu'au droit de disposer des biens de toute autre manière qu'à titre gratuit, et, par suite, les libéralités postérieures ont pu être déclarées sans effet, sans que l'arrêt qui le décide ainsi tombe sous la censure de la Cour de cassation. — En présence de l'interprétation souveraine des juges du fait, on ne peut présenter une telle donation comme étant le résultat d'une transaction entre le père et ses enfans; alors d'ailleurs qu'aucune des parties n'a, devant la Cour d'appel, songé à donner ou à refuser à l'acte la nature de transaction. — *Cass.*, 27 nov. 1843 (t. 1er 1844, p. 353), Bailleul c. Angot.

836. — Une donation entre-vifs et par préciput de divers immeubles portant que le donataire aura, le cas échéant, une part égale à celle de ses frères et sœurs dans la succession du donateur, ne fait point obstacle à ce que ce dernier dispose par testament, au profit de ces mêmes frères et sœurs, de la portion de ses biens non comprise dans la donation entre-vifs. Une Cour d'appel a pu, sans encourir la censure de la Cour de cassation, décider que la clause accompagnant cette donation contenait non une institution contractuelle enlevant au donateur la disponibilité du surplus de ses biens, mais une simple dispense de rapport des biens donnés. — *Cass.*, 3 janv. 1843 (t. 1er 1843, p. 500), Comte c. Chausson.

837. — S'il s'agit d'une donation par contrat de mariage et alors qu'à défaut de disposition par le donateur, l'objet réservé appartient au donataire (C. civ., art. 1086); il peut se présenter trois hypothèses : 1° ou une donation de biens présens, en ce cas la donation postérieure de l'objet réservé doit être réduite la première; 2° ou une donation de biens présens et à venir mais d'une quotité seulement, alors il y a lieu de décider comme dans le cas précédent; 3° ou enfin une donation universelle de biens présens et à venir, dans ce cas le donataire universel doit être réduit le premier. — Furgole, sur l'art. 36 ordonn. 1731; Grenier, n° 609.

838. — Une réserve de biens donnés, par donation entre-vifs, faite avant le Code, encore qu'elle soit dévolue au donataire par l'art. 1086 C. civ., peut cependant être attribuée à l'héritier, s'il n'y a pas suffisamment d'autres biens pour lui composer une réserve légale dans le sens du Code. — *Florence*, 18 mai 1811, Catelani. — V. DONATION PAR CONTRAT DE MARIAGE, n°s 438 et suiv.

839. — De même, la réserve faite lors d'une institution qui a eu lieu sous l'ordonn. de 1731, et lorsque l'instituant est décédé depuis le Code civil, appartient aux légitimaires jusqu'à concurrence de la réserve légale déterminée par le Code. — *Riom*, 28 juill. 1819, Domingon; *Toulouse*, 22 juill. 1841 (t. 2 1841, p. 730), Milhau c. Sentenac.

840. — En ce cas, il est loisible à l'héritier institué, au lieu de délivrer la réserve contractuelle, de prélever sur l'intégralité de la succession et par préciput la quotité disponible selon le Code. Les légitimaires ne peuvent alors réclamer que leur part de la réserve légale. — *Riom*, 28 juill. 1819, Domingon.

841. — Jugé, toutefois : qu'un legs rémunératoire, s'il n'est pas excessif, peut être fait par un instituant, quoiqu'il ait disposé de sa réserve. Il doit être supporté par la succession et non pris sur la réserve qui est sortie des mains du disposant. — *Riom*, 15 nov. 1819, Boiron c. Montillon.

842. — Les biens réservés avec une clause de consolidation, qui sont rentrés dans la succession *ab intestat* par l'effet de la répudiation des biens à venir ou de lois survenues postérieurement à la donation, ont dû servir à faire face aux légitimes et à diminuer d'autant le retranchement sur les biens présens, sans que les légitimaires puissent réclamer tout à la fois les réserves et leurs légitimes par voie de retranchement sur ces biens présens. — *Grenoble*, 2 juin 1818, Voisin c. d'Audiffret.

843. — Les donations faites entre époux pendant le mariage doivent être préférées aux donations entre-vifs postérieures et aux dispositions testamentaires, même antérieures. Car ce sont de véritables donations sous conditions résolutoires, qui produisent effet du jour où elles sont passées et qui, à la différence du testament, ne sont pas annulées par la mort civile du donateur. — Grenier, n° 453; Levasseur, *Portion dispon.*, n° 115. — V. cependant Vazeille, sur l'art. 923, n° 3, et sur l'art. 927, n° 2; Poujol, sur l'art. 923, n° 6.

844. — Deux donations contenues dans le même acte doivent être réduites au marc le franc, sans avoir égard à l'ordre de l'écriture. — Furgole, sur l'art. 34 ord. 1731; Grenier, t. 2, n° 605; Toullier, t. 5, n° 146; Duranton, t. 8, n° 352; Vazeille, sur l'art. 923, n° 6; Poujol, sur l'art. 923, n° 4.

845. — Si les donations étaient faites le même jour mais par des actes différens, y aurait-il une préférence à raison de l'heure? Pour la négative, on dit que la loi du 25 vent. an XI n'exige pas la mention de l'heure dans les actes notariés; que, d'ailleurs, l'art. 2147 assigne le même rang à des inscriptions prises le même jour, quand même le conservateur eût distingué celle du matin et celle du soir.

846. — Mais on répond avec M. Duranton (t. 8, n° 355) que l'art. 2147, invoqué par analogie, n'a pour but que d'empêcher que le conservateur ne favorise un créancier aux dépens d'un autre; que l'heure de la donation est à considérer : parce que autrement le donateur pourrait y porter atteinte en faisant le même jour une autre donation, dans le but de les rendre toutes deux réductibles.

Sect. 3e. — *Action en revendication contre les donataires et les tiers détenteurs.*

ART. 1er. — *Revendication contre les donataires,*

847. — Dans l'ancien droit, la réserve était due en nature ou en corps héréditaires. Le Code civil ne dit pas expressément que la réserve se prend en nature, mais cela ressort de l'ensemble de ses dispositions et des motifs donnés par ses rédacteurs. La réserve est donc due en nature, et le donataire, lors même qu'il serait héritier, ne pourrait se libérer en argent ou avec d'autres immeubles qui ne dépendraient pas de la succession. — Ricard, part. 3, n° 1122; Lebrun, *Success.*, liv. 2, chap. 3, sect. 10; Pothier, sect. 3, art. 5, § 6; Jaubert, *Motifs*, t. 4, p. 339; Toullier, t. 5, n° 153; Grenier, n° 648; Levasseur, *Portion dispon.*, n° 31.

848. — ... Et même, le donateur ou testateur ne pourrait dispenser le donataire de rendre en nature l'excédant de la quotité disponible. — Toullier, Grenier, Levasseur, *ibid.*

849. — La disposition par laquelle le testateur donne au légataire le droit de prendre son legs sur un immeuble déterminé, avec le droit, en cas d'excédant, de rapporter la valeur du surplus en argent ou en moins-prenant sur sa part héréditaire, est une atteinte à la réserve légale et, comme telle, interdite par la loi : sauf les cas prévus par les art. 866, 924 et 859 C. civ. — *Rennes*, 21 févr. 1834, Nétumières.

850. — Toutefois, si le donataire est un successible : il peut retenir sur les biens donnés non-seulement la quotité disponible; mais encore la valeur de la portion qui lui appartiendrait, comme héritier, dans les biens non disponibles, s'ils sont de la même nature. — C. civ., art. 924.

851. — De plus, à défaut d'autres immeubles de même nature, l'héritier donataire peut retenir encore l'immeuble donné, si l'excédant de la portion disponible ne peut se retrancher commodément et que cet excédant soit inférieur à la moitié de la valeur de l'immeuble. — C. civ., art. 866. — Chabot, sur l'art. 860, n° 6, et sur l'art. 866, n° 2; Toullier, t. 5, n° 155; Levasseur, n° 163; Duranton, t. 7, n° 402.

852. — A défaut du concours des deux circonstances ci-dessus indiquées et s'il n'existe pas d'immeubles de la même nature, l'héritier donataire par préciput est soumis : 1° au rapport partiel, lorsque le retranchement de ce qui excède la quotité disponible peut s'opérer commodément. Alors le rapport de cet excédant se fait en nature, et l'héritier donataire conserve la quotité disponible; 2° au rapport total, lorsque, le retranchement ne pouvant se faire commodément, l'excédant de la portion disponible est de plus de moitié de la valeur de l'immeuble. Dans ce cas l'héritier donataire doit rapporter l'immeuble en totalité, sauf à prélever sur la masse la valeur de la quotité disponible. — Mêmes auteurs. — Rolland de Villargues, v° *Réduction des donations et legs*, n°s 118 et 119.

853. — La faculté de retenir l'immeuble en entier, moyennant récompense, ne peut être réclamée par un donataire étranger, ni même par un successible qui renonce à la succession pour s'en tenir à son legs. Alors, si l'immeuble ne peut être partagé, il y a lieu à la licitation, comme entre tous copropriétaires par indivis. — Grenier, n°s 628 et 634; Chabot sur l'art. 860, n° 3; Delvincourt, t. 2, p. 246; Toullier, n° 156.

854. — En effet, le retranchement d'une portion indivise des immeubles donnés nécessite, en général, entre le donataire étranger et l'héritier à réserve un partage ou une licitation et ce partage a les effets des partages ordinaires. — Ricard, part. 3, n° 1121; Pothier, sect. 3, art. 5, § 6; Delvincourt, Grenier, Toullier, *ibid.*; Rolland de Villargues, n° 121; Vazeille sur l'art. 928, n° 2.

855. — Cependant s'il était possible de retrancher commodément une portion à l'excédant de la quotité disponible, le donataire pourrait l'abandonner à l'héritier; par exemple si la donation devait être réduite de 1,000 francs, et qu'il existât un champ isolé de cette valeur. — Il en serait de même, s'il existait deux champs de la même valeur au lieu d'un; mais alors ils devraient être tirés au sort si l'héritier l'exigeait. — Toullier, n° 156; Rolland de Villargues, n° 122.

856. — Le donataire contre qui est exercée l'action en revendication peut retenir l'immeuble jusqu'au remboursement de ce qui lui est dû pour impenses ou améliorations. — Pothier, *De la propriété*, part. 2, chap. 1er, art. 6; Rolland de Villargues, n° 124.

ART. 2. — *Revendication contre les tiers détenteurs.*

857. — Autrefois, on n'était pas d'accord sur la manière dont les tiers acquéreurs devaient contribuer aux légitimes. — Furgole, sur l'art. 34, ord. de 1731.

858. — La loi du 18 pluv. an V (art. 10) autorisait la revendication contre les tiers détenteurs, même pour les supplémens de légitimes payées en argent.

859. — Aujourd'hui, l'action en réduction ou revendication peut être exercée non-seulement contre les donataires; mais contre les tiers détenteurs des immeubles aliénés par les donataires, de la même manière et dans le même ordre que contre les donataires eux-mêmes et discussion préalablement faite des biens de ces derniers. — C. civ., art. 930.

860. — Cette disposition de l'art. 930 est applicable au tiers détenteur qui a acquis un immeuble donné à un successible dans les termes de l'art. 918 C. civ. — *Rouen*, 31 juill. 1843 (t. 1er 1844, p. 107), Brayer c. Arsonnet.

861. — En ordonnant d'une manière générale la discussion préalable des biens des donataires, l'art. 930 comprend nécessairement et les autres biens donnés qui seraient entre les mains du donataire et les biens personnels. — Jaubert, *Motifs*; Grenier, t. 2, n° 631; Chabot, sur l'art. 860, n° 6; Levasseur, n° 117; Toullier, n° 152; Vazeille, sur l'art. 930, n° 3.

862. — Les meubles doivent être discutés aussi bien que les immeubles; car la loi ne fait pas de distinction. Grenier soutient le contraire en invoquant Lebrun, mais celui-ci rejetait absolument la discussion que l'art. 930 prescrit. — Levasseur, *ibid.*; Vazeille sur l'art. 930, n° 4; Poujol, n° 2.

863. — Mais l'héritier pourrait être dispensé de la discussion des biens du donataire et s'adresser directement au tiers acquéreur, si, d'après les circonstances, la discussion devait être infructueuse. — Levasseur, n° 118; Chabot et Grenier, *ibid.*

864. — De ce que la revendication doit être précédée de la discussion des biens des donataires qui ont aliéné les immeubles donnés, il s'ensuit qu'ils peuvent garantir leurs acquéreurs en payant le complément de la réserve. — Delvincourt, t. 2, p. 69; Duranton, t. 8, n° 372.

865. — Il y a même raison de décider que le premier acquéreur pourrait empêcher l'éviction du second, en offrant le complément de la réserve en numéraire. — Delvincourt, t. 2, p. 245, notes.

866. — Comme l'acquéreur peut exercer les droits du donataire qui doit le garantir (C. civil, art. 1166); il peut arrêter le cours de l'action en revendication exercée contre lui, en payant ce qui peut être dû pour réserve. Ce parti sera même avantageux si le donataire est insolvable, afin d'éviter les frais qui retomberaient sur l'acquéreur. — Duranton, t. 8, n° 373. — D'ailleurs l'obligation imposée à l'héritier à réserve de discuter les biens du donataire transforme en une créance ordinaire contre celui-ci le droit de revendication que l'héritier aurait eu contre lui, si l'immeuble n'avait été aliéné; or l'art. 1236 C. civil autorise le paiement d'une dette par toute personne qui y a intérêt. — Rolland de Villargues, n° 143.

867. — Jugé, en ce sens, que lorsqu'un donataire a aliéné les immeubles compris dans sa donation, le tiers acquéreur poursuivi par les héritiers à réserve du donateur peut se soustraire à l'action en revendication de ces derniers en leur offrant en argent la valeur des immeubles revendiqués qui devraient entrer dans leur réserve. — *Montpellier*, 7 janv. 1846 (t. 1er 1847, p. 427), Gros c. Mazel. — Marcadé sur l'art. 930, n° 3.

868. — Ainsi, il résulte de ce qui précède que ce n'est qu'avec restriction qu'on peut dire que les héritiers ont le droit d'exiger la réserve en nature. De plus, il est à remarquer qu'en admettant avec Toullier (t. 5, n° 150) que le donataire n'ayant qu'une propriété résoluble n'a pu transmettre à son acquéreur plus de droits qu'il n'en avait lui-même l'art. 930 donne à cet acquéreur un droit que n'avait pas son vendeur : celui de se garantir de la revendication en payant ce qui est dû pour la réserve. — Rolland de Villargues, n° 144.

869. — L'ordre à suivre dans l'exercice de l'action contre les acquéreurs est évidemment : 1° entre les acquéreurs de différens donataires, celui des dates des donations; 2° et entre les acquéreurs d'un même donataire, celui des dates des aliénations. Ainsi l'acquéreur du dernier donataire doit être attaqué, malgré l'antériorité de son acquisition, avant l'acquéreur moins ancien du premier donataire. — C. civ., art. 923 et 930. — Levasseur, n° 120; Delvincourt, t. 2, p. 69 et 245; Chabot, sur l'art 860, n° 6; Grenier, n° 630; Toullier, t. 5, n° 150; Duranton, t. 8, n° 371; Rolland de Villargues, n° 136; Vazeille, sur l'art. 930, n° 1er.

870. — L'action en revendication peut être exercée non-seulement contre le premier acquéreur; mais encore contre les acquéreurs successifs, si les biens ont été vendus. — Toullier, n° 150; Poujol, sur l'art. 930, n° 1er.

871. — La revendication contre les tiers détenteurs ne s'applique pas aux meubles; car, à cet égard, possession vaut titre. En cas d'aliénation par le donataire, l'héritier à réserve n'a plus qu'une action personnelle contre celui-ci. — Delvincourt, t. 2, p. 68; Rolland de Villargues, n° 137; Vazeille sur l'art. 930, n° 1er.

872. — La transcription de la vente par l'acquéreur, n'ayant pour effet que de purger les hypothèques, n'enlève pas aux réservataires l'action en revendication des biens donnés, en cas d'atteinte portée à la réserve légale. — Levasseur, n° 32.

873. — Le tiers détenteur n'étant pas obligé personnellement pour le donataire, il en résulte que les règles du cautionnement ne lui sont pas applicables. En conséquence : 1° il n'est pas obligé de requérir la discussion sur les premières poursuites dirigées contre lui; c'est aux réservataires à se présenter à lui avec la preuve toute faite, par des procès-verbaux de carence, ou autrement, de l'insolvabilité du donataire. — Duranton, t. 8, n° 374.

874. — ...2° Il n'est pas tenu non plus d'avancer les frais de la discussion; — ...3° l'héritier à réserve ne serait pas admis à dire qu'il ne doit pas discuter les biens situés hors du ressort de la Cour d'appel, même quand ils seraient à une distance telle qu'il eût à souffrir notablement de l'obligation de les discuter. — Duranton, *ibid.*; Rolland de Villargues, n° 146 et 147. — *Contrà*, Grenier, n° 631; Chabot, sur l'art. 860.

Sect. 4e. — *Effets de l'action en réduction ou revendication.*

875. — Le donataire restitue les fruits de ce qui excède la quotité disponible à compter du jour du décès du donateur, si la demande en réduction a été faite dans l'année. — C. civ., art. 928.

876. — Par le mot *fruits*, il faut entendre toute espèce de fruits, soit naturels, soit industriels, soit civils, et conséquemment, quant au donataire, même les intérêts des sommes données. — C. civ., art. 582 et suiv. — Rolland de Villargues, n° 153.

877. — Lorsque la demande en réduction a été formée dans l'année du décès, les sommes à rapporter doivent produire intérêts du jour de l'ouverture de la succession, bien que ces intérêts n'aient été réclamés, dans les conclusions écrites, qu'à partir du jour de la demande, alors surtout qu'il est prouvé que cette moins-pétition est le résultat d'une erreur. — Mais les intérêts d'intérêts sont dus seulement pour les années complétement échues au jour de la demande. — *Caen*, 26 juin 1846 (t. 2 1847, p. 16), Chevallier c. de Romilly.

878. — Le donataire ne pourrait se refuser à la restitution des fruits, en alléguant son ignorance du décès. C'est ici une exception au principe que le possesseur de bonne foi fait les fruits siens. — Delvincourt, t. 2, p. 245; Rolland de Villargues, n° 149.

879. — Si la demande n'a pas été formée dans l'année, on revient au principe général et le donataire ne restitue les fruits qu'à compter du jour de la demande. — C. civ., art. 928. — Le silence des héritiers à réserve pendant ce temps a dû faire croire au donataire que sa donation n'était pas susceptible de réduction. — Levasseur, n° 81; Delvincourt, p. 246; Rolland de Villargues, n° 150.

880. — Comme l'art. 928 ne parle que des donataires, on reste dans le droit commun à l'égard des tiers détenteurs et, par conséquent, ils ne sont tenus des fruits qu'à compter du jour de la demande formée contre eux. — Grenier, n° 633; Duranton, t. 8, n° 37; Vazeille, sur l'art. 930, n° 7; Poujol, sur l'art. 928, n° 2. — *Contrà*, Delvincourt, *ibid.*

881. — Toutefois le réservataire peut se faire tenir compte par le donataire contre lequel il a formé sa demande dans l'année, des fruits courus depuis le décès jusqu'au jour de la demande formée contre le tiers acquéreur. En effet : le retard ne pouvant pas être imputé à l'héritier, il ne doit pas en souffrir. — Duranton, *ibid.*

882. — Les immeubles recouvrés par l'effet de la réduction le sont sans charge de dettes ou hypothèques créées soit par le donataire (C. civ., art. 929), soit même par l'acquéreur (C. civ., art. 2125).

883. — La revendication fait également évanouir toutes autres charges, comme droits de servitude, d'usage ou d'habitation. — Proudhon, nos 1939 et 1940; Duranton, t. 8, n° 377.

884. — En est-il de même du droit d'usufruit? Le doute vient de ce que l'on considère souvent l'usufruit comme une portion de la propriété, et, par suite, la constitution d'usufruit comme une aliénation : d'où la conséquence que le tiers acquéreur de l'usufruit ne pourrait être attaqué qu'après la discussion des biens du donataire. — Mais on répond que si la constitution d'usufruit opère un démembrement de la propriété, l'usufruit, considéré en lui-même, est un droit incorporel qui participe essentiellement du droit de servitude. — C'est ainsi qu'il en doit être surtout vis-à-vis de l'héritier à réserve dont la cause est toute favorable. — Si l'usufruit était regardé comme une aliénation, il faudrait l'estimer. Or une pareille estimation est toujours aléatoire; et l'héritier ne doit jamais être forcé de jouer sur sa réserve, que la loi veut lui assurer tout entière. — Arg. C. civ., 917. — Mêmes auteurs.

885. — Toutefois, l'exercice de l'action en réduction ou en revendication ne saurait être un moyen de fraude à l'égard des tiers. — Ainsi, lorsque l'expédition que l'héritier a faite à titre de légitime est excessive, ses créanciers peuvent la faire réduire, et cela quand bien même la légitime aurait été expédiée d'après la valeur assignée par le défunt lui-même. — *Nîmes*, 19 flor. an XIII, Villevielle.

886. — Les tiers de bonne foi auxquels l'acquéreur a hypothéqué les biens par lui acquis ne peuvent être évincés par l'exercice de l'action en réduction de la part des héritiers à réserve, alors qu'il est reconnu en fait que l'acte d'acquisition n'est qu'une donation déguisée susceptible de réduction. — *Cass.*, 14 déc. 1826, de Lafaucherie c. Vassy. — *Contrà*, Vazeille, sur l'art. 929, n° 2; Troplong, *Hypoth.*, n° 468 *bis*; Marcadé, sur les art. 929 et 930, n° 4; Saint-Espès-Lescot, *Donat. et test.*, t. 2, n° 557. — Selon M. Coin-Delisle (*Comm. analyt.* sur l'art. 930 C. civ., n° 16), cet arrêt n'est qu'un arrêt d'espèce déterminé par de puissantes raisons d'équité.

887. — Le donataire évincé par suite de la réduction ne peut évidemment avoir aucun recours à exercer contre les donataires qui lui sont antérieurs. — Bigot-Préameneu, *Motifs*, t. 4, p. 288; Grenier, n° 632.

888. — Cependant, s'il a été obligé de souffrir la réduction par suite de l'insolvabilité d'un donataire postérieur; il a un recours en garantie contre celui-ci, et il peut l'exercer sur les biens que ce donataire insolvable acquiert par la suite. — Grenier, n° 632.

889. — A plus forte raison, le donataire, par suite de la réduction, n'a-t-il pas de recours contre les tiers acquéreurs postérieurs des autres biens du donateur. Il n'aurait action que s'il avait une hypothèque spéciale comme subrogé à l'héritier. — Grenier, n° 635; Vazeille, sur l'art. 923, n° 11.

890. — La réduction obtenue par certains cohéritiers, en leur nom personnel, après le partage de la succession, d'un legs fait au profit d'un établissement public, ne profite pas aux autres cohéritiers, alors surtout que, nonobstant la demande en réduction dont ils avaient connaissance, ceux-ci ont volontairement payé la portion du legs par eux due, et que la réduction paraît n'avoir été accordée qu'en considération de la position particulière des cohéritiers qui l'ont réclamée. — *Aix*, 16 déc. 1831, Anez c. Grasset.

891. — Si la donation consistait en une somme non payée, pour sûreté de laquelle une hypothèque spéciale aurait été consentie au donataire : l'hypothèque n'étant qu'un accessoire de la créance, subirait la même diminution que la créance elle-même; le donataire ne pourrait donc poursuivre le tiers acquéreur que pour la partie non réduite. — Delvincourt, t. 2, p. 226; Rolland de Villargues, n° 159.

892. — Il en serait de même dans le cas où l'héritier à réserve aurait accepté sous bénéfice d'inventaire et abandonné tous les biens de la succession aux créanciers, en vertu de l'art. 802 C. civ. Comme la réduction ne profite point aux créanciers du défunt, la partie de la créance re-

tranchée de la donation n'est pas comprise dans les biens abandonnés. — Delvincourt, *ibid*.

Sect. 5e. — *Prescription de l'action en réduction ou revendication.*

893. — L'action en réduction est personnelle contre les donataires et leurs héritiers. « C'est, dit M. Duranton (t. 8, n° 878), une sorte d'action *sine causâ*, comme celle intentée contre quelqu'un qui a reçu ce qu'il ne devait pas recevoir. » Elle dure donc trente ans. — Arg. C. civ., art. 2262.—Delvincourt, t. 2, p. 245; Grenier, n° 652; Toullier, t. 5, n° 167; Vazeille, sur l'art. 923, n° 8, et sur l'art. 927, n° 1er; Poujol sur l'art. 930, n° 4. — Autrefois la jurisprudence était divisée à cet égard. — Furgole sur l'art. 38 de l'ord. de 1731.

894. — Jugé, en ce sens, que l'action des héritiers réservataires pour réclamer des héritiers institués ou des donataires la délivrance ou restitution de la légitime qui leur est due n'étant pas spécialement soumise à la prescription décennale n'est prescriptible que par trente ans.— *Rouen*, 3 juill. 1835, Prudhomme c. Commune de Pont-de-l'Arche; *Nancy*, 6 mars 1840 (t. 2 1842, p. 470), Dessain.

895. — Une pareille action en réduction doit être assimilée à une action en pétition d'hérédité. — *Rouen*, 3 juill. 1835, Prudhomme c. Commune de Pont-de-l'Arche.

896. — Relativement aux tiers acquéreurs : l'action en revendication se prescrit par dix ou vingt ans, suivant que l'héritier à réserve habite ou non dans le ressort de la cour d'appel où l'immeuble est situé. — C. civ., art. 2265. — Grenier, n° 652; Duranton, n° 879. — *Contrà*, Delvincourt, *ibid*.

897. — Le délai de la prescription ne commence à courir que du jour de la mort naturelle ou civile du donateur ; car c'est de ce jour-là seulement que le droit des héritiers à réserve est ouvert. — Il en était de même sous l'ord. du 1731 (art. 38). — *Rouen*, 3 juill. 1835, Prudhomme c. Commune de Pont-de-l'Arche. — Delvincourt, t. 2, p. 245 ; Grenier, t. 2, n° 352; Toullier, t. 5, n°s 151 et 167; Prudhon, n° 2153.

898. — Jugé que, sous l'édit des secondes noces, les enfans du premier lit n'avaient un droit ouvert aux biens provenant des libéralités faites par leur auteur à son conjoint qui convolait, qu'à compter de la mort de ce dernier; en conséquence, ce n'est qu'à compter de la même époque que les tiers acquéreurs ont pu prescrire contre les enfans. — *Cass.*, 11 janv. 1825, Vaumarin c. Paret.

899.—Aujourd'hui, comme sous l'ancien droit, les enfans qui vivraient en commun dans la maison paternelle avec leur frère héritier institué, seraient considérés comme en possession de leur légitime ; et la prescription ne commencerait à courir contre eux que du jour où ils cesseraient d'être nourris sur les biens de l'hérédité. — Grenier, n° 654; Rolland de Villargues, n° 463.

900. — Quand des sommes fixées pour les légitimes ont été stipulées payables à l'époque de la majorité ou du mariage, la prescription commence à la majorité pour les premières et au décès du disposant pour les secondes; car, comme le mariage peut n'avoir jamais lieu, l'héritier peut demander sa réserve à l'époque du décès du disposant, nonobstant toute convention contraire. — Grenier, n° 655.

901. — La prescription est soumise aux suspensions et interruptions ordinaires en matière de prescription.—C. civ., art. 2242 et suiv. — Grenier, n° 652; Duranton, n° 378; Poujol, sur l'art. 930, n° 4.

902. — Mais le paiement fait au légitimaire des intérêts (ou d'une pension en tenant lieu) de la légitime à lui attribuée par le testament de son père, n'a pas pour effet d'interrompre la prescription de l'action en supplément de légitime.— *Cass.*, 12 mai 1834, Papinaud c. Cathala.

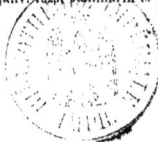

FIN DU DIXIÈME VOLUME.